통합34판　　　　2024

지방세
조문별 해설

저자 김해철 박천수 나병진 김대진　　감수 권강웅

지방세기본법 / 지방세징수법 / 지방세법 / 지방세특례제한법 / 조세특례제한법 및 지방세 관련법령 등

더존테크윌
DUZON TECHWILL

머리말

2024 개정증보판을 내면서

지방세는 지방자치라는 이념이 바탕이 되어 일컫게 된 지방자치단체 재원으로서 국세와 함께 조세의 일부로서 지방세는 2010년 이전까지는 「지방세법」이라는 단일법에 모든 내용을 담아 운영 되었으나, 지방세를 보다 체계화한다는 이유 등으로 2011년부터 「지방세기본법」, 「지방세법」, 「지방세특례제한법」의 3개법으로 분법 된 후 2016년 말에 다시 「지방세기본법」 중 지방세의 징수체계를 효율화하기 위하여 「지방세기본법」과 「지방세징수법」으로 분리함으로써 지방세관련법은 「지방세기본법」, 「지방세징수법」 「지방세법」, 「지방세특례제한법」인 4개법으로 변경 구성되었습니다.

이러한 지방세는 지방자치제의 도입과 함께 외형과 내용이 경제·사회 등 국가의 발전과 변혁 속에서 획기적으로 성장을 해왔고, 1991년 이 책의 초판을 출간한 후 지방세관계법의 개정이 있을 때마다 개정 증보하여 제35판이 발간하게 되었습니다.

올해에도 그간 제26판까지 이 책의 출간에 중추적인 역할을 해오던 권강웅님께서 감수를 해주셨으며, 제30판부터 현직 지방세 담당정부 부처에서 지방세 관련법 개선에 참여하는 등 실무 경험이 풍부한 지방세심판원의 박천수 사무관, 행정안전부 나병진 사무관과 함께 제34판 부터는 서울특별시 세무과 김대진사무관과 같이 호흡을 맞추게 된 것을 저자에게는 매우 큰 행운이라고 생각합니다.

그리고 단일법이었던 「지방세법」이 4개법으로 분법이 되었기에 이 책의 책명도 '조문별(축조) 지방세 해설'로 진행하다가 2017년부터 '조문별 지방세관련법 해설'으로 개칭 한 후 2018년부터 금년까지 '2023 지방세 조문별 해설'로 내게 되었습니다.

독자 여러분에게는 이러한 변화에 따라 더욱 지방세에 알찬 필독서가 될 수 있도록 책의 내용과 구성에도 한층 힘을 다할 것을 약속드립니다.

이번 증보판의 주요내용은

첫째, 이 책의 조문에 따라 수록되어 있던 지방세에 관한 판례는 인터넷 등으로 그 전문을 자세하게 검색할 수 있으므로 판례의 내용은 최소화하면서 이해를 돕는데 주력을 하였으며, 최근 판례는 2023년까지 대법원에서 결정된 주요 내용을 포함하여 수록하였으며, 행정안전부 유권해석과 조세심판원 결정사례를 다각적으로 반영하였습니다.

Preface

2024 지방세 조문별 해설

둘째,「지방세기본법」에서는 2024 법령 주요 개정사항인 출자자가 소유한 외국법인의 주식·지분이 외국에 있는 재산에 해당하여 체납처분이 제한되는 경우 그 법인이 제2차 납세의무를 부담하도록 규정을 신설하였고 이와함께 사업의 포괄적 양수양도가 있는 경우 양수인은 양도인의 지방세에 대한 제2차 납세의무를 양도인과 특수관계인인 자와 양도인의 조세회피를 목적으로 사업을 양수한 자로 양수인의 범위를 한정하여 제2차 납세의무 부담하게 하는 규정을 신설 및 사업양수인의 제2차 납세의무 제한, 납부지연가산세 면제 기준금액 상향, 지방세 쟁송자료를 제출하는 근거규정을 신설하는 등 제도개선과 함께 제도의 운영상 나타난 일부 미비점을 보완한 것을 정리하였습니다.

셋째,「지방세징수법」은 2024년 법령 주요 개정사항인 압류재산 공매 시 해당 재산에 저당권 등의 권리를 가진 매수인이 이를 매수하는 경우, 매수대금에서 배분받을 금액을 차감한 금액만을 납부하는 공매 매수대금 차액납부 제도를 도입하였고, 이의제기된 배분계산서는 이의제기가 없는 부분에 한정하여 확정하고, 배분계산서에 대한 이의제기한 경우 등 배분금전의 예탁사유 구체화하고, 심판청구등의 결정·판결 확정에 따른 예탁금에 대한 배분을 하는 규정을 신설하는 등 제도개선과 함께 제도의 운영상 나타난 일부 미비점을 보완한 것을 정리하였습니다.

넷째,「지방세법」은 2024년 법령 주요 개정사항인 이동성 있는 물건의 수입 시 취득세 과세대상 명확화, 유상승계취득의 취득세 과세표준 개념 보완, 부담부 증여에 대한 취득세 신고·납부 기한 개선, 유사부동산 등의 시가인정액 산정기간 연장, 대물변제·양도담보 취득에 따른 과세표준 개선, 무상취득에 따른 계약해제 인정기간 연장, 사실상의 취득가격 적용 시 계약해제 인정 요건 추가, 회생절차 중 등기·등록에 대한 등록면허세 비과세, 법인지방소득세 안분신고 오류시 가산세 감경, 연결집단 결손 시 연결법인별 세액배분 신설하는 등 제도의 운영상 나타난 일부 미비점을 보완한 것을 정리하였습니다.

다섯째,「지방세특례제한법」은 2023년 세법 주요 개정사항인 지역 현안대응력 강화를 위한 조례감면 자율성 확대, 어업법인에 대한 감면요건 신설, 감면요건 "직접 사용" 의무규정 통일, 출산양육주택 및 환경친화적 자동차 충전시설, 지방대학 경쟁력 강화, 친환경선박, 도시첨단물류단지국내복귀 기업, 기회발전특구 등에 대한 취득세 특례 신설, 법인 적격분할 및 창업중소기업 등의 감면제외

머리말
2024 개정증보판을 내면서

대상 명확화, 재난 신속대응 지방세 감면지원 체계 구축하는 등 현행 지방세 감면제도의 운영상 나타난 일부 미비점을 보완한 것을 정리하였습니다.

  개정 증보판 수정에 노력을 최대한 기울여 훌륭한 내용이 수록된 책을 만들겠다고 다짐하였지만 저자의 능력부족을 절감하였습니다. 부족한 부분이 있다면 넓은 아량으로 양해를 구하면서 이 책을 통해 지방세의 이해에 조금이라도 보탬이 되었으면 좋겠다는 작은 바램을 가져봅니다.

  끝으로 이 책의 자료수집에 도움을 주신 여러분과 출판에 노력을 아끼지 않으신 (주)더존테크윌 김진호 대표이사님과 관계자 여러분께 감사를 드립니다.

2024년 1월
공저자 김해철 씀

Preface

2024 지방세 조문별 해설

    조세는 이 지구상에 인간이 국가라는 통치형태를 구성하면서부터 국가의 존립과 함께 생성되어 온 것이다.

    이러한 조세가 현대에 와서 고도로 전문화되고 다양화된 사회·경제적인 현상 속에서 국가존립에 불가피한 수입의 확보를 위해 조세법의 내용도 복잡화되고 세분화됨에 따라 국가는 국민의 재산권과 생존권을 보호하면서 재정수요에 따른 수입을 확보해야 하고, 국민은 사회의 구성원으로 생활하면서 정당한 조세의 부담으로 국가발전에 일익을 담당해야 하는 의무를 지게 되었다고 하겠다.

    그런데 국가의 재정은 국세로써 운용되지만 지방자치단체는 지방세가 주된 재원이 되고 앞으로 지방자치화시대를 맞아 주민의 지역사회발전·주민복지증진 등에 대한 욕구가 더욱 크게 분출될 것이고, 이러한 욕구를 충족시키기 위해서는 지방정부로서는 지방세수입 등에 대한 자주재원 확보를 위해 노력하게 될 것이며, 아울러 기업과 가계는 자기보호 측면에서 조세법에 의한 합리적인 부담을 해야 하는 과제에 직면하게 될 것이다.

    필자가 본 저서를 집필하게 된 동기도 이러한 문제를 해결하는 데 조금이나마 보탬이 되었으면 하는 바람과 필자가 조세에 일면식도 없는 상태로 내무부 지방세 담당부서에서 근무를 시작한 지 10여년 동안 가장 애로를 느끼고 안타깝게 생각한 것이 지방세를 담당하는 공무원은 국세를 담당하는 공무원과는 달리 조세부서에서 계속 근무하는 것이 아니라 조세의 내용을 조금 이해할 정도가 되면 타 부서로 옮겨 가는 등으로 전문화되지 못하고 있고, 일반국민 중의 대다수는 고지서만 받으면 어떤 세금인지 내용도 모르면서 세금을 납부하는가 하면, 일부의 사람은 법을 악용하여 조세를 포탈하고자 하는 등 조세법률주의에 의하여 누구나 공평하고 합리적인 조세부담을 하여야 한다는 원리와는 거리가 멀다는 점 등이었다.

    그래서 그동안 필자 나름대로 배우고 연구한 결과를 토대로 지방세법을 조문별로 축조해설하고 각 조문에 따라 지금까지 대법원에서 판결한 내용과 국세기본법 등 국세관계통칙에서 운영되고 있는 사례 등을 수록하고, 이해가 어려운 내용에 대하여는 「예제」로 법령을 알기 쉽게 풀이하였으며, 지금까지 편찬된 여러 선배제현들의 저서에서 풀이한 내용을 참고로 지방세법의 모든 조문을 차례대로 해설함으로써 지방세를 담당하고 있는 공무원의 지방세법에 대한 올바른 이해와 습득으로 지방세정을 효율적으로 운영하는 데 조금이나마 도움을 줄 수 있고, 납세의무가 있는 가계 및 기업의 합

책 머리에 **머리말**

리적 경영에 이바지할 뿐 아니라 모든 납세자가 지방세법을 알고 세금을 납부하는 데 도움이 되었으면 하는 일념에서 본서를 출간하게 된 것이다.

그리고 본서에 수록된 내용은 1990년 12월 31일 개정된 지방세법·同 시행령 및 시행규칙과 조례를 망라하였고 대법원판례 등도 최근의 내용들만 수록하였으므로, 지방세를 담당하는 공무원이나 기업체 및 지방세에 관심 있는 분들의 지방세를 이해하는 데 도움이 되리라 생각되나, 해설의 내용은 필자의 견해를 기술한 것이지 내무부 지방세 당국의 공식적인 해설이 아님을 이해해 주기 바란다.

본서를 내기까지 많은 지도와 격려를 해주신 내무부 관계관님들께 감사드리며, 자료의 수집·정리, 원고의 교정 등 제반 편의를 제공해 주신 동료 여러분에게 진심으로 감사드린다.

1991년 1월
권 강 웅　識

Preface

2024 지방세 조문별 해설

○ 법령 등에 대한 약어는 다음과 같이 사용하였다.

지기법(地基法)	지방세기본법
지징법(地徵法)	지방세징수법
지세법(地稅法)	지방세법
지특법(地特法)	지방세특례제한법
지기영(地基令)	지방세기본법 시행령
지징영(地徵令)	지방세징수법 시행령
지세영(地稅令)	지방세법 시행령
지특영(地特令)	지방세특례제한법 시행령
지기칙(地基則)	지방세기본법 시행규칙
지징칙(地徵則)	지방세징수법 시행규칙
지세칙(地稅則)	지방세법 시행규칙
지특칙(地特則)	지방세특례제한법 시행규칙
국기법(國基法)	국세기본법
국기령(國基令)	국세기본법시행령
국징법(國徵法)	국세징수법
국징령(國徵令)	국세징수법시행령
국기통(國基通)	국세기본법기본통칙
국징통(國徵通)	국세징수법기본통칙
법법(法法)	법인세법
소법(所法)	소득세법
부법(附法)	부가가치세법
조특법(租特法)	조세특례제한법

2024 지방세 조문별 해설

차 례

제1편 │ 지방세기본법

Chapter 01 총 칙

제1절 통 칙 ·· 3

　제1조 목 적 ·· 3
　제2조 정 의 ·· 7
　제3조 지방세관계법과의 관계 ·· 33

제2절 과세권 등 ·· 34

　제4조 지방자치단체의 과세권 ·· 34
　제5조 지방세의 부과·징수에 관한 조례 ·· 36
　제6조 지방자치단체의 장의 권한 위탁·위임 등 ·· 41
　제7조 지방세의 세목 ·· 43
　제8조 지방자치단체의 세목 ·· 44
　제9조 특별시의 관할구역 재산세의 공동과세 ·· 46
　제10조 특별시분 재산세의 교부 ·· 48
　제11조 주민세의 특례 ·· 48
　제11조의 2 지방소비세의 특례 ·· 49
　제12조 관계 지방자치단체의 장의 의견이 서로 다른 경우의 조치 ······ 49
　제13조 시·군·구를 폐지·설치·분리·병합한 경우의 과세권 승계 ··········· 50
　제14조 시·군·구의 경계변경을 한 경우의 과세권 승계 ·························· 53
　제15조 시·도 등의 경계변경을 한 경우의 과세권 승계 ·························· 55
　제16조 대통령령의 위임 ·· 56

제3절 지방세 부과 등의 원칙 ·· 57

　제17조 실질과세 ·· 57
　제18조 신의·성실 ·· 59
　제19조 근거과세 ·· 62
　제20조 해석의 기준 등 ·· 63

Contents

2024 지방세 조문별 해설

제21조 세무공무원의 재량의 한계 ·· 68
제22조 기업회계의 존중 ·· 68

제4절 기간과 기한 · 70

제23조 기간의 계산 ·· 70
제24조 기한의 특례 ·· 72
제25조 우편신고 및 전자신고 ·· 73
제26조 천재지변 등으로 인한 기한의 연장 ·································· 74
제27조 납부기한 연장의 취소 ·· 78

제5절 서류의 송달 · 80

제28조 서류의 송달 ·· 80
제29조 송달받을 장소의 신고 ·· 82
제30조 서류송달의 방법 ·· 83
제31조 송달지연으로 인한 납부기한의 연장 ································ 86
제32조 송달의 효력 발생 ·· 87
제33조 공시 송달 ·· 88

Chapter 02 납세의무

제1절 납세의무의 성립 및 소멸 · 92

제34조 납세의무의 성립시기 ·· 93
제35조 납세의무의 확정 ·· 98
제35조의 2 수정신고의 효력 ··· 100
제36조 경정 등의 효력 ··· 101
제37조 납부의무의 소멸 ··· 102
제38조 부과의 제척기간 ··· 105
제39조 지방세징수권의 소멸시효 ··· 114
제40조 시효의 중단과 정지 ··· 117

제2절 납세의무의 확장 및 보충적 납세의무 · 122

제41조 법인의 합병으로 인한 납세의무의 승계 ················· 122
제42조 상속으로 인한 납세의무의 승계 ························· 124
제43조 상속재산의 관리인 ······································· 127
제44조 연대납세의무 ·· 131
제45조 청산인 등의 제2차 납세의무 ····························· 140
제46조 출자자의 제2차 납세의무 ································ 143
제47조 법인의 제2차 납세의무 ·································· 156
제48조 사업양수인의 제2차 납세의무 ···························· 159

Chapter 03 부과

제1절 통칙 ·· 164

제49조 수정신고 ··· 164
제50조 경정 등의 청구 ·· 168
제51조 기한 후 신고 ·· 175
제52조 가산세의 부과 ··· 177
제53조 무신고가산세 ·· 179
제54조 과소신고가산세·초과환급신고가산세 ···················· 179
제55조 납부지연가산세 ·· 181
제56조 특별징수 납부지연가산세 ································ 184
제57조 가산세의 감면 등 ·· 186
제58조 부과취소 및 변경 ·· 191
제59조 끝수 계산에 관한 국고금 관리법의 준용 ················· 192

Chapter 04 지방세환급금과 납세담보

제1절 지방세환급금과 지방세환급가산금 ······················ 193

제60조 지방세환급금의 충당과 환급 ····························· 193
제61조 물납재산의 환급 ··· 201
제62조 지방세환급가산금 ·· 202

Contents
2024 지방세 조문별 해설

제63조 지방세환급금에 관한 권리의 양도 ·· 208
제64조 지방세환급금의 소멸시효 ·· 209

제2절 납세담보 ·· **211**

제65조 담보의 종류 ·· 211
제66조 담보의 평가 ·· 212
제67조 담보의 제공방법 ·· 212
제68조 담보의 변경과 보충 ··· 214
제69조 담보에 따른 납부와 징수 ··· 214
제70조 담보의 해제 ·· 215

Chapter 05 지방세와 다른 채권의 관계

제71조 지방세의 우선 징수 ··· 218
제72조 직접 체납처분비의 우선 ·· 229
제73조 압류에 의한 우선 ·· 230
제74조 담보가 있는 지방세의 우선 ·· 230
제75조 양도담보권자의 물적 납세의무 ··· 232

Chapter 06 납세자의 권리

제76조 납세자권리헌장의 제정 및 교부 ·· 235
제77조 납세자 권리보호 ·· 237
제78조 납세자의 성실성 추정 ·· 239
제79조 납세자의 협력의무 ··· 240
제80조 조사권의 남용 금지 ··· 240
제80조의 2 세무조사 범위 확대의 제한 ··· 242
제81조 세무조사 등에 따른 도움을 받을 권리 ·· 243
제82조 세무조사 대상자 선정 ·· 243
제83조 세무조사의 사전통지와 연기신청 ·· 244
제84조 세무조사 기간 ··· 247

제84조의 2 장부등의 보관 금지 ··· 249
제84조의 3 통합조사의 원칙 ··· 250
제85조 세무조사 등의 결과 통지 ·· 252
제85조의 2 세무조사의 절차 등 ·· 254
제86조 비밀유지 ·· 254
제87조 납세자 권리 행사에 필요한 정보의 제공 ·· 257
제88조 과세전적부심사 ··· 258

Chapter 07 이의신청 및 심판청구

제89조 청구대상 ·· 268
제90조 이의신청 ·· 273
제91조 심판청구 ·· 277
제92조 관계 서류의 열람 및 의견진술권 ·· 280
제93조 이의신청 등의 대리인 ·· 281
제93조의 2 지방자치단체 선정 대리인 ··· 282
제94조 청구기한의 연장 등 ·· 284
제95조 보정요구 ·· 286
제96조 결정 등 ·· 288
제97조 결정의 경정 ·· 293
제98조 다른 법률과의 관계 ·· 293
제99조 청구의 효력 등 ··· 295
제100조 이의신청 및 심판청구에 관한 국세기본법의 준용 ····································· 296

Chapter 08 범칙행위 등에 대한 처벌 및 처벌절차

제1절 통 칙 ··· 299

제101조 처 벌 ·· 299

제2절 범칙행위 처벌 ··· 299

제102조 지방세의 포탈 ··· 299

Contents   2024 지방세 조문별 해설

제103조 체납처분 면탈 ·· 300
제104조 장부 등의 소각·파기 등 ··· 301
제105조 성실신고 방해 행위 ··· 302
제106조 명의대여 행위 등 ··· 302
제107조 특별징수 불이행범 ··· 302
제108조 명령사항 위반 등에 대한 과태료 부과 ································ 303
제109조 양벌 규정 ··· 304
제110조 형법 적용의 일부 배제 ··· 305
제111조 고발 ··· 306
제112조 공소시효의 기간 ··· 306

제3절 범칙행위 처벌절차 ·· **307**

제113조 범칙사건 조사의 요건 ··· 307
제114조 범칙 혐의자 등에 대한 심문·압수·수색 ···························· 307
제115조 압수·수색영장 ·· 308
제116조 형사소송법의 준용 ··· 309
제117조 심문조서의 작성 ··· 310
제118조 범칙사건의 관할 및 인계 ··· 310
제119조 국가기관 등에 대한 협조 요청 ··· 311
제120조 범칙처분의 종류 및 보고 ··· 311
제121조 통고처분 ··· 311
제122조 공소시효의 중단 ··· 316
제123조 일사부재리 ··· 316
제124조 고발의무 ··· 316
제125조 압수물건의 인계 ··· 317
제126조 무혐의 통지 및 압수의 해제 ··· 317

Chapter 09 과세자료의 제출 및 관리

제127조 과세자료제출기관의 범위 ··· 319
제128조 과세자료의 범위 ··· 320

제129조 과세자료의 제출방법 ··· 321
제130조 과세자료의 수집에 관한 협조 요청 ······························ 322
제131조 과세자료제출기관의 책임 ·· 322
제132조 비밀유지 의무 ··· 322
제133조 과세자료 비밀유지 의무 위반에 대한 처벌 ················· 323
제134조 징역과 벌금의 병과 ··· 323

Chapter 10 지방세 업무의 정보화

제135조 지방세 업무의 정보화 ·· 324
제136조 지방세수납정보시스템 운영계획의 수립·시행 ············· 326
제137조 지방세입 정보관리 전담기구의 설치 등 ······················ 327
제138조 전자송달, 전자납부 등에 대한 우대 ···························· 327

Chapter 11 보 칙

제139조 납세관리인 ·· 328
제140조 세무공무원의 질문·검사권 ·· 330
제141조 매각·등기·등록 관계 서류의 열람 등 ·························· 331
제142조 지급명세서 자료의 이용 ·· 331
제143조 교부금전의 예탁 ··· 332
제144조 장부 등의 비치와 보존 ·· 333
제145조 서류접수증 교부 ··· 334
제146조 포상금의 지급 ··· 334
제147조 지방세심의위원회 등 ·· 337
제148조 지방세법규해석심사위원회 ·· 343
제149조 통계의 작성 및 공개 ·· 346
제150조 지방세 운영에 대한 지도 등 ·· 347
제150조의 2 지방세 소송 등의 지원 ·· 348
제151조 지방세연구기관의 설립·운영 ·· 349
제151조의 2 지방세 관련 사무의 공동 수행을 위한 지방자치단체조합의 설립 ············· 350

2024 지방세 조문별 해설

제152조 지방세발전기금의 설치·운용 ·· 351
제152조의 2 가족관계등록 전산정보자료의 요청 ·· 352
제153조 국세기본법 등의 준용 ·· 353
제154조 전환 국립대학법인의 납세의무에 대한 특례 ·· 354

제2편 지방세징수법

Chapter 01 총 칙

제1조 목 적 ·· 357
제2조 정 의 ·· 358
제3조 다른 법률과의 관계 ·· 358
제4조 지방자치단체의 징수금 징수의 순위 ·· 359
제5조 납세증명서의 제출 및 발급 ·· 360
제6조 미납지방세 등의 열람 ·· 364
제7조 관허사업의 제한 ·· 366
제8조 출국금지 요청 등 ·· 369
제9조 체납 또는 결손처분 자료의 제공 ·· 371
제10조 외국인 체납자료 제공 등 ·· 374
제11조 고액·상습체납자의 명단공개 ·· 375
제11조의 2 둘 이상의 지방자치단체에 체납액이 있는 경우의 처리 ···················· 377
제11조의 3 고액체납자의 거래정보등의 제공 요구 ·· 378
제11조의 4 고액체납자의 감치 ·· 378

Chapter 02 징 수

제1절 징수절차 ·· 381

제12조 납세의 고지 등 ·· 381
제13조 납세고지서의 발급시기 ·· 386

제14조 납부기한의 지정 ·· 387
제15조 제2차 납세의무자에 대한 납부고지 ·· 388
제16조 양도담보권자 등에 대한 징수절차 ··· 391
제17조 도세 등에 대한 징수의 위임 ·· 394
제18조 징수촉탁 ·· 397
제19조 지방자치단체의 징수금에 대한 납세의무 면제 ··························· 400
제20조 제3자의 납부 ··· 402
제21조 지방세에 관한 상계 금지 ·· 404
제22조 납기 전 징수 ··· 404
제23조 납부의 방법 ··· 410
제24조 2 가족관계등록 전산정보자료 요청 ·· 415
제24조 3 가족관계등록 전산정보자료의 공동이용 ································· 416

제2절 징수유예 ·· 411

제25조 납기 시작 전의 징수유예 ··· 417
제25조의 2 고지된 지방세 등의 징수유예 ·· 419
제25조의 3 징수유예 등의 신청 및 통지 ·· 419
제26조 송달불능으로 인한 징수유예 등과 부과 철회 ···························· 426
제27조 징수유예 등에 관한 담보 ··· 429
제28조 징수유예 등의 효과 ·· 430
제29조 징수유예 등의 취소 ·· 433

제3절 독 촉 ·· 437

제30조 가산금 ··· 437
제32조 독촉과 최고 ··· 437
제32조의 2 실태조사 ··· 439

Chapter 03 체납처분

제1절 체납처분의 절차 ··· 441

제33조 압 류 ··· 443

Contents

2024 지방세 조문별 해설

제34조 신분증의 제시 ·· 451
제35조 수색의 권한과 방법 ··· 451
제36조 체납처분에 따른 질문·검사권 ·· 452
제37조 참여자 설정 ·· 453
제38조 압류조서 ·· 454
제39조 사해행위의 취소 및 원상회복 ·· 455
제39조의 2 체납처분의 위탁 ··· 458

제2절 압류금지 재산 ·· 459

제40조 압류금지 재산 ·· 459
제41조 조건부 압류금지 재산 ··· 464
제42조 급여채권의 압류 제한 ··· 465
제43조 초과압류의 금지 ··· 466

제3절 체납처분의 효력 ··· 467

제44조 질권이 설정된 재산의 압류 ·· 467
제45조 가압류, 가처분 재산에 대한 체납처분의 효력 ···························· 468
제46조 과실에 대한 압류의 효력 ··· 469
제47조 상속·합병의 경우에 대한 체납처분의 효력 ································ 470

제4절 동산과 유가증권의 압류 ·· 471

제48조 동산과 유가증권의 압류 ·· 472
제49조 압류 동산의 사용·수익 ··· 473
제50조 유가증권에 대한 채권의 추심 ·· 474

제5절 채권의 압류 ··· 475

제51조 채권의 압류 절차 ··· 475
제52조 채권 압류의 효력 ··· 476
제53조 채권 압류의 범위 ··· 477
제54조 계속수입의 압류 ··· 477

제6절 부동산 등의 압류 ··· 479

2024 지방세 조문별 해설

제55조 부동산 등의 압류 절차	479
제56조 자동차 등의 압류절차	482
제57조 부동산 등의 압류의 효력	483
제58조 저당권자 등에 대한 압류 통지	483
제59조 압류 부동산 등의 사용·수익	484
제60조 제3자의 소유권 주장	485

제7절 무체재산권 등의 압류 486

제61조 무체재산권 등의 압류	486
제62조 국유·공유 재산에 관한 권리의 압류	491

제8절 압류의 해제 493

제63조 압류해제의 요건	493
제64조 압류의 해제	494
제65조 부동산 등기 수수료의 면제	498

제9절 교부청구 및 참가압류 499

제66조 교부청구	499
제67조 참가압류	502
제68조 참가압류의 효력 등	504
제69조 압류 해제에 관한 규정의 준용	506
제70조 교부청구의 해제	507

제10절 압류재산의 매각 508

제71조 공 매	508
제71조의 2 전문매각기관의 매각대행 등	510
제72조 수의계약	510
제73조 공매대상 재산에 대한 현황조사	511
제74조 매각예정가격의 결정	512
제75조 공매 장소	513
제76조 공매보증금	513
제77조 매수인의 제한	514

2024 지방세 조문별 해설

제78조 공매의 방법과 공고 ·· 515
제79조 공매공고에 대한 등기 또는 등록의 촉탁 ··· 517
제80조 공매 통지 ·· 517
제81조 배분요구 등 ·· 518
제82조 공매재산명세서의 작성 및 비치 등 ··· 519
제83조 공매의 취소 및 공고 ·· 520
제84조 공매공고 기간 ·· 520
제85조 공매의 중지 ·· 521
제86조 공매공고의 등기 또는 등록 말소 ··· 521
제87조 공매참가의 제한 ·· 521
제88조 입찰과 개찰 ·· 522
제89조 공유자·배우자의 우선매수권 ·· 523
제90조 차순위 매수신고 ·· 523
제91조 재공매 ·· 524
제92조 매각결정 및 매수대금의 납부기한 등 ··· 524
제92조의 2 매수대금의 차액 납부 ·· 525
제93조 매수대금의 납부최고 ·· 527
제94조 매수대금 납부의 효과 ·· 527
제95조 매각결정의 취소 ·· 528
제96조 매각재산의 권리이전 절차 ·· 529

제11절 청 산 ·· 530

제97조 배분금전의 범위 ·· 530
제98조 배분기일의 지정 ·· 530
제99조 배분 방법 ·· 530
제100조 국유·공유 재산 매각대금의 배분 ·· 532
제101조 배분계산서의 작성 ·· 532
제102조 배분계산서에 대한 이의 ·· 533
제102조의 2 배분계산서에 대한 이의의 취하간주 ·· 534
제103조 배분금전의 예탁 ·· 534

제103조의 2 예탁금에 대한 배분 실시 ··· 535

제11절의2 공매의 대행 **536**

제103조의 3 공매등의 대행 ··· 536
제103조의 4 전문매각기관의 매각대행 등 ·································· 539

제12절 체납처분의 중지·유예 **541**

제104조 체납처분의 중지와 그 공고 ·· 541
제105조 체납처분 유예 ·· 543
제106조 정리 보류 등 ·· 546
제107조 체납처분에 관한 국세징수법의 준용 ······························ 550

제3편 | 지방세법

Chapter 01 총 칙

제1조 목 적 ·· 557
제2조 정 의 ·· 559
제3조 과세주체 ··· 559
제4조 부동산 등의 시가표준액 ·· 560
제5조 지방세기본법 및 지방세징수법의 적용 ····························· 643

Chapter 02 취득세

제1절 통 칙 **644**

제6조 정 의 ·· 644
제7조 납세의무자 등 ··· 686
제8조 납세지 ·· 723
제9조 비과세 ·· 726

2024 지방세 조문별 해설

제2절 과세표준과 세율 ··· 743

  제10조 과세표준의 기준 ··· 743
  제10조의 2 무상취득의 경우 과세표준 ······································· 743
  제10조의 3 유상승계취득의 경우 과세표준 ······························· 749
  제10조의 4 원시취득의 경우 과세표준 ······································· 785
  제10조의 5 무상취득·유상승계취득·원시취득의 경우 과세표준에 대한 특례 ··· 786
  제10조의 6 취득으로 보는 경우의 과세표준 ····························· 788
  제10조의 7 취득의 시기 ··· 791
  제11조 부동산 취득의 세율 ··· 808
  제12조 부동산 외 취득의 세율 ··· 820
  제13조 과밀억제권역 안 취득 등 중과 ······································· 827
    1. 과밀억제권역 안 취득 등 중과세 ······································· 836
    2. 고급주택, 골프장 등의 취득에 대한 중과세 ····················· 874
  제13조의 2 법인의 주택 취득 등 중과 ······································· 891
    1. 다주택자·법인의 주택 취득 중과세 ··································· 897
    2. 중과 제외 주택 ··· 899
    3. 세대의 기준 ··· 903
    4. 1세대의 기준 ··· 904
    4-1 주택수의 산정방법 ··· 907
    5. 일시적 2주택 ··· 908
    6. 주택 무상취득 중과세 기준 ··· 909
    7. 조정대상지역 지정고시 경과규정 ······································· 910
  제13조의 3 주택 수의 판단 범위 ··· 910
  제14조 조례에 따른 세율조정(제한세율) ····································· 914
  제15조 세율의 특례 ··· 915
  제16조 세율 적용 ··· 929
  제17조 면세점 ··· 933

제3절 부과·징수 ··· 934

제18조 징수방법 ·· 934
제19조 통보 등 ·· 934
제20조 신고 및 납부 ·· 935
제21조 부족세액의 추징 및 가산세 ·· 942
제22조 등기자료의 통보 ·· 949
제22조의 2 장부 등의 작성과 보존 ·· 951
제22조의 3 가족관계 등록 전산정보 등의 공동이용 ················ 952

Chapter 03 등록면허세

제1절 통 칙 · 953

제23조 정 의 ·· 953
제24조 납세의무자 ·· 958
제25조 납세지 ·· 959
제26조 비과세 ·· 961

제2절 등록에 대한 등록면허세 · 967

제27조 과세표준 ·· 967
제28조 세 율 ·· 971
제29조 같은 채권의 두 종류 이상의 등록 ································ 999
제30조 신고 및 납부 ·· 1001
제31조 특별징수 ·· 1007
제32조 부족세액의 추징 및 가산세 ·· 1008
제33조 등록자료의 통보 ·· 1009

제3절 면허에 대한 등록면허세 · 1010

제34조 세 율 ·· 1010
제35조 신고납부 등 ·· 1011
제36조 납세의 효력 ·· 1016
제37조 이미 납부한 등록면허세에 대한 조치 ························ 1016
제38조 면허 시의 납세확인 ·· 1017

Contents

2024 지방세 조문별 해설

제38조의 2 면허에 관한 통보 ·· 1017
제38조의 3 면허 관계 서류의 열람 ·· 1018
제39조 면허의 취소 등 ·· 1018

Chapter 04 레저세

제40조 과세대상 ·· 1019
제41조 납세의무자 ·· 1020
제42조 과세표준 및 세율 ·· 1020
제43조 신고 및 납부 ·· 1021
제44조 장부 비치의 의무 ·· 1023
제45조 부족세액의 추징 및 가산세 ·· 1023
제46조 징수사무의 보조 등 ·· 1024

Chapter 05 담배소비세

제47조 정 의 ·· 1025
제48조 과세대상 ·· 1027
제49조 납세의무자 ·· 1029
제50조 납세지 ·· 1030
제51조 과세표준 ·· 1031
제52조 세 율 ·· 1032
제53조 미납세 반출 ·· 1032
제54조 과세면제 ·· 1033
제55조 담배의 반출신고 ·· 1035
제56조 제조장 또는 보세구역에서의 반출로 보는 경우 ·· 1036
제57조 개업·폐업 등 신고사항 통보 ·· 1036
제58조 폐업 시의 재고담배 사용계획서 제출 ·· 1038
제59조 기장의무 ·· 1038
제60조 신고 및 납부 등 ·· 1039
제61조 부족세액의 추징 및 가산세 ·· 1043

제62조 수시부과 1044
제62조의 2 특별징수 1045
제63조 세액의 공제 및 환급 1046
제64조 납세담보 1047

Chapter 06 지방소비세

제65조 과세대상 1050
제66조 납세의무자 1052
제67조 납세지 1053
제68조 특별징수의무자 1054
제69조 과세표준 및 세액 1054
제70조 신고 및 납부 등 1056
제71조 납 입 1056
제72조 부과·징수 등의 특례 1064
제73조 부가가치세법의 준용 1064

Chapter 07 주민세

제1절 통 칙 **1066**

제74조 정 의 1066
제75조 납세의무자 1074
제76조 납세지 1082
제77조 비과세 1084

제2절 개인분 **1085**

제78조 세 율 1085
제79조 징수방법 등 1085
제79조의 2 주민세 과세자료의 제공 1086

제3절 사업소분 **1087**

2024 지방세 조문별 해설

제80조 과세표준 ·· 1087
제81조 세 율 ··· 1087
제82조 세액계산 ·· 1089
제83조 징수방법과 납기 등 ··· 1090
제84조 신고의무 ·· 1091

제4절 종업원분 ·· **1092**

제84조의 2 과세표준 ·· 1092
제84조의 3 세 율 ·· 1092
제84조의 4 면세점 ·· 1092
제84조의 5 중소기업 고용지원 ··· 1093
제84조의 6 징수방법과 납기 등 ··· 1095
제84조의 7 신고의무 ·· 1096

Chapter 08 지방소득세

1. 지방소득세의 개요 ·· 1097

제1절 통 칙 ··· **1099**

제85조 정 의 ··· 1099
제86조 납세의무자 등 ·· 1107
제87조 지방소득의 범위 및 구분 등 ·· 1109
제88조 과세기간 및 사업연도 ··· 1112
제89조 납세지 등 ·· 1113
제90조 비과세 ··· 1123

제2절 거주자의 종합소득·퇴직소득에 대한 지방소득세 ································· **1123**

제91조 과세표준 ·· 1123
제92조 세율 ··· 1127
제93조 세액계산의 순서 및 특례 ·· 1130
제94조 세액공제 및 세액감면 ··· 1144

제95조 과세표준 및 세액의 확정신고와 납부	1144
제96조 수정신고 등	1148
제97조 결정과 경정	1149
제98조 수시부과결정	1152
제99조 가산세	1153
제100조 징수와 환급	1154
제101조 결손금소급공제에 따른 환급	1155
제102조 공동사업장에 대한 과세특례	1161

제3절 거주자의 양도소득에 대한 지방소득세 … 1163

제103조 과세표준	1163
제103조의 2 세액계산의 순서	1164
제103조의 3 세율	1165
제103조의 4 세액공제 및 세액감면	1179
제103조의 5 과세표준 예정신고와 납부	1179
제103조의 6 예정신고 산출세액의 계산	1181
제103조의 7 과세표준 확정신고와 납부	1182
제103조의 8 기장 불성실가산세	1185
제103조의 9 수정신고·결정·경정·수시부과·가산세·징수·환급	1185

제4절 비거주자의 소득에 대한 지방소득세 … 1187

제103조의 10 비거주자에 대한 과세방법	1187
제103조의 11 비거주자에 대한 종합과세	1188
제103조의 12 비거주자에 대한 분리과세	1190

제5절 개인지방소득에 대한 특별징수 … 1192

제103조의 13 특별징수의무	1192
제103조의 14 특별징수 의무불이행 가산세	1194
제103조의 15 특별징수에 대한 연말정산 환급 등	1195
제103조의 16 퇴직소득에 대한 지방소득세 특별징수의 환급 등	1196
제103조의 17 납세조합의 특별징수	1196

2024 지방세 조문별 해설

제103조의 18 비거주자의 국내원천소득에 대한 특별징수의 특례 ·········· 1198

제6절 내국법인의 각 사업연도의 소득에 대한 지방소득세 ·········· 1199

제103조의 19 과세표준 ·········· 1201
제103조의 20 세율 ·········· 1206
제103조의 21 세액계산 ·········· 1207
제103조의 22 세액공제 및 세액감면 ·········· 1207
제103조의 23 과세표준 및 세액의 확정신고와 납부 ·········· 1208
제103조의 24 수정신고 등 ·········· 1211
제103조의 25 결정과 경정 ·········· 1213
제103조의 26 수시부과결정 ·········· 1215
제103조의 27 징수와 환급 ·········· 1216
제103조의 28 결손금 소급 공제에 따른 환급 ·········· 1217
제103조의 29 특별징수의무 ·········· 1220
제103조의 30 가산세 ·········· 1221
제103조의 31 토지등 양도소득 및 기업의 미환류소득에 대한 법인지방소득세 ·········· 1222
제103조의 32 비영리내국법인에 대한 과세특례 ·········· 1225

제7절 내국법인의 각 연결사업연도의 소득에 대한 지방소득세 ·········· 1227

제103조의 33 연결납세방식의 적용 등 ·········· 1228
제103조의 34 과세표준 ·········· 1228
제103조의 35 연결산출세액 ·········· 1231
제103조의 36 세액공제 및 세액감면 ·········· 1232
제103조의 37 연결과세표준 및 연결법인지방소득세액의 신고 및 납부 ·········· 1233
제103조의 38 수정신고 결정·경정 및 징수 등 ·········· 1235
제103조의 39 가산세 ·········· 1236
제103조의 40 중소기업 관련 규정의 적용 ·········· 1236

제8절 내국법인의 청산소득에 대한 지방소득세 ·········· 1237

제103조의 41 과세표준 ·········· 1237
제103조의 42 세율 ·········· 1238

제103조의 43 과세표준 및 세액의 신고와 납부	1238
제103조의 44 결정 및 경정	1239
제103조의 45 징수	1239
제103조의 46 청산소득에 대한 과세특례	1240

제9절 외국법인의 각 사업연도의 소득에 대한 지방소득세 ········· 1241

제103조의 47 과세표준	1241
제103조의 48 세율	1243
제103조의 49 외국법인의 토지등 양도소득에 대한 과세특례	1244
제103조의 50 외국법인의 국내사업장에 대한 과세특례	1244
제103조의 51 신고·납부·결정·경정·징수 및 특례	1245
제103조의 52 외국법인에 대한 특별징수 또는 징수의 특례	1246

제10절 동업기업에 대한 과세특례 ········· 1248

제103조의 53 동업기업 및 동업자의 납세의무	1249
제103조의 54 동업기업의 배분 등	1250
제103조의 55 동업기업 지분의 양도	1252
제103조의 56 비거주자 또는 외국법인의 동업자에 대한 특별징수	1252
제103조의 57 동업기업에 대한 가산세	1252

제11절 법인과세 신탁재산의 각 사업연도의 소득에 대한 지방소득세 ········· 1253

제103조의 58 법인과세 신탁재산에 대한 법인지방소득세	1253

제12절 보 칙 ········· 1255

제103조의 59 지방소득세 관련 세액 등의 통보	1255
제103조의 60 소액징수면제	1258
제103조의 61 가산세 적용의 특례	1258
제103조의 62 법인지방소득세 특별징수세액 정산을 위한 특례	1259
제103조의 63 법인지방소득세 추가납부 등	1261
제103조의 64 사실과 다른 회계처리로 인한 경정 특례	1263
제103조의 65 재해손실에 대한 세액계산 특례	1263

Contents

2024 지방세 조문별 해설

Chapter 9 재산세

제1절 통 칙 ·· **1266**

 제104조 정 의 ··· 1269
 제105조 과세대상 ··· 1277
 제106조 과세대상의 구분 등 ··· 1278
  1. 토지에 대한 재산세 과세대상 ·· 1281
   가. 종합합산과세대상(법 §106 ① Ⅰ) ·· 1281
   나. 별도합산과세대상(법 §106 ① Ⅱ) ·· 1281
   다. 분리과세대상 토지(법 §106 ① Ⅲ) ·· 1295
  2. 주거용과 주거 외의 용도를 겸하는 주택의 범위와 부속토지 산정방법 ··········· 1337
  3. 과세대상 물건이 토지 또는 건축물 대장과 다른 경우 재산세 과세방법 ·········· 1338
 제106조의 2 분리과세대상 토지 타당성 평가 등 ··· 1339
 제107조 납세의무자 ·· 1340
 제108조 납세지 ·· 1351
 제109조 비과세 ·· 1352

제2절 과세표준과 세율 ··· **1362**

 제110조 과세표준 ··· 1362
 제111조 세 율 ··· 1365
 제111조의 2 1세대 1주택에 대한 세율 특례 ·· 1377
 제112조 재산세 도시지역분 ·· 1381
 제113조 세율적용 ··· 1386

제3절 부과·징수 ··· **1389**

 제114조 과세기준일 ·· 1389
 제115조 납 기 ··· 1389
 제116조 징수방법 등 ·· 1391
 제117조 물 납 ··· 1392
 제118조 분할납부 ··· 1395

2024 지방세 조문별 해설

제118조의 2 납부유예 ··· 1397
제119조 소액 징수면제 ··· 1399
제119조의 2 신탁재산 수탁자의 물적 납세의무 ··························· 1399
제119조의 3 향교 및 종교단체에 대한 특례 ······························· 1400
제120조 신고의무 ·· 1402
제121조 재산세 과세대장의 비치 등 ·· 1404
제122조 세 부담의 상한 ·· 1405
제123조 종합부동산세 과세자료 전담기구의 설치 등 ··················· 1409

Chapter 10 자동차세

제1절 자동차 소유에 대한 자동차세 ·· **1415**

제124조 자동차의 정의 ·· 1415
제125조 납세의무자 ··· 1415
제126조 비과세 ·· 1417
제127조 과세표준과 세율 ··· 1421
제128조 납기와 징수방법 ··· 1431
제129조 승계취득시의 납세의무 ··· 1437
제130조 수시부과시의 세액계산 ··· 1438
제131조 자동차등록번호판의 영치 등 ··· 1440
제132조 납세증명서 등의 제시 ··· 1442
제133조 체납처분 ·· 1443
제134조 면세규정의 배제 ··· 1443

제2절 자동차 주행에 대한 자동차세 ·· **1444**

제135조 납세의무자 ··· 1444
제136조 세 율 ·· 1445
제137조 신고납부 등 ··· 1447
제137조의 2 납세담보 등 ·· 1451
제138조 이의신청 등의 특례 ·· 1453

Contents

2024 지방세 조문별 해설

제139조 교통·에너지·환경세법의 준용 ·· 1453
제140조 세액 통보 ·· 1453

Chapter 11 지역자원시설세

제1절 통 칙 ·· **1457**

제141조 목 적 ·· 1457
제142조 과세대상 ·· 1459
제143조 납세의무자 ·· 1466
제144조 납세지 ·· 1469
제145조 비과세 ·· 1469

제2절 과세표준과 세율 ·· **1472**

제146조 과세표준과 세율 ·· 1472

제3절 부과·징수 ·· **1477**

제147조 부과·징수 ·· 1477
제148조 소액 징수면제 ·· 1480

Chapter 12 지방교육세

제149조 목 적 ·· 1481
제150조 납세의무자 ·· 1482
제151조 과세표준과 세율 ·· 1484
제152조 신고 및 납부와 부과·징수 ·· 1492
제153조 부족세액의 추징 및 가산세 ·· 1494
제154조 환 급 ·· 1495

제4편 지방세특례제한법

Chapter 01 총칙

제1조 목 적 ·· 1501
제2조 정 의 ·· 1502
제2조의 2 지방세 특례의 원칙 ·· 1508
제3조 지방세 특례의 제한 ··· 1509
제4조 조례에 따른 지방세 감면 ··· 1510
제5조 지방세지출보고서의 작성 ·· 1521

Chapter 02 감면

제1절 농어업을 위한 지원 ·· **1525**

제6조 자경농민의 농지 등에 대한 감면 ·· 1525
제7조 농기계류 등에 대한 감면 ··· 1539
제8조 농지확대개발을 위한 면제 등 ··· 1541
제9조 자영어민 등에 대한 감면 ··· 1545
제10조 농어업인 등에 대한 융자관련 감면 등 ·· 1547
제11조 농업법인에 대한 감면 ·· 1550
제12조 어업법인에 대한 감면 ·· 1555
제13조 한국농어촌공사의 농업 관련 사업에 대한 감면 ··· 1556
제14조 농업협동조합 등의 농어업 관련 사업 등에 대한 감면 ································ 1563
제14조의 2 농협경제지주회사 등의 구매·판매 사업 등에 대한 감면 ······················ 1566
제15조 한국농수산식품유통공사 등의 농어업 관련 사업 등에 대한 감면 ················ 1566
제16조 농어촌 주택개량에 대한 감면 ··· 1569

제2절 사회복지를 위한 지원 ·· **1571**

제17조 장애인용 자동차에 대한 감면 ··· 1571
제17조의 2 한센인 및 한센인정착농원 지원을 위한 감면 ······································ 1575

Contents
2024 지방세 조문별 해설

제18조 한국장애인고용공단에 대한 감면 ·· 1576
제19조 어린이집 및 유치원에 대한 감면 ·· 1577
제19조의 2 아동복지시설에 대한 감면 ·· 1581
제20조 노인복지시설에 대한 감면 ··· 1581
제21조 청소년단체 등에 대한 감면 ·· 1584
제22조 사회복지법인 등에 대한 감면 ··· 1587
제22조의 2 출산 및 양육 지원을 위한 감면 ···································· 1591
제22조의 3 휴면예금관리재단에 대한 면제 ······································ 1593
제22조의 4 사회적기업에 대한 감면 ·· 1593
제23조 권익 증진 등을 위한 감면 ··· 1594
제24조 연금공단 등에 대한 감면 ··· 1595
제25조 근로자 복지를 위한 감면 ··· 1596
제26조 노동조합에 대한 감면 ·· 1597
제27조 근로복지공단 지원을 위한 감면 ··· 1598
제28조 산업인력 등 지원을 위한 감면 ··· 1599
제29조 국가유공자 등에 대한 감면 ·· 1600
제30조 한국보훈복지의료공단 등에 대한 감면 ································· 1603
제31조 임대주택 등에 대한 감면 ··· 1606
제31조의 2 준공후미분양주택에 대한 감면 ······································ 1614
제31조의 3 장기 일반 민간임대주택 등에 대한 감면 ······················· 1615
제31조의 4 주택임대사업에 투자하는 부동산투자회사에 대한 감면 ······ 1620
제31조의 5 공공주택사업자의 임대 목적으로 주택을 매도하기로 약정을 체결한 자에 대한 감면 1621
제32조 한국토지주택공사의 소규모 공동주택 취득에 대한 감면 등 ······ 1622
제32조의 2 한국토지주택공사의 방치건축물 사업재개에 대한 감면 ······ 1623
제33조 주택공급 확대를 위한 감면 ·· 1623
제34조 주택도시보증공사의 주택분양보증 등에 대한 감면 ················ 1625
제35조 주택담보노후연금보증 대상 주택에 대한 감면 ······················· 1626
제35조의 2 농업인의 노후생활안정자금대상 농지에 대한 감면 ········· 1628
제35조의 3 임차인의 전세자금 마련 지원을 위한 주택담보대출 주택에 대한 재산세액공제 ···· 1628
제36조 무주택자 주택공급사업 지원을 위한 감면 ···························· 1629

제36조의 2 생애최초 주택 구입 신혼부부에 대한 취득세 경감 ················ 1630
제36조의 3 생애최초 주택 구입에 대한 취득세 감면 ······················· 1633
제36조의 4 전세사기 피해자 지원을 위한 감면 ··························· 1635
제36조의 5 출산·양육을 위한 주택 취득에 대한 취득세 감면 ················ 1636
제37조 국립대병원등에 대한 감면 ·· 1637
제38조 의료법인 등에 대한 과세특례 ····································· 1638
제38조의 2 지방의료원에 대한 감면 ······································ 1641
제39조 국민건강보험사업 지원을 위한 감면 ······························· 1642
제40조 국민건강 증진사업자에 대한 감면 ································· 1643
제40조의 2 주택거래에 대한 취득세의 감면 ······························· 1644
제40조의 3 대한적십자사에 대한 감면 ···································· 1645

제3절 교육 및 과학기술 등에 대한 지원 · 1646

제41조 학교 및 외국교육기관에 대한 면제 ································ 1646
제42조 기숙사 등에 대한 감면 ··· 1655
제43조 평생교육단체 등에 대한 면제 ····································· 1659
제44조 평생교육시설 등에 대한 감면 ····································· 1661
제44조의 2 박물관 등에 대한 감면 ······································· 1665
제45조 학술연구단체 및 장학법인에 대한 감면 ···························· 1666
제45조의 2 기초과학연구 지원을 위한 연구기관 등에 대한 면제 ············ 1668
제46조 연구개발 지원을 위한 감면 ······································· 1668
제47조 한국환경공단에 대한 감면 ·· 1671
제47조의 2 녹색건축 인증 건축물에 대한 감면 ···························· 1673
제47조의 3 신재생에너지 인증건축물에 대한 감면 ························· 1676
제47조의 4 내진성능 확보 건축물에 대한 감면 ···························· 1676
제47조의 5 친환경적 자동차 충전시설에 대한 감면 ························ 1678
제48조 국립공원관리사업에 대한 감면 ···································· 1678
제49조 해양오염방제 등에 대한 감면 ····································· 1679
제49조의 2 5세대 이동통신 무선국에 대한 감면 ··························· 1680

제4절 문화 및 관광 등에 대한 지원 · 1681

Contents

2024 지방세 조문별 해설

제50조 종교단체 또는 향교에 대한 면제 ·· 1681
제51조 신문·통신사업 등에 대한 감면 ·· 1695
제52조 문화·예술 지원을 위한 과세특례 ·· 1696
제52조의 2 체육진흥기관 등에 대한 감면 ·· 1697
제53조 사회단체 등에 대한 감면 ·· 1698
제54조 관광단지 등에 대한 과세특례 ·· 1699
제55조 문화재에 대한 감면 ·· 1703

제5절 기업구조 및 재무조정 등에 대한 지원 ·································· 1706

제56조 기업의 신용보증 지원을 위한 감면 ······································ 1706
제57조 기업구조조정 등 지원을 위한 감면 ······································ 1706
제57조의 2 기업합병·분할 등에 대한 감면 ······································ 1706
제57조의 3 기업 재무구조 개선 등에 대한 감면 ···························· 1723
제57조의 4 주거안정 지원에 대한 감면 ·· 1726
제58조 벤처기업 등에 대한 과세특례 ·· 1727
제58조의 2 지식산업센터 등에 대한 감면 ·· 1734
제58조의 3 창업중소기업 등에 대한 감면 ·· 1738
제59조 중소기업진흥공단 등에 대한 감면 ·· 1750
제60조 중소기업협동조합 등에 대한 과세특례 ································ 1753
제61조 도시가스사업 등에 대한 감면 ·· 1758
제62조 광업 지원을 위한 감면 ·· 1759
제62조의 2 석유판매업 중 주유소에 대한 감면 ······························ 1760

제6절 수송 및 교통에 대한 지원 ·· 1761

제63조 철도시설 등에 대한 감면 ·· 1761
제64조 해운항만 등 지원을 위한 과세특례 ······································ 1762
제64조의 2 지능형 해상교통정보서비스 무선국에 대한 감면 ········ 1766
제65조 항공운송사업 등에 대한 과세특례 ·· 1767
제66조 교환자동차 등에 대한 감면 ·· 1768
제66조의 2 노후경유자동차 교체에 대한 취득세 감면 ···················· 1772
제67조 경형자동차 등에 대한 과세특례 ·· 1773

제68조 매매용 및 수출용 중고자동차 등에 대한 감면 ······················· 1775
제69조 교통안전 등을 위한 감면 ······················· 1778
제70조 운송사업 지원을 위한 감면 ······················· 1778
제71조 물류단지 등에 대한 감면 ······················· 1779
제71조의 2 도시첨단물류단지에 대한 감면 ······················· 1784
제72조 별정우체국에 대한 과세특례 ······················· 1785

제7절 국토 및 지역개발에 대한 지원 ······················· 1787

제73조 토지수용 등으로 인한 대체취득에 대한 감면 ······················· 1787
제73조의 2 기부채납용 부동산 등에 대한 감면 ······················· 1790
제74조 도시개발사업 등에 대한 감면 ······················· 1791
제74조의 2 도심 공공주택 복합사업 등에 대한 감면 ······················· 1798
제75조 지역개발사업에 대한 감면 ······················· 1801
제75조의 2 기업도시 개발구역 및 지역개발사업구역 내 창업기업 등에 대한 감면 ······················· 1801
제75조의 3 위기지역 내 중소기업 등에 대한 감면 ······················· 1804
제75조의 4 반환공여구역등에 대한 감면 ······················· 1805
제76조 택지개발용 토지 등에 대한 감면 ······················· 1809
제77조 수자원공사의 단지조성용 토지에 대한 감면 ······················· 1814
제78조 산업단지 등에 대한 감면 ······················· 1815
제78조의 2 한국산업단지공단에 대한 감면 ······················· 1828
제78조의 3 외국인투자에 대한 감면 ······················· 1828
제79조 법인의 지방이전에 대한 감면 ······················· 1838
제79조의 2 해외진출기업의 국내복귀에 대한 감면 ······················· 1842
제80조 공장의 지방이전에 따른 감면 ······················· 1843
제80조의 2 기회발전특구로의 이전 등에 대한 감면 ······················· 1846
제81조 이전공공기관 등 지방이전에 대한 감면 ······················· 1848
제81조의 2 주한미군 한국인 근로자 평택이주에 대한 감면 ······················· 1854
제82조 개발제한구역에 있는 주택의 개량에 대한 감면 ······················· 1855
제83조 시장정비사업에 대한 감면 ······················· 1855
제84조 사권 제한토지 등에 대한 감면 ······················· 1857

2024 지방세 조문별 해설

제8절 공공행정 등에 대한 지원 ·· 1860
   제85조 한국법무보호복지공단 등에 대한 감면 ·· 1860
   제85조의 2 지방공기업 등에 대한 감면 ··· 1861
   제86조 주한미군 임대용 주택 등에 대한 감면 ·· 1865
   제87조 새마을금고 등에 대한 감면 ·· 1866
   제88조 새마을운동조직 등에 대한 감면 ··· 1869
   제89조 정당에 대한 면제 ·· 1869
   제90조 마을회 등에 대한 감면 ··· 1872
   제91조 재외 외교관 자녀 기숙사용 부동산에 대한 과세특례 ···································· 1874
   제92조 천재지변 등으로 인한 대체취득에 대한 감면 ·· 1875
   제92조의 2 자동이체 등 납부에 대한 세액공제 ··· 1879

Chapter 03 지방소득세 특례
   제93조 내지 제166조 생략 ·· 1881
   제167조 조합법인 등에 대한 법인지방소득세 과세특례 ·· 1881
   제167조의 2 개인지방소득세의 세액공제·감면 등 ··· 1882
   제167조의 3 개인지방소득세의 전자신고 등에 대한 세액공제 ································ 1883
   제167조의 4 영세개인사업자의 개인지방소득세 체납액 징수특례 ························· 1883
   제168조 내지 제176조의 2 생략 ·· 1884

Chapter 04 보 칙
   제177조 감면 제외대상 ··· 1885
   제177조의 2 지방세 감면 특례의 제한 ··· 1886
   제178조 감면된 취득세의 추징 ·· 1887
   제179조 토지에 대한 재산세의 경감율 적용 ·· 1889
   제180조 중복 감면의 배제 ··· 1889
   제180조의 2 지방세 중과세율 적용 배제 특례 ·· 1890
   제181조 지방세 특례의 사전·사후 관리 ··· 1892

제182조 지방자치단체의 감면율 자율 조절 ·· 1894
제183조 감면신청 등 ·· 1895
제184조 감면자료의 제출 ·· 1896

제5편 | 조세특례제한법 및 지방세 관련 법령 등

Chapter 01 다른 법령 등에 의한 지방세 감면

제1절 조세특례제한법에 의한 감면 ·· **1901**

제89조의 3 조합 등 예탁금에 대한 저율과세 등 ·· 1902
제121조의 13 제주도 여행객 지정 면세점에 대한 간접세 등의 특례 ········ 1902

제6편 | 부 록

1. 면허에 대한 등록면허세를 부과할 면허의 종류와 종별 구분 / 1907
   - 지방세법 시행령 제39조와 관련 별표
2. 공장의 종류 / 1949
   - 지방세법 시행규칙 제7조 제1항 관련 별표 2
3. 공장입지기준면적 / 1975
   - 지방세법 시행규칙 제50조 관련 별표 6
4. 법인지방소득세 안분계산 시 세부 적용기준 / 1977
   - 지방세법 시행규칙 별표 4(제38조의 5 관련)
5. 농어촌특별세 비과세 규정 / 1979
   - 농어촌특별세법 제4조

지방세 조문별 해설

PART 1

지방세기본법

제1장 총 칙
제2장 납세의무
제3장 부 과
제4장 지방세환급금과 납세담보
제5장 지방세와 다른 채권의 관계
제6장 납세자의 권리
제7장 이의신청과 심판청구
제8장 범칙행위 등에 대한 처벌 및 처벌절차
제9장 과세자료의 제출 및 관리
제10장 지방세 업무의 정보화
제11장 보 칙

CHAPTER 01

제1편 지방세기본법

총 칙

제1절 통칙

　지방세관련법은 2010년 말까지 지방세법이라는 명칭으로 단일법으로 운용되어 오다가 이를 2011년 1월 1일부터 지방세기본법, 지방세법, 지방세특례제한법으로 분법개편하면서, 종전의 지방세법의 총칙 부분을 분리하여 지방세기본법으로 하면서 지방세에 관한 통칙적 사항이 여러 법규에 산재하고 있어 지방세의 기본적·공통적 사항 등에 관한 통일적 규범을 만들어 납세자와 과세권자의 불편 해소를 통한 신속·정확한 정보 제공 및 납세·징세비용 절감하고 국세 관련 준용 규정은 지방세 특성에 맞게 직접 규정하는 것으로 하여 수요자 중심의 지방세제 구축하고자 지방세기본법으로 정리한 것이다.

　지방세기본법은 지방세의 기본적 사항, 공통적 사항 및 지방세 구제절차 등을 규정하여 지방세 전반의 법률관계를 명확히 하고, 공정한 과세를 추구하며, 주민의 납세의무의 원활한 이행을 돕기 위한 법률로 탄생 되었다.

　이렇게 운영되어오던 지방세기본법은 2016년말 지방세기본법과 지방세징수법으로 다시 분법하여 종전의 지방세기본법 중 징수와 관련이 있는 체납처분 등에 관한 규정은 지방세징수법으로 하고 지방세에 관한 기본 통칙과 운영의 기본이 되는 납세의무·납세자의 권리·각종 구제제도·범칙행위에 따른 처벌규정 등을 정리하여 지방세기본법으로 하여 2017년(2017.3.28. 시행)부터 시행토록 하였다.

　이는 2011년 분법 당시 다양한 분야가 혼재된 지방세기본법을 분야별로 체계화·전문화하고 징수촉탁 업무 확대, 신속한 압류를 통한 강제집행 등 지방세의 특성을 반영한 효율적인 징수체계의 법적기반 마련하고자 지방세징수법을 제정하게 되었다.

제1조 목적

　이 법은 지방세에 관한 기본적이고 공통적인 사항과 납세자의 권리·의무 및 권리구제에 관한 사항 등을 규정함으로써 지방세에 관한 법률관계를 명확하게 하고, 공정한 과세를 추구하며, 지방자치단체 주민의 납세의무를 원활히 이행하도록 함을 목적으로 한다. 그리고 이 영은 지방세기본법(같은 법 시행령 및 시행규칙)에서 위임된 사항과 그 시행에 필요한 사항을 규정함을 목적으로 한다(법 §1, 영 §1, 규칙 §1).

법의 규정내용을 개괄적으로 살펴보면 ① 지방세에 관한 기본적, 공통적 사항에 해당되는 지방자치단체의 과세권, 지방세 부과·징수 등에 관한 조례, 기간과 기한, 서류의 송달 등에 관한 규정과 납세의무의 성립, 확정, 소멸과 승계, 연대납세의무 등 납세의무의 확대 등이 규정되어 있고, ② 지방세 부과, 징수행정에 관한 일반사항에 관한 절차 등이 규정되어 있으며 ③ 수정 신고 및 경정청구 방법, 가산세 부과방법 및 지방세 환급금의 처리방법과 납세담보 등이 규정되어 있으며, ④ 납세자의 권리보호를 위한 내용과 지방세 행정구제를 위한 이의신청 및 심사와 심판청구의 방법과 지방세에 관한 범칙행위에 대한 처벌규정 및 지방세 업무의 운영에 관한 제반 필요사항이 규정되어 있다.

그런데 종전의 지방세법이 지방세기본법, 지방세징수법, 지방세법, 지방세특례제한법으로 분법이 되었다 하더라도 이러한 지방세관계법은 국가법으로서 지방자치단체가 지방세를 부과, 징수하기 위해서는 지방자치단체의 조례로 다시 제정하여 공포·시행해야 하는 특성이 있다.

그리고 지방세기본법의 해설에 앞서 독자들의 이해를 돕기 위해 지방세의 개념에 대하여 간략히 기술하면 다음과 같다.

조세(租稅)의 개념·정의는 우리나라의 헌법이나 국세기본법 또는 지방세관계법 등에서 명문으로 정립이 된 것은 없으나 조세는 국가 또는 지방자치단체가 국법질서의 유지나 공공복리의 증진 등을 위해 국가와 지방자치단체에서 필요로 하는 재정수요를 충족시키거나 또는 경제적·사회적 특수정책의 실현을 위하여 국민에 대하여 개별적인 반대급부 없이 강제적으로 부과징수하는 과징금을 의미하는 것으로 과세권의 주체가 국가인 것은 국세가 되고 과세권의 주체가 지방자치단체인 것은 지방세가 되는 것이다. 이러한 지방세가 조세로서 가지는 특색은 다음과 같다.[1]

첫째로 지방세는 지방자치단체가 과세권에 의해서 강제적으로 과세하는 권력적 과징금이므로 조세는 국민의 재산과 부(富)의 일부를 강제적으로 지방자치단체의 수입으로 이전시킴으로써 국민의 재산권에 대한 침해의 성질을 가지지 않을 수 없다.

그래서 헌법이 그 전문에서 "…자유민주적 기본질서를 더욱 확고히 하여"라는 표현과 제1조에서 국민주권주의를 선언하고, 제23조 제1항에서 재산권을 보장하면서 그 제38조에서 "모든 국민은 법률이 정하는 바에 따라 납세의 의무를 진다."고 규정하고, 다시 제59조에서 "조세의 종목과 세율은 법률로 정한다."고 규정하고 있는 것은 바로 조세법률주의를 천명한

---

[1] 독일의 조세기본법 제3조 제1항에서는 "조세란 특별급부에 대한 반대급부가 아니라 법률이 급부의무를 거기에 결부시키고 있는 요건에 해당하는 모든 자에 대해 수입을 얻기 위하여 공법상의 단체가 과하는 금전급부를 말한다. 그리고 수입을 얻는 것은 부수목적일 수 있다. 관세 및 부과금은 이 법률의 의미에서 조세이다."라고 조세 개념을 정의하고 있다.

것으로서 결국 조세의 요건과 그 부과징수절차는 국민의 대표기관인 국회가 제정한 법률에 의하여 규정되어야 한다는 것이다. 그리고 일단 국회의 의결을 거친 세법은 국민 개개의 승낙 여부에 관계없이 국가 또는 지방자치단체의 일방적인 의사표시에 의해서 강제적으로 집행되는 것이다.

이러한 의미에서 보면 지방자치단체의 조세 이외의 수입인 세외수입, 기부금, 사업수입 또는 재산매각대금과 같은 것은 각각 제공자의 자유의사에 의해서 지급되거나 제공자와 지방자치단체간의 계약에 따라 지급되는 것으로서 조세와는 근본적으로 다르다고 할 수 있다.

둘째로 지방세는 지방자치단체가 지역의 발전과 지역주민의 복리증진에 필요한 일반적 경비 즉, 재정수요를 충족시키기 위한 비용을 얻기 위한 재원조달의 목적으로서 징수하는 것이므로 벌금·과태료 등과 같이 재정수요의 충족과는 관계없이 과징되는 금전급부와는 구별된다.

셋째로 지방세는 납부에 대한 개별적인 반대급부 없이 일반 주민으로부터 일방적으로 징수하는 것이므로 수수료 또는 사용료와 같이 지방자치단체가 주민에게 제공하는 특정한 급부에 대한 반대급부로서 징수하는 것과 특정한 사업의 경비에 충당하기 위하여 그 사업과 특별한 관계가 있는 자로부터 그 관계에 따라서 징수하는 수익자 부담금과도 구분된다.

이와 같은 조세의 개념은 독일을 중심으로 한 대륙법 계통의 국가에서 생성된 이론으로서 우리나라도 여기에 영향을 받아 모든 조세에 관한 서적에서 이렇게 표현하고 있지만 영·미국가에 있어서는 "세금은 국민이 자신의 이익을 확보하기 위해 만든 조직사회의 유지에 필요한 비용이므로 국민은 그 비용을 서로 걱정하고 공평하게 부담하여야 함과 동시에 그 사용에 있어서도 국민의 이익을 위해 사용되었는가를 감시하고 잘못 사용되었을 경우에는 그 반환을 청구할 수 있다."는 재정적 '사고의 틀'이 확립되어 국가와 국민이 동일 목적을 향하는 동반자적 위치에서 상호 견제하면서 발전을 구가한다는 개념으로 정립하고 있는 것이다.

이러한 조세로서의 지방세의 위치는 헌법에서 지방자치에 관한 규정을 하나의 장(章)으로 설정하여 지방자치단체에 자치권을 부여하고 있으며, 이러한 자치권의 하나로서 재정자주권이 보장되는 것이므로 지방자치단체에게 그 자치권으로서의 과세권이 부여되는 것은 당연한 귀결이다. 여기에 지방세의 존재의의가 있는 것이다.[2]

그러나 자치권을 무한정 인정하는 것은 국가라는 일정한 통제의 범위를 벗어나 행동함으로써 전체로서의 국가발전에 저해요인으로 작용할 우려와 지방자치단체간의 불형평의 초래

---

2) 지방세관계법 등이 기본법(또는 표준법)이라고 하여 지방세관계법 자체가 조례가 제정되기 전에도 효력이 없는 것은 아니다. 다만, 기본법인 법률의 범위 내에서 조례가 제정 또는 개정되어 공포됨으로써 구체적 집행효력이 발생한다는 것이다. 그러므로 많은 세목을 포괄한 지방세관계법은 지방자치단체가 시행할 세법으로서 각 자치단체마다 그 여건에 따라 지방세관계법 중 그 자치단체에 해당되지 않는 부분을 제외한 나머지를 당해 자치단체가 조례로서 규정하여 집행하는 형태로 되어 있는 것이 국세법과의 차이점이라 하겠다.

등이 예상되어 헌법 제117조에서 "지방자치단체는 주민의 복리에 관한 사무를 처리하고 재산을 관리하며, 법령의 범위 안에서 자치에 관한 규정을 제정할 수 있다."라고 규정함으로써 법령의 범위 안에서 자치에 관한 규정을 제정할 수 있으므로 지방자치에 관한 기본 골격은 국가의 법률로 정하는 것이 헌법의 기본 정신이다. 이러한 정신에 입각하여 볼 때 지방세의 과세에 대하여도 완전히 지방자치단체의 재량에 맡기는 것은 각 지방자치단체 간에도 지방세에 현저한 차이가 나타나고 국가 경제 질서에 혼란을 가져올 위험이 있을 뿐 아니라 국세와의 관계에 있어서도 문제가 있을 것이 예상된다. 따라서 국세와 지방세, 지방자치단체 상호간의 적당한 조정이 필요함은 물론 조세법률주의의 원칙에서 볼 때에 지방세도 그 범주를 법률로서 정하여 두는 것이 합당하리라는 점에서 지방세에 관한 기준법인 지방세관계법이 제정되어 있는 것이다.3)

이와 같이 지방세가 조세일반의 이념과 다를 바가 없는 것은 사실이지만 지방자치와 관련하여 지방세를 개념 지워 보면 국세와는 분명히 구분되는 점이 있는데, 이를 살펴보면 먼저 지방세는 지방자치 그 자체라는 것이다. 왜냐하면 지방자치단체는 국가와는 달리 각기 사회·문화·교육·경제적인 여건이 다를 뿐 아니라 심지어 관습과 언어에서도 차이가 있으므로 자치단체간의 삶의 질에서도 차이가 있다. 이런 이유로 그 재정적인 여건도 각기 다르기 때문에 지방세로서 얼마만큼의 자립을 할 수 있느냐 하는 것이 자치의 기본이 될 수 있는 것이다. 그러나 현실적으로는 지역간 세원의 불균형, 국가 세원의 지방 이양의 문제 등으로 자치단체에 무한정, 무분별한 세원의 배분이 어려운 실정이므로 이러한 모든 점을 고려하면서 지방자치의 기본이 되는 세원의 확충이 필요할 것이다.

다음으로 지방세관계법은 헌법(제117조)의 규정에 의하여 지방세에 관한 기준과 범위를 정한 것으로 국세에 관한 법률과 같이 법률이 정하는 바에 따라 바로 조세채권이 발생하거나 국민에게 납세의무를 부담시키는 것이 아니라는 점에서 지방세관계법을 통상 지방세에 관한 기준법 또는 표준법이라고 부르고 있다.

국세는 소득세법, 법인세법 등이 국회를 통과하여 공포가 되어 시행되면 그 규정된 내용에 따라 납세의무자인 국민을 규율하고, 이 규정에 의하여 바로 납세의무를 부여하는 것이지만, 지방세관계법은 국회를 통과하여 공포가 되었다 하더라도 이는 지방자치단체에서 지방세를 부과·징수할 수 있는 범위와 기준을 제시하는 것이고 그 구체적인 부과·징수의 방법은 지방세관계법이 정하는 바에 따라 그 지방세의 세목·과세대상·과세표준·세율·부과징수방법 등의

---

3) 일본헌법 제94조에는 "지방공공단체는 그 재산을 관리하고 사무를 처리하며, 또 행정을 집행할 권능을 가지며, 법률의 범위 내에서 조례를 제정할 수 있다."고 규정하고, 판례 또는 해석으로서 "행정을 집행 할 권능을 가지며"라는 규정 때문에 지방자치단체가 공권력을 행사하는 것을 인정하고, 과세권도 공권력 행사의 일종으로 보고, 행정의 집행에는 조세의 부과, 징수까지 포함한다고 보고 있는데, 우리나라는 헌법의 규정에서 행정을 집행할 권능을 가진다는 규정이 없이 단지 헌법이 규정하고 있는 "법령의 범위 안에서 자치에 관한 규정을 제정할 수 있다."는 규정만으로 자치권과 과세권이 주어진다고 해석하고 있다.

규정을 지방자치단체의 조례(조례의 시행에 따르는 절차와 기타 그 시행에 필요한 사항을 규칙으로 정할 수 있다)에 규정하여 공포·시행함으로써 자치단체가 지방세에 대한 과세권을 행사할 수 있게 된다는 점이다.

제2조 정 의

가. 용어의 정의

이 법에서 사용하는 용어의 뜻은 다음과 같다.

(1) 지방자치단체

지방자치단체란 특별시, 광역시, 특별자치시·도·특별자치도·시·군·구(자치구를 말한다. 이하 같다.)를 말한다(법 §2 Ⅰ).

이러한 자치단체는 국가 아래서 국가 영토의 일부를 구성요소로 하고 그 구역 내의 주민에 대하여 국법의 범위 내에서 지배권을 가진 단체로서 공공단체의 일종이며 공법인이다. 그리고 자치단체를 광역자치단체와 기초자치단체로 나눌 수 있는데 특별시, 광역시, 도, 특별자치도와 특별자치시는 전자에 해당되고, 시·군 및 자치구는 후자에 해당된다고 하겠다. 그리고 자치 구(區)라 함은 특별시와 광역시에 설치된 구를 말하며, 일반시(예 수원시, 성남시, 청주시, 전주시 등)에 설치된 구는 자치구가 아니다.

(2) 자치단체의 장

지방자치단체의 장이란 특별시장·광역시장·특별자치시장·도지사·특별자치도지사·시장·군수·구청장(자치구의 구청장을 말한다. 이하 같다.)을 말한다(법 §2 Ⅱ).

이러한 지방자치단체의 장은 자치단체의 자치사무를 처리함을 본래의 임무로 함과 동시에 국가 또는 상위 자치단체로부터 위임받은 사무를 처리하고 그 권한으로는 통할대표권(統轄代表權), 사무의 관리집행권, 감독권, 임면권, 규칙제정권 등이 있다. 그런데 지방자치의 선진국인 유럽이나 미국의 대부분의 주에서는 지방자치단체는 대표자인 단체장과 집행기관인 행정감(city manage)이 분리되어 있기 때문에 혼동이 없으나, 우리나라의 경우는 대표자와 집행기관이 모두 단체장으로 표시되어 있어 혼동이 자주 발생하는 경우가 있을 수 있다.

(3) 지방세

지방세란 특별시세·광역시세·특별자치시세·도세, 특별자치도세 또는 시·군세, 구세(지방자치단체의 구세를 말한다. 이하 같다.)를 말한다(법 §2 Ⅲ).

이는 국세와 아울러 조세라고 표현하며 국가에서 징수하는 조세를 국세라 칭하고 지방자치단체에서 부과 징수하는 조세로서 특별시세, 광역시세, 특별자치시세, 도세, 특별자치도세, 시세, 군세, 자치구세를 총칭하여 지방세(여기에는 가산세를 포함한다.)라고 부른다.

이러한 지방세는 특별시, 광역시, 도, 특별자치도, 시, 특별자치시, 군, 구에서 지방세의 수입으로 재정수요를 충당하고 관할 주민의 복리증진을 위해 활용하는 재원으로 사용하기 때문에 국세가 국가의 재정운영을 위한 재원인 데 반하여, 지방세는 지방자치단체의 주종재원(主種財源)으로 활용되는 것이다.

다시 말해서 지방세는 지방자치단체의 재정수요를 자주적·자율적으로 충당하기 위해서 필요하다. 재정의 기본적 기능은 자원배분, 소득분배 및 경제안정에 있다고 보고 이러한 정부의 재정적 기능을 가장 효율적으로 수행할 수 있는 것은 중앙집권보다는 지역의 여건을 감안하여 일정한 경계를 구획하고 이를 세분한 행정구역으로 나누어 행·재정을 처리하는 것이 좋다는 것이다. 이러한 기능이 국가와 지방자치단체 어느 쪽 또는 그 쌍방에 속하는 것이 적절한가를 연구하는 것이 지방재정론이다. 이렇게 하여 지방자치단체에 재정적 기능이 주어지고 재정수요가 생길 때 그것을 주로 충당하는 것이 지방세이다.[4]

그런데 지방세란 그 세목의 세수가 지방자치단체에 귀속되는 것을 말하는데 세계 각국의 세입실태를 보면 각 세목을 국가, 지방으로 분명히 구분하는 경우와 국가와 지방이 공동으로 사용하는 경우도 있다. 특히 독일은 세원을 국가와 지방이 같이 활용하는 공동세 형태를 가진 대표적인 국가다.[5]

---

4) 지방자치(Local Autonomy, Local self-government)라고 할 때는 ① 일정한 지역과 그 지역 내의 주민을 기초로 하는 공공단체(지역을 기초로 하는 공법인)가 ② 그 지역내의 행정사무를 자기의 사무(독자의 사무, 사무권한의 지방위양)로 하여 ③ 지방자치단체 자신의 직능과 책임(독자적기능, 중앙감독의 제한) 아래서 ④ 주민이 부담한 조세를 주된 것으로 하는 자주적재원(재정적자주성, 독자의 예산회계)를 가지고 ⑤ 주민이 선정한 자신의 기관(독자적기관, 자주조직권)에 의하여 ⑥ 지방자치단체의 구성원인 주민의 의사(주민의 행정참여, 주민의 행정통제)에 따라서 집행하고 실현하는 것으로 정의되고 있다. 이를 집행하고 실현하기 위해 지역주민이 자치단체 소요경비로서 부담하는 재원을 가리켜 지방세라고 하는 것이다.

5) 공동세(Gemeinschaftssteuern)라 함은 하나의 세목의 세수가 복수의 공법상 단체에 귀속되는 세금을 말한다. 독일 조세제도의 특징 가운데 하나는 공동세가 폭넓게 운용되고 있다는 점이다.
여기서 공동세에 해당하는 세목은 소득세(자본이득세 포함), 법인세, 부가가치세를 말한다. 공동세 세목에 해당하는 조세에 대해서는 연방의회에서 제장한 법률에 따라 부과징수하고 있다. 공동세의 부과징수행정은 연방행정기구가 아닌 주행정기구인 "Finanzamt"(이하 "세무서"라 표현함)가 담당한다. 공동세를 부과징수하는 세무서(Finanzamt)는 대외적으로는 주의 조세행정기관이지만, 그 구성에 대해서는 연방법률로 규정하도록 되어 있다.
공동세의 세수는 연방뿐만 아니라 주 심지어는 독일에서 기초자치단체에 해당하는 게마인데까지 그 세수를 공동으로 사용하기도 한다. 법인세는 연방과 주가 세수를 공동으로 사용하고, 나머지 공동세 세목의 경우에는 연방, 주 그리고 게마인데가 세수를 공동으로 사용한다(국회예산정책처 「지방세제의 현황과 이해」, 2018.8. p103).

(4) 지방세관계법

지방세관계법이란 지방세징수법, 지방세법, 지방세특례제한법, 조세특례제한법 및 제주특별자치도 설치 및 국제자유도시 조성을 위한 특별법을 말한다(법 §2 Ⅳ). 종전에는 지방세법이 단행법으로 구성되어 총칙에서 지방세 운영에 관한 기본내용이 규정되어 있었고, 그 다음은 각 세목별 내용이 규정되어 있었으며 종전 지방세법 제5장에서는 지방세 감면 내용이 총괄적으로 규정되어 있었다.

이러한 지방세법을 총칙 부분을 지방세기본법으로, 세목별 규정을 지방세법으로, 종전 지방세법 제5장의 감면 규정과 각 세목별 비과세 규정(지방세 감면 조례의 일부 규정)을 통합하여 지방세특례제한법으로 분법하고, 지방세기본법에서 지방세관계법을 지방세법, 지방세특례제한법, 조세특례제한법 및 제주특별자치도 설치 및 국제자유도시 조성을 위한 특별법이라고 정의하고 있었다.

그리고 2016년말 지방세기본법을 분법하여 지방세기본법과 지방세징수법으로 함으로써 지방세관계법에 지방세징수법이 포함되었다.

이와 같은 단일법인 지방세법에서 지방세관계법으로의 전환은 지방세 기본의 경우 종전에 총칙 부분에서 혼재되어 있던 법체계를 총칙 → 납세의무 → 부과·징수·체납처분 → 납세자의 권리 → 이의신청 및 심사와 심판 → 지방세 범칙행위 처벌 → 보칙으로 체계화하여 납세자와 과세권자가 알기 쉬운 순서로 체계화하였고, 국세 준용규정은 수요자가 알기 쉽도록 직접 규정하거나 준용범위를 명확화 하였으며, 국세의 편제를 참고하되, 부과고지 세목이 있는 지방세 특성을 반영할 필요가 있는 부분 등은 직접 규정하여 지방세의 특성을 최대한 반영하여 개정된 것이다.

〈표 2-5〉 공동세의 세수배분 비율(독일)

공동세의 종류	연방(Bund)	주(Länder)	게마인데(Gemeinden)
근로소득세와 부과과세방식으로 부과되는 소득세 Lohnsteuer und veranlagte Einkommensteuer	42.5%	42.5%	15.0%
부과과세방식에 의하지 않는 수익과세와 법인세 nicht veranlagte Einkommensteuer und Körperschaftsteuer	50.0%	50.0%	
금융소득에 대한 원천징수세액 Kapitalertragsteuer	44.0%	44.0%	12%
부가가치세 Umsatzsteuer	53.5%	44.5%	2.0%

(5) 과세표준

과세표준이란 지방세법에 따라 직접적으로 세액산출의 기초가 되는 과세물건의 수량·면적 또는 가액(價額) 등을 말한다(법 §2 V). 이는 결국 담세력을 나타내는 현실적인 평가액이라고도 할 수 있다.

그러므로 과세표준이 조세부과에 있어 세율이 적용되는 조세객체 즉 과세표준으로서 세목에 따라 가액, 물건, 수량, 중량 등의 일정한 크기로 표현되는데 이러한 과표의 크기에 따라 동일한 세율이 적용되더라도 세액의 크기도 다르게 나타나는 것이므로 과세표준액을 제2의 세율이라고 부르기도 한다.

그런데 세율은 통상적으로 국회 의결사항이지만 과표의 결정권은 정부에 있으므로 과세표준을 일명 행정세율이라고도 하고 이러한 조정 권한을 가지고 있는 정부는 조세정책 운영에 있어 상당한 재량 즉 자위권을 행사할 수 있으므로 이를 특정 정책목표의 실현수단(투기억제정책 등)으로 활용하는 등으로 인하여 조세에 대한 왜곡현상이 문제로 등장되기도 한다.

(6) 표준세율

표준세율이란 지방자치단체가 지방세를 부과할 경우에 통상 적용하여야 할 세율로서 재정상의 사유 또는 그 밖의 특별한 사유가 있는 경우에는 이에 따르지 아니할 수 있는 세율을 말한다(법 §2 VI).

국가나 지방자치단체가 예산의 확보를 위해 거두어야 할 세수의 크기를 결정하고 또 과세주체(누구)와 무엇을 대상으로 하여 과세할 것인가인 과세객체가 결정되면 그 다음 과세행정의 단계는 세율을 결정하는 것이라 할 것이다.

이와 같은 세율이란 세법에 규정된 세부담의 크기를 결정하는 척도, 즉 납세자가 그의 소득 또는 재산가치에서 얼마만한 몫을 세금으로 부담할 것인지를 결정해 주는 것이 세율(tax rate)이다. 그러므로 세부담의 크기인 세액은 일정한 세율이 적용되는 과표(tax base)와 관계되므로 과세표준이 금액으로 정해지는 경우에는 세율을 보통 백분비(百分比) 또는 천분비(千分比)로 정하고, 과세표준이 수량으로 정해지는 경우의 세율은 과세표준의 단위에 대해서 일정한 금액으로 표시하고 있다. 지방세의 세율도 조세의 일반적인 세율의 성격과 본질적으로 다를 것이 없으나 지방세는 지방세로서의 특성 때문에 국세에서는 보기 드문 다음과 같은 세율의 특징이 있다.

먼저 지방세에 있어서는 지역적으로 차등세율이 적용되는 세목이 있다는 점이다. 국세는 전국 통일적인 세율을 적용하고 있는 것이 일반적이나 지방세에 있어서는 면허에 대한 등록면허세는 지역적인 응익관계를 고려하거나 특수한 정책목적에 따라 지방세법 자체에서 지역적으로 차등세율을 적용토록 규정하고 있고, 지방세의 자주성의 원칙에 따라 지방세법이 허용하는 범위 내에서 지방자치단체에서 초과세율을 적용하거나 불균일과세를 하는 등 지역에 따라 서로 다른 세율을 적용하는 경우도 있다.

다음으로 지방세의 세율에는 일정한 세율에 의하여 과세되는 것이 있는 반면에 지방자치단체가 재정상 특별한 사유가 있다고 판단될 경우에는 일정한 범위 내에서 조정할 수 있는 신축성이 인정되는 표준세율을 설정하고 있다. 현행 지방세법에서 표준세율을 적용하면서 제한세율 또는 초과과세 세율의 범위를 정하고 있는 세목은 취득세, 재산세, 소유에 대한 자동차세(초과과세 범위 규정), 지역자원시설세 등이 있는데, 이에 대한 실제운영사례는 종전의 지역개발세 운영당시 강원도가 표준세율의 50%까지 초과 과세를 하고 있었고, 부산광역시의 경우 컨테이너에 대한 표준세율이 1TEU당 15,000원인데 20,000원을 적용한 사례가 있었던 것에 불과하다.

이렇게 지방자치단체의 사정에 따라 세율을 다르게 적용할 수 있도록 하는 것은 지방자치단체의 과세자주권을 신장시켜 주기 위함에 그 목적이 있다.[6]

그리고 지방세에 있어서는 가급적 누진세율을 적용하지 않는다는 점인데 현행 지방세에서는 재산세 등에서 국가 정책적인 차원에서 누진세율을 채택하고 있고 나머지 대부분의 세목에는 누진세율을 적용하지 않고 있다. 그런데 부담분임의 원칙 또는 응익원칙에 의한 지방세에 있어서는 비례적·균등적 부담으로 되는 것이 합리적이며 소득재분배기능이나 경기안정화의 기능은 부수적인 것으로 인식되어 대체로 누진세제도를 채택하지 않거나 누진단계를 적게 하여 급격한 부담을 완화하고 있는 것이 일반적인 실정이다.

이상과 같이 지방세의 세율은 조세 일반에 있어서와 같이 비례세율과 누진세율로 분류될 수 있으나 지방세가 지니고 있는 특수성 때문에 국세와는 달리 다음과 같은 종류의 세율이 있다.

(가) 일정세율

일정세율이라 함은 세율이 일정하게 고정된 것으로서 과세권자인 지방자치단체가 과세할 경우에 세율을 변동함이 없이 정해진 세율로 적용해야 하는 법정세율을 말한다. 그런데 지방자치라는 측면에서 지방세의 자주성의 원칙을 고려한다면 지방세의 세율은 각 지방자치단체가 임의로 정하는 것이 원칙이겠으나 국가의 경제정책면에서나 과세기술상 또는 조세법률주의 원칙에 의한 임의세율의 불인정 등으로 인하여 지방자치단체에 세율 변경권을 일정한 범위 내에서 제한하면서 될 수 있는 한 법정세율에 의하도록 하고 있는데 현행 지방세에서는 일정세율만 적용토록 하는 것은 등록면허세 중 면허에 대한 등록면허세, 레저세 등이 있다.

---

[6] TEU(Twenty Equivalent Unit)는 컨테이너의 국제기준에 의한 규격으로 1TEU는 20피터(feet) 규격컨테이너 하나를 말한다.

(나) 제한세율

제한세율은 지방자치단체가 지방세를 과세하는 경우에 이를 일정범위 내에서 초과하거나 하향하여 과세할 수 있도록 법정되어 있는 세율을 말하며 이러한 제한세율에는 단순히 제한세율만 법정되어 있는 경우도 있으며, 표준세율에 대해서 초과세율의 한도를 제한하거나 그 상하조정의 범위를 제한하고 있는 경우가 있는데 제한세율의 범위 내에서 세율을 결정하는 것은 당해 지방자치단체의 조례로 하여야 한다.

현행 지방세의 세목 중에서 제한세율로만 되어 있는 것을 예를 들면 주민세의 세대별 개인분은 1세대당 연 10,000원을 초과하지 아니하는 범위 내에서 조례로 정하도록 되어 있으며, 주민세 종업원분의 경우는 종업원 급여총액의 100분의 0.5로 하고, 지방자치단체 조례로 이세율의 100분의 50의 범위에서 가감할 수 있도록 규정하고 있다.

또한 표준세율을 채택하고 그 상한 또는 하한이 제한되어 있는 것으로는 개인 지방소득세·취득세·등록면허세 중 부동산 등기에 대한 등록면허세·재산세·주민세사업소분, 지역자원시설세(원자력발전 제외)·지방교육세의 경우 그 세율을 표준세율의 100분의 50 범위 안에서 시장·군수는 조례로서 시, 군의회의 의결을 거쳐 가감조정하여 정할 수 있도록 되어 있다.

그런데 여기서 주의 깊게 보아야 할 것은 자동차 주행에 대한 자동차세의 세율의 경우 자치단체의 과세자율권 부여와는 관계없이 조정이 필요한 경우에는 그 세율의 100분의 30범위 안에서 대통령령으로 이를 가감조정할 수 있도록 지방세법(법 §136 ②)에서 규정하여 국가정책목적에 따라 탄력적으로 활용하는 제도이며, 담배소비세의 경우에도 그 세율의 100분의 30범위에서 대통령령으로 가감조정토록 하고 있으므로, 이는 자치단체의 과세자주권과는 관계가 없는 조항이다.[7]

(다) 표준세율

지방세기본법에서 표준세율의 정의를 "지방자치단체가 지방세를 부과할 경우에 통상 적용하여야 할 세율로서 재정상의 사유 또는 그 밖의 특별한 사유가 있는 경우에는 이에 따르지 아니할 수 있는 세율을 말한다."고 정의하고 있다. 그러므로 표준세율제를 채택하고 있는 세목에 있어서는 지방자치단체가 재해복구 기타 특별한 사정에 의하여 재정수요가 증대할 경우에는 표준세율보다 초과하는 세율을 적용할 수도 있고, 지방자치단체에 재원의 여유가 있어 세수입을 줄여도 재정 운영에 지장이 없거나 납세자의 세부담을 경감하기 위하여 특히 필요한 경우에는 표준세율보다 낮은 세율을 적용할 수도 있

---

[7] 일본의 경우 지방분권에 관한 권고에서 지방세의 양적인 충실과 아울러 과세 자주권의 존중을 기본적으로 하면서 2005년부터 고정자산세의 제한세율(2.1%)제도를 폐지하여 자율성을 확대한 점으로 보아 우리나라도 제한세율의 한도를 어느 시점에서는 지방자치단체의 자율에 맡기는 제도의 전환이 필요하다고 생각된다.

는데 표준세율을 초과한 세율을 적용하고자 할 경우에는 세법상 그 상·하한의 제한이 전혀 없는 경우와 그 상·하한을 다시 제한하고 있는 경우가 있다.

현행 지방세법에서 표준세율의 일정범위 안에서 가감조정하여 정할 수 있도록 하는 등 세율의 적용범위를 제한하고 있는 것은 앞서 제한세율에서 설명한 바 있다.

그런데 지방자치단체는 표준세율의 운영에 있어서는 주민부담 등을 고려하여 재정상의 이유 또는 그 밖의 특별한 사유가 있는 경우를 제외하고는 표준세율에 따라야 하고 지방자치단체가 편의에 따라 임의로 초과 또는 하향세율을 적용하여서는 안되는데 이 경우 "재정상의 이유 또는 그 밖의 특별한 사유"라 함은 재해복구와 같은 특별한 재정수요가 있거나 납세자의 부담 균형화를 위해 특히 필요한 경우를 말하는 것이므로 지방자치단체가 자의적인 판단에 의하여 언제든지 탄력세율을 적용하여서는 안된다고 본다.

다시 말해서 표준세율이 정해져 있는 세목에 대해서 표준세율을 초과하여 정하는 것을 초과세율이라 하는데, 이러한 세율의 결정은 원칙적으로 지방자치단체의 입장에서 그 자치단체에 위임되어 있기 때문에 필요에 따라 초과과세를 할 수 있다는 것은 당연한 것이지만 초과과세는 납세자에 대한 통상적인 부담을 초과하여 부담을 지우는 것이기 때문에 이를 시행함에 있어서는 신중히 검토하고 적절한 내용의 것으로 할 필요가 있다고 본다.

그러므로 초과과세는 재정상이나 기타 특별한 사유가 있는 경우에 한하여 하여야 하는데 과연 무엇이 재정상 기타 특별한 사유인가를 한마디로 설명하기란 어렵지만 천재·지변 등에 의한 재해복구를 긴급히 하지 않으면 아니되는 경우 등이 여기에 해당된다고 하겠으므로 자치단체의 재정이 단순히 어렵다는 것만으로는 특별한 사유나 재정상 필요가 있다고 말할 수 없고 또한 다른 자치단체와 비교해서 월등히 재정수요가 요구되는 급박한 사업으로 인한 행정을 수행하여야만 되는 필요성이 요구되는 것을 특별한 사유로 보아야 할 것이다. 이 경우 초과과세뿐 아니라 감면하는 경우도 또한 같다고 본다.

그리고 표준세율의 운영에 있어 또 하나 유의할 점은 지방자치단체의 재해 등 특별한 사유로 재정이 극히 곤란하거나, 그렇지 않으면 주민부담의 실정 등을 고려하여 표준세율보다 낮은 세율을 적용할 경우에는 동일한 지방자치단체 내에서 일부 세목은 초과세율을 적용하고 일부 세목은 표준세율보다 낮은 세율을 적용할 수는 없는 것이다. 이는 앞서 설명한 바와 같이 재정상 특별한 사유가 있어 초과세율을 적용하면서 다른 세목에는 표준세율보다 낮은 세율을 적용하는 것은 이치에 부합되지 아니하는 것이기 때문이다.[8]

또 하나 유의해야 할 점은 초과세율을 적용할 세율은 지방세법에서 규정하고 있는 세율구조와 동일한 구조의 세율을 적용하여야만 한다는 점이다. 이는 조세법률주의원칙

---

[8] 이상희, 「지방재정론」, 계명사, 1992, p.207

(과세요건 법정주의)에 의거 임의대로 세율구조를 바꿀 수 없는 점을 감안할 때 초과세율을 적용한다는 명목하에 비례세율체제로 되어 있는 것을 누진세율체제로 하거나 납세의무자의 보유재산의 과세표준액에 적용하는 관계를 바꾸어 세율에 차등을 인정하는 것과 같은 불균일과세는 할 수 없다고 본다.

(라) 임의세율

우리나라의 현행 지방세법에서는 순수한 임의세율제도는 인정하지 않고 있는데 이러한 임의세율은 법에서 세율을 정하지 아니하고 각 지방자치단체가 법률의 범위내에서 임의로 세율을 결정하여 적용할 수 있는 세율을 말하는데, 임의세율은 특정한 세목에 있어서 법정된 과세표준에 대해서 지방자치단체가 재정수요에 상응한 범위 내에서 임의로 세율을 정할 수 있는 것과 법정외 세목의 설치를 인정하고 있는 경우에 법정외 세목을 설치하면서 그 세율을 지방자치단체가 임의로 정하는 경우가 있을 수 있다.[9]

그런데 우리나라에서는 순수한 임의세율 적용은 인정되지 않고 있지만 법정외세를 설치하고 있는 일본의 도부현(道府縣)과 시정촌에는 법정외 보통세와 법정외 목적세가 설치되어 있고 이들 세목의 세율은 임의세율로 되어 있다.[10]

(7) 과세표준 신고서

과세표준 신고서란 지방세의 과세표준·세율·납부세액 등 지방세의 납부 또는 환급을 위하여 필요한 사항을 기재한 신고서를 말한다(법 §2 Ⅶ).

이 경우 과세표준 신고서라 함은 과세표준에 대한 신고에만 한정되는 것이 아니라 취득세 등을 신고·납부하고자 하는 경우 그 신고서에 기재하는 과세표준·세율·납부세액 등 취득세 등 신고납부에 필요한 모든 사항을 기재하는 것과 지방세의 과오납금에 대한 환급에

---

[9] 일본에서는 2000.4.1. 지방분권일괄법이 시행되면서 종전에는 법정외 보통세만 인정하였던 것을 법정외 목적세 제도를 창설하였으며, 법정외세에 대해서는 지방분권 추진의 일환으로서 과세자주권의 존중, 주민의 수익과 부담의 관계 명확화, 지방공공단체의 과세선택폭의 확대 등의 관점에서 법정외세에 대한 국가의 허가재가(裁可) 동의를 요하는 협의제(총무대신)로 바뀌고, 협의신청 사항 중 ① 국세 또는 다른 지방세와 과세표준을 같게 하고 또 주민의 부담이 현저히 과중하게 된 것, ② 지방자치단체간에 물(物)의 유통에 중대한 장해를 주는 것, ③ 국가의 경제시책에 비추어 적당치 않은 것의 경우를 제외하고는 총무대신은 이에 동의해야 하도록 하고 있다(일본세제의 현상과 과제, p.63, 2000.7. 세제조사회).

[10] 일본은 지방세법이 규정하고 있는 법정세목에서 지방자치단체가 임의로 선택하여 세목을 설치하도록 하는 임의세제도를 시행함으로써 지방자치단체가 지역의 실정에 맞는 지방세목을 구성할 수 있는 제도적 여건을 구축하고 있다. 이러한 세목으로 수리지익세, 공동시설세, 택지개발세가 있다.
또한 2007년도 일본의 법정외세에는 도부현법정외보통세(핵연료세, 석유가격조정세, 임시특례기업세)와, 목적세(산업폐기물세, 숙박세, 환경보전세) 그리고 시정촌법정외보통세(사리채취세, 별장소유세, 역사와 문화환경세, 사용제핵연료세, 협소주호집합주택세)와 목적세(유어세, 일반폐기물매립세, 환경거래세, 사용제핵연료세, 방치자전차등대책추진세, 환경협력세)로 나뉘어진다(일본 총무성 홈페이지 : http://www.soumu.go.jp/czaisei/czais.html).

필요한 내용을 기재한 청구서 등을 총칭하는 것으로 보아야 할 것이다.

그런데 이와 같은 신고서를 제출하는 것은 지방세관계법에서 정하는 기한 내에, 해당기관에 제출하여야만 수정신고 내지는 법률적 다툼의 이익을 받을 수 있는 점을 유의해야 할 것이다.

(8) 과세표준 수정신고서

과세표준 수정신고서란 처음 제출한 과세표준 신고서의 기재사항을 수정하는 신고서를 말한다(법 §2 Ⅷ).

이러한 과세표준 수정신고서는 지방세관계법에서 규정하고 있는 법정신고기한내에 제출된 과세표준 신고서의 기재사항에 누락이나 오류가 있는 경우에는 법정수정신고기한내에 수정신고서를 제출해야 할 것이다.

그러므로 지방세관계법상 정해진 신고납부기한 또는 신고연장기한내에 신고서가 제출된 경우에만 수정신고가 가능하다고 봄으로 적법신고 기한 내에 착오나 실수 및 고의 등으로 신고가 되지 아니한 경우나 적법한 신고로 볼 수 없는 경우는 당해 납세자의 신고행위는 과세권자의 조사결정 및 부과처분의 참고 사항만 되는 것이지 적법한 신고서류로 인정받지 못하는 것이다.[11]

그런데 이 경우 수정신고는 원래의 신고에 대하여 납세자가 스스로 수정하는 것이므로 과세권자의 부과결정이나 경정사항에 대하여는 수정신고의 개념이 없고, 여기에 대하여는 이의신청이나 심판청구 등 불복청구만이 가능하다.

결국 납세의무자의 신고내용에 누락, 오류가 있는 때에 한하여 적법한 수정기한내에 수정신고가 가능한데 그 대상은 당초 신고 내용의 누락·오류이다.

여기서 누락이나 오류라 함은 과세표준과 세액계산상의 실질내용 등의 정확성 뿐 아니라 실질대로 신고를 하였지만 법령 규정을 오해한 부분도 포함된다고 보며, 특히 납세자 입장에서 보아 과세표준이나 세액결정에 변동을 줄 수 있는 것은 무엇이나 수정신고의 대상이 된다고 본다.

(9) 법정신고기한

법정신고기한이란 이 법 또는 지방세관계법에 따라 과세표준 신고서를 제출할 기한을 말한다(법 §2 Ⅸ).

이 경우의 기한은 납세의무이행과 과세행정의 편의를 위해 납세자가 과세표준 신고서를 제출할 수 있는 일정기한을 각 세목별로 규정한 것을 말하는데 현행 지방세법에 정하여진

---

[11] 박윤종, 「국세기본법해설」, 1994. P.5

세목별 법정신고기한을 요약하면 다음과 같다.

① 취득세
- 일반취득
  - 유·무상 취득 : 취득한 날부터 60일 이내
  - 상속취득 : 상속개시일이 속하는 달의 말일부터 6개월 이내
  - 실종취득 : 실종선고일이 속하는 달의 말일부터 6개월 이내
  - 외국 주소를 둔 상속인 : 취득한 날부터 9개월 이내
- 중과대상 또는 비과세 등에서 과세대상으로 전환된 경우 : 사유 발생일부터 60일 이내
- 재산권 등의 권리의 취득·이전에 관한 사항 공부·등기·등록·등재의 경우 : 등기·등록 하기 전까지

② 등록에 대한 등록면허세
- 일반 등록세 : 등록을 하기 전까지
- 중과세 대상이 되거나 또는 비과세 등에서 과세대상으로 전환된 경우 : 사유 발생일 부터 60일 이내

③ 면허에 대한 등록면허세
- 신규 면허·변경면허 : 면허증서를 발급받거나 송달받기 전까지

④ 레저세 : 투표권 등의 발매일이 속하는 달의 다음 달 10일까지

⑤ 담배소비세
- 제조자·수입판매업자 : 매월 1일부터 말일까지의 세액을 다음 달 20일까지
- 특별징수의무자 : 다음 달 10일까지

⑥ 지방소비세
- 지방소비세와 부가가치세를 신고·납부·경정 및 환급 할 경우 : 지방소비세와 부가가 치세가 합쳐진 금액을 신고·납부·경정 및 환급 하여야 한다.
- 특별징수한 지방소비세 납입 : 다음 달 20일까지

⑦ 주민세
- 개인분 : 매년 8월 16일부터 8월 31일까지(납기)
- 사업소분 : 매년 8월 1일부터 8월 31일까지 신고납부
- 종업원분 : 다음 달 10일까지 신고납부

⑧ 지방소득세
- 법인세분 : 각 사업연도 종료일이 속하는 달의 말일부터 4개월 이내(연결법인의 경 우 각 사업연도 종료일이 속하는 달의 말일부터 5개월 이내)
  - 세액의 결정·경정 : 고지서의 납부기한부터 1개월 이내

- 신고기한의 연장 : 연장된 신고기한의 만료일부터 1개월 이내
- 수정신고 : 신고일부터 1개월 이내
• 소득세분(특별징수액은 제외)
- 종합소득과세기간의 다음 연도 5월 1일부터 5월 31일까지 신고
- 양도소득 확정신고 : 그 과세기간의 다음 연도 5월 1일부터 5월 31일까지
- 양도소득 예정신고 : 그 허가일이 속하는 달의 말일부터 2개월
- 퇴직소득 확정신고 : 그 과세기간의 다음 연도 5월 1일부터 5월 31일까지
- 추가납부세액 수정신고 : 그 신고일까지
• 특별징수분 : 그 징수일이 속하는 다음 달 10일까지. 다만, 원천징수한 소득세를 반기별로 납부하는 경우 반기의 마지막 달의 10일까지
⑨ 자동차 주행에 대한 자동차세 : 매월 특별징수한 세액을 다음 달 25일까지
⑩ 특정자원에 대한 지역자원시설세 : 지방자치단체의 조례로 정하는 기간 내
⑪ 지방교육세 : 취득세, 등록에 대한 등록면허세, 레저세 또는 담배소비세를 신고하고 납부하는 때

(10) 세무공무원

세무공무원이란 지방자치단체의 장 또는 지방세의 부과·징수 등에 관한 사무를 위임받은 공무원을 말한다(법 §2 X).

여기에서 위임을 받은 공무원이란 지방자치단체의 장으로부터 지방세의 과세에 관한 권한을 위임받은 공무원, 즉 세무부서에 근무명령을 받은 자를 말하며, 세무공무원은 지방세 관계법상 질문, 검사, 수색의 권한 등이 있는 반면 그 재량에는 한계가 있다.

(11) 납세의무자

납세의무자란 지방세법에 따라 지방세를 납부할 의무(지방세를 특별징수하여 납부할 의무는 제외한다.)가 있는 자를 말한다(법 §2 XⅠ).

납세의무자는 납세자의 법적지위를 말하는 것으로 조세를 납부하는 개별 경제주체인 자연인 또는 법인을 납세자라고 한다. 그러므로 세부담자는 조세를 실질적으로 부담하는 자연인 또는 법인이다. 그런데 납세의무자와 납세자가 일치하는 경우는 재산세 등과 같이 소유자에게 과세하는 직접세의 예이고, 부가가치세와 같은 소비자에게 과세하는 경우는 납세자와 담세자는 각기 다르다.

결국 납세의무자는 납세자라고도 한다. 즉 지방세에 관한 법률에 의하여 지방세와 체납처분비를 납부할 의무가 있는 자를 말한다. 따라서 납세의무자에는 징수의무자를 제외하는 개념으로 사용하고 있음이 명백한 것이다.[12]

그러므로 지방세관계법에 의하여 납세할 의무가 있다고 규정된 자를 일반적으로 말할때 납세의무자라고 한다. 즉 부과면에서는 과세요건이 충족되었을 때 과세되는 자이며, 과세물건의 귀속자 또는 과세권의 객체라 할 수 있고, 징수면에서는 지방세 채무자로서 지방세 납부의 의무를 지는 자를 말하며 징수권의 객체 또는 납세의무의 주체가 되는 것이다.13)

(12) 납세자

납세자란 납세의무자(연대납세의무자와 제2차 납세의무자 및 보증인을 포함한다.)와 특별징수의무자를 말한다(법 §2 ⅩⅡ).

그러므로 납세자에 포함되는 지위에 있는 자란 협의의 납세의무자, 연대납세의무자, 제2차 납세의무자(물적납세의무자 포함), 납세보증인과 징수의무자를 포함하는 것이다. 납세자는 지방세에 관한 법률에 의하여 지방세, 체납처분비를 납부할 의무가 있는 자이며, 납세자는 그 의무의 내용에 따라 지방세의 부과징수 또는 환급의 상대방이 된다. 그런데 국세기본법 제2조 제10호에 의하면 제2차 납세의무자를 "납세자를 갈음하여 납부할 의무가 생긴 경우의 제2차 납세의무자"로 표현하여 제2차 납세의무자의 한계를 명확히 규정하고 있다.

(13) 제2차 납세의무자

제2차 납세의무자란 납세자가 납세의무를 이행할 수 없는 경우에 납세자를 갈음하여 납세의무가 있는 자를 말한다(법 §2 ⅩⅢ).

그러므로 제2차 납세의무자는 지방세관계법에 규정된 납세의무자의 지방세와 체납처분비에 대하여 당해 납세의무자의 재산을 대상으로 하여 체납처분을 하여도 징수하고자 하는 금액에 부족되는 경우 그 부족되는 금액에 대하여 제2차 납세의무 또는 물적 납세의무 규정에 의한 납세의무를 지게 되는 자를 말한다.

즉, 주된 납세자의 재산에 징수부족 사실이 발생하면 제2차 납세의무는 추상적으로 성립되는 것이고, 납부통지서의 고지에 의해서 제2차 납세의무는 확정된다고 할 것이다.

결국 제2차 납세의무자의 납세의무는 어디까지나 본래의 납세자의 재산에 대하여 체납처분을 집행하고도 징수할 금액이 부족할 때 비로소 성립되는 것으로 원래의 납세의무자와 제2차 납세의무자와의 지방세 채무자로서의 관계에 있어서는 부종성과 보충성이 있는 것이다.

---

12) 연대납세의무자는 납세자에 갈음하여 보충적 납세책임을 지는 제2차 납세의무자, 물적납세의무자, 납세보증인이나 타인의 세금을 징수하여 납부하는 징수의무자와는 달리 자기자신의 납세의무를 지는 자이므로 납세의무 확대의 범주보다는 본래의 납세의무자의 범주에 포함시켜야 할 것이다. 다만, 자기의 부담부분을 초과하여 납부책임을 지는 납부책임의 확장이라는 특성이 있을 뿐이다(최명근, 조세법총론, p.214).

13) 이필우, 「조세론」법문사, 1995. p.22

그래서 이 규정에서 제2차 납세의무자를 납세자가 납세의무를 이행할 수 없는 경우에 납세자를 갈음하여 납세의무가 있는 자라고 하고 있다.

(14) 보증인

보증인이란 납세자의 지방세 또는 체납처분비의 납부를 보증한 자를 말한다(법 §2 XIV). 이러한 납세보증인은 납세의무자가 납부할 조세에 관하여 보증채무(납세보증채무)를 부담하는 자. 즉, 주된 납세의무자의 조세채무가 이행되지 않는 경우 그 이행의 책임을 부담하는 자를 말하는데 이와 같은 납세보증인은 조세법상 납세의무자에게 담보제공의무가 지워진 경우에 납세의무자의 신청에 의하여 담보수단으로 제공된 인적 담보이다.

납세보증채무는 종된 채무로서 제2차적 성격을 가지며, 그것은 주된 조세채무와의 관계에서 소위 부종성과 보충성이 있고, 주된 조세채무와는 법률적으로 독립성이 있는 별개의 채무이다(납세보증채무는 조세채권자와 납세보증인 간의 보증계약에 의하여 성립한다). 그러나 보증인에 의한 납세보증은 조세법에 근거가 있는 경우에 한하여 제한적으로 허용되는 것이므로, 세법에 근거없이 사법상(私法上)의 보증계약에 의하여 납세의무자의 조세채무를 보증하도록 하는 것은 무효라고 할 것이다.14)

(15) 납세고지서

납세고지서란 납세자가 납부할 지방세의 부과 근거가 되는 법률 및 해당 지방자치단체의 조례 규정, 납세자의 주소, 성명, 과세표준, 세율, 세액, 납부기한, 납부장소, 납부기한까지 납부하지 아니한 경우에 이행될 조치 및 지방세 부과가 법령에 어긋나거나 착오가 있는 경우의 구제방법 등을 기재한 문서로서 세무공무원이 작성한 것을 말한다(법 §2 XV).

그런데 조세채권은 재산세와 같이 법으로 규정한 일정한 과세기준일에 납세의무가 성립하는 것과 취득세와 같이 취득 시점에 납세의무가 성립(추상적 납세의무)하나 신고납부를 하지 아니하거나 과소신고납부로 인하여 부과고지 할 수 있는 요건이 충족된 조세채권은 최종적으로 행정기관이 행정처분인 부과처분을 함으로써 조세채권이 구체적으로 확정되는 것인데 이렇게 확정된 조세채권을 세법이 정한 절차에 따라 이를 납세자에게 청구하는 서면을 납세고지서라 하는 것이다.15)

그러므로 납세고지서에는 납부할 귀속연도 또는 과세물건별로 각각 과세근거가 되는 과세물건의 과세표준액, 세율, 세액, 납기, 구제방법 등 필요한 기재사항이 모두 명기되어야

---

14) 강인애, 「조세법 I」, p.224
15) 조세행정처분을 크게 구별하면 과세처분(부과처분), 징수처분(협의) 및 체납처분으로 구분하는데, 납세고지와 같은 부과처분은 추상적·객관적으로 성립한 조세채권의 내용을 구체적으로 확인하는 준법률행위적 행정처분이고, 징수처분 및 체납처분은 확정된 조세채권을 실현하기 위한 하명행위로서 법률행위적 행정처분이다 (강인애, 「국세징수법」, 한일조세연구소 2004, p.3).

만 적법한 납세고지서가 되고 만약 일부의 기재를 누락시킨 하자가 있는 경우에는 당해 고지세액이 적법한 것이라도 절차상의 하자로 위법한 부과처분이 된다는 점에 유의해야 한다.

그런데 납세고지와 납부고지는 구분된다. 이는 납세의무가 있는 납세의무자에 대한 고지는 납세고지라 하고, 직접납세의무 없는 납부의무자 즉, 제2차 납세의무자 또는 보증인에 대한 고지(지방세기본법 제45조 참조)는 납부고지라고 구분한다는 것이다.

(16) 신고·납부

신고납부란 납세의무자가 그 납부할 지방세의 과세표준과 세액을 신고하고, 신고한 세금을 납부하는 것을 말한다(법 §2 ⅩⅥ).

예를 들면 부동산을 취득한 후 취득일부터 60일 이내에 취득세를 신고하고 납부하는 것 등을 말한다.

이 방식은 과세권자의 전횡을 배제할 뿐만 아니라 납부할 세액을 그 사정을 가장 잘 알고 있는 납세의무자로 하여금 확정하게 하는 것으로서 민주주의 국가의 조세제도에 있어서 가장 합리적이고 편의한 제도라고 할 것이다.

신고·납부제도는 이를 자기부과제도 또는 자기계산납부제도라고도 하는데 그 신고내용과 납부한 세액이 정당한 때에는 그 조세채권은 확정되는 것이지만, 신고가 부당하거나 납부한 세액이 미달하게 납부된 경우에는 과세권자가 행정처분으로서 조세채무내용을 확정하고 고지에 의하여 이행청구를 하게 되는데 이를 보통징수라 하고 고지에 의한 납부를 청구하였으나 납세고지서에 지정된 기한까지 납부하지 아니할 경우에는 독촉절차를 거쳐 강제징수하게 된다. 그러므로 신고납부방식에 있어서도 과세권자에게 조세채권의 제2차적·보충적인 확정권이 유보되어 있다.

이와 같이 신고납부제도를 활용하여 지방세를 확정하는 세목에 있어서는 지방세관계법 등에 따른 법정신고기한까지 과세표준신고서를 제출한 경우에는 그에 대한 지방세의 과세표준과 세액을 결정 또는 경정하여 통지하기 전까지는 과세표준수정신고서를 제출할 수 있으며, 또한 과세표준신고서에 기재된 과세표준 및 세액이 잘못기재 되는 등의 사유가 있는 경우에는 법정신고기한이 지난 후 5년 이내에 최초신고 또는 수정신고한 내용에 대해 결정 또는 경정을 청구할 수도 있다.[16]

이와 같은 신고납부는 외부에 명시적으로 표시하지 않는 내심적 의사를 가지고서 조세수납을 위한 납부의 사실을 행하는 것이므로 이는 사실행위(事實行爲)에 해당한다고 보며, 이는 법질서에 부합하는 행위이므로 적법(適法)행위이다. 그러므로 신고납부를 위한 "징수

---

[16] 지방세법에 경정청구제도가 도입된 것은 지방세관계법이 분법되어 시행되는 2011년도부터이다.

결정"은 있을 수 없는 것이다.17)

(17) 부과

부과란 지방자치단체의 장이 이 법 또는 지방세관계법에 따라 납세의무자에게 지방세를 부담하게 하는 것을 말한다(법 §2 XVII).

이 규정은 조세제도에 있어서 그 수입을 조달하는 방법의 기준을 구분한 것으로서 신고납부에 대응되는 용어이다. 지방세관계법에서는 재산세와 같이 부과과세제도만 채택되고 있는 것도 있고, 취득세 등은 신고납부제도를 취하고 있으면서 납세자의 신고가 없거나 신고가 부당한 경우는 과세권자가 조사 결정하여 부과하는 부과과세제도를 활용하는 경우도 있다.

(18) 징수

징수란 지방자치단체의 장이 이 법 또는 지방세관계법에 따라 납세자로부터 지방자치단체의 징수금을 거두어들이는 것을 말한다(법 §2 XVIII).

그러므로 납세자에 대하여 확정된 납세의무의 이행을 구하는 행위를 총칭하여 조세의 징수라고 한다.18)

조세징수의 개념은 최광의로는 조세의 부과징수 즉 부과처분과 징수처분을 포함하는 개념으로 이해하는 경우도 있으나, 광의로는 조세채무의 이행청구(납세고지), 독촉(최고) 및 체납처분뿐만 아니라 이와 관련된 징수확보를 위한 특별조치(보전압류, 납기전 징수 등) 및 납세의 완화조치(납부기한의 연장, 징수유예, 체납처분유예, 결손처분 등)가 포함된다.

이러한 광의의 조세징수 절차 중에서 지방세채권의 강제적 실현절차를 강제징수 또는 체납처분이라 하고, 기타의 절차를 지방세 징수라고 하는데 이는 조세채권의 이행청구 및 임의적인 수납을 말한다.

(19) 보통징수

보통징수란 세무공무원이 납세고지서를 납세자에게 발급하여 지방세를 징수하는 것을 말한다(법 §2 XIX).

이 경우의 대표적인 세목은 재산세인데 통상 15일간의 기간을 정하여 납기개시 5일전까지 고지하고 징수한다.

따라서 행정관청의 행정처분이 없는 한 법정의 과세요건을 충족하고 추상적인 지방세 채무가 성립되었다 하더라도 구체적인 납세의무는 확정되지 아니하는 징수방법을 말한다.

---

17) 송쌍종 외, 국세징수법론, p.186, 2012
18) 강인애 「국세징수법」, 2004. p.5

여기에서 유의할 사항은 순수히 부과고지에 의해서만 과세되는 재산세 등은 부과결정을 하지 아니하여 고지를 못한 경우에는 그 과세기준일부터 5년이 경과하면 자동적으로 부과의 제척기간이 도래하여 부과권이 소멸될 뿐 아니라 당해 세목의 납부방법에 신고납부제도가 없는 경우에는 신고납부를 할 수 없는데도 신고납부를 받아들여 이를 수납하였다면 그 수납한 금액은 지방세환급금이 되는 것이다.

보통징수방법은 부과과세방식이라고도 하는데 이는 과세관청이 과세표준과 세액의 결정이라는 내부적 확정절차를 거쳐 납세고지서의 송달에 의하여 그 조세채권이 확정되는 것인데, 그 납세고지는 조세채권을 확인하는 과세처분과 확정된 조세채권의 이행을 청구하는 징수처분의 성격을 함께 가지고 있으며 납세자가 지정된 납기한까지 납부를 하지 아니하면 독촉절차를 거쳐 강제 징수하게 된다.[19]

(20) 특별징수

특별징수란 지방세를 징수할 때 편의상 징수할 여건이 좋은 자로 하여금 징수하게 하고 그 징수한 세금을 납부하게 하는 것을 말한다(법 §2 ⅩⅩ).

이 경우의 지방세는 개인지방소득세, 자동차주행에 대한 자동차세, 지방소비세, 특허권 등에 대한 등록면허세, 담배소비세를 특별징수하는 것 등이 있다.

그런데 특별징수제도는 납세의무자가 세금을 직접 납부하지 아니하고 제3자가 세금을 징수하여 과세권자에게 납부하는 점에서는 국세의 원천징수와 같으나 원천징수의 경우에는 소득의 원천에서 세금을 징수하는 방법이므로 소득을 지급하는 자가 징수의무자가 되는 것으로 징수기관적인 성격과 납세의무자적 성격의 이면성(二面性)을 가지고 있는 것이므로 원천징수의무자는 납세의무자에 대하여 부과과세절차에 있어서는 징수기관에 유사한 행위를 하며, 원천징수의무자는 납세의 고지를 받고 납부하지 아니한 세액에 대하여는 가산세가 부과되며, 체납처분으로서의 압류를 당하며, 환급·충당의 당사자로 되는 등 국가에 대하여 납세의무자적 지위에 서게 되는데 반하여, 특별징수의 경우는 소득의 원천과는 관계없이 세금의 징수에 편의한 자로부터 세금을 징수하는 방법이므로 소득을 지급하는 자가 아니라 거래의 상대방으로써 재화나 용역의 공급대가를 영수하는 자와 같이 "세금의 징수에 편의한 자"가 특별징수의무자로 되는 점이 다르다.

---

19) 미국의 뉴욕시도 우리나라와 마찬가지로 납세고지서를 우편에 의해 통지하나 납세고지서는 단순한 세액과 납기를 알려주는 시정부의 납세자에 대한 서비스에 지나지 않는다. 납세자는 납세고지서를 받지 않아도 자신이 스스로 자기 소유의 주택(토지가 포함된 개념)에 대한 세금을 납기내에 납부하여야 할 의무가 있는 것이다. 그러므로 납세자가 납세고지서(tax bill)를 받기 위해서는 등록 사무소(Register office)에 납세자등록카드(owner's Registration card)를 작성제출함으로써 납세등록을 하여야 한다. 다시 말해 뉴욕시의 고지서의 송부는 세금부과가 아닌 단순한 서비스 차원의 통지행위에 불과하고 세금의 납부는 납세자의 자발적인 신고에 의해서 납부가 이루어진다고 보겠다(서강석, 뉴욕보고서 p.296.에서 발췌).

그런데 지방세에 있어서 특별징수는 원천징수와 구분하기 위한 개념으로 풀이하고 있으나 특별징수를 넓은 의미에서 보면 원천징수 뿐 아니라 도세의 시·군위임에 의한 징수, 지방세 촉탁에 의한 징수도 특별징수로 개념 지울 수 있다고 본다.

(21) 특별징수의무자

특별징수의무자란 특별징수에 의하여 지방세를 징수하고 이를 납부할 의무가 있는 자를 말한다(법 §2 XXI).

즉 조세법의 규정에 의하여 본래의 조세의 징수권자 외에 그를 대신하여 조세를 징수하여 납부할 권리와 의무가 부여된 자를 말한다. 이와 같은 특별징수의무자는 납세자가 지불하는 세금을 받아 지방자치단체에 납입하는데 불과한 것이 아니라 지방자치단체를 대신하여 적극적으로 세금을 징수하고 지방자치단체에 스스로의 책임으로 납입하여야 할 의무를 지고 있는 것이다. 그러나 원천징수의무자는 원래의 납세의무자에게 소득을 지급하는 자임에 대하여 특별징수의무자는 세금의 징수에 편의한 자라는 점에서 양자는 다르다.

다시 말해서 특별징수는 조세법률이 조세법에 따른 일반징수와는 달리 특별한 절차에 따라 징수와 납부가 이루어지도록 징수납부의무자에게 징수업무를 위탁하는 제도이다.

그런데 특별징수는 그 징수제도를 구성한 각 개별 세목(등록에 대한 등록면허세, 개인지방소득세, 지방소비세, 자동차주행에 대한 자동차세, 담배소비세 등)의 규정에 의하여 징수되는 것이므로, 과세관청의 기본적인 지방세징수절차를 규정한 지방세기본법의 규정에 의하여 징수되는 것이 아니다.

그러므로 특별징수의무자가 세금을 징수하여 지방자치단체에 납부하지 아니할 때에는 먼저 각 세목에 따른 규정을 적용하여 그 징수의무자로부터 세금을 징수하고, 그 징수의무자가 위 개별세법에 따라 임의로 그 세금을 납부하지 아니한 때에 비로소 지방세기본법을 적용하여 강제징수절차를 밟게 되는 것이다.

(22) 지방자치단체의 징수금

지방자치단체의 징수금이란 지방세 및 체납처분비를 말한다(법 §2 XXⅡ).

여기에서 지방세라 함은 본세와 신고하고 납부하는 기한 경과로 인한 신고불성실 및 납부지연가산세를 포함하는 개념이며, 체납처분비는 지방세의 체납으로 인하여 독촉, 압류, 보관, 운반, 공매, 청산의 절차를 거치면서 소요되는 비용을 말하는데, 체납처분결과 징수의 순서는 체납처분비, 지방세(본세)로 하여야 한다(지징법 §62 ①).

(23) 가산세

가산세란 이 법 또는 지방세관계법에서 규정하는 의무를 성실하게 이행하도록 하기 위하여 의무를 이행하지 아니할 경우에 이 법 또는 지방세관계법에 따라 산출한 세액에 가산하여 징수하는 금액을 말한다(법 §2 ⅩⅩⅢ).

"가산세"라 함은 과세권의 행사 및 조세채권의 실현을 용이하게 하기 위하여 납세자가 정당한 사유 없이 법에 규정된 신고, 납세 등 각종 의무를 위반한 경우에 세법이 정하는 바에 따라 부과되는 행정상의 제재로서 금전적 부담인 부대세를 말한다. 그런데 이러한 가산세는 납세자의 고의·과실은 고려되지 아니하고, 법령의 부지·착오 등은 그 의무위반을 탓할 수 없는 정당한 사유에 해당하지 아니하며, 신고납부방식인 취득세 등은 과세관청이 납세의무자에게 신고납부서 등을 교부하는 행위나 그 과정에서 납세의무자에게 과세표준 및 세액의 결정에 관한 사항을 안내 또는 설명하거나 보완을 요구하는 행위는 납세자의 편의를 도모하기 위한 단순한 사무행위일 뿐, 과세관청에 과세표준과 세액을 신고함에 있어서 세무공무원이 그 신고를 수리하기 전에 그 신고의 적법 여부를 심사하여 신고내용의 수정 또는 보완을 요구해야 할 의무는 없으므로 취득세 등의 과세표준과 세액은 납세의무자가 스스로 판단하여 결정하여야 하는 것이다(대법 2009두11768, 2009.10.15. 참조). 한편 가산세를 조세에 관한 법률의 적정한 집행을 방해하는 행위 또는 사실에 대한 방지 및 제재조치의 성질을 가진 질서벌적 부담으로 과하는 부대세 라고 정의하는 견해도 있다.

그런데 가산세는 행정제재이므로, 행정제재규정의 구성요건은 원래 몰가치적, 객관적, 기술적이다. 그 규정을 적용함에는 적용하는 자의 주관적 판단이 개입할 여지가 없으므로 주관적 요소를 배제하고 객관적으로 구성되기 때문에 가산세를 적용함에 있어서는 납세전의 고의 또는 과실이나 알고 있었는지 몰랐는지의 여부는 묻지 아니한다.[20]

종전에는 지방세법상 가산세가 가산되는 경우는 일정기간내 신고납부의무를 동시에 이행하지 아니하면 1회에 한하여 가산세를 가산하는 것으로 운영되었으나, 헌법재판소(헌재 2003헌바16, 2003.9.25.)에서 신고의무와 납부의무를 모두 불이행한 자와 신고는 하고 납부의무를 불이행한 자를 동일하게 취급할 합리적 이유가 없으므로 평등의 원칙에 위배된다는 등의 이유로 헌법불합치판결이 있어 2003년말 법 개정시 신고납부방법을 신고의무와 납부의무로 분리하고 가산세도 신고불성실가산세와 납부지연가산세로 분리하여 각각 적용토록 하였다.

또한 납세고지서에 본세 및 가산세의 각 액수 및 그 산출근거, 가산세의 종류 등을 구체적으로 밝히지 않고 각 총액만을 기재한 경우 관계 법령에서 요구하는 기재사항의 일부 누락한 흠으로 위법하여 가산세가 과세하지 못한다(대법 2015두36645, 2015.12.23.).

---

[20] 강인애 「조세법연구 Ⅱ」, p.228

그리고 2012년 말 지방세기본법 개정 때에 가산세의 적용범위를 확대하여 신고의무를 하지 않은 데 대한 무신고가산세, 신고를 적게 한 과소신고가산세, 환급받을 세액을 많이 신고한 초과환급 신고가산세, 납부를 다하지 아니한 데 대한 납부지연가산세와 특별징수 의무자에 대한 특별징수납부 등 지연가산세로 세분하여 각각 가산세의 율을 달리 적용토록 하여 운영되고 있다.

현행 지방세법상 신고 및 납부지연가산세 등이 적용되는 세목으로는 취득세, 등록에 대한 등록면허세, 레저세, 담배소비세, 주민세, 지방소득세, 자동차주행에 대한 자동차세, 지역자원시설세 및 지방교육세 등이 있는데 이러한 세목에 가산되는 가산세율이 각각 다르므로 그 세목의 개별규정에 따라 적용하여야 한다.

여기에서 가산세의 특징을 살펴보면 다음과 같다.
① 가산세는 세법에서 규정하고 있는 각종 협력의무의 위반에 대한 과태료와 같은 행정제재로서의 성격이 강하다.
② 가산세는 모두 과세관청의 부과고지에 의하여 확정된다.
③ 가산세는 본세인 지방세의 세목으로 통합되어 부과징수된다는 점이다.[21]

(24) 체납처분비

체납처분비란 지방세징수법 제3장의 체납처분에 관한 규정에 따른 재산의 압류·보관·운반과 매각에 드는 비용(매각을 대행시키는 경우 그 수수료를 포함한다.)을 말한다(법 §2 ⅩⅩⅤ).

결국 체납처분비란 체납처분 집행으로 인한 재산의 압류, 보관, 운반과 공매에 든 비용 또는 통신비를 말한다. 그러므로 압류공무원의 급료, 여비, 각종 용지대, 독촉에 소요된 비용, 교부청구의 비용 등은 사실상 체납처분의 필요상 요구되는 비용이기는 하나 체납처분비로서 별도로 체납자에게 부담시킬 수는 없다고 본다.

여기에서 체납처분의 개념을 요약해보면 체납처분이란 납세자가 임의로 조세채무를 이행하지 않는 경우에 납세자의 재산으로부터 조세채권을 강제적으로 실현하는 행정절차를 체납처분 또는 강제징수라고 한다.

또한 체납처분은 이를 협의의 체납처분과 교부청구 및 참가압류로 나누는데, 협의의 체납처분은 징수관청이 납세자의 재산을 압류하고 이를 환가해서 그 환가 대금으로 체납 지방세에 충당함으로써 그 조세채권의 만족을 얻는 것을 목적으로 하는 일련의 행정 절차로서 재산압류, 압류재산의 매각, 매각대금의 충당 및 분배(청산)의 각 행정처분으로 구성되

---

21) 가산세는 독립된 세목으로 별도로 과세하는 것이 아니라 해당 의무가 규정된 세법의 본세에 가산되어 부과하는 것이기 때문에 그 본세의 세목으로 징수되는 것이라 하더라도 가산세는 형식에 있어서만 조세일 뿐이고 본질에 있어서는 본세의 징수를 원활하게 하기 위하여 해당 지방세의 세목으로 징수하는 것일 뿐이므로, 그 부담의 내용은 세법이 정하는 바에 따라 성립·확정되는 본세와는 성질이 다르다.

어 있고, 교부청구 및 참가압류는 이미 다른 집행기관이 강제 환가 절차를 개시 또는 압류한 경우에 그 집행기관에 대하여 매각대금의 교부를 청구(교부청구)하거나 그 압류에 참가(참가압류)하여 조세채권확보를 실현하는 절차이다.[22]

여기에서 체납처분비의 범위를 살펴보면 다음과 같다.[23]

① 재산압류에 관한 비용 : 재산의 압류집행에 소요된 비용으로서 다음의 비용 등을 말한다.
  ㉠ 압류물건의 수집·정리에 필요한 기구의 사용료 또는 인부의 임금
  ㉡ 압류의 명인방법으로서 사용한 표식 등의 비용(표식 등을 하기 위하여 필요한 인부의 임금, 기구의 사용료 포함.)
  ㉢ 압류등기·등록에 필요한 비용
  ㉣ 천연과실의 인도 또는 수취에 필요한 비용 등

② 보관에 관한 비용 : 압류재산의 유지·관리를 위하여 지출한 비용으로서, 다음의 비용 등을 말한다.
  ㉠ 압류물건을 제3자에게 유상으로 보관시킨 경우의 보관료
  ㉡ 압류한 동물의 사육료
  ㉢ 압류한 선박의 계선료, 선박·건설기계·자동차·항공기 등의 감수(監守)보존을 위하여 감시인에게 지급한 일당 기타의 보수 등

③ 운반에 관한 비용 : 압류재산의 운반에 소요된 일체의 비용으로서, 다음의 비용 등을 말한다.
  ㉠ 짐꾸리기 비용
  ㉡ 하역비
  ㉢ 운송비, 운반을 위한 인부의 임금 등

④ 공매에 관한 비용 : 공매, 수의계약 등의 방법으로 압류재산을 매각하는데 드는 비용으로서 다음의 비용 등을 말한다.
  ㉠ 신문 등에 공매공고 등을 한 경우의 광고게재료, 게시장소의 사용료
  ㉡ 압류재산의 감정료
  ㉢ 공매비용, 공매물건의 진열비용
  ㉣ 공매대행수수료 등

---

22) 강인애 「조세법Ⅰ」, p.235
23) 강인애 「판례주석 국세징수법」, 한일조세연구소, 2004. p.82

(25) 공과금

공과금이란 지방세징수법 또는 국세징수법에서 규정하는 체납처분의 예에 따라 징수할 수 있는 채권 중 국세·관세·임시수입부가세 및 지방세와 이에 관계되는 체납처분비를 제외한 것을 말한다(법 §2 ⅩⅩⅥ).

공과금이라 함은 조세 이외의 국가 또는 지방자치단체 기타 공공단체에 의한 권력적인 과징금으로서, 특정의 이익을 받는 자 등이 부담하는 부담금, 부과금, 과징금, 사회보험료, 수수료, 대집행비용 등이 이에 해당된다.

그러므로 공과금을 규정한 각종 법령에서 그 공과금의 징수에 관하여 "국세징수의 예에 의한다." 또는 "체납처분의 예에 의한다."고 규정된 경우가 있다. 그런데 지방세 기본법이 제정되기 전부터 지방세의 징수에 있어서 강제징수절차에는 국세징수법이 준용되고 있었고, 앞으로도 지방세기본법에 규정된 것을 제외하고는 국세징수법이 준용되므로 "지방세징수의 예"는 "국세징수의 예"에 준하여 취급하고, "지방세 체납처분의 예"는 "국세체납처분의 예"에 준하여 처리하면 될 것이다.

(26) 지방자치단체 조합

지방자치단체조합이란 지방자치법 제176조 제1항에 따른 지방자치단체조합을 말한다(법 §2 ⅩⅩⅦ).

지방자치법 제176조 제1항에 의하면 "2개 이상의 지방자치단체가 하나 또는 둘 이상의 사무를 공동으로 처리할 필요가 있을 때에는 규약을 정하여 그 지방의회의 의결을 거쳐 시·도는 행정안전부장관의, 시·군 및 자치구는 시·도지사의 승인을 받아 지방차치단체조합을 설립할 수 있다. 다만, 지방자치단체조합의 구성원인 시·군 및 자치구가 2개 이상의 시·도에 걸치는 지방자치단체조합은 행정안전부장관의 승인을 받아야 한다."고 규정하고, 그 제2항에서는 "지방자치단체조합은 법인으로 한다."라고 규정하고 있다.

이러한 지방자치단체의 조합은 사무의 일부를 공동으로 처리하는 일부사무조합과 그 단체 사무의 전부를 공동으로 처리하는 전부사무조합, 그리고 그 중간형태로서의 쓰레기, 분뇨, 상·하수도, 소방, 노인복지 등과 같은 복수의 사무를 조합에서 처리하는 복합사무조합이 있다. 이 중 전부사무조합은 그것이 설립됨과 동시에 조합내의 각 지방자치단체의 의회와 집행기관은 소멸되므로 사실상 이 조합에 가입한 지방자치단체는 합병을 의미하는 까닭에 실행이 불가능한 조합 형태이다.

그래서 오늘날 점증하는 광역행정수요에 효과적으로 대처하기 위하여 각국에서는 지방자치단체들이 자율적인 합의에 의하여 조합을 설립, 운영하고 있는데 그 예를 들면 프랑스의 시·읍·면조합, 독일의 읍·면간 또는 읍·면과 자유시(市) 간에 설립되는 목적조합(目的組合), 스웨덴의 시·읍·면조합, 영국의 합동위원회(joint board)가 그 대표적인 것이다.

(27) 지방세통합정보통신망

지방세통합정보통신망이란 「전자정부법」 제2조 제10호에 따른 정보통신망으로서 행정안전부령으로 정하는 기준에 따라 행정안전부장관이 고시하는 지방세에 관한 정보통신망을 말한다(법 §2 ⅩⅩⅧ). 이 지방세통합정보통신망의 운영은 2022년 2월3일부터 사용된다.

이 경우 전자정부법 제2조 제10호에 따른 "정보통신망"이란 전기통신기본법 제2조 제2호에 따른 전기통신설비를 활용하거나 전기통신설비와 컴퓨터 및 컴퓨터 이용기술을 활용하여 정보를 수집, 가공, 저장, 검색, 송신 또는 수신하는 정보통신체계를 말한다. 그리고 행정안전부령이 정하는 기준이라 함은 지방세기본법 시행규칙 제2조 에 의한 다음의 별표와 같다(시행규칙 제2조).

〈별표 1〉 지방세통합정보통신망 지정기준(제2조 관련)(2017.7.26. 개정)

항 목	기 준
1. 목적	지방세기본법, 지방세징수법, 지방세법 또는 지방세특례제한법에 따른 서류의 송달 및 지방세의 납부 등을 전자적으로 하여 납세자에게 편의를 제공하려는 것임.
2. 적용범위 관련	다음 각 목의 사항의 전부 또는 일부를 수행할 수 있는 기능을 갖출 것 가. 지방세와 관련한 납세고지서 및 납부통지서 송달 나. 지방세환급금 지급통지서 송달 다. 지방세기본법 제96조 제1항에 따른 결정서 송달 라. 신고안내문 송달 마. 지방자치단체의 징수금 납부 및 그 확인서의 발급 바. 그 밖에 지방세기본법, 지방세징수법, 지방세법 및 지방세특례제한법에 규정된 사항
3. 전자문서의 송달장소 관련	행정안전부장관이 고시하는 기준에 맞는 전자우편주소로 송달할 수 있는 기능을 갖추거나 지방세통합정보통신망 자체의 전자사서함 기능을 갖출 것
4. 자료전송 관련	지방세 납세고지서 등 행정안전부장관이 정하는 중요한 자료는 암호화하여 전송할 기능을 갖출 것

(28) 연계정보통신망

연계정보통신망이란 「정보통신망 이용촉진 및 정보보호 등에 관한 법률」 제2조제1항 제1호의 정보통신망으로서 이 법이나 지방세관계법에 따른 신고 또는 송달을 위하여 지방세통합정보통신망과 연계하여 사용하는 정보통신망을 말한다(법 §2 ⅩⅩⅧ의2).

(29) 전자신고

전자신고란 과세표준 신고서 등 이 법 이나 지방세관계법에 따른 신고 관련 서류를 지방세통합정보통신망 또는 연계정보통신망을 통하여 신고하는 것을 말한다(법 §2 XXIX).

(30) 전자납부

전자납부란 지방자치단체의 징수금을 지방세통합정보통신망 또는 법 제136조 제1항 제1호(지방세통합정보통신망과 지방세수납대행기관 정보통신망의 연계)에 따라 지방세통합정보통신망과 지방세수납대행기관 정보통신망의 연계한 인터넷, 전화통신장치, 자동입출금기 등의 전자매체를 이용하여 납부하는 것을 말한다(법 §2 XXX).

(31) 전자송달

전자송달이란 이 법 또는 지방세관계법에 따라 지방세통합정보통신망 또는 연계정보 통신망을 이용하여 송달을 하는 것을 말한다(법 §2 XXXI).

이 규정에서 「정보통신망 이용촉진 및 정보보호 등에 관한 법률」 제2조 제1항 제1호에 따른 "정보통신망"이란 「전기통신사업법」 제2조 제2호에 따른 전기통신설비를 이용하거나 전기통신설비와 컴퓨터 및 컴퓨터의 이용기술을 활용하여 정보를 수집·가공·저장·검색·송신 또는 수신하는 정보통신체제를 말하며, 「전기통신사업법」 제2조 제2호에 따른 "전기통신설비"란 전기통신을 하기 위한 기계·기구·선로 또는 그 밖에 전기통신에 필요한 설비를 말한다.

이와 같은 2019년 개정은 그간 전자송달은 법적 송달 효력이 없고 전자송달대행기관 규정 없어 실무상 혼란에 대하여 법적 송달 효력 부여하고, 전자송달대행기관 규정 신설하였으며 모바일 앱을 통한 전자송달의 세액공제 신설을 통해 전자송달 명확화하고 확대기반을 마련하고자한 것이다.

(32) 체납자

체납자란 지방세를 납부기한까지 납부하지 아니한 납세자를 말한다(법 §2 XXXII).

체납자라 함은 납세자로서 지방세를 납부기한까지 납부하지 아니한 자를 말하는 것이므로 체납자는 곧 납세의무를 이행하지 아니한 납세자인 것이다.

그런데 납세자에는 납세의무자(연대납세의무자와 납세자에 갈음하여 납부할 의무가 생긴 경우의 제2차 납세의무자 및 보증인을 포함한다.)와 세법에 의하여 지방세를 납부할 의무를 지는 자를 말한다. 그러므로 납세의무자는 원칙적으로 각 세목에 규정된 과세물건의 귀속자로서 조세실체법상 조세채무를 지는 자를 말하는 것으로 이를 본래의 납세의무자라고 말하고, "세법에 의하여 지방세를 징수하여 납부할 의무를 지는 자"라 함은 특별징수의무자를 말한다.

(33) 체납액

체납액이란 체납된 지방세와 체납처분비를 말한다(법 §2 XXXIII).

이 경우 체납처분비라 함은 체납처분의 집행에 소요되는 비용, 즉 이 법 중 체납처분에 관한 규정에 의한 재산의 압류, 보관, 운반과 공매에 소요된 비용(공매를 대행시키는 경우 그 수수료를 포함한다.)으로서 납세자가 부담하여야 할 실비변상적 성질을 가진 것을 말한다. 그러므로 체납처분비로서 징수할 수 있는 것은 재산의 압류, 보관, 운반과 공매에 관한 비용(공매를 대행시키는 경우 그 수수료를 포함한다.)에 한하므로 그 이외의 것은 체납처분비로서 징수할 수 없다.

(34) 특수관계인

"특수관계인"이란 본인과 다음 각 목의 어느 하나에 해당하는 관계에 있는 자를 말한다. 이 경우 이 법 및 지방세관계법을 적용할 때 본인도 그 특수관계인의 특수관계인으로 본다(법 §2 XXXIV).

(가) 혈족·인척 등 대통령령으로 정하는 친족관계

이 경우 "혈족·인척 등 대통령령으로 정하는 친족관계"란 다음 각 호의 어느 하나에 해당하는 관계(이하 "친족관계"라 한다.)를 말한다(영 §2 ①).[24]

① 6촌 이내의 혈족

이 경우 혈족이란 자기의 직계존속과 직계비속을 직계혈족이라 하고 자기의 형제자매와 형제자매의 직계비속, 직계존속의 형제자매 및 그 형제자매의 직계비속을 방계혈족이라 한다(민법 §768).

② 4촌 이내의 인척

이 경우 인척(姻戚)이란 혈족의 배우자·배우자의 혈족·배우자의 혈족의 배우자를 말한다(민법 §769).

③ 배우자(사실상의 혼인관계에 있는 사람을 포함한다.)

④ 친생자로서 다른 사람에게 친양자로 입양된 사람 및 그 배우자·직계비속

---

24) 여기에서 친족(親族)이란 배우자, 혈족 및 혼척(姻戚)을 친족으로 한다(민법 §767). 그런데 친족관계로 인한 법률상 효력으로 민법 또는 다른 법률에 특별한 규정이 없는 한 8촌 이내의 혈족, 4촌 이내의 혼척(혈족의 배우자, 배우자의 혈족, 배우자의 혈족의 배우자를 말한다). 배우자를 말한다(민법 §769, §777).

(나) 임원·사용인 등 대통령령으로 정하는 경제적 연관관계

이 경우 "임원·사용인 등 대통령령으로 정하는 경제적 연관관계"란 다음 각 호의 어느 하나에 해당하는 관계를 말한다(영 §2 ②).

① 임원과 그 밖의 사용인
② 본인의 금전이나 그 밖의 재산으로 생계를 유지하는 사람
③ 제1호 및 제2호의 사람과 생계를 함께하는 친족

(다) 주주·출자자 등 대통령령으로 정하는 경영지배관계

이 경우 "주주·출자자 등 대통령령으로 정하는 경영지배관계"란 다음 각 호의 구분에 따른 관계를 말한다(영 §2 ③).

① 본인이 개인인 경우
　㉮ 본인이 직접 또는 그와 친족관계 또는 경제적 연관관계에 있는 자가 법인의 경영에 대하여 지배적인 영향력을 행사하고 있는 경우 그 법인
　㉯ 본인이 직접 또는 그와 친족관계 또는 경제적 연관관계, 가목의 관계에 있는 자가 법인의 경영에 대하여 지배적인 영향력을 행사하고 있는 경우 그 법인

② 본인이 법인인 경우
　㉮ 개인 또는 법인이 직접 또는 그와 친족관계 또는 경제적 연관관계에 있는 자가 본인인 법인의 경영에 대하여 지배적인 영향력을 행사하고 있는 경우 그 개인 또는 법인
　㉯ 본인이 직접 또는 그와 경제적 연관관계 또는 가목의 관계에 있는 자가 어느 법인의 경영에 대하여 지배적인 영향력을 행사하고 있는 경우 그 법인
　㉰ 본인이 직접 또는 그와 친족관계 또는 경제적 연관관계, 가목 또는 나목의 관계에 있는 자가 법인의 경영에 대하여 지배적인 영향력을 행사하고 있는 경우 그 법인
　㉱ 본인이 「독점규제 및 공정거래에 관한 법률」에 따른 기업집단에 속하는 경우 그 기업집단에 속하는 다른 계열회사 및 그 임원

이 규정은 개인과 법인이 2차적 지배관계(본인 등이 지배하는 법인(A)가 법인(B)를 지배하는 경우) 및 기업집단에 포함된 계열회사 및 임원을 특수관계인에 포함하되, '통하여'라는 표현 삭제하여 의미 명확화한 것이다.

그리고 위의 규정을 적용할 때 다음 각 호의 구분에 따른 요건에 해당하는 경우 해당 법인의 경영에 대하여 지배적인 영향력을 행사하고 있는 것으로 본다(영 §2 ④).

① 영리법인인 경우
   ㉮ 법인의 발행주식 총수 또는 출자총액의 100분의 30 이상을 출자한 경우
   ㉯ 임원의 임면권의 행사, 사업방침의 결정 등 법인의 경영에 대하여 사실상 영향력을 행사하고 있다고 인정되는 경우
② 비영리법인인 경우
   ㉮ 법인의 이사의 과반수를 차지하는 경우
   ㉯ 법인의 출연재산(설립을 위한 출연재산만 해당한다.)의 100분의 30 이상을 출연하고 그 중 1인이 설립자인 경우

이 규정에 대한 자세한 내용 설명은 법 제47조에서 자세히 설명되니 참고하기 바란다.

(35) 과세자료

과세자료란 제127조에 따른 과세자료제출기관이 직무상 작성하거나 취득하여 관리하는 자료로서 지방세의 부과·징수와 납세의 관리에 필요한 자료를 말한다(법 §2 ⅩⅩⅩⅤ).

(36) 세무조사

"세무조사"란 지방세의 부과·징수를 위하여 질문을 하거나 해당 장부·서류 또는 그 밖의 물건(이하 "장부 등"이라 한다.)을 검사·조사하거나 그 제출을 명하는 활동을 말한다(법 §2 ⅩⅩⅩⅥ).

세무조사란 일반적으로 지방세 부과·징수 등을 위하여 질문, 검사 및 조사 등의 행위를 말하는 것이나, 지방세기본법에는 조사만을 규정하고 있어, 세무조사 시 질문, 검사를 할 수 있는지 및 과세기관의 단순확인 등을 세무조사로 볼 것인지 등에 대하여 혼선이 있고, 또한, 세무조사 대상물인 "장부 등"이 장부만을 의미하는지, 장부와 서류를 의미하는지, 장부·서류 또는 그 밖의 물건까지 포함하는지 등 혼선이 있다.

현행 지방세기본법상 세무조사의 개념을 지방세 상황에 맞게 지방세 부과(법 §2 ① 17)·징수(법 §2 ① 18)하기 위하여 질문, 검사 또는 조사하는 경우로 제2조 "정의"에 명확화하고, 또한, 세무조사 대상물인 "장부 등"을 장부·서류 또는 그 밖의 물건으로 명확화하였다.

이는 세무조사란 지방세의 부과·징수를 위하여 질문을 하거나 장부 등을 검사·조사하거나 그 제출을 명하는 일련의 행위를 말하고, 실질적으로 국세기본법(국세기본법 제2조 제21호) 등을 준용하여 장부 영치 등의 절차를 진행하고 있음에도 불구하고, 지방세기본법제76조 제2항 제2호 등에서는 구체적이고, 명확하게 규정하고 있지 않고 있고, 세무조사 대상

물건인 장부의 개념을 '장부, 서류'및 '장부, 서류 등'으로 혼용하여 사용하고 있어 세무조사 현장에서 과세기관과 납세자간 혼선억제 등을 위하여 세무 조사 정의 및 장부의 개념을 현 세무조사 운영 및 지방세 특성에 맞게 구체화 및 명확화 하는 것이다.

나. 자치단체 등의 명칭 구분

이 법 또는 지방세관계법에 별도의 규정이 있는 경우를 제외하고는 특별시와 광역시에 관하여는 도(道)에 관한 규정을 특별자치시와 특별자치도에 관하여는 도와 시·군에 관한 규정을, 구(區)에 관하여는 시·군에 관한 규정을 각각 준용한다. 이 경우 "도", "도세", "도지사" 또는 "도 공무원"은 각각 "특별시, 광역시, 특별자치시 또는 특별자치도", "특별시세, 광역시세, 특별자치시세 또는 특별자치도세", "특별시장, 광역시장, 특별자치시장 또는 특별자치도지사" 또는 "특별시 공무원, 광역시 공무원, 특별자치시 공무원 또는 특별자치도 공무원"으로 "시·군", "시·군세", "시장·군수" 또는 "시·군 공무원"은 각각 "특별자치시, 특별자치도 또는 구", "특별자치시세, 특별자치도세 또는 구세", "특별자치시장, 특별자치도지사 또는 구청장" 또는 "특별자치시 공무원, 특별자치도 공무원 또는 구 공무원"으로 본다(법 §2 ②).

이 규정은 지방세관련법의 규정 중 "시장, 군수에게 신고해야 한다.", "시장, 군수에게 통보해야 한다." 등의 표현은 시장, 군수뿐만 아니라 특별시, 광역시의 구청장에게도 신고 또는 통보하여야 한다는 것이다.

> **사례**
>
> ❖ 원고 동의 없이 이 사건 부동산에 무단 침입하여 현장조사를 하는 등 위법한 세무조사를 근거로 한 이 사건 처분은 위법하여 취소되어야 한다는 원고주장의 당부
>
> [판례] 위와 같은 현장조사는 이 사건 부동산 현황을 단순 확인한 것에 그친 것으로서 납세의무자인 원고에게 수인의무를 부과하거나 영업의 자유 등을 침해한 것은 아닌 점, 위와 같은 현장확인을 통하여 알게 된 이 사건 부동산 현황이 아니더라도 원고가 서면조사에 응하여 제출한 사업자등록증, 재무상태표, 손익계산서, 제조원가명세서 등 자료(을 제5 내지 7호증)를 통해서 원고가 이 사건 부동산을 취득일로부터 2년 이내에 정당한 사유 없이 해당 사업에 직접 사용하지 아니하였다는 사실을 충분히 확인할 수 있는 점 등에 비추어 보면, 피고 소속 공무원이 원고 동의를 받지 않고 이 사건 부동산 현황을 촬영하였다는 사정만으로 이 사건 처분이 위법하게 된다고 볼 수 없다.
>
> (대법 2020두32524, 2020.4.29.)

제3조　지방세관계법과의 관계

지방세에 관하여 지방세관계법에 별도의 규정이 있는 경우를 제외하고는 이 법에서 정하는 바에 따른다(법 §3).

이 규정은 지방세관계법인 지방세징수법, 지방세법, 지방세특례제한법, 조세특례제한법 및 제주특별자치도 설치 및 국제자유도시 조성을 위한 특별법 및 세종특별자치시 설치 등에 관한 특별법에서 별도의 규정이 없는 경우에는 이 법 즉 지방세기본법이 정하는 바에 따르도록 규정하고 있다.

예를 들면 이 법에서 지방세부과 등의 원칙으로 실질과세원칙을 천명하고 있으나, 재산세의 납세의무자를 보면 원칙적으로는 재산세 과세기준일 현재 재산을 사실상 소유하고 있는 자로 규정하고 있지만, 이 규정의 특례로서 재산세 과세기준일 현재 공부상의 소유자가 매매 등의 사유로 소유권이 변동되었는데도 신고하지 아니하여 사실상 소유자를 알 수 없을 때에는 공부상 소유자, 공부상에 개인 등의 명의로 등재되어 있는 사실상의 종중재산으로서 종중 소유임을 신고하지 아니하였을 때에는 공부상 소유자를 납세의무자로 규정하고 있는 것은 이 법에 정한 실질과세원칙의 예외를 지방세관계법에서 별도의 규정을 설정하여 적용하고 있는 실질과세원칙의 예외이다.[25]

---

[25] 강인애, 조세법Ⅱ, 조세통람사. 1989. PP.71-72, 실질과세원칙의 예외규정 인정에 대한 논리 참조.

제2절 과세권 등

제4조 지방자치단체의 과세권

지방자치단체는 이 법 또는 지방세관계법에서 정하는 바에 따라 지방세의 과세권을 갖는다(법 §4).

조세의 부과는 조세법률주의의 원칙에 의거 과세요건의 법정주의와 명확주의 및 세무행정의 합법률성 및 평등성의 원칙에 의하여야 하는 것은 주지의 사실이다.

그런데 지방세는 지방자치단체가 그 행정에 소요되는 경비를 조달하기 위하여 그 단체 내의 주민으로부터 징수하는 재화로서 지방자치단체의 수입 중 가장 중요한 것이다. 원래 지방자치단체의 자치권은 단체 스스로의 고유의 권능이 아니라 국가의 위탁에 의하여 국가로부터 전래된 것이므로 지방자치단체의 과세권은 국가권력의 일분파(一分派)로서 그 기초 및 한계는 국가의 법률이 정하는 바에 의하지 않으면 안된다. 이러한 원리 때문에 헌법 제117조에서 "……법령의 범위 안에서 자치에 관한 규정을 제정할 수 있다."라고 규정하고 있는 것이며, 이러한 규정에 의하여 이 법과 지방세관계법이 지방세의 기본법규로서 제정되는 것이다.[26]

이와 같이 이 법과 지방세관계법이 지방세의 대강과 기준을 규정하고 그 직접적인 적용을 조례에 의하도록 한 것은 각 지방자치단체의 특수사정에 부응한 지방세제를 만들고자 하는 요청과 국민의 조세부담의 전국적 균형과 합리화, 국세와 지방세간의 적정한 세원의 배분, 각 지방자치단체간의 과세권의 조정이라는 요청을 조화시키기 위한 것이다.

그리고 지방세는 보통세와 목적세로 구분되는데 지방세로서 부과징수할 수 있는 보통세(ordinary tax)는 조세의 징수 목적이 사전에 사용용도가 정해지지 아니한 일반적인 용도의 경비로 충당하기 위하여 과징하는 세를 말하고, 목적세(earmarked tax)는 충당하여야 할 경비의 사용처를 특별히 정하고 그 경비의 지출에 의해 직접 이익을 받는 자에게 그 부담을 구하는 세를 말한다.

그런데 조세는 원칙적으로 세입의 목적구속금지원칙(目的拘束禁止原則)에 의하여 특별한 용도와 결부시킬 수 없는 것이나[27] 도시환경시설·교육 등을 위해서는 예외적으로 목적세를

---

[26] 유럽지방자치헌장 제9조와 프랑스헌법 제72조의2 규정에서는 헌법에서 직접 지방자치단체의 세출자주권, 책임과 재원의 대응관계, 과세권, 재정제도의 탄력성, 재정조정제도, 보조금의 방법과 한계 및 기채발행권 등이 폭넓게 규정되어 있다.
[27] 근대국가는 그 성립의 경위와 그 후 경과 여하에 관계없이 헌법체제하에서의 어떤 형태로든 국민주권이 주창되고 있다. 그것과 연관하여 국민의 의무가 규정되어 있고 그 핵심에 있는 것이 납세의무다. 이념적으로는 국민주권은 납세된 국가수입을 국민의 의사에 의거 지출하기 위해서 행정기구의 예산 집행을 국민주권의 행사로서 의회에 의해 통제한다. 소위 의회의 예산통제가 불가피하다는 것이다.
이 경우 여러가지 세종(稅種)이 각각 특정지출에 목적화되어 구속되고 있으면 의회의 의사에 의한 바람직한 지출은 실현시킬 가능성을 잃게 된다. 여기에 근대국가의 예산제도의 원칙으로서 세수의 목적비구속

징수할 수 있다고 본다.[28]

> **사례**
>
> ❖ 이설배관이 위치한 바다에서의 행정구역 경계에 관한 명시적인 법령상의 규정이 존재하지 않는 경우 지방자치단체에 과세권이 있는지 여부
>
> [판례] 이 사건 이설배관에 대하여 위 지방세의 과세권을 가지는지 여부에 관하여 보건대, 지금까지 우리 법체계에서는 위 이설배관이 위치한 바다에서의 행정구역 경계에 관한 명시적인 법령상의 규정이 존재한 바 없고, 그에 관한 불문법이 존재한다는 사정도 찾을 수 없다. 그러나 앞서 든 증거들 및 인정사실들과 변론 전체의 취지에 의하면, 이 사건 이설배관 및 해저운송배관이 시작되는 육상지점은 울주군에 위치해 있고, ○○○○시 남구로부터는 5km 가량, 부산광역시 기장군으로부터는 10km 가량 떨어져 있는 점, 위 이설배관 및 해저운송배관은 별지2 도면에서 보는 바와 같이 동해-1, 동해-2 가스전을 향하여 정동 방향으로 설치되어 있고, 울주군과 울산 남구 내지 부산광역시 기장군의 각 육상경계에서 정동 방향으로 그은 가상의 경계선과 맞닿지 않는 점, 피고 이외에 위 이설배관 및 해저운송배관에 대한 과세권을 주장하는 인접 지방자치단체는 없는 점을 알 수 있다. 이러한 사정들을 앞서 본 법리에 비추어 보면, 피고가 울주군 앞바다에 위치한 위 이설배관에 대한 취득세 및 농어촌특별세의 과세권을 가진다고 봄이 타당함
>
> (대법 2020두30832, 2020.4.29.)

제5조 | 지방세의 부과·징수에 관한 조례

① 지방자치단체는 지방세의 세목(稅目), 과세대상, 과세표준, 세율, 그 밖에 지방세의 부과·징수에 필요한 사항을 정할 때에는 이 법 또는 지방세관계법에서 정하는 범위에서 조례로 정하여야 한다(법 §5 ①).

② 지방자치단체의 장은 제1항의 조례 시행에 따르는 절차와 그 밖에 조례 시행에 필요한 사항을 규칙으로 정할 수 있다(법 §5 ②).

그러므로 지방자치단체는 이 법 또는 지방세관계법에 규정된 범위 안에서 시·도, 시·군·구의 조례로서 세목, 과세객체, 과세표준, 세율 기타 부과·징수에 관한 사항을 필히 정하여야 하고 이 조례의 시행에 필요한 사항은 시도세 또는 시군구세 부과징수 규칙 등에서 세부사항을

(non-affectation)의 원칙이 부각되는 필요성을 찾을 수 있다.
[28] 현재 지방세관계법상 설치되어 있는 목적세 중 지방교육세는 그 재원 모두가 지방교육재정특별회계로 전출되고, 지역자원시설세의 컨테이너에 대해 징수되는 세입만 부산시 컨테이너 전용도로 건설기금으로 특별회계를 설치하여 운영되었던 것 외는 실제사용을 일반재원화하고 있으므로 목적세의 폐지 또는 재산세 등에 흡수 통합하는 것이 바람직하다는 여론에 따라 지방세관계법을 정비하면서 목적세였던 사업소세, 도시계획세와 소방공동시설세는 재산세 등에 종전과 동일한 형태로 흡수 통폐합되었다.

정하여 지방세를 부과징수하고 있는 것이다.

　이렇게 자치단체가 조례로 지방세의 과세객체, 과세표준, 세율 등 부과·징수에 관한 사항을 정하여 지방세를 과징하게 되는데 이러한 조례의 제정에 필요한 이론적인 기초에 대해 살펴보면 다음과 같다.

　지방자치라 함은 한마디로 말해서 지역사회의 주민이 안락하고 윤택한 생존권 보장을 위한 법적인 수단으로, 지방자치가 진정으로 확립된 나라에서는 지방자치만으로도 개별적인 인권보장의 별도조치가 없어도 최상의 인권이 보장된다고 보고 있다. 이와 같이 중요한 의미를 가지는 지방자치를 보장하는 것은 지방자치단체의 재정권이다. 결국, 지방자치에 있어 재정상의 뒷받침이 없는 "지방자치"는 그림의 떡과 같다고 하겠다.

　이러한 재정권의 주체는 본래 국민 또는 주민인데 현대 의회민주주의 제도하에서는 국민 또는 주민이 이러한 재정권을 직접 행사하지 않고 국민 또는 주민이 갖는 재정권을 구체적으로는 의회를 통하여 행사하게 된다.

　그러므로 국세는 국회가 국민을 대신하여 법률의 제정이라는 형태로 재정권을 행사하고, 지방세는 지방의회가 주민을 대신하여 조례의 제정이라는 형태로 재정권을 행사하는 것이다.

　더욱이 헌법이론상 국세는 조세법률주의가 지배하는 데 반하여 지방세는 조세조례주의가 지배한다고 보는데 지방세에 대한 조세조례는 헌법에서 규정한 법률의 구속규정에 위반되지 않는다는 일반원칙이 적용되는 것으로 조세에 관한 조례는 본래 법규형식으로서는 법률과 같은 성격의 것이므로 이 법과 지방세관계법은 법 이론적으로 볼 때 기준법 내지는 표준법적 성격의 것이다. 따라서 세무행정에 있어서는 국세는 법률에 따라야 하고 지방세는 조례에 따라 부과징수를 하게 되는 것이다.29)

　여기에서 조세법률주의와 지방세의 관계와 지방세관계법과 지방세 조례의 관계를 살펴보면 다음과 같다.

　지방세는 지방자치단체가 그 행정에 소요되는 경비를 조달하기 위하여 그 단체 내의 주민으로부터 강제적으로 징수하는 재화로서 지방자치단체의 수입 중 가장 중요한 것이다. 이러한 지방세를 과세할 수 있는 근거로서의 조례를 헌법과의 관계에서 지방자치단체의 재정권

---

29) 지방세법이 기본법(또는 표준법)이라고 하여 지방세법 자체가 조례가 제정되기 전에도 효력이 없는 것은 아니다. 다만, 기본법인 법률의 범위 내에서 조례가 제정 또는 개정되어 공포됨으로써 구체적 집행효력이 발생한다는 것이다. 그러므로 많은 세목을 포괄한 지방세법은 지방자치단체가 시행할 세법으로서 각 자치단체마다 그 여건에 따라 지방세 중 그 자치단체에 해당되지 않는 부분을 제외한 나머지를 당해 자치단체가 조례로서 규정하여 집행하는 형태로 되어 있는 것이 국세법과의 차이점이라 하겠다. 그리고 지방세는 자치단체의 재정수요를 자주적·자율적으로 충당하기 위해서 필요하다. 그런데 이를 국세와 구분하여 지방세로 과세하는 것은 국토에 일정한 경계를 구획하고 이를 세분한 행정구역으로 나누는 것이 정부의 재정적 기능을 가장 효율적으로 수행할 수 있다고 생각해 왔기 때문이다. 이러한 기능이 국가와 지방자치단체 어느 한쪽 혹은 그 쌍방에 속하는 것이 적절한가를 연구하는 것이 지방재정론이다. 이렇게 하여 지방자치단체에 재정적 기능이 주어지고 재정수요가 생길 때 그것을 주로 충당하는 것이 지방세이다.

(과세권) 측면에서 살펴보면, 국가의 재정권은 국가의 주권의 내재적 속성으로서 이에 대한 헌법의 개별 선언 규정이 필요한 것이 아니라 실정헌법 자체가 바로 주권의 존재를 전제로 하여 성립되고 있으므로(헌법 제38조에서 국민의 납세의무를 규정하고 있음) 이에 대한 개별선언 규정이 없어도 국가의 구성원인 국민이 국가재정에 필요한 경비를 부담할 의무를 지는 것이 명백하므로 이 규정은 국가의 재정권의 존재를 당연히 전제하고 그에 더하여 국가의 구성원인 국민의 납세의무를 확인하는 것에 지나지 않는다는 것이다.

그러므로 국가의 재정권은 국가의 주권의 내재적 속성이고 이것은 법 이론적으로는 실정헌법상으로 당연히 승인되고 있는 권리라 하겠다.

이에 대하여 지방자치단체의 재정권은 헌법에 의해서 창설된 것이다. 헌법 제8장에서 '지방자치'의 장(章)을 설정해 지방자치를 제도적으로 보장하고 있다.30) 헌법 제117조에서 "지방자치단체는 주민의 복리에 관한 사무를 처리하고, 재산을 관리하며, 법령의 범위 안에서 자치에 관한 규정을 제정할 수 있다."라고 규정하고 있음을 미루어 보아 헌법은 자치단체의 고유사무가 존재함을 인정하고 있으므로 자치단체에 재정권을 부여하고 있다고 해석할 수 있다.

이와 같이 자치단체의 재정권은 국가의 재정권과는 그 법적 기초를 달리 하지만 이것은 헌법상 자치단체에 부여된 일종의 고유권으로 다루어질 수 있다. 특히 자치단체가 고유의 재정권을 가진다는 점은 법 이론적으로는 국가의 법률에 의해서도 침범이 허락되지 않는 고유권적인 재정권의 존재를 부정할 수 없다는 점이다.

여기에서 헌법상 지방자치단체에 고유의 재정권을 인정하는 여러 법리를 살펴보면,

① 주민에게 지방세 납세의무를 부담하게 하는 것은 국가의 법률인 이 법 또는 "지방세관계법"에 의해서가 아니라는 점이다.

이와 같이 지방세에 대해서는 '법률'이 아니라 '조례'에 의해 납세의무를 구체적으로 부담하게 하는 것을 인정하는 것은 헌법 제59조의 조세법률주의의 예외라고 설명될 수가 있겠는데 이는 국가차원이나 자치단체 차원에서나 모두 재정권은 입법권의 한 형태로서 재정권의 본질은 입법권인 것이다. 그래서 자치단체의 재정권은 지방의회의 의결을 거쳐 조례의 제정이란 형태로 행사되고, 주민은 이 조례에 의해 납세의 의무를 부담하는 것이다.

결국 국가의 법률이 아닌 조례가 지방세에 관한 조세채권 채무관계 발생의 법적 근거가 되는 것이므로 자치단체의 재정권은 헌법 제59조가 아닌 헌법 제117조에 의해 창설되는 것이라 하겠다.

이와 같이 볼 때 헌법 제59조의 조세법률주의가 지방세에도 적용된다 하더라도 여기서 말하는 '법률'은 지방세에 관한 한 '조례'를 의미하는 것으로 보아야 할 것이므로 종국적으로

---

30) 지방자치란 지역주민이 스스로 다스림을 뜻하는 것이며 그 다스림에 소요되는 자금을 조달할 수 없을 때 스스로의 힘에 의한 다스림은 어렵게 될 수 밖에 없는 것이다(이필우「지방세제의 나아가야 할 바람직한 방향」, 지방세지, 1997. 1호 p.21.).

지방세에 있어 조세법률주의는 헌법이 예정한 것으로 보지 않을 수 없다는 결론이다.

이상에서 본 바와 같이 지방세에 관해 조례로 정할 수 있다는 것은 형식적으로는 조세법률주의의 예외라고 할 수 있지만 지방세를 조례로 정함은 헌법 자체의 예정함이기 때문에 이런 의미에서 보면 지방세의 납세의무를 조례로 정함은 조세법률주의의 예외라고 말할 수는 없다 하겠다.

이렇게 볼 때 국가의 법률인 이 법 또는 지방세관계법은 국세법인 법인세법·소득세법 등의 경우와는 달리 직접적으로 납세자를 법적으로 구속하지 않고, 지방세는 지방세에 관한 일반 조례가 직접적으로 납세자를 법적으로 구속하는 것이라 하겠다.

② 지방세관계법은 각 자치단체가 조례를 제정함에 있어서 통일적 표준법 내지는 기본법의 성격을 지니고 있다 하겠다. 이는 헌법 제117조에서 "…법령의 범위 안에서 자치에 관한 규정을 제정할 수 있다."고 규정하고 있기 때문에 고유의 재정권을 갖는 자치단체라 하더라도 국가의 법률인 이 법 또는 "지방세관계법"의 구속적 규정을 위반하여서는 안되며 조례는 이 법 또는 지방세관계법의 범위 내에서 제정되어야 한다는 것이다.31)

지방세조례의 형식을 살펴보면 필자의 견해로는 국세가 원칙적으로 일세일법률주의(상속세 및 증여세법에 한하여 상속세와 증여세가 함께 규정되어 있음)를 채택하고 있는 데 반하여, 지방세법이 분법되어 5개의 법으로 규정되었다 하더라도 지방세 조례는 편의상 1개의 조례로 함이 좋다고 생각한다. 따라서 모든 지방자치단체는 "○○도세조례", "○군세조례" 등의 명칭으로 된 지방세에 관한 일반조례와 지방세 감면 또는 불균일과세에 대한 조례도 각 지방자치단체에 따라 개별적 명칭의 조례로 제정 운영함이 좋을 것으로 본다.

그리고 지방세조례의 규정사항으로는 지방세조례는 지방세기본법 제5조의 규정에 따라 세목, 과세객체, 과세표준, 세율 기타 부과징수에 관한 사항을 조례로 규정함으로써 비로소 직접적으로 주민에게 적용되는 것이다.32)

그런데 국가의 법률인 이 법 또는 지방세관계법이 직접 주민을 구속하지 않고 조례에 의해서만 구속할 수 있다고 할 경우 지방세조례에 지방세관계법의 모든 조문을 규정하면 좋겠지만 입법의 방법상 모든 조문을 전부 규정하지 못할 경우와 조례에 규정하지 않아도 되는 조문이 있다.

그래서 일반적으로 조례 제정시에는 모두규정(冒頭規定)(saving clause)에서 "이 조례에

---

31) 北野弘久, 「新財政法學」 동경, 致草書房, 1977, pp.242-250
32) 지방자치단체는 법령의 범위안에서 그 사무에 관하여 조례를 제정할 수 있으나, 이 때 "사무"란 자치사무와 법령에 의하여 지방자치단체에 속하게 된 단체위임사무를 가리키므로 국가사무가 지방자치단체의 장에게 위임된 기관위임사무는 조례의 제정범위에 속하지 않는다고 볼 것이고, 그것이 자치사무인지 기관위임사무인지 여부를 판단함에 있어서는 법령의 규정형식과 취지를 우선 고려하여야 할 것이지만, 그 외에도 사무의 성질이 전국적으로 통일적인 처리가 요구되는 사무인지, 그에 관한 경비부담과 최종적인 책임 귀속의 주체 등도 아울러 고려하여 판단하여야 한다(대법 01추57, 2001.11.27.).

서 정하고 있는 것을 제외하고는 이 법 또는 지방세관계법이 정하는 바에 의한다."라고 표현하여 이 법 또는 지방세관계법의 규정이 바로 조례 속에 옮겨지는 것과 같은 효과를 가져 오게 하고 있다. 그러나 이 법 또는 지방세관계법에서 조례로 정하도록 위임하고 있는 사항이나 표준세율에 의한 제한세율 적용규정 등과 같이 일정한 범위를 정하여 지방자치단체로 하여금 선택적 판단에 맡겨 그 구체화를 조례에 위임하고 있는 규정 등의 경우는 모두규정의 적용 여지없이 반드시 이를 구체적으로 조문화해서 규정하여야만 효력이 있는 것이다.[33]

그리고 벌칙과 같이 직접 주민의 권리의무관계에 영향을 미치는 법령은 조례의 규정에 바탕을 둔 것이 아니라 직접 이 법 또는 지방세관계법의 벌칙에 관한 규정이 주민을 규제하는 것으로서 이를 조례로 조문화할 필요가 없다고 보며, 또한 조세우선에 관한 규정이나 체납처분 등에 관한 규정은 헌법 제23조의 재산권의 보장과 제한에 관한 규정의 취지에서 조례만으로는 창설될 수 없는 것으로 보아야 한다.

이와 같은 조례의 제정 또는 운영에 있어서 꼭 유념해야 할 점은 먼저 조례는 헌법과 지방자치법에서 정한 범위 내에서 제정되어야 한다는 점이다. 즉, 헌법 제117조 제1항에서는 "…법령의 범위 안에서 자치에 관한 규정을 제정할 수 있다."라고 규정하고 있고, 지방자치법 제22조에서 "지방자치단체는 법령의 범위 안에서 그 사무에 관하여 조례를 제정할 수 있다. 다만, 주민의 권리제한 또는 의무 부과에 관한 사항이나 벌칙을 정할 때에는 법률의 위임이 있어야 한다."고 규정하고 있으므로 조례에 규정되는 내용은 법률에 규정된 내용이나 위임된 내용에 한하고 법률에 위반된 조례가 제정된 경우에는 당해 조문은 무효가 되는 것이다.[34]

또한 이 법 또는 지방세관계법이 개정되었다 하여 지방세의 부담내용이 자동적으로 변경되는 것이 아니라 반드시 지방자치단체의 조례는 이에 따라 개정절차를 거쳐야만 되고 그렇지 않으면 지방세 조례주의의 취지에 어긋나는 것이 된다.

이 규정에서 유의해야 할 점은 지방자치단체에서는 종전의 지방자치가 본격적으로 시작되기 전에는 국가에서 시달하는 조례준칙에 의거 절차를 밟아 공포하면 즉시 시행이 가능했으나 지방자치가 본격화된 현재는 국가의 준칙시달은 없고 국회에서 이 법 또는 지방세관계법이 개정되어 공포되면 그 시행시기와 맞추어 조례를 개정하여 의회의 의결을 받아 공포하지 않으면 개정된 이 법 또는 지방세관계법 내용과 동일한 과세를 할 수 없다는 점에 유의하여 조례의 제·개정에 대하여 신경을 써야 한다.[35]

---

33) 이상희, 「지방재정론」, 계명사, 1992, pp.187-191
34) "법령의 범위안"의 의미(대법 2002두7135, 2003.5.27.)
　　지방자치단체는 자치사무에 관하여 이른바 자치조례를 제정할 수 있고, 이러한 자치조례에 대해서는 여기에서 정하는 "법령의 범위안"이라는 사항적 한계가 적용될 뿐, 일반적인 위임 입법의 한계가 적용될 여지가 없으며, 여기서 말하는 "법령의 범위안"이라는 의미는 "법령에 위반되지 아니하는 범위 안"으로 풀이된다.

제6조 | 지방자치단체의 장의 권한 위탁·위임 등

① 지방자치단체의 장은 이 법 또는 지방세관계법에 따른 권한의 일부를 소속 공무원에게 위임하거나 중앙행정기관의 장(소속기관의 장을 포함한다. 이하 이 조에서 같다.), 다른 지방자치단체의 장 또는 제151조의2에 따라 설립된 지방자치단체조합(이하 "지방세조합"이라 한다)의 장(이하 "지방세조합장"이라 한다)에게 위탁 또는 위임할 수 있다(법 §6 ①). 이 경우 지방자치단체의 장은 법 제6조제1항에 따라 법 또는 지방세관계법에 따른 권한의 일부를 중앙행정기관의 장(소속기관의 장을 포함한다), 다른 지방자치단체의 장이나 법 제151조의2에 따른 지방자치단체조합의 장에게 위탁한 경우에는 수탁자, 위탁업무, 위탁기간과 그 밖에 필요하다고 인정하는 사항을 공보나 지방자치단체의 정보통신망에 고시해야 한다(영 §3).

② 제1항에 따라 지방자치단체의 장의 권한을 위탁받거나 위임받은 중앙행정기관의 장, 지방자치단체의 장 또는 지방세조합장은 그 권한의 일부를 소속 공무원(지방세조합장의 경우에는 지방자치단체 등에서 파견된 공무원을 말한다. 이하 이 조에서 같다) 소속 공무원에게 재위임할 수 있다(법 §6 ②).

③ 제1항에 따라 권한을 위탁 또는 위임받은 중앙행정기관의 장, 지방자치단체의 장 또는 지방세조합장과 제2항에 따라 권한을 재위임받은 소속 공무원은 세무공무원으로 본다(법 §6 ③).

여기에서 권한의 위임이라 함은 행정관청이 자신의 법령상의 권한의 일부를 다른 관청(보통은 하부관청)에게 위임하고 그것을 위임받은 관청의 권한으로서 그의 명의와 책임하에서 행하게 하는 것을 말하는데 이 법 및 지방세관계법상의 권한의 위임은 두 가지로 나누어 설명할 수 있다. 첫째는 그 권한의 일부를 소속공무원에게 위임하는 것으로서 자치단체의 장의 세무에 관해 행사할 수 있는 권한을 세무를 담당하는 공무원에게 위임하여 처리하는 것이며, 둘째는 다른 지방자치단체의 장에게 그 권한을 위임하는 것으로서 특별시세, 광역시세를 자치구의 구청장 명의와 권한으로 부과징수하는 것과 도세를 시장·군수의 명의와 책임으로 부과징수하는 것이 이 규정에 근거한 것이다.

서울시(38징수과), 경기도(조세정의과) 등 자치단체별 징수체계 편차가 크고, 상당수 고액 체납자(1천만원 이상 체납자 중 2개 이상 지자체에 체납이 있는 분산체납자 건수는 47% 체납액은

---

35) 이법 또는 지방세관계법은 거의 매년 개정절차를 밟고 있으나 국회에서 통과되어 공포되는 시점이 대부분 12월말이면서 그 시행시기는 다음 연도 1월 1일로 정하고 있다. 그런데 이를 조례에 반영하여 개정하려면 다음 연도 1월 중순 경이 되어 지방의회를 다시 개원하여 처리하게 된다. 이렇게 되면 결국 매년 소급입법을 하게되는 악순환이 이어지게 되므로 지방자치단체의 회계연도를 국가와 달리하거나(3월 1일부터~다음해 2월말까지) 국회 개정법령의 시행시기를 최소한 2개월 정도의 여유기간을 두고 공포해야 할 것으로 생각한다.

약 52%차리)는 2개 이상 지자체에 분산되어 있으며, 체납액 확산 관리도 되지 않고 있으며, 전국에 분산된 고액 체납자에 대한 명단공개, 출국금지, 금융거래정보 본점조회 등이 불가하여 체납처분 집행의 실효성이 저하되고 있다.

※ (예시) 서울 1,100만 원, 부산 400만 원 체납시 명단공개 ⇒ 서울시는 대상, 부산시는 미해당
　　(예시) 서울 700만 원, 부산 500만 원 체납시 명단공개 ⇒ 합산 1천만 원 이상이나 불가

다른 자치단체의 장에게 권한의 일부를 위탁하는 경우로는 담배소비세의 경우 외국산담배의 수입판매업자는 그 판매업자의 주소지를 관할하는 시장·군수가 특별징수의무자가 되어 징수하여 안분하고, 자동차 주행에 대한 자동차세는 개별소비세의 납세지를 관할하는 시장·군수가 특별징수의무자가 되는 등의 경우는 엄밀한 의미에서는 다른 지방자치단체의 장에게 징수를 위탁하는 경우에 해당될 것이다.

그런데 이법 또는 지방세관계법에서 권한의 위임을 할 수 있는 대표적인 것이 특별·광역시세와 도세를 시장·군수·구청장에게 위임하여 부과징수하는 것인데, 이러한 위임에 따른 징세경비문제가 현실적으로 대두되었다. 지방세 부과징수권의 위임에 따라 필요한 징세비는 대략 징수액의 3% 정도로 계산되고 있으나 1999년까지는 일반 시군은 30%, 인구 50만 이상 시는 50%, 자치구는 3%로 되어 있어 일반 시군은 50%를 요구하고, 자치구는 최소한 30%를 요구하게 되었으며, 반대로 광역자치단체에서는 징수위임을 철회하고 시세 또는 도세사무소를 설치하여 직접 징수하겠다는 움직임이 있었기 때문에 이를 개선하여 이법 또는 지방세법에서는 위임에 따른 징세비 상당액만 규정하고 광역자치단체의 세입으로 된 징수교부금은 시군의 조정재원으로 활용하도록 관련 법령을 개정하여 2000년부터 시행되고 있다. 이에 대하여는 지방세징수법 제17조에서(도세 등에 대한 징수의 위임)에서 자세히 설명하겠다.[36]

또한 지방자치단체의 장은 지방세 사무에 관한 권한의 일부를 소속 공무원에게 위임하거나 다른 지방자치단체의 장에게만 위임·위탁하도록 되어 있지만 담배소비세의 경우 지방세법 제60조에서 세관장에게 부과·징수를 위탁하고 있으면서도 종전에는 「지방세기본법」상 지방자치단체 간에만 위탁이 가능하도록 되어 있어 법률과 불부합하는 문제가 발생되고 있고 지방세 환경이 다변화되고 정보화 사회가 가속화됨에 따라 중앙과 지방간 협업이 필요한 업무가 지속적으로 확대될 것으로 예상되어 지방세 업무의 권한위탁기간의 범위에 중앙행정기관의 장을 추가되도록 확대하여, 위임 또는 위탁받은 기관의 장과 소속 공무원을 세무공무원으로 간주하고자 한 것이다.

---

[36] 일본 도꼬도의 경우는 지방세법의 규정에 의거 도꼬도세의 부과징수권한을 도민세를 제외하고는 시정촌에 위임하지 못하고 「도세사무소」를 설치하여 시정촌과는 관계없이 도세징세사무를 처리하고 있다(일본, 지방세법 제20조의 3 참조).

제7조 지방세의 세목

(1) 보통세와 목적세

지방세는 보통세와 목적세로 한다(법 §7 ①).

이는 조세 부과징수의 목적에 따라 특정지출목적에 한정된 조세를 목적세라고 하며, 이러한 구속없이 일반적인 경비에 충당하기 위하여 설정된 조세를 일반세 또는 보통세라고 한다.

보통세(ordinary tax)는 조세의 징수 목적이 사전에 사용용도가 정해지지 아니한 일반적인 용도로 사용될 경비에 충당하기 위하여 과징하는 세를 말하고, 목적세(earmarked tax)는 충당하여야 할 경비의 사용처를 특별히 정하고 그 경비의 지출에 의해 직접 이익을 받는 자에게 그 부담을 요구하는 세를 말한다.

그런데 조세는 원칙적으로 세입의 목적구속금지원칙(目的拘束禁止原則)에 의하여 특정한 용도와 결부시킬 수 없는 것이나 도시시설의 정비·교육사업 등 특정한 사업 등을 위해서는 예외적으로 목적세를 징수할 수 있는 것이다.[37]

(2) 보통세

보통세의 세목은 다음 각 호와 같다(법 §7 ②).
① 취득세 ② 등록면허세 ③ 레저세 ④ 담배소비세 ⑤ 지방소비세 ⑥ 주민세 ⑦ 지방소득세 ⑧ 재산세 ⑨ 자동차세를 말한다.

(3) 목적세

목적세의 세목은 다음 각 호와 같다(법 §7 ③).
① 지역자원시설세 ② 지방교육세를 말한다.

이러한 목적세로는 2010년 이전에는 도시계획세, (소방)공동시설세, 사업소세, 지역개발세, 지방교육세가 있었으나 지방세의 간소화 작업의 일환으로 세목을 통폐합하면서 도시계획세는 재산세에, (소방)공동시설세는 지역자원시설세(종전 지역개발세)에 그 명칭이 통합되었고, 사업소세는 주민세에 흡수되었다.

필자의 견해로는 현행의 목적세는 정치·사회적 배경으로 한시적으로 도입되었으나, 사회적으로 논란이 되면서 계속적으로 연장 또는 영구화되었고, 세원 하나에 세금을 중복 부과하는 과세 방식으로 인해 세제를 복잡하게 하고, 특정 지출을 보장함으로써 예산운용

---

[37] 차병권, 「조세개론」, 박영사, 1988. p.82

의 경직성을 야기하고 있고, Sur-tax 부과 방식은 세제를 어렵게 하고 정부와 국민의 각종 납세 비용을 높임으로 세제를 복잡하게 하고 있으며, 특정 목적에만 사용되므로 재정운용의 경직성을 야기하여 칸막이식 세원 운용으로 인하여 재정지출의 효율성을 극대화하는데 한계가 있어 목적세 중 Sur-tax 부과 방식의 목적세는 본세에 통합되어 운영되어야한다고 본다.

제8조 | 지방자치단체의 세목

(1) 특별시세와 광역시세

특별시세와 광역시세는 다음 각 호와 같다. 다만, 광역시의 군(郡) 지역에서는 제2항에 따른 도세를 광역시세로 한다(법 §8 ①).

① 보통세로는 취득세, 레저세, 담배소비세, 지방소비세, 주민세, 지방소득세, 자동차세가 있다.
② 목적세로는 지역자원시설세, 지방교육세가 있다.

(2) 도세

도세는 다음 각 호와 같다(법 §8 ②).

① 도세의 보통세로서는 취득세, 등록면허세, 레저세, 지방소비세가 있다.
② 도세의 목적세로서는 지역자원시설세, 지방교육세가 있다.

(3) 구세

구세는 다음 각 호와 같다(법 §8 ③).
구세는 등록면허세와 재산세가 있다.

(4) 시·군세

시·군세(광역시의 군세를 포함한다. 이하 같다.)는 다음 각 호와 같다(법 §8 ④).
시·군세(광역시의 군세를 포함한다. 이하 같다.)는 담배소비세, 주민세, 지방소득세, 재산세, 자동차세가 있다.

(5) 특별자치시세·특별자치도세

특별자치시세와 특별자치도세는 다음 각 호와 같다(법 §8 ⑤).

특별자치시세와 특별자치도세는 취득세, 등록면허세, 레저세, 담배소비세, 지방소비세, 주민세, 지방소득세, 재산세, 자동차세, 지역자원시설세, 지방교육세가 있다.

이와 같이 지방세는 지방자치단체의 자체 재원을 조달하는 주종 세원이므로 전국 어디에서 부과징수 또는 납부하여도 전부 국고에 귀속되는 국세와는 달리 광역자치단체인 시·도는 시·도의 재원조달에 필요한 시·도세가 있고, 시·군·구는 시·군·구의 재원조달에 필요한 시·군·구세로 구분된다.

이러한 세목의 지방자치단체간 배분은 이론적인 기준보다는 도와 시·군, 특별시 및 광역시와 자치구간, 시·군간 또는 자치구간의 재원의 균형배분을 목적으로 하여 세목을 배분하고 있는 것이므로 외형적으로는 기초자치단체이면서 시·군은 세목이 많고 자치구는 세목이 적게 배분된 데 대한 불만이 있을 수 있으나 시·군은 많은 세목이 배분되어도 원래 세원이 빈약한 반면 자치구는 적은 세목으로도 재정수요를 100% 이상 충족하는 자치구가 있어 다른 세목을 더 배분할 경우 재원의 불균형배분뿐 아니라 자치구간의 상대적 불균형이 심화되는 결과를 초래할 우려가 있어 특별시장이나 광역시장은 지방재정법에서 정하는 바에 따라 해당 지방자치단체의 관할 구역 안의 자치구 상호 간의 재원을 조정하여야 한다(지방자치법 §173)고 규정하고, 이 법의 규정에 따라 지방자치법시행령 제117조에서 "법 제173조에 따른 자치구 상호 간의 조정 재원은 해당 시세(市稅) 중 지방세기본법 제8조 제1항 제1호 각 목(취득세, 레저세, 담배소비세, 지방소비세, 주민세, 지방소득세, 자동차세)에 따른 보통세(광역시의 경우에는 지방세법 제7장 제3절에 따른 주민세 사업소분 및 같은 법 제7장 제4절에 따른 주민세 종업원분은 제외한다.)로 하며, 자치구 상호 간의 조정방법을 정하는 조례에는 조정교부금의 교부율, 산정방법 및 교부시기 등이 포함되어야 한다."고 규정하여 이 재원으로 자치구간의 수입의 균형을 유지하도록 조치하고 있는 것이다.

(6) 특별자치도세의 예외

제5항에도 불구하고 특별자치도의 관할 구역 안에 지방자치단체인 시·군이 있는 경우에는 제2항에 따른 도세를 해당 특별자치도의 특별자치도세로, 제4항에 따른 시·군세를 해당 시·군의 시·군세로 본다(법 §8 ⑥).

「강원특별자치도 설치 등에 관한 특별법」 제정('23.6.1 시행)에 따라 강원특별자치도 출범 시 기존 도세 및 시·군세의 세목 분류 체계가 기존과 동일하게 적용될 수 있도록 규정을 신설한 것으로 「지방자치법」 제2조 제1항에 따른 시·군이 있는 특별자치도는 종전의 도세를 특별자치도세로, 특별자치도내 시·군은 종전 시·군세를 해당 시·군의 시·군세로 한다.

| 지방세 세목의 배분 분류도 |

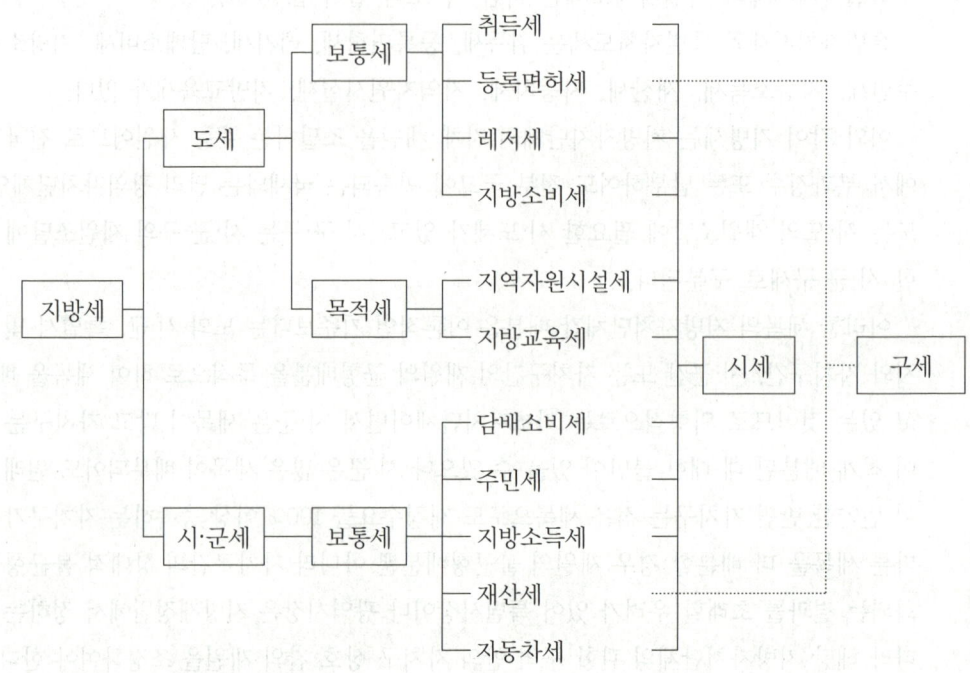

- ① 서울특별시의 경우 구세인 재산세(그 세원이 선박 및 항공기에 대한 재산세는 구세임.)는 그 중 특별시분 재산세와 구(區)분 재산세가 각각 50%로 함.
- ② 주민세 사업소분과 종업원분은 특별시는 시세, 광역시는 자치구세로 함.
- ③ 특별자치시와 특별자치도에서는 모든 세목이 시세 또는 도세가 됨.
- ④ 재산세의 도시지역분(종전 도시계획세)는 특별시는 시세, 광역시는 자치구세 임.

제9조 │ 특별시의 관할구역 재산세의 공동과세

① 특별시 관할구역에 있는 구의 경우에 재산세(지방세법 제9장에 따른 선박 및 항공기에 대한 재산세와 같은 법 제112조 제1항 제2호 및 같은 조 제2항에 따라 산출한 재산세는 제외한다.)는 제8조에도 불구하고 특별시세 및 구세인 재산세로 한다(법 §9 ①).

이 경우 재산세는 특별시와 광역시에서는 기본적으로 구세로 분류하고 있으나 특별시의 경우는 그 재산세액을 특별시세와 구세로 각각 100분의 50으로 배분하며, 이 재산세액 중 선박과 항공기에 대한 재산세액은 구세로만 하도록 하고 있다.

그리고 지방세법 제110조에 따른 토지 등의 과세표준에 1천분의 1.4를 적용하여 산출한 세액(종전의 도시계획세 상당액)과 위의 세율을 조례로 정하는 바에 따라 1천분의 2.3을 초과하지 아니하는 범위에서 다르게 정하여 과세하는 경우의 세액은 공동과세에서 제외된다.

② 제1항에 따른 특별시세 및 구세인 재산세 중 특별시분 재산세와 구(區)분 재산세는 각각 지방세법 제111조 제1항 또는 제111조의2에 따라 산출된 재산세액의 100분의 50을 그 세액으로 한다. 이 경우 특별시분 재산세는 제8조 제1항의 보통세인 특별시세로 보고, 구(區)분 재산세는 같은 조 제3항의 보통세인 구세로 본다(법 §9 ②).38)

③ 지방세법 제112조 제1항 제2호 및 같은 조 제2항에 따른 재산세(종전의 도시계획세 해당분)는 제8조 제1항 및 제3항에도 불구하고 특별시세로 한다(법 §9 ③).

이 규정은 재산세 도시지역분(지세법 제112조)에 의거 특정한 토지 등에 대하여 과세된 재산세는 이를 모두 특별시세로 한다는 것이다. 즉, 지방자치단체의 장은 국토의 계획 및 이용에 관한 법률 제6조 제1호에 따른 도시지역 중 해당 지방의회의 의결을 거쳐 고시한 지역(재산세 도시지역분 적용대상지역) 안에 있는 대통령령으로 정하는 토지 등의 과세표준에 일반재산세의 세율과는 별도로 1천분의 1.5를 적용하여 산출한 세액(재산세액)은 전부 특별시세로 한다는 것이다.

또한 지방자치단체의 장은 지방세법 제112조 제1항 제2호의 세율(1천분의 1.5)을 조례로 정하는 바에 따라 1천분의 2.3을 초과하지 아니하는 범위에서 다르게 정할 수 있는데(지세법 제112조 ②), 이렇게 탄력적으로 정하는 세율에 따라 징수되는 재산세도 특별시세로 한다는 것이다.

이 경우 대통령령으로 정하는 "토지 등"이라 함은,

1. 토지는 지방세법에 따른 재산세 과세대상 토지 중 전, 답, 과수원, 목장용지, 임야를 제외한 토지와 도시개발법에 따라 환지 방식으로 시행하는 도시개발구역의 토지로서 환지처분의 공고가 된 모든 토지(혼용방식으로 시행하는 도시개발구역 중 환지 방식이 적용되는 토지를 포함한다.)를 말한다.
2. 건축물은 지방세법 제9장에 따른 재산세 과세대상 건축물. 다만, 재산세를 부과하는 해당연도에 철거하기로 계획이 확정되어 재산세 과세기준일 현재 행정관청으로부터 철거명령을 받았거나 철거보상계약이 체결된 건축물부분은 제외한다.
3. 주택은 지방세법에 따른 재산세 과세대상 주택. 다만, 국토의 계획 및 이용에 관한 법률에 따른 개발제한구역에서는 별장 또는 고급주택(과세기준일 현재의 시가표준액을 기준으로 판단한다.)만 주택으로 본다.

---

38) 이 규정은 2008.1.1.부터 시행되었으며 이 경우 위의 제2항의 규정에 불구하고 2008년의 특별시분 재산세와 구분 재산세는 산출된 재산세액(구 지방세법 제188조 제1항에 따른 표준세율을 적용하여 산출한 세액을 말한다.)의 100분의 40과 100분의 60으로, 2009년의 특별시분 재산세와 구분 재산세는 제3장 제2절에 따라 산출된 재산세액의 100분의 45와 100분의 55를 각각 그 세액으로 한다(2007년 개정 지방세법 부칙 제2조). 그러므로 2010년부터는 서울특별시의 경우는 재산세가 50대50으로 특별시세와 구세로 나누어진다.

제10조 │ 특별시분 재산세의 교부

① 특별시장은 제9조 제1항 및 제2항에 따른 특별시분 재산세 전액을 관할구역의 구에 교부하여야 한다(법 §10 ①).

그러므로 제9조 제3항의 규정에 따라 부과징수한 재산세(지방세법 제112조 제1항 제2호 및 같은 조 제2항에 따른 재산세)는 모두 특별시세인 재산세가 된다.

② 제1항에 따른 특별시분 재산세의 교부기준 및 교부방법 등 필요한 사항은 구의 지방세수(地方稅收) 등을 고려하여 특별시의 조례로 정한다. 다만, 교부기준을 정하지 아니한 경우에는 구에 균등 배분하여야 한다(법 §10 ②).

③ 제1항 및 제2항에 따라 특별시로부터 교부받은 재산세는 해당 구의 재산세 세입으로 본다(법 §10 ③).

제11조 │ 주민세의 특례

광역시의 경우에는 「지방세법」 제7장 제3절 및 제4절에 따른 주민세 사업소분 및 종업원분은 제8조 제1항 제1호 마목에도 불구하고 구세로 한다(법 §11).

이 규정은 종전의 사업소세가 재산할은 주민세 재산분으로 통합되고 2021년부터는 종전의 주민세 사업자법인균등분을 통합하여 사업소분으로 변경되었고, 종업원할은 신설되는 지방소득세의 종업원분으로 통합되었다가 2014년부터 지방소득세의 개편으로 종업원분도 주민세에 통합되었는데 이는 구세였던 사업소세의 세수가 주민세로 통합되었으나 광역시의 경우 세목은 광역시세이지만 주민세의 종업원분은 종전의 사업소세 종업원분이 구세였던 것을 그대로 존속시켜 그 부분의 세수는 여전히 구의 세원으로 존치하기 위해서 설정된 특례규정이다.[39]

---

39) 법 9조~11조 『특별시와 광역시의 세목』
 • 재산세도시지역분(도시계획세) : 특별시는 시세, 광역시는 자치구세
 • 재산세 : 특별시는 특별시와 자치구가 공동과세(50%씩), 특별시는 특별시분 재산세 50%를 자치구에 균등(1/25) 재배분(서울시는 구가 25개임.)
 • 주민세 사업소분 및 종업원분 : 특별시는 시세, 광역시는 자치구세

제11조의 2 | 지방소비세의 특례

「지방세법」 제71조 제3항 제3호 및 제4호에 따라 시·군·구에 납입된 금액은 제8조 제1항부터 제4항까지에도 불구하고 시·군·구세로 한다(법 §11의 2).

그간 지방재정의 안정적 확보와 지방자치발전을 위하여 국세-지방세 비율 개선을 위한 '재정분권 추진방안'에 따라 지방소비세율을 6%p 인상하고, 기존 인상분(4%p)을 포함한 10%p 중 일부를 지방사업으로 전환되는 사업 등의 비용 보전을 위해 배분하는 「지방세법」 등 관계법령이 개정되었지만, 취득세등 보전분(6%p) 중 교부세 보전 목적으로 시·군에 배분되는 부분은 현재 세외수입으로 세입 처리하는 등 지방소비세가 시·도세임에 따라 시·군·구로 배분되는 부분은 지방소비세로 세입처리하지 못하고 있는데 이는 '재정분권 추진방안'의 당초 취지와 달리 시·군·구로 배분되는 부분은 국세-지방세 비율개선에 기여하지 못하는 문제 발생하고 있어 지방소비세 추가 10%p 중 시·군·구로 배분되는 부분은 시·군·구세로 하는 특례 규정 신설하여 지방소비세로 하는 규정을 신설한 것이다 그 규모는 2020년 현재 1.6조원으로 시·군·구 전환사업 보전액 0.8조원과 조정교부금 보전액(0.8)조원이고, 그 적용 기한은 「지방세법」 부칙(법률 제16855호, 2019.12.31.) 제2조(지방소비세의 납입에 관한 적용기간)에서 제71조 제3항 제3호 제3호 및 제4호의 개정규정(제3항제3호가목 및 나목"을 제3항제3호 및 제4호"로 2021.12.7. 법률 제18544호로 개정됨)은 시행일부터 2022년 12월 31일까지 효력을 가진다고 규정하고 있다.

제12조 | 관계 지방자치단체의 장의 의견이 서로 다른 경우의 조치

이 규정은 국세에서는 있을 수 없는 특별한 규정으로 국세는 전국 어디에서나 국고에 납입만 하면 되지만 지방세는 각 지방자치단체별로 금고를 달리하고 재정운영을 독자적으로 하는 관계로 시·도 또는 시·군·구가 폐치분합할 경우 이미 부과되었거나 부과하여 징수해야 할 지방세의 귀속문제가 발생하게 되는 것이다.

지방세의 과세권이 어느 지방자치단체에 귀속하느냐 하는 것은 원칙적으로 지방자치단체와 과세물건과의 관계 등에 따라 각 세목에 이를 정하고 있다. 그런데 지방자치단체는 때에 따라 신설 또는 폐지되는 등 폐치분합의 경우가 생기고, 경계가 변경되는 경우가 발생하게 되는데 이때에 과세권이 어느 지방자치단체에 귀속되어야 할 것인가 하는 것이 정해져야 한다.

지방자치단체의 경계변경이나 폐치분합 등이 있을 때의 과세권의 귀속에 대하여는 지방자치법 규정에 의한 사무의 승계에 의해서도 처리될 수 있으나 지방자치단체의 경계변경 또는 폐치분합의 양태가 복잡하여 일반적인 사무의 승계규정으로는 처리하기가 곤란하므로 지방세기본법에서 과세권의 승계에 관한 규정을 별도로 두고 있는데 그 구체적인 내용은 다음과 같다.

1) 과세권 귀속에 대한 결정·청구 및 통지

지방자치단체의 장은 과세권의 귀속이나 그 밖에 이 법 또는 지방세관계법을 적용할 때 다른 지방자치단체의 장과 의견이 달라 합의되지 아니할 경우에는 하나의 특별시·광역시·도(이하 "시·도"라 한다.)내에 관한 것은 특별시장·광역시장·도지사(이하 "시·도지사"라 한다.), 둘 이상의 특별시·광역시·특별자치시·도·특별자치도(이하 "시·도등"이라 한다.)에 걸쳐 있는 것에 관하여는 행정안전부장관에게 그에 관한 결정을 청구하여야 한다(법 §12 ①).

이 경우 청구는 의견이 서로 다른 여러 지방자치단체 중 어느 하나의 단체가 청구하여도 무방하다.

그리고 지방자치단체의 장 끼리 의견이 맞지 않을 때에는 우선 상호합의해야 하고 합의가 성립된 경우는 합의된 바에 따라야 하나 합의내용이 지방세법 관계 규정에 위반되는 성질의 것은 위법한 합의로 효력이 없다고 보아야 한다.

시·도지사 또는 행정안전부장관이 관계 지방자치단체의 장으로부터 제1항에 따른 결정의 청구를 받아 수리(受理)하였을 때에는 청구를 수리한 날부터 60일 이내에 결정하고, 지체 없이 그 결과를 관계 지방자치단체의 장에게 통지하여야 한다(법 §12 ②).

2) 재심청구 및 통지

제2항에 따른 시·도지사의 결정에 불복하는 시장·군수·구청장은 그 통지를 받은 날부터 30일 이내에 행정안전부장관에게 심사를 청구할 수 있다(법 §12 ③). 행정안전부장관은 제3항의 심사의 청구를 수리하였을 때에는 청구를 수리한 날부터 60일 이내에 그에 대한 재결(裁決)을 하고, 그 결과를 지체 없이 관계 지방자치단체의 장에게 통지하여야 한다(법 §12 ④).

그러므로 행정안전부장관이 결정을 하게 되면 그 내용에 불복이 있다 하더라도 다시 심사의 청구를 할 수 없다 하겠다.

제13조 시·군·구를 폐지·설치·분리·병합한 경우의 과세권 승계

지방자치단체는 지역환경·인구·지역산업의 구조변화 등으로 인구나 면적이 변경됨에 따라 지방자치단체의 구역이 변경되므로 이에 따라 과세권이 어느 자치단체에 귀속하느냐 하는 문제가 발생할 경우가 있다. 지방자치단체의 폐치분합 또는 경계변경이 있는 경우의 과세권의 귀속에 대하여는 지방자치법 관계규정에서 사무승계의 규정을 두고 있으나 그 실제사례의 형태가 복잡하기 때문에 이 규정만으로는 처리가 곤란하여 지방세기본법에서 이러한 지방자치단체 구역의 변경에 따른 과세권의 승계에 관한 규정을 별도로 두고 있다.

여기에서 시·군을 폐지·설치·분리·병합한 경우라 함은 지방자치법 제4조에 규정한 지방자치단체의 신설 또는 폐지를 수반하는 구역의 변경을 말하는 것으로 폐치분합에는 하나의 지방자치단체의 일부 구역을 나누어 그 구역에 새로운 지방자치단체로 설립하는 분립(分立), 둘 이상의 단체를 합병하여 그 구역에 새로운 하나의 지방자치단체를 설립하는 합체(合體), 하나의 지방자치단체를 폐지하고 그 구역을 나누어 수개의 지방자치단체를 설립하는 분할, 하나의 지방자치단체를 폐지하고 그 구역을 다른 지방자치단체의 구역에 합하는 편입으로 구분된다.

그런데 이와 같은 폐치분합(廢置分合) 중 시·군의 합체, 분할 및 편입의 경우는 어느 것이나 종전의 지방자치단체가 소멸하는 점에 있어서 시·군의 소멸을 수반하지 아니하는 분립과 다르다. 따라서 과세권의 승계에 있어서는 양자를 구분하여 지방세기본법 제13조에서는 합체, 분할 및 편입의 경우 새로운 시·군이 어떻게 그 과세권을 승계하느냐 하는 것을 규정하고 지방세기본법 제14조에서는 분립 등 시·군·구의 일부 또는 전부가 경계변경된 경우 과세권의 승계에 관하여 규정하고 있다. 그리고 지방세기본법 제15조에서는 도의 경계변경에 따른 과세권의 승계에 대해서만 규정하고 있으므로 도의 폐치분합의 경우는 그 폐치분합에 관한 법률에서 이를 구체적으로 별도의 규정을 두어야 할 것이다.

1) 승계의 범위

① 특별자치시·특별자치도·시·군·구(이하 "시·군·구"라 한다.)를 폐지·설치·분리·병합한 경우 그로 인하여 소멸한 시·군·구(이하 "소멸 시·군·구"라 한다.)의 징수금의 징수를 목적으로 하는 권리(이하 "징수금에 관한 권리"라 한다.)는 그 소멸 시·군·구의 지역이 새로 편입하게 된 시·군·구(이하 "승계 시·군·구"라 한다.)가 각각 승계한다(법 §13 ① 본문).

이는 소멸 시·군·구의 지방세 부과징수에 관한 권리를 포괄적으로 승계한다고 보아야 하므로 승계 시·군·구는 소멸 시·군·구가 부과하지 아니한 지방세의 부과권, 아직 징수되지 아니한 미수금의 징수권 그리고 과오납된 징수금의 환급의무까지도 승계하게 된다.

이 경우 소멸 시·군·구의 부과·징수, 그 밖의 절차와 이미 접수된 신고 및 그 밖의 절차는 각각 승계 시·군·구의 부과·징수 및 그 밖의 절차 또는 이미 접수된 신고 및 그 밖의 절차로 본다(법 §13 ① 단서).

그러므로 소멸 시·군·구가 부과한 시군세에 관하여 미수금이 있을 때 또는 소멸 시·군·구가 과세하여야 할 시군세를 부과하지 않은 때에는 그 금액에 대하여 승계 시·군·구가 부과·

징수할 권리를 승계하는 것이다. 그리고 소멸 시·군·구가 납세의무자 또는 특별징수의무자에 대하여 환급하여야 할 과오납금을 환급하지 아니하였을 때에는 그 금액을 승계 시·군이 환급하여야 하는 것이다.

위 규정에 따라 소멸한 특별자치시·시·군·구(자치구를 말한다. 이하 같다.)의 징수금에 관한 권리를 승계하는 특별자치시·특별자치도·시·군·구(이하 "승계 시·군·구"라 한다.)가 둘 이상인 경우에 그 소멸한 특별자치시·특별자치도·시·군 및 구(이하 "소멸 시·군·구"라 한다.)에 과오납된 지방자치단체의 징수금이 있으면 그 승계 시·군·구 간의 합의에 따라 충당·환급하여야 한다(영 §4 ①).

이 경우에 따라 승계 시·군·구가 소멸 시·군·구의 과오납된 지방자치단체의 징수금을 충당·환급하는 경우에는 소멸 시·군·구의 충당·환급의 예에 따른다(영 §4 ②).

따라서 폐치분합전에 이미 형성된 소멸 시·군·구의 징수금에 관한 법률관계는 그대로 승계 시·군·구에 인계되어 그 승계 시·군·구는 별도의 절차를 요하지 아니하고 그 법률관계가 있는 것으로 보아 필요한 조치를 취하면 되는 것이다. 여기에서 "소멸 시·군·구의 부과·징수 그 밖의 절차"라 함은 납세의 고지, 독촉, 징수, 압류, 공고, 기한의 연장, 징수유예, 감면 등 부과·징수에 관한 일체의 절차를 말하고 또 "이미 접수된 신고· 및 그 밖의 절차"라 함은 이미 접수된 환급청구, 감면신청, 기한의 연장신청, 과세전적부심사청구, 이의신청, 심판청구 등 부과·징수에 관해서 납세의무자 또는 특별징수의무자가 행하는 일체의 절차를 말하는 것이다.

2) 승계 시·군·구가 둘 이상 있는 경우의 조치

제1항에 따라 소멸 시·군·구의 징수금에 관한 권리를 승계할 승계 시·군·구가 둘 이상 있는 경우에 각각 승계할 그 소멸 시·군·구의 징수금에 관한 권리에 대하여 해당 승계 시·군·구의 장 사이에 의견이 달라 합의가 되지 아니할 때에는 하나의 시·도 내에 있는 것에 관하여는 시·도지사, 둘 이상의 시·도 등에 걸쳐 있는 것에 관하여는 행정안전부장관에게 그에 관한 결정을 청구하여야 한다(법 §13 ②).

그리고 이러한 청구와 그 청구에 대한 시·도지사 또는 행정안전부장관의 결정에 관하여는 법 제12조 제2항부터 제4항까지의 규정을 준용한다(법 §13 ③).

다시 말해서 지방자치단체의 장의 의견이 상치되는 위와 같은 사안에 대한 결정의 청구를 받은 때의 조치를 위한 절차와 방법은 앞서 설명한 과세권의 조정 청구 및 재결 절차와 방법에 따라 결정하여야 한다.

3) 승계 시·군의 적용법규

위의 제1항부터 제3항까지의 규정(시·군·구의 폐치 분합)에 따라 승계 시·군·구가 소멸 시·군·구의 징수금에 관한 권리를 승계하여 부과·징수하는 경우에는 소멸 시·군·구의 부과·징수의 예에 따른다(법 §13 ④).

이 경우는 소멸 시·군 당시에 이미 부과하였거나 납세의무가 성립된 지방세를 승계 시·군의 부과징수의 예에 의할 때에는 그 적용규정이 다를 경우가 있어 이미 납부한 납세의무자와의 불균형현상이 초래될 뿐 아니라 부과징수상의 혼란이 야기될 우려도 있어 소멸되기 이전 시·군에서 적용하던 규정을 적용하도록 하고 있다. 따라서 소멸 시·군의 징수금의 부과·징수에 관한한 소멸 시·군의 조례, 예규 기타의 규정은 승계 시·군에서도 그대로 효력이 존속되는 것이다. 그러므로 합체 및 편입의 경우에 있어서는 동일한 시·군에 일시적으로 서로 다른 조례 및 규칙이 적용되는 경우가 있을 수 있으므로 동일한 시·군 내에서 불균일 과세조례의 다른 점, 납기의 다른 점 또는 감면혜택 등이 서로 다른 현상이 나타날 수 있다.

제14조 | 시·군·구의 경계변경을 한 경우의 과세권 승계

1) 승계의 범위

시·군·구의 경계변경이 있는 경우 또는 시·군·구의 폐지·설치·분리·병합으로 새로 설치된 시·군·구의 전부 또는 일부가 종래 속하였던 시·군·구에 아직 존속할 경우에는 그 경계변경이 있었던 구역이 종래 속하였던 시·군·구 또는 새로 설치된 시·군·구 지역의 전부 또는 일부가 종래 속하였던 시·군·구[이하 "구(舊)시·군·구"라 한다.]의 해당 구역 또는 지역에 대한 지방자치단체의 징수금으로서 다음 각 호에 열거하는 징수금(제2호의 지방자치단체의 징수금은 그 경계변경 또는 폐지·설치·분리·병합이 있는 날이 속하는 연도분 후의 연도분으로 과세되는 것으로 한정한다.)에 관한 권리는 해당 구역 또는 지역이 새로 속하게 된 시·군·구[이하 "신(新)시·군·구"라 한다.]가 승계한다. 다만, 구(舊)시·군·구와 신(新)시·군·구가 협의하여 이와 다른 결정을 하였을 때에는 그 결정한 바에 따라 승계할 수 있다(법 §14 ① Ⅰ·Ⅱ).

1. 신고납부의 방법으로 징수하는 지방자치단체의 징수금은 그 경계변경 또는 폐지·설치·분리·병합이 있은 날 전에 납부기한이 도래하지 아니한 것으로서 해당 구(舊)시·군·구에 수입(收入)되지 아니한 것
2. 그 밖의 지방자치단체의 징수금은 그 경계변경 또는 폐지·설치·분리·병합을 한 날 이전에 해당 구(舊)시·군·구에 수입되지 아니한 것

① 신고납부의 방법으로 징수하는 지방자치단체의 징수금은 그 경계변경 또는 폐지·설치·분리·병합이 있는 날 이전에 납부기한이 도래하지 아니한 것으로서 해당 구(舊)시·군·구에 수입(收入)되지 아니한 것은 신(新)시·군·구에 승계한다. 이때의 신시·군·구에 승계하는 징수금은 납부기한 미도래, 미수입이라는 두 가지 요건이 모두 충족된 경우라야 한다. 이 경우의 취득세의 납부에 대하여 예를 들어보면 시·군·구의 경계변경 또는 폐치분합일을 1월 1일로 가정하고 그 이전에 취득한 취득물건에 대한 취득세의 귀속 시·군을 살펴보면 다음과 같다.

- 직전 연도 11월 2일 이전 취득분 : 구(舊)시·군·구에 귀속
- 직전 연도 11월 2일~12월 31일 취득분으로 구(舊)시·군·구에 신고·납부된 것 : 구(舊)시·군·구에 귀속
- 직전 연도 11월 2일 이후 취득분으로서 구(舊)시·군·구에 신고·납부되지 아니한 것 : 신(新)시·군·구에 귀속(이 경우는 취득세의 신고 및 납부기간이 취득일로부터 60일 이내이기 때문임)

② 신고납부 외의 지방자치단체의 징수금은 그 경계변경 또는 폐지·설치·분리·병합을 한 날 이전에 해당 구(舊)시·군·구에 수입되지 아니한 것은 신(新)시·군·구에 승계한다. 다만, 이 경우의 징수금은 그 경계변경 또는 폐지·설치·분리·병합이 있는 날이 속하는 연도분 후의 연도분으로 과세되는 것에 한하여 신시·군·구에 승계된다.

이러한 시·군세에 있어서는 신고납부의 방법에 의해서 징수하는 시·군·구세와 같이 납기 도래의 유무에 의하지 아니하고 구(舊)시·군·구에 수입되었느냐 아니냐에 따라서 승계의 구분이 정해지는 것이다.

예를 들면 시·군·구의 경계변경 또는 폐치분합일을 7월 1일로 가정하여 징수금의 귀속 시·군을 살펴보면 다음과 같다.

- 직전 연도 12월 31일 이전에 납세의무가 확정된 것 : 구(舊)시·군·구에 귀속(예 직전연도분 재산세 체납분 등)
- 당해 연도 1월 1일~6월 30일에 납세의무가 성립된 것으로 당해 연도 6월 30일 이전에 부과하여 징수한 것 : 구시·군·구에 귀속(예 당해 연도 자동차세로 고지하여 징수된 분 등)
- 당해 연도 1월 1일~6월 30일에 납세의무가 성립된 것으로 당해 연도 6월 30일까지 부과하지 아니한 것과 부과하여 납부되지 아니한 것 : 신(新)시·군·구에 귀속(예 당해 연도 자동차세로 과세누락된 것과 체납된 것 등)

2) 승계의 방법 및 효력

제1항 본문에 따라 승계하는 경우에는 제13조 제1항 후단 및 같은 조 제2항부터 제4항까지의 규정을 준용하고, 제1항 단서에 따라 승계하는 경우에는 제13조 제1항 후단 및 같은 조 제4항을 준용한다(법 §14 ②).

구시·군·구와 신시·군·구가 협의하여 다른 승계방법을 결정하였을 때에는 그 협의로 결정한 바에 따라 승계할 수 있다. 그런데 별도의 승계방법에 대한 협의가 이루어지지 않을 때에는 일반적인 과세권의 귀속에 대하여 다툼이 있을 경우와 같이 도지사 또는 행정안전부장관이 구시·군·구 또는 신시·군·구의 청구에 의해서 그 결정하는 방법에 따라 승계하여야 한다. 그리고 협의에서 결정한 방법에 따라 과세권을 승계하는 경우에도 구시·군·구에서 이루어진 절차는 신시·군·구과의 관계에서 이루어진 것으로 보고, 징수금에 관한 권리를 승계하여 부과·징수하는 경우에는 구시·군·구의 부과·징수의 예에 따른다.

3) 구(舊)시·군·구에 대한 편의제공

제1항 및 제2항에 따라 지방자치단체의 징수금을 승계한 경우에는 구(舊)시·군·구는 신(新)시·군·구의 요구에 따라 그 징수금의 부과·징수에 관하여 편의를 제공하여야 한다(법 §14 ③). 여기에서 편의라 함은 관계서류의 열람, 공동조사 등 부과징수에 있어서 필요한 일체의 편의를 말한다.

| 사례 |

❖ 지방자치단체 관할구역의 경계변경이 없는 경우의 과세권

종래 특정한 지방자치단체의 관할구역에 속하던 공유수면이 매립되는 경우에도 법률 또는 대통령령 등에 의한 경계변경이 없는 한 그 매립지는 지방자치단체의 관할구역에 편입된다
(헌재 2000헌라2, 2004.9.23.)

제15조 시·도 등의 경계변경을 한 경우의 과세권 승계

시·도등의 경계가 변경된 경우에 그 경계변경 된 구역에서의 시·도등의 징수금에 관한 권리의 승계는 제13조와 제14조에서 규정한 방법에 준하여(시·군의 경계 변경을 한 경우의 과세권의 승계방법에 준함) 관계 시·도등이 협의하여 정한다(법 §15 ①).

위와 같은 협의가 되지 아니할 경우에는 제12조를 준용하고, 제1항의 협의에 따라 경계변

경 된 구역에 대한 시·도등의 징수금에 관한 권리를 승계하는 경우에는 제13조 제1항 후단 및 같은 조 제4항을 준용한다(법 §15 ②).

그런데 시·도의 폐지·설치·분리·병합이 된 경우의 과세권 승계 등에 관한 것은 해당 도간의 폐지·설치 등을 위한 법률에서 직접 규정할 수 있는 사항이므로 지방세기본법에서는 별도의 규정을 두지 아니한 것으로 생각한다.

제16조 | 대통령령의 위임

제13조부터 제15조까지의 규정에서 정하는 과세권 승계 외에 시·군·구의 경계변경 또는 폐지·설치·분리·병합을 한 경우와 이로 인하여 시·도 등의 경계가 변경된 경우의 과세권의 승계에 필요한 사항은 대통령령으로 정한다(법 §16).

그러므로 이와 같은 사유가 발생했을 때에는 대통령령으로 별도의 규정을 제정하여 시행해야 할 것으로 본다.

제3절 지방세 부과 등의 원칙

제17조 실질과세

과세의 대상이 되는 소득·수익·재산·행위 또는 거래가 서류상 귀속되는 자는 명의(名義)만 있을 뿐 사실상 귀속되는 자가 따로 있을 때에는 사실상 귀속되는 자를 납세의무자로 하여 이 법 또는 지방세관계법을 적용한다(귀속에 관한 실질주의)(법 §17 ①).

이 법 또는 지방세관계법 중 과세표준 또는 세액의 계산에 관한 규정은 소득·수익·재산·행위 또는 거래의 명칭이나 형식에 관계없이 그 실질내용에 따라 적용한다(내용에 관한 실질주의)(법 §17 ②).

① 이 조 제1항의 규정은 납세주체에 관한 실질주의로서 소득·수익·재산·행위 또는 거래의 사실상의 귀속자가 누구냐 하는 것을 판단하는 규정인데 이 규정의 실제적용에 있어서는 세무기술상 매우 어려울 뿐 아니라 이 조항을 잘못 운영하면 선의의 국민에게 의외의 재산침해를 초래하는 결과가 되므로 형식상의 귀속자와 실질상의 귀속자가 다른 것이 증빙에 의하여 확인되는 경우에 한하여야 할 것이다. 결국 이는 과세물건을 향유하는 진실한 관계인 실질에 따라 귀속관계를 파악하여 그 실질귀속자를 납세의무자로 하여 과세하여야 한다는 원칙이다.

지방세에 있어서는 각 세목마다 납세의무자를 규정하고 있으나 취득세 과세물건의 취득에 있어서는 관계법령의 규정에 의한 등기·등록 등을 이행하지 아니한 경우라도 사실상으로 취득한 것이 당해 취득물건의 사용·수익권을 누가 배타적으로 행사하느냐 등에 의하여 확인될 때, 재산세에 있어서는 과세기준일 현재 재산을 사실상 소유하고 있는 자를 납세의무자로 하고 사실상 소유자의 신고가 없거나 이를 입증할 수 없을 때만 공부상 소유자를 납세의무자로 하는 등 실질과세를 원칙으로 하면서 일부 예외를 인정하는 규정을 두고 있다.

그런데 소득과세의 경우는 실제소득이 있는 자를 납세의무자로 하여 과세하게 되어 실질과세원칙과 완전히 부합되나 재산세의 경우 사인간의 거래는 이루어졌으나 법적권리의 변동을 시키지 않고 취득신고도 하지 아니하여 실질적인 소유자를 알 수 없을 때에는 공부상의 소유자를 납세의무자로 보겠다는 실질과세의 예외규정을 두어 운영하고 있다. 이는 실질과세원칙에 반한다고 하기보다는 실제소유자로 하여금 권리의 변동 등에 대한 변동신고의무를 부여하여 선의의 피해자가 없도록 하자는 조세행정상의 제재조치로 보아야 할 것으로 본다.[40]

② 이 조 제2항의 과세표준의 계산에 관한 규정은 과세객체에 관한 실질주의로서 소득·수익·재산·행위 또는 거래의 명칭이나 형식에 불구하고 그 실질내용에 따라 적용하도록 하고 있는데, 이 규정은 납세의무를 누가 지느냐 하는 문제가 아니고 납세의무를 지는 사람은 결정되어 있으나 그 과세객체가 되는 소득·수익·재산·행위 또는 거래의 계산범위 등을 결정지우는 데 있어서 명칭이나 형식에 의하지 않고 실질내용에 따라 적용한다는 내용이다.

지방세법에서는 각 세목의 특징에 따라 과세표준에 관하여 별도의 규정을 하고 있는데 재산세의 경우는 과세대상물건이 공부상 등재현황과 사실상의 현황이 다른(공부상은 농지로 되어 있으나 실제는 주택이 건축되어 있는 경우 등) 경우에는 사실상의 현황에 의하여 재산세(세율적용 등)를 부과하도록 하고 있는 것 등이 이 규정에 따른 것이라고 보아야 한다.

그러므로 많은 과세대상에는 형식적 모습과 실질적 모습의 양면이 있는데, 형식적 모습으로는 외관상의 모양, 법률상의 등기·등록내용, 기록, 잠정적 사용 등의 개념으로 표현되며, 실질적 모습으로는 내부적 구조, 주관적 사용현황, 경제적 사용, 사실상의 용도, 계속적 사용현황 등의 개념이 서로 대비되어 나타난다. 이 경우 실질적 모습에 의거 과세표준을 계산하고 조세부담액을 계산하여 부담시키게 되는데, 예를 들면 주거용아파트에 사무용 집기, 비품을 설치하고 사업자등록증을 교부받아 실제 사업활동을 수행하는 장소인 경우에는 공부상 지목이 대지로서 주거지역에 해당 한다 하여도 사업장인 사무실로 보아 주택이 아니라 일반상업용 건축물에 해당하는 재산세 등을 과세한다는 뜻이다.[41]

> **사례**
>
> ❖ **과점주주로서의 실질적 납세의무 유무에 관한 판단**
>
> 실질과세의 원칙 중 구 국세기본법 제14조 제1항이 규정하고 있는 실질귀속자 과세의 원칙은 소득이나 수익, 재산, 거래 등의 과세대상에 관하여 그 귀속 명의와 달리 실질적으로 귀속되는 자가 따로 있는 경우에는 형식이나 외관을 이유로 그 귀속 명의자를 납세의무자로 삼을 것이 아니라 실질적으로 귀속되는 자를 납세의무자로 삼겠다는 것이고, 이러한 원칙은 구 지방세법 제82조에 의하여 지방세에 관한 법률관계에도 준용된다. 따라서 구 지방세법 제105조 제6항을 적용함에 있어서도, 당해 주식이나 지분의 귀속 명의자는 이를 지배·관리할 능력이 없고 그 명의자에 대한 지배권 등을 통하여 실질적으로 이를 지배·관리하는 자가 따로 있으며, 그와 같은 명의와 실질의 괴리가 위 규정의 적용을 회피할 목적에서 비롯된 경우에는, 당해 주식이나 지분은 실질적으로 이를 지배·관리하는 자에게 귀속된 것으로 보아 그를 납세의

---

40) 실질과세의 원칙은 조세제도존립의 기본원리인 조세공평주의를 실현하기 위한 파생적 원리이므로 이는 조세법에 내재하는 원리로서 그 성질상 예외가 있을 수 없다. 그러나 실제에 있어서 형식·외관과 실체·경제적 실질을 판별하기란 극히 어려운 일이므로 조세법은 조세행정의 편의상 실질과세원칙에 대한 예외를 인정하는 경우가 있다(강인애, 「조세법 Ⅱ」, 조세통람사, 1989, pp.71-72).
41) 박윤종, 「국세기본법 실무」, 안건회계법인, 1994, pp.2-4

무자로 삼아야 할 것이다. 그리고 그 경우에 해당하는지 여부는 당해 주식이나 지분의 취득 경위와 목적, 취득자금의 출처, 그 관리와 처분과정, 귀속명의자의 능력과 그에 대한 지배관계 등 제반 사정을 종합적으로 고려하여 판단하여야 할 것이다.

(대법 2008두8499, 2012.1.9.)

❖ **명의신탁자의 과점주주 지분율 산정시 명의신탁 주식을 포함할 것인지 여부**

실질과세의 원칙 중 구 지방세기본법 제17조 제1항이 규정하고 있는 실질귀속자 과세의 원칙은 소득이나 수익, 재산, 거래 등의 과세대상에 관하여 귀속 명의와 달리 실질적으로 귀속되는 자가 따로 있는 경우에는 형식이나 외관을 이유로 귀속 명의자를 납세의무자로 삼을 것이 아니라 실질적으로 귀속되는 자를 납세의무자로 삼겠다는 것이다. 그리고 구 지방세법 제7조 제5항 전문이 법인의 과점주주에 대하여 그 법인의 재산을 취득한 것으로 보아 취득세를 부과하는 것은 과점주주가 되면 해당 법인의 재산을 사실상 임의처분하거나 관리·운용할 수 있는 지위에 서게 되어 실질적으로 그 재산을 직접 소유하는 것과 크게 다를 바 없다는 점에서 담세력이 있다고 보기 때문이므로, 위 조항에 의하여 취득세의 납세의무를 부담하는 과점주주에 해당하는지 여부는 주주명부상의 주주 명의가 아니라 그 주식에 관하여 의결권 등을 통하여 주주권을 실질적으로 행사하여 법인의 운영을 지배하는지 여부를 기준으로 판단하여야 한다. 따라서 구 지방세법 제7조 제5항 전문, 구 지방세법 시행령 제11조 제2항 본문에 의하여 과점주주의 주식 비율이 증가되었는지 여부 역시 주주권을 실질적으로 행사하는 주식을 기준으로 판단하여야 한다.

(대법 2011두26046, 2016.3.10.)

제18조   신의·성실

납세자와 세무공무원은 신의에 따라 성실하게 그 의무를 이행하거나 직무를 수행하여야 한다(법 §18).42)

이 규정은 민법 제2조에 규정되어 있는 신의성실에 관한 규정이 세법에 도입된 것으로 볼 수 있다.43)

이러한 신의성실의 원칙은 특히 과세관청의 유권해석(有權解釋)에 대한 납세자의 신뢰이익을 보호할 필요 때문에 강조되는 원칙으로서 사회생활관계의 도덕률로서 법률적 가치까지 인정한 것인바 실정법상 권리의 행사와 의무의 이행에 관한 것이다. 그와 같은 권리·의무의

---

42) 신의성실(信義誠實 ; Treu und Glauben)의 원칙이란 자기의 언동 등 어떤 표시에 의해 다른 사람으로 하여금 어떤 사실을 그릇되게 믿도록(誤信)한 사람은 그 그릇되게 믿는 사실에 기초를 두고 행동한 사람을 다른 사람에 대하여 그 표시와 모순되는 사실을 주장하지 못한다는 것의 논리이다(최명근, 조세법총론 p.155).
43) 민법 제2조 (신의성실) ① 권리의 행사와 의무의 이행은 신의에 좇아 성실히 하여야 한다.
   ② 권리는 남용하지 못한다.

이행도 그 근거가 되는 조세법의 신의와 성실에 기초를 둔 해석으로부터 시작하며 이에 기초하지 않는다면 권리·의무의 행사의 원만한 해결은 이루어질 수 없다. 따라서 신의성실의 원칙은 동시에 조세법의 해석원칙에서도 기준이 된다 할 것이다.44)

그러므로 납세자가 과세관청이나 세무공무원의 공적 의견표명을 신뢰하고 이를 기초로 세무상 의무이행이나 행위를 하여야 하는 것이므로, 납세자는 과세관청의 적법한 혹은 정당한 공적 견해 표명을 믿고 이에 따라 행동하여야 한다. 그러므로 납세자가 세무공무원의 잘못된 공적 견해 표명을 믿고 행동함으로써 세법규정에 어긋난 경우에는 신의성실원칙으로도 보호받을 수 없는 것이다.

이를 납세자의 신뢰와 세무상 이행한 행위관계에서 보면 납세자의 세무상 행위에는 적극적 행위뿐 아니라 특정한 세무상 행위를 하지 않게 되는 부작위도 포함된다. 또한 납세자가 세무공무원으로서 공적의견을 신뢰함에는 납세자에게 귀책사유가 없어야 하는데 세무공무원의 잘못된 견해표명이 납세자의 사실 은폐나 허위신고 등으로 발생된 경우라면 납세자의 신뢰를 보호할 필요가 없으며 또한 신뢰의 정당성도 없는 것이다. 이 외에도 납세자의 질의도 명확해야 하는데 납세자의 질의가 추상적인데다 세무공무원의 공적의견도 애매한 경우는 신뢰대상이 되지 못하는데 이 경우 신뢰가 부적절하거나 정당성이 없다는 입증책임은 과세관청에 있다고 보아야 할 것이다.

이와 같은 신의성실의 원칙은 모든 국민의 사회·경제활동의 기본원리이면서도 도덕률이기도 한데 민법 중 채권분야는 거래 상대방간의 신의성실원칙 적용이 가장 중요시 되는 분야로서 채권·채무관계는 기본적으로 쌍방의 상호신뢰와 신의성실개념의 바탕위에서 성립하는 것이다. 조세도 근본적으로는 국가와 국민간의 조세에 관한 채권·채무관계이므로 이러한 관계를 원활히 이행하기 위한 신의성실원칙의 도입은 가장 기본적인 개념이 되는 것이다.45)

결국 신의성실의 원칙은 법률생활에 있어서 행위자는 상대방의 합리적인 기대나 신뢰를 배반할 수 없다는 법원칙, 즉 신뢰보호의 법리이다. 또한 이 원칙은 행위자는 일단 표시된 언동을 그것이 잘못된 것이라는 이유로 이를 번복할 수 없다는 법원칙, 즉 금반언의 법리(禁反言의 法理)인 것이다.46)

이러한 신의성실의 원칙은 신의칙이라고도 하는데 이는 자기의 언동을 신뢰한 상대방이

---

44) '유권해석(authoritative interpretation)'이라 함은 '국가기관에 의해 행하여지는 구속력 있는 법의 해석'을 말한다. 공권해석(公權解釋) 또는 강제적 해석이라고도 한다. '학리해석(學理解釋)' 즉 '문리해석(文理解釋)' 또는 '논리해석'에 대응된다. 그 해석을 담당하는 기관에 따라 입법해석, 행정해석, 사법해석으로 구분된다. 여기에서 말하는 유권해석은 행정해석만에 한정하여 의미하는 것으로 이해하기 바라며 이 경우 '행정해석'은 행정관청이 담당하는 해석으로, 법의 집행을 통해 구체적으로 행하여지는 수도 있으며, 상급관청의 하급관청에 대한 회답·훈령·통첩 등의 형식으로 일반적·추상적으로 행하여지기도 한다. 그렇지만 행정해석상으로는 유효하지만, 최종적인 구속력을 가지는 것은 아니라는 점을 주의하여야 한다(송쌍종, 조세법학총론, p.235 참조).
45) 박윤종, 「전게서」, p.2-5
46) 강인애, 「조세법Ⅰ」, 조세통람사, 1988. p.22

그 신뢰에 반하여 어떤 행위를 한 경우에는 그 후에 자기의 언동이 진실이 아니라는 이유로 먼저한 자기의 언동을 번복할 수 없다는 것으로서 이는 법률생활에 있어서 행위자는 상대방의 합리적인 기대나 신뢰를 배반할 수 없다는 신뢰보호의 법리와 행위자는 일단 표시된 언동을 그것이 잘못된 것이라는 이유로 이를 번복할 수 없다는 금반언(禁反言)의 법리를 총칭한 것을 말한다. 여기에서 판례에 의해서 확립된 신의성실의 원칙이 적용되는 요건을 종합하여 살펴보면 다음과 같다.

① 세무행정청이 납세자에 대하여 신뢰의 대상이 되는 공적 견해를 표시하여야 한다.

이 경우 세무행정청이라 함은 당해 사항에 대한 과세권을 가지는 관청이나 그를 지휘감독할 권한이 있는 상급관청을 말하고, 납세자란 납세의무자는 물론이고, 제2차 납세의무자·납세보증인·원천징수의무자를 포함하며, 공적 견해의 표시는 세무행정청의 언동을 통해 이루어지는데 이 경우 세무공무원의 견해표시가 모두 신뢰의 대상이 되는 것이 아니라 일정한 책임을 지는 자의 권위있는 견해표시만이 신뢰의 대상이 된다고 보며, 공적인 견해 표시는 예규·통첩·각 세법의 기본통칙과 같은 일반적인 것이든, 세무상담, 질의회신, 비과세 등 통지, 신고서 수리 등 개별적 납세자에 대한 것이든, 그 형식에 불문하나 납세자의 행동에 영향을 줄 정도에 이른 것이어야 할 것이므로 구체적인 경우에 제한적으로 해석되고 있다.

② 납세자가 그 견해표시를 신뢰하고 그 신뢰에 따라 어떤 행위를 하여야 한다.

납세자가 세무행정청의 언동을 신뢰하고 이에 따라 어떤 경제적 거래행위를 하여야 하고 이 경제적 거래행위는 조세의 부과징수와 관련된 세무상의 행위를 포함하는 것으로서 그 신뢰와 세무상 행위간에 상당한 인과관계가 있어야 하는 것이므로 납세자가 견해표시를 신뢰하였으나 그것에 따라 어떠한 행위도 하지 않을 경우에는 납세자의 이익을 보호할 필요가 없다고 본다.

③ 납세자가 세무행정청의 견해표시가 정당하다고 신뢰하고 그것에 따라 행동한 데 대하여 납세자에게 귀책사유가 없어야 한다.

그런데 신뢰에 대한 정당성 여부는 공적 견해를 표명한 자의 지위와 그 신빙성의 정도, 견해표명의 방식, 그 대상이 된 사실의 인정 및 법률 해석의 난이도, 납세자의 경력과 지식 등을 종합하여 판단되어야 할 것이다.

④ 그 후 세무행정청이 당초의 견해표시에 반하는 과세처분이 있어야 한다.

이 경우는 세무행정청이 과거에 한 언동에 반하는 처분을 한 경우로서 그 처분이 적법한 것이어야 한다.

⑤ 납세자가 그 처분으로 인하여 경제적 불이익을 받게 되었어야 한다.

경제적 불이익이라 함은 조세부담의 발생 또는 증가, 환급의 거부, 징수유예의 취소 등 납세자에게 불이익한 경제적 부담 및 권리, 이익의 상실을 포함하나 납세자의 불이익은 구체적인 불이익을 말할 뿐만 아니라 직접적으로 납세자의 조세부담과 관련이 있는 것만을 신뢰이익의 보호가치가 있다고 보아야 할 것이다.

> **사례**
>
> ❖ **세법 개정 이전에 부동산을 사실상 취득한 경우 종전 세법을 적용 할 수 있는지 여부**
>
> 납세의무가 성립하기 전의 원인행위 시에 유효하였던 종전 규정에서 이미 장래의 한정된 기간 동안 그 원인행위에 기초한 과세요건의 충족이 있는 경우에도 특별히 비과세 내지 감면한다는 등의 내용을 명시적으로 규정한 것으로 볼 수 있다면, 이러한 경과규정은 납세의무자의 기득권 내지 신뢰보호를 위하여 납세의무자에게 유리한 종전 규정을 적용하도록 한 특별규정에 해당하므로, 납세의무자가 종전 규정에 의한 조세감면 등을 신뢰하여 종전 규정의 시행 당시에 과세요건의 충족과 밀접하게 관련된 직접적인 원인행위로 나아감으로써 일정한 법적 지위를 취득하거나 법률관계를 형성하는 등 그 신뢰를 마땅히 보호하여야 할 정도에 이른 경우에는 예외적으로 납세의무 성립 당시의 법령이 아니라 그 원인행위가 이루어진 당시의 법령인 종전 규정이 적용된다고 할 것이나, 이러한 정도에 이르지 않은 경우에는 설령 납세의무자가 종전 규정에 의한 조세감면 등을 신뢰하였더라도 이는 단순한 기대에 불과하므로, 원칙으로 돌아가 종전 규정이 아니라 납세의무 성립 당시의 법령이 적용된다고 할 것이다
>
> (대법 2015두42512, 2015.9.24. 대법93누5666 전원합의체 1994.5.24.)

제19조 | 근거과세

① 납세의무자가 지방세관계법에 따라 장부를 갖추어 기록하고 있을 때에는 해당 지방세의 과세표준 조사 및 결정은 그 기록한 장부와 이에 관계되는 증빙자료에 따라야 한다 (법 §19 ①).

상업장부의 종류와 작성에 대해서는 상법 제29조에서 상인은 영업상의 재산 및 손익의 상황을 명백히 하기 위하여 회계장부 및 대차대조표를 작성하여야 하며, 상업장부의 작성에 관하여 이 법에 규정한 것을 제외하고는 일반적으로 공정·타당한 회계관행에 의하여야 한다고 규정하고 있다.

② 제1항에 따라 지방세를 조사·결정할 때 기록 내용이 사실과 다르거나 누락된 것이 있을 때에는 그 부분에 대해서만 지방자치단체가 조사한 사실에 따라 결정할 수 있다(법 §19 ②).

③ 지방자치단체는 제2항에 따라 기록 내용과 다른 사실이나 누락된 것을 조사하여 결정하였으면 지방자치단체가 조사한 사실과 결정의 근거를 결정서에 덧붙여 적어야 한다(법 §19 ③).

④ 지방자치단체의 장은 납세의무자 또는 그 대리인의 요구가 있을 때에는 제3항의 결정서를 열람하게 하거나 사본을 발급하거나 그 사본이 원본(原本)과 다름이 없음을 확인하여야 한다(법 §19 ④).

위 ② ③ ④항의 규정을 종합해 보면 기장내용과 상이한 사실이나 기장 누락을 조사, 결정하는 경우 조사한 사실과 결정근거를 결정서에 기록하여야 한다. 또한 납세의무자나 대리인의 구두 및 서면요구에 따라 교부하는 등본이나 초본이 원본과 상위없음에도 확인하여야 한다.

⑤ 제4항의 요구는 구술로 한다. 다만, 해당 지방자치단체의 장이 필요하다고 인정하면 열람하거나 사본을 발급받은 사람의 서명을 요구할 수 있다(법 §19 ⑤).

이러한 근거과세는 추계과세(推計課稅) 혹은 인정과세(認定課稅)에 대립되는 과세방식으로 과세권을 행사함에 있어서는 어디까지나 납세자가 기록한 장부를 근거로 하여 과세토록 함으로써 납세자의 권익을 보호하고 의외(意外)의 재산침해를 방지하자는데 그 목적이 있다.

| 사례 |

❖ **세무조사 과정에서 받은 확인서의 증빙서류 해당 여부**

세무조사 과정에서 납세자로부터 가공거래임을 자인하는 내용의 확인서를 작성받았다면, 특별한 사정이 없는 한 그 확인서는 실지조사의 근거로 될 수 있는 장부 또는 증빙서류에 갈음하는 자료에 해당된다.

(대법 2000두3610, 2001.2.23.)

제20조 해석의 기준 등

이 법 또는 지방세관계법을 해석·적용할 때에는 과세의 형평과 해당 조항의 목적에 비추어 납세자의 재산권이 부당하게 침해되지 아니하도록 하여야 한다(법 §20 ①).

지방세를 납부할 의무(이 법 또는 지방세관계법에 징수의무자가 따로 규정되어 있는 지방세의 경우에는 이를 징수하여 납부할 의무를 말한다. 이하 같다.)가 성립된 소득·수익·재산·행위 또는 거래에 대해서는 의무 성립 후의 새로운 법에 따라 소급하여 과세하지 아니한다(법 §20 ②).

이 법 및 지방세관계법의 해석 또는 지방세 행정의 관행이 일반적으로 납세자에게 받아들여진 후에는 그 해석 또는 관행에 따른 행위 또는 계산은 정당한 것으로 보며, 새로운 해석 또는 관행에 따라 소급하여 과세되지 아니한다(법 §20 ③).

(1) 해석·적용의 기준

이 법 또는 지방세관계법을 해석·적용할 때에는 과세의 형평과 해당 조항의 목적에 비추어 납세자의 재산권이 부당하게 침해되지 아니하도록 하여야 한다(법 §20 ①).

① 이 조항에서 과세의 형평이라 함은 헌법 제11조에 규정되어 있는 "모든 국민은 법앞에 평등하다."라는 법적 평등권이 보장되어 있으므로 조세법도 동일한 과세사실에 대하여는 동일한 세법의 동일한 해석이 적용됨으로써 과세의 공평을 기하여야 한다는 것이다.[47]

조세법을 공평의 원칙에서 살펴볼 때 법이 추구하는 가장 기본적인 가치질서는 인간의 가치와 존엄성, 자유와 평등에서 이를 찾을 수밖에 없는데 헌법은 이를 자유권과 평등권의 보장으로 구체화하고 있으므로 조세법은 이러한 가치질서를 실현하기 위해 국민의 자유권적 기본권인 재산권 보장을 목적으로 한 조세법률주의와 조세부담에 있어서의 평등권 보장을 목적으로 한 조세공평주의를 기본원칙으로 삼고 있다. 조세법률주의는 헌법 스스로가 선언하고 있는 헌법(憲法; 政治)원리로서 연혁적으로 볼 때 조세법 질서에 있어서는 조세공평주의보다 상위적인 가치기준으로 보아야 하므로 조세법의 해석에 있어서는 조세법률주의가 최고의 가치기준이라 할 것이고 조세공평주의는 조세법률주의의 테두리 안에서만 용납된다고 볼 것이므로 조세공평주의는 조세법률주의에 의한 국민의 재산권 보장을 소극적 보장으로부터 적극적 보장에 충실하도록 보완하는 기능을 가진 것으로 보아야 할 것이다.[48]

또한 세법의 해석에 있어서는 확장해석이나 유추해석을 배제함으로써 조세법률주의의 실질적인 구현을 도모하자는 데도 그 목적이 있다. 여기에서 세법이라 함은 일체의 법원인 법률, 대통령령(시행령), 부령(규칙) 등을 통칭한 것이다. 그리고 법률에 근거 없이는 행정입법으로 새로운 과세요건을 규정할 수 없으며, 령, 규칙 등 행정입법으로 위

---

[47] 평등은 절대적인 무차별의 평등을 의미하는 것이 아니라 정당한 이유와 합리적인 근거가 있는 경우에는 차별입법이 허용되는 것으로 보아 판례도 상대적 평등설의 입장을 취하고 있다. 그런데 조세부담의 공평은 수평적 공평과 수직적 공평으로 나눌 수 있는데 수평적 공평은 같은 소득을 가진 자는 같은 액수의 조세를 부담하여야 한다는 것을 말하고, 수직적 공평은 고액의 소득을 가진 자는 저액의 소득을 가진 자에 비하여 보다 많은 조세를 부담하여야 한다는 것으로 지방세의 재산세의 누진세율구조가 수직적 공평의 요구를 만족시키기 위한 것으로 볼 수 있다.

[48] 최명근, 「조세의 공평과 효율」, 세경사, p.34

임하는 경우에는 구체적이고 개별적인 사항에 한하여 위임한다는 것이 조세법률주의의 제일 요건인 과세요건 법정주의의 기본 취지인 것이다.

조세법의 해석도 일반적인 법의 해석에 관한 원칙이 적용되는 것이 타당하지만 조세법은 국민의 재산권 보장을 목적으로 하여 조세법률주의를 최고의 원리로 삼고 있으므로 국민의 경제생활에 있어서의 법적 안정성과 예측가능성의 확보가 강력하게 요청되고 그 결과 조세법의 해석에 있어서는 일반법의 경우와 달리 엄격해석 및 협의해석의 원칙이 지배되고 있다. 그러므로 조세법의 해석에 있어서는 물리해석을 기초로 할 수밖에 없으나 문리해석에 의하여 당해 조문의 규범적 의미내용을 밝힐 수 없는 경우에 당해 조문의 목적, 취지, 다른 관계 조항과의 관계 또는 법의 논리적 사유에 의하여 그 의미 내용을 밝히는 논리적 해석이 허용될 것인지를 판단해야 할 것이다.[49]

② 이 조항의 합목적성 달성과 재산권 보장의 규정은 조세법률주의의 기본개념인 과세요건 법정주의, 명확규정주의, 소급과세배제원칙, 합목적적 과세원칙 및 납세자 권리보호원칙의 5가지 기본원칙으로 구성되어 있는데 이 중 합목적적 과세원칙 적용과 납세자 재산권보장에 관한 원칙이 규정된 것이다.

그러므로 지방세관계법을 적용, 운영할 때에는 법적안정성과 예측가능성이 준수될 수 있도록 하여 납세자가 신뢰할 수 있고 스스로의 재산권을 보호할 수 있어야 하므로 세법의 적용과 운용에 있어 그 세법의 기본 취지와 배경 및 목적에 적합하도록 과세되고 운용되어 납세자의 권리나 기득권이 부당히 침해되지 않도록 해야 한다는 것이다.[50]

(2) 소급과세 금지

지방세를 납부할 의무(이 법 또는 지방세관계법에 징수의무자가 따로 규정되어 있는 지방세의 경우에는 이를 징수하여 납부할 의무를 말한다. 이하 같다.)가 성립된 소득·수익·재산·행위 또는 거래에 대해서는 의무 성립 후의 새로운 법에 따라 소급하여 과세하지 아니한다(법 §20 ②).

이 법 및 지방세관계법의 해석 또는 지방세 행정의 관행이 일반적으로 납세자에게 받아들여진 후에는 그 해석 또는 관행에 따른 행위 또는 계산은 정당한 것으로 보며, 새로운 해석 또는 관행에 따라 소급하여 과세되지 아니한다(법 §20 ③).

① 위 제2항의 규정은 납세의무가 성립된 이후의 새로운 법에 의한 소급과세의 금지 규정으로 헌법 제13조 제2항(소급입법의 제한)에 의하면 "모든 국민은 소급입법에 의하여 참정권의 제한을 받거나 재산권을 박탈당하지 아니한다."라고 규정하여 법률불소급의 원칙을 채택하고 있는 것과 같이 세법의 운영에 있어서도 세법이 새로이 성립된 경우는 새로운 세법 시행시점 이후에 납세의무가 성립되는 소득·재산 등에 대해

---

49) 강인애, 「조세법 Ⅱ」, 조세통람사, 1989, pp.10-13
50) 박윤종, 「전게서」, p.2-11

서만 납세의무가 발생하는 것이며, 새로운 세법의 입법 이전에 이미 성립되어 있었던 과세대상에 대하여는 새로운 세법에 의해서 과세되지 아니한다는 것이다. 만일 소급입법에 의하여 과세하는 경우 위헌이 되고 이러한 위헌법률에 의한 과세처분은 당연히 무효가 된다.

② 위 제3항의 규정은 새로운 관행 또는 해석에 의한 소급과세의 금지규정으로서 세법의 적용에 있어서 과세기관의 해석과 조세행정의 관행이 일반적으로 납세자에게 타당하고 당연한 것으로 수긍되고 있는 때에는 과세기관의 조세부과에 관한 행위나 계산은 정당화된다. 다만, 정부의 법령해석이나 대법원의 판례 등이 종래의 과세기관의 해석 또는 관행과 상치되는 경우나 또는 사회경제 실정이 종전의 과세기관의 해석 또는 관행과 도저히 부합할 수 없을 정도로 변화됨으로써 새로운 해석이나 관행을 인정하여 적용하지 않으면 안 될 경우에는 그 새로운 해석이나 관행은 그 성립 이후부터의 과세사실에 적용된다. 이 규정은 이러한 새로운 해석이나 관행을 소급적용하여 과세할 수 없다는, 즉 조세관행의 불소급원칙을 명시한 규정이라 볼 수 있다.[51]

위 규정에서 "세법의 해석 또는 조세행정의 관행이 일반적으로 납세자에게 받아들여진 후"라 함은 성문법 또는 불문법의 여부에 관계없이 행정처분의 선례가 반복됨으로써 납세자가 그 존재를 일반적으로 확신하게 된 것을 말하며 명백히 법령위반인 경우는 제외한다.

그리고 새로운 세법해석이 종전의 해석과 상이한 경우에는 새로운 해석이 있은 날 이후에 납세의무가 성립하는 분부터 새로운 해석을 적용한다.

또한 행정처분은 일단 취소한 후에는 그 취소처분의 위법이 중대하고 명백하여 무효선언으로서 취소와 행정쟁송절차에 의한 취소의 경우를 제외하고는 그 취소처분 자체의 위법을 이유로 다시 취소처분을 취소함으로써 당초의 행정처분의 효력을 회복시킬 수 없다.

이렇게 소급과세를 금지하는 이유는 납세자의 기득권 보호, 법적 안정성의 보장, 법적 예측가능성의 부여, 신뢰이익의 보호 등을 위한 것인바, 입법이나 조문해석 또는 시행에 있어 모두 적용되어야 한다. 그런데 소급과세금지원칙하에서는 소급하여 납세자에게 불이익되는 결과를 초래하는 과세만 금지되는 것이지 유리하게 소급되는 과세문제는 납세자의 재산권을 침해하는 것이 아니므로 금지될 이유는 없다. 그러나 기존의 해석이나 관행이 위법한 것으로 판명되면 장기간 과세관행이 성립되어 과세대상에서 제외되던 것을 소급하여 과세대상으로 할 수는 없지만, 법적 사실상태가 과세대상이라면 향후나 미래에 대하여는 관행상 과세대상이 아닌 것을 과세대상으로 변경해석 또는 적용하는 것은 합법성의 원칙상 당연한 것이라 할 수 있다.[52]

---

51) 새로운 세법해석의 적용시점(국기통 18-0…2)
새로운 세법해석이 종전의 해석과 상이한 경우에는 새로운 해석이 있는 날 이후에 납세의무가 성립하는 분부터 새로운 해석을 적용한다.
52) 박윤종, 전게서, pp.2-12

(3) 지방세의 해석(예규)

법 제20조 및 제148조제3항과 같은 법 시행령 제91조에 따른 지방세관계법규 해석민원의 공정하고 효율적인 처리를 위하여 「지방세관계법규 해석민원 처리지침」(행정안전부훈령) 두어 운영 하고 있다.

【지방세관계법규 해석민원 처리지침】
[시행 2022.5.9.] [행정안전부훈령 제241호, 2022.5.9., 일부개정]

제3조(해석민원의 대상) 해석민원은 지방세관계법규 규정의 일반적인 해석에 관한 사항으로서 다음 각 호 의 어느 하나에 해당하는 것으로 한다.
1. 지방세관계법규가 새로 제정되거나 개정되어 이에 대한 행정안전부장관의 해석이 필요한 경우
2. 법규의 내용이 불분명하여 입법취지에 따라 해석할 필요가 있다고 판단되는 사항
3. 법규상 용어가 불확정개념으로 판단되어 이의 확정이 필요한 사항
4. 「지방세기본법」에 따른 심판청구 또는 「행정소송법」에 따른 행정소송(이하 "불복 등"이라 한다)이 진행 중인 경우로서 해당 불복 등에 관한 지방세관계법규의 해석에 관한 사항
5. 해석민원에 관한 대법원의 판례나 조세심판원의 결정례가 기존 해석기준과 달라 이의 조정이 필요하다고 판단되는 사항
6. 지방세관계법규에 따른 과세권자 또는 처분청(과세권자와 처분권자가 다른 경우에는 처분기관을 말하고 이하 같다)의 해석민원 결과에 대하여 이견이 있어 다시 질의하는 사항
7. 행정안전부 기존예규 등 해석민원 결과의 변경이 필요하거나 행정안전부장관의 해석민원 결과가 납세자에게 지방세행정의 일반적인 관행으로 받아들여진 기존 예규와 상치되는 경우 또는 지방세행정의 관행으로 보아 집행이 불가능한 경우, 그 밖에 이를 시행함으로 인하여 지방세행정에 많은 혼란이 예상되는 등의 정당한 사유가 있어 다시 질의하는 사항
8. 과세권자 또는 처분청 간의 해석이 달라 그 조정이 필요하다고 판단되는 사항
9. 그 밖에 납세자의 권리와 의무의 실행에 중요한 영향을 미치거나 납세자의 권리보호를 위하여 필요하다고 행정안전부장관이 인정하는 사항

제21조 | 세무공무원의 재량의 한계

세무공무원은 이 법 또는 지방세관계법의 목적에 따른 한계를 준수하여야 한다(법 §21). 이 조항은 세무공무원이 세법 적용상 조세업무의 수행에 있어 세법 각 조항이 지니고 있는 사회경제적 배경과 입법취지에 맞도록 세법을 운용하고 또한 동일 사안에 대해서는 동일 결과를 가져올 수 있도록 세법의 형평을 기하는 업무진행을 하여야 한다는 세무공무원으로서의 특수한 지위에 대한 특수한 규범 내지 의무를 법률로서 부여한 규정이라 할 것이다.

그러므로 세무공무원이 행정행위를 함에 있어서는 어느 정도의 자율권이나 재량권이 부여되어 있으나 이것도 공익에 적합한지를 판단하는 자유재량범위 내에서 수행하여야 하고, 법에 적합한지를 판단하는 기속재량행위에 대하여는 사회적 공정·타당성의 준거범위를 준수함으로써 과세관청의 재량권의 일탈이나 직권남용으로부터 납세자의 권익과 재산권을 보호할 필요가 있기 때문에 세법적용의 원칙으로 규정하는 것이다.

제22조 | 기업회계의 존중

세무공무원이 지방세의 과세표준과 세액을 조사·결정할 때에는 해당 납세의무자가 계속하여 적용하고 있는 기업회계의 기준 또는 관행이 일반적으로 공정하고 타당하다고 인정되는 것이면 존중하여야 한다. 다만, 지방세관계법에서 다른 규정을 두고 있는 경우에는 그 법에서 정하는 바에 따른다(법 §22).

기업회계는 재무회계와 관리회계로 크게 나누어지는데 재무회계는 외부보고목적의 회계로서 정보 이용자의 투자결정, 신용결정, 기타의 의사결정에 유용한 정보를 제공하는 것을 목적으로 할 뿐 아니라 주주가 경영자에게 위임한 수탁책임에 따라 경영자가 기업의 자원을 효율적으로 활용한 결과를 보고하는 회계를 다루는 반면, 관리회계는 내부보고목적의 회계로서 경영자가 관리적 의사결정을 하는데 유용한 정보를 제공하는 것으로 특히 경영의 계획과 통제를 위한 정보제공이 중요시된다.

이와 같이 기업회계를 재무회계와 관리회계로 구분하고 있지만 기업회계기준에서는 기업회계를 재무회계로 한정하고 있다.

그런데 기업회계와 세무회계는 여러 사정으로 그 차이가 있지만 세무회계가 기업회계와 완전 독립된 상태는 아니고 원칙적으로 기업회계상의 이익을 기초로 하여 세무회계상의 과세소득 등을 계산하기 때문에 현행 세법도 세법에 특별한 규정이 없는 한 납세의무자가 계속하여 적용하고 있는 기업회계의 기준 또는 관행으로서 일반적으로 공정·타당한 것은 이를 존중하도록 함으로써 각 세법이 특별히 규정하고 있지 않는 사항에 대한 포괄적인 보완규정을 두고 있는 것이다.

현행 지방세법상 이에 관련된 예로서 취득세의 과세표준액산정에 있어서 취득세가 신고·납부하는 조세인데 법인의 경우는 기업회계의 기준 또는 관행을 존중하여 신고 유무, 신고가액의 과다, 과소 등에 불구하고 법인 장부에 기장된 가액을 취득가액(과세표준액)으로 하여 과세한다는 것이다.

제4절 기간과 기한

제23조 기간의 계산

이 법 또는 지방세관계법과 지방세에 관한 조례에서 규정하는 기간의 계산은 이 법 또는 지방세관계법과 해당 조례에 특별한 규정이 있는 것을 제외하고는 「민법」을 따른다(법 §23).

이 조에서의 기간의 계산에 관하여는 민법 제155조부터 제161조까지의 규정을 지방세기본법과 지방세관계법에서 준용하도록 하고 있다. 기간이라 함은 특정시점에서 특정시점까지 계속하는 시간의 구간을 뜻하는데 기간에는 납기한 등과 같이 일정한 기간의 만료를 기한으로 하는 경우와 지방세징수권의 소멸시효 등과 같이 법률이 기간에 법률효과를 부여하는 일정한 기간과 일정한 사실상태의 경과로서 권리의 득실변경이 생기는 시효가 완성되는 경우 등이 있다. 또한 기간에는 시간의 순간에서 시간의 순간까지를 계산하는 자연적 계산법과 역에 따라 계산하는 역법적(曆法的) 계산법이 있는데 지방세관계법은 민법의 규정을 준용한 관계로 두 가지 계산법이 함께 적용된다. 그리고 민법 제155조에서 기간의 적용범위를 정하여 "기간의 계산은 법령, 재판상의 처분 또는 법률행위에 다른 정한 바가 없으면 본장(민법 제6장)의 규정에 의한다."고 함으로서 지방세법 등에서의 기간계산은 지방세법 등에서 별도로 기간에 대한 정한 규정을 제외하고는 민법의 규정에 의하도록 하고 있는 것이다.[53]

(1) 기간의 기산점

① 기간을 시, 분, 초로 정한 때에는 즉시로부터 기산한다(민법 §156). 그러나 지방세관계법상에는 시, 분 등을 기산점으로 한 규정이 없기 때문에 실제 적용될 여지는 없다. 그러므로 시, 분, 초를 단위로 하는 기간의 계산은 자연적 계산방법에 의하며 즉시를 기산점으로 하여 계산하고 만료점은 그 정하여진 시, 분, 초가 만료한 때이다.

② 기간을 일, 주, 월, 또는 연으로 정한 때에는 기간의 초일은 산입하지 아니한다. 그러나 그 기간이 오전 영시로부터 시작하는 때에는 그러하지 아니한다(민법 §157). 연령계산에는 출생일을 산입한다(민법 §158).

예를 들어 초일이 산입되지 않는 경우와 초일이 산입되는 경우를 보면, 먼저 초일이 산입되지 않는 경우는 지방세법에서의 일반적인 사항으로서 이의신청은 부과처분의 통

---

[53] 역법적계산법(曆法的計算法)이란 기간을 역법(책력에 기재하는 일시(日時)의 배치법)상의 단위(주·월·연)에 따라서 계산하는 방법으로 자연적 계산법에 대하는 의미이다. 정밀하지는 않으나 장기(長期)의 계산에는 편리하므로 민법은 기간이 날(日) 이상의 단위로서 정해지는 때에는 이 방법에 따르기로 규정하고 있다.

지를 받은 날로부터 90일 이내에 하도록 한 경우 통지를 받은 초일은 산입하지 않고 신청기간을 계산하는 것 등이다(통지를 6.30. 받았다면 이의신청기간은 7.1.~9.28.까지 90일간임.).54)

이렇게 초일불산입원칙을 정하고 있으나 민법 제155조에 의하면 법령이나 법률행위 등에 의하여 이러한 원칙과 달리 정하는 것도 가능하다는 판례가 있다(대법 2006다62942, 2007.8.23.).

(2) 기간의 만료점

① 기간을 일, 주, 월 또는 연으로 정한 때에는 기간말일의 종료로 기간이 만료한다(민법 §159).

예를 들면 10일간, 4주간, 2개월간 또는 2개년간 하면 그 기간 말일의 종료로 기간이 만료되는 것이다. 그러나 정년이 58세라 함은 만 58세에 달하는 날을 말하는 것이지 58세가 만료되는 날을 의미하지 아니한다(대법 71다2669, 1973.6.12.).

② 기간을 주, 월 또는 연으로 정한 때에는 역(曆)에 의하여 계산하며, 주·월 또는 연의 처음으로부터 기간을 기산하지 아니하는 때에는 최후의 주·월 또는 연에서 그 기산일에 해당한 날의 전일로 기간이 만료한다(민법 §160 ①·②).

예를 들면 2012년 7월 1일부터 3년간이라 할 경우 기산점의 초일인 2012년 7월 1일이 산입되는 경우이면 2015년 6월 30일로 기간이 만료되며, 초일인 2012년 7월 1일을 산입하지 않는 경우이면 2015년 7월 1일로 기간이 만료된다.

③ 기간을 월 또는 연으로 정한 경우에 최종의 월에 해당 일이 없는 때에는 그 월의 말일로 기간이 만료한다(민법 §160 ③).

예를 들면 윤 2월 29일에 초일을 산입하지 않고 1년간이라는 기간의 경우 그 기간만료일은 원칙적으로 익년 2월 29일이 되나 그 해에는 2월 29일이 없으므로 2월의 말일(28일)로서 그 기간이 만료되게 된다.

이 경우 기간말일의 종료시점이라 함은 그 말일의 밤12시(자정)를 의미하나 세법의 해석에 있어서는 그 말일의 공무원 근무마감시간(예 저녁 6시)을 만료점으로 보아야 한다. 이는 민법보다 국가공무원법이 특별법으로서 우선하기 때문에 나오는 해석이다.

④ 기간의 말일이 토요일 또는 공휴일에 해당한 때에는 기간은 그 익일로 만료한다(민법 §161).

그런데 기한의 초일이 공휴일이라 하더라도 기간은 초일부터 기산한다(대법 81누204, 1982.2.23.).

---

54) 일반적으로 기간계산을 하는 원인이 신청행위, 접수 등의 경우와 같이 어떠한 행위를 하는 경우에는 특별히 오전 영시에 그 행위가 있었다는 사실이 입증되지 아니하는 한 초일의 24시간 가운데서 그 행위가 이루어지게 되므로 만 하루에 모자라는 것은 1일로 보지 않는다는 취지이다.

제24조 | 기한의 특례

이 법 또는 지방세관계법에서 규정하는 신고·신청·청구·그 밖의 서류의 제출·통지·납부 또는 징수에 관한 기한이 다음 각 호에 해당하는 날일 때에는 그 다음 날을 기한으로 한다(법 §24 ① Ⅰ~Ⅲ).
1. 토요일 및 일요일
2. 「공휴일에 관한 법률」에 따른 공휴일 및 대체공휴일
3. 「근로자의 날 제정에 관한 법률」에 따른 근로자의 날

이 경우 공휴일이라 함은 「공휴일에 관한 법률」에 의한 다음의 공휴일(대체공휴일을 포함한다)을 말하고, 재외공관의 공휴일은 우리나라의 국경일 중 공휴일과 주재국의 공휴일로 한다.
① 「국경일에 관한 법률」에 따른 국경일 중 3·1절, 광복절, 개천절 및 한글날
② 1월 1일
③ 설날 전날, 설날, 설날 다음 날(음력 12월 말일, 1월 1일, 2일)
④ 부처님 오신 날(음력 4월 8일)
⑤ 어린이날(5월 5일)
⑥ 현충일(6월 6일)
⑦ 추석 전날, 추석, 추석 다음 날(음력 8월 14일, 15일, 16일)
⑧ 기독탄신일(12월 25일)
⑨ 「공직선거법」 제34조에 따른 임기 만료에 의한 선거의 선거일
⑩ 기타 정부에서 수시 지정하는 날

그리고, 기한의 특례에 「공휴일에 관한 법률」 제3조의 대체공휴일을 추가하여 대체공휴일 다음날까지 납세자가 신고납부 할 수 있도록 하여야 할 것이다. 이 경우 대체공휴일 적용을 할 수 있는 공휴일은 ① 설날 전날, 설날, 설날 다음날, ② 추석 전날, 추석, 추석 다음날, ③ 어린이날(5월5일)로서 이들 공휴일이 다른 공휴일과 겹칠 경우 기존 공휴일 다음의 첫 번째 비공휴일을 공휴일로 한다(관공서 공휴일에 관한 규정 §3 ①·②).

이 법 또는 지방세관계법에서 규정하는 신고기한 또는 납부기한이 되는 날에 대통령령으로 정하는 장애로 인하여 지방세통합정보통신망의 가동이 정지되어 전자신고 또는 전자납부를 할 수 없는 경우에는 그 장애가 복구되어 신고 또는 납부를 할 수 있게 된 날의 다음 날을 기한으로 한다(법 §24 ②).

이 경우 "대통령령으로 정하는 장애로 인하여 지방세통합정보통신망의 가동이 정지되어 전자신고 또는 전자납부를 할 수 없는 경우"란 정전, 통신상의 장애, 프로그램의 오류, 그 밖의 부득이한 사유로 지방세통합정보통신망의 가동이 정지되어 전자신고 또는 전자납부를 할 수 없는 경우를 말한다(영 §5).

이 규정에서 기한이라 함은 장차 도래할 것이 확실한 시간상의 사실(통속적으로는 어느 때까지라고 기약한 시점)을 말하며, 이는 시간의 흐름이 확실한 사실이라는 점에서 이해되어야 한다. 이 시간은 '미리 정해진 때'를 의미하는 말이지만, 법률적으로는 '장차 닥쳐올 사실이 생길 때까지 연기시키는' 의미를 지니는 개념이다.[55]

그러므로 기한의 도래효과는 시기(始期) 있는 법률행위는 기한이 도래한 때부터 그 효력이 생기고, 종기(終期) 있는 법률행위는 기한이 도래한 때부터 그 효력을 잃는다(민법 §152 ①·②).

> **사례 |**
>
> ❖ **임대사업자 변경등록 기산일**
>
> 청구법인이 쟁점토지를 취득한 날인 2017.11.7.부터 60일이 되는 날은 2018.1.6.이고 그 날은 토요일이므로 「지방세기본법」 제24조 제1항에 따라 임대사업자의 변경 등록의 신청기한을 2018.1.8.로 보아 임대주택에 대한 감면요건을 판단하는 것이 타당함.
> (조심 2020지2040, 2021.7.12.)

제25조 우편신고 및 전자신고

우편으로 과세표준 신고서, 과세표준 수정신고서, 제50조에 따른 경정청구에 필요한 사항을 기재한 경정청구서 또는 이와 관련된 서류를 제출한 경우 우편법령에 따른 우편날짜도장이 찍힌 날(우편날짜도장이 찍히지 아니하였거나 찍힌 날짜가 분명하지 아니할 때에는 통상 걸리는 우편송달 일수를 기준으로 발송한 날에 해당하다고 인정되는 날)에 신고되거나 청구된 것으로 본다(법 §25 ①).

제1항의 신고서 등을 지방세통합정보통신망 또는 연계정보통신망을 이용하여 제출하는 경우에는 해당 신고서 등이 지방세통합정보통신망 또는 연계정보통신망에 지정된 때에 신고되거나 청구된 것으로 본다(법 §25 ②).

이러한 전자신고에 의한 지방세과세표준 및 세액 등의 신고절차 등에 관한 세부적인 사항

---

[55] 송쌍종, 조세법학총론, 도서출판 나라, 2010, p.139

은 행정안전부령으로 정한다(법 §25 ③).

이 경우 신고서 등을 지방세통합정보통신망 또는 연계정보통신망을 이용하여 제출(이하 "전자신고"라 한다.)하려는 경우에는 지방세통합정보통신망 또는 연계정보통신망에서 본인확인 절차를 거친 후 할 수 있으며(규칙 §3 ①), 행정안전부장관 또는 지방자치단체의 장은 지방세통합정보통신망에 해당 신고서 등이 전자신고된 경우에는 해당 신고서 등이 정상적으로 저장되었음을 전자신고한 자가 알 수 있도록 하여야 하고(규칙 §3 ②), 행정안전부장관은 세목별 특성, 전자신고에 필요한 기술적·지리적 여건, 그 밖에 전자신고에 필요한 사항을 고려하여 법 제25조 제2항에 따라 전자신고를 할 수 있는 세목, 그 밖의 신고절차를 정하여 고시하여야 한다(규칙 §3 ③ Ⅰ~Ⅲ).

제26조 | 천재지변 등으로 인한 기한의 연장

지방자치단체의 장은 천재지변, 사변(事變), 화재(火災), 그 밖에 대통령령으로 정하는 사유로 납세자가 이 법 또는 지방세관계법에서 규정하는 신고·신청·청구 또는 그 밖의 서류 제출·통지나 납부를 정해진 기한까지 할 수 없다고 인정되는 경우에는 대통령령으로 정하는 바에 따라 직권 또는 납세자의 신청으로 그 기한을 연장할 수 있다(법 §26 ①).

(1) 이 경우 "대통령령으로 정하는 사유"란
① 납세자가 「재난 및 안전관리 기본법」에 따른 재난이나 도난으로 재산에 심한 손실을 입은 경우 ② 납세자나 그 동거가족이 질병이나 중상해로 6개월 이상의 치료가 필요하거나 사망하여 상중(喪中)인 경우 ③ 권한 있는 기관에 장부·서류 또는 그 밖의 물건(이하 "장부 등"이라 한다.)이 압수되거나 영치된 경우 ④ 납세자가 경영하는 사업에 현저한 손실이 발생하거나 부도 또는 도산 등 사업이 중대한 위기에 처한 경우(납부의 경우로 한정한다.) ⑤ 정전, 프로그램의 오류, 그 밖의 부득이한 사유로 「지방회계법」 제38조에 따른 지방자치단체의 금고(이하 "지방자치단체의 금고"라 한다.)가 운영하는 정보처리장치, 「지방회계법 시행령」 제49조 제1항 및 제2항에 따라 지방자치단체 금고업무의 일부를 대행하는 금융회사 등(이하 "지방세수납대행기관"이라 한다.)이 운영하는 정보처리장치, 「지방회계법 시행령」 제62조에 따른 세입금통합수납처리시스템에 해당하는 정보처리장치나 시스템을 정상적으로 가동시킬 수 없는 경우 ⑥ 지방자치단체의 금고 또는 지방세수납대행기관의 휴무, 그 밖에 부득이한 사유로 정상적인 신고 또는 납부가 곤란하다고 행정안전부장관이나 지방자치단체의 장이 인정하는 경우 ⑦ 「세무사법」 제2조 제3호에 따라 납세자의 장부 작성을 대행하는 세무사(같은 법 제16조의

4에 따라 등록한 세무법인을 포함한다.) 또는 같은 법 제20조의 2 제1항에 따라 세무대리업무등록부에 등록한 공인회계사(「공인회계사법」 제24조에 따라 등록한 회계법인을 포함한다.)가 재난 등으로 피해를 입거나 해당 납세자의 장부(장부 작성에 필요한 자료를 포함한다)를 도난당한 경우(지방소득세에 관하여 신고·신청·청구 또는 그 밖의 서류 제출·통지를 하거나 납부하는 경우로 한정한다.) ⑧ 제1호부터 제6호까지의 규정에 준하는 사유가 있는 경우를 말한다(영 §6 Ⅰ~Ⅷ).

(2) 이 경우 기한연장의 기간은 그 기한연장을 결정한 날(납세자가 신청한 경우에는 기한연장을 승인한 날을 말한다.)의 다음 날부터 6개월 이내로 하고, 기간 중에 분납기한 및 분납금액은 지방자치단체의 장이 정한다. 이 경우 지방자치단체의 장은 가능한 매회 같은 금액을 분납할 수 있도록 하여야 한다(영 §8 ①·③). 그러므로 기한연장 기간 중에는 분납기간이나 액수는 매회 균등하게 배분하여 분납할 수 있도록 정해야지 어느 기간에서는 5분의 3, 어느 기간에서는 5분의 1, 어느 기간에서는 5분의 2 등으로 정하면 안 된다는 것이다.

위와 같은 기한연장의 기간과 분납기한 등에 관한 규정에도 불구하고 다음 각 호의 어느 하나에 해당하는 자가 납세자가 재해 등을 입거나 도난당한 경우, 납세자 또는 동거가족이 질병이나 중상해로 6개월 이상의 치료가 필요하거나 사망하여 상중(喪中)인 때 또는 납세자가 사업에 현저한 손실을 입거나 사업이 중대한 위기에 처한 경우(납부의 경우로 한정한다.)의 사유(이에 준하는 사유를 포함한다. 이하 이 조에서 같다.)에 해당하는 경우 위 법 제1항에 따른 기한연장의 기간은 그 기한연장을 결정한 날(납세자가 신청한 경우에는 기한연장을 승인한 날을 말한다.)의 다음 날부터 1년 이내로 한다. 다만, 본문에 따라 기한을 연장한 후에도 해당 기한연장의 사유가 소멸되지 아니한 경우에는 다음의 제3항에 따른 기간의 범위에서 6개월마다 그 기한을 다시 연장할 수 있다(영 §8의 2 ① Ⅰ·Ⅱ).

1. 다음 각 목의 어느 하나 지역에 사업장이 소재한 조세특례제한법 시행령 제2조에 따른 중소기업
   가. 고용정책기본법 제32조의 2 제2항에 따라 신고된 고용재난지역
   나. 고용정책기본법 시행령 제29조 제1항에 따라 지정·고시된 지역
   다. 「지역 산업위기 대응 및 지역경제 회복을 위한 특별법」 제10조제1항 따라 지정된 산업위기대응 특별지역
2. 재난 및 안전관리 기본법 제60조 제2항에 따라 선포된 특별재난지역(선포일부터 2년으로 한정한다.)내에서 피해를 입은 납세자

그리고 위의 제1항 각 호외의 부분 본문에 따른 납부기한의 연장은 영 제6조 제1호, 제2

호 또는 제4호의 사유로 영 제8조에 따라 납부 관련 기한연장을 받고 그 연장된 기간 중에 있는 경우에도 할 수 있다(영 §8의 2 ②).

또한 제1항 각 호 외의 부분 단서(제2항에 따라 연장한 경우를 포함한다.)에 따른 납부기한을 최대로 연장할 수 있는 기간은 2년으로 하되, 다음 각 호의 기간을 포함하여 산정한다(영 §8의 2 ③ Ⅰ·Ⅱ).

1. 제1항 각 호 외의 부분 본문에 따라 연장된 기간
2. 영 제8조 및 이 조 제2항에 따라 연장된 기간

그리고 위의 제1항 및 제2항에 따라 납부기한을 연장하는 경우 연장된 기간 중의 분납기한 및 분납금액은 지방자치단체의 장이 정한다(영 §8의 2 ④).

(3) 지방자치단체의 장은 기한을 연장한 후에도 해당 기한연장의 사유가 소멸되지 아니하는 경우에는 6개월을 넘지 아니하는 범위에서 한 차례만 그 기한을 연장할 수 있다(영 §8 ②). 그러므로 기간의 연장은 지방자치단체의 장이 그 사유를 점검하여 가능한 연장의 한도를 최대 1년간으로 연장 시행할 수 있다는 것이다.

(4) 이러한 기한연장을 신청하려는 납세자는 기한 만료일 3일 전까지 다음 각 호의 사항을 적은 신청서를 해당 지방자치단체의 장에게 제출해야 한다. 다만, 지방자치단체의 장은 납세자가 기한 만료일 3일 전까지 기한연장을 신청할 수 없다고 인정하는 경우에는 기한의 만료일까지 신청하게 할 수 있다(영 §7 ① Ⅰ~Ⅳ).

1. 기한의 연장을 받으려는 자의 성명(법인인 경우에는 법인명을 말한다. 이하 같다.)과 주소, 거소, 영업소 또는 사무소(이하 "주소 또는 영업소"라 한다.)
2. 연장을 받으려는 기한
3. 연장을 받으려는 사유
4. 그 밖에 필요한 사항

(5) 지방자치단체의 장은 위의 규정에 따른 기한의 연장 신청을 받은 경우에는 기한 만료일까지 기한연장의 승인 여부, 연장된 기한(기한의 연장을 승인한 경우만 해당한다.), 기한연장의 승인 사유(기한의 연장을 승인한 경우만 해당한다.), 그 밖에 필요한 사항을 적은 문서로 신청인에게 통지하여야 한다. 다만, 지방자치단체의 장은 납세자가 기한 만료일 3일 전까지 기한의 연장을 신청할 수 없다고 인정되어 기한만료일까지 신청하게 한 경우에는 지체 없이 통지하여야 한다(영 §7 ② Ⅰ~Ⅳ).

(6) 지방자치단체의 장이 직권으로 기한의 연장을 결정한 경우에는 연장된 기한, 기한연장의 결정 사유, 그 밖에 필요한 사항을 적은 문서로 지체 없이 납세자에게 통지하여야 한다(영 §7 ③ Ⅰ~Ⅲ).

(7) 지방자치단체의 장은 위의 (4) 및 (5)의 규정에도 불구하고 다음 각 호의 어느 하나에 해당하는 경우에는 지방세통합정보통신망이나 해당 지방자치단체의 정보통신망 또는 게시판에 게시하거나 관보·공보 또는 일간신문에 게재하는 방법으로 통지를 갈음할 수 있다. 이 경우 지방세통합정보통신망이나 지방자치단체의 정보통신망에 게시하는 방법으로 통지를 갈음할 때에는 지방자치단체의 게시판에 게시하거나 관보·공보 또는 일간신문에 게재하는 방법 중 하나의 방법과 함께 하여야 한다(영 §7 ④ Ⅰ~Ⅲ).

1. 정전, 프로그램의 오류, 그 밖의 부득이한 사유로 지방자치단체의 금고가 운영하는 정보처리장치, 지방회계법 시행령 제49조 제1항 및 제2항에 따라 지방자치단체 금고업무의 일부를 대행하는 금융회사 등이 운영하는 정보처리장치. 지방회계법 시행령 제62조에 따른 세입금통합수납처리시스템을 정상적으로 가동시킬 수 없는 사유가 전국적으로 한꺼번에 발생하는 경우
2. 기한연장의 통지대상자가 불특정 다수인 경우
3. 기한연장의 사실을 그 대상자에게 개별적으로 통지할 시간적 여유가 없는 경우

지방자치단체의 장은 제1항에 따라 납부기한을 연장하는 경우 납부할 금액에 상당하는 담보의 제공을 요구할 수 있다. 다만, 사망, 질병, 그 밖에 대통령령으로 정하는 사유로 담보제공을 요구하기 곤란하다고 인정될 때에는 그러하지 아니하다(법 §26 ②).

이 경우 "대통령령으로 정하는 사유"란 ① 제6조제1호(납세자가「재난 및 안전관리 기본법」에 따른 재난이나 도난으로 재산에 심한 손실을 입은 경우)·제2호(납세자나 그 동거가족이 질병이나 중상해로 6개월 이상의 치료가 필요하거나 사망하여 상중(喪中)인 경우)·제5호(정전, 프로그램의 오류, 그 밖의 부득이한 사유로 지방자치단체의 금고가 운영하는 정보처리장치, 지방회계법 시행령 제49조 제1항 및 제2항에 따라 지방자치단체 금고업무의 일부를 대행하는 금융회사 등이 운영하는 정보처리장치. 지방회계법 시행령 제62조에 따른 세입금통합수납처리시스템을 정상적으로 가동시킬 수 없는 경우) 또는 제6호(지방자치단체의 금고 또는 지방세수납대행기관의 휴무, 그 밖에 부득이한 사유로 정상적인 신고 또는 납부가 곤란하다고 행정안전부장관이나 지방자치단체의 장이 인정하는 경우) ② 납세자 또는 동거가족이 질병이나 중상해로 6개월 이상의 치료가 필요하거나 사망하여 상중인 경우와(납부의 경우에 한한다.) 제6조제4호에 해당하는 경우로서 지방자치단체의 장이 그 납세자가 납부해야 할 금액, 납부기한의 연장기간과 납세자의 과거 지방세 납부명세 등을 고려하여 납세자가 그 연장기간 내에 해당 지방세를 납부할 수 있다고 인정하는 경우와 ③ 그 밖에 이에 준하는 사유를 말한다(영 §9 Ⅰ~Ⅲ).

그리고 이 외에도 송달지연에 따른 기한연장제도가 있다. 그 대강의 내용을 보면, 납세고지서, 납부통지서, 독촉장 또는 납부최고서를 송달한 때에는 그 서류가 납부기한이 지난 후

에 도달하거나, 해당 서류가 도달한 날부터 7일 이내에 납부기한이 도래되는 것은 도달한 날부터 14일이 지난날을 납부기한으로 하고 있으며, 납기전 징수를 위한 고지의 경우 그 고지서가 도달한 날에 이미 납부기한이 지났으면 그 도달한 날을 납부기한으로 하고, 납부기한이 그 고지서가 도달한 후이면 원래 납부기한대로 한다.

이 법 또는 지방세관계법에서 정한 납부기한 만료일 10일 전에 제1항에 따른 납세자의 납부기한연장신청에 대하여 지방자치단체의 장이 신청일부터 10일 이내에 승인 여부를 통지하지 아니하면 그 10일이 되는 날에 납부기한의 연장을 승인한 것으로 본다(법 §26 ③).

이 규정은 납세자가 납부기한 만료일 10일 전에 납부기한 연장신청을 하였으나 신청일부터 10일 이내에 승인 여부의 통지가 없어 그 통지를 기다리다가 납기를 넘겨 지방세를 가산받게 되는 등 납세자에게 불이익이 돌아가는 것을 방지하고, 세무행정의 명확화를 위한 조치이다.

제27조 | 납부기한 연장의 취소

지방자치단체의 장은 제26조에 따라 납부기한을 연장한 경우에 납세자가 다음 각 호의 어느 하나에 해당되면 그 기한의 연장을 취소하고, 그 지방세를 즉시 징수할 수 있다(법 §27 ① Ⅰ~Ⅲ).

1. 담보의 제공 등 지방자치단체의 장의 요구에 따르지 아니할 때

2. 「지방세징수법」 제22조 제1항 각 호의 어느 하나에 해당되어 그 연장한 기한까지 연장된 해당 지방세 전액을 징수할 수 없다고 인정될 때

    이 경우 "연장된 기한까지 연장된 지방세 전액을 징수할 수 없다고 인정될 때"라 함은 ① 국세, 지방세, 그 밖의 공과금에 대하여 체납처분을 받을 때 ② 강제집행을 받을 때 ③ 경매가 시작되었을 때 ④ 법인이 해산하였을 때 ⑤ 지방자치단체의 징수금을 포탈하려는 행위가 있다고 인정될 때 ⑥ 어음법 및 수표법에 따른 어음교환소에서 거래정지처분을 받은 때 ⑦ 납세자가 납세관리인을 정하지 아니하고 국내에 주소 또는 거소를 두지 아니하게 되었을 때 ⑧ 「신탁법」에 따른 신탁을 원인으로 납세의무가 성립된 부동산의 소유권을 이전하기 위하여 등기관서의 장에게 등기를 신청할 때를 말한다.

3. 재산상황의 변동 등 대통령령으로 정하는 사유로 인하여 납부기한을 연장할 필요가 없다고 인정될 때

    이 경우 "대통령령으로 정하는 사유"란 재산상황, 그 밖에 사업의 변화로 인하여 기한을

연장할 필요가 없다고 인정되는 경우와 정전, 프로그램의 오류, 그 밖의 부득이한 사유로 지방자치단체의 금고가 운영하는 정보처리장치, 지방회계법 시행령 제49조 제1항 및 제2항에 따라 지방자치단체 금고업무의 일부를 대행하는 금융회사 등(이하 '지방세수납대행기관'이라 한다.)이 운영하는 정보처리장치. 지방회계법 시행령 제62조에 따른 세입금통합수납처리시스템을 가동시킬 수 없는 사유로 납부기한이 연장된 경우에 그 해당 사유가 소멸되어 정상적인 납부가 가능한 경우를 말한다(영 §10 ①).

지방자치단체의 장은 제1항에 따라 납부기한의 연장을 취소하였을 때에는 납세자에게 그 사실을 즉시 통지하여야 한다(법 §27 ②).

이 경우 납부기한의 연장통지는 취소연월일, 취소의 이유를 적은 문서로 한다(영 §10 ②).

제5절　서류의 송달

지방세의 부과·징수 등의 행정처분의 절차는 서류에 의해서 행해지고 그 서류가 상대방에게 도달됨으로써 그 처분의 효력이 발생하는데 지방세법상 서류의 송달에 관한 규정의 적용을 받는 대상에는 지방세의 고지에 관한 서류, 경정 또는 결정에 관한 서류, 독촉장, 압류조서의 등본, 채권압류통지서, 과오납금의 환급에 관한 서류, 이의신청 및 심판청구에 관한 서류, 이 법 및 지방세관계법·국세징수법 기타 관계법령의 규정에 의하여 통지 또는 송달해야 할 서류를 말한다.

이러한 서류의 송달은 세법상의 행정처분의 대부분이 그 처분 자체가 지니는 강제성과 강력한 공권력 및 집행력으로 인하여 국민의 재산권의 침해 등 국민의 재산권을 제한하는 사례가 많아지므로 행정처분을 하는 경우에 그 내용을 처분대상자에게 알리는 서류 송달행위는 행정처분 존재의 확실성과 내용의 정확성 보장을 위해 그 중요성이 매우 크다. 그러므로 행정처분의 내용을 기록한 서류가 처분의 상대자에게 송달되는 것을 그 행정처분의 효력발생 요건으로 하고 있으므로 서류의 적법송달 여부는 서류상에 기재된 행정처분의 효력 유무를 좌우하는 중요한 행위가 되는 것이다.[56]

제28조　서류의 송달

① 이 법 또는 지방세관계법에서 규정하는 서류는 그 명의인(서류에 수신인으로 지정되어 있는 자를 말한다. 이하 같다.)의 주소, 거소, 영업소 또는 사무소(이하 "주소 또는 영업소"라 한다.)에 송달한다. 다만, 제30조제1항에 따른 전자송달인 경우에는 지방세통합정보통신망에 가입된 명의인의 전자우편주소나 지방세통합정보통신망의 전자사서함[「전자서명법」 제2조에 따른 인증서(서명자의 실지명의를 확인할 수 있는 것을 말한다) 또는 행정안전부장관이 고시하는 본인임을 확인할 수 있는 인증수단으로 접근하여 지방세 고지내역 등을 확인할 수 있는 곳을 말한다. 이하 같다] 또는 연계정보통신망의 전자고지함(연계정보통신망의 이용자가 접속하여 본인의 지방세 고지내역을 확인할 수 있는 곳을 말한다. 이하 같다)에 송달한다(법 §28 ①).

---

[56] '송달(送達)'이라는 말은 원래 소송법 특히 민사소송법(民事訴訟法)에서 발달한 용어이다. 이는 주로 서류의 송달만을 가리키는 용어개념이었다. 이러한 민사소송의 경우에는 국가기관인 법원이 그 송달주체가 되는 요식행위임을 의미한다. 세무행정에 있어서도 납세고지서의 송달 등과 같은 송달의 문제가 생기는데 이는 국가기관인 과세행정청이 송달주체가 되어 납세고지를 하는 경우 등에 생기는 문제이다(송쌍종, 전게서, p127).

이 경우 명의인이라 함은 납세의무자, 특별징수의무자, 연대납세의무자, 제2차 납세의무자, 상속재산의 재산관리인, 납세관리인과 이의신청 또는 심판청구인을 말한다.

그리고 주소와 거소는 민법상의 개념으로서 "주소"라 함은 생활의 근거가 되는 곳을 말하며 이는 생계를 같이하는 가족 및 자산의 유무 등 생활관계의 객관적 사실에 따라 판정한다. 이 경우 주소가 둘 이상인 때에는 주민등록법상 등록된 곳을 말하며, 법인의 주소는 본점 또는 주사무소의 소재지에 있는 것으로 한다.

그리고 "거소"라 함은 다소의 기간 계속하여 거주하는 장소로서 주소와 같이 밀접한 생활관계가 발생하지 아니하는 장소를 말하는데, 이 경우 주소를 알 수 없는 때와 국내에 주소가 없는 경우에는 거소를 주소로 한다.57)

또한 제1항 후단에서 말하는 연계정보통신망의 전자고지함은 '연계정보통신망 이용자가 접속하여 본인의 고지내역을 확인하는 곳'으로 구체화하였고, 「지방세입정보시스템의 운영 및 관리 규정(행안부 고시)」의 통합지방세정보시스템(위택스, WeTAX)회원가입 및 이용 시 인증서 외에 본인 확인을 거친 인증수단으로 가능하도록 확대하였으며, 그간 「전자서명법」 제2조에 따른 공인인증서만 인정하던 것을 「전자서명법」 제2조에 따른 인증서(서명자의 실지명의를 확인할 수 있는 것을 말한다.) 또는 행정안전부장관이 고시하는 본인을 확인할 수 있는 인증수단을 확대하였다.

② 연대납세의무자에게 서류를 송달할 때에는 그 대표자를 명의인으로 하며, 대표자가 없으면 연대납세의무자 중 지방세를 징수하기 유리한 자를 명의인으로 한다. 다만, 납세의 고지와 독촉에 관한 서류는 연대납세의무자 모두에게 각각 송달하여야 한다(법 §28 ②).

연대납세의무자 중 "1인에게 행한" 서류의 송달은 다른 연대납세의무자에게도 효력이 있다. 다만, 연대납세의무를 지는 자에게 납세고지나 독촉을 하는 경우에는 연대납세의무자 전원을 고지서에 기재하여야 하며, 각자에게 모두 고지서를 발부하여야 한다.

그리고 독촉을 하는 경우에 연대납세의무자에 대하여는 각 개인별로 독촉장을 발부하여야 하고 양도담보권자인 물적납세의무자에 대하여는 독촉장을 발부하지 아니한다.58)

▲ 사례 ┃

❖ 연대납세의무자 중 일부만에 대한 납세고지의 효력

원심판결 이유에 의하면, 원심은 그 채택한 증거에 의하여 이 사건 부동산은 원고외 6인의 공유물인데 피고가 이에 대한 등록세 및 취득세의 과세처분으로서의 납세고지를 함에 있어 원고를 제외한 나머지 6인의 연대납세의무자에게는 납세고지를 하지 아니하고 원고에 대하여만 납세의무자를 "원고외 6인"으로 기재한 납세고지서를 송달하여 고지한 사실을 인정한

---

57) 국세기본법통칙 8-0…1, 2(주소, 거소)
58) 국세징수법통칙 23-0…3(연대납세의무자에 대한 독촉)

> 다음 위 납세고지는 원고를 제외한 나머지 6인에 대하여는 납세의무자 명의를 표시하여 개별적으로 납세고지된 바가 없으므로 부과처분 자체가 존재하지 아니한 것이 되지만, 납세의무자로 특정되어 납세고지서를 송달받은 원고에 대하여는 적법한 부과처분으로서의 납세고지가 있는 것으로 보아야 한다고 판단하였는바, 원심의 판단은 위와 같은 법리에 따른 것으로서 정당하다고 시인되고 거기에 논지가 주장하는 바와 같은 연대납세의무자에 대한 납세고지의 법리를 오해한 위법이 없다.
>
> (대법 86누702, 1987.5.12. 일부발췌)

③ 상속이 개시된 경우에 상속재산관리인이 있을 때에는 그 상속재산관리인의 주소 또는 영업소에 송달한다(법 §28 ③).

④ 제139조에 따른 납세관리인이 있을 때에는 납세의 고지와 독촉에 관한 서류는 그 납세관리인의 주소 또는 영업소에 송달한다(법 §28 ④).

그리고 송달을 받아야 할 자가 무능력자인 경우에는 그 법정대리인의 주소 또는 영업소에 서류를 송달하여야 하며, 송달을 받을 자가 파산선고를 받은 때에는 파산관재인의 주소 또는 영업소에 서류를 송달하여야 한다. 이 경우 무능력자라 함은 단독으로 완전 유효한 법률 행위를 할 수 있는 능력(행위능력)이 없는 자(미성년자, 금치산자 및 한정치산자)를 말하므로 서류의 송달은 민법상 의사능력이 있는 자에게 송달하여야 적법한 송달이 되는 것이다. 그리고 주소가 둘 이상인 때에는 주민등록법상 등록된 곳을 주소로 한다.

또한 법인의 소재가 불명한 때에는 법인대표자의 주소지를 확인하여 서류를 송달하고, 대표자의 주소지도 불명하여 송달이 불가능한 때에는 공시송달하여야 하며, 송달을 받을 자가 교도소 등에 수감중이거나 이에 준하는 사유가 있는 경우에는 그 사람의 주소지에 서류를 송달한다. 그러나 주소가 불명인 경우와 서류를 대신 받아야 할 자가 없는 경우에는 그 사람이 수감되어 있는 교도소 등에 서류를 송달한다.[59]

제29조 | 송달받을 장소의 신고

제28조에 따라 서류를 송달받을 자가 주소 또는 영업소 중에서 송달받을 장소를 대통령령으로 정하는 바에 따라 지방자치단체에 신고하였을 때에는 그 신고된 장소에 송달하여야 한다. 이를 변경하였을 때에도 또한 같다(법 §29).

이 규정에 따라 서류를 송달받을 장소를 신고(변경신고를 포함한다.)하려는 자는 ① 송달받을 자의 성명과 주소 또는 영업소 ② 서류를 송달받을 장소 ③ 서류를 송달받을 장소를 정하

---

[59] 국세기본통칙 8-0…3~6(수감자 등에 대한 송달)

는 이유 ④ 그 밖에 필요한 사항을 적은 문서를 해당 지방자치단체의 장에게 제출하여야 한다(영 §11 Ⅰ~Ⅳ).

이 규정은 송달받을 장소의 신고에 대하여 이 법이 구속력을 가지는 것을 인정한다는 의미이나 이 규정을 위반한 경우에 대한 조치가 없다는 점에서 구속력의 실효성이 의문스럽다.

제30조 | 서류송달의 방법

① 제28조에 따른 서류의 송달은 교부·우편 또는 전자송달로 하되, 해당 지방자치단체의 조례로 정하는 방법에 따른다(법 §30 ①).

위 규정에 따른 교부의 방법으로 서류를 송달하려는 경우에는 지방자치단체의 조례로 정하는 바에 따라 지방자치단체의 하부 조직을 통하여 송달할 수 있다(영 §12).

이 경우 "조례로 정하는 바에 따라 지방자치단체의 하부 조직을 통하여 송달할 수 있다."함은 재산세와 같이 매년 일시에 부과 고지하는 고지서 등에 대해서는 읍·면·동의 통반장 등을 통해 방문교부하고 소정의 대가를 지불하는 등의 송달을 말한다.

그리고 납세고지서, 납부통지서, 독촉장 및 최고서를 등기우편 외의 방법으로 송달할 때에는 해당 서류가 납부기한이 지난 후에 도달한 경우와 해당 서류가 도달한 날부터 7일 이내에 납부기한이 도래되는 경우의 지방자치단체의 징수금의 납부기한은 해당 서류가 도달한 날부터 14일이 지난 날로 한다. 다만, 납기전에 징수하기 위한 고지의 경우 고지서가 도달한 날에 이미 납부기한이 지났으면 도달한 날을 납부기한으로 하고, 납부기한이 고지서가 도달한 후이면 원래 납부기한대로 한다.

② 제1항에 따른 교부에 의한 서류송달은 송달할 장소에서 그 송달을 받아야 할 자에게 서류를 건네줌으로써 이루어진다. 다만, 송달을 받아야 할 자가 송달받기를 거부하지 아니하면 다른 장소에서 교부할 수 있다(법 §30 ②).

③ 제2항의 경우에 송달할 장소에서 서류를 송달받아야 할 자를 만나지 못하였을 때에는 그의 사용인, 그 밖의 종업원 또는 동거인으로서 사리를 분별할 수 있는 사람에게 서류를 송달할 수 있으며, 서류의 송달을 받아야 할 자 또는 그의 사용인, 그 밖의 종업원 또는 동거인으로서 사리를 분별할 수 있는 사람이 정당한 사유 없이 서류의 수령을 거부하면 송달할 장소에 서류를 둘 수 있다(법 §30 ③).

이 경우 "종업원"이란 송달을 받아야 할 자와 고용관계에 있는 자를 말하고, "동거인"이란 송달을 받을 자와 동일장소 내에서 공동생활을 하고 있는 자를 말하나, 생계를 같이하는 것을 요하지는 않는다. 그리고 "사리를 판별할 수 있는 자"란 서류의 송달취지를 이해하고, 수령한 서류를 송달받아야 할 자에게 교부할 것이라고 기대될 수 있는 자를 말하며, "서류의 수령을 거부한 때"란 적법한 방법으로 서류를 송달하고자 하였으나 고의로 그 수령을 거부한 때를 말한다.60)

그리고 납세고지서의 송달이 적법한 지의 여부에 대한 판례의 예를 들면 납세고지서의 송달을 받아야 할 자가 부과처분제척기간이 임박하자 그 수령을 회피하기 위하여 일부러 송달을 받을 장소를 비워 두어 세무공무원이 송달을 받을 자와 보충송달을 받을 자를 만나지 못하여 부득이 사업장에 납세고지서를 두고 왔다고 하더라도 이로써 신의성실의 원칙을 들어 그 납세고지서가 송달되었다고 볼 수는 없다고 판시하고 있다.61)

④ 제1항부터 제3항까지의 규정에 따라 서류를 송달하는 경우에 그 송달받을 자가 주소 또는 영업소를 이전하였을 때에는 주민등록표 등으로 확인하고 그 이전한 장소에 송달하여야 한다(법 §30 ④).

예를 들면 위와 같은 송달절차를 밟지 않고 납세고지서를 폐업신고한 영업장소로 우송하여 납세자가 서류 송달을 받지 못한 경우라면 그 과세부과처분은 당연 무효인 것이다.62)

⑤ 서류를 교부하였을 때에는 송달서에 수령인의 서명 또는 날인을 받아야 한다. 이 경우 수령인이 서명 또는 날인을 거부하면 그 사실을 송달서에 적어야 한다(법 §30 ⑤).

이 규정에 따른 송달서는 서류의 명칭, 송달받아야 할 자의 성명 또는 명칭, 수령인의 성명, 교부장소, 교부연월일, 서류의 주요 내용을 적은 것이어야 한다(영 §13 Ⅰ~Ⅵ).

⑥ 지방자치단체의 장은 일반우편으로 서류를 송달하였을 때에는 다음 각 호의 사항. 즉, ① 서류의 명칭, ② 송달을 받을 자의 성명 또는 명칭, ③ 송달장소, ④ 발송연월일, ⑤ 서류의 주요 내용을 확인할 수 있는 기록을 작성하여 갖추어 두어야 한다(법 §30 ⑥ Ⅰ~Ⅴ).

이 규정의 운영에 있어서 유의해야 할 사항은 지방세에 관한 각종 서류의 송달의 방법은 교부, 우편 또는 전자송달로 하되 자치단체가 조례로서 정하도록 하고 있다. 그런데 세법의 규정에 의한 각종 서류의 송달은 도달(징수유예 등의 결정 제외)을 위주로 하고 있으므로 그 송달방법이 직접 교부할 수 있으면 최선의 방법이겠지만 우편으로 하여야 할 경우에도 일반우편으로 하는 송달은 가능하겠지만, 특히 납세의 고지·독촉·체납처분 또는 세법에 의한 정부의 명령에 관계되는 서류의 송달은 가급적 등기우편을 활용하는 것이 도달에 대한 책임의 소재 및 도달의 시기를 확실히 할 수 있다는 점에 유의해야 할 것이다.

---

60) 국세기본법통칙 10-0…1 내지 4(종업원 등)
61) 대법 2003두13908, 2004.4.9.
62) 대법 79누168, 1979.8.31.

⑦ 제1항에 따른 전자송달은 대통령령으로 정하는 바에 따라 서류의 송달을 받아야 할 자가 신청하는 경우에만 한다(법 §30 ⑦).

이 경우 전자송달을 신청하거나 그 신청을 철회하려는 자는 납세자의 성명, 주민등록번호 등 인적사항, 납세자의 주소 또는 영업소, 전자송달과 관련한 안내를 받을 수 있는 납세자의 전자우편주소 또는 연락처, 전자송달을 받을 법 제28조 제1항 단서에 따른 전자우편주소, 전자사서함 또는 전자고지함(이하 "전자우편주소등"이라 한다.), 전자송달의 철회의 사유(전자송달의 신철을 철회하는 경우만 해당한다.), 그 밖에 행정안전부령으로 정하는 사항을 적은 신청서를 지방자치단체의 장에게 제출하여야 한다(영 §14 ① Ⅰ~Ⅵ).

그리고 지방자치단체의 장은 위 제1항에 따른 신청서를 접수한 날이 속하는 달의 다음 달부터 전자송달을 하여야 하며, 전자송달의 신청을 철회하는 경우에는 제1항에 따른 신청서를 접수한 날이 속하는 달의 다음 달부터 전자송달을 할 수 없다(영 §14 ②).

또한 제1항에 따라 전자송달을 신청한 자가 기존의 전자송달을 철회하지 아니하고 종전과 다른 전자우편주소등을 적어 전자송달을 새로 신청한 경우에는 그 신청서를 접수한 날이 속하는 달의 다음 달 1일에 전자송달을 받을 전자우편주소등을 변경한 것으로 본다(영 §14 ③).

그리고 전자송달을 받을 자가 다음 각 호의 어느 하나에 해당하는 경우에는 그 사유가 발생한 날이 속하는 달의 다음 달 1일에 전자송달을 철회한 것으로 본다(영 §14 ④ Ⅰ·Ⅱ).

㉮ 신청서에 기재된 전자우편주소등이 행정안전부장관이 고시하는 기준에 맞지 않아 더 이상 전자송달을 할 수 없는 것으로 확인된 경우

㉯ 전자송달을 받을 자가 전자송달된 서류를 5회 연속하여 법 제32조에 따른 송달의 효력이 발생한 때부터 60일 동안 확인 또는 열람하지 아니한 경우(납세자가 전자송달된 납세고지서에 의한 세액을 그 납부기한까지 전액 납부한 경우는 제외한다)

　　이는 종이고지서 발송(10일) 이후 전자송달을 할 경우 종이고지서(세액공제 미적용)와 중복 발송되어 납세자 혼란 및 징수결정액 정정 등 발생하고 있어 이를 개선한 것이고, 납세자가 전자송달된 납세고지서를 확인·열람하지 않고 고지된 세액 전액을 납기 내 납부하는 경우는 전자송달을 철회한 것으로 보지 않도록 하는 예외규정을 신설한 것이다.

⑧ 제7항에도 불구하고 지방세통합정보통신망 또는 연계정보통신망의 장애로 인하여 전자송달을 할 수 없는 경우와 그 밖에 대통령령으로 정하는 사유가 있는 경우에는 제1항에 따른 교부 또는 우편의 방법으로 송달할 수 있다(법 §30 ⑧).

이 경우 "그 밖에 대통령령으로 정하는 사유"란,
1) 전화(戰禍), 사변(事變) 등으로 납세자가 전자송달을 받을 수 없는 경우
2) 전자통신망의 장애 등으로 지방자치단체의 장이 전자송달이 불가능하다고 인정하는

경우의 어느 하나에 해당하는 경우를 말한다(영 §16 Ⅰ·Ⅱ).

⑨ 제7항에 따라 전자송달을 할 수 있는 서류의 구체적인 범위 및 송달방법 등에 관하여 필요한 사항은 대통령령으로 정한다(법 §30 ⑨).

이 경우 위 규정에 따라 전자송달을 할 수 있는 서류는 납세고지서 또는 납부통지서, 지방세환급금 지급통지서, 법 제96조 제1항에 따른 결정서, 신고안내문, 그 밖에 행정안전부장관이 정하여 고시하는 서류로 한다. 다만, 연계정보통신망으로 송달할 수 있는 서류는 납세고지서로 한다(영 §15).

"정보통신망"이란 「전기통신사업법」 제2조 제2호에 따른 전기통신설비를 이용하거나 전기통신설비와 컴퓨터 및 컴퓨터의 이용기술을 활용하여 정보를 수집·가공·저장·검색·송신 또는 수신하는 정보통신체제를 말한다.

▶ 사례 |

❖ 고지서 송달에 대한 보존기간이 경과 이후 송달에 다툼이 발생한 경우 당해 압류처분이 정당한지 여부

납부고지서가 등기우편의 방법으로 발송된 사실이 인정되고 달리 반송된 자료가 없으므로 원고에게 송달되었다고 보아야 하고, 피고가 전산자료로 세목, 세액, 부과일자 및 납기일자가 기재된 지방세 과세내역조회 자료를 보유하고 있는 점, 원고가 이 사건 나머지 과세처분 무렵부터 현재까지 동일한 주소지에 거주하면서 그 체납을 원인으로 한 공매통지서 등을 수령하였으면서도 그 후의 공매 또는 배당절차에서 아무런 이의를 제기한 바 없었는데, 이 사건 나머지 과세처분 납세고시지서의 보존기간이 경과된 이후에야 비로소 이 사건 소송을 제기한 점, 피고는 원고가 납세고지서 등 서류의 수령을 거부하거나 주소가 불분명한 적도 없어 이 사건 나머지 과세처분의 납세고지서를 공시송달의 방법으로 송달할 이유도 없었던 점 등에 비추어 보면 이 사건 나머지 과세처분의 납세고지서 역시 원고에게 적법하게 송달된 것이라는 점을 감안할 때 납세고지서 송달 사실의 증명의 정도와 지방세 납세고지서의 보존기간 등에 관한 법리오해 등의 위법이 없다.

(대법 2014두46027, 2015.4.9.)

제31조 | 송달지연으로 인한 납부기한의 연장

① 기한을 정하여 납세고지서, 납부통지서, 독촉장 또는 납부최고서를 송달하였더라도 서류가 납부기한이 지난 후에 도달한 경우, 서류가 도달한 날부터 7일 이내에 납부기한이 되는 경우에는 지방자치단체의 징수금의 납부기한은 해당 서류가 도달한 날부터 14일이 지난 날로 한다(법 §31 ① Ⅰ·Ⅱ).

② 제1항에도 불구하고 「지방세징수법」 제22조 제2항(납기전 징수)에 따른 고지의 경우에는 고지서가 납부기한이 지난 후에 도달한 경우는 고지서가 도달한 날을 납부기한으로 하고, 고지서가 납부기한 전에 도달한 경우는 납부기한이 되는 날을 납부기한으로 한다 (법 §31 ② Ⅰ·Ⅱ).

이 경우 예를 들면 다음과 같다.

① 정상적인 취득세의 납부고지서를 납부기한을 15일간으로 하여 발부하였을 경우

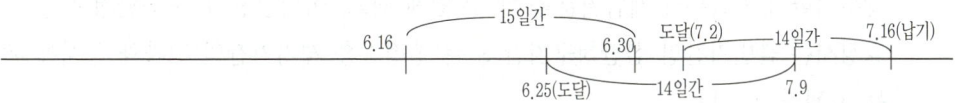

- 납부기한이 지난후 도달
- 납부기한이 7일 이내 도래하는 경우

② 납기전 징수의 경우

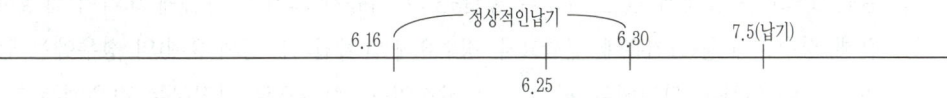

- 납기가 지나기전 도달 : 6.25.에 도달된 경우 납기는 6.30.임.
- 납기가 지난후 도달 : 7.5.에 도달하였다면 7.5.이 납기가 됨.

> **사례**
>
> ❖ **납세고지서 송달 적정 여부**
>
> 과세권자가 납세자와의 의사연락없이 무인택배보관함에 고지서를 보관하고 아파트 현관문에 안내문을 부착한 경우, 납세자가 그 보관함을 열어보거나 수령한 경우라도 송달의 효력(교부송달 또는 유치송달)이 발생한다고 볼 수는 없음
>
> (대법2021두41884, 2021.09.16)

제32조 송달의 효력 발생

제28조에 따라 송달하는 서류는 그 송달을 받아야 할 자에게 도달한 때부터 효력이 발생한다. 다만, 전자송달의 경우에는 송달받을 자가 지정한 전자우편주소, 지방세통합정보통신망의 전자사서함 또는 연계정보통신망의 전자고지함에 저장된 때에 그 송달을 받아야 할 자에게 도달된 것으로 본다(법 §32).

① 서류송달의 효력은 도달한 시점으로부터 발생한다.

여기에서 "도달"이라 함은 송달을 받아야 할 자에게 직접 수교할 것임을 요하는 것이 아니고, 상대방의 지배권 내에 들어가 사회통념상 일반적으로 그 사실을 알 수 있는 상태에 있는 때(예 우편이 수신함에 투입된 때 또는 동거하는 가족, 친족이나 고용인이 수령한 때)를 말하며, 일단 유효하게 송달된 서류가 후에 반송되더라도 송달의 효력에는 영향이 없다.[63]

② 납세고지서를 송달하여 도달이 되면 그날로 효력이 발생되며 독촉장이나 최고서는 그 납부기한 경과일부터 체납처분을 할 수 있게 되고, 이의신청 또는 심판청구 등에 대한 결정서는 불변기간인 심판청구기간 또는 행정소송 제기기간의 경과와 동시에 확정되는 효과를 낳는다.

③ 전자송달의 경우에는 송달받을 자가 지정한 전자우편주소등에 입력된 때 또는 지방세통합정보통신망의 전자사서함에 저장하는 경우에는 저장된 때에 그 송달을 받아야 할 자에게 도달된 것으로 본다.

④ 일반적으로 지방세에 관한 서류의 송달은 그 서류가 도달한 시점에 효력이 발생하는데 반해 징수유예 등(고지유예, 분할고지, 징수유예 및 체납처분 등의 유예)의 경우에는 납세자의 신청에 의하여 결정하는 경우는 그 신청일에, 직권으로 결정하는 경우에는 그 통지서의 발부일에 송달의 효력이 발생하는 점에 유의하여야 한다.

서류송달의 법률효과라고 말할 수 있는 것은 ① 납세의무이행청구의 효과(납세고지서나 납부통지서의 송달), ② 납세의무이행의 최고효과(독촉장 또는 납부최고서의 송달), ③ 통지효과(경정 또는 결정 등의 결과통지), ④ 시효의 중단 또는 정지의 효과(납세고지서가 송달되면 그 고지한 납부기간 동안 소멸시효가 중단되고, 그 납부기간이 지난 때부터 소멸시효는 다시 진행함)이다.

제33조 | 공시 송달

지방세관계법 등의 규정에 의한 서류가 교부나 우편에 의한 정상적인 방법으로는 송달을 받아야 할 자의 주소나 거소 등이 불분명하여 서류의 송달이 불가능할 경우에 서류의 주요내용을 공고하는 등 일정한 요건과 일정한 형식을 갖추면 해당 서류가 송달된 것과 같은 효력을 발생시키는 제도를 공시송달이라 한다.

(1) 서류의 송달을 받아야 할 자가 다음 각 호의 어느 하나에 해당하는 경우에는 서류의 주요 내용을 공고한 날부터 14일이 지나면 제28조에 따른 서류의 송달이 된 것으로 본다

---

[63] 국세기본법통칙 12-0…1(송달서류의 효력발생)

(법 §33 ① Ⅰ~Ⅲ).

① 주소 또는 영업소가 국외에 있고 송달하기 곤란한 경우

그래서 주소 또는 영업소가 국외에 있어 서류의 송달이 불가능한 경우는 공시송달의 사유에 해당되고, 만약 비거주자의 사용인이 국내에 상시 근무하고 있는 경우에는 이 사용인에게 교부송달도 가능하다고 본다.

② 주소 또는 영업소가 분명하지 아니한 경우

"주소 또는 영업소가 분명하지 아니한 경우"란 주민등록표·법인 등기사항증명서 등으로도 주소 또는 영업소를 확인할 수 없는 경우를 말한다(영 §17).

그러므로 선량한 관리자의 주의를 다하여 송달을 받아야 할 자의 주소 또는 영업소를 조사(시·읍·면·동의 주민등록사항, 인근자, 거래처 및 관계자 탐문, 등기부 등의 조사)하였으나 그 주소 또는 영업소를 알 수 없는 경우를 말한다.[64]

③ 제30조 제1항에 따른 방법으로 송달하였으나 받을 사람(제30조 제3항에 규정된 자를 포함한다.)이 없는 것으로 확인되어 반송되는 경우 등 대통령령으로 정하는 경우

이 경우 "제30조 제3항에 규정된 자"라 함은 서류를 송달할 장소에서 송달을 받아야 할 자를 만나지 못하였을 때에는 그 사용인, 그 밖의 종업원 또는 동거인으로서 사리를 판별할 수 있는 사람에게 송달할 수 있으며 이때의 송달 가능한 자를 말한다.

그리고 "대통령령으로 정하는 경우(공시송달 할 수 있는 경우)"라 함은,
1. 서류를 우편으로 송달하였으나 받을 사람이 없는 것으로 확인되어 반송됨으로써 납부기한 내에 송달하기 곤란하다고 인정되는 경우
2. 세무공무원이 2회 이상 납세자를 방문[처음 방문한 날과 마지막 방문한 날 사이의 기간이 3일(기간을 계산할 때 공휴일 및 토요일은 산입하지 않는다) 이상이어야 한다.]하여 서류를 교부하려고 하였으나 받을 사람(법 제30조 제3항에 규정된 사람을 포함한다.)이 없는 것으로 확인되어 납부기한 내에 송달이 곤란하다고 인정되는 경우 중 어느 하나에 해당하는 경우를 말한다(영 §18).

---

64) 국세기본법통칙 11-7…1(주소 또는 영업소가 분명하지 아니한 경우)

> **사례 |**
>
> ❖ 공시송달의 사유를 규정한 구 국세기본법 제11조 제1항 제3호 및 구 국세기본법 시행령 제7조의 2 제1호, 제2호의 '수취인의 부재'의 의미
>
> 구 국세기본법(1998.12.28., 법률 제5579호로 개정되기 전의 것) 제11조 제1항 제3호는 1996.12.30. 법률 제5189호로 개정되면서 공시송달사유를 종전의 규정보다 확대함으로써 납세의무자가 책임질 수 없는 사유로 인하여 불복기간이 경과된 경우에도 과세처분에 대하여 불복할 기회를 상실하게 되는 등으로 헌법 제27조 제1항이 정한 재판을 받을 권리를 과도하게 침해할 가능성을 안고 있으므로, 같은 법 및 같은 법 시행령(1999.12.28, 대통령령 제16622호로 개정되기 전의 것) 제7조의 2 제1호, 제2호에서 '수취인의 부재'라 함은 납세의무자가 기존의 송달할 장소로부터 장기간 이탈한 경우로서 과세권 행사에 장애가 있는 경우로 한정 해석함이 상당하다.
>
> (대법 98두18916, 2000.10.6.)

(2) 제1항에 따른 공고는 지방세통합정보통신망, 지방자치단체의 정보통신망이나 게시판에 게시하거나, 관보·공보 또는 일간신문에 게재하는 방법으로 한다. 이 경우 지방세통합정보통신망이나 지방자치단체의 정보통신망을 이용하여 공시송달을 할 때에는 다른 공시송달방법을 함께 활용하여야 한다(법 §33 ②).

(3) 제1항에 따른 납세고지서, 납부통지서, 독촉장 또는 납부최고서를 공시송달한 경우 납부기한에 관하여는 제31조를 준용한다(법 §33 ③).

즉, 납세고지서, 납부통지서 등을 공시송달할 경우 공시송달의 도달일은 공고일부터 14일이 경과되는 날이 되므로 이 도달일이 당초의 납세고지서 등에 기재된 납부기한이 지난 후가 되거나, 서류가 도달한 날 로부터 7일 이내에 납부기한이 되는 경우에는 것은 도달한 날부터 14일이 지난날을 납부기한으로 한다. 그러나 납기전 징수의 경우에는 도달일이 납부기한을 경과한 경우는 도달일을 납부기한으로 하고, 도달일이 납부기한을 경과하지 아니한 경우는 그 납부기한일을 납부기한으로 한다.

이와 같이 공시송달의 규정을 적용함에 있어서 특히 유의해야 할 점은 납세의무자의 주소 또는 거소·사무소의 철저한 확인절차 없이 형식적인 방법에 의한 절차를 거쳐 한 공시송달은 공시송달의 요건에 맞지 않는다는 것이 판례의 일관된 논지임을 중시해야 한다.

예를 들면, 회사에 대한 납세고지서를 본점소재지의 주소와 대표자 표시도 없이 회사의 이름만 기재하여 등기우편으로 발송하였다가 주소불명으로 반송되어 오자 그 대표자의 주소 등을 확인함이 없이 바로 공시송달 하거나, 법인에 대한 송달은 본점소재지에서 그 대표이사가 이를 수령할 수 있도록 함이 원칙이나 그와 같은 송달이 불능인 경우에는 법인등

기부 등을 조사하여 본점소재지의 이전 여부 및 대표이사의 변경 여부나 대표이사의 법인 등기부상의 주소지 등을 확인하여 그에게 재차 송달해 본 후 그 송달이 불능인 때에만 공시송달이 가능하다. 그리고 등기우편으로 송달하였으나 장기폐문으로 반송되자 직원들이 사업장을 찾아가 송달을 시도하였으나 장기폐문된 채 전화통화도 되지 않아 주민등록지를 찾아갔으나 장기폐문되어 있는 등 주소 또는 영업소를 찾을 수 없을 때에만 공시송달이 가능한 것이지 공시송달의 사유가 단순히 주소가 불명하다, 등기우편이 반송된다, 주소지를 찾아갔으나 납세의무자가 장기 출타 중이다 등의 사유로는 공시송달을 하는 것은 공시송달의 사유에 합당하지 아니하여 서류의 송달이 곤란한 때 등의 사유에 해당되지 않음에 유의해야 한다.

CHAPTER 02 납세의무

제1편 지방세기본법

제1절 납세의무의 성립 및 소멸

1. 납세의무자

　납세의무자란 국가 또는 지방자치단체를 유지하기 위하여 필요한 경비로서의 조세를 납부할 의무가 있는 자를 말한다.
　그래서 우리 헌법도 "모든 국민은 법률이 정하는 바에 의하여 납세의 의무를 진다."(헌법 §38, 납세의 의무)고 규정함으로써 조세법률주의를 동시에 표명하였다. 납세의무 중에서 중요한 것은 "조세의 종목과 세율은 법률로 정한다."(헌법 §59)라고 규정하여 국민의 재산권이 부당하게 침해되지 않도록 보장하는 것이다. 헌법상의 납세의 의무에는 국세·지방세와 같은 조세뿐만 아니라 국가가 보상없이 과하는 일체의 경제적 부담까지 포함한 것으로 본다.
　이러한 납세의무를 지는 자를 납세의무자라고 하는데 여기에는 지방세에 관한 법률에 의하여 지방세와 체납처분비를 납부할 의무가 있는 자와 연대납세의무자, 제2차 납세의무자 및 납세보증인을 포함한다.
　그런데 납세의무자가 누구인가 하는 것은 조세채권의 성립요건의 하나로서 납세의무자는 조세채권·채무관계에 있어서 당사자 중 하나를 점하는 조세채무자이며 조세의 과세권에 대응되는 당사자를 말한다.
　그러므로 지방세의 납세의무자는 지방세법 및 조례가 정하는 바에 따라 납세의무를 부담하여야 하는 자가 납세의무자이며 개별 세목에서 누가 납세의무자가 되는가 하는 것을 규정하고 있다.
　그런데 납세의무자는 조세채권의 성립요건을 충족한 자라 하였는데 그 충족한 자는 지방세관계법 또는 조례에 정하여져 있으나 이는 적어도 권리·의무의 주체라야 한다. 왜냐하면 지방세관계법이 법률관계로서 권리·의무관계로 규율하고 있고 과세요건으로서 과세물건이나 그 귀속이 권리·의무의 주체를 전제로 하는 것이기 때문에 권리·의무의 주체가 될 수 없는 자는 조세채무자(납세의무자)도 될 수 없다. 권리·의무의 주체로는 일반 민사법상 자연인인 개인과 법인이 있다.
　지방세관계법에서는 납세의무자로 될 수 있는 자를 규정함에 있어서 개인만인 경우와 법인만인 경우 또는 개인이나 법인을 구별하지 않고 모두 납세의무자가 될 수 있는 것으로 규정하는 경우가 있는데 이와 같은 경우에 있어서도 권리·의무의 주체가 특정되어야만 조세채권의 성립요건이 충족될 수 있는 것이다. 그리고 권리·의무의 주체가 될 수 있는 자는 지방세관계법에 특별히 규정된 것을 제외하고는 민법상의 규정에 의하여야 하므로 민법상 권리·의무의 주체로 될 수 있는 자는 원칙적으로 지방세법상 납세의무자로 될 수 있다.65)

 이러한 납세의무자를 납세자라고도 하는데 결국 지방세기본법 및 지방세관계법의 과세객체는 납세자이다. 그러므로 납세자는 지방세에 관한 법률에 의하여 지방세, 체납처분비를 납부할 의무가 있는 자이다. 그래서 지방세기본법 제2조(정의)에서 납세자라 함은 "납세의무자(연대납세의무자와 제2차 납세의무자 및 보증인을 포함한다.)와 지방세법에 따라 지방세를 특별징수하여 납부할 의무를 지는 자를 말한다."고 규정한 것이며, 납세자는 의무의 내용에 따라 지방세의 부과징수 또는 환급의 상대방이 되는 것이다. 이렇게 볼 때 납세의무자와 비슷하면서도 납세의무자가 아닌 것으로 징수의무자가 있고, 간접세에 있어서와 같이 조세의 부담이 법률상의 납세자로부터 실제의 납세자에게로 옮겨지는 것과 같이 납세자와 담세자가 반드시 일치하지 아니하는 경우도 있다.

 그리고 납세의무의 성립의 단계를 보면,

 납세의무는 지방세법이 정하는 과세요건을 충족함으로써 추상적으로 발생하여 특별한 경우를 제외하고는 그 후 확정이란 절차를 거쳐 구체화되고, 그 다음으로 부과·징수 등 다음 단계의 이행과정을 추진하게 된다. 그러므로 지방세의 채권·채무관계는 지방세법이 정하는 바에 의하여 당연히 발생하고 그 과세요건에 따라 과세표준 및 세액계산을 하여 세액을 결정하게 된다.

 이러한 절차를 거쳐 추상적인 채무가 구체화되어 이행과정을 거치게 되는데 이와 같은 채권채무의 추상적인 발생을 성립이라 하고 채권채무의 구체화를 확정이라고 한다.

제34조 | 납세의무의 성립시기

 납세의무는 조세채권·채무를 성립시키기 위한 법률요건인 과세요건이 충족됨과 동시에 자동적으로 성립하게 된다. 이와 같이 세금을 채무로 인식하는 이론은 조세채권·채무관계설에서 비롯되며 민사상의 채권·채무는 일반적으로는 당사자의 의사표시에 의하여 발생하나, 조세채무는 조세법에서 규정한 요건의 충족으로 당연히 발생하는 점에서 차이가 있다.

---

65) 민법 제3조에서는 "사람은 생존한 동안 권리와 의무의 주체가 된다."고 규정하고 있고, 동법 제34조에서는 "법인은 법률의 규정에 쫓아 정관으로 정한 목적의 범위 내에서 권리와 의무의 주체가 된다."고 규정하고 있다. 이렇게 민법은 모든 살아있는 '사람'과 일정한 사람의 집단(사단) 및 일정한 목적을 가진 재산의 집단(재단)에 대하여 권리·의무의 주체가 될 수 있는 지위, 즉 권리능력을 인정하고 있다. 현대의 법제에 있어서는 권리를 가질 수 있는 자는 동시에 의무도 가질 수 있으므로 오늘날에 있어서는 권리능력은 동시에 의무능력이다.

그리고 납세의무의 성립요건으로는 ① 납세의무자 ② 과세대상 ③ 과세표준 ④ 세율 ⑤ 과세기간의 도래 등이 모두 존재하면 성립요건이 충족되는데 이때에 별도의 신고행위나 행정처분이 없어도 납세의무가 성립되는 것을 추상적으로 납세의무가 성립되었다고 하고, 추상적 납세의무는 과세권자의 과세처분이나 납세의무자의 신고행위 등의 절차를 거침으로써 구체적 납세의무로 전환되는 것이다.[66]

(1) 세목별 납세의무의 성립시기

지방세를 납부할 의무는 다음 각 호의 시기에 성립한다(법 §34 ① Ⅰ~ⅩⅡ).

① 취득세는 취득세 과세물건을 취득하는 때

이 경우 취득하는 때라 하면 계약상의 잔금을 지급한 경우, 잔금지급일 전에 등기·등록을 한 경우 그 잔금지급일 또는 등기·등록일을 말하며, 건축허가를 받아 건축하는 건축물에 있어서는 사용승인필증교부일을 취득일로 보는 경우 등을 말한다.

② 등록면허세

㉮ 등록에 대한 등록면허세는 재산권과 그 밖의 권리를 등기하거나 또는 등록하는 때
이 경우 등기 또는 등록하는 때라 함은 통상적으로 등기소 또는 등록기관에 등기·등록을 접수하는 날을 등기일 또는 등록일이라 한다.

㉯ 면허에 대한 등록면허세는 각종의 면허를 받는 때와 납기가 있는 달의 1일
여기서 면허를 받는다 함은 특정한 영업설비 또는 행위에 대하여 권리의 설정 또는 금지의 해제를 하는 행정처분과 신고의 수리, 등록, 지정 등의 행정행위가 신규 또는 내용의 변경으로 이루어지는 시점을 말하고, 납기가 있는 달의 1일이라 함은 면허의 기간이 2년 이상에 걸쳐 매년 1월 1일에 그 면허가 경신된 것으로 간주하는 면허를 말한다.

③ 레저세는 승자투표권, 승마투표권 등을 발매하는 때

④ 담배소비세는 담배를 제조장 또는 보세구역으로부터 반출(搬出)하거나 국내로 반입(搬入)하는 때
이 경우 제조장이란 담배를 제조하는 제조자의 공장을 말하며, 보세구역이란 관세법 제154조에 따른 보세구역을 말한다.[67]

---

[66] 납세의무의 발생과 납세의무의 성립의 차이점
'납세의무의 발생'은 부과요건사실 가운데에서 ①과세권자 ②납세의무자 ③과세물건 ④소속관계 ⑤귀속관계의 다섯가지 요소만이 구비된 상태이며, '납세의무의 성립'은 위 다섯가지 요소 외에 과세표준요소 및 세율요소까지도 모두 구비된 상태이다(송쌍종, 전게서, p342).
[67] 관세법 제154조 (보세구역의 종류)

⑤ 지방소비세는 국세기본법에 따른 부가가치세의 납세의무가 성립하는 때

　이 경우 부가가치세의 납세의무가 성립하는 때란 부가가치세의 과세기간이 끝나는 때를 말하며, 수입재화의 경우에는 세관장에게 수입신고를 하는 때를 말한다.

⑥ 주민세의 개인분 및 사업소분은 과세기준일, 종업원분은 종업원에게 급여를 지급하는 때

　주민세의 과세기준일은 개인분 및 사업소분 모두 매년 7월 1일이고, 종업원분은 종업원에게 급여를 지급한 때이다. 그리고 주민세의 새로이 개편된 내용에 따르면 2014년부터 지방소득세에 규정되었던 종업원분이 주민세로 통합되고 2021년부터는 주민세는 개인분, 사업소분 및 종업원분으로 과세하는 체계로 변경되었다.

⑦ 지방소득세

　지방소득세는 과세표준이 되는 소득에 대하여 소득세·법인세의 납세의무가 성립하는 때, 그러므로 소득세·법인세의 납세의무의 성립시기는 그 과세기간이 끝나는 때이나 청산소득에 대한 법인세는 그 법인이 해산하는 때이다. 그리고 특별징수는 그 과세표준이 되는 소득세를 원천징수할 때, 즉 원천징수 의무자가 소득금액 또는 수입금액을 지급하는 때에 납세의무가 성립하고, 납세조합이 징수하는 소득세 또는 예정신고납부하는 소득세는 그 과세표준이 되는 금액이 발생하는 달의 말일에 성립하며, 수시부과에 의하여 징수하는 소득세·법인세는 수시부과할 사유가 발생하는 때에 납세의무가 성립한다.

⑧ 재산세는 그 과세기준일

　재산세의 과세기준일은 매년 6월 1일이다.

⑨ 자동차세

　㉮ 자동차 소유에 대한 자동차세는 납기가 있는 달의 1일

　　이 경우 "납기가 있는 달의 1일"이라 함은 제1기분 자동차세는 그 납기가 6월 16일부터 6월 30일까지이므로 매년 6월 1일이고, 제2기분 자동차세는 그 납기가 12월 16일부터 12월 31일까지이므로 매년 12월 1일을 말한다.

　㉯ 자동차 주행에 대한 자동차세는 그 과세표준이 되는 교통·에너지·환경세의 납세의무가 성립하는 때

　　이 경우 교통·에너지·환경세의 납세의무자 즉 휘발유 및 경유와 이와 유사한 대체유류를 제조하여 반출하는 때나 관세법에 따라 관세를 납부할 의무가 있는 자가 보세구역으로부터 반출하는 때에 납세의무가 생기는 것이므로 제조장이 아닌 판매소인

　보세구역은 지정보세구역·특허보세구역 및 종합보세구역으로 구분하고, 지정보세구역은 지정장치장 및 세관검사장으로 구분하며, 특허보세구역은 보세창고·보세공장·보세전시장·보세건설장 및 보세판매장으로 구분한다.

주유소 등을 운영하는 자는 납세의무가 없다.

⑩ 지역자원시설세

㉮ 발전용수는 발전용수를 수력발전(양수발전은 제외한다.)에 사용하는 때, 지하수는 지하수를 채수(採水)하는 때, 지하자원은 지하자원을 채광(採鑛)하는 때, 컨테이너는 컨테이너를 취급하는 부두를 이용하기 위하여 컨테이너를 입항·출항 하는 때, 원자력발전은 원자력발전소에서 발전하는 때, 화력발전은 화력발전소에서 발전하는 때에 납세의무가 성립한다.

㉯ 건축물 및 선박은 그 과세기준일에 납세의무가 성립한다. 이 경우 과세기준일은 지방자치단체의 조례로 정하며, 건축물 및 선박이라 함은 종전의 소방공동시설세의 과세대상인 건축물 및 선박이며, 오물처리 시설 등에 과세시에는 건축물·선박 외에 토지를 추가하여 과세대상의 개념을 정립한 것이다.

그리고 선박을 건축물 및 선박의 범주에 포함한 것은 민법 기타 다른 법률에 의한 부동산의 개념에 선박이 포함되지 않지만 지방세법에서 건축물 및 선박 개념을 별도로 설정하여 선박을 이에 포함한 것이다.

⑪ 지방교육세는 그 과세표준이 되는 세목의 납세의무가 성립하는 때

즉 취득세, 등록에 대한 등록면허세, 레저세, 담배소비세, 주민세개인분·사업소분, 재산세, 자동차세 등의 납세의무가 성립하는 때에 납세의무가 성립한다.

⑫ 가산세 : 다음 각 목의 구분에 따른 시기. 다만, 나목부터 마목까지의 규정에 따른 경우 제46조를 적용할 때에는 이 법 및 지방세관계법에 따른 납부기한(이하 "법정납부기한"이라 한다)이 경과하는 때로 한다.

가. 제53조에 따른 무신고가산세 및 제54조에 따른 과소신고·초과환급신고가산세: 법정신고기한이 경과하는 때

나. 제55조 제1항 제1호에 따른 납부지연가산세 및 제56조 제1항 제2호에 따른 특별징수 납부지연가산세: 법정납부기한 경과 후 1일마다 그 날이 경과하는 때

다. 제55조 제1항 제2호에 따른 납부지연가산세: 환급받은 날 경과 후 1일마다 그 날이 경과하는 때

라. 제55조 제1항 제3호에 따른 납부지연가산세: 납세고지서에 따른 납부기한이 경과하는 때

마. 제55조 제1항 제4호에 따른 납부지연가산세 및 제56조 제1항 제3호에 따른 특별징수 납부지연가산세: 납세고지서에 따른 납부기한 경과 후 1개월마다 그 날이 경과하는 때

바. 제56조 제1항 제1호에 따른 특별징수 납부지연가산세: 법정납부기한이 경과하는 때

사. 그 밖의 가산세: 가산세를 가산할 사유가 발생하는 때. 다만, 가산세를 가산할 사유가 발생하는 때를 특정할 수 없거나 가산할 지방세의 납세의무가 성립하기 전에 가산세를 가산할 사유가 발생하는 경우에는 가산할 지방세의 납세의무가 성립하는 때로 한다.

(2) 납세의무 성립시기의 예외

제1항에도 불구하고 다음 각 호의 지방세를 납부할 의무는 각 호에서 정한 시기에 성립한다(법 §34 ② Ⅰ~Ⅲ).

① 특별징수하는 지방소득세는 그 과세표준이 되는 소득에 대하여 소득세·법인세를 원천징수하는 때

지방소득세를 특별징수하는 소득세·법인세의 원천징수대상은 소득세는 근로소득 등에 대하여 원천징수하는 것이고, 법인세는 법인세법 제98조의 규정에 의한 외국법인에 대한 원천징수가 여기에 해당된다.

② 수시로 부과하여 징수하는 지방세: 수시부과할 사유가 발생하는 때

취득세를 일반과세 하였으나 그 후 일정한 요건을 갖추지 못하여 중과세에 해당하거나, 비과세감면을 받은 후에 과세대상이 된 경우에는 당해 중과세 또는 과세대상이 된 때에 수시부과사유가 발생한다. 그러므로 이 수시부과사유가 발생한 날부터 60일 이내에 취득세를 신고납부하면 가산세가 가산되지 않는다.

③ 법인세법 제67조에 따라 처분되는 상여(賞與)에 대한 주민세 종업원분은
  ㉮ 법인세 과세표준을 결정하거나 경정하는 경우 : 소득세법 제131조 제2항 제1호에 따른 소득금액변동통지서를 받는 날
  ㉯ 법인세 과세표준을 신고하는 경우 : 수정일 또는 수정신고일

(3) 용어 등의 준용

이 조와 제7장(이의신청 및 심사와 심판)에서 사용되는 용어 중 이 법에서 정의되지 아니한 용어는 "지방세법"을 따른다(법 §34 ③).

이 규정은 지방세의 각 세목을 규정한 지방세법에서 세목별로 필요한 용어가 정의되어 있으므로 각 세목에서 필요한 용어에 대해서는 지방세법에 규정된 것에 따르도록 한 것이다.

제35조   납세의무의 확정

　　지방세채권은 지방세관련법령 또는 조례가 정하는 과세요건을 충족함으로써 당연히 성립하고 이에 대하여 납세의무가 성립한다. 그러나 지방세채권 내지 납세의무는 성립과 동시에 모든 지방세채권 내지 납부하여야 할 세액이 구체적으로 확정되는 것은 아니다.

　　납세의무의 확정은 추상적인 조세채무를 실현시킬 수 있도록 구체화시키기 위하여 신고 및 납부 또는 과세권자가 부과하는 등에 의하여 세액을 결정하는 것을 말하는데 신고 및 납부제도라 함은 성립된 조세채무를 납세의무자가 스스로 법에서 정한 규정에 의거 적합한 과세요건 사실을 조사 확인하고 과세표준과 세액을 계산하여 정부에 신고함으로써 그 내용을 구체적으로 확정하는 제도인데 이를 "자기부과제도"라고도 한다. 또한 과세권자가 세액의 결정 등을 하는 절차를 거쳐 과세하는 부과과세제도라 함은 재산세 등과 같이 납세의무를 확정시키는 권한을 과세권자에게 부여하고 있는 제도로서 납세의무자의 신고행위 자체에는 확정력을 부여하지 않는 제도이다.

　　그러므로 조세채무의 확정은 조세채무의 내용실현을 위한 모든 이행절차의 전제조건을 이루는 것이며 확정없이는 납부도 징수도 불가능한 것이다.[68]

(1) 일정한 절차를 거친 다음 세액의 확정

　　지방세는 다음 각 호의 구분에 따른 시기에 그 세액이 확정된다(법 §35 ① Ⅰ,Ⅲ).

　　① 납세의무자가 과세표준과 세액을 지방자치단체에 신고·납부하는 지방세는 신고하는 때.
　　다만, 납세의무자가 과세표준과 세액의 신고를 하지 아니하거나 신고한 과세표준과 세액이 지방세관계법에 어긋나는 경우에는 지방자치단체가 과세표준과 세액을 결정하거나 경정하는 때로 한다.

　　예를 들면 취득세 과세물건을 취득하여 납세의무자가 취득한 날부터 60일 이내에 과세표준과 세액을 신고하면 그 때에 납세의무가 확정되는 것 등을 말하는데 여기에서 특히 유의해야 할 사항은 종전에는 신고와 납부가 동시에 이루어 져야 했으나 2003년말 지방세법 개정시 신고와 납부를 분리하였으므로 신고만하고 납부를 하지 아니하면 신고불성실가산세는 과세되지 않지만 신고는 하였으나 세액을 취득 후 60일 이내에 납부하지 아니하면 납부지연가산세가 별도로 과세된다는 점이다(헌재 2003헌바16, 2003.9.25.).

　　단서의 예를 들면 취득세를 과세물건을 취득한 날부터 60일 이내에 신고 및 납부를 하지 아니하여 과세권자가 가산세를 가산하여 고지하는 경우가 여기에 해당된다.

---

68) 최명근, 세법학총론, p.362, 세경사, 2005

위의 ①에서 본 바와 같이 자기신고 납부제도에 있어서의 확정방법은 신고·납부할 세액을 정확히 계산하여 신고한 때에는 그 신고한 때에 확정이 되므로 신고만 하고 세액을 납부하지 아니하여 가산세를 가산하여 부과고지를 하였을 때 납세의무자가 이에 불복하여 이의신청, 심판청구 등을 할 수 있는 청구기간의 기산은 이미 신고된 본세에 대해서는 신고일, 가산세에 대해서는 납부고지서를 송달받은 날부터 그 청구기간을 기산하여야 할 것이다.

한편 ①의 단서와 같이 세액을 계산하여 신고자체를 하지 아니한 때와 세액을 과소신고한 경우에는 과세권자가 과세표준과 세액을 결정하고, 가산세를 가산하여 부과고지한 때에는 그 납부고지서를 송달받은 날부터 그 청구기간을 계산하여야 할 것이다.

그러므로 세액은 납부하지 아니하였으나 신고를 하였다면 그 신고시점에 행정처분이 있은 것으로 보며, 신고를 하지 않았거나 과소신고로 인하여 가산세를 가산하여 부과고지를 한 경우 그 고지서가 송달된 때로부터 불복청구기간을 계산하여야 할 것이다. 결국 세액의 확정을 분류하면 '신고에 의한 확정'과 '결정 및 경정에 의한 확정'의 두 가지가 있게 된다.

| 사례 |

❖ **취득세 납세고지서는 확정된 납세의무에 대한 징수처분의 성질만 가짐.**

신고납세방식의 조세인 취득세에 있어 납세의무자가 과세표준 및 세액을 신고하였다면 이로써 취득세 납세의무가 확정되는 것이므로, 그 뒤에 납세고지서가 발부되었다고 하더라도, 이는 이미 확정된 취득세 납세의무의 이행을 명하는 징수처분에 지나지 아니한다고 할 것이고(대법 94누910, 1995.2.3. 신고 판결 참조). 원심판결 이유에 의하면, 원심은 과세관청인 서울특별시 ○○○구청장은 원고의 이 사건 취득세의 납세의무자 ○○○의 신고에 의하여 확정된 것으로 보고, 이를 징수하기 위하여 이 사건 납세고지서를 발부하였으므로 이는 징수처분의 성질만을 가지는 것이고, ○○○의 신고가 무효라 하더라도 달리 볼 것은 아니라고 판단하였음.
(대법 2002두5115, 2003.10.23.)

② "①"외의 지방세는 해당 지방세의 과세표준과 세액을 지방자치단체가 결정하는 때 예를 들면 재산세 등을 과세하기 위하여 과세권자가 징수결정하는 때에 납세의무가 확정되는 것이 여기에 해당된다.

(2) 특별한 절차없이 세액이 확정

제1항에도 불구하고 다음 각 호의 지방세는 납세의무가 성립하는 때에 특별한 절차 없이 그 세액이 확정된다(법 §35 ② Ⅰ~Ⅲ).

① 특별징수하는 지방소득세

② 제55조 제1항 제3호 및 제4호에 따른 납부지연가산세
③ 제56조 제1항 제3호에 따른 특별징수 납부지연가산세

이 경우 특별징수하는 지방소득세라 함은 소득세법, 법인세법 규정에 의하여 소득세·법인세(법인세법 제98조의 규정에 의한 원천징수에 한함)를 원천징수할 경우에 있어서의 특별징수를 말한다. 또한 2023.12.31.이전에 법 제35조 제1항에 따라 세액이 확정된 가산세에 대해서는 같은 조 제2항 제2호 및 제3호의 개정규정에도 불구하고 종전의 규정에 따른다.
[부칙(법률 제17768호, 2020.12.29.개정) 제8조]

제35조의 2 │ 수정신고의 효력

① 제49조에 따른 수정신고(과세표준 신고서를 법정신고기한까지 제출한 자의 수정신고로 한정한다.)는 당초의 신고에 따라 확정된 과세표준과 세액을 증액하여 확정하는 효력을 가진다(법 §35의2 ①).
② 수정신고는 당초 신고에 따라 확정된 세액에 관한 이 법 또는 지방세관계법에서 규정하는 권리·의무관계에 영향을 미치지 아니한다(법 §35의2 ②).

납세자는 당초 신고한 과세표준이나 세액이 지방세관계법에 따라 신고해야 할 과세표준이나 세액보다 적을 경우 당초 신고한 과세표준이나 세액을 증액하여 수정신고할 수 있지만 그 과세표준이나 세액을 결정(경정)하여 통지하기 전에 한한다고 규정하고 있다.

이 경우 법 제35조에서는 지방세 채권·채무(세액)의 확정 효력을 규정하고 있는데, 수정신고한 신고납부 세목의 확정 효력에 대해서는 규정이 없으며, 또한 당초 신고에 따라 확정된 세액과 수정신고에 따라 증액된 세액 간, 조세쟁송 및 체납처분에 있어서 법률관계가 불명확하여 쟁송 대상 및 소송물, 청구(제소)기간, 소멸시효 기산일, 체납처분 대상 등에 있어 하나의 대상인지 별개의 대상인지 불명확하고 국세는 수정신고의 확정 효력('19년), 당초 신고와 수정신고에 따라 각각 확정된 세액 간 권리·의무관계('18년)에 관한 규정 신설하고 있다.

따라서 수정신고한 신고납부 세목의 지방세 납세의무(지방세 채권·채무) 확정 효력을 명문화하여 수정신고한 신고납부 세목은 수정신고하는 때에 당초 신고에 따라 확정된 과세표준과 세액을 증액하여 확정하며, 당초 신고에 따라 확정된 세액과 수정신고에 따라 증액된 세액 간 법률관계 명확화하여 조세쟁송, 체납처분 등에 있어서 별개의 대상으로 규정하였다.

즉 지방세 수정신고 효력은 세액을 증액하여 납세의무를 확정하는 것으로 납부세액 중 당초세액과 증액된 세액은 독립하여 소송의 대상이 되고, 청구(제소)기간, 소멸시효 기산일, 체납처분 등에서 각각 별도의 대상이 되는 것으로 신고납부세목의 수정신고에 대해 조세 채권·

채무를 확정시키는 효력을 부여하고- 당초 신고에 의해 확정된 세액과 수정신고로 증액되는 세액 사이의 소송, 체납처분 등에서의 대상을 명확하게 하려는 것이다.

제36조 경정 등의 효력

경정(更正)이라 함은 신고·납부 방법을 채용하는 취득세 등에 있어서 납세의무자의 신고가 과세권자가 조사한 내용과 다른 경우에 과세권자가 그 조사에 의거하여 취득세 등을 변경하는 처분을 말한다.

이러한 경정청구를 위한 사유는 '납세의무자 자신에 의한 자진신고 또는 과세권자의 결정 등의 결과를 놓고 볼 적에 납세의무자로서는 그 세액이 과다하여 세액의 감소조치가 어떠한 형태로든 필요하다고 판단되는 경우에 인정되는 것이 원칙이다.

① 지방세관계법에 따라 당초 확정된 세액을 증가시키는 경정은 당초 확정된 세액에 관한 이 법 또는 지방세관계법에서 규정하는 권리·의무관계에 영향을 미치지 아니한다(법 §36 ①).
② 지방세관계법에 따라 당초 확정된 세액을 감소시키는 경정은 경정으로 감소하는 세액 외의 세액에 관한 이 법 또는 지방세관계법에서 규정하는 권리·의무관계에 영향을 미치지 아니한다(법 §36 ②).

이 제도는 국세기본법에서도 2002년 말에 신설되어 2003년부터 시행된 것으로 이미 확정된 세액에 대해 경정결정이 미치는 범위를 법적으로 뒷받침한 것인데, 지금까지도 잘못 산정된 재산세액을 정정하는 경우 등이 있었으나 지방세에서는 경정이라는 용어를 사용하지 않고 수정하는 것으로 마무리 한 처분을 명문으로 규정한 것이다.

그런데 과세관청이 당초에 확정된 지방세를 증액시키거나 감액시키더라도 당초에 확정된 세액에 대한 권리·의무관계에는 영향을 미치지 아니하며, 소멸시효·이의신청 등 불복청구·경정청구 등의 기간은 그대로 진행된다는 점에 유의해야 한다.

> **사례**
>
> ❖ **증액경정처분만이 쟁송대상임**
>
> 과세처분이 있은 후에 증액경정처분이 있는 경우, 그 증액경정처분은 당초 처분을 그대로 둔 채 당초 처분에서의 과세표준과 세액을 초과하는 부분만을 추가로 확정하는 것이 아니라 당초 처분에서의 과세표준과 세액을 포함시켜 전체로서 하나의 과세표준과 세액을 다시 결정하는 것이므로, 당초 처분은 증액경정처분에 흡수되어 당연히 소멸하고 그 증액경정처분만이 쟁송의 대상이 됨.

(대법 98두16149, 2000.9.8.)

❖ 실제 납부한 세액이 없는 이상 과세표준신고서에 기재한 과세표준 및 산출세액에 대하여 경정청구를 할 수 없는지 여부

구 지방세기본법(2015.5.18. 법률 제13293호로 개정되기 전의 것) 제51조 제1항 제1호에 의하면 과세표준신고서를 법정신고기한까지 제출한 자는 과세표준신고서에 기재된 과세표준 및 세액이 지방세법에 따라 신고하여야 할 과세표준 및 세액을 초과할 때에는 경정청구를 할 수 있는바, 여기서 세액을 납부세액으로 한정하여 해석할 이유가 없으므로, 해당 세액의 납부는 경정청구의 요건이 아니라고 봄이 타당하다.

(대법 2014두45246 2016.7.14.)

제37조 | 납부의무의 소멸

납부의무의 소멸이라 함은 납세의무가 그 본질이 채무이기 때문에 사법상의 채무가 변제에 의해서 소멸되는 것과 같이 통상 납부함으로써 그 의무가 소멸되는 것을 말한다. 결국 신고방법에 의한 지방세는 지방세관계법 또는 조례가 정하는 바에 따라 신고를 하고 세액을 납부한 때, 보통징수방법에 의한 지방세는 지방세법 또는 조례에 의거 부과처분한 세액을 소정의 납부기한까지 납부한 때, 확정을 위한 특별한 조치를 취하지 아니하는 지방세에 있어서는 소정의 기한까지 납부함으로써 지방세 채무는 소멸하게 된다.

이러한 납부의무의 소멸 규정은 조세채무관계가 공법상 법률관계로서 일반 사법상(私法上)의 채권·채무관계와는 달리 채권자인 국가나 지방자치단체에게 우월적 지위를 인정하여 채권자의 공권력 관여를 용인하고 있다. 그런데 이러한 조세채권관계도 과세권자인 국가나 지방자치단체와 납세의무자와의 사이에 조세법상 성립된 채권자, 채무자라는 대등한 당사자간의 법률관계이므로 금전급부를 목적으로 하는 채권·채무관계라는 면에서 일반 사법상의 채권·채무관계와 공통되는 성질을 가지고 있으나, 이 조항의 규정에 의거 과세관청의 업무집행에 대한 책임관계를 명확히 하고 세무공무원의 과세행정착수를 강제하는 효과가 있을 뿐 아니라 납세의무자 차원에서도 장기간의 납세 불안정 상태를 해소하는 효과도 있는 것이다.[69]

그런데 이러한 정상적인 방법에 의하여 지방세 채무가 소멸하는 것 이외에도 면제, 체납처분의 중지, 충당, 제척기간의 만료, 소멸시효의 완성, 공매의 중지, 부과의 취소 등에 의해서 소멸하는 경우도 있다.

이와 같이 납부의무의 소멸은 납세의무가 성립(추상적 납세의무)되거나 납세의무가 확정

---

69) 박윤종, 「국세기본법실무」, 안건회계법인, 1994., p.3-14.

(구체적 납세의무)된 후에 지방세 채무의 완결의 상태에서만 발생하는 것인데 이러한 양자의 관계에서 소멸의 형태를 살펴보면 구체적 납세의무는 지방세의 부과처분으로 확정되지만 이 부과처분이 취소되는 경우에 추상적 납세의무가 반드시 소멸하는 것은 아니다. 그러므로 지방세의 부과처분이 취소되어 구체적 납세의무가 소멸되었다 하더라도 추상적 납세의무가 소멸되지 아니한 상태에서는 다시 지방세의 부과처분으로 구체적 납세의무가 발생할 수 있는 것이다. 반대로 추상적 납세의무가 소멸되었다면 다시 구체적 납세의무는 부과처분으로 발생시킬 수는 없는 것이다.

지방자치단체의 징수금을 납부할 의무는 다음 각 호의 어느 하나에 해당하는 때에 소멸한다(법 §37 Ⅰ~Ⅲ).

(1) 납부, 충당 또는 부과가 취소되었을 때

(가) 납 부

납부의무가 소멸되는 가장 일반적이며 기본적인 양태로서 궁극적으로 조세는 납세의무자가 납부함으로써 당연히 완결되는데 직접적 납세의무자 뿐 아니라 연대납세의무자, 제2차 납세의무자, 납세보증인 등 주변 이해관계인의 납부가 어떤 형태라도 있으면 납부의무가 소멸된다.[70]

그런데 조세에 있어서는 납세의무자의 재산에 대하여 이해관계가 있는 자로부터 대위 변제의 신청이 있어도 이를 허용할 수 없고 어디까지나 납세의무자 명의로 납부하여야 한다.

(나) 충 당

고지된 지방세를 직접 납부하는 것은 아니나 지방세 환급금을 당해 납세의무자가 납부할 지방세, 체납처분비 상당액과 상계시킴으로써 납부의무를 소멸시키는 것을 말한다.[71] 그리고 국가 또는 다른 지방자치단체에서 강제징수를 하거나 사법상 채권자가 채권 확보를 위한 강제집행을 할 때에 그 강제징수나 강제집행을 하는 기관에 대하여 징수하여야 할 지방자치단체의 징수금을 교부청구에 의하여 충당한 때에도 조세채무의 이행으로 납부의무가 소멸하게 된다.

충당으로 인한 납부의무의 소멸 유형으로는 체납처분 등으로 생기는 금액의 충당의 경우와 환급금 등의 충당으로 구분된다.

① 체납처분 등으로 생긴 금액의 충당

납세자가 지방세 채무를 자주적으로 이행하지 아니하여 강제징수절차를 밟아 징수

---

70) 국세기본법통칙 26-0…1 (납부)
71) 국세기본법통칙 26-0…2 (충당)

한 다음의 금액으로서 지방세 채권에 충당한다.
㉮ 세무공무원이 화폐를 압류하였을 때
㉯ 압류한 유가증권에 관계되는 금전 채권의 추심으로 그 금전을 세무공무원이 수령하였을 때
㉰ 채권압류에 의하여 제3채무자로부터 그 압류에 관계된 금전을 세무공무원이 수령하였을 때
㉱ 세무공무원이 교부청구에 의하여 배당금을 수령하였을 때
㉲ 세무공무원이 체납처분에 의한 압류재산의 매각대금을 매수자로부터 수령하였을 때

② 환급금 등의 충당
납세자가 납부한 지방세, 체납처분비 등에서 각종 환급금 및 그 이자로 충당하는 것이 있었을 때에는 그 충당된 한도 내에서 납부의무가 소멸된다.

(다) 부과의 취소

부과처분의 취소는 일단 유효하게 성립한 처분에 대하여 그 성립에 흠결이 있음을 이유로 권한있는 기관이 법률상의 효력을 원칙적으로 기왕에 소급하여 상실시키는 독립한 행정처분이다.

부과과세방식에 의해서 납세의무가 확정되는 조세의 경우에 징수결정의 원인이 된 부과결정이 직권에 의하여 부과의 취소가 있을 때, 또는 심판청구·행정소송 등에 의하여 부과의 취소가 있을 때에는 징수결정 자체가 무효일 뿐 아니라 과세처분에 의해서 확정된 납부의무도 소멸한다. 따라서 부과가 취소되면 납부의 최고나 강제징수를 할 수 없다.

그런데 과세관청은 부과의 취소를 다시 취소함으로써 원래의 부과처분을 소생시킬 수 없고, 재차 납세의무자에게 종전의 과세대상에 대한 납세의무를 지우려면 다시 법률에서 정한 부과절차를 취하여야 한다.72)

지방자치단체의 장은 지방세의 부과징수가 위법 또는 부당한 것임을 확인한 때는 즉시 그 처분을 취소하거나 변경하고 이를 이해관계인에게 통지하여야 한다.

(2) 제38조(부과의 제척기간)에 따라 지방세를 부과할 수 있는 기간 내에 지방세가 부과되지 아니하고 그 기간이 만료되었을 때

제척기간이란 세액의 확정권한의 제한으로서 최종적인 확정권한을 가진 과세권자가 당

---

72) 대법 94누7027, 1995.3.10.

사자간의 세액을 조속히 확정하여 조세법률관계의 조속한 안정을 위한 제도를 말하는데 부과권의 제척기간은 조속한 법률관계의 확정을 위한 것이므로 불복청구기간의 제한 등과 같이 불변기간이며, 기한 내에 권한의 행사 없이 그 기간이 만료되면 확정권을 행사할 수 없게 되고 그 기간의 중단이나 정지가 없다.

이렇게 제척기간은 중단이나 정지가 없고 당연히 권리의 소멸효과가 발생하는데 소멸시효는 권리가 소급적으로 소멸하는 반면 제척기간은 그 기간이 경과되면 권리는 장래에 향하여 소멸한다. 또한 소멸시효이익은 시효완성 후에 포기할 수 있는 반면 제척기간이익에 대해서는 포기제도가 없다. 따라서 제척기간 내에 조세부과처분이 없거나 납세고지서가 납세의무자에게 도달되지 아니하면 추상적 납세의무확정단계에서 조세채권은 소멸된다.

다시 말해서 제척기간이 경과되면 조세채권이나 조세부과권 및 납세의무도 소멸하는 것이므로 결국 추상적 조세채권단계에서 조세채권이 소멸하게 되는 것이다.

(3) 제39조(지방세징수권의 소멸시효)에 따라 지방자치단체의 징수금의 지방세징수권 소멸시효가 완성되었을 때

시효라 함은 일정한 사실상태가 장기간 계속되는 경우에 이 사실상태가 진실한 권리관계와 합치하느냐 여부를 묻지 않고 그 사실상태를 그대로 존중하여 이것을 정상적인 권리관계로 인정하려는 제도를 말하는데 납부의무와 관계되는 소멸시효란 권리의 불행사라는 일정한 사실상태가 일정기간 계속됨으로써 권리소멸의 효과가 생기는 것을 말하는 것이다.

그러므로 지방세에 관한 소멸시효가 완성되면 과세권자의 조세부과권과 납세의무자의 납세의무도 당연히 소멸되는데, 소멸시효 완성 후에 부과된 부과처분은 납세의무 없는 자에 대한 부과처분이므로 처분의 효력은 당연히 무효이고, 소멸시효기간이 완성되면 징수권은 당연히 소멸한다.

제38조 부과의 제척기간

지방세채권은 지방세관례법령 또는 조례가 정하는 과세요건을 충족함으로써 추상적으로 성립하나 이것을 구체적인 지방세 채권으로 행사하기 위해서는 일정기간 내에 확정절차에 의해 구체적인 납세의무의 내용을 결정하여야 하는데 지방세 채권을 확정하는 과세권자의 권리를 부과권이라 한다.

그런데 타인의 협력없이 권리자의 일방적인 의사표시 또는 행위만으로 법률관계의 발생·변경을 가져오는 권리를 형성권(形成權)이라 하는데 부과권도 과세당국의 확인행위에 의하여 조세채권·채무행위가 확정되고 납세자의 동의가 필요한 것이 아니므로 일종의 형성권에 속한다.

　제척기간은 일정한 권리에 대해 법이 정하는 존속기간을 의미하는 것으로서 제척기간도 형성권으로 인식되고 있다. 지방세 부과권의 제척기간은 조세채권·채무관계를 신속하게 확정짓기 위한 것이고, 납세자의 불안한 지위를 신속히 안정시킴으로써 선의의 납세자를 보호하기 위한 것이므로 지방세가 부과되지 아니한 채 일정기간이 경과되면 납세의무의 소멸과 함께 징수권은 발생하지 아니하며 징수권의 소멸시효도 문제되지 않게 된다. 그러므로 제척기간은 권리의 존속기간이 예정되고 그 기간만료에 의하여 권리가 당연히 소멸된다는 시간의 경과에 불과하며, 권리의 불행사(不行使)라고 하는 사실상태의 계속을 요건으로 하지 않는다는 점에서 시효기간과 다르다. 제척기간에는 권리행사를 일정한 장기간 게을리 하였기 때문에 권리를 소멸시킨다는 의미가 있으므로 소멸시효에서와 같이 정지나 중단 같은 것은 있을 수 없다.

가. 권리행사의 제척기간

(1) 원 칙

　지방세는 대통령령으로 정하는 바에 따라 부과할 수 있는 날부터 다음 각 호에서 정하는 기간이 만료되는 날까지 부과하지 아니한 경우에는 부과할 수 없다. 다만, 조세의 이중과세를 방지하기 위하여 체결한 조약(이하 "조세조약"이라 한다.)에 따라 상호합의절차가 진행 중인 경우에는 국제조세조정에 관한 법률 제51조에서 정하는 바에 따른다(법 §38 ① Ⅰ~Ⅲ).73)

① 납세자가 사기나 그 밖의 부정한 행위로 지방세를 포탈하거나 환급·공제 또는 감면받은 경우에는 10년74)

　위 규정에서 "사기나 그 밖의 부정한 행위"란 다음 각 호의 어느 하나에 해당하는 행위로서 지방세의 부과와 징수를 불가능하게 하거나 현저히 곤란하게 하는 적극적 행위를 말하며, 이하 제53조, 제54조 및 제102조에서 같다(법 §38 ⑤ Ⅰ~Ⅵ).

㉮ 이중장부의 작성 등 장부의 거짓 기장

㉯ 거짓 증빙 또는 거짓으로 문서를 작성하거나 받는 행위

㉰ 장부 또는 기록의 파기

---

73) 국제조세조정에 관한 법률 제25조 (부과제척기간의 특례)
　① 생략
　② 체약당사국과 상호합의절차가 시작된 경우에 상호합의절차의 종료일의 다음날부터 1년간의 기간과 지방세기본법 제38조 제1항에서 규정하는 기간 중 나중에 도래하는 기간의 만료일 후에는 지방세를 부과할 수 없다.
74) "사기나 그 밖의 부정한 행위"에 해당하는가의 여부는 ① 해당 납세의무자에게 고의성이 있었고, ② 위계(거짓으로 꾸민 계략) 기타의 적극적인 부정행위의 수단과 방법을 부렸으며, ③ 당해 부정행위로 정상적인 과세가 불가능한 결과가 생겼을 것 등을 종합적으로 조사·확인하여 판단하여야 할 것이다.

㉣ 재산의 은닉, 소득·수익·행위·거래의 조작 또는 은폐
㉤ 고의적으로 장부를 작성하지 아니하거나 갖추어 두지 아니하는 행위
㉥ 그 밖에 위계(僞計)에 의한 행위

이 경우 타인의 부동산을 매수한 이후 등기를 하지 않은 채 그 부동산을 제3자에게 매도하는 행위(부동산 미등기 전매)로 당초 매수자가 부동산을 취득한 후 제3자에게 매각하였으나 당초 매수자가 전 소유자로부터 작성한 매매계약서를 조작, 제3자와 계약한 것으로 작성하는 등 적극적인 행위를 한 경우는 '사기 기타 부정한 행위'의 경우에 해당한다.

② 납세자가 법정신고기한까지 과세표준 신고서를 제출하지 아니한 경우 : 7년. 다만, 다음 각 목에 따른 취득으로서 법정신고기한까지 과세표준 신고서를 제출하지 아니한 경우에는 10년으로 한다.

가. 상속 또는 증여(부담부 증여를 포함한다)를 원인으로 취득하는 경우
나. 「부동산 실권리자명의 등기에 관한 법률」 제2조제1호에 따른 명의신탁약정으로 실권리자가 사실상 취득하는 경우
다. 타인의 명의로 법인의 주식 또는 지분을 취득하였지만 해당 주식 또는 지분의 실권리자인 자가 제46조제2호에 따른 과점주주가 되어 「지방세법」 제7조제5항에 따라 해당 법인의 부동산등을 취득한 것으로 보는 경우

그간 유상과 무상이 혼재하는 부담부 증여(국세의 경우 증여는 증여세를 채무는 소득세로 과세하더라도 부과 제척기간은 동일하게 10년 적용 중)를 원인으로 하는 증여의 경우 그 간 규정이 명확하지 아니하여 실무상 혼란이 있어 부담부 증여로 인한 취득에 대한 제척기한을 2023년부터는 유무상 구분없이 증여와 동일하게 10년으로 규정하였으며, 이 규정은 이 법 시행일 이후 납세의무가 성립하는 덧부터 적용한다.

③ 그 밖의 경우에는 5년

위의 제1항 각 호에 따른 지방세를 부과할 수 있는 날은 대통령령으로 정한다.
이 경우 "지방세를 부과할 수 있는 날"은,
㉮ 법 또는 지방세관계법에서 신고·납부하도록 규정된 지방세의 경우에는 해당 지방세에 대한 신고기한의 다음 날. 이 경우 예정신고기한, 중간예납기한 및 수정신고기한은 신고기한에 포함되지 아니한다(영 §19 ① Ⅰ).
㉯ 위의 ㉮에 따른 지방세 외의 지방세의 경우에는 해당 지방세의 납세의무성립일을 말한다(영 §19 ① Ⅱ).

그런데 다음 각 호에 해당하는 날은 위의 "지방세를 부과할 수 있는 날"의 규정에도 불구하고 지방세를 부과할 수 있는 날로 한다(영 §19 ②).

㉮ 특별징수의무자 또는 소득세법 제149조에 따른 납세조합에 대하여 부과하는 지방세의 경우에는 해당 특별징수세액 또는 납세조합징수세액의 납부기한의 다음 날

㉯ 신고·납부기한 또는 ㉮에 따른 법정 납부기한이 연장되는 경우에는 그 연장된 기한의 다음 날

㉰ 비과세 또는 감면받은 세액 등에 대한 추징사유가 발생하여 추징하는 경우에는 다음 각 목에서 정하는 날

① 법 또는 지방세관계법에서 비과세 또는 감면받은 세액을 신고납부하도록 규정된 경우에는 그 신고기한의 다음 날

㉾ 위 ①외의 경우에는 비과세 또는 감면받은 세액을 부과할 수 있는 사유가 발생한 날

(2) 예 외

제1항에도 불구하고 다음 각 호의 경우에는 제1호에 따른 경정 또는 판결이 확정되거나 제2호에 따른 상호합의가 종결된 다음 날부터 1년, 제3호에 따른 경정청구일 또는 제4호에 따른 지방소득세 관련 자료의 통보일부터 2개월이 지나기 전까지는 해당 결정, 판결, 상호합의, 경정청구 또는 지방소득세 관련 자료의 통보에 따라 경정결정이나 그 밖에 필요한 처분을 할 수 있다(법 §38 ② Ⅰ~Ⅳ).

① 제7장에 따른 이의신청, 심판청구, 감사원법에 따른 또는 행정소송법에 따른 소송에 대한 결정 또는 판결이 있는 경우에는 결정 또는 판결이 확정된 날부터 1년. 이와 같이 결정 또는 판결에서 명의대여사실이 확인된 경우에는 법 제1항에 불구하고 그 결정 또는 판결이 확정된 날부터 1년 이내에 명의대여자에 대한 부과처분을 취소하고 실제로 사업을 경영한 자에게 경정이나 그 밖에 필요한 처분을 할 수 있다(법 §38 ③).

② 조세조약에 부합하지 아니하는 과세의 원인이 되는 조치가 있는 경우 그 조치가 있음을 안 날부터 3년 이내(조세조약에서 따로 규정하는 경우에는 그에 따른다.)에 그 조세조약에 따른 상호합의가 신청된 것으로서 그에 대하여 상호합의가 이루어진 경우 그러므로 위와 같은 조세조약에 대한 상호합의가 있는 경우에도 그에 따른 상호합의가 종결된 날부터 1년이 지나기 전까지는 상호합의에 따라 필요한 처분을 할 수 있는 것이다.

③ 제50조 제1항·제2항 및 제4항에 따른 경정청구가 있는 경우(경정청구의 결과로 경정청구의 대상이 된 과세표준 또는 세액과 연동된 다른 과세기간의 과세표준 또는 세액의 조정이 필요한 경우를 포함한다.) : 경정청구일부터 2개월

이 경우는 최초의 신고·결정 등이 소송에 의하여 확정되거나 내용이 당초와는 다르게

이루어진 경우 등에는 이에 따른 경정청구일부터 2개월이 지나기 전까지는 그에 필요한 처분을 할 수 있는 것이며, 2019년부터는 후발적 경정청구와 같이 일반적 경정청구 및 지방세법」 제103조의 59 제1항(소득세) 및 제2항(법인세)에 따른 지방소득세 관련 세액 등의 통보가 있는 경우에 대하여도 부과제척기간의 특례(2개월)를 적용하여 납세자 권익 제고한 것이다.

또한 2018.1.1.이후 경정청구 및 확정판결 분부터는 일반적인 부과의 제척기간은 5년(무신고는 7년)이나, 경정청구 대상이 된 과세표준·세액과 연동된 다른 과세기간의 과세표준·세액의 조정이 필요한 경우에는 경부과의 제척기간은정청구일로부터 2개월 이내로 하고, 과세표준·세액의 계산 근거가 된 거래·행위 등이 소송 판결에 의해 다른 것으로 확정된 경우에는 부과의 제척기간은 판결 확정일부터 1년 이내로 각각 특례 신설하여 지방세 부과제척기간 경과 후 사정 변경시 과세권 확보가 가능하게 되었다.

④ 위의 제1항에도 불구하고 제2항 제1호(제7장에 따른 이의 신청 등과 감사원법에 따른 심사청구 또는 행정소송법에 따른 소송)의 결정 또는 판결에 의하여 다음 각 호의 어느 하나에 해당하게 된 경우에는 당초 부과처분을 취소하고 그 결정 또는 판결이 확정된 날부터1년 이내에 다음 각호의 구분에 따른 자에게 경정이나 그 밖에 필요한 처분을 할 수 있다(법 §38 ③ Ⅰ,Ⅱ).
  1. 명의대여사실이 확인된 경우 : 실제로 사업을 경영한 자
  2. 과세대상이 되는 재산의 취득자가 명의자 일 뿐이고 사실상 취득한자가 따로 있다는 사실이 확인된 경우 : 재산을 사실상 취득한 자

이 규정은 실질과세원칙에 충실하게 개정한 것으로 판결에 의하여 재산의 명의자와 사실상 취득자가 다른 사실이 확인되더라도 부과제적기간이 만료 되면 지방세를 과세할 수 없다는 문제점이 있어, 판 경우 등으로 재산의 사실상의 취득자가 확인되는 경우 판결 확정일로부터 1년 이내 취득세 등을 부과할 수 있도록 하는 특례규정이다.

그리고 이 개정 규정은 2023.3.14. 이후 제7장에 따른 이의신청·심판청구, 감사원법에 따른 심사청구 또는 행정소송에 대한 결정이나 판결이 확정되어 재산을 사실상 취득한 자가 따로 있다는 사실이 확인되는 경우(2023.3.13.이전에 부과제척기간이 만료된 경우는 제외)부터 적용된다.[부칙(제19229호, 2023.3.14.) 제2조]

> **사례**
>
> ❖ 3자간 등기명의신탁 약정에 따라 명의수탁자 명의로 소유권이전등기를 마쳤다가 그 후 자신의 명의로 소유권이전등기를 마친 경우 명의신탁자의 취득세 납세의무 성립시기
>
> 3자간 등기명의신탁에서 명의신탁자가 명의수탁자 명의의 소유권이전등기를 말소한 다음 그 부동산에 관하여 매도인으로부터 자신의 명의로 소유권이전등기를 마치더라도, 이는 당초의 매매를 원인으로 한 것으로서 잔금지급일에 '사실상 취득'을 한 부동산에 관하여 소유권 취득의 형식적 요건을 추가로 갖춘 것에 불과하다. 그리고 명의신탁자가 당초의 매매를 원인으로 매도인으로부터 소유권등기를 이전받는 것이 아니라 명의수탁자로부터 바로 소유권등기를 이전받는 형식을 취하였다고 하여 위와 달리 평가할 수도 없다. 따라서 어느 경우이든 잔금지급일에 성립한 취득세 납세의무와 별도로 그 등기일에 새로운 취득세 납세의무가 성립한다고 볼 수는 없다.
>
> (대법 2014두43110, 2018.3.22.)

⑤ 「지방세법」 제103조의 59 제1항 제1호·제2호·제5호 및 같은 조 제2항 제1호·제2호·제5호에 따라 세무서장 또는 지방국세청장이 지방소득세 관련 소득세 또는 법인세 과세표준과 세액의 결정·경정 등에 관한 자료를 통보한 경우 : 자료의 통보일로부터 2개월

국세의 부과제척기간 만료일에 임박하여 결정·경정 사항을 자치단체에 통보하여 지방소득세 부과제척기간이 경과하는 사례 발생하고 있는 바, 이는 동일한 과세 건에 대하여 국세인 소득세와 법인세는 부과 또는 환급 처리가 가능하지만 지방소득세는 제척기간이 경과하여 부과 또는 환급처리가 불가능하게 되는 사례가 발생하고 있어, 2019년 1월 1일부터는 「지방세법」 제103조의 59 제1항(소득세) 및 제2항(법인세)에 따른 지방소득세 관련 세액 등의 통보가 있는 경우에는 그 통보일로부터 2개월 이내에 부과 또는 환급을 할 수 있도록 제척기간을 연장하였다.

위의 규정을 다시 정리해보면 제척기간은 세목에 따라 차이가 있을 뿐 아니라 그 기산일도 세목에 따라 차이가 있다. 제척기간의 적용에 있어 가장 중요하고도 어려운 문제가 이 기산일 적용으로서 지방세법에서 "지방세를 부과할 수 있는 날부터 ① 납세자가 사기나 그 밖의 부정한 행위로 지방세를 포탈하거나 환급 또는 경감받은 경우에는 10년(사기나 그 밖의 부정한 행위의 내용은 법 제38조 제5항 각 호를 참조하기 바란다.), ② 납세자가 법정신고기한까지 소득세, 법인세 또는 지방소비세의 과세표준신고서를 제출하지 아니하여 해당 지방소득세 소득분 또는 지방소비세를 부과할 수 없는 경우에는 7년, ③, ① 및 ②에 해당하지 아니하는 경우에는 5년간"이라고 규정하고 있는데 부과할 수 있는 날을 언제로 할 것인가 하는 점 때문에 지방세관계법령에서 신고 및 납부하도록 규정된 지방세에 있어서는 당해 지방세에 대한 신고기한의 다음날, 이

런 지방세 이외의 지방세에 있어서는 당해 지방세의 납세의무성립일이 부과할 수 있는 날이 되나, 예외적으로 특별징수의무자 또는 납세조합에 대하여 부과하는 지방세에 있어서는 당해 특별징수세액 또는 납세조합징수세액의 납부기한의 다음날, 신고납부기한이 연장된 경우에는 그 연장된 기한의 다음날, 비과세 또는 감면받는 세액 등에 대한 추징사유가 발생하여 추징하는 경우에는 비과세 또는 감면받은 세액 등을 징수할 수 있는 사유가 발생한 날이 부과할 수 있는 날이므로 이날로부터 일정기간 내에 확정처분이 되지 않으면 부과권이 소멸된다는 것이다.

그리고 위의 기본원칙에 불구하고 구제절차에 의해 이의신청, 심판청구, 행정소송이 제기되어 있거나 조세조약의 규정에 의한 상호합의 신청이 있는 경우에는 그 결정 또는 판결이 확정되거나 상호합의가 종결된 날로부터 1년이 경과되기 전까지는 당해 결정·판결 또는 상호합의에 따라 경정결정 기타 필요한 처분을 할 수 있도록 규정하고 있기 때문에 결국 불복청구 등이 있는 경우에는 그 청구 등에 대한 결정이 확정된 날로부터 1년간 확정처분의 제척기간이 연장되는 결과가 된다. 또한, 후발적 경정청구와 같이 일반적 경정청구 및 「지방세법」 제103조의 59 제1항(소득세) 및 제2항(법인세)에 따른 지방소득세 관련 세액 등의 통보가 있는 경우 등은 그 경정청구일부터 2개월이 지나기 전까지는 필요한 처분이 가능하도록 하고 있다.

이 규정의 적용을 받기 위해서는 각 세목에 따라 제척기간 내에 확정과세처분이 있고 이러한 확정과세처분에 대하여 불복청구가 제기되어야 하며, 이러한 불복청구에 대한 확정결정이 제척기간 경과 후에 이루어진다 하더라도 그 후 1년 내에 불복청구결정 등에 따라 경정결정을 하여도 된다는 뜻이다.

> **사례 |**
>
> ❖ 이 사건 대출을 위해 주택도시보증공사의 주택사업금융보증을 받기 위하여 지급한 보증수수료를 조기상환하여 환급받은 경우 그 환급받은 사유가 후발적경정청구사유에 해당되는지 여부
>
> [판례] 후발적 경정청구의 사유를 납세의무 성립 후 납세자가 예상하기 어려웠거나 부득이한 사정변경이 있는 경우와 그에 준하는 경우로만 한정하여 규정하고 있다. 따라서 이 사건 대출금의 조기상환을 이유로 이 사건 보증수수료의 일부가 반환될 것이 사전에 예정 내지 유보되어 있었다고 하더라도, 이러한 사정을 잘 알고 있었던 원고가 이 사건 토지를 취득한 후 스스로 이 사건 대출금을 조기에 상환한 후 이 사건 보증수수료의 일부를 반환받은 것을 두고 원고가 당초 예상하기 어려웠다거나 부득이한 사정변경 또는 이에 준하는 경우가 발생하였다고 보기는 어려움.
>
> (대법 2020두33572, 2020.5.14.)

나. 제척기간과 시효기간

조세의 부과징수에 관한 소멸기간은 이를 부과권 행사에 관한 제척기간과 징수권 행사에 관한 시효로 나누어진다. 그런데 조세채권은 추상적 조세채권과 구체적 조세채권으로 구분하는데 이는 그 조세채권의 성립요건을 완성한 경우를 추상적 조세채권이라 하고, 이렇게 성립된 조세채권의 내용을 구체적으로 확인하는 행위가 이루어진 상태를 구체적 조세채권이라 한다.

그런데 이 양자를 살펴보면 구체적 조세채권이 조세의 부과처분으로 확정되지만 이러한 부과처분이 취소되는 경우에는 추상적 조세채권을 소멸하는 것이 아니므로 조세의 부과처분이 취소되어 구체적 조세채권이 소멸하였다 하더라도 추상적 조세채권이 소멸되지 않는 상태에서는 다시 조세의 부과처분으로 구체적 조세채권은 발생할 수 있는 것이다. 그러므로 추상적 조세채권이 소멸하였다면 다시 구체적 조세채권은 부과처분으로 발생할 수는 없는 것이다.

그런데 과세권자는 확정권한과 징수권한의 행사가 기간의 제한이 없다면 조세법률관계는 장기간 불안정한 상태로 존속시키게 됨을 방지하기 위하여 확정권과 징수권에 일정기간을 두어 그 권한 행사에 제한을 두는 것이 제척기간과 시효기간인데, 이를 비교하면 다음과 같다.

(1) 기간제한 관계

제척기간은 세액의 확정권한의 제한으로서 최종적인 확정권한을 가진 과세권자가 당사자간의 세액을 조속히 확정하여 조세법률관계의 조속한 안정을 위하여 마련한 제도이고, 소멸시효는 세액의 징수권한의 제한으로서 과세권자가 확정된 세액을 징수할 권한이 있음과 동시에 의무가 있는데, 이는 재산권적 청구권이며 이러한 청구권을 행사하지 않는 사실상태가 일정기간 계속할 때에 그 사실상태를 존중하여 청구권을 소멸시키려는 제도이다.

(2) 기간종료의 효과

제척기간은 조속한 법률관계의 확정을 위한 것이므로 불복청구기간의 제한 등과 같이 불변기간이며, 기한 내에 권한의 행사가 없이 일정기간이 경과하면 확정권을 행사할 수 없게 되고 그 기간의 중단이나 정지가 없다.

소멸시효기간은 권리행사가 없는 사실상태를 존중하는 것이므로 권리행사가 있는 때에는 시효는 중단되고, 권리행사를 할 수 없는 기간은 시효의 진행이 정지된다.

다. 제척기간 만료의 효과

제척기간이 만료되면 과세처분을 할 수 없으므로 납세의무는 당연히 소멸된다.

그러므로 제척기간은 시효의 중단이나 정지가 없고 당연히 권리의 소멸효과가 발생하는데, 소멸시효는 권리가 소급적으로 소멸하는 반면에 제척기간은 기간이 경과되면 권리는 장래에 향하여 소멸한다. 또한 소멸시효 이익은 시효완성 후에 포기할 수 있으나 제척기간 이익에 대해서는 포기제도도 없다.[75]

따라서 제척기간 내에 조세부과처분이 없거나 납세고지서가 납세의무자에게 도달되지 아니하면 추상적 조세채권단계에서 조세채권이 소멸된다.[76]

사례

❖ **부과제척기간 경과 효력**

과세제척기간이 완료되면 과세권자로서는 새로운 결정이나 증액경정결정은 물론 감액경정결정 등 어떠한 처분도 할 수 없음이 원칙이라고 할 것이다.
(대법 94다3667, 1994.8.26.)

❖ **헌법 불합치결정시부터 개정입법시까지의 제척기간진행여부**

헌법재판소가 헌법불합치결정을 하면서 일정한 시기까지 당해 법조항을 헌법불합치 결정의 취지에 좇아 개정하지 아니하는 경우 당해 법조항이 실효됨을 선언함과 아울러 법원 기타 국가기관 및 지방자치단체에 대하여 개정입법시까지 당해 법조항의 적용을 중지하도록 한 것만으로는 법률상의 근거도 없이 헌법불합치결정의 심판대상이 되지도 아니한 위 법상의 과징금 부과처분의 제척기간에 관한 법조항의 적용이 헌법불합치결정시부터 개정입법시까지의 기간 동안 배제된다거나 제척기간의 진행이 정지된다고 볼 수 없다.
(대법 2004두 2509, 2004.7.22.)

❖ **미등기전매의 경우 부과제척기간 10년을 적용대상인지 여부**

구 지방세법 제30조의 4 제1항은 '납세자가 사기 그 밖의 부정한 행위로 지방세를 포탈하거나 환부 또는 경감받은 경우' 지방세의 부과제척기간을 10년으로 규정하고 있다. 그런데, 조세면탈의 이익을 포함한 각종 이익을 얻기 위하여 부동산의 미등기 전매를 한 후 그 거래에 관련하여 아무런 신고도 하지 아니한 것은 조세의 부과징수를 불능 또는 현저히 곤란케 하는

---

75) 부과권과 징수권의 존속관계
조세의 채권·채무관계에서는 채권자인 국가나 지방자치단체에게 조세채권을 일방적으로 확정하는 자주확정권과 조세채권을 강제적으로 실현하는 자력집행권이 인정되고 있는데, 이는 부과권과 징수권의 개념이다. 즉, 추상적으로 성립한 조세채권을 과세권자가 구체적으로 확정하는 권능을 부과권이라 하며, 구체적으로 확정된 조세채권이행을 청구하거나 징수하고 이행을 강제적으로 추구하는 권능을 징수권이라 한다.
이와 같이 조세의 부과권과 징수권은 단계상 구별되는 것이므로 국세기본법과 지방세법에서 부과권의 행사기간과 징수권의 소멸시효를 별도로 규정하며, 부과권에 대하여는 기간중단이나 정지가 없는 제척기간을 적용함에 따라 부과권은 제척기간내 행사하여야 하며, 부과고지한 이후의 징수권을 소멸시효가 완성되기 전까지 행사하여야 하는 것이다(박윤종, 「국세기본법실무」, p.3-15).
76) 기간의 만료일은 세법에 특별한 규정이 없으면 민법의 규정에 따라야 한다. 그러므로 연(年)으로 정해진 현행의 제척기간은 모두 기간만료일의 종료로 기간이 만료하며, 이 경우의 연(年)은 역(曆)에 의하여 계산한다. 이렇게 역(曆)에 의하여 계산한다 함은 연을 날자수로 365일을 세는 것이 아니라 최후의 연에서 그 기산일에 해당하는 날의 전일(前日)로 기간이 만료한다는 의미이다(민법 §160 ①·②).

사기 그 밖의 부정한 행위에 해당한다(대법 91도318, 1991.6.25. 판결 참조). 이 사건에 관하여 보건대, 원고가 이 사건 부동산을 ㅇㅇㅇ로부터 취득하였음에도 불구하고 아무런 신고도 하지 아니한 채 △△△에게 미등기전매한 사실은 앞서 본 바와 같고, 이는 위 규정에서 말하는 '사기 그 밖의 부정한 행위'에 해당하므로, 이 사건 부동산에 관한 취득세에 부과제척기간은 10년이라고 할 것이다.

(대법 2013두18506, 2013.12.26.)

❖ **등기명의 신탁의 신탁자에 대한 취득세 부과제척기간 기산점**

3자간 등기명의신탁에 있어 신탁자의 부동산 취득 시기는 수탁자의 소유권 이전등기일 이전이므로 취득세 부과제척기간 5년 기산일은 그 취득일로부터 구 지방세법 제120조에 따라 과세표준 확정신고 기한인 취득한 날로부터 20일이 종료하는 다음날이 된다.

(대법 2012두11744, 2017.8.18.)

제39조 | 지방세징수권의 소멸시효

지방세의 부과는 행정처분으로서 당해 지방세의 과세표준과 세액을 구체적으로 확인하고 확정하는 절차이며, 징수는 확정된 세액의 납부를 명하는 것으로 재정하명(財政下命)이며, 구체화된 납세의무를 이행하도록 청구할 수 있는 국가의 권리로서 재산권적 청구권이다.

소멸시효는 권리자가 권리를 행사할 수 있었음에도 불구하고 일정기간 권리를 행사하지 아니한 경우 법률관계의 안정을 유지하고 권리행사를 게을리 하는 자를 보호할 가치가 없다는 취지에서 그 권리를 소멸시키는 제도로서 지방세 징수권을 행사하지 아니한 사실상태가 일정기간 계속될 때에 그 사실상태를 존중하여 과세권자의 청구권을 소멸시키려는 제도가 지방세 징수권의 소멸시효이다.

징수권은 납세의무가 확정된 지방세 채권의 이행을 청구할 권리로서 특히 자력집행권과 우선징수권이 인정되고 있는 점을 제외하고는 일반의 사채권(私債權)과 유사한 성질을 가지는 것이라고 말할 수 있으므로 일반의 사채권에 준하여 취급하는 것이 타당하다. 따라서 지방세기본법에서는 권리의 일반적 소멸원인으로서의 소멸시효제도를 두고 있다.

① 지방자치단체의 징수금의 징수를 목적으로 하는 지방자치단체의 권리(이하 "지방세징수권"이라 한다.)는 이를 행사할 수 있는 때부터 다음 각 호의 구분에 따른 기간 동안에 행사하지 아니하면 시효(時效)로 인하여 소멸시효가 완성된다(법 §39 ① Ⅰ·Ⅱ).

1. 가산세를 제외한 지방세 금액이 5천만원 이상인 경우 : 10년
2. 가산세를 제외한 지방세 금액이 5천만원 미만인 경우 : 5년

이 경우 현행 「지방세기본법」에 따라 지방세징수권은 그 권리를 행사할 수 있는 때부

터 5년간 행사하지 아니하면 시효로 인하여 소멸하고 있는데 고의적으로 납세의무를 회피하는 체납자에 대한 지방세 징수권 강화 필요하고 고액체납자의 경우 금융전문가 등의 조력을 얻어 제3자 명의 재산 은닉, 가공 채무, 허위 근저당권 설정 등의 방식을 통해 지능적으로 체납처분을 회피할 가능성이 높아 은닉재산 정보 등을 취득하는데 상당한 기간이 소요되고 있어 가산세를 제외한 지방세 금액이 5천만원 이상의 고액 지방세에 대한 소멸시효를 10년으로 연장한 것이다.

이는 「국세기본법」 제27조에 따라 5억원 이상 국세의 소멸시효는 10년인데 이와 같이 5천만원이상으로 설정한 이유는 양도소득세 5억원의 소멸시효는 10년이지만, 지방소득세(양도) 5천만원의 소멸시효는 5년 적용하는 것으로 5천만원 이상 지방세의 소멸시효를 10년으로 하여 국세와 일치시킨 것이다.

| 각종 채권의 소멸시효 비교 |

채권종류	민사채권	상사채권	국가채권	국세징수권
소멸시효	- 보통의 채권: 10년 - 단기소멸시효: 3년, 1년 - 채권·소유권 외의 재산권: 20년	5년	5년	-가산세를 제외한 5억 이상 국세 : 10년 -그 밖의 국세 : 5년
근거	민법 제162조~165조	상법 제64조	국가재정법 제96조	국세기본법 제27조

② 제1항의 소멸시효에 관하여는 이 법 또는 지방세관계법에 규정되어 있는 것을 제외하고는 민법을 따른다(법 §39 ②).77)

---

77) 민법 제7장(제162조 내지 제184조)에 소멸시효에 관한 규정을 하고 있는데 이 중 지방세와 관련 규정을 발췌하면 다음과 같다.
- 제162조(채권·재산권의 소멸시효) ① 채권은 10년간 행사하지 아니하면 소멸시효가 완성한다.
  ② 채권 및 소유권 이외의 재산권은 20년간 행사하지 아니하면 소멸시효가 완성한다.
- 제163조 내지 제165조 (생략)
- 제166조(소멸시효의 기산점) ① 소멸시효는 권리를 행사할 수 있는 때로부터 진행한다.
  ② 부작위를 목적으로 하는 채권의 소멸시효는 위반행위를 한 때로부터 진행한다.
- 제167조(소멸시효의 소급효) 소멸시효는 그 기산일에 소급하여 효력이 생긴다.
- 제168조(소멸시효의 중단사유) 소멸시효는 다음 각 호의 사유로 인하여 중단한다.
  1. 청구, 2. 압류 또는 가압류, 가처분 3. 승인
- 제169조(시효중단의 효력) 시효의 중단은 당사자 및 그 승계인 간에만 효력이 있다.
- 제170조 내지 제177조 (생략)
- 제178조(중단후의 시효 진행) ① 시효가 중단된 때에는 중단까지에 경과한 시효기간은 이를 산입하지 아니하고 중단사유가 종료한 때로부터 새로이 진행한다.
  ② 재판상의 청구로 인하여 중단된 시효는 전항의 규정에 의하여 재판이 확정된 때로부터 새로이 진행한다.
- 제179조 내지 제183조(생략)
- 제184조(시효의 이익의 포기 기타) ① 소멸시효의 이익은 미리 포기하지 못한다.

③ 제1항에 따른 지방세징수권을 행사할 수 있는 때는 다음 각 호의 날로 한다(법 §39 ③ Ⅰ·Ⅱ).
1. 과세표준과 세액의 신고로 납세의무가 확정되는 지방세의 경우 신고한 세액에 대해서는 그 법정납부기한의 다음 날
2. 과세표준과 세액을 지방자치단체의 장이 결정 또는 경정하는 경우 납세고지한 세액에 대해서는 그 납세고지서에 따른 납부기한의 다음 날

④ 제3항에도 불구하고 다음 각 호의 경우에는 각 호에서 정한 날을 제1항에 따른 지방세징수권을 행사할 수 있는 때로 본다(법 §39 ④ Ⅰ·Ⅱ).
1. 특별징수의무자로부터 징수하는 지방세로서 납세고지한 특별징수세액의 경우: 납세고지서에 따른 납부기한의 다음 날
2. 제3항 제1호의 법정납부기한이 연장되는 경우: 연장된 기한의 다음 날

가. 징수권의 소멸시효

지방세징수권의 소멸시효는 그 권리를 행사할 수 있는 때로부터 기산되며, 기산일부터 가산세를 제외한 지방세 금액이 5천만원 이상인 경우 10년, 가산세를 제외한 지방세 금액이 5천만원 미만인 경우에는 5년간 행사하지 아니할 때에는 시효로 인하여 지방세징수권은 소멸된다. 이러한 5년간의 기간은 국세와도 같다.

그런데 시효라 함은 어떤 사실 상태가 장기간 계속된 경우에 진실한 권리관계에 부합되느냐 안되느냐를 불문하고 그 사실 관계를 존중해서 이에 권리관계를 인정하는 것이다. 지방세에 있어서 소멸시효의 대상에는 지방세, 체납처분비를 합한 공과금에 대한 징수권의 소멸시효와 과오납금에 대한 청구권이 포함되는데 과오납금의 환급금 청구권에 대하여는 과오납금 환급금의 소멸시효에서 별도로 설명한다.

이 제도는 부과의 제척기간과 함께 기존의 경제질서를 안정시키며 선의의 제3자에 대한 피해를 막아 줄 수 있고, 과세권자의 과세권 행사의 경우도 오랜 기간이 경과된 것에 대하여는 실효를 거두기가 어렵다는 점을 감안하여 규정된 것이다.

나. 소멸시효의 효과

지방자치단체의 징수권은 소멸시효가 완성되면 징수권의 시효기간의 경과에 의해서 자동적으로 또는 절대적으로 소멸한다.

소멸시효의 이익은 미리 포기하지 못하며 법률행위에 의하여 이를 배제, 연장 또는 가중할 수 없으나 이를 단축 또는 경감할 수 있다(민법 §184 ①·②).

---

② 소멸시효는 법률행위에 의하여 이를 배제, 연장 또는 가중할 수 없으나 이를 단축 또는 경감할 수 있다.

소멸시효의 진행이나 중단 또는 정지의 효력은 원래의 납세의무자나 특별징수의무자로부터 지방세법상 납부의무를 승계받은 경우 그 납부의무승계자에게도 효력이 미친다.

그러므로 소멸시효의 대상권리는 부과권과 징수권을 포함한 조세채권 모두인데 지방세, 체납처분비, 가산세 및 이자상당액도 모두 소멸시효의 대상이 된다. 그리고 주된 납세자의 지방세가 소멸시효의 완성에 의해서 소멸한 때에는 제2차 납세의무자, 납세보증인과 물적 납세의무자에게도 그 효력이 미친다.[78]

사례

❖ 소멸시효가 진행하지 않는 "권리를 행사할 수 없는" 경우의 의미

소멸시효는 객관적으로 권리가 발생하여 그 권리를 행사할 수 있는 때로부터 진행하고 그 권리를 행사할 수 없는 동안만은 진행하지 않는바, '권리를 행사할 수 없는' 경우라 함은 그 권리행사에 법률상의 장애사유, 예컨대 기간의 미도래나 조건 불성취 등이 있는 경우를 말하는 것이고, 사실상 권리의 존재나 권리행사 가능성을 알지 못하였고 알지 못함에 과실이 없다고 하여도 이러한 사유는 법률상 장애사유에 해당하지 않는다.

(대법 2003두10763, 2004.4.27.)

제40조 | 시효의 중단과 정지

"시효의 중단"이라 함은 시효기간의 계속 중에 일정한 사실(납세의 고지, 독촉 등)의 발생으로 인하여 소멸시효의 진행이 중단되고, 그와 동시에 그 동안 진행된 시효기간은 효력을 상실하며, 중단사유가 소멸되면 그때부터 새로이 시효가 진행하는 것을 말한다.

그리고 "시효의 정지"라 함은 소멸시효가 진행되더라도 납세자가 분납하는 등 납세의무를 이행하는 중이거나 과세권자가 징수권을 행사하는 기간 중인 경우는 그 행위가 일정기간 소요되더라도 한순간의 행위로 간주하여 시효진행을 잠시 정지한다. 즉, 징수유예 등의 기간, 분할납부기간 중과 같은 상태에서는 시효진행이 일시정지되는데 이러한 시효정지의 기간이 지나면 시효정지 전에 진행된 기간과 새로이 진행되는 기간을 합하여 소멸시효 완성기간(5년)을 계산하는 것을 말한다.

다시 말해서, 중단의 경우에는 중단 이후 새로이 시효기간을 계산하지만, 정지의 경우에는 이미 진행된 기간에 정지기간을 제외한 후 새로이 진행하는 기간을 합함으로써 시효가 완성되는 것을 말한다.

---

[78] 국세기본법통칙 27-0…2(종속된 권리의 소멸시효)

가. 시효의 중단

지방세징수권의 시효는 다음 각 호의 사유로 중단된다(법 §40 ① Ⅰ~Ⅳ).

(1) 납세고지

지방자치단체의 징수금의 납세에 관한 고지가 있은 때에는 그 처분의 효력이 발생한 날(구체적으로는 납세의 고지가 상대방에게 도달한 날)로부터 그 고지한 납부기간까지 시효가 중단되고 그 기간이 경과한 때로부터 새로 시효가 진행한다.

(2) 독촉 또는 납부최고

"독촉"이라 함은 과세권자 등이 일정한 절차에 따라 독촉장을 발부하여 납부기한까지 납부하지 않은 지방세 즉, 이미 이행지체에 빠져있는 지방세의 이행최고(履行催告)로서 행하여지는 행정처분을 말한다. 지방세기본법 규정에서 본래의 납세의무자에 대한 것은 독촉이라는 용어를 사용하고 있으나 제2차 납세의무(보증인을 포함하는 것으로 해석하고 있다.)에 대한 것은 납부최고라는 용어를 사용하고 있다.

이처럼 독촉(납부최고)은 징수처분으로서의 납부고지와 마찬가지로 납세의 최고로서 행하는 것이나, 이는 민법에서 말하는 단순한 최고(민법 §74)에 그치는 것이 아니라, 더 나아가 체납처분 즉 압류처분의 전제요건으로서의 역할을 하는 징수처분으로서의 독자적인 중단사유가 된다. 또한 독촉은 납세고지와 같이 징수처분에 속하는 것으로서, 이는 단순한 관념의 통지가 아니라 법률행위적 행정처분에 속하는 것이다. 그러므로 이러한 독촉 또는 납부최고가 있은 경우에도 그 기한까지 시효가 중단되고 그 기간이 경과한 때로부터 새로이 시효가 진행한다.

그런데 일반적인 법률용어인 최고가 세법에서는 서로 같은 의미를 지니는 독촉이라는 용어와 납부최고(納付催告)라는 용어로 구분하여 사용되고 있다.

(3) 교부청구

교부청구는 체납자에 대하여 다른 기관 등에서 이미 체납처분, 강제집행 등 강제환가절차가 개시된 경우에 동일 재산에 대하여 중복하여 압류를 하는 것은 집행경제 등으로 볼 때 정당치 않으므로 과세권자는 이런 경우에는 스스로 압류하지 아니하고 이러한 절차를 집행하는 기관에 체납지방세의 교부를 청구하여 만족을 얻도록 하는 절차이다.

교부청구는 체납처분, 강제집행 등 강제환가절차에 참가하여 체납된 지방세의 교부를 청구하는 것으로서 명문의 규정이 없더라도 민사집행법상의 배당요구와 같은 성격을 가지고 있다.

그러므로 교부청구는 시효중단의 효력이 있다. 중단된 소멸시효는 교부청구 중의 기간이 경과한 때로부터 새로 진행하므로 교부청구에 관계된 지방세체납액의 배당, 집행기관에 의한 집행의 완료 또는 교부청구의 철회가 있을 때까지 시효중단의 효력이 계속되는 것으로 본다.

(4) 압류

압류는 체납처분의 최초의 절차로서 조세채권의 내용을 실현하고 그 만족을 얻기 위하여 납세자의 특정재산을 강제적으로 확보하는 체납처분기관의 강제적 행위라고 할 수 있는 것인데, 체납처분에 의한 압류는 조세채권의 자력집행권의 행사이며, 압류의 본질은 채무자의 처분권을 박탈하는 데 있다.

그러므로 조세채권확보를 위한 체납처분의 제1단계 절차인 압류는 집행에 착수함으로써 시효중단의 효력이 생기는데 압류에 착수하였으나 압류할 재산이 없어 집행 불능인 경우도 시효중단의 효력은 인정되며 재산압류를 위해 수색에 착수한 경우 압류할 재산이 없더라도 시효중단의 효력은 인정된다.[79]

이러한 중단사유는 압류의 해제시까지 계속되며, 압류가 해제되는 때부터 새로 시효가 진행된다. 그런데 그 압류가 취소된 때에는 중단의 효력이 발생하지 아니하였다고 보는 것이다(민법 §175 참조).

그리고 민법의 규정을 지방세법에서 준용하는 중단사유로서는 ① 청구 ② 압류, 가압류, 가처분 ③ 승인의 3종류가 있다. 이들 민법의 규정에 의한 중단사유가 조세채권에 준용되는 구체적인 경우를 살펴보면 다음과 같다.

① 청구에 해당하는 것

납부의 종용을 하는 최고는 민법 제174조의 규정에 의한 최고에 해당하므로 그 최고시에 시효가 중단된다. 다만, 그 최고일의 익일부터 기산해서 6월 이내에 압류 또는 시효청구를 하지 않으면 시효중단의 효력은 생기지 않는다(민법 §174). 민법상의 청구로서는 이외에도 재판상의 청구(민법 §170)와 파산절차 참가(민법 §171)가 지방세에 대해서 준용된다.

② 압류, 가압류, 가처분에 해당하는 것(민법 §175)

압류는 전술한 바와 같이 지방세법에서도 중단사유로 규정하고 있다. 그리고 가압류와 가처분에 상당하는 것으로는 지방세에서는 존재하지 않는다.

③ 승인에 해당하는 것(민법 §177)

납세의무의 승인은 시효중단의 효력을 가진다. 따라서 납기한 경과 후의 징수유예의

---

[79] 박윤종, 전게서, pp.3-36

신청, 납부서약서의 제출 기타 지방자치단체의 징수금의 납부의무의 승인이라고 인정되는 체납자의 행위가 있는 때에는 이에 관한 지방자치단체의 징수금에 관한 징수권의 시효는 이러한 행위가 있었던 때에 중단한다. 이 경우 압류조서의 서명날인은 채무승인의 효력은 없으며 또 환급금의 충당은 법률의 규정에 의한 것으로서 승인으로 될 수는 없다고 본다.

> **사례**
>
> ❖ **수색조서작성이 소멸시효 중단사유인지 여부**
>
> 국세기본법 제28조 제1항은 국세징수권의 소멸시효의 중단사유로서 납세고지, 독촉 또는 납부최고, 교부청구 외에 "압류"를 규정하고 있는 바, 여기서의 "압류"란 세무공무원이 국세징수법 제24조 이하의 규정에 따라 납세자의 재산에 대한 압류절차에 착수하는 것을 가리키는 것이므로, 세무공무원이 국세징수법 제26조에 의하여 체납자의 가옥·선박·창고 기타의 장소를 수색하였으나 압류할 목적물을 찾아내지 못하여 압류를 실행하지 못하고 수색조서를 작성하는 데 그친 경우에도 소멸시효중단의 효력이 있다고 해석하는 것이 옳음.
> (대법 2000다12419, 2001.8.21.)

나. 중단된 시효의 재진행

제1항에 따라 중단된 시효는 다음 각 호의 기간이 지난 때부터 새로 진행한다(법 §40 ② Ⅰ~Ⅳ).

① 고지한 납부기한
② 독촉 또는 납부최고에 따른 납부기간
③ 교부 청구 중의 기간
④ 압류해제까지의 기간

이 경우 새로 진행하는 기간의 시점은 중단의 원인이 된 처분의 기간만료일의 익일 영시부터 기산되므로 초일이 산입된다고 보며, "새로 진행한다."함은 시효가 중단된 경우에는 중단까지에 경과한 시효기간은 효력을 상실하고 위와 같은 중단사유가 종료한 때로부터 새로이 시효가 진행된다는 것이다.

또한 시효중단의 효력이 있는 독촉은 지방세징수법 제32조 제1항의 규정에 의거 납부기한이 지난날부터 50일 이내에 발급한 것으로 1회에 한하는 것이다.

다. 시효의 정지

제39조에 따른 소멸시효는 다음 각 호의 어느 하나에 해당하는 기간에는 진행되지 아니한

다(법 §40 ③ Ⅰ~Ⅶ).

① 「지방세법」에 따른 분할납부기간
② 「지방세법」에 따른 연부(年賦)기간
③ 「지방세법」에 따른 징수유예기간
④ 「지방세법」에 따른 체납처분유예기간
⑤ 지방자치단체의 장이 「지방세징수법」 제39조에 따른 사해행위(詐害行爲) 취소의 소송을 제기하여 그 소송이 진행 중인 기간
⑥ 지방자치단체의 장이 「민법」 제404조에 따른 채권자대위 소송을 제기하여 그 소송이 진행 중인 기간
⑦ 체납자가 국외에 6개월 이상 계속하여 체류하는 경우 해당 국외 체류기간

그리고 위의 제3항 제5호 또는 제6호에 따른 사해행위취소의 소송 또는 채권자대위 소송의 제기로 인한 시효정지는 소송이 각하·기각되거나 취하된 경우에는 효력이 없다(법 §40 ④).

지방세를 고지유예 또는 징수유예한 경우, 지방세를 연부연납하는 경우 그리고 세법에 의하여 분납하는 경우, 체납처분유예기간, 징수유예기간과 연부연납기간 또는 분납기간 및 사해행위 취소의 소송이나 민법 제404조에 따른 채권자대위 소송을 제기하여 그 소송이 진행 중인 기간과 체납자가 국외에 6개월 이상 계속하여 체류하는 경우 해당 국외 체류기간에는 당해 지방세의 징수권의 소멸시효는 진행되지 않고 그 기간 동안 시효진행이 정지되며 그 징수유예기간이나 연부연납기간 또는 분납기간이 완료되면 그 기간 이전에 이미 진행된 소멸시효기간에 가산하여 소멸시효가 다시 진행하게 된다.80)

그리고 시효의 정지에 대해서도 지방세법에 별도의 규정이 있는 것을 제외하고는 민법의 규정을 준용토록 하고 있으므로 민법에 게기하고 있는 다음의 경우에는 소멸시효 진행이 정지된다.

① 지방자치단체에 대한 과오납금 환급청구권이 상속된 경우나 또는 상속재산에 대한 조세채권은 상속인의 확정, 관리인의 선임 또는 파산선고가 있는 때로부터 6월 내에는 소멸시효가 완성되지 아니한다(민법 §181).
② 천재, 기타 사변으로 인하여 소멸시효를 중단할 수 없을 때에는 그 사유가 종료한 때로부터 1월내에는 시효가 완성하지 아니한다(민법 §182).

---

80) 채권자대위권(債權者代位權)이란 채권자가 자기의 채권을 보전하기 위하여 그의 채무자에 속하는 권리를 행사할 수 있는 권리를 말한다(민법 §404). 예를 들면 채무자의 일반재산이 채무자의 전체채무에 부족함에도 불구하고, 채무자가 자기의 대금을 회수하지 않거나 소멸시효를 중단시키지 않는 경우, 채권자가 이를 대신하여 수금하거나 시효중단을 시킬 수 있는 권리이다.

제2절 납세의무의 확장 및 보충적 납세의무

보충적 납세의무란 본래의 납세의무자의 재산이 납부할 지방세등 금액에 부족한 경우 본래의 납세의무자와 법정된 관계에 있는 자가 그 징수부족액에 대하여 납부할 의무를 지니는 제도이다.[81]

이러한 제도에는 ① 성립요건의 중점을 인적 요소에 두고 있는 청산인 등, 과점주주 등, 과점주주등이 출자하고 있는 법인 및 사업양수인의 제2차 납세의무제도, ② 성립요건의 중점을 물적 요소에 두는 양도담보권자의 물적납세의무제도, ③ 성립요건의 기초를 당사자의 의사에다 두는 인적 담보인 납세보증인제도가 있다.

그런데 보충적 납세의무를 지는 요건에 있어서는 다음과 같이 구별된다.

① 납세보증인은 그의 의사에 따라 보충적으로 지방세 등의 납부책임을 지는 경우를 말한다. 이 경우 납세보증은 인적담보로서 주된 납세자가 조세채무를 이행하지 아니하는 경우에 이의 이행을 담보하는 제도이며, 주된 납세자와의 관계에서는 종속적 납세자의 지위에서 그 납세담보책임을 진 자를 말한다.

② 제2차 납세의무나 물적납세의무는 그 보충적 납부책임을 지는 자의 의사와는 관계없이 법정요건이 갖추어지면 법규정에 따라 타인이 납부할 지방세 등을 대신 납부하는 제도이기 때문에 조세법률주의의 요구에 따라 국민에게 명확한 예측가능성이 보장될 수 있도록 당해 법률요건이 보다 명확하게 규정되어야 한다.

이러한 점에서 제2차 납세의무제도와 물적납세의무제도는 본래의 납세자 재산으로 조세채권의 만족을 얻을 수 없을 때 법에 의한 소정의 요건이 충족된 경우에 한하여 사법질서의 교란을 최소화 하면서 제3자에게 그 부족액에 대한 납세의무를 보충적으로 확장시키는 조세징수절차상의 예외적 제도이다.

제41조 법인의 합병으로 인한 납세의무의 승계

조세채무는 금전의 급부를 그 내용으로 하는 것으로서 그 성질상 비대차적(非代替的)인 것은 아니므로 원래 승계에 적합한 것이나 조세는 담세력을 기준으로 하여 부과하는 것이므로 납세의무자의 개별성이 강조되어야지 함부로 납세의무의 승계를 인정할 수는 없는 것이다.

---

81) 최명근, 세법학총론, 세경사, 2005. p.224.

그러므로 조세채무의 임의적인 이전은 조세행정을 복잡하게 할 뿐 아니라 조세채무 이행능력이 없는데로의 이전은 조세회피의 길을 열어 주게 되어 조세징수를 곤란하게 만들게 된다.
그래서 지방세관계법은 이러한 두 가지 점을 고려한 타협의 산물로서 법인의 합병과 상속의 경우에만 납세의무의 승계를 인정하고 있다.
법인이 합병한 경우에 합병 후 존속하는 법인 또는 합병으로 설립된 법인은 합병으로 인하여 소멸된 법인에 부과되거나 그 법인이 납부할 지방자치단체의 징수금을 납부할 의무를 진다(법 §41).
주식회사와 같은 법인은 자연인과 달라서 법인이 해산함으로써 청산과정을 거쳐 권리의무의 주체인 법인격을 상실하게 되며, 이로 인하여 지방자치단체가 이미 부과하였거나 또는 부과하여야 할 조세채권을 보전할 수 없게 되기 때문에 법인이 합병한 경우에는 합병 후 존속 또는 신설되는 법인에 대하여 납세의무를 법으로 승계시킴으로써 조세채권을 보전코자 하는데 그 목적을 두고 있다.
이 경우 승계의 시점은 법인이 합병한 때를 말하는데 "합병한 때"라 함은 합병 후의 존속법인 또는 합병으로 인한 신설법인이 그 본점소재지에서 합병등기를 한 때를 말한다.

(1) 요 건

법인의 합병이 있는 경우에 한한다.
여기에서 법인이라 함은 공법상의 법인이든 사법상의 법인이든 모두 포함되며 민법상의 사단법인이나 재단법인도 포함된다고 보나 법인격 없는 사단이나 재단은 법인이 아니므로 여기서 말하는 법인에는 해당되지 않는다고 보아야 한다.
그리고 법인의 합병에는 신설합병과 흡수합병의 두 가지 형태가 있는데 신설합병은 A주식회사와 B주식회사가 합병하여 C라는 새로운 회사를 설립하는 경우를 말하고, 흡수합병은 A주식회사와 B주식회사 중 A회사가 B회사를 흡수하여 A회사로 존속하거나 B회사가 A회사를 흡수하여 B회사로 존속하는 경우의 합병을 말하며, 합병의 시기는 법인의 본점사무소 소재지에서 합병등기를 마친 시기로 본다.
그런데 합병은 상법 제235조(합병의 효과)에서 합병 후 존속한 회사 또는 합병으로 인하여 설립된 회사는 합병으로 인하여 소멸된 회사의 권리의무를 승계한다는 규정의 선언적 효과로 인해 업무상 권한뿐 아니라 납세의무와 권한도 모두 승계되고 있으므로, 세법도 이 정신에 따라 세법상의 권리의무를 승계하도록 규정한 것인 바 과세요건이 구비되어 특정인에게 성립되거나 확정된 납세의무가 후속인격에게 이전되는 것이 납세의무의 승계인 것이다.[82]

---

82) 합병의 효력범위(대법 77누265, 1980.3.25.)
회사합병이 있는 경우에는 피합병회사의 권리의무는 사법상의 관계나 공법상의 관계를 불문하고 그 성질상

(2) 효 과

합병으로 인하여 설립된 법인과 합병 후 존속하는 법인은 합병으로 인하여 소멸된 법인(피합병법인)의 합병 전의 사실에 대하여 부과할 지방자치단체의 징수금과 납부할 지방자치단체의 징수금을 납부할 의무를 진다.

그러므로 A회사와 B회사가 합병하여 C회사가 된 신설합병의 경우는 A·B회사에 부과한 또는 부과할 지방자치단체의 징수금을 C회사가 납세의무를 승계하게 되고, A회사와 B회사가 흡수합병하여 A회사나 B회사가 된 경우에도 흡수합병한 회사가 피합병법인이 납부할 또는 납부하여야 할 지방자치단체의 징수금을 승계하게 된다.

그리고 피합병법인에 대하여 한 납세의 고지·독촉 또는 압류에 대하여는 합병 후 존속하는 법인 또는 합병으로 인하여 설립된 법인에 대하여서도 독촉, 압류 또는 환가할 수는 있으나 피합병법인의 지방자치단체의 징수금에 대하여 합병법인에게 납세의 고지 또는 독촉을 하는 경우에는 필히 피합병법인을 명시하여야 한다.

결국 합병으로 존속하는 법인에게는 소멸법인에게 일단 납세의무가 성립된 채무는 모두 승계되어야 하므로 신고납부할 조세, 부과될 조세, 부과된 조세, 가산세 및 체납처분비 등 모든 것이 승계될 뿐 아니라 기한연장의 신청, 징수유예의 신청, 물납의 신청, 납기연장, 징수 또는 체납처분에 관한 유예, 물납의 승인, 담보의 제공 등도 당해 처분이 있는 상태로 승계된다.[83]

제42조 | 상속으로 인한 납세의무의 승계

① 상속이 개시된 경우에 그 상속인[「상속세 및 증여세법」 제2조 제5호에 따른 수유자(受遺者)를 포함한다. 이하 같다.] 또는 민법 제1053조에 따른 상속재산관리인은 피상속인에게 부과되거나 피상속인이 납부할 지방자치단체의 징수금(이하 이 조에서 "피상속인에 대한 지방자치단체의 징수금"이라 한다.)을 상속으로 얻은 재산의 한도 내에서 납부할 의무를 진다(법 §42 ①).

이 경우 "상속으로 인하여 얻은 재산"은 다음 계산식에 따른 가액으로 한다(영 §21 ①).

▶ [상속으로 얻은 재산 = 상속으로 얻은 자산총액 - (상속으로 얻은 부채총액 + 상속으로 부과되거나 납부할 상속세 및 취득세)]

그리고 제1항에 따른 자산총액과 부채총액의 가액은 「상속세 및 증여세법」 제60조부터

이전을 허용하지 않는 것을 제외하고는 모두 합병으로 인하여 존속한 회사에서 승계한다.
83) 국세기본법통칙 23-0…3(납세유예 등에 관한 효력의 승계)

제66조까지의 규정을 준용하여 평가한다(영 §21 ②).

또한 상속으로 인하여 얻은 재산가액을 적용할 때 다음 각 호의 가액을 포함하여 상속으로 얻은 재산의 가액을 계산한다(영 §21 ③).

1. 법 제42조 제2항에 따라 상속재산으로 보는 보험금
2. 법 제42조 제2항에 따라 상속재산으로 보는 보험금을 받은 자가 납부할 상속세

그리고 법 제42조 제3항 전단에서 "대통령령으로 정하는 비율"이란 각각의 상속인(법 제42조 제1항에 따른 수유자와 같은 조 제2항에 따른 상속포기자를 포함한다. 이하 이 항에서 같다.)의 제1항에 따라 계산한 상속으로 얻은 재산의 가액을 각각의 상속인이 상속으로 얻은 재산 가액의 합계액으로 나누어 계산한 비율을 말한다(영 §21 ④).

이 규정을 요약해 보면 다음과 같다.

먼저, 승계납세의무자는 상속인, 수유자 또는 상속재산관리인이 되며, 둘째, 승계사유 및 시점은 상속(사인증여 포함) 그 자체가 승계사유이고, 상속시점이 승계시점에 해당된다. 셋째, 승계내용은 피상속인에게 부과되거나 그가 납부할 지방세 체납처분비의 납세의무가 이 승계내용이 되며, 승계한도는 상속으로 받은 재산[상속으로 인하여 얻은 자산총액 - (상속으로 인하여 얻은 부채총액 + 상속으로 인하여 부과되거나 납부할 상속세)]을 한도로 한다.

② 제1항에 따른 납세의무 승계를 피하면서 재산을 상속받기 위하여 피상속인이 상속인을 수익자로 하는 보험 계약을 체결하고 상속인은 「민법」 제1019조 제1항에 따라 상속을 포기한 것으로 인정되는 경우로서 상속포기자가 피상속인의 사망으로 보험금(「상속세 및 증여세법」 제8조에 따른 보험금을 말한다)을 받는 때에는 상속포기자를 상속인으로 보고, 보험금을 상속받은 재산으로 보아 제1항을 적용한다(법 §42 ②).

법 제42조에서는 '상속으로 인한 납세의무의 승계'를 상속이 개시된 때에 그 상속인 또는 상속재산관리인은 피상속인에게 부과되거나 그 피상속인이 납부할 지방자치단체의 징수금을 상속으로 얻은 재산의 한도 내에서 납부할 의무가 있다고 규정하고 있지만 상속포기로 납세의무 승계는 회피하면서, 피상속인의 사망보험금은 수령하는 등 조세회피 사례 발생하여 피상속인이 상속인을 수익자로 하는 보험계약을 체결하고 상속포기자가 피상속인의 사망으로 인하여 보험을 받는 경우 납세의무 승계 규정을 국세와 동일하게 신설한 것이다.

③ 제1항의 경우 상속인이 2명 이상일 때에는 각 상속인은 피상속인에 대한 지방자치단체의 징수금을 민법 제1009조(법정상속분)·제1010조(대습상속분)·제1012조(유언에 의한 분할방법의 지정, 분할금지) 및 제1013조(협의에 의한 분할)에 따른 상속분(다음 각 호의 어느 하나에 해당하는 경우에는 대통령령으로 정하는 비율로 한다.)에 따라 나누어 계산한 금액을

상속으로 얻은 재산의 한도에서 연대하여 납부할 의무를 진다. 이 경우 각 상속인은 상속인 중에서 피상속인에 대한 지방자치단체의 징수금을 납부할 대표자를 정하여 대통령령으로 정하는 바에 따라 지방자치단체의 장에게 신고하여야 한다(법 §42 ③ Ⅰ ~ Ⅳ).

 가. 상속인 중 수유자가 있는 경우
 나. 상속인 중 「민법」 제1019조 제1항에 따라 상속을 포기한 경우
 다. 상속인 중 「민법」 제1112조에 따른 유류분을 받은 사람이 있는 경우
 라. 상속으로 받은 재산에 보험금이 포함되어 있는 경우

그런데 상속인이 2인 이상일 경우에는 상속으로 얻은 재산의 한도에서 연대하여 납부의무를 규정하고 있지만 현행 규정은 수유자, 상속포기자 보험금에 대하여는 규정하고 있지만, 민법상 유류분을 청구하여 상속재산을 취득하거나 증감이 발생하는 경우에는 납세의무 승계대상에서 포함되지 않고 있어 2023.3.14.일부터는 납세의무 승계 대상에 민법상 유류분을 청구한 자를 포함한 것이다.

이 경우 상속인대표자의 신고는 상속개시일부터 30일 이내에 대표자의 성명과 주소 또는 영업소, 그 밖에 필요한 사항을 적은 문서로 해야 하고, 만약 이러한 신고가 없을 때에는 지방자치단체의 장은 상속인 중 1인을 대표자로 지정할 수 있다. 이 경우 지방자치단체의 장은 그 뜻을 적은 문서로 지체 없이 모든 상속인에게 각각 통지해야 한다(영 §22 ①·②).

사례

❖ **부동산의 합유자 중 일부가 사망한 경우 취득세 납세의무가 승계되는지 여부**

부동산의 합유자 중 일부가 사망한 경우 합유자 사이에 특별한 약정이 없는 한 사망한 합유자의 상속인은 합유자로서의 지위를 승계하는 것이 아니므로 해당 부동산은 잔존 합유자가 2인 이상일 경우에는 잔존 합유자의 합유로 귀속되고, 잔존 합유자가 1인인 경우에는 잔존 합유자의 단독소유로 귀속된다 할 것이다.

(대법 2017두35622, 2017.5.26.)

❖ **한정승인자 재산세 납세의무**

① 청구인이 법원에 한정상속을 신고하고, 법원은 그 신고사항을 수리 하였으므로 한정상속을 승인 받은 쟁점토지에 과세된 이 건 재산세 등의 납세의무는 청구인에게 승계된 것으로 볼 수 있는 점, 청구인이 상속으로 인하여 얻은 재산이 없다는 사실을 입증할 수 있는 자료를 제출한바 없는 점 등에 비추어 이 건 재산세 납세의무가 있다 보여짐.

(조심 2019지1861, 2019.11.5.)

제43조　상속재산의 관리인

① 제42조 제1항의 경우 상속인이 있는지 분명하지 아니할 때에는 상속인에게 하여야 할 납세의 고지, 독촉, 그 밖에 필요한 사항은 상속재산관리인에게 하여야 한다(법 §43 ①).
② 제42조 제1항의 경우에 상속인이 있는지가 분명하지 아니하고, 상속재산관리인도 없을 때에는 지방자치단체의 장은 상속개시지(相續開始地)를 관할하는 법원에 상속재산관리인의 선임(選任)을 청구할 수 있다(법 §43 ②).
③ 제42조 제1항의 경우에 피상속인에게 한 처분 또는 절차는 상속인이나 상속재산 관리인에게도 효력이 미친다(법 §43 ③).

이 규정은 납세의무자가 자연인인 경우에는 사망으로 권리의무의 능력을 상실하여 납세의무가 소멸하게 되므로 상속인(수유자를 포함한다.)에게 피상속인에 대한 조세채권을 보전하고자 하는 데 그 목적이 있다.

여기서는 제42조와 제43조의 상속으로 인한 납세의무의 승계와 상속재산의 관리인에 대해 연계하여 설명하면 다음과 같다.

(1) 납세의무의 승계자

(가) 상속인(수유자 포함)

상속인은 일반적으로 민법의 규정에 의하여 상속인(수유자 포함)이 된 자를 말하나 이 이외에 상속인은 상속개시있음을 안 날로부터 3월 내에 단순승인(單純承認)이나 한정승인(限定承認) 또는 포기(抛棄)를 할 수 있는데 단순승인을 한 때에는 제한 없이 피상속인의 권리의무를 승계하고, 한정승인의 경우는 상속으로 인하여 취득할 재산의 한도에서 피상속인의 채무와 유증을 변제할 것을 조건으로 상속을 승인하는 것이며, 포기(민법 §1041~§1044)는 상속개시된 때에 소급하여 그 효력이 있다.

상속인이라 함은 민법 제1000조부터 제1004조까지의 규정에 의하여 상속인으로 된 자를 말하며 포괄수증자(민법 §1078) 및 사인증여(死因贈與)(민법 §562)를 받은 자를 포함하되 상속을 포기한 자(민법 §1041~§1044)는 제외되며, 태아는 상속인(민법 §1000 ③)으로 될 수 있으나, 지방자치단체의 징수금의 승계에 있어서는 출생할 때까지는 상속인으로 보지 아니한다. 여기에서 유증과 수유자의 개념을 살펴보면 다음과 같다.

유증이란 유언자가 유언에 의하여 재산을 수유자에게 무상으로 증여하는 단독행위를 말한다. 유증에 의하여 재산을 받는 자를 수유자라고 하며 유증을 이행하는 상속인을 유증의무자라고 한다. 유증은 자유이므로 ① 재산의 전부 또는 일부를 그 비율액(유산의 몇분의 몇)으로 증여하는 포괄적 유증과 ② 특정한 재산을 증여하는 특정유증을 할 수 있으며, 이 경우 수유자를 각각 포괄적 수유자, 특정수유자라고 한다. 또한 수유자에게 일정한 부담을 지우는 부담부유증도 가능하다. 포괄적 수유자는 상속인과 동일한 권리의무가 있으므로(민법 §1078) 포괄적 유증을 하면 유언에 의하여 정해진 비율의 상속분을 가지는 상속인이 한사람 더 증가했다고 보면 된다.

또한 수유자라 함은 유언에 의한 증여(유증)를 받는 자를 말하고, 수유자에는 사인증여를 받은 자도 포함되며 상속인과 동일한 결격사유가 인정된다(민법 §1064, §1004). 또 수유자는 유언이 효력을 발생한 때(유언자가 사망한 때)에 생존해 있어야 하고 유언자의 사망 전에 수유자가 사망한 경우에는 수유자인 지위의 승계(일종의 대습수증)는 인정되지 아니하므로 결국 그 유증은 효력이 발생하지 아니한다(민법 §1089 ①). 그러나 유언 중에 특히 수유자의 상속인의 승계를 인정한다는 뜻을 표시하고 있으면(보충유증) 그것에 따른다.

또한 태아는 유증에 있어서도 이미 출생한 것으로 보게 된다(민법 §1064). 수유자는 포괄적 수유자와 특정수유자가 있는데 수유자에게 인도할 때까지 유증의 목적물은 상속인이 점유·관리하게 되는데 이때에도 상속인이 그것을 사용·수익하는 것은 허용되지 아니한다(민법 §1080 이하). 또 특정수유자는 상속인에 대하여 유언자의 사망 후에 언제든지 유증을 승인 또는 포기할 수 있고(민법 §1074 ①), 승인이나 포기는 유언자의 사망시에 소급하여 효력이 생긴다(민법 §1074 ②). 이외에 수유자에게 채무를 지우는 부담부유증의 제도가 있으며(민법 §1088) 이 경우에는 부담시킨 채무를 이행하지 않으면 유증이 취소되는 수가 있다.

사례

❖ **포괄적유증과 특정유증의 구별기준 및 법적지위**

가. 유증이 포괄적 유증인가 특정유증인가를 유언에 사용한 문언 및 그 외 제반 사정을 종합적으로 고려하여 탐구된 유언자의 의사에 따라 결정되어야 하고, 통상은 상속재산에 대한 비율의 의미로 유증이 된 경우는 포괄적 유증, 그렇지 않은 경우는 특정유증이라고 할 수 있지만, 유언공정증서 등에 유증한 재산이 개별적으로 표시되었다는 사실만으로는 특정유증이라고 단정할 수는 없고 상속재산이 모두 얼마나 되는지를 심리하여 다른 재산이 없다고 인정되는 경우에는 이를 포괄적 유증이라고 볼 수도 있다.

나. 포괄적 유증을 받은 자는 민법 제187조에 의하여 법률상 당연히 유증받은 부동산의 소유권을 취득하게 되나, 특정유증을 받은 자는 유증의무자에게 유증을 이행할 것을 청구할 수 있는 채권을 취득할 뿐이므로, 특정유증을 받은 자는 유증받은 부동산의 소유권자가 아니어서 직접 진정한 등기명의 회복을 원인으로 한 소유권이전등기를 구할 수 없다.
(대법 2000다73445, 2003.5.27.)

(나) 상속재산 관리인

상속재산의 관리인이라 함은 상속인의 존재여부가 분명하지 아니한 경우에 법원이 피상속인의 친족 기타 이해관계인 또는 검사의 청구에 의하여 선임하는 상속재산관리인을 말한다(민법 §1053). 상속이 개시되었으나 상속인의 존부가 분명하지 아니한 때에는 상속인에게 하여야할 납세의 고지·독촉 기타 필요한 사항은 그 상속재산관리인에게 이를 하여야 한다.

그리고 상속으로 인하여 납세의무를 승계할 경우에 상속인의 존부가 분명하지 아니하고 상속재산관리인도 없는 때에는 지방자치단체의 장은 그 상속개시지를 관할하는 법원에 대하여 상속재산관리인의 선임을 청구할 수 있다.

여기에서 국세기본법 통칙상의 납세의무 승계에 관한 처리절차를 살펴보면 상속이 개시된 때에 피상속인에게 부과되거나 피상속인이 납부할 조세, 체납처분비는 상속인 또는 상속재산 관리인에게 납세의무에 대한 별도의 지정조치 없이 당연히 승계되며, 피상속인이 생전(生前)에 피상속인에게 행한 처분 또는 절차는 상속인 또는 상속재산관리인에 대하여도 효력이 있다. 그러나 피상속인이 사망한 후 그 승계되는 조세 등의 부과징수를 위한 잔여 절차는 상속인 또는 상속재산관리인을 대상으로 하여야 한다.[84]

(2) 승계의 요건

(가) 상속의 개시가 있어야 한다.

여기에서 상속이라 함은 재산의 상속을 말하는 것이며, 상속의 개시는 피상속인의 사망으로부터 시작된다(민법 §997).

(나) 피상속인의 재산이 있어야 한다.

조세채무는 금전채무로서 피상속인의 재산이 없는 경우에는 납세의무의 승계는 아무런 의미가 없는 것이다. 그러므로 상속으로 얻은 재산이라 함은 상속인이 상속으로 인하여 얻은 유형 무형의 일체의 재화를 말하는 것이지만 그 범위에 대하여는 다음과 같은 점에 유의하여야 한다.

① 상속재산(상속인이 한정승인을 한 경우) 중 피상속인에 대한 상속인의 재산상 권리의무는 소멸하지 아니한다(민법 §1031).
② 피상속인의 사망으로 인하여 지급받는 생명보험 또는 손해보험외 보험금으로서 피상속인이 보험계약자가 된 보험계약에 의하여 지급받는 것은 상속재산이 된다.

---

84) 국세 기본통칙 24-0···2 (납세의무 승계에 관한 처리절차)

③ 피상속인이 사망 전에 처분한 주식에 대한 배당금 등이 상속개시 후에 지급되는 경우는 상속재산이 된다.
④ 제3자가 피상속인으로부터 상속개시 전에 양도를 받은 부동산이라 할지라도 상속개시까지 그 이전에 등기를 하지 아니한 것은 상속재산이 된다.[85]

(다) 상속인이 없는 경우에는 상속재산관리인이 선정되어야 한다.

상속인이 없으면 조세채무를 승계할 자가 없는 것이므로 지방자치단체의 장 또는 그 위임을 받은 공무원은 그 상속개시지를 관할하는 법원에 대하여 상속재산관리인의 선임을 청구할 수 있다.

(라) 상속이 확정되어야 한다.

재산의 상속 여부나 또는 상속인이 누가 될 것이냐 또는 상속지분 등에 분쟁이 있어서 소송계류 중에 있는 등 상속 자체가 확정되어 있지 않을 때에는 조세채무도 확정될 수 없기 때문에 조세채권의 승계는 불가능하다는 것이다.

(3) 승계의 효과

상속으로 인한 재산과 관련하여 피상속인에게 행한 처분 또는 절차는 상속인(수유자를 포함한다.) 또는 상속재산관리인에게도 그 효력이 미친다.

납세의무의 승계가 있는 경우에는 그 승계자인 상속인 또는 상속인 없는 재산의 관리인은 피상속인의 조세채무에 대한 납세의무자가 되는 것이므로 승계한 납세의무에 관한 신고, 납부, 이의신청 또는 심판청구 등의 주체가 되고 납세의 고지, 독촉 또는 체납처분의 상대방이 되므로 피상속인에 대하여 한 납세의 고지와 독촉으로 상속인에게 바로 체납처분을 할 수 있으나 피상속인의 사망 전에 독촉을 한 세액에 대해서 그 상속인에게 체납처분을 하고자 할 때에는 납기전징수와 같은 긴급한 경우를 제외하고는 미리 그 상속인이 납부해야 할 금액에 대해서 최고를 하는 것이 좋을 것이다.

피상속인이 납부할 지방자치단체의 징수금에 대해서 징수유예 등 또는 체납처분의 중지를 한 경우의 지방자치단체의 징수금에 대한 효력은 상속인에게도 승계되는 것이나 상속인에게 대하여 그 처분의 취소사유가 있는 때에는 이를 취소할 수 있음에 유의하여야 한다.

그리고 상속인이 승계받은 조세채무는 상속으로 인하여 얻은 재산을 한도로 하여 상속지분에 따라 지방자치단체의 징수금을 납부할 의무를 지게 되는데 상속인은 원칙적으로 피상속인의 채무를 전부 승계하고 그 채무에 대하여 한정승인을 하지 않는 한 무한책임을 지는 것이지만 조세채무에 있어서는 그 채무의 특수성을 고려하여 상속인의 한정승인 여

---

[85] 상속세 및 증여세법 §7~§10 참조

부에 불구하고 상속으로 인하여 얻은 재산을 한도로 하여 조세채무를 부담토록 하고 있으므로 지방자치단체는 그 상속인의 본래의 고유재산에 대해서는 피상속인에게서 받은 재산 이외로 추가하여 체납처분을 할 수 없는 점에 유의해야 할 것이다.

(4) 상속인이 2명 이상 있는 경우의 납세의무의 승계

납세의무를 승계할 상속인이 2명 이상인 때에는 각 상속인은 피상속인의 지방자치단체의 징수금을 민법 제1009조, 제1010조, 제1012조 및 제1013조에 따른 상속분에 따라 안분하여 계산한 금액을 상속받은 재산을 한도로 연대하여 납부할 의무를 진다. 이 경우 각 상속인은 당해 상속인 중에서 피상속인의 지방자치단체의 징수금을 납부할 대표자를 정하여 지방자치단체의 장에게 신고하여야 한다.

납세의무를 승계한 상속인이 2인 이상 있을 때에는 각기 지방세의 납부에 관한 절차를 이행하는 것이 원칙이지만 지방자치단체 및 납세의무자 등 상호간의 징세 및 납세절차의 편의를 고려하여 상속인의 대표자를 신고케 하고 그로 하여금 이행하게 하고 있다.

이러한 대표자는 가능한 한 피상속인의 사망시의 주소 또는 거소와 동일한 주소 또는 거소를 가지거나 피상속인의 사업을 승계하였거나 또는 승계할 상속인 기타 지방자치단체의 징수금의 납부에 편의를 가지는 자 중에서 정하는 것이 좋을 것이다.

그리고 대표자로 신고된 자에게 납세고지서 등이 송달된 경우에는 그 서류에 관한 처분은 모든 상속인에 대하여 효력이 생기며, 이러한 대표자가 정해져 있는 경우에는 각 상속인에 대해서 각각 별도로 작성된 납세고지서 등을 일괄해서 대표자에게 송달하는 것이지만 체납처분에 관한 서류는 각 상속인에 대해서 각각 송달해야 할 것이다.

또한 상속인은 상속받은 재산을 한도로 납세의무를 승계할 뿐 아니라 각 상속인의 상속받은 재산을 한도로 하여 연대하여 납세의무를 지게 되므로 상속인 중 1인이 승계된 납세의무를 다하지 않고 있는 경우에는 나머지 상속인에게 상속받은 재산을 한도로 연대납세의무가 발생하게 되는 것이다.

제44조 | 연대납세의무

연대납세의무란 하나의 납세의무를 둘 이상이 연대하여 납부의무를 가지는 것을 말하는데 공동사업에 참여하는 자들로 하여금 공동책임을 부담시킴으로써 그 행동을 신중하게 하면서 채권자의 보호를 두텁게 하려는 민법상의 연대채무와 그 내용이 동일한 것으로 민법의 연대채무에 관한 규정의 대부분이 연대납세의무에도 준용된다.[86]

이 규정에서 연대납세의무를 규정한 것도 공동사업이나 공유재산의 경우 구체적 납세의무 안분금액을 계산하기도 어려우므로 이에 대하여 일괄부담을 지우기 위함 뿐 아니라 과세권자의 과세권 행사와 세무행정의 단순화를 확보함과 아울러 연대납세의무를 분할로 승계된 재산가액 한도로 납세의무 이행의식의 고취를 하기 위한 조치이다.

결국 연대납세의무라 함은 2인 이상의 납세의무자가 동일 내용의 조세채무에 관하여 각자가 독립하여 그 전부를 납부할 의무를 부담하고, 그 중 1인이 납부하면 그 납부세액에 관해서 다른 납세의무자도 그 납세의무를 면하게 되는 이른바 "다수 당사자의 납세의무"를 말한다.

① 공유물(공동주택의 공유물은 제외한다.), 공동사업 또는 그 공동사업에 속하는 재산에 관계되는 지방자치단체의 징수금은 공유자 또는 공동사업자가 연대하여 납부할 의무를 진다(법 §44 ①).

이 경우 공유물이나 공동사업에 관한 권리의무는 공유자나 공동사업자에게 실질적·경제적으로 공동 귀속하게 되므로 공유자나 공동사업자에게 연대납세의무 부여하는 것으로 공동주택에 대하여는 공동주택 소유자들이 계단, EV 등을 공유한다는 이유로 연대납세의무가 있는 것으로 보아 특정 소유자의 납세의무 미이행을 타 소유자에게 전가하지 않으려는 취지로 연대납세의무 대상인 공유물에서 공동주택(아파트, 연립주택)의 공유물은 제외하도록 함으로써 연대납세의무가 있는 공유물에 아파트 등 공동주택의 공용부분(계단, EV 등)이 포함되는 문제점을 원천적으로 해소하고자 1980년부터 도입해 운영하여 왔으나, 아파트 공동상속시 특정 상속인의 납세의무 미 이행에 따른 타 상속인들의 연대납세의무, 부부 공동소유 아파트의 남편 체납에 따른 부인의 연대납세의무 등은 입법취지와는 달리 현행 조문 상 공동주택 자체가 연대납세의무가 전혀 없는 것으로 해석되어 일선 혼란 야기되고 있어 공유물의 범위에서 공동주택 자체가 제외되는 것으로 해석될 여지가 있는 현행 조문을 보완하여 혼란을 예방 현행 규정을 공동주택 제외 규정을 삭제하였다. 다만, 공동주택의 공용부분으로 인하여 개별 소유자간 연대납세의무가 부여되는 것을 방지하기 위해 국세의 방식과 같이 훈령(기본통칙)으로 공동주택의 공용부분에 대해서는 연대납세의무 미부여하게 규정함으로써 적용 제한하도록 하고 있다.

② 법인이 분할되거나 분할합병된 후 분할되는 법인(이하 이 조에서 "분할법인"이라 한다.)이 존속하는 경우 다음 각 호의 법인은 분할등기일 이전에 분할법인에 부과되거나 납세의무가 성립한 지방자치단체의 징수금에 대하여 분할로 승계된 재산가액을 한도로 연대하여 납부할 의무가 있다(법 §44 ② Ⅰ~Ⅲ).

---

86) 여러 사람의 채무자가 채무전부를 각자 이행할 의무가 있고 채무자 1인의 이행으로 다른 채무자도 그 의무를 면하게 되는 때에는 그 채무는 연대채무로 한다(민법 제413조, 연대채무의 내용).

1. 분할법인
2. 분할 또는 분할합병으로 설립되는 법인(이하 이 조에서 "분할신설법인"이라 한다.)
3. 분할법인의 일부가 다른 법인과 합병하는 경우 그 합병의 상대방인 다른 법인(이하 이 조에서 "존속하는 분할합병의 상대방 법인"이라 한다.)

③ 법인이 분할되거나 분할합병된 후 분할법인이 소멸하는 경우 다음 각 호의 법인은 분할법인에 부과되거나 납세의무가 성립한 지방자치단체의 징수금에 대하여 분할로 승계된 재산가액을 한도로 연대하여 납부할 의무가 있다(법 §44 ③ Ⅰ·Ⅱ).
1. 분할신설법인
2. 존속하는 분할합병의 상대방 법인

④ 법인이 채무자 회생 및 파산에 관한 법률 제215조에 따라 신회사(新會社)를 설립하는 경우 기존의 법인에 부과되거나 납세의무가 성립한 지방자치단체의 징수금은 신회사가 연대하여 납부할 의무를 진다(법 §44 ④).

⑤ 제1항부터 제4항까지의 연대납세의무에 관하여는 민법 제413조부터 제416조까지, 제419조, 제421조·제423조 및 제425조부터 제427조까지의 규정을 준용한다(법 §44 ⑤).

가. 연대납세의무가 과해지는 지방자치단체의 징수금

(1) 공유물, 공동사업 등

연대납세의무를 지울 수 있는 지방자치단체의 징수금이란 자기계산 납부 또는 보통징수에 있어서는 공유물 또는 공동사업을 과세객체로 한 지방자치단체의 징수금이나, 공유물(공동주택의 공유물은 제외한다.), 또는 당해 공동사업에 속하는 재산을 과세객체로 한 지방자치단체의 징수금이어야 하고, 특별징수에 있어서는 공유물 또는 공동사업에 관계되어 납부하여야 할 징수금이어야 한다.

이 규정에서 말하는 공유물, 공동사업의 개념을 살펴보면 다음과 같다.

① **공유물**(공동주택의 공유물은 제외한다.)

공유물이란 2인 이상의 자가 동일한 물(物)에 대하여 공동으로 일정한 비율로 하나의 소유권을 나누어 가지고 있는 물(物)을 말한다. 이 경우 예를 들면, 어떤 건물을 A, B가 공동으로 소유하고 있는 경우의 재산세는 A, B가 각각 재산세 전액에 대하여 연대하여 납세의무를 지는 것을 말한다. 그리고 공유물에 대한 지방세로서는 공유물에 대한 취득세, 자동차세, 재산세 등이 있을 수 있는데 재산세는 그 지분[(지분의 표시가 없으면 지분이 균등한 것으로 본다(지세법 §107 ① Ⅰ).]에 대한 납세의무를 별도로 규정하고 있으므로 연대납세의무가 발생하지 아니하도록 규정되어 있는 점에 유의해야 한다.

공유물의 소유형태로는 공유, 합유 및 총유가 있다.

공유라 함은 여러 사람이 한 개의 물건을 공동으로 소유하면서 공유자는 서로 하등의 인적 결합관계를 가지지 아니하는 공동소유의 형태로서 소유권은 양적으로 완전히 분할되어 그 일부분씩이 각각의 공유자에 귀속하고, 각각 공유자에게 귀속된 소유권의 일부인 지분(持分)은 단지 양적으로 일부분일 뿐이고 질적으로 완전히 독립된 소유권과 같은 것으로 각 공유자는 자기의 지분을 자유로이 처분할 수 있으며, 또한 언제든지 목적물의 분할을 청구하여 공동관계를 폐지하고 완전한 소유권으로 할 수 있다.[87]

합유(合有)란 조합의 소유형태로서 구성원은 지분권은 있으나 단지 그 지분권은 공동목적의 달성을 위하여 구속을 받을 뿐 아니라 지분권의 처분에는 일정한 제한을 받으며, 합유물 또는 합유지분의 처분과 합유관계의 종료는 원칙적으로 합유자 전원의 합의로서 하여야 한다.

총유(總有)라 함은 권리능력이 없는 사단인 경우의 소유형태인데 소유권이 질적으로 분유되어 그 재산의 관리, 처분의 권능은 공동체 자체에 속하고, 그 사용·수익의 권능은 각 단체원에 속하는 공동소유형태로서 공동소유의 권한이 단체와 그 단체의 구성원에 분속되어 있는 것을 말한다.

② 공동사업 또는 당해 공동사업에 속하는 재산

공동사업이라 함은 2인 이상이 공동으로 행하는 사업으로 그 사업에 수반되는 권리의무가 바로 공동사업자에 귀속되는 것을 말한다. 민법상의 조합계약에 의한 조합의 사업이 이에 해당된다. 그런데 법인은 참가자의 인격을 초월해서 하나의 법인격이 인정되고 있으므로 그 사업은 공동사업이라 할 수 없다. 그리고 상법상의 익명조합(匿名組合)은 출자를 받아서 사업을 경영하는 자가 영업의 주체가 될 뿐 아니라 납세의무자로 되는 것이므로 익명조합원은 외부적으로 다른 제3자에 대해서는 하등의 권리의무를 가지지 않는 등 실체적으로 익명조합은 단독영업이며 조합관계가 아니기 때문에 이 사업 역시 공동사업이라 할 수 없다.[88]

공동사업이라 함은 그 사업이 당사자 전원의 공동의 것으로서 공동으로 경영되고 따라서 당사자 전원이 그 사업의 성공 여부에 대하여 이해관계를 가지는 사업을 말하므로 사업의 손익이나 결과에 대해 배분권, 부담의무, 청구권 등이 없는 자는 공동사업자가

---

87) 민법 제262조(물건의 공유) ①물건이 지분에 의하여 수인의 소유로 된 때에는 공유로 한다. ②공유자의 지분은 균등한 것으로 추정한다.
88) 익명조합원의 지위
  ○ 상법 제79조(익명조합원의 출자) 익명조합원이 출자한 금전 기타의 재산은 영업자의 재산으로 본다.
  ○ 상법 제80조(익명조합원의 대외관계) 익명조합원은 영업자의 행위에 관하여서는 제3자에 대하여 권리나 의무가 없다.

아니므로 연대납세의무자가 되지 아니한다.

③ 상속받는 과세물건에 대한 취득세

상속(피상속인으로부터 상속인에게 한 유증 및 포괄유증과 신탁재산의 상속을 포함한다.)으로 인하여 취득하는 경우에는 상속인 각자가 상속받은 과세물건(지분을 취득하는 경우에는 그 지분에 해당하는 과세물건을 말한다.)을 취득한 것으로 보는 것이 원칙이나 상속인의 납세의무에 관하여는 지방세기본법 제44조 제1항 및 제5항의 규정을 준용하도록 하고 있기 때문에(지세법 §7 ⑦) 상속인 상호간에는 연대납세의무가 성립되는 점에 유의하여야 한다.

(2) 법인의 분할 또는 분할합병 등

① 법인이 분할 또는 분할합병되는 경우의 연대납세의무

법인이 분할되거나 분할합병되는 경우 분할되는 법인에 대하여 분할일 또는 분할합병일 이전에 부과되거나 납세의무가 성립된 지방자치단체의 징수금은 분할되는 법인과 분할 또는 분할합병으로 인하여 설립되는 법인 및 분할되는 법인의 일부가 다른 법인과 합병하여 그 다른 법인이 존속하는 경우 그 다른 법인(존속하는 분할법인의 상대방 법인)이 연대하여 납부할 의무를 진다. 이 경우는 원래의 법인은 축소된 규모로 존재하면서 그 본래의 기업의 일부분이 떨어져 나와 새로이 법인을 설립하거나 본래 기업과는 다른 기업과 합병하는 경우에 본래의 기업과 새로 설립되거나 다른 법인과 합병된 법인에게 본래기업에 대해 분할일 또는 분할합병일 이전에 부과되거나 납세의무가 성립한 지방자치단체의 징수금에 대하여는 연대하여 납부의무를 짐으로서 조세채권 확보에 지장이 발생하지 않도록 하는 조치이다.

이 경우 법인의 분할이라 함은 하나의 회사가 영업부문의 일부 또는 전부를 분할하여 둘 이상의 회사가 되는 것을 의미하며 이로 인해서 본래의 회사는 소멸하거나 축소된 상태로 존속하고 그 주주는 본래의 회사의 권리·의무를 승계한 회사의 주식을 취득한다. 회사분할은 크게 단순분할과 분할합병으로 나누어지는데 단순분할은 회사가 분할되어 영업부문의 일부가 원래의 회사에 남고 다른 일부가 신설회사가 되는 경우와 분할된 영업부문이 각각 신설회사가 되며 원래의 회사는 소멸하는 경우가 있다.

분할합병이란 분할과 동시에 다른 회사 또는 다른 회사 영업부문의 일부와 합병하여 하나의 회사가 되는 것을 의미한다. 회사운영을 합리화하기 위하여 일면에서는 회사합병이 활발하게 이루어지지만 다른 면에서는 분할제도가 이용된다. 어떤 특정한 영업부문을 분리하여 전문화한다거나 불필요한 영업부문을 분할할 필요성이 있게 되고 위험도가 높은 영업부문을 본래 회사로부터 분리시켜 위험부담을 줄이는 경우도 있으며, 과도하게 집중된 자본의 분산을 위해 회사분할이 행해지기도 한다.

② 법인이 분할 또는 분할합병으로 해산되는 경우의 연대납세의무

　법인이 분할 또는 분할합병으로 인하여 해산되는 경우 해산되는 법인에 부과되거나 그 법인이 납부할 지방자치단체의 징수금은 분할 또는 분할합병으로 인하여 설립되는 법인과 분할되는 법인의 일부가 다른 법인과 합병하여 그 다른 법인이 존속하는 경우 그 다른 법인(존속하는 분할합병의 상대방 법인)이 연대하여 납부할 의무를 진다.

　이 경우는 분할 또는 분할합병으로 본래의 회사가 소멸되는 경우에 해당되는 것으로 본래의 회사에게 부과되거나 그 법인이 납부할 지방세는 그 본래의 주체가 없으므로 분할 또는 분할합병으로 설립되는 법인과 존속하는 분할합병의 상대방 법인이 연대하여 납세의무를 진다는 것이다.

　그러나 현행 규정은 분할되는 재산 비율과 관계없이 분할 및 신설법인 등이 한도 없이 연대납세의무를 지는 것으로 규정으로 법인 분할로 발생하는 경제적 실질의 이전과 관계없이 연대납세의무를 제한 없이 부담하게 하는 등 조세 행정 불형평이 발생하고 분할일, 분할합병일의 개념이 명확하지 않아 연대납세의무 적용 대상 지방세의 범위 등에 대하여 실무상 혼선있어 상법(§530의11)에서 규정하고 있는 바와 같이 분할 등의 효력을 등기 완료 시점 이후부터 인정하는 점을 고려 현행 분할일 등을 분할등기일로 명확히 하였다.

③ 법인이 채무자 회생 및 파산에 관한 법률에 따라 설립하는 신회사에 대한 연대납세의무

　법인이 「채무자 회생 및 파산에 관한 법률」 제215조에 따라 신회사(新會社)를 설립하는 경우 기존의 법인에 부과되거나 납세의무가 성립한 지방자치단체의 징수금(지방세, 체납처분비를 말한다.)은 신회사가 연대하여 납부할 의무를 진다.

　「채무자 회생 및 파산에 관한 법률」 제215조의 규정에 따라 설립하는 "신회사"라 함은 주식회사 또는 유한회사를 새로이 설립하는 경우로서 회생채권자, 회생담보권자, 주주, 지분권자에 대하여 새로 납입 또는 현물출자를 하지 아니하고 주식 또는 출자지분을 인수하게 함으로써 신회사를 설립하는 경우와 주식의 포괄적 이전·합병·분할 또는 분할합병에 의하지 아니하고 신회사를 설립하는 것을 말한다.

　이 규정은 법인이 파산 관련하여 신회사를 설립하는 경우에 기존법인과 연대하여 납세의무를 지우는 규정으로 국세기본법 제25조와 제4항과 관련된 규정이다.

나. 연대납세의무의 효과

　연대납세의무에 관하여는 민법 제413조부터 제416조까지, 제419조, 제421조, 제423조 및 제425조부터 제427조까지를 준용한다. 여기에서 준용하는 민법의 규정을 살펴보면 다음과 같다.

① 연대채무의 내용

여러 사람의 채무자가 채무전부를 각자 이행할 의무가 있고 채무자 1명의 이행으로 다른 채무자도 그 의무를 면하게 되는 때에는 그 채무는 연대채무로 한다(민법 §413).

② 각 연대채무자에 대한 이행청구

채권자는 어느 연대채무자에 대하여 또는 동시나 순차로 모든 연대채무자에 대하여 전부나 일부의 이행을 청구할 수 있다(민법 §414). 그러므로 각 연대납세의무자는 동일 내용 급부에 대하여 각자 독립하여 세액 전액을 납부하여야 할 조세채무를 부담한다. 그런데 과세권자는 납세의 고지, 독촉 및 체납처분을 위와 같은 방법으로 하는 것이나, 이는 이행의 청구로서 행하는 것에 한하고 각 연대납세의무자별로 지방자치단체의 징수금을 징수하고자 할 경우에는 각자에게 납세고지를 함으로써 세액을 확정지어야 하고, 연대납세의무자 중 1인에 대한 독촉은 이행의 청구로서는 연대납세의무자 전원에 대하여 효력이 발생하지만 체납처분의 전제로서의 독촉은 각 연대납세의무자별로 독촉절차를 거치지 아니하고는 체납처분을 할 수 없다고 본다.

③ 채무자에 생긴 무효·취소

어느 연대채무자에 대한 법률행위의 무효나 취소의 원인은 다른 연대채무자의 채무에 영향을 미치지 아니한다(민법 §415).

④ 이행청구의 절대적 효력

어느 연대채무자에 대한 이행청구는 다른 연대채무자에게도 효력이 있다(민법 §416). 이에 대한 설명은 앞서 '②'에서 살펴본 바와 같이 납세고지에 의한 세액의 확정, 체납처분을 전제로 한 독촉은 개별적으로 연대납세의무자 각자에게 하여야 하나 이행의 청구로서의 고지와 독촉은 연대납세의무자 1명에게 하여도 그 효력이 전체에게 미친다고 본다.

⑤ 면제의 절대적 효력

어느 연대채무자에 대한 채무면제는 그 채무자의 부담부분에 한하여 다른 연대채무자의 이익을 위하여 효력이 있다(민법 §419).

예를 들면 갑, 을, 병이 균등한 부담부분으로 90만원의 지방자치단체의 징수금 중 갑의 부담부분인 30만원에 대하여 면제를 받으면 갑은 완전면제되는 것이므로 을, 병은 나머지 60만원에 대하여는 연대하여 납세의무를 지게 되는 것을 말한다.

이 경우를 판례에서 보면 피해자가 부진정 연대채무자 중 1인에 대하여 손해배상에 관한 권리를 포기하거나 채무를 면제하는 의사표시를 하였다 하더라도 다른 채무자에 대하여 그 효력이 미친다고 볼 수는 없다고 판시하고 있다(대법 96다50896, 1997.12.12.).

⑥ 소멸시효의 절대적 효력

　어느 연대채무자에 대하여 소멸시효가 완성한 때에는 그 부담부분에 한하여 다른 연대채무자도 의무를 면한다(민법 §421). 이 규정의 경우도 위 '⑤'의 예시에서 설명한 내용과 동일한데, 이 소멸시효의 완성에 절대적 효력을 인정하는 것은 시효가 완성된 채무자로 하여금 시효의 이익을 얻게 하고, 아울러 당사자 사이의 법률관계를 간략하게 처리하려는 것으로 본다.

⑦ 효력의 상대성의 원칙

　위 '④·⑤·⑥'에서 설명한 사유 이외의 사유에 의한 효력이 연대납세의무자 1인에게 발생하여도 다른 연대납세의무자에 대해서는 그 효력이 미치지 아니한다(민법 §423). 이 경우는 연대납세의무자 1인에게 한 징수유예, 체납처분의 중지, 기한의 연장 등은 다른 연대납세의무자에게 효력이 미치지 아니한다.

⑧ 출재채무자의 구상권

　어느 연대납세의무자가 변제 기타 자기의 출재(出財)로 공동면책이 된 때에는 다른 연대납세의무자의 부담부분에 대하여 구상권을 행사할 수 있으며 구상권은 면책된 날 이후의 법정이자 및 피할 수 없는 비용 기타 손해배상을 포함한다(민법 §425 ①·②).

⑨ 구상요건으로서의 통지

　어느 연대납세의무자가 다른 연대납세의무자에게 통지하지 아니하고 변제 기타 자기의 출재로 공동면책이 된 경우에 다른 연대납세의무자가 과세기관에 대항할 수 있는 사유가 있었을 때에는 그 부담부분에 한하여 이 사유로 면책행위를 한 연대납세의무자에게 대항할 수 있고 그 대항사유가 상계인 때에는 상계로 소멸할 채권은 연대납세의무자에게 이전된다(민법 §426 ①).

　예를 들어 갑·을·병이 균등한 부담부분으로 A군(郡)에 대하여 90만원의 재산세 연대납세의무를 지고 있고, 병이 A군에 대하여 30만원의 과오납금반환청구권이 있는 경우에 갑이 을·병에 대하여 사전에 통지를 하지 않고서 재산세를 납부함으로 인하여 을·병이 재산세 연대납세의무를 면한 60만원에 대하여 구상권을 행사함에 있어서는 병은 30만원의 과오납금반환청구권과 재산세 부담분 30만원을 상계할 수 있었음에도 이를 못하게 되었으므로 갑에 대하여 구상권의 행사를 거부하고 A군과 상계하였음을 주장할 수 있고, 병의 A군에 대한 과오납금반환청구권은 갑에게 이전하게 된다는 것이다.

　어느 연대납세의무자가 변제 기타 자기의 출재로 공동면책되었음을 다른 연대납세의무자에게 통지하지 아니한 경우에 다른 연대납세의무자가 선의(납부한 사실을 모르고)로 납세 기타 유상면책행위(有償免責行爲)를 한 때에는 그 연대납세의무자는 자기의 면책행위(납세)의 유효함을 주장할 수 있다(민법 §426 ②). 그러므로 구상권의 행사에 있어서 지방세를 납부한 연대납세의무자가 다른 연대납세의무자에게 대항하기 위해서는 지방세 납부 전에 다른 연대납세의무자에 통지하여야 된다.

⑩ 상환무자력자의 부담부분

연대납세의무자 중에 납세할 자력이 없는 자가 있는 때에는 그 연대납세의무자의 부담부분은 구상권자 및 다른 자력(資力)이 있는 연대납세의무자가 그 부담부분에 비례하여 분담한다. 그러나 구상권자에게 과실이 있는 때에는 다른 연대납세의무자에 대하여 분담을 청구하지 못한다(민법 §427 ①).

예를 들면 지방세부담금 90만원을 갑이 납부하고 을, 병에 대하여 각각 30만원씩 구상하려고 하였는데 병이 무자력인 때에는 그 병의 부담부분 30만원은 갑과 을이 각자의 부담부분에 따라서 각각 15만원씩 부담한다. 그러나 갑이 구상시기를 놓쳤기 때문에 병이 무자력이 된 때에는 을에게는 분담을 청구할 수 없다는 것이다.

연대납세의무자 가운데의 한 사람이 지방자치단체의 징수금을 면제받은 경우에 다른 연대납세의무자 가운데에 지방자치단체의 징수금을 납부할 자력이 없는 자가 있으면, 그 무자력자가 납부할 수 없는 부분에 관하여 연대납세의무를 면제받은 자가 분담할 부분은 이를 지방자치단체가 부담하여야 한다(민법 §427 ②).

이 경우의 예를 들면 우선 이 규정이 적용되는 것은 연대납세의무자가 적어도 3名 이상이어야 하며, 만약 갑·을·병·정의 네 사람이 A시에 대하여 120만원의 연대납세의무를 지고 있는 경우에 A시가 정에게 대하여 연대납세의무를 면제하고, 갑이 지방자치단체의 징수금을 납부하여 을, 병, 정에게 구상을 하였던바 병이 무자력자임이 판명되었다면 갑, 을, 정이 병이 부담하여야 할 30만원을 각각 10만원씩 부담하여야 하나 정이 연대납세의무의 면제를 받고 있으므로 정이 새로이 부담하여야 할 10만원은 민법 제427조 제2항에 의하여 A시가 부담하게 된다. 다시 말해서 갑은 을로부터 40만원, 정으로부터 30만원, A시로부터 10만원을 구상할 수 있다는 것이다.

위에서 살펴본 바와 같이 공유물 등에 관계되는 지방세의 연대납세의무에 관해서는 민법의 연대채무에 관한 규정을 준용하도록 규정하고 있는 바, 이러한 연대납세의무에 있어서는 각 연대납세의무자가 본래적으로 납세의무를 부담한다는 것을 예상하고 있는 것이다.

그러므로 조세법상의 연대납부책임은 본래의 납세의무자가 부담하는 납세의무에 관하여 제2차적으로 부담하는 조세채무이지만, 그것은 민법상의 연대보증채무에 유사한 성질을 가지고 있으므로 제1차적 책임성과 전액책임성을 갖는다.[89]

그러나 연대납부책임은 납세보증이나 제2차 납세의무와 마찬가지로 부종성(附從性)이

---

89) 민법 준용에 대한 해석 참조(최명근, 세법학총론, 세경사, p.218-219)

있으므로 본래의 납세의무자가 부담하는 조세채무가 소멸된 때에는 그 이유여하를 불문하고 연대납부책임도 소멸하는 것으로 해석하는 것이다.90)

제45조 | 청산인 등의 제2차 납세의무

① 법인이 해산한 경우에 그 법인에 부과되거나 그 법인이 납부할 지방자치단체의 징수금을 납부하지 아니하고 남은 재산을 분배하거나 인도(引渡)하여, 그 법인에 대하여 체납처분을 집행하여도 징수할 금액보다 적은 경우에는 청산인과 남은 재산을 분배받거나 인도받은 자는 그 부족한 금액에 대하여 제2차 납세의무를 진다(법 §45 ①).

② 제1항에 따른 제2차 납세의무는 청산인에게는 분배하거나 인도한 재산의 가액을, 남은 재산을 분배받거나 인도받은 자에게는 각자가 분배·인도받은 재산의 가액을 한도로 한다(법 §45 ②).

이 경우 재산의 가액은 해당 잔여재산(殘餘財産)을 분배하거나 인도한 날 현재의 시가로 한다(영 §23).

(1) 제2차 납세의무 성립요건

① 법인이 해산하였을 경우를 말하되 법인의 해산은 그 등기의 유무에 불문한다.91)

이 경우 법인이 해산한 경우라 함은 해산등기의 유무에 관계없이 주주총회 기타 이에 준하는 총회 등에서 해산한 날을 정한 경우에는 그 날이 경과한 때, 해산할 날을 정하지 아니한 경우에는 해산결의를 한 때, 해산사유(존립기간의 만료, 정관에 정한 사유의 발생, 파산, 합병 등)의 발생으로 해산하는 경우에는 그 사유가 발생한 때, 법원의 명령 또는 판결에 의하여 해산하는 경우에는 그 명령 또는 판결이 확정된 때, 주무관청이 설립허가를 취소한 경우에는 그 취소의 효력이 발생하는 때 등을 말한다.92)

② 법인이 해산 전에 이미 부과된 지방세를 체납하였거나 또는 부과될 지방자치단체의 징수금 내지 당해 법인이 납부 또는 납입할 지방자치단체의 징수금이 있어야 한다.

그 법인에게 부과되거나 그 법인이 납부할 지방세라 함은 당해 법인이 당연히 납부하

---

90) 강인애, 「조세법 Ⅲ」, 조세통람사, p.80
91) 법인의 해산이라 함은 법인의 법인격, 즉 권리능력을 소멸시키는 원인이 되는 법률사실을 말한다. 그러나 합병의 경우를 제외하고는 법인은 해산에 의하여 바로 소멸하지 아니하고 해산한 후라도 기존의 법률관계를 처리하기 위하여 그 범위 내에서는 존속하며, 기존의 법률관계를 처리하기 위하여 인정된 절차를 청산이라 한다. 법인이 해산하면 청산절차를 밟아야 하므로 법인의 법인격은 청산목적의 범위 내에서 존속하며(민법 §81), 청산의 종료에 의하여 비로소 법인격이 소멸한다.
92) 국세기본법통칙 38-0…2 (법인이 해산한 경우)

여야 할 모든 지방세를 말하며, 해산할 때나 잔여재산을 분배 또는 인도하는 때에 이미 납세의무가 성립된 지방세에 한하지 아니한다.93)

③ 주주 또는 사원에게 잔여재산을 분배하거나 인도가 있어야 한다.

"분배"라 함은 법인이 청산하는 경우에 있어서 잔여재산을 사원·주주·조합인·회원 등에게 원칙적으로 출자액에 따라 분배하는 것을 말하며(민법 §724 ②, 상법 §260·§269·§538·§612 참조), "인도"라 함은 법인이 청산하는 경우에 있어서 잔여재산을 민법 제80조(잔여재산의 귀속)94) 등의 규정에 의하여 처분하는 것을 말한다.95)

④ 해당 법인에 대하여 체납처분을 집행하였어야 하고 체납처분을 하여도 징수할 금액에 부족이 예상되어야 한다. 그리고 체납처분을 하여도 체납처분비에도 부족한 경우 등으로 체납처분을 중지한 경우도 포함된다고 본다.

(2) 제2차 납세의무를 지는 자

제2차 납세의무를 지는 자는 청산인과 잔여재산을 분배 또는 인도받은 자이다. 청산인이라 함은 법인이 해산한 경우(합병 및 파산에 의한 경우를 제외한다.)에 당해 해산법인의 청산사무(현존사무의 종결, 채권의 추심과 채무의 변제, 재산의 환가처분, 잔여재산의 분배 등)를 집행하고 당해 해산법인을 대표하는 직무권한을 가진 자를 말하고, 잔여재산의 분배 또는 인도를 받은 자라 함은 잔여재산의 분배를 받은 사원·주주·조합원 또는 정관에 의하여 귀속권리자로 정해진 자로서 잔여재산의 인도를 받은 자 및 기타의 처분방법에 의해서 잔여재산을 취득한 자이다.

그리고 청산인과 잔여재산의 분배 또는 인도를 받은 자가 각각 제2차 납세의무자인 경우에는 어느 자로부터 먼저 징수해도 무방하다고 본다.

(3) 제2차 납세의무의 범위

① 청산인에게는 분배 또는 인도한 재산의 가액을 한도로 하여 납부 또는 납입의 의무를 진다.

② 재산을 분배 또는 인도받은 자에게는 각자가 받은 재산의 가액을 한도로 납부 또는 납입의무를 진다.

---

93) 국세기본법통칙 38-0…3 (해산법인에 부과되거나 납부할 세금)
94) 민법 제80조 (잔여재산의 귀속) ① 해산한 법인의 재산은 정관으로 지정한 자에게 귀속한다.
   ② 정관으로 귀속권리자를 지정하지 아니하거나 이를 지정하는 방법을 정하지 아니한 때에는 이사 또는 청산인은 주무관청의 허가를 얻어 그 법인의 목적에 유사한 목적을 위하여 그 재산을 처분할 수 있다. 그러나 사단법인에 있어서는 총회의 결의가 있어야 한다.
   ③ 전 2항의 규정에 의하여 처분되지 아니한 재산은 국고에 귀속한다.
95) 국세기본법통칙 38-0…4 (분배 또는 인도)

여기에서 잔여재산의 분배라 함은 잔여재산을 사원·주주 또는 조합원에게 그 출자액에 응해서 분배하는 것을 말하고, 인도라 함은 잔여재산을 정관에 정해진 귀속권리자에게 이전하거나 혹은 공익목적을 위해 재산을 처분하는 것을 말한다.

③ 청산인이나 해산법인의 재산을 분배 또는 인도받은 자의 양자 중 어느 일방의 분배 또는 인도받은 재산으로 지방자치단체의 징수금에 부족한 징수금을 징수하여야 한다.

④ 청산인은 해산법인의 잔존 사무를 실질적으로 청산하지 아니하고는 소멸되었다고 볼 수 없으므로 청산인이 지방자치단체의 징수금을 납부 또는 납입하지 않고 청산종결등기를 한 경우 그 등기는 적법한 청산종결에 기한 것이 아니기 때문에 회사는 청산을 위하여 필요한 범위 내에서 존속하는 것으로 보며, 「부과되거나 납부할 지방세」에 대한 납부의무는 소멸하지 아니한다.96)

⑤ 청산인이 2인 이상 있는 경우에 각 청산인이 각각 별도로 분배 등을 한 경우에는 그 분배 등을 한 재산가액을 각각 그 한도로 하고, 분배 등에 관한 청산인 회의 결과에 찬성한 청산인의 경우에는 그 결의에 의하여 분배 등을 한 재산가액 전액을 각각 그 한도로 하며, 공동행위에 의하여 분배 등을 한 청산인의 경우에는 그 분배 등을 한 재산가액 전액을 각각 그 한도로 한다.97)

⑥ 제2차 납세의무자가 2인 이상인 경우에 제2차 납세의무자 상호간의 관계는 제2차 납세의무자 1인에 대하여 발생한 이행(납부·충당 등) 이외의 사유는 다른 제2차 납세의무자의 제2차 납세의무에는 영향을 미치지 아니하며, 제2차 납세의무자 1인이 제2차 납세의무를 이행한 경우에는 그 이행에 의하여 제2차 납세의무가 소멸된 세액이 다른 제2차 납세의무자의 제2차 납세의무에 포함되어 있으면 그 제2차 납세의무도 소멸한다. 이 경우 "범위에 포함되어 있는지"에 관하여는 분배 등을 한 재산의 가액을 기준으로 하여 판정한다.98)

> **사례**
>
> ❖ **청산법인의 권리능력**
>
> 비법인사단에 해산사유가 발생하였다고 하더라도 곧바로 당사자능력이 소멸하는 것이 아니라 청산사무가 완료될 때까지 청산의 목적범위 내에서 권리·의무의 주체가 되고, 이 경우 청산 중의 비법인사단은 해산 전의 비법인사단과 동일한 사단이고 다만 그 목적이 청산 범위 내로 축소된 데 지나지 않는다.
>
> (대법 2006다41297, 2007.11.16.)

---

96) 국세기본법통칙 38-0…7 (청산종결등기와의 관계)
97) 국세기본법통칙 38-0…9 (청산인이 2인 이상인 경우)
98) 국세기본법통칙 38-0…10 (제2차 납세의무자 상호간의 관계)

(4) 청산인 등에 대한 징수방법

(가) 제2차 납세의무자 확인

① 제2차 납세의무 확인은 법인이 해산한 때에는 법인등기부, 당사자에 대한 조사, 지방세를 부과한 관계자료 등을 확인하고, 지방세를 납부하지 아니하고 잔여재산의 분배·인도시에는 결산보고서, 잔여재산분배통지서, 회계장부, 당사자에 대해 조사 확인하고, 징수가 부족할 것에 대비하여 주된 납세자의 재산 등을 확인한다.

② 주된 납세자의 납세의무가 시효의 완성에 의하여 소멸되는 때에는 제2차 납세의무도 소멸되므로 시효완성의 우려가 있는 경우에는 시효 중단에 필요한 조치를 취하여야 한다.

(나) 제2차 납세의무자에 대한 징수절차

① 주된 납세자에 대해 체납처분할 수 있는 재산의 가액이 징수하려고 하는 체납액에 미달하는 것이 명백하게 인정되면 제2차 납세의무를 지정한다.

② 주된 납세자에 대한 체납처분절차를 선행하여야 하고 납세고지서가 첨부된 납부통지서에 의하여 고지하여야 한다. 제2차 납세의무자가 지정된 납부기한까지 납부하지 아니할 때는 납부기한이 지난 날부터 50일 이내에 납부최고서를 발부하여야 하며 납부기한은 발부일로부터 10일 이내이다.

③ 주된 납세자가 회사정리법에 의하여 지방세 납세의무가 면책된 경우에도 제2차 납세의무자에 대한 지방세의 납세의무는 영향을 미치지 아니한다(채무자회생 및 파산에 관한 법률 §250 ②). 따라서 제2차 납세의무자의 재산에 대하여는 체납처분을 할 수 있다.[99]

제46조 출자자의 제2차 납세의무

법인(주식을 「자본시장과 금융투자업에 관한 법률」에 따른 증권시장으로서 대통령령으로 정하는 증권시장에 상장한 법인은 제외한다.)의 재산으로 그 법인에 부과되거나 그 법인이 납부할 지방자치단체의 징수금에 충당하여도 부족한 경우에는 그 지방자치단체의 징수금의 과세기준일

---

[99] 채무자회생 및 파산에 관한 법률 제250조(회생계획의 효력 범위) ② 회생계획은 회생채권자 또는 회생담보권자가 회생절차가 개시된 채무자의 보증인 그 밖에 회생절차가 개시된 채무자와 함께 채무를 부담하는 자에 대하여 가지는 권리와 채무자 외의 자가 회생채권자 또는 회생담보권자를 위하여 제공한 권리 또는 담보에 영향을 미치지 아니한다.

또는 납세의무성립일(이에 관한 규정이 없는 세목의 경우에는 납기개시일) 현재 다음 각 호의 어느 하나에 해당하는 자는 그 부족액에 대하여 제2차 납세의무를 진다. 다만, 제2호에 따른 과점주주의 경우에는 그 부족액을 그 법인의 발행주식총수(의결권이 없는 주식을 제외한다. 이하 이 조에서 같다.) 또는 출자총액으로 나눈 금액에 해당 과점주주가 실질적으로 권리를 행사하는 소유주식수(의결권이 없는 주식은 제외한다.) 또는 출자액을 곱하여 산출한 금액을 한도로 한다(법 §46 Ⅰ·Ⅱ).

1. 무한 책임 사원
2. 주주 또는 유한책임사원 1명과 그의 특수관계인 중 대통령령으로 정하는 자로서 그들의 소유주식의 합계 또는 출자액의 합계가 해당 법인의 발행주식 총수 또는 출자총액의 100분의 50을 초과하면서 그에 관한 권리를 실질적으로 행사하는 자들(이하 "과점주주"라 한다.)

위의 법 제46조 각 호 외의 부분 본문에서 "대통령령으로 정하는 증권시장"이란 자본시장과 금융투자업에 관한 법률시행령 제176조의 9 제1항에 따른 유가증권시장 및 대통령령 제24697호 자본시장과 금융투자업에 관한 법률 시행령 일부개정령 부칙 제8조에 따른 코스닥시장을 말한다(영 §24 ①).[100]

그리고 법 제46조 제2호에서 "특수관계인 중 대통령령으로 정하는 자"란 해당 주주 또는 유한책임사원과 영 제2조의 다음 각 호의 어느 하나에 해당하는 관계에 있는 자를 말한다(영 §24 ② Ⅰ~Ⅲ).

㉮ 친족관계
㉯ 경제적 연관관계
㉰ 경영지배관계 중 제2조제3항제1호가목 및 같은 행 제2호가목 및 나목의 관계. 이 경우 같은 조 제4항을 적용할 때 "100분의 30"은 "100분의 50"으로 본다.

(1) 개 설

① 합명회사와 합자회사의 무한책임사원은 상법상 회사의 재산으로 회사의 채무를 완제할 수 없는 때에는 각 사원은 연대하여 변제할 책임이 있다(상법 §212, 269)고 규정하고 있으므로, 사원의 이러한 보충적인 책임을 조세채무에도 적용하여 회사의 조세채무를 회사의 재산으로 징수하여도 부족액이 있을 때에는 무한책임사원에게 제2차 납세의무를 지우도록 규정하고 있다.

---

[100] 자본시장과 금융투자 사업에 관한 법률 시행령 제 176조의 9 제1항
① 법 제165조의 7 제1항 각 호 외의 부분 본문에서 "대통령령으로 정하는 주권상장법인"이란 한국거래소가 법 제4조 제2항 각 호의 증권의 매매를 위하여 개설한 증권시장으로서 금융위원회가 정하여 고시하는 증권시장에 주권이 상장된 법인을 말한다.
②~④ (생략)

② 물적회사의 과점주주에게 회사의 조세채무에 대하여 보충적인 책임을 묻는 것은 유한책임을 갖는 주주의 책임 등에 대한 기본원칙과는 약간의 문제는 있으나 현실적으로는 상장법인을 제외하고는 대부분이 주주의 구성이 가족관계인 회사로서 회사의 실질적인 운영자인 과점주주는 수익은 개인이 가져가고 손실은 회사에 떠넘김으로서 회사의 법인격을 이름뿐인 부실회사로 만들 우려가 큰 것을 감안하여 조세법에서 과점주주에게도 회사의 납세의무에 대하여 제2차 납세의무를 지우도록 규정하고 있다.101)

(2) 무한책임사원의 제2차 납세의무

법인(상장법인 제외)의 재산으로 그 법인에 부과되거나 그 법인이 납부할 지방자치단체의 징수금에 충당하여도 부족한 경우에는 그 지방자치단체의 징수금의 과세기준일 또는 납세의무성립일(이에 관한 규정이 없는 세목에 있어서는 납기개시일) 현재 무한책임사원은 그 부족액에 대하여 제2차 납세의무를 진다고 규정하고 있다.

이에 따라 합명회사 또는 합자회사의 무한책임사원은 그 회사의 납세의무에 대하여 제2차 납세의무를 지게 되는 것이다. 그러므로 무한책임사원은 회사의 재산으로 회사의 채무를 완제할 수 없을 때에는 연대하여 변제할 책임이 있고, 이러한 이유로 무한책임사원은 상법상 회사의 채무에 대하여 보충적, 종속적인 책임을 가지는 것으로 그 책임의 성격은 인적(人的), 무한(無限) 그리고 연대책임을 지는 것을 말하는 것이다. 그래서 무한책임사원에 대한 개념은 상법에서 도입된 것인 차용개념(借用槪念)이므로 그 범위, 책임의 내용 등은 특별한 규정 등이 없으면 상법의 규정에 의하는 것이다.

결국, 무한책임사원이라 함은 상법상 합명회사와 합자회사에 한해 존재하는 것으로 회사경영상 채무에 대하여 회사에 출자한 재산에 대하여만 변상책임을 지는 유한책임사원과는 달리 회사에 출자한 재산에 대하여 변상책임을 지는 것은 물론이고 자기 개인의 재산에 대하여서까지 직접무한의 변상책임을 지는 사원을 말한다(상법 §212).

무한책임사원의 책임은 퇴사등기 후 2년 또는 해산등기 후 5년이 경과해야 소멸(상법 §225 및 §267)하므로 제2차 납세의무를 지우기 위해서는 이 기간 내에 제2차 납세의무자에 대한 납세통지를 해야 한다. 이 경우는 퇴사등기 또는 해산등기를 하기 전에 그 법인의 납세의무가 성립한 것이어야 한다.

그런데 제2차 납세의무를 지는 무한책임사원이 2명 이상인 경우에 그들 상호간의 채무에 대한 연대채무관련 규정이 세법상에는 별도의 규정이 없다.

그러나 상법상 무한책임사원은 연대채무를 부담하도록 하고 있는 점과 조세채무의 특수성에 비추어 볼 때 제2차 납세의무를 지는 무한책임사원 상호간에는 연대채무관계에 있는 것으

---

101) 강인애, 「조세법 Ⅲ」, p.139

로 보는 것이 타당할 것으로 판단되어 제2차 납세의무를 지는 무한책임사원 상호간에는 조세법상의 이른바 상호보증적 연대납부책임의 관계에 있는 것으로 보아야 할 것이다.102)

(3) 과점주주의 제2차 납세의무

법인(상장법인 제외)의 재산으로 그 법인에 부과되거나 그 법인이 납부할 지방자치단체의 징수금에 충당하여도 부족한 경우에는 그 지방자치단체의 징수금의 과세기준일 또는 납세의무성립일(이에 관한 규정이 없는 세목에 있어서는 납기개시일) 현재 과점주주(주주 또는 유한책임사원 1명과 그의 특수관계인 중 대통령령으로 정하는 자로서 그들의 소유주식의 합계가 해당 법인의 발행주식 총수 또는 출자총액의 100분의 50을 초과하면서 그에 관한 권리를 실질적으로 행사하는 자들을 말한다.)에 해당하는 자는 그 부족액에 대하여 제2차 납세의무를 진다고 규정하고 있다.

(가) 과점주주의 의의 및 성격

① 과점주주는 일반적으로 주식회사에서 발행주식의 100분의 50 이상을 소유하고 있는 주주를 말하는데 이를 지배주주 또는 대주주라고 한다.

지방세기본법상 과점주주라 함은 주주 또는 유한책임사원 1명과 그의 특수관계인 중 대통령령으로 정하는 자로서 그들의 소유주식의 합계가 해당 법인의 발행주식 총수 또는 출자총액의 100분의 50을 초과하면서 그에 관한 권리를 실질적으로 행사하는 자들을 말한다고 규정하고 있다.

그러므로 지방세기본법상 과점주주인지 여부를 판정함에 있어서는 주주 또는 유한책임사원 1명의 소유주식 뿐만 아니라 그 주주 1명과 일정한 관계에 있는 특수관계자의 소유주식까지 합산하여 1명의 소유주식으로 계산하고 있다.

② 이와 같이 과점주주는 주주 또는 유한책임사원 1명의 소유주식뿐만 아니라 그 주주 1명과 친족, 그 밖의 특수관계에 있는 자의 소유주식을 합산하여 그 주식의 합계 또는 출자액의 합계가 해당 법인의 발생주식총수 또는 출자총액의 100분의 50을 초과하면서 그에 관한 권리를 실질적으로 행사하는 자들은 과점주주에 해당된다.

회사를 설립하기 위해서는 상법상 일정 수 이상의 주주수를 갖추어야 하므로 이를 충족시키기 위해 친족·친지 등 가족관계로 밀접한 사람끼리 주식을 분산소유한다거나 특히 세제상 특수관계를 회피하기 위해 주식을 분산시키는 사례는 현실적으로 일반화된 현상이나 이렇게 분산된 주주권은 사실상 어느 중심적인 지배주주가 이를 행사하여 회사를 실질적으로 지배하고 있는 것이 현실이다.

---

102) 강인애, 「조세법 Ⅲ」, p.144

이러한 주주들의 집합체를 파악하여 실질적으로 동일한 경제주체에 대한 실질과세 원칙에 맞게 과세하기 위해 과점주주의 판단에 있어 특수관계인의 주식을 합산하여 주주1명의 주식으로 계산하는 것이다.103)

(나) 과점주주의 요건

주주 또는 유한책임사원 1명과 그와 특수관계인 중 대통령령으로 정하는 자로서 그들의 소유주식의 합계 또는 출자액의 합계가 해당 법인의 발행주식 총수 또는 출자총액의 100분의 50을 초과하면서 그에 관한 권리를 실질적으로 행사하는 자들을 과점주주라 한다.

그러므로 주주 또는 유한책임사원 1명과 그와 특수관계인 중 대통령령으로 정하는 자(영 제2조의 2의 어느 하나에 해당하는 관계에 있는 자)로서 그들의 소유주식의 합계 또는 출자액의 합계가 해당 법인의 발행주식총수 또는 출자총액의 50%를 초과하게 되면 특수관계에 있는 모든 자가 과점주주에 해당하나 실제 과점주주로서 납세의무를 지는 자는 주식 또는 출자지분에 관한 권리를 실질적으로 행사하는 자 중 1명으로 하면 된다는 것이다.

▎사례 ▎

❖ **특수관계에 있지만 당해 법인의 주주가 아니었던 사람이 특수관계인의 주식을 취득한 경우**

간주취득세 납세의무를 부담하는 과점주주에 해당하는지 여부는 과점주주 중 특정주주 1인의 주식 또는 지분의 증가를 기준으로 판단하는 것이 아니라 일단의 과점주주 전체가 소유한 총주식 또는 지분비율의 증가를 기준으로 판단하여야 하는 점에 비추어 볼 때, 과점주주 사이에 주식 또는 지분이 이전되거나 기존의 과점주주와 친족 기타 특수관계에 있으나 당해 법인의 주주가 아니었던 자가 기존의 과점주주로부터 그 주식 또는 지분의 일부를 이전받아 새로이 과점주주에 포함되었다고 하더라도 일단의 과점주주 전체에 보유한 총주식 또는 지분의 비율에 변동이 없는 한 간주취득세의 과세대상이 될 수 없다.

(대법 2007두10297, 2007.8.23.)

(다) 특수관계인의 범위

여기에서 주주 또는 유한책임 사원 1명과 그와 특수관계에 있는 자란 본인과 ① 혈족·인척 등 대통령령으로 정하는 친족관계, ② 임원·사용인 등 대통령령으로 정하는 경제적 연관관계, ③ 주주·출자자 등 대통령령으로 정하는 경영지배관계에 있는 자를 특수관계인으로 본다(법 §2 ① ⅩⅩⅩⅣ).

---

103) 이태로, 「조세법개론」, p.72 참조

그리고 "특수관계인"이란 본인과 다음 각 목의 어느 하나에 해당하는 관계에 있는 자를 말한다. 이 경우 이 법 및 지방세관계법을 적용할 때 본인도 그 특수관계인의 특수관계인으로 본다.

(ⅰ) 혈족·인척 등 대통령령으로 정하는 친족관계는 특수관계인이다.

이 경우 "혈족·인척 등 대통령령으로 정하는 친족관계"란 다음의 어느 하나에 해당하는 관계에 있는 자를 말한다(영 §2 ① Ⅰ~Ⅳ).[104]

① 6촌 이내의 혈족관계

혈족이란 자기의 직계존속과 직계비속을 직계혈족이라 하고, 자기의 형제자매와 형제자매의 직계비속, 직계존속의 형제자매와 그 형제자매의 직계비속을 방계혈족이라 한다(민법 §768). 그리고 혈족에는 법정혈족과 자연혈족이 있는데 법정혈족은, 예컨대 친자라고 하는 자연의 혈통연결이 없음에도 불구하고 친자라고 하는 혈통이 이어져 있다고 법적으로 의제되어 이것을 통하여 기타의 친족관계를 형성하는 자를 말하는 것으로 양자로 들어가면 양부모 등은 법정혈족이 되는 것이다.

또한 자연혈족은 직계혈족과 방계혈족으로 나누어지는 것으로 민법의 규정에 정의되어 있다.[105]

② 4촌 이내의 인척

인척은 혈족의 배우자, 배우자의 혈족 및 배우자의 혈족의 배우자를 말한다(민법 §769). 예컨대 처의 부모, 백숙부모 및 자기의 백숙부모의 배우자와 같다. 한 배우자의 혈족과 다른 배우자의 혈족은 서로 인척이 아니다(예 남편의 아버지와 아내의 아버지). 인척관계는 이혼에 의하여 또는 부부의 일방이 사망한 후에 생존 배우자가 재혼한 때에도 종료한다(민법 §775).

③ 배우자(사실상의 혼인관계에 있는 자를 포함한다.)

④ 친생자로서 다른 사람에게 친양자로 입양된 사람 및 그 배우자, 직계비속. 즉 입양자가 출생한 생가의 부모·조부모·증조부모는 특수관계인이 되며, 또한 형제 중 1인이 타가에 입양을 하였더라도 그 입양자 및 배우자는 물론 입양되어 간 타가의 자녀, 손자녀 등 직계비속은 특수관계인이 된다.

---

104) 친족의 범위는 8촌 이내의 혈족, 4촌 이내의 인척 및 배우자에 미친다(민법 §777). 그리고 혈족의 배우자, 배우자의 혈족, 배우자의 혈족의 배우자를 인척으로 한다(민법 §769). 또한 친족관계란 혼인과 혈연을 기초로 한 사람과 사람과의 관계를 말하고, 그 사람을 서로 친족이라 한다. 자연적인 뜻으로는 이 관계는 무제한으로 확대되지만 우리 민법은 특히 8촌 이내의 부계혈족, 4촌 이내의 모계혈족, 부의 8촌 이내의 부계혈족, 부의 4촌 이내의 모계혈족, 처의 부모, 배우자만을 친족이라고 부른다. 그런데 이 규정에서는 6촌 이내의 혈족관계와 4촌 이내의 인척에 대해서만 특수관계인에 포함되도록 규정하고 있다.
105) 법률학대사전, 뉴스저널편, p.1290, 법률용어사전, 현암사, p.517

족보의 계보

※ 8촌 이내의 혈족(숫자는 촌수)

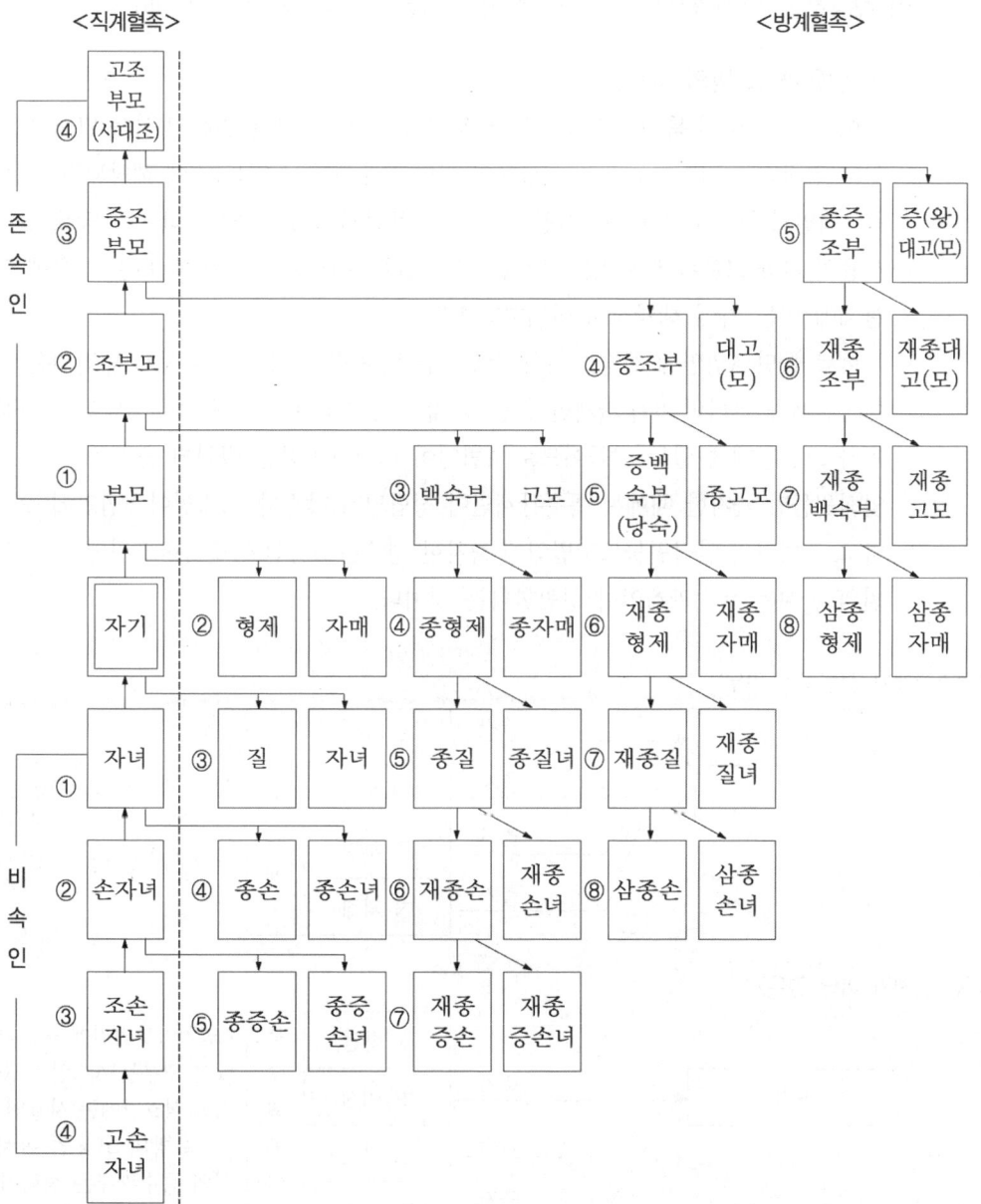

※ 민법상 자연혈족인 친족관계는 사망에 의해서만 소멸하므로 출양(出養)을 하거나 외국국적을 취득하더라도 그 관계에는 변함이 없다.

(ii) 임원·사용인 등 대통령령으로 정하는 경제적 연관관계에 있는 자는 특수관계인이다.

이 경우 "임원·사용인 등 대통령령으로 정하는 연관관계"란 다음 각 호의 어느 하나에 해당하는 관계(경제적 연관관계)에 있는 자를 말한다(영 §2 ② Ⅰ~Ⅲ).

① 임원과 그 밖의 사용인

이 경우는 당해 특정주주에 직접 사용인이나 고용관계에 있는 자만을 말하므로 법인의 임직원은 법인대표자와의 사용인 기타 특수관계에 있는 자에 해당되지 않는다. 즉, 법인의 특정주주 1인과 사용인 기타 고용관계에 있지 않고 단순히 당해 법인의 사용인 기타 고용관계에 있는 주주는 그 특정주주 1인과는 사용인 또는 그 밖에 고용관계에 있는 자에 해당하지 아니한다.106)

예를 들면 A법인에 사장, 상무, 전무, 부장, 차장, 과장, 대리 등의 임직원은 서로 친족관계가 아니면 특수관계인이 될 수 없으나 이러한 임직원들은 A법인의 사용인 기타 고용관계에 있는 자들이므로 A법인이 비상장법인인 법인에 출자를 하지 않고 임직원들만 출자한 때에는 특수관계인이 성립되지 않으나, A법인이 B법인에 출자를 하고, A법인의 임직원들도 B법인에 출자한 경우는 B법인에 출자한 A법인과 그 임직원의 관계는 특수관계인이 성립한다는 것이다.

〈특수관계가 성립하는 경우〉

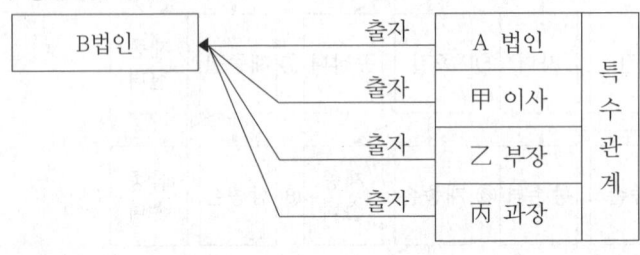

〈특수관계가 아닌 경우〉

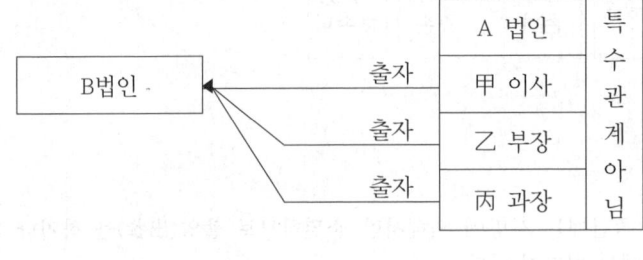

---

106) 국세기본법통칙 39-20…2 (사용인·기타 고용관계에 있는 자의 범위)

② 본인(주주 또는 유한책임사원)의 금전이나 그 밖의 재산으로 생계를 유지하는 사람

③ 위 ① 및 ②의 사람과 생계를 함께하는 친족

이 경우 "생계를 유지하는 사람"이라 함은 당해 주주 등으로부터 급부받은 금전, 기타의 재산 및 그 급부받은 금전이나 기타 재산의 운용에 의하여 발생하는 수입을 일상 생활비의 주된 원천으로 하고 있는 사람을 말한다.[107]

그리고 "생계를 함께하는 친족"이라 함은 서로 도와서 일상생활비를 공통으로 부담하고 있는 것을 말하며 반드시 동거하고 있는 것을 필요로 하지 아니한다.[108]

이와 같이 유한책임사원 1인과 생계를 함께하는 사람도 친인척에 관계없이 특수관계자의 범위에 속하는데 이 경우 특수관계자의 판정은 일상생활비의 부담관계, 생활비의 공통부담한 금액만으로만 판정하고 동거 여부는 관계없다고 본다.

(iii) 주주·출자자 등 대통령령으로 정하는 경영지배관계에 있는 경우는 특수관계인이다 (영 §2 ③ Ⅰ·Ⅱ).

아래와 같은 경영지배관계의 규정을 적용할 때 해당 법인의 경영에 대하여 지배적인 영향력을 행사하고 있는 것으로 보는 경우는 영리법인의 경우 ① 법인의 발행주식 총수 또는 출자총액의 100분의 30 이상을 출자한 경우 ② 임원의 임면권의 행사, 사업방침의 결정 등 법인의 경영에 대하여 사실상 영향력을 행사하고 있다고 인정되는 경우를 말하고, 비영리법인의 경우는 ① 법인의 이사의 과반수를 차지하는 경우 ② 법인의 출연재산(설립을 위한 출연재산만 해당한다.)의 100분의 30 이상을 출연하고 그 중 1인이 설립자인 경우를 말한다(영 §2 ④).

그런데 특수관계에 대한 개념규정을 위와 같이 확대하여 "임원의 임면권의 행사, 사업방침의 결정 등 법인의 경영에 대하여 사실상 영향력을 행사하고 있다고 인정되는 경우"로 한 것은 그 판단기준이 불투명할 뿐만 아니라 이를 특수관계자의 범위에 포함하면 특수관계의 범위가 너무 확대되어 인정과세의 길을 넓혀주는 결과를 가져올 뿐 아니라 과세요건의 결정에 엄격한 기준이 필요한 간주취득세의 개념범위를 벗어나는 것으로 위법한 입법이라는 비난을 면치 못할 것으로 생각된다.

이 경우 "주주·출자자 등 대통령령으로 정하는 경영지배관계"란 다음 각 호의 구분에 따른 관계를 말한다.

---

[107] 국세기본법통칙 39-20…3 (생계를 유지하는 자)
[108] 국세기본법통칙 39-20…4 (생계를 함께 하는 자)

① 본인이 개인인 경우

본인이 직접 또는 그와 친족관계 또는 경제적 연관관계에 있는 자를 통하여 법인의 경영에 대하여 지배적인 영향력을 행사하고 있는 경우 그 법인

[그림 1]

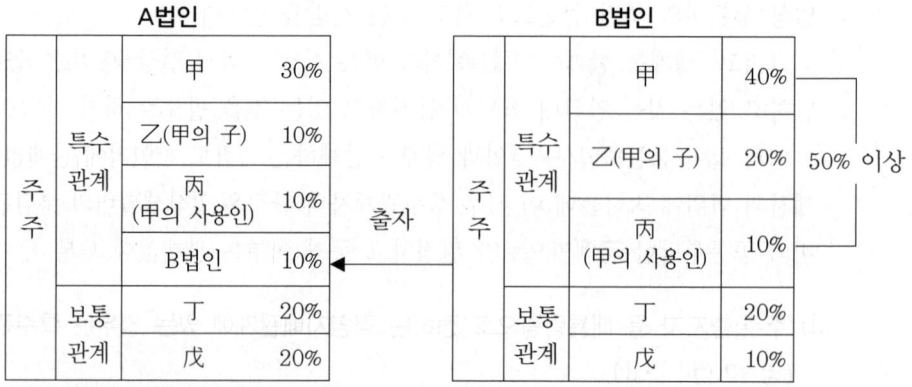

▶ 이 경우 B법인의 주주인 甲과 특수관계에 있는 乙·丙의 소유주식의 합계액이 50% 이상인 B법인이 甲과 특수관계에 있는 乙·丙과 같이 A법인에 출자를 하면 B법인과 甲은 특수관계가 되어 B법인, 甲·乙·丙의 소유주식합계액이 A법인 주식 총액의 50% 이상으로서 실질적으로 A법인의 경영에 대하여 지배적인 영향력으로 행사할 수 있는 지위에 있는 자는 주식을 가장 많이 소유한 甲이되는 것이다.

[그림 1-2]

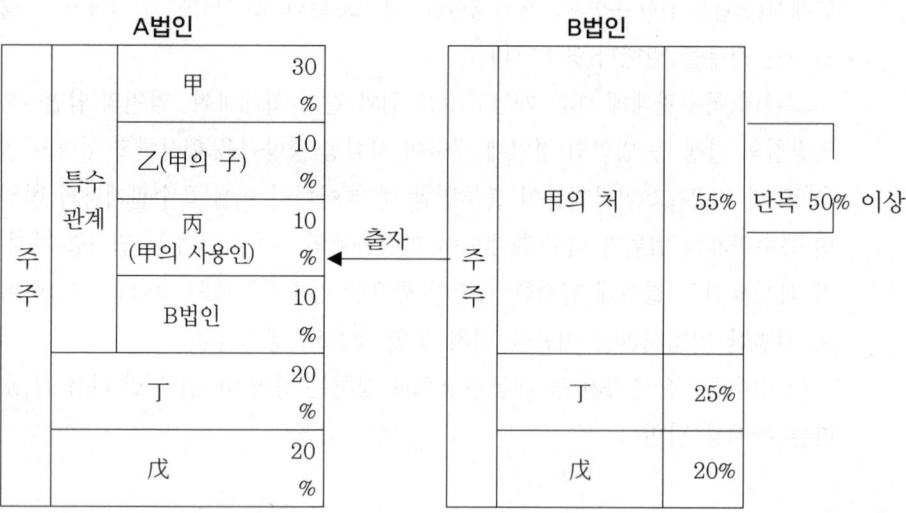

▶ B법인의 소유주식 중 甲의 처가 소유하고 있는 주식총액이 55%인 경우에도 A법인의 특수관계인 여부를 판단할 때에는 A법인의 주주인 甲을 중심으로 갑과 친족 기타 특수관계에 있는 갑의 처가 B법인의 주식을 50% 이상 소유하고 있기 때문에 B법인이 A법인에 10% 출자를 했을 경우에는 甲·乙·丙, B법인은 특수관계에 있게 되어 A법인의 과점주주가 되는 것이다.

② 본인이 법인인 경우

㉮ 개인 또는 법인이 직접 또는 그와 친족관계 또는 경제적 연관관계에 있는 자를 통하여 본인이 법인의 경영에 대하여 지배적인 영향력을 행사하고 있는 그 개인 또는 법인

[그림 2]

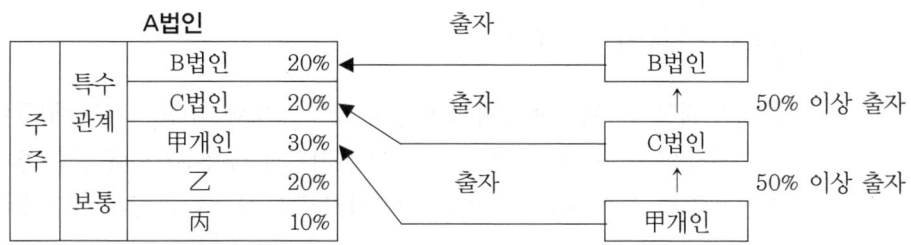

▶ 이 경우 甲개인이 C법인에 또 C법인이 B법인에 각각 50% 이상 출자를 하고 있으면 甲개인과 B법인 및 C법인은 특수관계가 성립되고 甲개인, B법인 및 C법인이 A법인의 주주인 때에 이들 주주의 소유주식의 합계액이 A법인의 주식 총액의 50% 이상인 경우에는 甲개인, B법인 및 C법인은 A법인의 과점주주가 된다. 이때 甲개인이 친족 기타 특수관계가 있는 자와의 관계는 고려할 필요 없이 甲개인 단독만의 그 출자액 또는 소유주식 금액을 기준으로 결정해야 한다. 이 경우 특수관계인의 소유주식이 50% 이상이 되어 B법인, C법인, 甲개인이 과점주주가 되나 실제 과점주주로서 납세의무가 있는 자는 주식을 가장 많이 소유한 甲개인이 되는 것이다.

㉯ 본인이 직접 또는 그와 경제적 연관관계 또는 ㉮의 관계에 있는 자를 통하여 어느 법인의 경영에 대하여 지배적인 영향력을 행사하고 있는 경우 그 법인

[그림 3]

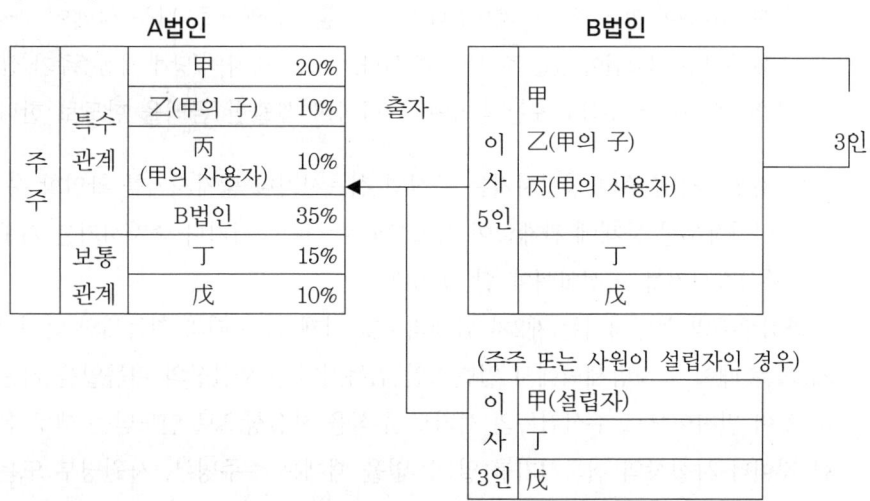

▶ 이 경우 A법인의 주주인 甲·乙·丙은 특수관계에 있으나 주식합계액이 50% 미만이므로 과점주주는 되지 않으나 특수관계인에 있는 甲·乙·丙이 비영리법인인 B법인의 이사이며 또한 B법인의 5인 이사 중 과반수를 차지하고 있을 때와 甲·乙·丙 중 1인이 B법인의 설립자인 경우 B법인이 A법인에 출자하고 있을 때에는 甲·乙·丙 및 B법인을 특수관계에 있는 자로 보고 그 주식의 합계액이 A법인의 주식 총액의 50% 이상인 경우에는 甲·乙· 丙과 B법인을 A법인의 과점주주로 보는 것이다. 다만, B법인이 A법인에 출연한 재산비율이 A법인 출연재산의 100분의 30 이상이어야 한다.

이와 같은 과점주주와 무한책임사원이 제2차 납세의무를 지게 되는 요건과 제2차 납세의무의 범위를 요약해 보면,

① 주식을 자본시장과 금융투자업에 관한 법률 시행령 제176조의 9 제1항에 따른 유가증권시장 및 대통령령 제24697호 자본시장과 금융투자업에 관한 법률 시행령 일부개정령 부칙 제8조에 따른 코스닥시장에 상장하지 않은 비공개법인이어야 하므로 상장하고 있는 공개법인의 주주는 근원적으로 과점주주로서 법인에 대한 제2차 납세의무자가 되지 않는다.

② 당해 법인이 체납하고 있는 경우와 앞으로 부과될 지방세가 있거나 또는 그 법인이 납부 또는 납입할 지방자치단체의 징수금이 있어야 한다.

③ 당해 법인의 재산으로 과세기관이 징수할 지방자치단체의 징수금에 부족한 경우라야 한다.

④ 지방자치단체의 징수금 중 정기분 납기세목에 있어서는 납기개시일 또는 과세기준일현재로, 그리고 수시부과세목에 있어서는 납세고지서(납입통지서) 발부일 현재로 당해 법인에 과점주주가 있어야 한다.

⑤ 과점주주로서 제2차 납세의무를 지는 경우에는 그 부족액을 그 법인의 발행주식 총수(의결권이 없는 주식을 제외한다.) 또는 출자총액으로 나눈 금액에 과점주주의 소유주식수(의결권이 없는 주식을 제외한다.) 또는 출자액(당해 과점주주가 실질적으로 권리를 행사하는 주식수 또는 출자액)을 곱하여 산출한 금액을 한도로 한다.

이 경우 과점주주의 성립시기는 주식의 취득시기나 출자시기를 확인할 수 있을 때에는 법인장부상 등재에 관계없이 사실상의 주식취득시기나 출자시기를 기준으로 과점주주성립시기를 결정하여야 할 것이다.

과점주주의 성립시기는 제2차 납세의무를 지게 되는 때와 취득세의 납세의무를 지게 되는 때이며 지방세법에서 일반적인 취득시기는 사실상의 취득일을 기준으로 하는 것이 원칙이므로 주식취득의 시기도 주식을 사실상으로 인도받는 때로 함이 타당할 것이나 사실상의 취득시기를 알 수 없을 때에는 주주명부, 사원명부 또는 법인장부 등에 의하여 확인되는 때로 보아야 할 것이다. 이러한 점으로 미루어 보아 과점주주가 되는 시점은 법인의 주식을 취득하여 사실상 주주로서의 권리를 행사할 수 있는

지위를 취득한 때가 되는 것이므로 법인의 주식을 형식상으로는 양수받은 것으로 되어 있으나 실제에 있어서는 주주로서의 권리를 행사할 의사가 없거나 행사하지 못하도록 제한되어 있는 경우에는 과점주주라 할 수 없다.

(iv) 과점주주의 소유주식 및 제2차 납세의무 한도

먼저 과점주주가 되려면 주주 또는 유한책임사원 1명과 그 외 친족, 그 밖의 특수관계에 있는 사람들의 소유주식의 합계 또는 출자액의 합계가 해당 법인의 발행주식 총수 또는 출자총액의 100분의 50을 초과하는 사람들이어야 한다.

① 주주라 함은 주식회사의 주식의 소유자로서 주주명부 등에 기재 유무와 관계없이 사실상 주주권을 가진 자를 말하며, 주권의 발행 전에 주식 또는 주주권이 양도된 경우에는 그의 양수인을 말한다.[109]

주주의 책임은 그가 가진 주식의 인수가액을 한도로 하는데(상법 §331) 이를 주주의 유한책임의 원칙이라 한다.

② 유한책임사원이라 함은 합자회사의 유한책임사원과 유한회사의 사원을 말한다. 합자회사의 유한책임사원은 그 출자가액에서 이미 이행한 부분을 공제한 가액을 한도로 하여 회사채무를 변제할 책임이 있으나(상법 §279 ①), 유한회사의 사원은 회사에 대하여 출자의무만이 있고 회사 채무에 대한 변제의 책임은 지지 않는데(상법 §553) 이 점에서 유한회사의 사원의 책임은 주주의 책임과 같다고 할 것이다.[110]

다음으로 과점주주는 법인의 재산으로 지방자치단체에 납부할 징수금에 충당하여도 부족한 경우에 그 부족액에 대하여 제2차 납세의무를 지는데 이에 따른 과점주주별로 부담할 금액의 범위는 그 부족액을 그 법인의 발행주식 총수(의결권 없는 주식 제외) 또는 출자총액으로 나눈 금액에 과점주주의 소유주식수(의결권 없는 주식 제외) 또는 출자액을 곱하여 산출한 금액을 한도로 제2차 납세의무를 진다는 것이다.

(v) 과점주주와 비상장법인

제2차 납세의무자로서의 과점주주는 그 법인이 주식을 「자본시장과 금융투자업에 관한 법률」 시행령 제176조의 9 제1항에 따른 유가증권시장에 상장한 법인이 아니어야 한다. 그러므로 유가증권시장에 비상장된 법인의 과점주주만이 제2차 납세의무가 있는 것이다.

---

109) 국세기본법통칙 39-0…1 (주주)
110) 강인애, 「조세법 Ⅲ」, p.150

제47조 법인의 제2차 납세의무

지방세(둘 이상의 지방세의 경우에는 납부기한이 뒤에 도래하는 지방세를 말한다.)의 납부기간 종료일 현재 법인의 무한책임사원 또는 과점주주(이하 이 조에서 "출자자"라 한다.)의 재산(그 법인의 발행주식 또는 출자지분은 제외한다.)으로 그 출자자가 납부할 지방자치단체의 징수금에 충당하여도 부족한 경우에는 그 법인은 다음 각 호의 어느 하나에 해당하는 경우에만 그 출자자의 소유주식 또는 출자지분의 가액 한도 내에서 그 부족한 금액에 대하여 제2차 납세의무를 진다(법 §47 ① Ⅰ·Ⅱ).

1. 지방자치단체의 장이 출자자의 소유주식 또는 출자지분을 재공매하거나 수의계약으로 매각하려 하여도 매수희망자가 없는 경우
2. 법률 또는 법인의 정관에서 출자자의 소유주식 또는 출자지분의 양도를 제한하고 있는 경우(「지방세징수법」 제71조제5항 본문에 따라 공매할 수 없는 경우는 제외한다)
3. 그 법인이 외국법인인 경우로서 출자자의 소유주식 또는 출자지분이 외국에 있는 재산에 해당하여 「지방세징수법」에 따른 압류 등 체납처분이 제한되는 경우

제1항에 따른 법인의 제2차 납세의무는 그 법인의 자산총액에서 부채총액을 뺀 가액을 그 법인의 발행주식총액 또는 출자총액으로 나눈 가액에 그 출자자의 소유주식금액 또는 출자액을 곱하여 산출한 금액을 한도로 한다(법 §47 ②).

이 경우 자산총액과 부채총액의 평가는 해당 지방세(둘 이상의 지방세의 경우에는 납부기한이 뒤에 도래하는 지방세를 말한다.)의 납부기간 종료일 현재의 시가에 따른다(영 §25).

(1) 개 설

법인과 개인은 인격적으로 별개일 뿐 아니라 법률관계에 있어서도 별개이므로 법인과 그 대표자인 사장 개인은 별개이다. 그러므로 재산관계에 있어서 법인재산과 사장 개인재산은 별개이며, 조세관계에 있어서도 법인인 회사의 조세채무를 사장 개인이 이행할 의무가 없으며, 사장 개인의 조세채무에 대하여도 그가 소속된 회사가 부담할 의무가 없는 것이 원칙이다. 이렇게 원칙적인 법률관계에 있어서는 상호 조세채무의 부담의무가 없는 것이나 사실관계에 있어서는 이들 상호간에는 밀접한 관계가 있을 뿐 아니라 법을 이용하여 탈법행위를 할 수 있는 가능성이 있으므로 이러한 행위를 규제하면서 조세채권을 확보하기 위하여 법인의 조세채무에 대하여 과점주주 및 무한책임사원이 제2차적인 납세의무를 부담함과 동시에 과점주주와 무한책임사원의 조세채무에 대하여도 법인이 제2차적인 책임을 지도록 규정하고 있는 것이다.

2024년부터는 출자자(납부기간 종료일 현재 법인의 무한책임사원·과점주주)의 재산으로 그 출자자가 납부할 지자체 징수금에 충당하여도 부족한 경우, 출자된 법인은 일정한 경우(① 출자자의 소유주식을 매각하려 하여도 매수 희망자가 없을 경우, ② 법률 또는 법인의 정관 등에서 출자자의 주식·지분의 양도가 제한되는 경우)에만 출자자의 소유주식·출자지분 가액 한도 내에서 부족액에 대해 제2차 납세의무를 부담하고 법률 또는 정관에 따라 주식·지분의 양도가 제한되는 경우 출자법인은 제2차 납세의무를 부담하나, 지방세징수법 제71조제5항[111] 본문에 따라 공매할 수 없는 경우는 제2차 납세의무를 부담하는 경우에서 제외하도록 단서 신설과 함께 출자자가 소유한 외국법인의 주식·지분이 외국에 있는 재산에 해당하여 체납처분이 제한되는 경우 그 법인이 제2차 납세의무를 부담하도록 규정하고 출자자의 납세의무가 성립하는 경우부터 적용하도록 개정 신설한 것이다.

(2) 법인의 제2차 납세의무의 성립

법인의 무한책임사원 또는 과점주주(이를 출자자라 한다.)의 재산으로 그 출자자가 납부할 지방자치단체의 징수금에 충당하여도 부족한 경우에는 그 법인은 출자자의 소유주식 또는 출자지분을 환가할 수 없는 때(매수 희망자가 없거나 양도가 제한되어 있는 경우에 한함)에 한하여 그 출자자의 소유주식 또는 출자지분의 가액을 한도로 그 부족액에 대하여 제2차 납세의무를 진다.

이 경우 법인은 비상장법인을 말하는 것이며, 출자자의 재산으로 그 출자자가 납부할 징수금에 충당하여도 부족액이 있는 것이 인정되어야 한다. 그리고 여기에서 출자자의 재산의 범위에는 그 출자자가 소유하는 해당 법인의 발행주식 또는 출지지분을 제외한다.

위의 규정에 의한 제2차 납세의무의 성립요건을 자세히 살펴보면,

① 무한책임사원이나 과점주주가 있는 법인이어야 한다.
② 법인의 무한책임사원이나 과점주주에게 앞으로 부과될 미확정 지방세 채무가 아닌 이미 부과된 지방세의 체납이 있어야 한다.
③ 무한책임사원이나 과점주주가 지방자치단체에 납부할 지방세의 납부기간 종료일 현재로 무한책임사원 또는 과점주주가 가지고 있는 당해 법인의 주식이나 출자지분을 제외한 재산으로서는 체납된 지방자치단체의 징수금에 부족하여야 한다.
④ 지방자치단체의 장이 무한책임사원 또는 과점주주의 출자지분이나 소유주식을 재공

---

111) 지방세징수법 제71조(공매) ⑤ 지방세기본법에 따른 이의신청·심판청구 또는 「감사원법」에 따른 심사청구 절차가 진행 중이거나 행정소송이 계속 중인 지방세의 체납으로 압류한 재산은 그 신청 또는 청구에 대한 결정이나 소(訴)에 대한 판결이 확정되기 전에는 공매할 수 없다. 다만, 그 재산이 제72조제1항제2호에 해당하는 경우는 그 신청 또는 청구에 대한 결정이나 소에 대한 판결이 확정되기 전이라도 공매할 수 있다.

매하거나 수의계약에 의하여 매각하려 하여도 매수 희망자가 없는 때와 무한책임사원이나 과점주주의 출자지분이나 소유주식이 법률 또는 그 법인의 정관에 의하여 양도가 제한되어 있는 요건을 충족하여야만 당해 법인이 제2차 납세의무를 진다.

그리고 법인의 소속 무한책임사원이나 과점주주에 대한 제2차 납세의무의 성립시기는 그 무한책임사원이나 과점주주에게 부과된 지방자치단체의 징수금의 납부기간 종료일로 보는 것이므로 납세고지서가 무한책임사원이나 과점주주에게 교부되어 그 납부기간 종료일 전에 그 무한책임사원이나 과점주주가 그 법인으로부터 탈퇴한 경우에는 법인의 제2차 납세의무는 성립되지 않는다고 본다.

또한 합명회사 및 합자회사의 지분은 상법 제197조, 제269조, 제276조의 규정112)에 의하여 다른 무한책임사원 전원의 동의가 없으면 양도할 수 없으므로 환가 전에 무한책임사원 중 1명이라도 환가에 의한 지분양도에 대하여 반대의사를 표시하는 경우는 위 규정에서 말하는 "양도가 제한된 때"에 해당한다.113)

(3) 법인의 제2차 납세의무의 범위

법인의 제2차 납세의무는 그 법인의 자산총액에서 부채총액을 뺀 가액을 그 법인의 발행주식총액 또는 출자총액으로 나눈 가액에 그 출자자의 소유주식금액 또는 출자액을 곱하여 산출한 금액을 한도로 한다.

이를 산식으로 표시하면 다음과 같다.

> 법인의 제2차 납세의무 한도액 = (법인자산총액 − 부채총액) ÷ 법인의 발행주식총액(출자총액) × 출자자의 소유주식금액(출자금액)

여기에서 자산 또는 부채의 총액은 납부의 통지서를 발부하는 날 현재의 대차대조표, 재산목록 등을 참고로 산정하는 것이며 자산은 시가에 의해서 평가하고 부채 중에는 법인 자신의 납세의무액은 포함시켜도 좋겠지만 여기에서 징수하고자 하는 제2차 납세의무액은 포함시킬 수 없는 것이다.

---

112) 상법 제197조, 제269조, 제276조
  - 제197조 (지분의 양도) 사원은 다른 사원의 동의를 얻지 아니하면 그 지분의 전부 또는 일부를 타인에게 양도하지 못한다.
  - 제269조 (준용규정) 합자회사에는 본장에 다른 규정이 없는 사항은 합명회사에 관한 규정을 준용한다.
  - 제276조 (유한책임사원의 지분양도) 유한책임사원은 무한책임사원 전원의 동의가 있으면 그 지분의 전부 또는 일부를 타인에게 양도할 수 있다. 지분의 양도에 따라 정관을 변경하여야 할 경우에도 같다.
113) 국세기본법통칙 40-0…1 (합명회사 등의 지분양도의 제한)

그런데 위와 같은 산식을 적용할 경우 가장 문제가 되는 것이 자산총액의 산정이다. 왜냐하면 법인장부상의 자산은 기업회계기준에 따라 취득원가주의에 의하도록 되어 있으므로 취득시점 이후에 그 가액이 상승 또는 하락하더라도 매매 등으로 그 이익이나 손실이 발생될 때까지는 변동되지 않으므로 법인장부상에는 취득시점의 가액이 그대로 있다는 점이다. 그러므로 국세기본법을 준용한다 하더라도 "자산총액과 부채총액의 평가는 해당 지방세(둘 이상의 지방세의 경우에는 납부기한이 뒤에 도래하는 지방세를 말한다.)의 납부기간 종료일 현재의 시가에 따른다(지방세기본법 시행령 §25)"고 하고 있어 실무적으로는 시가를 얼마로 할 것인가에 대한 해답을 도출해 내기가 어렵고, 대법원판례에서 제시하고 있는 시가 즉 '시가란 원칙적으로 정상적인 거래에 의하여 형성된 객관적인 교환가격을 의미하는 것이지만 객관적이고 합리적인 방법으로 평가된 가액도 포함되는 개념이므로 공신력있는 감정기관이 감정평가한 가액도 시가로 볼 수 있다."고 밝히고 있으나 현실적으로 이 시가도 실무적으로 적용하기에는 부적합한 문제점이 많은 것이 현실이다.

제48조 사업양수인의 제2차 납세의무

① 사업의 양도·양수가 있는 경우 그 사업에 관하여 양도일 이전에 양도인의 납세의무가 확정된 지방자치단체의 징수금을 양도인의 재산으로 충당하여도 부족할 때에는 양수인은 그 부족한 금액에 대하여 양수한 재산의 가액 한도 내에서 제2차 납세의무를 진다(법 §48 ①).
② 제1항에서 "양수인"이란 사업장별로 그 사업에 관한 모든 권리(미수금에 관한 것은 제외한다)와 의무(미지급금에 관한 것은 제외한다)를 포괄적으로 승계한 자로서 다음 각 호의 어느 하나에 해당하는 자를 말한다(법 §48 ② Ⅰ Ⅱ)..
   1. 양도인과 특수관계인인 자
   2. 양도인의 조세회피를 목적으로 사업을 양수한 자
③ 제1항의 양수한 재산의 가액은 대통령령으로 정한다(법 §48 ③).

이 경우 법 제1항에 따른 사업의 양도인에게 둘 이상의 사업장이 있는 경우에는 하나의 사업장을 양수한 자는 양수한 사업장과 관계되는 지방자치단체의 징수금(둘 이상의 사업장에 공통되는 지방자치단체의 징수금이 있는 경우에는 양수한 사업장에 배분되는 금액을 포함한다.)에 대해서만 제2차 납세의무를 진다(영 §26).
그리고 제3항에서 "양수한 재산의 가액"이라 함은 ㉮ 사업의 양수인이 양도인에게 지급하였거나 지급하여야 할 금액이 있는 경우에는 그 금액, ㉯ 이러한 금액이 없거나 그 금액이 불분명한 경우에는 양수한 자산 및 부채를 「상속세 및 증여세법」제60조부터 제66조까지의 규정을 준용하여 평가한 후 그 자산총액에서 부채총액을 뺀 가액으로 한다(영 §27 ① Ⅰ·Ⅱ).

이 규정의 설치목적은 일반적인 사업의 양도인 경우에는 사업에 관계되는 재산의 소유권 이전은 물론 사업에 관계되는 채권·채무 기타 영업권도 이전되며, 사업의 양도가 있은 때에는 사업의 양도·양수인 쌍방의 합의에 의하거나 양도인이 자기의 조세채무에 대하여는 스스로 그 의무의 이행절차를 밟는 것이 원칙이겠으나 고의적인 양도로 조세회피의 경우가 있을 수 있으므로 이를 방지하기 위하여 사업양도인의 재산으로 조세채권을 확보하는 데 부족한 경우 사업양수인이 그 부족액에 대하여 제2차 납세의무를 부담하게 하고 있는 것이다.

그런데 위와 같이 사업의 양수인이 양도인에게 지급하였거나 지급할 금액과 시가의 차익이 3억원 이상이거나 시가의 100분의 30에 상당하는 금액 이상인 경우에는 영 제27조 제1항 제1호의 금액과 제2호의 금액 중 큰 금액으로 한다(영 §27 ②).

그러나 영업에 관한 일부의 권리와 의무만을 승계한 경우, 강제집행절차에 의하여 경락된 재산을 양수한 경우,114) 보험업법에 의한 자산 등의 강제이전의 경우는 사업의 양도·양수로 보지 아니한다.115)

또한 2024년부터는 사업의 포괄적 양도·양수가 있는 경우 그 사업에 관하여 양도일 이전에 확정된 지자체의 징수금을 양도인의 재산으로 충당하여도 부족한 경우 모든 사업양수인이 제2차 납세의무를 부담하고 선의의 사업양수인을 보호하기 위하여 제2차 납세의무를 부담하는 양수인의 범위를 양도인과 특수관계인116)인 자와 양도인의 조세회피를 목적으로 사

---

114) 강제경매와 임의경매의 비교
경매(競賣)란 넓은 의미로는 매도하려는 자가 여러 사람을 모아놓고 구술로 매수의 신청을 하고 최고가액의 청약인에게 승낙을 주어 매매를 하는 것을 말한다. 경매를 국가기관이 행하는 경우, 이것을 공적인 경매 또는 공매(公賣)라고 한다.
부동산 및 선박의 강제경매(민사집행법 제2장 참조)는 채권자의 신청에 의하여 개시된다. 즉 집행법원은 강제경매를 개시하는 결정과 동시에 그 대상 물건의 압류를 명하여야 하며, 그 사유를 등기부에 기입하도록 등기기관에게 촉탁을 하고, 등기부에 기입한 후에 그 등기부의 등본을 법원에 송부하여야 한다. 그리고 이 압류는 채무자에게 그 결정이 송달된 때 또는 등기가 된 때에 압류의 효력이 발생한다.
그런데 이러한 절차 중에는 재산의 보관 또는 정리방법으로서 환가하는 이른바 자조매각(自助賣却)과 저당권, 질권 등 남의 물건에 대한 담보권의 실행으로서 행해지는 경우가 있는데 이는 실체법상 그 권능을 가진 자가 단독·임의로 신청하므로 강제경매에 대하여 임의경매라고 불리고 있다.
이 임의(任意)경매는 실체법상 매각권을 행사하기 위하여 국가의 힘을 빌릴 뿐, 채무명의에 표시된 청구권의 국가권력에 의한 강제적 실현의 절차가 아니므로 비송사건의 성질을 띠고 있다고 할 수 있다.
그러나 임의경매와 강제집행에 의한 경매는 절차 자체는 대체로 공통되나 임의경매에서는 성질상 채권자·채무자의 대립이 없으며 채무명의를 요하지 않고, 또 일반 채권자의 배당요구가 원칙적으로 인정되지 않는 것은 강제집행에 있어서의 경매와는 다른 점이라 하겠다.
115) 국세기본법통칙 41-0…2 (사업의 양도·양수로 보지 아니하는 경우)
116) (특수관계인) 본인과 혈족·인척 등 친족관계, 임원·사용인 등 경제적 연관관계, 주주·출자자 등 경영지배관계 등 어느 하나에 해당하는 관계에 있는 자(법§2)
(친족관계) 6촌 이내의 혈족, 4촌 이내의 인척, 배우자 등
(경제적 연관관계) 임원과 사용인, 이들과 생계를 유지하는 사람 등
(경영지배관계) 본인이 직접 또는 친족관계, 경제적 연관관계를 통하여 법인의 경영에 대하여 지배적인 영향력을 행사하는 법인 등

업을 양수한 자로 한정하도록 규정하였다 이 경우 사업양수의 제2차 납세의무에 관한 적용은 이 법 시행 전에 사업이 양도·양수된 경우로서 이 법 시행 당시 제2차 납세의무자로서 납부통지를 받지 않은 경우에 대해서도 적용하도록 부칙에서 규정하고 있다.

(1) 제2차 납세의무 성립요건

① 사업의 양도·양수에 있어서 사업이라 함은 사업의 동일성을 유지하는 범위 내에서 포괄적인 사업의 양도·양수가 있어야 한다. 즉, 사업의 양수에는 사업장별로 그 사업에 관한 권리와 의무를 포괄승계(미수금에 관한 권리와 미지급금에 관한 의무의 경우에는 그 전부를 승계하지 아니하더라도 포괄승계로 본다.)한 경우로 보도록 규정하고 있다.

그러므로 "사업의 양도·양수"란 계약의 명칭이나 형식에 관계없이 사실상 사업에 관한 권리와 의무 일체를 포괄적(미수금에 관한 권리와 미지급금에 관한 의무의 경우에는 그 전부를 승계하지 아니하더라도 이를 포괄승계로 본다.)으로 양도·양수하는 것을 말하며, 개인간 및 법인간은 물론 개인과 법인사이에도 사업의 양도·양수가 이루어질 수 있다. 그러나 사업의 양도·양수계약이 그 사업장 내의 시설물, 비품, 재고상품, 건물 및 대지 등 대상 목적에 따라 부분별·시차별로 별도로 이루어졌다 하더라도 결과적으로 사회 통념상 사업 전부에 관하여 행하여진 것이라면 사업의 양도·양수에 해당된다고 본다.[117]

또한 사업의 양도·양수라 함은 조세의 적용이 사실주의 원칙에 의하는 취지에서 보면 외형상 사업경영자의 명의변경이 없는 경우에도 사실상 매매 등에 의하여 사업이 양수인에게 인도되어 양수인이 사업을 경영하고 있는 것이 확인되는 경우에는 사업의 양도·양수가 있는 것으로 보아야 한다. 그리고 허가영업에 있어서 사업경영자가 시설 일체와 사업경영권(영업권)을 매도한 경우에는 폐업계를 관계기관에 제출하고 매수인이 신규허가를 얻었다 할지라도 종전과 동일한 사업을 계속하는 경우에는 사업의 양도·양수가 있는 것으로 보아야 한다.

그런데 사업의 양도에 대하여는 합명회사, 합자회사의 영업의 일부나 전부를 양도함에는 총사원 과반수의 결의가 필요하며, 주식회사와 유한회사 영업의 양도에는 특별결의가 필요하고, 보험회사는 그 영업을 양도하지 못하는 점에 유의하여야 한다.

② 사업의 양도·양수가 있는 경우 양도일 이전에 양도인의 납세의무가 확정된 당해 사업에 관한 지방자치단체의 징수금이 있어야 하며 양수한 재산의 가액을 한도로 제2차 납세의무를 지게 된다.

당해 사업에 관한 확정된 징수금이란 당해 사업행위 자체와 직접 관련되어 과세되는 사업장에 대한 주민세, 사업용 재산의 취득에 대한 취득세, 사업용 재산에 대한 재산세

---

[117] 국세기본법통칙 41-0…1 (사업의 양도·양수)

등이 있다. 그런데 양수인의 제2차 납세의무가 성립되기 위해서는 사업의 양도·양수일 현재 이미 양도인의 납세의무가 확정된 것이어야 하므로 당해 사업에 관하여 부과된 조세라 하더라도 사업의 양도·양수일 이후에 양도인에게 부과된 조세에 대해서는 양수인은 제2차 납세의무자에서 제외된다. 그리고 사업의 양수인은 양수한 재산의 가액을 한도로 제2차 납세의무를 지게 되므로 양수한 재산의 가액보다 많은 지방세를 징수할 금액이 있다 하더라도 양수한 재산의 가액 범위 내에서만 제2차 납세의무가 있는 것이다(대법 90누1892, 1990.8.28.).

③ 양도인의 재산으로서 그 징수할 금액에 충당하여도 부족액이 있어야 한다. 여기에서 부족한가 아닌가의 판단은 납부통지서를 발부하는 때의 현황에 의하면 되는 것이지 반드시 체납처분을 집행한 결과에 의해서 해야 할 필요는 없다고 본다.

④ 사업의 양수인이 양도인과 동일한 장소에서 동일한 종목 또는 유사한 종목의 사업을 경영하고 있어야 한다.

동일한 장소라 함은 물리적으로 동일한 장소 외에 사회통념상 동일한 장소라고 인정되는 장소를 포함하는 것이므로 동일한 위치에서 사업장의 면적이 다소 축소되거나 확장된 경우는 물론 공간적으로 정확히 동일한 위치가 아닐지라도 일반인이 용이하게 식별할 수 있을 정도로 종전의 사업장과 근접한 장소이면 동일한 장소라고 보아야 할 것이다.

(2) 제2차 납세의무의 범위

사업의 양도·양수가 있는 경우 양도일 이전에 양도인의 납세의무가 확정된 지방자치단체의 징수금을 양도인의 재산으로 충당하여도 부족한 때에는 양수인은 그 부족액에 대하여 제2차 납세의무를 지되 양수한 재산의 가액을 한도로 한다.

여기에서 양수한 재산의 가액이라 함은, ① 사업의 양수인이 지급하였거나 지급하여야 할 금액이 있는 경우에는 그 가액을 말하고, ② 사업의 양수인이 지급하였거나 지급하여야 할 가액이 없거나 시가에 비하여 현저히 낮은 경우에는 양수한 자산 및 부채를 상속세 및 증여세법 제60조 내지 제66조의 규정을 준용하여 평가한 후 그 자산총액에서 부채총액을 뺀 가액을 말한다. 이 경우 상속세 및 증여세법에 의한 평가라 함은 토지의 경우는 부동산가격공시 및 감정평가에 관한 법률에 의한 개별공시지가, 건물(오피스텔 및 상업용 건물과 주택은 제외)은 건물의 신축가격·구조·용도·위치·신축연도 등을 고려하여 매년 1회 이상 국세청장이 산정, 고시하는 가액, 오피스텔 및 상업용 건물은 건물에 딸린 토지를 공유로 하고 건물을 구분 소유하는 것으로서 건물의 용도·면적 및 구분 소유하는 건물의 수(數) 등을 고려하여 국세청장이 토지와 건물에 대하여 일괄하여 산정, 고시한 가액, 주택은 부동산가격공시 및 감정평가에 관한 법률에 의한 개별주택가격 및 공동주택가격, 기타 시설물 및 구축물은 평가기준일에 다시 건축하거나 다시 건축할 때 드는 가액을 고려하여 평가한 가액으로 하도록 하고 있으며, 이 이외에 영업권, 특허권 등 무체재산권과 주식 등 유가증권, 저당권·질권 등 담보 제공된 재산, 지상권 및 정기금(定期金), 조건부권리, 존속기간이 불확정한 권리, 신탁의 이익을 받는 권리 또는 소송중의 권리 등에 대한 평가방법은 상속세 및 증여세법 시행령 제49조 내지 제63조의 규정을 참고하여 가액을 평가해야 할 것이다.

그리고 사업양도인에게 2 이상의 사업장이 있는 경우에 1사업장을 양수한 자의 제2차 납세의무의 범위는 양수한 사업장에 관계되는 지방자치단체의 징수금(2 이상의 사업장에 공통되는 지방자치단체의 징수금이 있는 경우에는 양수한 사업장에 배분되는 금액 포함)에 한한다(국기영 §23).

▎사례 ▎

❖ 구 지방세법 제24조 소정의 제2차 납세의무를 지는 사업의 양수인의 의미 등

① 이 경우 '사업의 양수인'이란 경제적 목적을 달성할 수 있는 인적·물적 수단의 조직적 경영단위로서 담세력이 있다고 인정되는 정도의 기업체를 양도인과의 법률행위에 의하여 포괄적으로 이전받은 사람으로서 사회통념상 사업장의 경영자로서의 양도인의 법적 지위와 동일시되는 정도의 변동이 인정된 양수인을 의미하고, 이때 '사업의 포괄적 이전'이라 함은 양수인이 양도인으로부터 그의 모든 사업시설뿐만 아니라 영업권 및 그 사업에 관한 채권·채무 등 일체의 인적·물적 권리와 의무를 양수함으로써 양도인과 동일시되는 정도로 법률상의 지위를 그대로 승계하는 것을 의미한다.

② 사업을 포괄적으로 양도·양수하려는 의도로 양수인이 사업용 자산의 일부를 실질상 매매에 해당하는 임의경매 집행절차에 의하여 낙찰받아 취득하면서 나머지 사업용 자산, 영업권 및 그 사업에 관한 모든 권리와 의무를 양도인과의 별도의 양도계약에 의하여 연달아 취득하는 등으로 사회통념상 전체적으로 보아 양도인과 동일시되는 정도로 법률상의 지위를 그대로 승계한 것으로 볼 상황이라면, 이는 제2차 납세의무를 지게 되는 사업의 포괄적 승계에 해당한다.

(대법 2000두4095, 2002.6.14.)

CHAPTER 03 부과

제1절 통칙

　지방세의 채권은 이 법 및 지방세관계법 등이 정하는 바에 따라 과세기준일의 도래 또는 취득 등 특정사실의 발생 등 과세요건을 충족함으로써 성립하며 과세권자의 행정처분 또는 자기계산납부 등에 의하여 확정되는 것이다.

　지방세 채권의 성립이라 함은 과세요건을 충족함으로써 즉시 이행하여야 할 채권의 발생을 뜻하는 것이 아니고 장래의 일정시기에 일정금액을 납부하여야 할 의무를 과할 수 있는 상태의 발생을 말하는데, 이를 추상적 지방세채권이라 한다. 이와 같이 과세요건의 충족으로 성립한 지방세채권은 지방세법의 규정에 따라 납세의무자의 신고·납부(자기계산납부), 특별징수의무자의 납부 등에 의하여 확정되는 경우도 있으나 신고·납부 등을 이행하지 않거나 보통징수방법에 의하는 조세채권은 과세관청이 행정처분인 부과처분을 함으로써 현실적으로 지방세채권의 실현과정에 들어가게 되는데, 이렇게 확정된 지방세채권을 구체적 지방세채권이라 한다.

　이 장(章)에서는 이 법 및 지방세관계법 등에 따라 법정신고기한까지 과세표준 신고서를 제출한 자가 과세표준 신고서에 기재한 과세표준 및 세액 등의 과대·과소로 인하여 과세표준수정신고서를 제출하거나 경정 또는 결정을 청구할 수 있는 근거를 마련했으며, 또한 법정신고기한까지 과세표준 신고서를 제출하지 아니한 자에 대한 기한 후 신고서 제출의 방법과 가산세의 부과 또는 감면, 납세의 고지 등에 관한 내용을 규정하고 있다.

제49조　수정신고

① 이 법 또는 지방세관계법에 따른 법정신고기한까지 과세표준 신고서를 제출한 자 및 제51조 제1항에 따른 납기 후의 과세표준 신고서를 제출한 자는 다음 각 호의 어느 하나에 해당할 때에는 지방자치단체의 장이 지방세관계법에 따라 그 지방세의 과세표준과 세액을 결정하거나 경정하여 통지하기 전으로서 제38조 제1항부터 제3항까지의 규정에 따른 기간이 끝나기 전까지는 과세표준 수정신고서를 제출할 수 있다(법 §49 ① Ⅰ~Ⅲ).

1. 과세표준 신고서 또는 납기 후의 과세표준 신고서에 기재된 과세표준 및 세액이 지방세관계법에 따라 신고하여야 할 과세표준 및 세액보다 적을 때
2. 과세표준 신고서 또는 납기 후의 과세표준 신고서에 기재된 환급세액이 지방세관계법에 따라 신고하여야 할 환급세액을 초과할 때
3. 그 밖에 특별징수의무자의 정산과정에서 누락 등이 발생하여 그 과세표준 및 세액이 지방세관계법에 따라 신고하여야 할 과세표준 및 세액 등보다 적을 때

② 제1항에 따른 수정신고로 인하여 추가납부세액이 발생한 경우에는 그 수정신고를 한 자는 추가납부세액을 납부하여야 한다(법 §49 ②).

③ 과세표준 수정신고서의 기재사항 및 신고절차에 관하여는 대통령령으로 정한다(법 §49 ③).

그러므로 과세표준 수정신고서에는 종전에 신고한 과세표준과 세액, 수정신고하는 과세표준과 세액 및 그 밖에 필요한 사항을 적어야 하며, 수정한 부분에 대해서는 그 수정한 내용을 입증하는 서류(종전의 과세표준 신고서에 첨부한 서류가 있는 경우에는 이를 수정한 서류를 포함한다.)를 첨부하여야 한다(영 §28 Ⅰ~Ⅲ).

그리고 수정신고를 하려는 자는 종전에 과세표준과 세액을 신고한 지방자치단체의 장에게 과세표준수정신고서를 제출하여야 하며(영 §29 ①) 이러한 과세표준 수정신고서를 제출할 때에는 수정신고 사유를 증명할 수 있는 서류를 함께 제출하여야 한다(영 §29 ②).

(1) 수정신고의 개요

수정신고 납부제도는 납세의무자가 법정신고기한까지 과세표준신고서를 제출하였으나 그 신고서에 기재한 과세표준과 세액이 지방세관계법에 따라 신고하여야 할 과세표준 및 세액보다 부족하는 등 착오나 누락이 있는 경우에 그 과세표준과 세액을 결정 또는 경정하여 통지를 하기 전까지 과세표준수정신고서를 제출하게 함으로써 가산세 가산여부 등의 혜택을 부여하는 제도이다.

이는 납세자의 권익을 최대한 보호하기 위하여 납세자가 세법이 정하는 바에 의하여 과세표준을 신고하고 그에 상응하는 세액을 납부한 후에 그에 대한 누락 또는 착오가 있는 것을 발견하였을 때에 다시 기회를 주도록 법적으로 보장한 것이다. 이러한 수정신고는 원래의 신고에 대해서 납세자가 스스로 수정하는 것이므로 과세관청의 조사결정이나 경정사항에 대해서는 수정신고의 개념이 적용되지 않고, 과세관청의 결정·경정에 대해서는 구제기관을 통한 불복만이 가능하다.

다시 말해서 납세의무자의 신고내용에 누락·오류가 있는 때에만 적법한 수정신고기한 내에 수정신고가 가능한 것인데 당초 신고내용의 누락·오류가 그 대상이다. 여기서 누락이

나 오류라 함은 과세표준과 세액계산에 있어 실질내용의 정확성 뿐 아니라 실질대로 신고 하였으나 법령규정을 오해한 경우도 포함되는 것으로 해석된다.

(2) 수정신고 사유 및 방법

(가) 지방세기본법 또는 지방세관계법에 따른 법정신고기한까지 과세표준 신고서를 제출한 자 및 제51조 제1항에 따른 납기 후의 과세표준 신고서를 제출한 자는,

① 과세표준 신고서 또는 납기 후의 과세표준 신고서에 기재된 과세표준 및 세액이 지방세관계법에 따라 신고하여야 할 과세표준 및 세액보다 적을 때
② 과세표준 신고서 또는 납기 후의 과세표준 신고서에 기재된 환급세액이 지방세관계법에 따라 신고하여야 할 환급세액을 초과할 때
③ 그 밖에 특별징수의무자의 정산과정에서 누락 등이 발생하여 그 과세표준 및 세액이 지방세관계법에 따라 신고하여야 할 과세표준 및 세액 등보다 적을 때에는 지방자치단체의 장이 지방세관계법에 따라 그 지방세의 과세표준과 세액을 결정 또는 경정하여 통지를 하기 전까지는 과세표준 수정신고서를 제출할 수 있는 것이다.

그러므로 수정신고를 할 수 있는 경우라 함은 세법에 정해진 적법한 신고기한 혹은 적법한 연장신고기한 내에 신고서가 제출된 경우에 한하여 수정신고가 가능하다는 것이다. 그러므로 적법한 신고기한 내에 착오나 실수 또는 고의 등으로 신고가 안 된 경우나 적법한 신고가 있었다고 볼 수 없는 경우에는 당해 납세자가 당초 신고나 수정신고의 명분으로 신고하여도 이는 과세관청의 조사결정 및 부과처분의 참고사항만 될 뿐이지 적법한 신고서류로는 볼 수 없는 것이다.

(나) 위와 같은 사유에 따른 수정신고로 인하여 추가납부세액이 발생한 경우에는 그 수정신고를 한 자는 수정신고와 동시에 납부하여야 한다.

그러므로 적법기한 내에 수정신고를 한 경우는 무신고 및 미납부가산세가 경감되는데 당초 신고한 과세표준과 세액의 과소 신고로 인하여 부과되는 가산세가 아니고 과세표준신고에 있어서 필수적인 첨부서류 등을 제출하지 아니하여 신고된 것으로 보지 않음으로써 부과되는 가산세는 수정신고서를 제출하더라도 면제되지 아니한다.[118]

---

118) 국세기본법통칙 45-0…2 (추가자진납부세액 중 일부납부의 효력)

사례

❖ 납세자가 지방세법상 감액수정신고를 하였으나 과세관청이 그 법정기한 내에 경정결정하지 않는 경우, 납세자의 납세의무 확정 방법

지방세법 제71조 소정의 수정신고제도는 국세기본법상의 경정청구제도와 같이 납세자의 권리를 보호한다는 취지에서 신고납부 후의 후발적 사유를 원인으로 한 수정신고를 인정한다는 것이므로 위의 규정에 의한 수정신고 사유를 해석함에 있어서는 납세자의 권리보호 측면에서 과세요건 성립 후의 특별한 사정변경으로 신고납부사항을 변경할 수밖에 없는 사유가 있는 경우를 널리 포함함이 상당하다고 할 것이며, 한편 이와 같은 수정신고 중 감액수정신고의 경우 그 경정청구에 의하여 곧바로 당초의 신고로 인한 납세의무에 변동을 가져오는 것은 아니고, 과세관청이 이를 받아들여 과세표준 또는 납부세액을 감액 결정하여야만 그로 인한 납세의무 확정의 효력이 생기게 되는 것이어서, 만약 과세관청이 그 법정기한 내에 조사, 결정이나 통지를 하지 아니하는 경우에는 납세자로서는 이를 과세관청이 경정청구를 거부한 처분으로 보아 이에 대한 항고소송을 제기하여 그 거부처분을 취소 받음으로써 비로소 납세의무를 확정지을 수 있게 된다.

(대법 2001두10639, 2003.6.27.)

❖ 과세대상 여부 확정판결은 수정신고 요건에 해당되지는지 여부

구 지방세법 제71조 제1항 제1호에서 규정하고 있는 수정신고의 사유는 이미 신고납부를 한 이후에 과세표준액 및 세액계산의 근거가 되는 면적·가액 등과 관련된 사실관계가 사후적으로 변경되거나 확정된 경우를 의미하는 것이므로, 구 지방세법 제71조 제1항 제1호의 확정판결이 있었음을 이유로 수정신고를 하려면 해당 확정판결이 과세대상과 관련한 사실관계를 신고납부의 전제가 된 사실관계와 다른 내용으로 변경·확정시키는 내용이어야 하고, 기존의 신고납부 당시의 사실관계를 바탕으로 하여 단지 과세대상인지 여부의 판단만을 달리하는 내용의 확정판결은 구 지방세법 제71조 제1항 제1호의 확정판결에 해당하지 않는다고 봄이 상당하다.

(대법 2016두40511, 2016.8.17.)

(3) 수정신고 및 납부절차

① 수정신고납부를 하고자 하는 자는 종전에 신고납부한 시·군에 수정신고의 사유를 증명할 수 있는 서류를 함께 제출하여야 한다.
② 수정신고가 과오납부세액의 환급을 요구하는 신고로서 과오납부세액이 있는 때에는 수정신고한 날의 다음날부터 환급이자를 계산하여야 하며, 과오납부세액이 없는 때에는 과오납부세액이 없다는 뜻을 신고인에게 통지하여야 한다.

제50조 | 경정 등의 청구

① 이 법 또는 지방세관계법에 따른 과세표준 신고서를 법정신고기한까지 제출한 자 및 제51조제1항에 따른 납기 후의 과세표준 신고서를 제출한 자는 다음 각 호의 어느 하나에 해당할 때에는 법정신고기한이 지난 후 5년 이내[「지방세법」에 따른 결정 또는 경정이 있는 경우에는 그 결정 또는 경정이 있음을 안 날(결정 또는 경정의 통지를 받았을 때에는 통지받은 날)부터 90일 이내(법정신고기한이 지난 후 5년 이내로 한정한다)를 말한다]에 최초신고와 수정신고를 한 지방세의 과세표준 및 세액(「지방세법」에 따른 결정 또는 경정이 있는 경우에는 그 결정 또는 경정 후의 과세표준 및 세액 등을 말한다)의 결정 또는 경정을 지방자치단체의 장에게 청구할 수 있다(법 §50 ① Ⅰ·Ⅱ).

1. 과세표준 신고서 또는 납기 후의 과세표준 신고서에 기재된 과세표준 및 세액(지방세법에 따라 결정 또는 경정이 있는 경우에는 그 결정 또는 경정 후의 과세표준 및 세액을 말한다.)이 지방세법에 따라 신고하여야 할 과세표준 및 세액을 초과할 때
2. 과세표준 신고서 또는 납기 후의 과세표준 신고서에 기재된 환급세액(지방세법에 따라 결정 또는 경정이 있는 경우에는 그 결정 또는 경정 후의 환급세액을 말한다.)이 지방세법에 따라 신고하여야 할 환급세액보다 적을 때

② 과세표준 신고서를 법정신고기한까지 제출한 자 또는 지방세의 과세표준 및 세액의 결정을 받은 자는 다음 각 호의 어느 하나에 해당하는 사유가 발생하였을 때에는 제1항에서 규정하는 기간에도 불구하고 그 사유가 발생한 것을 안 날부터 90일 이내에 결정 또는 경정을 청구할 수 있다(법 §50 ② Ⅰ~Ⅲ).

1. 최초의 신고·결정 또는 경정에서 과세표준 및 세액의 계산 근거가 된 거래 또는 행위 등이 그에 관한 제7장에 따른 심판청구, 「감사원법」에 따른 심사청구에 대한 결정이나 소송의 판결(판결과 동일한 효력을 가지는 화해나 그 밖의 행위를 포함한다.)에 의하여 다른 것으로 확정되었을 때
2. 조세조약에 따른 상호합의가 최초의 신고·결정 또는 경정의 내용과 다르게 이루어졌을 때
3. 제1호 및 제2호와 유사한 사유로서 대통령령으로 정하는 사유가 해당 지방세의 법정신고기한이 지난 후에 발생하였을 때

이 경우 "대통령령으로 정하는 사유"란(영 §30 Ⅰ~Ⅳ).
  1. 최초의 신고·결정 또는 경정(更定)을 할 때 과세표준 및 세액의 계산근거가 된 거래 또는 행위 등의 효력과 관계되는 관청의 허가나 그 밖의 처분이 취소된 경우

2. 최초의 신고·결정 또는 경정을 할 때 과세표준 및 세액의 계산근거가 된 거래 또는 행위 등의 효력과 관계되는 계약이 해당 계약의 성립 후 발생한 부득이한 사유로 해제되거나 취소된 경우
3. 최초의 신고·결정 또는 경정을 할 때 장부 또는 증빙서류의 압수, 그 밖에 부득이한 사유로 과세표준 및 세액을 계산할 수 없었으나 그 후 해당 사유가 소멸한 경우
4. 제1호부터 제3호까지의 규정에 준하는 사유가 있는 경우를 말한다.

2020년부터는 신고 이후 과세관청의 결정·경정에 따른 경정청구는 90일로 적용하여 납세자간 경정청구 기한이 동일하나, 후발적 사유에 따른 경정청구 기한은 3개월 이내로 규정되어 있어, 해당 월에 따라 89일~92일이 적용되어 납세자간 경정청구 기한이 다르게 적용될 수 있어 후발적 사유의 경정청구 기한을 "90일 이내"로 일치시켜 납세자 혼란 및 불형평 해소를 위해 개정되었으며, 이 법 시행 당시 경정 등 청구기간이 경과하지 아니한 부분에 대해서는 제50조 제2항 각 호 외의 부분의 개정규정에도 불구하고 종전의 규정에 따르고, 또한 심판청구와 「감사원법」에 따른 심사청구 결정으로 세액계산의 근거가 된 거래·행위가 다른 것으로 결정되는 후발적 경정청구 사유가 발생하면 2023년부터는 그 사유발생을 안날로부터 90일 이내에 경정청구가 가능하다

③ 제1항 및 제2항에 따라 결정 또는 경정의 청구를 받은 지방자치단체의 장은 청구받은 날부터 2개월 이내에 그 청구를 한 자에게 과세표준 및 세액을 결정·경정하거나 결정·경정하여야 할 이유가 없다는 것을 통지하여야 한다(법 §50 ③).

④ 제1항 및 제2항에 따라 청구를 한 자가 제3항에서 정한 기간 내에 같은 항에 따른 통지를 받지 못한 경우 그 청구를 한 자는 통지를 받기 전이라도 그 2개월이 되는 날의 다음 날부터 제7장에 따른 이의신청, 심판청구나 「감사원법」에 따른 심사청구를 할 수 있다(법 §50 ④).

⑤ 제1항 및 제2항에 따라 결정 또는 경정의 청구를 받은 지방자치단체의 장이 제3항에서 정한 기간 내에 과세표준 및 세액의 결정 또는 경정이 곤란한 경우에는 청구를 한 자에게 관련 진행상황과 제4항에 따라 이의신청, 심판청구나 「감사원법」에 따른 심사청구를 할 수 있다는 사실을 통지하여야 한다(법 §50 ⑤).

⑥ 「국세기본법」 제45조의2제5항에 따른 원천징수대상자가 지방소득세의 결정 또는 경정의 청구를 하는 경우에는 제1항부터 제4항까지의 규정을 준용한다. 이 경우 제1항 각 호 외의 부분 중 "과세표준 신고서를 법정신고기한까지 제출한 자 및 제51조제1항에 따른 납기 후의 과세표준 신고서를 제출한 자"는 "「지방세법」 제103조의13, 제103조의18, 제103조의29, 제103조의52에 따라 특별징수를 통하여 지방소득세를 납부한 특별징수의무자나 해당 특별징수 대상 소득이 있는 자"로, "법정신고기한이 지난 후"는

"「지방세법」제103조의13, 제103조의29에 따른 지방소득세 특별징수세액의 납부기한이 지난 후"로, 제1항제1호 중 "과세표준 신고서 또는 납기 후의 과세표준 신고서에 기재된 과세표준 및 세액"은 "지방소득세 특별징수 계산서 및 명세서나 법인지방소득세 특별징수 명세서에 기재된 과세표준 및 세액"으로, 제1항제2호 중 "과세표준 신고서 또는 납기 후의 과세표준 신고서에 기재된 환급세액"은 "지방소득세 특별징수 계산서 및 명세서나 법인지방소득세 특별징수 명세서에 기재된 환급세액"으로, 제2항 각 호 외의 부분 중 "과세표준 신고서를 법정신고기한까지 제출한 자"는 "「지방세법」제103조의13, 제103조의18, 제103조의29, 제103조의52에 따라 특별징수를 통하여 지방소득세를 납부한 특별징수의무자나 해당 특별징수 대상 소득이 있는 자"로 본다(법 §50 ⑥).

이는 그간 지방소득세의 경우 국세와 달리 특별징수대상자의 경정청구 절차 규정이 없어 특별징수대상자는 소송을 통해서만 세액의 과다징수 여부를 다툴 수 있다는 문제점이 있어 소득세와 법인세의 절차와 동일하게 지방소득세 특별징수대상자의 경정청구 절차를 신설한 것이다.

⑦ 결정 또는 경정의 청구 및 통지절차에 관하여 필요한 사항은 대통령령으로 정한다(법 §50 ⑦).

위의 규정에 따라 결정 또는 경정의 청구를 하려는 자는 ① 청구인의 성명과 주소 또는 영업소 ② 결정 또는 경정 전의 과세표준 및 세액 ③ 결정 또는 경정 후의 과세표준 및 세액 ④ 결정 또는 경정의 청구를 하는 이유 ⑤ 그 밖에 필요한 사항을 적은 결정 또는 경정 청구서를 지방자치단체의 장에게 제출(지방세통합정보통신망에 의한 제출을 포함한다.)하여야 한다(영 §31 Ⅰ~Ⅴ).

(1) 경정처분의 개요

경정청구 등에 대한 규정은 종전의 지방세법에서는 별도의 조문을 설치하지 않고, 지방세부과징수처분의 취소·변경에 관한 규정만 두고 있었으나 과세처분의 취소·변경의 개념과 경정청구의 처분개념이 다른 것 등으로 인하여 지방세법을 분법하는 계기에 맞추어 지방세법령에도 경정 등의 청구에 관한 규정을 설치하게 된 것이다.

이와 같은 경정처분은 추상적으로 성립한 납세의무를 구체적으로 확정하는 행정처분으로서 그 법률적 성질은 당초처분과 마찬가지로 과세요건사실을 파악하여 이를 확인하는 것을 내용으로 하는 확인행위(確認行爲)로 보는 것이 통설이다.[119]

이러한 경정처분이라 함은 일단 확정된 조세채무인 납세의무의 내용에 오류 또는 탈루가 있는 경우에 이를 시정하기 위한 과세관청의 새로운 과세처분, 즉 일단 확정된 과세표

---

[119] 최명근, 「조세법개론」, p.202

준 또는 세액 등을 변경하여 확정하는 과세관청의 새로운 과세처분을 말하는데 이를 다시 세분하여 살펴보면 다음과 같다.

① 신고납세방식의 조세(취득세 등)에 있어서는 납세의무자가 과세표준 및 세액을 신고함으로써 납세의무가 확정된다. 그러나 그 신고내용에 오류나 탈루가 있는 경우에는 과세관청이 이를 경정한다. 그러므로 이와 같이 납세의무자의 신고에 의하여 일단 확정된 납세의무의 내용을 시정하는 과세관청의 경정처분은 과세권자가 행하는 최초의 과세처분(당초처분)이다.

그러나 부과과세방식의 조세(재산세 등)와 신고납세방식의 조세라도 납세의무자의 신고가 없는 경우에는 과세권자가 과세표준과 세액을 결정하여 납세의무를 확정하고, 그 결정에 잘못이 있는 경우에는 이를 경정하게 된다.

그러므로 이 경우에는 과세관청의 결정을 과세권자가 행하는 최초의 과세처분이고, 그 결정에 의하여 일단 확정된 납세의무의 내용을 시정하는 처분이 경정처분인 것이다.

② 경정처분의 대상이 되는 것은 납세의무의 내용인 과세표준과 세액인데, 과세표준 및 세액을 증가시키는 경정처분을 증액경정처분이라 하고, 이를 감소시키는 경정처분을 감액경정처분이라고 한다. 그런데 이러한 경정처분은 행정처분으로서 상대방인 납세의무자에게 통지함으로써 그 효력이 발생된다.

③ 경정처분은 당초처분에 의하여 일단 확정된 납세의무의 내용에 잘못이 있는 경우에 이를 바로잡기 위한 새로운 과세처분이므로, 경정처분은 당초처분에서 확정된 과세표준과 세액을 포함하여 다시 전체로서의 과세표준과 세액을 조사·결정하는 처분이라는 점에서 단순한 행정처분의 변경과 다르고, 행정처분의 효력을 소급적으로 소멸시키는 취소와 다르다는 것이다.[120]

(2) 경정 등의 청구의 대상 및 기한

(가) 법정신고기한내 과세표준 신고서를 제출한 자 등의 경정 등의 청구

지방세기본법 또는 지방세관계법에 따른 과세표준 신고서를 법정신고기한까지 제출한 자 및 제51조 제1항에 따른 납기 후의 과세표준 신고서(기한 후 신고서)를 제출한 자는,

① 과세표준 신고서 또는 납기 후의 과세표준 신고서에 기재된 과세표준 및 세액(지방세법에 따라 결정 또는 경정이 있는 경우에는 그 결정 또는 경정 후의 과세표준 및 세액을 말한다.)이 지방세법에 따라 신고하여야 할 과세표준 및 세액을 초과할 때

② 과세표준 신고서 또는 납기 후의 과세표준 신고서에 기재된 환급세액(지방세법에

---

120) 강인애, 「조세법 Ⅰ」, p.176

따라 결정 또는 경정이 있는 경우에는 그 결정 또는 경정 후의 환급세액을 말한다.)이 지방세법에 따라 신고하여야 할 환급세액보다 적을 때에는 법정신고기한이 지난 후 5년 이내[지방세법에 따른 결정 또는 경정이 있는 경우에는 그 결정 또는 경정이 있음을 안 날(결정 또는 경정의 통지를 받은 때에는 그 통지를 받은 날)부터 90일 이내(법정신고기한이 지난 후 5년 이내로 한정한다.)를 말한다]에 최초 신고 및 수정신고한 지방세의 과세표준 및 세액의 결정 또는 경정을 지방자치단체의 장에게 청구할 수 있다.

이 경우 경정 등의 청구는,
① 과세표준 신고서를 법정신고기한까지 제출한 자 및 제51조 제1항에 따른 납기 후의 과세표준 신고서(기한 후 신고서)를 제출한 자가 하여야 하고,
② 과세표준 신고서 또는 납기 후 과세표준 신고서에 기재된 과세표준 및 세액이 신고하여야 할 과세표준 및 세액을 초과할 때와 과세표준 신고서 또는 납기 후 과세표준 신고서에 기재된 환급세액이 신고하여야 할 환급세액보다 적을 때이어야 하며,
③ 경정 등의 청구를 할 수 있는 기간은 법정신고기한이 지난 후 5년 이내[지방세법에 따른 결정 또는 경정이 있는 경우에는 그 결정 또는 경정이 있음을 안 날(결정 또는 경정의 통지를 받은 때에는 그 통지를 받은 날)부터 90일 이내(법정신고기한이 지난 후 5년 이내로 한정한다.)를 말한다.]에 지방자치단체의 장에게 청구할 수 있는 것이다.

그리고 경정처분의 대상이 되는 사항은 과세표준과 세액이므로 과세표준 또는 세액을 증가시키는 경정처분을 증액경정처분이라 하고, 이를 감소시키는 경정처분을 감액경정처분이라고 한다.

그러므로 환급세액을 감소시키는 경정처분은 결과적으로는 납부세액을 증액하는 원인이 되는 것이므로 이는 증액 경정처분이 되나, 그 반대로 환급세액을 증가시키는 경정처분은 결국은 납부세액을 감소시키는 원인이 되는 것이므로 이는 감액 경정처분이 되는 것이다. 이와 같은 결정 또는 경정의 청구를 하고자 하는 자는 ① 청구인의 성명과 주소 또는 거소 ② 결정 또는 경정전의 과세표준 및 세액 ③ 결정 또는 경정 후의 과세표준 및 세액 ④ 결정 또는 경정의 청구를 하는 이유 ⑤ 기타 필요한 사항 기재한 결정 또는 경정청구서를 제출(지방세통합정보통신망에 의한 제출을 포함한다.)하여야 한다.

(나) 후발적 사유 등에 의한 경정 등의 청구

과세표준 신고서를 법정신고기한까지 제출한 자 또는 지방세의 과세표준 및 세액의 결정을 받은 자는,
① 최초의 신고, 결정 또는 경정에서 과세표준 및 세액의 계산근거가 된 거래 또는 행위 등이 그에 관한 그에 관한 제7장에 따른 심판청구, 「감사원법」에 따른 심

사청구에 대한 결정이나 소송에 대한 판결(판결과 동일한 효력을 가지는 화해나 그 밖의 행위를 포함한다.)에 따라 다른 것으로 확정되었을 때
② 조세조약에 따른 상호합의가 최초의 신고·결정 또는 경정의 내용과 다르게 이루어졌을 때
③ ① 및 ②와 유사한 사유로서 대통령령으로 정하는 사유가 해당 지방세의 법정신고기한이 지난 후에 발생하였을 때에는 위의 '(가)'에서 규정하는 기간에도 불구하고 그 사유가 발생한 것을 안 날부터 2개월 이내에 결정 또는 경정을 청구할 수 있다.

그리고 "대통령령으로 정하는 사유가 해당 지방세의 법정신고기한이 지난 후에 발생하였을 때"라 함은,
① 최초의 신고·결정 또는 경정을 할 때 과세표준 및 세액의 계산근거가 된 거래 또는 행위 등의 효력과 관계되는 관청의 허가 그 밖의 처분이 취소된 경우
② 최초의 신고·결정 또는 경정을 할 때 과세표준 및 세액의 계산근거가 된 거래 또는 행위 등의 효력과 관계되는 계약이 해당 계약의 성립 후 발생한 부득이한 사유로 해제되거나 취소된 경우
③ 최초의 신고·결정 또는 경정을 할 때 장부 또는 증명서류의 압수, 그 밖의 부득이한 사유로 과세표준 및 세액을 계산할 수 없었으나 그 후 해당 사유가 소멸한 때
④ 제1호부터 제3호까지의 규정에 준하는 사유가 있는 경우를 말한다.[121]

(3) 경정처분 등의 절차 및 효력

이 조 제1항 및 제2항에 따라 결정 또는 경정의 청구를 받은 지방자치단체의 장은 그 청구를 받은 날부터 2개월 이내에 과세표준 및 세액을 결정 또는 경정하거나 결정 또는 경정하여야 할 이유가 없다는 것을 그 청구를 한 자에게 통지하여야 한다. 다만, 청구를 한 자가 2개월 이내에 아무런 통지를 받지 못한 경우에는 통지를 받기 전이라도 그 2개월이 되는 날의 다음날부터 제7장에 따른 이의신청, 심판청구 또는 감사원법에 따른 심사청구를 할 수 있다.

그러나 경정청구 처리 지연 시, 청구인은 청구 후 2개월이 경과한 시점부터 불복청구 할 수 있는 제도를 2000년부터 신설하였으나, 지자체장의 별도 통보가 없는 경우, 청구인은 경정청구 처리에 관한 진행 상황이나 불복청구 가능 여부를 인지하기 어려움이 있어 2021년부터는 지방자치단체장이 현장 확인 및 서류제출 지연 등의 문제로 처리기한인 2개월 이내에 결정·경정이나 결정·경정 거부 처리가 곤란한 경우에는 경정청구 등의 처리 지연 발생

---

[121] 국세기본법 §25의 2

과 이의신청·심판청구 등의 불복 절차를 즉시 청구할 수 있음을 통지하게 하였다.

경정처분은 행정처분이므로 상대방인 납세자에게 통지를 함으로써 그 효력이 발생한다. 통상적으로 세법에서의 결정, 경정에 따른 통지는 납세고지서를 통하여 하고 있는데, 이 경우 납세고지서는 과세표준 및 세액에 관한 결정 또는 경정(확인처분)의 통지로서 조세채무 곧 납세의무를 확정하는 효과와 조세채권의 이행청구의 효과(징수처분)를 동시에 가지는 것으로 해석된다.[122]

(4) 지방소득세의 결정 또는 경정의 청구

「국세기본법」 제45조의2제5항에 따른 원천징수대상자가 지방소득세의 결정 또는 경정의 청구를 하는 경우에는 제1항부터 제4항까지의 규정을 준용한다. 이 경우 제1항 각 호 외의 부분 중 "과세표준 신고서를 법정신고기한까지 제출한 자 및 제51조제1항에 따른 납기 후의 과세표준 신고서를 제출한 자"는 "「지방세법」 제103조의13, 제103조의18, 제103조의29, 제103조의52에 따라 특별징수를 통하여 지방소득세를 납부한 특별징수의무자나 해당 특별징수 대상 소득이 있는 자"로, "법정신고기한이 지난 후"는 "「지방세법」 제103조의13, 제103조의29에 따른 지방소득세 특별징수세액의 납부기한이 지난 후"로, 제1항제1호 중 "과세표준 신고서 또는 납기 후의 과세표준 신고서에 기재된 과세표준 및 세액"은 "지방소득세 특별징수 계산서 및 명세서나 법인지방소득세 특별징수 명세서에 기재된 과세표준 및 세액"으로, 제1항제2호 중 "과세표준 신고서 또는 납기 후의 과세표준 신고서에 기재된 환급세액"은 "지방소득세 특별징수 계산서 및 명세서나 법인지방소득세 특별징수 명세서에 기재된 환급세액"으로, 제2항 각 호 외의 부분 중 "과세표준 신고서를 법정신고기한까지 제출한 자"는 "「지방세법」 제103조의13, 제103조의18, 제103조의29, 제103조의52에 따라 특별징수를 통하여 지방소득세를 납부한 특별징수의무자나 해당 특별징수 대상 소득이 있는 자"로 보는 것으로 하고 있다.

> **사례**
>
> ❖ 분필을 전제로 부동산에 대한 취득신고를 한 후, 분필상의 문제로 인하여 법원의 조정에 의하여 당초 계약금액을 감액 지급하기로 한 경우, 후발적 경정청구 사유인 '소송에 대한 판결에 따라 다른 것으로 확정되었을 때'로 볼 수 있는지 여부
>
> ① 원고는.... 이 사건 각 부동산을 매수하기로 하는 계약을 체결하였다가 2011.11.7. 분필 등의 문제로 다시 이 사건 매매계약을 체결하게 되었고, 이에 따라 이 사건 매매 계약에서는 그 목적물 중 ○○ ○○구 ○○동 94-7 토지를 분필하는 것을 전제로 잔금 지급시기 등을 정한 점, ... ③ 민사소송의 소속법원이 사건을 조정에 회부하여... 이 사건 각 부동산의 매매대금을

---

[122] 최명근, 세법학개론, p.278

당초의 2,070,000,000원에서 1,920,000,000원으로 감액하는 등의 내용으로 이 사건 조정이 성립되었는데, 민사조정법 제29조에 의하면 조정은 재판상의 화해와 동일한 효력이 있고, 이와 같이 감액된 매매대금은 여전히 이 사건 각 부동산의 시가표준액(합계 1,857,241,139원)보다 많은 금액인 점, ⑤ 한편.... 구 지방세법 시행령(2013.1.1. 대통령령 제24296호로 개정되기 전의 것) 제18조 제3항 제1호는 판결문의 범위를 '민사소송 및 행정소송에 의하여 확정된 판결물'으로 정하면서 '화해·포기·인낙 또는 의제자백에 의한 것'을 그 범위에서 제외하고 있으나, 이러한 규정들은 지방세기본법 제51조 제2항에서 정한 후발적 경정청구사유와는 관련이 없는 것인 점 등을 종합하여 보면, 이 사건 조정에서 이 사건 각 부동산의 매매대금이 감액된 것은 지방세기본법 제51조 제2항 제1호에서 정한 후발적 경정청구사유에 해당한다고 봄이 옳다는 이유로, 원고가 당초 이 사건 각 부동산의 취득가액을 2,070,000,000원으로 하여 신고·납부하였던 취득세 등에 대하여 한 경정청구를 거부한 피고의 이 사건 처분은 위법하다.

(대법 2014두39272, 2014.11.27.)

❖ **경정청구권자의 지위승계**

분할계획서 등에 따르면 분할 전 법인인 ○○주식회사의 건설사업부 자산 및 부채는 분할을 통하여 분할신설법인인 ○○주식회사에게 승계된 경우 경정 등 청구권자의 지위도 「상법」 제530조의10의 규정에 따라 분할신설회사에 승계된다고 봄이 타당함

(조심 2020지791, 2021.6.23.)

제51조 기한 후 신고

① 법정신고기한까지 과세표준 신고서를 제출하지 아니한 자는 지방자치단체의 장이 지방세법에 따라 그 지방세의 과세표준과 세액(이 법 및 지방세법에 따른 가산세를 포함한다. 이하 이 조에서 같다.)을 결정하여 통지하기 전에는 납기 후의 과세표준 신고서(이하 "기한후신고서"라 한다.)를 제출할 수 있다(법 §51 ①).

② 제1항에 따라 기한후신고서를 제출한 자로서 지방세관계법에 따라 납부하여야 할 세액이 있는 자는 그 세액을 납부하여야 한다(법 §51 ②).

③ 제1항에 따라 기한후신고서를 제출하거나 제49조 제1항에 따라 기한후신고서를 제출한 자가 과세표준 수정신고서를 제출한 경우 지방자치단체의 장은 지방세법에 따라 신고일부터 3개월 이내에 그 지방세의 과세표준과 세액을 결정 또는 경정하여 신고인에게 통지 하여야 한다. 다만, 그 과세표준과 세액을 조사할 때 조사 등에 장기간이 걸리는 등 부득이한 사유로 신고일부터 3개월 이내에 결정 또는 경정할 수 없는 경우에는 그 사유를 신고인에게 통지하여야 한다(법 §51 ③).

④ 기한후신고서의 기재사항 및 신고절차 등에 관하여 필요한 사항은 대통령령으로 정한다

(법 §51 ④).

그러므로 기한 후 신고를 하려는 자는 지방세관계법에서 정하는 납기후의 과세표준신고서(이후 '기한후신고서'라 한다.)를 지방자치단체의 장에게 제출하여야 한다(영 §32).

이 규정은 납세자에게 특별한 혜택이나 이익이 돌아가는 것은 아니지만 종전에는 신고할 수 있는 지방세를 그 신고기한 내에 신고하지 아니한 경우는 과세권자는 부과의 제척기간 내에는 언제든지 부과고지를 할 수 있지만 납세자는 스스로 신고할 수 있는 제도적 장치가 없었으므로 납세자와 과세권자 사이의 불형평이 야기되는 등 과세권자의 일방적인 처분행위라는 잘못된 인식이 있었던 것을 신고기간에 관계없이 세액 등을 결정하여 통지하기 전까지는 납세자가 스스로 자기 세금을 신고하고 납부할 수 있는 근거를 마련한 제도이다.

다시 말해서 기한후신고서는 법정신고기한 내에 과세표준 신고서를 제출하지 아니한 자로서 지방세법에 의하여 납부하여야 할 세액이 있는 자가 과세권자가 지방세관계법 등에 의하여 당해 지방세의 과세표준과 세액을 결정하여 통지하기 전까지 기한후 과세표준 신고서를 제출하는 것을 말하는 것이므로, 이러한 기한후신고를 하더라도 취득세 등 신고납부세목의 신고불성실가산세 및 납부지연가산세의 적용여부나, 환급받을 세액이 있는 자는 기한후신고를 할 수 없다는 등의 사유와는 관계없이 신고를 하여 그 사유를 소명하는 것은 가능하다는 제도의 마련이다.

그리하여 지방세관계법에서 정한 법정신고기한 내에 과세표준 신고서를 제출한 자에 한해서 수정신고와 경정청구가 가능하지만 기한 후 신고자는 법정신고기한 내 과세표준 신고서를 제출하지 못했으므로 수정신고와 경정청구가 불가능하여 기한 후 신고자는 신고당시 과세표준 및 세액에 오류를 발견해도 납세자 본인이 바로잡을 수 있는 법률상 권리가 없어 법정신고 기한을 경과하여 과세표준 신고를 한 자도 신고내용에 오류가 있는 경우에는 수정신고 및 경정청구를 가능하게 하여 납세자 권익을 제고하고, 수정신고는 경정청구와 달리 과세관청의 결정·경정이 없으므로 기한 후 신고자의 수정신고는 결정·경정 통지의무를 추가하였다.

┃ 수정신고·경정청구·기한후신고의 효력 등 비교 ┃

구분	수정신고	경정청구	기한후신고
효력	확정력 있음 (결정·경정 없음)	확정력 없음 (결정·경정 있음)	확정력 없음 (결정·경정 있음)
통지 의무	없음	2개월 이내 결정·경정 또는 이유 없음 통보(2개월 이내 미 통보시 불복청구 가능)	3개월 이내 결정

제52조 가산세의 부과

① 지방자치단체의 장은 이 법 또는 지방세관계법에 따른 의무를 위반한 자에게 이 법 또는 지방세관계법에서 정하는 바에 따라 가산세를 부과할 수 있다(법 §52 ①).
② 가산세는 해당 의무가 규정된 지방세관계법의 해당 지방세의 세목으로 한다(법 §52 ②).
③ 제2항에도 불구하고 지방세를 감면하는 경우에 가산세는 감면대상에 포함시키지 아니한다(법 §52 ③).

(1) 가산세의 의미

가산세는 납세자가 지방세법에서 규정하는 신고의무, 보고의무, 납부의무, 징수의무 등의 협조의무를 이행하지 아니하거나 위반하는 경우에 이에 대한 일종의 과태료와 같은 행정벌적인 성격을 가진 것으로서 본세의 산출세액에 가산하여 본세와 같은 세목으로 부과징수하는 금액을 말한다. 이를 다시 살펴보면,

① 가산세는 지방세의 개별세목에 정하여진 납세의무자의 신고기한, 납부기한 또는 특별징수의무자의 납부기한 등 법정신고 및 납부기한이 지나도록 지방세를 납부하지 아니하는 경우에 적용된다.
② 가산세는 지방세법에서 규정하고 있는 각종 협력의무의 위반에 대한 과태료와 같은 행정규제로서의 성격이 강하며, 납부지연가산세는 지연이자적 성격도 띠고 있다 하겠다.
③ 가산세는 과세관청의 결정 또는 경정에 의하여 확정되는 것이다.
④ 가산세는 본세인 지방세의 각 세목에 포함되어 부과, 징수되는 것이다.

(2) 가산세의 종류

지방세관계법에서의 가산세는 신고와 납부로 구분하여 신고하고 납부하는 지방세와 특별징수하여 납부하는 지방세에 있어서 신고의무와 납부의무를 별도로 규정하여 무신고가산세, 과소신고가산세, 납부지연가산세와 특별징수납부 등 지연가산세로 구분하고 있다.

구 분	종 류		가산세율
지방세기본법	무신고 (§53)	일반	20%
		부정	40%
	과소신고·초과환급신고 (§54) ※ 과소신고분 - 부정과소신고	일반	10%
		부정	40%(+10%)
	납부지연·환급불성실 (§55) ※ 환급불성실 가산세의 경우 세액의 75% 한도	일반	1일 0.03%
	특별징수 납부지연 (§56) ※ 합계 10% 한도	일반	3%+[세액×기간×이자율(1일 0.03%)]

사례

❖ **지방세 과세 처분에 따른 사전 통보사항**

한편 과세관청이 과세처분에 앞서 납세의무자에게 보낸 과세예고통지서 등에 의하여 납세의무자가 그 처분에 대한 불복 여부의 결정 및 불복신청에 전혀 지장을 받지 않았음이 명백하다면, 이로써 납세고지서의 흠이 보완되거나 치유되었다고 볼 수 있지만, 이와 같이 납세고지서의 흠을 사전에 보완할 수 있는 서면은 법령 등에 의하여 납세고지에 앞서 납세의무자에게 교부하도록 되어 있어 납세고지서와 일체를 이룰 수 있는 것에 한정되어야 하고, 거기에는 납세고지서의 필요적 기재사항이 제대로 기재되어 있어야 한다.

(대법 2014두44434, 2015.3.20.)

❖ **지방세 납세고지서의 가산세 기재**

지방세의 납세고지는 납부할 지방세의 과세연도와 세목, 그 부과의 근거가 되는 법률 및 해당 지방자치단체의 조례의 규정, 납세자의 주소·성명, 과세표준액, 세율, 세액, 납부기한, 납부장소, 납부기한까지 납부하지 아니한 경우에 취하여지는 조치 및 부과의 위법 또는 착오에 대한 구제방법 등을 기재한 납세고지서에 의하도록 되어 있는바, 위 규정들은 조세법률주의 원칙에 따라 과세관청으로 하여금 신중하고 합리적인 처분을 하게 함으로써 조세행정의 공정을 기함과 동시에 납세의무자에게 과세처분의 내용을 상세하게 알려 불복 여부의 결정 및 불복신청에 편의를 주려는 데 그 입법 취지가 있는 만큼, 납세고지서에는 원칙적으로 납세의무자가 과세처분의 내용을 상세하게 알 수 있도록 과세대상 재산을 특정하고 그에 대한 세액 및 과세표준액, 적용할 세율 등 세액의 산출근거를 구체적으로 기재하여야 한다. 위 규정들은 강행규정으로서 위 규정들에서 요구하는 사항 중 일부를 누락한 흠이 있는 경우 그 과세처분은 위법하다.

(대법 2008두5773, 2010.11.11.)

제53조 무신고가산세

① 납세의무자가 법정신고기한까지 과세표준 신고를 하지 아니한 경우에는 그 신고로 납부하여야 할 세액(이 법과 지방세관계법에 따른 가산세와 가산하여 납부하여야 할 이자 상당액이 있는 경우 그 금액을 제외하며, 이하 "무신고 납부세액"이라 한다.)의 100분의 20에 상당하는 금액을 가산세로 부과한다(법 §53 ①).

② 제1항에도 불구하고 사기나 그 밖의 부정한 행위로 법정신고기한까지 과세표준신고를 하지 아니한 경우에는 무신고 납부세액의 100분의 40에 상당하는 금액을 가산세로 부과한다(법 §53 ②).

③ 제1항 및 제2항에 따른 가산세의 계산 및 그 밖에 가산세 부과 등에 필요한 사항은 대통령령으로 정한다(법 §53 ③).

> **사례**
>
> ❖ **무신고가산세 산정**
>
> 100분의 75가 감면된다는 사실은 다툼이 없는 점 등에 비추어 청구법인이 이 건 토지의 지목 변경에 따른 취득세 등을 법정신고기한까지 신고하지 아니하였다 하더라도 그 무신고가산세는 「지방세법」과 「지방세특례제한법」을 함께 적용하여 산출한 취득세 ㅇㅇㅇ원의 20%에 상당하는 세액을 말함.
>
> (조심 2019지1576, 2019.4.25.)

제54조 과소신고가산세 · 초과환급신고가산세

① 납세의무자가 법정신고기한까지 과세표준 신고를 한 경우로서 신고하여야 할 납부세액보다 납부세액을 적게 신고(이하 "과소신고"라 한다.)하거나 지방소득세 과세표준 신고를 하면서 환급받을 세액을 신고하여야 할 금액보다 많이 신고(이하 "초과환급신고"라 한다.)한 경우에는 과소신고한 납부세액과 초과환급신고한 환급세액을 합한 금액(이 법과 지방세관계법에 따른 가산세와 가산하여 납부하여야 할 이자 상당액이 있는 경우 그 금액은 제외하며, 이하 "과소신고납부세액등"이라 한다.)의 100분의 10에 상당하는 금액을 가산세로 부과한다(법 §54 ①).

② 제1항에도 불구하고 사기나 그 밖의 부정한 행위로 과소신고하거나 초과환급신고한 경

우에는 다음 각 호의 금액을 합한 금액을 가산세로 부과한다(법 §54 ② Ⅰ·Ⅱ).
1. 사기나 그 밖의 부정한 행위로 인한 과소신고납부세액등(이하 "부정과소신고납부세액 등"이라 한다.)의 100분의 40에 상당하는 금액
2. 과소신고납부세액등에서 부정과소신고납부세액등을 뺀 금액의 100분의 10에 상당하는 금액

이 규정을 적용할 때 같은 조 같은 항 제1호의 부정과소신고 납부세액 등(이하 '부정과소신고 납부세액 등'이라 한다.) 세액과 제2호의 부정과소신고 등 납부세액 등에서 부정과소신고분 납부세액 등을 뺀 금액(이하 이 조에서 "일반과소신고분 납부세액 등"이라 한다.)이 있는 경우로서 부정과소신고분 납부세액 등과 일반과소신고분 납부세액 등을 구분하기 곤란한 경우 부정과소신고분 납부세액 등은 다음 계산식에 따라 계산한 금액으로 한다(영 §33).

$$과소신고\ 납부세액\ 등 \times \frac{부정과소신고\ 납부세액\ 등\ 과세표준}{과소신고\ 납부세액\ 등\ 과세표준}$$

③ 제1항 및 제2항에도 불구하고 다음 각 호의 어느 하나에 해당하는 사유로 과소신고한 경우에는 가산세를 부과하지 아니한다(법 §54 ③ Ⅰ·Ⅱ).
1. 신고 당시 소유권에 대한 소송으로 상속재산으로 확정되지 아니하여 과소신고한 경우
2. 「법인세법」제66조에 따라 법인세 과세표준 및 세액의 결정·경정으로 「상속세 및 증여세법」제45조의 3부터 제45조의 5까지의 규정에 따른 증여의제이익이 변경되는 경우(부정행위로 인하여 법인세의 과세표준 및 세액을 결정·경정하는 경우는 제외한다)에 해당하여 「소득세법」제88조 제2호에 따른 주식등의 취득가액이 감소됨에 따라 양도소득에 대한 지방소득세 과세표준을 과소신고한 경우

④ 부정과소신고납부세액 등의 계산 및 그 밖에 가산세의 부과에 필요한 사항은 대통령령으로 정한다(법 §54 ④).

그러므로 과소신고과산세와 초과환급신고가산세는 정상적인 신고기간내에 신고를 하였으나 착오, 오류 등으로 과소신고한 경우와, 지방소득세과세표준신고를 하면서 환급받을 세액을 신고하여야 할 금액보다 많이 신고한 경우 및 신고는 하였으나 사기 기타 부정한 방법으로 신고한 경우를 분리하여 가산세를 차등하여 적용하는 점에 유의하여야 한다.

2018년부터는 법인세 결정·경정으로 매출액 중에서 지배주주와 특수관계법인과의 정상거래비율(30%~50%)을 초과하는 수혜법인의 세후영업이익이 감소함에 따라 증여의제 이익이 감소하여 양도 주식 등의 취득가액이 감소될 경우에는 양도소득에 대한 지방소득세 과소신고로 인한 가산세 적용을 배제하게 되었다.

제55조 납부지연가산세

① 납세의무자(연대납세의무자, 제2차 납세의무자 및 보증인을 포함한다. 이하 이 조에서 같다.)가 납부기한까지 지방세를 납부하지 아니하거나 납부하여야 할 세액보다 적게 납부(이하 "과소납부"라 한다.)하거나 환급받아야 할 세액보다 많이 환급(이하 "초과환급"이라 한다.)받은 경우에는 다음 각 호의 계산식에 따라 산출한 금액을 합한 금액을 가산세로 부과한다.

　이 경우 제1호 및 제2호 가산세는 납부하지 아니한 세액, 과소납부분(납부하여야 할 금액에 미달하는 금액을 말한다. 이하 같다.) 세액 또는 초과환급분(환급받아야 할 세액을 초과하는 금액을 말한다. 이하 같다.) 세액의 100분의 75에 해당하는 금액을 한도로 하고 제4호의 가산세를 부과하는 기간은 60개월(1개월 미만은 없는 것으로 본다.)을 초과할 수 없다(법 §55 ① Ⅰ~Ⅳ).

1. 과세표준과 세액을 지방자치단체에 신고납부하는 지방세의 법정납부기한까지 납부하지 아니한 세액 또는 과소납부분 세액(지방세관계법에 따라 가산하여 납부하여야 할 이자 상당액이 있는 경우 그 금액을 더한다.) × 법정납부기한의 다음 날부터 자진납부일 또는 납세고지일까지의 일수 × 금융회사 등이 연체대출금에 대하여 적용하는 이자율 등을 고려하여 대통령령으로 정하는 이자율
2. 초과환급분 세액(지방세관계법에 따라 가산하여 납부하여야 할 이자 상당액이 있는 경우 그 금액을 더한다.) × 환급받은 날의 다음 날부터 자진납부일 또는 납세고지일까지의 일수 × 금융회사 등이 연체대출금에 대하여 적용하는 이자율 등을 고려하여 대통령령으로 정하는 이자율
3. 납세고지서에 따른 납부기한까지 납부하지 아니한 세액 또는 과소납부분 세액(지방세관계법에 따라 가산하여 납부하여야 할 이자상당액이 있는 경우 그 금액을 더하고, 가산세는 제외한다.) × 100분의 3
4. 다음 계산식에 따라 납세고지서에 따른 납부기한이 지난날부터 1개월이 지날 때마다 계산한 금액

> 납부하지 아니한 세액 또는 과소납부분 세액(지방세관계법에 따라 가산하여 납부하여야 할 이자상당액이 있는 경우 그 금액을 더하고, 가산세는 제외한다) × 금융회사 등이 연체대출금에 대하여 적용하는 이자율 등을 고려하여 대통령령으로 정하는 이자율

② 제1항에도 불구하고 「법인세법」 제66조에 따라 법인세 과세표준 및 세액의 결정·경정으로 「상속세 및 증여세법」 제45조의 3부터 제45조의 5까지의 규정에 따른 증여의제

이익이 변경되는 경우(부정행위로 인하여 법인세의 과세표준 및 세액을 결정·경정하는 경우는 제외한다.)에 해당하여 「소득세법」 제88조 제2호에 따른 주식등의 취득가액이 감소됨에 따라 양도소득에 대한 지방소득세를 과소납부하거나 초과환급받은 경우에는 제1항 제1호 및 제2호의 가산세를 적용하지 아니한다(법 §55 ②).

③ 지방소득세를 과세기간을 잘못 적용하여 신고납부한 경우에는 제1항을 적용할 때 실제 신고납부한 날에 실제 신고납부한 금액의 범위에서 당초 신고납부하였어야 할 과세기간에 대한 지방소득세를 신고납부한 것으로 본다. 다만, 해당 지방소득세의 신고가 제53조에 따른 신고 중 부정행위로 무신고한 경우 또는 제54조에 따른 신고 중 부정행위로 과소신고·초과환급신고한 경우에는 그러하지 아니하다(법 §55 ③).

④ 제1항을 적용할 때 납세고지서별·세목별 세액이 45만원 미만인 경우에는 같은 항 제4호의 가산세를 적용하지 아니한다(법 §55 ④).

⑤ 제1항을 적용할 때 납세의무자가 지방자치단체 또는 지방자치단체조합인 경우에는 같은 항 제3호 및 제4호의 가산세를 적용하지 아니한다(법 §55 ⑤).

납부지연가산세는 원래는 납세협력의무의 위반에 대한 과태료와 같은 행정규제로서의 성격이 있음과 동시에 법정납부기한까지 납세의무의 불이행에 대한 지연이자적 성격을 띠고 있는 것이다.

그간 가산세와 가산금은 일부 유사한 성격이 있음에도 구분 사용됨에 따라, 국민들의 이해에 어려움이 있다는 점과 국세의 경우도 가산금을 가산세로 통합함에 따라, 지방세도 조세체계의 통일성을 위해 2021년부터 가산금을 가산세에 통합하여 개정하였다.

이를 구체적으로 살펴보면 가산세는 지방세관계법에서 정하는 의무를 불이행한 경우 산출세액에 가산하여 징수하는 금액으로 지방세기본법상 가산세와 지방세법상 가산세로 아래와 같이 구분하고 있다.

지방세기본법상 가산세				세법상 가산세				
				취득세		레저세	담배소비세	지방소득세
무신고	과소신고	납부불성실	특별징수 불성실	장부작성 의무위반	미등기 전매	장부 미기재	기장의무 불이행 등	증빙불비, 미기장 등
20% (40%)	10% (40%)	1일 0.025%	3% + 1일 0.025%	10%	80%	10%	10% (30%)	10%

가산금은 지방세를 납부기한까지 납부하지 않았을 때 고지세액에 가산하여 징수하는 금액(고지세액의 3%를 부과고지서에 의한 납부기한 경과 시 가산)과 납부기한 이후 일정기한까지 납부하지 않았을 때 추가 가산(고지세액의 0.75%를 부과고지서에 의한 납부기한 경과 후 1개월이 경과할 때 마다 최대60개월 가산)하여 징수하는 금액인데 가산세와 가산금을 납세자의 세

부담 증가가 발생하지 않도록 산정방식은 기존 체계 유지하면서 통합하여 아래와 같이 개선하였다.

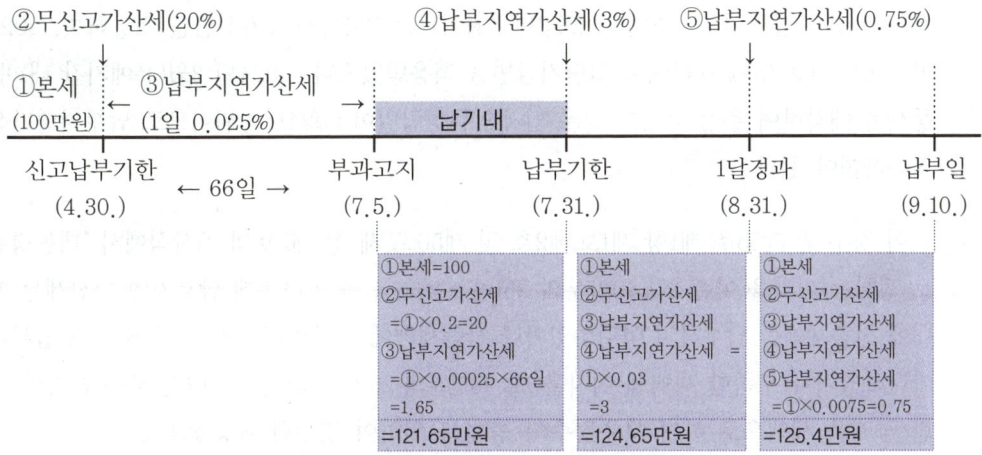

개정된 가산세 과세 규정을 도해하여 보면 아래와 같다.

이러한 납부지연에 대한 가산세는 납부하지 않았거나 적게 납부한 세액에 금융회사의 연체이자율을 고려하여 대통령령으로 정하는 이자율과 납부지연일자를 곱하여 가산세를 산출한다.

그리고 납부지연가산세(舊 중가산금)가 면제되는 체납세액 기준을 30만원(중가산금, 징수법 규정)에서 45만원으로 인상되었고, 적용방법은 2024년 1월 1일을 기준으로 납세의무 성립 여부(법§34)에 따라 가산금 또는 가산세 적용 여부 결정

① 가산금 적용은 지방세징수법(법률 제17770호, 2020.12.29. 개정) 부칙 제4조에 따라 시행일(2024년 1월 1일) 전에 납세의무가 성립한 분에 대하여 종전의 가산금 제도를 적용
② 가산세 적용은 지방세기본법(법률 제17768호, 2020.12.29. 개정) 부칙 제1조의 시행일(2024년 1월 1일) 이후 납세의무가 성립한 분에 대하여 새로운 납부지연가산세 제도를 적용

이를 구체적으로 보면 취득세의 경우 과세물건을 취득하는 때 납세의무가 성립하므로 취득일을 기준으로, 추징 등 수시부과[123] 시에는 사유발생일 등을 기준으로 판단하여야 하는데 2023년 6월에 상속을 통해 취득하였으나 납세자(상속인)가 신고납부하지 아니하여 2024년 6월에 과세관청이 부과고지한 경우에는 납세의무성립일이 2023년 6월에 해당하므로 가산금·중가산금을 적용하며, 이와 달리 2023년 6월 부동산 취득시 산업단지감면을 적용받았으나, 2024년 2월(유예기간 내)에 부동산을 매각하여 추징 발생경우에는 납세의무성립일이 2024년 2월에 해당하므로 납부지연가산세를 적용하여야 한다.

재산세의 경우에도 과세기준일에 납세의무가 성립하므로 과세기준일을 기준으로, 추징 등 수시부과시는 사유발생일 등을 기준으로 판단하여야 하므로 2023년 9월에 재산세(토지)에 대하여 과세관청 착오로 분리과세 적용하였으나, 이후 종합합산을 적용하여 차액을 부과한 경우 납세의무성립일은 2023년 6월이므로 가산금·중가산금을 적용하며, 2023년 9월 재산세(토지)에 대하여 산업단지감면을 적용받았으나, 2024년 2월(유예기간 내)에 부동산을 매각하여 추징 발생한 경우 납세의무성립일이 2024년 2월이므로 납부지연가산세 적용하여야 한다.

이 경우 법 제55조 제1항 제1호·제2호 및 제56조 제1항 제2호의 계산식에서 "대통령령으로 정하는 이자율"이란 1일 10만분의 25(연 9.125%율)을 말하는데 납부지연 가산세는 기간 내에 산출세액을 납부하지 아니하였거나 산출세액에 미달하게 납부한 때에는 그 납부하지 아니하였거나 부족한 세액에 이자율(1일 10만분의 25의 율)과 납부지연일자를 곱하여 산출한 금액을 세액으로 하여 보통징수의 방법에 의하여 징수한다(영 §34 ①).

법 제55조 제1항 제4호의 계산식 및 제56조 제1항 제3호의 계산식에서 "대통령령으로 정하는 이자율"이란 각각 1월 1만분의 66의 율을 말한다(영 §34 ②).

제56조 | 특별징수 납부지연가산세

① 특별징수의무자가 징수하여야 할 세액을 법정납부기한까지 납부하지 아니하거나 과소납부한 경우에는 납부하지 아니한 세액 또는 과소납부분 세액의 100분의 50(제1호 및 제2호에 따른 금액을 합한 금액은 100분의 10)을 한도로 하여 다음 각 호의 계산식에 따라 산출한 금액을 합한 금액을 가산세로 부과한다. 이 경우 제3호의 가산세를 부과하는

---

[123] 지방세법§115(재산세 수시부과), §128(자동차세 수시부과), 지방세특례제한법§178(감면된 취득세의 추징) 등에 따라 지방세법 등에 따른 사유 발생시 과세관청이 수시로 부과

기간은 60개월(1개월 미만은 없는 것으로 본다.)을 초과할 수 없다(법 §56 ① Ⅰ~Ⅲ).
1. 납부하지 아니한 세액 또는 과소납부분 세액 × 100분의 3
2. 납부하지 아니한 세액 또는 과소납부분 세액 × 법정납부기한의 다음 날부터 자진납부일 또는 납세고지일까지의 일수 × 금융회사 등이 연체대출금에 대하여 적용하는 이자율 등을 고려하여 대통령령으로 정하는 이자율
3. 다음 계산식에 따라 납세고지서에 따른 납부기한이 지난 날부터 1개월이 지날 때마다 계산한 금액

> 납부하지 아니한 세액 또는 과소납부분 세액(가산세는 제외한다) × 금융회사 등이 연체대출금에 대하여 적용하는 이자율 등을 고려하여 대통령령으로 정하는 이자율

이 경우 "대통령령으로 정하는 이자율"이란 각각 1일 10만분의 25(연 9.125%)을 말한다(영 §34).

② 제1항을 적용할 때 납세고지서별·세목별 세액이 45만원 미만인 경우에는 같은 항 제3호의 가산세를 적용하지 아니한다(법 §56 ② Ⅰ~Ⅲ).

사례

❖ 취득세의 신고납부를 하지 않은 채 취득일로부터 2년 이내에 미등기 전매하는 경우 80%의 중가산세를 부과하도록 규정한 것이 적법한지 여부

① 취득세 과세대상 물건을 취득한 후 관련규정에 따라 성실하게 신고납부한 경우와 관련 규정에 따른 신고납부는 못하였지만 뒤늦게라도 이전등기하고 신고납부를 한 경우, 그리고 취득세의 신고납부를 하지 않음은 물론이고 아예 그 취득신고나 이전등기도 하지 않은 채 취득일로부터 2년 이내에 제3자에게 매각하는 경우는 달리 취급하여야 할 필요가 있고, 특히 미등기 전매의 경우는 취득세 면탈의 의사가 확정적으로 표출된 악의적인 취득자라 할 것이므로 그러한 경우 통상의 가산세율과 다르게 취급한 것이 평등의 원칙에 반한다고 할 수 없다.

② 이 사건 법률조항의 입법목적은 미등기 전매행위로 인한 부동산의 투기적 거래와 조세포탈을 방지함으로써 건전한 부동산 거래질서를 확립하고자 하는 것으로 그 정당성이 인정된다 할 것이며, 통상의 가산세의 세율보다 높은 세율의 가산세율로 미등기 전매행위와 조세포탈을 억제하는 것으로 그 방법 또한 적정하다 할 것이다. 또한 가산세율이 80%라 하더라도 가산세를 포함한 취득세의 세율은 취득가액의 3.6%에 불과하여 기본권침해의 정도가 크다고 할 수 없고, 또 위 입법목적의 중대성에 비추어 볼 때 통상의 가산세율의 4배의 중가산세를 부과하였다 하여 이 사건 법률조항에 의하여 보호되는 공익과 제한되는 기본권 사이에 현저한 불균형이 있다고 볼 수도 없다.

(헌재 2000헌바86, 2001.7.19.)

---

③ 제1항에도 불구하고 2025년 1월 1일 및 2026년 1월 1일이 속하는 각 과세기간에 발생한

「지방세법」 제87조제1항제1호의2에 따른 금융투자소득의 특별징수세액에 대한 납부지연가산세는 제1항 각호 외의 부분에서 정하는 한도에소 같은 항 각호의 금액을합한 금액의 100분의 50에 해당하는 금액으로 한다(법 §56 ③).

위 규정은 「자본시장법」상 금융상품으로 실현(상환·환매·양도해지 등)되는 모든 소득을 금융투자소득으로 규정함에 따라 금융상품(주식, 채권 등)의 양도·환매 등으로 발생하는 소득을 소득세에서는 금융투자소득으로 분류과세하고, 이에 따른 금융투자소득 관련 지방소득세 시행 초기 특별징수의무자 혼란을 우려하여 2025년 및 2026년 과세 기간동안 금융투자소득에 따른 지방소득세 특별징수 납부지연가산세를 한시적으로 50% 감면하여 제도의 원활한 정착을 위해 개정한 것이다.

제57조 | 가산세의 감면 등

① 지방자치단체의 장은 이 법 또는 지방세관계법에 따라 가산세를 부과하는 경우 그 부과의 원인이 되는 사유가 제26조 제1항에 따른 기한연장 사유에 해당하거나 납세자가 해당 의무를 이행하지 아니한 정당한 사유가 있을 때에는 그 가산세를 부과하지 아니한다(법 §57 ①).

② 지방자치단체의 장은 다음 각 호의 어느 하나에 해당하는 경우에는 이 법 또는 지방세관계법에 따른 해당 가산세액에서 다음 각 호의 구분에 따른 금액을 감면한다(법 §57 ② Ⅰ~Ⅳ).

1. 과세표준 신고서를 법정신고기한까지 제출한 자가 법정신고기한이 지난 후 2년 이내에 제49조에 따라 수정신고한 경우(제54조에 따른 가산세만 해당하며, 지방자치단체의 장이 과세표준과 세액을 경정할 것을 미리 알고 과세표준 수정신고서를 제출한 경우는 제외한다.)에는 다음 각 목의 구분에 따른 금액
    가. 법정신고기한이 지난 후 1개월 이내에 수정신고한 경우: 해당 가산세액의 100분의 90에 상당하는 금액
    나. 법정신고기한이 지난 후 1개월 초과 3개월 이내에 수정신고한 경우 : 해당 가산세액의 100분의 75에 상당하는 금액
    다. 법정신고기한이 지난 후 3개월 초과 6개월 이내에 수정신고한 경우 : 해당 가산세액의 100분의 50에 상당하는 금액
    라. 법정신고기한이 지난 후 6개월 초과 1년 이내에 수정신고한 경우 : 해당 가산세액의 100분의 30에 상당하는 금액

마. 법정신고기한이 지난 후 1년 초과 1년 6개월 이내에 수정신고한 경우: 해당 가산세액의 100분의 20에 상당하는 금액

바. 법정신고기한이 지난 후 1년 6개월 초과 2년 이내에 수정신고한 경우: 해당 가산세액의 100분의 10에 상당하는 금액

2. 과세표준 신고서를 법정신고기한까지 제출하지 아니한 자가 법정신고기한이 지난 후 6개월 이내에 제51조에 따라 기한 후 신고를 한 경우(제53조에 따른 무신고 가산세만 해당하며, 지방자치단체의 장이 과세표준과 세액을 결정할 것을 미리 알고 기한후신고서를 제출한 경우는 제외한다.)에는 다음 각 목의 구분에 따른 금액

   가. 법정신고기한이 지난 후 1개월 이내에 기한 후 신고를 한 경우 : 해당 가산세액의 100분의 50에 상당하는 금액

   나. 법정신고기한이 지난 후 1개월 초과 3개월 이내에 기한 후 신고를 한 경우: 해당 가산세액의 100분의 30에 상당하는 금액

   다. 법정신고기한이 지난 후 3개월 초과 6개월 이내에 기한 후 신고를 한 경우 : 해당 가산세액의 100분의 20에 상당하는 금액

3. 제88조에 따른 과세전적부심사 결정·통지기간 이내에 그 결과를 통지하지 아니한 경우(결정·통지가 지연되어 해당 기간에 부과되는 제55조에 따른 가산세만 해당한다.)에는 해당 기간에 부과되는 가산세액의 100분의 50에 상당하는 금액

4. 「지방세법」 제103조의 5에 따른 양도소득에 대한 개인지방소득세 예정신고기한 이후 확정신고기한까지 과세표준 신고 및 수정신고를 한 경우로서 다음 각 목의 어느 하나에 해당하는 경우에는 해당 가산세액의 100분의 50에 상당하는 금액

   가. 예정신고를 하지 아니하였으나 확정신고기한까지 과세표준 신고를 한 경우(제53조에 따른 무신고가산세만 해당하며, 지방자치단체의 장이 과세표준과 세액을 경정할 것을 미리 알고 과세표준 신고를 하는 경우는 제외한다.)

   나. 예정신고를 하였으나 납부하여야 할 세액보다 적게 신고하거나 환급받을 세액을 신고하여야 할 금액보다 많이 신고한 경우로서 확정신고기한까지 과세표준을 수정신고한 경우(제54조에 따른 과소신고가산세 또는 초과환급신고가산세만 해당하며, 지방자치단체의 장이 과세표준과 세액을 경정할 것을 미리 알고 과세표준 신고를 하는 경우는 제외한다.)

이 경우 법 제57조 제2항 제1호·제2호 및 제4호에 따른 경정 또는 결정할 것을 미리 알고 제출하거나 신고한 경우는 해당 지방세에 관하여 세무공무원(지방소득세의 경우 「국세기본법」 제2조 제17호에 따른 세무공무원을 포함한다.)이 조사를 시작한 것을 알고 과세표준 신고서, 과세표준 수정신고서 또는 기한후신고서를 제출한 경우로 한다(영 §36).

현재 법정신고기한 이후 6개월내 기한후 신고, 수정신고시 가산세 감면(20%~50%)을 적용하던 것을 '18.1.1. 이후 확정신고기한까지 신고하거나 수정하여 신고하는 분부터 예정신고기한에 무신고하거나 과소신고한 이후 확정신고기한까지 기한후 신고, 수정신고하는 경우까지 가산세 감면(50%) 적용 확대하여 가산세 감면제도 합리화하였다.

2020년부터는 법정신고기한까지 신고를 하지 않거나 과소신고한 경우는 법률에서 정한 의무를 다하지 않음에 따라 무신고 및 과소신고 가산세를 부과하고 있으나 법정신고기한 이후 조기에 신고를 하거나, 수정신고한 경우는 기간별로 가산세 감면을 적용하고 있어 납세의무자의 자발적 조기 시정을 유도하기 위하여 국세와 동시에 수정신고시 과소신고 가산세 감면 및 기한 후 신고시 무신고 가산세 감면 제도의 감면율을 인상하고 감면구간을 세분화한 것이다.

③ 제1항 또는 제2항에 따라 가산세의 감면 등을 받으려는 자는 대통령령으로 정하는 바에 따라 감면 등을 신청할 수 있다(법 §57 ③).

(1) 가산세의 면제

지방자치단체의 장은 이 법 또는 지방세관계법에 따라 가산세를 부과하는 경우 그 부과의 원인이 되는 사유가 천재지변, 사변, 화재 등 제26조 제1항에 따른 기한연장사유에 해당하거나 납세자가 해당 의무를 이행하지 아니한 정당한 사유가 있을 때에는 그 가산세를 부과하지 아니한다.

이 경우 "정당한 사유"라 함은 납세자의 고의 또는 과실이 아닌 타당성 있는 객관적인 사정으로 의무를 이행하지 못하였다고 인정될 수 있는 사유를 말하는 것이므로 납세자 스스로가 영향을 미칠 수 없는 외부적이고 타율적인 사정으로 의무를 다하지 못한 경우에만 정당한 사유가 있다고 할 것이다.

(2) 가산세의 경감

(가) 과세표준 신고서를 법정신고기한까지 제출한 자가 법정신고기한이 지난 후 2년 이내에 수정신고를 한 경우

① 법정신고기한이 지난 후 1개월 이내에 수정신고한 경우: 해당 가산세액의 100분의 90에 상당하는 금액

② 법정신고기한이 지난 후 1개월 초과 3개월 이내에 수정신고한 경우 : 해당 가산세액의 100분의 75에 상당하는 금액

③ 법정신고기한이 지난 후 3개월 초과 6개월 이내에 수정신고한 경우 : 해당 가산세액의 100분의 50에 상당하는 금액

④ 법정신고기한이 지난 후 6개월 초과 1년 이내에 수정신고한 경우 : 해당 가산세액의 100분의 30에 상당하는 금액
⑤ 법정신고기한이 지난 후 1년 초과 1년 6개월 이내에 수정신고한 경우: 해당 가산세액의 100분의 20에 상당하는 금액
⑥ 법정신고기한이 지난 후 1년 6개월 초과 2년 이내에 수정신고한 경우: 해당 가산세액의 100분의 10에 상당하는 금액을 경감한다.

그리고 이 수정신고에 대한 가산세의 경감은 과소신고에 따른 제53조에 따른 가산세만 해당하며, 과세표준수정신고서를 제출한 과세표준과 세액에 관하여 경정이 있을 것을 미리 알고 제출한 경우는 제외한다.

여기에서 "경정이 있을 것을 미리 알고 제출한 경우"란 해당 지방세에 관하여 세무공무원이 조사를 시작한 것을 알고 과세표준 수정신고서를 제출한 경우를 말한다.

그리고 납세자의 서면질의에 대하여 과세권자가 회신을 늦게 하거나 명확하지 않은 회신을 하는 등의 사유는 가산세 감면의 사유에 해당하지 아니하는 것으로 해석한다(징세 46101-787, 2000.5.29.).

(나) 과세표준 신고서를 법정신고기한까지 제출하지 아니한 자가 법정신고기한 후 신고를 한 경우

① 법정신고기한이 지난 후 1개월 이내에 기한 후 신고를 하는 경우에는 그 가산세액의 100분의 50을 경감한다.
② 법정신고기한이 지난 후 1개월 초과 3개월 이내에 기한 후 신고를 한 경우: 해당 가산세액의 100분의 30에 상당하는 금액
③ 법정신고기한이 지난 후 3개월 초과 6개월 이내에 기한 후 신고를 한 경우에는 해당 가산세액의 100분의 20에 상당하는 금액을 경감한다.

이 경우 기한 후 신고는 지방자치단체의 장이 그 지방세의 과세표준과 세액을 결정하여 통지하기 전에 이루어져야 하고, 이때에도 무신고에 따른 제53조에 따른 가산세만 경감대상이다.

(다) 과세전적부심사 결정, 통지기간 이내에 그 결과 통지하지 아니한 경우

세무조사결과에 대한 서면통지, 과세예고통지 등을 받은 자가 과세통지의 적법성에 대한 심사를 청구할 수 있는 데 과세전적부심사 기한 내에 청구를 한 자에게 그 과세전적부심사 결정, 통지기간 이내에 그 결과를 통지하지 못하였을 경우(결정·통지가 지연되어 해당기간에 제55조에 따른 가산세만 해당된다)는 해당기간에 부과되는 가산세액의 100

분의 50에 상당하는 금액을 감면한다.

(3) 가산세 감면의 절차

위와 같은 가산세의 감면 등을 받으려는 자는 대통령령으로 정하는 바에 따라 감면 등을 신청할 수 있다.

이 규정에 의한 가산세의 감면 등을 받으려는 자는,

① 감면 등을 받으려는 가산세와 관계되는 세목 및 부과연도와 가산세의 종류 및 금액
② 해당 의무를 이행할 수 없었던 사유(이 경우는 이 법 또는 지방세관계법에 따라 가산세를 부과하는 경우 그 부과의 원인이 되는 사유가 이 법 제26조 제1항에 따른 기한연장 사유에 해당하거나 납세자가 해당 의무를 이행하지 아니한 정당한 사유가 있을 때에 한한다.)를 적은 신청서를 지방자치단체의 장에게 제출하여야 한다(영 §35 ①).

그리고 해당 의무를 이행할 수 없었던 사유를 증명할 수 있는 서류가 있을 때에는 이를 첨부하여야 하고, 지방자치단체의 장은 위의 규정에 의하여 가산세의 감면 등을 하였을 때에는 지체 없이 그 사실을 문서로 해당 납세자에게 통지하여야 하며, 영 제35조 제1항에 따른 가산세 감면 등의 신청을 받은 경우에는 그 승인 여부를 신청일부터 5일 이내에 통지하여야 한다(영 §35 ②).

사례

❖ **가산세 면제의 정당한 사유**

① 금융감독원의 유권해석에 기인한 과세실무와 달리 지방소득세를 신고·납부하는 것을 기대하기 어려웠을 것인 점 등에 비추어 청구법인이 해당 의무를 이행하지 아니한 데에는 이를 탓하기 어려운 정당한 사유가 있는 것으로 보임.
(조심 2018지1432, 2019.1.16.)

② 취득세 납세의무 성립여부에 처분청과 다툼이 있는 상태에서 처분청이 청구법인에게 당초 취득세 등의 신고·납부행위가 정당하다고 통보하였다가 2018.9.5. 조세심판원 결정(조심 2016지533)에 따라 취득시기가 도래하지 아니한 것이라 하여 취소되었는바 등 이러한 사유는 단순한 법률의 부지나 오해의 범위를 넘어 세법 해석상 견해가 대립하는 등으로 인한 사유로 신고하지 아니한 것에 그 책임을 귀속시킬 수 없는 합리적인 이유가 있거나, 그 의무의 이행을 기대하기 어려운 사정이 있는 것으로서 그 의무를 게을리한 점을 비난할 수 없는 정당한 사유함.
(조심 2019지573, 2019.7.5.)

❖ **사업시행자인 수탁자의 취득세 등을 위탁자가 신고·납부한 것에 따라 발생한 납부불성실가산세에 대하여 정당한 사유가 있다고 감면대상에 해당되는지 여부**

[판례] 대법원의 2012.6.14. '신탁법에 의한 신탁으로 수탁자에게 소유권이 이전된 토지에 있

> 어 지목의 변경으로 인한 취득세의 납세의무자는 수탁자로 봄이 타당하다'는 판결(대법원 2012.6.14. 선고 2010두2395 판결, 이하 '이 사건 대법원판결'이라 한다)이 선고되기 전까지는 토지에 관한 신탁관계에 있어 토지의 지목 변경으로 인한 취득세의 납세의무자는 물론 대체토지의 취득으로 인한 취득세의 납세의무자가 위탁자인지, 수탁자인지에 관하여 세법 해석상 견해의 대립이 있었다고 볼 수 있었던 점, 과세관청인 피고도 이 사건 토지의 취득으로 인한 납세의무자가 이 사건 위탁자들임을 전제로 이 사건 위탁자들에게 취득세 등 신고·납부서를 교부한 바 있는 점, 나아가 이 사건 위탁자들의 취득세 등 신고·납부가 이미 이루어진 상황에서 원고가 스스로 세법 규정을 자신에게 불리하게 해석하여 취득세 등을 납부할 것을 기대하기도 어려웠던 점 등에도 불구하고 원심은 이와 달리 그 판시와 같은 이유만으로 원고에게 납부의무의 해태를 탓할 수 없는 정당한 사유가 없다는 취지에서 각 납부불성실가산세 부과처분이 적법하다고 판단하였다. 이러한 원심의 판단에는 가산세를 면할 정당한 사유에 관한 법리를 오해하여 판결에 영향을 미친 잘못이 있음
>
> (대법 2017두61508, 2020.6.11.)

제58조 │ 부과취소 및 변경

지방자치단체의 장은 지방자치단체의 징수금의 부과·징수가 위법 또는 부당한 것임을 확인하면 즉시 그 처분을 취소하거나 변경하여야 한다(법 §58).

그리고 지방자치단체의 장은 이 규정에 따라 지방자치단체의 징수금의 부과·징수 처분을 취소하거나 변경할 때에는 규정서식에 따라 이해관계인에게 통지하여야 한다(규칙 §15).

그러므로 이 규정은 과세관청이 업무수행과정에서 지방자치단체의 장이 스스로 그 부당·위법을 확인하거나 승인한 경우에 적용하는 규정으로 봄이 타당할 것이다.124)

이와 같은 부과의 취소 및 변경을 하기 위해서는 과세처분에 위법성이 인정되어야 한다.

즉, 갑에게 부과되어야 할 지방세를 을에게 부과하는 등의 납세의무자의 착오, 재산세 과세기준일 전에 철거된 건물에 대해서 재산세를 부과하는 등의 과세객체에 대한 착오, 관보의 기재착오 등 과세표준과 세율 적용의 착오, 비과세 또는 감면대상에 대한 부과, 그리고 2중부과 등의 위법한 부과에 대해서는 즉시 부과취소 또는 변경을 하여야 한다는 것이다.

이 경우 과세처분의 위법성이 있으면 부과취소함은 물론이거니와 지방세법에 의한 구제제도 절차, 즉 이의신청 또는 심판청구가 계류 중에 있는 사안이거나 이의신청 또는 심판청구에서 기각(각하 또는 경정)된 사안에 대하여도 과세권자는 이를 직권으로 취소하거나 변경할 수 있다.

---

124) 소순무, 조세소송, p.125, 2016

제59조 | 끝수 계산에 관한 국고금 관리법의 준용

지방자치단체의 징수금의 끝수 계산에 관하여는 국고금 관리법 제47조를 준용한다. 이 경우 "국고금"은 "지방자치단체의 징수금"으로 본다(법 §59).

(1) 국고금 끝수 계산

① 지방자치단체의 징수금 또는 지급금으로서 10원 미만의 끝수가 있을 때에는 그 끝수는 계산하지 아니하고, 전액이 10원 미만일 때에도 그 전액을 계산하지 아니한다. 다만, 징수금을 분할하여 징수 또는 수납하거나 지급함에 있어서 그 분할금액이 10원 미만일 때 와 그 분할금액에 10원 미만의 끝수가 있을 때에는 그 분할금액 또는 끝수를 최초의 수입금 또는 지급금에 합산하는 경우는 그러하지 아니하다(국고금관리법 §47 ①, 동령 §109의 2 ①).

② 지방세의 과세표준액의 산정에 있어 1원 미만의 끝수가 있을 때에는 이를 계산하지 아니한다(국고금관리법 §47 ②).

③ 지방세액의 끝수 계산은 지방세법상 확정된 지방세액을 과징하는 경우에만 적용되며 각 세목별 소액부징수규정에 의하여 지방세를 과징하지 않는 것과는 완전히 별개의 문제이다.

(2) 끝수 계산 외의 사항

끝수 계산 뿐 아니라 국고금관리법 제2장 수입(제5조 내지 제18조)에 관한 규정도 지방세 징수사무에 필요한 사항은 준용하여야 할 것이다.

CHAPTER 04 지방세환급금과 납세담보

제1편 지방세기본법

제1절 지방세환급금과 지방세환급가산금

제60조 지방세환급금의 충당과 환급

① 지방자치단체의 장은 납세자가 납부한 지방자치단체의 징수금 중 과오납한 금액이 있거나 지방세법에 따라 환급하여야 할 환급세액(지방세관계법에 따라 환급세액에서 공제하여야 할 세액이 있을 때에는 공제한 후 남은 금액을 말한다.)이 있을 때에는 즉시 그 오납액(誤納額), 초과납부액 또는 환급세액을 지방세환급금으로 결정하여야 한다. 이 경우 착오납부, 이중납부로 인한 환급청구는 대통령령으로 정하는 바에 따른다(법 §60 ①).

그러므로 착오납부, 이중납부 등으로 인한 환급청구를 하려는 자는 환급방법, 환급금 내역 등을 적은 지방세 환급청구서를 지방자치단체의 장에게 제출하여야 하며, 이러한 환급청구를 받은 지방자치단체의 장은 지방자치단체 금고에 지방세 환급금 지급명령서를 송부하여야 한다. 이 경우 지방세환급금 지급명세서는 전자적 형태로 송부할 수 있다(영 §38 ④·⑤).

② 지방자치단체의 장은 지방세환급금으로 결정한 금액을 대통령령으로 정하는 바에 따라 다음 각 호의 지방자치단체의 징수금에 충당하여야 한다. 다만, 제1호(지방세징수법 제22조 제1항 각 호에 따른 납기 전 징수 사유에 해당하는 경우는 제외한다.) 및 제3호의 지방세에 충당하는 경우에는 납세자의 동의가 있어야 한다(법 §60 ② Ⅰ~Ⅲ).
1. 납세고지에 따라 납부하는 지방세
2. 체납액
3. 이 법 또는 지방세관계법에 따라 신고·납부하는 지방세

이 규정에 따라 지방세환급금을 충당할 경우에는 체납된 지방자치단체의 징수금에 우선 충당하여야 한다(영 §37 ①).

그리고 위의 규정에 따라 충당할 지방세환급금이 2건 이상인 경우에는 소멸시효가 먼저 도래하는 것부터 충당하여야 하고, 또한 지방자치단체의 장은 위 규정에 따라 충당하였을 때에는 그 사실을 권리자에게 통지하여야 한다(영 §37 ④·⑤).

③ 제2항 제2호의 징수금에 충당하는 경우 체납액과 지방세환급금은 체납된 지방세의 법정납부기한과 대통령령으로 정하는 지방세환급금 발생일 중 늦은 때로 소급하여 같은 금액만큼 소멸한 것으로 본다(법 §60 ③).

이 경우 "대통령령으로 정하는 지방세환급금 발생일"이란 다음 각 호의 구분에 따른 날을 말한다(영 § 37의2 Ⅰ~Ⅵ).

1. 착오납부, 이중납부나 그 납부의 기초가 된 신고 또는 부과를 경정하거나 취소함에 따라 환급하는 경우: 그 지방세의 납부일(지방세관계법에 따라 특별징수의무자가 특별징수하여 납부한 세액의 환급의 경우 해당 세목의 법정신고기한 만료일). 이 경우 지방세가 「지방세징수법」 제25조에 따른 분할고지로 둘 이상의 납기가 있는 경우와 지방세가 2회 이상 분할납부된 경우에는 그 마지막 납부일로 하되, 지방세환급금이 마지막에 납부된 금액을 초과하는 경우에는 그 금액이 될 때까지 납부일의 순서로 소급하여 계산한 지방세의 각 납부일로 한다.
2. 「지방세법」 제128조제3항에 따라 연세액(年歲額)을 일시납부한 경우로서 같은 법 제130조에 따른 세액의 일할계산(日割計算)으로 환급하는 경우: 소유권이전등록일·양도일이나 사용을 폐지한 날. 다만, 납부일이 소유권이전등록일·양도일이나 사용을 폐지한 날 이후인 경우에는 그 납부일로 한다.
3. 적법하게 납부된 지방세의 감면으로 환급하는 경우: 그 감면 결정일
4. 적법하게 납부된 후 법령 또는 조례가 개정되어 환급하는 경우: 그 개정된 법령 또는 조례 규정의 시행일
5. 법 또는 지방세관계법에 따른 환급세액의 신고, 환급신청이나 신고한 환급세액의 경정·결정으로 환급하는 경우: 그 신고일(법정신고기일 전에 신고한 경우에는 그 법정신고기일) 또는 신청일. 다만, 환급세액을 신고하지 않아 결정에 따라 환급하는 경우에는 그 결정일로 한다.
6. 특별징수의무자가 연말정산이나 특별징수하여 납부한 지방소득세를 법 제50조제4항에 따른 경정청구에 따라 환급하는 경우: 연말정산세액 또는 특별징수세액의 납부기한 만료일

이 규정은 납세자와 과세관청 간의 권리관계(지방세환급금 소멸시효의 기산일, 지방세환급금 충당 시 납부의무 소멸 시기 등)에 중요한 영향을 미치는 지방세환급금 발생일 규정을 신설한 것으로 현행 체납액 충당 시 납부의무 소멸 시기인 체납 지방세의 법정납부기한과 법 제62조제1항 각 호에 따른 날 중 늦은 때를, 법정납부기한과 대통령령으로 정하는 지방세환급금 발생일 중 늦은 때로 하고, 구체적인 사항을 영 제37조의2에 위임하여 규정하였다. 그리고 2022년 1월 1일 이전에 환급세액을 신고하거나 환급신청하거나 신고한 환급세액의 경정·결정을 한 경우 법 제60조제3항에 따른 지방세환급금의 충당에 관하여는

제37조의2제5호의 개정규정에도 불구하고 종전의 「지방세기본법」 제62조제1항제5호에 따른다.

‖ 발생 원인별 지방세환급금 관련 법령(개정령안 및 운영예규 포함) 비교 ‖

환급사유	지방세환급금 발생일	지방세환급가산금 기산일	지방세환급금 소멸시효 기산일
구분기준	환급금이 발생한 때	환급가산금 지급의 기간 기준점(초일)	환급금 권리를 행사할 수 있는 때
착오납부 및 이중납부	납부일	납부일의 다음날	납부일
신고·부과의 취소·경정	납부일	납부일의 다음날	부과취소·경정일
자동차세 연납 일할	이전등록일 등	이전등록일 등의 다음날	이전등록일 등
납부 후 감면결정	감면결정일	감면결정일의 다음날	감면결정일
납부 후 법령개정	시행일	시행일의 다음날	시행일
환급세액(담배세 등)	환급신고·신청일 (미신청 시 결정일)	환급신고·신청한 날부터 30일이 지난 날(미신청 시 결정일)의 다음날	환급신고·신청일 (미신청 시 결정일)
국세 통보 지방소득세	납부일	지자체장 결정·경정일부터 30일이 지난 날의 다음날	납부일

④ 납세자가 지방세관계법에 따라 환급받을 환급세액이 있는 경우에는 제2항 제1호(납세고지에 따라 납부하는 지방세) 및 제3호(이 법 또는 지방세관계법에 따라 신고 납부하는 지방세)의 지방세에 충당할 것을 청구할 수 있다. 이 경우 충당된 세액의 충당청구를 한 날에 그 지방세를 납부한 것으로 본다(법 §60 ④).

⑤ 지방세환급금 중 제2항에 따라 충당한 후 남은 금액은 지방세환급금의 결정을 한 날부터 지체 없이 납세자에게 환급하여야 한다(법 §60 ⑤).

⑥ 제5항의 규정에도 불구하고 지방세환급금 중 제2항에 따라 충당한 후 남은 금액이 10만원 이하이고, 지급결정을 한 날부터 6개월 이내에 환급이 이루어지지 아니하는 경우에는 대통령령으로 정하는 바에 따라 제2항 제1호 및 제3호의 지방세에 충당할 수 있다. 이 경우 제2항 단서의 동의가 있는 것으로 본다(법 §60 ⑥).

이 규정에 따른 지방세환급금의 충당은 납세자가 납세고지에 따라 납부하는 지방세로 한정하고, 충당의 기준은 ㉮ 과세기준일이 정해져 있는 세목이 있는 경우에는 해당 세목에 우선 충당하고, ㉯ 지방세에 부가되는 지방교육세가 있는 경우에는 해당 지방세에 우선 충당하며, ㉰ 납세자에게 같은 세목으로 여러 건이 부과되는 경우에는 과세번호가 빠른 건에 우선 충당한다. 다만, 지역실정을 고려하여 필요한 경우 특별시·광역시 또는 도의 조례로 충당 기준을 달리 정할 수 있다(영 §37 ②·③).

⑦ 제5항 및 제6항에도 불구하고 지방세를 납부한 납세자가 사망한 경우로서 제2항에 따라 충당한 후 남은 금액이 10만원 이하이고, 지급결정을 한 날부터 6개월 이내에 환급이 이루어지지 아니한 경우에는 지방세환급금을 행정안전부령으로 정하는 주된 상속자에게 지급할 수 있다(법 §60 ⑦).

이 경우 "행정안전부령으로 정하는 주된 상속자"란 민법에 따른 상속지분이 가장 높은 사람으로 하되, 상속지분이 가장 높은 사람이 두명 이상이면 그 중 나이가 가장 많은 사람으로 한다(규칙 §21 ①). 다만 제1항에도 불구하고 주된 상속자가 국내에 주소 또는 거소를 두지 아니하는 경우 등 부득이한 사유로 주된 상속자에게 지급이 어려운 경우 다른 상속자를 주된 상속자로 할 수 있다(규칙 §21 ②).

⑧ 제5항에 따른 지방세환급금(제62조에 따른 지방세환급가산금을 포함한다.)의 환급은 「지방재정법」 제7조에도 불구하고 환급하는 해의 수입금 중에서 환급한다(법 §60 ⑧).

⑨ 지방자치단체의 장이 지방세환급금의 결정이 취소됨에 따라 이미 충당되거나 지급된 금액의 반환을 청구할 때에는 지방징수법에 따른 고지·독촉 및 체납처분을 준용한다(법 §60 ⑨).

⑩ 제1항에도 불구하고 제55조 제3항 본문에 해당하는 경우에는 제1항을 적용하지 아니한다(법 §60 ⑩).

(1) 환급금의 의의

지방세환급금이란 납세자가 지방세의 납부금액 중 납부하여야 할 적정한 금액을 초과하여 납부한 금액과 착오 등에 의하여 잘못 납부한 금액 및 정당한 납부였으나 법률개정이나 감면 및 경정결정과 부과취소 등의 사유로 잘못 납부된 금액을 되돌려 주는 것이므로 이는 납세자 입장에서 보면 즉시 환급하는 것이 당연하며, 납세정의나 형평과세의 차원에서 보아도 명백히 과오납된 지방세액은 과세관청이 부당이익을 취하고 있는 상태가 되므로 과세관청은 직권으로 즉시 돌려주어야 하고, 납세자의 환급신청을 부당하게 거부한 경우에는 항고소송대상은 되지 아니하나 금전 채무이행 거절이므로 민사소송으로 반환청구를 제기할 수 있는 것이다.[125]

---

[125] 이 규정에서 정한 지방세환급금 중 '오납금'은 세액의 납부와 동시에 환급청구권이 발생하지만, '과납금'은 과세·징수처분의 위법이 있다는 사실만으로는 미흡하고 과세·징수처분의 취소라는 요건을 갖추어야 비로소 환급청구권이 발생하고, 환급세액의 경우에는 각 세목의 규정에서 정한 환급요건의 충족에 따라 곧바로 또는 과세관청의 환급결정으로 환급이 발생하게 된다(소순무, 조세소송, p.630, 2016).

(2) 지방세 환급금의 결정

환급할 지방세는 납세자가 과오납 및 초과 납부한 지방세 및 체납처분비인데, 초과 납부액이라 함은 납부시 확정된 지방세 채무액의 신고납부·불복결정·행정심판 및 판결 등의 취소결정으로 지방세 채무가 경감되거나 소멸된 금액을 말한다. 오납세액은 지방세채무가 성립되지 않았음에도 납부한 세액을 말하며, 납부 후에 세액이 확정되는 경우는 확정된 세액을 초과하는 환급세액도 발생하게 된다.

이러한 환급세액이 있을 때에는 즉시 그 오납액, 초과납부세액 또는 환급세액을 지방세환급금으로 결정하여야 한다.

이 경우 지방세환급금은 그 법률적 성질에 따라 오납금, 과납금, 환급세액으로 나눌 수 있는데, 오납금은 그 발생원인이 처음부터 당연히 효력이 없는 경우인데 반하여, 과납금은 납부후 권한있는 기관에 의하여(법개정, 판결 등) 위법을 이유로 취소되어야 비로소 인정된다는 점이다. 그리고 환급세액은 납부 당시는 당연히 적법한 납부이었으나 납부 후 각 개별세목에서 정한 환급요건을 충족하는 경우에 발생한다. 그러므로 과오납금은 세법의 일반이론에 의하여 해결되는 것인데 반하여 환급세액은 각 개별세목이 정하는 바에 따라 정해지기 때문에 다양한 근거를 갖고 있다.

(3) 지방세환급금의 충당

환급금의 충당이라 함은 납세자가 환급받을 환급금과 납부 또는 납입해야 할 지방자치단체의 징수금이 있는 경우에 납세자의 의사에 관계없이 그 환급금을 환급하지 아니하고 그 납부해야 할 징수금에 충당하는 것을 말한다. 충당은 환급금과 지방자치단체의 징수금이 존재하고 있는 경우에 그 양자의 상당액을 상호 소멸시키는 것으로서 민법상의 상계와 유사한 제도이지만 민법상의 상계에 있어서는 당사자가 반대의 의사표시를 한 때에는 상계를 할 수 없으나 지방세환급금의 충당에 있어서는 당사자의 반대표시가 인정되지 아니한다.

그리고 지방자치단체의 징수금과 지방자치단체에 대한 채권으로서 금전의 급부를 목적으로 하는 것을 서로 상계하는 것은 금지되고 있지만 환급금과 지방자치단체의 징수금이 존재하고 있는 경우에는 쌍방이 모두 지방자치단체의 징수금에 관하여 생긴 것으로 상호 청구하고 이행하는데 있어 불편이 클 뿐만 아니라 이를 제한해야 할 이유도 없으므로 환급금의 충당은 이러한 취지에서 인정되는 것이다.

환급금을 충당한 경우에는 환급금과 지방자치단체의 징수금이 상호 동등한 금액만큼 소멸한다. 그리고 그 효력에 관한 규정은 없으나 민법의 상계의 경우에 있어서와 같이 충당할 수 있었던 때에 소급한다고 본다.

시장·군수는 지방세환급금을 결정한 날로부터 충당이 가능하며, 지방세환급금의 환급결정을 하고 이를 지급명령을 통보한 후에는 납세자가 지방세의 충당에 동의하거나 체납액이 있더라도 충당할 수 없다.126)

지방세 환급금을 납부할 지방세에 충당하는 때에는 다음 각 호의 징수금에 충당한다. 다만, 동 순위에 따라 충당함으로써 조세채권이 일실될 우려가 있다고 인정되는 때에는 그러하지 아니하다.127)

① 납세고지에 따라 납부하는 지방세

고지된 지방세가 2 이상인 때에는 고지납부기한이 먼저 도래하는 지방세부터 순차적으로 충당한다. 이 경우는 납세자가 충당에 동의(납기 전 징수인 경우 제외)한 때에 한한다(영 §37 ④).

② 체납액

가. 체납액은 체납처분비·지방세의 순으로 충당하며, 충당할 지방세환급금이 2건 이상인 경우에는 소멸시효가 먼저 도래하는 것부터 충당한다.

나. 체납된 지방자치단체의 징수금에 충당하는 경우 체납된 지방자치단체의 징수금과 지방세환급금은 체납된 지방세의 법정납부기한과 법 제62조 제1항 각 호에서 정하는 지방세환급금의 발생일 중 늦은 때로 소급하여 같은 금액만큼 소멸한 것으로 본다.

③ 이 법 또는 지방세관계법에 따라 신고·납부하는 지방세

이 경우는 납세자가 그 충당에 동의한 경우에 한한다.

이 경우 납세자가 지방세관계법에 따라 환급받을 환급세액이 있는 경우에는 위의 ① 및 ③의 지방세에 충당하기 위하여 청구할 수 있으며, 이때에는 충당청구를 한 날에 그 지방세를 납부한 것으로 본다.

그런데 지방세환급금 중 이와 같은 방법으로 충당한 후 남은 금액이 10만원 이하이고, 지급결정을 한 날부터 6개월 이내에 환급이 이루어지지 아니하는 경우에는 납세고지에 따라 납부하는 지방세와 이 법 또는 지방세관계법에 따라 신고·납부하는 지방세에 충당할 수 있다. 이 경우는 납세자가 그 충당에 동의한 것으로 본다.

그런데 지방세기본법 제60조 제2항에 따른 지방세환급금의 충당은 납세자가 납세고지에 따라 납부하는 지방세로 한정하도록 동법 시행령 제37조 제2항에 규정되어 있는 점에 유의하여야 하며, 이러한 지방세환급금의 충당기준은 ㉮ 과세기준일이 정해져 있는 세목이 있는 경우는 해당 세목에 우선 충당하고, ㉯ 지방세에 부과되는 지방교육세

---

126) 국세기본법통칙 51-0···17 (환부금의 충당시기)
127) 국세기본법통칙 51-0···16 (환부금 충당의 순위)

가 있는 경우에는 해당 지방세에 우선 충당하며, ㉰ 납세자에게 같은 세목으로 여러 건이 부과되는 경우에는 과세번호가 빠른 세목에 우선 충당한다. 다만, 지역실정을 고려하여 필요한 경우 도조례로 충당 기준을 달리 정할 수 있다.

그리고 지방세를 납부한 납세자가 사망한 경우로서 충당한 후 남은 금액이 10만원 이하이고, 지급결정을 한 날부터 6개월 이내에 환급이 이루어지지 아니한 경우에는 지방세환급금을 주된 상속자에게 지급할 수 있다.

이 경우 "주된 상속자"란 민법상 상속지분이 가장 높은 사람으로 하되, 상속지분이 가장 높은 사람이 두 명 이상이면 그 중 나이가 가장 많은 사람으로 한다.

(4) 환급금의 환급

① 환급금(환급가산금을 포함한다.)의 환급은 지방재정법의 규정에 불구하고 환급하는 연도의 수입금 중에서 환급한다. 그러므로 이 규정에 따라 결정한 지방세 환급금(지방세환급 가산금을 포함한다.)을 미납된 지방자치단체의 징수금에 충당하고 남은 금액이 생겼거나 충당할 것이 없어서 환급하여야 할 경우에는 지체없이 지급금액, 지급이유, 지급절차, 지급장소, 그 밖에 필요한 사항을 권리자에게 통지하여야 한다(영 §38 ①).

② 납세의무자 또는 특별징수의무자와 그 자에 대한 지방자치단체의 징수금의 제2차 납세의무자가 각각 그 일부를 납부한 지방세에 지방세환급금이 생겼을 경우 그 지방세환급금의 환급 또는 충당에 대해서는 우선 제2차 납세의무자가 납부한 금액에 대하여 지방세환급금이 생긴 것으로 본다. 이에 따라 지방자치단체의 장은 환급하거나 충당한 경우에는 그 사실을 납세의무자 또는 특별징수의무자와 제2차 납세의무자에게 통지하여야 한다(영 §38 ②·③).

③ 지방세환급금을 미납된 지방자치단체의 징수금에 충당하고 남은 금액이 생겼거나 충당할 것이 없어서 이를 환급하여야 할 경우에는 지체 없이 지급금액, 지급이유, 지급절차, 지급장소, 그 밖에 필요한 사항을 권리자에게 통지하여야 한다(영 §38 ①).

④ 지방자치단체의 금고는 지방세환급금을 지급할 때에는 주민등록증이나 그 밖의 신분증을 제시하도록 하여 상대방이 정당한 권리자인지를 확인하고, 지방세환급금 지급명령서의 권리자란에 수령인의 주민등록번호 등을 적은 후 그 서명을 받아야 한다(영 §39 ③).

⑤ 영 제38조 제1항에 따른 통지를 받거나 같은 조 제4항에 따라 환급청구한 자는 지방자치단체의 금고에 지방세환급금 지급청구를 하여야 하고, 지방자치단체의 금고는 영 제38조 제5항에 따라 지방세환급금 지급명령서를 송부받은 지방세환급금에 대하여 제1항에 따른 지급청구를 받으면 즉시 이를 지급하고, 지방세환급금 지급확인통지서를 지방자치단체의 장에게 송부하여야 한다. 이 경우 영 제38조 제5항 후단에

따라 지방세환급금 지급명령서를 전자적 형태로 송부받은 경우에는 지방세환급금 지급확인통지서를 전자적 형태로 송부할 수 있다(영 §39 ①·②).
⑥ 지방자치단체의 금고는 지방세환급금의 권리자가 금융회사 또는 체신관서에 계좌를 개설하고 이체입금하는 방법으로 지급청구를 하는 경우에는 그 계좌에 이체입금하는 방법으로 지방세환급금을 지급할 수 있다(영 §39 ④).
⑦ 특별시세·광역시세 또는 도세(이하 "시·도세"라 한다.)에 대한 지방세환급금은 시장·군수 또는 구청장(자치구의 구청장을 말한다. 이하 같다.)이 지급하되, 이에 필요한 자금은 시·도세 수납액 중에서 충당한다. 다만, 시·도세 수납액이 환급하여야 할 금액보다 적을 경우에는 시장·군수 또는 구청장의 요구에 따라 특별시장·광역시장 또는 도지사(이하 "시·도지사"라 한다.)가 그 부족액을 직접 환급할 수 있다. 이렇게 시·도지사가 지방세환급금을 직접 환급하는 경우와 지방세환급금을 환급받을 자가 다른 지방자치단체에 있는 경우에는 송금의 방법으로 지급할 수 있다(영 §39 ⑤·⑥).
⑧ 납세자는 지방세환급금이 발생할 때마다 계좌에 이체입금하는 방법으로 지급받으려는 경우에는 금융회사 또는 체신관서의 계좌를 지방자치단체의 장에게 신고하여야 한다(영 §40).

(5) 지방세환급금의 직권 지급

지방자치단체의 장은 다음 ①②③의 어느 하나에 해당하는 경우에는 제39조 제1항에 따른 지방세환급금 권리자의 지급청구가 없더라도 해당 계좌에 이체입금하는 방법으로 지방세환급금을 지급할 수 있다(영 §41 ①).
① 「지방세징수법」제24조에 따라 지방세를 자동계좌이체로 납부한 자 중 지방세환급금의 직권지급에 미리 동의한 경우
② 영 제31조에 따른 결정 또는 경정 청구서, 영 제38조 제4항에 따른 지방세 환급청구서, 제44조 제1항에 따른 지방세환급금 양도신청서에 지급계좌를 기재한 경우(해당 지방세환급금으로 한정한다.)
③ 영 제40조에 따라 지방세환급금의 지급계좌를 신고한 경우

그리고 위의 방법으로 지방세환급금을 직권으로 지급한 경우에는 그 사실을 지방세환급의 권리자에게 통지하여야 한다.

(6) 지방세환급금의 결정 취소에 따른 조치

지방자치단체의 장이 지방세환급금의 결정이 취소됨에 따라 이미 충당되거나 지급된 금액의 반환을 청구할 때에는 이 법에 따른 고지·독촉 및 체납처분을 준용한다.

제61조 | 물납재산의 환급

물납(物納)제도는 조세수납의 방편에 의한 구별이다. 조세발달과정에서 보면 화폐경제시대 이전에는 여러 가지 산물(産物)이 조세로서 납부되어 왔다. 세금을 조세(租稅)라 한 까닭도 여기에 있다 하겠는데, 가치의 척도로서의 화폐가 경제사회에 널리 보급된 이후에는 모든 세금은 화폐로 지불하는 것을 원칙으로 하고 있는데 지방세의 재산세에는 그 과세대상이 物件(물건)이므로 예외적으로 물납제를 채용하여 징수에 편의를 도모하고 있다.

① 납세자가 「지방세법」 제117조에 따라 재산세를 물납(物納)한 후 그 부과의 전부 또는 일부를 취소하거나 감액하는 경정결정에 따라 환급하는 경우에는 그 물납재산으로 환급하여야 한다. 다만, 그 물납재산이 매각되었거나 다른 용도로 사용되고 있는 경우 등 대통령령으로 정하는 경우에는 제60조를 준용한다(법 §61 ①).

이 경우 "그 물납재산이 매각되었거나 다른 용도로 사용되고 있는 경우 등 대통령령으로 정하는 경우"란 해당 물납재산이 매각된 경우, 해당 물납재산의 성질상 분할하여 환급하는 것이 곤란한 경우, 해당 물납재산이 임대 중이거나 다른 행정용도로 사용되고 있는 경우와 해당 물납 재산에 대한 사용계획이 수립되어 그 물납재산으로 환급하는 것이 곤란하다고 인정되는 경우를 말한다(영 §42 ②).

② 법 제61조 제1항 본문에 따라 환급하는 경우에는 제62조(지방세 환급가산금)를 적용하지 아니한다(법 §61 ②).

이 경우 법 제61조 제1항 본문에 따라 물납재산을 환급하는 경우에 지방자치단체가 해당 물납재산을 유지 또는 관리하기 위하여 지출한 비용은 지방자치단체의 부담으로 한다. 다만, 지방자치단체가 물납재산에 대하여 「법인세법 시행령」 제31조 제2항에 따른 자본적 지출을 한 경우에는 이를 납세자의 부담으로 한다(영 §42 ①).

③ 물납재산을 수납할 때부터 환급 때까지의 관리비용 부담 주체 등 물납재산의 환급에 관한 세부적인 사항은 대통령령으로 정한다(법 §61 ③).

이 경우 물납재산의 수납 이후 발생한 과실(법정과실 및 천연과실을 말한다.)은 납세자에게 환급하지 아니한다(영 §42 ③).

제62조 ｜ 지방세환급가산금

① 지방자치단체의 장은 지방세환급금을 제60조에 따라 충당하거나 지급할 때에는 대통령령으로 정하는 날부터 지방세환급금을 충당하는 날이나 지급결정을 하는 날까지의 기간과 금융회사의 예금이자율 등을 고려하여 대통령령으로 정하는 이율에 따라 계산한 금액(이하 "지방세환급가산금"이라 한다)을 지방세환급금에 가산하여야 한다.(법 §62 ①).

이 경우 위 조문에서 "대통령령으로 정하는 날"이란 다음 각 호의 구분에 따른 날의 다음 날을 말한다(영§43 ① Ⅰ~Ⅵ).

1. 착오납부, 이중납부나 납부의 기초가 된 신고 또는 부과를 경정(제6호에 해당하는 경우는 제외한다)하거나 취소함에 따라 환급하는 경우: 그 지방세의 납부일(지방세관계법에 따라 특별징수의무자가 특별징수하여 납부한 세액의 환급의 경우 해당 세목의 법정신고기한 만료일). 이 경우 지방세가 「지방세징수법」 제25조에 따른 분할고지로 둘 이상의 납기가 있는 경우와 지방세가 2회 이상 분할납부된 경우에는 그 마지막 납부일로 하되, 지방세환급금이 마지막에 납부된 금액을 초과하는 경우에는 그 금액이 될 때까지 납부일의 순서로 소급하여 계산한 지방세의 각 납부일로 한다.
2. 「지방세법」 제128조제3항에 따라 연세액을 일시납부한 경우로서 같은 법 제130조에 따른 세액의 일할계산으로 환급하는 경우: 소유권이전등록일·양도일이나 사용을 폐지한 날. 다만, 납부일이 소유권이전등록일·양도일이나 사용을 폐지한 날 이후인 경우에는 그 납부일로 한다.
3. 적법하게 납부된 지방세의 감면으로 환급하는 경우: 그 감면 결정일
4. 적법하게 납부된 후 법령 또는 조례가 개정되어 환급하는 경우: 그 개정된 법령 또는 조례 규정의 시행일
5. 법 또는 지방세관계법에 따른 환급세액의 신고, 환급신청이나 신고한 환급세액의 경정·결정으로 환급하는 경우: 그 신고일(신고한 날이 법정신고기일 전인 경우에는 해당 법정신고기일) 또는 신청을 한 날부터 30일이 지난 날(지방세관계법에서 환급기한을 정하고 있는 경우에는 그 환급기한의 다음 날). 다만, 환급세액을 신고하지 않아 결정에 따라 환급하는 경우에는 그 결정일부터 30일이 지난 날로 한다.
6. 다음 각 목의 어느 하나에 해당하는 사유로 지방소득세를 환급하는 경우: 지방자치단체의 장이 결정하거나 경정한 날부터 30일이 지난 날
    가. 법 제50조에 따른 경정청구 없이 세무서장 또는 지방국세청장이 결정하거나 경정한 자료에 따라 지방소득세를 환급하는 경우

나. 「지방세법」 제103조의62에 따라 법인지방소득세 특별징수세액을 환급하는 경우
다. 「지방세법」 제103조의64제3항제2호에 따라 지방소득세를 환급하는 경우

그리고 위 조문에서 "대통령령으로 정하는 이율"이란 「국세기본법 시행령」 제43조의3제2항 본문에 따른 이자율(이하 이 항에서 "기본이자율"이라 한다)을 말한다. 다만, 납세자가 법 제7장에 따른 이의신청, 심판청구, 「감사원법」에 따른 심사청구 또는 「행정소송법」에 따른 소송을 제기하여 그 결정 또는 판결에 의하여 지방자치단체의 장이 지방세환급금을 지급하는 경우로서 그 결정 또는 판결이 확정된 날부터 40일 이후에 납세자에게 지방세환급금을 지급하는 경우에는 기본이자율의 1.5배에 해당하는 이자율로 한다(영 §43 ②). 이 경우 「국세기본법 시행령」 제43조의3제2항 본문에 따른 이자율이란 연 1천분의 12를 말한다

② 제60조제6항에 따라 지방세환급금을 지방세에 충당하는 경우 지방세환급가산금은 지급결정을 한 날까지 가산한다(법 §62 ②).

③ 제1항에도 불구하고 다음 각 호의 어느 하나에 해당하는 사유 없이 대통령령으로 정하는 고충민원의 처리에 따라 지방세환급금을 충당하거나 지급하는 경우에는 지방세환급가산금을 가산하지 아니한다(법 §62 ③).

1. 제50조에 따른 경정 등의 청구
2. 제7장에 따른 이의신청, 심판청구, 「감사원법」에 따른 심사청구나 「행정소송법」에 따른 소송에 대한 결정이나 판결

이 경우 위 조문에서 "대통령령으로 정하는 고충민원"이란 지방세와 관련하여 납세자가 법 제62조제3항 각 호의 불복청구 등을 그 기한까지 제기하지 않은 사항에 대하여 지방자치단체의 장에게 직권으로 법 또는 지방세관계법에 따른 처분의 취소, 변경이나 그 밖에 필요한 처분을 해 줄 것을 요청하는 민원을 말한다(영 §43 ③)

(1) 환급가산금의 의의

지방세환급금의 충당과 환급의 경우에는 당초 납부일 및 경정일부터 충당 및 환급결정을 하는 날까지의 기간에 금융기관의 예금이자율 등을 고려한 이자금액을 가산지급하는데 이러한 금액을 지방세환급가산금이라 한다.

지방세환급금은 지방자치단체가 납세자에게 환급하여야 하는 법적의무금액이므로 미환급기간 동안 이자상당액이 가산되도록 하여 지방자치단체로 하여금 조속한 환급 및 행정집행의 신속성을 유도하기 위한 것이다.

(2) 환급가산금의 기간계산과 이자율[128]

㉮ 환급금에 대한 환급가산금 계산기간은 다음에 설명하는 환급이자기산일로부터 환급금의 지급을 통지한 날 또는 미납된 다른 지방세에 충당한 날까지로 한다.

㉯ 환급금의 환급가산금은 국세기본법시행령 제43조의 3 제2항에 따른 국세환급가산금의 이자율로 한다.

이 규정은 종전에 환급가산금이 일정비율로 고정(1일 10,000분의 2)로 되어 있던 것을 2002년부터 은행 이자율과 균형을 맞추기 위하여 국세에서 규정하고 있는 이자율과 동일하게 조정한 것인데 이 경우 국세기본법에 규정된 이자율은 시중은행의 1년 만기 정기예금 평균 수신금리를 고려하여 기획재정부령으로 정하는 이자율을 말하는데 이 경우 기획재정부령으로 정하는 이자율이란 연 1천분의 12을 말한다(국세기본법 시행규칙 §19의 3).

그런데 지방세환급금 중 법 제60조 제2항에 따라 충당한 후 남은 금액이 10만원 이하이고, 지급결정을 한 날부터 6개월 이내에 환급이 이루어지지 아니하는 경우에는 납세고지에 따라 납부하는 지방세와 이 법 또는 지방세관계법에 따라 신고·납부하는 지방세에 충당할 수 있는데 이렇게 지방세에 충당하는 경우 지방세환급가산금은 지급결정을 한 날까지 가산한다.

(3) 환급가산금 계산방법

(가) 착오납부, 이중납부나 납부의 기초가 된 신고 또는 부과를 경정[다음 (바)에 해당하는 경우에는 제외한다.]하거나 취소함에 따라 환급하는 경우: 그 지방세의 납부일(지방세관계법에 따라 특별징수의무자가 특별징수하여 납부한 세액의 환급의 경우 해당 세목의 법정신고기한 만료일). 이 경우 지방세가 「지방세징수법」 제25조에 따른 분할고지로 둘 이상의 납기가 있는 경우와 지방세가 2회 이상 분할납부된 경우에는 그 마지막 납부일로 하되, 지방세환급금이 마지막에 납부된 금액을 초과하는 경우에는 그 금액이 될 때까지 납부일의 순서로 소급하여 계산한 지방세의 각 납부일로 한다.

여기에서 둘 이상의 납기에 한하여 과오납이 된 경우라 함은 동일한 과세객체에 대하여 과세처분이 2회 이상 되는 것에 한하여 적용하는 것이므로, 과세객체가 다르거나 과세객체가 같다 하더라도 과세처분의 동일성이 없다고 인정되는 것은 이에 해당되지 않는다고 본다.

환급가산금의 기산일에 대하여 예를 들면 A가 토지를 취득하여 1차로 취득세를 신고

---

[128] 지방세환급가산금의 계산에 있어서 그 대상이 되는 금액에는 본세·체납처분비 및 연부연납이자세액이 포함된다(국세기본법통칙 52-0…1, 환급가산금의 계산대상 금액).

납부하였는데 과세관청에서 2차로 부족분의 취득세를 부과하여 납부하였고 또다시 과세관청에서 3차로 부족분의 취득세를 부과하여 납부하였으나 환급금이 생겨 환급을 받게 될 경우에 그 과납금은 제일 먼저 제3차 추징분의 납부일부터, 그리고 잔여환급에 대하여 제2차부과징수분 납부일부터, 그리고도 잔여 환급금이 있을 경우에는 신고 납부일부터 각각 환급가산금을 계산하여야 한다는 것이다.

그리고 경정청구 시 기산일을 경정청구일의 다음날로 한 이유는, 당초 세액의 과다납부 원인이 납세자의 귀책(지방세환급금의 발생 원인이 납세자 본인의 부정확한 신고납부에 기인한 점 등)임을 고려한 것이나, 과세관청이 직권환급하는 경우와 납세자가 경정청구하는 경우의 환급가산금을 차별하는 것은 불합리하다는 지적과 함께 국세환급가산금의 경우 직권 환급과 경정청구 환급을 동일하게 납부일부터 계산하도록 개정되어 2022년부터는 경정청구 환급 시 조세체계의 통일성 및 납세자 권익 제고를 위해 지방세환급가산금의 기산일을 납부일 등으로 개정하였다.

(나) 지방세법 제128조 제3항에 따라 연세액을 일시납부한 경우로서 같은 법 제130조에 따른 세액의 일할계산으로 인하여 발생한 환급금의 경우에는 소유권이전등록일·양도일 또는 사용을 폐지한 날. 다만, 납부일이 소유권이전등록일, 양도일 또는 사용을 폐지한 날 이후일 경우 그 납부일로 한다.

이 규정은 자동차 소유에 대한 자동차세의 연세액을 일시납부한 납세자가 연도중에 자동차를 양도하면 양도인과 양수인에게 그 소유기간에 따라 자동차세를 일할계산하여 각각 부과해야 하기 때문에 이때에 양도인이 기납부한 자동차세를 환급받는 경우에 그 환급금에 대한 환급가산금 기산일 적용을 명확히 하기 위한 규정으로 소유권이전등록일, 양도일 또는 사용을 폐지한 날부터 환급가산금을 계산하여야 한다는 것이다. 다만, 이 경우에도 양도인의 동의가 있는 때에는 이를 양수인이 납부한 것으로 본다.

(다) 적법하게 납부된 지방세에 대한 감면으로 인한 지방세환급금의 경우에는 그 감면 결정일

예를 들면 특별감면조례에 의한 특별감면, 재해 등으로 인한 지방자치단체의회의 의결에 따른 소급감면 등이 여기에 해당한다.

(라) 적법하게 납부된 후 법률의 개정으로 인한 지방세환급금의 경우에는 그 개정된 법령 또는 조례 규정의 시행일

여기에서 "법률의 변경으로 인한 환급금"이라 함은 법률의 규정에 의하여 납부하여야 할 세액이 법률이 변경됨에 따라 과오납으로 된 경우 외에 그 법률의 규정에 의한 납세의무자의 신고 또는 신청에 의해서 변경되어 과오납으로 된 금액을 포함하며 법률의 변경뿐만 아니라 법률의 규정에 근거를 둔 조례의 변경으로 과오납이 된 경우도 포함해야

할 것이다.

또한 현행 규정은 법인이 분식회계를 했다 하더라도 분식회계로 인해 과다 납부한 세액이 발생하여 경정한 경우 그 경정일이 속하는 사업연도의 개시일부터 5년 이내에 각 사업연도의 법인지방소득세액에서 과다 납부한 세액을 차례로 차감 후 남은 금액은 경정청구일부터 차감하는 기간 동안의 이자상당액 등을 포함하여 환급가산금 지급하게되어 있어 일반 법인의 경우 경정청구로 인한 환급급 발생시 경정청구일부터 1~2개월 정도에 대한 환급가산금을 지급하고 있는 점과 형평성 문제 발생되어 분식회계로 경제질서를 어지럽힌 법인에 대해 일반적인 경정청구와 달리 환급가산금이 지급되지 않도록 개정하고 분식회계로 과다납부한 세액을 5년 동안 차감 후 남은 금액이 있을 경우 환급금은 지급하되, 환급가산금은 지급하지 않게 되어 분식회계 법인이 환급세액을 공제하는 기간(5년) 중에 해산하고 남은 세액이 있을 경우 남은 세액만 환급하고 환급가산금은 지급하지 않게 되었다.

> **사례**
>
> ❖ **적법하게 납부된 후 헌법재판소의 불합치 판결로 환부시 기산일**
>
> 이 사건 담배소비세는, 납부 당시부터 당해 조세의 보유가 위법 또는 부당하였던 경우와는 달리, 적법한 근거에 의하여 이를 신고납부한 것인데 사후에 판매부진으로 인하여 재반입됨으로써 비로소 환급금 청구권이 발생한 것이므로 당초의 납부일을 기준으로 환급이자를 가산하는 것은 부당하다고 할 것이고, 지방세법에는 이와 같은 환급세액에 대한 환급이자의 기산일에 관하여는 명문의 규정이 없으나, 지방세법 제82조가 지방세의 부과와 징수에 관하여 이 법 및 다른 법령에서 규정한 것을 제외하고는 국세기본법과 국세징수법을 준용한다고 규정하고 있고, 국세환급가산금의 기산일에 관한 국세기본법 제52조 제6호가 소득세법, 특별소비세법 등에 의한 환급세액을 신고에 의하여 환급함에 있어서 그 신고일로부터 30일이 경과한 날의 다음날부터 계산한 가산금을 환급하도록 규정하고 있는 점을 참작하면, 이 사건 담배소비세의 환급세액에 대한 환급이자의 기산일은 환급 신청일부터 30일이 경과한 다음날이라고 해석하는 것이 옳다.
>
> (대법 2003다25812, 2003.10.9.)
>
> ❖ **환급가산금을 지방세기본법상 이율보다 높게 지급할 수 있는지**
>
> 피고는 원고가 납부한 과오납금에 대하여 그 납부일 다음날부터 원고의 반환 청구일까지는 지방세기본법 등의 환급가산금 규정에 의한 법정이자를 지급할 의무를 부담하고, 이는 민법상 법정이자 규정에 대한 특칙으로서 민법상 법정이자에 관한 규정이 적용될 여지가 없으므로, 이에 따라 피고가 민법상 법정이자가 아닌 위 지방세기본법 등의 규정에 따른 환급가산금 118,310원을 지급하겠다고 통보한 것은 정당하다.
>
> (대법 2015다214097, 2016.8.31.)

(마) 법 또는 지방세관계법에 따른 환급세액의 신고, 환급신청이나 신고한 환급세액의 경정·결정으로 환급하는 경우에는 그 신고일(신고한 날이 법정신고기일 전인 경우에는 해당 법정신고기일) 또는 신청을 한 날부터 30일이 지난 날(지방세관계법에서 환급기한을 정하고 있는 경우에는 그 환급기한의 다음 날). 다만, 환급세액을 신고하지 않아 결정에 따라 환급하는 경우에는 그 결정일부터 30일이 지난 날로 한다.

이 경우의 예를 들면 취득세를 취득 후 50일이 되는 날에 신고를 하였으나 신고가 잘못되어 환급금이 발생한 경우라면 법정신고기일이 아직 10일 남았으므로 취득 후 60일이 지난날부터 30일 지난 때부터, 취득세를 신고하지 아니하여 법정신고기일인 60일이 지난 후 부과고지를 하였다면 부과결정을 한 날부터 30일이 지난 때로부터 환급가산금이 가산된다는 것이다.

(바) 다음 각 목의 어느 하나에 해당하는 사유로 지방소득세를 환급하는 경우에는 지방자치단체의 장이 결정하거나 경정한 날부터 30일이 지난 날

가. 법 제50조에 따른 경정청구 없이 세무서장 또는 지방국세청장이 결정하거나 경정한 자료에 따라 지방소득세를 환급하는 경우
나. 「지방세법」 제103조의62에 따라 법인지방소득세 특별징수세액을 환급하는 경우
다. 「지방세법」 제103조의64제3항제2호에 따라 지방소득세를 환급하는 경우

(4) 고충민원에 따른 환급가산금의 지급 제외

그간 지자체장이 납세자의 지방세환급금을 지급할 때에는 그 이자에 상당하는 지방세환급가산금(연1.2%)을 가산하여 지급하고 있어 경정청구, 불복 등의 기간이 도과하여 법률상 하자가 없는 지방세 처분에 대해서 과세관청이 선의로 환급하는 경우 이자부담과 관련하여 논란이 있고, 국민권익위원회, 납세자보호관 등의 고충민원(납세자가 경정청구·불복 등 법령에 따른 구제 방법이 없는 지방세 처분사항에 대해 과세관청의 직권 시정 처리를 요청하는 민원) 처리에 따라 직권 환급하는 경우 지방세환급가산금 지급을 제외하는 규정이 없어 2022년 부터는 납세자 경정청구나 불복 제기 없이 고충민원을 통해 과세관청이 직권 환급하는 경우 지자체의 지방세환급가산금 지급을 제외하도록 하였다.

(5) 충당하는 가산금의 가산기간

지방자치단체의 장은 지방세환급금으로 결정한 금액을 대통령령으로 정하는 바에 따라 지방자치단체의 징수금에 충당하여야 하나 납세고지에 따라 납부하는 지방세(납기전 징수사유에 해당하는 경우는 제외) 체납세와 신고·납부하는 지방세에 충당하는 경우에는 납세자가 그 충당에 동의하여야 한다.

그러나 지방세환급금을 위와 같이 충당한 후 남은 금액은 납세자에게 지체없이 환급하는 것에 불구하고 지방세환급금 중 충당한 후 남은 금액이 10만원 이하이고, 지급결정을 한 날부터 6개월 이내에 환급이 이루어지지 아니하는 경우에는 대통령령으로 정하는 바에 따라 납세고지에 따라 납부하는 지방세(납기전 징수사유 해당 경우 제외)와 신고·납부하는 지방세에 충당할 수 있는데 이 경우는 납세자가 충당에 동의한 것으로 본다.

제63조 지방세환급금에 관한 권리의 양도

① 지방세환급금(환급가산금을 포함한다. 이하 이 조에서 같다)에 관한 납세자의 권리는 대통령령으로 정하는 바에 따라 타인에게 양도할 수 있다(법 §63 ①).

② 지방자치단체의 장은 지방세 환급금에 관한 권리양도 요구가 있는 경우에 양도인 또는 양수인이 납부할 지방자치단체의 징수금이 있으면 그 지방자치단체의 징수금에 충당하고, 남은 금액에 대해서는 양도요구에 지체 없이 따라야 한다(법 §63 ②).

(1) 의의

일반재산권의 양도와 마찬가지로 지방세환급금을 받을 권리도 재산권의 일종이므로 타인에게 양도할 수 있다고 보고 있으며, 지방세환급금의 권리가 양도되면 지방세환급가산금의 권리도 부수하여 양도되어 양수인에게 가산금이 환급되는 것이다.

그러므로 이 규정에 의하여 지방세환급금에 관한 권리를 양도한 경우에 양도인과 양수인간에 지방세환급가산금에 관한 특별한 약정이 없는 때에는,

① 지방세환급금 전액을 양도한 때에는 양수인에게 지방세환급가산금을 충당 또는 환급하고,

② 지방세환급금 중 일부를 양도·양수한 때에는 그 양도·양수한 금액에 대하여 양도한 날을 기준으로 양도일까지의 가산금은 양도인에게 충당 또는 환급하고, 양도일의 다음날부터 지급일까지의 가산금은 양수인에게 충당 또는 환급한다.[129]

(2) 환급금양도의 절차 등

① 납세자는 법 제63조 제1항에 따라 지방세환급금(환급가산금을 포함한다. 이하 이 조에서 같다)을 타인에게 양도하려는 경우에는 다음 각 호의 사항을 적은 요구서를 해당 지방자치단체의 장에게 제출하여야 한다(영 §44 ①).

---

129) 국세기본법통칙 53-0…1 (환급금에 관한 권리의 양도)

1. 권리자(양도인)의 성명과 주소 또는 영업소
2. 양수인의 성명과 주소 또는 영업소
3. 양도하려는 지방세환급금이 발생한 연도, 세목과 금액

종전에는 지방자치단체장이 양도인·양수인의 다른 체납액이 없는 경우에만 환급금을 양도하도록 신청할수 있어 양도인·양수인이 체납이 있는 경우 지방세환급에 대한 양도를 거절하는 제도 운영상의 문제점을 해소하기 위하여 2023년부터는 납세자가 환급금에 대한 권리 양도 요구시 양도인·양수인의 체납액을 충당한 후 남은 금액은 양도할 수 있도록 충당 후 양도 규정을 신설한 것이다.

이 경우 과세권자가 이 규정에 의하여 지방세환급금의 양도요구에 응한 때에는 지방세환급금을 양수인에게 충당 또는 환급한다.[130]

> **사례**
>
> ❖ **국세환급금채권의 제3자 양도시의 효력**
>
> 국세기본법 제51조, 제53조, 구 국세기본법시행령(2000.12.29. 대통령령 제17047호로 개정되기 전의 것) 제42조의 규정들을 종합하여 살펴보면, 납세자가 자신이 환급받을 국세환급금채권을 타인에게 양도한 다음 양도인 및 양수인의 주소와 성명, 양도하고자 하는 권리의 내용 등을 기재한 문서로 세무서장에게 통지하여 그 양도를 요구하면, 세무서장은 양도인이 납부할 다른 체납 국세 등이 있는지 여부를 조사·확인하여 체납 국세 등이 있는 때에는 지체 없이 체납 국세 등에 먼저 충당한 후 그 잔여금이 있으면 이를 양수인에게 지급하여야 하고, 만일 세무서장이 이에 위배하여 납세자로부터 적법한 양도 요구를 받았음에도 지체 없이 충당을 하지 않는 경우에는 양수인이 양수한 환급금채권은 확정적으로 양수인에게 귀속되고, 그 후에 세무서장이 양도인의 체납 국세 등에 충당을 하더라도 충당에는 소급효가 없어 장래에 향하여만 효력이 있으므로, 이러한 충당은 결국 양수인에게 확정적으로 귀속되어 더 이상 양도인 소유가 아닌 재산에 대하여 조세채권을 징수한 결과가 되어 그 효력이 발생하지 않는다.
>
> (대법 2002다31834, 2003.9.26.)

제64조 | 지방세환급금의 소멸시효

① 지방세환급금과 지방세환급가산금에 관한 납세자의 권리는 이를 행사할 수 있는 때부터 5년간 행사하지 아니하면 시효로 인하여 소멸한다(법 §64 ①).

---

130) 국세기본법통칙 53-42…2 (환급금의 양수인에의 환급)

② 제1항의 소멸시효에 관하여는 이 법 또는 지방세관계법에 별도의 규정이 있는 것을 제외하고는 민법을 따른다. 이 경우 지방세환급금 또는 지방세환급가산금과 관련된 과세처분의 취소 또는 무효확인 청구의 소 등 행정소송을 청구한 경우 그 시효의 중단에 관하여는 민법 제168조 제1호에 따른 청구를 한 것으로 본다(법 §64 ②).

③ 제1항의 소멸시효는 지방자치단체의 장이 납세자의 지방세 환급청구를 촉구하기 위하여 납세자에게 하는 지방세 환급청구의 안내·통지 등으로 인하여 중단되지 아니한다(법 §64 ③).

이 경우 "지방세환급금과 환급가산금에 관한 권리는 이를 행사할 수 있는 때"란 앞에서 설명한 지방세기본법 제77조에서 정한 날을 말한다. 다만, 납부 후 그 납부의 기초가 된 신고 또는 부과를 경정하거나 취소하는 경우에는 경정결정일 또는 부과취소일을 말한다.[131]

그러므로 지방세환급금은 충당·환급결정일부터 환급되어야 하며, 지방세환급금에 대한 가산금의 원인은 환급금 권리확정과 별개의 것이므로 기한경과일부터 실제환급으로 가산금 계산이 종료되는 날까지의 금액이다. 따라서 지방세환급금과 지방세환급가산금의 소멸시효 기산일은 달라져야 하나 국세기본법 통칙에서는 환급금 소멸시효가 완성되면 환급가산금 소멸시효도 완성되며 시효 중단과 정지도 동일하게 적용된다고 보고 있다.[132]

▲ 사례

❖ 통칙 79-1 [지방세환급급의 소명시효 기산일]

「지방세기본법」 제79조 제1항 따른 "이를 행사할 수 있는 때"라 함은 「지방세기본법」 제77조 제1항 각 호의 날을 말한다. 다만, 납부 후 그 납부의 기초가 된 신고 또는 부과를 경정하거나 취소하여 지방세환급금이 발생된 경우에는 경정결정일 또는 부과취소일을 말하며, 연부계약의 경개계약이나 해제로 지방세환급금이 발생한 경우에는 계약해제일을 말한다.

(2016.06.01 개정)

❖ 지방세 법령개정으로 근거규정이 없어진 경우 '이를 행사할 수 있는 때'는

지방자치단체장이 법령의 개정으로 과세근거규정이 없어졌음에도 지방세를 부과하여 납세자가 이를 납부한 경우 지방세환급금에 대한 권리의 소멸시효 기산점인 '이를 행사할 수 있는 때' 는 납세자가 지방세를 납부한 날이라 할 것임

(법제12-0675, 2012.12.14.)

---

[131] 국세기본법 통칙 54-0…1(환급금 등의 소멸시효 기산일)
[132] 국세기본법통칙 54-0…2·3 (환급금 및 환급가산금 소멸시효 등)

제2절 납세담보

제65조 담보의 종류

이 법 또는 지방세관계법에 따라 제공하는 담보(이하 "납세담보"라 한다.)는 다음 각 호의 어느 하나에 해당하는 것이어야 한다(법 §65 Ⅰ~Ⅶ).

1. 금전
2. 국채 또는 지방채
3. 지방자치단체의 장이 확실하다고 인정하는 유가증권[133]
4. 납세보증보험증권
5. 지방자치단체의 장이 확실하다고 인정하는 보증인의 납세보증서[134]
6. 토지
7. 보험에 든 등기되거나 등록된 건물·공장재단·광업재단·선박·항공기 또는 건설기계[135]

위와 같은 납세담보는 이를 물적담보와 인적담보로 나누는데, 전자는 특정한 재산에 의한 담보이고, 후자는 보증인의 보증에 의한 담보이다. 납세담보는 물적담보를 원칙으로 하고, 그것이 불가능한 경우에 인적담보가 허용되는 것이다.

그리고 납세담보는 반드시 세법에 규정된 요건에 따라 제공하여야 하는 것이므로 세법에 근거없는 담보의 제공은 무효라고 판시하고 있다.[136]

---

[133] 지방자치단체의 장이 확실하다고 인정하는 유가증권은 다음 각 호의 증권을 포함한다(국세기본법통칙 29-0…1).
　① 한국은행의 통화안정증권 등 특별법에 의하여 설립된 법인이 발행한 채권
　② 한국거래소에 상장된 법인의 사채권 중 보증사채 및 전환사채
　③ 한국거래소에 상장된 유가증권 또는 한국금융투자협회에 등록된 유가증권 중 매매사실이 있는 것
　④ 자본시장과 금융투자업에 관한 법률에 의한 수익증권 중 무기명 수익증권
　⑤ 양도성예금증서
　⑥ 자본시장과 금융투자업에 관한 법률에 의한 수익증권 중 환매청구 가능한 수익증권
[134] 과세권자가 확실하다고 인증하는 보증인이라 함은 다음 각 호의 자를 말한다(국세기본법통칙 29-0…2).
　① 은행법의 규정에 의한 금융기관
　② 신용보증기금법의 규정에 의한 신용보증기금
　③ 보증채무를 이행할 수 있는 자금능력이 충분하다고 과세권자가 인정하는 자
[135] 보험에 든 재산인 경우 당해 재산의 보험계약금액은 그 재산에 의하여 담보된 지방세와 체납처분비의 합계(선순위에 피담보채권이 있을 때는 그 피담보채권액을 가산한 금액) 이상이어야 한다(국세기본법통칙 29-0…3).
[136] 대법 83누715, 1986.10.23.

제66조 담보의 평가

납세담보의 가액 평가는 다음 각 호에 따른다(법 §66 Ⅴ).
1. 국채, 지방채 및 유가증권 : 대통령령으로 정하는 바에 따라 시가(時價)를 고려하여 결정한 가액
   이 경우 "대통령령으로 정하는 바에 따라 시가를 고려하여 결정한 가액"이란 납세담보로 제공하는 날의 전날을 평가기준일로 하여 상속세 및 증여세법 시행령 제58조 제1항을 준용하여 계상한 가액을 말한다(영 §45).
2. 납세보증보험증권 : 보험금액
3. 납세보증서 : 보증액
4. 토지·주택·주택 외 건축물·선박·항공기 및 건설기계 : 지방세법 제4조 제1항 및 제2항에 따른 시가표준액
5. 공장재단 또는 광업재단 : 감정기관이나 그 재산의 감정평가에 관하여 전문적 기술을 보유하는 자의 평가액

이 규정의 평가방법은,
① 국채, 지방채, 유가증권의 경우는 시가를 고려하여 결정한 가액은 법 제65조에 따른 납세 담보로 제공하는 날의 전날을 평가기준일로 하여 「상속세 및 증여세법 시행령」 제58조 제1항을 준용하여 계산한 가액을 말한다(영 §45).
② 납세보증보험증권은 보험금액에 의한다.
③ 납세보증서는 보증금액에 의한다.
④ 토지, 주택, 주택 외 건축물, 선박, 항공기 및 건설기계는 지방세법 제4조 제1항 및 제2항에 따른 시가표준액을 말한다.
⑤ 공장재단 또는 광업재단은 감정기관이나 그 재산의 감정평가에 관하여 전문적 기술을 보유하는 자의 평가액에 따른다.

제67조 담보의 제공방법

① 금전 또는 유가증권을 납세담보로 제공하려는 자는 이를 공탁하고 공탁영수증을 지방자치단체의 장에게 제출하여야 한다. 다만, 등록된 국채·지방채 또는 사채(社債)의 경우에는 담보제공의 뜻을 등록하고 등록확인증을 제출하여야 한다(법 §67 ①).

② 납세보증보험증권 또는 납세보증서를 납세담보로 제공하려는 자는 그 보험증권 또는 보증서를 지방자치단체의 장에게 제출하여야 한다(법 §67 ②).

이 경우에 납세담보로 제공하는 납세보증보험증권은 그 보험증권의 보험기간이 납세담보를 필요로 하는 기간에 30일 이상을 더한 것이어야 한다. 다만, 납부기한이 확정되지 아니한 지방세의 경우에는 지방자치단체의 장이 정하는 기간에 따른다(영 §46 ②).

③ 토지, 주택, 주택 외 건물, 선박, 항공기, 건설기계 또는 공장재단, 광업재단을 납세담보로 제공하려는 자는 등기필증, 등기완료통지서 또는 등록확인증을 지방자치단체의 장에게 제시하여야 하며, 지방자치단체의 장은 이에 따라 저당권의 설정을 위한 등기 또는 등록의 절차를 밟아야 한다(법 §67 ③).

이와 같은 저당권을 설정하기 위한 등기 또는 등록을 하려는 경우에는 다음 각 호의 사항을 적은 문서로 등기·등록관서에 촉탁하여야 한다(영 §46 ⑤).
① 재산의 표시
② 등기 또는 등록의 원인과 그 연월일
③ 등기 또는 등록의 목적
④ 저당권의 범위
⑤ 등기 또는 등록 권리자
⑥ 등기 또는 등록 의무자의 주소 또는 영업소와 성명

(1) 납세담보의 한도

납세담보를 제공할 때에는 담보할 지방세의 100분의 120(현금 또는 납세보증증권의 경우에는 100분의 110) 이상의 가액에 상당하는 납세담보의 제공과 함께 행정안전부령으로 정하는 납세담보제공서를 제출하여야 한다. 다만, 그 지방세가 확정되지 아니한 경우에는 지방자치단체의 장이 정하는 가액에 해당하는 납세담보를 제공하여야 한다(영 §46 ①).

(2) 납세담보의 절차 및 기한

① 지방자치단체의 장은 납세자가 토지·주택·주택 외의 건축물·선박·항공기·건설기계 또는 공장재단·광업재단을 납세담보로 제공하려는 경우에는 동법(법 제87조 제3항)에 따라 제시된 등기필증, 등기완료통지서 또는 등록확인증이 사실과 일치하는지 조사하여 다음 각 호의 어느 하나에 해당하는 경우에는 다른 담보를 제공하게 하여야 한다(영 §46 ③ Ⅰ~Ⅲ).
  1. 법 또는 지방세관계법에 따라 담보제공이 금지되거나 제한된 경우. 다만, 주무관청의 허가를 받아 제공하는 경우는 제외한다.

2. 법 또는 지방세관계법에 따라 사용·수익이 제한된 것으로 담보의 목적을 달성할 수 없다고 인정된 경우
3. 제1호 및 제2호 외의 담보의 목적을 달성할 수 없다고 인정된 경우

② 보험에 든 주택·주택 외의 건축물·공장재단·광업재단·선박·항공기 또는 건설기계 또는 공장재단, 광업재단을 납세담보로 제공하려는 자는 그 화재보험증권을 제출하여야 한다.
이 경우 그 보험기간은 납세담보를 필요로 하는 기간에 30일 이상을 더한 것이어야 한다(영 §46 ④).

제68조 | 담보의 변경과 보충

① 납세담보를 제공한 자는 지방자치단체의 장의 승인을 받아 그 담보를 변경할 수 있다 (법 §68 ①).
② 지방자치단체의 장이 납세담보물의 가액 또는 보증인의 지급능력 감소, 그 밖의 사유로 그 납세담보로써 지방자치단체의 징수금의 납부를 담보할 수 없다고 인정하면 담보를 제공한 자에게 담보물의 추가제공 또는 보증인의 변경을 요구할 수 있다(법 §68 ②).
이 경우 지방자치단체의 장은 납세자가 이미 제공한 납세담보의 변경승인을 신청한 경우에는 다음 각 호의 어느 하나에 해당하면 이를 승인하여야 한다(영 §47 ① Ⅰ 내지 Ⅲ).
1. 보증인의 납세보증서를 갈음하여 다른 담보재산을 제공한 경우
2. 제공한 납세담보의 가액이 변동되어 과다하게 된 경우
3. 납세담보로 제공한 유가증권 중 상환기간이 정해진 것이 그 상환시기에 이른 경우
그리고 납세담보의 변경승인 신청 또는 납세담보물의 추가제공이나 보증인의 변경의 요구는 문서로 하여야 한다(영 §47 ②).

제69조 | 담보에 따른 납부와 징수

① 납세담보로 금전을 제공한 자는 그 금전으로 담보한 지방자치단체의 징수금을 납부할 수 있다(법 §69 ①).
이 경우 납세담보로 제공한 금전으로 지방자치단체의 징수금을 납부하려는 자는 그 뜻

을 적은 문서로 지방자치단체의 장에게 신청하여야 한다. 이 경우 신청한 금액에 상당하는 지방자치단체의 징수금을 납부한 것으로 본다(영 §48 ①).

② 지방자치단체의 장은 납세담보를 제공받은 지방자치단체의 징수금이 담보의 기간에 납부되지 아니하면 대통령령으로 정하는 바에 따라 그 담보로써 그 지방자치단체의 징수금을 징수한다(법 §69 ②).

이 경우 지방자치단체의 장은 납세담보로 지방자치단체의 징수금을 징수하려는 경우 납세담보가 금전이면 그 금전을 해당 지방자치단체의 징수금에 충당하고, 납세담보가 금전 외의 것이면 다음 각 호의 구분에 따른 방법으로 징수하거나 환가한 금전을 해당 지방자치단체의 징수금에 충당한다(영 §48 ② 본문 Ⅰ내지 Ⅲ).

㉮ 국채·지방채나 그 밖의 유가증권·토지·주택·주택 외 건물, 선박, 항공기, 건설기계 또는 공장재단·광업재단인 경우 지방세징수법 제3장 제10절에서 정하는 공매절차에 따라 매각한다.

㉯ 납세보증보험증권인 경우에는 해당 납세보증보험사업자에게 보험금의 지급을 청구한다.

㉰ 납세보증서인 경우에는 법에서 정하는 납세보증인으로부터의 징수절차에 따라 징수한다.

위 규정에 따라 지방자치단체의 장은 영 제48조 제1항 또는 제2항에 따라 납세담보로 지방자치단체의 징수금을 징수한 경우에는 지체 없이 납세담보를 제공한 자에게 납세담보에 의한 지방자치단체의 징수금 징수 통지에 따라 통지하여야 한다.

이 경우 납세담보를 환가한 금액이 징수할 지방자치단체의 징수금을 충당하고 받은 경우에는 지방세징수법 제3장 제11절에서 정하는 공매대금의 배분방법에 따라 배분한 후 납세자에게 지급한다(영 §48 ③).

제70조 담보의 해제

지방자치단체의 장은 납세담보를 제공받은 지방자치단체의 징수금이 납부되면 지체 없이 담보해제의 절차를 밟아야 한다(법 §70).

이 경우 납세담보의 해제는 그 뜻을 적은 문서를 납세담보를 제공한 자에게 통지함으로써 한다. 이 경우 납세담보를 제공할 때 제출한 관계서류가 있으면 그 서류를 첨부하여야 하며, 제46조 제5항에 따라 저당권의 등기 또는 등록을 촉탁한 경우에는 같은 항 각 호에 준하는 사항을 적은 문서로 등기·등록관서에 저당권 말소의 등기 또는 등록을 촉탁하여야 한다(영 §49 ①·②).

CHAPTER 05 지방세와 다른 채권의 관계

제1편
지방세기본법

    지방세와 다른 채권의 관계란 지방세가 그 강제집행절차에 있어서 타채권과 경합하는 경우에 지방세를 타채권보다 우선하여 징수할 수 있는 권리를 말한다. 이를 조세채권의 일반적 우선, 우선변제권 또는 우선징수권이라고도 한다.[137]

    그런데 민사상의 채권자 평등의 원칙에 의하면 채무자의 재산에 대하여 여러 개의 채권이 경합하는 경우에는 채권상호간의 발생원인, 발생시기의 선후, 금액의 대소에 불구하고 모든 채권이 평등하게 다루어지고 어떠한 특정채권도 우선적으로 변제받을 수 없는 것이 원칙이나 조세채권에 대해서는 그 우선 징수권이 채권자 평등의 원칙에 대한 중대한 예외로서 인정되고 있다.

    그러므로 지방세는 원칙적으로 국세 및 지방세와는 같은 순위이며, 조세를 제외한 다른 공과금이나 일반 사법상의 채권보다는 우선하는데 이를 지방세 우선의 원칙이라고 한다.

    납세자가 각종의 조세를 체납하고 있으면서 전세권, 질권, 저당권 등 민법상의 채무도 지고 있는 경우에 납세자의 재산이 그 변제할 금액에 부족할 때 그 처리가 문제된다. 이러한 문제를 해결하기 위하여 국세 및 관계 법령에서와 마찬가지로 지방세기본법에서도 다수 경합하는 채권 중에서 지방세의 우선순위를 규정하고 있다.

    이러한 지방세의 우선권은 납세자의 총재산에 대하여 등기 또는 등록 등의 공시를 필요로 하지 않고 법률상 항상 선취권을 가지고 있는 점에서 사법상의 담보물권과는 다른 점이 조세채권의 특색이라 할 수 있다. 그러나 조세채권의 우선권을 무제한으로 인정한다는 것은 사법상의 채권을 침해하는 것이 되므로 조세의 우선권을 존중하면서 사채권의 보호를 위하여 이 원칙에 대한 예외규정을 두고 있다.

    조세우선권의 이론적 근거에 관하여는 조세가 국가 및 지방자치단체의 활동의 기초인 재원조달에 있다는 조세의 공익비용성, 조세의 우선공제성, 조세채권의 무선택성, 조세의 무대가성 및 공시성 등을 들 수 있다. 이와 같은 조세우선권은 조세징수의 확보를 위한 것이기는 하나 납세자의 재산권은 물론 납세의무와 관계없는 제3채권자의 이익에도 중대한 영향을 미치므로 많은 제한 내지 조정을 가하고 있다.

    여기에서 조세 상호간의 우선권 여부를 살펴보면 먼저 국세와 지방세의 관계에 있어서는,
① 국세와 지방세의 우선순위에 대하여는 동순위주의, 국세우선주의 및 지방세우선주의 등

---
[137] 강인애, 「국세징수법」, 한일조세연구소, 2004, p.54

3가지 설이 있으나 현행법은 동순위주의를 채택하고 있다.

② 국세기본법 제36조에 의하면 국세의 체납처분에 의하여 납세자의 재산을 압류한 경우에 다른 국세(체납처분비 포함) 또는 지방세의 교부청구가 있을 때에는 압류에 관계되는 국세는 교부청구한 다른 국세와 지방세에 우선하여 징수하고, 지방세의 체납처분에 의하여 납세자의 재산을 압류한 경우에 국세가 교부청구를 한 때에는 교부청구한 국세는 압류에 관계되는 지방세의 다음 순위로 징수한다고 규정한 것처럼 납세자의 재산에 대하여 압류한 국세 또는 지방세는 그 압류재산의 환가대금으로부터 이에 대하여 교부청구를 한 국세 또는 지방세에 우선하여 징수하는데 이를 압류선착수주의(우선주의)라 한다.

③ 납세담보(물적담보만을 의미함) 있는 조세는 해당 납세담보물의 환가대금에 관하여 우선권을 부여하고 있는데 국세기본법 제37조에 의하면 물적담보물을 매각하였을 때에는 압류선착수에 불구하고 그 국세(체납처분비 포함)는 매각대금 중에서 다른 국세·체납처분비와 지방세에 우선하여 징수한다고 규정하고 있다.

다음으로 지방세 상호간의 관계에 있어서는,

① 지방세 상호간에는 관념적으로 동순위이다. 다만, 구체적인 징수절차에 있어서는 압류선착수주의에 의하여 먼저 압류한 지방세가 교부청구한 다른 지방세에 우선 징수하며, 물적납세담보가 되어 있는 지방세는 압류선착수주의에 불구하고 당해 담보물의 환가대금에 관하여 우선권이 부여된다.

② 그러나 지방세에 있어서는 압류선착수주의 및 물적납세담보 있는 지방세의 우선에 관한 규정에 불구하고 시·군·구에 징수를 위임한 도세(특별시세 및 광역시세 포함)는 시·군·구세에 우선하여 징수한다.

제71조 | 지방세의 우선 징수

지방세가 다른 공과금과 그 밖의 채권에 우선하여 징수하는 원칙적인 내용과 직접 체납처분비의 우선징수원칙, 압류에 따른 우선 원칙 및 담보가 있는 지방세의 우선원칙을 규정하고 있다. 그러나 지방세가 우선적으로 징수될 수 없는 항목이 예외적으로 열거되어 있는데, 이 경우는 예외 항목이 먼저 징수된 후 지방세가 징수된다.

① 지방자치단체의 징수금은 다른 공과금과 그 밖의 채권에 우선하여 징수한다. 다만, 다음 각 호의 어느 하나에 해당하는 공과금과 그 밖의 채권에 대해서는 우선징수하지 아니한다(법 §71 ① Ⅰ~Ⅴ).

1. 국세 또는 공과금의 체납처분을 하여 그 체납처분 금액에서 지방자치단체의 징수금을 징수하는 경우의 그 국세 또는 공과금의 체납처분비
2. 강제집행·경매 또는 파산절차에 따라 재산을 매각하여 그 매각금액에서 지방자치단체의 징수금을 징수하는 경우의 해당 강제집행·경매 또는 파산절차에 든 비용
3. 다음 각 목의 어느 하나에 해당하는 기일(이하 "법정기일"이라 한다) 전에 전세권·질권·저당권의 설정을 등기·등록한 사실 또는 「주택임대차보호법」 제3조의2제2항 및 「상가건물 임대차보호법」 제5조제2항에 따른 대항요건과 임대차계약증서상의 확정일자(確定日字)를 갖춘 사실이 대통령령으로 정하는 바에 따라 증명되는 재산을 매각하여 그 매각금액에서 지방세(그 재산에 대하여 부과된 지방세는 제외한다)를 징수하는 경우의 그 전세권·질권·저당권에 따라 담보된 채권, 등기 또는 확정일자를 갖춘 임대차계약증서상의 보증금

    이 경우 "대통령령으로 정하는 바에 따른 증명"이라 함은 ① 등기사항 증명서 ② 공증인의 증명 ③ 질권에 대한 증명으로서 지방자치단체의 장이 인정하는 것 ④ 금융회사 등의 장부 등으로 증명되는 것으로서 지방자치단체의 장이 인정하는 것 ⑤ 그 밖에 공부(公簿)상으로 증명되는 것 중 어느 하나에 해당하는 것으로 증명한다(영 §50 ①).

    가. 과세표준과 세액의 신고에 의하여 납세의무가 확정되는 지방세의 경우 신고한 해당 세액에 대해서는 그 신고일
    나. 과세표준과 세액을 지방자치단체가 결정 또는 경정하는 경우에 고지한 해당 세액(제55조제1항제3호·제4호에 따른 납부지연가산세 및 제56조제1항제3호에 따른 특별징수 납부지연가산세를 포함한다)에 대해서는 납세고지서의 발송일
    다. 특별징수의무자로부터 징수하는 지방세의 경우에는 가목 및 나목의 기일과 관계없이 그 납세의무의 확정일
    라. 양도담보재산 또는 제2차 납세의무자의 재산에서 지방세를 징수하는 경우에는 납부통지서의 발송일
    마. 지방세징수법 제33조 제2항에 따라 납세자의 재산을 압류한 경우에 그 압류와 관련하여 확정된 세액에 대해서는 가목부터 라목까지의 기일과 관계없이 그 압류등기일 또는 등록일

4. 「주택임대차보호법」 제8조 또는 「상가건물 임대차보호법」 제14조가 적용되는 임대차관계에 있는 주택 또는 건물을 매각하여 그 매각금액에서 지방세를 징수하는 경우에는 임대차에 관한 보증금 중 일정액으로서 각 규정에 따라 임차인이 우선하여 변제받을 수 있는 금액에 관한 채권
5. 사용자의 재산을 매각하거나 추심하여 그 매각금액 또는 추심금액에서 지방세를 징수하는 경우에는 「근로기준법」 제38조제2항 및 「근로자퇴직급여 보장법」 제12조

제2항에 따라 지방세에 우선하여 변제되는 임금, 퇴직금, 재해보상금

이 경우 지방자치단체의 장은 위의 제4호 및 제5호에 따른 지방세에 우선하는 채권과 관계있는 재산을 압류한 경우에는 그 사실을 해당 채권자에게 체납자의 성명과 주소 또는 영업소, 압류와 관계되는 체납액의 과세연도, 세목, 세액과 납부기한, 압류재산의 종류, 대상 및 수량과 소재지, 압류 연월일을 적은 문서로 통지하여야 한다. 다만, 위의 제5호에 따른 채권을 가진 자가 여러 명인 경우에는 지방자치단체의 장이 선정하는 대표자에게 통지할 수 있으며 통지를 받은 대표자는 공고 또는 게시의 방법으로 그 사실을 해당 채권의 다른 채권자에게 알려야 한다(영 §50 ②).

② 납세의무자를 등기의무자로 하고 채무불이행을 정지조건으로 하는 대물변제의 예약(豫約)을 근거로 하여 권리이전의 청구권 보전(保全)을 위한 가등기(가등록을 포함한다. 이하 같다)와 그 밖에 이와 유사한 담보의 대상으로 된 가등기가 되어 있는 재산을 압류하는 경우에 그 가등기를 근거로 한 본등기가 압류 후에 되었을 때에는 그 가등기의 권리자는 그 재산에 대한 체납처분에 대하여 그 가등기를 근거로 한 권리를 주장할 수 없다. 다만, 지방세(그 재산에 대하여 부과된 지방세는 제외한다)의 법정기일 전에 가등기된 재산에 대해서는 그 권리를 주장할 수 있다.(법 §71 ②).

③ 지방자치단체의 장은 제2항에 따른 가등기 재산을 압류하거나 공매할 때에는 가등기권리자에게 지체 없이 알려야 한다(법 §71 ③).

이 경우 가등기권리자에 대한 압류의 통지는 지방세기본법 시행령 제50조 제2항 각 호의 사항을 적은 문서로 한다(영 §50 ③).

그러므로 부동산 압류의 통지는 압류조서에 체납자의 주소 또는 영업소와 성명, 압류에 관계되는 지방세의 과세연도, 세목, 세액과 납부기한, 압류재산의 종류, 수량 및 품질과 소재지, 압류 연월일, 조서작성 연월일을 적은 문서로 하여야 한다.

④ 지방자치단체의 장은 납세자가 제3자와 짜고 거짓으로 그 재산에 대하여 제1항 제3호에 따른 임대차계약, 전세권·질권 또는 저당권의 설정계약, 제2항에 따른 가등기설정계약 또는 제75조에 따른 양도담보설정계약을 하고 확정일자를 갖추거나 등기 또는 등록 등을 하여, 그 재산의 매각금액으로 지방자치단체의 징수금을 징수하기 어렵다고 인정하면 그 행위의 취소를 법원에 청구할 수 있다. 이 경우 납세자가 지방세의 법정기일 전 1년 내에 그의 특수관계인 중 대통령령으로 정하는 자와 주택임대차보호법 또는 상가건물 임대차보호법에 따른 임대차계약, 전세권·질권 또는 저당권의 설정계약, 가등기설정계약 또는 양도담보설정계약을 한 경우에는 상대방과 짜고 한 거짓계약으로 추정한다(법 §71 ④).

이 경우 "특수관계인 중 대통령령으로 정하는 자"란 해당 납세자와 지방세기본법 시행령

제2조의 다음 각 항의 어느 하나에 해당하는 관계에 있는 자(특수관계에 있는 자)를 말한다 (영 §51 Ⅰ~Ⅲ).
- ㉮ 친족관계
- ㉯ 경제적 연관관계
- ㉰ 경영지배관계 중 제2조제3항제1호가목 및 같은 항제2호가목 및 나목의 관계. 이 경우 같은 조 제4항을 적용할 때 같은 항 제1호가목 및 제2호나목 중 "100분의 30"은 "100분의 50"으로 본다.

⑤ 제1항 제3호 각 목 외의 부분 및 제2항 단서에 따른 그 재산에 대하여 부과된 지방세는 다음 각 호와 같다(법 §71 ⑤).
1. 재산세
2. 자동차세(자동차 소유에 대한 자동차세만 해당한다)
3. 지역자원시설세(소방분에 대한 지역자원시설세만 해당한다)
4. 지방교육세(재산세와 자동차세에 부가되는 지방교육세만 해당한다)

⑥ 제1항제3호 각 목 외의 부분 및 제2항 단서에도 불구하고 「주택임대차보호법」 제3조의2제2항에 따라 대항요건과 확정일자를 갖춘 임차권에 의하여 담보된 보증금반환채권 또는 같은 법 제2조에 따른 주거용 건물에 설정된 전세권에 의하여 담보된 채권(이하 이 항에서 "임대차보증금반환채권등"이라 한다)은 해당 임차권 또는 전세권이 설정된 재산이 지방세의 체납처분 또는 경매·공매 절차를 통하여 매각되어 그 매각금액에서 지방세를 징수하는 경우 그 확정일자 또는 설정일보다 법정기일이 늦은 해당 재산에 대하여 부과된 제5항제1호, 제3호 및 제4호(재산세에 부가되는 지방교육세만 해당한다)에 해당하는 지방세(이하 이 조에서 "재산세등"이라 한다)의 우선 징수 순서에 대신하여 변제될 수 있다. 이 경우 대신 변제되는 금액은 우선 징수할 수 있었던 해당 재산에 대하여 부과된 재산세등의 징수액에 한정하며, 임대차보증금반환채권등보다 우선 변제되는 저당권 등의 변제액과 제1항제3호 각 목 외의 부분 및 제2항 단서에 따라 해당 재산에 대하여 부과된 재산세등을 우선 징수하는 경우에 배분받을 수 있었던 임대차보증금반환채권등의 변제액에는 영향을 미치지 아니한다. (법 §71 ⑥).

1. 지방세 우선 징수의 원칙과 예외

이 조에서는 지방세 또는 체납처분비는 다른 공과금과 그 밖의 채권에 우선하여 징수하는 지방세 우선원칙을 규정하고 있다. 그러나 지방세가 우선적으로 징수될 수 없는 사항이 예외적으로 규정되어 있는데, 이때에는 이러한 예외 사항에 해당하는 것이 먼저 징수된 후에 지방세를 징수한다.

가. 원칙

지방자치단체의 징수금은 다른 공과금과 그 밖의 채권에 우선하여 징수한다.

여기에서 공과금이라 함은 지방자치단체의 징수금과 국세 이외에 체납처분의 예에 의하여 징수할 수 있는 채권을 말하는데, 예를 들면 지방자치단체가 과하는 사용료·수수료·부담금, 공공조합의 조합비 등이 이에 해당한다.

우선하여 징수한다 함은 지방세채권과는 다른 공과금 또는 기타의 채권이 동시에 납세자의 동일 재산 중에서 변제를 받게 될 경우에 지방세채권이 다른 공과금 또는 기타의 채권보다 원칙적으로 먼저 변제를 받을 수 있다는 것을 의미한다. 구체적으로는 납세자의 재산이 체납처분 또는 강제집행 등의 절차에 의해서 경합하는 채권의 변제에 충당하는 경우에 그 채권 상호간에 있어 먼저 변제를 받을 수 있는 것을 말한다.

나. 예외

(1) 지방자치단체 징수금의 우선 예외

다음 각 호의 어느 하나에 해당하는 것은 "지방자치단체의 징수금은 다른 공과금과 그 밖의 채권에 대해서는 우선징수한다."는 제1항 본문의 규정을 적용하지 아니한다. 즉 지방자치단체의 징수금은 다음에 게기하는 채권에 대해서는 우선하지 아니한다.

(가) 국세 또는 공과금의 체납처분을 하여 그 체납처분 금액에서 지방자치단체의 징수금을 징수하는 경우의 그 국세 또는 공과금의 체납처분비에는 우선하지 못한다.

국세나 공과금의 체납처분에 있어서 국세·공과금의 체납처분비는 지방세 등에 우선하는데, 이는 국세 등의 행정집행을 위한 비용과 행정벌적인 금액은 국세징수 당국이 실질적으로 지출하거나 선도적 행정행위를 취하였다는 면과 손실보전 차원에서 지방세에 우선한다는 뜻이다.

그러나 지방세 등을 체납처분하는 경우에는 지방세의 행정집행행위가 국세행위에 앞서므로 지방세 또는 공과금의 체납처분비용이 우선 징수된다. 즉, 체납처분행위를 누가 집행하였느냐에 따라 우선순위가 결정되는데 국가 등이 체납처분을 먼저 하게 되는 경우에만 국세 또는 공과금의 체납처분비용에 한해서 비용보전 차원에서 지방세 채권 등에 우선시키는 것이다.

(나) 강제집행·경매 또는 파산절차에 따른 재산을 매각하여 그 매각 금액에서 지방자치

단체의 징수금을 징수하는 경우의 해당 강제집행·경매 또는 파산절차에 든 비용에는 우선하지 못한다.

이 경우 그 강제집행·경매 또는 파산절차에 든 비용을 살펴보면, 강제집행의 경우에는 강제집행의 준비비용인 집행문의 부여, 판결내용의 송달, 집행신청을 하기 위한 출석에 필요한 비용(재판 외의 비용에 한함) 등과 강제집행의 개시에 의하여 발생한 비용인 집행관의 수수료, 체당금(替當金), 감정비용, 담보공여의 비용, 압류재산의 보존비용 등에서 채무자가 부담하여야 할 비용을 말하고, 민사집행법에 의한 경매절차의 경우에는 강제집행에 준하는 비용을 말하며, 파산절차의 경우에는 채무자 회생 및 파산에 관한 법률 제473조(재단채권의 범위) 제3호에 규정한 관리·환가 및 배당에 관한 비용과 파산관재인이 파산재단을 위한 강제집행 등의 절차를 속행하는 경우의 비용 등을 포함하는 것을 말한다.138)

(다) 다음에 해당하는 기일(법정기일) 전에 전세권, 질권, 저당권의 설정을 등기·등록한 사실 또는 주택임대차보호법 제3조의 2 제2항 및 상가건물 임대차보호법 제5조 제2항에 따른 확정일자를 갖춘 사실이 대통령령으로 정하는 바에 따라 증명되는 재산을 매각하여 그 매각 금액에서 지방세(그 재산에 대하여 부과된 지방세는 제외한다)를 징수하는 경우의 그 전세권, 질권, 저당권에 따라 담보된 채권, 등기 또는 확정일자를 갖춘 임대차계약증서상의 보증금에는 우선하지 아니한다.

이 규정에서 "대통령령으로 정하는 바에 따라 증명"이라 함은 ① 등기사항 증명서 ② 공증인의 증명 ③ 질권에 대한 증명으로서 지방자치단체의 장이 인정하는 것 ④ 금융회사 등의 장부 등으로 증명되는 것으로서 지방자치단체의 장이 인정하는 것 ⑤ 그 밖에 공부상으로 증명되는 것 중 어느 하나에 해당하는 것을 말한다.

이 경우 "그 재산에 대하여 부과된 지방세"란 지방세 중 재산세·자동차세(자동차 소유에 대한 자동차세만 해당한다.)·지역자원시설세(소방분에 대한 지역자원시설세만 해당한다.) 및 지방교육세(재산세와 자동차세에 부가되는 지방교육세만 해당한다.)를 말한다.

여기에서 법정기일이라 함은,

① 과세표준과 세액의 신고에 의하여 납세의무가 확정되는 지방세의 경우 신고한 해당 세액에 대하여는 그 신고일139)

---

138) 국세기본법통칙 35-0…2 (강제집행 등에 소요된 비용)
139) 이 경우 "신고일"이라 함은 신고서를 지방자치단체의 장에게 제출하는 날을 말한다. 다만, 우편신고의 경우에는 통신일부인이 찍힌날, 전자신고의 경우에는 정보통신망에 저장된 때를 말한다. 또한 "발송일"이라 함은 우편송달의 경우는 통신일부인이 찍힌 날, 교부송달의 경우는 고지서 등을 받아야 할 자에게 교부한 때, 공시송달의 경우는 반송 또는 수령거부된 당초 고지서 등의 발송일(공시송달의 경우는 공고일), 전자송달의 경우는 지방세통합정보통신망에 저장된 때를 말하며, "압류등기일 또는 등록일"이라 함은 등기부 또는 등록부에 기재된 압류서류의 접수일을 말한다.

② 과세표준과 세액을 지방자치단체가 결정, 경정하는 경우에 고지한 해당 세액(제55조 제1항 제3호, 제4호에 따른 납부지연가산세 및 제56조 제1항 제3호에 따른 특별징수 납부지연가산세를 포함한다) 에 대하여는 그 납세고지서의 발송일

③ 특별징수의무자로부터 징수하는 지방세의 경우에는 위의 신고납부규정과 고지하는 규정에 관계없이 그 납세의무의 확정일

④ 양도담보재산 또는 제2차 납세의무자의 재산에서 지방세를 징수하는 경우에는 납부통지서의 발송일

⑤ 지방세에 관한 법령의 규정에 의한 납세자에게 납기전징수의 사유 등으로 인하여 해당 지방세를 징수할 수 없다고 인정되어 납세자에게 납세담보의 제공을 요구하였으나 이에 응하지 아니하는 때에는 납세의무가 확정되리라고 추정되는 금액을 한도로 하여 납세자의 재산을 압류한 경우에 그 압류와 관련하여 확정된 세액에 대하여는 앞의 '①' 내지 '④'의 규정에 불구하고 그 압류등기일 또는 등록일을 법정기일로 본다.

지방세법에서의 "법정기일"은 지방세채권과 저당권 등에 의하여 담보된 채권간의 우선 여부를 결정하는 기준일을 말한다. 다시 말해서 납세자의 재산에 저당권 등을 설정하여 이해관계를 가지는 제3자의 조세채권에 대한 예측가능시점인 조세채권의 확정일을 중심으로 지방세와 저당권 등과의 우선권결정기준일, 즉 법정기일을 합리적으로 조정한 것이다.

| 사례 |

❖ **지방세법상 '그재산에 대하여 부과된 지방세'(이른바 당해세)의 범위 등**

지방세법(19595.12.6. 법률 제4995호로 개정된 것) 제31조 제2항 제3호는 공시를 수반하는 담보물권과 관련하여 거래의 안전을 보장하려는 사법적(私法的) 요청과 조세채권의 실현을 확보하려는 공익적 요청을 적절하게 조화시키려는 데 그 입법의 취지가 있으므로, 당해세가 담보물권에 의하여 담보되는 채권에 우선한다고 하더라도 이로써 담보물권의 본질적 내용까지 침해되어서는 아니되고, 따라서 같은 법 제31조 제2항 제3호 괄호 안의 단서에서 말하는 '그 재산에 대하여 부과된 지방세' 라 함은 담보물권을 취득하는 자가 장래 그 재산에 대하여 부과될 것을 상당한 정도로 예측할 수 있는 것으로서 오로지 당해 재산을 소유하고 있는 것 자체에 담세력을 인정하여 부과되는 지방세만을 의미하는 것으로 보아야 한다.

(대법 2001다74018, 2002.2.8.)

(라) 주택임대차보호법 제8조 또는 상가건물 임대차보호법 제14조가 적용되는 임대차관계에 있는 주택 또는 건물을 매각하여 그 매각대금에서 지방세를 징수하는 경우에는 임대차에 관한 보증금 중 일정액으로서 각 규정에 따라 임차인이 우선하여 변제

받을 수 있는 금액에 관한 채권에는 우선하지 못한다.

　주택임대차보호법에 의한 임차인은 보증금 중 일정액을 다른 담보물건자보다 우선하여 변제받을 권리가 있는데, 이 경우 임차인은 주택에 대한 경매신청의 등기 전에 임대차의 등기가 없는 경우에도 임차인이 주택의 인도와 주민등록을 마친 때에는 그 다음날부터 제3자에 대하여 효력이 생긴다(이 경우 전입신고를 한 때에 주민등록이 된 것으로 본다.) 그리고 보증금 중 일정액이라 함은 주택가액(대지의 가액을 포함한다.)의 2분의 1 범위 내에서 서울특별시는 3천200만원 이하, 수도권정비계획법에 따른 과밀억제권역(서울특별시는 제외한다.)은 2천700만원 이하, 광역시(수도권정비계획법에 따른 과밀억제권역에 포함된 지역과 군지역은 제외한다.), 안산시, 용인시, 김포시 및 광주시에서는 2천만원 이하, 그 밖의 지역에서는 1천500만원 이하로 하고, 임차인의 보증금 중 일정액이 주택가액의 2분의 1을 초과하는 경우에는 주택가액의 2분의 1에 해당하는 금액까지만 우선변제권이 있으며, 하나의 주택에 임차인이 2명 이상이고, 그 각 보증금 중 일정액을 모두 합한 금액이 주택가액의 2분의 1을 초과하는 경우에는 그 각 보증금 중 일정액을 모두 합한 금액에 대한 각 임차인의 보증금 중 일정액의 비율로 그 주택가액의 2분의 1에 해당하는 금액을 분할한 금액을 각 임차인의 보증금 중 일정액으로 보며, 하나의 주택에 임차인이 2명 이상이고 이들이 그 주택에서 가정공동생활을 하는 경우에는 이들을 1명의 임차인으로 보아 이들의 각 보증금을 합산한다(상가건물임대차보호법 §14, 동령 §6).
　그리고 우선변제를 받을 임차인은 보증금이 서울특별시는 9천500만원 이하, 수도권정비계획법에 따른 과밀억제권역(서울특별시는 제외한다.)은 8천만원 이하, 광역시(과밀억제권역에 포함된 지역과 군지역은 제외한다.), 안산시, 용인시, 김포시 및 광주시에서는 6천만원 이하, 그 밖의 지역에서는 4천 5백만원 이하인 임차인을 말한다(주택임대차보호법 시행령 §11).
　그리고 상가건물 임대차보호법에 의한 임차인은 보증금 중 일정액을 다른 담보물권자보다 우선하여 변제받을 권리가 있는데, 이 경우 임차인은 건물에 대한 경매신청의 등기 전에도 임차인이 건물의 인도와 부가가치세법 제8조, 소득세법 제168조 또는 법인세법 제111조에 따른 사업자 등록을 신청하면 그 다음 날부터 제3자에 대하여 효력이 생기는 요건을 갖추어야 한다. 이 경우 상가건물의 임대차에 대하여 적용하되 보증금액이 서울특별시는 4억원 초과, 과밀억제권역(서울특별시는 제외한다.)은 3억원 초과, 광역시(과밀억제권역에 포함된 지역과 군지역은 제외한다.), 안산시, 용인시, 김포시 및 광주시는 2억4천만원 초과, 그 밖의 지역은 1억8천만원을 초과하는 임대차에 대하여는 이 규정이 적용되지 아니한다(상가건물임대차보호법 §3, 동령 §2). 이 경우 우선변제를 받을 임차인 및 보증금 일정액의 범위와 기준은 임대건물가액(임대인소유의 대지 가액을 포함한다.)의 2분의

1 범위내에서 해당 지역의 경제여건, 보증금 및 차임 등을 고려하여 정하는데, 먼저 우선변제를 받을 임차인은 보증금과 차임이 있는 경우 법의 규정에 의하여 환산한 금액의 합계가 서울특별시는 6천500만원, 수도권정비계획법에 따른 과밀억제권역(서울특별시는 제외한다)은 5천500만원, 광역시(과밀억제권역에 포함된 지역과 군지역은 제외한다.)는 3천800만원, 그 밖의 지역은 3천만원 이하인 임차인으로 한다(동법 §14, 동령 §6).

그리고 우선변제를 받을 보증금 중 일정액의 범위는 서울특별시는 2천200만원 이하, 수도권정비계획법에 따른 과밀억제권역(서울특별시는 제외한다.)는 1천900만원, 광역시(과밀억제권역에 포함된 지역과 군지역은 제외한다.), 안산시, 용인시, 김포시 및 광주시는 1천300만원, 그 밖의 지역은 1천만원 이하로 한다.

또한 임차인의 보증금 중 일정액이 상가건물의 가액의 2분의 1을 초과하는 경우에는 상가건물의 가액의 2분의 1에 해당하는 금액에 한하여 우선변제권이 있으며, 하나의 상가건물에 임차인이 2인 이상이고, 그 각 보증금 중 일정액의 합산액이 상가건물의 가액의 2분의 1을 초과하는 경우에는 그 각 보증금 중 일정액의 합산액에 대한 각 임차인의 보증금 중 일정액의 비율로 그 상가건물의 가액의 2분의 1에 해당하는 금액을 분할한 금액을 각 임차인의 보증금 중 일정액으로 본다(상가건물 임대차보호법 §14, 동영 §7).

그러므로 "보증금 중 일정액"이라 함은 서울특별시를 예로 들면 보증금 6천500만원 이하인 경우에 대하여 2천200만원 이하의 금액을 말한다.

(마) 사용자의 재산을 매각하거나 추심하여 그 매각금액 또는 추심금액에서 지방세를 징수하는 경우에 근로기준법 제38조 제2항 및 근로자퇴직급여보장법 제12조 제2항에 따라 지방세에 우선하여 변제되는 임금, 퇴직금, 재해보상금으로 인한 채권에는 우선하지 못한다.

여기에서 "근로기준법 제38조 제2항의 규정에 의하여 지방세에 우선하여 변제되는 채권"이라 함은 최종 3개월분의 임금 및 재해보상금은 사용자의 총재산에 대하여 질권 또는 저당권에 의하여 담보된 채권, 조세, 공과금 및 다른 채권에 우선하여 변제되는 것을 말한다.

그리고 "근로자퇴직급여보장법 제11조 제2항에 따라 지방세에 우선하여 변제되는 채권"이라 함은 최종 3년간의 퇴직금은 사용자의 총재산에 대하여 질권 또는 저당권에 의하여 담보된 채권, 조세, 공과금 및 다른 채권에 우선하여 변제되어야 함을 말한다.

지방자치단체의 장은 위의 "(라)" 및 "(마)"의 규정에 의한 지방세에 우선하는 채권과 관계있는 재산을 압류한 때에는 그 사실을 해당 채권자에게 ① 체납자의 성명과 주소 또는 영업소 ② 압류에 관계되는 지방세의 과세연도, 세목, 세액과 납부기한 ③ 압류재산의 종류, 수량, 품질과 소재지 ④ 압류 연월일을 기재한 문서로 통지하여야 한다.

이 경우 위 "(마)"의 규정에 따른 채권을 가진 자가 여러 명인 경우에는 지방자치단체의 장이 선정하는 대표자에게 통지할 수 있으며 통지를 받은 대표자는 공고 또는 게시의 방법으로 그 사실을 해당 채권의 다른 채권자에게 알려야 한다.

(2) 가등기 등의 재산에 대한 우선

① 납세의무자를 등기의무자로 하고 채무불이행을 정지조건으로 하는 대물변제의 예약을 근거로 하여 권리이전의 청구권 보전을 위한 가등기(가등록을 포함한다.)와 그 밖에 이와 유사한 담보의 대상으로 된 가등기가 되어 있는 재산을 압류하는 경우에 그 가등기를 근거로 한 본등기가 압류 후에 행하여진 때에는 그 가등기의 권리자는 그 재산에 대한 체납처분에 대하여 그 가등기를 근거로 한 권리를 주장할 수 없다. 다만, 지방세(그 재산에 대하여 부과된 지방세는 제외한다)의 법정기일 전에 가등기된 재산에 대해서는 그 권리를 주장할 수 있다.

여기에서 가등기라 함은 본등기를 할 만한 법적 요건이 구비되지 못한 경우 앞으로 그 요건이 완비될 때 예상되는 본등기를 위해 미리 순위를 보전해 두는 효력을 갖는 등기를 말하는데 현행 부동산등기법상의 가등기는 등기를 하여야 할 물권(소유권, 지상권, 지역권, 전세권, 저당권, 권리질권, 채권담보권, 임차권)의 설정·이전·변경 또는 소멸의 청구권을 보전하려 할 때에 이를 행하며, 그 청구권이 시기부(始期附) 또는 정지조건부(停止條件附)일 경우나 그 밖에 장래에 확정될 것인 경우에도 또한 같다(부동산등기법 §3, §88).

그러므로 가등기의 원인으로는 먼저 부동산 물권변동의 청구권 보전을 위한 가등기로서 이는 장래 어떤 일정시기에 이행할 약속하에 부동산의 매매계약을 체결함에 있어서 매수인은 아직 부동산의 소유권을 취득하지 않고, 다만 매도인에게 소유권이전을 청구할 수 있는 채권이 있음에 불과한 경우 매수인은 그 채권을 보전하기 위하여 가등기의 신청을 할 수 있으며 이것이 채권보전목적의 가등기인 것이다.

다음으로 이러한 청구권이 시기부, 정지조건부 또는 장래에 확정될 때에 가등기를 하는 것으로 정지조건이란 법률행위의 효력발생이 장래의 불확실한 사실이 성취될 때까지 정지시키는 부관으로서 시험에 합격하면 장학금을 지급한다는 등과 같은 계약을 말하고, 시기란 법률행위의 효력발생 또는 채무이행을 장래 확정적인 사실의 발생에 의존케 하는 기한으로 ○월 ○일로부터 가옥을 임대한다는 등과 같은 것을 말한다.

그리고 가등기의 절차는 가등기도 일종의 등기이므로 그 등기신청도 등기에 관한 일반적인 절차와 같이 가등기 권리자와 가등기 의무자의 공동신청에 의하는 것이 원칙이나 가등기 의무자의 승낙이 있는 때에는 신청서에 그 승낙서를 첨부하여 가등기 권리자가 이를 등기소에 신청할 수 있으며, 만약 가등기 의무자의 승낙이 없는 경우에는 법원의 가처분명령에 의하여야 하나 법원이 신청을 각하한 결정에 대하여는 즉시 항고할 수 있으며 이에 대하여는 비송사건절차법의 규정을 준용한다.

또한 가등기의 효력은 가등기를 한 경우의 본등기의 순위는 가등기의 순위에 따르는 순위보전의 효력, 즉 가등기권리자가 후일 본등기를 할 경우에 등기부상 가등기를 한 때에 본등기를 한 것과 같은 순위를 확보(물권변동의 효력이 가등기한 때로 소급하여 발생하는 것은 아님)케 하는데 이용되는 등기일뿐이지 가등기만으로는 아무런 물권변동의 효력이 발생되지 않는다는 것에는 이론이 없다.

이렇게 가등기된 재산이라 하더라도 본등기가 이행되기 이전에 압류가 된 경우에는 그 가등기의 권리자는 그 재산에 대한 체납처분에 대하여 가등기에 대한 권리를 주장할 수 없으므로 지방세채권이 우선하나 그 가등기가 고지서 발송일 등 지방세의 법정기일 전에 가등기된 재산의 경우에는 지방세 채권보다 가등기가 우선하지만 당해 재산에 대하여 부과된 지방세에 대하여는 지방세가 우선하게 된다.

② 지방자치단체의 장은 위에서 설명한 가등기 재산을 압류하거나 공매하는 때에는 그 뜻을 가등기 권리자에게 지체 없이 알려야 한다.

(3) 사해행위 취소권 규정의 보완

지방자치단체의 장은 납세자가 제3자와 짜고 거짓으로 그 재산에 대하여 임대차계약, 전세권, 질권 또는 저당권의 설정계약이나 가등기설정계약 또는 양도담보설정계약을 하고 확정일자를 갖추거나 그 등기 또는 등록 등을 함으로써 그 재산의 매각금액으로 지방자치단체의 징수금을 징수하기가 어렵다고 인정하면 그 행위의 취소를 법원에 청구할 수 있다. 이 경우 납세자가 지방세의 법정기일 전 1년 내에 그의 특수관계인 중 해당 납세자와 지방세기본법 시행령 제2조의 2의 어느 하나에 해당하는 관계에 있는 자와 주택임대차보호법 또는 상가건물 임대차보호법에 따른 임대차계약, 전세권, 질권 또는 저당권의 설정계약, 가등기설정계약 또는 양도담보설정계약을 한 경우에는 상대방과 짜고한 거짓계약으로 추정한다.

이는 현대사회의 부동산 거래현실이나 납세의식 수준을 고려해 볼 때 법정기일 전에 허위로 저당권 등을 설정하여 조세채권 일실을 가능하게 할 우려가 있으므로 이와 같은 불법행위의 규제장치를 적극 활용토록 하기 위해 지방세의 법정기일 전 1년 내에 그의 특수관계인 중 해당 납세자와 지방세기본법 시행령 제2조의 2의 어느 하나에 해당하는 관계에 있는 자와의 저당권 등의 설정계약을 한 경우에는 통정한 거짓계약으로 추정할 수 있도록 보완하였다.

2. 우선징수에 대한 세법과 타법과의 관계

채무자 회생 및 파산에 관한 법률 상의 공익채권의 변제 등 및 재단부족(파산재단이 재단채권의 총액을 변제하기에 부족한 것이 분명하게 된 때)의 경우 변제방법에 따라 공익채권 또는 재단채권으로 있는 지방세가 다른 공익채권 또는 재단채권과 동등 변제하는 것이며, 관세법상의 관세를 납부해야 할 물품에 대하여는 관세가 국세 또는 지방세보다 우선한다고 국세기본법 통칙에서 규정하고 있다.140)

제72조 | 직접 체납처분비의 우선

지방자치단체의 징수금 체납으로 인하여 납세자의 재산에 대한 체납처분을 하였을 경우에 그 체납처분비는 제71조 제1항 제3호 및 제74조에도 불구하고 다른 지방자치단체의 징수금과 국세 및 그 밖의 채권에 우선하여 징수한다(법 §72).

체납처분비라 함은 체납처분의 집행에 소요되는 경비, 즉 체납처분에 관한 지방세기본법 등의 규정에 의한 재산의 압류, 보관, 운송과 공매에 소요된 비용(공매를 대행시키는 경우 그 수수료를 포함한다.)으로서 납세자가 부담하여야 할 실비변상적 성질을 가진 것을 말한다.

① 그러므로 직접 체납처분비의 징수는 법정기일 전에 전세권, 질권, 저당권의 설정을 등기·등록한 사실 또는 임대차계약증서상의 보증금에 대하여 등기하거나 확정일자를 갖춘 사실이 증명되는 재산의 매각에서 그 매각 금액 중 지방세를 징수하는 경우의 그 전세권·질권·저당권에 따라 담보된 채권, 등기 또는 확정일자를 갖춘 임대차계약증서상의 보증금에도 우선한다.

② 그리고 직접 체납처분비는 납세담보가 되어 있는 재산을 매각하였을 때에는 압류를 한 지방자치단체에 다른 자치단체가 교부청구를 한 경우 압류선착수에 불구하고 그 납세담보에 관계되는 지방자치단체가 그 납세담보물건을 압류한 지방자치단체의 징수금 및 그 압류로 인하여 교부청구되어 온 다른 지방자치단체의 징수금 및 국세(체납처분비 포함)에 우선한다.141)

---

140) 국세기본법통칙 35-0…14 (우선징수권의 예외)
141) 우선 징수되는 체납처분비의 범위(서울고법 97나20856, 1997.8.27.)
  우선 징수될 체납처분비는 당해 체납처분절차에 의하여 환가된 경우 공익비용으로서 최우선적으로 징수되는 것을 말하고, 다른 체납처분절차나 강제집행 또는 임의경매절차에 참가하여 배당을 받을 경우의 체납처분비는 이에 해당하지 않음.

제73조　압류에 의한 우선

① 지방자치단체의 징수금의 체납처분에 의하여 납세자의 재산을 압류한 후 다른 지방자치단체의 징수금 또는 국세의 교부청구가 있으면 압류에 관계되는 지방자치단체의 징수금은 교부청구한 다른 지방자치단체의 징수금 또는 국세에 우선하여 징수한다(법 §73 ①).

② 다른 지방자치단체의 징수금 또는 국세의 체납처분에 의하여 납세자의 재산을 압류한 후 지방자치단체의 징수금 교부청구가 있으면 교부청구한 지방자치단체의 징수금은 압류에 관계되는 지방자치단체의 징수금 또는 국세의 다음으로 징수한다(법 §73 ②).

여러 세목의 지방세 상호간이나 국세와 지방세 상호간에 우열은 없고 같은 순위로 징수하는 것이 원칙이다. 그러나 과세목적 달성 및 과세관청 간이나 중앙정부와 지방자치단체 간의 행정운영을 원활히 하기 위하여 압류 유무나 압류 선후에 따라 징수우선순위를 정할 필요가 이러한 필요에 의해 압류행위를 한 세목에 대해 징수우선권을 부여하고 있는 것을 압류선착수주의라 한다.

① 체납된 지방자치단체의 징수금의 징수를 위하여 납세자의 재산을 지방자치단체의 징수금의 체납처분에 의하여 압류하였을 경우에 다른 지방자치단체의 징수금 또는 국세의 교부청구가 있을 때에는 압류에 관계되는 지방자치단체의 징수금은 교부청구에 관계되는 다른 지방자치단체의 징수금 또는 국세(체납처분비 포함)에 우선하여 징수한다.

② 전술한 '①'과 반대로 납세자의 재산을 다른 지방자치단체의 징수금 또는 국세의 체납처분에 의하여 압류하였을 경우에 지방자치단체의 징수금의 교부청구를 한 때에는 교부청구에 관계되는 지방자치단체의 징수금은 압류에 관계되는 지방자치단체의 징수금 또는 국세에 다음하여 징수한다.

제74조　담보가 있는 지방세의 우선

납세담보가 되어 있는 재산을 매각하였을 때에는 제73조에도 불구하고 해당 지방자치단체에서 다른 지방자치단체의 징수금과 국세에 우선하여 징수한다(법 §74).

그러므로 지방자치단체의 징수금에 대하여 납세담보가 되어있는 재산을 압류하여 매각하였을 때에는 당해 재산에 대한 다른 지방자치단체의 징수금 또는 국세에 관하여 먼저 압류가 착수되었다 할지라도 이에 구애됨이 없이 당해 지방자치단체의 징수금은 다른 지방자치단체의 징수금과 국세에 우선하여 징수한다는 것이다.

　이 규정은 징수유예 등의 경우에 담보를 제공받은 지방자치단체의 징수금에 대해서는 담보의 실효를 거두기 위해 그 담보재산에 대해서는 압류선착수에 의한 우선순위에 따르지 아니하고 다른 지방자치단체의 징수금 및 국세보다 먼저 징수할 수 있도록 한 것이다. 지방자치단체의 징수금에 대해서 담보의 제공을 받았다는 사실은 조세징수면에서 본다면 압류가 이루어진 것과 동일시 할 수 있으므로 제일 먼저 압류가 이루어진 것으로 보아 압류선착수주의의 취지에 따라 징수의 우선을 인정한 것이다.

　납세담보라 함은 조세의 징수 확보를 위한 조세법상의 담보제도로서 이는 물적담보와 인적담보로 구분되는데 물적담보는 특정한 재산에 의한 담보이고, 인적담보는 보증인의 보증에 의한 담보를 말하며, 통상적으로 납세담보는 물적담보를 원칙으로 하고 그것이 불가능한 경우에 한하여 인적담보가 허용되나 납세담보는 반드시 조세법에 규정된 요건에 따라 제공하여야 하는 것이므로 세법에 근거없는 담보의 제공은 무효로 판시하고 있다.[142]

　그리고 납세의무자가 납세담보를 제공하는 경우는 조세징수의 완화조치를 위한 경우와 징수확보를 위한 보전담보의 경우가 있는데, 조세징수의 완화에 따른 납세담보는 징수유예 등을 하는 경우이고, 조세징수의 확보를 위한 납세담보는 납기 전 보전압류를 해제하는 경우와 보전담보로서 담보제공을 요구하는 경우가 있는데 보전담보는 장래 부과될 것이 확실한 조세의 징수를 보전하기 위한 담보제도로서 특별소비세와 담배소비세 등에서의 보전담보가 그것이다.

　납세의무자가 제공할 수 있는 납세담보의 종류는, ① 금전, ② 국채 또는 지방채, ③ 과세권자 등이 확실하다고 인정하는 유가증권,[143] ④ 납세보증보험증권, ⑤ 과세권자가 확실하다고 인정하는 보증인의 납세보증서, ⑥ 토지, ⑦ 보험에 든 등기·등록된 건물·공장재단·광업재단·선박·항공기 또는 건설기계 등이 있는데, 보증인은 인적담보이고 나머지는 재산에 의한 담보인 물적담보이다.

---

142) (대법 83누715 참조, 1986.10.23. 판결)
143) 국세기본법 통칙 29-0…1 (과세권자가 확실하다고 인정하는 유가증권)

제75조 | 양도담보권자 등의 물적 납세의무

양도담보 재산을 통한 물적 납세의무는 원래적인 자기의 납세의무가 아니고 당초 납세자의 납세의무를 전제로 제2차적인 납세의무란 점에서 제2차 납세의무와 유사한 점이 있다. 다시 말해서 납세자의 자기 재산으로 체납 지방세가 완납되지 않을 경우에 납세자가 채무담보 목적으로 소유권을 이전해 준 재산에 대하여까지 물적 납세의무를 지워 조세채권 확보를 하겠다는 것이다.

① 납세자가 지방자치단체의 징수금을 체납한 경우에 그 납세자에게 양도담보재산이 있을 때에는 그 납세자의 다른 재산에 대하여 체납처분을 집행하고도 징수할 금액이 부족한 경우에만 그 양도담보재산으로써 납세자의 지방자치단체의 징수금을 징수할 수 있다. 다만, 지방자치단체의 징수금의 법정기일 전에 담보의 대상이 된 양도담보재산에 대해서는 지방자치단체의 징수금을 징수할 수 없다(법 §75 ①).

② 제1항에 따른 양도담보재산은 당사자 간의 양도담보설정계약에 따라 납세자가 그 재산을 양도한 때에 실질적으로 양도인에 대한 채권담보의 대상이 된 재산으로 한다(법 §75 ②). 그러므로 양도담보권자는 그 담보가 지방세의 법정기일 전에 설정된 경우를 제외하고는, 그 담보물로부터 지방세가 우선징수되는 것을 수인(受認)할 의무가 있는데, 이를 양도담보권자의 물적 납세의무 또는 물적 납세책임이라고 한다.

양도담보권자에게 이런 물적납세의무를 부담시키는 근거는, 양도담보에 있어서 목적물(양도담보재산)의 소유권은 대외적 관계에서는 채권자(양도담보권자)에게 이전되지만, 실질적으로 볼 때 양도담보권자가 가지는 것은 그 목적물에 대한 담보물권뿐이고 그 소유권은 당연히 설정자(채무자)에게 귀속되는 것으로 보는데 있다고 할 것이다.[144]

③ 납세자가 종중(宗中)인 경우로서 지방자치단체의 징수금을 체납한 경우에 그 납세자에게 「부동산 실권리자명의 등기에 관한 법률」 제8조 제1호에 따라 종중 외의 자에게 명의신탁한 재산이 있을 때에는 그 납세자의 다른 재산에 대하여 체납처분을 집행하고도 징수할 금액이 부족한 경우에만 그 명의신탁한 재산으로써 납세자에 대한 지방자치단체의 징수금을 징수할 수 있다(법 §75 ③).

그 간 종중이 보유한 부동산이 개인 명의로 등기된 경우, 부동산실명법 제8조 특례에 따라 예외적으로 명의신탁 인정하고 있고 개인 명의로 소유권 등기된 재산이라 하더라도, 부동산에 대한 실권리자는 종중이므로 납세의무는 종중에게 부여하였다. 그러나 종중 재

---

[144] 강인애, 「국세징수법」, 한일조세연구소, 2004., p.157

산인 토지가 개인 명의로 명의신탁된 경우, 지방세 체납 시 등기소유자(개인)와 납세자(종중)가 상이하여 압류 등 채권확보에 어려움이 있었다.

이에 따라 「부동산실명법」 제8조 제1호에 따라 개인에게 명의신탁된 종중 재산의 경우 체납 발생 시 해당 재산에 대한 2021년부터 물적납세의무 지정하는 규정을 신설한 것으로 이는 지방세관계법 상 납세의무의 확장에는 '연대납세의무', '제2차 납세의무', '물적납세의무'등이 있는데 체납처분 순서 및 목적물에서 차이가 있다는 점과 명의신탁과 양도담보의 법률관계가 실권리자는 원래 납세의무자(신탁자(종중), 양도인), 형식적 권리자는 제3자(수탁자, 양도담보권자)로 유사하고, 형식적인 권리자인 수탁자의 재산에 미치는 영향이 제한적인 것 등을 고려한 것이다.

CHAPTER 06 납세자의 권리

제1편
지방세기본법

　세금이란 국민의 공동의 이익을 위하여 주권자의 의사로서 스스로 조직한 통치단체의 유지비용을 부담하겠다는 합의의 산물이라고 할 때 납세의무는 모든 국민이 어느 누구도 부정하거나 거부할 수 없는 의무라고 할 것이다. 그러나 우리의 현실은 납세주권자인 국민의 참여적 재정 민주주의를 실천하는 국민의 권리라는 것을 망각하고 납세의 의무적 측면만 강조해 왔을 뿐 아니라 세무행정에 있어서도 조세의 부과징수절차에서 납세자를 나라의 주인으로 대접해야 한다는 납세자 주권의 원리를 완전 무시하였던 것이 현실이었다.[145]

　이제 우리나라도 지방자치의 실질적인 실시와 경제의 성장, 정보화, 세계화에 따른 기업문화의 급속한 변화와 지방세 규모의 증가 등으로 납세자들의 조세에 관한 관심이 높아지게 되었을 뿐 아니라 지방세 과세행정의 절차문제 등에도 깊이 관여하면서 조세를 단순히 "납세의무"로서가 아니라 "조세에 대한 의무와 권리"를 깊이 인식하고 세금의 납부뿐 아니라 세금이 국민복지와 공공서비스 향상을 위해 어떻게 활용되어져야 할 것인가에도 납세자의 관심이 고조되는 시대가 도래하였고, 세계적으로도 선진국들의 협력기구인 경제협력 개발기구(OECD)에 가입되어 이들 국가와의 보조를 맞추어 나가야 하는 당면 문제로서 납세자의 권리보호에 관한 것도 큰 과제로 제기되기에 이르렀다.

　이러한 시대적 요청에 따라 지방세 행정에 있어서도 민주성과 능률성이 확보되어야 하며, 아울러 과세권 행사에 있어서 납세자의 권익보호가 필요하게 된 것이다.

　그리하여 지방세법에 조세의 부과·징수절차와 과세처분의 모든 처리과정에 있어 과세관청이 납세자의 항변 내지는 의견진술의 기회를 권리로서 보장하는 것을 구체화하는 장치인 납세자 권리헌장의 제정과 납세자의 권리침해를 사전에 구제받을 수 있는 과세전적부심사제도의 도입 등을 통해 납세자의 권익을 최대한 보호하면서 지방재정도 원활하게 조달되는 지방세제로 발전시키기 위한 제도적 장치가 마련되어 시행되고 있다.

　이와 같은 납세자의 권리를 존중하기 위한 조치들이 세계각국의 조세절차법 등에도 규정되어 있는데 그 중 프랑스 조세절차법상의 납세자기본권 존중에 대한 규정을 요약하면 ① 세무조사의 사전통지를 받을 권리 ② 세무조사 장소에 대한 납세자의 선택권 ③ 납세헌장을 교부받을 권리 ④ 조세전문인의 조력을 받을 권리 ⑤ 중복조사를 받지 아니할 권리 ⑥ 조사결과의 통지를 받을 권리 ⑦ 대심적(對審的) 경정절차를 청구할 권리 등이 규정되어 있다.[146]

---

145) 최명근, 「납세자 기본권」, 경제법륜사, 1997., p.105.
146) 최명근, 「납세자 기본권」, 경제법륜사, 1997., p.75~81

제76조 | 납세자권리헌장의 제정 및 교부

① 지방자치단체의 장은 제78조부터 제87조까지의 사항과 그 밖에 납세자의 권리보호에 관한 사항을 포함하는 납세자권리헌장을 제정하여 고시하여야 한다(법 §76 ①).

② 세무공무원은 다음 각 호의 어느 하나에 해당하는 경우에는 제1항에 따른 납세자권리헌장의 내용이 수록된 문서를 납세자에게 내주어야 한다(법 §76 ② Ⅰ·Ⅱ).
 1. 제102조부터 제109조(양벌규정)까지의 규정에 따른 지방세에 관한 범칙사건(이하 "범칙사건"이라 한다.)을 조사(이하 "범칙사건조사"라 한다.)하는 경우
 2. 세무조사를 하는 경우

③ 세무공무원은 범칙사건조사나 세무조사를 시작할 때 신분을 증명하는 증표를 납세자 또는 관계인에게 제시한 후 납세자권리헌장을 교부하고 그 요지를 직접 낭독해 주어야 하며, 조사사유, 조사기간, 제77조 제2항에 따른 납세자보호관(이하 "납세자보호관"이라 한다.)의 납세자 권리보호 업무에 관한 사항·절차 및 권리구제 절차 등을 설명하여야 한다(법 §76 ③).

④ 세무공무원은 범칙사건조사나 세무조사를 하는 경우에는 제3항에 따라 낭독해주어야 하는 납세권리헌장의 요지와 설명하여야 하는 사항을 납세자 또는 관계인에게 서면으로 알려주어야 한다(법 §76 ④).

(1) 납세자권리헌장 제정의 핵심적 목적은 조세처분절차에서 적정절차를 보장하는 데 있다. 다시 말해서 조세의 부과·징수절차에서 과세관청은 납세자에게 처분의 내용을 사전에 통지하여 납세자로 하여금 항변 내지 의견을 진술할 기회를 권리로 보장하는 것이 적정절차의 보장이며 이를 구체화하는 제도적 장치가 바로 납세자권리헌장인 것이다.
 이러한 형사절차상의 미란다(Miranda)법칙과 유사한 납세자권리헌장을 실현하기 위하여 납세자권리헌장에 수록된 세무조사에 있어서 전문가의 조력을 받을 수 있는 권리, 납세자의 성실성 추정과 제출한 서류의 진실성 추정, 세무조사의 사전통지와 연기신청의 인정, 납세자에 대한 과세정보의 비밀보장, 과세전적부심사제도의 도입 등을 법제화하여 실질적인 납세자 권리보장을 도모하기 위한 조치를 취한 것이다.[147]

---

[147] 형사절차상의 Miranda법칙이란 "피의자 심문에 앞서 체포된 자에게 묵비권을 행사할 수 있으며, 진술한 내용이 불리한 증거로 사용될 수 있고, 변호사의 조력을 받을 수 있다는 것 등을 알려주어야 한다는 원칙"인데, 이는 미국의 연방대법원 판결(384, U. S. 436, 1966)에서 경찰에 구금된 형사피의자에 대한 경찰의 심문에서는 "최소한의 절차적 보장"이 준수되지 않으면 피의자의 진술이 기소에 사용될 수 없으므로 유괴 및 강간죄로 기소된 에르네스토 미란다에 대한 애리조나주 법원의 유죄판결을 파기한 데서 그 기원이 유래되어 오고 있다.

여기에서 납세자권리헌장이 담고 있는 내용을 다시 한 번 정리해 보면,
① 납세자의 성실성 추정, ② 세무조사에 관한 사항의 통지, ③ 전문가의 조력을 받을 권리, ④ 과세정보의 제공 및 비밀보호, ⑤ 부당한 권리침해에 대한 구제, ⑥ 세무공무원으로부터 공정한 대우를 받을 권리 등이 포함되어 있으며 납세자권리헌장의 전문은 다음과 같다.

> ※ **납세자권리헌장**
>
> 납세자로서의 귀하의 권리는 헌법 및 법률과 조례 등 자치법규가 정하는 바에 의하여 존중되고 보장되어야 합니다.
>
> 이를 위하여 지방세담당공무원은 귀하가 신성한 납세의무를 신의에 따라 성실하게 이행할 수 있도록 필요한 정보와 편익을 최대한 제공해야 하며, 귀하의 권리가 보호되고 실현될 수 있도록 최선을 다하여 협력하여야 할 의무가 있습니다.
>
> 이 헌장은 귀하에게 납세자로서 보장받을 수 있는 권리를 구체적으로 알려드리기 위한 것입니다.
>
> 1. 귀하는 각종 기장·신고 등 납세협력의무를 이행하지 않았거나 구체적인 조세탈루혐의 등이 없는 한 성실한 납세자이며 귀하가 제출한 세무자료는 진실한 것으로 추정됩니다.
> 2. 귀하는 법령 및 자치법규가 정하는 경우를 제외하고는 세무조사의 사전통지와 조사결과의 통지를 받을 권리가 있고, 불가피한 사유가 있는 경우에는 조사의 연기를 신청할 권리가 있습니다.
> 3. 귀하는 세무조사시 조세전문가의 조력을 받을 권리가 있고, 법령 및 자치법규가 정하는 특별한 사유가 없는 한 중복조사를 받지 않을 권리가 있습니다.
> 4. 귀하는 자신의 과세정보에 대한 비밀을 보호받을 권리가 있습니다.
> 5. 귀하는 권리의 행사에 필요한 정보를 신속하게 제공받을 권리가 있습니다.
> 6. 귀하는 위법적인 또는 부당한 처분을 받거나 필요한 처분을 받지 못함으로써 권리 또는 이익을 침해당한 경우에 적법하고 신속하게 구제받을 권리가 있습니다.
> 7. 귀하는 지방세담당공무원으로부터 언제나 공정한 대우를 받을 권리가 있습니다.

(2) 조세절차의 적정성을 보장하고 조세행정에 있어서 납세자의 기본권을 정착시키기 위한 과제의 해결을 위해 마련된 납세자권리헌장이 제정 공포됨으로써 명실공히 납세자의 권리신장에 기여하게 되었다고 하겠다.

그리고 납세자의 권리보장문제에 대하여 OECD가 제출한 보고서인「납세자의 권리와 의무」(Tax Payer's Rights and Obligation)에서도 회원국의 동향에 대해 다음과 같은 요지를 기술하고 있다.

조세행정기관은 과세표준을 결정하고 납세자 또는 제3자가 제공하는 과세정보를 검증하며, 조세를 징수하는 광범위한 권력을 부여받고 있다. 따라서 조세행정기관은 조세포탈

및 조세회피를 최소화하기 위하여 이러한 권력을 행사하는 문제와 조세행정기관이 모든 납세자의 권리를 존중하면서 공평하게 처우하는 문제와의 사이에는 잠재적 마찰이 존재한다. 이 때 민주사회에서의 납세자의 권리는 예를 들면 사법상의 권리, 사생활의 비밀을 보호받을 권리, 정보에 접근할 권리, 행정결정에 대하여 불복할 수 있는 권리 등 기본적인 것들이 있다.

복잡한 조세제도를 효율적으로 운용하기 위해서는 납세자의 높은 수준의 협력이 필요하다. 그런데 이러한 협력은 조세제도에 대하여 납세자가 공평하다고 생각해야 하고, 납세자의 기본권을 명백하게 선언, 존중할 때 비로소 가능하다고 기술하고 있는 것을 보더라도 OECD회원국들도 이러한 납세자의 권리보장에 대해 많은 배려를 하고 있다는 점을 알 수 있는 것이다.[148]

그런데 지방세법에서 납세자 권리헌장을 제정하여, 공포토록 규정하였으나 이것은 어디까지나 시작에 불과한 것이지 이것으로 완전한 권리보장이 된다고는 할 수 없으므로 헌장의 내용면에서나 실제운용에 있어서 과세권자나 납세자가 민주적 조세행정을 위해 꾸준히 노력하면서 계속 이를 보완·발전시켜 나가야 할 과제라 할 것이다.

제77조 | 납세자 권리보호

① 지방자치단체의 장은 직무를 수행할 때 납세자의 권리가 보호되고 실현될 수 있도록 하여야 한다(법 §77 ①).
② 지방자치단체의 장은 납세자보호관을 배치하여 지방세 관련 고충민원의 처리, 세무상담 등 대통령령으로 정하는 납세자 권리보호 업무를 전담하여 수행하게 하여야 한다(법 §77 ②).
③ 납세자보호관의 자격·권한 등 제도의 운영에 필요한 사항은 대통령령으로 정한다(법 §77 ③).

---

[148] 주요 국가의 납세자 권리헌장의 제정 사항(자료 : 최명근, 전게서, p.107)
- 1974, 프랑스 세무조사에 관한 헌장 제정
- 1977, 독일 조세기본법 제정(세무조사절차의 적정화, 투명화)
- 1981, 프랑스 조세절차법 제정
- 1986, 뉴질랜드 "목적·원칙·업무(PPP)에 관한 선언" 국세청
- 1987, 프랑스 납세자 헌장 개정
- 1988, 미연방 "납세자로의 귀하의 권리"(내국세입청)
- 1989, 호주 "국세청 서비스 방침"
- 1991, 영국 "신납세자헌장"(내국세입청, 관세·소비세청)

이 경우 법 제77조 제2항에서 "대통령령으로 정하는 납세자 권리보호업무"란 다음 각 호의 업무를 말한다(영 §51조의 2 ① Ⅰ~Ⅴ).

㉮ 지방세 관련 각종 고충민원의 처리, 세무상담 등에 관한 사항
㉯ 세무조사·체납처분 등 권리보호요청에 관한 사항
㉰ 납세자권리헌장의 준수 등에 관한 사항
㉱ 세무조사 기간 연장 및 연기에 관한 사항
㉲ 그 밖에 납세자 권리보호와 관련하여 조례로 정하는 사항

그리고 납세자보호관이 제1항의 업무를 처리하기 위한 권한은 다음 각 호와 같다(영 §51조의 2 ② Ⅰ~Ⅳ).

㉮ 위법·부당한 처분에 대한 시정요구
㉯ 위법·부당한 세무조사의 일시중지 요구 및 중지 요구
㉰ 세무조사 과정에서 위법·부당한 행위를 한 세무공무원 교체 명령 요구 및 징계 요구
㉱ 위법·부당한 처분이 행하여 질 수 있다고 인정되는 경우 그 처분 절차의 일시중지 요구
㉲ 그 밖에 납세자의 권리보호와 관련하여 조례로 정하는 사항

또한 납세자보호관은 지방자치단체 소속 공무원 또는 조세·법률·회계 분야의 전문지식과 경험을 갖춘 사람 중에서 그 직급 또는 경력 등을 고려하여 해당 지방자치단체의 조례로 정하는 바에 따라 지방자치단체의 장이 임명하거나 위촉하며(영 §51조의 2 ③), 지방자치단체의 장은 납세자보호관의 납세자 권리보호 업무 추진실적을 법 제149조에 따른 통계자료의 공개 시기 및 방법에 준하여 정기적으로 공개하여야 하고(영 §51조의 2 ④), 납세자보호관의 업무처리 기간 및 방법, 그 밖의 납세자보호관 제도의 운영에 필요한 사항은 조례로 정한다(영 §51조의 2 ⑤).

이는 심판청구 등 사후적 권리구제수단으로는 납세자의 사전적 권리구제와 절차적 권익침해의 구제에는 한계가 있고, 권리가 침해 되었거나 침해될 우려가 있는 경우 신속하게 납세자의 고충을 해결할 필요가 있으며, 또한 납세자권리헌장에 의한 전문가의 조력을 받을 수 없는 경우 이를 활용함으로써 납세자의 경제적인 부담을 해소할 수 있을 뿐만 아니라 구제절차 개선 및 준사법적 절차 도입 등에 따른 지방자치단체의 구제기능을 보완하기 위해 설치된 규정이다.

또한 2018년도에는 그간 조례로 정하는 바에 따라 납세자 보호관을 지정하던 것을 담당업무의 전국적인 일관성 유지 등을 위해 업무범위 등에 관한 사항을 조례에서 시행령으로 상향 규정함으로써 납세자보호관이 실질적으로 납세자의 권익을 향상시킬 수 있는 제도로 정착될 수 있도록 법적기반 보완하고 세무조사 연기신청에 대한 결정, 기한연장·징수유예 신청 등에 대한 결정 등 보호관의 업무범위 구체화하면서 납세자보호관의 자격, 업무별 절차를 정형

화하였다.

납세자보호관의 추가 업무를 표로 구분하면 아래와 같다.

업 무 명	근거	비고
기한의 연장 관리(접수, 검토, 결정, 결과통보)	지기법 제26조	추가
납부기한 연장 취소 관리(검토, 결정, 결과통보)	지기법 제27조	
가산세 감면 관리(접수, 검토, 결정, 결과통보)	지기법 제57조	
위법·부당한 부과·징수처분에 대한 의견 제시(접수, 검토, 의견 제시, 결과확인, 결과통보)	지기법 제58조	
세무조사 연기신청 관리(접수, 검토, 결정, 결과통보)	지기법 제83조	
납세자의 해명을 위한 세무조사기간 연장에 대한 승인 관리	지기법 제84조	
불복청구사건 관리(접수, 검토, 집행부서 의견제시, 결과통보), 지방세심의위원회 참석	지기법 제89조	
소액 불복청구에 대한 심의 생략 결정	지기법 제96조	
지방세 통계의 작성·공개	지기법 제149조	
징수유예 등의 관리(접수, 검토, 결정, 결과통보)	지징법 제25조	
징수유예 등의 취소 관리(검토, 결정, 결과통보)	지징법 제29조	
체납처분 유예 처리(접수, 검토, 결정, 결과통보)	지징법 제105조	
체납처분 유예 취소 관리(검토, 결정, 결과통보)	지징법 제105조	
지방세 관련 고충민원의 처리(접수, 검토, 의견제시, 결과확인, 결과통보)		기존
납세자권리헌장의 준수·이행 여부 심사		
지방세관련 제도개선 의견표명		

제78조 | 납세자의 성실성 추정

세무공무원은 납세자가 제82조 제2항 제1호부터 제3호까지, 제5호 및 제6호 중 어느 하나에 해당하는 경우를 제외하고는 납세자가 성실하며 납세자가 제출한 서류 등이 진실한 것이라고 추정하여야 한다(법 §78).

> ※ 법 제82조 제2항 제1호부터 제3호까지, 제5호 및 제6호
> 1. 납세자가 이 법 또는 지방세관계법에서 정하는 신고·납부, 담배의 제조·수입 등에 관한 장부의 기록 및 보관 등 납세협력의무를 이행하지 아니한 경우
> 2. 납세자에 대한 구체적인 탈세제보가 있는 경우
> 3. 신고내용에 탈루나 오류의 혐의를 인정할 만한 명백한 자료가 있는 경우
> 5. 무자료거래, 위장·가공거래 등 거래 내용이 사실과 다른 혐의가 있는 경우
> 6. 납세자가 세무공무원에게 직무와 관련하여 금품을 제공하거나 금품제공을 알선한 경우

이 규정은 지방세법이 정하는 신고 등을 할 경우에는 그 신고 등의 잘잘못을 먼저 검토하고 신고 여부를 결정할 것이 아니라 일단 신고 등이 있으면 그 신고 등이 진실된 것으로 보아 수리를 하여야 한다는 것이다.

그러나 신고 등의 납세협력의무를 이행하지 아니하거나 납세자에 대한 구체적인 탈세제보가 있는 것뿐 아니라 신고 등이 수리된 것이라도 그 신고가 잘못된 것으로 판단되면 세무공무원은 세무조사를 하여 그 진위 여부를 가려야 한다는 것이다.

결국 이 규정은 납세자의 신고 등 모든 행위를 무조건 진실된 것으로 보아 그 신고 등에 대하여는 일체의 다른 행정처분을 하는 것을 허용하지 않겠다는 것이 아니라 납세자의 성실성을 인정하나 납세협력의무를 제대로 하지 아니하면 세무조사를 하여 잘못 여부를 가려 앞으로의 납세풍토를 성실하고 진실된 것으로 조성하는 하나의 훈시규정이라 할 수 있겠다.

제79조 | 납세자의 협력의무

납세자는 세무공무원의 적법한 질문·조사·제출명령에 대하여 성실하게 협력하여야 한다(법 §79).

여기서 특히 유의해 보아야 할 사항은 세무조사에 따른 성실한 답변, 납세관리인 지정 및 변경의 충실한 자세, 신고·납부의 성실한 대응, 납기내 성실한 납부 등 조세행정 전반에 대한 권리보장도 중요하지만 납세자가 준수해야 할 의무도 중요하다는 점을 강조한 규정이다.

제80조 | 조사권의 남용 금지

① 지방자치단체의 장은 적절하고 공평한 과세의 실현을 위하여 필요한 최소한의 범위에서 세

무조사를 하여야 하며, 다른 목적 등을 위하여 조사권을 남용해서는 아니된다(법 §80 ①).
② 지방자치단체의 장은 다음 각 호의 경우가 아니면 같은 세목 및 같은 과세연도에 대하여 재조사를 할 수 없다(법 §80 ② Ⅰ~Ⅳ).
1. 지방세 탈루의 혐의를 인정할 만한 명백한 자료가 있는 경우
2. 거래상대방에 대한 조사가 필요한 경우
3. 둘 이상의 사업연도와 관련하여 잘못이 있는 경우
4. 제88조 제5항 제2호 단서, 제96조 제1항 제3호 단서 또는 제100조에 따라 심판청구에 관하여 준용하는 「국세기본법」 제65조 제1항 제3호 단서에 따른 필요한 처분의 결정에 따라 조사를 하는 경우
5. 납세자가 세무공무원에게 직무와 관련하여 금품을 제공하거나 금품제공을 알선한 경우
6. 제84조의 3 제3항에 따른 조사를 실시한 후 해당 조사에 포함되지 아니한 부분에 대하여 조사하는 경우
7. 그 밖에 제1호부터 제6호까지의 경우와 유사한 경우로서 대통령령으로 정하는 경우
  여기에서 "대통령령으로 정하는 경우"란 ① 법 제102조부터 제109조까지의 규정에 따른 지방세에 관한 범칙사건을 조사(이하 "범칙사건조사"라 한다.)하는 경우 ② 세무조사 중 서면조사만 하였으나 법 또는 지방세관계법에 따른 경정을 다시 할 필요가 있는 경우 ③ 각종 과세정보의 처리를 위한 재조사나 지방세환급금의 결정을 위한 확인조사 등을 하는 경우를 말한다(영 §52).

그리고 2018년부터는 국세 입법례를 참조하여 과세전적부심사·이의신청에 대한 재조사 결정 사유 및 그 처리절차 등을 규정하여 재조사 사유가 이의신청 등에 대한 이유가 있어 청구대상 처분의 취소·경정 등을 위해 사실관계 확인 등 추가적인 조사가 필요한 경우 재조사 결정일로부터 60일 이내에 결정서 주문에 기재된 범위에 한하여 조사하고 그 결과에 따라 취소·경정·수정 통지하도록 조사절차를 규정하였으며 재조사 결정에 따른 재조사의 경우는 세무조사 재조사 금지대상에서 제외되도록 보완하였고, 2019년부터는 납세자가 세무공무원에게 직무와 관련하여 금품을 제공하거나 금품제공을 알선한 경우를 추가하였다.

또한 2020년부터는 세무조사시 납세자에게 자료를 요구 할 수 있는 범위 등에 대하여 명문규정이 없어 지방세 전 분야에 대한 통합조사 외에 특정세목, 특정분야에 대한 부분조사를 한 경우에는 종전에 부분조사한 부분을 제외*하고는 조사할 수 있으나, 법령에 명문화 되어 있지 않아, 세무조사와 관련성이 없는 자료 등을 요구할 경우 납세자의 권익 침해 및 불편을 초래 할 수 있으나, 지방세기본법에 자료요구의 범위에 대하여 명문규정이 없고, 또한, 종전 조사받은 부분 이외 부분은 조사를 할 수 있음에도 조사대상은 종전에 조사 받았던 사실에 기인하여 중복조사를 주장하여 민원인과 과세관청간

분쟁발생하여 세무조사와 직접관련 없는 자료(조사대상 세목·과세기간의 과세표준·세액의 계산과 관련 없는 자료)에 대해 자료요구 못하도록 명문화하고 또한, 종전 부분세무조사분 외의 사항은 조사 할 수 있음을 명확화한 것이다.

③ 세무공무원은 세무조사를 하기 위하여 필요한 최소한의 범위에서 장부등의 제출을 요구하여야 하며, 조사대상 세목 및 과세연도의 과세표준과 세액의 계산과 관련 없는 장부등의 제출을 요구해서는 아니 된다.

④ 누구든지 세무공무원으로 하여금 법령을 위반하게 하거나 지위 또는 권한을 남용하게 하는 등 공정한 세무조사를 저해하는 행위를 하여서는 아니된다(법 §80 ④).

세무조사는 세법의 집행이다. 그 집행은 조세법률주의에 의해 규율되는 것이므로 세무조사의 법정요건이 갖추어 지면 과세기관은 세무조사를 해야 하는 것이 원칙이다. 바꾸어 말하면 세무조사를 하지 않을 재량권은 가지고 있지 아니한 것이다.

그러므로 세무조사는 세수입과 관계없이 지속적으로 하되 중복조사 등 조사권을 남용해서는 납세자의 신뢰를 받을 수 없다는 점에서 탈루의 혐의를 인정할 만한 명백한 자료가 있는 경우 등 극히 한정된 부분을 제외하고는 같은 세목 및 같은 과세연도에 대하여 재조사를 할 수 없도록 이 조문에서 규정하고 있다.[149]

제80조의2 | 세무조사 범위 확대의 제한

① 세무공무원은 구체적인 세금탈루 혐의가 여러 과세기간 또는 다른 세목까지 관련되는 것으로 확인되는 경우 등 대통령령으로 정하는 경우를 제외하고는 조사진행 중 세무조사의 범위를 확대할 수 없다(법 §80의2 ①).

② 세무공무원은 제1항에 따라 세무조사의 범위를 확대하는 경우에는 그 사유와 범위를 납세자에게 문서로 통지하여야 한다(법 §80의2 ②).

---

[149] 최명근, 「세무행정개혁론」, 세경사, 2004. p.115
※ 미국 내국세입청의 편람에 기술된 세무감사의 기본자세(발췌)
"세무신고서에 대한 감사의 목적은 더도 아니고 덜도 아닌(no more or no less) 납세자의 바른 납세액을 결정하는데 있다……세무감사를 하는 자는 납세자와 정부 양자 모두를 위해 바른 납세액을 결정할 책임이 있으며, 그 조사에 관련된 모든 문제에 대해 공평한 태도를 취해야 한다. 고도의 자발적인 납세순응을 목표로 하는 과세관서의 업무성취는 전적으로 세금을 납부하는 국민들의 협력과 신뢰에 달려 있다. 세무감사자 한 사람의 공정하고 공평한 태도는 자발적 납세순응의 제고에 도움을 준다. 세무감사자 각자는 객관성을 견지하면서 모든 세무감사에 임해야 한다.

제81조 세무조사 등에 따른 도움을 받을 권리

납세자는 범칙사건조사 및 세무조사를 받는 경우에 변호사, 공인회계사, 세무사로 하여금 조사에 참석하게 하거나 의견을 진술하게 할 수 있다(법 §81).

현재까지는 범칙사건의 조사나 세무조사를 받을 때에는 기업의 경리사원이 세무공무원을 상대로 조사를 받으면서 전문적인 지식이나 대응논리를 가지고 대응하지 못해 억울하게 과세처분을 받게 되고 이를 사후에 구제받기 위해서 여러 단계의 행정·사법적 절차를 거쳐 행정소송까지 가야 하므로 심적인 면에서와 경제적인 면에서 매우 곤란을 당하여 온 것이 현실이므로 이러한 어려움을 사전에 차단할 수 있는 하나의 제도로서 전문가의 조력을 받을 수 있도록 한 것이다.

다시 말해서 세무조사의 사전 통지서나 조세부과 예정 통지서 등에 납세자는 그의 선택에 따라 조세전문인을 선임하여 그를 통해서 세무조사 등에 대해 토의하거나 답변하게 할 수 있다는 것을 명기해야 한다.

제82조 세무조사 대상자 선정

① 지방자치단체의 장은 다음 각 호의 어느 하나에 해당하는 경우에 정기적으로 신고의 적정성을 검증하기 위하여 대상을 선정(이하 "정기선정"이라 한다.)하여 세무조사를 할 수 있다. 이 경우 지방자치단체의 장은 제147조 제1항에 따른 지방세심의위원회의 심의를 거쳐 객관적 기준에 따라 공정하게 그 대상을 선정하여야 한다(법 §82 ① Ⅰ~Ⅲ).
  1. 지방자치단체의 장이 납세자의 신고내용에 대한 성실도 분석결과 불성실의 혐의가 있다고 인정하는 경우
  2. 최근 4년 이상 지방세와 관련한 세무조사를 받지 아니한 납세자에 대하여 업종, 규모 등을 고려하여 대통령령으로 정하는 바에 따라 신고내용이 적절한지를 검증할 필요가 있는 경우
     이 경우 세무조사는 납세자의 이력, 사업현황, 과세정보 등을 고려하여 지방자치단체의 장이 정하는 기준에 따른다(영 §53).
  3. 무작위추출방식으로 표본조사를 하려는 경우

② 지방자치단체의 장은 정기선정에 의한 조사 외에 다음 각 호의 어느 하나에 해당하는 경우에는 세무조사를 할 수 있다(법 §82 ② Ⅰ~Ⅵ).
  1. 납세자가 이 법 또는 지방세관계법에서 정하는 신고·납부, 담배의 제조·수입 등에 관

한 장부의 기록 및 보관 등 납세협력의무를 이행하지 아니한 경우
2. 납세자에 대한 구체적인 탈세 제보가 있는 경우
3. 신고내용에 탈루나 오류의 혐의를 인정할 만한 명백한 자료가 있는 경우
4. 납세자가 세무조사를 신청하는 경우
5. 무자료거래, 위장·가공거래 등 거래 내용이 사실과 다른 혐의가 있는 경우
6. 납세자가 세무공무원에게 직무와 관련하여 금품을 제공하거나 금품제공을 알선한 경우

이 규정은 과세권자의 세무조사권 남용을 방지하기 위하여 세무조사 대상자 선정에 있어서의 기준을 제시한 것으로 제1항은 정기적인 세무조사시의 대상자 선정 기준이고, 제2항은 필요한 경우에 수시로 세무조사를 할 때의 대상자 선정 기준을 제시해 놓고 있는데 현해 취득세 중심의 지방세 세무조사 특성상 정기선정 외의 대상선정 시 단기 목적으로 설립·해산하는 부동산사업 관련 특수목적법인, 재건축·재개발 조합 등 효율적인 세무조사 수행이 어려운 경우가 발생하고 있어 무자료, 위장·가공 거래 등 사실과 다른 거래 혐의가 있는 경우 및 납세자가 금품을 제공한 경우 등을 2022년부터 수시조사대상 선정 사유 추가하였다.

그런데 세무조사의 방법은 일반세무조사와 특별세무조사로 구별하여 말할 수 있는데 일반세무조사는 신고납부방식의 세목에 있어서의 과세표준의 신고적정여부 등 과세요건의 충족여부 또는 신고사항의 적정여부를 검증하기 위하여 통상적으로 실시하는 것으로 조사 대상자가 비치·기장하고 있는 장부 및 관련 증빙서류에 대한 조사, 기록 및 증빙의 진실성 여부를 확인하기 위한 실물조사를 말한다.

이에 대하여 특별세무조사는 탈세정보자료나 간접조사에 의하여 조세를 포탈한 혐의가 객관적으로 포착된 납세자에 대하여 행하는 세무조사로 그 조사기간도 일반세무조사보다 장기간에 걸치는 것이 통례이고, 조사의 범위도 넓고 조사의 강도도 더 심도있게 이루어지는 것이다.

그러므로 이러한 세무조사 대상자 선정에 있어 과세권자는 선정 기준에서 정하고 있는 불성실혐의의 판단, 신고내용의 적절여부의 검증방법 등을 투명하게 공개하고, 주관적 자의성에 의해 조사대상자를 선정하였다는 의구심을 납세자들이 가지지 않도록 해야 할 것이다.

제83조 │ 세무조사의 통지와 연기신청 등

① 세무공무원은 지방세에 관한 세무조사를 하는 경우에는 조사를 받을 납세자(제139조에 따른 납세관리인이 정하여져 있는 경우에는 납세관리인을 포함한다. 이하 이 조에서 같다.)에게 조사를 시작하기 15일 전까지 조사대상 세목, 조사기간·조사 사유 및 그 밖에 대통령령으로 정하는 사항을 알려야 한다.

다만, 사전에 알릴 경우 증거인멸 등으로 세무조사의 목적을 달성할 수 없다고 인정되는 경우에는 사전통지를 생략할 수 있다(법 §83 ①).

이 경우 "그 밖에 대통령령으로 정하는 사항"이란 ① 납세자, 법 제139조에 따른 납세관리인의 성명과 주소 또는 영업소 ② 조사대상기간 ③ 세무조사를 수행하는 조사공무원의 인적사항 ④ 그 밖에 필요한 사항을 말하며, 납세자가 세무조사 등을 받기 위해서는 관련 서류 확보 등 사전준비에 많은 시간이 소요되는 점을 감안하여 2018년부터는 세무조사 등의 사전통지 기간을 조사 시작일 15일 전으로 연장하였다(영 §54 ①).

② 제1항에 따른 통지를 받은 납세자가 천재지변이나 그 밖에 대통령령으로 정하는 사유로 조사를 받기 곤란한 경우에는 대통령령으로 정하는 바에 따라 지방자치단체의 장에게 조사를 연기해 줄 것을 신청할 수 있다(법 §83 ②).

이 경우 "대통령령으로 정하는 사유"란 ① 화재 및 도난, 그 밖의 재해로 사업상 중대한 어려움이 있는 경우 ② 납세자 또는 납세관리인의 질병, 중상해, 장기출장 등으로 세무조사를 받는 것이 곤란하다고 판단되는 경우 ③ 권한 있는 기관에 장부 등이 압수 되거나 영치된 경우 ④ "①"부터 "③"까지에 준하는 사유가 있는 경우 중 어느 하나에 해당하는 경우를 말한다(영 §54 ②).

그리고 세무조사를 연기하여 줄 것을 신청하려는 자는 ① 세무조사를 연기 받으려는 자의 성명과 주소 또는 영업소 ② 세무조사를 연기 받으려는 기간 ③ 세무조사를 연기 받으려는 사유 ④ 그 밖에 필요한 사항을 적은 신청서를 해당 지방자치단체의 장에게 제출하여야 한다(영 §54 ③).

③ 제2항에 따른 연기신청을 받은 지방자치단체의 장은 연기신청의 승인 여부를 결정하고 조사를 시작하기 전까지 그 결과(연기 결정 시 연기한 기간을 포함한다)를 납세자에게 알려야 한다(법 §83 ③).

이러한 세무조사의 사전통지는 납세자로 하여금 세무조사에 대한 예측가능성을 가지게 함과 동시에 조사절차에서 납세자의 방어권을 보장하고자 하는데 그 목적이 있다 하겠다.

④ 지방자치단체의 장은 다음 각 호의 어느 하나에 해당하는 사유가 있는 경우에는 제3항에 따라 연기한 기간이 만료되기 전에 조사를 시작할 수 있다.
 1. 제2항에 따른 연기 사유가 소멸한 경우
 2. 조세채권을 확보하기 위하여 조사를 긴급히 시작할 필요가 있다고 인정되는 경우

위 규정은 천재지변·질병 등의 사유로 납세자가 세무조사를 받기 곤란한 경우 세무조사를 연기 신청할 수 있지만 세무조사 연기가 결정된 후 세무조사 연기기간이 만료하기 전에 그 사유가 해소되더라도 세무조사를 개시할 법적 근거가 없어 세무조사 연기기간이 만료

되기 전이라도 법률에 정한 사유(연기 사유가 소멸, 조세채권을 확보하기 위하여 조사를 긴급히 시작)가 있는 경우 세무조사를 개시할 수 있도록 개선한 것이다.

⑤ 지방자치단체의 장은 제4항 제1호의 사유로 조사를 시작하려는 경우에는 조사를 시작한지 3일 전 까지 조사를 받을 납세자에게 연기사유가 소멸한 사실과 조사기간을 통지하여야 한다

⑥ 세무공무원은 제1항 단서에 따라 사전통지를 생략하고 세무조사를 시작하거나 제4항 제2호의 사유로 세무조사를 시작할 때 다음 각 호의 구분에 따른 사항이 포함된 세무조사통지서를 세무조사를 받을 납세자에게 교부하여야 한다. 다만, 폐업 등 대통령령으로 정하는 경우에는 그러하지 아니하다(법 §83 ④ Ⅰ~Ⅲ).

1. 제1항 단서에 따라 사전통지를 생략하고 세무조사를 시작하는 경우 : 다음 각 목의 사항
   가. 사전통지 사항
   나. 사전통지를 하지 아니한 사항
   다. 그 밖에 세무조사의 시작과 관련사항으로서 대통령령으로 정하는 사항
2. 제4항 제2호의 사유로 세무조사를 시작하는 경우 : 조사를 긴급히 시작하여야 하는 사유

이 경우 법 제83조 제4항 각 호 외의 부분 단서에서 "폐업 등 대통령령으로 정하는 경우"란 ① 납세자가 세무조사 대상이 된 사업을 폐업한 경우 ② 납세자가 납세관리인을 정하지 않은 경우로서 국내에 주소 또는 거소를 두지 않은 경우 ③ 납세자 또는 납세관리인이 세무조사통지서의 수령을 거부하거나 회피하는 경우를 말하며(영 §54 ④), 세무조사통지서는 별지 제40호의 2 서식의 지방세 세무조사통지서에 따른다(규칙 §29 ④).

이러한 세무조사 통지를 생략하고 바로 세무조사 하는 경우에도 조사대상 세목, 기간, 사유, 사전통지 생략이유 등에 대하여, 연기사유가 소멸한 때에는 세무조사 개시하는 때에는 납세자에게 조사개시 5일전까지 연기사유가 소멸한 사실, 조사기간 등을 토보하여야 하고, 조세채권을 확보하기 위하여 조사를 긴급한 사유가 있는 경우 세무조사를 개시할 때 세무조사통지서(세무조사는 사전통지가 원칙이나, 증거인멸 등 세무조사목적을 달성할 수 없다고 인정된,s 경우에는 사전통지를 생략할수 있음)를 교부하도록 단서에 규정한 것이다.

> **사례**
>
> ❖ **추징 대상에 해당하는지에 대한 현장조사를 하는 과정에서 사전통지, 청문절차, 의견제출 절차를 거치지 아니하고 부과한 처분이 위법한 것인지 여부**
>
> 일반적으로 세무공무원이 부동산의 실제 사용현황을 조사할 때 사전에 당사자에게 그 조사사실을 알리게 되면 당사자가 사용현황을 사실과 다르게 조작하여 세무조사의 목적을 달성할 수 없게 할 우려가 있으므로, 이 경우는 지방세기본법 제111조 제1항 단서에 따라 사전통지의 생략이 가능하다고 봄이 상당한 점… 과세전적부심사를 통하여 원고에게 위 현장조사 결과에 대한 의견을 제출할 기회가 부여된 것으로 볼 수 있는 점 등을 종합하여 보면, 이 사건 처분에 세무조사절차를 위반한 위법이 있다고 보기 어렵다. 설령 일부 절차를 거치지 아니한 위법이 있다고 하더라도, 그것이 실질적으로 전혀 조사가 없었던 경우와 같거나 선량한 풍속 기타 사회질서에 위반되는 방법으로 과세처분의 기준이 되는 자료를 수집하는 등 중대한 것이라고 보기 어려우므로, 그러한 사정만으로는 이 사건 처분이 위법하다고 할 수 없다.
>
> (대법 2014두10318, 2014.10.27.)

제84조 세무조사 기간

① 지방자치단체의 장은 조사대상 세목, 업종, 규모, 조사 난이도 등을 고려하여 세무조사 기간은 20일 이내로 하여야 한다. 다만, 다음 각 호의 어느 하나에 해당하는 사유가 있는 경우에는 그 사유가 해소되는 날부터 20일 이내로 세무조사 기간을 연장할 수 있다 (법 §84 ① Ⅰ~Ⅵ).

1. 납세자가 장부 등의 은닉, 제출지연, 제출거부 등 조사를 기피하는 행위가 명백한 경우
2. 거래처 조사, 거래처 현지 확인 또는 금융거래 현지 확인이 필요한 경우
3. 지방세 탈루 혐의가 포착되거나 조사 과정에서 범칙사건으로 조사 유형이 전환되는 경우[150]에는 납세자에게 조사유형 전환에 따른 통지를 하여야 한다.
4. 천재지변, 노동쟁의로 조사가 중단되는 등 지방자치단체의 장이 정하는 사유에 해당하는 경우
5. 세무조사 대상자가 세금탈루혐의에 대한 해명 등을 위하여 세무조사 기간의 연장을 신청한 경우

   이 경우 법 제84조 제1항 제5호 또는 영 제55조 제1호에 따른 세무조사의 기간연장 또는 중지 신청은 별지 제43호 서식의 지방세 세무조사(기간연장, 중지) 신청서에 따른

---

[150] 이 경우 조세범처벌절차법 제1조에 따른 조세에 관한 범칙 사건으로 조사유형이 전환되는 경우라 함은 조사과정에서 나타난 성격상 일반 세무조사의 성격을 벗어나 조세에 관한 범칙사건으로 처리해야 하는 경우를 말한다.

다(규칙 §30).

    6. 납세자보호관이 세무조사 대상자의 세금 탈루 혐의의 해명과 관련하여 추가적인 사실 확인이 필요하다고 인정하는 경우

② 지방자치단체의 장은 납세자가 자료의 제출을 지연하는 등 대통령령으로 정하는 사유로 세무조사를 진행하기 어려운 경우에는 세무조사를 중지할 수 있다. 이 경우 그 중지기간은 제1항에 따른 세무조사기간 및 세무조사 연장기간에 산입하지 아니한다(법 §84 ②).

이 경우 "납세자가 자료의 제출을 지연하는 등 대통령령으로 정하는 사유"란 ① 법 제83조 제2항 및 이 영 제54조 제2항에 따른 세무조사 연기신청 사유에 해당되어 납세자가 조사중지를 신청한 경우 ② 국외자료의 수집·제출 또는 상호합의절차 개시에 따라 외국과세기관과의 협의가 필요한 경우 ③ 납세자의 소재를 알 수 없는 경우, 납세자가 해외로 출국한 경우, 납세자가 장부 등을 은닉하거나 그 제출을 지연 또는 거부한 경우, 노동쟁의가 발생한 경우 그리고 그 밖에 이와 유사한 사유가 있는 경우에 해당하여 세무조사를 정상적으로 진행하기 어려운 경우 ④ 제51조의 2 제2항 제2호에 따라 납세자보호관이 세무조사의 일시중지 또는 중지 요구를 하는 경우를 말한다(영 §55).

③ 세무공무원은 제2항에 따른 세무조사의 중지기간 중에는 납세자에 대하여 세무조사와 관련한 질문을 하거나 장부 등의 검사·조사 또는 그 제출을 요구할 수 없다(법 §84 ③).

이 규정은 세무조사 중지기간 중 세무조사와 관련한 질문을 하거나 장부 등의 검사·조사 또는 그 제출을 요구할 수 없도록 국세의 규정과 같게 신설한 것이다.

④ 지방자치단체의 장은 제2항에 따라 세무조사를 중지한 경우에는 그 중지사유가 소멸되면 즉시 조사를 재개하여야 한다. 다만, 조세채권의 확보 등 긴급히 조사를 재개하여야 할 필요가 있는 경우에는 중지사유가 소멸되기 전이라도 세무조사를 재개할 수 있다(법 §84 ④).

⑤ 지방자치단체의 장은 제1항 단서에 따라 세무조사 기간을 연장할 때에는 연장사유와 그 기간을 미리 납세자(제139조에 따른 납세관리인이 정해져 있는 경우에는 납세관리인을 포함한다.)에게 문서로 통지하여야 하고, 제2항 또는 제4항에 따라 세무조사를 중지하거나 재개하는 경우에는 그 사유를 문서로 통지하여야 한다(법 §84 ⑤).

⑥ 지방자치단체의 장은 세무조사 기간을 단축하기 위하여 노력하여야 하며, 장부기록 및 회계처리의 투명성 등 납세성실도를 검토하여 더 이상 조사할 사항이 없다고 판단될 때에는 조사기간 종료 전이라도 조사를 조기에 종결할 수 있다(법 §84 ⑥).

이 규정은 세무조사의 투명성을 보장하고 장기간의 세무조사로 인하여 납세자가 피해를 받지 않도록 하기 위하여 세무조사 기간을 명시한 것이며, 세무조사 기간을 연장할 때에는 그 사유와 기간 등을 미리 납세자에게 알리도록 하여 납세자로 하여금 그에 따른 준비와 적절한 증거자료를 준비할 수 있는 기회를 보장해 주는 조치이다.

제84조의 2 | 장부등의 보관 금지

① 세무공무원은 세무조사(범칙사건조사를 포함한다. 이하 이 조에서 같다.)의 목적으로 납세자의 장부등을 지방자치단체에 임의로 보관할 수 없다(법 §84의 2 ①).
② 제1항에도 불구하고 세무공무원은 제82조 제2항 각 호의 어느 하나의 사유에 해당하는 경우에는 조사 목적에 필요한 최소한의 범위에서 납세자, 소지자 또는 보관자 등 정당한 권한이 있는 자가 임의로 제출한 장부등을 납세자의 동의를 받아 지방자치단체에 일시 보관할 수 있다(법 §84의 2 ②).
③ 세무공무원은 제2항에 따라 납세자의 장부등을 지방자치단체에 일시 보관하려는 경우 납세자로부터 일시 보관 동의서를 받아야 하며, 일시 보관증을 교부하여야 한다(법 §84의 2 ③).
④ 세무공무원은 제2항에 따라 일시 보관하고 있는 장부등에 대하여 납세자가 반환을 요청한 경우에는 그 반환을 요청한 날부터 14일 이내에 장부등을 반환하여야 한다. 다만, 조사목적을 달성하기 위하여 필요한 경우에는 납세자보호관의 승인을 거쳐 한 차례만 14일 이내의 범위에서 보관 기간을 연장할 수 있다(법 §84의 2 ④).
⑤ 제4항에도 불구하고 세무공무원은 납세자가 제2항에 따라 일시 보관하고 있는 장부등의 반환을 요청한 경우로서 세무조사에 지장이 없다고 판단될 때에는 요청한 장부등을 즉시 반환하여야 한다(법 §84의 2 ⑤).
⑥ 제4항 및 제5항에 따라 납세자에게 장부등을 반환하는 경우 세무공무원은 장부등의 사본을 보관할 수 있고, 그 사본이 원본과 다름없다는 사실을 확인하는 납세자의 서명 또는 날인을 요구할 수 있다(법 §84의 2 ⑥).
⑦ 제1항부터 제6항까지에서 규정한 사항 외에 장부등의 일시 보관 방법 및 절차 등에 관하여 필요한 사항은 대통령령으로 정한다(법 §84의 2 ⑦).
 이 경우 장부 등의 일시 보관 방법 및 절차는
  1. 세무공무원은 법 제84조의 2 제2항에 따라 장부등을 일시 보관하려는 경우 장부등의 일시 보관 전에 납세자, 소지자 또는 보관자 등 정당한 권한이 있는 자(이하 이 조에서 "납세자등"이라 한다.)에게 다음 각 호의 사항을 고지하여야 한다(영 §55의 2 ① Ⅰ~Ⅳ).
    1. 법 제82조 제2항 각 호의 사유 중 장부등을 일시 보관하는 사유
    2. 납세자등이 동의하지 아니하는 경우에는 장부등을 일시 보관할 수 없다는 내용
    3. 납세자등이 임의로 제출한 장부 등에 대해서만 일시 보관할 수 있다는 내용
    4. 납세자등이 요청하는 경우 일시 보관 중인 장부등을 반환받을 수 있다는 내용
  2. 납세자등은 조사목적이나 조사범위와 관련이 없다는 사유 등으로 일시 보관에 동의

하지 않는 장부등에 대해서는 세무공무원에게 일시 보관할 장부등에서 제외할 것을 요청할 수 있다. 이 경우 세무공무원은 정당한 사유 없이 해당 장부 등을 일시 보관 할 수 없다(영 §55의 2 ②).
3. 법 제84조의 2 제4항 및 제5항에 따라 장부 등을 반환한 경우를 제외하고 세무공무원은 해당 세무조사를 종결할 때까지 일시 보관한 장부등을 모두 반환하여야 한다(영 §55의 2 ③).

이러한 세무조사시 장부 등 일시보관에 대한 근거 마련한 것은 「지방세기본법」에 장부·서류 등을 지자체에 일시보관 할 수 있는 명문규정이 없어, 세무조사 중 탈세 등이 명확한 경우 증거자료 확보 및 심도있는 조사를 위하여 장부 등을 지자체에 보관이 필요하고, 또한, 납세자 권익보호 등을 위하여 장부 등의 보관 절차 및 범위 등에 대한 명확한 명문규정이 필요하여 세무조사 시 납세자의 권익보호를 위하여 납세자의 동의를 얻어 최소한의 범위로 장부보관 할 수 있도록 명문화 하고, 납세자의 예측가능성 확보와 과세관청의 명확한 운영 등을 위해 장부 보관방법 절차 등을 명문화한 것이다. 장부등의 일시보관에 필요한 서식은 장부등 일시보관 안내 확인 및 동의서, 장부등 자료 제출요구서, 장부등 임시보관증, 장부등 반환 요청서, 장부등 반환 확인서가 있다.

제84조의 3 | 통합조사의 원칙

① 세무조사는 이 법 및 지방세관계법에 따라 납세자가 납부하여야 하는 모든 지방세 세목을 통합하여 실시하는 것을 원칙으로 한다(법 §84의 3 ①).

② 제1항에도 불구하고 다음 각 호의 어느 하나에 해당하는 경우에는 특정한 세목만을 조사할 수 있다(법 §84의 3 ② Ⅰ~Ⅲ).
1. 세목의 특성, 납세자의 신고유형, 사업규모 또는 세금탈루 혐의 등을 고려하여 특정 세목만을 조사할 필요가 있는 경우
2. 조세채권의 확보 등을 위하여 특정 세목만을 긴급히 조사할 필요가 있는 경우
3. 그 밖에 세무조사의 효율성 및 납세자의 편의 등을 고려하여 특정 세목만을 조사할 필요가 있는 경우로서 대통령령으로 정하는 경우

이 경우 "대통령령으로 정하는 경우"란 법 제82조 제2항 제4호(납세자가 세무조사를 신청하는 경우)에 따라 납세자가 특정세목에 대하여 세무조사를 신청한 경우를 말한다(영 §55의 3 ①).

③ 제1항 및 제2항에도 불구하고 다음 각 호의 어느 하나에 해당하는 경우에는 해당 호의 사항에 대한 확인을 위하여 필요한 부분에 한정한 조사를 실시할 수 있다(법 §84의 3 ③ Ⅰ~Ⅳ).

1. 제50조 제3항에 따른 경정 등의 청구에 따른 처리, 제58조에 따른 부과취소 및 변경 또는 제60조 제1항에 따른 지방세환급금의 결정을 위하여 확인이 필요한 경우
2. 제88조 제5항 제2호 단서, 제96조 제1항 제3호 단서 또는 제100조에 따라 심판청구에 관하여 준용하는 「국세기본법」 제65조 제1항 제3호 단서에 따른 재조사 결정에 따라 사실관계의 확인이 필요한 경우
3. 거래상대방에 대한 세무조사 중에 거래 일부의 확인이 필요한 경우
4. 납세자에 대한 구체적인 탈세 제보가 있는 경우로서 해당 탈세 혐의에 대한 확인이 필요한 경우
5. 명의위장, 차명계좌의 이용을 통하여 세금을 탈루한 혐의에 대한 확인이 필요한 경우
6. 그 밖에 세무조사의 효율성 및 납세자의 편의 등을 고려하여 특정 사업장, 특정 항목 또는 특정 거래에 대한 조사가 필요한 경우로서 대통령령으로 정하는 경우

이 경우 "대통령령으로 정하는 경우"란 무자료거래, 위장·가공 거래 등 특정거래내용이 사실과 다른 구체적인 혐의가 있는 경우로서 조세채권의 확보 등을 위하여 긴급한 조사가 필요한 경우를 말한다(영 §55의 3 ②).

이러한 부분세무조사의 법적 근거마련은 '중복세무조사 금지'는 지방세 세무조사의 기본원칙으로, 재조사는 명백한 탈루혐의가 있는 경우 등에 한하여 최소한으로 허용하며, 중복세무조사를 피하고, 효율적 세무조사를 위해 조사방법을 일시·일괄 조사를(통합조사원칙) 원칙으로 하고, 예외적으로 부분조사(정기세무조사 전 세금탈루 제보 등으로 비정기 세무조사를 받은 경우에는 그 조사받은 부분 이외부분은 정기조사가 가능)를 허용하고 있으나, 지방세 기본법에 상기 세무조사 방법에 대한 별도 규정이 없어 납세자와 과세기관이 일선현장에서 기 부분조사 받은 납세자는 종전 조사를 통합조사를 받은 것으로 인식하는 등 혼선이 있어 국세의 경우 납세자의 사업관련 세목에 대한 세무조사는 통합조사를 원칙으로 하되, 특수 사안에 대해 일부조사가 필요한 경우에는 추후 중복조사 문제 발생 등을 고려하여 특정연도의 세목·항목 등에 한정하여 조사 중에 있어 지방세의 경우에도 통합조사를 원칙으로 하고, 예외적으로 세금탈루 혐의 등의 경우에는 특정세목·항목 등의 부분조사가 가능토록 명문화한 것으로 부분조사시 조사한 부분은 추후 다시 조사를 할 수 없는 것이다.

> **사례**

❖ ① 이 건 취득세 등이 중복세무조사에 따른 처분에 해당하는지 여부 ② 청구인들은 쟁점주식을 명의신탁 하였다가 환원 받았으므로 취득세 납세의무가 없다는 청구주장의 당부 등

[심판] 처분청은 청구인들의 과점주주 성립여부를 확인하기 위하여 소명자료를 요구한 것으로 처분청 공무원이 청구인들을 직접 접촉하여 상당한 시일에 걸쳐 질문을 하였거나 이 건 법인의 장부·서류 등을 검사·조사하였다는 정황은 나타나지 아니하므로 세무조사로 보기 어려움

청구인들이 쟁점주식을 명의신탁 하였다가 환원 받았다고 주장하나 그러한 주장을 뒷받침할 만한 객관적인 자료가 제출되지 아니하여 청구주장을 받아들이기 어려움

청구인들은 1999사업연도 중에 이 건 법인의 주식 중 90%를 소유하고 있었으므로 과점주주 비율이 최고비율보다 증가하지 아니하였다는 주장을 뒷받침할만한 구체적인 자료를 제시하지 못하여 청구주장을 받아들이기 어려움

당초 이 건 법인이 사실과 다른 내용의 소명서를 제출한 것이 이 건 취득세의 부과징수를 현저히 곤란하게 하는 적극적인 행위를 하였다고 보기 어려우므로 처분청이 「지방세기본법」 제53조의 2 제2항에 따른 가산세(100분의 40)를 부과한 처분은 잘못이라고 판단됨

(조심 2019지3585, 2020.4.24.)

제85조 │ 세무조사 등의 결과 통지

① 세무공무원은 범칙사건조사 및 세무조사(서면조사를 포함한다.)를 마친 날부터 20일(제33조 제1항 각 호의 어느 하나에 해당하는 경우에는 40일) 이내에 다음 각 호의 사항이 포함된 조사결과를 서면으로 납세자(법 제139조에 따른 납세관리인이 정해져 있는 경우에는 납세관리인을 포함한다. 이하 이 조에서 같다.)에게 알려야 한다. 다만, 조사결과를 통지하기 곤란한 경우로서 대통령령으로 정하는 경우에는 결과 통지를 생략할 수 있다(법 §85 ① Ⅰ~Ⅲ).

1. 세무조사 내용
2. 결정 또는 경정할 과세표준, 세액 및 산출근거
3. 그 밖에 대통령령으로 정하는 사항

위 각 호 외의 부분 단서에서 "대통령령으로 정하는 경우(법 제85조 각 호 외의 단서)"라 함은, ① 지방세징수법 제22조에 따른 납기 전 징수의 사유가 있는 경우, ② 조사결과를 통지하려는 날부터 부과제척기간의 만료일 또는 지방세 징수권의 소멸시효 완성일까지의 기간이 3개월 이하인 경우, ③ 납세자의 소재가 불명하거나 폐업으로 통지가 불가능한 경우 ④ 납세관리인을 정하지 아니하고 국내에 주소 또는 영업소를 두지 아니한 경우 ⑤ 법

제88조 제5항 제2호 단서 및 제96조 제1항 제3호 단서 또는 제96조 제6항 및 국세기본법 제81조에 따라 준용되는 같은 법 제65조 제1항 제3호 단서에 따른 재조사 결정에 따라 조사를 마친 경우, ⑥ 세무조사 결과 통지서의 수령을 거부하거나 회피하는 경우에 해당하는 경우를 말한다(영 §56 ②).

그리고 제3호에서 규정하고 있는 "그밖에 대통령령으로 정하는 사항"이란 ① 세무조사 대상 기간 및 세목 ② 과세표준 및 세액을 결정 또는 경정하는 경우 그 사유 ③ 법 제49조에 따라 과세표준 수정신고서를 제출할 수 있다는 사실 ④ 법 제88조 제2항에 따라 과세전적부심사를 청구할 수 있다는 사실을 말한다(영 §56 ①).

② 세무공무원은 제1항에도 불구하고 다음 각 호의 어느 하나에 해당하는 사유로 제1항에 따른 기간 이내에 조사결과를 통지할 수 없는 부분이 있는 경우에는 납세자의 동의를 얻어 그 부분을 제외한 조사결과를 납세자에게 설명하고, 이를 서면으로 통지할 수 있다.
1. 「국제조세조정에 관한 법률」 및 조세조약에 따른 국외자료의 수집·제출 또는 상호합의절차 개시에 따라 외국 과세기관과의 협의가 진행 중인 경우
2. 해당 세무조사와 관련하여 지방세관계법의 해석 또는 사실관계 확정을 위하여 행정안전부장관에 대한 질의 절차가 진행 중인 경우

③ 제2항 각 호에 해당하는 사유가 해소된 때에는 그 사유가 해소된 날부터 20일(제33조제1항 각 호의 어느 하나에 해당하는 경우에는 40일) 이내에 제2항에 따라 통지한 부분 외에 대한 조사결과를 납세자에게 설명하고, 이를 서면으로 통지하여야 한다.

종전에는 세무공무원이 세무조사를 한 후 과세관청에서 일방적으로 과세 여부를 결정하여 과세예고하는 방법으로 처리하였으나, 앞으로는 세무조사 등을 하여 그 결과가 나오면 서면으로 납세자에게 통보하여 그 결과에 대해 이의(異議)가 있는 납세자는 사전구제제도인 과세전적부심사를 받을 수 있는 기회를 부여하여 납세자의 실질적인 권익을 보호하겠다는 것이다. 또한 세무조사결과 통보 규정이 지방자치단체 규칙(세무조사 운영규칙)에서 조사결과 통지 기간을 정하고는 있으나, 법률이 아닌 지자체 규칙으로 정하고 있고, 지자체별로 다르게 정할 수 있어 법률에 통지기간을 명확화할 필요가 있고, 조사결과 통지기간을 명확화함에 따라, 기간 내에 조사결과를 통지할 수 없는 경우에 대한 처리방법도 함께 규정할 필요 있어 세무조사 결과를 조사를 마친 후 20일 이내에 통지하도록 규정하되, 다만, 소재불분명 등 공시송달 요건(지방세기본법 제33조 제1항)에 해당하는 경우 40일 이내 통지하고 조사결과를 기간 내에 통지할 수 없는 경우(조세조약에 따른 국외자료의 수집·제출 또는 외국 과세기관과의 협의가 진행중인 경우, 세무조사와 관련하여 세법해석 질의절차가 진행중인 경우 등) 납세자의 동의를 얻어 일부만 통지할 수 있고, 사유가 해소된 날부터 20일 이내 통지하도록 규정을 신설한 것이다.

이렇게 세무조사가 조사결과를 통지하여야 하는데, 만약 추징할 사유가 없는 경우도 마찬가지이다. 이는 동일한 과세기간, 동일한 세목에 대한 중복조사를 방지하기 위한 것이다.

이와 같이 조사를 받은 납세자에게 처분의 내용을 통지하는 제도는 조세처분절차에서 법의 적정절차를 보장하는데 가장 중요한 절차라고 할 수 있다. 법의 적정절차의 보장의 핵심이 사전 청문이라고 한다면 세무조사의 결과를 납세자에게 통지하는 것은 사전 청문을 받기 위해서 필요불가결한 절차이며, 가령 사전 청문절차를 두지 아니하고 사후 구제제도만을 둔 경우에도 이 통지제도가 가지는 중요성은 매우 크다. 이러한 통지제도가 없다면 최소한 세무행정기관은 조세부과처분에 이유부기제도(理由附記制度)를 채택해야 법의 적정절차가 보장될 것으로 생각된다.151)

제85조의2 | 세무조사의 절차 등

제76조부터 제80조까지, 제80조의2, 제81조부터 제84조까지, 제84조의2, 제84조의3 및 제85조에서 정한 사항 외에 세무조사(범칙사건조사를 포함한다)에 공통적으로 적용하여야 할 사항·절차 등에 대해서는 행정안전부장관이 별도로 정할 수 있다.

제86조 | 비밀유지

① 세무공무원은 납세자가 이 법 또는 지방세관계법에서 정한 납세의무를 이행하기 위하여 제출한 자료나 지방세의 부과 또는 징수를 목적으로 업무상 취득한 자료 등(이하 "과세정보"라 한다.)을 다른 사람에게 제공 또는 누설하거나 목적 외의 용도로 사용해서는 아니 된다. 다만, 다음 각 호의 어느 하나에 해당하는 경우에는 그 사용 목적에 맞는 범위에서 납세자의 과세정보를 제공할 수 있다(법 §86 ① Ⅰ~Ⅹ).

1. 국가기관이 조세의 부과 또는 징수의 목적에 사용하기 위하여 과세정보를 요구하는 경우
2. 국가기관이 조세쟁송을 하거나 조세범을 소추(訴追)할 목적으로 과세정보를 요구하는 경우

---
151) 최명근, 「납세자 기본권」, p.87

이 경우 조세에 관한 범칙사건을 조사하기 위하여 필요한 때에는 과세관청이 다른 국가기관에 대하여 협조를 요청할 수 있으며 이러한 협조의 요청을 받은 자는 이에 응하여야 하도록 하고 있다(조세범처벌절차법 §7의 2).
3. 법원의 제출명령 또는 법관이 발급한 영장에 의하여 과세정보를 요구하는 경우
4. 지방자치단체 상호간 또는 지방자치단체와 지방세조합 간에 지방세의 부과·징수, 조세의 불복·쟁송, 조세범 소추, 범칙사건조사·세무조사·질문·검사, 체납확인, 체납처분 또는 지방세 정책의 수립·평가·연구에 필요한 과세정보를 요구하는 경우

이는 체납자에 대한 재산조회를 한다거나 공장 이전에 따른 종전 공장의 폐쇄여부 등에 대한 사실확인 자료를 요구하는 경우가 여기에 해당된다 할 것이다.
5. 행정안전부장관이 제135조 제2항 각 호, 제150조 제2항 및 「지방세징수법」제11조 제4항에 따른 업무 또는 지방세 정책의 수립·평가·연구에 관한 업무를 처리하기 위하여 과세정보를 요구하는 경우
6. 통계청장이 국가통계 작성 목적으로 과세정보를 요구하는 경우
7. 사회보장기본법 제3조 제2호에 따른 사회보험의 운영을 목적으로 설립된 기관이 관련 법률에 따른 소관업무의 수행을 위하여 과세정보를 요구하는 경우
8. 국가기관, 지방자치단체 및 「공공기관의 운영에 관한 법률」에 따른 공공기관이 급부·지원 등을 위한 자격심사에 필요한 과세정보를 당사자의 동의를 받아 요구하는 경우
9. 지방세조합장이 「지방세징수법」 제8조, 제9조, 제11조 및 제71조제5항에 따른 업무를 처리하기 위하여 과세정보를 요구하는 경우
10. 그 밖에 다른 법률에 따라 과세정보를 요구하는 경우

이 경우는 국민건강보험법에서 재산비례 보험료의 부과근거 자료로 재산세 등의 과세자료의 재산가액으로 보험료를 산출하도록 되어 있어 이 금액 환산에 필요한 과세자료를 요구하는 것이 여기에 해당된다 하겠다.

② 제1항 제1호·제2호·제4호(제135조 제2항에 따라 지방세통합정보통신망을 이용하여 다른 지방자치단체의 장에게 과세정보를 요구하는 경우는 제외한다.) 및 제6호부터 제10호까지의 경우에 과세정보의 제공을 요구하는 자는 다음 각 호의 사항을 기재한 문서로 해당 지방자치단체의 장 또는 지방세조합장에게 요구하여야 한다(법 §86 ② Ⅰ~Ⅲ).
1. 납세자의 인적사항
2. 사용목적
3. 요구하는 정보의 내용

그간 행정안전부와 지방자치단체 간에는 조세의 부과·징수, 조세쟁송, 세무조사 등 지방세 운영과 관련된 범위에서 과세정보를 제공받고 있으나, 지방세 정책 추진의 효과

분석 등 면밀한 정책 추진을 위하여 정책 수립·평가·연구를 위한 과세정보 필요하고 법 제86조의 단서에 따라 제공하는 과세정보와 법 제135조에 따라 지방세통합정보통신망을 이용해 제공하는 과세정보의 범위가 상이하여 법 제86조의 단서 과세정보 제공 범위에 '지방세 정책 수립·평가·연구'목적을 추가하고, 법 제135조에는 제공근거가 있으나 법 제86조 단서에는 없는 '체납확인 및 체납처분'목적 추가하여 제공범위 통일하면서 법 제135조에 '지방세 정책 수립·평가·연구'목적을 추가하여 법 제86조 단서와 제공범위 통일한 것이다.

③ 세무공무원은 제1항 또는 제2항을 위반한 과세정보 제공을 요구받으면 거부하여야 한다(법 §86 ③).

이 규정은 공공기관의 개인정보보호에 관한 법률의 규정에서 개인정보를 보호하기 위하여 취하고 있는 조치와 그 뜻을 같이하는 것으로 해석해야 하므로 개인정보의 누설 등으로 인한 처벌의 대상이 되지 않도록 하여야 할 것이다.

④ 제1항 단서에 따라 과세정보를 알게 된 자(이 항 단서에 따라 행정안전부장관으로부터 과세정보를 제공받아 알게 된 자를 포함한다.)는 이를 다른 사람에게 제공 또는 누설하거나 그 목적 외의 용도로 사용해서는 아니 된다. 다만, 행정안전부장관이 제1항 제5호에 따라 알게 된 과세정보를 제135조 제2항에 따라 지방세통합정보통신망을 이용하여 제공하는 경우에는 그러하지 아니하다(법 §86 ④).

⑤ 세무공무원(지방자치단체의 장 또는 행정안전부장관을 포함한다)은 제1항 제4호 또는 제5호에 따라 지방세 정책의 수립·평가·연구를 목적으로 과세정보를 이용하려는 자가 과세정보의 일부의 제공을 요구하는 경우에는 그 사용 목적에 맞는 범위에서 개별 납세자의 과세정보를 직접적 또는 간접적 방법으로 확인할 수 없는 상태로 가공하여 제공하여야 한다(법 §86 ⑤).

⑥ 이 조에 따라 과세정보를 제공받아 알게 된 사람 중 공무원이 아닌 사람은 형법이나 그 밖의 법률에 따른 벌칙을 적용할 때에는 공무원으로 본다(법 §86 ⑥).

그러므로 개인이라 하더라도 과세정보를 제공받아 알게 된 자는 그 과세정보를 누설하거나 목적 외에 사용하게 되면 벌칙의 적용에 있어서는 공공기관의 개인정보보호에 관한 법률을 적용받게 되는 것이다.

제87조 │ 납세자 권리 행사에 필요한 정보의 제공

(1) 세무공무원은 납세자(세무사 등 납세자로부터 세무업무를 위임받은 자를 포함한다.)가 본인의 권리 행사에 필요한 정보를 요구하면 신속하게 정보를 제공하여야 한다(법 §87 ①).

행정기관이 수집관리하는 정보는 국가만이 가지는 독점물이 아니고 국민이 함께 공유하는 공공재(公共財)이며, 국민은 필요에 따라 행정기관이 보유하고 있는 이러한 행정정보의 공개를 요구할 권리를 가진다. 이것이 국민의 정보공개요구권인 것이다.

반면 국민은 공공재로서의 공공정보에 그의 사생활과 관련된 개인정보가 많이 포함되어 있으므로 국민 각자는 자기에 관한 정보를 열람하여 그 정보의 옳고 나쁨을 확인할 권리가 있음과 동시에 그러한 정보가 부당하게 유출되지 않도록 보호받을 권리를 가지게 되는 것이다. 결국 정보공개요구권은 제도적으로 보장된 국민의 기본권이라고 한다면, 개인정보를 보호받을 권리는 자연 인권적인 국민의 기본권(인격권)이라고 할 수 있다.

그러므로 이 조문은 과세관청이 보유하고 있는 납세자 자신의 정보를 그의 권리행사를 위해서 요구하는 경우에 신속히 제공하도록 하는 규정이다. 이는 과세관청이 보유하고 있는 납세자의 정보는 납세자의 소유물로 보아야 하므로 납세자 본인은 자기 자신의 정보내용에 자유로이 접근할 수 있다는 의미를 가진 규정이다.

(2) 제1항에 따라 제공하는 정보의 범위와 수임대상자 등 필요한 사항은 대통령령으로 정한다(법 §87 ②).

이 경우 세무공무원이 제공하는 정보의 범위는 ① 납세자 본인이 요구하는 경우는 납세자 본인의 납세와 관련된 정보와 납세자 본인에 대한 체납처분, 행정제재 및 고발 등과 관련된 정보와 ② 납세자로부터 세무업무를 위임받은 자가 요구하는 경우의 위 ①에 따른 정보로서 「개인정보 보호법」 제23조에 따른 민감정보에 해당하지 아니하는 정보를 말하며, 세무공무원은 위와 같이 정보를 제공하는 경우에는 주민등록증 등 신분증명서에 의하여 정보를 요구하는 자가 납세자 본인 또는 납세자로부터 세무업무를 위임받은 자임을 확인하여야 한다. 다만, 세무공무원이 지방세통합정보통신망을 통하여 정보를 제공하는 경우에는 전자서명 등을 통하여 그 신원을 확인하여야 한다(영 §57 ①·②).

또한 지방소득세 납부내역을 제공받으려는 「지방세법」 제85조 제1항 제4호 및 제7호에 따른 비거주자 또는 외국법인은 지방소득세를 납부한 영수증, 특별징수의무자가 발급한 특별징수영수증 또는 특별징수명세서, 그 밖에 지방소득세를 납부한 사실을 확인할 수 있는 서류를 같은 법 제89조에 따른 납세지를 관할하는 지방자치단체의 장에게 제출하여야 하며, 납부내역 제공 요청을 받은 지방자치단체의 장은 제3항 각 호의 어느 하나에 해당하는 서류가 제출되지 아니하거나 지방소득세 납부내역을 알 수 없는 경우에는 납부내역을 제공하지 아니할 수 있다(영 §57 ③·④).

그리고 위에서 규정한 사항 외에 납세자의 권리 행사에 필요한 정보의 제공 방법과 절차 등에 관하여 필요한 사항은 행정안전부장관이 정한다(영 §57 ⑤).

제88조 과세전적부심사

① 지방자치단체의 장은 다음 각 호의 어느 하나에 해당하는 경우에는 미리 납세자에게 그 내용을 서면으로 통지(이하 이 조에서 "과세예고통지"라 한다.)하여야 한다(법 §88 ① Ⅰ~Ⅴ).
1. 지방세 업무에 대한 감사나 지도·점검 결과 등에 따라 과세하는 경우. 다만, 제150조, 「감사원법」 제33조, 「지방자치법」 제188조 및 제190조에 따른 시정요구에 따라 과세처분하는 경우로서 시정요구 전에 과세처분 대상자가 지적사항에 대한 소명안내를 받은 경우는 제외한다.
2. 세무조사에서 확인된 해당 납세자 외의 자에 대한 과세자료 및 현지 확인조사에 따라 과세하는 경우
3. 비과세 또는 감면 신청을 반려하여 과세하는 경우(「지방세법」에서 정한 납기에 따라 납세고지하는 경우는 제외한다.)
4. 비과세 또는 감면한 세액을 추징하는 경우
5. 납세고지하려는 세액이 30만원 이상인 경우(「지방세법」에서 정한 납기에 따라 납세고지하는 경우 등 대통령령으로 정하는 사유에 따라 과세하는 경우는 제외한다.)

이 경우 법 제88조 제1항 제5호에서 "대통령령으로 정하는 사유에 따라 과세하는 경우"란 다음 각 호의 경우를 말한다(영 §58 ③ Ⅰ~Ⅵ).
1. 「지방세법」에서 정한 납기에 따라 납세고지하는 경우
2. 납세의무자가 신고한 후 납부하지 않은 세액에 대해 납세고지 하는 경우
3. 세무서장 또는 지방국세청장이 결정 또는 경정한 자료에 따라 지방소득세를 납세고지하는 경우
4. 「지방세징수법」 제22조 제2항 전단에 따라 납기 전에 징수하기 위하여 고지하는 경우
5. 「지방세법」 제62조·제98조·제103조의 9·제103조의 26 및 제128조 제2항 단서에 따라 수시로 그 세액을 결정하여 부과·징수하는 경우
6. 법 제88조 제5항 제2호 단서, 제96조 제1항 제3호 단서 또는 제96조 제6항 및

「국세기본법」제81조에 따라 준용되는 같은 법 제65조 제1항 제3호 단서에 따른 재조사 결정에 따라 그 재조사한 결과에 따라 과세하는 경우

② 다음 각 호의 어느 하나에 해당하는 통지를 받은 자는 통지받은 날부터 30일 이내에 지방자치단체의 장에게 통지내용의 적법성에 관하여 심사(이하 "과세전적부심사"라 한다.)를 청구할 수 있다(법 §88 ② Ⅰ~Ⅱ).
1. 세무조사결과에 대한 서면 통지
2. 제1항 각 호에 따른 과세예고 통지

  이 규정에 따라 과세전적부심사를 청구하려는 자는 ① 청구인의 성명과 주소 또는 영업소 ② 법 제88조 제2항 각 호의 통지를 받은 연월일 ③ 청구세액 ④ 청구 내용 및 이유를 적은 과세전적부심사청구서에 증거서류나 증거물을 첨부(증거서류나 증거물이 있는 경우에 한정한다.)하여 지방자치단체의 장(법 제90조에 따른 이의신청의 결정기관을 말한다.)에게 제출하여야 한다. 이에 따라 과세전적부심사청구서를 제출받은 지방자치단체의 장은 그 청구부분에 대하여 법 제88조 제4항에 따른 결정이 있을 때까지 과세표준 및 세액의 결정이나 경정결정을 유보해야 한다. 다만, 법 제88조 제3항 각 호의 어느 하나에 해당하는 경우에는 그렇지 않다(영 §58 ①·②).

③ 다음 각 호의 어느 하나에 해당하는 경우에는 제2항을 적용하지 아니한다(법 §88 ③ Ⅱ~Ⅳ).
1. 범칙사건조사를 하는 경우
2. 세무조사결과 통지 및 과세예고통지를 하는 날부터 지방세 부과제척기간의 만료일까지의 기간이 3개월 이하인 경우
3. 그 밖에 법령과 관련하여 유권해석을 변경하여야 하거나 새로운 해석이 필요한 것 등 대통령령으로 정하는 경우

  이 경우 "대통령령으로 정하는 경우"란 ① 법령과 관련하여 유권해석을 변경하여야 하거나 새로운 해석이 필요한 경우 ② 국제조세조정에 관한 법률에 따라 조세조약을 체결한 상대국이 상호합의절차의 개시를 요청한 경우를 말한다(영 §58 ⑤).

④ 과세전적부심사청구를 받은 지방자치단체의 장은 제147조 제1항에 따른 지방세심의위원회의 심사를 거쳐 제5항에 따른 결정을 하고 그 결과를 청구받은 날부터 30일 이내에 청구인에게 알려야 한다. 이 경우 대통령령으로 정하는 사유가 있으면 30일의 범위에서 1회에 한정하여 심사기간을 연장할 수 있다(법 §88 ④).

  이 경우 "대통령령으로 정하는 사유"란 ① 다른 기관에 법령해석을 요청하는 경우 ② 풍수해, 화재, 천재지변 등으로 법 제147조 제1항에 따른 지방세심의위원회를 소집할 수 없는 경우, ③ 청구인의 요청이 있거나 추가 자료의 조사 등을 위하여 필요한 경우로서 법 제147조에 따른 지방세심의위원회에서 심사기간의 연장을 결정하는 경우 ④ 법 제93

조의2제2항에 따른 대리인의 선정 등을 위해 필요한 경우의 어느 하나에 해당하는 경우를 말한다(영 §58 ⑥).

⑤ 과세전적부심사청구에 대한 결정은 다음 각 호의 구분에 따른다(법 §88 ⑤ Ⅰ~Ⅲ).
1. 청구가 이유 없다고 인정되는 경우 : 채택하지 아니한다는 결정
2. 청구가 이유 있다고 인정되는 경우: 채택하거나 일부 채택하는 결정. 다만, 구체적인 채택의 범위를 정하기 위하여 사실관계 확인 등 추가적으로 조사가 필요한 경우에는 제2항 각 호의 통지를 한 지방자치단체의 장으로 하여금 이를 재조사하여 그 결과에 따라 당초 통지 내용을 수정하여 통지하도록 하는 재조사 결정을 할 수 있다.
3. 청구기간이 지났거나 보정기간 내에 보정을 하지 아니하는 경우 : 심사하지 아니한다는 결정

⑥ 과세전적부심사에 관하여는 행정심판법 제15조·제16조·제20조부터 제22조까지·제29조, 제36조 제1항 및 제39조부터 제42조까지의 규정을 준용한다. 이 경우 "위원회"는 "지방세심의위원회"로 본다(법 §88 ⑥).

⑦ 제2항 각 호의 어느 하나에 해당하는 통지를 받은 자는 과세전적부심사를 청구하지 아니하고 그 통지를 한 지방자치단체의 장에게 통지받은 내용의 전부 또는 일부에 대하여 과세표준 및 세액을 조기에 결정 또는 경정결정을 해 줄 것을 신청할 수 있다. 이 경우 해당 지방자치단체의 장은 신청받은 내용대로 즉시 결정 또는 경정결정을 하여야 한다(법 §88 ⑦).

⑧ 과세전적부심사에 관하여는 제92조(관계서류의 열람 및 의견진술권), 제93조(이의신청등의 대리인), 제94조 제2항(청구기한의 연장 등), 제95조(보증요구) 및 제96조 제1항 각 호 외의 부분 단서(청구기간 지난 후 접수문건의 결정 등), 같은 조 제4항·제5항을 준용한다(법 §88 ⑧).

⑨ 과세전적부심사의 청구절차 및 심사방법, 그 밖에 필요한 사항은 대통령령으로 정한다(법 §88 ⑨).

(1) 본조의 취지

조세는 일단 과세처분이 이루어지고 나면 그 과세처분이 위법부당한 것이라 하더라도 그 처분이 취소되기 전까지는 적법한 것으로 추정되는 공정력이 있기 때문에 이의신청, 심판청구, 행정소송 등을 통하여 사후적인 구제절차를 밟아 승소를 한다 하더라도 그 구제절차를 거치는 기간이 너무 길어서 이미 개인의 심적장애나 사업상 중대한 손실이 크게 되고 그 손실은 다시 회복할 수 없게 되는 상태에 빠진 후가 되므로 이로 인해 납세자는 조세행정에 대해 불신과 불만을 가지게 되는 결과를 초래하기 때문에 이러한 납세자의 불

만을 사전에 해소하고 불이익을 방지하기 위하여 사전구제제도인 과세전적부심사제도를 도입하여 세무조사결과에 대한 통지를 받거나 과세예고통지를 받은 경우 등에도 사전구제를 받을 수 있는 기회를 부여하였다.

결국 조세행정상 적정절차보장의 핵심은 사전 청문을 받을 권리, 즉 사전 구제를 받을 수 있는 권리인에게 지방세기본법에서 그 기능의 주요부분을 법제화하여 권리의 보장이 실효성있게 실현될 수 있도록 한 제도이다.[152]

과세전적부심사제도란 과세관청에서 세금을 고지하기 전에 과세할 내용을 납세자에게 미리 알려 주고 이에 이의가 있는 납세자는 과세전적부심사를 청구하도록 하여 심사 결과 납세자의 주장이 타당한 경우에는 고지 전에 시정하는 제도로서 과세의 다툼이 있는 경우 국고주의적·보수주의적인 자세에서 탈피함으로써 과세권자의 재량에 의하여 임의적으로 납세자의 권익이 부당하게 침해되지 않도록 하는 한편, 불합리한 민원 야기의 소지가 있는 사항은 될 수 있는 한 대폭 줄이고 지방세무행정을 질적으로 향상시켜 세정에 대한 국민의 신뢰성을 높이려는 목적에서 규정하여 운영되고 있다.

(2) 과세전적부심사 대상 등

(가) 대상

납세자는, ① 세무조사결과에 대한 서면 통지, ② 과세예고 통지, ③ 비과세 또는 감면의 신청을 반려하는 통지를 받은 때에는 해당 지방자치단체의 장에게 통지된 내용에 따른 과세가 적법한지의 여부에 관한 심사의 청구를 할 수 있다.

그리고 위의 ① 내지 ③의 어느 하나에 해당하는 통지를 받은 자는 과세전적부심사를 청구하지 아니하고 그 통지를 한 지방자치단체의 장에게 통지받은 내용대로 과세표준 및 세액을 조기에 결정 또는 경정결정을 하여 줄 것을 신청할 수 있고, 이러한 신청을 받은 지방자치단체의 장은 신청받은 내용대로 결정 또는 경정결정을 하여야 한다.

(나) 적용 제외 대상

납세자가 ① 납기전 징수의 사유가 있거나 국세, 지방세, 그 밖의 공과금에 대하여 체납처분을 받을 때, 강제집행을 받을 때, 법인이 해산하였을 때 등 지방세관계법에서 규정하는 수시부과의 사유가 있는 경우 ② 범칙사건을 조사하는 경우 ③ 세무조사결과통지 및 과세예고통지를 하는 날부터 지방세 부과제척기간의 만료일까지의 기간이 3개월 이하인 경우 ④ 그 밖에 법령과 관련하여 유권해석을 변경하여야 하거나 새로운 해석이 필요한 것 등 대통령령으로 정하는 경우(조세조약을 체결한 상대국이 상호합의 절차의 개시를 요청한 경우)에 해당하는 것은 과세전적부심사 청구를 하지 못한다.

---

[152] 최명근, 「납세자기본권」, 경제법륜사, 1997, p.146.

(3) 과세전적부심사의 청구절차 및 심사방법 등

(가) 청구절차 및 위원회 구성 등

① 과세전적부심사청구는 세무조사 결과에 대한 서면통지, 과세예고통지, 비과세 또는 감면의 신청을 반려하는 통지를 받은 날부터 30일 이내에 시, 군세는 시장·군수에게, 도세는 도지사에게 제출하여야 한다.

② 과세전적부심사청구를 심사하기 위하여 각 지방자치단체에 지방세심의위원회를 두고 도에 두는 위원회는 위원장 1명과 부위원장 1명을 포함한 25명 이내의 위원으로 구성하고, 시·군에 두는 위원회는 위원장 1명과 부위원장 1명을 포함한 19명 이내의 위원으로 구성한다. 위원회 구성에 관한 자세한 내용은 법 제147조의 해설을 참고하기 바란다.

(나) 청구의 결정과 통지 등

① 과세전적부심사 청구를 받은 시장, 군수 또는 도지사는 지방세심의위원회의 심사를 거쳐 ㉮ 청구가 이유 없다고 인정되는 경우에는 채택하지 아니한다는 결정 ㉯ 청구가 이유 있다고 인정되는 경우에는 채택한다는 결정(다만, 청구가 일부 이유 있다고 인정되는 경우에는 일부 채택한다는 결정) ㉰ 청구기간이 지났거나 보정기간 내에 보정을 하지 아니하는 경우에는 심사하지 아니한다는 결정을 하고, 그 결과를 청구받은 날부터 30일 이내에 청구인에게 알려야 한다. 다만, 다른 기관에 법령해석을 요청하는 경우나 풍수해, 화재, 천재지변 등으로 지방세심의위원회를 소집할 수 없는 경우에는 30일의 범위 내에서 1회에 한정하여 심사기간을 연장할 수 있다.

② 과세전적부심사에 관하여는 행정심판법 제15조·제16조·제20조부터 제22조까지, 제29조·제36조 제1항 및 제39조부터 제42조까지의 규정을 준용한다.

이상과 같이 과세전적부심사를 청구한 경우에 납세자에게는 어떤 실익이 있느냐 하는 점을 살펴보면, 과세전적부심사가 청구되어 심의되고 있는 기간 동안에는 과세권의 행사가 유보된다는 점이다. 이는 과세를 하기 전에 과세의 적법 여부를 사전심사하는 것이므로 납세자에게 기한의 이익을 보장해 주기 위한 조치이나 과세전적부심사가 청구되어 심의를 하고 있는 기간 중이라 하더라도 그 기간 중에 부과의 제척기간이 도래하거나 납기전 징수의 사유가 발생하여 심의를 계속할 경우 과세권 행사가 불가능할 경우에는 납부할 세액을 즉시 확정하여 조세채권을 확보해야 할 것이다.

왜냐하면 과세전적부심사 청구를 심의하는 기간 중에 부과의 제척기간이 도래하여 이 기간을 넘기게 되면 부과권이 소멸되어 과세를 할 수 있는 권한이 소멸되며, 심의기간 중에 납세자가 강제집행, 법인의 해산 또는 파산선고를 받거나 경매가 개시되는 등 납기전 징수의 사유가 발생한 경우에는 조세채권을 확정하지 아니하면 납기전 징수를 할 수 없어 지방세 채권을 확보할 수 없는 경우가 생기기 때문에 이런 때에는 즉시 부과처분 등 조세채권을 확정한 후 별도의 징세조치를 하여야 한다.

또한 2018년도에는 과세관청의 과세예고 통지를 받은 납세자는 통지받은 날부터 30일 이내에 과세전적부심사 청구 가능하고, 30일이 지나기 전이라도 통지된 금액 전부에 대해 미리 납부할 수 있도록 조기 부과결정 신청 가능하지만 과세예고 통지 금액의 전부에 대해서만 조기 부과결정 신청이 가능하고 일부에 대해서는 불가함에 따라 납세자 불편 야기되고 있어 국세와 동일한 방식으로 과세예고 된 금액의 일부에 대해서도 납세자가 조기 부과결정 신청이 가능하도록 조문을 보완하였다.

2020년부터는 현행 과세예고는 주로 감사, 지도 및 점검 결과에 따른 과세예고 통지를 하고 있으나, 과세관청의 자료 대사를 통해 부과하는 경우는 과세예고 통지 없이 고지서를 발송하고 있어 과세관청이 과세예고 통지를 하지 아니함으로써 납세자에게 과세전적부심사의 기회를 부여하지 아니한 것은 납세자의 절차적 권리를 침해한 것으로 볼 수 있어 납세자의 과세전적부심사 청구 기회와 절차적 권리보호를 위해 과세예고 통지 대상을 확대하고 시행령 규정을 법률으로 상향 조정하고, 통지의무의 실효성 제고를 위해 고지금액 30만원 이상으로 한정하였다.

다만, 「지방세법」에서 정한 납기에 따라 고지하는 경우는 과세예고 통지 제외하도록 한 것이다.

2021년에는 법과 시행령에 비효율적으로 산재되어 있는 과세예고 및 적부심 청구 대상을 실효성과 예측가능성 제고 측면을 고려하여 재설계하였는데, 이는 과세전적부심 청구대상에서 제외된 납기전 징수사유, 수시 부과하는 경우, 신고후 미납분, 국세청 통보분, 불복재조사결정 등 과세전적부심사 대상이 아니면서 과세예고의 실익이 낮은 경우 과세예고통지 대상에서 제외하여 행정비용 절감하면서, 현재 과세예고 대상은 아니나 과세전적부심청구 대상인 비과세·감면 반려 통지를 과세예고 대상으로 전환하여 비과세·감면 반려 통지는 과세예고 통지로서 지위를 가지고 과세 예고에 따라 과세전적부심청구가 이루어지도록 개정하였으며 행정관청 및 과세관청이 해당 납세의무 발생과 신고납부 방법 등을 사전에 충분히 알렸음에도 불구하고 신고의무를 해태하는 경우 등 과세관청 등의 납세의무 통지 노력에도 불구하고 신고를 불이행하는 경우 과세예고 대상에서 제외하였는데 이는 납세자의 사전적 권리구제를 제한하기보다 기한 후 신고 유도 등 실질적 납세자 혜택을 우선 보장하고, 납세자의 세액을 조속히 확정하여 과세예고 등에 상당기간 소요됨에 따라 오히려 가산세 부담을 경감하고 사후 불복 기회를 보장하려는 것이다.

> **사례**
>
> ❖ **과세예고통지를 생략한 이 건 등록면허세 부과처분의 당부**
>
> 처분청이 지방세 업무에 대한 감사나 지도·점검에 따라 이 건 부과처분을 한 이상 「지방세기본법」 제88조 제2항 각 호에서 규정하는 사유 외에는 부과처분에 앞서 세무조사결과통지 또는 과세예고통지 등을 하여야 한다고 해석되고, 처분청도 2017.7.7. 이 건 취득세에 대하여는 청구법인에게 과세예고통지를 한 점, 과세예고통지를 하지 아니한 사유가 「지방세기본법」 제88조 제2항 제1호의 수시 부과의 사유라는 점을 처분청이 입증하지 못하고 있는 점 등에 비추어 처분청은 청구법인에게 과세전적부심사의 기회를 주지 아니한 채 이 건 등록면허세 등을 부과·고지하여 납세고지 전 권리구제제도인 위 규정을 위반한 만큼 과세예고통지를 하지 아니하고 이 건 등록면허세 등을 부과한 처분은 잘못이 있는 것으로 판단됨
>
> (조심 2018지1259, 2020.1.23.)

CHAPTER 07

제1편 지방세기본법

이의신청과 심판청구

　지방세의 부과·징수는 지방세기본법 및 기타 관계법령이 규정하는 바에 따라 적법하게 이루어져야 하지만 현실적으로는 법령의 규정대로 실현되지 않는 경우가 있다. 이러한 경우에 납세자의 이익을 보호하고 잘못된 조세과징질서를 바로잡기 위해서 종전에는 처분 후에 구제를 청구하는 이의신청제도와 이의신청의 결과에 대해서 다시 불복이 있을 때에 그 상급감독관청에 구제를 청구하는 심사청구제도 등을 차례로 거쳐야만 하였다.

　그리고 이러한 지방세법에 의한 구제절차를 다 거쳐도 다시 불복이 있는 때에는 행정소송법의 규정에 의한 행정소송을 제기할 수 있도록 한 필요적 전치주의의 규정이 있었으나 이는 헌법 제107조 제3항 및 제27조에 위배된다는 헌법재판소의 판결에 따라 지방세법을 개정하여 2002년부터는 임의적 전치주의로 되었으므로 지방세에 관한 부당한 처분에 대해서는 납세의무자가 이 처분에 대하여 지방세기본법의 규정에 의한 이의신청과 심사(심판)청구를 거치지 아니하더라도 그 처분을 받은 후 행정소송을 바로 제기할 수도 있고, 지방세법에 의한 이의신청을 거친 후 또는 심사(심판)청구까지 거친 후에도 행정소송을 제기할 수 있도록 개선되었다.[153]

　또한 2006년부터는 이의신청절차를 거치지 아니하여도 처분의 통지를 받으면 이의가 있는 경우 바로 심사청구를 할 수 있도록 개선하였으며, 2008년 2월 29일부터는 정부조직법의 개편으로 국세심판소에서 처리하던 심판업무와 지방세심의위원회에서 처리하던 심사청구업무를

---

[153] 미국 주세(州稅)의 구제제도를 개관해 보면 주별로 세부적인 내용은 다르지만 이를 크게 나누어 보면 법원형(Judicial Courts), 독립기관형(Independent Appeal Agencies), 과세기관형(Tax Collecting Agencies)의 3가지 유형으로 분류할 수 있다.
먼저 "법원형"은 사법기관의 일종으로 주세의 불복청구를 전적으로 심리하는 법원을 설치하는 제도이다. 법원형에서는 다시 조세법원(Tax Courts)과 지방법원의 조세부(Local Court's Tax Division)의 형태로 나누어 진다. 조세법원은 사법기관의 일부로서 주세의 불복에 대한 심사를 전속 관할로 하는데 이 제도를 채택하고 있는 주는 Arizona, Indiana 등 5개 주이다.
둘째는 "독립기관형"으로 이는 주정부의 기관으로서 주세의 불복을 전담하고 있으나 세무행정은 담당하지 않는다. 이 유형은 다시 조세행정법원(Tax Court), 조세심판소(Tax Tribunal), 독립위원(Independent Board)의 3가지 형태로 나눌 수 있는데 조세행정법원은 주정부의 독립된 행정기관으로 주세의 불복을 전담하는 기관인데 이 제도를 채택하고 있는 주는 Maryland와 Minnesota 2개 주이다. 조세심판소는 준 사법적 독립기관으로 Michigan, NewYork주와 NewYork시가 채택하고 있다. 독립위원회는 전적으로 또는 주로 주세의 불복의 심사를 독립적 주정부기관으로서 California, Ohio 등 17개 주가 채택하고 있다.
셋째, "과세기관형"은 주세의 세무행정을 담당하면서 불복청구를 심사하는 기능도 담당하는 형태의 제도인데 이 형태도 위원회형(Commission)과 국형(局 : Department)으로 나누어지는데, 위원회형은 Idaho, Oklahoma 등 7개주가 채택하고 있고, 국형은 Alabama, Alaska 등 18개 주가 채택하고 있다.
류금렬, "선진국의 지방세제도", '한국지방세연구회, 2001. p.188

통합하여 국무총리산하의 조세심판원으로 업무가 이관되었기 때문에 종전에 행정안전부장관에게 청구하였던 지방세 심사청구는 조세심판원장에게 심판청구를 하도록 하였다.

그런데 지방세의 구제제도는 지방세관계법의 규정에 의한 이의신청·심사청구 및 심판청구와 행정소송법의 규정에 의한 행정소송 외에 과세권자의 직권에 의한 구제, 감사원 심사청구에 의한 구제 및 민사소송에 의한 구제제도가 있는데, 여기에서는 지방세기본법에 의한 구제절차와 행정소송법에 의한 행정소송의 절차 및 감사원 심사청구에 대하여만 설명하기로 한다. 이상과 같은 지방세에 대한 납세자의 불복절차를 요약하여 도시(圖示)하면 다음과 같다.

| 지방세 구제절차 계통도 |

```
┌─────────────┐   ┌──────────────────────────────────────┐
│ 과세예고 등  │   │ 과세전적부심사에서 불채택통지를 받았더라도 실제고지가 된 │
│ 통지서 수령 후│   │ 날로부터 기산하여 심판청구 등을 하면 됨           │
│  30일내 청구 │   └──────────────────────────────────────┘
└──────┬──────┘
       ↓
┌─────────────┐
│ 과세전적부  │
│  심사청구   │
│(30일 이내 결정)│
└──────┬──────┘
       ↓                          ┌─────────────┐
                                  │   이의신청    │         ┌─────────┐
                                  │(시군구세-시군구)│         │ 행정소송 │
                                  │ (시도세-시도) │         └────▲────┘
                                  │(90일 이내 결정)│              │
                                  └──────┬──────┘              │
                                         │ 90일 이내            │
┌─────────────┐      90일이내           │(도세,시군구세)   ┌────┴──────┐
│   납 세 자   │─────────────────────→│               │  심판청구   │  90일 이내
│  (고지서 수령)│                                       │ (조세심판원) │─────────→
│             │─90일 이내(도세,시군구세, 이의신청 생략가능)→│(90일 이내 결정)│
└──────┬──────┘                                       └────▲──────┘
       │                                                    │
       │ 90일 이내                                          │
       └────────────────────────────→┌─────────────┐      │
         시·군·구접수→시·도지사→행정안전부 경유  │  심사청구   │      │
                                                │  (감사원)   │──────┘
                                                │(3개월 이내 결정)│  90일 이내
                                                └─────────────┘
```

여기에서 헌법재판소 위헌판결의 결과와 지방세법의 운영상황을 연계하여 깊이 생각해 볼 점이 있다. 이 위헌판결에 따라 2001년말 구지방세법 제78조 제2항(제72조 제1항에 규정된 위법한 처분 등에 대한 행정소송은 행정소송법 제18조 제1항 본문, 제2항 및 제3항의 규정에 불구하고 이 법에 의한 심사청구와 그에 대한 결정을 거치지 아니하면 이를 제기할 수 없다.)과 제81조(① 제72조 제1항에 규정된 위법한 처분 등에 대한 행정소송을 제기하고자 할 때에는 제74조 및 제80조의 규정에 의한 심사결정의 통지를 받은 날부터 90일 이내에 처분청을 당사자로 하여 행정소송을 제기하여야 한다. ② 제77조의 규정에 의한 결정기간 내에 결정의 통지를 받지 못한 경우에는 결정의 통지를 받기 전이라도 제1항의 규정에 불구하고 그 결정기간이 경과한 날부터 행정소송을 제기할 수 있다.)를 삭제하여 2002년부터 행정소송의 전치주의를 필요적 전치주의에서 임의적 전치주의로 전환하게 되었다.[154]

이에 대하여 좀 더 구체적으로 살펴보면 헌법재판소에서 내린 위헌판결은 필요적 심판전치주의 자체를 위헌으로 보는 것이 아니라 그 당시 지방세법제도 내부에 존재하는 위헌적 요소에 의하여 제도자체를 존속시킬 수 없기에 개정을 통한 입법형성권이 없이 다만 위헌여부만을 판단하여 헌법재판소가 지적한 위헌적 요소만 제거하게 되면 얼마든지 필요적 전치주의 제도를 둘 수 있다고 생각 할 수 있었다.

그런데 2002년말 개정 지방세법을 보면 구지방세법 제74조의 2(관계서류의 열람 및 의견진술권)를 신설하여 불복청구자에게 그 신청 또는 청구에 관계되는 서류의 열람과 의견진술권을 부여함으로써 이의신청과 심사청구절차에 준사법적 절차를 도입한다는 명분을 제시하고 있고, 또 제78조 단서를 신설하여 이의신청 또는 심사청구의 목적이 되는 처분에 관한 사항에 대하여는 행정심판법의 규정의 적용을 하지 아니하되 "행정심판법 제15조(청구인의 대표자 선정), 제16조(청구인의 지위 승계), 제20조(심판 참가), 제29조(청구의 변경), 제36조 제1항(압류에 의한 우선) 및 제40조(심리의 방식)의 규정은 이의신청 또는 심사청구에 대하여 이를 준용한다."고 일부 조항을 개정하였다.

그런데 2008년 2월 29일부터는 행정안전부의 지방세심의위원회는 해체되고 국세심판소와 통합되어 국무총리산하 조세심판원으로 업무가 이관되었으나 지방세불복제도는 이의신청, 심사청구 등 세목의 귀속 주체별로 처리기관이 달라 납세자 혼란이 있고 현재 시·도 심사청구는 시·군·구세에 대해서만 심사청구가 가능하므로 구제기능의 실효성이 낮고, 지방세 소송패소율은 행정심판 필요적 전치주의를 채택하고 있는 국세 소송패소율 보다 높으며, 시·도의 심사청구를 담당하는 지방세심의위원회는 조세심판원에 비해 전문성과 독립성이 상대적으로 낮고, 과세전적부심사, 이의신청, 체납정보 공개, 세무조사 대상 선정 등 다른 업무도 담당하고 있고 지방소득세는 국세(법인세,소득세)와 세원 공유체계(과세표준 동일)이므로, 불복절차를 국세와 통일시킬 필요성 대두되고 있다.

납세자의 불필요한 소송을 예방하고, 소송 전에 전문적·독립적 판단을 위해 2021년부터는 행정심판 필요적 전치주의 도입하고 불복체계 단순화와 시·군·구세와 시·도세 간 자기시정 기회 불균형 해소를 위해 그 청구실적이 미미한 시·도 심사청구제도 폐지하되 필요적 전심절차를 조세심판원으로 일원화하였다.

이렇게 지방세 구제절차에 있어서는 임의적 전심절차에서 필요 전심절차로 전환되었는데 현실상으로는 행정심판을 거쳐 행정소송을 제기하는 것이 일반화 되어 있고, 행정심판의 특성상

---

154) 행정심판을 행정소송의 전치절차로 할 것인가 아니면 임의절차로 할 것인가는 입법정책의 문제로서, 독일은 행정심판전치주의를 취하고 있는 반면 프랑스나 일본 등은 행정심판임의주의를 취하고 있음. 조세구제와 관련하여 행정심판전치주의를 채택한 이유는, 행정청에게 먼저 반성의 기회를 주어 행정처분의 하자를 자율적으로 시정하도록 하기 위함이며, 또한 법원의 전문성 부족을 보완하고 분쟁해결에 있어 시간 및 비용을 절약하고 법원의 심사 부담을 경감함으로써 사법기능을 보완하기 위하여 행정심판전치주의가 채택되어 있는 것임.

그 제기가 간편하고 비용이 들지 않으며 비교적 짧은 시간에 결정되는 구조이고, 청구인 등이 인용을 받게 되는 경우에는 과세관청의 불복제기가 불가능하여 바로 확정된다는 장점이 있기 때문이다.[155]

　이와 같은 심사청구폐지와 함께 임의적 전치주의에 대한 개선사항 적용은 2021년 1월 1일 이후 행정소송을 제기하는 경우부터 시행하며 2021년 1월 1일 당시 종전의 제89조 제1항에 따라 심사청구를 거쳤거나 부칙 제12조에 따른 심사청구를 거친 경우에는 제98조 제3항의 개정규정에 따른 심판청구와 그에 대한 결정을 거친 것으로 보며, 2021년 1월 1일 당시 심사청구 중인 사건에 대해서는 제13조 제1항 후단, 제38조 제2항 제1호, 제50조 제3항 단서, 제7장의 제목, 제89조 제1항, 같은 조 제2항 제1호(심사청구제도 폐지와 관련된 개정사항으로 한정한다.), 제91조, 제92조, 제93조 제1항·제2항, 제94조 제1항·제2항, 제95조 제1항 본문, 같은 조 제2항, 제96조 제1항(심사청구 제도 폐지와 관련된 개정사항으로 한정한다.)·제7항, 제97조 제1항, 제98조 제1항, 제99조 제1항 본문 및 같은 조 제2항, 제100조의 제목, 제147조 제1항 제2호 및 제152조의 2 제4호(심사청구 제도 폐지와 관련된 개정사항으로 한정한다)의 개정규정에도 불구하고 종전의 규정에 따른다.

제89조 　청구대상

① 이 법 또는 지방세관계법에 따른 처분으로서 위법·부당한 처분을 받았거나 필요한 처분을 받지 못하여 권리 또는 이익을 침해당한 자는 이 장에 따른 이의신청 또는 심판청구를 할 수 있다(법 §89 ①).

② 다음 각 호의 처분은 제1항의 처분에 포함되지 아니한다(법 §89 ② Ⅰ~Ⅴ).
　1. 이 장에 따른 이의신청 또는 심판청구에 대한 처분. 다만, 이의신청에 대한 처분에 대하여 심판청구를 하는 경우는 제외한다.
　2. 제121조 제1항에 따른 통고처분
　3. 감사원법에 따라 심사청구를 한 처분이나 그 심사청구에 대한 처분
　4. 과세전적부심사의 청구에 대한 처분
　5. 이 법에 따른 과태료의 부과

③ 제1항에 따른 자가 위법·부당한 처분을 받았거나 필요한 처분을 받지 못함으로 인하여 권리 또는 이익을 침해당하게 될 이해관계인으로서 다음 각 호의 어느 하나에 해당하는 자는 이 장에 따른 이의신청 또는 심판청구를 할 수 있다(법 §89 ③ Ⅰ~Ⅲ).

---

155) 소순무, 조세소송, p.158, 2016.

1. 제2차 납세의무자로서 납부통지서를 받은 자
2. 이 법 또는 지방세관계법에 따라 물적 납세의무를 지는 자로서 납부통지서를 받은 자
3. 보증인

위 규정은 지방세관계법 규정에 따라 위법 부당한 처분을 받았거나 필요한 처분을 받지 못하여 권리 또는 이익을 침해당한 자로 한정하고 있어 지방세 불복청구대상에서 제2차 납세의무자 및 물적납세의무자 등 이해관계인이 제외되어 납세자 권리보호가 미흡함에 따라 지방불복 청구대상의 범위에 이해관계인(제2차 납세의무자, 물적납세의무자, 보증인)을 포함하여 확대한 것이다.

(1) 청구대상이 되는 처분

이 법 또는 지방세관계법에 따른 처분으로서 위법 또는 부당한 처분을 받았거나 필요한 처분을 받지 못하여 권리 또는 이익을 침해당한 자는 이 장에 따른 이의신청 또는 심판청구의 대상이 되는 것이다.156)

여기에서 처분이라 함은 공권력 행사 자체·공권력 거부에 대한 행정작용 등 행정관청이 법령상의 우월적 지위에서 국민에 대하여 권리를 설정하고 의무를 과하거나 구체적으로 법률상의 효과를 발생하게 하는 행위를 말하므로 행정처분은, ① 권력적 행위이어야 하며, ② 국민의 권리의무에 직접 영향을 미치는 행위이어야 하고, ③ 구체적 행위이어야 하는 세 가지 요건이 모두 충족되어야 하므로 사법상의 행위, 국민의 권리의무에 대한 법률적 효과가 수반되지 않는 인정통지, 행정관청 내부적 행위는 처분이 아니며, 또한 자발적 권유나 사실통지 등과 같이 상대방이나 기타 관계인들의 법률상 지위에 직접적으로 법률적 변동을 일으키지 않는 행위 등도 불복대상이 될 수 없을 뿐 아니라 청원이나 질의 회신 및 행정청의 훈령·규칙·예규 등도 불복신청대상이 될 수 없다고 본다.

그런데 불복청구의 대상으로서는 불복청구대상을 개별적으로 열거하는 열거주의와 불복청구대상을 열거하지 아니하고 원칙적으로 위법부당한 행정처분이 일반적으로 허용하는 개괄주의가 있는데 지방세법에서는 개괄주의를 적용토록 하였으나 개괄주의에 의한 처분에 부작위가 포함되는지 하는 문제가 있다. 여기에 대하여는 행정심판법 제3조의 규정을 보면 "행정청의 처분 또는 부작위에 대하여는 다른 법률에 특별한 규정이 있는 경우 외에는 이 법에 따라 행정심판을 청구할 수 있다"라고 처분과 부작위를 규정하여 양자를 구분함과 동시에 동법 제2조에서 처분이란 "행정청이 행하는 구체적 사실에 대한 법집행으로서의 공권력 행사 또는 그 거부, 그 밖에 이에 준하는 행정작용을 말한다."라고 하고, 부작위란

---

156) "필요한 처분을 받지 못한 경우"에 대한 정의를 국세기본법통칙(55-0…3)에서는 공제·감면신청에 대한 결정, 조세의 환급, 사업자등록신청에 대한 등록증교부, 허가·승인, 압류해제, 결정 또는 경정 등의 청구와 이와 유사한 것에 대하여 명시적 또는 묵시적으로 거부하는 것으로 정하고 있다.

"행정청이 당사자의 신청에 대하여 상당한 기간 내에 일정한 처분을 하여야 할 법률상 의무가 있는데도 처분을 하지 아니하는 것을 말한다."라고 규정함으로써 종래의 판례의 구분방법에 따라 정의하고 있는 것 같다. 또한 행정소송법에서도 동일하게 정의하고 있는 것으로 보아 지방세의 불복청구에 있어서도 동일하게 적용되어야 하는 것으로 본다.

그리고 이 법 또는 지방세관계법에 따른 처분에는 신고납부 또는 수정신고를 한 경우에도 그 신고납부 또는 수정신고를 한 때에 처분이 있었던 것으로 봄으로써 청구의 대상이 되는 처분에 해당된다. 이는 판례에 의하여 정립된 처분(대법 99두5955, 2001.2.9.)으로서 신고납부 또는 수정신고 납부시에 납부가 수반되지 아니하는 신고 또는 수정신고하는 행위에 의해서도 조세채무가 구체적으로 확정된다고 판시하고 있다.

▶ 사례 ▏

❖ 과세관청이 취득세 납세의무자의 신고에 의하여 납세의무가 확정된 것으로 보고 그 이행을 명하는 징수처분으로 나아간 경우, 납세의무자의 신고행위의 하자가 후행처분인 징수처분에 그대로 승계되는지 여부 등

신고납세방식을 채택하고 있는 취득세에 있어서 과세관청이 납세의무자의 신고에 의하여 취득세의 납세의무가 확정된 것으로 보고 그 이행을 명하는 징수처분으로 나아간 경우, 납세의무자의 신고행위에 하자가 존재하더라도 그 하자가 당연무효 사유에 해당하지 않는 한, 그 하자가 후행처분인 징수처분에 그대로 승계되지는 않는 것이고, 납세의무자의 신고행위의 하자가 중대하고 명백하여 당연무효에 해당하는지 여부는 신고행위의 근거가 되는 법규의 목적, 의미, 기능 및 하자 있는 신고행위에 대한 법적 구제수단 등을 목적론적으로 고찰함과 동시에 신고행위에 이르게 된 구체적 사정을 개별적으로 파악하여 합리적으로 판단하여야 할 것이다.

같은 취지에서 원심이, 이 사건 취득세 신고 후에 실제로 잔금 청산이 이루어지지 못하였다고 하더라도 그러한 하자는 중대하고도 명백한 하자로서 당연무효 사유에 해당한다고 볼 수는 없으므로, 피고가 이 사건 취득세 신고에 의하여 취득세의 납세의무가 확정되었음을 전제로 하여 이 사건 징수처분을 한 데에 어떠한 잘못이나 위법이 있다고 할 수 없다고 판단한 것은, 앞서 본 법리와 기록에 비추어 정당한 것으로 수긍이 되고, 거기에 상고이유에서 주장하는 바와 같은 취득세 납세의무의 성립과 확정에 관한 법리 등을 오해한 위법이 있다고 할 수 없다.

(대법 2005두14394, 2006.9.8.)

(2) 청구대상에서 제외되는 처분

다음의 처분은 불복청구의 대상이 되는 조세행정처분에 포함되지 아니한다. 그러므로 이 외의 대부분의 지방세의 부과, 징수처분이 불복청구의 대상이 된다 할 것이다.

이 내용을 구체적으로 살펴보면 다음과 같다.
① 이 장(章)에 따른 이의신청 또는 심판청구에 대한 처분. 다만, 이의신청에 대한 처분에 대하여 심판청구를 하는 경우는 제외한다.

지방세기본법의 규정에 의한 각 단계별 불복제기에 대한 관할 관청의 처분은 원초적인 차원의 위법·부당한 처분이나 필요 처분을 못 받은 경우로 보지 않으므로 불복대상 요건상의 처분으로 보지 아니한다. 따라서 이의신청 결과, 심판청구 결과 자체는 위법·부당한 처분의 개념은 아닌 것이므로 처분취소나 변경처분의 청구대상은 아니다. 즉 재결청 재결인 이의결정 또는 심판결정과 불복신청절차 중의 처분인 보정명령 등도 불복신청대상이 아니다. 이는 동일한 처분에 대한 동일한 내용의 불복신청이 중복되는 것을 방지하기 위함이다.

② 범칙사건에 대한 통고처분

지방자치단체의 장은 범칙사건을 조사하여 범칙의 심증을 갖게 되었을 때에는 그 이유를 명시하여 벌금에 해당하는 금액 또는 몰수에 해당하는 물품, 추징금에 해당하는 금액, 서류의 송달비용 및 압수물건의 운반·보관비용을 지정한 장소에 납부할 것을 통고하여야 한다. 이 통고처분은 지방세기본법 제121조에 규정되어 있다. 일반적으로 통고처분이란 조세범 등의 행정범에 대하여 벌금·과료·몰수나 몰취추징금 상당금액 등을 지정한 장소에 납부하거나 납부의 신고를 하도록 통고하는 행정행위를 말한다. 통고처분은 범칙행위에 대한 준사법적 행위이므로 취소·변경 및 철회할 수 없어 불복대상이 아니라고 규정하고 있는데 범칙행위의 판단은 정확한 물증 등으로 하지만 심증에 의한 통고처분이 사후에 무효나 사실과 다름이 밝혀진다면 취소되거나 옳고 그름의 부당이득은 반환되어야 한다고 본다.

③ 감사원법에 따라 심사청구를 한 처분이나 그 심사청구에 대한 처분

조세불복사유에 대하여 처분청의 직접 관련 기관인 시·군·구, 시·도 또는 조세심판원의 이의신청, 심판청구를 거치지 않고 독립 심사기관인 감사원에 심사청구를 직접 제기할 수도 있는데 이는 납세자의 임의 선택사항으로 체계를 달리하는 행정불복절차이다. 감사원 심사청구처분을 불복대상에서 제외하는 이유는 감사원의 처분에 대하여 피감사기관이 심리하는 것이 논리상 맞지 않을 뿐 아니라 불복청구에 대한 처분을 다시 불복대상으로 하는 것도 이치에 맞지 않기 때문이다.

이는 감사원심사청구 절차나 행정소송법상에 있어서 당연히 조세행정처분이 되는 것이며 또한 그 성질상 행정처분임에는 틀림없으나 별도로 취급하기 위하여 제외한 데 불과하다.

이러한 규정에 따라 감사원법에 의하여 감사원에 심사청구를 한 처분과 행정소송이 제기된 사안은 이의신청대상에서 제외하고 있다. 따라서 납세의무자가 지방세관련법에

의한 처분에 대하여 불복이 있는 경우는 직접 법원에 행정소송을 하거나 지방세기본법에 의한 이의신청, 심판청구 또는 감사원법에 의한 심사청구 중 택일을 하여 청구하여야 한다. 위의 청구를 동시에 한 경우에는 상위 심판기관에 청구한 것에 의하도록 하고 있으므로 나머지 하위기관에 제기한 이의신청 등은 본안심의를 할 필요가 없을 것으로 본다.

④ 과세전적부심사의 청구에 대한 처분

이 처분은 부과·징수처분의 전 단계로서 과세전적부심사결과에 따라 부과처분이 있는 경우 이에 대해 청구를 할 수 있는데 그 내용은 위 ①에서 설명한 이의신청 등에 대한 내용과 동일한 것이다.

⑤ 이 법에 따른 과태료의 부과

사례 |

❖ 환지수용으로 인하여 번복한 처분이 재처분 금지에 해당되는지 여부

과세처분에 관한 불복절차과정에서 그 불복사유가 옳다고 인정하여 이에 따라 필요한 처분을 하였을 경우에는, 불복제도와 이에 따른 시정방법을 인정하고 있는 국세기본법 취지에 비추어 볼 때 동일 사항에 관하여 특별한 사유 없이 이를 번복하고 종전과 동일한 처분을 하는 것은 허용될 수 없다. 따라서 과세관청이 과세처분에 대한 이의신청절차에서 납세자의 이의신청 사유가 옳다고 인정하여 과세처분을 직권으로 취소한 경우, 납세자가 허위의 자료를 제출하는 등 부정한 방법에 기초하여 직권취소되었다는 등의 특별한 사유가 없는데도 이를 번복하고 종전과 동일한 과세처분을 하는 것은 위법하다.

(대법 2016두 56790 2014.3.9.)

(3) 청구(신청)권자

(가) 이법 또는 지방세관계법에 따른 처분으로서 위법 또는 부당한 처분을 받거나 필요한 처분을 받지 못함으로써 권리 또는 이익의 침해를 당한 자"로 규정하고 있는데 이 경우의 청구(신청)권자를 구체적으로 설명하면 다음과 같다.

① 지방세법 등에 의한 처분으로서 위법 또는 부당한 처분을 받거나 필요한 처분을 받지 못함으로써 권리 또는 이익의 침해를 당한 납세자

② 납세자의 국선대리인. 예를 들면 미성년자가 납세자인 경우 그 미성년자의 부모 등

③ 납세관리인

④ 상속재산의 재산관리인, 상속인

⑤ 제2차 납세의무자로서 납부통지서를 받은 자

⑥ 이 법 또는 지방세관계법에 따라 물적납세의무를 지는 자로서 납부통지서를 받은 자

⑦ 보증인
⑧ '①~⑦'의 자로부터 청구(신청)권한을 위임받은 자

(나) 국선대리인은 국선대리인임을 소명하지 않으면 청구권자로 보기 어렵고, 또한 이의신청의 권한을 위임받은 자라 함은 변호사, 세무사 또는 세무사법 제20조의 2 제1항에 따라 등록한 공인회계사를 대리인으로 선임 할 수 있다(국세기본법 §59의 2 ①). 그리고 대리인은 본인을 위해 신청이나 청구에 관한 모든 행위를 할 수 있으나 그 신청·청구를 취하하는 경우에는 본인으로부터 특별한 위임을 받아야 하고 본인이 대리인을 해임하였을 때에는 그 사실을 서면으로 해당 재결청에 신고하여야 한다(국세기본법 §59 ①~⑤).

제90조 │ 이의신청

이의신청을 하려면 그 처분이 있은 것을 안 날(처분의 통지를 받았을 때에는 그 통지를 받은 날)부터 90일 이내에 대통령령으로 정하는 바에 따라 불복의 사유를 적어 특별시세·광역시세·도세[도세 중 소방분 지역자원시설세 및 시·군세에 부가하여 징수하는 지방교육세와 특별시세·광역시세 중 특별시분 재산세, 소방분 지역자원시설세 및 구세(군세 및 특별시분 재산세를 포함한다.)에 부가하여 징수하는 지방교육세를 제외한다.]의 경우에는 시·도지사에게, 특별자치시세·특별자치도세의 경우에는 **특별자치시장·특별자치도지사**에게, 시·군·구세[도세 중 소방분 지역자원시설세 및 시·군세에 부가하여 징수하는 지방교육세와 특별시세·광역시세 중 특별시분 재산세, 소방분 지역자원시설세 및 구세(군세 및 특별시분 재산세를 포함한다.)에 부가하여 징수하는 지방교육세를 포함한다.]의 경우에는 시장·군수·구청장에게 이의신청을 하여야 한다(법 §90).

이 규정에 따라 이의신청을 하려는 자는 ① 신청인의 성명과 주소 또는 영업소 ② 통지를 받은 연월일 또는 처분이 있는 것을 안 연월일 ③ 통지된 사항 또는 처분의 내용 ④ 불복의 사유 등을 적은 이의신청서 2부에 증빙서류를 각 각 첨부하여 도세의 경우는 시·도지사에게, 시·군세의 경우는 시장·군수·구청장에게 제출하여야 한다(영 §59 ①).

이 경우 이의신청서를 접수한 기관은 이의신청서에 딸린 접수증에 접수사실을 증명을 표시하여 이의신청을 한 자에게 주어야 한다(규칙 §36 ②).

이와 같이 이의신청이 시·도지사인 경우 시·도지사는 이의신청서를 제출받았을 때에는 지체 없이 그 중 1부를 처분청에 송부하고, 처분청은 그 이의신청서를 송부받은 날부터 10일 이내에 의견서를 시·도지사에게 제출하여야 하며, 이 의견서에는 과세전적부심사에 대한 결정서(결정이 있는 경우에만 해당한다.), 처분의 근거·이유 및 그 사실을 증명할 서류, 청구인이

제출한 증거서류 및 증거물, 그 밖의 심리자료 모두를 첨부하여야 한다(영 §59 ⑤·⑥).

그리고 처분청이 이의신청기관을 잘못 통지하여 이의신청서가 다른 기관에 접수된 경우 또는 이의신청을 하려는 자가 이의신청서를 처분청에 제출하여 접수된 경우에는 정당한 기관에 해당 이의신청서가 접수된 것으로 본다(영 §59 ②).

또한 정당한 기관이 아닌 다른 기관이 이의신청서를 접수하였을 때에는 이를 정당한 기관에 지체 없이 이송하고 그 뜻을 신청인에게 통지하여야 한다. 이 경우 처분청이 이의신청서을 접수한 때에는 그 중 1부만을 이송한다(영 §59 ③).

이 경우 이의신청 등의 결정기간을 계산하는 경우 위의 영 제3항에 따라 정당한 기관이 이의신청서를 이송받은 날을 기산일로 한다(영 §59 ④).

이 규정에서 보면 원칙적으로 도세·특별시세 및 광역시세는 도지사 또는 시장에게 이의신청에 대한 결정권이 있고, 시·군세와 구세는 시장·군수·구청장에게 이의신청에 대한 결정권이 있으나 시·군·구세의 고지서에 병기되어 동시에 부과징수되는 지방세는 그 기본세와 동시에 처리함으로써 납세의무자에게 편의를 제공하고 행정의 효율성을 제고하기 위하여 취해진 조치이다.

(1) 신청기간

이의신청권자는 지방세관계법 등에 의한 처분(신고납부 또는 수정신고납부를 한 경우에는 그 신고납부를 한 때에 처분이 있었던 것으로 본다.)으로서 위법 또는 부당한 처분을 받거나 필요한 처분을 받지 못함으로써 권리 또는 이익의 침해를 당한 자는 당해 처분이 있은 것을 안 날 또는 그 처분의 통지를 받은 날부터 90일 이내에 시·도세는 시·도지사에게, 시군세는 시장·군수·구청장에게 신청을 하여야 한다.

① 여기에서 처분이 있는 것을 "안 날"이라 함은 서류의 송달이나 구두의 고지 등에 의하여 현실적으로 처분이 있음을 안 날을 말하며, 추상적으로 알 수 있었던 날을 말하는 것이 아니다.

그리고 "통지를 받은 날"이라 함은 사회통념상 당해 통지가 있었던 것을 실제로 알 수 있는 객관적 상태에 있었던 날을 의미하므로 실제 청구권자가 그 처분을 인지하였든 아니하였든 이는 문제가 되지 않으며 이를 알 수 있는 객관적 상태에 있었던 날을 통지를 받은 날로 보아야 한다.

지방세의 고지·체납처분 등 세법에 의한 정부의 명령에 관계되는 서류의 송달 이외에는 통상우편으로 송달할 수 있으나, 이러한 통상우편의 경우는 일반적으로 도달되었으리라고 추정되는 날에 도달된 것으로 보므로 처분의 통지서를 납세자의 사설 우편함에 투입한 때는 그 투함의 날에 납세자가 그 처분의 내용을 알 수 있는 객관적인 상태에 있는 것으로 본다.

또한 납세자에 대한 처분의 통지서를 공시송달의 방법에 의하여 송달한 경우에는 그 공고일부터 14일이 경과한 날에 납세자가 이를 안 것으로 본다.

② 90일의 기간계산에 있어서는 지방세기본법 제23조에서 민법의 기간계산을 따르도록 하고 있으므로 초일불산입의 원칙에 의하여 지방세부과징수처분 등이 있음을 안 날 또는 통지를 받은 날의 초일은 산입하지 않고 그 익일부터 90일 내에 청구하면 된다.

③ 처분청이 이의신청기관을 잘못 통지함으로써 이의신청서가 다른 기관에 접수된 경우 또는 이의신청을 하려는 자가 이의신청서를 처분청에 제출하여 접수된 경우에는 정당한 기관에 해당 이의신청서가 접수된 것으로 보되, 시·군에서는 즉시 결정기관인 도에 접수된 서류를 이송하여야 하고 그 결정기간을 계산함에 있어서는 정당한 기관(도)이 이송받은 날을 기산일로 한다.

사례 |

❖ **취득세 및 농어촌특별세 각 가산세의 부과처분 취소청구에 관한 부분의 적법 여부**

세법상 가산세는 과세권의 행사 및 조세채권의 실현을 용이하게 하기 위하여 납세자가 정당한 이유 없이 법에 규정된 신고·납세의무 등을 위반한 경우에 법이 정하는 바에 의하여 부과하는 행정상의 제재로서 납세자의 고의·과실은 고려되지 아니하는 것이며, 법령의 부지 또는 오인은 그 정당한 사유에 해당한다고 볼 수 없다 할 것이다. (대법 2000두1652, 2002.2.8. 선고 판결 ; 대법 2003두13632, 2005.1.27. 선고 판결 등 참조)
그런데 취득세 본세 및 농어촌특별세 본세에 관하여 위에서 본 바와 같이 불복기간을 경과하여 더 이상 다툴 수 없게 되었으므로 원고는 위 각 신고(과세처분)에 따른 세액을 납부할 의무를 부담한다 할 것인데, 원고에게 위 취득세 등을 법에 규정된 기한 내에 납부하지 않은 데에 정당한 사유가 있다고 볼 자료가 없는 이상, 원고가 그 취득세 및 농어촌특별세를 법에 규정된 기한(취득한 날로부터 30일)내에 납부하지 않았음을 이유로 피고가 납부불성실가산세를 각각 부과하는 처분을 한 것은 적법하다 할 것이다.

(서울고법 2006누24765, 2007.6.14.)

❖ **송달받은 자와 납세의무자와의 관계**

행정심판을 거친 경우 행정소송은 그 재결서를 송달 받은 날로부터 90일 이내에 제기하여야 하고(행정소송법 제20조 제1항), 과세처분의 상대방인 납세의무자 등 서류의 송달을 받을 자가 다른 사람에게 우편물 기타 서류의 수령권한을 명시적 또는 묵시적으로 위임한 경우에는 그 수임자가 해당 서류를 수령함으로써 그 송달받을 자 본인에게 해당 서류가 적법하게 송달된 것으로 보아야 하고, 그러한 수령권한을 위임받은 자는 반드시 위임인의 종업원이거나 동거인일 필요는 없다. (대법 2000두1164, 2000.7.4. 선고 판결 등 참조)

(대법 2008두5483, 2008.6.12.)

(2) 청구(신청)서 제출서류 및 기관

① 지방세관련법에 의한 처분(신고납부 또는 수정신고납부를 한 경우에는 그 신고납부를 한 때에 처분이 있었던 것으로 본다.)으로서 위법 또는 부당한 처분을 받거나 필요한 처분을 받지 못함으로써 권리 또는 이익의 침해를 받은 처분에 대하여 이의신청을 하고자 하는 자는 신청인의 성명과 주소 또는 영업소, 통지를 받은 연월일 또는 처분이 있은 것을 안 연월일, 통지된 사항 또는 처분의 내용, 불복의 사유를 기재한 이의신청서에 증빙서류를 첨부하여 도세[도세 중 소방분 지역자원시설세 및 시·군세에 부가하여 징수하는 지방교육세와 특별시세·광역시세 중 특별시분 재산세, 소방분 지역자원시설세 및 구세(군세 및 특별시분 재산세를 포함한다.)에 부가하여 징수하는 지방교육세를 제외한다.]의 경우에는 도지사에게, 시·군세[도세 중 소방분 지역자원시설세 및 시·군세에 부가하여 징수하는 지방교육세와 특별시세·광역시세 중 특별시분 재산세, 소방분 지역자원시설세 및 구세(군세 및 특별시분 재산세를 포함한다.)에 부가하여 징수하는 지방교육세를 포함한다.]의 경우에는 시장·군수에게 2부를 제출하여야 한다.

② 처분청이 이의신청기관을 잘못 통지하여 이의신청서가 다른 기관에 접수된 경우 또는 이의신청을 하려는 자가 이의신청서를 처분청에 제출하여 접수된 경우에는 정당한 기관에 해당 이의신청서가 접수된 것으로 본다. 그리고 정당한 기관이 아닌 다른 기관이 이의신청서를 접수한 때에는 이를 정당한 기관에 지체없이 이송하고 그 뜻을 신청인에게 통지하여야 한다. 이 경우 처분청이 이의신청서를 접수한 때에는 그 중 1부만을 이송한다.

③ 이의신청의 청구는 원칙적으로 시·군·구세는 시장·군수·구청장에게, 도세는 도지사에게 이의신청을 하여야 하므로 도세의 이의신청서를 시장·군수가 접수한 경우에는 도지사에게 지체없이 이송하여야 하고, 시군세의 이의신청서를 읍면에서 접수한 때에는 이를 지체없이 해당 시장·군수에게 이송하여야 하는데 이 경우 이의신청서는 정당한 기관에 접수된 것으로 보나 결정기간을 계산함에 있어서는 정당한 기관이 이송받은 날을 기산일로 하여야 한다.

(3) 수리 및 송달

① 이의신청 결정기관의 장이 이의신청서를 접수한 때에는 신청인에게 접수일부인이 있는 접수증을 발부하여야 한다.

② 도지사가 이의신청서를 제출받은 때에는 지체없이 그 중 1부를 처분청에 송부하고, 처분청은 그 이의신청서를 송부받은 날부터 10일 이내에 의견서를 도지사에게 제출하여야 한다.

③ "②"의 의견서에는 법 제88조 제3항에 따른 과세전적부심사에 따른 결정서(결정이 있

는 경우에만 해당한다.), 처분의 근거, 이유 및 그 사실을 증명할 서류, 청구인이 제출한 증거서류 및 증거물, 그 밖의 심리자료 일체를 첨부하여야 한다.

제91조 | 심판청구

① 이의신청을 거친 후에 심판청구를 할 때에는 이의신청에 대한 결정 통지를 받은 날부터 90일 이내에 조세심판원장에게 심판청구를 하여야 한다(법 §91 ①).
② 제1항에도 불구하고 다음 각 호의 어느 하나에 해당하는 경우에는 해당 호에서 정하는 날부터 90일 이내에 심판청구를 할수 있다(법 §91 ② ⅠⅡ).
  1. 제96조 제1항 본문에 따른 결정기간 내에 결정의 통지를 받지 못한 경우 : 그 결정기간이 지난 날
  2. 이의신청에 대한 재조사 결정이 있은 후 제96조 제4항 전단에 따른 처분기간 내에 처분결과의 통지를 받지 못한 경우 : 그 처분기간이 지난 날

이 규정은 이의신청 재조사 결정에 따른 결과통지를 받지 못한 경우 심판청구를 제기할 수 있는지 여부에 대한 규정이 명확하지 않아 이의신청 재조사 결정에 따른 처분기간(60일) 내에 결과를 통지받지 못하더라도 그 기간이 지난 날부터 심판청구가 가능하도록 개선한 것이다.
③ 이의 신청을 거치지 아니하고 바로 심판청구를 할 때에는 그 처분이 있은 것을 안 날(처분의 통지를 받았을 때에는 통지받은 날)부터 90일 이내에 조세심판원장에게 심판청구를 하여야 한다(법 §91 ③).

이 규정에 따라 심판청구를 하려는 자는 ① 청구인의 성명과 주소 또는 영업소 ② 이의신청에 대한 결정의 통지를 받은 연월일 또는 이의신청을 한 연월일 ③ 이의신청에 대한 결정사항 ④ 불복의 취지와 그 사유 ⑤ 그 밖에 필요한 사항 등을 적은 심판청구서 2부에 증빙서류를 각각 첨부하여 조세심판원장에게 제출하여야 한다(영 §60 ①).

그리고 이와 같은(영 제60조 제1항) 심판청구서의 제출·접수 및 이송, 청구기간의 계산, 의견서의 제출 등에 제59조제2항부터 제6항까지의 규정을 준용한다. 이 경우 "처분청"은 "이의신청기관"으로, "이의신청기관"은 "심판청구기관"으로, "이의신청서"는 "심판청구서"로, "시·도지사"는 "조세심판원장"으로, "과세전적부심사"는 "과세전적부심사 또는 이의신청"으로 본다(영 §60 ②).

위 제2항에도 불구하고 조세심판원장은 법 제91조 제3항(이의신청을 거치지 아니하고 바로 심판청구를 할 경우)에 따라 심판청구서를 접수했을 때에는 지체없이 그 중 1부를 처분청에 송부

해야 하며, 처분청은 그 심판청구서를 송달받은 날부터 10일 이내에 의견서(조세심판원장이 도세에 관한 심판청구를 받은 경우에는 시·도지사의 의견서를 말한다.) 및 영 제59조 제6항(과세전적부심에 관련된 자료)에 따른 자료 일체를 조세심판원장에게 제출하여야 한다(영 §60 ③).

(1) 의의

심판청구는 이의신청에 대한 결정에 대하여 또는 이의신청에 대한 결정기간 내에 결정이 없는 경우에 이의신청에 대한 결정청의 상급감독기관에 대하여 구제를 청구하는 것과 납세의무자가 고지를 받고 바로 결정청의 상급관청에 구제를 청구하는 것을 말하며 행정구제에 있어서 제2차적 구제제도에 해당한다. 그런데 현행 지방세관계법에 대한 과세처분에 대하여 이의신청을 하여 기각의 처분을 받은 경우는 필요적으로 심판청구를 하여야 하도록 되어 있다. 또한 이의신청을 거치지 않고도 심판청구나 행정소송을 할 수 있게 되었으므로 납세의무자는 해당 처분에 대해 구제를 받기 위해서는 납세자의 선택에 의해 이의신청 또는 심판청구를 모두 거친 후 행정소송을 제기할 수도 있고, 이의신청을 거치지 않고 심판청구만 거친 후 행정소송을 제기할 수 있게 되어 있다.

(2) 청구대상 및 절차

심판청구는 해당 처분을 받은 후 이의신청을 거친 후에 할 수도 있고, 이의신청을 거치지 아니하더라도 지방세는 조세심판원장에게 심판청구를 할 수 있는데 이 경우 당초 처분과 관계되는 내용에 국한해야 한다. 그러므로 당초 처분 내용에 다른 내용을 추가하여 청구한 경우에는 그 다른 부분에 한해서는 심판청구대상이 될 수 없으므로 각하결정이 되어야 하나 불복의 사유를 달리하여 청구하는 것은 무방하다고 본다.

(3) 청구기간

① 처분의 통지 또는 이의신청 결정통지를 받은 날(또는 처분이 있는 것을 안 날)의 다음 날부터 기산하여 90일 이내에 조세심판원장에게 제출하여야 한다.
② 이의신청 결정기간 내에 결정의 통지를 받지 못한 경우에는 그 결정기간이 지난 날부터 심판청구를 할 수 있다.
③ 이의신청에 대한 재조사 결정이 있은 후 처분기간(재조사 결정일부터 60일 이내) 내에 처분결과의 통지를 받지 못한 경우에는 그 처분기간이 지난 날부터 심판청구를 할 수 있다.

그러므로 심판청구의 청구기간 계산은 처분의 통지를 받은 날 또는 이의신청 결정의 통지를 받은 날부터 기산하므로 결정의 통지를 받지 못하면 본인이 원하지 않는 한 그 기간이 연장되나 본인이 시간적으로 시급한 경우에는 이의신청 결정기간이 경과한 날부터 90일 이내에 심판청구를 할 수 있다는 것이다.

(4) 청구서 제출기관 및 청구서류

① 이의신청을 거친 후에 심판청구를 할 때에는 이의신청에 대한 결정통지를 받은 날부터 90일 이내, 이의신청을 거치지 아니하고 바로 심판청구를 할 때에는 그 처분이 있는 것을 안 날(처분의 통지를 받았을 때에는 통지받은 날)부터 90일 이내에 조세심판원장에게 심판청구를 하여야 한다.

② 심판의 청구를 하고자 하는 자는 법령에 규정된 서식에 의하여 청구인의 성명과 주소 또는 영업소, 이의신청에 대한 결정의 통지를 받은 연월일 또는 이의신청을 한 연월일, 이의신청에 대한 결정사항, 불복의 사유 등을 기재한 심판청구서 2부에 증빙서류를 첨부하여 조세심판원장에게 제출하여야 한다.

③ 심판청구서의 제출·접수 및 이송, 청구기간의 계산, 의견서의 제출 등에 관하여는 이의신청의 규정을 준용(영 제95조 제2항부터 제6항까지)한다. 다만, 조세심판원장이 이의신청을 거치지 아니한 심판청구서(법 제91조 제3항)를 접수한 때에는 지체없이 그 중 1부를 처분청에 송부하여야 하며, 처분청은 그 심판청구서를 송달받은 날부터 10일 이내에 의견서(조세심판원장이 도세에 관한 심판청구서를 제출 받은 경우에는 시·도지사의 의견서를 말한다.) 및 영 제95조 제6항에 따른 자료일체를 조세심판원장에게 제출하여야 한다.

| 사례 |

❖ **국세기본법 시행령 제2조 제1항 제2호 소정의 기한연장의 사유인 '질병이 위중한 때'의 의미 등**

① 국세징수법 제15조 제1항 제4호는 '납세자 또는 그 동거가족의 질병이나 중상해로 장기치료를 요하는 때'에는 납세의 고지를 유예하거나 결정한 세액을 분할하여 고지할 수 있다고 규정하고 있는 바, 국세기본법의 규정 취지나 내용, 형식 및 국세징수법 제15조 제1항 제4호의 문언과를 비교·검토하여 볼 때, 위에서 말하는 '질병이 위중' 한 경우라 함은 불변기간을 준수할 수 없는 정도로 병세가 무거운 경우를 뜻하는 것으로 봄이 상당하다.

② 납세의무자가 심사청구 제기기간 동안 중풍후유증으로 통원 치료 등을 받아 온 경우, 국세기본법 시행령 제2조 제1항 제2호 소정의 기한연장의 사유인 '질병이 위중한 때'에 해당한다고 볼 수 없다.

(대법 99두9346, 2000.1.14.)

제92조　관계 서류의 열람 및 의견진술권

이의신청인, 심판청구인 또는 처분청(처분청의 경우 심판청구로 한정한다.)은 그 신청 또는 청구에 관계되는 서류를 열람할 수 있으며, 대통령령으로 정하는 바에 따라 지방자치단체의 장 또는 조세심판원장에게 의견을 진술할 수 있다(법 §92).

이 규정에 따라 ① 이의신청 또는 심판청구에 관계되는 서류를 열람하려는 자는 구술로 해당 지방자치단체의 장 또는 조세심판원장에게 그 열람을 요구할 수 있으며, ② 이러한 요구를 받은 해당 지방자치단체의 장 또는 조세심판원장은 그 서류를 열람 또는 복사하게 하거나 그 등본 또는 초본이 원본과 다르지 않음을 확인하여야 하며, ③ 또한 열람 등의 요구를 받은 해당 지방자치단체의 장 또는 조세심판원장은 필요하다고 인정하는 경우에는 열람하거나 복사하는 자의 서명을 요구할 수 있다(영 §61 ①·②·③).

그리고 이 규정에 따라 의견을 진술하려는 자는 진술자의 주소 또는 영업소 및 성명(진술자가 처분청인 경우 처분청의 소재지와 명칭을 말한다.)과 진술하려는 내용의 개요를 적은 문서로 해당 지방자치단체의 장 또는 조세심판원장에게 신청하여야 하며, 이러한 신청을 받은 지방자치단체의 장 또는 조세심판원장은 출석 일시 및 장소와 필요하다고 인정되는 진술시간을 정하여 법 제147조에 따른 지방세심의위원회, 법 제96조 제6항에 따라 준용하는 국세기본법 제7장 제3절에 따른 조세심판관회의 또는 조세심판관합동회의 회의개최일 3일 전까지 신청인에게 통지하여 의견진술의 기회를 주어야 한다(영 §62 ①·②).

그리고 의견진술은 간단명료하게 하여야 하고, 필요한 경우에는 이에 관한 증거와 그 밖의 자료를 제시할 수도 있으므로 이에 따른 의견진술은 진술하려는 의견을 기록한 문서의 제출로 갈음할 수 있고, 제2항 또는 제3항의 통지는 서면으로 하거나 청구서에 적힌 전화, 휴대전화를 이용한 문자전송, 팩시밀리 또는 전자우편 등의 방법으로 할 수 있다(영 §62 ④~⑥).

(1) 관계서류의 열람신청

① 이의신청 또는 심판청구에 관계되는 서류를 열람하려는 자는 이를 구술로 해당 지방자치단체의 장 또는 조세심판원장에게 요구할 수 있다. 이 경우 서류열람의 신청은 구술로 요구할 수 있으므로 별도의 서류를 징구할 필요가 없는 점에 특히 유의하여 현재까지의 관행에 의한 서류를 요구하는 일이 없어야 할 것이다.

② 이의신청 또는 심판청구에 관계되는 서류열람을 요구받은 지방자치단체의 장 또는 조세심판원장은 그 서류를 열람하게 하여야 하고, 열람의 요구를 받은 지방자치단체의 장 또는 조세심판원장은 필요하다고 인정되는 때에는 그 열람하는 자의 서명을 요구할 수 있다.

③ 지방세법 제92조에 따른 심판청구의 관계서류 열람에 관하여는 국세기본법 시행령 제46조를 준용한다.157)

(2) 의견진술

① 이의신청 또는 심판청구에 관계되는 의견을 진술하고자 하는 자는 진술자의 주소 또는 영업소 및 성명과 진술하고자 하는 내용의 개요를 적은 문서로 해당 지방자치단체의 장 또는 조세심판원장에게 신청하여야 한다. 이 경우 의견을 진술하고자 하는 자는 필히 문서로 신청해야 하며, 이는 신청에 의해서만 의견진술이 가능하므로 사전 신청 없이는 진술을 할 수 없는 것이다.

② 의견진술의 신청을 받은 지방자치단체의 장 또는 조세심판원장은, 출석 일시 및 장소와 필요하다고 인정되는 진술시간을 정하여 지방세 심의위원회, 법 제96조 제6항에 따라 준용하는 국세기본법 제7장 제3절에 따른 조세심판관회의 또는 조세심판관합동회의 개최일 3일 전까지 신청인에게 통지하여 의견진술의 기회를 부여하여야 한다.

③ 위와 같은 의견진술은 간명하게 하여야 하며 필요한 경우에는 이에 관한 증거 그밖에 자료를 제시할 수 있으며, 이 경우 의견진술은 진술하려는 의견을 기록한 문서의 제출로 갈음할 수 있다.

제93조 이의신청 등의 대리인

① 이의신청인과 처분청은 변호사, 세무사 또는 「세무사법」에 따른 세무사등록부 또는 공인회계사 세무대리업무등록부에 등록한 공인회계사를 대리인으로 선임할 수 있다(법 §93 ①).

② 이의신청인은 신청 또는 청구 금액이 1천만원 미만인 경우에는 그의 배우자, 4촌 이내의 혈족 또는 그의 배우자의 4촌 이내 혈족을 대리인으로 선임할 수 있다(법 §93 ②).

③ 대리인의 권한은 서면으로 증명하여야 하며, 대리인을 해임하였을 때에는 그 사실을 서면으로 신고하여야 한다(법 §93 ③).

---

157) 국세기본법 시행령 제46조
제46조 (관계서류의 열람신청) ① 법 제58조에 따라 이의신청·심사청구 또는 심판청구와 관계되는 서류를 열람하거나 그 내용에 동조(同調)하려는 자는 이를 구술로 해당 재결청에 요구할 수 있다.
② 제1항의 요구를 받은 재결청은 그 서류를 열람 또는 복사하게 하거나 그 등본 또는 초본이 원본과 다르지 않음을 확인하여야 한다.
③ 제1항의 요구를 받은 재결청은 필요하다고 인정하는 경우에는 열람하거나 복사하는 자의 서명을 요구할 수 있다.

④ 대리인은 본인을 위하여 그 신청 또는 청구에 관한 모든 행위를 할 수 있다. 다만, 그 신청 또는 청구의 취하는 특별한 위임을 받은 경우에만 할 수 있다(법 §93 ④).

제93조의 2 │ 지방자치단체 선정 대리인

① 과세전적부심사 청구인 또는 이의신청인(이하 이 조에서 "이의신청인등"이라 한다.)은 지방자치단체의 장에게 다음 각 호의 요건을 모두 갖추어 대통령령으로 정하는 바에 따라 변호사, 세무사 또는 「세무사법」에 따른 세무사등록부 또는 공인회계사 세무대리업무등록부에 등록한 공인회계사를 대리인으로 선정하여 줄 것을 신청할 수 있다(법 §93의 2 ① Ⅰ~Ⅴ).

1. 이의신청인등의 「소득세법」 제14조 제2항에 따른 종합소득금액과 소유 재산의 가액이 각각 대통령령으로 정하는 금액 이하일 것
2. 이의신청인등이 법인(제153조에 따라 준용되는 「국세기본법」 제13조에 따라 법인으로 보는 단체를 포함한다.) 아닐 것

    이는 사단, 재단 등 법인 아닌 단체를 지원 대상에서 제외하여 영세 납세자 보호 취지에 부합되도록 '개인'만 지원대상으로 규정한 것이다.
3. 대통령령으로 정하는 고액·상습 체납자 등이 아닐 것
4. 대통령령으로 정하는 금액 이하인 청구 또는 신청일 것
5. 담배소비세, 지방소비세 및 레저세가 아닌 세목에 대한 청구 또는 신청일 것

② 지방자치단체의 장은 제1항에 따른 신청이 제1항 각 호의 요건을 모두 충족하는 경우 지체 없이 대리인을 선정하고, 신청을 받은 날부터 7일 이내에 그 결과를 이의신청인등과 대리인에게 각각 통지하여야 한다(법 §93의 2 ②).

③ 제1항에 따른 대리인의 권한에 관하여는 제93조 제4항을 준용한다(법 §93의 2 ③).

④ 제1항에 따른 대리인의 선정, 관리 등 그 운영에 필요한 사항은 대통령령으로 정한다(법 §93의 2 ④).

이 경우 법 제93조의 2 제1항에 따라 대리인 선정을 신청하려는 자는 다음 각 호의 사항을 적은 문서를 과세전적부심사 및 이의신청을 결정하는 지방자치단체장에게 제출하여야 한다(영 §62조의 2 ① Ⅰ~Ⅲ).

1. 과세전적부심사 청구인 또는 이의신청인(이하 이 조에서 "이의신청인등"이라 한다.)의 성명과 주소 또는 거소
2. 법 제93조의 2 제1항 각 호의 요건을 충족한다는 사실
3. 지방자치단체장이 법 제93조의 2 제1항 각 호의 요건 충족여부를 확인할 수 있다는

것에 대한 동의에 관한 사항

법 제93조의 2 제1항 제1호에서 "대통령령으로 정하는 금액"이란 다음 각 호의 구분에 따른 금액을 말한다(영 §62조의 2 ② Ⅰ·Ⅱ).

1. 종합소득금액의 경우: 5천만원(배우자 포함). 이 경우 「소득세법」 제70조에 따른 신고기한 이전에 대리인의 선정을 신청하는 경우 그 신청일이 속하는 과세기간의 전전 과세기간의 종합소득금액을 대상으로 하고, 그 신고기한 이후에 신청하는 경우 그 신청일이 속하는 과세기간의 직전 과세기간의 종합소득금액을 대상으로 한다.
2. 소유 재산의 가액의 경우: 다음 각 목에 따른 재산의 평가 가액 합계액이 5억원(배우자 포함). 이 경우 지방자치단체 장이 지역 여건 등을 고려하여 5억원을 초과하지 않는 범위에서 조례로 따로 정할 수 있다.
    가. 「지방세법」 제6조 제2호에 따른 부동산
    나. 「지방세법 시행령」 제123조 제1호 및 제2호에 따른 승용자동차
    다. 「지방세법」 제6조 제14호부터 제18조까지의 회원권

법 제93조의 2 제1항 제3호에서 "대통령령으로 정하는 고액·상습체납자 등"이란 「지방세징수법」 제8조에 따른 출국금지 대상자, 같은 법 제11조에 따른 명단공개 대상자를 말한다(영 §62조의 2 ③).

법 제93조의 2 제1항 제4호에서 "대통령령으로 정하는 금액"이란 1천만원을 말한다(영 §62조의 2 ④).

지방자치단체 선정 대리인은 특별시장, 광역시장, 특별자치시장 또는 특별자치도지사가 위촉하되, 관할 시·군·구세에 내한 이의신청인등의 대리도 포함하며, 제1항부터 제4항까지에서 규정한 사항 외에 이의신청인등이 소유한 재산의 평가 방법, 지방자치단체 선정 대리인의 임기·위촉, 신청의 방법·절차 등 지방자치단체 선정 대리인 제도 운영에 필요한 사항은 지방자치단체의 장이 조례로 정한다(영 §62조의 2 ⑤·⑥).

지방세 이의신청, 심사·심판청구 및 과세전적부심사에 대해서는 납세자가 직접 선임한 대리인만 가능하지만 국세는 영세납세자의 불복청구 지원을 위해 재결청이 위촉한 국선대리인(세무사, 변호사, 회계사)을 운영 중에 있고, 현행 지방세는 영세납세자에 대한 무료 대리인 제도가 없어 조세 운영체계상 불형평 발생하여 지방세 과세전적부심사, 이의신청에 대해 영세납세자가 자치단체 선정 대리인을 통해 무료로 볼복업무를 대리할 수 있도록 개선한 것이다. 이 경우 국세는 보유재산 범위를 부동산, 차량, 회원권 외에도 전세금, 주식 및 출자지분을 포함하였으나, 지방세는 보유재산 합계액 평가시 배우자의 재산까지 포함하므로 주요 보유재산인 부동산, 차량, 회원권으로 한정한 것이다.

구분	자치단체 선정 대리인
위촉대상	변호사, 세무사, 공인회계사
임기	2년(1회 연임)
신청세액	청구세액 1천만원
적용요건	보유재산 5억원 이하(조례에서 따로 정함) & 종합소득금액 5천만원 이하 개인(배우자 포함) ※ 단, 고액·상습체납자 제외
보유재산 범위	부동산, 승용차, 회원권
적용제외 세목	담배·지방소비세, 레저세

제94조 │ 청구기한의 연장 등

① 이의신청인 또는 심판청구인이 제26조 제1항에서 규정하는 사유(신고·신청·청구 및 그 밖의 서류의 제출·통지에 관한 기한연장사유로 한정한다.)로 인하여 이의신청 또는 심판청구 기간에 이의신청 또는 심판청구를 할 수 없을 때에는 그 사유가 소멸한 날부터 14일 이내에 이의신청 또는 심판청구를 할 수 있다. 이 경우 신청인 또는 청구인은 그 기간 내에 이의신청 또는 심판청구를 할 수 없었던 사유, 그 사유가 발생한 날 및 소멸한 날, 그 밖에 필요한 사항을 기재한 문서를 함께 제출하여야 한다(법 §94 ①).

② 제90조(이의신청) 및 제91조(심판청구)에 따른 기한까지 우편으로 제출(제25저 제항에 서 정한 날을 기준으로 한다.)한 이의신청서 또는 심판청구서가 신청기간 또는 청구기간이 지나서 도달한 경우에는 그 기간만료일에 적법한 신청 또는 청구를 한 것으로 본다(법 §94 ②).

③ 제90조(이의신청) 및 제91조(심판청구)의 기간은 불변기간으로 한다(법 §94 ③).

(1) 이의신청인 또는 심판청구인이 천재지변·사변·화재 이와 유사한 사유(신고, 신청, 청구 기타 서류의 제출, 통지에 관한 기한연장 사유에 한한다.)로 인하여 이의신청 또는 심판청구 기간 내에 이의신청 또는 심판청구를 할 수 없는 때에는 그 사유가 소멸한 날부터 14일 이내에 이의신청 또는 심판청구를 할 수 있다. 이 경우 그 신청인 또는 청구인은 그 기간 내에 이의신청 또는 심판청구를 할 수 없었던 사유, 그 사유가 발생한 날 및 소멸한 날 그 밖에 필요한 사항을 기재한 문서를 함께 제출하여야 한다.

여기에서 "이와 유사한 사유(제26조 제1항에서 규정하는 천재지변·사변·화재 이와 유사한 사유)"라 함은, ① 납세자가 재해 등을 입거나 도난당한 경우, ② 납세자 또는 그 동거가족이 질병이나 중상해로 6개월이상 치료가 필요하거나 사망하여 상중(喪中)인 경우, ③ 권한 있는 기관에 장부·서류가 압수되거나 영치된 경우, ④ 정전, 프로그램의 오류 그 밖의 부득이한 사유로 지방회계법 제38조에 따른 지방자치단체의 금고가 운영하는 정보처리장치, 지방회계법 시행령 제49조 제1항 및 제2항에 따라 지방자치단체금고업무의 일부를 대행하는 금융회사 등(지방세수납대행기관)이 운영하는 정보처리장치, 지방회계법 시행령 제62조에 따른 세입금통합수납처리시스템을 정상적으로 가동시킬 수 없는 경우 ⑤ 납세자가 그 사업에 현저한 손해를 입거나 그 사업이 중대한 위기에 처한 경우(납부의 경우에 한한다.), ⑥ 지방자치단체의 금고 또는 지방세수납대행기관의 휴무, 그밖에 부득이한 사유로 정상적인 신고 또는 납부가 곤란하다고 행정안전부장관이 인정하는 경우 ⑦ ①부터 ⑥까지에 준하는 사유가 있는 경우를 말한다.

(2) 지방세법에 의한 이의신청, 심판청구의 기간은 불변기간으로 한다.

지방세에 대한 이의신청과 심사청구제도가 사법적 절차 등의 미비로 헌법재판소의 위헌판결이 있은 2001년 6월 28일 이후부터는 지방세구제제도가 임의적 전치주의로 운영됨에 따라 지방세의 처분에 대한 불복이 있는 경우에는 청구자의 뜻에 따라 바로 행정소송을 제기할 수도 있었으나 2021년부터는 지방세관계법에 의한 이의신청 또는 심판청구를 거쳐 행정소송을 제기할 수 있도록 되었으므로 행정소송을 하기 위해서는 행정소송법 제20조의 제기기간, 즉 취소소송은 처분 등이 있음을 안 날부터 90일 이내에 제기하여야 한다. 다만, 다른 법률에서 당해 처분에 대한 행정심판의 재결을 거치지 아니하면 취소소송을 제기할 수 없는 경우와 그 밖의 행정심판청구를 할 수 있는 때의 기간은 재결서의 정본을 송달받은 날부터 기산한다고 규정하고 이 기간은 불변으로 규정하고 있으므로 행정소송을 제기하고자 하는 자는 행정소송법 제20조의 규정에 의한 기간에 따라야 할 것이다.

이와 같은 규정은 민사소송법상 소송행위의 추완(追完)에 해당되는 것이며 지방세의 불복청구기간도 불변기간으로 규정하고 있다.

소송법상 기간의 길이가 법률상 고정되어 있는 기간을 법정기간이라고 하고 법정기간은 이를 통상기간과 불변기간으로 구분하는데, 대체로 재판에 대한 불복청구기간은 불변기간에 속한다. 불변기간은 법정기간으로서 이 기간을 도과하였을 때에는 그 이후의 해당 소송행위를 하지 못하게 하는 실권(失權)의 효과가 있는 것이다.

불변기간의 특색은, ① 법원이 함부로 그 기간을 신축할 수 없고, ② 당사자의 귀책사유 없이 그 기간이 도과된 경우에는 추완제도라는 구제방법이 허용된다는 점이라 하겠다(민사소송법 §173). 그러므로 법률상 불변기간으로 지정하여 규정되지 아니한 경우에도 위 불변기간의 특색이 있는 법정기간으로써 재판에 대한 불복신청기간에 해당하는 것은 불변기간으로 해석할 것이다.158)

이와 같이 지방세의 불복신청의 청구기간은 불변기간으로서 추완기간이 허용되지만, 그 추완행위는 청구인의 귀책사유 없이 천재·지변 등 부득이한 사유로 청구기간이 도과된 경우에 한하여 허용될 것이다. 판례의 예를 보면 "소송서류의 송달을 받을 자가 아무런 과실도 없이 그 서류의 송달이 있은 사실을 알지 못함으로 인하여 그 송달로 인한 불변기간을 준수하지 못하였다면 그 해태된 소송행위의 추완을 허용하여야 할 것이다"(대법 4294민상1575, 1962.4.26.)라고 판시하고 있다.

(3) 지방세법에 의한 이의신청 또는 심판청구기한 내에 우편으로 제출(우편법령에 따른 통신날짜 도장이 찍힌 날을 기준으로 한다.)한 이의신청서 및 심판청구서가 신청기간 또는 청구기간을 지나서 도달한 경우에는 그 기간 만료일에 적법한 신청 또는 청구가 있었던 것으로 본다.

이의신청 및 심판청구를 우편으로 제출하는 경우에 이의신청 또는 심판청구의 기한 내에 우편법령에 의한 통신날짜 도장이 찍힌 때에는 그 신청기한 내에 도달하지 아니하였다 하더라도 이의신청 또는 심판청구기한 만료일에 적법한 신청 또는 청구가 있었던 것으로 보아 심의를 하겠다는 것이다. 이 경우 우편으로 제출한다 함은 등기우편이나 보통우편을 불문하고 모든 우편송달방법을 포함하는 것으로 본다.

제95조 │ 보정요구

① 이의신청을 받은 지방자치단체의 장은 그 신청의 서식 또는 절차에 결함이 있는 경우와 불복사유를 증명할 자료의 미비로 심의할 수 없다고 인정될 경우에는 20일간의 보정기간을 정하여 문서로 그 결함의 보정을 요구할 수 있다. 다만, 보정할 사항이 경미한 경우에는 직권으로 보정할 수 있다(법 §95 ①).
② 제1항에 따른 보정을 요구받은 이의신청인은 문서로 결함을 보정하거나, 지방자치단체에 출석하여 보정할 사항을 말하고, 말한 내용을 지방자치단체 소속 공무원이 기록한 서면에 서명하거나 날인함으로써 보정할 수 있다(법 §95 ②).

---

158) 추완기간을 지방세법에서는 14일 이내로 한정하고 있지만 민사소송법(§173 ①)에서는 "당사자가 책임질 수 없는 사유로 말미암아 불변기간을 지킬 수 없었던 경우에는 그 사유가 없어진 날부터 2주 이내에 게을리 한 소송행위를 보완할 수 있다. 다만, 그 사유가 없어질 당시 외국에 있던 당사자에 대하여는 이 기간을 30일로 한다."고 되어 있다.

③ 제1항에 따른 보정기간은 제96조에 따른 결정기간에 포함하지 아니한다(법 §95 ③).

이러한 이의신청기관 또는 심판청구의 결정기관(법 제96조 제1항 및 제6항에 따라 결정을 하는 기관을 말한다. 이하 같다.)의 장은 법 제95조 제1항, 본문 법 제100조에서 준용하는 국세기본법 제63조 및 제81조에 따른 보정요구를 할 때에는 ① 보정할 사항 ② 보정을 요구하는 이유 ③ 보정할 기간 ④ 그 밖에 필요한 사항을 포함 하여야 하고, 이의신청기관, 심판청구의 결정기관은 법 제95조 제1항 본문, 법 제100조에서 준용하는 국세기본법 제63조 및 제81조에 따라 직권으로 보정을 하였을 때에는 그 결과를 해당 신청인 또는 청구인에게 문서로 통지하여야 한다(영 §63 ① Ⅰ~Ⅳ 및 영 §63 ②).

보정요구라 함은 이의신청 또는 심판청구가 있는 경우에 그 신청의 서식 또는 절차에 결함이 있는 경우와 불복사유를 입증할 증빙의 미비로 심의할 수 없다고 인정될 경우에 그 결함의 보충을 요구하는 것을 말한다.

이와 같은 보정요구는,
① 20일 간의 기간을 정하여 문서로써 그 결함의 보정을 요구하는 것을 원칙으로 하나 보정할 사항이 경미한 경우에는 직권으로 보정할 수 있다. 이러한 결함의 보정을 요구하는 때에는 보정할 사항, 보정을 요구하는 이유, 보정할 기간, 그 밖에 필요한 사항을 적은 문서로 하여야 하며, 이의신청 또는 심판청구의 결정기관이 직권으로 보정할 때에는 그 뜻을 적은 문서로 해당 이의신청인에게 통지하여야 한다. 결함의 보정요구는 배달증명우편으로 송달하여야 한다.
② 보정요구가 신청인에게 도달된 날의 익일부터 보정요구기관에 접수된 날까지 사이의 보정 기간은 결정기간에 이를 산입되지 아니하며, 이의신청 등에 대한 결정기관이 신청인에게 보정을 요구하는 경우에는 보정요구가 청구인에게 송달(도달)된 날의 익일부터 20일 이내에 보정요구기관에 접수되어야 하며 만약 20일 이내에 접수되지 않을 때에는 이 보정기간이 제척기간이므로 다툼의 의사가 없는 것으로 간주하여 각하하여야 한다.

이러한 보정명령제도는 이의신청이 부적법한 때는 결정기관은 이를 각하할 수 있는 것이나 형식적으로 부적법한 점이 있더라도 보정할 수 있는 경우에 이를 보정할 기회를 주지 아니하고 곧바로 각하하는 것은 국민의 권리구제를 도모함을 목적으로 하는 행정구제제도의 본래 취지에 맞지 아니하여 마련된 제도이므로 이의신청 등이 형식상 부적법하더라도 보정할 수 있는 것을 보정을 요구함이 없이 그대로 각하결정하는 것은 위법한 것으로 본다.

그리고 보정요구를 할 수 있는 사항으로는, ① 이의신청·심판청구 등 불복신청서의 기재에 불비가 있는 경우, 즉 불복신청서의 수신처 및 표제가 잘못 표시되었거나 불복신청의 취지가 불명확한 경우와 이유의 기재가 없는 경우, ② 불복신청서에 대표자·대리인 등의 자격을 증명하는 서면이 첨부되지 아니한 경우, ③ 청구인의 기명날인이 없는 경우 등 형식적인 불비의 경우와 추완(追完)이 용이한 자격증명서의 미첨부의 경우 등이라 할 것이다.

그러나 보정사항은 보정이 가능한 것이어야 하므로 이의신청의 부적법 사유로서 불복의 대상처분으로 될 수 없는 것을 대상으로 하여 이의신청 등을 하거나 또는 청구기간이 경과된 뒤에 이의신청 등을 한 경우 등은 보정할 수 없는 사항이라 할 것이다. 또는 불복신청은 원칙적으로는 서면으로 제출하여야 하나 청구인이 도·시·군에 출석하여 보정할 사항을 구술하고 그 구술의 내용을 도·시·군 소속 공무원이 기록한 서면에 서명 또는 날인함으로써 보정할 수 있다.

제96조 | 결정 등

① 이의신청을 받은 지방자치단체의 장은 신청을 받은 날부터 90일 이내에 제147조 제1항에 따른 지방세심의위원회의 의결에 따라 다음 각 호의 구분에 따른 결정을 하고 신청인에게 이유를 함께 기재한 결정서를 송달하여야 한다. 다만, 이의신청 기간이 지난 후에 제기된 이의신청 등 대통령령으로 정하는 사유에 해당하는 경우에는 제147조 제1항에 따른 지방세심의위원회의 의결을 거치지 아니하고 결정할 수 있다(법 §96 ① Ⅰ~Ⅲ).
 1. 이의신청이 적법하지 아니한 때(행정소송, 심판청구 또는 「감사원법」에 따른 심사청구를 제기하고 이의신청을 제기한 경우를 포함한다.) 또는 이의신청 기간이 지났거나 보정기간에 필요한 보정을 하지 아니할 때 : 신청을 각하하는 결정
 2. 이의신청이 이유 없다고 인정될 때에는 신청을 기각하는 결정
 3. 이의신청이 이유 있다고 인정될 때에는 신청의 대상이 된 처분의 취소, 경정 또는 필요한 처분의 결정 다만, 처분의 취소·경정 또는 필요한 처분의 결정을 하기 위하여 사실관계 확인 등 추가적으로 조사가 필요한 경우에는 처분청으로 하여금 이를 재조사하여 그 결과에 따라 취소·경정하거나 필요한 처분을 하도록 하는 재조사 결정을 할 수 있다.

이 경우 본문 단서에서 "이의신청 기간이 지난 후에 제기된 이의신청 등 대통령령으로 정하는 사유에 해당하는 경우"란 다음 각 호의 어느 하나에 해당하는 경우를 말한다(영 §64 ③ Ⅰ·Ⅱ).
 1. 이의신청의 내용이 다음 각 목의 어느 하나에 해당하는 경우
  가. 법 제96조 제1항 제1호에 따른 각하결정사유에 해당하는 경우
  나. 이의신청 금액이 100만원 이하로서 유사한 이의신청에 대하여 법 제147조 제1항에 따른 지방세심의위원회(이하 "지방세심의위원회"라 한다.) 의결을 거쳐 법 제96

조 제1항 제3호 본문에 따른 결정이 있었던 경우
2. 신청기간이 지난 후에 이의신청이 제기된 경우

그런데 이의신청의 내용이 다음 각 호의 어느 하나에 해당하는 경우에는 위의 영 제64조 제3항 제1호 나목에도 불구하고 지방세심의위원회 의결을 거쳐 결정한다(영 §64 ④ Ⅰ·Ⅱ).
1. 지방세심의위원회의 의결사항과 배치되는 새로운 조세심판, 법원 판결 또는 행정안전부장관의 해석 등이 있는 경우
2. 지방세심의위원회의 위원장이 지방세심의위원회 의결을 거쳐 결정할 필요가 있다고 인정하는 경우

② 제1항에 따른 결정은 해당 처분청을 기속(羈束)한다(법 §96 ②).
③ 제1항에 따른 결정을 하였을 때에는 해당 처분청은 결정의 취지에 따라 즉시 필요한 처분을 하여야 한다(법 §96 ③).
④ 제1항 제3호 단서에 따른 재조사 결정이 있는 경우 처분청은 재조사 결정일부터 60일 이내에 결정서 주문에 기재된 범위에 한정하여 조사하고, 그 결과에 따라 취소·경정하거나 필요한 처분을 하여야 한다. 이 경우 처분청은 제83조 또는 제84조에 따라 조사를 연기하거나 조사기간을 연장하거나 조사를 중지할 수 있다(법 §96 ④).
⑤ 처분청은 제1항 제3호단서 및 제4항 전단에도 불구하고 재조사 결과 신청인의 주장과 재조사 과정에서 확인한 사실관계가 다른 경우 등 대통령령으로 정하는 경우에는 해당 신청의 대상이 된 당초의 처분을 취소·경정하지 아니 할 수 있다(법 §96 ⑤).

위 규정은 과세관청이 재조사과정에서 확인된 사실과 납세자의 주장이 일치하지 않거나 납세자의 비협조로 사실관계증명이 불가능하여 당초처분유지가 불가피한 경우 원처분을 유지할 수 있도록 사유를 명확한 규정이다

⑥ 제1항 제3호 단서, 제4항 및 제5항에서 규정한 사항 외에 재조사 결정에 필요한 사항은 대통령령으로 정한다(법 §96 ⑥).
⑦ 심판청구에 관하여는 이 법 또는 지방세관계법에서 규정한 것을 제외하고는 국세기본법 제7장 제3절을 준용한다(법 §96 ⑦).

이와 같이 이의신청기관 또는 심판청구기관의 결정 법 제96조에 따른 결정을 한 때에는 주문(主文)과 이유를 붙인 결정서를 정본(正本)과 부본(副本)으로 작성하여 정본은 신청인 또는 청구인에게 송달하고, 부본은 처분청에 송달해야 한다. 다만, 심판청구에 관한 사항은 국세기본법 제78조 제5항을 준용한다(영 §64 ①).

이 규정에 따라 이의신청에 관한 결정서를 송달할 때에는 그 결정서를 받은 날부터 90일 이내에 이의신청인이 심판청구를 제기할 수 있다는 뜻과 제기해야 하는 기관을 함께 적어야 하며, 심판청구에 관한 결정서를 송달할 때에는 그 결정서를 받은 날부터 90일 이

내에 심판청구인이 행정소송을 제기할 수 있다는 뜻을 적어야 한다(영 §64 ②).

이와 같이 지방세심의위원회 심의 생략 요건을 정리해보면 청구금액은 위원회 개최 비용 등을 감안하여 1백만원 이하로 제한하고 안건 유형은 국세의 경우 기각된 사례도 심의 생략하지만 기각된 사례를 인용하여 위원회 심의를 생략할 경우 납세자에게 불이익이 야기될 수 있으므로 인용으로 제한하여 납세자 주장대로 심의 결정된 사례가 있거나 법령해석이 아닌 단순 사실관계 확인사안인 경우이며, 처리절차는 객관성 확보 등을 위해 납세자 권익보호를 총괄하는 납세자보호관이 담당하도록 하였다.

그리고 이의신청기관 또는 심판청구의 결정기관은 법 제96조 제1항 또는 제7항에 따른 신청 또는 청구에 대한 결정기간이 지나도 결정을 하지 못했을 때에는 지체 없이 이의신청인에게 결정기간이 경과한 날부터 심판청구 또는 행정소송을 제기할 수 있다는 뜻과 제기하여야 하는 기관을, 심판청구인에게는 결정기간이 경과한 날부터 행정소송을 제기할 수 있다는 뜻을 통지해야 하며, 처분청은 법 제96조 제4항(법 제88조 제8항에서 준용하는 경우를 포함한다.)에 따라 신청 또는 청구의 대상이 된 처분의 취소·경정을 하거나 필요한 처분을 하였을 때에는 그 처분결과를 지체 없이 서면으로 이의신청인(법 제88조 제8항에서 준용하는 경우에는 과세전적부심사 청구인을 말한다.)에게 통지하여야 한다(영 §64 ⑤·⑥).

⑧ 지방자치단체의 장은 이의신청의 대상이 되는 처분이 「지방세법」 제91조, 제103조, 제103조의 19, 제103조의 34, 제103조의 41 및 제103조의 47에 따른 지방소득세의 과세표준 산정에 관한 사항인 경우에는 「소득세법」 제6조 또는 「법인세법」 제9조에 따른 납세지를 관할하는 국세청장 또는 세무서장에게 의견을 조회할 수 있다(법 §96 ⑧).

(1) 결정기간

① 이의신청서가 결정기관에 접수된 날부터 90일 이내에 결정을 하고 그 결과를 결정기관은 주문과 이유를 붙인 결정서를 정본과 부본으로 작성하여 정본은 신청인 또는 청구인에게, 부본은 처분청에 송달하여야 한다.

② 신청인에게 보정요구를 한 경우에는 보정요구서가 신청인에게 도달한 날의 다음 날부터 신청인이 그 보정자료를 결정기관에 접수한 날까지의 기간이 '①'에서 설명한 결정기간(90일)에 더 가산되게 된다.

③ 이의신청의 결정서를 송달함에 있어서 이의신청의 경우에는 그 결정서를 받은 날부터 90일 이내에 이의신청인이 심판청구를 제기할 수 있다는 뜻과 제기하여야 하는 기관을 함께 적어야 하며, 심판청구의 경우에는 그 결정서를 받은 날부터 90일 이내에 심판청구인 등이 행정소송을 제기할 수 있다는 뜻을 적여야 하며 또한 이의신청 또는 심판청구의 결정기관은 해당 신청 또는 청구에 대한 결정기간이 경과하여도 그

결정을 하지 못한 때에는 지체없이 지방세관계법의 규정에 의하여 결정기간이 경과된 날부터 이의신청인은 심판청구를 심판청구인은 행정소송을 제기할 수 있다는 뜻과 제기하여야 하는 기관을 해당 신청인 또는 청구인에게 통지하여야 한다.

(2) 결정구분

이의신청의 결정은 지방세심의위원회의 의결에 따라 결정하게 되는데 그 결정의 구분은 다음과 같다. 다만, 이의신청 기간이 지난 후에 제기된 이의신청의 경우에는 지방세심사위원회의 의결을 거치지 아니하고 결정할 수 있다.

① 이의신청이 적법하지 아니한 때, 신청기간이 경과하였거나 보정기간 내에 필요한 보정을 하지 아니할 때에는 그 신청을 각하하는 결정

각하결정은 원칙적으로 적법한 청구기간 경과 후에 제기된 경우에 행하는 것이나 국세기본법에서는 불복청구의 대상이 된 처분이 존재하지 아니할 때(처분의 부존재), 불복청구의 대상이 된 처분에 의하여 권리 또는 이익의 침해를 당하지 않은 자의 불복(당사자 부적격), 불복청구의 대상이 되지 아니하는 처분에 대한 불복, 대리권 없는 자의 불복(변호사·세무사·회계사 중 불복청구를 위임받지 아니한 자, 국선대리인이 아닌 자)의 불복제기는 각하대상이며 이밖에 과세권자에게 제출한 이의신청이 감사원의 심사청구와 중복된 경우, 전심 절차에서 각하된 경우 등이 각하대상이다.[159]

② 이의신청이 이유 없다고 인정될 때에는 그 신청을 기각하는 결정

불복청구가 이유 없거나 적법한 주장이 아니라고 인정되면 인정된 전부나 일부에 대해 기각한다.

③ 이의신청이 이유 있다고 인정될 때에는 신청의 대상이 된 처분의 취소·경정 또는 필요한 처분의 결정

불복청구가 이유 있거나 전부나 일부가 적법하거나 적절한 주장이라고 인정되면 당초 처분의 전부 또는 일부를 취소·경정하는 결정을 하거나 납세자가 주장하는 청구내용에 필요한 처분의 결정을 한다. 이와 같이 납세자의 주장을 받아들이는 결정은 기속력이 있어 반드시 구제되어야 하나, 기각(처분유지)이나 각하(판단거부)는 기속력은 없다.

(3) 결정의 효력 등

이의신청이 지방세심의위원회의 의결에 따라 결정되면 그 결정은 당해 처분청을 기속하며, 이의신청의 결정이 있은 때에는 당해 처분청은 결정의 취지에 따라 즉시 필요한 처분

---

159) 국세기본법통칙 65-0…1 (각하결정 사유)

을 하여야 한다.

그러므로 이의신청에 대한 지방세심의위원회의 의결은 단순한 자문이나 심의에 거치는 것이 아니라 다음과 같은 효력이 발생한다.

① 형식적 확정력인 불가쟁력이 발생한다.

다시 말해서 이의신청에 대한 처분이 있은 것을 안 날 또는 통지를 받은 날로부터 90일 내에 심판청구 등을 하지 않으면 이의신청 결정처분이나 원처분(부과처분, 체납처분 등)이 확정되고 이 확정된 처분에 대하여는 심판청구로서도 다시 다툴 수 없는 효력이 발생한다.

② 불가변력이 발생하게 된다.

이의신청에 대한 결정은 당사자의 참여 아래 일정한 쟁송절차를 거쳐 행해지는 권위적 판단행위이므로 결정청 자신도 일단 결정한 사안은 취소·변경할 수 없는 효력이 발생하게 되므로 동일 사항에 대한 신청이나 청구는 기결사항으로서 각하하여야 한다.

그러나 당해 처분이 위법한 것이 명백한 때에는 심판청구기간이 경과된 후에도 직권으로 취소가 가능하다고 본다.

③ 기속력이 발생한다.

결정의 내용은 청구인 기타 관계자를 기속할 뿐 아니라 결정청이 행한 결정은 처분청을 기속한다.

(4) 심판청구에 대한 국세기본법 준용

지방세에 대한 심판청구에 관하여는 이 법 또는 지방세관계법에서 규정한 것을 제외하고는 국세기본법 제7장 제3절을 준용토록 하고 있으므로 국세기본법 규정을 참고하기 바란다.

(5) 소득세 및 법인세에 대한 의견 조회

지방소득세가 독립세로 개편되어 소득세 및 법인세의 과세자료를 활용하여 과세됨에 따라 지방자치단체의 장은 이의신청의 대상이 되는 처분이 「지방세법」 제91조, 제103조, 제103조의 19, 제103조의 34, 제103조의 41 및 제103조의 47에 따른 지방소득세의 과세표준 산정에 관한 사항인 경우에는 「소득세법」 제6조 또는 「법인세법」 제9조에 따른 납세지를 관할하는 국세청장 또는 세무서장에게 의견을 조회할 수 있도록 규정한 조항이므로 이 규정에 따라 국세인 소득세와 법인세를 활용하여 지방소득세 부과를 해야 될 것이다.

제97조 | 결정의 경정

① 이의신청에 대한 결정에 오기, 계산착오, 그 밖에 이와 비슷한 잘못이 있는 것이 명백할 때에는 지방자치단체의 장은 직권으로 또는 이의신청인의 신청을 받아 결정을 경정할 수 있다(법 §97 ①).
② 제1항에 따른 경정의 세부적인 절차는 대통령령으로 정한다(법 §97 ②).

이 경우 지방자치단체의 장은 법 제97조 제1항에 따른 경정결과를 지체없이 이의신청인에게 통지하여야 한다(영 §65).

이 경우는 이의신청의 결정에 대해 그 결정한 내용이 기재의 오기, 세액 등 계산의 착오, 인용 조문의 잘못 등이 있어 이를 바로 잡아야 할 사항이 발생하였을 때에는 직권 또는 신청에 의하여 지방세심의위원회의 의결을 거쳐 즉시 경정조치를 함으로써 불복절차 등 번거로운 절차 없이 납세자의 애로를 해결해 주기 위한 절차 규정이다.

제98조 | 다른 법률과의 관계

① 이 법 또는 지방세관계법에 따른 이의신청의 대상이 되는 처분에 관한 사항에 관하여는 행정심판법을 적용하지 아니한다. 다만, 이의신청에 대해서는 같은 법 제15조·제16조·제20조부터 제22조까지·제29조·제36조 제1항 및 제39조부터 제42조까지의 규정을 준용하되, 이 경우 '위원회'는 '지방세심의위원회'로 본다(법 §98 ①).
② 심판청구의 대상이 되는 처분에 관한 사항에 관하여는 국세기본법 제56조 제1항을 준용한다(법 §98 ②).
③ 제89조에 규정된 위법한 처분에 대한 행정소송은 「행정소송법」 제18조 제1항 본문, 같은 조 제2항 및 제3항에도 불구하고 이 법에 따른 심판청구와 그에 대한 결정을 거치지 아니하면 제기할 수 없다. 다만, 심판청구에 대한 재조사 결정(제100조에 따라 심판청구에 관하여 준용하는 「국세기본법」 제65조 제1항 제3호 단서에 따른 재조사 결정을 말한다.)에 따른 처분청의 처분에 대한 행정소송은 그러하지 아니하다(법 §98 ③).
④ 제3항 본문에 따른 행정소송은 「행정소송법」 제20조에도 불구하고 심판청구에 대한 결정의 통지를 받은 날부터 90일 이내에 제기하여야 한다. 다만, 제100조에 따라 심판청구에 관하여 준용하는 「국세기본법」 제65조 제2항에 따른 결정기간(이하 이 조에서 "결정기간"이라 한다.) 내에 결정의 통지를 받지 못한 경우에는 결정의 통지를 받기 전이라도 그 결정기간이 지난날부터 행정소송을 제기할 수 있다(법 §98 ④).

그러므로 이의신청 결정 통지를 받기 전이라도 결정기간(90일)이 지난날부터 심판청구만 가능하다고 규정되어 있으나, 동일한 경우에 행정소송은 가능하다는 규정이 없어 납세자 혼란 등 발생하고 있어 불복청구 결정기간내 과세관청이 결정하여 통지하지 못한 경우에 심판청구 뿐만 아니라 행정소송도 가능하다는 것을 추가하여 근거법률 명확화한 것이다.

⑤ 제3항 단서에 따른 행정소송은 「행정소송법」 제20조에도 불구하고 다음 각 호의 기간 내에 제기하여야 한다(법 §98 ⑤ Ⅰ·Ⅱ).

1. 이 법에 따른 심판청구를 거치지 아니하고 제기하는 경우: 재조사 후 행한 처분청의 처분의 결과 통지를 받은 날부터 90일 이내. 다만, 제100조에 따라 심판청구에 관하여 준용하는 「국세기본법」 제65조 제5항에 따른 처분기간(제100조에 따라 심판청구에 관하여 준용하는 「국세기본법」 제65조 제5항 후단에 따라 조사를 연기하거나 조사기간을 연장하거나 조사를 중지한 경우에는 해당 기간을 포함한다. 이하 이 호에서 같다.) 내에 처분청의 처분 결과 통지를 받지 못하는 경우에는 그 처분기간이 지난날부터 행정소송을 제기할 수 있다.

2. 이 법에 따른 심판청구를 거쳐 제기하는 경우: 재조사 후 행한 처분청의 처분에 대하여 제기한 심판청구에 대한 결정의 통지를 받은 날부터 90일 이내. 다만, 결정기간 내에 결정의 통지를 받지 못하는 경우에는 그 결정기간이 지난날부터 행정소송을 제기할 수 있다.

⑥ 「감사원법」에 따른 심사청구를 거친 경우에는 이 법에 따른 심판청구를 거친 것으로 보고 제3항을 준용한다(법 §98 ⑥).

⑦ 제4항의 기간은 불변기간(不變期間)으로 한다(법 §98 ⑦).

이 경우 이의신청에 대하여 준용하는 행정심판법의 규정은 법 제88조의 과세전적부심사에서 이미 법문안을 적어 놓았으므로 여기서는 그 내용을 생략한다.

행정심판법에 의한 행정심판의 대상은 행정심판법에서 ① 행정청의 처분 또는 부작위에 대하여는 다른 법률에 특별한 규정이 있는 경우 외에는 이 법에 따라 행정심판을 청구할 수 있다. ② 대통령의 처분 또는 부작위에 대하여는 다른 법률에서 행정심판을 청구할 수 있도록 정한 경우 외에는 행정심판을 청구할 수 없다(행정심판법 §3)고 규정하고 있다. 이 경우 "처분"이라 함은 행정청이 행하는 구체적 사실에 관한 법집행으로서의 공권력의 행사 또는 그 거부와 그밖에 이에 준하는 행정작용을 말하며, "부작위(不作爲)"라 함은 행정청이 당사자의 신청에 대하여 상당한 기간 내에 일정한 처분을 하여야 할 법률상 의무가 있음에도 불구하고 이를 하지 아니하는 것을 말한다.

그러므로 지방세에 관한 처분 또는 부작위에 대해서도 당연히 행정심판의 대상이 되는 것이다. 그러나 지방세법에서 지방세법에 의한 이의신청의 목적이 되는 처분에 관한 사항에 대하여는 행정심판법의 규정을 적용하지 아니한다는 특별한 규정을 두어 행정심판법과는 별도의 지방세 심의·의결기관을 설치하여 그 업무를 처리하고 있는 것이다.

그런데 이렇게 별도의 규정을 두어 처리하는 세무행정처분은 대량적·계속적이고도 정형적인 처분으로서 일반의 행정처분에 비하여 전문성·기술성·복잡성 등의 특성을 가지고 있으므로 이러한 조세법률관계를 대상으로 하는 세무소송은 일반의 행정소송과 다른 특수성이 있다. 특히 세무소송은 그 형식에 있어서는 세무행정처분의 취소를 구하는 형성소송의 형태를 취하고 있으나 그 실질에 있어서는 조세채무의 존부(存否)를 다투는 조세채무부존재의 확인소송이라 할 것이므로 이러한 특이성은 일반의 행정소송에서는 찾아볼 수 없을 것이다.160)

그리고 심판청구의 대상이 되는 처분에 관한 사항에 대하여는 국세기본법 제56조 제1항을 준용한다.

제99조 | 청구의 효력 등

① 이의신청 또는 심판청구는 그 처분의 집행에 효력이 미치지 아니한다. 다만, 압류한 재산에 대해서는 대통령령으로 정하는 바에 따라 그 공매처분을 보류할 수 있다(법 §99 ①). 이 경우 공매처분을 보류할 수 있는 기한은 이의신청 또는 심판청구의 결정이 있는 날부터 30일까지로 한다(영 §66).

② 이의신청 또는 심판청구에 관한 심의절차 및 그 밖에 필요한 사항은 대통령령으로 정한다(법 §99 ②).

(1) 청구의 효력

이의신청 또는 심판청구는 그 처분의 집행에 효력이 미치지 아니한다. 다만, 압류한 재산에 대하여는 이의신청 또는 심판청구의 결정처분이 있는 날부터 30일까지 그 공매처분을 보류할 수 있다.

---

160) 형성권(形成權), 형성의 소(形成의 訴)
형성권이란 권리자의 일방적인 의사표시로 법률관계의 변동(권리의 발생·변경·소멸)을 일어나게 하는 권리를 말한다. 권리자가 일방적으로 법률관계를 변동시킬 수 있는 가능성을 가진다는 의미에서 가능권(可能權)이라고도 한다. 그리고 형성의 소라 함은 법률관계의 변동을 요구하는 소(訴)이다. 예를 들면 A세무서가 잘못하여 전혀 소득이 없는 B에게 소득세를 부과한 경우, B는 「피고 A세무서의 원고 B에 대한 ○월 ○일 ××의 과세처분을 취소함」이라는 판결을 구하기 위해 소를 제기할 수 있다. 이것도 취소판결에 의하여 비로소 과세처분의 효력이 취소된다고 하는 효과가 형성되므로 형성판결(形成判決)이다.

그러므로 불복절차를 진행중이라도 그 청구의 목적이 된 처분의 집행에는 영향을 주지 않는다고 규정함으로써, 불복절차는 단지 절차적 행위임에 불과하므로 이러한 처분결과를 과세관청이 수용하는 경우에만 효력이 있는 것이다. 따라서 불복기간 중에도 행정관청은 독촉·압류 등을 할 수 있다. 이러한 효력을 행정처분의 집행 부정지의 효력이라고 하는바, 이는 행정행위의 공권력·집행력에 의하여 그 처분이 취소 될 때까지는 적법한 처분으로 추정되기 때문에 계속 하여 집행을 할 수 있는 힘을 부여한 것이다. 실무상으로는 납세자의 불복제기가 있는 경우는 관련 재산을 압류까지는 할 수 있어도 불복이 최종 결정되거나 대법원 판결 전까지는 징수나 환가처분 및 공매 등의 행위는 보류한다. 다만, 부패·변질 우려가 있는 재산은 예외적으로 공매가 가능하다고 본다.[161]

(2) 심의절차 등

① 지방자치단체의 장은 이의신청 또는 심판청구의 의결에 필요한 의안 및 관련 자료를 지방세심의위원회에 제출하여야 하며, 지방세심의위원회는 의안을 심의함에 있어 보충설명이 필요한 때에는 전문가·참고인·청구인 또는 관계 공무원을 출석시켜 의견을 듣거나 증빙자료의 제출을 요구할 수 있다.
② 지방세심의위원회는 매회의마다 지정되는 위원 과반수의 출석과 출석위원 과반수의 찬성으로 의결하고, 지방세심의위원회는 그 의안의 심의·의결결과를 지체없이 지방자치단체의 장에게 통보하여야 한다.

제100조 │ 이의신청 및 심판청구에 관한 국세기본법의 준용

이 장(章)에서 규정한 사항을 제외한 이의신청 등의 사항에 관하여는 국세기본법 제7장을 준용한다(법 §100).

그러므로 지방세기본법에서 규정하고 있는 이의신청 및 심판청구에 관한 것 외에 필요한 것은 국세기본법 제7장의 심판의 규정을 준용하도록 하고 있는데 그 조문의 제목만 게재하면 다음과 같다.

---

[161] 박윤종, 「국세기본법실무」, 1994, pp.6~15.

※ **국세기본법 제7장 심사와 심판**

제1절 통칙

　　제55조 (불복) → 영 제44조의 2, 제48조

　　제55조의 2 (국제거래 가격에 대한 과세의 조정절차 등 진행시 기간계산의 특례)

　　제56조 (다른 법률과의 관계)

　　제57조 (심사청구 등이 집행에 미치는 효력)

　　제58조 (관계 서류의 열람 및 의견진술권) → 영 제46조, 제47조

　　제59조 (대리인)

　　제59조의 2 (국선대리인) → 영 제48조의 2

　　제60조 (불복 방법의 통지) → 영 제49조

　　제60조의 2 (정보통신망을 이용한 불복청구)

제3절 심판

　　제67조 (조세심판원) → 영 제55조의 2, 제55조의 3, 제55조의 4

　　제68조 (청구기간)

　　제69조 (청구절차) → 영 제55조

　　제70조 〈삭제〉

　　제71조 (증거서류 또는 증거물) → 영 제56조

　　제72조 (조세심판관 회의) → 영 제57조, 제58조

　　제73조 (조세심판관의 제척과 회피)

　　제74조 (담당 조세심판관의 기피) → 영 제60조

　　제74조의 2 (심판조사관의 제척·회피 및 기피)

　　제75조 (사건의 병합과 분리)

　　제76조 (질문검사권) → 영 제61조

　　제77조 (사실 판단)

　　제78조 (결정 절차) → 영 제62조, 제62조의 2, 제63조

　　제79조 (불고불리, 불이익변경금지)

　　제80조 (결정의 효력)

　　제81조 (심사청구에 관한 규정의 준용)

CHAPTER 08 범칙행위 등에 대한 처벌 및 처벌절차

제1편 지방세기본법

조세에 대한 범칙행위, 즉 조세범이란 조세의 확정, 징수 및 납부에 직접적으로 관련되는 범죄를 말하고, 그 조세범에 대한 처벌을 조세벌이라 한다. 조세범의 구성요건에 관해서는 조세범처벌법이 이를 규정하고, 그 처벌절차에 관해서는 조세범처벌절차법에서 이를 규정하고 있다.

조세범처벌법은 조세범칙행위의 요소를 확정하고 그것의 효과로서 형벌을 귀속시키는 일부 법질서를 말한다. 일반적으로 범죄행위는 형법에 의하여 규율함이 원칙이나 조세범칙행위에 대하여는 그것이 지니는 그 행정범적 특성을 고려하여 별도로 조세범처벌법을 제정하여 처벌하고 있다.

이 장에서는 지방세의 포탈, 체납범, 특별징수 불이행범 등에 대한 벌칙규정과 절차 등을 규정하고 조세범처벌법 등의 준용사항 등을 규정하고 있다.

그리고 이 장(章)의 규정은 이 법 시행(2011.4.1.부터 시행) 후 최초로 기수(旣遂 : 일정한 행위가 일정한 범죄의 구성요건을 충족시킴) 시기가 성립하는 지방자치단체의 지방세부터 적용한다(부칙 §7).

여기에서 조세범처벌법 및 조세범처벌절차법이 형벌과 어떤 차이점이 있는지에 대해 몇 가지 특징을 살펴보면 다음과 같다.

① 일반법인 형법과는 달리 조세범처벌법이라는 특별법이 그러한 조세형법의 내용을 규율한다.
② 조세처벌의 근거 실체법인 조세범처벌법은 그러한 형벌의 종류로서 자유형에 해당하는 징역과 재산형에 해당하는 벌금만을 규율한다.
③ 양벌규정(兩罰規定)의 예가 있다. 즉 법인(법인으로 보는 단체포함)의 대표자, 법인·개인의 대리인, 사용인 그 밖의 종업원이 그 법인 또는 개인의 업무에 관여하여 조세범칙행위를 한 때에는 해당 행위자 외에 그 법인 또는 개인에게도 따로 벌금형을 처한다는 규정이 있다.
④ 특정한 범칙행위를 한 자에 대하여는 일반법인 형법의 규정 중 일부를 배제한다.
⑤ 징역과 벌금을 병행하여 과하는 병과규정(倂科規定)을 두고 있다.
⑥ 상습체납범에 대하여는 50%상당의 가중처벌을 별도로 규정하고 있다.
⑦ 일반법인 형법의 공소시효보다 비교적 짧은 획일적인 단기(短期 / 5년)의 공소시효기간(公訴時效期間)을 둔다.
⑧ 사법절차인 벌금·과료의 납부통보(즉 통고처분)를 국세청장 등이 직접 행할 수도 있다.[162]

제1절 통칙

제101조 처벌

이 법 또는 지방세관계법을 위반한 자에 대해서는 이 장(章) 제2절 및 제3절과 제133조 및 제134조에서 정한 바에 따라 처벌한다(법 §101).

이 규정은 지방세에 대한 범칙행위에 대응하여 처벌을 할 수 있는 근거 규정으로서 이 장(章)에서 정한 조세범죄에 대한 처벌의 수위, 처벌의 종류, 공소시효기간, 이 외에 필요한 사항을 조세범처벌법을 준용하도록 하는 규정을 포괄하는 것이다.

제2절 범칙행위 처벌

제102조 지방세의 포탈

① 사기나 그 밖의 부정한 행위로써 지방세를 포탈하거나 지방세를 환급·공제받은 자는 2년 이하의 징역 또는 탈세액이나 환급·공제받은 세액(이하 "포탈세액 등"이라 한다.)의 2배 이하에 상당하는 벌금에 처한다. 다만, 다음 각 호의 어느 하나에 해당하는 경우에는 3년 이하의 징역 또는 포탈세액 등의 3배 이하에 상당하는 벌금에 처한다(법 §102 ① Ⅰ·Ⅱ).
  1. 포탈세액 등이 3억원 이상이고, 그 포탈세액 등이 신고납부하여야 할 세액의 100분의 30 이상인 경우
  2. 포탈세액 등이 5억원 이상인 경우
② 제1항의 경우에 포탈하거나 포탈하려 한 세액 또는 환급·공제를 받은 세액은 즉시 징수한다(법 §102 ②).
③ 제1항의 죄를 지은 자에 대해서는 정상(情狀)에 따라 징역형과 벌금형을 병과(倂科)할 수 있다(법 §102 ③).
④ 제1항의 죄를 지은 자가 포탈세액 등에 대하여 제49조에 따라 법정신고기한이 지난 후 2년 이내에 수정신고를 하거나 제51조에 따라 법정신고기한이 지난 후 6개월 이내

---
162) 송쌍종, 「조세법학총론」, 2015, 조세문화사, pp.691.

에 기한 후 신고를 하였을 때에는 형을 감경할 수 있다(법 §102 ④).
⑤ 제1항의 죄를 상습적으로 지은 자에 대해서는 형의 2분의 1을 가중한다(법 §102 ⑤).
⑥ 제1항에서 규정하는 포탈범칙행위의 기수(旣遂) 시기는 다음 각 호의 구분에 따른다(법 §102 ⑥ Ⅰ·Ⅱ).
  1. 납세의무자의 신고에 의하여 지방세가 확정되는 세목 : 신고기한이 지난 때
  2. 지방자치단체의 장이 세액을 결정하여 부과하는 세목 : 납부기한이 지난 때

그러므로 지방세를 사기나 그 밖의 부정한 행위에 의하여 포탈하거나 환급·공제받은 자에 대하여는 2년 이하의 징역 또는 포탈이나 환급·공제 받은 세액(포탈세액)의 2배 이하에 상당하는 벌금형에 처할 수 있고 이 경우에는 포탈하거나 포탈하려한 세액 등도 즉시 징수하여야 하는 것으로 하고 있다.

그런데 포탈범칙행위가 완료되었다고 보는 기수(旣遂) 시기는 신고에 의해 확정되는 세목은 그 신고기한이 지난 때, 부과하는 세목은 그 납부기한이 지난 때로 보고 있다.163)

제103조 | 체납처분 면탈

① 납세의무자 또는 납세의무자의 재산을 점유하는 자가 체납처분의 집행을 면탈하거나 면탈하게 할 목적으로 그 재산을 은닉·탈루하거나 거짓 계약을 하였을 때에는 3년 이하의 징역 또는 3천만원 이하의 벌금에 처한다(법 §103 ①).
②「형사소송법」제130조 제1항에 따른 압수물건을 보관한 자 또는「지방세징수법」제49조 제1항에 따른 압류물건을 보관한 자가 그 보관한 물건을 은닉·탈루하거나 손괴 또는 소비하였을 때에도 3년 이하의 징역 또는 3천만원 이하의 벌금에 처한다(법 §103 ②).
③ 제1항과 제2항의 사정을 알고도 제1항과 제2항의 행위를 방조하거나 거짓 계약을 승낙한 자는 2년 이하의 징역 또는 2천만원 이하의 벌금에 처한다(법 §103 ③).

이 경우 면탈이란 법을 벗어난다는 국어사전적 논리이기는 하나 엄밀히 보면 죄는 지었으되 그 죄를 입증하지 못하여 벗어나는 것을 말하는 것이다.

---

163) 기수시기(旣遂時期)라 함은 범죄는 그 실행에 착수하였으나 처음 행위자가 예상한 대로 전부 실행을 끝내어 소기의 결과를 거두거나 아직 그 중도에서 어떤 장애요소가 있어 좌절되거나 스스로 중지하는 경우도 있고, 행위는 종료하였으나 그 결과를 얻지 못한 경우가 있다. 그래서 형법은 범죄의 실행에 착수하여 어떠한 죄가 될 사실의 전부가 실현된 때에는 범죄가 완료된 것으로서 기수(旣遂)라 하고, 이에 반하여 그 실행을 개시하였으나 어떤 사정에 의하여 법률이 각개의 조문에서 죄로 규정하고 있는 사실의 전부를 실현하지 못한 경우를 미수(未遂)라 한다(형법 제25조 참조).

> **사례**
>
> ❖ **가장이혼을 하고 체납자의 재산을 부부일방에게 이전한 것이 조세범 처벌대상인지 여부**
>
> 협의이혼신고가 되었다고 할지라도 그 후에도 혼인생활의 실체가 계속 존속하는 사실혼 관계가 유지되고 있었다면 협의이혼을 전제로 한 재산분할 약정은 효력이 발생하지 않는다고 보아야 한다(대법 2001다14061, 2003.8.19. 등 참조). 왜냐하면, 협의이혼신고 후 지속된 사실혼 관계에서 형성된 재산도 부부 공동재산으로 사실혼 관계 파탄을 이유로 한 재산분할의 대상이 된다고 보아야 하기 때문이다. 따라서 협의이혼신고 후에도 여전히 사실혼 관계를 유지하고 있는 한 협의이혼신고 전에 형성한 부부 공동재산은 여전히 부부 공동재산이므로, 체납자인 부부 일방이 그 공동재산에 대하여 아무런 권리가 없는 것처럼 계약을 체결하는 행위는 조세를 면탈할 목적으로 체납자의 재산에 관한 허위의 계약을 체결하는 행위에 해당한다.
>
> (대법 2013도10477, 2013.10.24.)

제104조 │ 장부 등의 소각·파기 등

지방세를 포탈하기 위한 증거인멸의 목적으로 이 법 또는 지방세관계법에서 갖추어 두도록 하는 장부 또는 증거서류(제144조 제3항에 따른 전산조직을 이용하여 작성한 장부 또는 증거서류를 포함한다.)를 해당 지방세의 법정신고기한이 지난날부터 5년 이내에 소각·파기하거나 숨긴 자는 2년 이하의 징역 또는 2천만원 이하의 벌금에 처한다(법 §104).

이 경우 "법 제144조 제3항에 따른 전산조직을 이용하여 작성한 장부 또는 증거서류"란 납세자는 각 세법에서 규정하는 바에 따라 모든 거래에 관한 장부 및 증거서류를 성실하게 작성하여 갖추어 두어야 하는데, 이때에 장부와 증거서류의 전부 또는 일부를 전산조직을 이용하여 작성할 수 있으며 이 경우 그 처리 과정 등을 다음의 기준에 따라 자기테이프, 디스켓 또는 그 밖의 정보보존 장치에 보존하여야 한다.

그리고 "다음의 기준"이란,
1. 자료를 저장하거나 저장된 자료를 수정·추가 또는 삭제하는 절차·방법 등 정보보존 장치의 생산과 이용에 관련된 전자계산조직의 개발과 운용에 관한 기록을 보관할 것
2. 정보보존 장치에 저장된 자료의 내용을 쉽게 확인할 수 있도록 하거나 이를 문서화할 수 있는 장치와 절차가 마련되어 있어야 하며, 필요시 다른 정보보존 장치에 복제가 가능하도록 되어 있을 것
3. 정보보존 장치가 거래 내용 및 변동사항을 포괄하고 있어야 하며, 과세표준과 세액을 결정할 수 있도록 검색과 이용이 가능한 형태로 보존되어 있을 것을 말한다.

제105조　성실신고 방해 행위

① 납세의무자를 대리하여 세무신고를 하는 자가 지방세의 부과 또는 징수를 면하게 하기 위하여 타인의 지방세에 관하여 거짓으로 신고를 하였을 때에는 2년 이하의 징역 또는 2천만원 이하의 벌금에 처한다(법 §105 ①).
② 납세의무자로 하여금 과세표준의 신고(신고의 수정을 포함한다. 이하 이 항에서 "신고"라 한다.)를 하지 아니하게 하거나 거짓으로 신고하게 한 자 또는 지방세의 징수나 납부를 하지 않을 것을 선동하거나 교사(범의를 갖지 아니한 사람을 부추기어 죄를 범하게 하는 행위)한 자는 1년 이하의 징역 또는 1천만원 이하의 벌금에 처한다(법 §105 ②).

제106조　명의대여 행위 등

① 지방세의 회피 또는 강제집행의 면탈을 목적으로 타인의 명의로 사업자등록을 하거나 타인의 명의로 등록된 사업자등록을 이용하여 사업을 한 자는 2년 이하의 징역 또는 2천만원 이하의 벌금에 처한다(법 §106 ①).
② 지방세의 회피 또는 강제집행의 면탈을 목적으로 타인이 자신의 명의로 사업자등록을 할 것을 허락하거나 자신의 명의로 등록한 사업자등록을 타인이 이용하여 사업을 하도록 허락한 자는 1년 이하의 징역 또는 1천만원 이하의 벌금에 처한다(법 §106 ②).

제107조　특별징수 불이행범

① 특별징수의무자가 정당한 사유 없이 지방세를 징수하지 아니한 경우에는 1천만원 이하의 벌금에 처한다(법 §107 ①).
② 특별징수의무자가 정당한 사유 없이 징수한 세금을 납부하지 아니한 경우에는 2년 이하의 징역 또는 2천만원 이하의 벌금에 처한다(법 §107 ②).

그러므로 특별징수의무자도 그 맡은 의무를 다하지 아니한 경우에는 조세범으로 보아 처벌을 하겠다는 것으로 형벌의 기준을 법적으로 정립한 것이다.

제108조 명령사항 위반 등에 대한 과태료 부과

① 지방자치단체의 장은 다음 각 호의 어느 하나에 해당하는 자에게는 500만원 이하의 과태료를 부과한다(법 §108 ① Ⅰ·Ⅱ).
1. 지방세징수법 제56조 제2항에 따른 자동차 또는 건설기계의 인도명령을 위반한 자
2. 이 법 또는 지방세관계법의 질문·검사권 규정에 따른 세무공무원의 질문에 대하여 거짓으로 진술하거나 그 직무집행을 거부하거나 기피한 자

② 제1항에 따른 과태료는 대통령령으로 정하는 바에 따라 지방자치단체의 장이 부과·징수한다(법 §108 ②).
  이 규정에 따른 과태료의 부과기준은 별표1과 같다(영 §67).

[별표1] 〈개정 2017.3.27.〉
명령사항 위반 등에 대한 과태료 부과기준(제67조 관련)

1. 일반기준
   가. 위반행위의 횟수에 따른 과태료 부과기준은 최근 1년간 같은 위반행위로 과태료 부과처분을 받은 경우에 적용한다. 이 경우 기간의 계산은 위반행위에 대하여 과태료 부과처분을 받은 날과 그 처분 후 다시 같은 위반행위를 하여 적발된 날을 기준으로 한다.
   나. 가목에 따라 부과처분을 하는 경우 과태료 부과처분의 적용 차수는 그 위반행위 전 부과처분 차수(가목에 따른 기간 내에 과태료 부과처분이 둘 이상 있었던 경우에는 높은 차수를 말한다)의 다음 차수로 한다.
   다. 부과권자는 다음의 어느 하나에 해당하는 경우에는 제2호에 따른 과태료 금액의 2분의 1 범위에서 그 금액을 감경할 수 있다. 다만, 과태료를 체납하고 있는 위반행위자의 경우에는 그렇지 않다.
      1) 위반행위자가 「질서위반행위규제법 시행령」 제2조의 2 제1항 각 호의 어느 하나에 해당하는 경우
      2) 위반행위가 사소한 부주의나 오류로 인한 것으로 인정되는 경우
      3) 위반행위자가 법 위반상태를 시정하거나 해소하기 위하여 노력한 것이 인정되는 경우
      4) 그 밖에 위반행위의 정도, 위반행위의 동기와 그 결과 등을 고려하여 감경할 필요가 있다고 인정되는 경우
   라. 부과권자는 다음의 어느 하나에 해당하는 경우에는 제2호에 따른 과태료 금액의 2분의 1 범위에서 가중할 수 있다. 다만, 법 제108조제1항에 따른 과태료 금액의 상한을 넘을 수 없다.

1) 위반의 내용·정도가 중대하여 이용자 등에게 미치는 피해가 크다고 인정되는 경우
2) 법 위반상태의 기간이 6개월 이상인 경우
3) 그 밖에 위반행위의 정도, 위반행위의 동기와 그 결과 등을 고려하여 가중할 필요가 있다고 인정되는 경우

2. 개별기준

위반행위	근거 법조문	과태료 금액		
		1회 위반	2회 위반	3회 이상 위반
가. 「지방세징수법」 제56조제2항에 따른 자동차 또는 건설기계의 인도명령을 위반한 경우	법 제108조 제1항 제1호	2백만원	3백만원	5백만원
나. 법 또는 지방세관계법의 질문·검사권 규정에 따른 세무공무원의 질문에 대하여 거짓으로 진술하거나 그 직무집행을 거부하거나 기피한 경우	법 제108조 제1항 제2호	2백만원	3백만원	5백만원

제109조 양벌 규정

법인(제153조에 따라 준용되는 「국세기본법」 제13조에 따른 법인으로 보는 단체를 포함한다. 이하 같다.)의 대표자, 법인 또는 개인의 대리인, 사용인, 그 밖의 종업원이 그 법인 또는 개인의 업무에 관하여 이 절에서 규정하는 범칙행위를 하면 그 행위자를 벌할 뿐만 아니라 그 법인 또는 개인에게도 해당 조문의 벌금형을 과(科)한다. 다만, 법인 또는 개인이 그 위반행위를 방지하기 위하여 해당 업무에 관하여 상당한 주의와 감독을 게을리하지 아니한 경우에는 그러하지 아니한다(법 §109).

> ※ **국세기본법 §13 ①·②**
> ① 법인(「법인세법」 제2조 제1호에 따른 내국법인 및 같은 조 제3호에 따른 외국법인을 말한다. 이하 같다.)이 아닌 사단, 재단, 그 밖의 단체(이하 "법인 아닌 단체"라 한다.) 중 다음 각 호의 어느 하나에 해당하는 것으로서 수익을 구성원에게 분배하지 아니하는 것은 법인으로 보아 이 법과 세법을 적용한다.
>   1. 주무관청의 허가 또는 인가를 받아 설립되거나 법령에 따라 주무관청에 등록한 사단, 재단, 그 밖의 단체로서 등기되지 아니한 것
>   2. 공익을 목적으로 출연(出捐)된 기본재산이 있는 재단으로서 등기되지 아니한 것
> ② 제1항에 따라 법인으로 보는 사단, 재단, 그 밖의 단체 외의 법인 아닌 단체 중 다음 각 호의 요건을 모두 갖춘 것으로서 대표자나 관리인이 관할 세무서장에게 신청하여 승인을 받은 것도 법인으로 보아 이 법과 세법을 적용한다. 이 경우 해당 사단, 재단, 그 밖의 단체의 계속성과 동질성이 유지되는 것으로 본다.
>   1. 사단, 재단, 그 밖의 단체의 조직과 운영에 관한 규정(規程)을 가지고 대표자나 관리인을 선임하고 있을 것
>   2. 사단, 재단, 그 밖의 단체 자신의 계산과 명의로 수익과 재산을 독립적으로 소유·관리할 것
>   3. 사단, 재단, 그 밖의 단체의 수익을 구성원에게 분배하지 아니할 것

제110조 | 형법 적용의 일부 배제

제102조(지방세의 포탈) 및 제107조(특별징수 불이행범)에 따른 범칙행위를 한 자에 대해서는 「형법」 제38조 제1항 제2호 중 벌금경합에 관한 제한가중규정을 적용하지 아니한다(법 §110).

> ※ **형법 §38 ① Ⅱ**
> 각 죄에 정한 형이 사형 또는 무기징역이나 무기금고 이외의 동종의 형인 때에는 가장 중한 죄에 정한 장기 또는 다액에 그 2분의 1까지 가중하되 각 죄에 정한 형의 장기 또는 다액을 합산한 형기 또는 액수를 초과할 수 없다. 단, 과료와 과료, 몰수와 몰수는 병과할 수 있다.

제111조 | 고발

이 절에 따른 범칙행위는 지방자치단체의 장의 고발이 있어야 공소를 제기할 수 있다(법 §111).

그러므로 지방세를 포탈한 범죄, 체납범 및 특별징수 불이행범은 그러한 불법적인 행위가 있다고 하더라도 세무공무원의 고발이 없으면 조세범으로써 처벌을 하지 못하는 것이므로 세무공무원에게 조세범으로 고발할 것인지에 대한 정당성 여부, 납세자의 정당한 사유 유무 등을 고려할 기회를 부여하여 부당하게 조세범 취급을 받는 납세자가 발생하지 않도록 규정한 조문이다.

제112조 | 공소시효의 기간

제102조부터 제107까지 및 제109조에 따른 범칙행위의 공소시효는 7년으로 한다.

다만, 제109조에 따른 행위자가 「특정범죄 가중처벌 등에 관한 법률」 제8조의 적용을 받는 경우에는 제109조에 따른 법인에 대한 공소시효는 10년이 지나면 완성된다(법 §112).

지방세를 사기나 그 밖의 부정행위 등에 의하여 포탈하는 범칙행위, 체납범 및 특별징수 불이행범 등에 대한 범칙행위의 공소시효는 7년(법 제109조에 따른 법인은 10년)으로 규정하고 있다. 다만 '19.1.1. 이전에 범한 죄의 공소시효에 대해서는 종전과 같이 공소시효 기간을 5년으로 적용한다.

이 경우 공소시효라 함은 어떤 범죄에 대하여 일정기간이 경과한 때에는 공소의 제기를 허용하지 않는 제도를 말한다. 이러한 공소시효의 제도적인 존재 이유는 시간의 경과에 발생한 사실상의 형태의 존중, 소송법상으로 시간의 경과에 의하여 증거판단이 곤란하게 된다는 것, 실체법상으로는 시간의 경과로 인하여 범죄에 대한 사회의 관심약화, 납세자의 생활안정 보장 등이 있으며, 공소시효가 완성되면 실체적인 결정을 함이 없이 소멸시효와 같은 효력이 발생하는 것이다.

제3절 범칙행위 처벌절차

제113조 범칙사건 조사의 요건

세무공무원 중 근무지 등을 고려하여 대통령령으로 정하는 바에 따라 지방검찰청 검사장이 지명한 사람(이하 "범칙사건조사공무원"이라 한다.)은 다음 각 호의 어느 하나에 해당하는 경우에는 범칙사건조사를 하여야 한다(법 §113 Ⅰ·Ⅱ).
1. 범칙사건의 혐의가 있는 자를 처벌하기 위하여 증거수집 등이 필요한 경우
2. 지방세 포탈 혐의가 있는 금액 등의 연간 액수가 대통령령으로 정하는 금액 이상인 경우

이 경우 "대통령령으로 정하는 바에 따라 지방검찰청 검사장이 지명한 사람"이란 세무공무원 중 지방자치단체의 장의 제청으로 그 근무지를 관할하는 지방검찰청 검사장이 지명한 사람(이하 '범칙사건 조사공무원'이라 한다.)을 말하며(영 §68 ①), "지방세 포탈 혐의가 있는 금액 등의 연간 액수가 대통령령으로 정하는 금액 이상인 경우"란 다음 각 호의 어느 하나에 해당하는 경우를 말한다(영 §68 ② Ⅰ~Ⅲ).
1. 연간 지방세 포탈 혐의금액이 3천만원(가산세는 제외한다.) 이상인 경우, 이 경우 포탈혐의금액은 법 제102조 제1항에 따른 사기나 그 밖의 부정한 행위로서 지방세를 포탈하거나 지방세의 환급·공제받은 혐의가 있는 금액으로 한다(영 §68 ③).
2. 법정신고기한까지 과세표준 신고를 하지 아니한 경우로서 그 과세표준의 연간 합계액이 10억원 이상인 경우(납부세액이 없는 경우는 제외한다.)
3. 신고하여야 할 납부세액을 100분의 50 이하로 과소신고한 경우로서 그 과세표준의 연간 합계액이 20억원 이상인 경우

제114조 범칙 혐의자 등에 대한 심문·압수·수색

범칙사건조사공무원은 범칙사건조사를 위하여 필요한 경우에는 범칙 혐의자나 참고인을 심문하거나 압수·수색할 수 있다. 이 경우 압수 또는 수색을 할 때에는 대통령령으로 정하는 사람을 참여하게 하여야 한다(법 §114).

이 경우 "대통령령으로 정하는 사람"이란 다음 각 호의 어느 하나에 해당하는 사람을 말한다(영 §69 ① Ⅰ~Ⅳ).

1. 범칙 혐의자
2. 범칙행위와 관련된 물건의 소유자 또는 소지자
3. 변호사, 세무사 또는 「세무사법」 제20조의 2 제1항에 따라 등록한 공인회계사로서 범칙 혐의자의 대리인
4. 제1호 및 제2호에 해당하는 사람의 동거인, 사용인 또는 그 밖의 종업원으로서 사리를 분별할 수 있는 성년인 사람(제1호부터 제3호까지의 규정에 해당하는 사람이 참여할 수 없거나 참여를 거부하는 경우에만 해당한다.)

이 규정에 따른 심문 또는 압수·수색 등에 필요한 서식은 행정안전부령으로 정하며, 심문조서는 원칙적으로 범칙혐의자 심문조서에 따르되 법칙사건 조사공무원은 범칙행위를 입증하기 위하여 필요한 경우에는 위와 같은 심문조서 외에 범칙 혐의자 또는 참고인으로부터 별도의 확인서, 진술서(서술형) 또는 진술서(문답형)를 받을 수 있다(영 §69 ②, 규칙 §44 ①·②).

이 경우 범칙사건조사공무원이 범칙 혐의자 또는 참고인으로부터 확인서 또는 진술서를 받을 때에는 ① 확인서 또는 진술서는 간인을 하여야 하고 ② 확인서 또는 진술서에는 범칙행위 입증자료와 그 밖에 과세에 필요한 자료를 첨부하여야 하며, ③ 범칙행위 입증자료나 그 밖에 과세에 필요한 자료가 확보되지 아니하여 범칙 혐의자 또는 참고인의 진술에만 의존하여야 하는 경우에는 진술서(문답형)을 받아야 한다(규칙 §44 ③).

제115조 │ 압수·수색영장

① 범칙사건조사공무원이 범칙사건조사를 하기 위하여 압수 또는 수색을 할 때에는 근무지 관할 검사에게 신청하여 검사의 청구를 받은 관할 지방법원 판사가 발부한 압수·수색영장이 있어야 한다. 다만, 다음 각 호의 어느 하나에 해당하는 경우에는 범칙 혐의자 및 그 밖에 대통령령으로 정하는 자에게 그 사유를 알리고 영장 없이 압수하거나 수색할 수 있다(법 §115 ① Ⅰ·Ⅱ). 이 경우 "대통령령으로 정하는 자"란 다음의 제2호부터 제4호까지의 어느 하나에 해당하는 자를 말한다(영 §69 ③).
1. 제102조부터 제107조까지의 범칙행위가 진행 중인 경우 범칙행위가 진행 중인 경우
2. 범칙혐의자가 도피하거나 증거를 인멸할 염려가 있어 압수·수색영장을 발부받을 시간적 여유가 없는 경우

② 범칙사건조사공무원이 제1항 단서에 따라 영장 없이 압수하거나 수색한 경우에는 압수하거나 수색한 때부터 48시간 이내에 압수·수색영장 청구절차에 따라 관할 지방법원 판사에게 압수·수색영장을 청구하여야 한다(법 §115 ②).

③ 범칙사건조사공무원을 제2항에 따른 압수·수색영장을 발부받지 못한 경우에는 즉시 압수한 물건을 압수당한 본인에게 반환하여야 한다(법 §115 ③).

이 경우 지방자치단체의 장은「형사소송법」제132조에 따라 압수물건 또는 영치물건을 공매하는 경우에는 물건의 품명, 수량, 공매사유, 공매장소와 그 일시, 그 밖의 필요한 사항을 공고하여야 한다(영 §70).

> ※ **형사소송법 §132 ①·②**
> ① 몰수하여야 할 압수물로서 멸실·파손·부패 또는 현저한 가치 감소의 염려가 있거나 보관하기 어려운 압수물은 매각하여 대가를 보관할 수 있다.
> ① 환부하여야 할 압수물 중 환부를 받을 자가 누구인지 알 수 없거나 그 소재가 불명한 경우로서 그 압수물의 멸실·파손·부패 또는 현저한 가치 감소의 염려가 있거나 보관하기 어려운 압수물은 매각하여 대가를 보관할 수 있다.

그리고 범칙사건조사공무원은 압수물건, 영치물건 또는 물수물건을 직접 또는 간접으로 매수(買收)할 수 없다(영 §71).

④ 범칙사건조사공무원이 압수한 물건의 운반하거나 보관하기 어려운 경우에는 압수한 물건을 소유자, 소지자 또는 관공서(이하 "소유자등"이라 한다.)로 하여금 보관하게 할 수 있다. 이 경우 소유자등으로부터 보관증을 받고 봉인(封印)이나 그 밖의 방법으로 압수한 물건임을 명백히 하여야 한다(법 §115 ④).

제116조 │ 형사소송법의 준용

압수 또는 수색과 압수·수색영장에 관하여 이 법에서 규정한 것을 제외하고는「형사소송법」중 압수 또는 수색과 압수·수색영장에 관한 규정을 준용한다(법 §116).

※ 형사소송법 제10장(제106조부터 제138조까지) 참조

제117조 │ 심문조서의 작성

범칙사건조사공무원은 범칙사건조사를 하는 과정에서 심문, 수색, 압수 또는 영치(領置)를 하였을 때에는 그 경위(經緯)를 기록하여 참여자 또는 심문을 받은 사람에게 확인하게 한 후 그와 함께 서명날인을 하여야 한다. 참여자 또는 심문을 받은 사람이 서명날인을 하지 아니하거나 할 수 없을 때에는 그 사유를 기록하여야 한다(법 §117).

이 경우 "그 경위를 기록하여 참여자 또는 심문을 받은 사람에게 확인"이란 심문조서를 작성하거나 확인서 또는 진술서를 받는 것을 말하며, 압수 또는 수색과 심문 등에 필요한 사항은 행정안전부령으로 정한다.

이와 함께 심문 또는 압수·수색 등에 필요한 심문조서에 필요한 사항을 법 제114조 설명을 참고하기 바란다.

제118조 │ 범칙사건의 관할 및 인계

① 범칙사건은 지방세의 과세권 또는 지방세징수권(제6조에 따라 위탁한 경우와 「지방세징수법」 제18조에 따라 징수촉탁을 받은 경우는 제외한다.)이 있는 지방자치단체에 소속된 범칙사건조사공무원이 담당한다(법 §118 ①).
② 제1항에도 불구하고 시·도에 소속된 범칙사건조사공무원은 관할구역의 시·군·구에 소속된 범칙사건조사공무원과 공동으로 시·군세 및 구세에 관한 범칙사건을 담당할 수 있다(법 §118 ②).
③ 제1항 및 제2항에 따라 범칙사건을 관할하는 지방자치단체가 아닌 지방자치단체나 국가기관에 소속된 공무원이 인지한 범칙사건은 그 범칙사건을 관할하는 지방자치단체에 소속된 범칙사건조사공무원에게 지체 없이 인계하여야 한다(법 §118 ③).
④ 제1항 및 제2항에 따라 범칙사건을 관할하는 지방자치단체가 아닌 지방자치단체나 국가기관에 소속된 공무원이 다른 지방자치단체 관할 범칙사건의 증거를 발견하였을 때에는 그 다른 지방자치단체에 소속된 범칙사건조사공무원에게 지체 없이 인계하여야 한다(법 §118 ④).

제119조 국가기관 등에 대한 협조 요청

① 지방자치단체의 장은 범칙사건조사를 하거나 직무를 집행할 때 필요하면 국가기관 또는 다른 지방자치단체에 협조를 요청할 수 있다(법 §119 ①).
② 제1항에 따라 협조 요청을 받은 국가기관 및 지방자치단체는 정당한 사유가 없으면 협조하여야 한다(법 §119 ②).

제120조 범칙처분의 종류 및 보고

① 범칙사건에 대한 처분의 종류는 다음 각 호와 같다(법 §120 ① Ⅰ~Ⅲ).
 1. 통고처분
 2. 고발
 3. 무혐의
② 범칙사건조사공무원은 범칙사건조사를 마쳤을 때에는 지방자치단체의 장에게 보고하여야 한다(법 §120 ②).

제121조 통고처분

① 지방자치단체의 장은 범칙사건조사를 하여 범칙의 확증(確證)을 갖게 되었을 때에는 대통령령으로 정하는 바에 따라 그 대상이 되는 자에게 그 이유를 구체적으로 밝혀 벌금에 해당하는 금액(이하 "벌금상당액"이라 한다.) 또는 몰수 대상이 되는 물품, 추징금, 서류의 송달비용 및 압수물건의 운반·보관비용을 지정한 장소에 납부할 것을 통고하여야 한다. 다만, 몰수 대상이 되는 물품에 대해서는 그 물품을 납부하겠다는 의사표시(이하 "납부신청"이라 한다.)를 하도록 통고할 수 있다(법 §121 ①).
② 제1항 단서에 따른 통고처분을 받은 자가 그 통고에 따라 납부신청을 하고 몰수 대상이 되는 물품을 가지고 있는 경우에는 공매나 그 밖에 필요한 처분을 할 때까지 그 물품을 보관하여야 한다(법 §121 ②).
③ 제1항에 따른 통고처분을 받은 자가 통고받은 대로 이행하였을 때에는 동일한 사건에 대하여 다시 범칙사건조사를 받거나 처벌받지 아니한다(법 §121 ③).
④ 벌금상당액의 부과기준은 대통령령으로 정한다(법 §121 ④).

지방자치단체의 장은 법 제121조 제1항에 따라 통고처분을 하는 경우에는 통고서를 작성하여 범칙사건조사를 마친 날부터 10일 이내에 범칙자 및 법 제109조에 따른 법인 또는 개인에게 각각 통고서를 작성하여 통고하여야 하며, 법 제121조 제4항에 따른 벌금상당액의 부과기준은 별표2와 같다(영 §72 ①·②).

그리고 범칙사건조사공무원은 「형사소송법」의 규정에 준하여 문서를 작성하고 송달하여야 한다(영 §72 ③).

[별표 2]
벌금상당액 부과기준(제72조 제2항 관련)(17.3.27.개정)

1. 일반기준
　가. 제2호의 개별기준에 따른 범칙행위의 위반횟수에 따른 벌금상당액의 부과기준은 해당 범칙행위가 있은 날 이전 최근 3년간 같은 범칙행위로 통고처분이나 유죄의 확정판결을 받은 경우에 적용한다.
　나. 법 제102조 제1항의 지방세의 포탈을 상습적으로 범한 경우에는 제2호의 개별기준에 따른 벌금상당액의 100분의 50을 가중한다.
　다. 법 제102조 제1항에 따른 지방세 포탈을 한 자가 범칙사건조사공무원이 범칙사건조사를 시작하기 전에 법 제49조에 따른 수정신고(이하 "수정신고"라 한다.)를 하거나 법 제51조에 따른 기한 후 신고(이하 "기한 후 신고"라 한다.)를 한 경우(추가납부할 세액을 납부하지 않은 경우는 제외한다.)에는 제2호의 개별기준에 따른 벌금상당액에서 다음의 기준에 따른 금액을 감경한다.
　　1) 법정신고기한의 다음 날부터 6개월이 되는 날 이전에 수정신고를 하거나 법정신고기한의 다음 날부터 1개월이 되는 날 이전에 기한 후 신고를 한 경우: 제2호의 개별기준에 따른 벌금상당액의 100분의 50
　　2) 법정신고기한의 다음 날부터 6개월 초과 1년 이전에 수정신고를 한 경우: 제2호의 개별기준에 따른 벌금상당액의 100분의 20
　　3) 법정신고기한의 다음 날부터 1년 초과 2년 이내에 수정신고를 한 경우: 제2호의 개별기준에 따른 벌금상당액의 100분의 10
　라. 다른 사람의 범칙행위를 방조한 자는 그 범칙행위에의 가담 정도에 따라 제2호의 개별기준에 따른 벌금상당액을 감경할 수 있다.
　마. 범칙행위자가 심신장애로 인하여 사물을 분별하거나 의사를 결정할 능력이 미약한 사람이거나 청각 또는 언어 장애가 있는 사람인 경우에는 제2호의 개별기준에 따른 벌금상당액의 100분의 50에 해당하는 금액을 감경한다.
　바. 범칙행위가 경합하는 경우에는 다음의 기준에 따라 벌금상당액을 산정한다.
　　1) 법 제103조부터 제106조까지의 규정에 따른 범칙행위가 경합하는 경우에는 각

범칙행위에 대한 벌금상당액 중 가장 무거운 벌금상당액에 그 2분의 1을 가중한다. 다만, 가중하는 경우에도 각 범칙행위에 대한 벌금상당액을 합산한 금액을 초과할 수 없다.
    2) 법 제102조 및 제107조의 규정에 따른 범칙행위가 경합하는 경우에는 각 범칙행위에 대한 벌금상당액을 합산한다.
    3) 1)에 따른 범칙행위와 2)에 따른 범칙행위가 경합하는 경우에는 각 범칙행위에 대한 벌금상당액을 산정하여 합산한다.
사. 가목부터 바목까지의 규정에 따른 가중·감경 사유가 경합하는 경우에는 다음의 순서에 따라 제2호의 개별기준에 따른 벌금상당액을 가중하거나 감경한다.
    1) 가목의 위반 횟수에 의한 가중
    2) 나목의 상습에 의한 가중
    3) 다목의 수정신고 등에 의한 감경
    4) 라목의 가담정도에 의한 감경
    5) 마목의 심신미약 등에 의한 감경
    6) 바목의 범칙행위 경합에 의한 가중
아. 가목부터 사목까지의 규정에 따라 벌금상당액을 산정한 결과 10원 미만의 끝수가 있으면 이를 버린다.
자. 가목부터 사목까지의 규정에 따라 산정된 벌금상당액이 법에 따라 산정된 벌금액의 상한을 초과하는 경우에는 법에 따라 산정된 벌금액의 상한을 벌금상당액으로 본다.

2. 개별기준

범칙행위	벌금상당액		
	1차 위반	2차 위반	3차 이상 위반
가. 법 제102조제1항에 따른 지방세 포탈을 한 경우			
1) 법 제102조제1항 본문에 해당하는 경우	탈세액 또는 환급·공제받은 세액의 0.5배의 금액	탈세액 또는 환급·공제받은 세액의 1배의 금액	탈세액 또는 환급·공제받은 세액의 2배의 금액
2) 법 제102조제1항 단서에 해당하는 경우	탈세액 또는 환급·공제받은 세액의 0.5배의 금액	탈세액 또는 환급·공제받은 세액의 2배의 금액	탈세액 또는 환급·공제받은 세액의 3배의 금액

나. 법 제103조제1항 또는 제2항에 따른 범칙행위를 한 경우	체납액. 다만, 재산가액(「상속세 및 증여세법」 제60조부터 제66조까지의 규정에 따라 평가한 가액)이 체납액보다 적은 경우에는 그 재산가액을 벌금상당액으로 한다.	체납액의 2배에 해당하는 금액. 다만, 재산가액(「상속세 및 증여세법」 제60조부터 제66조까지의 규정에 따라 평가한 가액)이 체납액보다 적은 경우에는 그 재산가액을 벌금상당액으로 한다.	체납액의 2배에 해당하는 금액. 다만, 재산가액(「상속세 및 증여세법」 제60조부터 제66조까지의 규정에 따라 평가한 가액)이 체납액보다 적은 경우에는 그 재산가액을 벌금상당액으로 한다.
다. 법 제103조제3항에 따른 범칙행위를 한 경우	나목의 1차 위반에 따른 금액의 3분의 2에 해당하는 금액	나목의 1차 위반에 따른 금액의 3분의 4에 해당하는 금액	나목의 1차 위반에 따른 금액의 3분의 4에 해당하는 금액
라. 법 제104조에 따른 범칙행위를 한 경우	소각·파기하거나 은닉한 장부의 연도 및 그 직전 연도에 지방세를 신고납부 했거나 신고납부 했어야 할 지방세 과세표준 금액 또는 이에 준하는 금액의 1년간 평균액의 100분의 10에 해당하는 금액. 다만, 그 금액이 500만원 미만인 경우에는 500만원을 벌금상당액으로 한다.	소각·파기하거나 은닉한 장부의 연도 및 그 직전 연도에 지방세를 신고납부 했거나 신고납부 했어야 할 지방세 과세표준 금액 또는 이에 준하는 금액의 1년간 평균액의 100분의 20에 해당하는 금액. 다만, 그 금액이 500만원 미만인 경우에는 500만원을 벌금상당액으로 한다.	소각·파기하거나 은닉한 장부의 연도 및 그 직전 연도에 지방세를 신고납부 했거나 신고납부 했어야 할 지방세 과세표준 금액 또는 이에 준하는 금액의 1년간 평균액의 100분의 20에 해당하는 금액. 다만, 그 금액이 500만원 미만인 경우에는 500만원을 벌금상당액으로 한다.
마. 법 제105조제1항에 따른 범칙행위를 한 경우	1천만원	2천만원	2천만원
바. 법 제105조제2항에 따른 범칙행위를 한 경우	500만원	1천만원	1천만원

사. 법 제106조제1항에 따른 범칙행위를 한 경우	지방세를 회피하거나 강제집행을 면탈한 세액의 0.5배의 금액. 다만, 그 금액이 50만원 미만이거나 지방세를 회피하거나 강제집행을 면탈한 세액이 없는 경우에는 50만원을 벌금상당액으로 한다.	지방세를 회피하거나 강제집행을 면탈한 세액. 다만, 그 금액이 50만원 미만이거나 지방세를 회피하거나 강제집행을 면탈한 세액이 없는 경우에는 50만원을 벌금상당액으로 한다.	지방세를 회피하거나 강제집행을 면탈한 세액. 다만, 그 금액이 50만원 미만이거나 지방세를 회피하거나 강제집행을 면탈한 세액이 없는 경우에는 50만원을 벌금상당액으로 한다.
아. 법 제106조제2항에 따른 범칙행위를 한 경우	사목의 1차 위반에 따른 벌금상당액의 2분의 1에 해당하는 금액. 다만, 그 금액이 50만원 미만이거나 지방세를 회피하거나 강제집행을 면탈한 세액이 없는 경우에는 50만원을 벌금상당액으로 한다.	사목의 1차 위반에 따른 벌금상당액. 다만, 그 금액이 50만원 미만이거나 지방세를 회피하거나 강제집행을 면탈한 세액이 없는 경우에는 50만원을 벌금상당액으로 한다.	사목의 1차 위반에 따른 벌금상당액. 다만, 그 금액이 50만원 미만이거나 지방세를 회피하거나 강제집행을 면탈한 세액이 없는 경우에는 50만원을 벌금상당액으로 한다.
자. 법 제107조제1항에 따른 범칙행위를 한 경우	징수하지 않은 세액. 다만, 그 금액이 50만원 미만인 경우에는 50만원을 벌금상당액으로 한다.	징수하지 않은 세액의 2배에 해당하는 금액. 다만, 그 금액이 50만원 미만인 경우에는 50만원을 벌금상당액으로 한다.	징수하지 않은 세액의 2배에 해당하는 금액. 다만, 그 금액이 50만원 미만인 경우에는 50만원을 벌금상당액으로 한다.
차. 법 제107조제2항에 따른 범칙행위를 한 경우	납부하지 않은 세액. 다만, 그 금액이 100만원 미만인 경우에는 100만원을 벌금상당액으로 한다.	납부하지 않은 세액의 2배에 해당하는 금액. 다만, 그 금액이 100만원 미만인 경우에는 100만원을 벌금상당액으로 한다.	납부하지 않은 세액의 2배에 해당하는 금액. 다만, 그 금액이 100만원 미만인 경우에는 100만원을 벌금상당액으로 한다.

제122조 | 공소시효의 중단

제121조 제1항에 따른 통고처분이 있으면 공소시효는 중단된다(법 §122).

> **공소시효**
> 어떤 범죄에 대하여 일정기간이 경과한 때에는 공소의 제기를 허용하지 않는 제도이다. 그러므로 이 제도는 시간의 경과에 따라 발생한 사실상의 상태의 존중, 소송법상으로 시간의 경과에 의하여 증거판단이 곤란하게 되는 것, 실체법상으로는 시간의 경과로 인하여 범죄에 대한 사회의 관심 약화, 피고인의 생활안정 보장 등이 있다. 그러므로 공소시효가 완성하면 실체적인 심판을 함이 없이 면소판결을 하여야 한다.

제123조 | 일사부재리

범칙자가 통고받은 대로 이행하였을 때에는 동일한 사건에 대하여 소추받지 아니한다(법 §123).

> **소추**
> 형사상의 소를 제기하여 수행하는 것을 말하며 기소보다 넓은 개념이다. 그리고 탄핵의 발의를 하여 파면을 구하는 행위를 의미하기도 한다.

제124조 | 고발의무

① 지방자치단체의 장은 제121조 제1항에 따른 통고처분을 받은 자가 통고서를 송달 받은 날부터 15일 이내에 통고받은 대로 이행하지 아니한 경우에는 고발하여야 한다. 다만, 15일이 지났더라도 고발되기 전에 통고받은 대로 이행하였을 때에는 그러하지 아니하다(법 §124 ①).
② 지방자치단체의 장은 다음 각 호의 어느 하나에 해당하는 경우에는 통고처분을 거치지 아니하고 그 대상자를 즉시 고발하여야 한다(법 §124 ② Ⅰ~Ⅳ).

1. 정상(情狀)에 따라 징역형에 처할 것으로 판단되는 경우
2. 제121조 제1항에 따른 통고대로 이행할 자금이나 납부 능력이 없다고 인정되는 경우
3. 거소가 분명하지 아니하거나 서류를 받기를 거부하여 통고처분을 할 수 없는 경우
4. 도주하거나 증거를 인멸할 우려가 있는 경우

제125조 | 압수물건의 인계

① 지방자치단체의 장은 제124조에 따라 고발한 경우 압수물건이 있을 때에는 압수목록을 첨부하여 검사 또는 사법경찰관에게 인계하여야 한다(법 §125 ①).
② 지방자치단체의 장은 제115조 제4항에 따라 소유자등이 보관하는 것에 대해서는 검사 또는 사법경찰관에게 보관증을 인계하고, 소유자등에게 압수물건을 검사 또는 사법경찰관에게 인계하였다는 사실을 통지하여야 한다(법 §125 ②).

지방자치단체의 장이 지방세 범칙사건과 관련하여 대상자를 고발하고 압수한 물건이 있는 경우 검사로 한정된 압수물건 인계 대상에 검·경 수사권 조정사항을 반영하여 사법경찰관을 추가하였고, 지방세범칙사건 고발 시 수사개시 권한은 조세 포탈 가중처벌 대상(5억원 이상)은 검찰이 그 외의 기타 조세 범죄는 경찰이 처리한다.

제126조 | 무혐의 통지 및 압수의 해제

지방자치단체의 장은 범칙사건조사를 하여 범칙의 확증을 갖지 못하였을 때에는 그 뜻을 범칙 혐의자에게 통지하고 물건을 압수하였을 때에는 압수 해제를 명하여야 한다(법 §126).[164]

---

[164] 조세범은 조세에 관한 범죄이므로 범죄에 관한 형법상의 일반이론에 따라 범죄가 성립되어야 함은 당연하나 조세범의 구성요건 기타 특수성을 조세범 처벌법에 따라 규정하여 형사법 중 특별법으로서 제정하였으므로 조세범에 관하여는 특별법우선순위에 따라 조세범 처벌법과 동 절차법을 적용하되 조세범 처벌법에 규정되지 아니한 사항은 형법이 적용된다.
그래서 조세법에 의한 납세의무를 이행하지 아니하거나 위반한 행위는 행정범에 속한다고 할 것이며 이를 조세범이라 한다.
그러나 납세의무의 불이행이 모두 조세범이 되는 것은 아니고 그 가운데 조세범 처벌법에 규정한 구성요건에 해당하는 경우에 한하여 조세범이 되며, 그 밖의 의무불이행에 대하여는 가산세 등의 제재를 과하게 되는데 이를 강학상 행정벌이라고 하여 형사벌과 구분한다(김면규, 이기생 「세법총론」 ㈜영화조세통람 2007, pp.285-286).

> **사례**
>
> ❖ **법인이 조세를 체납한 경우 그 대표자도 책임을 지는지 여부(적극) 등**
>
> ① 회사의 대표이사는 법인의 기관으로서 현실적으로 납세 등의 행위를 하는 자이고, 회사가 세금을 체납한 경우에는 법인의 대표자로서 현실적으로 체납행위를 한 자라 할 것이어서 조세범 처벌법 제3조에 의하여 자연인인 그 대표자는 행위자로서의 같은 법 제10조의 책임을 면할 수 없다.
> ② 조세범 처벌법 제6조는 조세에 관한 범칙행위에 대하여는 원칙적으로 국세청장 등의 고발을 기다려 논하도록 규정하고 있는 바, 같은 법에 의하여 하는 고발에 있어서는 이른바 고소·고발 불가분의 원칙이 적용되지 아니하므로, 고발의 구비 여부는 양벌규정에 의하여 처벌받는 자연인인 행위자와 법인에 대하여 개별적으로 논하여야 한다.
> ③ 피고발인을 법인으로 명시한 다음, 이어서 법인의 등록번호와 대표자의 인적 사항을 기재한 고발장의 표시를 자연인인 개인까지를 피고발자로 표시한 것이라고 볼 수는 없다.
> (대법 2004도4066, 2004.9.24.)
>
> ❖ **조세범 처벌법상 원천징수와 특별징수의 개념 정의**
>
> 조세범처벌법 제11조에서 규정하고 있는 '원천징수'와 지방세법 제234조의 4 제1항에서 규정하고 있는 '특별징수'는 각 법률에 규정된 개념정의에서 구별될 뿐만 아니라 그 성격이나 제도적 목적 등에 있어서도 차이가 있고, 주민세의 특별징수에 관한 지방세법 제179조의 3 제1항은 특별징수의무자가 원천징수의무자와 서로 구별되는 개념임을 전제로… 지방세법상의 범칙행위 처벌과 관련하여 도축세 특별징수의무자를 원천징수의무자로 간주하는 등의 별도의 규정이 없는 이상, 지방세법 제84조 제1항의 일괄적 준용 규정만으로 원천징수의무자에 대한 처벌규정인 조세범처벌법 제11조를 지방세법상 도축세 특별징수의무자에 대하여 그대로 적용하는 것은 수범자인 일반인의 입장에서 이를 쉽게 예견하기 어려운 점에 비추어 형벌법규의 명확성의 원칙에 위배, 죄형법정주의에 반하여 허용될 수 없다.
> (대법 2004도7773, 2006.10.19.)

CHAPTER 09 과세자료의 제출 및 관리

제1편 지방세기본법

이 장(章)에서는 지방세의 부과·징수와 납세에 필요한 자료를 원활히 수집하기 위해서 과세자료를 생산하여 제출하는 기관의 범위를 정하고, 과세자료의 범위와 자료의 제출방법을 규정하며, 자료의 수집에 관한 협조 요청 사항과 자료요청기관의 책임과 비밀유지의무 등을 규정하고 있다.

제127조 과세자료제출기관의 범위

과세자료를 제출하여야 하는 기관 등(이하 "과세자료제출기관"이라 한다.)은 다음 각 호와 같다(법 §127 Ⅰ~Ⅵ).

1. 「국가재정법」 제6조에 따른 독립기관 및 중앙관서(독립기관 및 중앙관서의 업무를 위임받거나 위탁받은 기관을 포함한다.)와 그 하급행정기관 및 보조기관[165]
2. 지방자치단체 및 지방자치단체의 업무를 위임받거나 위탁받은 기관과 지방자치단체조합(이하 이 조에서 "지방자치단체 등"이라 한다.)
3. 「금융위원회의 설치 등에 관한 법률」에 따른 금융감독원과 「금융실명거래 및 비밀보장에 관한 법률」 제2조 제1호 각 목에 규정된 은행, 회사, 조합 및 그 중앙회, 금고 및 그 연합회, 보험회사, 체신관서 등 법인·기관 또는 단체
4. 공공기관 및 정부의 출연·보조를 받는 기관이나 단체
5. 「지방공기업법」에 따른 지방직영기업·지방공사·지방공단 및 지방자치단체의 출연·보조를 받는 기관이나 단체
6. 「민법」을 제외한 다른 법률에 따라 설립되거나 국가 또는 지방자치단체등의 지원을 받는 기관이나 단체로서 이들의 업무에 관하여 제1호나 제2호에 따른 기관으로부터 감독

---

[165] 국가재정법 제6조
제6조 (독립기관 및 중앙관서)
① 이 법에서 "독립기관"이라 함은 국회·대법원·헌법재판소 및 중앙선거관리위원회를 말한다.
② 이 법에서 "중앙관서"라 함은 「헌법」 또는 「정부조직법」 그 밖의 법률에 따라 설치된 중앙행정기관을 말한다.
③ 국회의 사무총장, 법원행정처장, 헌법재판소의 사무처장 및 중앙선거관리위원회의 사무총장은 이 법의 적용에 있어 중앙관서의 장으로 본다.

또는 감사·검사를 받는 기관이나 단체, 그 밖에 공익 목적으로 설립된 기관이나 단체 중 대통령령으로 정하는 기관이나 단체

이 경우 "대통령령으로 정하는 기관이나 단체"란 다음 각 호의 기관이나 단체를 말한다 (영 §73, Ⅰ 내지 ⅩⅣ).

1. 「건설산업기본법」에 따른 공제조합
2. 「공인노무사법」에 따른 공인노무사회
3. 「관세사법」에 따른 관세사회
4. 「국민건강보험법」에 따른 국민건강보험공단
5. 「국민연금법」에 따른 국민연금공단
6. 「기술사법」에 따른 기술사회
7. 「법무사법」에 따른 대한법무사협회
8. 「변호사법」에 따른 대한변호사협회
9. 「보험업법」에 따른 보험요율 산출기관
10. 「산업재해보상보험법」에 따른 근로복지공단
11. 「세무사법」에 따른 한국세무사회
12. 「여신전문금융업법」에 따른 여신전문금융업협회
13. 「해외건설 촉진법」에 따른 해외건설협회
14. 「환경영향평가법」에 따른 환경영향평가협회

이 규정에 의한 자료제출기관은 행정안전부장관과 협의하여 과세자료를 전산처리된 디스켓·디스크 또는 지방세통합정보통신망을 이용하여 제출할 수 있다.

제128조 │ 과세자료의 범위

① 과세자료제출기관이 제출하여야 하는 과세자료는 다음 각 호의 어느 하나에 해당하는 자료로서 지방세의 부과·징수와 납세의 관리에 직접적으로 필요한 자료로 한다(법 §128 ① Ⅰ~Ⅴ).

1. 법률에 따라 인가·허가·특허·등기·등록·신고 등을 하거나 받는 경우 그에 관한 자료
2. 법률에 따라 하는 조사·검사 등의 결과에 관한 자료
3. 법률에 따라 보고받은 영업·판매·생산·공사 등의 실적에 관한 자료

4. 과세자료제출기관이 지급하는 각종 보조금·보험급여·공제금 등의 지급 현황 및 제127조 제6호에 따른 기관이나 단체의 회원·사업자 등의 사업실적에 관한 자료
5. 이 법 및 지방세관계법에 따라 체납된 지방세(지방세와 함께 부과하는 국세를 포함한다.)의 징수를 위하여 필요한 자료

② 제1항에 따른 과세자료의 구체적인 범위는 과세자료제출기관별로 대통령령으로 정한다(법 §128 ②).

위 규정에 따른 과세자료제출기관이 제출하여야 하는 과세자료의 구체적인 범위와 법 제129조 제1항에 따라 과세자료를 제출받을 기관 및 그 제출시기는 별표3과 같다(영 §74).

제129조 과세자료의 제출방법

① 과세자료제출기관의 장은 분기별로 분기 만료일이 속하는 달의 다음 달 말일까지 대통령령으로 정하는 절차와 방법에 따라 행정안전부장관 또는 지방자치단체의 장에게 과세자료를 제출하여야 한다. 다만, 과세자료의 발생빈도와 활용시기 등을 고려하여 대통령령으로 그 과세자료의 제출시기를 달리 정할 수 있다(법 §129 ①).

이 경우 과세자료 제출기관이 법 제128조에 따라 제출하여야 하는 과세자료의 구체적인 범위와 법 제129조 제1항에 따라 과세자료를 제출받을 기관 및 과세자료 제출 시기는 별표3과 같다(영 §74).

② 과세자료제출기관의 장은 제1항에 따라 과세자료를 제출하는 경우에는 그 기관이 접수하거나 작성한 과세자료의 목록을 함께 제출하여야 한다(법 §129 ②).

③ 제2항에 따라 과세자료의 목록을 받은 행정안전부장관 또는 지방자치단체의 장은 이를 확인한 후 빠진 것이 있거나 보완이 필요하다고 인정되면 그 과세자료를 제출한 기관에 대하여 과세자료를 추가하거나 보완하여 제출할 것을 요구할 수 있다(법 §129 ③).

이 경우 과세자료제출기관은 이 규정에 따라 행정안전부장관 또는 지방자치단체의 장으로부터 과세자료의 추가 또는 보완을 요구받은 경우에는 정당한 사유가 없으면 요구받은 날부터 15일 이내에 요구에 따라야 한다(영 §75).

④ 과세자료의 제출서식에 관하여 필요한 사항은 행정안전부령으로 정한다(법 §129 ④).

제130조 과세자료의 수집에 관한 협조 요청

① 행정안전부장관은 지방세통합정보통신망의 운영을 위하여 필요하다고 인정하는 경우에는 제128조에 따른 과세자료 외의 과세자료로 활용할 가치가 있다고 인정되는 자료가 있으면 그 자료를 보유하고 있는 과세자료제출기관의 장에게 그 자료의 수집에 협조하여 줄 것을 요청할 수 있다(법 §130 ①).

② 지방자치단체의 장은 제128조에 따른 과세자료 외의 과세자료로 활용할 가치가 있다고 인정되는 자료가 있으면 그 자료를 보유하고 있는 과세자료제출기관의 장에게 그 자료의 수집에 협조하여 줄 것을 요청할 수 있다(법 §130 ②).

③ 제1항 및 제2항에 따른 요청을 받은 해당 과세자료제출기관의 장은 정당한 사유가 없으면 협조하여야 한다(법 §130 ③).

제131조 과세자료제출기관의 책임

① 과세자료제출기관의 장은 소속 공무원이나 임직원이 이 장에 따른 과세자료의 제출의무를 성실하게 이행하는지를 수시로 점검하여야 한다(법 §131 ①).

② 행정안전부장관 또는 지방자치단체의 장은 과세자료제출기관 또는 그 소속 공무원이나 임직원이 이 장에 따른 과세자료의 제출의무를 성실하게 이행하지 아니하면 그 기관을 감독하거나 감사·검사하는 기관의 장에게 그 사실을 통보하여야 한다(법 §131 ②).

제132조 비밀유지 의무

① 행정안전부 및 지방자치단체 소속 공무원은 이 장에 따라 받은 과세자료(제130조에 따라 수집한 자료를 포함한다. 이하 이 조에서 같다.)를 타인에게 제공하거나 누설하거나 목적 외의 용도로 사용해서는 아니 된다. 다만, 다음 각 호의 어느 하나에 해당하는 경우에는 제공할 수 있다(법 §132 ① Ⅰ·Ⅱ).
  1. 제86조 제1항 단서 및 같은 조 제2항에 따라 제공하는 경우
  2. 제135조 제2항에 따라 제공하는 경우

이 경우 단서규정에서 과세자료의 비밀유지의무를 배제한 것은 국가기관이 조세의 부과 또는 징수의 목적에 사용하기 위하여 과세정보를 요구하는 자료, 국가기관이 조세쟁송을 하거나 조세범을 소추할 목적으로 요구하는 자료, 법원의 제출명령 또는 법관이 발급한 영장에 따라 과세정보를 요구하는 자료 등을 제공하는 경우를 말한다.

② 행정안전부 및 지방자치단체 소속 공무원은 제1항을 위반하는 과세자료의 제공을 요구 받으면 이를 거부하여야 한다(법 §132 ②).

③ 제1항 단서에 따라 과세자료를 받은 자는 타인에게 제공하거나 누설하거나 목적 외의 용도로 사용하여서는 아니된다(법 §132 ③).

제133조 │ 과세자료 비밀유지 의무 위반에 대한 처벌

제132조 제1항 또는 제3항을 위반하여 과세자료를 타인에게 제공 또는 누설하거나 목적 외의 용도로 사용한 자는 3년 이하의 징역 또는 3천만원 이하의 벌금에 처한다(법 §133).

제134조 │ 징역과 벌금의 병과

제133조에 따른 징역과 벌금은 병과할 수 있다(법 §134).
이 경우 병과(倂科)란 자유형(自由刑)과 벌금형(罰金刑)을 아울러 과하는 것과 같은 동시에 둘 이상의 형에 처하는 것을 말한다.
즉, 각 죄에 대하여 독자적인 형을 확정한 다음 이를 합산하여 형을 부과하는 방법이다.

CHAPTER 10 지방세 업무의 정보화

제135조 지방세 업무의 정보화

① 지방자치단체의 장 또는 지방세조합장은 지방세 업무의 효율성과 투명성을 높이기 위하여 지방세통합정보통신망을 이용하여 이 법 또는 지방세관계법에 규정된 업무를 처리하여야 한다. 다만, 제24조 제2항에 따른 장애가 있는 경우에는 그러하지 아니하다(법 §135 ①).

② 행정안전부장관은 지방세 관련 정보의 효율적 관리와 전자신고, 전자납부, 전자송달 등 납세편의를 위하여 지방세통합정보통신망을 설치하여 다음 각 호의 업무를 처리한다(법 §135 ② Ⅰ~Ⅵ).

1. 제129조에 따라 받은 과세자료 및 제130조에 따라 수집한 자료의 제공(지방자치단체의 장에게 제공하는 경우로 한정한다.) 및 관리
2. 제86조 제1항 제5호에 따라 제공받은 과세정보의 제공. 다만, 다음 각 목의 어느 하나에 해당하는 경우에만 제공할 수 있다.
   가. 국가기관이 조세의 부과 또는 징수의 목적에 사용하기 위하여 요구하는 경우
   나. 통계청장이 국가통계작성 목적으로 요구하는 경우
   다. 「사회보장기본법」 제3조 제2호에 따른 사회보험의 운영을 목적으로 설립된 기관이 관련 법률에 따른 소관업무의 수행을 위하여 요구하는 경우
   라. 국가기관, 지방자치단체 및 「공공기관의 운영에 관한 법률」에 따른 공공기관이 급부·지원 등을 위한 자격심사를 위하여 당사자의 동의를 받아 요구하는 경우
   마. 「지방행정제재·부과금의 징수 등에 관한 법률」 제20조 제2항 제1호 및 제2호에 따른 업무를 처리하기 위하여 필요하다고 인정하는 경우
   바. 다른 법률에 따라 요구하는 경우
3. 지방자치단체의 장 또는 지방세조합장이 필요로 하는 지방세 부과·징수, 조세의 불복·쟁송, 범칙사건조사·세무조사·질문·검사, 체납확인, 체납처분 및 지방세 정책의 수립·평가·연구 에 필요한 정보의 제공

그간 행정안전부와 지방자치단체 간에는 조세의 부과·징수, 조세쟁송, 세무조사 등 지방세 운영과 관련된 범위에서 과세정보를 제공받고 있으나, 지방세 정책 추진의 효과

분석 등 면밀한 정책 추진을 위하여 정책 수립·평가·연구를 위한 과세정보 필요하고 법 제86조의 단서에 따라 제공하는 과세정보와 법 제135조에 따라 지방세통합정보통신망을 이용해 제공하는 과세정보의 범위가 상이하여 법 제86조의 단서 과세정보 제공 범위에 '지방세 정책 수립·평가·연구'목적을 추가하고, 법 제135조에는 제공근거가 있으나 법 제86조 단서에는 없는 '체납확인 및 체납처분'목적 추가하여 제공범위 통일하면서 법 제135조에 '지방세 정책 수립·평가·연구'목적을 추가하여 법 제86조 단서와 제공범위 통일한 것이다.

4. 제149조에 따라 지방자치단체로부터 받은 지방세 통계자료 등의 관리
5. 전자신고, 전자납부, 전자송달 등 납세편의를 위한 서비스 제공
6. 그 밖에 납세자의 편의를 위한 서비스 제공

③ 행정안전부장관은 지방세 업무의 효율성 및 투명성을 높이고, 납세자의 편의를 위하여 지방세 업무와 관련된 다른 정보처리시스템과의 연계방안을 마련하여 시행할 수 있다(법 §135 ③).

④ 행정안전부장관은 지방세통합정보통신망을 통하여 수집한 과세정보를 분석·가공하여 작성한 통계를 지방자치단체 간 공동이용이나 대국민 공개를 위한 자료로 활용할 수 있다(법 §135 ④).

⑤ 행정안전부장관은 제4항에 따른 업무수행을 위하여 필요한 경우에는 지방자치단체의 장 또는 지방세조합장에게 정보를 요구할 수 있으며, 지방자치단체의 장 또는 지방세조합장은 특별한 사정이 없으면 이에 협조하여야 한다(법 §135 ⑤).
이 규정에 따라 지방세 관련 정보화 업무를 위탁하는 경우 지방세통합정보통신망 개발·운영에 관한 사항 등을 심의·의결하기 위하여 전자정부법 제72조에 따른 한국지역정보개발원에 지방세통합정보통신망 개발·운영 위원회를 둘 수 있다(규칙 §49의 2).

⑥ 제1항부터 제5항까지 규정한 사항에 대한 처리절차·기준·방법 등에 관하여 필요한 사항은 행정안전부령으로 정한다(법 §135 ⑥).

⑦ 행정안전부장관 및 지방자치단체의 장은 지방세통합정보통신망의 운영 등 지방세와 관련된 정보화 사업의 효율적인 추진을 위하여 지방세 관련 정보화 업무를 「전자정부법」 제72조에 따른 한국지역정보개발원에 위탁할 수 있다(법 §135 ⑦).
이는 현행 지방세정보시스템은 과세정보가 지자체별로 분산 구축되어 운영됨에 따라 지자체간 과세정보의 공동활용 곤란하고 특히 체납자의 재산정보가 여러 지자체에 분산된 경우, 서울시 체납자 재산을 부산시 소재 지자체에서 조회 불가하며, 또한, 빅데이터·클라우

드·AI·IoT 등 최신기술 기반의 스마트 전자정부 구현 한계가 있어 차세대 지방세정보시스템 구축·운영을 대비하여 현행 '지방세통합정보통신망'의 명칭을 '지방세통합정보통신망'으로 변경하고 차세대 지방세정보시스템의 원활한 구축·운영 필요한 지방세 과세정보의 공동 활용과 대국민 공개 강화를 위해 자치단체의 정보제공 협조 명문화한 것이다.

제136조 | 지방세수납정보시스템 운영계획의 수립·시행

① 행정안전부장관은 납세자가 모든 지방자치단체의 지방세를 편리하게 조회하고 납부할 수 있도록 하기 위하여 다음 각 호의 사항을 포함하는 지방세수납정보시스템 운영계획을 수립·시행하여야 한다(법 §136 ① Ⅰ~Ⅴ).
  1. 지방세통합정보통신망과 지방세수납대행기관 정보통신망의 연계
  2. 지방세 납부의 실시간 처리 및 안전한 관리와 수납통합처리시스템의 운영
  3. 지방세 납부의 편의성 제고를 위한 각종 서식의 개선
  4. 지방세의 전국적인 조회, 납부, 수납처리 절차 및 성능개선과 안전성 제고에 관한 사항
  5. 그 밖에 대통령령으로 정하는 지방세수납정보시스템과 관련된 기관의 범위 등 운영계획의 수립·시행에 필요한 사항

이 규정에 따라 지방세수납정보시스템과 관련된 기관은 ① 지방자치단체 ② 지방자치단체의 금고 ③ 지방세수납대행기관 ④ 지방회계법 시행령 제62조에 따른 세입금통합수납처리시스템의 약정 당사자 중 같은 조 제3호(전자금융거래법 제2조 제6호에 따른 결제중계시스템의 운영자) 및 제4호(제1호부터 제3호까지에서 규정한 자 외에 지방세 및 그 밖의 세입금수납업무처리와 관련되는 법인이나 기관 또는 단체)에 해당하는 자 ⑤ 지방세법 시행령 제52조 제1항에 따라 면허에 대한 등록면허세의 납부여부를 확인하여야 하는 면허부여기관으로 한다(영 §76 Ⅰ~Ⅴ).

② 행정안전부장관은 제1항에 따른 지방세수납정보시스템 운영계획을 수립·시행할 때에는 납세자의 편의성을 우선적으로 고려하여야 하며, 지방세수납정보시스템의 이용에 지역 간 차별이 없도록 하여야 한다(법 §136 ②).

제137조 지방세입 정보관리 전담기구의 설치 등

① 지방세입(지방세와 세외수입을 말한다. 이하 이 조 및 제151조에서 같다.)의 부과·징수에 필요한 자료 등의 수집·관리 및 제공을 위하여 행정안전부에 지방세입 정보관리 전담기구를 설치할 수 있다(법 §137 ①).

② 제1항에 따른 지방세입 정보관리 전담기구의 조직 및 운영 등에 관하여 필요한 사항은 대통령령으로 정한다(법 §137 ②).

제138조 전자송달, 전자납부 등에 대한 우대

지방세통합정보통신망 또는 연계정보통신망을 통한 전자송달을 신청한 자와 전자납부를 한 자 또는 납부기한보다 먼저 지방세를 납부한 자에 대해서는 지방자치단체가 조례로 정하는 바에 따라 우대할 수 있다(법 §138).

CHAPTER 11 보칙

제1편 지방세기본법

이 장(章)에서는 납세관리인의 지정, 세무공무원의 질문·검사권 등 지방세관계법의 운용과 관련된 절차·납세자의 권익신장에 필요한 심의위원회 설치, 지방세연구기관의 설립과 지방세발전기금의 설치·운영에 관한 내용을 규정하고 있다.

제139조 │ 납세관리인

① 국내에 주소 또는 거소를 두지 아니하거나 국외로 주소 또는 거소를 이전하려는 납세자는 지방세에 관한 사항을 처리하기 위하여 납세관리인을 정하여야 한다(법 §139 ①).

② 제1항에 따른 납세관리인을 정한 납세자는 대통령령으로 정하는 바에 따라 지방자치단체의 장에게 신고하여야 한다. 납세관리인을 변경하거나 해임할 때에도 또한 같다(법 §139 ②).

납세관리인의 지정의 신고를 하려는 자는 ① 납세자의 성명과 주소 또는 영업소 ② 납세관리인의 성명과 주소 또는 영업소 ③ 지정의 이유를 적은 신고서를 지방자치단체의 장에게 제출하여야 하며, 납세관리인의 변경 또는 해임의 신고를 하려는 자는 ① 납세자의 성명과 주소 또는 영업소 및 납세관리인의 성명과 주소 또는 영업소 ② 변경 후의 납세관리인의 성명과 주소 또는 영업소(변경신고의 경우에만 해당한다.) ③ 변경의 이유(변경신고의 경우에만 해당한다.)를 적은 신고서를 지방자치단체의 장에게 제출하여야 한다(영 §77 ①·②).

③ 지방자치단체의 장은 납세자가 제2항에 따른 신고를 하지 아니하면 납세자의 재산이나 사업의 관리인을 납세관리인으로 지정할 수 있다(법 §139 ③).

지방자치단체의 장은 신고된 납세관리인이 부적당하다고 인정할 때에는 납세자에게 기한을 지정하여 그 변경을 요구할 수 있으며, 이러한 변경 요구를 받은 납세자가 그 지정기한까지 납세관리인 변경의 신고를 하지 아니하였을 때에는 납세관리인의 지정이 없는 것으로 보고, 지방자치단체의 장은 납세자의 재산이나 사업의 관리인을 납세관리인으로 지정할 수 있고, 이렇게 지방자치단체의 장이 납세관리인을 지정하였을 때에는 그 납세자와 납세관리인에게 지체 없이 통지하여야 한다(영 §78 ①·②·③).

④ 재산세의 납세의무자는 해당 재산을 직접 사용·수익하지 아니하는 경우에는 그 재산의 사용자·수익자를 납세관리인으로 지정하여 신고할 수 있다(법 §139 ④).

⑤ 지방자치단체의 장은 재산세의 납세의무자가 제4항에 따라 재산의 사용자·수익자를 납세관리인으로 지정하여 신고하지 아니하는 경우에도 그 재산의 사용자·수익자를 납세관리인으로 지정할 수 있다(법 §139 ⑤).

(1) 납세관리인의 지정 및 신고

납세자가 국내에 주소 또는 거소를 두지 아니하거나 국외로 주소 또는 거소를 이전하려는 경우에는 필히 납세관리인을 정하여 지방자치단체의 장에게 신고해야 하고, 납세관리인을 변경하거나 해임할 때에도 신고해야 한다.

그리고 납세자가 납세관리인에 대한 지정·변경 또는 해임에 대한 신고를 하지 아니할 때에는 지방자치단체의 장은 납세자의 재산이나 사업의 관리인을 납세관리인으로 지정할 수 있다.

또는 재산세의 납세의무자는 해당 재산을 직접 사용·수익하지 아니하는 경우에는 그 재산의 사용자·수익자를 납세관리인으로 신고할 수 있고, 신탁재산의 재산세 납세의무자는 위탁자를 납세관리인으로 지정하여 신고 할 수 있으며, 이를 신고하지 아니한 경우에는 지방자치단체의 장이 지정할 수도 있다.

주소라 함은 민법상 생활의 근거가 되는 곳을 말하며, 2개 이상의 주소를 인정하고 있으나 통상 주민등록상의 주소를 주소로 봄이 무난한 것으로 보여지며, 거소라 함은 사람이 다소의 기간 동안 계속하여 거주하는 장소로서 그 장소와의 밀접한 정도가 주소만 못한 것을 말한다. 그러므로 사업소, 영업장, 사무소 등을 주소 또는 거소로 볼 수 없을 경우에는 납세관리인을 지정하여야 한다.

그리고 이 규정에서 "지방세에 관한 사항"이라 함은 지방세법의 규정에 의한 신고, 신청, 청구, 기타 서류의 작성·제출, 과세권자 등이 발부한 서류의 수령, 지방세 등의 납부 또는 환급금의 수령 등을 말한다.

(2) 납세관리인 지정의 효과와 실익

① 납세관리인을 지정한 경우에는 납부 또는 납입의 고지와 독촉에 관한 서류(체납처분에 관한 서류는 제외함)는 그 납세관리인의 주소, 거소, 영업소 또는 사무소에 송달함으로써 납세자에게 송달된 것과 같은 효력을 갖는다. 그러나 납세관리인은 어디까지나 납세자의 세무에 관한 신고관련 서류를 대신 작성, 제출하거나, 과세관청에서 발부하는 서류 및 환급금 등을 대신 수령하여 전달하는 단순한 역할의 대행자 일 뿐이

지 원래 납세자의 조세납부의무를 대신 지는 것도 아니며, 납세관리인에게 제2차 납세의무나 연대납세의무가 발생하는 것도 아니다.

② 납세자가 납세지에 주소 또는 거소를 두지 아니한 경우에는 납세고지서 등의 교부 또는 송달이 불가능하여 조세의 효율적인 부과징수를 저해하는 경우가 많이 생길 뿐더러 납세자 측에서도 주소지가 확실하지 않아 고지서 등의 송달을 공시송달에 의하게 되는 등으로 인하여 본인도 모르는 가운데 세금이 체납되어 지방세의 징수나 체납처분을 당하여 재산에 막중한 피해를 입는 경우가 있으므로 과세기관과 납세자의 양자의 편익을 위하여 납세관리인 지정에 소홀함이 없도록 함이 좋을 것이다.

③ 납세관리인은 납세자의 해임행위(민법 제128조 : 법률 관계의 종료), 납세자의 사망, 납세관리인의 사망, 금치산 또는 파산 등의 사유가 발생한 때 그 권한이 소멸하고, 납세관리인의 권한 소멸 후 그 소멸한 사실을 모르고 그 납세관리인에게 행한 행위 또는 그 납세관리인이 행한 행위는 당해 납세자(납세의무승계자 포함)에게 효력이 있다.166)

제140조 | 세무공무원의 질문·검사권

① 세무공무원은 지방세의 부과·징수에 관련된 사항을 조사하기 위하여 필요할 때에는 다음 각 호의 자에게 질문하거나 그 자의 장부, 서류, 그 밖의 물건을 검사할 수 있다(법 §140 ① I ~Ⅳ).
  1. 납세의무자 또는 납세의무가 있다고 인정되는 자
  2. 특별징수의무자
  3. 제1호 또는 제2호의 자와 금전 또는 물품을 거래한 자 또는 그 거래를 하였다고 인정되는 자
  4. 그 밖에 지방세의 부과·징수에 직접 관계가 있다고 인정되는 자

② 제1항의 경우에 세무공무원은 신분을 증명하는 증표를 지니고 관계인에게 내보여 주어야 한다(법 §140 ②).
  이 경우 "신분을 증명하는 증표"란 세무공무원에 대하여 지방자치단체의 장이 ① 소속 ② 직위·성명 및 생년월일 ③ 질문·검사·수사 또는 지방세 체납자의 재산압류 신분에 관한

---
166) 국세기본법 통칙 82-0…2 (납세관리인의 권한소멸 후의 효과)

사항을 증명한 증표를 말한다(영 §79 Ⅰ~Ⅲ).

③ 세무공무원은 조사에 필요한 경우 제1항 각 호의 자로 하여금 보고하게 하거나 그 밖에 필요한 장부 등의 제출을 요구할 수 있다(법 §140 ③).

과세권자가 지방세채권을 적정하게 확보하기 위해서는 납세의무자의 소득, 재산, 기타의 과세요건에 대한 조사를 할 필요가 있으므로 세무공무원에게 지방세법의 규정에 의해서 질문·검사권이 부여되고 있는 것이다. 여기서의 질문·검사권은 지방세의 부과징수에 관한 질문·검사에 대해서만 적용되고 범칙사건의 조사에 대해서는 조세범처벌절차법이 적용되며, 체납처분을 위한 조사에 대해서는 국세의 예에 의하도록 하고 있다.

제141조 매각·등기·등록 관계 서류의 열람 등

세무공무원이 취득세 및 재산세를 부과·징수하기 위하여 토지·건축물 등 과세물건의 매각, 등기, 등록 및 그 밖의 현황에 대한 관계 서류의 열람 또는 복사를 요청하는 경우 관계 기관은 협조하여야 한다(법 §141).

이 경우는 취득세, 재산세에 필요한 자료파악을 위해 등기소, 자동차등록사업소, 건축관계 부서 등에 보관하고 있는 관계서류를 열람 또는 복사하여 사용할 수 있는 근거 규정으로 정립된 것이다.

제142조 지급명세서 자료의 이용

「금융실명거래 및 비밀보장에 관한 법률」제4조 제4항에도 불구하고 세무공무원은 「지방세법」제103조의 13 및 제103조의 29에 따라 제출받은 이자소득 또는 배당소득에 대한 지급명세서를 다음 각 호의 용도에 이용할 수 있다(법 §142 Ⅰ·Ⅱ).
1. 지방세 탈루의 혐의를 인정할 만한 명백한 자료의 확인
2. 체납자의 재산조회와 체납처분

제143조 │ 교부금전의 예탁

① 이 법 또는 지방세관계법과 그 법의 위임에 의하여 제정된 조례에 따라 채권자, 납세자, 그 밖의 자에게 교부할 금전은 「지방회계법」 제38조에 따라 지정된 금고에 예탁할 수 있다(법 §143 ①).
② 세무공무원은 제1항에 따라 예탁하였을 때에는 채권자, 납세자, 그 밖의 자에게 알려야 한다(법 §143 ②).

1. 예탁의 의의

이 규정은 매각대금 등의 배분(配當)대상으로는 채권이 그 변제기한이 도래하지 아니하거나, 또는 체납자의 주소 또는 거소가 불명한 등의 이유로 금전을 채권자 또는 체납자 등에게 교부할 수 없는 경우에 이를 예탁하여 배분절차와 완료되도록 규정하고 있다.

여기서 "예탁"이라 함은 민법상의 변제공탁에 해당하므로, 그 성질에 반하지 않는 한 민법 제487조 이하의 공탁에 관한 규정을 준용한다.

2. 예탁장소 및 절차

예탁장소는 지방재정법 제77조에 따라 지정하는 금고인 「은행법에 의한 은행」이다. 그리고 신용사업을 영위하는 농협조합, 수협조합, 산림조합, 새마을금고, 신용협동조합도 안정성 기준에 적합할 때에는 금고로 지정할 수 있다.

예탁의 절차는 금고가 세무관서의 출납공무원 계좌를 설치하고 출납공무원으로부터 예탁금을 예탁받으면 이를 그 출납공무원의 예탁금으로 수입하고 영수증서를 입금자에게 교부해야 한다. 그리고 예탁금의 출금절차에 관한 규정은 없으나 금고에서 예탁금을 세무관서의 출납공무원 계좌에 예입하여 두는 것이므로 피예탁자(채권자 또는 채무자)는 금고에 대하여 예탁금을 직접 출금으로 싸 둘 수는 없고 피예탁자는 세무서의 출납공무원으로부터 당해 예탁금 상당의 수표를 발행받아 그 수표를 제시하고 금고로부터 당해 출납공무원 계좌에서 출금받을 수 있을 것으로 해석한다.

3. 예탁의 통지

세무관서에서는 채권자 또는 채납자를 위하여 교부금전을 예탁한 때에는 그 뜻을 채권자와 채납자에게 문서로 통지해야 한다.

제144조 | 장부 등의 비치와 보존

① 납세자는 이 법 및 지방세관계법에서 규정하는 바에 따라 장부 및 증거서류를 성실하게 작성하여 갖춰 두어야 하고, 이에 따른 장부 및 증거서류는 법정신고기한이 지난 날부터 5년간 보존하여야 한다(법 §144 ①·②).

② 납세자는 제1항에 따른 장부와 증거서류의 전부 또는 일부를 전산조직을 이용하여 작성할 수 있다. 이 경우 그 처리과정 등을 대통령령으로 정하는 기준에 따라 자기테이프, 디스켓 또는 그 밖의 정보보존 장치에 보존하여야 한다(법 §144 ③).

이 규정에서 "대통령령으로 정하는 기준"이란,
㉮ 자료를 저장하거나 저장된 자료를 수정·추가 또는 삭제하는 절차·방법 등이 마련되어 있고 해당 정보보존 장치의 생산과 이용에 관련된 전산조직의 개발과 운영에 관한 기록을 보관할 것
㉯ 정보보존 장치에 저장된 자료의 내용을 쉽게 확인할 수 있도록 하거나 이를 문서화할 수 있는 장치와 절차가 마련되어 있어야 하며, 필요시 다른 정보보존 장치에 복제가 가능하도록 되어 있을 것
㉰ 정보보존 장치가 거래 내용 및 변동사항을 포괄하고 있어야 하며, 과세표준과 세액을 결정할 수 있도록 검색과 이용이 가능한 형태로 보존되어 있을 것의 요건을 말하고, 이에 따른 정보보존 장치에 대한 세부적인 기준 등에 관하여 필요한 사항은 행정안전부장관이 정한다(영 §80 ①·②).

③ 제1항을 적용하는 경우 「전자문서 및 전자거래 기본법」 제5조 제2항에 따른 전자화문서로 변환하여 같은 법 제31조의2에 따른 공인전자문서센터에 보관하였을 때에는 제1항에 따라 장부 및 증거서류를 갖춘 것으로 본다. 다만, 계약서 등 위조·변조하기 쉬운 장부 및 증거서류로서 대통령령으로 정하는 것은 그러하지 아니하다(법 §144 ④).
이 경우 "대통령령으로 정하는 것"이란 ㉮「상법 시행령」등 다른 법령에 따라 원본을 보존하여야 하는 문서, ㉯ 등기·등록 또는 명의변경이 필요한 자산의 취득 및 양도와 관련하여 기명날인 또는 서명한 계약서, ㉰ 소송과 관련하여 제출·접수한 서류 및 판결문 사본. 다만, 재발급이 가능한 경우는 제외한다. ㉱ 인가·허가와 관련하여 제출·접수한 서류 및 인·허가증. 다만, 재발급이 가능한 경우는 제외한다에 해당하는 문서를 말한다(영 §80 ③ Ⅰ~Ⅳ).

제145조 | 서류접수증 교부

① 지방자치단체의 장은 과세표준 신고서, 과세표준 수정신고서, 경정청구서 또는 과세표준신고·과세표준수정신고·경정청구와 관련된 서류 및 그 밖에 대통령령으로 정하는 서류를 받으면 접수증을 내주어야 한다. 다만, 우편신고 등 대통령령으로 정하는 경우에는 내주지 아니할 수 있다(법 §145 ①).

이 경우 "그 밖에 대통령령으로 정하는 서류"란 ① 과세전적부심사청구서, 이의신청서 및 심판청구서 ② 법 또는 지방세관계법에 따라 제출기한이 정해진 서류 ③ 그 밖에 지방자치단체의 장이 납세자의 권익보호에 필요하다고 인정하여 지정한 서류 중 어느 하나에 해당하는 서류를 말한다(영 §81 ① Ⅰ~Ⅲ).

그리고 단서에서 "우편신고 등 대통령령으로 정하는 경우"란 과세표준신고서 등의 서류를 우편이나 팩스로 제출하는 경우를 말한다(영 §81 ②).

② 지방자치단체의 장은 제1항의 신고서 등을 지방세통합정보통신망으로 제출받은 경우에는 그 접수사실을 전자적 형태로 통보할 수 있다(법 §145 ②).

제146조 | 포상금의 지급

① 지방자치단체의 장 또는 지방세조합장은 다음 각 호의 어느 하나에 해당하는 자에게는 예산의 범위에서 포상금을 지급할 수 있다. 이 경우 그 포상금은 1억원을 초과할 수 없다(법 §146 ① Ⅰ~Ⅴ).
1. 지방세를 탈루한 자에 대한 탈루세액 또는 부당하게 환급·감면받은 세액을 산정하는 데 중요한 자료를 제공한 자

이 규정에 해당하는 자에게는 탈루세액 또는 부당하게 환급·감면받은 세액(이하 이 조에서 "탈루세액 등"이라 한다.)에 다음의 지급률을 곱하여 계산한 금액을 포상금으로 지급할 수 있다. 다만, 1억원을 초과하는 부분은 지급하지 아니한다(영 §82 ①).

탈루세액 등	지급률
3천만원 이상 1억원 이하	100분의 15
1억원 초과 5억원 이하	1천5백만원＋1억원을 초과하는 금액의 100분의 10
5억원 초과	5천5백만원＋5억원을 초과하는 금액의 100분의 5

2. 체납자의 은닉재산을 신고한 자

이 규정에 해당하는 자에게는 은닉재산의 신고를 통하여 징수된 금액(이하 이 조에서 "징수금액"이라 한다.)에 다음의 지급률을 곱하여 계산한 금액을 포상금으로 지급할 수 있다. 다만, 1억원을 초과하는 부분은 지급하지 아니한다. 그리고 위 1,2에 따른 포상금은 현금지급, 이체입금 등의 방법에 따라 지급한다(영 §82 ②·③).

징수금액	지급률
1천만원 이상 5천만원 이하	100분의 15
5천만원 초과 1억원 이하	750만원＋5천만원을 초과하는 금액의 100분의 10
1억원 초과	1천250만원＋1억원을 초과하는 금액의 100분의 5

3. 행정안전부령으로 정하는 체납액 징수에 기여한 자

이 경우 "행정안전부령으로 정하는 체납액 징수에 기여한 자"란 지속적인 납부독려, 체납처분 등 특별한 노력으로 체납액 징수에 기여한 자를 말하고, 이 규정을 적용할 때 ① 단순히 독촉장, 납부최고서, 체납액 고지서를 발송한 후 체납자의 자진 납부에 따라 체납액이 징수되는 경우 ② 과세물건에 대한 압류만으로 해당 과세물건에 대한 체납액이 징수된 경우 ③ 해당 지방자치단체 외의 자가 체납자의 재산에 대하여 실시한 공매 또는 경매 등에 참가하여 받은 배당금으로 체납액이 징수되는 경우에는 특별한 노력으로 체납액 징수에 기여한 것으로 보지 아니한다(규칙 §54 ①·② Ⅰ~Ⅲ).

4. 제1호부터 제4호까지의 규정에 준하는 경우로서 지방자치단체의 장이 지방세의 부과징수에 또는 지방세조합장이 지방세 징수에 특별한 공적이 있다고 인정하는 자

② 제1항 제1호 및 제2호의 경우 탈루세액, 부당하게 환급·감면받은 세액, 은닉재산의 신고를 통하여 징수된 금액이 대통령령으로 정하는 금액 미만인 경우 또는 공무원이 그 직무와 관련하여 자료를 제공하거나 은닉재산을 신고한 경우에는 포상금을 지급하지 아니한다(법 §146 ②). 이 경우 "대통령령으로 정하는 금액"이란 탈루세액 등의 경우에는 3천만원, 징수금액의 경우는 1천만원을 말한다(영 §82 ④).

③ 제1항 제1호에서 "중요한 자료"란 다음 각 호의 구분에 따른 자료 또는 정보를 말한다(법 §146 ③ Ⅰ~Ⅲ).

1. 지방세 탈루 또는 부당하게 환급·감면받은 내용을 확인할 수 있는 거래처, 거래일 또는 거래기간, 거래품목, 거래수량 및 금액 등 구체적 사실이 기재된 자료 또는 장부(자료 또는 장부 제출 당시에 납세자의 부도·폐업 또는 파산 등으로 인하여 과세실익이 없다고 인정되는 것과 세무조사가 진행 중인 것은 제외한다. 이하 이 조에서 "자료등"이라 한다.)
2. 자료등의 소재를 확인할 수 있는 구체적인 정보

3. 그 밖에 지방세 탈루 또는 부당하게 환급·감면받은 수법, 내용, 규모 등의 정황으로 보아 중요하다고 인정할 만한 자료등으로서 대통령령으로 정하는 자료등

 이 경우 "대통령령으로 정하는 자료"등이란 ① 지방세 탈루 또는 부당한 환급·감면과 관련된 회계부정 등에 관한 자료 등 ② 그 밖에 지방세 탈루 또는 부당한 환급·감면의 수법, 내용, 규모 등 정황으로 보아 중요하다고 인정되는 자료 등을 말한다(영 §82 ⑤ Ⅰ·Ⅱ).

④ 제1항 제2호에서 "은닉재산"이란 체납자가 은닉한 현금, 예금, 주식, 그 밖에 재산적 가치가 있는 유형·무형의 재산을 말한다. 다만, 다음 각 호의 재산은 제외한다(법 §146 ④ Ⅰ~Ⅲ).
 1. 지방세징수법 제39조에 따른 사해행위 취소소송의 대상이 되어 있는 재산
 2. 세무공무원이 은닉사실을 알고 조사 또는 체납처분 절차에 착수한 재산
 3. 그 밖에 체납자의 은닉재산을 신고받을 필요가 없다고 인정되는 재산으로서 대통령령으로 정하는 재산.

 이 경우 "대통령령으로 정하는 재산"이란 체납자 본인의 명의로 등기·등록된 국내에 있는 재산을 말한다(영 §82 ⑥). 그리고 이 영 제1항부터 제6항까지에서 규정한 사항 외에 포상금의 신고 방법 등에 관하여 필요한 사항은 지방자치단체의 조례나 「지방자치법」 제178조 제1항에 따른 지방자치단체조합회의 심의·의결을 거쳐 정하는 포상금 관련 규정(規程)으로 정한다(영 §82 ⑦).

⑤ 제1항 제1호 및 제2호에 따른 자료의 제공 또는 신고는 성명과 주소를 분명히 적고 서명하거나 날인한 문서로 하여야 한다. 이 경우 객관적으로 확인되는 증거자료 등을 첨부하여야 한다(법 §146 ⑤).

⑥ 제1항 제1호 또는 제2호에 따른 포상금 지급과 관련된 업무를 담당하는 공무원은 자료 제공자 또는 신고자의 신원 등 신고 또는 제보와 관련된 사항을 목적 외의 용도로 사용하거나 타인에게 제공 또는 누설해서는 아니 된다(법 §146 ⑥).

⑦ 제1항 제1호 및 제2호에 따른 포상금의 지급기준, 지급 방법과 제5항에 따른 신고기간, 자료 제공 및 신고 방법 등에 관하여 필요한 사항은 대통령령으로 정한다(법 §146 ⑦).

⑧ 제1항 제3호부터 제5호까지에 해당하는 포상금 지급대상, 지급기준, 지급 방법 등에 필요한 사항은 지방자치단체의 조례 또는 「지방자치법」 제178조 제1항에 따른 지방자치단체조합회의 심의·의결을 거쳐 정하는 포상금 관련 규정(規程)으로 정한다(법 §146 ⑧).

⑨ 지방자치단체의 장 또는 지방세조합장은 이 법이나 그 밖의 법령에서 정한 포상금에 관한 규정에 따르지 아니하고는 어떠한 금전이나 물품도 지방세의 납부 등 세수 증대에 기여하였다는 이유로 지급할 수 없다(법 §146 ⑨).

제147조 지방세심의위원회 등

① 다음 각 호의 사항을 심의하거나 의결하기 위하여 지방자치단체에 지방세심의위원회를 둔다(법 §147 ① Ⅰ~Ⅵ).
   1. 제82조제1항에 따른 세무조사대상자 선정에 관한 사항

   이 규정은 지방세 세무조사 대상선정의 객관성 및 투명성 확보를 위해 별도의 선정기구에서 세무 조사대상자 선정하되, 다만, 별도 새로운 기구를 설치하는 것보다, 기 법에 설치근거가 있고, 외부에 지방세 전문가가 부족한 현실 등을 감안하여 전 지자체에 기 설치되어 과세전적부심, 이의신청 등 지자체의 지방세 주요사항을 심의·의결하는 지방세심의위원회에 세무조사 대상자 선정 기능을 추가한 것이다.

   2. 제88조에 따른 과세전적부 심사에 관한 사항
   3. 제90조 및 제91조에 따른 이의신청에 관한 사항
   4. 「지방세징수법」 제11조제1항 및 제3항에 따른 체납자의 체납정보 공개에 관한 사항
   5. 「지방세징수법」 제11조의4에 따른 감치에 관한 사항
   6. 「지방세법」 제10조의2에 따른 시가인정액의 산정 등에 관한 사항
   7. 「지방재정법」 제44조의2에 따라 예산안에 첨부되는 자료로서 대통령령으로 정하는 자료에 관한 사항
   8. 지방세관계법에 따라 지방세심의위원회의 심의를 받도록 규정한 사항
   9. 그 밖에 지방자치단체의 장이 필요하다고 인정하는 사항

   이 규정은 지방세 고액·상습 체납자의 감치, 시가인정액 산정 등 지방세심의위원회 심의·의결대상 확대 등 지방세심의위원회의 심의·의결 분야가 확대됨에 따라 위원회의 전문성 등을 강화하기 위해 분과 설치 필요성 증대되어 시·도의 지방세심의위원회가 지방세제·재정 등 폭넓은 분야에 대해 심의·의결을 하고 있는 상황을 감안하여, 지방세심의위원회의 전문성 강화를 위해 심의위원회 내 분과를 설치할 수 있도록 규정하고 분과의 효율적 운영을 위해 자치단체 조례로 위원회 내 분과에 대한 세부 운영기준 마련토록 규정한 것이다.

   이 경우 감치(납부능력이 있음에도 불구하고 고액의 지방세를 체납한 자에 대하여 법원 결정에 따라 30일 이내 유치장 등에 구인하는 제도)신청은 지방자치단체심의 결을 거쳐 지방자치단체의 장이 검사에게 감치신청을 하면 검사가 법원에 감치청구 결정을 통해 감치집행을 하게 된다. 이 경우 감치신청 전에 체납자에게 소명자료 제출 및 의견 진술기회를 부여하여야 하고, 감치에 처한 체납자는 동일한 체납사실로 다시 감치는 되지 않으며, 감치 집행 중 체납액을 납부한 경우 감치집행이 종료된다.

② 제1항 제4호 및 제9호의 사항을 심의하거나 의결하기 위하여 지방세조합에 지방세징수심의위원회를 둔다. 이 경우 제1항 제9호 중 "지방자치단체의 장"은 "지방세조합장"으로 본다(법 §147 ②).

③ 제1항에 따른 지방세심의위원회 및 제2항에 따른 지방세징수심의위원회의 조직과 운영, 그 밖의 중요한 사항은 대통령령으로 정한다(법 §147 ③).

④ 제1항에 따른 지방세심의위원회 및 제2항에 따른 지방세징수심의위원회의 위원 중 공무원이 아닌 사람은 「형법」과 그 밖의 법률에 따른 벌칙을 적용할 때에는 공무원으로 본다(법 §147 ④).

1. 지방세 심의위원회의 구성 등(영 § 83)

가. 이 규정에 따른 지방세심의위원회는 다음 각 호의 구분에 따라 구성한다(영 §83 ① Ⅰ·Ⅱ).
① 특별시·광역시·특별자치시·도·특별자치도(이하 '시·도 등'이라 한다.)에 두는 지방세심의위원회 및 지방세징수심의위원회의(이하 위원회라 한다.)는 위원장 1명과 부위원장 1명을 포함하여 25명 이내의 위원으로 구성한다. 다만, 조례로 정하는 바에 따라 위원의 정수를 10명의 범위에서 더 늘릴 수 있다.
② 시·도 등에 두는 지방세심의위원회에는 전문성 및 효율성을 제고하기 위하여 분과를 설치할 수 있고, 구성 및 운영에 관한 세부사항은 조례로 정할 수 있다.
  이 규정은 시·도의 지방세심의위원회가 지방세제·재정 등 폭넓은 분야에 대해 심의·의결을 하고 있는 상황을 감안하여, 지방세심의위원회의 전문성 강화를 위해 심의위원회 내 분과를 설치할 수 있도록 규정하고, 분과의 효율적 운영을 위해 자치단체 조례로 위원회 내 분과에 대한 세부 운영기준 마련토록 규정한 것이다.
③ 시·군·구에 두는 위원회는 위원장 1명과 부위원장 1명을 포함한 19명 이내의 위원으로 성별을 고려하여 구성한다. 다만, 조례로 정하는 바에 따라 위원의 정수를 6명의 범위에서 더 늘릴 수 있다.

나. 위원회의 위원장은 다음의 제3항 제2호부터 제4호까지의 규정에 따른 위원(이하 "위촉위원"이라 한다.) 중 전체 위원으로부터 호선되는 사람이 되고, 부위원장은 다음 구분에 따른 사람이 된다(영 §83 ② Ⅰ·Ⅱ).
① 특별시·광역시·특별자치시·도·특별자치도에 두는 위원회의 부위원장은 지방세에 관한 사무를 담당하는 실장, 국장 또는 본부장이 된다.
② 시·군·구에 두는 위원회의 부위원장은 지방세에 관한 사무를 담당하는 실장 또는 국장(실장 및 국장이 없는 시·군의 경우에는 과장 또는 담당관을 말한다.)이 된다.

다. 위원회의 위원은 다음 각 호의 어느 하나에 해당하는 사람 중에서 지방자치단체의 장이 지명하거나 위촉하는 사람이 된다. 이 경우 위촉위원이 전체위원의 과반수가 되어야 한다(영 §83 ③ Ⅰ~Ⅳ).
  1. 다음 각 목의 구분에 따른 공무원
    ① 시·도 등에 두는 위원회 위원의 경우에는 지방세에 관한 사무를 담당하는 4급 이상 공무원
    ② 시·군·구에 두는 위원회 위원의 경우에는 지방세에 관한 사무를 담당하는 5급 이상 공무원
  2. 판사·검사·군법무관·변호사·공인회계사·세무사 또는 감정평가사의 직에 3년 이상 종사한 사람
  3. 대학에서 법학·회계학 또는 부동산평가학을 교수하는 사람으로서 조교수 이상의 직에 재직하는 사람
  4. 그 밖에 지방세에 관하여 전문지식과 경험이 풍부한 사람

라. 위원 중 위촉위원의 임기는 2년으로 하고, 위촉위원이 궐위된 때에는 새로 위촉하되, 새로 위촉된 위원의 임기는 전임자의 잔임기간으로 한다(영 §83 ④·⑤).

마. 위원장이 부득이한 사유로 직무를 수행할 수 없을 때에는 부위원장이 그 직무를 대행하고, 부위원장이 부득이한 사유로 위원장의 직무를 대행할 수 없을 때에는 위원 중 연장자 순으로 위원장의 직무를 대행한다(영 §83 ⑥).

2. 지방세심의위원회 심의대상(영 § 83조의 2)

법 제147조 제1항 제7호에서 "예산안에 첨부되는 자료로서 대통령령으로 정하는 자료"란 「지방재정법」 제44조의2에 따라 예산안에 첨부하여 지방의회에 제출하는 세입예산 추계보고서(세입추계 방법 및 근거, 전년도 세입예산과 세입결산 간 총액 및 세목별 차이에 대한 평가를 포함한다)를 말한다(영 §83의2).

이 규정은 「지방재정법」 제44조의2에 따라 예산안에 첨부되는 자료로 대통령령으로 정하는 자료를 지방세심의위원회 심의·의결대상으로 추가하는 경우 지방의회에 제출하는 예산안에 첨부되는 자료 관련 시행령으로 위임된 사항을 새로 규정할 필요가 있어 지방세 세수추계 정확성 제고를 위해 지방의회에 제출하는 지방세 세수추계보고서*를 지방세심의위원회의 심의·의결대상으로 추가(국가재정법 제34조 중 제2의2호 세입예산 추계분석보고서)한 것이다.

3. 위원회의 운영(영 § 84)

① 위원회의 회의는 다음 각 호의 구분에 따라 구성한다. 이 경우 위원장을 포함한 위촉위원이 구성원의 과반수가 되어야 한다(영 §84 ① Ⅰ·Ⅱ).

 1. 시·도 등에 두는 위원회의 회의는 위원장, 부위원장, 그 밖에 도지사가 회의마다 지정하는 9명의 위원으로 구성한다.
 2. 시·군·구에 두는 위원회의 회의는 위원장, 부위원장, 그 밖에 지방자치단체의 장이 회의마다 지정하는 7명의 위원으로 구성한다.

② 위원회의 회의는 위원장이 도지사 또는 시장·군수의 요구로 소집하고, 위원장이 그 회의를 주재한다(영 §84 ②).
③ 위원장은 위원회를 대표하며, 위원회의 업무를 총괄한다(영 §84 ③).
④ 위원회는 제1항에 따른 구성원 과반수의 출석과 출석위원 과반수의 찬성으로 의결한다(영 §84 ④).
⑤ 위원회는 회의를 운영할 때 법 제77조 제2항에 따른 납세자보호관을 출석시켜 의견을 들어야 하며, 필요하다고 인정하면 신청인·청구인 등 이해관계인, 참고인, 전문가, 관계 공무원 또는 납세자보호관을 출석시켜 의견을 듣거나 증명자료의 제출을 요구할 수 있다(영 §84 ⑤).
⑥ 위원회의 사무를 처리하기 위하여 위원회에 간사 1인을 두며, 간사는 지방자치단체의 장이 소속 공무원 중에서 지명한다(영 §84 ⑥).

4. 위원의 제척 등(영 § 85)

① 위원회의 위원이 다음 각 호의 어느 하나에 해당하는 경우에는 그 안건의 심의·의결에서 제척(除斥)된다(영 §85 ① Ⅰ~Ⅴ).

 1. 위원이나 그 배우자 또는 그 배우자였던 사람이 해당 안건의 당사자(당사자인 법인·단체 등의 임원 또는 직원인 경우를 포함한다. 이하 이 호 및 제2호에서 같다.)가 되거나 그 안건의 당사자와 공동권리자 또는 공동의무자인 경우
 2. 위원이 해당 안건의 당사자와 친족이거나 친족이었던 경우
 3. 위원이 해당 안건에 관하여 증언, 진술, 자문, 연구, 용역 또는 감정을 한 경우
 4. 위원이나 위원이 속한 법인이 해당 안건 당사자의 대리인으로서 관여하거나 관여하였던 경우
 5. 위원(위촉위원만 해당한다.)이 안건의 대상이 된 처분 또는 부작위 등에 관여한 경우

② 신청인이나 청구인 등 안건의 당사자는 위원에게 공정한 심의·의결을 기대하기 어려운

사정이 있는 경우에는 지방세심의위원에 기피 신청을 할 수 있으며, 지방세심의위원회는 의결로 이를 결정한다. 이 경우 기피신청의 대상인 위원은 그 의결에 참여하지 못한다(영 §85 ②).
③ 지방세심의위원회의 회의에 참석하는 위원은 제1항 각 호의 어느 하나에 해당하거나 심의 또는 의결의 공정성을 기대하기 어려운 사정이 있는 경우 스스로 그 안건의 심의·의결에서 회피(回避)하여야 한다(영 §85 ③).

5. 위원의 해임 및 해촉(영 § 86)

지방자치단체의 장은 지방세심의위원회의 위원이 ① 심신장애로 인하여 직무를 수행할 수 없게 된 경우 ② 직무와 관련된 비위사실이 있는 경우 ③ 직무태만, 품위손상이나 그 밖의 사유로 인하여 위원으로 적합하지 아니하다고 인정되는 경우 ④ 제85조 제1항 각 호의 어느 하나에 해당하는 데에도 불구하고 회피하지 아니한 경우 5. 위원 스스로 직무를 수행하는 것이 곤란하다고 의사를 밝히는 경우에는 해당 위원을 해임 또는 해촉(解囑)할 수 있다(영 §86 Ⅰ~Ⅴ).

6. 운영세칙(영 § 87)

위원회의 조직 및 운영에 관하여 이 영에서 규정한 사항 외에 필요한 사항은 위원회의 의결을 거쳐 위원장이 정한다(영 §87).

▎사례 ▎

❖ 지방세심의위원회를 거치지 않은 공동주택가격의 결정

공동주택가격이 공시되지 않은 경우 그 시가표준액의 결정을 위해서는 「지방세기본법」 제147조에 따른 지방세심의위원회의 심의를 거치도록 규정하고 있음에도 처분청은 이 건 재산세 등을 산정·부과하면서 지방세심의위원회의 심의를 거치지 않는 등 법정절차를 누락하였고 이는 치유할 수 없는 절차상의 흠결로 보이는 점 등에 비추어 청구인에게 재산세 등을 부과한 이 건 처분에는 잘못이 있다고 판단됨

(조심 2020지2074, 2021.9.16.)

7. 지방자치단체조합에 두는 지방세징수심의위원회의 구성 및 운영(영 § 87의2)

① 법 제147조제2항에 따라 법 제151조의2에 따른 지방자치단체조합에 두는 지방세징수심의위원회(이하 "징수심의위원회"라 한다)는 위원장 1명과 부위원장 1명을 포함하여 15명

이내의 위원으로 성별을 고려하여 구성한다(영 §87의2 ①).

② 징수심의위원회의 위원장은 위촉위원 중 호선하고, 부위원장은 법 제151조의2에 따른 지방자치단체조합 사무기구의 장으로 한다(영 §87의2 ②).

③ 징수심의위원회의 위원은 다음 각 호의 사람 중에서 법 제151조의2에 따른 지방자치단체조합의 장이 임명하거나 위촉하되, 위촉위원이 전체위원의 과반수가 되어야 한다(영 §87의2 ③ Ⅰ, Ⅱ).
1. 지방세 체납사무를 담당하는 법 제151조의2에 따른 지방자치단체조합의 직원
2. 제83조제3항제2호부터 제4호까지(판사, 검사, 군법무관, 변호사, 공인회계사, 세무사 또는 감정평가사의 직(職)에 3년 이상 종사한 사람 또는 대학에서 법학, 회계학, 세무학 또는 부동산평가학을 교수하는 사람으로서 조교수 이상의 직에 재직하는 사람 또는 그 밖에 지방세에 관하여 전문지식과 경험이 풍부한 사람)의 규정 중 어느 하나에 해당하는 사람

④ 징수심의위원회 회의는 위원장, 부위원장과 법 제151조의2에 따른 지방자치단체조합의 장이 회의마다 지정하는 위원 7명을 포함하여 총 9명으로 구성한다(영 §87의2 ④).

⑤ 제1항부터 제4항까지에서 규정한 사항 외에 징수심의위원회 위원의 임기, 제척·기피·회피, 위원의 해임·해촉과 징수심의위원회 운영세칙에 관하여는 제84조(제1항은 제외한다)부터 제87조까지의 규정을 준용한다. 이 경우 "지방세심의위원회"는 "징수심의위원회"로, "지방자치단체의 장"은 "법 제151조의2에 따른 지방자치단체조합의 장"으로, "소속 공무원"은 "법 제151조의2에 따른 지방자치단체조합의 직원"으로 본다(영 §87의2 ⑤).

8. 수당 등(영 § 92)

지방세심의위원회, 징수심의위원회 및 지방세법규해석심사위원회의 회의에 출석한 위원 및 관계인 등에게는 예산의 범위에서 수당과 여비를 지급할 수 있다. 다만, 공무원이 그 소관 업무와 직접적으로 관련되는 지방세심의위원회, 징수심의위원회 및 지방세법규해석심사위원회의 회의에 출석하는 경우에는 그렇지 않다(영 §92).

제148조 지방세법규해석심사위원회

① 이 법 및 지방세관계법과 지방세 관련 예규 등의 해석에 관한 사항을 심의하기 위하여 행정안전부에 지방세법규해석심사위원회를 둔다(법 §148 ①).

이 규정을 둔 이유는 지방세관련법령의 해석과 운용에 대해서는 여러 가지 논란이 있기 마련이므로 이를 하나의 기준을 마련하여 과세의 형평과 해당 조문의 합목적성에 비추어 납세자의 재산권이 부당하게 침해되는 일이 없도록 조정하고, 지방세를 납부할 의무가 성립된 소득·수익·행위 또는 거래에 대하여는 그 납세의무 성립 후의 새로운 법에 의해 소급하여 과세되지 아니하며, 지방세관계법의 해석 또는 행정의 관행이 납세자에게 받아들여진 우에는 그 해석관행에 따른 행위 또는 계산은 정당한 것으로 보며 새로운 해석 또는 관행에 따라 소급하여 과세되지 아니한다는 기준에 적합한 해석인지에 대한 사항을 심의하기 위해 행정안전부에 지방세예규심사위원회를 두고 있지만 지방세예규심사위원회는 지방세 관계 법령을 유권해석 하는 기구임에도 위원회 명칭으로 인해 예규만을 심사하는 것으로 오해할 여지가 있고, 연임규정 부재로 동일한 민간위원의 지속적인 위촉이 가능하여, 위원회 구성·운영의 공정성 문제가 제기될 가능성 있으며, 위원장의 직무대행이 위원장(실장)과 같이 정부위원으로 한정되어 위원회 구성* 및 회의운영 등에 대한 공정성 문제 제기가 가능하여 "지방세예규심사위원회"를 "지방세법규해석심의위원회"로 명칭을 변경하여 지방세 관계법령을 유권해석 심의하는 위원회임을 명확화하고 국세예규심사위원회, 국세심사위원회 등과 마찬가지로 다양한 위원들의 참여를 위하여 민간위원은 "한 차례만" 연임(최대 4년)이 가능하도록 규정하면서 위원장 직무대행을 정부위원, 민간위원 중에서 지정할 수 있도록 개정한 것이다.

② 지방세법규심사위원회의 위원은 공정한 심의를 기대하기 어려운 사정이 있다고 인정될 때에는 대통령령으로 정하는 바에 따라 지방세법규심사위원회 회의에서 제척(除斥)되거나 회피(回避)하여야 한다(법 §148 ②).

③ 제1항에 따른 지방세법규심사위원회의 설치·구성 및 운영방법, 해석에 관한 질의회신의 처리 절차 및 방법, 그 밖에 필요한 사항은 대통령령으로 정한다(법 §148 ③).

④ 제1항에 따른 지방세법규심사위원회의 위원 중 공무원이 아닌 사람은 「형법」과 그 밖의 법률에 따른 벌칙을 적용할 때에는 공무원으로 본다(법 §148 ④).

(1) 지방세법규해석심사위원회의 구성과 운영 등(영 §88)

지방세법규해석심사위원회는 다음 각 호의 사항 중 위원장이 회의에 부치는 사항을 심의한다(영 §88 ① Ⅰ~Ⅳ).

㉮ 이 법 및 지방세관계법의 입법 취지에 따른 해석이 필요한 사항
㉯ 이 법 및 지방세관계법에 관한 기존의 해석 또는 일반화된 지방세 업무의 관행을 변경하는 사항
㉰ 지방자치단체 간 운영 등이 달라 조정이 필요하다고 인정하는 사항
㉱ 그 밖에 법 및 지방세관계법과 지방세 관련 예규 등의 해석에 관한 사항

지방세예규심사위원회는 위원장을 포함한 30명 이내의 위원으로 성별을 고려하여 구성하며 위원장은 행정안전부에서 지방세에 관한 사무를 총괄하는 실장이 된다(영 §88 ②③).
지방세예규심사위원회의 위원은 다음 각 호 사람 등에서 행정안전부장관이 임명하거나 위촉하는 사람이 된다(영 §88 ④ Ⅰ~Ⅴ).
㉮ 행정안전부 소속 4급 이상 공무원 또는 고위공무원단에 속하는 공무원
㉯ 지방자치단체의 4급 이상 공무원 중 해당 지방자치단체의 장이 추천하는 사람
㉰ 법제처의 4급 이상 공무원 또는 고위공무원단에 속하는 공무원 중 법제처장이 추천하는 사람
㉱ 조세심판원의 4급 이상 공무원 또는 고위공무원단에 속하는 공무원 중 조세심판원장이 추천하는 사람
㉲ 변호사·공인회계사·세무사 직에 5년 이상 종사한 자격이 있는 사람과 「고등교육법」 제2조 제1호 또는 제3호에 따른 학교에서 법률·회계·조세 등을 가르치는 부교수 이상으로 재직하고 있거나 재직하였던 사람 및 그 밖에 지방세에 관하여 전문지식과 경험이 풍부한 사람 중 행정안전부장관이 위촉하는 사람이 된다. 이 경우 위의 ㉱, ㉲의 위원의 임기는 2년으로 하며, 한 차례만 연임할 수 있다(영 §88 ⑤).

위원장은 지방세법규심사위원회를 대표하고, 그 업무를 총괄하며, 위원장이 부득이한 사유로 직무를 수행할 수 없는 경우에는 제4항 각 호의 위원 중 위원장이 미리 지명한 위원이 그 직무를 대행하고, 위원장은 지방세법규심사위원회의 회의를 소집하고, 그 의장이 된다(영 §88 ⑥~⑧).

또한 지방세법규해석심의위원회의 회의는 위원장과 위원장이 회의마다 지정하는 8명 이상 14명 이내의 위원으로 구성하되, 제4항 제5호의 위원 2분의 1 이상 포함되어야 하며, 지방세법규해석심의위원회의 회의는 제9항에 따른 구성원 과반수의 출석으로 개의하고, 출석위원 과반수의 찬성으로 의결한다(영 §88 ⑨·⑩).

지방세법규해석심의위원회의 회의는 공개하지 아니한다. 다만, 위원장이 필요하다고 인정하는 경우에는 공개할 수 있다. 그리고 이 영에서 규정한 사항 외에 지방세법규해석심의위원회의 구성 및 운영에 필요한 사항은 지방세법규해석심의위원회의 의결을 거쳐 행정안전부장관이 정한다(영 §88 ⑪·⑫).

(2) 위원의 제척·회피(영 §89)

지방세법규해석심의위원회의 위원이 다음 각 호의 어느 하나에 해당하는 경우에는 법 제148조 제2항에 따라 해당 안건에 대한 지방세법규해석심의위원회의 회의에서 제척(除斥)된다(영 §89 ① Ⅰ~Ⅶ).

㉮ 질의자(지방세에 대한 해석 등에 관하여 질의한 자를 말하며, 지방자치단체의 장이 해석을 요청한 경우에는 해당 지방자치단체의 장에게 질의한 자를 포함한다. 이하에서 같다.) 또는 질의자의 위임을 받아 질의 업무를 수행하거나 수행하였던 자인 경우
㉯ 제1호에 규정된 사람의 친족이거나 친족이었던 경우
㉰ 제1호에 규정된 사람의 사용인이거나 사용인이었던 경우
㉱ 질의의 대상이 되는 처분이나 처분에 대한 이의신청 또는 심판청구에 관하여 증언 또는 감정을 한 경우
㉲ 질의일 전 최근 5년 이내에 질의의 대상이 되는 처분, 처분에 대한 이의신청·심판청구 또는 그 기초가 되는 세무조사에 관여했던 경우
㉳ 제4호 또는 제5호에 해당하는 법인 또는 단체에 속하거나 질의일 전 최근 5년 이내에 속하였던 경우
㉴ 그 밖에 질의자 또는 질의자의 위임을 받아 질의업무를 수행하는 자의 업무에 관여하거나 관여하였던 경우

지방세법규해석심의위원회 위원은 ㉮~㉴의 어느 하나에 해당하는 경우에는 스스로 해당 안건에 대한 지방세법규해석심의위원회의 회의에서 회피하여야 한다(영 §89 ②).

(3) 위원의 해임·해촉(영 §90)

행정안전부장관은 지방세법규해석심의위원회 위원이 다음 각 호의 어느 하나에 해당하는 경우에는 해당 위원을 해임 또는 해촉할 수 있다(영 §90 Ⅰ~Ⅴ).

㉮ 심신장애로 인하여 직무를 수행할 수 없게 된 경우
㉯ 직무와 관련된 비위사실이 있는 경우
㉰ 직무태만, 품위손상이나 그 밖의 사유로 인하여 위원으로 적합하지 아니하다고 인정되는 경우
㉱ 영 제89조 제1항 각 호의 어느 하나에 해당하는 데에도 불구하고 회피하지 아니한 경우
㉲ 위원 스스로 직무를 수행하는 것이 곤란하다고 의사를 밝히는 경우

제1항에 따른 지방세법규해석심의위원회 위원 중 공무원이 아닌 사람은 「형법」과 그 밖의 법률에 따른 벌칙을 적용할 때에는 공무원으로 본다.

(4) 예규 등 해석에 관한 절차 등(영 §91)

① 이 법 및 지방세관계법과 지방세 관련 예규 등(이하 "지방세예규등"이라 한다.)의 해석과 관련된 질의는 법 제20조에 따른 해석의 기준 등에 따라 해석하여 회신하여야 하고 지방자치단체의 장이 지방세예규등에 대한 해석을 요청할 때에는 해석과 관련된 의견을 첨부하여야 한다(영 §91 ①).
② 시장·군수 또는 구청장이 지방세예규등에 대한 해석을 요청할 때에는 시·도지사를 경유하여야 한다. 이 경우 시·도지사는 해당 해석 요청에 대한 의견을 첨부하여야 한다(영 §91 ②).
③ 위의 ① 및 ②에서 규정한 사항 외에 법 제148조 제3항에 따른 해석에 관한 질의회신의 처리 절차 및 방법은 행정안전부장관이 정한다(영 §91 ③).

(5) 수당 등(영 §92)

지방세심의위원회, 징수심의위원회 및 지방세법규해석심의위원회 회의에 출석한 위원 및 관계인 등에게는 예산의 범위에서 수당과 여비를 지급할 수 있다. 다만, 공무원이 그 소관 업무와 직접적으로 관련되는 지방세심의위원회, 징수심의위원회 및 지방세법규해석심의위원회 회의에 출석하는 경우에는 그러하지 않다(영 §92).

제149조 | 통계의 작성 및 공개

① 지방자치단체의 장은 지방세 관련 자료를 분석·가공한 통계를 작성하여 공개하여야 한다(법 §149 ①).
② 지방자치단체의 장은 지방세 통계자료 및 추계자료 등 지방세 운용 관련 자료를 행정안전부장관에게 제출하여야 한다(법 §149 ②).
③ 행정안전부장관은 제2항에 따라 받은 자료를 토대로 지방세 운용상황을 분석하고 그 결과를 공개하여야 한다(법 §149 ③).
④ 제1항부터 제3항까지의 규정에 따른 통계자료의 내용과 공개시기 및 방법, 자료제출, 분석 등에 필요한 사항은 행정안전부령으로 정한다(법 §149 ④).

이 경우의 통계자료는 지방세 부과·징수·체납 및 납세자보호관의 납세자 권리보호 업무와 관련된 내용으로 하고 지방자치단체의 장은 통계자료를 결산의 승인 후 2개월 이내(납세자보호관의 납세자 권리보호 업무의 경우에는 회계연도가 종료된 날부터 2개월 이내)에 지방자치단체의 정보통신망 또는 공보에 게시하거나 그 밖의 방법을 통하여 공개하여야 한다. 이 경우 지방자치단체의 장은 「지방재정법」 제60조 제1항 제1에 따른 세입·세출예산의 운용상황에 포함하여 공개할 수 있다. 그리고 위와 같이 규정한 사항 외에 지방세 통계자료의 작성방법 및 절차 등에 필요한 사항은 행정안전부장관이 정한다(규칙 §55).

그리고 과세자료 및 과세정보의 제출·관리와 지방세 업무의 정보화 등에 관한 ① 법 제86조 제1항 각 호 외의 부분 단서(납세자의 과세정보 제공범위)에 따른 과세정보의 제공, ② 법 제128조에 따른 과세자료의 제출, ③ 법 제135조 제2항에 따른 지방세통합정보통신망 및 같은 조 제3항에 따른 다른 정보처리시스템과의 연계, ④ 그 밖에 제1호부터 제3호까지의 사항과 관련하여 협의가 필요한 사항을 협의하기 위하여 행정안전부에 자료제출기관협의회(이하 "협의회"라 한다.)를 둔다(영 §93의 3 ① Ⅰ~Ⅳ).

또한 위의 협의회의 장은 행정안전부의 지방세 관련 업무를 총괄하는 고위공무원단에 속하는 공무원이 되며, 그 구성원은 ① 법 제127조에 따른 과세자료제출기관 중 행정안전부장관이 정하는 기관의 과장급 직위의 공무원, ② 지방자치법 제165조 제1항 제1호 및 제3호에 따른 전국적협의체의 대표자가 장으로 있는 지방자치단체의 과장급 직위의 공무원, ③ 전자정부법 제72조 제1항에 따른 한국지역정보개발원의 직원으로서 법 제135조 제5항에 따라 위탁 업무를 수행하는 사람이 된다(영 §93의 3 ② Ⅰ~Ⅲ).

이 경우 제1항 및 제2항에서 규정한 사항 외에 협의회의 구성 운영 등에 필요한 사항은 행정안전부장관이 정한다(영 §93의 3 ③).

제150조 지방세 운영에 대한 지도 등

① 행정안전부장관 또는 시·도지사는 지방세의 부과·징수, 그 밖에 이 법이나 지방세관계법에서 정한 사항의 원활한 운영 및 집행을 위하여 필요한 경우에는 지방자치단체(시·도지사의 경우에서 시·도내에는 도내에 있는 시·군·구로 한정한다. 이하 이 조에서 같다.)에 대하여 지도·조언을 하거나 그 운영·집행에 위법사항이 있는지에 대하여 점검할 수 있다(법 §150 ①).
② 행정안전부장관 또는 도지사는 제1항에 따른 지도·조언 및 점검을 위하여 필요한 경우에는 지방자치단체에 자료의 제출을 요구할 수 있다(법 §150 ②).

그리고 행정안전부 장관은 세무공무원의 직무역량 강화를 위한 교육과정을 운영하여야 하며, 지방자치단체의 장은 소속 세무공무원이 위와 같은 교육과정을 이수할 수 있도록 노력해야 한다(영 §93의 3 ①·②).

제150조의 2 | 지방세 소송 등의 지원

① 행정안전부장관은 이 법 또는 지방세관계법에 따른 처분 등에 대한 다음 각 호의 불복·쟁송 관련 업무를 체계적으로 관리하고 해당 업무를 수행하는 지방자치단체의 장을 효율적으로 지원하기 위한 방안을 마련하여 시행할 수 있다(법 §150의2 ① Ⅰ~Ⅲ).
  1. 제7장에 따른 심판청구
  2. 「감사원법」에 따른 심사청구
  3. 행정소송 및 「민사소송법」에 따른 소송
② 지방자치단체의 장은 제1항 각 호의 불복·쟁송의 청구서 또는 소장 등을 접수하거나 송달받은 경우로서 같은 항 각 호 외의 부분에 따른 지원을 받기 위하여 필요한 경우에는 청구번호 또는 사건번호 등 대통령령으로 정하는 사항을 행정안전부장관에게 제출할 수 있다.
③ 지방자치단체의 장은 제1항 각 호의 불복·쟁송에 대한 결정 또는 판결 등이 있는 경우로서 같은 항 각 호 외의 부분에 따른 지원을 받기 위하여 필요한 경우에는 그 결과를 행정안전부장관에게 제출할 수 있다.
④ 지방자치단체의 장은 이 법 또는 지방세관계법에 따른 처분에 대한 심판청구 또는 행정소송에 대한 지원이 필요한 경우에는 행정안전부장관 또는 시·도지사에게 조세심판 또는 행정소송의 참가를 요청할 수 있다.

이 규정은 현행 행정소송법(제17조)의 규정상 행정안전부장관이나 시·도지사는 법원이 필요성 인정하는 경우에 한하여 소송참가가 가능세정운영이 조세법률주의 원칙에 엄격 기속됨에도 지방세관계법령의 입안·개정이나 유권해석 권한 가진 행정안전부의 소송참가는 이루어지 않고 있지만 시·도세인 취득세 등 주요세목 관련 소송임에도 업무형편상 시·군·구 단독 수행사례가 많아 대형로펌이 대리하는 고액소송 등 대응에 애로가 있으며, 소송현황 관리, 대응기법 공유, 패소결과 분석·환류 등이 미흡하고, 관련법령 개정이나 기준정비 지체 등 지방세정의 신뢰 저하하고 있어 현행 행정소송법체계를 유지하면서 시·도지사(시장·군수·구청장)가 행안부장관(시·도지사)의 소송참가를 신청할 수 있는 법적 근거 마련하여 지방세 쟁송역량을 강화하고자 한 것이다.

그리고 전국 단위소송에 대한 효율적 대응(선제적 전국단위 소송제기 여부 파악, 공동 대응방안 협의 등)을 위해 자치단체가 소송 등의 쟁송자료를 행정안전부에 제출하는 근거를 마련하였는데 이 경우 2024년 7월1일부터는 심판청구, 감사원 심사청구, 소송 등의 자료를 청구번호 또는 사건번호 및 사건명, 청구일자 및 답변서 제출기일, 사건 개요, 쟁점 법령, 종결 시 결과 등을 제출하여야 한다.

제151조 | 지방세연구기관의 설립·운영

① 지방세입 제도의 발전에 필요한 연구·조사·교육 및 이와 관계된 지방자치단체 사업을 위한 지원 등을 하기 위하여 지방자치단체가 출연·운영하는 법인으로 지방세연구기관(이하 "지방세연구원"이라 한다.)을 설립한다(법 §151 ①).

② 지방세연구원의 이사회는 성별을 고려하여 이사장과 원장을 포함한 12명 이내의 이사로 구성하고, 감사 2명을 둔다. 이 경우 이사는 특별시장·광역시장·특별자치시장·도지사·특별자치도지사 및 시장·군수·구청장이 각각 협의하여 공무원, 교수 등 지방세에 대한 조예가 있는 사람을 각각 같은 수로 추천·선출하되, 이사장은 특별시장·광역시장·특별자치시장·도지사·특별자치도지사가 협의하여 추천한 사람 중에서 이사회의 의결을 거쳐 선출한다(법 §151 ②).

③ 지방세연구원의 원장 및 감사는 이사회의 의결을 거쳐 이사장이 임명하며, 이사장과 감사는 비상근으로 한다(법 §151 ③).

④ 지방세연구원은 다음 각 호의 사항을 인터넷 홈페이지에 공시(이하 이 조에서 "경영공시"라 한다)하여야 한다(법 §151 ④ Ⅰ~Ⅷ).
  1. 해당 연도의 경영목표, 예산 및 운영계획
  2. 전년도의 결산서
  3. 전년도의 임원 및 운영인력 현황
  4. 전년도의 인건비 예산 및 집행 현황
  5. 경영실적의 평가결과
  6. 외부기관의 감사결과, 조치요구사항 및 이행결과
  7. 기본재산 및 채무 변동 등 재무 현황
  8. 그 밖에 경영에 관한 중요한 사항으로서 대통령령으로 정하는 사항

⑤ 경영공시의 시기 및 주기 등에 관하여 필요한 사항은 대통령령으로 정한다(법 §151 ⑤).

⑥ 지방세연구원의 설립·운영에 관한 사항은 정관으로 정하되, 이 법에서 정하지 아니한 그 밖의 사항에 관하여는 민법 제32조와 「공익법인의 설립·운영에 관한 법률」(같은 법 제5조는 제외한다.)을 준용한다(법 §151 ⑥).[167)]

그리고 지방세연구원은 그 설립 목적의 달성과 전문성 향상을 위하여 필요한 때에는 국가기관 및 지방자치단체 소속 공무원의 파견을 요청할 수 있고, 이에 따라 소속 공무원의 파견을 요청받은 국가기관 및 지방자치단체의 장은 그 소속 공무원 중 지방세에 관하여 전문지식과 경험이 풍부한 자를 지방세연구원에 파견할 수 있다(영 §93 ①·②).

---

167) 공익법인의 설립·운영에 관한 법률 제5조는 "임원 등"에 관한 규정이다.

⑦ 행정안전부장관은 지방세연구원에 지방세입과 관련한 연구·조사 등의 업무를 수행하게 할 수 있다. 이 경우 행정안전부장관은 해당 업무를 수행하는 데 필요한 비용을 지원하기 위하여 지방세연구원에 출연할 수 있다(법 §151 ⑦).

이는 지방세 관련 연구과제는 법정 수행과제*로, 전문성·연구자료 축적 등을 고려하여 사실상 한국지방세연구원에서 계속 수행 중이지만 매년 반복적 용역절차 진행에 상당기간이 소요되어 용역수행 기간 촉박함에 따라 매년 지방세연구원에서 반복적으로 수행하는 연구용역(시가표준액 조사사업, 지방세특례 예비 타당성 및 사후심층평가, 지방세외수입 운영실적 분석·진단 등) 예산액을 출연금으로 전환 및 근거 규정 마련한 것이다.

그리고 지방세연구원의 성격을 고려하여 「공공기관의 운영에 관한 법률」 및 「지방자치단체 출자·출연 기관의 운영에 관한 법률」을 준용하여 예산 및 운영계획, 결산서, 인력·예산 집행 현황, 경영실적평가 결과, 외부기관의 감사·조치 요구, 재무 현황 등 주요 경영사항을 법정 시기에 맞추어 공개함으로써 투명성 강화하기 위하여 경영공시의무 규정을 신설한 것이다.

제151조의 2 │ 지방세 관련 사무의 공동 수행을 위한 지방자치단체조합의 설립

① 지방세의 납부, 체납, 징수, 불복 등 지방세 관련 사무 중 복수의 지방자치단체에 걸쳐 있어서 통합적으로 처리하는 것이 효율적이라고 판단되는 대통령령으로 정하는 사무를 지방자치단체가 공동으로 수행하기 위하여 「지방자치법」 제176조 제1항에 따른 지방자치단체조합을 설립한다(법 §151의2 ①).

② 그 밖에 지방세조합의 설립절차와 운영 등에 관한 사항은 대통령령으로 정한다(법 §151의2 ②).

이 경우 "대통령령으로 정하는 사무"란 ① 「지방세법」 제71조에 따른 지방소비세의 납입관리에 관한 사무 ② 「지방세징수법」 제8조·제9조 및 제11조에 따른 출국금지 요청, 체납 또는 정리보류 자료의 제공과 고액·상습체납자의 명단공개에 관한 사무 ③ 「지방세징수법」 제103조의2제1항 각 호의 업무의 대행에 관한 사무 ④ 법 또는 지방세관계법에서 위탁·대행하는 사무 ⑤ 법 또는 지방세관계법에 따른 처분에 대한 심판청구 또는 행정소송의 공동 대응을 위한 지원 사무 ⑥ 그 밖에 지방자치단체가 공동으로 지방세 관련 사무를 수행하기 위하여 법 제151조의2제1항에 따른 지방자치단체조합의 규약으로 정하는 사무(영 §93의2① Ⅰ~Ⅵ)

제152조 지방세발전기금의 설치·운용

① 지방자치단체는 지방세에 대한 연구·조사평가, 지방세체납관리, 공매 및 소송 등에 사용되는 경비를 충당하기 위하여 지방세발전기금을 설치·운용하여야 한다. 이 경우 지방자치단체는 매년 전전 연도 보통세 세입결산액(특별시의 경우에는 제9조에 따른 특별시분 재산세를 제외하고, 특별시 관할 구역의 자치구의 경우에는 제10조에 따라 교부받은 특별시분 재산세를 포함한다.)에 대통령령이 정하는 비율을 적용하여 산출한 금액을 지방세발전기금으로 적립하여야 한다(법 §152 ①).

이 경우 "대통령령으로 정하는 비율'이란 지방자치단체 보통세의 1만분의 1.2와 1만분의 0.5의 범위에서 지방자치단체의 조례로 정하는 경우에는 비율을 합한 비율을 말한다(영 §94 ① Ⅰ·Ⅱ).

② 지방세발전기금의 적립, 용도, 운용 및 관리에 관한 사항은 대통령령으로 정한다(법 §152 ②).

㉮ 법 제152조 제1항 후단에 따라 적립된 지방세발전기금은 다음 각 호의 용도로 사용되어야 한다(영 §94 ② Ⅰ~Ⅴ).
1. 지방세연구기관(이하 이 조에서 "지방세연구원"이라 한다.)에 대한 출연
2. 「지방세특례제한법」 제4조 제3항 후단에 따른 지방세 감면의 필요성, 성과 및 효율성 등에 관한 분석·평가
3. 지방세 연구·홍보
4. 지방세 담당 공무원의 교육
5. 그 밖에 지방세 발전 및 세정운영을 위한 용도 지원

㉯ 지방자치단체는 적립된 지방세발전기금 중 1만분의 1.5비율을 적용하여 적립된 금액을 지방세연구원에 출연하여 우선 사용한다(영 §94 ③).

㉰ 지방자치단체는 적립된 지방세발전기금 중 1만분의 1.5비율 금액을 해당 연도의 3월 31일까지 지방세연구원에 출연하여야 한다(영 §94 ④).

㉱ 지방자치단체는 해당 연도에 실제로 출연한 금액이 지방세연구원에 출연한 금액과 다를 경우에는 그 차액에 해당하는 금액을 그 다음 연도의 지방세발전기금 예산에 반영하여 정산하여야 한다(영 §94 ⑤).

③ 제1항 및 제2항에 따라 지방세발전기금으로 적립하여 지방세연구원에 출연하여야 하는 금액을 예산에 반영하여 지방세연구원에 출연한 경우에는 그 부분에 대해서는 제1항에 따른 지방세발전기금 적립 의무를 이행한 것으로 본다(법 §152 ③).

제152조의 2 │ 가족관계등록 전산정보자료의 요청

① 행정안전부장관이나 지방자치단체의 장은 다음 각 호의 업무를 처리하기 위하여 필요한 경우에는 법원행정처장에게 「가족관계의 등록 등에 관한 법률」 제11조제6항에 따른 등록전산정보자료의 제공을 요청할 수 있다. 이 경우 법원행정처장은 특별한 사유가 없으면 이에 협조하여야 한다(법 §152의 2 ① Ⅰ~Ⅳ).

1. 제42조에 따른 상속인에 대한 피상속인의 납세의무 승계
2. 제46조에 따른 과점주주에 대한 제2차 납세의무 부여
3. 제60조 제7항에 따른 주된 상속자에 대한 사망자 지방세환급금의 지급
4. 제88조 제6항 및 제98조 제1항 단서에서 준용하는 「행정심판법」에 따른 과세전적부심사 및 이의신청의 신청인·청구인 지위 승계의 신고 또는 허가

이는 사망으로 인한 지방세 납세의무의 승계, 제2차 납세의무 부여, 과세전적부심사 등에 대한 청구인 지위 승계, 사망자 지방세환급금의 직권 환급 등을 위한 과점주주 파악 등을 처리하기 위해서는 가족관계등록정보 필요하지만 지방세 부서에서 가족관계등록정보가 필요한 경우 건별로 공용발급 받거나 자료 협조를 통해 확보하고 있어 지방세 업무수행을 위한 가족관계등록정보 공동이용 근거의 미비로 건별로 발급·조회함에 따라 관련부서의 업무 가중 및 비효율 야기함에 따라 업무 효율성 향상 등을 위해 국세 입법사례를 참조하여 가족관계등록 전산정보의 공동이용 근거를 신설하였다.

이 경우 민감정보 및 고유식별정보의 처리는(영 §95)

㉮ 행정안전부장관, 세무공무원, 법 제6조제1항에 따라 권한을 위탁 또는 위임받은 중앙행정기관의 장(소속기관을 포함한다), 지방자치단체의 장이나 법 제151조의2에 따른 지방자치단체조합의 장, 같은 조 제2항에 따라 권한을 재위임받은 소속 공무원(법 제151조의2에 따른 지방자치단체조합의 경우 지방자치단체에서 파견된 공무원으로 한다) 및 법 제127조에 따른 과세자료제출기관은 법 또는 지방세관계법에 따른 지방세에 관한 사무를 수행하기 위하여 불가피한 경우 「개인정보 보호법」 제23조에 따른 건강에 관한 정보 또는 같은 법 시행령 제18조제2호에 따른 범죄경력자료에 해당하는 정보(이하 이 조에서 "건강정보등"이라 한다)나 「개인정보 보호법」 제24조 및 같은 법 시행령 제19조에 따른 주민등록번호, 여권번호, 운전면허의 면허번호 또는 외국인등록번호(이하 이 조에서 "주민등록번호등"이라 한다)가 포함된 자료를 처리할 수 있다(영 §95 ①).

㉯ 특별징수의무자는 특별징수 사무를 수행하기 위하여 불가피한 경우 주민등록번호등이 포함된 자료를 처리할 수 있다(영 §95 ②).

㉤ 조세심판원장은 법 제91조에 따른 지방세 심판청구에 관한 사무를 수행하기 위하여 불가피한 경우 건강정보등 또는 주민등록번호등이 포함된 자료를 처리할 수 있다(영 §95 ③).

㉥ 지방세심의위원회는 법 제147조 제1항 각 호의 사항을 처리하기 위하여 불가피한 경우 건강정보등 또는 주민등록번호등이 포함된 자료를 처리할 수 있다(영 §95 ④).

㉦ 징수심의위원회는 법 제147조제1항제3호 및 제6호의 사항을 처리하기 위하여 불가피한 경우 건강정보등 또는 주민등록번호등이 포함된 자료를 처리할 수 있다(영 §95 ⑤).

㉧ 「전자정부법」 제72조에 따른 한국지역정보개발원은 법 제135조 제5항에 따라 위탁받은 지방세 관련 정보화 업무를 수행하기 위하여 불가피한 경우 건강정보등 또는 주민등록번호등이 포함된 자료를 처리할 수 있다(영 §95 ⑥).

② 행정안전부장관은 제1항에 따라 제공받은 등록전산정보자료를 대통령령으로 정하는 바에 따라 지방자치단체의 장에게 제공할 수 있다(법 §152의 2 ① Ⅰ∼Ⅳ).

이 경우 행정안전부장관은 법 제152조의2제2항에 따라 「가족관계의 등록 등에 관한 법률」 제11조제6항에 따른 등록전산정보자료를 지방세통합정보통신망을 통하여 지방자치단체의 장에게 제공해야 한다(영 §94의2).

제153조 │ 국세기본법 등의 준용

지방세의 부과·징수에 관하여 이 법 또는 지방세관계법에서 규정한 것을 제외하고는 국세기본법과 국세징수법을 준용한다(법 §153).

이 규정은 지방세를 부과·징수함에 있어 이 법 또는 지방세관계법에 명확한 규정이 없는 때에는 국세기본법과 국세징수법의 규정을 준용토록 하고 있기 때문에 여기서는 그 자세한 내용의 해설은 생략하고 조세에 일반적으로 적용되는 조세법률주의에 의한 원칙만 약술하고자 한다.

조세법률주의라 함은 법률의 근거 없이 국가와 지방자치단체는 조세를 부과·징수할 수가 없으며 국민은 조세의 납부를 강요당하지 않는다는 정치·헌법 원리를 말한다.

이러한 조세법률주의는 죄형법정주의와 더불어 자유주의 사상의 대표적 표현으로 지적되는 "대표 없이 과세 없다(No Taxation-without representation principles)"라는 것으로 조세를 징수하려는 군주와 이를 제지하려는 귀족 세력과의 타협의 산물로 영국의 대헌장(1215), 권리청원(1628), 권리장전(1689), 프랑스의 인권선언(1789)에 이어 각국의 헌법에 규정되고, 우리 헌법에서도 제59조에서 "조세의 종목과 세율은 법률로 정한다.",고 규정하고 있으며, 제

38조에서 "모든 국민은 법률이 정하는 바에 의하여 납세의무를 진다."라고 조세법률주의의 원칙을 채택하고 있다.168)

이러한 조세법의 기본원칙인 조세법률주의 원칙의 내용으로 과세요건 법정주의, 과세요건 명확주의, 과세불소급의 원칙, 세법엄격 해석의 원칙을 들 수 있는데 이는 앞서 제3절에서 약술하였으므로 구체적인 내용은 생략한다.

제154조 | 전환 국립대학법인의 납세의무에 대한 특례

지방세관계법에서 규정하는 납세의무에도 불구하고 종전에 국립대학 또는 공립대학이었다가 전환된 국립대학법인에 대한 지방세의 납세의무를 적용할 때에는 전환 국립대학법인을 별도의 법인으로 보지 아니하고 국립대학법인으로 전환되기 전의 국립학교 또는 공립학교로 본다. 다만, 전환국립대학법인이 해당 법인의 설립근거가 되는 법률에 따른 교육·연구 활동에 지장이 없는 범위 외의 수익사업에 사용된 과세대상에 대한 납세의무에 대해서는 그러하지 아니하다(법 §154).

이 개정규정은 이 법 시행 전에 전환된 국립대학법인에 대해서도 적용하며, 2020년 1월 1일부터 성립하는 납세의무부터 적용한다.

---

168) 강인애, 「조세법 Ⅱ」, 조세통람사, 1989., p.14

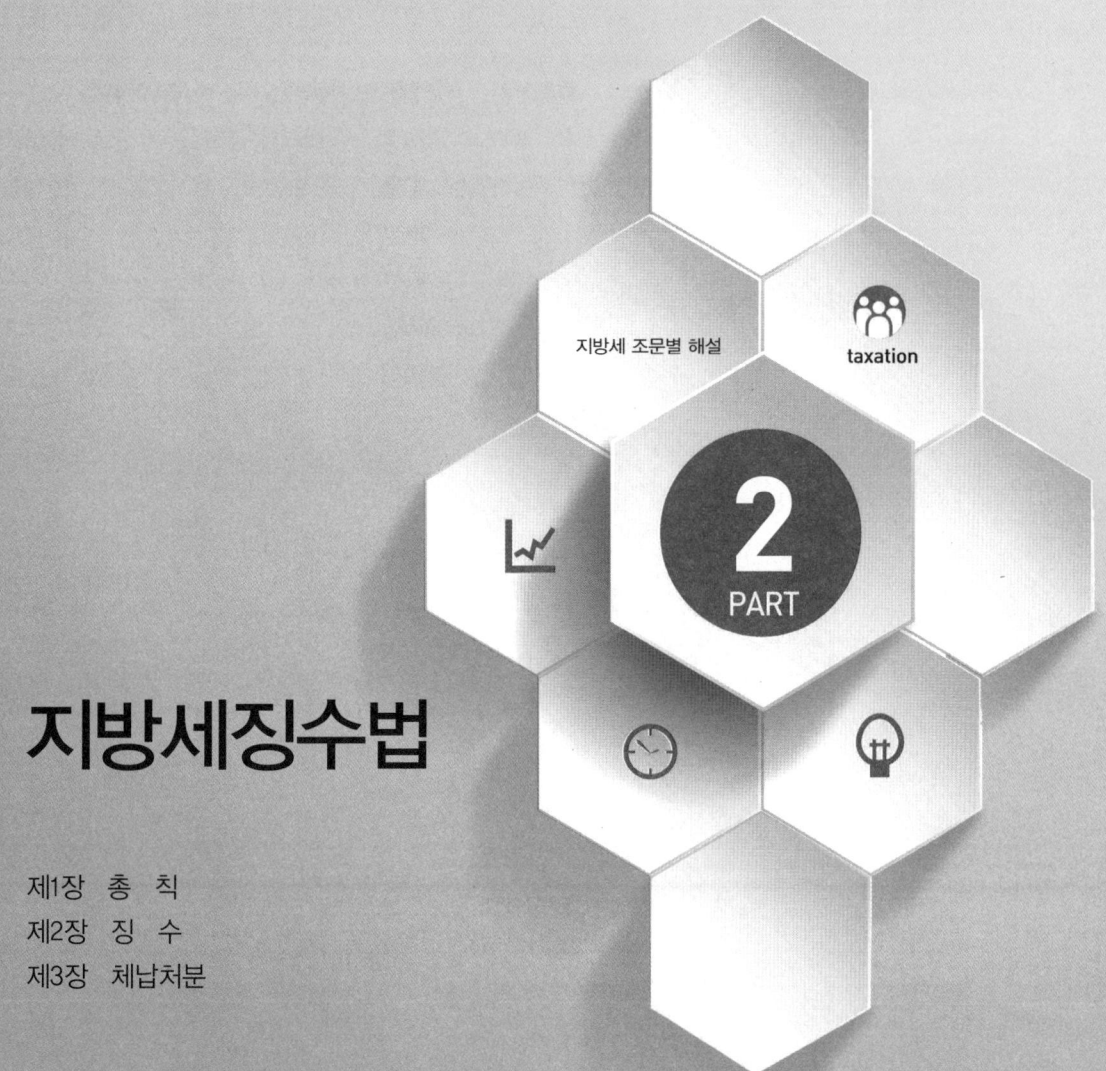

지방세징수법

제1장 총 칙
제2장 징 수
제3장 체납처분

CHAPTER 01 총 칙

제2편 지방세징수법

　이 장에서는 지방세에 지방징수법을 별도로 세목을 신설하게 된 의의와 지방세징수법의 입법목적으로 제시된 지방세 수입의 확보주의를 명시하고, 다른 법률과의 관계 및 이 법에서 사용되는 용어의 정의 등을 정리하고, 지방세징수와 관련되는 납세증명서의 제출 및 발급, 관허사업의 제한, 출국금지 요청, 지방세 체납에 대한 처분 즉, 압류와 그 절차 및 처분 등에 관한 규정을 정리하고, 체납 처분의 뒤에 처리할 사항 즉, 결손처분 자료의 제공, 외국인 체납 자료 제공, 고액·상습체납자의 명단공개 등에 관한 제도를 규정하고 있다.

제1조 │ 목 적

　이 법은 지방세 징수에 필요한 사항을 규정함으로써 지방세수입을 확보함을 목적으로 한다(법 §1).
　그리고 이 영(규칙)은 「지방세징수법」에서 위임된 사항과 그 시행에 필요한 사항을 규정함을 목적으로 한다(영 §1 및 규칙 §1).
　지방세징수법이 규정하는 범위는 지방세의 징수에 관해 필요한 사항, 즉 체납처분 기타 징수절차의 집행에 관한 사항들이다.
　지방세징수법은 지방세수입의 확보를 그 목적으로 하고, 사법질서를 존중하면서 징수의 합리화라는 이념에 따라 정비된 제도를 통하여 그 목적을 달성하여야 한다.
　그런데 지방세징수법은 조세절차법으로 구분되는데 이는 조세채권의 구체적 확정절차 및 조세채권의 실현확보를 위한 징수절차를 규정한다, 이와 같은 조세절차법은 조세채무의 실현과정을 규율하는 법규로서 조세의 징수확보를 그 목적으로 하는 것이므로 조세채권자 또는 그 기관인 세무관청에게 우월적 지위 내지 권력적 수단을 부여하고 있으며, 이런 의미에서 권력성이 인식되고 있다.[1]

---

1) 강인애, 국세징수법해설, p.12, 청림출판, 1994.

제2조 정 의

① 이 법에서 사용하는 용어의 뜻은 다음과 같다(법 §2 ① Ⅰ·Ⅱ).
  1. "체납자"란 납세자로서 지방세를 납부기한까지 납부하지 아니한 자를 말한다.
  2. "체납액"이란 체납된 지방세와 체납처분비를 말한다.

② 제1항외에 이 법에서 사용하는 용어의 뜻은 「지방세기본법」에서 정하는 바에 따른다(법 §2 ②).

이 경우 "체납자"란 납세의무를 이행하지 아니한 납세자를 말하고, "납세자"란 납세의무자(연대납세의무자와 납세자에 갈음하여 납부할 의무가 생긴 경우의 제2차 납세의무자 및 보증인을 포함한다.)와 세법에 따라 지방세를 징수하여 납부할 의무를 지는 자를 말한다.

그리고 "세법에 따라 지방세를 징수하여 납부할 의무를 지는 자"란 특별징수의무자를 말한다. 체납액 중 체납처분비로서 징수 할 수 있는 것은 재산의 압류·보관·운반과 공매에 관한 비용에 한하는 것으로 그 외의 것은 체납처분비로서 징수할 수 없다.[2]

제3조 다른 법률과의 관계

이 법에서 규정한 사항 중 「지방세기본법」이나 같은 법 제2조 제1항 제4호에 따른 지방세관계법(이 법은 제외한다. 이하 "지방세관계법"이라 한다.)에 특별한 규정이 있는 것에 관하여는 그 법률에서 정하는 바에 따른다(법 §3).

지방세징수법의 규정대상인 지방세징수에 관한 사항 중 지방세기본법이나 지방세관계법에 특별한 규정이 있는 것에 관하여는 그 법률이 정하는 바에 의하고, 지방세징수법의 적용은 배제된다.

그러므로 신고납부방식의 지방세를 법정납부기한까지 신고납부할 세액을 완납한 경우에는 그 이행의 청구인 징수절차는 필요없으므로 그 부분에 대해서는 지방세징수법의 적용 여지가 없는 것이다.

그리고 지방세징수법은 금전징수의 규정이므로 인지납부 및 물납의 징수절차에 대해서는 각 개별세법이 적용되고 지방세징수법은 그 적용이 배제된다.[3]

---

[2] 강인애, 국세징수법해설, p.963
[3] 강인애, 국세징수법해설, p.965

제4조 지방자치단체의 징수금 징수의 순위

① 지방자치단체의 징수금의 징수 순위는 다음 각 호의 순서에 따른다(법 §4 ① Ⅰ~Ⅲ).
  1. 체납처분비
  2. 지방세(가산세는 제외한다.)
  3. 가산세

② 제1항 제2호의 경우에 제17조(도세 등에 대한 징수의 위임)에 따라 징수가 위임된 도세는 시·군세에 우선하여 징수한다(법 §4 ②).

(1) 지방세 및 체납처분비의 징수순위

지방세를 납부기한 내 납부하지 않아 체납처분으로 징수할 때의 순위를 말하는 것으로 압류한 물건을 강제환가 하였으나 체납된 지방세, 체납처분비에 부족할 때 어느 것부터 징수하느냐의 판단 기준이다. 즉 징수의 순위는 ① 체납처분비 ② 지방세(본세)의 순위로 징수하고, 체납액의 징수에 부족하나 납세자의 다른 재산이 없는 등 더 징수할 수 없을 때에는 결손처분 등의 조치를 취하게 되는 것이다.

이 경우 "체납처분비"라 함은 체납처분의 집행에 소요되는 경비, 즉 재산의 압류, 보관·운송과 매각에 소요된 경비(매각을 대행시키는 경우 그 수수료를 포함한다.)으로서 납세자가 부담하여야 할 실비변상적 성질을 가진 것을 말한다.

(2) 도세와 시·군세의 징수순위

시장·군수·구청장은 그 시·군·구 내의 특별시세·광역시세·도세(이하 "시·도세"라 한다.)를 징수하여 특별시·광역시·도(道)(이하 "시·도"라 한다.)에 납입할 의무를 진다(지방세징수법 §17 ①).

이 경우는 시·군·구에 징수가 위임된(서울특별시·광역시의 경우는 구에 징수가 위임된 경우를 말한다.) 시·도세에 대하여는 위의 징수순위에 불구하고 시·군세(구세 포함)에 우선하여 징수하고, 이를 시·도에 납입할 의무가 있다는 것이다.

제5조 | 납세증명서의 제출 및 발급

① 납세자(미과세된 자를 포함한다. 이하 이 조에서 같다.)는 다음 각 호의 어느 하나에 해당하는 경우에는 대통령령으로 정하는 바에 따라 납세증명서를 제출하여야 한다.

다만, 제4호에 해당하여 납세증명서를 제출할 때에는 이전하는 부동산의 소유자에게 부과되었거나 납세의무가 성립된 해당 부동산에 대한 취득세, 재산세, 지방교육세 및 지역자원시설세의 납세증명서로 한정한다(법 §5 ① Ⅰ~Ⅳ).

1. 국가·지방자치단체 또는 대통령령으로 정하는 정부관리기관으로부터 대금을 받을 때
   이 경우 "대통령령으로 정하는 정부관리기관"이란 감사원법 제22조 제1항 제3호 및 제4호에 따라 검사대상이 되는 법인 또는 단체 등을 말한다(영 §3).
2. 「출입국관리법」 제31조에 따른 외국인등록 또는 「재외동포의 출입국과 법적 지위에 관한 법률」 제6조에 따른 국내거소신고를 한 외국인이 체류기간 연장허가 등 대통령령으로 정하는 체류 관련 허가 등을 법무부장관에게 신청하는 경우
3. 내국인이 해외이주 목적으로 「해외이주법」 제6조에 따라 외교부장관에게 해외이주신고를 하는 경우
4. 「신탁법」에 따른 신탁을 원인으로 부동산의 소유권을 수탁자에게 이전하기 위하여 등기관서의 장에게 등기를 신청할 때

② 납세자로부터 납세증명서의 발급신청을 받으면 세무공무원은 그 사실을 확인하여 즉시 발급하여야 한다(법 §5 ②).

(1) 규정의 취지

지방세법의 규정에 의하여 성립한 지방세채권은 빠짐없이 공평하게 과세를 하여 납세의무를 확정시켜야 되는 것이며, 확정된 지방세채권은 징수에 있어서도 그 공평의 원칙이 철저히 적용되어야 할 것이다. 다시 말해서 확정된 납세의무는 지방자치단체의 재정수요를 적기에 충족시키기 위해서는 확실하게 실현시켜야 되며 또한 납세의무를 성실하게 이행한 자와 그러하지 못한 자를 차별적으로 처리함으로써 조세부담의 근본원칙인 공평의 원칙을 구현하는 것이 그 목적이므로 납세에 관한 증명제도도 이러한 취지의 실현을 위하여 제정된 제도이다.

(2) 납세증명서의 내용

납세증명서는 발급일 현재 납세의무자에게 징수유예, 송달불능으로 인한 징수유예 등과 부과 철회 및 체납처분의 유예액(법 제25조, 제26조, 제105조)과 채무자 회생 및 파산에 관

한 법률 제140조에 따른 징수유예액 또는 체납처분에 압류된 재산의 환가유예와 관련된 체납액을 제외하고는 다른 체납액이 없다는 사실을 증명하는 것을 말한다(영 §2 Ⅰ·Ⅱ).

여기서 말하는 체납액에는 본래의 납세자로서의 체납액 외에 연대납세의무, 제2차 납세의무, 양도담보권자의 물적납세의무 및 납세보증인의 의무에 대하여 부담하는 조세의 부담액이 포함된다.4)

(3) 납세증명서의 제출의무 등

납세자(미과세된 자를 포함한다.)에게 납세증명서의 제출의무가 있게 되는 경우는 다음과 같다(법 §5 ① Ⅰ~Ⅳ).

① 국가·지방자치단체 또는 대통령령으로 정하는 정부관리기관으로부터 대금을 받을 때
② 「출입국관리법」 제31조에 따른 외국인등록 또는 「재외동포의 출입국과 법적 지위에 관한 법률」 제6조에 따른 국내거소신고를 한 외국인이 체류기간 연장허가 등 대통령령으로 정하는 체류 관련 허가 등을 법무부장관에게 신청하는 경우
③ 내국인이 해외이주 목적으로 「해외이주법」 제6조에 따라 외교부장관에게 해외이주신고를 하는 경우
④ 신탁법에 따른 신탁을 원인으로 부동산의 소유권을 수탁자에게 이전하기 위하여 등기관서의 장에게 등기를 신청할 때

이 내용을 차례대로 살펴보면 다음과 같다.

(가) 납세자가 국가, 지방자치단체 또는 대통령령으로 정하는 정부관리기관으로부터 대금을 받을 때에는 납세증명서를 제출하여야 한다.

이와 같이 납세자로부터 납세증명서를 제출받는 이유는 조세의 체납을 방지하고, 징수를 촉진하고자 하는 목적인데 이는 국가나 공공단체 등으로부터 납세증명서 제출의 요구를 받고도 이에 응하지 아니하면 이는 국가 등이 대금의 지급을 거절할 수 있는 사유가 됨에 불과하고, 이런 증명서의 제출이 채권행사의 유효요건이 되는 것은 아니라고 본다.5)

이 경우 정부관리기관이라 함은 감사원법 제22조 제1항 제3호(한국은행의 회계와 국가 또는 지방자치단체가 자본금의 2분의 1 이상을 출자한 법인) 및 제4호(다른 법률에 의하여 감사원의 회계검사를 받도록 규정된 단체)의 규정에 의하여 검사대상이 되는 법인 또는 단체 등을 말한다(영 §3).

또한 국가·지방자치단체 등으로 부터 대금을 지급받는 자가 원래의 계약자 외의 자인

---

4) 국세징수법통칙 5-0…2 (납세증명서를 발급하는 경우)
5) 강인애, 「국세징수법」, p.86

경우에는 다음 각 호의 구분에 따라 납세증명서를 제출하여야 한다(영 §4 ① Ⅰ~Ⅲ).
  ⅰ) 채권양도로 인한 경우에는 양도인과 양수인 양쪽의 납세증명서를 제출하여야 한다.
  ⅱ) 법원의 전부명령(轉付命令)에 의한 경우에는 압류채권자의 납세증명서를 제출하여야 한다.
  ⅲ) 하도급거래 공정화에 관한 법률 제14조 제1항 제1호 및 제2호에 따라 건설공사의 하도급대금을 직접 지급받는 경우에는 수급사업자의 납세증명서를 제출하여야 한다.

이 경우 ⅰ) 국가를 당사자로 하는 계약에 관한 법률 시행령 제26조 제1항 각호의 규정(같은 항 제1호 라목은 제외한다.) 및 지방자치단체를 당사자로 하는 계약에 관한 법률 시행령 제25조 제1항 각 호의 규정(같은 항 제7호 가목은 제외한다.)에 해당하는 수의계약과 관련하여 대금을 지급받는 경우, ⅱ) 국가 또는 지방자치단체가 대금을 지급받아 그 대금이 국고 또는 지방자치단체의 금고에 귀속되는 경우, ⅲ) 지방세의 체납처분에 의한 채권압류에 의하여 세무공무원이 그 대금을 지급받는 경우, ⅳ) 채무자 회생 및 파산에 관한 법률 제355조 에 따른 파산관재인이 납세증명서를 발급받지 못하여 파산절차의 진행이 곤란하다고 관할법원이 인정하고, 해당 법원이 납세증명서의 제출 예외를 지방자치단체의 장에게 요청하는 경우, ⅴ) 납세자가 계약대금 전액을 체납세액으로 납부하거나 계약대금 중 일부금액으로 체납세액 전액을 납부하려는 경우 납세증명서를 제출하지 아니하여도 된다(영 §5 ① Ⅰ~Ⅴ).

그리고 법 제5조 제1항 제4호의 경우로서 신탁 대상 부동산의 소유권 이전 관련 확정판결, 그 밖에 이에 준하는 집행권원(執行權原)에 의하여 등기를 신청하는 경우에는 납세증명서를 제출하지 않을 수 있으며(영 §5 ②), 납세자가 법 제5조 제1항 각 호의 어느 하나에 해당하여 납세증명서를 제출하여야 하는 경우에 해당 주무관청 등은 지방자치단체의 장에게 조회(지방세통합정보통신망을 통한 조회에 한정한다.)하거나 납세자의 동의를 받아 전자정부법 제36조 제1항 또는 제2항에 따른 행정정보의 공동이용을 통하여 그 체납사실 여부를 확인함으로써 납세증명서의 제출을 생략하게 할 수 있다(영 §5 ③).

(나) 출입국관리법」 제31조에 따른 외국인등록 또는 「재외동포의 출입국과 법적 지위에 관한 법률」 제6조에 따른 국내거소신고를 한 외국인이 체류기간 연장허가 등 대통령령으로 정하는 체류 관련 허가 등을 법무부장관에게 신청하는 경우

이 경우에도 (가)와 같이 체납사실을 확인하여 체납액이 없음이 확인된 때에는 납세증명서의 제출을 생략할 수 있다. 여기에서 "출국할 때"라 함은 출입국관리법의 규정에 의한 출국심사를 할 때를 말한다.

그리고 "체류기간 연장허가 등 대통령령으로 정하는 체류관련허가 등"이란 다음 각 호의 어느 하나에 해당하는 경우를 말한다(영 §4 ② Ⅰ~Ⅶ).
  ⅰ) 재외동포의 출입국과 법적 지위에 관한 법률 제6조에 따른 국내거소신고
  ⅱ) 출입국관리법 제20조에 따른 체류자격외 활동 허가
  ⅲ) 출입국관리법 제21조에 따른 근무처 변경·추가에 관한 허가 또는 신고
  ⅳ) 출입국관리법 제23조에 따른 체류자격 부여
  ⅴ) 출입국관리법 제24조에 따른 체류자격 변경 허가
  ⅵ) 출입국관리법 제25조에 따른 체류기간 연장 허가
  ⅶ) 출입국관리법 제31조에 따른 외국인 등록

(다) 내국인이 해외이주 목적으로 「해외이주법」 제6조에 따라 외교부장관에게 해외이주신고를 하는 경우에도 (가)와 같이 체납 여부 확인으로 납세증명서의 제출을 생략할 수 있다.

이 (나)와 (다) 개정 규정은 현재 사문화된 규정인 지방세 납부의무가 있는 외국인 출국시 납세증명서 제출의무 규정을 외국인의 체류기간 연장허가 등 신청 시 납세증명서 제출의무 규정으로 대체하여 외국인에 대한 효과적인 지방세 체납관리를 도모하고, 2016년 12월 20일 「해외이주법」 개정으로 거주여권제도가 폐지되고 해외이주신고제도가 운영되고 있으므로 이를 반영하여 내국인의 국외이주 또는 해외 장기체류를 위한 거주여권 신청시 납세증명서 제출의무 규정을 내국인의 해외이주신고 시 납세증명서 제출의무 규정으로 대체하여 국외이주 내국인에 대한 효과적인 지방세 체납관리를 도모하는 것이다.

(라) 신탁법에 따른 신탁을 원인으로 부동산의 소유권을 수탁자에게 이전하기 위하여 등기관서의 장에게 등기를 신청할 때, 이 경우에도 (가)와 같이 체납여부 확인으로 납세증명서의 제출을 생략할 수 있다.

(4) 납세증명서의 발급

납세자로부터 납세증명서의 발급신청을 받으면 세무공무원은 그 사실을 확인하여 발급하여야 한다(법 §5 ②).

① 납세증명서를 발급 받으려는 자는 세무공무원에게 다음 각 호의 사항을 적은 문서(전자문서를 포함한다.)으로 신청해야 한다(영 §6 ① Ⅰ~Ⅲ).
  ㉮ 납세자의 성명(법인인 경우에는 법인명을 말한다. 이하 같다.)과 주소, 거소, 영업소 또는 사무소[전자송달인 경우에는 행정안전부장관이 고시하는 정보통신망에 가입된 명의

인의 전자우편주소 또는 지방세통합정보통신망의 전자사서함(「전자서명법」 제2조에 따른 인증서) 그리고 연계정보 통신망의 전자고지함(이하 "주소 또는 영업소"라 한다.)을 말한다.]

　　㉯ 납세증명서의 사용 목적
　　㉰ 납세증명서의 수량

② 납세증명서의 발급신청을 받은 세무공무원은 해당 납세자의 체납세액(다른 지방자치단체의 체납액을 포함한다.)을 확인하여 납세증명서를 발급하여야 한다(영 §6 ②).
　이 경우 납세증명서의 발급은 무료로 한다(규칙 §2 ②).

(5) 증명서의 유효기간

① 납세증명서의 유효기간은 발급일부터 30일간으로 한다. 다만, 발급일 현재 해당 신청인에게 고지된 지방세가 있거나 발급일부터 30일 이내에 법정 납부기한의 말일이 도래하는 지방세(신고납부하거나 특별징수하여 납부하는 지방세를 제외한다.)가 있는 때에는 해당 지방세의 납부기한까지로 유효기간을 단축 할 수 있다(영 §7 ①).

예를 들면, 재산세가 부과되어 있는 7월 17일에 납세증명서의 발급신청을 하면서 당해 연도의 재산세는 납부하지 않았다면 증명서의 유효기간은 8월 16일이 아닌 납기의 말일인 7월 31일까지가 된다는 것이다.

② 세무공무원은 제1항 단서에 따라 유효기간을 단축하였을 때에는 해당 납세증명서에 그 유효기간과 사유를 분명히 밝혀 적어야 한다(영 §7 ②).

제6조 | 미납지방세 등의 열람

① 주택임대차보호법 제2조에 따른 주거용 건물 또는 상가건물 임대차보호법 제2조에 따른 상가건물을 임차하여 사용하려는 자는 건물에 대한 임대차계약을 하기 전에 임대인의 동의를 받아 임대인이 납부하지 아니한 지방세의 열람을 임차할 건물 소재지의 지방자치단체의 장에게 신청할 수 있다. 이 경우 지방자치단체의 장은 열람신청에 응하여야 한다(법 §6 ①).
② 제1항에 따라 임차인이 열람할 수 있는 지방세는 임대인의 체납액, 납세고지서 또는 납부통지서를 발급한 후 납기가 되지 아니한 지방세, 지방세관계법에 따라 신고기한까지 신고한 지방세 중 납부하지 아니한 지방세로 한정한다(법 §6 ② Ⅰ·Ⅱ).
③ 제1항에 따른 열람신청에 필요한 사항은 대통령령으로 정한다(법 §6 ③).

(1) 본조의 취지

사회적 약자인 주거용 건물 및 상가용 건물의 각 임차인을 보호하여 국민의 주거생활 및 생업의 안정을 보장하기 위하여 임대인의 미납 지방세에 관한 자료를 임차인으로 하여금 열람할 수 있도록 그 근거규정을 둔 것이다. 그런데 임차인의 열람권은 헌법상 보장되고 있는 임대인의 사생활의 비밀과 자유를 침해하는 결과가 되는 것이므로(헌법 §17), 임차인이 그 열람을 신청할 때에는 임대인의 동의를 받도록 한 것이며, 이렇게 임대인의 동의를 받아 임차인이 열람을 신청한 때에는 과세권자는 이에 응할 의무가 있으므로, 지방자치단체의 장이 임차인의 그 열람신청을 거부하면 불복의 대상이 되는 것이다.[6]

(2) 열람이 허용되는 임차인

임대인의 미납 지방세를 열람할 수 있는 임차인으로 주택임대차보호법 제2조의 규정에 따른 주거용 건물(주택) 또는 상가건물 임대차보호법 제2조의 규정에 따른 상가건물의 임차인에 한한다.

이 경우 임대차의 목적이 된 주거용 건물에는 그 부지도 포함되는 것으로 해석하며(대법 99마4499, 2000.3.15.), 임대차의 목적이 된 상가 건물은 상가건물 임대차보호법 제3조 제1항의 규정에 의한 사업자등록의 대상이 된 건물을 말한다.

(3) 열람대상인 임대인의 미납지방세

임차인이 열람할 수 있는 지방세는 임대인의,

① 체납액
② 납세고지서 또는 납부통지서를 발급한 후 납기가 되지 아니한 지방세
③ 지방세관계법에 따라 신고기한까지 신고한 지방세 중 납부하지 아니한 지방세에 한한다.

(4) 열람의 신청절차 등

미납지방세 등의 열람을 신청하는 자는 열람을 신청하는 자의 주소 또는 거소 및 성명, 임대인의 주소 또는 거소 및 성명, 임차하려는 건물에 관한 사항을 적은 신청서에 임대인의 동의를 증명할 수 있는 서류와 임차하는 자의 신분을 증명할 수 있는 서류를 첨부하여 지방자치단체의 장에게 제출하여야 한다(영 §8 Ⅰ~Ⅲ).

---

[6] 강인애, 「전게서」, p.93

제7조 | 관허사업의 제한

① 지방자치단체의 장은 납세자가 대통령령으로 정하는 사유 없이 지방세를 체납하면 허가·인가·면허·등록 및 대통령령으로 정하는 신고와 그 갱신(이하 "허가 등"이라 한다.)이 필요한 사업의 주무관청에 그 납세자에게 허가 등을 하지 아니할 것을 요구할 수 있다(법 §7 ①).

이 경우 "대통령령으로 정하는 사유"란(영 §9 Ⅰ~Ⅷ),
1. 공시송달의 방법에 의하여 납세가 고지된 경우
2. 납세자가 풍수해·낙뢰·화재·전화(戰禍)·그 밖의 재해를 입었거나 도난을 당하여 납부가 곤란한 경우
3. 납세자나 그 동거가족의 질병으로 인하여 납부가 곤란한 경우
4. 납세자가 그 사업에 심한 손해를 입어서 납부가 곤란한 경우
5. 납세자가 강제집행을 받은 경우, 파산의 선고를 받은 경우, 경매가 개시된 경우, 법인이 해산한 경우의 어느 하나에 해당하는 사유가 있는 경우
6. 납세자의 재산이 법 제104조에 따른 체납처분의 중지사유에 해당하는 경우
7. 제1호부터 제6호까지의 규정에 준하는 사유가 있는 경우로서 지방자치단체의 장이 그 사유를 인정하는 경우
8. 「지방세법」 제119조의2에 따라 물적납세의무가 있는 수탁자가 그 물적납세의무와 관련하여 재산세등을 체납한 경우를 말한다.

또는 "대통령령으로 정하는 신고"란 지방세법 시행령 별표 1(면허에 대한 등록면허세를 부과할 면허의 종류와 종별 구분)에 규정된 사업을 적법하게 영위하기 위하여 필요한 신고를 말한다(영 §10).

이 경우 사업의 신고란 지방세법 시행령 별표에 열거된 면허분 등록면허세 과세대상 사업을 영위하기 위하여 하는 신고를 말한다.

그리고 지방자치단체의 장이 법 제7조 제1항에 따라 주무관청에 허가 등을 하지 아니할 것을 요구하는 경우에 그 절차와 방법은 행정안전부령으로 정한다(영 §11).

② 지방자치단체의 장은 허가 등을 받아 사업을 경영하는 자가 지방세를 3회 이상 체납한 경우로서 그 체납액이 30만원 이상일 때에는 대통령령으로 정하는 경우를 제외하고, 그 주무관청에 사업의 정지 또는 허가 등의 취소를 요구할 수 있다(법 §7 ②).

이 경우 3회 이상 체납한 경우에 체납횟수는 납세고지서 1매를 1회로 보아 계산하며(영 §12 ①), 이 규정에서 "대통령령으로 정하는 경우"란 영 제9조 각 호의 어느 하나에 해당하는 경우(체납의 사유)로서 지방자치단체의 장이 그 사유를 인정하는 경우를 말한다(영 §12 ②).

그리고 이 규정에 따라 지방자치단체의 장은 주무관청에 관허사업의 정지 또는 허가 등의 취소를 요구하려는 경우에는(영 §13 Ⅰ~Ⅳ)
1. 사업자의 성명과 주소 또는 영업소와 성명
2. 사업종목
3. 사업의 정지 또는 허가 등의 취소가 필요한 이유
4. 그 밖의 참고사항을 적은 문서로 하여야 한다.

그리고 위와 같은 지방자치단체장의 요구가 있는 때에는 해당 주무관청은 그 조치 결과를 지체없이 해당 지방자치단체의 장에게 알려야 한다(영 §14).

③ 지방자치단체는 30만원 이상 100만원 이하의 범위에서 제2항에 따른 사업의 정지 또는 허가 등의 취소를 요구할 수 있는 기준이 되는 체납액을 해당 지방자치단체의 조례로 달리 정할 수 있다(법 §7 ③).

④ 지방자치단체의 장은 제1항 또는 제2항의 요구를 한 후 해당 지방세를 징수하였을 때에는 지체 없이 요구를 철회하여야 한다(법 §7 ④).

⑤ 제1항 또는 제2항에 따른 지방자치단체의 장의 요구를 받은 주무관청은 정당한 사유가 없으면 요구에 따라야 한다(법 §7 ⑤).

(1) 본조의 취지

납세의무자가 특별한 사유 없이 지방세를 체납한 때에는 관허사업의 허가 등을 하지 아니하거나 또는 이미 허가한 관허사업의 정지 또는 허가의 취소 등 제재를 가함으로써 간접적으로 지방세의 확보를 도모하고 있다. 이러한 관허사업에는 일반적으로 특정사업이나 행위를 독점적 또는 배타적으로 할 수 있는 이익이 수반되는 것이 보통이다. 그런데 납세의무를 이행하지 않는 자에 대해서까지 이와 같은 관허사업의 혜택을 부여한다는 것은 사회정의면에서 볼 때 바람직스러운 것이 되지 못한다. 따라서 일정한 요건 하에 납세의무를 해태한 자에게는 관허사업의 혜택을 박탈함으로써 납세의무의 성실한 이행을 간접적으로 촉구하고 있는 제도를 말한다.

(2) 허가 등의 제한

지방자치단체의 장은 납세자가 대통령령으로 정하는 사유 없이 지방세를 체납한 때에는 허가, 인가, 면허·등록 및 신고와 그 갱신(이하 "허가 등"이라 한다.)을 필요한 사업의 주무관청에 그 납세자에게 그 허가 등을 하지 아니할 것을 요구할 수 있다. 여기에서 대통령령으로 정하는 사유란 다음 각 호 어느 하나에 해당하는 경우로서 지방자치단체의 장이 그 사유를 인정하는 경우를 말한다.

① 공시송달 방법에 의하여 납세가 고지된 경우

② 납세자가 풍수해, 낙뢰, 화재, 전화(戰禍) 그 밖의 재해를 입었거나 도난을 당하여 납부가 곤란한 경우
③ 납세자나 그 동거가족의 질병으로 인하여 납부가 곤란한 경우
④ 납세자가 그 사업에 심한 손해를 입어서 납부가 곤란한 경우
⑤ 납세자가 강제집행을 받은 경우, 파산의 선고를 받은 경우, 경매가 개시된 경우, 법인이 해산한 경우의 어느 하나에 해당하는 사유가 있는 경우
⑥ 납세자 재산이 법 제144조에 따른 체납처분을 중지하는 사유에 해당하는 경우
⑦ 기타 '①'내지 '⑥'에 준하는 사유가 있는 경우
⑧ 「지방세법」 제119조의2에 따라 물적납세의무가 있는 수탁자가 그 물적납세의무와 관련하여 재산세등을 체납한 경우를 말한다.

이 경우 "관허사업"이라 함은 허가, 인가, 면허, 등록, 신고와 그 갱신 등 그 용어에 구애됨이 없이 법령에 의한 일반적인 제한·금지를 특정한 경우에 해제하거나 권리를 설정하여 적법하게 일정한 사실행위 또는 법률행위를 할 수 있게 하는 행정처분을 거쳐서 영위하는 각종 사업을 말한다.[7]

(3) 허가 등의 취소

지방자치단체의 장은 허가 등을 받아 사업을 경영하는 자가 지방세를 3회 이상 체납한 경우로서 그 체납액이 30만원 이상일 때에는 대통령령으로 정하는 경우를 제외하고, 그 주무관청에 사업의 정지 또는 허가 등의 취소를 요구할 수 있다. 여기에서 3회 이상 체납한 경우에 체납횟수는 납세고지서 1매를 1회로 보아 계산한다(영 §12 ①). 그러나 면허에 대한 등록면허세에 있어서는 1회의 체납의 경우에도 그 면허 부여기관에 대하여 면허취소 또는 정지를 요구할 수 있다(지방세법 §39 ①).

이 경우 "대통령령으로 정하는 경우"라 함은, 영 제48조 각 호의 어느 하나에 해당하는 경우(체납의 사유)로서 지방자치단체의 장이 그 사유를 인정하는 경우를 말한다.

그리고 체납횟수의 통산은 종전에는 관허사업의 제한요구 당시를 기점으로 그 이전 1년 내에 3회의 체납이 있을 경우에는 관허사업제한이 가능하였으나, 2002년부터는 1년의 기간 제한없이 관허사업의 제한요구 당시를 기점으로 그 이전에 3회 이상의 체납이 있는 경우에는 관허사업의 제한이 가능하도록 되었다.

그런데 "3회 이상의 체납횟수계산의 기초가 되는 체납"에는 관허사업 자체에 관한 것에 국한하지 아니하고 기타의 원인으로 인한 체납과 본래의 납세의무 외에 제2차 납세의무, 납세보증인의 의무, 연대납세의무, 양도담보권자의 물적납세의무 등에 기인하는 체납액도

---

[7] 국세징수법통칙 7-0···1 (관허사업)

포함되는 것으로 해석되는 점에 유의해야 한다.

(4) 관허사업의 제한절차

① 지방자치단체의 장은 그 주무관청에 관허사업의 정지 또는 허가 등의 취소를 요구하려는 경우에는 해당 문서에 다음 각 호의 사항을 기재하여야 한다.
　㉮ 사업자의 성명과 주소 또는 영업소
　㉯ 사업종목
　㉰ 사업의 정지 또는 허가 등의 취소가 필요한 이유
　㉱ 그 밖의 참고사항
② 관허사업의 제한을 요구받은 해당 주무관청은 그 결과를 해당 지방자치단체의 장에게 알려야 한다.
③ 지방자치단체의 장은 관허사업의 요구를 하고 난 후 해당 지방세를 징수하였을 때에는 지체없이 그 요구를 철회하여야 한다.

(5) 관허사업제한 등의 요구효과

관허사업의 주무관청이 지방자치단체의 장으로부터 지방세의 체납으로 인한 관허사업의 제한이나 사업의 정지 또는 허가 등의 취소요구를 받은 때에는 해당 주무관청은 정당한 사유가 없으면 그 요구에 따라야 한다.

제8조 │ 출국금지 요청 등

① 지방자치단체의 장 또는 「지방세기본법」 제151조의 2에 따른 지방자치단체조합(이하 "지방세조합"이라 한다.)의 장(지방자치단체의 장으로부터 체납된 지방세의 징수에 관한 업무를 위탁받은 경우로 한정한다. 이하 "지방세조합장"이라 한다.) 정당한 사유 없이 3천만원 이상(지방세조합장의 경우에는 각 지방자치단체의 장으로부터 징수를 위탁받은 체납 지방세를 합산한 금액이 3천만원 이상인 경우를 말한다.)의 지방세를 체납한 자 중 대통령령으로 정하는 자에 대하여 법무부장관에게 「출입국관리법」 제4조 제3항에 따라 출국금지를 요청하여야 한다(법 §8 ①).

이 경우 "대통령령으로 정하는 자"란 다음 각 호의 어느 하나에 해당하는 사람으로서 지방자치단체의 장 또는 「지방세기본법」 제151조의2에 따른 지방자치단체조합(이하 "지방세조합"이라 한다)의 장(지방자치단체의 장으로부터 체납된 지방세의 징수에 관한 업무를 위탁받은 자로 한정하며, 이하 "지방세조합장"이라 한다)이 압류·공매, 담보 제공, 보증인의 납세보증서 등으로 조세채권을 확보할 수 없고, 체납처분을 회피할 우려가 있다고 인정되는 사람을 말한다(영 §15 ① Ⅰ~Ⅵ).

1. 배우자 또는 직계존비속이 국외로 이주(국외에 3년 이상 장기체류 중인 경우를 포함한다.)한 사람
2. 출국금지 요청일 기준으로 최근 2년간 미화 3만달러 상당액 이상을 국외로 송금한 사람
3. 미화 3만달러 상당액 이상의 국외자산이 발견된 사람
4. 법 제11조 제1항에 따라 명단이 공개된 고액·상습체납자
5. 출국금지 요청일 기준으로 최근 1년간 체납된 지방세가 3천만원 이상인 상태에서 국외 출입 횟수가 3회 이상이거나 국외 체류 일수가 6개월 이상인 사람. 다만, 사업목적, 질병치료, 직계존비속의 사망 등 정당한 사유가 있는 경우에는 출입 횟수나 체류 일수에서 제외한다.
6. 법 제39조에 따라 사해행위(詐害行爲) 취소 및 원상회복 소송 중이거나 지방세기본법 제71조 제4항에 따라 제3자와 짜고 한 거짓계약에 대한 취소소송 중인 사람

그리고 지방자치단체의 장은 지방세를 정당한 사유 없이 그 납부기한까지 내지 아니한 사람에 대하여는 법무부장관에게 출국금지를 요청하여야 한다(출입국관리법 §4 ①~⑤).

이에 따라 지방자치단체의 장 또는 지방세조합장은 제8조 제1하에 따라 법무부장관에게 체납자에 대한 출국금지를 요청하는 경우에는 해당 체납자가 제1항 각 호 중 체납자가 해당되는 항목과 압류·공매, 담보 제공, 보증인의 납세보증서 등으로 조세채권을 확보할 수 없는 사유, 체납자가 체납처분을 회피할 우려가 있다고 인정하는 사유를 구체적으로 밝혀야 한다(영 §15 ②).

② 법무부장관은 제1항에 따른 출국금지 요청에 따라 출국금지를 한 경우에는 지방자치단체의 장 또는 지방세조합장에게 그 결과를「정보통신망 이용촉진 및 정보보호 등에 관한 법률」제2조 제1항 제1호에 따른 정보통신망 등을 통하여 통보하여야 한다(법 §8 ②).

③ 지방자치단체의 장 또는 지방세조합장은 다음 각 호의 어느 하나에 해당하는 경우에는 즉시 법무부장관에게 출국금지의 해제를 요청하여야 한다(법 §8 ③ Ⅰ~Ⅳ).

1. 체납자가 체납액을 전부 납부한 경우
2. 체납자 재산의 압류, 담보 제공 등으로 출국금지 사유가 해소된 경우
3. 지방자치단체의 징수금의 징수를 목적으로 하는 지방자치단체의 권리(이하 "지방세징수권"이라 한다.)의 소멸시효가 완성된 경우
4. 그 밖에 대통령령으로 정하는 사유가 있는 경우

이 경우 "대통령령으로 정하는 사유가 있는 경우"란 체납액의 납부 또는 부과결정의 취소 등에 따라 체납된 지방세가 3천만원 미만으로 된 경우를 말한다(영 §15 ③).

④ 제1항부터 제3항까지에서 규정한 사항 외에 출국금지 요청 등의 절차에 관하여 필요한 사항은 대통령령으로 정한다(법 §8 ④).

그리고 지방자치단체의 장 또는 지방세조합장은 출국금지 중인 사람이 다음 각 호의 어느 하나에 해당하는 경우로서 체납처분을 회피할 목적으로 국외로 도피할 우려가 없다고 인정할 때에는 법무부장관에게 출국금지의 해제를 요청할 수 있다(영 §15 ④ Ⅰ~Ⅲ).

1. 국외건설계약 체결, 수출신용장 개설, 외국인과의 합작사업 계약 체결 등 구체적인 사업계획을 가지고 출국하려는 경우
2. 국외에 거주하는 직계존비속이 사망하여 출국하려는 경우
3. 제1호 및 제2호의 사유 외에 본인의 질병치료 등 불가피한 사유로 출국금지를 해제할 필요가 있다고 인정되는 경우

제9조 │ 체납 또는 정리보류 자료의 제공

① 지방자치단체의 장 또는 지방세조합장은 지방세 징수 또는 공익 목적을 위하여 필요한 경우로서 신용정보의 이용 및 보호에 관한 법률 제25조제2항제1호에 따른 종합신용정보집중기관, 그 밖에 대통령령으로 정하는 자가 다음 각 호의 어느 하나에 해당하는 체납자 또는 정리보류자의 인적사항, 체납액 또는 정리보류에 관한 자료를 제공할 수 있다. 다만, 체납된 지방세와 관련하여 지방세기본법에 따른 이의신청, 심판청구, 감사원법에 따른 심사청구 또는 행정소송(이하 '심판청구등' 이라 한다)이 계속 중인 경우, 그 밖에 대통령령으로 정하는 경우에는 그러하지 아니하다(법 §9 ① Ⅰ·Ⅱ).

이 규정 단서에서 "그 밖에 대통령령으로 정하는 경우"라 함은(영 §16 ① Ⅰ·Ⅱ),

㉮ 법 제25조 제1호부터 제3호까지의 사유에 해당하는 경우

● 풍수해, 벼락, 화재, 전쟁, 그 밖의 재해 또는 도난으로 재산에 심한 손실을 입은 경우, 사업에 현저한 손실을 입은 경우, 사업이 중대한 위기에 처한 경우

㉯ 법 제105조 제1항에 따라 체납처분이 유예된 경우를 말한다.

● 지방자치단체의 조례로 정하는 기준에 따른 성실납부로 인정될 경우와 재산의 압류나 압류재산의 매각을 유예함으로써 사업을 정상적으로 운영할 수 있게 되어 체납액을 징수할 수 있다고 인정될 때

1. 체납 발생일부터 1년이 지나고 체납액 정리보류액을 포함한다. 이하 이 조, 제10조, 제11조의 2에서 같다.)이 대통령령으로 정하는 금액 이상(지방세조합장의 경우에는 각

지방자치단체의 장으로부터 징수를 위탁받은 체납액을 합산한 금액이 대통령령으로 정하는 금액 이상인 경우를 말한다.)인 자

2. 지방세를 1년에 3회 이상 체납하고, 체납액이 대통령령으로 정하는 금액 이상(지방세조합장의 경우에는 각 지방자치단체의 장으로부터 징수를 위탁받은 체납액을 합산한 금액이 대통령령으로 정하는 금액 이상인 경우를 말한다.)인 자

이 규정에서 "대통령령으로 정하는 금액"이란 각각 500만원을 말한다(영 §16 ②).

② 제1항에 따른 자료의 제공절차 등에 관하여 필요한 사항은 대통령령으로 정한다(법 §9 ②).

③ 제1항에 따라 체납 또는 결손처분 자료를 제공받은 자는 이를 업무 외의 목적으로 누설하거나 이용해서는 아니 된다(법 §9 ③).

지방자치단체의 장은 지방징수법 제17조 제1항부터 제4항까지에서 규정한 사항 외에 체납 또는 정리보류 자료의 요구, 제공, 정리, 관리 및 보관 등에 필요한 사항은 지방자치단체의 장이 정하거나 지방세조합의 규약으로 정한다.(영 §17 ⑤).

그리고 이러한 체납 또는 정리보류 자료(체납자 또는 정리보류자의 인적사항, 체납액 또는 정리보류액에 관한 자료를 말한다. 이하 같다)를 요구하는 자(이하 "요구자"라 한다.)는 요구자의 성명과 주소 또는 영업소, 요구하는 자료의 내용 및 이용목적사항을 적은 문서를 지방자치단체의 장 또는 지방세조합장에게 제출하여야 한다(영 §17 ①).

이와 같은 체납 또는 정리보류 자료를 요구받은 지방자치단체의 장 또는 지방세조합장은 제3항에 따른 체납 또는 정리보류 자료파일(자료보관장치 그 밖에 이와 유사한 매체에 체납 또는 정리보류 자료가 기록·보관된 것을 말한다.) 또는 문서로 이를 제공할 수 있으며, 지방자치단체의 장 또는 지방세조합장은 체납 또는 정리보류 자료를 전산정보처리조직에 의하여 처리하는 경우에는 체납 또는 정리보류 자료파일을 작성할 수 있다(영 §17 ②·③).

이렇게 제공한 체납 또는 정리보류 자료가 체납액의 납부, 지방세 징수권의 소멸시효 완성 등의 사유로 인하여 제공대상 자료에 해당되지 않게 된 경우에는 그 사실을 사유발생일부터 15일 이내에 요구자에게 통지해야 한다(영 §17 ④).

(1) 본조의 취지

체납기간이 길고 체납액이 과다한 체납자 또는 정리보류자의 정보를 제공할 수 있도록 하여 체납자 또는 정리보류자의 무분별한 경제적 거래로부터 발생하는 사회적 비용 발생을 사전에 방지하도록 하면서 한편으로는 법에 정한 자와 지방세 징수 또는 공익목적을 위하여 필요한 경우에만 이를 제공할 수 있도록 한정하는 등 개인정보의 유출방지를 위하여 신용정보의 제공에 관한 사항을 규정한 것이다.

(2) 체납·정리보류 자료 제공요구의 요건

체납 또는 정리보류 자료의 제공을 요구할 수 있는 요건은 다음과 같다.

첫째, 지방세 징수 또는 공익목적을 위하여 필요한 경우이어야 한다. 따라서 사적인 채무자의 신용정보를 위한 경우는 이에 해당하지 아니한다.

둘째, 체납 또는 정리보류 자료의 제공을 요구를 할 수 있는 자는 신용정보의 이용 및 보호에 관한 법률(이하 '신용정보법'이라 약칭한다.) 제2조에 따른 신용정보업자 또는 신용정보집중기관 그 밖에 대통령령이 정하는 자이어야 한다.

'신용정보업'이란 신용정보법 제4조 제1항 각 호에 따른 업무의 전부 또는 일부를 업으로 하는 것으로 금융위원회의 허가를 받은 것을 말하고(신용정보법 §2 Ⅳ), '신용정보집중기관'이라 함은 신용정보를 집중하여 관리·활용하는 자로서 신용정보법 제25조 제1항에 따라 금융위원회에 등록한 자를 말한다(신용정보법 §2 Ⅵ).

자료의 제공을 요구할 수 있는 자 중 "대통령령이 정하는 자"에 대해서는 시행령의 규정이 없으나, 체납자에 대하여 지방세를 수령할 권한이 있는 지방자치단체의 장이 이에 해당할 것이다.

셋째, 그 요구 대상자가 다음에 설명할 일정한 자료제공의 대상 체납자이어야 한다.

(3) 자료제공의 대상 체납자

체납 또는 정리보류 자료의 제공 대상 체납자는 다음 각 호의 어느 하나에 해당하는 자이다.

① 체납일부터 1년이 지나고 체납액(정리보류하였으나 징수권 소멸시효가 완성되지 아니한 분을 포함한다.)이 500만원 이상인 자
② 1년에 3회 이상 체납하고 체납액이 500만원 이상인 자

(4) 자료제공의 대상 체납자에서 제외되는 자

위 자료제공 대상 체납자에 해당하더라도 다음 각 호의 어느 하나에 해당하는 경우에는 해당 체납자에 대한 체납 또는 정리보류 자료를 제공하지 아니한다.

① 체납된 지방세와 관련하여 심판청구등이 계속 중인 경우
② 지방세기본법 등에 의하여 체납처분이 유예된 경우
③ 다음의 각 사유에 해당하는 경우
   ㉮ 재해 또는 도난 등으로 재산에 심한 손실을 입은 경우
   ㉯ 사업에 현저한 손실을 받은 경우
   ㉰ 사업이 중대한 위기에 처한 경우

(5) 체납·정리보류 자료의 요구절차와 제공방법 등

(가) 자료제공요구서의 제출 : 체납 또는 정리보류 자료를 요구하는 자는 다음 각 호의 사항을 적은 문서를 지방자치단체의 장에게 제출하여야 한다.

① 요구자의 이름 및 주소 또는 영업소
② 요구하는 자료의 내용 및 이용목적

(나) 자료의 제공방법 : 체납 또는 정리보류 자료를 요구받은 지방자치단체의 장은 체납 또는 정리보류 자료파일 또는 문서로 이를 제공할 수 있다.

(다) 체납액의 납부 등과 자료요구자에 대한 통지

제공한 체납 또는 정리보류 자료가 체납액의 납부, 결손처분의 취소 등의 사유로 인하여 제공대상 자료에 해당되지 아니하게 되는 경우에는 그 사실을 사유발생일부터 15일 이내에 요구자에게 통지하여야 한다.

(라) 체납·정리보류 자료화일 작성 등

지방자치단체의 장은 제공대상이 되는 체납 또는 정리보류 자료를 전자정보처리조직에 의하여 처리하는 경우에는 체납 또는 결손처분 자료파일(자료보관장치·그 밖에 이와 유사한 매체에 체납 또는 결손처분 자료가 기록·보관된 것을 말한다.)을 작성할 수 있다.

(6) 체납·결손처분 자료를 제공받은 자의 누설 등의 금지

체납 또는 결손처분 자료를 제공받은 자는 이를 업무 외의 목적으로 누설하거나 이용하여서는 아니된다. 신용정보법상 업무목적 외 누설금지 등에 위반한 자에 대해서는 3년 이하의 징역 또는 3천만원 이하의 벌금에 처한다(신용정보법 §34 ②, §50 ② Ⅵ 참조).

제10조 외국인 체납자료 제공 등

① 행정안전부장관 또는 지방자치단체의 장은 지방세를 체납한 외국인에 대한 관리와 지방세 징수 등을 위하여 법무부장관에게 다음 각 호의 어느 하나에 해당하는 외국인 체납자의 인적사항, 체납액에 관한 자료를 제공할 수 있다(법 §10 ① Ⅰ·Ⅱ).
1. 체납 발생일부터 1년이 지나고 체납액이 100만원 이상의 범위에서 대통령령으로 정하는 금액 이상인 자

이 경우 "대통령령으로 정하는 금액"이란 100만원을 말한다(영 §18 ①).
2. 지방세를 3회 이상 체납하고 체납액이 5만원 이상의 범위에서 대통령령으로 정하는 금액 이상인 자
이 경우 "대통령령으로 정하는 금액"이란 5만원을 말한다(영 §18 ②).

② 제1항에 따른 체납액에 관한 자료의 제공방법 및 절차, 그 밖에 필요한 사항은 대통령령으로 정한다(법 §10 ②).

③ 제1항에 따라 체납액에 관한 자료를 제공받은 법무부장관은 이를 업무 외의 목적으로 누설하거나 이용해서는 아니 된다(법 §10 ③).
  또한 행정안전부장관 또는 지방자치단체의 장은 법 제10조제1항에 따른 외국인 체납자료를 전산정보처리조직에 의하여 처리하는 경우에는 체납 자료파일을 작성하여 지방세통합정보통신망을 통하여 법무부장관에게 제공할 수 있다(영 §18 ③).

제11조 │ 고액·상습체납자의 명단공개

① 지방자치단체의 장 또는 지방세조합장은 「지방세기본법」 제86조에도 불구하고 체납 발생일부터 1년이 지난 지방세(정리보류를 포함한다)가 1천만원 이상(지방세조합장의 경우에는 각 지방자치단체의 장으로부터 징수를 위탁받은 체납 지방세를 합산한 금액이 1천만원 이상인 경우를 말한다.)인 체납자에 대해서는 「지방세기본법」 제147조 제1항에 따른 지방세심의위원회(지방세조합장의 경우에는 같은 조 제2항에 따른 지방세징수심의위원회를 말한다. 이하 이 조에서 "지방세심의위원회"라 한다.)의 심의를 거쳐 그 인적사항 및 체납액 등(이하 "체납정보"라 한다.)을 공개할 수 있다. 다만, 체납된 지방세와 관련하여 심판청구등이 계속 중이거나 그 밖에 대통령령으로 정하는 사유가 있는 경우에는 체납정보를 공개할 수 없다(법 §11 ①).
이 경우 "대통령령으로 정하는 사유가 있는 경우"란 다음 각 호의 어느 하나에 해당하는 경우를 말한다(영 §19 ① Ⅰ~Ⅲ).
 1. 체납액의 100분의 50 이상을 납부한 경우
 2. 「채무자 회생 및 파산에 관한 법률」 제243조에 따른 회생계획인가의 결정에 따라 체납된 지방세의 징수를 유예받고 그 유예기간 중에 있거나 체납된 지방세를 회생계획의 납부일정에 따라 납부하고 있는 경우
 3. 재산 상황·미성년자 해당 여부 및 그 밖의 사정 등을 고려할 때 지방세기본법 제147조 제1항에 따른 지방세심의위원회 또는 같은 조 제2항에 따른 지방세징수심의위원

회가 공개할 실익이 없거나 공개하는 것이 부적절하다고 인정하는 경우
4. 지방세법 제119조의2에 따라 물적납세의무가 있는 수탁자가 그 물적납세의무와 관련하여 재산세등을 체납한 경우

이와 같은 사유에 해당하는 경우에는 고액·상습체납자의 명단을 공개할 수 없다는 것이다.

② 제1항 본문에 따른 체납정보 공개(지방자치단체의 장이 공개하는 경우로 한정한다.)의 기준이 되는 최저 금액을 1천만원 이상 3천만원 이하의 범위에서 조례로 달리 정할 수 있다(법 §11 ②).

③ 지방자치단체의 장 또는 지방세조합장은 지방세심의위원회의 심의를 거친 공개대상자에게 체납자 명단공개 대상자임을 알려 소명할 기회를 주어야 하며, 통지일부터 6개월이 지난 후 지방세심의위원회로 하여금 체납액의 납부이행 등을 고려하여 체납자 명단공개 여부를 재심의하게 하여 공개대상자를 선정한다(법 §11 ③).

이 규정에 의하여 지방자치단체의 장 또는 지방세조합장은 공개대상자에게 체납자 명단공개 대상자임을 알리는 경우에는 체납된 세금을 납부하도록 촉구하고, 공개 제외 사유에 해당하는 경우에는 이에 관한 소명자료를 제출하도록 안내해야 한다(영 §19 ②).

④ 제1항에 따른 공개는 관보 또는 공보 게재, 행정안전부 또는 지방자치단체의 정보통신망이나 게시판에 게시하는 방법, 지방세조합의 인터넷 홈페이지에 게시하는 방법, 언론중재 및 피해구제 등에 관한 법률 제2조 제1호에 따른 언론이 요청하는 경우 체납정보를 제공하는 방법으로 한다(법 §11 ④).

⑤ 제1항에 따라 공개되는 체납정보는 체납자의 성명·상호(법인의 명칭을 포함한다.), 나이, 직업, 주소 또는 영업소(「도로명주소법」 제2조 제3호에 따른 도로명 및 같은 조 제5호에 따른 건물번호까지로 한다.), 체납액의 세목·납부기한 및 체납요지 등으로 한다(법 §11 ⑤).

⑥ 제1항부터 제5항까지의 규정에 따른 체납자 명단공개 등에 필요한 사항은 대통령령으로 정한다(법 §11 ⑥).

이러한 법인인 체납자의 명단을 공개하는 경우에는 법인의 대표자를 함께 공개할 수 있다(영 §19 ③).[8]

---

[8] 고액체납자 명단공개에 따른 기준(국심 2006서1824, 2006.10.12.)
국세정보공개심의위원회가 체납자의 재산상황 및 그 밖의 사정 등을 고려하여 공개할 실익이 있는지 등을 판단하도록 하였고, 체납자는 공개제외사유에 해당하는 경우 이에 관한 소명자료를 제출할 수 있도록 규정하고 있다. 이러한 절차적 규정은 고액체납자 명단공개에 따른 개인의 인격권과 사생활 침해소지를 최소화하기 위해 중요한 만큼 과세관청은 어느 경우에도 이를 준수함이 필요한데 이러한 절차를 밟지 않은 상태에서의 명단공개는 타당치 아니하다.

제11조의 2 둘 이상의 지방자치단체에 체납액이 있는 경우의 처리

다음 각 호의 구분에 따른 지방자치단체의 장 또는 지방세조합장은 체납자가 둘 이상의 지방자치단체에 체납한 지방세, 체납액 또는 체납 횟수 등(이하 이 조에서 "체납액등"이라 한다.)을 다음 각 호의 구분에 따라 합산하여 제8조 제1항, 제9조 제1항 또는 제11조 제1항의 기준에 해당하는 경우에는 제8조에 따른 출국금지 요청, 제9조에 따른 체납·결손처분 자료의 제공 또는 제11조에 따른 체납정보 공개를 할 수 있다(법 §11의2 Ⅰ·Ⅱ).
  1. 동일한 특별시·광역시·도·특별자치도(관할 구역 안에 지방자치단체인 시·군이 있는 특별자치도에 한정한다)의 체납액등 또는 그 관할 지방자치단체의 체납액등을 합산하는 경우: 해당 특별시장·광역시장·도지사 또는 특별자치도지사
  2. 전국 단위로 체납액등을 합산하는 경우: 해당 특별시·광역시·특별자치시·도·특별자치도 또는 그 관할 지방자치단체의 체납액등을 합산한 금액이 가장 많은 특별시장·광역시장·특별자치시장·도지사·특별자치도지사 또는 지방세조합장

이 조문은 상당수 고액체납자의 체납액은 2개 이상 지자체에 분산되어 존재하고 있어 현재 체납자에 대한 행정제재의 주체가 개별 "지방자치단체의 장"으로, 자치단체별 체납액 기준으로 명단공개·출국금지 등 제재 대상 선정함에 따라 전국에 분산된 고액체납자는 제재 대상에서 제외되어 형평성 저해되고 있어 분산된 체납액을 합산하여 징수법상 제재 요건에 해당하는 경우 광역 자치단체의 장이 해당 제재조치를 할 수 있도록 하여 고액체납자에 대한 체납처분의 실효성 확보하고자 하는 것이다.

이는 자치단체 간 분산된 고액체납자의 체납액을 합산하여 제재하도록 하는 것은 부과·징수 등 과세권의 직접적 행사가 아니라 해당 기준을 넘는 경우에 한해 보충적으로 제재 권한을 부여하는 것으로서 현재 대부분 지자체의 낮은 재정자립도* 및 지방자치권의 핵심이 지방재정권임을 고려할 때, 행정제재 개선으로 인한 새로운 재원확보는 오히려 자치권의 강화를 도모하도록 할 수 있으며, 또한 지방세기본법 제86조에 에 따르면 지방세의 부과·징수 등을 위해 필요한 경우 자치단체 간 과세정보 제공*이 가능하므로 자치단체가 협력하여 지방세 징수를 수행할 수 있어 자치권침해라고 보기 곤란하고 이에 더하여 현행 자치단체별 행정제재는 전국적으로 분산된 고액체납자에 대해 한 자치단체 내 제재기준 이상 체납한 자 대비 동일 금액 이상을 체납했음에도 제재의 사각지대를 발생시켜, 헌법 제11조에서 파생된 공평과세 또는 조세정의 측면에서도 바람직하지 않으며, 지방세 체납액이 제재기준 이상임에도 관련 제재를 회피하는 것을 방지하여 정부 재정운영의 근간이 되는 조세채권을 확보하고 조세정의를 실현한다는 점에서 입법목적의 정당성이 인정되고(목적의 정당성), 조세채권 징수를 위해 체납자에 대해 제재를 부과하는 것으로 조세회피 방지라는 목적 달성에 적합한

수단이며(수단의 적절성), 합산 제재라 하여 기존 제재기준을 강화하여 적용하거나 새로운 수단을 도입하는 것도 아니며 이미 법 제8조, 제9조 및 제11조에 의한 명단공개 등 제재수단을 그대로 적용하는 것에 불과하고, 그 정도가 형사처벌이나 과징금 등 타 제재수단에 비해 국민에게 더 큰 권익 침해를 미치지도 아니하며(침해의 최소성), 헌법상 납세의무*를 위반한 체납자가 제재를 통해 입는 출국 제한 등 불이익과 조세정의 실현 등 공익을 비교할 때 공익을 실현하는 것이 더 중대하다고 판단되고, 또한 합산 제재로 체납자에게 손해가 발생할 경우에도 국가배상법상 쟁송절차가 보장된다는 점에는 변함이 없으므로 합리적인 이유 없는 차별이라 볼 수도 없다(법익의 균형성) 할 것이다.

제11조의 3 | 고액체납자의 거래정보등의 제공 요구

지방세조합장은 각 지방자치단체의 장으로부터 징수를 위탁받은 체납액을 합산한 금액이 1천만원 이상인 체납자에 대한 재산조회를 위하여 「금융실명거래 및 비밀보장에 관한 법률」 제2조 제3호에 따른 금융거래의 내용에 대한 정보 또는 자료(이하 이 조에서 "거래정보등"이라 한다.)의 제공을 같은 법 제4조제2항 각 호 외의 부분 단서에 따라 거래정보등을 보관 또는 관리하는 부서에 요구할 수 있다(법 §11의3).

제11조의 4 | 고액상습체납자의 감치

① 법원은 검사의 청구에 따라 체납자가 다음 각 호의 요건에 모두 해당하는 경우 결정으로 30일의 범위에서 체납된 지방세가 납부될 때까지 그 체납자를 감치(監置)에 처할 수 있다(법 §11의4 ① Ⅰ~Ⅴ).
1. 지방세를 3회 이상 체납하고 있을 것
2. 체납된 지방세가 체납 발생일부터 각각 1년 이상이 경과하였을 것
3. 체납된 지방세의 합계액이 5천만원 이상일 것
4. 체납된 지방세의 납부능력이 있음에도 불구하고 정당한 사유 없이 체납하였을 것
5. 해당 체납자에 대한 감치 필요성에 대하여 「지방세기본법」 제147조에 따른 지방세심의위원회의 의결을 거쳤을 것

② 지방자치단체의 장은 체납자가 제1항 각 호의 요건에 모두 해당하는 경우 체납자의 주소 또는 거소를 관할하는 지방검찰청 또는 지청의 검사에게 체납자의 감치를 신청할 수 있다(법

§11의4 ②).

③ 지방자치단체의 장은 제2항에 따라 체납자의 감치를 신청하기 전에 체납자에게 대통령령으로 정하는 바에 따라 소명자료를 제출하거나 의견을 진술할 수 있는 기회를 주어야 한다(법 §11의4 ③).

이 경우 지방자치단체의 장은 체납자가 소명자료를 제출하거나 의견진술을 신청할 수 있도록 체납자에게 다음 각 호의 사항을 문서(전자문서의 경우에는 체납자가 동의하는 경우로 한정한다)로 통지해야 한다(영 §19의2 Ⅰ~Ⅴ).

1. 체납자의 성명 및 주소
2. 감치(監置)에 관한 다음 각 목의 사항
   가. 법 제11조의4제1항 각 호(① 지방세를 3회 이상 체납하고 있을 것 ② 체납된 지방세가 체납발생일부터 각각 1년 이상이 경과하였을 것 ③ 체납된 지방세의 합계액이 5천만원 이상일 것 ④ 체납된 지방세의 납부능력이 있음에도 불구하고 정당한 사유 없이 체납하였을 것 ⑤ 해당 체납자에 대한 감치 필요성에 대하여 「지방세기본법」 제147조에 따른 지방세심의위원회의 의결을 거쳤을 것)의 감치요건
   나. 법 제11조의4제1항 각 호 외의 부분에 따른 감치기간
   다. 감치 신청의 원인이 되는 체납자의 체납 사실
3. 법 제11조의4제3항에 따른 소명자료 제출 및 의견진술 신청에 관한 다음 각 목의 사항
   가. 체납자가 지방자치단체의 장에게 소명자료를 제출하거나 「지방세기본법」 제147조제1항에 따른 지방세심의위원회에서 의견을 진술할 수 있다는 사실
   나. 가목에 따른 소명자료의 제출 기간 및 의견진술의 신청 기간. 이 경우 그 기간은 통지를 받은 날부터 30일 이상의 기간으로 해야 한다.
   다. 가목에 따른 소명자료의 제출 방법 또는 의견진술의 신청 방법
4. 체납자가 법 제11조의4제6항에 따라 체납된 지방세를 납부하는 경우에는 감치집행이 종료된다는 사실
5. 그 밖에 제1호부터 제4호까지에 준하는 것으로서 체납자의 소명자료 제출 및 의견진술 신청에 필요하다고 지방자치단체의 장이 정하는 사항

② 지방자치단체의 장은 법 제11조의4제3항에 따라 체납자의 의견진술 신청을 받은 경우 「지방세기본법」 제147조제1항에 따른 지방세심의위원회의 회의 개최일 3일 전까지 해당 체납자에게 회의 일시 및 장소를 통지해야 한다.

④ 제1항의 결정에 대해서는 즉시항고를 할 수 있다(법 §11의4 ④).

⑤ 제1항에 따라 감치에 처하여진 체납자는 동일한 체납 사실로 인하여 다시 감치되지 아니한다(법 §11의4 ⑤).

⑥ 제1항에 따라 감치에 처하는 재판을 받은 체납자가 그 감치의 집행 중에 체납된 지방세를 납부한 경우 감치집행을 종료하여야 한다(법 §11의4 ⑥).

⑦ 세무공무원은 제1항에 따른 감치집행 시 감치대상자에게 감치사유, 감치기간, 감치집행의 종료 등 감치결정에 대한 사항을 설명하고 그 밖에 감치집행에 필요한 절차에 협력하여야 한다(법 §11의4 ⑦).

⑧ 제1항에 따른 감치에 처하는 재판의 절차 및 그 집행, 그 밖에 필요한 사항은 대법원규칙으로 정한다(법 §11의4 ⑧).

국세·관세·지방세 체납자에 대한 감치의 재판에 관한 규칙
[시행 2022.7.29.] [대법원규칙 제3051호, 2022.5.25., 일부개정]

제1조(목적) 이 규칙은 「국세징수법」 제115조, 「관세법」 제116조의4 또는 「지방세징수법」 제11조의4에 따라 감치에 처하는 재판 절차 및 그 집행, 그 밖에 필요한 사항을 정하는 것을 목적으로 한다.〈개정 2021.1.29., 2022.5.25.〉

제2조(관할) 감치청구 사건은 청구 당시 체납자의 주소 또는 거소를 관할하는 지방법원 또는 그 지원의 전속관할로 한다.

제3조(감치재판의 청구) 「국세징수법」 제115조제1항, 「관세법」 제116조의4제1항 또는 「지방세징수법」 제11조의4제1항에 따른 감치재판의 청구는 다음 각 호의 사항을 기재하고, 검사가 기명날인 또는 서명한 서면으로 한다.〈개정 2021.1.29., 2022.5.25.〉

1. 체납자의 성명과 주소
2. 체납된 국세 또는 관세(세관장이 부과·징수하는 내국세등을 포함한다. 다음부터 같다)를 부과한 행정청 또는 체납된 지방세를 부과한 지방자치단체의 장, 부과일자, 부과사유, 국세, 관세 또는 지방세의 금액, 납부기한 및 체납된 국세, 관세 또는 지방세의 합계액(국세, 관세 또는 지방세 부과에 대하여 이의가 제기된 때에는 이의신청, 심사청구, 심판청구 또는 이와 관련된 재판에서 정한 국세·관세·지방세의 금액. 다만, 재판의 경우 재판을 한 법원, 사건번호, 재판일자, 재판의 확정여부 및 확정일자를 포함한다)
3. 체납된 국세, 관세 또는 지방세의 납부능력이 있음을 나타내는 사정
4. 「국세기본법」 제85조의5제2항에 따른 국세정보위원회의 의결, 「관세법」 제116조의2제2항에 따른 관세정보위원회의 의결 또는 「지방세기본법」 제147조에 따른 지방세심의위원회의 의결에 따라 체납자에 대한 감치 필요성이 인정된 사정
5. 감치의 재판을 구하는 뜻

〈이하생략〉

CHAPTER 02

제2편 지방세징수법

징 수

과세관청의 법률행위적 행정처분으로서 확정된 조세채권을 실현하기 위한 징수처분, 즉 납세자에 대하여 확정된 납세의무의 이행을 구하는 행위를 총칭하여 "조세의 징수"라고 한다.[9)]

조세징수의 개념은 최광의로는 조세의 부과처분과 징수처분을 포함하는 개념으로 이해하고, 광의로는 조세채무의 이행의 청구(납세고지), 독촉(납부최고) 및 체납처분뿐만 아니라 이와 관련된 징수에 필요한 제반조치(납세담보, 보전압류, 납기전 징수 등) 및 납세의 완화조치(납부기한의 연장, 징수유예, 체납처분유예 등)가 이에 포함된다.

이러한 광의의 조세징수 중에서 조세채권의 강제적 실현절차를 강제징수 또는 체납처분이라 하고, 기타의 절차를 협의의 조세징수라 한다.

이 장(章)에서는 납세의 고지 등에 관한 사항을 비롯하여 징수촉탁, 납기 전 징수, 징수유예, 독촉 등 지방세징수에 필요한 제반 절차 규정에 대하여 살펴보고자 한다.

제1절 징수절차

제12조 | 납세의 고지 등

① 지방자치단체의 장은 지방세를 징수하려면 납세자에게 그 지방세의 과세연도, 세목, 세액 및 그 산출근거, 납부기한과 납부장소를 구체적으로 밝힌 문서(전자문서를 포함한다. 이하 같다.)로 고지하여야 한다(법 §12 ①).

이 규정에 따른 납세의 고지는 납부할 지방세의 과세연도와 세목, 세액, 납부기한, 세액의 산출근거와 납부장소를 적은 납세고지서 또는 납부통지서로 하여야 한다. 다만, 하나의 납세고지서 또는 납부통지서로 둘 이상의 과세대상을 동시에 고지하는 경우에는 세액의 산출근거를 생략할 수 있으며, 이 경우 납세자가 세액 산출근거의 열람을 신청하는 때에는 세무공무원은 지체 없이 열람할 수 있도록 하여야 한다(영 §20 Ⅰ·Ⅱ).

---

9) 강인애, 「국세징수법해설」, p.5

② 지방자치단체의 장은 체납액 중 지방세만을 완납한 납세자에게 체납처분비를 징수할 때에는 대통령령으로 정하는 바에 따라 문서로 고지하여야 한다(법 §12 ②).

이에 따른 체납처분비고지서에는 체납처분비의 징수에 관계되는 지방세의 과세연도와 세목, 체납처분비와 그 산출근거, 납부기한 및 납부장소를 적어야 한다(영 §21 Ⅰ·Ⅱ).

(1) 이 조항의 적용범위

지방세의 채권은 지방세관계법이 정하는 바에 따라 과세기준일의 도래 또는 취득 등 특정사실의 발생 등 과세요건을 충족함으로써 성립하며 과세권자의 행정처분 또는 자기계산납부 등에 의하여 확정되는 것이다.

지방세 채권의 성립이라 함은 과세요건을 충족함으로써 즉시 이행하여야 할 채권의 발생을 뜻하는 것이 아니고 장래의 일정시기에 일정금액을 납부하여야 할 의무를 과할 수 있는 상태의 발생을 말하는데, 이를 추상적 지방세채권이라 한다. 이와 같이 과세요건의 충족으로 성립한 지방세채권은 지방세기본법 및 지방세관계법의 규정에 따라 납세의무자의 신고·납부(자기계산납부), 특별징수의무자의 특별징수납부 등에 의하여 확정되는 경우도 있으나 신고·납부 등을 이행하지 않거나 보통징수방법에 의하는 조세채권은 과세관청이 행정처분인 부과처분을 함으로써 현실적으로 지방세채권의 실현과정에 들어가게 되는데, 이와 같이 부과과세방식의 지방세를 징수하는 경우와 신고납세방식의 지방세 중 법정신고기한 내 신고와 납부가 없거나, 신고만 하고 납부를 하지 아니한 경우 또는 부족하게 납부한 경우에 이를 징수하기 위한 조치이다.

(2) 납세고지의 절차와 방법 등

"납세의 고지"란 지방자치단체의 장이 지방세를 징수하고자 할 때에 납세자에게 그 지방세의 과세연도, 세목, 세액 및 그 산출근거, 납부기한과 납부장소를 구체적으로 알려 납세자에게 납세의무의 이행청구를 행하는 것을 말한다.

그러므로 이러한 납세고지는 조세채권을 확정하는 부과처분으로서의 성질과 기능을 가짐과 동시에 확정된 조세채권을 실행하는 징수처분으로서의 성질과 기능을 가지고 있다.

이렇게 볼 때 부과처분으로서의 납세고지는 그 납세의 고지에 의하여 부과처분이 완성되고 그 효력이 생긴다. 즉 이 경우의 납세고지는 과세관청의 내부에서 행한 부과결정을 표시의사에 따라 외부에 표시하는 행위로서의 역할을 하게 된다.

한편 징수처분으로서의 납세고지는 과세관청 내부에서 행한 징수결정을 표시의사에 따라 외부에 표시하는 행위 즉 징수결정의 표시행위의 역할을 하게 되고, 그 결과 이행 청구로서의 효과(예컨대, 시효의 중단)를 가져온다.

또한 납세의 고지는 납세고지서에 의하여 문서로서 하여야 하며, 구술에 의한 납세의

고지는 효력이 없다고 할 것이다.[10]

그렇기 때문에 지방세를 징수하고자 할 때에 지방자치단체의 장은 납세고지서에 그 지방세의 과세연도, 세목, 세액 및 그 산출근거, 납부기한과 납부장소를 구체적으로 밝혀 납세자에게 고지서를 발급하여야 한다.

그러므로 과세권자가 하는 납세고지는 조세채권을 확정하는 부과처분으로서의 성질과 기능을 가짐과 동시에 확정된 조세채권을 실행하는 징수처분으로서의 성질과 기능을 가지고 있다. 결국 납세의 고지는 납부할 세액 등을 납세자에게 알리는 것을 내용으로 하는 것이지만 그것은 과세관청의 의사표시를 요소로 하여 일정한 법률효과를 가져오는 법률행위(행정처분)인 것이므로 그것은 단순한 관념의 통지와는 다르다. 그리고 납세고지서에 필요적 기재사항이 기재되었는가의 여부는 부과처분절차상의 적법요건에 해당한다 할 것이므로 이에 대한 입증책임은 과세관청에 있다 할 것이다.

고지서는 본인에게 직접 교부하거나 우편 또는 전자송달의 방법으로 송달하여야 하고 우편송달된 고지서가 반송된 경우는 반송사실을 송달부에 등재하고 납세자의 소재지를 재확인하여 즉시 재송달하여야 하며, 재송달절차에 의해서도 송달이 불가능한 고지서는 송달불능사유를 기재하고 공시송달을 하여야 한다.

① 납세고지는 지방세의 이행을 청구하는 일종의 행정처분이므로, 납세고지로서의 효력을 완전히 발생하려면 적법하게 작성된 납세고지서가 납세자에게 송달되어야 하고(따라서 구술에 의한 납세고지는 허용되지 않는다.), 납세자에게 도달한 때에 납세고지의 효력이 생긴다.

과세처분은 이를 납세자에게 통지하여야 그 효력이 생기는 것이므로 과세처분에 관한 납세고지서가 납세자에게 송달되지 않는 경우에는 당해 과세처분은 부존재로 될 것이다.

② 납세고지서의 송달방법 및 그 절차에 관해서는 지기법 제28조 내지 제33조가 적용된다.

판례에서는 납세고지서의 송달을 받을 자가 실제로 주소를 이전한 것이 아니고 거소지의 지번표시가 행정구역변경으로 변경된 것뿐인데, 주민등록표상은 새 주소로 전출된 것인 양 잘못 기재된 경우에, 시장·군수가 주민등록표상에 잘못 기재된 주소를 그대로 적어서 발송한 송달은 적법한 것이라고 볼 수 없다고 판시하고 있다(대법 78누284, 1979.2.27.).

또한 납세고지서의 교부송달에도 납세의무자 또는 그와 일정한 관계에 있는 사람이 현실적으로 이를 수령하는 행위가 반드시 필요하다 할 것이므로, 세무공무원이 납세의

---

10) 강인애, 「국세징수법해설」, p.111

무자와 그 가족들이 부재중임을 알면서도 아파트 문틈으로 납세고지서를 투입하는 방식으로 송달하였다면, 이러한 납세고지서의 송달은 관계법률 규정에 위배되어 부적법한 것으로서 효력이 발생하지 아니하며, 납세자가 부과처분 제척기간이 임박하자 납세고지서의 수령을 회피하기 위하여 고지서 수령 약속을 어기고 일부러 집을 비워 두어서 세무공무원이 부득이 납세자의 아파트 문틈으로 납세고지서를 투입하였다 하여 신의성실의 원칙을 들어서 그 고지서가 송달되었다고 볼 수는 없다고 판시하고 있다(대법 96누5094, 1997.5.23.).

③ 납세고지서를 송달한 경우에 도달한 날에 이미 납부기한이 경과된 경우에 그 납부기한의 지정을 어떻게 처리할 것인지가 문제로 되는데, 지방세기본법 제31조는 이런 경우를 입법적으로 해결하고 있다. 즉, 납세고지서를 송달한 경우에는 도달한 날에 이미 납부기한이 경과하였거나 도달한 날로부터 7일내에 납부기한이 도래하는 것에 대하여는 도달한 날부터 14일이 경과하는 날을 납부기한으로 한다고 규정하고 있다.

(3) 납세고지서의 기재사항

지방세를 징수하고자 할 때에는 지방자치단체의 장은 납세자에게 그 지방세의 과세연도, 세목, 세액 및 그 산출근거, 납부기한과 납부장소를 구체적으로 밝힌 고지서(문서)를 발급하여야 한다고 지방세기본법에서 규정하고 있다.

그리고 이 규정에 의한 납부고지는 납부할 지방세의 과세연도와 세목, 세액, 납부기한, 세액의 산출근거와 납부장소(다만, 하나의 납세고지서 또는 납부통지서로 둘 이상의 과세대상을 동시에 고지하는 경우에는 세액의 산출근거를 생략할 수 있으며, 이 경우 납세자가 세액 산출근거의 열람을 신청하는 때에는 세무공무원은 지체 없이 열람할 수 있도록 하여야 한다.)를 적은 납세고지서 또는 납부통지서로 하여야 한다.

이와 같은 규정은 헌법과 지방세기본법 등이 규정하는 조세법률주의의 원칙에 따라 처분청으로 하여금 자의를 배제하고 신중하고도 합리적인 처분을 행하게 함으로써 조세행정의 공정성을 기함과 동시에 납세의무자에게 그 고지의 내용을 상세하게 알려서 불복여부의 결정 및 그 불복신청에 편리를 제공하려는 취지에서 나온 것으로 엄격히 해석·적용되어야 할 강행규정이라고 할 것이다. 그러므로 납세고지서에 기재할 세액계산근거가 될 사항들의 기재가 누락되었다면 그 과세처분 자체가 위법한 것으로 취소의 대상이 된다고 할 것이다. 결국 납세고지서에 이와 같은 세액산출근거 등의 기재사항을 누락시켰다면 그 과세처분 자체가 위법한 것으로 취소의 대상이 된다고 보며 또한 납세고지서에 납세의무자를 확정하여 기재하는 것은 납세고지서의 형식적 기재에 따라 객관적으로 판단하여 동일성을 식별할 수 있어야 하므로 납세고지서에 성명은 납세의무자의 이름을 기재하였으나 주민등록번호와 주소는 납세의무자와 아무런 관계가 없는 사람의 것을 기재하는 등 납세자의 표시가 그 동일성을 식별할 수 없을 정도로 불분명한 경우에는 그 납세고지서에 의한 송달은 적법한 납세고지로서의 효력을 갖지 못한다 할 것이다.

> **사례**
>
> ❖ **납세고지서 기재사항의 정당성 여부**(일부발췌)
>
> 이 사건 납세고지서에는 취득세, 지방교육세, 농어촌특별세(이하 '취득세 등'이라 한다.)의 세액과 취득세의 과세표준만이 기재되어 있을 뿐 취득세 등의 산출근거가 제대로 기재되어 있지 않은 사실, 피고가 이 사건 납세고지에 앞서 원고에게 보낸 과세예고통지서에도 취득세와 농어촌특별세의 세액, 취득세의 과세표준 등은 기재되어 있으나, 취득세 등의 세율 및 지방교육세와 농어촌특별세의 과세표준은 기재되어 있지 않은 사실을 알 수 있다.
> 이러한 사실관계를 앞서 본 법리에 비추어 살펴보면, 이 사건 취득세 등의 납세고지는 관계 법령에서 요구하는 기재사항을 일부 누락한 하자가 있고, 원고가 취득세 등을 신고할 당시 이미 취득세 등의 세율과 과세표준을 알고 있었더라도 그 하자가 보완되거나 치유되었다고 볼 수도 없으므로, 이 사건 취득세 등의 부과처분은 위법하다고 할 것이다.
>
> (대법 2015두38931, 2015.9.24.)

(4) 체납처분비의 징수를 위한 납세고지

지방자치단체의 장은 납세자가 체납액 중 지방세만을 완납한 경우에 체납처분비를 징수할 때에는 납세자에게 대통령령으로 정하는 바에 따라 문서로 고지하여야 한다.

이 경우 체납처분비고지서에는 체납처분비의 징수에 관계되는 지방세의 과세연도와 세목, 체납처분비와 그 산출근거, 납부기한 및 납부장소를 기재하여야 한다(영 §21).

(5) 납세고지의 효과

납세의 고지는 납세의무 이행청구로서의 성질을 가지고 있으므로 지방세의 징수권의 소멸시효에 대해서 시효중단의 효력을 가진다. 또한 납세고지는 전술한 바와 같이 조세채권이 확정되는 효과가 있다. 그리고 지방세를 납기한까지 납부 또는 납입하지 아니한 때에는 독촉장을 발부하게 되는데 납세의 고지로서 납기한이 정하여지므로 납세고지는 당연히 독촉장 발부의 전제조건이 된다.

그리고 납세고지는 본래의 행정처분을 유효하게 하여 행정처분이 일반적으로 가지고 있는 효력으로서 구속력(기속력), 공정력, 형식적 및 실질적 확정력, 자력집행력 등의 효력을 가지고 있으므로 유효한 납세고지에 경미한 하자가 있더라도 재결이나 판결에 의하여 그 납세고지가 취소될 때까지는 적법성의 추정을 받아 그 효력을 갖게 되는 것이다.[11]

제13조 납세고지서의 발급시기

납세고지서의 발급시기는 ① 납부기한이 일정한 경우는 납기가 시작되기 5일 전, ② 납부기한이 일정하지 아니한 경우는 부과결정을 한 때, ③ 법령에 따라 기간을 정하여 징수유예 등을 한 경우는 그 기간이 만료한 날의 다음 날이 된다(법 §13 Ⅰ~Ⅲ).

이 경우 "납부기한이 일정한 경우"라 함은 부과과세방식의 지방세에 있어서 각 세목의 규정에 의하여 지방세의 납부기한 즉 징수기간이 정하여진 경우를 말한다. 그리고 "납기가 시작되기 5일 전"이라 함은 납기개시일 24:00을 기산점으로 하고 소급계산하여 5일이 되는 날을 말한다.

그리고 신고납세방식의 지방세는 납세의무자의 신고가 없거나 그 신고내용의 불성실로 추가과세를 하는 경우에는 과세권자가 제2차적, 보충적 부과권을 행사하여 납세고지서를 발부하게 되는데 이때의 부과권은 법정납부기한이 경과된 뒤에 행사하는 것이므로 신고납세방식의 지방세에 대한 납세고지서의 발급시기는 일정하지 않은 것이다.

또는 납세고지서의 발급시기에 관한 법 제13조의 규정은 훈시규정이므로, 이 조항의 발급시기 이후에 발급된 고지서도 그 효력에는 영향이 없다고 본다.[12]

또한 "납부기한이 일정하지 아니한 경우"라 함은 지방세법에서 과세기준일을 정하고 납기가 일정하게 규정되어 있는 재산세와 같은 경우는 과세의 누락 등으로 별도 부과하는 경우가 여기에 해당할 것이고, 신고납세방식의 세목에 있어서는 법정납부기한 내에 그 신고가 없거나 신고내용에 오류 등이 있어 과세권자가 과세표준과 세액을 결정 또는 경정하는 경우가 여기에 해당된다.

---

11) 미국 뉴욕시의 경우 우리나라와 마찬가지로 납세고지서를 우편에 의해서 통지하나 납세고지서는 단순히 세액과 납기를 알려주는 시정부의 납세자에 대한 서비스에 지나지 않는다. 납세자는 납세고지서를 받지 않아도 자신이 스스로 자기소유의 주택에 대한 세금을 납기내에 납부하여야 할 의무가 있다. 납세자가 납세고지서(tax bill)를 받기 위해서는 등록사무소(Register Office)에 납세자 등록카드(Owner's Registration Card)를 작성 제출함으로써 납세자 등록을 하여야 한다. 납세자 등록카드는 부동산거래시에 은행이나 주택 모기지(Mortgage ; 장기주택융자) 회사에서 서비스업무의 하나로 행하여 주며, 변동이 있으면 본인이 즉시 신고하여 수정해야 한다. 납세자 등록을 해 놓으면 세금고지서와 각종안내서 그리고 세금미납으로 압류경매시에 상당한 기일을 두고 경매예정통지 등을 받을 수 있으나 만약 납세자 등록이 되어 있지 않으면 아무런 세금고지서 등을 받지 못하게 되며 스스로 알아서 세금을 내지 않는다면 아무런 통지도 없이 어느날 갑자기 경매에 의하여 자기소유의 부동산을 잃게 되는 결과가 나타날 수가 있다(서강석, 「뉴욕보고서」, 도서출판 범한, 2001, p.296).
12) 국세징수법통칙 10-0…1 (납세고지서의 발급시기 경과 후에 발급한 납세고지서의 효력)

제14조 | 납부기한의 지정

지방자치단체의 장은 지방자치단체의 징수금의 납부기한을 납세 또는 납부의 고지를 하는 날부터 30일 이내로 지정할 수 있다(법 §14).

(1) 납부기한의 의의

"기한"이라 함은 법률행위의 당사자가 그 효력의 발생, 소멸 또는 채무의 이행을 장래 발생할 것이 확실한 사실에 따르게 하는 법률행위의 부관(附款)을 말한다.[13]

그래서 조세의 납부기한은 조세채무를 이행할 확정기한이라 하며, 조세법상 기한이 공휴일에 해당하는 경우에는 그 공휴일(토요일 포함)의 다음날을 기한으로 하고 있다.

그런데 납부기한은 법정납부기한과 지정납부기한으로 구분되는데 전자는 개별세목에서 지방세의 납부기한을 규정한 기한을 말하고, 후자는 수시부과 등의 경우 과세권자가 납세고지서 등에 의하여 지정한 납부기한을 말한다.

(2) 납부기한 지정의 효력

① 기한은 채무자의 이익을 위한 것으로 추정하는 것이므로(민법 §153 ①), 조세의 납부기한은 납세자의 이익을 위한 것으로 볼 것이다. 그러므로 과세관청은 납부기한이 도래하기 전에는 지방세를 징수할 수 없다. 다만, 예외적으로 납세자에게 자력의 상실 등 납부기한이 도래하도록 기다릴 경우 지방세 징수가 곤란하다고 판단될 경우에는 납부기한 전에 세액을 징수하는 제도, 즉 납기전 징수가 허용되고 있다.

② 채무이행의 확정한 기한이 있는 경우에는 채무자는 기한이 도래한 때로부터 지체(채무이행이 가능함에도 불구하고 기한을 넘기는 일)책임이 있다(민법 §387 ① 전단). 그러므로 납세의무자가 납부기한 내에 지방세 채무를 이행하지 아니한 때에는 그 납부기한이 경과한 날로부터 가산세가 부과되고, 조세채권실현의 행사를 위하여 독촉절차를 거쳐 체납처분을 하게 되는 기산점으로 꼭 필요한 것이다.

---

[13] 강인애, 「판례주석 국세징수법」, p.132

제15조 | 제2차 납세의무자에 대한 납부고지

제2차 납세의무제도는 형식적으로는 제3자에게 재산이 귀속되어 있으나 실질적으로는 납세자에게 그 재산이 귀속하고 있는 것으로 인정해도 공평을 잃지 않는 경우에 형식적인 권리의 귀속을 부인하여 사법질서를 혼란하게 하는 것을 피하고 형식적으로 권리가 귀속되어 있는 자에 대하여 보충적으로 납세의무를 부담시킴으로써 징세절차의 합리화를 도모하기 위하여 인정된 제도로서 당초 납세의무자의 재산에 대해 체납처분을 하여도 지방자치단체의 징수금에 부족액이 있을 경우에는 당초 납세의무자와 일정한 관계가 있는 자에 대해서 당초 납세의무자로부터 징수하지 못한 액을 한도로 해서 제2차적으로 그 납세의무를 부담하게 하는 제도이다.

여기에서 체납처분을 집행하여도 부족한 경우라 함은 본래의 납세의무자의 재산을 조사한 결과 압류대상 재산이 없거나, 있어도 그 추정가액이 조세채권액에 미달되는 경우 및 그 재산에 대해 조세에 우선하는 채권이 있는 경우에 그 우선채권을 공제한 잔액이 조세채권액에 미달된다고 인정될 때 등을 의미한다.

제2차 납세의무는 당초 납세의무와의 관계에 있어서 보증채무(保證債務)와 유사한 성격을 가지고 있으므로 부종성(附從性)과 보충성(補充性)을 가지고 있다. 부종성이라 함은 당초 납세의무자의 납세의무에 대해서 생긴 사유, 즉 그 소멸·변경 등의 효력이 원칙적으로 제2차 납세의무자의 납세의무에도 영향을 미치는 것을 말하고, 보충성이라 함은 당초 납세의무자가 체납을 하여 이에 대해 체납처분을 하여도 아직 당초 납세의무자가 납부 또는 납입해야 할 금액이 부족하다고 인정하는 경우에 비로소 제2차적으로 이행책임을 지우는 것을 말한다.

그리고 제2차 납세의무자가 되려면 본래의 납세의무자로부터 조세의 전부 또는 일부를 징수하는 것이 불가능하다고 판단되는 경우에만 부족분에 한하여 인적·물적으로 특수한 관계에 있는 자에게 납세의무를 제2차적으로 지우게 되고, 이는 조세징수권의 확보를 위한 제도이며, 납세의무자와 특별관계가 있는 자들에 대한 공동납세의식 고취를 위한 제도이다.

그러므로 제2차 납세의무자로부터 지방자치단체의 징수금을 징수하는 경우에도 당초 납세의무자로부터 징수하는 경우와 그 성질이 같으므로 그 징수절차도 원칙적으로 같다.

가. 납부고지 등의 절차

(1) 납부고지

지방자치단체의 장은 납세자의 지방자치단체의 징수금을 지기법 제45조부터 제48조까지의 규정에 따른 제2차 납세의무자(납세보증인을 포함한다.)로부터 징수하려면 제2차 납세의무자에게 징수하려는 지방자치단체의 징수금의 과세연도·세목·세액 및 그 산출근거·납부기한·납부장소와 제2차 납세의무자로부터 징수할 금액 및 그 산출근거, 그 밖에 필요한 사항을 기록한 납부통지서로 고지하여야 한다. 이 경우 납세자에게 그 사실을 알려야 한다(법 §15).

이 경우 제2차 납세의무자에 대한 납부통지서에는 다음 각 호의 사항을 적어야 한다(영 §22 Ⅰ~Ⅳ).

① 납세자의 성명과 주소 또는 영업소
② 체납액의 과세연도, 세목, 세액·산출근거 및 납부기한
③ "②"의 체납액 중 지기법 제45조부터 제48조까지의 규정에 따른 제2차 납세의무자로부터 징수할 금액, 그 산출근거·납부기한과 납부장소
④ 제2차 납세의무자에게 적용한 규정

그러므로 추상적으로 성립하고 있었던 제2차 납세의무는 납부통지서에 의한 납부고지를 통하여 그 내용이 구체적으로 확정된다. 그리고 제2차 납세의무에 관한 조세의 소멸시효는 납부고지에 의하여 중단된다. 결국, 납부통지서에 의한 고지의 법률적 성질과 기능은 단순한 관념의 통지가 아니라 행정법상의 확인행위로서 부과과세 방식의 조세에 있어서 부과결정과 같은 것으로서 납부통지서가 적법하게 상대방에게 도달됨으로써 그 효력이 발생하며 또한 제2차 납세의무에 관한 지방세채권의 납세의무가 확정되는 것이다.

(2) 징수절차

제2차 납세의무자에 대하여 납부통지서로 고지한 세액이 그 납부기간내에 납부되지 아니한 경우에는 납부기한이 지난 날부터 10일 이내에 납부최고서를 발급하여야 하며, 독촉장 또는 납부최고서를 발급할 때에는 납부기한을 발급일부터 10일 이내로 한다.

위에서 살펴본 제2차 납세의무자에 대한 납부통지(고지) 및 독촉의 절차를 살펴보면,
① 제2차 납세의무자로부터 지방세를 징수하기 위해서는 제2차 납세의무자에게 징수하려는 세목·세액·납부기한 등을 기재한 납부통지서에 의해 고지하여야 한다.
   이러한 제2차 납세의무자에 대한 납세고지는 시효의 중단사유가 된다.
② 제2차 납세의무자가 그 납부기한까지 고지된 징수금을 납부하지 아니한 때에는 납부기한이 지난날부터 50일 이내에 납부최고서를 발부하여 납부를 독촉하고, 체납처분의 집행을 하게 된다.

그러므로 납부최고서는 일반납세자에게 발부하는 독촉장과 마찬가지로 압류절차 착수의 전제요건이 되는 것이다.

그리고 제2차 납세의무의 내용에는 당초 납세의무자의 가산세는 포함되지만 제2차 납세의무자 자신은 제2차 납세의무의 납기한까지 납부하지 않아도 가산세는 가산되지 않는

다. 즉, 제2차 납세의무자로부터 징수하는 가산세는 제2차 납세의무자가 그 납기한까지 납부하지 아니한 사실에 대하여 징수하는 것이 아니고 당초 납세의무자가 그 납기한까지 납부하지 아니한 사실에 대하여 징수하는 것이다.

예를 들면, 갑이 취득세 100만원을 체납하여 가산세 3%가 가산된 상태에서 갑의 제2차 납세의무자 을에게 103만원의 납부통지서를 발부하였으나 납기한까지 납부하지 않아 최고서를 발부하여도 납부하지 않았을 경우라도 을에게는 가산세는 가산되지 않고 당초 납세의무자가 본세의 납부기한이 경과된 1개월 이후부터 60개월 동안 매월 100만원에 대하여 가산세(매월 1.2%)이 더 가산된 금액에 대하여 을에게 제2차 납세의무가 있다는 것이다.

나. 제2차 납세의무자의 성립요건 및 유형

제2차 납세의무의 성립요건은,
① 본래의 납세의무자가 체납을 하고 있어야 하고,
② 본래 납세의무자의 재산으로 체납처분을 하여도 체납세액 등의 징수에 부족할 것이 예상되어야 하고,
③ 제2차 납세의무자로 규정된 자가 당해 조세체납시 본래의 납세의무자와 일정한 관계에 있어야 하는 요건 모두가 충족되어야 하므로 이 요건 중 하나라도 충족되지 못한 경우는 제2차 납세의무는 적법하게 성립되지 아니한다.

지방세기본법상의 제2차 납세의무의 유형으로는 ① 청산인 등의 제2차 납세의무(동법 §45), 출자자의 제2차 납세의무(동법 §46), 법인의 제2차 납세의무(동법 §47), 사업양수인의 제2차 납세의무(동법 §48) 등이 있다. 그리고 다음에 별도로 설명할 양도담보재산권리자에 대한 제2차 납세의무와 건축물소유자에 대한 주민세사업소분의 제2차 납세의무(지방세법 §75 ② 단서)가 있는데 이에 대하여는 해당 조문의 해설에서 자세히 설명키로 한다.

▎사례 ▎

❖ 제2차납세의무자 지정

「지방세징수법」 제15조에서 지방자치단체의 장이 그 징수금을 과점주주 등 제2차 납세의무자로부터 징수하려면 제2차 납세의무자로부터 징수할 금액 및 그 산출근거, 그 밖에 필요한 사항을 기록한 납부통지서로 고지하여야 한다고 규정하고 있으나 처분청은 xxx을 이 건 법인세분의 제2차 납세의무자로 지정하고 납부 통지를 한 사실은 없는 것으로 나타는 점 등에 비추어 xxx을 이 건 법인세분의 제2차납세의무자로 지정하고 납부통지를 한 처분은 잘못이 있다고 판단됨.

(조심 2017지13, 2019.6.5.)

제16조 | 양도담보권자 등에 대한 징수절차

① 지방자치단체의 장이 지방세기본법 제75조에 따라 양도담보권자나 종중(宗中) 재산의 명의수탁자(이하 이 조에서 "양도담보권자등"이라 한다)에게 납세자에 대한 지방자치단체의 징수금을 징수할 때에는 제15조(제2차 납세의무자에 대한 납부고지)를 준용하여 미리 납부의 고지를 하여야 한다(법 §16 ①).

이 경우 양도담보권자등에게 납세자에 대한 에 대한 납부의 고지는 납세자 및 양도담보권자등의 성명과 주소 또는 영업소, 체납액의 과세연도·세목, 세액 및 납부기한, 위와 같은 세액 중 양도담보권자로부터 징수하여야 할 납세자의 지방자치단체의 징수금의 세액 및 그 산출근거·납부기한과 납부장소, 납세자 및 양도담보권자에게 적용한 규정을 적은 문서로 해야 한다(영 §23 Ⅰ~Ⅳ).

② 양도담보권자등에게 납세자에 대한 지방자치단체의 징수금을 징수할 때에는 법 제22조(납기전 징수)를 준용한다(법 §16 ②).

③ 제1항에 따라 양도담보권자에게 고지를 하거나 양도담보재산을 압류한 후 그 재산의 양도에 따라 담보된 채권이 채무불이행이나 그 밖의 변제 외의 이유로 소멸된 경우(양도담보재산의 환매, 재매매의 예약, 그 밖에 이와 유사한 계약을 체결한 경우에 기한의 경과 등 그 계약의 이행 외의 이유로 계약의 효력이 상실되었을 때를 포함한다.)에도 양도담보재산으로 존속하는 것으로 본다(법 §16 ③).

(1) 양도담보권자의 물적 납세의무

양도담보권자는 그 담보가 지방세의 법정기일 전에 설정된 경우를 제외하고는 그 담보물로부터 지방세가 우선 징수되는 것을 수인할 의무가 있는데 이를 양도담보권자의 물적 납세의무 또는 물적 납세책임이라고 한다.

이러한 양도담보제도는 질권 또는 저당권의 결점을 피하면서 판례가 확립한 담보제도로서 채무자가 그 재산을 사용수익하면서 소유권을 채권자에게 이전함으로써 담보의 기능을 하게하고 채무를 완제한 때에는 그 소유권을 채무자에게 복귀시키는 제도이다. 그런데 양도담보설정자의 지방자치단체의 징수금과 양도담보와의 관계에 있어서는 그 양도담보재산의 소유권은 설정자로부터 채권자에게로 이전되어 있기 때문에 담보설정자의 체납에 의해서는 특별한 규정이 없는 한 그 양도담보재산에 대해서 체납처분을 할 수 없다. 그러나 그 소유권 이전은 담보를 목적으로 하는 형식적인 것이므로 지방자치단체의 징수금과의 관계에 있어서는 양도담보재산에 관한 소유권 이전의 효력을 부정해서 이로부터 지방자치단체의 징수금을 징수하는 것을 인정하는 제도이다.

이 규정에서 양도담보재산이라 함은 채무자의 채무이행을 담보하기 위하여 채무자의 재산을 채권자에게 양도하고 채무가 이행되면 다시 양도된 재산이 채무자에게 환원되고 채무가 이행되지 않으면 채권자에게 실제 양도되는 경우의 그 담보가 된 재산을 말하며 동산, 부동산 등 일체의 재산을 말한다. 이와 같은 사례로는 일반사회에서 통상 거래되는 환매조건부매매나 재매매예약부매매 등에서 찾아볼 수 있다.

그리고 양도담보의 형식을 살펴보면 매매형식에 의한 것, 조건부형식에 의한 것, 신탁형식에 의한 것 등으로 대별할 수 있다.

① 매매형식에 의한 것

매매형식에 의한 양도담보방법으로는 환매약관부매매와 재매매의 예약이 있다.

환매약관부매매라 함은 매도인이 매매계약과 동시에 장래 그 영수한 대금 및 매매비용을 반환하고 그 목적물을 환매할 수 있는 권리를 유보한 매매를 말하는데 만일에 그 목적물이 부동산인 경우에는 매매등기와 동시에 양도인 명의로 환매권의 유보를 등기하여야 한다.

재매매의 예약을 한 매매란 매매한 재산에 대하여 매도인이 장래 예약완결권의 행사에 의하여 재차 매매계약이 성립하여 그 효과로서 그 목적물이 다시 매도인에게 이전된다는 뜻의 예약을 한 매매를 말하는바 이런 경우에 그 목적물이 부동산일 때에는 그 예약의 청구권 보전을 위하여 매도인 명의로 가등기를 하는 것이 일반적인 예이다.

② 조건부형식에 의한 것

채무의 불이행을 정지조건으로 하여 담보의 목적물에 관한 소유권을 채권자에게 이전한다는 물권계약 또는 채무의 이행을 해제조건으로 하여 담보의 목적물에 관한 소유권을 채무자에게 이전한다는 물권계약을 말하는바 그 목적물이 부동산일 때, 정지조건의 경우는 채권자명의로 가등기가 되어 있고, 해제조건의 경우에는 채무자의 명의로 권리이전의 가등기가 되어 있는 때가 많다.

③ 신탁형식에 의한 것

담보의 목적으로 재산에 관한 권리를 신탁적으로 양도하고 그 담보에 관한 채무를 이행한 경우에는 채무자가 그 목적물의 반환을 받고 불이행의 경우에는 채권자가 그 목적물을 환가처분하여 자기채권에 우선 충당하거나 그 목적물을 확정적으로 자기의 소유로 취득할 수 있다는 계약이다.

(2) 양도담보재산에 대하여 징수할 수 있는 요건

납세자의 지방자치단체의 징수금에 대해서 양도담보재산으로부터 징수할 수 있는 경우는 다음과 같은 요건을 충족하고 있는 경우이다.
① 납세자가 지방자치단체의 징수금을 체납하고 있어야 한다.
② 납세자의 재산에 대하여 체납처분을 하여도 징수할 지방자치단체의 징수금이 부족하여야 한다.
③ 납세자의 양도한 재산이 양도담보재산으로 되어 있어야 하며, 당해 양도담보재산은 납세자의 지방자치단체의 징수금의 법정기일 이후에 설정한 것이어야 한다.

(3) 양도담보재산에 대한 징수절차

지방자치단체의 장이 납세자의 체납세액을 양도담보재산으로부터 징수하려 할 때에는 양도담보재산의 채권자에 대하여 징수할 금액, 납세자의 주소·거소·영업소 또는 사무소와 성명, 체납된 지방세의 연도, 세목, 납부 또는 납입의 기한과 장소 등을 기재한 납부 또는 납입통지서에 당초 납세자의 납세고지서를 첨부하여 고지하여야 한다.

양도담보권자에게 물적 납세책임에 의한 납세고지를 하거나 또는 양도담보재산을 압류한 후 그 재산의 양도에 의하여 담보된 채권이 채무불이행 기타 변제 이외의 이유에 의하여 소멸된 경우(양도담보재산의 환매, 재매매의 예약 그 밖에 이와 유사한 계약을 체결한 경우에 있어 기한의 경과나 그 밖에 그 계약의 이행 이외의 이유로서 계약의 효력이 상실된 때를 포함한다.)에도 양도담보재산으로서 존속한 것으로 간주한다.

양도담보권자에게 납세고지가 이루어지거나 양도담보재산을 압류한 후 그 재산이 채무불이행 등의 이유에 의해서 양도담보권자에게 명실공히 귀속되게 된 경우에는 일반의 양도에 의해서 양수한 것과 동일하게 되는데 이 경우 지방지치단체의 징수금을 징수할 수 없다고 하게 되면 양도담보권자에게 물적담보책임을 인정한 실익이 상실될 우려가 있으므로 이 경우에는 양도담보재산으로서 존속하는 것으로 해서 체납처분을 할 수 있게 한 것이다.

(4) 양도담보권자의 제2차 납세의무

양도담보권자가 고지된 납기한까지 지방자치단체의 징수금을 완납하지 아니할 때에는 그 양도담보권자를 제2차 납세의무자로 간주하게 된다.

이 경우 제2차 납세의무자로 간주된 양도담보권자의 납세의무범위에 대하여는 지방세법에 별도 규정된 바가 없으나 납세자의 재산을 체납처분에 의하여 징수하고도 부족한 금액에 한하여 제2차 납세의무를 지는 것으로 보아야 한다. 그리고 제22조의 규정에 의한 납기전징수 사유가 있을 경우에는 양도담보재산의 권리자를 제2차 납세의무자로 간주하여 소정절차에 따라 납기전 징수를 할 수 있다.

제17조 도세 등에 대한 징수의 위임

① 시장·군수·구청장은 그 시·군·구 내의 특별시세·광역시세·도세 · 특별자치도세(이하 "시·도세"라 한다.)를 징수하여 특별시·광역시 · 도 · 특별자치도(관할 구역 안에 지방자치단체인 시·군이 있는 특별자치도에 한정한다. 이하 이 조에서 같다)에 납입할 의무를 진다. 다만, 특별시장·광역시장·도지사 · 특별자치도지사(관할 구역 안에 지방자치단체인 시·군이 있는 특별자치도에 한정한다. 이하 이 조에서 같다)는 필요한 경우 납세자에게 직접 납세고지서를 발급할 수 있다(법 §17 ①).

② 제1항의 시·도세 징수의 비용은 시·군·구가 부담하고, 특별시장·광역시장·도지사 · 특별자치도지사는 대통령령으로 정하는 교부율과 교부기준에 따른 특별시·광역시·도 · 특별자치도의 조례로 정하는 바에 따라 그 처리비용으로 시·군·구에 징수교부금을 교부하여야 한다. 다만, 해당 지방세와 함께 징수하는 시·도세와 「지방세기본법」 제9조에 따른 특별시분 재산세를 해당 지방세의 고지서에 병기하여 징수하는 경우에는 징수교부금을 교부하지 아니한다(법 §17 ②).

이 규정에 따른 도세 징수의 위임 등에 대한 처리내용을 살펴보면,

먼저 시장·군수·구청장(자치구의 구청장을 말한다.)이 법 제17조 제1항 본문에 따라 그 시·군·구 내의 특별시·광역시 · 도 · 특별자치도(관할 구역 안에 지방자치단체인 시·군이 있는 특별자치도에 한정한다.. 이하 이 조에서 같다)에 대하여 체납처분을 하는 경우에 드는 비용은 시·군·구의 부담으로 하고, 체납처분 후에 징수되는 체납처분비는 시·군·구의 수입으로 한다(영 §24 ①).

둘째, 법 제17조 제2항에 따른 교부율[시·군 및 자치구에서 징수하여 특별시·광역시·도·특별자치도(관할 구역 안에 지방자치단체인 시·군이 있는 특별자치도에 한정한다. 이하 이 조에서 같다)에 납입한 징수금액에 대한 각 시·군 및 자치구별 분배 금액의 합계액의 비율을 말한다.]은 100분의 3으로 한다(영 §24 ②).

그리고 법 제17조 제2항에 따른 시·군·구별 교부기준(징수교부금으로 확정된 특별시세·광역시세·도세·특별자치도세 징수금의 일정부분을 각 시·군 및 자치구에 분배하는 기준을 말한다.)은 각 시·군·구에서 징수한 특별시세·광역시세·도세·특별자치도세 징수금액의 100분의 3으로 한다. 다만, 지역실정을 고려하여 필요할 경우 특별시·광역시·도·특별자치도의 조례로 징수금액 외에 징수건수를 반영하는 등 교부기준을 달리 정할 수 있으며, 징수건수를 반영할 경우에는 레저세의 징수건수는 포함하지 아니한다(영 §24 ③).

셋째, 시장·군수·구청장이 징수한 특별시세·광역시세·도세·특별자치도세는 납입서를 첨부하여 다음 각 호의 구분에 따라 지정된 기한 내에 특별시·광역시·도·특별자치도의 금고에 납

입하거나 지정된 은행 또는 체신관서를 통하여 특별시·광역시·도·특별자치도의 금고에 납입하여야 한다(영 §24 ④ Ⅰ·Ⅱ).

1. 특별시·광역시·도·특별자치도의 금고, 지정된 은행 또는 체신관서 소재지에 있는 시·군·구는 수납한 날의 다음 날까지
2. 특별시·광역시·도·특별자치도의 금고, 지정된 은행 또는 체신관서 소재지 외에 있는 시·군·구는 수납한 날부터 5일 이내

(1) 본조의 취지

지방세는 특별시·광역시·도·특별자치도 및 시·군·구 상호간에 독립세주의를 택하고 있는데 이는 지방세의 자주성의 원칙에 따라 부과징수에 관한 권한과 책임의 귀속을 명확히 하자는 데 그 목적이 있다.

그런데 당해 지방자치단체에 배분된 지방세의 세목에 대해서는 당해 지방자치단체가 직접 부과징수하여야 함이 원칙이겠으나 징세의 편의와 징세효율을 제고하기 위하여 시·도세를 그 하위기관인 시장·군수·구청장에게 부과, 징수의 권한을 위임하고 있다.[14]

그리고 특별시세·광역시세·도세·특별자치도세에 대하여 지방세법령에서 규정하고 있는 권한의 일부를 소속 공무원에게 위임하거나 다른 지방자치단체의 장에게 위임 또는 위탁할 수 있으며, 이 경우에 그 처리비로서 징수교부금을 교부하도록 하고 있는데 종전에는 특별시·광역시의 구에 대하여는 징수처리비로 3%를 교부하고, 도·특별자치도의 일반 시·군은 30%, 인구 50만 이상의 시는 50%를 교부함에 따라 3%를 교부받는 구에서는 30%를 요구하고, 30%를 교부받은 시·군은 50%를 요구하게 되자, 특별시·광역시·도·특별자치도에서는 시·도세 징세사무소를 설치하여 직접 징수하겠다고 대응하는 혼란이 있었다. 그래서 관계법령을 개정하여 2000년부터는 징수위임에 따른 징세비에 해당하는 경비로 3%만 교부하고 나머지 금액은 도의 조정재원으로 활용하여 시·군에 배분되도록 지방재정법에 규정하고 지방세법에서는 징세처리비만 규정토록 하였다.[15]

---

[14] 권한위임은 권한대리와 구별된다. 양자는 모두 행정청의 권한을 다른 사람이 대신하여 행한다는 점에서는 공통성이 있으나, 권한위임은 행정청이 자기의 권한의 일부를 법령에 기하여 실질적으로 다른 행정기관이나 공공단체 또는 사인의 권한으로 이양함으로써 그 권한이 형식상으로는 위탁자에게 유보되어 있으나 실질적으로는 수임자의 권한으로 되는 경우임에 반하여, 권한대리는 행정청이 그 권한을 일시적으로 대리자로 하여금 대리행사케 하는 경우로서 그 권한이 형식상으로나 실질적으로 이양되지 않으며, 권한대리는 법령의 근거를 요하지 않는 점에서도 권한위임과 서로 다르며 권한위임의 경우에는 수임기관이 처분청이 되는 것이나, 권한대리의 경우에는 위임기관이 처분청이 된다.(강인애, 국세징수법, p.105참조)

[15] 일본은 지방세의 부과징수를 담당하는 기관과 지방세의 수납 담당기관을 사무집행의 공정, 정확을 기하기 위하여 각각 분리하고 있다. 그래서 일본의 광역자치단체인 도부현은 우리나라와 같이 도세를 시군에 전부 위임하여 처리하는 것과는 달리 일부 세목을 제외하고는 도부현내의 필요한 곳에 도부현 산하기관으로서 부현세사무소, 지청 등을 설치하여 여기에서 도부현세의 부과징수를 하고 있으므로 징수교부금 문제는 발생하지 아니한다. 그리고 지방분권화 추진을 하면서 하부기관에 대한 위임사무를 폐지하고 위탁사무로 전면 개편되었으므로 징수교부

(2) 위임의 범위

① 시·군(특별시·광역시의 구 포함)은 그 시·군 내의 도세·특별자치도세(특별시·광역시의 시세 포함)를 징수하여 도에 납입할 의무를 진다. 다시 말해서 특별시세·광역시세·도세·특별자치도세는 시·군·구에 위임하여 부과·징수토록 한 것이다. 따라서 위임에 있어 별도의 시·군·구의 동의를 요하지 않으며 시·군·구는 이를 거절하지 못한다. 그리고 필요한 때에는 특별시장·광역시장·도지사·특별자치도지사는 납세의무자 또는 특별징수의무자에게 직접 납세고지서를 교부할 수 있다.

② 특별시세·광역시세·도세·특별자치도세에 대한 시·군·구가 하는 체납처분에 관한 비용은 시·군·구의 부담으로 하고 체납처분비는 시·군·구의 수입으로 한다.

(3) 징수교부금

① 도세·특별자치도세 징수의 비용은 시·군의 부담으로 하고, 다음의 교부율과 교부기준에 따라 그 처리비용으로 시·군에 징수교부금을 교부하여야 한다. 다만, 해당 지방세와 함께 징수하는 도세·특별자치도세(지방교육세와 같이 부가세로 징수하는 세금을 말한다.)와 제9조에 따른 특별시분 재산세(서울특별시의 시세와 구세인 재산세를 말한다.)를 해당 지방세의 고지서에 병기하여 징수하는 경우에는 징수교부금을 교부하지 아니한다.

② 이 경우 교부율(시·군 및 자치구에서 징수하여 특별시·광역시·도 및 특별자치도에 납입한 시·군 및 자치구별 분배금액의 합계액의 비율을 말한다.) 시·군·구에서 징수한 징수금액의 100분의 3에 해당하는 금액을 그 처리비로 해당 시·군 및 자치구에 교부하여야 한다.

그리고 시·군 및 자치구별 교부기준(징수교부금으로 확정된 도세·특별자치도세 징수금의 일정 부분을 각 시·군 및 자치구에 분배하는 기준을 말한다.)은 각 시·군 및 자치구에서 징수한 도세·특별자치도세 징수금액의 100분의 3으로 한다. 다만, 지역실정을 고려하여 필요할 경우 조례로 징수금액 외에 징수건수를 반영하는 등 교부기준을 달리 정할 수 있으며, 징수건수를 반영할 경우 레저세의 징수건수는 포함하지 아니하도록 되어있다.

(4) 징수금의 불입

① 시장·군수가 징수한 도세·특별자치도세는 납부서를 첨부하여 다음 각 호에 지정한 기한 내에 도·특별자치도 금고에 불입하거나 지정된 은행 또는 체신관서를 통하여 도·특별자치도 금고에 납입하여야 한다.

금 문제는 있을 수 없게 되었다.

㉮ 도·특별자치도 금고, 지정된 은행 또는 체신관서 소재지에 있는 시·군은 수납한 날의 다음날까지

㉯ 도·특별자치도 금고, 지정된 은행 또는 체신관서 소재지 이외에 있는 시·군은 수납한 날로부터 5일 이내

② 세무공무원이 징수한 시·군세를 시·군 금고에 납입할 때에는 위의 '①'에서 설명한 바와 같이 특별시세·광역시세·도세·특별자치도세의 납입 규정을 준용하여 처리한다.

③ 시·도지사·시장·군수 또는 그 위임을 받은 공무원이 지방자치단체의 징수금을 징수한 때에는 별지 서식에 의한 영수증서 원부를 사용하여 납세의무자 또는 특별징수의무자에게 영수증서를 교부하여야 한다.

제18조 징수촉탁

① 지방세기본법, 이 법이나 지방세관계법에 따라 지방자치단체의 징수금을 납부할 자의 주소 또는 재산이 다른 지방자치단체에 있을 때에는 세무공무원은 그 주소지 또는 재산 소재지의 세무공무원에게 그 징수를 촉탁할 수 있다(법 §18 ①).

세무공무원은 이러한 징수촉탁서를 받은 때에는 지방자치단체의 징수금을 납부할 자에게 납부기한을 지정하여 징수촉탁 인수 통지서를 발부하여야 한다.

그리고 징수촉탁서를 받은 세무공무원은 지방자치단체의 징수금을 납부할 자가 그 관할구역에 거주하지 아니하거나 압류할 재산이 없어 그 인수가 불가할 때에는 그 사실을 징수촉탁 인수불능 통지서에 따라 징수촉탁을 한 세무공무원에게 통지하여야 한다.

② 제1항에 따라 징수를 촉탁받은 세무공무원이 속하는 지방자치단체는 촉탁받은 사무의 비용과 송금비용 및 체납처분비를 부담하고, 징수한 지방자치단체의 징수금에서 다음 각 호의 금액을 뺀 나머지 금액을 촉탁한 세무공무원이 속하는 지방자치단체에 송금하여야 한다(법 §18 ② Ⅰ·Ⅱ).

1. 지방자치단체의 징수금에서 체납처분비를 뺀 금액에 대통령령으로 정하는 비율(30%)을 곱하여 산정한 금액
2. 체납처분비

③ 지방자치단체는 상호 간에 지방세의 징수촉탁에 관한 협약을 체결할 수 있다. 이 경우 징수촉탁에 관한 협약에는 징수촉탁사무의 내용과 범위, 촉탁사무의 관리 및 처

리비용, 경비의 부담 등에 관한 사항을 포함하여야 한다(법 §18 ③).

이와 같은 규정에 의하여 징수촉탁을 하려는 세무공무원은 납세자의 변경 전과 변경 후의 주소 또는 영업소, 징수촉탁을 하는 지방세의 과세연도, 세목, 과세대상, 과세표준, 세율, 납부, 기한과 그 금액, 독촉장 또는 납부최고서를 발부한 사실이 있는지와 그 발급 연월일, 그 밖의 참고사항을 적은 문서로 하여야 한다(영 §25 ① Ⅰ~Ⅳ).

이러한 징수촉탁을 받은 세무공무원은 징수촉탁을 한 세무공무원에게 지체 없이 인수서를 발송하여야 하며(영 §25 ②), 이와 같이 징수촉탁을 한 경우에 그 징수가 지연되거나 그 밖에 특별한 사유가 있을 때에는 징수촉탁을 한 세무공무원은 징수촉탁을 받은 세무공무원과 협의하여 직접 징수촉탁을 받은 지방자치단체의 구역에서 해당 체납자에 대하여 체납처분을 할 수 있다(영 §25 ③).

그리고 "대통령령으로 정하는 비율"이라 함은 100분의 30을 말한다(영 §25 ④).

(1) 본조의 취지

지방자치단체의 징수금의 징수는 본래 부과징수권이 귀속하는 지방자치단체가 스스로 자체 능력으로 처리해야 하는 것이나 당해 지방자치단체의 관할구역 외에 소재하는 과세대상물건을 가진 자에 대해서 스스로 징수하는 것이 징수금보다 오히려 징수비용이 더 많이 소요되는 경우가 생기므로 징세비의 절약이라는 측면과 징세행정의 효율화 측면에서 지방자치단체 상호간의 협력을 전제로 징수의 합리화를 기하기 위한 조치로 징수촉탁제도를 두고 있는 것이다.

이 제도는 국세에서는 없는 지방세에만 있는 제도인데 이는 과세권의 귀속문제에서 기인되는 제도로서 지방세는 지방자치단체마다 그 고유권한인 재정권의 일환으로 과세자주권이 있음에 따라 과세권이 미치지 않는 자치단체에 소재하는 납세의무자에 대한 징수제도의 일환으로 징수를 촉탁하는 데 반하여 국세의 경우는 국가가 과세권자이므로 납세의무자가 주소를 이전하여 다른 곳으로 옮겨가면 그 관할 주소지 세무서로 과세자료만 이관하여 납세의무자 소재지 세무서에서 징수하는 제도에 대응할 수 있는 제도로 볼 수 있을 것이다.

(2) 촉탁방법

① 지방세기본법, 이 법이나 지방세관계법에 따라 지방자치단체의 징수금을 납부할 자의 주소 또는 재산이 다른 지방자치단체에 있을 때에는 세무공무원은 그 주소지 또는 재산의 소재지의 세무공무원에게 그 징수를 촉탁할 수 있다.

② 징수촉탁을 하고자 하는 지방자치단체의 장을 징수촉탁을 받는 지방자치단체의 장

에게 다음 사항을 기재한 문서로 촉탁하여야 한다.

㉮ 납세자의 변경 전과 변경 후의 주소 또는 영업소

㉯ 징수촉탁을 하는 지방세의 과세연도·세목·과세대상·과세표준·세율·납부기한과 그 금액

㉰ 독촉장 또는 납부최고서를 발급한 사실이 있는지와 그 발급 연월일

㉱ 그 밖의 참고사항

③ 징수촉탁을 받은 세무공무원은 징수촉탁을 한 세무공무원에게 지체없이 인수서를 발송하여야 하며, 징수촉탁을 받은 지방자치단체의 장은 징수의 촉탁을 받은 지방세의 납세의무자에게 납부기한을 지정하여 징수촉탁인수통지서를 발부하여야 한다(규칙 §12 ③).

④ 징수촉탁서를 받은 지방자치단체의 장은 납세의무자가 그 관할구역 내에 거주하지 아니하거나 압류할 재산이 없어 그 인수가 불가능할 때에는 그 사실을 징수촉탁 인수불가 통지서에 따라 징수촉탁을 한 세무공무원에게 통지하여야 한다(규칙 §12 ②).

⑤ 위와 같이 징수촉탁을 한 경우에 그 징수가 지연되거나 그 밖에 특별한 사유가 있을 때에는 촉탁한 세무공무원은 징수촉탁을 받은 세무공무원과 협의하여 직접 징수촉탁을 받은 지방자치단체의 구역에서 해당 체납자에 대하여 체납처분을 할 수도 있다.

(3) 촉탁의 효과

① 징수촉탁을 받은 세무공무원은 징수촉탁된 지방자치단체의 징수금을 징수하여 징수촉탁을 한 지방자치단체에 송금할 의무와 책임을 지게 된다.

② 징수를 촉탁하는 경우 촉탁받은 세무공무원이 속하는 지방자치단체는 촉탁에 관한 사무비용과 송금비용 및 체납처분비를 부담하고, 징수한 지방자치단체의 징수금에서 체납처분비를 뺀 금액에 일정비율(100분의 30)을 곱하여 산정한 금액과 체납처분비를 뺀 나머지 금액을 촉탁한 세무공무원이 속하는 지방자치단체에 송금하여야 한다. 이 규정은 종전에는 촉탁에 관한 사무 및 송금에 요하는 비용은 촉탁을 받은 지방자치단체의 부담으로 하고 체납처분비만 촉탁을 받은 지방자치단체의 수입으로 하도록 되어 있어 징수촉탁을 받은 지방자치단체의 입장에서는 당해 자치단체의 업무를 뒤로 미루면서 다른 자치단체의 업무를 우선 처리하고 싶은 입장이 아닌 것이 사실이며 또한 체납처분을 한 경우에 한하여 그 체납처분비를 징수촉탁을 받은 지방자치단체의 수입으로 하고 있을 뿐 체납처분을 하지 않고 징수한 경우에는 그 사무비와 송금비를 징수촉탁을 받은 지방자치단체가 부담하게 되는 불합리를 낳게 되므로 체납처분 없이 징수 송금하는 경우에도 최소한의 사무비와 송금비용은 징수촉탁을 한 지방자치단체가 부담

하도록 제도를 개선하여 징수한 지방세의 30%를 촉탁사무비로 하도록 한 것이다.

③ 징수촉탁을 한 경우에 그 징수가 지연되거나 기타 특별한 사유가 있는 때에는 촉탁한 지방자치단체의 장은 촉탁받은 지방자치단체의 장과 협의하여 직접 촉탁받은 지방자치단체의 구역에서 당해 체납자에 대하여 체납처분을 할 수 있다.

이는 각 자치단체 관할 구역에서만 공권력을 적법하게 행할 수 있는 공법상 원칙에 대한 예외규정이라 할 수 있다.

④ 징수촉탁에 의한 징수의 경우에 촉탁을 받은 지방자치단체의 체납처분 등 징수절차에 관하여 이의가 있는 경우의 지방세기본법에 의한 이의신청 등은 징수촉탁을 받은 지방자치단체의 장에게 제출하여야 할 것이며 그 이외의 징수로 인한 법적 효력은 징수촉탁을 의뢰한 지방자치단체에 미치게 된다.

제19조 | 지방자치단체의 징수금에 대한 납부의무 면제

① 시·군·구세 또는 특별시세·광역시세·특별자치시세·도세·특별자치도세의 특별징수의무자는 불가피한 사고로 받았던 지방자치단체의 징수금을 잃어버렸을 때에는 그 사실을 증명하여 시·군·구세는 시장·군수·구청장에게, 특별시세·광역시세·특별자치시세·도세·특별자치도세는 특별시장·광역시장·특별자치시장·도지사·특별자치도지사에게 지방자치단체의 징수금 납부의무의 면제를 신청할 수 있다(법 §19 ①).

이 경우 불가피한 사고는 선량한 관리자의 주의를 다하고도 예방할 수 없는 사고로 한다(영 §26).

② 지방자치단체의 장은 제1항의 신청을 받은 날부터 30일 이내에 면제 여부를 결정하여야 한다(법 §19 ②).

③ 제2항의 결정에 불복하는 자는 결정의 통지를 받은 날부터 14일 이내에 특별시세·광역시세·특별자치시세·도세·특별자치도세의 경우에는 행정안전부장관에게, 시·군·구세의 경우에는 특별시장·광역시장·도지사·특별자치도지사(관할구역 안에 지방자치단체인 시·군이 있는 특별자치도지사에 한정한다)에게 심사를 청구할 수 있다(법 §19 ③).

④ 행정안전부장관 또는 특별시장·광역시장·도지사·특별자치도지사는 제3항의 심사청구를 받은 날부터 30일 이내에 결정을 하여야 한다(법 §19 ④).

(1) 본조의 취지

지방세 특별징수의무자(지방소득세 소득분 등)가 납세자로부터 특별징수한 지방세를 불가피한 사고로 잃어버렸을 경우에 그 잃어버린 지방세의 납부의무를 면제하여 주어 징수의 편의자로서의 징수의무에 대한 부담을 적게 하고, 특별징수의무자의 지위를 기피하는 것을 방지하여 징수의 효율성을 도모하겠다는 의미에서의 면제규정이다.

(2) 면제의 신청과 결정

① 시·군·구세 또는 시·도세의 특별징수의무자는 불가피한 사고로 인하여 이미 받았던 지방자치단체의 징수금을 잃어버렸을 때에는 그 사실을 증명하여 시·군·구세는 시장·군수·구청장에게, 도세는 특별시장·광역시장·특별광역시장·도지사·특별자치도지사에게 징수금 납부의무의 면제를 신청할 수 있다.

그러므로 이미 징수한 징수금을 잃어버린 것에 대한 납세의무의 면제를 받기 위해서는 지방세 특별징수의무자가 불가피한 사고로 인하여 이미 징수한 지방세를 잃어버렸을 경우라야 하며, 이러한 특별징수의무자는 선량한 관리자의 주의를 다하고도 예방하거나 방지할 수 없는 사고였음을 증명하여야 납세의무를 면제받을 수 있으므로 이를 입증하지 못하면 납세의무의 면제를 받을 수 없게 되는 것이다. 여기서 불가피한 사고라 함은 선량한 관리자의 주의를 다하고도 예방하거나 방지할 수 없는 사고를 말한다.

그러므로 지방세 특별징수의무자는 선량한 관리자의 주의를 태만히 함으로써 이미 징수한 지방세를 잃어버렸을 때에는 그 변상 책임을 지게 되는 것이다. 선량한 관리자의 주의를 다하고도 예방하거나 방지할 수 없는 사고라 함은 화재·수해 등 재해와 강도·특수절도 등을 들 수 있다. 선량한 관리자의 주의를 다했느냐 또는 못했느냐의 판별은 구체적인 사안에 따라 달라질 것이나 일반 사회통념상 정상적인 현금관리의 예에 따라 처리하면 될 것으로 본다.

② 특별시장·광역시장·특별광역시장·도지사·특별자치도지사 또는 시장·군수·구청장은 납부의무 면제의 신청을 수리한 날로부터 30일 이내에 이를 결정하여야 한다.

③ 특별시장·광역시장·특별광역시장·도지사·특별자치도지사 또는 시장·군수·구청장의 결정에 대하여 불복이 있는 자는 결정의 통지를 받은 날부터 14일 이내에 도세에 있어서는 행정안전부장관에게, 시·군·구세에 있어서는 특별시장·광역시장·특별광역시장·도지사·특별자치도지사에게 심사를 청구할 수 있으며, 행정안전부장관 또는 특별시장·광역시장·특별광역시장·도지사·특별자치도지사는 심사의 청구를 수리한 날로부터 30일 이내에 이를 결정하여야 한다.

(3) 납부의무면제의 효과

이미 징수한 지방세를 잃어버린 특별징수의무자가 납부의무 면제결정을 받았을 때에는 잃어버린 지방세에 대한 납부의무가 면제됨으로써 소멸된다.

납부의무의 면제범위에 있어서는 잃어버리는 것을 예방하거나 방지할 수 있었던 지방세는 특별징수의무자의 개별적인 납세인 경우 무재산으로 인한 납부의무의 소멸은 별개 문제로 하고, 이 조항에 의한 납부의무의 면제는 불가한 것으로 생각된다.

제20조 | 제3자의 납부

① 지방자치단체의 징수금은 납세자를 위하여 제3자가 납부할 수 있다(법 §20 ①).
② 제1항에 따른 제3자의 납부는 납세자의 명의로 납부하는 것으로 한정한다(법 §20 ②).
③ 제1항에 따라 납세자를 위하여 지방자치단체의 징수금을 납부한 제3자는 지방자체단체에 대하여 그 반환을 청구할 수 없다(법 §20 ③).

(1) 본조의 취지

조세의 납부에는 본래의 납세의무자가 납부하는 경우, 제2차 납세의무자가 납부하는 경우, 특별징수의무자가 납부하는 경우 등이 있다. 그리고 민법상의 제3자의 변제(민법 §469)에 준하여 제3자의 납부가 인정된다.

그런데 제3자의 납부가 민법상의 제3자의 변제와 다른 점은, 민법상의 제3자의 변제에 있어서는 이해관계 없는 제3자는 채무자의 의사에 반하여 변제하지 못하는 것이나(민법 §469 ②), 제3자의 납부에서는 이해관계 없는 제3자라 하더라도 납세자가 납부할 지방세를 납세자의 의사와 관계없이 납세자의 명의로 납부할 수 있는 것이다. 그 이유는 납세의무는 대량적·반복적으로 발생할 뿐 아니라 조세징수확보의 원칙에 비추어 볼 때 민법의 규정에서와 같은 조건을 붙일 필요가 없기 때문이다.[16]

그렇기 때문에 납세자와 제3자가 지방세를 중복하여 납부한 경우에도 제3자는 과세권자에 대하여 구상권을 행사할 수 없다.

결국 이 제도는 채권자인 지방자치단체의 입장에서 지방자치단체의 징수금에 관한 채권확보의 목적이 제3자의 납부에 의해서 달성되는 것을 인정한 것으로 그 법률적 성질은 일종의 사무관리라고 할 것이다.

---

16) 최명근, 「조세법개론」, p.271, 강인애, 「국세징수법」, p.6

(2) 제3자 납부가 가능한 자

지방자치단체의 징수금에 대해서 납세의무자 또는 특별징수의무자 이외의 자는 누구든지 제3자 납부를 할 수 있다. 민법에서는 당사자의 의사표시로 제3자의 변제를 허용하지 아니할 때에는 제3자는 변제할 수 없고 또한 이해관계 없는 제3자는 채무자의 의사에 반하여 변제할 수 없다(민법 §469). 그러나 지방세에 있어서는 법률 및 조례의 규정에 의해서 과세되고 또한 대량적·반복적으로 생기는 조세채권의 특수성에 비추어 민법에 있어서와 같은 제한을 두고 있지 않으므로 납세의무자 또는 특별징수의무자의 의사에 반해서도 제3자 납부는 인정되는 것이다.

(3) 제3자 납부의 효과

지방자치단체의 징수금을 제3자가 납부하였을 때에는 본인이 자기의 조세를 납부한 것과 같은 효과가 발생한다. 즉, 납부에 의해서 납세의무자 또는 특별징수의무자의 납부의무는 그 한도에서 소멸하며, 납부에 수반하는 이익은 전부 납세의무자 또는 특별징수의무자에게 귀속된다. 납세의무자 또는 특별징수의무자에 대신하여 납부한 제3자는 지방자치단체에 대하여 구상권(반환 청구권)을 행사할 수 없다.

사례

❖ 당초 소유자의 체납액을 징수하기 위해 압류된 재산에 대해 이를 취득한 자가 송금인을 자기 명의로 하여 당초 소유자 명의의 체납액을 납부한 경우 이를 부당이득으로 하여 반환청구를 할 수 있는지 여부

과세권자가 ○○○의 체납세를 징수하기 위해 ○○○소유 부동산을 압류(2011.7.1.)하였는데 A가 부동산에 관하여 소유권이전등기(2013.3.26.)를 마치고 송금인을 A로 표시하여 ○○○의 체납계좌에 체납액을 입금함으로써 과세권자는 압류 등기 말소를 하였다.

위와 같은 사정들을 비롯하여 원심이 인정한 사실관계 및 기록을 통해 알 수 있는 제반 사정에 비추어 보면, 원고는 지방세기본법 제79조 제2항, 구 지방세법 시행령 제47조 제1항에 따라 ○○○의 체납액을 ○○○의 명의로 납부하였다고 봄이 타당하다.

이와 같이 원고가 납세자인 ○○○의 명의로 피고에게 체납액을 납부한 것은 조세채무의 이행으로서 유효하고, 이로 인하여 피고의 ○○○에 대한 조세채권은 소멸하였다. 따라서 이 사건 압류가 무효라고 하더라도 피고가 체납액을 납부받은 것에 법률상 원인이 없다고 할 수 없고, 지방세기본법 제70조 제3항, 구 지방세법 시행령 제47조 제2항에 따라 원고는 피고에 대하여 부당이득반환을 청구할 수 없다.

(대법 2014다36221, 2015.11.12.)

제21조　지방세에 관한 상계 금지

지방자치단체의 징수금과 지방자치단체에 대한 채권으로서 금전의 급부(給付)를 목적으로 하는 것은 법률에 따라 규정이 있는 것을 제외하고는 상계(相計)할 수 없다. 환급금에 관한 채권과 지방자치단체에 대한 채무로서 금전의 급부를 목적으로 하는 것에 대해서도 또한 같다(법 §21).

상계라 함은 두 사람이 서로 같은 종류의 채권을 가진 경우에 실제의 변제에 대신하여 서로의 채권을 서로 같은 액수만큼만 소멸시키는 것을 말하는데, 이 조항에서 지방세에 관한 상계금지를 규정하고 있는 것은 국가나 지방자치단체가 회계 질서의 엄정을 기하기 위하여 모든 세입과 세출은 반드시 세입세출예산에 의하여 집행되어야 한다는 예산총괄주의의 당연한 소산이라 하겠다. 그리고 상계금지에 대하여 유의하여야 할 사항은 다음과 같다.

① 납세자가 납부하여야 할 조세채무가 있고, 또 한편 당해 지방자치단체로부터 받아야 할 납품대금 등 금전채권이 있는 경우에 그 납세자가 해당 지방자치단체에 대하여 금전채권으로 조세채무에 상계충당할 것을 요구하였다 하더라도 세무공무원은 이를 받아들일 수 없으며 만약 이를 받아들이지 않아 납기한을 넘기게 되면 납세자는 당연히 지방세 등 체납의 책임을 지게 된다.

② 납세자가 지방자치단체에 대하여 지방세과오납금으로 환급받아야 할 금전채권이 있는 경우에는 지기법 제60조 제2항에서 과오납금환급청구권자의 충당 요구가 없더라도 미납의 다른 지방자치단체징수금에 직권 충당하도록 규정하여 지방자치단체에 대해서는 사실상 상계를 인정하고 있는 점이다.

이러한 경우에도 납세자에게는 상계권이 인정되지 않으며 만일 지방세과오납금이 당연히 미납된 다른 지방세에 직권 충당될 것을 기대하고 있다가 세무공무원의 착오 등으로 충당되지 못하고 납기를 경과한 때에는 지방세과오납금이 다른 체납액에 당연히 상계·충당 되었다고 주장할 수 없으며 체납으로 인한 책임은 납세자 등이 지게 된다.

제22조　납기 전 징수

① 지방지차단체의 장은 납세자에게 다음 각 호의 어느 하나에 해당하는 사유가 있는 경우 납기 전이라도 이미 납세의무가 성립된 지방세를 확정하여 지방자치단체의 징수금을 징수할 수 있다(법 §22 ① Ⅰ~Ⅷ).
　1. 국세, 지방세, 그 밖의 공과금의 체납으로 강제징수 또는 체납처분이 시작된 경우

2. 「민사집행법」에 따른 강제집행이 시작되거나 「채무자 회생 및 파산에 관한 법률」에 따른 파산선고를 받은 경우
3. 경매가 시작된 경우
4. 법인이 해산한 경우
5. 지방자치단체의 징수금을 포탈하려는 행위가 있다고 인정되는 경우
6. 어음법 및 수표법에 따른 어음교환소에서 거래정지처분을 받은 경우
7. 납세자가 납세관리인을 정하지 아니하고 국내에 주소 또는 거소를 두지 아니하게 된 경우
8. 「신탁법」에 따른 신탁을 원인으로 납세의무가 성립된 부동산의 소유권을 이전하기 위하여 등기관서의 장에게 등기를 신청하는 경우

이 경우 납기 전이라도 징수할 수 있는 지방자치단체의 징수금은 신고납부를 하거나 납세의 고지를 하는 지방세, 특별징수하는 지방세, 납세조합이 징수하는 지방세 중 어느 하나에 해당하는 것으로서 지방자치단체의 장이 납부기한까지 기다려서는 해당 지방세를 징수할 수 없다고 인정하는 것으로 한정한다(영 §27 Ⅰ~Ⅲ).

② 지방자치단체의 장은 제1항에 따라 납기 전에 징수하려면 납부기한을 정하여 그 취지를 납세자에게 고지하여야 한다. 이 경우 이미 납세고지를 하였으면 납부기한의 변경을 문서로 고지하여야 한다(법 §22 ②).

이 경우 고지를 할 때에는 납기 전에 징수를 하는 뜻을 납세고지서 또는 납부통지서에 기재하여야 한다. 다만, 이미 납세의 고지를 하였거나 납세의 고지를 요하지 아니하는 경우에는 납부기한을 변경하는 뜻을 적은 문서(전자문서를 포함한다.)로 고지하여야 한다(영 §28).

(1) 본조의 취지

지방세채권에 대한 납기 또는 납부기한은 납세자의 담세력을 신용하고 일정한 준비기간을 마련해서 원활한 징수의 목적을 달성시키기 위하여 설정된 것이며, 특히 납부기한은 납세자의 이익을 위한 것으로(민법 §153), 납기한이 도래하기까지는 강제적으로 조세채권을 실현하기 위한 절차를 밟을 수 없는 것이나 납세자에게 특별한 사정이 발생하여 납기한까지 기다리게 되면 지방자치단체의 징수금을 확보할 수 없는 우려가 있을 경우에 납세자가 가지는 기한의 이익을 박탈해서 징수의 확보를 도모하는 것을 납기 전 징수라고 한다.

이러한 납기 전 징수는 이미 납세의무가 성립된 지방세의 세액이 확정된 조세에 있어서 본래 납세자가 가지는 납부기한의 이익을 상실시키고, 납세의 청구를 하고 그 징수를 확보하는 조치이다. 즉, 본래의 납부기한을 일방적으로 앞당겨서 납세의 청구를 행함과 동시에 그 청구에 따라 납세자가 임의로 납부를 하지 않는 경우에는 독촉의 절차 없이 곧바로 체

납처분을 할 수 있는 효과를 가진 징수처분(협의)으로서 일종의 행정처분이라 할 것이며, 이는 조세의 징수확보를 그 목적으로 한다.[17]

(2) 납기 전 징수의 요건

납기 전 징수를 할 수 있기 위해서는, ① 납세의무가 성립된 지방세의 납부할 세액이 확정된 것일 것(전재요건), ② 세금을 곧바로 징수해야 할 필요가 있음이 객관적으로 인정되는 법정의 사유가 있을 것(객관적 요건), ③ 본래의 납부기한까지 기다려서는 당해 징수금을 징수할 수 없다고 인정되는 사유가 있을 것(주관적 요건) 등의 요건이 동시에 충족되어야 한다.

납부의무가 확정된 지방자치단체의 징수금이라 함은 부과과세방식에 의한 조세에 있어서는 납부의 고지를 한 지방자치단체의 징수금을 말하고, 신고납부방법에 의한 조세에 있어서는 신고 또는 결정의 통지가 있는 지방자치단체의 징수금을 말한다. 그리고 미신고한 경우로서 납세고지 등이 되지 않아 납부의무가 확정되지 않고 있는 경우에는 과세관청에서 고지서를 보낸 후에 납기단축을 하면 납기 전 징수가 가능한 것으로 본다.

예를 들면 토지를 취득하였으나 과세권자가 취득사실을 알지 못하여 취득세를 부과하지 않고 있다가 납기 전 징수의 사유가 발생함과 동시에 취득사실을 인지한 경우에는 통상적인 납부기한을 주지 않고 인지 당일을 납부기한으로 고지하여 징수할 수도 있는 것이다.

그리고 납기 전 징수의 사유가 제2차 납세의무자에게 있을 경우에 납부통지서에 의한 고지에 의하여 제2차 납세의무가 확정된 지방세 등에 대하여도 제2차 납세의무자의 고유의 납세의무에 속하는 지방세와 동일하게 납부기한 전에 이를 징수할 수 있는 것이다.

(3) 납기 전 징수의 사유

납기 전 징수의 객관적 요건으로서 납기 전 징수는 납세자에게 다음과 같은 사실이 존재하는 경우에 한하여 허용된다.

① 국세·지방세 그 밖의 공과금에 대하여 체납처분을 받은 경우

여기에서 체납처분이라 함은 국가 또는 지방자치단체가 국세, 지방세 또는 공과금에 대하여 자력집행으로 행하는 강제징수처분을 말하고 "체납처분을 받을 때"라 함은 체납처분으로서의 압류의 효력이 생긴 때를 말하는 것이므로 과세관청의 내부의 의사결정으로서 압류를 행할 것을 결정하는 데 그친 경우 또는 압류절차에는 착수하였으나 압류의 효력이 발생하지 아니한 경우에는 납기 전 징수를 할 수 없다.

이 경우 공과금이라 함은 국세징수법 또는 지방세기본법에 규정하는 체납처분의 예에

---
[17] 강인애, 「국세징수법 해설」, 청림출판, p.125

의하여 징수할 수 있는 채권 중 국세·관세·임시수입부가세 및 지방세와 이에 관계되는 체납처분비 이외의 것을 말한다.18)

② 강제집행을 받은 경우

강제집행이라 함은 「민사집행법」, 「채무자회생 및 파산에 관한 법률」 등의 규정에 의해서 사법상의 청구권의 목적인 급부를 집행기관에 의해서 강제적으로 실현하기 위한 절차인데 일반 행정법상의 강제집행으로는 대집행·집행벌·직접강제 또는 행정상의 강제징수를 말하는 것이다. 그러므로 이 경우 강제집행이라 함은 민사집행법 제2편에 의한 강제집행을 말하는 것이나 가처분·가압류 등은 강제집행으로 보지 아니한다. 왜냐하면 가압류 및 가처분은 집행보전을 위한 것으로서 이 때문에 체납처분의 집행이 방해되는 것은 아니므로 조세채권의 긴급상태를 구속하는 것으로 보기에는 곤란하기 때문이다.

③ 경매가 시작된 경우

경매의 시작결정은 민사집행법의 규정에 의하는 경우와 민법 그 밖의 규정에 의한 경매를 말한다.

"경매가 시작된 때"라 함은 담보권의 실행 등을 위한 경매가 시작된 때 즉, 민사집행법 제264조 이하의 규정에 의하여 압류의 효력이 발생된 때를 말한다.

④ 법인이 해산한 경우

법인의 해산사유로는 정관에서 정한 해산사유의 발생, 존립기간의 만료, 총회 또는 사원의 결의, 합병, 파산, 법원의 해산명령 또는 판결 등을 들 수 있다. 법인의 조직변경이 있었던 경우에는 해산의 등기가 이루어지지만 실질적으로는 법인격에 변경은 없고 청산절차도 이루어지지 않으므로 여기서의 해산에는 해당하지 않는다고 볼 것이다.

또한 합병의 경우에도 피합병법인은 해산하지만 합병 후 존속하는 법인은 피합병법인의 권리의무를 당연히 승계하는 것이므로 이 경우에는 납기전 징수의 사유에 해당하지 않는다.

그러므로 "법인이 해산하였을 때"라 함은 주주총회 등에서 해산일을 정한 경우에는 그 해산일이 경과한 때, 해산일을 정하지 아니한 경우에는 해산결의를 한 때, 해산사유의 발생에 의하여 해산하는 경우에는 그 사유가 발생한 때, 법원의 명령 또는 판결에 의하여 해산하는 경우에는 그 명령 또는 판결이 확정된 때 등을 말한다.

⑤ 지방자치단체의 징수금을 포탈하려는 행위가 있다고 인정되는 경우

납세자에게 탈세 사실이 있어 이 때문에 유죄의 판결이 확정된 경우뿐 아니라 이러한 행위를 한 혐의로 조세범처벌절차법의 규정에 의해서 수색 또는 압류의 처분을 받거나 형

---

18) 국세징수법통칙 14-0…3 (지방세·공과금)

사소송법의 규정에 의해서 수색, 압수 또는 체포를 받은 경우 등도 이에 해당한다.

지방자치단체 징수금의 포탈이라 함은 지방세의 조세채무의 확정을 면하거나 또는 확정된 조세채무의 이행을 면하는 것(포탈)을 말한다. 따라서 "지방세를 포탈하려는 행위"라 함은 사기 기타 부정한 방법으로 지방세를 면하거나 면하고자 하는 행위 및 지방세의 환급, 공제를 받거나 받고자 하는 행위 또는 지방세의 체납처분의 집행을 면하거나 면하고자 하는 행위를 발한다.19)

⑥ 어음법 및 수표법에 따른 어음교환소에서 거래정지처분을 받은 경우

어음교환소는 법무부장관이 지정하도록 되어 있는데(어음법 §83, 수표법 §69 참조), 납세자가 어음교환소에서 거래정지처분을 받은 때에는 자력의 상실 및 신용이 실추된 경우에 해당하므로 납기 전 징수를 할 수 있도록 규정한 것이다.

⑦ 납세자가 납세관리인을 정하지 아니하고 국내에 주소 또는 거소를 두지 아니하게 된 경우(법 §22 ① Ⅶ)

납세자가 납세관리인을 정하지 아니하고 국내에 주소 또는 거소를 두지 아니하게 되었을 때에는 납기 전 징수를 할 수 있다.

여기서 "납세관리인"이라 함은 납세자를 대리하여 지방세에 관한 신고·납부·환급 기타 납세에 관한 사항을 처리하는 납세자의 대리인을 말한다.

⑧ 「신탁법」에 따른 신탁을 원인으로 납세의무가 성립된 부동산의 소유권을 이전하기 위하여 등기관서의 장에게 등기를 신청하는 경우(법 §22 ① Ⅷ).

이 규정은 납세의무가 성립된 부동산을 「신탁법」에 따른 신탁을 원인으로 소유권을 수탁자에 이전하기 위하여 등기관서의 장에게 등기를 신청하는 경우 해당 지방세의 납기 전이라도 지방세를 확정하여 징수할 수 있도록 규정한 것이다.

(4) 납기 전 징수 절차

지방자치단체의 장이 납세자에게 납기 전 징수를 하고자 할 때에는 납부기한을 정하여 그 뜻을 납세자에게 고지하여야 한다. 이 경우에 있어서 이미 납세고지를 하였을 때에는 납기한의 변경을 문서로 고지하여야 한다. 납기 전 징수의 고지방법은 납기 전 징수를 하는 뜻을 납세고지서 또는 납세통지서에 기재하여야 한다. 다만, 이미 납부의 고지를 하였거나 납부의 고지를 요하지 않을 경우에는 납부기한을 변경하는 뜻을 기재한 서면(전자문서를 포함한다.)으로써 납세자(제2차 납세의무자를 포함한다.)에게 고지하여야 한다. 이 경우 납부기한을 변경한 때에는 변경의 고지를 하여야 한다.

---

19) 국세징수법통칙 14-0…5 (조세를 포탈하고자 하는 행위)

그런데 납기 전 징수를 결정한 경우 그 징수절차는 납세고지를 한 경우와 하지 아니한 경우에 따라 달라지는데,

① 납세고지가 되지 아니한 경우(부과과세방식에 의하는 것과 신고납부방식에 의하는 것을 포함한다.)에 납기 전 징수를 할 때에는 납부기한을 정하여 납세자에게 고지하면서 고지서에 납기 전에 징수하는 뜻을 부기하여야 한다. 예를 들면 취득세의 경우 과세물건을 취득 후 60일 이내에 신고하고 납부할 기한 전에 납기 전 징수를 하는 경우에는 납기 전 징수의 납세고지서를 송달하여야 하는 것이다.

② 이미 납세고지를 한 경우에 납기 전 징수를 하고자 할 때에는 납부기한의 변경을 고지하여야 하는데 이때에도 고지서에는 납부기한 변경의 뜻을 부기하여야 한다.

그리고 납기 전 징수의 납세고지서를 송달한 경우에 도달한 날이 이미 납부기한이 경과한 때에는 그 도달한 날을 납부기한으로 하고, 당해 고지서의 도달 후 납부기한이 도래하는 때에는 그 도래하는 날을 납부기한으로 한다.

(5) 납기 전 징수의 효과

납세자가 납기 전에 지방자치단체의 징수금의 납부의 고지를 받고 지정한 기한까지 이를 완납하지 아니할 때에는 독촉을 요하지 아니하고 바로 체납처분을 할 수 있다. 다만, 체납처분을 할 수 있는 것은 납세자가 납기 전으로 앞당겨 납기를 조정한 기한까지 지방자치단체의 징수금을 완납하지 아니할 때이므로 당해 납기한을 압류일과 같은 날로 할 수는 없다.

여기에서 납기 전 징수의 효과에 대하여 다시 한 번 정리해 보면,

① 납기 전 징수는 고지서 또는 납부기한 변경의 고지서가 납세자에게 송달된 때에 그 효력이 생긴다. 납기 전 징수는 원래 납세자가 가지는 기한의 이익을 일방적으로 상실시키고 지방세를 납부기한보다 앞당겨 징수하려는 목적에서 행하는 것이므로 납부기한을 단축하는 효과를 가진다. 따라서 납기 전 징수의 고지에 의하여 새로 지정된 납부기한이 그 지방세의 구체적인 납부기한으로서 확정되고, 그 납부기한을 경과하여도 완납하지 아니하는 경우에는 체납으로 하며, 이 경우에는 독촉절차를 거치지 않고 곧바로 체납처분을 개시할 수 있는 효과가 있다.

② 납기 전 징수에 의하여 본래의 납부기한은 새로 지정된 납부기한으로 변경되는 것이므로 지방세와 전세권 등에 의하여 담보된 채권과의 우선관계에 있어서 납부기한도 납기 전 징수의 경우에는 새로 지정된 납부기한으로 되기 때문에 지방세의 타채권과의 우선관계도 달라지는 경우가 생긴다.

그러나 취득세를 신고납부하지 아니하여 고지하여 과세하는 경우와 같이 납부기한이 법정되어 있지 아니하고 그 납부기한이 납세고지서에 의하여 지정되는 경우는 납기 전 징수에 의하여 그 납부기한이 변경되어 새로 지정된 납부기한의 다음날부터 가산세를 계산하게 된다.

③ 납기 전 징수는 본래의 납부기한 전에 행하는 것이므로 납기 전 징수 고지 당시에는 아직 징수권 내지 조세채권의 시효기간은 진행하지 아니하므로 시효 중단의 여지가 없으나 납기 전 징수의 고지를 하게 되면 당해 지방세 징수권의 시효기간은 새로 지정된 납부기한의 경과에 의하여 진행하는 것이므로 그 납기 전 징수에 따른 압류에 의하여 그 징수권의 시효는 중단되는 것이다.

④ 납기 전 징수는 납세자가 가지는 기한의 이익을 과세관청의 판단, 작용에 의하여 일방적으로 상실시키고 본래의 납부기한을 앞당겨 지방세의 징수를 도모하는 징수처분으로서 그 자체가 일종의 행정처분이라 할 것이므로 일반적인 행정처분이 가지는 효력과 효과를 가진다고 본다.[20]

제23조 | 납부의 방법

① 지방자치단체의 징수금은 다음 각 호의 방법으로 납부한다(법 §23 ① Ⅰ~Ⅲ).
 1. 현금(대통령령으로 정하는 바에 따라 계좌이체하는 경우를 포함한다)
 2. 「증권에 의한 세입납부에 관한 법률」에 따른 증권
 3. 대통령령으로 정하는 지방세수납대행기관(이하 "지방세수납대행기관"이라 한다)을 통해 처리되는 다음 각 목의 결제수단(대통령령으로 정하는 지방자치단체의 징수금을 납부하는 경우만 해당한다)
   가. 「여신전문금융업법」 제2조제3호에 따른 신용카드 또는 같은 조 제6호에 따른 직불카드
   나. 「정보통신망 이용촉진 및 정보보호 등에 관한 법률」 제2조제10호에 따른 통신과금서비스
   다. 그 밖에 가목 또는 나목과 유사한 것으로서 대통령령으로 정하는 결제수단
 이 규정에 따라 납세자가 지방자치단체의 징수금을 납부할 때에는 지방자치단체의 금고 또는 제3항에 따른 지방세수납대행기관에 납부해야 한다.(영 §29 ①).

---

[20] 강인애, 「국세징수법 해설」, 청림출판, p.134

그리고 "대통령령으로 정하는 바에 따라 계좌이체하는 경우"란 수납대행기관에 개설된 계좌에서 다른 계좌로 「전자금융거래법」 제2조제8호에 따른 전자적 장치를 이용해 자금을 이체하는 경우를 말한다(영 §29 ②).

이와함께 "대통령령으로 정하는 지방세수납대행기관"이란 다음 각 호의 자를 말한다(영 §29 ③ Ⅰ Ⅱ)..

가. 「지방회계법 시행령」 제49조제1항 또는 제2항에 따라 지방자치단체 금고 업무의 일부를 대행하는 자

나. 정보통신망을 이용하여 신용카드, 직불카드, 통신과금서비스 등에 의한 결제를 수행하는 기관으로서 지방자치단체의 장이 지방세수납대행기관으로 지정하는 자

그리고 "대통령령으로 정하는 지방ㅅ자치단체 징수금"이란 자동차 주행에 대한 자동차세를 제외한 모든 지방자치단체 징수금(부가되는 농어촌특별세를 포함한다)을 말한다(영 §29 ③).

② 납세의무자는 「지방세기본법」 제35조 제1항 제3호(해당 지방세의 과세표준과 세액을 해당 지방자치단체가 결정하여 확정하는 지방세)에 따른 지방세(수시로 부과하여 징수하는 지방세는 제외한다.)를 지방세수납대행기관을 통하여 제1항제1호 또는 제3호의 결제수단으로 자동납부할 수 있다. 다만, 납부기한이 지난 것은 그러하지 아니하다(법 §23 ②).

③ 제1항제3호의 결제수단으로 지방자치단체의 징수금을 납부하는 경우에는 지방세수납대행기관의 승인일을 납부일로 본다(법 §23 ③).

④ 지방자치단체의 징수금 납부에 관하여 그 밖에 필요한 사항은 대통령령으로 정한다(법 §23 ④).

이 경우 납세자는 지방세통합정보통신망을 이용하여 지방자치단체의 징수금 납부를 한 때에는 ① 취득세 또는 등록면허세를(취득세 또는 등록면허세에 부가하여 징수하는 지방세와 국세를 포함한다.) 납부한 경우는 취득세 또는 등록면허세의 납부확인서 ② 취득세 및 등록면허세를 제외한 지방세를(해당 지방세에 부가하여 징수하는 지방세와 국세를 포함한다.) 납부한 경우는 지방세 납부확인서를 발급받을 수 있다.

또한 지방자치단체의 징수금은 지방자치단체의 금고 또는 지방세수납대행기관에서 수납하여야 하며, 세무공무원은 이를 수납할 수 없다. 다만, 다음 각 호의 어느 하나에 해당하는 경우에는 세무공무원이 지방자치단체의 징수금을 수납할 수 있다(영 §29 ② Ⅰ·Ⅱ).

1. 지방자치단체의 금고 및 지방세수납대행기관이 없는 도서·오지 등으로서 지방자치단체의 조례로 정하는 지역에서 수납하는 경우

2. 지방자치단체의 조례로 정하는 금액 이하의 소액 지방세를 수납하는 경우

이 규정 단서에 따라 세무공무원이 징수한 지방자치단체의 징수금을 각 지방자치단체의 금고에 납입할 때에는 영 제24조 제14항(시·도의 금고, 은행 또는 체신관서를 통하여 시·군·구는 수납한 날의 다음 날까지, 이러한 은행 등 금융기관과 체신관서가 없는 시·군·구는 수납한 날부터 5일 이내 시·도 금고에 납입해야 한다.)을 준용하며(영 §29 ③), 지방세를 수납한 세무공무원은 영수증서원부철을 작성하고, 납세자에게는 영수증서를 발급하여야 하며, 징수관에게는 영수확인보고서를 제출하여야 한다.

다만, 납세자가 제출하는 납세고지서 또는 신고납부서에 의하여 지방세를 수납한 경우에는 해당 납세고지서 또는 납부서로 영수증서원부철을 갈음할 수 있으며, 납세자에게는 해당 납세고지서 또는 납부서 중 납세자보관용 영수증을 교부함으로서 영수증서 발급을 갈음할 수 있다.

(1) 현금수납방법

지방세의 징수금은 원칙적으로 지방자치단체의 금고 또는 지방세수납대행기관에 현금으로 납부하여야 하고, 세무공무원이 현금을 직접 수납하는 경우는 ① 지방자치단체의 금고 또는 지방세수납대행기관이 없는 도서·오지 등으로서 지방자치단체의 조례로 정하는 지역에서 수납하는 경우와, ② 지방자치단체의 조례로 정하는 금액 이하의 소액 지방세를 공무원이 지방세를 수납할 수 있음을 말한다.

(2) 증권수납방법

(가) 세입납부에 사용할 수 있는 증권의 종류

조세 기타의 세입은 인지 또는 우표로서 납부하여야 하는 경우를 제외하고는 증권으로 납부할 수 있는데(증권에 의한 세입납부에 관한 법률 §1) 이 규정에 의하여 지방세 납부에 사용할 수 있는 증권은 아래의 증권에 해당하는 것으로서 그 금액이 납부하여야 할 금액을 초과하지 아니하는 것에 한한다(증권에 의한 세입납부에 관한 법률 시행령 §1).

① 국가기관 또는 지방자치단체가 발행한 수표
② 금융기관이 발행한 자기앞수표 또는 송금수표
③ 세입을 수납하여야 할 수입금출납공무원, 한국은행(본점, 지점 또는 대리점을 포함한다.), 특별시, 광역시, 시 또는 군(수납기관이라 한다.)을 수취인으로 지정하였거나 수취인으로 위임한 우편통상환증서, 우편소액환증서, 우편전신환증서, 우편대체지급증서 또는 우편대체수표

④ 금융기관과의 약정에 의하여 발행한 가계수표 또는 납부자명의로 발행한 당좌수표. 다만, 당좌수표로 세입납부를 하는 경우에는 당해 세입관서의 장이 정하는 바에 따라 당좌수표의 결재가 확인될 때까지 납세증명서 등의 발급이나 압류의 해제 등을 보류할 수 있다.

위의 '①' 내지 '④'의 증권으로서 제시기간 또는 유효기간이 경과한 것이 있을 때에는 수납기관은 그 수령을 거절하여야 하며, 증권의 지급장소가 수납기관의 소재지로 되어 있지 아니한 것으로 그 수령할 날이 제시기간 또는 유효기간의 만료일에 가까운 것은 그 수령을 거절할 수 있으나 증권의 지급장소가 수납기관이 납입 또는 보내야 할 한국은행의 소재지로 되어 있는 증권으로서 그 지급에 지장이 없는 경우에는 예외로 한다.[21]

(나) 증권에 의한 세입납부절차

① 증권으로써 지방세를 납부하고자 하는 자는 그 증권의 뒷면에 기명날인하고 납세고지서 또는 납부서에 이를 첨부하여 그 지정한 장소에 이를 납부하여야 한다.

② 수납기관이 증권을 수령하였을 때에는 납부자에게 교부할 세입금의 영수증서, 세입징수관에게 보고 또는 통지할 영수필보고서 또는 영수필통지서에 "증권수령"이라 기재하여야 하고, 세입금의 일부를 증권으로써 수령하였을 때에는 그 증권금액을 부기하여야 한다(동령 §3 ①). 그리고 수령한 증권은 지체 없이 그 지급인에게 제시하여 그 지급을 청구하여야 한다.

(다) 증권이 부도된 경우의 조치(증권에 의한 세입납부에 관한 법률)

① 지방세를 증권으로 납부 받았을 경우 납부 받은 증권을 그 제시(구용어 ; (정시)로 示)기간 내 또는 유효기간에 제시하여 지급을 청구하였으나 지급이 거절된 경우에는 처음부터 납부되지 아니한 것으로 본다.

이와 같이 지불이 거절된 증권에 대하여는 수입금출납공무원, 한국은행 또는 특별시, 광역시, 도 또는 군은 증권이 지급되지 아니하였다는 것과 그 증권의 반환을 청구

---

[21] 미국 뉴욕시의 경우 재산세고지서(Real Property Tax bills)는 매년 6월말까지 등록된 납세자에게 도달되는데 이 고지서에는 세액, 납기, 쿠폰(납세자 정보가 들어 있음) 그리고 반송용 봉투가 들어있다. 납세는 납세자가 고지서를 받은 후 납세액만큼 자신의 가계수표(personal check ; 자신이 거래은행에서 발급받으며 수신자를 적어 교부하면 수신자가 이 check를 은행에 제출하고 은행간 자동이체방식에 의하여 자신의 계좌에서 수신자의 계좌로 금액이 이체되며 발행된 check는 자신의 거래은행을 거쳐서 자신에게 다시 우송되어 영수증의 역할을 하게 된다.)를 뉴욕시 재정부(Department of Finance)를 수령자로 하여 작성한 후 동봉된 재정부의 주소가 들어 있는 반송용 봉투에 납세자 정보가 들어있는 쿠폰을 절취하여 함께 넣어 발송하면 부과, 징수가 모두 끝나는 것이다. 고지서의 송부는 세금부과가 아닌 단순한 서비스 차원의 통지행위이며, 세금을 납부하는 personal check도 수령자로 기재된 재정부의 계좌 이외에는 입금이 안되는 것으로 분실하여도 큰 문제가 안된다(서강석, 「뉴욕보고서」, 도서출판 범한, 2001, p.298).

하라는 뜻을 증권의 납세자에게 지체 없이 문서로 통지하여야 하며, 이러한 통지서를 받아야 할 자가 이를 받지 아니하거나 주소 또는 거소가 분명하지 아니한 경우에는 통지서의 내용을 관보에 공고하여야 하나 수입금출납공무원이 근무하고 있는 관서 등의 게시판에 7일간 내걸어 붙임으로써 이를 갈음할 수 있다.

② 수납기관은 지불이 거절된 증권에 대하여는 지체 없이 그 지급이 거절된 금액에 상당하는 영수필액을 취소하여야 하며, 취소사실을 세입징수관에게 보고 또는 통지하여야 한다.

③ 세입징수관은 수납기관으로부터 영수필액 취소의 보고 또는 통지가 있을 때에는 지체 없이 수납필액을 취소하여야 하며, 수납필액을 취소하였을 때에는 납부자에 대하여 전에 발급한 것과 동일한 납기일의 납세고지서, 납입통지서 또는 납부서를 재발급하여 보내야 하나 납부기한이 경과한 경우에는 독촉장을 발급하여야 한다.

④ 납부자가 지급이 거절된 증권의 환급을 청구하고자 할 때에는 그 증권을 납부한 수납기관에 대하여 이를 청구하여야 하며, 수납기관은 환급의 청구가 있을 때에는 영수증서를 받고 증권을 환급하여야 한다.

⑤ 우편에 의하여 납부한 증권으로서 수령할 수 없는 것이거나 수령한 증권으로 위조·변조 또는 법령에 정한 기재요건을 갖추지 못한 것에 대하여는 위의 '①~④'를 준용하여 처리한다.

(3) 계좌이체 등에 수납방법

① 계좌이체방법은 전자적 장치를 이용한 자금을 이체
② 납부가능세목 주행분 자동차세 제외한 모든 지방자치단체 징수금과 부가되는 농어촌특별세이며, 가산세는 지자체 징수금에 포함되었기 때문에 삭제되었고
③ 수납대행기관은 「지방회계법 시행령」 제49조제1항 및 제2항에 따라 지방자치단체 금고업무의 일부를 대행하는 금융회사 등과 정보통신망을 이용하여 신용카드, 직불카드 등에 의한 결제를 수행하는 기관으로서 지방자치단체의 장의 승인을 받아 지방세수납대행기관으로 지정받은 자에게 수납할수 있다.

제24조의2 | 가족관계등록 전산정보자료 요청

① 행정안전부장관 또는 지방자치단체의 장은 다음 각 호의 업무를 처리하기 위하여 필요한 경우 법원행정처장에게 「가족관계의 등록 등에 관한 법률」 제11조 제4항에 따른 전산정보자료(이하 '전산정보자료'라 한다)의 제공을 요청할 수 있다. 이 경우 요청을 받은 법원행정처장은 특별한 사유가 없으면 이에 협조하여야 한다(법 §24의2 ① Ⅰ~Ⅳ).

1. 제8조에 따른 출국금지 요청
2. 제36조 제7호에 해당하는 자에 대한 질문·검사
3. 제47조에 따른 상속인에 대한 체납처분
4. 제71조 제1항·제2항 또는 제72조에 따른 압류재산의 매각
5. 「금융실명거래 및 비밀보장에 관한 법률」 제4조 제1항 제2호에 따른 재산조회 등을 위하여 필요로 하는 거래정보등의 제공

제4호 규정은 부부공유의 동산유가증권을 압류하여 공매하는 경우 체납자의 배우자에게 공매사실을 토지하여야 하고, 혼인관계 사실 확인 등을 위해서는 가족관계 전산정보자료를 확인이 필요함에 따라 행정안전부장관 및 지방자치단체의 장이 압류재산을 매각하기 위해 필요한 경우 가족관계등록 전산정보자료를 법원행정처장에게 요청할 수 있는 근거를 추가한 것이다.

② 행정안전부장관은 제1항에 따라 제공받은 전산정보자료를 대통령령으로 정하는 바에 따라 지방자치단체의 장에게 제공할 수 있다(법 §24의2 ②).

이 경우 행정안전부장관은 등록전산정보자료를 지방자치단체의 장에게 제공하는 경우 지방세통합정보통신망을 통해 제공해야 한다(영 § 30의2).

현행 지방세 체납징수 업무 활용을 위한 "가족관계등록 전산정보자료" 요구 근거는 목적 등이 다소 포괄적으로 규정되어 있어 「가족관계등록법」 제11조 제6항은 이 법이나 "그 밖의 법에서 규정"하는 사유가 아닌 경우 전산정보 제공이 불가하도록 규정하고 있어 지방자치단체는 지방세 징수업무 활용을 위해 소속 기관 내 가족관계등록부서(민원실, 읍·면·동 주민센터 등)에 종이문서 발급을 의뢰하여 활용되고 있어 상속인에 대한 체납처분 집행, 체납자 재산 은닉 혐의가 있는 친족대상 질문·검사 등 가족관계 확인이 필요한 업무 시마다 대량의 가족관계 정보를 종이문서 형태로 발급받아 활용함에 따른 업무 비효율 발생함에 따라 지방세 체납징수업무에 필요한 가족관계등록 전산정보 등 민감한 개인정보를 제공받기 위해 과세자료의 수집 목적, 제공 범위 등을 법률에 구체적으로 규정한 것이다.

제24조의3 │ 가족관계등록 전산정보자료의 공동이용

「한국자산관리공사 설립 등에 관한 법률」에 따른 한국자산관리공사 또는 지방세 조합은 제103조의2제1항 각 호의 업무를 대행하기 위하여 필요한 경우 「전자정부법」 제36조제1항에 따라 전산정보자료를 공동 이용(「개인정보 보호법」 제2조제2호에 따른 처리를 포함한다)할 수 있다.

이 규정은 공매 등 대행기관이 공매대행을 위해 필요한 경우 가족관계등록 전산정보자료를 행정정보 공동이용망을 통해 활용할 수 있도록 규정을 신설한 것이다.

제2절 징수유예

제25조 납기 시작 전의 징수유예

지방자치단체의 장은 납기가 시작되기 전에 납세자가 다음 각 호의 어느 하나에 해당하는 사유로 지방세를 납부할 수 없다고 인정할 때에는 대통령령으로 정하는 바에 따라 납세 고지를 유예(이하 "고지유예"라 한다.)하거나 결정한 세액을 분할하여 고지(이하 "분할고지"라 한다.)할 것을 결정할 수 있다(법 §25 Ⅰ~Ⅵ).

1. 풍수해, 벼락, 화재, 전쟁, 그 밖의 재해 또는 도난으로 재산에 심한 손실을 입은 경우
2. 사업에 현저한 손실을 입은 경우
3. 사업이 중대한 위기에 처한 경우
4. 납세자 또는 동거가족이 질병이나 중상해(重傷害)로 6개월 이상의 치료가 필요한 경우 또는 사망하여 상중(喪中)인 경우
5. 조세조약에 따라 외국의 권한 있는 당국과 상호합의절차가 진행 중인 경우. 이 경우 「국제조세조정에 관한 법률」 제24조 제2항·제4항 및 제6항에 따른 징수유예의 특례에 따른다.

이 경우 의 의 사유로 인한 징수유예등의 기간은 세액의 납부기한 다음 날 또는 상호합의절차의 개시일 중 나중에 도래하는 날부터 상호합의절차의 종료일까지로 한다(영 §31 ③).

6. 제1호부터 제4호까지의 경우에 준하는 사유가 있는 경우

(1) 징수유예 등의 기간과 분납 한도

위의 법 제25조1호부터 제4호까지 또는 제6호의 사유로 지방자치단체의 장이 법 제25조에 따른 고지유예, 분할고지 또는 법 제25조의2에 따른 징수유예(이하 "징수유예등"이라 한다)를 하는 경우 징수유예등의 기간은 그 징수유예등을 결정한 날의 다음 날부터 6개월 이내로 하고, 분할하여 납부할 수 있도록 할 경우 그 기간 중의 분납기한과 분납금액은 관할 지방자치단체의 장이 정하며, 이 규정에 따른 징수유예등의 기간이 만료될 때까지 징수유예등의 사유가 지속되는 경우에는 한 차례에 한정하여 6개월 이내의 기간을 정하여 다시 징수유예등을 결정할 수 있으며, 그 기간 중의 분납기한과 분납금액은 관할 지방자치단체의 장이 정한다(영 §31 ①②)

(2) 징수유예 등의 결정 및 유예기간의 특례

(가) 영 제31조에도 불구하고 다음 각 호의 어느 하나에 해당하는 자에 대해 법 제25조 제1호(풍수해·벼락·화재·전쟁, 그 밖의 재해 또는 도난으로 재산에 심한 손실을 입은 경우), 제2호(사업에 현저한 손실을 입은 경우), 제3호(사업이 중대한 위기에 처한 경우), 제4호(납세자 또는 동거 가족이 질병이나 중상해로 장기 치료를 받아야하는 경우) 또는 제6호(제1호부터 제4호까지의 경우에 준하는 사유가 있는 경우)의 사유로 징수유예 등을 결정하는 경우 그 징수유예 등의 기간은 징수유예 등을 결정한 날의 다음 날부터 1년 이내로 한다. 다만, 본문에 따라 징수유예 등을 결정한 후에도 해당 징수유예 등의 사유가 지속되는 경우에는 제3항에 따른 기간의 범위(최대 2년) 6개월마다 징수유예 등의 결정을 다시 할 수 있다(영 §31의 2 ① Ⅰ·Ⅱ).

① 다음 각 목의 어느 하나의 지역에 사업장이 소재한 「조세특례제한법 시행령」 제2조에 따른 중소기업
　가. 「고용정책 기본법」 제32조의2제2항에 따라 선포된 고용재난지역
　나. 「고용정책 기본법 시행령」 제29조제1항에 따라 지정·고시된 지역
　다. 「지역 산업위기 대응 및 지역경제 회복을 위한 특별법」 제10조제1항에 따라 지정된 산업위기대응특별지역

② 「재난 및 안전관리 기본법」 제60조 제2항에 따라 선포된 특별재난지역(선포일부터 2년으로 한정한다.)내에 피해를 입은 납세자

(나) 영 제31조의 2 제1항 각 호 외의 부분 본문에 따른 징수유예 등의 결정은 법 제25조 제1호부터 제4호까지 또는 제6호의 사유로 영 제31조에 따른 징수유예 등의 결정을 받고 그 징수유예 등의 기간 중에 있는 경우에는 할 수 있다(영 §31의 2 ②).

(다) 영 제31조의 2 제1항 각 호 외의 부분 단서(제2항에 따라 징수유예 등을 결정한 경우를 포함한다.)에 따라 징수유예 등을 결정할 수 있는 기간은 최대 2년으로 하되, 다음 각 호의 기간을 포함하여 산정한다(영 §31의 2 ③ Ⅰ Ⅱ).
　① 제1항 각 호 외의 부분 본문에 따라 징수유예등이 된 기간
　② 제31조 및 이 조 제2항에 따라 징수유예등이 된 기간

(라) 영 제31조의 2 제1항 또는 제2항에 따라 징수유예 등을 결정하는 경우 그 기간 중의 분납기간과 분납금액은 지방자치단체의 장이 정한다(영 §31의 2 ④).

제25조의 2 | 고지된 지방세 등의 징수유예

지방자치단체의 장은 납세자가 납세의 고지 또는 독촉을 받은 후에 제25조 각 호의 어느 하나에 해당하는 사유로 고지된 지방세 또는 체납액을 납부기한까지 납부할 수 없다고 인정할 때에는 대통령령으로 정하는 바에 따라 납부기한을 다시 정하여 징수를 유예(이하 "징수유예"라 한다.)할 수 있다. 다만 외국의 권한 있는 당국과 상호합의절차가 진행 중인 경우 징수유예는 「국제조세조정에 관한 법률」 제24조 제3항부터 제6항까지에서 정하는 징수유예의 특례에 따른다(법 §25의 2).

제25조의 3 | 징수유예 등의 신청 및 통지

① 납세자는 고지유예, 분할고지 또는 징수유예(이하 "징수유예등"이라 한다.)를 받으려는 때에는 대통령령으로 정하는 바에 따라 지방자치단체의 장에게 신청할 수 있다(법 §25의 3 ①).
② 제1항에 따라 징수유예등을 신청 받은 지방자치단체의 장은 고지 예정이거나 고지된 지방세의 납부기한, 체납된 지방세의 독촉기한 또는 최고기한(이하 이 조에서 "납부기한등"이라 한다.)의 만료일까지 해당 납세자에게 승인 여부를 통지하여야 한다(법 §25의 3 ②).
③ 납세자가 납부기한등의 만료일 10일 전까지 제1항에 따른 신청을 한 경우로서 지방자치단체의 장이 신청일부터 10일 이내에 승인 여부를 통지하지 아니하면 그 10일이 되는 날에 제1항에 따른 신청을 승인한 것으로 본다(법 §25의 3 ③).
④ 지방자치단체의 장은 징수유예 등을 하였을 때에는 즉시 납세자에게 그 사실을 통지하여야 한다(법 §25의 3 ④).

(1) 징수유예의 취지 및 법령 개정 내용

징수유예제도는 납세자가 재해 기타 사유로 재산에 현저한 손실을 입었거나 사업이 중대한 위기에 처한 사유 등으로 일시에 납세하기 곤란하다고 인정될 경우 그 징수를 완화하여 납세자금 조달을 위한 시간적인 여유를 주려는 데 그 목적이 있으며 납세자의 고의 또는 중대한 과실에 기인하지 않는 객관적인 사정으로 인하여 납부가 곤란한 경우 상당한 시간적 여유를 줌으로써 강제조치에 의하지 아니하고도 징수의 목적을 달성하고자 하는 것이다.

이는 채무자의 사정을 고려하면서 채권을 확보하기 위한 방법으로써 납세의 고지를 하여야 할 지방세와 납세의 고지 또는 독촉을 한 지방세로서 납기개시 전 또는 지정된 납부기한이 도래하기 전에 재해 또는 사업이 중대한 위기에 처하는 등 사유가 발생한 지방세가 징수유예 등의 대상이 되며, 징수유예 등의 방법은 고지 전의 지방세에 대하여는 고지를 유예하거나 분할하여 고지할 수 있으며, 납세의 고지를 한 지방세에 대하여는 별도로 기한을 정하여 징수를 유예하거나 분할하여 징수할 수 있고, 지방자치단체의 징수금에 대한 체납처분 등을 하기 전에 징수유예사유가 발생하는 경우에는 체납액의 징수유예를 하는 제도이다.

그러나 '납기 시작 전', '고지 또는 독촉을 받은 후'와 같이 시기에 따라 적용할 수 있는 징수유예의 종류가 상이함에도 구분 없이 '징수유예 등'으로 일괄하여 규정하여 시기별 적용 가능한 징수유예 종류에 대한 자치단체 및 납세자 혼란 발생하고 있고 '징수유예등'을 신청할 수 있는 시기 및 요건이 포괄적으로 시행령에 위임되어 법률에 명확화할 필요가 있어 2021년부터는 현행 '징수유예 등의 요건'조문을 '납기 시작 전의 징수유예(고지유예·분할고지)'와 '고지된 지방세 등의 징수유예'로 분리하여 시기별 적용 가능한 징수유예의 종류 명확화하였는데 그 주요개정사항은 지방자치단체 장이 징수유예 신청을 받은 경우 승인여부 통지절차를 신설(법 §25의 3 ②)하면서 미통지 시 신청일부터 10일이 되는날 승인한 것으로 간주(법 §25의 3 ③)하고 징수유예 의무불이행자에 대한 제재조치 신설(의무 불이행 시 해당 지방세 또는 지방세 체납액에 대해 재차 징수유예 금지)로 성실하게 징수유예 의무를 이행하는 납세자와 형평 제고(법 §29 ③)하였다.

(2) 징수유예 등의 종류

이 규정에 따른 징수유예 등의 결정은 다음 구분에 의한다.
징수유예 등에는 고지유예, 분할고지, 징수유예 및 체납액의 징수유예가 있다.

(가) 납기 시작 전의 징수유예

납부기간 개시 전에 법 제25조 제1항 각 호의 어느 하나에 해당하는 사유(이하 "징수유예 등의 사유"라 한다.)가 발생하여 납세의 고지를 유예하는 경우

고지유예라 함은 과세관청이 내부적으로 확정한 세액결정의 통지를 일정한 기간 유예하는 것이다. 이와 법률상 성질이 비슷한 것으로서 과세표준과 세액의 유예제도(법인세법 시행령 §95 ⑥ 참조)가 있는데 이는 과세관청이 내부적으로 과세표준 및 세액의 결정자체를 일정기간 유예한다는 점에서 다르다.

그리고 부과과세 방식의 지방세(예 : 재산세)의 조세채권은 과세기관이 내부적으로 그 과세표준과 세액을 결정한 후 납세고지서에 의하여 통지함으로써 확정되는 것인데, 납

세고지의 유예는 그 부과결정의 통지를 유예하는 것이고, 과세표준과 세액의 결정유예는 그 부과결정 자체를 유예하는 것이다.

또한 분할고지는 납세의 고지를 하기 전에 징수유예 등의 사유가 발생하여 결정된 세액을 분할하여 고지하는 경우분할고지는 납세고지를 할 때 결정한 세액을 분할하여 고지함으로써 세액을 그 징수유예 기간 내에서 분할하여 납부토록 하는 것이다.

이와 같은 세액의 분할고지는 세액을 분할하여 납부토록 한다는 점에서 연부연납 또는 분납과 그 법률상 성질이 같다고 할 수 있으나 이러한 분납 등은 개별세목(예 : 재산세)에서 규정하고 있는 것으로 납부세액이 일정한 금액을 초과하는 경우에 그 초과액에 대하여 납세자의 신청에 의해서 이를 허가하는 제도이다.

이러한 고지유예, 분할고지, 징수유예 등에 있어서 가산세의 문제가 제기될 수 있지만, 고지유예는 실질적으로 조세채권의 확정자체를 유예하는 것이므로 가산세의 문제가 일어날 여지가 없다고 할 것이다. 그러나 분할고지는 분할고지된 세액을 그 납부기한까지 납부하지 않는 경우에는 가산세가 적용된다고 할 것이다.

그리고 납부기한이 도래하기 전에 징수유예를 한 경우에는 그 징수유예 처분이 당초의 납부기한의 경과에 대한 정당한 사유를 제공한 것이므로 징수유예기간이 경과할 때까지는 가산세를 징수하지 않는다는 것이다.

(나) 고지된 지방세의 징수유예

고지한 지방세의 납부기한이 지나기 전에 징수유예 등의 사유가 발생하여 그 납부기한을 연장하는 경우와 납세자가 납세의 독촉을 받은 후에 징수유예 등의 사유가 발생하여 그 납부기한을 연장하는 경우에 적용되며 체납액의 징수유예는 확정된 조세채권을 고지받았으나 이를 납부기한까지 납부하지 아니하여 체납된 세액을 그 대상으로 하여 그 징수절차를 일정기간 정지하는 징수의 완화조치이다. 그러므로 고지유예나 분할고지는 납세의 이행청구를 유예하는 것임에 대하여 체납처분의 유예는 지방세의 강제징수절차인 체납처분으로서의 압류 또는 매각을 유예한다는 점에서 다르다.

| 재산세의 경우 징수유예 적용예시 |

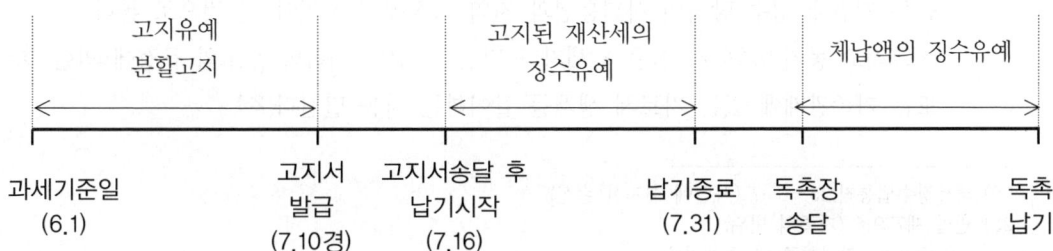

(3) 징수유예 등의 사유

(가) 풍수해, 벼락, 화재, 전쟁 그 밖의 재해 또는 도난으로 재산에 심한 손실을 입은 경우

이 경우 "재해"라 함은 지진에 의한 피해, 풍수해, 벼락, 한해, 냉해 기타 자연현상의 이변에 의한 재해와 화재, 화약류의 폭발, 광해(鑛害), 교통사고 기타 인위적 재해(납세자 자기의 의사에 의한 것은 제외한다.)를 포함한다.

그리고 징수유예 등을 하려면 재해 또는 도난 등으로 인하여 납세자의 재산에 심한 손실을 받은 때에 한하는데, 구체적으로 징수유예 등을 할 세액은 납세자가 받은 손실로 인하여 납부 할 수 없다고 인정되는 범위의 금액을 한도로 한다.

(나) 사업에 현저한 손실을 입은 경우

이 경우는 납세의무를 이행할 경우 납세의무자의 재산으로 납세가 가능하더라도 사업의 계속경영이 어렵다고 인정되는 때로 보아야 할 것이므로 "현저한 손실"이라 함은 납세자가 그 사업의 손실로 인하여 납세자금을 준비할 능력을 상실할 정도의 것을 말한다 할 것이다.

그러므로 그 손실에는 사업에 관하여 생긴 손실 이외의 사유로 인한 손실을 포함하지 아니한다.[22]

(다) 사업이 중대한 위기에 처한 경우

이 경우는 판매의 급격한 감소, 재고의 누적, 매출채권의 회수곤란, 노동쟁의로 인한 조업중단, 기타의 사정에 의한 자금경색으로 부도발생 또는 기업도산의 우려가 있는 경우를 말하는데 이는 사업이 폐지 또는 휴지된 경우가 이에 해당된다 할 것이다.

(라) 납세자 또는 동거가족이 질병이나 중상해로 장기치료를 받아야 하는 경우

이 경우는 납세자의 재산으로 지방세를 납부할 수 있다 하더라도 납세의무를 이행할 경우 최저수준의 생활에 위협을 받는 경우로 보아야 한다. 최저수준의 생활 여부의 판단은 지방세 징수 당시의 사회통념과 지역 실정에 의하여야 할 것으로 본다.

그리고 동거가족이라 함은 납세자와 민법 제779조(가족의 범위)의 규정에 의한 호주 또는 가족관계에 있는 자로서 생계를 같이하는 자를 말한다.[23]

---

[22] 국세징수법통칙 15-0…7 (사업에 현저한 손실)
[23] 민법 제779조 (가족의 범위)
① 배우자, 직계혈족 및 형제자매
② 직계혈족의 배우자, 배우자의 직계혈족 및 배우자의 형제자매, 이 경우는 생계를 같이하는 경우에 한한다.

(마) 조세조약에 따라 외국의 권한 있는 당국과 상호합의절차가 진행 중인 경우

이 경우 국제조세조정에 관한 법률 제24조 제2항부터 제6항까지의 규정에 따른 징수유예의 특례에 따른다.

이 규정의 사유로 인한 징수유예 등의 기간은 세액의 납부기한 다음 날 또는 상호합의 절차의 개시일 중 나중에 도래하는 날부터 상호합의절차의 종료일까지로 한다(영 §31 ④).

국제조세조정에 관한 법률(이하 "국제조세법"이라 한다.)에 의하면,

① 납세지 관할 지방자치단체의 장은 납부할 세액을 고지하기 전에 상호합의절차가 개시된 경우에는 상호합의절차의 종료일까지 세액의 고지를 유예하거나 결정한 세액을 분할하여 고지할 수 있으며, 이 경우 납세지 관할 지방자치단체의 장은 납부할 세액을 상호합의절차의 종료일의 다음 날부터 30일 이내에 고지하여야 한다 (국제조세법 §24 ②).

② 그리고 납세지 관할 자치단체의 장은 납세자가 납세의 고지 또는 독촉을 받은 후 상호합의절차가 개시된 경우에는 상호합의절차의 개시일부터 종료일까지는 세액의 징수를 유예하거나 체납처분에 의한 재산의 압류나 압류재산의 매각을 유예할 수 있는데, 이 경우 납세지 관할 지방자치단체의 장은 상호합의절차의 종료일의 다음 날부터 30일 이내에 납부기한을 다시 정하여 유예된 세액을 징수하여야 한다(국제조세법 §24 ③).

위의 ①의 경우는 상호합의절차의 신행을 이유로 확정되지 아니한 세액을 징수유예(납기개시전 징수유예)하는 경우임에 대하여, ②의 경우는 상호합의절차의 진행을 이유로 확정세액을 징수유예(체납액의 징수유예 등)하는 경우라는 점이 다르다.

③ 국제조세법 제24조 제2항 및 제3항의 규정은 체약상대국이 상호합의절차의 진행 중에 징수유예 및 체납처분유예를 허용하는 경우에 한하여 적용하며, 제2항 및 제3항의 규정을 적용받으려는 자는 대통령령이 정하는 바에 따라 납세지 관할 지방자치단체의 장에게 징수유예 또는 체납처분유예의 적용특례를 신청하여야 한다 (국제조세법 §24 ④·⑥).

④ 그런데 납세지 관할 지방자치단체의 장은 제3항의 규정에 의하여 징수유예 또는 체납처분유예를 허용하는 경우에는 그 기간에 대하여 대통령령이 정하는 바에 따라 계산한 이자상당액을 가산하여 징수한다(국제조세법 §24 ⑤).[24]

---

24) 이자상당가산액의 계산방법(국제조세법 시행령 §41)
  ■ 이자상당가산액 = 징수유예 또는 체납처분유예를 한 해당 국세 또는 지방세 금액(상호합의절차에 의한 조정

(바) 앞의 '(가)' 내지 '(라)'에 준하는 사유가 있는 경우

이 경우는 조세의 징수절차를 즉시 강행하는 경우 납세자에게 돌이킬 수 없는 손해를 가하여 그의 경제생활을 위태롭게 할 우려가 있는 모든 사유를 포괄하는 것으로 해석하며 이에 해당하는 사유로는 동거가족 이외의 자로 납세자의 친족, 기타 납세자와 특수관계 있는 자의 질병으로 그 납세자가 그 비용의 부담을 하지 아니하면 아니되는 때, 사업을 영위하지 아니하는 납세자의 소득이 현저히 감소하거나 전혀 없는 때, 납세자의 거래처 등인 채무자가 파산선고를 받거나 회사정리절차의 개시결정이 있거나 어음교환소에서 거래정지를 받은 경우, 사업의 부진 또는 실패로 인하여 휴·폐업을 한 사유가 발생함으로 인하여 그 채무자에 대한 매출채권 등의 회수가 곤란하게 된 경우 등을 들 수 있다.[25]

(4) 징수유예 등의 신청절차 및 통지

(가) 납세자가 법 제25조의3 제1항에 따라 징수유예등을 신청하려는 경우 고지예정이거나 고지된 지방세의 납부기한, 체납된 지방세의 독촉기한 또는 최고기한(이하 이 조에서 '납부기한 등'이라 한다)의 3일 전까지 ① 납세자의 성명과 주소 또는 영업소 ② 납부할 지방세의 과세연도·세목·세액 및 납부기한, ③ '②'의 세액 중 징수유예 등을 받으려는 세액, ④ 징수유예 등을 받으려는 이유와 기간, ⑤ 분할납부의 방법에 의하여 징수유예 등을 받으려는 경우에는 그 분할납부 세액 및 횟수 등을 적은 신청서(전자문서를 포함한다.)를 지방자치단체의 장에게 신청하여야 한다. 다만, 지방자치단체의 장이 납부기한등의 3일 전까지 신청서를 제출할 수 없다고 인정하는 납세자의 경우에는 납부기한등의 만료일까지 제출할 수 있다(영 §32 ①).

(나) 지방자치단체의 장은 징수유예 등의 사유가 있을 때에는 직권으로 징수유예 등을 할 수 있다(영 §32 ②).

(다) 지방자치단체의 장이 법 제25조의 3 제2항에 따라 징수유예 등을 승인하거나 같은 조 제4항에 따라 징수예등을 통지하는 경우에는 ① 징수유예 등을 한 지방세의 과세연도·세목·세액 및 납부기한, ② 분할납부의 방법으로 징수유예 등을 하였을 때에는 그 분할납부 금액 및 횟수, ③ 징수유예 등의 기간, ④ 그 밖의 필요한 사항을 적은 문서로 납세자에게 알려야 하고, 지방자치단체의 장이 징수유예 등을 하지 않기로 결정했을 경우에는 그 사유를 적은 문서로 납세자에게 알려야 한다(영 §33 ① Ⅰ~Ⅳ ②).

이 이루어진 경우에는 그 조정금액)×세액 납부기한의 다음 날 또는 상호합의 절차개시일 중 나중에 도래하는 날부터 상호합의 절차종료일까지의 날짜×「국세기본법 시행령」제27조의 4에 따른 세율
25) 국세징수법통칙 15-0…10 (징수유예를 할 수 있는 기타 사유)

(5) 징수유예 등의 효력발생시기

징수유예 등의 결정의 효력은 ① 납세자의 신청에 의하여 결정하는 경우에는 그 신청일, ② 직권으로 결정하는 경우에는 그 통지서의 발급일에 발생한다(영 §33 ③ Ⅰ·Ⅱ).

조세에 관한 행정처분은 대개의 경우 서류가 송달된 때로부터 그 처분의 효력이 발생하는 것이 원칙이나 징수유예 등의 경우에는 납세자의 보호를 위하여 특히 예외를 인정한 것이다. 따라서 징수유예 등을 신청하거나 직권으로 결정하여 통지서가 납세자 등에게 도달되기 전에 지방자치단체의 징수금을 징수하였거나, 독촉장을 발부한 경우와 체납처분을 한 경우 등의 처분이 징수유예 등의 효력발생일 이후에 취하여진 경우에는 이는 모두 무효인 행정처분이 되는 것이다.

그러므로 지방세법에 있어서 고지·통지 등의 효력은 도달주의를 취하고 있으나 징수유예 등의 경우에 한하여만 별도의 효력발생일을 정하고 있는 데 특히 유의하여야 한다.

(6) 징수유예 등의 기간과 분납한도

(가) 징수유예 등의 기간은 그 징수유예 등을 결정한 날의 다음 날부터 6개월 이내로 하고 그 기간 중의 분납기한과 분납금액은 관할 지방자치단체의 장이 정한다(영 §31 ①).

(나) 징수유예 등의 기한이 경과될 때까지 징수유예 등의 사유가 지속되는 경우에는 한 차례에 한정하여 6개월 이내의 기간을 정하여 다시 징수유예 등을 결정할 수 있으며, 그 기간 중의 분납기한과 분납금액은 관할 지방자치단체의 장이 정한다(영 §31 ②).

(다) 법 제25조 제5호의 사유(조세조약에 따라 외국의 권한 있는 당국과 상호합의 절차가 진행 중인 경우)로 인한 징수유예등의 기간은 세액의 납부기한 다음 날 또는 상호합의절차의 개시일 중 나중에 도래하는 날부터 상호합의절차의 종료일까지로 한다(영 §31 ③).

이 경우 유예기한의 시기는 원칙으로 신청서에 시기의 기재가 있는 때에는 그 일자로 하고, 기재가 없는 때에는 신청서를 제출한 날로 하여야 할 것이다. 그러므로 징수유예 등의 기한은 처음 징수유예 등을 한 것을 1회에 한하여 다시 징수유예 등을 할 수 있는 것이므로 6개월씩을 징수유예 등을 할 경우 최장 1년간은 징수유예 등이 가능하다는 결론이다.

(7) 징수유예 등의 결정 및 유예기간의 특례

(가) 영 제31조에도 불구하고 다음 각 호의 어느 하나에 해당하는 자에 대해 법 제25조 제1항 제1호(풍수해·벼락·화재·전쟁, 그 밖의 재해 또는 도난으로 재산에 심한 손실을 입은 경우), 제2호(사업에 현저한 손실을 입은 경우), 제3호(사업이 중대한 위기에 처한 경우), 제4호(납세자 또는 동거 가족이 질병이나 중상해로 장기 치료를 받아야하는 경우) 또는 제

6호(제1호부터 제4호까지의 경우에 준하는 사유가 있는 경우)의 사유로 징수유예 등을 결정하는 경우 그 징수유예 등의 기간은 징수유예 등을 결정한 날의 다음 날부터 1년 이내로 한다. 다만, 본문에 따라 징수유예 등을 결정한 후에도 해당 징수유예 등의 사유가 지속되는 경우에는 제3항에 따른 기간의 범위(최대 2년) 6개월마다 징수유예 등의 결정을 다시 할 수 있다(영 §31의 2 ① Ⅰ·Ⅱ).

① 고용정책기본법 제32조의 2 제2항에 따라 선포된 고용재난지역, 고용정책기본법 시행령 제2조 제1항에 따라 지정·고시된 지역, 국가균형발전특별법 제17조 제2항에 따라 지정된 산업위기대응특별지역 중 어느 하나의 지역에 소재한 조세특례제한법 시행령 제2조에 따른 중소기업

② 재난 및 안전관리기본법 제60조 제2항에 따라 선포된 특별재난지역(선포일부터 2년으로 한정한다.)내에 피해를 입은 납세자

(나) 영 제31조의 2 제1항 각 호 외의 부분 본문에 따른 징수유예 등의 결정은 법 제25조 제1호부터 제4호까지 또는 제6호의 사유로 영 제31조에 따른 징수유예 등의 결정을 받고 그 징수유예 등의 기간 중에 있는 경우에는 할 수 있다(영 §31의 2 ②).

(다) 영 제31조의 2 제1항 각 호 외의 부분 단서(제2항에 따라 징수유예 등을 결정한 경우를 포함한다.)에 따라 징수유예 등을 결정할 수 있는 기간은 최대 2년으로 하되, 제1항 각 호 외의 부분 본문에 따라 징수유예 등이 된 기간과 영 제31조 및 이조 제2항에 따라 징수유예 등이 된 기간을 포함하여 산정한다(영 §31의 2 ③ Ⅰ·Ⅱ).

(라) 영 제31조의 2 제1항 또는 제2항에 따라 징수유예 등을 결정하는 경우 그 기간 중의 분납기간과 분납금액은 지방자치단체의 장이 정한다(영 §31의 2 ④).

제26조 | 송달불능으로 인한 징수유예 등과 부과 철회

① 지방자치단체의 장은 주소 또는 영업소가 분명하지 아니한 경우 등 대통령령으로 정하는 사유로 납세고지서를 송달할 수 없을 때에는 대통령령으로 정하는 기간 동안 징수유예 등을 할 수 있다(법 §26 ①).

이 경우 "주소 또는 영업소가 분명하지 아니한 경우 등 대통령령으로 정하는 사유"란 다음 각 호의 어느 하나에 해당하는 경우를 말한다(영 §34 ①).

1. 납세자의 주소 또는 영업소가 분명하지 아니하여 등기우편에 의한 고지를 하여도 반송된 경우
2. 납세자의 주소 또는 영업소가 국외에 있어 고지할 수 없는 경우

3. 제1호 및 제2호에 준하는 사유가 있는 경우

그리고 "대통령령으로 정하는 기간"이란 징수유예등을 결정한 날부터 6개월 이내의 기간을 말한다(영 §34 ②).

② 지방자치단체의 장은 제1항에 따라 징수유예 등을 한 지방세의 징수를 확보할 수 없다고 인정할 때에는 부과결정을 철회할 수 있다(법 §26 ②).

③ 지방자치단체의 장은 제1항에 따라 징수유예 등을 하거나 제2항에 따라 부과결정을 철회한 후 납세자의 행방 또는 재산을 발견하였을 때에는 지체 없이 부과 또는 징수의 절차를 밟아야 한다(법 §26 ③).

(1) 본조의 취지

본래 징수유예 등은 납세자에게 귀책사유가 없는 풍수해, 화재, 질병 그 밖의 재해 등의 사유로 인하여 납부할 세금이 부족하여 조세채무를 이행할 수 없게 된 특별한 사유가 있을 경우에 납세의 이행청구절차의 진행을 일시적으로 정지하여 납세자에게 납부할 세금을 조달할 수 있는 시간적 여부를 주는 이행청구의 완화조치를 말한다.

그러나 본 조는 납세자의 납세자금 사정과는 관계없이 납세자에 대한 납세고지서를 송달할 수 없는 경우에 지방세의 징수확보 및 세무행정편의를 위한 징수유예조치의 규정이다.

납세고지서의 송달은 부과처분으로서의 부과결정을 통지하는 성격과 징수처분으로서의 이행청구의 성격을 함께 가지고 있다고 할 것이므로 송달불능으로 인한 징수유예는 조세채권의 확정자체를 유예하는 것, 즉 내부적으로 세액을 확정결정한 후 그 통지를 유예하는 제도라 할 것이다.

그러므로 송달불능으로 인한 징수유예 등은 그 통지절차가 없다는 점인데 상대방있는 행정처분은 그 효력요건으로서 통지하여야 그 효력이 생기는 것이므로 송달불능으로 인한 징수유예 등은 그 효력요건을 갖추지 못한 것으로 그 징수유예 등은 내부적으로만 존재할 뿐이고 외부적으로는 존재하지 않는다 할 것이다.

그래서 송달 불능으로 인한 징수유예 등은 그 징수유예기간 동안에도 당해 지방세의 소멸시효의 진행을 정지하는 효력이 없는 것으로 보아야 할 것이다.

결국 송달 불능으로 인한 징수유예 등은 그 통지절차가 없으므로 그 징수유예 등은 세무행정청의 내부적으로만 이루어지는 것이어서 그 효과가 외부적으로는 발생할 여지가 없을 뿐 아니라 이는 실질적으로 조세채권의 확정 자체를 유예하는 것이므로 확정세액의 이행 지체로 인하여 발생하는 가산세의 문제는 일어나지 아니한다.

(2) 징수유예 등과 부과철회의 요건

법 제26조 제1항에서 주소 또는 영업소가 분명하지 아니한 경우 등 "대통령령으로 정하는 사유"란 다음 각 호의 어느 하나에 해당하는 경우를 말한다(영 §34 ① Ⅰ~Ⅲ).
① 납세자의 주소 또는 영업소가 분명하지 아니하여 등기우편에 의한 고지를 하여도 반송된 경우
② 납세자의 주소 또는 영업소가 국외에 있어 고지 할 수 없는 경우
③ '①·②'에 준하는 사유가 있는 경우

그리고 징수유예 등을 한 지방세의 징수를 확보할 수 없다고 인정하면 그 부과의 결정을 철회할 수 있다.

(3) 유예기간

법 제26조 제1항에서 "대통령령으로 정하는 기간"이란 송달 불능으로 인한 징수유예 등의 기간은 징수유예 등을 결정한 날부터 6개월 이내로 하며, 부과철회에 있어서는 일정한 기간의 제한이 없다(영 §34 ②).

(4) 부과결정의 철회

지방자치단체의 장은 징수유예 등을 한 지방세의 징수를 확보할 수 없다고 인정하면 그 부과결정을 철회할 수 있다고 규정하고 있다.

이 부과결정의 철회제도는 송달불능으로 인한 징수유예를 한 경우에 그 유예기간이 지나도 그 징수의 확보가 결국 불능인 것으로 판단되는 때에 지방세의 징수사무 중 미해결 상태의 사건을 종결짓게 하는 세무행정의 편의를 위한 규정이다.

그리고 "철회"라 함은 아직 최후의 법률효과가 발생하지 아니한 의사표시를 그대로 종식시켜 장래 그 효과가 발생하지 않게 하거나, 일단 발생한 의사표시의 효력을 장래에 향하여 종식시키는 권한있는 자의 일방적 의사표시를 말한다. 철회는 취소와 비슷하나 취소는 일정한 원인에 따라서 의사표시의 효과를 소급적으로 소급시키는데 대하여, 철회는 장래에 향해서만 그 효과를 상실시킨다는 점에서 서로 다르다.

이 규정 중 "지방세의 징수를 확보할 수 없다고 인정하는 때"라 함은 당해 납세자로부터 지방세를 징수할 수 없을 뿐 아니라 제2차 납세의무자, 물적납세의무자 등도 발견되지 아니하여 지방세의 징수를 확보할 수 없다고 판단되는 때를 말하고, 납세고지의 송달불능으로 인한 부과철회의 경우에는 고지의 효력이 발생하지 아니하므로 조세채권에 대한 시효중단의 효력이 없다.[26]

---

26) 국세징수법통칙 16-0…2,3 (징수를 확보할 수 없다고 인정하는 때 등)

(5) 체납자 행방, 재산의 발견과 부과징수

지방자치단체의 장이 송달불능의 사유로 징수유예 등을 하거나 부과결정을 철회한 후 납세자의 행방 또는 재산을 발견하였을 때에는 지체 없이 부과 또는 징수의 절차를 밟아야 한다.

제27조 | 징수유예 등에 관한 담보

지방자치단체의 장은 징수유예등을 결정할 때에는 그 유예에 관계되는 금액에 상당하는 납세담보의 제공을 요구할 수 있다(법 §27).

(1) 본조의 취지

징수유예 등의 제도는 조세의 징수절차를 즉시 강행하는 경우에 납세자에게 많은 손해를 주어 그의 경제활동을 위태롭게 할 우려가 있는 경우에 납세자의 인간다운 생활을 보호하기 위하여 마련된 징수완화조치이므로, 이와 병행하여 조세징수를 확보하기 위하여 담보의 제공이 필요하다.

납세담보라 함은 조세의 징수확보를 위한 조세법상 납세의무자에게 담보제공의무가 지워진 경우에 납세의무자가 제공한 공법상의 담보로서 물적담보와 인적담보로 나누어지는데, 물적담보는 특정한 재산에 의한 담보이고 인적담보는 보증인의 보증에 의한 담보인데, 납세담보는 물적담보를 원칙으로 하고 그것이 불가능한 경우에 인적담보가 허용되는 것이다.

그리고 납세담보제도는(지방세기본법 제4장 제2절)과 지방세법 "담배소비세"편에서 별도로 설명한다(지방세법 §64 참조).

(2) 담보 제공 요구

지방자치단체의 장은 징수유예 등을 결정할 때에는 그 유예에 관계되는 금액에 상당한 담보의 제공을 요구할 수 있다.

현행 지방세법 규정상 납세담보를 요구하는 경우는 징수유예 등을 결정한 때와 담배소비세의 외국산담배 수입판매업자들에 대한 담보가 규정되어 있는데 담보로 제공할 수 있는 담보물의 종류는 다음 각 호에 해당하는 것에 한한다.

① 금전
② 국채 또는 지방채
   국채 또는 지방채를 공채라 하는데 이는 국가 또는 지방자치단체가 일시적으로 세입

의 부족을 메우기 위하여 금전을 차입하여 부담하는 채무를 말한다. 국가의 채무를 국채라 하고, 지방자치단체의 것을 지방채라 한다.

③ 지방자치단체의 장이 확실하다고 인정하는 유가증권
④ 납세보증보험증권
⑤ 지방자치단체의 장이 확실하다고 인정하는 보증인의 납세보증서

　이 경우에 해당하는 것으로는 은행법의 규정에 의한 금융기관, 신용보증기금법의 규정에 의한 신용보증기금, 보증채무를 이행할 수 있는 자력이 충분하다고 과세권자가 인정하는 자를 말한다.

⑥ 토지
⑦ 보험에 든 등기되거나 등록된 건물, 공장재단, 광업재단, 선박, 항공기 또는 건설기계

제28조　징수유예 등의 효과

① 지방자치단체의 장은 제25조의 2에 따라 징수유예를 한 경우에는 그 징수유예기간이 끝날 때까지 「지방세기본법」 제55조 제1항 제3호에 따른 납부지연가산세를 징수하지 아니한다(법 §28 ①).

② 지방자치단체의 장은 제25조의 2에 따라 징수유예를 한 경우에는 그 징수유예기간이 끝날 때까지 「지방세기본법」 제55조 제1항 제4호에 따른 납부지연가산세 및 같은 법 제56조 제1항 제2호·제3호에 따른 특별징수 납부지연가산세를 징수하지 아니한다(법 §28 ②).

③ 지방자치단체의 장은 제25조의 2에 따라 징수유예를 한 기간 중에는 그 유예한 지방세 또는 체납액에 대하여 체납처분(교부청구는 제외한다.)을 할 수 없다(법 §28 ③).

④ 채무자 회생 및 파산에 관한 법률 제140조에 따라 징수가 유예되었을 경우 그 유예기간은 「지방세기본법」 제55조 제1항 제3호·제4호에 따른 납부지연가산세 및 같은 법 제56조 제1항 제2호·제3호에 따른 특별징수 납부지연가산세 계산기간에 산입하지 아니한다(법 §28 ④).

⑤ 외국의 권한 있는 당국과의 상호합의절차가 진행 중이라는 이유로 지방세 또는 체납액의 징수를 유예한 경우에는 제1항 및 제2항의 규정을 적용하지 아니하고 「국제조세조정에 관한 법률」 제24조 제5항을 적용한다(법 §28 ⑤).

(1) 가산세의 징수 금지

지방자치단체의 장은 고지된 지방세의 납부기한이 도래하기 전에 지방세의 징수를 유예한 경우에는 납세자는 그 징수유예 기간 동안 당해 납세의무의 이행지체에 따른 가산세 등은 면책되는 것이므로 그 유예기간이 경과할 때까지 「지방세기본법」 제55조 제1항 제3호·제4호에 따른 납부지연가산세 및 같은 법 제56조 제1항 제2호·제3호에 따른 특별징수 납부지연가산세를 징수하지 아니한다.

납부기한이 경과하기 전에 징수유예를 하게 되면 이로 인하여 납부기한을 넘긴데 대한 정당한 사유가 있다고 할 것이므로 이는 실질적으로는 그 유예기간 만큼 납부기한이 연장된 것과 같은 효과를 가지는 것이다.

(2) 독촉 또는 체납처분의 금지

이 경우 징수유예 등의 기간 중에도 교부청구는 할 수 있다고 했는데 그것은 징수유예 등의 본질적 효과가 납세자에 대해서 적극적으로 독촉 또는 체납처분을 하는 것을 제한하는 것에 있기 때문이다. 그리고 납기가 경과한 후에 독촉을 하지 않은 상태에서 징수유예 등을 하는 경우와 독촉을 한 후에 징수유예 등을 하는 경우가 있을 수 있는데, 만약 독촉절차를 거친 경우에는 징수유예 등의 기간 내에 납부하지 아니하고 그 징수유예 등의 기간이 경과한 때에는 다시 독촉을 하지 아니하여도 체납처분을 할 수 있다. 그러나 독촉절차를 거치지 않은 상태에서 징수유예 등이 된 경우에는 징수유예 등이 시효의 정지효과가 있는 것이므로 납기경과 후 징수유예 등의 조치가 있은 때까지의 기간을 포함하여 독촉장을 발부한 후에라야 체납처분이 가능하게 된다.

그리고 징수유예기간 중에는 지방세의 이행청구를 할 수 없는 것이므로 그 유예기간 중에 지방세환급의 결정이 있는 경우에는 그 환급금을 징수유예한 세액에 충당하지 못한다. 그러나 징수유예의 취소사유에 해당되어 취소가 되는 때에 한하여 지방세환급금을 징수유예한 세액에 충당할 수 있다.[27]

(3) 회사정리법상 징수유예와 가산세의 징수

「채무자 회생 및 파산에 관한 법률」 제140조에 따라 징수가 유예되었을 경우 그 유예기간은 「지방세기본법」 제55조 제1항 제3호·제4호에 따른 납부지연가산세 및 같은 법 제56조 제1항 제2호·제3호에 따른 특별징수 납부지연가산세의 계산기간에 산입하지 아니한다.

여기에서 채무자 회생 및 파산에 관한 법률 제140조의 규정을 살펴보면 회생계획에서 국세징수법 또는 지방세기본법에 의하여 징수할 수 있는 청구권(지방세 징수의 예에 의하여

---

[27] 국세징수법통칙 19-0…2 (유예기간중의 환급금의 충당)

징수 할 수 있는 청구권으로서 그 징수우선순위가 일반 회생채권보다 우선하는 것을 포함한다.)에 관하여 3년 이하의 기간 동안 징수를 유예하거나 체납처분에 의한 재산의 환가를 유예하는 내용을 정하는 때에는 징수의 권한을 가진 자의 의견을 들어야 하며, 3년을 초과하는 기간 동안 징수를 유예하거나 체납처분에 의한 재산의 환가를 유예하는 내용을 정하거나 채무의 승계, 조세의 감면 또는 그 밖에 권리에 영향을 미치는 내용을 정하는 때에는 징수의 권한을 가진 자의 동의를 받아야 하며, 징수를 유예하거나 체납처분에 의한 재산의 환가를 유예하는 기간 중에는 시효는 진행하지 아니한다.

▎사례 ▎

❖ 조세의 납부기한이 연장되고 그 연장된 기한이 정리절차 개시 당시 도래하지 아니한 경우, 그 조세채권은 공익채권이라고 한 사례

구 회사정리법(2005.3.31. 법률 제7428호 채무자 회생 및 파산에 관한 법률 부칙 제2조로 폐지) 제102조는 '정리절차개시 전의 원인에 기하여 생긴 재산상의 청구권'을 정리채권으로 규정하고 있으나, 같은 법 제208조 제9호에 의하면, 정리채권 중 원천징수하는 조세·부가가치세·특별소비세·주세·교통세 및 본세의 부과·징수의 예에 따라 부과·징수하는 교육세·농어촌특별세와 특별징수의무자가 징수하여 납부하여야 할 지방세로서 정리절차개시 당시 아직 납부기한이 경과하거나 도래하지 아니한 것은 공익채권에 해당하는 바, 위 조세의 납부기한이 구 국세기본법(2002.12.18. 법률 제6782호로 개정되기 전의 것) 제6조에 의하여 연장되고 그 연장된 기한이 정리절차 개시 당시 도래하지 아니한 경우에는 정리절차 개시 당시 그 납부기한이 경과하지 아니한 것에 해당하므로 역시 위 조세채권은 공익채권에 해당한다.

(대법 2005다32418, 2009.2.26.)

(4) 상호합의절차 진행 중의 징수유예와 가산세 특례

외국의 권한있는 당국과의 상호합의절차가 진행 중이라는 이유로 지방세의 징수를 유예한 경우에는 제1항을 적용하지 아니하고 국제조세조정에 관한 법률 제24조 제5항에 따른 「지방세기본법」 제55조 제1항 제3호·제4호에 따른 납부지연가산세 및 같은 법 제56조 제1항 제2호·제3호에 따른 특별징수 납부지연가산세에 대한 특례를 적용한다.

이 규정에 의하면 납세지 관할 지방자치단체의 장은 납세자가 납세의 고지 또는 독촉을 받은 후 상호합의절차가 시작된 경우에는 상호합의절차의 개시일부터 종료일까지는 세액의 징수를 유예하거나 체납처분에 의한 재산의 압류나 압류재산의 매각을 유예할 수 있다. 이 경우 납세지 관할 지방자치단체의 장은 상호합의절차의 종료일의 다음 날부터 30일 이내에 납부기한을 다시 정하여 유예된 세액을 징수하여야 한다. 이렇게 징수유예 또는 체납세액유예를 허용하는 경우에는 그 기간(상호합의절차 개시일부터 종료일까지)에 대하여 일정한 이자상당액을 가산하여 징수하도록 되어 있다.

제29조 | 징수유예 등의 취소

① 지방자치단체의 장은 징수유예등을 받은 자가 다음 각 호의 어느 하나에 해당하게 되었을 때에는 그 징수유예등을 취소하고 그 징수유예등에 관계되는 지방세 또는 체납액을 한꺼번에 징수할 수 있다(법 §29 ① Ⅰ~Ⅳ).
1. 지방세와 체납액을 지정된 기한까지 납부하지 아니하였을 때
2. 담보의 변경이나 그 밖에 담보 보전에 필요한 지방자치단체의 장의 명령에 따르지 아니하였을 때
3. 징수유예 등을 받은 자의 재산상황, 그 밖에 사업의 변화로 인하여 유예할 필요가 없다고 인정될 때
4. 제22조 제1항 각 호의 어느 하나에 해당되어 그 유예한 기간까지 유예에 관계되는 지방자치단체의 징수금 또는 체납액의 전액(全額)을 징수할 수 없다고 인정될 때

② 지방자치단체의 장은 제1항에 따라 징수유예 등을 취소하였을 때에는 납세자에게 그 사실을 통지하여야 한다(법 §29 ②).

이 경우 징수유예 등의 취소통지는 취소 연월일, 취소의 이유를 적은 문서로 하여야 한다(영 §35 Ⅰ·Ⅱ).

③ 지방자치단체의 장은 제1항 제1호, 제2호 또는 제4호에 따라 징수유예를 취소한 경우에는 그 지방세 또는 체납액에 대하여 다시 징수유예를 할 수 없다(법 §29 ③).

(1) 적용범위

징수유예 등의 처분은 풍수해, 화재, 그 밖의 재해 또는 도난으로 재산에 심한 손실을 입었거나 사업이 중대한 위기에 처한 경우 등에 적용하는 것이므로(법 제80조의 규정에 의한 사유), 송달불능에 의한 징수유예의 경우(법 제81조의 규정에 의한 사유)에는 이 규정이 적용되지 아니한다.

이러한 징수유예의 취소는 그 효력이 계속되는 유예기간 중에 그 취소사유가 발생한 경우에 장래에 향하여 그 효력을 상실시키는 것이고, 징수유예기간이 경과된 때에는 당해 유예금액에 대하여 징수유예의 효력은 소멸되는 것이므로 체납액 등의 징수유예의 경우에는 취소의 절차를 밟을 필요없이 바로 독촉 또는 체납처분을 할 수 있다.[28]

(2) 취소의 사유

징수유예 등의 취소사유는 다음과 같다.

---
28) 국세징수법통칙 20-0…5 (유예기간의 경과)

그런데 징수유예 등의 취소는 아무런 하자가 없는 처분을 그 효력을 더 이상 존속시킬 수 없는 새로운 사정(징수유예 등의 취소사유)이 발생하였기 때문에 장래에 향하여 그 효력을 상실시키기 위하여 행하는 별개의 행정처분으로서 납세자에 대한 이익처분을 취소하는 것이므로 처분청의 취소는 조세법률주의의 원칙상 기속적 재량행위이므로 그 취소사유는 엄격하게 해석해야 할 것이다.

(가) 지방세와 체납액을 지정된 기한까지 납부하지 아니할 때

이 경우 "지정된 기한"이라 함은 분할납부하는 경우의 각 분납기간을 말하며, 체납액의 징수유예의 경우에는 과세관청이 납부기한을 다시 정하여 유예하도록 되어 있기 때문에 다시 정한 납부기한을 도과한 경우에는 당해 징수유예를 취소할 여지가 없으므로 이 규정이 적용되지 않는다고 본다.

(나) 담보의 변경요구, 그 밖에 담보를 확보하기 위한 지방자치단체의 장의 명령에 따르지 아니한 때

여기에서 "담보의 변경, 그 밖에 담보를 확보하기 위한 지방자치단체의 장의 명령"이라 함은 지방자치단체의 장이 납세담보물의 가액 또는 보증인의 지급능력의 감소, 그 밖의 사유로 그 납세담보로써 지방자치단체의 징수금(체납처분비 포함)의 납부를 담보할 수 없다고 인정하여 담보를 제공한 자에게 담보물의 추가제공 또는 보증인의 변경을 요구하는 것을 말한다.

(다) 징수유예 등을 받은 자의 재산상황, 그 밖에 사업의 변화로 인하여 유예할 필요가 없다고 인정될 때

이 경우는 징수유예 등의 조치를 받은 자가 그 징수유예 등의 기한 내에 유예금액을 징수할 가망이 전혀 없을 정도로 자력을 상실하거나, 사업상태가 호전되어 납부 또는 납입이 가능할 정도로 자력이 증가함으로써 징수유예 등을 계속하는 것이 부적당하다고 인정되는 경우 등을 말한다.

(라) 제22조 제1항 각 호의 어느 하나에 해당되어 그 유예한 기한까지 유예에 관계되는 지방자치단체의 징수금 또는 체납액의 전액을 징수할 수 없다고 인정될 때

이 규정은 납세자가 다음의 각 납기 전 징수의 사유에 해당되어 그 유예한 기한까지 관계되는 지방세 또는 체납액의 전부를 징수할 수 없다고 인정되는 때에는 지방자치단체의 장은 징수유예를 취소할 수 있다.

① 국세, 지방세, 그 밖의 공과금에 대하여 체납처분을 받을 때

② 강제집행을 받을 때
③ 경매가 시작되었을 때
④ 법인이 해산하였을 때
⑤ 지방자치단체의 징수금을 포탈하려는 행위가 있다고 인정될 때
⑥ 어음법 및 수표법에 따른 어음교환소에서 거래정지처분을 받은 때
⑦ 납세자가 납세관리인을 정하지 아니하고 국내에 주소 또는 거소를 두지 아니하게 되었을 때

그런데 송달 불능에 의한 징수유예 등은 세무행정청의 내부적으로만 존재하고 납세자에게 이를 통지하는 것이 아니므로 이 경우에는 취소의 문제는 일어나지 아니하므로 이 조항의 적용을 받지 아니한다.

징수유예 등의 취소는 그 효력이 존속하는 징수유예 등의 기간 중에 그 취소사유가 발생한 경우에 장래에 향하여 그 효력을 상실시키는 것이고, 징수유예 등의 기간이 경과된 때에는 당해 유예금액에 대하여 징수유예 등의 효력은 소멸되는 것이므로 취소의 절차를 밟을 필요 없이 체납액 등의 징수유예 등의 경우에는 바로 독촉 또는 체납처분을 할 수 있는 것이다.

(3) 취소의 절차

지방자치단체의 장은 징수유예 등을 받은 자에게 취소의 사유가 있음을 확인한 때에는 별다른 절차 없이 즉시 이를 취소할 수 있다. 그리고 지방자치단체의 장이 징수유예 등을 취소하였을 때에는 취소 연월일과 그 이유를 기재한 문서로 납세자에게 그 사실을 알려야 한다.

(4) 취소의 효과

징수유예 등의 취소는 장래에 향하여 그 유예처분을 취소하는 것이므로 그 취소의 효과는 그 징수유예 등의 개시시기까지 소급하는 것은 아니다. 따라서 징수유예가 취소되는 경우에도 그 징수유예의 시기로부터 취소 시까지의 기간에 대응하는 이자액이나 가산세는 부과징수 할 수 없다고 보겠다.

> **사례**
>
> ❖ **납세보증인이 징수유예 담보로 제공한 부동산을 매각한 경우 징수유예 취소사유에 해당하는지 여부**
>
> 행정청이 징수유예를 취소하기 위하여는 구 지방세기본법 제84조 제1항에서 정한 바와 같이 그 취소사유가 '징수유예를 받은 자'에게 발생하여야 한다.
>
> 그런데 '징수유예를 받은 자'는 이○하가 아닌 '원고'라 할 것이고, 달리 이○하의 이 사건 매각행위를 원고의 재산에 대한 매각행위로 보거나, 원고의 재산상황, 그 밖에 사업의 변화로 볼 아무런 증거가 없다. 그리고 이○철 등에게 ○○시 ○○면 ○○리 산57 외 16필지를 명의신탁한 사실을 인정할 수 있는바, 사정이 이러하다면, 원고가 자신의 과점주주인 이○하의 이 사건 매각행위를 감추고 이 사건 징수유예를 신청하였던 사정만으로는 이 사건 징수유예 신청 자체가 이 사건 징수금을 포탈하는 행위에 해당한다거나 이 사건 징수유예 결정으로 인하여 이 사건 징수금 전액을 징수할 수 없게 되었다고 인정하기에 부족하고, 달리 그러한 사정을 인정할 증거도 없으므로, 피고의 위 주장 역시 이유 없다.
>
> (대법 2016두36482, 2016.7.14.)

제3절 독촉

독촉은 납세고지와 마찬가지로 납세의 최고로서 행하는 것이나 민법에서 말하는 단순한 최고(민법 §174)에 그치는 것이 아니라, 더 나아가 체납처분 즉 압류처분을 할 수 있는 전제조건의 역할을 하는 행정처분으로서 독자적인 시효중단 사유가 된다.

그리고 법 제30조에 따른 가산금 및 법 제31조제1항에 따른 중가산금 제도는 삭제되었으나 해당 세목의 가산금과 중가산금 해당 세입으로 한다(영 § 36).

제30조 가산금

※ 이 조는 2020.12.29. 개정시 삭제되었으나 개정법률 부칙에 의해 2022.2.2.까지는 시행

제32조 독촉과 최고

① 지방자치단체의 장은 납세자(제2차 납세의무자는 제외한다.)가 지방세를 납부기한까지 완납하지 아니하면 납부기한이 지난 날부터 50일 이내에 독촉장을 문서로 고지하여야 한다. 다만, 제22조(납기 전 징수)에 따라 지방세를 징수하는 경우에는 그러하지 아니하다(법 §32 ①).

이 경우 독촉장에는 납부할 지방세의 과세연도·세목·세액·가산세·납부기한과 납부장소를 적어야 한다(영 §37).

그리고 독촉장은 한 차례만 발부하며 각 납세고지서 별로 발부하여야 한다.

② 지방자치단체의 장은 제2차 납세의무자가 체납액을 그 납부기한까지 완납하지 아니하면 제22조(납기 전 징수) 제1항에 따라 징수할 경우를 제외하고는 납부기한이 지난 후 10일 이내에 납부최고서를 발급하여야 한다(법 §32 ②).

이 경우 제2차 납세의무자에 대한 납부최고(納付催告)는 납세자의 성명과 주소 또는 영업소, 제2차 납세의무자로부터 징수하려는 지방세의 과세연도·세목·세액·가산세·납부기한과 납부장소를 적은 문서로 하여야 한다(영 §38 Ⅰ·Ⅱ).

③ 독촉장 또는 납부최고서를 발급할 때에는 납부기한을 발급일부터 20일 이내로 한다(법

§32 ③).

지방자치단체의 장은 이 규정에 따른 독촉장 또는 납부최고서에 기재된 납부기한까지 지방세가 완납되지 아니한 경우로서 납세자의 지방세 납부를 위하여 필요하다고 인정하는 때에는 별지 서식의 체납액고지서를 발부할 수 있다(규칙 §22).

(1) 독촉(납부최고)의 의의

"독촉"이라 함은 부과된 지방세를 납부기한까지 완납하지 아니한 때에 체납된 세액의 납부를 촉구하는 것을 말한다. 이 조에서 본래의 납세의무자에 대한 것은 독촉이라는 용어를 사용하고, 제2차 납세의무자에 대한 것은 납부최고라는 용어를 사용하고 있다.

이러한 독촉(납부최고)은 징수처분으로서의 납부고지와 마찬가지로 지방세의 납부의무의 이행을 촉구하는 것이긴 하지만, 독촉(납부최고)은 체납처분 즉, 압류처분의 전제조건(효력요건)이 되는 행정처분으로서 독자적인 시효의 중단사유가 되는 것을 말한다. 이는 납세의무자 등에 대하여 다시 납부기한을 정하여 임의 납부의 기회를 부여함에도 불구하고 완납을 하지 않을 때에는 더 이상 유예를 해줄 수 없으므로 강제처분에 의하게 된다는 점을 고지 내지 최고하는 것이다.

(2) 독촉장(또는 납부최고서) 발부시기와 납부기한

① 독촉장 또는 납부최고서는 지방세의 납부기한이 지난 날부터 20일 이내에 발급하여야 하는데 이는 독촉장·납부최고서 발급 후 도달하기 까지 통상적인 우편송달 기일 등을 감안하여 실제 납부 가능 기간을 보장하기 위한 것이다.

그런데 납부기한으로부터 20일이 경과한 후에 발부한 독촉장도 그 효력에는 영향이 없으며, 독촉장에서 납부기한을 발부일부터 20일 후로 지정하더라도 그 독촉의 효력에는 영향이 없다.[29]

② 독촉장 또는 납부최고서의 발급기간에 대해 제한적으로 규정한 취지로 볼 때 독촉장 또는 납부최고서는 이를 재발급할 수 없는 것으로 해석되므로 재발급된 독촉장이나 납부최고서는 세법의 규정에 의한 시효중단의 효력이 없는 것이다.

③ 독촉장 또는 납부최고서를 발급하는 때에는 납부기한을 발급일부터 20일 이내로 한다. 독촉장 등에서 지정한 납부기한까지 체납된 지방세를 완납하지 않으면 체납처분을 개시하게 된다.

그리고 지방자치단체의 장은 이 규정에 따른 독촉장 또는 납부최고서에 기재된 납부

---

29) 지방세기본법 통칙 23-0…4(발부기한 등)

기한까지 지방세 완납되지 아니한 경우로서 납세자의 지방세 납부를 위하여 필요하다고 인정할 때에는 별지 서식의 체납세액고지서를 발부할 수 있다.

(3) 독촉의 효력

① 독촉은 납세의 청구로서 행하는 것이므로 이행이 지체되고 있는 조세채무를 최고하는 효력을 가지므로 독촉은 조세채권의 소멸시효 중단의 효과를 가진다. 또한 독촉을 하면 독촉장에서 지정한 납기한까지 시효의 진행이 되지 아니한다. 이 경우 독촉의 효력은 독촉장이 납세의무자에게 도달한 때에 생기는 것이므로 위와 같은 시효중단의 효력도 그 때에 발생한다.

② 독촉은 체납처분의 전제조건으로서의 효과를 가진다. 즉 세법에 달리 규정하고 있는 것을 제외하고는 납세의무자가 독촉장을 받고 지정된 기한까지 지방세를 완납하지 않을 때에는 재산을 압류한다. 이와 같이 독촉은 체납처분의 전제요건으로 규정되어 있으므로 독촉이 있으면 곧 체납처분이 개시된다는 것을 납세의무자에게 예고하는 결과가 되므로 그런 의미에서 독촉은 체납처분 개시의 예고로서의 효과를 갖는다고 본다. 여기에서 세법에서 달리 규정하고 있는 것은 제외한다는 것은 지방세징수법 제22조의 규정에 의한 납기 전 징수의 절차를 밟는 경우와 자동차세는 독촉절차 없이도 체납처분이 가능하다고 한 것 등을 의미한다.

③ 독촉은 일종의 징수처분으로서 그 자체가 독립된 행정처분이므로 유효하게 이루어진 독촉에는 행정처분이 일반적으로 가지는 효력인 구속력(기속력), 공정력, 형식적 확정력, 실질적 확정력 및 자력집행력 등의 효력이 있으므로 유효하게 성립된 독촉에 경미한 하자가 있더라도 재결 또는 판결 등에 의해 취소될 때까지는 적법성의 추정을 받게 된다.

제32조의 2 　실태조사

① 지방자치단체의 장은 제32조에 따라 독촉과 최고를 하였음에도 납부기한까지 납부하지 아니한 납세자에 대한 현황을 파악하기 위하여 대통령령으로 정하는 바에 따라 조사(이하 이 조에서 "실태조사"라 한다)를 실시할 수 있다(법 §32의2 ①).
② 지방자치단체의 장은 실태조사 결과에 대한 관리를 위하여 제1항에 따른 납세자 관리대장(이하 "관리대장"이라 한다)을 비치하고 필요한 사항을 기재하여야 한다. 이 경우 해당 사항을 전산처리하는 경우에는 관리대장을 갖춘 것으로 본다(법 §32의2 ②)..

③ 지방자치단체의 장은 국가기관, 지방자치단체가 「사회보장기본법」에서 규정한 사회보장정책을 원활하게 수립·추진하기 위하여 관리대장을 요청하는 경우 그 목적에 맞게 관리대장을 제공할 수 있다(법 §32의2③).

④ 실태조사의 대상·시기·방법, 관리대장의 관리 및 제3항에 따라 제공하는 관리대장의 범위·내용·종류·방법 등에 관한 사항은 대통령령으로 정한다(법 §32의2④).

이 경우 지방자치단체의 장은 법 제32조의 2에 따라 독촉과 최고를 하였음에도 납부기한까지 납부하지 아니한 납세자에 대한 현황을 파악하기 위한 경우로서 다음 각 호의 어느 하나에 해당하는 경우에는 법 제32조의2에 따른 실태조사(이하 "실태조사"라 한다)를 실시할 수 있다(영 §38의2 ① Ⅰ~Ⅳ).

1. 법 제33조에 따른 압류, 법 제39조에 따른 사해행위의 취소 및 원상회복 청구, 법 제40조부터 제42조까지의 규정에 따른 압류금지 재산 등의 확인 및 법 제64조에 따른 압류의 해제를 위하여 필요한 경우
2. 법 제71조부터 제96조까지의 규정에 따른 압류재산 매각 절차를 위하여 필요한 경우
3. 법 제105조에 따른 체납처분의 유예 및 법 제106조에 따른 정리보류와 그 사후관리를 위하여 필요한 경우
4. 그 밖에 체납액 징수를 위하여 지방자치단체의 장이 필요하다고 인정하는 경우

지방자치단체의 장은 제1항에 따른 실태조사를 실시할 경우 매년 체납자 실태조사 계획을 수립하여 하며(영 §38의2 ②). 실태조사를 위하여 필요한 경우 지방세정보통신망을 통하여 체납자 현황을 확인할 수 있으며(영 §38의2 ③)실태조사는 서면조사, 전화조사, 현장조사 방법으로 실시한다(영 §38의2 ④ Ⅰ~Ⅲ).

그리고 관리대장의 관리 및 자료 제공을 위해 납세자 관리대장(이하 "관리대장"이라 한다)에는 납세자의 인적사항, 납세자의 체납현황, 체납처분 및 행정제재 내역, 생활실태 및 재산조사 현황, 체납사유 및 징수대책 사항이 포함되어야 한다(영 §38의3 ① Ⅰ~Ⅳ)..

지방자치단체의 장은 실태조사 결과를 지방세통합정보통신망을 활용하여 전자적 형태로 관리할 수 있다.(영 §38의3 ②).

지방자치단체의 장은 법제32조의2 제3항에 따라 「사회보장기본법」에 규정한 사회보장정책을 수립·추진하기 위해 관리대장의 정보를 요청받은 경우, 생계유지 곤란의 사유로 정리보류 된 체납자의 인적사항을 지방세통합정보통신망과 연계된 정보통신망을 통해 제공할 수 있다(영 §38의3 ③).

CHAPTER 03 체납처분

제2편 지방세징수법

제1절 체납처분의 절차

　체납처분(강제징수)이라 함은 체납자(납세자가 확정된 조세채무를 납부기한까지 완납하지 아니할 때 이를 체납이라 한다.)에 대하여 독촉 또는 최고를 하였음에도 그 독촉 또는 최고기한까지 해당 지방자치단체의 징수금을 납부하지 않을 경우에 그 체납자의 재산을 압류 또는 교부청구 등을 하고 공매처분에 의하여 환가하며 환가된 금액을 체납된 지방자치단체징수금에 충당하고 잔여금액을 각 채권자와 소유자에게 배당하는 일련의 강제징수절차를 말한다.

　이러한 체납처분은 다시 체납처분과 교부청구 및 참가압류로 나누어지는데 이 장에서 규정한 체납처분은 과세관청이 납세자의 재산을 압류하고 이를 환가하여 그 환가대금으로 체납된 조세에 충당함으로써 그 조세채권의 목적을 달성하는 일련의 행정절차로서 재산압류, 압류재산의 매각, 매각대금의 충당 및 청산의 단계로 처리되는 행정처분을 말하며, 교부청구 및 참가압류는 이미 다른 집행기관이 강제환가절차를 개시 또는 압류한 경우에 그 집행기관에 대하여 매각대금의 교부를 청구하거나 그 압류에 참가하여 조세채권을 실현하는 절차를 말하는데, 지방세기본법의 규정에는 설치되어 있지 않은 것에 대하여는 국세징수법의 규정을 준용하여 운영하여야 할 것이다.

　그런데, 체납처분은 지방세 채권자 자신이 지방세 채무를 이행시키기 위한 강제절차로서 행하는 행정처분으로 사법상의 채권에 대한 그 채무불이행의 경우에 채권자의 자력구제금지의 원칙에 의해 사법기관에 의하여 이행이 강제되는 것과는 그 성질을 달리한다. 즉 지방세 채권에 대한 능률적인 확보를 도모하기 위해 법률이 정하는 바에 따라 채권자인 지방자치단체가 스스로 강제적으로 채권을 실현하는 것이 인정되고 있는 것이다.[30]

---

30) 강인애, 「국세징수법해설」, 청림출판, pp.224-226.
　민사집행법상의 강제집행제도와 조세법상의 체납처분제도는 모두 채권의 만족한 실현을 받기 위한 강제적 실현절차라는 점에서 공통성을 가지고 있을 뿐 아니라 양제도는 그 목적 및 집행행위의 성질에 있어서는 차이가 없으나 집행채권의 성질, 집행권의 성질, 집행기관, 집행요건, 집행방법, 보전절차가 각각 다른 점에서 볼 때 체납처분의 규정은 강제집행의 규정에 대한 특별규정이고 체납처분관계법이 보통법인 민사집행법상의 강제집행규정에 비해 특별법의 위치에 있다고 보고 있다.

이러한 체납처분제도를 민사집행법상의 강제집행제도와 비교하여 살펴보면,

① 집행채권의 성질이 다르다는 점이다.

강제집행의 집행채권은 사법상(私法上)의 채권이므로 그로 인하여 미치는 영향은 채무자 및 그 부양가족 등 극히 제한된 범위 안에서 사익(私益)이 침해되는데 대하여, 체납처분의 집행채권은 조세채권 즉 공법상의 채권으로서 그로 인하여 미치는 영향은 채권자인 국가 또는 지방자치단체의 재정권이 침해당하게 되어 그에 의하여 사회공익이 피해를 받게 되는 것이다.

② 집행권의 성질이 다르다는 점이다.

강제집행은 사법권(司法權)의 행사로서 집행절차에 이의가 있는 자는 곧바로 민사집행법의 규정에 따라 집행에 관한 청구 및 소송을 제기하여 사법상구제를 받을 수 있으나, 체납처분의 경우는 행정적 절차이므로 그 집행절차에 이의가 있는 자는 우선 행정기관에 대하여 행정심판을 거친 후에 비로소 사법적(司法的) 구제를 구할 수 있다.

③ 집행기관이 다르다는 점이다.

강제집행은 국가의 사법기관인 법원 또는 집행관에 의하여 집행되는 사법작용(司法作用)인 데 대하여, 체납처분은 조세채권자인 국가 또는 지방자치단체에 의하여 집행되는 행정작용이다.

④ 집행요건이 다르다는 점이다.

강제집행의 경우에는 채권자에게 자력집행권이 없고 채권자의 채무명의에 기하여 법원 또는 집행관이 집행하는 것이므로 채무명의의 존재가 절대적 필요요건인 데 반하여, 체납처분의 경우는 채권자에게 자력집행권이 인정되므로 채무명의나 집행문을 필요로 하지 아니하고 독촉 등 단순한 행정절차를 전제로 하여 집행절차를 행할 수 있다.

⑤ 집행방법이 다르다는 점이다.

강제집행의 경우는 부동산에 대한 강제관리제도가 인정되는 데 반하여(민사집행법 §163~§171), 체납처분에 있어서는 조세채권 확보의 신속성 때문에 상당한 오랜 기간에 걸쳐 계속할 필요가 있는 강제관리의 제도가 인정되지 않고, 또한 강제집행에 있어서는 채권압류의 경우에 별도로 추심명령 또는 전부명령(민사집행법 §229~§232)을 받지 않으면 그 추심이나 전부(轉付)를 할 수 없는 데 반하여, 체납처분에 있어서는 채권압류의 경우에 별도로 추심명령(推尋命令)이나 전부명령을 받을 필요없이 압류채권을 추심할 수 있다.

⑥ 보전(保全)절차가 다르다는 점이다.

강제집행에 있어서는 가압류·가처분 등의 보전절차가 광범위하게 인정되고 있으나, 체납

처분에 있어서는 보전압류처분이 극히 제한적으로 허용되고 있다.

이러한 체납처분제도는 국가나 지방자치단체의 재정수요 충족에 필요한 조세채무를 납세자가 임의로 이행하지 않을 경우에 이를 실현시키는 강제수단으로서 조세채권에 자력집행권과 우선권을 인정하여 그 채권의 실현을 확보하고 있고 체납처분에 의하여 조세채권의 완전한 실현을 도모하는 것은 결국 사회공익을 위한 것이므로 체납처분을 집행함에 있어서 사익과 경합하는 경우에는 체납처분의 집행이 우선적으로 보장되며 체납처분에 있어서도 조세공평주의의 원리가 지배되고, 납세자 등의 집행회피행위를 방지할 필요에 따라서 집행신속의 원칙이 지배하고 있는 것이다.

그리고 체납처분은 광의로는 압류, 교부청구(참가압류를 포함한다), 매각(환가처분), 충당 또는 배분(청산) 등의 행정처분으로 구성되어 있으며 이러한 행정처분의 총합체를 체납처분이라 하는 것이므로, 체납처분 자체가 일개 독립의 행정처분으로 되는 것이 아니라, 압류·매각·청산 등의 각 행정처분이 각각 개별적으로 독립된 완전한 처분으로서 결국 체납처분의 내용은 이를 구성하는 개개의 행정처분을 말한다.[31]

> **사례**
>
> ❖ **제2차납세의무자 지정**
>
> 「지방세징수법」제15조에서 지방자치단체의 장이 그 징수금을 과점주주 등 제2차 납세의무자로부터 징수하려면 제2차 납세의무자로부터 징수할 금액 및 그 산출근거, 그 밖에 필요한 사항을 기록한 납부통지서로 고지하여야 한다고 규정하고 있으나 처분청은 xxx을 이 건 법인세분의 제2차 납세의무자로 지정하고 납부 통지를 한 사실은 없는 것으로 나타나는 점 등에 비추어 xxx을 이 건 법인세분의 제2차납세의무자로 지정하고 납부통지를 한 처분은 잘못이 있다고 판단됨.
>
> (조심 2017지13, 2019.6.5.)

제33조 | 압 류

① 지방자치단체의 장은 다음 각 호의 어느 하나에 해당하는 경우에는 납세자의 재산을 압류한다(법 §33 ① Ⅰ·Ⅱ).

1. 납세자가 독촉장(납부최고서를 포함한다. 이하 같다.)을 받고 지정된 기한까지 지방자치단체의 징수금을 완납하지 아니할 때

---
31) 강인애, 「국세징수법」, p.289

2. 제22조 제1항에 따라 납세자가 납부기한 전에 지방자치단체의 징수금의 납부 고지를 받고 지정된 기한까지 이를 완납하지 아니할 때

　이 경우 압류할 재산이 공유물인 경우에 그 몫이 정하여져 있지 아니하면 그 몫이 균등한 것으로 보아 체납처분을 집행한다(영 §39).

② 제1항에도 불구하고 지방자치단체의 장은 제22조 제1항 각 호의 어느 하나에 해당하는 사유로 이미 납세의무가 성립한 그 지방세를 징수할 수 없다고 인정되는 경우에 납세자의 재산을 납기 전이라도 압류할 수 있다. 이 경우 지방자치단체의 장은 납세의무가 확정되리라고 추정되는 금액의 한도에서 압류하여야 한다(법 §33 ②).

③ 납세의 고지 또는 독촉을 받고 납세자가 도피할 우려가 있어 납부기한까지 기다려서는 고지한 지방세나 그 체납액을 징수할 수 없다고 인정되는 경우는 제2항을 준용한다(법 §33 ③).

④ 지방자치단체의 장은 제2항 또는 제3항에 따라 재산을 압류하였으면 해당 납세자에게 문서로 알려야 한다(법 §33 ④).

　이 경우 압류통지의 문서에는 납세자의 성명과 주소 또는 영업소, 압류에 관계되는 지방세의 과세연도·세목과 세액, 압류재산의 종류·수량 및 품질과 소재지, 압류 연월일, 조서 작성 연월일, 압류의 사유, 압류해제의 요건을 적어야 한다(영 §40 Ⅰ~Ⅶ).

⑤ 지방자치단체의 장은 다음 각 호의 어느 하나에 해당할 때에는 제2항 또는 제3항에 따른 재산의 압류를 즉시 해제하여야 한다(법 §33 ⑤ Ⅰ·Ⅱ).
  1. 제4항에 따른 통지를 받은 자가 납세담보를 제공하고 압류해제를 요구할 때
  2. 압류를 한 날부터 3개월이 지날 때까지 압류에 의하여 징수하려는 지방세를 확정하지 아니하였을 때

⑥ 지방자치단체의 장은 제2항 또는 제3항에 따라 압류한 재산이 금전, 납부기한까지 추심할 수 있는 예금 또는 유가증권인 경우 납세자가 신청할 때에는 그 압류 재산을 확정된 지방자치단체의 징수금에 충당할 수 있다(법 §33 ⑥).

1. 압류의 개념

채무자의 처분권을 박탈하는 압류는 체납처분의 최초의 절차로서 조세채권의 내용을 실현하고 그 만족을 얻기 위하여 납세자의 특정재산을 강제적으로 확보하는 체납처분기관인 국가나 지방자치단체의 강제적 행위를 말한다.

그러므로 압류는 체납처분의 첫 단계의 행정처분으로서 조세채권의 강제징수를 위하여 체납자의 특정재산의 법률상 또는 사실상의 처분을 금하고 그 재산을 환가할 수 있는 상태에 두는 처분이므로 그 귀속의 변경은 없는 것이며, 압류는 체납자의 의사에 불구하고 경우에 따라서는 수색, 출입제한 등 강제적인 처분권을 행사하면서 세무공무원의 자력집행권에 의하여 행하는 것을 말한다.

2. 압류요건과 제한

(1) 압류의 요건

납세자에 대하여 다음에 게기하는 요건 중의 하나에 해당하는 것이 있는 경우에는 세무공무원은 조세수입의 확보를 위하여 납세자의 재산을 압류하는 것이다.

① 납세자가 독촉장(납부최고서를 포함한다.)을 받고 지정된 기한까지 지방자치단체의 징수금을 완납하지 아니한 때
② 납기전징수의 규정에 따라 납세자가 납부기한 전에 지방자치단체의 징수금의 납부고지를 받고 지정된 기한까지 이를 완납하지 아니한 때
③ 납세자에게 납기 전 징수에 해당하는 사유가 있어 납세자에게 부과하는 경우로서 그 지방세를 징수할 수 없다고 인정하면 납세자에게 납세담보의 제공을 요구할 수 있다. 이 경우 납세자가 이에 따르지 아니할 때에는 납세의무가 확정되리라고 추정되는 금액을 한도로 하여 납세자의 재산을 압류할 수 있다. 그리고 납세의 고지 또는 독촉을 받고 납세자가 도피할 우려가 있어 그 납부기한까지 기다려서는 고지한 지방세나 그 체납액을 징수할 수 없다고 인정되는 경우에도 위의 납기 전 징수의 경우를 준용한다. 이 경우 지방자치단체의 장은 이와 같이 재산을 압류하였으면 해당 납세자에게 문서로 알려야 한다.
④ 재산압류의 통지를 받은 자가 납세담보를 제공하고 압류해제를 요구하거나 압류를 한 날로부터 3개월이 지날 때까지 압류에 의하여 징수하고자 하는 지방세를 확정하지 아니한 때에는 재산의 압류를 즉시 해제하여야 한다.
⑤ 과세권자는 압류한 재산이 금전, 납부기한까지 추심할 수 있는 예금 또는 유가증권인 경우 납세자가 신청할 때에는 확정된 지방자치단체의 징수금에 충당할 수 있다.

⑥ 지방자치단체의 장은 체납자가 파산선고를 받은 경우에도 이미 압류한 재산이 있을 때에는 체납처분을 속행하여야 한다.

(2) 압류의 제한

압류처분은 그 요건에 충족된 때에는 조세채권의 징수확보를 위하여 반드시 이를 집행하여야 하나 다음에 게기하는 것과 같은 특별한 사유가 있는 경우에는 그 기간 중에는 압류를 하지 아니한다.

① 독촉을 한 체납세에 대하여 국세징수법 제17조(법 제25조)에 따라 징수를 유예한 기간 중에는 그 유예한 지방세 또는 체납액에 대하여는 체납처분(교부청구를 제외한다)을 할 수 없다(국징법 §19 ③).

② 독촉을 한 조세에 대하여 부과처분에 관한 행정소송에 의해 법원으로부터 행정처분 효력정지 가처분명령이 있는 경우에는 압류처분을 할 수 없다.

그러나 조세에 관한 법률에 기한 처분에 대하여 불복신청이 제기된 경우에도 세법에 특별히 규정한 것을 제외하고는 그 처분의 효력이나 그 집행 또는 절차의 속행에 영향을 주지 아니하므로(국기법 §57 본문, 행소법 §23 ①) 납세자의 재산을 압류할 수 있으나 불복신청에 대한 재결이 확정되기 전에는 이를 공매할 수 없다(국징법 §61 ④ 본문).

③ 급료·연금·임금·봉급·상여금·세비·퇴직연금·퇴직금이나 그 밖에 이와 비슷한 성질을 가진 급여채권에 대하여는 그 총액의 2분의 1에 해당하는 금액은 압류하지 못한다(국징법 §33 ① 및 ② 본문).

다만, 그 금액이 표준적인 가구의 국민기초생활보장법에 따른 최저생계비를 고려하여 별도로 계산한 금액에 대한 압류금지는 다음의 조건부 압류금지 재산에서 상세히 설명한다.

(3) 압류의 금지

(가) 초과압류의 금지

국세징수법에서는 조세를 징수하기 위하여 필요한 재산 외의 재산을 압류할 수 없다고 규정하고 있다(국징법 §33의 2). 그러나 불가분물 등 부득이한 경우는 예외로 한다.[32]

이 경우 불가분물이라 함은,
① 물건의 성질상 분할할 수 없는 것 : 예를 들면, 한 개의 동산이 이에 해당하는데, 일부러 이를 분할하면 그 자체의 가치를 상실케 하는 결과가 된다.

---

32) 국세징수법 통칙 24-0…18 (초과압류의 금지)

② 분할할 수 있으나 분할하면 물건의 경제적 가치를 현저하게 해하는 것 : 예를 들면, 한 채의 가옥이 이에 해당한다.

③ 법률상 분할하여 매각할 수 없는 것 : 예를 들면, 공장재단의 조성물이 이에 해당한다. 그러나 판례는 공장재단의 조성물에 대하여 분할압류 및 분할공매를 할 수 있다고 판시하고 있다(대법 4294행상171, 1962.4.18.).

(나) 무익한 압류의 금지

체납처분의 목적물인 총재산의 추산가액이 체납처분비에 충당하고 남을 여지가 없을 때에는 체납처분을 중지하여야 하며(국징법 §85 ①), 다만, 체납처분의 목적물인 재산에 대하여 국세징수법 제56조에 따른 교부청구 또는 동법 제57조에 따른 참가압류가 있는 경우 과세권자는 체납처분을 중지하지 아니할 수 있다(국징법 §85 ②).

(다) 법정압류금지 물건

국세징수법에서는 납세자의 최저생활의 보장, 생업의 유지, 정신적 생활안녕의 보장, 사회보장제도의 유지 등 여러 가지 이유에서 절대적 압류금지재산과 상대적 압류금지재산으로 구분하여 규정하고 있는데, 이는 다음의 "압류금지재산"편에서 자세히 설명하기로 한다.

3. 압류대상재산

(1) 압류대상재산

(가) 납세자에게 귀속되는 재산

압류의 대상이 될 수 있는 재산은 압류 당시에 납세자에게 귀속되고 있는 것이어야 한다. 동산, 유가증권 등은 체납자가 소지하고 있는 것이어야 하고, 부동산·선박·항공기 등과 같이 등기, 등록되어 있는 재산은 그 등기, 등록명의자의 소유로 추정 받는다. 그러므로 납세자의 재산이 아닌 타인의 재산에 대한 압류의 집행이 된 경우에는 그 압류처분은 압류의 대상에 관하여 중대하고도 명백한 하자가 있는 당연무효의 처분이 될 것이다.[33]

---

33) 국세징수법통칙 24-0…2 (재산의 귀속)
　① 압류의 대상이 되는 재산은 압류당시에 체납자에게 귀속되고 있는 것이어야 한다.
　② 재산이 다음 각호의 1에 해당하는 경우에는 체납자에게 귀속 되는 것으로 추정한다.
　　1. 동산 및 유가증권…체납자가 소지하고 있을 것(민법 제197조 참조)
　　2. 등록공사채 등…등록명의가 체납자일 것(국채법 제5조, 공사채등록법 제6조 참조)
　　3. 등기 또는 등록된 부동산, 선박, 건설기계, 자동차, 항공기 및 전화가입권, 지상권, 광업권 등의 권리와

재산이 납세자에게 귀속되는지 여부는 등기의 효력에 의하여 판단하여야 할 것이므로 납세자 앞으로 명의신탁된 재산에 대하여 압류처분은 유효하며 세무관청이 그 명의신탁의 사실을 알고 있었다 하여 그 압류처분의 효력을 부정할 수 없다. 또한 납세자가 타인에게 당해 재산을 매도한 경우에도 아직 소유권이전등기를 매수인 앞으로 넘기기 전에 한 압류는 유효한 것이 되는 것이다.

납세자가 재산을 타인에게 양도하고 그 소유권이전등기를 마친 경우에는 해당 재산에 대해서는 압류를 할 수 없으나 납세자가 채무담보로 재산을 양도한 경우에 그 양도담보권자가 물적 납세의무를 부담하는 경우에는 압류할 수 있는 것이다.34)

그리고 소유권을 주장하는 제3자가 체납자를 상대로 하여 소유권에 관한 소송을 제기하여 승소판결을 받고 그 사실을 증명한 때에는 그 제3자의 소유재산에 대한 압류를 해제하여야 하나 제3자가 패소한 경우에는 체납처분이 속행되는 것이다.

납세자가 그의 소유재산을 압류면탈의 고의성을 가지고 양도한 경우 그 양수인도 그 정(情)을 알고 있었다면 해당 압류관서의 장은 사해행위취소권을 행사할 수 있다.

(나) 국세징수법 시행지역 내에 있는 재산

압류의 대상이 되는 재산은 압류를 하고자 하는 시점에 국세징수법의 시행지역 내에 소재하는 재산에 한하는 것이므로 재산의 소재지가 행정권의 행사가능 지역 외인 때에는 그 재산은 압류의 대상이 되지 아니한다. 그러나 지방자치단체가 체납자의 재산을 압류할 경우에는 체납자의 재산이 당해 자치단체 외의 지역에 있다 하더라도 국세징수법의 시행지역 내에 있는 재산에 대하여 압류가 가능하므로 전국을 대상으로 체납자의 재산에 대한 압류처분을 할 수 있는 것이다.35)

그러므로 재산의 소재지 결정은 그 재산의 성질에 따라 다르지만 상속세 및 증여세법 제5조(상속재산 등의 소재지 규정)을 준용하여 판정해야 할 것이다.

(다) 금전적 가치가 있는 재산

압류의 대상이 되는 재산은 금전적 가치를 가진 것이어야 한다. 따라서 금전 또는 물

특허권 기타의 무체재산권 등…등기 또는 등록의 명의인이 체납자일 것
4. 미등기의 부동산소유권, 기타의 부동산에 관한 권리 및 미등록의 저작권…점유의 사실, 가옥대장, 토지대장 기타 장부서류의 기재 등에 의해 체납자에게 귀속한다고 인정되는 것
5. 합명회사 및 합자회사의 사원의 지분…정관 또는 상업등기부상 사원의 명의가 체납자일 것(상법 제37조, 제179조, 제180조, 제183조, 제269조, 상업등기처리규칙 제66조 참조)
6. 유한회사의 사원의 지분…정관, 사원명부 또는 상업등기부상 명의인이 체납자일 것(상법 제543조, 제549조, 제557조 참조)
7. 채권…차용증서, 예금통장, 매출장 기타 거래관계장부서류 등에 의해 체납자에게 귀속한다고 인정되는 것

34) 대법 86누61, 1986.7.8, 대법 83누506, 1984.2.24, 대법 83누527, 1984.1.24. 참조.
35) 국세징수법통칙 24-0…4 (재산의 소재)

건의 지급을 목적으로 하지 않는 행위(연주를 하는 것 등) 또는 부작위(경업(競業)금지)를 목적으로 하는 채권 등은 압류의 대상이 되지 아니한다.36)

그러나 이들 채권에 있어서 채무 불이행, 불완전 이행 등 채무자가 그 채무의 내용에 따른 이행을 하지 아니함에 의하여 납세자가 손해배상청구권을 갖게 된 경우에는 그 청구권은 납세자에 있어서 금전적 가치가 있는 것이므로 압류의 대상이 된다.

(라) 양도 또는 추심가능성 및 양도금지의 특약이 있는 재산

① 재산이 양도 또는 추심할 수 없는 것은 압류의 대상이 될 수 없다.

왜냐하면 채권 이외의 재산은 매각방법에 의하여 환가하는 것이므로 양도성이 없는 것은 매각할 수 없으므로 압류의 대상으로 될 수 없고, 채권은 채권자에 대위해서 추심하여 조세채권에 충당하는 것이므로 추심할 수 없는 채권은 압류의 대상으로 할 수 없다.37)

② 압류의 대상으로 된 재산에 관하여 양도금지의 특약이 있기 때문에 채권자가 양도할 수 없는 경우에도 압류의 대상으로 된 재산이 채권인 때에는 압류채권은 공매하지 않고 채권자에 대위하여 추심하는 것이고, 또한 압류할 수 없다면 임의로 체납처분을 면할 우려가 있는 것이므로, 체납자에 귀속되는 것으로 인정되는 한 압류의 대상이 된다 할 것이다. 그리고 당사자간의 계약에 의하여 양도금지의 특약이 있는 재산도 압류의 대상이 된다.38)

또한 동산, 부동산 및 무체재산권 등에 있어서는 양도 금지의 특약이 있더라도 그 공시방법이 없어 압류채권자인 국가에 대항할 수 없으므로 압류는 물론 공매도 할 수 있다고 본다.

(마) 압류금지대상이 아닌 재산

압류의 대상이 되는 재산은 법령의 규정으로 압류가 금지되어 있는 재산이 아닌 것이어야 한다. 압류금지재산에 관하여는 국세징수법 및 국민기초생활보장법(제35조) 등 많은 법률에 규정되어 있다.

(2) 압류재산의 선택

체납처분을 집행함에 있어서 체납처분금지 또는 제한물건은 국세징수법에 구체적으로 명시되어 있으나 얼마만큼의 재산을 압류하는 것이 적합한지 또는 어떤 재산을 압류하느

---

36) 국세징수법통칙 24-0…5 (재산외 금전적 가치)
37) 국세징수법통칙 24-0…6 (재산의 양도 또는 추심가능성)
38) 국세징수법통칙 24-0…7 (양도금지의 특약이 있는 재산)

야 하는 문제는 세무공무원의 재량에 일임하고 있다.

그러나 이러한 재량은 체납자의 재산권에 중대한 영향을 미치는 것으로서 기속재량에 해당한다고 보아야 하며 재량권의 일탈로서 체납자에게 부당한 재산권의 침해를 가져올 때에는 세무공무원의 재량의 한계를 벗어난 위법행위가 됨으로써 때로는 무효인 행정처분이 될 수 있으며 위법을 이유로 행정소송의 대상도 될 수 있는 것으로 본다.

그러므로 세무공무원이 압류대상재산을 선택함에 있어 다음 사항을 유의해야 할 것이며 압류대상재산을 체납자가 지정하여 제공하는 경우에는 이 유의사항에 비추어 체납처분의 집행에 지장이 없는 한 그 제공한 재산을 압류하는 것이 타당하다.[39]

① 제3자의 권리를 해하지 아니하는 재산이어야 한다.
② 환가에 편리한 재산이어야 한다.
③ 보관 또는 운반에 편리한 재산이어야 한다.
④ 체납자의 생계유지 또는 사업 계속에 지장이 적은 재산이어야 한다.
⑤ 징수하고자 하는 지방세채권에 충당될 만한 재산이어야 한다.

> **사례**
>
> ❖ **신탁재산에 대한 압류처분의 정당성 여부**
>
> 신탁법 제1조 제2항의 취지에 의하면 신탁법에 의한 신탁재산은 대내외적으로 소유권이 수탁자에게 완전히 귀속되고 위탁자와의 내부관계에 있어서 그 소유권이 위탁자에게 유보되어 있는 것이 아닌 점, 신탁법 제21조 제1항은 신탁의 목적을 원활하게 달성하기 위하여 신탁재산의 독립성을 보장하는 데 그 입법취지가 있는 점 등을 종합적으로 고려하면, 신탁법 제21조 제1항 단서에서 예외적으로 신탁재산에 대하여 강제집행 또는 경매를 할 수 있다고 규정한 '신탁사무의 처리상 발생한 권리'에는 수탁자를 채무자로 하는 것만 포함되며, 위탁자를 채무자로 하는 것은 포함되지 않는다. (대법 2010두4612, 2012.4.12. 선고 판결 등 참조)
> ※ 위 단서에서 예외적으로 강제집행이 허용되는 신탁재산에 대한 조세채권을 "수탁자에게 부과되는 조세채권"만을 의미하는 것으로 본다.
> 한편 체납처분으로서 압류의 요건을 규정한 구 지방세법 제28조(2010.3.31. 법률 제10221호로 전부 개정되기 전의 것)의 규정을 보면 어느 경우에나 압류의 대상을 납세의무자 또는 특별징수의무자의 재산에 국한하고 있으므로, 납세의무자 또는 특별징수의무자가 아닌 제3자의 재산을 대상으로 한 압류처분은 그 처분의 내용이 법률상 실현될 수 없는 것이어서 당연무효이다.
> (대법 2010두27998, 2013.1.24., 대법 2012다34047, 2013.2.28.)

---

39) 국세징수법통칙 24-0…10, 11 (재산의 선택 등)

제34조 신분증의 제시

세무공무원이 체납처분을 하기 위하여 질문·검사 또는 수색을 하거나 재산을 압류할 때에는 그 신분을 표시하는 증표를 지니고 관계자에게 보여 주어야 한다(법 §34).[40]

체납처분은 집행을 당하는 자의 권리에 중대한 영향을 미치는 것이므로, 당해 공무원에게 그 집행권한이 있음을 명백히 하여 집행을 당하는 자에게 의구심을 제거하고 집행의 원활·공정을 도모하기 위한 것이다.

그런데 이 규정은 상대방이 신분증의 제시를 요구함에도 불구하고 이를 제시하지 않을 때에는 단순히 훈시규정을 볼 것이 아니라 체납처분 권한행사의 요건에 관한 규정으로 보아야 하므로 그 처분을 집행할 수 없고, 상대방도 처분의 집행을 거절할 수 있다고 볼 것이다.[41]

제35조 수색의 권한과 방법

수색이라 함은 세무공무원이 압류할 물건을 발견하기 위한 목적으로 주거 기타 물건이 있는 장소에서 행하는 강제처분을 말한다.

국세징수법은 체납자의 책임재산의 조사에 관하여 질문, 장부서류 등의 검사 및 수색의 세 가지 형태를 규정하고 있는데 이 경우의 수색은 강제조사 즉 공권력으로 강제하고, 거부 등이 있는 경우에는 실력으로써 행사할 수 있는 것이다. 그리고 수색은 강제처분이므로 수색처분에 있어서는 체납자 또는 체납자의 재산을 점유하는 제3자는 그 조사의 수인의무(受認義務)를 부담한다.[42]

또한 체납자에 대한 수색은, ① 체납자가 압류할 재산을 임의로 제공하지 않을 것(부작위 또는 제공의 거부행위), ② 수색을 하지 아니하고는 압류를 할 수 없는 상태에 있을 것(수색의 필요성) 등의 두 가지 요건이 충족될 때 비로소 집행할 수 있다.

① 세무공무원은 재산을 압류하기 위하여 필요할 때에는 체납자의 가옥·선박·창고 또는 그 밖의 장소를 수색하거나 폐쇄된 문·금고 또는 기구를 열게 하거나 직접 열 수 있다.

---

[40] 국세징수법 통칙 25-0…1(관계자의 범위)
법 제25조에서 세무공무원이 신분을 표시하는 증표를 제시하여야 하는 "관계자"라 함은 법 제27조(질문·검사권), 제26조(수색의 권한과 방법), 제24조(압류의 요건) 등의 규정에 의하여 질문·검사 또는 수색을 받거나 재산의 압류를 당하는 자와 법 제28조(참여자 설정)의 규정에 의한 수색·검사에의 참여자, 영 제33조(체납처분집행중의 출입제한)의 규정에 의한 출입제한을 받는 자 등을 말한다.
[41] 강인애, 국세징수법해설, p.281
[42] 강인애, 「국세징수법」, 한일조세연구소, 2004. p.360

체납자의 재산을 점유·보관하는 제3자가 재산의 인도(引渡) 또는 이전을 거부할 때에도 또한 같다(법 §35 ①).

② 세무공무원은 제3자의 가옥·선박·창고 또는 그 밖의 장소에 체납자의 재산을 은닉한 혐의가 있다고 인정되는 때에는 제3자의 가옥·선박·창고 또는 그 밖의 장소를 수색하거나 폐쇄된 문·금고 또는 기구를 열게 하거나 직접 열 수 있다(법 §35 ②).

③ 제1항 또는 제2항에 따른 수색은 해 뜰 때부터 해질 때까지만 할 수 있다. 다만, 해가 지기 전에 시작한 수색은 해가 진후에도 수색을 계속할 수 있다(법 §35 ③).

④ 주로 야간에 대통령령으로 정하는 영업을 하는 장소에 대해서는 제3항에도 불구하고 해가 진 후에도 영업 중에는 수색을 시작할 수 있다(법 §35 ④).

이 경우 "대통령령으로 정하는 영업"이란 다음 각 호의 어느 하나에 해당하는 영업을 말한다(영 §42 Ⅰ~Ⅳ).
1. 객실을 설비하여 음식과 주류를 제공하고, 유흥종사자에게 손님을 유흥하게 하는 영업
2. 무도장(舞蹈場)을 설치하여 일반인에게 이용하게 하는 영업
3. 주류, 식사 그 밖의 음식물을 제공하는 영업
4. 제1호부터 제3호까지의 규정과 유사한 영업

⑤ 세무공무원은 제1항 또는 제2항에 따라 수색을 하였으나 압류할 재산이 없을 때에는 수색조서를 작성하여 체납자 또는 제37조에 따른 참여자와 함께 서명날인하여야 하며, 참여자가 서명날인을 거부할 경우 그 사실을 수색조서에 함께 적어야 한다(법 §35 ⑤).

⑥ 세무공무원은 제5항에 따라 수색조서를 작성하였을 때에는 그 등본을 수색을 받은 체납자 또는 참여자에게 내주어야 한다(법 §35 ⑥).

제36조 | 체납처분에 따른 질문·검사권

(1) 세무공무원은 체납처분을 집행하면서 압류할 재산의 소재 또는 수량을 알고자 할 때에는, 다음 각 호의 어느 하나에 해당하는 자에게 질문하거나 장부, 서류, 그 밖의 물건의 검사 또는 제출을 요구할 수 있다(법 §36 Ⅰ~Ⅶ).
1. 체납자
2. 체납자와 거래관계가 있는 자
3. 체납자의 재산을 점유하는 자
4. 체납자와 채권·채무 관계가 있는 자
5. 체납자가 주주 또는 사원인 법인
6. 체납자인 법인의 주주 또는 사원

7. 체납자의 재산을 은닉한 혐의가 있다고 인정되는 자로서 대통령령으로 정하는 자
　이 경우 "대통령령으로 정하는 자"란 체납자와 지방세기본법 시행령 제2조 제1항에 따른 친족관계에 있는 자 또는 같은 조 제2항에 따른 경제적 연관관계에 있는 자를 말한다(영 §44).

　여기에서 "체납자가 주주 또는 사원인 법인"이라 함은, 체납자가 주주 또는 사원인 ① 주식회사, ② 합명회사, ③ 합자회사, ④ 유한회사, ⑤ 민법에 의한 비영리사단법인, ⑥ 특별법에 의한 법인, ⑦ 법인격 없는 사단을 말한다.[43]

　또한 체납자와 거래관계가 있는 제3자에 대한 조사 [이를 반면(反面)조사라 한다.] 는 체납자 본인에 대한 조사만으로서는 필요한 자료를 충분히 수집할 수 없는 경우에 한하며, 그 필요의 한도에서 보충적으로 허용되는 것으로 볼 것이다. 또한 체납자 본인에 대한 조사 이전에 제3자에 대한 반면조사를 먼저 하는 것은 사적 이익과 형량의 관계에서 보더라도 이를 허용 할 수 없는 것으로 해석 된다.[44]

(2) 세무공무원은 ① 법 제33조에 따라 재산을 압류하는 경우, ② 법 제35조에 따라 수색을 하는 경우, ③ 법 제36조에 따라 질문 또는 검사를 하는 경우로서 필요하다고 인정하면 체납처분 집행 중 그 장소에 있는 관계인이 아닌 사람에게 나가달라고 하거나 관계인이 아닌 사람이 그 장소에 출입하는 것을 제한할 수 있다(영 §43 Ⅰ~Ⅲ).

제37조　참여자 설정

① 세무공무원은 제35조 또는 제36조에 따라 수색 또는 검사를 할 때에는 그 수색 또는 검사를 받는 사람과 그 가족·동거인이나 사무원, 그 밖의 종업원을 증인으로 참여시켜야 한다(법 §37 ①).
② 제1항의 경우에 참여자가 없을 때 또는 참여 요청에 따르지 아니할 때에는 성년자 2명 이상 또는 다른 지방자치단체의 공무원이나 경찰공무원을 증인으로 참여시켜야 한다(법 §37 ②).

이 규정에서 "성년자"라 함은 민법 제4조(성년기)에 따른 만 19세 이상인 자 외에 민법 제826조의 2(성년의제)의 규정에 해당하는 혼인한 미성년자를 포함한다.[45]

　이러한 참여자 제도는 강제조사방법인 수색을 집행함에 있어서 그 공정을 담보하기 위하여 더욱 필요한 것으로 보며, 특히 세무공무원이 수색 또는 검사를 함에 있어서 그 처분의

---

43) 국세징수법통칙 27-0…2 (체납자가 주주 또는 사원인 법인)
44) 강인애, 「전게서」, p.374
45) 국세징수법통칙 28-0…1 (성년자)

집행이 공정한 가를 감시하고 후일에 증거가 되도록 하기 위하여 증인적 목적의 입장에서 특정의 참여자를 설정하도록 규정한 것이다. 그러므로 참여자의 자격이나 능력이 없는 자를 증인으로 참여시키거나, 참여자의 참여 없이 집행한 수색 또는 검사는 당연무효는 아니지만, 절차에 하자가 있는 위법한 처분이라 할 것이다.

그런데 참여자는 세무공무원이 수색 또는 검사를 집행함에 있어서 그 현장에서 이를 지켜볼 뿐이고, 그 범위를 벗어나 세무공무원에게 제시 또는 요구를 할 수 없고, 가령 요구가 있더라도 세무공무원은 이에 아무런 구속을 받지 아니함도 당연하다.

제38조 │ 압류조서

① 세무공무원은 체납자의 재산을 압류할 때에는 압류조서를 작성하여야 한다. 이 경우 압류재산이 다음 각 호의 어느 하나에 해당할 때에는 그 등본을 체납자에게 내주어야 한다(법 §38 ① Ⅰ~Ⅲ).
  1. 동산 또는 유가증권
  2. 채권
  3. 채권과 소유권을 제외한 재산권(이하 "무체재산권등"이라 한다)

이 경우 무체재산권등(이하 "무체재산권등"이라 한다)의 압류 등기 또는 등록과 그 변경 등기 또는 등록을 촉탁할 때에는 다음 각 호의 사항을 적은 문서로 하여야 한다(영 §60 ① Ⅰ~Ⅴ).
  1. 무체재산권등의 표시
  2. 등기 또는 등록의 원인과 그 연월일
  3. 등기 또는 등록의 목적
  4. 등기 또는 등록의 권리자
  5. 무체재산권등의 권리자의 성명과 주소 또는 영업소

이 규정에서 "동산"이라 함은 민법 제99조 제2항(동산)에 따른 동산 중 국세징수법 제45조(부동산 등의 압류절차)에 따른 선박과 국세징수법 제46조(항공기 등의 압류절차)에 따른 항공기·건설기계 또는 자동차 등을 제외한 것으로 한다.[46]

② 세무공무원은 압류조서에 제37조에 따른 참여자의 서명날인을 받아야 하며, 참여자가 서명날인을 거부하였을 때에는 그 사실을 압류조서에 함께 적어야 한다(법 §38 ②).

③ 세무공무원은 질권(質權)이 설정된 동산 또는 유가증권을 압류하였을 때에는 그 동산 또는 유가증권의 질권자에게 압류조서의 등본을 내주어야 한다(법 §38 ③).

---

46) 국세징수법통칙 29-0…4 (동산 또는 유가증권)

④ 세무공무원은 채권을 압류하였을 때에는 채권의 추심이나 그 밖의 처분을 금지한다는 뜻을 압류조서에 함께 적어야 한다(법 §38 ④).

참고로 판례(대법 88다카 19033, 1989.11.14. 선고)에 의하면, 압류조서에 국세징수법 제28조의 규정에 의한 참여인의 기재와 그 서명날인이 없다거나, 압류조서나 채권압류통지서의 체납자의 주소가 법인등기부상의 주소와 일치하지 아니하고 체납자에 대한 채권압류통지서의 압류채권 표시란에 목적 토지 아닌 다른 토지에 대한 소유권이전등기 청구권이 기재되어 있다거나, 체납자에게 위 압류조서 등본을 교부하였는지 여부 등 압류의 본질적 요소를 이루지 아니하는 사소한 절차상의 잘못을 이유로는 당해 압류자체를 무효라고 볼 것이 아니라고 판시하고 있다.

제39조 │ 사해행위의 취소 및 원상회복

지방자치단체의 장은 체납처분을 집행할 때 납세자가 지방세의 징수를 피하기 위하여 재산권을 목적으로 한 법률행위(신탁법에 따른 사해신탁을 포함한다.)를 한 경우에는 민법 제406조, 제407조 및 신탁법 제8조를 준용하여 사해행위의 취소 및 원상회복을 법원에 청구할 수 있다(법 §39).
 이 경우 지방자치단체의 장은 사해행위의 취소 및 원상회복을 요구할 때에는 민법과 민사소송법에 따라 체납자 또는 재산양수인을 상대로 소송을 제기하여야 한다(영 §45).

(1) 본조의 취지

사해행위란 거짓을 행함으로써 다른 사람에게 해를 끼치게 되는 행위를 말한다. 민법상의 채무자가 채무를 면탈하기 위하여 고의로 자기의 재산을 감소시키는 행위를 하는 것을 말하며, 세법상으로는 민법의 법리에 좇아 납세자가 납세의무를 면탈하기 위하여 고의로 자기의 재산을 타인에게 양도·증여·채무부담행위 등을 하는 경우를 말한다.
 체납처분을 집행함에 있어서 체납자가 재산압류를 면하고자 고의로 그 재산을 양도하고 양수인이 그 정(情)을 알면서 양수하였을 경우에는 세무공무원은 그 행위의 취소를 요구할 수 있다. 이를 사해행위의 취소권이라 한다.
 사해행위 취소권은 체납자가 그 일반재산을 적극적으로 감소시키는 행위(사해행위)를 하는 경우에 그 행위의 효력을 박탈해서 일반재산의 감소를 방지하는 조치를 강구하기 위한 권리로서 민법에 있어서의 채권자취소권(민법 §406)에 해당하는 것이다.
 결국 사해행위의 취소라 함은 채권자인 국가가 채무자인 체납자와 제3자와의 사이에 체납자의 일반재산에 관하여 유효하게 이루어진 채권자의 권리에 해를 끼치는 법률행위(사해행위)의 효력을 취소하여 일단 완전하게 체납자의 소유로부터 이탈한 재산권을 제3자로부터 반환받아 이를 복귀시킴으로써 지방세 채권의 담보를 보전하는 것을 말한다. 그러나 이러한 취소권 및 원상회복권의 행사를 무제한으로 허용하는 것은 법률질서를 현저히 저해하고 경제거래를 혼란시킬 폐해가 클 것이 예상되므로 사해행위의 취소권 및 원상회복권을 행사함에 있어서는 엄격한 요건을 갖추도록 하고, 또한 법원에 대한 소송(사해행위 취소의 소)의 방법에 의해서만 이를 행사하도록 규정하고 있다.

(2) 사해행위 취소의 요건

① 체납처분을 집행함에 있어서 체납자가 재산압류를 피하고자 고의로 그 재산을 타인에게 양도한 것이어야 한다. 그러므로 비록 사해행위로 인한 양도시기가 체납처분절차의 개시 이전이라도 그것이 사해행위인 이상에는 취소요구를 할 수 있으며, 또한 재산압류를 면하고자 고의로 재산을 양도한 경우라 함은 재산압류를 면한다는 인식만 있으면 족한 것으로 보아야 하며 적극적인 면탈의욕까지는 필요치 않는 것으로 보아야 한다.
② 재산의 양도가 재산압류를 면하기 위한 것이라는 것을 양수인이 알아야 한다.

(3) 사해행위의 취소요구

지방자치단체의 장은 사해행위의 취소를 요구하고자 할 때에는 민법과 민사소송법의 규정에 따라 체납자 또는 재산양수인을 상대로 소송을 제기하여야 한다.

지방자치단체의 징수금을 체납한 자가 사해행위로 재산을 양도하였다고 인정될 때에는 비록 양도자와 양수자의 양도·양수행위에는 사법상 하등의 하자가 없다 할지라도 세무공무원은 사해행위를 이유로 체납자인 양도자 또는 재산양수인을 상대로 민법과 민사집행법의 규정에 따라 관할 법원에 소송을 제기하여 당해 양도·양수행위의 취소를 요구할 수 있다.

(4) 사해행위 취소대상행위와 취소권 행사의 효과

① 사해행위취소의 대상이 되는 행위는 납세자가 체납처분을 면탈하기 위하여 행하는 재산권을 목적으로 하는 법률행위. 즉, 매매·증여 등 재산권을 이전하는 법률행위·지상권의 설정·채무면제 등 재산의 가치를 감소케 하는 일체의 재산권에 관한 법률행위이다.
② 사해행위취소권 행사로 국가가 승소하였을 경우 사해행위에 관한 법률행위의 효력은 상대적으로 소멸하고 법률행위의 목적이 되었던 재산의 인도, 권리의 말소 또는 이에 관계되는 손해배상금의 지급 등으로 납세자의 일반재산으로 복귀하게 되므로

결국 그 효과는 납세자에게 귀속하게 된다.

(5) 취소 후의 체납처분 등

사해행위의 취소로 납세자의 일반재산에 복귀한 재산 또는 재산의 반환에 대신한 손해배상금에 대한 체납처분은 다음에 의한다.[47]

① 인도를 받은 동산·유가증권에 대하여는 압류를 한다. 또한 판결이 있음에도 불구하고 피고가 인도하지 아니할 때에도 같다.
② 등기를 말소하여야 할 취지의 판결을 받은 부동산 기타 재산에 관하여는 즉시 그 판결에 의하여 등기말소를 함과 동시에 압류를 한다.
③ 손해의 배상금액의 지급을 받은 경우에는 채권압류시에 제3채무자로부터 지급을 받은 금전에 준하여 처리한다. 또한 판결이 있음에도 불구하고 피고가 지급을 하지 아니할 때에는 집행문의 부여를 받아 민사집행법에 의하여 강제집행을 한다.
④ 반환을 받은 재산에 대하여 체납처분을 하고 지방세에 충당한 후 잔여가 있는 경우에는 그 잔여분은 체납자에게 주지 아니하고 그 재산의 반환을 한 수익자 또는 전득자에게 반환한다.

사례

❖ **조세회피를 목적으로 재산을 신탁한 경우 사해행위 취소대상에 해당하는지**

원고의 이 사건 조세채권은 구 지방세법(2010.2.4. 법률 제10221호로 전부개정되기 전의 것) 제29조 제1항 제1호에 따라 소외 회사가 과세물건인 이 사건 부동산을 취득하는 때인 2009.12.30. 성립하여 이 사건 신탁계약 체결일인 2010.6.30. 이전에 발생하였고 그 이후 발생한 가산금 역시 그 성립의 기초가 동일하므로, 이 사건 조세채권은 그 가산금을 포함하여 이를 사해행위를 원인으로 이 사건 신탁계약의 취소를 구할 수 있는 피보전채권으로 봄이 상당하다.
이 사건 신탁계약은 부동산담보신탁으로서 대출채권자인 농협에 대하여 우선수익권을 부여함으로써 이 사건 아파트에 관한 근저당권설정과 경제적으로 유사한 효과를 얻는 측면은 있다. 그러나 채무초과 상태에 있는 채무자가 그 소유의 부동산을 채권자 중의 어느 한 사람에게 채권담보로 제공하는 행위는 특별한 사정이 없는 한 다른 채권자들에 대한 관계에서 사해행위에 해당한다.(대법 97다10864, 1997.9.9. 선고 판결)
사해행위의 취소는 거래의 안전에 미치는 영향이 크므로, 그 취소의 범위는 피보전채권의 보전을 위하여 필요하고도 충분한 범위 내로 한정되어야 하고, 신탁계약이 사해행위에 해당하여 이를 취소하는 때에도 그 계약의 목적물이 가분적인 경우에는 마찬가지로 피보전채권의 보전을 위한 범위로 한정되어야 할 것이다(하급심-고법판결).
(대법 2013다201479, 2013.5.23.)

---

[47] 국세징수법통칙 30-0…5 (취소 후의 체납처분 등)

제39조의 2   체납처분의 위탁

① 지방자치단체의 장은 제11조 제1항 본문에 따른 명단공개 기준에 해당하는 고액·상습체납자의 수입물품에 대한 체납처분을 세관장에게 위탁할 수 있다(법 제39조의 2 ①).
② 제1항에 따른 체납처분의 위탁 또는 위탁 철회에 필요한 사항은 대통령령으로 정한다(법 제39조의 2 ②).

이 규정에 따라 체납처분을 위탁하려면 지방자치단체의 장은 법 제11조 제1항 본문(지방세심의위원회에 의한 체납정보 공개 심의)에 따른 명단공개 기준에 해당하는 고액·상습체납자(이하 이 조에서 "고액·상습체납자"라 한다)에게 1개월 이내의 기간을 정하여 체납된 세금을 납부하지 않는 경우 수입물품에 대한 체납처분을 세관장에게 위탁할 수 있다는 사실을 미리 알려야 하며, 또한 지방자치단체의 장은 세관장에게 체납처분을 위탁한 경우 즉시 그 위탁사실을 고액·상습체납자에게 알려야 한다(영 §45의 2 ①②).

그리고 지방자치단체의 장은 고액·상습체납자가 체납된 지방세의 전부 또는 일부를 납부하여 고액·상습체납자의 범위에서 제외되는 경우와 법 제11조제1항 단서(체납된 지방세와 관련하여 계류 심판청구등이 계속 중이거나 그 밖에 체납정보를 공개할 수 없는 경우)에 해당하는 경우 즉시 해당 고액·상습체납자의 수입물품에 대한 체납처분의 위탁을 철회해야 한다(영 §45의 2 ③ ⅠⅡ).

이 조문은 매년 고액·상습체납자에 대하여 지방세심의위원회 심의를 거쳐 성명, 나이, 직업, 주소 등 인적사항을 공개 중(행안부, 지자체 홈페이지 등)이지만 일부 체납자는 사회적 위신 하락을 우려해 체납액을 납부하는 행태를 보이나, 대다수 체납자는 명단공개 이후에도 체납액 미납하고 있어 명단공개의 경우 직접적인 체납처분이 아닌 행정제재로서 체납자 본인 명의의 재산(부동산, 차량, 예금)이 없는 경우 사실상 강제징수에 한계가 있고 특히 수입품(동산)의 경우 통관단계에서 미압류 시 사실상 소재파악이 어려워 체납처분의 사각(死角) 발생함에 따라 2021년부터는 명단공개 체납자가 고가수입품 등을 국내 반입하는 수입물품에 대하여 통관단계에서 세관장이 압류할 수 있도록 체납처분 위탁(지방자치단체의 장 → 세관장) 근거를 마련한 것이다

이 경우 수입물품에는 에는 ① 입국 시 휴대품, ② 특송품(인터넷 등으로 해외에서 직접 구입하는 물품) ③ 일반 수입품(무역계약 체결 등을 통한 일반적 형태의 수입물품) 등이 포함된다.

제2절 압류금지 재산

제40조 압류금지 재산

다음 각 호의 재산은 압류할 수 없다(법 § 40).
 1. 체납자와 그 동거가족의 생활에 없어서는 아니 될 의복, 침구, 가구와 주방기구
 2. 체납자와 그 동거가족에게 필요한 3개월간의 식료와 연료
 3. 인감도장이나 그 밖에 직업상 필요한 도장
 4. 제사·예배에 필요한 물건, 비석 및 묘지
 5. 체납자 또는 그 동거가족의 상사(喪事)·장례에 필요한 물건
 6. 족보나 그 밖에 체납자의 가정에 필요한 장부·서류
 7. 직무상 필요한 제복
 8. 훈장이나 그 밖의 명예의 증표
 9. 체납자와 그 동거가족의 학업에 필요한 서적과 기구
 10. 발명 또는 저작에 관한 것으로서 공표되지 아니한 것
 11. 법령에 따라 급여하는 사망급여금과 상이급여금(傷痍給與金)
 12. 의료·조산(助産)의 업(業) 또는 동물진료업에 필요한 기구·약품과 그 밖의 재료
 13. 「주택임대차보호법」 제8조 및 같은 법 시행령에 따라 우선변제를 받을 수 있는 금액
 14. 체납자의 생계유지에 필요한 소액금융재산으로서 대통령령으로 정하는 것

이 경우 "대통령령으로 정하는 것"이란 다음 각 호의 구분에 따른 보장성보험의 보험금, 해약환급금 및 만기환급금과 개인별 잔액이 185만원 이하인 예금(적금, 부금, 예탁금과 우편대체를 포함한다)을 말한다(영 § 46 Ⅰ∼Ⅳ).
 1. 사망보험금 중 1천만원 이하의 보험금
 2. 상해·질병·사고 등을 원인으로 체납자가 지급받는 보장성보험의 보험금 중 다음 각 목에 해당하는 보험금
    가. 진료비, 치료비, 수술비, 입원비, 약제비 등 치료 및 장애 회복을 위하여 실제 지출되는 비용을 보장하기 위한 보험금
    나. 치료 및 장애 회복을 위한 보험금 중 가목에 해당하는 보험금을 제외한 보험금의 2분의 1에 해당하는 금액
 3. 보장성보험의 해약환급금 중 150만원 이하의 금액
 4. 보장성보험의 만기환급금 중 150만원 이하의 금액

그리고 체납자가 보장성보험의 보험금, 해약환급금 또는 만기환급금 채권을 취득하는 보험계약이 둘 이상인 경우에는 다음 각 호의 구분에 따라 제1항 각 호의 금액을 계산한다.
1. 제1항제1호, 제3호 및 제4호: 보험계약별 사망보험금, 해약환급금, 만기환급금을 각각 합산한 금액
2. 제1항제2호나목: 보험계약별 금액

(1) 압류금지의 개념

체납자에게 권리가 귀속되고 금전으로 환가가 가능한 모든 재산은 조세채권의 일반적 담보로 되는 것이므로 압류의 대상이 되는 것이 원칙이나 체납자와 그 동거가족의 최저생활의 보장, 생업의 유지, 정신적 생활의 보장, 사회보장제도의 유지 등 여러 가지 이유에서 법률상 압류가 금지된 재산이 있다.

압류금지 재산은 이를 절대적 압류금지 재산과 조건부 압류금지 재산으로 나눌 수 있는데, 전자는 체납자의 승낙이 있더라도 절대적으로 압류할 수 없는 재산을 말하고, 후자는 체납자가 압류하기에 적당한 다른 재산을 제공하는 것을 조건으로 압류가 금지된 재산을 말한다. 절대적 압류금지 재산에는 일반의 압류금지 재산과 급여의 압류금지가 있다.

그런데 여기에서 압류금지라 함은 절대적으로 압류를 금하는 것을 말하며, 압류금지 재산인 것이 외관상으로 명백한 것을 압류한 때에는 그 압류는 무효가 된다. 다만, 외관상 명백하지 아니한 것을 압류한 때에는 세무공무원의 인정착오로서 취소의 원인이 될 수 있는 것이다.[48]

(2) 절대적 압류금지 재산

이 경우의 압류금지 재산은 절대적으로 압류의 대상이 되지 아니하는 재산을 말하므로 납세자의 승낙이 있는 경우에도 이를 압류할 수 없는 재산을 말한다.

그런데 절대적 압류금지 재산을 압류한 경우에 그것이 압류금지 재산임이 외관상 명백한 것을 압류한 때에는 그 압류는 당연 무효이나, 외관상 명백하지 않은 것을 압류한 때에는 그 압류는 바로 무효가 되는 것이 아니고, 취소의 원인으로 될 것으로 해석된다.

다음 각 호의 재산은 압류할 수 없다(법 §40 Ⅰ~ⅩⅣ).

① 체납자와 그 동거가족의 생활에 없어서는 아니될 의복·침구·가구와 주방기구

최저한의 생활유지를 위하여 압류금지 물건으로 규정한 것이므로 별장이나 주말주택에 있는 물건이라면 최저한의 생활유지에 필요한 것이 아니므로 압류금지 물건에 해당될 수 없고, 거주지가 둘 이상일 경우에는 어디가 상시 거주하는 곳인가를 기준으로 하

---

48) 국세징수법통칙 31-0…1 (압류금지)

여야 할 것이고, 상시 거주지가 아닌 곳에 있는 물건은 압류금지 물건에 해당하지 않는다.

② 체납자와 그 동거가족에게 필요한 3개월간의 식료와 연료

여기에서 "체납자와 그 동거가족의 생활에 필요한 3개월간의 식료와 연료"라 함은 식료는 기본적인 주·부식품과 조미료를 말하며, 연료는 취사용 및 난방용 연탄·유류·가스 등의 연료를 말한다. 그 소요량에 있어서는 보통의 건강유지에 필요한 범위로 한다.[49]

그리고 민사집행법 제195조 제2호에서는 "채무자 등의 생활에 필요한 2개월간의 식료품, 연료 및 조명재료"를 압류금지 물건으로 규정하고 있다.

③ 인감도장이나 그 밖에 직업상 필요한 도장(圖章)

여기에서 "직업에 필요한 도장"이라 함은 회사의 사인(社印), 공무원·회사원·변호사·공증인·공인회계사·세무사 등이 직무상 사용하는 인장 및 화가·서예가의 낙관 등 직업 및 생활에 필요 불가결한 인장으로 현재 사용하고 있는 것을 말한다.[50]

그리고 민사집행법 제195조 제10호에서는 "채무자의 생활 또는 직무에 없어서는 아니 될 도장, 문패, 간판 그 밖에 이에 준하는 물건"을 압류금지물건으로 규정하고 있다.

④ 제사·예배에 필요한 물건·비석 및 묘지

여기에서 "제사·예배에 필요한 물건"이라 함은 체납자 또는 그 동거가족의 제사 또는 예배에 실제로 사용되는 제구(祭具) 등을 말하며, 단순히 상품 또는 골동품으로서 소장하고 있는 것은 제외된다.[51] 묘지는 장사 등에 관한 법률 규정에서 분묘가 설치되어 있는 상당 범위의 토지를 말한다.

⑤ 체납자 또는 그 동거가족의 상사·장례(喪事·葬禮)에 필요한 물건

"상사, 장례에 필요한 물건"은 위패, 영정, 상복 기타 상사 등에 직접 사용되는 유체동산을 말한다.

⑥ 족보나 그 밖에 체납자의 가정에 필요한 장부·서류

여기에서 "족보 기타 체납자의 가정에 필요한 장부·서류"에는 예술품 또는 골동품 등으로서 가지고 있는 것을 제외한다.[52]

⑦ 직무상 필요한 제복

이는 전문직 종사자, 기술자, 근로자 기타 주로 자기의 정신적 또는 육체적 노동에 의

---

[49] 국세징수법통칙 31-0…3 (3개월간의 식료와 음료)
[50] 국세징수법통칙 31-0…4 (실인 기타 직업에 필요한 도장)
[51] 국세징수법통칙 31-0…5 (제사·예배에 필요한 물건·석비와 묘지)
[52] 국세징수법통칙 31-0…6 (족보 기타 체납자의 가정에 필요한 장부·서류)

하여 직업 또는 영업에 종사하는 자의 직무수행에 지장을 주지 않도록 하기 위하여 그 직무상 필요한 신분 상당의 제복 등을 말하며, 제복이라 함은 법령에 의하여 일정한 직업인이 입는 법의 기타 착의 등 목사, 승려 등 종교의 직에 있는 자가 예배, 제사 등 종교예식행위를 할 때 입는 의복 및 모자 등을 말한다.

⑧ 훈장이나 그 밖의 명예의 증표

여기에서 "훈장이나 그 밖의 명예의 증표"라 함은 체납자 또는 그 동거가족이 받은 것으로 훈장은 국내외 것을 불문하고 약장 등도 포함하며, 기타 명예의 증표는 경기·학예·기예 등의 표창으로서 수여된 상패, 상배, 메달 등을 말한다.[53]

⑨ 체납자와 그 동거가족의 학업에 필요한 서적과 기구

이 규정에서 "수학상 필요한 서적과 기구"라 함은 초·중등교육법 제2조 및 고등교육법 제2조에 따른 학교에서 수학하거나 이와 동등 정도의 수학을 하는 데 필요한 교과서·참고서·사전 등의 서적과 책상, 서가, 문방구 등 기구를 말한다.[54]

그리고 민사집행법 제195조 제13호에서는 압류금지 물건으로서 "채무자 등이 학교, 교회, 사찰, 그 밖의 교육기관 또는 종교단체에서 사용하는 교과서, 교리서, 학습용구, 그 밖에 이에 준하는 물건"이라고 규정하고 있다.

⑩ 발명 또는 저작에 관한 것으로서 공표되지 아니한 것[55]

이 규정에서 "발명"이라 함은 자연법칙을 이용한 기술적 사상의 창작으로서 고도의 것을 말하며, "저작"이란 표현의 방법 또는 형식의 여하를 막론하고 문서·연술·회화·조각·공예·건축·지도·도형·모형·사진·악보·연주·가창·무보(舞譜)·각본·연출·음반·녹음필름·영화와 기타 학문 또는 예술의 범위에 속하는 일체의 물건을 말한다. 발명의 특허를 받거나 발명 또는 저작한 것을 간행흥업 또는 전람에 공한 때에는 공표한 것이 된다(특허법 §2, 저작권법 §2).

⑪ 법령에 따라 급여하는 사망급여금과 상이급여금(傷痍給與金)

여기에서 말하는 "사망급여금과 상이급여금"의 급여를 규정하는 법령으로는 다음과 같은 것이 있다.[56]

㉮ 국가유공자 등 예우 및 지원에 관한 법률 §12(보상금), §14(생활조정수당), §15(간호수당), §17(사망일시금)

---

53) 국세징수법통칙 31-0···7 (훈장 기타 명예의 증표)
54) 국세징수법통칙 31-0···8 (수학상 필요한 서적과 기구)
55) 국세징수법통칙 31-0···9 (발명 또는 저작에 관한 것으로서 공표되지 아니한 것)
56) 국세징수법통칙 31-0···10 (법령에 의하여 급여하는 사망급여금과 상이급여금)

㉯ 근로기준법 §78(요양보상), §79(휴업보상), §80(장해보상), §82(유족보상), §83(장의비)
㉰ 선원법 §85(요양보상), §87(상병보상), §88(장해보상), §90(유족보상), §91(장제비)
㉱ 산업재해 보상보험법 §40(요양급여), §52(휴업급여), §57(장해급여), §62(유족급여), §71(장의비), §78(장해특별급여), §79(유족특별급여)

⑫ 의료·조산(助産)의 업 또는 동물진료업에 필요한 기구·약품과 그 밖의 재료

이 규정에서 "의료·조산의 업 또는 동물진료업"이란 의료법 제2조 및 제3조에 따른 의료인이 의료기관에서 행하는 의료·조산의 업과 수의사법 제2조에 따른 동물진료업을 말한다.57)

⑬ 주택임대차보호법 제8조 및 같은 법 시행령에 따라 우선변제를 받을 수 있는 금액58)

⑭ 체납자의 생계유지에 필요한 소액금융재산으로서 대통령령으로 정하는 것

㉮ 이 경우 "대통령령으로 정하는 것"이란 사망보험금 중 1천만원 이하의 보험금, 상해·질병·사고 등을 원인으로 체납자가 지급받는 보장성보험의 보험금 중 ㉠ 진료비, 치료비, 수술비, 입원비, 약제비 등 치료 및 장애 회복을 위하여 실제 지출되는 비용을 보장하기 위한 보험금 ㉡ 치료 및 장애 회복을 위한 보험금 중 가 목에 해당하는 보험금(진료비, 치료비, 수술비, 입원비, 약제비 등 치료 및 장애 회복을 위하여 실제 지출되는 비용을 보장하기 위한 보험료)을 제외한 보험금의 2분의 1에 해당하는 금액과 보장성보험의 보험금 해약환급금 및 만기환급금과 개인별 잔액이 185만원 이하인 예금(적금·부금·예탁금과 우편대체를 포함한다.)을 말한다(영 §46 ① Ⅰ~Ⅳ).

㉯ 체납자가 보장성 보험의 보험금, 해약환급금 또는 만기환급금 채권을 취득하는 보험계약이 둘 이상인 경우에는 제1항 제1호, 제3호 및 제4호 : 보험계약별 사망보험금, 해약환급금, 만기환급금을 각각 합산한 금액과 제1항 제2호 나목 : 보험계약별 금액의 구분에 따라 제1항 각 호의 금액을 계산한다(영 §46 ② Ⅰ·Ⅱ).

위와 같은 국세징수법의 규정에 의한 압류금지재산 이외에 압류를 제한한 건설산업기본법 제88조(노임에 대한 압류금지), 공무원연금법 제32조(권리의 보호) 등 특별법의 규정에 따라서도 압류금지재산을 정하고 있다.59)

---

57) 국세징수법통칙 31-0···11 (의료·조산의 업 또는 동물진료업)
58) 주택임대차보호법
제8조 【보증금 중 일정액의 보호】 ① 임차인은 보증금 중 일정액을 다른 담보물권자(擔保物權者)보다 우선하여 변제받을 권리가 있다. 이 경우 임차인은 주택에 대한 경매신청의 등기 전에 제3조 제1항의 요건을 갖추어야 한다.
 ② 제1항의 경우에는 제3조의 2 제4항부터 제6항까지의 규정을 준용한다.
 ③ 제1항에 따라 우선변제를 받을 임차인 및 보증금 중 일정액의 범위와 기준은 제8조의 2에 따른 주택임대차위원회의 심의를 거쳐 대통령령으로 정한다. 다만, 보증금 중 일정액의 범위와 기준은 주택가액(대지의 가액을 포함한다.)의 2분의 1을 넘지 못한다.
59) 강인애, 「전게서」, p.454

제41조 | 조건부 압류금지 재산

조건부 압류금지 재산이라 함은 절대적 압류금지 재산과는 달리 체납자가 조세채권을 확보할 수 있는 다른 재산의 제공을 조건으로 압류가 금지되는 재산을 말한다. 이 규정은 체납자의 농업, 어업 기타 직업이나 사업의 계속을 보호하기 위하여 마련된 제도이다.

다음 각 호의 재산은 체납자가 체납액에 충당할 만한 다른 재산을 제공할 때에는 압류할 수 없다(법 §41 Ⅰ~Ⅲ).
 ① 농업에 필요한 기계·기구·가축류의 사료, 종자와 비료
 ② 어업에 필요한 어망(漁網)·어구(漁具)와 어선
 ③ 직업 또는 사업에 필요한 기계·기구와 비품

이 규정에서 "체납액에 충당할 만한 다른 재산을 제공하는 때"라 함은 지방세 등의 전액을 징수할 수 있는 재산(이미 압류된 재산이 있는 때에는 그와 합산하여 산정)을 즉시 압류할 수 있는 상태로 제공하는 것을 말하며[60] 농업에 "필요한 기계", 어업에 "필요한 어망", 직업 또는 사업에 "필요한 기계" 등이라 함은 현실적으로 당해 사업을 영위하는 자가 그 기계 등 재산을 압류당함으로써 당해 사업의 현재 정도의 계속 유지에 지장을 초래한다고 인정될 정도로 당해 사업에 관계가 있는 기계 등을 말한다. 따라서 당해 사업에 필요 불가결한 것에 한정되는 것은 아니다.[61]

그러므로 '조건부 압류금지 재산'이라 함은 조세의 징수확보에 적당한 다른 재산의 제공을 조건으로 압류할 수 없는 재산을 말한다. 절대적 압류금지 재산은 납세자의 승낙이 있더라도 절대적으로 압류할 수 없는 재산임에 대하여, 조건부 압류금지 재산은 절대적으로 압류할 수 없는 재산은 아니고, 다만 납세자가 조세의 징수확보에 적당한 다른 재산의 제공을 조건으로 압류할 수 없는 재산이다.

"압류할 수 없다."라 함은 적당한 다른 재산의 제공을 조건으로 압류할 수 없음을 말한다. 적당한 다른 재산의 제공이 있음에도 불구하고 조건부 압류금지 재산을 압류한 경우에는 위법한 압류이므로 이에 대하여 불복할 수 있다. 그러나 이 규정에 위반된 압류라도 당연무효는 아니고 취소할 수 있는 것에 지나지 않는다.

---

60) 국세징수법통칙 32-0…1 (조세에 충당할 만한 재산의 제공)
61) 국세징수법통칙 32-0…2 (농업 등에 필요한 재산)

제42조 │ 급여채권의 압류 제한

① 급료·연금·임금·봉급·상여금·세비·퇴직연금, 그 밖에 이와 비슷한 성질을 가진 급여채권에 대해서는 그 총액의 2분의 1은 압류할 수 없다. 다만, 그 금액이 표준적인 가구의 「국민기초생활 보장법」에 따른 최저생계비를 고려하여 대통령령으로 정하는 금액에 미치지 못하는 경우 또는 표준적인 가구의 생계비를 고려하여 대통령령으로 정하는 금액을 초과하는 경우에는 각각 대통령령으로 정하는 금액을 압류할 수 없다(법 §42 ①).

이 경우 "총액"이란 지급받을 수 있는 급여금 전액에서 그 근로소득 또는 퇴직소득에 대한 소득세 및 개인 지방소득세를 뺀 금액으로 한다(영 §47 ①).

또한 "표준적인 가구의 생계비를 고려하여 대통령령이 정하는 금액"이란 월300만원 + [법 제42조 제1항 본문에 따른 압류금지금액(월액으로 계산한 금액을 말한다.) - 300만원] × 1/2 (계산한 금액이 0보다 작은 경우에는 0으로 본다.)의 금액을 압류하지 못한다는 것이다(영 §47 ③ Ⅰ·Ⅱ).

그러므로 그 총액의 2분의 1에 해당하는 금액은 압류가 금지되는데 "2분의 1에 해당하는 금액"이 국민기초생활 보장법에 따른 최저생계비에 해당하는 월185만원 이하인 경우에는 압류를 할 수 없으며(압류금지최저금액), 표준적인 가구의 생계비를 고려하여 매월 지급받는 총액이 300만원 이상인 경우에는 압류금지 금액에 해당하는 금액에서 300만원을 뺀 금액의 2분의 1을 월300만원과 합산한 금액(압류금지최고금액)이 압류금지채권이 되는 것이다(영 §47 ②).

위의 후단에 관한 예를 들면 월 급여총액의 채권이 700만원인 경우 그 급여총액의 2분의 1은 350만원이 되고, 여기에서 300만원을 뺀 금액이 50만원이 된다. 이 50만원의 2분의 1인 25만원을 300만원과 합하면 325만원이 되어 이 금액이 압류금지최고금액이 되는 것이다.

② 퇴직금이나 그 밖에 이와 비슷한 성질을 가진 급여채권에 대해서는 그 총액의 2분의 1은 압류할 수 없다(법 §42 ②).

이 규정은 급여수입이 일반 급여생활자의 생계에 점하는 중요성을 감안하여, 급여생활자의 최저생활의 보장이라는 사회정책적 고려에서 급여의 채권을 일정한 범위에서 압류금지채권으로 규정하고 있는데, 이 규정은 민사집행법 제246조 제1항 제4호의 규정과 동일하다.

이 규정에서 "기타 이에 유사한 급여금"이란 일직료, 숙직료, 통근수당 및 현물급여를 포함하는 것으로 한다.[62]

---

62) 국세징수법통칙 33-0…1 (기타 이에 유사한 급여금)

제43조 초과압류의 금지

지방자치단체의 장은 지방세를 징수하기 위하여 필요한 재산 외의 재산을 압류할 수 없다(법 §43).

'초과압류의 금지'라 함은 과세권자가 지방세를 징수하기 위하여 체납자의 재산을 압류함에 있어서 조세를 징수하기 위하여 필요한 재산 외의 재산을 압류할 수 없음을 말한다. 즉, 체납자가 2 이상의 재산을 소유하고 있는 경우 세무공무원이 그 중 1개의 재산을 압류함으로써 충분히 조세징수를 만족시킬 수 있음에도 불구하고 다른 재산까지 압류하는 것을 금지하는 것 등을 말한다.

그러므로 납세자의 재산권보장 측면에서 보거나 과세권자의 징수권의 남용을 방지하기 위한 측면에서 볼 때, 체납처분에 의한 압류는 체납된 지방세 및 체납처분비용을 징수하기 위하여 필요한 한도 내에서 이를 집행하여야 한다는 것이다.

그리고 초과압류의 금지는 무익한 압류금지와 다르다. 무익한 압류금지는 압류당시의 재산의 가액이 그 압류에 관계된 체납처분비 및 징수할 지방세액에 우선하는 다른 국세, 지방세 기타 채권액의 합계액을 초과하지 않을 경우에 그 재산의 압류를 금지하는 것을 말한다. 이런 경우에는 그 압류에 의하여 체납된 지방세를 징수할 수 없기 때문이다.

다시 말해서 무익한 압류의 금지에 대해서 국세징수법에서는 직접적인 규정은 두지 않았으나, 체납처분의 목적물인 총재산의 추산가액이 체납체분비에 충당하고 남을 여지가 없을 때에는 체납처분을 중지하여야 하고(국징법 §85 ①), 또한 체납처분의 목적물인 재산이 국세기본법 제35조 제1항 제3호에 규정한 채권의 담보가 된 재산인 경우에 그 추산가액이 체납처분비와 해당 채권금액에 충당하고 남을 여지가 없을 때에도 체납처분을 중지하도록 규정하고 있다.

또한 민사집행법 제188조 제3항에도 "압류물을 현금화하여도 집행비용 외에 남을 것이 없는 경우에는 집행하지 못한다."고 규정함으로써 무익한 압류의 집행을 금지하고 있다.

그런데 초과압류는 당연 무효의 처분이 아니고 취소할 수 있는 처분으로서 해석하는 것이 통설로 되어 있다.

제3절 체납처분의 효력

체납자의 재산에 대하여 체납처분에 의한 압류를 할 때에는 일반적으로 압류할 물건의 인도에 관한 효력, 가압류, 가처분에 대한 체납처분의 효력, 과실에 대한 압류의 효력 및 상속 등의 경우의 체납처분의 효력 등이 있다.

제44조 질권이 설정된 재산의 압류

① 세무공무원이 질권이 설정된 재산을 압류하려는 경우에는 그 질권자에게 문서로써 그 질권의 대상물의 인도를 요구하여야 한다. 이 경우 질권자는 질권의 설정 시기에 관계없이 질권의 대상물을 세무공무원에게 인도하여야 한다(법 §44 ①).

② 세무공무원은 질권자가 제1항에 따라 질권의 대상물을 인도하지 아니하는 경우에는 즉시 압류하여야 한다(법 §44 ②).

여기에서 질권이라 함은 민법에 규정된 동산질권과 권리질권을 말한다. 동산질권이라 함은 동산질권자는 채권의 담보로 채무자 또는 제3자가 제공한 동산을 점유하고 그 동산에 대하여 다른 채권자보다 자기채권의 우선변제를 받을 권리가 있는 약정담보물권(約定擔保物權)을 말하고(민법 §329), 권리질권은 재산권을 그 목적으로 할 수 있다. 그러나 부동산의 사용·수익을 목적으로 하는 권리는 그러하지 아니하다(민법 §345).

그리고 질권의 인도를 구할 수 있는 것은 그 질물의 소유권 등의 권리가 체납자에게 귀속되는 경우에 한한다. 따라서 민사질권의 경우에 있어서 변제기한 경과 후에 대물변제가 된 때, 유질계약(流質契約)이 있는 상사질권의 경우(상법 §59) 및 질권자가 전당포주인 경우(전당포영업법 §1·§21) 유질기한이 경과된 후에는 그 질물의 소유권 등 권리는 이들 질권자가 취득하므로 세무공무원은 그 인도를 요구할 수 없다.[63]

이 경우 유질(流質)이라 함은 채무자가 변제기가 지나도 채무를 이행하지 않는 경우에 채권자가 질물(質物)의 소유권을 취득하거나 또는 질물을 매각하여 그 대금을 우선적으로 변제에 충당하는 것을 말한다.

---

63) 강인애, 「전게서」, p.471

제45조   가압류, 가처분 재산에 대한 체납처분의 효력

재판상의 가압류 또는 가처분 재산이 체납처분 대상인 경우에도 이 법에 따른 체납처분을 한다(법 §45).

이 경우 세무공무원이 재판상의 가압류 또는 가처분을 받은 재산을 압류하거나 그 압류를 해제할 때에는 그 뜻을 해당 법원·집행공무원 또는 강제관리인에게 통지하여야 한다. 그 압류를 해제할 때에도 또한 같다(영 §48).

이 규정에서 "가압류"란 법원의 판결 또는 결정에 의한 가압류로서 민사집행법 제4편(보전처분)에 의한 강제집행을 보전하기 위한 가압류뿐 아니라 「채무자 회생 및 파산에 관한 법률」 제43조(가압류·가처분 그 밖의 보전처분), 제323조(파산선고 전의 보전처분), 제592조(보전처분) 등에 따른 가압류를 포함한다.

또한 이 규정에서 "가처분"이란 법원의 판결 또는 결정에 의한 가처분으로서 「민사집행법」 제300조 제1항(다툼의 대상에 관한 가처분)의 규정에 의한 가처분뿐 아니라 「채무자 회생 및 파산에 관한 법률」 제43조(가압류·가처분 그 밖의 보전처분), 제323조(파산선고 전의 보전처분), 제592조(보전처분) 등에 따른 가처분을 포함한다. 다만, 「민사집행법」 제300조 제2항(지위에 관한 가처분) 등에 따른 가지위를 정하는 가처분 등은 금전 지급을 내용으로 하는 체납처분과의 경합이 생기지 아니하므로 이 조의 가처분에는 포함하지 아니한다.[64]

그러므로 가압류는 금전채권 또는 금전으로 환산할 수 있는 채권에 관하여 장래에 그 집행을 보전하기 위하여 미리 채무자의 재산을 압류하여 그 처분권을 빼앗아 두는 것을 목적으로 하는 강제집행의 보전처분을 말한다.

여기에서 "계쟁물에 관한 가처분"이란 특정물의 급여를 목적으로 하는 청구권의 강제집행을 보전하기 위하여, 즉 현상의 변경으로 당사자 일방의 권리를 실행하지 못하거나 또는 이를 실행함에 현저히 곤란한 염려가 있는 때에 행하여지는 권리보전수단을 말한다. 그러므로 금전채권 또는 금전으로 환산할 수 있는 채권의 집행보전을 위한 것이 아니라 특정물의 급여를 목적으로 하는 청구권에 대한 강제집행의 보전처분이라는 점에서 가압류와 차이가 있다. 계쟁물에 관한 가처분의 대표적인 예로서 처분금지 가처분을 들 수 있다.

이 규정에서 "가압류 또는 가처분재산이라도 체납처분을 한다"는 것은 과세권자가 가압류 또는 가처분을 받은 재산을 압류하여 매각하는 경우에 가압류 또는 가처분에 의하여 저지되지 아니하고 집행할 수 있는 것을 말한다. 다만, 처분금지 가처분이 된 재산을 압류한 경우로서 가처분권자가 본안소송에서 승소하여 자기 앞으로 소유권이전을 하는 경우에는 가처분 이후에 이루어진 체납처분에 의한 압류등기를 말소신청할 수 있으므로(대법원 등기예규 제

---

64) 국세징수법통칙 35-0…1,2 (가압류, 가처분)

1061호), 과세권자는 당해 가처분에 대한 본안소송의 확정결정을 기다려 그 결과에 따라 공매 여부를 결정하여야 한다.[65]

제46조 과실에 대한 압류의 효력

① 압류의 효력은 압류재산으로부터 생기는 천연과실(예 유실수목의 열매) 또는 법정과실(예 가옥의 임대료)에 미친다.

다만, 체납자 또는 제3자가 압류재산을 사용하거나 수익하는 경우에는 그 재산으로부터 생기는 천연과실(그 재산의 매각으로 인하여 권리를 이전할 때까지 거두어들이지 아니한 천연과실은 제외한다.)에 대해서는 미치지 아니한다(법 §46).

② 천연과실 중 성숙한 것은 토지 또는 입목과 분리하여 동산으로 볼 수 있다(영 §49).

이와 같이 과실에 대한 압류의 효력은 천연과실의 경우에는 압류시에 미분리된 과실과 압류시기 이후에 생긴 과실에 대해서만 미치는 것이고, 압류시에 이미 분리된 과실에 대해서는 그것이 분리에 의하여 독립된 별개의 동산으로 되는 것이기 때문에 압류의 효력이 미치지 않는다. 따라서 천연과실 중에서 성숙한 것은 토지 또는 입목과 분리하여 동산으로 볼 수 있다(영 §49).

그리고 법정과실의 경우는 압류시기 이후의 기간에 생긴 과실에 대해서 미치는 것이고, 압류시점 이전의 시기에 대응하는 과실에 대해서는 미치지 아니한다.

따라서 압류시에 이미 분리된 천연과실이 있거나 또는 압류시기 이전의 시기에 대응하는 법정과실이 수취되지 아니한 때에는 이들 과실은 원물(元物)의 압류와 별개로 동산 또는 채권으로서 압류하여야 한다. 그러므로 압류 당시까지 이미 발생한 법정과실에 대하여는 별도의 압류를 하지 아니하는 한 압류의 효력이 미치지 아니한다. 그리고 과세권자는 압류의 효력이 법정과실에 미치는 경우 원본에 대한 압류와 동시에 그 과실의 지급의무를 지는 제3채무자에 대하여 압류의 통지를 하여야 한다.[66]

---

65) 국세징수법통칙 35-0…3 (가압류 또는 가처분의 효력)
66) 국세징수법통칙 36-0…2 (법정과실에 대한 압류)

제47조 상속·합병의 경우에 대한 체납처분의 효력

체납자의 재산에 대하여 체납처분을 집행한 후 체납자가 사망하였거나 체납자인 법인이 합병으로 소멸되었을 때에도 그 재산에 대한 체납처분은 계속 진행하여야 하며(법 §47 ①), 체납자가 사망한 후 체납자 명의의 재산에 대하여 한 압류는 그 재산을 상속한 상속인에 대하여 한 것으로 본다(법 §47 ②).

그리고 압류할 재산이 공유물인 경우에 그 지분이 정하여져 있지 아니한 경우에는 그 지분이 균등한 것으로 보아 체납처분을 집행한다.

이 규정에서 "체납자 명의의 재산"이라 함은 압류를 함에 있어서 세무공무원이 재산의 귀속을 명의에 의하여 판단하는 재산, 예를 들면 부동산·선박·항공기·자동차·건설기계 또는 각종 기명식 유가증권으로서 체납자의 명의로 되어 있는 재산에 국한되지 아니하고 기타의 재산이라도 사회통념상 체납자의 소유재산이라고 인정되는 것은 포함하는 것으로 한다.[67]

---

67) 국세징수법통칙 37-0…1 (체납자 명의의 재산)

제4절 동산과 유가증권의 압류

압류할 수 있는 재산은 그 권리가 체납자에게 귀속되는 것으로서 유체재산은 물론 채권, 무체재산권 등 추심하거나 환가할 수 있는 일체의 재산이 그 대상이 되는데 이를 자세히 살펴보면, 먼저 압류대상이 될 수 있는 재산은 체납자의 소유재산이어야 하고, 둘째, 이를 압류하여 환가하고 그 매각대금 또는 추심한 금전을 조세채권에 충당하는 것이므로 금전적 가치가 있어야 하며, 셋째, 압류재산의 환가방법은 매각하거나 추심하는 것이므로 압류대상 재산은 양도성이 있거나 추심할 수 있는 재산이어야 하고 압류금지 대상이 아닌 재산이어야 한다고 본다.

제48조 동산과 유가증권의 압류

① 동산 또는 유가증권의 압류는 세무공무원이 점유함으로써 한다(법 §48 ①).
② 세무공무원은 체납자와 그 배우자의 공유재산으로서 체납자가 단독으로 점유하거나 배우자와 공동으로 점유하고 있는 동산 또는 유가증권을 제1항에 따라 압류할 수 있다(법 §48 ②).

체납처분 상의 동산이란 토지 및 그 정착물 즉 부동산 이외의 물건(민법 §99)이 동산이다. 그러므로 유가증권과 등기·등록을 요하는 항공기·건설기계·자동차 등을 제외한 유체동산, 등기를 요하지 아니하는 총톤수 20톤 미만의 선박, 등기·등록 등의 규정을 적용받지 아니하는 등록되지 아니한 항공기·건설기계·자동차, 건축중의 건물, 미분리 천연과실 등을 말하며, 유가증권이라 함은 재산권을 표시하는 증권으로서 그 권리의 행사 또는 이전을 증권으로 하는 것으로서 어음·수표·국채증권·지방채증권·사채권·주권·출자증권·신탁의 무기명 수익증권·창고증권·화물상환증·선하증권·상품권 등이 있다.[68]

이 경우 「민사집행법」 제190조에서는 채무자와 그 배우자가 공유하는 동산·유가증권으로서 채무자가 단독점유 혹은 부부가 공동점유하는 경우 압류가 가능하다고 규정하고 있고, 대법원 판례[69]에 따르면 조세채권의 실현을 위하여 체납자와 그 배우자 간 공유재산이 존재하는 경우에도 민사집행법을 유추하여 압류가 가능함에 따라 부부공유의 동산·유가증권에 대한 압류 근거, 압류 시 배우자의 우선 매수권, 매각대금 지급 요구권 및 배우자에 대한 공매 통지가 가능한 것이다.

참고로 동산에 대해 살펴보면 민법상 동산이라 함은 부동산 이외의 물건을 말하고(민법

---
68) 국세징수법통칙 38-0…8 (유가증권의 종류)
69) 부부 공유 유체동산의 압류에 관한 민사집행법 제190조의 규정은 체납처분의 경우에 유추적용을 배제할 만한 특수성이 없으므로 이를 체납처분의 경우에도 유추적용할 수 있다(대법 2005두15151 판결. 2006.4.13. 선고)

§99 ②), 부동산은 토지 및 그 정착물을 말한다(민법 §99 ①). 그러므로 동산은 부동산 이외의 물건을 말하나 토지에 부착되어 있는 물건이라도 그 정착물이 아닌 것은 동산으로 보아 압류한다. 그러므로 가식중에 있는 수목, 소규모의 공사를 위하여 토지에 고정시킨 것(예 사용중의 동요를 방지하기 위하여 볼트·못 등으로 고정시킨 기계류 등)은 동산으로 압류한다.

그런데 동산과 부동산은 여러 가지 점에서 법률상의 취급이 다르지만, 가장 중요한 차이는 물권의 공시방법과 효력이다. 부동산물권의 공시방법은 등기이며, 등기가 성립요건으로서 매매에 의하여 부동산소유권을 얻으려 해도 등기를 하지 않고 있으면 소유권취득의 효력이 발생하지 않는다(민법 §186). 이에 대하여 동산물권의 공시방법은 점유(占有)이다(민법 §188 ②). 거래에서 동산소유권을 얻은 자가 그 권리를 제3자에게 주장하기 위하여는 점유의 이전을 받을 필요가 있다(민법 §188 ①). 또 매도인에게 처분권이 없어도 동산을 선의로 매수하여 이전받으면 매수인은 동산의 소유권을 취득한다(민법 §249).

또한 민사집행법 제189조 제2항 제1호에는 "등기할 수 없는 토지의 정착물로서 독립하여 거래의 객체가 될 수 있는 것"은 동산으로 보고 있다. 여기서 '등기할 수 없는 토지의 정착물'이라 함은 토지에의 정착성은 있으나 환가한 후 토지로부터 분리하는 것을 전제로 하여 거래의 대상으로서의 가치를 가지는 것을 말한다(대법 95마820, 1995.11.27. 참조).

판례를 보면, 건물이 이미 완성되었으나 단지 사용승인만을 받지 아니하여 그 보존등기를 경료하지 못한 상태에 있다면, 위와 같이 완성된 건물은 부동산등기법상 당연히 등기적격이 있는 것이고, 비록 사용승인을 받지 아니함으로써 부동산등기법상 보존등기 신청시에 필요한 서류를 교부받지 못하여 아직 등기를 하지 못하고 있는 경우라고 하더라도, 그와 같은 사정만으로 위 완성된 건물이 민사소송법 제527조 제2항 제1호(현 민사집행법 제189조 제2항 제1호)의 "등기할 수 없는 토지의 정착물로서 독립하여 거래의 객체가 될 수 있는 것"에 해당하여 유체동산집행의 대상이 되는 것이라고 할 수 없다고 판시한 것이 있다(대법 93마1933, 1994.4.12. 참조).

사례

❖ **과세관청이 체납자가 점유하고 있는 제3자 소유의 동산을 압류한 경우, 체납자가 그 압류처분의 취소나 무효확인을 구할 원고적격 여부**

국세징수법 제38조, 제39조의 규정에 의하면 동산의 압류는 세무공무원이 점유함으로써 행하되, 다만 일정한 경우 체납자로 하여금 보관하게 하고 그 사용 또는 수익을 허가할 수 있을 뿐이며, 여기서의 점유는 목적물에 대한 체납자의 점유를 전면적으로 배제하고 세무공무원이 이를 직접 지배, 보관하는 것을 뜻하므로, 과세관청이 조세의 징수를 위하여 체납자가 점유하고 있는 제3자의 소유 동산을 압류한 경우, 그 체납자는 그 압류처분에 의하여 당해 동산에 대한 점유권의 침해를 받은 자로서 그 압류처분에 대하여 법률상 직접적이고 구체적인 이익을 가지는 것이어서 그 압류처분의 취소나 무효확인을 구할 원고적격이 있다.

(대법 2005두15151, 2006.4.13.)

동산 또는 유가증권의 압류는 세무공무원이 점유함으로써 한다(법 §48).

그런데 압류한 동산 또는 유가증권은 과세기관이 선량한 관리자의 주의로서 관리하여야 하며, 과세기관이 그 직무를 행함에 있어서 고의 또는 과실에 의하여 위법하게 압류한 재산을 망실하거나 훼손하여 체납자 등에게 손해를 끼친 경우에는 국가는 국가배상법이 정하는 바에 따라 체납자 등에 대하여 그 손해를 배상할 책임을 진다.[70]

제49조 압류 동산의 사용·수익

① 제48조에도 불구하고 운반하기 곤란한 동산은 체납자 또는 제3자로 하여금 보관하게 할 수 있다. 이 경우 봉인(封印)이나 그 밖의 방법으로 압류재산임을 명백히 하여야 한다(법 §49 ①).

이 경우 세무공무원이 압류재산임을 표시할 때에는 압류 연월일과 압류한 세무공무원이 소속된 지방자치단체의 명칭을 명백히 하여야 한다(영 §50).

② 지방자치단체의 장은 제1항에 따라 압류한 동산을 체납자 또는 그 동산을 사용하거나 수익할 권리를 가진 제3자에게 보관하게 한 경우에는 지방세 징수에 지장이 없다고 인정되면 그 동산의 사용 또는 수익을 허가할 수 있다(법 §49 ②).

이 규정에서 "지방세징수에 지장이 있다"라고 함은 압류동산을 본래의 용법과 다르게 사용 또는 수익함으로써 징수에 지장이 있는 경우와 그 재산을 본래의 용법에 따라 사용 또는 수익함으로써 압류 당시의 가치를 현저히 감소시키는 경우를 포함하나 그 판정에 있어서는 동산의 종류, 성질, 체납처분의 긴급도, 납세자의 성실성 등을 참작한다.[71]

③ 앞의 '②'에 설명한 바에 의하여 압류된 동산을 사용하거나 수익하려는 자는 행정안전부령으로 정하는 압류재산 사용·수익허가신청서를 관할 지방자치단체의 장에게 제출하여야 한다(영 §51 ①).

④ 압류재산의 사용·수익 허가신청을 받은 자치단체의 장은 해당 사용·수익 행위가 압류재산의 보전에 지장을 주는 지를 조사하여 그 허가 여부를 신청인에게 통지하여야 한다(영 §51 ②).

⑤ 이렇게 사용·수익의 허가를 받은 자는 압류재산을 사용하거나 수익할 때 선량한 관리자의 주의를 다하여야 하며, 지방자치단체의 장이 해당 재산의 인도를 요구하는 경우에는 지체 없이 이에 따라야 한다(영 §51 ③).

---

70) 국세징수법통칙 38-0…9 (압류재산의 보관과 책임)
71) 국세징수법통칙 39-0…2 (조세징수에 지장이 있는 경우)

그리고 위 규정에서 "운반하기 곤란한 재산"이라 함은 다음 각 호의 재산을 말하는 것으로 한다.[72]

1. 압류물건이 상당히 중량물인 것, 그 기초가 견고하게 부착되어 분리하기 곤란한 것, 대형물인 것, 산간벽지의 공장현장 등에 있는 것, 분량이 많은 것 등 운반이 곤란함이 있다고 인정되는 것
2. 압류물건을 체납자와의 계약에 의한 임차권, 사용대차권, 기타 동산의 사용·수익할 권리에 기하여 제3자가 점유하는 경우로서 국세징수법 제39조(압류동산의 사용·수익)의 규정에 의하여 사용·수익을 허가할 필요가 있다고 인정하는 것

제50조 │ 유가증권에 대한 채권의 추심

① 지방자치단체의 장은 유가증권을 압류하였을 때에는 그 유가증권에 관계되는 금전채권을 추심할 수 있다(법 §50 ①).
② 지방자치단체의 장은 제1항에 따라 금전채권을 추심하였을 때에는 추심한 금액의 한도에서 체납자의 압류에 관계되는 체납액을 징수한 것으로 본다(법 §50 ②).

여기에서 "유가증권에 관계되는 금전채권"이라 함은 압류한 유가증권에 기하여 행사할 수 있는 채권 중 금전의 급부를 목적으로 하는 것을 말한다. 따라서 금전의 급부를 목적으로 하는 채권 이외의 재산권을 표시하는 유가증권(창고증권 등)에 있어서는 동조의 규정을 적용하지 아니하고 직접 그 유가증권을 매각한다.[73] 또는 이 규정에 의하여 추심을 하는 유가증권은 그 유가증권에 관한 금전채권의 이행기일이 이미 도래하였거나 가까운 장래에 도래하는 것으로서 매각하는 것보다 추심하는 것이 징수상 유리하다고 인정되는 것에 한한다.[74]

---

72) 국세징수법통칙 38-0…11 (운반하기 곤란한 재산)
73) 국세징수법통칙 40-0…1 (추심하는 유가증권)
74) 국세징수법통칙 40-0…2 (추심하는 경우)

제5절 채권의 압류

제51조 채권의 압류 절차

① 지방자치단체의 장은 채권을 압류할 때에는 그 뜻을 해당 채권의 채무자(이하 "제3채무자"라 한다.)에게 통지하여야 하며, 채권을 압류하였을 때에는 그 사실을 체납자에게 통지하여야 한다(법 §51 ①·③).

여기에서 "채권"이란 금전 또는 매각할 수 있는 재산의 지급을 목적으로 하는 것을 말하며, 장래 발생하는 채권이라도 압류 당시에 그 원인이 확정되어 있고 그 발생이 확실하다고 인정하는 것(예를 들면 장래 발생하는 급료채권 등) 및 당사자간에 양도금지의 특약이 있는 것도 압류할 수 있으며, 양도 가능한 전화가입권, 기타 추심할 수 없는 권리는 무체재산권의 압류절차를 밟아 압류한다.[75]

② 지방자치단체의 장은 채무자에게 채권압류의 통지를 하였을 때에는 체납액(지방세, 체납처분비)을 한도로 하여 체납자인 채권자를 대위(代位)한다(법 §51 ②).

위의 제1항 및 제2항에서는 채권 압류절차에 있어서 채무자, 즉 제3채무장에 대한 압류의 통지와 지방자치단체의 장이 압류한 채권에 대하여 대위하여 추심할 수 있는 권한을 규정하고 있다 채무자에 대한 압류의 효력은 발생요건 인 것이다.[76]

그리고 '채권자를 대위한다'함은 지방자치단체의 장의 이 추심권능은 이 규정에 따라 창설되어 취득하는 것이므로 체납자의 대리인, 승계인이나 체납자의 명의로 주징하는 것이 아니라 지방자치단체의 장이 추심하는 것을 의미한다.

③ 지방자치단체의 장은 신원보증금, 계약보증금 등의 조건부채권을 그 조건 성립 전에도 압류할 수 있다. 이 경우 압류한 후에 채권이 성립되지 아니할 것이 확정될 때에는 그 압류를 지체 없이 해제하여야 한다(영 §52). 이 경우를 조건부채권의 압류라 한다.

④ 시장·군수는 채권압류의 통지를 받은 채무자가 채무이행의 기한이 지나도 이행하지 아니하는 경우에는 최고를 하여야 하며, 최고를 받은 채무자가 최고한 기한까지 채무를 이행하지 아니하는 경우에는 채권자를 대위하여 채무자를 상대로 소송을 제기하여야 한다. 다만, 채무이행의 자력(資力)이 없다고 인정하는 경우에는 채권의 압류를 해제할 수 있다(영 §53 ①·②).

---

[75] 국세징수법통칙 41-0…1 (채권)
[76] 강인애, 국세징수법 해설, p425

제52조 | 채권 압류의 효력

채권 압류의 효력은 채권 압류 통지서가 제3채무자에게 송달된 때에 발생한다(법 §52). 채권의 압류에 있어 생기는 효력에 대해서 살펴보면 다음과 같다.

① 이행금지의 효력

제3채무자는 채권의 압류통지를 받은 때에 그 범위에 있어서 채권자(체납자)에 대한 이행이 금지된다. 그러므로 채권압류통지서의 송달을 받은 후에 제3채무자가 체납자에 대하여 이행을 한 경우에 그 채무이행으로서 압류채권자인 국가나 지방자치단체에 대항할 수 없다.[77]

여기에서 이행이라 함은 압류된 채권의 내용에 따른 이행을 말하며, 금전채권에 있어서의 변제, 물건의 급부를 목적으로 하는 채권에 있어서의 물건의 급부를 말한다.

② 상계금지의 효력

채권이 압류된 경우 제3채무자가 가지는 반대채권과 피압류채권과의 상계에 관하여는 다음에 유의한다.

㉮ 제3채무자는 수동채권이 압류된 후에 취득한 채권을 자동채권으로 하여 상계할 수 없다(민법 제498조).

㉯ 제3채무자가 압류 전에 자동채권을 취득한 경우에도 압류시에 상계적상에 있지 아니하면 상계로써 국가나 지방자치단체에 대항하지 못한다.

㉰ 제3채무자가 가지는 자동채권은 수동채권의 압류 전에 변제기가 도래하였으나 수동채권은 변제기가 도래하지 아니한 경우에도 수동채권에 관하여 제3채무자가 기한의 이익을 포기할 수 있는 때에는 압류 후에 있어서도 상계할 수 있다.[78]

③ 동시이행의 항변권 또는 선택권의 행사

압류한 채권에 관하여 제3채무자가 동시 이행의 항변권을 갖는 경우(민법 §536) 또는 제3채무자나 제3자가 선택권을 갖는 경우(민법 §380~§386)에는 압류 후에도 이러한 권리를 행사할 수 있다.[79]

---

[77] 국세징수법통칙 42-0…2 (이행의 금지)
[78] 국세징수법통칙 42-0…3 (상계의 금지)
[79] 국세징수법통칙 42-0…5 (동시이행의 항변권 및 선택권의 행사)

> **사례**
>
> ❖ **압류된 채권자의 상계불능 여부**
>
> 과세관청이 체납처분으로 체납자의 채권을 압류하고 제3채무자에게 압류통지를 한 경우에 제3채무자가 압류통지 후에 취득한 체납자에 대한 채권을 가지고 압류된 채권과 상계하는 것은 허용되지 아니한다.
>
> (대법 85다카2539, 1988.9.13.)

제53조 │ 채권 압류의 범위

지방자치단체의 장은 채권을 압류할 때에는 체납액(지방세, 체납처분비)을 한도로 하여야 한다. 다만, 압류할 채권이 체납액을 초과하는 경우에 필요하다고 인정하면 그 채권 전액을 압류할 수 있다(법 §53).

여기에서 "필요하다고 인정하는 때"라 함은 당해 채권에 대한 채무자의 자력상태가 그 이행이 확실하다고 인정할 수 없는 경우 또는 당해 채권에 대하여 지방세보다 우선하는 질권이 설정된 경우 등으로서 압류에 관련된 지방세의 징수가 확실하지 아니한 것으로 인정되어 세무공무원이 채권의 전부를 압류할 필요가 있다고 인정하는 때로 한다.[80]

그리고 판례는 체납처분에 의한 채권압류의 효력이 적어도 채권압류에 기한 배당절차가 종료될 때가지 존속한다고 판시하고 있다(대법 2003두7019, 2004.4.16.).

제54조 │ 계속수입의 압류

급료·임금·봉급·세비·퇴직연금, 그 밖에 이와 유사한 채권의 압류는 체납액(지방세, 체납처분비)을 한도로 하여 압류 후에 수입(收入)할 금액에 미친다(법 §54).

여기에서 "그 밖에 이와 유사한 채권"은 계속적 지급을 목적으로 하는 계약에 의하여 발생하는 수입을 청구할 수 있는 권리, 예를 들면 임대차계약에 따른 토지임대료, 가임(家賃)의 청구권 등을 말한다.[81] 그리고 시장·군수가 체납자의 계속수입을 압류한 경우에는 겸임, 승급 등으로 증액된 수입의 부분에도 당초의 압류의 효력이 미친다.[82]

---

80) 국세징수법통칙 43-0…1 (필요하다고 인정하는 때)
81) 국세징수법통칙 44-0…1 (기타 이에 유사한 채권)

그리고 계속수입의 채권에 대해서는 징수할 지방세·체납처분비의 전부를 징수하기까지 압류의 효력이 미치고, 또한 압류한 후에 수입할 금액에도 그 효력이 미치는 것이므로 각 지급기일마다 각 금액을 개별적으로 압류할 필요가 없다.

---

82) 국세징수법통칙 44-0…2 (압류된 계속수입이 증액된 경우)

제6절 부동산 등의 압류

제55조 부동산 등의 압류 절차

① 지방자치단체의 장은 「부동산등기법」 등에 따라 등기된 부동산, 「공장 및 광업재단 저당법」에 따라 등기된 공장재단 및 광업재단, 「선박등기법」에 따라 등기된 선박을 압류할 때에는 압류조서를 첨부하여 압류등기를 소관 등기소에 촉탁하여야 한다. 그 변경의 등기에 관하여도 또한 같다(법 §55 ① Ⅰ~Ⅲ). 그리고 부동산·공장재단 또는 광업재단의 압류등기 또는 그 변경등기를 촉탁할 때에는, ㉮ 재산의 표시, ㉯ 등기원인과 그 연월일, ㉰ 등기의 목적, ㉱ 등기권리자, ㉲ 등기의무자의 성명과 주소 또는 영업소를 적은 문서로 해야 한다.

또한 선박의 압류등기 또는 그 변경등기를 촉탁할 때에는, ㉮ 선박의 표시, ㉯ 선적항, ㉰ 선박소유자의 성명 또는 명칭, ㉱ 등기원인과 그 연월일, ㉲ 등기의 목적, ㉳ 등기권리자, ㉴ 등기의무자의 성명과 주소 또는 영업소를 적은 문서로 해야 한다(영 §54 ① Ⅰ~Ⅴ, ② Ⅰ~Ⅶ).

② 지방자치단체의 장은 압류하기 위하여 부동산, 공장재단 또는 광업재단을 분할하거나 구분할 때에는 분할 또는 구분의 등기를 소관 등기소에 촉탁하여야 한다. 합병 또는 변경의 등기에 관하여도 또한 같다(법 §55 ②).

이 경우의 촉탁문서상의 기재사항은 위 '①'의 경우를 준용하고 그 촉탁서에 대위등기의 원인을 함께 적어야 한다(영 §55 ①·②).

③ 지방자치단체의 장은 등기되지 아니한 부동산을 압류할 때에는 토지대장 등본, 건축물대장 등본 또는 부동산종합증명서를 갖추어 보존등기를 소관 등기소에 촉탁하여야 한다(법 §55 ③).

이 규정에 따른 미등기 부동산에 대한 보존등기의 촉탁에 대하여는 영 제54조 제1항 및 제55조 제2항을 준용하고, 지방자치단체의 장은 체납처분을 할 때 필요하면 소관관서에 토지대장 등본이나 건축물대장 등본 또는 부동산종합증명서를 발급하여 줄 것을 요구할 수 있다(영 §56 ①·②).

이 경우에는 부동산 등의 촉탁등기사항을 준용하며 체납자에게는 채권압류의 경우에 준하여 압류등기사실을 통지하여야 한다. 그런데 이 규정의 적용에 있어서 유의할 점은 지방세채권확보를 위하여 촉탁등기를 하게 되면 불법건축물을 합법화 시켜주는 결과가 되므로 사실상 적용을 할 수 없다는 점에 유의해야 한다.

④ 지방자치단체의 장은 제1항제3호에 따른 선박을 압류하였을 때에는 체납자(해당 재산을 점유한 제3자를 포함한다)에게 해당 재산을 인도할 것을 명하여 점유할 수 있다(법 §55 ④).

⑤ 지방자치단체의 장은 제1항 또는 제3항에 따라 압류하였을 때에는 그 사실을 체납자에게 통지하여야 한다(법 §55 ⑤).

이 규정에서 "부동산"이라 함은 토지와 그 정착물을 말하며(민법 §99 ①), 이 경우 다음 사항에 유의하여야 한다.[83]

1. 건축 중인 건물은 건물의 사용목적으로 보아 사용가능한 정도로 완성되지 아니한 때에는 동산으로 압류하고, 사용가능한 정도로 완성한 때에는 국세징수법 제45조 제3항에 따른 보존등기 후 부동산으로 압류한다.

    이 경우 건축물의 완성정도에 따라 분류하면 ① 부합물(기초공사 등을 하고 있는 단계) ② 건축중인 건물(기초공사가 완성되고 건축물의 외관이 갖추어진 상태), ③ 사회통념상 완성된 건축물(건축물의 외관이 다 갖추어져 일반적으로 건축물 볼 수 있는 상태), ④ 행정적 미완성 건축물(건축물의 형태를 완전히 갖추었으나 사용승인이 되지 아니한 상태), ⑤ 소유권보존 등기만 되지 아니한 건축물로 구분할 수 있다.

2. 부동산에 관한 소유권 이외의 용익물건(지상권, 전세권 등)과 광업권·입어권 등은 국세징수법 제51조(무체재산권 등의 압류)의 무체재산권 압류절차를 밟아 압류한다.

3. 토지에 부착한 수목의 집단으로 입목에 관한 법률에 따라 소유권 보존의 등기를 한 입목에 대하여는 건물과 같이 토지와 독립된 부동산으로 압류한다.

다음으로 "공장재단"이라 함은 공장 및 광업재단 저당법 제2조(정의)에 따라 기업용 재산으로 동법 제11조(공장재단의 소유권 보존등기)에 따라 소유권 보존등기를 한 것을 말한다.[84]

공장재단은 공장에 속하는 일정한 기업용 재산으로 구성되는 일단의 기업재산으로서 이 법에 따라 소유권과 저당권의 목적이 되는 것을 말한다. 공장재단은 공장재단등기부에 소유권보존등기를 함으로써 설정되며, 공장재단은 이를 1개의 부동산으로 보는 것이므로, 재단의 구성물로서 공장재단 목록에 기재되어 있는 부동산·동산·무체재산권 기타의 권리는 개개의 물건 또는 권리로서 압류할 수 없고, 공장재단 전체를 1개의 것으로서 압류하여야 한다(공장 및 광업재단 저당법 §2·§12·§14·§15 참조).

그리고 "광업재단"이라 함은 공장 및 광업재단저당법 제2조에 따른 기업용 재산으로서 동법 제54조(공장재단 규정의 준용)에 따라 소유권보존등기를 한 것을 말한다.[85]

---

83) 국세징수법통칙 45-0…1 (부동산의 범위)
84) 국세징수법통칙 45-0…2 (공장재단)
85) 국세징수법통칙 45-0…3 (광업재단)

광업재단은 광업권과 광업권에 기하여 광물을 채굴, 취득하기 위한 각 종 설비 및 이에 부속하는 사업의 설비로 구성되는 일단의 기업재산으로서 이 법에 따라 소유권과 저당권의 목적이 되는 것을 말한다.

광업재단은 광업재단등기부에 소유권 보존등기를 함으로써 설정하며, 광업재단은 이를 1개의 부동산으로 보는 것이므로, 재단의 구성물로서 광업재단 목록에 기재되어 있는 부동산·동산·무체재산권 기타의 권리는 개개의 물건 또는 권리로서 압류할 수 없고 광업재단 전체를 1개의 것으로서 압류하여야 한다(공장 및 광업재단 저당법 §2·§12·§14).

또한 "선박"이라 함은 상법 제740조(선박의 의의)에 따른 선박으로서 선박법 제8조(등기와 등록)에 따라 등기 또는 등록한 것을 말한다.[86]

그런데 기본통칙에서는 선박을 상법 제740조의 규정에 의한 선박으로 규정하고 있지만 선박법에 의하면 '선박'이라 함은 수상 또는 수중에서 항행용으로 사용하거나 사용될 수 있는 배종류를 말하며, 그것은 기선, 범선 및 부선으로 구분한다(선박법 §1의 2 참조).

이 규정의 적용을 받는 선박은 원래 동산이지만, 등기할 수 있는 선박(상법 §743, 선박법 §8)은 부동산으로 취급되어 본조의 규정에 의하여 압류된다(민사집행법 §172 참조). 따라서 본조에 의하여 압류할 수 있는 선박은 등기 할 수 있는 선박에 한한다.

'등기할 수 있는 선박'이라 함은 선박법 제8조 및 선박등기법 제2조의 규정에 의하여 등기할 수 있는 총톤수 20톤 이상의 기선과 범선 및 총톤수 100톤 이상의 부선(다만 선박계류용·저장용 등으로 사용하기 위하여 수상에 고정하여 설치하는 부선을 제외한다.)을 말한다. 사실상 등기의 유무는 묻지 아니하며, 상법 제740조의 규정에 의한 상행위 기타 영리를 목적으로 사용하는 선박에 한하지 아니한다(선박법 §29 참조)고 하였다.[87]

또한 선박법 제8조의 규정에 의하면, 선박의 소유자는 선박의 등기를 한 후 선적항을 관할하는 해운관청(지방청장)에게 당해 선박의 등록을 신청하여야 하고, 해운관청이 위 등록신청을 받은 때에는 이를 선박원부에 등록하고 그 신청인에게 선박국적증서를 교부하도록 규정하고 있다.

---

86) 국세징수법통칙 45-0…4 (선박)
　○상법 제740조 : 선박이라 함은 상행위 기타 영리를 목적으로 항해에 사용하는 선박을 말한다.
87) 강인애, 「전게서」, p.596

> **사례**
>
> ❖ **체비지에 대한 압류의 효력**
>
> ① 과세관청이 환지처분공고 전에 체비지를 압류하고 토지구획정리사업시행자에게 체비지 매각대장에 압류사실을 등재할 것을 촉탁하여 그 압류사실의 등재가 된 것이라면, 이로써 그 압류의 효력이 생긴 것이라고 할 것이다.
>
> ② 과세관청이 세금의 징수를 위하여 체비지를 압류하고 체비지 매각대장에 압류사실을 등재하였다면 그 압류 후에 위 체비지를 양도받은 자들은 체비지 매각대장상 소유자로 등재되었더라도 위 매각처분에 대하여 사실상이며 간접적인 이해관계를 가진 데 불과하여 위 압류처분이나 이에 기한 공매처분의 취소나 무효확인을 구할 원고 적격이 없는 것이다.
>
> (대법 89누4918, 1990.6.26.)

제56조 자동차 등의 압류절차

① 지방자치단체의 장은 「자동차관리법」에 따라 등록된 자동차 또는 「건설기계관리법」에 따라 등록된 건설기계(이하 "자동차 또는 건설기계"라 한다.), 「항공안전법」에 따라 등록된 항공기 또는 경량항공기(이하 이 절에서 "항공기등"이라 한다), 「선박법」에 따라 등록된 선박(「선박등기법」에 따라 등기된 선박은 제외한다)에 따른 재산을 압류하는 경우에는 압류의 등록을 관계 기관에 촉탁하여야 한다. 변경의 등록에 관하여도 또한 같다(법 §56 ① Ⅰ~Ⅳ).

이 경우 자동차, 건설기계, 항공기 또는 경량항공기의 압류등록 또는 그 변경 등록의 촉탁에 대해서는 영 제54조 제1항을 준용한다(영 §57①). 그리고 선박의 압류등록 또는 그 변경등록의 촉탁에 관하여는 제54조제2항을 준용한다(영 §57②).

② 지방자치단체의 장은 제1항에 각 호에 따른 재산을 압류하였을 때에는 체납자(해당 재산을 점유한 제3자를 포함한다.)에게 해당 재산을 인도할 것을 명하여 점유할 수 있다(법 §56 ②).

③ 지방자치단체의 장은 제1항에 따라 압류하였을 때에는 그 사실을 체납자에게 통지하여야 한다(법 §56 ③).

제57조　부동산 등의 압류의 효력

① 법 제55조(부동산, 공장재단, 광업재단, 선박) 또는 제56조(자동차, 건설기계, 항공기)에 따른 압류의 효력은 그 압류의 등기 또는 등록이 완료된 때에 발생한다(법 §57 ①).
② 제1항에 따른 압류는 압류재산의 소유권이 이전되기 전에 「지방세기본법」 제71조 제1항 제3호에 따른 법정기일이 도래한 지방세의 체납액에 대해서도 그 효력이 미친다(법 §57 ②).
이 규정에 의한 지방세의 법정기일은 다음과 같다.
1. 과세표준과 세액의 신고에 의하여 납세의무가 확정되는 지방세의 경우 신고한 당해 세액에 대해서 그 신고일
2. 과세표준과 세액을 지방자치단체가 결정·경정 또는 수시부과결정하는 경우에 고지한 당해 세액에 대하여는 그 납세고지서의 발송일
3. 특별징수의무자로부터 징수하는 지방세의 경우에는 '①·②'의 기일과 관계없이 그 납세의무의 확정일
4. 양도담보재산 또는 제2차 납세의무자의 재산에서 지방세를 징수하는 경우에는 납부통지서의 발송일
5. 지방세징수법 제33조 제2항에 따라 납세자의 재산을 압류한 경우에 그 압류와 관련하여 확정된 세액에 대해서 위 '①'부터 '④'까지의 기일과 관계없이 그 압류등기일 또는 등록일

그러므로 고지납부하는 재산세의 경우를 예를 들면, 이미 압류가 되어 있는 건축물을 취득하여 소유권이전등기를 7월 11일에 하고 당해 연도분 재산세의 고지서는 7월 10일에 발송하였는데 당해 재산세가 체납되었다면 그 압류의 효력은 소유권이 이전된 건축물에 미친다는 것이다.

제58조　저당권자 등에 대한 압류 통지

① 지방자치단체의 장은 전세권·질권 또는 저당권이 설정된 재산을 압류하였을 때에는 그 사실을 해당 채권자에게 통지하여야 한다(법 §58 ①).
② 지방세보다 우선권을 가진 채권자가 제1항에 따른 통지를 받고 그 권리를 행사하려면 통지를 받은 날부터 10일 내에 그 사실을 지방자치단체의 장에게 신고하여야 한다(법 §58 ②).

이 규정은 전세권, 질권, 저당권 등 제3자의 권리의 목적으로 되어있는 재산을 압류한 경우에 그 이해관계가 있는 채권자에게 압류의 통지를 하도록 하고 있는데 이와같은 저당권자 등에 대한 압류의 통지는 지방세에 우선하는 권리자에게 그 권리행사의 기회를 주려는데 목적이 있다고 할 것이다.

제59조 | 압류 부동산 등의 사용·수익

① 체납자는 지방자치단체의 장이 제55조(「부동산등기법」 등에 따라 등기된 부동산, 「공장 및 광업재단 저당법」에 따라 등기된 공장재단 및 광업재단, 「선박등기법」에 따라 등기된 선박) 또는 제56조(자동차, 건설기계, 항공기 또는 경량항공기, 등록된 선박)에 따라 압류한 재산을 사용하거나 수익할 수 있다. 다만, 지방자치단체의 장은 그 가치가 현저하게 줄어들 우려가 있다고 인정할 때에는 그 사용 또는 수익을 제한할 수 있다(법 §59 ①).

② 지방자치단체의 장이 제55조 또는 제56조에 따라 압류한 재산을 사용하거나 수익할 권리를 가진 제3자에 관하여 제1항을 준용한다(법 §59 ②).

그리고 위 '①' 및 '②'에 따라 압류된 재산을 압류당시와 달리 사용하거나 수익하려는 경우에는 영 제51조를 준용한다(영 §58).

그리고 위 '①' 및 '②'에 따라 압류된 재산을 압류 당시와 달리 사용하거나 수익하려는 경우에는 영 제51조(압류동산의 사용·수익 절차)를 준용한다(영 §58).

이 규정에서 "가치가 현저하게 감손될 우려가 있다고 인정하는 때"라 함은 압류부동산을 그 본래의 사용목적에 따라 사용·수익하거나 달리 사용·수익하는 경우를 포함하여 압류 당시의 그 재산의 가치를 감소시킴으로써 체납액 징수에 지장을 줄 것으로 인정되는 때를 말한다.[88]

③ 지방자치단체의 장은 체납처분을 집행할 때 필요하다고 인정하면 제55조제1항제3호에 따른 선박, 제56조제1항 각 호에 따른 재산에 대하여 일시 정박 또는 일시 정류를 하게 할 수 있다. 다만, 출항준비(出航準備)를 완료한 제55조제1항제3호에 따른 선박, 제56조제1항 각 호에 따른 재산에 따른 항공기등 또는 같은 항 제4호에 따른 선박에 대해서는 일시 정박 또는 일시 정류를 하게 할 수 없다(법 §59 ③).

④ 지방자치단체의 장은 제3항에 따라 일시 정박 또는 일시 정류를 하게 하였을 때에는 감시와 보존에 필요한 처분을 하여야 한다(법 §59 ④).

---

[88] 국세징수법통칙 49-0…1 (가치가 현저하게 감손될 우려)

그러므로 지방자치단체의 장은 부동산 등을 압류한 때에는 체납처분의 집행에 지장이 없는 이상 체납자 또는 사용수익권을 가진 제3자에게 그 사용·수익을 허용해야 한다. 이 경우 사용 또는 수익할 권리를 가진 제3자라 함은 당해 압류재산을 사용 또는 수익할 수 있는 지상권자, 전세권자, 임차권자 등을 말한다.

제60조 │ 제3자의 소유권 주장

압류한 재산에 대하여 소유권을 주장하고 반환을 청구하려는 제3자는 매각 5일 전까지 소유자임을 확인할 수 있는 증거서류를 지방자치단체의 장에게 제출하여야 한다(법 §60).

이 규정에 의하여 제3자가 압류재산에 대하여 소유권을 주장하고 반환을 청구하는 경우에는 세무공무원은 그 재산에 대한 체납처분의 집행을 정지하여야 하며, 이러한 청구에 대하여 그 이유가 정당하다고 인정하면 지체 없이 압류를 해제하여야 하며, 그 청구의 이유가 부당하다고 인정하면 지체 없이 그 뜻을 청구인에게 통지하여야 하고, 세무공무원은 이에 따라 통지를 받은 청구인이 통지를 받은 날부터 15일 이내에 체납자를 상대로 그 재산에 대하여 소송을 제기한 사실을 증명하지 아니하면 지체없이 체납처분을 계속 집행하여야 한다(영 §59 ①·②·③).

여기에서는 압류재산에 대하여 소유권을 주장하는 제3자의 반환청구절차에 관하여 규정하고 있는데 체납처분은 체납자에게 귀속되는 재산에 대하여 집행하여야 하는 것이지만, 그 귀속의 인정을 잘못하여 제3자의 재산을 압류하는 경우도 발생한다.

이러한 경우에 그 권리자는 법규정에 따른 불복절차를 거쳐 행정소송을 제기하여 그 권리의 보호를 청구할 수 있으나 이 규정에서는 보다 간편한 방법으로 그 권리의 구제를 받도록 하기 위하여 체납처분의 절차규정으로 정리하고 있는 것이다. 그러므로 정당한 권리자인 제3자는 본 규정에 의하여 창설적으로 압류물에 대한 반환청구권을 가지는 것이 아니라 그 소유권 자체의 반환청구권의 절차규정에 지나지 않는다.

따라서 본조에 규정된 청구기한까지 반환청구를 하지 아니하더라도 그 권리보전의 길이 막히는 것은 아니고, 또한 공매 후에도 민법상의 권리 자체를 상실하는 것은 아니다.[89]

---

89) 강인애, 국세징수법, 한일조세연구소, p.650, 2004.

제7절 무체재산권 등의 압류

제61조 무체재산권 등의 압류

① 지방자치단체의 장은 무체재산권 등을 압류하였을 때에는 그 사실을 해당 권리자에게 통지하여야 한다(법 §61 ①).

② 지방자치단체의 장은 무체재산권등을 압류할 때 그 무체재산권등의 이전에 관하여 등기 또는 등록이 필요한 것에 대해서는 압류의 등기 또는 등록을 관계 관서에 촉탁하여야 한다. 변경의 등기 또는 등록에 관하여도 또한 같다(법 §61 ②).

이 경우 지방자치단체의 장은 위 규정에 따른 무체재산권등의 압류 등기 또는 등록과 그 변경 등기 또는 등록을 촉탁할 때에는 무체재산권등의 표시, 등기 또는 등록의 원인과 그 연월일, 등기 또는 등록의 목적, 등기 또는 등록의 권리자, 무체재산권등의 권리자의 성명과 주소 또는 영업소를 적은 문서로 하여야 하며, 지방자치단체의 장은 이러한 문서에 압류조서를 첨부하여야 한다(영 §60 ① Ⅰ~Ⅴ·②).

③ 지방자치단체의 장은 제2항에 따라 압류하였을 때에는 그 사실을 체납자에게 통지하여야 한다(법 §61 ③).

(1) 무체재산권 등의 범위

무체재산권 등이라 함은 비유체적 이익에 대한 독점적·배타적인 지배권, 즉 무체물건을 말하는데 이러한 체납처분상 무체재산권으로서 압류하는 재산은 동산 및 유가증권의 압류절차, 채권의 압류절차, 부동산 등의 압류절차에 관한 규정의 직접 적용을 받지 아니하는 모든 재산적 권리로서 제3채무자 등이 없는 경우와 있는 경우가 있는데 제3채무자 등이 없는 무체재산권 등의 압류에 있어서는 부동산의 압류절차에 준하고, 제3채무자 등이 있는 무체재산권 등의 압류에 있어서는 채권의 압류절차에 준하여 집행하여야 할 것이다.

다시 말해서 "무체재산권 등"이라 함은 채권과 소유권을 제외한 재산권으로써 무형인 사상(事相)의 산물을 권리객체로 하여 이를 배타적으로 지배할 수 있는 권리 즉 무체소유권 또는 무체물건을 말하는데 무체재산권 등에는 제3채무자 등이 없는 무체재산권 등(예 지상권, 전세권, 광업권, 입어권, 공업소유권, 저작권, 상호권과 영업권 등)과, 제3채무자 등이 있는 무체재산권 등[(예 사원권, 주주권, 조합의 지분, 동산 등의 공유지분, 공업소유권의 실시권 등, 출판권, 형성권(환매권)], 각종시설이용을 위한 회원권(골프회원권, 스포츠회원권, 콘도회원권 등), 예탁유가증권, 양도가능한 전화사용권, 온천권 등이 있다.

여기서 국세징수법상의 체납처분과 민사집행법상의 강제집행을 비교해보면, 국세징수법규정에 따른 압류의 대상인 무체재산권 등으로서 "채권과 소유권을 제외한 재산권"은 민사집행법 제251조에서 규정하고 있는 유체동산, 채권, 부동산, 선박, 자동차, 건설기계 및 항공기 이외의 "그 밖의 재산권"에 속한다. 다만, 지상권과 같은 부동산의 용익물건 또는 광업권, 어업권 등과 같은 부동산물건으로 간주되는 권리는 체납처분에서는 무체재산권 등에 속하나, 강제집행에 있어서는 부동산에 속하는 것으로 본다.

(ⅰ) 제3채무자 등이 없는 무체재산권

① 지상권

지상권자는 타인의 토지에 건물 기타 공작물이나 수목을 소유하기 위하여 그 토지를 사용하는 권리가 있는 물권(용익물건)을 말한다(민법 §279).

지상권자는 타인에게 그 권리를 양도하거나 그 권리의 존속기간 내에서 그 토지를 임대할 수 있다(민법 §282), 그런데 같은 부동산의 용익물건 중 지역권(地役權)은 요역지의 소유권에 부종하여 이전하며 또는 요역지에 대한 소유권 이외의 권리의 목적이 된다(민법 §292 ①). 지역권을 요역지와 분리하여 양도하거나 다른 권리의 목적으로 하지 못하며(민법 §292 ②), 독립하여 체납처분으로서 압류의 대상이 되지 아니하는 것으로 본다.

② 전세권

전세권자는 전세금을 지급하고 타인의 부동산(농경지 제외)을 점유하여 그 부동산의 용도에 좇아 사용·수익하며, 그 부동산 전부에 대하여 후순위 권리자 기타 채권자보다 전세금의 우선변제를 받을 권리를 말한다. 그러나 농경지는 전세권의 목적으로 하지 못한다(민법 §303 ①·②).

③ 광업권

광업권이란 탐사권과 채굴권을 말하며, 탐사권이란 등록을 한 일정한 토지의 구역(광구라 함)에서 등록을 한 광물과 이와 같은 광상에 묻혀 있는 다른 광물을 탐사하는 권리를 말하고, 채굴권이란 광구에서 등록을 한 광물과 이와 같은 광상에 묻혀 있는 다른 광물을 채굴하고 취득하는 권리를 말하며(광업법 §3 Ⅲ 내지 Ⅲ의 Ⅲ), 광업권은 물건으로 하고 부동산에 관한 민법의 규정을 준용하고, 광업권의 설정·이전·처분의 제한 등에 관하여는 광업원부에 등록하여야 그 효력이 생기고, 광업권은 압류를 할 수 있으나 조광권은 압류할 수 없다.

조광권에 대해서 압류할 수 없는 이유는 조광권은 설정행위에 의하여 타인의 광구에서 광업권의 목적으로 되어 있는 광물을 채굴 및 취득하는 권리를 말하는데, 조광권은 상속이나 그 밖의 일반승계의 경우 외에는 권리의 목적으로 할 수 없기 때문이다(광업법 §47 ①·②).

④ 어업권

시장·군수의 면허를 받아 어업을 경영할 수 있는 권리로서 물권으로 하고 민법 중 토지에 관한 규정을 준용하며, 어업권은 이를 이전·분할 또는 변경할 수 없어 원칙적으로 압류를 할 수 없으나, 마을 어업권을 제외한 어업권은 등록한 날부터 1년이 경과된 후에는 시장·군수의 인가를 받거나, 법인의 합병 또는 상속으로는 이전·분할 및 변경이 가능하므로 이런 경우에는 압류할 수 있다(수산업법 §16 ②, §19 ① 등).

⑤ 공업소유권

공업소유권인 특허권, 실용신안권, 디자인권, 상표권 등은 압류할 수 있다. 그런데 광업소유권을 산업재산권이라 하며, 공업소유권과 저작권을 합쳐서 지적소유권이라 한다.[90]

"특허권"은 특허권자가 업으로서 그 특허발명을 실시하는 독점적 배타적인 권리를 말한다. 특허권은 특허청에 비치하는 특허원부에 설정등록함으로써 발생한다.

"실용신안권"은 실용신안권자가 업으로서 등록실용신안을 실시하는 독점적 배타적인 권리를 말한다. 실용신안권은 특허청에 비치하는 실용신안등록원부에 설정등록함으로써 발생한다.

"디자인권"은 디자인권자는 업으로서 등록디자인 또는 이와 유사한 디자인을 실시하는 독점적 배타적인 권리를 말한다. 디자인권은 특허청에 비치하는 디자인등록원부에 설정등록함으로써 발생한다(디자인보호법 제5장 참조).

"상표권"은 상품을 생산·가공·증명 또는 판매하는 것을 업으로 영위하는 자가 자기의 업무에 관련된 상품을 타인의 상품과 식별되도록 하기 위하여 사용하는 기호·문자·도형·입체적 형상 또는 이들을 결합한 것이나 이들 각각에 색채를 결합한 것(이를 '표장'이라 한다.)을 말하는데 그 상표를 등록하고 자기의 상품에 관하여 사용하는 독점적 배타적인 권리를 상표권이라 한다. 상표권은 특허청에 비치하는 상표원부에 설정등록함으로써 발생한다.

⑥ 저작권

저작권은 학문적 또는 예술적 저작물에 대한 배타적 독점적 권리를 말한다. 저작권은 이를 저작인격권과 저작재산권으로 구분하는데(저작권법 §10), 저작 인격권은 저작자 일신에 전속하는 권리이므로 압류의 대상이 되지 아니하고, 저작재산권은 국세징수법상의 압류대상이 된다.

---

[90] 강인애, 「국세징수법」, 한일조세연구소, 2004. p.663

여기에서 저작인격권과 저작재산권으로 구분하여 살펴보면, 먼저 저작인격권은 공표권, 성명표시권 및 동일성유지권을 말한다. 공표권은 저작자가 그 저작물을 공표하거나 공표하지 아니할 것을 결정하는 권리를 말하고, 성명표시권은 저작자가 저작물의 원본이나 그 복제물에 또는 저작물의 공표매체에 그의 실명 또는 이명(異名)을 표시할 권리를 말하며, 동일성 유지권은 저작자가 그의 저작물의 내용·형식 및 제호의 동일성을 유지할 권리를 말한다. 이는 성질상 저작권 신탁 계약에 의하여 수탁자에게 이전될 수 없다. 둘째 저작재산권은 저작자가 저작물을 복제, 공연, 방송, 전송, 전시, 배포 또는 2차적 저작물 작성 등을 하는 독립적 배타적인 권리를 말한다.

이러한 저작재산권은 특별한 규정이 있는 경우를 제외하고는 저작자의 생존하는 동안과 사망 후 70년간 존속하며, 저작재산권은 전부 또는 일부를 양도할 수 있고, 저작재산권자는 다른 사람에게 그 저작물의 이용을 허락할 수 있으므로 압류의 대상이 되는 것이다(저작권법 §39 ① 등).

⑦ 상호권과 영업권

상인의 상호는 영업을 폐지하거나 또는 영업과 함께 하는 경우에 한하여 양도할 수 있으며, 상호의 양도는 등기하지 아니하면 제3자에게 대항할 수 없다. 그러므로 상호도 일종의 재산권이라 할 수 있고 압류의 대상이 될 수 있다. 그러나 자연인이 자기의 성명을 상호로 사용하는 경우 또는 회사의 상호는 영업자의 표시라는 면보다는 인격의 표시라는 점에 중점이 있으므로 압류의 대상이 될 수 없다고 할 것이다.

상인의 영업권은 임의로 양도할 수 있는 재산권이라 할 것이므로 압류의 대상이 될 수 있다.

(ii) 제3채권자 등이 있는 무체재산권[91]

① 사원권 등

합명회사, 합자회사 및 유한회사의 사원의 지분, 중소기업협동조합 등의 조합원의 지분, 새마을금고의 회원의 지분, 출자증권은 압류할 수 있다.

② 주주권

주권이 발행되어 있는 경우에는 유가증권으로 압류되며, 이 경우의 주주권은 주권이 아직 발행되지 아니한 경우로서 주권발행전의 신주와 신주인수권에 대한 압류의 경우가 여기에 해당된다.

③ 민법상 조합의 조합원의 지분

④ 동산의 공유지분

---

91) 강인애, 국세징수법 p.669 이하

⑤ 부동산 등의 공유지분
⑥ 공업소유권의 실시권 또는 사용권

　특허권, 실용신안권, 디자인권, 상표권의 전용실시권과 통상사용권은 압류할 수 있다.

⑦ 출판권
⑧ 형성권(환매권)
⑨ 골프회권권 등(스포츠센터 회원권, 콘도회원권 등 포함)
⑩ 예탁유가증권과 보호예수된 유가증권
⑪ 대위추심하기 적당하지 않은 채권

　가입전화사용권 또는 가입전신사용권, 임차권, 부동산에 관한 인도청구권 또는 관리이전청구권과 동산에 관한 권리 이전 청구권 및 기타 추심하기가 곤란한 채권은 이 규정에 의한 압류대상이다.

⑫ 온천권(광천권·온천권·온천이용권 등)
⑬ 각종 허가권·면허권 등(각종의 사업면허·영업허가에 대한 권리 등)

(2) 무체재산권 등의 압류

무체재산권 등을 압류하였을 때에는 세무공무원은 그 사실을 해당 권리자에게 통지를 하여야 하며, 그 재산권의 이전에 관하여 등기 또는 등록이 필요한 것에 대하여는 과세권자는 소정사항을 기재한 문서(압류조서 첨부)로 압류의 등기 또는 등록을 관계 관서에 촉탁하여야 한다. 그 변경의 등기 또는 등록에 관하여도 또한 같다.

(3) 압류절차

① 시장·군수는 무체재산권 등을 압류한 때에는 이미 설명한 바 있는 압류조서에 준하여 그 사실을 채권자에게 통지하여야 한다.

② 지방자치단체의 장은 무체재산권 등의 압류 등기 또는 등록과 그 변경 등기 또는 등록을 요하는 것에 대하여는, ㉮ 무체재산권 등의 표시, ㉯ 등기 또는 등록(말소 또는 변경)의 원인과 그 연월일, ㉰ 등기 또는 등록(말소 또는 변경)의 목적, ㉱ 등기 또는 증록의 권리자 ㉲ 무체재산권 등의 권리자의 성명과 주소 및 영업소를 기재한 문서로서 압류조서를 첨부하여 압류의 등기 또는 등록을 관계관서에 촉탁하여야 하고, 압류사실을 채권압류의 경우에 준하여 체납자에게 통지하여야 한다(영 §60 ①·②).

(4) 압류의 효력

(ⅰ) 압류효력의 발생 시기

① 제3채무자 등이 없는 무체재산권 등을 압류한 경우에는 체납자(권리자)에게 압류통지서가 송달된 때에 그 압류의 효력이 생긴다. 또한 당해 재산권의 이전에 관하여 등기 또는 등록을 요하는 것을 압류한 경우에는 압류등기 또는 등록을 완료한 때에 그 압류의 효력이 생긴다.

따라서 제3채무자 등이 없는 무체재산권 등을 압류하는 경우에는 체납자에 대한 압류의 통지가 송달되기 전이라도 압류등기(등록)가 완료되면 그 등기가 완료된 때에 압류의 효력이 생기는 것으로 보아야 할 것이다.

② 제3채무자 등이 있는 무체재산권 등을 압류한 경우에는 제3채무자 등에게 압류통지서가 송달된 때에 그 압류의 효력이 생긴다. 또한 당해 재산권의 이전에 관하여 등기 또는 등록을 요하는 것을 압류한 경우에는 압류의 등기 또는 등록을 완료한 때에 그 압류의 효력이 생긴다.

따라서 제3채무자 등이 있는 무체재산권 등을 압류한 경우에는 제3채무자 등에 대한 압류의 통지가 송달되기 전이라도 압류등기(등록)가 완료되면 그 등기가 완료된 때에 압류의 효력이 생기는 것으로 보아야 할 것이다.

(ⅱ) 압류 후 무체재산권 등의 양도

무체재산권 등을 압류하면 처분금지의 효력이 생긴다. 따라서 압류한 무체재산권 등에 대하여 압류의 등기 또는 등록 후에 당해 무체재산권이나 그 권리에 대한 사용권 또는 담보권 등의 권리를 취득한 자가 있더라도, 그 권리의 취득자는 당해 권리의 취득으로서 압류채권자인 국가에 대항할 수 없다.

제62조 | 국유·공유 재산에 관한 권리의 압류

이 규정에 의해 압류의 대상이 되는 것은 체납자가 정부 또는 공공단체와의 사이에 국유 또는 공유재산에 관하여 매매계약을 체결하였으나 아직 그 소유권을 취득하지 아니한 경우에 체납자가 정부 또는 공공단체에 대하여 가지고 있는 매매의 목적물인 국유재산 또는 공유재산에 관한 소유권 이전의 청구권이다.

(가) 매수권의 내용

국·공유재산이라 함은 국유재산법 또는 지방재정법의 규정에 의한 국가 소유 또는 지방자치단체의 소유로 되어 있는 재산을 말하며, 매수권이라 함은 그 국유재산 또는 공유재산에 대하여 연부 등의 조건으로 매매계약이 성립되어 있는 경우 장래 그 연부금 등의 완납으로 그 재산의 소유권을 이전받을 수 있는 권리를 말한다.[92]

(나) 압류절차

① 지방자치단체의 장은 체납자가 국유 또는 공유 재산을 매수한 것이 있을 때에는 소유권 이전 전이라도 그 재산에 관한 체납자의 정부 또는 공공단체에 대한 권리를 압류하고, 그 사실을 체납자에게 통지하여야 한다(법 §62 ①·②).

② 제1항에 따른 압류재산을 매각함에 따라 이를 매수한 자는 그 대금을 완납한 때에 그 국유 또는 공유 재산에 관한 체납자의 정부 또는 공공단체에 대한 모든 권리·의무를 승계한다(법 §62 ③).

③ 지방자치단체의 장은 국유 또는 공유재산에 관한 권리를 압류할 때에는, ㉮ 계약자의 성명과 주소 및 영업소, ㉯ 국유·공유 재산의 표시, ㉰ 그 밖에 필요한 사항을 적은 문서에 압류조서를 첨부하여 압류등록을 관계 관서에 등록을 촉탁하여야 하며, 촉탁을 받은 관계 관서는 관계 대장에 그 사실을 등록하고 그 뜻을 지체 없이 지방자치단체의 장에게 통지하여야 한다. 이 경우 문서에 압류조서를 첨부하여야 한다(영 §60 ① Ⅰ~Ⅲ, ②·③).

(다) 압류의 효력

국·공유재산매수권의 압류효력은 압류의 등록을 완료한 때에 발생한다. 이 때 매도기관은 과세관청의 압류등록 촉탁을 받았을 때에는 관계대장에 압류의 사실을 등록한 후 지체없이 촉탁한 과세관청에 통보하여야 한다. 그리고 그 압류의 효력은 관계관서에 대한 압류등록의 촉탁서가 송달 된 때에 발생한다.

---

92) 국공유재산에는 그 용도에 따라 행정재산, 보존재산 및 잡종재산으로 구분하는데 이 중 행정재산과 보존재산은 매각, 대부 등 처분을 할 수 없고, 오로지 잡종재산만이 처분의 대상이 되므로 이 규정에서 매매 등의 목적물이 되는 국공유재산은 잡종재산을 말한다고 본다.

제8절 압류의 해제

제63조 압류해제의 요건

① 지방자치단체의 장은 다음 각 호의 어느 하나에 해당하는 경우에는 압류를 즉시 해제하여야 한다(법 §63 ① Ⅰ~Ⅲ).
  1. 납부, 충당, 공매의 중지, 부과의 취소, 그 밖의 사유로 압류가 필요 없게 되었을 때
  2. 압류한 재산에 대하여 제3자의 소유권 주장이 상당한 이유가 있다고 인정할 때
  3. 제3자가 체납자를 상대로 소유권에 관한 소송을 제기하여 승소 판결을 받고 그 사실을 증명하였을 때

② 지방자치단체의 장은 다음 각 호의 어느 하나에 해당하는 경우에는 압류재산의 전부 또는 일부에 대하여 압류를 해제할 수 있다. 다만, 제5호의 경우에는 즉시 압류를 해제하여야 한다(법 §63 ② Ⅰ~Ⅵ).
  1. 압류 후 재산가격의 변동 또는 그 밖의 사유로 그 가격이 징수할 체납액의 전액(全額)을 현저히 초과할 때
  2. 압류에 관계되는 체납액의 일부가 납부되거나 충당되었을 때
  3. 부과의 일부를 취소하였을 때
  4. 압류할 수 있는 다른 재산을 체납자가 제공하여 그 재산을 압류하였을 때
  5. 압류한 금융재산 중 국민기초생활 보장법에 따른 급여, 장애인복지법에 따른 장애수당, 기초연금법에 따른 기초연금, 한부모가족지원법에 따른 복지급여 등 국가 또는 지방자치단체로부터 지급받은 급여금품으로서 법률에 따라 압류가 금지된 재산임을 증명한 때
  6. 압류재산이 사실상 멸실되었다고 인정되는 경우로서 대통령령으로 정하는 경우에 해당할 때
  이 경우 "대통령령으로 정하는 경우"란 압류재산인 자동차가 자동차등록령 제31조 제5항 제7호(시·도지사가 해당 자동차의 칙령, 법령 위반 사실, 보험가입 유무 등 모든 사정에 비추어 해당 자동차가 멸실된 것으로 인정되는 경우)에 해당하는 경우를 말한다(영 §61의 2).
  이 규정에 의하여 재산의 압류를 해제할 때에는 지방자치단체의 장은 행정안전부령으로 정하는 압류해제조서를 작성하여야 한다. 다만, 압류를 해제하려는 재산이 동산이나 유가증권인 경우에는 압류조서의 여백에 해제 연월일과 그 이유를 덧붙여 적은 것으로 압류해제조서에 갈음할 수 있다(영 §62).

위와 같은 요건에 따라 압류가 해제되면 압류에 의한 처분금지의 효력은 장래에 향하여 잃게 되므로, 압류해제 전에 이루어진 처분은 유효하게 된다. 이렇게 압류해제의 요건은 그 요건이 충족되면 반드시 압류를 해제해야 하는 경우와 해제할 수 있는 경우로 나누어 규정되어 있는데 "압류를 해제할 수 있다"라고 하여 그것이 과세관청의 편의재량이 아닌 기속재량으로 보아야 할 것이다.[93]

제64조 | 압류의 해제

① 지방자치단체의 장은 재산의 압류를 해제하였을 때에는 그 사실을 그 재산의 압류통지를 한 권리자, 제3채무자 또는 제3자에게 알려야 한다(법 §64 ①).
  이 경우 압류해제의 통지는 문서로 하여야 한다(영 §63).
② 제1항의 경우에 압류의 등기 또는 등록을 한 것에 대해서 압류해제조서를 첨부하여 압류말소의 등기 또는 등록을 관계 관서에 촉탁하여야 한다(법 §64 ②).
  이에 따른 압류말소의 등기 또는 등록의 촉탁에 대해서는 영 제54조 제1항 및 제2항을 준용한다(영 §64).
③ 지방자치단체의 장은 제3자에게 압류재산을 보관하게 한 경우에 그 재산에 대한 압류를 해제하였을 때에는 그 재산을 보관한 자에게 압류해제의 통지를 하고, 압류재산은 체납자 또는 정당한 권리자에게 반환하여야 한다. 이 경우 압류재산의 보관증을 받았을 때에는 보관증을 반환하여야 한다(법 §64 ③).
④ 지방자치단체의 장은 제3항의 경우 필요하다고 인정하면 재산을 보관한 자로 하여금 그 재산을 체납자 또는 정당한 권리자에게 인도하게 할 수 있다. 이 경우 재산을 보관한 자로부터 압류재산을 받을 것을 체납자 또는 정당한 권리자에게 알려야 한다(법 §64 ④).
⑤ 지방자치단체의 장이 보관 중인 재산을 반환할 때에는 영수증을 받아야 한다. 다만, 압류조서에 영수 사실을 기입(記入)하여 서명·날인하게 함으로써 영수증을 갈음할 수 있다(법 §64 ⑤).
  이 경우 압류해제의 통지는 위의 압류해제조서에 명기된 사항을 적은 문서로 하여야 하며, 지방자치단체의 장은 체납자가 파산선고를 받은 경우에도 이미 압류한 재산이 있는 때에는 체납처분을 속행하여야 한다.

---

93) 강인애, 국세징수법해설, p.560

(1) 압류해제의 의의

압류의 해제는 압류의 효력을 장래에 향하여 상실하게 하는 처분으로서 압류에 상응하는 중요한 처분으로 법률로서 그 요건 및 절차 등을 규정하고 있다. 국세징수법에서 압류해제의 요건을 당연히 해제해야 할 경우와 재량으로 해제할 수 있는 경우로 구분하고 있으며, 전자의 경우에는 세무공무원이 압류해제의 의무를 절대적으로 지게 되어 있는 것이다.

압류의 해제와 취소는 구분된다. 압류의 해제는 압류의 효력을 장래에 향하여 소멸시키는 행정처분을 말하는데 대해, 압류의 취소는 압류의 효력을 당초에 소급하여 소멸시키는 것을 말한다.

여기에서 제63조(압류해제의 요건) 및 제64조(압류의 해제)를 한꺼번에 설명하고자 한다.

(2) 압류해제의 조건

(가) 당연히 해제해야 할 경우

지방자치단체의 장은 다음 ① 내지 ③의 어느 하나에 해당하는 경우에는 압류를 즉시 해제하여야 한다.

① 납부, 충당, 공매의 중지, 부과의 취소, 그 밖의 사유로 압류가 필요 없게 되었을 때,
② 압류한 재산에 대하여 제3자의 소유권 주장이 상당한 이유가 있다고 인정할 때,
③ 제3자가 체납자를 상대로 소유권에 관한 소송을 제기하여 승소 판결을 받고 그 사실을 증명하였을 때에는 그 압류를 즉시 해제하여야 한다.

위 규정 '①'에서 "그 밖의 사유"란 체납액이 다음 각 호 어느 하나에 해당하는 사유 등으로 인하여 소멸하는 것을 말한다.[94]

㉮ 압류된 다른 재산을 매각하여 그 대금으로 당해 체납액이 전액 충당된 경우
㉯ 교부청구에 의하여 교부받은 금액으로 압류에 관계된 체납액을 전액 충당한 경우
㉰ 기타 법률규정의 변경 등으로 인하여 압류에 관계된 체납액의 전액이 면제된 경우

그리고 위 규정 '③'에서 "승소판결을 받고 그 사실을 증명한 때에는 압류를 해제한다."라 함은 민사소송의 결과 압류된 재산이 압류 당시 이미 제3자의 소유라는 사실이 확정된 경우에는 체납자의 소유라고 보고 한 압류는 해제하여야 함을 말한다.[95]

④ 압류한 금융재산 중 국민기초생활 보장법에 따른 급여, 장애인복지법에 따른 장애수당, 기초노령연급법에 따른 연금, 한부모가족지원법에 따른 복지급여 등 국가

---

94) 국세징수법통칙 53-0…1 (기타의 사유)
95) 국세징수법통칙 53-0…2 (소유권이전 등기와 압류해제)

또는 지방자치단체로부터 지급받은 급여금품으로서 법률에 따라 압류가 금지된 재산임을 증명한 때에는 즉시 압류를 해제하여야 한다.

> **사례**
>
> ❖ **압류해제요건이 되는 체납된 지방세의 범위**
>
> 원심판결 이유를 기록에 비추어 살펴보면, 이 사건 처분이 조세법상 인정되는 예측가능성 보장의 원칙, 평등의 원칙 및 신의성실의 원칙 등에 위배하는 부당한 처분이라고 볼 수 없고, 한편, 구 지방세법(1997.8.30. 법률 제5406호로 개정되기 전의 것) 제27조 소정의 가산금·중가산금은 같은 법 제25조의 납세고지서에 의한 본세의 납부고지에서 고지된 납부기한이나 그 이후 소정의 기한까지 체납된 세액을 납부하지 아니하면 과세관청의 가산금·중가산금에 대한 별도의 확정절차 없이 당연히 발생하는 것이므로 같은 법 제27조 제3항 소정의 독촉장을 발부하지 아니하였다고 해서 위 ○○○○의 체납세액에 대하여 가산금이 발생하지 아니한다고 볼 수 없다고 판단한 조치는 모두 정당한 것으로 수긍이 가고 거기에 상고이유로 주장하는 바와 같은 사실오인, 법리오해, 심리미진 등의 위법이 있다고 할 수 없다. 이 부분 상고이유의 주장도 모두 이유 없다.
>
> (대법 2004두497, 2004.4.27.)

(나) 재량으로 해제할 수 있는 경우

지방자치단체의 장은 다음 각 호의 어느 하나에 해당하는 경우에는 압류재산의 전부 또는 일부에 대하여 압류를 해제할 수 있다(법 §63 ② Ⅰ~Ⅳ).

① 압류 후 재산가격의 변동 또는 그 밖의 사유로 그 가격이 징수할 체납액의 전액(全額)을 현저히 초과할 때,
② 압류에 관계되는 체납액의 일부가 납부되거나 충당되었을 때,
③ 부과의 일부를 취소하였을 때,
④ 압류할 수 있는 다른 재산을 체납자가 제공하여 그 재산을 압류하였을 때
⑤ 압류한 금융재산 중 「국민기초생활 보장법」에 따른 급여, 「장애인복지법」에 따른 장애수당, 「기초연금법」에 따른 기초연금, 「한부모가족지원법」에 따른 복지급여 등 국가 또는 지방자치단체로부터 지급받은 급여금품으로서 법률에 따라 압류가 금지된 재산임을 증명하지 아니한 때에는 그 형상에 따라 판단하여 압류재산의 전부 또는 일부에 대하여 압류를 해제할 수 있다.
⑥ 압류재산이 사실상 멸실되었다고 인정되는 경우로서 대통령령으로 정하는 경우에 해당할 때

위 규정 '①'에서 "기타의 사유"란 압류한 재산의 개량 등으로 가격이 현저하게 증가되거나 압류에 관련하는 지방세보다 우선하는 채권이 소멸한 경우 등을 말한다.[96]

(3) 압류해제의 절차

① 지방자치단체의 장은 재산의 압류를 해제하였을 때에는, 그 사실을 그 재산의 압류통지를 한 권리자, 제3채무자 또는 제3자에게 문서로 알려야 한다.

② 압류의 등기 또는 등록을 한 것에 대하여는 압류해제조서를 첨부하여 압류말소의 등기 또는 등록을 관계 관서에 촉탁하여야 한다.

　이 경우에 있어서 부동산·공장재단·광업재단 또는 선박의 압류해제의 등기 또는 등록의 촉탁에 있어서는 문서로서 하되, 그 기재사항은 이미 설명한 바 있는 압류촉탁의 경우와 같으며 압류해제조서를 첨부하여야 한다.

③ 지방자치단체의 장은 제3자에게 압류재산을 보관하게 한 경우에 그 재산에 대한 압류를 해제하였을 때에는 그 보관자에게 압류해제의 통지를 하고, 압류재산은 체납자 또는 정당한 권리자에게 반환하여야 한다. 이 경우 압류재산의 보관증을 받았을 때에는 보관증을 반환하여야 한다.

　그러나 지방자치단체의 장이 필요하다고 인정하면 보관자에게 그 재산을 체납자 또는 정당한 권리자에게 인도하게 할 수 있다. 이 경우 체납자 또는 정당한 권리자에게 보관자로부터 압류재산을 수령할 것을 알려야 한다.

④ 지방자치단체의 장이 보관 중인 재산을 반환할 때에는 영수증을 받아야 한다. 다만, 압류조서에 영수 사실을 기입하여 서명·날인하게 함으로써 영수증을 갈음할 수 있다.

(4) 압류의 취소

(가) 압류의 취소

　압류처분에 대한 감독관청의 취소명령 또는 행정소송의 판결에 의하여 그 압류를 취소한 경우에는 압류의 해제와는 달리 그 취소의 효과는 압류처분 당시로 소급한다. 다시 말해서 취소함으로써 압류처분이 없었던 상태로 복귀되는 것이므로 시효중단의 효력도 발생하지 아니한다. 압류의 취소는 법률적인 규정이 아닌 행정처분에 해당하는 것이며, 만약 앞 순위 압류자와 뒷 순위 압류자가 협의하여 압류를 해제하고 당해 물건을 담보로 은행융자를 받아 이것으로 체납세금의 일부를 변제받는 것은 압류의 취소가 아니므로 그 후에 다시 압류가 가능하다.

(나) 압류의 실효

　압류의 실효란 집행기관의 행정행위에 의하지 아니하고 압류한 목적물의 멸실, 몰수,

---

96) 국세징수법통칙 53-0…3 (가격의 변동, 기타 사유)

수용 등 일정사실의 발생에 의하여 압류가 그 효력을 잃게 되는 경우를 말하는데, 이때에는 압류의 취소와는 달리 당초 압류에 의하여 발생한 시효중단의 효력은 상실되지 아니한다.

그런데 압류의 실효는 압류의 해제와 다르다. 압류의 실효는 압류의 효력을 소멸시키기 위한 특별한 행위없이 압류의 효력이 상실된 경우(예 압류의 목적물이 소실된 경우 등)임에 대하여, 압류의 해제는 그 압류의 효력을 장래에 향하여 소멸시키는 행정행위이다.

제65조 | 부동산 등기 수수료의 면제

지방자치단체가 지방세를 징수하기 위하여 부동산에 대한 등기를 신청하는 경우에는 부동산등기법 제22조 제3항에 따른 수수료를 면제한다(법 §65).

제9절 교부청구 및 참가압류

넓은 의미의 교부청부에는 교부청구서에 의한 교부청구(좁은 의미의 교부청구)와 참가압류통지서에 의한 교부청구(참가압류)로 구분된다. 교부청구와 참가압류는 넓은 의미의 체납처분의 일환이지만, 그 자신이 강제적으로 조세채권을 실현하는 것이 아니라 다른 강제환가절차에 참가하는 절차에 불과하다는 점에서 좁은 의미의 체납처분(압류, 환가, 배당 등)과 구별된다.

교부청구란 체납자의 재산에 대해서 타기관의 공·사채권에 의하여 강제환가절차가 개시된 경우에 있어 동일 재산에 대한 압류의 중복을 피하고 당해 재산의 환매대금 중에서 지방세채권의 징수목적을 달성하고자 관계 집행기관에 그 배당을 요구하는 강제징수절차이며, 참가압류란 지방세의 체납으로 재산의 압류요건이 성립되어 재산을 압류하고자 할 때 그 재산이 다른 기관의 체납처분에 의하여 압류가 되어 있는 때에는 교부청구에 갈음하여 그 재산에 대한 다른 기관의 압류에 참가하는 것을 말하는데, 교부청구는 그 요건으로 되었던 다른 집행기관의 강제환가절차가 취소되거나 해제된 때에는 그 효력을 잃게 되어 다시 그 재산을 압류해야 하는데 이러한 교부청구에 갈음하는 참가압류는 그러한 지장을 제거하기 위한 제도로서 효과면에서는 교부청구의 효력과 압류의 효력을 동시에 이중적으로 가지는 강제징수절차인 것이다.

다시 말해서 교부청구는 체납처분·강제집행 등 강제환가절차에 가입하여 체납된 조세의 교부를 청구하는 것이므로 민사집행법상의 배당요구와 같은 성격을 가지고 있으며, 참가압류는 체납처분 등을 행하는 압류기관과의 사이에 이중압류를 허용하는 것과 같은 효과를 갖는 것으로서 형식적으로는 교부청구의 일종이다. 그런데 교부청구와 참가압류가 구분되는 점은 교부청구의 경우에는 그 교부청구를 받은 압류기관이 강제환가절차를 해제하거나 취소한 때에는 그 교부청구의 효력이 상실되는 데 반하여, 참가압류의 경우에는 그 참가압류를 받은 선행압류가 해제되거나 취소된 때에도 그 참가압류재산에 대하여 참가압류시에 소급하여 압류의 효력이 생긴다.[97]

제66조 교부청구

지방자치단체의 장은 제22조 제1항 제1호부터 제4호까지 또는 제6호에 해당할 때에는 해당 관서, 공공단체, 집행법원, 집행공무원, 강제관리인, 파산관재인 또는 청산인에 대하여 체납액의 교부를 청구하여야 한다(법 §66).

---

[97] 강인애, 「전게서」, p.740

교부청구는 체납자에 대하여 이미 체납처분, 강제집행 등 강제환가절차가 개시된 경우에 동일 재산에 대하여 중복하여 압류를 하는 것은 집행의 경제적 측면에서 볼 때 적당하지 아니하므로 과세관청은 이런 경우에는 스스로 압류하지 아니하고 이들 절차의 집행기관에 체납조세의 교부를 청구하여 징수에 대한 만족을 얻는 것을 말한다.

다시 말해서 교부청구는 조세채권자 스스로가 체납자의 재산을 압류하여 환가하는 절차를 대신할 뿐아니라 강제환가대금에서 체납자의 임의적 의사와 관계없이 강제적으로 징수하는 절차이므로 넓은 의미에 있어서 조세의 강제징수 절차인 체납처분의 범주에 포함된다고 할 것이다.

그리고 교부청구는 "교부청구서"라고 하는 서면의 송달을 통하여 체납액의 교부를 요구하는 절차인데 이는 조세우선권을 발동할 수 있는 위력을 가진다.

(가) 교부청구의 요건

① 체납자에게 지방세의 체납사실(징수유예 포함)이 있어야 한다.
체납자에는 제2차 납세의무자와 납세보증인을 포함하는 것으로 보며, 체납된 지방세에는 체납처분비가 포함된다.

② 강제환가절차인 선행집행의 사실이 존재하여야 한다.
강제환가절차에는 지방세 등 다른 조세의 체납에 의한 체납처분, 민사집행법의 규정에 의한 강제집행(강제경매, 강제관리), 채무자회생 및 파산에 관한 법률에 의한 파산절차 등이 이에 해당된다.

③ 교부청구를 할 상대방은 강제환가절차를 집행하고 있는 해당 관서, 공공단체, 집행법원, 집행공무원, 강제관리인, 파산관재인 또는 청산인이다.

(나) 교부청구의 방법 등

(ⅰ) 지방자치단체의 장은

① 국세의 체납으로 체납처분을 받을 때, ② 지방세, 그밖에 공과금에 대하여 체납으로 체납처분을 받을 때, ③ 강제집행을 받을 때, ④ 어음법 및 수표법에 따른 어음교환소에서 거래정지처분을 받았을 때, ⑤ 경매가 시작되었을 때, ⑥ 법인이 해산하였을 때에는 해당 관서·공공단체·집행법원·집행공무원·강제관리인·파산관재인 또는 청산인에 대하여 체납액의 교부를 청구하여야 한다.

그리고 교부청구는 다음 각 호의 어느 하나에 해당하는 시기까지 하여야 한다.[98]
① 체납처분의 경우 : 관계기관의 배분계산서 작성시

---

98) 국세징수법통칙 56-0…2 (교부청구할 수 있는 시기)

② 민사집행법 제189조 제2항의 유체동산에 대한 강제집행 또는 경매의 경우 : 경매기일의 종료시(민사집행법 §220)
③ 부동산에 대한 강제집행 또는 경매의 경우 : 첫 매각기일 이전(민사집행법 §84 ①)
④ 금전채권에 대한 강제집행의 경우 : 전부명령이 있는 때에는 전부명령이 제3채무자에게 송달되기 이전(민사집행법 §247 ②) 또는 추심명령이 있는 때에는 압류채권자가 추심하고 집행법원에 신고하기 이전(민사집행법 §247 ①)
⑤ 유체동산에 관한 청구에 대한 강제집행의 경우 : 그 동산의 매각대금을 집행관이 영수할 때(민사집행법 §243 ③·§220 ①)
⑥ 부동산에 관한 청구에 대한 강제집행의 경우 : 첫 매각기일 이전(민사집행법 §244 ②·§84 ①)
⑦ 상기 재산권 이외에 재산권에 대한 강제집행 또는 경매의 경우 : 그 재산권의 성질 및 그 처분의 방법에 따라 '①' 내지 '⑥'에 준하는 때

(ii) 파산선고에 따라 파산관재인에게 교부청구를 하고자 할 때에는,
① 압류한 재산의 가액이 징수할 금액보다 적거나 적다고 인정될 때에는 재단채권으로서 파산관재인에게 그 부족액을 교부청구하여야 하며,
② 납세담보물 제공자가 파산선고를 받아 체납처분에 의하여 그 담보물을 공매하려는 경우에는 채무자 회생 및 파산에 관한 법률 제447조에 따른 절차를 밟은 후 별제권(別除權, 파산재단의 특정재산에 대하여 우선권이 있는 채권자가 다른 채권자보다 우선적으로 파산절차에 따르지 않고 변제를 받을 수 있는 권리를 말함)을 행사하여도 부족하거나 부족하다고 인정되는 금액을 교부청구하여야 한다. 다만, 파산관재인이 그 재산을 매각하려는 경우에는 징수할 금액을 교부청구하여야 한다(영 §65 Ⅰ·Ⅱ).

(다) 교부청구의 효과

교부청구 후 교부청구를 받은 집행기관의 체납처분, 강제집행 또는 경매의 절차가 해제되거나 취소되는 경우에는 교부청구는 그 효력을 상실한다.[99]

그리고 교부청구는 강제환가절차를 취하는 행정기관에 대하여 조세채권을 환가대금 중에서 배당해 줄 것을 요구하는 것이므로 배당요구의 효력이 있고 또한 교부청구는 타 집행기관의 강제환가절차에 참가하여 조세채권의 징수목적을 달성하는 일종의 강제환가절차이므로 교부청구에 관계된 조세채권에 대한 시효중단의 효력을 가지는 것이다.

---

99) 국세징수법통칙 56-0…5 (교부청구의 효과)

> **사례**
>
> ❖ 경매개시결정 기입등기 이후에 체납처분에 의한 압류등기 등이 마쳐진 경우, 경락기일까지 별도의 배당요구로서 교부청구를 하면 배당받을 수 있는지 여부(적극)
>
> 부동산에 관한 경매개시결정 기입등기 이전에 체납처분에 의한 압류등기 또는 국세징수법 제24조 제2항에 의한 보전압류의 등기가 마쳐져 있는 경우에는 경매법원으로서도 조세채권의 존재와 그의 내용을 알 수 있으나, 경매개시결정 기입등기 이후에야 체납처분에 의한 압류등기가 마쳐진 경우에는 조세채권자인 국가가 경매법원에 대하여 배당요구를 하지 않는 이상 경매법원으로서는 위와 같은 조세채권이 존재하는지의 여부조차 알지 못하므로, 경매개시결정 기입등기 이전에 체납처분에 의한 압류등기가 마쳐져 있는 경우와는 달리 그 개시결정 기입등기 후에 체납처분에 의한 압류등기가 마쳐지게 된 경우에는 조세채권자인 국가로서는 경매법원에 경락기일까지 배당요구로서 교부청구를 해여야만 배당을 받을 수 있다.
>
> (대법 2000다21154, 2001.5.8.)
>
> ❖ 국세징수법기본통칙상 교부청구를 하지 않을 수 있도록 규정되어 있음에도 세무서장이 교부청구를 하였다는 사정만으로 그 교부청구가 위법하게 되는지 여부(요약)
>
> 국세징수법기본통칙 56-0…3은 "세무서장은 교부청구를 함에 있어서 납세자가 따로 매각이 용이한 재산으로 제3자의 권리의 목적으로 되어 있지 아니한 것을 보유하고 있고 그 재산에 의하여 체납국세의 전액을 징수할 수 있다고 인정될 경우에는 교부청구를 하지 아니할 수 있다"고 규정하여 교부청구 여부를 세무서장이 재량에 의하여 정하도록 하고 있을 뿐 아니라, 원래 국세청의 기본통칙이란 과세관청 내부에 있어서 세법의 해석기준 및 집행기준을 시달한 행정규칙에 불과하고 법원이나 국민을 기속하는 효력이 있는 법규가 아니므로, 세무서장이 위와 같이 교부청구를 하지 않을 수 있도록 규정된 경우에 교부청구를 하였다고 하더라도 그러한 사정만으로 그 교부청구가 위법하다고 볼 수는 없다.
>
> (대법 99다22311, 2001.11.27.)

제67조 참가압류

① 지방자치단체의 장은 압류하려는 재산을 이미 다른 기관에서 압류하고 있을 때에는 제66조에 따른 교부청구를 갈음하여 참가압류 통지서를 그 재산을 이미 압류한 기관(이하 "기압류기관"이라 한다)에 송달함으로써 그 압류에 참가할 수 있다(법 §67 ①).

이 규정에 따른 기압류기관은 법 제68조 제3항에 따라 압류를 해제한 동산 또는 유가증권을 압류에 참가한 지방자치단체의 장에게 인도하거나 법 제68조 제7항에 따라 압류재산의 매각처분을 최고한 지방자치단체의 장에게 인도할 때에는 행정안전부령으로 정하는 참가압류재산 인도통지서를 보내야 한다. 이 경우 압류재산을 제3자가 보관하고 있는 상태로 인도하려면 참가압류재산 통지서에 그 보관증과 보관자에 대한 인도지시서를 첨부하여야 한다(영 §66).

② 지방자치단체의 장은 제1항에 따라 압류에 참가하였을 때에는 그 사실을 체납자와 그 재산에 대하여 권리를 가진 제3자에게 통지하여야 한다(법 §67 ②).

③ 지방자치단체의 장은 제1항에 따라 참가압류하려는 재산이 권리의 변동에 등기 또는 등록이 필요한 것일 때에는 참가압류의 등기 또는 등록을 관계 관서에 촉탁하여야 한다 (법 §67 ③).

(가) 참가압류 개요

교부청구는 체납처분, 강제집행 등 강제환가절차에 편성하여 체납된 조세의 교부를 청구하는 것이므로 민사집행법상의 배당요구와 같은 성격을 가지고 있는데 대하여, 참가압류는 체납처분 등을 행하는 집행기관(기압류기관)과 사이에 이중압류를 허용하는 것과 같은 효과를 갖는 것으로서, 형식적으로 교부청구의 한 형태이다.

교부청구와 참가압류가 다른 점은, 교부청구의 경우에는 그 교부청구를 받은 집행기관이 강제환가절차를 해제하거나 취소한 때에는 그 교부청구의 효력이 상실됨에 대하여, 참가압류의 경우에는 그 참가압류를 받은 앞선 압류가 해제되거나 취소된 때에는 참가압류를 한 처분이 그 참가압류재산에 대하여 참가압류시에 소급하여 압류의 효력이 생긴다.

(나) 참가압류의 요건

① 참가압류의 경우에는 압류에 관한 일반요건을 갖추어야 한다. 이는 참가압류가 앞선 압류의 해제나 취소되는 경우에 압류로 전환되기 때문이므로 징수유예된 조세에 관하여는 교부청구는 할 수 있으나 참가압류는 할 수 없으며, 압류의 요건으로서 독촉이 필요한 경우에는 참가압류의 경우에도 그 전제요건으로서 독촉의 절차를 거쳐야 한다.

② 이미 다른 기관에서 압류한 재산이어야 한다. 이 경우 다른 기관에서 한 "압류"는 체납처분·강제집행 또는 경매절차에 의한 압류를 의미하는 것이므로 파산선고, 법인의 해산의 경우에는 참가압류를 할 수 없다.

(다) 참가압류의 절차

① 지방자치단체의 장은 압류하려는 재산을 이미 다른 기관에서 압류하고 있을 때에는 제66조에 따른 교부청구에 갈음하여 참가압류 통지서를 그 재산을 이미 압류한 기관(이하 "기 압류기관"이라 한다.)에 송달함으로써 그 압류에 참가할 수 있다(법 §67 ①).

이 규정에 따른 기압류기관은 법 제68조 제3항에 따라 압류를 해제한 동산 또는 유가증권을 압류에 참가한 지방자치단체의 장에게 인도하거나 법 제68조 제7항에 따라 압류재산의 매각처분을 최고한 지방자치단체의 장에게 인도할 때에는 행정안전부령으로 정하는 참가압류재산 인도통지서를 보내야 한다. 이 경우 압류재산을 제3자가 보관하고 있는 상태로 인도하려면 참가압류재산 통지서에 그 보관증과 보관자에 대한 인도지시서를 첨부하여야 한다(영 §66).

② 지방자치단체의 장은 제1항에 따라 압류에 참가하였을 때에는 그 사실을 체납자와 그 재산에 대하여 권리를 가진 제3자에게 통지하여야 한다(법 §67 ②).

③ 지방자치단체의 장은 제1항에 따라 참가압류하려는 재산이 권리의 변동에 등기 또는 등록을 필요한 것일 때에는 참가압류의 등기 또는 등록을 관계 관서에 촉탁하여야 한다(법 §67 ③). 그런데 시장·군수는 참가압류를 함에 있어서 납세자가 따로 매각이 용이한 재산으로 제3자의 권리의 목적으로 되어 있지 아니한 것을 보유하고 있고 그 재산에 의하여 지방세의 전액을 징수할 수 있다고 인정될 경우에는 참가압류를 하지 아니할 수 있다.[100]

제68조 | 참가압류의 효력 등

① 제67조에 따라 참가압류를 한 후에 기 압류기관이 그 재산에 대한 압류를 해제하였을 때에는 그 참가압류(법 제67조 제3항에 해당하는 재산에 대하여 둘 이상의 참가압류가 있는 경우에는 그 중 가장 먼저 등기 또는 등록된 것으로 하고, 그 밖의 재산에 대하여 둘 이상의 참가압류가 있는 경우에는 그 중 가장 먼저 참가압류 통지서가 송달된 것으로 한다.)는 다음 각 호의 구분에 따른 시기로 소급하여 압류의 효력이 생긴다(법 §68 ① Ⅰ·Ⅱ).

㉮ 등기·등록이 필요하지 아니하는 재산(법 제67조 제3항에 해당하는 재산외의 재산)에 대하여는 참가압류 통지서가 기압류기관에 송달된 때

㉯ 등기 또는 등록을 필요로 하는 재산(법 제67조 제3항에 해당하는 재산)에 대하여는 참가압류의 등기 또는 등록이 완료된 때

이 경우 둘 이상의 참가압류가 있는 재산에 대하여 기압류기관이 그 재산에 대한 압류를 해제하는 경우에는 그 해제에 의하여 압류의 효력이 생기는 선순위참가압류기관에 후순위참가압류기관이 제출한 참가압류통지서를 인도하여야 하고, 이러한 참가압류 통지서가 인도되면 당초 참가압류를 한 때에 선순위참가압류기관에 참가압류를 한 것으로 본다.[101]

---

[100] 국세징수법통칙 57-0…1 (참가압류의 제한)

② 기압류기관은 압류를 해제하였을 때에는 압류가 해제된 재산 목록을 첨부하여 그 사실을 참가압류한 지방자치단체의 장에게 통지하여야 한다(법 §68 ②).

③ 기압류기관은 압류를 해제한 재산이 동산 또는 유가증권으로서 기 압류기관이 점유하고 있거나 제3자에게 보관하게 한 재산일 때에는 압류에 참가한 지방자치단체의 장에게 직접 인도하여야 한다. 다만, 제3자가 보관하고 있는 재산에 대해서는 그 제3자가 발행한 해당 보관증을 인도함으로써 재산의 직접 인도를 갈음할 수 있다(법 §68 ③).

그리고 압류에 참가한 지방자치단체의 장은 기 압류기관으로부터 동산 또는 유가증권의 인도통지를 받았을 때에는 지체 없이 해당 동산 또는 유가증권을 인수하여야 하며, 이와 같이 동산 또는 유가증권을 인수한 지방자치단체의 장은 해당 재산이 제3자가 보관하고 있는 재산인 경우에는 영 제66조 후단에 따라 받은 보관증과 인도지시서를 그 보관자에게 내주어야 한다. 그러나 이와 같이 동산 또는 유가증권을 인수한 지방자치단체의 장은 필요하다고 인정하면 인수한 동산 또는 유가증권을 체납자 또는 그 재산을 점유한 제3자에게 보관하게 할 수 있으며, 압류에 참가한 지방자치단체의 장은 위의 규정에 따라 동산 또는 유가증권을 인수하였을 때에는 인도를 한 기 압류기관에 지체 없이 그 사실을 통지하여야 한다(영 §67 ①~④).

④ 압류에 참가한 지방자치단체의 장은 기 압류기관이 그 압류재산을 장기간 매각하지 아니할 때에는 이에 대한 매각처분을 기 압류기관에 최고할 수 있다(법 §68 ④).

⑤ 매각처분을 최고한 지방자치단체의 장은 제4항에 따라 매각처분을 최고받은 기압류기관이 최고받은 날부터 3개월 이내에 다음 각 호의 어느 하나에 해당하는 행위를 하지 아니하면 그 압류재산을 매각할 수 있다(법 §68 ⑤ Ⅰ~Ⅲ).

㉮ 제103조의2제1항제1호(공매) 및 제2호(수의계약)에 따라 공매 또는 수의계약의 대행을 의뢰하는 서면 송부

㉯ 제72조에 따른 수의계약 방식으로 매각하려는 사실을 체납자 등에게 통지

㉰ 제78조 제2항에 따른 공매공고

⑥ 매각처분을 최고한 지방자치단체의 장이 제5항에 따라 압류재산을 매각하려는 경우에는 그 내용을 기압류기관에 통지하여야 한다(법 §68 ⑥).

⑦ 매각처분을 최고한 지방자치단체의 장이 제5항에 따라 압류재산을 매각하려는 경우에는 그 내용을 기 압류기관에 통지하여야 하며, 이러한 통지를 받은 기 압류기관은 점유 중이거나 제3자로 하여금 보관하게 한 동산 또는 유가증권 등 압류재산을 위 제4항에 따라 매각처분을 최고한 지방자치단체의 장에게 인도하여야 한다. 이 경우 인도 방법에 관하여는 제3항을 준용한다(법 §68 ⑦).

---

101) 국세징수법통칙 58-0…1 (둘 이상의 참가압류가 있는 경우와 압류해제)

이러한 참가압류는 기 압류기관에 대하여 교부청구를 한 효력, 즉 배당요구를 한 효력이 있다.

> **사례**
>
> ❖ **참가압류의 효력**
> ① 국세징수법 제57조, 제58조는 참가압류를 한 후에 기압류기관이 압류재산에 대한 압류를 해제한 때에는 그 압류참가는 참가압류의 등기가 완료된 때로 소급하여 압류의 효력이 생기는 것으로 규정하고 있고, 동법 제47조는 압류의 효력은 압류등기 후에 발생한 체납액에 대하여도 효력이 미친다고 규정하고 있으므로, 참가압류의 효력은 압류의 경우와 마찬가지로 이미 발생한 체납세액은 물론 참가압류등기 후에 대상 부동산이 제3자에게 양도되기 전까지 발생한 체납액에 대하여도 미친다 할 것이고, 참가압류시 과세관청이 기 압류기관이나 체납자와 그 재산에 대하여 권리를 가진 제3자에 대하여 참가압류통지를 함에 있어 착오로 인하여 실제 체납세액보다 적게 기재하였다고 하더라도 기재된 세액에 한하여 그 효력이 미치는 것이라고 볼 수 없다.
> ② 경매절차가 진행중인 부동산에 대하여 참가압류가 이루어진 후 과세관청이 착오로 국세체납액의 일부가 누락된 금액의 교부청구를 한 경우, 참가압류가 이루어진 이상 당연히 교부청구가 있는 것으로 보게 되므로 그 후에 행한 교부청구는 배당에 참여할 체납액의 범위를 확인하는 의미에 불과할 뿐만 아니라, 부동산을 양수하고 경매절차에서 교부청구된 전 소유자의 체납액을 대납한 자는 선행된 경매절차에 있어서의 이해관계인이 아닌 제3자에 불과하므로, 과세관청의 교부청구가 대납자에 대하여 전소유자의 체납세액을 한정하는 공적인 견해표명의 의미를 갖는 것이라고 볼 수 없고, 더구나 경매신청의 취하로 인하여 부동산에 대한 참가압류등기가 남아 있는 이상 경매절차에서의 교부청구된 체납세액을 납부하였다고 하더라도 그 참가압류의 효력은 교부청구에서 누락된 체납액에 대하여도 미친다고 할 것이니, 과세관청이 대납자의 참가압류해제신청을 거부한 처분이 조세법에서의 신의성실의 원칙에 반한다고 할 수 없다.
>
> (대법 94누1944, 1994.9.13.)

제69조 │ 압류 해제에 관한 규정의 준용

참가압류의 해제에 관하여는 제63조(압류해제의 요건), 제64조(압류의 해제) 및 제65조(부동산등기수수료의 면제)를 준용한다(법 §69).

이미 앞에서 설명한 바 있는 압류해제의 요건·압류의 해제 및 인지세와 등록면허세 등의 면제에 관한 규정은 이 영 중 일반 압류에 관한 규정(참가압류의 해제의 경우포함)을 준용된다. 이 경우 참가압류에 대하여 이 영에 특별한 규정이 없는 경우에는 이 영 중 일반 압류에 관한 규정을 준용한다(영 §68).
  그리고 참가압류의 해제순서는 기 압류기관에서 당해 재산의 압류를 해제할 때에는 선순위 참가압류를 한 행정기관에 통지와 함께 동산·유가증권 등을 인도한 후에 해제하여야 하며, 후순위 참가압류기관에도 그 뜻을 통지하여야 한다.

제70조 | 교부청구의 해제

① 지방자치단체의 장은 납부, 충당, 부과의 취소나 그 밖의 사유로 교부를 청구한 체납액의 납부의무가 소멸되었을 때에는 그 교부청구를 해제하여야 한다(법 §70 ①).
② 제1항에 따른 교부청구의 해제는 교부청구를 받은 기관에 그 뜻을 통지함으로써 한다(법 §70 ②).
  그리고 참가압류에 대하여 특별한 규정이 없는 경우에는 지방세징수법시행령 중 일반 압류에 관한 규정을 준용한다(영 §68).

제10절 압류재산의 매각

지방세의 채권은 금전급부를 목적으로 하는 것이므로 그 압류재산이 금전일 때에는 이를 직접 체납세액에 충당하고, 압류한 재산이 채권으로서 추심을 한 재산이 금전일 때에는 현금과 마찬가지로 이를 바로 체납세액에 배당하며, 그 외의 압류재산은 이를 공매 또는 수의계약의 방법에 의하여 금전으로 환가하여야 한다. 이러한 매각처분은 체납채권에 대한 자력집행권의 행사이므로 공법상의 행정처분이다. 그러므로 지방자치단체가 행한 매각처분은 체납자가 매각한 것과 동일한 효과가 생기고, 매각된 재산에 대한 체납자의 권리는 그 매수인에게 돌아간다. 그리고 매수인은 지방자치단체에 대하여 환가대금의 지급의무를 지게 된다.

제71조 공매

공매란 지방자치단체의 장이 지방세징수법에 따라 입찰 또는 경매방법으로 행하는 강제환가처분을 말한다. 따라서 공매는 입찰 또는 경매 중 어느 방법에 의하던 공매대상이 되는 재산을 자유경쟁방식으로 최고가격에 매각하여 조세채권의 충족을 기하고 체납자 및 이해관계인의 보호를 도모해야 하므로 공매를 실시함에 있어서는 그 절차를 엄중히 해야 할 것이다.

① 지방자치단체의 장은 압류한 동산, 유가증권, 부동산, 무체재산권 등과 제51조 제2항(채권압류)에 따라 체납자를 대위하여 받은 물건(통화(通貨)는 제외한다.)을 대통령령으로 정하는 바에 따라 공매한다(법 §71 ①).

㉮ 지방자치단체의 장은 위와 같은 여러 개의 재산을 공매하는 경우에는 각각의 재산별로 공매하여야 한다. 다만, 지방자치단체의 장이 공매한 재산이 여러 개인 경우 해당 재산의 위치·형태·이용관계 등을 고려하여 이를 일괄하여 공매하는 것이 적합하다고 인정하는 경우에는 직권으로 또는 이해관계인의 신청에 따라 일괄하여 공매할 수 있으며(영 §69 ①),

㉯ 이렇게 여러 개의 재산을 일괄하여 공매할 때 각 재산의 매각대금을 특정할 필요가 있는 경우에는 각 재산에 대한 매각예정가격의 비율을 정하여야 하며, 각 재산의 매각대금은 총 매각대금을 각 재산의 매각예정가격비율에 따라 나눈 금액으로 한다(영 §69 ②).

㉰ 또한 여러 개의 재산을 일괄하여 공매할 수 있는 경우라 하더라도 그 가운데 일부의 매각대금으로 체납액을 변제하기에 충분하면 다른 재산은 공매하지 아니한다. 다만, 토지와 그 위의 건물을 일괄하여 공매하는 경우나 재산을 분리하여 공매하면 그 경

제적 효용이 현저하게 떨어지는 경우 또는 체납자의 동의가 있는 경우에는 그러하지 아니하다. 위와 같이 매각대금이 체납액을 변제하기에 충분한 경우에 체납자는 그 재산 가운데 매각할 것을 지정할 수도 있다(영 §69 ③·④).

② 제1항에도 불구하고 지방자치단체의 장은 다음 각 호의 압류재산을 해당 호에서 정하는 방법으로 직접 매각할 수 있다(법 §71 ②).
  1. 「자본시장과 금융투자업에 관한 법률」 제8조의2제4항제1호에 따른 증권시장(이하 "증권시장"이라 한다)에 상장된 증권: 증권시장에서의 매각
  2. 가상자산사업자를 통하여 거래되는 가상자산: 가상자산사업자를 통한 매각

③ 지방자치단체의 장은 제2항 각호의 구분에 따라 압류재산을 직접매각하려는 경우에는 매각 전 그 사실을 대통령령으로 정하는 자에게 통지하여야 한다.
  이 경우 압류재산을 직접 매각하려는 경우에는 그 사실을 체납자, 납세담보물 소유자, 압류재산에 질권 또는 그 밖의 권리를 가진 자에게 통지하여야 한다(영 §70).
  이 규정은 지방자치단체의 장이 직접 매각하는 경우에는 체납자 등에 통지의무 규정이 없어 과세관청과 체납자 간에 다툼이 있어 지방자치단체의 장이 압류재산을 직접 매각하려는 경우 체납자 등에게 통지하도록 의무화하여 체납자의 재산권 보전기회를 보장하고자 개정한 것이다

④ 지방자치단체의 장은 지방세의 체납으로 체납처분을 받을 때, 강제집행을 받을 때 등의 사유가 있어(납기전 징수의 사유) 지방세가 확정된 후에는 그 지방세를 징수할 수 없다고 인정할 때에는 지방세로 확정되리라고 추정되는 금액의 한도에서 납세자의 재산을 압류한 때에는, 그 압류 재산은 그 압류에 관계되는 지방세의 납세의무가 확정되기 전에는 공매할 수 없다(법 §71 ③).

⑤ 심판청구등이 계속 중인 지방세의 체납으로 압류한 재산은 그 신청 또는 청구에 대한 결정이나 소(訴)에 대한 판결이 확정되기 전에는 공매할 수 없다. 다만, 부패·변질 또는 감량되기 쉬운 재산(제72조 제1항 제2호에 해당하는 재산)으로서 속히 매각하지 아니하면 그 재산가액이 감손될 우려가 있는 경우에는 그 신청 또는 청구에 대한 결정이나 소에 대한 판결이 확정되기 전이라도 공매할 수 있다(법 §71 ④).
  그리고 지방세기본법 제99조 제1항에서 이의신청 또는 심판청구의 결정처분이 있는 날로부터 30일까지는 공매처분을 보류할 수 있도록 규정하고 있는바 이는 이의신청 또는 심판청구에 대한 결정이 확정되었다 하더라도 다음 단계의 불복청구기간 동안 공매처분을 보류하였다가 과세처분에 대한 다툼의 여지가 없을 때 공매토록 함으로써 공매 이후의 과세처분취소로 인한 번잡한 문제들을 미리 방지하고자 하는 데 뜻이 있다.
  그러나 행정소송이 제기된 경우는 행정소송법 제23조의 규정에 의한 집행정지결정이

없는 한 소송이 진행 중일 경우에도 공매를 실시할 수 있으나 과세권자 패소판결이 확정될 경우 손해배상 등 복잡한 문제가 야기되므로 특별한 사정이 없는 한 확정판결이 있기까지는 공매를 보류하여야 할 것이다.

또한 시장·군수는 위의 규정에 의한 사유 이외에도 다음 각 호에 해당하는 사유가 있는 때에는 공매를 하지 아니한다.102)

㉮ 행정소송법 제23조(집행정지)에 따라 법원이 체납처분에 대한 집행정지결정을 한 때
㉯ 국세징수법 제17조(체납액 등의 징수유예)에 따라 체납액 등의 징수유예를 한 0때
㉰ 국세징수법 제50조(제3자의 소유권의 주장)에 따라 제3자가 압류재산의 소유권을 주장하고 반환을 청구한 때
㉱ 채무자 회생 및 파산에 관한 법률 제44조(다른 절차의 중지명령 등)에 따라 법원이 체납처분의 중지를 명한 때와 동법률 제58조(다른 절차의 중지 등)에 따라 체납처분이 중지된 때
㉲ 채무자 회생 및 파산에 관한 법률 제140조(조세 등의 감면)에 따라 회생계획에서 징수유예 또는 환가의 유예가 인가된 때
㉳ 국세징수법 제85조의 2(체납처분유예)의 규정에 의하여 체납처분유예를 한 때

제71조의 2 | 전문매각기관의 매각대행 등(삭제, '22.1.28)

제72조 | 수의계약

① 압류재산이 다음 각 호의 어느 하나에 해당하는 경우에는 수의계약으로 매각할 수 있다(법 §72 ① Ⅰ~Ⅵ).

㉮ 수의계약으로 매각하지 아니하면 매각대금이 체납처분비에 충당하고 남을 여지가 없는 경우
㉯ 부패, 변질 또는 감량되기 쉬운 재산으로서 속히 매각하지 아니하면 재산가액이 줄어들 우려가 있는 경우
㉰ 압류한 재산의 추산(推算)가격이 1천만원 미만인 경우
㉱ 법령으로 소지(所持) 또는 매매가 규제된 재산인 경우
  이 규정에서 "법령으로 소지 또는 매매가 규제된 재산"의 예로는 다음의 것이 있

---
102) 국세징수법통칙 61-0…4 (공매의 제한)

다.103)
- 주세법에 의한 주정
- 마약류 관리에 관한 법률에 의한 마약
- 총포·도검·화약류 단속법에 의한 총포·화약류
- 인삼산업법에 의한 홍삼포에서 수확한 수삼
- 담배사업법에 의한 잎담배

㉮ 제1회 공매 후 1년간 5회 이상 공매하여도 매각되지 아니한 경우
㉯ 공매하는 것이 공익을 위하여 적절하지 아니한 경우

이 규정에서 "공매하는 것이 공익을 위하여 적절하지 아니한 경우"란 공익사업을 위한 토지 등의 취득 및 보상에 관한 법률·국토의 계획 및 이용에 관한 법률 등에 따라 토지를 수용할 수 있는 자로부터 압류토지를 수용할 뜻이 고지된 때, 징발법의 규정에 따라 징발관이 압류물건을 징발할 의사가 있음을 통지한 때 등을 말한다.104)

② 지방자치단체의 장은 압류재산을 수의계약으로 매각하려는 경우에는 추산가격조서를 작성하고 매수하려는 2인 이상으로부터 견적서를 받아야 한다. 다만, 제1회 공매 후 1년간에 5회 이상 공매하여도 매각되지 아니한 경우에 해당하여 수의계약을 하는 경우로서 그 매각금액이 최종 공매 시의 매각예정가격 이상인 경우에는 견적서를 받지 아니할 수 있다. 그리고 지방자치단체의 장은 압류재산을 수의계약으로 매각하려는 경우 그 사실을 체납자, 납세담보물소유자와 그 재산에 전세권, 질권, 저당권 또는 그 밖의 권리를 가진 자에게 통지하여야 한다(영 §75 ①·②).

제73조 | 공매대상 재산에 대한 현황조사

① 지방자치단체의 장은 제74조에 따라 매각예정가격을 결정하기 위하여 공매대상 재산의 현상태, 점유관계, 임차료 또는 보증금의 액수, 그 밖의 현황을 조사하여야 한다(법 §73 ①).
② 세무공무원은 제1항에 따른 조사를 위하여 건물에 출입할 수 있고, 체납자 또는 건물을 점유하는 제3자에게 질문하거나 문서 제시를 요구할 수 있으며, 이 경우 세무공무원은 건물에 출입하기 위하여 필요한 때에는 잠긴 문을 여는 등 적절한 처분을 할 수 있다(법 §73 ②·③).
③ 세무공무원은 제2항 및 제3항의 경우 직무상 필요한 범위 외에 다른 목적 등을 위하여

---
103) 국세징수법통칙 62-0…5 (법령으로 소지 또는 매매가 규제된 재산)
104) 국세징수법통칙 62-0…6 (공매함이 공익상 적절하지 아니한 때)

그 권한을 남용해서는 아니 된다(법 §73 ④).

이 규정은 세무공무원이 공매대상 재산에 대한 현황조사를 위하여 질문을 하거나 문서 제시를 요구하거나 건물에 출입 및 이를 위해 필요한 처분을 하는 과정에서 직무상 필요한 범위 외에 다른 목적 등을 위하여 그 권한을 남용하지 아니하도록 하여 납세자의 권리 침해를 방지하려는 것이다.

제74조 | 매각예정가격의 결정

지방자치단체의 장은 압류재산을 공매하려면 그 재산의 매각예정가격을 결정하여야 한다(법 §74 ①). 그러나 지방자치단체의 장은 매각예정가격을 결정하기 어려울 때에는 대통령령으로 정하는 바에 따라 감정인(공매대상 재산이 부동산인 경우에는 「감정평가 및 감정평가사에 관한 법률」 제2조 제4호에 따른 감정평가업자, 공매대상 재산이 부동산 외의 재산인 경우에는 해당 재산과 관련된 분야에 5년 이상 종사한 전문가)에게 평가를 의뢰하여 그 가액을 참고할 수 있다(법 §74 ②). 위 규정에 따라 공매대상자산의 평가를 의뢰할 수 있는 감정인은 ① 공매대상 재산이 부동산인 경우는 감정평가 및 감정평가사에 관한 법률에 따른 감정평가법인 등 또는 공매대상재산이 제1호외(부동산)의 재산인 경우에는 해당 재산과 관련된 분야에 5년 이상 종사한 전문가로 한다(영 §76 ① Ⅰ·Ⅱ).

그리고 지방자치단체의 장은 법 제74조 제2항에 따라 감정인에게 공매대상재산의 평가를 의뢰한 경우에는 행정안전부령으로 정하는 바에 따라 수수료를 지급할 수 있다(영 §76 ②). 이 경우 수수료는 「국세징수법 시행규칙」 별표를 준용하며, 기 규정에도 불구하고 무형자산 등 자산의 특수성으로 인하여 「국세징수법 시행규칙」 별표의 수수료를 준용하기 곤란한 경우에는 지방자치단체의 장이 감정인과 협의하여 수수료를 별도로 정할 수 있다(규칙 §56).

【국세징수법 시행규칙 [별표 2]】

감정인의 재산평가에 따른 수수료 기준(제56조제2항 관련)	
건당감정평가금액	기준수수료
5천만원 이하	20만원
5천만원 초과 5억원 이하	20만원+(5천만을 초과하는 금액×1만분의 11)
5억원 초과 10억원 이하	69만 5천원+(5억원을 초과하는 금액×1만분의 9)
10억원 초과 50억원 이하	114만 5천원+(10억원을 초과하는 금액×1만분의 8)
50억원 초과 100억원 이하	434만 5천원+(50억원을 초과하는 금액×1만분의 7)
100억원 초과 500억원 이하	784만 5천원+(100억원을 초과하는 금액×1만분의 6)
500억원 초과 1,000억원 이하	3,184만 5천원+(500억원을 초과하는 금액×1만분의 5)
1,000억원 초과 3,000억원 이하	5,684만 5천원+(1,000억원을 초과하는 금액×1만분의 4)
3,000억원 초과 6,000억원 이하	1억 3,684만 5천원+(3,000억원을 초과하는 금액×1만분의 3)
6,000억원 초과 1조원 이하	2억 2,684만 5천원+(6,000억원을 초과하는 금액×1만분의 2)
1조원 초과	3억 684만 5천원+(1조원을 초과하는 금액×1만분의 1)

제75조 | 공매 장소

공매는 관할 지방자치단체의 청사 또는 공매재산이 있는 지방자치단체의 청사에서 한다. 다만, 지방자치단체의 장이 필요하다고 인정할 때에는 다른 장소에서 공매할 수 있다(법 §75).

제76조 | 공매보증금

(가) 지방자치단체의 장은 압류재산을 공매하는 경우에 필요하다고 인정하면 공매보증금을 받을 수 있는데, 공매보증금은 매각예정가격의 100분의 10 이상으로 하며, 낙찰자 또는 경락자(競落者)가 매수계약을 체결하지 아니하였을 때에는 지방자치단체의 장은 공매보증금을 체납처분비, 압류와 관계되는 지방세 순으로 충당한 후 남은 금액은 체납자에게 지급한다(법 §76 ①·②·④).

(나) 공매보증금은 국채 또는 지방채, 증권시장에 상장된 증권 또는 보험업법에 따른 보험회사가 발행한 보증보험증권으로 갈음할 수 있다. 이 경우 필요한 요건은 대통령령으

로 정한다(법 §76 ③).

여기에서 입찰자 등은 국채 또는 지방채, 증권시장에 상장된 증권 또는 「보험업법」에 따른 보험회사가 발행한 보증보험증권으로 공매보증금을 갈음하려는 경우에는 해당 국공채등에 다음 각 호의 구분에 따른 서류를 첨부하여 지방자치단체의 장에게 제출하여야 한다(영 §77 Ⅰ~Ⅲ).

① 무기명국채 또는 미등록공사채로 납부하는 경우에는 질권설정서
② 등록국채 또는 등록공사채로 납부하는 경우에는 담보권등록증명서와 등록국채 또는 등록공사채 기명자의 인감증명서 또는 본인서명 사실확인서를 첨부한 위임장
③ 주식(출자증권을 포함한다.)으로 납부하는 경우에는 무기명주식에 있어서는 해당 주식을 발행한 법인의 주식확인증, 기명주식의 경우에는 질권설정에 필요한 서류, 이 경우 질권설정에 필요한 서류를 제출받은 지방자치단체의 장은 질권설정의 등록을 해당 법인에 촉탁하여야 한다.

그리고 공매보증금을 갈음하는 국·공채 등을 제출하는 경우에 그 가액의 평가에 대해서는 제77조에 따라 공매보증금을 갈음하는 국공채등을 제출하는 경우에 그 가액의 평가에 대해서는 「지방세기본법」 제66조 제1호 및 제3호의 규정을 준용한다. 이 경우 「지방세기본법」 제66조제1호에 따라 「지방세기본법 시행령」 제45조를 준용할 때 "담보로 제공하는 날"은 "납부하는 날"로 본다(영 §78).

제77조 | 매수인의 제한

체납자, 세무공무원 및 매각부동산을 「감정평가 및 감정평가사에 관한 법률」에 따른 감정평가법인등(같은 법 제29조에 따른 감정평가법인인 경우 그 감정평가법인 및 소속 감정평가사를 말한다)는 직접적으로든 간접적으로든 압류재산을 매수하지 못한다(법 §77 Ⅰ~Ⅲ). 이 경우 "체납자"라 함은 공매의 원인이 되는 체납액의 체납자 중 공매재산의 소유권자를 말하며, 국세기본법 제42조(양도담보권자의 물적납세의무)의 규정에 의한 양도담보재산에 대하여 양도담보설정자의 체납액을 징수하기 위하여 매각하는 경우에 있어서 양도담보권자는 제외된다.[105]

---

105) 국세징수법통칙 66-0···1 (체납자)

> **사례**
>
> ❖ 국세징수법상 공매사실을 체납자에게 통지하는 이유 중에 체납자로 하여금 체납세액을 납부하고 목적 부동산의 소유권을 보존할 기회를 갖도록 하는 것이 포함되는지 여부(적극)
>
> 국세징수법 제66조에서 체납자는 직접, 간접을 불문하고 압류재산을 매수하지 못하도록 정하고 있기는 하나, 공매절차에서 매각결정이 있은 이후에도 매수인이 매수대금을 납부하기 전에 체납자가 체납세액, 가산금과 체납처분비를 완납한 경우에는 공매절차를 중지하고, 이미 이루어진 매각결정까지 취소하여야 한다 할 것이므로, 체납자는 공매절차에서 매수인이 매수대금을 납부하기 전까지는 체납세액 등을 납부하고 목적 부동산의 소유권을 보존할 수 있다 할 것이고, 나아가 조세체납처분의 목적은 국가적 강제에 의하여 체납된 조세를 징수하는 것에 불과할 뿐 체납자의 재산권을 상실 시키는 것이 그 목적이 아니라는 점과 체납자는 국세징수법 제66조에 의하여 직접이든 간접이든 압류재산을 매수하지 못하도록 되어 있음에도 불구하고 굳이 국세징수법이 체납자에게 공매통지를 하도록 정하고 있는 점 및 위에서 본 법리를 종합하여 보면, 공매사실을 체납자에게 통지하는 이유 중에 체납자로 하여금 체납세액을 납부하고 공매절차를 중지·취소시킴으로써 소유권을 보존할 기회를 갖도록 하기 위한 점이 고려되지 아니하였다고 할 수는 없다.
>
> (대법 2001두6746, 2001.11.27., 대법 2002다42322, 2002.10.25.)

제78조 | 공매의 방법과 공고

(1) 공매는 입찰 또는 경매(정보통신망을 이용한 것을 포함한다.)의 방법으로 한다(법 §78 ①).
(2) 지방자치단체의 장은 공매를 하려면, 다음 각 호의 사항을 공고하여야 한다. 이 경우 동일한 재산에 대한 공매·재공매 등 여러 차례의 공매에 관한 사항을 한꺼번에 공고할 수 있다(법 §78 ② Ⅰ~ⅩⅢ).

① 매수대금의 납부기한, ② 공매재산의 명칭·소재·수량·품질, 매각예정가격 그 밖의 중요한 사항, ③ 입찰 또는 경매의 장소와 일시(기간입찰의 경우에는 입찰기간), ④ 개찰(開札)의 장소와 일시, ⑤ 공매보증금을 받을 때에는 그 금액, ⑥ 공매재산이 공유물의 지분인 경우 공유자(채무자는 제외한다.)에게 우선매수권이 있다는 사실, ⑦ 배분요구의 종기(終期), ⑧ 배분요구의 종기까지 배분을 요구하여야 배분받을 수 있는 채권, ⑨ 매각결정 기일, ⑩ 매각으로도 소멸하지 아니하는 공매재산에 대한 지상권, 전세권, 대항력 있는 임차권 또는 가등기가 있는 경우 그 사실, ⑪ 공매재산의 매수인에게 일정한 자격이 필요한 경우 그 사실, ⑫ 제82조 제2항 각 호에 따른 자료의 제공 내용 및 기간, ⑬ 제90조에 따른 차순위 매수신고의 기간과 절차를 공고(공고에 필요한 사항은 대통령령으로 정한다)하되 이에 따라

공매공고를 할 때 공매할 토지의 지목 또는 지적이 토지대장의 표시와 다른 경우에는 그 사실을 공매공고문에 함께 적어야 하며, 공고한 사항이 변경되었을 때에는 변경된 사항을 지체 없이 다시 공고하여야 한다. 이 경우 동일한 재산에 대한 공매·재공매 등 여러 차례의 공매에 관한 사항을 한꺼번에 공고할 수 있다(법 §78 ② Ⅰ~ⅩⅢ)(영 §79 ①·②).

이 경우 "입찰"이라 함은 압류재산을 매각하는 경우에 그 재산을 매수할 청약자에게 각자 입찰가액 기타 필요한 사항을 기재한 입찰서로서 매수의 신청을 하게 하여 매각예정가격 이상의 입찰자 중 최고가 입찰자를 낙찰자로 하여 그 자에게 매각결정을 행하고 그 자를 매수인으로 정하는 방법을 말한다.[106]

그리고 "경매"라 함은 압류재산을 매각하는 경우에 그 재산을 매수할 청약자에게 구두 등으로 순차로 고가한 매수의 신청을 하게 하여 매각예정가격 이상의 청약자 중 최고가 청약자를 낙찰자로 하여 그 자에게 매각결정을 행하고 그 자를 매수인으로 정하는 방법을 말한다.[107]

(3) 공매의 공고는 지방자치단체, 그 밖의 적절한 장소에 게시한다. 다만, 필요에 따라 관보·공보 또는 일간신문에 게재할 수 있고, 이렇게 공매공고를 할 때에는 게시 또는 게재와 함께 정보통신망을 통하여 그 공고 내용을 알려야 한다(법 §78 ③·④).

(4) 법 제2항 제7호에 따른 배분요구의 종기(이하 "배분요구의 종기"라 한다.)는 절차에 필요한 기간을 고려하여 정하되, 최초의 입찰기일 이전으로 하여야 한다. 다만, ① 공매공고에 대한 등기 또는 등록이 지연되거나 누락된 경우, ② 공매통지가 누락되는 등의 사유로 공매공고를 다시 하여야 하는 경우, ③ 그 밖에 이와 유사한 사유로 공매공고를 다시 하여야 하는 경우 등의 사유로 공매절차를 진행하지 못하는 경우 지방자치단체의 장은 배분요구의 종기를 최초의 입찰기일 이후로 연기 할 수 있다(법 §78 ⑤)(영 §82 Ⅰ~Ⅲ).

(5) 매각결정 기일은 제2항 제4호에 따른 개찰일부터 3일 이내로 정하여야 하고, 경매의 방법으로 재산을 공매할 때에는 경매인을 선정하여 이를 취급하게 할 수 있고, 이러한 공고에 필요한 사항은 대통령령으로 정한다(법 §78 ⑥·⑦·⑧).

---

106) 국세징수법통칙 67-0···1 (입찰)
107) 국세징수법통칙 67-0···2 (경매)

제79조 공매공고에 대한 등기 또는 등록의 촉탁

지방자치단체의 장은 제78조에 따라 공매공고를 한 압류재산이 등기 또는 등록을 필요로 하는 경우에는 공매공고를 한 즉시 그 사실을 등기부 또는 등록부에 기입하도록 관계 관서에 촉탁하여야 한다(법 §79).

이 경우 공매공고의 등기 또는 등록의 촉탁은 별지 제69호서식의 공매공고의 등기(등록) 촉탁서에 따른다(규칙 §58).

제80조 공매 통지

① 지방자치단체의 장은 제78조 제2항에 따른 공매공고를 하였을 때에는 즉시 그 내용을 다음 각 호의 자에게 통지하여야 한다(법 §80 ① Ⅰ~Ⅳ).

1. 체납자,
2. 납세담보물 소유자,
3. 다음 각 목의 구분에 따른 자
   가. 공매재산이 공유물의 지분인 경우: 공매공고의 등기 또는 등록 전날을 기준으로 한 공유자
   나. 공매재산이 부부공유의 동산·유가증권인 경우: 체납자의 배우자
4. 공매재산에 대하여 공매공고의 등기 또는 등록 전일 현재 전세권·질권·저당권 또는 그 밖의 권리를 가진 자에게 통지하여야 한다.

② 제1항 각 호의 자 중 일부에 대한 공매 통지의 송달 불능 등의 사유로 인하여 동일한 공매재산에 대하여 공매공고를 다시 하는 경우, 그 이전 공매공고 당시 공매 통지가 도달되었던 제1항제3호 및 제4호의 자에게 다시 하는 공매 통지는 주민등록표 등본 등 공매 집행기록에 표시된 주소·거소·영업소 또는 사무소에 등기우편을 발송하는 방법으로 할 수 있다. 이 경우 그 공매 통지는 「지방세기본법」 제32조 본문에도 불구하고 송달받아야 할 자에게 발송한 때에 통지의 효력이 발생한 것으로 본다(법 §80 ②).

제81조 | 배분요구 등

① 제79조에 따른 공매공고의 등기 또는 등록 전까지 등기되지 아니하거나 등록되지 아니한 다음 각 호의 채권을 가진 자는 제99조 제1항에 따라 배분을 받으려면 배분요구의 종기까지 지방자치단체의 장에게 배분을 요구하여야 한다(법 §81 ① Ⅰ~Ⅶ).
  1. 압류재산에 관계되는 체납액
  2. 교부청구와 관계되는 체납액·국세 또는 공과금
  3. 압류재산에 관계되는 전세권·질권 또는 저당권에 의하여 담보된 채권
  4. 「주택임대차보호법」 또는 「상가건물 임대차보호법」에 따라 우선변제권이 있는 임차보증금 반환채권
  5. 「근로기준법」 또는 「근로자퇴직급여 보장법」에 따라 우선변제권이 있는 임금, 퇴직금, 재해보상금 및 그 밖에 근로관계로 인한 채권
  6. 압류재산에 관계되는 가압류채권
  7. 집행력 있는 정본에 의한 채권

② 매각으로 소멸되지 아니하는 전세권을 가진 자가 배분을 받으려면 배분요구의 종기까지 배분을 요구하여야 한다(법 §81 ②).

③ 제1항 및 제2항에 따른 배분요구에 따라 매수인이 인수하여야 할 부담이 달라지는 경우 배분요구를 한 자는 배분요구의 종기가 지난 뒤에는 요구를 철회할 수 없다(법 §81 ③).

④ 지방자치단체의 장은 공매공고의 등기 또는 등록 전에 등기되거나 등록된 제1항 각 호의 채권을 가진 자(이하 "채권신고대상채권자"라 한다.)로 하여금 채권의 유무, 그 원인 및 액수(원금, 이자, 비용, 그 밖의 부대채권을 포함한다.)를 배분요구의 종기까지 지방자치단체의 장에게 신고하도록 최고하여야 한다(법 §81 ④).

⑤ 지방자치단체의 장은 채권신고대상채권자가 제4항에 따른 신고를 하지 아니할 때에는 등기사항증명서 등 공매 집행기록에 있는 증명자료에 따라 해당 채권신고대상채권자의 채권액을 계산한다. 이 경우 해당 채권신고대상채권자는 채권액을 추가할 수 없다(법 §81 ⑤).

⑥ 지방자치단체의 장은 제1항 및 제2항에 해당하는 자와 다음 각 호의 기관의 장에게 배분요구의 종기까지 배분요구를 하여야 한다는 사실을 안내하여야 한다(법 §81 ⑥ Ⅰ~Ⅵ).
  1. 행정안전부
  2. 국세청
  3. 관세청
  4. 「국민건강보험법」에 따른 국민건강보험공단

    5. 「국민연금법」에 따른 국민연금공단
    6. 「산업재해보상보험법」에 따른 근로복지공단
⑦ 지방자치단체의 장은 제80조에 따라 공매 통지를 할 때 제4항에 따른 채권 신고의 최고 또는 제6항에 따른 배분요구의 안내에 관한 사항을 포함한 경우에는 각 해당 항에 따른 최고 또는 안내를 한 것으로 본다(법 §81 ⑦).
⑧ 제6항에 따른 안내는 「지방세기본법」제2조제1항제28에 따른 지방세통합정보통신망을 통하여 할 수 있다(법 §81 ⑧).
⑨ 체납자의 배우자는 공매재산이 제48조제2항에 따라 압류한 부부공유의 동산 또는 유가증권에 해당하는 경우 배분요구의 종기까지 매각대금 중 공유지분에 상응하는 대금을 지급하여 줄 것을 지방자치단체의 장에게 요구할 수 있다(법 §81 ⑨).

> 사례 |
>
> ❖ 결손처분 취소 전 교부청구할 수 있는지 여부
>
> 과세관청이 결손처분을 취소하지 않고 경매절차에서 결손처분세액을 포함하여 교부청구한 경우 절차적 요건이 흠결되어 적법하다고 볼 수 없어 강제환가절차에서 배당을 받을 수 없음.
> (대법 2019두32436, 2019.8.9.)

제82조 공매재산명세서의 작성 및 비치 등

(1) 지방자치단체의 장은 공매재산에 대하여 제73조에 따른 현황조사를 기초로 ① 공매재산의 명칭, 소재, 수량, 품질, 매각예정가격, 그 밖의 중요한 사항, ② 공매재산의 점유자 및 점유 권원, 점유할 수 있는 기간, 임차료 또는 보증금에 관한 관계인의 진술, ③ 제81조 제1항 및 제2항에 따른 배분요구 현황 및 같은 조 제4항에 따른 채권신고 현황, ④ 공매재산에 대하여 등기된 권리 또는 가처분으로서 매각으로 효력을 잃지 아니하는 것, ⑤ 매각에 따라 설정된 것으로 보게 되는 지상권의 개요가 포함된 공매재산명세서를 작성하여야 한다(법 §82 ① Ⅰ~Ⅴ).

(2) 지방자치단체의 장은 ① 제1항에 따른 공매재산명세서, ② 제74조 제2항에 따라 감정인이 평가한 가액에 관한 자료, ③ 그 밖에 입찰가격을 결정하는 데 필요한 자료를 입찰 시작 7일 전부터 입찰 마감 전까지 지방자치단체에 갖추어 두거나 정보통신망 등을 이용하여 게시함으로써 입찰에 참가하려는 자가 열람할 수 있게 하여야 한다(법 §82 ② Ⅰ~Ⅲ).

제83조 공매의 취소 및 공고

(1) 지방자치단체의 장은 ① 해당 재산의 압류를 해제한 경우 ② 제105조에 따라 체납처분을 유예한 경우 ③ 행정소송법 제23조에 따라 법원이 체납처분에 대한 집행정지의 결정을 한 경우 ④ 그 밖에 공매를 진행하기 곤란한 경우로서 대통령령으로 정하는 경우에는 공매를 취소할 수 있다(법 §83 ① Ⅰ~Ⅳ).

이 경우 "대통령령으로 정하는 경우"란 지방자치단체의 장이 직권으로 해당 재산의 공매대행 의뢰를 해제한 경우, 「한국자산관리공사 설립 등에 관한 법률」에 따른 한국자산관리공사 또는 지방세조합(이하 "공매등대행기관"이라 한다)이 제91조의7제1항에 따라 해당 재산의 공매대행 의뢰를 해제해 줄 것을 요구한 경우를 말한다(영 §83 Ⅰ, Ⅱ).

(2) 지방자치단체의 장은 제1항에 따라 공매를 취소한 후 그 사유가 소멸되어 공매를 계속할 필요가 있다고 인정할 때에는 제91조에 따라 재공매할 수 있다(법 §83 ②).

(3) 지방자치단체의 장은 제78조 제2항 제9호에 따른 매각결정 기일(이하 "매각결정 기일"이라 한다.) 전에 공매를 취소하면 공매 취소 사실을 공고하여야 한다(법 §83 ③).

제84조 공매공고 기간

공매는 공고한 날부터 10일이 지난 후에 한다. 다만, 그 재산을 보관하는 데에 많은 비용이 들거나 재산의 가액이 현저히 줄어들 우려가 있으면 10일이 지나기 전이라도 할 수 있다(법 §84).

위 규정에서 "재산을 보관하는 데에 많은 비용이 들거나"란 공매재산의 가액에 비하여 많은 보관비용이 드는 것을 말한다. 예를 들면 상당량의 훼손품·반제품 등과 같이 보관창고에 보관시킬 경우 많은 보관비용이 소요되는 경우와 생선·식료품, 부패·변질의 우려가 있는 화학약품 등과 같이 특수의 보관설비에 보관하여야 하고, 이를 위하여 상당한 고가의 보관비용을 요하는 경우가 이에 해당한다.[108]

그리고 "그 가액이 현저히 줄어들 우려가 있는 때"란 공매재산을 신속히 매각하지 아니하면 그 가액이 현저히 줄어들 우려가 있을 때를 말한다. 예를 들면 선어, 야채, 생선, 식료품 또는 크리스마스용품 같은 계절품목 등과 같은 것을 공매하는 경우가 이에 해당한다.[109]

---

108) 국세징수법통칙 70-0…1 (보관에 많은 비용이 들 때)
109) 국세징수법통칙 70-0…2 (그 가액이 현저히 줄어들 우려가 있는 때)

또한 공고는 공고한 날부터 공매일까지 게시한다. 공고 후 공고에 관한 서류가 훼손된 경우에는 신속히 다시 게시하여야 하며 이 경우에도 10일의 기간계산은 당초의 공고게시일을 기준으로 하여 계산한다.[110]

제85조 │ 공매의 중지

① 공매를 집행하는 공무원은 매각결정 기일 전에 체납자 또는 제3자가 그 체납액(지방세, 체납처분비)을 완납(제3자의 납부는 체납자의 명의로 납부하는 것에 한한다.)하면 공매를 중지하여야 한다. 이 경우 매수하려는 자들에게 구술(口述)이나 그 밖의 방법으로 알림으로써 제83조에 따른 공고를 갈음한다(법 §85 ①).
② 여러 재산을 한꺼번에 공매하는 경우에 그 일부의 공매대금으로 체납액 전액에 충당될 때에는 남은 재산의 공매는 중지하여야 한다(법 §85 ②).

이에 의한 공매의 중지는 당해 압류를 해제하여야 하고, 압류가 해제되면 공매를 취소해야 하는 것이므로 결과적으로 공매의 중지는 공매취소의 효과를 가져오는 것이다.

제86조 │ 공매공고의 등기 또는 등록 말소

지방자치단체의 장은 다음 각 호의 어느 하나에 해당하는 경우에는 제79조에 따른 공매공고의 등기 또는 등록을 말소할 것을 관계 관서에 촉탁하여야 한다(법 §86 Ⅰ~Ⅲ).
1. 제83조에 따라 공매취소의 공고를 한 경우
2. 제85조에 따라 공매를 중지한 경우
3. 제95조에 따라 매각결정을 취소한 경우

제87조 │ 공매참가의 제한

지방자치단체의 장은, ① 입찰을 하려는 자의 공매참가·최고가격 입찰자의 결정 또는 매수인의 매수대금 납부를 방해한 사실, ② 공매에서 부당하게 가격을 낮출 목적으로 담합한 사

---

[110] 국세징수법통칙 70-0…3 (공고의 계속)

실, ③ 거짓 명의로 매수신청을 한 사실이 있는 자에 대해서는 그 사실이 있는 후 2년간 공매장소 출입을 제한하거나 입찰에 참가시키지 아니할 수 있다. 그 사실이 있은 후 2년이 지나지 아니한 자를 사용인이나 그 밖의 종업원으로 사용한 자와 이러한 자를 입찰 대리인으로 한 자에 대해서도 또한 같다(법 §87 Ⅰ~Ⅲ).

제88조 | 입찰과 개찰

(1) 입찰하려는 자는 주소 또는 거소, 성명, 매수하려는 재산의 명칭, 입찰가격, 공매보증금, 그 밖에 필요한 사항을 적어 개찰이 시작되기 전에 공매를 집행하는 공무원에게 제출하여야 하며, 개찰은 공매를 집행하는 공무원이 공개하여야 하고 각각 적힌 입찰가격을 불러 입찰조서에 기록하여야 한다(법 §88 ①·②).

(2) 매각예정가격 이상의 최고액 입찰자를 낙찰자로 하되, 낙찰이 될 가격의 입찰을 한 자가 둘 이상일 때에는 즉시 추첨으로 낙찰자를 정하며, 이 경우 해당 입찰자 중 출석하지 아니한 자 또는 추첨을 하지 아니한 자가 있을 때에는 입찰 사무에 관계없는 공무원으로 하여금 이를 대신하여 추첨하게 할 수 있다(법 §88 ③·④·⑤).

(3) 매각예정가격 이상으로 입찰한 자가 없을 때에는 즉시 그 장소에서 재입찰에 부칠 수 있다(법 §88 ⑥).

여기에서 재입찰과 공매가 다른 점을 살펴보면 '재입찰'은 입찰 장소에서 입찰기일에 입찰자가 없거나 매각예정가격 이상의 입찰가격이 없는 경우에 같은 장소와 같은 기일에 다시 입찰 절차를 밟는 것임에 반하여 '재공매'는 공매장소와 공매기일을 다시 지정하여 속행하는 것이 재공매 절차이다.

위 규정에 의한 낙찰자는 다음 각 호의 모든 조건을 충족하는 자로 결정한다.[111]
① 낙찰자로 결정하려는 자의 입찰가격이 매각예정가격 이상이고 최고액의 입찰자일 것
② 공매보증금을 받는 경우에는 소정의 공매보증금을 납부한 자일 것
③ 국세징수법 상 매수인의 제한 및 공매참가의 제한 또는 기타 법령에 의하여 매수인이 될 수 없는 자가 아닐 것
④ 공매재산의 매수에 일정한 자격이나 조건을 필요로 하는 경우(예 주세법에 의한 주정을 공매하는 때)에는 그 자격이나 조건을 구비한 자일 것

---

[111] 국세징수법통칙 73-0…4 (낙찰자 결정의 조건)

제89조 공유자·배우자의 우선매수권

① 공매재산이 공유물의 지분인 경우 공유자는 매각결정 기일 전까지 제76조에 따른 공매보증금을 제공하고 매각예정가격 이상인 최고입찰가격과 같은 가격으로 공매재산을 우선 매수하겠다는 신고를 할 수 있고, 이 경우에 체납자의 배우자는 공매재산이 제48조 제2항에 따라 압류된 부부공유의 동산 또는 유가증권인 경우 제1항을 준용하여 공매재산을 우선매수하겠다는 신고를 할 수 있으며, 지방자치단체의 장은 제1항 또는 제2항에 따른 우선매수 신고가 있는 경우 제88조 제3항·제4항 및 제91조 제1항에도 불구하고 그 공유자 또는 체납자의 배우자에게 매각한다는 결정을 하여야 한다(법 §89 ①~③).

② 지방자치단체의 장은 여러 사람의 공유자가 우선매수 신고를 하고 위와 제2항의 절차를 마쳤을 때에는 특별한 협의가 없으면 공유지분의 비율에 따라 공매재산을 매수하게 하고, 지방자치단체의 장은 공유자에게 우선 매각결정된 경우에 매수인이 매각대금을 납부하지 아니하였을 때에는 매각예정가격 이상의 최고액 입찰자에게 다시 매각결정을 할 수 있다(법 §89 ④·⑤).

제90조 차순위 매수신고

(1) 제88조에 따라 낙찰자가 결정된 후에 그 낙찰자 외의 입찰자는 매각결정 기일 전까지 공매보증금을 제공하고 매수대금의 납부를 최고하여도 매수인이 매수대금을 지정한 기한까지 납부하지 아니하여(제95조 제1항 제2호에 해당하는 사유로) 매각결정이 취소되는 경우에 최고입찰가격에서 공매보증금을 뺀 금액 이상의 가격으로 공매재산을 매수하겠다는 신고(이하 "차순위 매수신고"라 한다.)를 할 수 있고, 이에 따라 차순위 매수신고를 한 자(이하 "차순위 매수신고자"라 한다.)가 둘 이상인 경우에 지방자치단체의 장은 최고액의 매수신고자를 차순위 매수신고자로 정한다. 다만, 최고액의 매수신고자가 둘 이상인 경우에는 추첨으로 차순위 매수신고자를 정한다(법 §90 ①·②).

(2) 지방자치단체의 장은 차순위 매수신고가 있는 경우에 매수인이 매수대금을 지정한 기한까지 납부하지 아니한 사유(제95조 제1항 제2호에 해당하는 사유로)로 매각결정을 취소한 날부터 3일 이내에 차순위 매수신고자를 매수인으로 정하여 매각결정을 할 것인지를 결정하여야 한다. 다만, ① 제92조 제1항 제1호(매각결정 전에 공매 중지사유가 있는

경우)·제3호(낙찰자가 공매참가의 제한을 받는 자로 확인된 경우) 또는 제4호(매각결정을 할 수 없는 중대한 사실이 있다고 인정하는 경우)에 해당하는 경우, ② 차순위 매수신고자가 제87조 따라 공매참가가 제한된 자로 확인된 경우에는 차순위 매수신고자에게 매각한다는 결정을 할 수 없다(법 §90 ③ Ⅰ·Ⅱ).

제91조 | 재공매

(1) 지방자치단체의 장은 다음 각 호의 어느 하나에 해당하는 경우 재공매를 한다(법 §91 ① ⅠⅡ).
   1. 재산을 공매하여도 매수 희망자가 없거나 입찰가격이 매각예정가격 미만인 경우
   2. 제95조제1항제2호 또는 제3호에 해당하는 사유로 매각결정을 취소한 경우

(2) 지방자치단체의 장은 재공매할 때마다 매각예정가격의 100분의 10에 해당하는 금액을 차례로 줄여 공매하며, 매각예정가격의 100분의 50에 해당하는 금액까지 차례로 줄여 공매하여도 매각되지 아니할 때에는 제74조에 따라 새로 매각예정가격을 정하여 재공매할 수 있다. 다만, 매각예정가격 이상의 입찰자가 없어(제88조 제6항 해당) 즉시 재입찰에 부친 경우에는 그러하지 아니한다(법 §91 ③).

(3) 위와 같은 재공매의 경우에는 제74조부터 제78조까지 및 제80조부터 제90조까지의 규정을 준용한다. 다만, 지방자치단체의 장은 제84조(공매공고기일)에도 불구하고 공매공고 기간은 5일까지 단축할 수 있다(법 §91 ④).

제92조 | 매각결정 및 매수대금의 납부기한 등

(1) 지방자치단체의 장은 제88조에 따라 낙찰자를 결정하였을 때에는 낙찰자를 매수인으로 정하여 ① 매각결정 전에 제85조에 따른 공매 중지 사유가 있는 경우 ② 낙찰자가 제87조에 따라 공매참가가 제한된 자로 확인된 경우 ③ 제89조에 따라 공유자가 우선매수 신고를 한 경우 ④ 그 밖에 매각결정을 할 수 없는 중대한 사실이 있다고 지방자치단체의 장이 인정하는 경우 등의 사유가 없으면 매각결정 기일에 매각결정을 하여야 하며, 매각결정의 효력은 매각결정 기일에 매각결정을 한 때에 발생한다(법 §92 ① Ⅰ~Ⅳ·②).

(2) 지방자치단체의 장은 매각결정을 하였을 때에는 매수인에게 매수대금의 납부기한을 정

하여 매각결정 통지서를 발급하여야만 한다. 다만, 권리 이전에 등기 또는 등록을 필요하지 아니한 재산의 매수대금을 즉시 납부시킬 때에는 구술로 통지할 수 있다. 이 경우에 따른 매각대금의 납부기한은 매각결정을 한 날부터 7일 내로 하되, 지방자치단체의 장은 필요하다고 인정할 때에는 그 납부기한을 30일을 한도로 연장할 수 있다(법 §92 ③·④).

위 규정에서 "필요하다고 인정할 때"라 함은 매각재산가액의 고액, 천재·지변 등의 사유로 매수자가 매수대금을 7일 내에 납부할 수 없다고 인정되거나 기타 납부기한을 연장하는 것이 매각에 유리하다고 시장·군수가 인정하는 때를 말한다.112)

(3) 위의 제1항의 사유로 인하여 매수결정을 할 수 없을 때에는 낙찰자에게 그 사유를 통지하여야 한다(영 §85 ①).

제92조의 2 │ 매수대금의 차액 납부

(1) 공매재산에 대하여 저당권이나 대항력 있는 임차권 등을 가진 매수신청인으로서 대통령령으로 정하는 자는 매각결정 기일 전까지 지방자치단체의 장에게 제99조에 따라 자신에게 배분될 금액을 제외한 금액을 매수대금으로 납부(이하 "차액납부"라 한다)하겠다는 신청을 할 수 있다(법 §92의2 ①).

(2) 위에 따른 신청을 받은 지방자치단체의 장은 그 신청인을 매수인으로 정하여 매각결정을 할 때 차액납부 허용 여부를 함께 결정하여 통지하여야 한다(법 §92의2 ②).

(3) 지방자치단체의 장은 제2항에 따라 차액납부 허용 여부를 결정할 때 차액납부를 신청한 자가 다음 각 호의 어느 하나에 해당하는 경우에는 차액납부를 허용하지 아니할 수 있다(법 §92의2 ③ Ⅰ~Ⅳ).
 1. 배분요구의 종기까지 배분요구를 하지 아니하여 배분받을 자격이 없는 경우
 2. 배분받으려는 채권이 압류 또는 가압류되어 지급이 금지된 경우
 3. 배분순위에 비추어 실제로 배분받을 금액이 없는 경우
 4. 그 밖에 제1호부터 제3호까지에 준하는 사유가 있는 경우

(4) 지방자치단체의 장은 차액납부를 허용하기로 결정한 경우에는 제92조제4항에도 불구하고 대금납부기한을 정하지 아니하며, 이 조 제5항에 따른 배분기일에 매수인에게 차액납부를 하게 하여야 한다(법 §92의2 ④).

(5) 지방자치단체의 장은 차액납부를 허용하기로 결정한 경우에는 제98조제1항에도 불구

---
112) 국세징수법통칙 75-0…3 (필요하다고 인정하는 때)

하고 그 결정일부터 30일 이내의 범위에서 배분기일을 정하여 배분하여야 한다. 다만, 30일 이내에 배분계산서를 작성하기 곤란한 경우에는 배분기일을 30일 이내의 범위에서 연기할 수 있다.

(6) 지방자치단체의 장으로부터 차액납부를 허용하는 결정을 받은 매수인은 그가 배분받아야 할 금액에 대하여 제102조제1항 및 제2항에 따라 이의가 제기된 경우 이의가 제기된 금액을 이 조 제5항에 따른 배분기일에 납부하여야 한다.

(7) 제1항부터 제6항까지에서 규정한 사항 외에 차액납부의 신청 절차 및 차액납부 금액의 계산 방법 등에 필요한 사항은 대통령령으로 정한다.

가. 공매 매수대금의 차액 납부 신청 및 통지

(1) 개 요

압류재산 공매 시 해당 재산에 저당권 등의 권리를 가진 매수인이 이를 매수하는 경우, 매수대금에서 배분받을 금액을 차감한 금액만을 납부하는 '공매 매수대금 차액납부 제도' 도입한 것으로 2024년 7월1일부터 적용하여야 한다.

(2) 신청 및 결정 통지

차액납부 신청은 압류재산에 권리(저당권, 대항력이 있는 임차권 등)를 가진 매수신청인이 매각결정기일 전까지 지방자치단체의 장에게 신청하고, 결정 및 통지는 지방자치단체의 장은 매각결정을 할 때 차액납부 허용 여부 결정 및 통지하여야 하며, 차액납부 허용 시 매각결정일로부터 30일 이내로 배분기일을 정하여야 하지만 필요 시 30일 이내 연기가 가능하다

이 경우 차액납부 허용이 불가한 사유는 ① 배분요구의 종기까지 배분요구를 하지 아니한 경우 ② 배분받으려는 채권이 압류 또는 가압류되어 지급이 금지된 경우 ③ 배분순위에 비추어 실제로 배분받을 수 없는 경우 등이다.

나. 공매 매수대금의 차액 납부 및 절차

(1) 대금의 차액납부

매수인은 매수대금에서 배분받아야 할 금액을 제외한 차액을 배분기일에 납부하여야 한다. 다만, 채권자등이 배분에 대한 이의를 제기할 경우 매수인은 이의와 관계되는 금액을 추가납부 하여야 한다.

(2) 매각결정취소·재공매

지방자치단체의 장은 차액납부를 신청한 매수인이 배분기일에 대금을 납부를 하지 아니하는 등의 경우에 매각결정 취소 및 재공매를 하여야 한다.

〈 차액납부 제도 도입 전·후 비교 〉

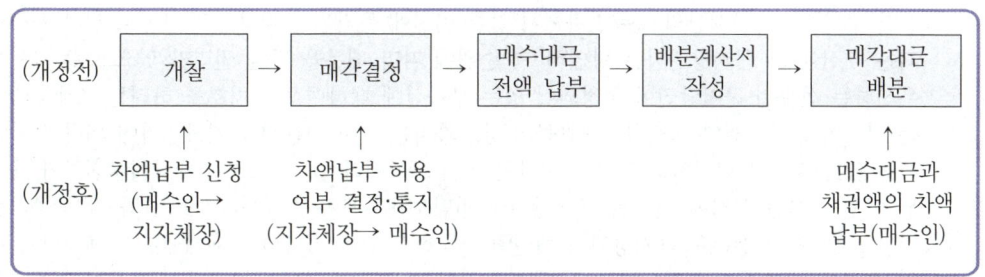

제93조 | 매수대금의 납부최고

지방자치단체의 장은 매수인이 매수대금을 지정된 기한까지 납부하지 아니하였을 때에는 다시 기한을 지정하여(최고일부터 10일 이내) 최고하여야 한다(법 §93)(영 §86).

제94조 | 매수대금 납부의 효과

매수인은 매수대금을 납부한 때에 매각재산을 취득하며, 지방자치단체의 장이 매수대금을 수령하였을 때에는 체납자로부터 매수대금만큼의 체납액을 징수한 것으로 본다(법 §94 ①·②).
위 규정에서 "징수한 것으로 본다"라 함은 공매를 집행하는 공무원이 매각대금을 영수한 때에 그 매각대금에 관한 위험(예 유실, 도난 등)의 부담을 체납자가 면하는 것(따라서 매수대금의 영수 후 위험이 발생하여도 체납자의 지방세를 소멸시키는 효과에는 영향이 없다.)과 당해 체납액에 관한 가산세의 계산이 매각대금을 영수한 시점에서 정지되는 것을 말한다.[113]

---

113) 국세징수법통칙 77-0…3 (징수한 것으로 본다.)

> **사례**
>
> ❖ 공매절차에서 압류에 우선하는 근저당권의 피담보채권의 확정시기(=매수대금 완납시)
>
> 국세징수법상 체납처분은 행정기관에 의한 조세채권의 신속한 만족을 위한 절차로서 채권계산서 미제출에 의한 채권액 보충의 실기에 관한 규정인 민사소송법 제587조 제2항이나 배당요구 및 그 시기에 관한 규정인 민사소송법 제605조는 체납처분에서의 배분절차에 관하여 준용할 수 없고, 압류재산의 공매절차에서 압류 이전에 등기된 근저당권은 공매로 인하여 소멸되는 대신에 그 근저당권자는 당연히 그 순위에 따라 배분을 받을 권리가 있으므로, 국세에 우선하는 선순위 근저당권이 설정되어 있는 부동산에 대하여 체납처분을 하려는 조세채권자는 선순위 근저당권의 채권최고액만큼의 담보가치는 이미 선순위 근저당권자에 의하여 파악되어 있는 것으로 인정하고 절차를 취하는 것이 보통이라 할 것이므로, 체납처분절차가 개시된 이후의 어떤 시점에 선순위 근저당권의 피담보채무액이 증가하더라도 그와 같이 증가한 피담보채무액이 선순위 근저당권의 채권최고액 한도 안에 있다면 조세채권자가 예측하지 못한 손해를 입게 된다고 볼 수 없고, 반면 이러한 경우 선순위 근저당권자는 자신이 경매신청을 하지 아니하였으면서도 체납처분으로 인하여 근저당권을 상실하게 되므로 거래의 안전을 해하지 아니하는 한도 안에서 선순위 근저당권자가 파악한 담보가치를 최대한 활용할 수 있도록 함이 타당하고, 이와 같은 관점에서 보면, 후순위 근저당권자가 경매를 신청한 경우 선순위 근저당권의 피담보채권은 그 근저당권이 소멸하는 시기, 즉 경락인이 경락대금을 완납한 때에 확정되는 것과 마찬가지로, 조세채권자가 체납처분을 하는 경우에도 선순위 근저당권자의 피담보채권은 그 근저당권이 소멸하는 시기, 즉 매수대금을 완납한 때에 확정된다.
>
> (대법 2001두7329, 2001.12.11.)

(1) 지방자치단체의 장은 체납처분에 따라 국유·공유재산을 매수한 자가 그 매수 대금을 완납하였을 때에는 체납자가 해당 국유·공유재산의 매수대금 중 아직 지급하지 못한 금액을 납입함과 동시에 매각사실을 관계 관서에 통지하여야 하고, 이에 따라 통지를 받은 관계 관서는 소유권 이전에 관한 서류를 매수인에게 발급하여야 한다.

제95조 │ 매각결정의 취소

(1) 지방자치단체의 장은 다음 각 호의 어느 하나에 해당하는 경우에는 압류재산의 매각결정을 취소하고 그 사실을 매수인에게 통지하여야 한다(법 §95 ① Ⅰ~Ⅲ).
① 제92조에 따른 매각결정을 한 후 매수인이 매수대금을 납부하기 전에 체납자가 매수인의 동의를 받아 압류와 관련된 체납액을 납부하고 매각결정 취소를 신청한 경우
② 매수인이 제92조의2제4항에 따라 배분기일에 차액납부를 하지 아니하거나 같은 조 제6항에 따라 이의가 제기된 금액을 납부하지 아니한 경우,

③ 제93조에 따라 최고하여도 매수인이 매수대금을 지정된 기한까지 납부하지 아니하는 경우

(2) 제1항제1호에 해당하여 압류재산의 매각결정을 취소하는 경우 공매보증금은 매수인에게 반환하고, 제1항제2호 또는 제3호에 해당하여 압류재산의 매각결정을 취소하는 경우 공매보증금은 체납처분비, 압류와 관계되는 지방세의 순으로 충당하며, 남은 금액은 체납자에게 지급한다(법 §95 ②).

그리고 한국자산관리공사는 공매를 대행하는 중에 매각결정을 취소하였을 때에는 지체 없이 그 사실을 해당 지방자치단체의 장에게 통지하여야 한다(영 §88).

제96조 매각재산의 권리이전 절차

매각재산에 대하여 체납자가 권리이전의 절차를 밟지 아니할 때에는 대통령령으로 정하는 바에 따라 지방자치단체의 장이 대신하여 그 절차를 밟는다(법 §96).

이 규정에 따라 지방자치단체의 장은 매각 자산의 권리이전 절차를 밟을 때에는 권리이전의 등기 또는 등록이나 매각에 수반하여 소멸되는 권리의 말소등기촉탁서에 매수인이 제출한 등기청구서, 매각결정토지서 또는 그 등본이나 배분계산서 등본을 첨부하여 촉탁하여야 한다(영 §89 Ⅰ·Ⅱ).

제11절 청 산

압류재산에 대한 매각처분이 종료되면 체납처분을 종결하는 단계로서 체납처분에서 생기는 금전을 체납된 지방자치단체의 징수금에 충당과 동시에 다른 권리자에게도 교부하고도 남는 금액이 있을 때에는 체납자에게 환급하는 등 청산의 절차를 취하여야 한다.

제97조 배분금전의 범위

지방자치단체의 장은 ① 압류한 금전, ② 채권·유가증권·무체재산권 등의 압류로 인하여 체납자 또는 제3채무자로부터 받은 금전 ③ 압류재산의 매각대금 및 그 매각대금의 예치 이자 ④ 교부청구에 의하여 받은 금전을 제99조에 따라 배분하여야 한다(법 §97 ① Ⅰ~Ⅳ).

제98조 배분기일의 지정

(1) 지방자치단체의 장은 제97조제1항제2호 및 제3호의 금전을 배분하려면 체납자, 제3채무자 또는 매수인으로부터 해당 금전을 받은 날부터 30일 이내에서 배분기일을 정하여 배분하여야 한다. 다만, 30일 이내에 배분계산서를 작성하기 곤란한 경우에는 배분기일을 30일 이내에서 연기할 수 있다(법 §98 ①).

(2) 지방자치단체의 장은 제1항 또는 제92조의2제5항에 따라 배분기일을 정하였을 때에는 체납자, 채권신고대상채권자 및 배분요구를 한 채권자(이하 "체납자등"이라 한다)에게 통지하여야 한다. 그럼에도 불구하고 체납자등이 외국에 있거나 있는 곳이 분명하지 아니할 때에는 통지하지 아니할 수 있다(법 §98 ②·③).

제99조 배분 방법

(1) 채권·유가증권·무체재산권 등의 압류로 인하여 체납자 또는 제3채무자로부터 받은 금전과 압류재산의 매각대금 및 매각대금의 예치 이자(제97조 제1항 제2호 및 제3호의 금전)는, ① 압류재산에 관계되는 체납액, ② 교부청구를 받은 체납액·국세 또는 공과금, ③

압류재산에 관계되는 전세권·질권 또는 저당권에 의하여 담보된 채권, ④ 주택임대차보호법 또는 상가건물 임대차보호법에 따라 우선변제권이 있는 임차보증금 반환채권, ⑤ 근로기준법 또는 근로자퇴직급여 보장법에 따라 우선변제권이 있는 임금, 퇴직금, 재해보상금 및 그 밖에 근로관계로 인한 채권, ⑥ 압류재산에 관계되는 가압류채권, ⑦ 집행력 있는 정본에 의한 체납액과 채권에 배분한다. 다만, 법 제81조 제1항 및 제2항에 따라 배분요구의 종기까지 배분요구를 하여야 하는 채권의 경우에는 배분요구를 한 채권에 대해서만 배분한다(법 §99 ① Ⅰ~Ⅶ).

(2) 압류한 금전과 교부청구에 의하여 받은 금전(제97조 제1항 제1호 및 제4호의 금전)은 각각 그 압류 또는 교부청구에 관계되는 체납액에 충당한다(법 §99 ②).

(3) 위 (1) 및 (2)에 따라 금전을 배분하거나 충당하고 남은 금액이 있는 때에는 체납자에게 지급하여야 하며, 지방자치단체의 장은 매각대금이 제1항 각호의 체납액과 채권의 총액보다 적을 때에는 민법이나 그 밖의 법령에 따라(전기 지방세와 타채권과의 우선관계 참조) 배분할 순위와 금액을 정하여 배분하여야 한다(법 §99 ③·④).

(4) 지방자치단체의 장은 (1)에 따른 배분이나 위의 (2)에 따른 충당을 할 때 지방세에 조세에 우선하는 채권이 있음에도 불구하고 배분 순위의 착오나 부당한 교부청구 또는 그 밖에 이에 준하는 사유로 체납액에 먼저 배분하거나 충당한 경우에는 그 배분하거나 충당한 금액을 지방세에 우선하는 채권자에게 지방세환급금 환급의 예에 따라 지급한다(법 §99 ⑤).

▎사례 ▎

❖ 국세징수법상 공매대금 배분에 있어서 근저당권보다 앞선 가압류채권이 배분대상이 되는 채권인지 여부

국세징수법 제81조 제1항 제3호의 규정은 체납처분절차에서 압류재산에 관계되는 담보권의 우선변제권을 보호하기 위하여 그 절차를 행하는 세무서장에 대하여 압류재산의 매각대금을 압류 전후를 불문하고 위 법 소정의 담보권자에게 우선순위에 따라 배분할 공법상의 의무를 부과한 것이고, 압류재산의 매각대금을 배분받을 수 있는 채권을 예시한 것에 불과할 뿐 이를 한정적으로 열거한 것이 아니라고 할 것이므로, 국세체납처분에 의한 매각대금의 배분대상에는 같은 법 제81조 제1항 제3호에 규정된 담보권뿐만 아니라 법령의 규정이나 법리해석상 그 담보권보다 선순위 또는 동순위에 있는 채권도 포함된다고 봄이 상당하다고 할 것인바, 이러한 채권이 가압류채권인 관계로 그 채권액이 아직 확정되지 아니한 경우에는 같은 법 제84조 제1항에 의하여 그에게 배분할 금액을 한국은행(국고대리점 포함)에 예탁할 수 있을 것이다.
(대법 2000두7971, 2002.3.26.)

❖ 공매대금 완납 이후에 성립된 조세채권도 배분대상에 포함되는지

> 구 국세징수법에 의한 체납처분 절차에서 압류는 원칙적으로 체납자 소유의 재산에 대해서만 할 수 있는 점, 공매대상인 체납자 소유의 재산은 매각대금이 납부되면 매수인에게 그 소유권이 이전되고 매각대금 자체는 기존에 진행되는 체납처분절차에 따른 배분의 목적물이 될 뿐인 점, 매각대금 납부 이후에 성립·확정된 조세채권에 기초하여서는 체납자의 다른 재산에 관하여만 체납처분이 가능하다고 할 것인 점 등을 고려하면, 매각대금이 완납되어 압류재산이 매수인에게 이전된 후에 성립·확정된 조세채권은 배분요구의 효력이 있는 교부청구가 있더라도 그 공매절차에서 배분대상이 되지 않는다고 봄이 타당하다.
> (대법 2014두4085, 2016.11.24.)

제100조 │ 국유·공유 재산 매각대금의 배분

권리이전 전에 있는 체납자가 매수한 국·공유 재산에 대한 권리를 압류한 경우(제62조 제1항에 따라 압류)에는 그 압류한 국유 또는 공유 재산에 관한 권리의 매각대금의 배분 순위는 ① 국유 또는 공유 재산의 매수대금 중 체납자가 아직 지급하지 못한 금액을 지급 ② 체납액에 충당 ③ '①'에 따라 지급하거나 '②'에 따라 충당하고 남는 금액을 체납자에게 지급한다(법 §100 Ⅰ~Ⅲ).

그리고 지방자치단체의 장은 체납처분에 따라 국유·공유 재산을 매수한 자가 그 매수대금을 완납하였을 때에는 해당 국유·공유 재산의 매수대금 중 체납자가 아직 지급하지 못한 금액을 납입하고, 지체 없이 매각사실을 관계 관서에 통지하여야 하며, 이러한 통지를 받은 관계 관서는 소유권 이전에 관한 서류를 매수인에게 발급하여야 한다(영 §90 ①·②).

제101조 │ 배분계산서의 작성

① 지방자치단체의 장은 제97조에 따라 금전(압류재산의 매각대금)을 배분할 때에는 배분계산서 원안(原案)을 작성하여 배분기일 7일 전까지 갖추어 두어야 한다(법 §101 ①).
② 매각재산에 대하여 전세권·질권 또는 저당권을 가진 자, 가압류 채권자 또는 배분요구를 한 자(체납자 등)는 지방자치단체의 장에게 교부청구서, 감정평가서, 채권신고서, 배분요구서, 배분계산서 원안 등 배분금액 산정의 근거가 되는 서류의 열람 또는 복사를 신청할 수 있으며, 지방자치단체의 장은 이러한 열람 또는 복사의 신청을 받았을 때에는 열람·복사하도록 제공하여야 한다(법 §101 ②·③).

제102조 　배분계산서에 대한 이의

(1) 배분기일에 출석한 체납자등은 배분기일이 끝나기 전까지 자기의 채권에 관계되는 범위에서 제101조 제1항에 따른 배분계산서 원안에 기재된 다른 채권자의 채권 또는 채권의 순위에 대하여 이의를 제기할 수 있고, 이 규정에도 불구하고 체납자는 배분기일에 출석하지 아니하였더라도 배분계산서 원안이 갖추어진 이후부터 배분기일이 끝나기 전까지 서면으로 이의를 제기할 수 있다(법 §102 ①·②).
(2) 지방자치단체의 장은 다음 각 호의 구분에 따라 배분계산서를 확정하여 배분을 실시하고, 확정되지 아니한 부분에 대해서는 배분을 유보한다(법 §102 ③ ⅠⅡ)
   1. 제1항 및 제2항에 따른 이의제기가 있는 경우
      가. 지방자치단체의 장이 이의제기가 정당하다고 인정하거나 배분계산서 원안과 다른 내용으로 체납자등이 한 합의가 있는 경우: 정당하다고 인정된 이의제기의 내용 또는 합의에 따라 배분계산서를 수정하여 확정
      나. 지방자치단체의 장이 이의제기가 정당하다고 인정하지 아니하고 배분계산서 원안과 다른 내용으로 체납자등이 한 합의도 없는 경우: 배분계산서 중 이의제기가 없는 부분에 한정하여 확정
   2. 제1항 및 제2항에 따른 이의제기가 없는 경우: 배분계산서 원안대로 확정
(3) 배분기일에 출석하지 아니한 채권자는 배분계산서 원안과 같이 배분을 실시하는 데에 동의한 것으로 보고, 그가 다른 체납자등이 제기한 이의에 관계된 경우 그 이의제기에 동의하지 아니한 것으로 본다(법 §102 ④).

매각대금 배분계산서의 확정시 배분계산서에 대한 이의제기가 있으나 지자체장이 이를 인용하지 않은 경우, 배분계산서 전체 중 이의제기 되지 않은 부분은 확정하여 우선 배분하고, 이의제기된 부분은 유보하게 된다. 이 경우 이의제기자가 배분기일부터 7일 이내에 배분계산서 작성에 관하여 심판청구등을 한 사실을 증명하지 못한 경우 이의제기가 취하된 것으로 간주한다. 이를 표로 구분하면 아래와 같다

[배분계산서 확정 절차]

구분		개정 전	개정 후
이의제기가 있는 경우	지자체장 인용	이의제기 내용대로 수정확정 → 배분실시	
	채권자등 간 합의	합의 내용대로 수정확정 → 배분실시	
	지자체장 미인용	원안확정 → (불복제기)전체 배분유보	- 이의제기 부분: 확정유보 → 배분유보 - 나머지 부분: 원안확정 → 배분실시
이의제기가 없는 경우		원안확정 → 배분실시	

제102조의 2 배분계산서에 대한 이의의 취하간주

제102조제3항제1호나목에 따라 배분계산서 중 이의제기가 있어 확정되지 아니한 부분이 있는 경우 이의를 제기한 체납자등이 지방자치단체의 장의 배분계산서 작성에 관하여 심판청구등을 한 사실을 증명하는 서류를 배분기일부터 1주일 이내에 제출하지 아니하면 이의제기가 취하된 것으로 본다(법 §102의2).

제103조 배분금전의 예탁

(1) 지방자치단체의 장은 다음 각 호의 어느 하나에 해당하는 사유가 있는 경우 그 채권에 관계되는 배분금전을 「지방회계법」 제38조에 따라 지정된 금고에 예탁하여야 한다 (법 §103 ① Ⅰ~Ⅳ).
   1. 채권에 정지조건 또는 불확정기한이 붙어 있는 경우
   2. 가압류채권자의 채권인 경우
   3. 체납자등이 제102조의2에 따라 배분계산서 작성에 대하여 심판청구등을 한 사실을 증명하는 서류를 제출한 경우
   4. 그 밖의 사유로 배분금전을 체납자등에게 지급하지 못한 경우
(2) 지방자치단체의 장은 제1항에 따라 배분금전을 예탁한 경우에는 그 사실을 체납자등에게 통지하여야 한다(법 §103 ②).

이 경우 예탁한 사실을 통지할 때에는 법 제102조제3항 및 제4항에 따라 확정된 배분계산서 등본을 첨부하여야 한다(영 §91).

이 규정은 매각대금 등의 배분대상이 되는 채권이 그 변제기한이 도래하지 아니하였거나 체납자의 주소 또는 거소가 불분명하는 등의 사유로 그 금전을 채권자 또는 체납자에게 교부할 수 없는 경우에 이를 예탁하여 배분절차를 완료하도록 하고 있다. 이러한 금전의 예탁은 지방회계법 제38조에 따라 지정된 금고에 예탁하여야 한다.

그리고 종전에는 "공탁"이라는 민법의 규정을 사용해오다가 2014년부터 금전의 예탁으로 바뀐 것인데, 이는 종전 규정이 공탁소를 통해서 공탁하는 제도는 그 절차가 까다롭고 실제 많은 활용이 되지 아니한 관계로 지방회계법 제38조에 따라 지정된 금고에 예탁할 수 있도록 개선되었다. 그러므로 예탁은 금전이나 물품을 잠시 보관시키는 제도이므로 시·도, 시·군의

지정된 금고에 보관하였다가 납세자 등에게 돌려주면 되는 것이다.[114]

이와함께 지방자치단체장이 지자체 금고에 배분금전을 예탁해야 하는 사유는 ① 채권에 정지조건 또는 불확정 기한이 붙어 있는 경우 ② 가압류채권자의 채권인 경우 ③ 배분계산서 작성에 대하여 심판청구등을 한 사실을 증명한 서류를 제출한 경우 ④ 그 밖의 사유로 배분금전을 체납자등에게 지급하지 못한 경우로 구분하며, 예탁금의 배분시 배분계산서 작성에 관한 심판청구등이 확정된 경우 그 결과에 따라 예탁금을 당초 배분계산서대로 지급하거나 배분계산서를 변경하여 추가 배분하여야 한다.

제103조의 2 │ 예탁금에 대한 배분 실시

(1) 지방자치단체의 장은 제103조에 따라 배분금전을 예탁한 후 다음 각 호의 어느 하나에 해당하는 사유가 있는 경우 예탁금을 당초 배분받을 체납자등에게 지급하거나 배분계산서 원안을 변경하여 예탁금에 대한 추가 배분을 실시하여야 한다(법 §103의2 ① Ⅰ Ⅱ).
   1. 배분계산서 작성에 관한 심판청구등의 결정·판결이 확정된 경우
   2. 그 밖에 예탁의 사유가 소멸한 경우
(2) 지방자치단체의 장은 제1항에 따라 예탁금의 추가 배분을 실시하려는 경우 당초의 배분계산서에 대하여 이의를 제기하지 아니한 체납자등을 위해서도 배분계산서를 변경하여야 한다(법 §103의2 ②).
(3) 체납자등은 제1항에 따른 추가 배분기일에 제102조에 따라 이의를 제기할 경우 종전의 배분기일에서 주장할 수 없었던 사유만을 주장할 수 있다(법 §103의2 ③).

---

114) 「지방회계법」 제38조(금고의 설치)
① 지방자치단체의 장은 소관 현금과 그가 소유하거나 보관하는 유가증권의 출납, 보관 및 그 밖의 금고 업무를 취급하게 하기 위하여 「은행법」에 따른 은행을 금고로 지정하여야 한다. 다만, 다음 각 호의 어느 하나에 해당하는 금융기관이 대통령령으로 정하는 안정성 기준을 충족할 경우에는 특별회계 및 기금 업무만을 취급하는 금고로 지정할 수 있다.
   1. 「농업협동조합법」 제2조 제1호에 따른 조합 중 신용사업을 하는 조합
   2. 「수산업협동조합법」 제2조 제4호에 따른 조합 중 신용사업을 하는 조합
   3. 「산림조합법」 제2조 제1호에 따른 조합 중 신용사업을 하는 조합
   4. 「새마을금고법」 제2조 제1항에 따른 새마을금고
   5. 「신용협동조합법」 제2조 제1호에 따른 신용협동조합
② 제1항에 따라 금고를 지정하거나 지정한 금고를 변경하였을 때에는 지정, 변경 및 그 밖에 대통령령으로 정하는 중요 사항을 공고하고, 특별시·광역시·특별자치시·도 및 특별자치도의 경우 행정자치부장관에게, 시·군 및 자치구의 경우 특별시장·광역시장 및 도지사에게 즉시 보고하여야 한다.
③ 금고의 수는 2개를 초과할 수 없다.
④ 금고의 지정기준 등에 필요한 사항은 대통령령으로 정한다.

제11절의2 **공매의 대행**

제103조의 3 ｜ 공매등의 대행

① 지방자치단체의 장은 다음 각 호의 업무(이하 이 조에서 "공매등"이라 한다)에 전문지식이 필요하거나 그 밖에 직접 공매등을 하기에 적당하지 아니하다고 인정하는 경우 대통령령으로 정하는 바에 따라 「한국자산관리공사 설립 등에 관한 법률」에 따른 한국자산관리공사 또는 지방세조합(이하 "공매등대행기관"이라 한다)으로 하여금 공매등을 대행하게 할 수 있다. 이 경우 공매등은 지방자치단체의 장이 한 것으로 본다(법 §103의③ ① Ⅰ~Ⅳ).

 1. 제71조에 따른 공매
 2. 제72조에 따른 수의계약
 3. 제96조에 따른 매각재산의 권리이전
 4. 제97조에 따른 금전의 배분

② 제1항에 따라 압류한 재산의 공매등을 공매등대행기관이 대행하는 경우에는 "지방자치단체의 장" 또는 "지방자치단체"는 "공매등대행기관"으로, "세무공무원" 또는 "공무원"은 "공매등대행기관의 직원(임원 및 지방자치단체에서 파견된 공무원을 포함한다. 이하 같다)"으로 본다(법 §103의3 ②).

③ 지방자치단체의 장은 제1항에 따라 공매등대행기관이 공매등을 대행하는 경우 대통령령으로 정하는 바에 따라 수수료를 지급할 수 있다(법 §103의3 ③).

이 규정에 따른 공매대행에 드는 수수료는 공매대행에 드는 실제 비용을 고려하여 행정안전부령으로 정한다(영 §91의8). 그리고 수수료는 「국세징수법 시행규칙」 제78조를 준용한다. 이 경우 "세무서장"은 "지방자치단체의 장"으로, "한국자산관리공사"는 "공매등대행기관"으로 본다. 으로 정한다(규칙 § 73의5).

> 〈국세징수법 시행규칙 제78조〉
>
> ① 공매대행 수수료는 다음 각 호의 구분에 따른 금액(이하 이 조에서 "기준금액"이라 한다)을 기준으로 산정하되, 기준금액이 12억원을 초과하는 경우에는 12억원으로 한다.
> 1. 한국자산관리공사가 공매대행의 의뢰를 받은 후에 체납자 또는 제3자가 해당 체납액을 완납하여 법 제57조제1항제1호 및 제88조제1항제1호에 해당하여 압류 해제 및 공매 취소되거나 법 제86조제1호에 따라 체납자가 매수인의 동의를 받아 체납액을 납부하여 매각결정이 취소된 경우의 수수료(이하 "완납수수료"라 한다): 해당 납부세액
> 2. 한국자산관리공사가 공매대행의 의뢰를 받은 후에 관할 세무서장의 직권 또는 한국

> 자산관리공사의 요구에 따라 공매대행의 의뢰가 해제된 경우(제1호에 따라 압류 해제 및 공매 취소되거나 매각결정이 취소된 경우 또는 법 제57조제1항제3호 및 제88조제1항제1호에 해당하여 압류 해제 및 공매 취소된 경우는 제외한다)의 수수료(이하 "해제수수료"라 한다): 해당 해제금액(체납액 또는 공매예정가격 중 적은 금액으로 한다)
>   3. 한국자산관리공사가 압류재산을 매각한 경우의 수수료(이하 "매각수수료"라 한다): 해당 건별 매각금액
>   4. 법 제86조제2호에 따른 매수인이 매수대금을 지정된 기한까지 납부하지 않은 경우에 해당하여 매각결정이 취소된 경우의 수수료(이하 "매각결정취소수수료"라 한다): 해당 매수대금
> ② 영 제72조에 따른 공매대행 수수료는 제1항 각 호의 구분에 따른 기준금액에 별표 3에 따른 공매진행 단계에 따른 수수료율을 곱하여 계산한 금액과 공매진행 단계 등에 따른 최저수수료 중 큰 금액으로 한다. 이 경우 완납수수료 및 해제수수료를 산정할 때 동일한 체납자의 재산에 대하여 2건 이상의 공매 절차가 진행 중인 경우에는 각 재산의 공매진행 단계 등에 따른 수수료율 중 가장 높은 수수료율을 적용하며, 매각결정취소수수료는 법 제71조제2항에 따른 건별 공매보증금액을 한도로 한다.
> ③ 제2항에도 불구하고 한국자산관리공사가 공매대행의 의뢰를 받은 날부터 10일 이내에 제1항제1호에 따라 압류 해제 및 공매 취소되거나 매각결정이 취소된 경우 또는 제1항제2호에 따라 공매대행의 의뢰가 해제된 경우 해당 수수료를 면제한다.
> ④ 기획재정부장관은 제2항에 따른 공매대행 수수료를 한국자산관리공사의 공매대행 실적, 공매비용 및 물가상승률 등을 고려하여 매년 조정해야 한다.

④ 공매등대행기관이 제1항제1호·제2호 및 제4호의 업무를 대행하는 경우 공매등대행기관의 직원은 「형법」이나 그 밖의 법률에 따른 벌칙을 적용할 때에는 세무공무원으로 본다(법 §103의3 ④).
⑤ 제1항에 따라 공매등대행기관이 대행하는 공매등에 필요한 사항은 대통령령으로 정한다(법 §103의3 ⑤).

이 경우 지방자치단체의 장은 압류재산의 공매를 공매등대행기관에 대행하게 하는 경우에는 행정안전부령으로 정하는 공매대행 의뢰서를 공매등 대행기관에 보내야 하며(영 § 91의2 ①), 제1항에 따라 공매를 대행하게 하는 경우 공매대행 사실을 체납자, 납세담보물 소유자, 압류재산에 전세권·질권·저당권 또는 그 밖의 권리를 가진 자, 법 제49조제1항 전단에 따라 압류재산을 보관하고 있는 자에게 통지해야 한다(영 § 91의2 ② Ⅰ~Ⅳ).
또한 지방자치단체의 장은 법 제103조의2제1항제1호에 따라 공매등대행기관에 공매를 대

행하게 한 때에는 점유하고 있거나 제3자에게 보관하게 한 압류재산을 공매등대행기관에 인도할 수 있다. 이 경우 제3자에게 보관하게 한 재산에 대해서는 그 제3자가 발행한 해당 재산의 보관증을 인도함으로써 재산의 인도를 갈음할 수 있으며, 공매등대행기관은 제1항에 따라 압류재산을 인수했을 때에는 인계·인수서를 작성해야 한다(영 § 91의3 ①,②).

그리고 지방자치단체의 장은 법 제103조의2제1항제1호에 따라 공매등대행기관에 공매를 대행하게 한 후 지방자치단체의 장은 법 제103조의2제1항제1호에 따라 공매등대행기관에 공매를 대행하게 한 후 다음 각 호의 어느 하나에 해당하는 사유가 발생한 경우에는 지체 없이 그 사실을 공매등대행기관에 통지해야 하며, 매각결정 전에 법 제63조에 따라 해당 재산의 압류를 해제한 경우에 따라 통지를 받은 공매등대행기관은 지체 없이 해당 재산의 공매를 취소해야 한다(영 § 91의4 ① Ⅰ,Ⅱ,②).

공매등대행기관은 법 제103조의2제1항제1호에 따라 공매를 대행할 때 다음 각 호의 어느 하나에 해당하는 경우에는 지체 없이 그 사실을 해당 지방자치단체의 장에게 통지해야 한다(영 § 91의5 Ⅰ~Ⅴ).

1. 법 제78조제2항에 따라 공매공고를 한 경우
2. 법 제87조에 따라 공매참가를 제한한 경우
3. 법 제90조제3항 또는 제92조제1항에 따라 매각 여부를 결정한 경우
4. 법 제95조제1항에 따라 매각결정을 취소한 경우
5. 제91조의4제2항에 따라 공매를 취소한 경우

또한 공매등대행기관은 법 제103조의2제1항제1호에 따른 공매로 법 제76조제1항에 따른 공매보증금, 법 제92조제3항에 따른 매수대금의 금액을 수령하였을 때에는 같은 항 제4호에 따라 배분을 대행하는 경우를 제외하고는 그 금액을 지체 없이 해당 지방자치단체의 세입세출외현금출납원에게 인계하거나 세입세출외현금출납원 계좌에 입금해야 하며, 공매등대행기관은 제1항에 따라 수령한 공매보증금 등을 세입세출외현금출납원 계좌에 입금하였을 때에는 지체 없이 그 사실을 세입세출외현금출납원에게 통지해야 한다(영 § 91의6 ① Ⅰ,Ⅱ,②).

공매등대행기관은 공매대행을 의뢰받은 날부터 2년이 지나도 공매되지 않은 재산이 있는 경우에는 지방자치단체의 장에게 해당 재산에 대한 공매대행 의뢰를 해제해 줄 것을 요구할 수 있으며, 이를 해제 요구를 받은 지방자치단체의 장은 특별한 사정이 있는 경우를 제외하고는 해제 요구에 따라야 한다(영 § 91의7 ①,②).

법 제103조의2제1항제1호에 따라 공매등대행기관이 대행하는 공매에 필요한 사항으로서 이 영에서 정하지 않은 사항은 행정안전부장관이 공매등대행기관과 협의하여 정한다(영 § 91의9).

지방자치단체의 장이 법 제103조의2제1항제2호에 따른 수의계약(수의계약과 관련된 같은 항 제3호 및 제4호의 업무를 포함한다)을 공매등대행기관에 대행하게 하는 경우 대행 의뢰,

압류재산의 인도, 매수대금 등의 인계, 해제 요구, 수수료 등에 관하여는 제91조의2부터 제91조의9까지의 규정(제91조의4 및 제91조의5는 재산의 압류를 해제함에 따라 공매를 취소하는 부분으로 한정한다)을 준용한다(영 § 91의10).

제103조의 4 │ 전문매각기관의 매각대행 등

① 지방자치단체의 장은 압류한 재산이 예술적·역사적 가치가 있어 가격을 일률적으로 책정하기 어렵고, 그 매각에 전문적인 식견이 필요하여 직접 매각하기에 적당하지 아니한 물품(이하 "예술품등"이라 한다)인 경우에는 직권이나 납세자의 신청에 따라 예술품등의 매각에 전문성과 경험이 있는 기관 중에서 전문매각기관을 선정하여 예술품등의 매각을 대행하게 할 수 있다(법 §103의4 ①).
② 제1항에 따라 선정된 전문매각기관(이하 "전문매각기관"이라 한다) 및 전문매각기관의 임직원은 직접적으로든 간접적으로든 매각을 대행하는 예술품등을 매수하지 못한다(법 §103의4 ②).
③ 지방자치단체의 장은 제1항에 따라 전문매각기관이 매각을 대행하는 경우 대통령령으로 정하는 바에 따라 수수료를 지급할 수 있다(법 §103의4 ③).
④ 제1항에 따른 납세자의 신청절차, 전문매각기관의 선정절차 및 예술품등의 매각절차에 필요한 세부적인 사항은 대통령령으로 정한다(법 §103의4 ④).

지방자치단체의 장은 다음 각 호의 기관 중에서 법 제103조의3제1항에 따른 전문매각기관(이하 "전문매각기관"이라 한다)을 선정한다(영 § 91의11 ① Ⅰ, Ⅱ).
1. 지방자치단체의 장이 법 제103조의3제1항에 따른 예술품등(이하 "예술품등"이라 한다)의 매각에 전문성과 경험을 갖춘 기관으로 인정하여 공보 및 해당 지방자치단체의 홈페이지에 공고한 기관
2. 국세청장이 「국세징수법 시행령」 제75조제1항에 따라 관보 및 국세청 홈페이지에 공고한 기관

이 규정에 불구하고 시장·군수·구청장은 필요한 경우 특별시장·광역시장·도지사가 제1항제1호에 따라 공고한 기관 중에서 전문매각기관을 선정할 수 있으며, 법 제103조의3제1항에 따라 예술품등의 매각대행을 신청하려는 납세자는 행정안전부령으로 정하는 신청서를 작성하여 지방자치단체의 장에게 제출해야 하며, 지방자치단체의 장은 직권 또는 신청에 따라 전문매각기관을 선정하여 예술품등의 매각대행을 의뢰한 경우 매각 대상인 예술품등을 소유한 납세자에게 그 사실을 통지해야 한다(영 § 91의11 ②~④).

그리고 지방자치단체의 장은 법 제103조의3제1항에 따라 전문매각기관에 예술품등의 매

각을 대행하게 한 때에는 직접 점유하고 있거나 제3자에게 보관하게 한 매각 대상 예술품등을 전문매각기관에 인도할 수 있다. 이 경우 제3자에게 보관하게 한 예술품등에 대해서는 그 제3자가 발행한 해당 예술품등의 보관증을 인도함으로써 예술품등의 인도를 갈음할 수 있으며, 전문매각기관은 매각 대상 예술품등을 인수한 때에는 인계·인수서를 작성해야 하며, 위에서 규정한 사항 외에 전문매각기관의 선정 및 예술품등의 매각 절차에 관하여 필요한 세부사항은 지방자치단체의 조례로 정한다(영 § 91의11 ⑤~⑦).

이 규정에 따라 수수료는 매각대행에 드는 실제 비용을 고려하여 행정안전부령으로 정한다(영 § 91의12).

┃수수료(시행규칙 제73조의 8 관련)┃

1. 매각 수수료

매각 수수료는 다음 표의 구분에 따른 기준금액에 공매진행단계별 수수료율을 곱하여 계산한 금액과 최저 수수료 중 큰 금액으로 한다.

구분	기준금액	공매진행단계	수수료율	최저 수수료
가. 법 제85조제1항 또는 법 제95조제1항제1호에 따라 공매가 중지되거나 매각결정을 취소한 경우	해당 납부세액	공매공고 전	0.6%	12만원
		공매공고 후 매각결정 전	0.9%	18만원
		매각결정 후 대금납부 전	1.2%	24만원
나. 매각대행 의뢰가 해제된 경우	체납액 또는 매각예정가격 중 적은 금액	공매공고 전	0.6%	12만원
		공매공고 후 매각결정 전	0.9%	18만원
		매각결정 후 대금납부 전	1.2%	24만원
다. 압류재산을 매각한 경우	해당 매각금액	-	3.0%	30만원
라. 법 제95조제1항제2호에 따라 매각결정을 취소한 경우	해당 매수대금	-	1.2%	24만원

〈비고〉
1. 기준금액이 12억원을 초과하는 경우에는 12억원으로 한다.
2. 동일한 체납자의 재산에 대하여 2건 이상의 공매 절차가 진행 중인 경우에는 각 재산의 공매진행 단계 등에 따른 수수료율 중 가장 높은 수수료율을 적용한다.
3. 법 제95조 제1항 제2호에 따라 매각결정을 취소한 경우 수수료는 법 제76조 제1항에 따른 건별 공매보증금을 한도로 한다.
4. 위 표에도 불구하고 전문매각기관이 매각대행 의뢰를 받은 날부터 10일 이내에 공매가 중지되거나 매각결정이 취소되거나 매각대행 의뢰가 해제된 경우에는 해당 수수료를 면제할 수 있다.

2. 보전 수수료

보전수수료는 전문매각기관이 물품을 감정하거나 운송 또는 보관한 경우 발생한 실제 비용을 보전하기 위한 금액으로 한다.

⑤ 제1항에 따라 전문매각기관이 매각을 대행하는 경우 전문매각기관의 임직원은 「형법」제129조부터 제132조까지의 규정을 적용할 때에는 공무원으로 본다(법 §103의4 ⑤).

제12절 체납처분의 중지 · 유예

체납처분의 중지와 유예는 일종의 납세완화라는 조치로서는 유사하나 체납처분의 중지는 압류한 재산을 매각하더라도 체납처분에 충당하고 잔여가 없을 것으로 예상되는 경우 그 매각을 중지하는 것을 말하고, 체납처분의 유예는 체납처분에 의한 재산의 압류나 압류재산의 매각을 유보함으로써 체납자의 사업을 계속하게 하는 등 일종의 체납자를 보호하면서 징수를 확보하겠다는 취지이다.

제104조 체납처분의 중지와 그 공고

① 체납처분의 목적물인 총재산의 추산가액이 체납처분비에 충당하고 남을 여지가 없을 때에는 체납처분을 중지하여야 한다. 그리고 체납처분의 목적물인 재산이 「지방세기본법」 제71조 제1항 제3호에 따른 채권의 담보가 된 재산인 경우에 그 추산가액이 체납처분비와 해당 채권금액에 충당하고 남을 여지가 없을 때에도 체납처분을 중지하여야 한다. 다만, 체납처분의 목적물인 재산에 대하여 제66조에 따른 교부청구 또는 제67조에 따른 참가압류가 있는 경우 지방자치단체의 장은 체납처분을 중지하지 아니할 수 있다(법 §104 ①·②).

② 지방자치단체의 장은 제1항 또는 제2항에 따라 체납처분의 집행을 중지하려는 경우에는 지방세기본법 제147조 제1항에 따른 지방세심의위원회의 심의를 거쳐 대통령령으로 정하는 바에 따라 그 사실을 1개월간 공고하여야 한다(법 §104 ③).

③ 체납자(체납자와 체납처분의 목적물인 재산의 소유자가 다른 경우에는 그 소유자를 포함한다.)는 제1항 또는 제2항의 체납처분 중지 사유에 해당하는 경우 체납처분의 중지를 지방자치단체의 장에게 요청할 수 있다(법 §104 ④).

(1) 본조의 취지

체납처분의 중지는 체납처분의 집행에 착수하여 체납자의 재산을 압류하였으나 그 압류재산을 매각하더라도 체납처분비에 충당하고 잔여가 없을 것으로 예상되는 경우 그 매각을 중지하는 것을 말하는데, 이는 실익이 없는 체납처분을 중지함으로써 체납자에게 필요 없는 매각비용의 부담을 지우지 않으려는 것으로서 일종의 납세의 완화조치에 해당된다.

(2) 중지의 의의 및 요건

① 체납처분의 중지라 함은 체납처분의 목적물인 총재산의 추산가액이 체납처분비에 충당하고 잔여가 생길 여지가 없거나, 체납처분의 목적물인 재산이 조세에 우선하는 전세권·질권 또는 저당권이 설정된 재산인 경우에 그 추산가액이 체납처분비와 해당 저당권 등의 피담보채권금액에 충당하고 잔여가 생길 여지가 없을 때에 그 매각절차를 중지하는 처분을 말한다. 다만, 체납처분의 목적물인 재산에 대하여 교부청구 또는 참가압류가 있는 경우 시장·군수는 체납처분을 중지하지 아니할 수 있다.

이와 같은 체납처분의 중지는 공매의 중지와 구별된다. 공매의 중지는 공매개시전에 체납세액의 전액이 완납되거나 또는 여러 개의 재산을 일괄공매하는 경우에 일부 재산의 매각대금에 의하여 체납세액의 전액에 충당된 경우에 공매절차를 중지하는 것인데 대해 체납처분의 중지는 체납처분의 본래의 목적인 지방세의 만족을 얻지 못하였으나 그 실익이 없기 때문에 매각을 중지하는 것임에 대하여, 공매의 중지는 지방세의 만족을 얻고 공매절차를 중지한다는 점에서 크게 다르다.115)

② 과세권자가 체납처분을 중지하려면 체납정리위원회의 심의를 거쳐야 하는데 이는 업무에 신중을 기하려는 것이다.

체납정리위원회는 의결기관이 아니라 자문기관에 불과하므로 과세권자는 그 심의의 결과에 구속당하지는 아니하나 체납처분을 중지하려면 필요적으로 체납정리위원회의 심의를 거쳐야 하는 것이므로 이를 거치지 아니한 체납처분의 중지는 위법하다 하겠다. 그런데 지방세에 있어서는 별도의 체납정리위원회가 구성되어 있지 않기 때문에 이미 구성되어 있는 지방세심의위원회를 활용하여야 할 것으로 본다.

(3) 중지의 요청

체납처분 중지사유에 해당하는 경우에는 체납자(체납자와 체납처분의 목적물인 재산의 소유자가 다른 경우에는 체납처분의 목적물인 재산의 소유자)도 체납처분의 중지를 과세권자에게 요청 할 수 있다. 따라서 체납처분의 중지는 과세권자의 전유물이 아니라 체납자 또는 체납처분의 목적물의 소유자(납세담보를 제공한 경우 등)도 체납처분의 중지를 신청할 수 있으며, 이러한 체납처분의 중지신청을 받은 과세권자는 그 중지 여부를 결정하여야 한다.

(4) 중지의 공고

지방자치단체의 장은 법 제104조 제3항 규정에 따라 체납처분 집행의 중지를 공고할 하였을 때에는 지방자치단체의 정보통신망이나 게시판에 ① 체납자의 성명, 주소 또는 영

---

115) 강인애, 국세징수법, p.945

업소, ② 체납액, ③ 체납처분 중지의 이유, ④ 그 밖에 필요한 사항 등을 게시하여야 하나 필요한 경우에는 관보·공보 또는 일간신문에 게재할 수도 있다. 그리고 체납처분의 중지의 공고는 지방자치단체의 장이 지방세기본법 제147조에 따른 지방세심의위원회로부터 체납처분 집행의 중지에 관한 의결을 통지받은 날부터 10일 내에 하여야 한다. 그리고 지방자치단체의 장은 이와 같은 통지를 받아 체납처분의 집행을 중지하였을 때에는 해당 재산의 압류를 해제하여야 한다(영 §92 ① Ⅰ~Ⅳ, ②·③).

(5) 중지의 효과

지방자치단체의 장은 체납처분의 집행을 중지하였을 때에는 당해 재산의 압류를 해제하여야 하며 지방세징수법 제106조에 따라 해당 결손처분을 할 수 있다. 이 경우는 납세의무의 소멸사유가 된다.[116]

(6) 체납처분의 속행

지방자치단체의 장은 체납자가 파산선고를 받은 경우에도 이미 압류한 재산이 있을 때에는 체납처분을 속행하여야 한다.

제105조 체납처분 유예

① 지방자치단체의 장은 체납자가 다음 각 호의 어느 하나에 해당하는 경우에는 그 체납액에 대하여 체납처분에 의한 재산의 압류나 압류재산의 매각을 대통령령으로 정하는 바에 따라 유예할 수 있다(법 §105 ① Ⅰ·Ⅱ).
 1. 지방자치단체의 조례로 정하는 기준에 따른 성실납부자로 인정될 때
 2. 재산의 압류나 압류재산의 매각을 유예함으로써 사업을 정상적으로 운영할 수 있게 되어 체납액을 징수할 수 있다고 인정될 때
② 지방자치단체의 장은 제1항에 따라 유예를 하는 경우에 필요하다고 인정하면 이미 압류한 재산의 압류를 해제할 수 있다(법 §105 ②).
③ 지방자치단체의 장은 제1항 및 제2항에 따라 재산의 압류를 유예하거나 압류한 재산의 압류를 해제하는 경우에는 그에 상당하는 납세담보의 제공을 요구할 수 있다(법 §105 ③).
④ 제1항에 따른 유예의 신청, 승인, 통지 등의 절차에 관하여 필요한 사항은 대통령령으로 정한다(법 §105 ④).

---

116) 국세징수법통칙 85-0…1 (체납처분의 중지의 효과)

이 경우 체납처분 유예의 기간은 그 유예한 날의 다음 날부터 1년 이내로 한다(영 §93 ①). 그러나 영 제93조 제1항에도 불구하고 고용정책기본법 제32의 2 제2항에 따라「고용정책 기본법」제32조의2제2항에 따라 선포된 고용재난지역,「고용정책 기본법 시행령」제29조제1항에 따라 지정·고시된 지역,「지역 산업위기 대응 및 지역경제 회복을 위한 특별법」제10조제1항에 따라 지정된 산업위기대응특별지역,「재난 및 안전관리 기본법」제60조 제2항에 따라 선포된 특별재난지역(선포일로부터 2년으로 한정한다.)내에서 피해를 입은 납세자 중 어느 하나에 해당하는 자에 대하여 체납처분을 유예하는 경우(제1항에 따라 체납처분을 유예받고 그 유예기간 중에 있는 자에 대하여 유예하는 경우를 포함한다.) 그 체납처분 유예의 기간은 체납처분을 유예한 날의 다음 날부터 2년(제1항에 따라 체납처분을 유예받은 분에 대해서는 그 유예기간을 포함하여 산정한다.) 이내로 할 수 있다(영 §93 ② Ⅰ·Ⅱ). 그리고 지방자치단체의 장은 체납처분이 유예된 체납액을 제1항 또는 제2항에 따른 체납처분 유예기간 내에 분할하여 징수할 수 있다(영 §93 ③).

그리고 체납처분 유예의 신청, 통지, 취소통지 등에 관하여는 지방세징수법 시행령 제32조(징수유예 등의 신청절차), 제33조(징수유예 등에 관한 통지) 및 제35조(징수유예 등의 취소통지)의 규정을 준용한다(영 §93 ④).

⑤ 체납처분유예의 취소와 체납액의 일시징수에 관하여는 제29조(징수유예등의 취소)를 준용한다(법 §105 ⑤).

(1) 본문의 취지

이 규정은 체납자가 사업을 영위하는 성실납세자로서 일정기간 체납처분의 집행을 유예함으로써 사업을 정상적으로 운영할 수 있게 되어 체납액의 징수가 가능하리라고 인정되는 자에 대하여 일정기간 체납처분에 의한 재산의 압류 또는 압류재산의 매각을 유보함으로써 체납자의 사업의 계속 또는 생활의 유지를 보호하면서 조세의 징수를 확보하려는 취지에서 설치된 규정으로 체납처분의 유예를 하면 강제징수권을 행사할 수 없으므로 이는 일종의 납세의 완화조치에 해당한다.

(2) 체납처분 유예의 내용과 기간

① 체납처분 유예는 체납자에 대하여 유예기간 동안 재산의 압류 또는 압류재산의 매각을 유보하는 것으로 이는 압류유예와 매각유예로 나누어진다. 체납처분의 집행에 착수하기 전에는 재산의 압류를 유보하고, 체납처분의 집행에 착수하여 재산을 압류한 경우에는 매각(공매)을 유보한다.

그리고 과세권자는 압류재산의 매각을 유예하는 경우에 필요하다고 인정하면 이미 압류한 재산의 압류를 해제할 수 있고, 압류를 유예하거나 압류를 해제하는 경우에는 체납자에게 납세담보의 제공을 요구할 수 있다.
② 체납처분 유예의 기간은 그 유예한 날의 다음 날부터 1년 이내로 한다.

(3) 체납처분 유예의 요건

체납처분을 유예하려면 그 대상자가 성실납부자로서 재산의 압류나 압류재산의 매각을 유예함으로써 사업을 정상적으로 운영할 수 있게 되어 체납액의 징수가 가능하다고 인정되는 자라야 한다.

이 경우 "성실납부자"란 체납발생 직전 연도까지 연간 3건 이상을 최근 3년 이상 계속하여 납부기한 내 전액 납부한 자를 말한다(예 서울특별시 시세기본조례 §35).

결국 재산의 압류나 압류재산의 매각을 유예함으로써 사업을 정상적으로 운영할 수 있게 되어 체납액의 징수가 가능하다고 인정되는 자이어야 하는데, 이는 체납처분을 집행함으로써 체납자가 사업을 계속하는데 저해요인이 될 우려가 있고, 그 집행을 일정기간 유예하면 사업을 정상적으로 계속 운영하여 체납액의 징수가 가능할 것으로 인정되는 경우를 말한다.

(4) 체납처분 유예의 효과[117]

① 재산을 압류한 후에 체납처분 유예를 하면 유예기간 동안 공매 등 매각을 유보하는 것이므로 공매가 진행 중인 체납자에 대하여 공매처분유보를 승인하게 되면 즉시 공매를 중지하여야 한다.
② 체납처분의 유예로서 체납자에 대한 재산의 압류를 유예하거나, 압류한 재산의 압류를 해제할 수 있는데 이 경우에는 그에 상응하는 납세담보의 제공을 요구할 수 있다.
③ 체납처분 유예를 한 경우에 압류재산 중에 유가증권, 채권 또는 제3채무자가 있는 무체재산권 등이 있는 경우거나 천연과실 또는 법정과실이 있는 때에는 유예한 후에도 제3채무자로부터 급여를 받은 금전 또는 천연과실이나 법정과실로서 취득한 금전은 그 유예에 관계된 지방세(체납처분비 포함)에 충당할 수 있고, 또한 이 외의 재산은 공매 또는 수의계약에 의하여 매각하여 그 대금을 지방세에 충당할 수 있다고 본다.
④ 체납처분 유예를 한 때에는 이에 관계된 지방세는 그 유예기간 중에는 소멸시효가 정지된다.
⑤ 체납처분이 유예되는 경우에도 가산세 등의 연체세는 법률에 특별한 규정이 없는 한 면제되지 않는다.

---

[117] 강인애, 「국세징수법」, p.952

(5) 체납처분 유예의 취소와 체납액의 일시징수

(가) 체납처분 유예의 취소

체납처분을 유예한 경우에 당해 납세자가,
① 지방세와 체납액을 지정된 기한까지 납부하지 아니하였을 때
② 담보의 변경이나 그 밖에 담보 보전에 필요한 지방자치단체의 장의 명령에 따르지 아니하였을 때
③ 징수유예 등을 받은 자의 재산상황이나 그 밖의 사정의 변화로 유예할 필요가 없다고 인정될 때
④ 납기가 시작되기 전에 징수유예의 사유에 해당되어 그 유예한 기한까지 유예에 관계되는 지방세 또는 체납액의 전액을 징수할 수 없다고 인정될 때에는 그 징수유예를 취소하여야 한다(국세징수법 §20 ①).

(나) 체납액의 일시징수

체납처분 유예를 취소한 때에는 지방자치단체의 장은 그 유예에 관계된 체납세액을 한꺼번에 징수할 수 있다.
이 경우 "일시징수(一時徵收)"라 함은 체납처분 유예와 동시에 체납세액의 분할징수를 허용한 경우에 기한 미도래의 유예금액까지 징수하는 것을 말한다.[118]

제106조 │ 정리보류 등

① 지방자치단체의 장은 납세자에게 다음 각 호의 어느 하나에 해당하는 사유가 있을 때에는 결손처분을 할 수 있다(법 §106 ① Ⅰ~Ⅳ).
1. 체납처분이 종결되고 체납액에 충당된 배분금액이 그 체납액보다 적을 때
2. 체납처분을 중지하였을 때
3. (삭제)
4. 체납자의 행방불명 등 대통령령으로 정하는 바에 따라 징수할 수 없다고 인정될 때
위의 제4호의 규정에 의한 결손처분은 다음 각 호의 어느 하나에 해당하는 경우로 한정한다(영 §94 ① Ⅰ·Ⅱ).
1. 체납자가 행방불명이거나 재산이 없다는 것이 판명된 경우

---

[118] 국세징수법통칙 20-0…1 (일시에 징수)

2. 「채무자 회생 및 파산에 관한 법률」 제251조에 따라 체납한 회사가 납부의무를 면제받게 된 경우

그리고 지방자치단체의 장은 위 제1호에 따라 정리보류를 하려는 때에는 체납자와 관계가 있다고 인정되는 행정기관에 체납자의 행방이나 재산의 유무를 확인(전자정부법 제36조 제1항 또는 제2항에 따른 행정정보의 공동이용을 통하여 조회하여 확인하는 것을 포함한다.)해야 한다. 다만, 체납된 지방세가 30만원 미만인 때에는 체납자의 행방이나 재산유무를 확인하지 않을수 있다(영 §94 ②).

② 지방자치단체의 장은 지방세징수권의 소멸시효가 완성되었을 때에는 시효완성정리를 하여야 한다(법 §106 ②).

③ 지방자치단체의 장은 제1항에 따라 결손처분을 한 후 압류할 수 있는 다른 재산을 발견하였을 때에는 지체 없이 그 처분을 취소하고 체납처분을 하여야 한다. 다만, 제1항 제3호(지방세징수권의 소멸시효가 완성되었을 때)에 해당하는 경우에는 그러하지 아니하다(법 §106 ③).

(1) 본문의 취지 및 의의

이 규정은 체납처분을 집행하여도 체납자에게 재력이 없어 지방세 채권을 실현할 수 없는 경우에 오랫동안 미해결 상태로 놓아두는 것은 과세권자나 납세자 모두에게 옳지 못한 것이므로 이러한 지방세의 채권·채무 관계를 조속히 종결지어 법적 안정성을 기하고자 설치된 규정이다.

이와 같이 정리보류 등은 납세자의 무자력 등의 사유로 체납된 지방세 채권의 실현이 불가능할 경우에 징수권의 행사를 정지시키는 처분이므로, 제2차 납세의무자, 양도담보권자, 납세보증인 또는 물상보증인으로부터 체납세액을 징수할 수 있을 때에는 주된 납세자의 체납액에 대하여 정리보류 등은 하지 아니하나 제2차 납세의무자 등에 대하여 정리보류사유가 있는 경우에는 이들에 대하여는 주된 납세자와 관계없이 정리보류를 할 수 있다.

(2) 정리보류 사유

납세자에게 다음의 어느 하나에 해당하는 사유가 있을 때에는 정리보류를 할 수 있다. 그러나 정리보류를 한 후 압류할 수 있는 다른 재산을 발견하였을 때에는 지체 없이 그 처분을 취소하고 체납처분을 하여야 하나, 지방세징수권의 소멸시효가 완성되어 정리보류한 경우(아래 ③의 경우)에는 그러하지 아니하다.

① 체납처분이 종결되고 체납액에 충당된 배분금액이 그 체납액보다 적을 때
　이 경우에는 그 부족된 금액에 한하여 정리보류를 하여야 한다.

② 체납처분을 중지하였을 때

체납처분의 중지는 지방세기본법 제94조의 규정에 의한 사유가 있을 때를 말하는데 이 경우는 체납처분을 하여도 아무런 의미가 없을 뿐 아니라 오히려 과세기관의 손실만 초래하게 되는 결과에 기인한 것이다. 이 경우 체납처분중지의 사유라 함은 체납처분의 목적물인 총재산의 추산가액이 체납처분비에 충당하고 잔여가 생길 여지가 없는 때와 체납처분의 목적물인 재산이 지방세에 우선하는 전세권, 질권, 저당권 등의 채권의 담보가 된 재산인 경우에 그 추산가액이 체납처분비와 당해 저당권 등의 피담보 채권금액에 충당하고 잔여가 생길 여지가 없는 때를 말한다.

③ 체납자의 행방이 불명하거나 재산이 없다는 것이 판명되어 징수할 수 없다고 인정될 때

시장·군수가 체납자의 행방이 불명하거나 재산이 없다는 것이 판명되어 결손처분을 하고자 할 때에는 체납자와 관계가 있다고 인정되는 행정기관에 조회하여 그 행방과 재산의 유무를 확인(전자정부법 제36조 제1항 또는 제2항에 따른 행정정보의 공동이용을 통하여 조회하여 확인하는 것을 포함한다.)하여야 한다. 다만, 체납된 지방세가 30만원 미만인 때에는 체납자의 행방이나 재산 유무를 확인하지 않을 수 있다.

④ 채무자회생 및 파산에 관한 법률 제251조에 따라 체납한 회사가 납부의무를 면제받게 되어 징수할 수 없다고 인정될 때

채무자회생 및 파산에 관한 법률에 의해 회생계획인가의 결정이 있는 때에는 회생계획이나 본 법의 규정에 의하여 인정된 권리를 제외하는 채무자는 모든 회생채권과 회생담보권에 관하여 그 책임을 면하며, 주주, 지분권자의 권리와 채무자의 재산상에 있던 모든 담보권은 소멸한다. 다만, 회생절차 개시전의 벌금, 과료, 형사소송비용, 추징금 및 과태료의 청구권은 그러하지 아니하다.

(3) 정리보류의 절차 및 효과

지방자치단체가 지방자치단체의 징수금을 정리보류한 때에는 납세의무자 또는 특별징수의무자의 납부의무는 소멸한다.

그런데 지방자치단체의 장은 정리보류를 한 후 압류할 수 있는 다른 재산을 발견한 때에는 지체 없이 그 처분을 취소하고 체납처분을 하여야 한다. 그러나 지방세징수권의 소멸시효가 완성되어 정리보류한 때에는 그러하지 아니하다. 그리고 지방자치단체의 장이 이와 같이 정리보류를 취소한 때에는 지체 없이 납세자에게 그 취소사실을 통지하여야 한다.

이 경우는 조세채권이 다시 부활하는 것으로 이는 정리보류으로 추상적 조세채권까지 소멸되는 것은 아니므로 정리보류가 잘못되었을 때에는 정리보류를 취소하고 부활시킬 수 있는 것이다.

그런데 종전에는 정리보류 후에 납세자의 노력으로 자산을 회복하여 납세의 능력이 있게 되었다 하더라도 정리보류를 취소하고 다시 체납처분을 할 수 없는 것으로 되어 있었으나 2001.1.1.부터는 그 규정이 "정리보류를 한 후 압류할 수 있는 다른 재산을 발견한 때"로 개정되었기 때문에 소멸시효가 완성되지 아니한 경우에는 정리보류 후에 자력에 의거 새로운 재산을 취득한 것이라도 정리보류를 취소하고 체납처분을 해야 하는데 유의해야 한다.

그리고 정리보류는 지방자치단체의 장이 직권으로 행하는 것이고 체납자에게는 정리보류를 요구할 수 있는 그 어떤 권리도 인정되지 아니한다. 따라서 체납자는 사실상의 조치로서 지방자치단체의 장에게 정리보류의 요구를 하는 것은 무방하지만 그것은 직권발동을 촉구하는 데 그치는 것이므로 이에 대해서 불복할 수는 없는 것이다.

사례

❖ **구 국세징수법 시행 당시 결손처분이 행해졌음에도 불구하고 그 후 납세의무자에게 불리하게 개정된 신법을 적용하여 결손처분을 취소하고 체납처분을 할 수 있는지 여부 등**

국세징수법이 개정되면서 결손처분의 취소사유가 개정 국세기본법의 취지에 맞추어 '압류할 수 있는 다른 재산을 발견한 때'로 확대되었는바, 개정 국세징수법 아래에서는 결손처분은 체납처분절차의 종료라는 의미만 가지게 되었고, 결손처분의 취소도 종료된 체납처분절차를 다시 시작하는 행정절차라는 의미만을 가질 뿐이나, 국세기본법이 개정되고 나서 국세징수법이 개정되기까지의 기간 동안에 행해진 결손처분의 경우에는 그 결손처분으로 인하여 납부의무가 소멸되지는 않는다 하더라도, 그 취소와 관련하여서는 구 국세징수법의 규정에 따라 결손처분 당시 다른 압류할 수 있는 재산이 있었던 것을 발견한 때에 한하여 결손처분을 취소하고 체납처분을 다시 할 수 있을 뿐이고, 이와는 달리 납세의무자에게 불리하게 개정된 법률을 적용하여 결손처분이 있은 후 새로 취득한 재산을 발견한 경우에도 결손처분을 취소하고 체납처분을 할 수 있다고 보는 것은 조세법령 불소급의 원칙이나 엄격해석의 원칙에 반하여 허용되지 아니한다.

(대법 2001두10066, 2002.9.24.)

❖ **적법한 결손처분 취소절차의 입증책임이 과세관청에게 있는 지 여부**

결손처분의 취소는 결손처분에 의하여 일단 소멸된 납세의무를 부활시켜 다시 체납처분을 가능하게 하는 행정처분으로서 법령상 그 결손처분 취소의 고지절차에 대하여 아무런 규정을 두고 있지 아니하지만, 납세자로서는 결손처분이 취소되면 다시 납세의 부담을 지는 불이익을 당하게 되는 것이므로, 조세법률주의의 원칙에 비추어 조세행정의 명확성, 납세자의 법적 안정성과 예측가능성을 보장하기 위하여 그 처분의 취소는 납세고지절차, 혹은 징수유예의 취소절차에 준하여 적어도 그 취소의 사유와 범위를 구체적으로 특정한 서면에 의하여 납세자에게 통지함으로써 그 효력이 발생하고, 그러한 통지가 적법하게 이루어짐으로써 결손처분 취소처분의 효력이 발생하였다는 점에 대한 입증책임은 과세관청에 있다고 보아야 함.

(대법 2010두25527, 2011.03.24.)

제107조 │ 체납처분에 관한 국세징수법의 준용

　지방자치단체의 징수금의 체납처분에 관하여는 「지방세기본법」, 이 법이나 지방세관계법에서 규정하고 있는 사항을 제외하고는 국세 체납처분의 예를 준용한다(법 §107).

　국세징수법의 체납처분규정은 동법 제3장 제24조부터 제88조까지의 체납자의 재산을 압류 또는 교부청구를 하고 공매처분에 의하여 환가하며 환가된 금액을 체납된 지방자치단체의 징수금에 충당하고 잔여금액을 채권자 등에게 배분하는 청산절차를 거치는 일련의 강제징수절차에 대해서는 지방세기본법 등에 규정된 것을 제외하고는 국세징수법 상의 체납처분의 예를 준용한다는 것이다.

지방세법

제1장 총 칙
제2장 취득세
제3장 등록면허세
제4장 레저세
제5장 담배소비세
제6장 지방소비세
제7장 주민세
제8장 지방소득세
제9장 재산세
제10장 자동차세
제11장 지역자원시설세
제12장 지방교육세

지방세에 관한 법은 종전에는 지방세법이라는 단행법으로 되어 있었으나 2011년부터 이 법을 지방세기본법, 지방세법, 지방세특례제한법으로 분법하였는데, 종전에는 지방세법의 총칙 부분을 두어 지방세 운영에 꼭 필요하거나 지방세에만 적용되는 부분만 규정하고 나머지는 국세기본법 등을 준용하도록 규정하여 운영하였으며 각 세목별 내용은 지방세법 내에 세목을 설치하여 적용하고, 각 세목에서는 비과세 규정을 그 세목내에 규정하였으며, 감면규정에 대해서는 국세와 관련하여 지방세를 감면하는 것은 조세특례제한법에서 국세와 균형을 맞추어 정리하고, 지방세 단독으로 감면할 필요가 있는 내용에 대해서는 종전 지방세법 제5장에서 감면규정을 두어 운영하여 왔다.

그런데 2011년부터 분법되어 시행되는 지방세법은 제1장에서 총칙규정을 두어 지방세법상의 세목에 공통으로 적용되어야 할 과세주체, 부동산 등의 시가표준액등의 적용기준만 두고, 제2장부터 제12장까지는 각 세목의 부과징수에 관한 사항을 규정함으로서 세목체계를 간소화하여 지방세의 단순성, 투명성을 높이고 납세자의 납세협력을 유도하며 조세행정의 효율성을 도모하기 위한 조치를 취하게 된 것이다.

여기에서 각 세목에 규정된 조세(지방세)에 대한 의의와 개념에 대해 개괄적으로 살펴보면 다음과 같다.

조세(租稅)의 개념·정의는 헌법이나 국세기본법 또는 지방세관계법 등에서 명문으로 정립이 된 것은 없으나 조세는 국가 또는 지방자치단체가 국법질서의 유지나 공공복리의 증진 등에 필요한 국가와 지방자치단체의 재정수요를 충족시키거나 또는 경제적·사회적 특수정책의 실현을 위하여 국민에 대하여 개별적인 반대급부 없이 강제적으로 부과징수하는 과징금을 의미하는 것으로 과세권의 주체가 국가인 것은 국세가 되고 과세권의 주체가 지방자치단체인 것은 지방세가 되는 것이다. 이러한 지방세가 조세로서 가지는 특색은 다음과 같다.[1]

첫째로 지방세는 지방자치단체가 과세권에 의해서 강제적으로 과세하는 권력적 과징금이므로 조세는 국민의 재산의 일부를 강제적으로 지방자치단체의 수입으로 이전시킴으로써 국민의 재산권에 대한 침해의 성질을 가지지 않을 수 없다.

그래서 헌법이 그 전문에서 "…자유민주적 기본질서를 더욱 확고히 하여"라는 표현과 제1조

---

1) 독일의 조세기본법 제3조 제1항은 "조세란 특별급부에 대한 반대급부가 아니라 법률이 급부의무를 거기에 결부시키고 있는 요건에 해당하는 모든 자에 대해 수입을 얻기 위하여 공법상의 단체가 과하는 금전급부를 말한다. 그리고 수입을 얻는 것은 부수목적일 수 있다. 관세 및 부과금은 이 법률의 의미에서 조세이다."라고 조세개념을 정의하고 있다.

에서 국민주권주의를 선언하고, 제23조 제1항에서 재산권을 보장하면서 그 제38조에서 "모든 국민은 법률이 정하는 바에 의하여 납세의 의무를 진다."고 국민의 납세의무를 천명하고, 다시 제59조에서 "조세의 종목과 세율은 법률로 정한다."고 규정하고 있는 것은 바로 조세법률주의를 천명한 것으로서 결국 조세의 요건과 그 부과·징수 절차는 국민의 대표기관인 국회가 제정한 법률에 의하여 규정되어야 한다는 것이다. 그리고 일단 국회의 의결을 거친 세법은 국민 개개의 승낙 여부에 관계없이 국가 또는 지방자치단체의 일방적인 의사표시에 의해서 강제적으로 집행되는 것이다.

이러한 의미에서 보면 지방자치단체의 수입인 기부금, 사업수입 또는 재산매각대금과 같은 것은 각각 제공자의 자유의사에 의해서 지급되거나 제공자와 지방자치단체간의 계약에 따라 지급되는 것으로서 조세와는 근본적으로 다르다고 할 수 있다.

둘째로 지방세는 지방자치단체가 지역의 발전과 지역 주민의 복리증진에 필요한 일반적 경비 즉, 재정수요를 충족시키기 위한 비용을 얻기 위한 재원조달의 목적으로서 징수하는 것이므로 벌금·과태료 등과 같이 재정수요의 충족과는 관계없이 과징되는 금전급부와는 구별된다.

셋째로 지방세는 납부에 대한 개별적인 반대급부 없이 일반 주민으로부터 일방적으로 징수하는 것이므로 수수료 또는 사용료와 같이 지방자치단체가 주민에게 제공하는 특정한 급부에 대한 반대급부로서 징수하는 것과 특정한 사업의 경비에 충당하기 위하여 그 사업과 특별한 관계가 있는 자로부터 그 관계에 따라서 징수하는 수익자 부담금과는 구분된다.

이와 같은 조세의 개념은 독일을 중심으로 한 대륙법 계통의 국가에서 생성된 이론으로서 우리나라도 여기에 영향을 받아 모든 조세에 관한 서적에서 이렇게 표현하고 있지만 영·미 국가에 있어서는 "세금은 국민이 자신의 이익을 확보하기 위해 만든 조직사회의 유지에 필요한 비용이므로 국민은 그 비용을 서로 걱정하고 공평하게 부담하여야 함과 동시에 그 사용에 있어서도 국민의 이익을 위해 사용되었는가를 감시하고 잘못 사용되었을 경우에는 그 반환을 청구할 수 있다"는 재정적 '사고의 틀'이 확립되어 국가와 국민이 동일 목적을 향하는 동반자적 위치에서 상호 견제하면서 발전을 구가한다는 개념을 정립하고 있는 것이다.

이러한 조세로서의 지방세의 위치는 헌법에서 지방자치에 관한 규정을 하나의 장(章)으로 설정하여 지방자치단체에 자치권을 부여하고 있으며, 이러한 자치권의 하나로서 재정자주권이 보장되는 것이므로 지방자치단체에게 그 자치권으로서의 과세권이 부여되는 것은 당연한 귀결이다. 여기에 지방세의 존재의의가 있는 것이다.[2]

그러나 자치권을 무한정 인정하는 것은 국가라는 일정한 통제의 범위를 벗어나 행동함으로써 전체로서의 국가발전에 저해요인으로 작용할 우려와 지방자치단체간의 불형평의 초래 등이 예상되어 헌법 제117조에서 "지방자치단체는 주민의 복리에 관한 사무를 처리하고 재산을 관리하며, 법령의 범위 안에서 자치에 관한 규정을 제정할 수 있다."라고 규정함으로써 법령의 범위 안에서 자치에 관한 규정을 제정할 수 있으므로 지방자치에 관한 기본 골격은 국가의 법률로 정하는 것이 헌법의 기본 정신이다. 이러한 정신에 입각하여 볼 때 지방세의 과세에 대하여도 완전히 지방자치단체의 재량에 맡기는 것은 각 지방자치단체간에도 지방세에 현저한 차이가 나타나고 경제질서에 혼란을 가져올 위험이 있을 뿐 아니라 국세와의 관계에 있어서도 문제가 있을 것이 예상된다. 따라서 국세와 지방세, 지방자치단체 상호간의 적당한 조정이 필요함은 물론 조세법률주의의 원칙에서 볼 때에 지방세도 그 범주를 법률로서 정하여 두는 것이 합당하리라는 점에서 지방세에 관한 기본법인 지방세법이 제정되어 있는 것이다.3)

이와 같이 지방세가 조세일반의 이념과 다를 바가 없는 것은 사실이지만 지방자치와 관련하여 지방세를 개념지워보면 국세와는 분명히 구분되는 점이 있는데, 이를 살펴보면 먼저 지방세는 지방자치 그 자체라는 것이다. 왜냐하면 지방자치단체는 국가와는 달리 각기 사회・문화・교육・경제적인 여건이 다를 뿐 아니라 심지어 관습과 언어에서도 차이가 있으므로 자치단체간의 삶의 질에서도 차이가 있다. 이런 이유로 그 재정적인 여건도 각기 다르기 때문에 지방세로서 얼마만큼의 자립을 할 수 있느냐 하는 것이 자치의 기본이 될 수 있는 것이다. 그러나 현실적으로는 지역간 세원의 불균형, 국가세원의 지방이양의 문제 등으로 자치단체에 무한정, 무분별한 세원의 배분이 어려운 실정이므로 이러한 모든 점을 고려하면서 지방자치의 기본이 되는 세원의 확충이 필요할 것이다.

다음으로 지방세기본법과 지방세관계법은 헌법(제117조)의 규정에 의하여 지방세에 관한 기준과 범위를 정한 것으로 국세에 관한 법률과 같이 법률이 정하는 바에 따라 바로 조세채권을 확보하거나 국민에게 납세의무를 부담시키는 것이 아니라는 점에서 지방세관계련법을 통상 기

---

2) 지방세법이 기본법(또는 표준법)이라고 하여 지방세법 자체가 조례가 제정되기 전에도 효력이 없는 것은 아니다. 다만, 기본법인 법률의 범위 내에서 조례가 제정 또는 개정되어 공포됨으로써 구체적 집행효력이 발생한다는 것이다. 그러므로 많은 세목을 포괄한 지방세법은 지방자치단체가 시행할 세법으로서 각 자치단체마다 그 여건에 따라 지방세법 중 그 자치단체에 해당되지 않는 부분을 제외한 나머지를 당해 자치단체가 조례로서 규정하여 집행하는 형태로 되어 있는 것이 국세법과의 차이점이라 하겠다.
3) 일본헌법 제94조에는 "지방공공단체는 그 재산을 관리하고 사무를 처리하며, 또 행정을 집행할 권능을 가지며, 법률의 범위 내에서 조례를 재정할 수 있다"고 규정하고, 판례 또는 해석으로서 "행정을 집행 할 권능을 가지며"라는 규정으로 지방자치단체가 공권력을 행사하는 것을 인정하고, 과세권도 공권력 행사의 일종으로 보고, 행정의 집행에는 조세의 부과, 징수까지 포함한다고 보고 있는데, 우리나라는 "법령의 범위 안에서 자치에 관한 규정을 제정할 수 있다"는 규정으로 자치권과 과세권이 주어진다고 해석하고 있다는 점에 대해서는 법리적 및 논리적 입장에서 깊이 검토해 보아야 할 것으로 생각한다.

준법 또는 표준법이라고 부르고 있다.

국세는 소득세법, 법인세법 등이 국회를 통과하여 공포가 되어 시행되면 그 규정된 내용에 따라 납세의무자인 국민을 규율하고, 이 규정에 의하여 바로 납세의무를 부여하는 것이지만, 지방세관련법은 국회를 통과하여 공포가 되었다 하더라도 이는 지방자치단체에서 지방세를 부과·징수할 수 있는 범위와 기준을 제시하는 것이고 그 구체적인 부과·징수의 방법은 지방세관련법이 정하는 바에 따라 그 지방세의 세목·과세대상·과세표준·세율·부과징수방법 등의 규정을 지방자치단체의 조례에 규정하여 공포·시행함으로써 그때부터 지방자치단체가 지방세에 대한 과세권을 행사할 수 있게 된다는 점이다.

CHAPTER 01 총 칙

제3편 지방세법

이 장(章)에서의 총칙은 지방세법 즉, 지방자치단체가 과세하는 지방세 각 세목의 과세요건, 부과·징수하는 지방세의 과세주체, 지방세법의 각 세목에서 적용하는 부동산 등에 대한 시가표준액의 결정방법 등과 지방세 부과·징수에 관한 지방세기본법 및 지방세징수법의 적용범위 등을 정하는 기준을 정립하고 있다.

제1조 목 적

이 법은 지방자치단체가 과세하는 지방세 각 세목의 과세요건 및 부과·징수, 그 밖에 필요한 사항을 규정함을 목적으로 한다(법 §1).

그리고 이 영과 규칙은 지방세법 및 같은 법 시행령에서 위임된 사항과 그 시행에 필요한 사항을 규정함을 목적으로 한다(영 §1, 규칙 §1).

(1) 지방세의 의의

지방세는 지방자치단체의 재정수요를 자주적·자율적으로 충당하기 위해서 필요한 것이다. 우리나라의 지방자치단체는 도·시·읍·면이 자치단체일 때를 제외하고는 광역적인 행정을 담당하는 특별시·광역시·특별자치시·도·특별자치도와 주민생활에 친근한 기초적인 시·군·구로 나누어지고 있다. 이는 먼 장래를 생각했다기보다는 일정한 경계를 구획하고 이를 세분한 행정구역으로 나눈 것은 정부의 재정적 기능을 효율적으로 수행할 수 있다고 생각해 왔기 때문이다.

이러한 기능을 국가와 지방자치단체 중 어느 쪽, 즉 어느 한 쪽 또는 쌍방, 아니면 어느 한 쪽만에 속하는 것이 적절한가를 연구하는 것이 지방재정론이다. 이와 같은 연구의 결과 지방자치단체에 재정적 기능이 주어지고 재정수요가 생길 때 이것을 충당하는 것이 지방세이다.

그러므로 각 지방자치단체의 행정서비스의 비용은 수익자인 주민 스스로가 부담하는 것은 당연한 일이다. 자기들이 부담함으로써 자금의 사용에 있어 주민의 요구가 반영되어 쓸모없는 낭비가 사라질 것이다. 그러기 위해서는 지방에 대한 자주재원의 확충이 필요하고 소득·소비에 대한 지방세 비중을 높여 건실한 지방재정을 이루는 밑바탕이 되어야 할 기반 등 지방세법의 각 세목에 대한 부과·징수의 기본을 정한 규정인 것이다.

(2) 지방세 세목 체계

지방세는 보통세와 목적세로 구분하고, 이를 다시 도세와 시군세, 특별시세 및 광역시세와 구세로 구분한다.

| 세목 체계도 |

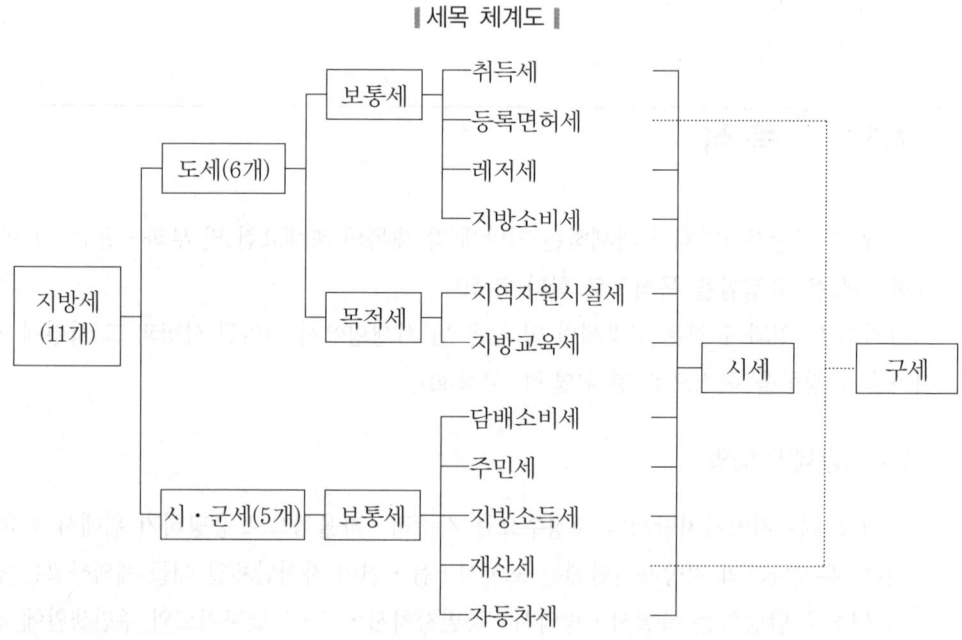

① 서울특별시의 경우 구세인 재산세(그 세원이 선박 및 항공기에 대한 재산세는 구세임.)는 그 중 특별시분 재산세와 구(區)분 재산세가 각각 50%로 함.
② 주민세 법 제81조 제1항 제1호 에 따른 사업소분과 종업원분은 특별시는 시세, 광역시는 자치구세로 함.
③ 특별자치시와 특별자치도에서는 모든 세목이 시세 또는 도세가 됨.
④ 재산세의 도시지역분(종전 도시계획세)은 특별시는 시세, 광역시는 자치구세 임.

① 보통세와 목적세의 구분에 있어 보통세(ordinary tax)는 조세의 징수목적이 사전에 사용 용도가 정해지지 아니한 일반적인 용도로 사용될 경비에 충당하기 위하여 과징하는 세를 말하고, 목적세(earmaked tax)는 충당하여야 할 경비에 사용처를 특별히 정하고 그 경비의 지출에 의해 직접 이익을 받는 자에게 그 부담을 요구하는 세를 말한다.

② 지방세에서 도세와 시·군세 및 시세와 구세로 구분하는 것은 조세법학이나 학술적

인 이론에 근거한 것이 아니라 자치단체의 재원의 효율적 배분 측면에서 또는 광역자치단체 재원으로 할 것과 시·군·구의 재원으로 할 것 등을 각 세목의 세입 실태와 세원분포, 지방자치단체별 재정형편을 고려하여 인위적으로 구분한 것이다.

제2조 정 의

이 법에서 사용하는 용어의 뜻은 별도의 규정이 없으면 지방세기본법 및 지방세징수법에서 정하는 바에 따른다(법 §2).

이 규정은 지방세법의 운용에 필요한 용어 중 기본적인 것은 지방세기본법에 정하여진 것을 사용하고, 각 세목에 꼭 필요한 용어로서 활용되는 것은 각 세목에 규정된 용어를 사용해야 한다는 기준 규정이다. 예를 들면, 지방세기본법 및 지방세징수법에는 납세의무자, 납세자, 제2차 납세의무자, 부과, 징수, 보통징수, 특별징수, 체납처분 등 모든 세목에 공통적으로 적용되는 사항이 규정되어 있으나, 이 법의 취득세 규정과 재산세 규정을 비교해 보면 취득세에서는 주택용 건축물은 그 부속 토지와는 별도로 건축물로 보지만, 재산세 규정에서는 주택을 주택용 건축물과 그 부속 토지를 포함한 개념으로 사용되는 것 등에 유의해야 한다는 것이다.

제3조 과세주체

이 법에 따른 지방세를 부과·징수하는 지방자치단체는 지방세기본법 제8조 및 제9조의 지방자치단체의 세목 구분에 따라 해당 지방세의 과세주체가 된다(법 §3).

일반적으로 과세주체를 과세권자라 하는데 조세는 공법상의 과세주체인 공권력체, 즉 국가와 지방자치단체가 그 관할의 국민 또는 주민으로부터 조세를 징수하여 이것으로 지역공공재를 제공하는데 필요한 재정수요에 충당하는 것을 말하는 것이므로, 사경제의 주체 즉 이익단체 또는 비영리공익단체 등이 스스로의 이익추구 및 목적달성을 위한 경제활동을 하는 것과는 구별된다.

그런데 과세주체와 조세주체는 구별하여 사용하여야 한다. 과세주체는 조세를 부과하는 주체인 과세권의 주체, 즉 국가 또는 지방자치단체를 말하고, 조세주체는 광의로 보면 조세를 납부·부담하는 개별경제의 주체인 과세객체를 의미하고, 협의로 보면 조세를 납부하는 납세자(taxpayer)를 말한다.

그러므로 이 규정에서의 과세주체는 지방세 기본법 제8조 및 제9조의 세목 구분에 따라 지방세를 부과·징수할 수 있는 지방자치단체를 말하는 것이다.

제4조 | 부동산 등의 시가표준액

① 이 법에서 적용하는 토지 및 주택에 대한 시가표준액은 「부동산 가격공시에 관한 법률」에 따라 공시된 가액(價額)으로 한다. 다만, 개별공시지가 또는 개별주택가격이 공시되지 아니한 경우에는 특별자치시장·특별자치도지사·시장·군수 또는 구청장(자치구의 구청장을 말한다. 이하 같다.)이 같은 법에 따라 국토교통부장관이 제공한 토지가격비준표 또는 주택가격비준표를 사용하여 산정한 가액으로 하고, 공동주택가격이 공시되지 아니한 경우에는 대통령령으로 정하는 기준에 따라 특별자치시장·특별자치도지사·시장·군수 또는 구청장이 산정한 가액으로 한다(법 §4 ①).

이 규정 본문에 따른 토지 및 주택의 시가표준액은 지방세기본법 제34조에 따른 세목별 납세의무의 성립시기 당시에 부동산 가격공시에 관한 법률에 따라 공시된 개별공시지가, 개별주택가격 또는 공동주택가격을 말한다(영 §2).

그리고 "대통령령으로 정하는 기준"이란 지역별·단지별·면적별·층별 특성 및 거래가격 등을 고려하여 행정안전부장관이 정하는 기준을 말한다. 이 경우 행정안전부장관은 미리 관계 전문가의 의견을 들어야 한다(영 §3).

② 제1항 외의 건축물(새로 건축하여 건축 당시 개별주택가격 또는 공동주택가격이 공시되지 아니한 주택으로서 토지부분을 제외한 건축물을 포함한다.), 선박, 항공기 및 그 밖의 과세대상에 대한 시가표준액은 거래가격, 수입가격, 신축·건조·제조가격 등을 고려하여 정한 기준가격에 종류, 구조, 용도, 경과연수 등 과세대상별 특성을 고려하여 대통령령으로 정하는 기준에 따라 지방자치단체의 장이 결정한 가액으로 한다(법 §4 ②).

이 경우 "대통령령으로 정하는 기준"이란 매년 1월 1일 현재를 기준으로 과세대상별 구체적 특성을 고려하여 다음 각 호의 방식에 따라 행정안전부장관이 정하는 기준을 말한다 (영 §4 ① 본문 및 Ⅰ 내지 ⅩⅠ).

1. **오피스텔** : 행정안전부장관이 고시하는 표준가격기준액에 다음 각 목의 사항을 적용한다.
   가. 오피스텔의 용도별·층별 지수
   나. 오피스텔의 규모·형태·특수한 부대설비 등의 유무 및 그 밖의 여건에 따른 가감산율(加減算率)

1의2. **제1호 외의 건축물** : 건설원가 등을 고려하여 행정안전부 장관이 산정·고시하는 건물신축가격기준액에 다음 각 목의 사항을 적용한다.
   가. 건물의 구조별·용도별·위치별 지수
   나. 건물의 경과연수별 잔존가치율
   다. 건물의 규모·형태·특수한 부대설비 등의 유무 및 그 밖의 여건에 따른 가감산율

2. **선박** : 선박의 종류·용도 및 건조가격을 고려하여 톤수 간에 차등을 둔 단계별 기준가액에 해당 톤수를 차례대로 적용하여 산출한 가액의 합계액에 다음 각 목의 사항을 적용한다.
   가. 선박의 경과연수별 잔존가치율
   나. 급랭시설 등의 유무에 따른 가감산율

3. **차량** : 차량의 종류별·승차정원별·최대적재량별·제조연도별 제조가격(수입하는 경우에는 수입가격을 말한다.) 및 거래가격 등을 고려하여 정한 기준가액에 차량의 경과연수별 잔존가치율을 적용한다.

4. **기계장비** : 기계장비의 종류별·톤수별·형식별·제조연도별 제조가격(수입하는 경우에는 수입가격을 말한다.) 및 거래가격 등을 고려하여 정한 기준가액에 기계장비의 경과연수별 잔존가치율을 적용한다.

5. **입목(立木)** : 입목의 종류별·수령별 거래가격 등을 고려하여 정한 기준가격에 입목의 목재 부피, 그루 수 등을 적용한다.

6. **항공기** : 항공기의 종류별·형식별·제작회사별·정원별·최대이륙중량별·제조연도별 제조가격 및 거래가격(수입하는 경우에는 수입가격을 말한다.)을 고려하여 정한 기준가격에 항공기의 경과연수별 잔존가치율을 적용한다.

7. **광업권** : 광구의 광물매장량, 광물의 톤당 순 수입가격, 광업권 설정비, 광산시설비 및 인근 광구의 거래가격 등을 고려하여 정한 기준가격에서 해당 광산의 기계 및 시설취득비, 기계설비이전비 등을 뺀다.

8. **어업권·양식업권** : 인근 같은 종류의 어장·양식장의 거래가격과 어구 설치비 등을 고려하여 정한 기준가격에 어업·양식업의 종류, 어장·양식장의 위치, 어구 또는

장치, 어업·양식업의 방법, 채취물 또는 양식물 및 면허의 유효기간 등을 고려한다.
9. 골프회원권, 승마회원권, 콘도미니엄 회원권, 종합체육시설 이용회원권 및 요트회원권 : 분양 및 거래가격을 고려하여 정한 기준가격에 「소득세법」에 따른 기준시가 등을 고려한다.
10. 토지에 정착하거나 지하 또는 다른 구조물에 설치하는 시설 : 종류별 신축가격 등을 고려하여 정한 기준가격에 시설의 용도·구조 및 규모 등을 고려하여 가액을 산출한 후, 그 가액에 다시 시설의 경과연수별 잔존가치율을 적용한다.
11. 건축물에 딸린 시설물 : 종류별 제조가격(수입하는 경우에는 수입가격을 말한다.)·거래가격 및 설치가격 등을 고려하여 정한 기준가격에 시설물의 용도·형태·성능 및 규모 등을 고려하여 가액을 산출한 후, 그 가액에 다시 시설물의 경과연수별 잔존가치율을 적용한다.

이 경우(위의 11호) 건축물에 딸린 시설물(이하 이 항에서 "시설물"이라 한다.)의 시가표준액을 적용할 때 해당 시설물이 주거와 주거 외의 용도에 함께 쓰이고 있는 건축물의 시설물인 경우에는 그 건축물의 연면적 중 주거와 주거 외의 용도 부분의 점유비율에 따라 시가표준액을 나누어 적용한다(영 §4 ②).

특별자치시장·특별자치도지사·시장·군수 또는 구청장(구청장은 자치구의 구청장을 말한다. 이하 "시장·군수·구청장"이라 한다.)은 지방세법(이하 "법"이라 한다.) 제4조 제2항에 따른 건축물, 선박, 항공기 및 그 밖의 과세대상에 대한 시가표준액 결정을 위하여 지방세법 시행령(이하 "영"이라 한다.) 제4조 제3항 본문에 따라 특별시장·광역시장 또는 도지사(이하 "도지사"라 한다.)의 승인을 받으려는 경우(특별자치시장 및 특별자치도지사는 제외한다.)에는 승인신청서에 직전 연도의 시가표준액에 관한 자료 등 승인에 필요한 자료를 첨부하여 그 결정일 30일 전까지 도지사에게 제출하여야 하며, 도지사는 이러한 시가표준액승인신청서를 받은 때에는 승인신청서를 받은 날부터 30일 이내에 그 결과를 시장·군수·구청장(특별자치시장 및 특별자치도지사는 제외한다.)에게 통보하여야 한다(규칙 §2 ①·②).

③ 행정안전부장관은 제2항에 따른 시가표준액의 적정한 기준을 산정하기 위하여 조사·연구가 필요하다고 인정되는 경우에는 대통령령으로 정하는 관련 전문기관에 의뢰하여 이를 수행하게 할 수 있다(법 §4 ③).
이 규정에서 "대통령령으로 정하는 관련 전문기관"이란 다음 각 호의 기관을 말한다(영 §4의4 Ⅰ~Ⅲ).
1. 「지방세기본법」 제151조 제1항에 따른 지방세연구원

2. 그 밖에 시가표준액의 기준 산정에 관한 전문성이 있는 것으로 행정안전부장관이 인정하여 고시하는 기관

④ 제1항과 제2항에 따른 시가표준액의 결정은 지방세기본법 제 147조에 따른 지방세심의위원회에서 심의한다(법 §4 ④).

위와 같은 시가표준액의 산출방법에 대해서는 부동산세제의 정비에 따라 2005년부터 그 체계가 종전에 토지와 건축물로 대별하여 산출하였던 것을 주택의 경우 주거용 건축물과 그 부속 토지를 통합하여 산출하므로 그 기준이 나대지와 주택 이외의 건축물의 부속 토지를 총칭하여 토지라 하고, 주거용 건축물과 그 부속 토지를 주택이라 하며, 건축물 중 주거용 외의 것을 건축물로 보아 각각 시가표준액을 산정하게 된다. 이러한 시가표준액의 결정은 지방세기본법 제147조에 따른 지방세심의위원회에서 심의하도록 하고 있으므로 시가표준액 결정을 위하여 심의위원회를 별도로 설치할 필요는 없다.

1. 건축물의 시가표준액 결정 절차 등

① 특별자치시장·특별자치도지사·시장·군수 또는 구청장(구청장은 자치구의 구청장을 말하며, 이하 "시장·군수·구청장"이라 한다)은 제4조제1항제1호 및 제1호의2의 방식에 따라 관할 구역 내 건축물의 시가표준액을 산정한다(영 §4의2 ①).

그리고, 시장·군수·구청장은 제1항에 따라 산정한 건축물의 시가표준액에 대하여 행정안전부령으로 정하는 절차에 따라 건축물의 소유자와 이해관계인(이하 이 조에서 "소유자등"이라 한다)의 의견을 들어야 하며(영 §4의2 ②).

이때 특별자치시장·특별자치도지사·시장·군수 또는 구청장(구청장은 자치구의 구청장을 말한다. 이하 "시장·군수·구청장"이라 한다)은 「지방세법시행령」(이하 "영"이라 한다) 제4조의2제2항에 따라 건축물 시가표준액에 대하여 소유자와 이해관계인(이하 이 조에서 "소유자등"이라 한다)의 의견을 듣기 위하여 시가표준액을 「지방세기본법」(이하 "기본법"이라 한다) 제2조제1항제1호의 지방세통합정보통신망을 이용하여 공개할 수 있고, 영제4조의2제2항에 따른 건축물 시가표준액에 대한 소유자등의 의견제출은 별지 서식에 따르며, 영제4조의2제2항에 따른 소유자등의 의견을 들을 때에는 기본법 제2조제1항제1호의 지방세통합정보통신망을 이용하여 들을 수 있다(규칙 §2 ①~③).

시장·군수·구청장은 제2항에 따라 소유자등이 제출한 의견에 상당한 이유가 있다고 인정하는 경우에는 산정한 시가표준액을 변경할 수 있다. 이 경우 시장·군수·구청장(특별자치시장 및 특별자치도지사는 제외한다)은 그 변경 전에 특별시장·광역시장 또는 도지사(이하 이 조 및 제4조의3에서 "시·도지사"라 한다)의 승인을 받아야 한다(영 §4의2 ③).

② 시장·군수·구청장은 제3항에도 불구하고 이미 산정된 시가표준액의 100분의 20을 초과하여 시가표준액을 변경하려는 경우에는 다음 각 호의 구분에 따른 절차를 거쳐야 한다.(영 §4의2 ④ Ⅰ,Ⅱ).
  1. 특별자치시장 및 특별자치도지사: 행정안전부장관과 협의
  2. 시장·군수·구청장(특별자치시장 및 특별자치도지사는 제외한다): 시·도지사의 승인. 이 경우 시·도지사는 그 승인 전에 미리 행정안전부장관과 협의해야 한다.

③ 시장·군수·구청장은 제1항, 제3항 및 제4항에 따라 산정(변경산정을 포함한다)한 시가표준액을 결정하여 매년 6월 1일까지 고시해야 한다. 이 경우 시장·군수·구청장(특별자치시장 및 특별자치도지사는 제외한다)은 그 결정 전에 시·도지사의 승인을 받아야 하며.(영 §4의2 ⑤).시장·군수·구청장(특별자치시장 및 특별자치도지사는 제외한다)은 제5항에 따라 결정한 시가표준액을 시·도지사에게 제출해야 한다(영 §4의2 ⑥).

④ 특별자치시장, 특별자치도지사나 시·도지사는 제5항에 따라 결정한 시가표준액이나 제6항에 따라 제출받은 시가표준액을 관할 지방법원장에게 통보해야 한다(영 §4의2 ⑦).

▶ 사례 ▮

❖ **시가표준액의 위법을 내세워 부과처분의 위법을 다툴 수 있는지 여부 등**

건축물의 시가표준액은 국세청장이 고시한 건물기준시가(건물신축가격기준액)에 기초하는 바, 국세청장의 건물기준시가결정은 과세처분과는 별개의 독립된 처분이라 할 것이지만, 건물취득자나 취득예정자에게 구체적인 과세처분 전에 건물기준시가결정의 잘못을 미리 시정하도록 요구하는 것은 무리라고 하지 않을 수 없고(개별공시지가에 관한 대법 93누8542, 1994.1.25. 선고 판결 참조), 이를 기초로 한 시가표준액의 산정에 대하여도 별도의 불복절차가 규정되어 있지 않으므로(갑3호 증의 기재에 의하면 납세의무자는 과세관청의 자체조정을 구하는 민원을 낼 수 있을 뿐이다.), 이후 과세처분의 취소를 구하는 행정소송에서 건물기준시가결정 내지는 그에 기초한 시가표준액 산정의 위법을 독립된 위법사유로 주장할 수 있다고 해석함이 타당하다.

(대법 2007두8966, 2007.7.12.)

❖ **토지의 지목변경에 따라 인근 표준지 보다 이용 상황이 유사한 멀리 있는 표준지를 적용하여 과세표준을 산정한 것이 적합한지 여부**

이 사건 토지의 당해 토지 이용 상황이 상업용인 점을 고려해 볼 때 당해 토지의 이용 상황이 공업용 보다는 당해 토지의 이용 상황에 더 적합하고, 적용 비교표준지는 이 사건 토지와 이용 상황, 용도지역 등이 일치하고, 동일한 대로를 접하고 있으면서 200m밖에 떨어져 있지 않아 매우 근접한 위치에 있으며, 용도지역이 동일하면서 이용 상황이 상업용인 표준지는 적용 비교표준지가 유일하였으며, 비교표준지의 특성이 이 사건 토지와 일부 다른 점이 있다고

하더라도 이는 가격배율 조정으로 보정이 가능한 점 등을 종합하여 보면, 지목변경 후의 토지에 대한 시가표준액을 산정한 것을 들어 위법하다고 할 수 없다.

(대법 2015두41890, 2015.8.19.)

❖ 토지구획정리사업에 따른 취득가액이 사업약정에 따른 사업비용의 전부인지, 아니면 각종비용을 제외하고 산정하거나 약정에 따른 조합에 대한 대여금 채권에 한정되는지 여부

- 원고들이 부담하는 사업비란 조합에 대한 대여금이나 도급공사비에 한정되는 것이 아니라 원고들이 이 사건 사업의 시행을 위하여 제1, 2차 약정 체결 전후로 소요된 일체의 경비를 모두 포함하는 것이며 비록 이 사건 사업 수행과정에서 사업비의 증감이 있더라도 원고들에게 지급되는 체비지 최종적인 사업비 전부에 대한 대가임.
- 이 사건 부동산의 취득과 직접 관련이 없는 용도에 지출된 비용은 취득가액에서 공제되어야 한다는 취지로 주장하나 취득가액의 산정은 원고들이 이 사건 조합이 제1, 2차 약정서 및 체비지매매계약서에서 약정한 바와 같이 원고들이 이 사건 사업의 시행을 위하여 투여한 사업비 전체를 기준으로 함이 타당하다.

(대법 2015두41616, 2015.8.27.)

2. 건축물 외 시가표준액 결정 절차 등

① 시장·군수·구청장은 제4조제1항제2호부터 제11호까지에서 규정한 방식에 따라 건축물 외 물건의 시가표준액을 산정하여 결정·고시해야 하며,(영 §4의3 ①) 시장·군수·구청장은 해당 연도 1월 1일 이후 제4조제1항 각 호에서 규정한 사항 외에 신규 물건이 발생하거나 같은 조 제1항제2호부터 제11호까지에서 규정한 시가표준액 산정방식에 변경이 필요하다고 인정되는 경우에는 행정안전부장관에게 시가표준액 산정기준의 신설 또는 변경을 요청할 수 있다(영 §4의3 ②).

② 행정안전부장관은 제2항에 따른 요청이 있는 경우 시가표준액 산정기준의 신설 또는 변경 필요성을 검토한 후 검토결과에 따라 제4조제1항제2호부터 제11호까지에서 규정한 시가표준액의 산정방식을 신설하거나 변경할 수 있고(영 §4의3 ③). 행정안전부장관은 제3항에 따라 시가표준액의 산정기준을 신설하거나 변경하려는 경우에는 미리 관계 전문가의 의견을 들어야 하며(영 §4의3 ④) 시장·군수·구청장은 제3항에 따라 변경 산정한 시가표준액을 변경 결정·고시해야 하고(영 §4의3 ⑤). 시장·군수·구청장(특별자치시장 및 특별자치도지사는 제외한다)은 제1항 또는 제5항에 따라 결정하거나 변경 결정한 시가표준액을 시·도지사에게 제출해야 한다.(영 §4의3 ⑥).

③ 특별자치시장, 특별자치도지사나 시·도지사는 제1항 또는 제5항에 따라 결정하거나

변경 결정한 시가표준액이나 제6항에 따라 제출받은 시가표준액을 관할 지방법원장에게 통보해야 한다.(영 §4의3 ⑦).

3. 시가표준액 조사·연구 전문기관

① 법 제4조제3항에서 "대통령령으로 정하는 관련 전문기관"이란 다음 각 호의 기관을 말한다.(영 §4의4 Ⅰ, Ⅱ).
  1. 「지방세기본법」 제151조제1항에 따른 지방세연구원
  2. 그 밖에 시가표준액의 기준 산정에 관한 전문성이 있는 것으로 행정안전부장관이 인정하여 고시하는 기관

4. 시가표준액 심의위원회의 설치 등

① 다음 각 호의 사항을 심의하기 위하여 행정안전부장관 소속으로 시가표준액심의위원회(이하 "시가표준액심의위원회"라 한다)를 둔다(법 §4의 5 ① Ⅰ~Ⅳ).
  1. 제4조제1항 각 호의 시가표준액 산정방식
  2. 제4조의2제4항에 따른 건축물의 시가표준액 변경 협의
  3. 제4조의3제3항에 따른 시가표준액 산정기준의 신설
  4. 그 밖에 시가표준액의 산정기준 마련과 관련하여 시가표준액심의위원회의 심의가 필요하다고 행정안전부장관이 인정하는 사항

② 시가표준액심의위원회는 위원장 1명과 부위원장 1명을 포함하여 10명 이내의 위원으로 구성하고(영 §4의 5 ②). 시가표준액심의위원회의 위원장은 행정안전부에서 지방세 관련 업무를 담당하는 고위공무원단에 속하는 일반직공무원 중에서 행정안전부장관이 지명하고(영 §4의 5 ③) 시가표준액심의위원회의 위원은 다음 각 호의 사람 중에서 행정안전부장관이 임명하거나 위촉한다(영 §4의 5 ④ Ⅰ~Ⅳ).
  1. 행정안전부 소속 4급 이상 공무원 또는 고위공무원단에 속하는 공무원
  2. 변호사, 공인회계사, 세무사 또는 감정평가사의 직(職)에 5년 이상 종사한 사람
  3. 「고등교육법」에 따른 대학에서 법률·회계·조세·부동산 등을 가르치는 부교수 이상으로 재직하고 있거나 재직했던 사람
  4. 그 밖에 지방세에 관하여 전문지식과 경험이 풍부한 사람
      이 경우, 제4항제2호부터 제4호까지의 규정에 따른 위원의 임기는 2년으로 한다. (영 §4의 5 ⑤).

③ 시가표준액심의위원회 회의는 재적위원 과반수 출석으로 개의(開議)하고, 출석위원 과반수 찬성으로 의결한다.(영 §4의 5 ⑥) 그리고, 제1항부터 제6항까지에서 규정한 사항 외에 시가표준액심의위원회의 구성 및 운영에 필요한 사항은 행정안전부장관이 정한다.(영 §4의 5 ⑦).

(1) 오피스텔 외 건출물 시가표준액

건축물(새로 건축하여 건축당시 개별주택가격 또는 공동주택가격이 공시되지 아니한 주택으로서 토지부분을 제외한 건축물을 포함한다.)의 시가표준액은 매년 1월 1일 현재 특별자치시장, 특별자치도지사, 시장, 군수, 구청장이 제1항의 행정안전부장관이 정하는 기준에 따라 산정하여 특별시장·광역시장·도지사·특별자치시장 및 특별자치도지사는 직접결정하고, 시장·군수 또는 구청장(자치구의 구청장을 말한다. 이하 같다)은 특별시장·광역시장·도지사(특별자치시장 및 특별자치도지사는 제외한다) 승인을 받아 결정한다. 그리고 건축물의 시가표준액은 행안부 장관이 산정·고시하는 건물신축가격기준액에 건물의 구조별, 용도별, 위치별 지수와 경과연수별 잔존가치율 및 건물의 규모, 형태, 특수한 부대설비 등의 유무 및 그 밖의 여건에 따른 가감산율을 적용한다

(가) 오피스텔 외 건축물 시가표준액 산정체계

오피스텔 외 건출물의 산정체계는 다음과 같다.

| 건물신축가격기준액 | × | 구조지수 | × | 용도지수 | × | 위치지수 | × | 경과연수별 잔가율 | × | 면적 | × | 가감산율 |

그리고 산정기준은 지수, 경과연수별 잔가율, 가감산율은 지방세 시가표준액 조사·산정 기준의 별표를 적용한다.
1) 구조지수 : 주된 재료와 기둥을 기준으로 지수를 적용한다. 다만, 공부상 구조와 현황상 구조가 다른 경우 세무공무원이 조사한 사항을 기준으로 지수를 적용할 수 있다.
2) 용도지수 : 1구 또는 1동의 건축물이 둘 이상의 용도에 사용되는 경우에는 각각의 용도대로 구분한다. 다만, 공용부분은 전용면적 비율로 안분하되 안분할 수 없는 부분은 사용면적이 가장 큰 용도의 건물에 부속된 것으로 본다.
3) 위치지수 : 과세대상 건축물의 부속토지에 대한 위치지수는 시가표준액 산정시 고시된 개별공시지가를 적용한다.
4) 가감산율 : 둘 이상의 항목에 해당하는 경우 각각의 가산율 또는 감산율을 더하여 적용한다.

(나) 건물 신축가격 기준액

번호	용도별 건물신축가격기준액	2023년	2024년
1	Ⅰ. 주거용 건물	810,000원/㎡	820,000원/㎡
2	Ⅱ. 상업용 건물	800,000원/㎡	810,000원/㎡
3	Ⅲ. 공업용 건물	790,000원/㎡	800,000원/㎡
4	Ⅳ. 농수산용 건물	750,000원/㎡	610,000원/㎡
5	Ⅴ. 문화·복지·교육용 건물	810,000원/㎡	820,000원/㎡
6	Ⅵ. 공공용 건물	810,000원/㎡	800,000원/㎡
7	Ⅶ. 그 외 건물	790,000원/㎡	(삭제)

* '그 외 건물'에 해당하는 용도 4가지(묘지관련 시설, 장례시설, 관광휴게시설, 야영장 시설)를 주용도와 세부 용도간 상관관계를 고려하여 '문화·복지·교육용 건물'로 분류

(다) 적용지수

① 구조지수

구조번호	구조별	지수
1	통나무조	1.25
2	목구조	1.25
3	철골(철골철근) 콘크리트 조	1.20
4	철근콘크리트조, 라멘조, 석조, 스틸하우스조, 프리캐스트 콘크리트조, 철골조, 연와조	1.00
5	보강콘크리트조, 보강블록조	0.95
6	황토조, ALC조, 시멘트벽돌조	0.90
7	목조	0.83
8	경량철골조	0.65
9	시멘트블럭조, 와이어패널조	0.60
10	조립식패널조, FRP 패널조	0.55
11	석회 및 흙벽돌조, 돌담 및 토담조	0.35
12	컨테이너건물	0.30
13	철파이프조	0.30

이 경우 건축물의 조는 주된 재료와 기둥 등에 의하여 분류하되, 해당 구조가 명시되지 않은 경우 해당 구조와 가장 유사한 구조를 적용하고, 퀀셋건물, 알루미늄유리온실 각형강관은 경량철골조로 적용하며, 건축물대장상 새시, 강철파이프, 강파이프 구조 등은 철파이프조를 적용하되, 다만 건축물대장이 없는 천막창고, 비닐하우스 등에 대해서

는 철파이프조 지수의 50%를 경감하여 적용하는데 위 구조지수의 적용이 불합리하다고 판단되는 건축물에 대해서는 시·도지사가 해당지수의 30% 범위 내에서 조정하여 적용할 수 있으나, 그 범위를 초과하는 경우에는 행정안전부장관의 승인을 얻어 시·도지사가 변경 결정·고시하여 적용할 수 있다.

또한 각 구조지수별 적용내용을 보면
- ▶ 철골(철골철근)콘크리트조 : 철골의 기둥·벽·바닥 등 각 부분에 콘크리트를 부어 넣거나 철근콘크리트로 피복한 구조를 말한다.
- ▶ 통나무조 : 원목에 인위적인 힘을 가하여 형태를 변화(원형 또는 다각형)시킨 후 이를 세우거나 쌓아 기둥과 외벽 전체면적의 1/2 이상을 차지하도록 축조한 구조 및 이 구조와 조적 기타의 구조를 병용한 구조를 말한다. 다만, 목구조 및 목조를 제외한다.
- ▶ 스틸하우스조 : 아연도금강 골조를 조립하여 패널형태로 건축된 구조를 말한다.
- ▶ 철근콘크리트조 : 철근콘크리트를 사용하여 건축을 하거나 이 구조와 조적 기타의 구조를 병용하는 구조를 말하며, 기둥과 보 등이 일체로 고정 접합된 철근콘크리트 구조를 포함한다(RC, PS조 포함). 다만 철근콘크리트조와 통나무조를 병용한 구조는 기둥과 외벽 전체면적의 1/2 이상이면 통나무조로 분류한다.
- ▶ 라멘조 : 기둥과 보 등이 일체로 고정·접합된 철근콘크리트 구조의 건축물을 말한다.
- ▶ 철골조 : 여러가지 단면으로 된 철골과 강판을 조립하여 리벳으로 조이거나 용접을 한 구조를 말한다.
- ▶ 석조 : 외벽을 석재로 축조한 구조를 말한다.
- ▶ 프리캐스트 콘크리트(P.C, Precast Concrete)조 : P.C공법에 의하여 생산된 외벽 등의 부재를 조립하여 건축한 구조를 말한다.
- ▶ 목구조 : 목재를 골조로 하고 합판, 합성수지, 타일, 석고보드 등을 사용하여 신공법으로 축조한 구조를 말한다. 다만, 건축법 시행령상 한옥구조[목구조 및 일반(한식)목구조]를 포함하며, 통나무조와 목조를 제외한다.
- ▶ 연와(煉瓦)조 : 외벽 전체면적의 3/4 이상이 연와 또는 이와 유사한 벽돌로 축조된 구조를 말한다. 다만, 시멘트벽돌조와 시멘트블록조에 외벽 전체면적 1/2 이상에 돌붙임·타일붙임·인조석붙임·대리석붙임·붉은타일형벽돌붙임 등을 한 것은 모두 연와조로 본다.
- ▶ 보강콘크리트조 : 시멘트벽돌조의 결함을 보완하기 위하여 벽체 또는 기둥부에 철근을 넣어 축조한 구조를 말한다.
- ▶ 황토조 : 외벽 전체면적의 1/2 이상을 황토벽돌로 축조하거나 황토를 붙인 구조를

말하되, 기둥과 보 등은 목재·철재·철근콘크리트 등으로 건축한 구조를 말한다. 다만, 흙벽돌조와 토담조를 제외한다.

▶ 보강블록조 : 블록의 빈부분에 철근을 넣고 모르타르 또는 콘크리트로 채워 블록조의 결함을 보완한 구조를 말한다.

▶ ALC조 : 시멘트와 규사, 생석회 등 무기질 원료를 고온, 고압으로 증기양생시킨 경량의 기포콘크리트제품인 ALC를 이용하여 ALC블록으로만 조적 시공하는 공법의 건물구조(ALC블록조) 또는 건물골조 보강을 목적으로 철골(H빔, ㄷ잔넬 등)로 기둥, 보, 지붕을 연결 조립하고, 내외벽을 ALC블록으로 조적시공 하는 공법의 건축물구조를 말한다.

▶ 와이어패널조 : 스티로폼 단열재 표면에 강철선을 그물망처럼 엮어 고정시킨 다음 그 위에 강철선을 대각선으로 촘촘히 용접시켜 강도를 높인 와이어패널을 이용하여 건축된 건축물 및 이와 유사한 형태의 건축물의 구조를 말한다.

▶ 조립식패널조 : 비교적 살이 얇은 형강 사이에 단열재인 폴리스텐폼을 넣어 만든 조립식 패널을 이용하여 건축된 건축물 및 이와 유사한 형태의 건축물의 구조를 말한다(FRP 패널조를 포함한다).

▶ 시멘트벽돌조 : 외벽을 시멘트벽돌로 쌓은 후 화장벽돌이나 타일을 붙이거나 모르타르를 바른 건축물의 구조를 말하며, 칸막이벽은 목조로 할 경우도 있으며 지붕·바닥 등은 목조 또는 철근콘크리트조로 하기도 한다.

▶ 목조 : 기둥과 들보 및 서까래 등이 목재로 된 구조를 말한다. 다만, 통나무조와 목구조(건축법 시행령상 한옥구조 포함)를 제외한다.

▶ 경량철골조 : 비교적 살이 얇은 형강(압연해서 만든 단면이 ㄴ, ㄷ, H, I, 원주형 등의 일정한 모양을 이루고 있는 구조용 강철재)을 써서 꾸민 건축물의 구조를 말한다.

▶ 시멘트블록조 : 주체인 외벽의 재료가 시멘트블록 또는 시멘트콘크리트블록 등으로 된 구조를 말하며 칸막이벽, 지붕, 바닥 등은 시멘트벽돌조와 같이 할 수도 있다.

▶ 석회 및 흙벽돌조, 돌담 및 토담조 : 석회와 흙, 혼합벽돌, 돌담, 토담 등 이와 유사한 구조로 축조된 구조를 말한다. 다만, 이 구조에 자연석, 대리석을 사용하여 외벽을 치장한 구조는 석조로 분류하고, 이 구조와 연와조·보강콘크리트조·시멘트벽돌조·목조·시멘트블록조를 병용한 구조는 각각 연와조·보강콘크리트조·시멘트벽돌조·목조·시멘트블록조로 분류한다.

▶ 철파이프조 : 강관(철 파이프)을 '특수 접합' 또는 '용접'하여 구성한 구조를 말한다.

▶ 컨테이너건물 : 컨테이너를 사용하여 축조한 건축물을 말한다.

②-1 주거용 건축물 용도지수

구분	용도		번호	세부용도	지수
I	주거용	주거시설	1	공동주택 : 아파트	1.00
			2	공동주택 : 연립주택, 다세대주택	0.91
			3	단독주택 : 단독주택, 다중주택, 다가구주택	0.91
			4	도시형 생활주택 : 소형주택, 단지형 연립주택, 단지형 다세대주택	0.91
			5	전업농어가주택, 광산주택 등 기타 주거용건물	0.87
		준주택시설	6	기숙사(학생복지주택 포함), 다중생활시설, 노인복지주택	0.91
			7	주거용 오피스텔	1.23

주거용 건축물 적용기준은 다음과 같다.

주거용 건축물의 세부용도 귀속이 명확하지 않은 경우는 주택법 제2조 및 건축법 시행령 별표1을 참고하여 구분하고, 에너지절약형 친환경주택, 건강친화형 주택, 장수명 주택은 용도지수 1.00을 적용한다.

1) 도시형 생활주택이란 「주택법」 제2조 제20호 규정에 의한 300세대 미만의 국민주택규모에 해당하는 주택으로서 같은 법 시행령 제10조 각호의 주택을 말한다
2) 전업농어가주택이란 「농업·농촌 및 식품산업 기본법」 및 「수산업·어촌발전기본법」 에 따른 농어촌지역에서 농업인 및 어업인이 상시 거주하는 단독주택을 말한다. 다만, 건축물의 연면적(축사 및 창고 제외)이 264제곱미터를 초과하는 경우에는 제외한다.
3) 광산주택이란 「광산안전법」 에 따른 광산근로자의 상시 거주하는 단독주택 또는 광산 소유 임직원의 주택을 말한다.
4) 에너지절약형 친환경주택 이란 저에너지 건물 조성 기술 등의 기술을 이용하여 에너지 사용량을 절감하거나 이산화탄소 배출량을 저감할수 있도록 건설된 주택을 말한다.
5) 건강친화형 주택 이란 건강하고 쾌적한 실내 환경의 조성을 위하여 실내공기의 오염물질 등을 최소화 할 수 있도록 건설된 주택을 말한다.
6) 장수명 주택이란 구조적으로 오랫동안 유지·관리될수 있는 내구성을 갖추고, 입주자의 필요에 따라 내부구조를 쉽게 변경할수 있ㄴㄴ 가변성과 수리용이성 등이 우수한 주택을 말한다

②-2 상업용 건축물 용도지수

구분	용도	번호	세부용도	지수
Ⅱ 상업용	판매 및 영업시설	1	유통산업발전법 제2조제3호에 따른 대형마트, 전문점, 백화점, 쇼핑센터, 복합쇼핑몰, 그밖의 대규모 점포	1.29
		2	소매시장, 도매시장, 재래(전토) 시장	1.05
		3	· 상점(식품·잡화·의류·완구·서적·건축자재·의약품·의료기기 등 일용품을 판매하는 소매점 등) · 일반음식점, 휴게음식점, 제과점, 기원, 서점 · 사진관, 표구점, 독서실, 총포판매소 등 · 안마원 · 자동차영업소 · 동물병원, 동물미용실, 및 동물 위탁업을 위한 영업시설 · 위에 열거되지 않은 기타 판매 및 영업시설	1.12
	숙박시설	4	관광호텔(5성급·4성급) : 관광진흥법상 관광숙박시설	1.39
		5	관광호텔(3성급이하), 수상관광호텔, 한국전통호텔, 가족호텔 및 휴양콘도미니엄, 의료관광호텔	1.29
		6	호텔(공중위생관리법상 숙박업을 말한다) 펜션(관광진흥법상 관광편의시설) 한옥체험시설(관광진흥법상 관광편의시설) 생활숙박시설(건축법시행령[별표1]제15호가목의생활숙박시설을 말한다)	1.24
		7	여관(모텔 포함) 호스텔(관광진흥법 시행령 제2조제1항제2호 마목에 따라 호스텔업에 사용되는 것을 말한다) 일반펜션(관광진흥법상관광편의시설을 제외한 그 외의 펜션)	1.20
		8	외국인관광 도시민박(관광진흥법상 관광편의시설), 여인숙	0.96
		9	농어촌정비법에 의한 농어촌 민박	1.00
		10	다중생활시설	1.12
	위락시설	11	투전기업소 및 카지노업소 무도장	1.29
		12	유흥주점 및 이와 유사한 것	1.24
		13	단란주점	1.21
		14	관광진흥법에의한 유원시설업 및 기타 이와 유사한 것(운동시설에 해당되는 것은 제외)	1.20
		15	무도학원	1.18
		16	노래연습장, 안마시술소, 비디오감상실	1.12
		17	· 청소년게임제공업시설, 일반게임제공업시설, 인터넷	1.12

			컴퓨터게임시설제공업시설, 복합유통게임제공업시설	
	의료시설	18	종합병원	1.24
		19	· 일반병원, 치과병원, 한방병원, 정신병원, 요양병원, 격리병원(전염병원, 마약진료소 등) · 종합병원부속장례식장	1.20
		20	· 의원, 치과의원, 한의원, 침술원, 접골원, 조산원, 산후조리원	1.12
	일반업무시설	21	사무용 오피스텔	1.08
		22	· 사무실용 건물(금융업소, 사무소, 부동산중개사무소, 결혼상담소, 소개업소, 출판사, 신문사 등)	1.12
	자동차시설	23	주차장	0.71
		24	주차전용빌딩	0.62
		25	세차장, 폐차장, 검사장, 정비공장, 차고 및 주기장	0.71
		26	자동차매매장	1.12
	공중위생시설	27	일반목욕장(연면적 3,000㎡이상)	1.29
		28	일반목욕장(연면적 1,000㎡이상 3,000㎡미만)	1.20
		29	일반목욕장(연면적 1,000㎡미만)	1.12
		30	이용원, 미용원, 세탁소	1.12

상업용 건축물 적용기준은 다음과 같다.

1) 견본주택(모델하우스)에 대하여는 용도번호 Ⅱ-22의 사무실 용도지수(1.12)를 적용하며, 한다.

2) 한옥체험시설이란 한옥(주요 구조부가 목조구조로서 한식기와 등을 사용한 건축물 중 고유의 전통미를 간직하고 있는 건축물과 그 부속시설을 말한다)에 숙박 체험에 적합한 시설을 갖추어 관광객에게 이용하게 하는 시설을 말한다.

3) 외국인관광 도시민박이란 「관광진흥법 시행령」 제2조제1항제3호바목 규정에 따르며, 「국토의 계획 및 이용에 관한 법률」 제6조제1호에 따른 도시지역(「농어촌정비법」에 따른 농어촌지역 및 준농어촌지역은 제외한다)의 주민이 거주하고 있는 다음의 어느 하나에 해당하는 주택(단독주택, 다가구주택, 아파트, 연립주택, 다세대주택)을 이용하여 외국인 관광객에게 한국의 가정문화를 체험할 수 있도록 숙식 등을 제공하는 시설을 말한다.

4) 농어촌정비법에 의한 농어촌 민박이란 농어촌 지역과 준농어촌지역의 주민이 거주하고 있는 「건축법」 제2조제2항제1호에 따른 단독주택(같은 법 시행령 별표 1에 따른 단독주택과 다가구주택을 말한다)을 이용하여 농어촌 소득을 늘릴 목적으로 투숙객에게 숙박·취사시설·조식 등을 제공하는 시설을 말한다. 단, 주택이 아닌 건축물로 판단되는 경우에 한하여 적용한다.

5) 주차전용빌딩(주차전용건축물)이란 「주차장법」 제2조제11호와 같은 법 시행령 제1조의2에 따라 주차장으로 사용되는 건물을 말한다.
6) 오피스텔은 「건축법 시행령」 제3조의5[별표1] 제14호나목 규정에 따른 오피스텔을 말한다.
7) 관광숙박업 중 호텔업의 등급은 「관광진흥법」 제19조 및 같은 법 시행령 제22조에 따라 5성급·4성급·3성급·2성급·1성급으로 구분된다.
8) 「공중위생관리법」 상 숙박업으로 등록한 숙박시설로 호텔, 모텔, 여관 등 세부용도를 확인할 수 없는 경우에는 객실 규모를 고려하여 객실수 30개 이상인 숙박시설은 용도번호 Ⅱ-6(지수 1.24), 객실 10개 이상 30개 미만인 숙박시설은 용도번호 Ⅱ-7(지수 1.20), 객실 10개 미만인 숙박시설은 용도번호 Ⅱ-8(지수 0.96)을 적용한다.

②-3 공업용 건축물 용도지수

구분	용도	번호	세부용도	지수
Ⅲ. 공업용	공장시설	1	공장(기타 물품의 제조·가공·수리에 계속적으로 이용되는 건축물로서 자동차관련시설, 자원순환 관련 시설 등으로 따로 분류되지 아니한 것)	0.80
		2	공장사무실	0.80
		3	산업집적활성화 및 공장설립에 관한 법률 제2조 제13호에 따른 지식산업센터 내 공장 지식산업센터 내 기숙사	1.00
		4	제조업소, 수리점등으로서 바닥면적 합계가 500㎡ 미만인 제조업소	0.95
	창고시설	5	공업용 냉동·냉장창고	0.95
		6	하역장, 물류터미널, 집배송시설 대형창고	0.85
		7	창고(냉동·냉장창고, 주거용 창고, 사무실용 창고 및 전업농어가주택 창고 제외)	0.80
	위험물저장 및 처리시설	8	· 주유소(기계식세차설비 포함) 및 석유 판매소 · 액화석유가스충전소·판매소·저장소, 위험물제조소·저장소·취급소, 액화가스취급소·판매소, 유독물보관저장·판매시설, 고압가스충전소·판매소·저장소, 도료류판매소, 도시가스 제조시설, 화약류 저장소, 기타 위험물저장 및 처리시설 · 주유소의 캐노피	1.26
	자원순환 관련 시설	9	· 정수장, 하수 등 처리시설 · 고물상 · 폐기물 재활용 시설, 폐기물 처분시설 및 폐기물 감량화시설	0.80

공업용 건축물 적용기준은 다음과 같다.
1) 대형창고는 연면적 10,000㎡이상인 창고 또는 특수 물류시설이 장착된 창고를 말한다. 단, 냉동·냉장창고는 제외한다.
2) 창고시설의 '창고'란 건축물대장 등 공부상 용도가 '창고'로 등재되어 있고, 특정 용도의 범위 안에 포함되지 아니하며 사실상 물품보관용으로 사용되는 등 해당 건물이 독립되어 일반적 창고의 역할인 물품보관 등의 기능을 하는 것만 해당한다.
3) 지식산업센터 내 지원시설 및 공장형 사무실, 산업단지에 소재한 5층 이하의 공장형 지식산업센터는 지식산업센터로 보지 아니한다.

②-4 농수산용 건축물 용도지수

구분	용도	번호	세부용도	지수
Ⅳ. 농수산용	축산시설	1	가축용운동시설, 인공수정센터, 관리사, 동물검역소, 실험동물사육시설 양수장, 경주용마사 도축장, 도계장	0.99
		2	축사(양잠·양봉 및 부화장 포함) 가축시설(퇴비장, 가축용창고, 가축시장)	0.37
	수산시설	3	농수산용 냉동·냉장창고	1.17
		4	육상양식장(양어시설 및 부화장 포함)	0.37
	농업시설	5	작물재배사, 종묘배양시설, 건조장 화초 및 분재 등의 온실 기타 식물관련시설(동·식물원 제외)	0.37
		6	전업농어가 창고	0.49
		7	저온저장고	0.74

농수산용 건축물 적용기준은 다음과 같다.
1) 전업농어가 창고란 전업농어가주택에 부속된 창고 뿐만 아니라, 농어촌 지역에서 농업인 및 어업인이 농어업용으로 기계물품등의 보관용 창고를 포함한다.

②-5 문화복지·교육용용 건축물 용도지수

구분	용도	번호	세부용도	지수
Ⅴ. 문화복지·교육용	문화 및 집회시설	1	예식장공연장(극장, 영화관, 연예장, 음악당, 서커스장, 비디오물 감상실, 비디오물 소극장 등) 집회장(공회장, 회의장, 경마·경륜·경정장외 발매소 및 전화투표소 등) 전시장(박물관, 미술관, 과학관, 문화관, 체험관, 기념관, 산업전시장, 박람회장 등)	1.12

	1	관람장(경마장, 경륜장, 경정장, 자동차 경기장, 기타 이와유사한 것)	
	2	대형수족관	0.89
	3	동물원, 식물원, 그 외 수족관	0.80
관광 휴계시설	4	· 야외음악당, 야외극장, 어린이회관, 관광탑, 휴게소 · 공원, 유원지 또는 관광지에 부수되는 시설	0.80
종교시설	5	교회·성당·사찰·기도원·수도원·수녀원 등 종교집회장과 종교집회장 내 설치하는 봉안당	1.04
	6	사우(재실, 정각 포함)	0.71
운동시설	7	골프장, 스키장, 자동차경주장, 승마장, 옥내수영장, 옥내빙상장, 종합체육시설업	1.13
	8	롤러스케이트장, 체육시설의 설치·이용에 관한 법률에 따른 시설 중 용도번호 V-7에 속하지 않는 것	1.04
교육연구시설	9	학교, 교육원(연수원), 직업훈련소, 연구소, 도서관	1.03
	10	학원(무도학원 제외), 운전학원, 정비학원, 교습소	1.13
수련시설	11	· 청소년수련관, 청소년 문화의 집, 청소년 특화시설, 유스호스텔, 청소년수련원, 청소년야영장, 기타 이와 유사한 것	1.04
야영장시설	12	일반야영장	1.13
		야영장 시설로 관리동, 사원실, 대피소 등	0.80
노유자시설	13	아동관련시설 노인복지시설 기타사회복지시설 및 근로복지시설	1.03
	14	고아원, 노인주거복지시설(양로원등)및경로당 용도번호 9을제외한기타이와유사한시설	0.54
묘지 관련시설	15	화장시설, 봉안당(종교시설에 해당하는 것 제외) 묘지와 자연장지에 부수되는 건축물	0.81
장례시설	16	장례식장(종합병원 부속장례식장 제외)	1.20
		동물전용의 장례식장	0.81
		장의사	1.16

문화·복지·교육용 건축물 적용기준은 다음과 같다.

- (노인복지시설)이란 노인복지법에 근거한 노인의 삶의 질을 향상시키기 위해 필요한 서비스 및 프로그램의 제공을 목적으로 마련된 장소 등으로 노인주거복지시설(양로원 등) 및 노인여가복지시설(경로당)을 제외한 노인의료복지시설, 재가노인복지시설, 노인보호전문기관으로 정함.
- (노인주거복지시설)이란 노인복지법 제32조 규정에 따라 양로시설, 노인공동생활가정, 노인복지주택을 말함.
- (운동시설)체육시설의 설치·이용에 관한 법률에 따른 시설 중 용도번호 V-7에 속하지 않는 것
- (대형수족관)은 동물원 및 수족관 관계법 제3조에 따라 해양(담수) 생물을 사육·전시하는 총 수조용량이 1,000㎡ 이상이거나 수조 바닥면적이 500㎡ 이상인 시설을 말함.
- 다만, 「통계법」에 따라 통계청장이 고시하는 한국표준산업분류에 따른 애완동물 도·소매업을 영위하는 시설은 제외함.

②-6 공공용 건축물 용도지수

구분	용도	번호	세부용도	지수
Ⅵ. 공공용	공공업무시설	1	◦국가 및 지방자치단체, 외국공관의 건축물	0.91
	교정 및 군사시설	2	◦교정시설(보호감호소, 구치소 및 교도소를 말함) ◦갱생보호시설, 그밖에 범죄자의 갱생·보육·교육·보건등의 용도로 쓰이는 시설 ◦소년원 및 소년분류심사원 ◦국방·군사시설	0.91
	발전시설	3	◦원자력발전시설(원자로·터빈·보조·핵(연료)폐기물저장·방사성 폐기물 처리 건물에 한함)	3.01
		4	◦발전시설(용도번호 3에 해당되는 것 제외), 변전소	1.10
	운수시설	5	◦여객자동차터미널, 철도시설, 공항시설, 항만시설	0.91
	방송통신시설	6	◦방송국(방송프로그램제작시설 및 송신·수신·중계시설을 포함) ◦전신전화국 ◦촬영소 ◦통신용시설	1.14
		7	◦무선기지국, 간이 TV 중계소	0.73

③ 위치지수

(단위: 천원 / ㎡)

지역번호	건물부속토지가격	지수	지역번호	건물부속토지가격	지수
1	10 이하	80	17	3,000 초과 ~ 4,000 이하	118
2	10 초과 ~ 30 이하	82	18	4,000 초과 ~ 5,000 이하	121
3	30 초과 ~ 50 이하	84	19	5,000 초과 ~ 6,000 이하	124
4	50 초과 ~ 100 이하	86	20	6,000 초과 ~ 7,000 이하	127
5	100 초과 ~ 150 이하	88	21	7,000 초과 ~ 8,000 이하	130
6	150 초과 ~ 200 이하	90	22	8,000 초과 ~ 9,000 이하	133
7	200 초과 ~ 350 이하	92	23	9,000 초과 ~ 10,000 이하	136
8	350 초과 ~ 500 이하	94	24	10,000 초과 ~ 20,000 이하	140
9	500 초과 ~ 650 이하	96	25	20,000 초과 ~ 30,000 이하	145
10	650 초과 ~ 800 이하	98	26	30,000 초과 ~ 40,000 이하	150
11	800 초과 ~ 1,000 이하	100	27	40,000 초과 ~ 50,000 이하	155
12	1,000 초과 ~ 1,200 이하	103	28	50,000 초과 ~ 60,000 이하	160
13	1,200 초과 ~ 1,600 이하	106	29	60,000 초과 ~ 70,000 이하	163
14	1,600 초과 ~ 2,000 이하	109	30	70,000 초과 ~ 80,000 이하	166
15	2,000 초과 ~ 2,500 이하	112	31	80,000 초과	169
16	2,500 초과 ~ 3,000 이하	115			

과세대상건물의 부속토지에 대한 위치지수는 납세의무성립일 현재의 개별공시지가를 기준으로 적용하며(공시지가 130만원/㎡ 경우의 지수 106), 여러 필지의 부속토지에 건물이 있는 경우에는 각 필지의 개별공시지가를 평균한 가격에 해당하는 지수를 위치지수로 한다.

> 예 3필지의 토지에 건물이 있는 경우
> - A필지(30㎡) : 700천원/㎡, B 필지(50㎡) : 1,000천원/㎡, C 필지(20㎡) : 650천원/㎡
> - (700천원 × 30㎡ + 1,000천원 × 50㎡ + 650천원 × 20㎡) ÷ 100㎡ = 840천원 / ㎡
> - 위치지수 : 1.00

그리고 건물 부속토지의 개별 토지가격이 조사 누락 등으로 결정되지 아니하거나 조사 오류로 인하여 비현실적인 경우에는 인근 유사대지의 개별 토지가격을 참작하여 위치지수를 결정하며, 수상건축물, 비닐하우스, 임시용 공사현장 건축물(공사기간 동안 설치된 경우만 대상으로 한다)에 대하여는 위치지수를 100을 적용한다. 다만, 종전 위치지수가 1.00이하인 경우 1.00이 될 때까지 매년 위치지수를 0.10씩 인상조정하여 적용한다.

또한 주상복합건물 내 주택에 대해 해당 위치지수 적용이 불합리하다고 판단되는 경우(주택 호수가 20호 미만인 경우에 한한다.)에는 인근지역 주거용 건물 부속토지에 준하는 위치지수를 적용할 수 있다.

(라) 경과연수별 잔가율

건물시가표준액을 계산하기 위하여는 앞서 설명한 지수를 적용함은 물론 경과연수별 잔가율도 적용하여야 각 건물별 가격의 산정에 형평을 유지할 수 있는데 이때에 적용되는 경과연수별 잔가율이라 함은 건물의 내용연수 만료시에 있어서의 잔존가격의 복성가격(재생산가격)에 대한 비율을 잔가율이라 한다. 여기에서 내용연수라 함은 건물은 일반적으로 자연히 부식하고 노후되어 최후에는 폐가로 된다. 건축일로부터 폐가로 될 때까지의 유효견적기간을 내용연수라 하는데 경과연수별 잔가율은 다음과 같다.

┃경과연수별 잔가율표┃

구 분 \ 건물구조	철골(철골철근) 콘크리트조, 통나무조	철근콘크리트조 라멘조, 석조, 프리캐스트 콘크리트조, 목구조	철골조, 스틸하우스조, 연와조, 보강콘크리트조, 보강블럭조, 황토조, 시멘트벽돌조, 목조, ALC조, 와이어패널조	시멘트 블록조, 경량철골조, 조립식 패널조, FRP 패널조	석회, 흙벽돌, 돌담, 토담조 철파이프조, 컨테이너건물
내용연수	50	40	30	20	10
최종연도 잔가율	15%	15%	10%	10%	10%
매년 상각율	0.017	0.021	0.03	0.045	0.09
경과연수별 잔가율	1-0.017× 경과연수	1-0.021× 경과연수	1-0.030× 경과연수	1-0.045× 경과연수	1-0.090× 경과연수

┃건축물 신축연수별 잔가율표┃

내용연수 50년		내용연수 40년		내용연수 30년		내용연수 20년		내용연수 10년	
신축연도	잔가율	신축연도	잔가율	신축연도	잔가율	신축연도	잔가율	신축연도	잔가율
2024	1.000	2024	1.000	2024	1.000	2024	1.000	2024	1.000
2023	0.982	2023	0.978	2023	0.970	2023	0.955	2023	0.910
2022	0.964	2022	0.955	2022	0.940	2022	0.910	2022	0.820
2021	0.946	2021	0.933	2021	0.910	2021	0.865	2021	0.730
2020	0.928	2020	0.910	2020	0.880	2020	0.820	2020	0.640
2019	0.910	2019	0.888	2019	0.850	2019	0.775	2019	0.550
2018	0.892	2018	0.865	2018	0.820	2018	0.730	2018	0.460
2017	0.874	2017	0.843	2017	0.790	2017	0.685	2017	0.370
2016	0.856	2016	0.820	2016	0.760	2016	0.640	2016	0.280
2015	0.838	2015	0.798	2015	0.730	2015	0.595	2015	0.190

내용연수 50년		내용연수 40년		내용연수 30년		내용연수 20년		내용연수 10년	
신축연도	잔가율	신축연도	잔가율	신축연도	잔가율	신축연도	잔가율	신축연도	잔가율
2014	0.820	2014	0.775	2014	0.700	2014	0.550	2014이전	0.100
2013	0.802	2013	0.753	2013	0.670	2013	0.505		
2012	0.784	2012	0.730	2012	0.640	2012	0.460		
2011	0.766	2011	0.708	2011	0.610	2011	0.415		
2010	0.748	2010	0.685	2010	0.580	2010	0.370		
2009	0.730	2009	0.663	2009	0.550	2009	0.325		
2008	0.712	2008	0.640	2008	0.520	2008	0.280		
2007	0.694	2007	0.618	2007	0.490	2007	0.235		
2006	0.676	2006	0.596	2006	0.460	2006	0.190		
2005	0.658	2005	0.573	2005	0.430	2005	0.145		
2004	0.640	2004	0.550	2004	0.400	2004이전	0.100		
2003	0.622	2003	0.528	2003	0.370				
2002	0.604	2002	0.505	2002	0.340				
2001	0.586	2001	0.483	2001	0.310				
2000	0.568	2000	0.460	2000	0.280				
1999	0.550	1999	0.438	1999	0.250				
1998	0.532	1998	0.415	1998	0.220				
1997	0.514	1997	0.393	1997	0.190				
1996	0.496	1996	0.370	1996	0.160				
1995	0.478	1995	0.348	1995	0.130				
1994	0.460	1994	0.325	1994이전	0.100				
1993	0.442	1993	0.303						
1992	0.424	1992	0.280						
1991	0.406	1991	0.258						
1990	0.388	1990	0.235						
1989	0.370	1989	0.213						
1988	0.352	1988	0.190						
1987	0.334	1987	0.168						
1986	0.316	1986	0.145						
1985	0.298	1985	0.123						
1984	0.280	1984이전	0.100						
1983	0.262								
1982	0.244								
1981	0.226								
1980	0.208								
1979	0.190								
1978	0.172								
1977	0.154								
1976	0.136								
1975	0.118								
1974이전	0.100								

(마) 가감산 특례

각종 지수와 경과연수별 잔가율을 적용하여 계산한 가액에 가감산특례를 적용하는 건물이 있는데 이는 이상과 같이 건물에 있어서는 신축건물가격기준액과 각종 지수를 사용하여 산출한 시가표준액에 내용연수와 경과연수 등을 적용하여 감가수정한 가격이 바로 시가표준액이 되는 것이나 이렇게 산출한 시가표준액이 다른 종류의 건물에 비하여 균형이 이루어지지 않는다고 인정될 만큼 사치스럽거나 극히 오래된 서민주택인 경우와 특히 개별적으로 시가표준액의 조정이 필요하다고 인정되는 건물에 대하여는 다시 가감산특례를 두어 이를 조정하고 있다.

| 가산대상 및 가산율 |

구분	적용대상 건축물 기준	가산율	적용제외부분
I	(1) 특수설비가 설치되어 있는 건물 • 인텔리전트 빌딩시스템 시설 　- 빌딩관리요소 4가지 　- 빌딩관리요소 5가지 이상	 0.05 0.10	• 공동주택, 복합건물 내 주택(기숙사 제외), 생산설비를 설치한 공장용 건물, 주차전용 건축물(주차장법 제2조 제11호 규정에 따른 건물, 이하 같다.)
II	(2) 특수건물 • 건물의 1개층 높이가 다른 층의 높이보다 2배 이상되는 건물(해당층 부분) ※ 층별로 높이가 다른 층이 3개 이상 있는 경우에는 층고가 가장 낮은 층을 기준으로 하여 계산함. • 건물의 1개층 높이가 8m이상이 되는 건물. 단, 높이가 4m 추가될 때마다 5% 씩 추가 가산(예 : 7.9m는 0, 8m는 5/100, 12m는 10/100 가산) ※ 특수건물의 층수높이 계산시 지하층 및 옥탑은 제외하며, 1개층 높이가 8m 이상인 건물에 대하여는 "1개층 높이가 다른 층보다 2배 이상되는 건물" 가산율 규정은 적용하지 아니함.	0.05 0.05	• 동일 건물 내 복층 구조가 병존할 경우 복층 부분
III	※ 지하층 및 옥탑 등은 층수계산시 제외 (3) 5층 미만 건물 　• 1층 상가부분 (4) 5층 이상 10층 이하 건물 　• 1층 상가부분 (5) 11층 이상 20층 이하 건물 　• 1층 상가부분 (6) 21층 이상 30층 이하 건물 　• 1층 상가부분 (7) 30층 초과 건물 　• 1층 상가부분	 0.17 0.27 0.32 0.36 0.46	• 단층건물 • 오피스텔(용도번호 I-7, II-21, 사무용오피스텔) 제조시설을 지원하기 위한 공장구내의 사무실(용도번호 II-2) • 용도시설 II-6,7의 호텔, 팬션, 생활숙박시설, 여관 등이 구분등기가 된 경우

구분	적용대상 건축물 기준	가산율	적용제외부분
Ⅳ	※ 지하층 및 옥탑 등은 층수계산시 제외 (8) 11층 이상 20층 이하 건물 • 2층 상가부분 (9) 21층 이상 30층 이하 건물 • 2층 상가부분 (10) 30층 초과 건물 • 2층 상가부분	0.04 0.05 0.06	• 오피스텔(용도번호 Ⅰ-7, Ⅱ-18), 제조시설을 지원하기 위한 공장구내의 사무실(용도번호 Ⅱ-1)
Ⅴ	(11) 원자력발전시설	0.50	• 원자로·터빈·보조·핵(연료)폐기물 저장·방사선 폐기물 처리 건물 이외의 건물
Ⅵ	(12) 수상건축물	0.10	
Ⅶ	(13) 고층 건축물	0.01	층수가 30층 이상이거나 높이가 12미터 이상
Ⅶ	(14) 초고층 건축물 • 59층이하 • 59층이상 80층 미만 • 80층 이상	0.06 0.07 0.08	층수가 50미터 이상이거나 높이가 200미터 이상

| 감산대상 및 감산율 |

구분	적용대상 건물기준	감산율	감산제외대상
Ⅰ	[단독주택] (1) 1구의 연면적 60㎡ 초과 85㎡ 이하 (2) 1구의 연면적 60㎡ 이하	0.02 0.05	• 다가구주택
Ⅱ	(3) 주택의 차고	0.45	• 복합건물의 차고
Ⅲ	(4) 특수구조 건물 • 무벽 면적비율 1/4 초과~2/4 미만 • 무벽 면적비율 2/4 이상~3/4 미만 • 무벽 면적비율 3/4 이상	0.20 0.30 0.40	• 농수산물 건축물 (용도번호 Ⅳ-2, Ⅳ-5)
Ⅳ	※ 지하층 및 옥탑 등은 층수계산시 제외 (5) 지하 2층 이상 상가부분 (6) 지하 1층 상가부분 • 10층 이하 건물 • 10층 초과 건물 (7) 5층 이상 10층 이하 건물 • 5층 이상 상가부분 (8) 11층 이상 20층 이하 건물	0.40 0.25 0.20 0.12	• 오피스텔 (용도번호 Ⅰ-7, 주거용오피스텔 및 Ⅱ-21 사무용 오피스텔)

구분	적용대상 건물기준	감산율	감산제외대상
	• 5층 이상 상가부분	0.05	
	(9) 20층 초과 건물 • 5층 이상 상가부분	0.02	
	(10) 30층 초과 건물 • 5층 이상 상가부분	0.01	
V	(11) 주차장 • 주차장으로 사용되고 있는 2층 이상 건축물	0.10	• 지하층
VI	(12) 철골조 건축물(벽면 구조) • 조립식패널, 칼라강판, 시멘트블록, 슬레이트벽	0.10	
	(13) 연면적 30m²이하 컨테이너 구조 가설건축물 ※ 2개 이상의 컨테이너를 상하 또는 좌우로 붙여서 한 곳에 설치한 경우에는 모두 합산하여 연면적을 계산함.	0.20	

각 항목별 적용요령은 다음과 같다.

▶ 인텔리전트 빌딩시스템 시설이란 건축물빌딩관리요소(냉·난방, 급수·배수, 방범, 방재[방화(防火)를 포함 한다.], 전기, 조명 등)의 4가지 이상을 중앙관제장치시스템(기능별별도관제시스템 포함. 이하 같다.)에 의하여 자동관리·제어하는 시설을 말한다. 다만, 사무자동화시설(OA)과 정보·통신시설(TC)은 인텔리전트 빌딩시스템 시설의 범위에서 제외하며, 빌딩관리요소가 중앙관제장치시스템에 의하여 자동제어 되지 아니하는 시설(예 : 단순개별관리 또는 단순중앙관리 시스템)을 제외한다.

▶ '구분 Ⅲ'에서 "벽"이라 함은 내력벽이나 경계벽은 물론 방범·안전을 위해 반영구적으로 기둥과 기둥 사이에 설치한 구조물을 말한다. 다만, 안전을 위해 설치한 펜스, 천 및 이와 유사한 재료를 사용하여 바람을 막는 시설은 제외한다.
(가) "무벽 면적비율"은 해당 층의 바닥면부터 그 위층 바닥 아래면까지 전부 공간 또는 일부 공간으로 된 벽면이 없는 면적 대비 총 벽면비율을 말한다.

▶ '구분 Ⅴ'를 적용할 주차장은 건축물대장상 차량(자동차)관련시설로 표기되어 주차장으로 사용되고 있는 건축물(복합건물의 주차장, 주차전용건축물)로 용도지수의 번호 Ⅱ-23주차장(주택의 차고는 제외) 및 Ⅱ-24(주차전용빌딩)에 해당하는 건축물을 말하고, 지하층은 감산대상에서 제외한다.

▶ 구분 Ⅳ(철골조 건축물 벽면의 주된 구조가 조립식패널, 칼라강판, 시멘트블록, 슬레이트벽인 경우의 감산)은 납세자가 설계도서, 감리완료보고서 또는 건축물대

장 등을 제출하여(전자문서 형태로 제출하는 경우 포함) 사실관계가 확인된 경우에 적용한다. 다만, 2018년 12월 31일까지 종전 시가표준액 산정기준상 '철골조 구조지수 적용요령 2)'에 따라 과세되었거나 또는 과세되어야 할 건축물에 대해서는 해당 사실관계가 입증된 것으로 보아 감산율을 적용한다.

▶ '구분 I' 적용 시 건물 일부의 취득, 지분 취득, 집합건물 취득 등의 경우, 해당 면적이 아닌 전체 1동의 연면적을 기준으로 감산율을 적용한다.

▶ 엘리베이터가 없는 5층 이상 건축물의 경우 5층 이상에 있는 상가부분은 0.12에 해당하는 감산율을 "나. 감산대상 및 감산율" 구분 Ⅳ.(6)~ (9)에 해당하는 각각의 감산율에 더하여 적용한다. 이 경우 상가부분은 용도지수의 번호 Ⅱ-2~3, 7~10, 14~20, 22, 26, 28~30, Ⅲ-4, Ⅴ-1, 5~14, Ⅵ-6에 해당하는 건축물을 말한다.

(바) 증·개축 건물에 대한 시가표준액

건축물을 건축(신축 및 재축을 제외한다.) 또는 개수한 경우에 대한 과세표준액은 취득세의 납세의무자나 그 취득 물건에 관하여 그와 거래관계가 있었던 자가 관계장부 기타 증빙서류를 비치하고 있을 때에는 이에 의하여 특별자치시장, 특별자치도지사, 시장, 군수, 구청장이 조사하여 결정하고, 이러한 관계장부 기타 증빙서류를 비치하지 아니하거나 그 내용 중 취득경비 등의 금액이 시가표준액에 미달하는 경우에는 당해 취득물건과 유사한 물건을 취득하는 경우에 일반적으로 소요된 것으로 인정되는 자재비·인건비·기타 취득에 필요한 경비 등에 관하여 매년 1월 1일 현재의 시가를 기초로 하여 행정안전부장관이 정하는 기준에 따라 특별자치시장, 특별자치도지사, 시장, 군수, 구청장이 정한 시가표준액에 의하여 산정한 금액을 과세표준액으로 하고 시가표준액 산정방법은 다음과 같다.

① 증축 건축물

증축 건물에 대한 시가표준액은 아래 계산식에 따라 산정하며 증축시 기초공사를 한 건물과 기초공사를 하지 않은 건물로 구분하고 해당 건물의 구조별 신축건물 시가표준액에 [별표 1]의 비율을 곱하여 산정한 금액을 ㎡당 시가표준액으로 하며, 해당부분에 대하여는 증축연도를 신축연도로 보며, "기초공사를 한 건축물"이란 건축시 건물의 하중을 견딜 수 있도록 토지에 공사를 한 경우로 본다.

〈증축 건축물 시가표준액 산정식〉
신축건물 시가표준액 × ㎡당 시가표준액 산정비율 × 면적 × 가감산율

[별표 1] 증축 건축물에 대한 시가표준액표

구분 구조 번호	㎡당 시가표준액 산출비율(%)			비고
	기초공사를 한 건축물	기초공사를 하지 않은 건축물	기초공사를 하지 않은 건축물 중 증축 건축물	

1	100	80	60	• 신축건물시가표준액에 해당
				  지수를 곱하여 산출한다.
				
				• ㎡당 기준액에서 1,000원
				  미만은 버린다.
				
				• "기초공사를 한 건축물"이란
				  건축시 건물의 하중을 견딜
				  수 있도록 토지에 공사를 한
				  경우로 본다.

2	100	80	60	
3	100	80	60	
4	100	80	60	
5	100	80	60	
6	100	85	65	
7	100	85	65	
8	100	85	65	
9	100	85	65	
10	100	85	65	
11	100	85	65	
12	100	85	65	
13	100	85	65	

② 개축 건축물(증축·개축·재축된 건물의 해당 부분은 신축으로 본다.)

개축이란 기존건축물의 전부 또는 일부를 철거하고 그 대지 안에 종전 규모의 범위 안에서 다시 축조하는 것을 말한다.

개축 건축물에 대한 시가표준액은 기존건축물의 전부 또는 일부를 철거하고 다시 축조하는 경우 그 해당부분은 [별표1] 증축건물의 시가표준액 산출요령을 준용하며, 개축 건축물에 대한 건축연도는 개축에 해당되는 부분은 개축연도를 신축연도로 본다.

이 경우 '건축물의 일부'라 함은 내력벽·기둥·보·지붕틀(한옥의 경우에는 지붕틀의 범위에서 서까래는 제외) 중 셋 이상이 포함되는 경우를 말한다.

③ 재축 건축물

"재축"이란 건축물이 천재지변이나 그 밖의 재해(災害)로 멸실된 경우 그 대지에 다음 다음 요건을 모두 갖추어 다시 축조하는 것을 말한다.

- 연면적 합계는 종전 규모 이하로 할 것
- 동(棟)수, 층수 및 높이는 다음의 어느 하나에 해당할 것
  • 동수, 층수 및 높이가 모두 종전 규모 이하일 것
  • 동수, 층수 또는 높이의 어느 하나가 종전 규모를 초과하는 경우에는 해당 동수, 층수 및 높이가 「건축법」 (이하 "법"이라 한다), 이 영 또는 건축조례(이하 "법령등"이라 한다)에 모두 적합할 것

여기에서 재축은 지방세법령상의 고유개념이 아니고 건축법의 차용개념이며, 건축법상 재축은 신축·개축 및 건축물 이전과 함께 넓은 의미의 건축에 포함된다.

재축건축물에 대한 시가표준액은 증축건물의 시가표준액 산출요령을 준용하며, 재축건물에 대한 건축연도는 재축연도를 신축연도로 본다.

④ 대수선 건축물

'대수선'이라 함은 건축법 시행령 제3조의 2의 규정에 따른 대수선을 말하며, 대수선 신고'는 「건축법」 제14조 제1항 제3호 및 제4호에 따른 대수선을 말하고, 대수선 허가'는 「건축법」 제11조에 따라 건축허가를 받아서 하는 대수선을 말한다.

그리고 대수선 해당 건축물에 대한 취득세 부과시의 시가표준액은 해당 건축물의 신축건물시가표준액에 [별표2]의 비율을 곱하여 산출한 금액을 ㎡당 시가표준액으로 하고, 미관지구안에서 건출물 외부형태를 변경하여, 변경 중의 외부벽면 중 1/2 이하를 변경하는 경우에는 산출된 시가표준액의 50%를 적용한다.

> ※ ㎡당 시가표준액 = 건물신축가격기준액 × 구조지수 × 용도지수 × 위치지수 × 가감산특례 × ㎡당 시가표준액 산출비율[별표2]

대수선 해당 건물에 대한 건축연도는 기존건축물의 건축연도에 대수선으로 인한 내용연수 증가분(대수선시점의 경과연수의 40%, 소수점 이하 버림)을 가산하여 계산한 연도를 신축연도로 보며, 건축신고로 대수선한 해당 건축물에 대한 신축연도는 앞 '4) 건축허가로 대수선한 건축물'기준에 의하여 산출된 내용연수 증가분의 70%(소수점이하 절사함)를 가산하여 계산한 연도를 신축연도로 한다.

[별표 2] 대수선 건축물에 대한 시가표준액				
구분 구조번호	㎡당 시가표준액산출비율(%)		비고	
	대수선허가	대수선 신고		
1	25	18		
2	25	18	○ 축건물시가표준액에 해당지수를 곱하여 산출한다.	
3	25	18		
4	25	18		
5	25	18		
6	25	18		
7	35	25	○ ㎡당 기준액에서 1,000원 미만은 버린다.	
8	35	25		
9	35	25		
10	35	25		
11	30	21		
12	30	21		
13	30	21		

예 ① 1988년도에 신축한 건축물(내용연수 50년)을 2018년도에 대수선(허가)한 경우
　　　1988 + [30년 × 0.40] = 2000년(신축연도)
　② 1988년도에 신축한 건축물(내용연수 50년)을 2018년도에 대수선(신고)한 경우
　　　1988 + [30년 × 0.40] × 70% = 1996년(신축연도)
　※ 시가표준액 = 건물신축가격기준액 × 구조지수 × 용도지수 × 위치지수 × (변경된)경과연수별 잔가율 × 면적 × 가감산특례

노후 건축물 지붕을 수선하거나 덮개를 추가하는 경우 대수선 건축물에 대한 시가표준액 산정비율의 30%를 경감하여 적용한다.

(사) 의견청취 및 직권변경 시가표준액 산정

의견청취 및 직권변경시 시가표준액은 지방세법 시행령 제4조의2 제3항 및 같은 법 시행규칙 제2조 제4항에 따라 적용되는 시가표준액은 아래 계산식에 따른다.

> 산정 건축물 시가표준액 × (1± 가감산율)

│ 감산율 │

감사대상 건축물	감산율	비고
(1) 산정시가표준액 대비 시가비율 0% 초과~10% 이하	90/100	
(2) 산정시가표준액 대비 시가비율 10% 초과~20% 이하	80/100	
(3) 산정시가표준액 대비 시가비율 20% 초과~30% 이하	70/100	
(4) 산정시가표준액 대비 시가비율 30% 초과~40% 이하	60/100	
(5) 산정시가표준액 대비 시가비율 40% 초과~50% 이하	50/100	
(6) 산정시가표준액 대비 시가비율 50% 초과~60% 이하	40/100	
(7) 산정시가표준액 대비 시가비율 60% 초과~70% 이하	30/100	
(8) 산정시가표준액 대비 시가비율 70% 초과~75% 이하	25/100	
(9) 산정시가표준액 대비 시가비율 75% 초과~80% 이하	20/100	
(10) 산정시가표준액 대비 시가비율 80% 초과~85% 이하	15/100	
(11) 산정시가표준액 대비 시가비율 85% 초과~90% 이하	10/100	
(12) 산정시가표준액 대비 시가비율 90% 초과~95% 이하	5/100	

| 가산율 |

가산대상 건축물	감산율	비고
(1) 산정시가표준액 대비 시가비율 105% 초과~110% 이하	5/100	
(2) 산정시가표준액 대비 시가비율 110% 초과~115% 이하	10/100	
(3) 산정시가표준액 대비 시가비율 115% 초과~120% 이하	15/100	
(4) 산정시가표준액 대비 시가비율 120% 초과~125% 이하	20/100	
(5) 산정시가표준액 대비 시가비율 125% 초과~130% 이하	25/100	
(6) 산정시가표준액 대비 시가비율 130% 초과~140% 이하	30/100	
(7) 산정시가표준액 대비 시가비율 140% 초과~150% 이하	40/100	
(8) 산정시가표준액 대비 시가비율 150% 초과~160% 이하	50/100	
(9) 산정시가표준액 대비 시가비율 160% 초과~170% 이하	60/100	
(10) 산정시가표준액 대비 시가비율 170% 초과~180% 이하	70/100	
(10) 산정시가표준액 대비 시가비율 180% 초과~190% 이하	80/100	
(10) 산정시가표준액 대비 시가비율 190% 초과~200% 이하	90/100	
(12) 산정시가표준액 대비 시가비율 200% 초과	100/100	

〈적용요령〉

▶ 건물신축가격기준액에 구조·용도·위치지수, 경과연수별 잔가율, 면적, 가감산특례("가" 및 "나" 항목)을 적용한 후 산정된 건물시가표준액(이하 "산정건물시가표준액"이라 한다.)과 토지시가표준액을 합산한 가액이 거래된 시가(부속토지를 포함하며, 적용요령 ③을 말한다.)보다 높은 경우로서 지방세법 시행령 제20조 제2항 제2호의 적용대상이 되는 유상승계 취득시에 적용되는 취득세 건물시가표준액을 산정할 때에 한정하여 적용한다.

▶ 산정시가표준액 대비 시가비율은 시가(건물+토지가액)를 산정시가표준액(산정건물시가표준액+토지시가표준액)으로 나눈 비율을 말한다.

※ 산정시가표준액 대비 시가비율 = 시가(건물+토지가액) / 산정시가표준액(산정건물시가표준액+토지시가표준액)

▶ 시가는 시장, 군수, 구청장이 거래가격 등을 조사하여 당해 거래와 유사한 상황에서 통상적인 시장에서 정상적인 거래가 이루어지는 경우 성립될 가능성이 가장 높다고 인정되는 가액 또는 2개 이상의 전문평가기관과의 평균 감정가액으로 한다. 단, 시장·군수·구청장이 인정한 가액은 전문기관을 통해 검증받을 수 있다.

▶ 시장, 군수, 구청장은 조정신청 또는 조정이 필요하다고 인정하는 경우에 감산율을 적용할 수 있다.

▶ 시장, 군수, 구청장은 위 감산율이 불합리하다고 판단되는 경우에는 달리 정하여

적용할 수 있다.

[시가감산율 적용예시]
- 산정 시가표준액
  - 산정시가표준액 : 869백만원(산정건물시가표준액 349백만원, 토지시가표준액 520만원)
  - 조사가격 : 310백만원(감정평가액, 건물+토지)
    ▶ 건물조사가격 : 310백만원 ×349백만원/869백만원= 124,604천원
  - 산정시가표준액 대비 시가비율:(310,000,000 /868,668,979원)×100 = 35.68%
- 감산 적용후 산정 시가표준액
  - 감산율 : 60%
  - 감산율 적용후 건물시가표준액 : 140백만원
    ▶ 건축물 349백만원 × (1-06) = 140백만원
    ⇒ 감산율 적용후 시가표준액 : 520백만원(토지)+140백만원(건물)= 660백만원

(1-2) 오피스텔

「주택법」에서 "준주택"을 다음과 같이 정의하고 있다. "준주택"이란 주택 외의 건축물과 그 부속토지로서 주거시설로 이용가능한 시설 등을 말하며, 그 범위와 종류는 대통령령으로 정한다.

1. 「건축법 시행령」 별표1 제2호라목에 따른 기숙사
2. 「건축법 시행령」 별표1 제4호가목 및 제15호다목에 따른 다중생활시설
3. 「건축법 시행령」 별표1 제11호나목에 따른 노인복지시설 중 「노인복지법」 제32조제1항제3호의 노인복지주택
4. 「건축법 시행령」 별표1 제14호나목2)에 따른 오피스텔

「건축법 시행령」 [별표1]에서 다음과 같이 오피스텔을 규정하고 있다. 오피스텔(일반업무시설) : 업무를 주로 하며, 분양하거나 임대하는 구획 중 일부 구획에서 숙식을 할 수 있도록 한 건축물로서 국토교통부장관이 고시하는 기준에 적합한 것을 말한다.

(가) 오피스텔 시가표준액

오피스텔은 건축법상 일반업무시설이고, 주택법상 준주택으로 분류된다. 오피스텔은 업무시설이나 주거용을 사용하는 경우가 많아 주택과 유사하게 거래되고 있다. 이에 재산세 과세시 오피스텔을 주거용으로 사용하는 경우 별도의 과세기준을 마련하고 있다. (「지방세관계법 운영예규」 지방세법 104-2)

2022년부터 오피스텔의 시가표준액 산정시 거래사례 등을 반영한 표준가격기준액을

기준하여 개별 특성을 반영하여 산정하도록 하고 있다.

(나) 오피스텔 시가표준액 산정

1) 표준가격기준액

표준가격기준액의 정의는 다음과 같다. "표준가격기준액"이란 「지방세법 시행령」 제4조제1항제1호에서 정한 물건의 시가표준액 산정 기준이 되는 가액으로서 같은 호에 따라 행정안전부장관이 산정·고시하는 금액을 말한다.

표준가격기준액의 산정은 지방세 시가표준액 조사산정 기준에 따라 시가표준액 전문기관이 조사하여 산정하며, 시가표준액 전문기관이 조사한 결과를 행정안전부장관이 고시한다. 산정절차는 다음과 같다.

① 조사의뢰 대상 분석
② 거래 및 임대 가격자료의 수집 및 분석
③ 지역별 부동산 시장 동향 및 가격분석
④ 표준가격기준액 산정
⑤ 표준가격기준액안 가격균형성 검증
⑥ 표준가격기준액 조사·산정보고서의 작성

오피스텔 시가표준액 산정체계는 다음과 같다. 오피스텔에 대한 시가표준액은 아래의 산식에 따라 산정한다. 표준가격기준액에 용도·층지수를 곱하여 ㎡당 금액을 산정하며 1,000원 미만 숫자는 버린다. 다만, ㎡당 금액이 1,000원 미만일 때는 1,000원으로 한다.

$$\text{표준가격기준액} \times \text{용도지수} \times \text{층지수} \times \text{면적} \times \text{가감산율}$$

2) 오피스텔 시가표준액 산정 지수

용도지수		
번호	기준	지수
1	별도 신청이 없는 경우	1.000
2	주택으로 신청한 경우	1.150

| 층지수 |

번호	기준(상대층수)	주거용 지수	사무용 지수
1	0.2 이하	0.999	1.000
2	0.2 초과 ~ 0.4 이하	1.000	1.000
3	0.4 초과 ~ 0.6 이하	1.001	1.000
4	0.6 초과 ~ 0.8 이하	1.002	1.000
5	0.8 초과 ~ 1 이하	1.003	1.000
6	지하층	0.900	0.900

주 : 상대층수 = (오피스텔 당해층 − 오피스텔 최저층)/(오피스텔 최고층 − 오피스텔 최저층)

| 가감산율 |

번호	기준	가감산율
1	50㎡ 이하	1,000/1,000
2	50㎡ 초과 ~ 100㎡ 이하	999/1,000
3	100㎡ 초과 ~ 150㎡ 이하	998/1,000
4	150㎡ 초과 ~ 200㎡ 이하	997/1,000
5	200㎡ 초과 ~ 250㎡ 이하	996/1,000
6	250㎡ 초과 ~ 300㎡ 이하	995/1,000
7	300㎡ 초과 ~ 350㎡ 이하	994/1,000
8	350㎡ 초과 ~ 400㎡ 이하	993/1,000
9	400㎡ 초과 ~ 450㎡ 이하	992/1,000
10	450㎡ 초과	991/1,000

시가의 변동 또는 그 밖의 사유로 제1항에 따라 산정한 시가표준액을 그대로 적용하는 것이 불합리하다고 인정되는 경우 특별시장·광역시장·도지사·특별자치시장 또는 특별자치도지사는 이미 결정한 시가표준액을 100분의 20 범위 내에서 변경 결정할 수 있다. 다만, 그 범위를 초과하는 경우에는 행정안전부장관의 승인을 받아야 한다.

3) 사무용(11층) 오피스텔 시가표준액 산정

오피스텔의 현황은 다음과 같다. 본 건물(최고 15층)의 1층부터 3층까지는 상가이고, 4층부터 15층까지 오피스텔로 사용되고 있다. 본 건물은 주거용과 사무용이 혼재된 오피스텔로 당해 물건은 11층으로 사무용(주거용으로 사용 신청을 하지 않음)이고, 면적은 전용면적 35㎡, 공용면적 30㎡이다. 2022년 고시된 오피스텔의 표준가격기준액은 850,000원/㎡이다.

오피스텔의 시가표준액은 다음과 같이 산정한다. 표준가격기준액은 고시된 표준가격기준액 "850,000원/㎡" 적용하고 용도지수는 주거용 신청이 없는 경우로 "1" 적용한다.

용도번호	기준	지수
1	별도 신청이 없는 경우	1.000
2	주택으로 신청한 경우	1.050

층지수는 "번호4(사무용)" 적용하고

기준(상대층수)=[11층(당해층)-4층(최저층)]/[15층(최고층)-4층(최저층)= 0.636

적용지수 : 기준(상대층수) 0.636을 고려, 번호4(사무용)인 "1" 적용한다

번호	기준(상대층수)	주거용 지수	사무용 지수
1	0.2 이하	0.999	1.000
2	0.2초과 ~0.4 이하	1.000	1.000
3	0.4 초과 ~0.6 이하	1.001	1.000
4	0.6 초과 ~ 0.8 이하	1.002	1.000
5	0.8 초과 ~ 1이하	1.003	1.000
6	지하층	0.900	0.900

면적은 총면적을 기준하므로 전용면적과 공동면적을 고려 65㎡ 적용하고 가감산율은 총면적을 기준으로 번호2인 "0.999" 적용한다

번호	기준	지수
1	50㎡ 이하	1,000/1,000
2	50㎡ 초과 ~ 100㎡ 이하	999/1,000
3	100㎡ 초과 ~ 150㎡ 이하	998/1,000
4	150㎡ 초과 ~ 200㎡ 이하	997/1,000
5	200㎡ 초과 ~ 250㎡ 이하	996/1,000
6	250㎡ 초과 ~ 300㎡ 이하	995/1,000
7	300㎡ 초과 ~ 350㎡ 이하	994/1,000
8	350㎡ 초과 ~ 400㎡ 이하	993/1,000
9	400㎡ 초과 ~ 450㎡ 이하	992/1,000
10	450㎡ 초과	991/1,000

앞에서 결정한 지수를 적용하여 산출된 오피스텔 시가표준액은 55,194,750원이다

표준가격기준액		용도지수		층지수		면적		가감산율
850,000	×	1	×	1	×	65	×	0.999

4) 주거용(14층) 오피스텔 시가표준액 산정

오피스텔의 현황은 다음과 같다. 본 건물(최고 20층)의 1층부터 3층까지는 상가이고, 4층부터 15층까지 오피스텔로 사용되고, 16층 이후는 업무시설 전용으로 사용되고 있다. 본 건물은 주거용과 사무용이 혼재된 오피스텔로 당해 물건은 14층으로 주거용(주

거용으로 신청)이고, 면적은 전용면적 120㎡, 공용면적 120㎡이다. 2022년 고시된 오피스텔의 표준가격기준액은 1,650,000원/㎡이다.

오피스텔의 시가표준액은 다음과 같이 산정한다. 표준가격기준액은 고시된 표준가격기준액 "1,650,000원/㎡" 적용하고, 용도지수는 주거용 신청으로 "1.150" 적용한다.

용도번호	기준	지수
1	별도 신청이 없는 경우	1.000
2	주택으로 신청한 경우	1.150

층지수는 "번호4(사무용)" 적용한다
- 기준(상대층수) = [14층(당해층)-4층(최저층)] / [15층(최고층)-4층(최저층)= 0.909
- 적용지수 : 기준(상대층수) 0.909을 고려, 번호4(사무용)인 "1" 적용

번호	기준(상대층수)	주거용 지수	사무용 지수
1	0.2 이하	0.999	1.000
2	0.2초과 ~0.4 이하	1.000	1.000
3	0.4 초과 ~0.6 이하	1.001	1.000
4	0.6 초과 ~ 0.8 이하	1.002	1.000
5	0.8 초과 ~ 1이하	1.003	1.000
6	지하층	0.900	0.900

면적은 총면적으로 기준하므로 전용면적과 공동면적을 고려 240㎡ 적용하고 가감산율은 적용면적을 기준하여, 번호5인 "0.996" 적용한다.

번호	기준	가감산율
1	50㎡ 이하	1,000/1,000
2	50㎡ 초과 ~ 100㎡ 이하	999/1,000
3	100㎡ 초과 ~ 150㎡ 이하	998/1,000
4	150㎡ 초과 ~ 200㎡ 이하	997/1,000
5	200㎡ 초과 ~ 250㎡ 이하	996/1,000
6	250㎡ 초과 ~ 300㎡ 이하	995/1,000
7	300㎡ 초과 ~ 350㎡ 이하	994/1,000
8	350㎡ 초과 ~ 400㎡ 이하	993/1,000
9	400㎡ 초과 ~ 450㎡ 이하	992/1,000
10	450㎡ 초과	991/1,000

앞에서 결정한 지수를 적용하여 산출된 오피스텔 시가표준액은 454,893,120원이다.

표준가격기준액		용도지수		층지수		면적		가감산율
1,650,000	×	1.15	×	1.003	×	240	×	0.996

5) 지하층(사무용) 오피스텔 시가표준액 산정

오피스텔의 현황은 다음과 같다. 본 건물의 지하 1층부터 10층까지 전용오피스텔로 사용되고 있다. 본 건물은 주거용과 사무용이 혼재된 오피스텔로 당해 물건은 지하 1층으로 사무용이고, 면적은 전용면적 102㎡, 공용면적 102㎡이다. 2022년 고시된 오피스텔의 표준가격기준액은 970,000원/㎡이다.

오피스텔의 시가표준액은 다음과 같이 산정한다. 표준가격기준액은 고시된 표준가격기준액 "970,000/㎡" 적용하고 용도지수는 주거용 신청이 없는 경우로 "1" 적용한다.

용도번호	기준	지수
1	별도 신청이 없는 경우	1.000
2	주택으로 신청한 경우	1.150

층지수의 적용지수는 사무용 지하층으로 번호6(사무용)인 "0.9" 적용

번호	기준(상대층수)	주거용 지수	사무용 지수
1	0.2 이하	0.999	1.000
2	0.2초과 ~0.4 이하	1.000	1.000
3	0.4 초과 ~0.6 이하	1.001	1.000
4	0.6 초과 ~ 0.8 이하	1.002	1.000
5	0.8 초과 ~ 1이하	1.003	1.000
6	지하층	0.900	0.900

면적은 총면적으로 기준하므로 전용면적과 공동면적을 고려 204㎡ 적용하고, 가감산율은 적용면적을 기준하여, 번호5인 "0.996" 적용한다.

번호	기준	가감산율
1	50㎡ 이하	1,000/1,000
2	50㎡ 초과 ~ 100㎡ 이하	999/1,000
3	100㎡ 초과 ~ 150㎡ 이하	998/1,000
4	150㎡ 초과 ~ 200㎡ 이하	997/1,000
5	200㎡ 초과 ~ 250㎡ 이하	996/1,000
6	250㎡ 초과 ~ 300㎡ 이하	995/1,000
7	300㎡ 초과 ~ 350㎡ 이하	994/1,000
8	350㎡ 초과 ~ 400㎡ 이하	993/1,000
9	400㎡ 초과 ~ 450㎡ 이하	992/1,000
10	450㎡ 초과	991/1,000

앞에서 결정한 지수를 적용하여 산출된 오피스텔 시가표준액은 177,379,630원이다

표준가격기준액	용도지수	층지수	면적	가감산율
970,000	× 1	× 0.900	× 204	× 0.996

(1-3) 구분지상권에 대한 시가표준액

(가) 용어 정의

① 「구분지상권」이란 민법 제289조의 2에서 규정한 지하 또는 지상 공간의 상하의 범위를 정하여 건물 또는 기타 공작물을 소유하기 위하여 설정하는 지상권을 말한다.

② 입체이용저해율이란 당해 토지에 지하·지상 공간 일부를 사용함으로써 당해 토지의 이용이 저해되는 비율을 말한다.

(나) 적용범위

본 기준은 지방세법 제28조 제1항 제1호 다목 규정의 구분지상권에 대한 등록면허세의 과세표준을 산정하는 경우에 적용한다.

(다) 구분지상권의 과세표준 산정산식

구분지상권의 과세표준은 당해 구분지상권 설정토지의 개별공시지가에 설정된 토지면적을 곱한 다음, 입체이용저해율을 곱한 금액으로 한다.

> 구분지상권 시가표준액
>   = 개별공시지가 × 해당지표면적 × 구분지상권의 입체이용저해율

이 경우, 입체이용저해율은 「4. 입체이용저해율 산정방식」에 의한다.

(라) 입체이용저해율 산정요령

① 입체이용저해율 = 건축물의 이용저해율 + 지하부분의 이용저해율 + 그 밖의 이용저해율

② "건축물의 이용저해율"은 다음에 정하는 기준에 따라 산정한다.

㉮ 건축물의 이용저해율

$$\text{토지의 건물이용률}(\alpha) \times \frac{\text{저해층의 층별효용비율의 합(B)}}{\text{최유휴건물층의 층별효용비율의 합(A)}}$$

㈏ 건물 이용률(α), 최유효건물층수는 [별표3] 토지의 입체이용률 배분표에서 정하는 기준에 의한다.

㈐ 저해층의 층별효용비율(B) 및 최유효건물층의 층별효용비율(A)은 [별표4] 건물이용저해율 산정을 위한 층별효용비율표에 의한다.

이 경우 지하층에 대한 층별효용비율을 각각 합산한다.

㈑ 저해층수는 최유효건물 층수에서 건축가능한 층수를 뺀 것으로 한다.

③ "지하부분의 이용저해율"은 다음에 정하는 기준에 따라 산정한다.

㈎ 지하부분의 이용저해율

> 토지의 입체이용률 배분표의 지하이용률(β) × 심도별 지하이용저해율(P)

㈏ 지하이용률(β)은 [별표 3] 토지의 입체이용률 배분표에서 정하는 기준에 의한다.

㈐ 심도별 지하이용저해율(P)은 [별표 5] 심도별 지하이용저해율표의 기준에 의한다.

④ 그 밖의 이용저해율은 다음 각 호에서 정하는 기준에 따라 산정한다.

㈎ 그 밖의 이용저해율

> 토지의 입체이용률 배분표의 공중(기타)이용률(γ) × 고도별 기타 이용저해율(Q)

㈏ 공중(기타)이용률(γ)은 [별표 3] 토지의 입체이용률 배분표에서 정하는 기준에 의한다.

㈐ 고도별 기타이용저해율(Q)은 [별표 6] 고도별 기타이용저해율표의 기준에 의한다.

⑤ 산출한 시가표준액에서 천원 미만 숫자는 절사한다.

(마) 산정예시

✱ 지상에 구분지상권을 정하는 경우(건축물의 이용저해율이 없는 경우)

〈사실관계〉

- 용도지역 : 농림지역
- 지상권 설정면적 : 지표면 상공
  22m 이상 36m 이하의 공중 공간(단, 송전선의 상하 이격거리는 1.2m)
- 공시지가 : 40,000원/㎡
- 해당 지표 면적 : 400㎡(선하지)

① 입체이용저해율 산정
  ㉮ 건축물의 이용저해율
     송전선로의 하부 하한선은 20.8m(상공 22m-이격거리 1.2m)이고, 농림·자연환경보전지역의 최유효층수는 [별표 3]의 최유효지상층수 3층(3층×4m)이므로 12m가 되어, 지상공간에는 저해되는 부분이 없으므로 송전선의 건물 이용저해율은 "0"
  ㉯ 지하부분의 이용저해율
     송전선은 지하에 영향이 없으므로 심도별 지하 이용저해율은 "0"
  ㉰ 그 밖의 이용저해율
     건물의 최유효층수 높이가 12m(3층×4m)이고 송전선의 하한선 높이가 20.8m로서 최유효층수 높이의 8.8m(20.8m-12m)를 초과한 공간부터 송전선로가 있어 이용저해율이 발생하므로 [별표 3]의 공중(기타)이용률(y) 0.3 × 고도별 기타이용저해율([별표 6]의 고도 10m 이하) 1.0 = "0.3"
  ㉱ 입체이용저해율
     (건축물의 이용저해율) 0+(지하부분의 이용저해율) 0+(그 밖의 이용저해율) 0.3 = 0.3

② 구분지상권 과세표준 산정
   40,000원(개별공시지가) × 400㎡(토지면적) × 0.3(입체이용저해율) = 4,800,000원

✽ **지상에 구분지상권을 정하는 경우**(건축물의 이용저해율이 있는 경우)

〈사실관계〉

> - 용도지역 : 관리지역
> - 공시지가 : 40,000원/㎡
> - 해당 지표 면적 : 400㎡(선하지)
> - 건물 : 지상 2층
> - 지상권 설정면적 : 지표면 상공 22m 이상 36m 이하의 공중 공간
>   (단, 송전선의 상하 이격거리는 1.2m) -송전선으로 인해 건물 5층 밖에 건축하지 못함

① 입체이용저해율 산정
  ㉮ 건축물의 이용저해율
     관리지역의 최유효건물층수는 [별표 3] 토지의 입체이용률 배분표에 지상 12층, 지하 2층으로 되어 있으므로 최유효건물층의 층별효용비율의 합(40+44+100+60+50+45+42+42+42+42+42+42+42)은 675이며, 저해층은 건축

가능 최유효건물 지상층수(12층) - 건축가능층수(5층) = 7층이 되므로, 저해층의 층별효용비율의 합(7×42)은 294이므로
송전선의 건물 이용저해율은 [별표 3] 토지의 입체이용률 배분표의 건물이용률 (0.7) × 저해층의 층별효용비율의 합(294) / 최유효건물층의 층별효용비율의 합 (675) = "0.305"

㈏ 지하부분의 이용저해율
송전선은 지하에 영향이 없으므로 심도별 지하 이용저해율은 "0"

㈐ 그 밖의 이용저해율
산정한 건물의 이용저해율이 "0을 초과하므로 [별표 3]의 공중(기타)이용률의 최대치 "0.15"

㈑ 입체이용저해율
(건축물의 이용저해율) 0.305 + (지하부분의 이용저해율) 0 + (그 밖의 이용저해율) 0.15 = 0.455

② 구분지상권 과세표준 산정
40,000원(개별공시지가) × 400㎡(토지면적) × 0.455(입체이용저해율) = 7,280,000원

✿ 지하에 구분지상권을 정하는 경우

〈사실관계〉

- 용도지역 : 도시지역
- 공시지가 : 100,000원/㎡
- 해당 지표 면적 : 1,000㎡
- 지상권 설정면적 : 지하토피고 25.4m 지점에 지하철도 건설

① 입체이용저해율 산정
㈎ 건축물 및 그 밖의 이용저해율
지하시설물은 공중과 건물의 이용에 영향을 주지 않으므로 건축물의 이용저해율과 그 밖의 이용저해율은 각각 "0"

㈏ 지하부분의 이용저해율
도시지역의 지표면에서 25.4m부터 심도별 지하이용저해율이 발생하므로, [별표 3]의 지하이용률(ß) 0.15 × [별표 5]의 심도 20~30m 구간 심도별 지하이용저해율 0.556 = "0.083"의 지하부분의 이용저해율이 산정됨.

㉰ 입체이용저해율

(건축물의 이용저해율) 0 + (지하부분의 지하이용저해율) 0.083 + (그 밖의 이용저해율) 0
= 0.083

② 구분지상권 과세표준 산정

100,000원(개별공시지가) × 1,000㎡(토지면적) × 0.083(입체이용저해율) = 8,300,000원

[별표 3] 토지의 입체이용률 배분표

이용률 \ 지역	도시지역	관리지역	농림·자연환경보전지역
건물이용률(α)	0.8	0.7	0.6
지하이용률(β)	0.15	0.15	0.10
공중(기타) 이용률(γ)	0.05	0.15	0.30
최유효지상층수	23	12	3
최유효지하가능층수	4	2	1

① "지역"은 「국토의 계획 및 이용에 관한 법률」 제6조 규정의 용도지역을 말함
② 산정한 건물이용저해율이 "0"을 초과하는 경우 공중(기타)이용률은 최고치를 적용한다.
③ 각 층별 높이는 4m로 간주한다.

[별표 4] 건물 이용저해율 산정을 위한 층별효용비율표

층별	도시지역	관리지역	농림·자연환경보전지역
5층 이상	35	42	–
4층	40	45	–
3층	50	50	80
2층	60	60	100
지상 1층	100	100	100
지하 1층	44	44	48
지하 2층 이상	38	40	–

① "지역"은 「국토의 계획 및 이용에 관한 법률」 제6조 규정의 용도지역을 말함
② 각 층별 높이는 4m로 간주한다.

[별표 5] 심도별 지하이용저해율표

지역 심도(m)	심도별 지하이용저해율(P)		
	도시지역	관리지역	농림·자연환경보전지역
0~10 미만	1.000	1.000	1.000
10~20 미만	0.778	0.714	0.600
20~30 미만	0.556	0.429	0.400
30~40 미만	0.333	0.143	
40 이상	0.111		

① "지역"은 「국토의 계획 및 이용에 관한 법률」 제6조 규정의 용도지역을 말함
② "심도"는 지표면으로부터 지하시설물 상단까지의 수직거리를 말함.
③ 지역별 심도기준을 초과하는 경우에는 해당 지역의 최소치를 적용한다.

[별표 6] 고도별 기타이용저해율표

지역 고도(m)	고도별 기타이용저해율(Q)		
	도시지역	관리지역	농림·자연환경보전지역
50 초과		0.111	0.400
41~50 이하	0.125	0.222	0.600
31~40 이하	0.375	0.443	0.700
21~30 이하	0.625	0.667	0.800
11~20 이하	0.875	0.889	0.900
10 이하	1.000	1.000	1.000

① "지역"은 「국토의 계획 및 이용에 관한 법률」 제6조 규정의 용도지역을 말함.
② "고도"는 [별표 3] 토지의 입체이용률 배분표상 최유효층수의 최고높이로부터 공중공간으로의 수직높이를 말한다.
③ 각 층의 높이는 4m로 간주한다.
④ 지역별 고도기준을 초과하는 경우에는 해당 지역의 최소치를 적용한다.

> **사례 |**
>
> ❖ 재산세의 과세표준이 국세의 기준시가 산정기준과 다르고, 상가의 건축물과 토지는 일괄 거래됨에도 이를 나누어 과세표준을 산정하는 것이 부당한지 여부
>
> 지방세인 재산세는 재산에 담세력을 인정하여 부과되는 조세로 과세표준 산정은 합리적인 요소를 바탕으로 한 객관적인 방식이어야 할 것이지만 그 방식이 국세의 경우와 반드시 같아야 할 근거는 없고, 상가 점포의 각 집합건물 내의 층수나 위치 등 입지조건은 구분건물의 고유한 특성에 불과한 것이므로 그 구분건물에 대한 시가표준액을 산정하는 과정에서 반영하면 충분하며, 산정방식은 재산세 과세표준의 효율적인 산정, 적정한 조세징수비용, 안정적인 세수 확보 가능성 등 여러 공익적 요소까지 고려하여 정하여야 할 입법정책의 문제 등 여러 사정을 종합하여 보면 그것만으로 이 사건 처분이 위법하다고 볼 수는 없다.
>
> (대법 2015두37730, 2015.5.14.)

(2) 선 박

선박은 기선·범선·부선·전마선 등 기타 명칭여하를 불문하고 모든 배를 의미하며 물위에 뜨는 부양성과 여객이나 화물을 실을 수 있는 적재성 그리고 적재된 것을 원하는 위치로 운반할 수 있는 이동성의 세 가지 성질을 가지고 있다.

- ▶ 총 톤 수 : 선박의 용적 즉 크기(부피개념)를 나타내기 위해 사용되는 지표
- ※ 선박법 제3조의 규정에 의한 선박톤수
- ▶ 적재적량 : 선박에 물건이나 화물을 실을 수 있는 최대한의 용량
- ▶ 선   령 : 배의 나이로서 진수일로부터 납세의무 성립시기까지의 기간으로 계산
- ▶ 진 수 일 : 배를 신조하여 처음 물위에 띄운 날
- ▶ 모터요트 : 기관을 사용하여 항해하는 요트
- ▶ 세일링요트 : 기관과 돛을 사용하나 주로 돛을 사용하여 항해하는 요트

시장, 군수, 구청장이 행정안전부장관이 정하는 기준에 따라 산정하여 특별자치시장 및 특별자치도지사는 직접 결정하고, 시장·군수·구청장(특별자치시장 및 특별자치도지사는 제외한다.)은 특별시장·광역시장 또는 도지사의 승인을 받아 결정한다. 다만, 이미 결정한 시가표준액이 시가의 변동 또는 그 밖의 사유로 이미 결정한 시가표준액을 그대로 적용하는 것이 불합리하다고 인정되는 경우에는 도지사는 행정안전부장관의 승인을 얻어 해당 시가표준액을 변경결정할 수 있다. 그리고 시가표준액은 선박의 종류·용도 및 건조가격을 고려하여 톤수간에 차등을 둔 단계별 기준가격에 해당 톤수를 차례대로 적용하여 산출한 가액의 합계액에 선박의 경과연수별 잔존가치율, 급랭시설 등의 유무에 따른 가감산율을 적용한다(법 §4 ②, 영 §4 ① Ⅱ ③).

내용연수 및 감가율

① 선 체

용 도	선 종 별		내용연수	감가상각법	감가율	잔존율
여객선	강 선		20년	정률법	0.109	10%
	경 금 속 선		20년	〃	0.109	10%
	합 성 수 지 선(F.R.P)		20년	〃	0.109	10%
	목 선		12년	정액법	0.075	10%
화물선	강 선	일 반 화 물 선	20년	정률법	0.1045	11%
		유 조 선	20년	〃	0.109	10%
		특 수 화 물 선	14년	〃	0.152	10%
		L N G 운 반 선	20년	〃	0.109	10%
	합 성 수 지 선(F.R.P)		20년	〃	0.109	10%
	목 선		14년	정액법	0.0643	10%
어 선	강 선		18년	정률법	0.120	10%
	경 금 속 선		16년	〃	0.134	10%
	합 성 수 지 선(F.R.P)		14년	〃	0.152	10%
	목 선		12년	정액법	0.075	10%
예인선	강 선		16년	정률법	0.134	10%
	목 선		12년	정액법	0.075	10%
부 선	강 선		16년	정률법	0.134	10%
	시 멘 트 선		10년	정액법	0.09	10%
기 타 선	강 선		16년	정률법	0.134	10%
	경 금 속 선		12년	〃	0.175	10%
	합 성 수 지 선(F.R.P)		12년	〃	0.175	10%
	목 선		10년	정액법	0.09	10%

용 도	선 종 별	내용연수	감가상각법	감가율	잔존율
수상레저기구	잠 수 유 람 선	16년	정률법	0.134	10%
	요 트	14년	〃	0.152	10%
	고 무 보 트	8년	정액법	0.1125	10%
	모 터 보 트	8년	〃	0.1125	10%
	유 선	10년	〃	0.09	10%
	수 상 스 쿠 터	8년	〃	0.1125	10%
	수 상 오 토 바 이	8년	〃	0.1125	10%
	카 누	8년	〃	0.1125	10%
	카 약	8년	〃	0.1125	10%

② 기관

구 분	내용연수	감가상각법	감가율	잔 존 율	비 고
기 관	15년	정률법	0.142	10%	–

▶ 선박의 시가표준액은 선종 및 용도별, 톤수별 단계를 구분하여 그 톤수에 순서대로 각 톤당 기준가격을 적용하여 산출한 금액의 합계액에 잔가율을 곱하여 산출한 가액으로 한다.

▶ 톤수가 0톤 이상 1톤 이하인 선박의 톤수는 1톤으로 하고, 1톤 초과 10톤 미만 선박의 톤수는 소수점 첫째자리까지 산출하며, 10톤 이상 선박의 톤수는 소수점 첫째자리에서 반올림하여 계산한다(선박의 톤수는 총톤수로 한다.).

▶ 0톤 이상 1톤 미만 고무보트의 톤수는 1톤으로 한다.

▶ 선박의 선령계산 및 경과연수 적용

• 선령계산은 진수일로부터 납세의무성립시기까지의 기간으로 한다.

• 선령 1년 미만 선박의 경과연수는 0년으로 하고, 선령 1년 이상 선박의 경과연수는 단수 6월 이상을 1년으로 하여 산출한다.

• 선박의 진수연도가 불확실한 경우에는 선박 최초 등록연도의 3년 전을 진수연도로 하고, 진수일이 불확실한 경우에는 1월 1일을 진수일로 한다.

▶ 내용연수가 경과한 선박의 잔가율은 잔존율로 한다.

▶ 유조선에는 화학제품운반선, LPG탱크, 당밀운반선 등 화물을 액체상태로 운반하는 모든 선박을 포함한다(LNG운반선 제외).

- ▶ 10톤 이상의 유람선은 여객선의 기준가격을 적용하며 10톤 미만의 유람선은 기타선 용도의 기준가격을 적용한다.
- ▶ 선박수리에 대한 과표적용
  - 용도변경 : 변경된 선박 전체과표의 $\frac{25}{100}$
  - 적재적량변경 : 증가된 과표액의 $\frac{80}{100}$
- ▶ 일반화물선과 특수화물선은 강선에 한하여 다음과 같이 구분 적용한다.

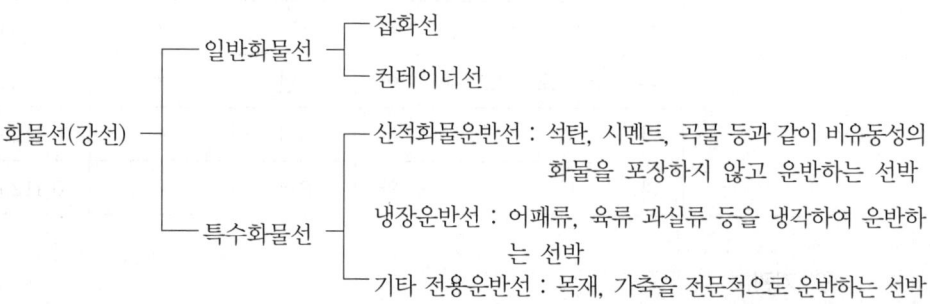

- ▶ 산출된 시가표준액이 천원 미만인 것은 절사한다.
- ▶ 목철선은 목선의 기준가격을 적용한다.
- ▶ 선박안전기술공단(KST) 검사대상 선박 중 기타선(플레저보트)으로 분류된 경우 모터보트의 기준가격을 적용하되, 거주구역(침실 및 위생시설 등)을 갖춘 것으로 확인되는 선박은 합성수지선(F.R.P) 중 요트(모터)의 기준가격을 적용한다.
- ▶ 시가표준액이 현저히 차이가 있어 이 시가표준액을 적용하기가 매우 불합리하다고 인정되는 경우에는 실제 거래가격 또는 유사한 종류의 시가표준액을 적용한다.
- ▶ 무동력선은 해당 기준가격의 20%를 감산한다(부선 제외).
- ▶ 외국산 기관은 해당 기준가격의 20%를 가산한다.
- ▶ 급랭시설을 완비한 특수어선은 10%를 가산한다.
- ▶ 선박기관에 대한 시가표준액은 기준가격표(첨부표 참조)를 적용하되 933kw 이상의 기관은 초과된 부분에 한하여 kw당 80,000원을 가산 적용하고 표에 없는 선박기관은 비례배분방식으로 기준가격을 산출하여 적용한다.
- ▶ LPG선은 유조선 기준가격을 적용하되, 해당 기준가격의 20%를 가산한다.

잔가율표

① 선박잔가율표[정률법]

연간감가율 내용연수 경과연수	0.175 12년	0.152 14년	0.134 16년	0.120 18년	0.109 20년[가]	0.1045 20년[나]
1	0.825	0.848	0.866	0.880	0.891	0.896
2	0.681	0.720	0.750	0.774	0.794	0.802
3	0.562	0.611	0.649	0.681	0.708	0.718
4	0.464	0.518	0.562	0.599	0.631	0.643
5	0.383	0.439	0.487	0.527	0.562	0.576
6	0.316	0.373	0.422	0.464	0.501	0.516
7	0.261	0.316	0.365	0.408	0.447	0.462
8	0.215	0.268	0.316	0.359	0.398	0.414
9	0.177	0.228	0.274	0.316	0.355	0.370
10	0.146	0.193	0.237	0.278	0.316	0.332
11	0.120	0.164	0.205	0.245	0.282	0.297
12	0.100	0.139	0.178	0.216	0.251	0.266
13		0.118	0.154	0.190	0.224	0.238
14		0.100	0.133	0.167	0.200	0.213
15			0.115	0.147	0.178	0.191
16			0.100	0.129	0.158	0.171
17				0.114	0.141	0.153
18				0.100	0.126	0.137
19					0.112	0.123
20					0.100	0.110

가) 잔존율 10% 기준 , 나) 잔존율 11% 기준

② 선박잔가율표[정액법]

연간감가율 내용연수 경과연수	0.1125 8년	0.09 10년	0.0818 11년	0.075 12년
1	0.8875	0.91	0.918	0.925
2	0.7750	0.82	0.836	0.850
3	0.6625	0.73	0.755	0.775
4	0.5500	0.64	0.673	0.700
5	0.4375	0.55	0.591	0.625
6	0.3250	0.46	0.509	0.550
7	0.2125	0.37	0.427	0.475
8	0.1000	0.28	0.346	0.400
9		0.19	0.264	0.325
10		0.10	0.182	0.250
11			0.100	0.175
12				0.100

③ 기관잔가율표[정률법]

경과연수	1년	2년	3년	4년	5년	6년	7년	8년
잔가율	0.858	0.736	0.631	0.541	0.464	0.398	0.341	0.293

경과연수	9년	10년	11년	12년	13년	14년	15년	15년 초과
잔가율	0.251	0.215	0.184	0.158	0.136	0.117	0.100	0.100

* 내용연수 15년(연간감가율 0.142%)

┃산출예시┃

① 선박 취득시

---── 산출예시 (1) ──---
- 용 도 : 일반화물선(내용연수 20년) • 선 종 : 강 선
- 톤 수 : 12,000톤 • 경과연수 : 4년(잔가율 0.643)
- 과 표 액
  = (10,000톤까지의 단계별최고톤수가격+톤당기준가격×10,000톤 초과톤수)×잔가율
  = (15,917,230천원+917천원×2,000톤)×0.643
  = 11,414,040천원

② 급랭시설이 있는 특수어선 시가표준액

---── 산출예시 (2) ──---
- 용 도 : 어 선(급랭시설 완비한 특수 어선, 내용연수 18년)
- 선 종 : 강 선 • 톤 수 : 300톤 • 경과연수 : 3년(잔가율 0.681)
- 과 표 액
  = (300톤까지의 단계별 기준가액×잔가율)×가감산특례
  = (1,670,030천원×0.681)×1.1 = 1,251,019천원

③ 적재적량 변경시

---── 산출예시 (3) ──---
- 용 도 : 일반화물선 • 선 종 : 강 선
- 변경전톤수 : 5,000톤 • 변경후톤수 : 5,500톤 • 경과연수 : 3년(잔가율 0.718)
- 과표 산출방법
  변경후 시가표준액 = 5,500톤까지의 단계별 기준가격×잔가율
    = (6,893,880천원+1,289천원×2,500톤)×0.718=7,263,561천원
  변경전 시가표준액 = 5,000톤까지의 단계별 기준가격×잔가율
    = (6,893,880천원+1,289천원×2,000톤)×0.718=6,800,810천원
  증가시가표준액 = (7,263,561천원−6,800,810천원)×0.8(적재적량변경)
    = 370,201천원

④ 선박 구조 변경시

---── 산출예시 (4) ──---
- 6년 경과된 국산 22kW기관을 국산신형 45kW기관으로 교체
- 증가과표액 : 국산45kW기준과표−국산22kW기준과표×6년경과 잔가율
  = 6,688천원−3,329천원×0.398=5,363천원(시가표준액)

(3) 차량·기계장비

자동차란 원동기에 의하여 육상에서 이동할 목적으로 제작된 용구와 피견인차 및 궤도나 삭도에 의하여 승객 또는 화물을 운송하는 모든 기구를 말한다.

- ▶ 승용자동차 : 10인 이하를 운송하기에 적합하게 제작된 자동차를 말한다.
- ▶ 승합자동차 : 11인 이상을 운송하기에 적합한 자동차를 말한다. 다만, 그 내부의 특수한 설비로 인하여 승차인원이 10인 이하로 된 자동차, 경형 자동차로서 승차인원이 10인 이하인 전방조종자동차, 캠핑용자동차 또는 캠핑용트레일러를 포함한다.
- ▶ 화물자동차 : 주로 화물을 운송하기에 적합하게 제작된 자동차를 말한다.
- ▶ 이륜자동차 : 1인 또는 2인의 사람을 운반하기에 적합하도록 제작된 2륜자동차(2륜인 자동차에 측차를 붙인 자동차와 이륜자동차에서 파생된 3륜 이상의 자동차를 포함한다.)를 말한다. 다만, 배기량 50cc 미만의 것(전기로 동력을 발생하는 구조인 경우에는 최고정격출력이 4킬로와트 이하의 것)을 제외한다.

(가) 차량의 시가표준액 적용요령

- ▶ 차체(Frame) : 자동차 몸체(Body)나 기관(Engine) 등의 주요부분을 장치하는 부분 즉, 자동차의 골격에 해당하는 부분
- ▶ 기관(Engine) : 자동차를 주행시키는데 필요한 동력을 발생하는 장치. 현재 널리 사용되는 자동차용 기관(Engine)은 피스톤형, 왕복식 내연기관으로 가솔린(Gasoline)과 디젤(Diesel) 기관으로 분류
- ▶ 마력(출력) : 기관(Engine)의 힘을 나타내는 마력은 공업규격상 널리 사용되는 동력의 실용단위로서 영국 및 미국에서는 H.P, 독일에서는 P.S, 프랑스에서는 C.V 등 국별로 호칭이 상이하나 대체로 말의 힘을 기초로 하여 1초간에 75kg의 물체를 1m 옮기는 작업율을 말함
- ▶ 모델연도 : 「자동차 차대번호 등의 운영에 관한 규정」 제2조 제4호에 따른 모델연도로, 자동차 차대번호 10번째 자리에 표기된 부호의 해당 연도를 말함
- ▶ 내용연수 : 차량으로서 효용가치가 지속될 것으로 기대되는 사용가능 기간
- ▶ 경과연수 : 최초 제작연도를 기준으로 한 현재 사용연도말(12월 31일 기준)시점에서 차량의 사용연수

  (예시)
  - 2024년 제작 : 경과연수 1년미만 적용
  - 2023년 제작 : 〃 1년 적용
  - 2022년 제작 : 〃 2년 적용

- ▶ 잔가율 : 내용연수와 경과된 물건의 사용가치를 일정비율에 의해 나타낸 잔존가치율

차종별 · 경과연수 및 잔가율

① 비영업용 승용, 승합, 화물자동차의 경과연수 및 잔가율

구분		경과연수	1년 미만	1년	2년	3년	4년	5년	6년	7년	8년	9년	10년	11년	12년	13년	14년	15년	16년	17년	18년	19년	20년
승용	국산	20년	0.826	0.725	0.614	0.518	0.437	0.368	0.311	0.262	0.221	0.186	0.157	0.132	0.112	0.094	0.079	0.067	0.063	0.060	0.057	0.053	0.050
	외산	20년	0.842	0.729	0.605	0.500	0.412	0.340	0.281	0.232	0.172	0.142	0.117	0.097	0.080	0.066	0.054	0.050	0.048	0.046	0.044	0.042	0.040
승합		20년	0.810	0.726	0.609	0.510	0.426	0.357	0.298	0.250	0.215	0.184	0.157	0.134	0.113	0.096	0.081	0.067	0.058	0.056	0.054	0.052	0.050
화물		20년	0.761	0.671	0.597	0.510	0.426	0.357	0.298	0.259	0.229	0.200	0.172	0.149	0.128	0.110	0.098	0.086	0.065	0.063	0.062	0.060	0.058

② ①을 제외한 차량의 내용연수 및 잔가율

차종	용도	내용연수	1년 미만	1년	2년	3년	4년	5년	6년	7년
승용자동차	영업용	4년	0.779	0.618	0.348	0.196	0.100	0.100	0.100	0.100
승합자동차	영업용	7년	0.820	0.644	0.514	0.367	0.288	0.215	0.170	0.100
화물자동차	영업용	7년	0.702	0.561	0.500	0.377	0.280	0.242	0.190	0.150
이륜자동차	영업 및 비영업용	6년	0.717	0.562	0.455	0.316	0.215	0.147	0.100	0.100

▶ 시가표준액은 차량종류별 기준가격표에 의한 기준가격에 당해 차량의 경과연수별 잔가율을 곱하여 산출한 금액으로 하며(천원이하 금액은 절사함) 이때 경과연수 적용은 제작연도(사실상의 제작연도를 알 수 없는 경우에는 모델연도)를 기준으로 한다. 다만, 내용연수가 경과된 차량을 취득한 때에는 최종 내용연수의 잔가율을 적용한다. 등록 기록이 있는 중고차, 말소등록 부활로 신규등록을 하는 경우를 제외하고는 자동차를 제작·조립 또는 수입하는 자(이들로부터 자동차의 판매위탁을 받은 자를 포함하며, 이하 "자동차제조·판매자"라 한다.)가 공급하는 신규등록대상(신조차) 차량의 경우에는 잔가율을 적용하지 아니한다(이하 "다"목의 잔가율 적용도 이와 같다.)

▶ 시가표준액은 기준가격표에 의한 형식별 기준가격을 우선 적용하되, 동일한 형식별 기준가격이 2개 이상 존재하는 경우에는 차명으로 구분하여 적용한다. 형식별 가격이 없는 경우에는 기종별 기준가격을 적용한다.

※ 기준가격표 : 행정안부 고시 참조

▶ 기준가격표에 기준가격이 없을 때에는 최초의 취득가격에 당해 차량의 경과연수별 잔가율을 곱하여 산출한 금액을 시가표준액으로 하되, 최초 취득가격을 알 수 없을 경우나 시가표준액이 시가와 현저한 차이가 있어 이 시가표준액을 적용하기가 불합리하다고 인정되는 경우에는 실제거래가격 또는 유사한 종류의 시가표준액을 적용한다. 자동차전부손해증명서(손해보험협회장발급), 풍수해로 인한 피해사실증

명서(지자체발급)를 통해 침수사실이 증명된 차량은 산출된 시가표준액의 30%를 특별 감가(천원 이하 절사)한다.

▶ 차량의 종류(구조)를 변경함으로써 그 가격이 증가된 경우에는 붙임 "원동기변경", "차체변경"항목에 해당하는 가격을 그 시가표준액으로 한다.(다만, 법인장부 등 객관적인 자료에 의하여 사실상 증가액이 입증되는 경우에는 그에 의함)

- 이 책의 기준가격표에 없는 종류변경의 사례가 발생한 경우와 이 가격을 적용하기가 매우 불합리한 경우에는 사실상 증가한 가격을 조사하여 결정한다.
- 원동기의 상·중·하 구분은 다음과 같다.
  - 상 : 신조에 준하는 것 또는 개수한 후 6개월 이내의 것으로서 정비를 요하는 부분이 없는 원동기
  - 중 : 상과 하에 분류되지 않는 것으로 변경 후 원동기가 가동하는 상태지만 약간의 정비를 요하는 것이나 변경전 원동기가 재생은 가능하나 대수리를 요하는 것
  - 하 : 파손이나 노후로 가동이 불가능한 폐품과 유사한 것

▶ 차량 잔가율 산정시 각각의 용도로 사용된 연수에 해당하는 감가상각률을 적용하여 산출된 잔가율을 적용한다. 다만, 「자동차관리법」에 따른 자동차매매업자로부터 매매용 차량을 취득하는 경우에는 자동차매매업자 취득 전 사용용도의 잔가율을 적용한다.

(예시) A가 출고 3년이 지난 영업용 국산 승용차량을 취득하여 2년 간 비영업용으로 사용 후 B에게 양도할 경우 B에 대하여 적용되는 잔가율은 다음과 같이 계산할 수 있다.

> B의 잔가율 = 0.196(영업용, 경과연수 = 3년) × (1-0.156) (경과연수4년비영업용감가상각률) × (1-0.158) (경과연수5년비영업용감가상각률) = 0.139

승용자동차 용도별 감가상각률

경과연수	비영업용		영업용
	국산	외산	
0	−0.174	−0.158	−0.292
1	−0.122	−0.134	−0.206
2	−0.153	−0.170	−0.438
3	−0.156	−0.174	−0.437
4	−0.156	−0.176	−0.438
5	−0.158	−0.175	0
6	−0.155	−0.174	0
7	−0.158	−0.174	0
8	−0.156	−0.177	0
9	−0.158	−0.173	0
10	−0.156	−0.177	0
11	−0.159	−0.169	0
12	−0.152	−0.176	0
13	−0.161	−0.180	0
14	−0.160	−0.178	0
15	−0.152	−0.167	0
16	−0.060	−0.040	0
17	−0.048	−0.042	0
18	−0.050	−0.043	0
19	−0.070	−0.045	0
20	−0.057	−0.048	0

승합 및 화물자동차 용도별 감가상각률				
경과연수	승합		화물	
	비영업용	영업용	비영업용	영업용
0	−0.190	−0.180	−0.239	−0.298
1	−0.104	−0.215	−0.118	−0.201
2	−0.161	−0.202	−0.110	−0.109
3	−0.163	−0.286	−0.146	−0.246
4	−0.165	−0.286	−0.165	−0.257
5	−0.162	−0.286	−0.162	−0.268
6	−0.165	−0.465	−0.165	−0.512
7	−0.161	0	−0.131	0
8	−0.140	0	−0.116	0
9	−0.144	0	−0.127	0
10	−0.147	0	−0.140	0
11	−0.146	0	−0.134	0
12	−0.157	0	−0.141	0
13	−0.150	0	−0.141	0
14	−0.156	0	−0.136	0
15	−0.259	0	−0.295	0
16	−0.134	0	−0.244	0
17	−0.034	0	−0.031	0
18	−0.036	0	−0.016	0
19	−0.037	0	−0.032	0
20	−0.038	0	−0.033	0

▶ 제작연도가 나타나는 것은 경과연수별 잔가율표에 의하여 적용하고, 제작연도가 나타나지 않는 것은 수입연도의 2년전 잔가율을 적용하고, 수입년월일을 알 수 없는 것은 신규등록연도의 3년전 잔가율을 적용한다.(주한 외국대사관용 외국산 차량은 외교부에 등록한 연도, 주한 미군 소유의 차량은 관할차량 등록기관에 등록한 연도를 신규등록연도로 본다.) ①시가표준액은 차량종류별 기준가격표에 의한 기준가격에 당해 차량의 경과연수별 잔가율을 곱하여 산출한 금액으로 하며(천원 이하 금액은 절사함) 이때 경과연수 적용은 제작연도(사실상의 제작연도를 알 수 없는 경우에는 모델연도)를 기준으로 한다. 단, 내용연수가 경과된 차량을 취득한 때에는 최종 내용연수의 잔가율을 적용한다.

┃시가표준액 산출예시┃

─── 시가표준액 산출예시 (1) ───
- 차   량 : CC 2.0 TSI(차명) 3CC(형식)(비영업용 외산 승용)
- 기 준 가 격 : 35,400,000원
- 제 작 연 도 : 2020년도 (잔가율 0.412)
- 시가표준액 : 35,400,000원×0.412=14,584,800원

─── 시가표준액 산출예시 (2) ───
- 차   량 : 쏘렌토(차명) XMF75DB-S(형식)(비영업용 국산 승용)
- 기준가격 : 27,800,000원
- 제 작 연 도 : 2018년도 (잔가율 0.311)
- 시가표준액 : 27,800,000원×0.311=8,645,800원

─── 시가표준액 산출예시 (3) ───
- 차   량 : K5 2.0LPI디럭스A/T(영업용 국산 승용)
- 기 준 가 격 : 15,930천원
- 제 작 연 도 : 2019년도 (잔가율 0.196)
- 시가표준액 : 15,930천원×0.196=3,120천원

(나) 기계장비

기계장비란 건설공사용·화물하역용 및 광업용으로 사용되는 기계장비로서 「건설기계관리법」에서 규정한 건설기계 및 이와 유사한 기계장비 중 「지방세법 시행규칙」[별표 1]에 규정된 것을 말한다. (「지방세법」 제6조 제8호 및 「지방세법 시행규칙」 제3조)

┃용어┃

▶ 내용연수 : 기계장비로서 효용가치가 지속될 것으로 기대되는 사용가능 기간
▶ 경과연수 : 최초 제작연도를 기준으로 한 현재 사용연도 말(12월 31일기준)시점에서 기계장비의 사용연수
 (예시)
  - 2024년 제작 : 경과연수 1년미만 적용
  - 2023년 제작 :   〃   1년 적용
  - 2022년 제작 :   〃   2년 적용
▶ 잔가율 : 내용연수와 경과된 물건의 사용가치를 일정비율에 의해 나타낸 잔존가치율

| 종류 |

기계장비(건설기계)	범위
01 : 불 도 저	• 무한궤도 또는 타이어식인 것
02 : 굴 삭 기	• 무한궤도 또는 타이어식으로 굴삭장치를 가진 것
03 : 로 더	• 무한궤도 또는 타이어식으로 적재장치를 가진 것
04 : 지 게 차	• 들어올림장치를 가진 모든 것
05 : 스크레이퍼	• 흙·모래의 굴삭 및 운반장치를 가진 자주식인 것
06 : 덤프 트럭	• 적재용량 12톤 이상인 것. 다만, 적재용량 12톤 이상 20톤 미만의 것으로 화물운송에 사용하기 위하여 「자동차관리법」에 따라 자동차로 등록된 것은 제외한다.
07 : 기 중 기	• 강재의 지주 및 상하좌우로 이동하거나 선회하는 장치를 가진 모든 것
08 : 모 터 그 레 이 더	• 정지장치를 가진 것으로 자주식인 것
09 : 롤 러	• ① 전압장치를 가진 자주식인 것 ② 피견인 진동식인 것
10 : 노 상 안 정 기	• 노상안정장치를 가진 자주식인 것
11 : 콘 크 리 트 뱃 칭 플 랜 트	• 골재저장통·계량장치 및 혼합장치를 가진 모든 것으로서 이동식인 것
12 : 콘 크 리 트 피 니 셔	• 정리 및 사상장치를 가진 것
13 : 콘 크 리 트 살 포 기	• 정리장치를 가진 것으로 원동기를 가진 것
14 : 콘 크 리 트 믹 서 트 럭	• 혼합장치를 가진 자주식인 것(재료의 투입·배출을 위한 보조장치가 부착된 것을 포함한다)
15 : 콘 크 리 트 펌 프	• 콘크리트 배송능력이 시간당 5세제곱미터 이상으로 원동기를 가진 이동식과 트럭 적재식인 것
16 : 아 스 팔 트 믹 싱 플 랜 트	• 골재공급장치·건조가열장치·혼합장치·아스팔트공급장치를 가진 것으로 원동기를 가진 이동식인 것
17 : 아 스 팔 트 피 니 셔	• 정리 및 사상장치를 가진 것으로 원동기를 가진 것
18 : 아 스 팔 트 살 포 기	• 아스팔트 살포장치를 가진 자주식인 것
19 : 골 재 살 포 기	• 골재 살포장치를 가진 자주식인 것
20 : 쇄 석 기	• 20킬로와트 이상의 원동기를 가진 것
21 : 공 기 압 축 기	• 공기 토출량이 분당 2.84세제곱미터(제곱센티미터당 7킬로그램 기준) 이상인 것
22 : 천 공 기	• 크로라식 또는 굴진식으로서 천공장치를 가진 것
23 : 항 타 및 항 발 기	• 원동기를 가진 것으로서 해머 또는 뽑는 장치의 중량이 0.5톤 이상인 것
24 : 자 갈 채 취 기	• 자갈채취장치를 가진 것으로 원동기를 가진 것

25 : 준 설 선	• 펌프식·바켓식·딧퍼식 또는 그래브식으로 비자항식인 것
26 : 노면측정장비	• 노면측정장치를 가진 자주식인 것
27 : 도 로 보 수 트 럭	• 도로보수장치를 가진 자주식인 것
28 : 노 면 파 쇄 기	• 파쇄장치를 가진 자주식인 것
29 : 선 별 기	• 골재선별장치를 가진 것으로 원동기가 장치된 모든 것
30 : 타 워 크 레 인	• 수직타워의 상부에 위치한 지브를 선회시켜 중량물을 상하, 전후 또는 좌우로 이동시킬 수 있는 정격하중 3톤 이상의 것으로서 원동기 또는 전동기를 가진 것
31 : 그 밖의 건설기계	• 제1호부터 제30호까지의 기계장비와 유사한 구조 및 기능을 가진 기계류로서 행정안전부장관 또는 국토교통부장관이 따로 정하는 것

기계장비 시가표준액 산정 적용요령은 아래와 같다.

① 기계장비의 시가표준액은 기준가격표에 의한 기준가액에 당해 기계장비의 경과연수별 잔가율을 곱하여 산출한 금액(천원 이하 금액은 절사함)으로 하며, 이때 경과연수 적용은 연식(제작연도)을 기준으로 하되 내용연수가 경과된 기계장비를 취득한 때에는 최종 내용연수의 잔가율을 적용한다.

② 기준가격표에 당해 기계장비의 기준가액이 없는 경우에는 최초 취득가액(수입가격)을 기준가액으로 하되, 최초 취득가액(수입가격)을 알 수 없는 경우나 시가표준액이 현저히 차이가 있어 이 시가표준액을 적용하기가 매우 불합리하다고 인정되는 경우에는 실제 거래가격 또는 유사한 종류의 시가표준액을 적용한다.

③ 제작연도가 나타나는 것은 경과연수별 잔가율표에 의하여 적용하고, 수입으로 인하여 제작연도를 알 수 없는 경우에는 수입연도의 2년 전 잔가율을 적용하되, 수입연도도 알 수 없는 경우에는 신규등록연도의 3년전 잔가율을 적용한다.

건설기계(기계장비) 연도별 잔가율표

대상	내용연수	경과연수																
		1년 미만	1	2	3	4	5	6	7	8	9	10	11	12	13	14	15	16	17
굴삭기, 로더, 지게차, 덤프트럭, 콘크리트피니셔, 콘크리트펌프, 도로보수트럭, 노면파쇄기, 터널용고소작업차, 수목이식기, 트럭지게차	10	0.832	0.708	0.637	0.545	0.439	0.349	0.290	0.231	0.184	0.146	0.100							
콘크리트살포기, 콘크리트믹서트럭, 아스팔트피니셔, 아스팔트살포기, 골재살포기, 천공기, 선별기, 콘크리트믹서트레일러	13	0.871	0.768	0.709	0.603	0.543	0.455	0.381	0.318	0.279	0.234	0.196	0.165	0.138	0.100				
불도저, 기중기, 롤러, 노상안정기, 콘크리트뱃칭플랜트, 아스팔트믹싱플랜트, 쇄석기, 공기압축기, 자갈채취기, 준설선, 노면측정장비, 스크레이퍼, 항타및항발기, 아스팔트콘크리트재생기	15	0.885	0.793	0.736	0.644	0.603	0.511	0.439	0.376	0.323	0.290	0.249	0.214	0.183	0.158	0.135	0.100		
모터그레이더, 타워크레인	17	0.904	0.831	0.763	0.680	0.627	0.551	0.488	0.431	0.382	0.346	0.307	0.272	0.242	0.215	0.191	0.162	0.131	0.100

┃산출예시┃

─── 시가표준액 산출예시 (1) ───
- 기종 : 덤프트럭(타타대우상용차) DH2DJ1(로얄)
- 가격 : 89,750천원
- 제작연도 : 2023년도 (잔가율 0.708)
- 산출 : 89,750천원×0.708=63,540천원

─── 시가표준액 산출예시 (2) ───
- 기종 : 굴삭기(HITACHI) ZX20U-5B
- 가격 : 29,500천원
- 제작연도 : 2021년도 (잔가율 0.545)
- 산출 : 29,500천원×0.545=15,800천원

─── 시가표준액 산출예시 (3) ───
- 기종 : 기중기(LIEBHERR) LTM1160-5.1
- 가격 : 1,609,170천원
- 제작연도 : 불 명
- 수입연도 : 2019년 (잔가율 0.376)
- 산출 : 1,609,170천원×0.376=605,040천원

(4) 입 목(立木)

입목이란 지상의 과수[지상에 생립(生立)하고 있는 과수목], 임목(일정한 장소에 집단적으로 생립하고 있는 수목의 집단), 죽목[지상에 생립하고 있는 죽목(竹木)]을 말한다.

① 입목의 시가표준액은 매년 1월 1일 현재 특별자치시장·특별자치도지사·시장·군수·구청장이 입목의 종류별·수령별 거래가격 등을 고려하여 정한 기준가격에 입목의 목재부피·그루 수 등 입목의 특성을 고려하여 행정안전부장관이 정하는 기준에 따라 산정하여 특별자치시장 및 특별자치도지사는 직접 결정하고, 시장·군수·구청장(특별자치시장 및 특별자치도지사는 제외한다.)은 도지사의 승인을 받아 결정한다.

② 시가표준액을 결정함에 있어서는 입목의 종류별, 수령별 거래가격 등을 고려하여 정한 기준가액에 입목의 부피·그루 수 등을 적용한다(영 §4 ① Ⅴ).
  이 경우 입목은 산림목 총 5종(소나무, 잣나무, 낙엽송, 기타 침엽수, 기타 활엽수)과 유실수 총 16종(사과, 배, 복숭아, 포도, 감귤, 단감, 유자, 참다래, 자두, 매실, 호도, 앵두, 대추, 살구, 모과, 밤)이 있다.

③ 매년 1월 1일부터 시행되는 시가표준액을 보면 과수, 임목, 죽목을 수종, 수령, 지역별로 세분하고 구분하여 조사하며, 산림목은 ㎥당 가격을 시장가역산법에 의하고, 유실수는 10a당 과수별 작목에 따른 소득과 경비를 조사하고, 수종별 총경영비, 표준재식주수를 조사하여 정한다.

여기에서 입목에 대한 시가표준액 산출방법을 예시하면 다음과 같다.

✿ 산림목

㉮ 재적[㎥]이 나타난 경우

$$시가표준액 = 재적 \times ㎥당\ 단가$$

① 재적 : 산림경영기술자가 직접조사, 또는 산림경영계획서상 재적
② ㎥당 단가 : 시장가역산법에 의하여 산정한 시가표준액

㉯ 재적[㎥]을 직접 조사할 경우

$$시가표준액 = 간재적 \times 본수 \times ㎥당\ 단가$$

① 총재적 : 간재적 × 본수
② 간재적 : 흉고직경, 수고를 세무공무원이 직접 조사하여 산림청 발행 재적표에서 찾음.
③ ㎥당 단가는 종류에 따라 조사 결정한 ㎥당 시가표준액에 의한다.

│산림목 재적(㎥)이 나타난 경우│

─────── 시가표준액 산출예시 ───────
- 수종명 : 소나무   • 재적 :125.2㎥   • 소나무 ㎥ 당 단가: 50,300원
- 취득일 : 2024.5.6
- 시가표준액 : 125.2㎥ ×50,300원＝6,297,560원

│산림목 재적(㎥)을 직접 조사하는 경우│

─────── 시가표준액 산출예시 ───────
- 수종명 : 소나무   • 간재적 :0.1242   • 소나무 ㎥ 당 단가: 50,300원
- 본수 : 20본
- 취득일 : 2024.5.6
- 시가표준액 : 0.1242× 20본 × 50,300원＝124,945원

유실수

$$시가표준액 = 본당 기준가격 \times 본수$$

㉮ 유령수

투하비용 원리금의 합계와 실거래가격 수준을 고려하여 가격 결정

㉯ 성과기 이후 유실수

조수입에서 총경영비, 자가노력비, 자가토지임차비, 경영이윤, 대출원리금 합계를 차감한 과수 귀속 장래 기대순수익을 자본환원한 가격 수준을 기초로 다년간의 수익성 변동 추이를 고려하여 가격 결정

㉰ 위 기준에 따라 수령별 가격을 산출한 후 현실화율(76%)을 적용하여 시가표준액을 산출함

※ 유실수 중 일부 수종은 소득자료 통계 확인 등이 어려워 소득 자료가 발표되는 유실수의 평균 가격 변동률을 반영하여 시가표준액을 산출함

이 규정에서 사용되고 있는 용어를 정의하면 다음과 같다.

- **재적**(材積) : 수목의 부피를 말함.
- **흉고**(胸高)**직경** : 입목상태에서 120㎝(사람 가슴까지의 높이) 높이 부분의 나무직경을 말함.
- **수고**(樹高) : 나무의 지원부(地元部)에서 초두부(梢頭部)까지의 전체 높이를 말함.
- **지원부**(地元部) : 나무 밑둥과 토지가 서로 맞닿는 부분을 말함.
- **초두부**(梢頭部) : 나무 위의 끝부분을 말함.
- **재장**(材長) : 원목의 길이를 말하며, 원목이란 어떤 용도로 쓸 수 있게끔 일정한 크기(길이)로 절단해 놓은 상태에 있는 나무를 말함.
- **간재적**(幹材積) : 나무 한본(1본)의 전체 부피를 말함.
- **산림경영기술자**(山林經營技術者) : 산림경영계획서를 작성하고 그 시행에 관한 업무를 수행하는 자로서 산림경영기술자 자격증을 취득하여야 함.
- **산림경영계획서**(經營計劃書) : 모든 산림사업(조림, 육림, 벌채 등)에 대한 계획을 연도별로 시행할 수 있도록 만든 계획서를 말함.
- **임지경계**(林地境界) : 산(山)의 매필지마다의 경계를 말함.
- **기설차도**(旣設車道) : 차량이 통행할 수 있도록 만든 도로로서 기개설되어 있는 도로를 말함.
- **조수입**(粗收入) : 주산물 평가액(생산량×농가평균 수취가역)과 주산물 생산과정에서 부차적으로 생산되는 부산물의 평가액을 합계한 금액을 말함.

- **경영비**(經營費) : 조수입을 획득하기 위해서 외부에서 구입·투자한 일체의 비용을 말함.
- **경영비율**(經營費率) : 1-(소득/조수입×100)

(5) 항공기

항공기라 함은 사람이 탑승 조정하여 항공에 사용하는 비행기·비행선·활공기(글라이더)·회전익항공기 등의 기기를 말한다.

항공기 시가표준액 산정 적용요령은 아래와 같다.

① 항공기의 시가표준액은 매년 1월 1일 현재 특별자치시장·특별자치도지사·시장·군수 또는 구청장이 거래가격, 수입가격, 제조가격 등을 고려하여 정한 기준가격에 종류, 구조, 용도, 경과연수 등 항공기의 특성을 고려하여 행정안전부장관이 정하는 기준에 따라 산정하여 특별자치시장 및 특별자치도지사는 직접 결정하고, 시장·군수·구청장(특별자치시장 및 특별자치도지사는 제외한다.)은 도지사의 승인을 받아 결정한다(법 §4 ②). 특히 항공기는 항공기의 종류별, 형식별, 제조회사별, 정원별, 최대이륙중량별, 제조연도별, 제조가격 및 거래가격(수입하는 경우에는 수입가격을 말한다.)을 고려하여 정한 기준가격에 항공기의 경과연수별 잔존가치율을 적용한다(영 §4 ① Ⅵ).

② 기종별 시가표준액은 기준가격에 내용연수에 따른 경과연수별 잔가율을 곱하여 산출된 금액(천원이하 절사)으로 하며, 이때 경과연수 적용은 연식을 기준으로 하며, 고시되지 않은 과세물건에 대하여는 가장 유사한 기종의 기준가격에 의하고 유사한 기종이 없을 때는 과세사실이 발생할 때의 시가를 기준으로 조사 결정한 가격에 의한다.

③ 기준가격표상 "세분화 대상기종"으로 표시된 기종의 경우 항공기 기종 및 형식에 따른 기준가격을 적용하지 않고 「별표1. 세분화 대상기종 적용 기준가격표」에 제시된 바와 같이 항공기 번호(등록기호)에 따라 세분화된 기준가격을 적용한다.

[별표 1] 세분화 대상기종 적용 기준가격표

('20.09 기준 국토교통부 등록 항공기 기준)

세분화전	세분화후		기준가격 (천원)
	형식	등록기호	
B737-700	B737-400		23,914,000
	B737-700		41,681,000
	B737-700 (BBJ)	HL7227, HL8222, HL8290	61,329,000
B747-400F	B747-400 (BDSF)	HL7421, HL7423, HL7620	115,219,000
	B747-400F	HL7601, HL7602, HL7603, HL7605, HL7436, HL7616, HL7417, HL7419, HL7420	133,835,000
C525	C-525	HL7214	4,896,000
	C-525M2	HL8219	4,488,000
S-76C	S-76C+	HL9270, HL9489, HL9670, HL9685, HL9693	8,400,000
	S-76C++	HL9291, HL9692,	10,400,000
B787-8	B787-8	-	-
	B787-8(BBJ)	HL8508	351,889,900

항공기(고정익, 회전익, 활공기, 경량항공기)의 내용연수표

최대이륙중량	내용연수	최대이륙중량	내용연수
• 100,000kg 초과	20년	• 5,700kg초과, 13,650kg이하	11년
• 50,000kg 초과~100,000kg 초과	15년	• 1,500kg초과, 5,700kg이하	10년
• 13,650kg 초과~ 50,000kg 이하	12년	• 1,500kg이하	9년

※ 회전익 항공기의 내용연수 : 항공기기준가격표(회전익)에 의함

항공기의 잔가율표 : 정률법

경과연수 \ 내용연수	9년	10년	11년	12년	15년	20년
0	1.000	1.000	1.000	1.000	1.000	1.000
1년	0.774	0.794	0.811	0.825	0.858	0.891
2년	0.599	0.631	0.658	0.681	0.736	0.794
3년	0.464	0.501	0.534	0.562	0.631	0.708
4년	0.359	0.398	0.433	0.464	0.541	0.631
5년	0.278	0.316	0.351	0.383	0.464	0.562
6년	0.215	0.251	0.285	0.316	0.398	0.501
7년	0.167	0.200	0.231	0.261	0.341	0.447
8년	0.129	0.158	0.187	0.215	0.293	0.398
9년	0.100	0.126	0.152	0.178	0.251	0.355
10년		0.100	0.123	0.147	0.215	0.316
11년			0.100	0.121	0.185	0.282
12년				0.100	0.158	0.251
13년					0.136	0.224
14년					0.117	0.200
15년					0.100	0.178
16년						0.158
17년						0.141
18년						0.126
19년						0.112
20년						0.100

┃시가표준액 산출예시┃

① 세분화 대상 기종이 아닌 경우 (기준가격표 적용)

─── 시가표준액 산출예시 (1) ───
- 기종 및 형식 : CESSNA C-172S
- 기준가격 : 352,000,000원
- 내용연수 : 9년
- 경과연수 : 2년 (잔가율 : 0.599)
- 시가표준액 : 352,000,000원×0.599=210,848,000원

② 세분화 대상 기종인 경우

─── 시가표준액 산출예시 (2) ───
- 기종 및 형식 : BOEING B737-700 (세분화 대상 기종)
- 등록기호 : HL7227
- 세분화된 기종 및 형식 : B737-700(BBJ)
  (「별표1. 세분화 대상기종 적용 기준가격표」 적용)
- 기준가격 : 60,000,000,000원
- 내용연수 : 15년
- 경과연수 : 6년 (잔가율 : 0.398)
- 시가표준액 : 60,000,000,000원×0.398=23,880,000,000원

(6) 광업권, 어업권

광업권에 대한 시가표준액은 매년 1월 1일 현재 특별자치시장·특별자치도지사·시장·군수 또는 구청장이 광구의 광물매장량, 광물의 톤당 순 수입가격, 광업권 설정비, 광산시설비 및 인근 광구의 거래가격 등을 고려하여 정한 기준가액에서 당해 광산의 기계 및 시설취득비, 기계설비이전비 등을 공제하는 등 그 특성을 감안하여 행정안전부장관이 정하는 기준에 따라 산정하여 특별자치시장 및 특별자치도지사는 직접 결정하고, 시장·군수·구청장(특별자치시장 및 특별자치도지사는 제외한다.)은 특별시장·광역시장 또는 도지사의 승인을 받아 결정한다(법 §4 ②, 영 §4 ① Ⅶ).

어업권에 대한 시가표준액은 매년 1월 1일 현재 특별자치시장·특별자치도지사·시장·군수 또는 구청장(특별자치시장 및 특별자치도지사는 제외한다.)이 인근 같은 종류의 어장 거래가격과 어구 설치비 등을 고려하여 정한 기준가액에 어업의 종류, 어장의 위치, 어구 또는 장치, 어업의 방법, 채취물 또는 양식물 및 면허의 유효기간 등을 고려하여 행정안전부장관이 정하는 기준에 따라 산정하여 특별자치시장 및 특별자치도지사는 직접 결정하고, 시장·군수·구청장은 특별시장·광역시장 또는 도지사의 승인을 받아 결정한다. 다

만, 이미 결정된 시가표준액이 시가의 변동 또는 그 밖의 사유로 그대로 적용하는 것이 불합리하다고 인정되는 경우에는 도지사, 특별자치시장 및 특별자치도지사는 행정안전부장관의 승인을 받아 해당 시가표준액을 변경하여 결정할 수 있다(법 §4 ②, 영 §4 ① Ⅷ).

광업권과 어업권의 시가표준액 계산방법을 예시하면 다음과 같다.

(가) 광업권의 시가표준액 적용요령

① 정상적으로 생산 중에 휴업한 광산과 조업 중인 광산으로서 거래사례가 있는 경우(가채광량 포함)

$$\text{조사가격} = \left\{ \begin{array}{l} ① \text{(톤당 순수입가격×매장량)} \\ \text{또는 } ② \text{ 인근 광구의 비준가격} \end{array} - \left(\begin{array}{l} ③ \text{ 기계 및 시설비+} \\ ④ \text{ 기계설비이전비} \end{array} \right) \right\} \times 0.7$$

- 가채광량(可採鑛量)을 알 수 있을 때 : [①-(③+④)] × 0.7
- 가채광량을 알 수 없을 때 인근 광구의 비준가격 적용 : [②-(③+④)] × 0.7

〈註〉
- 톤당 순수입가격 = 톤당 판매가격 − 생산단가(인건비・채광비・선광비・제련비 등)
- 기계류(차량, 기계장비, 채광시설) : 감가액 감안 적용
- 시설비 : 가건물은 감가액만 감안하고 구축물은 전액 적용
- 인근 광구의 비준가격 적용시에는 기계시설비와 그 시설에 대한 이전비 제외
- 기계시설이전비 : 기계시설 설치비의 10% 계상
- 확정매장량의 현실화율 70% 감안하여 0.7을 승함.

② 탐광단계에 있으나 광물의 생산량이 없는 광산과 채광 미착수 광산인 경우

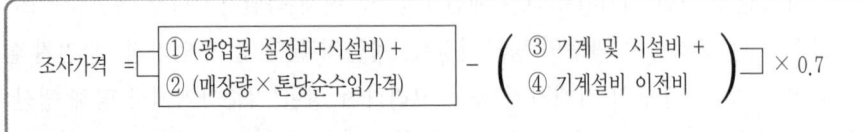

〈註〉
- 광업권설정비 : 등록시 소요경비
- 시설비 : 시추작업비
- 인근 광구의 비준가격 적용시에는 기계시설비와 그 시설에 대한 이전비를 제외함.
- 톤당 순수입가격 = 톤당 판매가격 − 생산단가(인건비・채광비・선광비・제련비 등)
- 기계류(차량, 기계장비, 채광시설): 감가액 감안 적용
- 시설비 : 가건물은 감가액만 감안, 구축물은 전액 적용
- 기계시설이전비 : 기계 및 시설 설치비의 10% 계상
- 확정매장량의 현실화율 70% 감안하여 0.7을 승함.

(나) 어업권의 시가표준액 적용요령

① 지방세 과세대상인 어업권은 「수산업법」 또는 「내수면어업법」 의 규정에 의한 면허어업을 말하고, 양식업권은 「양식산업발전법」 의 규정에 의한 면허양식업을 말한다.

② 수산업법에 의한 면허어업은 정치망 어업 [일정한 수면을 구획하여 어구(낙망류, 승망류, 죽방렴, 그 밖에 해양수산부장관이 정하여 고시하는 정치성 어구 등)를 일정한 장소에 설치하여 수산동물을 포획하는 어업]과 마을 어업(일정한 지역에 거주하는 어업인이 해안에 연접한 일정한 수심이내의 수면을 구획하여 패류·해조류 또는 정착성 수산동물을 관리·조성하여 포획·채취하는 어업)으로 나누며,

③ 내수면어업법에 의한 면허어업은 정치망 어업(일정한 수면을 구획하여 어구를 한 곳에 처놓고 수산동물을 포획하는 어업)과 공동 어업(지역주민의 공동이익을 증진하기 위하여 일정한 수면을 전용하여 수산자원을 조성·관리하여 수산동식물을 포획·채취하는 어업)으로 구분되며,

④ 양식산업발전법에 의한 면허양식업은 해조류 양식업(해수면의 일정한 수면을 구획하여 그 수면의 바닥을 이용하거나 수중에 필요한 시설을 설치하여 해조류를 양식하는 사업)과 패류 양식업(해수면의 일정한 수면을 구획하여 그 수면의 바닥을 이용하거나 수중에 필요한 시설을 설치하여 패류를 양식하는 사업), 어류 등 양식업(해수면의 일정한 수면을 구획하여 그 수면의 바닥을 이용하거나 수중에 필요한 시설을 설치하거나 그 밖의 방법으로 패류 외의 수산동물을 양식하는 사업), 복합 양식업(양식장의 특정 등을 고려하여 서로 다른 양식업 대상품종을 두 종류 이상 복합적으로 양식하는 사업), 협동 양식업(일정한 수심의 범위의 수면을 구획하여 일정한 지역에 거주하는 양식업자가 협동하여 양식하는 사업), 외해 양식업(외해의 일정한 수면을 구획하여 수중 또는 표층에 필요한 시설을 설치하거나 그 밖의 방법으로 수산동식물을 양식하는 사업) 및 내수면 양식업(「내수면어업법」 제2조제2호에 따른 공공용 수면에서 내수면의 일정한 수면 및 바다을 구획하여 필요한 시설을 설치하거나 그 밖의 방법으로 수산동식물을 양식하는 사업)으로 나누어진다.

[시가표준액 적용방법]
1) 기준가격이 있는 경우

───── 산출예시 ─────
- 취득물건
  - 지역 : 경상남도 거제시
  - 어업의 종류 : 패류 수하식
  - 양식방법 : 연승식
  - 면적 : 10ha
  - 면허취득일 : 2019. 3. 1.
- 취득일시 : 2024. 5. 1.
- 취득(신고)가격 : 300,000,000원
- 기준가격 : 46,700,000원/ha
- 당해 어장의 시가표준액 산정
  46,700,000원 × 10ha = 467,000,000원(10ha 기준)

2) 기준가격이 없는 경우

본 기준가격이 없는 과세물건에 대하여는 과세사실이 발생할 때의 시가를 기준으로 조사한 금액의 90%를 적용한 가격을 기준가격으로 한다.

매년 5%씩 상향조정하여 2025년에는 95%, 2026년도에는 100%를 적용한 가격을 기준가격으로 한다.

(7) 골프회원권, 승마회원권, 콘도미니엄 회원권, 종합체육시설이용 회원권 및 요트회원권

① 골프회원권, 승마회원권, 콘도미니엄 회원권, 종합체육시설 이용회원권 및 요트회원권의 시가표준액은 매년 1월 1일 현재 특별자치시장·특별자치도지사·시장·군수 또는 구청장이 분양 및 거래가격을 고려하여 정한 기준가격에 기준시가 등의 특성을 고려하여 행정안전부장관이 정하는 기준에 따라 산정하여 특별자치시장 및 특별자치도지사는 직접 결정하고, 시장·군수·구청장(특별자치시장 및 특별자치도지사는 제외한다.)은 특별시장·광역시장 또는 도지사, 특별자치시장 및 특별자치도지사의 승인을 받아 결정한다(법 §4 ②, 영 §4).

② 시가표준액을 결정함에 있어서 골프회원권, 승마회원권, 콘도미니엄회원권, 종합체육시설이용회원권 및 요트회원권은 분양 및 거래가격을 참작하여 정한 기준가액에 소득세법에 따른 기준시가 등을 고려하여 결정한다(영 §4 ① Ⅸ).

이 규정에서 골프회원권이라 함은 체육시설의설치·이용에 관한 법률의 규정에 의한 회원제 골프장의 회원이 골프장을 이용할 수 있는 권리를 말하는데 회원제 골프장의 종류로는 먼저 골프시설이용권의 일반적인 분양형태인 소유권은 분양회사가 계속 소유하되 입회금이란 반환성 무이자 장기부채를 근거로 하여 회원에게 시설을 이용하도록 하는 형태인 회원제(member-ship)가 있고,

첫째로는, 회원의 자격을 주식을 보유케 함으로써 회원권을 취득하는 형태로 주식을 소유함으로써 배당을 받을 수 있는 주주제가 있으며,
둘째, 회원제와 주주제의 절충형태로 운영되는 절충형이 있고,
셋째, 연회비의 일정금액을 납부하면 회원의 자격을 취득하여 배타적 시설 이용이 가능한 회비제가 있다.
이 경우 시가 표준액 적용 방법은 기준 가격 등을 시가표준액 산정 시 적용하는데 여기에 없는 과세물건에 대하여는 과세사실이 발생할 때의 분양가 또는 시가를 기준으로 조사한 금액의 90%로 하되, 분양가 또는 시가가 6억 원을 초과하는 경우에는 조사한 금액의 95%가액을 기준가격으로 한다.

그런데 위와 같은 회원권은 경기변동에 따라 시가의 등락이 심하므로 적기에 시가표준액을 조정하기가 어려운 실정으로 본의 아니게 납세자가 손해를 보게 되는 경우가 있기 때문에 1999년부터는 시가의 변동시점보다 과표의 변경결정고시가 늦게 이루어지더라도 소급적용이 가능하도록 개선하였다.

(8) 토지, 지하 또는 다른 구조물에 설치하는 시설물

토지에 정착하거나 지하 또는 다른 구조물에 설치하는 시설물의 시가표준액은 매년 1월 1일 현재 특별자치시장·특별자치도지사·시장·군수 또는 구청장(특별자치시장 및 특별자치도지사는 제외한다.)이 종류별 신축가격 등을 고려하여 정한 기준가액에 시설의 용도·구조 및 규모 등을 고려하여 가액을 산출한 후 그 가액에 다시 시설의 경과연수별 잔존가치율을 적용하여 행정안전부장관이 정하는 기준에 따라 산정하여 특별자치시장 및 특별자치도지사는 직접 결정하고, 시장·군수·구청장(특별자치시장 및 특별자치도지사는 제외한다.)은 특별시장·광역시장 또는 도지사의 승인을 받아 결정한다(법 §4 ②, 영 §4 ① X).

토지, 지하 또는 다른 구조물에 설치하는 시설물에 대한 시가표준액의 결정요령을 예시하면 다음과 같다.

① 레저시설 : 수영장, 스케이트장, 골프연습장(체육시설의 설치·이용에관한법률에 의하여 골프연습장업으로 신고된 20타석 이상의 골프연습장에 한한다.), 전망대, 옥외스탠드, 유원지의 옥외오락시설(건물의 옥내 및 옥상 포함)
　㉮ 수영장은 경기용 수영장, 일반 수영장, 다이빙 수영장, 미끄럼틀 수영장, 기타 수영장으로 구분하고 그 구조에 따라 내용연수, 잔존율 및 감가율을 정하여 기준가격표에 따라 산정하고 있다.

▶ 내용연수 및 감가율

구조별	내용연수	감가방법	잔존율	감가율
철근콘크리트조	40년	정액법	10%	0.0225
콘크리트조	30년	〃	10%	0.03
기타조	40년	〃	10%	0.0225

─── 수영장 시가표준액 산출예시 (1) ───
▶ 2017년도에 설치한 철근콘크리트 일반 수영장의 2024년 시가표준액은?
  (깊이 2.5m, 넓이 1,500㎡임)
• 감가율 : 0.0225(철근콘크리트조)
• 잔가율 : 1-(0.0225×7년)=0.8425
• 1,000㎡기준가격 : 247,000,000원 ·· A
• ㎡당 증가시 기준가격 : 71,000원/㎡×500㎡=35,500,000원 ············ B
• 기준가격 합계 : A+B=247,000,000+35,500,000=282,500,000원
• 시가표준액 : 282,000,000원×0.8425(잔가율)=238,006,250원

─── 수영장 시가표준액 산출예시 (2) ───
▶ 동일 장소에 소재한 2018년도 설치 철근콘크리트 소형수영장'(깊이 1m 이상, 면적 40㎡)과 2018년도 설치 철근콘크리트 소형수영장'(깊이 1m 이상, 면적 70㎡)의 2024년 시가표준액은?
• 감가율 : 0.0225(철근콘크리트조)
• 잔가율 : 1-(0.0225×6년)=0.865
• 면적합산 : 110㎡
• 100㎡ 기준가격 : 40,000,000원 ··· A
• 1㎡당 증감시 기준가격 : 101,000원/㎡×10㎡=1,010,000원 ············· B
• 기준가격 합계 : A+B=40,000,000+1,010,000=41,010,000원
• 시가표준액 : 41,010,000원×0.865(잔가율)=35,473,650원

수영장의 개수란 수영장의 잔존 내용연수를 연장하거나 그 가치를 현실적으로 증가시키는 수선(수영장 바닥 또는 벽면개수의 경우에는 3분의1 이상을 수선하는 경우에 한함)을 말하며, 개수해당 수영장에 대한 신축연도는 기존신축연도에 개수로 인한 잔종 내용연수증가분(개수 시점의 경과연수 20%, 소수점이하ᅵ 절사)을 가사하여 계산한연도 하며 시가표준액 산정식은 아래와 같다.

┌───┐
│   개수 시가표준액 = 기준가격 ×잔가율(1) ×잔가율)   │
└───┘

─── 수영장 시가표준액 산출예시 (3) ───
▶ 일반수영장(구조 : 철근콘크리트조 깊이 깊이 2.5m , 넓이 1500㎡)에서 750㎡를 개수한 경우 시가표준액은?
• 잔가율 : 1
• 기준가격 합계 =247,000,000원+71,000/㎡×500㎡=282,500,000원
• 개수비율 : 750㎡/1,500㎡=0.5
• 시가표준액 : 41,010,000원×0.865(잔가율)=35,473,650원

┌─────────── 수영장 시가표준액 산출예시 (4) ───────────┐
▶ 2017년도에 설치한 철근콘크리트 일반 수영장을 2024년에 일부 개수(500㎡)한 경우의 2024년도 시가표준액은? (깊이 2.5m, 넓이 1,500㎡)

- 감가율 : 0.0225(철근콘크리트조)
- 개수 전 잔가율 : 1-(0.0225×7년)=0.8425
- 개수 후 신축년도 조정 : 2017년+(0.20×7년)=2018년
- 개수 후 잔가율 : 1-(0.0225×6년)=0.865
- 1,000㎡ 기준가격 : 247,000,000원 ················· A
- ㎡당 증가시 기준가격 : 71,000원/㎡×500㎡=35,500,000원 ········· B
- 기준가격 합계 : A+B=247,000,000+35,500,000=282,500,000원
- 시가표준액 : 282,500,000원×0.865(잔가율)=244,362,500원

㉯ 스케이트장은 롤러 스케이트장, 기타 스케이트장으로 구분하고 내용연수, 잔존율, 감가율과 기준가격표에 따라 산정토록 하고 있다.

▶ 내용연수 및 감가율

구분 종류별	내용연수	감가방법	잔존율	감가율
롤러스케이트장	10년	정액법	10%	0.09
기타스케이트장	10년	정액법	10%	0.09

┌─────────── 스케이트장 시가표준액 산출예시 ───────────┐
▶ 2017년도에 설치한 롤러스케이트장(구조 : 폴리우레탄, 규격 : 1,500㎡)의 2024년 시가표준액은?

- 감가율 : 0.09(롤러스케이트장)
- 잔가율 : 1-(0.09×7년)=0.37
- 500㎡기준가격 : 45,200,000원 ················· A
- ㎡당 증가시 기준가격 : 59,000원/㎡×1,000㎡=59,000,000 ········· B
- 기준가격 합계 : A+B=45,200,000+59,000,000=104,200,000원
- 시가표준액 : 104,000,000원×0.37(잔가율)=38,554,000원

㉰ 골프연습장 시설물에 대한 시가표준액은 운동시설, 안전시설, 철탑 등의 시가표준액을 합한 것을 말하며, 시가표준액은 내용연수, 잔가율 및 기준가격에 따라 산정하고, 실내에 설치한 골프연습장은 과세대상에서 제외하며, 옥상위에 설치한 골프연습장의 철탑에 대한 시가표준액은 산출된 기준가격에서 50%를 경감한 것을 과세표준으로 한다.

▶ 내용연수 및 감가율

구 분	내용연수	감가방법	잔존율	감가율
운동시설	5	정액법	10%	0.18
안전시설	3	정액법	10%	0.3
철 탑	30	정액법	10%	0.03

─── 골프연습장 시가표준액 산출예시 ───

▶ 2017년도에 설치한 골프장(운동시설 : 자동식, 100타석/ 안전시설 : 1,000㎡/ 철탑 : 원파이프, 10m, 6개)의 2024년 시가표준액은?
- 잔가율
  운동시설 : 0.1 [경과연수(7년)가 내용연수(5년)를 초과하여 잔존율 0.1을 적용함]
  안전시설 : 0.1 [경과연수(7년)가 내용연수(3년)를 초과하여 잔존율 0.1을 적용함]
  철탑 : 1-(0.03×7년)=0.79
- 운동시설 시가표준액 : 3,369,000원/타석×100타석×0.1(잔가율)=33,690,000원 (A)
- 안전시설 시가표준액 : 3,780원/㎡×1,000㎡×0.1(잔가율)=378,000원 (B)
- 철탑 시가표준액 : 601,000원/m×10m×6개×0.79(잔가율)=28,487,400원 (C)
- 기준가격 합계 : A+B+C=62,555,400원

㉣ 전망대는 설치자재에 따라 목재·철재·기타 전망대로 구분하고 내용연수, 잔존율, 감가율, 그 규격에 따른 시가표준액에 따라 산정토록 하고 있다.

▶ 내용연수 및 감가율

구조별	내용연수	감가방법	잔존율	감가율
목 재	15년	정액법	10%	0.06
철 재	40년	정액법	10%	0.0225
기 타	40년	정액법	10%	0.0225

─── 전망대 시가표준액 산출예시 ───

▶ 2017년도에 설치한 전망대(구조: 철재, 규모: 8㎡)의 2024년 시가표준액은?
- 감가율 : 0.0225(철재)
- 잔가율 : 1-(0.0225×7년)=0.8425
- 6㎡ 기준가격 : 5,740,000원 ·············· A
- ㎡당 증가시 기준가격 : 560,000원/㎡×2㎡=1,120,000원 ·········· B
- 기준가격 합계 : A+B=5,740,000+1,120,000=6,860,000원
- 시가표준액 : 6,860,000원×0.8425(잔가율)=5,779,550원

㉤ 옥외스탠드는 구조, 사무실·기타 설비 및 지붕 설치 여부 등에 의해 구분하고 철근콘크리트조, 콘크리트조, 철골조, 목조로 구분하여 내용연수, 잔존율, 감가율 및 기준가격표에 따라 산정한다.

▶ 내용연수 및 감가율

구 조 별	내용연수	감가방법	잔존율	감가율
철근콘크리트조	40년	정액법	10%	0.0225
콘크리트조	30년	정액법	10%	0.03
철골조	30년	정액법	10%	0.03
목 조	10년	정액법	10%	0.09

───── 옥외스탠드 시가표준액 산출예시 ─────

▶ 2017년에 설치한 옥외스탠드(구조: 철근콘크리트조, 지붕없음, 규모: 550㎡)의 2024년 시가표준액은?
- 감가율 : 0.0225(철근콘크리트조)
- 잔가율 : 1−(0.0225×7년)=0.8425
- 500㎡ 기준가격 : 110,100,000원 ··· A
- ㎡당 증가시 기준가격 : 188,000원/㎡×50㎡=9,400,000원 ············· B
- 기준가격 합계 : A+B=110,100,000+9,400,000=119,500,000원
- 시가표준액 : 119,500,000원×0.8425(잔가율)=100,680,750원

㉯ 유원지의 옥외오락시설(건물의 옥내 및 옥상 포함)은 관광진흥법에 따른 각종 유원시설과 삭도(케이블카, 리프트카), 기타 유흥 또는 오락용으로 설치된 레저시설로 구분하고 내용연수와 잔존율 및 기준가격표에 따라 1개소당 과표를 산정하고 있다.

▶ 내용연수 및 감가율

구 분	내용연수	감가방법	잔존율	감가율
각종오락용시설	10년	정액법	10%	0.09
물놀이시설				
− 철근콘크리트조	40년	정액법	10%	0.0225
− 콘크리트조	30년	정액법	10%	0.03
− 기타조	40년	정액법	10%	0.0225
궤도(삭도)	10년	정액법	10%	0.09

───── 케이블카 시가표준액 산출예시 ─────

▶ 2017년에 설치한 각종 오락용 시설(용인 에버랜드T-EXPRESS)의 2024년 시가표준액은?
- 감가율 : 0.09
- 잔가율 : 1−(0.09×7년)=0.37
- 기준가격 : 18,240,000,000원
- 시가표준액 : 18,240,000,000원×0.37(잔가율)=6,748,800,000원

② **저장시설** : 수조, 저유조, 사일로, 저장조(저장용량이 1톤 이하인 액화석유가스 저장조는 제외한다) 등 옥외저장시설

㉮ 수조는 물을 저장하여 사용하기 위한 수조(설치물), 내수면 양만, 양식을 위한 수조는 설비자재, 제작방식, 설치방법에 따라 세분하고 내용연수와 감가율, 가격기준표에 따라 산정한다.

▶ 내용연수 및 감가율

구분		내용연수	감가방법	잔존율	감가율
물을 저장하여 사용하기 위한 수조	철판탱크	20년	정액법	10%	0.045
	철골탱크	40년	정액법	10%	0.0225
	철근콘크리트조탱크	40년	정액법	10%	0.0225
	시멘트벽돌조탱크	30년	정액법	10%	0.03
	화학제품(FRP 등)	40년	정액법	10%	0.0225
	토조및합성고무제품	40년	정액법	10%	0.0225
	SMC	40년	정액법	10%	0.0225
	스테인레스(STS)	40년	정액법	10%	0.0225
	지하암거	40년	정액법	10%	0.0225
내수면 양만 양식을 위한 수조	철근콘크리트조	30년	정액법	10%	0.03
	시멘트벽돌조	20년	정액법	10%	0.045
	철판원형조	18년	정액법	10%	0.05
	기타합성조	10년	정액법	10%	0.09

㉯ 저유조는 크기, 설비자재, 제작방법에 따라 구분하고, 내용연수와 감가율 등을 감안하여 산정한다.

▶ 내용연수 및 감가율

구 분	내용연수	감가율	감가방법	잔존율
철판	21년	0.0429	정액법	10%
철근콘크리트	40년	0.0225	정액법	10%
기타	30년	0.03	정액법	10%
LNG특수저장조	40년	0.0225	정액법	10%
지하암거	40년	0.0225	정액법	10%

㉰ 저유조는 유류(휘발유, 경유 등), LPG, LNG 등을 저장하였다가 공급할수 있는 시설(석유화학제품 포함)을 말하며, 다른시설과 유기적인 관련을 가지고 일시적으로

저장기능을 하는 시설을 포함하며 소형 및 대형저율조로 구분된다.

▶ 내용연수 및 감가율

구 분	내용연수	감가율	감가방법	잔존율
철판	21년	0.0429	정액법	10%
철근콘크리트	40년	0.0225	정액법	10%
기타	30년	0.03	정액법	10%
LNG특수저장조	40년	0.0225	정액법	10%
지하암거	40년	0.0225	정액법	10%

㉣ 사일로는 가축의 조사료(粗飼料)인 청조(엔시레지)저장을 위하여 만든 탱크식 창고로 설치된 구조물로서 시멘벽돌조와 철근콘크리트조로 구분하여 내용연수, 감가율 등을 적용하여 산정한다.

▶ 내용연수 및 감가율

구 분	내용연수	감가율	감가방법	잔존율
시멘트벽돌조	30년	0.03	정액법	10%
철근콘크리트조	40년	0.0225	〃	10%

㉤ 저장조는 곡물, 어류, 과일, 시멘트, 화학제품 등의 물품을 저장·보관하는 시설로서 철판탱크, 철근콘크리트, 콘크리트, 아연도금강판, 기타 저장조로 구분하여 내용연수, 감가율 등을 적용하여 산정한다.

▶ 내용연수 및 감가율

구 분	내용연수	감가율	감가방법	잔존율
철판탱크	21년	0.0429	정액법	10%
철근콘크리트(일반)	40년	0.0225	〃	10%
철근콘크리트 (방사성폐기물)*	100년	0.009	〃	10%
아연도금강판	15년	0.06	〃	10%

* 중저준위 방사성폐기물 지하저장조, 고준위 방사성 폐기물 저장시설로서 직육면체II형 맥스터와 원통형 캐니스터를 포함함

③ 도크시설 및 접안시설 : 도크, 조선대

조선시설은 도크와 조선대로 구분하고 도크는 건도크(dry dock), 부(浮)도크(floating dock)로, 조선대는 상가선대(중소규모의 선박의 신조나 수리를 위해 육상부에서 바다 밑으로 레일을 깔아 선박을 육지로 끌어올리거나 바다로 내릴 수 있도록 설치한 것), 신조선대(육상부에 철근콘크리트 구조물을 설치하고 그 위에 레일을 바다 밑까지 연장시켜 신조선을 바다로 내릴 수 있도록 설치한 것)로 각각 구분하여 시설구조, 건조능력, 내용연수, 감가율, 건조능력 및 면적을 기준으로 산정한다.

▶ 내용연수 및 감가율

구 분	시설구조	내용연수	감가방법	감가율	잔존율
건도크(dry dock)	철근콘크리트조	40년	정액법	0.0225	10%
부도크(floating dock)	철 및 기타 금속조	20년	정액법	0.045	10%
조선대		30년	정액법	0.03	10%

④ 도관시설(연결시설을 포함한다.) : 송유관, 가스관, 열수송관

㉮ 송유관은 주로 원유 등을 운반하기 위하여 지하나 지상 또는 고가에 설치된 관으로서 주철관, 강철관, 화학제품관(PVC, FRP 등)으로 구분하고 내용연수, 감가율, 잔존율과 규격 등을 기준으로 산정한다.

▶ 내용연수 및 감가율

구 분	내용연수	감가율	감가방법	잔존율
주철관	30년	0.03	정액법	10%
강철관	20년	0.045	정액법	10%
화학제품관	40년	0.0225	정액법	10%

㉯ 가스관은 가스(LPG, LNG 등)를 운반하기 위하여 지하나 지상 또는 고가 및 다리에 설치된 도시가스사업법에 의한 본관과 공급관(연결시설을 포함한다)를 말하며 사용자 공급관과 내관은 제외하되 공장구내의 관은 포함한다. 이러한 가스관은 폴리에틸렌피복강판(PLP), 주철관, 아연관, 강철관, 초저온 스테인레스관, 화학제품(PE)관이 있으며, 시가표준액은 {m당 기준과표×가스관길이(m)}×잔가율로 계산한다.

▶ 내용연수 및 감가율

구 분	내용연수	감가율	감가방법	잔존율
폴리에틸렌피복강관(PLP)	20년	0.045	정액법	10%
초저온스테인레스관	20년	0.045	정액법	10%
화학제품(PE)관	20년	0.045	정액법	10%

㉰ 열수송관은 열을 수송하기 위하여 지하 또는 지상에 설치된 관을 말하며, 그 연결시설을 포함한다. 이러한 열수송관의 시가표준액은 열수송관길이(m)×1m당 기준가격 × 잔가율로 계산한다.

▶ 내용연수 및 감가율

구 분	내용연수	감가율	감가방법	잔존율
강관	20년	0.045	정액법	10%

※ {잔가율=1-(경과연수×0.045)}

⑤ 급·배수시설 : 송수관, 급배수시설, 복개설비

㉮ 송수관은 주로 물을 운반하기 위하여 지하나 지상 또는 고가에 설치된 관을 말하고 시가표준액은 이들 관의 종류에 따라 내용연수, 감가율, 잔존율 등을 적용하여 산정한다.

▶ 내용연수 및 감가율

구 분	내용연수	감가율	감가방법	잔존율
주철관	30년	0.03	정액법	10%
강철관	20년	0.045	정액법	10%
화학제품관	40년	0.0225		10%

㉯ 급·배수시설은 옥외 하수도시설(옥외에서 공용하수도까지), 지하수 시설(인력관정, 기계관정), 기타시설(지하 또는 지상에 설치된 시설)로 구분하고 내용연수, 감가율, 길이 또는 깊이 등을 기준으로 산정한다.

▶ 내용연수 및 감가율

구분	시 설 별	내용연수	감가방법	감 가 율	잔 존 율
옥외하수시설	맨홀(철근콘크리트)	40년	정액법	0.0225	10%
	암거(석조)	35년	정액법	0.0257	10%
	오지관(토조)	15년	정액법	0.06	10%
	시멘트관	15년	정액법	0.06	10%
	흄관(철 및 기타금속)	30년	정액법	0.03	10%
	기타(화학제품 등)	40년	정액법	0.0225	10%
지하수시설	기계관정	30년	정액법	0.03	10%
기타 급배수시설	철근콘크리트 수로터널	50년	정액법	0.016	20%
	철근콘크리트 수압철관	50년	정액법	0.016	20%
	강철관	50년	정액법	0.016	20%

㉰ 기타급배수시설은 물을 사용하기 위하여 지하 또는 지상에 설치한 시설로서 철근 콘크리드 수로터널 및 수압철관, 강철관으로 구분된다

▶ 내용연수 및 감가율

시 설 별	내용연수	감가율	감가방법	잔존율
철근콘크리트 수로터널	50년	0.016	정액법	10%
철근콘크리트 수압철관	50년	0.016	정액법	10%
강철관	50년	0.016	정액법	10%

㉱ 복개설비는 설치구조에 따라 철근콘크리트조, 콘크리트조, 철 및 기타 금속조와 기타시설로 구분하고 내용연수, 감가율, 면적 등을 기준으로 산정한다.

▶ 내용연수 및 감가율

시 설 별	내용연수	감가율	감가방법	잔존율
철근콘크리트조	40년	0.0225	정액법	10%
콘크리트조	15년	0.06	정액법	10%
철 및 기타 금속조	30년	0.03	정액법	10%
기타조	40년	0.0225	정액법	10%

⑥ 에너지공급시설 : 주유시설, 가스충전시설, 환경친화적 자동차충전시설, 송전철탑
  ㉮ 주유시설이라 함은 주유기, 저장조 등 기름을 주입시키기 위한 일체의 설비를 말하며, 가스충전시설이라 함은 프로판가스, 부탄가스, 천연가스 등을 저장하여 차량이나 타용기에 공급하기 위한 일체의 설비를 말하는데 그 종류는 저장조, 주유기, LPG저장조, CNG저장조, 가스주입기, CNG압축기가 있고 이들 시설의 특성에 따라 용량, 주유속도 등을 참작하여 기준이 되는 가액을 정하고 여기에 내용연수, 잔존율, 감가율 등을 적용하여 산정한다.

  ▶ 내용연수 및 감가율

구 분	내용연수	감가방법	잔존율	감가율
저장조	19년	정액법	10%	0.0473
주유기	12년	정액법	10%	0.075
LPG저장조	18년	정액법	10%	〃
CNG저장조	15년	정액법	10%	〃
가스주입기	10년	정액법	10%	〃
CNG압축기	10년	정액법	10%	〃
전기차충전기	10년	정액법	10%	0.09
수소저장용기	15년	정액법	10%	0.06
수소압축기	10년	정액법	10%	0.09
수소충전기	10년	정액법	10%	0.09

  ㉯ 송전철탑(전압 20만 볼트 미만을 송전하는 것과 주민들의 요구로 전기사업법 제72조에 따라 이전·설치하는 것은 제외한다.) 이라 함은 전력공급을 위한 전력선을 지탱하기 위하여 지상에 설치된 구조물로서 형태 및 명칭 여하에 불구하고 20만볼트 이상의 전압을 송전하기 위한 시설물을 말하는데, 철탑을 345천볼트, 765천볼트로 구분하고 그 시가표준액은 {철탑 시가기준가격(기준높이)+1m 증감시 기준가격}×잔가율로 계산한다.

  ※ 잔존율 = 1-(경과연수×0.03)

⑦ 기타 시설 : 잔교, 기계식 또는 철골조립식주차장, 방송중계탑, 무선통신기지국용 철탑
  ㉮ 잔교는 승객용, 일반화물용으로 사용하는 일반잔교와 송유관(가스관), 광물운반, 차량 통행 시설물인 특수잔교로 구분하여 시설구조, 내용연수, 감가율을 적용하여 산정한다.

▶ 내용연수 및 감가율

시 설 구 조	내용연수	감가율	감가방법	잔존율
철골콘크리트조	40년	0.0225	정액법	10%
철근콘크리트조	40년	0.0225	〃	10%
콘크리트조	30년	0.03	〃	10%
철 및 기타금속조	40년	0.0225	〃	10%
석조	40년	0.0225	〃	10%
목조	15년	0.06	〃	10%
기타	40년	0.0225	〃	10%

㉯ 주차시설은 철골조립식(자주식)주차시설과 옥외기계식주차시설(내용연수 15년)로 구분되며 철골조립식(자주식)주차시설은 아연도금철골조와 페인트철골조가 있으며 시가표준액은 ㎡당가액×연면적(㎡)×잔가율을 적용하여 산정하며, 옥외기계식 주차시설로는 수직전환식주차장치, 수평순환식주차장치, 다층순환식주차장치, 2단식주차장치, 다단식주차장치, 승강기식주차장치, 승강기슬라이드식주차장치, 평면왕복식주차장치, 특수형식주차장치로 구분하고 1대당 기준가격은 상·하로 구분하는데 상(上)에 해당하는 것은 외국기술제휴 국내생산품 및 외국산 제품을 말하고 하(下)는 상(上) 외의 제품을 말하며 시가표준액은 1대당 기준가액×대수×잔가율을 적용하여 산정한다.

▶ 조립식(자주식) 주차시설 내용연수 및 감가율

구 분	내용연수	감가방법	잔존율	감가율
아연도금철골조	18	정액법	10%	0.05
페인트철골조	15	〃	10%	0.06

㉰ 방송중계탑이라 함은 방송법 제9조에 의하여 허가를 받은 방송사업자가 유·무선 방송전파를 송신 또는 수신하기 위하여 지상에 설치한 철탑 등 구조물(내용연수 30년)을 말하며, 시가표준액은 방송중계탑(기준높이)+1m 증감시 기준가격}×잔가율을 적용하여 산정한다.

※ 잔존율 = 1-(경과연수×0.045)

㉱ 무선통신기지국용 철탑이라 함은 무선이동통신 및 무선호출사업을 영위하는 사업자가 전파를 무선으로 송신 또는 수신하기 위하여 설치한 철탑 등 구조물(내용연수 30년)을 말하는데, 시가표준액은 {철탑시가표준가격(기준높이)+1m 증감시 기준가격}×잔가율을 적용하여 산정한다.

※ 잔존율 = 1-(경과연수×0.03))

㉯ 자동세차시설이란 자동프로세스에 의하여 고압펌프에 의한 세척액 분무와 브러쉬 또는 천 등의 회전운동으로 차량 또는 기계장비 등을 자동으로 세차 혹은 세척하는 시설물(내용연수 10년)을 말하며, 시가표준액의 산출은 기준가격× 잔기율[1-(감가율× 경과연수)]로 산정한다.

※ 잔존율 = 1-(경과연수×0.09))

(9) 건축물에 딸린 시설물

건축물에 딸린 시설물의 시가표준액은 매년 1월 1일 현재 특별자치시장·특별자치도지사·시장·군수 또는 구청장이 종류별 제조가격(수입하는 경우에는 수입가격), 거래가격 및 설치가격 등을 고려하여 정한 기준가격에 시설물의 용도, 형태, 성능·규모 등을 고려하여 가액을 산출한 후 그 가액에 다시 시설물의 경과연수별 잔존가치율을 적용한 행정안전부장관이 정하는 기준에 따라 산정하여 특별자치시장 및 특별자치도지사는 직접 결정하고, 시장·군수·구청장(특별자치시장 및 특별자치도지사는 제외한다.)은 특별시장·광역시장 또는 도지사의 승인을 받아 결정한다.

그리고 건축물에 딸린 시설물의 시가표준액을 적용할 때 그 시설물이 주거와 주거 외의 용도에 함께 쓰이고 있는 건축물의 시설물인 경우에는 그 건축물의 연면적 중 주거와 주거 외의 용도 부분의 점유비율에 따라 이들 시가표준액을 안분하여 적용한다(영 §4 ②).

① 엘리베이터는 승객용, 화물용, 자동차용, 덤웨이터[사람이 탑승하지 아니하면서 적재용량 300kg 이하인 것으로서 소형화물(서적, 음식물 등) 운반에 적합하게 제작된 엘리베이터], 병원용으로 구분하고 형별, 제품의 상·하구분, 중량별, 운행층수에 따라 내용연수(18년)와 감가율을 적용[시가표준액 = (기준가격 + 층별증감가격 + 인원증감가격) × 잔가율]하여 산정한다.

㉮ 승객용 엘리베이터

시가표준액 = (기준가격 + 층별증감가격 + 인원증감가격) × 잔가율

※ 잔가율 = 1 - (감가율× 경과연수)
※ 기준 층수 = 지상 층수 + 지하 층수

㉯ 화물용 엘리베이터

시가표준액 = (기준가격 + 층별증감가격 + 톤수별증감가격) × 잔가율

※ 잔가율 = 1 - (감가율× 경과연수)
※ 기준 층수 = 지상 층수 + 지하 층수

㉰ 자동차용·침대용 엘리베이터, 덤웨이터

$$\text{시가표준액} = (\text{기준가격} + \text{층별증감가격}) \times \text{잔가율}$$

※ 잔가율 = 1 − (감가율 × 경과연수)

※ 기준 층수 = 지상 층수 + 지하 층수

승객용 산출예시

12층 건물에 승객용 엘리베이터를 2020년도에 설치한 경우 2024년도 시가표준액은? (규격 및 형식 : Machine Roomless Elevator 90m/분 15인승)

- 적용방법 : (기준가격+층별증감가격+인원증감가격)×잔가율
- 90m/분 6층 기준가격 : 43,270,000원 ·················· A
- 6층 증가기준가격 : 1,648,000원×6층=9,888,000원 ·········· B
- 4인 증가기준가격 : 617,000원×4인=2,468,000원 ············ C
- 감가율 : 0.05
- 잔가율 : 1−(0.05×4년)=0.80
- 기준가격 합계 : A+B+C = 43,200,000원+9,888,000원+2,468,000원=55,556,000원
- 시가표준액 : 55,556,000원×0.80(잔가율)=44,419,200원

화물용 산출예시

2020년도에 7층 건물에 화물용 엘리베이터를 설치한 경우 2024년도 시가표준액은? (규격 및 형식 : 3,000kg 45m/분 상)

- 3,000kg 45m/분 5층 기준가격 : 51,360,000원
- 2층 증가가격 : 2,082,000원×2층=4,164,000원
- 감가율 : 0.05
- 잔가율 : 1−(0.05×4년)=0.80
- 기준가격=51,360,000원+4,164,000원=55,524,000원
- 시가표준액=55,524,000원×0.80(잔가율)=44,419,200원

침대용 산출예시

2017년도에 8층 병원에 20인승 속도 30m/분의 침대용 엘리베이터를 설치하였을 경우 2024년도 시가표준액은?

- 20인승 30m/분 4층 기준가격 : 46,010,000원
- 4층 증가기준가격 : 2,040,000원×4층=8,160,000원
- 감가율 : 0.05
- 잔가율 : 1−(0.05×7)=0.65
- 기준가격 : 46,010,000원+8,160,000원=54,170,000원
- 시가표준액 : 54,170,000원×0.65(잔가율)=35,210,500원

② 에스컬레이터는 고층건물 등에서 사람이나 화물을 이동시키기 위해 자동적으로 아

래·위 또는 수평으로 움직이는 자동운반 시설물로서 에스컬레이터, 수평보행기(Moving WALKER)로 구분하고, 층별 증감가격은 유효폭, 스텝폭 등에 따라 구분하여 내용연수(18년) 율을 적용하여 산정한다.

시가표준액 산출 방법

시가표준액 = [기준가격 + (층고 또는 길이 1m 증감 시 기준가격×길이)] × 잔가율

※ 잔가율 = 1 − (0.05 × 경과연수)

산출예시

2019년도에 폭 1,200㎜ 에스컬레이터 층고 7m를 구입 설치하였을 경우 2024년도 시가표준액은? (규격 및 형식 : 1,200㎜, 상)
- 감가율 : 0.05
- 잔가율 : 1−(0.05×5년)=0.75
- 기준가격 : 95,100,000원
- 시가표준액 : 95,100,000원×0.75(잔가율)=71,325,000원

산출예시

2020년도에 폭 1,000㎜, 길이 20m의 수평형 무빙워크를 설치하였을 경우 2024년도 시가표준액은?
- 감가율 : 0.05
- 잔가율 : 1−(0.05×4년)=0.80
- 기준가격 : 64,742,000원
- 시가표준액 : 64,742,000원×0.80(잔가율)=51,793,000원

---

③ 기타승강시설은 기계장치를 이용하여 자동차를 주차하거나 주차할 장소로 운반 또는 이동주차할 수 있도록 옥내에 설치한 시설로서 이에 대한 시가표준액은 1대당 기준가액×대수×잔가율을 적용하여 산정한다.

종류는 수직순환식주차장치, 수평순환식주차장치, 다층순환식 주차장치, 2단식 주차장치, 다단식 주차장치, 승강기식 주차장치, 승강기슬라이드식 주차장치, 평면왕복식 주차장치, 특수형식 주차장치로 구분된다.

④ 휠체어리프트는 장애인용 경사형리프트와 수직형리프트로 구분하며, 시가표준액은 기준가격 + 1m 증가시 기준가격 × 잔가율을 적용하여 산정한다.

⑤ 20kw 이상의 발전시설은 자동식과 수동식에 대한 시가표준액[(기준가격 + 1kw당 증가시 기준가격)×잔가율]을 적용하여 산정한다. 그런데 여기에서 20kw 이상의 발전시설이라 함은 일반조명, 보일러 가동, 급배수 등 주로 건물의 유지관리에 사용할 목적으로 설치한 시설(내용년수 15년)을 말하며, 공장 등에서 주로 생산시설의 가동을 위하

여 설치한 발전시설은 제외한다.
⑥ 온수 및 열 공급시설(내용년수 15년)은 난방용과 욕탕용으로 구분하고, 그 시가표준액은 기준가격×부가지수×잔가율을 적용하여 산정한다.
⑦ 7,560㎉급 이상의 에어컨은 중앙조절식에 한하며(1실 단위의 에어컨은 제외), 공냉식과 수냉식으로 구분하여 내용연수(15년)와 잔존율에 따라 산정한다.
⑧ 부착된 금고는 편개형(금고문이 1짝인 것), 양개형(금고문이 2짝인 것), 크랭크형(금고문이 1짝이며 손잡이가 원형크랑크로 되어 있는 것)인 것으로 되어 있는데 이에 대한 시가표준액은 규격과 구조(내용년수 18년)에 따라 기준가격×증가시 기준가격×잔가율을 적용하여 산정한다.
⑨ 교환시설(내용년수 10년)은 자동식 교환기, 인터폰, 전화기, 간이교환설비로 구분하고 자동식교환기의 시가표준액 산출은 {기준가격(50회선) + (1회선 증가시 기준가격×회선수)}×잔가율을 적용하여 산정한다.
⑩ 구내변전, 배전시설(내용년수 15년)은 변전시설과 배전시설로 구분하고 품목 및 규격에 따라 내용연수와 감가율을 적용하여 산정한다.

(10) 지하자원

지하자원은 땅속에 묻혀 있는 광물(돌, 석탄, 석유, 철, 금, 은, 구리 등) 따위를 채굴하여 인간생활에 유용하게 쓸 수 있는 것을 말하며, 이러한 지하자원(광물)은 지하에 매몰되어 있거나 지상에 노출되어 있는 광물 중 인류에게 유용하다고 법률로 정하여 놓은 광물을 말한다.

① 용어해설
- **광산(鑛山)** : 광업권을 기본으로 하여 광물자원을 개발하는 작업이 실행되는 장소
- **광상(鑛床)** : 지반(地盤)의 일부에 유용광물이 밀집된 것
- **채광(採鑛)** : 목적 광물의 채굴·선광·제련과 이를 위한 시설을 하는 것을 말함.
- **선광(選鑛)** : 광석이나 그 밖의 공업원료 광물을 다른 목적광물 또는 무가치한 성분에서 물리적, 기계적 방법 등으로 분리하여 경제적 가치를 높이는 과정
- **제련(製鍊)** : 채광된 광석 혹은 정광을 녹여서 우리가 일상생활에 쉽게 사용할 수 있도록 제조하는 과정
- **품위(品位)** : 광석(鑛石)에 유용한 성분이 얼마나 포함되었는지의 비율로서 품위는 주로 퍼센트(%)로 표시하며, 광석이 얼마나 가치가 있느냐를 비교하는데 사용

② 시가표준액
- 지하자원(광물)의 시가표준액은 지역자원시설세 과세표준으로 적용한다.

- 본 표에 없는 과세물건은 거래당시 시가를 기준으로 조사한 금액으로 한다.
- 법인의 경우는 입증된 장부상 거래가액으로 하되 장부상가액이 없을 경우 본표의 결정 고시한 가액으로 한다.

③ 적용요령
- 기준가격표에 없는 과세물건은 거래당시 시가를 기준으로 조사한 금액으로 한다
- 법인의 경우는 입증된 장부상의 거래가액으로 하되 장부상 가격이 없을 경우 기준 가격표의 결정고시한 가격으로 한다(기준 가격표 생략).

제5조 지방세기본법 및 지방세징수법의 적용

지방세의 부과·징수에 관하여 이 법 및 다른 법령에서 규정한 것을 제외하고는 지방세기본법을 적용한다(법 §5).

지방세의 부과와 징수에 관하여는 지방세법에 규정된 각 세목의 처리절차에 따라 처리하되 각 세목에서 규정하고 있지 아니한 사항은 지방세기본법 및 지방세징수법의 규정에 따라 업무를 처리하게 된다.

그리고 지방세기본법·지방세징수법과 지방세법에 규정되지 아니한 사항의 적용에 대하여는 국세기본법과 국세징수법을 준용하여야 한다는 것이다.

CHAPTER 02 취득세

제3편 지방세법

제1절 통칙

제6조 정의

취득세에서 사용하는 용어의 뜻은 다음 각 호와 같다(법 §6 Ⅰ~ⅩⅢ, ⅩⅢ-Ⅱ, ⅩⅣ~ⅩⅩ).

1. "취득"이란 매매, 교환, 상속, 증여, 기부, 법인에 대한 현물출자, 건축, 개수(改修), 공유수면의 매립, 간척에 의한 토지의 조성 등과 그 밖에 이와 유사한 취득으로서 원시취득(수용재결로 취득한 경우 등 과세대상이 이미 존재하는 상태에서 취득하는 경우는 제외한다.), 승계취득 또는 유상·무상의 모든 취득을 말한다.

   그런데 여기에서의 취득의 의미는 취득자가 소유권이전등기·등록 등 완전한 내용의 소유권을 취득했는가의 여부와 관계없이 사실상의 취득행위(잔금지급, 연부금 완납 등) 그 자체를 말한다.

   그러나 판례에서는 잔금지급약정일에 그 매매계약을 해제하기로 합의한 후 계약금을 돌려받은 경우, 계약금만을 지급한 상태에서 매매계약이 해제된 것이므로 인하여 부동산을 사실상으로 취득하지 못하였다고 판단하고 있다(대법 99두5955, 2001.2.9.).

2. "부동산"이란 토지 및 건축물을 말한다.

   그런데 민법에서는 부동산을 토지 및 그 정착물로 규정하고 있다.

3. "토지"란 공간정보의 구축 및 관리 등에 관한 법률(종전의 지적법)에 따라 지적공부(地籍公簿)의 등록대상이 되는 토지와 그 밖에 사용되고 있는 사실상의 토지를 말한다.

4. "건축물"이란 건축법 제2조 제1항 제2호에 따른 건축물(이와 유사한 형태의 건축물을 포함한다.)과 토지에 정착하거나 지하 또는 다른 구조물에 설치하는 레저시설, 저장시설, 도크(dock)시설, 접안시설, 도관시설, 급수·배수시설, 에너지 공급시설 및 그 밖에 이와 유사한 시설(이에 딸린 시설을 포함한다.)로서 대통령령으로 정하는 것을 말한다.

   이 경우 레저시설, 저장시설, 도크(dock)시설, 접안시설, 도관시설, 급수·배수시설 및 에너지 공급시설은 다음 각 호에서 정하는 시설로 한다(영 §5 본문 및 ① Ⅰ 내지 Ⅵ).

① **레저시설** : 수영장, 스케이트장, 골프연습장(「체육시설의 설치·이용에 관한 법률」에 따라 골프연습장업으로 신고된 20타석 이상의 골프연습장만 해당한다.), 전망대, 옥외스탠드, 유원지의 옥외오락시설(유원지의 옥외오락시설과 비슷한 오락시설로서 건물 안 또는 옥상에 설치하여 사용하는 것을 포함한다.)

② **저장시설** : 수조, 저유조, 저장창고, 저장조(저장용량이 1톤 이하인 액화석유가스 저장조는 제외한다) 등의 옥외저장시설(다른 시설과 유기적으로 관련되어 있고 일시적으로 저장기능을 하는 시설을 포함한다.)

이 규정에 따라 1톤이하 소형 LPG 저장조의 경우 취사, 난방 등 서민생활에 이용되는 점을 고려하여 과세대상에서 제외된다.

③ **도크(dock)시설 및 접안시설** : 도크, 조선대(造船臺)

④ **도관시설**(연결시설을 포함한다) : 송유관, 가스관, 열수송관

⑤ **급수·배수시설** : 송수관(연결시설을 포함한다), 급수·배수시설, 복개설비

⑥ **에너지 공급시설** : 주유시설, 가스충전시설, 환경 친화적 자동차 충전시설, 송전철탑(전압 20만 볼트 미만을 송전하는 것과 주민들의 요구로 「전기사업법」 제72조에 따라 이전·설치하는 것은 제외한다.)

그리고 법 제4조 제4호 및 제6호 나목에서 "대통령령으로 정하는 것"이란 각각 잔교(棧橋, 이와 유사한 구조물을 포함한다.), 기계식 또는 철골조립식 주차장, 차량 또는 기계장비 등을 자동으로 세차 또는 세척하는 시설, 방송중계탑(「방송법」 제54조 제1항 제5호에 따라 국가가 필요로 하는 대외방송 및 사회교육방송 중계탑은 제외한다.) 및 무선통신기지지국용 철탑을 말한다(영 §5 ②).

5. **"건축"**이란 건축법 제2조 제1항 제8호에 따른 건축을 말한다.

즉, 건축물을 신축·증축·개축·재축(再築)하거나 건축물을 이전하는 것을 말한다.

6. **"개수"**란 다음 각 목의 어느 하나에 해당하는 것을 말한다.

가. 「건축법」 제2조 제1항 제9호에 따른 대수선

나. 건축물 중 레저시설, 저장시설, 도크(dock)시설, 접안시설, 도관시설, 급수·배수시설, 에너지 공급시설 및 그 밖에 이와 유사한 시설(이에 딸린 시설을 포함한다.)로서 대통령령으로 정하는 것을 수선하는 것

이 경우 '대통령령으로 정하는 것'이란 위의 법 제6조 제4호(영 §5 ②)에서 설명한 내용을 참고하기 바란다.

다. 건축물에 딸린 시설물 중 대통령령으로 정하는 시설물을 한 종류 이상 설치하거나 수선하는 것

이 규정 다목에서 "대통령령으로 정하는 시설물"이란 다음 각 호의 어느 하나에 해당하는 시설물을 말한다(영 §6 Ⅰ~Ⅷ).

① 승강기(엘리베이터·에스컬레이터, 그 밖의 승강시설)
② 시간당 20킬로와트 이상의 발전시설
③ 난방용·욕탕용 온수 및 열 공급시설
④ 시간당 7천560킬로칼로리급 이상의 에어컨(중앙조절식만 해당한다.)
⑤ 부착된 금고
⑥ 교환시설
⑦ 건물의 냉난방, 급수·배수, 방화, 방범 등의 자동관리를 위하여 설치하는 인텔리전트 빌딩시스템(IBS) 시설
⑧ 구내의 변전·배전시설

7. "차량"이란 원동기를 장치한 모든 차량과 피견인차 및 궤도로 승객 또는 화물을 운반하는 모든 기구를 말한다.

이 경우 "원동기를 장치한 모든 차량"이란 원동기로 육상을 이동할 목적으로 제작된 모든 용구(총 배기량 50cc 미만이거나 최고정격출력 4kw 이하인 이륜자동차는 제외한다.)를 말한다(영 §7 ①).

그리고 "궤도"란 궤도운송법 제2조 제1호에 따른 궤도를 말한다(영 §7 ②).[4]

8. "기계장비"란 건설공사용, 화물하역용 및 광업용으로 사용되는 기계장비로서 건설기계관리법에서 규정한 건설기계 및 이와 유사한 기계장비 중 행정안전부령으로 정하는 것을 말한다(법 §6 Ⅷ).

이 경우 '행정안전부령이 정하는 것'이란 시행규칙 '별표1'에 규정한 것을 말한다.

---

[4] 궤도운송법 제2조 제1호
"궤도"란 사람이나 화물을 운송하는데에 필요한 궤도시설과 궤도차량 및 이와 관련된 운영·지원 체계가 유기적으로 구성된 운송체계를 말하며, 삭도(索道)를 포함한다.

> **사례**
>
> ❖ **화력발전 내의 증기터빈 수리용 크레인이 기계장비에 해당하는지 여부**
>
> 이 사건 크레인은 원고의 화력발전소 내에 설치된 전기생산시설의 발전설비인 터빈의 신속한 수리 및 정비를 위하여 터빈실마다 천정에 고정시켜 설치된 사실, 이 사건 크레인을 이용한 터빈의 정비 및 수리 과정은 이 사건 크레인을 이용하여 터빈을 덮고 있는 뚜껑(터빈 Casing)을 들어올린 다음, 위 뚜껑에 이물질을 제거하기 위한 도색작업을 한 후 다시 이 사건 크레인을 이용하여 터빈을 들어올려 내부에 설치된 수리 장소로 터빈을 옮겨 수리를 마치고 다시 터빈을 제자리에 옮겨 놓는 과정으로 이루어지는 사실을 인정할 수 있는바, 위 인정사실에 의하면 이 사건 크레인은 원고의 전기생산시설의 발전설비인 터빈의 수리 및 정비를 위하여 설치된 기계장비로서, 그 용도 및 기능에 비추어 볼 때 화물하역용으로 사용되는 기계장비라고 보기는 어렵다고 판단되며, 이 사건 크레인이 터빈을 들어올려 옮기는 기능을 수행하고 있기는 하나, 이는 위와 같이 터빈의 수리·정비 과정에서 터빈을 수리 장소로 이동시켰다 다시 원래의 장소에 설치하기 위한 것에 불과하여 단순히 이러한 기능이 있다는 이유만으로 이 사건 크레인이 화물하역용으로 사용되는 기계장비라고 볼 수는 없다.
> 따라서 이 사건 크레인이 화물하역용 기계장비에 해당함을 전제로 한 이 사건 처분은 위법하다.
> (대법 2010두7680, 2010.8.26.)
>
> ❖ **기계장비에 해당여부**
>
> 생산과정에서 쟁점크레인은 필수적인 역할을 하는 것으로 보이고, 처분청도 청구법인이 쟁점크레인을 이용하여 제품을 제조한다는 사실을 인정하고 있는 점, 쟁점크레인이 화물하역에 필수적이라는 사정 등에 대하여 구체적으로 입증한 바 없는 반면, 청구법인이 쟁점크레인 외에 원재료 하역에 사용할 수 있는 2대의 지게차를 보유하고 있고, 정기적으로 외부 장비를 임대하여 제품 하역 등에 사용하고 있는 것으로 보이는 점, 청구법인의 제조과정 전반에 걸쳐 쟁점크레인이 필수적으로 사용된다는 사실이 인정되는 이상 쟁점크레인의 주된 용도는 화물하역용이 아닌 제품제조용으로 봄이 타당한 점 등을 볼 때 화물하역용 기중기에 해당하지 않음
> (조심 2019지2316, 2019.10.23.)

9. "항공기"란 사람이 탑승·조종하여 항공에 사용하는 비행기, 비행선, 활공기(滑空機), 회전익(回轉翼)항공기 및 그 밖에 이와 유사한 비행기구로서 대통령령으로 정하는 것을 말한다.

10. "선박"이란 기선, 범선, 부선(浮船) 및 그 밖에 명칭에 관계없이 모든 배를 말한다.

11. "입목"이란 지상의 과수, 임목과 죽목(竹木)을 말한다.

12. "광업권"이란 광업법에 따른 광업권을 말한다.

13. "어업권"이란 수산업법 또는 내수면어업법에 따른 어업권을 말한다.

13의 2. "양식어업권"이란 양식산업발전법에 따른 양식업권을 말한다.

14. "골프회원권"이란 체육시설의 설치·이용에 관한 법률에 따른 회원제 골프장의 회원으로서 골프장을 이용할 수 있는 권리를 말한다.

▎사례 ▎

❖ 회원제 골프장의 회원권 취득자에게 골프장의 개보수비를 추가부담한 것이 취득세 과세대상인지 여부

위 각 규정의 내용과 입법취지를 종합하면, 골프장의 회원으로 가입하는 자가 회원자격을 부여받는 대가로 입회금액 등을 지불하는 것은 골프회원권의 취득에 해당하므로 취득세의 과세대상이 되지만, 골프회원권을 취득한 자가 골프장의 개보수공사에 소요되는 비용 등을 추가로 분담하는 것은 그로 인하여 골프장 이용료 등이 일부 조정되었다 하더라도 새로운 골프회원권을 취득하였다고 볼 만한 특별한 사정이 없는 이상 취득세의 과세대상이 될 수 없다.

(대법 2007두20195, 2010.2.25.)

15. "승마회원권"이란 체육시설의 설치·이용에 관한 법률에 따른 회원제 승마장의 회원으로서 승마장을 이용할 수 있는 권리를 말한다.

16. "콘도미니엄 회원권"이란 관광진흥법에 따른 콘도미니엄과 이와 유사한 휴양시설로서 대통령령으로 정하는 시설을 이용할 수 있는 권리를 말한다.

여기에서 "대통령령으로 정하는 시설"이란 관광진흥법 시행령 제23조 제1항(휴양콘도미니엄업 및 호텔업, 관광이용시설중 제2종 종합 휴양업)에 따라 휴양·피서·위락·관광 등의 용도로 사용되는 것으로서 회원제로 운영하는 시설을 말한다(영 §8).

17. "종합체육시설 이용회원권"이란 체육시설의 설치·이용에 관한 법률에 따른 회원제 종합 체육시설업에서 그 시설을 이용할 수 있는 회원의 권리를 말한다.

18. "요트회원권"이란 「체육시설의 설치·이용에 관한 법률」에 따른 회원제 요트장의 회원으로서 요트장을 이용할 수 있는 권리를 말한다.

19. "중과기준세율"이란 제11조 및 제12조에 따른 세율에 가감하거나 제15조 제2항에 따른 세율의 특례 적용기준이 되는 세율로서 1천분의 20을 말한다.

20. "연부(年賦)"란 매매계약서상 연부계약 형식을 갖추고 일시에 완납할 수 없는 대금을 2년 이상에 걸쳐 일정액씩 분할하여 지급하는 것을 말한다.

1) 취득세의 연혁과 의의

가) 연혁

취득세가 지방세로서 부과되게 된 것은 1909년(융희 3년) 4월 반포되어 동년 10월에 시행된 지방비법에서 부도령(府道令)으로 세목과 세율을 정하여 한성부에서만 적용된 토지·가옥소유권취득세와 저당권취득세가 최초이다.

그 후 일정기(日政期)인 1926년 무원칙적인 지방세제의 여러 가지 결함을 개선하기 위하여 총독부에 설치된 세제조사위원회에서 도세의 특별세로 부동산취득세를 설치하고, 1936년부터 시행하게 된 지방세에서는 부(府)와 읍면에 도세부가세로서 부동산취득세를 부과하였으며, 해방 후 군정(軍政)과 과정(過政) 시대에도 도세로서 부동산취득세와 시읍면세로서 도세부가세인 부동산취득세를 취득한 부동산 가격을 표준으로 하여 그 취득자에게 부과하였다.

그리고 정부수립후인 1952년말 지방세법 개정시 부동산취득세를 취득세로 명칭을 개칭하면서 과세대상으로 금고·소형선박 등을 추가하였으며, 1961년말 지방세제 개혁을 하면서 지방세의 체계를 도세와 시군세로 하고, 도(道)독립세인 취득세에 시군세로서 취득세부가세를 과세하게 되었다. 그리고 1973년 4월 1일 법 개정시 별장, 골프장, 고급오락장 등에 대하여 중과세율을 적용토록 하였다가 1974년 1월 14일 긴급조치(1.14. 긴급조치)로 중과세율 적용대상을 법인의 비업무용토지 등으로 확대하고 그 세율도 더욱 고율로 적용토록 하였다.

이렇게 변천되어 온 취득세는 1976년말 국세와 지방세의 조정으로 인한 세제의 대폭 개정으로 시군세 부가세로서의 취득세는 폐지되고 도독립세로만 존치되어 항공기 등 과세대상의 추가 및 비업무용토지에 대한 기준강화, 비과세감면대상의 축소조정 등 여러 차례의 개정을 거쳤으며, 1990년말에는 취득세 과세대상으로 하지 않았던 무형자산을 과세토록 함으로써 골프회원권과 콘도미니엄회원권의 취득에도 취득세를 과세토록 하였으며, 1991년말 지방세법 개정시에는 면제규정을 대폭 축소하는 한편 그 적용기간도 단축하여 시행되게 되었고 1994년말에는 부동산의 범위를 토지 및 건축물로 한정하였으며 비과세와 감면규정을 대폭 축소하여 제5장에 감면이 필요한 것은 별도로 규정하는 등 체제를 대폭 정비하였다. 그리고 개인간의 거래시 과표적용에 있어 사용되어 오던 과세시가표준액(토지등급가액)은 1996년부터 폐지되고 개별공시지가로 전환하여 적용되었으며, 1997년 지방세법 개정시 취득세에도 표준세율제도가 도입되게 되었다.

또한 1998년도말 지방세법 개정시에는 1974년 이래로 적용되어 오던 법인의 비업무용 토지와 사치성 재산에 대한 세율을 일반세율(2%)의 7.5배인 15%를 적용하던 것을 일반세율의 5배인 10%로 하향조정하고, 대도시 내 공장의 신·증설, 법인의 본점·주사무소 설치에 적용하던 세율을 일반세율의 5배(10%)에서 3배(6%)로 하향조정하고 1가구 2차량에 대한 중과제도를 폐지하여 1999년부터 시행하게 되었다. 2000년말에는 1973년 이래 시행되어 오던 법인의 비업무용 토지에 대한 중과세제도를 IMF경제체제의 극복과 지역경제 활성화를 지원하는 차원에서 이를 폐지하여 2001년부터 시행하게 되었으며, 2003년말 지방세법 개정시에는 신고납부를 동시에 이루어지는 것으로 운영되어 오던 것을 신고와 납부를 분리하여 신고불성실가산세와 납부지연가산세를 따로 적용토록 하여 2004년부터 시행되었다.

그리고 2005년부터는 취득세에 적용하는 과세표준액이 획기적으로 바뀌어져 주거용건축물과 그 부속토지는 통합평가하고 이를 합하여 주택이라 표현하며, 토지의 개념에는 주택의 부속토지가 제외되고 건축물의 개념에도 주거용건축물은 제외되었으며, 주택의 시가표준액은 주택공시가격이 되고 토지의 시가표준액은 토지공시가격이 되도록 하였으며, 2006년부터는 무형재산인 승마회원권에 대해서도 과세토록하는 등 과세대상을 확대시행하였다.

그 후 여러차례 개정을 거쳐 운영되어오다 2011년부터는 지방세법이 지방세기본법, 지방세법, 지방세특례제한법으로 분법되면서 취득세에 등록세 중 취득세의 과세대상과 같은 유형은 통합하여 세율을 종전의 취득세 세율과 등록세 세율을 합하여 종전과 같은 부담이 되도록 조정하여 시행하게 되었다. 그리고 2017년 3월 28일부터는 지방세기본법을 지방세기본법과 지방세징수법으로 분법하여 시행되게 되었다.

나) 의의

지방세법상 취득에 대하여 구체적으로 정의한 규정은 없으나 일반적으로 취득이라 함은 과세물건의 소유권을 사실상 취득하는 것을 말하는데, 이는 법률행위의 형식에 불문한다고 본다.

이러한 내용을 지방세법의 규정에 의해 살펴보면 지방세법 제6조 제1호에서 취득이라 하면 "매매, 교환, 상속, 증여, 기부, 법인에 대한 현물출자, 건축, 개수(改修), 공유수면의 매립, 간척에 의한 토지의 조성 등과 그 밖에 이와 유사한 취득으로서 원시취득, 승계취득 또는 유상·무상의 모든 취득을 말한다."고 규정하고 지방세법 제7조 제1항 및 제2항에서 "취득세는 부동산·차량·기계장비·입목, 항공기, 선박, 광업권, 어업권, 골프회원권, 승마회원권, 콘도미니엄 회원권, 종합체육시설 이용회원권 또는 요트회원권의 취득은 민법, 자동차관리법, 건설기계관리법, 항공안전법, 선박법, 입목에 관한 법률, 광업법 또는 수산업법 등 관계 법령에 따른 등기·등록 등을 하지 아니한 경우라도 사실상 취득하면 각각 취득한 것으로 보고 해당 취득물건의 소유자 또는 양수인을 각각 취득자로 본다. 다만, 차량, 기계장비, 항공기 및 주문을 받아 건조하는 선박은 승계취득인 경우에만 해당한다."라고 규정하고 있는 점으로 보아 지방세법상의 취득이라 함은 소유권 변동에 관한 법령상 법률행위의 효력요건이 구비되지 못한 경우라도 사실상 해당 물건에 대한 사용, 수익, 처분권을 배타적으로 행사할 수 있는 지위에 서게 되면 이를 취득으로 본다는 실질주의를 취하고 있는 반면, 등기·등록을 한 경우에는 그 실질 여하를 불문하고 이를 취득으로 인정하는 형식주의도 취하고 있음을 알 수 있다.

그런데 취득의 의의를 정립함에 있어 형식주의와 실질주의를 동시에 취한다는 것은 이론상이나 법 적용면에 있어 모순에 봉착하는 결과가 초래되므로 결국 취득세에 있어서의 취득은 실질주의를 택하고 있다고 보아야 할 것이다. 그리고 취득세는 부동산, 차량 등의 소유권이 이동하는 유통과정에서 담세력이 노출되는 취득자에게 과세하는 것으로서 경제적인 측면에서는 유통세에 속한다고 하겠고, 법률적인 측면에서는 행위세에 속한다고 하겠다.[5]

2) 취득의 정의

취득세에 있어서의 취득의 범위는 대단히 광범위하여 과세대상물건의 소유권을 취득하는 일체의 행위를 포함할 뿐만 아니라 과세대상의 가액이 증가되는 경우와 과세대상물건과 특수한 연관성을 가지게 되는 경우에도 취득의 개념에 포함되는 경우도 있다.

지방세법에서 취득이라 함은 매매, 교환, 상속, 증여, 기부, 법인에 대한 현물출자, 건축, 개수, 공유수면의 매립, 간척에 의한 토지의 조성 등과 그 밖에 이와 유사한 취득으로서 원시취득(수용재결로 취득한 경우 등 과세대상이 이미 존재하는 상태에서 취득하는 경우는 제외한다. 이 경우는 토지구획정리사업으로 인하여 지분취득을 하거나 체비지·보류지를 취득하는 경우에는 기존의 토지를 취득하는 것이지 원시취득이 아니라는 것이다.), 승계취득 또는 유상·무상을 불문한 일체의 취득을 말한다.

---

[5] 취득세는 부동산 등을 취득하는 경우에 납세능력이 나타난다고 보아 이에 과세하는 것이라고 설명하고 있으나 부동산 등의 취득에 의해서 그 사람의 순자산이 증가하는 것이 아니라 취득의 이면에는 다른 자산의 포기가 따르는 것이므로 자산의 교환에 불과한 것이라고 본다.
이상희, 「지방세개론」, 보문출판사, 1979., p.364.

그리고 소유권의 이전이나 건축 등에 의하여 취득하는 것이 아니라도 토지의 지목변경, 차량·기계장비·선박 등의 종류변경, 과점주주의 주식취득 등도 취득으로 간주하여 취득세의 과세대상으로 하고 있는데, 이를 도식화하면 다음과 같다.

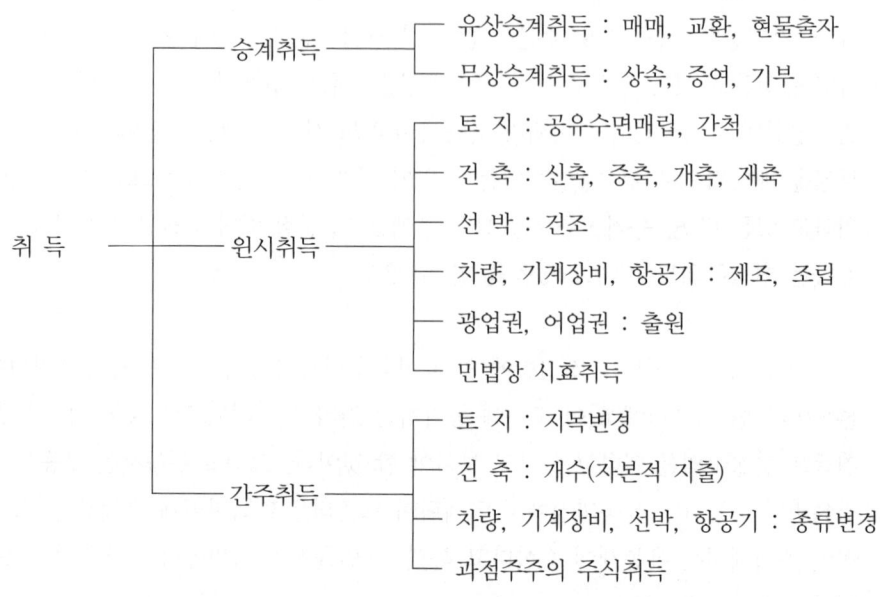

> **사례**
>
> ❖ **부동산에 관한 점유취득시효가 완성된 경우 취득세 부과 제척기간의 기산일**
>
> 취득세는 본래 재화의 이전이라는 사실 자체를 포착하여 거기에 담세력을 인정하고 부과하는 유통세의 일종으로 취득자가 실질적으로 완전한 내용의 소유권을 취득하는가의 여부에 관계없이 사실상의 취득행위 자체를 과세객체로 하는 것인 점, 지방세법 제105조 제2항의 규정내용에 비추어, 부동산에 관한 점유취득시효가 완성되면 취득자는 유상승계취득에 있어 잔금이 청산된 경우와 같이 등기명의인에 대하여 소유권이전등기청구권을 가지게 되는 등 그 자체로 취득세의 과세객체가 되는 사실상의 취득행위가 존재한다고 봄이 상당하다. 그러므로 이 사건 부동산을 취득한 시기는 시효취득을 원인으로 원고가 제기한 소유권이전등기청구소송에서 이전등기를 명하는 법원의 결정이 확정된 때가 아니라 점유개시로부터 20년의 점유취득시효가 완성된 때라는 이유로, 이에 따른 취득세의 신고납부기한 다음 날부터 5년의 부과제척기간이 진행되어 이 사건 처분일에는 이미 제척기간이 만료되었다고 본다.
>
> (대법 2003두13342, 2004.11.25.)
>
> ❖ **매수대금일부를 대출채무 등 승계하는 경우에도 취득에 해당되는지 여부**
>
> 부동산 매매약정시에 매매대금 중 일부는 매도인의 금융기관 대출채무를 승계하기로 하고 잔여대금은 매도인의 미지급 공사대금을 지급하기로 약정한 경우에도 사실상 취득한 것으로 봄이 타당하다.
>
> (대법 2018두64221, 2019.3.14.)

❖ **사실상 취득에 해당되는지 여부**

표준대차대조표와 연간 계정별원장(토지) 내역에 취득한 사실이 반영되어 있지 아니하고, 특정기간에 보통예금 거래내역서에 취득신고일에 입·출금(이 건 취득세 등이 납부된 것으로 보인다)된 사실 외에 계약금이나 잔금 지급과 관련한 내역이 나타나지 않는 등의 경우는 원소유자로부터 사실상 취득한 것이라고 단정하기 어려움.

(조심 2018지3259, 2019.6.26.)

잔금지급자가 소유권이전등기를 하는 통상의 사례에 비추어 청구인이 매도인에게 잔금을 지급하였다고 보기 어려운 점 등에 비추어 청구인이 쟁점아파트를 사실상 취득하였다고 보기는 어려움.

(조심 2018지1094, 2019.5.29.)

법원으로부터 "OOO 명의로 등기되어 있는 이 건 토지의 소유권을 명의신탁 해지를 원인으로 하여 청구인에게 이전등기하라"는 판결을 받고 이 건 토지 일부의 소유권을 청구인 명의로 이전등기하였으나 청구인 명의로 이전등기하지 못한 사실이 등기사항전부증명서 등에 의하여 확인되는 점, 청구인이 쟁점토지의 전소유자에게 취득대금을 지급한 사실이 나타나지 아니하는 점 등에 비추어, 청구인이 쟁점토지를 사실상 또는 형식상 취득한 것으로 보기는 어려움.

(조심 2018지3218, 2019.9.25.)

(1) 매매, 교환, 상속, 증여, 기부, 법인에 대한 현물출자

이러한 취득의 형태는 승계취득이 일반적인 형태이며, 그 중에서 매매가 가장 보편적인 형태라 할 수 있다. 그런데 중소기업 등이 법인의 합병 등으로 인한 취득도 승계취득이라고 볼 수 있으나 이러한 경우는 형식적인 소유권의 취득이기 때문에 지방세특례제한법 등에서 면제하는 것으로 되어 있다. 매매란 당사자인 일방(매도자)이 일정한 재산권을 상대방(매수인)에게 이전할 것을 약정하고 상대방이 이에 대하여 그 대금을 지급할 것을 약정함으로써 성립하는 계약이다.

매매계약을 체결하였다가 해제한 경우는 그 계약의 효력이 소급하여 소멸되므로 취득이 없었다고 보아야 하나 약정상의 의무이행이 완료된 후(잔금을 지급한 후) 계약해제라는 형식을 통하여 매도인은 그 대금을 매수인에게, 매수인은 재산을 매도인에게 각각 반환한 경우는 이는 계약해제가 아니라 재매매에 해당하는 것이므로 이 경우는 쌍방 모두에게 각각 취득이 있었다고 보아야 한다. 그리고 매매의 원인이 무효인 경우는 취득사실이 무효가 되는 것이나 이 경우는 실제로는 판결에 의하여 원인무효임이 확인되는 경우를 제외하고는 당사자간의 무효확인 만으로는 그 진실성을 인정하기 어려우므로 과세실무 면에서는 확정판결 또는 이에 준하는 사유로 무효임이 확인될 때만 취득이 없었던 것으로 볼 수밖에 없다고 본다.

그러므로 화해나 청구의 인낙 또는 청구의 포기, 의제자백 등으로 소유권이 원소유자에게 환원되는 경우는 소유권의 환원이 현재의 소유자로부터 원소유자에게 소유권이전등기 절차를 취했거나 현재의 소유자의 소유권이전등기 자체를 말소하는 절차를 취했다 하더라도 모두 원소유자와 현소유자의 취득행위가 있었다고 보고 취득세를 과세하게 된다. 왜냐하면 화해조서, 인낙조서 또는 포기조서 등이 확정판결과 동일한 효력을 가진다 하더라도 법원이 그 내용의 당부를 심리하지 아니하고 당사자의 의사표시만으로 확정되는 것이므로 그 진실성을 믿기 어려울 뿐만 아니라 실질적으로 기왕의 소유권 취득행위로 인한 권리의 행사가 불법화되는 것이 아니기 때문이다. 그리고 가등기가 설정되어 있는 재산을 취득한 후 가등기권리자가 본등기 절차를 이행함으로써 소유권을 상실한 경우도 이미 취득행위로 인한 소유권 행사(말소등기시까지)는 적법한 것이므로 지방세법상의 취득행위는 존재하는 것으로 보아야 한다.

그런데 부동산등기특별조치법(§3)의 규정에 의하면 계약을 원인으로 소유권이전등기를 신청할 때에는 계약당사자, 목적부동산, 계약연월일, 대금 및 그 지급일자 등 지급에 관한 사항 또는 평가액 및 그 차액의 정산에 관한 사항, 부동산중개업자가 있을 때에는 부동산중개업자, 계약의 조건이나 기한이 있을 때에는 그 조건 또는 기한을 기재한 계약서에 검인신청인을 표시하여 부동산 소재지를 관할하는 특별자치시장, 특별자치도지사, 시장, 군수, 구청장 또는 그 권한의 위임을 받은 자의 검인을 받아 관할 등기소에 이를 제출하도록 규정하고 있기 때문에 일반적으로 매매계약을 체결하거나 지급보증 등으로 인하여 부동산을 대체취득하는 경우 등에는 중개사를 통하여 미리 계약서에 관할 특별자치시장, 특별자치도지사, 시장, 군수, 구청장의 검인을 받게 되고 검인을 받게 되면 관할 특별자치시장, 특별자치도지사, 시장, 군수, 구청장에게 "등록세 과세표준 및 세액신고서"를 제출하게 되는데 이때에 기재된 내용에 따라 취득세를 부과함에 따른 문제가 발생하여 민원이 야기되는 사례가 자주 있는게 현 실정이다. 왜냐하면 과세관청으로서는 검인계약서에 잔금지급일자 등이 기재되므로 이날에 취득한 것으로 보고 그때부터 60일이 경과하면 가산세를 가산하여 취득세를 고지하게 되나, 취득당사자는 계약서에 검인을 받았으나 잔금을 지급하기 전에 쌍방간의 이견이 있는 경우 또는 계약조건의 미이행으로 계약을 해제하였거나 부동산에 설정된 근저당권을 말소하는 조건으로 취득하였으나 이들 조건을 이행하지 아니하여 계약을 해제하는 경우가 있게 되는데 이때에 과세관청은 그 해제를 입증할 수 없어 계약해제를 인정하지 못한다는 이유로 과세하게 되고, 납세자측에서는 잔금도 지급하지 않았을 뿐 아니라 등기도 하지 아니하고 계약을 해제하였기 때문에 납세의무가 없다는 입장이므로 마찰이 야기되고 있는 것이 사실이다. 이러한 문제점을 일부라도 해결하기 위하여 2000년말 지방세법 시행령 개정시 이를 보완하였는데 이를 유상승계취득과 무상승계취득으로 구분하여 살펴보면,

첫째, 유상승계취득의 경우 지방세법 제10조 제5항 각 호에 해당하지 아니하는 유상승계취득 즉 개인간의 취득의 경우에는 그 계약상의 잔금지급일(계약상의 잔금지급일이 명시되지 아니한 경우에는 계약일부터 60일이 경과되는 날)에 취득한 것으로 보되 이러한 취득일부터 60일 이내에 민법 제543조(해지·해제권), 제544조(이행지체와 해제), 제545조(정기행위와 해제), 제546조(이행불능과 해제)의 규정에 의한 원인으로 계약이 해제된 사실이 화해조서, 인낙조서, 공정증서 등에 의하여 입증되는 경우에는 취득이 성립되지 아니한 것으로 보도록 하였으며, 둘째, 무상승계취득의 경우에는 그 계약일(상속으로 인한 취득의 경우에는 상속개시일)에 취득한 것으로 보되, 권리의 이전이나 그 행사에 등기·등록을 요하는 재산의 경우에는 등기·등록을 하지 아니하고 취득일부터 60일 이내에 그 계약이 해제된 사실이 화해조서, 인낙조서, 공정증서 등에 의하여 입증되는 경우에는 취득한 것으로 보지 아니하도록 개정되었다.[6]

교환은 당사자간에 금전 이외의 재산권을 서로 이전할 것을 약정함으로써 성립하는 계약으로 역사적으로는 매매에 앞섰고, 화폐경제의 발달 이전에는 중요한 기능을 담당하였으나 오늘날에는 그 기능이 크지 않다. 이러한 교환은 민법의 규정에서는 당사자의 한쪽이 목적물과 함께 금전(보충금 또는 보족금)도 지급할 것을 약정한 때에는 매매대금에 관한 규정을 준용하고 그 이외의 점에서는 일종의 유상·쌍무계약이며, 매매에 관한 규정을 준용하고 있는데, 이러한 교환은 매매와 유사하나 대가의 지급이 금전이 아니라는 점이 매매와 다른 점이라 하겠다. 이러한 관점에서 지방세법 제10조 제5항의 사실상의 취득가격 인정기준에서 취득을 종전에는 교환, 증여, 기부 그 밖의 무상취득을 제외한다고 표현했던 것 중 교환을 삭제하여 교환이라 하더라도 법인장부 등에서 사실가격이 인정되면 사실가격을 취득가격으로 보도록 지방세법이 규정하고 있는 것을 볼 수 있다.

상속이라 함은 피상속인의 사망에 의하여 상속인이 피상속인의 일신에 전속한 것을 제외한 피상속인에 속하였던 모든 재산상의 지위를 포괄적으로 승계하는 것을 말한다. 이러한 상속에 대하여는 구민법상의 호주상속, 제사(祭祀)상속의 문제로 지방세법에서도 형식

---

[6] 민법 §543 내지 §546의 내용
- 제543조(해지, 해제권) ① 계약 또는 법률의 규정에 의하여 당사자의 일방이나 쌍방이 해지 또는 해제의 권리가 있는 때에는 그 해지 또는 해제는 상대방에 대한 의사표시로 한다.
  ② 전항의 의사표시는 철회하지 못한다.
- 제544조(이행지체와 해제) 당사자 일방이 그 채무를 이행하지 아니하는 때에는 상대방은 상당한 기한을 정하여 그 이행을 최고하고 그 기한 내에 이행하지 아니한 때에는 계약을 해제할 수 있다. 그러나 채무자가 미리 이행하지 아니할 의사를 표시한 경우에는 최고를 요하지 아니한다.
- 제545조(정기행위와 해제) 계약의 성질 또는 당사자의 의사표시에 의하여 일정한 일시 또는 일정한 기한 내에 이행하지 아니하면 계약의 목적을 달성할 수 없을 경우에 당사자 일방이 그 시기에 이행하지 아니한 때에는 상대방은 전조의 최고를 하지 아니하고 계약을 해제할 수 있다.
- 제546조(이행불능과 해제) 채무자의 책임있는 사유로 이행이 불능하게 된 때에는 채권자는 계약을 해제할 수 있다.

적인 소유권의 이전으로 보아 비과세하였으나 현행 민법이 이러한 제도를 철폐함에 따라 상속으로 승계한 취득세과세물건에 대하여도 취득세가 과세되도록 한 것이다.

증여 또는 기부라 함은 증여자 또는 기부자가 무상으로 재산을 상대방(수증자)에게 주겠다는 의사를 표시하고 상대방이 이를 승낙함으로써 성립하는 낙성계약(諾成契約)을 말한다.

법인에 대한 현물출자는 법인의 설립이나 증자시 금전에 대신하여 현물로 출자함을 말하며, 지방세법상의 현물출자에는 재단법인에 대한 출연의 경우까지를 포함한다고 해석하여야 할 것이다. 현물출자의 목적물이 될 수 있는 재산은 대차대조표상 자산의 부에 계기할 수 있는 양도 가능한 자산으로서 동산, 부동산, 무체재산권 등은 물론 고객관계, 영업상의 비결 등 재산적 가치가 있는 사실관계도 포함되는 것이지만 취득세는 재산의 소유권 이전을 과세객체로 하고 있으므로 소유권 이외의 사용, 수익권 등을 출자하는 경우는 취득세과세대상 취득이 아님은 물론이다.

> **사례 |**
>
> ❖ **재개발사업관리 처분계획 이후 상속된 경우 새로운 공동주택을 입주권상속으로 볼 수 있는지 여부**
>
> 도시정비법에 따른 주택재개발사업 정비사업에 참여한 토지 등 소유자들의 종전 자산에 대한 소유권은 관리처분계획의 인가로 인하여 소멸하는 것이 아니라 이전고시가 이루어지면 새로 건축된 공동주택에 관한 소유권 등으로 전환되기 때문에 승계한 상속재산에 포함됨.
> (대법 2014두41831, 2015.1.15.)
>
> ❖ **납세자 의사에 반한 소유권이전등기에 따른 취득신고의 무효 여부**
>
> 이 사건 신고 당시 제출된 부동산 교환계약서는 부동산등기 특별조치법 제3조에 따라 피고의 검인을 받은 검인계약서인 점, 매매당사자들이 작성하여 시장, 군수 등의 검인을 받은 검인계약서는 특별한 사정이 없는 한 당사자 사이의 계약 내용대로 작성되었다고 추정되는 점, 이 사건 처분과 관련된 지방세법 등의 규정상 피고가 이 사건 신고에 의하여 취득세 및 등록세 등을 부과·고지할 경우 피고에게 이 사건 신고에 부합하는 실체관계가 있는지 여부에 관한 실질적인 심사권이 있다고 보기는 어려운 점 등을 고려할 때, △△△ 부동산에 관한 원고들 명의의 이 사건 신고는 유효하고, 그에 터잡은 이 사건 처분 역시 특별한 사정이 없는 한 적법·유효한 것으로 봄이 상당하다.
> (대법 2016두41927, 2016.9.8.)
>
> ❖ **한정승인을 신청한 상속재산에 대해 취득세 납세의무가 있는지**
>
> 그러므로 원고에게 상속재산에 대한 한정승인 당시 망인의 재산을 취득하려는 의사가 없었고 단지 도의적으로 채권자들에게 망인의 채무를 책임지고 정리해 줄 의사만이 있었다고 하더라도, 앞서 본 법령에 따라 취득세 납세의무가 명백히 도출되는 이상, 이와 달리 볼 수 없다.
> (대법 2016두30740, 2017.4.13.)

(2) 공유수면매립, 간척

공유수면의 매립 또는 간척에 의한 토지의 조성은 토지의 원시취득이라 한다. 공유수면이란 바다, 바닷가, 하천, 호소(湖沼), 주거 그 밖에 공공용으로 사용되는 수면 또는 수류(水流)로서 국가의 소유에 속하는 것을 말하고 이러한 공유수면을 공유수면관리 및 매립에 관한 법률의 규정에 따라 매립을 하여 준공검사확인증을 받은 날에 공용 또는 공공용으로 사용하기 위하여 필요한 매립지를 제외한 매립지 중 준공인가 신청시에 본인이 원하는 위치의 매립지로서 그 매립에 소요되는 총사업비(조사비·설계비·순공사비·보상비 기타비용을 합산하는 금액으로 한다.)에 상당하는 매립지의 소유권을 취득하게 된다. 그런데 취득세에서는 공유수면매립으로 인한 토지의 취득시점은 원칙적으로 준공검사확인증을 받은 날이지만 이날 이전에 사용승인이나 허가를 받은 경우에는 사용승인일 또는 허가일에 취득한 것으로 보고 있다.

(3) 건축 및 개수

건축이란 건축법 제2조 제1항 제8호에 따른 건축을 말하며, 개수란 건축법 제2조 제1항 제9호에 따른 대수선, 건축물 중 레저시설, 저장시설, 도크시설, 접안시설, 도관시설, 급수·배수시설, 에너지 공급시설 및 그 밖에 이와 유사한 시설(이에 딸린 시설을 포함한다.)로서 대통령령으로 정하는 것을 수선하는 것과 건축물에 딸린 시설물 중 지방세법 시행령이 정하는 시설물의 한 종류 이상을 설치하거나 수선하는 것을 말한다.

다시 말해서 건축법에 의한 건축이라 함은 건축물을 신축, 증축, 개축, 재축하거나 건축물을 이전하는 것을 말하는데, 신축은 건축물이 없는 대지(기존 건축물이 철거 되거나 멸실된 대지를 포함한다.)에 새로 건축물을 축조하는 것(부속건축물만 있는 대지에 새로 주된 건축물을 축조하는 것을 포함하되, 개축 또는 재축에 해당하는 것은 제외한다.)을 말하고, 증축은 기존 건축물이 있는 대지에서 건축물의 건축면적, 연면적, 층수 또는 높이를 늘리는 것을 말하며, 개축은 기존 건축물의 전부 또는 일부(내력벽, 기둥, 보, 지붕틀[한옥의 경우에는 지붕틀의 범위에서 서까래는 제외한다.] 중 셋 이상이 포함되는 경우를 말한다.)를 철거하고 그 대지에 종전과 같은 규모의 범위에서 건축물을 다시 축조하는 것을 말하고, 재축은 건축물이 천재지변이나 그 밖의 재해로 멸실된 경우 그 대지에 연면적 합계는 종전 규모 이하로 하여야 하고 동(棟)수, 층수 및 높이는 모두 종전 규모 이하이면서 동수, 층수 또는 높이의 어느 하나가 종전 규모를 초과하는 경우에는 해당 동수, 층수 및 높이가 「건축법」, 이 영 또는 건축조례에 모두 적합하도록 종전과 같은 규모의 범위에서 다시 축조하는 것을 말하며, 이전은 건축물의 주요구조부를 해체하지 아니하고 같은 대지의 다른 위치로 옮기는 것을 말한다(건축법 §2 ① Ⅸ, 같은 법 시행령 §2 ① Ⅰ~Ⅴ). 그러므로 신축과 재축의 구분은 신축은 기존건축물이 있는 것을 자진철거 또는 멸실하고 그 규모를 종전의 것과는 관계없이 새로이 건축하는 것을 말하고, 재축은 천재·지변 그 밖의 재해로 멸실된 건축물을 종전규모와 동일하게 건축하는 것으로 구분하여 이해하여야 하며, 이전은 종전의 이축과는 달리 같은 대지에서 위치만 바꾸는 것을 말하는데 유의하여야 한다.

또한 개수라 함은 건축법 제2조 제1항 제9호에 따른 대수선, 건축물 중 레저시설, 저장시설, 도크시설, 접안시설, 도관시설, 에너지 공급시설 등으로서 대통령령으로 정하는 것을 수선하는 것과 건축물에 부수되는 시설물 중 지방세법 시행령에서 정하는 시설물을 한 종류 이상을 설치하거나 수선하는 것을 말하며, 대수선이라 함은 건축물의 기둥·보·내력벽·주계단 등의 구조나 외부 형태를 수선·변경하거나 증설하는 것으로서 다음 각 호의 어느 하나에 해당하는 것으로서 증축·개축 또는 재축에 해당하지 아니하는 것을 말한다(건축법 §2 ① ⅠⅩ, 같은 법 시행령 §3의 2).

① 내력벽을 증설 또는 해체하거나 그 벽면적을 30㎡ 이상 수선 또는 변경하는 것
② 기둥을 증설 또는 해체하거나 기둥을 3개 이상 수선 또는 변경하는 것
③ 보를 증설 또는 해체하거나 3개 이상 수선 또는 변경하는 것
④ 지붕틀(한옥의 경우에는 지붕틀의 범위에서 서까래는 제외한다.)을 증설 또는 해체하거나 3개 이상 수선 또는 변경하는 것
⑤ 방화벽 또는 방화구획을 위한 바닥 또는 벽을 증설 또는 해체하거나 수선 또는 변경하는 것
⑥ 주계단, 피난계단 또는 특별피난계단을 증설 또는 해체하거나 수선 또는 변경하는 것
⑦ 미관지구에서 건축물의 외부형태(담장을 포함한다.)를 변경하는 것
⑧ 다가구주택의 가구 간 경계벽 또는 다세대주택의 세대 간 경계벽을 증설 또는 해체하거나 수선 또는 변경하는 것
⑨ 건축물의 외벽에 사용하는 마감재료를 증설 또는 해체하거나 벽면적 30㎡ 이상 수선 또는 변경하는 것은 대수선으로 보아 취득세의 과세대상이 되는 것이다.

그리고 건축물 중 토지에 정착하거나 지하 또는 다른 구조물에 설치하는 레저시설, 저장시설, 도크(dock)시설, 접안시설, 도관시설, 급수·배수시설, 에너지 공급시설 및 그 밖에 이와 유사한 시설(이에 딸린 시설을 포함한다.)로서 대통령령으로 정하는 것을 수선하는 것도 개수에 해당되어 취득세의 과세대상이 된다.

또한 지방세법에서 규정한 건축물에 딸린 시설물이라 함은 승강기(엘리베이터, 에스컬레이터 그 밖의 승강시설), 시간당 20킬로와트 이상의 발전시설, 난방용·욕탕용보일러, 시간당 7,560킬로칼로리급 이상의 에어컨(중앙조절식만 해당한다.), 부착된 금고, 교환시설, 건물의 냉·난방, 급·배수, 방화·방범 등의 자동관리를 위하여 설치하는 인텔리전트 빌딩

시스템(IBS) 시설, 구내의 변전·배전시설을 말한다(영 §6).
이를 내용별로 자세히 살펴보면 다음과 같다.

① **승강기**(엘리베이터·에스컬레이터 그 밖의 승강시설), (영 §6 Ⅰ)

승강기라 함은 고층건물 등에서 사람이나 화물을 동력에 의해 아래·위로 운반하도록 되어 있는 장치인 엘리베이터와 사람을 태우고 아래·위층을 오르내리는 자동계단인 에스컬레이터, 기타 그 밖의 승강시설을 말한다. 이 경우 공장 등에서 생산시설 중 원료나 제품 등을 상하, 좌우로 이동시키는 설비로서 다른 생산설비와 유기적인 관련을 갖고 다른 설비와 일체가 되어 동시에 작동되는 경우에는 제품생산과정상 필수적인 기계설비로 보아 과세대상에서 제외하여야 할 것이다.

② **시간당 20㎾ 이상의 발전시설**(영 §6 Ⅱ)

시간당 20㎾ 이상의 발전시설이라 함은 일반조명, 보일러 가동, 급배수 등 주로 건물의 유지관리에 사용할 목적으로 설치하고 있는 시설을 말하되, 공장 등에서 주로 생산시설을 가동하기 위하여 설치된 발전시설이나 판매목적으로 보유하는 발전시설은 특수한 부대시설에 포함하지 아니한다.

③ **난방용·욕탕용 온수 및 열 공급시설**(영 §6 Ⅲ)

난방용과 욕탕용 온수 및 열 공급시설이란 난방용과 욕탕용에 주로 사용되는 온수 및 열 공급시설을 말하는 것이므로 공장 등에서 제품생산을 위하여 설치된 보일러는 이 규정에 의한 특수부대설비로 보지 아니한다. 그리고 난방용과 욕탕용 온수 및 열 공급시설을 공장 등의 생산용에 겸용하는 경우에는 해당 건물의 면적에 따라 안분하여 과세대상 여부를 판단하여야 할 것이다.

④ **시간당 7,560킬로칼로리급 이상의 에어컨**(중앙조절식만 해당한다.), (영 §6 Ⅳ)

실내의 보건 또는 생산능률상 필요한 상태로 기계장치에 의하여 자동적으로 공기의 온도·습도 등을 조절하는 7,560킬로칼로리급 이상의 에어컨으로서 중앙조절식에 한하여 특수부대설비로 보고 유니트(Unit)식인 사무실, 식당 등에 캐비넷식 또는 벽에 부착시켜 사용되는 이동이 가능한 에어컨은 특수부대설비로 보지 아니한다.

⑤ 부착된 금고(영 §6 Ⅴ)

부착된 금고라 함은 건물의 일부가 금고시설로 축조된 것을 말하며 주로 은행이 사용하고 있는 건물 내부 벽면 등에 고착하여 설치된 금고를 말하는 것으로 일반사무실 등의 경리부에서 이동이 가능한 철재 금고를 사용하고 있는 것은 이에 해당되지 아니한다.

⑥ 교환시설(영 §6 Ⅵ)

교환시설이라 함은 건물에 부속 또는 부착설치된 건축설비로서 교환업무에 제공되는 시설을 말한다. 교환시설은 유인(有人) 또는 무인(無人) 교환설비를 총칭하는 것인데, 무인(無人)교환설비인 경우는 주된 조정장치(control box)가 설치된 경우에 한하여 교환시설로 보아야 할 것이다.

▶ 사례 ┃

❖ 조경공사, 옥상간판, 방송시스템 비용이 취득가액에 포함되는지 여부

이 사건 건물 1층 측면, 15층, 옥상에 설치한 조경시설은 그 물리적 구조, 용도와 기능 면에서 이 사건 부동산에 부합되거나 부수된 시설물로서 이 사건 부동산 자체의 효용가치를 증가시키는 시설로 보는 것이 타당하므로 취득세 과세표준에 포함된다.

(대법 2017두46257, 2017.8.18.)

⑦ 인텔리전트 빌딩시스템(IBS) 시설(영 §6 Ⅶ)

건물의 냉·난방, 급수·배수, 방화, 방범 등의 자동관리를 위하여 설치하는 인텔리전트 빌딩시스템 시설을 말한다.

이 경우 과세대상이 되기 위해서는 건물의 공조, 전기, 조명, 방범, 방재 등 빌딩관리요소의 3가지 이상을 중앙관제장치시스템에서 자동제어하는 시설이어야 한다.

⑧ 구내의 변전·배전시설(영 §6 Ⅷ)

구내의 변전·배전시설이라 함은 건물구내(울타리 내)에서 시설의 유지관리를 위하여 사용되는 전력의 전압변경을 위한 시설과 배전을 위한 시설을 말하는데, 이러한 변전·배전시설이 생산설비를 가동하기 위한 변전, 배전설비와 울타리 외에 위치한 한국전력공사가 일반의 수요에 공하기 위한 변전, 배전시설 등은 특수부대설비가 아니라고 본다.

(4) 선박의 건조와 차량, 기계장비, 항공기의 제조

차량·기계장비·항공기 및 주문받아 건조하는 선박은 승계취득인 경우에만 취득으로 보고 있으며, 차량·기계장비·항공기 및 주문을 받아 건조하는 선박의 경우에는 그 제조·조립·건조 등이 완성되어 실수요자가 인도받는 날과 계약상의 잔금지급일 중 빠른 날을 최초의 승계취득일로 보고 있다(영 §20 ③). 이와 같은 규정에 의하여 차량·기계장비·항

공기와 선박의 원시취득에 대하여 실제 적용하는 기준을 살펴보면 다음과 같다.
① 차량·기계장비·항공기 및 주문에 의하여 건조하는 선박은 원시취득이라 하더라도 이를 자동차관리법, 건설기계관리법, 항공법 또는 선박법에 따라 등기하거나 등록하는 경우에 이를 취득으로 보아야 한다.
② 차량·기계장비·항공기 및 주문에 의하여 건조하는 선박은 생산자로부터 판매업자가 상품으로 매수하거나 특수차량 등으로 재조립하기 위하여 매수하는 경우(트럭을 매수하여 탱크류를 첨가하여 탱크로리차량으로 제조하는 경우 등) 등은 승계취득이 아닌 특수차량을 제작하여 실수요자에게 판매하기 위하여 중간재로 취득하는 것으로 보아야 하기 때문에 취득세 과세대상의 취득에 해당하지 아니한다.
③ 차량 또는 기계장비의 생산업자가 제조 또는 조립한 차량 또는 기계장비를 판매하지 아니하고 이를 운행하거나 작업용으로 사용하는 경우는 취득에 해당된다. 이는 생산업자 자신이 곧 실수요자의 입장이 되기 때문이다.
④ 선박제조업자가 다른 사람으로부터 주문을 받지 않고 독자적으로 선박을 건조하여 이를 상품시장에 전시하고 원매자에게 매도하는 경우의 선박제조업자는 원시취득자라 하더라도 취득세 과세대상이 된다.

(5) 광업권, 어업권

광업권이란 광업법에 따른 광업권인 탐사권과 채굴권을 말하는데, 탐사권이란 등록을 한 일정한 토지의 구역에서 등록을 한 광물과 이와 같은 광산에 묻혀있는 다른 광물을 탐사하는 권리를 말하고, 채굴권이란 광구에서 등록을 한 광물과 이와 같은 광산에 묻혀있는 다른 광물을 채굴하고 취득하는 권리를 말하며, 어업권이라 함은 수산업법 또는 내수면어업법의 규정에 의하여 면허를 받아 어업을 경영하는 권리를 말하는데, 광업권과 어업권의 경우는 출원에 의하여 취득하는 때에는 취득세를 과세하지 아니한다. 그러므로 승계취득의 경우에만 과세대상이 된다.

(6) 골프회원권, 승마회원권, 콘도미니엄회원권, 종합체육시설이용회원권 및 요트회원권

골프회원권이라 함은 체육시설의 설치·이용에 관한 법률의 규정에 의한 회원제골프장의 회원으로서 골프장을 이용할 수 있는 권리를 취득하는 것을 말하며, 승마회원권이라 함은 체육시설의 설치·이용에 관한 법률의 규정에 의한 회원제 승마장의 회원으로서 승마장을 이용할 수 있는 권리를 취득한 것을 말하고, 콘도미니엄회원권이라 함은 관광진흥법의 규정에 의한 콘도미니엄과 이와 유사한 휴양시설을 이용할 수 있는 권리를 취득하는 것을 말하며, 종합체육시설 이용회원권이라 함은 체육시설의 설치·이용에 관한 법률에 의한 회원제 종합체육시설업에 있어서 그 시설을 이용할 수 있는 회원의 권리를 말하며,

요트회원권이란 체육시설의 설치·이용에 관한 법률에 따른 회원제 요트장의 회원으로서 요트장을 이용할 수 있는 권리를 취득하는 것에 대하여 취득세를 과세한다.

(7) 시효취득

시효취득이라 함은 타인의 물건을 일정기간 계속하여 점유하는 자에게 그 소유권을 취득하게 하고 또한 소유권 이외의 재산권을 일정기간 사실상으로 행사하는 자에게 그 권리를 취득하게 하는 제도이다. 취득세는 그 과세객체를 부동산 등의 소유권취득에 국한하고 있으므로 소유권에 관한 시효취득만이 취득세과세의 대상이 된다.

소유권의 시효에 의한 취득요건(민법 §245·§246)은 첫째, 소유의 의사를 가지고 점유하고 있을 것. 둘째, 그 점유가 평온, 공연하게 행하여진 것일 것. 즉, 점유한 물건에 대하여 소유권에 관한 다툼 등이 전혀 없어야 하고 또한 누가 보더라도 그 점유사실을 알 수 있는 상태에 있어야 할 것을 말한다. 셋째, 그 점유가 일정기간 계속되어야 할 것을 그 요건으로 하고 있는데 점유의 기간은, ① 부동산의 경우는 점유자 명의로 등기되어 있지 아니할 때에는 20년, 이미 점유자 명의로 등기된 때에는 10년이며 그 점유는 선의이고 무과실이어야 한다. ② 동산의 경우는 점유가 선의이고 과실이 없을 때에는 5년, 점유가 선의, 무과실이 아닌 경우라도 소유의 의사로 평온, 공연하게 점유한 때에는 10년이다. 그리고 취득시효의 요건을 갖추면 소유권 취득의 효력이 확정적으로 발생하고 취득시효로 인한 소유권의 취득은 원시취득에 해당되며 취득시효에 의한 소유권취득의 효력은 점유를 개시한 때로 소급한다(민법 §247 ①). 다만 등기를 하지 않고 20년간 점유한 경우는 등기를 함으로써 소유권을 취득한다. 그러나 취득세를 과세하는 경우에는 소유권취득의 효력이 확정적으로 발생하는 시점에 취득이 있는 것으로 보아야 한다.

> **사례**
>
> ❖ **부동산 점유취득시효완성으로 인한 소유권 취득의 법적 성질 등**
>
> 부동산 점유취득시효는 20년의 시효기간이 완성한 것만으로 점유자가 곧바로 소유권을 취득하는 것은 아니고 민법 제245조에 따라 점유자 명의로 등기를 함으로써 소유권을 취득하게 되며, 이는 원시취득에 해당하므로 특별한 사정이 없는 한 원소유자의 소유권에 가하여진 각종 제한에 의하여 영향을 받지 아니하는 완전한 내용의 소유권을 취득하게 되고, 이와 같은 소유권취득의 반사적효과로서 그 부동산에 관하여 취득시효의 기간이 진행중에 체결되어 소유권이전등기청구권 가등기에 의하여 보전된 매매예약상의 매수인의 지위는 소멸된다고 할 것이지만, 시효기간이 완성되었다고 하더라도 점유자 앞으로 등기를 마치지 아니한 이상 전 소유권에 붙어 있는 위와 같은 부담은 소멸되지 아니한다.
>
> (대법 2004다31463, 2004.9.24.)

(8) 간주취득

(가) 지목변경

　토지의 지목을 사실상 변경함으로써 그 가액이 증가된 경우 그 증가분에 대하여 취득이 있는 것으로 본다. 이 경우도 토지의 면적이 증가된 것은 아니나 지목변경을 위하여 상당한 비용과 노력이 투자되어 토지의 가치가 상승하였으므로 그 증가된 토지의 가치만큼 담세력이 발생되었다고 보아 이를 취득으로 간주한 것이다.

　여기에서 지목이라 함은 토지의 주된 용도에 따라 토지의 용도를 구분하여 지적공부에 등록한 것을 말하는데, 「공간정보의 구축 및 관리등에 관한 법률(종전지적법)」상의 지목은 전, 답, 과수원, 목장용지, 임야, 광천지, 염전, 대(垈), 공장용지, 학교용지, 주차장, 주요소용지, 창고용지, 도로, 철도용지, 제방, 하천, 구거(溝渠), 유지(溜池), 양어장, 수도용지, 공원, 체육용지, 유원지, 종교용지, 사적지, 묘지, 잡종지로 구분하여 정한다. 이렇게 지적공부에 등록된 지목을 다른 지목으로 바꾸어 등록하는 것을 지목변경이라 한다(공간정보의 구축 및 관리 등에 관한 법률 §2·24호 및 영 §58 참조).

(나) 차량 등의 종류변경

　차량·기계장비 및 선박의 종류를 변경함으로써 그 가액이 증가되는 경우 그 증가분에 대하여 취득이 있는 것으로 본다. 선박 등의 종류변경은 개별 물건별로는 소유권에 관한 변경이 없으나 그 물건에 대해 상당한 비용을 투자함으로써 그 내재하고 있는 가치가 증가하였다는 데 착안한 것이다.

(다) 과점주주의 주식취득

　법인의 주식을 취득하여 과점주주가 된 때에는 과점주주가 된 시점에 당해 법인이 소유하고 있는 취득세 과세대상물건 중 해당 법인의 총발행주식금액 또는 출자금액에 대한 과점주주가 소유하고 있는 주식 또는 지분의 비율에 해당하는 부분을 그 과점주주가 취득한 것으로 간주하도록 하고 있다. 과점주주에 대한 과세방법 등에 대하여는 다음에서 별도로 설명하겠다.

3) 과세객체

　지방세법에서 취득세에 대한 과세객체를 별도 명문으로 규정하지는 않았으나 취득세에서 사용하는 용어를 정의하고 그 용어에 규정된 물건을 취득하는 자를 납세의무자로 규정함으로써 과세객체를 표현하고 있다. 이러한 규정을 근거로 취득세의 과세객체를 정리하면 부동산·차량·기계장비·입목·항공기·선박·광업권·어업권·골프회원권, 승마회원권, 콘도미니엄회원권, 종합체육시설 이용회원권 및 요트회원권 등의 취득행위를 말하는데 그 과세대상 물건의 구체적인 내용을 살펴보면 다음과 같다.

가) 부동산

부동산이라 함은 토지 및 건축물을 말한다. 그런데 종전에는 취득세에서 부동산이라 함은 토지·건축물뿐 아니라 선박, 광업권, 어업권을 포함한 개념으로 운영되다가 1995년부터는 부동산을 토지와 건축물로 한정함으로써 토지 및 그 정착물을 부동산으로 보는 민법(민법 §99)의 규정과 그 개념을 동일시하도록 하였다.

(1) 토지

토지란 공간정보의 구축 및 관리 등에 관한 법률에 따라 지적공부에 등록대상이 되는 토지와 그 밖에 사용되고 있는 사실상의 토지를 말한다. 이러한 토지는 인위적으로 구획하여 필지를 만들고 그 필지마다에는 사용 용도에 따른 명칭으로서 지목을 정하는데 그 지목은 "일필지 일지목의 원칙"과 "주된 지목 추종의 원칙"에 의하여 정하여지며(공간정보의 구축 및 관리 등에 관한 법률 시행령 §59), 이와 같은 모든 지목의 토지는 취득세의 과세대상이 되는 것이다. 그리고 토지에 대한 과세객체는 토지의 취득과 토지의 지목변경으로 인하여 가액이 증가된 경우의 토지의 지목변경이 된다. 공간정보의 구축 및 관리 등에 관한 법률(종전의 측량·수로조사 및 지적에 관한 법률 임.) 제67조 및 동법 시행령 제58조의 규정에 의하면 지상의 모든 토지를 다음과 같이 28개 지목으로 구분하고 있는데 그 내용은 다음과 같다.

① 전 : 물을 상시적으로 이용하지 않고 곡물·원예작물(과수류는 제외한다.)·약초·뽕나무·닥나무·묘목·관상수 등의 식물을 주로 재배하는 토지와 식용으로 죽순을 재배하는 토지를 말한다.
② 답 : 물을 상시적으로 직접 이용하여 벼·연(蓮)·미나리·왕골 등의 식물을 주로 재배하는 토지를 말한다.
③ 과수원 : 사과, 배, 밤, 호두, 귤나무 등 과수류를 집단적으로 재배하는 토지와 이에 접속된 저장고 등 부속시설물의 부지를 말한다. 다만, 주거용 건축물의 부지는 "대"로 한다.
④ 목장용지 : 축산업 및 낙농업을 하기 위하여 초지를 조성한 토지, 축산법 제2조 제1호에 따른 가축을 사육하는 축사 등의 부지와 이들 토지와 접속된 부속시설물의 부지를 말한다. 다만, 주거용 건축물의 부지는 "대"로 한다.
⑤ 임야 : 산림 및 원야(原野)를 이루고 있는 수림지·죽림지·암석지·자갈땅·모래땅·습지·황무지 등의 토지를 말한다.

⑥ 광천지 : 지하에서 온수·약수·석유류 등이 용출되는 용출구(湧出口)와 그 유지(維持)에 사용되는 부지를 말한다. 다만, 온수·약수·석유류 등을 일정한 장소로 운송하는 송수관·송유관 및 저장시설의 부지는 제외한다.

⑦ 염전 : 바닷물을 끌어들여 소금을 채취하기 위하여 조성된 토지와 이에 접속된 제염장 등 부속시설물의 부지를 말한다. 다만, 천일제염 방식에 의하지 아니하고 동력으로 바닷물을 끌어들여 소금을 제조하는 공장시설물의 부지는 제외한다.

⑧ 대 : 영구적 건축물 중 주거·사무실, 점포와 박물관, 극장, 미술관 등 문화시설과 이에 접속된 정원 및 부속시설물의 부지와 국토의 계획 및 이용에 관한 법률 등 관계 법령에 따른 택지조성공사가 준공된 토지를 말한다.

⑨ 공장용지 : 제조업을 하고 있는 공장시설물의 부지와 산업집적활성화 및 공장설립에 관한 법률 등 관계 법령에 따른 공장부지 조성공사가 준공된 토지 및 위의 토지와 같은 구역에 있는 의료시설 등 부속시설물의 부지를 말한다.

⑩ 학교용지 : 학교의 교사와 이에 접속된 체육장 등 부속시설물의 부지를 말한다.

⑪ 주차장 : 자동차 등의 주차에 필요한 독립적인 시설을 갖춘 부지와 주차전용 건축물 및 이에 접속된 부속시설물의 부지를 말한다. 이 경우 주차장법 제2조 제1호 가목(노상주차장) 및 다목 [부설주차장(주차장법 제19조 제4항에 따라 시설물의 부근 인근에 설치된 부설주차장은 제외한다.)] 의 주차장과 자동차 등의 판매 목적으로 설치된 물류장 및 야외전시장 시설의 부지는 제외한다.

⑫ 주유소용지 : 석유·석유제품 또는 액화석유가스·전기 또는 수도 등의 판매를 위하여 일정한 설비를 갖춘 시설물의 부지 및 저유소 및 원유저장소의 부지와 이에 접속된 부속시설물의 부지를 말한다. 다만, 자동차·선박·기차 등의 제작 또는 정비공장 안에 설치된 급유·송유시설 등의 부지는 제외한다.

⑬ 창고용지 : 물건 등을 보관하거나 저장하기 위하여 독립적으로 설치된 보관시설물의 부지와 이에 접속된 부속시설물의 부지를 말한다.

⑭ 도로 : 일반 공중의 교통 운수를 위하여 보행이나 차량운행에 필요한 일정한 설비 또는 형태를 갖추어 이용되는 토지와 도로법 등 관계 법령에 따라 도로로 개설된 토지 및 고속도로의 휴게소 부지와 2필지 이상에 진입하는 통로로 이용되는 토지를 말한다. 다만, 아파트·공장 등 단일 용도의 일정한 단지 안에 설치된 통로 등은 제외한다.

⑮ 철도용지 : 교통 운수를 위하여 일정한 궤도 등의 설비와 형태를 갖추어 이용되는 토지와 이에 접속된 역사, 차고, 발전시설 및 공작창 등 부속시설물의 부지를 말한다.

⑯ 제방 : 조수·자연유수·모래·바람 등을 막기 위하여 설치된 방조제·방수제·방사제·방파제 등의 부지를 말한다.

⑰ 하천 : 자연의 유수(流水)가 있거나 있을 것으로 예상되는 토지를 말한다.

⑱ 구거 : 용수 또는 배수를 위하여 일정한 형태를 갖춘 인공적인 수로·둑 및 그 부속시설물의 부지와 자연의 유수(流水)가 있거나 있을 것으로 예상되는 소규모 수로부지를 말한다.

⑲ 유지(溜池) : 물이 고이거나 상시적으로 물을 저장하고 있는 댐·저수지·소류지·호수·연못 등의 토지와 연·왕골 등이 자생하는 배수가 잘 되지 아니하는 토지를 말한다.

⑳ 양어장 : 육상에 인공으로 조성된 수산생물의 번식 또는 양식을 위한 시설을 갖춘 부지와 이에 접속된 부속시설물의 부지를 말한다.

㉑ 수도용지 : 물을 정수하여 공급하기 위한 취수·저수·도수(導水)·정수·송수 및 배수시설의 부지 및 이에 접속된 부속시설물의 부지를 말한다.

㉒ 공원 : 일반 공중의 보건·휴양 및 정서생활에 이용하기 위한 시설을 갖춘 토지로서 국토의 계획 및 이용에 관한 법률에 따라 공원 또는 녹지로 결정·고시된 토지를 말한다.

㉓ 체육용지 : 국민의 건강증진 등을 위한 체육활동에 적합한 시설과 형태를 갖춘 종합운동장·실내체육관·야구장·골프장·스키장·승마장·경륜장 등 체육시설의 토지와 이에 접속된 부속시설물의 부지를 말한다. 다만, 체육시설로서의 영속성과 독립성이 미흡한 정구장·골프연습장·실내수영장 및 체육도장, 유수를 이용한 요트장 및 카누장, 산림 안의 야영장 등의 토지는 제외한다.

㉔ 유원지 : 일반 공중의 위락·휴양 등에 적합한 시설물을 종합적으로 갖춘 수영장·유선장·낚시터·어린이놀이터·동물원·식물원·민속촌·경마장 등의 토지와 이에 접속된 부속시설물의 부지를 말한다. 다만 이들 시설과의 거리 등으로 보아 독립적인 것으로 인정되는 숙식시설 및 유기장의 부지와 하천·구거 또는 유지(공유(公有)인 것으로 한정한다)로 분류되는 것은 제외한다.

㉕ 종교용지 : 일반 공중의 종교의식을 위하여 예배·법요·설교·제사 등을 하기 위한 교회·사찰·향교 등 건축물의 부지와 이에 접속된 부속시설물의 부지를 말한다.

㉖ 사적지 : 문화재로 지정된 역사적인 유적·고적·기념물 등을 보존하기 위하여 구획된 토지를 말한다. 다만, 학교용지·공원·종교용지 등 다른 지목으로 된 토지에 있는 유적·고적·기념물 등을 보호하기 위하여 구획된 토지는 제외한다.

㉗ 묘지 : 사람의 시체나 유골이 매장된 토지, 도시공원 및 녹지 등에 관한 법률에 따른 묘지공원으로 결정·고시된 토지 및 장사 등에 관한 법률 제2조 제9호에 따른 봉안시설과 이에 접속된 부속시설물의 부지를 말한다. 다만, 묘지의 관리를 위한 건축물의 부지는 "대"로 한다.

㉘ 잡종지 : 갈대밭·실외에 물건을 쌓아두는 곳, 돌을 캐내는 곳, 흙을 파내는 곳, 야외

시장 및 공동우물, 변전소, 송신소, 수신소 및 송유시설 등의 부지, 여객자동차터미널, 자동차운전학원 및 폐차장 등 자동차와 관련된 독립적인 시설물을 갖춘 부지, 공항시설 및 항만시설부지, 도축장, 쓰레기 처리장 및 오물처리장 등의 부지와 그 밖에 다른 지목에 속하지 아니하는 토지를 말한다. 다만, 원상회복을 조건으로 돌을 캐내는 곳 또는 흙을 파내는 곳으로 허가된 토지는 제외한다.

토지는 물리적으로는 물건으로서의 구분성이 없고 여러 개의 개념을 인정할 수 없는 것이나 이를 인위적으로 경계를 구획하여 여러 개로 생각하게 되어 토지대장·임야대장에서 1필이라고 하는 것을 1개의 토지로 보며, 지적공부에 등록된 각 필지는 독립성을 인정하고 있다. 이러한 토지는 일정한 위치에 고착되어 존재하는 구획된 필지를 뜻하며 그 토지상에 고착하여 존재하는 수목이나 화초·암석·돌담·교량·도로의 포장 등 그 토지의 종물도 토지의 개념에 포함한다고 보아야 한다. 그러나 토지상에 고착되어 존재하는 물건이라 하더라도 별도의 부동산으로 취급되는 건물과 입목은 토지의 개념에서 제외되며 또한 토지상의 흙이나 암석만을 채취하는 경우 등은 토지의 취득으로 볼 수 없다.

토지의 지목변경은 토지의 면적에는 변함이 없으나 그 지목변경으로 인한 가치의 상승을 취득으로 간주하는 취득으로서 공부상의 지목에 의하지 아니하고 사실상의 지목의 변경을 뜻하는 것으로 임야를 개간하여 전·답이 된다거나, 유지를 매립하여 공장용지가 되는 경우에 그 지목변경으로 인하여 토지의 가액이 증가된 경우, 그 증가부분을 취득으로 보아 취득세 과세객체로 하고 있다. 그러나 공부상에는 전·답으로 되어 있으나 오래 전부터 공장 또는 주택이 건립되어 있는 토지를 공장용지나 대(垈)로 공부상으로만 지목을 변경하는 경우는 취득세 과세객체가 될 수 없다.

또한 그 밖에 사용되고 있는 사실상의 토지로 보는 것은 토지를 원시취득하여 취득세의 과세객체가 되는 경우로서 공유수면매립에 의한 토지의 취득이 있다. 이 부분은 뒤에 설명하기로 한다.

(2) 건축물

건축물이란 건축법 제2조 제1항 제2호에 따른 건축물(이와 유사한 형태의 건축물을 포함한다.)과 토지에 정착하거나 지하 또는 다른 구조물에 설치하는 레저시설, 저장시설, 도크(dook)시설, 접안시설, 도관시설, 급수·배수시설, 에너지공급시설 및 그밖에 이와 유사한 시설(이에 딸린 시설을 포함한다.)로서 지방세법 시행령에서 정하는 것을 말한다.

(가) 건축법상의 건물

"건축물"이란 토지에 정착하는 공작물 중 지붕과 기둥 또는 벽이 있는 것과 이에 딸린 시설물, 지하나 고가(高架)의 공작물에 설치하는 사무소, 공연장, 점포, 차고, 창고, 그 밖에 별도로 규정하는 것을 말하고, "건축물의 용도"란 건축물의 종류를 유사한 구조, 이용목적 및 형태별로 묶어 분류한 것을 말한다(법 §6 Ⅳ 전단, 건축법 §2 ① Ⅱ·Ⅲ).

그리고 위와 같은 건축물과 유사한 형태의 건축물도 포함하며 이러한 건축물에 부수된 시설로서 독립하여 거래될 수 없는 담장, 굴뚝, 출입문, 장독대, 물치장 등도 건축물에 부수하는 시설로서 과세대상에 포함된다.

또한 지붕과 벽 또는 기둥만 있으면 그 시설물의 규모의 대소, 존속기간의 장단에 관계없이 모두 건물로 본다. 따라서 온실화원이나 비닐하우스, 공사장의 현장사무실, 초소막 등도 모두 건물에 해당되나 비닐하우스로서 농가가 계절적·일시적으로 설치하였다가 철거하는 것은 단순한 농업설비로 보아야 하고 반영구적으로 설비되어 그 안에서 장기적·반복적으로 작물을 재배하는 것만 건물로 보는 것이 타당할 것이다. 그리고 일시적으로 설치한 임시용 건물로서 그 존속기간이 1년 미만인 것은 이를 비과세대상으로 규정하고 있고 고정식 온실 등은 경감대상이 되는바 이에 대하여는 지방세특례제한법에서 후술하기로 한다.

(나) 기타 건축물

토지에 정착하거나 지하 또는 다른 구조물에 설치하는 레저시설, 저장시설, 도크(dock)시설, 접안시설, 도관시설, 급수·배수시설, 에너지 공급시설 및 그 밖에 이와 유사한 시설(이에 딸린 시설을 포함한다.)로서 다음의 시설을 말한다(법 §6 Ⅳ 후단). 이 규정은 종전의 구축물에 해당하는 시설을 말하는 것임을 참고하기 바란다.

(ⅰ) 레저시설

수영장, 스케이트장, 골프연습장(체육시설의 설치·이용에 관한 법률에 따라 골프연습장으로 신고된 20타석 이상의 골프연습장만 해당한다.), 전망대, 옥외스탠드, 유원지의 옥외오락시설(유원지의 옥외오락시설과 비슷한 오락시설로서 건물 안 또는 옥상에 설치하여 사용하는 것을 포함한다.)(영 §5 Ⅰ)

① 수영장, 스케이트장이라 함은 인공적으로 축조된 것을 말하는 것이므로 자연상태의 수영장이나 겨울 동안에 논 또는 연못에서 스케이트장을 하는 경우 등은 과세대상이 되는 레저시설로 볼 수 없다.

② 골프연습장은 체육시설의 설치·이용에 관한 법률 따라 골프연습장업으로 신고

된 20타석 이상의 골프연습장에 한하여 과세대상으로 하는데 이 경우 과세대상이 되는 시설물은 타석·철탑 등이 될 것이다.

③ 전망대라 함은 자연의 경관이나 풍경을 관찰할 수 있도록 축조된 시설물과 경비 등을 위하여 고가(高架)로 설치된 초소 등을 말한다. 그리고 옥외스탠드는 야외경기장, 노천극장 등에 관중들이 관람할 수 있도록 설치된 시설물을 말한다.

④ 유원지의 옥외오락시설이라 함은 공원, 유원지 또는 기타 공중이 운집하는 장소에 일반인의 유흥 또는 오락용으로 시설된 일체의 설비를 말하며 이러한 설비의 이용에 있어 유료 또는 무료를 불문한 모든 설비를 말한다. 또한 이러한 오락시설의 보호유지를 위한 시설을 포함하여 옥외오락시설로 보아야 한다. 그리고 건물 안 또는 옥상에 설치된 경우라도 유원지의 옥외오락시설과 비슷한 시설에 대하여도 이 또한 과세대상이 된다.

(ii) 저장시설

수조, 저유조, 저장창고, 저장조 등의 옥외저장시설(다른 시설과 유기적으로 관련되어 있고 일시적으로 저장기능을 하는 시설을 포함한다.)(영 §5 Ⅱ)

수조, 저유조, 저장창고, 저장조 등 옥외저장시설(다른 시설과 유기적으로 관련되어 있고 일시적으로 저장기능을 하는 시설을 포함한다.)이라 함은 건물과 관계없이 독립적으로 특정물질을 저장하기 위하여 축조된 시설물을 뜻하므로 저장시설의 설치장소가 지하·지상·해상·고공을 불문하며 그 명칭여하도 불문한다. 그러나 건물의 구내에 그 건물의 부속시설로 설치된 저장조는 이를 별도의 저장시설로 보지 않고 건물의 일부로 보아야 한다.

저장조의 경우 특히 유의할 사항은 공장의 생산설비 중 저장기능을 갖고 있는 탱크류로서 특정물품을 제조하거나 가공하기 위한 설비 중의 일부에 해당하는 탱크류는 일반적으로 그것이 다른 생산설비와 유기적인 관련을 가지고 있고 또 다른 설비들과 일체가 되어 있으며 생산과정상 일시적 저장기능만을 수행한다면 이는 기계류로 보아야 하나 비교적 다른 생산설비들로부터 독립하여 있고 장시간 저장기능을 가지고 있는 탱크류는 이를 저장시설로 보아야 하는데 산업시설이 복잡화, 다양화되고 있어 세무공무원이나 납세의무자가 이를 명확히 구분하기 곤란하다. 그러므로 생산설비 중의 탱크류는 개별적으로 그 기능과 형태 등을 구체적으로 현지조사하여 판단해야 할 것이다.

그런데 여기에 대해서 저장탱크가 생산설비인지 옥외저장시설인지에 대해 현실적으로 논란이 있어 법원에서 생산설비로 보아 과세대상이 아니라고 판결한 사례가 있었다. 그래서 1999년말 지방세법 시행령 개정시에 저장조 등 옥외저장시설에 다른 시설과 유기적인 관련을 가지고 일시적으로 저장기능을 하는 시설을 포함하여 구축물로 보도록 개선하였다.

> **사례**
>
> ❖ **일시적으로 이용되는 유기적인 관련시설의 과세대상 여부**
>
> 살피건대, 1999.12.31. 대통령령 제16673호로 개정되기 전의 지방세법 시행령의 관계규정에 의하면, "수조, 저유조, 싸이로, 저장조 등의 옥외저장시설"을 구축물의 하나로 규정하여 취득세를 부과하도록 하였는데, 대법(대법 99두5023, 1999.6.11.) 선고 판결 등에서 액화천연가스탱크에 대하여 다른 생산설비와 유기적인 관련을 가진 생산과정의 일부로서 일시 저장하는 기능은 물론 다른 기능까지 하고 있다는 이유로 위 옥외저장시설에 해당하지 않는다고 판시하였다. 그런데 1999.12.31. 대통령령 제16673호 지방세법 시행령의 개정으로 위 옥외저장시설에 "(다른 시설과 유기적인 관련을 가지고 일시적으로 저장기능을 하는 시설을 포함한다.)"는 괄호 규정이 부가되었고, 위 개정령은 2000.1.1.부터 시행되고 있다.
> 앞서 본 관계규정의 개정 경위와 내용 및 위 인정사실에 비추어 보면, 이 사건 축열조는 원고의 열공급시설과 유기적인 관련을 가지고 열 내지 난방수의 저장기능을 하는 시설 즉, 위 괄호규정 소정의 옥외저장시설에 해당한다고 할 것이므로, 이와 같은 전제에선 피고의 이 사건 처분은 적법하다고 할 것이다.
>
> (대법 2007두26032, 2008.3.13.)

(ⅲ) 도크시설 및 접안시설 : 도크, 조선대(영 §5 Ⅲ)

도크(dock)라 함은 옹벽 등의 설비를 하여 그 안에서 선박을 건조하거나 수리하는 시설이 주요 기능이며, 그 외에도 이와 유사한 시설들이면 도크로 보아 취득세 과세대상 물건으로 할 수 있다. 그리고 조선대라 함은 도크 이외의 설비로서 선박을 건조하거나 수리하도록 시설된 시설물을 말한다.

> **사례**
>
> ❖ **선박이 접안하는 안벽을 토지로 보아 공유수면 매립에 따른 취득세 과표에 포함할 수 있는지 여부**
>
> 취득세 과세대상인 시설물의 범위를 별도로 규정한 취지는, 토지의 가액 증가나 토지의 조성 여부를 묻지 않고 그와 같은 시설물의 취득을 토지와 분리하여 과세대상으로 포착하려는 데 있을 뿐 지목 변경으로 토지의 가액이 증가하거나 공유수면의 매립 등으로 토지가 조성되는 경우에 토지의 구성 부분을 이루는 시설물을 토지의 일부로 보아 취득세를 과세하는 것까지 부정하려는 것은 아니다(대법 92누5270, 1992.11.10. 선고 판결 참조).....이 사건 안벽은 이 사건 전체 매립지의 일부로서 취득세의 과세대상에 해당한다고 봄이 타당하다는 이유로, 이 사건 안벽과 관련된 공사비와 그 부대비용을 취득세의 과세표준에 포함하여 원고 ○○중공업에게 취득세 등을 부과한 이 사건 처분은 적법하다.
>
> (대법 2014두4757, 2014.7.10.)

(ⅳ) 도관시설(연결시설을 포함한다) : 송유관, 가스관, 열수송관(영 §5 Ⅳ)

① 송유관, 가스관, 열수송관은 그 연결시설을 포함하며 주로 유류, 가스 및 폐열 등을 운반하기 위하여 지하나 지상 또는 고가(高架)에 설치된 관을 말한다.

② 열수송관이라 함은 집단에너지사업법상의 열수송관과 그 연결시설을 말하는데 이를 총칭하여 열수송시설이라 한다. 열수송시설은 물·증기 기타 열매체를 수송 또는 분배하는 기기 및 그 부속기기로서 열수송관[물·증기 기타 열매체를 가열하거나 냉각하는 기기 및 그 부속기기로서 열발생설비(보일러·터빈·발전기·소각로 등), 열펌프, 냉동설비, 열교환기, 축열조, 기타 열의 생산과 관련이 있는 설비와 사용자의 관리에 속하는 시설은 제외한다.], 순환펌프, 기타 열의 수송 또는 분배와 관련이 있는 설비를 말한다.

▎사례 ▎

❖ 도시가스 인입배관 설치에 따라 사업자가 50%의 부담하고 있는 공사비를 취득세 과세표준에 포함할 수 있는지 여부

취득세의 과세표준을 산정함에 있어서도 원고들이 취득하는 인입배관의 취득가격에서 도시가스 사용자가 부담하는 비용을 공제하는 것이 취득세 과세가격에 관하여 규정하고 있는 구 법인세법 시행령 제18조의 입법 취지 및 세법의 통일적·체계적 해석에 부합하고, 재산세의 과세표준처럼 사업자가 보유하는 인입배관의 가액을 그대로 취득세의 과세표준으로 보는 것은 유통세의 일종인 취득세의 과세표준(취득가격)으로 적절하지 않다고 보인다.

따라서 도시가스 공급규정에 의하여 원고들이 부담하는 인입배관 공사비의 50% 상당액(도시가스 공급규정에 따르면 도시가스업자의 공사비 50%는 지원금이고, 공사가 완공되면 인입배관의 취득자는 도시가스사용자가 됨)이라고 할 것이기 때문에 도시가스 사용자가 시공자에게 지급한 인입배관 공사비 분담금은 원고들의 인입배관 취득가격에 포함된다고 할 수 없다.

(대법 2015두39828, 2015.7.10.)

(ⅴ) 급·배수시설 : 송수관(연결시설을 포함한다), 급수·배수시설, 복개설비(영 §5 Ⅴ)

① 급·배수시설은 물을 공급하거나 배수하기 위한 일체의 설비로 정호(井戸)시설, 자동펌프, 급·배수를 위한 송수관(식용 또는 공업용 등 그 용도를 불문한다.), 인공적으로 축조된 급·배수용 구거 등이 이에 속한다.

② 복개설비라 함은 구거, 하천, 유지, 해면 등에 지하의 공간을 유지한 채 덮개를 덮은 설비를 말한다. 복개설비는 그 시설 위에 별도의 시설물의 유무를 막론하고 모두 취득세 과세대상물건이 된다.

사례

❖ **노후된 각종 설비를 교체하면서 건축물을 수리 또는 개수한 경우 개축에 해당되는지와 지목변경을 수반하지 아니한 정원 및 포장공사비가 취득세 과세대상인지 여부**

① 원심판결 이유에 의하면, A건물 철거부분 공사는 건물의 기본골격을 유지하면서 기존의 노후된 각종 설비를 새것으로 교체함과 동시에 건물 내부와 외부를 전체적으로 보수하는 것이었고, 그 과정에서 지하층부터 3층에 걸쳐 내력벽을 해체하여 수선 또는 변경하거나 기둥, 보, 지붕틀 중 3이상을 해체하여 수선 또는 변경하지 아니하였으며, 방화벽 또는 방화구획을 위한 바닥 내지 벽 또는 주계단·피난계단 또는 특별피난계단을 해체하여 수선 또는 변경하지도 아니하였던 사실 등을 인정한 다음, A건물 철거부분 공사는 취득세 과세대상이 되는 구 지방세법(2000.12.29. 법률 제6312호로 개정되기 전의 것, 이하 구 지방세법이라 한다.) 제104조 제11호 소정의 '개축'에 해당한다고 할 수 없다고 판단하였다.

② 원심판결 이유에 의하면, 원고는 ○○전화국의 기존 정원을 포함하여, 청사부지를 제외한 나머지 부지 중 일부를 정원으로 확장 조성하면서 조경수대금, 식재공사비 등을, 청사부지와 정원부지를 제외한 나머지 부지 중 일부를 아스팔트로 포장하고 그 공사비를 각 지출한 사실, 위 공사 전후에 위 토지 부분에 대하여 지목의 변경은 없었던 사실 등을 인정한 다음, 이 사건 정원조성비와 포장공사비는 지방세법 제105조 제5항 소정의 토지의 지목을 사실상 변경함으로써 그 가액이 증가한 경우에 해당한다고 보기 어렵고, 비록 지방세법 기본통칙 제111-1호에서 아파트의 정원 및 포장공사비는 지목변경이 수반되는 경우에 과세표준에 포함시키고 있다고 하더라도, 이를 아파트를 제외한 일반 건축물에 있어서는 지목변경을 수반하지 않는 정원조성과 포장공사의 경우에 그 공사비를 건물의 과세표준에 포함되는 것으로 해석할 수 없다고 판단하였다.

(대법 2003두5433, 2004.11.12.)

❖ **도로원인자 부담금 등이 공동주택 건설공사에 따른 지방세 과세표준에 포함되는지 여부**

① 원고가 2009. 9경부터 2010.11.23.까지 총 11회에 걸쳐 피고에게 납부한 도로원인자 부담금, 하천원인자 부담금, 기반시설 부담금 등 합계 46,948,972,158원(이하 '이 사건 분담금'이라 한다.)은 원고가 공동주택인 ○○ ○○ 1, 2차 아파트 및 ○○ 스테이트 2, 3차 아파트를 신축하여 취득하기 전에 그 지급원인이 발생하거나 확정된 것인 점, ② 이 사건 부담금과 관련하여 원고 등 건설회사와 피고 사이에 체결된 ○○취락지구 기반시설 협약(이하 '이 사건 협약'이라 한다.)과 도로공사 위수탁 협의서, 원고가 피고로부터 받은 이 사건 공동주택의 사업계획승인 행정이행사항 등에 의하면, 원고가 이 사건 분담금의 지급을 조건으로 받아들여 납부하지 않고서는 피고로부터 이 사건 공동주택에 대한 사업계획승인을 받거나 공사를 완료할 수 없었을 것인 점, ③ 이 사건 분담금은 이 사건 공동주택을 위한 기반시설의 설치 등에 사용되었는데 그 기반시설은 공동주택의 가치를 높이는 데 기여한다고 볼 수 있고, 원고는 이 사건 분담금을 공사원가로 인식하여 공동주택 신축에 따른 취득비용으로 공사원가 명세서에 회계처리한 점 등을 종합하면, 이 사건 분담금은 이 사건 공동주택의 취득을 위하여 필수불가결하게 지급된 간접비용에 해당한다고 보아야 하므로, 피고가 원고의 이 사건 공동주택 취득에 대하여 취득세 등을 경정·고지(이하 '이 사건 과세처분'이라 한다.)하면서 이 사건 분담금을 원고가 공사원가 명세서에 회계처리한 바에 따라 이 사건 공동주택 4개 단지별로 안분하여 그 취득세 등 과세표준에 포함시킨 것은 적법하다고 판단하였다.

(대법 2015두47386, 2015.11.26.)

❖ **이 사건 이설배관 및 해저운송배관이 지방세법상 취득세 과세대상 가스관에 해당되는지 여부**

지방세법상 취득세의 과세대상인 위 '가스관'의 정의에 관한 규정은 없으나, 위 규정들의 내용과 취지에 비추어 보면, 위 '가스관'이란 구조, 형태, 용도, 기능 등을 전체적으로 고려할 때 토지에 정착하거나 지하 또는 다른 구조물에 설치되어 기체상태의 물질인 가스를 운반하는 데에 사용되는 관을 의미한다 할 것이다. 위 규정들에 비추어 살피건대, 앞서 든 증거들 및 인정사실들과 을나7, 8호증의 각 기재에 변론 전체의 취지를 더하면, 이 사건 이설배관 및 해저운송배관은 이 사건 생산시설에 연결되어 있고, 위 이설배관 및 해저운송배관을 통하여 위 생산시설 사이에 운반되는 물질은 동해-1, 동해-2 가스전에서 채굴된 유가스로서 대부분의 천연가스와 10% 미만의 컨덴세이트 등으로 이루어진 혼합물임을 알 수 있는바, 위 이설배관 및 해저운송배관을 통하여 운반되는 주된 물질이 가스인 이상, 그것이 판매 가능한 상태로 가공되지 않았다거나 가스가 아닌 물질이 일부 혼합되어 있다하더라도, 위 이설배관은 지방세법상 취득세 과세대상인 가스관에 해당한다고 봄이 타당함.

(대법 2020두30832, 2020.4.29.)

(vi) 에너지공급시설

주유시설, 가스충전시설, 환경친화적 자동차충전시설, 송전철탑(전압 20만 볼트 미만을 송전하는 것과 주민들의 요구로 전기사업법 제72조의 규정에 의하여 이전·설치하는 것을 제외한다.)(영 §5 Ⅵ)

① 주유시설과 가스충전시설은 건축물과는 별도로 주유나 가스충전을 위하여 설치된 시설로서 주유나 가스충전을 위한 계기, 저장고, 직접주유에 사용되는 주유기, 가스충전기 등 일체의 설비를 말한다.

② 송진철탑 중 전압 20만 볼트 미만을 송전하는 것과 주민의 요구로 전기사업법 제72조의 규정에 의하여 이전·설비하는 것을 제외한 전기수송용 철탑을 기타 건축물로 보는 것이다.

▎사례 ▎

❖ **송전철탑의 범위 및 취득시기 등**

(1) 과세대상물건의 범위

송전선로는 송전철탑, 애자, 전선으로 구성되고, 애자는 전선을 지지하기 위하여 사용되는 사기, 유리, 합성수지 등으로 만들어진 절연물로서 송전철탑에 설치되어 송전철탑과 함께 전선을 연결·지지하는 역할을 하는 사실로 인정할 수 있다.

위 인정사실 및 관련규정 등에 비추어 보면, 과세물건으로서의 송전철탑이라 함은 주유시설, 가스충전시설과의 균형상 송전철탑과 일체가 되어 에너지를 공급하는 역할을 하는 시설 일체를 의미하는 것으로 해석되고, 송전철탑에 설치되어 전선을 연결·지지하고 송전철탑과 함께 전력을 공급하는 역할을 하는 애자는 송전철탑과 일체가 된 에너지 공급시설이라 할 것이므로, 애자 또한 과세물건으로서의 송전철탑에 포함된다고 봄이 상당하다.

(2) 과세대상물건의 취득 시기

위 인정사실 및 관계법령에 비추어 보면, 이 사건 철탑도 송전선로의 일부로서 전기사업법에 의한 인가를 받아 건축하는 이상 지방세법 시행령 제73조 제4항의 '건축허가를 받아 건축하는 건축물'에 준하는 것으로 볼 수 있으므로, 이 사건 철탑의 취득일은 임시사용승인일인 2005.11.16.로 봄이 상당하다 할 것이다.

(3) 취득가격의 범위

① 여기서 말하는 '취득가격'에는 과세대상물건의 취득 시기 이전에 거래상대방 또는 제3자에게 지급원인이 발생 또는 확정된 것으로서 당해 물건 자체의 가격은 물론 그 이외에 실제로 당해 물건 자체의 가격으로 지급되었다고 볼 수 있거나 그에 준하는 취득절차비용도 간접비용으로서 이에 포함된다고 할 것이다

(대법 95누4155, 1996.1.26. 선고 판결 등 참조).

② 물적범위 : 이 사건 철탑공사가 산지에서 이루어졌으므로 공사장 진입도로, 삭도장, 헬기장 등은 그 공사를 위해 반드시 설치해야 할 필요성이 있었고 실제로 위 공사가 마무리 된 후 복구되어 현재는 남아 있지 않는 점, 철탑주변개설 및 복구비용, 대체산림조성비 등도 이 사건 철탑공사를 하기 위해 반드시 지출이 요구되는 비용인 점 등에 비추어 보면, 진입도로 공사비 등은 이 사건 철탑을 취득하기 위하여 지급된 간접비용에 해당한다고 할 것이므로, 이 사건 철탑의 취득가격에 포함된다고 할 것이다.

③ 시적범위 : 이 사건 과세대상물건인 철탑의 취득 시기인 2005.11.16. 이후에 지출한 비용이기는 하나 이미 이 사건 철탑공사의 수급인에게 지급원인이 발생된 것이므로, 이는 취득가격에 포함된다고 볼 수 있고, 결국 이 사건 철탑의 취득시기를 전후하여 지출된 비용 전체가 과세표준이 된다고 할 것이다.

(4) 신의성실·신뢰보호의 원칙 등 위배 여부

① 일반적으로 조세법률관계에서 과세관청의 행위에 대하여 신의칙 내지 비과세관행이 성립되었다고 하려면 그 의사표시가 납세자의 추상적인 질의에 대한 일반론적인 견해표명에 불과한 경우에는 위 원칙의 적용을 부정하여야 한다

(대법 90누10384, 1993.7.27. 선고 판결).

② 위 인정사실 및 관계법령인 행정안전부와 그 소속기관 직제(2005.12.9. 대통령령 제19167호로 개정되기 전의 것) 제14조 제3항 제36호, 제37호 등에 비추어 보면, 지방세에 관한 질의 회신 등의 업무와 지방세 과세표준의 적정 운영을 위한 제도의 개발·개선 및 표준지침을 시달하는 업무를 관장하는 행정안전부장관이 2003.7.18. 원고에게 진입도로 공사비가 취득가격에 포함되지 않는다고 회신한 것은 과세관청의 공적인 견해표명으로 봄이 상당하고, 위와 같은 회신을 믿은 데 원고에게 어떠한 귀책사유가 있다고 볼 수 없으므로, 원고의 신뢰에 반하여 진입도로 공사비를 취득세 과세표준에 포함시켜 부과한 이 사건 처분은 신뢰보호의 원칙에 위배된다고 할 것이다.

③ 삭도장, 헬기장, 철탑주변개설 및 복구비용, 대체산림조성비 등

원고가 행정안전부에 진입도로 공사비가 송전철탑의 취득가격에 포함되는지에 관하여 질의하여 행정안전부장관으로부터 이에 대한 회신을 받은 사실은 앞서 본 바와 같으나, 원고가 행정안전부에 삭도장, 헬기장, 철탑주변 개설 및 복구비용, 대체 산림조성비 등이 송전철탑의 취득가격에 포함되는지에 관하여 질의하여 행정안전부로부터 이에 대한 회신을 받았거나 행정안전부가 위 비용이 송전철탑의 과세표준에 포함되지

않는다는 취지의 공적인 견해를 표명한 사실을 인정할 증거가 없다.
따라서 행정안전부의 공적인 견해표명이 있었거나 새로운 해석 또는 관행에 의하여 소급과세되었음을 전제로 한 원고의 이 부분 주장은 나아가 살펴볼 필요 없이 이유 없다.

(5) 가산세 부과처분에 관하여
① 가산세 부과의 범위
이 사건에서 보건대, 앞서 본 바와 같이 원고는 이 사건 철탑을 취득한 2005.11.16.로부터 30일 이내에 과세표준 및 세액을 전혀 신고·납부한 바 없으므로(원고가 2006.2.8. 일부 과세표준 및 세액을 신고하고 2006.3.8. 이를 납부하였으며, 2006.12.27. 일부 과세표준 및 세액을 신고·납부한 바 있으나, 이는 위 규정에 의한 신고·납부라고 할 수 없다.), 이 사건 철탑에 대한 취득세 전액이 가산세의 대상이 된다.

② 정당한 사유의 존재 여부
납세의무자는 과세물건을 취득한 날로부터 30일 이내에 그때까지 지출한 것으로 입증되는 취득가격을 기준으로 하여 과세표준 및 세액을 신고·납부하여야 하고, 그 신고·납부의무를 이행한 납세의무자의 경우 위 취득일 이후에 지출되는 비용으로 신고·납부할 당시 확정할 수 없는 부분에 대하여는 기업회계기준에 따라 장부에 기장한 날로부터 60일 이내에 과세표준 및 세액을 수정신고·납부하여야 함은 법문상 명백하다. 결국, 원고가 2005.11.16.경 이 사건 철탑공사가 완료되지 않아 정확한 과세표준 및 세액을 산출할 수 없었고 2006.2.8. 과세표준 및 세액을 신고하면서 2006.6. 말경 모든 공사가 마무리될 것을 전제로 2006.7.경 정확한 공사비 정산 후 과세표준 및 세액을 추가신고할 예정임을 밝혔다는 사정만으로 지방세법에 의한 신고·납부의무의 해태를 탓할 수 없는 정당한 사유가 있는 경우에 해당한다고 볼 수 없다.
(대법 2009두8960, 2009.9.10., 대법 2009두5350, 2009.9.10., 대법 2009두9567, 2009.9.10., 대법 2009두9567, 2009.9.24., 대법 2009두8717, 2009.9.24.)

(vii) 그 밖의 시설
잔교, 기계식 또는 철골조립식 주차장, 차량 또는 기계장비 등을 자동으로 세차 또는 세척하는 시설, 방송중계탑(방송법 제54조 제1항 제5호에 따라 국가가 필요로 하는 대외방송과 사회교육방송용 중계탑은 제외한다.), 무선통신기지국용 철탑(영 §5 ②)

① 잔교라 함은 절벽과 절벽 사이의 계곡을 가로질러 높이 걸쳐 놓은 다리, 부두에서 선박에 걸쳐 놓고 화물을 싣고 부리거나 선객이 오르내리기에 편하도록 물 위에 부설한 구조물을 말하고, 이러한 잔교의 자재는 목재, 철재, 플라스틱재 등을 불문한다.

> **사례**
>
> ❖ **잔교의 의미**
>
> 원심은, 원고가 이 사건 시멘트 유통기지를 조성하면서 시멘트 운송선박을 계류시키고 선박으로부터 시멘트 유통기지로 시멘트를 운반하기 위한 설비를 구축함에 있어 그 지역의 조수간만의 차로 인하여 육상에서 바로 연결되는 다리 형태의 잔교를 건설하지 못하고 해상에 선박 접안시설인 이 사건 해상구조물을 설치하고 여기에 이 사건 운송시설을 연결하여 이 사건 해상구조물에 계류한 선박으로부터 육상으로의 시멘트 운송·하역작업을 수행하고 있는 사실, 이 사건 해상구조물은 시멘트 운송선박을 부두에 직접 접안하지 아니하고 해상에 정박한 상태로 하역하기 위하여 부두로부터 약 52m 떨어져 있는 해상에 설치한 것으로서, 하저에 쇠말뚝(pile)을 박고 그 위에 콘크리트로 견고한 상부시설을 한 돌핀스판 7기로 구성되어 있으며, 그 돌핀스판 7기는 하역작업을 위한 작업대 1기, 정박한 선박을 옆에서 받쳐 주는 접안대 2기, 정박한 선박의 유동을 막기 위하여 선두와 선미를 줄로 매어두는 정박대 4기로 구성되어 있는 사실, 운반선의 선원이나 원고 회사의 직원이 시멘트 운송선박의 입·출항시에 각 구조물을 고정시키는 장치에 줄을 매거나풀기 위하여 이동하도록 위 각 구조물 사이에 철판 가교를 설치하여 놓은 사실을 인정한 다음, 이 사건 해상구조물은 그 구조·용도 및 기능 등을 전체적으로 살펴볼 때 선박을 접근시켜 화물의 하역이 편리하도록 해상에 설치한 구조물로서 구 지방세법 시행령 제75조의 2 제2호 소정의 '잔교'에 해당한다고 판단하였다.
>
> (대법 2000두5739, 2002.5.17., 대법 2000두5135, 2002.5.31.)
>
> ❖ **이 건 시설이 취득세 과세대상 잔교에 해당되는지 여부**
>
> 법원의 해양수산부에 대한 사실조회결과에 변론 전체의 취지를 종합하면, ① 이 사건 구조물은 해수면 아래에 위치한 토지에 강관으로 기둥을 박고 그 위에 콘크리트나 철판 등으로 상부시설을 설치한 것으로서 배와 육지를 연결하여 사람이나 물건이 이동할 수 있도록 설계된 사실, ② 이 사건 구조물은 기둥과 콘크리트를 연결하는 부분에 롤러를 설치하여 조위변동에 관계없이 선박이 계류할 수 있도록 만들어진 특징이 있는 외에는 그 형태나 기능, 목적에 있어서 잔교와 별다른 차이가 없는 사실, ③ 피고 외에 거제시장, 통영시장 등 다른 지방자치단체장 또한 이 사건 구조물과 유사한 구조물에 대하여 취득세를 부과한 사실이 인정된다. 위 인정사실에 의하면 이 사건 구조물은 토지에 정착한 시설로서 잔교의 기능을 하는 잔교와 유사한 구조물에 해당한다고 봄이 타당하고, 원고가 주장하는 바와 같이 이 사건 구조물에 대한 비과세 관행이 존재한다는 점을 인정할 증거는 없음.
>
> (대법 2020두31521, 2020.4.29.)

 ② 기계식 또는 철골조립식 주차장 중 높이 8m(위험방지를 위한 난간의 높이를 제외한다.) 이하의 기계식 주차장 및 철골조립식 주차장으로서 외벽이 없는 것은 신고대상이며, 높이 8m 이상의 기계식 및 철골조립식 주차장은 건축허가대상이 된다.

 ③ 차량 또는 기계장비 등을 자동으로 세차 또는 세척하는 시설도 자동차 등의 관련시설로 건축법상 건축물의 용도로 본다.

 ④ 방송중계탑은 방송의 송·수신에 필요한 중계탑을 말하는데, 이 중 방송법 제54

조 제1항 제5호의 규정에 의한 국가가 필요로 하는 대외방송(국제친선 및 이해증진과 문화·경제교류 등을 목적으로 하는 방송)과 사회교육방송(외국에 거주하는 한민족을 대상으로 민족의 동질성을 증진할 목적으로 하는 방송)의 실시에 사용하는 중계탑은 제외된다. 그리고 무선통신기지국용 철탑이라 함은 전파법의 규정에 의거 무선국의 준공검사를 받은 것 중에서 무선통신기지국용 철탑에 한하여 과세대상이 된다.

나) 차 량

차량이라 함은 원동기를 장치한 모든 차량과 피견인차 및 궤도로 승객 또는 화물을 반송하는 모든 기구를 말한다.

이 경우 "원동기를 장치한 모든 차량"이란 원동기로 육상을 이용할 목적으로 제작된 모든 용구(총 배기량 50시시 미만이거나 최고정격출력 4킬로와트 이하인 이륜자동차는 제외한다.)를 말한다(영 §7 ①).

그리고 "궤도"란 궤도운송법 제2조 제1호에 따른 궤도를 말한다(영 §7 ②).

이 경우 궤도는 사람이나 화물을 운송하는 데에 필요한 궤도시설과 궤도차량 및 이와 관련된 운영·지원체계가 유기적으로 구성된 운송체계를 말하며, 삭도(索道)를 포함한다.

(1) 취득으로 인한 과세대상인 차량

① 차륜을 구비하고 원동기로 육상을 이동할 수 있는 용구는 모두 차량에 해당되므로 오토바이, 자동자전차 등도 차량으로 본다. 원동기를 장착한 차량은 육상을 이동할 수 있는 기능을 수행할 수 있도록 제작되어 있는 것으로 족하고 현실적으로 승객 또는 화물을 운반함으로써 육상을 이동해야 할 필요는 없으며 전시용이나 교습용으로 사용되어도 차량으로 보는 것이다. 특히, 공항내의 승객이동차량, 화물운송차량, 항공기유도차량, 급유용차량 등은 등록도 하지 않고 외부 도로의 주행도 하지 않지만 취득세 과세대상 차량에 해당된다는 것이다.

그리고 자동차관리법의 규정에 의한 등록대상이 되지 않아도 과세대상 차량에 해당되며 등록대상 차량이 등록을 하지 않았어도 과세대상이 된다. 그리고 차량에 의하여 끌려다니는 트레일러와 궤도상을 이동하는 기차, 전동차, 광산의 갱내 등에서 레일을 통해 광물을 운반하는 광차, 케이블에 의하여 고공을 운행하는 케이블카 등도 취득세 과세대상인 차량으로 본다.

이 경우 동력장치 유무는 불문하되 궤도나 케이블 자체는 차량을 운반하는 기구에 불과하므로 차량으로 보지 아니한다. 여기에서 특히 유의할 점은 궤도나 삭도에 의하여 승객을 반송하는 기구로서 유원지 내에 설치되어 있는 오락시설에 속하는 것은 궤도,

삭도, 그 밖의 부대시설을 모두 합하여 앞의 건축물부분에서 설명한 유원지의 옥외오락시설에 해당하는 구축물로 보아 취득세를 과세하여야 한다는 점이다.

② 영농을 위한 농산물 등의 운반에 사용되는 경우를 포함한 농업용에 직접 사용하기 위한 자동경운기 등 농업기계화촉진법에 의한 농기계류에 대하여는 지방세특례제한법에 따라 취득세를 면제한다.

(2) 차량의 종류변경에 따른 취득

차량에 부수된 원동기, 정원, 적재정량 또는 차체 중 1종 이상이 변경되는 것을 차량의 종류변경이라 하고, 이러한 변경으로 인하여 증가한 가액을 취득세 과세대상으로 한다.

다) 기계장비

기계장비란 건설공사용, 화물하역용 및 광업용으로 사용되는 기계장비로서 건설기계관리법에서 규정한 건설기계 및 이와 유사한 기계장비 중 지방세법 시행규칙 별표1에 열거된 종류의 기계장비를 말한다.

① 기계장비는 건설공사용, 화물하역용, 광업용으로 사용되는 기계장비로서 건설기계관리법에 의한 건설기계와 지방세법 시행규칙 별표 1에 열거된 것으로 건설공사용, 화물하역용, 광업용으로 사용되면 등록 여부에 관계없이 모두 과세대상이 된다. 그러나 단순히 생산설비에 고정부착되어 제조공정 등에 사용되는 공기압축기, 천정크레인, 호이스트, 콘베이어 등은 기계장비에서 제외된다.

② 기계장비의 경우도 차량과 마찬가지로 원동기, 정원, 적재정량, 차체 중 1종 이상이 변경되면 그 증가된 가액을 과표로 하여 기계장비의 종류변경에 대한 취득세 과세대상이 된다.

이 규정은 종전에 건설기계로 표현하여 "건설기계관리법에 의한 건설기계와 내무부령으로 정하는 건설기계를 말한다."고 하고 그 용도를 건설공사용, 부두와 공항의 화물하역용, 광업용으로 사용되는 건설기계를 과세대상으로 하고 있었으나 대법원판례(대법 95누3640, 1996.3.21.)에서 불도저라 하더라도 건설공사에 사용하지 않고 광업용에 사용하면 건설기계가 아니라고 판시함에 따라 그 과세대상의 명칭을 기계장비로 하고 그 기계장비가 건설공사용, 화물하역용 및 광업용 등으로 사용되는 기계장비는 건설기계관리법에서 규정한 건설기계와 이와 유사한 기계장비 중 지방세법 시행규칙에 열거한 종류의 기계장비는 모두 과세대상이 되도록 한 것이다.

과세대상 기계장비의 범위(지방세법 시행규칙 별표 1)

건설기계명	범위
1. 불도저	무한궤도 또는 타이어식인 것
2. 굴삭기	무한궤도 또는 타이어식으로 굴삭장치를 가진 것
3. 로더	무한궤도 또는 타이어식으로 적재장치를 가진 것
4. 지게차	들어올림장치를 가진 모든 것
5. 스크레이퍼	흙, 모래의 굴삭 및 운반장치를 가진 자주식인 것
6. 덤프트럭	적재용량 12톤 이상인 것. 다만, 적재용량 12톤 이상 20톤 미만의 것으로 화물운송에 사용하기 위하여 자동차관리법에 따라 자동차로 등록된 것은 제외한다.
7. 기중기	강재의 지주 및 상하좌우로 이동하거나 선회하는 장치를 가진 모든 것
8. 모터그레이더	정지장치를 가진 자주식인 것
9. 롤러	① 전압장치를 가진 자주식인 것 ② 피견인 진동식인 것
10. 노상안정기	노상안전장치를 가진 자주식인 것
11. 콘크리트뱃칭플랜트	골재저장통·계량장치 및 혼합장치를 가진 모든 것으로서 이동식인 것
12. 콘크리트 피니셔	정리 및 사상장치를 가진 것
13. 콘크리트 살포기	정리장치를 가진 것으로 원동기를 가진 것
14. 콘크리트 믹서트럭	혼합장치를 가진 자주식인 것(재료의 투입, 배출을 위한 보조장치가 부착된 것을 포함한다.)
15. 콘크리트 펌프	콘크리트 배송능력이 시간당 5세제곱미터 이상으로 원동기를 가진 이동식과 트럭 적재식인 것
16. 아스팔트 믹싱플랜트	골재공급장치·건조가열장치·혼합장치·아스팔트 공급장치를 가진 것으로 원동기를 가진 이동식인 것
17. 아스팔트 피니셔	정리 및 사상장치를 가진 것으로 원동기를 가진 것
18. 아스팔트 살포기	아스팔트 살포장치를 가진 자주식인 것
19. 골재 살포기	골재 살포장치를 가진 자주식인 것
20. 쇄석기	20킬로와트 이상의 원동기를 가진 것
21. 공기압축기	공기토출량이 분당 2.84세제곱미터(제곱센티미터당 7킬로그램 기준) 이상인 것
22. 천공기	크로라식 또는 굴진식으로서 천공장치를 가진 것
23. 항타 및 항발기	원동기를 가진 것으로서 해머 또는 뽑는 장치의 중량이 0.5톤 이상인 것
24. 자갈채취기	자갈채취장치를 가진 것으로 원동기를 가진 것
25. 준설선	펌프식·바켓식·딧퍼식 또는 그래브식으로 비자항식인 것
26. 노면측정장비	노면측정장치를 가진 자주식인 것
27. 도로보수트럭	도로보수장치를 가진 자주식인 것
28. 노면파쇄기	파쇄장치를 가진 자주식인 것
29. 선별기	골재 선별장치를 가진 것으로 원동기가 장치된 모든 것
30. 타워크레인	수직타워의 상부에 위치한 지브(jib)를 선회시켜 중량물을 상하·

건설기계명	범위
31. 그 밖의 건설기계	전후 또는 좌우로 이동시킬 수 있는 정격하중 3톤 이상의 것으로서 원동기 또는 전동기를 가진 것 제1호부터 제30호까지의 기계장비와 유사한 구조 및 기능을 가진 기계류로서 행정안전부장관 또는 국토교통부장관이 따로 정하는 것

※ 국토교통부고시 제2001-68호(건설기계명 : 터널용고소작업차)

라) 항공기

항공기란 사람이 탑승·조종하여 항공에 사용하는 비행기, 비행선, 활공기(滑空機), 회전익(回轉翼) 항공기 및 그 밖에 이와 유사한 비행기구로서 별도로 정하는 것을 말한다. 그런데 이러한 항공기 중 항공법에 따라 면허를 받거나 등록을 한 국내항공운송사업·국제항공운송사업·소형항공운송사업 또는 항공기사용사업에 사용하기 위하여 취득하는 항공기는 취득세가 경감된다(지특법 §65).

마) 선 박

선박이란 기선, 범선, 부선 및 그 밖에 명칭에 관계없이 모든 배를 말한다. 그러므로 선박은 선박법에 관계없이 기선, 범선, 전마선 등 명칭 여하를 불문하고 수상에서 적재성, 부양성, 유동성, 이동성을 지니고 있는 구조물을 말하며 동력 또는 무동력, 자항 또는 비자항을 불문한다. 그리고 선박에 대한 취득세 과세객체는 이들 선박의 취득과 선박의 선질, 용도, 적재정량, 기관 등을 변경함으로써 그 가액이 증가된 경우가 된다.

선박은 선박등기법에 의하여 등기를 하여야 하는데 등기대상 선박은 총톤수 20톤 이상의 기선과 범선 및 총톤수 100톤 이상의 부선으로 하고 있는데, 지방세법상의 취득세 과세대상은 등기 여부에 불구하고 모든 선박을 과세대상으로 하고 있다. 그리고 선박등기법에서는 선박계류용·저장용 등으로 사용하기 위하여 수상에 고정하여 설치하는 부선에 대하여는 적용하지 아니하고 있고, 지방세법 적용에 있어서도 해상 등에 원유나 정유된 유류를 저장하기 위하여 설치되어 있는 부이(bouy)는 선박으로 볼 것이 아니라 옥외저장용 구축물로 보는 것이 합당할 것이다.

그런데 국제선박등록법에 따른 국제선박으로 등록하기 위하여 취득하는 선박에 대하여는 취득세를 경감하고, 연안항로에 취항하기 위하여 취득하는 화물운송용 선박과 외국항로취항용 선박에 대하여는 취득세를 경감한다(지특법 §64 ①·②).

> **사례**
>
> ❖ **국적취득조건부 나용선계약의 연부취득 해당 여부**
>
> 국적취득조건부 나용선계약을 연부로 취득하였으나 마지막 연부금 지급일 전에 해제되었다는 내용의 반환확인서 및 사업계획변경신고서 등 원고의 증거가 제출되었다고 하더라도, 제 반정황에 비추어볼 때 각 선박을 반환한 것이 연부금을 완납 후 각 선박의 소유권을 취득한 다음 이를 제3자에게 매각하였는지를 알 수 없고 나아가 각 선박의 매각대금으로 보이는 대금을 국내 은행의 외국지점에 입금한 정황까지 보이므로 연부금 지급일 전에 연부계약이 해제되었다는 사실을 인정하기 어렵고, 원심이 이 사건 해제 및 반선사실을 인정한 것에는 논리와 경험칙에 위배되는 추인을 하거나 증거없이 사실인정을 함으로써 자유심증주의의 한계를 일탈하여 판결에 영향을 미친 위법이 있다.
>
> (대법 2008두10591, 2011.4.14.)
>
> ❖ **바다에서 선박을 만들 수 있도록 고안된 반잠수식 선박건조 야외작업장으로서, 선박을 건조할 때에는 물 위에 떠 있다가 선박이 건조되면 이를 적재하여 바다로 이동하는 플로팅 독을 취득세 과세대상 선박으로 보아 과세할 수 있는지 여부**
>
> ① 취득세의 과세대상인 선박에 해당하기 위하여 자력으로 항행할 것까지 요구되지는 않는 것으로 보이는 점, ② 이 사건 플로팅 독(Floating Dock, 이하 '플로팅 독'이라 한다.)은 바다에서 선박을 만들 수 있도록 고안된 반잠수식 선박건조 야외작업장으로서, 선박을 건조할 때에는 물 위에 떠 있다가 선박이 건조되면 이를 적재하여 예인선에 끌리거나 밀려 수심이 깊은 바다로 나아간 다음 잠수함의 원리를 이용하여 가라앉는 방법으로 선박을 진수하므로 부양성, 적재성 및 이동성을 갖추고 있는 점, ③ 이 사건 플로팅 독에 대한 건조계약서에도 '근해구역 항해능력을 갖춘 선박'을 건조하는 내용 등이 담겨 있고, 이 사건 플로팅 독에 관하여 선박의 종류를 '부선'으로 하는 선박건조증명서와 선박총톤수 측정증명서가 작성된 후 선박등록 및 소유권보존등기까지 마쳐진 점, ④ 이 사건 플로팅 독은 바다에 떠 있는 상태에서 계선줄에 의하여 부두와 연결되어 있을 뿐 토지에 정착하거나 지하 또는 다른 구조물에 설치되어 있지 아니한 점 등을 종합하면, 이 사건 플로팅 독을 구 지방세법 제104조 제5호의 '선박'에 해당한다.
>
> (대법 2014두3945, 2014.6.26.)

바) 입목

입목이란 지상의 과수, 임목과 죽목(竹木)을 말한다.

이 경우 광산용에 사용하기 위하여 취득하는 지상입목에 대하여는 취득세를 면제한다(지특법 §62 ②).

지상의 과수라 함은 지상에 생립하고 있는 과수목을 말하기 때문에 과수가 집단적으로 생립하고 있는 과수원의 경우가 아니라도 개개 과수목의 취득이 과세객체가 될 수 있으며, 지상의 임목이라 함은 수목이 일정한 장소에 집단적으로 지상에 생립하고 있는 수목의 집단을 말하므로 개개의 지상수목을 취득한 경우에는 과세객체가 될 수 없으며, 지상의 죽목이라 함은 지상의 과수의 경우와 같이 지상에 생립하고 있는 죽목을 말하기 때문에 개개의 죽목이 과세객체가 될 수 있다.

입목의 과세대상으로는 지상에 생립하고 있는 것을 말하나 묘목의 경우는 비록 지상에 집단적으로 생립하고 있으나 이식을 전제로 잠정적인 상태에서 지상에 생립하고 있으므로 지상의 임목의 개념에 포함할 수 없으며 또한 지상에 생육하고 있는 상태의 과수목, 임목, 죽목을 말하므로 벌채된 상태의 원목이나 죽목을 취득하는 경우에는 취득세의 과세대상이 될 수 없다.

여기에서 참고로 민법의 규정에서 부동산으로 보고 있는 입목의 규정을 살펴보면 입목에 관한 법률에 따른 입목과 명인방법(明認方法)에 의해서 관습법상의 공시방법을 갖춘 경우의 입목으로 구분되는데 그 내용을 보면 다음과 같다.

① 입목은 1필의 토지 또는 1필의 토지의 일부에 자라고 있는 수목의 집단으로서 "입목에 관한 법률"에 의한 등기를 갖춘 것이라야 토지로부터 완전히 독립한 부동산으로서의 입목으로 본다. 그러므로 수목의 집단은 "입목에 관한 법률"에 따라서 소유자가 소유권보존의 등기를 함으로써 이른바 "입목"이 된다. "입목에 관한 법률시행령" 제1조는 "입목에 관한 법률 제2조에 따른 입목으로 등기를 받을 수 있는 수목의 집단의 범위는 1필의 토지 또는 1필의 토지의 일부분에 생립하고 있는 모든 수종의 수목으로 한다."고 규정하고 있다.

② 모든 수목의 집단이 "입목에 관한 법률"의 적용을 받지만 소유자가 원하는 경우에만 그 적용을 받을 뿐이다(입목에 관한 법률 §8 참조). 따라서 입목법에 의하여 등기를 하지 아니한 수목의 집단이 있게 되는데, 이러한 수목의 집단도 어느 정도의 독립성을 가지는 것으로 판례에 의하여 인정되어 왔다. 그 이론은, 수목은 본래 그것이 자라고 있는 토지의 정착물로서 토지의 일부임을 원칙으로 하나, 수목의 집단은 특히 명인방법이라는 관습법상의 공시방법을 갖춘 때에는 독립한 부동산으로서 거래의 목적이 된다는 것이다.

그러나 그것은 오직 소유권의 객체가 될 뿐이고 다른 권리의 목적으로 하지는 못한다는 것이다. 그리고 집단이 아닌 개개의 수목에 관하여도 거래상의 필요가 있으면 위와 같은 이론을 인정하여야 할 것이고 벌채 등으로 토지로부터 분리된 수목은 어디까지나 동산에 지나지 않는다고 보아야 한다는 것이다. 그러므로 결국은 지방세법에서 취득세 과세대상으로서의 입목과 민법의 규정에 의한 입목은 동일하게 본다고 결론지을 수 있겠다.

> **사례**
>
> ❖ **계약목적물이 취득세 과세대상인 입목에 해당하는지 여부**
>
> 계약의 목적물이 '입목'인지 여부는 법률행위 해석의 문제로서 그 거래의 내용과 당사자의 의사를 기초로 하여 판단하여야 할 것이지만, 실질과세의 원칙상 단순히 당해 계약서의 내용이나 형식에만 의존할 것이 아니라, 당사자의 의사와 계약체결의 경위, 대금의 결정방법, 거래의 경과 등 거래의 전체과정을 실질적으로 파악하여 판단하여야 한다
>
> (대법 2008두19628, 2010.10.28.)
>
> ❖ **입목을 실수요자에게 인도하는 경우 취득이 아닌 중개행위로 볼 수 있는지**
>
> 이 사건 입목의 거래에서 중개수수료 약정 등 중개행위의 실질을 인정할 만한 사정이 없는 점 등을 종합하여 관련 법리에 비추어 보면, 원고는 이 사건 매매계약에 따라 이 사건 입목을 양수한 자로서 잔금지급일인 2015.3.20.경 이 사건 입목을 사실상 취득한 것으로 판단된다. 원고가 이 사건 입목을 산지(産地)에서 바로 실수요자가 지정한 곳으로 인도할 예정이었다고 하여 달리 볼 수 없고, 그 거래의 실질은 원고가 이 사건 입목을 취득한 후 실수요자에게 다시 전매하는 것이라고 봄이 타당하다.
>
> (대법 2017두56165, 2017.1.25.)
>
> ❖ **벌채를 전제로 취득한 수목이 취득세 과세대상인 입목에 해당되는지 여부**
>
> 이 사건 계약에 의하여 실질적으로 취득한 목적물은 지방세법상 취득세의 과세대상으로 열거되어 있는 입목이 아니라 원목이라고 봄이 상당하므로, 피고가 이와 다른 전제에서 원고에 대하여 한 이 사건 처분은 원고의 나머지 주장에 대하여 더 나아가 볼 필요 없이 위법하다
>
> (대법 2017두43999, 2017.8.23.)
>
> ❖ **쟁점수목이 「지방세법」 제6조 제11호에 따른 취득세 과세대상인 입목에 해당하지 않는다는 청구주장의 당부**
>
> 임목매매계약서 등의 내용에 의하면 입목의 벌채 및 원목의 반출을 전제로 한 명시적인 약정을 인정할 수 있으므로, 청구법인이 이 건 임목매매계약에 따라 실제로 취득하는 목적물은 벌채된 원목이므로 청구법인이 취득한 목적물을 「지방세법」상 취득세 과세대상으로 열거되어 있는 입목이라고 보아 취득세를 부과한 이 건 처분은 잘못이 있다고 판단됨.
>
> (조심 2020지135, 2020.6.9.)

사) 광업권

광업권이란 광업법에 따른 광업권을 말한다. 광업권이란 광업법 제3조 제3호에서 탐사권과 채굴권을 말한다고 규정하고 "탐사권"은 등록을 한 일정한 토지의 구역에서 등록을 한 광물과 이와 같은 광상에 묻혀있는 다른 광물을 탐사하는 권리를 말하고, 채굴권은 광구에서 등록을 한 이와 같은 광상에 묻혀있는 다른 광물을 채굴하고 취득하는 권리를 말한다. 여기에서 유의할 점은 조광권은 취득세과세대상이 되지 않는다는 점이다.

광업법에서는 광업권은 물권으로 하고 광업법에서 따로 정한 경우 외에는 부동산에 관

하여 민법과 그 밖의 법령에서 정하는 사항을 준용하도록 하고 있기 때문에(광업법 §10) 지방세법상의 취득세에서는 부동산의 개념에 포함하고 있었으나 1995년부터는 부동산의 개념에서 분리하여 별도의 과세대상으로 하였다. 그리고 광업권의 설정을 받고자 하는 자는 관계장관에게 출원하여 허가를 받아야 하는데 출원에 의한 광업권의 취득인 경우에는 취득세가 면제된다(지특법 §62 ②).

아) 어업권

어업권이란 수산업법 또는 내수면어업법에 따른 어업권을 말한다. 이 경우 어업권은 수산업법 또는 내수면어업법의 규정에 의한 면허어업만 취득세의 과세대상이 된다. 그리고 어업권의 경우에 최초 출원에 의한 어업권의 취득인 때에는 취득세가 면제되며, 어업을 주업으로 하는 자 등이 승계취득하는 어업권에 대하여는 50% 경감한다(지특법 §9 ①·③).

① 수산업법에 의한 어업권이라 함은 수산업법의 규정에 의하여 면허를 받아 어업을 경영할 수 있는 권리로서 수산업법 제8조의 규정에 의한 면허어업을 말하며 여기에는 정치망어업, 해조류양식어업, 패류양식어업, 어류등양식어업, 복합양식어업, 외해양식어업, 협동양식어업, 마을어업이 있다. 그리고 수산업법 제41조 및 제47조의 규정에 의한 허가어업 등은 어업권에 속하지 아니한다. 왜냐하면 수산업법 제2조 제9호에서 "어업권이란 이 법 제8조에 따라 면허를 받아 어업을 경영할 수 있는 권리를 말한다."고 명백히 규정하고 있으므로 허가어업 등은 어업권에서 제외된다.
② 내수면어업법의 규정에 의한 어업권이라 함은 동법 제6조에 따른 면허어업으로서 양식어업, 정치망어업, 공동어업이 있으며 동법 제9조의 규정에 의한 허가어업은 어업권에 속하지 않는다. 왜냐하면 동법 제7조 제1항에서 제6조에 따라 어업의 면허를 받은 자는 수산업법 제17조 제1항에 따른 어업권원부에 등록함으로써 어업권을 취득한다고 하고 있기 때문이다.

자) 양식어업권

양식어업권이란 「양식산업발전법」에 따른 양식업권을 말한다. 해조류양식업, 패류양식업, 내수면양식업 등을 하려면 시장·군수·구청장의 면허를 받아야 하며, 외해양양식업을 하려는 자는 시·도지사의 면허를 받아야 한다.

차) 골프회원권

체육시설의 설치·이용에 관한 법률에 따른 회원제 골프장의 회원으로서 골프장을 이용할 수 있는 권리를 말한다.

체육시설의 설치·이용에 관한 법률의 개정 규정에 의하면 골프장업은 등록체육시설업으로 구분하고, 이러한 체육시설업을 회원을 모집하여 체육시설을 경영하는 경우에는 회원제 체육시설업이라 하고, 회원을 모집하지 아니하고 체육시설을 경영하는 경우에는 대중체육시설업으로 분류하고 있다.

카) 승마회원권

체육시설의 설치·이용에 관한 법률에 따라 회원제 승마장의 회원으로서 승마장을 이용할 수 있는 권리를 말한다.

이 규정은 2006년부터 시행되는 것으로 회원이라 함은 신고체육시설업(승마장업)의 시설설치에 투자한 비용을 부담하고 그 시설을 우선적으로 이용하기로 체육시설업자와 약정한 자를 말하며, 이러한 회원들이 취득한 회원권이 취득세 과세대상이 되는 것이다.

타) 콘도미니엄회원권

관광진흥법에 따른 콘도미니엄과 이와 유사한 휴양시설로서 대통령령이 정하는 시설을 이용할 수 있는 권리를 말한다. 위 규정에서 "대통령령이 정하는 시설"이란 관광진흥법시행령 제23조 제1항에 따라 휴양·피서·위락·관광 등의 용도로 사용되는 것으로서 회원제로 운영하는 시설을 말한다(영 §8). 그러므로 콘도미니엄과 유사한 휴양시설로서 회원제로 운영되는 것이면 그 회원권은 모두 취득세과세대상이 되므로 세법 적용에 있어 콘도미니엄과 유사한 휴양시설인지 여부와 회원제 여부를 확인하여 과세대상 여부를 정확히 판단해야 할 것이다.

그런데 이 규정을 보면 지방세법에서는 "관광진흥법의 규정에 의한 콘도미니엄과 이와 유사한 휴양시설로서 대통령령이 정하는 시설을 이용할 수 있는 권리"라고 표현하면서 동법 시행령에서 "대통령령이 정하는 시설을 이용할 수 있는 권리"라 함은 명칭 여하를 불문하고 휴양·피서·위락 등의 용도로 사용되는 것으로서 회원제로 운영하는 시설의 회원권이라 규정하고 있다. 여기에서 주목해야 할 점은 이 조항의 적용대상은 사실상 회원제로 운영되는 콘도미니엄회원권에 한한다. 그런데도 이와 유사한 휴양시설로서 명칭 여하를 불문하고 휴양·피서·위락 등의 용도로 사용되는 것으로서 회원제로 운영하는 시설의 회원권이라고 표현함으로써 앞으로 생길지 모르는 유사한 시설을 예측하였다는 점은 있겠으나 지방세법의 단순화·명료화로 주민에게 가까이 접근하는 제도적 개선 과제와 일선 세무공무원의 전문화 수준에 맞는 알기 쉬운 지방세법 틀을 짜는 데 있어서는 간단명료한 법규정으로 터잡아가는 작업이 필요할 것으로 생각된다.

파) 종합체육시설이용회원권

체육시설의 설치·이용에 관한 법률에 따른 회원제 종합체육시설업에서 그 시설을 이용할 수 있는 회원의 권리를 말한다.

여기에서 종합체육시설업이라 함은 체육시설의 설치·이용에 관한 법률 제10조 제1항 제2호의 규정에 의한 신고체육시설업의 시설 중 실내수영장을 포함한 2종 이상의 체육시설을 동일인이 한 장소에 설치하여 하나의 단위체육시설로 경영하는 업을 말한다.

그러므로 이 시설을 이용할 회원을 모집하여 체육시설을 경영하는 회원제체육시설업을 경영할 때의 그 시설을 이용할 수 있는 회원의 권리에 대해서는 과세한다는 것이다.

하) 요트회원권

체육시설의 설치·이용에 관한 법률에 따른 회원제 요트장의 회원으로서 요트장을 이용할 수 있는 회원의 권리를 말한다.

이 경우도 신고 체육시설업 중 요트장업을 경영하면서 그 시설을 이용할 수 있는 회원의 권리에 대하여 과세 한다는 것이다.

제7조 | 납세의무자 등

① 취득세는 부동산, 차량, 기계장비, 항공기, 선박, 입목, 광업권, 어업권, 양식업권, 골프회원권, 승마회원권, 콘도미니엄 회원권, 종합체육시설 이용회원권 또는 요트회원권(이하 이 장에서 "부동산 등"이라 한다.)을 취득한 자에게 부과한다(법 §7 ①).

이 경우 「여신전문금융업법」에 따른 시설대여업자가 건설기계나 차량의 시설대여를 하는 경우로서 같은 법 제33조 제1항에 따라 대여시설이용자의 명의를 등록하는 경우라도 그 건설기계나 차량은 시설대여업자가 취득한 것으로 본다.

그리고 기계장비나 차량을 기계장비대여업체 또는 운수업체의 명의로 등록하는 경우(영업등으로 등록하는 경우로 한정한다.)라도 해당 기계장비나 차량의 구매계약서, 세금계산서, 차주대장 등에 비추어 기계장비나 차량의 취득대금을 지급한 자가 따로 있음이 입증되는 경우 그 기계장비나 차량은 취득대금을 지급한 자가 취득한 것으로 본다.

② 부동산 등의 취득은 민법, 자동차관리법, 건설기계관리법, 항공안전법, 선박법, 입목에 관한 법률, 광업법, 수산업법 또는 양식산업발전법 등 관계 법령에 따른 등기·등록 등을 하지 아니한 경우라도 사실상 취득하면 각각 취득한 것으로 보고 해당 취득물건의 소유자 또는 양수인을 각각 취득자로 한다. 다만, 차량, 기계장비, 항공기 및 주문

을 받아 건조하는 선박은 승계취득인 경우에만 해당한다(법 §7 ②).

③ 건축물 중 조작(造作) 설비, 그 밖의 부대설비에 속하는 부분으로서 그 주체구조부(主體構造部)와 하나가 되어 건축물로서의 효용가치를 이루고 있는 것에 대하여는 주체구조부 취득자 외의 자가 가설(加設)한 경우에도 구체구조부의 취득자가 함께 취득한 것으로 본다(법 §7 ③).

④ 선박, 차량과 기계장비의 종류를 변경하거나 토지의 지목을 사실상 변경함으로써 그 가액이 증가한 경우에는 취득으로 본다(법 §7 ④). 이 경우 「도시개발법」에 따른 도시개발사업(환지방식만 해당한다)의 시행으로 토지의 지목이 사실상 변경된 때에는 그 환지계획에 따라 공급되는 환지는 조합원이, 체비지 또는 보류지는 사업시행자가 각각 취득한 것으로 본다.

　이 규정에 따라 토지의 지목변경에 대하여 취득세를 과세한 지방자치단체의 장은 재산세 과세대장에 지목변경 내용을 등재하고 관계인에게 통지하여야 한다(영 §10).

⑤ 법인의 주식 또는 지분을 취득함으로써 「지방세기본법」 제46조 제2호에 따른 과점주주 중 대통령령으로 정하는 과점주주(이하 "과점주주"라 한다.)가 되었을 때에는 그 과점주주가 해당 법인의 부동산등(법인이 신탁법에 따라 신탁한 재산으로서 수탁자 명의로 등기·등록이 되어 있는 부동산 등을 포함한다.)을 취득(법인설립 시에 발행하는 주식 또는 지분을 취득함으로써 과점주주가 된 경우에는 취득으로 보지 아니한다.)한 것으로 본다. 이 경우 과점주주의 연대납세의무에 관하여는 「지방세기본법」 제44조를 준용한다(법 §7 ⑤).

　이 규정 중 "그 과점주주가 해당 법인의 부동산 등 취득"을 "그 과점주주가 해당 법인의 부동산(법인의 신탁법에 따라 신탁한 재산으로서 수탁자 명의로 등기·등록이 되어 있는 부동산을 포함한다.)"으로 개정보완되어 2016년부터 적용되므로 신탁한 재산을 수탁자에게 이전한 이후에도 그 신탁재산을 위탁한 법인의 재산에 포함하여 위탁법인의 과점주주를 판단해야 한다.

　법인의 과점주주에 대하여 그 법인의 재산을 취득한 것으로 보아 취득세를 부과하는 것은 과점주주가 되면 해당 법인의 재산을 사실상 임의처분하거나 관리운용할 수 있는 지위에 서게 되어 실질적으로 그 재산을 직접 소유하는 것과 크게 다를 바 없다는 점에서 담세력이 있다고 보기 때문이다.

　그리고 법 제7조제5항 전단에서 "대통령령으로 정하는 과점주주"란 주주 또는 유한책임사원 1명과 해당 주주 또는 유한책임사원과 다음 각 호의 어느 하나의 관계에 해당하는 과점주주를 말한다.(영 §11 ② Ⅰ~Ⅳ).

1. 혈족·인척 등 「지방세기본법 시행령」 제2항제1호부터 제4호까지의 어느 하나의

관계에 해당하는 자

2. 임원 및 사용인에 해당하는 자(주주 및 유한책임사원인 경우로 한정한다)
3. 주주·출자자 등 다음 각 목의 어느 하나에 해당하는 경영지배관계에 있는 자
   가. 본인이 개인인 경우: 본인이 법인의 경영에 대하여 지배적인 영향력을 행사하고 있는 경우 그 법인
   나. 본인이 법인인 경우
      1) 개인 또는 법인이 본인인 법인의 경영에 대하여 지배적인 영향력을 행사하고 있는 경우 그 개인 또는 법인
      2) 1)의 관계에 있는 자가 어느 법인의 경영에 대하여 지배적인 영향력을 행사하고 있는 경우 그 법인(형제회사)
      3) 본인이 어느 법인의 경영에 대하여 지배적인 영향력을 행사하고 있는 경우 그 법인
4. 제3호를 적용할 때 다음 각 목의 구분에 따른 요건에 해당하는 경우 해당 법인의 경영에 대하여 지배적인 영향력을 행사하고 있는 것으로 본다.
   가. 영리법인인 경우 : 법인의 발행주식 총수 또는 출자총액의 100분의 50 이상을 출자한 경우
   나. 비영리법인인 경우 : 법인의 이사의 과반수를 차지하거나 법인의 출연재산(설립을 위한 출연재산만 해당한다)의 100분의 50 이상을 출연하고 그 중 1명이 설립자인 경우

이 규정에 대한 과세 절차를 보면, 법인의 과점주주(지방세기본법 제46조 제2호에 따른 과점주주를 말한다. 이하 같다.)가 아닌 주주 또는 유한책임사원이 다른 주주 또는 유한책임사원의 주식 또는 지분(이하 "주식 등"이라 한다.)을 취득하거나 증자 등으로 최초로 과점주주가 된 경우에는 최초로 과점주주가 된 날 현재 해당 과점주주가 소유하고 있는 법인의 주식 등을 모두 취득한 것으로 보아 법 제7조 제5항에 따라 취득세를 부과한다(영 §11 ①). 그리고 이미 과점주주가 된 주주 또는 유한책임사원이 해당 법인의 주식 등을 취득하여 해당 법인의 주식 등의 총액에 대한 과점주주가 가진 주식 등의 비율(이하 이 조에서 "주식 등의 비율"이라 한다.)이 증가된 경우에는 그 증가분을 취득으로 보아 법 제7조 제5항에 따라 취득세를 부과한다. 다만, 증가된 후의 주식 등의 비율이 해당 과점주주가 그 이전에 가지고 있던 주식 등의 최고비율보다 증가되지 아니한 경우에는 취득세를 부과하지 아니한다(영 §11 ③).

또한 과점주주였으나 주식 등의 양도, 해당 법인의 증자 등으로 과점주주에 해당되지 아니하는 주주 또는 유한책임사원이 된 자가 해당 법인의 주식 등을 취득하여 다시 과점주

주가 된 경우에는 다시 과점주주가 된 당시의 주식 등의 비율이 그 이전에 과점주주가 된 당시의 주식 등의 비율보다 증가된 경우에만 그 증가분만을 취득으로 보아 제2항의 예에 따라 취득세를 부과한다(영 §11 ④).

그간 과점주주였으나 주식의 양도 등으로 '과점주주에 해당되지 아니하는 주주'가 주식을 취득하여 다시 과점주주가 된 경우 그 이전에 과점주주가 된 당시의 주식 비율보다 증가된 경우에만 해당 증가분만을 취득으로 보아 간주 취득세 부과하였으나 '과점주주에 해당되지 아니하는 주주'의 범위가 주식을 전부 양도하여 주주가 아닌 자가 된 경우도 포함되는지 명확하지 않았다. 예를 들면 70% 과점주주이던 자가 0% 비주주(주주 지위 상실)로 전환되었다가 다시 80% 과점주주가 된 경우 10% 증가분만 과세할 것인지 또는 80% 전체비율을 과세하는지가 불명확하였다. 이에 따라 2018년 부터는 과거에 1주라도 소유하고 있었던 경우에 한해 적용하고, 과점주주에서 주주 지위를 상실하였다가 재차 과점주주가 된 경우는 제외하여 사례의 경우 80%를 과세하게 개정되었다.

위의 법 제7조 제5항에 따른 과점주주의 취득세 과세자료를 확인한 특별자치시장, 특별자치도지사, 시장, 군수, 구청장은 그 과점주주에게 과세할 과세물건이 다른 특별자치시·특별자치도·시·군 또는 구(자치구를 말하며, 이하 "시·군·구"라 한다.)에 있을 경우에는 지체 없이 그 과세물건을 관할하는 특별자치시장, 특별자치도지사, 시장, 군수, 구청장에게 과점주주의 주식 등의 비율, 과세물건, 가격명세 및 그 밖에 취득세 부과에 필요한 자료를 통보하여야 한다(영 §11 ⑤).

⑥ 외국인 소유의 취득세 과세대상 물건(차량, 기계장비, 항공기 및 선박만 해당한다.)을 직접 사용하거나 국내의 대여시설 이용자에게 대여하기 위하여 소유권을 이전받는 조건으로 임차하여 수입하는 경우에는 수입하는 자가 취득한 것으로 본다(법 §7 ⑥).

위 법은 법문상으로는 금융리스·운용리스 구분이 없어 운용리스도 취득세 과세가 가능한 것으로 오인 가능한 것을 금융리스만 취득세를 과세하도록 명확화하기 위하여 개정

│ 금융리스와 운용리스의 비교 │

구분	금융리스(finance lease)	운용리스(operation lease)
소유자	리스회사(기간 종료 후 임차인)	리스회사
중도 해지 가부	중도 해지 금지 원칙	중도 해지 가능
리스기간	상대적으로 장기	상대적으로 단기
유지보수	임차인 부담	리스회사 부담

⑦ 상속(피상속인이 상속인에게 한 유증 및 포괄유증과 신탁재산의 상속을 포함한다. 이하 이 장과 제3장에서 같다.)으로 인하여 취득하는 경우에는 상속인 각자가 상속받는 취득물건(지분을 취득하는 경우에는 그 지분에 해당하는 취득물건을 말한다.)을 취득한 것으로 본다. 이 경우 상속인의 납부의무에 관하여는 지방세기본법 제44조 제1항 및 제5항을 준용한다(법 §7 ⑦).

⑧ 「주택법」 제11조에 따른 주택조합과 「도시 및 주거환경정비법」 제35조 제3항 및 「빈집 및 소규모주택 정빙에 관법률」 제23조에 따른 주택재건축조합 및 소규모재건축조합(이하 이 장에서 "주택조합등"이라 한다.)이 해당 조합원용으로 취득하는 조합주택용 부동산(공동주택과 부대시설, 복리시설 및 그 부속토지를 말한다.)은 그 조합원이 취득한 것으로 본다. 다만, 조합원에게 귀속되지 아니하는 부동산(이하 이 장에서 "비조합원용 부동산"이라 한다.)은 제외한다(법 §7 ⑧).

이 경우 비조합원용 부동산의 취득 면적은 다음 계산식에 따라 산출한 면적으로 한다(영 §11의2).

> 과세면적 = 일반분양분토지의 면적 × (법 제7조제8항에 따른 주택조합 등이 사업 추진 중에 조합원으로부터 신탁받은 토지의 면적 ÷ 전체 토지의 면적)

이 규정에 따라 그 간 재건축 조합은 조합원 소유토지 조합에 신탁에 따라 비과세하고 미동의자토지 등 조합 추가취득한 경우 취득세 신고납부한 후 이어서 건물 준공후 일반분양분 건축물·토지를 과세함에 따라 재건축조합이 주택재건축사업 시행으로 취득하는 비조합원용 부동산(일반분양분 토지)은 사업종료 후 취득세 과세(3.5%)하고 있어 조합에 과세되는 일반분양분 토지면적 중 조합이 추가매입한 토지 등 과세대상에서 공제하는 면적을 산출시운영상 혼란이 있어 전체 토지에서 추가매입토지 비율만큼 공제하는 방식으로 규정한 것이다.

⑨ 여신전문금융업법에 따른 시설대여업자가 건설기계나 차량의 시설대여를 하는 경우로서 같은 법 제33조 제1항에 따라 대여시설이용자의 명의로 등록하는 경우라도 그 건설기계나 차량은 시설대여업자가 취득한 것으로 본다(법 §7 ⑨).

⑩ 기계장비나 차량을 기계장비대여업체 또는 운수업체의 명의로 등록하는 경우(영업용으로 등록하는 경우로 한정한다.)라도 해당 기계장비나 차량의 구매계약서, 세금계산서, 차주대장(車主臺帳)등에 비추어 기계장비나 차량의 취득대금을 지급한 자가 따로 있음이 입증되는 경우 그 기계장비나 차량은 취득대금을 지급한 자가 취득한 것으로 본다(법 §7 ⑩).

⑪ 배우자 또는 직계존비속의 부동산등을 취득하는 경우에는 증여로 취득한 것으로 본다. 다만, 다음 각 호의 어느 하나에 해당하는 경우에는 유상으로 취득한 것으로 본다.(법

§7 ⑪ Ⅰ~Ⅳ).

1. 공매(公賣)(경매를 포함한다. 이하 같다.)를 통하여 취득한 경우
2. 파산선고로 인하여 처분되는 부동산등을 취득한 경우
3. 권리의 이전이나 행사에 등기 또는 등록이 필요한 부동산등을 서로 교환한 경우
4. 해당 부동산 등의 취득을 위하여 그 대가를 지급한 사실이 다음 각 목의 어느 하나에 의하여 증명되는 경우
   가. 그 대가를 지급하기 위한 취득자의 소득이 증명되는 경우
   나. 소유재산을 처분 또는 담보한 금액으로 해당 부동산을 취득한 경우
   다. 이미 상속세 또는 증여세를 과세(비과세 또는 감면받은 경우를 포함한다.) 받았거나 신고한 경우로서 그 상속 또는 수증 재산의 가액으로 그 대가를 지급한 경우
   라. 가목부터 다목까지에 준하는 것으로서 취득자의 재산으로 그 대가를 지급한 사실이 입증되는 경우

　이 경우 현재까지는 증여로 취득한 가격에 대하여 공매, 파산선고 등에 의하여 입증되는 것에 한하여 증여취득에서 제외하였으나 앞으로는 배우자 또는 직계존비속의 부동산을 취득하더라도 대가지급을 위한 소득증명(자금출처)이 입증되면 증여로 보지 않고 유상취득으로 본다는 것이다.

⑫ 증여자의 채무를 인수하는 부담부(負擔附) 증여의 경우에는 그 채무액에 상당하는 부분은 부동산등을 유상으로 취득하는 것으로 본다. 다만, 배우자 또는 직계존비속으로부터의 부동산등의 부담부 증여의 경우에는 제11항을 적용한다(법 §7 ⑫).

　그간 제11항과 제12항이 병렬적으로 규정되어 있어, 특수관계인이 부담부 증여로 주택을 취득하는 경우 어느 규정을 적용할지 논란이 있어 2018년 부터는 부담부 증여의 경우 거래 당사자(특수관계인간 거래)와 관련한 특별 규정인 제11항을 일반규정인 제12항보다 우선 적용하도록 명확화하였다.

> ◆ **사례** ┃
>
> ❖ **배우자 또는 직계존비속이 부담부증여 채무액에 상당하는 유상취득의 요건**
>
> 배우자 또는 직계존비속의 주택을 해당 주택의 임차보증금 반환채무를 인수하는 조건으로 부담부 증여로 취득하는 경우에, 「지방세법」 제7조 제12항에 따라 부담부증여의 채무액에 상당하는 부분을 유상으로 취득하는 것으로 보려면, 같은 조 제11항 제4호에 따라 대가를 지급한 사실이 증명되어야 할 것
>
> (법제처 법령해석 총괄해석과 2016.6.27.)
>
> ❖ **쟁점금액을 지급한 사실이 증명되지 아니한 것으로 보아 경정청구를 거부한 처분의 당부**
>
> 부동산을 취득하면서 매도자가 입주하기로 하는 전세계약을 함께 체결하는 것은 사적계약 자

> 유의 원칙상 인정할 수 있는 거래의 형태이고, 청구인 등이 매매대금 지급의무를 전세보증금과 상계하는 방식으로 이행한 것을 현금으로 매매대금을 지급한 것과 달리 보기 어려운 점, 「지방세법」제7조 제11항 제4호 가목에서 "그 대가를 지급하기 위한 취득자의 소득이 증명되는 경우"에는 유상으로 취득한 것으로 본다고 규정하고 있고, 청구인 등은 이 건 부동산 취득 당시 ○○○ 이상의 현금 자산을 보유하고 있었고, 매년 ○○○ 이상의 연금소득이 발생하므로 이 건 보증금 상당액에 해당하는 부분을 증여받았다고 보기 어려운 점 등에 비추어 청구인 등은 이 건 부동산을 매매로 취득한 것으로 보이므로 처분청이 이 건 보증금에 해당하는 부분에 대해서 증여로 볼 수 없음.
>
> (조심 2019지3592, 2020.4.24.)

⑬ 상속개시 후 상속재산에 대하여 등기·등록·명의개서(名義改書) 등(이하 "등기등"이라 한다.)에 의하여 각 상속인의 상속분이 확정되어 등기 등이 된 후, 그 상속재산에 대하여 공동상속인이 협의하여 재분할한 결과 특정 상속인이 당초 상속분을 초과하여 취득하게 되는 재산가액은 그 재분할에 의하여 상속분이 감소한 상속인으로부터 증여받아 취득한 것으로 본다. 다만, 다음 각 호의 어느 하나에 해당하는 경우는 그러하지 아니하다(법 §7 ⑬ Ⅰ~Ⅲ).

1. 법 제20조 제1항에 따른 신고·납부기한 내에 재분할에 의한 취득과 등기 등을 모두 마친 경우
2. 상속회복청구의 소(訴)에 따른 법원의 확정판결에 의하여 상속인 및 상속재산에 변동이 있는 경우
3. 민법 제404조에 따른 채권자대위권의 행사에 의하여 공동상속인들의 법정상속분대로 등기 등이 된 상속재산을 상속인 사이의 분할협의에 의하여 재분할하는 경우

⑭ 「공간정보의 구축 및 관리 등에 관한 법률」제67조에 따른 대(垈) 중 「국토의 계획 및 이용에 관한 법률」등 관계 법령에 따른 택지공사가 준공된 토지에 정원 또는 부속시설물 등을 조성·설치하는 경우에는 그 정원 또는 부속시설물 등은 토지에 포함되는 것으로서 토지의 지목을 사실상 변경하는 것으로 보아 토지의 소유자가 취득한 것으로 본다. 다만, 건축물을 건축하면서 그 건축물에 부수되는 정원 또는 부속시설물 등을 조성·설치하는 경우에는 그 정원 또는 부속시설물 등은 건축물에 포함되는 것으로 보아 건축물을 취득하는 자가 취득한 것으로 본다(법 §7 ⑭).

이 경우 택지를 분양받아 그 토지상에 조경 및 포장공사를 하는 경우도 토지의 실질적인 가격이 상승되므로 지목변경에 따른 취득세를 과세하도록 개선하였다.

⑮ 「신탁법」제10조에 따라 신탁재산의 위탁자 지위의 이전이 있는 경우에는 새로운 위탁자가 해당 신탁재산을 취득한 것으로 본다. 다만, 위탁자 지위의 이전에도 불구하고

신탁재산에 대한 실질적인 소유권 변동이 있다고 보기 어려운 경우로서 대통령령으로 정하는 경우에는 그러하지 아니하다(법 §7 ⑮).

이 경우 "대통령령으로 정하는 경우"란 「자본시장과 금융투자업에 관한 법률」에 따른 부동산집합투자기구의 집합투자업자가 그 위탁자의 지위를 다른 집합투자업자에게 이전하는 경우를 말한다(영 §11의 3).

⑯ 도시개발법」에 따른 도시개발사업과 「도시 및 주거환경정비법」에 따른 정비사업의 시행으로 해당 사업의 대상이 되는 부동산의 소유자(상속인을 포함한다)가 환지계획 또는 관리처분계획에 따라 공급받거나 토지상환채권으로 상환받는 건축물은 그 소유자가 원시취득한 것으로 보며, 토지의 경우에는 그 소유자가 승계취득한 것으로 본다. 이 경우 토지는 당초 소유한 토지 면적을 초과하는 경우로서 그 초과한 면적에 해당하는 부분에 한하여 취득한 것으로 본다.(법 §7 ⑯).

1) 과세권자

취득세는 부동산, 차량, 기계장비, 항공기, 선박, 입목, 광업권, 어업권, 양식업권, 골프회원권, 승마 회원권, 콘도미니엄 회원권, 종합체육시설 이용회원권 또는 요트회원권(이하 이장에서 부동산 등이라 한다.)을 취득한 자에게 부과한다.

그런데 취득세가 도세이기 때문에 그 과세권자는 시·도지사가 되지만 실제로는 도세의 부과징수권을 시장·군수·구청장에게 위임하였으므로 당해 취득물건 소재지(골프회원권, 승마회원권, 콘도미니엄 회원권, 종합체육시설 이용회원권 및 요트회원권은 골프장, 승마장, 콘도미니엄, 종합체육시설, 요트경기장 소재지의 시·군·구)의 특별자치시장, 특별자치도지사, 시장, 군수, 구청장이 과세권자가 되며 그 납세지도 해당 과세물건 소재지(골프회원권, 승마회원권, 콘도미니엄 회원권, 종합체육시설 이용회원권 및 요트회원권은 골프장, 콘도미니엄, 종합체육시설, 요트경기장 소재지의 시·군·구)의 시·군·구가 된다.

▶ **사례 |**

❖ **명의 신탁자가 증여형식으로 명의수탁자로부터 등기이전을 받은 경우 납세의무 유무**

명의신탁약정에 따라 명의수탁자 명의로 소유권이전등기가 마쳐진 경우, △ 명의수탁자에게는 등기명의라는 소유권이전의 형식에 의한 취득행위가 있는 것이므로 그의 취득세 납세의무가 성립하고, △ 한편으로 명의신탁자에게는 자신 명의로 소유권이전등기를 마치지 아니하였으나 대금지급과 같은 소유권 취득의 실질적 요건을 갖춘 취득행위가 있는 것이어서 그의 취득세 납세의무도 성립한다.
그 후 명의신탁해지에 따라 명의신탁자 명의로 소유권이전등기가 마쳐진 경우, 명의신탁자에게는 등기명의라는 소유권이전의 형식에 의한 취득행위가 또다시 있게 된다.

그런데 명의신탁자에게는 앞서 본 바와 같이 대금지급과 같은 소유권 취득의 실질적 요건을 갖춘 취득행위가 이미 있었는바, 이러한 취득행위에 이어서 위와 같이 명의신탁해지에 따라 등기명의라는 소유권이전의 형식에 의한 취득행위가 또다시 있게 되면, 명의신탁자가 소유권 취득의 실질적 요건과 형식적 요건을 모두 갖추게 되어, 그의 소유권 취득이 완결된다고 할 것이다. 그러나 명의신탁자에게 대금지급과 같은 소유권 취득의 실질적 요건을 갖춘 취득행위가 있었던 단계에서의 담세력이 포착되어 그 취득세 납세의무가 이행된 이상, 그 후 명의신탁자에게 명의신탁해지에 따라 등기명의라는 소유권이전의 형식에 의한 취득행위가 있었던 단계에서의 담세력이 별개로 포착되어 명의신탁자가 또다시 취득세 납세의무를 부담한다고 할 수는 없다고 할 것이다.

(대법 2012두28117, 2013.3.28.)

❖ **부동산실명법을 위반하여 명의수탁자가 스스로 취득세를 신고·납부한 것이 당연무효에 해당하는지 여부**

이 사건 처분 당시에는 명의수탁자에 대한 취득세 비과세 법리가 명백히 밝혀져 있지는 않았던 것으로 보일 뿐만 아니라, 피고로서는 별도의 사실관계에 관한 조사 없이 이 사건 건물에 관하여 소유권보존등기를 마친 원고들이 명의수탁자에 불과하다는 사정을 알 수는 없었다고 볼 것이므로, 설령 원고들의 주장과 같이 명의수탁자는 취득세 등의 비과세 대상에 해당한다고 보더라도, 이 사건 처분에 당연무효라고 볼 정도로 명백한 하자가 있다고 볼 수는 없는 점(대법 98다6176, 1999.10.12. 선고 판결, 대법 2003다30616, 2003.12.12. 선고 판결 등 참조), 비록 이 사건 처분 후에 이 사건 명의신탁자도 이 사건 건물을 사실상 취득하였음을 이유로 취득세 등을 납부하였다고 하더라도, 원고들에 대한 이 사건 처분과 이 사건 명의신탁자에 대한 취득세 등의 부과처분은 지방세법 제105조 제1항과 같은 조 제2항에 따라 그 납세의무의 성립요건과 납세의무자를 달리하는 것이고, 지방세법 등에서 이 사건 건물의 명의수탁자인 원고들에 대한 취득세 부과와 이 사건 명의신탁자에 대한 취득세 부과를 이중과세로 보아 이를 배제하는 명시적 규정도 발견할 수 없는 이상, 이 사건 처분과 이 사건 명의신탁자에 대한 취득세 등의 부과가 반드시 이중과세로 무효라고 해석할 것도 아니라고 보이는 점 등을 앞서 본 법리와 종합해 볼 때, 원고들이 제출한 모든 증거와 그 주장의 사정만으로는 이 사건 처분이 당연무효라고는 볼 수 없다.

(대법 2013두1027, 2013.4.25.)

❖ **증여계약 이후 원고의 법정대리인이 매수대금을 마련하지 못하여 계약을 취소한 경우 취득세 과세대상으로 볼수 있는지 여부**

취득세의 과세대상이 되는 부동산 취득에 관하여 민법 기타 관계 법령에 의한 등기·등록 등을 이행하지 아니한 경우라도 사실상으로 취득한 때에 취득한 것으로 보도록 규정하고 있고
- 증여계약이 성립한 이후 이 사건 부동산을 취득하여 그에 대한 조세채권이 성립하였고, 이 사건 단서조항에 따라 취득일부터 60일 이내에 이 사건 계약이 해제된 사실이 화해조서·인낙조서·공정증서 등으로 입증되지 않으므로, 원고는 이 사건 부동산을 사실상 취득하였다고 볼 것이고,
- 매수할 돈을 준비하지 못하여 이 사건 계약이 취소 또는 해제되었다 하더라도 그와 같은 사정만으로 이미 성립한 조세채권의 행사에 영향을 줄 수는 없다.

(대법 2015두48105, 2015.10.29.)

❖ **차용금채무를 변제 대신 매수인 지위를 부여받아 매매계약을 한 경우 취득여부**

원고는 주식회사 ○○와 사이에 이 사건 매매계약을 체결함으로써 주식회사 ○○로부터 기존의 차용금채무를 변제받는 대신에 이 사건 각 건물 매수인의 지위를 부여받음과 동시에 기존의 차용금채무에 상당하는 매매계약상의 매매대금을 모두 주고받은 것으로 하기로 하였다고 봄이 타당하므로, 원고는 이 사건 매매계약상의 잔금지급기일에 이 사건 각 건물을 사실상 취득하였던 것으로 보아야 한다. 또한 원고가 제출한 위 확인서의 내용을 보면, 위 취득시기로부터 훨씬 지나 원고가 취득세 신고를 하고도 몇 달 후인 2012.9 5.자로 비로소 위 매매계약이 주식회사 ○○의 배임행위로 무효가 되었다는 것이므로, 결국 이는 그 실질에 있어서 위 취득세 신고행위 후 매매계약을 합의해제하였다는 것에 불과할 뿐이다.

(대법. 2015두51439, 2016.1.14.)

❖ ① 매도인이 비록 그 원상회복의 방법으로 소유권이전등기의 방식을 취하였다 하더라도 이는 취득세 과세대상이 되는 부동산 취득에 해당하는지 여부
② 위 ①의 경우 수익자에게 회복되는 경우 새로운 부동산 취득에 해당하는지 여부

① 해제권의 행사에 따라 부동산매매계약이 적법하게 해제되면 그 계약의 이행으로 변동되었던 물권은 당연히 그 계약이 없었던 상태로 복귀하는 것이므로 매도인이 비록 그 원상회복의 방법으로 소유권이전등기의 방식을 취하였다 하더라도 특별한 사정이 없는 이상 이는 매매 등과 유사한 새로운 취득으로 볼 수 없어 취득세 과세대상이 되는 부동산 취득에 해당하지 않음

② 원심은 그 판시와 같은 이유를 들어, 형식적으로 신탁재산인 부동산을 수탁자로부터 수익자에게 이전하는 모든 경우에 취득세 과세대상이 된다고는 볼 수 없고, 그 소유권 이전의 실질에 비추어 해제로 인한 원상회복의 방법으로 이루어진 경우에는 취득세 과세대상이 된다고 볼 수 없다는 법리를 전제한 다음, 원고가 이 사건 토지의 소유권을 이전받은 것은 그 실질이 이 사건 각 토지 매매계약의 해제에 따른 원상회복이므로 취득세 과세대상이 되는 부동산 취득에 해당하지 않음

(대법 2018두32927, 2020.1.30.)

2) 납세의무자

취득세의 납세의무자는 취득세 과세대상물건을 취득한 자이다. 여기에서 취득이라 함은 매매, 교환, 상속, 증여, 기부, 법인에 대한 현물출자, 건축, 개수, 공유수면 매립·간척에 의한 토지의 조성과 이와 유사한 취득으로서 원시취득·승계취득 또는 유상·무상을 불문한 일체의 취득을 말한다.

(1) 사실과세 원칙

(가) 부동산, 차량, 회원권 등의 취득

부동산·차량·기계장비·입목·항공기·선박·광업권·어업권·양식업권·골프회

원권, 승마회원권, 콘도미니엄 회원권, 종합체육시설이용회원권 또는 요트회원권의 취득에 있어서는 민법, 자동차관리법, 건설기계관리법, 항공안전법, 선박법, 입목에 관한 법률, 광업법, 수산업법 또는 양식산업발전법 등 관계 법령에 따른 등기·등록 등을 하지 아니한 경우라도 사실상 취득하면 각각 취득한 것으로 보고 해당 취득물건의 소유자 또는 양수인을 각각 취득자로 한다. 다만 차량, 기계장비, 항공기 및 주문을 받아 건조하는 선박은 승계취득인 경우에만 해당한다.

이 규정에서 제시된 바와 같이 취득세의 과세대상 중에는 과세대상 물건에 따라서는 관계 법령의 규정에 따라 등기, 등록, 신고, 기타 일정한 형식적인 요건을 구비하여야만 관계 법령의 규정에 의한 취득의 효력이 발생하는 경우가 있으나 지방세법에 있어서의 취득은 이러한 법령상의 요건을 구비하지 않은 경우에도 사실상으로 취득한 때에는 취득으로 보고 있다. 이러한 사실상의 취득이라 함은 취득세 과세대상물건의 취득에 따른 대금을 지불하는 등 취득에 필요한 조치가 취해짐으로써 취득물건을 배타적으로 사용, 수익할 수 있고, 취득자가 원하면 언제든지 법률상의 소유권취득을 위한 관계 법령의 절차에 따라 법률상의 소유권을 취득할 수 있는 지위에 있는 것을 의미한다.

이와 같이 사실과세의 원칙을 채택하고 있기 때문에 미등기 또는 미등록된 과세대상 물건을 취득하거나, 등기 또는 등록된 과세대상 물건을 취득하여 이전등기 또는 이전등록을 하지 않고 제3자에게 전매하는 경우뿐만 아니라 건축법의 규정에 따른 건축허가를 받지 아니하고 건축물을 신축한 경우에도 특별한 규정이 없는 한 납세의무가 있는 것이다.

예를 들면 A회사가 자기명의로 토지를 취득하거나 건축허가를 받을 수 없어 자금은 A회사가 부담하고 B회사 명의로 토지를 취득하여 건축허가를 받아 건축이 완료된 후에 A회사 명의로 소유권을 이전하였다면 A회사는 승계취득에 의한 취득세를 납부해야 하고 B회사는 토지취득에 대한 취득세와 건물의 신축으로 인한 원시취득에 대한 취득세를 각각 납부해야 하는 것이다.

사례

❖ **자금대여자를 토지의 공동매수인으로 볼 수 있는지 여부**

지방세법상 취득세의 부과처분이 적법하려면 납세의무자가 등기와 같은 소유권 취득의 형식적 요건을 갖추지는 못하였으나 대금의 지급과 같은 소유권 취득의 실질적 요건을 갖춘 사실상 취득자라고 볼 수 있어야 할 것인바, 원고의 경우에는 자금 대여자 내지 투자자에 불과하여 이 사건 토지를 사실상 취득한 공동매수인의 지위에 있다고 보기 어렵다.

(대법 2011두7366, 2011.7.14.)

❖ 등기와 같은 소유권이전의 형식도 갖추지 못하고, 계약금 등 매매대금도 지급하지 않아 실질적 취득의 요건도 갖추지 못한 상태에서 이루어진 취득신고를 당연무효로 볼 수 있는지 여부

원고가 이 사건 부동산에 관하여 등기와 같은 소유권 취득의 형식적 요건을 갖추지 못하였을 뿐만 아니라 계약금을 비롯한 매매대금의 지급이 전혀 이루어지지 아니하여 소유권 취득의 실질적 요건도 갖추지 못함에 따라 이 사건 부동산의 취득에 기초한 이익 등을 향유한 바 없는 것으로 보이는 점 등 그 판시와 같은 사정을 들어 이 사건 처분이 당연무효라고 판단하였다. 관련 법리에 비추어 기록을 살펴보면, 원심의 이유 설시에 부적절한 점이 없지 아니하나 결론적으로 이 사건 처분이 당연무효라고 판단한 조치는 수긍할 수 있다.

(대법 2009두12501, 2014.03.27.)

❖ 명의신탁된 토지에 대한 지목변경에 따른 취득세를 명의수탁자에게 부과한 것이 타당한지 여부

지방세법 제105조 제1항에서 규정하는 부동산의 취득이란 소유권 이전의 형식에 의한 부동산 취득의 모든 경우를 포함하는 것으로서 명의신탁이나 명의신탁해지로 인한 소유권이전등기를 마친 경우도 여기에 해당되므로, 토지에 대한 명의신탁약정이 체결된 경우에는 명의수탁자도 취득세의 납부의무를 부담한다 할 것이다(대법 2010두10549, 2010.9.9. 선고 판결 참조). 위와 같은 지방세법령의 각 규정 및 관련 법리에 비추어 보면, 명의신탁약정에 의하여 수탁자에게 소유권이 이전된 토지의 경우에도 명의수탁자의 부동산 취득시와 마찬가지로 지방세법 제105조 제5항이 규정한 지목의 변경으로 인한 취득세의 납세의무는 명의수탁자에게 있다고 봄이 상당하고, 지목변경에 따른 실질적인 경제적 이익의 귀속주체가 명의신탁자라고 하더라도 달리 볼 수 없다.

(대법 2013두26323, 2014.3.27.)

❖ 상가분양계약에 따른 분양대금 납부하고 대금정산을 합의한 이후 당초 전용면적대로 분양 받는 것이 불가능하여 분양계약을 해지한 경우 신고한 취득세 납세의무도 소멸되는 것인지 여부

원고는 정산합의에 따라 분양대금을 모두 납부한 것이 되어 이 사건 점포를 사실상 취득하였다고 할 것이다. 그리고 정산합의가 합의해제되었다고 인정할 자료가 없고, 설령 정산합의가 원심 판시의 이 사건 처분 후에 합의해제되었다고 하더라도 이는 이미 성립한 취득세채권의 행사에 영향을 미칠 수 없으며, 이 사건 분양계약의 해제도 마찬가지로 취득세채권의 행사에 영향을 미칠 수 없다.

(대법 2011두13613, 2014.5.29.)

❖ 임차인이 불법증축한 건축물을 과세대상으로 볼 수 있는지 여부

- 지방세법 제6조 제1호는 '취득'에 대하여 '유상·무상의 모든 취득을 말한다'고 규정하고 있으므로, 대금을 지급하는 유상취득의 경우뿐만 아니라 대금을 지급하지 아니하는 무상취득의 경우에도 취득세를 부담하는 것이므로 설령 대금을 지급하지 아니하였다고 하더라도 그 사정만으로 이 사건 제3, 4 불법건축물을 취득하지 못하였다고 볼 수는 없다.
- 임차인 이를 증축하였다고 하더라도, 지방세법 제7조 제3항은 '건축물 중 조작 설비, 그 밖의 부대설비에 속하는 부분으로서 그 주체구조부와 하나가 되어 건축물로서의 효용가치를 이루고 있는 것에 대하여는 주체구조부 취득자 외의 자가 가설한 경우에도 주체구조부의 취득자가 함께 취득한 것으로 본다'고 규정하고 있어 원고의 주장은 이유가 없다.

(대법 2015두44899, 2015.10.15.)

❖ **농지를 취득할 수 없는 법인의 농지 취득이 취득에 해당하는지 여부**

농지를 취득할 수 없는 회사가 체결한 농지매매계약은 원시적 불능인 급부를 목적으로 하는 계약으로서 무효이다(대법원 2008.4.24. 선고 2007다65665 판결, 대법원 1994.10.25. 선고 94다18232 판결 등 참조). 한편, 계약이 무효인 경우에는 처음부터 취득세의 과세대상이 되는 사실상의 취득행위가 있다고 할 수 없다(대법원 2013.6.28. 선고 2013두2778 판결 등 참조).

(대법 2017두43166, 2017.8.24.)

❖ **신탁일에 위탁자의 과점주주가 된 경우 신탁재산 간주취득세 여부**

신탁일과 같은 날에 과점주주가 되었다면 과점주주 성립이 신탁등기 보다 앞선다고 할 수 없으므로 위탁자의 간주취득세 과세대상에 신탁재산은 포함되지 아니함

(대법 2017두56711, 2017.11.23.)

❖ **담보신탁에 있어 세법상 신탁재산 소유자를 위탁자로 볼 수 있는지 여부**

민법상 신탁재산의 소유자는 수탁자라고 하더라도 담보신탁으로 소유권이 수탁자에게 이전되면 세법상의 담세력도 이전되었다고 할 것으로 위탁자의 과점주주는 간주취득세 납세의무 없음

(대법 2017두57257, 2017.11.29.)

❖ **'사실상 취득'이라 함은 일반적으로 등기와 같은 소유권취득의 형식적 요건을 갖추지는 못하였으나 대금의 지급과 같은 소유권 취득의 실질적 요건을 갖춘 경우**

구 지방세법 제105조 제2항에서 규정한 '사실상의 취득'이라 함은 일반적으로 등기와 같은 소유권 취득의 형식적 요건을 갖추지는 못하였으나 대금의 지급과 같은 소유권 취득의 실질적 요건을 갖춘 경우를 말한다고 할 것이다.

(대법 05두13360, 2007.5.11., 대법 11두10416, 2011.8.18. 등)

❖ **농지취득자격증명을 발급받지 못하였다는 사유로 당초 매매계약을 해제한 경우 취득세 납세의무가 성립함**

「지방세법」 제7조 제2항에서 규정하고 있는 "사실상의 취득"이라 함은 일반적으로 등기와 같은 소유권 취득의 형식적 요건을 갖추지는 못하였으나 대금의 지급과 같은 소유권 취득의 실질적 요건을 갖춘 경우를 말하는 것이라 하겠고, 부동산 취득세는 그 취득행위라는 과세요건사실이 존재함으로써 당연히 발생하는 것이라 할 것이며, 「농지법」 제8조 제1항에서 말하는 "농지취득자격증명"은 농지를 취득하는 자가 그 소유권에 관한 등기를 신청할 때에 첨부하여야 할 서류로서 농지를 취득하는 자에게 농지취득의 자격이 있다는 것을 증명하는 것일 뿐이므로 농지취득자격증명이 없다고 하더라도 농지를 적법하게 취득한 이상 농지 취득이 이루어진 것으로 보아야 하고, 그 후 농지취득자격증명을 발급받지 아니하였다 하더라도 매매계약이 무효로 되는 것은 아니라 할 것인바 쟁점토지를 사실상 취득하고. 이후 농지취득자격증명을 발급받지 못한 사정으로 매매계약을 합의해제하였다 하더라도 이미 성립한 납세의무에 영향을 줄 수 없다.

(조심 16지0035, 2016.3.15.)

❖ **3자간 명의신탁관계로 부동산을 취득하면서 명의수탁자 명의로 취득세를 납부한 후, 명의신탁자로 소유권을 이전하면서 취득세 등을 부과하는 것이 이중과세에 해당하는지 여부**

원고는 3자간 등기명의신탁의 명의신탁자로서 이 사건 제2토지의 매도인들에게 매매대금을 지급하고 그 후 토지거래허가구역 지정이 해제됨으로써 그 매매계약이 소급하여 유효하게 되어 그 잔금 지급일에 이를 사실상 취득하였다고 할 것이고(대법원 2012.12.27. 선고 2012두19229 판결 참조), 이 사건 제2토지에 관하여 명의수탁자인 이건남 등 명의로 납부한 취득세 등 및 이 사건 제2토지 중 41필지에 관하여 명의수탁자로부터 원고 명의로 소유권을 이전하면서 납부한 취득세 등의 경우 그 각각의 단계에서 구 지방세법 제105조 제1항의 부동산의 '취득' 또는 같은 조 제2항의 부동산의 '사실상의 취득'에 해당하여 별도의 취득세 등 납세의무가 성립하는지 여부를 판단하여야 하는 것일 뿐이므로, 위 이건남 등 명의로 납부한 취득세 등과 위 원고 명의로 납부한 취득세 등이 이 사건 처분 중 이 사건 제2토지에 관한 부분과 그 경제적인 실질이 중복되는 면이 있다고 하여 시기적으로 나중에 이루어진 이 사건 처분 중 이 사건 제2토지에 관한 부분이 당연히 이중과세에 해당되어 위법한 것은 아님

(대법 2013누25704, 2020.9.24.)

❖ **종중토지에 대하여 체결한 매매계약이 원인무효이므로 소유권이전등기를 말소하라는 판결에 따라 말소되었으므로 취득세 납세의무가 소급하여 소멸하고, 등록면허세 납세의무가 성립되는지 여부**

취득 원인이 원인무효인 경우에는 취득세 납세의무가 없다고 보아야 할 것으로서, 이 건의 경우에도 대법원에서 종중과 청구인간에 체결한 매매계약이 무효인 것으로 판결함에 따라 소유권 이전등기가 말소된 이상 취득세 납세의무가 없다 할 것이고, 매매계약이 원인무효로 된 귀책사유가 청구인에게 있다는 사유는 이로 인한 민·형사상의 책임이 발생할 수 있다는 문제일 뿐이고 취득세 납세의무를 판단함에 있어서 영향을 미칠 수는 없다고 판단됨. 또한 대법원 판결(2018.4.10. 선고 2017두35684 판결)에서 취득세와 등록세가 통합된 이후에는 「지방세법」 제6조 제1호에서 정한 취득이라면 취득세의 과세 여부만 문제될 뿐 등록면허세의 과세대상은 아니라고 할 것이고, 그 취득을 원인으로 등기가 이루어진 후 등기의 원인이 무효로 밝혀져 취득세 과세대상에 해당하지 않더라도 등록면허세 납세의무가 새롭게 성립하는 것은 아니라고 봄이 타당하다고 판결하였으므로, 등록면허세에 관한 처분청의 주장도 인정하기 어렵다 할 것임

(조심 2019지2531, 2020.3.12.)

❖ **취득세 및 등록세의 신고·납부가 당연무효에 해당하는지 여부 판단기준**

취득세와 등록세는 신고납세방식의 조세로서 이러한 유형의 조세에 있어서는 원칙적으로 납세의무자가 스스로 과세표준과 세액을 정하여 신고하는 행위에 의하여 납세의무가 구체적으로 확정되고, 그 납부행위는 신고에 의하여 확정된 구체적 납세의무의 이행으로 하는 것이며 지방자치단체는 그와 같이 확정된 조세채권에 기하여 납부된 세액을 보유하는 것이므로, 납세의무자의 신고행위가 중대하고 명백한 하자로 인하여 당연무효로 되지 아니하는 한 그것이 바로 부당이득에 해당한다고 할 수 없고, 여기에서 신고행위의 하자가 중대하고 명백하여 당연무효에 해당하는지의 여부에 대하여는 신고행위의 근거가 되는 법규의 목적, 의미, 기능 및 하자 있는 신고행위에 대한 법적 구제수단 등을 목적론적으로 고찰함과 동시에 신고행위에 이르게 된 구체적 사정을 개별적으로 파악하여 합리적으로 판단하여야 한다(대법원 2006. 1. 13. 선고 2004다64340 판결 등 참조). 그러나 취득세 신고행위는 납세의무자와 과세관청 사이에 이루어지는 것으로서 취득세 신고행위의 존재를 신뢰하는 제3자의 보호가 특별히 문제되지 않아 그 신고행위를 당연무효로 보더라도 법적 안정성이 크게 저해되지 않는 반면, 과세요건 등에 관한 중대한 하자가 있고 그 법적 구제수단이 국세에 비하여 상대적으로 미비

함에도 위법한 결과를 시정하지 않고 납세의무자에게 그 신고행위로 인한 불이익을 감수시키는 것이 과세행정의 안정과 그 원활한 운영의 요청을 참작하더라도 납세의무자의 권익구제 등의 측면에서 현저하게 부당하다고 볼 만한 특별한 사정이 있는 때에는 예외적으로 이와 같은 하자 있는 신고행위가 당연무효라고 함이 타당함

(대법 2020두31880, 2020.4.29.).

(나) 리스(Lease)에 의한 취득

여신전문금융업법에 따른 시설대여업자가 건설기계나 차량을 시설대여를 하는 경우로서 같은 법 제33조 제1항에 따라 대여시설이용자의 명의로 등록하는 경우라도 그 건설기계나 차량은 시설대여업자가 취득한 것으로 본다. 그리고 외국인 소유의 취득세 과세대상 물건(차량·기계장비·항공기 및 선박만 해당한다.)을 직접 사용하거나 국내의 대여시설 이용자에게 대여하기 위하여 임차하여 수입하는 경우에는 수입하는 자가 취득한 것으로 본다.

여기에서 리스(Lease)라 함은 한마디로 임대차라고 표현되는데 과거의 현물금융방식이 발전되어 정립된 것으로 우리나라에서는 본래의 임대차와는 다른 물적금융으로서 "시설대여"라는 표현으로 법률상 "임대차"와 구별하여 사용하고 있으며, 리스거래는 그 계약의 성격에 따라 실질적인 소유권이 이전되었는지 여부에 따라 "금융리스와 운용리스로 구분되는데 금융리스는, ① 리스기간 종료시 리스물건의 소유권을 리스이용자에게 이전하기로 약정한 경우, ② 리스물건의 염가구매선택권이 리스이용자에게 주어진 경우, ③ 리스기간이 리스물건의 경제적 내용연수를 초과하는 경우를 말하고 이 경우 이외의 경우는 운용리스라 한다.

일반적으로 단순히 리스(Lease)라고만 지칭할 때에는 리스기간 종료시에 반환하거나 싼 리스료로 재리스하는 운용리스를 말하며 위에서 설명한 금융리스는 양도조건부 리스라고 부른다. 즉, 금융리스(양도조건부 리스)는 회계면에서 본다면 할부(연불)판매와 같지만 법률상 소유권의 이전시기가 다른 것으로 금융리스는 리스기간 중에는 리스회사에 소유권이 귀속되고 종료시에 이용자에게 넘어가는 데 반하여 할부판매는 판매시점에서 소유권이 구입자에게 이전되는 것이다.

종전에는 리스에 의하여 취득하는 차량과 기계장비에 대해서만 등기·등록명의자에 불구하고 사실상의 취득에 의하여 납세의무가 결정되었는데, 1995년부터는 차량과 기계장비 외에 항공기와 선박에 대하여도 등기·등록명의에 불구하고 시설대여업자(외국인 소유의 시설대여물건을 국내의 대여시설이용자에게 대여하기 위하여 수입하는 경우는 수입하

는 자)를 납세의무자로 하였다. 그런데 대법원 판결에서 시설대여물건을 직접사용하기 위하여 임차·수입하는 것은 법령규정에서 납세의무자로 결정하지 않았기 때문에 납세의무가 없다고 하였으므로 지방세법 제7조 제6항을 "외국인소유의 과세대상 물건(차량·기계장비·항공기 및 선박에 한한다.)을 직접 사용하거나 국내의 대여시설 이용자에게 대여하기 위하여 임차하여 수입하는 경우에는 수입하는 자가 이를 취득한 것으로 본다."로 보완 개정하였다. 그러므로 리스에 의하여 대여시설이용자명의로 등기·등록을 하여 사용하고 있다 하더라도 시설대여업자에게만 취득세의 납세의무가 있도록 하였으며 외국인 소유의 시설대여물건을 직접 사용하거나 국내의 대여시설이용자에게 대여하기 위하여 임차하여 수입하는 경우에는 그 소유자가 국내에 없기 때문에 수입하는 자에게만 취득세를 부과하겠다는 것이므로 이를 이용하는 자는 자기명의로 등기·등록이 되었다 하더라도 취득세 납세의무가 없는 것이다.

그리고 외국에 소재하는 시설대여업자의 차량, 기계장비, 선박, 항공기를 수입자가 직접 사용하거나 국내의 대여시설이용자에게 대여하기 위하여 수입하는 경우에는 수입하는 자가 이를 취득한 것으로 보므로 앞서 설명한 국내 소재 시설대여업자와 이용자와의 관계와는 별도로 수입에 의한 취득으로 보아 외국소재 시설대여업자 명의 여부에 관계없이 수입자가 취득자가 되어 취득세 납세의무가 있는 것이다. 다시 말해서 이 경우는 대여물건의 소유자가 외국에 있고 이를 수입하여 직접 사용하거나 대여하는 것이므로 취득세의 납세의무를 누구로 할 것이냐 또는 취득세를 과세할 수 있느냐 하는 문제가 있어 이를 해결하기 위하여 납세의무자를 명확히 구분하여 규정한 것이다.

| 사례 |

❖ 선박을 시설대여업자로부터 시설대여 목적으로 시설이용자가 제조사로터 취득하여 시설대여업자에게 판매한 경우 취득세 납세의무자

구 지방세법 시행령 제74조 제2항은 '여신전문금융업법에 의한 시설대여업자가 차량 등을 시설대여하는 경우에는 그 등기 또는 등록 명의에 불구하고 시설대여업자를 납세의무자로 본다.'고 규정하고 있으므로, 여신전문금융업법에 의하여 차량 등을 시설대여하는 경우 특별한 사정이 없는 한 구 지방세법 시행령 제73조 제6항, 제9항에서 말하는 실수요자는 대여시설이용자가 아닌 시설대여업자를 의미한다고 봄이 타당하다.
따라서 여신전문금융업법에 의한 시설대여업자로부터 차량 등을 시설대여받은 대여시설이용자가 차량 등의 소유권을 종국적으로 취득한 것이 아니라면, 비록 시설대여를 받기 위한 목적으로 당해 차량 등을 제조자로부터 취득하여 시설대여업자에게 판매한 바 있다고 하더라도, 그 대여시설이용자를 당해 차량 등에 관하여 취득세 등의 납세의무가 있는 '실수요자'에 해당한다고 볼 수 없다.

(대법 2012두5763, 2013.4.11. 파기환송)

(다) 지입차량과 지입기계장비

기계장비나 차량을 기계장비대여업체 또는 운수업체의 명의로 등록하는 경우(영업용으로 등록하는 경우로 한정한다.)라도 해당 기계장비나 차량의 구매계약서, 세금계산서, 차주대장 등에 비추어 기계장비나 차량의 취득대금을 지급한 자가 따로 있음이 입증되는 경우 그 기계장비나 차량은 취득대금을 지급한 자가 취득한 것으로 본다.

이 경우는 기계장비나 차량을 기계장비대여업체 또는 운수업체의 명의로 영업용으로 등록하는 경우에 한하여 해당 기계장비나 차량의 구매계약서 등에 비추어 그 차량 등의 취득대금을 지급한 자가 따로 있음이 입증되는 경우에 한하여 그 취득대금 지급자가 취득한 것으로 보고 나머지는 명의인이 납세의무자가 된다는 것이다.

자동차관리법 제6조에서는 자동차 소유권의 득실변경은 등록을 하여야 그 효력이 생긴다고 규정하고 있어 등록명의인 이외의 자에 대하여는 그 소유권의 취득을 부인하고 있으나 지방세법 제7조 제2항에서 사실과세주의를 택하고 있는 점으로 보아 지방세법 시행령에서 위와 같은 규정을 따로 두지 아니하였다 하더라도 당연히 사실상의 소유자를 납세의무자로 하여야 할 것이다. 따라서 위 규정은 해석상의 혼란을 없애기 위해 명문으로 이를 정하고 있다고 본다. 여기에서 특히 유의하여야 할 점은 차량 또는 기계장비가 지입된 것인지 또는 현물출자가 된 것인지를 명백히 구분해야 한다는 점이다.

이론상으로는 아무런 문제점이 없을 것 같이 보이나 실제로는 운수업체에 따라 차량 또는 기계장비를 현물출자한 형태를 취하고 그에 상응하는 주식을 발행하여 출자자에게 교부하여 운영하다가 출자자가 현물출자한 차량 또는 기계장비를 회수하는 방법으로 자기소유주식을 운수업체 등에 양도하고 현물출자한 차량을 운수업체로부터 양수하는 경우가 있다. 이와 같은 경우는 이를 단순한 지입차량으로 볼 수 없으므로 운수업체로부터 차량을 양수하는 행위를 취득으로 보아 취득세를 과세하여야 하며 그 차량을 다시 다른 운수업체에 현물출자를 하게 되면 당해 운수업체가 차량을 취득한 것이 되므로 그 운수업체에 다시 취득세를 과세하여야 한다. 기계장비대여업체에 지입되는 기계장비의 경우도 차량의 경우에 준하여 납세의무자를 판단하면 된다.

(라) 상속으로 인한 취득

상속(피상속인이 상속인에게 한 유증 및 포괄유증과 신탁재산의 상속을 포함한다.)으로 인하여 취득하는 경우에는 상속인 각자가 상속받는 과세물건(지분을 취득하는 경우에는 그 지분에 해당하는 과세물건을 말한다.)을 취득한 것으로 본다. 이 경우 상속인의 납부의무에 관하여는 지방세기본법 제44조 제1항 및 제5항의 규정을 준용하여 연대납세의무가 부여된다.

상속으로 인한 취득의 경우는 취득물건에 대한 본래의 납세의무 이외에도 피상속인이 납부할 또는 납부하여야 할 지방세에 대한 승계납세의무가 있으며, 상속받은 후에도 동일 물건에 대하여 수인이 지분으로 상속받은 경우의 납세의무는 연대납세의무를 지게 되는 점에 유의하여야 한다.

여기에서 유증과 사인증여 관계를 살펴보면 유증이란 유언에 의해 재산이 무상증여되는 것이고, 사인증여란 자연인과 계약에 의해 자연인이 사후에 재산을 증여하는 것을 말한다. 그러므로 유증은 상대방 없는 단독행위인데 비해 사인증여는 자연인과 계약을 하여야만 성립되는 것이므로 자연인의 사후에 재산을 무상이전시키는 것과 목적이 동일하여 유증에 관한 규정이 사인증여에도 적용되는 것이다.

사례 |

❖ **한정승인에 의한 상속으로 취득한 부동산의 납세의무 유무**

민법 제1019조 제3항에 의한 이른바 특별한정승인의 경우 비록 상속채무가 상속재산을 초과한다 하더라도 상속으로 취득하게 될 재산의 한도로 상속채무에 대한 책임이 제한되는 점에서 민법 제1028조에 의한 통상의 한정승인과 다를 바 없고, 상속인이 한정승인을 할 경우 책임이 제한된 상태로 피상속인의 재산에 관한 권리 의무를 포괄적으로 승계하는 것이다. 그러므로 이전 과세대상 부동산의 소유자인 피상속인이 사망한 후 제1순위 공동상속인들이 상속포기를 하고 그 공동상속인 중 피상속인의 딸 강○○이 그의 아들로서 차순위상속인 지위에 있는 원고의 법정대리인 자격으로 한정승인을 하였다는 것인바, 그렇다면 원고는 그 한정승인의 효과로서 위 부동산을 상속에 의하여 취득하였고 위 부동산이 취득세 비과세대상을 한정적으로 규정한 지방세법 제110조 제3호 소정의 비과세대상으로서 '1가구 1주택' 또는 '자경농지'에 해당하지 아니함이 분명하므로 원고에게 위 부동산에 관한 취득세 납부의무가 있다.

(대법 2005두9491, 2007.4.12.)

(마) 조합주택용 부동산의 취득

「주택법」 제11조에 따른 주택조합과 「도시 및 주거환경정비법」 제35조 제3항 및 「빈집 및 소규모주택 정비에 관법률」 제23조에 따른 주택재건축조합 및 소규모재건축조합이 해당 조합원용으로 취득하는 조합주택용 부동산(공동주택과 부대시설·복리시설 및 그 부속토지를 말한다.)은 그 조합원이 취득한 것으로 본다. 다만, 조합원에게 귀속되지 아니하는 부동산(비조합원용 부동산이라 한다.)은 제외한다.

주택조합을 설립하여 그 구성원의 주택을 건설하고자 할 때에는 관할 자치단체장의 인가를 받아야 하며, 주택조합이 주택을 건설하기 위해서는 주택용 대지의 소유권을 확보하여 사업계획승인을 신청하여야 하고, 주택의 건축허가도 주택조합명의로 하기 때문에 주택조합이 토지와 건축물에 대한 취득자가 되며 건축이 완료된 때에는 주택조합 명의로 보존등기를 하고 조합원의 명의로 이전등기를 하게 되므로 주택조합과 조합원에게 각각 납세의무가 있게 되는 결과가 발생하게 된다. 그런데 주택조합은 조합원의 주택건설을 위한 법적 단체로 발족된 데 불과하여 결국 조합원이 이중으로 납세의무를 지는 결과가 되므로 이러한 문제를 해소하기 위하여 조합주택의 경우는 주택조합은 납세의무가 없고 조합원에게만 당초의 취득자로 보아 한번만 취득세를 납부토록 한 것이다. 결국 주택조합이 주택조합용 부동산을 취득하는 경우에 주택조합과 조합원의 관계를 동일인으로 보아 납세자를 조합원으로 일원화한 것이다.[7]

그리고 「도시 및 주거환경정비법」 제35조 제3항 및 「빈집 및 소규모주택 정비에 관한 법률」 제23조에 따른 주택재건축조합 및 소규모재건축조합도 주택법에 의한 주택조합에 준하여 납세의무자를 결정하면 된다.

특히 제8항 단서에 규정된 조합원에게 귀속되지 아니하는 부동산에 대해서 판결이 주택조합 및 주택재건축조합과 조합원간 신탁종료 후에는 수익사업에 해당되어야 함에도 종전 규정의 미비로 과세할 수 없다고 하는 모순이 있어 이런 경우는 과세 대상임을 명확히 한 것이다.

(2) 간주취득

(가) 소유자와 건축 또는 설치자가 다른 경우

건축물 중 조작(操作)설비, 그 밖의 부대설비에 속하는 부분으로서 그 주체구조부와 하나가 되어 건축물로서의 효용가치를 이루고 있는 것에 대하여는 주체구조부(主體構造部) 취득자 외의 자가 가설한 경우에도 주체구조부의 취득자가 함께 취득한 것으로 본다.

이 경우의 실례를 들어보면 은행이 타인의 빌딩을 임차하여 지점을 설치하면서 그 건물 일부에 부착된 금고를 설치한 경우와 빌딩을 임차한 자가 보행식 계단설비를 엘리베이터로 바꾸거나 중앙조절식 냉난방설비를 새로이 가설한 경우 등은 그 비용의 부담자나 사실상의 소유자가 따로 있다 하더라도 빌딩의 소유자가 취득세 납세의무자가 되는 것이다.

그런데 A가 주유기를 취득하여 B소유의 주유소에 설치하고 취득세를 납부한 후 재차 A가 운영하는 기존의 다른 주유소에 B소유의 주유소에 설치하였던 A소유의 주유기를

---

[7] 대법 93누18893, 1994.6.24. 판결

이설 설치한 경우는 새로운 취득이 있었던 것이 아니므로 취득세를 납부할 의무가 없다고 심사결정한 사례가 있다.[8]

> **사례**
>
> ❖ **수분양자가 지불한 발코니 공사비용이 원시취득자 취득가격에 포함여부**
>
> 지방세법 제7조 제3항은 '건축물 중 조작 설비, 그 밖의 부대설비에 속하는 부분으로서 그 주체구조부와 하나가 되어 건축물의 효용가치를 이루고 있는 것에 대하여는 주체구조부 취득자 외의 자가 가설한 경우에도 주체구조부의 취득자가 함께 취득한 것으로 본다.'라고 규정하고 있으므로 수분양자들이 비용을 지급하여 발코니의 용도가 거실 등으로 변경되었어도 사용승인일 이전에 원고가 그와 같은 상태의 아파트를 취득한 이상 그 비용은 취득가격에 포함되어야 한다. 이와 다른 전제에 선 원고의 주장은 받아들일 수 없다.
>
> (대법 2015두59877, 2016.3.24.)

(나) 선박, 차량, 기계장비의 종류변경 및 토지의 지목변경

① 선박, 차량과 기계장비의 종류를 변경하거나 토지의 지목을 사실상 변경함으로써 그 가액이 증가된 경우에는 취득으로 본다. 여기에서 종류변경이란 선박의 선질, 용도, 기관, 정원 또는 최대적재량의 변경이나, 차량 또는 기계장비의 원동기, 승차정원, 최대적재량 또는 차체가 각각 변경한 것을 말한다(영 §15).

② 토지의 지목을 사실상 변경함으로써 그 가액이 증가한 경우에는 이를 취득으로 보아 사실상으로 지목이 변경된 시점의 해당 토지의 소유자가 납세의무자가 된다. 이와 같이 토지의 지목변경에 대하여 취득세를 과세한 특별자치시장, 특별자치도지사, 시장, 군수, 구청장은 재산세과세대장에 지목변경 내용을 등재하고 관계인에게 통지하여야 한다(영 §10).

그런데 공장을 경영하는 자가 공장구내 도로나 야적장을 포장하는 것은 사실상 지목변경으로 볼 수 없을 뿐 아니라 설사 그 비용이 법인장부상 구축물계정에 올라 있다 하더라도 그 비용에 대해서는 취득세의 납세의무가 없는 것으로 본다.

---

[8] 행심 2003-228, 2003.11.24.

> **사례**
>
> ❖ **취득 이전 형질변경된 토지의 지목변경이 과세대상이 되는지 여부**
>
> 이 사건 처분은 공업용 건물의 주차장으로 사용되다가 건물의 신축으로 상업용 건물의 부지로 사용하게 됨으로써 용도가 변경된 것을 사유로 삼고 있으므로 원고가 제2토지를 취득하기 전이 아닌 취득한 이후의 사실상의 지목변경을 사유로 하고 있을 뿐만 아니라, 원고가 제2토지를 취득한 가액은 ㎡당 143만 원으로 그 무렵의 개별공시지가인 ㎡당 159만 원에 비해 낮았으므로 원고가 취득하기 전에 이미 사실상 지목변경이 이루어졌다고 보기도 어렵다. 또한 구 측량수로지적법 시행령 제 67조 제1항은 '토지의 형질변경'(제1호)뿐만 아니라 '토지나 건물의 용도가 변경된 경우'(제2호)도 지목변경 신청사유로 규정하고 있고, 지방세법 제10조 및 그 시행령 제17조는 토지 가치상승을 위한 비용의 지출 사실을 토지 지목의 사실상 변경의 요건으로 삼고 있지도 않으므로 사실상 지목변경은 형질변경이나 이를 위한 자본적 지출이 있는 경우로 한정되는 것은 아니다.
>
> (대법 2016두45912, 2016.9.28.)

(다) 증여 취득 및 부담부 증여 등

① 배우자 또는 직계존비속의 부동산 등을 취득하는 경우에는 증여로 취득한 것으로 본다. 다만, 공매를 통하여 취득하는 경우, 파산선고로 인하여 처분되는 부동산 등을 취득하는 경우, 권리의 이전이나 행사에 등기 또는 등록이 필요한 부동산 등을 서로 교환한 경우, 해당 부동산 등의 취득을 위하여 그 대가를 지급하기 위한 취득자의 소득이 증명되는 경우, 이미 상속세 및 증여세의 과세(비과세 또는 감면받은 경우를 포함한다.)를 받았거나 신고한 경우로서 그 상속 또는 수증재산의 가액으로 그 대가를 지급한 경우, 소유재산을 처분 또는 담보한 금액으로 해당 부동산을 취득한 경우, 이와 준하는 것으로서 취득자의 재산으로 그 대가를 지급한 사실이 입증되는 경우로서 그 사실을 증명한 경우에는 유상으로 취득한 것으로 본다.

② 증여자의 채무를 인수하는 부담부(負擔附) 증여의 경우에는 그 채무액에 상당하는 부분은 부동산등을 유상으로 취득하는 것으로 본다.

③ 상속개시 후 상속재산에 대하여 등기·등록·명의개서(名義改書) 등(이하 "등기등"이라 한다.)에 의하여 각 상속인의 상속분이 확정되어 등기 등이 된 후, 그 상속재산에 대하여 공동상속인이 협의하여 재분할한 결과 특정 상속인이 당초 상속분을 초과하여 취득하게 되는 재산가액은 그 재분할에 의하여 상속분이 감소한 상속인으로부터 증여받아 취득한 것으로 본다. 다만 제20조 제1항에 따른 신고·납부기한 내에 재분할에 의한 취득과 등기 등을 모두 마친 경우, 상속회복청구의 소에

의한 법원의 확정판결에 의하여 상속인 및 상속재산에 변동이 있는 경우, 민법 제404조에 따른 채권자 대위권의 행사에 의하여 공동상속인들의 법정상속분대로 등기 등이 된 상속재산을 상속인 사이의 협의분할에 의하여 재분할 하는 경우에는 그러하지 아니하다.

이 규정에서 상속재산의 재분할이란 민법 제1015조에서 "상속재산의 분할은 상속 개시된 때에 소급하여 그 효력이 있다. 그러나 제3자의 권리를 해하지 못한다."고 규정하고 있는데 이는 상속재산을 분할하면 각 공동상속인에게 귀속되는 재산은 상속개시 당시에 이미 피상속인으로부터 직접 분할을 받은 자에게 이전하여 승계된 것으로 보는 것을 의미한다. 다만, 상속개시부터 분할시까지 행한 거래의 안전을 위해 제3자의 거래상 지위는 보장한다는 것이다.

그리고 민법 제404조에 따른 "채권자 대위권"이란 채권자가 자기의 채권을 보전하기 위하여 채무자의 권리를 행사할 수 있는 것을 말한다. 그러나 일신에 전속한 권리는 대위할 수 없고, 채권자는 그 채권의 기한이 도래하기 전에는 법원의 허가 없이 권리를 행사하지 못하나 보전 행위는 할 수 있다.

(라) 택지공사 준공된 토지의 조경, 신탁재산의 취득자의 지위 등

① 「공간정보의 구축 및 관리 등에 관한 법률」 제67조에 따른 대(垈) 중 「국토의 계획 및 이용에 관한 법률」 등 관계법령에 따른 택지공사가 준공된 토지에 정원 또는 부속시설물 등을 조성·설치하는 경우에는 그 정원 또는 부속시설물 등은 토지에 포함되는 것으로서 토지의 지목을 사실상 변경하는 것으로 보아 토지의 소유자가 취득한 것으로 본다. 다만, 건축물을 건축하면서 그 건축물에 부수되는 정원 또는 부속시설물 등을 조성·설치하는 경우에는 그 정원 또는 부속시설물 등은 건축물에 포함되는 것으로 보아 건축물을 취득하는 자가 취득한 것으로 본다.

이는 택지공사 준공 토지에 건축물 또는 건축물에 접속된 정원·부속시설물을 설치함으로써 해당토지의 가액이 증가하는 경우 지목변경으로 보아 간주취득세(구 취득세율 2%) 과세하고 있는 이같이 개정된 이유는 택지(대지)에 공동주택 등을 신축하는 경우는 형식상 지목변경을 수반하지 않으므로(대지→대지) 조경 및 도로포장 등으로 토지의 실질적 가치가 상승하여도 취득세를 과세하지 못하는 불형평 개선을 입법취지로 2016년부터 개정되었지만, 택지를 분양 받아 공동주택 등을 건축하는 경우 정원, 조형물 설치 및 도로 공사 등의 비용은 사실상 건축주가 부담하고 있으나, 토지 지목변경 비용에 포함하여 과세함으로써 비용 부담자(건축물 소유자)와 취득세 납세의무자(토지 소유자)가 상이한 문제 발생하고, 건축물 부지내의 조경 또는 부속시설물 설치 비용을 건물이 아닌 토지의 효용가치 증가로 보는 것은 불합리한 측면이 있어 건축물의 건축에 수반하여 정원 및 조형물을 설치하거나 도로포장공사를 하는 경우 그 비용은 건축물의 건축비용에 포함하여 과세하고, 택지 조성 등 지목변경을 수반하는 경우로서 건축물의 부속토지로 사용되지 않는 토지에 설치되는 조경공사비 등은 지목변경 비용에 포함하여 과세하도록 한 것이다.

공사목적	건축이 수반되는 경우	건축이 수반되지 않는 경우(지목변경)
과세표준	건축비 + 조경공사비 등	토지 지목변경 공사비 + 조경공사비 등
세 율	2.8%	2%
사 례	건물 부속토지 內 도로포장	건물 부속토지 이외 부지 內 도로포장 등

② 「신탁법」 제10조에 따라 신탁재산의 위탁자 지위의 이전이 있는 경우에는 새로운 위탁자가 해당 신탁재산을 취득한 것으로 본다. 다만, 위탁자 지위의 이전에도 불구하고 신탁재산에 대한 실질적인 소유권 변동이 있다고 보기 어려운 경우로서 대통령령으로 정하는 경우에는 그러하지 아니하다.

위 규정 단서에서 "대통령령으로 정하는 경우"란 자본시장과 금융투자업에 관한 법률에 따른 부동산 집합투자기구의 집합투자업자가 그 위탁자의 지위를 다른 집합투자업자에게 이전하는 경우와 이에 준하는 경우로서 위탁자 지위를 이전하였음에도 불구하고 신탁재산에 대한 실질적인 소유권의 변동이 없는 경우 중 어느 하나에 해당하는 경우를 말한다(영 §11의 2).

이 경우는 사실상의 소유권이 새로이 지위이전을 받은 위탁자로 변경되었을 경우에는 수탁자의 변경이 없더라도 취득세를 과세한다는 것이다. 다만, 위탁자 지위이전에도 불구하고 소유권 변동이 없는 것으로 인정되는 경우에는 과세대상에서 제외해야 한다.

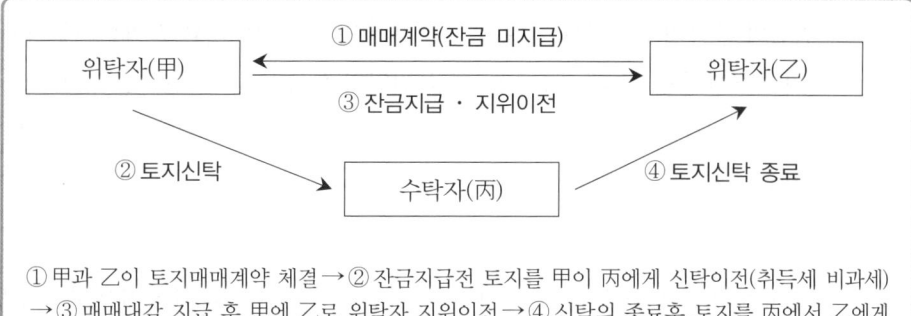

∥ 조세부담 회피사례 ∥

① 甲과 乙이 토지매매계약 체결 → ② 잔금지급전 토지를 甲이 丙에게 신탁이전(취득세 비과세) → ③ 매매대금 지급 후 甲에 乙로 위탁자 지위이전 → ④ 신탁의 종료후 토지를 丙에서 乙에게 이전(취득세 비과세)

※ 위 사례에서 위탁자 지위이전시 취득세를 부과하지 않을 경우 실제 토지를 갑→을로 이전하였음에도 취득세를 과세하지 못하는 문제 발생

(3) 과점주주의 간주취득

(가) 개 설

과점주주라 함은 주주 또는 유한책임사원 1인과 그와 친족, 그 밖의 특수관계에 있는 자의 소유주식의 합계 또는 출자액의 합계가 해당 법인의 발행주식총수 또는 출자총액의 100분의 50을 초과하는 자를 말한다. 이러한 과점주주에 대하여 취득세를 과세하도록 한 것은 상법(商法)의 규정에서는 주식회사의 주주나 합자회사와 유한회사의 유한책임사원은 원칙적으로 주식이나 출자액을 한도로 책임을 진다고 규정하고 있으나 대부분의 비상장법인은 주식회사 형태를 취하고 있지만 소유와 경영이 분리되지 아니한 1인 지배회사나 가족회사가 대부분이므로 이들에게 사업상 무한책임을 지우는 것은 타당하다고 보아 과점주주가 법인의 주식 또는 지분을 취득하는 것이 해당 법인의 부동산 등 과세대상물건을 직접적으로 취득하는 것은 아니지만 주주 또는 사원이 법인의 주식 또는 지분을 일정비율 이상 취득함으로써 과점주주가 된 경우에는 실질적으로는 그 법인에 대한 지배권을 장악하기 때문에 그 지배권을 행사할 수 있는 한도(소유주식비율 내) 내에서 해당 법인의 과세물건을 취득한 것으로 간주하여 취득세를 과세하는 것이다.

이와 같이 과점주주에 대하여 취득세를 과세하는 주된 이유는 첫째, 과점주주로서 해당 법인의 자산을 임의처분을 하거나 관리운용할 수 있는 지위에 서게 되어 실제면에서는 자기소유자산과 크게 다를 바 없으므로 바로 이 점에 담세력이 있다고 보는 것이고, 둘째는, 비공개법인의 주식이나 지분을 특정인이 독과점하는 것을 억제하여 널리 일반인에게 분산되도록 세제면에서 촉구하여 다수인이 참여하는 기업으로 유도하려는 데 그 목적이 있다.

(나) 과점주주 성립요건

법인의 주식 또는 지분을 취득함으로써 지방세기본법 제46조 제2호에 따른 과점주주가 되었을 때에는 그 과점주주는 해당 법인의 부동산 등(법인이 신탁법에 따라 신탁한 재산으로서 수탁자 명의로 등기·등록이 되어 있는 부동산 등을 포함한다.)을 취득(법인설립시에 발행하는 주식 또는 지분을 취득함으로서 과점주주가 된 경우에는 취득으로 보지 아니한다.)한 것으로 본다.

이 규정의 단서 규정 중 종전에는 "과점주주에 대한 취득세 납세의무 성립일 현재 이 법 및 기타 법령에 의하여 취득세가 비과세, 감면되는 부분에 대하여는 그러하지 아니한다."고 규정되어 있었던 것을 2005년말 지방세법개정시 삭제하였는데 그것은 대법원(대법 99두6897, 2001.1.30., 대법 2011두27506, 2012.2.9.)에서 "취득세가 비과세 또는 감면되는 경우"라 함은 과점주주의 간주취득이 지방세법 또는 기타 법령의 규정에 의한 비과세 또는 감면요건에 해당하는 경우라야 할 것이므로 해당 법인이 부동산 등을 취득하면서 취득세를 면제받았다고 하여 바로 과점주주로 된 자의 취득세 납세의무도 면제되는 것은 아니다"고 판결하였으므로 이 규정이 불필요하여 삭제한 것이다. 그러므로 과점주주는 해당 과점주주 자신이 납세의무 성립일 현재 비과세 또는 감면 요건을 충족한 경우라야 비과세, 감면 혜택을 받을 수 있도록 명확히 한 것이다.

그런데 지방세특례제한법 제57조의 2 제5항에서 "다음 각 호의 어느 하나에 해당하는 경우에는 그 과점주주에 대해서는 지방세법 제7조 제5항에 따라 과점주주가 해당 법인의 부동산 등을 취득한 것으로 보아 부과하는 취득세를 면제한다."고 규정하고 있다. 이 경우 다음 각 호의 규정을 보면 ① 금융산업의 구조개선에 관한 법률 제10조에 따른 제3자의 인수, 계약이전에 관한 명령 또는 계약이전결정에 따라 부실금융기관으로부터 주식 또는 지분을 취득하는 경우, ② 금융기관이 법인에 대한 대출금을 출자로 전환함에 따라 해당 법인의 주식 또는 지분을 취득하는 경우, ③ 독점규제 및 공정거래에 관한 법률에 따른 지주회사(금융지주회사를 포함한다.)가 되거나 지주회사가 같은 법 또는 금융지주회사법에 따른 자회사의 주식을 취득하는 경우, ④ 예금자보호법 제3조에 따른 예금보험공사 또는 같은 법 제36조의 3에 따른 정리금융회사가 같은 법 제36조의 5 제1항 및 제38조에 따라 주식 또는 지분을 취득하는 경우, ⑤ 한국자산관리공사가 금융기관부실자산 등의 효율적 처리 및 한국자산관리공사의 설립에 관한 법률 제26조 제1항 제1호에 따라 인수한 채권을 출자전환함에 따라 주식 또는 지분을 취득하는 경우, ⑥ 농업협동조합의 구조개선에 관한 법률에 따른 농업협동조합자산관리회사가 같은 법 제30조 제3호 다목에 따라 인수한 부실자산을 출자전환함에 따라 주식 또는 지분을 취득하는 경우, ⑦ 조세특례제한법 제38조 제1항 각 호의 요건을 모두 갖춘 주식의 포괄적 교환·이전으로 완전자회사의 주식을 취득하는 경우, 다만, 제38조 제2항에 해당하는 경우(같은 조 제3항에 해당하는 경우는 제외한다.)에는 감면받은 취득세를 추징한다. ⑧ 자본시장과 금융투자업에 관한 법률에 따른 증권시장으로서 대통령령이 정하는 증권시장에 상장한 법인의 주식을 취득하는 경우의 취득에 해당하는 주식 또는 지분을 취득하여 과점주주에 해당하게 되는 경우 해당 과점주주에 대하여는 지방세법 제7조 제5항의 규정을 적용하지 아니하므로 이로 인해 과점주주가 되더라도 이 주식지분에 대한 취득세는 과세되지 아니한다(지기법 §57의 2 ⑤).

여기에서 과점주주의 과세요건을 살펴보면 다음과 같다.

① **과세대상을 보유한 법인은 비상장법인이어야 한다**(지기법 §46 Ⅱ).

그러므로 주식을 유가증권시장에 상장하지 아니한 즉 비공개법인의 경우에만 과점주주에 대한 취득세의 납세의무가 성립되는 것이므로 주식을 유가증권시장에 상장한 공개법인의 경우는 과점주주로서 취득세 과세문제가 발생하지 아니한다.

참고로 주식을 유가증권시장에 상장하기 위해서는 기업공개라는 절차를 거쳐야 하는데 이러한 기업공개절차를 거치지 아니한 법인은 비상장법인이며 이러한 법인의 주식은 유가증권시장을 통하지 않고 주주 상호간의 거래에 의하므로 이 과정에서 친족 기타 특수관계인이나 1인이 독과점하게 되는 경우에 과점주주가 성립되고 과점주주가 되는 시점에 그 법인이 소유하고 있는 취득세 과세대상물건을 취득한 것으로 간주하여 취득세를 과세한다는 것이다.

또한 과점주주에 대한 취득세 과세대상물건의 취득은 과점주주가 속해 있는 법인이 소유하고 있는 과세물건을 과점주주가 되는 시점에서 취득한 것으로 간주하는 것이므로 과점주주의 성립시기를 정확히 판단해야 취득시기를 파악할 수 있게 된다.

그러므로 취득세의 일반적인 취득의 시기는 사실상의 취득일을 기준으로 하는 것이 원칙이므로 주식취득의 시기는 주식을 사실상으로 인도받는 때로 함이 타당할 것이나 사실상의 취득시기를 알 수 없는 때에는 주주명부, 사원명부 또는 법인장부 등에 의하여 확인되는 때로 보아야 할 것이다. 이러한 점으로 미루어 보아 과점주주가 되는 시점은 법인의 주식을 취득하여 사실상 주주로서의 권리를 행사할 수 있는 지위를 취득한 때가 되는 것이므로 법인의 주식을 형식상으로는 양수받은 것으로 되어 있으나 실제에 있어서는 주주로서의 권리를 행사할 의사가 없거나 행사하지 못하도록 제한되어 있는 경우에는 과점주주라 할 수 없다.

또한 상법(§336, §337)에 규정된 내용인 기명주식의 양도는 특별한 사정이 없는 한 거래당사자 사이에 있어서는 대물변제의 합의만으로 그 양도의 효력이 발생하나, 회사와의 관계에 있어서는 취득자의 성명과 주소를 주주명부에 기재하지 아니하면 회사에 대항하지 못하는 것이므로 주주와 회사와의 관계에 있어서는 주주명부에 명의개서하기 이전에는 회사에 대하여 주주임을 주장할 수 없을 뿐만 아니라 주권을 행사할 수 없는 점 등으로 미루어 보아 주권의 취득일은 주권의 대금을 완불하였는지의 여부에 관계없이 주주명부에 명의개서된 날을 취득한 날로 보아야 함이 타당하다고 본다. 따라서 주권을 연부로 취득하는 경우에도 연부금지급절차 등에 관계없이 주주명부에 명의가 개서된 날에 일시에 취득한 것으로 보아 취득세를 전부 과세하여야 한다.

② 법인의 주식 또는 지분을 취득함으로써 지방세기본법 제46조 제2호에 따른 과점주주가 되었을 때에는 그 과점주주는 해당 법인의 부동산 등(법인이 신탁법에 따라 신탁한 재산으로서 수탁자 명의로 등기·등록이 되어 있는 부동산 등을 포함한다)을 취득한 것으로 본다. 다만, 법인설립 시에 발행하는 주식 또는 지분을 취득함으로써 과점주주가 된 경우에는 취득으로 보지 아니한다.

이 규정은 설립시부터 과점주주이던 자가 주주나 유한책임사원으로부터 주식을 취득하여 그 소유주식비율이 증가할 경우 그 과점주주가 소유한 주식의 비율 모두를 취득한 것으로 보아 취득세를 부과함에 따라 이중과세의 문제가 발생하는 등 문제가 있어 법인설립시에 발행하는 주식 또는 지분을 취득함으로써 이미 과점주주가 되어 있는 경우는 그 이후에 주식을 취득하면 증가된 부분에 대해서만 과세하도록 개선한 것이며 설립 이후 증자로 인하여 과점주주가 되는 경우는 종전에는 취득세를 과세하지 아니하였으나 앞으로는 설립시를 제외하고는 증자 또는 주주나 사원으로부터 주식을 취득하여 과점주주가 되면 취득세과세대상이 되는 것이다.

그리고 과점주주의 개념을 주주 또는 유한책임사원 1인과 그와 친족 기타 특수관계에 있는 모두의 소유주식을 합한 비율에 의하여 판단하는 것이므로 과점주주가 소유한 총주식 소유비율에는 변동이 없으면서 특수관계인 상호간에 주식변동이 있는 경우에도 새로운 납세의무는 발생하지 아니하는 것이다.

> 사례 |

❖ **주식을 취득한자가 주식의 취득대금도 지급하지 않고 법인의 운영에 참여하지도 않은 명의대여자인데 이를 과점주주로 볼 수 있는지 여부**

주식의 소유사실은 과세관청이 주주명부나 주식이동상황명세서 또는 법인등기부등본 등 자료에 의하여 이를 입증하면 되고, 다만 위 자료에 비추어 일견 주주로 보이는 경우에도 실은 주주명의를 도용당하였거나 실질소유주의 명의가 아닌 차명으로 등재되었다는 등의 사정이 있는 경우에는 단지 그 명의만으로 주주에 해당한다고 볼 수는 없으나 이는 주주가 아님을 주장하는 그 명의자가 입증하여야 한다고 할 것이다(대법 2003두1615, 2004.7.9.).

과점주주가 법인의 운영을 실질적으로 지배할 수 있는 지위라 함은 실제 법인의 경영지배를 통하여 권한을 행사하였을 것을 요구하는 것은 아니고, 소유하고 있는 주식에 관하여 의결권 행사 등을 통하여 주주권을 실질적으로 행사할 수 있는 지위에 있으면 족하다(대법 2006두19501, 2008.10.23.) 할 것인바, 원고들이 이 사건 법인의 경영에 관여하지 아니하여 주주권을 실질적으로 행사 할 수 있는 지위에 있지 않았다고 할 수 없다.

(대법 2015두49191, 2015.10.22.)

❖ **명의신탁주식에 대한 명의회복이 과점주주 주식취득에 해당되는지**

주식을 인수함에 있어서 타인의 승낙을 얻어 단순히 그 명의로 출자하여 주식대금을 납입한 경우에 실제로 주식을 인수하여 그 대금을 납입한 명의차용인만이 실질상의 주식인수인으로서 주주가 되고, 단순한 명의대여인은 주주가 될 수 없으며, 주주명부상 주식의 소유명의를 차명하여 등재하였다가 실질주주의 명의로 개서한 경우, 주주명부상 주식의 소유명의자로 기재되어 있던 차명인은 명의상의 주주에 불과하므로 주식의 실질주주가 위 주식에 관한 주주명부상의 주주명의를 자기명의로 개서하였다고 하더라도 이는 실질주주가 주주명부상의 명의를 회복한 것에 불과하므로 구 지방세법 제7조 제5항에서 말하는 주식을 취득한 경우에 해당하지 않는다.

(대법 2016두65640, 2017.3.30.)

❖ **명의신탁 해지 후 재신탁한 주식을 양수받은 경우 간주취득세 성립 여부**

남△식 등이 명의신탁 주식 중 일부를 양수한 것은 실제로 ◇◇건설의 주주로서 권리를 행사하기 위한 것이 아니라 ◇◇건설에 대한 투자금을 보전하기 위한 양도담보에 해당하므로, 원고가 위 담보를 반환받으면서 이 사건 각 명의개서를 마쳤다고 하여 구 지방세법 제105조 제6항에 따라 '주식을 취득하여 과점주주가 된 경우'에 해당하지 아니한다.

(대법 2014두13706, 2017.5.31.)

❖ **설립 당시 현물출자 불이행자 주식인수가 간주취득세 납부대상인지**

신주발행에 있어서 타인의 명의로 주식을 인수한 경우에는 실제로 주식을 인수하여 그 대금을 납입한 명의차용인만이 실질상의 주식인수인으로 주주가 되고, 단순한 명의대여자에 불과한 자는 주주로 볼 수 없다.

(대법 2014두10943, 2017.6.15.)

❖ **매매대금을 사실상 부담한 명의신탁자의 취득세 납세의무성립 여부**

• 계약명의신탁에 의하여 부동산의 등기를 매도인으로부터 명의수탁자 앞으로 이전한 경우

> 명의신탁자는 매매계약의 당사자가 아니고 명의수탁자와 체결한 명의신탁약정도 무효이어서 매도인이나 명의수탁자에게 소유권이전등기를 청구할 수 있는 지위를 갖지 못한다. 따라서 명의신탁자가 매매대금을 부담하였더라도 그 부동산을 사실상 취득한 것으로 볼 수 없으므로, 명의신탁자에게는 취득세 납세의무가 성립하지 않는다.
> (대법 2012두14804, 2012.10.25.)
>
> - 소외인들은 명의신탁약정에 해당하는 이 사건 업무약정에 따라 직접 계약당사자가 되어 자신들 명의로 이 사건 토지에 관한 매매계약을 체결하였음을 알 수 있고, 명의신탁자인 원고에게 계약에 따른 법률효과를 직접 귀속시킬 의도로 위 계약을 체결하였다는 등의 특별한 사정도 보이지 않으므로, 이 사건 명의신탁관계는 계약명의신탁에 해당한다. 따라서 명의신탁자인 원고가 그 매매대금을 사실상 부담하였다고 하더라도 이 사건 토지를 사실상 취득한 것으로 볼 수 없으므로, 원고에게는 취득세 납세의무가 성립하지 않는다.
> (대법 2012두28414, 2017.7.11.)

③ 과점주주에게 납세의무가 있는 과세객체는 과점주주가 되는 당시의 해당 법인이 소유하고 있는 취득세과세대상물건이다. 따라서 과점주주로 성립될 당시에 당해 법인이 전혀 취득세과세대상물건을 소유하고 있지 않는 경우와 과점주주가 되고 난 이후에 법인이 취득한 재산에 대해서는 과점주주로서의 취득세납세의무는 없는 것이다. 그러므로 과점주주가 된 자의 취득세납세의무의 성립시기는 과점주주가 되는 시점이며 과점주주의 납세의무 범위는 법인이 소유하는 과세물건의 가액에 과점주주의 소유주식 비율을 곱한 가액이 된다. 예를 들면 과점주주 성립시점에서 당해 법인의 미준공된 건축물이 있거나 잔금을 미지급한 부동산이 있는 경우는 과점주주에게는 납세의무가 없는 것이나 연부로 취득하는 물건이 있어 일부의 연부금이 지급되었다면 그 부분에 대하여는 과점주주에게도 취득세의 납세의무가 있게 된다. 따라서 과점주주로서 납세의무성립 당시에 당해 법인이 취득세과세대상물건인 부동산, 차량, 기계장비, 입목, 항공기, 선박, 광업권, 어업권, 골프회원권, 승마회원권, 콘도미니엄회원권, 종합체육시설이용회원권 또는 요트회원권을 소유하고 있는 것에 한하여 과세하게 되는 것이다.

(다) 납세의무

비상장법인의 주식 또는 지분을 취득하거나 증자 등으로 인하여 과점주주(법인설립시에 발행하는 주식 또는 지분을 취득함으로써 과점주주가 된 경우를 제외한다.)가 성립된 때에 취득세의 납세의무가 성립하며 그 때에 그 과점주주가 해당 법인의 취득세 과세대상물건을(법인이 신탁법에 따라 신탁한 재산으로서 수탁자 명의로 등기·등록이 되어 있는 부동산 등을 포함한다.) 취득한 것으로 간주하여 취득세를 납부하여야 하는 것이다.

① 일반적인 납세의무

㉮ 법인의 과점주주가 아닌 주주 또는 유한책임사원이 다른 주주 또는 유한책임사원의 주식 또는 지분을 취득하거나 증자 등으로 최초로 과점주주가 된 경우에는 최초로 과점주주가 된 날 현재 해당 과점주주가 소유하고 있는 법인의 주식 등을 모두 취득한 것으로 보아 법 제7조 제5항에 따라 취득세를 부과한다(영 §11 ①).

| 사례 |

❖ **자회사들이 매입한 주식으로 과점주주 여부를 판단할 수 있는지 여부(일부생략)**

이 사건 자회사들은 이 사건 주식의 취득과 처분 외의 다른 사업실적이 없고 인적 조직이나 물적 시설을 갖추지 않아 독자적으로 의사를 결정하거나 사업목적을 수행할 능력이 없는 것으로 보이며 이 사건 주식의 취득을 위하여 설립된 것으로 보이는 점, 이 사건 주식의 취득자금도 원고가 제공하였으며 그 취득과 보유 및 처분도 모두 원고가 관장한 것으로 보이는 점 등의 사정을 알 수 있다. 이러한 점 등으로 미루어 보면, 이 사건 주식을 원고가 직접 취득하지 않고 이 사건 자회사들 명의로 분산하여 취득하면서 이 사건 주식의 취득 자체로는 과점주주의 요건에 미달하도록 구성한 것은 오로지 구 지방세법 제105조 제6항에 의한 취득세 납세의무를 회피하기 위한 것이라고 보기에 충분하다.
위와 같은 여러 사정을 앞서 본 규정과 법리에 비추어 살펴보면, 원고가 이 사건 자회사들에 대한 완전한 지배권을 통하여 이 사건 주식을 실질적으로 지배·관리하고 있으므로 원고가 그 실질적 귀속자로서 이 사건 주식의 취득에 관하여 구 지방세법 제105조 제6항에 의한 취득세 납세의무를 부담한다고 볼 여지가 상당하다.

(대법 2008두13293, 2012.2.9. 파기환송)

❖ **주권 발행전에 주식을 양도한 경우 과점주주 취득세 납세의무성립일을 언제로 보아야 하는지**

주권발행 전에 이루어진 이 사건 주식의 양도는 당사자의 의사표시만으로 효력이 발생하는 것이므로, 원심으로서는 이 사건 약정 당시 원고와 ○○○이 이 사건 약정의 체결과 동시에 이 사건 주식을 양도하기로 하였는지, 아니면 주식양도의 효력 발생을 주식대금의 완납 시까지 유보하였는지 등을 심리하여 원고가 이 사건 주식을 취득한 때가 언제인지를 판단하였어야 했다.
그럼에도 원심은 …… 원고가 ○○○에게 주식대금을 모두 지급한 때인 '2006.11.30. 14:18경'에 이 사건 주식을 취득하여 ○○○○○의 과점주주가 되었다고 판단하였으니, 이러한 원심의 판단에는 과점주주가 되는 시기에 관한 법리를 오해하여 필요한 심리를 다하지 아니함으로써 판결에 영향을 미친 위법이 있다.

(대법 2011두24842, 2013.3.4. 파기환송)

❖ **현물출자로 주식비율 증가시 간주취득세 납세의무 성립 여부**

간주취득세는 이미 취득세를 납부한 법인 이외에 과점주주에게 추가로 취득세를 부과하는 것이므로, 해석을 통하여 간주취득세 대상을 제한하더라도 조세법률주의나 엄격해석 원칙에 반하지 아니하는 점 등을 고려할 때, 과점주주에 대한 간주취득세는 '사실상 임의처분하거나 관리운용할 수 있는 지위'를 취득한 경우에 한하여 부과된다고 보아야 한다. … 현물출자로 이 사건 부동산에 관한 원고들의 '사실상 임의처분하거나 관리운용할 수 있는 지위'에 변동이 없으므로, 이 사건 부동산 중 총주식보유비율 증가분에 관하여 간주취득세를 부과한 이 사건 처분은 위법이다.

(대법 2013두19523, 2013.12.26.)

❖ **법인소유의 부동산이 신탁법에 의한 신탁으로 수탁자에게 소유권이 이전된 후 그 법인의 과점주주가 되거나 그 법인의 주식 비율이 증가된 경우 신탁한 부동산을 간주취득세 과세대상에 포함하여 과세할 수 있는지 여부**

과점주주에 대한 간주취득세제도의 취지와 신탁의 법률관계 등에 비추어 보면, 어느 법인의 부동산이 신탁법에 의한 신탁으로 수탁자에게 소유권이 이전된 후 그 법인의 과점주주가 되거나 그 법인의 주식 또는 지분 비율이 증가된 경우에는 특별한 사정이 없는 한 신탁 부동산을 그 법인이 보유하는 부동산으로 보아 그 법인의 과점주주에게 구 지방세법 제105조 제6항 등에서 정한 간주취득세를 부과할 수는 없다고 봄이 타당하다.

(대법 2014두36266, 2014.9.4.)

❖ **금지사항 부기등기가 있는 경우 간주취득세 과세대상에서 제외되는지 여부**

- 제2부분 아파트에 대하여 2010.6.29. 이 사건 회사 명의의 소유권보존등기가 마쳐지고, 같은 날 주택법 제40조 제3항에 따라 '입주예정자의 동의를 얻지 아니하고는 당해 주택에 대하여 양도 또는 제한물권을 설정하거나, 압류, 가압류, 가처분 등 소유권에 제한을 가하는 일체의 행위를 할 수 없음'을 내용으로 하는 금지사항 부기등기가 마쳐진 사실은 인정된다.
- 그러나 제2부분 아파트에 관하여 위와 같은 금지사항 부기등기가 마쳐진 사실만으로는 이 사건 회사의 제2부분 아파트에 관한 소유권의 이전 등 어떠한 변동이 있는 것이 아니라 단지 그 소유권 행사에 제한이 있는 것일 뿐이므로, 제2부분 아파트는 금지사항 부기등기와 관계없이 이 사건 회사가 보유하는 부동산에 해당한다고 할 것이다. 따라서 원고의 이 부분 주장은 이유 없다.

(대법 2016두53968, 2016.12.29.)

그러므로 법인설립시에 발행하는 주식 또는 지분을 취득하였으나 과점주주가 아닌 상태에서 증자 또는 다른 주주로부터 주식을 취득하여 과점주주가 된 경우에는 모두 과세대상이 된다.

> 예 • 설립시 : 45%
> • 증자 및 취득 : 15%…45%+15%=60%…모두 과세대상임.

㉯ 이미 과점주주가 된 주주 또는 유한책임사원이 해당 법인의 주식 등을 취득하여 해당 법인의 주식 등의 총액에 대한 과점주주가 가진 주식 등의 비율이 증가된 경우에는 그 증가분을 취득으로 보아 지방세법 제7조 제5항의 규정에 따라 취득세를 부과한다. 다만, 증가된 후의 주식 등의 비율이 해당 과점주주가 이전에 가지고 있던 주식 등의 최고비율보다 증가되지 아니한 경우에는 취득세를 부과하지 아니한다(영 §11 ②).

이 규정에서 "이미 과점주주가 된 주주 또는 유한책임사원"이라 함은 법인설립시에 발행하는 주식 등을 취득함으로써 이미 과점주주가 된 경우와 법인설립시에는 과점주주가 아니었으나 그 후에 증자를 받거나 다른 주주 또는 유한책임사원의 주식 등을 취득하여 과점주주가 된 경우를 말하는 것이므로 이렇게 과점주주가 된 후에 다시 증자를 받거나 다른 주주 또는 유한책임사원의 주식 등을 취득하게 되면 앞서 과점주주로서 납세의무를 다하였거나 면제받은 주식 등의 비율보다 증가된 경우에 그 증가부분에 해당하는 비율만큼 취득세 과세물건을 취득한 것으로 보아 취득세를 납부하게 되는 것이다.

그리고 위의 단서규정은 종전에는 '그 증가된 날을 기준으로 그 이점 과점주주가'로 규정하였던 것을 2015년 12월 31일 법 개정시 '해당 과점주주가 그 이전에'로 개정되어 2016년 1월 1일부터 시행되었으므로 취득시점을 기준으로 5년 이내에는 제약이 없이 그 취득시점 이전에 한번 과점주주가 된 상태에서 주식 등의 비율이 계속 감소 또는 증가되는 경우를 위해 설정된 것이다. 예를 들면 당초 70% 과점주주이었던 것을 10%를 매각한 후 다시 5%를 취득하였을 경우 직전의 과점주주 소유비율 60%보다 5%가 증가했으므로 5%에 대해 과세를 할 것인가에 의문을 가지게 되는데, 이 경우는 그동안의 과점비율이 가장 높았던 70%를 초과하지 않으면 과세되지 않도록 한 것이다.

㉰ 과점주주였으나 주식 등의 양도, 해당 법인의 증자 등으로 과점주주에 해당하지 아니하게 되었다가 해당 법인의 주식 등을 취득하여 다시 과점주주가 된 경우에는 다시 과점주주가 된 당시의 주식 등의 비율이 그 이전에 과점주주가 된 당시의 주식 등의 비율보다 증가된 경우에만 그 증가분만을 취득으로 보아 취득세를 부과한다(영 §11 ③).

이 경우는 증자를 하거나 다른 주주 또는 유한책임 사원으로부터 주식 등을 취득하여 과점주주가 되었던 자가 그 주식 등의 일부를 매각하는 등으로 인하여 과점주주가 아닌 자가 되었다가 다시 증자 또는 다른 주주 또는 유한책임사원으로부터 주식 등을 취득하여 다시 과점주주가 된 때에는 종전의 과점주주로서 취득세를 납부한 당시의 주식소유비율보다 증가된 부분에 한하여만 과세한다는 것이다.

위의 규정을 종합하여 검토해 볼 때 지방세법 시행령 제11조 제2항과 제3항을 따로 해석할 경우에는 합당한 규정으로 보이나 동조 제2항 단서 규정과 제3항은 내용면에서는 동일한 해석이 될 수밖에 없는 모순이 발생하므로 이 규정들을 통합하여 적용에 혼선이 없도록 함이 맞을 것으로 생각된다.

② 납세의무의 확대 등

㉮ 과점주주라 함은 비상장법인의 주식을 1인의 주주가 50% 초과하여 소유하고 있거나 1인의 대주주와 그와 친족 기타 특수관계에 있는 자들의 소유주식 합계가 50% 초과하는 경우를 말하므로 과점주주가 1인인 경우에는 당연히 납세의무는 당해 과점주주에게 귀착되지만, 만약 1인의 대주주와 수인의 친족 기타 특수관계인이 합하여 과점주주가 된 경우에는 그 과점주주 중 대주주에게 납세의무가 있는 것이나 그 과점주주를 형성하고 있는 주주 또는 유한책임사원 1인과 친족 기타 특수관계인들은 공동사업자의 개념으로 보아 연대납세의무가 있게 되는 것이다(지기법 §44).

㉯ 법인(주식을 유가증권시장에 상장한 법인을 제외한다.)의 재산으로 그 법인에게 부과되거나 그 법인이 납부할 지방자치단체의 징수금에 충당하여도 부족한 경우에는 그 지방자치단체의 징수금의 과세기준일 또는 납세의무성립일(이에 관한 규정이 없는 세목에 있어서는 납기개시일) 현재 과점주주에게 제2차 납세의무가 있다. 그런데 대주주 1인이 과점주주인 경우에는 문제가 없으나 주주 1인과 그와 친족 기타 특수관계에 있는 자가 수인인 경우에는 납세의무자의 지정에 애로가 있기 때문에 과점주주 중 제2차 납세의무를 지는 자는, ① 당해 법인의 발행주식총수 또는 출자총액의 100분의 50을 초과하는 주식 또는 출자지분에 관한 권리를 실질적으로 행사하는 자, ② 해당주주 또는 유한책임사원과 지방세기본법시행령 제2조의 어느 하나에 해당하는 관계에 있는 자를 제2차 납세의무자로 한다(지기법 §47).

㉰ 법인의 주식 또는 지분을 취득함으로서 과점주주가 되었을 때에는 그 과점주주가 해당 법인의 부동산 등을 취득한 것으로 보는데, 이 경우 해당 법인의 부동산 등에는 법인의 신탁법에 따라 신탁한 재산으로서 그 명의가 수탁자에게로 등기·등록이 되어 있는 부동산 등이라도 이는 위탁자인 법인의 부동산 등으로 보아 과점주주 여부를 판단하여야 한다.

사례

❖ **특수관계자 간 주식거래시 전체 비율변동 없으면 납세의무 없음**

과점주주 사이에 주식 또는 지분이 이전되거나 기존의 과점주주와 친족 기타 특수관계에 있으나 당해법인의 주주가 아니었던 자가 기존의 과점주주로부터 그 주식 또는 지분의 일부를 이전받아 새로이 과점주주에 포함되었다고 하더라도 일단의 과점주주 전체가 보유한 총 주식 또는 지분의 비율에 변동이 없는 한 간주취득세의 과세대상이 될 수 없고(대법원 02두1144, 2004.2.27.) 기존의 과점주주로부터 그 소유주식 또는 지분 전부를 이전받았다고 하더라도 달리 볼 것은 아니다. 또한 이 사건의 경우 과점주주에 대한 취득세를 과세함에 있어서 특수관계에 있는 주주인 상태에서 주식이전으로 과점주주가 된 경우 내부거래로 보아 전체로서 과점비율이 증가되지 아니한 경우라면 취득세 납세의무가 발생되지 아니하고, 특수관계에 있는 일반인이 주식을 50%를 초과하여 취득하는 경우에 과점주주에 해당여부에 대하여 취득세 납세의무가 없는 것으로 판단된다.

(대법 07두10297 2007.8.23.)

❖ **주주명부와 주식이동상황명세가 일치하지 않을 경우 기준은 주주명부 명의개서일임**

주식이동상황명세서에 주식의 이동 상황을 기재 하였다하여 명의개서가 되었다고 볼 수 없음. 기명주식의 이전은 취득자의 성명과 주소를 주주명부에 기재하지 아니하면 회사에 대항하지 못하는 것이어서, 주주명부에 주식의 실질소유자가 아닌 다른 사람 앞으로 명의개서가 되지 아니한 이상 구 상속세법(1990.12.31. 법률 제4283호로 개정되기 전의 것) 제32조의 2 제1항에 의한 증여의제의 요건인 권리의 이전이나 행사에 명의개서를 요하는 재산에 있어서 실질소유자와 명의자가 다른 경우에 해당할 수 없고, 법인세의 과세표준과 세액을 신고할 때 첨부하여 제출하는 서류인 주식이동상황명세서를 주주명부와 동일시할 수 없으므로 주식이동상황명세서에 주식의 이동 상황을 기재하여 신고하였다고 하더라도 주식의 명의개서가 되었다고 할 수 없음

(대법 93누14196, 1994.2.22.)

❖ **의결권 및 우선매수지정권 등 실질적 주주권 행사할 때 과점주주로 볼 수 있는지 여부**

청구법인들은 이 건 특수목적법인들이 쟁점주식의 소유자임이 명백하여 이 건 호텔계열법인들이 쟁점주식을 취득한 사실이 없음에도 이 건 취득세 등을 부과한 처분은 부당하다고 주장하나, 취득세 납세의무를 부담하는 과점주주는 주주명부상의 주주가 아니라 그 주식에 관하여 의결권 등을 통하여 주주권을 실질적으로 행사하여 법인의 운영을 지배하는 주주를 의미한다 할 것(대법원 18두49376, 2018.11.9. 등)이고, 청구법인들은 이 건 특수목적법인들과 이 건 계약들을 체결함으로써 쟁점주식에 대한 의결권 및 우선매수지정권과 함께 배당을 포함하여 이로부터 발생하는 일체의 변동이익에 대한 귀속권까지 갖게 된 점 등에 비추어 청구법인들은 쟁점주식에 관하여 주주권을 실질적으로 행사하여 쟁점법인의 운영을 지배하는 과점주주에 해당한다 할 것이므로 청구주장을 받아들이기 어렵다.

(조심 18지2260, 2018.12.11.)

❖ **주식명의신탁이 해제되어 실질주주에게 명의개서 되는 경우 취득세 납세의무 없음**

사실관계가 위와 같다면 주주명부상 위 주식의 소유명의가 소외 □□□으로 되어 있었던 때라고 하더라도 그는 명의상의 주주에 불과하고 주식의 실질주주는 원고 ○○○이라고 할 것

이어서 원고 ○○○이 위 주식에 관한 주주명부상의 소유 명의를 그에게로 개서하였다고 하더라도 이는 실질주주가 주주명부상의 명의를 회복한 것에 불과하여 위 지방세법의 규정에서 말하는 주주로부터 주식을 취득한 경우에 해당하지 않는다 할 것이다.

(대법 98두12413, 1999.12.28., 대법 98두12161, 1999.12.28., 행자부 심사결정 제2001-251호, 2001.5.28., 행자부 세정13407-702, 2001.6.23.)

❖ **주식명의신탁인지 여부에 대한 입증책임은 명의자에게 있음**

법 제39조 제1항 제2호에서 정한 과점주주에 해당하는지 여부는 과반수 주식의 소유 집단의 일원인지여부에 의하여 판단하여야 하고, 구체적으로 회사경영에 관여한 사실이 없다고 하더라도 그것만으로 과점주주가 아니라고 판단할 수 없으며, 주식의 소유사실은 과세관청이 주주명부나 주식이동상황명세서 또는 법인등기부등본 등 자료에 의하여 이를 입증하면 되고, 다만 위 자료에 비추어 일견 주주로 보이는 경우에도 실은 주주명의를 도용당하였거나 실질소유주의 명의가 아닌 차명으로 등재되었다는 등의 사정이 있는 경우에는 단지 그 명의만으로 주주에 해당한다고 볼 수는 없으나 이는 주주가 아님을 주장하는 그 명의자가 입증하여야 한다.

(대법 03두1615, 2004.7.9.)

❖ **국민연금관리공단을 국가 등으로 의제하여 과점주주 취득세를 면제할 수 없음**

청구법인의 목적사업에 사용하기 위하여 취득하는 부동산에 대하여 지방세를 감면하기 위해서는 지방세관계법에 따로 규정되어야 하므로, 지방세관계법에서 ① 청구법인의 기금운용에 따른 과점주주 취득세 등에 대한 감면조항이 따로 규정되어 있지 않은 점, ② 청구법인을 국가로 의제하는 별도의 규정이 존재하지 아니하고, 「지방세특례제한법」 제24조 제1항에서 ○○○에 따른 부동산의 취득에만 감면 규정이 있는 점을 감안할 때, 청구법인을 국가와 동일한 개념으로 보기는 어려운 점, ③ 청구법인이 심판청구 시 인용한 대법원 판례(2003두7392, 2004.5.28.)는 「증권거래세법」, 「조세특례제한법」, 과거 재무부장관 등의 회신 등 국세인 증권거래세 부과와 관련된 법령과 유권해석을 근거로 한 것으로서, 이 판례를 근거로 청구법인을 「지방세법」에 따라 과점주주 취득세 납세의무자가 되었을 경우까지 국가로 간주하여 비과세할 수는 없는 점 등으로 비추어, 청구법인이 쟁점법인의 주식을 취득하여 과점주주가 됨에 따라 이에 대하여 처분청들이 취득세 등을 부과한 처분은 잘못이 없는 것으로 판단됨

(조심 14지852, 2014.10.6.)

❖ **감면대상 법인의 과점주주가된 경우 간주취득세도 감면대상이 되는지 여부**

청구인은 이 건 주식발행법인이 이 건 자동차에 대한 취득세 등을 면제받았으므로 청구인에게 과점주주 취득세 등을 부과하면서 이 건 자동차를 포함한 것은 부당하다고 주장하나, 자동차매매사업자로 등록된 이 건 주식발행법인이 매매용으로 이 건 자동차를 취득한 것이라서 취득세 등을 면제받은 것이므로 주식을 취득함에 따라 납세의무가 성립한 과점주주 취득세에 대해서 해당 감면규정을 적용할 수는 없다.

(조심 18지1804, 2018.11.26.)

❖ **법인이 자기주식을 취득함에 따라 청구인 및 특수관계인의 지분비율이 증가된 것을 이유로 과점주주 간주취득세를 부과한 처분의 당부**

이 건 법인이 자기주식을 취득할 당시에 청구인과 그 특수관계인은 해당 법인의 주식을 별도로 취득하지 않았고 명목상 보유지분율만 증가한 것에 불과한 점 등에 비추어 이 건 법인의

자기주식 취득으로 인하여 청구인과 그 특수관계인의 지분비율이 증가된 것을 이유로 취득세 등을 부과한 이 건 처분은 부당하다는 청구주장은 타당하다고 할 것임

(조심 2020지693, 2020.6.9.)

❖ 원고가 주장하는 주주들을 특수관계인으로 보아 특수관계인간 내부거래로 보아 과점주주 간주취득세 납세의무가 성립되지 않는지 여부

이 사건 주식 양도 당시 원고는 이 사건 법인의 대표이사이고, 이준욱은 이 사건 법인의 이사이며, 최영택은 이 사건 법인에 고용된 세무사인 사실, 원고, 이준욱, 최영택이 이 사건 법인의 주주인 사실은 인정된다. 그러나 위 인정사실에 의하더라도 원고, 이준욱, 최영택이 이 사건 법인과의 관계에서 이 사건 법인의 임원·사용인 또는 주주에 해당한다고 볼 수는 있으나, 이준욱, 최영택이 원고 본인과의 관계에서 원고의 임원·사용인에 해당하거나, 원고의 주주·출자자에 해당한다고 볼 수는 없고, 달리 원고, 이준욱, 최영택이 위 규정에서 정한 특수관계인 관계에 있다고 인정할 증거가 없다. 따라서 이 사건 주식 양도를 과점주주 집단 내부의 주식 이전으로 볼 수 없으므로, 이 사건 주식 양도로 인하여 원고의 이 사건 법인의 주식 지분이 37%에서 58%로 증가한 이상 이는 최초로 과점주주가 된 경우에 해당하므로 이 사건 처분은 적법함

(대법 2020두31729, 2020.4.29.)

❖ 주권이 발행되지 않은 주식을 차명으로 양도하였다가 다시 원상회복한 것으로 간주취득세 과세대상에 해당되지 않는다고 주장하는 원고주장의 당부

주권발행 전에 한 주식의 양도는 회사 성립 후 또는 신주의 납입기일 후 6월이 경과한 때에는 회사에 대하여 효력이 있는 것으로서, 이 경우 주식의 양도는 지명채권의 양도에 관한 일반원칙에 따라 당사자의 의사표시만으로 효력이 발생하는 것이므로(대법원 1996. 6. 25. 선고 96다12726 판결, 대법원 2002. 3. 15. 선고 2000두1850 판결 참조), 주권이 발행되지 않은 경우에는 주식이 양도되는 시기에 관하여 별도의 정함이 없으면 양도계약의 체결일에 양수인이 주식을 취득하여 과점주주가 되는 것으로 보아야 한다.

이 사건 법인의 주식에 대하여 현재까지 주권이 발행되지 않은 사실은 당사자 사이에 다툼이 없으므로, 이 사건 법인 설립일로부터 6월이 경과하기 전인 2015. 12. 2.부터 2016. 1. 12.까지 당사자들 사이의 의사표시만으로 이루어진 이 사건 주식 이전도 이 사건 법인에 대하여 유효하고, 이 사건 양도계약서에 주식 양도시기에 관하여 별도의 정함이 없어 김경덕은 2015. 12. 15. 이 사건 법인 주식 550주(55%), 원고는 2016. 1. 12. 이 사건 법인 주식 450주(45%)를 취득하였다고 할 것이다. 따라서 2016. 1. 12. 이 사건 법인의 과점주주(원고, 김경덕)가 보유한 주식비율이 당초 70%에서 100%로 30% 증가되었다고 본 이 사건 처분은 적법하고, 이와 다른 전제에 선 원고의 이 부분 주장은 이유 없음

(대법 2020두35189, 2020.5.28.)

(라) 과세표준 및 부과징수방법 등

① 과세표준

지방세법에서 과점주주에게 적용하는 과세표준을 별도로 규정한 것이 없으므로 일반적인 취득세의 과세표준 규정을 과점주주에게도 적용하여야 한다. 그러므로 과점

주주에 대한 납세의무의 성립시기가 주식 등을 취득함으로써 과점주주가 되는 시점이므로 과세표준도 이 시점의 법인의 장부에서 확인되는 과세대상물건의 가액을 기준으로 하여 과점주주가 소유하고 있는 주식의 소유비율을 곱한 금액이 과세표준이 되는 것이다.

이렇게 볼 때 과점주주의 성립시점에 해당 법인의 과세대상물건 중에 연부취득물건이 있을 경우에는 그 당시까지 불입된 연부금액에 대하여 주식소유비율을 곱한 금액을 과세표준액으로 하여야 하고, 과점주주 성립 당시 해당 법인의 미준공된 신축 중인 건물이 있거나 잔금을 지급하지 아니한 취득물건(연부취득은 제외)이 있는 경우에는 이에 대하여는 과세할 수 없는 것이다. 그러므로 주식을 취득할 때에 무상으로 취득하든, 사실상 가액으로 취득하든 주식취득가액에는 상관없이 취득세의 과세표준은 해당 법인의 주식을 취득하여 과점주주가 되는 시점에 취득세과세물건의 법인장부상 가격에 의하여 과세표준을 결정하여야 할 것이다.

② 적용세율

과점주주에 대하여 적용하는 세율은 중과기준세율(1,000분의 20)을 적용하여 계산한 금액을 그 세액으로 한다. 그러나 과점주주가 되는 시점에 당해 법인의 소유과세물건 중 취득세가 중과세되는 골프장, 고급오락장, 고급주택, 고급선박 등이 있는 경우에는 중과기준세율(1,000분의 20)의 100분의 500을 각각 적용하는 것으로 운영되고 있다.

③ 부과징수 등

㉮ 신고납부

과점주주가 된 경우에는 과점주주가 되는 시점부터 60일 이내에 해당 지분에 상당한 취득세를 신고하고 납부해야 한다. 이 기간 내에 신고 및 납부를 하지 아니하면 신고불성실가산세와 납부지연가산세를 가산하여 보통징수방법에 의하여 고지하게 된다.

㉯ 자료의 통보

취득세의 납세지는 물건의 소재지 시·군·구가 되는 것이므로 과점주주의 취득세 과세자료를 확인한 특별자치시장, 특별자치도지사, 시장, 군수, 구청장은 그 과점주주에게 과세할 과세대상물건이 다른 특별자치시·특별자치도·시·군 또는 구에 있을 경우에는 지체 없이 그 과세물건을 관할하는 특별자치시장, 특별자치도지사, 시장, 군수, 구청장에게 과점주주의 주식 등의 비율, 과세물건 및 가격명세 및 그 밖에 취득세 부과에 필요한 자료를 통보하여야 한다(영 §11 ④).

㉰ 자료의 열람 등

특별자치시장, 특별자치도지사, 시장, 군수, 구청장이 과점주주에 대한 취득세를 부과하기 위하여 관할 세무서장에게 법인세법 시행령 제161조 제6항에 따른 법인의 주식등변동상황명세서에 관한 자료의 열람을 요청하거나 구체적으로 그 대상을 밝혀 관련 자료를 요청하는 경우에는 관할 세무서장은 특별한 사유가 없으면 그 요청에 따라야 한다(영 §32 ②).

사례

❖ **법인장부에 감가상각분이 계상되어 있지 않은 경우 법인장부가대로 과세**

과점주주는 과점주주가 된 때에 법인의 자산을 취득한 것으로 의제되고, 이에 따른 취득세의 과세표준은 위 취득의제 당시의 그 법인의 자산총액을 기준으로 산정하여야 하며, 이 경우 과세표준을 당해 법인의 결산서 기타 장부 등에 의한 자산총액을 기초로 산출하는 경우에는 취득의제 당시의 장부가액을 기준으로 과세표준액을 산출하여야 한다(대법원 83누103 1983.12.13.). 과점주주가 된 원고들이 취득한 것으로 보는 이 사건 차량의 과세표준액을 그 취득의제 당시 감가상각비가 반영되지 아니한 주식회사 00여행사의 재무제표상 취득가액으로 하여 산정한 이 사건 부과처분은 적법하다.

(대법 07두11399, 2008.3.14.)

제8조 납세지

① 취득세의 납세지는 다음 각 호에서 정하는 바에 따른다(법 §8 ① Ⅰ~Ⅸ).
 1. **부동산** : 부동산 소재지
 2. **차량** : 자동차관리법에 따른 등록지. 다만, 등록지가 사용본거지와 다른 경우에는 사용본거지를 납세지로 하고, 철도차량의 경우에는 해당 철도차량의 청소, 유치(留置), 조성, 검사, 수선 등을 주로 수행하는 철도차량기지의 소재지를 납세지로 한다.
 3. **기계장비** : 건설기계관리법에 따른 등록지
 4. **항공기** : 항공기의 정치장(定置場) 소재지
 5. **선박** : 선적항 소재지. 다만, 「수상레저안전법」 제30조제3항 각 호에 해당하는 동력수상레저기구의 경우에는 같은 조 제1항에 따른 등록지로 하고, 그 밖에 선적항이 없는 선박의 경우에는 정계장 소재지(정계장이 일정하지 아니한 경우에는 선박 소유주의 주소지)로 한다.
 6. **입목** : 입목 소재지

7. 광업권 : 광구 소재지
8. 어업권·양식업권 : 어장 소재지
9. 골프회원권, 승마회원권, 콘도미니엄 회원권, 종합체육시설 이용회원권 또는 요트회원권 : 골프장·승마장·콘도미니엄·종합체육시설 및 요트 보관소의 소재지

② 제1항에 따른 납세지가 분명하지 아니한 경우에는 해당 취득물건의 소재지를 그 납세지로 한다(법 §8 ②).

③ 같은 취득 물건이 둘 이상의 지방자치단체에 걸쳐 있는 경우에는 대통령령으로 정하는 바에 따라 소재지별로 안분(按分)한다(법 §8 ③).

이 경우 같은 취득물건이 둘 이상의 시·군·구에 걸쳐 있는 경우 각 시·군·구에 납부할 취득세를 산출할 때 그 과세표준은 취득 당시의 가액을 취득물건의 소재지별 시가표준액 비율로 안분하여 계산한다(영 §12).

이러한 과세대상물건의 납세지에 대하여 물건별로 살펴보면 다음과 같다.

① 토지와 건축물과 같이 이동이 불가능한 과세대상 물건은 그 토지와 건축물의 소재지에서 과세한다. 다만, 건축물의 위치가 2개 이상 시·군·구에 걸쳐 있는 경우는 각 시·군·구의 경계를 기준으로 면적에 안분하여 과세하여야 한다.

② 차량의 취득이나 종류변경에 대한 취득세는 해당 차량의 등록원부상의 등록지를 관할하는 시·군·구에서 과세한다. 그리고 차량을 등록하지 아니하여 사용본거지를 알 수 없을 경우에는 사업장 소재지 또는 주소지를 관할하는 시·군·구에서 과세하여야 하고, 수입차량을 등록하지 않고 제3자에게 매도한 경우의 수입취득자에 대한 취득세는 수입을 한 자의 영업장(영업장이 없는 경우는 주소지)을 관할하는 시·군·구에서 부과하여야 한다. 또한, 등록지가 사용본거지와 다른 경우에는 사용본거지를 납세지로 하고, 철도차량의 경우에는 해당 철도차량의 청소, 유치(留置), 조성, 검사, 수선 등을 주로 수행하는 철도차량기지의 소재지를 납세지로 한다.

> **사례**
>
> ❖ **법인의 자동차등록원부에 기재된 사용본거지가 취득세 납세지인지 여부**
>
> 법인이 자동차등록을 하면서 등록관청으로부터 주사무소 소재지 외의 다른 장소를 사용본거지로 인정받아 그 장소가 자동차등록원부에 사용본거지로 기재되었다면, 차량의 취득세 납세지가 되는 '사용본거지'는 법인의 주사무소 소재지가 아니라 '자동차등록원부에 기재된 사용본거지'를 의미함.
>
> (대법 2016두40139, 2017.11.9.)

③ 기계장비의 취득과 종류변경에 대한 취득세는 기계장비의 등록지 또는 소유자의 주소지를 관할하는 시·군·구에서 과세한다. 건설기계관리법의 규정에 의한 건설기계는 등록을 하지 않으면 이를 사용하거나 운행할 수 없으며(건설기계관리법 §4 ①) 건설기계에 관한 등록을 받고자 하는 자는 해당 건설기계 소유자의 주소지를 관할하는 서울특별시장·광역시장 또는 도지사에게 이를 신청하여야 한다(건설기계관리법 §3). 또한 등록을 하지 아니하는 기계장비에 대하여는 소유자의 주소지를 관할하는 시·군·구에서 과세한다.

④ 선박의 취득이나 선박의 종류변경으로 인한 취득세는 선적항 소재지를 관할하는 시·군·구에서 원칙상 부과징수한다. 이 경우 선박의 소재지는 선적이 있는 선박은 선박등록부상 정계장 소재지가 되고, 선적이 없는 선박의 경우는 주로 정박하고 있는 정박지를 소재지로 보아야 할 것이다. 예외적으로「수상레저안전법」제30조 제3항 각 호에 해당하는 동력수상레저기구의 경우에는 같은 조 제1항에 따른 등록지를 관할하는 시·군·구에서 부과징수한다. 이는 동력수상레저기구[수상레저활동에 이용하거나, 하려는 것으로 수상오토바이, 모터보트(20톤미만), 고무보트(추진기관 30마력이상), 요트(20톤미만 세일링요트)]를 포함한 선박의 취득세 납세지를 '선적항'으로 규정하고 있어 선박은 '선적항'관할 지방해양수산청장에게 등록(선박법 §8)하도록 하고 있으나 동력수상레저기구를 포함한 선박의 취득세 납세지를 '선적항'으로 규정 하고 있어 선박은 '선적항'관할 지방해양수산청장에게 등록(선박법 §8)하고 동력수상레저기구*는 소유자 '주소지'관할 자치단체에 등록(수상레저안전법 §30)하게되어 선적항이 아니라 주소지에 등록하는 동력수상레저기구의 경우는 취득세 납세지를 결정하는 네 혼란(주소지 또는 계류지)이 있어 동력수상레저기구 납세지를 '등록지'로 명확화한 것이다. 그리고 선적항이 없는 선박의 경우에는 정계장 소재지(정계장이 일정하지 아니한 경우에는 선박소유자의 주소지)를 납세지로 한다.

⑤ 항공기의 취득으로 인한 취득세는 항공기 등록원부에 기재된 정치장을 관할하는 시·군·구에서 부과 징수한다. 다만, 항공법의 규정에 의하여 등록을 하지 아니하는 항공기의 경우는 항공기 소유자의 주소지에서 과세하여야 할 것이다.

⑥ 입목의 취득에 대한 취득세는 입목 소재지를 관할하는 시·군·구에서 부과징수한다.

⑦ 광업권의 취득에 대한 취득세는 광구의 소재지를 관할하는 시·군·구에서 과세한다. 다만, 광구가 2개 이상의 시·군·구에 걸쳐 있는 경우는 광구면적에 안분하여 각 시·군·구에서 과세한다.

그리고 어업권 및 양식업권의 취득에 대한 취득세는 어장 또는 조업구역 소재지를 관할하는 시·군·구에서 과세한다. 다만, 어장 또는 조업구역이 2개 이상의 시·군·구에 걸쳐 있는 경우는 어장면적 기타 합리적인 기준에 따라 안분과세하여야 하며, 조업구역이 속한 시·군·구가 불명확하거나 알 수 없는 경우는 어업권자의 영업장소재지, 영업장이 없는 경우는 주소지를 관할하는 시·군·구에서 과세한다.

⑧ 골프회원권, 승마회원권, 콘도미니엄 회원권, 종합체육시설 이용회원권 및 요트회원권을 취득한 경우의 취득세는 골프장 소재지, 승마장 소재지, 콘도미니엄 소재지, 종합체육시설 소재지 또는 요트보관지 소재지를 관할하는 시·군·구에서 과세한다.

⑨ 과점주주가 취득한 것으로 간주되는 과세대상물건에 대하여는 '①~⑧'에서 설명한 납세지를 관할하는 시·군·구에서 과세한다.

〈이동성 있는 취득세 과세대상 납세지 현황〉

구분	항공기	선박	차량	기계장비
취득세 납세지	정치장 소재지	선적항 소재시	자동차관리법상 등록지(사용본거지*)	건설기계관리법상 등록지
납세지 세부내용	항공기를 주로 놓아두는 장소	주소지 소재 수면 접한 곳	*차량을 주로 보관, 관리, 이용하는 곳	소유자 주소지 또는 건설기계 사용본거지

제9조 | 비과세

① 국가, 지방자치단체(다른 법률에서 국가 또는 지방자치단체로 의제되는 법인은 제외한다. 이하 같다.), 「지방자치법」 제176조 제1항에 따른 지방자치단체조합(이하 "지방자치단체조합"이라 한다), 외국정부 및 주한국제기구의 취득에 대해서는 취득세를 부과하지 아니한다. 다만, 대한민국 정부기관의 취득에 대하여 과세하는 외국정부의 취득에 대해서는 취득세를 부과한다(법 §9 ①).

② 국가, 지방자치단체 또는 지방자치단체조합(이하 이 항에서 "국가 등"이라 한다.)에 귀속 또는 기부채납(사회기반시설에 대한 민간투자법 제4조 제3호에 따른 방식으로 귀속되는 경우를 포함한다. 이하 이 항에서 "귀속 등"이라 한다.)을 조건으로 취득하는 부동산 및 사회기반시설에 대한 민간투자법 제2조 제1호 각 목에 해당하는 사회기반시설에 대해서는 취

득세를 부과하지 아니한다.

다만, 다음 각 호의 어느 하나에 해당하는 경우 그 해당 부분에 대해서는 취득세를 부과한다(법 §9 ② Ⅰ·Ⅱ).
1. 국가등에 귀속등의 조건을 이행하지 아니하고 타인에게 매각·증여하거나 귀속등을 이행하지 아니하는 것으로 조건이 변경된 경우
2. 국가등에 귀속등의 반대급부로 국가등이 소유하고 있는 부동산 및 사회기반시설을 무상으로 양여받거나 기부채납 대상물의 무상사용권을 제공받는 경우

③ 신탁(신탁법에 따른 신탁으로서 신탁등기가 병행되는 것만 해당한다.)으로 인한 신탁재산의 취득으로서 다음 각 호의 어느 하나에 해당하는 경우에는 취득세를 부과하지 아니한다. 다만, 신탁재산의 취득 중 주택조합 등과 조합원 간의 부동산 취득 및 주택조합 등의 비조합원용 부동산 취득은 제외한다(법 §9 ③ Ⅰ~Ⅲ).
1. 위탁자로부터 수탁자에게 신탁재산을 이전하는 경우
2. 신탁의 종료로 인하여 수탁자로부터 위탁자에게 신탁재산을 이전하는 경우
3. 수탁자가 변경되어 신수탁자에게 신탁재산을 이전하는 경우

④ 징발재산정리에 관한 특별조치법 또는 국가보위에 관한 특별조치법 폐지법률 부칙 제2항에 따른 동원대상지역 내의 토지의 수용·사용에 관한 환매권의 행사로 매수하는 부동산의 취득에 대하여는 취득세를 부과하지 아니한다(법 §9 ④).

⑤ 임시흥행장, 공사현장사무소 등(제13조 제5항에 따른 과세대상은 제외한다.) 임시건축물의 취득에 대하여는 취득세를 부과하지 아니한다. 다만, 존속기간이 1년을 초과하는 경우에는 취득세를 부과한다(법 §9 ⑤).

⑥ 주택법 제2조 제3호에 따른 공동주택의 개수(건축법 제2조 제1항 제9호에 따른 대수선은 제외한다.)로 인한 취득 중 대통령령으로 정하는 가격 이하의 주택과 관련된 개수로 인한 취득에 대해서는 취득세를 부과하지 아니한다(법 §9 ⑥).
이 경우 "대통령령으로 정하는 가격 이하의 주택"이란 개수로 인한 취득 당시 법 제4조에 따른 주택의 시가표준액이 9억원 이하인 주택을 말한다(영 §12의 2).

⑦ 다음 각 호의 어느 하나에 해당하는 차량에 대해서는 상속에 따른 취득세를 부과하지 아니한다.(법 §9 ⑦).
1. 상속개시 이전에 천재지변·화재·교통사고·폐차·차령초과(車齡超過) 등으로 사용할 수 없게 된 차량으로서 대통령령으로 정하는 차량
2. 차령초과로 사실상 차량을 사용할 수 없는 경우 등 대통령령으로 정하는 사유로 상속으

로 인한 이전등록을 하지 아니한 상태에서 폐차함에 따라 상속개시일부터 3개월 이내에 말소등록된 차량

이 규정은 상속개시 당시 피상속인 명의차량이 멸실되지는 않았지만, 차령초과로 이용할 수 없어 폐차 말소하는 경우 비과세하는 것이며, 이는 상속인은 「자동차관리법」 제13조제1항제7호 및 「자동차등록령」 제31조제1항에 따라 상속개시일로부터 3개월 이내에 상속 이전 등록하지 않고 말소 가능하기 때문에 피상속인 명의의 차량을 차령초과로 상속 이전등록 하지 않고 폐차하는 경우 상속 취득세 비과세 대상으로 규정한 것이다.

이 경우 "대통령령으로 정하는 차량"이란 제121조 제2항 제4호·제5호 또는 제8호에 해당하는 자동차를 말한다(영 §12의 3 ①).

그리고 "차령초과로 사실상 차량을 사용할 수 없는 경우 등 대통령령으로 정하는 사유"란 상속개시일 현재 「자동차등록령」 제31조제2항 각 호의 사유를 말한다(영 §12의 3 ②).

그리고 이 규정에 따라 비과세를 받으려는 자는 그 사유를 증명할 수 있는 서류를 갖추어 특별자치시장, 특별자치도지사, 시장, 군수, 구청장에게 신청하여야 한다(영 §12의 3 ③).

이 경우 비과세의 신청은 자동차 상속 취득세 비과세 신청서에 따른다(규칙 §4의 2).

(1) 취 지

지방세에 있어서도 조세의 일반적인 적용기준인 지방자치단체의 과세권을 박탈하는 비과세제도와 법률이 일반적으로 당해 대상을 과세대상으로 선택해서 이에 과세하는 것으로 하면서 특별한 이유가 있을 경우에 개별적으로 일단 성립한 납세의무의 전부 또는 일부를 해제하는 감면 또는 불균일과세 등이 있으며 또한 영세부담의 배제라는 이유에서 일정한 금액 또는 수량 이하의 과세객체에 대하여 과세제외를 하는 면세점제도와 징세비의 절감이라는 이유에서 설정된 소액부징수제도가 있다.

그리고 지방세기본법 제3조에서는 "지방세에 관하여 지방세관계법에 별도의 규정이 있는 경우를 제외하고는 이 법(지방세기본법)에 정하는 바에 따른다."고 하고 있으므로 지방세에 관한 기본 정의는 지방세기본법을 따라야 하지만 다음과 같은 조세특례제한법의 규정도 준용하여야 한다고 본다.

조세특례제한법 제3조를 보면 "이 법, 국세기본법 및 조약과 다음 각 호의 법률에 따르지 아니하고는 조세특례를 정할 수 없다"고 규정하고 있으며 "다음 각 호의 법률"이라 함은 소득세법, 법인세법, 상속세 및 증여세법, 부가가치세법, 개별소비세법, 주세법, 인지세법, 증권거래세법, 국세징수법, 관세법, 지방세특례제한법, 임시수입부가세법, 국제조세조정에 관한 법률, 금융실명거래 및 비밀보장에 관한 법률, 교육세법, 농어촌특별세법, 남

북교류협력에 관한 법률, 자유무역지역의 지정 및 운영에 관한 법률, 제주특별자치도 설치 및 국제자유도시 조성을 위한 특별법(제주특별자치도세에 관한 규정만 해당한다.) 및 종합부동산세법을 말하는데, 위에서 열거한 법령에서 지방세를 비과세 또는 감면하도록 규정하고 있는 경우에만 당해 법령에서 정한 바에 따라 지방세를 감면할 수 있다.9)

그러므로 지방세를 감면할 수 있는 것은 조세특례제한법 자체에서 감면규정을 두고 있는 것과 조세특례제한법에 열거된 법령에서 개별적으로 지방세를 감면하도록 규정하고 있는 것 이외의 다른 법령에서 지방세 감면 등의 규정을 두고 있다 하더라도 이는 감면의 효력이 없는 것이다.

여기에서 과세권의 박탈과 제한에 대한 개념이 정립되어야 그 내용을 이해하는 데 도움이 될 것으로 판단되어 비과세, 감면 등에 대한 개념을 아래에서 약술하는데, 이는 취득세뿐 아니라 지방세의 전 세목에 공히 적용되는 것임을 미리 여기서 밝히는 바이다.

(가) 비과세

비과세는 과세제외 또는 과세금지라고도 하는데 이는 지방자치단체의 의사 여하를 불문하고 과세할 수 없는 것을 말한다. 그런데 비과세는 지방세 법규 자체에서 당해 대상을 과세객체의 선택에서 제외하여 이것을 과세대상 외로 하는 것이므로 당해 과세대상을 일반적으로는 과세객체로 선택하여 이것을 과세하는 것으로 하면서 특별한 사유가 있는 경우에는 납세의무의 확정 또는 이행에 있어서 지방세채무의 전부 또는 일부를 해제하는 지방세채무의 면제와는 그 전제는 달리하고 있으나 실질적인 효과는 납세의무자 측면에서 보면 동일한 것으로서 어느 것을 취할 것이냐 하는 문제는 과세기술과 입법정책에 따라 해결할 과제에 불과하다.

그리고 비과세의 내용을 대별하면 인적 비과세와 물적 비과세(용도 비과세)로 구분할 수 있는데 인적 비과세는 납세의무자 자체를 과세대상에서 제외하는 것으로서 납세의무자의 공적성격에 착안한 것(국 등에 대한 비과세), 납세의무자의 담세력에 착안한 것(천재, 지변 등으로 인한 자력상실자에 대한 비과세), 사회정책적 성격에 착안한 것(비영리사업자에 대한 비과세) 등이 있고, 물적 비과세는 과세객체에 대해서 그 성격 또는 용도 등에 착안해서 과세객체의 전부 또는 일부를 과세대상에서 제외하는 것으로서 용도에 착안한 용도구분에 의한 비과세라고도 하는데 이는 공적 성격에 의한 것, 사회정책적인 것, 경제정책적인(태풍으로 인한 파손된 선박·가옥의 복구 등)것 등이 있다.

---

9) "조세특례"란 일정한 요건에 해당하는 경우의 특례세율 적용, 세액감면, 세액공제, 소득공제, 준비금의 손금산입 등의 조세감면과 특정목적을 위한 익금산입, 손금불산입(損金不算入) 등의 중과세(重課稅)를 말한다(조특법 §2 ① Ⅷ).

비과세의 조치는 조세형평의 원칙에서 보면 매우 불합리하며 납세자간의 불평의 소지가 매우 큰 조치이므로 이를 실행함에 있어서는 개별세목별로 그 세의 성격이나 비과세조치의 효과를 개별적으로 판단하여 구체적으로 정해야 하는 것이지 일률적으로 동일하게 정하는 것은 조세원리에 맞지 않는다고 할 것이다.

그런데 비과세조치는 국가에서 제정한 지방세법에서 국가정책적인 배려에서 일괄적으로 규정함으로써 지방재정의 자율성을 침해하는 결과를 초래하므로 이러한 정책도 자치시대에 맞추어 적정히 지방재정의 보전을 강구하는 등의 변화가 있어야 할 것으로 생각된다.[10]

(나) 면 제

면제라 함은 법령에 의해서 정하여진 납세의무의 어느 부분의 전부를 해제하는 것으로 이러한 면제조치를 하게 되면 납세의무는 그 목적을 달성하지 못한 채 소멸한다. 그런데 비과세는 법률이 당해 대상을 과세물건의 선택에서 제외하고 이를 과세대상 외로 하고 있는 것에 대하여, 면제는 법률이 일반적으로 당해 대상을 과세대상으로 선택은 하되 이에 과세하는 것이 특별한 사유가 있는 경우에 개별적으로 일단 성립한 납세의무의 어느 부분 또는 전부를 해제하는 것이다.

납세의무의 면제는 엄격히 말해서 조세부담공평의 원칙에 반하는 예외조치이고, 또한 지방자치단체의 중요한 재원의 포기이기도 하기 때문에 모두 법률 또는 조례의 근거에 의하여야만 면제가 가능한 것이지 과세권자와 납세의무자간의 계약에 의해 면제는 할 수 없는 것이다. 그리고 면제는 납세의무의 확정절차가 행하여지기 전의 추상적 납세의무의 단계에서 이루어지는 경우도 있고, 납세의무의 확정절차가 이루어진 후의 구체적 납세의무의 단계에서 이루어지는 경우도 있다.

또한 면제는 체납처분 등의 유예기간 중에는 그 유예된 지방세의 가산세가 당연히 면

---

10) 다른 나라의 경우 지방세의 비과세조치에 대한 국가의 재정보전 방안의 예를 살펴보면 다음과 같다.
① 일본의 경우 고정자산세를 국가 등에 대하여는 공적성격을 착안하여 비과세하되 국가나 지방자치단체가 소유하고 있는 고정자산 가운데 대부자산, 공항용자산 등에 대하여는 고정자산세를 비과세하는 대신 국유자산 등이 소재하는 시정촌에 고정자산세 비과세액 만큼 교부금을 교부하고 있다(국유자산등소재시정촌교부금법).
② 카나다의 경우 연방정부소유재산은 재산세를 비과세하되 비과세로 인한 세수감소분은 연방보조금(grants in lieu of property tax)을 지급한다(류금렬, 「선진국의 지방세제도」, p.450.)
③ 덴마크의 경우는 특이하게도 정부기관 소유의 토지나 건축물도 재산세 과세대상으로 하고 있다는 것이다. 이는 다른나라에서도 볼 수 있는 바와 같이 이들 재산에 대한 비과세로 초래되는 자치단체의 세입감소현상을 방지하기 위한 조치로 보인다(류금렬, 전게서, p.578.).
④ 프랑스의 경우는 국가 등의 재산으로 비과세 대상 재산이라 하더라도 상업용으로 사용되는 것은 과세대상이 되며, 중앙정부는 비과세로 인한 지방자치단체의 세수감소분에 대하여 부분적으로 교부금(subvention Fiscale Automatique)을 지급한다(류금렬, 전게서, p.589.).

제되는 것과 같이 법령 또는 조례의 규정에 의해서 아무런 처분 또는 절차를 기다리지 아니하고 바로 그 효과가 발생하는 경우도 있고, 천재 기타 특수한 사정이 있는 경우에 납세의무자의 신청에 의하거나 납세의무자의 신청이 없더라도 특별자치시장, 특별자치도지사, 시장, 군수, 구청장이 필요하다고 인정할 경우에 직권으로 조사하여 취득세를 감면하는 경우와 같이 법령 또는 조례에 정해진 바에 따라 행정관청의 처분에 의해서 그 효과가 발생하는 경우가 있다.

그리고 면제대상에 따라서는 납세의무자가 필요에 의해 감면신청이 있는 경우에 한하여만 감면 여부를 결정하여야 하는 경우가 있는데, 이렇게 납세의무자가 감면신청을 하여야 하는 등 일정한 절차를 이행하고 이에 따른 행정관청의 처분에 의해서 그 효과가 발생하는 경우는 납세의무자의 신청이 없는데도 불구하고 특별자치시장, 특별자치도지사, 시장, 군수, 구청장이 직권으로 조사하여 면제조치를 하는 것은 전제를 결한 행정처분으로서 당해 면제조치는 당연히 무효가 된다고 볼 것이다.

(다) 감면

감면이라 함은 법률 또는 조례의 규정에 의하여 지방세의 과세처분에서 특정산업의 육성을 위한다거나 농어민 생활의 지원, 국민생활안정 등 특수한 사정이나 정책적인 목적을 위하여 그 세액의 전부 또는 일부를 감액하거나 면제하는 것이다. 이러한 감면의 규정은 각 세목에서 개별적으로 규정하고 있으며 세목에 따라서는 이러한 감면을 전혀 인정하지 아니하는 경우가 있다. 그것은 자동차세의 경우와 같이 이러한 감면을 인정하는 것이 정책상 부당하거나 또는 성질상 불필요하다고 인정되는 경우이다. 그런데 세액감면은 납세의무자의 개별적인 사정, 즉 특정산업에 대한 육성을 유도한다거나 개개의 납세의무자의 담세력의 감소 등 납세의무자 개인의 사정에 착안해서 일단 발생한 납세의무를 감면하는 것이다.

그리고 감면은 예외조치이므로 모두 법령 또는 조례의 근거에 의하여야 하고 지방자치단체장과 납세자와의 사이에 계약 등에 의해 감면할 수 없음은 물론 그 처분에 있어서도 개개의 납세자의 담세능력에 착안하여 사실상 그 능력이 박약하고 사정이 부득이하다고 인정되는 경우에 한해서 행해야 할 것이다.

(라) 불균일 과세

불균일과세를 할 수 있는 경우는 지방세에서 일반적으로 적용되는 공익상 사유나 산업경제 내지 보건위생 기타 사유 등으로 지방세를 과세함이 부적당하다고 인정되는 경우에는 과세면제를 할 수 있고 또한 일률적인 과세가 공익상 기타의 사유나 주민의 수익정도에 비추어 부적당하다고 인정되는 경우에는 불균일과세, 즉 차등과세를 할 수 있도록 하고 있다.

그런데 지방세를 비과세하거나 감면하는 규정은 지방세관계법이나 조세특례제한법에서도 광범위하게 이를 정하고 있는데 이러한 비과세, 감면규정을 법에서 정하고 있는 것은 전국이 획일적으로 통일되게 적용되는 것이므로 많은 지방자치단체는 각기 다른 조건과 지역적인 특수성을 가지고 있어 일률적인 과세나 비과세 또는 감면이 경우에 따라서는 오히려 공평의 원칙에 어긋나는 경우가 있을 수 있다. 그렇다고 하여 지방세관계법 등에서 각 자치단체의 사정에 따라 각기 다른 비과세 또는 감면규정을 둔다는 것도 입법기술상으로 불가능하므로 각 자치단체의 공익상 또는 기타 사유로 인한 과세면제, 불균일과세 등의 필요성을 독자적으로 판단하여 이를 조례로 제정하여 시행토록 하고 있다.

(마) 면세점과 소액부징수

면세점이라 함은 과세표준이 일정한 금액 또는 수량 이하의 과세객체에 대해서는 과세를 제외하는 것이다. 이와 같이 면세점은 영세부담 내지 대중부담의 배제 및 징세비의 과다와 과세사무의 번잡 등 과세기술상의 이유에서 설정된 것이다.

이것은 본래의 성격상 비과세와는 다르지만 실질에 있어서는 동일한 것으로 보아도 무방하다. 면세점과 유사한 개념으로 과세최저한이라는 용어가 있는데 이는 일반적으로 소득에 대한 과세에서 사용되는 용어로서 일정 기준 이하의 소득자에 대하여는 해당 소득에 대한 세를 면제한다고 하는 하나의 지표로 되는 것을 말한다.

그리고 소액부징수라고 하는 것은 징수할 세액이 어느 일정 금액에 미달할 경우에는 이를 징수하지 아니하는 것을 말하는데 면세점제도가 징세비의 절약 외에 영세부담의 배제라는 이유로서 설치되었는데 비하여 소액부징수는 전적으로 징세비의 절감이라는 이유에서 설정한 것이다. 그리고 면세점은 과세제외되는 한계를 주로 과세표준을 기준으로 해서 규정하고 있는 데 비하여 소액부징수는 세액을 기준으로 하는데, 그 효과에 있어서는 큰 차이가 없다.

(2) 비과세 유형

취득세의 규정에서는 기본적인 비과세의 내용에 대해서만 규정하고 대체취득에 대한 비과세, 용도구분에 의한 비과세 및 일반적인 감면규정은 지방세특례제한법에서 일괄 규정하고 있으므로 여기서는 국가 등에 대한 비과세 등에 대한 것만 살펴보기로 한다.

(가) 국가 등에 대한 비과세

국가, 지방자치단체(다른 법률에서 국가 또는 지방자치단체로 의제되는 법인은 제외한다. 이하 같다.), 지방자치단체조합, 외국정부 및 주한국제기구의 취득에 대해서는 취득세를 부과하지 아니한다. 다만, 대한민국 정부기관의 취득에 대하여 과세하는 외국정부의 취득에 대해서는 취득세를 부과한다.

국가, 지방자치단체(지방자치단체조합 포함)는 국가법인설에 따라 법인으로 취급하지만 과세권자인 과세주체에 해당하므로 국가 등에 조세를 부과하는 것은 의미가 없으므로 국가 등에 귀속한 재산에 대하여는 원칙적으로 취득세를 과세하지 아니한다.

이것은 과세대상 물건을 취득한 자의 성격에 따라 비과세하는 것인데 이렇게 국가 또는 지방자치단체 등에 대해서 취득세를 부과하지 아니한다고 하는 것은 국가 또는 지방자치단체가 취득하는 행위에 대해서는 그것이 어떠한 성격을 가지는 것이든 또 어떠한 용도에 사용되는 것이든 모든 취득행위에 대해서 부과할 수 없다는 것을 의미한다.

이 규정에서 국가·지방자치단체의 범위에서 "다른 법률에서 국가 또는 지방자치단체로 의제되는 법인은 제외토록 한 것"은 가까운 예를 보면 공무원연금법 제16조의 2에서 "공단은 주택법, 택지개발촉진법 또는 임대주택법에서 정하는 바에 따라 공무원을 위하여 주택을 건설·공급·임대하거나 택지를 취득할 수 있고, 이 경우 공단은 국가나 지방자치단체로 본다."는 규정에 따라 공단을 국가로 본다는 조세심판원의 심판이 있었던 것을 바로잡기 위해 설치된 규정이다.

(나) 귀속 또는 귀부체납재산에 대한 비과세

국가, 지방자치단체 또는 지방자치단체조합(이하 이 항에서 "국가 등"이라 한다.)에 귀속 또는 기부체납(사회기반시설에 대한 민간투자법 제4조 제3호에 따른 방식으로 귀속되는 경우를 포함한다. 이하 이 항에서 "귀속 등"이라 한다.)을 조건으로 취득하는 부동산에 대해서는 취득세를 부과하지 아니한다. 다만, 국가 등에 귀속 등의 조건을 이행하지 아니하고 타인에게 매각·증여하거나 귀속 등을 이행하지 아니하는 것으로 조건이 변경된 경우와 국가등에 귀속등의 반대급부로 국가등이 소유하고 있는 부동산 및 사회기반시설을 무상으로 양여받거나 기부채납 대상물의 무상사용권을 제공받는 경우에는 취득세를 부과한다.

그런데 기부채납이라 함은 개인이나 법인이 자기 소유의 재산을 무상으로 국가나 지방자치단체에 이전할 것을 표시하고 국가나 지방자치단체는 그 증여를 승낙함으로써 성립하는 증여계약을 말하는데, 기부채납을 하기 위해서는 자기소유재산이어야 하기 때문에 건축물의 경우 건물을 신축하여 사용승인을 받게 되면 건물의 원시취득자인 건축주에게 납세의무가 있는 것이나 이러한 건축물을 건축 후 기부채납조건으로 건축이 되었다면 건축주에게 취득세를 부과하지 아니하겠다는 것이다.

그러므로 이 경우의 취득에는 원시취득, 승계취득, 간주취득을 망라한 것이므로 기부채납조건으로 건축물을 신축하거나 공유수면매립지 중 기부채납되는 부분, 도로로 기부채납하기 위한 토지의 승계취득, 기부채납조건의 지목변경 등이 여기에 해당된다고 본다.

그리고 사회기반시설에 대한 민간투자법 제4조 제3호의 규정에 의한 민간투자사업의 추진방식에 따라 사회간접자본시설의 준공 후 일정기간 동안 사업시행자에게 당해 시설의 소유권이 인정되며 그 기간 만료시 시설 소유권이 국가 또는 지방자치단체에 귀속되는 방식, 즉 후귀속방식으로 국가 또는 지방자치단체에 귀속시키거나 기부채납하는 부동산도 민간자본 유치촉진을 위하여 비과세대상으로 하였다.[11]

그런데 국가 등에 위와 같은 귀속 등의 조건을 이행하지 아니하고 타인에게 매각·증여하거나 귀속 등을 이행하지 아니하는 등 당초의 조건이 변경된 경우에는 취득세를 부과하는 점과 국가등에 귀속등의 반대급부로 국가등이 소유하고 있는 부동산 및 사회기반시설을 무상으로 양여받거나 기부채납 대상물의 무상사용권을 제공받는 경우 (국가소유재산과 교환, 장기무상사용권 제공 등 반대급부를 조건으로 기부체납하는 경우 등)에는 취득세를 부과한다는 점에 유의해야 한다.

또한 "사회기반시설에 대한 민간투자법 제2조 제1호 각 목에 해당하는 사회기반시설"이란 각종 생산활동의 기반이 되는 시설, 해당 시설의 효용을 증진시키거나 이용자의

---

11) 「사회기반시설에 대한 민간투자법」에 따른 민간투자사업의 추진방식은 같은 법 제4조에 따라 다음과 같이 구분된다.
제1호에 의한 방식으로 민간사업자가 자금을 투입하여 사회기반시설을 건설하고, 사회기반시설의 준공과 동시에 해당 시설의 소유권은 국가 또는 지방자치단체에 귀속되며, 사업시행자에게 일정기간의 시설관리운영권을 인정하는 방식(제2호에 해당하는 경우는 제외한다.)으로 일반적으로 BTO이라고 하는 방식이다. BTO방식은 주로 도로, 철도, 항만 등 SOC건설에 적합한 사업방식으로 민간이 소유권을 정부에 양도한 후 최종소비자에게 사용료를 부과하여 투자비를 회수하는 방식이며 민간건설사업자가 건설 및 위험부담도 부담해야 하는 방식이다.
제2호에 의한 방식으로 사회기반시설의 준공과 동시에 해당 시설의 소유권이 국가 또는 지방자치단체에 귀속되며, 사업시행자에게 일정기간의 시설관리운영권을 인정하되, 그 시설을 국가 또는 지방자치단체 등이 협약에서 정한 기간 동안 임차하여 사용·수익하는 방식이다. BTL이라고 하는 방식으로 주로 교육시설, 문화복지시설, 환경시설 등에 적합한 방식이며, 민간사업자로서는 민간이 건설한 시설을 정부가 리스해서 사용하고 리스료를 지급하기 때문에 위험이 없고 적정수익률이 보장된다는 장점이 있다.
제3호에 의한 방식으로는 사회기반시설의 준공 후 일정기간 동안 사업시행자에게 해당 시설의 소유권이 인정되며 그 기간이 만료되면 시설소유권이 국가 또는 지방자치단체에 귀속되는 방식을 BOT방식이라고 한다.
※ 여기서 B는 'Built' 건설을 의미하고, T는 'Transfer' 소유권을 넘기는 것을 의미하며, O는 'Operate' 운영하는 것을 의미한다. BTL의 L은 'Lease' 빌린다는 것을 의미한다.

편의를 도모하는 시설 및 국민생활의 편익을 증진시키는 시설로서 도로 및 도로의 부속물, 철도, 도시철도, 항만시설, 공항시설, 다목적댐, 수도 및 중수도, 하수도, 하천시설, 어항시설 등에 해당하는 시설을 말한다.

> **사례**
>
> ❖ **기부채납조건으로 취득한 것에 해당되는지 여부**
>
> 원고가 이 사건 전망대에 대한 사용승인을 받을 당시 이를 기부채납 받을 주체가 ○○광역시가 될지 ○○광역시 ○○구가 될지가 미정인 상태에 있었기는 하지만 그 중 어디가 되든 이를 지방자치단체에 기부채납할 것을 조건으로 사용승인을 받았다는 점은 분명하다고 할 것이므로, 결국 이 사건 전망대는 지방세법이 정한 비과세 대상에 해당한다고 할 것이다.
>
> (대법 2010두21341, 2011.1.13.)
>
> ❖ **주택건설 사업계획승인 이전에 이미 기부채납 대상 토지의 위치나 면적이 특정된 경우 기부체납을 조건으로 취득하는 부동산인지 여부**
>
> 원고가 이 사건 토지에 관한 소유권이전등기를 마칠 당시에는 원고에 대한 사업계획승인이나 원고와 피고 사이의 기부채납약정이 존재하지 아니하였지만, ① 원고는 이 사건 토지의 기부채납을 조건으로 주택건설사업계획승인을 받은 ○○주택종합건설 주식회사의 사업주체로서의 지위를 그대로 이전받은 점, ② 이 사건 토지는 피고가 1999.11.9. ○○주택종합건설 주식회사 등과 체결한 기부채납 약정상 기부채납 대상 토지에 모두 포함되어 있는 점, ③ 원고가 이 사건 토지를 취득할 때에는 비록 기부채납에 대한 최종 승인이 이루어지지는 아니하였으나 이미 기부채납 목적물이 이 사건 토지 등으로 특정된 상태에서 원고가 2005.11.25. 주택건설사업계획변경승인을 신청하는 등 피고와 사이에 구체적인 기부채납 협의가 진행 중이었고, 그 후 실제 원고가 피고로부터 주택건설사업계획변경승인을 받아 이 사건 토지를 ○○시에 기부채납한 점을 종합하여 보면, 이 사건 토지는 기부채납을 조건으로 취득하는 부동산으로 비과세 대상이라고 판단하였다.
>
> (대법 2011두17363, 2011.11.10.)
>
> ❖ **국가 등에 귀속을 조건으로 취득하는 부동산의 입법취지**
>
> 국가 등에 귀속 또는 기부채납을 조건으로 부동산을 취득하는 것은 부동산을 국가 등에 귀속시키거나 기부채납하기 위한 잠정적이고 일시적인 조치에 불과하므로 국가 등이 직접 부동산을 취득하는 경우와 동일하게 평가할 수 있다고 보아 그 경우 취득세를 비과세하는 지방세법 제9조 제1항과 같은 취지에서 취득세를 비과세하겠다는 데에 있다. 따라서 위 규정에 의하여 취득세가 비과세되기 위해서는 부동산을 취득할 당시에 취득자가 그 부동산을 국가 등에 귀속시키거나 기부채납하는 것이 사실상 확정되어 있어야 한다.
>
> (대법 2010두6977, 2011.7.28.)
>
> ❖ **모노레일카 본체가 기부채납할 수 있는 부동산에 해당하는지 여부**
>
> 이 사건 시설물 중 주행레일과 전기시설은 토지에 정착하는 공작물 등에 속하므로 법 제106조 제2항 소정의 '기부채납을 조건으로 취득하는 부동산'에 해당하나, 모노레일카 본체는 지방세법상의 차량에 해당할 뿐 법 제106조 제2항 소정의 부동산에 해당하지 않는다고 보아,

이 사건 부과처분은 이에 부합하는 범위 내에서 정당하고 나머지는 위법하다고 판단하였다.
(대법 2012두21130, 2013.2.14.)

❖ 중장기 귀속을 조건으로 하는 부동산임에도 불구하고 원고가 건축허가명의자라는 이유로 취득세를 과세한 것이 정당한지 여부

취득세 및 등록세가 비과세되기 위해서는 부동산을 취득하고 그에 관한 등기를 할 당시에 취득자가 그 부동산을 국가 등에 귀속시키는 것이 사실상 확정되어 있어야 한다.
(대법 2010두6977, 2011.7.28.)
00지구 사업장과 크게 떨어진 00시 도심 지역에 있고 건축물대장에 원고 명의로 소유자등록을 하였으며, 사업단의 사무소로 사용하고 있고, 국고에 귀속된다 하더라도 그 시점은 사업 종료 이후인 점을 인정하면 건물을 자신의 명의로 건축허가를 받아 신축하고 사용승인을 받음으로서 이를 원시취득하였다고 봄이 상당하고 앞서 인정한 일부 사실과 원고가 주장하는 사정만으로 이와 판단을 달리 할 수는 없다.
(대법 2015두44783, 2015.9.24.)

❖ 대체취득 비과세대상에 해당되는지 여부

② 도로 등으로 용도가 지정되어 있는 쟁점토지를 취득한 것은 처분청에게 기부채납하기 위한 것일 뿐 다른 목적이 없는 점, 청구법인은 「지방세법」 제9조 제2항 각 호의 비과세 배제사유에도 해당되지 아니하는 점, 쟁점토지를 취득하거나 기부채납할 당시에 쟁점사업의 시행자가 신탁회사이었고 신탁회사 명의로 신탁등기된 후 기부채납된 점 등을 볼때 비과세 대상임.
(조심 2018지374, 2019.4.24.)

❖ 쟁점건축물은 사실상 국가 등에 기부채납된 것으로 보아 취득세 등을 감면하여야 한다는 청구주장의 당부

「철도건설법」 제17조에서 철도건설사업으로 조성 또는 설치된 시설은 준공과 동시에 국가에 귀속되도록 규정하고 있고, 같은 법 제2조 제6호 및 제7호에서 철도건설사업은 환승시설 등이 포함된 철도시설을 건설하는 사업으로 규정하고 있는 점, 쟁점②건축물은 이러한 규정에 따라 국가 등에게 그 소유권이 최종 귀속된 것으로 나타나는 점 등에 비추어 쟁점②건축물은 그 신축 이전부터 국가에 귀속될 것이 사실상 예정되어 있었고 신축 이후에는 그 소유권이 국가 등에게 최종적으로 귀속된 것으로 확인되므로 이에 해당하는 기납부한 취득세 등은 환급되어야 한다는 청구주장은 타당하다고 할 것임.
(조심 2019지2199, 2020.4.17.)

❖ 기부채납 등 비과세와 관련하여 정비사업의 시행자가 그 반대급부로서 취득하는 용도폐지 정비기반시설에 대하여도 취득세 등이 비과세 대상에 해당되는지 여부

지방세법 제9조 제2항은 국가 등에 귀속을 조건으로 부동산을 취득하고 그에 관한 등기를 하는 것은 그 부동산을 국가 등에 귀속시키기 위한 잠정적이고 일시적인 조치에 불과하므로 국가 등이 직접 부동산을 취득하고 그에 관한 등기를 하는 경우와 동일하게 평가할 수 있다고 보아 그 경우 취득세 등을 과세하지 않겠다는 취지로 보아야 하고, 결국 이는 '국가 등에 귀속 등을 조건으로 취득하는 당해 부동산'의 비과세에 대하여 규정한 것일 뿐이므로, 정비사업의 시행자가 그 반대급부로서 취득하는 용도폐지 정비기반시설에 대하여 취득세 등을 과세하지 않겠다는 의미로 해석될 수는 없다. 나아가 지방세법 제9조 제2항 단서에 따른 취득세의

과세와 그 취득세의 면제를 규정한 구 지방세특례제한법 제73조의2 제1항의 내용 역시 '국가 등에 귀속 등을 조건으로 취득하는 당해 부동산'에 대한 과세와 그 면제를 규정하고 있는 것으로 이 사건 귀속토지가 피고에게 귀속된 것에 대한 반대급부로서 원고가 취득한 것으로 볼 여지가 있을 뿐, '국가 등에 귀속 등을 조건으로 취득하는 당해 부동산'이 아님이 명백한 이 사건 부동산에 대하여는 처음부터 위 비과세 규정이나 면세 규정이 적용될 여지가 없다. 원고의 취득세 등의 비과세 또는 면제 주장은 받아들일 수 없음

(대법 2020두33428, 2020.5.14.)

❖ **주택건설사업계획의 승인 조건으로 도시계획도로를 조성하여 지방자치단체에게 기부채납 한 경우 취득세를 비과세할 수 있는지 여부**

도로의 개설은 해당 토지의 구성부분이 사실상 변경되므로「지방세법」제7조 제4항에서 규정한 지목변경에 따른 취득에 해당되는 점, 공동주택의 신축과 토지의 지목변경은 별개의 취득세 과세대상이므로 공동주택의 신축을 조건으로 사업시행자가 도시계획도로를 개설하였다 하더라도 그 도로의 개설비용을 건축물의 취득(신축)가격으로 볼 수는 없는 점,「지방세법」제9조 제2항에서 규정한 "국가 등에 기부채납을 조건으로 취득하는 부동산"에는 특별한 사정이 없는 한 지목변경에 따른 취득도 포함된다고 보아야 하는 점 등에 비추어 이 건 공동주택의 취득가격으로 보아 그에 따른 취득세 등을 부과한 처분은 잘못이 있다고 판단

(조심 2020지221, 2020.3.3.)

❖ **취득 전부터 기부채납을 조건으로 취득한 토지의 비과세 여부**

청구조합은 쟁점토지를 취득하기 전부터 처분청과 쟁점토지의 기부채납 등에 대하여 협의를 진행하였으므로 쟁점토지는 기부채납을 조건으로 취득한 토지로서 취득세 비과세 대상으로 보는 것이 타당함

(조심 2020지1461, 2021.10.18.)

(다) 신탁재산의 취득에 대한 비과세

신탁(신탁법에 따른 신탁으로서 신탁등기가 병행되는 것만 해당한다.)으로 인한 신탁재산의 취득(신탁재산의 취득 중 주택조합 등과 조합원간의 부동산 취득 및 주택조합 등의 비조합원용 부동산 취득은 제외한다.)으로서, ① 위탁자로부터 수탁자에게 신탁재산을 이전하는 경우의 취득, ② 신탁의 종료로 인하여 수탁자로부터 위탁자에게 신탁재산을 이전하는 경우의 취득, ③ 수탁자가 변경되어 신수탁자에게 신탁재산을 이전하는 경우의 취득에 대하여는 취득세를 비과세한다.

이 규정은 취득세가 과세대상 물건의 소유권이 이전 되었을 때에 과세하는 일종의 유통세이므로 소유권의 이전이 있으면 이전의 목적이 무엇이든 모두 과세하는 것이 원칙이나 소유권 이전의 형태에 따라서는 원래 이전 자체가 형식적인 것에 불과하여 국민의 조세 부담의 측면에서 과세가 부적당 하다고 인정하여 비과세토록 한 것이다.

신탁법의 규정에 의한 신탁이라 함은 신탁설정자(위탁자)와 신탁을 인수하는 자(수탁

자)와의 특별한 신탁관계에 기하여 위탁자가 특정의 재산권을 수탁자에게 이전하거나 기타의 처분을 하고 수탁자로 하여금 일정한 자(수익자)의 이익을 위하여 또는 특정의 목적을 위하여 그 재산권을 관리·처분하게 하는 것을 말한다.

신탁은 계약 또는 유언으로 설정되며 수탁자는 신탁재산을 이전받아 신탁행위에 정하여진 바에 따라 자기의 이름으로 자기의 고유재산과는 구별하여 관리처분하며 그 이익을 일정한 자에게 귀속시키게 된다. 그러므로 신탁재산의 이전은 위에서 설명한 바와 같이 수탁자명의로 소유권이 이전되기는 하나 일반적인 소유권 행사가 불가능하므로 이를 비과세토록 한 것이고 위탁자에게 이전되는 것은 원소유자에게 소유권이 환원되는 데 불과하므로 역시 비과세토록 한 것이다. 그러나 신탁은 등기 또는 등록을 요하는 재산의 경우는 등기 또는 등록을 하지 아니하면 제3자에게 대항할 수 없으므로(신탁법 §3) 등기원인이 신탁이 아닌 매매·증여 등으로 하여 소유권이전등기가 되었던 재산을 판결, 화해, 인낙 등에 의하여 명의신탁해지를 원인으로 원소유자에게 다시 소유권을 이전등기하는 경우는 비과세대상이 되지 아니한다.

그리고 신탁재산의 취득 중 주택조합 등과 조합원간의 부동산 취득 및 주택조합 등의 비조합원용 부동산 취득은 비과세대상에서 제외하였는데 이는 주택조합 등과 조합원간 신탁이 종료되면 조합원에게 귀속되지 아니하는 일반분양용 부동산(비조합원에게 분양되는 주택, 상가 등)은 조합의 수익사업용으로 과세를 하여야 함에도 과세할 수 없다는 판례가 있어 이를 과세대상으로 한다고 관련규정을 명확히 한 것이다.

부동산 명의신탁에는 2자간 명의신탁과 3자간 명의신탁이 있고, 3자간 명의신탁에는 3자간 등기명의신탁과 3자간 계약명의신탁의 두종류가 있다. 2자간 명의신탁은 원래 소유자인 신탁자가 그 등기명의를 수탁자에게 이전하는 것으로서 단순하고 전형적인 경우이다. 3자간 명의신탁은 신탁자가 부동산을 매수하는 과정에서 발생하게 되는데, 3자간 등기명의신탁은 신탁자가 매수인으로 나서서 매도인과 매매계약을 체결하되 그 등기명의를 수탁자에게 이전하는 것이고, 3자간 계약명의신탁은 신탁자가 매수인으로 나서지 않고 수탁자가 매수인으로 나서서 매도인과 매매계약을 체결하고 그 등기명의도 수탁자에게 이전하는 것이다.

부동산실명법 제4조 제1항은 명의신탁약정은 무효라고 하면서 제2항 본문은 명의신탁약정에 따른 등기로 이루어진 부동산에 관한 물권변동은 무효로 한다고 규정하고 있다. 이 규정에 의하면, 2자간 명의신탁에서는 신탁자와 수탁자 사이의 명의신탁약정이 무효가 되고, 수탁자 명의의 이전등기도 원인무효가 되어 효력이 없다. 따라서 신탁자는 수탁자를 상대로 원인무효를 이유로 수탁자 명의의 등기에 대한 말소를 구할 수 있다.

3자간 등기명의신탁에서도 신탁자와 수탁자 사이의 명의신탁약정이 무효이므로 수탁자 명의의 이전등기도 원인무효가 되어 효력이 없다. 다만, 여기서 매도인과 신탁자 사이의 매매계약은 무효로 볼 수 없다. 그래서 매도인은 수탁자를 상대로 원인무효 등기의 말소를 구할 수 있고, 신탁자는 매도인에 대하여 매매를 원인으로 한 이전등기청구권을 가지며 이를 보전하기 위하여 매도인을 대위하여 수탁자에게 이전등기말소를 구할 수 있다. 만약에 수탁자가 신탁자 앞으로 이전등기를 해주게 되면 이는 실체관계에 부합하는 등기로서 유효하게 된다.[12]

3자간 계약명의신탁은 좀 더 복잡하다. 여기서도 물론 신탁자와 수탁자 사이의 명의신탁약정은 무효이므로 수탁자 명의의 이전등기도 원인무효가 되어 효력이 없다고 보는 것이 원칙이다. 그러나 이 경우는 신탁자가 매매계약의 전면에 나서지 않기 때문에 매도인으로서는 수탁자가 실질적인 매수인인지 단순한 명의수탁자에 불과한지를 알 수 없는 경우가 있다. 이에 대비하여 부동산실명법 제4조 제2항 단서는 부동산에 관한 물권을 취득하기 위한 계약에서 명의수탁자가 어느 한쪽 당사자가 되고 상대방 당사자는 명의신탁약정이 있다는 사실을 알지 못한 경우(선의인 경우)에는 수탁자 명의의 등기가 무효가 아니라고 규정하고 있다. 이는 선의의 매도인을 보호하기 위한 규정이다. 그래서 매도인이 선의이면 수탁자 명의의 등기는 그대로 유효하여 수탁자가 소유권을 취득하게 되고, 신탁자는 수탁자에게 매수자금 상당의 부당이득반환을 청구할 수 있을 뿐이다. 반면에 매도인이 악의이면 그 법률관계는 3자간 등기명의신탁의 경우와 동일하다.

그리고 만약 명의수탁자가 그 부동산을 제3자에게 처분하여 소유권이전등기를 해 줄 경우 그 제3자가 명의신탁부동산인지 여부를 알았는지 몰랐는지를 불문하고 온전하게 소유권을 취득하게 된다. 부동산실명법 제4조 제3항이 제1항과 제2항의 무효는 제3자에게는 대항하지 못하도록 규정하고 있기 때문이다.

| 사례 |

❖ **금전을 신탁하였다가 나중에 그 돈으로 매수한 부동산이 취득세 및 등록세의 비과세대상인 신탁재산에 해당하는지 여부**

등록세의 비과세 대상으로서 "신탁(신탁법에 의한 신탁으로서 신탁등기가 병행되는 것에 한한다.)으로 인한 재산권 취득의 등기 또는 등록으로서 다음 각목의 1에 해당하는 등기·등록"이라고 규정한 다음, (나)목에서 위탁자만이 신탁재산의 원본의 수익자가 된 신탁재산을 수탁자가 수익자에게 이전할 경우의 재산권 취득의 등기 또는 등록이라고 규정하고 있는 바, 위 각 조항에서의 신탁재산은, 신탁시에 신탁등기가 병행된 신탁재산을 말한다 할 것이므로 처음에 금전을 신탁하였다가 나중에 그 돈으로 매수한 부동산은 위 지방세법 조항에서 말하

---

12) 대법원 2004. 6. 25. 선고 2004다6764 판결

는 비과세대상으로서의 신탁재산에 해당되지 않는다.

(대법 98두10950, 2000.5.20.)

❖ **신탁법상 신탁의 효력**

부동산의 신탁에 있어서 수탁자 앞으로 소유권이전등기를 마치게 되면 대내외적으로 소유권이 수탁자에게 완전히 이전되고, 위탁자와의 내부관계에 있어서 소유권이 위탁자에게 유보되어 있는 것은 아니라 할 것이며, 이와 같이 신탁의 효력으로서 신탁재산의 소유권이 수탁자에게 이전되는 결과 수탁자는 대내외적으로 신탁재산에 대한 관리권을 갖는 것이고, 다만, 수탁자는 신탁의 목적 범위 내에서 신탁계약에 정하여진 바에 따라 신탁재산을 관리하여야 하는 제한을 부담함에 불과하다.

(대법 2000다70460, 2002.4.12.)

❖ **명의가 다름을 분양사가 알았다면 악의인 계약명의신탁에 해당되는지 여부**

명의만 원고이고 실질 소유자가 따로 있음을 분양사가 알고 있었다면 이는 명의수탁등기가 무효인 매도인이 악의인 계약명의신탁에 해당된다.

(대법 2014두40067, 2017.12.13.)

❖ **부동산 명의신탁에서의 취득세 납세의무**

3자간 등기명의신탁의 경우, 명의신탁자가 매매계약의 당사자로서 매매계약을 체결하고 매매대금을 지급하며, 그 법률효과도 명의신탁자에게 귀속된다. 부동산실명법에는 매도인과 명의신탁자 사이의 매매계약 효력을 부정하는 규정이 없으므로 그 매매계약은 효력이 있다. 이렇듯 3자간 등기명의신탁에서 명의신탁자의 매수인 지위는 일반 매매계약에서 매수인 지위와 다르지 않다. 따라서 명의신탁자가 매매계약을 체결하고 매매대금을 모두 지급하였다면 잔금지급일에 지방세법 제7조 제2항의 '사실상 취득'에 해당하여 취득세 납세의무가 성립한다.
명의신탁자가 부동산을 사실상 취득한 이후 명의수탁자 명의로 그 소유권이전등기를 마쳤더라도, 이는 취득세 납세의무가 성립한 이후에 발생한 사정에 불과하다. 더군다나 부동산실명법 제4조 제1항 및 제2항 본문에 의하여 명의신탁약정과 그에 따른 명의수탁자 명의의 등기는 무효이다. 따라서 명의수탁자 명의의 소유권이전등기를 이유로 이미 성립한 명의신탁자의 취득세 납세의무가 소급하여 소멸한다거나 성립하지 않았다고 볼 수는 없다.
3자간 등기명의신탁에서 명의신탁자가 명의수탁자 명의의 소유권이전등기를 말소한 다음 그 부동산에 관하여 매도인으로부터 자신의 명의로 소유권이전등기를 마치더라도, 이는 당초의 매매를 원인으로 한 것으로서 잔금지급일에 '사실상 취득'을 한 부동산에 관하여 소유권 취득의 형식적 요건을 추가로 갖춘 것에 불과하다. 그리고 명의신탁자가 당초의 매매를 원인으로 매도인으로부터 소유권등기를 이전받는 것이 아니라 명의수탁자로부터 바로 소유권등기를 이전받는 형식을 취하였다고 하여 위와 달리 평가할 수도 없다. 따라서 어느 경우이든 잔금지급일에 성립한 취득세 납세의무와 별도로 그 등기일에 새로운 취득세 납세의무가 성립한다고 볼 수는 없다.

(대법 2014두43110, 2018.3.22.)

❖ **담보신탁재산의 위탁자의 지위 이전이 사실상 취득에 해당되는지 여부**

양도인들이 쟁점부동산에 관한 지분을 모두 포기하고 그 지분을 이 사건 담보신탁계약 해지 후 원고에게 이전하기로 하는 내용의 지분양도 관련 기본계약을 체결하였지만 사회통념상 대금의 거의 전부가 지급되었다고 볼 만한 정도의 대금지급을 이행하였다고 보기 어려운 경우 위탁자의 지위 이전은 취득세의 과세 대상인 부동산의 취득에 해당하지 않으므로, 새로운 위탁자가 해당 신탁재산을 사실상 취득한 것으로 볼 수 없다.

(대법 2017두67810, 2018.2.8.)

❖ 신탁재산 위탁자가 취득시 비과세 해당 여부

위탁자가 신탁재산을 공매로 취득한 경우 신탁의 해지로 인한 취득으로 볼 수 없어 비과세를 적용할 수 없고, 공매의 경우 공유물 분할에 의한 취득으로도 볼 수 없음

(대법 2021두45510, 2021.10.28.)

(라) 동원대상지역 내의 토지의 수용·사용에 관한 환매권 행사로 인한 취득

징발재산정리에 관한 특별조치법 또는 국가보위에 관한 특별조치법 폐지법률 부칙 제2항에 따른 동원대상지역 내의 토지의 수용·사용에 관한 환매권의 행사로 매수하는 부동산의 취득에 대하여는 취득세를 부과하지 아니한다.

이 규정은 국가가 군사상 긴요하여 군(軍)이 계속 사용할 필요가 있는 사유재산을 매수 또는 수용한 토지의 매수대금으로 지급한 증권의 상환이 종료되기 전 또는 그 상환이 종료된 날로부터 5년 이내에 당해 재산의 전부 또는 일부가 군사상 필요없게 된 때에는 피징발자 또는 피수용자 및 그 상속인은 이를 우선 매수할 수 있는데 이 경우에 환매권자는 국가가 수용할 당시의 가격에 증권의 발행연도부터 환매연도까지 연 5푼의 이자를 가산한 금액을 국고에 납부하고 환매하게 되는데, 이때 매수하는 부동산의 취득에 대하여는 취득세를 비과세하여야 한다.

(마) 임시용 건축물 등의 취득

임시흥행장, 공사현장사무소 등(고급주택 등 중과세대상의 취득은 제외함) 존속기간이 1년을 초과하지 아니하는 임시용 건축물을 취득할 경우에는 취득세를 부과하지 아니한다. 다만, 존속기간이 1년을 초과하는 경우에는 취득세를 부과한다.

여기에서 존속기간이 1년을 초과하지 아니하는 임시의 용에 공하는 건축물이라 함은 일정한 장소에서 1년을 초과하지 아니하는 것을 임시용 건축물로 보아야 하며 당초 설치했던 장소에서 다른 장소로 옮겨 사용하는 기간까지 통산하여 1년의 기간을 산정하여서는 아니 될 것이다.

이 경우 "존속기간 1년 초과" 판단의 기산점은 건축법 제15조에 따라 시장, 군수에게 신고한 가설건축물축조신고서상 존속기간의 시기(그 이전에 사실상 사용한 경우에는 그 사

실상 사용일)가 되고, 신고가 없는 경우에는 사실상 사용일이 된다.

(바) 공동주택의 개수로 인한 취득

주택법 제2조 제3호에 따른 공동주택의 개수(건축법 제2조 제1항 제9호에 따른 대수선은 제외한다.)로 인한 취득 중 개수로 인한 취득 당시 지방세법 제4조에 따른 주택의 시가표준액이 9억원 이하인 주택과 관련된 개수로 인한 취득에 대해서는 취득세를 부과하지 아니한다.

이 경우 "공동주택"이란 건축물의 벽·복도·계단이나 그 밖의 설비 등의 전부 또는 일부를 공동으로 사용하는 각 세대가 하나의 건축물 안에서 각각 독립된 주거생활을 할 수 있는 구조로 된 주택을 말한다(주택법 §2 Ⅲ).

(사) 상속개시 이전 사용할 수 없는 차량의 상속 취득

상속개시 당시 피상속인 명의차량이 멸실되지는 않았지만, 차령초과로 이용할 수 없어 폐차 말소하는 경우 비과세하는 것이며, 이는 상속인은 「자동차관리법」 제13조제1항제7호 및 「자동차등록령」 제31조제1항에 따라 상속개시일로부터 3개월 이내에 상속 이전 등록하지 않고 말소 가능하기 때문에 피상속인 명의의 차량을 차령초과로 상속 이전등록 하지 않고 폐차하는 경우 상속 취득세 비과세 대상으로 규정한 것이다.

제2절 과세표준과 세율

제10조 과세표준의 기준

취득세의 과세표준은 취득당시의 가액으로 한다. 다만, 연부(年賦)로 취득하는 경우에는 연부금액(매회 사실상 지급되는 금액을 말하며, 취득금액에 포함되는 계약보증금을 포함한다. 이하 이 절에서 같다.)으로 한다(법 §10).

이 경우 부동산, 차량, 기계장비 또는 항공기는 지방세법 시행령에서 특별한 규정이 있는 경우를 제외하고는 해당 물건을 취득하였을 때의 사실상의 현황에 따라 부과한다. 다만, 취득하였을 때의 사실상 현황이 분명하지 아니한 경우에는 공부상의 등재 현황에 따라 부과한다(영 §13).

제10조의 2 무상취득의 경우 과세표준

① 부동산등을 무상취득하는 경우 제10조에 따른 취득 당시의 가액(이하 "취득당시가액"이라 한다)은 취득시기 현재 불특정 다수인 사이에 자유롭게 거래가 이루어지는 경우 통상적으로 성립된다고 인정되는 가액(매매사례가액, 감정가액, 공매가액 등 대통령령으로 정하는 바에 따라 시가로 인정되는 가액을 말하며, 이하 "시가인정액"이라 한다)으로 한다(법 §10의 2 ①).

이와 같은 무상취득은 취득세 과세대상 물건에 대해 그 대가를 직접 금액으로 지급하지 아니한 경우로서 취득가액이 없거나 취득가액의 산출이 곤란한 경우인 상속·증여·기부, 기타 무상으로 취득하는 경우, 외국에서 과세물건을 취득한 자가 이를 국내에 반입하는 경우 또는 대물변제에 의한 납부로서 이루어진 취득 등의 경우에는 일정한 기분에 의하여 평가된 객관적인 화폐가치를 뜻하는 시가인정액을 과세표준으로 한다는 것이다.

위 법 제10조의2제1항에서 "매매사례가액, 감정가액, 공매가액 등 대통령령으로 정하는 바에 따라 시가로 인정되는 가액"(이하 "시가인정액"이라 한다)이란 취득일 전 6개월부터 취득일 후 3개월 이내의 기간(이하 이 절에서 "평가기간"이라 한다)에 취득 대상이 된 법 제7조제1항에 따른 부동산 등(이하 이 장에서 "부동산등"이라 한다)에 대하여 매매, 감정, 경매

(「민사집행법」에 따른 경매를 말한다. 이하 이 조에서 같다) 또는 공매(이하 이 조에서 "매매등"이라 한다)한 사실이 있는 경우의 가액으로서 다음 각 호의 구분에 따라 해당 호에서 정하는 가액을 말한다(영 §14 ① Ⅰ~Ⅲ).

1. 취득한 부동산등의 매매사실이 있는 경우: 그 거래가액. 다만, 「소득세법」 제101조제1항 또는 「법인세법」에 따른 특수관계인(이하 "특수관계인"이라 한다)과의 거래 등으로 그 거래가액이 객관적으로 부당하다고 인정되는 경우는 제외한다.

2. 취득한 부동산등에 대하여 둘 이상의 감정기관(행정안전부령으로 정하는 공신력 있는 감정기관을 말한다. 이하 같다)이 평가한 감정가액이 있는 경우: 그 감정가액의 평균액. 다만, 다음 각 목의 가액은 제외하며, 해당 감정가액이 법 제4조에 따른 시가표준액에 미달하는 경우나 시가표준액 이상인 경우에도 「지방세기본법」 제147조제1항에 따른 지방세심의위원회(이하 "지방세심의위원회"라 한다)의 심의를 거쳐 감정평가 목적 등을 고려하여 해당 감정가액이 부적정하다고 인정되는 경우에는 지방자치단체의 장이 다른 감정기관에 의뢰하여 감정한 가액으로 하며, 그 가액이 납세자가 제시한 감정가액보다 낮은 경우에는 납세자가 제시한 감정가액으로 한다.

   가. 일정한 조건이 충족될 것을 전제로 해당 부동산등을 평가하는 등 취득세의 납부 목적에 적합하지 않은 감정가액
   나. 취득일 현재 해당 부동산등의 원형대로 감정하지 않은 경우 그 감정가액
   이때 "행정안전부령으로 정하는 공신력 있는 감정기관"이란 「감정평가 및 감정평가사에 관한 법률」 제2조제4호의 감정평가법인등을 말한다.

3. 취득한 부동산등의 경매 또는 공매 사실이 있는 경우: 그 경매가액 또는 공매가액 그리고 취득일 전 2년 이내의 기간 중 평가기간에 해당하지 않는 기간에 매매등이 있거나 평가기간이 지난 후에도 법 제20조제1항에 따른 신고·납부기한의 만료일부터 6개월 이내의 기간 중에 매매등이 있는 경우에는 지방세심의위원회에 해당 매매등의 가액을 제1항 각 호의 가액으로 인정하여 줄 것을 심의요청할 수 있으며(영 §14 ②).

제2항에 따른 심의요청을 받은 지방세심의위원회는 취득일부터 제24항 각 호의 날까지의 기간 중에 시간의 경과와 주위환경의 변화 등을 고려할 때 가격변동의 특별한 사정이 없다고 인정하는 경우에는 제52항에 따른 기간 중의 매매등의 가액을 제1항 각 호의 가액으로 심의·의결할 수 있다(영 §14 ③).

위 제1항 각 호의 가액이 평가기간 이내의 가액인지에 대한 판단은 다음 각 호의 구분에

따른 날을 기준으로 하며, 시가인정액이 둘 이상인 경우에는 취득일 전후로 가장 가까운 날의 가액(그 가액이 둘 이상인 경우에는 평균액을 말한다)을 적용한다. 다만, 해당 재산에 대하여 제1항 각 호의 매매등의 가액이 있는 경우, 제2항 내지 제3항에 따라 매매등의 가액으로 의결된 경우에는 제5항에 따른 가액을 적용하지 아니한다(영 §14 Ⅰ~Ⅲ).

1. 제1항제1호의 경우: 매매계약일
2. 제1항제2호의 경우: 가격산정기준일과 감정가액평가서 작성일
3. 제1항제3호의 경우: 경매가액 또는 공매가액이 결정된 날

그러나 위 제1항에도 불구하고 제1항 내지 제3항을 적용할 때 취득한 부동산등의 면적, 위치, 종류 및 용도와 법 제4조에 따른 시가표준액이 동일하거나 유사하다고 인정되는 다른 부동산등의 제1항 각 호에 따른 가액(취득일 전 1년부터 법 제20조제1항에 따른 신고·납부기한의 만료일까지의 가액으로 한정한다)이 있는 경우에는 해당 가액을 시가인정액으로 보며, 위의 이러한 규정에 따른 동일하거나 유사하다고 인정되는 다른 부동산등에 대한 판단기준은 행정안전부령으로 정한다(영 §14 ⑤,⑥).

이때 영 제14조제5항 및 제6항에 따른 취득한 부동산 등의 면적, 위치 및 용도와 시가표준액이 동일하거나 유사한 다른 재산이란 다음 각 호의 구분에 따른 재산을 말한다. 1.「부동산 가격공시에 관한 법률」에 따른 공동주택가격(새로운 공동주택가격이 고시되기 전에는 직전의 공동주택가격을 말한다. 이하 이 항에서 같다)이 있는 공동주택의 경우: 다음 각 목의 요건을 모두 충족하는 주택. 다만, 해당 주택이 둘 이상인 경우에는 평가대상 주택과 공동주택가격 차이가 가장 작은 주택을 말한다(규칙 §4조의 5 ①, ②).

가. 평가대상 주택과 동일한 공동주택단지(「공동주택관리법」에 따른 공동주택단지를 말한다) 내에 있을 것
나. 평가대상 주택과 주거전용면적(「주택법」에 따른 주거전용면적을 말한다)의 차이가 평가대상 주택의 주거전용면적의 100분의 5 이내일 것
다. 평가대상 주택과 공동주택가격의 차이가 평가대상 주택의 공동주택가격의 100분의 5 이내일 것

4. 제1호 외의 재산의 경우: 평가대상 재산과 면적·위치·용도 및 시가표준액이 동일하거나 유사한 다른 재산

시가인정액을 산정할 때 제24항 각 호의 날이 부동산등의 취득일 전인 경우로서 같은 항 같은 호의 날부터 취득일까지 해당 부동산등에 대한 자본적지출액(「소득세법 시행령」제

163조 제3항에 따른 자본적지출액을 말한다. 이하 이 조에서 같다)이 확인되는 경우에는 그 자본적지출액을 제1항 각 호의 가액에 더할 수 있다(영 §14 ⑦).

그리고 다음 각 호에 대하여 지방세 심의위원회에서 심의한다(영 §14의 5 ① Ⅰ~Ⅳ).

1. 제14조제1항제2호 각목외 단서에 따른 매매등의 가액의 시가인정액
2. 제14조제2항 및 제3항에 따른 시가인정액
3. 제14조의3에 따른 시가불인정 감정기관의 지정
4. 그 밖에 시가인정액 등 과세표준 적용에 관한 사항

이때 납세자는 제1항의 심의가 필요한 경우에는 매매등의 가액의 입증자료를 첨부하여 지방세심의위원회에 신청해야 하고, 제1항제2호의 심의가 필요한 경우 법 제20조에 따른 취득세 신고기한 만료 70일 전까지 신청해야 한다. 다만, 제1항제2호의 경우 중에서 평가기간이 경과한 후부터 법 제21조에 따른 기한까지의 기간 중에 매매등이 있는 경우에는 해당 매매등이 있는 날부터 6개월 이내에 매매등의 가액의 입증자료를 첨부하여 지방세심의위원회에 신청해야 하고, 제2항에 따른 신청을 받은 지방세심의위원회는 해당 취득세 신고기한만료 20일 전까지 그 결과를 납세자에게 서면으로 통지해야 하며, 지방세심의위원회의 설치·운영, 심의신청절차, 통지 등에 관하여 필요한 사항은 행정안전부장관이 정하여 고시한다(영 §14의 5 ②, ③, ④).

② 제1항에도 불구하고 다음 각 호의 경우에는 해당 호에서 정하는 가액을 취득당시가액으로 한다(법 §10의 2 ② Ⅰ~Ⅲ).

1. 상속에 따른 무상취득의 경우: 제4조에 따른 시가표준액
2. 대통령령으로 정하는 가액 이하의 부동산등을 무상취득(제1호의 경우는 제외한다)하는 경우: 시가인정액과 제4조에 따른 시가표준액 중에서 납세자가 정하는 가액

이 경우 "대통령령으로 정하는 가액 이하의 부동산등"이란 취득물건에 대한 시가표준액이 1억원 이하인 부동산등을 말한다(영 §10의 2 ③).

3. 제1호 및 제2호에 해당하지 아니하는 경우: 시가인정액으로 하되, 시가인정액을 산정하기 어려운 경우에는 제4조에 따른 시가표준액

③ 납세자가 제20조제1항에 따른 신고를 할 때 과세표준으로 제1항에 따른 감정가액을 신고하려는 경우에는 대통령령으로 정하는 바에 따라 둘 이상의 감정기관(대통령령으로 정하는 가액 이하의 부동산 등의 경우에는 하나의 감정기관으로 한다)에 감정을 의뢰하고 그 결과를 첨부하여야 한다(법 §10의 2 ③).

이 경우 "대통령령으로 정하는 가액 이하의 부동산 등"이란 다음 각 호의 부동산등을 말한다(영 §14의 3 ① Ⅰ~Ⅱ).
1. 시가표준액이 10억원 이하인 부동산등
2. 법 제10조의5제3항제2호의 법인 합병·분할 및 조직 변경을 원인으로 취득하는 부동산등.

④ 제3항에 따른 신고를 받은 지방자치단체의 장은 감정기관이 평가한 감정가액이 다른 감정기관이 평가한 감정가액의 100분의 80에 미달하는 등 대통령령으로 정하는 사유에 해당하는 경우에는 1년의 범위에서 기간을 정하여 해당 감정기관을 시가불인정 감정기관으로 지정할 수 있다(법 §10의 2 ④).

위 규정에서 "감정기관이 평가한 감정가액이 다른 감정기관이 평가한 감정가액의 100분의 80에 미달하는 등 대통령령으로 정하는 사유에 해당하는 경우"란 납세자가 제시한 감정가액(이하 이 조에서 "원감정가액"이라 한다)이 지방자치단체의 장이 다른 감정기관에 의뢰하여 평가한 감정가액(이하 이 조에서 "재감정가액"이라 한다)의 100분의 80에 미달하는 경우를 말한다(영 §14의 3 ②).

그리고 감정가액이 위와 같은 사유에 해당하는 경우에는 지방자치단체의 장은 감정가액이 제2항의 사유에 해당하는 경우에는 부실감정의 고의성과 원감정가액이 재감정가액에 미달하는 정도 등을 고려하여 1년의 범위에서 행정안전부령으로 정하는 기간 동안 원감정가액을 평가한 감정기관을 법 제10조의2제4항에 따른 시가불인정 감정기관(이하 이 장에서 "시가불인정감정기관"이라 한다)으로 지정할 수 있다. 이 경우 지방세심의위원회의 심의를 거쳐야 한다(영 §14의 3 ③).

이때 영 제14조의3제3항 전단에서 "행정안전부령으로 정하는 기간"이란 다음 각 호의 구분에 따른 기간으로 하되, 제1호 및 제2호에 모두 해당하는 경우에는 해당 기간 중 가장 긴 기간으로 한다.(규칙 §제4의5 ③)

1. 고의 또는 중대한 과실로 다음 각 목의 어느 하나에 해당하는 부실감정을 한 경우: 1년
    가. 평가대상 재산의 위치·지형·이용상황·주변환경 등 객관적 가치에 영향을 미치는 요인을 사실과 다르게 조사한 경우
    나. 「감정평가 및 감정평가사에 관한 법률」 제2조 및 제25조제2항을 위반한 경우
    다. 납세자와 담합하여 취득세를 부당하게 감소시킬 목적으로 감정평가한 경우
2. 원감정가액이 재감정가액에 미달하는 경우: 재감정가액에 대한 원감정가액의 비율에 따른 다음 각 목의 기간
    가. 100분의 70이상 100분의 80 미만인 경우: 6월
    나. 100분의 60이상 100분의 70미만인 경우: 9월

다. 100분의 60미만인 경우: 1년

이렇게 지정된 지정 기간은 지방자치단체의 장으로부터 시가불인정감정기관 지정 결과를 통지받은 날부터 기산하며, ⑤ 지방자치단체의 장은 제3항 후단에 따라 지방세심의위원회의 회의를 개최하기 전에 다음 각 호의 내용을 해당 감정기관에 통지하고, 의견을 청취해야 한다.(영 §14의 3 ④, ⑤ Ⅰ~Ⅳ)
1. 시가불인정감정기관 지정 내용 및 법적 근거
2. 제1호에 대하여 의견을 제출할 수 있다는 뜻과 의견을 제출하지 않는 경우의 처리 방법
3. 의견제출기한
4. 그 밖에 의견제출에 필요한 사항

⑤ 제4항에 따라 시가불인정 감정기관으로 지정된 감정기관이 평가한 감정가액은 그 지정된 기간 동안 시가인정액으로 보지 아니한다(법 §10의 2 ⑤).

⑥ 제7조제11항 및 제12항에 따라 증여자의 채무를 인수하는 부담부 증여의 경우 유상으로 취득한 것으로 보는 채무액에 상당하는 부분(이하 이 조에서 "채무부담액"이라 한다)에 대해서는 제10조의3에서 정하는 유상승계취득에서의 과세표준을 적용하고, 취득물건의 시가인정액에서 채무부담액을 뺀 잔액에 대해서는 이 조에서 정하는 무상취득에서의 과세표준을 적용한다(법 §10의 2 ⑥).

이 규정에 따른 부담부증여의 경우 유상으로 취득한 것으로 보는 채무액에 상당하는 부분(이하 이 조에서 "채무부담액"이라 한다)의 범위는 시가인정액을 그 한도로 한다(영 §14의 4 ①).

그리고 채무부담액은 취득자가 부동산등의 취득일이 속하는 달의 말일부터 3개월 이내에 인수한 것을 입증한 채무액으로서 다음 각 호의 금액으로 한다(영 §14의 4 ② Ⅰ~Ⅳ).
1. 등기부 등본으로 확인되는 부동산등에 대한 저당권, 가압류, 가처분 등에 따른 채무부담액
2. 금융기관이 발급한 채무자 변경 확인서 등으로 확인되는 금융기관의 금융채무액
3. 임대차계약서 등으로 확인되는 부동산등에 대한 임대보증금액
4. 그 밖에 판결문, 공정증서 등 객관적 입증자료로 확인되는 취득자의 채무부담액

⑦ 제4항에 따른 시가불인정 감정기관의 지정기간·지정절차와 제6항에 따라 유상승계취득에서의 과세표준을 적용하는 채무부담액의 범위, 유상승계취득에서 과세표준이 되는 가액과 그 적용 등에 관하여 필요한 사항은 대통령령으로 정한다(법 §10의 2 ⑦).

위 규정에 따라 지방자치단체의 장은 시가불인정감정기관을 지정하는 경우에는 다음 각

호의 사항을 행정안전부령으로 정하는 바에 따라 지방세통합정보통신망에 게재해야 한다(영 §14의 3 ⑥ Ⅰ~Ⅳ).

 1. 시가불인정감정기관의 명칭(상호), 성명(법인인 경우 대표자 성명과 법인등록번호) 및 사업자등록번호
 2. 시가불인정감정기관 지정 기간
 3. 시가불인정감정기관 지정 사유
 4. 시가불인정감정기관 지정 처분이 해제된 경우 그 해제 사실

그리고 위의 영 제14조의 3 제3항부터 제6항까지에서 규정한 사항 외에 시가불인정감정기관의 지정 및 통지 등에 필요한 사항은 행정안전부령으로 정한다(영 §14의 3 ⑦).

제10조의 3 | 유상승계취득의 경우 과세표준

① 부동산등을 유상거래(매매 또는 교환 등 취득에 대한 대가를 지급하는 거래를 말한다. 이하 이 장에서 같다)로 승계취득하는 경우 취득당시가액은 취득시기 이전에 해당 물건을 취득하기 위하여 다음 각호의 자가 거래 상대방이나 제3자에게 지급하였거나 지급하여야 할 일체의 비용으로서 대통령령으로 정하는 사실상의 취득가격(이하 "사실상취득가격"이라 한다)으로 한다(법 §10의 3 ① Ⅰ~Ⅲ).

 1. 납세의무자
 2. 「신탁법」에 따른 신탁의 방식으로 해당 물건을 취득하는 경우에는 같은 법에 따른 위탁자
 3. 그 밖에 해당 물건을 취득하기 위하여 비용을 지급하였거나 지급하여야 할 자로서 대통령령으로 정하는 자

위 법은 유상취득에 따른 취득가격은 취득자가 지급한 비용이 아니라 과세물건의 객관적 가치를 기준으로 취득에 소요된 전체 비용으로 하는 것이 타당(헌법재판소 2017헌바474, '20.8.28. 대법원 2008아17, '08.6.12. 참조)하므로 ,과세표준 산정 시 취득 주체를 중심으로 판단하지 않고 물건의 객관적 가치를 반영할 수 있도록 문언을 명확하기 위하여 개정

위 법 제10조의3제1항에서 "대통령령으로 정하는 사실상의 취득가격"(이하 "사실상취득가격"이라 한다)이란 해당 물건을 취득하기 위하여 소요되는 직접비용과 다음 각 호의 어느 하나에 해당하는 간접비용의 합계액을 말한다. 다만, 취득대금을 일시급 등으로 지급하여 일

정액을 할인받은 경우에는 그 할인된 금액으로 하고, 법인이 아닌 자가 취득한 경우에는 제1호, 제2호 또는 제7호의 금액을 제외한 금액으로 한다(영 §18 ① Ⅰ~Ⅹ, ② Ⅰ~Ⅴ).

1. 건설자금에 충당한 차입금의 이자 또는 이와 유사한 금융비용
2. 할부 또는 연부(年賦) 계약에 따른 이자 상당액 및 연체료
3. 「농지법」에 따른 농지보전부담금, 「문화예술진흥법」 제9조제3항에 따른 미술작품의 설치 또는 문화예술진흥기금에 출연하는 금액, 「산지관리법」에 따른 대체산림자원조성비 등 관계 법령에 따라 의무적으로 부담하는 비용
4. 취득에 필요한 용역을 제공받은 대가로 지급하는 용역비·수수료(건축 및 토지조성공사로 수탁자가 취득하는 경우 위탁자가 수탁자에게 지급하는 신탁수수료를 포함한다)
5. 취득대금 외에 당사자의 약정에 따른 취득자 조건 부담액과 채무인수액
6. 부동산을 취득하는 경우 「주택도시기금법」 제8조에 따라 매입한 국민주택채권을 해당 부동산의 취득 이전에 양도함으로써 발생하는 매각차손. 이 경우 행정안전부령으로 정하는 금융회사 등(이하 이 조에서 "금융회사등"이라 한다) 외의 자에게 양도한 경우에는 동일한 날에 금융회사등에 양도하였을 경우 발생하는 매각차손을 한도로 한다.
7. 「공인중개사법」에 따른 공인중개사에게 지급한 중개보수
8. 붙박이 가구·가전제품 등 건축물에 부착되거나 일체를 이루면서 건축물의 효용을 유지 또는 증대시키기 위한 설비·시설 등의 설치비용
9. 정원 또는 부속시설물 등을 조성·설치하는 비용
10. 제1호부터 제9호까지의 비용에 준하는 비용

위 제1항에도 불구하고 다음 각 호의 어느 하나에 해당하는 비용은 사실상취득가격에 포함하지 않는다(영 §18 ② Ⅰ~Ⅴ)..

1. 취득하는 물건의 판매를 위한 광고선전비 등의 판매비용과 그와 관련한 부대비용
2. 「전기사업법」, 「도시가스사업법」, 「집단에너지사업법」, 그 밖의 법률에 따라 전기·가스·열 등을 이용하는 자가 분담하는 비용
3. 이주비, 지장물 보상금 등 취득물건과는 별개의 권리에 관한 보상 성격으로 지급되는 비용
4. 부가가치세
5. 제1호부터 제4호까지의 비용에 준하는 비용

② 지방자치단체의 장은 특수관계인 간의 거래로 그 취득에 대한 조세부담을 부당하게 감소시키는 행위 또는 계산을 한 것으로 인정되는 경우(이하 이 장에서 "부당행위계산"이라 한다)에는 제1항에도 불구하고 시가인정액을 취득당시가액으로 결정할 수 있다(법 §10의 3 ②).

③ 부당행위계산의 유형은 대통령령으로 정한다(법 §10의 3 ①).

위 법 제10조의3 제2항 및 제3항에 따른 부당행위계산은 특수관계인으로부터 시가인정액보다 낮은 가격으로 부동산을 취득한 경우로서 시가인정액과 사실상취득가격의 차액이 3억원 이상이거나 시가인정액의 100분의 5에 상당하는 금액 이상인 경우로 한다(영 §18의 2).

> **사례**
>
> ❖ **지하발전소 내 터널에 대한 과세 여부**
>
> 이 사건 각 터널은 이 사건 지하발전소에 이르는 각종 교통로 내지는 거기에서 생산된 전력을 운반하는 송전선로로서 물리적 구조, 용도와 기능면에서 볼 때 지하발전소 자체와 분리할 수 없을 정도로 부착·합체되어 일체로서 효용가치를 이루고 있고, 지하발전소와 독립하여서는 별개의 거래상 객체가 되거나 경제적 효용을 가질 수 없다고 할 것이므로, 이 사건 각 터널은 이 사건 지하발전소에 부합되었거나 그에 부수되는 시설물에 해당한다고 봄이 타당함
> (대법 2012두1600, 2013.7.11.)
>
> ❖ **전기차 충전시설이 과세대상에 해당하는지 여부**
>
> 전기차 충전시설이 건축물을 신축하면서 건축물에 부착 또는 전기 배관 등 건축물과 유기적으로 연결되어 설치된 경우라면, 해당 건축물의 신축과 관련된 비용으로 보아 취득세 과세표준에 포함하는 것이 타당함
> (지방세운영과-74, 2018.1.10.)
>
> ❖ **백본 스위치 등 전산통신네트워크가 과세대상에 해당하는지 여부**
>
> 백본 스위치 등 전산통신네트워크 장치는 건축설비에 해당하고, 건축설비는 건축물과 일체를 이루면서 그 효용과 가치를 유지·증가시키므로 백본 스위치 등 전산통신네트워크 설치를 위해 소요된 공사비는 건축물 신축에 따른 취득가격에 포함하는 것이 타당함
> (지방세운영과-514, 2014.2.14.)

1) 취지

과세표준이라 함은 조세객체, 즉 과세물건에 대한 조세부과의 표준이 되는 것을 말하며 이에 대한 표시는 가액, 수량 등으로 되어 있다. 그러므로 과세표준이 되는 것은 소득세에 있어서는 소득금액, 재산세에 있어서는 재산가액, 수익세에 있어서는 수익금액 등이 되는데 이와 같이 화폐금액으로 표시되는 것을 종가세라 하고, 주세법의 경우 주정의 수량(kl)에 대하여 과세하는 것과 담배소비세에 있어서의 개비 또는 그램 등과 같이 물건의 양, 수, 중량으로 표시되는 종량세가 있다. 그런데 지방세법에서 일반적으로 과표라고 일컫고 있는 것은 과세표준과 시가표준액의 두 가지를 지칭하고 있는데 과세표준은 시가표준액을 포괄한 조세부과의 표준이 되는 가격, 수량 등을 말하며 시가표준액은 지방세 전반에 적용

되는 과세표준으로 토지 및 주택에 대한 시가표준액은 감정평가 및 감정평가사에 관한 법률에 의하여 가격이 공시되는 토지 및 주택에 대하여는 동법에 의하여 공시된 가액(개별공시지가 또는 개별주택가격이 공시되지 아니한 경우에도 특별자치시장, 특별자치도지사, 시장, 군수, 구청장이 동법의 규정에 의하여 국토교통부장관이 제공한 토지가격 비준표 또는 주택가격비준표를 사용하여 산정한 가액으로 한다. 다만, 공동주택 가격이 공시되지 아니한 경우에는 지역별, 단지별, 면적별, 층별 특성 및 거래가격 등을 참작하여 행정안전부장관이 정하는 기준에 따라 시장, 군수가 산정한 가액으로 한다.)을 말한다.

그리고 토지 및 주택 이외의 건축물과 선박, 항공기, 기타 과세대상에 대하여는 거래가격, 수입가격, 신축·건조·제조가격에 종류·구조·용도·경과연수 등 과세대상별 특성을 감안하여 대통령령이 정하는 기준에 따라 지방자치단체의 장이 결정한 가액이 시가표준액이 된다.

취득세의 과세표준은 과세대상물건의 취득 당시의 가격, 즉 취득자가 과세대상물건을 취득하면서 취득대가로 지급한 금액을 말한다. 이와 같이 취득세의 과세표준을 취득 당시에 지급된 가액으로 한 것은 먼저 취득세는 취득물건의 유통과정에서 발생하는 대가의 지급 능력을 인정하여 과세하는 유통세라는 점에서 볼 때 취득세의 성격상 취득가격, 즉 거래시 지급되는 모든 비용이 과세표준이 되어야 한다는 점이며, 다음으로 취득세의 징수는 신고납부방법에 의하도록 되어 있으므로 취득자가 취득물건을 취득하면서 지급한 금액을 과세표준으로 신고하게 되면 별도의 방법에 의하여 세액계산을 하지 아니하더라도 납세의무자가 비교적 용이하게 세액을 계산하여 신고하고 납부할 수 있는 것을 과세표준으로 하는 것이 필요하다는 것이다.

그런데 이러한 원칙에 의하여 취득세의 과세표준을 적용한다 하더라도 불성실한 신고 등으로 사실상의 취득가액을 알 수 없는 경우와 무상취득 등 그 가액이 없는 경우 등으로 인하여 과세표준의 적용에 예외를 인정하는 경우가 있는데 취득세에서 적용되고 있는 과세표준액에 대하여 조문별로 살펴보면 다음과 같다.

2) 일반적 원칙

취득세의 과세표준은 취득 당시의 가액으로 한다. 다만, 연부로 취득하는 경우에는 연부금액(매회 사실상 지급되는 금액을 말하며, 취득금액에 포함되는 계약보증금을 포함한다.)으로 한다.

그리고 부동산·차량·기계장비 또는 항공기는 이 영에서 특별한 규정이 있는 경우를 제외하고는 해당 물건을 취득하였을 때의 사실상의 현황에 따라 부과한다. 다만, 취득하였을 때의 사실상 현황이 분명하지 아니한 경우에는 공부상의 등재 현황에 따라 부과한다(영 §13).

여기에서 취득 당시의 가액이라 함은 취득시점을 기준으로 원시취득, 승계취득, 유상취득, 무상취득, 연부취득, 주식취득 등 여러 가지 형태의 취득유형에 따라 그 취득가액의 적용이 달라지게 되는데 이를 설명하면 다음과 같다.

(가) 원시취득

건축물의 신축, 재축, 증축, 선박의 건조, 공유수면의 매립 등과 같은 원시취득에 있어서는 그 건축, 건조 또는 매립에 직접적으로 투입된 금액이 과세표준액이 된다.

▎사례 ▎

❖ 토지구획정리사업으로 환지예정지가 지정된 경우 토지구획정리사업지구 내 토지에 대한 과세시가표준액의 결정기준(=환지예정지 지정 후에 새로 설정된 잠정등급)

구 지방세법 시행령(1995.12.30. 대통령령 제14878호로 개정되기 전의 것) 제80조 제1항 제1호, 제80조의 2, 구 지방세법 시행규칙(1995.12.30. 내무부령 제 668호로 개정되기 전의 것) 제46조 등에 의하면, 토지구획정리사업의 시행으로 환지예정지가 지정된 경우 토지구획정리사업지구 내 토지에 대한 과세시가표준액은 환지예정지가 지정되기 전에 설정된 토지등급의 유무에 불구하고 환지예정지가 지정된 다음에 새로이 설정된 잠정등급에 의하여야 한다.
(대법 2005두9699, 2007.2.8.)

❖ 개인사업자가 도급하여 건축한 건축물의 과세표준액 적용기준

건물 신축의 설계가 법인이 아닌 개인사업자에게 도급되어 취득가액의 전부가 법인장부에 의하여 입증되는 경우에 해당하지 아니하여 구 지방세법 제111조 제5항 제3호가 적용될 수 없으므로 이 사건 건물의 시가표준액을 취득세 등의 과세표준으로 삼은 이 사건 처분은 적법하다.
(대법 2009두5053, 8014, 13382, 2011.7.28.)

❖ 법인이 건축물을 건축함에 있어 시공사에게 지급하는 공사대금의 지급 지체에 따른 지연이자를 사실상의 취득가격에 포함할 수 있는지 여부

다음과 같은 사정들을 종합하여 보면, 취득세의 과세표준이 되는 '사실상의 취득가격'에는 이 사건 지연이자가 포함된다고 봄이 타당하다. ① 개정전 시행령의 '연체료'의 범위를 '할부 또는 연부 계약에 따른' 연체료에 한정하고자 하는 의미로 이와 같이 개정된 것으로 보이지 않는다. ② '연체료'의 의미에는 그 문언상 이 사건 지연이자와 같은 건축물의 취득을 위한 신축공사대금의 지연이자도 포함된다고 보아야 하고, 지방세법 시행령 제18조 제1항 제1호에서 '건설자금에 충당한 차입금의 이자'를 간접비용으로 정하고 있음을 감안할 때 건축물 취득을 위한 공사대금의 지급을 지체함으로써 발생한 지연이자 역시 간접비용에 포함된다고 보는 것이 형평에 부합한다. ③ 취득세는 본래 재화의 이전이라는 사실 자체를 포착하여 거기에 담세력을 인정하고 부과하는 유통세의 일종으로서 사실상의 취득행위 자체를 과세대상으로 하는 것이므로 양도소득세 및 법인세와는 그 과세대상을 달리한다. 따라서 취득세의 취득가액을 소득세나 법인세와 동일하게 해석해야 한다고 볼 수 없다. ④ 한국회계기준원에 대한 사

실조회 결과에 의하면, '일반기업회계기준에 따르면, 지연이자는 토지 또는 건물 등의 취득에 직접 관련된 원가에 해당하지 않으므로 자산의 취득원가에 포함하지 않고 발생시점에 비용으로 인식한다.'고 회신하고 있다. 그러나 취득세의 취득가격의 항목 및 범위가 기업회계기준상의 취득원가의 그것과 동일하다고 볼 수 없으므로, 이와 다른 전제에서 한 원고의 주장은 받아들일 수 없다.

(대법 2014두41640, 2014.12.24.)

❖ **수분양자 비용을 지불한 발코니 공사비용을 시행사인 원시취득자가 취득하는 취득원가에 포함할 수 있는지 여부**

지방세법 제7조 제3항은 '건축물 중 조작 설비, 그 밖의 부대설비에 속하는 부분으로서 그 주체구조부와 하나가 되어 건축물의 효용가치를 이루고 있는 것에 대하여는 주체구조부 취득자 외의 자가 가설한 경우에도 주체구조부의 취득자가 함께 취득한 것으로 본다.'라고 규정하고 있으므로 수분양자가 발코니 공사비용을 지불하여 발코니의 용도가 거실 등으로 변경되었어도 사용승인일 이전에 그와 같은 상태의 아파트를 취득한 이상 그 비용은 주체구조부 취득자인 원시취득자의 취득가격에 포함되어야 한다.

(대법 15두59877, 2016.3.14.)

(나) 유상승계취득

유상승계취득의 경우는 과세대상물건을 취득하는 데 직접 또는 간접적으로 소요된 일체의 비용이 취득금액이 되는 것이다. 이 경우 "일체의 비용"이라 함은 소개수수료, 설계비, 연체료, 할부이자 및 건설자금에 충당한 금액의 이자 등 취득에 소요된 직접, 간접비용(부가가치세를 제외한다.)을 포함하되, 법인이 아닌 자가 취득하는 경우에는 연체료 및 할부이자를 제외한다.

▲ **사례**

❖ **하자보수충당금 등이 아파트 취득가격에 포함되는지 여부**

원심은 원칙적으로 원고가 지급한 공사대금 전액이 과세대상물건인 이 사건 아파트를 취득하기 위하여 소요된 비용으로서 취득세 등의 과세표준이 된다고 보아야 하고, ○○건설이 원고로부터 공사대금을 지급받은 후 장부상 위와 같이 하자보수충당금과 퇴직급여충당금을 계상하였다 하더라도 이는 어디까지나 원고로부터 공사를 수급한 ○○건설이 그 필요에 따라 내부적으로 위 각 충당금을 설정한 것에 불과하며 그로 인하여 원고의 공사대금 지급금액에 변동이 오는 것이 아닌 점, 위 각 충당금은 장래에 발생할 비용을 적정한 방법으로 현재의 비용으로 환산하여 계상한 것으로서 ○○건설은 위 각 충당금 상당액도 이 사건 아파트를 건설하기 위한 비용에 포함하여 원고에게 공사대금으로 요구한 점 등에 비추어 볼 때, 원고가 ○○건설에게 지급한 위 공사대금 중 위 각 충당금 상당액은 원고의 이 사건 아파트 취득과 직접 또는 간접으로 관련된 비용으로서 이 사건 아파트의 취득가격에 포함되어야 한다고 판단하였다.

(대법 2007두17373, 2010.2.11.)

❖ **취득자가 1필지의 토지를 취득하면서 부분별로 가치를 가리지 않고 일괄 대금을 정하여 매수한 경우의 과세표준 산정방법**

취득 당시 1필지 토지 중 일부만이 취득세 비과세대상인 경우에는 비과세대상 부분을 제외한 나머지 과세대상 부분에 관하여만 취득세의 과세표준을 산정하여야 한다. 이 경우 취득자가 1필지의 토지를 취득하면서 그 부분별 가치의 우열을 가리지 않고 토지 전체를 일괄하여 대금을 정하여 매수하였다면 이는 토지 전체를 단위면적당 균일한 가격으로 매수한 것으로 볼 수 있으므로, 과세대상 부분에 대한 취득세의 과세표준이 되는 취득 당시의 가액은 해당 토지 전체의 취득가액 중 해당 토지의 전체 면적에서 과세대상 부분의 면적이 차지하는 비율에 따라 안분하여 산정된 가액으로 봄이 타당하다(대법 94누10184, 1995.2.24. 선고 판결, 대법 2011두18441, 2013.6.13. 선고 판결 등 참조).

(대법 2012두16404, 2014.9.26.)

❖ **경락에 의한 부동산 취득은 원시취득에 해당하는지 여부**

① '경매'는 채무자 재산에 대한 환가절차를 국가가 대행해 주는 것일 뿐 본질적으로 매매의 일종에 해당하는 점(대법원 1993.5.25. 선고 92다15574 판결 등 참조), ② 부동산 경매시 당해 부동산에 설정된 선순위 저당권 등에 대항할 수 있는 지상권이나 전세권 등은 매각으로 인해 소멸되지 않은 채 매수인에게 인수되며, 매수인은 유치권자에게 그 유치권의 피담보채권을 변제할 책임이 있는 등(민사집행법 제91조 제3 내지 5항, 제268조), 경매 이전에 설정되어 있는 당해 부동산에 대한 제한이 모두 소멸되는 것이 아니라 일부 승계될 수 있는 점, ③ 민법 제578조는 경매가 사법상 매매임을 전제로 매도인의 담보책임에 관한 규정을 두고 있는 점, ④ 대법원은 일관되게 직접적으로 경매로 일한 부동산의 소유권 취득이 승계취득에 해당한다는 입장(대법원 1991.4.23. 선고 90누6101 판결, 대법원 1991.8.27. 선고 91다3703 판결, 대법원 2000.10.27. 선고 2000다34822 판결 등 참조)인 점, ⑤ 대법원은 경매로 인한 소유권의 취득이 승계취득임을 전제로 미성년자의 매수신청을 무효라고 하거나 매수인의 선의취득을 인정하고 있는 점(대법원 1969.11.19. 자 69마989 결정, 대법원 1998.3.27. 선고 97다32680 판결 참조), ⑥ 지방세 기본법 제20조 제3항은 '이 법 및 지방세 관계법의 해석 또는 지방세 행정의 관행이 일반적으로 납세자에게 받아들여진 후에는 그 해석 또는 관행에 따른 행위나 계산은 정당한 것으로 보며, 새로운 해석 또는 관행에 따라 소급하여 과세되지 아니한다.'라고 규정하고 있는바, 과거 조세실무상 경매로 인한 소유권취득은 승계취득으로 취급된 것으로 보이는 점, ⑦ 공익사업을 위한 토지 등의 취득 및 보상에 관한 법률(이하 '토지보상법'이라 한다) 상의 수용은 일정한 요건 하에 그 소유권을 사업시행자에게 귀속시키는 행정처분으로서 이로 인한 효과는 소유자가 누구인지와 무관하게 사업시행자가 그 소유권을 취득하게 하는 원시취득에 해당하나(대법원 2018.12.13. 선고 2016두51719 판결 참조), 이에 반하여 경매를 원인으로 한 소유권 취득은 성질상 사법상 매매로서 행정처분인 토지보상법 상의 수용과는 엄밀히 구분되는 점, ⑧ 2016.12.27. 법률 제14475호로 개정된 지방세법 제6조는 취득세율의 적용에 있어 이미 존재하는 과세대상 부동산을 취득한 경우 원시취득의 범위에서 제외하는 규정을 신설함으로써 원시취득의 범위를 '기존에 과세대상이 존재하지 않는 경우'로 제한한 점 등을 종합하면, 경매절차를 통한 부동산취득은 '승계취득'이라고 봄이 타당함

(대법 2019두54849, 2020.1.16.)

(다) 무상취득

취득세 과세대상물건에 대해 그 대가를 직접 금액으로 지급하지 아니한 경우로서 취득가액이 없거나 취득가액의 산출이 곤란한 무상취득(상속으로 인한 취득 제외)으로 인한 취득의 경우에는 일반적으로 취득시기 현재 불특정 다수인 사이에 자유롭게 거래가 이루어지는 경우 통상적으로 성립된다고 인정되는 가액 즉 시가인정액(매매사례가액, 감정가액, 공매가액 등 대통령령으로 정하는 바에 따라 시가로 인정되는 가액)을 과세표준으로 하는 것이다.

사례

❖ **증여에 의한 취득시 적용할 과표**

원심은, 그 채용증거에 의하여 원고가 금융부채 상환을 목적으로 주주인 전○○로부터 토지 및 그 지상건물을 증여받으면서 구 조세감면규제법(1998.9.16. 법률 제5561호로 개정되기 전의 것) 제40조의 7, 제113조 제1항 제8호, 제114조 제1항 제7호의 규정에 따라 취득세 및 등록세를 면제받은 사실, 피고는 원고가 관계 법령의 규정에 따라 부동산을 양도하여야 할 시한을 넘기고도 이 사건 부동산을 양도하지 아니함으로써 취득세 및 등록세 등을 추징할 사유가 발생하였다고 하여 원고가 지방세감면신청서에 기재한 이 사건 부동산의 가액(장부가액)을 과세표준으로 삼아 이 사건 취득세 및 등록세 등을 부과한 사실을 인정한 다음, 원고가 지방세감면신청서에 기재한 가액은 취득세 및 등록세의 과세표준이 되는 신고가액이 될 수 없으므로 이 사건 부동산의 과세표준은 시가표준액에 의하여 산정하여야 한다고 보아, 이 사건 처분 중 시가표준액을 과세표준으로 삼아 산정되는 세액을 초과하는 부분은 위법하다고 판단하였다. 앞서 든 법리 및 관계 법령의 규정을 기록에 비추어 살펴보면, 원심의 위와 같은 인정 및 판단은 정당하고, 거기에 상고이유에서 주장하는 바와 같은 지방세법상 취득세 및 등록세의 과세표준과 신고납부에 관한 법리오해나 사실오인 등의 위법이 없다.

(대법 2003두240, 2003.9.26.)

❖ **정비사업의 시행자가 새로이 설치된 정비기반시설을 국가 등에 무상귀속을 시키는 것에 대한 그 반대급부로서 취득하는 용도폐지 정비기반시설의 취득을 유상승계 취득으로 볼 수 있는지 여부**

구 도시정비법 제65조 제2항은 '시장·군수 또는 주택공사 등이 아닌 사업시행자가 정비사업의 시행으로 새로이 설치한 정비기반시설은 그 시설을 관리할 국가 또는 지방자치단체에 무상으로 귀속되고, 정비사업의 시행으로 인하여 용도가 폐지되는 국가 또는 지방자치단체 소유의 정비기반시설은 그가 새로이 설치한 정비기반시설의 설치비용에 상당하는 범위 안에서 사업시행자에게 무상으로 양도된다'고 정하고 있다(이하 전단 부분을 '이 사건 전단 규정'이라 하고, 후단 부분을 '이 사건 후단 규정'이라 한다). 이는 민간 사업시행자에 의하여 새로이 설치된 정비기반시설을 이 사건 전단 규정에 따라 당연히 국가 또는 지방자치단체에 무상귀속되는 것으로 함으로써 공공시설의 확보와 효율적인 유지·관리를 위하여 국가 등에게 그 관리권과 함께 소유권까지 일률적으로 귀속되도록 하는 한편, 그로 인한 사업시행자의 재산상 손실을 합리적인 범위 안에서 보전해 주기 위하여 이 사건 후단 규정에 따라 새로 설치한 정비기반시설의 설치비용에 상당하는 범위 안에서 용도폐지되는 정비기반시설은 사업시행자에게 무상양도하도록 강제하는 것이다(대법원 2007.7.12. 선고 2007두6663 판결, 대법원 2014.2.21. 선고 2012다82466 판결 등 참조). 따라서 사업시행자는 이 사건 후단 규정에 의하여 용도폐지되는 정비기반시설을 국가 등으로부터 무상으로 양도받아 취득할 따름이고 따로 그에 대한 대가를 출연하거나 소유권을 창설적으로 취득한다고 볼 사정도 없는 이상, 사업시행자가 위 정비기반시설을 구성하는 부동산을 취득한 것은 무상의 승계취득에 해당하므로, 그에 따른 해당 부동산에 관한 취득 당시를 기준으로 한 과세표준과 구 지방세법 제11조 제1항 제2호에서 정한 세율 등을 적용한 취득세 등을 납부할 의무가 있음

(대법 2020두33428, 2020.5.14.)

❖ **대물변제 여부 및 취득시기**

대여금채권을 회수하기 위하여 분양계약을 체결하여 그 채권을 상계한 경우 대물변제가 아닌 사실상 취득에 해당하며, 그 후 판결에 따라 소유권을 인정받았더라도 그 취득시기는 사실상 취득일임

(대법 2017두56032, 2021.5.27.)

(라) 연부취득

연부로 취득하는 것(취득가액의 총액이 50만원 이하인 것은 제외한다.)은 그 사실상의 연부금 지급일을 취득일로 보아 그 연부금액(매회 사실상 지급되는 금액을 말하며, 취득금액에 포함되는 계약 보증금을 포함한다.)을 과세표준으로 하여 부과한다(영 §20 ⑤).

연부계약에 의한 과세표준은 종전에는 연부금 지급 여부에 관계없이 계약상 연부금 지급일에 지급된 것으로 보아 계약서상에 기재된 연부금을 과세표준으로 하였으나 이렇게 할 경우 연부금액을 지급한 사실이 없는 데도 과세한다는 모순이 있어 이를 개선하여 사실상 지급되는 금액으로 하였으므로 연부금액을 계약상 지급일에 지급하지 못하여 연체하여 지급하였다면 사실상 지급일에 지급할 연부금과 연체료(법인이 아닌 자가 취득하는 경우에는 연체료 및 할부이자는 과세표준에서 제외한다.)를 포함한 금액이 과세표준이 되는 것이다.

▌사례 ▌

❖ 연부취득의 취득세 과세표준에는 각 연부금 지급일 이전에 지급원인이 발생되거나 확정된 것으로서 해당 연부금에 상응하는 비율의 물건을 취득하기 위한 직접비용과 간접비용이 포함되는 것인데, 이 사건 비용은 1차 및 2차 연부취득을 위한 비용에 해당하지 않아 1차 및 2차 연부취득의 취득세 과세표준에 포함될 수 없는지 여부

연부취득의 취득세 과세표준에는 각 연부금 지급일 이전에 지급원인이 발생되거나 확정된 것으로서 해당 연부금에 상응하는 비율의 물건을 취득하기 위한 직접비용과 간접비용이 포함되는 것인데, 이 사건 비용은 1차 및 2차 연부취득을 위한 비용에 해당하지 않아 1① 연부취득

중인 부동산에 관하여 매도인·매수인 및 제3자 사이의 경개계약에 의하여 매수인의 지위가 양도된 경우 그 제3자의 부동산 취득이 지방세법령 소정의 연부취득에 해당하는지 여부는 종전 매수인의 권리의 승계나 의무 인수를 고려하지 아니하고 제3자가 부동산을 취득하게 된 계약인 경개계약의 내용 자체에 의하여 판단하여야 하는데(대법원 1997.6.13. 선고 95누15070 판결, 대법원 1998.11 27. 선고 97누3170 판결 등 참조), 원고, 대우건설, 한국토지주택공사 사이의 이 사건 승계계약은 원고가 이 사건 매매계약에 따른 대우건설의 한국토지주택공사에 대한 일체의 권리·의무를 승계하는 경개계약으로서 그 경개계약 내용상으로 3년 6개월 동안 8회의 연부금을 지급할 대우건설의 의무가 원고에게 그대로 승계되는 것이므로, 이에 따른 이 사건 토지의 취득은 지방세법의 연부취득에 해당하는 점, ② 원고는 한국토지주택공사에게 2013.2.28. 1차 연부금을 지급하고 2014.11.20. 2차 연부금을 지급함으로써 그 각 연부금 지급일에 각 연부금 지급액에 상당하는 비율만큼 이 사건 토지를 부분취득한 것인데, 이 사건 비용은 그 지급원인이 2차 연부금 지급에 따른 2차 연부취득 이전에 발생한 것이기는 하지만 2차 연부금과 관련된 대출금 이자나 대출 관련 수수료가 아니어서 2차 연부취득을 위한 간접비용으로 볼 수 없고 또 그 지급원인이 1차 연부취득 이전에 발생한 것이 아니어서 1차 연부취득을 위한 간접비용으로 볼 수도 없는 점(위 1의 다.항 기재 표의 6차 대출금 중 2차 연부금에 충당된 부분에 대한 2014.11.20. 대출 당일의 하루치 이자는 2차 연부금과 관련된 비용이기는 하지만 그 지급원인이 2차 연부취득 이전에 이미 발생된 것이 아니고, 1차 대출금에 대한 2013.2.28. 대출 당일의 하루치 이자는 계약보증금 및 1차 연부금과 관련된 비용이기는 하지만 그 지급원인이 1차 연부취득 이전에 이미 발생된 것이 아니다) 등을 종합하면, 이 사건 비용은 이 사건 토지의 1차 연부취득 및 2차 연부취득에 대한 취득세의 과세표준인 취득가액에 포함되는 비용에 해당한다고 볼 수 없음

(대법 2019두52607, 2020.1.16.)

❖ 잔금지급까지 2년이 경과할 것을 예상할 수 있는 경우라면 연부취득에 해당여부

계약서상 잔금지급일(소유권 이전 관련 서류 교부일)을 특정하지 않았더라도 잔금지급까지 2년이 경과할 것을 예상할 수 있는 경우라면 연부취득에 해당

(대법 2021두42696, 2021.09.30.)

3) 과세표준 적용의 예외

(가) 신고가액

제1항에 따른 취득당시의 가액은 취득자가 신고한 가액으로 한다. 다만, 신고 또는 신고가액의 표시가 없거나 그 신고가액이 지방세법 제4조에서 정하는 시가표준액보다 적을 때에는 그 시가표준액으로 한다.

이 경우 감정평가 및 감정평가사에 관한 법률에 의하여 가격이 공시되는 토지 및 주택에 대하여는 동법에 의하여 공시된 가액, 다만, 개별공시지가 또는 개별주택가격이 공시되지 아니한 경우에는 특별자치시장, 특별자치도지사, 시장, 군수, 구청장이 같은 법에 따라 국토교통부장관이 제공한 토지가격비준표 또는 주택가격비준표를 사용하여

산정한 가액으로 하고, 공동주택가격이 공시되지 아니한 경우에는 지역별, 단지별, 면적별, 층별 특성 및 거래가격 등을 고려하여 행정안전부장관이 정하는 기준에 따라 시장, 군수가 산정한 가액으로 한다(법 §4 ① Ⅰ, 영 §2~§4). 그리고 토지 및 주택 이외의 건축물(새로 건축함으로써 취득 당시 개발주택가격 또는 공동주택 가격이 공시되지 아니한 주택으로서 토지 부분을 제외한 건축물을 포함한다.)과 선박·항공기·그밖의 과세대상에 대하여는 거래가격, 수입가격, 신축·건조·제조가격 등을 참작하여 정한 기준가격에 종류, 구조, 용도, 경과연수 등 과세대상별 특성을 감안하여 다음의 대통령령이 정하는 기준에 따라 지방자치단체의 장이 결정한 가액을 시가표준액으로 한다.[13]

ⅰ) 토지 및 주택에 대한 시가표준액은 감정평가 및 감정평가사에 관한 법률에 따라 공시된 가액으로 한다. 다만, 개별공시지가 또는 개별주택가격이 공시되지 아니한 경우에는 특별자치시장, 특별자치도지사, 시장, 군수, 구청장이 같은 법에 따라 국토교통부장관이 제공한 토지가격비준표 또는 주택가격비준표를 사용하여 산정한 가액으로 하고, 공동주택가격이 공시되지 아니한 경우에는 지역별, 단지별, 면적별, 층별 특성 및 거래가격 등을 고려하여 행정안전부장관이 정하는 기준에 따라 특별자치시장, 특별자치도지사, 시장, 군수, 구청장이 산정한 가액으로 한다(법 §4 ①, 영 §3).

ⅱ) 토지 또는 주택 외의 과세대상에 대한 시가표준액의 결정은 과세대상별 구체적 특성을 고려하여 다음과 같은 방식에 의한다(영 §4 ①).

① 건축물은 소득세법 제99조 제1항 제1호 나목(건물의 구조별·용도별·위치별 지수·경과 연수별 잔존가치율, 가감산율)에 따라 산정·고시하는 건물신축가격기준액에 건물의 구조별, 용도별, 위치별 지수와 건물의 경과연수별 잔존가치율 및 건물의 규모·형태·특수한 부대설비 등의 유무 및 그 밖의 여건에 따른 가감산율을 적용한다.

② 선박, 차량, 기계장비, 입목, 항공기, 광업권, 어업권, 골프회원권, 승마회원권, 콘도미니엄 회원권, 종합체육시설 이용회원권, 요트회원권, 토지·지하 또는 다른 구조물에 설치하는 시설물, 건축물에 부수되는 시설물에 대한 시가표준액 결정과 산출요령에 대해서는 앞에서 설명한 과세표준액 결정 방법(법 §4)을 참고하기 바란다.

그런데 취득세를 실제로 부과징수하는 경우 지방세법 제10조 제5항에 규정된 사실상

---

[13] 여기에서 주택이라 함은 주거용건축물과 그 부속토지를 포함한 개념이며, 토지는 건축이 되지 아니한 나대지와 주거용건축물 이외의 건축물이 건축된 부속토지를 말한다.

의 취득가액을 적용하는 것을 제외하고는 거의 모든 취득가액을 시가표준액에 의하여 신고하거나 직권과세됨에 따라 오히려 예외가 원칙인 것처럼 운영되어 왔으나 검인계약서제도 시행에 따라 검인계약서상에 기재된 금액을 과세표준으로 하여 과세하되 산출한 세액이 시가표준액에 의하여 산출된 세액에 미달하는 경우에는 시가표준액에 의하여 산출된 세액을 당해 취득물건의 세액으로 하도록 하고 있다.

취득세의 신고 및 납부시에는 원칙적으로는 사실상의 취득가액에 의해야 하나 신고가액의 표시가 없거나 신고가액이 시가표준액에 미달하면 시가표준액에 의하도록 하고 있는데, 이 경우 시가표준액은 2005년부터는 토지 및 주택은 감정평가 및 감정평가사에 관한 법률에 의하여 공시되는 가액으로 하고(공동주택가격이 공시되지 아니한 경우에는 지역별, 단지별, 면적별, 층별 특성 및 거래가격 등을 참작하여 행정안전부장관이 정하는 기준에 따라 특별자치시장, 특별자치도지사, 시장, 군수, 구청장가 산정한 가액으로 한다.), 토지 및 주택 이외의 건축물과, 선박, 항공기, 기타 과세대상에 대하여는 거래가격, 수입가격, 신축, 건조, 제조가격 등을 참작하여 정한 기준가격에 종류, 구조, 용도, 경과연수 등 과세대상별 특성을 감안하여 지방자치단체의 장이 결정한 가액을 적용토록 하였다.

사례

❖ **시가표준액산정방식의 적합성 여부**

(1) 지방세법 제111조 제2항 제2호가 헌법 제59조와 제75조에 위배되는지 여부
지방세법 제111조 제2항 제2호는 시가표준액을 '당해 지방자치단체의 장이 거래가격, 수입가격, 신축·건조·제조가격 등을 참작하여 정한 기준가격에 종류·구조·용도·경과연수 등 대통령령이 정하는 과세대상별 특성을 감안하여 결정한 매년 1월 1일 현재의 가액'이라고 규정하여 시가표준액 결정의 주체·결정의 기준·기준시점을 분명히 하고 있으므로 시가표준액의 개념이나 그 결정방식이 어떤 것인지 누구라도 개략적이나마 예측할 수 있게 되어 있다. 다만, 과세대상별 특성의 일부를 대통령령에 위임하고 있기는 하나, 이는 기술적·세부적 사항으로서 일일이 법률로 규율하기에 부적절한데다, 종류·구조·용도·경과연수 등 대통령령에서 정하게 될 사항의 대강을 미리 정하여 위임하고 있으므로 이를 두고 헌법에 위반된다고 할 정도의 포괄위임입법이라 할 수 없고, 또한 제111조 제2항 제2호는 과세대상별 특성을 감안하여 시가표준액을 결정하도록 함으로써 재산의 평가방식에 있어 갖춰야 할 합리적인 평가요소들을 갖추어 재산의 객관적 가치를 나름대로 적정히 반영할 수 있도록 하고 있으므로(헌재 99헌바99, 2001.4.26. 선고 결정 참조), 지방세법 제111조 제2항 제2호가 시가표준액 산정에 있어서 그 상한을 두고 있지 아니하였다고 하여 이를 두고 헌법 제59조나 제75조에 위배된다고 할 수 없다.

(2) 지방세법에 근거가 없는 국세청공동주택기준시가를 이 사건 부과처분에 있어 시가표준액 산정의 한 요소로 삼은 것이 헌법 제59조에 위배되는지 여부
국세청공동주택기준시가가 지방세법에 근거를 두지 않고 산정된 것이라 하더라도 이 사건 부과처분에서는 이를 실거래가격 반영의 취지에서 재산세 산정의 한 요소인 가감산율

을 산정하는데 활용한 것일 뿐이므로 이를 두고 법률에 명확하게 규정되지 아니한 과세요건을 적용한 것이어서 헌법 제59조의 조세법률주의에 위배된다고 할 수는 없다.

(3) 이 사건 부과처분을 함에 있어 시가표준액 산정에서 국세청공동주택기준시가를 활용한 것이 지방세법의 위임범위를 벗어난 것이고 또 이중과세로서 헌법 제23조의 재산권보장의 원칙과 헌법 제59조의 조세법률주의 및 지방세법 제111조 제2항 제2호에 위배되는지 여부

피고가 시가표준액을 산정하면서 국세청공동주택기준시가를 활용하여 19개로 구분된 가감산율을 적용하였으나, 이는 양도소득세나 상속세 등의 산정에서와 같이 국세청공동주택기준시가를 직접 적용하여 기준시가나 시가를 산정한 것이 아니라, 신축건물의 ㎡당 기준가액, 구조지수·용도지수·위치지수 등과 같이 건물의 시가표준액을 산정하는데 지표가 되는 요소의 하나로 반영된 것에 불과하다. 그런데 국세청공동주택기준시가는 토지와 건물을 일괄하여 평가한 것이기는 하나 앞서 본 바와 같이 건축비를 비롯한 제반 요소가 반영된 건물의 거래가격의 상대적 차이도 나타낸다할 것이므로 건물가치만의 상대적 평가를 위한 지표의 하나로서도 적절하다 할 것이다. 그렇다면 건물과 토지의 가액을 일괄하여 평가산정한 국세청공동주택기준시가를 활용한 가감산율을 기초로 이 사건 부과처분을 하였다고 하여 이를 두고 토지의 가치를 그 과세표준에 반영하였다고는 볼 수 없으므로 이중과세의 원칙에 위배된다고는 할 수 없다.

(나) 건축·개수 등에 대한 가액

건축물을 건축(신축 및 재축을 제외한다.)하거나 개수한 경우와 대통령령으로 정하는 선박, 차량 및 기계장비의 종류를 변경하거나 토지의 지목을 사실상 변경한 경우에는 그로 인하여 증가한 가액을 각각 과세표준으로 한다. 이 경우에 과세표준과 세액의 신고 또는 신고가액의 표시가 없거나 신고가액이 다음에 정하는 시가표준액보다 적을 때에는 그 시가표준액에 의한다.

그리고 건축(신축과 재축은 제외한다.) 또는 개수로 인하여 건축물 면적이 증가할 때에는 그 증가된 부분에 대하여 원시취득으로 보아 세율을 적용한다.

① 증축·개수·종류변경 등

이 경우 선박, 차량 및 기계장비의 종류 변경은 선박의 선질·용도·기관·정원 또는 최대적재량의 변경이나 차량 및 기계장비의 원동기·승차정원·최대적재량 또는 차체의 변경으로 한다(영 §15).

② 신고 또는 신고가액의 표시가 없거나 그 신고가액이 시가표준액보다 적을때

건축물의 건축(신축 및 재축을 제외한다.)하거나 개수한 경우와 선박, 차량 및 기계장비의 종류변경의 과세표준액은 취득세 납세의무자나 그 취득물건에 관하여 그와 거래관계가 있었던 자가 관련장부나 기타 증빙서류를 갖추고 있는 경우에는 이에 따

라 계산한 가액으로 한다(영 §16 Ⅰ).

그러나 납세의무자 또는 그 취득물건에 관하여 그와 거래관계가 있었던 자가 관련 장부나 증빙서류를 갖추고 있지 아니하거나 그 내용 중 취득경비 등의 금액이 해당취득물건과 유사한 물건을 취득하는 경우에 일반적으로 드는 것으로 인정되는 자재비, 인건비, 그 밖에 취득에 필요한 경비 등을 기준으로 특별자치시장, 특별자치도지사, 시장, 군수, 구청장이이 산정한 가액보다 부족한 경우에는 특별자치시장, 특별자치도지사, 시장, 군수, 구청장이이 산정한 가액을 과세표준액으로 한다(영 §16 Ⅱ).

> **사례**
>
> ❖ **양수발전소 진입터널 등이 취득세 과세대상 건출물의 범위에 포함되는지**
>
> 피고가 이 사건 지하발전소를 신축하면서 이 사건 각 터널을 함께 설치한 이상 이 사건 지하발전소에 대한 취득세의 과세표준이 되는 취득가격에는 이 사건 지하발전소 공사비뿐만 아니라 그에 부합되거나 부수된 이 사건 각 터널 공사비 역시 포함된다고 할 것이고, 이는 이 사건 각 터널이 구 지방세법 제104조 제10호, 구 지방세법 시행령 제76조 제2호가 정한 '개수'의 대상이 되는 '20㎾ 이상의 발전시설'에 해당하지 아니한다고 하여 달리 볼 것이 아니다.
> (대법 2012두1600, 2013.7.11., 대법 2014두3976, 2014.5.29.)

③ 지목변경

토지의 지목변경에 따른 과세표준은 토지의 지목이 사실상 변경된 때를 기준으로 지목변경 이후의 토지에 대한 시가표준액(해당 토지에 대한 개별공시지가의 공시기준일이 지목변경으로 인한 취득일 전인 경우에는 인근 유사토지의 가액을 기준으로 감정평가 및 감정평가사에 관한 법률에 따라 국토교통부장관이 제공한 토지가격비준표를 사용하여 특별자치시장, 특별자치도지사, 시장, 군수, 구청장이 산정한 가액을 말한다.)에서 지목변경전의 시가표준액(지목변경 공사 착공일 현재 법 제4조 제1항에 따른 시가표준액을 말한다.)을 뺀 가액으로 한다. 다만, 판결문 또는 법인장부로 토지의 지목변경에 든 비용이 입증되는 경우에는 그 비용으로 한다. 이 경우 판결문이라 함은 민사소송 및 행정소송에 의하여 확정된 판결문(화해, 포기, 인낙 또는 자백간주에 의한 것은 제외한다.)을 말하며, 법인장부는 금융회사의 금융거래 내역 또는 감정평가 및 감정평가사에 관한 법률 제6조에 따른 감정평가서등 객관적 증거서류에 의하여 법인이 작성한 원장, 보조장, 출납전표, 결산서[다만, 법인장부의 기재사항 중 중고자동차 또는 중고 기계장비의 취득가액이 법 제4조 제2항에서 정하는 시가표준액 보다 낮은 경우에는 그 취득가액 부분(중고 자동차 또는 중고 기계장비가 천재지변·화재·교통사고 등으로 그 가액이 시가표준액보다 하락한 것으로 특별자치시장, 특별자치도지사, 시장, 군수, 구청장이가 인정한 경우는 제외한다.)은 객관적 증거서류에 의하여 취득가액이 증명되는 법인장부에서 제외한다.]를 말한다(영 §18 ③).

결국 위 규정의 단서규정에 해당하지 아니하는 지목변경의 경우는 사실상 지목변경시점을 기준으로 그 전후의 시가표준액의 차액으로 하도록 규정하고 있는데 토지에 대한 시가표준액은 신고가액으로 하되 신고가 없거나 신고가액이 개별공시지가에 미달하는 경우는 개별공시지가에서 정한 가격으로 하도록 하고 있으므로 종국적으로는 지목변경 전후의 개별공시지가에서 정한 가격의 차액이 과세표준이 되는 셈이다.

여기에서 지목변경에 대한 과세표준 적용의 예를 들어 보면 사실상의 지목변경일을 확인할 수 없는 경우에는 공부상의 지목변경일을 사실상의 지목변경일로 간주하여 공부상 지목변경시에 변경된 지목의 개별공시지가를 인근유사토지의 가격에 의하여 수정결정한 가격에 의하여 과세표준을 산정해야 한다.

또는 임야를 개간한 경우 개간허가를 받아 수년 전에 준공신고를 하였거나 임야에 건축물을 건축한 지가 이미 수년이 경과되었음에도 공부상의 지목이 계속 임야로만 등재되어 있고 개별공시지가도 변경되지 아니한 경우 등은 사실상 지목변경 당시 변경된 지목과 유사한 인근 토지의 개별공시지가에 비준하여 차액을 산정하고 이를 과세표준으로 하여야 할 것이다.

그리고 지목변경시 토지에 별다른 노력이나 비용을 들이지 아니하고 주변의 여건에 따라 지목이 변경되는 경우, 다시 말해서 밭의 주변에 모두 건축물이 건축되어 저절로 대지화한 경우는 진정한 의미에서는 지목변경으로 인한 가액의 증가라 할 수 없으므로 이때에는 이러한 정황을 참작하여 적정한 개별공시지가로 조정하고 증가액을 산정해야 할 것이다.

위 규정에서 법인의 장부 등에 의하여 지목변경에 소요된 비용이 입증되는 경우라 함은 법인이 토지의 형상을 변경하기 위하여 직접 또는 간접으로 투자한 일체의 비용이 법인의 장부에 등재되어 있거나 정부의 보조금을 받아 임야를 초지로 개간하고 정산보고를 함에 있어 당해 보고서에 공사에 투입된 모든 비용이 기재되어 있고 허가권자가 이를 인정하는 경우 등을 말하며, 이 경우에는 실제로 공사에 소요된 비용을 과세표준으로 한다.

사례

❖ **지목변경으로 인한 취득가액의 적부**

재산가치의 증가가 전혀 없는데 단지 공부상 '답'이었을 때의 공시지가와 지목을 '대지'로 변경하였을 때의 공시지가가 높아졌다는 이유만으로 이를 부동산의 새로운 취득이라 볼 수는 없을 뿐 아니라, 지목변경 이후의 공시지가보다 높은 가격을 기준으로 하여 이미 취득세를 납부한 원고에게 단지 지목변경으로 공시지가가 증가하였다는 이유만으로 취득세를 납부하라는 피고의 이 사건 처분은 실질과세의 원칙에도 반한다 할 것이므로, 원고가 이 사건 토지를 취득할 당시 사실상 대지였는지 여부와 관계없이 이 사건 각 부과처분은 모두 위법하다

할 것이다.

(대법 2009두4838, 2009.5.28.)

❖ **지목변경 시가표준액 산출시 유사토지 비교표준지 선정의 위법 여부**

비교표준지는 특별한 사정이 없는 한 도시계획구역 내에서는 용도지역을 우선으로 하고, 도시계획구역 외에서는 현실적 이용상황에 따른 실제 지목을 우선으로 하여 선정하여야 할 것이나, 이러한 토지가 없다면 지목, 용도, 주위환경, 위치 등의 제반 특성을 참작하여 그 자연적, 사회적 조건이 수용대상 토지와 동일 또는 가장 유사한 토지를 선정하여야 한다. 그러므로 이 사건 표준지를 비교표준지로 선정한 것은 관계법령 및 지침에 따른 것으로 적법하다.

(대법 2016두42395, 2016.9.8.)

(다) 과점주주의 취득

과점주주가 취득한 것으로 보는 해당 법인의 부동산, 차량, 기계장비, 입목, 항공기, 선박, 광업권, 어업권, 골프회원권, 승마회원권, 콘도미니엄 회원권, 종합체육시설 이용회원권 및 요트회원권에 대한 과세표준은 그 부동산, 차량, 기계장비, 입목, 항공기, 선박, 광업권, 어업권, 골프회원권, 승마회원권, 콘도미니엄 회원권, 종합체육시설 이용회원권 또는 요트회원권의 총가액을 그 법인의 주식 또는 출자의 총수로 나눈 가액에 과점주주가 취득한 주식 또는 출자의 수를 곱한 금액으로 한다. 이 경우에 과점주주는 조례로 정하는 바에 따라 과세표준 및 그 밖에 필요한 사항을 신고하여야 하되, 신고 또는 신고가액의 표시가 없거나 신고가액이 과세표준보다 적을 때에는 지방자치단체의 장이 해당 법인의 결산서 및 그 밖의 장부 등에 따른 취득세 과세대상 자산총액을 기초로 앞의 계산방법으로 산출한 금액을 과세표준으로 한다.

4) 사실상 취득가액

다음 각 호의 취득[증여, 기부 그 밖의 무상취득 및 소득세법 제101조 제1항(부당행위계산의 부인) 또는 법인세법 제52조 제1항(부당행위계산의 부인)에 따른 거래로 인한 취득은 제외한다.]에 대하여는 취득자의 신고 여부에 불구하고 사실상의 취득가격 또는 연부금액을 과세표준으로 한다.

그런데 종전에는 교환을 무상취득으로 보았으나 교환은 역사적으로는 화폐경제의 발달 이전에는 중요한 매매의 단위기능을 담당하였으나 오늘날에는 교환이 거래행위에 미치는 영향이 그리 크지는 않다.

그러나 민법에서도 교환을 당사자의 한쪽이 목적물과 함께 금전(보충금 또는 보족금)도 지급할 것을 약정한 때에는 이에 관하여는 매매대금에 관한 규정을 준용하고 있는 점(민법 §597)과 기타의 점에 관하여도 일종의 유상·쌍무계약이며 일반으로 매매에 관한 규정을 준용(민법

§567)하고 있는 점으로 보아 무상취득이기 보다는 유상취득으로 보아야 할 것이다.

또한 소득세법 제101조 제1항 또는 법인세법 제52조 제1항에 따른 특수관계자간의 거래로 인하여 해당 소득에 대한 부담을 부당하게 감소시킨 것으로 인정되는 때에는 법인세 부당행위 계산에 관계없이 해당 연도의 소득금액으로 계산할 수 있도록 하고 있다.

(가) 국가, 지방자치단체 및 지방자치단체조합으로부터의 취득

국가 또는 지방자치단체가 국공유재산을 매각할 때에는 국유재산법 또는 공유재산 및 물품관리법 등의 관계규정에 의한 일정한 절차에 따라 매각이 이루어지기 때문에 매각관계서류가 정확하게 기록·보존되고 따라서 사실취득가격을 용이하게 확인할 수 있다. 그런데 국공유재산의 매각시에는 관계법령의 규정에 의하여 그 매각대금을 일시에 납부함으로써 그 매각대금의 일정액(3할 정도)을 공제한 잔액을 그 매각대금으로 하는 것이 일반적인데 이는 국공유재산의 매수자로 하여금 국공유재산의 매각대금을 가급적 일시에 납부하도록 하여 자금을 조기에 확보하려는 방법으로서 매수자에게 공제한 금액에 대한 세금을 면제하는 특혜를 준 것에 불과하다. 그러나 이 경우의 과세표준액은 매매계약서상의 약정금액을 일시금 등의 조건으로 할인을 한 경우에는 그 할인된 금액을 과세표준으로 하기 때문에 국공유재산의 매각대금의 일부를 공제받으면 공제된 이후의 금액이 과세표준이 된다.

(나) 외국으로부터의 수입에 의한 취득

외국으로부터 수입하는 물건의 사실상 취득가격이라 함은 외국에서의 매입원가, 운반비, 각종보험료, 관세, 기타 제세공과금 등 수입면장발급일 이전에 지급의무가 발생된 일체의 비용을 말한다. 이러한 수입물건 가격의 확인은 외국으로부터 수입되는 경우는 관세의 부과와 관련하여 그 가격이 확인되고 또한 관계자료가 기록·보존되기 때문에 그 확인이 용이하다.

(다) 판결문, 법인장부 중 대통령령이 정하는 것에 따라 취득가격이 증명되는 취득

① 판결문(영 §18 ③ I)

판결문이란 민사소송 또는 행정소송에 의하여 확정된 판결문을 말한다. 그러므로 화해, 포기, 인낙 또는 자백간주는 법원이 쟁송내용의 진부를 가리지 아니하고 당사자간의 양보, 포기, 인낙 등에 의하여 확정되는 것이므로 그 효력면에서는 확정판결과 동일한 효력을 가진다 하더라도 이는 과세권자가 받아들일 경우 악용될 소지가 많다는 이유로 이는 제외되는 것이다.

> **사례**
>
> ❖ **무변론 판결문상에 적시되어 있는 가액을 판결문에 의하여 입증되는 사실상의 취득가액으로 보아 과세표준으로 사용할 수 있는지**
>
> ① 이 사건 무변론 판결(갑 제9호증)은 구 지방세법 시행령(2010.9.20. 대통령령 제22935호로 전부 개정되기 전의 것) 제82조의 3 제1항 제1호에서 이 사건 규정의 배제사유로 들고 있는 '의제자백에 의한 판결문'에 해당하여 위 규정의 적용 근거가 될 수 없고, ② 대법 2006다○○○○호 판결은 ○○○이 한국토지공사에 합계 4,585,184,850원의 매매대금을 지급한 내역에 관해서만 설시하고 있을 뿐, 원고가 ○○○에게 이 사건 토지 지분의 취득 대가로 얼마를 지급하였는지에 관해서는 일체 기술하고 있지 않으며, ③ 이체출금확인서에 의해서는 이 사건 토지 매매대금 중 16억 원이 원고 명의 계좌에서 한국토지공사 계좌로 이체된 사실만 확인될 뿐이고, 위 자료가 이 사건 토지 지분 취득에 관하여 원고와 ○○○ 사이에 오간 금원의 내역을 정리하여 기재한 법인장부에 해당한다고 보기는 어려우므로, 결국 원고의 이 사건 토지 지분 취득은 구 지방세법 제111조에 따라 '판결문·법인장부에 의해 취득가격이 입증되는 취득'에 해당한다고 볼 수 없다.
>
> (대법 2014두41060, 2014.11.18.)
>
> ❖ **저가양수한 거래상대방의 자산도 부당행위계산 부인대상 해당 여부**
>
> 지방세법상 '부당행위계산의 부인'에 관한 인용규정은 자산을 저가양도한 경우에 해당되나, 저가양수한 거래상대방의 자산에 대해서도 지방세법으로 규제할 필요성이 있어, 부당행위계산 부인의 대상이 되는 거래에 포함하여야 함
>
> (대법 2019두60694, 2019.2.14.)

② 법인장부(영 §18 ③ Ⅱ)

금융회사의 금융거래 내역 또는 「감정평가 및 감정평가사에 관한 법률」 제6조에 따른 감정평가서 등 객관적 증거서류에 의하여 법인이 작성한 원장, 보조장, 출납전표, 결산서[다만, 법인장부의 기재사항 중 중고자동차 또는 중고 기계장비의 취득가액이 법 제4조 제2항에서 정하는 시가표준액 보다 낮은 경우에는 그 취득가액 부분(중고 자동차 또는 중고 기계장비가 천재지변·화재·교통사고 등으로 그 가액이 시가표준액보다 하락한 것으로 특별자치시장, 특별자치도지사, 시장, 군수, 구청장이 인정한 경우는 제외한다.)은 객관적 증거서류에 의하여 취득가액이 증명되는 법인장부에서 제외한다]를 말한다.

법인의 장부는 법인의 성격에 따라 차이가 있으나 일반적으로 총계정원장과 보조장부로 되어 있으며 상사법인의 경우 다음과 같은 장부를 비치·관리하여야 하며, 이러한 장부는 일정한 형식으로 작성하여야 하며, 경영의 실정에 알맞도록 설정하여야 하고, 회계기록을 한 장부는 일정한 기간까지 보관하여야 하는데 이러한 장부는 주요부와 보조부로 구분한다.[14]

---

14) 헌재 92헌바40, 1995.7.21. 참조

먼저 주요부는 회계기록상 기본이 되는 장부로서 분개장과 원장으로 구분하는데 분개장은 모든 거래가 발생하는 순서대로 차변·대변에 분개기입하는 장부이며, 원장은 총계정원장이라고도 하며 분개장에 기록된 거래를 각 계정별로 구분하여 기입 정리하는 장부로서 원장에 기입한 계정별 기록은 기업의 재무상태와 손익성과를 표시함에 있어서 대차대조표, 손익계산서를 작성하는 데 기초가 된다.

다음으로 보조부는 주요부상의 특정한 계정과목의 내용을 상세히 기록함으로써 기록상의 부족을 보충하는 장부로서 이 장부는 보조적·비망적 역할을 하게 되고 분개장과 원장에 대한 보조적 역할을 하는 장부로서 다음과 같은 것들이 있다.

먼저 분개장에 대한 보조부에는 매입장, 매출장, 현금출납장, 당좌예금기입장, 소액현금출납장, 받을어음기입장 등이 있으며, 다음으로 총계정원장에 대한 보조부에는 매입처원장, 매출처원장, 상품시재장, 고정자산대장 등이 있고, 이들 보조부 중에서 흔히 쓰이고 있는 장부로는 현금출납장, 매입장, 매출장, 상품시재장 등이다.

그러므로 법인의 장부는 위에서 열거한 것 이외에도 장부적 성질을 띠지 않고 있는 계약서, 주주총회 또는 이사회의 의사록, 기타 취득에 관한 서면 등을 포함한 것을 말하며 과세권자는 이들 장부에 의하여 사실상의 취득가액을 가려내어 과세표준으로 하여야 할 것이다.

그런데 법인이 부동산을 취득하는 경우 그 법인의 장부가액에 기재된 금액으로 취득세를 부과하는 것은 개인에 비해 불리하다는 점을 내세워 조세평등의 원칙이나 실질과세의 원칙에 위반된다고도 주장할 수 있다. 그러나 반대로 법인이 부동산을 양도함으로써 개인이 취득한 경우에도 그 법인의 장부가액에 따라 과세한다는 점에서 조세평등의 원칙이나 실질과세원칙에 반드시 위반되지 않는다고 하는 것이 헌법재판소의 입장이다.15)

▎사례▎

❖ 법인의 차입금이 취득에 소요된 여부가 분명하지 아니한 경우 취득가격에 포함되는지 여부

법인의 차입금이 그 부동산 취득에 소요된 여부가 분명하지 아니한 경우에는 법인세법 제28조 제1항 제3호, 같은 법 시행령 제52조 제1항의 규정을 준용할 수는 없고, 오히려 위 시행령 제52조 제1항은 괄호 부분에서 고정자산의 건설 등에 소요된 지의 여부가 분명하지 아니한 차입금은 제외한다고 규정하고 있으므로, 위와 같은 경우에 당해 차입금 이자를 위 취득세의 과세표준에 합산할 수 없다.

이 조항의 "법인장부에 의하여 취득가격이 인정되는 취득"의 "취득가격"이 국민의 경제생활에 있어서의 법적안정성과 예측가능성을 해할 위험이 있는 다의적인 불명확한 개념이라고는 볼 수 없으므로 이 조항은 과세요건명확주의에 위배되지 않는다.
15) 김정식, 「취득세 과세표준금액에 대한 문제점과 개선방안」, 2010, 제9차 조세포럼자료, p9.

(대법 86누811, 1989.1.31.)

❖ 신탁수수료가 취득가격에 포함되는지 여부

(1) 아파트를 신축하기 위한 대출금이자는 건설자금에 충당한 금액이고, 대출취급수수료는 토지의 취득을 위하여 그 매입비용을 대출받으면서 대출에 관한 수수료로 지급된 것으로서, 이 사건 토지의 취득가격에 포함시킨 것은 적법하고,

(2) 신탁수수료는 아파트의 신축·분양사업과 관련된 차입금 및 분양대금 등의 자금을 투명하게 관리하기 위하여 자금관리를 신탁하고 이에 대한 대가로 지급한 수수료로서 아파트 신축·분양사업 전체에 관한 자금관리비용일 뿐 아파트 취득과는 무관한 비용이라 할 것이므로, 이 사건 아파트의 취득가격에 포함시킨 것은 위법하다.

(대법 2009두23075, 2011.1.13.)

❖ 명도비용이 취득비용에 포함되는지 여부

토지 및 건축물을 취득한 다음 그 지상에 새로운 건축물을 신축하기 위하여 기존 임차인 등에게 지급한 명도비용은 이 사건 부동산을 취득하기 위하여 지급한 것이 아니라 이 사건 건축물을 조속히 명도받아 건물 신축사업을 조속히 실행하기 위하여 임차권·영업권 등에 대한 보상금 명목 등으로 지급된 것으로 봄이 상당하므로, 이 사건 부동산의 취득가격에 포함된다고 할 수 없고, 원고가 이 사건 부동산의 매매계약을 체결할 때 이를 활용하기 위해서는 어느 정도의 명도 비용이 든다는 것을 예상 할 수 있었다거나, 그 매매계약 체결 전에 이 사건 부동산의 임차인들에게 일정한 보상금 등을 지급하기로 약정한 상황이었다고 하더라도 달리 볼 것은 아니다.

(대법 2010두24586, 2011.2.24.)

❖ 시가감정 없는 단순교환을 사실상 취득가격이 입증되는 경우로 볼 수 있는지 여부

원고와 ○○디자인이 당초 매매계약상 이 사건 대지지분의 매매대금에 해당하는 이 사건 쟁점금액을 기초로 정산금을 산정하였다고 하더라도, 원고와 ○○디자인이 이 사건 대지지분이나 이 사건 각 부동산에 대한 시가감정 등을 하지 아니한 채 이 사건 대지지분과 교환대상 목적물의 가액 차이를 반영하여 투입된 공사원가 및 추가 평수 정산금을 지급하는 정산절차만을 거친 이상, 이 사건 지분참여약정만으로는 그 사실상의 취득가격이 확인되지 아니한다고 할 것이다.

(대법 2013두11680, 2013.10.24.)

❖ 자산별 과세표준 명세서 제출이 법인장부에 의한 사실상 취득가액으로 볼 수 있는지 여부

소외 회사는 취득신고를 하면서 자산별 과세표준 명세서를 제출하여 그 구체적인 내용을 제시하고 있어 상당히 합리적이고, 위와 같이 법인장부에 의하여 사실상의 취득가격을 신고한 것으로 보이며 법인장부에 그 취득가액을 조작할 만한 사정, 특히 원고 주장과 같이 소외 회사가 취득가액을 높이 신고하여 취득세를 과다납부할 사정은 없어 보인다.

(대법 2015두57888, 2016.3.10.)

❖ 건축물 신축 대출수수료 등이 취득세 과세대상에 포함되는지 여부

아파트 사업계획변경승인일 이전에 지출된 금융비용, 건축물 신축과 무관하고 부지매입에 따른 차입금에 대한 금융비용, 대출수수료에 해당하는 비용이 건축물 취득일 전에 발생하였더라도 부지매입에 관계된 비용이라면 건축물 신축비용으로 볼 수 없다.

(대법 2017두57301, 2017.12.7.)

❖ **지방세법 제10조 제5항에 열거된 사유는 사실상의 취득가격에 의할 수 있는 제한적, 한정적 요건인지 여부**

구 지방세법 제111조 제5항에 열거된 사유는 사실상의 취득가격에 의할 수 있는 제한적, 한정적 요건에 해당하며, 그에 열거된 요건을 갖추지 못한 경우에는 당사자가 주장하는 사실상의 취득가격을 과세표준으로 삼을 수는 없다고 보아야 하므로, 과세관청은 구 지방세법 제111조 제5항의 요건에 해당하지 아니하는 이상 계약서 등에 의하여 사실상의 취득가격을 입증하는 방법으로 취득세 및 등록세 등의 조세를 부과할 수 없다고 할 것이다.

(대법 05두11128, 2006.7.6.)

❖ **법인장부는 객관화된 조직체로서 거래가액을 조작할 염려가 적은 법인의 장부가액은 기업회계기준 등에 의하여 체계적으로 기재되고 있어 특별히 취득가액을 조작하였다고 인정되지 않는 한 원칙적으로 실제의 취득가격에 부합**

법인의 장부가액을 사실상의 취득가액으로 보고 이를 과세표준으로 한 취지는 객관화된 조직체로서 거래가액을 조작할 염려가 적은 법인의 장부가액은 특별히 취득가액을 조작하였다고 인정되지 않는 한 원칙적으로 실제의 취득가격에 부합하는 것으로 볼 수 있는 신빙성이 있음을 전제로 하는 것이지, 법인의 장부가액이 사실상의 취득가격에 부합되는지 여부에 관계없이 무조건 법인의 장부가액을 취득세와 등록세의 과세표준으로 하여야 한다는 것이 아니다.

(대법 92누15895, 1993.4.27.)

❖ **법인장부 중 대통령령이 정하는 것에 의하여 입증되는 가격이라고 하더라도 그것이 당해물건에 관한 '사실상의 취득가격'에 해당하지 아니하는 경우에는 이를 취득세의 과세표준으로 삼을 수 없음**

판결문 · 법인장부 중 대통령령이 정하는 것에 의하여 입증되는 가격이라고 하더라도 그것이 당해 물건에 관한 '사실상의 취득가격'에 해당하지 아니하는 경우에는 이를 취득세의 과세표준으로 삼을 수 없다. 그리고 취득의 원인이 되는 거래가 교환인 경우에는 교환대상 목적물에 대한 시가감정을 하여 그 감정가액의 차액에 대한 정산절차를 수반하는 등으로 목적물의 객관적인 금전가치를 표준으로 하는 가치적 교환을 한 경우에는 사실상의 취득가격을 확인할 수 있다고 하겠지만, 위와 같은 과정 없이 당사자 사이의 합의에 의하여 교환대상 목적물의 가액 차이만을 결정하여 그 차액을 지급하는 방식으로 단순교환을 한 경우에는 사실상의 취득가격을 확인할 수 있는 경우로 볼 수 없다.

(대법 89누3960, 1989.10.10., 대법 10두27592, 2012.2.9.)

❖ **단순 업무처리 미숙 또는 과실로써 작성된 장부라고 주장해도 명백한 증거 없으면 장부가대로 과세**

공인회계사 사무소 직원이 업무처리 미숙 또는 과실로 법인이 신고한 차량의 취득가격과 다르게 양도인의 법인장부상 취득가액을 아무런 가감도 없이 원고의 법인장부에 그대로 이기하는 등 장부기장이 잘못되었다고 주장하나, 법인의 대차대조표 및 차량운반구 계정별 원장에 의한 장부가액이 차량에 대한 사실상의 취득가격에 부합하는 것으로 볼 수 있으므로, 위 장부가액을 취득세 및 등록세의 과세표준으로 한 이 사건 처분은 적법하다고 할 것이다.

(대법 12두6346, 2012.6.28.)

❖ **청구법인이 취득한 건축중인 이 건 건축물의 사실상 취득가액의 적정성 여부**

이 건 건축물의 전 소유자가 현물출자를 위해 건축중인 이 건 건축물을 감정평가한 금액은 00억원이고, 청구법인이 법인설립 후 건축중인 이 건 건축물에 대한 자산가액을 00억원으로 기재하고 있는 점, 취득가액이 조작되었다는 등의 특별한 사정이 인정되지 아니하는 한 법인장부가격이 사실상의 취득가액이 되고, 처분청에서 이 건 건축물의 가액이 조작되었다는 등의 특별한 사유를 제시하지 못하고 있는 점, 현물출자 금액은 자산총액에서 부채총액을 차감한 금액이고, 그 차액에 따라 청구법인의 주식을 부여 받는 이 건 건축물 전 소유자가 청구법인의 대표이사로 이 건 건축물의 감정평가액을 낮출 필요가 없는 점 등에 비추어 청구법인이 이 건 건축물의 사실상 취득가액이 부정하다고 보지 않는 것이 타당하므로 처분청이 이 건 취득세 등 부과처분은 잘못이 있다고 판단됨

(조심 2019지2330, 2020.3.24.)

(라) 공매방법에 의한 취득

공매라 함은 국가 또는 지방공공단체가 국세징수법등 세법의 규정에 기하여 입찰 또는 경매의 방법으로 금전 채권의 강제집행에 의하여 목적물을 환가처분 하는 것을 말한다. 그래서 국제징수법 제67조에서는 공매는 입찰 또는 경매의 방법에 의한다고 표현하고 있는데 이 규정은 공매의 방법상의 절차를 규정한 것으로서 "입찰"이라 함은 압류재산을 매각하는 경우에 그 재산을 매수할 청약자에게 각자 입찰가격 기타 필요한 사항을 기재한 입찰서로서 매수의 신청을 하게 하여 매각 예정가격 이상의 입찰자중 최고가 입찰자를 낙찰자로 하여 그 자에게 매각 결정을 행하고 그 자를 매수인으로 정하는 방법을 말하고, 이 규정에서의 "경매"라 함은 그 재산을 매수할 청약자에게 구술로 매수의 신청을 받고 순차 고가의 매수 신청을 하게하여 매각 예정가격 이상의 청약자 중에서 최고가 청약자를 경락자로하여 그 자에게 매각 결정을 행하고, 그 자를 매수인으로 정하는 방법을 말한다.

그런데 공매란 넓은 의미에서는 법률의 규정에 의거하여 공적인 기관에 의하여 강제적으로 행해지는 매매이기 때문에 민사상 강제집행의 수단으로 행해지는 경매도 그 중요한 수단의 하나로 되는 것이나 경매는 민사집행법에 의한 강제경매와 강제관리로 이루어지고 있으며 이러한 경매는 실체법상의 매각권을 행사하기 위하여 국가의 힘을 빌릴뿐 채무명의에 표시된 청구권의 국가권력에 의한 강제적 실현절차가 아니므로 비송사건의 성질을 가진다고 볼 수 있어 좁은 의미의 공매는 조세체납처분의 최종단계로서의 공매 즉 재산환가처분을 말한다고 하겠다. 그러므로 개인이 취득세 과세대상물건을 민사집행법에 의하여 많은 사람들 앞에서 경매하는 경우는 공매가 아니므로 세무공무원이 비록 그 경매액을 확인할 수 있는 경우라도 이를 사실상의 취득가격으로 할 수 없다고 본다.

만약 부동산을 경매로 취득함에 있어 경락인은 낙찰 당시 경락대금 이외 해당 부동산에 설정된 임차보증금 즉 낙찰 당시 주택 임대차보호법 제3조 및 상가건물 임대차 보호법 제3조 등의 규정에 의하여 대항력 있는 임차인에게 지급할 임차보증금에 대한 채무를 인수하는 것이므로, 대항력 있는 임차보증금 상당액은 당해 부동산을 취득하는데 소요된 비용으로 보아야 한다.

(마) 공인중개사에 의해 검증된 신고가격

부동산거래신고에 관한 법률 제3조에 따른 신고서를 제출하여 같은 법 제5조에 따라 검증이 이루어진 취득의 경우에는 그 신고가격을 사실상 취득가격으로 본다.

이 규정의 적용을 받기 위하여는 부동산거래신고에 관한 법률 제3조에 따른 신고에 의거 동법 제5조에 따른 검증이 이루어진 취득이어야 한다.16)

---

16) 부동산 거래신고 등에 관한 법률 제3조 및 제5조
제3조(부동산 거래의 신고) ① 거래당사자는 다음 각 호의 어느 하나에 해당하는 계약을 체결한 경우 그 실제 거래가격 등 대통령령으로 정하는 사항을 거래계약의 체결일부터 60일 이내에 그 권리의 대상인 부동산등(권리에 관한 계약의 경우에는 그 권리의 대상인 부동산을 말한다.)의 소재지를 관할하는 시장(구가 설치되지 아니한 시의 시장 및 특별자치시장과 특별자치도 행정시의 시장을 말한다.)·군수 또는 구청장(이하 "신고관청"이라 한다.)에게 공동으로 신고하여야 한다. 다만, 거래당사자 중 일방이 국가, 지방자치단체, 대통령령으로 정하는 자의 경우(이하 "국가등"이라 한다.)에는 국가등이 신고를 하여야 한다.
1. 부동산의 매매계약
2. 「택지개발촉진법」, 「주택법」 등 대통령령으로 정하는 법률에 따른 부동산에 대한 공급계약
3. 다음 각 목의 어느 하나에 해당하는 지위의 매매계약
 가. 제2호에 따른 계약을 통하여 부동산을 공급받는 자로 선정된 지위
 나. 「도시 및 주거환경정비법」 제48조에 따른 관리처분계획의 인가로 취득한 입주자로 선정된 지위
② 제1항에도 불구하고 거래당사자 중 일방이 신고를 거부하는 경우에는 국토교통부령으로 정하는 바에 따라 단독으로 신고할 수 있다.
③ 「공인중개사법」 제2조 제4호에 따른 개업공인중개사(이하 "개업공인중개사"라 한다.)가 같은 법 제26조 제1항에 따라 거래계약서를 작성·교부한 경우에는 제1항에도 불구하고 해당 개업공인중개사가 같은 항에 따른 신고를 하여야 한다. 이 경우 공동으로 중개를 한 경우에는 해당 개업공인중개사가 공동으로 신고하여야 한다.
④ 제1항부터 제3항까지에 따라 신고를 받은 신고관청은 그 신고 내용을 확인한 후 신고인에게 신고필증을 지체 없이 발급하여야 한다.
⑤ 부동산등의 매수인은 신고인이 제4항에 따른 신고필증을 발급받은 때에 「부동산등기 특별조치법」 제3조 제1항에 따른 검인을 받은 것으로 본다.
⑥ 제1항부터 제5항까지에 따른 신고의 절차와 그 밖에 필요한 사항은 국토교통부령으로 정한다.

제5조(신고 내용의 검증)
① 국토교통부장관은 제3조에 따라 신고받은 내용, 「감정평가 및 감정평가사에 관한 법률」에 따라 공시된 토지 및 주택의 가액, 그 밖의 부동산 가격정보를 활용하여 부동산거래가격 검증체계를 구축·운영하여야 한다.
② 신고관청은 제3조에 따른 신고를 받은 경우 제1항에 따른 부동산거래가격 검증체계를 활용하여 그 적정성을 검증하여야 한다.
③ 신고관청은 제2항에 따른 검증 결과를 해당 부동산의 소재지를 관할하는 세무관서의 장에게 통보하여야 하며, 통보받은 세무관서의 장은 해당 신고 내용을 국세 또는 지방세 부과를 위한 과세자료로 활용할 수 있다.

> **사례**
>
> ❖ **부동산거래신고법에 따른 검증의 적정성 여부**
>
> 토지 또는 건축물의 매매당사자가 부동산거래신고법에 의한 부동산거래신고를 하였다고 하더라도 부동산거래가격 검증체계에 의하여 신고내용의 적정성에 대한 검증이 이루어지지 않은 경우는 구 지방세법 제111조 제5항 제5호의 요건에 해당하지 않는다고 보아야 한다. 이는 국토교통부장관이 부동산거래가격 검증체계를 구축하지 아니함에 따라 부동산거래신고에 대한 적정성 검증이 이루어지지 아니한 경우에도 마찬가지로 적용되고, 이러한 해석이 헌법상의 평등원칙이나 재산권보장의 원칙에 반한다고 볼 수 없다.
>
> (대법 2010두29215, 2011.7.14.)

(바) 사실상 취득세 적용대상인 자가 분양 공고가격보다 낮게 취득한 부동산에 대한 과세표준 산정기준

부동산을 취득할 수 있는 권리를 타인으로부터 이전받은 자가 법 제10조 제5항 각 호의 어느 하나에 해당하는 방법으로 부동산을 취득하는 경우로서 해당 부동산 취득을 위하여 지출하였거나 지출할 금액의 합이 분양·공급가격(분양자 또는 공급자와 최초로 분양계약 또는 공급계약을 체결한 자 간 약정한 분양가격 또는 공급가격을 말한다.)보다 낮은 경우에는 부동산 취득자의 실제 지출금액을 기준으로 제1항 및 제2항에 따라 산정한 취득가액을 과세표준으로 한다. 다만, 「소득세법」 제101조 제1항 또는 「법인세법」 제2조 제12호에 따른 특수관계인과의 거래로 인한 취득인 경우에는 그러하지 아니하다.

2. 사실상 취득가격의 범위 등

(1) 법 제10조의3 제1항에서 "대통령령으로 정하는 사실상의 취득가격"(이하 "사실상취득가격"이라 한다)이란 해당 물건을 취득하기 위하여 거래 상대방 또는 제3자에게 지급했거나 지급해야 할 직접비용과 다음 각 호의 어느 하나에 해당하는 간접비용의 합계액을 말한다. 다만, 취득대금을 일시급 등으로 지급하여 일정액을 할인받은 경우에는 그 할인된 금액으로 하고, 법인이 아닌 자가 취득한 경우에는 제1호(건설자금에 충당한 차입금의 이자 또는 이와 유사한 금융비용), 제2호(할부 또는 연부(年賦) 계약에 따른 이자 상당액 및 연체료) 또는 제7호(「공인중개사법」에 따른 공인중개사에게 지급한 중개보수)의 금액을 제외한 금액으로 한다.(영 §18 ① 본문).

또한 법인이 아닌 자가 취득하는 경우에는 취득에 소요된 직접·간접비용 중에서 할

---

④ 제1항부터 제3항까지에 따른 검증의 절차, 검증체계의 구축·운영, 그 밖에 필요한 세부 사항은 국토교통부장관이 정한다.

부 또는 연부계약에 따른 이자상당액 및 연체료는 과세표준계산에서 제외하도록 하였는데 이는 개인의 경우 비용의 계산이 어려운 점으로 인한 행정상의 문제점을 해소하고 민원을 사전에 예방하기 위한 조치로 보인다.17)

이와 같이 취득세에 있어서 과세표준이 되는 취득가액은 취득시점을 기준으로 그 이전에 당해 물건을 취득하기 위하여 거래상대방 또는 제3자에게 지급하였거나 지급하여야 할 모든 비용이라고 정의하고 있다. 여기에서 모든 비용이라 함은 법인이 아닌 자가 취득하는 경우를 제외하고는 건설자금에 충당한 금액의 이자, 소개수수료, 설계비 등 취득에 소요된 직접·간접비용을 말한다고 규정하고 있는데, 이들 비용에 대하여 살펴보면 다음과 같다.

가. 건설자금이자 등

건설자금에 충당한 차입금의 이자 또는 이와 유사한 금융비용으로 표현되는 "건설자금이자"는 세법상의 용어로서 사업용 고정자산의 매입, 제작, 건설에 소요되는 차입금에 대한 지급이자와 이와 유사한 지출금을 말하며 이는 해당 자산의 취득원가에 산입하여야 한다는 취지에서 나온 것이다(영 §18 ① Ⅰ).

한편, 기업회계기준에서도 "유형고정자산의 제작·매입·건설에 직접 사용하였음이 객관적으로 입증되는 차입금에 대하여 그 자산의 취득완료시까지 발생한 지급이자와 할인료 기타 이와 유사한 금융비용은 그 자산의 취득원가로 계상한다."고 규정함으로써 건설자금이자를 취득가액으로 보고 있다.

그런데 법인세법상 건설자금이자의 기간계산은 건설의 개시일부터 건설의 준공일까지로 하며 기간의 계산은 민법 제155조 내지 제161조 규정에 의하도록 하고 있어 초일(계약일 또는 착공일)은 불산입하고 말일(매입완료일 또는 준공일)은 산입하므로 계약일 또는 착공일의 다음날부터 기산하여 준공일까지로 한다. 이 경우 "건설의 개시일"은 매입의 경우에는 계약금의 지급일로 하고, 건설의 경우에는 착공일로 하며, "건설의 준공일"은 당해 건설의 목적물이 전부 준공된 날로 한다. "준공된 날"이라 함은 당해 건설의 목적물이 그 목적에 실제로 사용되는 날을 말하며, "실제로 사용된 날"은 정상제품을 생산하기 위하여 실제로 가동되는 날로서 발전소건설의 경우를 예시하면 전기사업법 제7조 및 같은 법 시행령 제4조에 따라 당해 공작물의 사용허가를 받은 날로 하고 있고, 토지매입의 경우 준공된 날이라 함은 그 대금을 청산한 날 또는 그 대금을 청산하

---

17) 여기에서 연부와 연불의 의미를 살펴보면, 연부는 조세를 일시에 납부하지 아니하고 2년 이상으로 분납하는 제도를 말하고, 연불은 연불조건부 양도 또는 연불조건부 건설제조 및 용역의 제공은 할부판매에 해당하지 아니하는 자산의 양도 또는 건설제조 및 용역의 제공으로서 개별약관에 의하여 판매금액 또는 수입금액을 월부·연부 기타의 부불(賦拂) 방법에 따라 수입하는 것 중 3회 이상으로 분할하여 판매금액 또는 수입금액을 수입하는 것과 당해 목적물의 인도기일의 다음날부터 최종의 부불금 지급기일까지의 기간이 2년 이상인 것을 말한다.

기 전에 당해 토지를 사업에 사용하는 경우에는 그 사업에 사용되기 시작한 날로 하고 있어 결국 완불한 날이나 사업에 직접 제공한 날 중 먼저 도래하는 날을 준공된 날로 하고 있다(법인세법 시행령 제52조).

이와 같은 내용으로 볼 때 지방세법에서 취득세의 과표산정은 취득시점, 즉 잔금지급일 또는 준공일 전에 발생한 건설자금이자는 취득세의 과세대상이 되는 것에는 의문의 여지가 없다 하겠으나 취득의 시점이 준공 이전에 건축물의 임시사용승인 또는 공유수면의 매립·간척에 의한 사용승낙이나 허가를 받은 경우에 임시사용승인일과 사용승낙일 또는 허가일이 그 부분에 대한 취득시점이 되는데 이날 이후 완전 준공 때까지의 당해 임시사용 또는 사용승낙이나 허가받은 부분에 대한 건설자금이자를 취득시점 이전에 지급의무가 발생한 비용으로 볼 수 있느냐 하는 문제가 대두되는데 필자의 견해로는 사용승낙이나 허가받은 부분에 대한 건설자금이자는 공사의 준공 여부와는 관계없이 임시사용 또는 사용승낙이나 허가받는 시점까지의 건설자금이자에 대해서만 취득세의 과세표준에 산입되어야 할 것으로 판단된다.

나. 할부 또는 연부계약에 따른 이자 및 연체료

할부 또는 연부계약에 따른 이자 상당액 및 연체료는 취득세과세대상 가액이 된다. (영 §18 ① Ⅱ).

예를 들면 토지를 연부로 취득하면 연부금을 지급하는 일자가 계약서에 명기되지만 자금사정으로 그 지급일자를 넘겨 지급하게 되면 그에 따른 연체료를 연부금과 합하여 취득세과표로 하여 과세하여야 한다는 것이다.

다. 농지보전부담금 또는 대체산림자원조성비 등

농지법에 따른 농지보전부담금, 문화예술진흥법 제9조 제3항에 따른 미술작품의 설치 또는 문화예술진흥기금에 출연하는 금액, 산지관리법에 따른 대체산림자원조성비 등 관계 법령에 따라 의무적으로 부담하는 비용은 취득세 과세대상가액이 된다(영 §18 ① Ⅲ).

예를 들면 산지관리법 제19조에 따라 산지전용허가를 받으려는 자, 또는 산지일시사용허가를 받으려는 자 등은 이에 따른 대체산림자원조성에 드는 비용을 미리 내야 하는데 이 경우 부담하는 비용은 취득세과세대상이 된다.

라. 용역비·수수료 등

취득에 필요한 용역을 제공받은 대가로 지급하는 용역비·수수료(건축 및 토지조성 공사로 수탁자가 취득하는 경우 위탁자가 수탁자에게 지급하는 신탁수수료를 포함한다) 는 취득세 과세대상가액이다(영 §18 ① Ⅳ).

건축을 위한 용역비, 소개수수료, 설계비, 전기, 전화 등의 임시사용료 등은 취득가액에 포함되지만, 사용승인 후의 차입금이자, 제세공과금 등은 과세표준에 포함되지 아니한다고 본다.

그리고 효율적 자금조달 등을 목적으로 신탁을 통해 부동산개발을 추진하는 경우에도 모든 직·간접 비용은 취득원가에 포함되어야 하기 때문에 수탁자가 신탁받은 부동산에 대해 건축 및 토지조성공사 등을 시행하는 경우, 위탁자가 수탁자에게 지급한 신탁수수료를 과표에 포함된다고 규정한 것이다.

▎사례 ▎

❖ 신탁수수료 과세표준 포함 여부

신탁수수료는 신탁회사가 사업약정에 따라 위탁자로부터 지급받은 것으로 신탁수수료는 해당 아파트를 취득한 자로서 그 취득세의 부과대상인 원고가 거래 상대방 또는 제3자에게 지급한 비용이라고 할 수 없으므로 취득세의 과세표준에는 포함될 수 없음

(대법 2020두32937 2020.5.14.)

마. 취득자 조건 부담액 등

취득대금 외에 당사자의 약정에 따른 취득자 조건 부담액과 채무인수액은 취득세 과세대상이다(영 §18 ① Ⅴ).

이 경우는 매도자가 건물의 세입자들에게 돌려주어야 할 전세자금 등을 매입자가 책임지기로 약정하고, 그 금액을 제외한 금액으로 매수하였다면 그 금액만큼은 매수자가 취득세의 과세표준액에 포함해야 된다는 것이다.

바. 부동산 취득의 경우 매입한 국민주택채권의 양도로 발생하는 매각차손(영 §18 ① Ⅵ)

부동산을 취득하는 경우 주택도시기금법 제8조에 따라 매입한 국민주택채권을 해당 부동산의 취득이전에 양도함으로써 발생하는 매각차손은 취득세 과세대상이다. 이 경우 행정안전부령으로 정하는 금융회사 등 외의 자에게 양도한 경우에는 동일한 날에 금융회사 등에 양도하였을 경우 발생하는 매각차손을 한도로 한다. 이 규정은 종전에는 법인만 채권매입비용을 취득세 과세표준에 반영하던 것을 개인도 동일하게 적용하여 형평을 유지시킨 것이다.

사. 공인중개의 중개보수

공인중개사법에 따른 공인중개사에게 지급한 중개보수는 취득세 과세대상 가액이다. (영 §18 ① Ⅶ).

아. 건축물의 효용 증진을 위한 시설의 설치비

붙박이 가구·가전제품 등 건축물에 부착되거나 일체를 이루면서 건축물의 효용을

유지 또는 증대시키기 위한 설비·시설 등의 설치비용은 취득세 과세대상이 된다(영 §18 ① Ⅷ).

자. 정원 등의 조성·설치 비용

정원 또는 부속시설물 등을 조성·설치하는 비용은 취득세 과세대상이다(영 §18 ① Ⅸ).

차. 그 밖의 비용

위 가부터 자까지의 비용에 준하는 비용도 취득세의 과세표준액에 포함하여야 한다(영 §18 ① Ⅹ).

㉮ 건축과 관련된 부대비용

기존건축물이 있는 토지에 기존건축물을 철거하고 그 위치에 새로운 건물을 신축할 경우의 철거비와 공지인 토지상에 새로이 건축물을 신축하기 위하여 묘지나 전주 등을 이장 또는 이설하는 경우 그 보상비는 새로운 건물을 신축하기 위한 부대비용이므로 신축건물의 공사원가, 즉 취득가액으로 보아야 할 것이다. 그러나 토지상에 있는 기존건물을 철거하거나 묘지, 전주 등을 이장 또는 이설한 후 나대지 상태로 주차장 등으로 활용한다면 이는 건축과는 상관없는 것이므로 취득세의 과표산입에는 문제가 발생할 수 없는 것이며 또한 기존건물을 철거하거나 묘지 등을 이장한 후 5년이 경과(제척기간 경과)한 다음 새로운 건물을 신축할 경우에도 기존건물의 철거비 등은 신축건물의 취득가액에 포함시킬 수 없는 것이다.

여기에서 참고로 법인세법의 취득가액 산입방법에 대하여 살펴보면 토지만을 사용할 목적으로 건축물이 있는 토지를 취득하여 그 건축물을 철거하거나, 자기소유의 토지상에 있는 임차인의 건축물을 취득하여 철거한 경우 철거한 건축물의 취득가액과 철거비용은 당해 토지에 대한 자본적 지출로 하도록 법인세법 기본통칙으로 운영하고 있다.[18]

㉯ 채권입찰 또는 기부금입찰로 인한 취득가액

채권입찰제 또는 기부금 입찰제로 분양하는 아파트를 당첨 취득하는 경우의 그 매입금은 그 아파트 분양에 응찰하기 위해서는 채권을 매입하거나 기부금을 납부하여야 하고 이를 참작하여 당첨 여부를 결정하는 것으로 채권의 매입이나 기부금의 납부자체가 아파트 분양·취득에 필수적으로 필요한 취득가액의 부대비용이므로 취득세의 과표에 산입하여야 할 것이다.

㉰ 설계비 등 기타 비용

건축물을 신축 또는 증축할 경우에는 신·증축에 따른 원인자부담금, 소개수수료,

---

[18] 법인세법기본통칙 23-31…1 ① (고정자산에 대한 자본적지출의 범위)

설계비, 전기·전화 등의 임시사용료 등은 취득가액에 포함되지만 사용승인 후의 차입금에 대한 이자, 등기료, 제세공과금 등은 과세표준인 취득가액에 포함되지 아니한다고 본다.

(2) 그런데 위의 직·간접비용 규정에도 불구하고 다음 각 호의 어느 하나에 해당하는 비용은 사실상 취득가격에 포함하지 않는다(영 §18 ② Ⅰ~Ⅴ).

    1) 취득하는 물건의 판매를 위한 광고선전비 등의 판매비용과 그와 관련한 부대비용
    2) 전기사업법, 도시가스사업법, 집단에너지사업법, 그 밖의 법률에 따라 전기, 가스, 열 등을 이용하는 자가 분담하는 비용
    3) 이주비·지장물 보상금 등 취득물건과는 별개의 권리에 관한 보상 성격으로 지급되는 비용
    4) 부가가치세
    5) 제1호에서 제4호까지의 비용에 준하는 비용

(3) 법 제7조 제1항에 따른 부동산 등을 한꺼번에 취득하여 부동산 등의 취득가격이 구분되지 아니하는 경우에는 한꺼번에 취득한 가격을 부동산 등의 시가표준액 비율로 나눈 금액을 각각의 취득가액으로 하고, 이 경우 시가표준액이 없는 과세물건이 포함되어 있으면 부동산 등의 감정가격 등을 고려하여 시장·군수·구청장이 결정한 비율로 나눈 금액을 각각의 취득가액으로 한다(영 §19 ①·④).

그런데 위 규정에도 불구하고 주택, 건축물과 그 부속토지를 한꺼번에 취득한 경우에는 다음 각 호의 계산식에 따라 주택 부분과 주택 외 부분의 취득가격을 구분하여 산정한다. 다만, 법 제10조 제5항 제1호부터 제4호까지에 따른 취득으로서 주택 부분과 주택 외 부분의 취득가격이 구분되는 경우에는 그 가격을 각각의 취득가액으로 한다(영 §19 ②).

$$\blacksquare \text{주택 부분} = \text{전체 취득가격} \times \frac{[\text{건축물 중 주택 부분의 시가표준액(법 제4조 제2항에 따른 시가표준액을 말한다. 이하 이 항에서 같다.)}] + [\text{부속토지 중 주택 부분의 시가표준액(법 제4조 제1항에 따른 토지 시가표준액을 말한다. 이하 이 항에서 같다.)}]}{\text{건축물과 부속토지 전체의 시가표준액}}$$

$$\blacksquare \text{주택 외 부분} = \text{전체 취득가격} \times \frac{(\text{건축물 중 주택 외 부분의 시가표준액}) + (\text{부속토지 중 주택외 부분의 시가표준액})}{\text{건축물과 부속토지 전체의 시가표준액}}$$

위의 제1항 및 제2항에도 불구하고 신축 또는 증축으로 주택과 주택 외의 건축물을 한꺼번에 취득한 경우에는 다음 각 호의 계산식에 따라 주택 부분과 주택 외 부분의 취득가격을 구분하여 산정한다(영 §19 ③).

- 주택 부분 = 전체 취득가격 × $\dfrac{\text{건축물 중 주택 부분의 연면적}}{\text{건축물 전체의 연면적}}$

- 주택 외 부분 = 전체 취득가격 × $\dfrac{\text{건축물 중 주택 외 부분의 연면적}}{\text{건축물 전체의 연면적}}$

② 지방자치단체의 장은 특수관계인 간의 거래로 그 취득에 대한 조세부담을 부당하게 감소시키는 행위 또는 계산을 한 것으로 인정되는 경우(이하 이 장에서 "부당행위계산"이라 한다)에는 제1항에도 불구하고 시가인정액을 취득당시가액으로 결정할 수 있다(법 §10의 3 ②).

위 법 제10조의3제2항에 따른 부당행위계산은 특수관계인으로부터 시가인정액보다 낮은 가격으로 부동산을 취득한 경우로서 시가인정액과 사실상취득가격의 차액이 3억원 이상이거나 시가인정액의 100분의 5에 상당하는 금액 이상인 경우로 한다(영 §18의 2).

▣ 사례 ▣

❖ 국민주택채권 매입후 매각했을 때 발생하는 처분손실액이 과세표준에 포함되는지 여부

원심판결 이유에 의하면 원심은, 원고가 이 사건 토지를 85㎡ 초과 공동주택의 건설용지로 공급받기 위하여 구 주택법(2005.7.13. 법률 제7600호로 개정되기 전의 것. 이하 같다.) 제68조 제1항 제4호 등 관계 법령을 근거로 시행된 '채권·분양가 병행입찰 방법'에 따라 제3종 국민주택채권인 이 사건 국민주택채권을 매입하였다가 매매계약 체결 이후에 이를 매각함으로써 발생한 이 사건 처분손실에 대하여, 원고는 법령 규정에 따라 필수적으로 시장평가액보다 높은 가격으로 이 사건 국민주택채권을 매입하였다는 이유 등을 들어 이 사건 처분손실액을 취득가격에 포함시켜 한 이 사건 처분이 적법하다고 판단하였다.

(대법 2011두27773, 2013.1.16.)

❖ 도시개발사업에 따른 사업권의 양수비를 취득세 과세표준에 포함할 수 있는지

원고가 OO건설로부터 양수한 각 사업권은 그들이 ○○○○구역 도시개발사업을 추진하면서 얻은 신용·명성·거래선과 같은 영업상의 이점과 사업시행 등에 있어서 가질 수 있는 우선적인 지위 등으로서 취득세의 과세대상인 토지와는 별도의 권리이므로, 그 각 사업권 양수비를 이 사건 토지의 취득가격에 산입하여서는 아니된다.

(대법 2013두3641, 2013.6.27.)

❖ 피고에게 납부한 기반시설부담금 등이 취득가액에 포함되는지 여부

원고는 이 사건 공동주택을 신축하여 원시취득하면서 허가관청인 피고와의 협약, 피고가 수립·고시한 기반시설부담계획 및 사업계획승인 부관에 따라 그 신축의 조건으로 이 사건 분담금을 피고에게 납부하였으므로, 이 사건 분담금은 이 사건 공동주택의 취득을 위하여 필수불가결하게 지급되는 간접비용으로서, 구 지방세법시행령 제82조의 2 제1항 제5호에서 규정하고 있는 '취득대금 외에 당사자 약정에 의한 취득자 조건 부담액'에 준하는 비용(제6호)에 해당한다. 따라서 이 사건 처분은 구 지방세법 시행령 제82조의2 제1항 제5, 6호에 근거한 처분이라 할 것이므로, 이 사건 처분이 법령에 근거가 없어 위법하다는 원고의 위 주장은 더 나아가 살펴 볼 필요 없이 이유 없다.

(대법 2015두47386, 2015.11.26.)

❖ 봉안당 신축시 설치된 납골안치시설의 취득비용이 취득세 과세표준에 포함되는지 여부

① 이 사건 건물이 설치된 토지는 보전녹지지역으로, 원고는 당초부터 유골함을 안치하는 봉안당을 운영할 목적으로 이 사건 건물을 신축한 점, ② 이 사건 납골시설은 이 사건 건물을 봉안당으로 사용하기 위하여 필수적으로 설치하여야 하는 시설로서 납골시설 없이는 이 사건 건물을 봉안당으로 사용하는 것이 현실적으로 불가능한 점, ③ 이 사건 납골시설은 이 사건 건물의 높이 및 폭에 맞추어 제작·설치된 것으로, 이를 이 사건 건물에서 떼어낼 경우 그 가치가 확연히 감소하고 다른 장소에 설치하여 재사용하기 어려워 보일 뿐만 아니라, 건물의 용도 및 구조나 외관 등을 고려할 때 이 사건 건물의 효용가치 또한 감소될 것으로 보이는 점, ④ 이 사건 납골시설 등 설치비용은 이 사건 건물 자체 취득비용의 약 70%에 달하는 점 등을 종합하면, 이 사건 납골시설은 이 사건 건물에 부속되어 이 사건 건물자체의 효용을 증가시키는데 필수적인 시설로서, 그 공사비를 이 사건 건물에 대한 취득세 등 산정을 위한 과세표준에 포함시킨 것은 적법하고, 이와 다른 전제에 서 있는 원고의 위 주장은 이유 없다.

(대법 2016두35434, 2016.6.28.)

❖ 취득 신고에 따른 납부고지서 발부행위가 행정처분에 해당되는지

납세의무자가 취득세의 과세표준과 세액을 신고하는 경우에는 원칙적으로 신고하는 때에 세액이 확정되는 것이고, 그 과정에서 과세관청이 자납용 납부고지서를 교부하는 행위는 납세의무자의 편의를 도모하기 위한 단순한 사무적 행위에 불과하고 취득세 등을 부과하는 행정처분이라고 할 수 없다.

(대법 2016두52561, 2017.1.12.)

❖ 법원 경매과정의 유치권 해소 비용이 취득세 과표에 포함되는지

유치권 인정에 대한 다툼이 있는 경우로서 그 해소 비용을 과세표준에 포함시키려면 과세권자가 이를 입증해야 되는 바, 입증하지 못하면 과세표준에 포함할 수 없으나, 다만, 적법한 유치권으로 인정되고, 이의 해소를 위해 지출되어진 비용이라면 취득세 과세표준에 포함된다고 할 것이다.

(대법 2016두50631, 2016.12.1.)

❖ 건설자금이자는 취득가격에 포함되는 비용인지 여부

취득세 과세대상 물건의 취득에 소요되었음이 확인되는 특정차입금이 아닌 일반차입금의 경우에는 전체 건설자금이자를 전체 취득가액에서 취득세 과세대상 물건 취득에 지출된 금액과 그 외의 물건 취득에 지출된 금액의 비율에 따라 안분하여 취득세과세대상 물건 취득에 대응

하는 건설자금이자만을 과세표준에 산입하는 것이 타당하다 할 것이다.

(조심 15지0762, 2016.10.6.)

❖ **건설자금이자는 취득가격에 포함되는 비용인지 여부**

구 지방세법상 취득세의 과세표준에 산입되는 건설자금이자는 법인세법상 손금불산입 대상인 건설자금이자와 마찬가지로 특정차입금의 차입일부터 해당 자산의 취득일 등까지 발생한 이자에서 특정차입금의 일시예금에서 생기는 수입이자를 차감하는 방법으로 산정하여야 하고, 설령 특정차입금을 실제로 사용하기 전에 미리 차입을 하였다고 하더라도 그에 관한 이자는 여전히 해당 자산의 취득에 소요된 비용에 해당하므로 이를 취득세의 과세표준에서 제외할 것은 아니다(대법원 09두17179, 2010.4.29.).

(대법 13두5517, 2013.9.12.)

❖ **선급이자가 취득가격에 포함되는 비용인지 여부**

토지 취득일 당시 지급한 선급이자의 취득세 과세표준에 포함 여부 관련하여 대출약정서상 청구법인이 이 건 부동산 취득을 위한 이 건 대출금을 대출받으면서 이 건 선급이자를 선지급하기로 약정하였고, 청구법인은 이 건 대출금의 차입일인 2015.9.24. 이 건 부동산을 취득하였으며, 회계처리 또한 이 건 부동산의 취득일에 지급한 쟁점선급이자를 자산으로 처리하였다가 나중에 이자비용으로 대체한 점 등에 비추어 이 건 부동산의 취득일 당일인 1일에 해당하는 이자만 취득과 관련된 건설자금이자로 보아야 할 것이므로 쟁점선급이자 중 1일분의 이자에 해당하는 금액만을 과세표준에 포함하고 나머지는 제외하는 것으로 하여 이 건 취득세 등의 과세표준 및 세액을 경정하는 것이 타당하다고 판단된다.

(조심 17지454, 2017.9.19.)

❖ **취득가격에 포함되는 할부(연부)이자 및 연체료인지 여부**

'할부 또는 연부 계약에 따른 이자 상당액 및 연체료' 라는 규정은 당초의 '할부이자' 를 '할부 또는 연부 계약에 따른 이자 상당액' 으로 그 내용을 명확히 하고, '할부이자' 는 '연체료' 와 '법인이 아닌 자가 취득하는 경우에는 취득가격에서 제외한다.' 는 특성을 같이 하기 때문에 입법기술상 '연체료' 와 같은 호에서 규정한 결과 이와 같이 개정된 것이지, 개정전 시행령의 '연체료' 의 범위를 '할부 또는 연부 계약에 따른' 연체료에 한정하고자 하는 의미로 이와 같이 개정된 것으로 보이지는 않는다.

(대법 14두41640, 2014.12.24.)

❖ **취득가격에 광역교통시설부담금이 포함되는지 여부**

교통시설부담금은 사업의 승인 또는 인가 등을 받은 날부터 60일 이내에 부과되므로 과세대상 물건인 쟁점아파트를 취득하기 이전에 이미 지급원인이 발생 또는 확정된 비용이고, 쟁점아파트를 취득하지 않은 경우에는 지출할 필요가 없는 비용으로서 토지의 효용가치를 증가시키기 위한 비용이라기보다는 쟁점아파트의 취득을 위해 지출한 비용으로 그 지출이 필수적으로 요구되는 법정비용이므로 취득세 과세표준에 포함된다.

(조심 11지891, 2012.3.30.)

❖ **취득가격에 기반시설부담금이 포함되는지 여부**

기반시설부담금은 건축허가를 받은 날을 기준으로 부과되는 것으로서 건축물을 취득하기 이전에 지급원인이 발생 및 확정된 비용이고, 건축물의 취득에 필수적으로 요구되는 법정비용에 해당한다 할 것이므로 이를 건축물의 신축 비용에 포함된다.

(조심 11지623, 2012.7.10.)

❖ **취득가격에 포함되는 용역비·수수료**

이 사건 컨설팅 용역비는 ○○○이 원고에게 이 사건 건축물의 인·허가 및 금융자문, 엠디 및 분양성 검토의 컨설팅 용역을 제공하는 대가로 지급받기로 하였다는 것인바, 앞서 본 각 규정 및 법리에 비추어 볼 때, ○○○이 원고에게 제공한 용역이 이 사건 건축물의 신축에 필요한 인·허가나 이 사건 건축물의 신축을 위한 자금의 대출에 관한 자문이거나, 또는 단순히 분양과 관련된 것이 아니라 이 사건 건축물의 신축 여부를 결정하기 위한 전제로서의 사업성 검토 등을 포함하고 있다면, 이러한 컨설팅 용역비는 이 사건 건축물의 신축에 필요불가결한 준비행위로서 건축물의 취득 전에 이루어진 직·간접적인 부대비용에 해당한다고 볼 여지가 있다고 할 것이다.

(대법 09두22034, 2011.1.13.)

❖ **취득가격에 포함되는 건축물 부대설비**

건축물 부대설비에 대한 건축공사 도급계약의 체결이나 공사대금 지급의 약정이 이루어진 경우 취득시기 이전에 지급원인이 발생 또는 확정된 비용은 건축공사 도급계약의 체결이나 공사대금 지급의 약정 이행시기가 도래하였다는 것 또는 그때까지 이미 지급한 공사대금 금액을 의미하는 것이 아니라 취득시기까지 실제 공사가 완료된 부분의 기성고 금액을 뜻한다고 보아야 한다. 따라서 건물 일부의 수분양자 등이 주체구조부와 일체가 되고 건축물의 효용가치를 증대시키는 부대설비 등의 가설공사를 하였으나 당해 건축물의 임시사용승인일 등 그 취득일까지 가설을 완료하지 못한 경우에는 그때까지의 기성고 비율에 따른 공사비 상당만을 취득세의 과세표준에 포함시킬 수 있을 뿐이고, 취득일 이전에 그에 관한 공사도급계약을 체결하였다거나 기성고를 초과하는 공사대금을 미리 지급하였다고 하더라도 그 도급계약금액이나 기성고를 초과하는 공사대금은 이를 취득세의 과세표준에 포함시킬 수 없다. 취득일 이후의 공사로 인한 부분은 독립적으로 취득세의 과세대상이 되는 경우에 한하여 주체구조부 소유자 또는 수분양자 등에게 별도로 취득세를 부과할 수 있을 뿐이다.

(대법 13두7681, 2013.9.12.)

❖ **취득가격에 포함되는 절차비용**

'취득가액'에는 과세대상물건의 취득시기 이전에 거래상대방 또는 제3자에게 지급원인이 발생 또는 확정된 것으로서 당해 물건 자체의 가격(직접비용)은 물론 그 이외에 실제로 당해 물건 자체의 가격으로 지급되었다고 볼 수 있거나(취득자금이자, 설계비 등) 그에 준하는 취득절차비용(소개수수료, 준공검사비용 등)도 간접비용으로서 이에 포함된다 할 것이나, 그것이 취득의 대상이 아닌 물건이나 권리에 관한 것이어서 당해 물건 자체의 가격이라고 볼 수 없는 것이라면 과세대상물건을 취득하기 위하여 당해 물건의 취득시기 이전에 그 지급원인이 발생 또는 확정된 것이라도 이를 당해 물건의 취득가격에 포함된다고 보아 취득세 과세표준으로 삼을 수 없다고 할 것이다.

(대법 95누4155, 1996.1.26.)

❖ **취득가격에 포함되지 않는 분양보증수수료**

주택분양보증수수료는 사업주체가 분양자에 대한 분양계약의 이행을 담보하기 위한 목적에서 대한주택보증 주식회사와 체결한 보증계약의 이행으로 지급하는 수수료인 점, 사업주체가 일정한 비용을 들여 아파트를 신축하였다면 분양보증계약을 체결하고 선분양한 경우나 분양보증계약을 체결하지 아니하고 후분양한 경우에 있어 아파트의 신축에 지출된 비용은 동일하여야 할 것인데, 주택분양보증수수료를 아파트의 사실상 취득가격에 포함시킬 경우 아파트의 분양시기에 따라 아파트 신축비용이 달라지는 문제가 생기는 점 등을 고려하면, 비록 주택분양보증수수료가 신축아파트의 완공 이전에 대한주택보증 주식회사에게 지출되고, 아파트 신축공사가 정상적으로 완료된 경우라도 주택분양보증수수료가 반환되지 않는다는 사정을 감안하더라도, 사업주체가 아파트를 취득하기 위한 목적으로 지출하는 비용에 주택분양보증수수료가 포함된다고 보기는 어렵다는 이유 등을 들어, 이와 다른 전제에 선 피고의 이 사건 각 처분은 위법하다.

(대법 10두672, 2010.12.23.)

❖ **취득가격에 포함되지 않는 명도비**

이 사건 명도비용은 이 사건 부동산을 취득하기 위하여 지급한 것이 아니라 이 사건 건물을 조속히 명도받아 건물 신축사업을 조속히 실행하기 위하여 임차인들에게 임차권·영업권 등에 대한 보상금 명목 등으로 지급된 것으로 봄이 상당하므로, 이 사건 부동산의 취득가격에 포함된다고 할 수 없고, 원고가 이 사건 부동산의 매매계약을 체결할 때 이를 활용하기 위해서는 어느 정도의 명도 비용이 든다는 것을 예상할 수 있었다거나, 그 매매계약 체결 전에 이 사건 부동산의 임차인들에게 일정한 보상금 등을 지급하기로 약정한 상황이었다고 하더라도, 달리 볼 것은 아니다.

(대법 10두24586, 2011.2.24.)

❖ **시스템 에어컨, 광파오븐 등 이 사건 건물의 과세표준에서 이 사건 건물에 설치된 방송기반시설 및 조명시설(이하 '이 사건 시설'이라 한다)에 관하여 이 사건 건물의 사용승인일 전까지 발생한 공사비용이 취득세 과세표준에 포함되는지 여부**

① 이 사건 시설은 이 사건 건물 중 방송촬영을 하기 위하여 마련된 공간인 스튜디오 등에 구축된 조명과 방송설비로서, 이는 방송프로그램 제작을 위하여 필수적인 부대시설에 해당하여 방송용 스튜디오로 설계된 이 사건 건물 자체의 효용을 증가시키는 시설인 점, ② 이 사건 시설은 설계·제작 단계부터 설치될 공간의 구조와 너비에 맞추어 시설물의 규격과 수량이 정해졌고, 이 사건 건물의 내·외벽, 천장, 바닥 등을 관통하는 슬리브와 배관을 설치하고, 전원케이블, 단자함 등을 연결하는 방법으로 설치된 것이므로, 이를 이 사건 건물과 분리하는 것이 용이하지 아니하고, 이 사건 건물에서 분리되어서는 효용을 다할 수 없는 것으로 보이는 점, ③ 일부 조명시설의 경우 조명 자체의 탈·부착은 가능하다고 볼 여지가 있으나, 이 또한 이 사건 건물의 벽체 등에 매립된 배선으로 연결되어 있어 이를 해체한 후 다시 사용하기 위해서는 전기배선공사 등의 작업을 다시 거쳐야 하는 것으로 보이고, 그 규모나 설치형태에 비추어 이를 자유롭게 이동하여 사용할 수 있다고 보기는 어려운 점 등을 종합하면 이 사건 시설은 구 지방세법 제7조 제3항에 따른 건축물의 부대설비에 속하는 부분으로서 그 주체구조부와 하나가 되어 건축물로서의 효용가치를 이루고 있다고 봄이 상당하다. 따라서 이 사건 시설의 설치비용은 이 사건 건물의 신축비용으로 취득세 등의 과세표준에 포함되어야 함

(대법 2020두41832, 2020.10.15.)

❖ 처분청이 이 사건 처분을 하면서 근거로 제출한 일부 계약서들에 공사범위, 공사예정일정표, 계약내역서 등의 서류나 도면이 첨부되지 않아 구체적 공사내역을 파악을 할 수 없는 경우 그 처분의 당부

과세처분의 위법을 이유로 그 취소를 구하는 행정소송에 있어서 과세원인, 과세표준 등 과세요건이 되는 사실의 존재에 대하여는 원칙적으로 과세관청에 그 입증책임이 있고(대법원 1988. 2. 23. 선고 86누626 판결 등 참조). 과세처분 취소소송에서 처분의 적법 여부는 정당한 세액을 초과하느냐의 여부에 따라 판단하는 것으로서, 당사자는 사실심 변론종결 시까지 객관적인 과세표준과 세액을 뒷받침하는 주장과 자료를 제출할 수 있고, 이러한 자료에 의하여 적법하게 부과될 정당한 세액이 산출되는 때에는 그 정당한 세액을 초과하는 부분만 취소하여야 할 것이지만, 그렇지 아니한 경우에는 과세처분 전부를 취소할 수밖에 없으며, 그 경우 법원이 직권에 의하여 적극적으로 부과할 정당한 세액을 계산할 의무까지 지는 것은 아닌(대법원 1995. 4. 28. 선고 94누13527 판결, 대법원 2015. 9. 10. 선고 2015두622 판결 등 참조) 점, 이 사건에 관하여 본다. 이 사건 공사에 의하여 설치된 시설물 중 이 사건 부동산의 주체구조부와 일체를 이루어 건축물 자체의 효용가치 증대에 기여하는 부분을 특정할 수 없는 점, 원고는 이 법원에서 1공구 공사비 중 641,300,000원, 2공구 공사비 중 154,800,000원, 5공구 공사비 중 34,708,624원, 6공구 공사비 중 407,000,000원, 7공구 공사비 중 73,334,880원, 9공구 공사비 중 436,230원, 인테리어 용역비 중 242,995,900원, 기계 공사비 중 300,000,000원, 전기 공사비 중 73,400,000원, 통신설비 공사비 중 217,000,000원 합계 2,404,975,634원은 이 사건 처분의 과세표준에 포함되는 것을 수긍할 수 있다는 뜻을 밝혔다. 그러나 한편, 피고는 이 법원에서 위와 같은 원고의 과세표준 계산을 받아들일 수 없다는 뜻을 표시하였고 달리 객관적인 과세표준과 정당한 세액을 뒷받침할 수 있는 충분한 자료를 제출하지 못하고 있는 점 등에 의하여 이 사건 처분은 전부 취소되어야 함

(대법 2020두36908, 2020.6.25.)

❖ 부동산 등 취득후 대출금 전액을 조기상환하여 주택도시보증공사에 지급한 주택사업금융보증수수료를 반환받은 경우 그 반환받은 수수료가 환급대상에 해당하는지 여부

① 이 사건 보증수수료는 이 사건 토지의 취득을 위한 절차비용에 해당하고, 그 보증수수료의 전액에 대한 지급원인이 원고의 이 사건 토지에 관한 취득시기 이전에 이미 발생 또는 확정되었다고 할 것이므로, 이 사건 보증수수료의 전액이 이 사건 토지의 취득가격에 포함된다고 봄이 타당한 점, ②이 사건 대출약정에서 원고가 주택도시보증공사 발급의 주택사업금융보증서를 제출하는 것을 대출금 인출을 위한 선행조건으로 정하였는바, 원고가 이 사건 보증수수료 전액을 지급하고 전체 대출기간에 대한 주택사업금융보증서를 발급받지 않았다면 이 사건 대출을 통한 이 사건 토지의 취득은 이루어질 수 없었던 점, ③이 사건 보증수수료는 이 사건 대출약정을 체결하거나 이 사건 대출금을 인출하기 위해 일시에 모두 지출된 비용으로, 대출약정의 대출기간에 따라 계속적으로 발생하는 이자(건설자금이자)와는 당초부터 그 발생원인이나 법률적 성격 등을 달리하고 있는 점, ④원고의 주택도시보증공사에 대한 보증신청과 주택도시보증공사의 이에 대한 승인이 바로 이 사건 보증수수료의 지급원인에 해당하는데, 이러한 지급원인은 원고의 이 사건 토지의 취득시기 이전에 이미 발생, 확정되어 있는 점, ⑤반면 위와 같은 주택사업금융보증의 보증기간은 보증금액 및 보증요율과 함께 이 사건 보증수수료를 산정하기 위한 하나의 기준에 불과할 뿐, 보증수수료 금액이 보증기간에 비례한다는 사정

만으로 이와 달리 볼 수 없는 점 등에 비추어 이 사건 보증수수료는 취득비용으로 볼 수 있음
(대법 2019두62628, 2020.4.9.)

❖ **사업시행자이자 수탁자인 원고가 이 사건 사업약정에 따라 위탁자로부터 지급받은 관리형토지신탁 수수료 4억원이 간접취득비용으로 볼 수 있는지 여부**

이 사건 신탁수수료는 원고 본인이 이 사건 사업약정에 따라 한백종합건설로부터 지급받은 것임은 앞서 인정한 바와 같다. 따라서 이 사건 신탁수수료는 이 사건 아파트를 취득한 자로서 그 취득세의 부과대상자인 원고가 거래 상대방 또는 제3자에게 지급한 비용이라고 할 수 없으므로, 이 사건 신탁수수료가 이 사건 아파트를 취득하기 위한 비용인지 여부와 무관하게 그 취득세의 과세표준에는 포함될 수 없음
(대법 2020두32937, 2020.5.14.)

❖ **이 사건 대출을 위해 주택도시보증공사의 주택사업금융보증을 받기 위하여 지급한 보증수수료를 조기상환하여 환급받은 경우 전체 보증수수료를 이 사건 취득을 위한 간접비용으로 볼 수 있는지 여부**

① 이 사건 보증서의 발급은 이 사건 대출금의 인출을 위한 선행조건이었는데, 이로 인하여 원고가 이 사건 보증수수료의 전액을 지급하고 이 사건 보증서를 발급받지 않았다면 이 사건 대출을 통한 이 사건 토지의 취득은 이루어질 수 없었다. ② 이 사건 보증수수료는 이 사건 대출약정을 체결하거나 이 사건 대출금을 인출하기 위해 일시에 모두 지출된 비용으로, 대출약정의 대출기간에 따라 계속적으로 발생하는 이자(건설자금이자)와는 당초부터 그 발생원인이나 법률적 성격 등을 달리하고 있다. ③ 원고의 주택도시보증공사에 대한 이 사건 대출약정을 위한 보증신청과 주택도시보증공사의 이에 대한 승인이 바로 이 사건 보증수수료의 지급원인에 해당하는데, 이러한 지급원인은 원고의 이 사건 토지의 취득시기 이전에 이미 발생되어 확정되어 있었다. ④ 반면 위와 같은 대출보증의 보증기간은 보증금액 및 보증요율과 함께 이 사건 보증수수료를 산정하기 위한 하나의 기준에 불과하고, 이는 설령 주택도시보증공사가 원고에게 송부한 보증승인 통지서에 그 보증기간이 2017.9.부터 2020.9.까지로 정한 것 외에 추가로 '(보증서 발급일부터 대출원금의 상환기일)'이 기재되어 있었다고 하더라도 마찬가지이다. 등에 비추어 볼 때 이 사건 토지의 취득을 위한 간접비용으로 볼 수 있음
(대법 2020두33572, 2020.5.14.)

❖ **시스템에어컨, 광파오븐 등 이 사건 부대시설 등 설치비용을 원고 이 건 건축물 등 신축을 위한 간접취득비용으로 볼 수 있는지 여부**

① 이 사건 부대시설에 대하여는 수분양자들에게 설치 여부와 설치 품목에 대한 선택권이 있었기에, 관리신탁회사인 원고가 이 사건 아파트를 취득할 당시부터 이 사건 부대시설의 설치가 당연히 예정되어 있었다고 볼 수 없는 점. ② 지방세법 제7조 제3항은 "건축물 중 조작설비, 그 밖의 부대설비에 속하는 부분으로서 그 주체구조부와 하나가 되어 건축물로서의 효용가치를 이루고 있는 것에 대하여는 주체구조부 취득자 외의 자가 가설한 경우에도 주체구조부의 취득자가 함께 취득한 것으로 본다"고 규정하므로, 취득세의 과세대상인 부대설비인지 여부는 단지 분리가 어렵다거나 분리하면 효용을 해한다는 등에 의해서가 아니라 '건축물의 주체구조부와 하나가 되어 건축물로서의 효용가치를 이루었는지'여부에 따라 판단되어야 하는바, 이 사건 부대시설이 이 사건 아파트의 거실, 침실 등의 일부분으로서 물리적 구조, 용도와 기능면에서 이 사건 아파트와 분리할 수 없을 정도로 부착・합체되어 일체로서 효용

가치를 이루고 있다고는 보기 어려운 점, ③ 이 사건 아파트 입주자모집공고에 "이 사건 부대시설은 시공상의 문제로 일정시점 이후에는 추가품목 선택의 계약 및 취소가 불가능하고 그 설치 위치를 임의로 지정할 수 없다"고 되어 있으나, 이는 대규모 아파트 건축공사의 특성상 일정시점 이후에는 각 입주자의 사정을 반영하여 이미 시공이 마쳐진 부분을 개별적으로 취소하거나 변경하기가 어렵기 때문이지 이 사건 부대시설의 분리나 위치 변경이 물리적 또는 기능적으로 불가능하기 때문은 아닌 점 등을 종합하여 보면, 이 사건 부대시설비용은 이 사건 아파트에 대한 취득세 과세표준에 포함되지 않는다고 봄이 타당함

(대법 2020두32937, 2020.5.14.)

❖ **경제자유구역 개발사업 시행자로 지정되어 개발사업 구역 내에 있는 철거예정 이 사건 토지 소유자들에게 그 지상의 건축물에 대한 대가로 지급한 지장물보상금, 감정평가수수료, 지적측량비가 취득세 과세대상에 포함되는지 여부**

구 경제자유구역법 제13조는 개발사업시행자는 개발사업을 시행하기 위하여 필요한 경우에는 사업구역 내의 토지를 수용하거나 사용할 수 있고, 토지 등의 수용 또는 사용에 관하여 특별한 규정이 있는 경우를 제외하고는 공익사업을 위한 토지 등의 취득 및 보상에 관한 법률을 준용하도록 규정하고 있고, 구 공익사업을 위한 토지 등의 취득 및 보상에 관한 법률(2015.1.6. 법률 제12972호로 개정되기 전의 것, 이하 '구 토지보상법'이라 한다) 제75조 제1항 본문 및 각호는 건축물, 입목, 공작물과 그 밖에 토지에 정착한 물건에 대하여는 이전비로 보상하되, 건축물 등을 이전하기 어렵거나 그 이전으로 인하여 건축물 등을 종래 목적대로 사용할 수 없게 되는 경우 및 건축물 등의 이전비가 그 물건의 가격을 넘는 경우에는 해당 물건의 가격으로 보상하도록 규정하고 있다.

나) 살피건대, 원고가 이 사건 건물의 소유자들과 매매계약을 체결하고 위 건물에 대한 손실보상금을 지급하였음은 앞서 본 바와 같으므로, 사업시행자인 원고가 위 건물의 소유자에게 건물의 취득대가로서 건물 가격 상당의 손실보상금을 지급함으로써 위 건물은 사업시행자인 원고에게 유상으로 사실상 이전되었다고 봄이 상당하고, 원고가 주장하는 바와 같이 이 사건 건물이 철거될 운명에 있다고 하더라도 달리 볼 수 없다. 따라서 원고는 이 사건 건물을 사실상 취득한 자로서 이 사건 건물 취득에 관한 취득세의 납세의무자가 된다고 봄이 상당함(원고가 소장에서 언급한 대법원 1996.1.26. 선고 95누4155 판결은 협의취득에 따른 지장물보상금을 과세대상물건인 토지에 대한 취득세의 과세표준에 포함하여 부과한 토지의 취득세 부과처분에 관한 사안으로, 이 사건에 원용하기에 적절하지 아니하다).

(대법 2020두39044, 2020.8.27.)

제10조의 4 | 원시취득의 경우 과세표준

① 부동산등을 원시취득하는 경우 취득당시가액은 사실상취득가격으로 한다.(법 §10의 4 ①)

여기에서 취득 당시의 가격이라 함은 취득시점을 기준으로 원시취득, 승계취득, 유상취득, 무상취득, 연부취득, 주식취득 등 여러 가지 형태의 취득 유형에 따라 그 취득가격을 달

리 적용할 수 있는데 원시취득은 건축물의 신축, 재축, 증축, 선박의 건조, 공유수면의 매립 등과 같은 원시취득에 있어서는 그 건축, 건조 또는 매립에 직접적으로 투자된 금액이 과세표준이 되는 것이다.

② 제1항에도 불구하고 법인이 아닌 자가 건축물을 건축하여 취득하는 경우로서 사실상취득가격을 확인할 수 없는 경우의 취득당시가액은 제4조에 따른 시가표준액으로 한다..(법 §10의 4 ②)

제10조의 5 | 무상취득·유상승계취득·원시취득의 경우 과세표준에 대한 특례

① 제10조의2 및 제10조의3에도 불구하고 차량 또는 기계장비를 취득하는 경우 취득당시가액은 다음 각 호의 구분에 따른 가격 또는 가액으로 한다(법 §10의 5 ① Ⅰ~Ⅲ).
 1. 차량 또는 기계장비를 무상취득하는 경우: 제4조제2항에 따른 시가표준액
 2. 차량 또는 기계장비를 유상승계취득하는 경우: 사실상취득가격. 다만, 사실상취득가격에 대한 신고 또는 신고가액의 표시가 없거나 그 신고가액이 제4조제2항에 따른 시가표준액보다 적은 경우 취득당시가액은 같은 항에 따른 시가표준액으로 한다.
 3. 차량 제조회사가 생산한 차량을 직접 사용하는 경우: 사실상취득가격

② 제1항에도 불구하고 천재지변으로 피해를 입은 차량 또는 기계장비를 취득하여 그 사실상취득가격이 제4조제2항에 따른 시가표준액보다 낮은 경우 등 대통령령으로 정하는 경우 그 차량 또는 기계장비의 취득당시가액은 대통령령으로 정하는 바에 따라 달리 산정할 수 있다(법 §10의 5 ②).

③ 제10조의2부터 제10조의4까지의 규정에도 불구하고 다음 각 호의 경우 취득당시가액의 산정 및 적용 등은 대통령령으로 정한다(법 §10의 5 ③ Ⅰ~Ⅳ).
 1. 대물변제, 교환, 양도담보 등 유상거래를 원인으로 취득하는 경우
 2. 법인의 합병·분할 및 조직변경을 원인으로 취득하는 경우
 3. 「도시 및 주거환경정비법」 제2조제8호의 사업시행자, 「빈집 및 소규모주택 정비에 관한 특례법」 제2조제1항제5호의 사업시행자 및 「주택법」 제2조제11호의 주택조합이 취득하는 경우
 4. 그 밖에 제1호부터 제3호까지의 규정에 준하는 경우로서 대통령령으로 정하는 취득에 해당하는 경우

이 규정은 유상·무상·원시취득의 경우 과세표준에 대한 특례 규정으로 위의 각항 각호에 따른 취득의 경우 취득당시가액은 다음 각 호의 구분에 따른 가액으로 한다(영 §18조의 4 Ⅰ~Ⅲ).

1. 법 제10조의5제3항제1호의 경우: 다음 각 목의 구분에 따른 가액. 다만, 특수관계인으로부터 부동산등을 취득하는 경우로서 법 제10조의3제2항에 따른 부당행위계산을 한 것으로 인정되는 경우 취득당시가액은 시가인정액으로 한다.
  가. 대물변제: 대물변제액(대물변제액 외에 추가로 지급한 금액이 있는 경우에는 그 금액을 포함한다). 다만, 대물변제액이 시가인정액보다 적은 경우 취득당시가액은 시가인정액으로 한다.
  나. 교환: 교환을 원인으로 이전받는 부동산등의 시가인정액과 이전하는 부동산등의 시가인정액(상대방에게 추가로 지급하는 금액과 상대방으로부터 승계받는 채무액이 있는 경우 그 금액을 더하고, 상대방으로부터 추가로 지급받는 금액과 상대방에게 승계하는 채무액이 있는 경우 그 금액을 차감한다) 중 높은 가액
  다. 양도담보: 양도담보에 따른 채무액(채무액 외에 추가로 지급한 금액이 있는 경우 그 금액을 포함한다). 다만, 그 채무액이 시가인정액보다 적은 경우 취득당시가액은 시가인정액으로 한다.
2. 법 제10조의5제3항제2호의 경우: 시가인정액. 다만, 시가인정액을 산정하기 어려운 경우 취득당시가액은 시가표준액으로 한다.
3. 법 제10조의5제3항제3호의 경우: 다음 각 목에 따른 가액
  가. 「도시개발법」에 따른 도시개발사업 및 「도시 및 주거환경정비법」에 따른 정비사업의 시행으로 사업시행자가 취득하는 체비지 및 보류지의 취득가액(법 제7조제8항 단서에 따른 조합이 취득하는 비조합원용 토지의 취득가액을 포함한다)

$$해당토지면적 \times \frac{[전체\ 토지면적 - 사업시행자가\ 사업추진\ 중에\ 취득하는\ 토지\ 면적(신탁으로\ 취득한\ 토지면적은\ 제외한다)]}{전체토지면적} \times 제곱미터당\ 취득가액$$

  나. 조합원이 제7조제16항 후단에 따라 취득하는 토지
    - 해당 토지면적 × 제곱미터당 취득가액
  다. 가목 및 나목을 적용할 때 제곱미터당 취득가액이란 해당 토지와 용도, 위치, 규모 등이 유사한 토지로서 일반분양 가액 등 객관적으로 확인되는 가액을 말한다.
  라. 가목 내지 다목을 적용할 때 도시개발사업으로 토지를 취득하는 경우 해당 토지 취득

전 「지방세법」 제7조제4항 후단의 지목변경 취득을 수반하는 경우에는 해당 지목변경 취득가액을 공제한다.

제10조의 6 | 취득으로 보는 경우의 과세표준

① 다음 각 호의 경우 취득 당시가액은 그 변경으로 증가한 가액에 해당하는 사실상취득가격으로 한다(법 §10의 6 ① Ⅰ~Ⅱ).
1. 토지의 지목을 사실상 변경한 경우
2. 선박, 차량 또는 기계장비의 용도 등 대통령령으로 정하는 사항을 변경한 경우

이 경우 "선박, 차량 또는 기계장비의 용도 등 대통령령으로 정하는 사항"이란 선박의 선질(船質)·용도·기관·정원 또는 최대적재량이나 차량 또는 기계장비의 원동기·승차정원·최대적재량·차체를 말한다(영 §18의 5).

그리고 법 제10조의6제1항 각 호의 어느 하나에 해당하는 경우로서 사실상취득가격을 확인할 수 없는 경우의 취득당시가액은 다음 각 호의 구분에 따른 가액으로 한다(영 §18의 6 Ⅰ~Ⅱ).

1. 법 제10조의6제1항제1호의 경우: 토지의 지목이 사실상 변경된 때를 기준으로 가목의 가액에서 나목의 가액을 뺀 가액
 가. 지목변경 이후의 토지에 대한 시가표준액(해당 토지에 대한 개별공시지가의 공시기준일이 지목변경으로 인한 취득일 전인 경우에는 인근 유사토지의 가액을 기준으로 「부동산 가격공시에 관한 법률」에 따라 국토교통부장관이 제공한 토지가격비준표를 사용하여 시장·군수·구청장이 산정한 가액을 말한다)
 나. 지목변경 전의 토지에 대한 시가표준액(지목변경으로 인한 취득일 현재 해당 토지의 변경 전 지목에 대한 개별공시지가를 말한다. 다만, 변경 전 지목에 대한 개별공시지가가 없는 경우에는 인근 유사토지의 가액을 기준으로 「부동산 가격공시에 관한 법률」에 따라 국토교통부장관이 제공한 토지가격비준표를 사용하여 시장·군수·구청장이 산정한 가액을 말한다)

2. 법 제10조의6제1항제2호의 경우: 법 제4조제2항에 따른 시가표준액

② 제1항에도 불구하고 법인이 아닌 자가 제1항 각 호의 어느 하나에 해당하는 경우로서 사실상취득가격을 확인할 수 없는 경우 취득당시가액은 제4조에 따른 시가표준액을 대통령

령으로 정하는 방법에 따라 계산한 가액으로 한다(법 §10의 6 ②).

위와 같은 과세대상별 취득 규정에도 불구하고 부동산 등을 한꺼번에 취득하여 각 과세물건의 취득 당시의 가액이 구분되지 않는 경우에는 한꺼번에 취득한 가격을 각 과세물건별 시가표준액 비율로 나눈 금액을 각각의 취득 당시의 가액으로 한다(영 §19 ①).

② 제1항에도 불구하고 주택, 건축물과 그 부속토지를 한꺼번에 취득한 경우에는 다음 각 호의 계산식에 따라 주택 부분과 주택 외 부분의 취득 당시의 가액을 구분하여 산정한다 (영 §19 ② Ⅰ, Ⅱ).

1. 주택 부분:

$$\text{전체 취득 당시의 가액} \times \frac{[\text{건축물 중 주택부분의 시가표준액(법 제4항 2항에 따른 시가표준액을 말한다. 이하 이항에서 같다)}] + [\text{부속토지 중 주택부분의 시가표준액(법 제4항 1항에 따른 시가표준액을 말한다. 이하 이항에서 같다)}]}{\text{건축물과 부속토지 전체의 시가표준액}}$$

2. 주택 외 부분:

$$\text{전체 취득 당시의 가액} \times \frac{(\text{건축물 중 주택외 부분의 시가표준액}) + (\text{부속토지 중 주택외 부분의 시가표준액})}{\text{건축물과 부속토지 전체의 시가표준액}}$$

그런데 제1항 및 제2항에도 불구하고 신축 또는 증축으로 주택과 주택 외의 건축물을 한꺼번에 취득한 경우에는 다음 각 호의 계산식에 따라 주택 부분과 주택 외 부분의 취득 당시의 가액을 구분하여 산정한다. (영 §19 ③ Ⅰ, Ⅱ)

1. 주택 부분:

$$\text{전체 취득 당시의 가액} \times \frac{\text{건축물 중 주택부분의 연면적}}{\text{건축물 전체의 연면적}}$$

2. 주택 외 부분:

$$\text{전체 취득 당시의 가액} \times \frac{\text{건축물 중 주택외 부분의 연면적}}{\text{건축물 전체의 연면적}}$$

> **사례** ❘
>
> ❖ 국민주택채권 매입후 매각했을 때 발생하는 처분손실액이 과세표준에 포함되는지 여부
>
> 원심판결 이유에 의하면 원심은, 원고가 이 사건 토지를 85㎡ 초과 공동주택의 건설용지로 공급받기 위하여 구 주택법(2005.7.13. 법률 제7600호로 개정되기 전의 것. 이하 같다.) 제68조 제1항 제4호 등 관계 법령을 근거로 시행된 '채권·분양가 병행입찰 방법'에 따라 제3종 국민주택채권인 이 사건 국민주택채권을 매입하였다가 매매계약 체결 이후에 이를 매각함으로써 발생한 이 사건 처분손실에 대하여, 원고는 법령 규정에 따라 필수적으로 시장평가액보다 높은 가격으로 이 사건 국민주택채권을 매입하였다는 이유 등을 들어 이 사건 처분손실액을 취득가격에 포함시켜 한 이 사건 처분이 적법하다고 판단하였다.
>
> (대법 2011두27773, 2013.1.16.)

다만, 제1항의 경우에 시가표준액이 없는 과세물건이 포함되어 있으면 부동산등의 감정가액 등을 고려하여 시장·군수·구청장이 결정한 비율로 나눈 금액을 각각의 취득 당시의 가액으로 한다(영 §19 ③ Ⅰ, Ⅱ).

③ 건축물을 개수하는 경우 취득당시가액은 제10조의4에 따른다(법 §10의 6 ③).

④ 제7조제5항 전단에 따라 과점주주가 취득한 것으로 보는 해당 법인의 부동산등의 취득당시가액은 해당 법인의 결산서와 그 밖의 장부 등에 따른 그 부동산등의 총가액을 그 법인의 주식 또는 출자의 총수로 나눈 가액에 과점주주가 취득한 주식 또는 출자의 수를 곱한 금액으로 한다. 이 경우 과점주주는 조례로 정하는 바에 따라 취득당시가액과 그 밖에 필요한 사항을 신고하여야 한다(법 §10의 6 ④).

제10조의 7 | 취득의 시기

제10조의2부터 제10조의6까지의 규정을 적용하는 경우 취득물건의 취득유형별 취득시기 등에 관하여 필요한 사항은 대통령령으로 정한다(법 §10의 7).

취득세의 과세대상물건의 취득시기는 사실과세의 원칙에 따라 당해 물건의 소유권을 사실상 취득한 때를 기준으로 하는 것이 원칙이나 사실상의 취득시점을 확인하기 곤란하거나 사실상의 취득시기를 적용함이 불합리하다고 인정되는 경우에는 예외적으로 각 취득유형에 따라 적합한 취득시기를 따로 규정하고 있다. 경우를 제외하고는 사실상의 취득시기를 확인하기가 매우 어려우므로 대부분의 과세대상물건의 유형에 따라 취득시기를 별도로 규정하고 있는데, 그 적용규정을 과세유형별로 살펴보면 다음과 같다.

가) 무상승계취득

무상취득의 경우에는 그 계약일(상속 또는 유증으로 인한 취득의 경우에는 상속 또는 유증 개시일을 말한다)에 취득한 것으로 본다. 다만, 해당 취득물건을 등기·등록하지 않고 다음 각 호의 어느 하나에 해당하는 서류로 계약이 해제된 사실이 입증되는 경우에는 취득한 것으로 보지 않는다(영 §20 ① Ⅰ~Ⅲ).

1. 화해조서·인낙조서(해당 조서에서 취득일부터 취득일이 속하는 달의 말일부터 3개월 이내에 계약이 해제된 사실이 입증되는 경우만 해당한다)
2. 공정증서(공증인이 인증한 사서증서를 포함하되, 취득일부터 취득일이 속하는 달의 말일부터 3개월 이내에 공증받은 것만 해당한다)
3. 행정안전부령으로 정하는 계약해제신고서(취득일부터 취득일이 속하는 달의 말일부터 3개월 이내에 제출된 것만 해당한다) 그러나 이러한 무상취득의 경우에는 취득일 전에 등기 또는 등록을 한 경우에는 그 등기일 또는 등록일에 취득한 것으로 본다(영 §20 ⑭).

① 무상승계취득은 증여가 대표적인 것으로 증여계약을 서면에 의하지 않고 그 이행을 하지 아니한 부분에 대하여는 계약당사자가 언제든지 이를 해제할 수 있는 것이므로 실제에 있어 증여 여부의 확인이 곤란한 것이 사실이다. 이러한 때에는 등기 또는 등록일을 취득일로 볼 수밖에 없다 할 것이다. 그런데 증여 등 무상승계취득의 경우에는 증여계약서를 작성하고 검인을 받는 등 외부에 취득의 공시가 된 경우에는 그 계약일이 취득일이 되는 것이나 권리의 이전이나 그 행사에 등기·등록을 요하는 재산의 경우에는 등기·등록을 하지 아니하고 계약후 취득일이 속하는 달의 말일부터

3개월 이내에 계약이 해제된 사실이 화해조서, 인낙조서, 공정증서 등에 의하여 입증되는 경우에는 취득한 것으로 보지 아니한다.

② 무상승계취득의 경우에 그 계약의 내용이 일정한 시기(몇월 몇일에 증여한다는 시기약정)의 도래나 조건의 성취(박사학위 취득하는 날)에 소유권의 취득을 결부시켜 놓은 때에는 그 시기가 도래하거나 조건이 성취된 시점을 취득시기로 보아야 할 것이다.

③ 상속으로 인한 취득의 경우에는 상속개시일에 취득한 것으로 보는데 상속은 사망으로 인하여 개시되는 것이다(민법 §997).

그런데 통상 사망의 경우는 사망신고에 첨부되는 사망진단서 또는 검안서에 의하여 사망의 시기가 명확히 판단되나 수재·화재 등과 같은 사고로 사망의 확인이 곤란할 경우는 대개 증거에 의거 재판상 확인에 의해야 한다고 보고 있으며, 또한 실종선고는 사망으로 의제하므로 실종선고를 받은 자는 그 실종선고의 유보 기간이 만료한 때(민법 §28)에 사망한 것으로 본다.

▎사례 ▎

❖ **공증인이 인정한 사서증서가 공정증서 등에 포함되는지 여부**

공증인이 사서증서를 인증한 경우에 공증인법에 규정된 절차를 제대로 거치지 않았다는 사실이 주장·입증되는 등의 특별한 사정이 없는 한, 공증인이 인증한 사서증서의 진정성립은 추정되는 것이므로(대법 91다35816, 1992.7.28. 선고 판결 등 참조), 공증인이 인증한 사서증서는 특별한 사정이 없는 한 지방세법 시행령 제73조 제2항 단서에 정한 '화해조서, 이낙조서, 공정증서등'에 포함되어 취득일로부터 30일 이내에 계약이 해제된 사실을 입증할 수 있는 서류에 해당한다고 보아야 한다. 원심 및 원심이 인용한 제1심판결 이유에 의하면, 원심은 원고가 이 사건 증여계약일부터 30일 이내에 그 증여계약을 해제한 다음 법무법인에서 사서증서에 대한 인증서를 발급받아 피고에게 제출함으로써 지방세법 시행령 제 73조 제2항 단서에 정한 계약의 해제사실이 입증되었다고 판단하였다.
앞서 본 법리에 비추어 보면 원심의 위와 같은 판단은 정당하고, 거기에 상고이유에서 주장하는 바와 같은 계약해제 입증서류에 대한 법리오해 등의 위법이 없다.
※ 판결문에서 취득일부터 30일은 현재는 60일 임.

(대법 2008두17806, 2008.12.24.)

나) 유상승계취득

유상승계취득의 경우에는 사실상의 잔금지급일(신고인이 제출한 자료로 사실상의 잔금지급일을 확인할 수 없는 경우에는 계약상의 잔금지급일을 말하고, 계약상 잔금 지급일이 명시되지 않은 경우에는 계약일부터 60일이 경과한 날을 말한다)에 취득한 것으로 본다.

다만, 해당 취득물건을 등기·등록하지 않고 다음 각 호의 어느 하나에 해당하는 서류로 계약이 해제된 사실이 입증되는 경우에는 취득한 것으로 보지 않는다.(영 §20 ② Ⅰ~Ⅳ).

1. 화해조서·인낙조서(해당 조서에서 취득일부터 60일 이내에 계약이 해제된 사실이 입증되는 경우만 해당한다)
2. 공정증서(공증인이 인증한 사서증서를 포함하되, 취득일부터 60일 이내에 공증받은 것만 해당한다)
3. 행정안전부령으로 정하는 계약해제신고서(취득일부터 60일 이내에 제출된 것만 해당한다)
4. 부동산 거래신고 관련 법령에 따른 부동산거래계약 해제등 신고서(취득일부터 60일 이내에 등록관청에 제출한 경우만 해당한다)

가. 화해조서·인낙조서(해당 조서에서 취득일부터 60일 이내에 계약이 해제된 사실이 입증되는 경우만 해당한다)
나. 공정증서(공증인이 인증한 사서증서를 포함하되, 취득일부터 60일 이내에 공증받은 것만 해당한다)
다. 행정안전부령으로 정하는 계약해제신고서(취득일부터 60일 이내에 제출된 것만 해당한다)
라. 부동산 거래신고 관련 법령에 따른 부동산거래계약 해제등 신고서(취득일부터 60일 이내에 등록관청에 제출한 경우만 해당한다)

이 경우에도 취득일 전에 등기 또는 등록을 한 경우에는 그 등기일 또는 등록일에 취득한 것으로 본다(영 §20 ⑭).

① 유상승계취득의 유형은 매매가 대표적이겠는데 법인 등과의 매매에 있어서는 사실상의 잔금지급일을, 사인간의 매매의 경우는 계약상의 잔금지급일 또는 잔금지급일이 명시되지 아니한 경우에는 계약일부터 60일이 경과한 날을 취득일로 본다. 그리고 해당 취득물건을 등기·등록하지 아니하고 계약이 해제된 사실이 화해조서·인낙조서, 그리고 취득일부터 60일 이내에 공증받은 공정증서(공증인이 인증한 사서증서를 포함한다.) 또는 부동산 거래신고에 관련 법령에 따른 부동산 거래계약 해제 신고서 등과 취득일부터 60일 이내에 제출된 행정안전부령으로 정하는 계약해제신고서 등의 서류에 의하여 취득일부터 60일 이내에 계약이 해제된 사실이 입증되는 경우에는 취득한 것으로 보지 아니한다. 이 경우에도 이러한 취득일 전에 등기 또는 등록을 한 경우에는 그 등기일 또는 등록일에 취득한 것으로 본다.

② 교환에 의하여 취득하는 경우에 있어서는 교환도 유상쌍무계약으로서 동시 이행의 항변권이 있으므로 계약 당사자간에 교환하여야 할 물건의 제공이 있는 때에 취득

한 것으로 보아야 하며 계약상 각각 다른 시기에 교환할 물건을 제공토록 한 경우에는 물건의 사실상 명도시기를 취득시기로 보아야 한다.

교환 중 일부는 교환에 의하고 나머지는 교환물건 상호간에 평가액의 차액을 현금으로 지급하도록 한 경우에는 차액을 영수하는 자는 전술한 교환의 성립시기에 취득한 것으로 보고 차액을 지급하여야 할 자는 매매의 경우에 준하여 그 정산액이 지급된 때를 취득시기로 보면 된다.

사례

❖ **경락받은 부동산의 취득시기 및 용도변경 기한적용의 적부**

원고는 이 사건 각 부동산을 임의경매절차에서 취득하였던 바, 이는 구 지방세법 제111조 제5항 제4호 소정의 '공매방법에 의한 취득'에 해당하는 유상거래에 의한 취득이라고 할 것이고, 이러한 취득의 경우, 구 지방세법 시행령 제73조 제1항 제1호에 의하여 '사실상의 잔금지급일'이 그 취득일로 의제된다.
그리고 용도변경공사를 착공하려고 하였으나 그 점유자가 인도하지 아니하여 부득이하게 착공하지 못하였다는 등의 사정이 있다 하여 위 고급오락장 중과세 규정을 법문과 달리 해석·적용할 수는 없다. 따라서 원고에게 용도변경공사를 착공하지 못한 데 정당한 이유가 있으므로 이 사건 처분은 위법한 것이 된다는 취지의 주장 역시 이유 없다.
(대법 2010두2586, 2010.3.16.)

❖ **매매계약서에서 정한 채무불이행 사유로 계약을 해제하여 소유권 이전 등기를 말소한 경우 계약을 해제한 것으로 볼 수 있는지 여부**

취득세의 과세요건인 부동산의 취득이란, 부동산의 취득자가 실질적으로 완전한 내용의 소유권을 취득하는가의 여부에 관계없이 소유권이전의 형식에 의한 부동산취득의 모든 경우를 포함하는 것이고, 부동산 취득세는 부동산의 취득행위를 과세객체로 하여 부과하는 행위세이므로, 그에 대한 조세채권은 그 취득행위라는 과세요건 사실이 존재함으로써 당연히 발생하고, 일단 적법하게 취득한 이상 그 이후에 매매계약이 합의해제되거나 해제조건의 성취 또는 해제권의 행사 등에 의하여 소급적으로 실효되었다 하더라도 이로써 이미 성립한 조세채권의 행사에 아무런 영향을 줄 수는 없다.
이 사건 매매계약이 해제되어 그 효력이 소급적으로 소멸하였다 하더라도 이미 사실상 취득에 상응하는 소외 조합으로의 소유권이전이라는 취득세의 과세요건이 발생한 이상, 사실상 취득으로서의 소유권이전에는 아무런 영향을 줄 수 없다.
(대법 2014두42100, 2015.3.26.)

❖ **토지거래허가구역 내의 취득시기 및 과세표준 산정방법**

국토의 계획 및 이용에 관한 법률에 의한 토지거래계약허가구역 내의 토지에 관하여 장차 허가를 받을 것을 전제로 매매계약을 체결하여 그 대금을 지급한 경우, 비록 그 매매계약이 허가를 받을 때까지는 법률상 미완성의 법률행위로서 효력이 발생하지 아니하지만, 그 후 허가를 받거나 그 토지가 토지거래계약허가구역에서 해제되었다면 그 매매계약은 소급하여 유효한

> 계약이 되므로, 취득세 부과에 있어서의 토지의 취득시기는 잔금지급일로 보아야 할 것이다.
> (대법 2015두60259, 2016.3.24.)

③ 매매에 있어서 그 대금의 지급방법을 유가증권으로 지불하는 경우에도 현금과 같은 효력이 있으나 약속어음을 교부한 경우에는 매매당사자간에 별도의 약정이 없는 한 그 약속어음이 할인되었거나 타에 양도된 때에는 대금을 지급한 것으로 보며, 그 약속어음을 그대로 보관하고 있을 때에는 그 약속어음이 결제된 때에 대금지급이 된 것으로 본다.

④ 법인이 주주로부터 현물출자를 받는 경우에는 출자에 상응하는 주식을 출자자에게 교부하는 날이 취득일이 되며, 그 교부일 전이라도 부동산 등이 법인명의로 소유권 이전등기가 이루어진 경우에는 그 등기일을 취득일로 보아야 한다. 이는 법인이 현물출자를 받을 경우도 주주로부터 유상승계취득을 하는 것이므로 그 대가로 볼 수 있는 주식을 출자자에게 교부하는 것을 대금지급으로 보아야 하기 때문이다. 또한 현물출자는 취득에 따른 대금이 지급되는 것이 아니고 주식으로 대체되기 때문에 그 주식의 대체시점인 주식교부시기를 취득시기로 보아야 할 것이며, 현물출자로 법인을 설립하는 경우에는 설립등기일이 취득일이 되는 것이다.

⑤ 산업단지 또는 주택단지의 개발부지를 선수협약(先受協約)에 의하여 취득하는 경우에는 그 계약서상의 잔금을 완납하였을 때에 취득한 것으로 보나 계약서상의 잔금은 완납하였으나 토지의 면적 또는 취득가액 등이 확정되지 아니한 상태에 있어 정산을 하여야 한다면 그 정산일을 취득일로 보아야 할 것이다. 그런데 정산일에 추가로 지급하여야 할 대금이 있다면 정산에 따른 추가대금을 완납한 날을 취득일로 보아야 할 것이며, 정산과정에서 그 면적이 증가하는 경우에 있어서는 그 증가면적에 대한 부분은 새로운 취득으로 보아 그 부분에 대한 대금을 완납한 날을 취득일로 보면 되고, 반대로 정산과정에서 면적이 축소되어 지급한 대금중에서 환급을 받아야 하는 경우에는 환급대금을 제외한 정산금액을 과표로 하여 그 정산일을 취득일로 보아야 할 것이다.

⑥ 민사집행법에 의한 강제경매, 담보권실행을 목적으로 한 경매 등에 참가하여 경락되는 경우는 그 취득일이 경락대금이 완납되는 날이다. 이는 민사집행법에서 "매수인은 매수대금을 다 낸 때에 매각의 목적인 권리를 취득한다."라고 규정하고 있는 데에 기인된 것이다(민사집행법 §135).

다) 차량, 기계장비, 항공기, 주문을 받아 건조하는 선박의 취득

차량·기계장비·항공기 및 선박(이하 이 조에서 "차량등"이라 한다)의 경우에는 다음 각 호에 따른 날을 최초의 취득일로 본다(영 §20 ③ Ⅰ,Ⅱ).

1. 주문을 받거나 판매하기 위하여 차량등을 제조·조립·건조하는 경우: 실수요자가 차량등을 인도받는 날과 계약서 상의 잔금지급일 중 **빠른 날**
2. 차량등을 제조·조립·건조하는 자가 그 차량등을 직접 사용하는 경우: 차량등의 등기 또는 등록일과 사실상의 사용일 중 **빠른 날**

① 이 규정은 취득의 시기를 정하였다고 하기 보다는 최초의 승계취득에 대한 정의를 규정한 것으로서 앞서 설명한 납세의무자(법 §7 ② 단서)의 성립시기에서 차량, 기계장비, 항공기 및 주문에 의하여 건조하는 선박은 사실상 취득(차량, 기계장비, 항공기, 선박을 제조, 조립, 건조하여 원시취득한 경우를 말함)이 있었다 하더라도 이를 제조, 조립, 건조한 자가 자기명의로 등기, 등록 하지 않는 한 취득세과세대상 취득으로 볼 수 없도록 규정하고 있다.

그러나 제조업자가 차량이나 기계장비 등을 제조하여 등록함이 없이 공장구내에서만 운행하거나(등록하지 않고는 도로상을 운행할 수 없으므로) 작업에 공하는 경우는 비록 그것이 원시취득이라도 지방세법상으로는 이를 승계취득으로 의제하여 취득세가 과세되고, 차량, 기계장비 등의 판매업자가 이를 상품으로 양수하는 경우는 명백히 승계취득에 해당되나 이를 원시취득으로 의제하여 취득세가 과세되지 않는다.

② 그리고 실수요자가 인도받거나 계약상의 잔금을 지급한 날의 적용 문제인데, 제조·조립·건조 등이 완성되어 실수요자가 이를 원시취득자(원시취득자로 간주되는 판매업자도 포함된다.)로부터 인도받는 날이나 또는 인도를 받지 아니한 경우라도 계약상의 잔금을 상대방에게 지급하는 날을 최초의 승계 취득시기로 하고 있다. 그런데 지방세법 시행령 제20조 제4항의 규정은 동조 제1항 및 제2항의 규정에 대한 예외규정으로 보아야 하고 그 취득시기를 판단함에 있어서도 인도받는 날 또는 계약상 잔금을 지급하는 날 중 빠른 날을 취득일로 보아야 할 것이다. 그러나 선박의 건조나 차량·기계장비·항공기의 제조, 조립이 완성되기 이전에 그 대금전액을 상대방에게 지급한 경우는 그 취득하고자 하는 선박 등이 아직 완성되지 아니한 상태에 있으므로 이 경우의 취득일은 선박의 건조나 차량·기계장비·항공기의 제조, 조립이 완성되는 날로 보아야 한다는 것이다. 이는 법문의 내용을 해석함에 있어 제조·조립·건조 등이 완성된 상태에서 실수요자가 인도받거나 계약상의 잔금지급일 중 빠른 날이 취득일이라고 판단되면 적용에 문제가 없을 것으로 본다.

따라서 수입 판매시에는 실수요자가 차량등을 인도받는 날과 계약서 상의 잔금지급일 중 빠른 날을 적용하고 수입하여 직접사용하는 경우에는 차량등의 등기 또는 등록일과 사실상의 사용일 중 빠른 날을 적용하여야 한다.

그리고 이 규정에서 말하는 "실수요자"란 자동차 제조회사나 판매회사에 대응하는 소비자 내지는 수요자를 가리키는 것에 불과하여 판매목적으로 차량을 취득한 것이 아닌 이상 그 취득목적에 관계없이 실수요자에 해당하며, 자동차제조회사가 다른 회사에서 제조한 차량을 시험용으로 취득하는 경우에도 취득세의 과세객체에 해당된다.19)

▶ 사례 ┃

❖ 실수유자에게 공급하기 위하여 제조자 등으로부터 차량 등을 취득하는 경우는 취득세의 과세대상에서 제외된다고 한 사례

구 지방세법 시행령 제73조 제7항에서 말하는 실수요자란 차량 등의 제조자 등이나 판매회사에 대응하는 소비자 또는 수요자를 의미하므로, 실수요자에게 공급하기 위하여 차량 등을 그 제조자 등으로부터 취득한 자는 특별한 사정이 없는 한 여기에 해당하지 않는다
(대법 2004두6426, 2005.6.9.)

원고는 ○○○○시에 공급하기 위하여 제조자인 ○○○○으로부터 이 사건 전동차량을 취득하였을 뿐이므로, 구 지방세법 시행령 제73조 제7항에서 말하는 실수요자인 최초의 승계취득자에 해당한다고 볼 수 없다. 따라서 원고는 이 사건 전동차량의 취득과 관련하여 취득세 등의 납세의무가 있다고 할 수 없다.
(대법 2011두22198, 2012.3.29.)

라) 수입에 따른 취득

수입에 따른 취득은 해당 물건을 우리나라에 반입하는 날(보세구역을 경유하는 것은 수입신고필증 교부일)을 취득일로 본다. 다만, 차량등의 실수요자가 따로 있는 경우에는 실수요자가 차량등을 인도받는 날과 계약상의 잔금지급일 중 빠른 날을 승계취득일로 보며, 취득자의 편의에 따라 수입물건을 우리나라에 반입하지 않거나 보세구역을 경유하지 않고 외국에서 직접 사용하는 경우에는 그 수입물건의 등기 또는 등록일을 취득일로 본다. (영 §20 ④).

① 수입에 의하여 취득되는 과세대상물건은 대부분 보세구역을 경유하게 되므로 수입신고필증 교부일을 승계취득일로 보면 된다. 그런데 여기에서 승계취득일로 표현한 것은 외국으로부터의 수입에 의한 취득은 이론상으로는 원시취득에 해당되어 이러

---

19) 대법 2004두6426, 2005.6.9.

한 수입물건을 등록하지 아니하면 지방세법 제7조 제2항 단서의 규정에 의하여 수입된 과세물건에 대하여는 취득세를 과세할 수 없는 결과가 되므로 이를 승계취득으로 간주함으로써 수입신고필증 교부일 현재 등록 여부에 불구하고 이를 사실상 취득하였다고 보아 취득세를 과세하게 된다.

② 그런데 차량·기계장비·항공기 및 선박을 수입에 의하여 취득하는 경우는 수입업자가 차량·기계장비 등을 수입하여 수입면장을 발급받아 취득하는 경우라 하더라도 실수요자가 인도받는 날 또는 계약상의 잔금을 지급하는 날 중 먼저 도래하는 날을 최초의 승계취득일로 보도록 예외를 인정하고 있으므로 수입에 의하여 차량·기계장비 등을 취득할 시에는 수입업자에게는 취득세가 부과되지 않고 수입업자로부터 실수요자가 취득할 때를 승계취득일로 보아 실수요자에게 최초로 취득세를 부과하게 된다.

③ 외국에서 취득한 수입물건을 취득자의 편의에 의하여 우리나라에 인취하지 아니하거나 보세구역을 경유하지 아니하고 외국에서 직접 사용하는 경우에는 그 수입물건의 등기 또는 등록일을 취득일로 보도록 규정하였는데 이는 국내기업이 외국의 건설현장에서 사용하기 위한 기계장비 등을 외국에서 구입하여 직접 외국의 사업장에서 사용하면서 국내 법인의 장부상은 취득으로 되어 있을 경우 취득세 과세에 대한 문제가 자주 야기되어 이를 해소하기 위하여 우리나라에 인취되지는 않았으나 이러한 물건을 등기·등록하는 경우에 한하여 취득세를 과세한다고 명문으로 규정한 것이다. 따라서 차량의 경우 수입 판매시에는 실수요자가 차량등을 인도받는 날과 계약서상의 잔금지급일 중 빠른 날을 적용하고 수입하여 직접사용하는 경우에는 차량등의 등기 또는 등록일과 사실상의 사용일 중 빠른 날을 적용하여야 한다.

마) 연부취득

연부로 취득하는 것[취득가액의 총액이 50만원(면세점) 이하인 것은 제외한다.]은 그 사실상의 연부금 지급일을 취득일로 본다(영 §20 ⑤).

이 경우에도 취득일 전에 등기 또는 등록을 한 경우에는 그 등기일 또는 등록일에 취득한 것으로 본다(영 §20 ⑭).

① 연부취득의 경우는 일시취득과는 달리 사실상의 연부금 지급일이 취득일이 된다. 이 규정은 1984년말 까지는 그 계약상의 연부금지급일을 취득일로 보아 사실상 연부금이 지급 되지 않았다 하더라도 계약에 의한 연부금지급일이 취득일이었으나 이 규정의 개정으로 1985년부터는 계약상의 연부금지급일에 관계없이 실제 연부금액을 납부한 날을 그 납부금액에 대한 분만큼 취득한 것으로 보도록 개선하여 운영되고 있

다. 그러므로 계약상의 연부금 지급일에 연부금액을 지급하지 않아 연체료를 추가로 지불하게 되면 과세표준액에 연체료를 포함하여 과세하게 된다.

그런데 연부취득의 경우라도 사실상 잔금지급일에 취득하게 되는 일반 취득세의 규정과는 달리 매년 또는 매회 납부하는 연부금액에 대한 조세채권의 확보를 위하여 연부금을 지급할 때 마다 취득세를 부과하기 위한 목적에서 취득시기를 사실상 연부금지급일로 규정하고, 이러한 연부금지급이 계속되고 있는 도중에 취득물건을 등기·등록하면 그 등기·등록일에 일시취득하는 것으로 본다. 종전에는 건조에 의하여 연부로 취득하는 선박에 대하여는 연부취득기간 중에 등기·등록을 하였다 하더라도 계속 연부취득으로 보아 취득세를 과세토록 운영했는데 이는 선박은 선박법에 의하여 선박의 등기를 한 후 선박의 등록을 필하여야만 선박국적증명서를 교부받아 운항할 수 있으므로 매우 비싼 선박을 등기·등록하였다는 사실로 일시취득으로 본다면 납세자에 대한 급격한 조세부담과 국제경쟁력의 저하 등을 가져올 문제가 있어 이를 해소하기 위한 조치의 하나로 운영하였으나 현재는 연부금지급이 계속되고 있더라도 등기·등록을 하면 취득한 것으로 보아야 한다.

② 공동주택 등을 분양하면서 건설업자가 분양계약자에게 주택자금의 융자를 알선하고 분양계약자는 분양가격 중에서 융자금을 제외한 대금만을 건설업자에게 지급하고 융자금 부분은 직접 건설업자가 수령한 후 그 융자금에 대한 상환은 분양계약자가 직접 수년에 걸쳐 은행에 상환하는 경우는 연부계약이 아니라 일시취득으로 보아야 하나, 건설업자가 융자금에 대한 채무자가 되고 분양계약자는 아파트의 매입대금을 건설업자에게 수년간 분할하여 지급하도록 되어 있고 대금완납 후에 소유권에 대한 이전등기를 이행토록 하는 경우에는 연부취득으로 보아야 한다.

③ 위의 판례 등을 종합해 볼 때 연부로 취득 중인 부동산을 경계계약에 의하여 취득한 경우, 그 경계계약시점에서 경계 계약자는 당초 계약자가 지급한 금액에 대한 취득세를 납부하여야 하며, 그 이후부터는 연부금지급시마다 매 연부금액에 대한 취득세를 납부하여야 한다. 이 경우 종전 계약자(계약해지자)가 납부한 취득세는 환급하여야 한다. 그러므로 경계계약시점 이전에 당초 계약자가 연부금 납부를 지연하여 가산세가 가산된 경우에도 전부 환급하여야 하고, 새로운 경계계약자는 종전 계약자가 경계계약 시점까지 지급한 연부금액에 대한 취득세를 납부하고, 그 다음부터는 나머지 연부금 지급시마다 매 연부금액에 대한 취득세를 납부하면 되는 것으로 본다.

그리고 일시취득조건으로 취득한 부동산에 대한 대금지급방법을 연부계약형식으로 변경한 경우에는 계약변경시점에서 그 이전에 지급한 대금에 대한 취득세의 납부의무가 발생하며, 그 이후에는 사실상 매 연부금지급시마다 취득세를 납부하여야 한다.

또한 연부취득 중인 과세물건을 마지막 연부금지급일 전에 계약을 해제한 때에는 이미 납부한 취득세는 환급해야 한다.

바) 건축에 의한 취득

건축물을 건축 또는 개수하여 취득하는 경우에는 사용승인서(도시개발법 제51조 제1항에 따른 준공검사증명서, 도시 및 주거환경정비법 시행령 제74조에 따른 준공인가증 및 그 밖에 관계법령에 따른 사용승인서에 준하는 서류를 포함한다.)를 내주는 날(사용승인서를 내주기 전에 임시사용승인을 받은 경우에는 그 임시사용승인일을 말하고, 사용승인서 또는 임시사용승인서를 받을 수 없는 건축물의 경우에는 사실상 사용이 가능한 날을 말한다.)과 사실상의 사용일 중 빠른 날을 취득일로 본다(영 §20 ⑥).

① 적법하게 건축허가를 받아 건축한 건축물의 취득시기에 대하여는 사용승인서교부일이 취득일이 되며 사용승인을 받지 않고 사실상 사용하거나 임시사용승인을 받은 때에는 그 사실상의 사용일 또는 임시사용승인일을 취득일로 보기 때문에 건축허가를 받아 적법하게 건축이 완료된 건축물을 결격 사유가 있어 사용승인을 받지 못한 채 방치되어 있을 때에는 외형상으로는 완벽한 건축물로 판단할 수 있는 상태라 하더라도 이는 사실상 사용이 가능한 경우를 제외하고는 취득이 되었다고 볼 수 없다.

② 그리고 건축허가를 받지 아니하고 건축하는 건축물이라 함은 건축법상 허가대상이 아닌 건물과 허가대상 건축물이라도 이를 무허가로 건축하는 건축물을 말하며 이러한 건축물의 취득일은 사실상 사용일이 되는 것이다. 그런데 여기에서 말하는 "사실상의 사용일"이란 현실적으로 사용이 개시된 날이 아니라 건축주가 사용할 의사만 있으면 언제라도 사용할 수 있는 상태가 된 날이라고 함이 실질과세원칙으로나 조리상으로 합당할 것이라고 판단된다.

여기에서 아파트 건설사업자가 아파트를 신축하여 분양할 경우의 취득시점을 구분하여 설명하면, 먼저 아파트가 사용승인이나 임시사용승인을 받지 않았고, 입주도 하지 아니한 상태에서 잔금을 지급한 경우는 건설업자와 분양을 받은 자 모두 취득시점이 도래하지 아니한 상태이며, 둘째, 사용승인이나 임시사용승인을 받지 않았으나 분양받은 자가 입주한 경우는 건설업자는 사실상 사용일(입주일)이 원시취득일이 되고, 입주자는 입주 전에 잔금을 지급하였다면 입주일이 취득일이 되며, 입주 후에 잔금을 지급하였다면 잔금지급일이 취득일이 되며, 셋째, 임시사용승인을 받은 아파트의 경우는 건설업자는 임시사용승인일이 취득일이 된다.

사) 주택조합 등의 취득

「주택법」 제11조에 따른 주택조합이 주택건설사업을 하면서 조합원으로부터 취득하는 토지 중 조합원에게 귀속되지 아니하는 토지를 취득하는 경우에는 「주택법」 제49조에 따른 사용검사를 받은 날에 그 토지를 취득한 것으로 보고, 「도시 및 주거환경정비법」 제35조 제2항제3항에 따른 재개발조합·재건축조합이 재개발사업·재건축사업을 하거나 「빈집 및 소규모주택 정비에 관한 특례법」 제23조 제2항에 따른 소규모재건축조합이 소규모재건축사업을 하면서 조합원으로부터 취득하는 토지 중 조합원에게 귀속되지 아니하는 토지를 취득하는 경우에는 「도시 및 주거환경정비법」 제86조 제2항 또는 「빈집 및 소규모주택 정비에 관한 특례법」 제40조 제2항에 따른 소유권이전 고시일의 다음 날에 그 토지를 취득한 것으로 본다(영 §20 ⑦).

이 경우는 주택조합과 재건축조합이 건설사업과 재건축사업을 하면서 조합원으로부터 취득하는 토지 중 조합원에게 귀속되지 아니하는 비조합용 토지를 취득하는 경우 그 취득시기를 주택조합은 사용검사를 받은 날로 보고, 재건축조합은 소유권이전 고시일의 다음 날로 보는 것으로 명확히 정리한 것이다.

┃ 재개발·도시개발사업 과세체계 개선에 따른 세율·취득시기·과표 ┃

구 분		과세대상	취득원인(세율)	취득시기	과세표준**
재개발 사업	조합원	건축물 신축	원시취득 2.8%	신축 준공일	전체 공사비를 면적별 안분
		당초토지 초과지분 ※ 건축물부속토지	유상승계* 취득 4%	잔금지급일	시가인정액 ※ 일반분양가 등 확인가액
	조합 (시행자)	건축물 신축 ※ 일반분양분 (체비지) 건축물	원시취득 2.8%	신축 준공일	전체 공사비를 면적별 안분
		체비지 ※ 일반분양분 건축물 부속토지	무상승계 취득 3.5%	이전고시 익일	시가인정액 ※ 일반분양가액 등 확인가액
도시 개발 사업	조합원	지목변경 취득세	지목변경 2.0%	조성공사 준공일	전체 공사비를 환지면적별 안분
		당초토지	유상승계	잔금지급일	시가인정액

	초과지분	취득 4%		※ 일반분양가액 등 확인가액
조합 (시행자)	지목변경 취득세	지목변경 2.0%	조성공사 준공일	전체 공사비를 환지면적별 안분
	체비지 ※ 일반분양분 토지	무상승계 취득 3.5%	이전고시 익일	시가인정액 ※ 일반분양가액 등 ※ 지목변경 취득가액 공제

아) 매립·간척 등에 의한 취득

관계 법령에 따라 매립, 간척 등으로 토지를 원시취득하는 경우에는 공사준공인가일을 취득일로 본다. 다만, 공사준공인가일 전에 사용승낙·허가를 받거나 사실상 사용하는 경우에는 사용승낙일·허가일 또는 사실상 사용일 중 빠른날을 취득일로 본다(영 §20 ⑧).

이 규정은 종전에는 공유수면의 매립·간척에 대한 취득을 공유수면관리 및 매립에 관한 법률의 규정에 의하여 그 준공검사 확인증을 받은 날에 토지를 원시취득한다는(공유수면관리 및 매립에 관한 법률 §46) 규정에 의해서 지방세의 운영에 있어 그 취득일을 준공검사확인증을 받은 날로 하여 취득세를 과세하였는데 사실상 매립·간척이 완료되었으나 준공인가를 받지 않고 사용하고 있는 경우가 있어 이에 대한 취득세의 과세를 위해 준공검사확인증을 교부받기 전에 사용승낙이나 허가를 받거나 사실상 사용하는 경우에는 비록 준공검사확인증을 교부받기 전이기 때문에 당해 매립·간척지가 공유수면으로 분류된다 하더라도 이 중 빠른 날을 원시취득으로 보아 취득세를 과세토록 규정한 것이다.

자) 선박, 차량, 기계장비의 종류변경

차량·기계장비 또는 선박의 종류변경에 따른 취득은 사실상 변경한 날과 공부상 변경한 날 중 빠른 날을 취득일로 본다(영 §20 ⑨).

① 사실상 변경된 날이라 함은 선박의 기관을 대체하거나 차량의 엔진을 대체하는 경우 그 대체작업이 완료된 날을 뜻하며 이는 대체를 위한 계약서, 장부 등 서류에 의하여 그 완료일을 확인하여야 한다.
② 사실상 종류변경일을 알 수 없어 공부 등에 의하여 취득일을 입증하는 경우에는 변경등기나 등록관계신청서류 또는 등기, 등록부에 표시된 사실상 종류변경일을 확인하여 이를 취득일로 보아야 한다는 것이다. 그러므로 위 ① 및 ② 중 빠른 날을 취득일로 하면 되는 것이다.

사례

❖ **주택조합의 비조합원용 부동산 취득의 시기**

'주택조합 등이 조합원으로부터 신탁받은 금전으로 매수하여 그 명의로 소유권이전등기를 마친 조합주택용 부동산 중 비조합원용 부동산의 취득'의 경우에는 개정 법 제110조 제1호 단서의 개정과 개정 시행령 제73조 제5항의 신설에도 불구하고 여전히 주택조합 등이 사실상의 잔금지급일 또는 등기일 등에 이를 취득한 것으로 보아 취득세를 부과하여야 하고, 개정 시행령 제73조 제5항에서 규정한 '주택법 제29조에 따른 사용검사를 받은 날 등'에 주택조합 등이 이를 취득한 것으로 보아 취득세를 부과할 것은 아니다.

(대법 2011두532, 2013.1.10.)

❖ **재개발사업 입주권승계시 주택승계로 볼 수 있는지 여부**

재개발사업으로 기존 주택건축물이 철거되고 토지만을 상속 취득한 이상, 비록 그 토지가 주택의 부속토지이고, 재개발정비사업의 완료시 신축아파트에 입주할 예정이라 하더라도 이 토지는 장래 주택을 취득할 수 있는 입주권을 승계한 토지에 해당할 뿐 지방세법 제110조 제3호(현행 제15조 제1항 제2호 가목, 상속 1가구 1주택 특례)에서 취득세 등의 비과세대상으로 규정하고 있는 주택으로 볼 수는 없다.

(조심 08지1045, 2009.7.10.)

❖ **재건축조합 조합원분 신축주택 과세표준**

구 지방세법 제105조 제10항에서 주택재건축조합이 당해 조합원용으로 취득하는 주택조합용 부동산은 그 조합원이 취득한 것으로 본다고 규정하고 있으므로, 재건축조합의 공동주택 신축취득으로 인한 취득세의 납세의무자는 조합원들이라 하겠고, 조합원용 공동주택은 조합원이 공동명의로 공동주택을 신축하여 취득한 것이어서 공동주택에 대한 취득세 등의 과세표준은 분양가격에 표시된 건축비(조합원 분담금)가 아니라 실제 건축에 소요된 비용으로 보아야 하므로, 조합원 소유의 개별 공동주택에 대한 취득세 등의 과세표준 산정 또한 공동주택 건립에 따른 총 공사비용을 공동주택 연면적에서 조합원 소유의 개별 주택 연면적이 차지하는 비율로 안분계산하여 산정하는 것이 타당하다.

(조심 08지1047, 2009.4.8.)

❖ **재개발관련 승계조합원 85㎡초과 주택 준공시 취득세 과세액 산정**

사업시행인가 이후 종전부동산을 승계취득하여 환지처분으로 85㎡초과 주택을 취득한 경우라면 지방세특례제한법 제74조 제1항 제2호를 적용하는 것이 타당하고, 이 건 아파트의 취득가격은 그 분양가액에서 종전부동산의 취득가격을 뺀 금액으로 하는 것이 타당하다.

(조심 17지32, 2017.2.22.)

❖ **도시개발사업에서 종전가치 초과분에 대한 취득세 과세의 위법여부**

도시재개발법에서 관리처분계획에 따라 분양받게 되는 부동산을 종전의 부동산과 동일한 것으로 본다는 것은 종전의 부동산에 대한 소유권 등의 법적 권리체계가 새로 분양받게 되는 부동산에 그대로 이전된다는 의미이지, 종전 부동산의 경제적 가치와 새로 분양받게 된 부동산의 경제적 가치까지 동일하다고 하는 것은 아니며, 종전 부동산가액을 초과하는 부분에 대하여만 취득세를 부과하는 것이어서 이중과세의 문제도 발생하지 아니하여 헌법상 재산권의 본질적 내용을 침해하는 것도 아니다.

(대법 03두4515, 2006.4.28.)

❖ **재건축조합 신탁받은 토지중 비조합원용토지에 대한 적용 세율**

재건축조합이 조합원들로부터 신탁 받은 토지 중 최종적으로 비조합원용 토지가 되는 면적은 이전고시에 의하여 확정되기에 과세목적상 그 취득시기를 이전고시 다음날로 간주하는 것일 뿐이므로 무상 승계취득에 관한 세율 35/1000을 적용함이 타당하다.

(대법 15두47065, 2015.9.3.)

❖ **사업시행인가 이후 승계조합원이 되어 85㎡이하 주택을 분양받아 취득하는 경우 감면대상 여부**

지방세특례제한법 제17조 제1항의 경우 사업시행인가 전후에 관계없이 종전부동산에 해당되는 가액에 대하여는 주택재개발업 등으로 취득하는 부동산가액에서 이를 차감하지만 전용면적 85㎡이하의 주택에 대하여는 사업시행인가 당시의 소유자에게만 새로이 취득하는 부동산에 대하여 취득세를 면제하도록 특례규정을 두고 있는 바, 청구인의 경우 종전부동산을 00재개발지구에 대한 사업시행인가가 이루어진 이후에 취득하였음이 확인되고 있으므로 지방세특례제한법 제17조 제3항의 규정을 적용할 수는 없다 하겠고, 조세법률주의 원칙상 청구인에게 부동산 투기 의도가 없었다는 사유만으로 당해 규정을 확대해석할 수는 없는 것이라 하겠다.

(조심 12지761, 2012.12.27.)

지방세특례제한법 제74조 제1항 규정에서 환지계획에 따라 취득하는 부동산에 대하여는 상속인에 대하여도 취득세를 면제하되 청산금 등을 부담하는 경우 그 청산금 등에 대하여는 면제대상에서 제외하였고, 위 같은 조 제3항 및 같은 법 시행령 제35조 제3항 제3호 규정에서는 전용면적 85㎡이하의 주택에 대하여 청산금에 대하여도 취득세를 면제하도록 하였으나, 위 지방세특례제한법 제74조 제1항과는 달리 그 면제 대상에 당초 부동산 소유자 외에 상속인을 포함한다는 규정을 별도로 두지는 아니하였다.

(조심 12지583, 2012.11.7.)

시세 감면조례 제16조 제3호에 의거 주택재개발사업의 최초 시행인가일 현재 부동산을 소유한 자가 사업시행으로 인해 전용면적 85㎡이하의 주거용 부동산을 취득하는 경우 감면대상에 해당하는 것이므로, 2012.12.26. 관리처분계획 인가가 난 이후 상속개시일인 2005.3.4. 해당 토지를 취득한 사실이 확인된 청구인은(전용면적 85㎡이하의 이 사건 아파트를 취득한 것은) 이에 해당되지 않는 바, 지방세법 제109조 제2호의 규정에 따라 아파트의 취득가액에서 토지의 취득가액을 차감한 금액을 과세표준으로 하여 취득세 등을 부과한 처분은 달리 잘못이 없다.

(감심 2008-106, 2008.4.10.)

❖ **주택조합이 해당 조합원용으로 취득하는 조합주택용 부동산의 원시취득 납세의무자는 그 조합원**

주택조합은 그 소유의 자금으로 조합원의 건물을 신축 분양하는 것이 아니라 공정에 따라 조합원으로부터 각자 부담할 건축자금을 제공받아 조합원의 자금으로 이를 건축하는 것이므로 건축절차의 편의상 조합 명의로 그 건축허가를 받았다고 하더라도 그 건물의 소유권은 조합원이 아닌 일반인에게 분양된 주택부분 및 복리시설 등을 제외하고는 특단의 사정이 없는 한 건축자금의 제공자인 조합원들이 원시 취득한 것으로 본다.

(대법 96다3807, 1996.4.12.)

❖ **재건축조합은 주택 재건축사업을 추진, 운영하기 위한 법인으로 지출한 조합운영비는 재건축사**

업의 추진과정에 수반되는 업무에 해당

청구법인은 이 건 주택재건축사업을 추진 운영하기 위하여 설립된 법인으로 이는 재건축사업의 완료로 인하여 해산 및 청산되는 것이므로 재건축사업 추진이 그 존립목적이라고 보아야 할 것인 바, 그 조합의 추진운영비의 경우 재건축사업의 추진과정에 수반되는 청구법인의 업무에 해당하는 비용이라 할 것이므로 이 건 건축물의 취득과 관련 없는 지출이라고 볼 수 없다 할 것이다.

(조심 08지0476, 2009.9.17.)

❖ 주택재건축조합이 신탁받은 토지의 과세 및 토지 과세면적 산정이 타당한지 여부

주택재건축조합이 2009.1.1. 이후 조합원으로부터 신탁받은 토지는 조합원용 부분과 비조합원용 부분을 구분하여 후자에 대해서는 취득세를 과세하게 되었다. 다만, 정비사업의 시행부지 중 비조합원용 부분의 면적은 이전고시 이후 특정되므로, 이러한 사정을 반영하여 시행령 제20조 제7항은 비조합원용 부동산의 취득시기를 이전고시 다음날로 정해 두었으므로, 결국 주택재건축조합은 조합원으로부터 신탁 받은 토지 중 이전고시에 의하여 비조합원용 부분으로 정해진 면적에 대해서는 이전고시 다음날을 취득일로 하여 취득세 등을 납부하여야 한다. 이 사건 토지취득세 등의 과세대상은 원고가 이전고시 후 일반분양분 토지를 원시취득한 것이 아니라 원고가 2009년 이후 수탁 토지 중 비조합원용 토지에 해당하는 부분을 취득한 것이다. 다만, 주택재건축조합이 조합원들로부터 신탁 받은 토지 중 최종적으로 비조합원용 토지가 되는 면적은 이전고시에 의하여 확정되므로, 과세목적상 그 취득시기를 이전고시 다음날로 간주하는 것 일뿐이므로 승계취득에 대한 취득세율인 1,000분의 35을 적용함이 타당하다.

(대법 15두47065, 2015.9.3.)

❖ 「도시 및 주거환경정비법」에서 국가 등에 사업시행자가 정비사업의 시행으로 새로이 설치한 정비기반시설은 그 시설을 관리할 국가 또는 지방자치단체에 무상으로 귀속되고, 정비사업의 시행으로 인하여 용도가 폐지되는 국가 또는 지방자치단체 소유의 정비기반시설은 그가 새로이 설치한 정비기반시설의 설치비용에 상당하는 범위 안에서 사업시행자에게 무상으로 양도되는 부동산의 취득시기

구 지방세법 시행령 제20조는 취득의 유형에 따라 취득시기를 구체적으로 규정하면서도 사업시행자가 구 도시정비법 제65조 제2항 후단에 따라 정비기반시설을 무상으로 승계취득하는 경우의 취득시기에 관하여는 아무런 규정을 두고 있지 않다. 그런데 구 도시정비법 제65조 제2항 후단에 의한 취득 역시 계약에 의한 취득이 아니어서 '계약일'을 상정할 수 없고, 아래에서 보는 바와 같이 소유권변동시기가 법률에 규정되어 있으므로, 그 이전에는 사실상의 취득이 있다고 보기 어려워, 결국 그 취득시기는 상속 또는 유증의 경우에 준하여 판단할 수밖에 없다. 그렇다면 그 취득시기는 법률에 정한 소유권변동시기가 되어야 한다. 구 도시정비법 제65조 제4항은 '제2항 후단의 규정에 의한 정비기반시설은 그 정비사업이 준공인가되어 관리청에 준공인가통지를 한 때에 사업시행자에게 귀속 또는 양도된 것으로 본다'는 취지로 규정하여, 정비사업의 시행으로 인하여 용도가 폐지되는 정비기반시설의 소유권변동시기가 '정비사업이 준공인가되어 관리청에 준공인가통지를 한 때'임을 명확히 하고 있어 그 용도가 폐지되는 정비기반시설 및 새로이 설치한 정비기반시설의 그 취득시기는 그 정비사업이 준공인가통지를 한날임

(대법 2019두53075, 2020.1.16.)

차) 지목변경

토지의 지목변경에 따른 취득은 토지의 지목이 사실상 변경된 날과 공부상 변경된 날 중 빠른 날을 취득일로 본다. 다만, 지목변경일 이전에 사용하는 부분에 대해서는 그 사실상의 사용일을 취득일로 본다(영 §20 ⑩).

① 토지의 지목이 사실상 변경된 날이라 함은 토지의 형질이 변경되어 다른 지목으로 그 형태가 갖추어진 것을 말하는데 행정관청의 허가 및 준공검사를 요하는 개간이나 형질변경 허가의 경우는 그 준공신고서 등을 기준으로 취득일을 판단하여야 하며, 행정관청의 허가 및 준공검사를 요하지 아니하거나 불법으로 개간이나 형질변경을 한 경우에는 간접자료 및 실지조사에 의거 취득일을 판단해야 할 것이다.

② 사실상의 지목변경일을 어떤 방법으로도 확인할 수 없을 때에는 공부상의 지목변경일을 취득일로 보아야 하는데, 이 경우 공부라 함은 측량·수로조사 및 지적에 관한 법률에 의한 토지 대장뿐 아니라 재산세 과세대장 등을 말하며, 이러한 대장에 기록된 현황지목으로 그 변경시기를 판단할 수 있는 경우를 말한다.

토지의 지목변경 행위는 토지의 형질변경을 전제로 한 것이며 토지의 형질변경이란 "절토, 성토 또는 정지 등으로 토지의 형상을 변경하는 행위(조성이 완료된 기존대지 안에서의 건축물 기타 공작물의 설치를 위한 토지의 굴착행위를 제외한다.)와 공유수면매립을 말한다."(토지의 형질 변경 등 행위허가 기준 등에 관한 규칙 §2 Ⅰ)고 규정하고 있고, 공간정보의 구축 및 관리에 관한 법률 제81조에서는 지목변경의 신청은 지목변경의 사유가 발생된 날부터 60일 이내에 신청하도록 하였고 이 신청서에 그 지목변경 사유가 형질변경을 수반하는 경우에는 그 형질변경이 완료되었음을 증명할 서류를 첨부토록 하고 있는 점으로 보아 이 경우의 사실상의 지목변경일을 토지의 형질변경공사가 완료된 때로 보아야 할 것이다.

▎사례 ▎

❖ 환지방식의 도시개발사업 시행과정의 부담금 취득세 과세표준 포함 여부

도시개발사업 시행과정에서 부담한 광역교통개선부담금, 하수도원인자부담금, 폐기물처리훼손부담금 등은 토지의 지목변경, 건축물 신축에 필수적으로 소요되는 비용으로 취득세 과세표준에 포함된다.

(대법 2016두61907, 2018.3.29.)

❖ 지목변경 취득세 과세대상에 종전 지목이 대지인 쟁점토지를 제외하여야 한다는 청구주장의 당부

쟁점토지는 택지공사만 준공되었을 뿐, 건축물과 그 건축물에 접속된 정원 및 부속시설물의 부지로 사실상 변경된 것이 아니라 하겠으므로 위 제14항을 적용할 여지가 없다 하겠고, 따라서 같은 조 제4항에 해당하는지를 보면, 쟁점토지는 택지조성공사 이전부터 지목이 대지인 상태에서 다른 토지와 함께 택지조성이 이루어졌을 뿐이고, 토지의 지목이 사실상 변경된 것

으로 볼 수 없다 하겠으므로 지목변경 취득세 과세대상으로 보기는 어려움

(조심 2019지1752, 2020.2.25.)

❖ **지목변경 취득시기**

개발사업에 따른 지목변경 취득시기는 토지의 현황이 물리적으로 변경된 것 이외 관련 상하수도, 도시가스 등 기반시설이 모두 준공된 때로 보는 것이 타당

(대법 2020두56155, 2021.4.1.)

카) 점유로 인한 취득

「민법」제245조 및 제247조에 따른 점유로 인한 취득의 경우에는 취득물건의 등기일 또는 등록일을 취득일로 본다(영 §20 ⑫).

그간 점유에 의한 시효취득시 취득시기에 대하여 법원 판결 및 조심 결정이 각각 상이하여 과세실무 및 납세자의 혼선 초래[시효완성일(대법원2003두13342, 2004.11.25. 등 / 우리부), 판결확정일(조심2010지0534, 2011.3.10. 등), 소유권이전등기일(조심2008지601, 2009.3.17. 등)]되고 통상 점유취득은 시효완성 요건이 충족된 후 소송 등 장기간이 소요되므로 시효완성자는 수년이 지나 취득신고하는 경우가 일반적이고, 이에따라 납세자는 가산세를 부담하거나 과세권자는 제척기간이 경과하는 문제 발생하고 있어 유시효취득의 경우 '소유권이전등기일' 또는 '등록일'을 취득시기로 규정한 것이다.

타) 재산분할로 인한 취득

민법 제839조의 2 및 제843조에 따른 재산분할로 인한 취득의 경우에는 취득물건의 등기일 또는 등록일을 취득일로 본다(영 §20 ⑬).

민법 제839조의 2에 따른 「재산분할 청구권」은 협의상 이혼한 자의 일방은 다른 일방에 대하여 재산분할을 청구 할 수 있고, 이러한 재산분할에 관하여 협의가 되지 아니하거나 협의할 수 없는 때에는 가정법원은 당사자의 청구에 의하여 당사자 쌍방의 협력으로 이룩한 재산의 액수 기타 사정을 참작하여 분할의 액수와 방법을 정할 수 있으며, 이와 같은 재산분할 청구권은 이혼한 날부터 2년을 경과한 때에는 소멸한다. 그리고 민법 제843조는 재산분할 청구권 보전 등을 위한 준용규정이다.

이 규정은 이혼에 따른 재산분할의 취득시기를 협의일이나 판결일로 해야 하나 재산분할의 성격, 등기기한의 특례 등을 감안하여 등기일 또는 등록일을 취득일로 보도록 한 것이다.

또한 등기선례(제200901-2호, 2009.1.9.)에서 보면 「민법」제839조의 2에서 "재산분할청구권은 이혼한 날로부터 2년을 경과한 때에는 소멸한다."라고 규정하고 있으나 이로 인한 소유권이전등기를 반드시 위 기간 내에 신청하도록 제한하는 것은 아니므로 협의이혼 당시 재산

분할약정을 한 후 15년이 경과하더라도 소유권이전등기신청을 할 수 있다고 하고 있다.

7) 허위신고에 대한 과표 조정

부동산 거래신고서 제출 및 검증(신고필증 발급)이 이루어진 취득의 경우 해당 신고가액을 '사실상의 취득가격'으로 하여 과세표준으로 하고 있으나 신고납부 당시 '사실상의 취득가격'으로 인정된 과세표준이 지자체의 조사결과 및 국세청의 통보자료에 의해 과소신고로 확인되더라도 차액에 과세 불가하여 허위신고 유인하고 과세 형평성 훼손되고 있어 무신고 및 허위(과소)신고의 경우 부동산 거래 등에 대한 지자체 조사결과 및 국세청 통보자료에 의해 확인된 거래가격을 기준으로 과세할 수 있도록 규정하여 조사된 가격과 시가표준액 또는 신고·납부한 취득가격과의 차액만큼 추가 과세하도록 한 것이다.

제11조 부동산 취득의 세율

① 부동산에 대한 취득세는 제10조의2부터 제10조의6까지의 규정에 따른 과세표준에 다음 각 호에 해당하는 표준세율을 적용하여 계산한 금액을 그 세액으로 한다(법 §11 ① Ⅰ~Ⅷ).

1. 상속으로 인한 취득
    가. 농지 : 1천분의 23
    나. 농지 외의 것 : 1천분의 28

    이 규정 제1호 각 목 및 제7호 각 목에 따른 "농지"란 ① 취득 당시 공부상 지목이 논·밭, 과수원인 토지로서 실제 농작물의 경작이나 다년생식물의 재배지로 이용되는 토지, 이 경우 농지 경영에 직접 필요한 농막(農幕), 두엄간, 양수장, 못, 늪, 농도(農道), 수로 등이 차지하는 토지 부분을 포함한다. ② 취득 당시 공부상 지목이 논·밭, 과수원 또는 목장용지인 토지로서 실제 축산용으로 사용되는 축사와 그 부대시설로 사용되는 토지, 초지 및 사료밭인 토지로 한다(영 §21 Ⅰ·Ⅱ).

2. 제1호 외의 무상취득 : 1천분의 35. 다만, 대통령령으로 정하는 비영리사업자의 취득은 1천분의 28로 한다.

    이 규정 제2호 단서에서 "대통령령으로 정하는 비영리사업자"란,
    ① 종교 및 제사를 목적으로 하는 단체
    ②「초·중등교육법」 및 「고등교육법」에 따른 학교, 「경제자유구역 및 제주국제자유도시의 외국교육기관 설립·운영에 관한 특별법」 또는 「기업도시개발 특별법」에

따른 외국교육기관을 경영하는 자 및 「평생교육법」에 따른 교육시설을 운영하는 평생교육단체

③ 「사회복지사업법」에 따라 설립된 사회복지법인

④ 지방세특례제한법 제22조 제1항에 따른 사회복지법인 등

⑤ 「정당법」에 따라 설립된 정당을 말한다(영 §22 Ⅰ~Ⅴ).

3. 원시취득 : 1천분의 28
4. 삭제
5. 공유물의 분할 또는 부동산 실권리자명의 등기에 관한 법률 제2조 제1호 나목에서 규정하고 있는 부동산의 공유권 해소를 위한 지분이전으로 인한 취득(등기부등본상 본인 지분을 초과하는 부분의 경우에는 제외한다.) 1천분의 23
6. 합유물 및 총유물의 분할로 인한 취득 : 1천분의 23
7. 그 밖의 원인으로 인한 취득

   가. 농지 : 1천분의 30

   나. 농지 외의 것 : 1천분의 40

8. 제7호 나목에도 불구하고 유상거래를 원인으로 주택[「주택법」 제2조 제1호의 주택으로서 「건축법」에 따른 건축물대장·사용승인서·임시사용승인서나 「부동산등기법」에 따른 등기부에 주택으로 기재{「건축법」(법률 제7696호로 개정되기 전의 것을 말한다.)에 따라 건축허가 또는 건축신고 없이 건축이 가능하였던 주택(법률 제7696호 건축법 일부개정법률 부칙 제3조에 따라 건축허가를 받거나 건축신고가 있는 것으로 보는 경우를 포함한다.)으로서 건축물대장에 기재되어 있지 아니한 주택의 경우에도 건축물대장에 주택으로 기재된 것으로 본다]된 주거용 건축물과 그 부속토지를 말한다. 이하 이 조에서 같다.]을 취득하는 경우에는 다음 각 목의 구분에 따른 세율을 적용한다. 이 경우 지분으로 취득한 주택의 취득당시가액(제10조의3 및 제10조의5제3항에서 정하는 취득당시가액으로 한정한다. 이하 이 호에서 같다)은 다음 계산식에 따라 산출한 전체 주택의 취득당시가액으로 한다.

$$\frac{\text{전체 주택의 취득}}{\text{당시 가액}} = \frac{\text{취득 지분의}}{\text{취득 당시 가액}} \times \frac{\text{전체 주택의 시가표준액}}{\text{취득 지분의 시가표준액}}$$

   가. 취득당시가액이 6억원 이하인 주택: 1천분의 10

   나. 취득당시가액이 6억원을 초과하고 9억원 이하인 주택: 다음 계산식에 따라 산출한 세율. 이 경우 소수점이하 다섯째자리에서 반올림하여 소수점 넷째자리까지 계산한다.

$$\left(\text{해당 주택의 취득당시가액} \times \frac{2}{3억원} - 3 \right) \times \frac{1}{100}$$

다. 취득당시가액이 9억원을 초과하는 주택: 1천분의 30

② 제1항 제1호·제2호·제7호 및 제8호의 부동산이 공유물일 때에는 그 취득지분의 가액을 과세표준으로 하여 각각의 세율을 적용한다(법 §11 ②).

③ 제10조의4 및 제10조의6제3항에 따라 건축(신축과 재축은 제외한다.)또는 개수로 인하여 건축물 면적이 증가할 때에는 그 증가된 부분에 대하여 원시취득으로 보아 제1항 제3호의 세율을 적용한다(법 §11 ③).

④ 주택을 신축 또는 증축한 이후 해당 주거용 건축물의 소유자(배우자 및 직계존비속을 포함한다)가 해당 주택의 부속토지를 취득하는 경우에는 제1항 제8호를 적용하지 아니한다(법 §11 ④).

⑤ 법인이 합병 또는 분할에 따라 부동산을 취득하는 경우에는 제1항제7호의 세율을 적용한다(법 §11 ⑤).

이는 법인의 합병·분할로 취득하는 경우 상대방 법인(또는 주주)에게 주식이 제공되는 등 대가관계에 있는 점을 감안 일괄 유상취득 세율을 적용하고, 적격·비적격에 대한 세율 차이는 지방세법상의 특례나 지특법의 감면규정에서 정하고 있어 적용세율에서 차이를 두지 않음을 의미한다.

1) 취지

취득세의 세율은 종전에는 취득세와 등록세가 별개의 세목으로 설치되어 있었으나 2011년부터는 취득세에 등록세의 과세대상 중 그 성질이 취득세와 유사한 것은 취득세와 통합하여 그 세목이 취득세에 흡수 되었으며 종전의 등록세 중 일부는 면허세와 통합되어 등록면허세로 세목이 분합되었다. 그래서 취득세의 세율이 부동산에 대한 것, 부동산 외의 취득에 대한 것에 대한 표준세율을 정하고 그 외 중과세율에 대한 것과 조례 및 세율의 특례에 관한 것을 정의하고 있다.

그러므로 앞서 설명한 과세표준에 이 조항에서 정하는 세율을 곱하여 산출한 세액이 납세자에게 부과되는 세액이 되는 것이다. 그리고 취득세의 세율적용에 있어서는 표준세율에 대한 일반세율 적용 규정도 있고 그 과세물건에 따라 고급주택, 고급 오락장 등 사치성 재산에 대한 중과세율, 법령에 따라 경감해야 하는 세율 등이 규정 되어 있다.

그리고 취득세의 세율은 종전의 등록세에 적용하던 세율과 통합하여 납세자에게 추가부담을 주지 않는 범위내에서 조정한 것이므로 등록세의 세목은 없지만 종전 등록세에 적용하던 세율은 취득세의 세율에 더해져 적용되는 것이다. 예를 들면 종전의 등록세의 보존등기의 세율은 그 원인이 되는 원시취득에 따른 취득세율에 합쳐져서 적용되는 것이다.

2) 부동산 취득의 세율

(1) 상속으로 인한 취득

① 농지 : 1천분의 23
② 농지 외의 것 : 1천분의 28

이 조 제1항 제1호 각 목 및 제7호 각 목에 따른 농지는 ① 취득당시 공부상 지목이 논, 밭 또는 과수원인 토지로서 실제 농작물의 경작이나 다년생식물의 재배지로 이용되는 토지. 이 경우 농지경영에 직접 필요한 농막, 두엄간, 양수장, 못, 늪, 농도(農道), 수로 등이 차지하는 토지 부분을 포함한다. ② 취득당시 공부상 지목이 논·밭·과수원 및 목장용지인 토지로서 실제 축산용으로 사용되는 축사와 그 부대시설로 사용되는 토지, 초지 및 사료밭으로 사용되는 토지로 한다(영 §21).

> **사례**
>
> ❖ **농지의 등록시 지목을 대장상 또는 현황지목 중 어떤 것을 적용해야 하는지 여부**
>
> 구 지방세법시행령 제89조 제2항에서 농지의 정의에 관한 규정을 둔 것은 등기 또는 등록을 하고자 하는 자는 당해 등기·등록 이전에 등록세를 납부(구 지방세법 제150조의 2 제1항)하여야 하므로 그 세액을 일정한 기준에 의하여 용이하게 산출할 수 있도록 하여야 한다는 등록세 납부절차상의 특수성과 종합토지세 과세대장이 등기부나 토지대장 등 지적공부보다 토지현황을 더 잘 반영하고 있어 실질과세의 원칙에 부합한다는 점을 고려한 것이다. 따라서 구 지방세법시행령 제89조 제2항에서 말하는 종합토지과세대장상의 지목이란 '공부'상의 지목이 아니라 '현황'의 지목을 의미한다. 원심이 들고 있는 대법원 96누11549 판결 역시 위 법시행령 제89조 제2항에서 말하는 종합토지과세대장상의 지목은 '현황'의 지목임을 전제로 한 것이다.
> (대법 2011두4558, 2012.12.27.)
>
> ❖ **사인증여를 상속으로 보아 세율 등을 적용할 수 있는지 여부**
>
> 각 규정의 문언 내용과 관련 규정의 개정 연혁, 상속인 아닌 자가 사인증여로 인하여 부동산의 소유권을 취득하는 경우를 일반적인 증여로 인하여 부동산의 소유권을 취득하는 경우와 달리 취급할 합리적인 이유를 찾기 어려운 점 등을 종합하여 보면, 상속인 아닌 자가 사인증여로 인하여 부동산의 소유권을 취득하는 것은 구 지방세법 제131조 제1항 제2호에서 규정한 '상속 이외의 무상으로 인한 소유권의 취득'에 해당하여 '부동산가액의 1,000분의 15'의 등록세율이 적용된다고 봄이 타당하다.
> (대법 2013두6138, 2013.10.11.)
>
> ❖ **농지 외로의 변경상태가 일시적인 것에 불과한 경우 농지세율 적용 여부**
>
> 농지 외로의 변경상태가 일시적인 것에 불과하고, 농지로의 원상회복이 용이한 경우라면, 지방세법상 '농지'세율 적용대상에 해당
> (대법 2021두34015, 2021.06.10.)

(2) "(1)" 외의 무상취득 : 1천분의 35. 다만, 대통령령으로 정하는 비영리사업자의 취득은 1천분의 28로 한다.

이 규정 제2호 단서에서 "대통령령으로 정하는 비영리사업자"란 영리추구를 목적으로 하지 않음과 동시에 사업의 수행이나 경영으로 인하여 생긴 이익이나 기금 기타 금전을 사원이나 경영자에게 배분하지 않고 그 사업자가 목적으로 하고 있는 공익사업에 투입하는 경우를 말한다. 공익사업을 비영리적으로 수행하는 자가 공익사업 수행을 위해 수익사업을 영리적으로 경영한다 하더라도 이로 인하여 비영리사업자인지 여부를 판단하는 데는 영향을 미치지 않는다. 그리고 비영리사업자는 그 사업이 형식적인 면에서 뿐만 아니라 실질면에 있어서도 그 경영의 실태가 영리성을 띠지 않아야 한다. 이러한 비영리사업자의 범위는 다음 각 호에 게기된 자를 말한다(영 §22).

① 종교 및 제사를 목적으로 하는 단체(영 §22 Ⅰ)

이 규정에서 특히 유의해야 할 것은 단체의 개념인데 이는 일반적으로 말하면 개인과는 반대되는 개념으로서 공동의 목적을 이룩하기 위하여 결합한 두 사람 이상의 집단을 말하는 것으로 법인 또는 단체 등이 여기에 포함된다고 볼 수 있다. 결국 이 규정에서 종교, 제사를 목적으로 하는 단체에 한하여 비영리사업자로 보도록 규정하였기 때문에 엄밀한 의미에서 개인 사업자는 이 범주에 포함되지 않는다고 본다. 그러므로 개인이 영위하는 사종교라든가 제사는 단체로 인정될 수 없으나 고유번호 등이 등록된 종중은 단체로 보아야 할 것이다.

② 초·중등교육법 및 고등교육법에 따른 학교, 경제자유구역 및 제주국제자유도시의 외국교육기관 설립·운영에 관한 특별법 또는 기업도시개발 특별법에 따른 외국교육기관을 경영하는 자 및 평생교육법에 따른 교육시설을 운영하는 평생교육단체(영 §22 Ⅱ)

초·중등교육법에 의한 학교는 ① 초등학교·공민학교, ② 중학교·고등공민학교, ③ 고등학교, 고등기술학교, ④ 특수학교, ⑤ 각종 학교를 말하고, 고등교육법에 의한 학교는 ① 대학, ② 산업대학, ③ 교육대학, ④ 전문대학, ⑤ 방송대학·통신대학, 방송통신대학 및 사이버대학(이하 "원격대학"이라 한다.), ⑥ 기술대학, ⑦ 각종 학교를 말한다. 여기에서 각종 학교라 함은 상기 '①' 내지 '⑦'의 학교와 유사한 학교를 말하는데 간호학교 등이 여기에 해당된다고 본다.

또한 유치원은 종전에는 초·중등교육법에 따라 설립되었으나 2005년부터는 유아교육법의 규정에 따라 초등학교 취학 전까지의 어린이를 위한 유치원(유치원에 입학할 수 있는 사람은 유아로 한다.)을 설립토록한 점에 유의해야 한다.

그리고 평생교육이라 함은 다른 법률에 의한 학교교육을 제외하고 국민의 평생교육을 위한 모든 형태의 조직적인 교육활동을 말하고, 평생교육단체라 함은 평생교육을 주된 목적으로 하는 법인과 법인 아닌 단체를 말한다. 또한 평생교육의 영역은 국민생활에 필요한 기초교육과 교양교육, 직업·기술 및 전문교육, 건강 및 보건교육, 가족생활교육, 지역사회교육 및 새마을교육, 여가교육, 국제 이해교육, 국민독서교육, 전통문화 이해교육, 기타 학교교육 외의 조직적인 교육활동으로서 평생교육법에 정한 것을 말한다.

③ **사회복지사업법에 따라 설립된 사회복지법인**(영 §22 Ⅲ)

여기에서 사회복지법인이라 함은 사회복지사업을 행할 목적으로 설립된 법인을 말하고, 사회복지사업이라 함은 사회복지사업법 제2조의 규정에 의한 사업을 말하는데 이 규정에 의한 사회복지사업은 국민기초생활보장법, 아동복지법, 노인복지법, 장애인복지법, 한부모가족지원법, 영·유아보육법, 성매매방지 및 피해자보호 등에 관한 법률, 정신보건법, 성폭력방지 및 피해자보호 등에 관한 법률 등에 따른 보호·선도 또는 복지에 관한 사업과 사회복지 상담, 직업지원, 무료숙박, 지역사회복지, 의료복지, 재가복지, 사회복지관운영, 정신질환자 및 한센병력자 사회복귀에 관한 사업 등 각종 복지사업과 이와 관련된 자원봉사활동 및 복지시설의 운영 또는 지원을 목적으로 하는 사업을 말한다.

④ **지방세특례제한법 제22조 제1항에 따른 사회복지법인 등**(영 §22 Ⅳ)

이 규정에 의한 "사회복지법인 등"이란 사회복지사업법 제2조 제1호에 따른 사회복지사업을 목적으로 하는 법인 또는 단체로서 지원 대상 및 공익성을 고려하여 정하는 사회복지법인 등이 해당 사회복지사업에 직접 사용하기 위하여 취득하는 부동산에 대해서 감면혜택을 부여하고, 이 법인 등이 해당 부동산을 5년 이내에 수익사업에 사용하거나 정당한 사유 없이 그 취득일로부터 3년이 경과할 때까지 해당 용도로 직접 사용하지 않는 경우와 해당 용도로 직접 사용한 기간이 2년 미만인 상태에서 매각·증여하거나 다른 용도로 사용하지 않아야 한다.

⑤ **정당법에 의하여 설립된 정당**(영 §22 Ⅴ)

정당법에 의하여 설립된 정당이라 함은 국민의 권익을 위하여 책임있는 정치적 주장이나 정책을 추진하고 공직선거의 후보자를 추천 또는 지지함으로써 국민의 정치적 의사형성에 참여함을 목적으로 하는 국민의 자발적 조직으로 일정한 지구당을 갖추고 중앙선거관리위원회에 등록된 것을 말한다.

> **사례**
>
> ❖ 상속분할협의 후 재분할협의에 의해 종전 상속분을 초과한 부동산 등에 대한 과세처분의 당부
>
> 그 목적이 원고들의 주장과 같이 상속세 납부를 위한 담보설정을 위한 것이었다고 하더라도, 그 합의의 내용은 '법정상속분 비율로 상속등기'를 하는 것이다. 원고들이 그와 같은 합의에 기하여 이 사건 각 부동산에 관하여 법정상속분에 따른 이 사건 각 이전등기를 마쳤다면 원고들은 이로써 이 사건 각 부동산을 법정상속분대로 '취득'한 것이고, 그 이후 관련 상속재산 분할 사건에서 조정이 성립되어 상속분이 달라졌다면 당초 상속분보다 증가된 상속분에 대해서는 이를 '증여' 받은 것으로 봄으로써 그에 따른 취득세를 부담하는 것이 취득세의 본질에도 부합함
>
> (대법 2020두42767, 2020.10.15.)

(3) 원시취득 : 1천분의 28

원시취득이라 함은 어떤 권리를 타인의 권리에 의하지 아니하고 독립하여 취득하는 것으로서 승계취득에 대한 말이다. 민법에서의 부주물의 선점, 유실물의 습득, 공용징수 등을 말하고, 지방세에서 보면 건축의 경우 신축과 재축으로 인한 건축물의 취득, 공유수면 매립·간척으로 인한 토지의 취득 등을 말하며 종전의 등록세에서 보존등기하는 대상이 여기에 해당된다고 할 것이다.

> **사례**
>
> ❖ 수용재결에 따른 사업시행자의 취득이 원시취득에 해당되는지 여부
>
> 원심은 그 판시와 같은 사실을 인정한 다음, 공익사업을 위한 토지 등의 취득 및 보상에 관한 법률에 따른 수용재결의 효과로서 수용에 의한 사업시행자의 소유권 취득은 토지 등 소유자와 사업시행자와의 법률행위에 의한 승계취득이 아니라 법률의 규정에 의한 원시취득에 해당하는 점, 지방세법은 이 사건 조항의 원시취득에서 수용재결에 의한 부동산의 취득을 제외하는 규정을 따로 두고 있지 않은 점 등을 종합하면, 이 사건 각 부동산의 취득은 이 사건 조항에서 정한 원시취득에 해당하므로 '1천분의 28'의 표준세율이 적용되어야 한다.
>
> (대법 2016두34783, 2016.6.23.)

(4) 공유물 분할 또는 부동산 실권리자명의 등기에 관한 법률 제2조 제1호 나목(부동산의 위치와 면적을 특정하여 2인 이상이 구분 소유하기로 하는 약정을 하고 그 구분소유자의 공유로 등기하는 경우)에서 규정하고 있는 부동산의 공유권 해소를 위한 지분이전으로 인한 취득(등기부등본상 본인 지분을 초과하는 부분의 경우에는 제외한다.) : 1천분의 23

공유물의 분할로 인한 등기·등록시의 과세표준은 사인간의 공유인 경우에는 분할 당시

의 지분율에 해당하는 시가표준액이 과세표준이 되겠으나 법인의 경우는 분할 당시의 법인장부가격을 과세표준으로 하여야 할 것이다.

여기에서 공유의 개념을 살펴보면, 공유는 수인이 동일 물건의 소유권을 양적으로 공유하는 공동소유의 형태로서 공유자 전원이 1개의 소유권을 가지는 형태이므로 각자가 가지는 부분적 소유권인 지분권은 분수적 비율에 의하여 소유권의 내용을 공유하는 것으로 공유자는 자유로이 그 지분권을 처분할 수도 있고 언제든지 공유물의 분할을 청구할 수도 있는 것이므로 공유자들은 어느 정도 상호협동관계는 있겠지만 그 이외에는 하등의 단체적인 통제나 구속을 받지 않는다.

▎사례 ▎

❖ 지분권에 의한 분할시 자산가액의 분할은 부동산 등으로만 기준으로 할 수 있는지 여부

공유인 부동산등과 그 밖의 공유물을 일괄하여 분할하는 경우에는 분할 후 자산가액의 비율이 원래의 공유지분의 범위를 넘어서는 것인지 또는 원래의 공유지분의 비율과 분할 후 자산가액의 비율과의 차이에 따른 정산을 하였는지 여부 등은 취득세의 과세물건인 부동산등만을 기준으로 분할 후 자산가액의 비율과 원래의 공유지분의 비율을 비교하는 방식으로 판단하여야 한다.

(대법 2016두32008, 2016.5.12.)

(5) 합유물 및 총유물의 분할로 인한 취득 : 1천분의 23

합유는 수인이 조합체로서 물건을 소유하는 공동소유의 형태로서 조합원간의 공동사업을 수행한다는 공동목적에 의하여 통제되는 것이므로 합유자는 전원의 동의 없이는 그 지분을 처분하거나 합유물의 분할을 청구하지 못하며, 합유물을 처분 또는 변경함에는 합유자 전원의 동의가 있어야 하나 보존행위는 각자 할 수 있다.

합유는 조합체의 해산 또는 합유물의 양도로 인하여 종료하며 이 경우에 합유물의 분할에 관하여는 공유물 분할에 관한 규정을 준용하는데, 합유물의 예로는 신탁법에서 수탁자가 여러 사람일 경우에는 신탁재산은 그 합유에 속한다고 규정하고 있다. 또한 총유는 법인 아닌 사단의 사원이 집합체로서 물건을 소유하는 형태로서 그 기초인 법인 아닌 사단에 있어서의 성원의 총합체가 하나의 단일적 활동체로서 단체의 체제를 갖추고 있음에 반하여 합유자들은 단체로서의 체제를 갖추지 못하고 있는 점이 합유와 구별되고, 공유에 있어서는 소유권이 양적으로 수인에게 분속되지만 총유에 있어서는 목적물의 관리·처분 등의 기능은 일체로서 사원의 총합체인 사단 자체에 속하고 그 사용·수익 등의 기능은 각 사원에게 귀속하여 이 양자가 단체적인 통제하에 유기적으로 결합하여 하나의 소유권을 이루는 점에서 공유와 구별된다. 총유에 있어서는 단체적인 결합관계를 본체로 하는 것이므로 각 사원은 이 단체의 일원인 지위를 취득·상실함에 따라서 당연히 목적물의 총유자로서

의 권리의무도 취득·상실하게 된다.

(6) 그 밖의 원인으로 인한 취득

① 농지 : 1천분의 30
② 농지 외의 것 : 1천분의 40

이 경우의 취득이라 함은 부동산을 원시취득, 상속으로 인한 취득, 증여·유증 그 밖의 무상취득, 공유물 등의 분할로 인한 취득, 신탁 재산인 부동산을 수탁자로부터 수익자에게 이전하는 경우의 취득을 제외한 취득을 말하는데, 여기에 해당되는 가장 대표적인 취득이 매매, 교환 등의 일반적인 거래에 의한 취득이 될 것이다.

(7) 유상거래를 원인으로 인한 주택 취득

① 주택가액이 6억원 이하 : 1천분의 10
② 주택가액이 6억원 초과 9억원 이하 :

$$\left(해당 주택의 취득당시가액 \times \frac{2}{3억원} - 3 \right) \times \frac{1}{100}$$

③ 주택가액이 9억원 초과 : 1천분의 30

이 경우에는 일반 유상 취득(농지 외의 것)에 대한 세율(농지 외의 것 : 1천분의 40)을 적용하지 아니하고 주택가격에 따라 별도 세율을 적용토록 하여 2013년 8월 28일 이후 최초로 취득하는 분부터 적용하고 있다.

그런데 취득가액이 5~10억원인 거래건수('18년 기준 91천건) 중 5.9~6억원 구간의 거래건수가 6~6.1억원 구간의 약 6배 8.9~9억원 구간은 9~9.1억원 구간의 약 10배에 달하고 있는데 이는 단순누진세율 체계로 인해 세율 변동구간인 6억원 또는 9억원 부근에서 거래가격 조작 등 부작용 발생하고 있고 6억원 또는 9억원을 일부 초과하는 경우 낮은 세율을 적용받기 위해 해당 금액에 미달하도록 거래가격을 임의조정(허위신고)사례가 발생하고 있어 6억원 및 9억원 직전 가격으로 거래가 집중(조장)되는 문턱효과를 해소하기 위해 6억원 초과~9억원 이하 구간은 백만원 단위로 세율 세분화(1~3%)하되, 9억원을 초과하는 구간은 현행과 같이 3%의 단일 세율 적용하도록 2020년부터 개정한 것이다.

이 규정이 적용되는 주택은 주택법 제2조 제1호에 따른 주택(세대의 구성원이 장기간 독립된 주거생활을 할 수 있는 구조로 된 건축물의 전부 또는 일부 및 그 부속토지를 말하며, 이를 단독주택과 공동주택으로 구분한다.)으로서 건축법에 따른 건축물대장·사용승인서·임시사용승인서 또는 「부동산등기법」에 따른 등기부에 주택으로 기재[건축법(법률 제7696호로 개정되기 전의 것을 말한다.)에 따라 건축허가 또는 건축신고 없이 건축이 가능하였던 주택(법률 제7696호 건축법 일부 개정법률 부칙 제3조에 따라 건축허가를 받거나 건축신고가 있는 것으로 보는 경우를 포함한다.)으로서 기재되어 있지 아니한 주택의 경우에도 건축물대장에 주택으로 기재된 것으로 본다.]된 주거용 건축물과 그 부속토지를 말한다.

그러므로 현황과 공부가 모두 주택인 경우에만 주택으로 인정되므로 건축법에 따른 건축물대장에 주택으로 기재되어 있지 아니한 주택은 원칙적으로 주택유상거래 취득세율 적용대상에서 제외되나 종전 건축법에 따라 건축허가 또는 신고없이 건축이 가능한 주택은 기존과 같이 주택 유상거래 세율을 적용한다.

그러나 건축법에 따른 허가 또는 신고없이 건축 또는 용도변경을 하여 주택으로 사용하는 건축물과 현황상 주택으로 사용하고 있더라도 공부상 주택이 아닌 무허가주택, 오피스텔, 기숙사, 고시원 등은 주택유상거래 취득세율이 적용되지 아니한다.

그리고 이 경우 지분으로 취득한 주택의 취득 당시의 가액은 다음의 계산식에 따라 산출한 전체주택의 취득 당시의 가액으로 한다.

$$\text{전체 주택의 취득 당시 가액} = \text{취득 지분의 취득 당시 가액} \times \frac{\text{전체 주택의 시가표준액}}{\text{취득 지분의 시가표준액}}$$

그런데 일반 유상주택 취득에 대한 세액경감제도가 도입되면서 이런 제도를 악용하는 사례, 즉 토지를 먼저 취득하고 그 지상에 주택을 신축하는 것이 일반적인데도 조세회피목적으로 주택신축 이후에 토지소유권을 이전함으로서 세율이 낮은 주택유상거래 세율을 적용받으려는 경우가 있어 이를 배제하는 규정을 신설하였으며, 또한 부속토지의 취득자가 건축주 외의 건축주의 배우자나 직계존비속에 해당하는 경우와 국내에 주택을 3개 이상 소유하고 있는 1세대가 추가로 취득하는 주택의 경우에도 주택유상거래 세율적용 대상에서 배제토록 법령이 정비되었다.

사례

❖ **종중에서 명의신탁 받은 주택이 주택수 산정대상이 되는지 여부**

원고 주장의 종중이 이 사건 상속주택을 원고의 부(父) 및 원고에게 명의신탁한 것이라고 하더라도, 부동산 실권리자의 명의등기에 관한 법률 제8조에 의하면 종중이 보유한 부동산을 제3자에게 명의신탁을 한 경우에는 조세포탈 등 법령상 제한의 회피를 목적으로 하지 아니하는 한 그 등기는 유효하므로 대외관계에 있어서는 수탁자인 원고가 이 사건 상속주택에 대한 완전한 소유권을 취득하고 유효한 처분행위도 할 수 있는 점(대법원 1984.11.27. 선고, 84누52 판결 참조), 이사, 근무지의 이동, 가족의 취학, 질병의 요양 등의 사유로 일시적으로 2주택이 되는 자에게만 취득세를 경감해주는 관계 법령의 입법취지 등을 종합하여 고려하면, 구 지방세특례제한법에 따른 주택 수를 판정할 때 이 사건 상속주택을 제외할 이유가 없다.

(대법 2015두60877, 2016.4.15.)

❖ **유상거래주택 취득 당시의 지분가액별로 표준세율 적용이 가능한지**

2인 이상이 하나의 주택을 공유지분으로 취득한 경우 각 취득지분의 가액이 아니라 주택 전체의 취득 당시의 가액을 기준으로 개정 지방세법 제11조 제1항 제8호에 따라 취득세의 표준세율을 정한 후, 개정 지방세법 제11조 제2항에 따라 각 취득지분의 가액을 과세표준으로 하여 위와 같이 산정한 표준세율을 적용하는 방식으로 취득세를 산정하는 것이 관련 조항의 합리적, 체계적 해석에 따른 결과이므로, 이러한 결과가 실질과세의 원칙에 반한다고 볼 근거는 없다.

(대법 2016두61884, 2017.3.9.)

❖ **다가구주택의 공유지분을 구분소유적 공유관계로 보아 해당 지분의 취득가액을 주택가격으로 보아 취득세율을 적용하여야 한다는 청구주장의 당부**

청구인은 2017.12.14. 이 건 부동산의 일부(780분의 340)를 취득하고 이로부터 1년 이내인 2018.8.9. 공유물 분할계약에 따라 청구인과 다른 소유자는 2018.8.14. 이 건 부동산의 101호와 201호로 각각 구분하여 등기하였는바, 이는 청구인이 쟁점지분을 취득하면서 실제로는 해당 부동산의 2층을 구분·소유한 것이고 이후 해당 사실관계에 부합하도록 관련 공부를 보완한 것으로 볼 수 있는 점 등에 비추어 청구인은 2015.7.24. 법률 제13427호로 개정된 「지방세법」 제11조 제1항 제8호의 취지에 반하는 것으로 보기 어려우므로 청구인과 다른 소유자는 이 건 부동산에 대하여 상호 구분소유적 공유관계에 있다고 보는 것이 타당함.

(조심 2018지3497, 2020.1.22.)

3) 부동산 취득 세율의 적용례

① 부동산 취득에 대한 취득세는 제10조의 과세표준에 다음의 표준세율을 적용하여 계산한 금액을 그 세액으로 한다.

이 경우 표준세율이라 함은 지방자치단체가 지방세를 부과할 경우에 통상 적용하여야 할 세율로서 재정상의 사유 또는 그 밖의 특별한 사유가 있는 경우에는 이에 따르지 않고 조례로서 세율을 가감조정하여 정할 수 있는 세율을 말한다.

| 부동산 취득의 세율표 |

취득요인	구 분	세 율(%) 종 전 취득세	세 율(%) 종 전 등록세	세 율(%) 현 행	비 고
① 상속으로 인한 취득	농지	2	0.3	2.3	수탁자가 위탁자의 상속인에게 신탁 재산 이전 포함
	농지 외의 것	2	0.8	2.8	
② 상속 외의 무상 취득	일반	2	1.5	3.5	민법상 시효 취득 등
	비영리사업자	2	0.8	2.8	
③ 원시 취득		2	0.8	2.8	종전 등록세의 소유권 보존 등기
④ 공유물의 분할 취득		2	0.3	2.3	
⑤ 합유물·총유물의 분할취득		2	0.3	2.3	
⑥ 유상 취득	농지	2	1	3.0	
	농지외의 것	2	2	4.0	
⑦ 주택의 유상취득	가액 6억원 이하	0.5	0.5	1	유상취득 중 농지 외의 것에 적용하던 세율을 주택거래활성화를 위해 별도 조치한 것임
	가액 6억원 초과 9억 이하	1	1	2	
	가액 9억 초과	1.5	1.5	3	

② 앞 세율표에서 농지라 함은 ① 취득당시 공부상 지목이 논·밭 또는 과수원인 토지로서 실제 농작물의 경작이나 다년생식물의 재배지로 이용되는 토지를 말한다(이 경우 농지 경영에 직접 필요한 농막, 두엄간, 양수장, 못, 늪, 농도(農道), 수로 등이 차지하는 토지 부분을 포함한다.). ② 취득당시 공부상 지목이 목장용지인 토지로서 실제 축산용으로 사용되는 축사와 그 부대시설로 사용되는 토지, 초지 및 사료밭을 말한다.

이 규정 중 농지는 취득 당시 공부상(지적공부를 말함) 지목이 논·밭·과수원 또는 목장용지인 토지로서 실제의 토지현상이 농작물의 경작, 다년생식물재배지 또는 축산용으로 이용되는 토지이기 때문에 공부상의 지목과 이용현황이 일치하는 것이어야 한다.

③ 앞 세율표에서 비영리사업자라 함은 종교 및 제사를 목적으로 하는 단체, 초·중등 교육법 및 고등교육법에 따른 학교, 경제자유구역 및 제주국제자유도시의 외국교육기관 설립·운영에 관한 특별법 또는 기업도시개발 특별법에 따른 외국교육기관을 운영하는 자 및 평생교육법에 따른 교육시설을 운영하는 평생교육단체, 지방세특례제한법 제22조 제1항에 따른 사회복지법인 등 정당법에 따라 설립된 정당을 말한다.

④ 앞 세율표 ① ② ⑦의 부동산이 공유물일 때에는 그 취득지분의 가액을 과세표준으

로 하여 각각의 세율을 적용한다.

⑤ 건축물을 건축(신축과 재축은 제외한다.) 또는 개수로 인하여 건축물 면적이 증가할 때에는 그 증가된 부분에 대하여는 원시취득으로 보아 세율을 적용한다. 이 경우 건축의 범위에서 신축과 재축을 제외한 것은 신축과 재축은 건축물 전체가 원시 취득이기 때문이다.

제12조 │ 부동산 외 취득의 세율

① 다음 각 호에 해당하는 부동산 등에 대한 취득세는 제10조의2부터 제10조의6까지의 규정에 따른 과세표준에 다음 각 호의 표준세율을 적용하여 계산한 금액을 그 세액으로 한다(법 §12 ① Ⅰ~Ⅶ).

1. 선박

이 경우 선박이 공유물일 때에는 그 취득지분의 가액을 과세표준으로 하여 세율을 적용한다.

   가. 등기·등록 대상인 선박(나목에 따른 소형선박은 제외한다.)
   1) 상속으로 인한 취득 : 1천분의 25
   2) 상속으로 인한 취득 외의 무상취득 : 1천분의 30
   3) 원시취득 : 1천분의 20.2
   4) 수입에 의한 취득 및 주문 건조에 의한 취득 : 1천분의 20.2
   5) 그 밖의 원인으로 인한 취득 : 1천분의 30

   나. 소형선박
   1) 선박법 제1조의 2 제2항에 따른 소형선박 : 1천분의 20.2
   2) 수상레저안전법 제30조에 따른 동력수상레저기구 : 1천분의 20.2

   다. 가목 및 나목 외의 선박 : 1천분의 20

2. 차량

   가. 대통령령으로 정하는 비영업용 승용자동차 : 1천분의 70. 다만, 대통령령으로 정하는 경자동차(이하 이 조에서 '경자동차'라 한다)의 경우에는 1천분의 40으로 한다.

   이 경우 "대통령령으로 정하는 비영업용 승용자동차"란 개인 또는 법인이 영업용[「여객자동차 운수사업법」 또는 「화물자동차 운수사업법」에 따라 면허(등록을 포함한다)를 받거나 「건설기계관리법」에 따라 건설기계대여업의 등록을 하고 일반의 수요에 제공하는 것을 말한다.] 외의 용도에 제공하거나 국가 또는 지방공공단체가 공용으로 제공하는 것(이하 이 조에서 "비영업용"이라 한다)으로서 「자동차관리법」 제3조에 따른 승용자동차를 말한다. 이 경우 「자동차관리법 시행령」 제7조제1항제11호 및 제12호에 따른 자동차로서 해당 법에 따라 등록을 하지 않는 자동차는 제외한다. (영 §23 ①).

그리고 "대통령령으로 정하는 경자동차"란 자동차관리법 제3조에 따른 자동차의 종류 중 경형자동차를 말한다(영 §23 ②).

나. 자동차관리법에 따른 이륜자동차로서 대통령령으로 정하는 자동차 : 1천분의 20
  이 경우 "대통령령으로 정하는 자동차"란 총배기량 125시시 이하이거나 최고정격출력 12킬로와트 이하인 이륜자동차를 말한다(영 §23 ③).

다. 가목 및 나목외의 자동차
  1) 대통령령으로 정하는 비영업용: 1천분의 50. 다만, 경자동차의 경우에는 1천분의 40으로 한다.
    이 규정에 의한 '대통령령으로 정하는 비영업용 자동차'란 개인 또는 법인이 「여객자동차 운수사업법」 또는 「화물자동차 운수사업법」에 따라 면허를 받거나 등록을 하고 일반의 수요에 제공하는 것 외의 용도에 제공하는 「자동차관리법」 제2조 제1호에 따른 자동차로 한다. 다만, 「자동차관리법 시행령」 제7조 제1항 제11호 및 제12호에 따라 임시운행허가를 받은 자동차는 제외한다(영 §23 ④).
  2) 대통령령으로 정하는 영업용: 1천분의 40
    이 규정에 의한 대통령령으로 정하는 영업용 자동차는 개인 또는 법인이 「여객자동차 운수사업법」 또는 「화물자동차 운수사업법」에 따라 면허를 받거나 등록을 하고 일반의 수요에 제공하는 용도에 제공되는 「자동차관리법」 제2조 제1호에 따른 자동차로 한다(영 §23 ⑤).

라. 가목부터 다목까지의 자동차 외의 차량 : 1천분의 20
  그간 기업부설연구소의 연구·개발용 차량, 자율주행 연구·개발용 차량, 전기차 등 친환경·첨단미래형 자동차의 개발·보급용 차량 등(「자동차관리법」 §27)은 「자동차관리법」에 따라 미등록대상 차량으로 규정되어있지만 구 취득세(2%)와 구 등록세(2~5%) 통합('11년)에 따라 미등록대상 차량 취득 시, 구 등록세분까지 납부하게 되어 세부담 증가하고, 향후 자율주행, 신재생에너지 차량 등 실험·연구 수요가 증가하는 경우 세부담이 늘어날 우려가 있어 이 규정에 의한 차량은 2021년부터 미등록대상 차량에 대한 취득세율을 2%로 인하하여 연구·개발 지원하고자 한 것이다.

3. 기계장비 : 1천분의 30(다만, 건설기계관리법에 따른 등록대상이 아닌 기계장비는 1천분의

20으로 한다.). 이 경우 기계장비가 공유물일 때에는 그 취득지분의 가액을 과세표준으로 하여 세율을 적용한다.

이 경우 덤프트럭은 적재용량이 12t~20t인 경우「자동차등록법」에 따라 등록한 경우에는 자동차에 해당하며, 20t이상은 등록여부에 상관없이 기계장비에 해당한다.

4. 항공기
   가. 항공안전법 제7조 단서에 따른 항공기 : 1천분의 20
   나. 그 밖의 항공기 : 1천분의 20.2. 다만, 최대이륙중량이 5,700킬로그램 이상인 항공기는 1천분의 20.1로 한다.

5. 입목 : 1천분의 20
6. 광업권, 어업권 또는 양식업권 : 1천분의 20
7. 골프회원권, 승마회원권, 콘도미니엄 회원권, 종합체육시설 이용회원권 또는 요트회원권 : 1천분의 20

② 제1항 제1호의 선박 및 같은 항 제3호의 기계장비가 그 공유물일 때에는 그 취득지분의 가액을 과세표준으로 하여 세율을 적용한다(법 §12 ②).

1) 선박 취득의 세율

(1) 선박의 정의 및 등기

① 선박법에서 선박이란 수상 또는 수중에서 항행용으로 사용하거나 사용될 수 있는 배 종류를 말하며, 그 구분은 기선(기관을 사용하여 추진하는 선박), 범선(돛을 사용하여 추진하는 선박), 부선(자력 항행 능력이 없어 다른 선박에 의하여 끌리거나 밀려서 항행하는 선박)으로 한다(선박법 §1의 2 ①).

② 선박법에서 소형선박이란 톤수 20톤 미만의 기선 및 범선과 총톤수 100톤 미만의 부선을 말한다(선박법 §1의 2 ②).

③ 선박등기법은 총톤수 20톤 이상의 기선과 범선 및 총톤수 100톤 이상의 부선에 대하여 이를 적용한다. 다만, 선박계류용, 저장용 등으로 사용하기 위하여 수상에 고정하여 설치하는 부선에 대하여는 적용하지 아니한다(선박등기법 §2).

(2) 선박 취득 세율표

취득의 구분		세 율(%)			비 고
		종 전		현행	
		취득세	등록세		
가. 등기·등록 대상인 선박 ① 상속으로 인한 취득		2	0.5	2.5	• 수탁자가 위탁자의 상속인에게 이전 • '나'의 소형선박 제외 • 선박이 공유일일 때에는 그 취득지분가액을 과세표준으로 함.
② 상속으로 인한 취득 외의 무상 취득		2	1	3.0	
③ 원시 취득		2	0.02	2.02	
④ 수입 또는 주문 건조에 의한 취득		2	0.02	2.02	
⑤ ①~④외의 취득		2	1	3.0	
나. 소형선박	① 소형선박	2	0.02	2.02	선박법 제1조의 2 제2항 해당
	② 동력수상레저기구			2.02	수상레저안전법 제30조 해당
다. 가목 및 나목 외의 선박		2	–	2.0	선박등기법 제2조 단서 해당 선박

이 경우 선박이 공유물일 때에는 그 취득지분의 가액을 과세표준으로 하여 세율을 적용한다.

2) 차량취득의 세율

(1) 자동차의 종류 구분

① **승용자동차** : 10인 이하를 운송하기에 적합하게 제작된 자동차
② **승합자동차** : 11인 이상을 운송하기에 적합하게 제작된 자동차. 다만, 다음 각 목의 1에 해당하는 자동차는 그 승차인원에 관계없이 이를 승합자동차로 본다.
   ㉮ 내부의 특수한 설비로 인하여 승차인원이 10인 이하로 된 자동차
   ㉯ 별표 1의 규정에 의한 경형자동차로서 승차인원이 10인 이하인 전방조종자동차
   ㉰ 캠핑용자동차 또는 캠핑용트레일러
③ **화물자동차** : 화물을 운송하기에 적합한 화물적재공간을 갖추고, 화물적재공간의 총 적재화물의 무게가 운전자를 제외한 승객이 승차공간에 모두 탑승했을 때의 승객의 무게(1인당 65킬로그램으로 한다.)보다 많은 자동차
④ **특수자동차** : 다른 자동차를 견인하거나 구난작업 또는 특수한 작업을 수행하기에 적합하게 제작된 자동차로서 승용자동차·승합자동차 또는 화물자동차가 아닌 자동차
⑤ **이륜자동차** : 총배기량 또는 정격출력의 크기와 관계없이 1인 또는 2인의 사람을 운송하기에 적합하게 제작된 이륜의 자동차 및 그와 유사한 구조로 되어 있는 자동차(자동차관리법 §3 ①) 이 경우 총 배기량 50시시 미만의 이륜자동차 및 최고정격출력 4킬로와트 이하의 전기이륜자동차는는 제외한다.

(2) 차량 취득 세율표

구 분	세 율(%)			비 고
	종 전		현행	
	취득세	등록세		
① 비영업용 승용자동차 (경차)	2 (2)	5 (2)	7 (4)	• 비영업용 승용자동차는 영 제122조 제1항에 따른 비영업용으로서 영 제123조 제1호 및 제2호에 해당하는 차량을 말함
② 이륜자동차 (삼륜차 포함)	2	-	2	• 이륜자동차 중 대통령령으로 정하는 자동차란 총배기량 125씨씨 이하이거나 최고정격출력 12킬로와트 이하인 이륜 자동차를 말함
③ 그 밖의 자동차 • 비영업용 (경차) • 영업용	 2 (2) 2	 3 (2) 2	 5 (4) 4	• 경자동차는 자동차관리법 제3조에 따른 자동차의 종유중 경형자동차를 말함 • 영업용 자동차는 영 제122조 제1항에 따른 영업용에 제공하는 자동차를 말함
④ ① 내지 ③ 외의 차량	2	-	2	• 미등록차량(R&D 차량, 운전교습용 차량 등)

3) 기계장비 취득의 세율

(1) 기계장비의 의의

기계장비라 함은 건설공사용, 화물하역용 및 광업용으로 사용되는 기계장비로서 건설기계관리법에서 규정한 건설기계 및 이와 유사한 기계장비 중 지방세법 시행규칙 별표 1에 열거된 종류의 기계장비를 말한다.

① 기계장비는 건설공사용, 화물하역용, 광업용으로 사용되는 기계장비로서 건설기계관리법에 의한 건설기계와 지방세법 시행규칙 별표 1에 해당되는 것으로 건설공사용, 화물하역용, 광업용으로 사용되면 등록 여부에 관계없이 모두 과세대상이 된다. 그러나 단순히 생산설비에 고정부착되어 제조공정 등에 사용되는 공기압축기, 천정크레인, 호이스트, 콘베이어 등은 기계장비에서 제외된다.
② 기계장비의 경우도 차량과 마찬가지로 원동기, 정원, 적재정량, 차체 중 1종 이상이 변경되면 그 증가된 가액을 과표로 하여 기계장비의 종류변경에 대한 취득세 과세대상이 된다.

※ 과세대상 기계장비의 범위(지방세법 시행규칙 별표 1)는 법 제6조 제8호 참조 바람.

(2) 기계장비취득에 대한 세율은 다음과 같다.

① 기계장비에 대한 취득세율은 1천분의 30를 적용한다. 다만, 건설기계법에 따른 등록 대상이 아닌 기계장비는 1천분의 20으로 한다.

이 경우 덤프트럭은 적재용량이 12t~20t인 경우「자동차등록법」에 따라 등록한 경우에는 자동차에 해당하며, 20t이상은 등록여부에 상관없이 기계장비에 해당한다.

② 이 경우 기계장비가 공유물일 때에는 그 취득지분의 가액을 과세표준으로 하여 세율을 적용한다.

4) 항공기 취득의 세율

(1) 항공기 취득에 적용하는 세율은 항공안전법 제7조 단서에 따른 항공기와 그 밖의 항공기로 구분하여 세율을 정하고 있다.

이 경우 항공안전법 제7조 단서에 따른 항공기라 함은,
① 군 또는 세관에서 사용하거나 경찰업무에 사용하는 항공기
② 외국에 임대할 목적으로 도입한 항공기로서 외국 국적을 취득할 항공기
③ 국내에서 제작한 항공기로서 제작자 외의 소유자가 결정되지 아니한 항공기
④ 외국에 등록된 항공기를 임차하여 법 제5조에 따라 운영하는 경우 그 항공기

(2) 항공기 취득에 대한 세율은 다음과 같다.

① 항공안전법 제7조 단서에 따른 항공기 : 1천분의 20
② 그 밖의 항공기 : 1천분의 20.2 다만, 최대이륙중량 5,700킬로그램 이상인 항공기는 1천분의 20.1로 한다.

5) 입목취득에 대한 세율

(1) 입목이라 함은 토지에 부착된 수목의 집단으로서 그 소유자가 입목에 관한 법률에 따라 소유권보존의 등기를 받은 것을 말하며, 입목은 이를 부동산으로 보며, 입목의 소유자는 토지와 분리하여 입목을 양도하거나 이를 저당권의 목적으로 할 수 있고, 토지소유권 또는 지상권의 처분의 효력은 입목에 미치지 아니한다(입목에 관한 법률 §2·§3).

이 경우 입목으로 등기를 받을 수 있는 수목의 집단의 범위는 1필의 토지 또는 1필의 토지의 일부분에 생립(生立)하고 있는 모든 수종의 수목으로 한다(입목에 관한 법률시행령 §1).

(2) 입목취득에 대한 세율 : 1천분의 20

6) 광업권, 어업권 또는 양식업권 취득의 세율

(1) 광업권 및 어업권의 정의

① 광업권이라 함은 광업법 제3조 제3호에 규정된 광업권을 말하는데 동 규정에서는 광업권을 탐사권과 채굴권으로 구분하는데 "탐사권"이란 등록을 한 일정한 토지의 구역(광구)에서 등록을 한 광물과 이와 같은 광상(鑛床)에 묻혀있는 다른 광물을 채굴하고 취득하는 권리를 말한다고 규정하고 있고, "채굴권"이란 광구에서 등록을 한 광물과 이와 같은 광상에 묻혀 있는 다른 광물을 채굴하고 취득하는 권리를 말한다고 규정하고 있으며, 광업권의 등록은 광업법 제38조에 따라 광업권 원부에 등록하는 것을 말하는데 이 규정에서 "광업권 또는 저당권의 설정, 변경, 이전, 소멸 및 처분의 제한과 광업권의 존속기간 및 공동광업권자의 탈퇴는 광업권원부에 이를 등록하여야 하고 이러한 등록은 등기를 갈음한다"고 규정하고 있다.

② 어업권이라 함은 수산업법 제2조 제9호와 내수면어업법 제7조의 규정에 의한 어업권을 말하는데, 여기에서 수산업법과 내수면어업법에 규정되어 있는 어업권을 구분하여 설명하면, 먼저 수산업법에서는 어업권을 "동법 제8조에 따라 면허를 받아 어업을 경영할 수 있는 권리를 말한다"고 규정하고 있고(수산업법 §2 IX), 여기에 해당하는 면허어업으로는 정치망어업, 해조류양식어업, 패류양식어업, 어류 등 양식어업, 복합양식어업, 협동양식어업, 외해양식어업, 마을어업을 말하고(수산업법 §8) 이 규정에 의한 어업의 면허를 받은 자와 어업권을 이전하거나 분할받은 자는 어업권 원부에 등록함으로써 어업권을 취득하며 어업권은 물권으로 하며 이 법에서 정한 것 외는 민법 중 토지에 관한 규정을 준용한다(수산업법 §16).

(2) 광업권, 어업권 및 양식업권의 세율

광업권, 어업권 및 양식업권에 대한 세율 : 1천분의 20

7) 골프회원권, 승마회원권, 콘도미니엄 회원권 또는 종합체육시설이용회원권 취득의 세율

골프회원권 등의 세율 : 1천분의 20

제13조 과밀억제권역 안 취득 등 중과

(1) 수도권정비계획법 제6조에 따른 과밀억제권역에서 대통령령으로 정하는 본점이나 주사무소의 사업용으로 신축하거나 증축하는 건축물(「신탁법」에 따른 수탁자가 취득한 신탁재산 중 위탁자가 신탁기간 중 또는 신탁종료 후 위탁자의 본점이나 주사무소의 사업용으로 사용하기 위하여 신축하거나 증축하는 건축물을 포함한다.)과 그 부속토지를 취득하는 경우와 같은 조에 따른 과밀억제권역(산업집적활성화 및 공장설립에 관한 법률을 적용받는 산업단지, 유치지역 및 국토의 계획 및 이용에 관한 법률을 적용받는 공업지역은 제외한다.)에서 공장을 신설하거나 증설하기 위하여 사업용 과세물건을 취득하는 경우의 취득세율은 제11조 및 제12조의 세율에 중과기준세율의 100분의 200을 합한 세율을 적용한다(법 §13 ①).20)

이 경우 "대통령령으로 정하는 본점이나 주사무소의 사업용 부동산"이란 법인의 본점 또는 주사무소의 사무소로 사용하는 부동산과 그 부대시설용 부동산(기숙사, 합숙소, 사택, 연수시설, 체육시설 등 복지후생시설과 예비군 병기고 및 탄약고는 제외한다.)을 말한다(영 §25).

(2) 다음 각 호의 어느 하나에 해당하는 부동산(「신탁법」에 따른 수탁자가 취득한 신탁재산을 포함한다.)을 취득하는 경우의 취득세는 제11조 제1항의 표준세율의 100분의 300에서 중과기준세율의 100분의 200을 뺀 세율(제11조 제1항 제8호에 해당하는 주택을 취득하는 경우에는 제13조의2 제1항 제1호에 해당하는 세율)을 적용한다. 다만, 「수도권정비계획법」 제6조에 따른 과밀억제권역(「산업집적활성화 및 공장설립에 관한 법률」을 적용받는 산업단지는 제외한다. 이하 이 조 및 제28조에서 "대도시"라 한다.)에 설치가 불가피하다고 인정되는 업종으로서 대통령령으로 정하는 업종(이하 이 조에서 "대도시 중과 제외 업종"이라 한다.)에 직접 사용할 목적으로 부동산을 취득하거나, 법인이 사원에 대한 분양 또는 임대용으로 직접 사용할 목적으로 대통령령으로 정하는 주거용 부동산(이하 이 조에서 "사원주거용 목적 부동산"이라 한다.)을 취득하는 경우의 취득세는 제11조에 따른 해당 세율을 적용한다(법 §13 ②).

이 규정 각 호 외의 부분 단서에서 "대통령령으로 정하는 업종"이란 다음 각 호에 해당하는 업종을 말한다(영 §26 ① Ⅰ~ⅩⅩⅩⅦ).

① 「사회기반시설에 대한 민간투자법」 제2조 제2호에 따른 사회기반시설사업(같은 조 제9호에 따른 부대사업을 포함한다.)
② 「한국은행법」 및 「한국수출입은행법」에 따른 은행업

---

20) 이 경우 제1항과 제2항이 동시에 적용되는 과세물건에 대한 취득세율은 제16조 제5항에도 불구하고 제11조 제1항에 따른 표준세율(4%)의 100분의 300으로 한다(법 §13 ⑥ 참조).

③ 「해외건설촉진법」에 따라 신고된 해외건설업(해당 연도에 해외건설 실적이 있는 경우로서 해외건설에 직접 사용하는 사무실용 부동산만 해당한다.) 및 「주택법」 제9조에 따라 국토교통부에 등록된 주택건설사업(주택건설용으로 취득한 후 3년 이내에 주택건설에 착공하는 부동산만 해당한다.)

④ 「전기통신사업법」 제5조에 따른 전기통신사업

⑤ 「산업발전법」에 따라 산업통상자원부장관이 고시하는 첨단기술산업과 「산업집적활성화 및 공장설립에 관한 법률 시행령」 별표1의 2 제2호 마목에 따른 첨단업종

⑥ 「유통산업발전법」에 따른 유통산업, 농수산물유통 및 가격안정에 관한 법률에 따른 농수산물도매시장·농수산물공판장·농수산물종합유통센터·유통자회사 및 「축산법」에 따른 가축시장

⑦ 「여객자동차 운수사업법」에 따른 여객자동차운송사업 및 「화물자동차 운수사업법」에 따른 화물자동차운송사업과 물류시설의 개발 및 운영에 관한 법률 제2조 제3호에 따른 물류터미널사업 및 물류정책기본법 시행령 제3조 및 별표1에 따른 창고업

⑧ 정부출자법인 또는 정부출연법인(국가나 지방자치단체가 납입자본금 또는 기본재산의 100분의 20 이상을 직접 출자 또는 출연한 법인만 해당한다.)이 경영하는 사업

⑨ 「의료법」 제3조에 따른 의료업

⑩ 개인이 경영하던 제조업(「소득세법」 제19조 제1항 제3호에 따른 제조업을 말한다.). 다만, 행정안전부령으로 정하는 바에 따라 법인으로 전환하는 기업만 해당하며, 법인전환에 따라 취득한 부동산의 가액(법 제4조에 따른 시가표준액을 말한다.)이 법인 전환 전의 부동산가액을 초과하는 경우에 그 초과부분과 법인으로 전환한 날 이후에 취득한 부동산은 법 제13조 제2항 각 호 외의 부분 본문을 적용한다.
이 경우 "행정안전부령으로 정하는 바에 따라 법인으로 전화하는 기업"이란 법 제13조 제2항 각 호 외의 부분 단서에 따른 대도시(이하 이 조에서 "대도시"라 한다.)에서 부가가치세법 또는 소득세법에 따른 사업자등록을 하고 5년 이상 제조업을 경영한 개인기업이 그 대도시에서 법인으로 전환하는 경우의 해당 기업을 말한다(규칙 §5).

⑪ 「산업집적활성화 및 공장설립에 관한 법률 시행령」 별표1의 2 제3호 가목에 따른 자원재활용업종

⑫ 「소프트웨어 진흥법」 제2조 제3호에 따른 소프트웨어사업 및 같은 법 제61조에 따라 설립된 소프트웨어공제조합이 소프트웨어산업을 위하여 수행하는 사업

⑬ 「공연법」에 따른 공연장 등 문화예술시설운영사업

⑭ 「방송법」 제2조 제2호·제5호·제8호·제11호 및 제13호에 따른 방송사업·중계유선방송사업·음악유선방송사업·전광판방송사업 및 전송망사업

⑮ 「과학관의 설립·운영 및 육성에 관한 법률」에 따른 과학관시설운영사업

⑯ 「산업집적활성화 및 공장설립에 관한 법률」 제28조에 따른 도시형공장을 경영하는 사업
⑰ 「벤처투자 촉진에 관한 법률」 제37조에 따라 등록한 중소기업창업투자회사가 중소기업창업 지원을 위하여 수행하는 사업. 다만, 법인설립 후 1개월 이내에 같은 법에 따라 등록하는 경우만 해당한다.
⑱ 「한국광해광업공단법」에 따른 한국광해광업공단이 석탄산업합리화를 위하여 수행하는 사업
⑲ 「소비자기본법」 제33조에 따라 설립된 한국소비자원이 소비자 보호를 위하여 수행하는 사업
⑳ 「건설산업기본법」 제54조에 따라 설립된 공제조합이 건설업을 위하여 수행하는 사업
㉑ 「엔지니어링산업 진흥법」 제34조에 따라 설립된 공제조합이 그 설립 목적을 위하여 수행하는 사업
㉒ 「주택도시기금법」에 따른 주택도시 보증공사가 주택건설업을 위하여 수행하는 사업
㉓ 「여신전문금융업법」 제2조 제12호에 따른 할부금융업
㉔ 「통계법」 제22조에 따라 통계청장이 고시하는 한국표준산업분류(이하 "한국표준산업분류"라 한다)에 따른 실내경기장·운동장 및 야구장 운영업
㉕ 「산업발전법」(법률 제9584호 산업발전법 전부 개정법률로 개정되기 전의 것을 말한다.) 제14조에 따라 등록된 기업구조조정전문회사가 그 설립목적을 위하여 수행하는 사업. 다만, 법인 설립 후 1개월 이내에 같은 법에 따라 등록하는 경우만 해당한다.
㉖ 「지방세특례제한법」 제21조 제1항에 따른 청소년단체, 같은 법 제45조에 따른 학술단체·장학법인 및 같은 법 제52조에 따른 문화예술단체·체육단체가 그 설립목적을 위하여 수행하는 사업
㉗ 「중소기업진흥에 관한 법률」 제69조에 따라 설립된 회사가 경영하는 사업
㉘ 「도시 및 주거환경정비법」 제35조 또는 「빈집 및 소규모주택 정비에 관한 특례법」 제23조에 따라 설립된 조합이 시행하는 「도시 및 주거환경정비법」 제2조 제2호의 정비사업 또는 「빈집 및 소규모주택 정비에 관한 특례법」 제2조 제1항 제3호의 소규모주택정비사업
㉙ 「방문판매 등에 관한 법률」 제38조에 따라 설립된 공제조합이 경영하는 보상금지급책임의 보험사업 등 같은 법 제37조 제1항 제3호에 따른 공제사업
㉚ 「한국주택금융공사법」에 따라 설립된 한국주택금융공사가 같은 법 제22조에 따라 경영하는 사업
㉛ 「민간임대주택에 관한 특별법」 제5조에 따라 등록을 한 임대사업자 또는 공공주택특별법 제4조에 따라 지정된 공공주택사업자가 경영하는 주택임대사업.

㉜ 「전기공사공제조합법」에 따라 설립된 전기공사공제조합이 전기공사업을 위하여 수행하는 사업
㉝ 「소방산업의 진흥에 관한 법률」 제23조에 따른 소방산업공제조합이 소방산업을 위하여 수행하는 사업
㉞ 「중소기업 기술혁신 촉진법」 제15조 및 같은 법 시행령 제13조에 따라 기술혁신형 중소기업으로 선정된 기업이 경영하는 사업. 다만, 법인의 본점·주사무소·지점·분사무소를 대도시 밖에서 대도시로 전입하는 경우는 제외한다.
㉟ 「주택법」에 따른 리모델링주택조합이 시행하는 같은 법 제66조제1항 및 제2항에 따른 리모델링사업
㊱ 「공공주택 특별법」에 따른 공공매입임대주택(같은 법 제4조제1항제2호 및 제3호에 따른 공공주택사업자와 공공매입임대주택을 건설하는 사업자가 공공매입임대주택을 건설하여 양도하기로 2022년 12월 31일까지 약정을 체결하고 약정일부터 3년 이내에 건설에 착공하는 주거용 오피스텔로 한정한다)을 건설하는 사업
㊲ 「공공주택 특별법」 제4조제1항에 따라 지정된 공공주택사업자가 같은 법에 따른 지분적립형 분양주택이나 이익공유형 분양주택을 공급·관리하는 사업

이 규정은 2018년 정부의 일자리 창출 정책의 지원 등을 위해 제조업 등 뛰어난 기술을 바탕으로 경쟁 우위를 확보할 가능성이 높은 3년 이상의 업력을 갖춘기술혁신형 중소기업(이노비즈, 「중소기업 기술혁신 촉진법」 §15)을 중과 제외 대상에 추가하였다. 다만, 수도권 내 취득세 중과제도 및 지역균형발전 취지 등을 감안하여 수도권으로 전입하는 경우는 제외하도록 일정 요건으로 한정하였다.

1. 대도시에서 법인을 설립[대통령령으로 정하는 휴면(休眠)법인(이하 "휴면법인"이라 한다.)을 인수하는 경우를 포함한다. 이하 이 호에서 같다.]하거나 지점 또는 분사무소를 설치하는 경우 및 법인의 본점·주사무소·지점 또는 분사무소를 대도시 밖에서 대도시로 전입(수도권정비계획법 제2조에 따른 수도권의 경우에는 서울특별시 외의 지역에서 서울특별시로의 전입도 대도시의 전입으로 본다. 이하 이항 및 제28조 제2항에서 같다.)함에 따라 대도시의 부동산을 취득(그 설립·설치·전입 이후의 부동산 취득을 포함한다.)하는 경우 (법 §13 ② Ⅰ)

이 경우 "대통령령으로 정하는 휴면(休眠)법인"이란 다음 각 호의 어느 하나에 해당하는 법인을 말한다(영 §27 ① Ⅰ~Ⅵ).
① 「상법」에 따라 해산한 법인(이하 "해산법인"이라 한다.)
② 「상법」에 따라 해산한 것으로 보는 법인(이하 "해산간주법인"이라 한다.)
③ 「부가가치세법 시행령」 제13조에 따라 폐업한 법인(이하 "폐업법인"이라 한다.)

④ 법인 인수일 이전 1년 이내에 「상법」 제229조, 제285조, 제521조의 2 및 제611조에 따른 계속등기를 한 해산법인 또는 해산간주법인

⑤ 법인 인수일 이전 1년 이내에 다시 사업자등록을 한 폐업법인

⑥ 법인 인수일 이전 2년 이상 사업실적이 없고, 인수일 전후 1년 이내에 인수법인 임원의 100분의 50 이상을 교체한 법인

그리고 법 제13조 제2항 제1호에 따른 휴면법인의 인수라 함은 제1항 각 호의 어느 하나에 해당하는 법인에서 최초로 그 법인의 과점주주가 된 때 이루어진 것으로 본다(영 §27 ②).

그런데 수도권 내에서 휴면(休眠)법인의 주식 취득으로 과점주주가 되어 인수하는 경우 새로운 법인의 설립과 동일하게 보아 취득세 및 등록면허세 중과세하여왔으나 중과 범위가 일반 신설법인과 다르고 적용시점이 모호한 점이 있었는 이는 - 중과제도는 주주가 아닌 법인 자체에 대한 과세임에도, 휴면법인 인수관련 과점주주 비율만큼만 중과하는 것은 입법취지(중과세 회피 차단)나 과세체계에 맞지 않는 측면과 과점주주 지분 비율 기준으로 과세할 경우 휴면법인 인수 후 지분비율이 변동할 경우 휴면법인을 인수하고 과점주주 비율이 재차 변동한 이후 부동산 취득 시 부동산 취득시점인지 또는 휴면법인 인수 시점인지 등 중과적용 시점에 대한 혼선이 있어 2018년부터는 휴면법인 인수에 따른 중과세 범위를 일반 신설법인과 동일하게 적용하고 중과적용 시점을 명확화하고 휴면 법인의 인수로 보는 범위를 해당 법인의 '최초 과점주주가 된 때'로 한정 하였다.

또한 법 제13조 제2항 제1호에 따른 대도시에서의 법인 설립, 지점·분사무소 설치 및 법인의 본점·주사무소·지점·분사무소의 대도시 전입에 따른 부동산 취득은 해당 법인 또는 행정안전부령으로 정하는 사무소 또는 사업장(이하 이 조에서 "사무소등"이라 한다.)이 그 설립·설치·전입·이전에 법인의 본점·주사무소·지점 또는 분사무소의 용도로 직접 사용하기 위한 부동산 취득(채권을 보전하거나 행사할 목적으로 하는 부동산 취득은 제외한다. 이하 이 조에서 같다.)으로 하고, 같은 호에 따른 그 설립·설치·전입 이후의 부동산 취득은 법인 또는 사무소 등이 설립·설치·전입 이후의 부동산 취득은 법인 또는 사무소 등이 설립·설치·전입 이후 5년 이내에 하는 업무용·비업무용 또는 사업용·비사업용의 모든 부동산 취득으로 한다. 이 경우 부동산 취득에는 공장의 신설·증설, 공장의 승계 취득, 해당 대도시에서의 공장 이전 및 공장의 업종변경에 따르는 부동산 취득을 포함한다(영 §27 ③).

이 규정에서 "행정안전부령으로 정하는 사무소 또는 사업장"이란 「법인세법」 제111조·「부가가치세법」 제8조 또는 「소득세법」 제168조에 따른 등록대상 사업장(「법인세법」·「부가가치세법」 또는 「소득세법」에 따른 비과세 또는 과세면제 대상 사업장과 「부가가치세법 시행령」 제11조 제2항에 따라 등록된 사업자단위 과세적용 사업장의 종된 사업장을 포함한다.)으로서 인적 및 물적 설비를 갖추고 계속하여 사무 또는 사업이 행하여지는 장소를 말한다. 다만, 다음

각 호의 장소는 제외한다(규칙 §6).
1. 영업행위가 없는 단순한 제조·가공장소
2. 물품의 보관만을 하는 보관창고
3. 물품의 적재와 반출만을 하는 하치장

법 제13조 제2항 제1호를 적용할 때 분할등기일 현재 5년 이상 계속하여 사업을 한 대도시의 내국법인이 법인의 분할(「법인세법」제46조 제2항 제1호 가목부터 다목까지의 요건을 갖춘 경우만 해당한다.)로 법인을 설립하는 경우에는 중과세 대상으로 보지 아니한다(영 §27 ④).

그리고 법 제13조 제2항 제1호를 적용할 때 대도시에서 설립 후 5년이 경과한 법인(이하 이 항에서 "기존법인"이라 한다.)이 다른 기존법인과 합병하는 경우에는 중과세 대상으로 보지 아니하며, 기존법인이 대도시에서 설립 후 5년이 경과되지 아니한 법인과 합병하여 기존법인 외의 법인이 합병 후 존속하는 법인이 되거나 새로운 법인을 신설하는 경우에는 합병 당시 기존법인에 대한 자산비율에 해당하는 부분을 중과세 대상으로 보지 아니한다. 이 경우 자산비율은 자산을 평가하는 때에는 평가액을 기준으로 계산한 비율로 하고, 자산을 평가하지 아니하는 때에는 합병 당시의 장부가액을 기준으로 계산한 비율로 한다(영 §27 ⑤).

2. 대도시(산업집적활성화 및 공장설립에 관한 법률을 적용받는 유치지역 및 국토의 계획 및 이용에 관한 법률을 적용받는 공업지역은 제외한다.)에서 공장을 신설하거나 증설함에 따라 부동산을 취득하는 경우(법 §13 ② Ⅱ)

(3) 제2항 각 호 외의 부분 단서에도 불구하고 다음 각 호의 어느 하나에 해당하는 경우 그 해당 부분에 대하여는 제2항 본문을 적용한다(법 §13 ③ Ⅰ·Ⅱ).

1. 제2항 각 호 외의 부분 단서에 따라 취득한 부동산이 다음 각 목의 어느 하나에 해당하는 경우. 다만, 대도시 중과 제외 업종 중 대통령령으로 정하는 업종에 대하여는 직접 사용하여야 하는 기한 또는 다른 업종이나 다른 용도에 사용·겸용이 금지되는 기간을 3년 이내의 범위에서 대통령령으로 달리 정할 수 있다.
   가. 정당한 사유 없이 부동산 취득일부터 1년이 경과할 때까지 대도시 중과 제외 업종에 직접 사용하지 아니하는 경우
   나. 부동산 취득일부터 1년 이내에 다른 업종이나 다른 용도에 사용·겸용하는 경우
2. 제2항 각 호 외의 부분 단서에 따라 취득한 부동산이 다음 각 목의 어느 하나에 해당하는 경우
   가. 부동산 취득일부터 2년 이상 해당 업종 또는 용도에 직접 사용하지 아니하고 매각하는 경우
   나. 부동산 취득일부터 2년 이상 해당 업종 또는 용도에 직접 사용하지 아니하고 다른 업종이나 다른 용도에 사용·겸용하는 경우

이 경우 "대통령령으로 정하는 업종"이란 제1항 제3호의 주택건설사업을 말하고, 법 제13조 제3항 제1호 각 목에도 불구하고 직접 사용하여야 하는 기간 또는 다른 업종이나 다른 용도에 사용·겸용이 금지되는 기간은 3년으로 한다(영 §26 ③).

(4) 제3항을 적용할 때 대통령령으로 정하는 임대가 불가피하다고 인정되는 업종에 대하여는 직접 사용하는 것으로 본다(법 §13 ④).

이 규정에서 "대통령령으로 정하는 임대가 불가피하다고 인정되는 업종"이란 다음 각 호의 어느 하나에 해당하는 업종을 말한다(영 §26 ④ Ⅰ·Ⅱ).

1. 영 제26조 제1항 제4호의 전기통신사업(「전기통신사업법」에 따른 전기통신사업자가 같은 법 제41조에 따라 전기통신설비 또는 시설을 다른 전기통신사업자와 공동으로 사용하기 위하여 임대하는 경우로 한정한다.)

2. 영 제26조 제1항 제6호의 유통산업, 농수산물도매시장·농수산물공판장·농수산물종합유통센터·유통자회사 및 가축시장(「유통산업발전법」 등 관계 법령에 따라 임대가 허용되는 매장 등의 전부 또는 일부를 임대하는 경우 임대하는 부분에 한정한다.)

(5) 다음 각 호의 어느 하나에 해당하는 부동산 등을 취득하는 경우(고급주택 등을 구분하여 그 일부를 취득하는 경우를 포함한다.)의 취득세는 제11조 및 제12조의 세율과 중과기준세율의 100분의 400을 합한 세율을 적용하여 계산한 금액을 그 세액으로 한다. 이 경우 골프장은 그 시설을 갖추어 체육시설의 설치·이용에 관한 법률에 따라 체육시설업의 등록(시설을 증설하여 변경등록하는 경우를 포함한다. 이하 이 항에서 같다.)을 하는 경우뿐만 아니라 등록을 하지 아니하더라도 사실상 골프장으로 사용하는 경우에도 적용하며, 고급주택·고급오락장에 부속된 토지의 경계가 명확하지 아니할 때에는 그 건축물 바닥면적의 10배에 해당하는 토지를 그 부속토지로 본다(법 §13 ⑤ Ⅰ~Ⅴ).

이 경우 "고급주택 등을 구분하여 그 일부를 취득하는 경우"란 골프장, 고급주택, 고급오락장 또는 고급선박을 2명 이상이 구분하여 취득하거나 1명 또는 여러 명이 시차를 두고 구분하여 취득하는 경우를 말한다(영 §28 ①).

1. 골프장 : 체육시설의 설치·이용에 관한 법률에 따른 회원제 골프장용 부동산 중 구분등록의 대상이 되는 토지와 건축물 및 그 토지 상(上)의 입목

2. 고급주택 : 주거용 건축물 또는 그 부속토지의 면적과 가액이 대통령령으로 정하는 기준을 초과하거나 해당 건축물에 67제곱미터 이상의 수영장 등 대통령령으로 정하는 부대시설을 설치한 주거용 건축물과 그 부속토지. 다만, 주거용 건축물을 취득한 날부터 60일[상속으로 인한 경우는 상속개시일이 속하는 달의 말일부터, 실종으로 인한 경우는 실종선고일이 속하는 달의 말일부터 각각 6개월(납세자가 외국에 주소를 둔 경우에는 각각 9개월)] 이내에 주거용이 아닌 용도로 사용하거나 고급주택이 아닌 용도로 사용

하기 위하여 용도변경공사를 착공하는 경우는 제외한다.

이 경우 고급주택의 경계가 명확하지 아니할 때에는 그 건축물 바닥면적의 10배에 해당하는 토지를 그 부속 토지로 본다.

이 규정에 따라 고급주택으로 보는 주거용 건축물과 그 부속토지는 다음 각 호의 어느 하나에 해당하는 것으로 한다. 다만, 다음의 ①, ②, ③ 및 ⑤에서 정하는 주거용 건축물과 그 부속토지 또는 공동주택과 그 부속토지는 법 제4조 제1항에 따른 취득당시의 시가표준액이 9억원을 초과(제3호에 따른 에스컬레이트 및 수영장이 설치된 경우는 제외한다.)하는 경우만 해당한다(영 §28 ④ Ⅰ~Ⅳ).

① 1구의 건축물의 연면적(주차장면적은 제외한다.)이 331제곱미터를 초과하는 주거용 건축물과 그 부속토지

② 1구의 건축물의 대지면적이 662제곱미터를 초과하는 주거용 건축물과 그 부속토지

③ 1구의 건축물에 엘리베이터(적재하중 200킬로그램 이하의 소형엘리베이터는 제외한다.)가 설치된 주거용 건축물과 그 부속토지(공동주택과 그 부속토지는 제외한다.)

④ 1구의 건축물에 에스컬레이터 또는 67제곱미터 이상의 수영장 중 1개 이상의 시설이 설치된 주거용 건축물과 그 부속토지(공동주택과 그 부속토지는 제외한다.)

⑤ 1구의 공동주택(여러 가구가 한 건축물에 거주할 수 있도록 건축된 다가구용 주택을 포함하되, 이 경우 한 가구가 독립하여 거주할 수 있도록 구획된 부분을 각각 1구의 건축물로 본다.)의 건축물 연면적(공용면적은 제외한다)이 245제곱미터(복층형은 274제곱미터로 하되, 한 층의 면적이 245제곱미터를 초과하는 것은 제외한다.)를 초과하는 공동주택과 그 부속토지

3. 고급오락장 : 도박장, 유흥주점영업장, 특수목욕장, 그 밖에 이와 유사한 용도에 사용되는 건축물 중 대통령령으로 정하는 건축물과 그 부속토지. 다만, 고급오락장용 건축물을 취득한 날부터 60일[상속으로 인한 경우는 상속개시일이 속하는 달의 말일부터, 실종으로 인한 경우는 실종선고일이 속하는 달의 말일부터 각각 6개월(납세자가 외국에 주소를 둔 경우에는 각각 9개월)] 이내에 고급오락장이 아닌 용도로 사용하거나 고급오락장이 아닌 용도로 사용하기 위하여 용도변경공사를 착공하는 경우는 제외한다.

이 규정에서 고급오락장으로 보는 "대통령령으로 정하는 건축물과 그 부속토지"란 다음 각 호의 어느 하나에 해당하는 용도에 사용되는 건축물과 그 부속토지를 말한다.

이 경우 고급오락장이 건축물의 일부에 시설되었을 때에는 해당 건축물에 부속된 토지 중 그 건축물의 연면적에 대한 고급오락장용 건축물의 연면적 비율에 해당하는 토지를 고급오락장의 부속토지로 본다(영 §28 ⑤ Ⅰ~Ⅳ).

① 당사자 상호간에 재물을 걸고 우연한 결과에 따라 재물의 득실을 결정하는 카지

노장(「관광진흥법」에 따라 허가된 외국인전용 카지노장은 제외한다.)

② 사행행위 또는 도박행위에 제공될 수 있도록 자동도박기[파친코, 슬롯머신(slot machine)·아케이드 이퀴프먼트(arcade equipment) 등을 말한다.]를 설치한 장소

③ 머리와 얼굴에 대한 미용시설 외에 욕실 등을 부설한 장소로서 그 설비를 이용하기 위하여 정해진 요금을 지급하도록 시설된 미용실

④ 「식품위생법」제37조에 따른 허가 대상인 유흥주점영업으로서 다음 각 목의 어느 하나에 해당하는 영업장소(공용면적을 포함한 영업장의 면적이 100제곱미터를 초과하는 것만 해당한다.). 이 규정의 개정으로 종전의 "관광진흥법 제6조에 따라 지정된 관광유흥음식점 및 관광극장유흥업을 제외한 영업장소"는 중과대상에서 제외하던 규정을 삭제하였으므로 앞으로는 중과세 대상에 포함되는 점에 유의하여야 한다.

　㉮ 손님이 춤을 출 수 있도록 객석과 구분된 무도장을 설치한 영업장소(카바레·나이트클럽·디스코클럽 등을 말한다.)

　㉯ 유흥접객원(남녀를 불문하며, 임시로 고용된 사람을 포함한다.)을 두는 경우로, 별도의 반영구적으로 구획된 객실의 면적이 영업장 전용면적의 100분의 50 이상이거나 객실의 수가 5개 이상인 영업장소(룸살롱, 요정 등을 말한다.)

2018년부터는 중과제도 입법취지 및 과세형평 등을 고려, 성별을 구분하지 않고 남성접객원도 접객원의 범위에 포함되도록 관련규정 보완하였다.

4. 고급선박 : 비업무용 자가용 선박으로서 대통령령으로 정하는 기준을 초과하는 선박
이 경우 "대통령령으로 정하는 기준을 초과하는 선박"이란 시가표준액이 3억원을 초과하는 선박을 말한다. 다만, 실험·실습 등의 용도에 사용할 목적으로 취득하는 것은 제외한다(영 §28 ⑥).

(6) 제1항과 제2항이 동시에 적용되는 과세물건에 대한 취득세율은 제16조 제5항에도 불구하고 제11조 제1항에 따른 표준세율의 100분의 300으로 한다(법 §13 ⑥).

(7) 제2항과 제5항이 동시에 적용되는 과세물건에 대한 취득세율은 제16조 제5항에도 불구하고 제11조에 따른 표준세율의 100분의 300에 중과기준세율의 100분의 200을 합한 세율을 적용한다. 다만, 제11조 제1항 제8호에 따른 주택을 취득하는 경우에는 해당 세율에 중과기준세율의 100분의 600을 합한 세율을 적용한다(법 §13 ⑦).

(8) 제2항에 따른 중과세의 범위와 적용기준, 그 밖에 필요한 사항은 대통령령으로 정하고, 제1항과 제2항에 따른 공장의 범위와 적용기준은 행정안전부령으로 정한다(법 §13 ⑧).

이 경우 공장의 범위와 적용기준에 대해서는 다음 해설부분에서 자세히 설명한다.

1. 과밀억제권역 안 취득 등 중과세

이 규정은 종전 지방세법 중 취득세와 등록세에서 중과세되던 것을 정리한 것이기 때문에 세율적용에 있어 주의할 점은 지방세법 제13조 제1항 중 본점이나 주사무소의 사업용 부동산은 과밀억제권역 전체를 대상으로 하되 이러한 본점 등의 건축물을 신축하거나 증축하는 부분의 건축물과 그 부속토지가 중과세 대상이 되고, 공장의 신설·증설용 과세물건의 취득은 과밀억제권역 중 산업단지·유치지역 및 공업지역은 중과대상지역에서 제외된다. 그리고 과세대상 물건에 대한 세율도 지방세법 제11조 및 제12조 중 과세대상이 되는 물건에 적용되는 세율에 1천분의 20(중과기준 세율)의 100분의 200을 합한 세율을 적용한다.

또한 동조 제2항의 경우는 법인의 설립, 지점 또는 분사무소 설치 및 대도시로 법인의 본점 등을 전입함에 따른 부동산 취득으로 중과세 되는 지역은 과밀억제권역 중 산업단지를 제외한 지역이며, 공장 신·증설의 경우 과밀억제권역 중 산업단지, 유치지역 및 공업지역이 중과세 대상지역에서 제외된다. 그리고 과세대상 물건은 지방세법 제11조 제1항의 규정에 계기된 것만 해당되고, 세율은 동항의 표준세율의 100분의 300에서 중과기준세율의 100분의 200을 뺀 세율을 적용한다는 점이다.

가. 법인의 본점 등의 신·증축에 따른 취득 등

1) 과밀억제권역 내 본점 또는 주사무소 설치

가) 개 설

급속한 경제성장은 공업화에 의한 환경오염, 도시를 중심으로 발달하는 산업현장에서 손쉽게 구할 수 있는 일자리를 찾아 인구가 도시로 집중함에 따라 도시에서의 과밀화와 지방에서의 과소현상 등의 문제가 발생하여 국토의 균형발전의 저해요인으로 작용하는 등의 문제가 있어 공장의 신·증설뿐 아니라 대도시에 설립되는 법인의 본점 또는 주사무소에 대하여도 취득세를 중과세함으로써 기업의 지방분산을 촉진하고 지역간 균형개발을 유도하기 위한 정책의 일환으로 설치된 규정이다.

나) 중과세대상

수도권정비계획법 제6조에 따른 과밀억제권역에서 법인의 본점 또는 주사무소의 사업용 부동산(본점이나 주사무소용으로 신축하거나 증축하는 건축물과 그 부속토지만 해당하며 신탁법에 따른 수탁자가 취득한 신탁재산 중 위탁자가 신탁기간 중 또는 신탁종료 후 위탁자의 본점이나 주사업소의 본점이나 주사무소의 사업용으로 사용하는 부동산을 포함한다.)을 취득하는 경우에는 동법 제11조 및 제12조의 세율에 1천분의 20(중과기준세율)의 100분의 200을 합한 세율을 적용한다.

    수도권정비계획법의 규정에 의거 수도권 안에서의 인구 및 산업의 적정배치를 위하여 수도권을 과밀억제권역, 성장관리권역 및 자연보전권역으로 설정하고, 이 중에서 과밀억제권역은 인구 및 산업이 과도하게 집중되었거나 집중될 우려가 있어 그 이전 또는 정비가 필요한 지역인 서울특별시, 인천광역시[강화군, 옹진군, 서구 대곡동, 불로동, 마전동, 금곡동, 오류동, 왕길동, 당하동, 원당동, 인천경제자유구역 및 남동 국가산업단지는 제외], 의정부시, 구리시, 남양주시(호평동, 평내동, 금곡동, 일패동, 이패동, 삼패동, 가운동, 수석동, 지금동 및 도농동만 해당한다.), 하남시, 고양시, 수원시, 성남시, 안양시, 부천시, 광명시, 과천시, 의왕시, 군포시, 시흥시[반월특수지역(반월특수지역에서 해제된 지역을 포함한다.) 제외]를 말한다.

    이러한 권역에서 법인이 본점 또는 주사무소의 사업용 부동산을 취득한 경우에 한하여 중과세하는데, 이 경우 법인이 본점 또는 주사무소의 사업용 부동산을 취득하더라도 건축물을 신축 또는 증축으로 인한 취득에 대해서만 중과세하도록 하였으므로 기존 건축물을 취득하여 본점이나 주사무소로 사용하는 것은 중과세대상이 되지 않는다. 그런데 신축이라 함은 건축법상의 신축개념에 따라야 할 것으로 보며 건축법에서는 "신축"이라 함은 건축물이 없는 대지(기존 건축물이 철거 또는 멸실된 대지를 포함한다.)에 새로이 건축물을 축조하는 것(부속건축물만 있는 대지에 새로이 주된 건축물을 축조하는 것을 포함하되, 개축 또는 재축에 해당하는 경우를 제외한다.)을 말한다.

    그리고 증축이라 함은 기존 건축물이 있는 대지안에서 건축물의 건축면적, 연면적, 층수 또는 높이를 증가시키는 것을 말한다. 여기에서 본점이라 함은 법인이 1개의 영업에 관하여 수개의 영업소를 가질 때 기업활동 전체의 지휘명령의 중심지가 되는 영업소를 말하며, 본점의 지휘를 받으면서도 부분적으로는 독립한 기능을 가진 종속적 영업소를 지점이라 한다.

    그리고 사무소라 함은 사업 또는 사무를 수행하기 위하여 설치한 인적 및 물적 설비를 갖추고 계속하여 사업 또는 사무가 이루어지는 장소를 말하는데, 기업이 이러한 사업 또는 사무를 수행하기 위하여 여러 개의 사무소를 가질 때 영업활동 전반에 관하여 지휘명령의 중심이 되는 곳을 주사무소라 하는데, 여기에서 사업 또는 사무라 함은 정치·경제·사회·문화 등 모든 영역의 사업이나 사무를 포괄한 것이며 그 내용에 있어서도 영리 또는 비영리를 불문한 것을 말한다.

    그러므로 이 규정에 의하면 본점 또는 주사무소를 설치하거나 해당 지역에 전입하는 경우에도 새로이 건축물을 신축 또는 증축함이 없이 기존 건축물을 취득하는 경우에는 중과세대상이 되지 않는 것이다.

    여기에서 "법인의 본점 또는 주사무소"라고 명시하고 있기 때문에 법인은 민법, 상법 또는 특별법에 의하여 설립된 모든 법인을 말하고 법인격 없는 사단·재단은 이 규정의 적용을 받지 않는다고 본다. 왜냐하면 상사법인의 경우는 상법의 규정에 의하여 "본점 소재지에서 설립등기를 함으로써 성립"하고(상법 §172), 비영리법인의 경우는 민법의 규정에 의하여 "그 주된 사무소의 소재지에서 설립등기를 함으로써 성립"(민법 §33)하는 것이므로 본점 소재지나 주된 사무소의 소재지에서 설립등기를 하지 아니한 경우는 법인격이 없어 법인이라 할 수 없으므로 중과세대상 법인이라 할 수 없다 하겠다.

이 경우 본점 또는 주사무소의 사업용 부동산이란 법인의 본점 또는 주사무소의 사무소로 사용하는 부동산과 그 부대시설용 부동산(기숙사, 합숙소, 사택, 연수시설, 체육시설 등 복지후생시설과 예비군 병기고 및 탄약고를 제외한다.)을 말하는데(영 §25), 사무소로 사용하는 부동산의 부대시설이라 함은 복지후생시설 등을 제외한 것으로서 사무실 운영에 필요한 창고, 차고, 화장실 등을 포함한다.

그리고 2020년 신탁재산의 대도시내 취득세 중과세 범위 조정은 신탁재산 중 위탁자가 신탁기간 중(또는 종료 후) 위탁자의 본점·주사무소용으로 사용하는 부동산의 경우도 중과세하고 법인설립, 지점 등 설치, 본점 등의 대도시내 전입 이후 5년 이내 취득하는 업무용·비업무용의 모든 부동산에 취득세 중과세하고 있지만 신탁재산은 중과세 대상으로 규정하지 않고 있다.

이에 따라 본점·주사무소용으로 사용되는 중과대상 신탁재산의 범위가 불명확하여 신·증축 이외의 기존 건물도 포함되는 것과 함께 신·증축한 신탁재산을 위탁자의 본점용 등으로 사용하는 경우에 중과세하려는 취지이나, 신·증축 외에 기존 건물을 신탁한 경우도 중과세 되는 것으로 오해 소지 있고 본점·주사무소용이 아닌 부동산을 취득하여 신탁하는 경우는 중과세 적용대상에서 배제되는 조세 불형평 발생하여

본점·주사무소용 신탁재산의 범위를 신축 또는 증축하는 부동산으로 한정하는 근거 마련하고 법인 설립·설치·전입 이후 취득하는 중과세 대상 부동산의 범위에 신탁재산을 포함하는 규정 신설한 것이다.

사례

❖ **인적 설비의 의미**

지방세법령에 의한 등록세 중과 요건인 대도시 내에서의 지점 또는 분사무소 설치에 따른 부동산등기에 있어 지점 또는 분사무소는 법인세법·부가가치세법 또는 소득세법의 규정에 의하여 등록된 사업장으로서 그 명칭 여하를 불문하고 인적·물적 설비를 갖추고 계속하여 당해 법인의 사무 또는 사업이 행하여지는 장소를 말하는 바, 여기서 말하는 인적 설비는 당해 법인의 지휘·감독하에 인원이 상주하는 것을 뜻할 뿐이고 그 고용 형식이 반드시 당해 법인에 직속하는 형태를 취할 것을 요구하는 것은 아니다.

(대법 2008두18496, 2011.6.10.)

❖ **같은 과밀억제권역내에서 본점을 신축하여 이전한 것이 중과세대상인지 여부**

과밀억제권역 안에서 신축 또는 증축한 사업용 부동산으로 본점 또는 주사무소를 이전하면 동일한 과밀억제권역 안의 기존 사업용 부동산에서 이전해오는 경우라 하더라도 전체적으로 보아 그 과밀억제권역 안으로의 인구유입이나 산업집중의 효과가 없다고 할 수 없는 점 등을 종합하면, 과밀억제권역 안에서 본점 또는 주사무소용 건축물을 신축 또는 증축하여 취득하면 동일한 과밀억제권역 안에 있던 기존의 본점 또는 주사무소에서 이전해 오는 경우라고 하더라도 구 지방세법 제112조 제3항에 의한 취득세 중과대상에 해당한다고 봄이 타당하다.

(대법 2012두6551, 2012.7.12.)

❖ **대표이사 등 주요 구성원이 상주하고 중추적 기능을 수행하고 있는 곳이 본점**

원고 회사는 그 대표이사를 비롯한 주요 조직 구성원들이 서울 ○구 ○○로2가 199-15 소재 ○○○○빌딩에서 근무하고 있는 사실, 원고가 2008.11.20. 서울 ○○구 ○○동 448-6 지상에 이 사건 건물을 신축하고, 2009.1.1. ○○○○빌딩에 있던 원고의 조직 중 일부인 패션사업본부를 이 사건 건물로 이전한 사실 등을 인정한 다음, 원고가 이 사건 건물에 패션사업본부를 이전하여 패션사업 부문의 중추적 기능을 수행하고 있는 점, 이 사건 건물에서 수행되는 패션사업본부의 업무는 ○○○○빌딩의 업무와 유기적으로 결합되어 이루어지고 있는 점 등을 종합하면, 이 사건 건물은 구 지방세법 제112조 제3항에서 정한 본점의 사업용 부동산에 해당한다고 판단하였다.

(대법 14두1116, 2014.5.29.)

❖ **과밀억제권역 안에서 본점 또는 주사무소용 건축물을 신축 또는 증축하여 취득하면 동일한 과밀억제권역 안에 있던 기존의 본점 또는 주사무소에서 이전해 오는 경우라고 하더라도 중과세대상에 해당한다.**

구 지방세법 제112조 제3항은 법률 제5615호, 1998.12.31.로 개정되기 전과 달리 그 입법취지를 반영하여 과밀억제권역 안에서 본점 또는 주사무소의 사업용 부동산을 취득하는 경우 중 인구유입과 산업집중의 효과가 뚜렷한 신축 또는 증축에 의한 취득만을 그 적용대상으로 규정하고 그 입법취지에 어울리지 않는 그 밖의 승계취득 등은 미리 그 적용대상에서 배제하였으므로 조세법률주의의 원칙상 위 규정은 특별한 사정이 없는 한 법문대로 해석하여야 하고 더 이상 함부로 축소 해석하여서는 아니되는 점, 과밀억제권역 안에서 신축 또는 증축한 사업용 부동산으로 본점 또는 주사무소를 이전하면 동일한 과밀억제권역 안의 기존 사업용 부동산에서 이전해오는 경우라 하더라도 전체적으로 보아 그 과밀억제권역 안으로의 인구유입이나 산업집중의 효과가 없다고 할 수 없는 점 등을 종합하면, 과밀억제권역 안에서 본점 또는 주사무소용 건축물을 신축 또는 증축하여 취득하면 동일한 과밀억제권역 안에 있던 기존의 본점 또는 주사무소에서 이전해 오는 경우라고 하더라도 구 지방세법 제112조 제3항에 의한 취득세 중과대상에 해당한다고 봄이 타당하다.

(대법 12두6551, 2012.7.12.)

❖ **하나의 법인이 성격이 현저히 다른 둘 이상의 사업을 영위하면서 부문으로 나누어 각각 독립된 별개의 인적·물적 설비를 갖추고 독립적으로 영업을 하고 있으면서 부문 전체를 통할하는 인적·물적 설비를 두지 않고 있는 경우에는 각 부문이 본점의 기능을 하는 것임**

본점과 지점의 사전적(辭典的) 의미를 보면, 본점(本店, head office)은 "복수(複數)의 영업소를 가진 회사에서 전체 영업활동을 통괄하는 곳"을, 지점(支店, branch office)은 "본점의 지휘를 받으면서도 부분적으로는 독립된 기능을 가지는 영업소"를 뜻하는데, 이것이 본점과 지점에 관한 사회통념이라고 할 수 있다. 그리고 하나의 법인이 "무역업과 건설업" 등 성격이 현저히 다른 둘 이상의 사업을 영위하면서 이를 "부문"으로 나누어 각각 독립된 별개의 인적·물적 설비를 갖추고 독립적으로 영업을 하고 있으면서 부문 전체를 통할하는 인적·물적 설비를 두지 않고 있는 경우에는 각 부문의 인적·물적 조직이 "본점"의 기능을 한다고 보는 것이 타당하다. 청구인의 경우, 비록 법인등기부에는 "본점"이 "□□ □시 □□구 □□동□가 □□"로 등기되어 있지만, 다음과 같은 점을 종합해 볼 때 이 사건 건물이 "건설부문의 본점 사업용 부동산"에 해당한다고 할 것이다. ① 청구인이 사업 부문을 "조선부문"과 "건설부문"으로 나누어 각각 대표이사를 따로 두고 있고, △△ 본점에는 "조선부문"의 인적·물적 설비를 두고 독립적으로 사업을 하고 있으며, △△의 이 사건 건물에는 "건설부문"의 인적·물적 설비를 두고 독립적으로 사업을 하고 있는 상태에서 위 2개 부문을 통할하는 인적·물적 설비를 두지 않고 있어, 실질적으로 △△ 본점과 이 사건 건물의 건설부문 사무소 모두 "본점"으로서의 기능을 하고 있는 점 ② 청구인의 이 사건 건물 사용실태를 보면, 공실(空室: 9층과 10층)을 제외하고는 모두 회장실(20층), "건설부문"의 부회장·사장·부사장실(19층), 경영기획·인사·노무·총무·개발기획·개발사업·영업·설계·공사·자재·정보통신 등 업무 담당 부서의 사무실(1~8층, 11~18층)로 사용되고 있는 등 사실상 전체가 "건설부문 본점의 사무소"로 사용되고 있는 점 ③ 청구인의 사업자 등록 내용을 보면, △△세무서장이 발급한 이 사건 건물에 대한 사업자등록증(등록번호 △△△-△△-△△△△△)에는 법인명이 "㈜△△△△△ 건설부문"으로 되어 있어 이 사건 건물을 "지점"으로 보기 어려운 반면, △△세무서장이 2008.6.19. 발급한 □□□□시 □□구 □□동 □□□-□에 대한 사업자등록증(등록번호 △△△-△△-△△△△△△)에는 법인명이 "㈜△△△△△ △△사무소"로 되어 있어 □□동 사옥을 "△△분사무소"(지점과 성격이 같음)로 볼 수 있는 점 ④ 청구인의 법인등기부를 보면, 7개 지점 중 6개 지점(△△지점, △지점, △△△△△지점, △지점, △△△지점, △△지점)은 그 명칭에 지역명을 넣어 등기한 반면, 이 사건 건물의 지점은 "△△지점"이 아닌 "건설지점"으로 등기한 점으로 볼 때 본래적 의미의 지점이라기보다는 "건설부문의 사무소"라는 의미로 받아들여지는 점, 이상을 종합해 볼 때 이 사건 건물이 "과밀억제권역 내 본점 사업용 부동산"이 아니라는 청구인의 주장은 타당하지 않다고 할 것이다.

(감심 2010-82, 2010.7.29.)

❖ **대도시 외에 본점이 있고, 이와 별도로 대도시 내에 업무 수행 사무실을 설치·운영한 경우 구 등록세 중과 대상인 대도시내 본점 전입으로 볼 수 있는지 여부**

대도시 외에서 인적·물적 설비를 유지하면서 중요한 의사결정 등 사업총괄 본점의 기능을 유지하였다면 대도시내 전입에 해당되지 않는다. 본점이란 회사의 주된 영업소를 의미하므로, 복수의 영업소가 있는 경우 총괄적 지휘를 하는 영업소가 본점이며, 본점은 그 당연한 전제로 인적·물적 설비를 갖추고 계속하여 사무 또는 사업이 행하여지는 장소여야 함. 원고의 주주총회는 모두 용인본점에서 개최되었으며, 이사회는 대부분 OO본점에서 개최되었고 일부는 △△호텔에서 개최됨. OO점은 xx동사무소 또는 ㅁㅁ동사무소의 설치 또는 폐지와 무관하게 일정한 인적·물적 설비를 유지하면서 이 사건 사업과 관련한 중요한 의사결정을 통해 이 사건 사업을 총괄한 영업소로서 본점으로서의 기능을 유지했다고 봄이 타당 그렇다면, 이 사건 처분을 취소하기로 한다.
(대법 15두55462, 2016.2.18., 서울고법 2014누73120, 2015.10.14.)

❖ **대도시 외에 본점이 있고, 이와 별도로 대도시 내에 업무 수행 사무실을 설치·운영한 경우 구 등록세 중과 대상인 대도시내 본점 전입으로 볼 수 있는지 여부**

삼일00은 비록 원고와 독립된 법인의 형태를 취하고는 있으나, 일반적인 건물관리용역을 수행하는 이 외에 원고의 지휘·감독 하에 원고의 부동산 임대사업과 관련된 업무를 수행하는 등 실질적으로는 원고의 지점으로서의 업무를 처리하여 왔으므로, 위 사업장을 원고의 지점으로 보고 이 사건 부동산등기가 구 지방세법 제138조 제1항 제3호 소정의 대도시내에서의 지점설치에 따른 부동산등기에 해당한다고 보아 등록세를 중과세한 이 사건 처분은 적법하고, 또한, 인적설비는 종업원의 고용 형태 등을 감안하여 판단하여야 하는 것으로 당해 법인에 직속하는 형태에 관계없이 당해 법인의 업무처리를 하였는지 여부로 판단하여야 한다.
(대법 05두13469, 2007.8.24.)

❖ **부동산의 전부가 당해 본점 또는 지점 등에서 관리하는 부동산이라고 하더라도 다른 지점 등이 지점으로 사용되는 부동산이 아니라면 중과세 대상이 아님**

이 사건 오피스 부분은 원고가 이를 취득한 후 00물산에 임대하다가 타에 매각하기 위하여 본점에서 일시적으로 관리하고 있는 부동산으로 원고 본점의 부동산 임대 및 매매업과 관계되어 취득한 부동산이라고 할 것이고, 원고 00지점에 많은 수의 임직원이 근무한 반면, 원고 본점에는 상대적으로 적은 수의 임직원만이 근무하였다거나, 원고가 00지점에 대한 사업자 등록을 하면서 이 사건 건물을 사업장으로 하였고 부동산 임대업도 그 사업의 종류로 명기하였다는 등의 사정이 있다고 하여 이 사건 오피스부분이 원고 00지점과 관계되어 취득한 부동산이라고 볼 수는 없으므로, 이 사건 오피스 부분에 관한등기가 등록세 중과대상에 해당함을 전제로 하는 이 사건 처분은 위법하다고 할 수밖에 없다.
(대법 09두607, 2009.4.9.)

❖ **이 사건 건물 중 보도국, 드라마국, 라디오국, 예능국 등 방송프로그램 제작부서의 사무실 등이 본점의 사업용 부동산에 해당되는지 여부**

방송프로그램을 전체적으로 기획하고 제작의 방향을 결정하는 업무 뿐 아니라 각 제작본부에서 방송 편성, 보도, 제작에 종사하는 방송인이 개별 프로그램의 구성 및 편집 방향 등을 논의·결정하고, 그에 따라 방송프로그램을 기획·제작·편집하는 과정 역시 중요한 의사결정 및 사업수행 과정에 포함된다고 봄이 상당하다. 따라서 이러한 활동은 본점의 사무소에서 수행하여야 할 전형적인 업무에 해당한다고 볼 수 있고, 그러한 의사결정 및 업무수행이 단계적으로 이루어지는 경우에도 마찬가지이다.
결국 원고의 전반적인 경영·관리에 필요한 사항 뿐 아니라, 원고가 수행하는 핵심적인 사업인 방송프로그램의 기획, 구성, 제작, 편집에 필요한 구체적인 의사결정이나 실행행위 역시 사업수행과정에서의 중요한 의사결정 및 실행행위로 봄이 타당하고, 이와 같은 활동이 이루어지는 장소를 본점의 사무소에 해당하는 것으로 볼 수 있음
(대법 2020두41832, 2020.10.15.)

2) 과밀억제권역 내 공장 신·증설

가) 개 설

과밀억제권역 내의 공장 신설 또는 증설에 대하여 취득세를 중과세하는 것은 공장 신·증설이 대도시의 인구 집중에 가장 큰 요인이 될 뿐 아니라 각종 공해로 인하여 대도시 주민의 보건위생을 해치며, 교통량의 급증으로 도로의 혼잡 등 도시기능을 마비시키고 도로의 개설, 공해의 방지에 따른 행정수요의 증가로 주민의 복지증진시책이 제대로 수행되지 않는 등의 악현상을 시정하기 위하여 정책적인 차원에서 대도시내 공장 신·증설을 세제면에서 억제토록 한 것이다.

이 규정에 의하여 공장의 신·증설에 대한 중과세대상과 적용세율은 "수도권정비계획법 제6조에 따른 과밀억제권역(산업집적활성화 및 공장설립에 관한 법률을 적용받는 산업단지, 유치지역 및 국토의 계획 및 이용에 관한 법률의 적용받는 공업지역을 제외한다.)에서 공장을 신설하거나 증설하기 위하여 사업용 과세물건을 취득하는 경우의 취득세율은 동법 제11조 및 제12조의 세율에 1천분의 20(중과기준세율)의 100분의 200을 합한 세율을 적용한다.

나) 과밀억제권역의 범위

과밀억제권역이라 함은 수도권정비계획법 제6조의 규정에 의한 과밀억제권역(산업집적활성화 및 공장설립에 관한 법률의 적용을 받는 산업단지, 유치지역 및 국토의 계획 및 이용에 관한 법률의 적용을 받는 공업지역을 제외한다.)을 말한다.

그런데 이러한 대도시의 범위는 수차의 지방세법 개정으로 변경되어 왔는데 그 대강을 살펴보면 대도시 내 공장 신·증설에 대하여 취득세를 중과세하기 시작한 1973년 4월 1일부터 1978년 12월 31일까지는 서울특별시, 부산광역시, 대구광역시 관할지역 중 1973년 4월 1일 현재의 수출산업단지와 일단의 공업용지 조성사업 실시계획 승인을 받은 산업단지를 제외한 지역으로 하였으며, 그 후 1979년 1월 1일에 개정 시행된 지방세법 시행령에서 그 범위를 확대하여 대도시를 수도권, 부산광역시, 대구광역시 지역으로 하되 1973년 4월 1일 이전에 수출산업단지개발조성법의 규정에 의하여 일단의 산업단지 조성사업 실시계획의 인가를 받아 산업단지로 조성된 지역(1973년 4월 1일 이전에 단지 조성에 착수한 지역을 포함한다.)을 제외한다고 하였는데 이 규정에 의거 제외되는 지역은 수출산업단지로는 서울특별시의 구로수출공단, 인천광역시의 부평수출공단(제4, 5공단에 한함)과 일단의 산업단지 조성사업 실시인가를 받아 조성한 산업단지로는 대구광역시의 제3공단이 이에 해당될 뿐이었다.

그런데 대도시의 개념이 변경되어 1995년부터는 수도권정비계획법 제6조의 규정에 의한 과밀억제권역과 부산광역시, 대구광역시에 한하여 지방세법상의 대도시로 분류하였다가 부산과 대구지역의 경기침체에 따른 경제활성화 조치의 하나로 부산광역시와 대구광역시를 대도시의 범위에서 제외하여 1995년 8월 1일부터 시행함에 따라 수도권정비계획법 제6조의 규정에 의한 과밀억제권역만이 대도시로 분류하다가 1998년말 지방세법 개정시 대도시란 용어를 사용하지 않고 공장신설 또는 증설시에 취득세가 중과세되는 지역을 수도권정비계획법 제6조의 규정에 의하여 과밀억제권역으로 한정하면서 이 지역에 있는 산업집적활성화 및 공장설립에 관한 법률의 적용을 받는 산업단지·유치지역 및 국토의 계획 및 이용에 관한 법률의 적용을 받는 공업지역은 중과세대상지역에서 제외되도록 하였다(과밀억제권역의 범위는 수도권정비계획법 시행령 별표 1 참조).

다) 공장 신·증설의 개념

(ㄱ) 공 장

공장이라 함은 지방세법 시행규칙 별표 2에 규정된 업종의 공장(산업집적활성화 및 공장설립에 관한 법률 제28조에 따른 도시형 공장은 제외한다.)으로서 생산설비를 갖춘 건축물의 연면적(옥외에 기계장치 또는 저장시설이 있는 경우에는 그 시설의 수평투영면적을 포함한다.)이 500㎡ 이상인 것을 말한다. 이 경우 건축물의 연면적에는 해당 공장의 제조시설을 지원하기 위하여 공장 경계 구역 안에 설치되는 부대시설(식당, 휴게실, 목욕실, 세탁장, 의료실, 옥외 체육시설 및 기숙사 등 종업원의 후생복지증진에 제공되는 시설과 대피소, 무기고, 탄약고 및 교육시설을 제외한다.)의 연면적을 포함한다(규칙 §7 ①). 그러므로 대도시 내에서 공장의 신·증설로 인하여 취득세가 중과세되는 공장에 해당되는 것은,

① 지방세법 시행규칙 별표 2에 규정된 업종에 해당하는 공장(산업집적활성화 및 공장설립에 관한 법률 제28조에 따른 도시형 공장은 제외한다.)으로서 생산설비를 갖춘 건축물의 연면적이 500㎡ 이상이어야 하며,
② 지방세법 시행규칙 별표 2에 규정된 업종의 공장(도시형 공장)이어야 하고,
③ 공장용 건축물의 연면적을 계산함에 있어서는 당해 공장의 제조시설을 지원하기 위하여 공장 경계 구역 안에 설치되는 부대시설과 옥외에 설치된 기계장치 또는 저장시설의 수평투영면적을 포함하되, 식당, 휴게실, 목욕실, 세탁장, 의료실, 옥외체육시설 및 기숙사 등 종업원의 후생복지 증진에 제공되는 시설과 대피소, 무기고, 탄약고 및 교육시설은 공장용 건축물의 연면적 계산시 공장용 건축물의 면적으로 계산하지 아니한다.

여기에서 공장경제구역 안에 설치되는 부대시설이라 함은 다음의 시설을 말한다(산업집적활성화 및 공장설립에 관한 법률 시행규칙 §2).
① 사무실·창고·경비실·전망대·주차장·화장실 및 자전거보관시설

② 수조・저유조・사일로 및 저장조 등 저장용 옥외구축물(지하 저장용 시설 포함)
③ 송유관, 옥외주유시설, 급・배수시설, 변전실, 기계실 및 펌프실
④ 다음 각 목의 시설
  ㉮ 「폐기물관리법」 제2조 제8호에 따른 폐기물처리시설(같은 법 제18조 제5항에 따라 둘 이상의 사업장에서 공동으로 설치・운영하는 것을 포함한다.)
  ㉯ 「수질 및 수생태계 보전에 관한 법률」 제2조 제12호에 따른 수질오염방지시설(같은 법 제35조 제4항에 따라 둘 이상의 사업장에서 공동으로 설치・운영하는 것을 포함한다.)
  ㉰ 「대기환경보전법」 제2조 제12호에 따른 대기오염방지시설(같은 법 제29조 제1항에 따라 둘 이상의 사업장에서 공동으로 설치・운영하는 것을 포함한다.)
  ㉱ 「소음・진동 관리법」 제2조 제4호에 따른 소음・진동방지시설(같은 법 제12조 제1항에 따라 둘 이상의 사업장에서 공동으로 설치・운영하는 것을 포함한다.)
⑤ 시험연구시설 및 에너지이용효율 증대를 위한 시설
⑥ 공동산업안전시설 및 보건관리시설
⑦ 보육시설 및 기숙사(둘 이상의 입주기업체가 공동으로 이용하는 보육시설 및 기숙사를 포함한다.)
⑧ 식당・휴게실・목욕실・세탁장・의료실・옥외체육시설 및 기숙사 등 종업원의 복지후생증진에 필요한 시설
⑨ 제품전시・판매장(해당 공장의 생산제품을 전시・판매하는 시설에 한함), 원자재 및 완제품 등을 싣고 내리기 위한 호이스트
⑩ 영 제59조 제4항에 따라 중앙행정기관의 장이 관리권한을 위탁받은 국가산업단지의 경우 해당 중앙행정기관의 장이 제조시설의 관리・지원, 종업원의 복리후생을 위하여 산업통상자원부 장관 등 관계 중앙행정기관에 장과 협의하여 인정하는 시설
⑪ 그 밖에 해당 제조시설의 관리・지원, 종업원의 복지후생을 위하여 필요하다고 산업통상자원부 장관이 인정하는 시설

그런데 지방세법 시행규칙 제7조 별표 2에 규정된 공장의 종류 중 다음에 열거하는 업종에 대해서는 국토의 계획 및 이용에 관한 법률 등 관계 법령에 따라 공장의 종류에서 제외(도시형 업종)하는데 이 중 다음 ① 내지 ⑤ 및 ⑧에 해당하는 공장은 공장의 설치가 금지 또는 제한되는 지역에 설치하는 때에는 중과세대상 공장에 해당하는 점에 유의하여야 한다. 다만, 도시형 업종의 공장인 때에는 중과세대상에서 제외된다.

① 가스를 생산하여 도관에 의하여 공급하는 것을 목적으로 하는 가스업
② 음용수나 공업용수를 도관에 의하여 공급하는 것을 목적으로 하는 상수도업

③ 차량 등의 정비 및 수리를 목적으로 하는 정비·수리업
④ 연탄의 제조·공급을 목적으로 하는 연탄제조업
⑤ 얼음제조업
⑥ 인쇄업. 다만, 신문 등의 진흥에 관한 법률에 따라 등록된 신문 및 뉴스통신진흥에 관한 법률에 따라 등록된 뉴스통신사업에 한정한다.
⑦ 도관에 의하여 증기 또는 온수로 난방열을 공급하는 지역난방사업
⑧ 전기업(변전소 및 송·배전소를 포함한다.)

(ㄴ) 공장의 신·증설

공장의 신설 또는 증설하는 경우라 함은 수도권정비계획법 제6조에 따른 과밀억제권역(산업집적활성화 및 공장설립에 관한 법률을 적용받는 산업단지 및 유치지역과 국토의 계획 및 이용에 관한 법률의 적용을 받는 공업지역을 제외한다.) 안에서 공장을 신설하거나 증설하는 경우에 신설하거나 증설하는 공장용 건축물과 그 부속토지를 취득하는 경우는 취득세가 중과세된다.

(ⅰ) 공장신설

공장의 신설이라 함은 앞서 설명한 바와 같이 공장의 승계취득, 당해 대도시 내에서의 공장이전, 공장의 업종변경 등을 제외하고 새로이 공장을 설치하는 경우를 말한다. 그런데 공장용 과세물건의 소유자와 공장을 신설한 자가 다른 때에는 그 사업용 과세물건의 소유자가 공장을 신설한 것으로 보아 중과세하나 그 사업용 과세물건을 취득한 날부터 공장 신설에 착수한 날까지의 기간이 5년이 경과된 경우에는 중과세할 수 없다. 즉 토지 또는 토지와 건축물을 취득하여 다른 용도에 5년 이상 사용한 후 그곳에 공장을 신설하더라도 중과세되지 아니한다는 것이다.

(ⅱ) 공장증설

과밀억제권역 내에서 기존 공장 시설의 증가를 가져오는 것은 증설규모에 관계없이 공장용에 사용하기 위한 과세대상 물건을 취득하면 모두 중과세되는데 이러한 공장 증설에 해당하는 경우를 구체적으로 설명하면 다음과 같다.
① 공장용으로 쓰는 건축물의 연면적 또는 그 공장의 부속토지의 면적을 확장하는 경우는 공장 증설에 해당된다(규칙 §7 ② Ⅲ (가)).

공장규모를 확장한다 함은 공장용에 공하는 건축물의 연면적 또는 그 공장의 부속토지의 면적을 확장하는 것을 말하는데 공장용 건축물의 확장은 새로이 건축물을 건축하여 이를 공장용으로 사용하는 경우는 물론 공장용으로 사용하지 아니하던 기숙

사, 사택, 식당, 휴게실, 대피소, 연구소 등의 건축물을 취득한 후 5년 이내에 공장용으로 사용하는 경우는 공장 증설에 해당되어 그 부분은 중과세된다.

② 해당 과밀억제권역 안에서 공장을 이전하는 경우에는 종전의 규모를 초과하여 시설하는 부분은 공장 증설에 해당된다(규칙 §7 ② Ⅲ (나)).

여기에서 해당 과밀억제권역 안에서의 공장이전이라 함은 과밀억제권역 안에서 이전하는 경우를 말하나, 과밀억제권역의 경우에도 서울특별시 이외의 경기도, 인천광역시 지역 등에서 서울특별시 지역 안으로 이전하는 경우는 공장이전으로 보지 아니하고 공장신설로 본다. 그러나 과밀억제권역 중 서울특별시 지역에서 경기도와 인천광역시 지역 등으로 이전하는 경우는 공장이전으로 보아야 하며, 이 경우에도 이전 전의 공장규모를 초과하여 시설하는 경우에는 그 초과부분은 공장 증설에 해당되어 중과세된다.

③ 레미콘제조공장 등 차량 또는 기계장비 등을 주로 사용하는 특수업종은 기존 차량 및 기계장비의 100분의 20 이상을 증가하는 경우는 공장 증설에 해당된다(규칙 §7 ② Ⅲ (다)).

이 경우 차량 또는 기계장비를 공장의 주된 생산설비로 하는 특수업종인 때에는 건축물 또는 토지의 확장이 없더라도 차량 또는 기계장비의 증가가 곧 공장의 생산규모의 증가로 보아 이들 사업용 과세물건에 취득세를 중과세하고자 하는 데 그 뜻이 있다. 그런데 법문에서 예시한 레미콘제조공장은 지방세법 시행규칙 별표 2에 정한 공장의 종류에 해당되면 중과세대상이 되겠으나, 산업집적활성화 및 공장설립에 관한 법률 시행령에서 규정한 도시형 업종으로 분류되어 과밀억제권역 내 공장 신·증설에 대한 중과세대상 업종에서 제외되었으므로 실제로는 중과세가 되지 아니한다.

라) 중과대상 공장의 범위

과밀억제권역 내에서 취득세가 중과세되는 공장의 범위는 지방세법 시행규칙 별표 2에 규정된 업종의 공장(산업집적활성화 및 공장설립에 관한 법률 제28조에 따른 도시형 공장은 제외한다.)으로서 생산설비를 갖춘 건축물의 연면적(옥외에 기계장치 또는 저장시설이 있는 경우에는 그 시설의 수평투영면적을 포함한다.)이 500㎡ 이상인 것을 말한다. 이 경우 건축물의 연면적에는 해당 공장의 제조시설을 지원하기 위하여 공장 경계 구역 안에 설치되는 부대시설(식당, 휴게실, 목욕실, 세탁장, 의료실, 옥외 체육시설 및 기숙사 등 종업원의 후생복지증진에 제공되는 시설과 대피소, 무기고, 탄약고 및 교육시설은 제외한다.)의 연면적을 포함한다고 규정하고 있다.

(ㄱ) 중과대상 과세물건

수도권 정비계획법 제6조의 규정에 의한 과밀억제권역 안에서 공장을 신설하거나 증설하는 경우 중과세할 과세물건과 적용기준 등은 다음에 정하는 것으로 한다(규칙 §7 ② I).

① 수도권정비계획법 제6조 제1항 제1호에 따른 과밀억제권역(산업집적활성화 및 공장설립에 관한 법률의 적용을 받는 산업단지 및 유치지역과 국토의 계획 및 이용에 관한 법률의 적용을 받는 공업지역을 제외 한다. 이하 이 항에서 "과밀억제권역"이라 한다.)에서 공장을 신설하거나 증설하는 경우에는 신설하거나 증설하는 공장용 건축물과 그 부속토지는 취득세 중과세대상이다(규칙 §7 ② I (가)). 그러나 부동산을 취득한 후 5년이 경과한 후에 공장용으로 사용하는 경우에는 공장의 신설 또는 증설에 해당되지 아니한다.

② 과밀억제권역에서 공장을 신설하거나 증설(건축물 연면적의 100분의 20 이상을 증설하거나 건축물 연면적 330㎡ 이상을 초과하여 증설하는 경우에 한한다.)한 날부터 5년 이내에 취득하는 공장용 차량 및 기계장비는 취득세 중과세대상이 된다(규칙 §7 ② I (나)).

이 경우 기존 공장용 건축물 연면적의 100분의 20 이상 또는 330㎡ 이상을 초과하여 확장하는 시점의 적용에 있어서 기존 공장용 건축물을 취득한 후에 수회에 나누어 확장하는 경우는 최초 확장시점부터 5년간의 확장면적 등을 합산한 면적을 기준으로 기존 공장용 건축물 연면적의 100분의 20 이상 또는 330㎡ 이상 확장된 것이 5년 이내이면 그 취득하는 공장용 차량 또는 기계장비는 중과세된다고 하겠다.

이는 일정 규모 이상의 공장건축물을 확장하여 생산규모를 확대시킨 경우에 그로부터 5년 이내에 취득하는 차량·기계장비에 대해서만 중과세하려는 것이라면 일정 시점의 공장용 건축물을 기준으로 하고 그에 비하여 일정 규모 이상으로 확장한 경우에는 일시에 확장하건 수차에 걸쳐 확장하건 간에 모두 중과세요건이 갖추어진 것으로 인정하는 것이 입법취지에 합치될 뿐만 아니라 납세자의 입장에서도 부담의 형평을 기할 수 있기 때문이다.

③ 공장 신설 또는 증설의 경우에 사업용 과세물건의 소유자와 공장을 신설하거나 증설한 자가 다를 때에는 그 사업용 과세물건의 소유자가 공장을 신설하거나 증설한 것으로 보아 과세한다. 다만, 취득일로부터 공장 신설 또는 증설을 시작한 날까지의 기간이 5년이 지난 사업용 과세물건은 중과세하지 아니한다.

이 규정은 타인소유의 토지, 건축물에 생산설비를 갖추고 공장을 경영하는 경우 비록 토지, 건축물의 소유자가 공장을 신설하거나 증설하지 아니한 경우라도 그 소유자에게 중과세하게 되는 것이다. 또한 타인 소유의 사업용 과세물건을 제3자가 소유자의 승낙없이 불법으로 공장용에 사용하는 경우 또는 소유자가 용도를 지정하지 아니하고 임대한 경우에도 그 소유자에게 취득세를 중과세하게 된다.

그리고 여기에서 공장의 신·증설에 착수한 날이라 함은 타인 소유 토지상에 공장경영자가 공장용 건축물을 건축하는 경우는 당해 건축공사의 착공일, 타인의 토지 및 건축물에 공장을 신·증설하는 경우에는 생산설비건설공사 착공일, 타인의 토지를 공장용 부속토지로 확장하는 경우는 공장부지로의 편입일 등으로 보아야 한다.

또한 공장을 신설하는 경우 신설 당시에는 기숙사, 식당, 휴게실, 연수관 등으로 사용하던 건축물을 취득일부터 5년 이내에 이를 공장용으로 사용하는 때에는 공장 증설에 해당되는데 이 경우 취득세의 중과대상은 공장용 건축물은 물론 그 부속토지까지도 포함되는 것이며 이들 건축물들을 일정기간 경과 후 다시 기숙사, 식당, 휴게실, 연수관 등 공장용이 아닌 용도로 전용한다 하더라도 이미 중과세한 취득세는 환급하지 아니한다.

그리고 공장용 토지 및 건축물을 임차하여 생산설비를 갖추고 공장을 경영하게 되면 해당 토지 및 건축물이 취득 후 5년 이내인 경우는 공장 신설로 소유자에게 취득세가 중과세되고 5년이 경과하였으면 중과세되지 아니하는데 이러한 공장을 임차하여 경영하던 자가 토지, 건축물의 소유자로부터 그 과세대상물건을 양수받아 당해 공장용으로 계속 사용하는 경우는 공장의 승계 취득에 해당되어 중과세대상이 되지 아니한다. 이는 공장경영자가 생산설비를 설치한 경우에도 토지·건축물의 소유자가 공장을 신설한 것으로 보므로 비록 생산설비의 양수자가 없었다 하더라도 공장신설을 한 것으로 간주되는 토지, 건축물의 소유자로부터 양수 가능한 일체의 사업용 과세물건을 포괄 승계취득한 것으로 인정할 수 있기 때문이다.

(L) 중과세에서 제외되는 과세물건

수도권정비계획법 제6조의 규정에 의한 과밀억제권역 안에서 공장을 신설 또는 증설하는 때에는 취득세가 중과세되지만 다음의 경우에는 중과세대상에서 제외한다(규칙 §7 ② Ⅱ).

① 기존 공장의 기계설비 및 동력장치를 포함한 모든 생산설비를 포괄적으로 승계취득하는 경우(규칙 §7 ② Ⅱ (가))

여기에서 포괄적으로 승계취득한다 함은 공장용으로 공여되고 있는 토지, 건축물, 생산설비 등 유형고정자산을 일괄하여 양수받는 것을 말하는 것이므로 영업권, 채권, 채무, 종업원 등까지를 인수하는 것을 뜻하지는 않는다.

따라서 공장의 승계취득은 공장용 토지와 건축물 그리고 공장의 생산에 필요한 기계 등을 포괄하여 승계취득하는 경우를 말하는 것이므로 기계설비는 제외하고 토지와 건축물 및 동력장치만을 취득한 경우는 공장의 승계취득이라 할 수 없다.

| 사례 |

❖ **공장의 생산설비를 포괄적으로 승계한 경우 새로운 지점에 해당하는지 여부**

- 법인이 영업행위가 없는 단순한 제조·가공장소에 해당하는 공장으로 사용하기 위하여 부동산을 취득하는 경우에는 법인의 본점·주사무소·지점 또는 분사무소의 용도로 직접 사용할 목적에서 취득하는 것으로 볼 수 없으므로 구 지방세법(2013.3.23. 법률 제11690호로 개정되기 전의 것, 이하 같다) 제13조 제2항 제1호에 의한 취득세 중과대상에 해당할 여지가 없고
  - 구 지방세법 제13조 제2항 제2호에서 정한 취득세 중과대상에 해당하는지 여부만이 문제될 뿐이며, 이 경우에 기존 공장의 기계설비 및 동력장치를 포함한 모든 생산설비를 포괄적으로 승계취득한 것인 때에는 구 지방세법 시행규칙 제7조 제2항 제2호 (가)목에 따라 구 지방세법 제13조 제2항 제2호의 취득세 중과대상에서도 제외된다고 할 것이다.
- 또한 사무동 공간 및 해당 부지를 제외한 나머지 부분은 원고의 지점 용도로 직접 사용하기 위하여 취득한 것이라고 볼 수 없으므로 전단 규정에 의한 취득세 중과대상에 해당하지 아니하고, 또한 기존 공장의 기계설비 및 동력장치를 포함한 모든 생산설비를 포괄적으로 승계취득한 경우이므로 구 지방세법 시행규칙 제7조 제2항 제2호 (가)목에 따라 구 지방세법 제13조 제2항 제2호의 취득세 중과대상에도 해당하지 아니한다고 할 것이다.

(대법 2015두36669, 2015.10.29.)

❖ **기존 공장의 모든 생산설비를 포괄적으로 승계취득 한 경우, 새로운 지점 설치로 보아 취득세 중과대상에서도 제외되는지 여부**

지방세법 제13조 제2항 제1호 및 구 지방세법시행령 제27조 제3항은 대도시에서 법인의 설립, 지점 또는 분사무소 설치 및 법인의 본점·주사무소·지점 또는 분사무소의 대도시 전입에 따라 부동산을 취득하는 경우(이하 '전단 규정'이라 한다.)와 설립·설치·전입 이후 5년 이내에 대도시 내에서 부동산을 취득하는 경우(이하 '후단 규정'이라 한다.)를 구분하여, 전단 규정의 경우에는 법인 또는 행정안전부령으로 정하는 사무소 또는 사업장(이하 '사무소 등'이라 한다.)이 그 설립·설치·전입 이전에 법인의 본점·주사무소·지점 또는 분사무소의 용도로 직접 사용할 목적으로 부동산을 취득하는 경우에 한하여 취득세 중과대상으로 하고, 후단 규정의 경우에는 법인 또는 사무소 등이 설립·설치·전입 이후 5년 이내에 부동산을 취득하였다는 요건만 갖추면 그 용도를 불문하고 취득세 중과대상으로 하도록 규정하고 있고, 구 지방세법 제13조 제2항 제1호와 구 지방세법시행령 제27조 제3항의 순차 위임을 받아 '사무소 등'의 범위에 관하여 규정하고 있는 구 지방세법시행규칙 제6조 단서 제1호는 '영업행위가 없는 단순한 제조·가공장소'를 '사무소 등'에서 제외하고 있으며, 구 지방세법 제13조 제2항 제2호는 제1호와 별도로 대도시에서 공장을 신설하거나 증설함에 따라 부동산을 취득하는 경우를 취득세 중과대상으로 규정하고 있고, 같은 조 제8항의 위임을 받은 구 지방세법시행규칙 제7조 제2항 제2호 (가)목은 '기존 공장의 기계설비 및 동력장치를 포함한 모든 생산설비를 포괄적으로 승계취득하는 경우'에는 취득세 중과대상에서 제외하도록 규정하고 있다.

이러한 관련 규정들의 문언과 체계, 입법 취지 및 개정 연혁 등에 비추어 보면, 법인이 영업행위가 없는 단순한 제조·가공장소에 해당하는 공장으로 사용하기 위하여 부동산을 취득하는 경우에는 법인의 본점·주사무소·지점 또는 분사무소의 용도로 직접 사용할 목적에서 취득하는 것으로 볼 수 없으므로 전단 규정에 따른 취득세 중과대상에 해당할 여지가 없고 구 지방세법 제13조 제2항 제2호에서 정한 취득세 중과대상에 해당하는지 여부만이 문제될

뿐이며, 이 경우에 기존 공장의 기계설비 및 동력장치를 포함한 모든 생산설비를 포괄적으로 승계취득한 것인 때에는 구 지방세법시행규칙 제7조 제2항 제2호 (가)목에 따라 구 지방세법 제13조 제2항 제2호의 취득세 중과대상에서도 제외된다고 할 것이다.

(대법 15두36669, 2015.10.29.)

❖ **법인이 설립 후 5년 이내에 취득하는 일체의 부동산에 관한 등기로서 중과대상은 공장의 신설에 따르는 부동산등기도 포함됨**

신설한 자동차정비공장이 같은 법 시행규칙 제55조 [별표 3] 제28호 다목에 따라 같은 법 제138조 제1항 제4호, 같은 법 시행규칙 제47조 제1항 제55조 [별표 3] 제27호에서 정한 공장에 해당하지 아니하여 위 4호 규정을 적용하여 중과세 할 수 없다 하더라도, 앞서 본 바와 같이 원고의 자동차정비공장은 대도시 내에서의 법인 설립 후 5년 이내에 신설되었을 뿐만 아니라 같은 법 제138조 제1항 단서, 같은 법 시행령 제101조 제1항 각 호에도 해당하지 아니하므로, 같은 법 제138조 제1항 제3호에 따라 등록세를 중과한 피고의 이 사건 처분은 적법하고, 같은 법 제138조 제1항 제4호 및 같은 법 시행규칙 제55조 [별표 3] 제28호에 따라 중과세 대상에서 제외할 수 없고, 대도시내 공장신설시 중과세 적용대상이 되는 공장은 지방세법 제138조제1항 제4호의 규정에서는 도시형 공장의 경우에는 중과세 제외대상에 해당하나, 동조 제3호의 규정에서는 도시형공장 등에 불구하고 중과세 적용을 하고 있으므로 중과 제외 업종에 해당되지 아니하는 한 중과세 적용 대상에 해당하는 것이므로 자동차정비공장은 중과세 대상에 해당한다.

(대법 09두607, 2009.4.9.)

❖ **과밀억제권역 내의 산업단지에서 산업단지 밖의 과밀억제권역으로 본점을 이전하는 경우 등록세 중과대상에 해당함**

지방세법상 대도시는 수도권정비계획법 제6조 제1항 제1호에 규정된 과밀억제권역에서 산업단지를 제외한 지역을 의미하여 산업단지가 과밀억제권역 내에 있다고 해도 산업단지 자체는 지방세법상 '대도시'에 해당한다고 볼 수 없고 따라서 과밀억제권역 내에 있는 산업단지에서 산업단지 밖의 과밀억제권역으로 본점을 이전하는 경우에는 지방세법 제138조 제1항 제2호 소정의 '대도시내에로의 전입'으로 간주되는바, 원고 회사는 산업단지인 B 사무실에서 대도시(수도권정비계획법시행령 제9조 관련 [별표1]에 의하면 서울특별시는 과밀억제권역으로 지정되어 있다.) 내인 서울특별시 동작구 XXX동 XXX-5203호로 이 사건 본점이전을 하고 그에 따라 이 사건 등기를 한 것으로서 위 등록세 중과규정의 적용을 받는다고 할 것이다.

(서울행법 2008구합33136, 2009.1.14.)

② 해당 과밀억제권역에 있는 기존 공장을 폐쇄하고 해당 과밀억제권역의 다른 장소로 이전한 후 해당 사업을 계속하는 경우. 다만, 타인 소유의 공장을 임차하여 경영하던 자가 그 공장을 신설한 날부터 2년 이내에 이전하는 경우 및 서울특별시 외의 지역에서 서울특별시내로 이전하는 경우에는 그러하지 아니하다(규칙 §7 ② Ⅱ (나)).

㉮ 공장이전의 요건으로는 기존 공장을 폐쇄하고 다른 장소로 이전하여 동일한 업종의 공장을 경영하는 경우를 말하는데 이 경우에도 이전하여 설치한 공장의 규모

가 기존 공장 규모를 초과하지 않아야 하고, 과밀억제권역 내의 공장이전(과밀억제권역 중 서울특별시 이외의 지역에서 서울특별시 지역으로 이전 제외)이어야 하며, 타인 공장을 임차경영하던 자의 경우는 공장신설일로부터 2년 이상 임차공장을 경영한 자라야 공장이전으로 보는 등을 그 요건으로 하고 있다.

㉮ 기존 공장을 폐쇄한다 함은 공장 내의 생산설비 등을 완전 철거하여 생산활동을 할 수 없는 상태가 되는 경우를 말하며, 공장을 이전한다 함은 기존 공장의 생산설비를 모두 다른 장소로 이전하는 경우와 기존 생산설비의 일부 또는 전부가 노후화하여 사용이 불가능하거나 생산을 위한 작업방법의 변경으로 그 생산설비가 불필요하게 되어 이를 폐기 또는 매각처분하고 다른 장소에 새로운 생산설비를 구비하고 종업원, 집기, 비품, 기타 설비 등은 그대로 옮겨가 당해 사업을 계속 영위하는 경우를 말한다. 이 경우 폐쇄된 기존 공장에서 다른 사람이 다시 생산설비를 갖추어 공장을 경영하는 경우는 다른 사람이 공장을 신설하는 것이므로 기존 공장경영자의 공장이전과는 관계가 없다. 그러나 기존 공장경영자가 공장용 토지, 건축물과 생산설비를 다른 사람에게 양도하고 다른 장소에서 새로운 공장에 생산설비를 갖추어 종전과 동일한 사업을 영위하는 경우는 공장을 폐쇄한 것으로 볼 수 없으므로 공장이전이 아닌 신설에 해당되고 기존 공장을 양수한 자는 공장의 승계취득에 해당되어 공장신설이 아니다.

③ 기존 공장(승계취득한 공장을 포함한다.)의 업종을 변경하는 경우(규칙 §7 ② Ⅱ (다))

공장의 업종변경은 공장을 경영하던 자가 영업의 종류를 변경하기 위하여 기존 생산설비를 철거하고 새로운 생산설비를 설치하는 경우가 대부분이며 업종에 따라서는 생산설비의 일부만을 대체하는 경우도 있으나 철거한 생산설비를 다른 장소로 이전하여 다시 공장을 설치하게 되면 기존 공장은 업종변경에 해당되나 생산설비를 이전하여 다시 공장을 설치한 장소에서는 공장신설에 해당됨에 유의하여야 한다.

그리고 공장의 승계취득과 동시에 업종변경을 하는 경우는 반드시 기존 공장의 생산설비 등을 양수한 다음 동 시설의 전부 또는 일부를 철거하고 이에 대체할 생산설비를 시설하거나 기존 생산설비를 이용하여 기존 공장의 업종과 다른 종류의 공장을 경영하는 경우를 말한다.

④ 기존 공장을 철거한 후 1년 이내에 동일 규모로 재축(건축공사에 착공하는 경우를 포함한다.)하는 경우(규칙 §7 ② Ⅱ (라))

이 경우 재축이라 함은 철거된 공장용 건축물 규모의 범위 안에서 다시 축조하는 것을 말하며 "기존 공장을 철거한 후"라는 뜻은 기존 공장을 인위적으로 멸실시키는 경우뿐만 아니라 천재·지변 등으로 멸실되는 경우도 포함되는 것으로 보아야 하는데, 천재·

지변으로 멸실된 건축물을 복구하기 위하여 멸실일로부터 2년 이내에 건축물을 신축하는 경우는 지방세특례제한법 제92조에 따라 취득세가 감면되는데 이 경우에도 멸실된 건축물 연면적을 초과하여 건축하면 그 초과부분이 공장인 경우에는 공장신설로 보아 중과세하여야 할 것이다.

그리고 1년 이내에 동일 규모 이하로 재축하는 경우라 함은 1년 이내에 공장용 건축물을 준공하지 못한 상태라도 공장용 건축물의 건축공사에 착공만 하였다면 당해 건축물은 공장의 신설 또는 증설로 보지 아니한다.

⑤ 행정구역변경 등으로 새로 과밀억제권역으로 편입되는 지역은 편입되기 전에 산업집적활성화 및 공장설립에 관한 법률 제13조에 따른 공장설립 승인 또는 건축허가를 받은 경우(규칙 §7 ② Ⅱ (마))

이 경우 산업집적활성화 및 공장설립에 관한 법률 제13조의 규정에 의한 공장설립의 승인이라 함은 공장건축면적이 500㎡ 이상인 공장의 신설·증설 또는 업종변경을 하고자 하는 자는 특별자치시장, 특별자치도지사, 시장, 군수, 구청장의 승인을 얻어야 하고, 승인을 얻은 사항을 변경하고자 하는 때에도 또한 같다.

⑥ 부동산을 취득한 날부터 5년 이상 경과한 후 공장을 신설하거나 증설하는 경우(규칙 §7 ② Ⅱ (바))

그러므로 토지와 건축물을 공장의 신·증설 이외의 용도에 사용하기 위하여 취득하여 취득 후 5년이 경과하도록 공장 신설 또는 증설 이외의 특정 용도로 사용한 후 취득 후 5년이 경과한 다음 그 건축물이나 토지를 공장 신·증설에 공한 경우에는 그 토지와 건축물에 대하여는 취득세를 중과세할 수 없다는 것이며, 반대로 토지와 건축물을 타용도에 사용하다가 취득 후 5년 이내에 공장을 신·증설하게 되면 취득세가 중과세되는 것이다.

⑦ 공장에서 사용하던 차량·기계장비를 노후 등의 사유로 대체 취득하는 경우. 다만, 기존의 차량 또는 기계장비를 매각하거나 폐기처분한 날을 기준으로 그 전후 30일 이내에 취득하는 경우만 한한다(규칙 §7 ② Ⅱ (사)).

그러므로 공장 증설에 있어서 기존 공장용 건축물 연면적의 100분의 20 이상 또는 330㎡ 이상을 확장한 후 5년 이내에 취득하는 차량·기계장비는 기존 차량·기계장비의 매각 또는 폐기일의 전후 각 30일 이내에 대체취득하는 경우에는 취득세 중과세대상에서 제외하겠다는 것이다.

(ㄷ) 적용세율

(1) 수도권 정비계획법 제6조에 따른 과밀억제권역에서 본점이나 주사무소의 사업용 부

동산을 취득하는 경우와 공장을 신설하거나 증설하기 위하여 사업용 취득물건을 취득하는 경우 취득세율은 지방세법 제11조 및 제12조의 세율에 1천분의 20(중과기준세율)의 100분의 200을 합한 세율을 적용한다.

예를 들면 본점의 사업용 부동산을 취득하는 경우 취득세의 세율[법 제11조 제1항 제7호 (나)]인 1천분의 40에 중과기준세율인 2%의 2배를 합한[4% + (2%×2)=8%]세율을 적용한다.

(2) 지방세법 제13조 제1항과 제2항이 동시에 적용되는 과세물건에 대한 취득세율은 제16조 제5항(둘 이상의 세율이 해당되는 경우에는 그 중 높은 세율 적용)에도 불구하고 제11조 제1항에 따른 표준세율에 3배를 적용한다.

(3) 토지나 건축물을 취득한 후 5년 이내에 해당 토지나 건축물이 본점이나 주사무소의 사업용 부동산(본점 또는 주사무소용 건축물을 신축하거나 증축하는 경우와 그 부속토지만 해당한다.)과 공장의 신설용 또는 증설용 부동산에 해당하게 되는 경우에는 중과세율을 적용하여 취득세를 추징한다.

이 경우 공장신설 또는 증설의 경우에 사업용 과세물건의 소유자와 공장을 신설하거나 증설한 자가 다를 때에는 그 사업용 과세물건의 소유자가 공장을 신설하거나 증설한 것으로 보아 중과세율을 적용한다. 다만, 취득일부터 공장 신설 또는 증설을 시작한 날까지의 기간이 5년이 지난 사업용 과세물건은 제외한다.

나. 법인의 설립, 대도시로 전입 등에 따른 취득 등

다음 각 호의 어느 하나에 해당하는 부동산을 취득하는 경우의 취득세는 제11조 제1항의 표준세율의 100분의 300에서 중과기준세율의 100분의 200을 뺀 세율을 적용한다. 다만, 수도권정비계획법 제6조에 따른 과밀억제권역(산업집적활성화 및 공장 설립에 관한 법률을 적용받는 산업단지는 제외한다. 이하 이 조 및 제28조에서 "대도시"라 한다.)에 설치가 불가피하다고 인정되는 업종으로서 대통령령으로 정하는 업종(주택건설사업)에 직접 사용할 목적으로 부동산을 취득하거나, 법인이 사원에 대한 분양 또는 임대용으로 직접 사용할 목적으로 취득하는 1구(1세대가 독립하여 구분 사용할 수 있도록 구획된 부분을 말한다.)의 건물의 연면적(전용면적을 말한다.)이 60제곱미터 이하인 공동주택 및 그 부속토지인 주거용 부동산(취득일부터 1년 이내에 정당한 사유없이 해당 용도에 직접 사용하지 아니하는 경우 또는 2년 이상 해당 용도에 직접 사용하지 아니하고 매각하는 경우는 제외한다.)의 취득에 대해서는 그러하지 아니하다(법 §13 ② 본문 및 단서, 영 §26 ③).

1) 대도시에서 법인의 설립·전입 등에 따른 취득

대도시에서 법인의 설립 [대통령령으로 정하는 휴면법인(休眠法人)을 인수하는 경우를 포함한다.] 하거나 지점 또는 분사무소를 설치하는 경우 및 법인의 본점·주사무소·지점 또는 분사무소를 대도시 밖에서 대도시로 전입(수도권 정비계획법 제2조에 따른 수도권의 경우에는 서울특별시 외의 지역에서 서울특별시로의 전입도 대도시의 전입으로 본다. 이하 이항 및 제28조 제2항에서 같다.)함에 따라 대도시의 부동산은 취득(그 설립·설치·전입 이후의 부동산 취득을 포함한다.)하는 경우 취득세를 중과세한다. 그리고 분할등기일 현재 5년 이상 계속하여 사업을 한 대도시의 내국법인이 법인의 분할(법인세법 제46조 제2항 제1호 가목부터 다목까지의 요건을 갖춘 경우만 해당한다.)로 법인을 설립하는 경우에는 이를 중과세 대상으로 보지 아니한다(영 §27 ④). 21)

이 규정에서 "대통령령으로 정하는 휴면법인"이란,(영 §27)
① 상법에 따라 해산한 법인(이하 "해산법인"이라 한다.)
② 상법에 따라 해산한 것으로 보는 법인(이하 "해산간주법인"이라 한다.)
③ 부가가치세법 시행령 제13조에 따라 폐업한 법인(이하 "폐업법인"이라 한다.)
④ 법인 인수일 이전 1년 이내에 상법 제229조, 제285조, 제521조의 2 및 제611조에 따른 계속등기를 한 해산법인 또는 해산간주법인
⑤ 법인 인수일 이전 1년 이내에 다시 사업자등록을 한 폐업법인
⑥ 법인 인수일 이전 2년 이상 사업실적이 없고, 인수일 전후 1년 이내에 인수법인 임원의 100분의 50 이상을 교체한 법인

이 경우 휴면법인이라 함은 영업활동을 사실상 폐지하고 있는 회사로서 오랫동안 변동등기 등 등기한 사실이 없을뿐더러 해산과 청산의 절차도 밟지 아니하고 등기부에만 존재하고 있는 법인을 말하는데, 휴면기간이 장기간인 경우 조세법적용에 애로가 있는 점을 감안하여 상법 또는 부가가치세법에서 해산간주 등을 하고 있는 법인과 "법인인수일 전 1년 이내에 해산 또는 폐업 중인 법인이 계속 등기 또는 사업자등록을 하고 있는 경우 등을 휴면법인으로 보도록 지방세법령에서 정하고 있다.

> ❖ **사례**
>
> ❖ **개인사업자 사무실을 법인이 승계사용하는 경우 지점실차에 해당하는지 여부**
>
> 이 사건 부동산은 법인이 아닌 개인사업자가 영업을 위하여 사용하고 있던 건물인데, 원고가 이를 승계취득하여 지점으로 사용하고 있으므로, 이 사건 부동산의 취득은 지방세법 제13조 제2항에 따른 취득세 중과대상에 해당한다.
>
> (대법 2016두33872, 2016.5.12.)

---

21) 법인의 설립은 "설립등기에 의한 설립"으로 보아야 하기 때문에 휴면법인의 인수를 지방세법상의 설립으로 볼 수 없다는 대법원의 판결(2009.4.9.)로 대도시내에서 법인의 설립시 중과세 대상인 것을 휴면법인 인수로 인한 것은 설립으로 볼수 없어 휴면법인 인수가 조세회피수단으로 악용될 여지를 방지하기 위하여 2010년부터는 대도시내 법인설립에 지방세법에서 예외로 규정한 휴면법인 외의 휴면법인 인수를 법인설립에 포함토록 한 것이다.

❖ **대도시내 사실상 본점을 이전한 경우 취득세 중과세가 제외되는지 여부**

등기부상 본점 소재지에도 불구하고 본점 역할을 수행하는 장소가 따로 있어 이를 이전하였다면 취득세 중과대상에 해당되지 않는다.

(대법 2017두63795, 2017.12.21.)

❖ **과밀억제권역 내 취득한 부동산에 대하여 사용목적과 관계없이 일률적으로 중과세율을 적용한 것은 타당**

「지방세법시행령」 제27조 제3항 및 모법인 「지방세법」 제13조 제2항 제1호는 인구와 경제력의 대도시집중을 억제함으로써 대도시 주민 생활환경을 보존·개선하고 지역간의 균형발전 내지는 지역경제를 활성화하려는 복지국가적 정책목표에 이바지하기 위한 것으로서(목적의 정당성), 그 수단이 부동산 취득에 대하여 통상보다 높은 세율의 취득세를 부과함으로써 간접적으로 이를 억제하려는 방법을 선택하고 있고(수단의 상당성), 부동산을 취득할 정도의 재정능력을 갖춘 법인에 대하여 위 조항 소정의 세율을 적용하여 취득세를 부과하려는 것이 위 목적 달성에 필요한 정도를 넘는 자의적인 세율의 설정이라고 볼 수 없으며(침해의 최소성), 위 목적에 비추어 위 조항에 의하여 보호되는 공익과 제한되는 기본권 사이에 현저한 불균형이 있다고 볼 수는 없으므로(법익의 균형성) 위 조항이 과잉금지의 원칙에 위배된다고 보기 어렵다.

따라서 「지방세법시행령」 제27조 제3항은 헌법상 과잉금지의 원칙(목적의 정당성, 수단의 상당성, 침해의 최소성, 법익의 균형성)이나 평등의 원칙을 위반하였거나 영업의 자유를 침해하였다고 보기 어렵고, 나아가 모법의 위임범위를 벗어나거나 조세법률주의의 취지에 위배되는 무효의 규정이라고 할 수 없다.

(서울고법 2011누39242, 2012.5.24.)

❖ **대도시내 법인설립 기간 기산시점은 타당**

대도시 내에서 법인 설립 이후 5년기간의 기산기점 관련하여 기간의 계산은 특별한 규정이 있는 것을 제외하고는 민법에 따르도록 규정하고 있고, 민법에서는 초일을 산입하지 않는다고 하고 있어 그 설립일의 다음날부터 5년을 기산하는 것이 타당하다.

(조심 18지1090, 2018.11.5.)

❖ **과밀억제권역 안에서 본점 또는 주사무소용 건축물을 신축 또는 증축하여 취득하면 동일한 과밀억제권역 안에 있던 기존의 본점 또는 주사무소에서 이전해 오는 경우라고 하더라도 중과세대상에 해당한다.**

구 지방세법 제112조 제3항은 법률 제5615호, 1998.12.31.로 개정되기 전과 달리 그 입법취지를 반영하여 과밀억제권역 안에서 본점 또는 주사무소의 사업용 부동산을 취득하는 경우 중 인구유입과 산업집중의 효과가 뚜렷한 신축 또는 증축에 의한 취득만을 그 적용대상으로 규정하고 그 입법취지에 어울리지 않는 그 밖의 승계취득 등은 미리 그 적용대상에서 배제하였으므로 조세법률주의의 원칙상 위 규정은 특별한 사정이 없는 한 법문대로 해석하여야 하고 더 이상 함부로 축소 해석하여서는 아니되는 점, 과밀억제권역 안에서 신축 또는 증축한 사업용 부동산으로 본점 또는 주사무소를 이전하면 동일한 과밀억제권역 안의 기존 사업용 부동산에서 이전해오는 경우라 하더라도 전체적으로 보아 그 과밀억제권역 안으로의 인구유입이나 산업집중의 효과가 없다고 할 수 없는 점 등을 종합하면, 과밀억제권역 안에서 본점 또는 주사무소용 건축물을 신축 또는 증축하여 취득하면 동일한 과밀억제권역 안에 있던 기존의 본점 또는 주사무소에서 이전해 오는 경우라고 하더라도 구 지방세법 제112조 제3항에 의한 취득세 중과대상에 해당한다고 봄이 타당하다.

(대법 12두6551, 2012.7.12.)

❖ **독립된 별개의 지점여부**

② 청구법인의 지점인 OOO타워에 인접해 있고 공중보행로로 연결되어 있으며 OOO타워와 동일한 업태의 부동산 임대업을 영위하는 사업장으로, OOO타워에 소재한 타워업무지원센터에서 일괄하여 관리를 총괄하고 있는 것으로 보여, 동일한 사업장으로 볼 수 있고, 청구법인은 이 건 부동산에 대하여 별도의 자동차관리사업을 등록 및 사업자등록도 신청하지 아니한 점 등을 볼 때 별개의 사업장이나 지점으로 보기 어렵다.

(조심 2018지2018, 2019.7.1.)

❖ **채권보전목적의 부동산등기는 중과세 제외**

등록세 중과세 제외대상인 '채권을 보전하거나 행사할 목적으로 하는 부동산등기'라 함은 채권자가 그 채권의 담보를 취득하기 위하여 하는 등기(예컨대, 채권에 대한 양도담보로 제공된 부동산에 대한 소유권이전등기), 그 채권을 변제받는 일환으로 하는 등기(예컨대, 채권에 대한 대물변제로 취득한 부동산에 대한 소유권이전등기), 그 채권의 담보권을 실행하는 과정에서 하는 등기(예컨대, 근저당권부채권의 담보물인 부동산에 대한 경매절차에서 채권자가 위 부동산을 직접 경락받아, 매각대금은 자신이 그 경매 절차에서 배당받을 금액으로 상계하고서 위 부동산에 대하여 하는 소유권이전등기) 등과 같이 채권자가 가지고 있는 해당 채권이 직접적으로 보전되거나 행사된 것으로 볼 수 있는 경우를 말한다고 할 것이다. 위와 같은 법리에 비추어 살피건대, 이 사건 각 증거에 변론 전체의 취지를 더하여 인정되는 아래와 같은 사정들을 종합하면, 이 사건 부동산등기는 채권 행사 목적(대물변제)에서 비롯된 것이라고 봄이 상당하므로, 이와 다른 전제에서 나온 이 사건 처분은 위법하다.

(대법 10두412, 2010.4.15.)

❖ **대도시내 법인을 흡수합병한 경우 중과세 대상여부**

주유소영업장소는 당해 법인의 본점 또는 주사무소의 중과대상에 해당되지 아니하며 (舊내무부 심사 제95-286호 참조) 귀 법인이 본점 또는 주사무소용으로 중과 납부한 취득세는 지방세법시행령 제38조 의 규정에 의한 환부대상에 해당되는 것이다. 또한 귀문의 甲법인과 乙법인이 설립된 지 5년이 경과된 법인으로서 乙법인이 甲법인에 흡수 합병된 후 그 법인의 종전 사업장인 주유소를 甲법인의 지점으로 업종변경 없이 종전 형태 그대로 사용하는 경우라면 사업자등록 갱신이 되더라도 등록세 중과대상에 해당되지 아니한다.

(대법 92누12742, 1993.5.25., 행자부 세정13407-157, 2001.7.30.)

❖ **청구법인이 이 건 부동산을 대도시 지점용도로 사용하기 위하여 취득한 것으로 볼 수 있는지 여부**

청구법인이 취득한 이 건 부동산 중 지점용으로 사용 중인 부분은 중과세 대상으로 하고, 임대용으로 제공하고 있는 부분은 중과세 대상에서 배제하는 것이 타당하다 할 것인바, 청구법인이 2019.3.25. 이 건 부동산을 취득 할 당시 전 소유자가 이 건 부동산을 용도변경을 위한 대수선 허가를 받아 놓고 세입자들의 명도를 진행 중인 상황이었던 점, 청구법인이 2019.5.20. 이 건 부동산에 대하여 대수선을 착공하고 2019.12.31. 준공을 하였으며, 준공한 후에는 그 일부를 임차인에게 임대하고 그 나머지는 임대를 준비 중이었던 사실이 현지 출장에서 확인되고

> 있는 점 등에 비추어 처분청에서 이 건 부동산을 대도시지역내 지점용도로 직접 사용하기 위해 취득한 것으로 보아 이 건 경정청구를 거부한 처분에는 잘못이 있다고 판단됨
> (조심 2019지2563, 2020.3.24.)

❖ **본점 교육장의 지점이나 분사무소인지 여부**

> 쟁점부동산의 지하 1층(사무소)은 예비창업자 강의실 용도로 사용된 현황이 나타나므로 이는 인적시설 및 물적시설이 갖추어진 지점이나 분사무소라기 보다는 청구법인 본점의 교육장소로 사용된 것으로 보이므로 대도시 중과세율적용 대상이 아님
> (조심 2020지543, 2021.6.15.)

또한 대도시에서 설립 후 5년이 경과한 법인(기존법인)이 다른 기존법인과 합병하는 경우에는 이를 중과세 대상으로 보지 아니하며, 기존법인이 대도시에서 설립 후 5년이 경과되지 아니한 법인과 합병하여 기존법인 외의 법인이 합병 후 존속하는 법인이 되거나 새로운 법인을 신설하는 경우에는 합병 당시 기존법인에 대한 자산비율에 해당하는 부분을 중과세 대상으로 보지 아니한다. 이 경우 자산비율은 자산을 평가하는 때에는 평가액을 기준으로 계산한 비율로 하고, 자산을 평가하지 아니하는 때에는 합병 당시의 장부가액을 기준으로 계산한 비율로 한다(영 §27 ⑤).

① 여기에서 대도시라 함은 수도권정비계획법 제6조 제1항 제1호의 규정에 의한 과밀억제권역을 말한다. 다만, 산업집적활성화 및 공장설립에 관한 법률에 의한 산업단지는 대도시의 범위에서 제외된다. 이 경우 과밀억제권역의 범위는 앞에서 설명한 대도시내 본점 또는 주사무소 규정을 참고하기 바란다.

② 이 경우 법인이라 함은 민법상의 법인 또는 상법상의 법인, 특별법에 의하여 설립된 법인을 불문하며, 영리법인과 비영리법인을 불문한 모든 법인이 해당되는 것이다. 그리고 법인의 설립시점은 상법 제172조에서 "회사는 본점소재지에서 설립등기를 함으로써 성립한다."라고 규정하고 있으며, 민법 제33조에서 "법인은 그 주된 사무소의 소재지에서 설립등기를 함으로써 성립한다"라고 규정하고 있으므로 법인의 설립시점은 본점 또는 주사무소의 설립등기일을 설립일로 보아야 할 것이다.

③ 법인이 합병을 하는 경우 흡수합병의 경우는 존속법인을 기준으로 중과 여부를 판단하여야 하나 신설합병(A법인+B법인=C법인)의 경우는 피합병법인의 설립시기에 관계없이 법인신설로 보아 중과세대상 법인에 해당되기 때문에 이러한 중과세되는 문제를 해결하기 위해서 지방세법령에서는 신설합병이나 흡수합병을 불구하고 5년이 경과된 법인끼리의 합병은 중과대상으로 보지 아니하도록 한 것이다.

④ 여기에서 지점 또는 분사무소라 함은 본점의 지휘를 받으면서도 부분적으로는 독립한 기능을 발휘하는 영업소를 말하며, 지점 또는 분사무소의 설치시점은 민법 제50

조에서 분사무소 설치 후 3주간 내에 등기하도록 규정하고 있고, 상법 제181조의 규정에서도 지점설치 후 2주간 내에 등기하도록 규정하고 있는 점으로 보아 지점 또는 분사무소의 설치등기가 지점 또는 분사무소 설치의 효력 내지 성립요건이 아니므로 사실상 지점 또는 분사무소를 설치한 시점, 즉 지점 또는 분사무소에서 실질적인 업무활동을 개시한 날을 지점 또는 분사무소의 설치시점으로 보아야 할 것이다.

사례 |

❖ **주차장용 부지가 중과세 요건이 되는지 여부**

원심이, 1994.2.7. 설립되어 유통산업발전법에 의한 유통산업을 영위하는 원고법인이 지점 설치시 주차장부지를 사용하기 위하여 취득한 이 사건 부동산에 대한 소유권이전등기를 법인설립 이후 5년 이내인 1997.7.25. 경료하고도 그 등기일부터 1년이 경과할 때까지 이 사건 부동산을 당해 업종에 직접 사용하지 아니하여 등록세 중과요건에 해당됨을 전제로 한 이 사건 등록세 부과 처분이 적법하다고 판단한 것은 정당하고, 거기에 등록세 중과에 관한 법리오해 등의 위법이 있다고 볼 수 없다. 상고이유의 주장은 모두 받아들일 수 없다.

(대법 2000두6749, 2002.7.9.)

⑤ 분할등기일 현재 5년 이상 계속하여 사업을 한 대도시의 내국법인이 법인의 분할 [법인세법 제46조 제2항 제1호 가목부터 다목까지의 요건인 분리하여 사업이 가능한 독립된 사업부문을 분할하는 것일 것, 분할하는 사업부문의 자산 및 부채가 포괄적으로 승계될 것(이 경우 공동으로 사용하던 자산·채무자의 변경이 불가능한 부채 등 분할하기 어려운 자산과 부채 등으로서 대통령령으로 정하는 것은 제외한다.), 분할법인 등만의 출자에 의하여 분할하는 것일 것 등의 요건을 갖춘 경우만 해당한다.]로 법인을 설립하는 경우에는 중과세대상으로 보지 아니한다(영 §27 ④).

사례 |

❖ **분할법인이 종전사업부문을 승계하면서 일부 사업장 부지만 승계한 경우 중과세대상 여부**

분할등기일 현재 5년 이상 계속하여 사업을 영위한 대도시 내의 내국법인이 법인의 분할로 인하여 법인을 설립하는 경우라 하더라도 법인세법 시행령 제82조 제3항 제1호 내지 제3호(현 법인세법 제46조 제2항 제1호 가목부터 다목까지)의 요건을 갖춘 경우에 한하여 중과세대상으로 보지 아니하는 규정을 두고 있는 점, 지방세법(2010.1.1. 법률 제9924호로 개정되기 전의 것) 제138조 제1항은 대도시 내 인구유입에 따른 인구팽창을 막고 대도시의 인구 분산을 기하는 데 목적이 있는 것이나, 일단 위 규정에 정한 요건사실이 충족되면 일률적으로 규정을 적용하여야 하는 것이 원칙이고, 구체적인 사안에서 입법 목적과의 배치 여부를 따져 적용 여부를 결정할 수는 없는 점(대법 2008두18496, 2011.6.10. 선고 판결 참조) 등에 비추어 보면, 이 부분 원고 주장 역시 받아들일 수 없다고 판시한 원심은 등록세 중과세 제외요건에 관한 규정의 하나인 구 법인세법 시행령(2010.6.8. 대통령령 제22184호로 개정되기 전의 것) 제82조 제3항 제2호 단서는 제한적 규정이라고 전제하고, 분할법인의 레미콘 등 사업부문이 분할되어 설립된 원고가 그 사업부문의 자산을 승계하면서 32개 사업장 부지 중 이 사건 토지 등 일부 사업장 부지만 승계하고 나머지 대부분의 사업장 부지는 분할하기 어려운 자산이 아님에도 승계하지 아니하였으므로 위 단서의 규정에 해당하지 않는다는 등의 이유로, 원고가 취득한 이 사건 토지는 등록세 중과세대상에서 제외될 수 없다고 판단하였다.

(대법 2012두2726, 2012.5.24.)

2) 전입법인 등에 따른 취득 중과세

법인의 본점, 주사무소, 지점 또는 분사무소를 대도시 밖에서 대도시로 전입(수도권 정비계획법 제2조에 따른 수도권의 경우에는 서울특별시 외의 지역에서 서울특별시로의 전입도 대도시로의 전입으로 본다. 이하 이항 및 제28조 제2항에서 같다)함에 따라 대도시의 부동산을 취득하는 경우와 그 설립·설치·전입 이후의 부동산 취득에 대하여는 취득세를 중과세한다.

▌사례 ▎

❖ 법인 본점의 대도시 전입과 부동산 등기

수도권정비계획법 제6조에 규정된 과밀억제권역에 속하는 도시들은 하나의 대도시에 포함되어 그 중 한 도시에서 다른 도시로 본점을 이전하더라도 이는 하나의 대도시 내에서의 이전에 불과하여 원칙적으로 대도시 내로의 전입에 해당하지 아니하지만, 예외적으로 서울특별시 이외의 과밀억제권역에 속하는 도시에서 서울특별시로 이전하는 경우에는 시행령 제102조 제2항에 의하여 대도시 내로의 전입으로 간주되는바, 이는 대도시 중에서도 특히 서울특별시 내로의 인구집중이나 경제집중으로 인한 폐단을 방지하기 위한 조세정책적인 이유에서 인천광역시나 경기도지역에 있는 대도시에서 서울특별시로 전입하는 경우에는 특별히 등록세를 중과하겠다는 취지인데, 이와 같이 서울특별시 이외의 과밀억제권역에서 서울특별시로 전입한 법인의 전입 이후의 부동산등기가 등록세 중과대상이 되는 경우에도 시행령 제102조 제4항은 그 부동산등기의 범위를 당해 대도시 외의 법인이 당해 대도시 내로의 전입에 따른 등기를 말한다고 한정하고 있으므로, 그 취득하는 부동산이 새로 전입하는 당해 대도시인 서울특별시 내에 소재하고 있는 경우에 한하여 그 부동산등기가 등록세 중과세 대상이 된다고 보는 것이 법령의 취지에 부합하는 타당한 해석이라고 할 것이다.

(대법 2001두10974, 2003.8.19.)

여기에서 "대도시에서의 법인설립(휴면법인을 인수하는 경우를 포함한다.), 지점, 분사무소 설치 및 법인의 본점, 주사무소, 지점, 분사무소의 대도시 전입에 따른 부동산 취득"은 해당 법인 또는 사무소, 사업장이 그 설립·설치·전입(수도권의 경우 서울특별시 외의 지역에서 서울특별시로의 전입은 대도시로의 전입으로 본다.) 이전에 법인의 본점·주사무소·지점 또는 분사무소의 용도로 직접 사용하기 위한 부동산 취득(채권을 보전하거나 행사할 목적으로 하는 부동산취득은 제외한다.)을 말하며, "그 설립, 설치, 전입 이후의 부동산 취득"이란 법인 또는 사무소 등이 설립, 설치, 전입 이후 5년 이내에 취득하는 업무용, 비업무용 또는 사업용, 비사업용의 모든 것들을 말한다.

이 경우 부동산 취득에는 공장의 신설·증설, 공장의 승계취득, 해당 대도시에서의 공장의 이전 및 공장의 업종변경에 따르는 부동산 취득을 포함한다(영 §27 ③).

> **사례**
>
> ❖ **부동산취득과 지점설치와의 관련성 여부**
>
> 법인이 부동산을 분양 목적으로 취득하였으나 그 중 목욕장 부분을 분양할 수 없게 되자 그 목욕장시설을 유지하기 위하여 다른 사람에게 분양할 때까지 한시적으로 목욕장에서 목욕장업을 운영하고자 지점을 설치한 경우, 부동산의 취득과 지점의 설치 사이에 관련성을 인정할 수 없으므로 그 부동산에 관한 등기는 구 지방세법(1998.12.31. 법률 제5615호로 개정되기 전의 것)상 등록세 중과대상인 지점설치에 따른 부동산등기에 해당하지 않는다고 본 원심의 판단은 정당하다.
>
> (대법 99두1618, 2001.4.10.)

이상의 규정을 중심으로 그 내용을 자세히 살펴보면 다음과 같다.

먼저 법인의 설립(휴면법인을 인수하는 경우를 포함한다.)과 지점 또는 분사무소의 설치 및 대도시 내로의 법인의 본점, 주사무소, 지점 또는 분사무소의 전입 이전에 취득하는 모든 부동산취득(채권을 보전하거나 행사할 목적으로 하는 부동산등기를 제외한다.)는 취득세가 중과세되는데,

① 법인의 설립(휴면법인을 인수하는 경우를 포함한다.)에 있어서는 설립되기 이전에 부동산을 취득한다는 것은 현실적으로 어렵고 설사 부동산을 취득하였다고 하더라도 제3자를 통한 취득이 되기 때문에 중과대상이 없는 것으로 생각해도 좋을 것이다.

② 지점 또는 분사무소의 설치나 전입 이전에 취득한 모든 부동산 취득은 중과세하여야 하는데 이 경우 전입 이전에 이미 취득·등기가 되어 있는 부동산 취득에 대하여는 추징할 수 없다는 문제가 제기될 수 있으나 법인의 대도시 내 전입에 따른 부동산 취득의 중과분 취득세는 과세권자가 중과추징할 수 있게 된 날을 전입일로 보아야 하므로 중과분 취득세의 소멸시효는 등기일에 불구하고 전입일을 그 기산일로 하여야 하기 때문에 전입일 이전에 취득한 부동산은 등기한 기간에 관계없이 모두 중과추징함이 타당하다고 본다.

또한 "설립, 설치, 전입 이전에 법인의 본점·주사무소·지점 또는 분사무소의 용도로 직접사용하기 위하여 취득하는 부동산"이라 하였으므로 부동산을 취득한 후 5년 내에 법인을 설립, 설치, 전입하는 경우는 법인의 본점·주사무소·지점 또는 분사무소의 용도로 직접사용하기 위한 부동산의 취득인 경우에 한하여 취득세가 중과세된다고 보아야 한다.

그러나 법인의 설립, 설치, 전입 이전이나 이후 5년 이내에 등기하는 본점 등에 사용하기 위한 부동산 중 채권을 보전하거나 행사할 목적으로 하는 부동산취득의 경우는 중과세대상에서 제외된다. 이 규정은 법인의 설립, 설치, 전입 이전 또는 이후에 취득하는 부동산취득에 중과세함에 따라 금융기관 등이 채권을 보전하거나 행사할 목적으로 부동산을 취득할 때에도 중과세되는 모순이 있어 취해진 조치이다.

③ 지점 등이라 함은 "법인세법 등의 규정에서 등록된 사업장으로서 인적·물적 설비를 갖추고 계속해서 사무 또는 사업이 행하여지는 장소"를 말하므로 지점 또는 분사무소의 설치나 전입의 기준일은 등기일이 아닌 사실상의 설치일 또는 전입일을 기준하여야 하고 그 기준일 이전에 취득한 부동산이 지점 또는 분사무소의 업무활동에 속하는 것일 경우에만 중과세하여야 한다.

예를 들면 대도시 외의 법인이 대도시 내에 제품생산 공장만을 설치·운영해 오다가 동 공장에서 생산한 제품을 직접 판매하기 위하여 당해 대도시 내에 직매장을 설치하였으나 본점에서 공장의 제품생산활동 등을 직접 지휘·감독하는 경우의 공장용 부동산 취득·등기에 대하여는 취득세를 중과추징할 수 없으나, 공장이 소재한 대도시 내에 공장의 생산활동을 지휘·감독하는 지점을 설치하거나 전입시킨 경우에 당해 공장이 지점의 업무활동 범위 내에 속하는 것이므로 공장용 부동산의 취득에 대한 취득세를 중과추징 하여야 한다. 이는 지방세법에서 영업행위가 없는 단순한 제조·가공장소는 지점 등에 해당하는 사무소 또는 사업장이라 할 수 없기 때문이다.

다음으로 "법인 등의 설립(휴면법인을 인수하는 경우를 포함한다.), 설치, 전입 이후의 부동산취득"이란 법인 또는 지점 등이 설립, 설치, 전입 이후 5년 이내에 취득하는 업무용, 비업무용, 사업용, 비사업용을 불문한 일체의 부동산 취득에 대하여는 취득세를 중과세하는데, 이 규정에서 "설립, 설치, 전입 이후의 부동산 등기"라 함은 법인 또는 지점 등이 설립, 설치, 전입 이후 5년 이내에 그 사업용에 사용하기 위하여 취득하는 모든 부동산 취득을 말하고, 이 경우 부동산 취득에는 공장의 신설·증설, 공장의 승계취득, 당해 대도시 내에서의 공장의 이전 및 공장의 업종변경에 따르는 부동산 등기를 포함하는 것으로 하였으며, "지점 등"이라 함은 "행정안전부령"으로 별도로 정하도록 하고 있다.

그러나 "모든 부동산취득"에는 금융기관 등이 채권을 보전하거나 행사할 목적으로 하는 부동산취득은 제외되어 중과세대상이 되지 않는 점에 유의해야 한다.

> **사례**
>
> ❖ **기존법인간 합병후 5년 이내 지점용 부동산을 취득한 경우 등록세 중과여부**
>
> 기존법인인 원고가 역시 기존법인인 주식회사 ○○○을 흡수합병하여 주식회사 ○○○의 종전 본점 소재지에 원고의 지점을 설치한 다음 그때부터 5년 이내에 위 지점의 영업에 사용되던 부동산을 취득하여 마친 이 사건 부동산등기에 대하여도 시행령 제102조 제7항이 적용된다고 판단한 것은 정당하고, 거기에 상고이유에서 주장하는 바와 같이 시행령 제102조 제7항의 적용범위에 관한 법리를 오해한 위법이 없다.
>
> (대법 2011두12726, 2013.7.11.)

3) 대도시 내 공장신설 등 중과세

서울특별시, 인천광역시, 경기도의 일부 시를 포함한 과밀억제권역 내에서 공장을 신설하거나 증설할 때에는 대도시 내의 인구증가 억제와 공해방지 등을 위한 조세정책상 또는 사회정책 목적에 의하여 취득세를 중과세하는 정책세제이다.

(1) 중과세대상 공장

수도권정비계획법 제6조에 따른 대도시(산업집적활성화 및 공장설립에 관한 법률의 적용을 받는 산업단지, 유치지역 및 국토의 계획 및 이용에 관한 법률의 적용을 받는 공업지역을 제외한다.)에서 공장을 신설하거나 증설함에 따라 부동산을 취득하는 경우의 취득세는 제11조 제1항의 표준세율의 100분의 300에서 중과기준세율(1천분의 20)의 100분의 200을 뺀 세율을 적용한다.

그런데 대도시 내의 공장 신·증설에 대한 취득세 중과세 규정은 지방세법 제13조 제8항에서 "제2항에 따른 중과세의 범위와 적용기준, 그 밖에 필요한 사항은 대통령령으로 정하고, 공장의 범위와 적용기준은 행정안전부령으로 정한다."고 규정하고 있다.

(가) 공장의 범위

공장이란 지방세법시행규칙 별표2에 규정된 업종의 공장(산업집적 활성화 및 공장 설립에 관한 법률 제28조에 따른 도시형 공장은 제외한다.)으로서 생산설비를 갖춘 건축물의 연면적(옥외에 기계장치 또는 저장시설이 있는 경우에는 그 시설의 수평투영면적을 포함한다.)이 500제곱미터 이상인 것을 말한다.

이 경우 건축물의 연면적에는 해당 공장의 제조시설을 지원하기 위하여 공장 경계 구역 안에 설치되는 부대시설(식당, 휴게실, 목욕실, 세탁장, 의료실, 옥외 체육시설 및 기숙사 등 종업원의 후생복지증진에 제공되는 시설과 대피소, 무기고, 탄약고 및 교육시설은 제외한다.)의 연면적을 포함한다(규칙 §7 ①).

(나) 공장의 중과세 적용기준

① 공장을 신설하거나 증설하는 경우 중과세할 과세물건은 다음과 같다.
　㉮ 수도권정비계획법 제6조 제1항 제1호에 따른 과밀억제권역(산업집적활성화 및 공장설립에 관한 법률의 적용을 받는 산업단지 및 유치지역과 국토의 계획 및 이용에 관한 법률의 적용을 받는 공업지역은 제외한다.)에서 공장을 신설하거나 증설하는 경우에는 신설하거나 증설하는 공장용 건축물과 그 부속토지.
　㉯ 과밀억제권역에서 공장을 신설하거나 증설(건축물 연면적의 100분의 20 이상을 증설하거나 건축물 연면적 330제곱미터를 초과하여 증설하는 경우만 해당한다.)한 날부터 5년 이내에 취득하는 공장용 차량 및 기계장비

② 다음에 해당하는 경우에는 앞의 "①"에도 불구하고 중과세 대상에서 제외한다.
　㉮ 기존 공장의 기계설비 및 동력장치를 포함한 모든 생산설비를 포괄적으로 승계취득하는 경우
　㉯ 해당 과밀억제권역에 있는 기존 공장을 폐쇄하고 해당 과밀억제권역의 다른 장소로 이전한 후 해당 사업을 계속하는 경우, 다만 타인 소유의 공장을 임차하여 경영하던 자가 그 공장을 신설한 날부터 2년 이내에 이전하는 경우 및 서울특별시 외의 지역에서 서울특별시 내로 이전하는 경우에는 그러하지 아니한다.
　㉰ 기존 공장(승계취득한 공장을 포함한다.)의 업종을 변경하는 경우는 공장 신설에 해당되지 아니하며, 기존 공장을 승계취득하여 기존 공장의 업종과 다른 종류의 영업을 영위하는 경우에도 이를 공장의 업종변경으로 본다.
　㉱ 기존 공장을 철거한 후 1년 이내에 같은 규모로 재축(건축공사에 착공한 경우를 포함한다.)하는 경우는 중과세 대상으로 보지 아니한다.
　㉲ 행정구역변경 등으로 새로 과밀억제권역으로 편입되는 지역은 편입되기 전에 산업집적활성화 및 공장설립에 관한 법률 제13조에 따른 공장설립의 승인이나 건축허가를 받은 경우는 중과세대상으로 보지 아니한다.
　㉳ 부동산을 취득한 날부터 5년 이상 경과한 후 공장을 신설하거나 증설하는 경우는 중과세 되지 아니한다.
　㉴ 차량 또는 기계장비를 노후 등의 사유로 대체취득하는 경우는 중과세 대상으로 보지 아니한다. 다만, 기존의 차량 또는 기계장비를 매각하거나 폐기처분하는 날을 기준으로 그 전후 30일 이내에 취득하는 경우만 해당한다.

③ 위의 "① 및 ②" 규정을 적용할 때 공장의 증설이란 공장용으로 쓰는 건축물의 연면적 또는 그 공장의 부속토지 연면적을 확장하는 경우, 해당 과밀억제권역 안에

서 공장을 이전하는 경우에는 종전의 규모를 초과하여 시설하는 경우, 레미콘제조공장 등 차량 또는 기계장비 등을 주로 사용하는 특수업종은 기존 차량 및 기계장비의 100분의 20 이상을 증가하는 경우를 말한다.

그러나 위에서 설명한 공장의 포괄승계취득, 당해 대도시 내의 공장이전, 공장의 업종변경은 대도시 내의 공장신설 또는 증설에 대한 중과세대상에서는 제외되나 대도시 내의 법인설립 등의 취득에 대한 중과세대상에서는 제외되지 아니하므로 특히 이 점에 유의하여야 한다.

(2) 대도시의 범위

대도시라 함은 수도권정비계획법 제6조의 규정에 의한 과밀억제권역을 말한다. 다만, 산업집적활성화 및 공장설립에 관한 법률의 규정을 적용받는 산업단지·유치지역 및 국토의 계획 및 이용에 관한 법률에 의한 공업지역은 대도시의 범위에서 제외된다. 이러한 대도시의 범위에 대하여는 앞서 설명한 법인의 설립등기, 설립에 따른 부동산 등기에 대한 중과세 규정에서 설명하였으므로 참고하기 바라며, 이 경우 공장의 신·증설에 대한 중과세대상지역이 앞의 법인설립 및 이에 따른 부동산등기 규정에서는 과밀억제권역 중 산업집적활성화 및 공장설립에 관한 법률의 규정을 적용받는 산업단지만 제외하였으나 공장신·증설의 경우에는 산업단지뿐 아니라 유치지역과 국토의 계획 및 이용에 관한 법률에 의한 공업지역도 대도시의 범위에서 제외되는 점에 유의해야 한다.

> **사례**
>
> ❖ 법인 또는 지점 등의 부동산 취득이 등록세 중과대상에서 제외되는 도시형업종 공장의 신설 또는 증설에 따른 부동산 취득에 해당되기 위한 요건
>
> 대도시 내에서 법인 또는 지점 등이 그 설립·설치·전입 이전에 취득하는 일체의 부동산등기와 그 설립·설치·전입 이후 5년 이내에 취득하는 일체의 부동산등기 및 대도시 내에서의 공장의 신설 또는 증설에 따른 부동산등기에 대하여는 등록세를 중과하되, 산업집적활성화 및 공장설립에 관한 법률 소정의 도시형업종에 해당하는 공장을 신설 또는 증설하기 위하여 부동산을 취득하는 경우에는 중과대상에서 제외하는 것이지만, 이러한 사유로 등록세 중과대상에서 제외되기 위해서는 등기 당시 현실적으로 그 부동산을 도시형업종 공장의 건축물 및 부속토지로 사용하고 있지는 아니하더라도 도시형업종 공장의 신설 또는 증설을 위한 목적으로 취득하였음은 인정되어야 한다.
>
> (대법 2001두3280, 2002.9.27.)

4) 중과세 제외대상

대도시 내에서의 취득세가 중과세되지 아니하는 경우는 다음에서 설명하는 중과세 제외

대상 업종이나 사업뿐만 아니라 앞에서 살펴본 바와 같이 법인의 설립 또는 지점의 설치 그리고 대도시 외의 지역에서 대도시 내로 전입한 날부터 5년이 경과한 법인에 대하여는 중과세대상이 되지 아니하는 것이며, 이 경우 5년의 경과 여부를 판단할 때에는 법인격 자체의 변동이 없고, 대표자나 명칭의 변경 등은 상관할 것이 아니며 또한 설립·설치의 시점도 본점인 경우는 설립등기일 또는 사실상 사업개시일, 지점은 사업자등록일 등을 기준으로 5년의 경과 여부를 판단하여야 할 것이다.

(1) 중과세 제외대상 업종

수도권정비계획법 제6조에 따른 과밀억제권역(산업집적활성화 및 공장설립에 관한 법률의 적용을 받는 산업단지를 제외한다. 이하 이 조에서 "대도시"라 한다.)에 설치가 불가피하다고 인정되는 업종으로서 다음에 정하는 업종에 직접 사용할 목적으로 부동산을 취득하거나 법인이 사원에 대한 분양 또는 임대용으로 직접 사용할 목적으로 1구(1세대가 독립하여 구분 사용할 수 있도록 구획된 부분을 말한다.)의 건축물의 연면적(전용면적을 말한다.)이 60㎡ 이하인 공동주택 및 그 부속토지에 관한 취득(취득일부터 1년 내에 정당한 사유없이 해당 용도에 직접 사용하지 아니하는 경우 또는 2년 이상 해당 용도에 직접 사용하지 아니하고 매각하거나 다른 용도에 사용·겸용하는 경우를 제외한다.) 이외에는 취득세가 중과세 되는 점에 대하여 이상에서 설명하였는데, 이러한 취득세 중과세대상 업종 중에서 다음에 해당하는 업종에 대하여는 취득세를 중과하지 아니하나 이들 업종을 영위하는 자가 다음의 어느 하나에 해당하는 경우에는 중과세율을 적용한다.

① 중과세 제외대상 업종으로 대도시에서 법인의 설립(휴면법인을 인수하는 경우를 포함한다.)하거나 지점 또는 분사무소를 설치하는 경우 및 법인의 본점·주사무소·지점 또는 분사무소를 대도시로 전입함에 따라 대도시의 부동산을 취득(그 설립·설치·전입 이후의 부동산취득을 포함한다.)하는 경우에는 취득세가 중과세 된다.

② 중과세 제외 대상 업종에 직접사용할 목적으로 취득한 부동산을 그 취득일로부터 정당한 사유 없이 1년 [해외건설촉진법에 따라 신고된 해외건설업(해당 연도에 해외건설 실적이 있는 경우로서 해외건설에 직접 사용하는 사무실용 부동산만 해당한다.) 및 주택법 제9조에 따라 국토교통부에 등록된 주택건설사업(주택건설용으로 취득한 후 3년 이내에 주택건설에 착공하는 부동산만 해당한다.)의 경우는 3년] 이 경과할 때까지 해당 업종에 직접 사용하지 아니하거나 다른 업종에 사용 또는 겸용하는 경우와 2년 이상 해당 업종에 직접 사용하지 아니하고 매각하거나 다른 업종에 사용 또는 겸용하는 경우에 그 해당부분에 대해서는 법 제11조 제1항의 표준세율의 100분의 300에서 중과기준세율의 100분의 200을 뺀 세율을 적용한다. 다만, 임대가 불가피하다고 인정되는 업종으로

전기통신사업(전기통신사업자가 전기통신사업법 제41조에 따라 전기통신설비 또는 시설을 다른 전기통신사업자와 공동으로 사용하기 위하여 임대하는 경우로 한정한다.)과 유통산업, 농수산물도매시장, 농수산물공판장, 농수산물종합유통센터, 유통자회사 및 가축시장(유통산업발전법 등 관계법령에 따라 임대가 허용되는 매장 등의 전부 또는 일부를 임대하는 경우 임대하는 부분에 한정한다.) 부동산 등에 대하여는 직접 사용하는 것으로 본다.

그런데 중과세 제외대상업종에 사용하기 위하여 취득하였으나 일정기간이 경과될 때까지 당해 업종에 사용하지 못하여 중과세하는 것은 별문제가 발생하지 아니하나 다른 업종과 겸용할 때 중과세대상을 구분하는 것이 실질적으로는 여러 가지 문제가 발생할 수 있는데 이를 구분하여 살펴보면 다음과 같다.

① 사용용도가 명확히 구분되는 경우에는 건물의 층별, 공장의 면적별, 사무실의 구분 사용 면적별로 중과 여부를 판단하여야 할 것이며,

② 사업장은 구분되어 있으나 관리하는 사무실은 1개 사무실에서 같이 사용하고 있을 경우에는 법인이 중과제외 업종과 중과대상 업종을 겸업하는 경우로서 취득세의 과세표준이 구분되지 아니하는 경우 당해 법인에 대한 취득세는 직전 사업연도(중과제외 업종이 신설되는 경우에는 당해 사업연도)의 당해 법인의 총매출액에서 중과 제외업종과 중과 대상업종의 매출액이 차지하는 비율에 따라 안분하여 과세한다. 다만, 매출액이 없는 경우에는 유형고정자산가액의 비율에 의하여야 할 것이다.

여기에서 대도시 내에서 중과세되는 업종에서 제외되는 업종을 살펴보면 다음과 같다 (영 §26).

① 사회기반시설에 대한 민간투자법 제2조 제2호에 따른 사회기반시설사업(같은 법 제2조 제8호에 따른 부대사업을 포함한다.)(영 §26 ① Ⅰ).

여기에서 사회기반시설이란 각종 생산활동의 기반이 되는 시설, 당해 시설의 효용을 증진시키거나 이용자의 편의를 도모하는 시설 및 국민생활의 편익을 증진시키는 시설로서 도로법 제2조 제1항 제1호 및 제2호에 따른 도로 및 도로의 부속물, 철도사업법 제2조 제1호에 따른 철도, 도시철도법 제2조 제2호에 따른 도시철도 등의 시설을 말한다(사회기반시설에 대한 민간투자법 §2 Ⅰ).

그리고 "사회기반시설사업"이라 함은 사회기반시설의 신설·증설·개량 또는 운영에 관한 사업을 말하고, "귀속시설"이라 함은 사회기반시설의 준공과 동시에 당해 시설의 소유권이 국가 또는 지방자치단체에 귀속되며 사업시행자에게 일정기간의 시설관리운영권을 인정하는 방식과 사회기반시설의 준공후 일정기간 동안 사업시행자에게 당해 시설의 소유권이 인정되며 그 기간의 만료시 시설소유권이 국가 또는 지방자치단체에 귀속되는 방식

으로 추진되는 사회기반시설을 말한다(사회기반시설에 대한 민간투자법 §2 Ⅱ·Ⅲ).

그러므로 이 규정의 적용을 받기 위해서는 사회기반시설에 대한 민간투자법 제2조 제1호에 규정된 사회기반시설을 동법 제2조 제2호 및 제3호의 방식으로 추진하는 시설사업(그 부대사업 포함)을 하는 것에 한하여 중과세 대상에서 제외하는 것이다. 그리고 "부대사업"이란 사업시행자가 민간투자사업과 연계하여 시행하는 동법 제21조 제1항 각호에 게기된 주택건설사업, 택지개발사업, 도시·군계획시설사업, 도시개발사업, 도시환경정비사업, 산업단지개발사업, 관광숙박업, 관광객 이용시설업 및 관광지, 관광단지 개발사업, 물류터미널사업, 항만운송사업, 대규모점포(시장에 관한 것은 제외), 도매배송서비스 또는 공동집배송센터사업 등 국가 또는 지방자치단체의 재정지원을 절감할 수 있는 수익사업을 말한다.

② 한국은행법 및 한국수출입은행법에 의한 은행업(영 §26 ① Ⅱ)

여기에서 말하는 한국은행법 및 한국수출입은행법에 의한 은행업이라 함은 한국은행과 한국수출입은행이 영위하는 은행업을 지칭한다.

③ 해외건설촉진법에 따라 신고된 해외건설업(해당 연도에 해외건설 실적이 있는 경우로서 해외건설에 직접 사용하는 사무실용 부동산만 해당한다.) 및 주택법 제9조에 따라 국토교통부에 등록된 주택건설사업(주택건설용으로 취득한 후 3년 이내에 주택건설에 착공하는 부동산만 해당한다.)(영 §26 ① Ⅲ).

이 경우 해외건설실적은 적어도 취득시점 이전에 있어야 하며 그 실적은 해외건설계약을 체결한 후 그 건설계약에 대한 선수금이 외환은행에 입금된 것을 말하는 것이며, 해당 연도라 함은 역년상으로 1년을 말하는 것이 아니라 매년 1월 1일부터 12월 31일까지를 말하므로 극단적인 예로서 2013년 1월 5일에 등기하는 경우 해당 연도, 즉 2013년 1월 1일부터 1월 5일까지 해외건설실적(외환은행에 입금된 공사금액)이 없다면 중과세될 수밖에 없다.

또한 주택건설사업의 경우에는 법인이 직접 주택건설용으로 취득하는 것이어야 하며, 취득 후 3년 이내에 착공을 하지 않으면 중과세대상이 된다.

▎사례▎

❖ 합병으로 인해 주택건설용지로 사용하지 못한 경우 중과세여부 등

합병 후 존속법인이 소멸법인의 부동산 취득 등기일로부터 3년 이내에 이를 주택건설사업에 직접 사용하지 아니하거나 다른 업종에 사용 또는 겸용한 경우에는 합병 후 존속법인이 중과세율에 의한 등록세를 추가 납부할 의무를 부담한다고 보아야 하고, 그 흡수합병이 기업의 구조개선

> 등을 위하여 불가피하였다는 등의 사정은 위와 같은 중과대상에서 제외되는 '정당한 사유'에 해당하는지 여부의 판단에서 고려될 수 있을 뿐이라 할 것이다. …이 사건 도시환경정비구역 내 건축물의 주용도 변경은 원고와 ㅇㅇㅇㅇ의 요청이 주된 원인이 되어 이루어진 것으로서, 원고와 ㅇㅇㅇㅇ의 합병이 거기에 어떠한 영향을 미친 것은 아니고 오히려 원고와 ㅇㅇㅇㅇ는 이 사건 토지를 주택건설 이외의 용도에 사용함에 따라 부과될 등록세 중과 처분을 피하는 것을 주된 목적으로 하여 위와 같은 흡수합병에 이르렀다고 보이므로, 이러한 건축물의 주용도 변경이나 흡수합병이 있었다고 하여 합병 후 존속법인인 원고가 이 사건 토지를 구 지방세법 시행령 제101조 제2항 본문에서 정한 3년의 유예기간 내에 주택건설사업에 사용하지 못하거나 다른 용도로 사용한 것에 대하여 정당한 사유가 있었다고 볼 수는 없다.
>
> (대법 2011두5940, 2013.12.26.)

④ 전기통신사업법 제5조에 따른 전기통신사업(영 §26 ① Ⅳ)

이 경우 전기통신사업법에 따른 전기통신사업자가 임대가 불가피하여 임대하는 경우에도 전기통신사업법 제41조에 따라 전기통신설비 또는 시설을 다른 전기통신사업자와 공동으로 사용하기 위하여 임대하는 경우로 한정한다(영 §26 ④ Ⅰ).

전기통신사업은 기간통신사업, 별정통신사업 및 부가통신사업으로 구분하는데 기간통신사업이라 함은 전기통신회선설비를 설치하고, 그 전기통신설비를 이용하여 기간통신역무를 제공하는 사업으로 한다. 그리고 기간통신사업은 전기통신회선설비를 설치하고, 그 전기회선설비를 이용하여 기간통신역무를 제공하는 사업으로 한다.

또한 별정통신사업은 기간통신사업의 허가를 받는 자의 전기통신회선설비 등을 이용하여 기간통신역무를 제공한 사업과 같은 법 시행령이 정하는 구내에 전기통신설비를 설치하거나 이를 이용하여 그 구내에서 전기통신역무를 제공하는 사업을 말하며, 부가통신사업은 기간통신사업자로부터 전기통신회선설비를 임차하여 전기통신역무 외의 전기통신역무를 제공하는 사업으로 한다.

⑤ 산업발전법에 따라 산업통산자원부장관이 고시하는 첨단기술산업과 산업집적활성화 및 공장설립에 관한 법률 시행령 별표 1 제2호 마목에 따른 첨단업종(영 §26 ① Ⅴ)

이 경우 첨단기술 및 첨단제품의 범위는 기술집약도가 높고 기술혁신속도가 빠른 기술 및 제품을 대상으로 산업구조의 고도화에 대한 기여효과, 신규 수요 및 부가가치창출효과, 산업간 연간효과를 고려하여 정하여야 한다(산업발전법 §5).

⑥ 유통산업발전법에 따른 유통산업, 농수산물유통 및 가격안정에 관한 법률에 따른 농수산물도매시장, 농수산물공판장, 농수산물종합유통센터, 유통자회사 및 축산법에 따른 가축시장. 이 경우 유통산업발전법 등 관계 법령에 따라 임대가 허용되는 매장

등의 전부 또는 일부를 임대하는 부분도 해당 업종에 직접 사용하는 것으로 본다. 다만, 관계법령에 따라 임대가 허용되는 매장 등의 전부 또는 일부를 임대하는 경우 임대하는 부분에 한정한다(영 §26 ① Ⅵ §26 ④ Ⅱ).

이 규정에서 "유통산업"이라 함은 농산물, 임산물, 축산물, 수산물(가공 및 조리물을 포함한다.) 및 공산품의 도매, 소매 및 이를 영위하기 위한 보관, 배송, 포장과 이와 관련된 정보·용역의 제공 등을 목적으로 하는 산업을 말한다.

⑦ 여객자동차 운수사업법에 따른 여객자동차운송사업 및 화물자동차 운수사업법에 따른 화물자동차운송사업과 물류시설의 개발 및 운영에 관한 법률 제2조 제3호에 따른 물류터미널사업 및 물류정책기본법 시행령 제3조 및 별표 1에 따른 창고업(영 §26 ① Ⅶ)

⑧ 정부출자법인 또는 정부출연법인(국가 또는 지방자치단체가 납입자본금 또는 기본자산의 100분의 20 이상을 직접 출자 또는 출연한 법인만 해당한다.)이 경영하는 사업(영 §26 ① Ⅷ)

⑨ 의료법 제3조에 따른 의료업(영 §26 ① Ⅸ)

이 규정에 의한 의료기관으로는 의원급 의료기관으로 의사, 치과의사 또는 한의사가 주로 외래환자를 대상으로 각각 그 의료행위를 하는 기관으로서 의원, 치과의원, 한의원이 있고, 조산사가 조산과 임부, 해산부, 산육부 및 신생아를 대상으로 보건활동과 교육·상담을 하는 의료기관으로서 조산원이 있으며, 의사, 치과의사 또는 한의사가 주로 입원환자를 대상으로 의료행위를 하는 병원, 치과병원, 한방병원, 요양병원, 종합병원을 말하는 것이므로 그 설립 근거가 사단·재단법인 등에 관계없이 의료업에 포함되면 중과세 대상에서 제외된다.

⑩ 개인이 영위하던 제조업(소득세법 제19조 제1항 제3호에 따른 제조업을 말한다.). 다만, 행정안전부령으로 정하는 바에 따라 법인으로 전환하는 기업만 해당하며, 법인전환에 따라 취득한 부동산의 가액(지방세법 제4조에 따른 시가표준액을 말한다.)이 법인 전환 전의 부동산가액을 초과하는 경우에 그 초과부분과 법인으로 전환한 날 이후에 취득한 부동산에 대해서는 그러하지 아니한다(영 §26 ① Ⅹ).

그런데 이 규정은 모든 개인이 영위하던 제조업에 해당되는 것이 아니고 "행정안전부령으로 정하는 바에 따라 법인으로 전환하는 기업"으로 한정하였는데, 이 경우의 기업에 해당하는 것은 수도권정비계획법 제6조에 따른 대도시에서 부가가치세법 또는 소득세법에 따른 사업자등록을 하고 5년 이상 제조업을 경영한 개인기업이 그 대도시에서 법인으로 전환하는 경우에 해당하는 기업을 말하는데 그 적용범위는 위와 같은 개인기업이 법인전환에 따라 취득한 부동산의 가액(시가표준액을 말함)이 법인전환 전의 부동산가액을 초과하는 부분과 법인으로 전환한 날 이후에 취득한 부동산에 대하여는 이 규정의 적용을 받지 못한다(규칙 §5).

⑪ 산업집적활성화 및 공장설립에 관한 법률 시행령 별표 1 제3호 가목에 따른 자원재활용업종(영 §26 ① XI)

| 과밀억제지역 안에서의 공장의 신설·증설 또는 이전이 허용되는 경우 (별표1) |

1. 산업단지	(생략)
2. 공업지역	(생략)
3. 기타지역	가. 다음의 어느 하나에 해당하는 공장(이하 "현지근린공장"이라 한다.)의 신설 또는 증설(대기업의 공장은 신설 및 증설 결과 공장건축면적이 1천제곱미터 이내인 경우에만 해당한다.) 또는 기존공장의 증설(대기업의 공장은 증설되는 공장건축면적이 1천제곱미터 이내인 경우에만 해당한다.) (1) 농·수·축·임산물가공처리 및 그 부산물을 이용한 유기질비료 또는 사료를 제조하기 위한 공장으로서 산업통상자원부령으로 정하는 업종의 공장 (2) 자원의 절약과 재활용촉진에 관한 법률 제2조 제7호에 따른 재활용산업으로서 산업통상자원부령으로 정하는 업종의 공장 및 같은 법 제2조 제5호에 따른 재활용 제품을 생산하는 공장 (3) 산업기술혁신 촉진법 제11조에 따른 산업기술개발사업 또는 기술개발촉진법 제7조에 따른 특정연구개발사업의 성과 및 국가인증을 획득한 신기술의 사업화를 촉진하기 위한 공장 (4) 해당 지역에서 생산되는 원자재를 주원료로 하고 그 지역안에서 특화육성이 필요하다고 인정하여 시·도지사가 추천한 공장 (5) 생활소비재산업 등 도시민의 생활과 밀접하게 관련되어 있는 산업으로서 산업통상자원부령이 정하는 업종의 공장 나~자 (생략)

⑫ 소프트웨어산업 진흥법 제2조 제3호에 따른 소프트웨어사업 및 같은 법 제27조에 따라 설립된 소프트웨어공제조합이 소프트웨어산업을 위하여 수행하는 사업(영 §26 ① XII)

⑬ 공연법에 따른 공연장 등 문화예술시설운영사업(영 §26 ① XIII)

여기에서 "공연이라 함은 음악, 무용, 연극, 연예, 국악, 곡예 등 예술적 관람물을 실연에 의하여 공중에게 관람하도록 하는 행위를 말한다. 다만 상품판매 또는 선전에 부수한 공연을 제외한다. 이 경우는 이와 같은 시설을 설치하고 그 사업에 적합한 규정에 의거 운영만 하면 족하고 별도의 충족요건은 필요 없다고 본다.

⑭ 방송법 제2조 제2호·제5호·제8호·제11호 및 제13호에 따른 방송사업, 중계유선방송사업, 음악유선방송사업, 전광판방송사업 및 전송망사업(영 §26 ① XIV)

⑮ 과학관육성법에 따른 과학관시설운영사업(영 §26 ① XV)

⑯ 산업집적활성화 및 공장설립에 관한 법률 제28조에 따른 도시형 공장을 영위하는 사업(영 §26 ① ⅩⅥ)
⑰ 중소기업창업 지원법 제10조에 따라 등록한 중소기업창업투자회사가 중소기업창업 지원을 위하여 수행하는 사업. 다만, 법인설립 후 1개월 이내에 같은 법에 따라 등록하는 경우만 해당한다(영 §26 ① ⅩⅦ).
⑱ 「한국광해광업공단법」에 따른 한국광해광업공단이 석탄산업합리화를 위하여 수행하는 사업(영 §26 ① ⅩⅧ)
⑲ 소비자기본법 제33조에 따라 설립(영 §26 ① ⅩⅨ)
⑳ 건설산업기본법 제54조에 따라 설립된 공제조합이 건설업을 위하여 수행하는 사업(영 §26 ① ⅩⅩ)
㉑ 엔지니어링산업 진흥법 제34조에 따라 설립된 공제조합이 그 설립 목적을 위하여 수행하는 사업(영 §26 ① ⅩⅩⅠ)
㉒ 주택도시기금법에 따른 주택도시보증공사가 주택건설업을 위하여 수행하는 사업(영 §26 ① ⅩⅩⅡ)
㉓ 여신전문금융업법 제2조 제12호에 따른 할부금융업(영 §26 ① ⅩⅩⅢ)
㉔ 통계법 제22조에 따라 통계청장이 고시하는 한국표준산업분류(이하 "한국표준산업분류"라 한다)에 따른 실내경기장·운동장 및 야구장 운영업(영 §26 ① ⅩⅩⅣ)
㉕ 산업발전법(법률 제9584호 산업발전법 전부개정법률로 개정되기 전의 것을 말한다.)제14조에 따라 등록된 기업구조조정전문회사가 그 설립 목적을 위하여 수행하는 사업. 다만, 법인 설립 후 1개월 이내에 같은 법에 따라 등록하는 경우만 해당한다(영 §26 ① ⅩⅩⅤ).
㉖ 지방세특례제한법 제21조 제1항에 따른 청소년 단체, 같은 법 제45조에 따른 학술단체, 장학법인 및 같은 법 제52조에 따른 문화예술단체, 체육단체가 그 설립 목적을 위하여 수행하는 사업(영 §26 ① ⅩⅩⅥ)
㉗ 중소기업진흥에 관한 법률 제69조에 따라 설립된 회사(중소기업제품판매회사의 설립)가 경영하는 사업(영 §26 ① ⅩⅩⅦ)
㉘ 「도시 및 주거환경정비법」 제35조 또는 「빈집 및 소규모주택 정비에 관한 특례법」 제23조에 따라 설립된 조합이 시행하는 「도시 및 주거환경정비법」 제2조 제2호의 정비사업 또는 「빈집 및 소규모주택 정비에 관한 특례법」 제2조 제1항 제3호의 소규모주택정비사업(영 §26 ① ⅩⅩⅧ)
㉙ 방문판매 등에 관한 법률 제38조에 따라 설립된 공제조합이 경영하는 보상금지급책임의 보험사업 등 같은 법 제37조 제1항 제3호에 따른 공제사업(영 §26 ① ⅩⅩⅨ)
㉚ 한국주택금융공사법에 따라 설립된 한국주택금융공사가 같은 법 제22조에 따라 경영하는 사업(영 §26 ① ⅩⅩⅩ)

㉛ 민간임대주택에 관한 특별법 제5조에 따라 등록을 한 임대사업자 또는 공공주택 특별법 제4조에 따라 지정된 공공주택사업자가 경영하는 주택임대사업, 다만, 주택법 제80조의 2 제1항에 따른 주택거래신고지역에서 매입임대주택사업을 하기 위하여 취득하는 임대주택은 제외한다(영 §26 ① ⅩⅩⅩⅠ).

㉜ 전기공사공제조합법에 따라 설립된 전기공사공제조합이 전기공사업을 위하여 수행하는 사업(영 §26 ① ⅩⅩⅩⅡ)

㉝ 소방산업의 진흥에 관한 법률 제23조에 따라 소방산업공제조합이 소방산업을 위하여 수행하는 사업(영 §26 ① ⅩⅩⅩⅢ)

㉞ 「중소기업 기술혁신 촉진법」 제15조 및 같은 법 시행령 제13조에 따라 기술혁신형 중소기업으로 선정된 기업이 경영하는 사업. 다만, 법인의 본점·주사무소·지점·분사무소를 대도시 밖에서 대도시로 전입하는 경우는 제외한다.(영 §26 ① ⅩⅩⅩⅣ)

㉟ 「주택법」에 따른 리모델링주택조합이 시행하는 같은 법 제66조제1항 및 제2항에 따른 리모델링사업.(영 §26 ① ⅩⅩⅩⅤ)

㊱ 「공공주택 특별법」에 따른 공공매입임대주택(같은 법 제4조제1항제2호 및 제3호에 따른 공공주택사업자와 공공매입임대주택을 건설하는 사업자가 공공매입임대주택을 건설하여 양도하기로 2022년 12월 31일까지 약정을 체결하고 약정일부터 3년 이내에 건설에 착공하는 주거용 오피스텔로 한정한다)을 건설하는 사업.(영 §26 ① ⅩⅩⅩⅥ)

㊲ 「공공주택 특별법」 제4조제1항에 따라 지정된 공공주택사업자가 같은 법에 따른 지분적립형 분양주택이나 이익공유형 분양주택을 공급·관리하는 사업.(영 §26 ① ⅩⅩⅩⅦ)

사례

❖ **영화상영관은 대도시내 등록세 중과 배제 대상 업종**

구 「지방세법시행령」 제101조 제1항 제3호가 사회기반시설사업을 등록세 중과제외업종의 하나로 규정한 것은 공익적 측면에서 대도시 안에 설치가 불가피한 사회기반시설의 확충을 도모하려는 그 취지가 있는 점, 위 규정의 문언도 「사회기반시설에 대한 민간투자법」 제2조 제2호만을 직접적으로 원용하고 있을 뿐이고, 같은 법이 규율하는 민간투자의 방식과 절차에 따른 사업은 제2조 제5호에서 '민간투자사업'으로 별도로 정의하고 있는 점, 이에 관한 추징 규정인 구 「지방세법 시행령」 제101조 제2항도 추징을 면하기 위한 요건으로 당해 업종에 직접 사용할 것만을 요구하고 구 「사회기반시설에 대한 민간투자법」에 의한 방식과 절차를 준수하지 못한 것을 추징사유로 들고 있지 아니한 점 등을 종합하여 보면, 구 「지방세법 시행령」 제101조 제1항 제3호가 규정하는 등록세 중과 제외업종은 「사회기반시설에 대한 민간투자법」 제2조 제2호에 규정된 사회기반시설사업이면 충분하고 같은 법이 정한 방식과 절차에 따라 시행된 사회기반시설사업에 국한되는 것으로 볼 수 없다.

(대법 13두19844, 2014.2.13.)

❖ **종전부터 존재하던 개인사업자 사무실을 법인이 승계취득하여 사용한 경우 취득세 등 중과대상 지점 등의 설치로 볼 수 있는지 여부**

지방세법 제13조 제2항, 지방세법시행령 제27조 제3항 전단의 입법 취지는 대도시의 인구집중을 방지하고 국가 경제의 균등한 발전을 도모하려는 데 있고, 일반적으로 법인은 조직과 규모에서 강한 확장성을 가지고 활동의 영역과 효과가 넓고 다양하여 인구와 경제력의 집중효과가 자연인의 경우에 비하여 훨씬 더 강하게 나타나므로, 법인이 아닌 자연인으로부터 영업을 양수한 경우 이를 종전부터 존재하던 사무실을 소속만 원고의 지점으로 바꾸어 유지·존속시킨 것에 불과하다고 평가할 수는 없다(대법 11두14777, 2013.7.12.).
또한, 앞서 본 바와 같이 이 사건 부동산은 법인이 아닌 개인사업자가 영업을 위하여 사용하고 있던 건물인데, 원고가 이를 승계취득하여 지점으로 사용하고 있으므로, 이 사건 부동산의 취득은 지방세법 제13조 제2항에 따른 취득세 중과대상에 해당한다(원고가 내세우는 대법원 92누12742, 1993.5.25. 판결은 다른 법인으로부터 영업양수를 하면서 종전부터 존재하던 법인의 사무실을 그 소속만 원고의 지점으로 바꾼 사안에 관한 것으로서 이 사건과 사안을 달리한다.). 원고의 이 부분 주장은 이유 없다.

(대법 16두33872, 2016.5.12.)

❖ **유통산업발전법상 중소규모점포도 중과제외대상에 해당 여부**

유통산업을 대도시 중과 제외 업종으로 규정하고 있고, 유통산업의 범위를 유통산업발전법에 따라 임대가 허용되는 유통산업발전법에 따른 대규모점포 만을 의미한다고 볼 근거가 없어 중소규모점포도 포함된다고 보아야 함

(대법 2019두39918, 2019.9.10.)

❖ **임대사업자가 경영하는 주택임대사업이 중과배제업종에 해당하는지 여부**

오피스텔을 임대하는 사업도 주택임대사업의 범위에 포함하고 있는 점 등에 비추어 청구법인은 「민간임대주택에 관한 특별법」 제5조에 따라 등록을 한 임대사업자가 경영하는 주택임대사업을 영위하여 대도시 중과 배제 업종을 영위하는 것으로 보는 것이 타당함

(조심 2021지534, 2021.6.10.)

(2) 중과세 제외대상 사업

법인이 사원에 대한 분양 또는 임대용으로 직접 사용할 목적으로 주거용 부동산을 취득하는 경우의 취득세는 법 제11조에 따른 해당 세율을 적용한다. 이 경우 주거용 부동산의 범위는 1구(1세대가 독립하여 구분 사용할 수 있도록 구획된 부분을 말한다.)의 건축물의 연면적(전용면적을 말한다.)이 60㎡ 이하인 공동주택 및 그 부속토지를 말한다(영 §26 ②).

5) 세율적용

(1) 대도시에서 법인을 설립(휴면법인을 인수하는 경우 포함)하거나 지점 또는 분사무소를

설치하는 경우 및 법인의 본점·주사무소·지점 또는 분사무소를 대도시로 전입함에 따라 대도시의 부동산을 취득하는 경우와 대도시에서 공장을 신설하거나 증설함에 따라 부동산을 취득하는 경우의 취득세는 지방세법 제11조 제1항의 표준세율의 100분의 300에서 중과기준세율의 100분의 200을 뺀 세율을 적용한다.

예를 들면 공장을 신설하기 위해서 토지를 취득한 경우라면 토지에 대한 기본세율(법 §11 ① Ⅶ (나))인 4%의 3배인 12%에서 중과기준세율인 2%의 2배인 4%를 뺀 세율인 8%를 적용한다는 것이다.

(2) 취득한 부동산이 취득후 5년 이내에 위와 같은 과세대상이 되는 경우에도 위 (1)의 세율을 적용하여 추징한다.

2. 고급주택, 골프장 등의 취득에 대한 중과세

가. 고급주택, 골프장 등에 대한 적용 세율

(1) 골프장, 고급주택, 고급오락장, 고급선박을 취득하는 경우(고급주택 등을 구분하여 그 일부를 취득하는 경우를 포함한다.)의 취득세는 제11조 및 제12조의 세율과 중과기준세율의 100분의 400을 합한 세율을 적용하여 계산한 금액을 그 세액으로 한다. 이 경우 골프장은 그 시설을 갖추어 체육시설의 설치·이용에 관한 법률에 따라 체육시설업의 등록(시설을 증설하여 변경등록하는 경우를 포함한다.)을 하는 경우뿐만 아니라 등록을 하지 아니하더라도 사실상 골프장으로 사용하는 경우에도 적용하며, 고급주택·고급오락장에 부속된 토지의 경계가 명확하지 아니할 때에는 그 건축물 바닥면적의 10배에 해당하는 토지를 그 부속 토지로 본다.

그런데 지방세법 제11조 제1항 제8호에 해당하는 주택을 취득하여 고급주택에 해당되면 그 때의 취득세는 같은 조 제1항의 표준세율(가격 6억 이하 1%, 6억 초과 9억 이하 2%, 9억 초과 3%)과 중과기준세율(4%)의 100분의 200(8%)을 합한 세율을 적용한다.

이 규정은 다음의 사례에서 보는 바와 같이 입법사항에 관하여 법률에서 구체적으로 범위를 정하지 아니하고 포괄적으로 대통령령에 위임한 것과 과세요건을 불명확하게 규정함으로서 조세법률주의에 위배되는 등 헌법에 위배되는 위헌법률이라는 헌법재판소의 판결(1998.7.16.)에 따라 시행령에 위임되어 있던 중과대상의 범위를 지방세법에 직접 규정하는 등 지방세법을 개정하면서 종전의 7.5배 중과를 5배로 완화하고 적용대상도 일부 조정하였다.[22]

---

22) 취득세 중과대상 중 법인이 토지를 취득한 날부터 유예기간내에 고유의 업무에 사용하지 않을 경우 법인의 비업무용 토지로 보아 취득세를 일반세율(2%)의 5배로 중과하던 법인의 비업무용 토지 중과제도는 2000년말 지

그리고 회원제 골프장의 경우 종전에는 신규로 등록하는 때에만 중과세를 하였으나 2004.7.1.부터는 골프장의 조성공사가 완료되었거나, 80~90% 정도 공사가 진척된 상태에서 시범라운딩을 명목으로 상당기간 사실상 골프장업을 운영하는 경우에도 중과세하도록 하였는데 이는 체육시설업의 등록을 하지 않았다는 이유로 중과세를 하지 아니하는 것은 실질과세원칙에 맞지 않을 뿐 아니라 등록된 기존 골프장과의 과세형평에도 맞지 않아 개선된 것이다.

또한 2008년 10월 1일부터는 수도권 정비계획법 제2조 제1호에 따른 수도권 안에 위치하지 아니한 골프장(회원제)을 새로이 취득하거나 증설하여 취득하더라도 취득세가 중과세율(일반세율의 5배)을 적용받지 않고 일반세율을 적용토록 개선하여 2010년 12월 31일까지 한시적으로 운영도 하였었다.

그런데 중과세대상 부동산 등의 일부를 구분하여 취득한다고 함은 고급주택의 취득에 있어 부속토지만을 취득한다거나 건물은 甲이, 토지는 乙이 취득하는 경우와 건물을 상·하층으로 구분하여 甲·乙이 각각 구분 취득하는 경우 등을 말하는데, 이 경우 위와 같은 명백한 규정을 두지 아니하면 납세의무자를 취득자 단위로 보아 그 취득부분만으로는 고급주택의 범위에 해당되지 않아 중과세율을 적용할 수 없는 결과가 되므로 하나의 물건이 고급주택 등의 요건을 갖추고 있는 경우는 이를 분할하여 수인이 취득한다든지, 1인이 시차를 두고 구분하여 따로 따로 취득하더라도 모두 중과세율을 적용하기 위한 것이다.

또한 골프장의 경우는 그 시설을 갖추어 체육시설의 설치·이용에 관한 법률의 규정에 따라 체육시설업의 등록을 하는 때(시설을 증설하여 변경등록하는 때를 포함한다.)에 한하여 중과세하도록 되어 있었으나 2004.7.1.부터는 신규로 등록할 경우 뿐만 아니라 골프장을 새로이 건설하여 등록을 하지 아니하더라도 사실상 골프장으로 사용하는 경우에도 중과세하도록 개선하였으므로 기존 골프장을 승계취득하는 경우에는 중과세대상이 되지 아니하나 신설하는 골프장의 경우의 취득시점은 등록하는 때와 사실상 골프장으로 사용하는 때가 되는 것이다.

이 경우 골프장(중과세대상)이라 함은 체육시설의 설치·이용에 관한 법률의 규정에 의한 회원제 골프장용 부동산 중 구분 등록의 대상이 되는 토지와 건축물 및 그 토지상의 입목을 말하는 것이므로 구분 등록되지 아니한 임야 등은 지방세법상 중과세 대상으로 보는 골프장에 해당되지 아니한다.

(2) 토지나 건축물을 취득한 후 5년 이내에 당해 토지와 건축물이 골프장, 고급주택 또는

방세법개정시 전면 폐지되었다. 종전의 법인의 비업무용 토지 중과제도는 부동산투기억제 등을 위하여 1973년에 도입되어 1974.1.14. 긴급조치로 중과배율이 7.5배로 되었다가 1999.1.1.부터 중과배율이 5배로 인하되어 시행되어 왔으나, 경제여건 및 기업환경의 변화 등을 이유로 1999.5.7. 정부규제개혁위원회에서 2001.1.1.부터 폐지하는 것으로 결정함에 따라 2000년말 지방세법개정시 중과제도가 폐지되었다.

고급오락장이 된 때에는 중과세율을 적용하여 산출한 세액에서 이미 과세한 세액을 차감한 금액을 세액으로 추징한다.

(3) 고급주택, 골프장 또는 고급오락장용 건축물을 증축·개축 또는 개수한 경우와 일반건축물을 증축·개축 또는 개수하여 고급주택 또는 고급오락장이 된 경우에 그 증가되는 건축물의 가액에 대하여 적용할 취득세의 세율은 제13조 제5항에 따른 세율로 한다.

즉, 법 제11조 및 제12조의 세율과 중과기준세율(2%)의 100분의 400을 합한 세율을 적용한다는 것이다.

(4) 같은 취득 물건에 대하여 둘 이상의 세율이 해당되는 경우에는 그 중 높은 세율을 적용한다.

나. 고급주택 등에 대한 범위와 중과세 적용기준

취득세 과세대상 물건 중 취득세를 중과세하는 대상은 골프장, 고급오락장, 고급주택, 고급선박으로 한다.

(1) 골프장

체육시설의 설치·이용에 관한 법률에 따른 회원제 골프장용 부동산 중 구분등록의 대상이 되는 토지와 건축물 및 그 토지 상(上)의 입목을 말한다. 이 경우 골프장을 2인 이상이 구분하여 취득하거나 1인 또는 여러 명이 시차를 두고 구분하여 그 일부를 취득하는 경우에도 골프장용 토지와 건축물을 취득한 것으로 보며, 골프장은 그 시설을 갖추어 체육시설의 설치·이용에 관한 법률에 따라 체육시설업의 등록(시설을 증설하여 변경등록하는 때를 포함한다.)을 하는 경우뿐만 아니라 새로이 골프장을 건설하여 등록을 하지 아니하더라도 사실상 골프장으로 사용하는 경우에도 중과세율을 적용하나, 기존골프장을 승계취득하는 때에는 중과세대상이 되지 아니한다(법 §13 ⑤ 본문 및 Ⅱ 영 §28 ①).

그리고 골프장 건설을 위하여 취득한 토지가 그 토지취득일부터 5년 이내에 골프장을 신규로 설치하여 등록하거나 등록을 하지 않고 사실상 사용하게 되면 그 토지 취득가액에 대하여도 중과세율을 적용하여 계산한 세액에서 취득 당시 일반세율로 신고납부한 세액을 공제하고 나머지는 추가납부하여야 하는데(법 §16 ①·②), 골프장 건설을 위해 취득한 토지가 공사기간이 장기간이 되어 골프장 조성이 토지를 취득한 날부터 5년이 경과하여 골프장이 등록된 경우와 사실상 사용하게 된 경우에는 그 토지에 대하여는 중과세율에 의한 추징이 되지 아니하나 골프장 조성으로 지목이 변경(간주취득)된 데 대하여만 중과세하게 된다.

이 규정의 연혁을 살펴보면 1989년도까지는 "골프연습장을 제외한 모든 골프장 안의 토지와 건축물. 다만, 경계가 명백한 임야는 제외한다."로 규정되어 골프장 내의 자연상태의 임야를 제외한 모든 토지와 건축물을 골프장용으로 보아 취득세를 중과세하였으나 1989년 8월 24일 시행령 개정시 단서규정을 삭제하여 골프장으로 사업계획 승인을 받은 모든 골프장 내의 토지와 건축물을 골프장으로 보도록 하여 1990년 1월 1일부터 시행하다가 1990년 6월 29일 시행령을 개정하여 현재와 같이 회원제골프장용 부동산으로서 관계규정에 의한 구분등록대상이 되는 모든 토지와 건축물을 중과세대상 골프장용으로 보도록 하였다. 또한 1999년부터는 새로이 골프장을 건설하여 등록을 하거나 증설 등에 의하여 변경등록하는 때에만 중과세하고 기존 골프장을 승계취득하는 경우는 중과세하지 아니하도록 지방세법이 개정되었다.

또한 2008년 10월 1일부터는 회원제 골프장의 경우 수도권정비계획법 제2조 제1호의 규정에 따른 수도권 이외의 지역에서는 골프장을 취득하더라도 중과세되지 않도록 지방세법이 개정되어 2010년 12월 31일까지 한시적으로 시행되었다.

그리고 2004년 7월 1일부터는 골프장 조성공사가 완료되었거나 80~90% 정도 진척된 상태에서 등록을 하지 않고, 시범라운딩을 명목으로 상당기간 사실상 골프장을 운영하는 경우에도 그 사용하는 시점에 취득한 것으로 보아 취득세를 중과세 하도록 하였다. 여기에서 구분등록대상이라 함은 사업계획승인을 받아 사업이 완료되면 골프장 경계 내의 모든 토지와 건축물 중 다음과 같은 대상을 등록하는 것을 말한다(체육시설의 설치·이용에 관한 법률 시행령 제20조 제3항).

회원제골프장업의 등록대상 토지와 건축물 기준(2012.7.17. 이후)

① 골프코스(티그라운드·페어웨이·러프·해저드·그린 등을 포함한다.)
② 주차장 및 도로
③ 조정지(골프코스와는 별도로 오수처리 등을 위하여 설치한 것은 제외한다.)
④ 골프장의 운영 및 유지·관리에 활용되고 있는 조경지(골프장 조성을 위하여 산림훼손, 농지전용 등으로 토지의 형질을 변경한 후 경관을 조성한 지역을 말한다.)
⑤ 관리시설(사무실·휴게시설·매점·창고와 그 밖에 골프장 안의 모든 건축물을 포함하되, 수영장·테니스장·골프연습장·연수시설·오수처리시설 및 태양열이용설비 등 골프장의 용도에 직접 사용되지 아니하는 건축물은 제외한다.) 및 그 부속토지
⑥ 보수용 잔디 및 묘목·화훼재배지 등 골프장의 유지·관리를 위한 용도로 사용되는 토지

이러한 골프장은 1989년 6월 30일까지는 관광진흥법의 규정에 의하여 설치되었으나 1989년 7월 1일부터 체육시설의 설치·이용에 관한 법률에 따라 사업계획의 승인, 골프장

등록 등의 업무가 처리되고 있다.

그리고 여기에서 골프장의 개념에 대한 정리를 해 둘 필요가 있다. 종전에는 골프장의 종류를 회원제골프장, 일반골프장(퍼블릭) 및 간이골프장으로 구분하였으나, 현재는 체육시설의 설치·이용에 관한 법률의 규정이 새로이 정립되면서 체육시설업이 등록체육시설업과 신고체육시설업으로 구분되고 골프장은 등록체육시설업에 해당된다.

이러한 체육시설업은 회원을 모집하여 체육시설을 경영하는 업인 경우는 회원제체육시설업이라 하고, 회원을 모집하지 아니하고 체육시설을 경영하는 업인 경우는 대중체육시설업이라 한다. 그러므로 골프장 중 취득세가 중과세되는 것은 회원제골프장업의 등록을 하고 당해 골프장의 토지와 건축물을 구분등록한 경우에 그 구분등록한 부분에 대한 부동산 등에 한하여 중과세하게 되는 점에 유의해야 한다.

그런데 골프장에 대한 과세시 종전에는 기존 골프장을 승계취득한 경우와 골프장을 새로이 조성하여 신규로 취득하는 경우 모두 취득세의 중과세대상이 되었으나, 1999년 1월 1일부터는 승계취득하는 경우에는 중과세대상에서 제외하고, 신규로 골프장을 조성하여 등록하는 경우에만 중과세대상으로 하였다가, 2004.7.1.부터는 골프장 조성공사가 완료되었거나 80~90% 정도 공사가 완료된 상태에서 시범라운딩의 명목으로 사실상 사용하고 있는 경우에는 등록이 되지 아니하였더라도 그 사실상 사용하는 부분에 대하여는 취득세를 중과세토록 개선하였다.

또한 골프장을 건설한 후 지목변경에 대한 과세시 투자비용의 과세 여부 판단과 클럽하우스 내에 설치하는 집기·비품 등에 대한 과세문제가 제기되는데 이 경우 지목변경에 소용된 비용이라 함은 골프장을 조성하기 위하여 시설되는 조경·잔디식재·석축·도로개설·건물복구 또는 수선비·보상비 등 일체의 비용이 포함된다고 하겠으나 보상비적 성격이 아닌 순수한 상호부조(扶助)적인 차원으로 인근부락의 노인정을 건설해 준다거나 편의시설을 설치해 주는 비용은 중과세대상에서 제외되어야 할 것으로 보며, 클럽하우스 내에 고착되지 아니한 식당의 집기·비품·사무실 용품 등은 과세대상에서 제외하여야 하는 등 과세대상 여부에 대한 판단을 사안에 따라 정확성을 기하여야 할 것으로 본다.

또는 골프장을 조성하면서 입목을 식재하는 경우 지금까지는 이를 지목변경에 포함하여 과세하여 왔으나 판례의 경향이 미등기된 입목의 식재비용만 골프장 조성시 지목변경으로 인한 비용에 포함되고, 등기된 입목의 식재비용은 지목변경에 따른 취득세 과세표준액에서 제외(대법 97누2245, 1999.9.3.)되고 있어 과세형평을 맞추기 위해 2005년말 지방세법개정시 과세대상으로 입목을 추가하여 입목의 등기 여부에 관계없이 과세대상으로 하였다.

여기에서 "클럽하우스"라 함은 골프장부지 안의 건축물로서 화장실, 탈의실, 샤워실, 식당, 매점, 휴게실, 사무실, 복도, 계단, 전기실, 기계실 및 골프코스 사이의 휴게소 등 이용자의 편의 제공 또는 골프장의 관리·운영의 용도에 사용되는 건축물(카트고, 수위실, 중장비고, 정비고, 창고, 가설건축물, 태양열이용설비, 상수저장탱크, 소각장, 오수처리시설, 실내주차장, 수영장, 테니스장, 골프연습장, 연수시설 등을 위한 건축물을 제외한다.)을 말한다.

그런데 골프장의 경우도 승계취득하는 경우와 신설하는 경우가 있겠는데 승계취득하는 경우에는 일반의 취득과 마찬가지로 취득세의 과세대상인 토지·건축물·차량·기계장비·입목 등이 과세대상이 되고, 토지를 취득하여 골프장을 신설할 경우는 토지를 취득할 당시에는 골프장이 아니므로 일반세율에 의하여 산출한 세액을 취득일부터 60일 이내에 신고납부하여야 하며, 토지를 취득한 후 골프장을 건설하여 지목변경이 되어 골프장을 등록하게 되면 당초 토지취득가액에도 중과세율을 적용하여 추징(일반세율에 의해 기납부세액은 공제해야 함)하고, 지목변경으로 인한 투자비용(간주취득)에도 중과세율을 적용하여 산출한 세액을 골프장을 등록한 날부터 60일 이내에 신고납부하여야 하나, 토지를 취득한 날부터 5년이 경과하여 골프장으로 등록을 한 경우에는 당초의 토지 취득가액에 대한 중과세는 불가능하고, 지목변경(간주취득)에 의한 취득세만 중과세하여야 한다.

사례

❖ **골프회원권 입회기간 자동갱신을 새로운 취득으로 볼 수 있는지**

골프회원권 등의 입회기간 연장일을 취득일이라고 규정하고 있더라도 골프회원권 입회기간 자동갱신의 경우 취득세 담세력의 근거가 되는 재화의 이전을 수반하지 아니하므로 새로운 취득이라고 할 수 없다.

(대법 2016두63323, 2017.3.30.)

❖ **골프장 지목변경 납세의무자는 지목변경 당시 토지 소유자**

구 지방세법(2005.12.31. 법률 제7843호로 개정되기 전의 것, 이하 '법'이라 한다.) 제105조 제5항은 '토지의 지목을 사실상 변경함으로써 그 가액이 증가한 경우에는 이를 취득으로 본다.'고 규정

토지의 경우 위 각 규정에 의하여 취득세 과세대상이 되는 것은 토지의 소유권을 취득하거나 '소유하고 있는' 토지의 지목이 사실상 변경되어 그 가액이 증가한 경우인데(대법원 83누696, 1984.5.15.), 신탁법상의 신탁은 위탁자가 수탁자에게 특정의 재산권을 이전하거나 기타의 처분을 하여 수탁자로 하여금 신탁 목적을 위해 그 재산권을 관리·처분하게 하는 것이므로, 부동산 신탁에 있어 수탁자 앞으로 소유권이전등기를 마치게 되면 소유권이 수탁자에게 이전되는 것이지 위탁자와의 내부 관계에 있어 소유권이 위탁자에게 유보되는 것은 아닌 점(대법 00마2997, 2003.1.27., 대법 10다84246, 2011.2.10. 등), 신탁법 제19조는 "신탁재산의 관리·처분·멸실·훼손 기타의 사유로 수탁자가 얻은 재산은 신탁재산에 속한다"고 규정하고 있는데, 위 규정에 의하여 신탁재산에 속하게 되는 부동산 등의 취득에 대한 취득세의 납세의무자도 원칙적으로 수탁자인 점 등에 비추어 보면, 신탁법에 의한 신탁으로 수탁자에게 소유권이 이전된 토지에 있어 법 제105조 제5항이 규정한 지목의 변경으로 인한 취득세의 납세

의무자는 수탁자로 봄이 타당하고, 위탁자가 그 토지의 지목을 사실상 변경하였다고 하여 달리 볼 것은 아니다.

(대법 10두2395 2012.6.14.)

❖ **지속적 시범라운딩 시에는 시범라운딩을 시작한 때가 중과세 간주 취득시기**

대법원은 지방세법 제112조 제2항에서 중과세하고 있는 "사실상 골프장으로 사용하는 경우"와 같은 법 제105조에서 그 가격이 증가한 경우 취득으로 보고 있는 "토지의 지목을 사실상 변경하는 경우"에 있어서, "사실상 골프장으로 사용"한다는 의미와 "토지의 지목을 사실상 변경(골프장의 경우에는 사실 상 체육용지로 변경)"한다는 것은 서로 불가분의 관계에 있는 개념이라 할 것이고, 골프장 조성에 따른 토지의 지목변경에 의한 간주취득의 시기는 전·답·임야에 대한 산림훼손(임목의 벌채 등), 형질변경(절토, 성토, 벽공사 등), 농지전용 등의 공사뿐만 아니라 잔디의 파종 및 식재, 수목의 이식, 조경작업 등과 같은 골프장으로서의 효용에 공하는 모든 공사를 완료하여 골프장 조성공사가 준공됨으로써 체육용지로 사실상 지목변경이 되는 때이므로, 토목공사는 물론 잔디 파종 및 식재비용, 임목의 이식비용 등 골프장 조성에 들인 비용은 모두 토지의 지목변경으로 인한 가액증가에 소요된 비용으로서 지목변경에 의한 간주취득의 과세표준에 포함되고, 또한 중과세율이 적용되어야 한다 할 것이라고 판시하여 왔다

(대법 89누5638, 1990.7.13., 대법 96누12634 , 1998.6.26., 대법 99 두9919, 2001.7.27. 등) 또한, 시범라운딩은 그 말 자체로는 골프장을 개장하기에 앞서 코스 등의 점검, 미비점을 보완하기 위한 것이 주요한 목적이라고 할 것이나, 시범라운딩이 코스 등의 점검, 미비점 보완을 위한 개방에 그치지 아니하고, 골프장을 다수의 일반인에 개방하여 장차 개장을 앞두고 회원 모집을 위한 홍보의 수단으로 활용되거나, 극단적으로는 고의로 준공을 미룬 채 실제로는 골프장을 운영하여 이익을 취득하면서도 중과세 취득세의 납부기한을 연장하는 수단으로 악용하는 경우도 있다고 할 것인바, 이러한 탈법행위를 방지하여야 한다는 점에 비추어 보면, 개정된 시행령 제73조 제8항이 종전의 규정에 추가로 '이 경우 지목변경일 이전에 임시로 사용하는 부분에 대하여는 사실상 사용한 날에 취득한 것으로 본다'라고 규정한 취지는 임시로 사용하는 부분에 대하여는 골프장을 준공하기 이전이라도 골프장의 이용 대상, 이용의 목적, 이용에 따른 대가의 징수 여부 등 제반사정에 비추어 골프장을 실질적인 사업운영의 목적으로 사용하는 경우 중과세 취득세를 부과하기 위함이라고 봄이 합목적적이라고 할 것이다.

(대법 08두7175, 2008.8.21.)

❖ **골프장의 홀마다 조경용으로 식재된 나무를 일정한 장소에 집단적으로 생육하고 있는 입목으로 보아 취득세를 부과 여부**

지상의 임목이라 함은 지상에 생립(生立)하고 있는 수목의 집단을 일컫는 것인바 조경용에 사용하기 위하여 취득하는 수목이라고 하더라도 일정한 장소에 집단적으로 생립하고 있는 경우에는 이식을 전제로 일시적으로 가식중인 묘목과는 달리 취득세 과세대상에 해당된다 할 것이므로 청구법인의 경우와 같이 골프장내 조경 및 차폐기능을 위하여 수목을 집단적으로 식재하여 생육하고 있는 경우에도 당해 수목은 취득세 과세대상 입목에 해당된다 할 것이고, 「지방세법」 제112조 제2항의 규정에 의하여 2006.1.1.부터 회원제골프장내 입목에 대하여 취득세를 중과하고 있으므로 청구법인이 2008.10.27. 취득한 제1입목은 취득세 중과대상에

해당된다 할 것이다.

(조심 09지0723, 2010.4.1.)

❖ **회원제 골프장 시설로 등록되었으나 실제로는 회원제 골프장과 일반 골프장의 공동 시설로 사용되는 경우, 실제 용도에 따라 중과대상과 일반과세 대상으로 안분**

회원제골프장용 부동산으로서 체육시설의 설치·이용에 관한 법률시행령 제4조 제2항의 규정에 의한 등록대상이 되는 모든 토지와 건축물을 말한다고 규정하고 있는바, 이와 같이 회원제 골프장용 부동산에 대하여만 취득세를 중과하도록 하고 있는 관계 법령의 취지와 그 규정 내용에 비추어 보면, 골프장업자가 회원제 골프장과 일반 골프장을 동시에 경영하는 경우 비록 체육시설의 설치·이용에 관한 법률시행령 규정에 따라 회원제 골프장 시설로 등록된 건물 및 구축물이라 하더라도 실제로는 회원제 골프장과 일반골프장의 공동시설로 사용되고 있다면 그 시설 전부가 중과세 대상에 해당하는 것이 아니라 그 실제 용도에 따라 중과세 대상과 일반과세 대상으로 안분된다고 보아야 할 것임(이 사건은 회원제 골프장과 일반 골프장의 공동시설로 이용되고 있는 클럽하우스, 수위실, 클럽하우스 건물비품, 주차장, 정화조, 보일러, 소화물 승강기, 저수지 등의 취득비용에 대하여 회원제 골프장과 일반 골프장의 등록면적에 의하여 안분하여 그 중 회원제 골프장 부분 만큼에 상응하는 부분 만큼에 대하여만 취득세를 중과하여야 한다고 한 사례임)

(대법 96누11129, 1997.4.22.)

(2) 고급주택

고급주택이라 함은 주거용 건축물 또는 그 부속토지의 면적과 가액이 다음에 게기하는 기준을 초과하거나 해당 건축물에 67㎡ 이상의 수영장 등 다음에 정하는 부대시설을 설치한 주거용 건축물과 그 부속토지를 말한다. 다만, 주거용 건축물을 취득한 날부터 60일[상속으로 인한 경우는 상속 개시일이 속하는 달의 말일부터, 실종으로 인한 경우는 실종선고일이 속하는 달의 말일부터 각각 6개월(납세자가 외국에 주소를 둔 경우에는 각각 9개월)]이내에 주거용이 아닌 용도로 사용하거나 고급주택이 아닌 용도로 사용하기 위하여 용도변경공사를 착공하는 경우에는 제외한다.

이 경우 2017년부터는 고급주택의 부속토지의 경계가 명확하지 아니한 경우에는 그 건축물 바닥면적의 10배에 해당하는 토지를 그 부속토지로 본다.

그리고 토지나 건축물을 취득할 당시에는 다른 용도로 사용되었더라도 토지와 건축물을 취득한 후 5년 이내에 해당 토지나 건축물이 고급주택으로 활용되는 경우에는 중과세율을 적용하여 취득세를 추징하게 되고, 또한 고급주택용 건축물을 증축 또는 개축한 경우와 일반건축물을 증축 또는 개축하여 고급주택이 된 경우에는 그 증가되는 건축물의 가액에 대하여는 중과세율을 적용하여 취득세를 과세하게 된다.

이 경우 고급주택을 2명 이상이 구분하여 취득하거나 1명 또는 여러 명이 시차를 두고 구분하여 취득하는 때에도 고급주택용 건축물과 그 부속토지를 취득한 것으로 본다(영 §28 ①). 여기에서 고급주택으로 되는 요건을 살펴보면 아래와 같다.

① 1구의 건축물의 연면적(주차장면적은 제외한다.)이 331㎡를 초과하는 건물과 그 부속토지. 이 경우의 주거용 건축물과 그 부속토지 또는 공동주택과 그 부속토지는 지방세법 제4조 제1항에 따른 취득 당시의 시가표준액이 9억원을 초과(에스컬레이터 및 수영장이 설치된 경우는 제외한다.)하는 경우만 해당된다(영 §28 ④ 단서 및 I).

② 1구의 건축물의 대지면적이 662㎡를 초과하는 건축물과 그 부속토지. 이 경우의 주거용 건축물과 그 부속토지 또는 공동주택과 그 부속토지는 지방세법 제4조 제1항에 따른 시가표준액이 9억원을 초과(에스컬레이터 및 수영장이 설치된 경우는 제외한다.)하는 경우만 해당된다(영 §28 ④ 단서 Ⅱ).

▲ 사례 │

❖ 주택신축이 제한되는 농지를 주택신축이 허용되는 대지와 일단의 토지로 보아 대지의 개별공시지가를 그대로 적용하여 지목변경에 따른 간주취득세 과세표준을 산정할 수 있는지 여부

이 사건 주택부지와 쟁점토지가 모두 개발제한구역 내에 위치하고 있으나 이 사건 주택부지에는 주택의 신축이 허용되는 반면, 쟁점토지의 경우에는 형질변경이 금지되어 용도가 제한되는 등 그 가치가 명확히 구분되는 점 등을 종합하여 보면, 이 사건 주택부지와 쟁점토지는 용도상 불가분의 관계에 있는 일단의 토지에 해당하지 아니하고, 이를 별개의 토지로 보아 평가함이 상당하다는 이유로, 이들 토지를 일단의 토지로 보아 이 사건 주택부지의 개별공시지가를 그대로 적용하여 쟁점토지의 지목변경에 따른 취득세의 과세표준을 산정한 이 사건 처분은 위법하다.

(대법 2014두9578, 2014.11.13.)

③ 1구의 건축물에 엘리베이터(적재하중 200kg 이하의 소형엘리베이터를 제외한다.)가 설치된 주거용 건축물과 부속토지(공동주택과 그 부속토지는 제외한다.)(영 §28 ④ Ⅱ의Ⅱ)
이 경우 단독주택에는 주택의 규모에 관계없이 엘리베이터만 설치되어 있으면 모두 고급주택이 되는 관계로 노부모나 장애인이 있어 소형엘리베이터(홈엘리베이터)를 설치하면 적은 주택이라도 높은 세금을 부담해야 하는 모순 때문에 2000년부터는 적재하중 200kg 이하의 엘리베이터를 설치한 주택은 주택의 규모와 가격에 의해 고급주택에 적용되지 않는 한 소형엘리베이터로 인해 고급주택으로 분류되지 않도록 한 것이다.

④ 1구의 건축물에 에스컬레이터 또는 67제곱미터 이상의 수영장 중 1개 이상의 시설이

설치된 주거용 건축물과 그 부속토지(공동주택과 그 부속토지를 제외한다.)(영 §28 ④ Ⅲ).

⑤ 1구의 공동주택(여러 가구가 한 건축물에 거주할 수 있도록 건축된 다가구용 주택을 포함하되, 이 경우 한 가구가 독립하여 거주할 수 있도록 구획된 부분을 각각 1구의 건축물로 본다.)의 건축물 연면적(공용면적을 제외한다.)이 245㎡(복층형은 274㎡로 하되, 한 층의 면적이 245㎡를 초과하는 것은 제외한다.)를 초과하는 공동주택과 부속토지. 이 경우 주거용 건축물과 그 부속토지 또는 공동주택과 그 부속토지는 취득당시의 시가표준액이 9억원을 초과하는 경우만 해당한다(영 §28 ④ 본문단서 및 Ⅳ).

아파트, 연립주택 등 공동주택의 경우는 전용면적이 245㎡를 초과하면 고급주택으로 본다는 점에 유의하여야 한다. 이 규정은 종전에 공용면적을 포함하여 298㎡를 초과하면 고급주택으로 보아오던 것을 주택건설업자들의 공유면적 산정기준이 각각 달라 적용에 문제가 있을 뿐 아니라 주차장의 확보문제 등을 해소하기 위해 그 기준을 전용면적 245㎡로 인하 조정한 것이다.

그리고 다가구용 주택은 건축관계 규정에서는 공동주택으로 보지 않기 때문에 단독주택으로 보아 고급주택에 해당되는지 여부에 대하여 논란이 많았으나 지방세법 시행령에서 다가구용 주택도 주거용 공동주택으로 보아 고급주택 여부를 결정하도록 규정함으로써 1인의 명의로 된 다가구용 주택이라 하더라도 한 가구가 각각 독립하여 거주할 수 있도록 구획된 경우는 각각을 1구의 건물로 보아 1구에 해당하는 면적이 전용면적 245㎡을 초과하지 아니하면 고급주택에 해당되지 아니한다.

그러나 공동주택의 경우 면적기준만 있고 가액기준이 없는 것이 단독주택과 비교방법에 있어 불형평하여 모법인 법률조항의 규정취지에 반한다는 대법원의 판결에 따라 공동주택의 경우에도 면적 245㎡를 초과하면서 그 시가표준액이 9억원을 초과하는 경우에 한하여 고급주택으로 보도록 개선한 것이다.

그런데 1구의 공동주택이 245㎡를 초과하면 고급주택으로 보지만 공동주택 중 그 내부에서 위와 아래층으로 구분되고 내부에 계단이 설치되어 있고 각각 생활할 수 있는 화장실·거실 등이 각각 마련된 복층형 공동주택은 계단실 등 공용면적이 차지하는 부분 때문에 그 면적을 29㎡(약 8.7평) 추가토록 하여 고급주택 여부를 판단하도록 하였는데 이는 대가족제도를 선호하면서도 젊은 사람들이 활동에 불편이 있다는 이유로 부모를 모시지 않는 문제점 등 노인복지 측면에서 취해진 조치였다. 그러나 복층의 합계면적이 274㎡를 초과하지 아니하더라도 1개의 층이 245㎡를 초과하면 고급주택으로 보도록 하였다.

그리고 지방세법 제13조 제5항 제3호 단서 규정에 의거 주거용 건축물을 취득한 날부터 60일(상속으로 인한 경우는 상속개시일이 속하는 달의 말일부터, 실종으로 인한 경우는 실종선고일이 속하는 달의 말일부터 각각 6개월, 납세자가 외국에 주소를 둔 경우에는 각각 9개월) 이내에 주거용이 아닌 용도로 사용하거나 고급주택이 아닌 용도로 사용하기 위하여 용도변경공사를 착공하는 경우는 고급주택으로 보지 아니한다. 이 경우 고급주택이 아닌 용도로 사용하기 위하여 용도변경공사를 착공하는 경우라 함은 주택을 취득한 날부터 60일 이내에 음식점 영업 등을 개업하는 등 주거 이외의 용도로 사용하거나 주거 이외에 다른 용도로 사용하기 위해 용도변경공사에 착공하는 등 결과적으로 타용도에 사용하기 위한 상태가 거증되는 경우를 말한다.

사례

❖ **고급주택을 취득후 사용하지 않고 매도한 경우 중과세 여부**

위와 같은 관련 법령의 취지 등에 비추어 보면, 납세의무자가 주거용으로 사용할 목적으로 취득하였는지 여부 및 현실적으로 고급주택으로 사용하였는지 여부는 고급주택의 취득에 대한 중과세율의 적용 여부에 영향을 주는 것은 아니므로 원고가 채권을 보전할 목적으로 이 사건 주택을 취득하여 이를 주거용으로 사용하지 아니한 채 매도하였다고 하더라도 취득 당시 이 사건 주택의 현황이 고급주택에 해당하는 이상 위 주택의 취득에는 지방세법 제13조 제5항 제3호에 따라 중과세율이 적용된다.

(대법 2016두41958, 2016.8.26.)

❖ **취득일부터 30일 이후 용도변경공사 착수시 고급주택 중과세 여부**

원고에게 조세회피의 의도가 없었고 경매로 취득한 이 사건 건물이 불법 개축된 부분이 있어 고급주택에 해당된다는 사실을 뒤늦게 아는 바람에 불가피하게 용도변경공사 착공이 지연되었다는 등의 사정이 있다 하더라도 위 규정의 '건축물을 취득한 날'을 건축물을 인도받은 날 또는 사실상 지배를 확보한 날 등으로 달리 해석할 수 없다.

(대법 2016두54725, 2017.1.18.)

❖ **고급주택이 아닌 용도로 변경 여부**

고급주택이 아닌 용도로 변경은 단순히 건축물의 용도변경신고를 한 것만으로는 부족하고 구체적으로 용도변경공사에 착공한 것으로 볼 수 있을만한 건축행위가 있어야 한다.
《대법원이 고등법원 판결을 고등법원은 행정법원의 판결을 인용하였으며 아래는 고등법원 판결요지임》
지방세법 제112조 제2항 제3호 단서는 주거용 건축물(고급주택)을 취득한 날부터 60일 이내에 주거용이 아닌 용도로 사용하거나 고급주택이 아닌 용도로 사용하기 위하여 용도변경공사에 착공하는 경우에는 고급주택으로 보지 아니한다고 규정하고 있는바, 여기서 '고급주택이 아닌 용도로 사용하기 위하여 용도변경공사에 착공하는 경우'라고 함은 단순히 건축물의 용도변경신고를 하거나 사업계획승인신청을 한 것만으로는 부족하고 구체적으로 용도변경공사에 착공한 것으로 볼 수 있을 만한 건축행위가 이루어진 시점을 의미한다.

(대법 08두16919, 2008.12.11.)

❖ **단독주택과 다가구주택 판단 기준**

주택과 같이 2세대만 거주할 수 있고 한 울타리 내에 마당과 정원을 갖춘 일반적인 2층 단독주택까지 다가구주택으로 보기 어렵다.

지방세법시행령상의 다가구주택은 건축법상 단독주택이나 다세대주택 등 공동주택과 유사한 구조와 형태를 갖춘 주택으로 독립하여 거래의 객체가 될 정도가 되어 그 실질이 공동주택에 해당하는 건축물을 의미한다 할 것이므로 이 건 주택과 같이 2세대만 거주할 수 있고 한 울타리 내에 마당과 정원을 갖춘 일반적인 2층 단독주택까지 다가구주택으로 보기는 어려운 점, 비록 이 건 주택의 1층과 2층에 각 별도의 현관문이 존재하고, 1층에서 2층으로 통하는 내부 계단이 없다 하더라도 이는 신축 당시 1층의 필로티 공간을 막아 증축함에 따라 부득이하게 그러한 형태가 된 것으로 보이므로 다가구주택과 같이 여러 가구가 한 건축물에 거주할 수 있도록 건축되었다고 하기는 곤란한 점, 1층 2층의 내부 모두에 주방을 포함한 거실, 방 및 화장실의 형태를 갖추고 있다 하더라도 1층 주방에 인덕션 1구와 개수대가 있는 씽크대만 설치되어 있고 이 건 주택의 각 층에 전기 및 수도 계량기가 부착되어 있었음이 분명하지 아니한 것으로 보아 그 내부 또한 가구가 독립된 생활을 영위할 수 있는 구조라고 인정하기 힘든 점, 청구인은 이 건 주택 취득 이후 5개월이 경과된 후에야 비로소 1층에 세입자를 둔 점 등에 비추어 이 건 주택을 1구의 단독주택으로서 다 가구주택의 형태를 갖춘 것으로 받아들이기는 어렵다 할 것이다.

(조심 15지1938, 2016.10.26.)

❖ **증축후 고급주택이 될 경우 중과세 대상 여부**

취득 당시에는 고급주택에 해당하지 아니하였으나 고급주택 중과요건 규정이 개정되고 그 이후 증축으로 인하여 개정 법령에 따른 중과요건에 해당하는 경우 중과대상에 해당한다.

(대법 15두45694, 2015.9.24.)

❖ **채권 보전 목적으로 고급주택 취득시 중과세 대상여부**

원고가 채권을 보전할 목적으로 이 사건 주택을 취득하여 이를 주거용으로 사용하지 아니한 채 매도하였다고 하더라도 취득 당시 이 사건 주택의 현황이 고급주택에 해당하는 이상 위 주택의 취득에는 지방세법 제13조 제5항 제3호에 따라 중과세율이 적용된다.

(대법 16두41958, 2016.8.26.)

❖ **공동주택 건축물의 연면적에서 제외되는 서비스면적 고급주택 판단 연면적 기준에 포함 여부**

사용검사일전에 주거용으로 확장되는 경우 발코니 면적이 공동주택 건축물의 연면적에서 제외되는 서비스면적에 해당되면 고급주택 연면적 계산에서 제외해야 한다. "발코니"란 건축물의 내부와 외부를 연결하는 완충공간으로서 전망이나 휴식 등의 목적으로 건축물 외벽에 접하여 부가적으로 설치되는 공간으로서 건물 외벽 밖으로 돌출된 외부 개방형 발코니 뿐만 아니라, 건물 본체와 일체로 조적 벽체를 세우고 창호를 설치하는 등 본체와 유사하게 설치하여 건축물 내부면적이 증가하는 효과를 가져오는 내부형 발코니(커튼월)의 경우라도 건축물관리대장 등 공부상으로 건축물의 연면적에서 제외되는 서비스면적에 해당되는 경우 취득세 중과대상 고급주택 연면적 계산에서도 제외된다.

(대법 09두23419, 2010.9.9.)

❖ **고급주택의 건축물 연면적 산정시 다락방 면적 포함 여부**

주택의 옥상으로 진입하는 단순한 통로 역할에 그치는 것이 아니라, 주택의 가재도구 등을 보관하는 창고 역할을 하는 공간 내지는 서재로 이용하는 공간으로 보이는 다락방은 주택의 연면적에 포함된다. 쟁점다락방이 고급주택의 연면적에 포함되는지의 여부는 지방세법시행령 제13조의 규정에 따라 쟁점다락방의 취득 당시의 현황이 경제적 용법에 따라 실제로 주거용으로 쓰일 구조를 갖추었는지 여부에 의하여 합목적적으로 판단하면 족하고, 설령 건축법시행령에서 건축물의 연면적 산정에 관한 규정을 두었다고 하더라도 지방세법령에서 그 적용에 관한 명문의 규정을 두고 있지 아니한 이상 지방세법령에 의하여 독자적인 기준에서 판단할 것인바, 쟁점다락방은 주거용으로 사용되는 이 건 주택의 2층에 설치된 내부계단을 통해 주거공간과 직접 연결되어 있는 점, 쟁점다락방의 면적은 54.992로서 서재 및 가재도구 등을 보관하는 공간으로 이용되고 있는 점 등에 비추어 쟁점다락방은 지상 2층의 주택에서 주택의 옥상으로 진입하는 단순한 통로 역할에 그치는 것이 아니라, 주택의 가재도구 등을 보관하는 창고 역할을 하는 공간 내지는 서재로 이용하는 공간으로 보이고, 이 건 주택과 함께 일체를 이루어 경제적 용법에 따라 실제로 주거용으로 쓰일 수 있는 구조를 갖추었다고 봄이 상당하므로 쟁점다락 방을 주택의 연면적에 포함하여 고급주택에 대한 취득세 중과세 요건을 판단한 것은 달리 잘못이 없다.

(조심 15지752, 2015.7.13.)

❖ **고급주택의 건축물 연면적 산정시 다락방 면적 포함 여부**

고급오락장용 건축물의 부속토지만 취득하여도 취득세 중과대상이다. 지방세법상 취득세중과대상인 고급오락장에는 고급오락장용건축물 뿐 아니라 그 부속 토지도 포함되는 것이어서 반드시 고급오락장용건축물을 취득하는 경우에만 그 부속 토지가 중과대상이 되는 것은 아니며, 또한 그 건축물과 부속토지의 소유자가 다르다고 하여 중과세대상에서 제외되는 것도 아니다.

(대법 03두2847, 2004.3.12.)

(3) 고급오락장

고급오락장이란 도박장, 유흥주점영업장, 특수목욕장 그 밖에 이와 유사한 용도에 사용되는 건축물 중 다음에 정하는 건축물과 그 부속토지를 말한다. 이 경우, 그 부속된 토지의 경계가 명확하지 아니할 때에는 그 건축물 바닥면적의 10배에 해당하는 토지를 부속토지로 본다.

다만, 고급오락장용 건축물을 취득한 날부터 60일[상속으로 인한 경우는 상속 개시일이 속하는 달의 말일부터, 실종으로 인한 경우는 실종선고일이 속하는 달의 말일부터 각각 6개월(납세자가 외국에 주소를 둔 경우에는 각각 9개월)] 이내에 고급오락장이 아닌 용도로 사용하거나 고급오락장이 아닌 용도로 사용하기 위하여 용도변경공사를 착공하는 경우를 제외한다(법 §13 ⑤ 본문 단서 및 IV, 영 §28 ⑤ 본문).

이 경우 고급오락장이 건축물의 일부에 시설되었을 때에는 해당 건축물에 부속된 토지 중 그 건축물의 연면적에 대한 고급오락장용 건축물의 연면적 비율에 해당하는 토지를 고급오락장의 부속토지로 본다(영 §28 ⑤ 본문 단서).

그리고 취득 당시에는 고급오락장용이 아니었으나 토지나 건축물을 취득한 후 5년 이내에 해당 토지나 건축물이 고급오락장이 되면 취득세를 중과세율에 의거 추징하게 되며, 기존 고급오락장용 건축물을 증축 또는 개축한 경우와 일반건축물을 증축 또는 개축하여 고급오락장이 된 경우에는 그 증가되는 건축물의 가액에 대하여는 중과세율을 적용하여 과세한다.

이 경우 고급오락장을 2명 이상이 구분하여 취득하거나 1명 또는 여러 명이 시차를 두고 구분하여 취득하는 때에도 고급오락장용 건축물과 그 부속 토지를 취득한 것으로 본다(영 §28 ①).

지방세법에서 고급오락장이라 함은,

첫째, 당사자 상호간에 재물을 걸고 우연한 결과에 따라 재물의 득실을 결정하는 카지노장(관광진흥법에 따라 허가된 외국인 전용 카지노장을 제외한다.)(영 §28 ⑤ Ⅰ)

둘째, 사행행위 또는 도박행위에 제공될 수 있도록 자동도박기(파친코, 슬롯머신(slot machine), 아케이드 이퀴프먼트(akcad equipment 등을 말한다.)를 설치한 장소(영 §28 ⑤ Ⅱ)

셋째, 머리와 얼굴에 대한 미용시설 외에 욕실 등을 부설한 장소로서 그 설비를 이용하기 위하여 정해진 요금을 지급하도록 시설된 미용실(영 §28 ⑤ Ⅲ)

넷째, 식품위생법 제37조에 따른 허가 대상인 유흥주점영업으로서 다음 각 목의 어느 하나에 해당하는 영업장소(공용면적을 포함한 영업장의 면적이 100제곱미터를 초과하는 것만 해당한다.)(영 §28 ⑤ Ⅳ 가·나).

이 경우 유흥주점 영업으로서 영업장소란,
① 손님이 춤을 출 수 있도록 객석과 구분된 무도장을 설치한 영업장소(카바레·나이트클럽·디스코클럽 등을 말한다.)
② 유흥접객원(남녀를 불문 하며, 임시로 고용된 사람을 포함한다.)을 두는 경우로, 별도의 반영구적으로 구획된 객실의 면적이 영업장 전용면적의 100분의 50 이상이거나 객실 수가 5개 이상인 영업장소(룸살롱, 요정 등을 말한다.)

이 규정의 적용에 유의해야 할 점은 먼저 식품위생법에 의한 유흥주점영업으로서 손님이 춤을 출 수 있도록 객석과 구분된 무도장을 설치한 카바레, 나이트클럽, 디스코클럽 등 무도유흥주점영업장소(공용면적을 포함한 것을 말한다.)와 유흥접객원(임시로 고용된 사람을 포함한다.)을 두는 경우로 별도의 반영구적으로 구획된 객실의 면적이 영업장전용면적의 100분의 50 이상이거나 객실 수가 5개 이상인 영업장소(룸살롱, 요정 등을 말한다.)에 한하여 이 규정을 적용한다는 점이다.

그리고 식품위생법에 의한 유흥주점영업장소는 규정에 맞게 설비하여 영업의 허가는 받았으나 영업을 개시하지 아니한 경우 중과세 요건에 해당하느냐 하는 의문을 제기할 수 있는데 이 경우는 유흥접객원의 유무 등을 종합하여 판단하여야 한다고 생각되나 일선 집행관서에서 실제 적용시에는 과세권자와 납세의무자간에 중과세 여부에 대한 다툼이 예상되므로 집행에 신중을 기해야 할 것으로 생각된다.

그리고 지방세법 제13조 제5항 제4호 단서 규정에 의거 고급주택과의 형평성을 감안하여 고급오락장용 건축물을 취득한 날부터 60일(상속으로 인한 경우는 상속 개시일이 속하는 달의 말일부터, 실종으로 인한 경우는 실종선고일이 속하는 달의 말일부터 각각 6개월, 납세자가 외국에 주소를 둔 경우에는 각각 9개월) 이내에 고급오락장이 아닌 용도로 사용하거나 고급오락장이 아닌 용도로 사용하기 위하여 용도변경 공사에 착공한 경우라 함은 고급오락장으로 사용 중인 건축물을 취득하여 그날부터 60일 이내에 사무실 등으로 개수하는 공사를 착공하는 등 결과적으로 타 용도에 사용하기 위한 상태가 거증되는 경우를 말한다.

사례

❖ **임차인이 임대인 동의 없이 창고를 고급오락장으로 개조한 경우 임대인에게 중과세율로 취득세를 부과할 수 있는지**

이 사건 영업장의 임차인이 원고의 의사에 기하지 아니하고 이 사건 쟁점 장소를 객실로 개조하여 이 사건 영업장이 고급오락장에 해당되게 된 것이고, 나아가 원고가 이러한 사정을 알고도 추인하거나 고급오락장을 그대로 유지하여 경제적 이익을 누리는 등으로 그 설치를 용인하였다고 볼 수 없으므로, 원고에 대하여 중과세율에 의한 취득세를 추징할 수 없다고 할 것이다.

(대법 2016두60041, 2017.2.23.)

❖ **임차인이 유흥주점을 설치한 경우 중과세함이 타당한지 여부**

임차인이 무단으로 객실을 추가로 설치하였다는 사실을 임대인이 알지 못하였다는 증거가 불명확하다면 임대인에게 지방세 중과세는 타당함

(대법 2017두59642, 2017.11.23.)

❖ **고급오락장이 아닌 용도변경공사 미착공에 정당사유가 인정되는지 여부**

무도유흥주점으로 사용되던 부동산을 취득하여 30일 이내에 용도변경공사를 착공하지 못하였다고 하더라도, 납세자가 책임질 수 없는 장애가 있었고 그 장애가 해소되자마자 곧바로 용도변경 공사를 착공한 경우라면 취득세 중과세율을 적용할 수 없는 정당한 사유가 있다고 보아야 함

(대법 2017두56681, 2017.11.29.)

❖ **단란주점을 유흥주점으로 이용 시 재산세 중과대상에 해당되는지 여부**

소유명의인이나 상호 및 영업장은 별도로 되어 있으나, 사실상 내부통로를 통하여 하나의 유

흥주점 영업장 출입구가 같고, 실제 운영자 및 조리시설을 공동으로 사용 등의 정황을 볼 때 단란주점이 유흥주점으로 사용되었다고 할 것임

(대법 2017두59154, 2017.12.21.)

❖ 무도유흥주점인지 여부의 판단기준은 현황을 객관적으로 판단하여 무도유흥주점으로서의 실체를 갖추고 있으면 충분하다고 할 것이다. 무도유흥주점이란 손님이 춤을 출 수 있도록 객석과 구분된 무도장을 설치한 무도유흥주점(캬바레 나이트클립 디스코클립 등)에 해당하는 영업장소(영업 장면적이 100제곱미터를 초과하는 것에 한한다.)를 말하는바(지방세법시행령 제84조의 3 제4항 제5호 가목), 유흥중과분 취득세 부과대상인 무도유흥주점 인지의 여부를 판단하는 기준은 현황을 객관적으로 판단하여 무도유흥주점으로 서의 실체를 갖추고 있으면 충분하다고 할 것이고(대법원 1993.5.27. 선고, 92누15154 등), 무도유흥주점 영업이 휴업 중에 있었더라도 그 영업허가를 계속 유지하기 위하여 무도장 등 기본시설을 존치하여 둔 재 휴업신고를 계속하여 왔다면 그 건물의 사실상의 현황이 무도유흥주점 영업장소로서의 실체를 구비하고 있는 것으로서 지방세법 제112조 제2항 제4호, 지방세법시행령 제84조의 3 제4항 제5호 가목 소정의 무도유흥주점용 건축물이 라고 보아야 할 것이다.

(대법 08두7847, 2008.7.24.)

❖ 고급오락장 중과세율 적용

⑤ 노래연습장의 등록을 한 임차인이 단순히 주류판매 및 주류반입 등을 이유로 행정처분을 받았다는 사실만으로 이 건 노래연습장을 곧바로 주로 주류와 음식물을 조리·판매하고 유흥접객원을 둘 수 있는 룸살롱 등으로 보기는 어려운 점 등에 비추어 청구인이 소유한 쟁점부동산을 고급오락장(유흥주점영업장)으로 보아 취득세를 중과세한 처분은 잘못이 있음.

(조심 2018지951, 2019.3.19.)

❖ 임차인의 불법용도 변경시 중과세 여부

일반음식점이 임차인에 의해 유흥주점으로 불법 용도변경되었음을 인지하였음에도 임대차계약을 해지하는 등 적극적인 조치없이 임대차계약을 지속한 경우 중과세 타당

(대법 2020두50089, 2021.01.14.)

❖ 유흥주점 운영 사실을 객관적인 자료로 입증하지 못하는 경우 유흥주점 해당 여부

처분청은 청구법인이 이 건 부동산을 취득한 날(2018.12.28.)부터 5년 이내에 유흥접객원을 두고 이 건 주점을 운영한 사실을 객관적인 자료로 입증하지 못하고 있을 뿐 아니라 실제로 목격한 사실도 없는 점 등에 비추어 이 건 주점은 「지방세법」 제13조 제5항 제4호 및 같은 법 시행령 제28조 제5항 제4호 나목에서 규정한 유흥주점에는 해당되지 않는다고 보는 것이 타당함

(조심 2020지2188, 2020.12.11.)

(4) 고급선박

고급선박이라 함은 비업무용 자가용 선박으로서 시가표준액이 3억원을 초과하는 선박을 말한다. 다만, 실험·실습 등의 용도에 사용할 목적으로 취득하는 것을 제외한다.

이 경우 고급선박을 2명 이상이 구분하여 취득하거나 1명 또는 여러 사람이 시차를 두고 구분하여 취득하는 때에도 고급선박을 취득한 것으로 본다(영 §28 ①).

고급선박은 특정인이 유람·위락 등의 목적에 전용하기 위하여 소유하고 있는 선박을 말하므로 사업용에 공하는 선박이나 타인에게 이용하게 하여 요금을 받는 영업용 유람선 등은 고급선박에 해당되지 아니한다. 그리고 학교에서 학생들의 항해실습이나 사회복지법인의 의료시혜에 필요한 병원선 등은 고급선박으로 보지 아니한다.

다. 세율적용 등

(1) 법 제13조 제1항(과밀억제권역에서의 본점 등의 신축, 공장의 신·증설)과 제2항(대도시내 지점 등의 설치 및 전입, 공장의 신·증설)이 동시에 적용되는 과세물건에 대한 취득세율은 제16조 제5항(둘 이상의 세율이 해당되는 경우에는 그 중 높은 세율 적용)에도 불구하고 제11조 제1항에 따른 표준세율의 100분의 300으로 한다(법 §13 ⑥).
예를 들면 지방세법 제11조 제1항 제7호 나목(농지 외의 것)의 취득에 대한 표준세율 1천분의 40이므로 이 세율의 3배(100분의 300)를 적용하면 12%가 된다.

(2) 법 제13조 제2항(대도시내 지점 등의 설치 및 전입, 공장의 신·증설)과 제5항(고급주택, 골프장 등)이 동시에 적용되는 과세물건에 대한 취득세율은 제16조 제5항에도 불구하고 제11조에 따른 표준세율의 100분의 300에 중과기준세율의 100분의 200을 합한 세율을 적용한다. 다만, 제11조 제1항 제2호(유상거래하는 주택취득)에 따른 주택을 취득하는 경우에는 해당 세율에 중과기준세율의 100분의 600을 합한 세율을 적용한다(법 §13 ⑦).
예를 들면 지방세법 제11조 제1항 제7호 나목(농지 외의 것)의 취득의 경우는 표준세율이 4%(1천분의 40)이므로 여기에 3배(4%×3=12%)를 하여 중과기준세율(2%)의 2배(2%×2=4%)를 합한 세율(12%+4%=16%)을 적용한다.

그리고 고급주택에 대한 유상승계취득의 경우에는 아래의 세율을 적용한다.

구 분	취득세	농어촌특별세*	지방교육세	합계세율
법인	20%	1.8%	0.4%	22.2%
조정대상지역 내 1세대2주택 (조정대상지역 외 1세대3주택)	16%	1.4%	0.4%	17.8%
조정대상지역 내 1세대3주택 이상 (조정대상지역 외 1세대4주택 이상)	20%	1.8%	0.4%	22.2%

위 규정 단서에 규정된 중과세 조항은 유상승계취득의 규정을 위반한 경우(토지를 먼저

취득하고 난 후 주택을 신축하였는데도 주택을 신축한 후에 토지 소유권을 이전하여 낮은 세율적용을 받으려는 경우와 부속토지의 취득자가 건축주 이 외 건축주의 배우자나 직계존비속으로 하는 경우)에는 해당 세율에 중과기준세율(100분의 20)의 100분의 600을 합한 세율을 적용하여 악용사례를 근절하였다는 규정이다.

(3) 토지나 건축물을 취득한 후 5년 이내에 해당 토지나 건축물이 법 제13조 제1항에 따른 본점이나 주사무소의 사업용부동산이 되거나, 법 제13조 제1항에 따른 공장의 신설용 또는 증설용이 된 경우와 법 제13조 제5항에 따른 골프장, 고급주택 또는 고급오락장이 된 경우는 중과세율을 적용하여 취득세를 추징한다.

그리고 고급주택, 골프장 또는 고급오락장용 건축물을 증축·개축 또는 개수한 경우와 일반 건축물을 증축·개축 또는 개수하여 고급주택 또는 고급오락장이 된 경우에 그 증가되는 건축물의 가액에 대하여도 위의 중과세세율을 적용하여 취득세를 과세한다(법 §16 ①·②).

제13조의 2 │ 법인의 주택 취득 등 중과

① 주택(제11조제1항제8호에 따른 주택을 말한다. 이 경우 주택의 공유지분이나 부속토지만을 소유하거나 취득하는 경우에도 주택을 소유하거나 취득한 것으로 본다. 이하 이 조 및 제13조의3에서 같다)을 유상거래를 원인으로 취득하는 경우로서 다음 각 호의 어느 하나에 해당하는 경우에는 제11조제1항제8호에도 불구하고 다음 각 호에 따른 세율을 적용한다.(법 §13의2 ① Ⅰ~Ⅲ).

1. 법인(「국세기본법」 제13조에 따른 법인으로 보는 단체, 「부동산등기법」 제49조제1항제3호에 따른 법인 아닌 사단·재단 등 개인이 아닌 자를 포함한다. 이하 이 조 및 제151조에서 같다)이 주택을 취득하는 경우: 제11조제1항제7호나목의 세율을 표준세율로 하여 해당 세율에 중과기준세율의 100분의 400을 합한 세율
2. 1세대 2주택(대통령령으로 정하는 일시적 2주택은 제외한다)에 해당하는 주택으로서 「주택법」 제63조의2제1항제1호에 따른 조정대상지역(이하 이 장에서 "조정대상지역"이라 한다)에 있는 주택을 취득하는 경우 또는 1세대 3주택에 해당하는 주택으로서 조정대상지역 외의 지역에 있는 주택을 취득하는 경우: 제11조제1항제7호나목의 세율을 표준세율로 하여 해당 세율에 중과기준세율의 100분의 200을 합한 세율
3. 1세대 3주택 이상에 해당하는 주택으로서 조정대상지역에 있는 주택을 취득하는 경우 또는 1세대 4주택 이상에 해당하는 주택으로서 조정대상지역 외의 지역에 있는

주택을 취득하는 경우: 제11조제1항제7호나목의 세율을 표준세율로 하여 해당 세율에 중과기준세율의 100분의 400을 합한 세율

② 조정대상지역에 있는 주택으로서 대통령령으로 정하는 일정가액 이상의 주택을 제11조제1항제2호에 따른 무상취득(이하 이 조에서 "무상취득"이라 한다)을 원인으로 취득하는 경우에는 제11조제1항제2호에도 불구하고 같은 항 제7호나목의 세율을 표준세율로 하여 해당 세율에 중과기준세율의 100분의 400을 합한 세율을 적용한다. 다만, 1세대 1주택자가 소유한 주택을 배우자 또는 직계존비속이 무상취득하는 등 대통령령으로 정하는 경우는 제외한다.(법 §13의2 ②).

이때 "대통령령으로 정하는 일정가액 이상의 주택"이란 취득 당시 법 제4조에 따른 시가표준액(지분이나 부속토지만을 취득한 경우에는 전체 주택의 시가표준액을 말한다)이 3억원 이상인 주택을 말하고(영 §28조의6 ①),

"1세대 1주택자가 소유한 주택을 배우자 또는 직계존비속이 무상취득하는 등 대통령령으로 정하는 경우"란 다음 각 호의 어느 하나에 해당하는 경우를 말한다.(영 §28조의6 ② Ⅰ~Ⅲ)

1. 1세대 1주택을 소유한 사람으로부터 해당 주택을 배우자 또는 직계존비속이 법 제11조제1항제2호에 따른 무상취득을 원인으로 취득하는 경우
2. 법 제15조제1항제3호 및 제6호에 따른 세율의 특례 적용대상에 해당하는 경우
3. 「법인세법」 제46조제2항에 따른 적격분할로 인하여 분할신설법인이 분할법인으로부터 취득하는 미분양 주택. 다만, 분할등기일부터 3년 이내에 「법인세법」 제46조의3제3항 각 호의 어느 하나에 해당하는 사유가 발생하는 경우(같은 항 각 호 외의 부분 단서에 해당하는 경우는 제외한다)는 제외한다.

③ 제1항 또는 제2항과 제13조제5항이 동시에 적용되는 과세물건에 대한 취득세율은 제16조제5항에도 불구하고 제1항 각 호의 세율 및 제2항의 세율에 중과기준세율의 100분의 400을 합한 세율을 적용한다.(법 §13의2 ③).

④ 제1항부터 제3항까지를 적용할 때 조정대상지역 지정고시일 이전에 주택에 대한 매매계약(공동주택 분양계약을 포함한다)을 체결한 경우(다만, 계약금을 지급한 사실 등이 증빙서류에 의하여 확인되는 경우에 한정한다)에는 조정대상지역으로 지정되기 전에 주택을 취득한 것으로 본다.(법 §13의2 ④).

⑤ 제1항부터 제4항까지 및 제13조의3을 적용할 때 주택의 범위 포함 여부, 세대의 기준, 주택 수의 산정방법 등 필요한 세부 사항은 대통령령으로 정한다.(법 §13의2 ⑤). 이때 법 제13조의2제1항을 적용할 때 같은 항 각 호 외의 부분에 따른 주택(이하 이 조 및 제28조의3부터 제28조의6까지에서 "주택"이라 한다)으로서 다음 각 호의 어느 하나에 해당하는 주택은 중과세 대상으로 보지 않는다. .(영 §28조의2 Ⅰ~ⅩⅤ)

1. 법 제4조에 따른 시가표준액(지분이나 부속토지만을 취득한 경우에는 전체 주택의 시가표준액을 말한다)이 1억원 이하인 주택. 다만, 「도시 및 주거환경정비법」 제2조제1호에 따른 정비구역(종전의 「주택건설촉진법」에 따라 설립인가를 받은 재건축조합의 사업부지를 포함한다)으로 지정·고시된 지역 또는 「빈집 및 소규모주택 정비에 관한 특례법」 제2조제1항제4호에 따른 사업시행구역에 소재하는 주택은 제외한다.
2. 「공공주택 특별법」 제4조제1항에 따라 지정된 공공주택사업자가 다음 각 목의 어느 하나에 해당하는 주택을 공급(가목의 경우 신축·개축하여 공급하는 경우를 포함한다)하기 위하여 취득하는 주택
   가. 「공공주택 특별법」 제43조제1항에 따라 공급하는 공공매입임대주택. 다만, 정당한 사유 없이 그 취득일부터 2년이 경과할 때까지 공공매입임대주택으로 공급하지 않거나 공공매입임대주택으로 공급한 기간이 3년 미만인 상태에서 매각·증여하거나 다른 용도로 사용하는 경우는 제외한다.
   나. 「공공주택 특별법」에 따른 지분적립형 분양주택이나 이익공유형 분양주택
2의2. 「공공주택 특별법」 제4조제1항에 따라 지정된 공공주택사업자가 제2호나목의 주택을 분양받은 자로부터 환매하여 취득하는 주택
2의3. 「공공주택 특별법」 제40조의7제2항제2호에 따른 토지등소유자가 같은 법 제40조의10제3항에 따라 공공주택사업자로부터 현물보상으로 공급받아 취득하는 주택
3. 「노인복지법」 제32조제1항제3호에 따른 노인복지주택으로 운영하기 위하여 취득하는 주택. 다만, 정당한 사유 없이 그 취득일부터 1년이 경과할 때까지 해당 용도에 직접 사용하지 않거나 해당 용도로 직접 사용한 기간이 3년 미만인 상태에서 매각·증여하거나 다른 용도로 사용하는 경우는 제외한다.
3의2. 「도시재생 활성화 및 지원에 관한 특별법」 제55조의3에 따른 토지등소유자가 같은 법 제45조제1호에 따른 혁신지구사업시행자로부터 현물보상으로 공급받아 취득하는 주택
4. 「문화재보호법」 제2조제3항에 따른 지정문화재 또는 같은 조 제4항에 따른 등록문화재에 해당하는 주택
5. 「민간임대주택에 관한 특별법」 제2조제7호에 따른 임대사업자가 같은 조 제4호에 따른 공공지원민간임대주택으로 공급하기 위하여 취득하는 주택. 다만, 정당한 사유 없이 그 취득일부터 2년이 경과할 때까지 공공지원민간임대주택으로 공급하지 않거나 공공지원민간임대주택으로 공급한 기간이 3년 미만인 상태에서 매각·증여하거나 다른 용도로 사용하는 경우는 제외한다.

6. 「영유아보육법」 제10조제5호에 따른 가정어린이집으로 운영하기 위하여 취득하는 주택. 다만, 정당한 사유 없이 그 취득일부터 1년이 경과할 때까지 해당 용도에 직접 사용하지 않거나 해당 용도로 직접 사용한 기간이 3년 미만인 상태에서 매각·증여하거나 다른 용도로 사용하는 경우는 제외하되, 가정어린이집을 「영유아보육법」 제10조제1호에 따른 국공립어린이집으로 전환한 경우는 당초 용도대로 직접 사용하는 것으로 본다.
7. 「주택도시기금법」 제3조에 따른 주택도시기금과 「한국토지주택공사법」에 따라 설립된 한국토지주택공사가 공동으로 출자하여 설립한 부동산투자회사 또는 「한국자산관리공사 설립 등에 관한 법률」에 따라 설립된 한국자산관리공사가 출자하여 설립한 부동산투자회사가 취득하는 주택으로서 취득 당시 다음 각 목의 요건을 모두 갖춘 주택
가. 해당 주택의 매도자(이하 이 호에서 "매도자"라 한다)가 거주하고 있는 주택으로서 해당 주택 외에 매도자가 속한 세대가 보유하고 있는 주택이 없을 것
나. 매도자로부터 취득한 주택을 5년 이상 매도자에게 임대하고 임대기간 종료 후에 그 주택을 재매입할 수 있는 권리를 매도자에게 부여할 것
다. 법 제4조에 따른 시가표준액(지분이나 부속토지만을 취득한 경우에는 전체 주택의 시가표준액을 말한다)이 5억원 이하인 주택일 것
8. 다음 각 목의 어느 하나에 해당하는 주택으로서 멸실시킬 목적으로 취득하는 주택. 다만, 나목5)의 경우에는 정당한 사유 없이 그 취득일부터 2년이 경과할 때까지 해당 주택을 멸실시키지 않거나 그 취득일부터 6년이 경과할 때까지 주택을 신축하지 않은 경우는 제외하고, 나목6)의 경우에는 정당한 사유 없이 그 취득일부터 1년이 경과할 때까지 해당 주택을 멸실시키지 않거나 그 취득일부터 3년이 경과할 때까지 주택을 신축하여 판매하지 않은 경우는 제외하며, 나목5) 및 6) 외의 경우에는 정당한 사유 없이 그 취득일부터 3년이 경과할 때까지 해당 주택을 멸실시키지 않거나 그 취득일부터 7년이 경과할 때까지 주택을 신축하지 않은 경우는 제외한다.
가. 「공공기관의 운영에 관한 법률」 제4조에 따른 공공기관 또는 「지방공기업법」 제3조에 따른 지방공기업이 「공익사업을 위한 토지 등의 취득 및 보상에 관한 법률」 제4조에 따른 공익사업을 위하여 취득하는 주택
나. 다음 중 어느 하나에 해당하는 자가 주택건설사업을 위하여 취득하는 주택. 다만, 해당 주택건설사업이 주택과 주택이 아닌 건축물을 한꺼번에 신축하는 사업인 경우에는 신축하는 주택의 건축면적 등을 고려하여 행정안전부령으로 정하는 바에 따라 산정한 부분으로 한정한다.
1) 「도시 및 주거환경정비법」 제2조제8호에 따른 사업시행자

2) 「빈집 및 소규모주택 정비에 관한 특례법」 제2조제1항제5호에 따른 사업시행자
3) 「주택법」 제2조제11호에 따른 주택조합(같은 법 제11조제2항에 따른 "주택조합설립인가를 받으려는 자"를 포함한다)
4) 「주택법」 제4조에 따라 등록한 주택건설사업자
5) 「민간임대주택에 관한 특별법」 제23조에 따른 공공지원민간임대주택 개발사업 시행자
6) 주택신축판매업[한국표준산업분류에 따른 주거용 건물 개발 및 공급업과 주거용 건물 건설업(자영건설업으로 한정한다)을 말한다]을 영위할 목적으로 「부가가치세법」 제8조제1항에 따라 사업자 등록을 한 자
9. 주택의 시공자(「주택법」 제33조제2항에 따른 시공자 및 「건축법」 제2조제16호에 따른 공사시공자를 말한다)가 다음 각 목의 어느 하나에 해당하는 자로부터 해당 주택의 공사대금으로 취득한 미분양 주택(「주택법」 제54조에 따른 사업주체가 같은 조에 따라 공급하는 주택으로서 입주자모집공고에 따른 입주자의 계약일이 지난 주택단지에서 취득일 현재까지 분양계약이 체결되지 않아 선착순의 방법으로 공급하는 주택을 말한다. 이하 이 조 및 제28조의6에서 같다). 다만, 가목의 자로부터 취득한 주택으로서 자기 또는 임대계약 등 권원을 불문하고 타인이 거주한 기간이 1년 이상인 경우는 제외한다.
  가. 「건축법」 제11조에 따른 허가를 받은 자
  나. 「주택법」 제15조에 따른 사업계획승인을 받은 자
10. 다음 각 목의 어느 하나에 해당하는 자가 저당권의 실행 또는 채권변제로 취득하는 주택. 다만, 취득일부터 3년이 경과할 때까지 해당 주택을 처분하지 않은 경우는 제외한다.
  가. 「농업협동조합법」에 따라 설립된 조합
  나. 「산림조합법」에 따라 설립된 산림조합 및 그 중앙회
  다. 「상호저축은행법」에 따른 상호저축은행
  라. 「새마을금고법」에 따라 설립된 새마을금고 및 그 중앙회
  마. 「수산업협동조합법」에 따라 설립된 조합
  바. 「신용협동조합법」에 따라 설립된 신용협동조합 및 그 중앙회
  사. 「은행법」에 따른 은행
11. 다음 각 목의 요건을 갖춘 농어촌주택
  가. 「지방자치법」 제3조제3항 및 제4항에 따른 읍 또는 면에 있을 것
  나. 대지면적이 660제곱미터 이내이고 건축물의 연면적이 150제곱미터 이내일 것

다. 건축물의 가액(제4조제1항제1호의2를 준용하여 산출한 가액을 말한다)이 6천500만원 이내일 것
라. 다음의 어느 하나에 해당하는 지역에 있지 아니할 것
1) 광역시에 소속된 군지역 또는 「수도권정비계획법」 제2조제1호에 따른 수도권지역. 다만, 「접경지역 지원 특별법」 제2조제1호에 따른 접경지역과 「수도권정비계획법」에 따른 자연보전권역 중 행정안전부령으로 정하는 지역은 제외한다.
2) 「국토의 계획 및 이용에 관한 법률」 제6조에 따른 도시지역 및 「부동산 거래신고 등에 관한 법률」 제10조에 따른 허가구역
3) 「소득세법」 제104조의2제1항에 따라 기획재정부장관이 지정하는 지역
4) 「조세특례제한법」 제99조의4제1항제1호가목5)에 따라 정하는 지역
12. 사원에 대한 임대용으로 직접 사용할 목적으로 취득하는 주택으로서 1구의 건축물의 연면적(전용면적을 말한다)이 60제곱미터 이하인 공동주택(「건축법 시행령」 별표 1 제1호다목에 따른 다가구주택으로서 「건축법」 제38조에 따른 건축물대장에 호수별로 전용면적이 구분되어 기재되어 있는 다가구주택을 포함한다). 다만, 다음 각 목의 어느 하나에 해당하는 주택은 제외한다.
가. 취득하는 자가 개인인 경우로서 「지방세기본법 시행령」 제2조제1항 각 호의 어느 하나에 해당하는 관계인 사람에게 제공하는 주택
나. 취득하는 자가 법인인 경우로서 「지방세기본법」 제46조제2호에 따른 과점주주에게 제공하는 주택
다. 정당한 사유 없이 그 취득일부터 1년이 경과할 때까지 해당 용도에 직접 사용하지 않거나 해당 용도로 직접 사용한 기간이 3년 미만인 상태에서 매각·증여하거나 다른 용도로 사용하는 주택
13. 물적분할[「법인세법」 제46조제2항 각 호의 요건(같은 항 제2호의 경우 전액이 주식등이어야 한다)을 갖춘 경우로 한정한다]로 인하여 분할신설법인이 분할법인으로부터 취득하는 미분양 주택. 다만, 분할등기일부터 3년 이내에 「법인세법」 제47조제3항 각 호의 어느 하나에 해당하는 사유가 발생한 경우(같은 항 각 호 외의 부분 단서에 해당하는 경우는 제외한다)는 제외한다.
14. 「주택법」에 따른 리모델링주택조합이 같은 법 제22조제2항에 따라 취득하는 주택
15. 「주택법」 제2조제10호나목의 사업주체가 취득하는 다음 각 목의 주택
가. 「주택법」에 따른 토지임대부 분양주택을 공급하기 위하여 취득하는 주택
나. 「주택법」에 따른 토지임대부 분양주택을 분양받은 자로부터 환매하여 취득하는 주택

위 규정의 법 제13조의2제1항부터 제4항까지의 규정을 적용할 때 1세대란 주택을 취

득하는 사람과 「주민등록법」 제7조에 따른 세대별 주민등록표(이하 이 조에서 "세대별 주민등록표"라 한다) 또는 「출입국관리법」 제34조제1항에 따른 등록외국인기록표 및 외국인등록표(이하 이 조에서 "등록외국인기록표등"이라 한다)에 함께 기재되어 있는 가족(동거인은 제외한다)으로 구성된 세대를 말하며 주택을 취득하는 사람의 배우자(사실혼은 제외하며, 법률상 이혼을 했으나 생계를 같이 하는 등 사실상 이혼한 것으로 보기 어려운 관계에 있는 사람을 포함한다. 이하 제28조의6에서 같다), 취득일 현재 미혼인 30세 미만의 자녀 또는 부모(주택을 취득하는 사람이 미혼이고 30세 미만인 경우로 한정한다)는 주택을 취득하는 사람과 같은 세대별 주민등록표 또는 등록외국인기록표등에 기재되어 있지 않더라도 1세대에 속한 것으로 본다(영 §28의3 ①).

위 시행령 제28조의2 제1항에도 불구하고 다음 각 호의 어느 하나에 해당하는 경우에는 각각 별도의 세대로 본다(영 §28의3 ② Ⅰ~Ⅳ).

1. 부모와 같은 세대별 주민등록표에 기재되어 있지 않은 30세 미만의 자녀로서 주택 취득일이 속하는 달의 직전 12개월 동안 발생한 소득으로서 행정안전부장관이 정하는 소득이 「국민기초생활 보장법」에 따른 기준 중위소득을 12개월로 환산한 금액의 100분의 40 이상이고, 소유하고 있는 주택을 관리·유지하면서 독립된 생계를 유지할 수 있는 경우. 다만, 미성년자인 경우는 제외한다.
2. 취득일 현재 65세 이상의 직계존속(배우자의 직계존속을 포함하며, 직계존속 중 어느 한 사람이 65세 미만인 경우를 포함한다)를 동거봉양(同居奉養)하기 위하여 30세 이상의 자녀, 혼인한 자녀 또는 제1호에 따른 소득요건을 충족하는 성년인 자녀가 합가(合家)한 경우
3. 취학 또는 근무상의 형편 등으로 세대전원이 90일 이상 출국하는 경우로서 「주민등록법」 제10조의3제1항 본문에 따라 해당 세대가 출국 후에 속할 거주지를 다른 가족의 주소로 신고한 경우
4. 별도의 세대를 구성할 수 있는 사람이 주택을 취득한 날부터 60일 이내에 세대를 분리하기 위하여 그 취득한 주택으로 주소지를 이전하는 경우

1. 다주택자·법인의 주택 취득 중과세율(법 § 13의 2 ①)

가. 다주택자(세대별)

1) 대상 : 1세대가 2주택 이상을 유상거래로 취득하는 경우 해당 주택
2) 세율 : 세대별 소유주택 수 및 취득하는 주택이 「주택법」 제63조의 2 제1항 제1호에 따라 국토교통부 장관이 공고하는 조정대상지역(이하 "조정대상지역"이라 한다.) 또는 비

조정대상지역 소재 여부에 따라 세율 차등 적용

가) 8%적용 : 1세대 2주택(일시적 2주택 제외)에 해당하는 주택으로서 조정대상지역에 있는 주택을 취득하는 경우 또는 1세대 3주택에 해당하는 주택으로서 비조정대상지역에 있는 주택을 취득하는 경우

나) 12%적용 : 1세대 3주택 이상에 해당하는 주택으로서 조정대상지역에 있는 주택을 취득하는 경우 또는 1세대 4주택 이상에 해당하는 주택으로서 비조정대상지역에 있는 주택을 취득하는 경우

이 경우 중과대상주택은 법 제11조 제1항 제8호에 따른 유상거래로 취득하는 주택으로서 주택유상거래 특례세율(1~3%)을 적용받지 않는 무허가주택(건축허가 · 신고 없이 건축이 가능한 주택 제외), 주거용 오피스텔 등은 중과 적용대상이 아니며(다만, 주거용 오피스텔의 경우 주택수 산정에는 포함) 주택의 공유지분이나 부속토지만을 소유하거나 취득하는 경우에도 주택을 소유하거나 취득하는 것으로 본다(이하 법인이 취득하는 주택도 같다).

나. 법 인

1) 대상 : 법인(국세기본법 §13)에 따른 법인으로 보는 단체, 부동산등기법(§49 ① 3)에 따른 법인 아닌 사단 · 재단 등 개인이 아닌 자 포함)이 유상거래로 주택을 취득하는 경우
2) 세율 : 법인이 소유한 주택 수 및 취득하는 주택이 조정대상지역에 소재하는지 여부와 관계없이 모두 12%세율 적용

다. 사치성재산 세율 및 농어촌특별세 · 지방교육세 적용 등

1) 사치성 재산 : 다주택자 또는 법인이 유상거래로 취득하는 주택이 사치성재산(고급주택) 중과가 동시에 적용되는 경우 취득세율은 둘 중 높은 세율이 적용되는 것이 아니라 법 제13조 제5항에 따른 중과세율(8%)을 합한 세율을 적용(법 §13의 2 ③)한다. 그러므로 조정지역내 2주택에 해당하는 주택(8%, 일시적 2주택 미해당)이 고급주택인 경우 8%에 8%를 합한 16% 세율 적용하며, 조정지역내 3주택에 해당하는 주택이 고급주택인 경우에는 12%에 8%를 합하여 20%를 적용한다. 조정지역내 무상으로 취득하는 경우(법 §13의 2 ③)에도 동일하게 적용된다. 또한 다주택자 또는 법인이 중과대상 주택을 취득한 상태에서 5년 이내에 사치성 재산이 된 경우 8%를 합한 세율을 적용하여 추징(법 §16 ⑥ 2)하며, 조정지역내 주택을 무상으로 취득하는 경우(법 §13의 2 ②)에도 동일하게 적용된다.
2) 지방교육세 : 지방교육세는 법 제11조 제1항 제8호에 따라 취득하는 경우 해당세율에 50%를 곱한 세율을 적용하여 산출한 금액의 20%를 산정하였지만, 법 제13조의 2에 따른 중과대상인 경우 제11조 제1항 제7호 나목의 세율에서 중과기준세율을 뺀 세율을 적

용하여 산출한 금액의 20%를 적용한다.(법 §151 ① 1) 이는 2010년 취득세와 등록세를 통폐합하기 이전에 등록세액의 20%를 지방교육세로 부과하였기 때문이며, 주택 취득세 중과세율은 등록세율(2%)에 취득세율을 중과하는 것이므로 8% 또는 12% 적용대상 주택이라도 지방교육세는 등록세율2%(4%-2%)의 20%인 0.4%가 된다.

3) 농어촌특별세 : 농어촌특별세는 법 제11조 및 제12조의 표준세율을 2%로 적용하여 지방세관계법률에 따라 산출한 취득세액의 10%를 적용하여 산정하는데(농특세법 §5 ① 6), 이는 지방교육세와 마찬가지로 2010년 취득세와 등록세를 통폐합하기 이전에 취득세액의 10%를 농어촌특별세로 부과하였기 때문이므로, 주택 취득세가 8% 또는 12% 적용대상 주택이라면 농어촌특별세는 舊등록세율2%(4%-2%)을 제외한 취득세율 6% 또는 10%의 10인 0.6% 또는 1%가 될 것이며, 이 경우에도 국민주택 규모(전용면적 85㎡) 이하 주택은 농어촌특별세가 비과세된다.

구 분		취득세	농어촌 특별세*	지방 교육세	합계 세율
주택	법인	12%	1.0%	0.4%	13.4%
	조정대상지역 내 1세대2주택 (조정대상지역 외 1세대3주택)	8%	0.6%	0.4%	9.0%
	조정대상지역 내 1세대3주택 이상 (조정대상지역 외 1세대4주택 이상)	12%	1.0%	0.4%	13.4%
	조정대상지역 내 3억이상 주택 무상취득 ※ 1주택자가 배우자, 직계존비속 증여 제외	12%	1.0%	0.4%	13.4%
사치성 재산 (고급 주택)	법인	20%	1.8%	0.4%	22.2%
	조정대상지역 내 1세대2주택 (조정대상지역 외 1세대3주택)	16%	1.4%	0.4%	17.8%
	조정대상지역 내 1세대3주택 이상 (조정대상지역 외 1세대4주택 이상)	20%	1.8%	0.4%	22.2%

* 국민주택 규모(85㎡, 수도권을 제외한 도시지역이 아닌 읍 또는 면지역은 100㎡)이하 주택은 비과세, 이때 다가구 주택은 가구별 면적을 기준으로 판단

2. 중과 제외 주택(영 § 28의 2)

다음과 같이 저가주택 등 투기대상으로 보기 어려운 경우, 정상적인 경제활동을 위한 경우 등은 취득세 중과세 대상에서 제외한다.

가. 1억원이하 저가주택

개별·공동주택가격이 1억원 이하인 저가주택 주로 비수도권에 위치하고, 투기목적으로 취득하여도 실제 큰 차익을 기대하기 어려운 점을 고려하여 중과세 대상에서 배제한다. 따라

서, 저가주택이라 하더라도 「도시정비법」 제2조 제1호에 따른 정비구역(종전의 「주택건설촉진법」에 따라 설립인가를 받은 재건축조합의 사업부지를 포함)으로 지정·고시된 지역 및 「소규모주택정비법」 제2조 제1항 제4호에 따른 사업시행구역에 소재하는 경우에는 투기대상으로 변질될 우려가 있으므로 중과세 대상에 포함하고 있는 것이다.

1억원 이하 주택 여부는 해당 주택 취득일 현재 공시가격을 기준으로 판단하므로 주택 취득일 현재 당해연도 개별·공동주택가격이 공시되기 전에는 전년도 공시가격을 기준으로 중과세 여부를 판단하고, 신축주택 등 개별·공동주택가격이 공시되지 않은 경우에는 법 제4조에 따라 자치단체장이 산정한 가액을 기준으로 판단한다.

또한 주택의 일부 지분, 부속토지 또는 건물만 취득하는 경우에는 전체 주택가격을 기준으로 판단한다.

여기에서 대도시내 설립한지 5년 이내의 법인이 1억원 이하의 주택을 유상 취득하는 경우를 보면 법인의 주택 유상취득은 법 제13조의 2 제1항 제1호의 세율(12%)을 적용하고(법 제13조 제2항), 같은 취득 물건에 대하여 둘 이상의 세율이 해당되는 경우에는 그 중 높은 세율을 적용하므로(법 제16조 제5항) 시행령 제28조의 2에 따른 중과제외주택에 해당하더라도 대도시 중과대상에 해당하는 경우 12%의 세율이 적용된다.

나. 공공매입임대주택

공공주택사업자가 공공매입임대주택으로 공급(신축 또는 개축하여 공급하는 경우를 포함한다.)하기 위하여 취득하는 주택. 다만, 취득일부터 정당한 사유 없이 2년이내 임대하지 않거나 3년 내 처분시에는 추징한다.

다. 노인복지주택

「노인복지법」 제32조 제1항 제3호에 따른 노인복지주택으로 운영하기 위하여 취득하는 주택. 다만, 취득일부터 정당한 사유 없이 1년이내 노인복지시설로 사용하지 않거나 3년 내 처분시에는 추징한다.

라. 문화재주택

「문화재보호법」 제53조 제1항에 따른 국가등록문화재에 해당하는 주택은 중과세를 제외한다.

마. 공공지원민간임대주택

「민간임대주택에 관한 특별법」에 따른 공공지원민간임대주택으로 공급하기 위하여 취득하는 주택. 다만, 취득일부터 정당한 사유 없이 2년이내 임대하지 않거나 3년 내 처분시에는 추징한다.

바. 가정어린이집

가정어린이집으로 운영하기 위하여 취득하는 주택. 다만, 그 취득일부터 정당한 사유 없이 1년이 경과할 때까지 해당 용도에 직접 사용하지 않거나 해당 용도로 직접 사용한 기간이 3년 미만인 상태에서 처분 경우는 제외한다.

이 경우, 해당 용도에 직접 사용해야 하므로 가정어린이집 설치 인가를 받은 자가 취득하는 주택에 대하여 중과세를 배제하는 것이다. 따라서 가정어린이집 설치 인가자 외의 자가 취득하는 경우에는 중과세율이 적용되며, 공동으로 취득하는 경우 인가받은 자가 취득하는 지분만 중과세를 배제한다.

그리고 가정어린이집 목적으로 주택을 취득하고 3년 이내에 국가 또는 지방자치단체에 기부채납하여 국공립어린이집으로 전환하는 경우 어린이집으로 이용하는 이용실태 및 주택 중과세 취지 등을 고려할 때 다른용도로 사용한다고 보기 어렵다는 점과 주택 중과 취득 등을 고려하여 가정어린이집을 국공립어린이집으로 전환하는 경우에도 중과세가 제외된다.

사. 환매조건부주택(Sale & Leaseback)

주택도시기금, LH, 자산관리공사 등이 설립한 리츠가 환매조건부로 취득하는 주택은 중과세가 배제된다. 이는 주택을 보유하였으나 어려움을 겪고 있는 서민을 지원하기 위해서 주택 소유주로부터 주택을 매입하고 해당 소유주에게 임대하여 거주와 금융을 동시에 지원하는 공익적 성격이 있는 것이므로 중과세를 배제하는 것이다.

따라서, 모든 주택이 해당 되는 것이아니라 매도자(그 세대)가 1주택만을 소유, 매도자가 해당 주택에 거주, 5년 이상 매도자에게 임대 후에 그 주택을 재매입 권리부여, 주택가격이 5억원(지분·부속토지만 취득하는 경우에는 전체 주택가격을 기준으로 판단) 이하인 주택인 요건을 충족하는 경우에 한하여 적용한다.

아. 멸실목적 주택

공공기관 및 지방공기업이 「토지보상법」 따른 공익사업을 위하여 멸실 목적으로 취득하는 주택과 「도시정비법」, 「소규모주택정비법」 에 따른 사업시행자, 「주택법」 에 따른 주택조합 및 사업자가 해당 사업을 위해 멸실목적으로 주택건설사업을 위하여 취득하는 주택. 다만, 3년 이내에 멸실시키지 않는 경우에는 추징한다.

이는 주택을 취득하였더라도 주택공급을 위한 것이므로 중과세를 배제하는 것이다. 따라서 주택공급과 상업용건물 등을 한꺼번에 신축하는 경우 '주택건설사업을 위하여 취득하는 주택' 외의 부분은 다음과 같은 기준에 따라 중과세 여부를 판단하되 주택의 비율 등은 사업계획, 건축허가 등을 통해 확인하고, 추후 사후관리하여야 한다.

1) 「도시 및 주거환경정비법」 제2조 제2호에 따른 정비사업 중 주거환경을 개선하기 위한 사업, 「주택법」 제2조 제11호 가목에 따른 지역주택조합 및 같은 호 나목에 따른 직장주택조합이 시행하는 사업의 경우 주된 목적이 주택을 공급하는 사업이므로 취득하는 멸실대상 주택 전체를 중과배제 한다(규칙 §7의 2).

2) 「도시 및 주거환경정비법」 제2조 제2호 나목에 따른 재개발사업 중 도시환경을 개선하기 위한 사업의 경우 주택공급과 상업시설 등을 같이 공급하기 위한 사업이므로 취득하는 멸실대상 주택 중 다음의 식에 따라 "중과제외 비율"에 해당하는 부분에 대하여만 중과배제 한다(규칙 §7의 2).

$$중과제외\ 비율 = \frac{신축하는\ 주택의\ 연면적}{신축하는\ 주택\ 및\ 주택이\ 아닌\ 건축물\ 전체의\ 연면적}$$

3) 그 밖의 주택건설사업의 경우 신축하는 주택의 연면적이 신축하는 주택 및 주택이 아닌 건축물 전체 연면적의 100분의 50 이상인 경우 주된 성격이 주택을 공급하는 것으로 보아 취득하는 멸실대상 주택의 전체를 중과배제 한다(규칙 §7의 2).

4) 그 밖의 주택건설사업의 경우 신축하는 주택의 연면적이 신축하는 주택 및 주택이 아닌 건축물 전체 연면적의 100분의 50 이하인 경우 2)의 식에 따라 "중과제외 비율"에 해당하는 부분에 대하여만 중과배제 한다(규칙 §7의 2).

이와 아울러 2020년 1월 개정된 「주택법」 제11조는 주택조합을 설립하기 위해서는 "해당 주택건설대지의 15퍼센트 이상에 해당하는 토지의 소유권을 확보"하도록 규정하고 있어, "추진위원회"가 취득하는 주택을 중과할 경우 주택조합 설립 자체를 불가능하게 하는 결과를 초래하므로 조합설립전 추진위원회가 멸실목적으로 취득하는 주택의 경우에도 중과제외 대상으로 보아야 한다.

자. 대물변제주택

주택의 시공자가 건축허가를 받은자 또는 주택사업계획승인을 받은 자로부터 공사대금을 대신하여 미분양주택을 대물변제로 취득한 경우. 다만, 타인이 해당 주택에 1년 이상 거주한 경우에는 제외한다.

차. 저당권 실행으로 취득한 주택

금융기관이 저당권 실행 등 채권변제로 취득하는 저당권 실행주택. 다만, 취득일부터 3년 이내 처분하지 않은 경우는 추징한다.

카. 농어촌주택

법 §28②에 따른 농어촌주택 및 부속토지[대지면적 660㎡, 건축물의 연면적 150㎡ 이내일 것, 건축물의 시가표준액이 6천500만원 이내일 것, 광역시에 소속된 군지역 또는 수도권지역, 국토계획법」제6조에 따른 도시지역 및 「부동산 거래신고 등에 관한 법률」 제10조에 따른 허가구역, 「소득세법」 제104조의 2 제1항에 따라 기획재정부장관이 지정하는 지역(지정지역), 「관광진흥법」 제2조에 따른 관광단지 지역에 있지 아니할 것]

타. 사원임대용 주택

사원에 대한 임대용으로 직접 사용할 목적으로 취득하는 주택으로서 1구의 건축물의 연면적(전용면적을 말한다.)이 60제곱미터 이하인 공동주택. 다만, 해당 사원이 친족, 과점주주 인 경우, 정당한 사유 없이 그 취득일부터 1년이 경과할 때까지 해당 용도에 직접 사용하지 않거나 해당 용도로 직접 사용한 기간이 3년 미만인 상태에서 처분 또는 다른 용도로 사용하는 경우 추징한다.

파. 적격물적분할로 취득하는 미분양 주택

물적분할로 취득하는 주택은 유상거래 세율이 적용된다. 그러나 법인세법 제46조 제2항에 따른 적격분할로 분할신설법인 취득하는 미분양 주택은 중과세를 제외한다. 다만, 취득일로부터 3년 이내에 법인세법 제47조 제3항에 따른 적격분할 취소사유가 발생하면 추징한다.

하. 리모델링 주택

리모델링주택조합 사업 추진 시 해당 사업에 동의하지 않는 자의 매도청구에 따라 주택을 취득할 경우 또는 리모델링조합이 대도시 내에 소재하는 5년 미만의 법인이 주택을 취득하는 경우에도 중과(12%) 대상에 해당함에 따라 주택공급사업자, 주택조합 간의 과세형평 및 주택 중과세 취지를 고려하여 리모델링주택조합이 취득하는 주택은 중과에서 제외된다.

3. 세대의 기준(영 § 28의 3)

① 법 제13조의2제1항부터 제4항까지의 규정을 적용할 때 1세대란 주택을 취득하는 사람

과 「주민등록법」 제7조에 따른 세대별 주민등록표(이하 이 조에서 "세대별 주민등록표"라 한다) 또는 「출입국관리법」 제34조제1항에 따른 등록외국인기록표 및 외국인등록표(이하 이 조에서 "등록외국인기록표등"이라 한다)에 함께 기재되어 있는 가족(동거인은 제외한다)으로 구성된 세대를 말하며 주택을 취득하는 사람의 배우자(사실혼은 제외하며, 법률상 이혼을 했으나 생계를 같이 하는 등 사실상 이혼한 것으로 보기 어려운 관계에 있는 사람을 포함한다. 이하 제28조의6에서 같다), 취득일 현재 미혼인 30세 미만의 자녀 또는 부모(주택을 취득하는 사람이 미혼이고 30세 미만인 경우로 한정한다)는 주택을 취득하는 사람과 같은 세대별 주민등록표 또는 등록외국인기록표등에 기재되어 있지 않더라도 1세대에 속한 것으로 본다.

② 제1항에도 불구하고 다음 각 호의 어느 하나에 해당하는 경우에는 각각 별도의 세대로 본다.

1. 부모와 같은 세대별 주민등록표에 기재되어 있지 않은 30세 미만의 자녀로서 주택취득일이 속하는 달의 직전 12개월 동안 발생한 소득으로서 행정안전부장관이 정하는 소득이 「국민기초생활 보장법」에 따른 기준 중위소득을 12개월로 환산한 금액의 100분의 40 이상이고, 소유하고 있는 주택을 관리·유지하면서 독립된 생계를 유지할 수 있는 경우. 다만, 미성년자인 경우는 제외한다.
2. 취득일 현재 65세 이상의 부모(부모 중 어느 한 사람이 65세 미만인 경우를 포함한다)를 동거봉양(同居奉養)하기 위하여 30세 이상의 자녀, 혼인한 자녀 또는 제1호에 따른 소득요건을 충족하는 성년인 자녀가 합가(合家)한 경우
3. 취학 또는 근무상의 형편 등으로 세대전원이 90일 이상 출국하는 경우로서 「주민등록법」 제10조의3제1항 본문에 따라 해당 세대가 출국 후에 속할 거주지를 다른 가족의 주소로 신고한 경우
4. 별도의 세대를 구성할 수 있는 사람이 주택을 취득한 날부터 60일 이내에 세대를 분리하기 위하여 그 취득한 주택으로 주소지를 이전하는 경우

4. 1세대의 기준

주택을 취득하는 사람과 세대별 주민등록표(주민등록법 §7) 또는 등록외국인기록표 및 외국인등록표(출입국관리법 §34 ①)에 함께 기재되어 있는 가족23)(동거인은 제외)으로 구성된 1세대를 말하며, 주택취득자의 배우자(사실혼 제외, 법률상 이혼하였으나 생계를 같이하는 경우 포함), 미혼인 30세 미만 자녀 또는 부모(주택 취득자가 미혼이고 30세 미만인 경우)는 주소지를 달리하더라도 1세대에 속한 것으로 본다. 다만, 다음과 같은 경우는 달리 판단한다.

---

23) 가족의 범위에 대하여는 「민법」 제779조 제1항을 참고하기 바란다.

가. 일정 소득이 있는 경우 30세 미만의 미혼 자녀

일정 소득이 있는 30세 미만의 자녀는 부모와 주소를 달리둔다면 독립된 세대로 본다. 이 경우 자녀는 주택 취득일 현재 소득이 있어야 하므로 사업자 이거나 취업한 상태인 자여야 한다. 그리고「소득세법」에 따른 소득이「국민기초생활 보장법」에 따른 기준 중위소득의 40% 이상이어야 한다.

이 경우 소득 기준은 경상적·반복적 소득, 현금유입이 있는 소득이 연평균 중위소득 40% 이상인 경우를 말하며, 자녀 등 세대원이 분가하기 위하여 주택 취득시 그 주택의 취득일로부터 60일이내에 전입신고시 분리된 세대로 간주된다.

2023년 기준 중위소득 (24년 7월말까지 적용)

구분	1인 가구	2인 가구	3인 가구	4인 가구	5인 가구	6인 가구
금액 (원/월)	2,077,892	3,456,155	4,434,816	5,400,964	6,330,688	7,227,891
40%	831,157	1,382,462	1,773,926	2,160,386	2,532,275	2,891,156

여기에서 30세 미만인 자의 독립된 세대 적용시 소득요건 판단은 "주택을 관리·유지하면서 독립된 생계를 유지"할 수 있어야 하므로, 소득의 계속성[24] 여부, 생활의 독립성 등 다양한 사항을 종합적으로 고려하여 "사실상 독립된 세대"의 구성여부를 판단하여야 하고, 소득은「소득세법」제4조에 따른 소득으로서 일시적·비경상적 소득 및 현금 유입을 동반하지 않는 소득을 제외한 계속적·반복적(경상적)인 소득을 말한다.[25]

그리고 소유하고 있는 주택을 관리·유지하면서 독립된 생계를 유지할 수 있는 경우(미성년자 제외) 1세대로 보며, 분양권에 의한 주택 취득시 1세대는 주택의 취득일(납세의무 성립일) 현재를 기준으로 판단하고, 주택 수는 해당 세대의 분양권 취득 당시를 기준으로 판단해야 하므로 다주택자인 부모의 세대원인 자녀(무주택, 30세 이상)가 2020년 8월 12일 이후에 분양권을 취득하여, 해당 분양권에 의한 주택을 취득할 때 세대가 분리되어 있는 경우 분양권에 따른 '주택 취득일 현재' 자녀가 독립된 세대를 구성하였다면, 그 자녀 세대가 해당 분양권 취득 당시 무주택 세대이므로, 1~3%를 적용하여야 하고, 소득의 확인은 전년도 소득이 있는 자는 소득금액증명원 등으로 확인하고 당해소득만 있는 자는 원천징수지급명세서, 사업자

---

24) 따라서, 주택 취득일로부터 직전 12개월의 소득이 중위소득의 40%(월 기본중위소득×12개월)이상이어야 한다. 이는 지방세법상 계속의 기간을 통상 1년으로 보고 있기 때문이다. 한편 근로소득자나 사업소득자는 24개월 소득이 40%(월 기본중위소득×24개월)로 판단 할 수 있는데 이는 취택 취득일 직전 일시적 휴직, 휴업한 경우 최장 2년내 소득까지 포함하여 판단할 수 있도록 한 것이다.(행정안전부 운영요령)
25) 소득의 계속성을 판단하기 위한 것이다.

등록증, 재직증명서 등으로 확인하고, 사후 관리하여야 한다.

| 제외되는 소득의 종류 |

구 분	소득의 종류
일시적·비경상적 소득	① 이자소득 중 정기예금·적금 해약으로 지급되는 이자, 저축성보험 차익 등 ② 소득세법에 따른 기타소득 중 다음의 소득 가. 상금*, 현상금, 보로금 등 이에 준하는 금품 * 직업적으로 받는 상금(프로 선수가 받은 우승상금 등)은 소득에 포함 나. 복권, 경품권 등 추첨권에 당첨되어 받는 금품 다. 「사행행위 규제 및 처벌 특례법」에 규정하는 행위에 참가하여 얻은 소득 라. 승마투표권, 경륜, 경정, 소싸움, 체육진흥투표권의 구매자가 받는 환급금 마. 소유자가 없는 물건의 점유로 소유권을 취득하는 자산 바. 거주자·비거주자 또는 특수관계인이 그 특수관계로 인하여 당해 거주자·비거주자 또는 법인으로부터 받는 경제적 이익으로 급여·배당으로 보지 아니하는 금품 사. 슬롯머신 및 투전기 그 밖에 이와 유사한 기구를 이용하는 행위에 참가하여 받는 당첨금품·배당금품 또는 이에 준하는 금품 아. 재산권에 관한 알선수수료 자. 사례금 ③ 위에 제1항 및 제2항에 규정된 소득과 양도소득 외에 다른 소득이 없는 경우 그 양도소득
현금 유입이 없는 소득	④ 배당소득 중 인정배당, 의제배당 등 ⑤ 임대소득 중 간주임대료

나. 65세 이상 직계존속

주택 취득일 현재 만65세 이상의 직계족손(배우자의 직계족손을 포함하며, 직계존속 중 어느 한 사람이 65세 미만인 경우 포함)와 자녀(30세 이상인자 또는 30세 미만인 경우 혼인 또는 소득이 있는 자)가 주소를 같이 두고 있는 경우 65세 이상 부모와 자녀 세대를 각각 다른 세대로 본다. 본 규정은 자녀가 노부모를 봉양하기 위하여 같이 사는 자녀에게 혜택을 주기 위한 규정이므로 65세이상 부모가 자녀 세대와 같은 주소지에 있더라도 각각 별도의 세대로 본다.

다. 해외체류신고 후 세대원 전원이 출국한 경우

취학 또는 근무상의 형편 등으로 세대 전원이 90일 이상 출국하는 해외체류신고경우로서 「주민등록법」에 따라 해당 세대가 출국 후에 속할 거주지를 다른 가족의 주소로 신고한 경우 해당 해외체류세대는 별도세대로 본다. 이 경우 세대전부가 출국해야 하므로 출국자 외

배우자, 자녀 등 다른 세대원이 국내에 있는 경우에는 별도의 세대로 보지 않는다.

4-1. 주택수의 산정방법(영 § 28의 4)

　법 제13조의2제1항제2호 및 제3호를 적용할 때 세율 적용의 기준이 되는 1세대의 주택 수는 주택 취득일 현재 취득하는 주택을 포함하여 1세대가 국내에 소유하는 주택, 법 제13조의3제2호에 따른 조합원입주권(이하 "조합원입주권"이라 한다), 같은 조 제3호에 따른 주택분양권(이하 "주택분양권"이라 한다) 및 같은 조 제4호에 따른 오피스텔(이하 "오피스텔"이라 한다)의 수를 말한다. 이 경우 조합원입주권 또는 주택분양권에 의하여 취득하는 주택의 경우에는 조합원입주권 또는 주택분양권의 취득일(분양사업자로부터 주택분양권을 취득하는 경우에는 분양계약일)을 기준으로 해당 주택 취득 시의 세대별 주택 수를 산정한다.

　이때 혼인전 취득한 분양권에 의하여 주택을 취득하는 경우에는 그 혼인한 자의 주택은 제외하고, 주택, 조합원입주권, 주택분양권 또는 오피스텔을 동시에 2개 이상 취득하는 경우에는 납세의무자가 정하는 바에 따라 순차적으로 취득하는 것으로 본다.

　그리고 제1항을 적용할 때 1세대 내에서 1개의 주택, 조합원입주권, 주택분양권 또는 오피스텔을 세대원이 공동으로 소유하는 경우에는 1개의 주택, 조합원입주권, 주택분양권 또는 오피스텔을 소유한 것으로 본다.

　또한 상속으로 여러 사람이 공동으로 1개의 주택, 조합원입주권, 주택분양권 또는 오피스텔을 소유하는 경우 지분이 가장 큰 상속인을 그 주택, 조합원입주권, 주택분양권 또는 오피스텔의 소유자로 보고, 지분이 가장 큰 상속인이 두 명 이상인 경우에는 그 중 다음 각 호의 순서에 따라 그 주택, 조합원입주권, 주택분양권 또는 오피스텔의 소유자를 판정한다. 이 경우, 미등기 상속 주택 또는 오피스텔의 소유지분이 종전의 소유지분과 변경되어 등기되는 경우에는 등기상 소유지분을 상속개시일에 취득한 것으로 본다.
　1. 그 주택 또는 오피스텔에 거주하는 사람
　2. 나이가 가장 많은 사람

　그리고 1세대의 주택 수를 산정할 때 다음 각 호의 어느 하나에 해당하는 주택, 조합원입주권, 주택분양권 또는 오피스텔은 소유주택 수에서 제외한다.
　1. 다음 각 목의 어느 하나에 해당하는 주택
　가. 제28조의2제1호에 해당하는 주택으로서 주택 수 산정일 현재 같은 호에 따른 해당 주택의 시가표준액 기준을 충족하는 주택
　나. 제28조의2제3호・제5호・제6호 및 제12호에 해당하는 주택으로서 주택 수 산정일 현재 해당 용도에 직접 사용하고 있는 주택

다. 제28조의2제4호에 해당하는 주택

라. 제28조의2제8호 및 제9호에 해당하는 주택. 다만, 제28조의2제9호에 해당하는 주택의 경우에는 그 주택의 취득일부터 3년 이내의 기간으로 한정한다.

마. 제28조의2제11호에 해당하는 주택으로서 주택 수 산정일 현재 제28조제2항제2호의 요건을 충족하는 주택

2. 「통계법」 제22조에 따라 통계청장이 고시하는 산업에 관한 표준분류에 따른 주거용 건물 건설업을 영위하는 자가 신축하여 보유하는 주택. 다만, 자기 또는 임대계약 등 권원을 불문하고 타인이 거주한 기간이 1년 이상인 주택은 제외한다.

3. 상속을 원인으로 취득한 주택, 조합원입주권, 주택분양권 또는 오피스텔로서 상속개시일부터 5년이 지나지 않은 주택, 조합원입주권, 주택분양권 또는 오피스텔

4. 주택 수 산정일 현재 법 제4조에 따른 시가표준액(지분이나 부속토지만을 취득한 경우에는 전체 건축물과 그 부속토지의 시가표준액을 말한다)이 1억원 이하인 오피스텔

5. 주택의 부속토지만을 소유한 경우로서 주택 수 산정일 현재 해당 부속토지의 가액이 법 제4조에 따른 시가표준액 1억원 이하인 주택

5. 일시적 2주택(영 § 28의 5)

가. 적용대상

조정대상지역내에서 주택을 소유한 1세대가 이사 등의 사유로 취득한 주택이 일시적 2주택이 되는 경우에는 중과세율(8%) 적용을 배제하며, 국내에 주택, 조합원입주권, 주택분양권 또는 오피스텔(이하 종전주택등)을 1개 소유한 1세대가 그 종전 주택등을 소유한 상태에서, 이사 등의 사유로 다른 1주택(신규 주택)을 추가로 취득한 후 3년(종전 주택등과 신규 주택이 모두 조정대상지역에 있는 경우 1년) 이내에 종전 주택등을 처분하는 경우 해당 신규 주택을 말한다.

이 경우 종전주택의 범위에는 주택뿐 아니라 주택수 산정시 주택으로 간주되는 입주권, 분양권, 오피스텔이 포함된다. 그러므로 종전 주택등이 있는 상태에서 조정지역에 추가로 주택을 취득하는 경우 8%가 적용되지만 종전주택을 처분하면 일반세율이 적용된다.

또한 일시적 2주택이 적용되는 해당 주택으로 주택뿐 아니라 분양권으로 취득하는 주택도 신규 주택이 될 수 있으며, 조합원입주권은 향후 원시취득 세율이 적용되고[26], 오피스텔은 취득시 업무용으로 과세(4% 세율)되므로 신규 주택에 해당되지 않는다.

그리고 신규 주택이 분양권에 의한 주택이거나 종전 주택등이 입주권 또는 분양권인 경우에는 신규 주택을 3년(신규 주택과 종전 주택이 모두 조정지역에 있는 경우 1년)내에 처분하더라

---

[26] 종전주택등을 보유한 상태에서 신규로 입주권에 따른 주택을 취득하는 경우는 원시취득세율(2.8%) 적용되어 중과세되지 않으므로 일시적 2주택을 적용받을 필요가 없는 것이다.

도 일시적 2주택으로 보아 중과세율을 적용하지 않는데, 이는 분양권이나 입주권은 취득시점에 미완성 주택인 부분을 고려하여 납세자의 선택권을 보장하기 위한 것으로 해석된다.

또한 관리처분계획인가 또는 사업시행계획인가 당시 해당 사업구역에 거주하는 세대가 신규 주택을 취득하여 그 신규 주택으로 이주한 경우에는 그 이주한 날에 종전 주택등을 처분한 것으로 보는데(영 §28의 5 ③), 이는 관리처분계획 등 이주계획에 따라 신규주택을 취득하여 이주하였으나 개발사업이 장기화되어 일시적 2주택 처분기간내에 종전주택이 멸실되지 않아 일시적 2주택을 적용받지 못하는 문제를 배려하기 위한 것이다. 이 규정은 재개발사업 추진으로 부득이 이주하는 경우를 배려하려는 취지이므로 신규주택 취득시 사업구역내 주택에 거주하지 않았던 세대 또는 관리처분인가 후 사업구역내 주택을 취득한 경우에 적용하지 않는다.

나. 처분기간 산정

일시적 2주택 기간(법 §21 ① 3, 영 §36의 3) 산정은 종전주택등을 소유한 1세대가 신규 주택을 취득하는 경우 일시적 2주택이 되기 위해 3년(종전 주택등과 신규 주택이 모두 조정대상지역에 있는 경우 1년)이내에 종전주택등을 처분해야 하는데 입주권·분양권을 소유한 상태에서 신규 주택을 취득한 경우에는 해당 입주권·분양권에 따른 주택을 취득한 날부터 기간 기산한다. 그러므로 주택(종전 주택)을 소유한 상태에서 분양권에 의한 주택(신규 주택)을 취득하는 경우 종전 주택을 신규 주택 취득일부터 3년(또는 1년) 내에는 처분하여야 한다.

아울러 취득일로부터 일시적 2주택 기간 3년(또는 1년) 내에 종전 주택을 처분하지 못하여 1주택으로 되지 아니한 경우 부족세액은 추징(법 §21 ① 3, 영 §36의 3)되며, 추징대상인 경우 8%를 적용하여 계산한 세액에서 당초 신고한 세액을 차감하고 과소신고가산세 및 납부불성실 가산세를 합하여 과세하게 된다.

6. 주택 무상취득 중과세 기준(법 § 13의 2 ②)

가. 주택 무상취득 중과세 대상(영 §28의 6 ①)

조정대상지역에 있는 주택으로서 시가표준액 3억원(주택공시가격을 말하며, 지분이나 부속토지만을 취득한 경우에는 전체 주택의 시가표준액이 3억원 이상인 주택을 말한다.) 이상의 주택을 상속 외의 원인으로 무상취득하는 경우 12%세율 적용한다.

나. 주택 무상취득 중과세 제외 대상(영 §28의 6 ② Ⅰ~Ⅲ)

주택의 무상취득 중과세는 다주택자가 주택시장 불안지역에서 조세회피 목적으로 명의 분산하는 것을 방지하기 위한 것이므로, 1세대 1주택자가 소유한 주택을 배우자 또는 직계존비속이 무상취득을 원인(민법 제554조에 따른 증여취득을 말한다) 취득하는 경우에는 중과세를 제외하며, 그 적용은 수증자(취득자)의 주택 소유 수와 관계없이 증여자의 주택 소유수를 기준으로 판단한다.

7. 조정대상지역 지정고시 경과규정(법 § 13의 2 ④)

조정대상지역 지정고시일 이전에 주택에 대한 매매계약(공동주택 분양계약을 포함)을 체결한 경우에는 조정대상지역 지정이전에 취득한 것으로 본다. 이는 조정대상지역 지정 이전에 매매계약을 체결한 납세자의 신뢰를 보호하려는 취지로 해석된다.

따라서, 지정고시일 이전이므로 지정고시일 당일 계약을 체결하였다면 2주택까지는 중과세 대상이 아니게 되는 것이며, 또는 종전주택이 비조정에서 조정지역으로 변경되는 있는 세대가 조정지역내 2주택을 취득하였다면 종전 주택을 3년 이내에 처분하면 되는 것이다.

제13조의 3 | 주택 수의 판단 범위

제13조의 2를 적용할 때 다음 각 호의 어느 하나에 해당하는 경우에는 다음 각 호에서 정하는 바에 따라 세대별 소유 주택 수에 가산한다(법 §13조의 2 Ⅰ~Ⅳ).
1. 「신탁법」에 따라 신탁된 주택은 위탁자의 주택 수에 가산한다.
2. 「도시 및 주거환경정비법」 제74조에 따른 관리처분계획의 인가 및 「빈집 및 소규모주택 정비에 관한 특례법」 제29조에 따른 사업시행계획인가로 인하여 취득한 입주자로 선정된 지위[「도시 및 주거환경정비법」 에 따른 재건축사업 또는 재개발사업, 「빈집 및 소규모주택 정비에 관한 특례법」 에 따른 소규모재건축사업을 시행하는 정비사업조합의 조합원으로서 취득한 것(그 조합원으로부터 취득한 것을 포함한다.)으로 한정하며, 이에 딸린 토지를 포함한다. 이하 이 조에서 "조합원입주권"이라 한다.]는 해당 주거용 건축물이 멸실된 경우라도 해당 조합원입주권 소유자의 주택 수에 가산한다.
3. 「부동산 거래신고 등에 관한 법률」 제3조 제1항 제2호에 따른 "부동산에 대한 공급계약"을 통하여 주택을 공급받는 자로 선정된 지위(해당 지위를 매매 또는 증여 등의 방법으로 취득한 것을 포함한다. 이하 이 조에서 "주택분양권"이라 한다.)는 해당 주택분양권을 소유한 자의 주택 수에 가산한다.
4. 제105조에 따라 주택으로 과세하는 오피스텔은 해당 오피스텔을 소유한 자의 주택 수에 가산한다.

1. 개요

조합원입주권, 주택분양권, 오피스텔은 취득세 과세대상은 아니지만, 이를 보유하고 있는 경우 세대별 소유 주택 수에 가산한다.

가. 「신탁법」에 따라 신탁된 주택은 위탁자의 주택 수에 가산한다. 이 경우 수탁자의 소유주택 수에서는 제외하여야 한다.

나. 조합원입주권 : 도시정비법상 관리처분계획의 인가 및 소규모주택 정비법상 사업시행계획인가로 취득한 입주자로 선정된 지위(승계조합원 포함)를 말하며, 주거용 건축물이 멸실된 경우라도 해당 조합원입주권 소유자의 주택 수에 가산(해당 주택이 멸실되기 전까지는 주택으로 간주)한다.

이 경우 조합원입주권을 주택 수에 포함한 것은 주거용 건축물이 멸실되었지만 주택으로 보아 주택 수에 가산하겠다는 중과제도 취지를 반영한 것으로(법 §13조의 3 Ⅱ) 재개발구역내 주택을 소유하고 있다가 해당 재개발사업으로 조합원입주권을 취득하는 경우 주택 수에 산정하는 조합원입주권의 경우 해당 주택의 멸실 전까지는 주택을 소유한 것[27]이므로, 멸실 이후부터 조합원입주권을 소유한 것으로 보아야한다.

절차(주택멸실 여부)	관리처분계획인가(멸실 않됨)	멸실
주택 또는 입주권 여부	주택	조합원입주권

다. 주택분양권 : 「부동산 거래신고 등에 관한 법률」에 따른 "부동산에 대한 공급계약"을 통하여 주택을 공급받는 자로 선정된 지위를 말하며, 매매 또는 증여 등의 방법으로 취득한 것을 포함한다.

라. 오피스텔: 법 제105조에 따라 주택분 재산세가 과세[주택 취득일 현재 오피스텔에 대해 일정절차(납세자 신고, 과세관청 확인 등)에 따라 주거용으로 보아 주택분 재산세가 과세된 경우를 말한다.]된 오피스텔은 해당 오피스텔을 소유한 자의 주택 수에 가산한다. 따라서, 오피스텔의 주택 수 포함 여부는 재산세 과세기준일을 기준으로 판단해야 할 것이며, 주택 취득일 현재 보유하고 있는 오피스텔이 주택분 재산세 과세대상이 아니라면 주택 수에 포함되지 않는다.

---

27) 관리처분계획 인가가 있는 경우라도 해당 주거용 건축물이 사실상(또는 공부상) 멸실되기 전까지는 주택으로, 멸실 이후에는 토지로 보아 취득세와 재산세를 과세하는 것(행정안전부 지방세운영과-1, 2018.1.2.)

2. 주택 수 산정 방법

가. 주택 수 산정 시점(영 §28의 4 ①)

다주택자 세율 적용의 기준이 되는 1세대의 주택 수는 "주택 취득일" 현재 취득하는 주택을 포함하여 1세대가 국내에 소유하는 주택, 조합원입주권, 주택분양권 및 오피스텔의 수를 산정하고 조합원입주권 또는 주택분양권에 의하여 취득하는 주택의 경우에는 입주권 또는 분양권의 취득일(분양사업자로부터 주택 분양권을 취득하는 경우에는 분양계약일, 분양권을 승계취득하는 경우는 계약서상 잔금지급일)을 기준으로 해당 주택 취득 시의 세대별 주택 수를 산정한다.[28]

따라서, 분양권의 경우 분양권 취득시에 법 제13조의 2 제1항 제2호(1세대 2주택) 또는 같은 항 제3호(1세대 3주택 이상)가 적용되어 세율이 결정되는 것이다.

나. 2개 이상 동시 취득시 주택 수(영 §28의 4 ②)

조합원입주권, 주택분양권, 오피스텔을 동시에 둘 이상 취득하는 경우 납세의무자가 정하는 바에 따라 순차 취득으로 본다. 이는 같은 날 둘 이상의 주택을 취득하는 경우 납세자가 유리한 세부담을 적용 받을 수 있도록 선택하도록 규정한 것이다.

다. 동일세대 내 주택 등 공동소유시 주택 수(영 §28의 4 ③)

1세대 내에서 1개의 주택, 조합원입주권, 주택분양권 또는 오피스텔을 세대원이 공동으로 소유하는 경우에는 1개의 주택, 조합원입주권, 주택분양권 또는 오피스텔을 소유한 것으로 본다.

라. 상속 주택의 주택 수 산정(영 §28의 4 ④)

상속으로 여러 사람이 공동으로 1개의 주택, 조합원입주권, 주택분양권 또는 오피스텔을 소유하는 경우에는 지분이 가장 큰 상속인, 거주하는 사람(주택·오피스텔 한정), 연장자 순으로 소유자를 판정하며, 미등기 상속 주택 또는 오피스텔의 소유지분이 종전의 소유지분과 변경되어 등기되는 경우에는 등기상 소유지분을 상속개시일에 취득한 것으로 본다.[29]

---

28) 이법 시행(2020.8.12.)이전에 취득한 분양권, 입주권, 오피스텔은 주택 수에 포함되지 않는다.
　※ 부칙(법률 제17473호, 2020. 8. 12.개정된 것) 제3조(주택 수의 판단 범위에 관한 적용례) 제13조의3제2호부터 제4호까지의 개정규정은 이 법 시행 이후 조합원입주권, 주택분양권 및 오피스텔을 취득하는 분부터 적용한다.
29) 이 영 시행일(2020.8.12.)이전 상속 취득한 주택의 경우 5년간(2025.8.12.까지) 주택 수에 포함하지 않는다.
　※ 부칙(대통령령 제30939호로 개정된 것, 2020. 8. 12.)제3조(상속 주택 등의 주택 수 산정에 관한 특례) 이 영 시행 전에 상속을 원인으로 취득한 주택, 조합원입주권, 주택분양권 또는 오피스텔에 대해서는 제28조의4 제5항제3호의 개정규정에도 불구하고 이 영 시행 이후 5년 동안 주택 수 산정 시 소유주택 수에서 제외한다.

3. 산정 제외 대상

취득세 중과세가 제외되는 주택은 주택 수 산정시에도 제외된다. 다만, 공공매입임대주택(영 §28의 2 Ⅱ), 환매조건부주택(영 §28의 2 Ⅶ), 물적분할로 취득하는 주택(영 §28의 2 ⅩⅢ)의 경우는 법인만 취득하므로 주택 수 산정 제외 대상에서는 별도로 배제하지 않는 것이다.

가. 중과세 제외 대상(영 §28의 2 Ⅰ~ⅩⅢ)중 주택 수 산정 제외 대상
  1) 산정일 현재 시가표준액이 1억원 이하인 주택(재개발 구역내 주택 등 제외)
  2) 노인복지주택, 공공지원민간임대주택으로 공급하기 위해 취득하는 주택, 가정어린이집, 사원임대주택. 다만, 주택 수 산정일 현재 해당 용도에 직접 사용하고 있어야 한다.
  3) 국가등록문화재에 해당하는 주택, 주택건설사업자가 주택건설사업을 위해 멸실목적으로 취득하는 주택, 공사시공자가 대물변제로 취득하는 주택(취득일부터 3년 이내 한정),
  4) 법 제28조 제2항에 따른 농어촌주택(주택수 산정일 현재기준 가격요건 충족)

중과배제 대상과 주택 수 제외 대상 비교

조 문			대 상	중과세	주택 수
영 §28의2	1		1억원 이하 주택	제외	제외
	2		공공매입임대주택	제외	포함
	3		노인복지주택	제외	제외
	4		국가등록문화재주택	제외	제외
	5		공공지원민간임대주택	제외	제외
	6		가정어린이집	제외	제외
	7		환매조건부주택	제외	포함
	8	가	공익사업용 멸실목적 주택	제외	제외(3년)
		나	주택건설용 멸실목적 주택	제외	제외(3년)
	9		대물변제용 미분양주택	제외	제외(3년)
	10		채권변제(저당권)로 취득하는 주택	제외	포함
	11		농어촌주택	제외	제외
	12		사원 임대용 주택	제외	제외
	13		물적적격분할로 취득하는 미분양 주택	제외	포함
	14		리모델링주택조합이 취득하는 주택	제외	포함
	15	가	토지임대부 분양주택을 공급하기 위하여 취득하는 주택	제외	포함
		나	토지임대부 분양주택을 분양받은 자로부터 환매하여 취득하는 주택	제외	포함

나. 주거용 건물을 신축하여 판매하는 사업자가 신축하여 보유하는 주택는 주택 수에서 제외한다. 이는 법인이 아닌 개인 사업주가 주택을 신축하여 재고자산으로 보유하고 있는 경우 사업주 당사자가 거주할 주택 취득시 중과세가 되지 않게 하려는 것이다. 따라서 타인이 거주한 기간이 1년 이상인 주택 등은 더 이상 재고자산이 아니므로 보유 주택 수에 포함한다.

다. 상속을 원인으로 취득한 주택, 조합원입주권, 주택분양권 또는 오피스텔은 상속개시일*부터 5년간 주택수에서 제외한다.

　이 경우 이 법 시행(20.8.12.) 전에 취득한 상속 주택 등은 이 법 시행 이후 5년 동안 주택 수 산정 시 소유주택 수에서 제외한다.

라. 주택분 재산세가 부과되는 오피스텔이라고 하더라도 시가표준액이 1억원 이하인 저가 오피스텔도 주택 수에서 제외한다. 이 경우 지분이나 부속토지만 취득한 경우는 전체 건축물과 그 부속토지의 시가표준액으로 산정한다.

▲ 사례

❖ 장기 방치주택의 주택수 포함 여부

쟁점부동산은 장기간 방치되어 잡풀이 무성하게 자라나 있고 방과 부엌, 화장실 등이 형체를 알아볼 수 없을 정도로 파손되어 더 이상 사람이 거주할 수 없는 상태로 쟁점부동산이 「지방세법」 제11조 제1항 제8호에 따른 주택에 해당한다고 보기는 어려우므로 다주택 중과세율 적용시 주택수 산정방법 상 주택의 수에는 포함되지 않음

(조심 2021지1377, 2021.10.21.)

제14조　조례에 따른 세율조정(제한세율)

　지방자치단체의 장은 조례로 정하는 바에 따라 취득세의 세율을 제11조와 제12조에 따른 세율의 100분의 50 범위에서 가감할 수 있다(법 §14).

　이 규정은 지방세법 제11조 및 제12조의 표준세율에 지방자치단체가 재정상 기타 특별한 사유가 있을 경우 이를 조정하여 탄력적으로 운영할 수 있는 제도로서 이는 지방자치단체의 재정운영에 자율성을 부여하여 재정의 자율적 운영과 자체 재정경영에 보탬이 되게 설치된 제한세율(또는 탄력세율 제도)인데 실제로 실용적으로 활용하는 단체는 많지 않다.

제15조 세율의 특례

① 다음 각 호의 어느 하나에 해당하는 취득에 대한 취득세는 제11조 및 제12조에 따른 세율에서 중과기준세율을 뺀 세율로 산출한 금액을 그 세액으로 하되, 제11조 제1항 제8호에 따른 주택의 취득에 대한 취득세는 해당세율에 100분에 50을 곱한 세율을 적용하여 산출한 금액을 그 세액으로 한다. 다만, 취득물건이 제13조 제2항에 해당하는 경우에는 이 항 각 호 외의 부분 본문의 계산 방법으로 산출한 세율의 100분의 300을 적용한다(법 §15 ① Ⅰ~Ⅶ).

1. 환매등기를 병행하는 부동산의 매매로서 환매기간 내에 매도자가 환매한 경우의 그 매도자와 매수자의 취득
2. 상속으로 인한 취득 중 다음 각 목의 어느 하나에 해당하는 취득
   가. 대통령령으로 정하는 1가구 1주택의 취득

   이 경우 "대통령령으로 정하는 1가구 1주택"이란 상속인(「주민등록법」 제6조 제1항 제3호에 따른 재외국민은 제외한다. 이하 이 조에서 같다.)과 같은 법에 따른 세대별 주민등록표(이하 이조에서 "세대별 주민등록표"라 한다.)에 함께 기재되어 있는 가족(동거인은 제외한다.)으로 구성된 1가구(상속인의 배우자, 상속인의 미혼인 30세 미만의 직계비속 또는 상속인이 미혼이고 30세 미만인 경우 그 부모는 각각 상속인과 같은 세대별 주민등록표에 기재되어 있지 아니하더라도 같은 가구에 속한 것으로 본다.)가 국내에 1개의 주택[주택(법 제11조 제1항 제8호에 따른 말한다.)으로 사용하는 건축물과 그 부속토지를 말하되, 제28조 제4항에 따른 고급주택은 제외한다.]을 소유하는 경우를 말한다(영 §29 ①).

   이 경우 2018년부터는 30세 미만인 자는 따로 거주하더라도 자력으로 생활하기 어려운 점을 감안, 도움을 주는 '직계존속'과 같은 가구로 보겠다는 취지이나 직계존속의 범위에는 조부모도 포함되어 있어, 조부모와 동일 세대로 간주되어 특례세율을 적용할 수 없게 되는 문제가 발생하여 상속주택 취득에 따른 특례세율 적용시 미혼인 30세 미만과 같은 가구로 보는 직계존속의 범위를 부모로 한정하였다.
   또한 위의 영 제1항을 적용할 때 1주택을 여러 사람이 공동으로 소유하는 경우에도 공동소유자 각각 1주택을 소유하는 것으로 보고, 주택의 부속토지만을 소유하는 경우에도 주택을 소유하는 것으로 본다(영 §29 ②).

   그리고 위 영 제1항 및 제2항을 적용할 때 1주택을 여러 사람이 공동으로 상속받는 경우에는 지분이 가장 큰 상속인을 그 주택의 소유자로 본다. 이 경우 지분이 가장 큰 상속인이 두 명 이상일 때에는 지분이 가장 큰 상속인 중 ① 그 주택에 거주하는

사람, ② 나이가 가장 많은 사람 순서에 따라 그 주택의 소유자를 판정한다(영 §29 ③).
나. 지방세특례제한법 제6조 제1항(농업을 주업으로 하는 사람 또는 농업후계인이 직접 경작하는 농지 및 농지조성 임야 등)에 따라 취득세의 감면대상이 되는 농지의 취득

3. 법인세법 제44조 제2항 또는 제3항에 해당하는 법인의 합병으로 인한 취득. 다만, 법인의 합병으로 인하여 취득한 과세물건이 합병 후에 제16조(중과세 세율이 적용되는 대도시 내 법인신설, 고급주택의 취득 등)에 따른 과세물건에 해당하게 되는 경우 또는 합병등기일부터 3년 이내에 법인세법 제44조의 3 제3항 각호의 어느 하나에 해당하는 사유가 발생하는 경우(같은 항 각 호 외의 부분 단서에 해당하는 경우는 제외한다.)에는 그러하지 아니하다.

4. 공유물·합유물의 분할 또는 「부동산 실권리자명의 등기에 관한 법률」 제2조 제1호 나목에서 규정하고 있는 부동산의 공유권 해소를 위한 지분이전으로 인한 취득(등기부등본상 본인 지분을 초과하는 부분의 경우에는 제외한다.)

그간 '공유물' 분할로 취득하는 경우 특례세율(0.3%)을 적용(법 §15 ① 4)하나, 공유물 분할과 유사한 '합유물' 분할에 대해서는 특례세율 규정이 없어 합유물 분할에 대해 공유물 분할에 관한 규정을 민법 제274조 제1항에서는 합유는 조합체의 해산 또는 합유물의 양도로 인하여 종료한다고 하면서 같은 조 제2항에서는 전항의 경우에 합유물의 분할에 관하여는 공유물의 분할에 관한 규정을 준용한다고 규정하고 있어 그간 유권해석을 통해 동일한 특례세율을 적용하여 운영하였지만 유권해석으로 특례세율을 적용하는 것은 타당하지 않아 2018년부터는 합유물의 분할에 대해서도 공유물 분할에 따른 특례세율과 동일한 특례세율을 적용하도록 규정하였다.

그리고 법 제15조 제1항 제4호를 적용할 때 한 개의 공유물 또는 두 개 이상의 공유물을 분할하여 특정 공유물에 대한 단독 소유권을 취득하는 경우(등기부등본상 본인 지분을 초과하는 부분의 경우는 제외한다.)의 과세표준은 그 특정 공유물 전체의 시가표준액으로 한다(영 §29조의 2).

이 경우 공유물 분할 후 단독으로 소유하게 되는 부동산의 과표적용시 전체가액을 기준으로 과세하는지 기존의 소유지분을 제외하고 산정하는지 혼선이 발생하여 2018년부터는 공유물을 분할하여 특정 공유물 전체에 대한 단독소유권을 취득하는 경우의 과세표준은 그 특정 공유물 '전체'의 시가표준액으로 명확화하였다.

┃공유·합유·총유의 구분(민법 제262조 내지 제278조)┃

구분	공유	합유	총유
소유형태	수인이 동일물건의 소유권을 양적으로 공동 소유	공동사업 경영을 목적으로 재산을 공동 소유	법인 아닌 사단의 사원이 집합체로서 물건을 소유
인적결합 형태	개인주의	조합체로서 구성원의 개별성 강조	집합체로서 사단의 단체주의
사 례	수인이 공동 매입한 물건	수인의 동업자 재산	종중·동창회·정당·주택조합·입주자대표회의
지분인정	○	○	×
등기부상 기재형태	공유자 각 명의등기, 지분의 표시 ○	합유자 각 명의등기, 지분의 표시 ×	사단 자체 명의 등기
지분처분	○	전원동의시 ○	×
분할청구	○	×(조합해산시 분할가능)	×(지분 불인정)
물건처분	전원동의시 ○	전원동의시 ○	사원총회의 결의 ○

5. 건축물의 이전으로 인한 취득. 다만, 이전한 건축물의 가액이 종전 건축물의 가액을 초과하는 경우에 그 초과하는 가액에 대하여는 그러하지 아니하다.
6. 민법 제834조, 제839조의 2 및 제840조(재판상 이혼원인)에 따른 재산분할로 인한 취득
7. 그 밖의 형식적인 취득 등 대통령령으로 정하는 취득
   이 경우의 취득은 벌채하여 원목을 생산하기 위한 입목의 취득을 말한다(영 §30 ①).

② 다음 각 호의 어느 하나에 해당하는 취득에 대한 취득세는 중과기준세율을 적용하여 계산한 금액을 그 세액으로 한다. 다만, 취득물건이 제13조 제1항에 해당하는 경우에는 중과기준세율의 100분의 300을, 같은 조 제5항에 해당하는 경우에는 중과기준세율의 100분의 500을 각각 적용한다(법 §15 ② Ⅰ~Ⅶ).

1. 개수로 인한 취득(제11조 제3항에 해당하는 경우는 제외한다.). 이 경우 과세표준은 제10조의6 제3항에 따른다.
2. 제7조 제4항에 따른 선박·차량과 기계장비 및 토지의 가액 증가. 이 경우 과세표준은 제10조의6 제1항에 따른다.
3. 제7조 제5항에 따른 과점주주의 취득. 이 경우 과세표준은 제10조의6 제4항에 따른다.
4. 제7조 제6항에 따라 외국인 소유의 취득세 과세대상 물건(차량, 기계장비, 항공기 및 선박만 해당한다.)을 소유권을 이전받는 조건으로 임차하여 수입하는 경우의 취득(연부로 취득하는 경우로 한정한다.)
5. 제7조 제9항에 따른 시설대여업자의 건설기계 또는 차량 취득. 다만, 기계장비 또는

차량을 취득하면서 기계장비대여업체 또는 운수업체의 명의로 등록하는 경우로 한정한다.

6. 제7조 제10항에 따른 취득대금을 지급한 자의 기계장비 또는 차량 취득. 다만 기계장비 또는 차량을 취득하면서 기계장비대여업체 또는 운수업체의 명의로 등록하는 경우로 한정한다.
7. 제7조 제14항 본문에 따른 토지의 소유자의 취득
8. 그 밖에 레저시설의 취득 등 대통령령으로 정하는 취득

이 규정에서 "레저시설의 취득 등 대통령령으로 정하는 취득"이란 다음 각 호의 어느 하나에 해당하는 것을 말한다(영 §30 ②).

① 영 제5조에서 정하는 시설의 취득(레저시설, 저장시설, 도크시설 및 접안시설, 도관시설, 급수·배수시설, 에너지공급시설, 잔교, 기계식 또는 철골조립식 주차장, 차량 또는 기계장비 등을 자동으로 세차 또는 세척하는 시설, 방송중계탑 및 무선통신기지국용 철탑의 취득)
② 무덤과 이에 접속된 부속시설물의 부지로 사용되는 토지로서 지적공부상 지목이 묘지인 토지의 취득
③ 법 제9조 제5항 단서에 해당하는 임시건축물의 취득
④ 「여신전문금융업법」 제33조 제1항에 따라 건설기계나 차량을 등록한 대여시설이용자가 그 시설대여업자로부터 취득하는 건설기계 또는 차량의 취득
⑤ 건축물을 건축하여 취득하는 경우로서 그 건축물에 대하여 법 제28조 제1항 제1호 가목 또는 나목에 따른 소유권의 보존 등기 또는 소유권의 이전 등기에 대한 등록면허세 납세의무가 성립한 후 제20조에 따른 취득시기가 도래하는 건축물의 취득

1. 개설

세율의 특례규정은 종전의 지방세법상 "취득세 과세, 등록세 비과세" 또는 취득세 비과세, 등록세 과세 "로 되어 있던 과세대상에 대해서는 취득세와 등록세가 통합된 후에도 종전과 같이 과세 되던 부분은 과세하고, 비과세 되던 부분도 비과세 하며, 중과세 되었던 부분은 중과세 세율을 적용토록 조정되었기 때문에 그 세율체계가 매우 어렵게 규정되어 있는 점에 유의하여야 할 것이다.

2. 세율의 특례

가. 상속으로 인한 취득 등

다음 각 호의 어느 하나에 해당하는 취득에 대한 취득세는 법 제11조 및 제12조에 따른

세율에서 중과기준세율을 뺀 세율로 산출한 금액을 그 세액으로 하되, 제11조 제1항 제8호에 따른 주택의 취득에 대한 취득세는 해당 세율에 100분의 50을 곱한 세율을 적용하여 산출한 금액을 그 세액으로 한다. 다만, 취득 물건이 법 제13조 제2항(대도시에서 법인의 설립, 전입, 공장 신·증설 등)에 해당하는 경우에는 본문의 계산방법으로 산출한 세율의 100분의 300(3배)을 적용한다.

예를 들면 상속으로 인한 취득으로 농지 외의 것을 취득한 경우의 세율은 1천분의 28에서 중과기준세율 1천분의 20을 뺀 1천분의 8의 세율이 적용되며, 만약 그 취득물건이 공장의 신·증설 등에 해당되면 제11조 제7호 나목(농지 외의 물건)의 세율 1천분의 40에서 중과기준세율 1천분의 20을 뺀 세율인 1천분의 20의 3배인 1천분의 60을 적용하여 세액을 산출하는 것이다. 그런데 법 제11조 제1항 제8호에 따른 주택의 취득에 대해서는 해당세율에 100분의 50을 적용하여 계산하는 점에 유의해야 한다.

(1) 세율의 특례적용 대상

(가) 환매권의 행사 등으로 인한 부동산취득(법 §15 ① Ⅰ)

환매등기를 병행하는 부동산의 매매로서 환매기간 내에 매도자가 환매한 경우의 그 매도자와 매수자의 취득

환매라 함은 매도자가 매매계약과 동시에 다시 사들일 권리를 보유한 것으로 부동산에 관한 환매기간은 5년 이내로 하고 있으며 등기시에는 기간을 정하여 환매할 수 있다는 특약을 하게 된다. 그러므로 그 기간 내에 매도자가 환매하는 경우는 원소유자에게 소유권이 환원되는 것이고 일반적으로 채권담보의 목적으로 환매등기제도를 활용하고 있다. 따라서 환매기간 내에 환매가 이루어지지 않을 경우는 매수자에게 취득세를 과세하여야 하며 환매기간이 경과된 후에 원소유자 명의로 소유권이전등기가 된 경우는 매도자와 매수자에게 각각 취득세를 과세하여야 한다.

그리고 환매는 원래 특정한 매매계약에 있어서 매도자의 일방적인 권리로 인식되는 당해 물건에 존재하는 매도 목적을 관철시키기 위한 권리적 보장책으로 보며, 환매라는 말 자체가 매도자를 위한 용어이므로 매수자 입장에서는 해제청구권이라고 보는 것이 타당할 것이다.

그러므로 매수자가 환매권을 행사한다는 표현은 있을 수 없는 것이므로 환매권을 매도자가 행사하는 것으로 볼 때 매수자의 요청에 의하여 환매되는 경우에는 합의해제청구에 해당되므로 매도자와 매수자는 각각 취득세를 납부해야 하는 것이다.

(나) 상속으로 인한 취득(법 §15 ① Ⅱ)

상속으로 인한 취득 중 ① 대통령령으로 정하는 1가구 1주택 및 그 부속토지를 취득

하는 경우와 ② 지방세특례제한법 제6조 제1항(자경농민에 대한 경감)에 따라 취득세의 감면대상이 되는 농지의 취득. 이 경우 1가구 1주택이라 함은 상속인과 주민등록법에 따른 세대별 주민등록표에 함께 기재되어 있는 가족(동거인을 제외한다.)으로 구성된 1가구(세대주의 배우자, 상속인의 미혼인 30세 미만의 직계비속 또는 상속인이 미혼이고 30세 미만인 경우 그 직계존속은 각각 상속인과 같은 세대별 주민등록표에 기재되어 있지 아니하더라도 같은 가구에 속하는 것으로 본다.)가 국내에 1개의 주택[「주택법」(법 제11조 제11항 제8호에 따른 주택을 말한다.)으로 사용하는 건축물과 그 부속토지를 말하되, 제28조 제4항에 따른 고급주택은 제외한다.]을 소유하는 경우를 말한다. 또한 위의 규정을 적용할 때 1주택을 여러 사람이 공동으로 사용하는 경우에도 공동소유자가 각각 1주택을 소유하는 것으로 보고, 주택의 부속토지만을 소유하는 경우에도 주택을 소유하는 것으로 본다. 그런데 1주택을 여러 사람이 공동으로 상속받는 경우에는 지분이 가장 큰 상속인을 해당 주택의 소유자로 보되, 지분이 가장 큰 상속인이 두 명 이상일 때에는 지분이 가장 큰 상속인 중, ① 그 주택에 거주하는 사람, ② 나이가 가장 많은 사람 순서에 따라 해당 주택의 소유자를 판정한다(영 §29 ①·②·③).

그런데 상속받은 재산도 증여와 같이 모두 취득세 과세대상이 되는데, 위에서 설명한 1가구 1주택과 자경농민(농업을 주업으로 하는 사람으로서 2년 이상 영농에 종사한 사람, 후계농업경영인 등 자경농민)이 상속으로 취득하는 농지에 한하여만 별도의 세율을 적용토록 하였다. 여기에서 지방세특례제한법 제6조 제1항에 따라 취득세의 감면대상이 되는 농지의 취득이라 함은 "농업을 주업으로 하는 자로서 2년 이상 영농에 종사한 자, 후계농업경영인(이하 이 조에서 "자경농민"이라 한다.)이 대통령령으로 정하는 기준에 따라 직접 경작할 목적으로 취득하는 농지(전·답·과수원 및 목장용지)를 취득"하는 것을 말한다.

이 경우 "농업을 주업으로 하는 사람으로서 2년 이상 영농에 종사한 사람"이란 농지(지방세법시행령 제21조에 따른 농지를 말한다.) 소재지 구(자치구를 말한다.)·시·군 및 그와 잇닿아 있는 구·시·군 또는 농지의 소재지로부터 20㎞ 이내의 지역에 거주하면서 농지를 소유하거나 임차하여 경작한 사람과 그 동거가족(배우자 또는 직계비속에 한정한다.) 중의 1명 이상이 취득일 현재 직접 2년 이상 농업에 종사하는 경우를 말한다. 그리고 "대통령령으로 정하는 기준"이란 다음과 같은 요건을 갖춘 경우를 말한다.

① 농지 및 임야의 소재지가 읍 단위 이상 도시지역(개발제한구역과 녹지지역을 제외한다.) 외의 지역일 것
② 취득자의 주소지가 농지 및 임야 소재지인 구·시·군 및 그 지역과 잇닿아 있는 구·시·군 또는 농지 및 임야 소재지로부터 20㎞ 이내의 지역일 것. 그러므로 경북 울진군에 있는 농지를 서울시 종로구에 있는 자가 상속을 받았다면 이는 농업이 주업인 자에 해당되지 아니하는 것이다.

③ 소유 농지 및 임야(도시지역 안의 농지 및 임야를 포함한다.)의 규모가 새로 취득하는 농지 및 임야를 합하여 논·밭·과수원은 3만㎡(농지법에 따라 지정된 농업진흥지역 안의 논·밭·과수원의 경우는 20만㎡), 목장용지는 25만㎡, 임야는 30만㎡ 이내일 것. 이 경우 초과부분이 있을 때에는 그 초과부분만을 경감대상에서 제외한다. 그러므로 상속받는 농지가 위의 '①, ②'의 요건을 갖추었다 하더라도 상속받는 자가 기존 농지(농업진흥지역 외에 소유)를 2만㎡ 소유하고 있으면서 상속으로 2만㎡를 취득한다면 합계하여 3만㎡를 초과하는 1만㎡는 세율의 특례 대상이 되지 아니하는 것이다.

> **사례**
>
> ❖ 상속으로 인한 취득 중 주택의 개념에 주택을 분양받을 수 있는 권리가 포함되는지 여부
>
> 조세법률주의에 따른 엄격해석의 원칙을 유지할 필요성이 있는 점, 민사법에서 차용된 개념은 민사법상 개념과 통일적으로 해석되어야 하는 점, 이 사건 법률조항의 '주택'에 "주택을 분양받을 수 있는 권리"까지 포함된다고 해석하는 것은 과세실무상 다양한 문제점이 발생될 것으로 예견되는 점 등에 비추어 보면, 이 사건 법률조항의 '주택'에 '주택을 분양받을 수 있는 권리'가 포함된다고는 볼 수 없다고 판단된다.
>
> (대법 2011두24453, 2011.11.15.)

(다) 법인의 합병으로 인한 취득(법 §15 ① Ⅲ)

「법인세법」제44조 제2항 또는 제3항에 해당하는 법인의 합병으로 인한 취득. 다만, 법인의 합병으로 인하여 취득한 과세물건이 합병 후에 제16조(고급주택 등)에 따른 과세물건에 해당되게 되는 경우 또는 합병등기일부터 3년 이내에 「법인세법」 제44조의3 제3항 각 호의 어느 하나에 해당하는 사유가 발생하는 경우(같은 항 각 호 외의 부분 단서에 해당하는 경우는 제외한다.)에는 그러하지 아니하다.

법인합병의 형태는 A법인과 B법인이 합병하여 새로운 C법인이 되는 신설합병과 A법인과 B법인이 합병하여 A법인 또는 B법인이 되는 흡수합병이 있는데 법인합병에 대한 취득세의 세율특례는 신설합병법인이나 흡수합병법인을 불문한다.

그런데 이 규정을 적용받을 수 있는 합병은 법인세법 제44조 제2항의 적격합병의 요건을 갖춘 경우와 동조 제3항의 전액출자법인간 합병으로서 그 합병으로 인한 취득에 대해서는 지방세의 세율특례를 적용하겠다는 것이다.

이 경우 "적격합병의 요건"을 첫째는 합병등기일 현재 1년 이상 계속하던 내국법인간의 합병이여야 하고, 둘째는 합병대가 중 80% 이상이 주식 등이어야 하고, 합병등기일이 속하는 사업연도종료일까지 보유하여야 하며, 셋째는 합병법인이 합병등기일이 속하

는 사업연도의 종료일까지 피합병법인으로부터 승계받은 사업을 계속하여야 한다. 또한 합병의 경우 양도가액을 피합병법인의 순자산 장부가액으로 하여 양도손익이 없는 것으로 할 수 있는 "전액출자법인간 합병"이란 내국법인이 발행주식총수 또는 출자총액을 소유하고 있는 다른 법인을 합병하거나 그 다른 법인에 합병되는 것을 말한다.

그리고 합병으로 인하여 존속하는 법인 또는 신설되는 법인에 과점주주가 생긴다 하더라도 해산되는 법인으로부터 취득하는 취득세 과세대상물건에 대한 세율특례는 적용된다. 다만, 합병으로 인하여 취득한 물건이 합병 후 5년 이내에 골프장, 고급주택, 고급오락장 등 중과세 대상이 되는 경우와 합병등기일부터 3년 이내에 법인세법 제44조의 3 제3항 각 호의 어느 하나에 해당하는 사유(합병법인이 피합병법인으로부터 승계받은 사업을 폐지하는 경우와 피합병법인이 주주 등이 합병법인으로부터 받은 주식 등을 처분하는 경우)가 발생하는 경우(같은 항 각 호 외의 부분단서에 해당하는 경우는 제외한다.)에는 세율특례를 받지 못하고 추징하게 되는 것이다.

(라) 공유물의 분할 등으로 인한 취득(법 §15 ① Ⅳ)

공유물의 분할 또는 부동산 실권리자명의 등기에 관한 법률 제2조 제1호 나목에서 규정하고 있는 부동산의 공유권 해소를 위한 지분이전으로 인한 취득(등기부등본상 본인 지분을 초과하는 부분의 경우에는 제외한다.). 공유물의 분할에 따른 취득은 취득세의 세율특례가 적용되는데 공유물의 분할은 하나의 재산에 대한 소유권을 2명 이상이 공유하고 있던 것을 각 공유자의 지분에 따라 이를 분할하여 각각 독립된 소유권을 취득하는 것을 말한다. 그런데 공유물을 분할하는 경우 자기소유 지분을 초과하여 취득하는 경우는 그 초과분은 세율특례대상이 되지 아니한다. 예를 들면 10,000㎡의 토지 1필지를 甲(지분 1,000분의 500), 乙(지분 1,000분의 300), 丙(지분 1,000분의 200)이 공유하다가 이를 분할하여 甲 3,000㎡, 乙 2,000㎡, 丙 5,000㎡로 각각 취득하였다면 丙은 甲으로부터 2,000㎡, 乙로부터 1,000㎡를 취득한 결과가 되어 이 부분에 대하여는 세율특례 없이 취득세를 과세하여야 하고, 또한 甲・乙・丙 3명이 3필지의 토지를 공유로 소유하고 있다가 상호합의에 따라 각각 1필지씩 단독으로 이전등기를 한 경우는 각 필지간 지분을 3명이 상호교환한 것이므로 교환 취득한 지분에 대해서는 세율특례를 받지 못하고 각각 취득세를 납부하여야 한다.

> **사례**
>
> ❖ **이혼에 따른 재산분할과 공유권 분할**
>
> 원고가 이혼에 따른 재산분할로서 이 사건 부동산의 소유권을 취득한 것은 지방세법 제105조 제1항의 부동산취득에 해당하고, 지방세법 제110조 제4호의 공유권의 분할로 인한 취득에 해당하지 아니한다고 판단한 것은 옳고, 거기에 상고이유로 든 주장과 같은 잘못이 없다.
>
> (대법 2003두4331, 2003.8.29.)
>
> ❖ **구분 소유적 공유관계인의 토지 명의신탁해지로 인한 취득이 공유권의 분할에 해당되는지 여부**
>
> 원고가 이 사건 토지를 구분소유하고 있다가 분할 후 각 토지의 소유자들을 상대로 이 사건 토지에 대한 그들의 공유지분에 관하여 명의신탁해지를 원인으로 한 소유권이전등기청구의 소를 제기하여 판결 내지 화해권고결정 등에 의하여 이 사건 토지에 관한 공유지분을 이전받게 된 것이라 하더라도, 이는 지방세법 제110조 제4호의 "공유권의 분할로 인한 취득"에 해당하지 않는다.
>
> (대법 2008두9331, 2008.8.21.)
>
> ❖ **구분소유적 공유면적이 등기부상 공유지분 면적을 초과하는 경우 적용세율**
>
> 특정하여 구분소유하고 있다고 인정된 면적(구분소유적 공유면적)이 등기부상 공유지분 면적을 초과하고 있음이 인정되었다고 하여 취득세 특례 세율(1천분의 3)을 달리 볼 것은 아님
>
> (대법 2018두64221, 2019.3.14.)
>
> ❖ **공유물분할 세율특례 적용 기준**
>
> 공유물 분할로 인한 취득시 당초 지분 및 초과 지분 판단시 과세표준 안분에 관한 별도 규정이 없으므로 실제 교환가치에 상응하는 안분 방법이 있다면 시가표준액 비율을 배제하고 그 가액 안분비율을 인정하여야 함
>
> (대법 2020두53972, 2021.02.04.)

(마) 건축물의 이전으로 인한 취득(법 §15 ① Ⅴ)

건축물의 이전으로 인한 취득. 다만, 이전한 건축물의 가액이 종전 건축물의 가액을 초과하는 경우에 그 초과하는 가액에 대하여는 그러하지 아니하다.

이 규정에서 "이전"이라 함은 건축물을 그 주체구조부를 해체하지 아니하고 동일한 대지안의 다른 위치로 옮기는 것을 말한다. 그런데 종전에는 "이축"에 대해 적용하였으나 건축법상에 이축의 개념이 없어졌으므로 이전의 경우를 규정한 것인데, 이 경우 이축은 그 장소를 달리하는 경우도 포함되었으나 이전은 동일 대지 안에서 위치만 바꾸는 것임에 유의하여야 한다.

(바) 재산분할로 인한 취득(법 §15 ① Ⅵ)

민법 제834조, 제839조의 2 및 제840조에 따른 재산분할로 인한 취득.[30]

이 규정의 적용에 있어 부부간의 합의에 따라 재산분할을 하면서 부인의 전 남편이 제3자에게 부담하여야 할 채무를 승계했다 하더라도 재산분할의 실질이 변경되는 것이 아니므로 이는 모두 재산분할에 해당된다.

> **사례**
>
> ❖ **사망으로 인하여 사실혼관계가 종료된 경우 재산분할 청구권을 인정할 수 있는지 여부**
>
> 사실혼관계에 있었던 당사자들이 생전에 사실혼관계를 해소한 경우 재산분할 청구권을 인정할 수 있으나, 사실혼관계가 일방 당사자의 사망으로 인하여 종료된 경우에는 그 상대방에게 재산분할청구권이 인정된다고 할 수 없다.
>
> (대법 2005두15595, 2006.3.25.)
>
> ❖ **협의 이혼의 경우 재산분할의 기준일**
>
> 협의 이혼에 따른 재산분할에 있어 분할의 대상이 되는 재산과 액수는 협의 이혼이 성립한 날(이혼 신고일)을 기준으로 정하여야 한다.
>
> (대법 2002므2230, 2003.3.14.)
>
> ❖ **사실혼 관계의 경우 재산분할도 지방세법상의 재산분할로 인한 취득에 해당하는지 여부**
>
> 위 각 법률조항의 내용 및 체계, 입법 취지, 사실혼 해소의 경우에도 민법상 재산분할에 관한 규정이 준용되는 점, 법률혼과 사실혼이 혼재된 경우 재산분할은 특별한 사정이 없는 한 전체 기간 중에 쌍방의 협력에 의하여 이룩한 재산을 모두 청산 대상으로 하는 점(대법 99므1855, 2000.8.18. 선고 판결 등 참조), 실질적으로 부부의 생활공동체로 인정되는 경우에는 혼인신고의 유무와 상관없이 재산분할에 관하여 단일한 법리가 적용됨에도 불구하고 세법을 적용함에 있어서는 혼인신고의 유무에 따라 다르게 과세하는 것은 합리적이라고 보기 어려운 점, 사실혼 여부에 관하여 과세관청으로서는 이를 쉽게 파악하기 어렵다 하더라도 객관적 자료에 의해 이를 증명한 사람에 대해서는 그에 따른 법률효과를 부여함이 상당한 점 등을 더하여 보면, 이 사건 법률조항은 사실혼 해소 시 재산분할로 인한 취득에 대해서도 적용된다

---

30) ■ **민법 제834조**(협의상 이혼)
부부는 협의에 의하여 이혼할 수 있다.

■ **민법 제839조의 2**(재산분할 청구권)
① 협의상 이혼한 자의 일방은 다른 일방에 대하여 재산분할을 청구할 수 있다.
② 제1항의 재산분할에 관하여 협의가 되지 아니하거나 협의할 수 없는 때에는 가정법원은 당사자의 청구에 의하여 당사자 쌍방의 협력으로 이룩한 재산의 액수 기타 사정을 참작하여 분할의 액수와 방법을 정한다.
③ 제1항의 재산분할청구권은 이혼한 날부터 2년을 경과한 때에는 소멸한다.

■ **민법 제840조**(재판상 이혼원인)
부부의 일방은 다음 각호의 사유가 있는 경우에는 가정법원에 이혼을 청구할 수 있다.
1. 배우자에 부정한 행위가 있었을 때
2. 배우자가 악의로 다른 일방을 유기한 때
3. 배우자 또는 그 직계존속으로부터 심히 부당한 대우를 받았을 때
4. 자기의 직계존속이 배우자로부터 심히 부당한 대우를 받았을 때
5. 배우자의 생사가 3년 이상 분명하지 아니한 때
6. 기타 혼인을 계속하기 어려운 중대한 사유가 있을 때

고 보는 것이 옳다.

(대법 2016두36864, 2016.8.30.)

(사) 그 밖의 형식적인 취득 등 대통령령으로 정하는 취득(법 §15 ① Ⅶ)

아직 대통령령으로 정해진 형식적인 취득사례는 없다.

(2) 세율특례 적용 예

이 규정은 종전의 취득세와 등록세의 규정중 비과세 되는 부분은 제외하고 과세 되었던 부분에 대해서만 과세하기 위한 특례이므로 지방세법 제11조 및 제12조의 세율에서 중과기준세율(2%)을 뺀 세율로 산출한 금액을 그 세액으로 한다. 다만, 취득물건이 법 제13조 제2항(대도시에서 법인의 설립 등)에 해당되는 경우에는 본문의 계산 방법으로 산출한 세율의 3배를 적용한다.

또한 주택(1가구 1주택에 한함)의 취득에 대하여는 해당 세율에 100분의 50을 곱한 세율을 적용하는 점에 유의해야 한다.

예 ① 대도시외에서 중과세 대상이 아닌 과세물건(부동산)을 상속에 의해 취득한 경우
- 표준세율 : 4%[법 제11조 제1항 제7호(나)]
- 중과기준세율 : 2%
※ 4%-2%=2%(적용세율)

② 대도시내에서 중과세 대상인 과세물건(부동산)을 상속으로 취득한 경우
※ ①의 적용세율 2%×3(배)=6%

나. 간주취득 등

다음 각 호의 어느 하나에 해당하는 취득에 대한 취득세는 중과기준세율을 적용하여 계산한 금액을 그 세액으로 한다. 다만, 취득물건이 법 제13조 제1항(과밀억제권역에서 본점이나 주사무소 사업용 부동산 취득 등)에 해당하는 경우에는 중과기준세율의 100분의 300을, 같은 조 제5항에 해당(고급주택, 골프장 등)하는 경우에는 중과기준세율의 100분의 500을 각각 적용한다(법 §15 ② 본문).

(1) 세율 특례 대상

(가) 개수로 인한 취득(법 §15 ② Ⅰ)

개수로 인한 취득[제11조 제3항에 해당(면적 증가분)하는 경우는 제외한다.]. 이 경우 과세표준은 제10조의6 제3항(증가된 가액에 한함)에 따른다.

개수라 함은 건축법에 의한 대수선과 건축물에 부수되는 시설물 중 지방세법 시행령

에서 정하는 시설물의 1종 이상을 설치하거나 수선하는 것을 말하며, 대수선이라 함은 건축물의 기둥·보·내력벽·주계단 등의 구조나 외부형태를 수선·변경하거나 증설(증축·개축 또는 재축에 해당하지 아니하는 것)하는 것으로서 다음의 것을 말한다(건축법 §2 ① Ⅸ, 동 시행령 §3의 2).

① 내력벽을 증설 또는 해체하거나 그 벽면적을 30㎡ 이상 수선 또는 변경하는 것
② 기둥을 증설 도는 해체하거나 기둥을 3개 이상 수선 또는 변경하는 것
③ 보를 증설 또는 해체하거나 3개 이상 이상 수선 또는 변경하는 것
④ 지붕틀(한옥의 경우에는 지붕틀의 범위에서 서까래는 제외한다.)을 증설 또는 해체하거나 세 개 이상 수선 또는 변경하는 것
⑤ 방화벽 또는 방화구획을 위한 바닥 또는 벽을 증설 또는 해체하거나 수선 또는 변경하는 것
⑥ 주계단, 피난계단 또는 특별피난계단을 증설 또는 해체하거나 수선 또는 변경하는 것
⑦ 미관지구에서 건축물의 외부형태(담장을 포함한다.)를 변경하는 것
⑧ 다가구주택의 가구 간 경계벽 도는 다세대주택의 세대간 경계벽을 증설 또는 해체하거나 수선 또는 변경하는 것은 대수선으로 보아 취득세의 과세대상이 되는 것이다.

(나) 선박, 차량 등의 종류변경 및 토지의 지목변경(법 §15 ② Ⅱ)

법 제7조 제14항에 따른 선박, 차량과 기계장비의 종류를 변경하거나 토지의 지목 변경으로 인한 가액 증가, 및 「공간정보의 구축 및 관리등에 관한 법률」 제67조에 따른 대(垈)중 「국토의 계획 및 이용에 관한 법률」 등 관계 법령에 따른 택지공사가 준공된 토지의 지목을 건축물과 그 건축물에 접속된 정원 및 부속시설물의 부지로 사실상 변경함으로 인한 가액의 증가, 이 경우 과세표준은 법 제10조의6 제1항(증가된 가액에 한함)에 따른다.

차량·기계장비 및 선박의 종류를 변경함으로써 그 가액이 증가되는 경우 그 증가분에 대하여 취득이 있는 것으로 본다. 선박 등의 종류변경은 개별 물건별로는 소유권에 관한 변경이 없으나 그 물건에 대해 상당한 비용을 투자함으로써 그 내재하고 있는 가치가 증가하였다는데 착안한 것이다.

토지의 지목을 사실상 변경(택지공사가 준공된 토지의 지목을 건축물과 그 건축물에 접속된 정원 및 부속시설물의 부지로 사실상 변경하는 것 포함)함으로써 그 가액이 증가된 경우 그 증가분에 대하여 취득이 있는 것으로 본다. 이 경우도 토지의 면적이 증가된 것은 아니나 지목변경을 위하여 상당한 비용과 노력이 투자되어 토지의 가치가 상승되었으므로

그 증가된 토지의 가치만큼 담세력이 발생되었다고 보아 이를 취득으로 간주한 것이다.

여기에서 지목이라 함은 토지의 주된 용도에 따라 토지의 용도를 구분하여 지적공부에 등록한 것을 말하는데, 지적관계법상 지목은 전, 답, 과수원, 목장용지, 임야, 광천지, 염전, 대(垈), 공장용지, 학교용지, 주차장, 주요소용지, 창고용지, 도로, 철도용지, 제방, 하천, 구거(溝渠), 유지(유지), 양어장, 수도용지, 공원, 체육용지, 유원지, 종교용지, 사적지, 묘지, 잡종지로 구분하여 정한다. 이렇게 지적공부에 등록된 지목을 다른 지목으로 바꾸어 등록하는 것을 지목변경이라 한다(측량, 수로조사 및 지적에 관한 법률 §67, 동시행령 §58 참조).

(다) 과점주주의 취득(법 §15 ② Ⅲ)

법 제7조 제5항에 따른 과점주주의 취득, 이 경우 과세표준은 법 제10조의6 제4항(과점주주의 주식 또는 출자액에 한한다.)에 따른다.

법인의 주식을 취득하여 과점주주가 된 때에는 과점주주가 된 시점에 해당 법인이 소유하고 있는 취득세 과세대상물건 중 해당 법인의 총발행주식금액 또는 출자금액에 대한 과점주주가 소유하고 있는 주식 또는 지분의 비율에 해당하는 부분을 그 과점주주가 취득한 것으로 간주하도록 하고 있다. 과점주주에 대한 과세방법 등에 대하여는 법 제7조에서 이미 설명한 바와 같다.

(라) 외국인 소유의 취득세 과세물건의 수입 취득(법 §15 ② Ⅳ)

지방세법 제7조 제6항에 따라 외국인 소유의 취득세 과세대상 물건(차량, 기계장비, 항공기 및 선박만 해당한다.)을 임차하여 수입하는 경우의 취득(연부로 취득하는 경우로 한정한다.). 이 경우는 연부로 취득하는 것에 한하여 적용대상인 점에 유의해야 한다.

(마) 시설대여업자의 차량 등의 취득(법 §15 ② Ⅴ)

지방세법 제7조 제9항에 따른 시설대여업자의 건설기계 또는 차량 취득. 이 경우는 여신전문금융업법에 따른 시설대여업자가 건설기계나 차량의 시설대여를 하는 경우로서 같은 법 제33조 제1항에 따라 대여시설 이용자의 명의로 등록하는 경우라도 그 건설기계나 차량은 시설대여업자가 취득한 것으로 보는 취득을 말한다.

(바) 운수업체에 지입하는 차량 등의 취득(법 §15 ② Ⅵ)

기계장비나 차량을 기계장비대여업체 또는 운수업체의 명의로 등록하는 경우라도 해당 기계장비나 차량의 구매계약서, 세금계산서, 차주대장 등에 비추어 기계장비나 차량의 취득대금을 지급한 자가 따로 있음이 입증되는 경우 그 기계장비나 차량은 취득대금을 지급한 자(법 제7조 제10항 해당)가 취득(다만, 기계장비 또는 차량을 취득하면서 기계장비 대여업체 또는 운수업체의 명의로 등록하는 경우로 한정한다.)한 것으로 본다.

(사) 정원 또는 부속시설조성·설치 등의 취득(법 §15 ② Ⅶ)

법 제7조 제14항 본문에 따른 토지의 소유자의 취득을 말한다. 이 경우는 「공간정보의 구축 및 관리 등에 관한 법률」 제67조에 대(垈) 중 「국토의 계획 및 이용에 관한 법률」 등 관계법령에 따른 택지공사가 준공된 토지에 정원 또는 부속시설물 등을 조성·설치하는 경우에는 그 정원 또는 부속시설물 등은 토지에 포함되는 것으로서 토지의 지목을 사실상 변경하는 것으로 보아 토지의 소유자가 취득한 것으로 보는 것이다.

(아) 레저시설 등의 취득(법 §15 ② Ⅷ)

그 밖에 레저시설의 취득 등 대통령령으로 정하는 취득. 이 경우 "대통령령으로 정하는 취득"란 다음의 취득을 말한다(영 §30).

(ⅰ) 지방세법시행령 제5조에서 정하는 시설의 취득(영 §30 Ⅰ)

앞의 법 제4조 제2항에서 설명한 레저시설, 저장시설, 도관시설 등의 내용을 참고하기 바란다.

(ⅱ) 무덤과 이와 접속된 부속시설물의 부지로 사용되는 토지로서 지적공부상 지목이 묘지인 토지의 취득(영 §30 Ⅱ)

이 경우는 지적공부상 지목이 묘지인 토지에 한하는 것이므로 토지상에 분묘가 있다하더라도 지적공부상 지목이 묘지가 아닌 토지는 취득세 세율의 특례 대상이 아니다.

(ⅲ) 존속기간이 1년을 초과하는 임시용 건축물의 취득(영 §30 Ⅲ)

임시흥행장, 공사현장사무소 등 존속기간이 1년을 초과하는 임시용 건축물을 취득할 경우에는 취득세 세율 특례 규정이 적용된다.

이 경우 "존속기간 1년 초과" 판단의 기산점은 건축법 제15조의 규정에 의하여 시장, 군수에게 신고한 가설건축물 축조신고서상 존속기간의 시기(그 이전에 사실상 사용한 경우에는 그 사실상 사용일)가 되고, 신고가 없는 경우에는 사실상 사용일이 된다.

(ⅳ) 시설대여업자로부터 취득하는 건설기계 및 차량의 취득(영 §30 Ⅳ)

여신전문금융업법 제33조 제1항에 따라 건설기계나 차량을 등록한 대여시설이용자가 그 시설대여업자로부터 취득하는 건설기계 또는 차량의 취득에 대해서는 취득세 세율 특례 규정이 적용된다.

(ⅴ) 소유권 보존 등기 등에 대한 등록면허세 납세의무가 성립한 후 취득시기가 도래하는 건축물의 취득(영 §30 Ⅴ)

건축물을 건축하여 취득하는 경우로서 그 건축물에 대하여 법 제28조 제1항 제1호 가목 또는 나목에 따른 소유권의 보존 등기 또는 소유권의 이전 등기에 대한 등록면허세 납세의무가 성립한 후 제20조에 따른 취득시기가 도래하는 건축물의 취득에 대해서는 취득세 세율 특례규정이 적용된다.

(2) 세율특례 적용 예

이 규정도 제1항과 마찬가지로 종전의 취득세와 등록세 중 어느 하나가 과세되었던 부분에 대해서 계속 과세토록 조치한 것으로 이 규정에 해당되는 과세대상 물건의 취득에 대한 취득세는 중과기준세율(2%)을 적용하여 계산한 금액을 그 세액으로 한다. 다만, 취득물건이 과밀억제권역에서 본점 및 주사무소용 부동산 취득, 공장의 신·증설용 부동산의 취득인 경우에는 중과기준세율의 3배(2%×3=6%)를(법 제13조 제1항 해당) 적용하고, 골프장, 고급주택 등 사치성 재산(법 제13조 제5항 해당)의 취득인 경우에는 중과기준 세율의 5배(2%×5=10%)를 각각 적용한다.

제16조 세율 적용

① 토지나 건축물을 취득한 후 5년 이내에 해당 토지나 건축물이 다음 각 호의 어느 하나에 해당하게 된 경우에는 해당 각 호에서 인용한 조항에 규정된 세율을 적용하여 취득세를 추징한다(법 §16 ① Ⅰ~Ⅲ).
  1. 제13조 제1항에 따른 본점이나 주사무소의 사업용 부동산(본점 또는 주사무소용 건축물을 신축하거나 증축하는 경우와 그 부속 토지만 해당한다.)
  2. 제13조 제1항에 따른 공장의 신설용 또는 증설용 부동산
  3. 제13조 제5항에 따른 골프장, 고급주택 또는 고급오락장

② 고급주택, 골프장 또는 고급오락장용 건축물을 증축·개축 또는 개수한 경우와 일반건축물을 증축·개축 또는 개수하여 고급주택 또는 고급오락장이 된 경우에 그 증가되는 건축물의 가액에 대하여 적용할 취득세의 세율은 제13조 제5항에 따른 세율로 한다(법 §16 ②).

③ 제13조 제1항에 따른 공장 신설 또는 증설의 경우에 사업용 과세물건의 소유자와 공장을 신설하거나 증설한 자가 다를 때에는 그 사업용 과세물건의 소유자가 공장을 신설

하거나 증설한 것으로 보아 같은 항의 세율을 적용한다. 다만, 취득일부터 공장신설 또는 증설을 시작한 날까지의 기간이 5년이 지난 사업용 과세물건은 제외한다(법 §16 ③).

④ 취득한 부동산이 대통령령으로 정하는 기간에 제13조 제2항에 따른 과세대상이 되는 경우에는 같은 항의 세율을 적용하여 취득세를 추징한다(법 §16 ④). 이 경우 "대통령령으로 정하는 기간"이란 부동산을 취득한 날부터 5년 이내를 말한다(영 §31).

⑤ 같은 취득물건에 대하여 둘 이상의 세율이 해당되는 경우에는 그 중 높은 세율을 적용한다(법 §16 ⑤).

⑥ 취득한 부동산이 다음 각 호의 어느 하나에 해당하는 경우에는 제5항에도 불구하고 다음 각 호의 세율을 적용하여 취득세를 추징한다(법 §16 ⑥ Ⅰ·Ⅱ).

  1. 제1항제1호 또는 제2호와 제4항이 동시에 적용되는 경우: 제13조제6항의 세율
  2. 제1항제3호와 제13조의2제1항 또는 같은 조 제2항이 동시에 적용되는 경우: 제13조의2제3항의 세율

1. 개설

이 규정은 지방세법 제11조, 제12조의 부동산과 부동산 외의 취득에 대한 일반 세율적용과 동법 제13조 및 제15조에 따른 중과세율 및 세율의 특례에 따라 적용하는 규정에 의한 적용기간 및 추징 등에 관한 것이다.

그러므로 앞에서 설명한 규정에 따른 과세가 되었다 하더라도 일정기간(예 : 5년)내에 일반과세 또는 중과세에 해당하는 때에는 추징하여야 하는 규정이므로 일단 과세된 과세물건에 대해서도 계속 이 규정의 적용을 염두에 두고 부과, 징수업무를 철저히 하여야 하며, 지방세 분법과 세목의 통폐합에 따른 복잡한 세율구조의 실상이 잔존하고 있는 점에 유의해야 한다.

2. 과세 대상별 세율적용 구분

가. 본점이나 주사무소용 또는 공장신증설용 및 고급주택 등에 사용되는 부동산에 대한 세율적용

(1) 과밀억제권역에서 토지나 건축물을 취득한 후 5년 이내에 해당 토지나 건축물이 본점이나 주사무소의 사업용 부동산(본점이나 주사무소용 건축물을 신축하거나 증축하는 경우와 그 부속토지만 해당한다.)이 된 경우에는 지방세법 제11조 및 제12조의 세율에 1천분의 20(중과기준세율)의 100분의 200(2배)을 합한 세율을 적용한다.

즉, 지방세법 제11조 제1항 제7호(나)목의 과세대상을 취득하였다면 그 세율의 4%이고, 여기에 중과기준세율(2%)의 2배를 합한 세율 8%[4% + (2%×2) = 8%]가 된다.

(2) 과밀억제권역(산업단지, 유치지역, 공업지역 제외)에서 사업용 과세물건을 취득한 후 5년 이내에 해당 부동산 등이 공장을 신설하거나 증설하는 부동산에 해당되는 때에는 위의 (1)의 경우와 같은 세율이 적용되어 추징된다. 이 경우 사업용 과세물건의 소유자와 공장을 신·증설하는 자가 다를 때에는 그 사업용 과세물건 소유자가 공장을 신·증설하는 것으로 보며, 취득일부터 공장 신·증설을 시작한 날까지의 기간이 5년이 지난 사업용 물건은 이 규정의 적용대상에서 제외한다.

(3) 토지나 건축물을 취득한 후 5년 이내에 해당 토지나 건축물이 골프장, 고급주택 또는 고급오락장이 된 경우에는 법 제11조 및 제12조의 세율과 중과기준세율의 100분의 400(4배)을 합한 세율을 적용한다.

즉, 지방세법 제11조 제1항 제7호(나)목의 과세대상을 취득하였다면 그 세율이 4%이고, 여기에 중과기준세율(2%)의 4배를 합한 세율은 12%[4% + (2% × 4) = 12%]이다.

이 경우 일반 건축물을 증축, 개축 또는 개수하여 고급주택 등이 된 경우에 그 증가되는 건축물의 가액에 대하여도 위의 세율을 적용한다.

나. 대도시에서 법인의 설립, 본점 등의 설치와 공장 신·증설에 대한 세율적용(법 §16 ④)

취득한 부동산이 취득한 날부터 5년 이내에 대도시내에서 법인을 설립(휴면법인을 인수하는 것을 포함한다.)하거나 지점 또는 분사무소를 설치하는 경우 및 법인의 본점, 주사무소, 지점 또는 분사무소를 대도시로 전입함에 따라 대도시의 부동산을 취득(그 설립·설치·전입 이후의 부동산 취득을 포함한다.)하는 경우와 대도시(산업집적활성화 및 공장설립에 관한 법률을 적용받는 산업단지, 유치지역 및 국토의 계획 및 이용에 관한 법률을 적용 받는 공업지역은 제외한다.)에서 공장을 신설하거나 증설함에 따라 부동산을 취득하는 경우의 취득세는 제11조 제1항의 표준세율의 100분의 300에서 중과기준세율의 100분의 200을 뺀 세율을 적용한다. 다만, 수도권정비계획법 제6조에 따른 과밀억제권역(산업단지 제외)에 설치가 불가피하다고 인정하는 업종으로서 대도시 중과제외업종에 직접 사용할 목적으로 부동산을 취득하거나 법인이 사원에게 분양하거나 임대할 목적으로 취득하는 주거용 부동산(취득일부터 1년 이내에 정당한 사유없이 해당 용도에 직접사용하지 아니하는 경우 또는 2년 이상 해당 용도에 직접사용하지 아니하고 매각하는 경우는 제외한다.)의 취득에 대해서는 중과세율을 적용하지 아니한다.

즉, 지방세법 제11조 제1항 제7호 (나)목의 과세대상을 취득한 경우라면 그 표준세율이 4% 이고, 여기에 3배(4%×3=12%)를 하여 중과기준세율 2%의 2배(2%×2=4%)를 뺀 세율을 적용하면 8%(12%−4%=8%)가 된다.

다. 기타 적용례(법 §16 ⑤·⑥)

같은 취득물건에 대하여 둘 이상의 세율이 해당되는 경우에는 그 중 높은 세율을 적용하되, 취득한 부동산이 과밀억제권역내의 본점이나 주사무소의 사업용으로 신축하거나 증축하는 건축물과 그 부속 토지를 취득하는 경우와 과밀억제권역에서 공장을 신·증설하기 위하여 사업용 과세물건을 취득하는 경우에는 제5항에도 불구하고 제11조 제1항에 따른 표준세율의 100분의 300(3배)으로 하여 추징하고 제13조 제5항에 따른 골프장, 고급주택 또는 고급오락장용 부동산 취득과 법인의 주택 취득 및 조정대상지역에 있는 주택용 부동산을 취득하여 중과세율이 동시에 적용되는 경우에는 위의 높은 세율 적용 규정에도 불구하고 법 제13조의 2 제1항 각 호의 세율 및 제2항의 세율에 중과기준세율의 100분의 400(4배)을 합한 세율을 적용한다.

① 위의 규정에서 과밀억제권역이란 수도권정비계획법 제6조에 따른 과밀억제권역을 말한다. 다만, 산업집적활성화 및 공장설립에 관한 법률에 의한 산업단지, 유치지역 및 국토의 계획 및 이용에 관한 법률을 적용받는 공업지역은 대도시의 범위에서 제외된다.

② 이 경우 법인이라 함은 민법상의 법인 또는 상법상의 법인, 특별법에 의하여 설립된 법인을 불문하며, 영리법인과 비영리법인을 불문한 모든 법인이 해당되는 것이다. 그리고 법인의 설립시점은 상법 제172조에서 "회사는 본점 소재지에서 설립등기를 함으로써 성립한다."라고 규정하고 있으며, 민법 제33조에서 "법인은 그 주된 사무소의 소재지에서 설립등기를 함으로써 성립한다."라고 규정하고 있으므로 법인의 설립시점은 본점 또는 주사무소의 설립등기일을 설립일로 보아야 할 것이다.

③ 여기에서 지점 또는 분사무소라 함은 본점의 지휘를 받으면서도 부분적으로는 독립한 기능을 발휘하는 영업소를 말하며, 지점 또는 분사무소의 설치시점은 민법 제50조에서 분사무소 설치 후 3주간 내에 등기하도록 규정하고 있고, 상법 제181조의 규정에서도 지점설치 후 2주간 내에 등기하도록 규정하고 있는 점으로 보아 지점 또는 분사무소의 설치등기가 지점 또는 분사무소 설치의 효력 내지 성립요건이 아니므로 사실상 지점 또는 분사무소를 설치한 시점, 즉 지점 또는 분사무소에서 실질적인 업무활동을 개시한 날을 지점 또는 분사무소의 설치시점으로 보아야 할 것이다.

제17조 면세점

① 취득가액이 50만원 이하일 때에는 취득세를 부과하지 아니한다(법 §17 ①).
② 토지나 건축물을 취득한 자가 그 취득한 날부터 1년 이내에 그에 인접한 토지나 건축물을 취득한 경우에는 각각 그 전후의 취득에 관한 토지나 건축물의 취득을 1건의 토지취득 또는 1구의 건축물 취득으로 보아 제1항을 적용한다(법 §17 ②).

이 규정의 적용에 있어서 연부취득의 경우에는 그 연부 취득의 총금액을 기준으로 면세점 해당여부를 판단해야 되므로 매회 연부금 지급금액을 기준으로 판단하면 안된다(영 §20 ⑤).

이러한 면세점제도는 과세표준이 일정한 금액 또는 수량 이하의 과세객체에 대하여는 과세를 제외하는 것으로 영세부담 내지 대중부담의 배제 및 징세비의 과다, 과세사무의 번잡 등 과세기술상의 이유에서 설정된 것인데 본래의 성격상 비과세와는 다르지만 실질에 있어서는 동일한 효과가 있는 것으로 보아도 무방하다. 또한 징세비의 절감을 위하여 설정하는 소액부징수 제도가 있는데 면세점은 과세면제되는 한계를 주로 과세표준을 기준으로 해서 규정하고 있는 데 반하여, 소액부징수는 세액을 기준으로 하고 있으나 그 효과에 있어서는 큰 차이가 없는데, 취득세에 있어서는 면세점제도를 활용하고 있다.

그러나 과세를 면하기 위하여 소액의 여러 필지를 구분하여 취득하면서 면세점에 의한 과세를 회피하는 경우는 그 과세기간이 1년 이내이면 인접한 부동산의 경우 합산하여 50만원 이하 인지를 확인하여야 한다.

제3절 부과·징수

제18조 징수방법

취득세의 징수는 신고납부의 방법으로 한다(법 §18).

이 방식은 조세채권자의 전횡을 배제할 뿐만 아니라 납부할 세액을 그 사정을 가장 잘 알고 있는 납세의무자로 하여금 확정하게 하는 것으로서, 민주주의 국가의 조세제도에 있어서 가장 합리적이고 편의한 제도라고 할 것이다.

신고납세방식을 납세의무자가 스스로 과세표준과 세액을 확정한다는 의미에서 자기부과제도(Selbsteueranlagung)라고도 한다.

여기서 납세의무자의 신고는 조세채권, 즉 납세의무를 구체적으로 확정시키는 법률요건이다. 그러므로 신고납세방식에 있어서 납세의무자의 신고는 부과과세방식에 있어서 납세의무자에게 과세자료의 협력의무로서 과세를 위한 참고자료를 제출하도록 하기 위하여 과세표준과 세액에 관한 신고 의무를 부담시키는 경우의 신고와는 그 법률적 성질을 달리한다.

이와 같이, 신고납세방식을 채택하고 있는 조세에 있어서는 납세의무자의 신고에 의하여 조세채권이 확정되는 것이 원칙이지만, 그 신고가 없거나 신고의 내용에 오류 또는 탈루가 있는 경우에는 예외적으로 과세권자의 결정 또는 경정으로 조세채권을 확정시키도록 되어 있다. 그러므로 신고납세방식에 있어서도 과세권자에게 조세채권의 제2차적·보충적인 확정권이 유보되어 있다.

현행법상 신고납세방식을 채택하고 있는 조세를 보면, 국세 중에서 소득세·법인세·부가가치세·주세·교육세 등이 있고, 지방세 중에는 취득세, 레저세, 주행세, 담배소비세 등이 있다.

그리고 신고납세방식의 조세에 있어서는 납세자가 과세표준신고에 의하여 확정된 세액을 법정납부기한까지 납부하지 않는 경우에는 과세관청이 징수처분으로서 납세고지를 하고, 납세자가 그 지정된 납부기한까지 세액을 스스로 납부하지 아니할 때에는 독촉절차를 거쳐 강제징수를 하게 된다.

제19조 통보 등

다음 각 호의 자는 취득세 과세물건을 매각(연부로 매각한 것을 포함한다.)하면 매각일부터

30일 이내에 대통령령으로 정하는 바에 따라 그 물건 소재지를 관할하는 지방자치단체의 장에게 통보하거나 신고하여야 한다(법 §19 Ⅰ~Ⅳ).

1. 국가, 지방자치단체 또는 지방자치단체 조합
2. 국가 또는 지방자치단체의 투자기관(재투자기관을 포함한다.)
3. (삭제)
4. 그 밖에 제1호 및 제2호에 준하는 기관 및 단체로서 대통령령으로 정하는 자

이에 따른 매각 통보 또는 신고는 행정안전부령으로 정하는 서식에 따라 물건의 소재지를 관할하는 시장·군수·구청장에게 통보하거나 신고하여야 하며, 시장·군수·구청장이 법 제7조 제5항에 따른 과점주주에 대한 취득세를 부과하기 위하여 관할 세무서장에게 법인세법 시행령 제161조 제6항에 따른 법인의 주식등변동상황명세서에 관한 자료의 열람을 요청하거나 구체적으로 그 대상을 밝혀 관련 자료를 요청하는 경우에는 관할 세무서장은 특별한 사유가 없으면 그 요청에 따라야 한다(영 §32 ①·②).

그리고 시장·군수·구청장이 법 제13조 제2항에 따라 취득세를 중과하기 위하여 관할 세무서장에게 부가가치세법 시행령 제11조에 따른 법인의 지점 또는 분사무소의 사업자등록신청 관련 자료의 열람을 요청하거나 구체적으로 그 대상을 밝혀 관련 자료를 요청하는 경우에는 관할 세무서장은 특별한 사유가 없으면 그 요청에 따라야 한다(영 §32 ③).

또한 위의 제4호에서 대통령령으로 정하는 자에 대하여는 현재까지 지방세법 시행령에서 이에 준하는 기관 또는 단체를 규정한 바 없다. 이 규정은 과세권자가 과세자료를 쉽게 포착하기 위하여 지방세법에서 신고대상자의 범위를 정부 등 투자기관과 법인까지로 확대하였으나 의무불이행의 경우 제재 규정이 없어 실효성이 적으며 조세범처벌법 제13조 제2항의 규정의 적용을 생각할 수 있으나 신고의무불이행의 고의성 인정 여부 등에 문제가 있어 특별한 경우를 제외하고는 조세범으로 다루기도 곤란하다.

제20조 | 신고 및 납부

(1) 취득세 과세물건을 취득한 자는 그 취득한 날(부동산 거래신고 등에 관한 법률 제10조 제1항에 따른 토지거래계약에 관한 허가 구역에 있는 토지를 취득하는 경우로서 같은 법 제11조에 따른 토지거래계약에 관한 허가를 받기 전에 거래대금을 완납한 경우에는 그 허가일이나 허가구역의 지정 해제일 또는 축소일을 말한다.)부터 60일[무상취득(상속은 제외한다) 또는 증여자의 채무를 인수하는 부담부 증여로 인한 취득의 경우는 취득일이 속하는 달의 말일부

터 3개월, 상속으로 인한 경우는 상속개시일이 속하는 달의 말일부터, 실종으로 인한 경우는 실종선고일이 속하는 달의 말일부터 각각 6개월(외국에 주소를 둔 상속인이 있는 경우에는 각각 9개월)] 이내에 그 과세표준에 제11조부터 제13조, 제13조의2, 제13조의3, 제14조 및 제15조의 세율을 적용하여 산출한 세액을 대통령령으로 정하는 바에 따라 신고하고 납부하여야 한다(법 §20 ①).

이 법은 부담부증여의 경우 유상취득 부분(채무부담액)과 무상취득 부분이 혼재되어 있어 신고기한에 혼란이 발생하여 부담부증여의 경우 채무부담액과 그 외 부분을 구분하지 아니하고 하나의 계약으로 보아 증여의 신고·납부기한과 동일하게 개정

이 규정에 따라 취득세를 신고하려는 자는 행정안전부령으로 정하는 신고서에 취득물건·취득일 및 용도 등을 적어 납세지를 관할하는 지방자치단체의 장에게 신고하여야 한다(영 §33 ①).

이에 따라 지방자치단체의 금고 또는 지방세수납대행기관(지방회계법 시행령 제49조) 제1항 및 제2항에 따라 지방자치단체 금고업무의 일부를 대행하는 금융회사 등을 말한다. 취득세를 납부 받으면 납세자 보관용 영수필 통지서, 취득세 영수필 통지서(등기·등록관서의 시·군·구 통보용) 및 취득세 영수필 확인서 각 1부를 납세자에게 내주고, 지체 없이 취득세 영수필 통지서(시·군·구 보관용) 1부를 해당 시·군·구의 세입징수관에게 송부하여야 한다. 다만, 전자정부법 제36조 제1항에 따라 행정기관 간에 취득세 납부사실을 전자적으로 확인할 수 있는 경우에는 납세자에게 납세자 보관용 영수필 통지서를 교부하는 것으로 갈음할 수 있다(영 §33 ③).

이 규정에서 토지거래계약에 관한 허가 구역에 있는 토지를 취득하는 때에 그 취득한 날의 규정이 불명확하여 이를 바로잡아 부동산 거래 등에 관한 법률 제11조에 따른 토지거래계약에 관한 허가를 받기 전에 거래대금을 완납한 경우에는 그 허가일이나 허가구역의 지정해제일 또는 축소일을 취득한 날로 보도록 한 것이다.

(2) 취득세 과세물건을 취득한 후에 그 과세물건이 제13조 제1항부터 제7항까지의 세율의 적용대상이 되었을 때에는 대통령령으로 정하는 날부터 60일 이내에 제13조 제1항부터 제7항까지의 세율(제16조 제6항 제2호에 해당하는 경우에는 제13조의 2 제3항의 세율)을 적용하여 산출한 세액에서 이미 납부한 세액(가산세는 제외한다.)을 공제한 금액을 세액으로 하여 대통령령으로 정하는 바에 따라 신고하고 납부하여야 한다(법 §20 ②).
이때 "대통령령으로 정하는 기간"이란 제28조의5에 따른 "일시적 2주택 기간"을 말하고, "대통령령으로 정하는 종전 주택"이란 종전 주택등을 말한다. 이 경우 신규 주택이 조합원

입주권 또는 주택분양권에 의한 주택이거나 종전 주택등이 조합원입주권 또는 주택분양권인 경우에는 신규 주택을 포함한다.(영 §33조의 2 ①, ②).

또한 "대통령령으로 정하는 날"이란 다음 각 호의 구분에 따른 날을 말한다(영 §34 Ⅰ∼Ⅴ).

① 법 제13조 제1항에 따른 본점 또는 주사무소의 사업용 부동산을 취득한 경우 : 사무소로 최초로 사용한 날
② 법 제13조 제1항에 따른 공장의 신설 또는 증설을 위하여 사업용 과세물건을 취득하거나 같은 조 제2항 제2호에 따른 공장의 신설 또는 증설에 따라 부동산을 취득한 경우 : 그 생산설비를 설치한 날. 다만, 그 이전에 영업허가·인가 등을 받은 경우에는 영업허가·인가 등을 받은 날로 한다.
③ 법 제13조 제2항 제1호에 따른 부동산 취득이 다음 각 목의 어느 하나에 해당하는 경우 : 해당 사무소 또는 사업장을 사실상 설치한 날
　㉮ 대도시에서 법인을 설립하는 경우
　㉯ 대도시에서 법인의 지점 또는 분사무소를 설치하는 경우
　㉰ 대도시 밖에서 법인의 본점·주사무소·지점 또는 분사무소를 대도시로 이전하는 경우
④ 법 제13조 제2항 각 호 외의 부분 단서에 따라 대도시 중과 제외 업종에 직접 사용할 목적으로 부동산을 취득하거나, 법인이 사원에 대한 분양 또는 임대용으로 직접 사용할 목적으로 사원 주거용 목적 부동산을 취득한 후 법 제13조 제3항 각 호의 어느 하나에 해당하는 사유가 발생하여 법 제13조 제2항 각 호 외의 부분 본문을 적용받게 되는 경우에는 그 사유가 발생한 날
⑤ 법 제13조 제5항에 따른 골프장·고급주택·고급오락장 및 고급선박을 취득한 경우 : 다음 각 목의 구분에 따른 날
　㉮ 건축물을 증축하거나 개축하여 고급주택이 된 경우 : 그 증축 또는 개축의 사용승인서 발급일. 다만, 그 밖의 사유로 고급주택이 된 경우에는 그 사유가 발생한 날로 한다.
　㉯ 골프장 : 「체육시설의 설치·이용에 관한 법률」에 따라 체육시설업으로 등록(변경등록을 포함한다.)한 날. 다만, 등록을 하기 전에 사실상 골프장으로 사용하는 경우 그 부분에 대해서는 사실상 사용한 날로 한다.
　㉰ 건축물의 사용승인서 발급일 이후에 관계 법령에 따라 고급오락장이 된 경우 : 그 대상 업종의 영업허가·인가 등을 받은 날. 다만, 영업허가·인가 등을 받지 아니하고 고급오락장이 된 경우에는 고급오락장 영업을 사실상 시작한 날로 한다.
　㉱ 선박의 종류를 변경하여 고급선박이 된 경우: 사실상 선박의 종류를 변경한 날

(3) 이 법 또는 다른 법령에 따라 취득세를 비과세, 과세면제(제13조의2제1항 각 호 외의 부분에 따른 주택으로서 대통령령으로 정하는 주택의 취득에 대한 중과세 배제를 포함한다)31) 또는 경감 받은 후에 해당 과세물건이 취득세 부과대상 또는 추징대상이 되었을 때에는 제1항에도 불구하고 그 사유 발생일부터 60일 이내에 해당 과세표준에 제11조부터 제15조까지의 세율을 적용하여 산출한 세액[경감받은 경우에는 이미 납부한 세액(가산세는 제외한다.)을 공제한 세액을 말한다.]을 대통령령으로 정하는 바에 따라 신고하고 납부하여야 한다(법 §20 ③).

이 경우 법 제20조제2항에서 "대통령령으로 정하는 날"이란 다음 각 호의 구분에 따른 날을 말한다. (영 §34 ①).
1. 법 제13조제1항에 따른 본점 또는 주사무소의 사업용 부동산을 취득한 경우: 사무소로 최초로 사용한 날
2. 법 제13조제1항에 따른 공장의 신설 또는 증설을 위하여 사업용 과세물건을 취득하거나 같은 조 제2항제2호에 따른 공장의 신설 또는 증설에 따라 부동산을 취득한 경우: 그 생산설비를 설치한 날. 다만, 그 이전에 영업허가·인가 등을 받은 경우에는 영업허가·인가 등을 받은 날로 한다.
3. 법 제13조제2항제1호에 따른 부동산 취득이 다음 각 목의 어느 하나에 해당하는 경우: 해당 사무소 또는 사업장을 사실상 설치한 날
   가. 대도시에서 법인을 설립하는 경우
   나. 대도시에서 법인의 지점 또는 분사무소를 설치하는 경우

---

31) 본 개정은 중과 배제 제외 요건이 발생하는 경우 60일 이내에 중과대상으로 신고할 수 있도록 하기 위한 것임 (과소신고가산세나 납부지연가산세는 60일 경과 시 발생)

【개정에 따른 납세자 가산세 부담 경감 사례】
(사례) 종전에 조정대상지역에 1주택을 소유한 자가 2023.7.1. 조정대상지역 내 신규주택을 5억원에 취득(취득일 등기 완료)하여 가정어린이집으로 운영하기 위해 중과세 예외를 적용받았으나, 2026.6.29.(3년 이내) 매각한 경우

구분		추가납부액		
		현 행	개정안(기한 내 신고·납부)	개정안(기한 내 미신고)
본세		3,500만원 = 5억원 × (8% − 1%)	3,500만원 = 5억원 × (8% − 1%)	3,500만원 = 5억원 × (8% − 1%)
가산세		1190만원+@	0원	700만원+@
과소·무신고 가산세		350만원 = 3,500만원 × 10%(과소신고)	0원	700만원 = 3,500만원 × 20%(무신고)
납부지연 가산세		840만원(2년 11개월) +α만원(사유발생일~납부일)	0원	0만원(소급적용X) +α만원(사유발생일~납부일)

다. 대도시 밖에서 법인의 본점·주사무소·지점 또는 분사무소를 대도시로 전입하는 경우
4. 법 제13조제2항 각 호 외의 부분 단서에 따라 대도시 중과 제외 업종에 직접 사용할 목적으로 부동산을 취득하거나, 법인이 사원에 대한 분양 또는 임대용으로 직접 사용할 목적으로 사원 주거용 목적 부동산을 취득한 후 법 제13조제3항 각 호의 어느 하나에 해당하는 사유가 발생하여 법 제13조제2항 각 호 외의 부분 본문을 적용받게 되는 경우에는 그 사유가 발생한 날
5. 법 제13조제5항에 따른 별장·골프장·고급주택·고급오락장 및 고급선박을 취득한 경우: 다음 각 목의 구분에 따른 날
가. 건축물을 증축하거나 개축하여 별장 또는 고급주택이 된 경우: 그 증축 또는 개축의 사용승인서 발급일. 다만, 그 밖의 사유로 별장이나 고급주택이 된 경우에는 그 사유가 발생한 날로 한다.
나. 골프장: 「체육시설의 설치·이용에 관한 법률」에 따라 체육시설업으로 등록(변경등록을 포함한다)한 날. 다만, 등록을 하기 전에 사실상 골프장으로 사용하는 경우 그 부분에 대해서는 사실상 사용한 날로 한다.
다. 건축물의 사용승인서 발급일 이후에 관계 법령에 따라 고급오락장이 된 경우: 그 대상 업종의 영업허가·인가 등을 받은 날. 다만, 영업허가·인가 등을 받지 아니하고 고급오락장이 된 경우에는 고급오락장 영업을 사실상 시작한 날로 한다.
라. 선박의 종류를 변경하여 고급선박이 된 경우: 사실상 선박의 종류를 변경한 날

② 법 제20조제3항에서 "대통령령으로 정하는 중과세의 예외"란 제28조의2에 따라 주택 유상거래 취득에 대해 중과세의 예외를 적용받은 경우를 말한다.(영 §34 ②).

　　이 규정은 부칙(2018.12.31. 법률 제16194호로 개정된 것)에서 취득세의 과세물건이 중과세 대상이 되거나 비과세 또는 감면 대상이 취득세 부과대상이 된 경우 '19.1.1. 이후 납세의무가 성립(중과세 또는 과세전환 사유 발생일)하는 경우부터 개정규정(신고기간 60일) 적용하고(부칙 §1), '19.1.1. 당시 사유발생일로부터 구법(舊法)에 따른 신고기간(30일)이 경과하지 아니한 경우에도 적용(부칙 §3 ③·④, §4), 고급주택·고급오락장을 취득하여 중과대상이 아닌 용도로 사용하거나 용도변경공사에 착공하는 경우에도 '19.1.1. 이후 납세의무가 성립하는 경우부터 개정규정 적용(부칙 §1)하고 '19.1.1. 당시 고급주택·고급오락장을 취득하여 구법(舊法)에 따른 신고기간(30일)이 경과하지 아니한 경우에도 적용(부칙 §3 ①·②) 한다.

(4) 제1항부터 제3항까지의 신고·납부기한 이내에 재산권과 과 그 밖의 권리의 취득·이전에 관한 사항을 공부(公簿)에 등기하거나 등록[등재(登載)를 포함한다. 이하 같다.]하려는 경우에는 등기 또는 등록 신청서를 등기·등록관서에 접수하는 날까지 취득세를 신고·납부하여야 한다(법 §20 ④).

이 경우 "등기 또는 등록 신청서를 등기·등록관서에 접수하는 날까지"란 등기 또는 등록의 신청서를 등기·등록관서에 접수하는 날까지로 한다.

이 경우 취득세 납부확인 등은

① 납세자는 취득세 과세물건을 등기 또는 등록하려는 때에는 등기 또는 등록 신청서에 취득세 영수필 통지서(등기·등록관서의 시·군·구 통보용) 1부와 취득세 영수필 확인서 1부를 첨부하여야 한다. 다만, 전자정부법 제36조 제1항에 따라 행정기관 간에 취득세 납부사실을 전자적으로 확인할 수 있는 경우에는 그러하지 아니하다(영 §36 ①).

② 제1항에도 불구하고 「부동산등기법」 제24조 제1항 제2호에 따라 전산정보처리조직을 이용하여 등기를 하려는 때에는 취득세 영수필 통지서(등기·등록관서의 시·군·구 통보용)와 취득세 영수필 확인서를 전자적 이미지 정보로 변환한 자료를 첨부하여야 한다. 다만, 「전자정부법」 제36조 제1항에 따라 행정기관 간에 취득세 납부사실을 전자적으로 확인할 수 있는 경우에는 그러하지 아니하다(영 §36 ②).

③ 납세자는 선박의 취득에 따른 등기 또는 등록을 신청하려는 때에는 등기 또는 등록 신청서에 제1항에 따른 취득세 영수필 통지서(등기·등록관서의 시·군·구 통보용) 1부와 취득세 영수필 확인서 1부를 첨부하여야 한다. 이 경우 등기·등록관서는 「전자정부법」 제36조 제1항에 따른 행정정보의 공동이용을 통하여 선박국적증서를 확인하여야 하며, 신청인이 확인에 동의하지 아니하면 그 사본을 첨부하도록 하여야 한다(영 §36 ③).

④ 등기·등록관서는 등기·등록을 마친 때에는 제1항부터 제3항까지의 규정에 따른 취득세 영수필 확인서 금액란에 반드시 소인하여야 하며, 첨부된 취득세 영수필 통지서(등기·등록관서의 시·군·구 통보용)를 등기 또는 등록에 관한 서류와 대조하여 기재내용을 확인하고 접수인을 날인하여 접수번호를 붙인 다음 납세지를 관할하는 시·군·구의 세입징수관에게 7일 이내에 송부하여야 한다(영 §36 ④).

⑤ 등기·등록관서는 제4항에도 불구하고 취득세 영수필 통지서(등기·등록관서의 시·군·구 통보용)를 시·군·구의 세입징수관에게 송부하려는 경우 시·군·구의 세입징수관이 「전자정부법」 제36조 제1항에 따른 행정정보의 공동이용을 통하여 취득세 영수필 통지서(등기·등록관서의 시·군·구 통보용)에 해당하는 정보를 확인할 수 있는 때에는 전자적 방법으로 그 정보를 송부할 수 있다(영 §36 ⑤).

⑥ 시장·군수·구청장은 제4항 및 제5항에 따라 등기·등록관서로부터 취득세 영수필

통지서(등기·등록관서의 시·군·구 통보용) 또는 그에 해당하는 정보를 송부받은 때에는 취득세 신고 및 수납사항 처리부를 작성하고, 취득세의 과오납 및 누락 여부를 확인하여야 한다(영 §36 ⑥).

⑦ 국가기관 또는 지방자치단체는 등기·가등기 또는 등록·가등록을 등기·등록관서에 촉탁하려는 경우에는 취득세를 납부하여야 할 납세자에게 제33조 제3항에 따른 취득세 영수필 통지서(등기·등록관서의 시·군·구 통보용) 1부와 취득세 영수필 확인서 1부를 제출하게 하고, 촉탁서에 이를 첨부하여 등기·등록관서에 송부하여야 한다. 다만, 전자정부법 제36조 제1항에 따라 행정기관 간에 취득세 납부사실을 전자적으로 확인할 수 있는 경우에는 그러하지 아니하다(영 §36의 2 ①).

⑧ 제1항에도 불구하고 「부동산등기법」 제24조 제1항 제2호에 따른 전산정보처리조직을 이용하여 등기를 촉탁하려는 때에는 취득세를 납부하여야 할 납세자로부터 제출받은 취득세 영수필 통지서(등기·등록관서의 시·군·구 통보용)와 취득세 영수필 확인서를 전자적 이미지 정보로 변환한 자료를 첨부하여야 한다. 다만, 「전자정부법」 제36조 제1항에 따라 행정기관 간에 취득세 납부사실을 전자적으로 확인할 수 있는 경우에는 그러하지 아니하다(영 §36의 2 ②).

(5) 「부동산등기법」 제28조에 따라 채권자대위권에 의한 등기신청을 하려는 채권자(이하 이 조 및 제30조에서 "채권자대위자"라 한다)는 납세의무자를 대위하여 부동산의 취득에 대한 취득세를 신고납부할 수 있다. 이 경우 채권자대위자는 행정안전부령으로 정하는 바에 따라 납부확인서를 발급받을 수 있다(법 § 20 ⑤).

그러므로 「부동산등기법」 제28조에 따라 채권자대위권에 의한 등기신청을 하려는 채권자가 법 제20조제5항 전단에 따라 납세의무자를 대위하여 부동산의 취득에 대한 취득세를 신고납부한 경우에는 「지방세징수법 시행규칙」 별지 제20호서식의 취득세(등록면허세) 납부확인서를 발급받을 수 있다(규칙 §9 ③).

(6) 지방자치단체의 장은 제5항에 따른 채권자대위자의 신고가 있는 경우 납세의무자에게 신고사실을 즉시 통보해야 한다(법 § 20 ⑥).

이 규정은 「민법」 제404조 및 「부동산등기법」 제28조에 따라 채권자는 대위등기(채무자 재산 압류를 위해 채무자의 상속 지분 미등기 부동산 등의 등기를 채권자가 채무자를 대신하여 신청) 신청이 가능하나, 취득세 등 신고에 대한 구체적 근거가 없어 채권자(대위등기권자)는 해당 부동산의 소유자가 아니므로 과세정보 비밀유지 의무에 의해 등기에 필요한 납부확인서 등 발급이 곤란하고, 채무자(본 납세자) 부재 상태에서 신고·납부가 행해져 오류수정의 기회가 없고, 추후 가산세가 발생하는 등 문제가 있어 대위등기권자도 취득세·등록면허세 신고를 할 수 있고 대위등기제도의 취지를 고려해 해당 부동산에 대한 납세확인서를 발급받을 수 있도록 규정하였으며 대위신고 시 채무자인 본 납세의무자에 통보하고, 납부행위가 본 납세의무자에 귀속됨을 명시하여 분쟁 및 피해를 방지하기 위해 제도를 도입한 것이다.

　부동산 등의 채권자 대위등기 제도는 대주주인 거주자가 국외전출(이민 등)하는 경우 국외전출일을 기준으로 국내 주식 등에 대한 양도소득세를 미리 과세하는 제도 2016년 세법개정 시 비거주자로의 전환을 통한 역외탈세 방지와 국내 과세권 확보를 위해 도입되었으며, 납세의무자는 이민 등으로 국외전출하는 거주자로서 국외전출일 전 10년 중 5년 이상 국내에 주소·거소가 있어야 하고, 양도소득세 과세대상자인 대주주*에 해당하는 요건을 모두 충족하는 자이며, 국내 주식 등(비상장, 신주인수권 증권예탁증권 포함)이 과세대상이다.

| 현행 주식 양도소득세 관련 대주주 기준('20년 기준) (지분율, 보유액) |

코스피	코스닥	코넥스	비상장
1% 또는 10억원	2% 또는 10억원	4% 또는 10억원	4% 또는 10억원

　또한 적용세율은 과세표준에 20%(3억원 초과분 25%)이고 이 경우 과세표준은 양도가액(출국 당시의 시가)에서 필요경비(취득가액, 양도비)와 연 250만원공제한 금액이며, 신고·납부는 국외전출일 전날까지 납세관리인, 국내주식 등의 보유현황을 신고한 후 국외전출일이 속하는 달의 말일부터 3개월 내에 양도소득세 신고·납부하여아하고 납세담보 설정, 납세관리인 지정 등 요건 충족시 5년간(국외유학 등의 경우 최대 10년) 납부유예 허용하며 출국일로부터 5년(국외유학 등의 경우 10년) 이내 양도하지 아니한 경우 5년(10년)이 되는 날이 속하는 달의 말일부터 3개월 이내에 납부하여야 한다.

제21조　부족세액의 추징 및 가산세

① 다음 각 호의 어느 하나에 해당하는 경우에는 제10조의 2 부터 제15조까지의 규정에 따라 산출한 세액(이하 이 장에서 "산출세액"이라 한다.) 또는 그 부족세액에 지방세기본법 제53조부터 제55조까지의 규정에 따라 산출한 가산세를 합한 금액을 세액으로 하여 보통징수의 방법으로 징수한다(법 §21 ① Ⅰ~Ⅲ).[32]

---

32) 지방세기본법 제55조의 납부지연가산세라 함은 "지방세기본법 또는 지방세관계법에 따른 지방세를 납부하지 아니하였거나 산출세액보다 적게 납부하였을 때에는 그 납부하지 아니하였거나 부족한 세액에 금융기관의 연체이자율을 고려하여 대통령령으로 정하는 비율과 납부지연일자를 곱하여 산출한 가산세"를 말한다.

1. 취득세 납세의무자가 제20조에 따른 신고 또는 납부의무를 다하지 아니한 경우
2. 제10조 제5항부터 제7항까지의 규정에 따른 과세표준이 확인된 경우
3. 제13조의2제1항제2호에 따라 일시적 2주택으로 신고하였으나 그 취득일로부터 대통령령으로 정하는 기간 내에 대통령령으로 정하는 종전 주택을 처분하지 못하여 1주택으로 되지 아니한 경우

② 납세의무자가 취득세 과세물건을 사실상 취득한 후 제20조에 따른 신고를 하지 아니하고 매각하는 경우에는 제1항 및 지방세기본법 제53조, 제55조에도 불구하고 산출세액에 100분의 80을 가산한 금액을 세액으로 하여 보통징수의 방법으로 징수한다. 다만, 등기·등록이 필요하지 아니한 과세물건 등 대통령령으로 정하는 과세물건에 대해서는 그러하지 아니한다(법 §21 ②).

이 경우 "등기·등록이 필요하지 아니한 과세물건 등 대통령령으로 정하는 과세물건"이란 ① 취득세 과세물건 중 등기 또는 등록이 필요하지 아니하는 과세물건(골프회원권, 승마회원권, 콘도미니엄 회원권, 종합체육시설 이용회원권 및 요트회원권 제외한다.), ② 지목변경, 차량, 기계장비 또는 선박의 종류 변경, 주식 등의 취득 등 취득으로 보는 과세물건을 말한다(영 §37 Ⅱ~Ⅲ).

1) 개설

취득세는 원칙적으로 신고하고 납부하는 제도로 되어 있어 납기가 따로 정해져 있지는 않지만 신고 및 납부를 하지 않아 과세권자가 보통징수방법에 의하여 과세하게 될 경우 취득세의 납기는 해당 도의 조례로 정하도록 되어 있는데 도세조례에 의하면 납기를 시장·군수·구청장이 그 기한을 15일간으로 하도록 규정하고 있다. 기한을 15일간으로 정한다 함은 과세권자가 취득세를 징수하기 위하여 징수결의를 한 다음 고지서를 작성하여 납세의무자에게 고지서가 통상적으로 도달된 것으로 인정되는 날로부터 15일이 되는 날을 납기한으로 한다는 뜻이다. 그러므로 이미 설명한 바와 같이 납기전징수의 사유가 있어 납기전징수를 하거나 우편송달이 늦어 납기한으로부터 7일 전에 도달하는 것은 납기의 변동이 없는 것으로 보는 등 특별한 규정이 있는 것을 제외하고는 취득세를 보통징수방법에 의해 부과고지할 경우의 납기한은 언제나 15일간으로 하여 납세고지서를 발부하여야 한다.

2) 신고 및 납부

① 취득세 과세물건을 취득한 자는 그 취득한 날부터 60일 [상속으로 인한 경우는 상속개시일이 속하는 달의 말일부터, 실종으로 인한 경우는 실종선고일이 속하는 달의 말일부터 각각 6월(납세의무자가 외국에 주소를 둔 경우에는 각각 9개월)] 이내에 그 과세표준에 제11조부터 제15조까지의 세율을 적용하여 산출한 세액을 대통령령으로 정하는 바에 따라

신고하고 납부하여야 한다.

그런데 취득세의 신고와 납부기한은 취득한 날부터 60일 이내로 되어 있으나 상속으로 인하여 취득하는 경우에는 피상속인의 사망에 따른 수속이나 우리나라의 일반적인 정서상 그 신고하고 납부하는 기간이 너무 짧다는 지적에 따라 상속개시일이 속하는 달의 말일부터 6개월 이내에, 실종으로 인한 경우는 실종선고일이 속하는 달의 말일부터 6월 이내에 신고하고 납부하면 가산세가 가산되지 않도록 하고 있으며, 주소를 외국에 둔 경우에도 취득일부터 9개월 이내에 신고하고 납부하면 가산세가 가산되지 않도록 하고 있다.

그리고 취득세 과세물건을 취득한 후에 당해 과세물건이 제13조 제1항(과밀억제권역 내에서의 본점 등의 설치, 공장의 신·증설), 동조 제2항(대도시 내에서의 본점 등의 설치 및 공장 신·증설), 동조 제5항(고급주택 등 중과세 대상재산), 동조 제6항 및 제7항(표준세율에 대한 중과세율 적용기준)의 규정에 의한 세율의 적용대상이 된 때에는 대통령령이 정하는 날부터 60일 이내에 제13조 제1항부터 제7항까지의 세율을 적용하여 산출한 세액에서 이미 납부한 세액(가산세를 제외한다.)을 공제한 금액을 세액으로 하여 신고하고 납부하여야 한다.

이 경우에는 취득세 과세물건을 취득한 후에 고급오락장, 고급주택 등이 된 경우에는 상속으로 인한 취득이나 주소를 외국에 둔 경우라 하더라도 취득일부터 6월 또는 9월의 유보기간의 적용을 받지 못하고 취득. 즉, 중과세대상이 된 날부터 60일 이내에 신고하고 납부하여야 가산세가 가산되지 아니한다.

② 취득재산이 중과세대상 등이 되었을 때의 신고 및 납부는 다음에 정하는 날로부터 60일 이내에 하여야 한다.

㉮ 과밀억제권역안에서 본점 또는 주사무소의 사업용 부동산을 취득하는 경우에는 그 사무소로 최초로 사용한 날부터 신고 및 납부기간을 계산한다(영 §34 Ⅰ).

㉯ 과밀억제권역 및 대도시(법 제13조 제1항 및 제2항 제2호 해당)안에서 공장의 신설용 또는 증설용 부동산을 취득하는 경우는 그 생산설비를 설치한 날부터 신고 및 납부기간을 계산한다. 다만, 그 이전에 영업허가·인가 등을 받은 경우에는 영업허가·인가등을 받은 날로 한다(영 §34 Ⅱ).

㉰ 법 제13조 제2항 제1호(대도시에서 법인을 설립하는 경우, 대도시에서 법인의 지점 또는 분사무소를 설치하는 경우, 대도시 밖에서 법인의 본점, 주사무소, 지점 또는 분사무소를 대도시로 전입하는 경우)에 따른 부동산 취득에 해당하는 경우는 해당사무소 또는 사업장을 사실상 설치한 날부터 신고 및 납부기간을 계산한다(영 §34 Ⅲ).

㉱ 대도시 중과 제외 업종에 직접 사용할 목적으로 부동산을 취득하거나, 법인이 사

원에 대한 분양 또는 임대용으로 직접 사용할 목적으로 사원 주거용 목적 부동산을 취득한 후 법 제13조 제3항 각 호의 어느 하나에 해당하는 사유(취득 후 1년이 경과할 때까지 중과제외업종에 사용하지 아니하는 경우, 취득일부터 2년 이내에 해당 업종에 사용하지 아니하는 경우 등)가 발생한 납부기간을 계산한다(영 §34 Ⅳ).

㉮ 건축물의 증축하거나 개축하여 고급주택이 된 경우에는 그 증축 또는 개축의 사용승인서 발급일부터 신고 및 납부기간을 기산하고, 증축 또는 개축 이외의 사유로 고급주택이 된 경우에는 그 사유 발생한 날부터 신고 및 납부기간을 기산한다(영 §34 Ⅴ (가)).

㉯ 골프장은 체육시설의 설치·이용에 관한 법률에 따라 체육시설업으로 등록(변경등록을 포함한다.)을 하는 날. 다만, 등록을 하기 전에 사실상 골프장으로 사용하는 경우 그 부분에 대해서는 사실상 사용한 날부터 신고 및 납부기한을 기산한다(영 §34 Ⅴ (나)).

㉰ 고급오락장의 경우 건축물 사용승인서 발급일 이후에 관계 법령에 따라 고급오락장이 된 경우에는 그 대상 업종의 영업허가, 인가 등을 받은 날로부터 신고 및 납부기간을 기산하되, 허가 등을 받지 아니하고 고급오락장이 된 경우에는 고급오락장 영업을 사실상 시작한 날로부터 신고 및 납부기간을 기산한다(영 §34 Ⅴ (다)).

㉱ 종류 변경 등으로 인하여 고급선박이 된 경우에는 사실상으로 변경된 날로부터 신고 및 납부기간을 기산한다(영 §34 Ⅴ (라)).

③ 추징의 신고 및 납부

지방세법 또는 다른 법령에 따라 취득세를 비과세·과세면제 또는 경감받은 후에 해당 과세물건이 취득세 부과대상 또는 추징대상이 되었을 때에는 제20조 제1항에도 불구하고 그 사유발생일부터 60일 이내에 해당 과세표준에 제11조부터 제15조까지의 세율을 적용하여 산출한 세액[경감받은 경우에는 이미 납부한 세액(가산세 제외)을 공제한 세액을 말한다.]을 신고하고 납부하여야 한다. 이 경우에도 그 사유발생일부터 60일 이내에 신고하고 납부하지 않으면 신고불성실가산세 20%와 납부지연가산세(1일 100,000분의 25)가 가산되는 점에 유의하여야 한다.

④ 재산권과 그 밖의 권리의 취득·이전에 관한 사항을 공부(公簿)에 등기하거나 등록(등재을 포함한다.)하려는 경우에는 등기 또는 등록을 하기 전까지 취득세를 신고 납부하여야 한다.

이 조항은 종전의 등록세 당시의 등기·등록 서류의 일종인 등록세 영수증을 첨부해야만 등기·등록을 할 수 있었던 것을 염두에 두고 설치한 규정으로 보이는데, 재산권만 보더라도 재산권에는 경제적인 가치가 있어서 거래의 대상이 되는 권리로서 소유권, 지상권, 저당권과 같이 어느 물건을 직접·배타적으로 지배하는 물건, 대금청구권, 임금청구권과 같이 채권자가 채무자에게 일정한 행위를 요구하는 채권, 기타 저작권, 특허권, 상표권과 같이 정신적 노동의 산물을 직접·배타적으로 지배하는 부채재산권이 있다.

그런데 이 규정이 취득세 과세대상이 되는 재산권 등을 공부에 등기 또는 등록할 때에는 미리 취득세를 납부하여야 한다고 하면, 신고하고 납부하는 기한이 제20조 제1항에서 60일로 정해져 있는 것은 종전의 취득세에 해당하는 부분과 종전의 등록세에 해당 부분을 구분하지 않고 입법이 된 것으로 앞으로 이를 입법적으로 구분하지 아니하면 취득세 신고납부에 매우 혼란이 야기될 우려가 있다고 보여 진다.

⑤ 취득신고 및 납부 등

㉮ 취득세를 신고하려는 자는 신고서에 취득물건, 취득일 및 용도 등을 적어 납세지를 관할하는 시장, 군수·구청장에게 신고하여야 한다(영 §33 ①).

취득신고 및 납부세액계산서에는, ㉠ 취득자의 주소·거소·영업소 또는 사무소와 성명 또는 명칭, ㉡ 취득 연월일과 취득원인(매매, 교환, 신축, 증여 등), ㉢ 취득물건의 소재지, ㉣ 토지에 있어서는 지목·면적 및 용도, ㉤ 입목에 있어서는 수종(품종)·수령·주수·축적량(재적), ㉥ 건축물에 있어서는 구조·종별·용도 및 연면적, ㉦ 차량·기계장비에 있어서는 종류·연식·용도, ㉧ 선박에 있어서는 선질·명칭·정계장·구조·용도·총톤수 또는 적재량, ㉨ 광업권에 있어서는 광물의 종류·광구의 면적·광업권 등록의 연월일과 등록번호, ㉩ 어업권에 있어서는 어업의 종류와 명칭·어장의 면적·어업권의 면허 연월일과 등록번호, ㉪ 항공기의 취득에 있어서는 항공기의 종류·이륙 중량·적재능력·항공기의 형식 및 용도, ㉫ 취득물건의 가격 및 필요경비, ㉬ 취득물건의 전소유자 또는 권리자의 주소·거소·영업소 또는 사무소와 성명 또는 명칭, ㉭ 기타 참고사항을 구체적으로 기재하여야 하며 관계증빙서류를 첨부하여야 한다.

㉯ 지방자치단체의 금고 또는 지방세수납대행기관(지방회계법 시행령 제49조 제1항 및 제2항에 따라 지방자치단체 금고업무의 일부를 대행하는 금융회사 등을 말한다.)은 취득세를 납부받으면 납세자 보관용 영수증 1부, 취득세 영수필 통지서(등기·등록관서의 시·군·구 통보용) 1부 및 취득세 영수필 확인서 1부를 납세자에게 내주어야 한다. 이 경우 시·군 금고가 취득세를 납부받았을 때에는 지체 없이 취득세 영수필 통지서(시·군·구 보관용) 1부를 해당 시·군·구의 세입징수관에게 송부하여야 한다. 다만, 전자정부법 제36조 제1항에 따라 행정기관 간에 취득세납부사실을 전자적으로 확인할 수 있는 경우에는 납세자에게 납세자 보관용 영수필 통지서를 교부하는 것으로 갈음할 수 있다(영 §33 ③).

㉰ 취득세를 신고납부하는 경우에 세무공무원이 유의하여야 할 점은 신고하는 과세

표준액이나 산출세액이 지방세법 규정에 의한 과세표준 또는 세액에 미달하는 경우라도 그 신고의 수리를 거부하여서는 안된다는 것이다. 이 경우에는 납세의무자에게 과소신고에 따른 불이익(가산세 가산 등)을 이해시키는 정도로 그치고 납세의무자가 자기 주장대로 신고납부하고자 하는 경우는 이를 그대로 수리하고 추후 가산세를 가산하여 보통징수방법에 의하여 징수하여야 한다.

사례

❖ **취득세 등 부과처분의 기산일과 부과제척기간에 대한 판단**

① 이 사건 토지가 임대주택 건설용 토지라는 이유로 취득세 및 등록세 전액에 관하여 지방세 감면신청을 하였으나, 위 취득일(2002.12.9.)로부터 2년 이내에 이 사건 토지에 공동주택을 착공하지 아니한 사실, 이에 피고가 이 사건 감면규정을 근거로 이 사건 토지에 대하여 취득세 등의 지방세를 부과한 사실(이하 '이 사건 부과처분'이라고 한다.)을 인정한 다음, 이 사건 부과처분은 추징처분이 아닌 본래의 부과처분이라고 판단하였다.

② 이 사건과 같이 임대주택용 토지에 대한 사후감면요건을 충족하지 못하여 과세대상이 된 경우 부과제척기간의 기산점은, "비과세 또는 감면받은 세액 등에 대한 추징사유가 발생하여 추징하는 경우에는 그 신고납부기한의 다음날"을 지방세를 부과할 수 있는 날로 정하는 구 지방세법 시행령(2005.1.5. 대통령령 제18669호로 개정되기 전의 것) 제14조의2 제2항에 따라, 당해 토지의 취득일로부터 2년이 경과한 날에서 앞서 본 신고납부기한인 30일이 경과한 다음날이라고 할 것이다.

(대법 2010두4094, 2010.6.24.)

❖ **취득세 가산세 면제의 정당한 사유에 해당하는지 여부**

- 원고들은 이 사건 아파트의 전유면적이 265.82㎡로 알고 분양받았고, 건축물대장이나 등기부상 전유부분의 면적이 265.82㎡로 등재된 이상, 원고들로서는 이 사건 아파트의 내부면적을 실측하지 않는 한 외벽을 기준으로 1.5m를 초과하는 이 사건 확장부분의 면적이 위 전유부분 면적에 포함된 것인지 여부를 알 수는 없었다고 보이고, 설사 이 사건 확장부분의 면적이 건축물대장이나 등기부등본상의 전유부분의 면적에 포함되지 않았다는 사정을 알았다고 하더라도, 건축물대장이나 등기부등본의 기재와 달리 이 부분 면적을 전용면적에 포함하여 고급주택여부를 판단해야 하고, 그러한 경우 이 사건 아파트가 고급주택에 해당하게 되어 취득세가 중과된다는 사실을 알기는 어려웠다고 보이고, 피고 역시 2009.3.26. 무단증축 사실을 적발한 이후 5년이 경과한 2014.2.3.에 이르러서야 이 사건 처분에 이르렀다.
- 이 사건 원고들이 이 사건 확장부분을 전용면적에 포함시켜 취득세 및 등록세 등을 납부할 것을 기대하는 것은 무리가 있고, 원고들이 그 의무를 지체한 데에는 정당한 사유가 있다고 봄이 상당하다. 따라서 이 사건 처분 중 가산세 부분은 모두 위법하므로 취소되어야 한다.

(대법 2015두51385, 2015.12.24.)

3) 부족세액의 추징 및 가산세

취득세 납세의무자가 지방세법 제20조에 따른 신고 또는 납부의무를 다하지 아니하면 법 제10조부터 제15조까지의 규정에 따라 산출한 세액 또는 그 부족세액에 지방세기본법 제53조부터 제55조까지의 규정에 따라 산출한 가산세를 합한 금액을 세액으로 하여 보통징수의 방법으로 징수한다.

이 경우 "금융기관의 연체이자율을 참작하여 정하는 율(가산율)은 1일 10,000분의 3이다. 이 규정은 종전에 취득세의 납부방법이 신고와 납부를 동시 이행하는 것으로 되어 있었는데 헌법재판소에서 이 규정에 대한 헌법불합치 결정(헌재 2003헌바16, 2003.9.25.)을 함에 따라 신고의무와 납부의무를 분리하여 각각 징수토록 하였다.

또한 취득세 납부의무자가 취득세 과세물건을 사실상 취득한 후 그 취득일로부터 2년 내에 지방세법 제20조에 따른 신고 및 납부를 하지 아니하고 매각하는 경우에는 제1항 및 지방세기본법 제53조 제55조에도 불구하고 산출한 세액에 100분의 80을 가산한 금액을 세액으로 하여 보통징수방법에 의하여 징수한다. 다만, ① 취득세 과세물건 중 등기 또는 등록이 필요하지 아니하는 과세물건(골프회원권, 승마회원권, 콘도미니엄 회원권, 종합체육시설이용 회원권 및 요트회원권을 제외한다.), ② 지목변경·차량·기계장비 또는 선박의 종류변경, 주식 등의 취득 등 취득으로 보는 과세물건에 대하여는 그러하지 아니한다(법 §21 ②, 영 §37).

이 규정의 개정으로 2013년부터는 취득일부터 2년 이내에 취득신고는 하였으나 납부하지 아니하고 매각한 경우는 중과세율 적용대상이 된다.

▎사례 ▎

❖ 가산세 중과대상인 미등기 전매에 해당되는지 여부

원고는 이 사건 제1매매계약에서 정한 바에 따라 △△학원에게 매매대금을 모두 지급한 후 추후에 있을 제2매매계약의 매매대금의 지급을 담보하기 위하여 위 토지에 관하여 근저당권설정등기를 마친 점, 원고는 이 사건 제2매매계약에서 정한 바에 따라 여ㅇ주로부터 매매잔금을 모두 지급받고 같은 날 위 근저당권설정등기를 말소하여 준 점, 원고가 △△학원에게 지급한 이 사건 제1매매대금을 회수한다거나 여ㅇ주에게 지급받은 이 사건 제2매매대금을 모두 반환하는 등의 조치를 취하지 아니한 점 등에 비추어 볼 때, 원고는 위 각 매매계약을 해지한 것이 아니라 △△학원에게 매매대금 전부를 지급함으로써 이 사건 토지를 사실상 취득한 후 여ㅇ주에게 전매한 것으로 봄이 상당하다.

(대법 2016두62733, 2017.3.30.)

제22조 │ 등기자료의 통보

① 등기·등록관서의 장은 취득세가 납부되지 아니하였거나 납부부족액을 발견하였을 때에는 대통령령으로 정하는 바에 따라 납세지를 관할하는 지방자치단체의 장에게 통보하여야 한다(법 §22 ①).

② 등기·등록관서의 장이 등기·등록을 마친 경우에는 취득세의 납세지를 관할하는 지방자치단체의 장에게 그 등기·등록의 신청서 부본(副本)에 접수연월일 및 접수번호를 기재하여 등기·등록일부터 7일 내에 통보하여야 한다. 다만, 등기·등록사업을 전산처리하는 경우에는 전산처리된 등기·등록자료를 행정안전부령으로 정하는 바에 따라 통보하여야 한다(법 §22 ②).

이 경우 등기·등록관서의 장은 등기 또는 등록 후에 취득세가 납부되지 아니하였거나 납부부족액을 발견하였을 때에는 다음 달 10일까지 납세지를 관할하는 지방자치단체의 장에게 통보하여야 한다(영 §38).

③ 「자동차관리법」 제5조에 따라 자동차의 사용본거지를 관할하지 아니하는 지방자치단체의 장이 자동차의 등록사무(신규등록, 변경등록 및 이전등록을 말한다.)를 처리한 경우에는 자동차의 취득가격 등 행정안전부령으로 정하는 사항(취득자의 인적사항, 차량번호, 취득일 및 취득가격, 그 밖에 차량 취득세 과세내역을 파악하는데 필요한 사항)을 다음 달 10일까지 자동차의 사용본거지를 관할하는 지방자치단체의 장에게 통보하여야 한다(법 §22 ③, 규칙 §11의 2 ①·②).

1) 개 설

국가나 지방자치단체 등에서 취득세 과세물건을 매각하거나 등기·등록 관서에서등기·등록을 하였다는 통보를 제대로 함으로써 취득세를 신고·납부 기간내에 신고하고 납부하였는지를 확인하고, 이를 이행하지 아니한 납세자에게 가산세를 가산하여 부과고지함으로써 지방세 부과징수업무의 원활을 기하기 위한 협조체제 강화에 기여하는 조문이다.

그런데 제22조 제1항의 규정에서 "등기·등록관서의 장은 취득세를 납부하지 아니하였거나 납부부족액을 발견하였을 때에는 … 납세지를 관할하는 지방자치단체의 장에게 통보"토록 한 것은 제20조 제1항에 규정한 신고납부기한(취득 후 60일 이내)과 상충되는 것으로 보완이 필요한 조항이다.

2) 등기자료의 통보

① 등기·등록관서의 장으로 하여금 등기·등록시에 납부하여야 할 취득세가 납부되지 아니하였거나 부족하게 납부되었음을 발견한 때에는 납세지를 관할하는 지방자치단

체의 장에게 통보토록 하고 있으며

② 이러한 취득세의 납부여부에 관계없이 등기·등록관서의 장은 등기·등록을 마친 경우에는 그 등기·등록사항을 기재한 문서로 통보하도록 규정하고 있는데, 이는 과세자료의 미통보로 과세행정에 하자가 발생할 것을 방지하자는데 그 목적이 있다.

3) 취득세 납부 및 감면 확인 등

① 납세자는 취득세 과세물건을 등기 또는 등록하려는 때에는 등기 또는 등록 신청서에 취득세 영수필 통지서(등기·등록관서의 시·군·구 통보용) 1부와 취득세 영수필 확인서 1부를 첨부하여야 한다. 다만, 전자정부법 제36조 제1항에 따라 행정기관간에 취득세 납부사실을 전자적으로 확인할 수 있는 경우에는 그러하지 아니하다(영 §36 ①).

② 제1항에도 불구하고 「부동산등기법」 제24조 제1항 제2호 따른 전산정보처리조직을 이용하여 등기를 하려는 때에는 취득세 영수필 통지서(등기·등록관서의 시·군·구 통보용)와 취득세 영수필 확인서를 전자적 이미지 정보로 변환한 자료를 첨부하여야 한다. 다만, 「전자정부법」 제36조 제1항에 따라 행정기관 간에 취득세 납부사실을 전자적으로 확인할 수 있는 경우에는 그러하지 아니하다(영 §36 ②).

③ 납세자는 선박의 취득에 따른 등기 또는 등록을 신청하려는 때에는 등기 또는 등록 신청서에 제1항에 따른 취득세 영수필 통지서(등기·등록관서의 시·군·구 통보용) 1부와 취득세 영수필 확인서 1부를 첨부하여야 한다. 이 경우 등기·등록관서는 「전자정부법」 제36조 제1항에 따른 행정정보의 공동이용을 통하여 선박국적증서를 확인하여야 하며, 신청인이 확인에 동의하지 아니하면 그 사본을 첨부하도록 하여야 한다(영 §36 ③).

④ 등기·등록관서는 등기·등록을 마친 때에는 제1항부터 제3항까지의 규정에 따른 취득세 영수필 확인서 금액란에 반드시 소인하여야 하며, 첨부된 취득세 영수필 통지서(등기·등록관서의 시·군·구 통보용)를 등기 또는 등록에 관한 서류와 대조하여 기재내용을 확인하고 접수인을 날인하여 접수번호를 붙인 다음 납세지를 관할하는 시·군의 세입징수관에게 7일 이내에 송부하여야 한다(영 §36 ④).

⑤ 등기·등록관서는 제4항에도 불구하고 취득세 영수필 통지서(등기·등록관서의 시·군·구 통보용)를 시·군의 세입징수관에게 송부하려는 경우 시·군·구의 세입징수관이 「전자정부법」 제36조 제1항에 따른 행정정보의 공동이용을 통하여 취득세 영수필 통지서 등기·등록관서의 시·군·구 통보용)에 해당하는 정보를 확인할 수 있는 때에는 전자적 방법으로 그 정보를 송부할 수 있다(영 §36 ⑤).

⑥ 시장·군수·구청장은 제4항 및 제5항에 따라 등기·등록관서로부터 취득세 영수필 통지서 등기·등록관서의 시·군·구 통보용) 또는 그에 해당하는 정보를 송부받은 때에는 취득세 신고 및 수납사항 처리부를 작성하고, 취득세의 과오납 및 누락 여부를 확인하여야 한다(영 §36 ⑥).

⑦ 지방세법, 지방세특례제한법 또는 조세특례제한법에 따라 취득세의 비과세 또는 감면으로 지방세법 제7조에 따른 부동산 등을 취득하여 등기하거나 등록하려는 경우에는 그 부동산 등의 납세지를 관할하는 시장·군수·구청장의 취득세 비과세 또는 감면 확인을 받아야 한다(규칙 §12 ①·②).

4) 촉탁등기에 따른 취득세 납부영수증서의 처리

① 국가기관 또는 지방자치단체는 등기·가등기 또는 등록·가등록을 등기·등록관서에 촉탁하려는 경우에는 취득세를 납부하여야 할 납세자에게 제33조 제3항에 따른 취득세 영수필 통지서 등기·등록관서의 시·군·구 통보용) 1부와 취득세 영수필 확인서 1부를 제출하게 하고, 촉탁서에 이를 첨부하여 등기·등록관서에 송부하여야 한다. 다만, 전자정부법 제36조 제1항에 따라 행정기관 간에 취득세 납부사실을 전자적으로 확인할 수 있는 경우에는 그러하지 아니하다(영 §36의 2 ①).

② 제1항에도 불구하고 「부동산등기법」 제24조 제1항 제2호에 따른 전산정보처리조직을 이용하여 등기를 촉탁하려는 때에는 취득세를 납부하여야 할 납세자로부터 제출받은 취득세 영수필 통지서 등기·등록관서의 시·군·구 통보용)와 취득세 영수필 확인서를 전자적 이미지 정보로 변환한 자료를 첨부하여야 한다. 다만, 「전자정부법」 제36조 제1항에 따라 행정기관 간에 취득세 납부사실을 전자적으로 확인할 수 있는 경우에는 그러하지 아니하다(영 §36의 2 ②).

제22조의 2 │ 장부 등의 작성과 보존

① 취득세 납세의무가 있는 법인은 대통령령으로 정하는 바에 따라 취득 당시의 가액을 증명할 수 있는 장부와 관련 증거서류를 작성하여 갖춰 두어야 한다(법 §22의 2 ①Ⅰ, Ⅱ).
이 경우 다음 각 호의 장부 및 증거서류를 포함하여야 한다.
1. 사업의 재산 상태와 그 거래내용의 변동을 기록한 장부 및 증거서류
2. 「신탁법」에 따른 수탁자가 위탁자로부터 취득세 과세대상 물건의 취득과 관련하여 지급받은 신탁수수료와 그 밖의 대가가 있는 경우 이를 종류·목적·용도별로 구분하여 기록한 장부 및 증거서류

② 지방자치단체의 장은 취득세 납세의무가 있는 법인이 제1항에 따른 의무를 이행하지 아니하는 경우에는 산출된 세액 또는 부족세액의 100분의 10에 상당하는 금액을 징수하여야 할 세액에 가산한다(법 §22의 2 ②).

제22조의 3 | 가족관계 등록 전산정보 등의 공동이용

① 행정안전부장관 또는 지방자치단체의 장은 주택소유관계 확인 및 취득세 납세의무자의 세대원 확인 등의 업무처리를 위하여 필요한 경우에는 전산매체를 이용하여 법원행정처장에게 「가족관계의 등록 등에 관한 법률」 제11조제6항에 따른 가족관계 등록사항에 대한 등록전산정보자료의 제공을 요청할 수 있다. 이 경우 요청을 받은 법원행정처장은 특별한 사유가 없으면 이에 협조하여야 한다(법 §22의 3 ①).

② 행정안전부장관 또는 지방자치단체의 장은 취득세 납세의무자의 주택 수 확인 등의 업무를 처리하기 위하여 대통령령으로 정하는 바에 따라 국가기관 또는 다른 지방자치단체에게 정보제공 등의 협조를 요청할 수 있다. 이 경우 요청을 받은 자는 정당한 사유가 없으면 협조하여야 한다(법 §22의 3 ②).

이 규정에 따라 세대별 보유하고 있는 주택, 조합원입주권, 주택분양권 또는 오피스텔 수의 확인 등을 위하여 필요한 경우에는 국토교통부장관에게 「민간임대주택에 관한 특별법」 제60조에 따른 임대주택정보체계에 포함된 자료, 「부동산 거래신고 등에 관한 법률」 제24조에 따른 정보 및 「주택법」 제88조에 따른 주택 관련 정보의 제공을 요청할 수 있다(영 §38의 2 ①).

③ 행정안전부장관은 제1항 및 제2항에 따라 제공받은 등록전산정보자료를 대통령령으로 정하는 바에 따라 지방자치단체의 장에게 제공할 수 있다(법 §22조의 3 ③).

이 규정에 따라 자료를 행정안전부장관이 지방자치단체의 장에게 제공하는 경우에는 「지방세기본법」 제135조제2항에 따른 지방세정보통신망을 통하여 제공해야 한다(영 §38의 2 ②).

CHAPTER 03 등록면허세

제3편 지방세법

제1절 통칙

제23조 정의

등록면허세에서 사용하는 용어의 뜻은 다음과 같다(법 §23 ① Ⅰ·Ⅱ).

1. "등록"이란 재산권과 그 밖의 권리의 설정·변경 또는 소멸에 관한 사항을 공부에 등기하거나 등록하는 것을 말한다. 다만, 제2장에 따른 취득을 원인으로 이루어지는 등기 또는 등록은 제외하되, 다음 각 목의 어느 하나에 해당하는 등기나 등록은 포함한다.
   가. 광업권·어업권·양식업권의 취득에 따른 등록
   나. 제15조 제2항 제4호에 따른 외국인 소유의 취득세 과세대상 물건(차량, 기계장비, 항공기 및 선박만 해당한다.)의 연부 취득에 따른 등기 또는 등록
   다. 취득세에 대한 「지방세기본법」 제38조에 따른 부과제척기간이 경과한 후 해당 물건에 대한 등기 또는 등록
   라. 제17조에 해당하는 물건의 등기 또는 등록

위 조항에서 재산권이란 「지방세법」 제23조 제1호에서 「재산권」 이란 금전적 가치가 있는 물권·채권·무체재산권 등을 지칭하는 것이며, 「그 밖의 권리」 란 재산권 이외의 권리로서 「부동산등기법」 등 기타 관계법령에 따라 등기·등록하는 것을 말한다(지방세관계법 운영예규 제3장 법23-1).

그간 지방세는 부과할 수 있는 날(취득세는 신고기한 익일)부터 일정기간(사기 10년, 일반적으로 5년) 이내에 부과하여야 하고(지기법 제38조), 취득가액 50만원 이하의 과세물건을 취득하는 경우 면세점에 해당하여 취득세를 과세하지 아니하여야(지세법 제17조)하지만, 2011년부터 취득세와 등록세를 통합한 취득세의 경우 부과제척기간이나 면세점이 적용되어 등록분 등록면허세까지 과세할 수 없다는 다툼이 제기되어 등록면허세분까지 과세를 하지

못할 경우 제척기간 이내에 신고 납부한 납세자와의 과세 불형평 문제 발생하게 되고 변경등기 등 모든 등기(등록)시에 등록면허세를 납부하여야 하는데, 합리적인 이유 없이 면제하는 것은 조세형평에 어긋남에 따라 2018년부터는 취득세 과세물건을 취득하여 부과제척기간이 경과한 경우 및 면세점 이하라도 등기(등록)에 대한 등록면허세는 부과할 수 있도록 명확화 하였다.

2. "면허"란 각종 법령에 규정된 면허·허가·인가·등록·지정·검사·검열·심사 등 특정한 영업설비 또는 행위에 대한 권리의 설정, 금지의 해제 또는 신고의 수리(受理) 등 행정청의 행위(법률의 규정에 따라 의제되는 행위를 포함한다.)를 말한다. 이 경우 면허의 종별은 사업의 종류 및 규모 등을 고려하여 제1종부터 제5종까지 구분하여 대통령령으로 정한다(법 §23 ②).

이 규정에 따른 면허의 종류와 종별 구분은 지방세법시행령의 별표와 같다(영 §39).

3. "부동산"이란 법 제6조 제3호 및 제4호에 따른 토지와 건축물을 말한다(영 §41 Ⅰ).
4. "선박"이란 법 제6조 제10호에 따른 선박을 말한다(영 §41 Ⅱ).
5. "한 건"이란 등기 또는 등록대상 건수마다를 말한다. 부동산등기법 등 관계 법령에 따라 여러 개의 등기·등록대상을 한꺼번에 신청하여 등기·등록하는 경우에도 또한 같다(영 §41 Ⅲ).

(1) 연 혁

등록면허세는 종전의 등록세 중 취득을 원인으로 등기·등록되는 과세대상은 취득세로 흡수되고 그 나머지 재산권과 그 밖의 권리의 설정·변경 또는 소멸에 관한 사항을 공부에 등재하거나 등록하는 부분과 종전의 면허세를 통폐합하여 새로이 등록면허세라는 세목을 신설하여 2011년부터 시행하게 되었다.

(가) 등록세에 관한 연혁

등록세는 일정 초기인 1911년 국세로 창설되었는데 이 당시에는 회사의 등록에 대해서만 과세하였으나, 1913년에 부동산에 대한 등기와 상법 또는 민법 규정의 각 사항을 등기하는 경우에도 과세하도록 하고 그 후 수차에 걸쳐 개정이 되었는데 정부수립 이후에도 계속 국세로 존치되다가 1976년말의 세법 개정시 국세에 부가가치세가 창설됨에 따라 지방세였던 유흥음식세를 국세로 이관하고 그 대신 등록세를 지방세로 이양받아 1977년도부터 시행되다가 2011년부터는 종전의 등록세 중 재산권 기타 권리의 보존 등을 등기·등록하는데 대한 등록세 부분은 등록면허세로 통폐합되었다.

(나) 면허세에 대한 연혁

면허세는 1950년 국세로 창설되었다가 1954년 지방세로 이양되어 현재까지 시행되는 것으로 그 동안 수차례의 개정으로 과세대상이 확대되어 왔으며 1972년까지는 권리의 설정 또는 금지의 해제에 대해서만 면허세를 과세하였으나 1973년 4월 1일부터는 권리의 설정 또는 금지의 해제뿐만 아니라 단순한 신고의 수리나 검열, 심사 등에 대하여도 면허세를 과세하도록 하였으며 1995년부터는 종전까지 면허세의 세율을 6종까지 구분하여 지역에 따라 차등과세하던 것을 그 종별을 5종으로 단순화하여 시행되고 있다. 그리고 2000년에는 면허의 종별구분표 중 관계법령의 개폐 등으로 면허제도가 폐지 또는 신설된 것은 재정리하고 2000년말 지방세법 개정시 자동차등록에 대한 면허세 납부제도를 폐지하여 2001년부터는 자동차는 등록시에 등록세만 납부하도록 하였다. 이 면허세는 2011년부터 지방세법을 분법하면서 등록세의 일부와 통폐합되어 등록면허세로 개칭되었다.

(2) 의 의

① 등록에 대하여 과세하는 것은 재산권 기타 권리의 보존 또는 그 이동사항을 행정관청이 관리하는 공부에 등록 또는 등재하는 것으로서 제3자에 대항할 수 있는 법률적 권리의 취득이라 할 수 있는데 등록면허세는 이러한 재산권이나 기타 권리의 취득, 이전, 변경 또는 소멸 등 이동사항을 공부에 등기 또는 등록하는 경우에 그 등기 또는 등록을 받는 자에게 과세하는 조세로 재산 또는 권리의 등기 또는 등록을 담세력의 간접적인 표현으로 보아 이에 과세하는 유통세의 일종이라 하겠다.

② 그리고 면허에 대해 과세하는 것은 국가, 지방자치단체 또는 국가 사무의 위임을 받은 공공단체 등으로부터 일정한 면허를 받는 자에게 과세하는 유통세의 일종인 동시에 면허 등을 받는 당해 행위에 대하여 과세하는 행위세의 성격도 가지고 있다. 그리고 국가나 지방자치단체로부터 면허 등을 받음으로 인하여 다른 사람이 누릴 수 없는 혜택을 받게 되는 그 수익성에 대하여 과세하는 수익세적 성격을 가짐과 동시에 특정한 면허에 대한 일종의 대가 또는 수수료의 성격을 가진 보상원칙이 가미된 세목이라 하겠다.

그리고 국세는 그 세율이 전국적으로 통일적으로 적용하는 것이 일반적이나 지방세 중 등록면허세 중 면허에 대한 등록면허세는 지역적으로 차등세율을 적용하는 세목으로서 지방세의 특성상 지역적인 응익관계를 고려하거나 특성을 살린 지방세 특징에 맞는 세율체계를 가졌다고 하겠다.

또한 면허에 대한 등록면허세의 과세객체는 각종 법령에서 규정된 면허・허가・인가・

등록·지정·검사·검열·심사 등 특정한 영업설비 또는 행위에 대한 권리의 설정, 금지의 해제 또는 신고의 수리 등과 관련한 행정청의 행위에 한하여 과세하고 있다. 그리고 지방세법에서는 등록면허세의 과세대상을 예시주의에 의하지 않고 열거주의를 채택하고 있기 때문에 지방세법 시행령 별표에 게기되어 있지 아니한 면허에 대하여는 등록면허세를 과세할 수 없는 것이다(면허의 종류와 종별 구분표 참조).

③ 이와 같은 면허의 종별은 사업의 종류 및 그 규모 등을 참작하여 제1종 내지 제5종으로 구분하여 지방세법 시행령 별표에 규정하고 있는데 별표에 규정된 제1종 내지 제5종의 구분은 건축물 면적의 크기, 종업원 수의 대소, 영업장 면적의 크기, 자동차 대수 또는 선박의 톤수, 허가면적의 대소 등과 그 면허로 인하여 받을 수 있는 수혜의 정도에 따라 종별로 구분한 것이다.

(3) 용어의 정의

① 등록면허세 규정에서 "등록"이란 재산권 그 밖의 권리의 설정·변경 또는 소멸에 관한 사항을 공부에 등기하거나 등록하는 것을 말한다. 다만, 제2장(취득세)에 따른 취득을 원인으로 이루어지는 등기 또는 등록은 제외하되, 광업권 및 어업권의 취득에 따른 등록과 외국인 소유의 취득세 과세대상 물건(차량, 기계장비, 항공기 및 선박만 해한다.)의 연부취득에 따른 등기 또는 등록을 포함한다.

등록면허세에 있어서의 등록은 그 등록을 하게 된 권원의 실질적인 정당성 여부나 또는 그 경위의 합법성 여부를 따져서 합법적이고 정당한 등록만을 뜻하는 것이 아니고, 외형상 등록의 형식요건만 갖추어 등록이 되는 경우를 뜻한다. 따라서 등록면허세에서의 등록의 행위는 외형상의 등록 행위 자체가 되는 것이며, 이와 같은 등록 행위가 있으면 그 자체로서 과세요건이 충족되는 것으로서 등록 행위가 쟁송이나 기타 사유에 의하여 등록을 하게 된 권원의 무효나 취소가 됨으로써 등록이 말소된 경우에도 기납부한 등록면허세에는 영향을 미치지 아니한다.

② 등록면허세규정에서 "면허"란 각종 법령에 규정된 면허·허가·인가·등록·지정·검사·검열·심사 등 특정한 영업설비 또는 행위에 대한 권리의 설정, 금지의 해제 또는 신고의 수리 등 행정청의 행위(법률의 규정에 따라 의제되는 행위를 포함한다.)를 말한다.

이 규정은 종전에 면허로만 정의되고 있었던 행정처분과 행정행위가 강학상 또는 실정법상의 용어와 다를 수 있기 때문에 적용에 혼란이 있을 것을 우려하여 이를 행정청의 행위(법률의 규정에 따라 의제되는 행위, 즉 사업계획의 승인, 공장설립 등과 관련하여 의제되는 행위도 포함한다.)로 면허의 개념을 재정립 한 것이다.

③ 등록면허세 규정에서 "부동산"이라 함은 지방세법 제6조 제3호 및 제4호에 따른 토지와 건축물을 말한다. 이 규정은 종전에는 부동산에 대한 별도의 규정이 없이 민법상의 부동산인 토지와 그 지상정착물을 부동산으로 보아 왔다. 그런데 여기에서의 부동산이라 함은 토지와 건축물을 말하는데, 건축물은 건축법상의 건축물과 토지에 정착하거나 지하 또는 다른 구조물에 설치하는 레저시설, 저장시설 등 시설물 및 승강기 등 건축물 등에 부수되는 시설물을 말하며, 그 자세한 내용은 "취득세"편을 참고하기 바란다.

④ 등록면허세 규정에서 "선박"이란 지방세법 제6조 제10호에 따른 기선, 범선, 전마선 및 그 밖에 명칭에 관계없이 모든 배를 말한다.

그런데 이러한 모든 선박이 등기·등록을 하는 경우에는 과세대상이 되겠지만 사실상 선박등기를 하지 아니하는 선박도 있으므로 결국 등록세의 과세대상이 되는 선박은 선박등기법 제2조(적용범위)에서 "이 법은 총톤수 20톤 이상의 기선과 범선 및 총톤수 100톤 이상의 부선에 대하여 이를 적용한다. 다만, 선박계류용·저장용 등으로 사용하기 위하여 수상에 고정되어 설치하는 부선에 대하여는 적용하지 아니한다."고 적용범위를 한정하고 있으므로, 이 법에 의해 등기되는 선박에 대해서만 등록면허세가 과세되는 것으로 보면 된다.

⑤ 등록면허세 규정에서 "한 건"이란 등기 또는 등록대상 건수마다를 말한다. 부동산등기법 등 관련법령에 따라 여러 개의 등기·등록대상을 한꺼번에 신청하여 등기·등록하는 경우에도 또한 같다. 다시 말해서 등기신청서의 수를 기준으로 하는 것이 아니고 등기신청의 수를 기준으로 하여 건수를 산정하는 것이므로, 동일한 토지에 대해서 저당권말소등기를 하면서 지목변경을 하거나, 2개의 필지를 동시에 지목변경을 하는 경우 등은 모두 각각 2건의 등기가 되는 경우를 말한다.

▎사례 ▎

❖ 소유권이전 등기후 화해권고 결정으로 계약이 해제된 경우 납세의무존재 유무

이 사건 부동산에 관하여 소유권이전등기를 마침으로써 그 소유권을 취득한 이상 잔금 지급 여부와 관계없이 위 시점에 이미 취득세 납세의무는 성립한 것이고, 그 후 매매계약이 해제되었다 하더라도 이미 성립한 취득세 행사에 영향이 있는 것은 아니며, 등록세는 재산권 기타 권리의 취득·이전·변경 또는 소멸에 관한 사항을 공부에 등기 또는 등록하는 경우에 등기 또는 등록이란 단순한 사실의 존재를 과세물건으로 하여 그 등기 또는 등록을 받는 자에

> 게 부과하는 세금으로서, 그 등기 또는 등록의 유·무효나 실질적인 권리귀속 여부와는 관계가 없는 것이므로 등기 또는 등록명의자와 실질적인 권리귀속 주체가 다르다거나 일단 공부에 등재되었던 등기 또는 등록이 뒤에 원인무효로 말소되었다 하더라도 위와 같은 사유는 그 등기 또는 등록에 따른 등록세 부과처분의 효력에 아무런 영향이 없는바(대법 2000두7896, 2002.6.28. 참조), 잔금 지급 여부나 매매계약 해제 여부가 그 성립 및 행사에 영향을 줄 수 없음은 등록세의 경우도 동일하다.
>
> (대법 2010두27015, 2013.3.14.)

제24조 납세의무자

다음 각 호의 어느 하나에 해당하는 자는 등록면허세를 납부할 의무를 진다(법 §24 Ⅰ·Ⅱ).
1. 등록을 하는 자
2. 면허를 받는 자(변경면허를 받는 자를 포함한다.). 이 경우 납세의무자는 그 면허의 종류마다 등록면허세를 납부하여야 한다.

(1) 등록면허세 중 등록에 대한 납세의무자

등록면허세는 재산권 그 밖의 권리의 설정, 변경 또는 소멸에 관한 사항을 공부에 등기하거나 등록하는 경우에 그 등록을 하는 자에게 부과한다. 다만 제2장(취득세)에 따른 취득을 원인으로 이루어지는 등기 또는 등록을 제외하되, 광업권 및 어업권의 취득에 따른 등록과 외국인 소유의 취득세 과세대상 물건(차량, 기계장비, 항공기 및 선박만 해당한다.)의 연부취득에 따른 등기 또는 등록은 포함한다.

그러므로 이 규정에서 "등록을 하는 자"라 함은 재산권 그 밖의 권리의 외형상 권리자를 말하는 것이며, 실질적인 권리자와의 부합 여부를 가리는 것이 아니므로, 등록면허세의 납세의무자는 등록하는 권리의 외형상 권리자이다.

그리고 여러 사람이 공동명의로 등록을 하는 경우에는 이들은 연대납세의무자가 되는 것이므로, 공유로 권리를 설정하여 연명으로 등록을 하는 경우의 공유자가 연대납세의무자가 되는 것과 같은 경우이다.

결국 등록면허세의 납세의무는 등기·등록하는 행위자체에 있는 것이므로 등기·등록이 된 이후 법원의 판결 등에 의해 그 등록이 무효 또는 취소가 되어 등록 사실이 말소된다 하더라도 이미 납부한 등록면허세는 과오납으로 환급하지 아니한다.

(2) 등록면허세 중 면허에 대한 납세의무자

등록면허세 과세객체인 각종의 면허를 받은 자(변경면허를 받은 자를 포함한다.) 이 경우 납세의무자는 그 면허의 종류마다 등록면허세를 납부하여야 한다.

등록면허세의 납세의무 성립시기는 각종의 면허를 받는 때(변경면허를 포함한다.)와 납기가 있는 달의 1일이 된다.

그러므로 등록면허세의 납세의무자는 새로이 면허를 받거나 그 면허를 변경받는 자는 면허증서를 교부 또는 송달받기 전까지 납세지를 관할하는 시·군에 그 등록면허세를 신고납부하여야 하고, 유효기간이 정하여져 있지 아니하거나 그 기간이 1년을 초과하는 면허의 경우 그 갱신에 따른 등록면허세를 매년 과세권자가 보통징수방법에 의해 부과징수한다.

면허를 받은 자가 그 면허에 따른 이익이나 혜택을 향유하지 아니하거나 이를 다른 사람에게 대여하고 있는 경우에도 해당 면허가 취소되지 아니하는 한 납세의무가 있다.

제25조 | 납세지

① 등기 또는 등록에 대한 등록면허세의 납세지는 다음 각 호에서 정하는 바에 따른다(법 §25 ① Ⅰ~ⅩⅧ).

1. 부동산 등기 : 부동산 소재지
2. 선박 등기 또는 등록 : 선적항 소재지33)
3. 자동차 등록 : 자동차관리법에 따른 등록지
   다만, 등록지가 사용본거지와 다른 경우에는 사용본거지를 납세지로 한다.
4. 건설기계 등록 : 건설기계관리법에 따른 등록지
5. 항공기 등록 : 정치장 소재지
6. 법인 등기 : 등기에 관련되는 본점·지점 또는 주사무소·분사무소 등의 소재지
7. 상호 등기 : 영업소 소재지

---

33) 선박법상의 선적항(선박법 시행령 §2 ① ② ③)
　제2조 [선적항] ① 「선박법」(이하 "법"이라 한다.) 제7조 제1항에 따른 선적항은 시·읍·면의 명칭에 의한다.
　② 선적항으로 할 시·읍·면은 선박이 항행할 수 있는 수면에 접한 곳에 한한다.
　③ 선적항은 선박소유자의 주소지에 정한다. 다만, 다음 각 호의 어느 하나에 해당하는 경우에는 선박소유자의 주소지가 아닌 시·읍·면에 정할 수 있다.
　　1. 국내에 주소가 없는 선박소유자가 국내에 선적항을 정하려는 경우
　　2. 선박소유자의 주소지가 선박이 항행할 수 있는 수면에 접한 시·읍·면이 아닌 경우
　　3. 「제주특별자치도 설치 및 국제자유도시 조성을 위한 특별법」 제443조 제1항에 따라 선박등록특구로 지정된 개항을 같은 조 제2항에 따라 선적항으로 정하려는 경우
　　4. 그 밖에 소유자의 주소지 외의 시·읍·면을 선적항으로 정하여야 할 부득이한 사유가 있는 경우

8. 광업권 및 조광권 등록 : 광구 소재지
9. 어업권・양식업권 등록 : 어장 소재지
10. 저작권, 출판권, 저작인접권, 컴퓨터프로그램 저작권, 데이터베이스 제작자의 권리 등록 : 저작권자, 출판권자, 저작인접권자, 컴퓨터프로그램 저작권자, 데이터베이스 저작권자 주소지
11. 특허권, 실용신안권, 디자인권 등록 : 등록권자 주소지
12. 상표, 서비스표 등록 : 주사무소 소재지
13. 영업의 허가 등록 : 영업소 소재지
14. 지식재산권담보권 등록 : 지식재산권자 주소지
15. 그 밖의 등록 : 등록관청 소재지
16. 같은 등록에 관계되는 재산이 둘 이상의 지방자치단체에 걸쳐 있어 등록면허세를 지방자치단체별로 부과할 수 없을 때에는 등록관청 소재지를 납세지로 한다.
17. 같은 채권의 담보를 위하여 설정하는 둘 이상의 저당권을 등록하는 경우에는 이를 하나의 등록으로 보아 그 등록에 관계되는 재산을 처음 등록하는 등록관청 소재지를 납세지로 한다.[34]
18. 제1호부터 제14호까지의 납세자가 분명하지 아니한 경우에는 등록관청 소재지를 납세지로 한다.

② 면허에 대한 등록면허세의 납세지는 다음 각 호에서 정하는 바에 따른다(법 §25 ② Ⅰ~Ⅲ).
1. 해당 면허에 대한 영업장 또는 사무소가 있는 면허 : 영업장 또는 사무소 소재지
2. 해당 면허에 대한 별도의 영업장 또는 사무소가 없는 면허 : 면허를 받은 자의 주소지
3. 제1호 및 제2호에 따른 납세지가 분명하지 아니하거나 납세지가 국내에 없는 경우에는 면허부여기관 소재지를 납세지로 한다.

(1) 등록에 대한 등록면허세

① 등록에 대한 등록면허세의 적용에 있어 유의할 점은 종전의 등록세 중 취득세과세대상으로 분류된 것을 제외한 것에 대한 등록세가 등록에 대한 등록면허세 과세 대상이 되는 것이므로 부동산의 경우 소유권취득에 대한 보존, 이전 등기 이외에 저당권, 전세권, 질권 등의 설정 등기시에 이 규정에 의한 등록면허세를 납부하게 되는 것이다.
② 위 15.의 그 밖의 등록이라 함은 공장재단, 광업재단에 관한 등기 등을 들 수 있다.

---

[34] 예를 들면, 갑이 을에 대한 금전채권 1억원을 담보하기 위하여 서울특별시 중구에 있는 을의 빌딩과 부산광역시 중구에 선적항을 두고 있는 을의 선박에 대하여 1억원의 저당권을 설정하는 경우 갑이 서울특별시 중구에 있는 을의 빌딩부터 등기소에서 저당권을 설정하는 경우에는 서울특별시 중구가 부산광역시 중구의 선박저당권 등기에 대한 등록면허세까지 함께 징수한다는 뜻이다.

③ 같은 등록에 관계되는 재산이 둘 이상의 시·도에 걸쳐있어 등록면허세를 시·도별로 부과할 수 없을 때에는 등록관청 소재지 도에서 부과한다고 되어 있는데 이는 1개의 어업권 및 양식업권의 어장이 2개 도 이상에 걸쳐 있는 경우 등을 들 수 있다.

④ 같은 채권의 담보를 위하여 설정하는 둘 이상의 저당권을 등록하는 경우에는 이를 하나의 등록으로 보아 등록에 관계되는 재산을 처음 등록하는 등록관청 소재지를 납세지로 보도록 하고 있다.

(2) 면허에 대한 등록면허세

이 경우의 납세지는 해당 면허에 대한 영업장 또는 사무소가 있는 여부에 따라 결정되므로 영업장 또는 사무소가 있으면 그 소재지가 납세지가 되고 영업장 또는 사무소가 없는 경우에는 면허를 받은 자의 주소지가 납세지가 되는 것이다.

제26조 │ 비과세

① 국가, 지방자치단체, 지방자치단체조합, 외국정부 및 주한국제기구가 자기를 위하여 받는 등록 또는 면허에 대하여는 등록면허세를 부과하지 아니한다. 다만, 대한민국 정부기관의 등록 또는 면허에 대하여 과세하는 외국정부의 등록 또는 면허의 경우에는 등록면허세를 부과한다(법 §26 ①).

② 다음 각 호의 어느 하나에 해당하는 등기·등록 또는 면허에 대하여는 등록면허세를 부과하지 아니한다(법 §26 ② Ⅰ~Ⅳ).

1. 「채무자 회생 및 파산에 관한 법률」 제6조제3항, 제25조제1항부터 제3항까지, 제26조제1항·제3항, 제27조, 제76조제4항, 제362조제3항, 제578조의5제3항, 제578조의8제3항 및 제578조의9제3항에 따른 등기 또는 등록

위 개정안은 파산회생절차 중인 기업에 '자본변동'을 이유로 과세하는 것은 회생 계획 마련에 부담이 될 수 있으므로, 기업 회생과 경제 회복을 지원하기 위해 파산회생절차상 법원 촉탁·등기소 직권 등기는 모두 비과세하여 파산·회생절차에 대한 「지방세법」과 「채무자회생법」 상 비과세 규정을 정비하여 법률 간 모순을 해소하기 위하여 개정

2. 행정구역의 변경, 주민등록번호의 변경, 지적(地籍) 소관청의 지번 변경, 계량단위의 변경, 등기 또는 등록 담당 공무원의 착오 및 이와 유사한 사유로 인한 등기 또는

등록으로서 주소, 성명, 주민등록번호, 지번, 계량단위 등의 단순한 표시변경·회복 또는 경정 등기 또는 등록

3. 그 밖에 지목이 묘지인 토지 등 대통령령으로 정하는 등록

이 경우 "지목이 묘지인 토지 등 대통령령으로 정하는 등록"이란 무덤과 이에 접속된 부속시설물의 부지로 사용되는 토지로서 지적공부상 지목이 묘지인 토지에 관한 등기를 말한다(영 §40 ①).

4. 면허의 단순한 표시변경 등 등록면허세의 과세가 적합하지 아니한 것으로서 대통령령으로 정하는 면허

이 경우 "대통령령으로 정하는 면허"란 다음 각 호의 어느 하나에 해당하는 면허를 말한다(영 §40 ② Ⅰ~Ⅵ).
① 변경하는 내용이 다음 각 목의 경우에 해당하지 아니하는 변경면허
  ㉮ 면허를 받은 자가 변경되는 경우(사업주체의 변경 없이 단순히 대표자의 명의를 변경하는 경우는 제외한다.)
  ㉯ 해당 면허에 대한 제39조에 따른 면허의 종별 구분이 상위의 종으로 변경되는 경우
  ㉰ 법 제35조 제2항에 따라 면허가 갱신되는 것으로 보는 경우(3개월 내에 갱신되는 것으로 보는 경우는 제외한다.)
② 「의료법」 및 「수의사법」에 따라 의료업 및 동물진료업을 개설한 자의 다음 각 목의 어느 하나에 해당하는 면허
  ㉮ 「농어촌 등 보건의료를 위한 특별조치법」에 따라 종사명령을 이행하기 위하여 휴업하는 기간 중의 해당 면허와 종사명령기간 중에 개설하는 병원·의원(조산원을 포함한다.)의 면허
  ㉯ 「수의사법」에 따라 공수의로 위촉된 수의사의 동물진료업의 면허
③ 「총포·도검·화약류 등의 안전관리에 관한법률」 제47조 제2항에 따라 총포 또는 총포의 부품이 보관된 경우 그 총포의 소지 면허. 다만, 같은 과세기간 중에 반환받은 기간이 있는 경우는 제외한다.
④ 매년 1월 1일 현재 「부가가치세법」에 따른 폐업신고를 하고 폐업 중인 해당 업종의 면허
⑤ 매년 1월 1일 현재 1년 이상 사실상 휴업 중인 사실이 입증되는 해당 업종의 면허
⑥ 마을주민의 복지증진 등을 도모하기 위하여 마을주민만으로 구성된 조직의 주민공동체 재산운영을 위하여 필요한 면허

(1) 국가 등에 대한 비과세

국가, 지방자치단체, 지방자치단체조합, 외국정부 및 주한국제기구가 자기를 위하여 받는 등록 또는 면허에 대하여는 등록면허세를 부과하지 아니한다. 다만, 대한민국 정부기관의 등록 또는 면허에 대하여 과세하는 외국정부의 등록·면허의 경우에는 그러하지 아니하다.

이 규정에 해당되는 등록 또는 면허는 국가나 지방자치단체가 채권 확보를 위하여 저당권설정등기를 하는 등과 같이 국가 또는 지방자치단체가 등록 또는 면허의 권리자가 되는 경우를 말한다.

또한 지방세의 체납으로 인하여 압류의 등기·등록을 한 재산에 대하여 시장, 군수·구청장이 압류해제의 등기·등록을 할 경우에는 이 규정에 의하여 해제에 따른 등록면허세를 비과세 한다.

(2) 단순한 표시변경, 회복 또는 경정 등록 등에 대한 비과세

(가) 회사정리 등으로 인한 촉탁 등기 또는 등록에 대한 비과세

회사의 정리 또는 특별청산에 관하여 법원의 촉탁으로 인한 등기 또는 등록에 대하여는 등록면허세를 부과하지 아니한다. 다만, 법인의 자본금 또는 출자금의 납입, 증자 및 출자전환에 따른 등기 또는 등록은 제외한다.

이 규정은 채무자 회생 및 파산에 관한 법률에 따라 회사를 정리 또는 특별 청산함에 따라 법원의 촉탁으로 하는 등기·등록에 대하여는 등록면허세를 비과세 한다는 것이다(채무자 회생 및 파산에 관한 법률 §25).

▌사례▐

❖ 회사정리에 따른 법원촉탁으로 인한 등기 중 유상증자에 따른 자본증자 등기분 등록세를 자진신고 납부한 것이 당연무효에 해당하는지 여부

유상증자에 따른 자본증가의 등기가 구 지방세법(2010.3.31. 법률 제10221호로 전부 개정되기 전의 것, 이하 같다.) 제128조 제3호에서 등록세 비과세대상으로 규정한 '회사의 정리에 관하여 법원의 촉탁으로 인한 등기'에 해당하여 원고의 이 사건 등록세 등의 신고행위에 중대한 하자가 있다고 하더라도, ① 원고가 이 사건 등록세 등을 신고납부하는 과정에서 과세관청이 적극적으로 관여하거나 개입한 적이 없고, 가산세 등의 제재를 피하기 위하여 불가피하게 신고납부하였다는 사정도 보이지 않고, ② 이 사건 등록세 등의 신고납부 당시 시행되던 대법원 등기예규 제935호(회사정리절차와 관련된 상업등기에 관한 사무처리지침)는 '정리법원의 촉탁에 의한 등기의 경우에도 순수한 정리절차에 관한 사항 이외의 등기, 예를 들어 정리계획의 수행에 따른 자본증가의 등기나 회사의 합병에 따른 설립등기 등은 구 지방세법 제

128조 제3호의 적용 대상이 아니다.'는 취지로 규정하였고, 그 당시 행정안전부도 2004.12.2. '정리회사의 유상증자에 의한 자본증가의 등기는 등록세 비과세대상에 해당하지 아니한다.'는 취지의 유권해석을 하는 등, 정리법원의 촉탁에 의하여 이루어지는 유상증자에 의한 자본증가의 등기가 구 지방세법 제128조 제3호가 규정한 등록세 비과세대상인지에 관하여 해석상 논란의 여지가 있었으며, ③ 원고가 이 사건 등록세 등의 신고행위에 대하여 이의신청 등의 불복절차를 밟지 않다가 신고납부일부터 4년 10개월가량이 지난 후에야 비로소 그 신고행위가 당연무효라고 주장하고 있는 사정 등에 비추어 보면, 이 사건 등록세 등의 신고행위는 법 해석상 논란이 있는 부분에 대하여 원고가 납세의무가 있는 것으로 오인하고 한 것에 불과하여 그 하자가 반드시 객관적으로 명백하다고 단정할 수는 없으므로 이를 당연무효로 볼 수 없고, ⑶ 원고가 들고 있는 대법원 판결은 이 사건과 사안이 달라서 위 판결을 이 사건에 직접 원용하기에 적절하지 아니하다.

(대법 2011다102592, 2014.2.27., 대법 2013다212707, 2014.2.27.,

유사판례 대법 2012다23382, 2014.1.16.)

(나) 행정구역 변경 등으로 인한 등기 또는 등록의 비과세

행정구역의 변경, 주민등록번호의 변경, 지적 소관청의 지번 변경, 계량단위의 변경, 등기 또는 등록 담당 공무원의 착오 및 이와 유사한 사유로 인한 등기 또는 등록으로서 주소, 성명, 주민등록번호, 지번, 계량단위 등의 단순한 표시변경, 회복 또는 경정 등기·등록에 대하여는 등기 또는 등록면허세를 비과세한다.

① 행정구역의 변경이나 지적 소관청의 지번 변경 및 행정관청의 주민등록번호의 변경에 의한 주소변경이나 표시변경 등에 따른 등기 또는 등록에 대하여는 등록면허세를 부과하지 아니한다.

예를 들면 ○○군 ○○읍이 ○○시로 승격되었을 경우 부동산등기법 제31조의 규정에 의하여 행정구역 또는 그 명칭의 변경이 있을 때에는 등기부에 적은 행정구역 또는 그 명칭은 당연히 변경된 것으로 본다. 그리고 이러한 행정구역 등의 변경에 대하여는 부동산등기규칙 제54조에 의거 등기관은 직권으로 부동산의 표시변경등기 또는 등기명의인의 주소변경등기를 할 수 있도록 하고 있으므로 이러한 등기시에는 등록면허세를 부과하지 아니한다는 것이다.

② 계량단위의 변경등기라 함은 종전에 사용하던 평을 m^2로 고쳐 등기하는 것 등을 말한다.

(다) 지목이 묘지인 토지 등에 대한 비과세

무덤과 이에 접속된 부속시설물의 부지로 사용되는 토지로서 지적공부상 지목이 묘지인 토지에 관한 등기는 비과세 된다.

이 경우는 지적공부상 지목이 묘지인 토지에 한하여 비과세 되므로 토지상에 분묘가 있다하더라도 지적공부상 지목이 묘지가 아닌 경우에는 등록면허세가 비과세 되지 아니하는 점에 유의해야 한다.

(라) 면허의 단순한 표시변경 등에 대한 비과세

면허의 단순한 표시변경 등 등록면허세의 과세가 적합하지 아니한 것으로서 다음에 정하는 면허는 등록면허세를 부과하지 아니한다.

① 변경하는 내용이 ㉠ 면허를 받은 자가 변경되는 경우(사업주체의 변경 없이 단순한 대표자의 명의를 변경하는 경우는 제외한다.), ㉡ 해당 면허에 대한 제39조에 따른 면허의 종별 구분이 상위의 종으로 변경되는 경우, ㉢ 법 제35조 제2항에 따라 면허가 갱신되는 것으로 보는 경우에 해당하는 경우는 등록면허세를 부과하지 아니한다.

② 의료법 및 수의사법에 따라 의료업 및 동물진료업을 개설한 자로서 ㉠ 농어촌 등 보건의료를 위한 특별조치법에 따라 종사명령을 이행하기 위하여 휴업하는 기간 중의 해당 면허와 종사명령기간 중에 개설하는 병원·의원(조산원을 포함한다.)의 면허, ㉡ 수의사법에 따라 공수의35)로 위촉된 수의사의 동물진료업의 면허에 대하여는 등록면허세를 부과하지 아니한다.

③ 총포·도검·화약류 등의 안전관리에 관한 법률 제47조 제2항에 따라 총포 또는 총포의 부품이 보관된 경우 ㉠ 총포의 소지·면허에 대하여는 등록면허세를 부과하지 아니한다. 다만, 같은 과세기간 중에 반환받은 기간이 있는 경우는 그러하지 아니하다.

이 경우 총포 등의 보관은 ㉠ 총포·도검·화약류·분사기·전자충격기·석궁의 소지허가 및 화약류의 사용, 양도, 양수허가의 취소 또는 화약류 운반의 제한, ㉡ 총포·도검·화약류·분사기·전자충격기·석궁의 제조업자, 판매업자나 화약류저장소 설치자 또는 화약류 사용자에 대한 시설의 전부나 일부의 사용금지 또는 시설의 이전·보완 그 밖의 시정조치, ㉢ 총포·도검·화약류·분사기·전자충격기·석궁의 제조업자, 판매업자, 수출입허가를 받은 사람, 소지허가를 받은 사람과 화약류저

---

35) 공수의라 함은 수의사법 제21조의 규정에 의하여 시장·군수는 동물진료 업무의 적정을 기하기 위하여 동물병원을 개설하고 있는 수의사, 동물병원에서 근무하는 수의사, 또는 농수식품부령이 정하는 축산 관련 비영리법인에서 근무하는 수의사에게 동물의 진료, 동물 질병의 조사·연구, 동물 전염병의 예찰·예방, 동물의 건강진단, 동물의 건강증진과 환경위생 관리 그 밖에 동물 진료에 관하여 시장·군수가 지시하는 사항에 대한 업무를 위촉받은 수의사를 말한다.

장소 설치자 또는 화약류사용자 그 밖의 취득자에 대한 제조·판매·수수·수출입·적재·운반·저장·소지·사용·폐기의 일시금지 또는 제한조치를 하는 경우에 필요하다고 인정되는 때에는 총포, 도검, 화약류·분사기·전자충격기·석궁을 허가관청이 지정하는 곳에 보관할 것을 명할 수 있는데 이런 조치에 의거 보관된 총포 등의 면허에 대한 등록면허세는 비과세된다.

④ 매년 1월 1일 현재 부가가치세법에 따른 폐업신고를 하고 폐업 중인 해당 업종의 면허에 대하여는 등록면허세를 부과하지 아니한다.

이 경우는 식품위생법 등에서 음식점영업신고 등이 되어 있으면서 부가가치세법에 의한 사업자등록을 한 경우에 음식점 영업에 대한 면허는 그대로 있으나 부가가치세법에 의한 사업자등록을 폐지시키고 사실상 영업을 하지 않는 경우에는 등록면허세를 부과하지 아니한다는 것이다.

⑤ 매년 1월 1일 현재 1년 이상 사실상 휴업 중인 사실이 입증되는 해당 업종의 면허에 대하여는 등록면허세를 부과하지 아니한다는 것이다.

⑥ 마을주민의 복지증진 등을 도모하기 위하여 마을주민만으로 구성된 조직의 주민공동체 재산운영을 위하여 필요한 면허에 대하여는 등록면허세를 부과하지 아니한다는 것이다.

이 경우 마을주민만으로 구성된 조직의 주민공동체란 마을주민 모두가 참여하는 조직을 말하는 것이므로 마을내부에 개별적으로 조직되어 있는 청년회·부녀회·상조회 등 개별적인 각종 모임·단체로 일부계층이나 특수단체의 복지증진을 위하는 것은 마을공동체라 할 수 없고, 마을주민 전체의 복지증진을 위한 마을주민만으로 구성된 조직을 주민공동체라 할 것이다.

(3) 등록면허세 비과세 등 확인

지방세법, 지방세특례제한법 또는 조세특례제한법에 따라 등록면허세의 비과세 또는 감면으로 등기 또는 등록하려는 경우에는 지방세법 제25조 제1항에 따른 등록면허세의 납세지를 관할하는 시장·군수·구청장의 비과세 또는 감면 확인(별지서식에 의한)을 받아야 한다(규칙 §15 ①·②).

제2절 등록에 대한 등록면허세

제27조 과세표준

① 부동산, 선박, 항공기, 자동차 및 건설기계의 등록에 대한 등록면허세(이하 이 절에서 "등록면허세"라 한다.)의 과세표준은 등록 당시의 가액으로 한다(법 §27 ①).

② 제1항에 따른 과세표준은 조례로 정하는 바에 따라 등록자의 신고에 따른다. 다만, 신고가 없거나 신고가액이 제4조에 따른 시가표준액보다 적은 경우에는 시가표준액을 과세표준으로 한다(법 §27 ②).

③ 제2항에도 불구하고 제23조제1호가목·나목 및 라목에 따른 취득을 원인으로 하는 등록의 경우 다음 각 호의 구분에 따른 가액을 과세표준으로 한다. 다만, 등록 당시에 자산재평가 또는 감가상각 등의 사유로 그 가액이 달라진 경우에는 변경된 가액을 과세표준으로 한다.(법 §27 ③ Ⅰ·Ⅱ).
  1. 제23조제1호가목·나목 및 라목에 따른 취득을 원인으로 하는 등록의 경우: 제10조의2부터 제10조의6까지의 규정에서 정하는 취득당시가액
  2. 제23조제1호다목에 따른 취득을 원인으로 하는 등록의 경우: 제1항에 따른 등록 당시의 가액과 제10조의2부터 제10조의6까지의 규정에서 정하는 취득당시가액 중 높은 가액

위 법령은 취득세를 신고하지 않아 취득세 부과제척기간이 경과한 물건을 등록할 때 '취득 당시의 가액'으로 과세표준을 적용하는 경우, 등록 당시의 과세표준과 비교하여 볼 때 기간 경과에 따른 재산가치 변동을 제대로 반영하지 못하므로 과세불공정성 발생하므로, 취득세의 부과제척기간 경과에 따른 등록의 경우 등록면허세 과세표준을 취득 당시가 아닌 등록 당시의 가액으로 적용하도록 개정하였음

이 규정 단서에 따라 자산재평가 또는 감가상각 등의 사유로 변경된 가액을 과세표준으로 할 경우에는 등기일 또는 등록일 현재의 법인장부 또는 결산서 등으로 증명되는 가액을 과세표준으로 한다(영 §42 ①).

④ 채권금액으로 과세액을 정하는 경우에 일정한 채권금액이 없을 때에는 채권의 목적이 된 것의 가액 또는 처분의 제한의 목적이 된 금액을 그 채권금액으로 본다(법 §27 ④).

⑤ 제1항부터 제4항까지의 규정에 따른 과세표준이 되는 가액의 범위 및 그 적용에 필요한 사항은 대통령령으로 정한다(법 §27 ⑤).

위의 규정에 따라 과세표준을 적용함에 있어 주택의 토지와 건축물을 한꺼번에 평가하여 토지 또는 건축물에 대한 과세표준이 구분되지 아니하는 경우에는 한꺼번에 평가한 개별주택가격을 토지 또는 건축물의 가격 비율로 나눈 금액을 각각 토지 또는 건축물의 과세표준으로 한다(영 §42 ②).

(1) 가액을 기준으로 하는 등록면허세의 과세표준

① 부동산, 선박, 항공기, 자동차 및 건설기계의 등록에 대한 등록면허세의 과세 표준은 등록당시의 가액으로 하며, 이러한 과세표준은 조례로 정하는 바에 따라 등록자의 신고에 따른다. 다만, 신고가 없거나 신고가액이 시가표준액보다 적은 경우에는 시가표준액을 과세표준으로 한다.

이 규정에서 "부동산"이란 법 제6조 제3호 및 제4호에 따른 토지와 건축물, 즉, "토지"란 「공간정보의 구축 및 관리 등에 관한 법률」에 따라 지적공부의 등재대상이 되는 토지와 그 밖에 사용되고 있는 사실상의 토지를 말하고, "건축물"이란 「건축법」 제2조 제1항 제2호에 따른 건축물(이와 유사한 형태의 건축물을 포함한다.)과 토지에 정착하거나 지하 또는 다른 구조물에 설치하는 레저시설, 저장시설, 도크(dock)시설, 접안시설, 도관시설, 급수·배수시설, 에너지 공급시설 및 그 밖에 이와 유사한 시설(이에 딸린 시설을 포함한다.)로서 대통령령으로 정하는 것을 말한다(영 §41 Ⅰ).

그리고 "선박"이란 법 제6조 제10호에 따른 선박, 즉, 기선, 범선, 부선 및 그 밖에 명칭에 관계없이 모든 선박을 말한다(영 §41, Ⅱ). 또한 이 절에서 "한 건"이란 등기 또는 등록대상 건수마다를 말한다. 「부동산등기법」 등 관계 법령에 따라 여러 개의 등기·등록대상을 한꺼번에 신청하여 등기·등록하는 경우에도 또한 같다(영 §41 Ⅲ).

이 경우 감정평가 및 감정평가사에 관한 법률에 의하여 가격이 공시되는 토지 및 주택에 대하여는 동법에 의하여 공시된 가액, 다만, 개별공시지가 또는 개별주택가격이 공시되지 아니한 경우에는 시장, 군수·구청장이 동법의 규정에 의하여 국토교통부장관이 제공한 토지가격비준표 또는 주택가격비준표를 사용하여 산정한 가액으로 하고, 공동주택가격이 공시되지 아니한 경우에는 지역별, 단지별, 면적별, 층별 특성 및 거래가격 등을 참작하여 행정안전부장관이 정하는 기준에 따라 시장, 군수가 산정한 가액으로 한다.

토지 및 주택 이외의 건축물과 선박, 항공기, 기타 과세대상에 대하여는 거래가격,

수입가격, 신축, 건조, 제조가격 등을 참작하여 정한 기준가격에 종류, 구조, 용도, 경과연수 등 과세대상별 특성을 감안하여 정하는 기준에 따라 지방자치단체의 장이 결정한 가액을 시가표준액으로 한다.

그러므로 부동산 중 토지와 주택(주거용건축물과 그 부속토지를 통합 평가하여 그 가격을 고시함)에 대하여는 2005년부터 감정평가 및 감정평가사에 관한 법률에 의하여 가격이 공시되므로 이 공시된 가액이 시가표준액이 되고, 이 이외의 건축물과 선박, 항공기 기타 과세대상에 대하여는 종전과 같이 자치단체의장이 여러 가지 조건과 기준에 따라 정하는 것을 시가표준액으로 하므로 이러한 과세대상에 대한 시가표준액 산정방법은 종전과 거의 동일하며 자세한 내용은 취득세 규정에서 설명한 자료를 참고하기 바란다.

그런데 주택의 토지와 건물을 한꺼번에 평가함으로 인하여 토지 또는 건물에 대한 과세표준이 구분되지 아니한 경우에는 한꺼번에 평가한 개별주택가격을 토지 또는 건물의 가액 비율로 나눈 금액을 각각 토지 또는 건물의 과세표준으로 한다.

② 지방세법 제10조 제5항부터 제7항까지의 규정에 해당하는 경우에는 제2항에도 불구하고 제10조 제5항에 따른 사실상의 취득가격, 같은 조 제6항에 따라 계산한 취득가격 또는 같은 조 제7항에 따라 확인된 금액을 과세표준으로 한다. 다만, 등록 당시에 자산재평가 또는 감가상각 등의 사유로 그 가액이 달라진 경우에는 변경된 가액을 과세표준으로 한다.

이 경우 자산재평가 또는 감가상각 등의 사유로 변경된 가액을 과세표준으로 할 경우에는 등기·등록일 현재의 법인장부 또는 결산서 등에 의하여 증명되는 가액을 과세표준액으로 한다.

사례

❖ **주택분양보증 이행으로 분양대금 환급시 새로운 취득이 성립되는지**

분양보증회사가 주택분양보증을 위하여 신탁계약을 체결하고 이를 원인으로 하여 위탁자로부터 신탁재산인 토지를 이전받았다면 이는 구 지방세법 제105조 제1항에서 정한 '부동산 취득'에 해당하고, 이후 주택분양보증의 이행으로 수분양자들에게 분양대금을 환급해 주거나 신탁부동산을 제3자에게 매각한다고 하여 재차 동일한 토지를 취득하는 것으로 볼 수는 없다. 이 경우 당초 신탁계약을 원인으로 한 신탁재산 토지의 취득에 관하여 구 지방세법 제110조 제1호 가목에 의하여 취득세가 비과세되었다고 하여 달리 볼 것도 아니다. 원고인 주택도시보증공사가 주택분양신탁계약을 원인으로 이 사건 토지를 취득한 이상, 그 후에 주택분양보증의 이행을 위하여 수분양자들에게 분양대금을 환급해 주었다고 하더라도 동일한 토지를 재차 취득하는 것으로 볼 수는 없다.

(대법 2015두60853, 2017.6.15.)

(2) 채권금액을 기준으로 하는 등록면허세의 과세표준

채권금액으로 과세액을 정하는 경우에 일정한 채권금액이 없을 때에는 채권의 목적이 된 것의 가액 또는 처분의 제한의 목적이 된 금액을 그 채권금액으로 본다.

여기에서 채권금액을 과세표준으로 하는 경우로는 저당권의 등기와 경매신청, 가압류 및 가처분의 등기가 있는데, 먼저 저당권등기의 경우에 있어서는 금전채권채무 이외의 특정행위이행을 담보하기 위한 저당권 설정의 경우에 있어서도 부동산등기법 제77조에서 "등기관이 일정한 금액을 목적으로 하지 아니하는 채권을 담보하기 위한 저당권 설정의 등기를 할 때에는 그 채권의 평가액을 기록하여야 한다."라고[36] 규정하고 있으므로 채권금액이 기재되지 않는 경우는 없을 것이며, 당해 저당권등기신청서상의 채권금액을 과세표준으로 하면 되고, 부동산등기법 제75조 제2항에서 "저당권의 내용이 근저당인 경우에는 등기목적 등과 채권의 최고액 및 채무자를 기재하여야 한다."고 규정되어 있기 때문에 저당권의 과세표준은 저당최고 한도액인 채권금액이 된다고 보아야 할 것이다.

다음으로 경매신청, 가압류, 가처분등기의 경우에 있어서는,

㉮ 경매신청에 있어서는 금전의 급부를 목적으로 하는 채무불이행으로 부동산을 경매신청하는 때에는 경매신청서에 기재된 채권금액을 과세표준으로 하고, 금전채무 이외의 채무인 경우에는 쟁송 결과에서 법원이 지급명령한 금액이 과세표준이 된다고 본다.

㉯ 가압류에 있어서는 금전채무 불이행의 경우에는 가압류신청서상의 채권금액이 과세표준이 되고, 금전채무 이외의 채무의 경우에는 민사집행법 제279조 제1항 제1호에서 "청구채권의 표시, 그 청구채권이 일정한 금액이 아닌 때에는 금전으로 환산한 금액"을 가압류신청서상에 기재토록 하고 있으므로, 이 신청서상의 가격을 채권금액으로 보아 과세표준으로 하면 될 것이다.

㉰ 가처분에 있어서는 금전채권을 확보하기 위한 경우에는 가처분신청서상의 채권금액을 과세표준으로 하고, 금전채권 이외의 채권을 목적으로 하는 경우에는 일정한 물건을 주도록 된 채무의 불이행을 이행케 할 수단으로 채무자의 유일한 재산인 부동산의 양도를 금지시키기 위하여 부동산양도금지가처분신청을 하는 경우와 같이 처분의 제한의 목적이 되는 물건의 가격으로서 법원에서 지급명령한 금액이 채권금액이 되고 이를 과세표준으로 하여야 할 것이다.

---

[36] 일정한 금액을 목적으로 하지 아니한 채권을 금전으로 평가하여 그 평가액을 저당권의 피담보채권으로 등기한 경우에 있어서 채권자는 제3자에 대한 관계에 있어서는 그 등기된 평가액의 한도에서만 저당권의 효력을 주장할 수 있다(대법 80마75, 1980.9.18).

(3) 주택의 토지와 건물을 한꺼번에 평가함으로 인하여 토지 또는 건물에 대한 과세표준이 구분되지 아니하는 경우에는 한꺼번에 평가한 개별주택가격을 토지 또는 건물의 가액비율로 나눈 금액을 각각 토지 또는 건물의 과세표준으로 한다.

제28조 세 율

① 등록면허세는 등록에 대하여 제27조의 과세표준에 다음 각 호에서 정하는 세율을 적용하여 계산한 금액을 그 세액으로 한다. 다만, 제1호부터 제5호까지 및 제5호의 2의 규정에 따라 산출한 세액이 해당 각 호의 그 밖의 등기 또는 등록 세율보다 적을 때에는 그 밖의 등기 또는 등록 세율을 적용한다(법 §28 ① Ⅰ~ⅩⅣ).

1. 부동산 등기
   가. 소유권의 보존 등기 : 부동산 가액의 1천분의 8
   나. 소유권의 이전 등기
      1) 유상으로 인한 소유권 이전 등기 : 부동산 가액의 1천분의 20 다만, 제11조 제1항 제8호에 따른 세율을 적용받는 주택의 경우에는 해당 주택의 취득세율에 100분의 50을 곱한 세율을 적용하여 산출한 금액을 그 세액으로 한다.

      그간 지방세는 부과할 수 있는 날(취득세는 신고기한 익일)부터 일정기간(사기 10년, 일반적으로 5년) 이내에 부과하여야 하고(지기법 제38조), 취득가액 50만원 이하의 과세물건을 취득하는 경우 면세점에 해당하여 취득세를 과세하지 아니하여야(지세법 제17조)하지만, 2011년부터 취득세와 등록세를 통합한 취득세의 경우 부과제척기간이나 면세점이 적용되어 등록분 등록면허세까지 과세할 수 없다는 다툼이 제기되어 등록면허세분까지 과세를 하지 못할 경우 제척기간 이내에 신고 납부한 납세자와의 과세 불형평 문제 발생하게 되고 변경등기 등 모든 등기(등록)시에 등록면허세를 납부하여야 하는데, 합리적인 이유 없이 면제하는 것은 조세형평에 어긋남에 따라 2018년부터는 취득세 과세물건을 취득하여 부과제척기간이 경과한 경우 및 면세점 이하라도 등기(등록)에 대한 등록면허세는 부과할 수 있도록 명확화 하였다.
      2) 무상으로 인한 소유권 이전 등기 : 부동산 가액의 1천분의 15.
   다만, 상속으로 인한 소유권 이전 등기의 경우에는 부동산 가액의 1천분의 8로 한다.
   다. 소유권 외의 물권과 임차권의 설정 및 이전
      1) 지상권 : 부동산 가액의 1천분의 2
         다만, 구분지상권의 경우에는 해당 토지의 지하 또는 지상 공간의 사용에 따른 건축물의 이용저해율(利用沮害率), 지하 부분의 이용저해율 및 그 밖의 이용저해율 등을 고려하여 행정안전부장관이 정하는 기준에 따라 특별자치시장, 특별자치도지사, 시장·군수 또는 구청장이 산정한 해당 토지 가액의 1천분의 2로 한다.
    2) 저당권(지상권·전세권을 목적으로 등기하는 경우를 포함한다.) : 채권금액의 1천분의 2
    3) 지역권 : 요역지(要役地) 가액의 1천분의 2
    4) 전세권 : 전세금액의 1천분의 2
    5) 임차권 : 월 임대차금액의 1천분의 2
  라. 경매신청·가압류·가처분 및 가등기
    1) 경매신청 : 채권금액의 1천분의 2
    2) 가압류(부동산에 관한 권리를 목적으로 등기하는 경우를 포함한다.) : 채권금액의 1천분의 2
    3) 가처분(부동산에 관한 권리를 목적으로 등기하는 경우를 포함한다.) : 채권금액의 1천분의 2
    4) 가등기(부동산에 관한 권리를 목적으로 등기하는 경우를 포함한다.) : 부동산 가액 또는 채권금액의 1천분의 2
  마. 그 밖의 등기 : 건당 6천원
2. 선박 등기 또는 등록[선박법 제1조의 2 제2항에 따른 소형선박을 포함한다.]
  가. 소유권의 등기 또는 등록 : 선박 가액의 1천분의 0.2
  나. 저당권 설정 등기 또는 등록, 저당권 이전 등기 또는 등록 : 채권금액의 1천분의 2
  다. 그 밖의 등기 또는 등록 : 건당 1만5천원

3. 차량의 등록
    이 규정의 차량에는 총 배기량 125시시 이하이거나 최고정격출력 12킬로와트 이하인 이륜자동차는 포함하지 아니한다(영 §42의 2 ①).
  가. 소유권의 등록
    1) 비영업용 승용자동차 : 1천분의 50. 다만, 경자동차의 경우에는 1천분의 20으로 한다. 이 경우 비영업용 승용자동차는 영 제122조 제1항에 따른 비영업용으로서 영 제123조 제1호 및 제2호에 해당하는 승용자동차로 하고, 단서에 따른 경자동차는 각각 자동차관리법 제3조에 따른 자동차의 종류 중 경형자동차로 한다(영 §42의 2 ②·③).
    2) 그 밖의 차량
      가) 비영업용 : 1천분의 30. 다만, 경자동차의 경우에는 1천분의 20으로 한다. 이 경우의 경자동차도 위의 규정단서에서 규정한 경형자동차를 말한다(영 §42의 2 ③).

나) 영업용 : 1천분의 20
나. 저당권 설정 등록 또는 이전 등록 : 채권금액의 1천분의 2
다. 제7조 제10항에 따른 대금을 지급한 자 또는 운수업체의 등록
  1) 운수업체의 명의를 다른 운수업체의 명의로 변경하는 경우 : 건당 1만5천원
  2) 운수업체의 명의를 취득대금을 지급한 자의 명의로 변경하는 경우 : 건당 1만5천원
  3) 취득대금을 지급한 자의 명의를 운수업체의 명의로 변경하는 경우 : 건당 1만5천원
라. 그 밖의 등록 : 건당 1만5천원, 이 경우의 등록에는 자동차등록령 제22조 제4항 제4호(자동차 주소이전등록)에 따른 등록은 포함하지 아니한다(영 §42의 2 ④).

4. 기계장비 등록
가. 소유권의 등록 : 1천분의 10
나. 저당권 설정 등록 또는 이전 등록 : 채권금액의 1천분의 2
다. 제7조 제10항에 따른 취득대금을 지급한 자 또는 기계장비대여업체의 등록
  1) 기계장비대여업체의 명의를 다른 기계장비대여업체의 명의로 변경하는 경우 : 건당 1만원
  2) 기계장비대여업체의 명의를 취득대금을 지급한 자의 명의로 변경하는 경우 : 건당 1만원
  3) 취득대금을 지급한 자의 명의를 기계장비대여업체의 명의로 변경하는 경우 : 건당 1만원
라. 그 밖의 등록 : 건당 1만5천원, 이 경우의 등록에는 자동차등록령 제22조 제4항 제4호(자동차 주소이전등록)에 따른 등록 및 건설기계관리법 시행령 제6조 제1항에 따른 등록을 포함하지 아니한다(영 §42의 2 ④).

5. 공장재단 및 광업재단 등기
가. 저당권 설정 등기 또는 이전 등기 : 채권금액의 1천분의 1
나. 그 밖의 등기 또는 등록 : 건당 9천원

5의 2. 동산담보권 및 채권담보권 등기 또는 지식재산권담보권 등록
가. 담보권 설정 등기 또는 등록, 담보권 이전 등기 또는 등록 : 채권금액의 1천분의 1
나. 그 밖의 등기 또는 등록 : 건당 9천원

6. 법인 등기
가. 상시회사, 그 밖의 영리법인의 설립 또는 합병으로 인한 존속법인
  1) 설립과 납입 : 납입한 주식금액이나 출자금액 또는 현금 외의 출자가액의 1천분의 4(세액이 11만2천5백원 미만인 때에는 11만2천5백원으로 한다. 이하, 이 목부터 다목

까지에서 같다.)
　　2) 자본증가 또는 출자증가 : 납입한 금액 또는 현금 외의 출자가액의 1천분의 4
나. 비영리법인의 설립 또는 합병으로 인한 존속법인
　　1) 설립과 납입 : 납입한 출자총액 또는 재산가액의 1천분의 2
　　2) 출자총액 또는 재산총액의 증가 : 납입한 출자 또는 재산가액의 1천분의 2
　　　위의 규정 외의 부분에 따른 비영리법인은 다음 각 호의 어느 하나에 해당하는 법인으로 한다(영 §43 ① Ⅰ~Ⅲ).
　　가)「민법」제32조에 따라 설립된 법인
　　나)「사립학교법」제2조 제2호에 따른 학교법인
　　다) 그 밖의 특별법에 따라 설립된 법인으로서「민법」제32조에 규정된 목적과 유사한 목적을 가진 법인[주주(株主)·사원·조합원 또는 출자자(出資者)에게 이익을 배당할 수 있는 법인은 제외한다.]
다. 자산재평가적립금에 의한 자본 또는 출자금액의 증가 및 출자총액 또는 자산총액의 증가(자산재평가법에 따른 자본전입의 경우는 제외한다.) : 증가한 금액의 1천분의 1
라. 본점 또는 주사무소의 이전 : 건당 11만2천5백원
　이 경우 법인이 본점이나 주사무소를 이전하는 경우 구(舊) 소재지에는 법 제28조 제1항 제6호 바목에 따라(세율 건당 4만2백원), 신(新) 소재지에는 같은 호 라목에 따라(세율 건당 11만2천5백원)을 적용 계산한 등록면허세를 각각 납부하여야 한다(영 §43 ②).
마. 지점 또는 분사무소의 설치 : 건당 4만2백원
　이 경우 법인이 지점이나 분사무소를 이전하는 경우 구 소재지에는 법 제28조 제1항 제6호 바목에 따라(세율 건당 4만2백원), 신 소재지에서는 같은 호 마목에 따라(세율 건당 4만 2백원) 각각 등록면허세를 납부하여야 한다(영 §43 ③).
바. 그 밖의 등기 : 건당 4만2백원
　이 경우 법 제28조 제1항 제6호 바목에 해당되는 등기로서 같은 사항을 본점과 지점 또는 주사무소와 분사무소에서 등기하여야 하는 경우에는 각각 한 건으로 본다(영 §43 ④).
　그리고「상법」제606조에 따라 주식회사에서 유한회사로 조직변경의 등기를 하는 경우 또는 같은 법 제607조 제5항에 따라 유한회사에서 주식회사로 조직변경의 등기를 하는 경우에는 법 제28조 제1항 제6호 바목(건당 4만2백원)에 따른 등록면허세를 납부하여야 한다(영 §43 ⑤).

7. 상호 등 등기
　가. 상호의 설정 또는 취득 : 건당 7만8천7백원
　나. 지배인의 선임 또는 대리권의 소멸 : 건당 1만2천원

다. 선박관리인의 선임 또는 대리권의 소멸 : 건당 1만2천원

8. 광업권 등록
   가. 광업권 설정(광업권의 존속기간 만료 전에 존속기간을 연장한 경우를 포함한다.) : 건당 13만5천원
   나. 광업권의 변경
      1) 증구(增口) 또는 증감구(增減口) : 건당 6만6천5백원
      2) 감구(減口) : 건당 1만5천원
   다. 광업권의 이전
      1) 상속 : 건당 2만6천2백원
      2) 그 밖의 원인으로 인한 이전 : 건당 9만원
   라. 그 밖의 등록 : 건당 1만2천천원

8의 2. 조광권 등록
   가. 조광권 설정(조광권의 존속기간 만료 전에 존속기간을 연장한 경우를 포함한다.) : 건당 13만5천원
   나. 조광권 이전
      1) 상속 : 건당 2만6천2백원
      2) 그 밖의 원인으로 하는 이전 : 건당 9만원
   다. 그 밖의 등록 : 건당 1만2천원

9. 어업권·양식업권 등록
   가. 어업권·양식업권의 이전
      1) 상속 : 건당 6천원
      2) 그 밖의 원인으로 인한 이전 : 건당 4만2백원
   나. 어업권·양식업권 지분의 이전
      1) 상속 : 건당 3천원
      2) 그 밖의 원인으로 인한 이전 : 건당 2만1천원
   다. 어업권·양식업권 설정을 제외한 그 밖의 등록 : 건당 9천원

10. 저작권, 배타적발행권(저작권법 제88조 및 제96조에 따라 준용되는 경우를 포함한다.), 출판권, 저작인접권, 컴퓨터프로그램 저작권 또는 데이터베이스 저작자의 권리(이하 이 호에서 "저작권 등"이라 한다.)등록
    가. 저작권 등의 상속 : 건당 6천원
    나. 저작권법 제54조(제90조 및 제98조에 따라 준용되는 경우를 포함한다.)에 따른 등록

중 상속 외의 등록(프로그램, 배타적 발행권, 출판권 등록은 제외한다.) : 건당 4만2백원
　　다. 저작권법 제54조(제90조 및 제98조에 따라 준용되는 경우를 포함한다.)에 따른 프로그램, 배타적발행권, 출판권 등록 중 상속 외의 등록 : 건당 2만원
　　라. 그 밖의 등록 : 건당 3천원

11. 특허권, 실용신안권 또는 디자인권(이하 이 호에서 "특허권 등"이라 한다.) 등록
　　가. 상속으로 인한 특허권 등의 이전 : 건당 1만2천원
　　나. 그 밖의 원인으로 인한 특허권 등의 이전 : 건당 1만8천원

12. 상표 또는 서비스표 등록
　　가. 상표법 제82조 및 제84조에 따른 상표 또는 서비스표의 설정 및 존속기간 갱신 : 건당 7천6백원
　　나. 상표 또는 서비스표의 이전(상표법 제196조 제2항에 따른 국제등록기초상표권의 이전은 제외한다.)
　　　1) 상속 : 건당 1만2천원
　　　2) 그 밖의 원인으로 인한 이전 : 건당 1만8천원

13. 항공기의 등록
　　가. 최대이륙중량 5천700킬로그램 이상의 등록 : 그 가액의 1천분의 0.1
　　나. 가목 이외의 등록 : 그 가액의 1천분의 0.2

14. 제1호부터 제7호까지의 등기 외의 등기 : 건당 1만2천원

② 다음 각 호의 어느 하나에 해당하는 등기를 할 때에는 그 세율을 제1항 제1호 및 제6호에 규정한 해당 세율(제1항 제1호 가목부터 라목까지의 세율을 적용하여 산정된 세액이 6천원 미만일 때에는 6천원을, 제1항 제6호 가목부터 다목까지의 세율을 적용하여 산정된 세액이 11만2천500원 미만일 때에는 11만2천500원으로 한다.)의 100분의 300으로 한다. 다만, 대도시에 설치가 불가피하다고 인정되는 업종(이하 이 조에서 "대도시 중과제외 업종"이라 한다.)으로서 대통령령으로 정하는 업종에 대해서는 그러하지 아니하다(법 §28 ② Ⅰ·Ⅱ).

1. 대도시에서 법인을 설립(설립 후 또는 휴면법인을 인수한 후 5년 이내에 자본 또는 출자액을 증가하는 경우를 포함한다.)하거나 지점이나 분사무소를 설치함에 따른 등기
2. 대도시 밖에 있는 법인의 본점이나 주사무소를 대도시로 전입(전입 후 5년 이내에 자본 또는 출자액이 증가하는 경우를 포함한다.)함에 따른 등기. 이 경우 전입은 법인의 설립으로 보아 세율을 적용한다.
　　이 경우에는 수도권 정비계획법 제2조에 따른 수도권의 경우에는 서울특별시 외의 지역에서 서울특별시로의 전입도 대도시로의 전입으로 본다.

이 규정 본문 단서에서 "대통령령으로 정하는 업종"이란 영 제26조 제1항 각 호의 어느 하나에 해당하는 업종(대도시 법인 중과세의 제외 업종)을 말한다(영 §44).

③ 제2항 각 호 외의 부분 단서에도 불구하고 대도시 중과 제외 업종으로 법인등기를 한 법인이 정당한 사유 없이 그 등기일부터 2년 이내에 대도시 중과 제외 업종 외의 업종으로 변경하거나 대도시 중과 제외 업종 외의 업종을 추가하는 경우 그 해당 부분에 대하여는 제2항 본문을 적용한다(법 §28 ③).

④ 제2항은 제1항 제6호 바목의 경우에는 적용하지 아니한다(법 §28 ④).

⑤ 제2항에 따른 등록면허세의 중과세 범위와 적용기준, 그 밖에 필요한 사항은 대통령령으로 정한다(법 §28 ⑤).

이 경우 "대통령령으로 정하는 등록면허세의 중과세 범위와 적용기준 등은 다음과 같다(영 §45 ①~⑤).

㉮ 법 제28조 제2항 제1호에 따른 법인의 등기로서 관계 법령의 개정으로 인하여 면허나 등록의 최저기준을 충족시키기 위한 자본 또는 출자액을 증가하는 경우에는 그 최저기준을 충족시키기 위한 증가액은 중과세 대상으로 보지 아니한다.

㉯ 법 제28조 제2항을 적용할 때 다음 각 호의 어느 하나에 해당할 경우에는 중과세 대상으로 보지 아니한다.

1. 분할 등기일 현재 5년 이상 계속하여 사업을 영위한 대도시내의 내국법인이 법인의 분할(법인세법 제46조 제2항 제1호 가목부터 다목까지의 요건을 모두 갖춘 경우로 한정한다.)로 인하여 법인을 설립하는 경우

2. 조세특례제한법 제38조 제1항 각 호의 요건을 모두 갖추어 상법 제360조의 2에 따른 주식의 포괄적 교환 또는 같은 법 제360조의 15에 따른 주식의 포괄적 이전에 따라 금융지주회사법에 따른 금융지주회사를 설립하는 경우. 이 경우 조세특례제한법 제38조 제1항 제2호 및 제3호를 적용할 때 법령에 따라 불가피하게 주식을 처분하는 경우 등 같은 법 시행령 제35조의 2 제13항 각 호의 어느 하나에 해당하는 경우에는 주식을 보유하거나 사업을 계속하는 것으로 본다.

㉰ 법 제28조 제2항을 적용할 때 대도시에서 설립 후 5년이 경과한 법인(이하 이 항에서 "기존법인"이라 한다.)이 다른 기존법인과 합병하는 경우에는 중과세 대상으로 보지 아니하며, 기존법인이 대도시에서 설립 후 5년이 경과되지 아니한 법인과 합병하여 기존법인 외의 법인이 합병 후 존속하는 법인이 되거나 새로운 법인을 신설하는 경우에는 합병 당시 기존법인에 대한 자산비율에 해당하는 부분을 중과세 대상으로 보지 아니한다. 이 경우 자산비율은 자산을 평가하는 때에는 평가액을 기준으로 계산한

비율로 하고, 자산을 평가하지 아니하는 때에는 합병 당시의 장부가액을 기준으로 계산한 비율로 한다.

㉣ 법 제28조 제2항을 적용할 때 법인이 다음 각 호의 어느 하나에 해당하는 경우로서 법 제28조 제2항 각 호의 등기에 대한 등록면허세의 과세표준이 구분되지 아니한 경우 해당 법인에 대한 등록면허세는 직전 사업연도(직전 사업연도의 매출액이 없는 경우에는 해당 사업연도, 해당 사업연도에도 매출액이 없는 경우에는 그 다음 사업연도)의 총 매출액에서 영 제26조 제1항 각 호에 따른 업종(이하 이 항에서 "대도시 중과 제외 업종"이라 한다.)과 그 외의 업종(이하 이 항에서 "대도시 중과 대상 업종"이라 한다.)의 매출액이 차지하는 비율을 다음 계산식에 따라 가목 및 나목과 같이 산출한 후 그에 따라 안분하여 과세한다. 다만, 그 다음 사업연도에도 매출액이 없는 경우에는 유형고정자산 가액의 비율에 따른다.

1. 대도시 중과 제외 업종과 대도시 중과 대상 업종을 겸업하는 경우
2. 대도시 중과 제외 업종을 대도시 중과 대상 업종으로 변경하는 경우
3. 대도시 중과 제외 업종에 대도시 중과 대상 업종을 추가하는 경우

┃대도시 중과 제외 업종과 대도시 중과 대상 업종의 매출액이 차지하는 비율의 계산식┃

가. 해당 법인 중과 대상 업종 매출비율(퍼센트)

$$\text{해당 법인 중과 대상 업종 매출비용(퍼센트)} = \frac{\text{해당 법인 중과 대상 업종 산정 매출액*}}{(\text{해당 법인 중과 제외 업종 산정 매출액**} + \text{해당 법인 중과 대상 업종 산정 매출액*})} \times 100$$

* 해당 법인 중과 대상 업종 산정 매출액
  = (해당 법인 중과 대상 업종 매출액 × 365일) / 해당 법인 중과 대상 업종 운영일수
** 해당 법인 중과 제외 업종 산정 매출액
  = (해당 법인 중과 제외 업종 매출액 × 365일) / 해당 법인 중과 제외 업종 운영일수

나. 해당 법인 중과 제외 업종 매출비율(퍼센트)

해당 법인 중과 제외 업종 매출비율(퍼센트) = 100 − 해당 법인 중과대상 업종 매출비율(퍼센트)

⑥ 지방자치단체의 장은 조례로 정하는 바에 따라 등록면허세의 세율을 제1항 제1호에 따른 표준세율의 100분의 50범위에서 가감할 수 있다.

1. 등록에 대한 등록면허세의 세율적용 방향

등록에 대한 등록면허세의 적용세율은 종전의 등록세 중 취득세 과세대상은 취득세에 흡

수 통합되고 그 나머지를 면허세와 통폐합하여 등록에 대한 등록면허세로 세목을 개칭한 것이다.

이에 따른 세율의 체계는 종전의 등록세의 세율과 동일한 수준을 유지하도록 개편되었는데 자칫 잘못 생각하면 취득세와 등록에 대한 등록면허세의 과세대상이 중복된 것 같은 오해의 소지가 있다. 그런데 취득세의 과세대상인 부동산 등은 취득세로 과세하여야 하나 등기시점과 취득세 신고납부시점이 달라 등록면허세를 납부하지 않아 등기를 하지 못하는 혼란을 방지하기 위해 등록면허세에 해당하는 세율을 별도로 규정함으로써 등기 후에 취득세 신고납부시에는 이미 등기·등록에 필요하여 납부한 세액은 공제하고 신고납부하면 될 것이다.

2. 일반세율

다음의 부동산, 선박, 차량, 기계장비, 공장재단 및 광업재단, 부동산담보 및 채권담보권 또는 지식재산권 등록의 규정에 따라 산출한 세액이 해당 각 호의 그 밖의 등기 또는 등록세율보다 적을 때에는 그 밖의 등기 또는 등록세율을 적용한다.

1) 부동산 등기

① 부동산 등기에 적용하는 세율은 표준세율로서 지방자치 단체가 재정상 특별한 사유가 있을 경우에 표준세율을 따르지 않고 조례로 100분의 50 범위 내에서 가감 조정할 수 있는 세율이다.

그런데 등록면허세에 표준세율을 적용할 수 있는 과세대상은 부동산이므로 이 부동산세율에 한하여 적용되는 점에 유의해야 한다.

｜세율표｜

등기요건	권리별	과세표준	세율 (표준세율)	비 고
1. 소유권보존	소유권보존	부동산가액	$\frac{8}{1,000}$	
2. 소유권이전	① 유상이전 등기	부동산가액	$\frac{20}{1,000}$	법 제11조제1항제8호에 따른 세율을 적용받는 주택은 해당세율에 100분의 50을 적용하여 세액을 산출 함
	② 무상이전 등기	부동산가액	$\frac{15}{1,000}$	상속으로 인한 경우는 1천분의 8
3. 소유권 외의 물권과 임차권의 설정, 이전	① 지상권	부동산 가액	$\frac{2}{1,000}$	구분지상권은 이용저해율 등을 고려한 기준가격의 1천분의 2
	② 저당권	채권금액	〃	지상권, 전세권 포함
	③ 지역권	요역지 가액	〃	요역지(편익을 받는 쪽), 승역지 구분
	④ 전세권	전세금액	〃	
	⑤ 임차권	월 임대차금액	〃	
4. 경매신청, 가압류, 가처분 및 가등기	① 경매신청, 가압류, 가처분	채권금액	〃	
	② 가등기	부동산 가액 또는 채권금액	〃	
5. 그 밖의 등기		건당	6,000원	말소, 지목변경 등

② 등록에 대한 등록면허세의 세율 적용에 있어서 "한 건"이란 등기 또는 등록대상 건수마다를 말한다. 부동산등기법 등 관련 법령에 따라 여러 개의 등기·등록대상을 한꺼번에 신청하여 등기·등록하는 경우에도 또한 같다.

그러므로 저당권말소등기를 하면서 지목변경등기를 하는 경우와 같이 등기대상물건도 동일하고 세율도 기타 등기로 동일하다 하더라도 등기사항이 다르므로 2건의 등록면허세를 각각 납부하여야 할 것이다.

예를 들면 저당권 설정 등기시에 채권액 1억원에 대하여 토지 3필지를 설정하였다가 동저당권을 말소하는 경우에는 기타 등록으로 보아 매 1건당 6,000원의 등록면허세를 납부하게 되는데 이 때의 매 1건이라 함은 말소할 토지의 필지수로 보아야 하므로 3건

(3필지)에 해당하는 등록면허세를 납부하여야 하고, 동일인이 소유한 토지 및 지상건물(토지등기부와 건물등기부가 분리된 경우)의 주소 변경등기를 하는 경우에 매 1건이라 함은 등기신청내용상 물건의 수를 뜻하는 것이므로 토지와 건물의 등기부가 구분되어 있으면 각각의 표시변경 등기로 보아 2건으로 과세하여야 하며, 법인등기부상의 표시변경 등기에 있어 동일 신청서에 이사의 선임 및 해임과 목적사업의 변경을 신청한 경우는 동일한 등기부상의 변경등기로 1건으로 보아 등록면허세를 과세하여야 한다.

③ 앞 세율표 "3"의 ③에서 요역지와 승역지의 구분에 있어 요역지는 지역권 설정의 경우 2개의 토지 중 편익을 받는 쪽의 토지를 말하고, 승역지는 편익을 공여하는 쪽의 토지를 말하는데, 요역지는 1필의 토지의 일부일 수가 없으며, 승역지는 1필의 토지의 일부일 수가 있다.

④ 앞 세율표 "5"에 해당하는 등기는 동 세율표 "1" 내지 "4"를 제외한 일체의 부동산에 관한 등기를 말하는데 그 예로는 말소등기, 지목변경, 토지의 합병, 건축물의 증축이 없는 구조변경(초가를 와가로 변경 등) 등이 이에 해당된다.

⑤ 앞 세율표 "3"의 ①의 지상권 중 구분지상권의 경우에는 해당 토지의 지하 또는 지상 공간의 사용에 따른 건축물의 이용저해율(利用沮害率), 지하 부분의 이용저해율 및 그 밖의 이용저해율 등을 고려하여 행정안전부장관이 정하는 기준에 따라 시장·군수가 산정한 해당 토지 가액의 1천분의 2로 한다.

사례

❖ **경매 신청시 등록세과세표가 되는 채권금액에 원금이외 이자가 포함되는지 여부**

원심은, ① 등록세의 과세표준은 등기 당시의 가액을 말하는 것인데 위 채권금액의 개념 속에 채권원리금이 포함된다고 해석하는 이상 담보권실행을 위한 경매에 있어서는 그 이자율이나 상환기간 등이 이미 확정되어 있어서 경매신청시까지의 이자를 산출하는 것은 아무런 문제가 없으므로 위와 같은 해석이 과세요건 명확주의에 반하지 아니하고, ② 민사소송법 해석상 경매신청 채권자는 배당기일까지 발생한 이자를 배당받을 수 있는 것이지만 경매신청시 배당기일까지의 이자가 확정되지 않았다고 하여 경매개시결정기입등기 이전에 발생한 경매신청일까지의 이자를 등록세 과세표준이 되는 채권금액에 포함시키지 않아야 할 근거가 될 수는 없으며, 또한 ③ 등록세와 인지대는 그 성격을 달리 하는 것이어서 민사소송법 및 민사소송 등 인지법에서 소가 산정시에 이자 등의 부대채권을 제외한다고 하여 이를 근거로 등록세 과세표준 산정시에도 이자를 제외하여야 하는 것은 아니고 이는 경매현실상 채권자가 그 신청금액을 모두 배당받을 수 없다고 하여도 마찬가지라고 판단하였다.

(대법 2003두12897, 2004.11.11.)

❖ **부동산에 대한 처분금지가처분 등기시는 '일정한 채권금액이 없을 때'로 본다는 판결**

부동산에 관한 처분금지가처분은 다툼의 대상이 된 부동산에 대한 등기청구권 등을 보전하기

> 위하여 하는 것으로서, 일정한 금액의 지급을 목적으로 하는 금전채권은 그 피보전권리가 될 수 없다. 이에 따라 부동산에 관한 경매신청이나 가압류의 경우와는 달리 그 결정문이나 등기촉탁서 등에 청구금액이 기재되지 않는다. 이러한 사정과 등록세의 성격 등을 종합하여 보면, 부동산에 관한 처분금지가처분등기는 구 지방세법 제130조 제4항에서 규정한 '일정한 채권금액이 없을 때'에 해당한다고 봄이 타당하므로, 특별한 사정이 없는 한 그 등기에 의하여 처분이 제한되는 부동산의 가액을 과세표준인 채권금액으로 보아 그에 대한 등록세를 산정하여야 한다.
>
> (대법 2011두9683, 2013.2.28.)

2) 선박등기

① 선박의 등기에 대한 적용범위는 선박등기법 제2조의 규정에 의하여 총톤수 20톤 이상의 선박과 범선 및 총톤수 100톤 이상의 부선에 대하여 적용하며, 선박계류용, 저장용 등으로 사용하기 위하여 수상에 고정하여 설치하는 부선에 대하여는 적용하지 아니한다.

② 그런데 선박법 제1조의 2 제2항에 따른 소형선박 즉 총톤수 20톤 미만의 기선 및 범선과 총톤수 100톤 미만의 부선의 등기에 대하여는 이 규정을 적용하여 과세한다.

｜세율표｜

등기유형	과세표준	세율	비고
1. 소유권 등기·등록	선박가액	$\dfrac{0.2}{1,000}$	
2. 저당권 설정 등기·등록	채권금액	$\dfrac{0.2}{1,000}$	
3. 그 밖의 등기·등록	건당	15,000원	

3) 자동차 등록

자동차 등록에 대한 등록면허세는 저당권 설정 등록과 그 밖의 등록에 대해서만 적용되는 것이다. 그러므로 소유권 취득에 대한 등록의 경우에는 취득세에 흡수되었음에 유의해야 한다.

| 세율표 |

등록유형	과세표준	세율	비고
1. 소유권 등록 ① 비영업용 승용자동차	자동차가액	$\frac{50}{1,000}$	• 경자동차의 경우에는 1천분의 20
② 그 밖의 차량 　■ 비영업용	자동차가액	$\frac{30}{1,000}$	• 경자동차의 경우에는 1천분의 20
■ 영업용	자동차가액	$\frac{20}{1,000}$	
2. 저당권 설정 등록	채권금액	$\frac{2}{1,000}$	
3. 대금을 지급한 자 또는 운수업체의 등록 ① 운수업체간의 명의 변경 ② 운수업체 명의를 취득대금지급자로 변경 ③ 취득대금지급자의 명의를 운수업체명의로 변경	건당 〃 〃	15,000원 〃 〃	
4. 그 밖의 등록	건당	15,000원	차량의 종류변경, 말소등록 등

4) 기계장비 등록

이 경우의 건설기계는 취득세의 기계장비보다는 그 개념이 좁다. 왜냐하면 취득세의 기계장비는 등록이 되지 아니하는 건설기계를 총망라한 것이며, 여기서의 건설기계는 건설기계관리법의 규정에 의하여 등록되는 것을 의미한다는 것이다.

| 세율표 |

등기유형	과세표준	세율	비고
1. 소유권의 등록	가액	$\frac{10}{1,000}$	
2. 저당권 설정	채권금액	$\frac{2}{1,000}$	
3. 대금지급자 또는 대여업체 등록 ① 대여업체간의 변경 등록 ② 취득대금지급업자 명의로 변경등록 ③ 대여업체 명의로 변경 등록	건당 〃 〃	10,000원 〃 〃	
4. 그 밖의 등록	건당	10,000원	

5) 공장재단 및 광업재단 등기

여기에서 공장재단등기에 있어서 공장이라 함은 공장 및 광업재단저당법 제2조의 규정에 의한 "영업을 하기 위하여 물품의 제조·가공, 인쇄, 촬영, 방송 또는 전기나 가스의 공급 목적에 사용하는 장소"를 말하고, 공장재단이란 "공장에 속하는 일정한 기업용 재산으로서 구성되는 일단의 기업재산으로서 이 법에 따라 소유권과 저당권의 목적이 되는 것을 말한다."라고 규정하고 있고, 또한 광업재단등기에서 광업재단이란 공장 및 광업재단저당법 제2조의 규정에 의한 "광업권과 그 광업권에 기하여 광물을 채굴, 취득하기 위한 각종 설비 및 이에 부속하는 사업의 설비로 구성되는 일단의 기업재산으로서 이 법에 따라 소유권과 저당권의 목적이 되는 것을 말한다."라고 규정하고 있다.

| 세율표 |

등기등록 유형	과세표준	세율	비고
1. 저당권 설정 등기	채권금액	$\frac{1}{1,000}$	
2. 그 밖의 등기 또는 등록	건당	9,000원	

5의 2) 동산담보권 및 채권담보권 등기 또는 지식재산권담보권 등록

담보권이란 어떤 물건을 담보로 제공하는 것을 목적으로 하는 권리인데 보통 담보물건을 가리키지만, 광의로는 양도담보 등 까지도 포함시켜서 말한다. 이러한 담보권은 약정담보권과 법정담보권으로 크게 구분된다.

| 세율표 |

등기등록 유형	과세표준	세율	비고
1. 설정등기 또는 등록	채권금액	$\frac{1}{1,000}$	
2. 그 밖의 등기 또는 등록	건당	9,000원	

6) 법인등기

① 법인등기에 적용할 과세표준은 영리법인과 비영리법인 모두 법인장부가액에 의하되,
  ㉮ 상사회사, 그 밖의 영리법인의 설립 또는 합병으로 인한 존속법인의 설립과 납입등기에 있어서는 납입한 주식금액이나 출자금액 또는 현금 이외의 출자가액이 과세표준이 되고, 자본증가 또는 출자증가에 있어서는 납입한 금액 또는 현금 외의

출자가액이 과세표준이 된다.

㉮ 비영리법인의 설립 또는 합병으로 인한 존속법인의 설립과 납입등기에 있어서는 납입한 출자총액 또는 재산가액이 과세표준이 되고, 출자총액 또는 재산총액의 증가등기에 있어서는 납입한 출자 또는 재산가액을 과세표준으로 한다.

② 자산재평가적립금에 의한 자본 또는 출자금액의 증가 및 출자의 총액 또는 자산의 총액의 증가의 경우에는 그 증가한 금액을 과세표준으로 한다. 다만, 자산재평가법에 의한 자산재평가적립금을 자본전입하는 경우는 제외한다.

참고로 자산재평가법에서 자산재평가적립금의 처분방법을 살펴보면 "법인이 재평가를 한 경우에는 그 재평가차액에서 재평가일 1일 전의 대차대조표상의 이월결손금을 공제한 잔액을 재평가적립금으로 적립해야 하고, 이 적립금은 재평가세의 납부·자본에의 전입 등을 위한 것 외에는 처분하지 못한다"고 규정하고(자산재평가법 §28) 있다.

③ 본점 또는 주사무소의 이전등기 및 지점 또는 분사무소의 설치등기와 위의 '①, ②'에서 설명한 등기 이외의 등기는 건당을 과세표준으로 한다.

| 세율표 |

등기원인별		과세표준	세율	비 고
1. 상사회사 등 영리법인의 설립 또는 합병으로 인한 존속법인	① 설립과 납입	주식금액 또는 현금 외의 출자가액 등	$\frac{4}{1,000}$	세액이 112,500원 미만일 때에는 112,500원으로 함.
	② 자본 또는 출자증가	납입금액 또는 현금 외의 출자가액	$\frac{4}{1,000}$	〃
2. 비영리법인의 설립 또는 합병으로 인한 존속법인	① 설립과 납입	납입출자총액 또는 재산가액	$\frac{2}{1,000}$	〃
	② 출자 또는 재산총액의 증가	납입한 출자 또는 재산가액	$\frac{2}{1,000}$	〃
3. ■자산재평가적립금에 의한 자본 또는 출자금액의 증가 ■출자의 총액 또는 자산의 총액 증가		증가한 금액	$\frac{1}{1,000}$	■재산재평가법에 의한 자본전입의 경우 제외 ■세액이 112,500원 미만일 때에는 112,500원으로 함.
4. 본점 또는 주사무소의 이전		건당	112,500원	이전하는 경우 주 소재지에서는 40,200원
5. 지점 또는 분사무소의 설치		건당	40,200원	
6. '1내지 5' 이외의 등기		건당	40,200원	

※ 위의 세율표 1.내지 3까지의 세율을 적용하여 산정한 세액이 112,500원 미만일 때에는 11만2천500원으로 한다(법 §28 ③).

> **사례**
>
> ❖ **법인조직 변경에 따른 등록세 적용 세율**
>
> 상법상 주식회사의 유한회사에로의 조직변경은 주식회사가 법인격의 동일성을 유지하면서 조직을 변경하여 유한회사로 되는 것이다. 그럼에도 주식회사의 해산등기와 유한회사의 설립등기를 하는 것은 유한회사의 등기기록을 새로 개설하는 방편일 뿐이고, 주식회사가 해산하고 유한회사가 설립되기 때문이 아니다. 또한 이러한 조직변경이 있더라도 구 지방세법 제137조 제1항 제1호 제1목에서 등록세의 과세표준으로 삼고 있는 신규출자가 이루어지지 아니한다. 이러한 점들을 종합하여 볼 때, 주식회사의 조직변경에 따른 유한회사의 설립등기는 구 지방세법 제137조 제1항 제1호 제1목의 적용대상이라고 할 수 없다.
>
> 원심은 원고가 2008.12.23. 주식회사에서 유한회사로 조직을 변경함에 따라 행하여진 유한회사의 설립등기는 구 지방세법 제137조 제1항 제1호 제1목의 적용대상이 될 수 없고 같은 항 제1호 제2목이나 제2호 내지 제5호의 적용대상도 아니므로 같은 항 제6호의 적용대상이 될 수 있을 뿐이라고 보아, 이 사건 처분 중 이에 반하는 부분이 위법하다고 판단하였다. 원심의 판단은 앞에서 본 법리에 좇은 것으로서 정당하고, 거기에 상고이유의 주장과 같이 등록세에 있어서 실질과세의 원칙에 관한 법리를 오해하는 등의 위법이 있다고 할 수 없다.
>
> (대법 2010두6731, 2012.2.9.)

7) 상호 등 등기

① 상호의 등기는 상법 제22조의 2 규정에 의하면 "주식회사 또는 유한회사를 설립하고자 할 때, 또는 상호나 목적 또는 상호와 목적을 변경하고자 할 때, 그리고 본점을 이전하고자 할 때에는 본점의 소재지를 관할하는 등기소 또는 이전할 곳을 관할하는 등기소에 상호의 가등기를 신청할 수 있으며, 상호의 가등기는 상법 제22조의 적용(상호등기의 효력)에 있어서는 상호의 등기로 본다."고 규정하고 있고 동법 제34조에서 "본법에 의하여 등기할 사항을 당사자의 신청에 의하여 영업소의 소재지를 관할하는 법원의 상업등기부에 등기한다."고 규정하고 있으므로 이 규정에 의한 등기시에 등록면허세를 부과한다.

② 지배인의 선임 또는 대리권의 소멸등기는 상법 제13조의 규정에서 "상인은 지배인의 선임과 그 대리권의 소멸에 관하여 그 지배인을 둔 본점 또는 지점 소재지에서 등기하여야 한다. 공동지배인에 관한 사항과 변경도 같다."고 규정하고 있다.

③ 선박관리인의 선임 또는 대리인의 소멸등기는 상법 제764조의 규정에 의한 등기를 말하는 데 동조에서는 "선박공유자는 선박관리인을 선임하여야 하며, 선박공유자가 아닌 자를 선박관리인으로 선임함에는 공유자 전원의 동의가 있어야 하고 선박관리인의 선임과 그 대리권의 소멸은 이를 등기하여야 한다."고 규정하고 있다.

| 세율표 |

등기 유형	과세표준	세율	비고
1. 상호의 설정 또는 취득	건당	78,700원	
2. 지배인선임 또는 대리권의 소멸	〃	12,000원	
3. 선박관리인의 선임 또는 대리권의 소멸	〃	12,000원	

8) 광업권 등록

이 규정에 의한 광업권이라 함은 광업법 제3조 제3호에 규정된 광업권을 말하는데 동 규정에서는 광업권을 탐사권과 채굴권으로 구분하고 탐사권이란 "등록을 한 일정한 토지의 구역(광구)에서 등록을 한 광물과 이와 같은 광상(鑛床)에 묻혀있는 다른 광물을 채굴하고 취득하는 권리를 말한다."고 규정하고 있고, 채굴권이란 "광구에서 등록을 한 광물과 이와 같은 광상에 묻혀있는 광물을 채굴하고 취득하는 권리를 말한다."고 규정하고 있다. 그리고 광업권의 등록은 광업법 제38조에 따라 광업권 원부에 등록하는 것을 말하는데 이 규정에서 "광업권 또는 저당권의 설정, 변경, 이전, 소멸 및 처분의 제한과 광업권의 존속기간 및 공동광업권자의 탈퇴는 광권원부에 이를 등록하여야 하고 이러한 등록은 등기를 갈음한다."고 규정하고 있다.

| 세율표 |

등록유형	과세표준	세율	비 고
1. 광업권 설정	건당	135,000원	존속기간 만료 전에 존속기간을 연장한 경우를 포함한다.
2. 광업권의 변경 ① 증구 또는 증감구 ② 감구	건당 건당	66,500원 15,000원	
3. 광업권의 이전 ① 상속 ② 그 밖의 이전	건당 건당	26,200원 90,000원	
4. "1"내지 "3"외의 등록	건당	12,000원	여기에 해당하는 등록은 광업권의 소멸, 광업권처분의 제한, 공동광업권의 탈퇴, 광업권의 저당권 설정·변경·소멸 등이다.

8의 2) 조광권 등록

이 규정에 따른 조광권이란 광업법 제3조 제4호에 규정된 것을 말하는데, 조광권은 설정행위에 의하여 타인의 광구에서 채굴권의 목적이 되어있는 광물을 채굴하고, 취득하는 권리를 말한다.

조광권은 물권으로 하고, 이 법에서 따로 정한 경우 외에는 부동산에 관한 「민법」과 그 밖의 법령의 규정을 준용한다.

그리고 조광권은 상속이나 그 밖의 일반승계의 경우 외에는 권리의 목적으로 할 수 없다(광업법 §47 ①·②).

조광권의 설정은 채굴권자와 조광권자가 되려는 자 사이에 서면에 의한 조광권 설정계약에 의하며(광업법 §51 ①), 조광권을 설정하려는 때에는 조광권자가 되려는 자와 채굴권자는 산업통상자원부장관의 인가를 받아야 하고, 조광권자가 되려는 자는 조광권설정의 인가통지서를 받으면 그 날부터 30일 이내에 산업통상자원부장관에게 등록을 신청하여야 하며, 만약 등록을 신청하지 아니하면 인가는 효력을 상실한다(광업법 §52 ①~③).

| 세율표 |

등록유형	과세표준	세율	비고
1. 조광권설정	건당	135,000원	조광권의 존속기간 만료전에 존속기간을 연장한 경우를 포함한다.
2. 조광권의 이전 ① 상속 ② 그 밖의 이전	건당 〃	26,200원 90,000원	
3. "1"과 "2"외의 등록	〃	12,000원	광구의감소, 분할, 합병의출원 폐업 등에 의한 소멸신청 등

9) 어업권·양식업권 등록

이 조항에서 어업권이라 함은 수산업법 제2조 제9호와 내수면어업법 제7조의 규정에 의한 어업권을 말하는데, 여기에서 수산업법과 내수면어업법에 규정되어 있는 어업권을 구분하여 설명하면, 먼저 수산업법에서는 어업권을 "동법 제8조에 따라 면허를 받아 어업을 경영할 수 있는 권리를 말한다."고 규정하고 있고(수산업법 §2 Ⅸ), 여기에 해당하는 면허어업으로는 정치망어업, 해조류양식어업, 패류양식어업, 어류 등 양식어업, 복합양식어업, 협동양식어업, 마을어업, 외해양식어업을 말하고(수산업법 §8) 이 규정에 의한 어업의 면허를 받은 자와 어업권을 이전하거나 분할받은 자는 어업권 원부에 등록함으로써 어업권을 취득하며 어업권은 물권으로 하며 이 법에서 정한 것 외는 민법 중 토지에 관한 규정을 준용한다(수산업법 §16).

그리고 어업권과 이를 목적으로 하는 권리의 설정·보존·이전·변경·소멸·처분의 제한·지분 또는 입어에 관한 사항은 어업권원부에 등록을 하고, 어업권원부의 등록은 등기를 갈음 한다(수산업법 §17).

다음으로 내수면어업법에서는 어업권은 면허어업인 양식어업·정치망어업·공동어업의 면허를 받은 자(수산업법 §6)가 수산업법 제17조 제1항의 규정에 의한 어업권 원부에 등록함으로써 어업권을 취득한다(수산업법 §7).

｜세율표｜

등록유형	과세표준	세율	비 고

1. 어업권·양식업권 이전
  ① 상속
  ② 그 밖의 이전
	건당
	〃
		6,000원
		40,200원	

2. 어업권·양식업권 지분의 이전
  ① 상속
  ② 그 밖의 이전
	〃
	〃
		3,000원
		21,000원	

3. 어업권·양식업권 설정을 제외한 그 밖의 등록	〃	9,000원	어업권의 설정 등록에 대해서는 등록면허세를 과세하지 아니함

10) 저작권 등의 등록

이 규정에서 저작권이라 함은 저작권법 제10조에 규정된 저작인격권(공표권, 성명표시권, 동일성 유지권)과 저작재산권(복제권, 공연권, 공중송신권, 전시권, 배포권, 대여권, 2차적 저작물 등의 작성권)을 말하며 이러한 저작권 중 저작재산권은 저작권법 제53조의 규정에 의하여 등록토로 하고 있다. 또한 출판권이라 함은 저작권법 제63조의 규정에 의한 권리를 말하고, 저작인접권이라 함은 저작권법 제64조의 규정에 의한 실연, 음반 및 방송을 하는 권리를 말한다.

그리고 데이터베이스제작자의 권리라 함은 저작권법 제93조의 규정에 의한 데이터베이스의 전부 또는 상당한 부분을 복제·배포·방송 또는 전송할 권리를 말하며, 이 권리는 저작권법 제98조에 의거 등록토록 하고 있다. 또한 컴퓨터 프로그램 저작권은 컴퓨터프로그램보호법 제7조의 규정에 의하여 프로그램저작자는 동법 제8조 내지 제10조의 규정에 의한 권리와 프로그램을 복제·개작·번역·배포·발행 및 전송할 권리를 가지며, 동법 제26조의 규정에 의거 프로그램배타적발행권 등의 설정, 프로그램저작권 또는 프로그램배타적발행권 등의 이권 또는 처분제한, 이러한 권리 등을 목적으로 하는 질권의 설정, 변경, 소멸 또는 처분제한을 동법 제23조의 규정에 의거 등록토록 하고 있다.

❙ 세율표 ❙

등록유형	과세표준	세율	비고
1. 저작권 등의 상속	건당	6,000원	
2. 저작권법 제54조(제90조 및 제98조에 따라 준용되는 경우 포함)에 따른 등록 중 상속 외의 등록	〃	40,200원	프로그램, 배타적발행권, 출판권 등록 제외
3. 저작권법 제54조(제90조 및 제98조에 따라 준용되는 경우 포함)에 따른 프로그램, 배타적발행권, 출판권 등록 중 상속 외의 등록	〃	20,000원	상속등록 제외
4. 그 밖의 등록	〃	3,000원	

※ ① 이 경우 "저작권 등"이라 함은 저작권, 배타적 발행권, 출판권, 저작인접권, 컴퓨터프로그램 저작권 또는 데이터베이스 저작자의 권리를 말한다.
② 이 경우 저작권법 제54조에 해당하는 등록은 저작재산권의 양도(상속 기타 일반승계의 경우를 제외한다.) 또는 처분제한과 저작재산권을 목적으로 하는 질권의 설정·이전·변경·소멸 또는 처분제한을 말하고, 제90조에 따른 저작인접권의 등록, 제98조에 따른 데이터베이스제작자의 권리의 등록도 또한 같다. 그리고 저작권법 제101조의 6 제6항에 따른 등록이란 프로그램 배타적 발행권의 등록을 말한다.

11) 특허권 등의 등록

이 규정에서 특허권의 등록은 특허법 제87조 및 동법 제85조의 규정에 의한 특허원부에 등록하는 것을 말하는데 특허원부에는 특허권의 설정·이전·소멸·회복·처분의 제한 또는 존속기간의 연장과 전용실시권 또는 통상실시권의 설정·보존·이전·변경·소멸 또는 처분의 제한 및 특허권, 전용실시권 또는 통상실시권을 목적으로 하는 질권의 설정·이전·변경·소멸 또는 처분의 제한사항을 등록한다.

그리고 실용신안권의 등록은 실용신안법 제18조 및 동법 제21조의 규정에 의한 실용신안등록원부에 등록하는 것을 말하는데 실용신안등록원부에는 실용신안권의 설정 이전·소멸·회복 또는 처분의 제한과 전용실시권 또는 통상실시권의 설정·보존·이전·변경·소멸 또는 처분의 제한, 그리고 실용신안권, 전용실시권 또는 통상실시권을 목적으로 하는 질권의 설정·이전·변경·소멸 또는 처분의 제한에 대한 사항을 등록한다. 또한 디자인권의 등록은 디자인보호법 제39조 및 동법 제37조의 규정에 의한 디자인등록원부에 등록하는 것을 말하는데 디자인등록원부에는 디자인권의 설정·이전·소멸처분 또는 처분의 제한과 전용실시권 또는 통상실시권의 설정·보존·이전·변경·소멸·회복 또는 처분의 제한, 전용실시권 또는 통상실시권의 설정, 보존, 이전, 변경, 소멸 또는 처분의 제한 및 디자인권, 전용실시권 또는 통상실시권을 목적으로 하는 질권의 설정·이전·변경·소멸 또는 처분의 제한사항을 등록한다.

|세율표|

등록유형	과세표준	세율	비 고
1. 상속으로 인한 이전	건당	12,000원	이 경우는 권리이전의 경우에만 과세대상이 되고 설정·소멸·처분의 제한 등은 과세대상이 되지 아니함
2. 그 밖의 이전	건당	18,000원	

12) 상표 또는 서비스표 등록

이 규정에서 상표라 함은 상표법 제2조 제1항 제1호에서 "상품을 생산, 가공 또는 판매를 업으로 영위하는 자가 자기의 업무에 관련된 상품을 타인의 상품과 식별되도록 하기 위하여 사용하는 기호·문자·도형·입체적 형상·색채·홀로그램·동작 또는 이들을 결합한 것과 그 밖에 시각적으로 인식할 수 있는 것(이하 "標章"이라 한다.)을 말한다."라고 규정하고 있고, 상표의 등록은 동법 제41조의 규정에 의한 등록을 말하며, 서비스표라 함은 동법 제2조 제1항 제2호에서 "서비스업을 영위하는 자가 자기의 서비스업을 타인의 서비스업과 식별되도록 하기 위하여 사용하는 표장을 말한다."라고 규정하고 있고, 서비스표의 등록은 동법 제2조 제3항의 규정에 의하여 상표등록에 관한 규정을 준용하고 있다.

|세율표|

등록유형	과세표준	세율	비 고
1. 상표법 제82조 및 제84조에 따른 상표 또는 서비스표의 설정 및 존속기간 갱신	건당	7,600원	
2. 상표 또는 서비스표의 이전 ① 상속 ② 그 밖의 이전	〃 〃	12,000원 18,000원	상표법 제196조 제2항에 따른 국제등록기초상표권의 이전은 제외함

※ 이 경우의 등록에 대한 과세시에는 설정과 존속기간 갱신 및 이전에 한하여 과세한다는 점에 유의하여야 한다.

13) 항공기의 등록

① 최대이륙중량 5천700킬로그램 이상의 항공기의 등록은 그 가액의 1천분의 0.1을 적용한다.
② 이 이외의 항공기의 등록은 그 가액의 1천분의 0.2를 적용한다.

14) 기타등기

① 이 경우는 위의 "1) 부터 7)"까지의 등기 외의 등기 즉, 부동산 등기, 선박등기, 차량의 등록, 기계장비등록, 공장재단 및 광업재단 등기, 법인 등기, 상호 등 등기 외

의 등기를 말한다.

② 이 경우의 등기에 대하여는 건당 12,000원의 등록면허세를 납부하여야 한다.

> **사례**
>
> ❖ **건설기계대여업체로 이전등록된 것이 취득에 해당하는지 여부**
>
> 덤프트럭을 취득하여 신규로 등록하였고, 그 후 이 건 덤프트럭의 소유권이 건설기계대여업체인 주식회사 OOO명의로 이전등록되었다 하더라도 「지방세법」 제7조 제10항에 따라 여전히 △△△이 취득한 것으로 의제되므로 취득세의 납세의무가 없고, 위의 이전등록에 대하여 같은 법 제28조 제1항 제4호 다목에 따른 세율을 적용하여 산출한 등록면허세만을 신고·납부할 의무가 있음
>
> (조심 2020지666, 2021.4.28.)

3. 중과세율

1) 개설

대도시 안의 법인설립, 지점이나 분사무소 설치 및 법인의 본점 등이 대도시로 전입(설립 또는 전입 후 5년 이내에 자본 또는 출자액이 증가하는 경우를 포함한다.)에 대한 중과세는 대도시로의 인구집중억제, 경제의 일극편향의 방지 및 지역경제 활성화를 도모하기 위하여 도입된 정책세제이다.

이 규정이 적용되어 등록면허세가 중과세 되는 것은 대도시에서 법인을 설립하거나 지점이나 분사무소를 설치함에 따른 등기, 대도시 밖에 있는 법인의 본점이나 주사무소를 대도시로 전입(전입은 법인의 설립으로 보아 세율을 적용한다.)함에 따른 등기는 중과세 대상이 되나, 대도시에서 필수적으로 설치가 불가피하다고 인정되는 업종에 대한 등기에 대해서는 중과세 하지 아니한다.

그리고 이 경우 대도시(수도권정비계획법 제6조에 따른 과밀억제 권역)의 범위적용에 있어서 과밀억제권역 중 산업집적활성화 및 공장설립에 관한 법률을 적용받는 산업단지는 대도시에서 제외된다.

2) 대도시 내 법인 설립 등에 대한 중과세

(1) 중과대상

법인이 ① 대도시에서 법인을 설립(설립 후 또는 휴면법인을 인수한 후 5년 이내에 자본 또는 출자액을 증가하는 경우를 포함한다.)하거나 지점이나 분사무소를 설치함에 따른 등기, ② 대

도시 밖에 있는 법인의 본점이나 주사무소를 대도시로 전입(전입 후 5년 이내에 자본 또는 출자액이 증가하는 경우를 포함한다.)에 따른 등기(이 경우 전입은 법인의 설립으로 본다.)에 대한 중과세가 있다.

그런데 수도권정비계획법 제6조 제1항 제1호의 규정에 의한 과밀억제권역(산업집적활성화 및 공장설립에 관한 법률의 적용을 받는 산업단지를 제외한다.) 안에 설치가 불가피하다고 인정되는 업종(가스업, 상수도업 등)의 경우에는 중과세대상에서 제외된다.

(가) 대도시 내 법인설립 등 중과세

대도시에서 법인을 설립 [설립 후 휴면법인(休眠法人)을 인수한 후 5년 이내에 자본 또는 출자액을 증가하는 경우를 포함한다.] 하거나 지점 또는 분사무소의 설치에 따른 등기에 대하여는 등록세를 중과세한다. 그리고 법인의 등기로서 관계 법령의 개정으로 인하여 면허나 등록의 최저기준을 충족시키기 위한 자본 또는 출자액을 증가하는 경우에는 최저기준을 충족시키기 위한 증가액은 중과세대상으로 보지 아니한다(영 §45 ①). 또한 분할등기일 현재 5년 이상 계속하여 사업을 경영한 대도시 내의 내국법인이 법인의 분할(법인세법 제46조 제2항 제1호 가목부터 다목까지의 요건을 갖춘 경우로 한정한다.)로 인하여 법인을 설립하는 경우에는 이를 중과세 대상으로 보지 아니한다(영 §45 ②).

이 규정에서 "휴면법인"이란,(영 §27 ① Ⅰ~Ⅵ)

① 상법에 따라 해산한 법인
② 상법에 따라 해산한 것으로 보는 법인
③ 부가가치세법 시행령 제13조에 따라 폐업한 법인
④ 법인 인수일 이전 1년 이내에 상법 제229조, 제285조, 제521조의 2 및 제611조에 따른 계속등기를 한 해산법인 및 해산간주법인
⑤ 법인 인수일 이전 1년 이내에 다시 사업자등록을 한 폐업법인
⑥ 법인 인수일 이전 2년 이상 사업 실적이 없고, 인수일 전후 1년 이내에 인수 법인 임원의 100분의 50이상을 교체한 법인

이 경우 휴면법인이라 함은 영업활동을 사실상 폐지하고 있는 회사로서 오랫동안 변동 등기 등 등기한 사실이 없을뿐더러 해산과 청산의 절차도 밟지 아니하고 등기부에만 존재하고 있는 법인을 말한다.

또한 대도시 안에서 설립 후 5년이 경과한 법인(기존법인)이 다른 기존법인과 합병하는 경우에는 이를 중과세대상으로 보지 아니하며, 기존법인이 대도시에서 설립 후 5년이 경과되지 아니한 법인과 합병하는 경우에는 합병 당시 기존법인에 대한 자산비율에 해당하는 부분을 중과세 대상으로 보지 아니한다. 이 경우 자산비율은 자산을 평가하는

경우에는 평가액을 기준으로 계산한 비율로 하고, 자산을 평가하지 아니하는 때에는 합병 당시의 장부가액을 기준으로 계산한 비율을 말한다(영 §45 ③).

① 여기에서 대도시라 함은 수도권정비계획법 제6조 제1항 제1호의 규정에 의한 과밀억제권역을 말한다. 다만, 산업집적활성화 및 공장설립에 관한 법률에 의한 산업단지는 대도시의 범위에서 제외된다.

② 이 경우 법인이라 함은 민법상의 법인 또는 상법상의 법인, 특별법에 의하여 설립된 법인을 불문하며, 영리법인과 비영리법인을 불문한 모든 법인이 해당되는 것이다. 그리고 법인의 설립시점은 상법 제172조에서 "회사는 본점소재지에서 설립등기를 함으로써 성립한다."라고 규정하고 있으며, 민법 제33조에서 "법인은 그 주된 사무소의 소재지에서 설립등기를 함으로써 성립한다."라고 규정하고 있으므로 법인의 설립시점은 본점 또는 주사무소의 설립등기일을 설립일로 보아야 할 것이다.

③ 법인의 설립 후 5년 이내에 자본 또는 출자액을 증가하는 경우를 대도시 내의 법인신설로 보아 등록면허세를 중과세하나 설립 후 5년이 경과된 후의 자본 또는 출자액의 증가에 대하여는 중과세되지 아니한다.

이 경우 "자본 또는 출자액 증가"라 함은 새로운 자본의 증자나 이익준비금의 자본전입으로 인한 자본증가 등을 뜻하는 것으로 자산재평가법에 따른 자산재평가적립금을 자본전입함으로써 자본 또는 출자금액이 증가되는 경우는 별도의 제외하는 규정에 의하여 자본증가 등에 포함되지 아니한다. 다시 말해서 등록면허세 과세표준액의 산정에 있어서 재산가액 또는 재산가액의 증가라 함은 자산재평가법에 의하여 자산재평가적립금을 자본전입하는 경우 이외의 일체의 자본증가를 뜻한다고 보며, 출자총액 또는 재산총액의 증자등기에 있어서 과세표준이 되는 전입한 출자 또는 재산가액이라 함은 이미 등기된 출자가액보다 증가된 금액을 뜻한다고 본다.

④ 법인이 합병을 하는 경우 흡수합병의 경우는 존속법인을 기준으로 중과 여부를 판단하여야 하나 신설합병(A법인+B법인=C법인)의 경우는 피합병법인의 설립시기에 관계없이 법인신설로 보아 중과세대상 법인에 해당되기 때문에 이러한 중과세되는 문제를 해결하기 위해서 지방세법 시행령 제45조 제3항에 따라 신설합병이나 흡수합병을 불구하고 5년이 경과된 법인끼리의 합병은 중과대상으로 보지 아니하도록 한 것이다.

⑤ 여기에서 지점 또는 분사무소라 함은 본점의 지휘를 받으면서도 부분적으로는 독립한 기능을 발휘하는 영업소를 말하며, 지점 또는 분사무소의 설치시점은 민법 제50조에서 분사무소 설치 후 3주간 내에 등기하도록 규정하고 있고, 상법 제181조의 규정에서도 지점설치 후 2주간 내에 등기하도록 규정하고 있는 점으로 보아

지점 또는 분사무소의 설치등기가 지점 또는 분사무소 설치의 효력 내지 성립요건이 아니므로 사실상 지점 또는 분사무소를 설치한 시점, 즉 지점 또는 분사무소에서 실질적인 업무활동을 개시한 날을 지점 또는 분사무소의 설치시점으로 보아야 할 것이다.

⑥ 분할등기일 현재 5년 이상 계속하여 사업을 영위한 대도시 내의 내국법인이 법인의 분할로 인하여 새로이 설립등기를 하는 경우에는 이를 중과세대상으로 보지 아니하는데, 이 경우에도 법인세법 제46조 제2항 제1호 가목부터 다목까지의 요건인 분리하여 사업이 가능한 독립된 사업부문을 분할하는 것일 것, 분할하는 사업부문의 자산 및 부채가 포괄적으로 승계될 것(이 경우 공동으로 사용하던 자산·채무자의 변경이 불가능한 부채 등 분할하기 어려운 자산과 부채 등으로서 기획재정부장관이 정하는 것의 경우에는 그러하지 아니하다.), 분할법인만의 출자에 의하여 분할하는 것일 것 등의 요건을 갖추어야 한다(영 §45 ② Ⅰ).

그리고 조세특례제한법 제38조 제1항 각 호의 요건을 모두 갖추어 상법 제360조의2에 따른 주식의 포괄적 교환 또는 같은 법 제36조의 15에 따른 주식의 포괄적 이전에 따라 금융지주회사법에 따른 금융지주회사를 설립하는 경우에는 중과세 대상으로 보지 아니한다. 이 경우 조세특례제한법 제38조 제1항 제2호 및 제3호를 적용할 때 법령에 따라 불가피하게 주식을 처분하는 경우 등 같은 법 시행령 제35조의 2 제13항 각 호의 어느 하나에 해당하는 경우에는 주식을 보유하거나 사업을 계속하는 것으로 본다(영 §45 ② Ⅱ).

(나) 대도시 내로의 본점 또는 주사무소전입에 따른 중과세

대도시 밖에 있는 법인의 본점이나 주사무소를 대도시로 전입(전입 후 5년 이내에 자본 또는 출자액을 증가하는 경우를 포함한다.)함에 따른 등기는 등록면허세를 중과세한다. 이 경우 전입은 법인의 설립으로 보아 세율을 적용한다.

그리고 위에서 "대도시 외의 법인이 대도시 내에로의 본점 또는 주사무소의 전입에 따른 등기"라 함은 해당 대도시 외의 법인이 해당 대도시 내로의 본점, 주사무소, 지점 또는 분사무소의 전입에 따른 등기를 말한다.

① 여기에서 대도시라 함은 수도권정비계획법 제6조에 규정된 과밀억제권역(산업집적활성화 및 공장설립에 관한 법률의 적용을 받는 산업단지는 제외)을 대도시로 규정하고 있다.

② 대도시 내로의 본점 또는 주사무소의 전입 후 5년 이내에 자본 또는 출자액을 증가하여 등기하는 때에 등록면허세를 중과하는 경우 전입 후 5년 경과 여부의 판

단은, 본점 또는 주사무소의 주소변경등기(전입등기)가 본점 또는 주사무소 이전의 효력요건으로 볼 수 없기 때문에 법인의 본점 또는 주사무소 전입시기는 등기 또는 등기일과는 달리 사실상의 전입시기, 즉 본점 또는 주사무소의 업무활동을 위하여 이전된 본점 또는 주사무소에 입주한 날을 기준으로 하여 5년을 판단하여야 할 것이다.

그런데 대도시 내로의 전입시 등록면허세를 중과세할 경우에는 대도시에서 제외되는 지역, 즉 대도시 중 산업진적활성화 및 공장설립에 관한 법률의 규정을 적용받는 산업단지는 대도시의 범위에서 제외되므로 중과세대상에서 제외되는 지역이다.

③ 특히 유의해야 할 점은 법인의 본점 또는 주사무소가 대도시 외에 소재하다가 대도시 내로 이전하는 경우에는 법인을 신설하는 것으로 보도록 하고 있으므로 그 세율 적용도 신설에 적용하는 세율을 적용한다는 점이다.

> **사례**
>
> ❖ **사립학교 법인의 대도시 내로의 주사무소 전입에 따른 등기를 등록세 중과대상에서 제외할 수 있는지 여부**
>
> 구 지방세법 제127조 제1항 제3호가 사립학교법에 의한 학교법인 등의 '설립과 합병의 등기'에 대하여만 등록세 비과세의 혜택을 부여하도록 규정한 것은 다른 등기에 관하여는 그러한 혜택을 부여할 필요가 없다는 정책적 판단을 반영한 것으로 보이는 점, 구 지방세법 제138조 제1항 제2호 후문은 등록세 중과세대상인 법인등기에 대하여 중과세제도의 취지에 부합하도록 그 세율의 적용에 관하여만 본점 또는 주사무소의 전입을 법인의 설립으로 보도록 하는 규정일 뿐 등록세 비과세대상을 정하는 규정이 아닌 점 등에 비추어 보면, 사립학교법에 의한 학교법인 등이 대도시 외에서 대도시 내로 주사무소를 전입함에 따른 등기는 구 지방세법 제138조 제1항 제2호에 의한 등록세 중과세대상에 해당한다고 할 것이다.
>
> (대법 2012두28940, 2013.5.9.)

(다) 등록면허세의 중과세 범위와 적용기준 등

대도시에서 법인 설립과 대도시로 법인의 본점 등을 전입하는 경우 등의 등기에 대한 등록면허세의 과세표준이 구분되지 아니한 경우(① 대도시 중과제외 업종과 대도시 중과대상 업종을 겸업하는 경우 ② 대도시 중과제외 업종을 대도시 중과대상 업종으로 변경하는 경우 ③ 대도시 중과제외 업종에 대도시 중과대상 업종을 추가하는 경우)에 해당 법인에 대한 등록면허세는 직전 사업연도(직전 사업연도의 매출액이 없는 경우에는 해당 사업연도, 해당 사업연도의 매출액이 없는 경우에는 그 다음 사업연도)의 총 매출액에서 대도시 중과제외 업종과 그 외의 대도시 중과대상 업종의 매출액이 차지하는 비율을 다음 계산식에 따라 산출한 후 그에 따라 안분하여 계산한다. 다만, 그 다음 사업연도에도 매출액이 없는 경우에는 유형고정자산 가액의 비율에 따른다(영 §45 ⑤ Ⅰ~Ⅲ).

※ 대도시 중과 제외 업종과 대도시 중과 대상 업종의 매출액이 차지하는 비율의 계산식

① 해당 법인 중과 대상 업종 매출비율(퍼센트)

$$\text{해당 법인 중과 대상 업종 매출비율(퍼센트)} = \frac{\text{해당 법인 중과 대상 업종 산정 매출액①}}{\text{해당 법인 중과 제외 업종 산정 매출액②} \\ (+ \text{해당 법인 중과 대상 업종 산정 매출액①})} \times 100$$

이 경우 해당 중과 대상 업종 산정 매출액(①)이란 = (해당 법인 중과 대상 업종 매출액 × 365일) / 해당 법인 중과 대상 업종 운행일수를 말하고, 해당 법인 중과 제외 업종 산정매출(②)이란 = (해당 법인 중과 제외 업종 매출액 × 365일) / 해당 법인 중과 제외 업종 운행일수를 말한다.

② 해당 법인 중과 제외 업종 매출비율(퍼센트)

$$\text{해당 법인 중과 제외 업종 매출비율(퍼센트)} = 100 - \text{해당 법인 중과 대상 업종 매출비율(퍼센트)}$$

(2) 과세표준

① 영리법인

상사, 회사 기타 영리법인의 설립 또는 합병으로 인한 존속법인의 경우에 설립과 납입 등기에 있어서는 납입한 주식금액이나 출자금액 또는 현금 이외의 출자가액이 과세표준이 되고, 자본증가 또는 출자증가에 있어서는 납입한 금액 또는 현금 이외의 출자가액이 과세표준이 된다.

이 경우 상사, 회사 기타 영리법인이라 함은 상법의 규정에 의하여 설립된 법인과 기타 특별법 등에 의하여 설립된 법인 중 주주 또는 사원에게 이익을 배당할 수 있도록 정관에 규정되어 있는 법인을 말하며, 자본금을 납입한 주식금액이나 출자금액 또는 현금 이외의 출자금액이라 함은 당해 법인의 장부상의 금액을 말하며, 납입금액 또는 현금 이외의 출자가액이라 함은 자본금 납입, 자본 또는 출자증가액이 종전 금액에 비하여 증가한 금액만을 말한다.

그리고 자본증가 또는 출자증가라 함은 자산재평가법의 규정에 의하여 자산재평가적립금을 자본전입함에 따른 자본 또는 출자금액이 증가되는 경우는 포함되지 않으며, 새로운 자본의 신규증자나 이익준비금의 자본전입으로 인한 자본증가 등의 경우를 자본 또는 출자증가라 한다.

② 비영리법인

민법 제32조의 규정에 의하여 설립되거나 기타 특별법에 의하여 설립된 비영리법인에 대한 과세표준은 설립과 납입 등기에 있어서는 납입한 출자총액 또는 재산가액이 과세표준이 되고, 출자총액 또는 재산가액의 증가 등기에 있어서는 납입한 출자 또는 재

산가액이 과세표준이 된다.

이 경우 과세표준은 법인장부가액에 의하며, 재산가액 또는 재산총액의 증가라 함은 자산재평가법에 의하여 자산재평가적립금을 자본전입하는 경우를 제외한 일체의 자산 증가의 경우를 말한다.

(3) 세 율

대도시내에서의 법인의 설립(설립 후 또는 휴면법인을 인수한 후 5년 이내에 자본 또는 출자액을 증가하는 경우를 포함한다.)과 지점 또는 분사무소의 설치에 따른 등기와 대도시 밖의 법인의 본점이나 주사무소를 대도시로 전입(전입 후 5년 이내에 자본 또는 출자액이 증가하는 경우를 포함한다.)함에 따른 등기(이 경우 전입은 법인의 설립으로 보아 세율을 적용한다.)는 법인등기의 세율의 3배로 한다.

(가) 법인설립 등에 대한 세율

대도시에서 법인을 설립(설립 후 또는 휴면법인을 인수한 후 5년 이내에 자본 또는 출자액을 증가하는 경우를 포함한다.)하거나 지점이나 분사무소를 설치함에 따른 등기에 대한 세율은 법 제28조 제1항 제1호(부동산등기) 및 제6호(법인등기)의 세율의 3배를 적용하므로 임차권에 대한 설정의 경우 월 임대금액의 일반세율(1,000분의 2)의 3배인 1,000분의 6으로 과세된다.

그리고 대도시 내에서 설립 후 5년 이내에 자본 또는 출자액의 증가에 대한 등기는 영리법인은 납입한 금액 또는 현금 이외의 출자금액에 일반세율(1,000분의 4)의 3배인 1,000분의 12의 세율로 과세된다.

비영리법인은 납입한 출자액 또는 재산가액에 일반세율(1,000분의 2)의 3배인 1,000분의 6의 세율로 과세되며, 자산재평가적립금에 의한 자본 또는 출자총액의 증가 및 출자의 총액 또는 자산의 총액의 증가(자산재평가법의 규정에 의한 자본전입의 경우를 제외한다.)한 금액에 일반세율 1,000분의 1의 3배인 1,000분의 3로 과세된다.

또한 본점 또는 주사무소의 이전은 매 1건당 115,000원의 3배인 345,000원을 과세하고, 법인의 지점 또는 분사무소의 설치등기에 대한 세율은 매 1건당 일반세율 40,200원의 3배인 120,600원을 과세하며, 법인의 설립 또는 전입과 자본 또는 출자액의 증가에 관한 등기를 함에 있어 일반세율에 의한 산출세액이 112,500원 미만인 때에는 112,500원의 3배에 해당하는 337,500원을 과세하여야 한다.

그런데 여기에서 유의하여야 할 점은 법인설립 등과 관계가 없는 상호 변경, 대표이사 변경, 중역 변경, 목적사업의 변경 등은 중과세 세율이 적용되지 않는다는 것이다.

(나) 대도시 밖의 법인의 대도시 내 전입에 대한 세율

대도시 밖의 법인이 대도시 내로의 전입은 대도시 내의 법인 신설로 보아야 하므로 앞서 설명한 법인설립 등에 대한 중과세율 적용의 경우와 같이 그 자본금에 대한 것과 법인설립 등에 적용된 세율로 중과세하여야 한다. 그러나 앞서 설명한 법인 설립 등에 대하여 중과세율을 적용하는 것 중에서 당해 대도시 내의 이전은 대도시 내로의 전입으로 보지 않고 과밀억제권역 중 서울특별시 이외의 지역에서 서울특별시 내로의 전입은 대도시 내로의 전입으로 보아 중과세 대상이 된다.

(4) 중과세 제외대상

대도시 내에서의 등록세가 중과세되지 아니하는 경우는 법인의 설립 또는 지점의 설치 그리고 대도시 외의 지역에서 대도시 내로 전입한 날부터 5년이 경과한 법인에 대하여는 중과세대상이 되지 아니하는 것이며, 이 경우 5년의 경과 여부를 판단할 때에는 법인격 자체의 변동이 없이 대표자나 명칭의 변경 등을 상관할 것이 아니며 또한 설립·설치의 시점도 본점인 경우는 설립등기일 또는 사실상 사업개시일, 지점은 사업자등록일 등을 기준으로 5년의 경과 여부를 판단하여야 할 것이다.

제29조 | 같은 채권의 두 종류 이상의 등록

같은 채권을 위하여 종류를 달리하는 둘 이상의 저당권에 관한 등기 또는 등록을 받을 경우에 등록면허세의 부과방법은 대통령령으로 정한다(법 §29).

이 경우 등록면허세의 부과방법은,

첫째, 같은 채권을 위한 저당권의 목적물이 종류가 달라 둘 이상의 등기 또는 등록을 하게 되는 경우에 등기소 또는 등록관서가 이에 관한 등기 또는 등록 신청을 받았을 때에는 채권금액 전액에서 이미 납부한 등록면허세의 산출기준이 된 금액을 뺀 잔액을 그 채권금액으로 보고 등록면허세를 부과한다(영 §46 ①).

둘째, 제1항의 경우에 그 등기 또는 등록 중 법 제28조 제1항 제5호(공장재단 및 광업재단 등기)에 해당하는 것과 그 밖의 것이 포함될 때에는 먼저 법 제28조 제1항 제5호에 해당하는 등기 또는 등록에 대하여 등록면허세를 부과한다(영 §46 ②).

셋째, 같은 채권을 위하여 담보물을 추가하는 등기 또는 등록에 대해서는 법 제28조 제1항 제1호 마목, 제2호 다목, 제3호 라목, 제5호 나목, 제8호 라목, 제9호 다목 및 제10호 라목에 따라 등록면허세를 각각 부과해야 한다(영 §47).

(1) 저당권의 목적물의 종류가 다른 경우의 부과방법

① 같은 채권을 위한 저당권의 목적물이 종류가 달라 둘 이상의 등기 또는 등록을 하게 되는 경우에 등기·등록관서가 이에 관한 등기 또는 등록 신청을 받았을 때에는 채권금액 전액에서 이미 납부한 등록면허세의 산출기준이 된 금액을 뺀 잔액을 그 채권금액으로 보고 등록면허세를 부과한다(영 §46 ①).

② 위 '①'의 경우에 그 등기 또는 등록 중 법 제28조 제1항 제5호에 해당하는 것과 그 밖의 것이 포함될 때에는 먼저 법 제28조 제1항 제5호(공장재단 및 광업재단 등기의 세율)에 해당하는 등기 또는 등록에 대하여 등록면허세를 부과한다(영 §46 ②).

이 조항의 적용을 받기 위한 요건으로는 먼저 동일 채권을 위한 저당권의 등기 또는 등록이어야 하고, 다음으로 저당권의 목적물이 둘 이상으로서 그 종류가 달라야 하고, 또한 둘 이상의 등기 또는 등록이 있어야 한다.

그리고 여기에서 특히 유의할 점은 동일 채권에 대한 저당권 설정에 있어서 공장재단 또는 광업재단저당과 부동산저당이 병행하여 이루어지는 경우에는 세율이 낮은 공장재단 또는 광업재단 저당분 채권금액부터 등록면허세를 징수하여야 한다는 점이다.

이를 예시하면, 甲이 乙에 대한 금전채권 2억원을 담보하기 위하여 乙의 공장재단에 대하여 1억 5천만원의 저당권을 설정하고 동일 금전채권인 2억원의 채권보전의 안전을 기하기 위하여 다시 乙의 부동산에 대하여 나머지의 저당권을 설정하는 경우의 등록면허세는 다음과 같다.

$$(150{,}000{,}000원 \times \frac{1}{1{,}000}) + \{(200{,}000{,}000원 - 150{,}000{,}000원) \times \frac{2}{1{,}000}\} = 250{,}000원$$
(공장재단분)　(세율)　(부동산분)　(세율)　(등록면허세)

(2) 같은 채권등기에 대한 담보물을 추가하는 등기·등록의 경우 징수방법(영 §47)

이 규정에서는 "같은 채권을 위하여 담보물을 추가하는 등기 또는 등록에 대하여는 법 제28조 제1항 제1호 마목(1건당 6,000원), 제2호 다목(1건당 15,000원), 제3호 라목(1건당 15,000원), 제5호 나목(1건당 9,000원), 제8호 라목(1건당 12,000원), 제9호 다목(1건당 9,000원), 제10호 라목(1건당 3,000원)에 따라 등록면허세를 각각 부과 한다."고 되어 있다.

이 조항은 지방세법 제29조에서 위임된 것으로 동법 제29조에서는 "같은 채권을 위하여 종류를 달리 하는 2 이상의 저당권에 관한 등기 또는 등록을 받은 경우에 등록면허세의 부과방법…"으로 규정하며 종류를 달리하는 2 이상의 등기 또는 등록으로 한정하고 있기 때문에 동법 시행령 제47조의 규정도 당초 담보물과 추가담보물이 서로 종류가 다른 경우에 한하여 적용되어야 할 것이나 등기당국에서는 당초 담보물과 추가담보물이 동일한 경우에 한하여 이 조항을 적용하고 있는 점에 유의하여야 할 것이다. 그리고 이 조항이 적용될 수 있는 저당권의 목적물은 앞서 열거한 조문에 해당하는 부동산, 선박, 차량, 공장재단, 광업재단, 광업권, 어업권, 저작권, 배타적발행권, 출판권, 저작인접권, 컴퓨터 프로그램 저작권 또는 데이터베이스 저작자의 권리에 한하여 적용된다. 이 조항의 적용례를 보면 1억원의 금전채권을 담보하기 위하여 부동산에 1억원의 저당권을 설정하고 부족액을 담보하기 위하여 추가로 부동산에 대하여 저당권을 설정한다면, 당초 부동산에 대한 저당권의 설정등기는 지방세법 제28조 제1항 제1호 다목의 등기(채권금액의 1,000분의 2)에 해당되어 20만원의 등록면허세를 과세하여야 하고, 추가로 부동산에 대한 저당권의 설정등기는 지방세법 제28조 제1항 제1호 마목의 그 밖의 등기에 해당되어 6,000원의 등록면허세를 납부하여야 한다.

제30조 신고 및 납부

① 등록을 하려는 자는 제27조에 따른 과세표준에 제28조에 따른 세율을 적용하여 산출한 세액을 대통령령으로 정하는 바에 따라 등록을 하기 전까지 납세지를 관할하는 지방자치단체의 장에게 신고하고 납부하여야 한다(법 §30 ①).

이 규정에서 "대통령령으로 정하는 바에 따라 등록을 하기 전까지"란 등기 또는 등록신청서를 등기·등록관서에 접수하는 날까지를 말한다. 다만, 특허권, 실용신안권, 디자인권 및 상표권의 등록에 대한 등록면허세의 경우에는 특허법, 실용신안법, 디자인보호법 및 상표법에 따른 특허료, 등록료 및 수수료의 납부기한까지를 말한다(영 §48 ①).

② 등록면허세 과세물건을 등록한 후에 해당 과세물건이 제28조 제2항에 따른 세율의 적용대상이 되었을 때에는 대통령령으로 정하는 날부터 60일 이내에 제28조 제2항에 따른 세율을 적용하여 산출한 세액에서 이미 납부한 세액(가산세는 제외한다.)을 공제한 금액을 세액으로 하여 납세지를 관할하는 지방자치단체의 장에게 대통령령으로 정하는 바에 따라 신고하고 납부하여야 한다(법 §30 ②).

여기에서 "대통령령으로 정하는 날"이란 ① 법 제28조 제2항 제1호에 따른 대도시에서 법인을 설립하는 경우 ② 법 제28조 제2항 제1호에 따른 대도시에서 법인의 지점이나 분사무소를 설치하는 경우 ③ 법 제28조 제2항 제2호에 따른 대도시 밖에 있는 법인의 본점이나 주사무소를 대도시로 전입하는 경우는 해당 사무소나 사업장이 사실상 설치된 날을 말하고, 법 제28조 제2항 각 호 외의 부분 단서에 따라 법인등기를 한 후 법 제28조 제3항에 따른 사유가 발생하여 법 제28조 제2항 각 호 외의 부분 본문을 적용받게 되는 경우에는 그 사유가 발생할 날을 말한다(영 §48 ② Ⅰ·Ⅱ).

③ 이 법 또는 다른 법령에 따라 등록면허세를 비과세, 과세면제 또는 경감받은 후에 해당 과세물건이 등록면허세 부과대상 또는 추징대상이 되었을 때에는 제1항에도 불구하고, 그 사유 발생일로부터 60일 이내에 해당 과세표준에 제28조에 따른 세율을 적용하여 산출한 세액[경감 받은 경우에는 이미 납부한 세액(가산세는 제외한다.)을 공제한 세액을 말한다.]을 납세지를 관할하는 지방자치단체의 장에게 대통령령으로 정하는 바에 따라 신고하고 납부하여야 한다(법 §30 ③).

이 법 제30조 제1항부터 제3항까지의 규정에 따라 등록면허세를 신고하려는 자는 행정안전부령으로 정하는 신고서로 납세지를 관할하는 시장·군수·구청장에게 신고하여야 한다(영 §48 ③).

그리고 위 규정에 따라 지방자치단체의 금고 또는 지방세수납대행기관은 등록면허세를 납부 받으면 납세자 보관용 영수증, 등록면허세 영수필 통지서(등기·등록관서의 시·군·구 통보용) 및 등록면허세 영수필 확인서 각 1부를 납세자에게 내주고, 지체 없이 등록면허세 영수필 통지서(시·군·구 보관용) 1부를 해당 시·군·구의 세입징수관에게 송부하여야 한다. 다만, 전자정부법 제36조 제1항에 따라 행정기관 간에 등록면허세 납부사실을 전자적으로 확인할 수 있는 경우에는 납세자에게 납세자 보관용 영수증을 교부하는 것으로 갈음할 수 있다(영 §48 ⑤).

④ 제1항부터 제3항까지의 규정에 따른 신고의무를 다하지 아니한 경우에도 등록면허세 산출세액을 등록을 하기 전까지(제2항 또는 제3항의 경우에는 해당 항에 따른 신고기한까지) 납부하였을 때에는 제1항부터 제3항까지의 규정에 따라 신고를 하고 납부한 것으로 본다. 이 경우 제32조에도 불구하고 지방세기본법 제53조의 2 및 제54조에 따른 가산세를 부과하지 아니한다(법 §30 ④).

⑤ 채권자대위자는 납세의무자를 대위하여 부동산의 등기에 대한 등록면허세를 신고납부할 수 있다. 이 경우 채권자대위자는 행정안전부령으로 정하는 바에 따라 납부확인서를 발급받을 수 있다.(법 §30 ⑤).

⑥ 지방자치단체의 장은 제5항에 따른 채권자대위자의 신고납부가 있는 경우 납세의무자에게 신고사실을 즉시 통보해야 한다(법 §30 ⑥)

이 규정은 「민법」 제404조 및 「부동산등기법」 제28조에 따라 채권자는 대위등기(채무자 재산 압류를 위해 채무자의 상속 지분 미등기 부동산 등의 등기를 채권자가 채무자를 대신하여 신청) 신청이 가능하나, 취득세 등 신고에 대한 구체적 근거가 없어 채권자(대위등기권자)는 해당 부동산의 소유자가 아니므로 과세정보 비밀유지 의무에 의해 등기에 필요한 납부확인서 등 발급이 곤란하고, 채무자(본 납세자) 부재 상태에서 신고·납부가 행해져 오류수정의 기회가 없고, 추후 가산세가 발생하는 등 문제가 있어 대위등기권자도 취득세·등록면허세 신고를 할 수 있고 대위등기제도의 취지를 고려해 해당 부동산에 대한 납세확인서를 발급받을 수 있도록 규정하였으며 대위신고 시 채무자인 본 납세의무자에 통보하고, 납부행위가 본 납세의무자에 귀속됨을 명시하여 분쟁 및 피해를 방지하기 위해 제도를 도입한 것이다.

(1) 등록시의 신고 및 납부방법

등록을 하려는 자는 법 제27조에 따른 과세표준액에 법 제28조에 따른 세율을 적용하여 산출한 세액을 등기 또는 등록 신청서를 등기·등록관서에 접수하는 날까지 납세지를 관할하는 지방자치단체의 장에게 등록면허세의 신고서에 의하여 신고하고, 납부하여야 한다. 다만, 특허권·실용신안권·디자인권 및 상표권의 등록에 대한 등록면허세의 경우에는 특허법·실용신안법·디자인보호법 및 상표법에 따른 특허료·등록료 및 수수료의 납부기한까지를 말한다. 그러므로 등록을 하고자 하는 자는 반드시 산출한 등록면허세를 등록하기 전까지 신고·납부하도록 의무화하여 운영하고 신고·납부를 하지 아니하거나 부족하게 신고·납부한 경우에는 가산세를 가산하여 추징하였는데 헌법재판소의 헌법 불합치 판결에 의하여 2003년말 신고와 납부를 분리하여 가산세도 신고불성실가산세와 납부지연가산세로 구분하였으며, 이 경우 신고를 하지 아니한 경우라도 등록면허세 산출세액을 등록하기 전까지 납부한 때에는 신고를 하고 납부한 것으로 보아 신고불성실가산세를 징수하지 아니한다.

이 경우 등록면허세의 신고 및 납부는 과세관청에 하여야 하기 때문에 취득세와 마찬가지로 세액이 계산된 납부서로 은행에 납부한 후 등록을 하여야 할 것이다. 그런데 위에서 "등록을 하기 전까지"라는 규정이 적용에 혼란이 있어 이를 명확히 하기 위하여 등록을 하기 전까지를 등록의 신청서를 등록관청에 접수하는 날까지를 지칭하는 것으로 하고 있다. 다만, 특허권·실용신안권·디자인권 및 상표권의 등록에 대한 등록세의 경우에는 특허법·실용신안법·디자인보호법 및 상표법에 따른 특허료·등록료 및 수수료의 납부기한까지를 말한다(영 §48 ①).

(2) 등록 후 중과세대상이 되었을 경우의 신고 납부

등록면허세 과세물건을 등록한 후에 해당 과세물건이 법 제28조 제2항(대도시지역 내 법인등기 등의 중과)에 따른 세율의 적용대상이 된 때에는 대통령령이 정하는 날부터 60일 이내에 제28조 제2항에 따른 세율을 적용하여 산출한 세액에서 이미 납부한 세액(가산세는 제외한다.)을 공제한 금액을 세액으로 하여 납세지를 관할하는 지방자치단체의 장에게 등록면허세 신고서에 의하여 신고하고 납세지 관할 시·군·구 금고에 납부하여야 한다. 이 경우 신고를 하지 아니한 경우라도 등록면허세 산출세액을 등록을 하기 전(별도 신고기한이 있는 경우 신고기한)까지 납부한 때에는 신고를 하고 납부한 것으로 보고 신고불성실가산세를 징수하지 아니한다.

　여기에서 대통령령이 정하는 날이라 함은(영 §48 ②),

　대도시에서 법인을 설립하는 경우거나 대도시에서 법인의 지점이나 분사무소를 설치하는 경우 및 대도시 밖에 있는 법인의 본점이나 주사무소를 대도시로 전입하는 경우에는 해당 사무소나 사업장이 사실상 설치된 날을 말하고, 대도시 중과제외 업종으로 법인등기를 한 법인이 정당한 사유없이 그 등기일부터 2년 이내에 대도시 중과제외 업종 외의 업종으로 변경하거나 대도시 중과제외 업종 외의 업종을 추가하는 경우에는 그 사유가 발생한 날을 말한다.

　그리고 이 규정에 따라 부칙(2018. 12. 31. 법률 제16194호로 개정된 것)에서 등록면허세의 과세물건이 중과세 대상이 되거나 비과세 또는 감면 대상이 등록면허세 부과대상이 된 경우 '19.1.1.이후 납세의무가 성립(중과세 또는 과세전환 사유 발생일)하는 경우부터 개정규정(신고기간 60일) 적용하고(부칙 §1), '19.1.1. 당시 사유발생일로부터 구법(舊法)에 따른 신고기간(30일)이 경과하지 아니한 경우에도 적용(부칙 §3 ③·④, §4), 고급주택·고급오락장을 취득하여 중과대상이 아닌 용도로 사용하거나 용도변경공사에 착공하는 경우에도 '19.1.1.이후 납세의무가 성립하는 경우부터 개정규정 적용(부칙 §1)하고 '19.1.1. 당시 고급주택·고급오락장을 취득하여 구법(舊法)에 따른 신고기간(30일)이 경과하지 아니한 경우에도 적용(부칙 §3 ①·②)한다.

(3) 비과세 등이 과세로 전환 되었을 경우의 신고 납부방법

　지방세법 또는 다른 법령에 따라 등록면허세를 비과세·과세면제 또는 경감받은 후에 해당 과세물건이 등록면허세 부과대상 또는 추징대상이 되었을 때에는 최초의 등록 당시의 적용 규정에 불구하고 그 사유 발생일부터 60일 이내에 해당 과세표준에 제28조에 따른 세율을 적용하여 산출한 세액[경감받은 경우에는 이미 납부한 세액(가산세를 제외한다.)을 공제한 세액을 말한다.]을 납세지를 관할하는 지방자치단체의 장에게 등록면허세의 신고서에 의하여 신고하여야 한다.

　그러므로 등록면허세를 비과세, 과세면제 또는 경감받은 후에 그 사유가 소멸함에 따라 부과대상 또는 추징하게 된 때에는 신고하지 아니한 경우라도 등록면허세 산출세액을 등록을 하기 전까지 납부한 때에는 신고를 하고 납부한 것으로 보아 가산세를 징수하지 아니한다.

　지방자치단체의 금고 또는 지방세수납대행기관은 등록면허세를 납부받으면 납세자 보관용 영수증, 등록면허세 영수필 통지서(등기·등록관서의 시·군·구 통보용) 및 등록면허세 영수필 확인서 각 1부를 납세자에게 내주고, 지체 없이 등록면허세 영수필 통지서(시·군·구

보관용) 1부를 해당 시·군·구의 세입징수관에게 송부하여야 한다. 다만, 전자정부법 제36조 제1항에 따라 행정기관 간에 등록면허세 납부사실을 전자적으로 확인할 수 있는 경우에는 납세자에게 납세자 보관용 영수증을 교부하는 것으로 갈음할 수 있다(영 §48 ⑤).

(4) 등록면허세 납부 확인 및 부족세액의 처리 등

(가) 등록면허세의 납부 확인 등

① 납세자는 등기 또는 등록하려는 때에는 등기 또는 등록 신청서에 등록면허세 영수필 통지서(등기·등록관서의 시·군·구 통보용) 1부와 등록면허세 영수필 확인서 1부를 첨부하여야 한다. 다만, 전자정부법 제36조 제1항에 따라 행정기관 간에 등록면허세 납부사실을 전자적으로 확인할 수 있는 경우에는 그러하지 아니하다(영 §49 ①).

② 제1항에도 불구하고 「부동산등기법」 제24조 제1항 제2호에 따른 전산정보처리조직을 이용하여 등기를 하려는 때에는 등록면허세 영수필 통지서(등기·등록관서의 시·군·구 통보용)와 등록면허세 영수필 확인서를 전자적 이미지 정보로 변환한 자료를 첨부하여야 한다. 다만, 「전자정부법」 제36조 제1항에 따라 행정기관 간에 등록면허세 납부사실을 전자적으로 확인할 수 있는 경우에는 그러하지 아니하다(영 §49 ②).

③ 납세자는 선박의 등기 또는 등록을 신청하려는 때에는 등기 또는 등록 신청서에 제1항에 따른 등록면허세 영수필 통지서(등기·등록관서의 시·군·구 통보용) 1부와 등록면허세 영수필 확인서 1부를 첨부하여야 한다. 이 경우 등기·등록관서는 「전자정부법」 제36조 제1항에 따른 행정정보의 공동이용을 통하여 선박국적증서를 확인하여야 하며, 신청인이 확인에 동의하지 아니하면 그 사본을 첨부하도록 하여야 한다(영 §49 ③).

④ 등기·등록관서는 등기·등록을 마친 때에는 제1항부터 제3항까지의 규정에 따른 등록면허세 영수필 확인서 금액란에 반드시 소인하여야 하며, 첨부된 등록면허세 영수필 통지서(등기·등록관서의 시·군·구 통보용)를 등기 또는 등록에 관한 서류와 대조하여 기재내용을 확인하고 접수인을 날인하여 접수번호를 붙인 다음 납세지를 관할하는 시·군·구의 세입징수관에게 7일 이내에 송부하여야 한다. 다만, 광업권·조광권 등록의 경우에는 등록면허세 영수필 통지서(등기·등록관서의 시·군·구 통보용)의 송부를 생략하고, 광업권·조광권 등록현황을 분기별로 그 분기 말의 다음 달 10일까지 관할 시장·군수·구청장에게 송부할 수 있다(영 §49 ④).

⑤ 등기·등록관서는 제4항 본문에도 불구하고 등록면허세 영수필 통지서(등기·등

록관서의 시·군·구 통보용)를 시·군·구의 세입징수관에게 송부하려는 경우 시·군·구의 세입징수관이 「전자정부법」 제36조 제1항에 따른 행정정보의 공동이용을 통하여 등록면허세 영수필 통지서(등기·등록관서의 시·군·구 통보용)에 해당하는 정보를 확인할 수 있는 때에는 전자적 방법으로 그 정보를 송부할 수 있다(영 §49 ⑤).

⑥ 시장·군수·구청장은 제4항 본문 및 제5항에 따라 등기·등록관서로부터 등록면허세 영수필 통지서(등기·등록관서의 시·군·구 통보용) 또는 그에 해당하는 정보를 송부받은 때에는 등록면허세 신고 및 수납사항 처리부를 작성하고, 등록면허세의 과오납 및 누락 여부를 확인하여야 한다(영 §49 ⑥).

(나) 촉탁등기에 따른 등록면허세 납부영수증서의 처리

① 국가기관 또는 지방자치단체는 등기·가등기 또는 등록·가등록을 등기·등록관서에 촉탁하려는 경우에는 등록면허세를 납부하여야 할 납세자에게 제48조 제5항에 따른 등록면허세 영수필 통지서(등기·등록관서의 시·군·구 통보용) 1부와 등록면허세 영수필 확인서 1부를 제출하게 하고, 촉탁서에 이를 첨부하여 등기·등록관서에 송부하여야 한다. 다만, 전자정부법 제36조 제1항에 따라 행정기관 간에 등록면허세 납부사실을 전자적으로 확인할 수 있는 경우에는 그러하지 아니하다(영 §49의 2 ①).

② 제1항에도 불구하고 「부동산등기법」 제24조 제1항 제2호에 따라 전산정보처리조직을 이용하여 등기를 촉탁하려는 때에는 등록면허세를 납부하여야 할 납세자로부터 제출받은 등록면허세 영수필 통지서(등기·등록관서의 시·군·구 통보용)와 등록면허세 영수필 확인서를 전자적 이미지 정보로 변환한 자료를 첨부하여야 한다. 다만, 「전자정부법」 제36조 제1항에 따라 행정기관 간에 등록면허세 납부사실을 전자적으로 확인할 수 있는 경우에는 그러하지 아니하다(영 §49의 2 ②).

(다) 등록면허세 미납부 등에 대한 통보 등

① 등기·등록관서의 장은 등기 또는 등록 후에 등록면허세가 납부되지 아니하였거나 납부부족액을 발견한 경우에는 다음 달 10일까지 납세지를 관할하는 시장·군수·구청장에게 통보하여야 한다(영 §50 ①).

② 시장·군수·구청장은 법 제28조 제2항에 따라 대도시 법인등기 등에 대한 등록면허세를 중과하기 위하여 관할 세무서장에게 부가가치세법 시행령 제11조에 따른 법인의 지점 또는 분사무소의 사업자등록신청 관련 자료의 열람을 요청하거나 구체적으로 그 대상을 밝혀 관련 자료를 요청하는 경우에는 관할 세무서장은 특

별한 사유가 없으면 그 요청을 따라야 한다(영 §50 ②).

(라) 등록면허세 비과세 등 확인

지방세법, 지방세특례제한법 또는 조세특례제한법에 따라 등록면허세의 비과세 또는 감면으로 등기 또는 등록하려는 경우에는 지방세법 제25조 제1항에 따른 등록면허세의 납세지를 관할하는 시장·군수·구청장의 비과세 또는 감면 확인(별지서식)을 받아야 한다(규칙 §15 ①·②).

제31조 특별징수

① 특허권·실용신안권·디자인권 및 상표권 등록(표장의 국제등록에 관한 마드리드협정에 대한 의정서에 따른 국제상표등록출원으로서 상표법 제86조의 31에 따른 상표권 등록을 포함한다.)의 경우에는 특허청장이 지방세법 제28조 제1항 제11호 및 제12호에 따라 산출한 세액을 특별징수하여 그 등록일이 속하는 달의 다음 달 말일까지 행정안전부령으로 정하는 서식에 따라 해당 납세지를 관할하는 지방자치단체의 장에게 그 내용을 통보하고 해당 등록면허세를 납부하여야 한다(법 §31 ①).
② 저작권법에 따른 등록에 대하여는 해당 등록기관의 장이 지방세법 제28조 제1항 제10호에 따라 산출한 세액을 특별징수하여 그 등록일이 속하는 달의 다음 달 말일까지 행정안전부령으로 정하는 서식에 따라 해당 납세지를 관할하는 지방자치단체의 장에게 그 내용을 통보하고 해당 등록면허세를 납부하여야 한다(법 §31 ②).
③ 특별징수의무자가 제1항과 제2항에 따라 특별징수한 등록면허세를 납부하기 전에 해당 권리가 등록되지 아니하였거나 잘못 징수하거나 더 많이 징수한 사실을 발견하였을 경우에는 특별징수한 등록면허세를 직접 환급할 수 있다. 이 경우 지방세기본법 제66조에 따른 지방세환급가산금을 적용하지 아니한다(법 §31 ③).

위 규정 중「표장의 국제등록에 관한 마드리드협정에 대한 의정서」에 의하여 국제출원시 출원인은 본국 관청을 통하여 등록면허세 등을 포함한 제반 수수료를 국제사무국에 납부하면 국제사무국은 심사후 하자가 없을 경우에 국제등록부에 상표를 등록한 후 그 취지를 각 지정국 관청에 통지하고 동시에 선납받은 등록면허세 등 수수료를 이체시키면 이를 이체받은 특허청장이 해당 등록면허세를 특별징수하여 납입하도록 한 규정이다.

■ 마드리드 의정서 체제 흐름도 ■

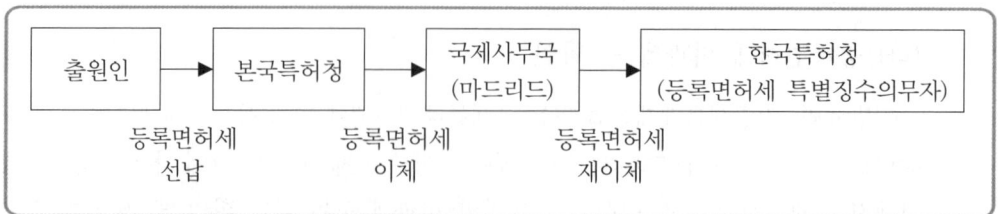

그리고 특별징수의무자가 특허권 등의 신청서를 접수하면서 등록면허세를 특별징수하였으나 그 신청된 특허권 등이 등록요건을 충족하지 아니하여 등록을 못한 경우에는 등록면허세 납세의무자체가 성립되지 아니한 것이므로 이를 납세자의 편의측면에서 특별징수의무자가 직접 환급토록 한 것이고, 정액세인 특허권 등에 대한 등록면허세는 수수료적 성격의 조세로서 특별징수의무자가 그 징수액을 납입하기 전에 환급하는 때에는 환급가산금을 적용하지 않도록 한 것이다.

④ 특별징수의무자가 징수하였거나 징수할 세액을 제1항 및 제2항에 따른 기한까지 납부하지 아니하거나 부족하게 납부하더라도 특별징수의무자에게 지방세기본법 제56조에 따른 가산세는 부과하지 아니한다(법 §31 ④).

제32조 │ 부족세액의 추징 및 가산세

등록면허세 납세의무자가 제30조 제1항부터 제3항까지의 규정에 따른 신고 또는 납부의무를 다하지 아니하면 제27조 및 제28조에 따라 산출한 세액 또는 그 부족세액에 지방세기본법 제53조부터 제55조까지의 규정에 따라 산출한 가산세를 합한 금액을 세액으로 하여 보통징수의 방법으로 징수한다(법 §32).

이 경우 납부지연가산세는 지방세기본법 또는 지방세관계법에 따른 지방세를 납부하지 아니하였거나 산출세액보다 적게 납부 하였을 때에는 그 납부하지 아니하였거나 부족한 세액에 금융기관의 연체이자율을 고려하여 정하는 비율에 납부지연일자를 곱하여 산출한 가산세를 말한다.

그리고 납부지연가산세의 가산율은 1일 100,000분의 25이다(지기법 시행령 §34).

이 규정은 2003.9.25 그 당시의 신고납부 및 가산세제도는 지방세의 징수확보를 위한 수단으로서의 가산세부과조치는 정당하지만, 미납기간을 고려하지 않고 일률적으로 가산세 20%를 적용함은 비례의 원칙에 위배되고, 신고의무와 납부의무를 모두 불이행한 자와 신고는 하고 납부의무를 불이행한 자를 동일하게 취급할 합리적 이유가 없으므로 평등의 원칙에 위배된다고 하여 헌법재판소의 헌법불합치 결정에 따라 신고불성실가산세와 납부불성실가산세 제도로 분리하여 규정토록 개선하였고, 2021년부터는 납부불성실 가산세를 납세자들의 부정적 인식 해소와 용어순화 차원에서 납부지연가산세로 지방세 법령이해도를 제고한 것이다.

> **사례**
>
> ❖ 등기접수시에는 납부하지 아니하였으나 등기완료시까지는 등록세를 납부한 경우, 신고 및 납부불성실가산세를 면제 또는 경감할 수 있는지 여부
>
> 구 지방세법 시행령 제104조의 2 제1항은 '등기 또는 등록을 하기 전까지'의 의미를 '등기 또는 등록의 신청서를 등기소 또는 등록관청에 접수하는 날까지'로 정의하고 있다. 위 각 규정에 의하면, 등록세의 신고·납부기한은 등기신청 시까지로 보는 것이 타당하므로 등기관청이 등기를 완료하기 전까지, 원고 등이 등록세 등을 신고·납부한 것만으로는 등록세 등의 신고·납부기한을 준수하였다고 보기 어렵다… 구 지방세법 제150조의 2 제4항의 '등기 또는 등록을 하기 전까지'의 의미는 제1항과 마찬가지로 '등기 또는 등록의 신청서를 등기소 또는 등록관청에 접수하는 날까지'로 해석하는 것이 타당하다.
>
> (대법 2014두40913, 2014.12.11.)

제33조 | 등록자료의 통보

등록면허세의 등록자료 통보에 관하여는 제22조를 준용한다(법 §33).

※ 제22조(등기자료의 통보)
① 등기·등록관서의 장은 취득세가 납부되지 아니하였거나 납부부족액을 발견하였을 때에는 대통령령으로 정하는 바에 따라 납세지를 관할하는 지방자치단체의 장에게 통보하여야 한다.
　이 경우 등기·등록관서의 장은 등기 또는 등록 후에 취득세가 납부되지 아니하였거나 납부부족액을 발견하였을 때에는 다음 달 10일까지 납세지를 관할하는 시장·군수에게 통보하여야 한다(영 §38).
② 등기·등록관서의 장이 등기·등록을 마친 경우에는 취득세의 납세지를 관할하는 지방자치단체의 장에게 그 등기·등록의 신청서 부본(副本)에 접수연월일 및 접수번호를 기재하여 등기·등록일보터 7일 내에 통보하여야 한다. 다만, 등기·등록사업을 전산처리하는 경우에는 전산처리된 등기·등록자료를 행정안전부령으로 정하는 바에 따라 통보하여야 한다.
③ 「자동차관리법」 제5조에 따라 자동차의 사용본거지를 관할하지 아니하는 지방자치단체의 장이 자동차의 등록사무(신규등록, 변경등록 및 이전등록을 말한다.)를 처리한 경우에는 자동차의 취득가격 등 행정안전부령으로 정하는 사항(취득자의 인적사항, 차량번호, 취득일 및 취득가격, 그밖에 취득세 과세내역을 파악하는데 필요한 사항)을 다음 달 10일까지 자동차의 사용본거지를 관할하는 지방자치단체의 장에게 통보하여야 한다.

제3절 면허에 대한 등록면허세

제34조 세율

① 면허에 대한 등록면허세(이하 이 절에서 "등록면허세"라 한다.)의 세율은 다음의 구분에 따른다(법 §34 ①).

구 분	인구 50만명 이상시	그 밖의 시	군
제1종	67,500원	45,000원	27,000원
제2종	54,000원	34,000원	18,000원
제3종	40,500원	22,500원	12,000원
제4종	27,000원	15,000원	9,000원
제5종	18,000원	7,500원	4,500원

② 특별자치시 및 도농복합형태의 시에 제1항을 적용할 때 해당 시의 동(洞)지역(시에 적용되는 세율이 적합하지 아니하다고 조례로 정하는 동지역은 제외한다.)은 시로 보고, 읍·면지역(시에 적용되는 세율이 적합하지 아니하다고 조례로 정하는 동지역을 포함한다.)은 군으로 보며, "인구 50만 이상 시"란 동지역의 인구가 50만 이상인 경우를 말한다(법 §34 ②).
③ 제1항을 적용할 때 특별시·광역시는 인구 50만 이상 시로 보되, 광역시의 군지역은 군으로 본다(법 §34 ③).
④ 제1항부터 제3항까지의 규정에서 "인구"란 매년 1월 1일 현재 주민등록법에 따라 등록된 주민의 수를 말하며, 이하 이 법에서 같다(법 §34 ④).
⑤ 제1항을 적용할 경우 지방자치법 제4조 제1항에 따라 둘 이상의 지방자치단체가 통합하여 인구 50만 이상 시에 해당하는 지방자치단체가 되는 경우 해당 지방자치단체의 조례로 정하는 바에 따라 통합 지방자치단체가 설치된 때부터 5년의 범위(기산일은 통합 지방자치단체가 설치된 날이 속하는 해의 다음 연도 1월 1일로 한다.)에서 해당 통합 이전의 세율을 적용할 수 있다(법 §34 ⑤).

(1) 면허에 대한 등록면허세의 과세표준에 대하여는 법령에서 특별히 별도로 규정한 것은 없으나 개별 종별 구분 등에서 그 종류를 세분하고 있다.
  그런데 등록면허세의 과세는 각종 법령에 규정된 면허·인가·지정·심사 등 특정한 영업설비 또는 영업행위에 대한 권리의 설정, 금지의 해제 또는 신고의 수리 등 행정청의 행위에 대하여 과세하고, 동일한 행정청의 행위라 하더라도 그 처분내용이 등록면허세 과세대상이 되는 둘 이상의 업종에 관하여 면허를 받은 경우에는 각 업종마다 등록면허세가 부과된다. 그러므로 등록면허세의 과세표준은 면허의 건당 종별 구분이 되는 셈이다.

그러므로 면허의 종별구분을 하면서 사업소의 면적, 종업원 수, 선박의 톤수, 자동차 대수, 경품추첨액수 등을 감안하여 구분하였기 때문에 등록면허세의 과세표준은 이러한 크기, 면적, 숫자가 될 것이다.

(2) 이 규정에서 "시에 적용하는 세율이 적합하지 아니하다고 조례로 정하는 동지역을 제외 또는 포함한다."는 것은 특별자치시 및 시와 군이 통합한 도농복합형태의 시에서 종전 동지역이 군지역의 읍·면보다 재정력에서 취약하다거나 현실적인 모든 여건상 불형평할 때에는 시의 조례로써 이를 개선할 수 있도록 한 것이다.

그리고 광역시에 대하여 법 제34조 제1항의 규정을 적용함에 있어서 군지역은 이를 군으로 보도록 하였는데 이는 1995년부터 시와 군이 통합되는 지역에 한하여 적용되는 것으로 군의 읍·면으로 있던 지역이 시의 행정구역으로 편입되더라도 군지역에 해당되는 세율을 적용받게 하겠다는 것이며, 또한 시와 군이 통합되어 실제로는 인구가 50만이 초과하였다 하더라도 행정구역상 동에 거주하는 인구가 50만 이상이 되어야 인구 50만 이상의 시에 대한 세율을 적용받게 되므로 시와 군이 통합되어 전체 인구가 50만이 초과하더라도 동의 인구가 50만에 미달하면 기타 시에 해당하는 세율을 적용받고, 읍·면 지역은 군에 해당하는 세율을 적용받게 되는 것이다. 그리고 도의 군지역이 광역시로 편입되어 군지역으로 존치되는 경우에는 광역시의 관할구역 내에 있다 하더라도 종전의 혜택을 그대로 유지할 수 있도록 한 것이다. 이 경우를 보면 부산광역시의 기장군, 대구광역시의 달성군, 인천광역시의 강화군·옹진군으로서 이 지역에서 등록면허세를 부과함에 있어서는 인구 50만 이상 시의 세율을 적용하지 않고 군에 해당하는 세율을 적용한다는 것이다.

제35조 │ 신고납부 등

① 새로 면허를 받거나 그 면허를 변경받는 자는 면허증서를 발급받거나 송달받기 전까지 제25조 제2항의 납세지를 관할하는 지방자치단체의 장에게 그 등록면허세를 신고하고 납부하여야 한다. 다만, 유효기간이 정하여져 있지 아니하거나 그 기간이 1년을 초과하는 면허를 새로 받거나 그 면허를 변경받은 자는 지방세기본법 제34조에도 불구하고 새로 면허를 받거나 면허를 변경받은 때에 해당 면허에 대한 그 다음 연도분의 등록면허세를 한꺼번에 납부할 수 있다.(법 §35 ①).

이 같은 연납공제율 폐지는 공제율은 선납에 따른 지자체의 이자수익을 납세자에게 보전하는 취지로서 현행 공제율은 이를 적절히 반영하지 못하고 있으며, 전반적인 연납 공제율에 대한 실적 미미하였기 때문이다
　※ 시장금리 : (2005) 3.56% → (2010) 3.16% → (2015) 1.72% → (2020) 1.07%

② 면허의 유효기간이 정하여져 있지 아니하거나 그 기간이 1년을 초과하는 면허에 대하여는 매년 1월1일에 그 면허가 갱신된 것으로 보아 제25조 제2항에 따른 납세지를 관할하는 해당 지방자치단체의 조례로 정하는 납기에 보통징수의 방법으로 매년 그 등록면허세를 부과하고, 면허의 유효기간이 1년 이하인 면허에 대하여는 면허를 할 때 한 번만 등록면허세를 부과한다(법 §35 ②).
　그리고 등록면허세의 보통징수 방법에 따른 납기는 각 도 및 자치구의 조례에 의거 매년 1월 16일부터 1월 31일로 되어 있다.

③ 다음 각 호의 어는 하나에 해당하는 면허에 대하여는 제2항에도 불구하고 면허를 할 때 한 번만 등록면허세를 부과한다(법 §35 ③ Ⅰ·Ⅱ).
　1. 제조·가공 또는 수입의 면허로서 각각 그 품목별로 받는 면허
　2. 건축허가 및 그 밖에 이와 유사한 면허로서 대통령령으로 정하는 면허
　이 경우 "대통령령으로 정하는 면허"란 다음 각 호의 어느 하나에 해당하는 면허를 말한다(영 §51 Ⅰ~ⅩⅩⅩⅩⅤ).
　　① 매장문화재 발굴
　　② 문화재의 국외 반출
　　③ 폐기물의 국가 간 이동 및 그 처리에 관한 법률 제6조, 제10조 또는 제18조의 2에 따른 폐기물의 수출·수입 허가 또는 신고
　　④ 농지법에 따른 농지전용 및 농지전용의 용도변경
　　⑤ 토지의 형질 변경
　　⑥ 「장사 등에 관한 법률」 에 따른 사설묘지 설치 및 사설자연장지 조성(재단법인이 설치 또는 조성한 경우는 제외한다.)
　　⑦ 사설도로 개설
　　⑧ 계량기기의 형식승인 및 특정열사용기자재의 검사
　　⑨ 산림자원의 조성 및 관리에 관한 법률 제36조에 따른 입목벌채
　　⑩ 먹는물 관리법 제9조에 따른 샘물 또는 염지하수의 개발 허가
　　⑪ 건설기계의 형식승인
　　⑫ 보세구역 외 장치의 허가
　　⑬ 공유수면의 매립
　　⑭ 초지 조성 및 전용

⑮ 가축분뇨 배출시설의 설치 허가 또는 신고
⑯ 전파법 제58조의 2에 따른 방송통신기자재 등의 적합성 평가
⑰ 화약류 사용
⑱ 비산(飛散) 먼지 발생사업의 신고
⑲ 특정공사(소음·진동관리법 제22조에 따른 특정공사를 말한다.)의 사전 신고
⑳ 화재예방, 소방시설 설치·유지 및 안전관리에 관한 법률 제36조에 따른 소방용품의 형식승인
㉑ 종자산업법 제38조 제1항에 따른 종자의 수입 판매신고, 다만, 같은 법 제15조에 따라 국가품종목록에 등재할 수 있는 작물의 종자에 대한 수입 판매신고로 한정한다.
㉒ 선박 및 선박용 물건의 형식승인 및 검정
㉓ 산지관리법에 따른 산지전용 및 산지전용의 용도변경
㉔ 임산물의 굴취·채취
㉕ 자동차관리법 제30조에 따른 자동차의 자기인증을 위한 제작자 등의 등록(자가사용목적으로 자동차를 자기인증하기 위한 제작자 등의 등록으로 한정한다.)
㉖ 사행기구의 제작 또는 수입품목별 검사
㉗ 유료도로의 신설 또는 개축
㉘ 지하수의 개발·이용
㉙ 골재 채취
㉚ 환경측정기기의 형식승인
㉛ 건축 및 대수선
㉜ 공작물의 설치 허가 또는 축조 신고
㉝ 총포·도검·화약류·분사기·전자충격기 또는 석궁의 수출 또는 수입 허가
㉞ 개발행위허가 중 녹지지역·관리지역 또는 자연환경보전지역에 물건을 1개월 이상 쌓아 놓는 행위 허가
㉟ 가설건축물의 건축 또는 축조
㊱ 농지법 제36조에 따른 농지의 타용도 일시사용
㊲ 「산지관리법」 제15조의 2에 따른 산지일시사용
㊳ 하수도법 제34조에 따른 개인하수처리시설 설치
㊴ 지하수법 제9조의 4에 따른 지하수에 영향을 미치는 굴착행위
㊵ 도금·화약류·분사기·전자충격기 또는 석궁의 소지 허가
㊶ 「내수면어업법」 제19조 단서에 따른 유해어법의 사용 허가
㊷ 「항공안전법」 제27조 제1항에 따른 기술표준품에 대한 형식승인

㊸ 「산업집적활성화 및 공장설립에 관한 법률」 제28조의 2 제2항에 따른 지식산업센터의 설립완료신고

㊹ 「화학물질관리법」 제18조에 따른 금지물질 취급 허가 및 같은 법 제19조에 따른 허가물질 제조·수입·사용 허가

㊺ 「마약류 관리에 관한 법률」 제18조 제2항 제1호에 따른 마약류 수출의 품목별 허가 또는 같은 법 제51조 제1항에 따른 원료물질 수출입의 승인

④ 등록면허세 납세의무자가 제1항에 따른 신고 또는 납부의무를 다하지 아니한 경우에는 제34조 제1항에 따라 산출한 세액에 「지방세기본법」 제53조부터 제55조까지에 따라 산출한 가산세를 합한 금액을 세액으로 하여 보통징수의 방법으로 징수한다. 다만, 제1항에 따른 신고를 하지 아니한 경우에도 등록면허세를 납부기한까지 납부하였을 때에는 「지방세기본법」 제53조 및 제54조에 따른 가산세를 부과하지 아니한다(법 §35 ④).

(1) 신고납부

① 새로 면허를 받거나 그 면허를 변경받는 자는 면허증서를 발급 받거나 송달받기 전까지 제25조 제2항의 납세지를 관할하는 시장·군수에게 그 등록면허세를 신고납부하여야 한다.

② 유효기간이 정하여져 있지 아니하거나 그 기간이 1년을 초과하는 면허를 새로이 받거나 그 면허를 변경받은 자는 지방세기본법 제34조(납세의무의 성립시기)에도 불구하고 새로 면허를 받거나 면허를 변경받은 때에 해당 면허에 대한 그 다음 연도분의 등록면허세를 한꺼번에 납부할 수 있다.

③ 신규로 면허를 받은 자가 등록면허세를 납부할 때에는 지방세법 시행규칙 별지 서식의 납부서에 의하여 납부하거나 우편대체납부의 방법으로 납부하여야 한다.

(2) 보통징수

면허의 유효기간이 정하여져 있지 아니하거나 그 기간이 1년을 초과하는 면허에 대해서는 매년 1월 1일에 그 면허가 갱신된 것으로 보아 그 납세지를 관할하는 해당 지방자치단체의 조례로 정하는 납기에 보통징수의 방법으로 매년 부과징수한다. 그리고 면허의 유효기간이 1년 이하인 면허에 대하여는 면허를 할 때 한 번만 등록면허세를 부과한다.

그러므로 이 경우는 매년 1월 1일에 그 면허가 갱신된 것으로 보고 조례로 매년 1월 16일부터 1월 31일까지를 납부기간으로 하여 보통징수방법에 의하여 징수한다.

이와 같이 면허의 갱신으로 간주되는 등록면허세를 통상 정기분 등록면허세라고 한다. 시장·군수가 정기분 등록면허세를 징수하는 때에는 납기개시 5일 전까지 납부고지서를

발부한다.

이 경우가 매년 1.16.~1.31.까지의 납기로 과세되는 정기분 등록면허세에 해당되며, 1년을 초과한다 함은 그 기간의 합계가 1년을 초과하는 경우를 말한다.

또한 면허의 기간이 1년 이하인 경우에는 그 기간이 2개 연도에 걸쳐있더라도 면허를 부여받을 때에만 납부하면 되고, 면허의 기간이 없거나 2년 이상인 경우에는 매년 1월 1일에 면허가 갱신된 것으로 보아 정기분 등록면허세가 부과되므로 12월에 면허를 받은 경우에도 면허증서를 교부받을 때와 다음년도 1월에 정기분 등록면허세를 각각 납부하여야 한다.

(3) 1회에 한정된 등록면허세 대상

제조, 가공 또는 수입의 면허로서 각각 그 품목별로 받는 면허, 건축허가 및 그 밖에 이와 유사한 면허로서 대통령령으로 정하는 면허에 해당하는 면허에 대하여는 제2항에 불구하고 면허를 할 때 한 번만 면허세를 부과한다.

이 경우 대통령령으로 정하는 면허는 앞의 본문을 참고하기 바란다.

그리고 면허세의 과세대상이 되는 면허는 신규 면허뿐만 아니라 면허사항의 변경에 대한 행정처분이나 면허의 갱신 또는 기한부면허 등도 과세대상이 된다. 그리고 영업 등의 면허를 받은 자가 일시 휴업(매년 1월 1일 현재 1년 이상 사실상 휴업 중인 사실이 입증되는 당해 업종의 면허의 경우는 비과세 됨)하고 있는 경우에도 당해 면허가 취소되지 않는 한 면허세는 과세된다.[37]

(4) 가산세의 징수 등

등록면허세 납세의무자가 법 제35조 제1항에 따른 신고 또는 납부의무를 다하지 아니한 경우에는 법 제34조 제1항에 따라 산출한 세액에 「지방세기본법」 제53조부터 제55조까지에 따라 산출한 가산세를 합한 금액을 세액으로 하여 보통징수의 방법으로 징수한다. 다만, 제1항에 따른 신고를 하지 아니한 경우에도 등록면허세를 납부기한까지 납부하였을 때에는 「지방세기본법」 제53조 및 제54조에 따른 가산세를 부과하지 아니한다.

---

[37] 이 경우 자동차를 매도하였다고 하더라도 이 사건 자동차의 등록원부상 양○○가 소유자로 등록되어 있는 동안에는 여전히 그 소유권을 양○○가 보유하고 있는 것이므로 이 자동차에 관한 면허세와 자동차세의 납세의무가 있다(대법 98도3278, 1999.3.23.).

제36조　납세의 효력

피상속인이 납부한 등록면허세는 상속인이 납부한 것으로 보고, 합병으로 인하여 소멸한 법인이 납부한 등록면허세는 합병 후 존속하는 법인 또는 합병으로 인하여 설립된 법인이 납부한 것으로 본다(법 §36).

(1) 이 조항에 있어서 피상속인이 신규면허나 간주면허에 대한 등록면허세를 납부한 다음에 사망으로 상속인이 면허에 관계되는 영업설비 또는 영업권을 상속함으로 인하여 명의의 변경을 하는 경우에도 피상속인이 납부한 면허세는 상속인이 납부한 것으로 간주되므로 등록면허세를 다시 납부할 필요가 없다.

그러나 명의변경 외의 면허변경사항에 대하여는 피상속인이 사망하지 않은 경우에도 등록면허세의 납세의무가 발생하므로 상속인도 당연히 등록면허세를 납부하여야 할 것으로 본다.

(2) 법인의 합병의 경우에도 법인의 명칭변경을 한 경우나 합병으로 인하여 면허사항이 변경되는 경우에는 등록면허세를 납부할 필요가 없다. 그러나 합병 전의 두 법인이 합병 후에도 사실상 면허사항 변경이 없는 경우에 한하여 등록면허세를 납부하지 않아도 되나, 합병하지 않았더라도 면허사항 변경을 당연히 했어야 할 면허사항 변경에 대하여는 합병 후 설립된 법인 또는 합병 후 존속하는 법인이 해당 면허변경에 대하여 등록면허세를 납부하여야 한다.

제37조　이미 납부한 등록면허세에 대한 조치

① 지방자치단체의 장은 제35조에 따라 면허증서를 발급받거나 송달받기 전에 등록면허세를 신고납부한 자가 면허신청을 철회하거나 그 밖의 사유로 해당 면허를 받지 못하게 된 경우에는 지방세기본법 제60조에 따른 지방세환급금의 처리절차에 따라 신고납부한 등록면허세를 환급하여야 한다. 이 경우 같은 법 제62조는 적용하지 아니한다(법 §37 ①).

② 면허를 받은 후에 면허유효기간의 종료, 면허의 취소, 그 밖에 이와 유사한 사유로 면허의 효력이 소멸한 경우에는 이미 납부한 등록면허세를 환급하지 아니한다(법 §37 ②).

이 규정은 면허증서를 교부 또는 송달받기 전에 면허신청을 철회하는 등의 사유로 면허의 효력이 발생되지 아니한 경우에는 이미 신고납부한 등록면허세는 과오납금 환급방법에 의하여 이를 환급하여야 하나 환급가산금은 지급하지 아니한다는 것이다.

그리고 일단 효력이 발생된 면허에 대하여 등록면허세를 징수한 것은 그 면허의 취소, 유효기간의 만료 등으로 면허의 효력이 소멸한 경우에도 이미 징수한 등록면허세는 환급하지 않는다는 것이다.

제38조 ▎ 면허 시의 납세확인

① 면허의 부여기관이 면허를 부여하거나 변경하는 경우에는 제35조에 따른 등록면허세의 납부 여부를 확인한 후 그 면허증서를 발급하거나 송달하여야 한다(법 §38 ①).
② 제1항에 따른 등록면허세의 납부 여부를 확인하는 방법 등에 관한 사항은 대통령령으로 정한다(법 §38 ②).

(1) 면허부여기관이 면허를 부여하거나 면허를 변경하는 경우에는 그 면허에 대한 등록면허세가 납부되었음을 확인하고 면허증서 발급대장의 비고란에 등록면허세의 납부처·납부금액·납부일 및 면허종별 등을 적은 후 면허증서를 발급하거나 송달하여야 한다(영 §52 ①).

(2) 시장·군수·구청장은 등록면허세의 과세대장을 갖추어 두고, 필요한 사항을 등재하여야 한다. 이 경우 해당 사항을 전산처리하는 경우에는 과세대장을 갖춘 것으로 본다. 그리고 시장·군수·구청장은 위의 등록면허세 과세대장에 준하여 등록면허세 비과세 및 과세면제대장을 갖추어 두고, 필요한 사항을 등재하여야 한다(영 §55, 규칙 §19 ②).

제38조의 2 ▎ 면허에 관한 통보

① 면허부여기관은 면허를 부여·변경·취소 또는 정지하였을 때에는 면허증서를 교부 또는 송달하기 전에 행정안전부령으로 정하는 바에 따라 그 사실을 관할 특별자치시장·특별자치도지사·시장·군수 또는 구청장에게 통보하여야 한다(법 §38의 2 ①).
② 면허부여기관은 제1항에 따른 면허의 부여·변경·취소 또는 정지에 관한 사항을 전산처리하는 경우에는 그 전산자료를 특별자치시장·특별자치도지사·시장·군수 또는 구청장에게 통보함으로써 제1항에 따른 통보를 갈음할 수 있다(법 §38의 2 ②).

(1) 면허의 부여기관이 면허를 변경·취소 또는 정지하였을 때에는 면허증서를 발급하거

나 송달하기 전에 그 사실을 관할 지방자치단체의 장에게 통보하여야 하며, 면허의 부여기관이 이러한 면허사항을 전산처리하는 경우에는 그 전산자료를 지방자치단체의 장에게 통보하여야 한다.

(2) 지방자치단체의 장은 영 제40조 제2항 제5호(매년 1월 1일 현재 1년 이상 사실상 휴업중인 사실이 입증되는 해당 업종의 면허)에 대항하여 등록면허세를 비과세하는 경우에는 그 사실을 면허부여기관에 통보하여야 한다(영 §53 ③).

제38조의 3 면허 관계 서류의 열람

세무공무원이 등록면허세의 부과·징수를 위하여 면허의 부여·변경·취소 또는 정지에 대한 관계 서류를 열람하거나 복사할 것을 청구하는 경우에는 관계 기관은 이에 따라야 한다 (법 §38의 3).

제39조 면허의 취소 등

① 지방자치단체의 장은 등록면허세를 납부하지 아니한 자에 대하여는 면허부여 기관에 대하여 그 면허의 취소 또는 정지를 요구할 수 있다(법 §39 ①).
② 면허부여기관은 제1항에 따른 요구가 있을 때에는 즉시 취소 또는 정지하여야 한다(법 §39 ②).
③ 면허부여기관이 제2항 또는 그 밖의 사유로 면허를 취소 또는 정지하였을 때에는 즉시 관할 지방자치단체의 장에게 통보하여야 한다(법 §39 ③).

레저세

CHAPTER 04
제3편 지방세법

　레저세는 일정말기인 1942년 국세로 마권세가 창설되어 정부수립 이후에도 그대로 계속되어 오다가 1961년 세제개혁시에 지방세로 이양되어 승마투표권에 대하여만 과세되었는데 경륜·경정법이 시행됨에 따라 경륜·경정의 승자투표권에 대하여도 승마투표권과 마찬가지로 과세하기 위하여 마권세의 명칭을 경주·마권세로 변경하여 1994년부터 시행되었다. 그런데 경주, 마권세로 존치할 경우 경륜, 경정, 경마에 대해서만 과세하여야 하므로 시대의 변화에 따라 소싸움, 닭싸움 등에 승자투표권 등을 발매하는 행위가 예상되고 각종 오락물에 의한 세원의 발생시 포괄할 수 있는 세목으로 하기 위하여 2002년도부터는 경주·마권세의 명칭을 레저세로 개칭하게 되었다. 이러한 레저세는 승자투표권이나 승마투표권 등의 발매에 의해서 얻은 금액에 대하여 과세하는 조세로서 지방세법상의 레저세는 그 사업자를 납세의무자로 하여 승자투표권과 승마투표권 등에 따르는 수익에 대해서 과세하는 수익세의 형태로 규정하고 있으나 그 본질은 승자투표권 등의 적중환급금 또는 배당금을 노리고 금전을 거는 사행행위에 대하여 과세하는 개별소비세의 일종으로 보아야 타당할 것이다.

　경륜·경정법에 의한 승자투표권이나 한국마사회법에 의한 승마투표권은 경주하는 사람에게 승부를 거는 것과 경주하는 말에게 승부를 거는 행위만 다를 뿐 나머지 방법은 거의 동일한 것이며, 그 납세지는 종전까지는 경륜장·경정장 또는 경마장소재지의 도에만 경주·마권세를 납부하였으나, 1995년부터는 그 투표권의 장외발매소 소재지의 각 도에도 경주·마권세를 납부하도록 하였으므로 레저세에 경정·경륜·경마 이외의 세원이 추가되어 시행될 경우에도 장외발매소에 관한 규정도 동시에 운영될 것이다. 그리고 2003년부터는 전통 소싸움 경기에 관한 법률에 의한 소싸움에 대한 승자투표권에도 레저세가 과세될 수 있도록 규정되었다.

제40조 ｜ 과세대상

레저세의 과세대상은 다음 각 호와 같다(법 §40 ① Ⅰ~Ⅲ).
1. 경륜·경정법에 따른 경륜 및 경정
2. 한국마사회법에 따른 경마
3. 그 밖의 법률에 따라 승자투표권, 승마투표권 등을 팔고 투표적중자에게 환급금 등을 지급하는 행위로서 대통령령으로 정하는 것

이 경우 "대통령령으로 정하는 것"이란 전통 소싸움경기에 관한 법률에 따른 소싸움을 말한다(영 §56).

여기에서 "경륜"이라 함은 자전거 경주에 승자투표권을 발매하고 승자투표적중자에게 환급금을 교부하는 행위를 말하며, "경정"이라 함은 모타보트경주에 승자투표권을 발매하고 승자투표적중자에게 환급금을 교부하는 행위를 말한다. 그리고 "경마"라 함은 기수가 기승한 말의 경주에 승마투표권을 발매하고 승마적중자에게 환급금을 교부하는 행위를 말한다. 또한 2003년부터는 전통 소싸움경기에 관한 법률에 의한 소싸움에 대한 투표권을 발매하고 투표적중자에게 환급금을 교부하는 행위에 대하여도 과세대상으로 하였다.

제41조 | 납세의무자

제40조에 따른 과세대상(이하 이장에서 "경륜 등"이라 한다.)에 해당하는 사업을 하는자는 레저세를 납부할 의무가 있다(법 §41).

이 경우 과세대상에 해당하는 사업을 하는 자란 ① 경정, 경륜의 경우는 지방자치단체 또는 서울올림픽기념국민체육진흥공단이 문화체육관광부장관의 허가를 받아 시행하는 것을 말하며(경륜·경정법 §4), ②경마는 한국마사회가 개최하며, 마사회가 경마장을 설치하려면 농림축산식품부장관의 허가를 받아 설치하는 것을 말하며(한국마사회법 §3, §4), 전통소싸움경기의 경우도 소싸움경기를 시행하는 주체가 납세의무자가 되는 것이다.

제42조 | 과세표준 및 세율

① 레저세의 과세표준은 승자투표권, 승마투표권 등의 발매금총액으로 한다(법 §42 ①).
② 레저세의 세율은 100분의 10으로 한다(법 §42 ②).

레저세의 실질적인 과세객체는 경주 또는 경마 등에 대하여 투표하는 사행행위이고, 형식적인 과세객체는 그 사행행위를 알선한 결과로 얻어지는 승자 또는 승마투표권 등의 발매금총액이므로 이 금액을 과세표준으로 하여 세율을 적용해 산출한 금액을 레저세로 징수하게 되는 것이다.

제43조　신고 및 납부

납세의무자는 승자투표권, 승마투표권 등의 발매일이 속하는 달의 다음 달 10일까지 제42조 제1항에 따른 과세표준에 제42조제2항에 따른 세율을 곱하여 산출한 세액(이하 이 장에서 "산출세액"이라 한다)을 대통령령으로 정하는 바에 따라 안분계산하여 다음 각 호의 구분에 따른 지방자치단체의 장에게 신고하고 납부하여야 한다(법 §43 Ⅰ~Ⅲ).

1. 경륜등의 사업장(이하 이 장에서 "경륜장등"이라 한다)에서 발매하는 승자투표권, 승마투표권 등의 경우: 해당 경륜장등이 소재하는 지방자치단체의 장
2. 장외발매소에서 발매하는 승자투표권, 승마투표권 등의 경우: 해당 경륜장등이 소재하는 지방자치단체의 장과 해당 장외발매소가 소재하는 지방자치단체의 장
3. 대통령령으로 정하는 정보통신망을 이용하여 발매하는 승자투표권, 승마투표권 등의 경우: 해당 경륜장등이 소재하는 지방자치단체의 장과 모든 지방자치단체(해당 경륜장등이 소재한 지방자치단체를 포함한다)의 장

이 경우 온라인 발매분 레저세를 본장 소재 지자체에 50%를 전국지자체에 50%로 배분하되, 그 기준은 전국 19세 이상 인구수에서 해당 지자체가 차지하는 비율로 하되, 다만, 본장이 신설된 경우 5년간 본장 소재지에 80%, 전국지자체 20% 신고납부하여야 한다.

그리고 「정보통신망 이용촉진 및 정보보호 등에 관한 법률」상 정보통신망을 이용하여 발매하는 승자투표권 등으로서 본장 또는 장외발매소 현장에서 구매하는 것은 제외함으로써 온라인 발매의 범위 구체화하였다

이 규정에 따라 레저세를 신고납부하는 경우에는 다음의 구분에 따라 나누어 계산하여 납부하여야 한다(영 §57 ① Ⅰ~Ⅳ).

① 법 제40조에 따른 과세대상 사업장(이하 이 장에서 "경륜장등"이라 한다)에서 직접 발매한 승자투표권·승마투표권 등에 대한 세액은 그 경륜장 등 소재지를 관할하는 시장·군수·구청장에게 모두 신고납부한다(영 §57 Ⅰ).
② 장외발매소에서 발매한 승자투표권·승마투표권 등에 대한 세액은 그 경륜장등 소재지와 그 장외발매소 소재지를 관할하는 시장·군수·구청장에게 각각 100분의 50을 신고납부한다(영 §57 Ⅱ).
③ 법 제43조제3호에 따른 승자투표권·승마투표권 등에 대한 세액은 그 경륜장등의 소재지를 관할하는 시장·군수·구청장에게 100분의 50을 신고납부하고, 100분의 50은 발매일이 속하는 해의 1월 1일 현재 「주민등록법」에 따른 19세 이상의 인구통계를 기준으로 하여 다음의 계산식에 따라 안분한 세액을 각 시장·군수·구청장에게 신고납부한다(영 §57 Ⅲ).

```
시·군·구별 안분세액 = A × B
A: 법 제43조제3호의 승자투표권·승마투표권 등에 대한 세액 × 100분의 50
B: 각 시·군·구의 안분비율

    각 시·군·구의 19세 이상 인구
    ─────────────────────────
      전국 19세 이상 인구
```

④ 제2호 및 제3호에도 불구하고 경륜장등이 신설된 경우에는 신설 이후 행정안전부령으로 정하는 기간까지 다음 각 목의 비율에 따른 세액을 각 시장·군수·구청장에게 신고납부한다(영 §57 Ⅳ).

가. 장외발매소에서 발매한 승자투표권·승마투표권 등에 대한 세액은 그 경륜장등 소재지를 관할하는 시장·군수·구청장에게 100분의 80을 신고납부하고, 100분의 20은 그 장외발매소 소재지를 관할하는 시장·군수·구청장에게 신고납부한다.

나. 법 제43조제3호에 따른 승자투표권·승마투표권 등에 대한 세액은 그 경륜장등 소재지를 관할하는 시장·군수·구청장에게 100분의 80을 신고납부하고, 100분의 20은 발매일이 속하는 해의 1월 1일 현재 「주민등록법」에 따른 19세 이상의 인구통계를 기준으로 하여 다음의 계산식에 따라 안분한 세액을 각 시장·군수·구청장에게 신고납부한다.

```
시·군·구별 안분세액 = A × B
A: 법 제43조제3호의 승자투표권·승마투표권 등에 대한 세액 × 100분의 20
B: 각 시·군·구의 안분비율

    각 시·군·구의 19세 이상 인구
    ─────────────────────────
      전국 19세 이상 인구
```

그리고 "대통령령으로 정하는 정보통신망"이란 경륜장등이나 장외발매소 외의 장소에서 이용하는 「정보통신망 이용촉진 및 정보보호 등에 관한 법률」에 따른 정보통신망을 말한다(영 §57 ②).

또한 법 제43조에 따라 레저세를 신고하려는 자는 행정안전부령으로 정하는 신고서로 제57조제1항 각 호에 따라 시장·군수·구청장에게 신고해야 하며, 이에 따라 레저세를 납부하려는 자는 규정된 납부서로 납부해야 한다(영 §58 ①·②).

제44조 │ 장부 비치의 의무

납세의무자는 조례로 정하는 바에 따라 경륜 등의 시행에 관한 사항을 장부에 기재하고 필요한 사항을 지방자치단체의 장에게 신고하여야 한다(법 §44).

납세의무자는 경륜 등에 대하여 매 경기 때마다 다음 사항을 장부에 기재하고 그 장부를 비치하여야 한다(도세조례).
① 승자 또는 승마투표 등의 방법, 종류 및 승자 또는 승마투표권 등의 권면금액별로 발매한 승자 또는 승마투표권 등의 매수 및 그 금액
② 레저세액
③ 승자 또는 승마투표방법 등의 종류 및 승자 또는 승마투표권 등의 권면금액별의 승자 또는 승마투표 등의 적중수
④ 승자 또는 승마투표 등의 적중자가 없는 경우에는 그 사유

납세의무자는 경륜 등의 종료 즉시 다음 사항을 기재한 신고서를 관할 시장·군수·구청장에게 제출하여야 한다(도세조례).
㉮ 승자 또는 승마투표 등의 방법의 종류 및 승자 또는 승마투표권 등의 권면금액별로 발매한 승자 또는 승마투표권 등의 매수 및 그 금액
㉯ 승자 또는 승마투표 등의 방법의 종류 및 승자 또는 승마투표권 등의 권면금액별로 승자 또는 승마투표 등의 적중수
㉰ 승자 또는 승마투표 등의 적중자가 없을 경우에는 그 승자 또는 승마투표권 등의 매수 및 금액

제45조 │ 부족세액의 추징 및 가산세

① 납세의무자가 제43조에 따른 신고 또는 납부의무를 다하지 아니하면 산출세액 또는 그 부족세액에 지방세기본법 제53조부터 제55조까지의 규정에 따라 산출한 가산세를 합한 금액을 세액으로 하여 보통징수의 방법으로 징수한다(법 §45 ①).

이 경우는 레저세를 납부하지 아니하였거나 산출세액보다 적게 납부하였을 때에는 그 납부하지 아니하였거나 부족한 세액에 1일 100,000분의 25의 비율과 납부지연 일자를 곱하여 산출한 납부지연가산세를 부과한다는 것이다.

② 납세의무자가 제44조에 따른 의무를 이행하지 아니한 경우에는 산출세액의 100분의 10에 해당하는 금액을 징수하여야 할 세액에 가산하여 보통징수의 방법으로 징수한다(법 §45 ②).

제46조　징수사무의 보조 등

① 지방자치단체의 장은 대통령령으로 정하는 바에 따라 납세의무자에게 징수사무의 보조를 명할 수 있다(법 §46 ①).

② 제1항의 경우에 지방자치단체의 장은 납세의무자에게 대통령령으로 정하는 바에 따라 교부금을 교부할 수 있다(법 §46 ②).

이 경우 시장·군수·구청장은 납세의무자에게 법 제46조에 따라 징수에 필요한 사항의 이행을 명령할 수 있으며(영 §59 ①), 시장·군수·구청장은 납세의무자가 레저세를 납부하면 납세의무자에게 그 징수납부에 든 경비를 교부금으로 지급할 수 있고, 납세의무자가 제1항에 따른 명령을 위반한 경우에는 교부금의 전부 또는 일부를 교부하지 아니할 수 있다(영 §59 ②·③).

담배소비세

CHAPTER 05
제3편 지방세법

 담배에 대한 개별소비세는 1909년 일제의 영향하에서 처음 도입되었다. 처음에는 연초세로 부과하다가 1921년 전매제의 실시로 이 세금은 폐지되었으나 정부가 담배가격을 임의로 정하고 이익금을 전매익금으로 재정에 투입하였기 때문에 사실상 연초세와 다를 바 없었다.

 이러한 전매익금에서 1984년초에 농민의 세부담 경감을 위하여 농지세 기초공제를 대폭 인상함에 따라 지방자치단체의 재정수입이 격감하게 되는 것을 보전하기 위하여 전매익금 중에서 담배판매세의 명칭으로 과세하여 오다가 1989년 지방자치를 대비한 지방자치단체의 재원확충 목적으로 전매익금 중 담배에 대한 수입 중 담배제조에 필요한 경비만 제외하고 나머지 수입금액을 담배소비세로 전환하였으며 그 세율 적용은 종량세로 하여 시행하였다. 그래서 제1종 궐련의 경우 세율은 당초에 1갑당 360원이던 것을 460원으로 하는 조정세율을 적용하다가 2001년부터는 조정세율에 규정된 세율을 본법에 의한 세율로 규정하면서 궐련의 세율을 1갑당 510원으로 인상하였고,[1] 2006년부터는 궐련의 세율을 1갑당 641원으로 인상하는 등 담배소비세의 세율을 대폭인상 하였다. 그리고 2015년부터 담배가격이 대폭인상 됨에 따라 담배소비세의 세율도 궐련1갑당 1,007원으로 인상하는 등 담배의 모든 품종의 세율이 인상되었다.

제47조 정의

 담배소비세에서 사용하는 용어의 뜻은 다음과 같다(법 §47 Ⅰ~Ⅸ).
 1. "담배"란 다음 각 목의 어느 하나에 해당하는 것을 말한다.
  가. 「담배사업법」 제2조에 따른 담배
  나. 연초(煙草)의 잎 외의 다른 부분을 원료의 전부 또는 일부로 한 것 등 가목에 따른 담배와 유사한 것으로서 대통령령으로 정하는 것담배사업법 제2조에 따른 담배를 말한다.
   이 경우 담배사업법 제2조의 담배란 연초의 잎을 원료의 전부 또는 일부를 피우거나, 빨거나, 씹거나 또는 냄새 맡기에 적합한 상태로 제조한 것을 말한다.

---

[1] 미국의 New York주, Washington주의 경우를 예를 들면 담배세(담배소비행위)와 담배제품세로 구분하여 과세하고 있으며 그 세율은 종량세이고, 그 세입은 일반회계(또는 일반기금), 수질개선기금, 담배규제 및 보험사업기금으로 활용토록 규정되어 있다. (류금렬, 「선진국의 지방세제도」, p.225, p.256)

이 규정은 '연초의 줄기·뿌리'등을 원료로 제조되어 시중에 유통중인 신종담배가 담배소비세 과세대상에서 제외되어 과세 사각지대 발생하고 현 과세대상은 원료가 "연초의 잎"인 담배(「담배사업법」상 담배)로 한정되어 조세회피를 위해 비과세 니코틴 용액 수입이 증가하고 있어 외형상 원료의 성분을 구분할 수 없는 점을 악용하여 수입 통관 시 니코틴 원료 성분을 허위로 신고하는 등 조세탈루 사례도 발생함에 따라 2021년부터는 과세대상 담배의 범위에 '담배와 유사한 것'(연초 줄기·뿌리를 원료로 제조한 담배 등)까지 추가하여 과세 사각 및 탈세 방지를 목적으로 개정된 것이다.

2. "수입" 또는 "수출"이란 관세법 제2조에 따른 수입 또는 수출을 말한다.

이 경우 수입이란 외국물품을 우리나라에 반입(보세구역을 경유하는 것은 보세구역으로부터 반입하는 것을 말한다.)하거나 우리나라에서 소비 또는 사용하는 것(우리나라의 운송수단 안에서의 소비 또는 사용을 포함하며, 관세법 제239조 각 호의 어느 하나에 해당하는 소비 또는 사용은 제외한다.)을 말하며, 수출이란 내국물품을 외국으로 반출하는 것을 말한다.

3. "보세구역"이란 관세법 제154조에 따른 보세구역을 말한다.

이 경우 보세구역이라 함은 관세법 제154조에 따른 보세구역을 말하는데, 이 경우의 보세구역은 지정보세구역, 특허보세구역 및 종합보세구역으로 구분하고, 지정보세구역은 지정장치장 및 세관검사장으로 구분하며, 특허보세구역은 보세창고, 보세공장, 보세전시장, 보세건설장 및 보세판매장으로 구분하고 있다.

4. "제조자"란 다음 각 목의 어느 하나에 해당하는 자를 말한다.

　가. 「담배사업법」 제11조에 따른 담배제조업허가를 받아 제1호 가목에 따른 담배를 제조하는 자

　나. 제1호 나목에 따른 담배를 판매할 목적으로 제조하는 자

5. "제조장"이란 담배를 제조하는 제조자의 공장을 말한다.

6. "수입판매업자"란 다음 각 목의 어느 하나에 해당하는 자를 말한다.

　가. 「담배사업법」 제13조에 따라 담배수입판매업의 등록을 하고 제1호 가목에 따른 담배를 수입하여 판매하는 자

　나. 제1호 나목에 따른 담배를 수입하여 판매하는 자

이 경우 담배수입판매업을 하고자 하는 자는 그의 본점 또는 주된 사무소의 소재지를 관할하는 시·도지사에게, 담배도매업을 하고자 하는 자는 그 본점 또는 주된 사무소의 소재지를 시장·군수·구청장에게 등록하여야 한다. 그리고 등록사항의 변동에 있어서도 또한 같다. 그리고 담배수입판매업의 등록을 하고자 하는 자는 외국의 담배제조업자와 담배의 공급계약을 체결한 자이어야 한다(담배사업법 시행령 §5 ①). 담배도매업을 등록하고자 하는 자의 등록요건은 ① 담배의 보관시설을 갖추어야 하고, ② 제조업자, 담배수입판매업자 또는 다른 담배도매업자와 담배의 공급계약을 체결한 자이어야 한다

(담배사업법 시행령 §5 ②).
7. "소매인"이란 _다음 각 목의 어느 하나에 해당하는 자를 말한다.
    가. 「담배사업법」 제16조에 따라 담배소매인의 지정을 받은 자
    나. 제1호 나목에 따른 담배를 소비자에게 판매하는 자
    이 경우 소매인이라 함은 담배사업법 제16조의 규정에 의하여 담배소매인의 지정을 받은 자를 말하는데 담배사업법 제16조에 의하면 담배소매업(직접 소비자에게 판매하는 영업을 말한다.)을 하고자 하는 자는 사업장소재지를 관할하는 시장·군수·구청장으로부터 소매인의 지정을 받아야 한다.

제48조 │ 과세대상

① 담배소비세의 과세대상은 담배로 한다(법 §48 ①).
② 제1항에 따른 담배는 다음과 같이 구분한다(법 §48 ②).
  1. 피우는 담배
    가. 제1종 궐련
      이 경우 "궐련"이란 연초에 향료 등을 첨가하여 일정한 폭으로 썬 후 궐련제조기를 이용하여 궐련지로 말아서 피우기 쉽게 만들어진 담배 및 이와 유사한 형태의 담배를 말한다(영 §60 Ⅰ).
    나. 제2종 파이프담배
      이 경우 "파이프담배"란 고급 특수 연초를 중가향(重加香) 처리하고 압착·열처리 등 특수가공을 하여 각 폭을 비교적 넓게 썰어서 파이프를 이용하여 피울 수 있도록 만든 담배 및 이와 유사한 형태의 담배를 말한다(영 §60 Ⅱ).
    다. 제3종 엽궐련
      이 경우 "엽궐련"이란 흡연 맛의 주체가 되는 전충엽을 체제와 형태를 잡아 주는 중권엽으로 싸고 겉모습을 아름답게 하기 위하여 외권엽으로 만 잎말음 담배 및 이와 유사한 형태의 담배를 말한다(영 §60 Ⅲ).
    라. 제4종 각련
      이 경우 "각련"이란 하급 연초를 경가향(輕加香)하거나 다소 고급인 연초를 가향하여 가늘게 썰어, 담뱃대를 이용하거나 흡연자가 직접 궐련지로 말아 피울 수 있도록 만든 담배 및 이와 유사한 형태의 담배를 말한다(영 §60 Ⅳ).
    마. 제5종 전자담배
      이 경우 "전자담배"란 니코틴이 포함된 용액, 연초 또는 연초 고형물을 전자장치를

이용하여 호흡기를 통하여 체내에 흡입함으로써 흡연과 같은 효과를 낼 수 있도록 만든 담배 및 이와 유사한 형태의 담배를 말한다(영 §60 Ⅴ).

바. 제6종 물담배

이 경우 "물담배"란 장치를 이용하여 담배연기를 물로 거른 후 흡입할 수 있도록 만든 담배 및 이와 유사한 형태의 담배를 말한다(영 §60 Ⅴ의Ⅱ).

2. 씹는 담배

이 경우 "씹는 담배"란 입에 넣고 씹음으로써 흡인과 같은 효과를 낼 수 있도록 가공 처리된 담배 및 이와 유사한 형태의 담배를 말한다(영 §60 Ⅵ).

3. 냄새 맡는 담배

이 경우 "냄새 맡는 담배"란 특수 가공된 담배 가루를 코 주위 등에 발라 냄새를 맡음으로써 흡연과 같은 효과를 낼 수 있도록 만든 가루 형태의 담배 및 이와 유사한 형태의 담배를 말한다(영 §60 Ⅶ).

4. 머금는 담배

이 경우 "머금는 담배"란 입에 넣고 빨거나 머금으면서 흡연과 같은 효과를 낼 수 있도록 특수가공하여 포장된 담배가루, 니코틴이 포함된 사탕 및 이와 유사한 형태로 만든 담배를 말한다(영 §60 Ⅷ).

③ 제2항의 담배의 구분에 관하여는 담배의 성질과 모양, 제조과정 등을 기준으로 하여 대통령령으로 정한다(법 §48 ③).

| 사례 |

❖ **니코틴 농축액을 희석한 니코틴 용액 제조가 담배 제조행위인지**

이 사건 니코틴 용액은 연초의 잎 등에서 니코틴을 추출하여 빨기에 적합한 상태로 제조한 것으로서 구 담배사업법 제2조에서 정의하고 있는 '담배'에 해당하고, 구 지방세법 제48조 제2항은 이러한 전자담배를 담배소비세 과세대상으로 규정하고 있는 점, ② 전자담배의 경우 니코틴 용액을 기화시켜 체내에 흡입하기 위한 전자장치는 그 자체로는 독자적 효용이 없으므로 이 사건 니코틴 용액이 담배에 해당하는지 여부는 위와 같이 전자장치와 결합하여 흡입하는 경우를 상정하여 판단하여야 하는 점, ③ 원고는 니코틴 농축액에 글리세린, 식용 알코올, 증류수, 향료 등을 첨가하여 다양한 향미와 기능을 구비한 이 사건 니코틴 용액을 만들어 판매하였고, 이는 자신의 기술과 노하우를 적용하여 고부가가치의 새로운 전자담배 상품을 만들어 낸 것이어서 제조행위에 해당하는 점, ④ 지방세법은 담배의 수입과 별도로 담배의 제조 단계에서 담배소비세를 납부하도록 하고 있으므로, 단순 니코틴 농축액과 이 사건 니코틴 용액에 대해 과세상 취급을 달리할 합리적 근거가 있는 점 등을 종합하여 보면, 원고는 구 지방세법상 담배인 이 사건 니코틴 용액의 제조자로서 담배소비세를 납부할 의무가 있다고 판단하였다.

(대법 2016두50709, 2017.1.12.)

제49조 | 납세의무자

① 제조자는 제조장으로부터 반출(搬出)한 담배에 대하여 담배소비세를 납부할 의무가 있다 (법 §49 ①).
② 수입판매업자는 보세구역으로부터 반출한 담배에 대하여 담배소비세를 납부할 의무가 있다(법 §49 ②).

위의 ①과 ②에서 제조자와 수입판매업자가 ① 담배가 그 제조장 또는 보세구역에서 소비되는 경우 ② 제조장에 있는 담배가 공매, 경매 또는 파산절차 등에 따라 환가(換價) 되는 경우에는 제조자 또는 수입판매업자가 담배를 제조장 또는 보세구역에서 반출한 것으로 보기 때문에 그 부분에 대한 담배소비세도 제조자 또는 수입판매업자가 납부할 의무가 있는 것이다.

③ 외국으로부터 입국(「남북교류협력에 관한 법률」 제2조 제1호에 따른 출입장소를 이용하여 북한으로부터 들어오는 경우를 포함한다. 이하 이 장에서 같다.)하는 사람(이하 이 장에서 입국자라 한다.)의 휴대품·탁송품(託送品)·별송품(別送品)으로 반입하는 담배 또는 외국으로부터 탁송의 방법으로 국내로 반입하는 담배에 대해서 그 반입한 사람이 담배소비세를 납부할 의무가 있다. 다만, 입국자 또는 수입판매업자가 아닌 사람이 외국으로부터 우편으로 반입하는 담배에 대해서는 그 수취인이 담배소비세를 납부할 의무가 있다(법 §49 ③).

이 경우는 외국을 여행하고 입국하는 자가 국제우편이나 택배 등으로 담배를 반입하는 경우 그 납세지를 소관 세관소재지로 확정하기 위한 규정이다.

④ 제1항에서 제3항까지의 방법 외의 방법으로 담배를 제조하거나 국내로 반입하는 경우에는 그 제조자 또는 반입한 사람이 각각 담배소비세를 납부할 의무가 있다(법 §49 ④).
⑤ 제54조에 따른 면세담배를 반출한 후 제54조 제1항 각 호의 구분에 따른 해당 용도에 사용하지 아니하고 판매, 소비 그 밖의 처분을 한 경우에는 제1항부터 제4항까지의 규정에도 불구하고 그 처분을 한 자가 담배소비세를 납부할 의무가 있다(법 §49 ⑤).

또한 과세면제(법 제54조에 따라 과세면제된 담배)된 담배를 수출, 보세구역에서의 판매, 시험분석 또는 연구용 등으로 사용하지 아니하고 판매하는 등의 경우는 그 처분한 자를 납세의무자로 본다는 것이다.

그러므로 담배소비세의 납세의무자로는 제조자, 수입판매업자, 외국으로부터 입국하면서 담배를 반입하는 자, 이 외의 방법으로 담배를 제조하거나 국내로 반입하는 경우 등도 납세의무가 있다.

그런데 담배소비세의 납부의무 발생은 제조하거나 수입한다고 발생하는 것이 아니라 제조 또는 수입한 담배를 제조장으로부터 반출하거나 수입담배를 보세구역으로부터 반출할 때에 납세의무가 발생하는 점에 유의해야 한다.

사례 |

❖ **면세담배를 공급받은 자가 면세용도에 맞지 않게 담배를 유통시킨 경우 담배소비세와 가산세의 납부의무를 담배 제조자에게 부담시키는 지방세법 관련조항은 위헌**

헌법재판소 전원재판부는 면세담배를 공급받은 자가 부당하게 국내에 담배를 유통시킨 경우 담배소비세와 가산세 등을 담배 제조자에게 부과하도록 한 지방세법 제233조의 7 제2항 제1호 중 제232조 제1항은 위헌소지가 있다는 법원의 위헌법률심판제청을 받아들여 재판관 전원일치의 의견으로 위헌결정을 내렸다.

재판부는 결정문에서 "공급받은 면세담배를 용도 외로 처분한 데 대한 책임이 누구에게 있는지에 대한 고려없이 징세절차의 편의만을 위해 무조건 원래의 납세의무자였던 제조자에게 담배소비세와 가산세를 부과하는 것은 자신의 통제권 내지 결정권이 미치지 않는데 대해서까지 책임을 지게 하는 것으로 자기책임의 원리에 부합하지 않는다."고 밝혔다.

재판부는 이어 "담배 제조자는 법령이 정한 일정한 자격을 갖춘 상대방에게 특수용 담배임을 표시해 특수용담배공급계약에 따라 담배를 제공함으로써 일응의 책임을 다한 것이고 용도 외 처분에 관해 귀책사유가 있다는 특별한 사정이 없는 한 그 책임을 제조자에게 묻는 것은 옳지 않다."고 덧붙였다.

(헌재 2002헌가27, 2004.6.24.)

제50조 | 납세지

① 제49조 제1항과 제2항의 경우 담배소비세의 납세지는 담배가 판매된 소매인의 영업장 소재지로 한다(법 §50 ①).

그러므로 제조자 및 수입판매업자의 경우 담배소비세의 납세지는 담배가 매도된 소매인의 영업장소재지를 관할하는 시(특별시와 광역시를 포함한다.)·군·구가 되는 것이다.

② 제49조 제3항의 경우 담배소비세의 납세지는 담배가 국세로 반입되는 세관 소재지로 한다(법 §50 ②).

그러므로 외국으로부터 입국하는 사람의 휴대품 또는 탁송품, 별송품으로 반입하는 담배의 담배소비세 납세지는 세관 소재지를 관할하는 시·군·구가 된다.

③ 제49조 제4항의 경우 납세지는 다음과 같다(법 §50 ③ Ⅰ·Ⅱ).

  1. 담배를 제조하는 경우 : 담배를 제조한 장소
  2. 담배를 국내로 반입하는 경우 : 국내로 반입하는 자의 주소지(법인의 경우에는 본점이나 주사무소 소재지)

기타 제조자가 담배를 제조한 경우에는 담배를 제조한 장소를 관할하는 시·군·구가 납세지가 되고, 수입판매업자 또는 외국에서 입국하는 사람의 휴대품등으로 반입하는 이

외의 자가 담배를 외국으로부터 국내에 반입하는 경우에는 국내로 반입하는 자의 주소지(법인의 경우에는 본점이나 주사무소 소재지)를 관할하는 시·군·구가 납세지가 된다.

그간 비정상적인 방법으로 담배를 국내로 반입하는 경우 국내로 반입하는 장소의 의미가 모호하여 유권해석 상 '세관 소재 자치단체'에서 부과함에 따라 이로 인해 세관이 소재한 특정 자치단체에만 고액의 체납액이 전가되고 있어 비정상적인 방법으로 국내로 반입되는 경우 납세지를 실질적으로 담배를 유통시킨 개인의 주소지(법인은 본점이나 주사무소 소재지)로 변경한 것이며, 그 시행시기는 시행일(2024.1.1.) 이후 담배를 국내로 반입하는 경우부터 적용한다.

④ 제49조 제5항의 경우 담배소비세의 납세지는 같은 항에 따른 처분을 한 자의 영업장 소재지로 하되, 영업장 소재지가 분명하지 아니한 경우에는 그 처분을 한 장소로 한다(법 §50 ④).

이 경우는 면세담배(수출·국군, 전투경찰, 교정시설 경비교도 또는 주한 외국군에의 납품·보세구역에서의 판매·외항선 또는 원양어선의 선원에 대한 판매·국제항로에 취항하는 항공기 또는 여객선의 승객에 대한 판매·시험분석 또는 연구용·그 밖에 국가원수가 행사용으로 사용하는 담배 등)를 반출한 후 당해 용도에 사용하지 아니하고 매도·판매·소비 그 밖의 처분을 한 경우의 경우 담배소비세의 납세지는 같은 항에 따른 처분을 한 자의 영업장 소재지를 관할하는 시·군·구로 하되, 영업장 소재지가 불분명한 경우에는 그 처분을 한 장소를 관할하는 시·군·구가 된다.

제51조 │ 과세표준

담배소비세의 과세표준은 담배의 개비수, 중량 또는 니코틴 용액의 용량으로 한다(법 §51).[2]
이 경우 담배라 함은 연초를 주원료로 하여 피우거나 씹거나 또는 냄새 맡기에 적합한 상태로 제조한 것을 말하므로 국내에서 제조한 담배와 외국으로부터 수입한 담배에 대해서도 담배소비세가 부과된다.

---

[2] 조세를 부과할 때 "과세표준을 무엇으로 하느냐"를 기준으로 종량세와 종가세로 나눌 수 있다. 종량세는 과세표준으로 수량, 용적 등을 기준으로 하는 것이며, 종가세는 과세표준을 가격을 기준으로 삼는 것을 말한다. 종량세는 종가세에 비하여 조세배분면에서 불공평성이 강하여 경기안정기능에 역행한다는 단점이 있다. 현재 담배소비세의 경우가 종량세로 되어 있으나 이는 담배제품의 다양성과 세계 여러나라와의 무역협정 등과 관련하여 보조를 맞추어 갖추어진 제도인 점을 유념해야 한다.

제52조 | 세 율

① 담배소비세의 세율은 다음 각 호와 같다(법 §52 ① Ⅰ~Ⅳ).
　1. 피우는 담배
　　가. 제1종 궐련 : 20개비당 1,007원
　　나. 제2종 파이프담배 : 1그램당 36원
　　다. 제3종 엽궐련 : 1그램당 103원
　　라. 제4종 각련 : 1그램당 36원
　　마. 제5종 전자담배 :
　　　　1) 니코틴 용액을 사용하는 경우 : 니코틴 용액 1밀리리터당 628원
　　　　2) 연초 또는 연초 고형물을 사용하는 경우
　　　　　가) 궐련형: 20개비당 897원
　　　　　나) 기타유형: 1그램당 88원
　　바. 제6종 물담배 : 1그램당 715원
　2. 씹거나 머금는 담배 : 1그램당 364원
　3. 냄새 맡는 담배 : 1그램당 26원
② 제1항에 따른 세율은 그 세율의 100분의 30의 범위에서 소비자물가상승률을 고려하여 대통령령으로 정하는 바에 따라 조정할 수 있다(법 §52 ②).

　담배소비세의 세율은 취득세 등 다른 세목에서 규정한 표준세율에 의한 제한세율을 조례로 정할 수 있도록 한 것과는 달리 기본세율은 법에서 규정하지만 담배가격의 변동과 신제품의 빈번한 출시 등 국가정책적 목적에 대응할 세율변경을 위하여 시행령으로 조정세율을 활용할 수 있는 제도를 갖추고 있다.
　그런데 현재에는 지방세법시행령에서 정하고 있는 조정세율은 본세의 세율과 같다(영 §61).

제53조 | 미납세 반출

① 다음 각 호의 어느 하나에 해당하는 담배에 대하여는 담배소비세를 징수하지 아니한다(법 §53 ① ⅠⅡ).
　1. 담배 공급의 편의를 위하여 제조장 또는 보세구역에서 반출하는 것으로서 다음 각 목의 어느 하나에 해당하는 것
　　가. 제54조 제1항에 따른 과세면제 담배를 제조장에서 다른 제조장으로 반출하는 것

나. 「관세법」 제2조 제4호에 따른 외국물품(외국으로부터 우리나라에 도착한 물품으로서 관세법 제241조 제1항에 따른 수입의 신고가 수리(受理)된 물품)인 담배를 보세구역에서 다른 보세구역으로 반출하는 것
2. 담배를 다른 담배의 원료로 사용하기 위하여 반출하는 것
3. 그 밖에 제조장을 이전하기 위하여 담배를 반출하는 등 대통령령으로 정하는 바에 따라 반출하는 것

이 경우 "대통령령으로 정하는 바에 따라 반출하는 것"이란 ① 제조장을 이전하기 위하여 담배를 반출하는 것 ② 수출할 담배를 제조장으로부터 다른 장소에 반출하는 것 ③ 담배를 폐기하기 위하여 제조장 또는 수입판매업자의 담배보관장소로부터 폐기장소로 반출하는 것의 어느 하나에 해당하는 것을 말한다(영 §62 Ⅰ~Ⅲ).

② 제1항에 따라 반입된 담배에 대해서는 그 반입 장소를 제조장 또는 보세구역으로 보고 반입자를 제조자 또는 수입판매업자로 보아 담배소비세의 부과 또는 면제에 관한 규정을 적용한다(법 §53 ②).

이 규정은 그간 담배소비세가 납부된 후 타 제조장 등으로 반출되는 것이 개별소비세법에서는 미납세 반출을 수출 등 면제 또는 다른 물품의 원료, 폐기 등 부득이한 경우로 한정하는 등 타법상의 미납세 반출과 상이하여 타법 상 미납세 반출 제도와 통일성을 기하는 동시에 법 제63조에서 규정하고 있는 세액의 공제 및 환급 규정을 개정하여 반출된 담배가 제조장 등에 다시 반입되는 경우 세액의 공제·환급을 하고 재반출 될 때 다시 납세의무가 성립함을 규정한 것이다

제54조 과세면제

① 제조자 또는 수입판매업자가 담배를 다음 각 호의 어느 하나의 용도에 제공하는 경우에는 담배소비세를 면제한다(법 §54 ① Ⅰ~Ⅷ).
1. 수출(수출 상담을 위한 견본용 담배를 포함한다.)
2. 주한 외국군의 관할 구역에서 다음 각 목의 사람에 대한 판매
   가. 주한외국군의 군인
   나. 외국 국적을 가진 민간인으로서 주한외국군대에서 근무하는 사람
   다. 가목 또는 나목에 해당하는 사람의 가족

그러므로 주한외국군의 관할 구역 안에서 외국군의 군인, 외국국적의 민간인 및 그들의 가족에게 판매하는 담배에 한하여 면제한다는 것이다.

3. 보세구역에서의 판매
4. 외항선 및 원양어선의 선원에 대한 판매
5. 국제항로에 취항하는 항공기 또는 여객선의 승객에 대한 판매
6. 담배의 제품개발·품질개선·품질검사·성분분석이나 이에 준하는 시험분석 또는 연구활동

그 간 해당규정은 시험분석 또는 연구의 목적등에 대해 별도의 제한을 두고 있지 안하아 면제대상을 지나치게 넓게 해석됨에 따라 실제 담배의 신제품개발, 품질개선등의 연구와 담배사업법에 따른 성능분석등을 구체적 과세면제 대상으로 하고 동일 제조장내에서 수행되는 담배의 품징 및 성능검사의 경우 반출로 보지 않도록 구체화 한 것이다

※ 궐련의 제세부담금 현황(2023년 기준)
  총 2914.4원 부담(담배소비세 1,007원, 지방교육세 443원, 개별소비세 594원, 국민건강증진부담금 841원, 폐기물부담금 24.4원, 엽연초부담금 5원)

7. 남북교류협력에 관한 법률 제13조에 따라 반출승인을 받은 담배로서 북한지역에서 취업 중인 근로자 및 북한지역 관광객에게 판매하는 담배
8. 제1호부터 제7호까지의 담배용도와 유사한 것으로서 그 밖에 국가원수가 행사용으로 사용하는 담배 등 대통령령으로 정하는 용도

이 경우 "대통령령으로 정하는 용도"란 다음 각 호의 어느 하나에 해당하는 용도를 말한다(영 §63 Ⅰ·Ⅱ).

  가. 해외 함상훈련에 참가하는 해군사관생도 및 승선장병에게 공급하는 용도의 담배에 대하여는 담배소비세를 면제한다(영 §63 Ⅰ).
  나. 외국에 주류(駐留)하는 장병에게 공급하는 용도의 담배에 대하여는 담배소비세를 면제한다(영 §63 Ⅱ).
    이러한 담배의 제조자 또는 수입판매업자는 법 제54조 제1항 제2호부터 제7호까지 및 영 제63조에 따라 담배소비세가 면제되는 담배를 제조·판매할 경우에는 담뱃갑 포장지에 가로 1센티미터, 세로 3센티미터의 사각형 안에 "면세용, DutyFree"라고 표시하여야 한다(규칙 §22의 2).

② 입국자가 반입하는 담배로서 대통령령으로 정하는 범위의 담배에 대해서는 담배소비세를 면제한다(법 §54 ②).

이 경우 "입국자가 반입하는 담배"란 여행자의 휴대품·별송품·탁송품으로 반입되는 담배를 말하고, 대통령령으로 정하는 범위의 담배는 다음과 같다(영 §64 ①·②).

담배종류	수 량
▪ 궐 련	200개피
▪ 엽 궐 련	50개피
▪ 전자담배	▪ 니코틴용액 20밀리리터 ▪ 궐련형 200개피 ▪ 연초 고형물 110그램
▪ 그 밖의 담배	250그램

③ 우리나라에서 수출된 담배가 포장 또는 품질의 불량, 판매부진, 그 밖의 부득이한 사유로 다시 수입되어 제조장 또는 수입판매업자의 담배보관장소로 반입할 목적으로 보세구역으로부터 반출된 경우에는 담배소비세를 면제한다(법 §54 ③).

이 경우 담배소비세를 면제받은 자는 행정안전부령으로 정하는 확인서에 해당 담배가 제조장 또는 수입판매업자의 담배보관장소로 반입된 사실을 증명하는 서류를 첨부하여 반입된 다음 날까지 제조장 또는 주사무소 소재지를 관할하는 특별시장·광역시장·특별자치시장·특별자치도지사·시장 및 군수(이하 이 장에서 "시장·군수"라 한다.)에게 제출하여야 한다(영 §64의 2).

제55조 담배의 반출신고

제조자 또는 수입판매업자는 담배를 제조장 또는 보세구역에서 반출(제53조에 따른 미납세 반출 및 제54조에 따른 과세면제를 위한 반출을 포함한다.)하였을 때에는 대통령령으로 정하는 바에 따라 지방자치단체의 장에게 신고하여야 한다(법 §55).

이 규정에 따른 반출신고는 반출한 날이 속하는 달의 다음 달 5일까지 행정안전부령으로 정하는 신고서에 지난 달 특별시·광역시·특별자치시·특별자치도·시 및 군(이하 이 장에서 "시군"이라 한다.)별 판매량을 적은 자료를 첨부하여 제조장 또는 주사무소를 관할하는 시장·군수에게 해야 한다. 다만, 제68조 제2항 각 호 외의 부분 단서에 따른 수입업자의 경우에는 지난 달 시·군별 판매량을 적은 자료를 첨부하지 않을 수 있다(영 §65 ①).

이에 따른 반출신고는 과세대상 담배와 미납세 반출대상 담배 및 면세대상 담배의 반출이 각각 구분될 수 있도록 하여야 한다(영 §65 ②).

그리고 위에 따라 담배의 반출신고를 하려는 자는 담배반출신고서에 담배 수불(受拂)상황표 및 담배의 반출사실을 증명하는 전표 또는 수입신고필증을 첨부하여 제조장 또는 주사무소 소재지를 관할하는 특별시장·광역시장·특별자치시장·특별자치도지사·시장 또는 군수에게 제출하여야 하며(규칙 §24 ①), 이에 따라 담배의 반출신고를 받은 제조장 소재지를 관할하는 시장·군수는 매월 월말집계표를 다음 달 15일까지 제조자의 주사무소 소재지를 관할하는 시장·군수에게 통보해야 한다(규칙 §24 ②).

제56조 제조장 또는 보세구역에서의 반출로 보는 경우

다음 각 호의 어느 하나에 해당하는 경우에는 제조자 또는 수입판매업자가 담배를 제조장 또는 보세구역에서 반출한 것으로 본다(법 §56 Ⅰ·Ⅱ).
1. 담배가 그 제조장 또는 보세구역에서 소비되는 경우. 다만, 제54조 제1항 제6호의 용도로 소비되는 경우는 제외한다.
2. 제조장에 있는 담배가 공매, 경매 또는 파산절차 등에 따라 환가(換價)되는 경우

제57조 개업·폐업 등 신고사항 통보

① 기획재정부장관은 다음 각 호의 어느 하나에 해당하는 경우에는 그 사실을 제조장 소재지를 관할하는 지방자치단체의 장에게 통보하여야 한다(법 §57 ① Ⅰ~Ⅲ).
1. 「담배사업법」 제11조에 따라 담배제조업의 허가 또는 변경허가를 한 경우
2. 「담배사업법」 제11조의3에 따라 양도·양수 또는 상속의 신고를 받은 경우
3. 「담배사업법」 제11조의4에 따라 담배제조업의 허가취소를 한 경우
  위의 법 제1항에 따라 기획재정부장관은 제조장 소재지를 관할하는 지방자치단체의 장에게 다음 각 호의 구분에 따른 사항을 통보하여야 한다(영 §66 ① Ⅰ~Ⅲ).
   1. 법 제57조 제1항 제1호의 경우
     가. 명칭 또는 상호와 주소
     나. 대표자와 및 관리자의 성명·주소
     다. 생산하는 담배의 품종
     라. 연간 생산규모
     마. 영업개시일
     바. 담배 보관창고의 지번 및 소유권자와 사용권자 현황
     사. 변경내용(변경허가인 경우만 해당한다.)
     아. 그 밖의 참고사항

2. 법 제57조 제1항 제2호의 경우
   가. 양도인·양수인의 명칭 또는 상호와 주소(양도·양수인 경우만 해당한다.)
   나. 양도인·양수인, 상속인·피상속인 또는 피합병법인·합병 후 존속(설립)법인의 대표자와 관리자의 성명과 주소
   다. 양도·양수일 또는 상속개시일 또는 합병일
   라. 양도·양수 또는 합병 사유
   마. 그 밖의 참고사항
3. 법 제57조 제1항 제3호의 경우
   가. 명칭 또는 상호와 주소
   나. 대표자 및 관리자의 성명과 주소
   다. 허가취소일
   라. 허가취소 사유
   마. 그 밖의 참고사항

② 특별시장·광역시장·특별자치시장·도지사 또는 특별자치도지사는 다음 각 호의 어느 하나에 해당하는 경우 그 사실을 수입판매업자의 주사무소 소재지를 관할하는 지방자치단체의 장에게 통보하여야 한다(법 §57 ② Ⅰ~Ⅲ).
1. 「담배사업법」 제13조에 따라 담배수입판매업의 등록 또는 변경등록을 한 경우
2. 「담배사업법」 제15조에 따라 담배수입판매업의 등록을 취소한 경우
3. 「담배사업법」 제22조의 2에 따른 휴업 또는 폐업 신고를 받은 경우

위의 제2항에 따라 특별시장·광역시장·특별자치시장·도지사 또는 특별자치도지사가 수입판매업자의 주사무소 소재지를 관할하는 지방자치단체의 장에게 다음 각 호의 구분에 따른 사항을 통보해야 한다(영 §66 ② Ⅰ~Ⅲ).
1. 법 제57조 제2항 제1호의 경우
   가. 명칭 또는 상호와 주소
   나. 대표자와 관리자의 성명과 주소
   다. 수입하는 담배의 품종
   라. 제조(공급)업체명
   마. 변경내용(변경등록인 경우만 해당한다.)
   바. 그 밖의 참고사항
2. 법 제57조 제2항 제2호의 경우
   가. 명칭 또는 상호와 주소
   나. 대표자와 관리자의 성명과 주소
   다. 등록취소일

라. 등록취소 사유

마. 그 밖의 참고사항

3. 법 제57조 제2항 제3호의 경우

가. 명칭 또는 상호와 주소

나. 대표자와 관리자의 성명과 주소

다. 휴업기간 또는 폐업일

라. 휴업 또는 폐업의 사유

마. 그 밖의 참고사항

제58조 | 폐업 시의 재고담배 사용계획서 제출

제조자 또는 수입판매업자는 다음 각 호의 구분에 따라 정하여진 날부터 3일 이내에 그가 보유하고 있는 재고담배의 사용계획서를 제조장 소재지 또는 주사무소 소재지(수입판매업의 경우 한정한다.)를 관할하는 지방자치단체의 장에게 제출하여야 한다(법 §58 Ⅰ·Ⅱ).

1. 제조자: 사실상 휴업 또는 폐업한 날
2. 제47조 제6호 가목에 해당하는 수입판매업자: 「담배사업법」 제22조의2에 따라 휴업 또는 폐업신고를 한 날
3. 제47조 제6호 나목에 해당하는 수입판매업자: 사실상 휴업 또는 폐업한 날

제59조 | 기장의무

제조자 또는 수입판매업자는 담배의 제조·수입·판매 등에 관한 사항을 대통령령으로 정하는 바에 따라 장부에 기장하고 보존하여야 한다(법 §59).

(1) 제조자가 장부에 적어야 할 사항(영 §68 ① Ⅰ~Ⅵ)

담배의 제조자가 장부에 적어야 할 사항은 다음 각 호와 같다.

① 매입한 담배의 원재료의 종류와 종류별 수량 및 가액(그 원료가 담배인 경우에는 그 담배의 품종별 수량 및 가액), 매입연월일 및 판매자의 성명(법인의 경우에는 법인의 명칭과 대표자의 성명)·주소

② 담배의 제조를 위하여 사용한 원재료의 종류별 수량 및 가격, 사용연월일

③ 도매업자와 소매인에게 매도한 담배의 해당 시·군별, 품종별 수량
④ 제조한 담배의 품종별 수량 및 제조연월일
⑤ 보관되어 있는 담배의 품종별 수량
⑥ 반출하거나 반입(제조장 또는 보세구역에서 반출된 담배가 포장 또는 품질의 불량, 판매부진 그 밖의 부득이한 사유로 제조장 또는 수입판매업자의 담배보관 장소로 반입된 경우를 포함한다.)한 담배(면세·미납세·과세로 구분한다.)의 품종별 수량 및 가액, 반출 또는 반입연월일 및 반입자의 성명(법인의 경우에는 법인의 명칭과 대표자의 성명)·주소

(2) 수입판매업자가 장부에 적어야 할 사항(영 §68 ② Ⅰ~Ⅵ)

수입판매업자가 장부에 적어야 할 사항은 다음 각 호와 같다. 다만, 행정안전부령으로 정하는 수입판매업자의 경우는 제2호의 사항을 적지 않을 수 있다.
① 보세구역으로부터 반출되는 담배의 품종별 수량
② 도매업자와 소매인에게 판매한 담배의 해당 시·군별, 품종별 수량
③ 보관되어 있는 담배의 보관 장소별, 품종별 수량
④ 훼손·멸실된 담배의 품종별 수량
⑤ 보세구역 내에서 소비된 담배의 품종별 수량
⑥ 그 밖에 담배의 수량 확인 등에 필요한 재고 및 사용수량 등

이 경우 "행정안전부령으로 정하는 수입판매업자"란 사업개시 후 1년이 경과되지 아니한 수입판매업자와 직전 연도의 월평균 담배소비세 납부액이 5억원 이하인 수입판매업자를 말한다(규칙 §28 Ⅰ·Ⅱ).

제60조 신고 및 납부 등

① 제조자는 매월 1일부터 말일까지 제조장에서 반출한 담배에 대한 제51조와 제52조에 따른 과세표준과 세율에 따라 산출한 세액(이하 이 장에서 "산출세액"이라 한다.)을 대통령령으로 정하는 안분기준에 따라 다음 달 20일까지 각 지방자치단체의 장에게 신고납부하여야 한다(법 §60 ①).

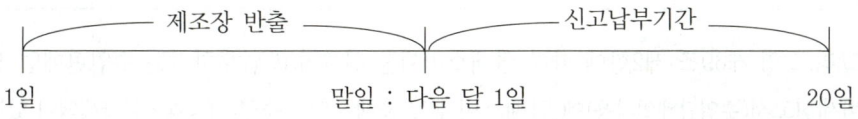

그리고 이 규정에 따라 담배소비세를 신고하고 납부하려는 제조자는 다음 각 호의 사항

을 명확히 하여 행정안전부령으로 정하는 신고서로 관할 시장·군수에게 신고하고, 행정안전부령으로 정하는 납부서로 시·군별 산출세액을 납부하여야 한다(영 §69 ① Ⅰ~Ⅳ).
㉮ 지난해 해당 시·군·구에서 팔린 담배의 품종별 과세표준과 세율에 따라 산출한 세액
㉯ 전년월 중 제조장에서 반출된 담배의 품종별 과세표준과 세율에 따라 산출한 세액에서 기타 세액을 공제하거나 환급한 세액을 빼고, 가산세를 합한 총세액
㉰ 지난해 전 시·군지역에서 실제 소매인에게 팔린 담배의 품종별 과세표준과 세율에 따라 산출한 총세액
㉱ 다음 계산방식에 따라 해당 시·군이 실제로 받을 세액

> 해당 시·군이 실제로 받을 세액 = (전월 중 제조장에서 반출된 외국산담배의 산출세액 - 공제 또는 환급세액 + 가산세) × [(지난해 각 시·군에서 소매인에게 팔린 외국산담배의 산출세액) ÷ (지난해 전 시·군별로 소매인에게 팔린 외국산담배의 총세액)]

② 수입판매업자는 매월 1일부터 말일까지 보세구역에서 반출한 담배에 대한 산출세액을 다음 달 20일까지 대통령으로 정하는 바에 따라 각 지방자치단체의 장에게 신고납부하여야 한다(법 §60 ②).

이와 같이 담배소비세를 신고하고 납부하려는 수입판매업자는, ① 지난해 각 시·군에서 소매인에게 팔린 외국산담배의 품종별 과세표준과 세율에 따라 산출한 세액, ② 전월 중 보세구역에서 반출(법 제53조 각 호에 따른 반출은 제외한다.)된 외국산담배의 품종별 과세표준과 세율에 따라 산출한 세액에서 공제하거나 환급한 세액을 빼고 가산세를 합한 총세액, ③ 지난해 전 시·군지역별로 소매인에게 실제로 팔린 외국산담배의 품종별 과세표준과 세율에 따라 산출한 총세액, ④ 다음 계산방식으로 각 시·군이 실제로 받을 세액을 명확히 하여 행정안전부령으로 정하는 신고서로 관할 시장·군수에게 신고하고, 행정안전부령으로 정하는 납부서로 시·군별 산출세액을 납부하여야 한다(영 §69 ②).

> 각 시·군이 실제로 받을 세액 = ②의 산출세액×(①에 따른 산출세액÷③에 따른 총세액)

그리고 영 제69조 제2항에 따라 담배소비세를 신고하고 납부하려는 수입판매업자는 담배소비세신고서(수입담배업자용)에 담배소비세액 공제·환급증명서(공제·환급세액이 있는 경우로 한정한다.)를 첨부하여 관할 시장·군수에게 제출하고 납부서로 납부해야 한다(규칙 §29 ②).

지방세법 시행령 제69조 제1항 제1호(지난해 해당 시·군에서 팔린 담배의 품종별 과세표준과 세율에 따라 산출한 세액) 및 제3호(지난해 전 시·군지역에서 실제 소매인에게 팔린 담배의 품종별 과세표준과 세율에 따라 산출한 총세액) 또는 제2항 제1호(지난해 각 시·군에서 소매인에게 팔린 외국산담배의 품종별 과세표준과 세율에 따라 산출한 세액) 및 제3호(지난해 전 시·군지역별로 소매인에게 실제로 팔린 외국산담배의 품종별 과세표준과 세율에 따라 산출한 총세액)의 규정에 의한 세액이 없어 제조자 또는 수입판매업자가 판매한 담배에 대한 시·군별 담배소비세액을 산출할 수 없거나 사업개시 후 1년이 경과되지 아니한 수입판매업자 및 직전년도의 월 평균 담배소비세 납부액이 5억원 이하인 수입판매업자, 시·군별, 품종별 수량을 장부에 적지 아니한 수입판매업자의 경우에는 전전 연도 1월부터 12월까지 각 시·군별로 징수된 담배소비세액(이하 제7항 및 제8항에서 "징수실적"이라 한다.)의 비율에 따라 나눈다(영 §69 ③).

이 규정에 따른 징수실적은 시·군의 경계가 변경되거나 폐지·설치·분리·병합이 있는 경우에는 다음 각 호의 구분에 따라 징수실적을 보정한다(영 §69 ⑦).

① 시·군의 경계가 변경되는 구역[종전의 시·군(폐지되는 시·군을 포함한다.)의 구역에서 신설되는 시·군 또는 다른 시·군에 편입되는 구역을 말한다. 이하 "변경구역"이라 한다.]이 종래 속하였던 시·군의 징수실적은 해당 시·군의 징수실적에서 변경구역의 징수실적을 차감한다.

② 변경구역이 편입되어 새로 설치되는 시·군의 징수실적은 편입되는 변경구역의 징수실적을 합산한다.

③ 변경구역이 편입되어 존속하는 시·군의 징수실적은 해당 시·군의 징수실적에 편입되는 변경구역의 징수실적을 가산한다.

이에 따른 변경구역의 징수실적은 매년 1월 1일 현재 「주민등록법」에 따른 주민등록표에 따라 조사한 인구 통계를 기준으로 하여 다음의 계산식에 따라 산출한다(영 §69 ⑧).

$$\text{변경구역의 징수실적} = \text{변경구역이 종래 속하였던 시·군의 징수실적} \times \frac{\text{변경구역의 인구}}{\text{변경구역이 종래 속하였던 시·군의 전체 인구}}$$

그리고 수입판매업자가 신고 또는 납부하였거나 신고 또는 납부하여야 할 담배소비세에 대하여 착오 등이 있는지에 대한 조사는 주사무소 소재지를 관할하는 시·군의 세무공무원이 하고, 착오 등이 확인된 경우에는 해당 시장·군수에게 통보하여야 한다(영 §69 ⑥).

2020년부터는 그간 제조자는 반출신고의 경우 제조자와 수입판매업자는 제조장 또는 보세구역 반출량을 제조장 또는 주사무소 소재 지자체에 매월 3회 신고하고 있고 신고·

납부의 경우에도 제조자는 반출한 담배의 산출세액을 안분기준에 따라 직접 안분하여 각 시·군에 반출일 익월 말일까지 신고·납부하고 있다.

수입판매업자는 주사무소 소재지 관할 지자체(특별징수의무자)에 각 시·군이 받을 세액 등을 명시하여 반출일 익월 말일까지 신고·납부하고 신용카드 납부도 제한 받고 있다.

반출일부터 지자체 납입까지 기간 과다로 세입귀속 최대71일까지 지연되고 현행 신고·납부체계는 담배소비세 도입시(1989년)에 설정된 것으로 전자신고·납부가 가능한 환경의 변화에 반영이 되지 않았고 잦은 안분기준 산정으로 인한 납세자 납세협력 비용 과다 발생하고 있고 제조자와 수입판매업자가 시·군별 월간 판매액에 따라 안분액을 매달 새로 산정해야 하는 납세협력 비용이 과다하게 발생하고 있다.

제조자 및 수입판매업자의 신고·납부일 조정(익월 말 → 익월 20일)하고 전자신고·납부가 가능한 환경 변화를 고려하여 신고·납부일을 10여일 앞당겨 조정하였으며, 수입판매업자 신고·납부 흐름 간소화(주사무소 지자체 납부 → 全 시·군 납부)하고 위택스를 통한 전자신고 시 일괄신고·납부 가능하도록 조정하고 수입판매업자와 제조업자 신고·납부 절차 일치하면서 지 특별징수의무 규정을 폐지하였고 안분기준 재산정 시기를 월 단위에서 연 단위로 변경하여 제조자와 수입판매업자의 안분액 산정에 따른 납세협력 비용 최소화하였으며 반출신고 간소화(월 3회 → 1회)에 따른 시군 월별 판매실적 제출 의무화하면서 지자체의 특별징수의무가 없어짐에 따라 납세자 편의 증대 및 타 세목과의 형평을 위해 신용카드 납부 허용한 것이다.

③ 제5항 및 제6항에 따라 담배소비세를 징수하는 세관장은 지방자치단체의 장의 위탁을 받아 담배소비세를 징수하는 것으로 보며, 세관장은 징수한 담배소비세를 다음 달 10일까지 세관 소재지를 관할하는 지방자치단체의 장에게 징수내역을 첨부하여 납입하여야 한다. 다만, 세관장은 「지방세기본법」 제2조제28호에 따른 지방세정보통신망을 이용하여 같은 조 제30호에 따른 전자납부의 방법으로 징수할 수 있다.(법 §60 ⑦).

이 규정에 따라 세관장이 첨부하는 징수내역서에는 납세의무자의 성명, 과세대상 담배의 품종, 수량, 세율, 세액, 신고일 또는 부과일 및 납부일, 체납여부에 대한 사항이 포함되어야 한다. 다만, 세관장은 지방세정보통신망을 통하여 다음 각 호의 사항을 수시로 제출할 수 있고 이 경우에는 징수내역서를 제출하지 아니할 수 있다(영 §69 ⑤ Ⅰ~Ⅳ).

④ 제5항 및 제6항에 따른 담배소비세의 징수에 관하여 이 법에 특별한 규정이 있는 경우를 제외하고는 「관세법」을 준용한다(법 §60 ⑧).

제61조   부족세액의 추징 및 가산세

① 다음 각 호의 어느 하나에 해당하는 경우에는 그 산출세액 또는 부족세액의 100분의 10에 해당하는 가산세(제4호 및 제5호의 경우에는 지방세기본법 제53조 또는 제54조에 따른 가산세를 말한다.)를 징수하여야 할 세액에 가산하여 징수한다. 다만, 제4호 및 제5호의 경우로서 산출세액을 납부하지 아니하거나 산출세액보다 적게 납부하였을 때에는 지방세기본법 제55조에 따른 가산세를 추가로 가산하여 징수한다(법 §61 ① Ⅰ~Ⅴ).
1. 제58조에 따른 사용 계획서를 제출하지 아니한 경우
2. 제59조에 다른 기장의무를 이행하지 아니하거나 거짓으로 기장한 경우
3. 제60조에 따라 신고하지 아니하였거나 신고한 세액이 산출세액보다 적은 경우
 이 경우에는 납부지연가산세가 추가로 가산된다.
4. 제60조에 따른 지방자치단체별 담배에 대한 산출세액 거짓으로 신고한 경우
 이 경우에는 납부지연가산세가 추가로 가산된다.

② 다음 각 호의 어느 하나에 해당하는 경우에는 그 산출세액 또는 부족세액의 100분의 30에 해당하는 금액을 징수하여야 할 세액에 가산하여 징수한다(법 §61 ② Ⅰ~Ⅴ).
1. 제53조에 따라 반출된 담배를 해당 용도에 사용하지 아니하고 판매, 소비, 그 밖의 처분을 한 경우
 이 경우 "제53조에 따라 반출된 담배"라 함은 담배의 공급의 편의를 위하여 제조장 또는 보세구역에서 다른 제조장 또는 보세구역으로 반출, 담배를 다른 담배의 원료로 사용하기 위하여 반출, 제조장을 이전하기 위하여 반출, 수출담배를 제조장으로부터 다른 장소에 반출한 경우 등을 말한다.
2. 제54조 제1항에 따라 담배소비세가 면제되는 담배를 같은 항 각 호의 구분에 따른 해당 용도에 사용하지 아니하고 판매, 소비, 그 밖의 처분을 한 경우
 이 경우 "제54조 제1항에 따라 담배소비세가 면제 되는 담배"라 함은 수출, 국군, 전투경찰, 교정시설 경비교도 또는 주한외국군에의 납품, 보세구역에서 판매, 외항선 또는 원양어선의 선원에 대한 판매, 국제항로에 취항하는 항공기 또는 여객선의 승객에 대한 판매, 시험분석 또는 연구용, 그 밖의 국가원수가 행사용으로 사용하는 담배 등을 말한다.
3. 제조자 또는 수입판매업자가 제55조에 따른 신고를 하지 아니한 경우
 제조자 또는 수입판매업자는 담배를 제조장 또는 보세구역에서 반출하였을 때에는 꼭 해당 지방자치단체의 장에게 신고를 하도록 되어 있으므로 신고의무 규정을 위반하면 가산세가 가산되는 것이다.

4. 부정한 방법으로 제63조에 따른 세액의 공제 또는 환급을 받은 경우

　　이 경우 "제63조에 따른 세액의 공제 또는 환급을 받는 경우"라 함은 제조장 또는 보세구역에서 반출된 담배가 천재지변이나 그 밖의 부득이한 사유로 멸실되거나 훼손된 경우와 제조장 또는 보세구역에서 반출된 담배가 포장 또는 품질의 불량, 판매부진 그 밖의 부득이한 사유로 제조장 또는 수입판매업자의 담배보관 장소로 반입된 경우 및 이미 신고납부한 세액이 초과 납부된 경우를 말한다.

5. 과세표준의 기초가 될 사실의 전부 또는 일부를 은폐하거나 위장한 경우

③ 제1항 및 제2항의 산출세액 및 부족세액은 해당 행위에 의한 담배수량에 대하여 과세표준과 세율을 적용하여 산출한다(법 §61 ③).

| 사례 |

❖ 세무조사 불응·매출자료 제공 거부 등 행위가 가산세 부과대상인지

면세담배를 공급받은 자가 면세용도에 맞지 않게 담배를 유통시킨 경우 담배소비세와 원고는 당초 세무조사에 불응하며 판매자료의 제공을 거부하였고 그로부터 약 3개월이 지난 후 실시된 압수수색에 의하여 확보할 수 있었던 판매자료는 극히 일부에 불과하였던 점, 부가가치세법 제71조는 '사업자는 자기의 납부세액 또는 환급세액과 관계되는 모든 거래사실을 대통령령으로 정하는 바에 따라 장부에 기록하여 사업장에 갖추어 두어야 하고, 그와 같은 장부 및 세금계산서 등을 그 거래사실이 속하는 과세기간에 대한 확정신고 기한 후 5년간 보존하여야 한다.'라고 규정하고 있음에도 원고는 위 조사대상기간 동안의 판매자료의 상당 부분이 남아 있지 않은 이유에 관하여 납득할 만한 주장, 증명을 하지 못하고 있는 점을 더하여 보면, 원고는 단순히 세무공무원의 질문·검사권에 불응한 것이 아니라 적극적으로 과세표준의 기초가 될 사실의 대부분을 은폐하였다고 봄이 타당하다. 그리고 위 조사대상기간의 과세자료 중 상당 부분이 남아 있지 않았던 이상 원고의 과세자료 은폐행위가 위 조사대상기간에 대하여 이루어졌다고 볼 수 있으므로, 피고들이 위 조사대상기간을 가산세의 부과대상기간으로 정한 것이 위법하다고 볼 수도 없다.

(대법 2016두50709, 2017.1.12.)

제62조 　수시부과

① 지방자치단체의 장은 다음 각 호의 어느 하나에 해당하는 경우에는 제60조에도 불구하고 관계 증거자료에 따라 수시로 그 세액을 결정하여 부과·징수할 수 있다(법 §62 ① Ⅰ·Ⅱ).

1. 제49조 제1항 및 제2항에 따른 납세의무자가 사업 부진이나 그 밖의 사유로 휴업 또는 폐업의 상태에 있는 경우

2. 제61조에 따라 담배소비세를 징수하는 경우

　　이 경우는 납세의무자(제조자 및 수입판매업자)가 사업 부진 등의 사유로 휴업 또는 폐

업의 상태에 있는 경우와 가산세를 가산하여 담배소비세를 징수하는 경우에는 신고납부방법의 규정에도 불구하고 관계 증거자료에 따라 수시로 그 세액을 결정하여 부과·징수 할 수 있는 것이다.

② 제49조 제4항 및 제5항의 경우에는 해당 사실이 발견되거나 확인되는 때에 그 세액을 결정하여 부과·징수 한다(법 §62 ②).

이 경우는 제조자, 수입판매업자, 휴대품 등으로 외국에서 반입하는 경우 이외의 방법으로 담배를 제조하거나 반입하는 경우와 면세담배를 반출한 후 해당 용도에 사용하지 아니하고 판매, 소비 그 밖의 처분을 하는 경우에는 해당 사실이 발견 또는 확인되는 때에 수시로 부과·징수 한다는 것이다.

제62조의 2 | 특별징수

① 제61조제1항제4호·제5호 또는 같은 조 제2항제3호·제5호의 위반행위를 한 제조자 또는 수입판매업자에 대하여 세액을 부과·징수하는 경우에는 제62조제1항제2호에도 불구하고 해당 제조자 또는 수입판매업자의 주소지(법인의 경우에는 본점 또는 주사무소 소재지)를 관할하는 지방자치단체의 장이 대통령령으로 정하는 바에 따라 세액을 부과·징수하여야 한다. 이 경우 전단에 따른 지방자치단체의 장을 각 지방자치단체가 부과·징수할 담배소비세의 특별징수의무자(이하 이 조에서 "특별징수의무자"라 한다)로 한다(법 §62의2 ①).

② 특별징수의무자는 제1항 전단에 따라 징수한 담배소비세 및 그 이자를 다음 달 20일까지 대통령령으로 정하는 바에 따라 납세지를 관할하는 각 지방자치단체에 납입하여야 한다. 이 경우 특별징수의무자는 징수·납입에 따른 사무처리비 등을 행정안전부령으로 정하는 바에 따라 지방자치단체에 납입하여야 할 세액에서 공제할 수 있다(법 §62의2 ②).

③ 특별징수의무자가 징수하였거나 징수할 세액을 제2항에 따른 기한까지 납입하지 아니하거나 부족하게 납입하더라도 해당 특별징수의무자에게 「지방세기본법」 제56조에 따른 가산세를 부과하지 아니한다(법 §62의 ③).

④ 제1항 전단에 따른 담배소비세의 부과·징수에 대하여 불복하려는 경우에는 특별징수의무자를 그 처분청으로 본다(법 §62의2 ④).

그간 담배를 비정상적인 방법(불법·허위신고 등)으로 제조·반입한 경우 과세권자인 개별지자체(166개)가 부과징수하여야 함에 따라 담배소비세 수시부과 사유 발생시 부과징수를 위해 과세권자인 특광역시, 시·군(166개)이 각각 부과징수하여 행정력이 낭비되었다. 이는 개별지자체가 부과함으로써 다수의 고지 비용이 발생하고, 납세자가 불복할 경우 자치단체 별로 체납징수업무 및 개별 소송 대응하는 등의 행정 비효율이 발생하게되고, 납세의무자 역시 담배소비세를 납부하거나 불복 제기 시 과세권자인 특광역시, 시·군(166개)을 상대로 납부, 소송제기 시 불편을 초래하고 있어 납세의무자의 주사무소 소재지를 관할하는 지방자치단체의 장이 특별징수의무자가 되어 수시부과 하도록 한 것이다. 그 시행시기는 시행일(2024.1.1.) 이후 발생하는 위반행위에 대하여 세액을 특별징수하는 경우부터 적용한다.

제63조 | 세액의 공제 및 환급

① 다음 각 호의 어느 하나에 해당하는 경우에는 세액을 공제하거나 환급한다. 다만, 납세의무자가 이미 납부하였거나 납부하여야할 가산세는 공제하거나 환급하지 아니한다. (법 §63 ① Ⅰ~Ⅳ).
  1. 제조장 또는 보세구역에서 반출된 담배가 천재지변이나 그 밖의 부득이한 사유로 멸실되거나 훼손된 경우
  2. 제조장 또는 보세구역에서 반출된 담배가 포장 또는 품질의 불량, 판매부진, 그 밖의 부득이한 사유로 제조장 또는 수입판매업자의 담배보관 장소로 반입된 경우
  3. 이미 신고납부한 세액이 초과 납부된 경우
  4. 제64조 제4항에 따라 보세구역으로부터 반출하기 전에 담배소비세를 미리 신고납부한 이후에 멸실, 훼손 또는 폐기 등의 사유로 담배를 보세구역으로부터 반출하지 못하게 된 경우

  이 경우 제조자 또는 수입판매업자가 법 제63조 제1항 제1호 또는 제2호의 사유로 반입된 담배를 폐기하는 경우에는 폐기하려는 날의 3일 전까지 행정안전부령으로 정하는 신고서에 제조자 또는 수입판매업자의 명칭 또는 상호와 주소, 폐기대상 담배의 품종별 수량, 폐기장소 및 폐기예정일, 법 제63조 제1항 제1호 또는 제2호에 따른 반입일을 기재하여 제조장 또는 수입판매업자의 담배보관장소(이 종에서 "보관장소"라 한다.)와 폐기장소의 소재지를 관할하는 특별자치시장, 특별자치도지사, 시장, 군수, 구청장에게 각각 제출하여야 한다(영 §70의 2 ①).
  그리고 제조자와 수입판매업자는 담배의 폐기를 종료한 날부터 7일 이내에 행정안전부령으로 정하는 확인서에 신고서에 기재한(위 영 제1항에 기재한 사항) 사항, 폐기업체의

명칭 또는 상호와 주소를 기재하여 보관장소를 관할하는 특별자치시장, 특별자치도지사, 시장, 군수, 구청장이 세액의 공제 또는 환급을 받았거나 받을 특별자치시장, 특별자치도지사, 시장, 군수, 구청장에게 각각 제출하여야 한다(영 §70의 2 ②).

② 제1항에 따른 공제・환급의 대상 및 범위에 관하여는 대통령령으로 정한다(법 §63 ②).

㉮ 법 제63조 제1항 각 호에 해당하는 사유로 세액의 공제 또는 환급을 받으려는 자는 행정안전부령으로 정하는 신청서에 해당 사유의 발생 사실을 증명하는 서류를 첨부하고 사유 발생지역을 관할하는 특별자치시장, 특별자치도지사, 시장, 군수, 구청장에게 제출하여 공제 또는 환급증명을 발급받아야 한다(영 §70 ①).

㉯ 위와 같은 공제 및 환급증명을 받은 제조자 또는 수입판매업자는 다음 달 세액신고시 납부하여야 할 세액에서 공제받도록 하되, 폐업이나 그 밖의 사유로 다음 달에 신고・납부할 세액이 없는 경우에는 행정안전부령으로 정하는 바에 따라 환급을 신청한다(영 §70 ②).

이 경우 제조자 또는 수입판매업자는 세액을 환급받으려면 환급신청서를 주사무소 소재지를 관할하는 시장・군수에게 제출하여야 하고, 신청을 받은 시장・군수는 특별징수한 담배소비세에서 이를 환급한다(규칙 §31 ②・③).

③ 제1항 제2호에 따라 반입된 담배에 대해서는 그 반입장소를 제조장 또는 수입판매업자로 보아 담배소비세의 부과 또는 면제에 관한 규정을 적용한다(법 §63 ③).

제64조 | 납세담보

① 제조자 또는 수입판매업자의 주사무소 소재지를 관할하는 지방자치단체의 장은 담배소비세의 납세보전을 위하여 대통령령으로 정하는 바에 따라 제조자 또는 수입판매업자에게 담보의 제공을 요구할 수 있다(법 §64 ①).

이 규정에 따라 담보를 제공한 자가 기한 내에 담배 소비세를 납부하지 아니하거나 부족하게 납부하였을 때에는 그 담보물을 체납처분비, 담배소비세액에 충당할 수 있다. 이 경우 부족액이 있으면 징수하며, 잔액이 있으면 환급한다(영 §72).

② 지방자치단체의 장은 제1항에 따라 담보제공을 요구 받은 제조자 또는 수입판매업자가 담보를 제공하지 아니하거나 부족하게 제공한 경우 담배의 반출을 금지하거나 세관장에게 반출금지를 요구할 수 있다(법 §64 ②).

③ 제2항에 따라 담배의 반출금지 요구를 받은 세관장은 요구에 따라야 한다(법 §64 ③).[3]

---

[3] 지방세는 그 채권이 확정된 이후 납부 또는 납입이 되지 않는 경우에 강제징수절차가 진행된다. 그런데 납세의무자 또는 특별징수의무자에 대하여 수시로 지방세를 부과하여 납세의무가 발생하였는데도 체납이 생기

④ 제1항에 따라 담보제공을 요구받은 수입판매업자는 제60조 제2항에도 불구하고 보세구역으로부터 담배를 반출하기 전에 미리 담배소비세를 신고납부하여 담보를 제공하지 아니할 수 있다. 이 경우 「지방세기본법」 제34조 제1항 제4호에도 불구하고 담배소비세를 신고하는 때 납세의무가 성립한다(법 §64 ④).

위 규정에 따라 제조자 또는 수입판매업자로부터 제공받을 수 있는 납세담보액은 ① 제조자의 경우에는 제조장에서 반출한 담배에 대한 산출세액과 제조장에서 반출하는 담배에 대한 산출세액의 합계액에서 이미 납부한 세액의 합계액을 뺀 세액에 해당하는 금액 ② 수입판매업자의 경우에는 수입신고를 받은 담배에 대한 산출세액과 수입신고를 받는 담배에 대한 산출세액의 합계액에서 이미 납부한 세액의 합계액을 뺀 세액에 해당하는 금액 이상으로 한다(영 §71 ①).

그리고 수입판매업자가 수입한 담배를 통관할 때에는 행정안전부령으로 정하는 바에 따라 주사무소 소재지 관할 특별자치시장, 특별자치도지사, 시장, 군수, 구청장이 발행한 납세담보확인서 또는 납부영수증을 통관지 세관장에게 제출하여야 하며, 세관장은 납세담보확인서에 적힌 담보물량 또는 납부영수증에 적힌 반출물량의 범위에서 통관을 허용하여야 한다. 다만, 「전자정부법」 제36조 제1항에 따른 행정정보의 공동이용을 통하여 제출서류에 대한 정보를 확인할 수 있는 경우에는 그 확인으로 제출서류에 갈음할 수 있다(영 §71 ②).

또한 제조자 또는 수입판매업자의 주사무소 소재지를 관할하는 지방자치단체의 장은 제1항에도 불구하고 담배를 제조장 또는 보세구역에서 반출한 날부터 3년간 담배소비세를 체납하거나 고의로 회피한 사실이 없는 제조자 또는 담배수입업자에 대하여 조례로 정하는 바에 따라 납세담보금액을 감면할 수 있다(영 §71 ③).

(1) 담보의 한도액

제조자 또는 수입판매업자로부터 제공받을 수 있는 납세담보액은 다음 각 호에 정하는 금액 이상으로 한다.

① 제조자의 경우에는 제조장에서 반출한 담배에 대한 산출세액과 제조장에서 반출하는 담배에 대한 산출세액의 합계액에서 이미 납부한 세액의 합계액을 뺀 세액에 해당하는 금액으로 하고,

② 수입판매업자의 경우에는 수입신고를 받은 담배에 대한 산출세액과 수입신고를 받

면 계속 체납이 발생할 우려가 있고, 이때 어떤 조치를 취하지 않으면 지방세의 징수를 확보할 수 없는 경우가 적지 않다. 이와같은 경우에 납세담보조치를 하게 되는데 이는 조세의 징수확보를 위한 조세법상의 담보제도이며, 이러한 납세담보는 조세법상 납세의무자에게 담보제공의무가 부여된 경우에 납세의무자가 제공한 공법상의 담보이다. 납세담보는 물적담보를 원칙으로 하고 그것이 불가능한 경우에 한하여 인적담보가 허용되며, 납세담보는 반드시 조세법에 규정된 요건에 따라 제공하여야 하는 것이므로 세법에 근거없는 담보의 제공은 무효라고 해석하고 있다(강인애, 「국세징수법해설」, 청림출판, 1994., p.49).

는 담배에 대한 산출세액의 합계액에서 이미 납부한 세액의 합계액을 뺀 세액에 해당하는 금액으로 한다.

(2) 담보의 종류와 평가

담보의 종류 및 평가에 관하여는 지방세기본법 제66조 및 제67조를 준용한다.

(가) 담보의 종류

① 금전
② 국채 또는 지방채
③ 지방자치단체의 장이 확실하다고 인정하는 유가증권
④ 납세보증보험증권
⑤ 지방자치단체의 장이 확실하다고 인정하는 보증인의 납세보증서
⑥ 토지
⑦ 보험에 든 등기되거나 등록된 건물·공장재단·광업재단·선박·항공기 또는 건설기계

(나) 담보의 평가

① 국채 또는 지방채는 시가에 의한다.
② 유가증권은 국세기본법 시행령 제13조 제1항에 따른 방법으로 평가한 가액에 의한다.
③ 납세보증보험증권은 보험금액에 의한다.
④ 납세보증서는 보증액에 의한다.
⑤ 토지·주택·주택외 건축물·선박·항공기 및 건설기계는 법 제4조 제1항 및 제2항에 따른 시가표준액에 의한다.
⑥ 공장재단 또는 광업재단은 감정기관이나 그 재산의 감정평가에 관하여 전문적 기술을 보유하는 자의 평가액에 의한다.

(3) 납세 담보 금액의 감면

제조자 또는 수입판매업자의 주사무소 소재지를 관할하는 지방자치단체의 장은 위의 규정에 불구하고 담배를 제조장 또는 보세구역에서 반출한 날부터 3년간 담배소비세를 체납하거나 고의로 회피한 사실이 없는 경우에는 조례로 정하여 납세 담보 금액을 감면할 수 있다.

CHAPTER 06

제3편 지방세법

지방소비세

지방소비세는 2010년부터 설치되어 운영되는 세목이다. 그런데 세목은 지방세로 설치가 되었지만 과세대상과 납세의무자는 부가가치세법에서 규정된 과세대상과 납세의무자가 동일하다. 그런데 지방소비세의 납세지는 부가가치세법에 따른 신고·납세지로하고 그 납세지를 관할하는 세무서장 또는 세관장을 지방소비세의 특별징수의무자로 하여 부가가치세액의 100분의 5를 지방소비세로 하고, 이를 지역별 소비지출 정도 등을 감안하여 정하는 안분기준 및 안분방식에 따라 자치단체에 납입할 수 있도록 하고 있다.[4] 그리고 2014년부터는 지방소비세의 세액을 지방소비세의 과세표준이 되는 부가가치세액의 100분의 11을 적용하여 계산한 금액으로 하되 100분의 11중 100분의 6에 해당하는 부분은 지방세법 제11조 제1항 제8호(유상거래에 따른 주택 취득의 세율인하)에 따라 감소되는 취득세, 지방교육세, 지방교부세 등의 보전금으로 충당하도록 하고 있다. 현재는 지방소비세의 세액을 지방소비세의 과세표준이 되는 부가가치세액의 100분의 15을 적용하여 계산한 금액으로 하고 있다.

제65조 | 과세대상

지방소비세의 과세대상은 부가가치세법 제4조를 준용한다(법 §65).
여기에서 부가가치법 제4조에서 규정한 과세대상을 개괄해보면 다음과 같다.

---

4) 일본은 1995.7.3부터 지방분권 추진 위원회에서 분권에 관한 사항을 논의하면서 1997년 4월 1일부터는 부가세 형태의 지방소비세를 도입하였는데 과세표준과 세율은 종전부터 시행되고 있는 국세 소비세율3%을 4%로 인상하면서 국세 소비세액을 과세표준으로 하여 25%의 세율을 적용(결국 국세 + 지방소비세의 세율은 5%에 해당됨)하고, 부과징수는 당분간 국가에서 대행하고 있다.
이와 같은 지방소비세의 징수세액은 각 도도부현의 사업통계상의 소매 연간 판매액 및 기타 관련 통계수치를 기준으로 도도부현간에 청산하며, 이와 같이 청산된 금액의 2분의 1을 당해 도도부현내의 시정촌에 대하여 인구 및 종업원 수에 따라 안분하여 교부하고 있고, 법정외세에 대해서는 종전에는 총무대신의 허가를 받아야 했는데 2000.4.1 지방분권 일괄법의 시행과 함께 이를 사전 협의제로 바꾸고, 법정외 보통세 이외에 법정외 목적세도 창설할 수 있도록 입법화하였으며(일본 세제의 현상과 과제, p.63, 세제조사회), 2004년도 지방세법 개정 때에는 고정자산세의 표준세율(1.4%)의 1.5배인 제한세율(2.1%)을 폐지하고 지방자치단체가 고정자산세의 세율을 재정상의 사정에 따라 자유로이 조정할 수 있도록 하는 등(일본 지방자치직원 연수지, 2004.5. p.105)분권개혁을 추진하는 중에도 자체적인 지방세 확충 및 자율권 부여를 꾸준히 해 왔음을 보여주고 있다.

(1) 부가가치세는 ① 사업자가 행하는 재화 또는 용역의 공급, ② 재화의 수입 등 거래에 대하여 부과한다(부법 §4 Ⅰ·Ⅱ).

(2) "(1)"에서 재화란 재산 가치가 있는 물건 및 권리를 말한다(부법 §2 Ⅰ).
   ① 여기에서 규정하는 물건에는 상품·제품·원료·기계·건물과 모든 유체물(有体物) 및 전기, 가스, 열 등 관리할 수 있는 자연력을 말한다(부법령 §2 ①).
   ② 또한 권리는 광업권, 특허권, 저작권 등 위의 물건 외의 재산적 가치가 있는 모든 것으로 한다(부법령 §2 ②).
   ③ 그리고 재화나 용역을 공급하는 사업의 구분은 이 법령에서 특별한 규정이 있는 경우를 제외하고는 통계청장이 고시하는 해당 과세기간 개시일 현재의 한국표준산업분류에 따른다(용역을 공급하는 경우 법 제3조 제1항에 따른 사업과 유사한 사업은 한국표준산업분류에도 불구하고 같은 항의 사업에 포함되는 것으로 본다.)(부법령 §4 ①).

(3) "(1)"에서 용역이란 재화 외의 재산 가치가 있는 모든 역무 및 그 밖의 행위를 말한다 (부법 §2 Ⅱ).
   여기에서 규정하는 용역은 재화 외의 재산가치가 있는 다음의 사업에 해당하는 모든 역무와 그 밖의 행위로 한다(부법령 §3 ①).
   ① 건설업
   ② 숙박 및 음식점업
   ③ 운수 및 창고업
   ④ 정보통신업(출판업과 영상·오디오 기록물 제작 및 배급업은 제외한다.)
   ⑤ 금융 및 보험업
   ⑥ 부동산업. 다만, 다음 각 목의 사업은 제외한다.
      ㉮ 전·답·과수원·목장용지·임야 또는 염전 임대업
      ㉯ 공익사업을 위한 토지 등의 취득 및 보상에 관한 법률 제4조에 따른 공익사업과 관련해 지역권·지상권(지하 또는 공중에 설정된 권리를 포함한다.)을 설정하거나 대여하는 사업
      이 경우 전·답·과수원·목장용지·임야 또는 염전은 지적공부상의 지목에 관계없이 실지로 경작하거나 해당 토지의 고유 용도에 사용하는 것으로 한다(부법규칙 §2 ①).
   ⑦ 전문, 과학 및 기술 서비스업, 사업시설관리, 사업지원 및 임대서비스업
   ⑧ 공공행정, 국방 및 사회보장 행정
   ⑨ 교육서비스업
   ⑩ 보건업 및 사회복지 서비스업
   ⑪ 예술, 스포츠 및 여가 관련 서비스업

⑫ 협회 및 단체, 수리 및 개인서비스업과 제조업 중 산업용 기계 및 장비수리업
⑬ 가구 내 고용활동 및 달리 분류되지 않은 자가소비 생산활동
⑭ 국제 및 외국기관의 사업

(4) 위와 같은 용역의 범위 규정에 불구하고 건설업과 부동산업 중 부동산의 매매(주거용 또는 비거주용 및 기타 건축물을 자영건설하여 분양·판매하는 경우를 포함한다.) 또는 그 중개를 사업목적으로 나타내어 부동산을 판매하거나, 사업상의 목적으로 1 과세기간 중에 1회 이상 부동산을 취득하고 2회 이상 판매하는 사업은 재화를 공급하는 사업으로 본다(부법령 §3 ②, 부법규칙 §2 ②). 그런데 소득세법 시행령 제9조 제1항에 따라 소득세가 과세되지 아니하는 농가부업은 독립된 사업으로 보지 아니한다. 다만, 동항의 규정에 의한 민박·음식물 판매·특산물 제조·전통차 제조 및 그 밖에 이와 유사한 활동의 경우에는 이를 독립된 사업으로 본다(부법규칙 §2 ③).

제66조 | 납세의무자

지방소비세는 제65조에 따른 재화와 용역을 소비하는 자의 주소지 또는 소재지를 관할하는 특별시·광역시·특별자치시·도 또는 특별자치도에서 부가가치세법 제3조에 따라 부가가치세를 납부할 의무가 있는 자에게 부과한다(법 §66).

그러므로 지방소비세의 납세의무자는 부가가치세법 제3조에 따라 부가가치세를 납부하여야 하는 자이다.

여기에서 부가가치세법 제3조에 따른 납세의무자를 살펴보면 다음과 같다.

(1) 부가가치세를 납부할 의무가 있는 자는 ① 사업목적이 영리이든 비영리이든 관계없이 사업상 독립적으로 재화(제1조에 따른 재화를 말한다.) 또는 용역(제1조에 따른 용역을 말한다.)을 공급하는자(사업자라 한다.)와 ② 재화를 수입하는 자이다(부법 §3).
(2) 그리고 "(1)"의 규정에 따른 납세의무자에는 개인·법인(국가·지방자치단체와 지방자치단체조합을 포함한다.)과 법인격이 없는 사단·재단 또는 그 밖의 단체를 포함한다(부법 §3).

제67조 납세지

지방소비세의 납세지는 부가가치세법 제6조에 따른 납세지로 한다(법 §67).
여기에서 부가가치세법 제6조에 따른 납세지를 살펴보면 다음과 같다.

(1) 사업자의 부가가치세 납세자는 각 사업장의 소재지로 하며, 이에 따른 사업장은 사업자가 사업을 하기 위하여 거래의 전부 또는 일부를 하는 고정된 장소로 하며, 사업장의 범위에 관하여 필요한 사항은 대통령령으로 정한다(부법 §6 ①·②). 그리고 사업자가 사업장을 두지 아니하면 사업자의 주소 또는 거소를 사업장으로 한다(부법 §6 ③).

그런데 이 규정에도 불구하고 사업자 단위 과세사업자는 각 사업장을 대신하여 그 사업자의 본점 또는 주사무소의 소재지를 부가가치세의 납세지로 한다(부법 §6 ④).

 (가) 이 규정에서의 "대통령령으로 정하는 사업장의 범위"는 부가가치세법 시행령 제8조 제1항 및 제2항을 참고하기 바란다(부법령 §8 ①).
 (나) 사업자가 자기의 사업과 관련하여 생산 또는 취득한 재화를 직접 판매하기 위하여 특별히 판매시설을 갖춘 장소(직매장)는 사업장으로 본다(부법령 §8 ③).

  그런데 위 (가) 및 (나)에 따른 사업장 외의 장소도 사업자의 신청에 따라 추가로 사업장으로 등록할 수 있다. 다만, 무인자동판매기를 통하여 재화·용역을 공급하는 사업의 경우에는 그러하지 아니하다(부법령 §8 ④).

 (다) 사업자가 사업장을 설치하지 아니하고 등록도 하지 아니한 경우에는 사업자의 주소 또는 거소를 사업장으로 한다(부법 §6 ③, 부법령 §8 ⑤). 그리고 사업자가 비거주자인 경우에는 소득세법 제120조에 따른 장소를 사업장으로 하고, 외국법인인 경우에는 법인세법 제94조에 따른 장소를 사업장으로 한다(부법령 §8 ⑥).
 (라) 재화를 수입하는 자의 부가가치세 납세지는 관세법에 따라 수입을 신고하는 세관의 소재지이다(부법 §6 ⑥).
 (마) 재화를 보관하고 관리할 수 있는 시설만 갖춘 장소로서 하치장으로 신고된 장소, 각종 경기대회나 박람회 등 행사가 개최되는 임시사업장으로 신고된 장소는 사업장으로 보지 아니한다(부법 § 6 ⑤).

  이 경우 임시사업장의 개설신고를 하여야 하나 임시사업장의 설치기간이 10일 이내인 경우에는 임시사업장개설신고를 하지 아니할 수 있다(부법령 §10 ②).

(2) 사업자에게 둘 이상의 사업장이 있는 경우에는 주된 사업장 관할 세무서장에게 신청하여 그 승인을 얻은 때에는 주된 사업장에서 총괄하여 납부할 수 있다(부법 §51 ①).
이 경우 "주된 사업장"은 법인의 본점(주사무소를 포함한다.) 또는 개인의 주사무소로 한다. 다만, 법인의 경우에는 지점(분사무소를 포함한다.)을 주된 사업장으로 할 수 있다(부법령 §92 ①).

그리고 신규로 사업을 시작하는 자가 총괄 납부를 신청하였을 때에는 해당 신청일이 속하는 과세기간부터 총괄하여 납부한다(부법령 §92 ④).

제68조 | 특별징수의무자

제67조에 따른 납세지를 관할하는 세무서장 또는 부가가치세법 제58조 제2항에 따라 재화의 수입에 대한 부가가치세를 징수하는 세관장을 지방소비세의 특별징수의무자로 한다(법 §68).

그러므로 지방소비세의 특별징수의무자는 부가가치세의 신고·납세지를 관할하는 세무서장 또는 부가가치세법 제58조 제2항에 따라 재화의 수입에 대한 부가가치세를 징수하는 세관장은 지방소비세의 특별징수의무자가 되는 것이다.

이러한 특별징수의무자는 납세자가 지불하는 세금을 받아 지방자치단체에 납입하는데 불과한 것이 아니라 지방자치단체를 대신하여 적극적으로 세금을 징수하고 지방자치단체에 스스로의 책임으로 납부하여야 할 의무를 지고 있는 것이다. 그러므로 특별징수의무자의 지위는 세금을 징수, 납부의무의 불이행에 대한 가산세 부담, 체납처분 등의 과세관계가 납세의무자로서 지방지차단체와의 사이에 규제되어 있어 특별징수되는 세금의 본래에 납세의무자가 하여야 할 납세의무를 특별징수의무자가 대신하여 세금징수를 해주는 의무만 가지고 있다는 것이다.

제69조 | 과세표준 및 세액

(1) 과세표준

지방소비세의 과세표준은 부가가치세법에 따른 부가가치세의 납부세액에서 부가가치세법 및 다른 법률에 따라 부가가치세의 감면세액 및 공제세액을 빼고 가산세를 더하여 계산한 세액으로 한다(법 §69 ①).

그러므로 지방소비세의 과세표준은 부가가치세법에 따른 부가가치세의 납부세액에서 부가가치세법 및 조세특례제한법 등에 따라 감면되거나 공제되는 세액을 빼고, 가산세를 더한 것이다.

이 경우 ① 재화 또는 용역의 공급에 대한 부가가치세의 과세표준은 해당 과세기간에 공급한 재화 또는 용역의 공급가액을 합한 금액으로 하고, ② 재화의 수입에 대한 부가가치세의 과세표준은 그 재화에 대한 관세의 과세가격과 관세, 개별소비세, 주세, 교육세, 농어촌특별세 및 교통・에너지・환경세를 합한 금액으로 한다(부법 §29 ①・②).

(2) 세 액

지방소비세의 세액은 위의 과세표준에 1천분의 253을 적용하여 계산한 금액으로 한다. (법 §69 ②).

그러므로 지방소비세를 부가가치세와는 별도로 재화와 용역의 공급에 대하여 과세하는 것이 아니고 국세인 부가가치세액으로 징수한 세액 중 25.3%를 지방소비세액으로 전환한다는 것이다.

│지방소비세 년도별 변경 내용│

① (2010년) 5%p : 지방소비세 총액에서 각 시・도별 소비지수*와 가중치**를 곱한 값의 전국 합계액에서 해당 시・도의 비중을 적용하여 안분

 * 소비과세로서의 성격을 고려, 전국 민간최종소비지출(통계청 발표)의 각 지자체별 비중에 따라 세수 배분
 ** 수도권 및 대도시권으로의 세수쏠림 방지를 위해, 수도권 100%, 광역시 200%, 도 300%의 가중치 적용

② (2014년) 6%p : 취득세 인하에 따른 취득세, 지방교육세 감소 규모와 내국세 감소에 따른 지방교부세, 지방교육재정교부금 감소 규모를 고려하여 안분

취득세 감소분	지방교육세 감소분	지방교부세 감소분	교육 전출금 공제	지방교육재정교부금 감소분
취득세 감소비율(98%) + 사회복지수요(2%)	취득세 감소비율	보통교부세 배분비율(19.24%) 시・도 몫 / 시・군 몫		보통교부금 배분비율(20.27%)
【시・도】	【시・도】	【시・도】 【시・군】	【시・도】	【교육청】

③ (2019년 4%, 2020년 6%) : 1단계 재정분권으로 지방으로 전환된 사업의 소요비용 등을 3년간('20~'22년) 보전하고, 잔여분은 ① 기준으로 안분

ⓐ 전환사업 보전분		ⓑ 재정조정분		ⓒ 잔여분
㉮시・도	㉯시・군・구	㉰조정교부금	㉱교육전출금	시・도 소비지출 x가중치(1:2:3)

④ (2022년 2.7%p, 2023년 1.6%p) : 2단계 재정분권 전환사업의 소요비용 등을 5년간('22~'26년) 보전하고, 잔여분은 시・도에 ① 기준으로, 시・군・구에 ① 및 인구수와 재정자주도를 고려하여 안분

① 전환사업 보전분		② 재정조정분		③ 잔여분	
㉮시・도	㉯시・군・구	㉰조정교부금 (시・군・구)	㉱교육전출금	㉲60% 시・도	㉳40% 시・군・구

제70조 │ 신고 및 납부 등

지방소비세와 부가가치세를 신고·납부·경정 및 환급할 경우에는 제69조 제2항에도 불구하고 같은 항에 따른 지방소비세와 부가가치세법 제72조에 따른 부가가치세가 합쳐진 금액으로 신고·납부·경정 및 환급하여야 한다(법 §70 ①).

부가가치세법 제48조부터 제50조까지, 제52조·제66조 및 제67조에 따라 부가가치세를 신고·납부한 경우에는 지방소비세도 신고·납부한 것으로 본다(법 §70 ②).

이 규정의 의미는 부가가치세액을 과세표준으로 하여 지방소비세를 산출하는 것이 아니다. 예를 들면 100이란 부가가치세 총 세액 중 부가가치세액이 85를 차지하고, 지방소비세액이 15을 점하는 것이므로, 부가가치세와 지방소비세의 신고·납부·경정 및 환급은 일괄처리 되고, 지방소비세 해당분은 특별징수의무자가 안분방식에 의하여 시·도에 납입하는 제도이다.

여기에서 부가가치세법의 규정을 조문별로 살펴보면 다음과 같다.
(1) 부가가치세법 제72조에 따른 부가가치세는 "부가가치세의 납부세액에서 부가가치세법 및 다른 법률에서 규정하고 있는 부가가치세의 감면세액 및 공제세액을 빼고 가산세를 더한 세액의 85퍼센트를 부가가치세로, 15퍼센트를 지방소비세로 한다."는 규정에 의한 것이므로 나머지 100분의15이 지방소비세가 되는 것이다(부법 §72 ①).
(2) 부가가치세와 지방세법에 따른 지방소비세를 신고·납부·경정 및 환급할 경우에는 부가가치세와 지방소비세를 합친 금액을 신고·납부·경정 및 환급하도록 부가가치세법에서 규정하고 있다(부법 §72 ②).

이와 같은 부가가치세법 규정 때문에 지방세법 제70조 제2항에서 "부가가치세법 제48조(예정신고와 납부), 제49조(확정신고와 납부), 제50조(재화의 수입에 대한 신고·납부), 제52조(대리납부), 제66조(예정부과와 납부) 및 제67조(간이과세자의 신고와 납부)에 따라 부가가치세를 신고·납부한 경우에는 지방소비세도 신고·납부한 것으로 본다."고 한 규정은 부가가치세와 지방소비세가 일괄처리 되는 내용을 지방세법에서 다시 한 번 확인하고 있는 셈이다.

제71조 │ 납 입

(1) 특별징수의무자는 징수한 지방소비세를 다음 달 20일까지 관할구역의 인구 또는 납입관리의 효율성과 전문성 등을 고려하여 대통령령으로 정하는 특별시장·광역시장·특

별자치시장·도지사·특별자치도지사 또는 「지방세기본법」 제151조의2에 따라 설립된 지방자치단체조합의 장 중에서 행정안전부장관이 지정하는 자(이하 "납입관리자"라 한다)에게 행정안전부령으로 정하는 징수명세서와 함께 납입하여야 한다.(법 §71 ①).
이 경우 "대통령령으로 정하는 특별시장·광역시장·특별자치시장·도지사 또는 특별자치도지사"란 인구대비 지방소비세 비율 등을 고려하여 행정안전부장관이 지정하는 특별시장·광역시장·특별자치시장·도지사 또는 특별자치도지사를 말한다(영 §73).
이에따라 「지방세법」 제71조제1항 및 같은 법 시행령 제73조에 따라 "지방소비세 납입관리자"를 충청북도지사를 지방소비세 납입관리자 지정 고시하였다(행정안전부고시 제2023-6호, 2023.1.17. 제정)
그리고 특별징수의무자가 위 규정에 따라 징수한 지방소비세를 납입하는 경우 납입업무의 효율적 처리를 위하여 국세청장을 통하여 법 제71조제1항에 따른 납입관리자(이하 "납입관리자"라 한다)에게 일괄 납입할 수 있다(영 §74).
이 경우 일괄납입이란 각 세무서장 또는 세관장이 납입할 지방소비세를 국세청장이 납입관리자에게 일괄정산 후 납입하는 것을 말한다.

(2) 위 제1항의 특별징수의무자가 징수하였거나 징수할 세액을 같은 항에 따른 기한까지 납입하지 아니하거나 부족하게 납입하더라도 특별징수의무자에게 「지방세기본법」 제56조에 따른 가산세는 부과하지 아니한다(법 §71 ②).

(3) 납입관리자는 제1항에 따라 납입된 지방소비세를 다음 각 호에 따라 대통령령으로 정하는 기간 이내에 납입하여야 한다(법 §71 ③ Ⅰ~Ⅲ).
 1. 제69조 제2항에 따라 계산한 세액의 253 중 50에 해당하는 부분은 지역별 소비지출 등을 고려하여 대통령령으로 정하는 바에 따라 특별시장·광역시장·특별자치시장·도지사 및 특별자치도지사에게 안분하여 납입한다.
 2. 제69조 제2항에 따라 계산한 세액의 253 중 60에 해당하는 부분은 법률 제12118호 지방세법 일부개정법률 제11조 제1항 제8호의 개정규정에 따라 감소되는 취득세, 지방교육세, 지방교부세, 지방교육재정교부금 등을 보전하기 위하여 대통령령으로 정하는 바에 따라 지방자치단체의 장과 특별시·광역시·특별자치시·도 및 특별자치도의 교육감에게 안분하여 납입한다.
 3. 제69조 제2항에 따라 계산한 세액의 253 중 100에 해당하는 부분은 다음 각 목의 구분에 따라 납입한다.
  가. 납입관리자는 국가에서 지방으로 전환되는 국가균형발전특별회계 사업 등(이하 "전환사업"이라 한다.)의 비용을 보전하기 위하여 대통령령으로 정하는 금액을 「지방자치단체 기금관리기본법」 제17조 제2항에 따라 설립된 조합의 장(이하 "조합

의 장"이라 한다.)에게 납입한다. 조합의 장은 납입 받은 세액을 같은 법 제18조 제5호에 따른 목적으로 운영하여 지방자치단체의 장에게 안분하여 배분한다.

나. 가목에 따라 시·도 전환사업을 보전함으로써 감소하는 「지방재정법」 제29조에 따른 시·군 조정교부금, 같은 법 제29조의2에 따른 자치구 조정교부금, 「지방교육재정교부금법」 제11조 제2항에 따른 시·도 교육비특별회계 전출금을 보전하기 위하여 대통령령으로 정하는 바에 따라 지방자치단체의 장과 특별시·광역시·특별자치시·도 및 특별자치도의 교육감에게 안분하여 납입한다.

다. 가목 및 나목에 따라 납입한 부분을 제외한 세액은 지역별 소비지출 등을 고려하여 대통령령으로 정하는 바에 따라 특별시장·광역시장·특별자치시장·도지사 및 특별자치도지사에게 안분하여 납입한다

이 경우 이 조에서 사용하는 용어의 뜻은 다음과 같다(영 §75 ① Ⅰ~Ⅵ)

① "소비지수"란 「통계법」 제17조에 따라 통계청에서 확정·발표하는 민간최종소비지출(매년 1월 1일 현재 발표된 것을 말하며, 이하 이 조에서 "민간최종소비지출"이라 한다)을 백분율로 환산한 각 시·도별 지수를 말한다.

이 경우 행정안전부장관은 영 제75조제1항제1호에 따른 특별시·광역시·특별자치시·도 또는 특별자치도(이하 이 조에서 "시·도"라 한다)별 소비지수를 매년 1월 31일까지 각 특별시장·광역시장·특별자치시장·도지사 또는 특별자치도지사(이하 이 조에서 "시·도지사"라 한다)에게 통보해야 한다(규칙 §33의2 ①.

② "가중치"란 지역 간 재정격차를 해소하기 위하여 소비지수에 적용하는 지역별 가중치로서 「수도권정비계획법」에 따른 수도권은 100분의 100을, 수도권 외의 광역시는 100분의 200을, 특별자치시·수도권 외의 도와 특별자치도는 100분의 300을 말한다.

③ "해당 시·도의 취득세 감소분의 보전비율"이란 해당 시·도의 주택 유상거래별 취득세 감소분의 총합계액이 전국의 주택 유상거래별 취득세 감소분의 총합계액에서 차지하는 비율을 말한다.

이 규정에 따른 해당시·도의 주택 유상거래별 취득세 감소분은 행정자치부령으로 정하는 기간 및 방법등에 따라 산출한다(영 §75 ⑥)

그리고 이 규정에 따른주택 유상거래별 취득세 감소분을 산출하는 활용기간 및 방법은 별표 3과 같다(규칙 §34 ②)

[별표 3] 취득세 감소분 산정기간 및 방법 등(제34조제2항 관련)〈개정 2021.12.31.〉

1. 산정기간

   2020년도분 : 2017.1.1. ~ 2019.10.31.
   ※ 2021년 이후 매년 산정기간은 2020년도분 산정기간을 준용하여 매 1년씩 연동한 기간으로 한다.

2. 산정방법 및 가산비율

   시·도별 산출금액: [(A × (B − C)]
   A: 주택 유상거래 취득가액(제1호에 따른 산정기간에 발생한 취득가액을 말한다)
   B: 법(법률 제12118호 지방세법 일부개정법률로 개정되기 전의 것을 말한다) 제11조제1항7호에 따른 세율 및 「지방세특례제한법」(법률 제12175호 지방세특례제한법 일부개정법률로 개정되기 전의 것을 말한다) 제40조의2에 따른 주택 유상거래 감면율
   C: 법(법률 제12118호 지방세법 일부개정법률로 개정된 것을 말한다) 제11조제1항제8호에 따른 세율

3. 계산방법

   해당 시·도의 주택 유상거래별 취득세 감소분은 제1호 및 제2호에 따라 산출한 금액을 시·도별로 합산한 다음 그 금액을 연평균하여 계산한다. 다만, 연평균을 함에 있어 산정기간 중 마지막 연도는 10개월을 1년으로 환산하여 계산한다.

④ "인구"란 매년 1월 1일 현재 「주민등록법」에 따른 주민등록표에 따라 조사한 인구통계를 말한다.

⑤ "재정자주도"란 다음의 계산식에 따라 산출한 비율로 한다.

   A : 재정자주도(%) = [(자체수입+자주재원) ÷ 일반회계 예산 규모] ×100
   B : 자체수입은 지방세 및 지방 세외수입 합계액으로 하며, 자주재원은 지방교부세와 조정교부금 합계액으로 한다
   C : 계산식에는 해당회계년도의 전전년도 결산자료를 사용한다:

⑥ "역재정자주도"란 다음의 계산식에 따라 산출한 비율을 말한다.

   역 재정자주도(%) = 100 % − 재정자주도(%)

그리고 납입된 지방소비세는 다음 각 호의 구분에 따라 안분한다. 다만, 제2호가목에 따라 산출한 해당 특별시·광역시·특별자치시·도 또는 특별자치도(이하 이 조, 제76조 및 제77조에서 "시·도"라 한다)의 안분액 합계액의 100분의 2에 해당하는 금액은 사회복지수요 등을 고려하여 행정안전부령으로 정하는 바에 따라 그 안분액을 달리 산출할 수 있다(영 §75②).

위의 영 제75조제2항 각 호 외의 부분 단서에 따른 사회복지수요 등을 고려하여 취득세의 보전에 충당하는 안분액은 다음 계산식에 따라 산출한다(규칙 §34 ①).

해당 시·도의 안분액 = {[A×(1- B-C)]-D} ×2/100× E
- A : 지방소비세의 과세표준 × 6%
- B : 법 제71조 제3항 제2호에 따라 감소되는 지방교부세액의 비율(19.24%)
- C : 법 제71조 제3항 제2호에 따라 감소되는 지방교육재정교부금의 비율(20.27%)
- D : 법 제71조 제3항 제2호에 따라 감소되는 지방교육세 {[A×(1- B - C)] ÷ 11}
- E : 매년 1월 1일 현재「주민등록법」에 따른 인구통계를 기준으로 해 당 시·도의 5세 이하 인구 및 65세 이상의 인구가 전국에서 차지하는 비율

① 법 제71조 제3항 제1호에 해당하는 안분액: 다음의 계산식에 따라 산출한 금액(영 §75 ② Ⅰ)

$$\text{해당 시·도의 안분액} = \text{지방소비세의 과세표준} \times 5\% \times \frac{\text{해당 시·도의 소비지수} \times \text{해당 시·도의 가중치}}{\text{각 시·도별 소비지수와 가중치를 곱한 값의 전국합계액}}$$

② 법 제71조 제3항 제2호에 해당하는 안분액: 다음 각 목의 계산식에 따라 산출한 금액 (영 §75 ② Ⅱ)

가. 취득세의 보전에 충당하는 안분액 계산식

해당 시·도의 안분액 = {[A − (A×B) − (A×C)] − D} × E
- A : 지방소비세의 과세표준 × 6%
- B : 법 제71조 제3항 제2호에 따라 감소되는 지방교부세액의 비율(19.24%)
- C : 법 제71조 제3항 제2호에 따라 감소되는 지방교육재정교부금의 비율(20.27%)
- D : 법 제71조 제3항 제2호에 따라 감소되는 지방교육세 {[A − (A×B) − (A× C)] ÷ 11}
- E : 해당 시·도의 취득세 감소분의 보전비율

나. 지방교육세의 보전에 충당하는 안분액 계산식

해당 시·도의 안분액 = 가목에 따라 산출한 금액 × 10%

다. 지방교부세의 보전에 충당하는 안분액 계산식

해당 지방자치단체의 안분액 = (A×B)×C
- A : 지방소비세의 과세표준× 6%
- B : 법 제71조 제3항 제2호에 따라 감소되는 지방교부세액의 비율(19.24%)
- C : 해당 지방자치단체의 해당 연도 보통교부세 배분비율

라. 지방교육재정교부금의 보전에 충당하는 안분액 계산식

> 해당 시·도 교육청의 안분액 = (A × B) × C − D
> - A : 지방소비세의 과세표준 × 6%
> - B : 법 제71조 제3항 제2호에 따라 감소되는 지방교육재정교부금액의 비율(20.27%)
> - C : 교육부장관이 정하는 해당 시·도 교육청의 보통교부금 배분비율
> - D : 지방교육재정교부금 보전에 충당되는 부분에서 공제되어 해당 시·도에 충당되는 안분액

이 규정에 따라 교육부장관은 매년 이 규정에 따른 시·도 교육청별 보통교부금 배분비율을 산출하며 납입관리자에게 통보하여야 한다(영 §75 ⑧). 이 경우 교육부장관은 시·도 교육청별 보통교부금 배열비율을 매년 1월31일까지 행정안전부장관, 시·도지사 및 시·도의 각 교육청에 통보 하여야 한다(규칙 §34 ③).

마. 지방교육재정교부금 보전에 충당되는 부분에서 공제되어 해당 시·도에 충당되는 안분액 계산식

> 해당 시·도의 안분액 = (A + B) × C
> - A : 제75조 제2항 제2호 나목에 따른 시·도별 지방교육세 보전금액
> - B : 제75조 제2항 제2호 다목에 따른 시·도별 지방교부세 보전금액
> - C : 「지방교육재정교부금법」 제11조 제2항 제3호 및 「세종특별자치시 설치 등에 관한 특별법」 제14조 제5항에 따른 전입비율(3.6% − 10%)

③ 법 제71조 제3항 제3호 가목에 해당하는 안분액: 3조5천680억6천230만원(영 §75 ② Ⅲ)

④ 법 제71조 제3항 제3호 나목에 해당하는 안분액: 다음 각 목의 구분에 따른 금액(영 §75 ② Ⅳ)

　가. 각 시·군·구의 안분액: 별표2에 따른 금액
　나. 각 시·도·교육청의 안분액: 별표3에 따른 금액

⑤ 법 제71조 제3항 제3호 다목에 해당하는 안분액: 다음의 계산식에 따라 산출한 금액(영 §75 ② Ⅴ)

$$\text{해당 시·도의 안분액} = \{(\text{지방소비세의 과세표준} \times 10\%) - (\text{제2항 제3호의 금액} + \text{제2항 제4호 각 목의 금액의 합})\} \times \frac{\text{해당 시·도의 소비지수} \times \text{해당 시·도의 가중치}}{\text{각 시·도별 소비지수와 가중치를 곱한 값의 전국 합계액}}$$

⑥ 법 제71조제3항제4호가목에 해당하는 안분액: 2조 2,521억 1,681만 1천원(영 §75 ② Ⅵ)
⑦ 법 제71조제3항제4호나목에 해당하는 안분액: 다음 각 목의 구분에 따른 금액 (영 §75 ② Ⅶ)

  가. 각 시·군·구의 안분액: 별표 4에서 정하는 금액
  나. 각 시·도 교육청의 안분액: 별표 5에서 정하는 금액

⑧ 법 제71조제3항제4호다목에 해당하는 안분액: 다음 각 목의 구분에 따른 금액 (영 §75 ② Ⅷ)

  가. 각 시·도의 안분액: 다음의 구분에 따른 계산식에 따라 산출한 금액

    1) 2022년 1월 1일부터 2022년 12월 31일까지:

해당 시·군·구의 안분액 = A × B
A: 해당 시·군·구가 속한 시·도의 할당액

$$[(\text{지방소비세의 과세표준} \times 2.7\%) - (\text{제2항제6호의 금액} + \text{제2항제7호 각 목의 금액의 합})] \times 40\% \times \frac{\text{해당 시·도의 소비지수} \times \text{해당 시·도의 가중치}}{\text{각 시·도별 소비지수와 가중치를 곱한 값의 전국 합계액}}$$

B: 해당 시·군·구의 안분비율

$$[(\text{해당 시·군·구 인구} \div \text{해당 시·군·구가 속한 시·도 내 시·군·구 인구의 합}) + (\text{해당 시·군·구의 역재정자주도} \div \text{해당 시·군·구가 속한 시·도 내 시·군·구의 역재정자주도의 합})] \times \frac{1}{2}$$

    2) 2023년 1월 1일부터:

해당 시·군·구의 안분액 = A × B
A: 해당 시·군·구가 속한 시·도의 할당액

$$[(\text{지방소비세의 과세표준} \times 4.3\%) - (\text{제2항제6호의 금액} + \text{제2항제7호 각 목의 금액의 합})] \times 40\% \times \frac{\text{해당 시·도의 소비지수} \times \text{해당 시·도의 가중치}}{\text{각 시·도별 소비지수와 가중치를 곱한 값의 전국 합계액}}$$

B: 해당 시·군·구의 안분비율

$$[(\text{해당 시·군·구 인구} \div \text{해당 시·군·구가 속한 시·도 내 시·군·구 인구의 합}) + (\text{해당 시·군·구의 역재정자주도} \div \text{해당 시·군·구가 속한 시·도 내 시·군·구의 역재정자주도의 합})] \times \frac{1}{2}$$

그리고 법 제71조 제3항 각 호 외의 부분에서 "대통령령으로 정하는 기간 이내"란,

① 납입관리자가 지방소비세를 납입받은 날부터 5일 이내를 말한다(영 §76 ①).
② 그리고 납입관리자는 법 제71조 제3항 각 호에 따라 지방소비세를 안분하여 납입하는 경우 같은 조 제1항에 따른 징수명세서 및 행정안전부령으로 정하는 안분명세서를 첨부해야 한다(영 §76 ②).

그리고 지방자치단체의 관할 구역을 변경하거나 지방자치단체를 폐지하거나 설치하거나 나누거나 합치는 경우 변경구역(관할하는 지방자치단체가 변경된 구역을 말한다. 이하 이 항에서 같다)이 종래 속하였던 지방자치단체와 변경구역이 새로 편입하게 된 지방자치단체의 지방소비세액은 다음 각 호의 기준에 따라 보정한다(영 §75 ④ Ⅰ·Ⅱ).

1. 제2항제1호 및 제5호와 같은 항 제8호가목의 경우: 변경구역이 반영된 민간최종소비지출이 확정·발표되는 해까지 다음의 계산식에 따라 산출한 변경구역의 지방소비세액을 가감할 것

$$\text{변경구역의 지방소비세액} = \text{변경구역이 종래 속하였던 지방자치단체의 지방소비세액} \times \frac{\text{변경구역의 인구}}{\text{변경구역이 종래 속하였던 지방자치단체의 전체인구}}$$

2. 제1호 외의 경우: 변경구역이 발생한 해당 연도까지 다음 각 목의 사항 등을 고려하여 행정안전부장관이 정하여 고시하는 기준에 따를 것
   가. 변경구역의 주택 유상거래 실적과 사회복지 수요
   나. 「지방교부세법」 제12조에 따라 조정된 교부세액
   다. 「지방교육재정교부금법」 제10조에 따라 조정된 교부금액
   라. 「지방교육재정교부금법」 제11조 및 「세종특별자치시 설치 등에 관한 특별법」 제14조에 따른 교육비특별회계 전출금액
   마. 「지방재정법」 제29조 또는 제29조의2에 따른 시·군이나 자치구의 조정교부금액

(5) 특별징수의무자는 제70조 제1항에 따라 지방소비세를 환급하는 경우에는 납입관리자에게 납입하여야 할 금액에서 환급금 중 지방소비세에 해당하는 금액(지방소비세환급금)을 공제한다. 다만, 지방소비세환급금이 납입하여야 할 금액을 초과하는 경우에는 초과된 지방소비세환급금은 그 다음 달로 이월한다(법 §71 ④).

이 경우 특별징수의무자가 징수한 지방소비세액을 국세청장을 통하여 일괄 납입하는 경우 특별징수의무자가 납입관리자에게 납입하여야 할 금액을 초과하여 지방소비세를 환급한 경우에는 국세청장은 초과한 환급금액에 해당하는 금액을 다른 특별징수의무자의 납입금에서 이체해 줄 수 있다. 이 경우 다른 특별징수의무자의 납입금으로 이체하고도 환급한 금액이 초과할 때에는 그 초과한 금액은 그 다음 달로 이월한다(영 §77 ①).

그리고 부가가치세 회계연도 마지막 월분에 대해서는 제1항 후단에도 불구하고 특별징

수의무자 또는 국세청장은 납입관리자에게 지방소비세환급금의 부족액에 대한 이체를 신청하여야 하고, 이체신청을 받은 납입관리자는 해당 금액을 영 제75조에 따라 시·도별로 나누어 각 시·도(납입관리자를 포함한다.)로부터 환급받아 특별징수의무자가 지정하는 계좌로 이체하여야 한다(영 §77 ②·③).

제72조　부과·징수 등의 특례

지방소비세의 부과·징수 및 불복절차 등에 관하여는 국세의 예에 따른다. 이 경우 제68조에 따른 특별징수의무자를 그 처분청으로 본다(법 §72).

그러므로 지방소비세는 부과·징수 및 불복절차 등 모든 처리는 부가가치세의 예에 따르고 그 처분청도 특별징수의무가 있는 세무관서를 처분청으로 한다는 것이다.

제73조　부가가치세법의 준용

지방소비세와 관련하여 이 장에서 규정되어 있지 아니한 사항에 관하여는 부가가치세법을 준용한다(법 §73).

지방소비세는 별도의 법에 의하여 세목이 설치되었으나, 결국은 부가가치세액의 일정액(부가가치세액의 11%)을 지방소비세로 이체하여 지방자치단체에 안분기준에 따라 나누는 것이므로 모든 부과·징수 등의 절차를 부가가치세법에 따른다는 것이다.

주민세

제3편 지방세법 / CHAPTER 07

　주민세는 그 기원을 호별세(戶別稅)에서 찾을 수 있는데 원래 호별세는 조선왕조 때의 군보포(軍保布) 또는 군포(軍布)에서 유래된 것으로 고종 8년에는 호포(戶布)의 명칭으로 일호(一戶)에 대하여 전이량(錢二兩)을 징수하였었다. 그 후 호포전(戶布錢) 또는 호세(戶稅)로 부르다가 1912년에 국세에서 지방세로 이양되어 호세 또는 호별세로 호칭되어 왔으며, 호별세는 지방세의 기간세로서 존속해 오다가 1961년 세제개혁시에 폐지되었다.

　호별세를 폐지함과 동시에 그 대신으로 국세인 소득세, 법인세 및 영업세에 대한 부가세를 지방세로 설치하였으나 이것도 1966년 8월 국세부가세폐지에 관한 특별조치법이 공포되면서 1967년부터 폐지되었다.

　그 후 조세를 통하여 주민으로 하여금 지방행정에의 참여의식을 고취시키고 날로 팽창해 가는 지방재정수요에 부응하기 위하여 보편성 있는 세목의 신설이 절실히 요청됨에 따라 1973년 4월 주민세가 신설되어 현재에 이르고 있다. 주민세의 창설 당시에는 이를 도세로 하고 이에 시군세부가세를 설치함으로써 본세와 부가세간에 2:8의 비율로 세원을 배분하였으나 1976년의 세제개혁시에 시군세부가세를 폐지하고 주민세를 시군세로 하였다.

　이러한 주민세는 균등할과 소득할로 구분되고 균등할은 개인균등할과 법인균등할로, 소득할은 소득세할·법인세할·농업소득세(종전에는 농지세)할로 각각 세분하였다.

　균등할은 인두세적 성격의 조세로서 국세와 지방세를 통하여 유일한 것이며, 이는 소위 주민이라고 호칭되는 지방자치단체의 구성원인 회원의 자격으로서 그가 속한 단체에 납부하는 최소한도의 기본회비에 해당한다고 할 수 있다.

　소득할은 소득의 정도에 따라 부담하는 조세로서 현행법에서 그 과세표준을 편의상 소득세액, 법인세액, 농업소득세액(종전에는 농지세액)으로 하고 있어 이들 조세의 부가세적 성격을 지닌 소득세의 일종이긴 하나 근원적으로는 주민이라는 데 착안해서 소득의 정도에 따라 지역사회비용을 능력에 맞게 분담시킨다는 데 그 기조를 두고 있는 것이다.

　그리고 주민세 법인균등할의 세율이 1979년도 개정시 일부조정된 후 10여년 동안 개정이 없었던 것을 1991년말 지방세법 개정시 지역에 따라 차등과세하던 법인균등할세율을 자본금액 또는 출자금액과 종업원의 규모에 따라 과세토록 개혁하여 1992년부터 적용하도록 하였으며, 1994년부터는 법인세할의 징수방법을 보통징수에서 신고납부방법으로 전환하였고, 소득세할은 1995년부터 그 징수를 보통징수에서 신고납부방법으로 전환하였다.

　또한 1998년말 지방세법 개정시 주민세개인균등할의 세율을 제한세율제도로 전환하면서 세대당 10,000원의 범위 내에서 지방자치단체의 조례로 정할 수 있도록 자율권을 부여하였으며 1996년부터 1998년말까지 한시적으로 적용하던 소득할의 세율인상(7.5%→10%) 부분도 2000년 말까지 연장시행되어 오다가 2001년부터는 주민세소득할의 표준세율을 10%로 법정화시켰다.

그리고 1999년말 지방세법 개정시 소득세액을 과세표준으로 하는 주민세소득세할의 징수방법을 소득세부과의 예에 따라 소득세와 함께 납부토록 개선하여 2001년 5월 1일부터 시행되고 있다.

이러한 주민세는 2011년부터 지방세법의 분법과 함께 세목조정을 하면서 종전의 소득할은 지방소득세로 이관되고, 사업소세의 재산분이 주민세로 통합되어 주민세는 균등분과 재산분으로 정비되어 시행하게 되었다. 그런데 광역시의 경우 주민세는 시세이나 주민세와 구세인 사업소세의 통폐합으로 자치구의 세입결손 때문에 종전 사업소세의 재산할인 주민세의 재산분은 구 세입으로 하도록 하였다.

이렇게 개선되어 온 주민세는 2014년부터는 종전의 지방소득세 종업원분이 주민세로 이관되어 개편되면서 종전의 소득세 및 법인세의 부가세 형태로 부과징수하던 지방소득세를 소득세 및 법인세와 과표는 공유하되 세율과 세액공제·감면을 독립적으로 처리하는 지방소득세 과세체계로 전환이 이루어짐에 따라 지방소득세의 종업원분이 주민세로 변경되면서 2014.1.1.부터 주민세는 균등분, 재산분(사업소 연면적을 과세표준으로 하는 주민세), 종업원분(종업원의 급여 총액을 과세표준으로 하는 주민세)로 구분하여 과세되어 왔지만, 2021년부터 주민세의 균등분 중 개인 균등분은 개인분으로 변경하고, 사업자 균등분과 법인 균등분을 변경하여 재산분(사업소 연면적을 과세표준으로 하는 주민세)과 함께 사업소분으로 통합하여 운영하되 종업원분(종업원의 급여 총액을 과세표준으로 하는 주민세)은 종전과 동일하게 운영하게 되어 주민세는 개인분, 사업소분, 종업원분으로 운영되게 되었다.

제1절 통칙

제74조 정의

주민세에서 사용하는 용어의 뜻은 다음 각 호와 같다(법 §74 Ⅰ~Ⅷ).

(1) "개인분"이란 지방자치단체에 주소를 둔 개인에 대하여 부과하는 주민세를 말한다.
(2) "사업소분"이란 지방자치단체에 소재한 사업소 및 그 연면적을 과세표준으로 하여

부과하는 주민세를 말한다. 그러나 해당 사업소의 연면적이 330㎡ 이하인 경우에는 사업소분을 부과하지 아니한다.

현행 주민세는 사실상 5개 세세목의 복잡한 체계로 구성되어 있고 형식적으로는 균등분·재산분·종업원분의 3개 세세목이나, 이 중 균등분은 다시 개인, 개인사업자, 법인으로 나뉘어져서 과세되고 있고, 또한 균등분과 재산분은 사업자(개인·법인)가 7~8월에 걸쳐 납부하고 있어 납세자 입장에서는 주민세를 반복적으로 납부하는 것으로 오해 할수 있고 주민세 재산분은 사업자가 사업소의 연면적에 따라 납부(250원/㎡)하지만 재산의 소유자가 내는 세금이 아님에도 "재산"이란 명칭을 쓰고 있을 뿐 아니라, 재산세와 명칭이 유사하여 납세자 혼란 유발하고 있어 균등분의 명칭을 "개인분"으로 변경하고, 개인사업자·법인분 폐지 및 해당 세액은 사업소분에 통합하였다

아울러 재산분의 명칭을 "사업소분"으로 변경하고, 균등분 축소와 연계하여 모든 사업자가 기본세액(5만원)을 납부하고, 일정 면적(330㎡) 초과의 경우 연면적에 따른 세율(250원/㎡)로 납부하도록 하였다 다만, 법인의 경우는 자본금 규모에 따라 5~20만원 차등세율을 적용하도록 하였다.

이를 2021년부 적용되는 과세요건을 표로 정리하면 아래와 같다.

현 행			변 경		
명칭 (납기)	납세 의무자	과세대상 및 요건	명칭	납세 의무자	과세대상 및 요건
재산분 (7월)	사업자	• 연면적 330㎡ 초과: 250원/㎡	사업소분 (8월)	사업자	• 모든 사업자: 기본세액(5만원) ※ 법인은 5~20만원 • 연면적 330㎡ 초과: 기본세액 + 250원/㎡

(3) "종업원분"이란 지방자치단체에 소재한 사업소 종업원의 급여총액을 과세표준으로 하여 부과하는 주민세를 말한다. 그러나 해당 사업소의 종업원 수가 50명 이하인 경우에는 종업원분을 과세하지 아니한다.

(4) "사업소"란 인적 및 물적 설비를 갖추고 계속하여 사업 또는 사무가 이루어지는 장소를 말한다. 이 경우 매년 7월 1일 현재 1년 이상 휴업하고 있는 사업소는 과세대상으로 보지 아니한다.

여기에서 '인적 및 물적 설비를 갖추고 계속'이라 함은 1월 이상의 기간 동안 지속되는 것을 의미한다.

그러므로 인적설비와 물적설비가 동시에 충족되어야 하고 계속 사업 또는 사무가 이루

어져야 사업소라 할 수 있다. 이 경우 인적설비라 함은 그 계약형태나 형식에 불구하고 당해 장소에서 그 사업에 종사 또는 근로를 제공하는 자를 말하고, 물적설비라 함은 허가와 관계없이 현실적으로 사업이 이루어지고 있는 건축물, 기계장치 등이 있고, 이러한 설비들이 지상에 고착되어 현실적으로 사무, 사업에 이용되는 것을 말한다.

여기에서 사업 또는 사무라 함은 정치, 경제, 사회, 문화 등 사회 전반의 영역에서 이루어지는 사업이나 사무를 포괄한 것이고, 그 내용에 있어서 영리 또는 비영리를 불문하는 것이며, 또한 인적 및 물적 설비라 함은 사업 또는 사무를 수행하기 위한 종업원과 시설물을 말하는데, 이 경우 사업소 또는 사무소라 함은 사회통념상으로 일정한 시설을 기초로 한사람 또는 여러 사람이 사업을 계속하여 수행하는 장소적인 개념으로 인식되고 있고 이 규정에서도 "인적 및 물적 설비"로 규정하고 있는 점 등으로 미루어 보아 양자가 동시에 충족되어야 사업소로 볼 수 있다. 따라서 물적시설이 없이 특정한 목적을 위하여 조직한 종친회, 동창회, 친목회, 각종 계 등은 사업소로 볼 수 없고, 반대로 물적 설비는 있으면서 인적 요건이 갖추어지지 아니한 격리된 창고, 저수지 시설, 폐업된 공장 등은 사업소로 볼 수 없다 하겠다. 그리고 사업 또는 사무가 계속하여 수행되어야 하므로 일시적인 사업소로 판단되는 공사현장사무소, 가설공연장, 임시공판장 등은 사업소로 볼 수 없으나 주민세가 매월 과세되는 취지로 보아 이들 사업장이 1개월 이상 설치·운영되는 경우는 이를 사업소로 보아야 하나 과세기준일(매년 7월 1일) 현재 1년 이상 휴업하고 있는 사업소는 주민세의 과세대상인 사업소로 보지 아니한다.

(5) "사업주"란 지방자치단체에 사업소를 둔 자를 말한다.

(6) "사업소 연면적"이란 대통령령으로 정하는 사업소용 건축물의 연면적을 말한다. 이 경우 사업소용 건축물의 연면적이 330㎡ 이하인 경우에는 법 제81조 제1항 제2호 사업소분 주민세를 부과하지 아니한다.

(가) 사업소용 건축물 연면적(영 §78 ①)

사업소용 건축물의 연면적이란 건축법 제2조 제1항 제2호에 따른 건축물(이와 유사한 형태의 건축물을 포함한다.)의 연면적, 즉 취득세의 과세대상이 되는 건축물의 연면적을 말한다. 다만, 종업원의 보건, 후생, 교양 등에 직접 사용하는 영유아보호법에 따른 직장 어린이집, 기숙사, 사택, 구내식당, 의료실, 도서실, 박물관, 과학관, 미술관, 대피시설, 체육관, 도서관, 연수관, 오락실, 휴게실 또는 실제 가동하는 오물처리시설 및 공해방지시설용 건축물, 그 밖에 구내 목욕실 및 탈의실, 구내이발소, 탄약고를 건축물의 연면적은 제외한다. 그리고 위와 같은 건축물이 없이 기계장치 또는 저장시설(수조, 저유조, 저장창고, 또는 저장조 등을 말한다.)만 있는 경우에는 그 수평투영면적을 사업소용 건축물 또는 시설물의 연면적으로 본다(영 §78 ① Ⅰ·Ⅱ, 규칙 §36). 그러므로 주민세의 과세대상인 사업소연면적을 판단할 경우의 사업소 연면적에는 건축법 제2조 제1항 제2호의 규정에 의한 건축물(토지에 정착하는 공작물 중 지붕과 기둥 또는 벽이 있는 것과 이에 부수되는 시설물, 지하 또는 고가의 공작물에 설치하는 사무소, 공연장, 점포, 차고, 창고를 말함.)과 건축물과는 별도로 설치하는 구조물 중 건축물이 없고 기계장치 또는 저장시설만 있는 수조, 저유조, 저장창고, 저장조는 사업소의 연면적에 포함되는 것이다.

여기에서 건축물이 없고 기계장치 또는 저장시설(수조, 저유조, 저장창고, 저장조를 말한다.)만 있는 경우의 연면적은 그 시설물의 수평투영면적으로 한다.

이 경우 저장시설에 대한 수평투영면적의 계산은 비교적 용이하다 하겠으나 기계장치의 경우는 기계장치가 실제로 점유하고 있는 면적으로 계산하는 것이 타당할 것이다.

(나) 공동사용시의 안분(영 §78 ②)

사업소용 건축물 또는 시설물의 연면적계산에 있어서는 둘 이상의 사업소가 공동으로 사용하는 경우에는 그 사용면적을 사업소용 건축물의 연면적으로 하되, 사용면적의 구분이 명백하지 아니할 경우에는 전용면적의 비율로 나눈 면적을 사업소용 건축물의 연면적으로 한다.

(안분예)

사업소용 건축물 1,000㎡를 A사무소로 500㎡, B사무소로 300㎡, C사업소로 200㎡를 각각 전용으로 사용하고 있고 3개 사무소가 공동으로 지하주차장 및 보일러실 300㎡, 계단 100㎡, 복도 50㎡, 엘리베이터 면적 50㎡를 사용하고 있을 때 각 사업소의 건축물 사용면적은 다음과 같다.

- A사무소 : $500㎡ + (500㎡ \times \frac{500}{1,000}) = 750㎡$

- B사무소 : $300㎡ + (500㎡ \times \frac{300}{1,000}) = 450㎡$

- C사무소 : $200㎡ + (500㎡ \times \frac{200}{1,000}) = 300㎡$

| 사례 | ※ 이 사례는 종전의 사업소세에 관한 것이니 참고하기 바람.

❖ **사업소세 과세대상인 수평투영면적의 범위**

지방세법 시행령 제202조 제1항 제2호, 제2항에 의하면, 건축물이 없이 기계장치만 있는 경우에는 그 시설물을 사업소용 건축물로 보아 그 시설물의 수평투영면적을 사업소용 건축물의 연면적으로 계산하도록 규정하고 있다.
먼저 기계장치는 동력으로 움직여서 일정한 일을 하게 만든 도구로써 일정한 장소에 고정된 것과 그 기계의 작동에 필수적인 부대설비를 뜻한다(대법 2000두1744, 2001.12.24. 선고 판결 참조). 따라서 이 사건에 있어서는 '크레인 자체 및 크레인이 이동하기 위한 레일'이 기계장치인 시설물로서 사업소용 건축물에 해당된다.

> 다음으로 이 사건 크레인의 수평투영면적에 관하여 보건대, ① 지방세법 시행령 제202조 제1항 제2호, 제2항은 기계장치와 수조, 저유조, 사일로, 저장조라는 저장시설을 동등하게 규정하면서 연면적의 계산은 그 시설물의 수평투영면적으로 하도록 규정하고 있고, 기계장치의 경우에도 이동가능여부에 따라 연면적의 계산방법을 달리 규정하지 아니한 점, ② 건축업계에서는 수평투영면적을 일정한 시점에 상부 수평면에서 내려다본 구조물의 바닥면적을 의미하는 개념으로 사용하면서 이를 기계장치의 설계도면상의 면적과 동일한 개념으로 인식하고 있는데, 이는 세법상 연면적을 산정하여 과세표준을 정하는 데 있어서도 타당한 것으로 보이고, 이와 같은 해석이 일반 사회통념에 더 부합하는 점, ③ 수평투영면적의 범위에 기계장치가 이동하면서 생길 수 있는 구적도상의 면적과 작업반경범위 내의 면적 전체를 포함시킬 경우 납세의무자는 시설물 자체의 수평투영면적만 과세표준으로 하였을 때에 비하여 부당하게 과다한 사업소세를 부담하게 되는 점 등에 비추어 보면, 기계장치 등 시설물의 수평투영면적은 일정한 시점에 고정된 상태에서의 바닥면적을 의미하는 것으로 봄이 상당하다.
>
> (대법 2007두 3596, 2007.4.2. 판결 일부)

(7) "종업원의 급여총액"이란 사업소의 종업원에게 지급하는 봉급, 임금, 상여금 및 이에 준하는 성질을 가지는 급여로서 대통령령으로 정하는 것을 말한다.

이 경우 급여총액이란 사업주가 그 종업원에게 지급하는 급여로서 소득세법 제20조 제1항에 따른 근로소득에 해당하는 금액의 총액을 말한다. 다만, 다음 각 호의 어느 하나에 해당하는 급여는 제외한다(영 §78의 2 Ⅰ~Ⅲ).

  가. 소득세법 제12조 제3호에 따른 비과세 대상 급여
  나. 「근로기준법」 제74조제1항에 따른 출산전후휴가를 사용한 종업원이 그 출산전후휴가 기간 동안 받는 급여
  다. 「남녀고용평등과 일·가정 양립지원에 관한 법률」 제19조에 따른 육아휴직을 한 종업원이 그 육아휴직기간동안 받는 급여
  라. 6개월 이상 계속하여 육아휴직을 한 종업원의 직무 복귀 후 1년동안 받는 급여

이 규정에서 말하는 소득세법 제20조 제1항의 근로소득이란 다음 각 호의 소득을 말한다.
① 근로를 제공함으로써 받는 봉급, 급료, 보수·세비·임금·상여·수당과 이와 유사한 성질의 급여
② 법인의 주주총회·사원총회 또는 이에 준하는 의결기관의 결의에 따라 상여로 받는 소득
③ 법인세법에 따라 상여로 처분된 금액
④ 퇴직함으로써 받는 소득으로서 퇴직소득에 속하지 아니하는 소득
⑤ 종업원등 또는 대학의 교직원이 지급받는 직무발명보상금(제21조 제1항 제22호의 2에 따른 직무발명보상금은 제외한다.)

그런데 근로소득금액은 위의 각 소득의 금액의 합계액(비과세소득의 금액은 제외하며, 이하 "총급여액"이라 한다.)에서 소득세법 제47조에 따른 근로소득공제를 적용한 금액으로 한다(소법 §20 ②).

그리고 위 규정에 따른 근로소득에는 다음 각 호의 소득이 포함되는 것으로 한다(소법령 §38 ① Ⅰ 내지 ⅩⅩ).

① 기밀비(판공비를 포함한다. 이하 같다.)·교제비 기타 이와 유사한 명목으로 받는 것으로서 업무를 위하여 사용된 것이 분명하지 아니한 급여
② 종업원이 받는 공로금·위로금·개업축하금·학자금·장학금(종업원의 수학 중인 자녀가 사용자로부터 받는 학자금·장학금을 포함한다.), 기타 이와 유사한 성질의 급여
③ 근로수당·가족수당·전시수당·물가수당·출납수당·직무수당 기타 이와 유사한 성질의 급여
④ 보험회사, 「자본시장과 금융투자업에 관한 법률」에 따른 투자매매업자 또는 투자중개업자 등의 종업원이 받는 집금(集金)수당과 보험가입자의 모집, 증권매매의 권유 또는 저축을 권장하여 받는 대가, 그 밖에 이와 유사한 성질의 급여
⑤ 급식수당·주택수당·피복수당 기타 이와 유사한 성질의 급여
⑥ 주택을 제공받음으로써 얻는 이익.
⑦ 종업원이 주택(주택에 부수된 토지를 포함한다.)의 구입·임차에 소요되는 자금을 저리 또는 무상으로 대여 받음으로써 얻는 이익.
⑧ 기술수당·보건수당 및 연구수당, 그 밖에 이와 유사한 성질의 급여
⑨ 시간외근무수당·통근수당·개근수당·특별공로금 기타 이와 유사한 성질의 급여
⑩ 여비의 명목으로 받는 연액 또는 월액의 급여
⑪ 벽지수당·해외근무수당 기타 이와 유사한 성질의 급여
⑫ 종업원이 계약자이거나 종업원 또는 그 배우자 및 그밖에 가족을 수익자로 하는 보험·신탁 또는 공제와 관련하여 사용자가 부담하는 보험료·신탁부금 또는 공제부금
⑬ 법인세법 시행령 제44조 제4항에 따라 손금에 산입되지 아니하고 지급받는 퇴직급여
⑭ 휴가비 기타 이와 유사한 성질의 급여
⑮ 삭제
⑯ 계약기간 만료 전 또는 만기에 종업원에게 귀속되는 단체환급부보장성보험의 환급금
⑰ 법인의 임원 또는 종업원이 당해 법인 또는 당해 법인과 「법인세법 시행령」 제2조 제5항에 따른 특수관계에 있는 법인(이하 이 호에서 "당해 법인 등"이라 한다.)으로부터 부여받은 주식매수선택권을 당해 법인 등에서 근무하는 기간 중 행사함으로써 얻은 이익(주식매수선택권 행사 당시의 시가와 실제 매수가액과의 차액을 말하며, 주식에는 신주인수권을 포함한다.)

⑱ 삭제

⑲ 공무원 수당 등에 관한 규정, 지방공무원 수당 등에 관한 규정, 검사의 보수에 관한 법률시행령, 대법원 규칙, 헌법재판소 규칙 등에 따라 공무원에게 지급되는 직급보조비

⑳ 공무원이 국가 또는 지방자치단체로부터 공무수행과 관련하여 받는 상금과 부상

그러므로 종업원의 급여총액은 사업주가 그 종업원에게 지급하는 급여를 말하는 것이므로 사업주가 아닌 제3자가 지급하는 급료(사업주를 대리하거나 위임을 받아 지급하는 경우를 제외한다.)와 사업주가 당해 사업소의 종업원이 아닌 다른 자에게 지급하는 급여는 종업원의 급여총액에서 제외되어야 하며, 종업원의 급여총액은 사업주가 종업원에게 지급하는 급여의 총액을 말하는 것이므로 고용계약상으로 지급키로 된 급여액에 불구하고 사업주가 그 종업원에게 실제로 지급한 급여액을 말하는 것이다.

(8) "종업원"이란 사업소에 근무하거나 사업소로부터 급여를 지급받는 임직원, 그 밖의 종사자로서 대통령령으로 정하는 사람을 말한다.

여기서 "대통령령으로 정하는 사람"이란 영 제78조의 2에 따른 급여의 지급 여부와 상관없이 사업주 또는 그 위임을 받은 자와의 계약에 따라 해당 사업에 종사하는 사람(상근 종사자는 물론 무료접대부, 일용근로자, 법인의 비상근 이사 등을 포함함)을 말한다. 다만, 국외근무자는 제외한다(영 §78의 3 ①).

그리고 이에 따른 계약은 그 명칭·형식 또는 내용과 상관없이 사업주 또는 그 위임을 받은 자와 한 모든 고용계약을 말하고, 현역 복무 등의 사유로 해당 사업소에 일정 기간 사실상 근무하지 아니하더라도 급여를 지급하는 경우에는 종업원으로 본다(영 §78의 3 ②).

이 경우 종업원이라 함은 현실적으로 해당 사업을 수행하는 데 참여하는 것으로 족한 것이고 사업주로부터 급여를 받느냐, 받지 않느냐 하는 것은 종업원의 요건이 될 수 없다는 것이다. 그러므로 외판원이 사업주로부터 근로소득을 지급받지 아니하고 외판실적에 따라 일정액의 수수료를 지급받는 경우 또는 빠나 살롱 등에서 근무하는 여자종업원(접대부)이 그 사업주로부터 직접 급여를 지급받지 아니하고 고객으로부터 수고료를 지급받는 경우에도 종업원으로 보아야 한다. 그리고 사업주라고 하면 그 사업소를 경영하는 주체를 말하는 것으로서 개인이 경영하는 사업소의 경우는 사실상의 경영주를, 법인이 경영하는 사업소의 경우는 해당 법인을 지칭하는 것이다. 또한 위임을 받은 자라 함은 사업주로부터 종업원의 고용에 관한 권한을 위임받아 수임자의 명의로 고용계약을 하는 자(사업주가 공장장에게 일정기준 이하의 공원들을 공장장의 책임하에 공장장명의로 고용하도록 한 경우의 공장장)를 말한다. 고용계약이라 함은 구두 또는 서면을 불문한 일체의 고용관계계약을 말하는 것이고, 상시고용과 수시고용을 총칭하는 것이라 할 것이며 시간급, 일급, 주급, 월급, 연봉 등 급여지급의 형태나 방법을 불문한다. 그리고 개인이 경영하는 사업소의 경우 경영주

는 종업원에 해당하지 아니하나 법인이 경영하는 사무소의 경우는 회장, 사장, 대표이사, 대표사원 등이 사업소에 근무하거나 사업소로부터 급여를 지급받거나 두 가지 중 한 가지라도 향유한다면 모두 종업원에 해당한다고 본다.

종업원의 범위에서 제외되는 국외 근무자라 함은 국내사업소의 외국지사, 지점, 영업소 등에 상시 근무하는 자는 물론 외항선박과 원양어선 승선자까지를 포함한다. 다만, 외항선·원양어선 등이 국내 항구에 귀항하여 그 승무원이 국내에 체재하는 경우 등과 같이 일시 귀항으로 수일간 체재하다가 출항하는 경우에는 이를 국외 근무자로 보아 종업원의 범위에서 제외하여야 할 것이나, 선박의 수리 등으로 1개월 이상 국내에 체재할 경우에는 이를 국내근무로 보아 종업원에 포함시켜야 할 것이다.

사례

❖ **법인세법에 따른 상여금액이 종업원분 과세대상 근로소득에 포함되는지 여부**

구 소득세법(2006.12.30. 법률 제8144호로 개정되기 전의 것) 제20조 제1항은 근로소득은 당해연도에 발생한 다음 각 호의 소득으로 하되 법인세법에 따라 상여로 처분된 금액도 근로소득으로 포함하고 있다. 이러한 관계 규정에 의하면, 원고에 대한 세무조사 결과에 따라 경정 결정된 법인소득금액 중 사업연도별 소득금액조정합계표상 상여로 처분된 소득금액은 과세표준에 포함된다.

(대법 2014두37313, 2014.9.5.)

❖ **종업원분 주민세 별개 사업소 판단 요건**

원고는 ○○사옥, ◇◇사옥, ☆☆사옥에 소재하는 사업부 단위로만 사업자등록을 하는 등, 이 사건 각 영업지점 등에 대하여 개별적으로 지점등기나 사업자등록을 하지도 않았을 뿐만 아니라, 원고 내부의 조직구조 개편에 따라 수시로 각 사옥에 입주하는 이 사건 각 영업지점 등은 변경되기도 하였다. 사정이 이와 같다면 별개의 사업소로서의 독립성을 갖추었다고 보기 어렵다. 이 사건 각 영업지점 등 소속 종업원들은 원고에 의해 채용되어 해당 사업부문에 배치되고 있고 순환근무제도, 현장직원의 전환배치제도 등을 운영하면서 해당 사업부문에서 다른 사업부문으로 이동하는 것에 별다른 제약도 없어 보이는데, 이러한 이 사건 각 영업지점 등 소속 종업원들이 원고의 다른 종업원들과 동일한 건물에서 함께 근무하고 있으므로, 사업장별 업무의 기능이 다소 상이하다는 점만을 내세워 기능별로 별개의 사업소가 있다고 섣불리 단정하여서는 아니 된다.

(대법 2016두53562, 2018.4.26.)

제75조 | 납세의무자

가. 개인분의 납세의무자

① 개인분의 납세의무자는 과세기준일 현재 지방자치단체에 주소(외국인의 경우에는 「출입국관리법」에 따른 체류지를 말한다. 이하 이 장에서 같다.)를 둔 개인으로 한다. 다만, 다음 각 호의 어느 하나에 해당하는 사람은 제외한다(법 §75 ① Ⅰ~Ⅳ).
1. 「국민기초생활보장법」에 따른 수급자
2. 「민법」에 따른 미성년자(그 미성년자가 성년자와 「주민등록법」상 같은 세대를 구성하고 있는 경우는 제외한다.)
3. 「주민등록법」에 따른 세대원 및 이에 준하는 개인으로서 대통령령으로 정하는 사람
4. 「출입국관리법」 제31조에 따른 외국인등록을 한 날부터 1년이 경과되지 아니한 외국인

　이 경우 "「주민등록법」에 따른 세대원 및 이에 준하는 개인으로서 대통령령이 정하는 사람"이란 납세의무자의 주소지(외국인의 경우에는 출입국관리법에 따른 체류지를 말한다.)와 체류지가 동일한 외국인으로서 가족관계의 등록 등에 관한 법률 제9조에 따른 가족관계등록부 또는 출입국관리법 제34조 제1항에 따른 외국인등록표에 따라 가족관계를 확인할 수 있는 사람과 「주민등록법」상 세대주의 직계비속으로서 같은 법에 따라 단독으로 세대를 구성하고 있는 미혼인 30세 미만의 사람을 말한다고 규정함으로서 직계존속이 세대주인 기초생활수급자인 경우에도 주민세 개인분 과세제외 대상에 포함한 것이다(영 §79 ① Ⅰ·Ⅱ).

② 사업소분의 납세의무자는 과세기준일 현재 다음 각 호의 어느 하나에 해당하는 사업주(과세기준일 현재 1년 이상 계속하여 휴업하고 있는 자는 제외한다.)로 한다. 다만, 사업소용 건축물의 소유자와 사업주가 다른 경우에는 대통령령으로 정하는 바에 따라 건축물의 소유자에게 제2차 납세의무를 지울 수 있다.
1. 지방자치단체에 대통령령으로 정하는 규모 이상의 사업소를 둔 개인

　이 경우 법 제75조 제2항 제1호에서 "대통령령으로 정하는 규모 이상의 사업소를 둔 개인"이란 사업소를 둔 개인 중 직전 연도의 부가가치세법에 따른 부가가치세 과세표준액(부가가치세 면세사업자의 경우에는 소득세법에 따른 총수입금액)이 8천만원 이상인 개인으로서 ① 담배소매인, ② 연탄·양곡소매인, ③ 노점상인, ④ 「유아교육법」 제2조 제2호에 따른 유치원의 경영자 중 어느 하나에 해당하지 않는 사람을 말한다. 다만, 위의 어느 하나에 해당하는 사람으로서 다른 업종을 겸업하는 사람은 제외한다.

　그리고 세무서장은 제2항에 따라 직전 연도의 부가가치세 과세표준액(부가가치세 면

세사업자의 경우에는 「소득세법」에 따른 총수입금액을 말한다.)이 8천만원 이상인 사업자로서 사업소를 둔 개인사업자의 자료를 해당 개인사업자의 사업소 소재지를 관할하는 시장·군수·구청장에게 통보하여야 한다.

2. 지방자치단체에 사업소를 둔 법인(법인세의 과세대상이 되는 법인격 없는 사단·재단 및 단체를 포함한다. 이하 이 장에서 같다.)

③ 종업원분의 납세의무자는 종업원에게 급여를 지급하는 사업주로 한다.

(1) 개인분

(가) 해당 지방자치단체에 주소(외국인의 경우에는 「출입국관리법」에 따른 체류지를 말한다. 이하 이 장에서 같다.)를 둔 세대주는 개인분의 납세의무가 있다. 다만, 과세기준일 현재 다음 각 목의 어느 하나에 해당하는 자는 제외한다.

가. 「국민기초생활 보장법」에 따른 수급자

나. 「민법」에 따른 미성년자(그 미성년자가 미성년자가 아닌 자와 「주민등록법」상 같은 세대를 구성하고 있는 경우는 제외한다.)

다. 「주민등록법」에 따른 세대원 및 이에 준하는 개인으로서 대통령령으로 정하는 사람(영 §79 ① Ⅰ·Ⅱ 참조).

라. 「출입국관리법」 제31조에 따른 외국인등록을 한 날부터 1년이 경과되지 아니한 외국인

여기에서 주소의 개념에 대해서는 지방세법에 특별한 규정은 없으나 주소는 과세단체인 시·군의 입장에서 보면 과세권의 근거가 되고, 납세의무자 측에서 보면 납세의무의 발생이라는 효과가 생기므로 권리·의무의 쌍방에서 극히 중요한 요소가 되는 것이다. 그러므로 주민세에 있어서의 주소도 민법의 규정에 의한 개념에 따라 생활의 근거가 되는 곳(민법 §18 ①)을 주소로 보는 것이 타당할 것이다. 생활의 근거가 되는 곳이라 함은 생활의 장소적 중심, 즉 사람의 일상 생활상황, 주민등록상황, 직업, 가족의 생활상황 등 생활관계의 전면을 종합해서 그 중심이 되는 곳을 지칭하는 것이다. 그런데 현행 민법에서는 주소가 동시에 두 곳 이상 있을 수 있다(민법 §18 ②)고 규정하고 있으나 주민세에 있어서의 주소는 과세권의 귀속을 결정하고 납세의무를 확정하는 효과를 가지는 것이므로 과세의 중복을 피하기 위하여 주소는 하나밖에 있을 수 없다 할 것이다.

그리고 주민세에 있어서의 주소의 개념은 주민등록법의 규정에 의한 주소의 개념과도 동일하다. 그러므로 일반적으로는 주민등록상의 주소를 주민세에 있어서의 주소지로 볼 수 있을 것이나 주민등록은 신고주의를 원칙으로 하고 있으므로 신고의무자가 그 의무를 이행하지 않을 경우에는 반드시 사실과는 일치하지 않으므로 주민등록상의 주

소를 그대로 주민세에 있어서의 주소로 볼 수 없기 때문에 주민등록상의 주소가 사실상의 주소와 상이할 경우에는 사실상의 주소에 의하여야 할 것이다.

그러므로 주소의 구체적인 판단에는 다음과 같은 점에 유의해야 할 것이다.

① 직장관계로 가족과 떨어져 거주하면서 매주 토요일 또는 일요일 등 근무일 이외의 날에는 가족의 거주지에서 생활하는 경우는 가족의 거주지가 주소지이다.

② 학업을 위하여 생활연고지를 떠나 학교소재지에서 하숙을 하고 있는 경우에는 학생의 보호자 또는 가족의 거주지가 주소지가 된다.

③ 선박에 승선하고 있는 선원의 경우는 휴가기간 중에 가족과 함께 생활하는 경우에는 가족의 주소지에 주소가 있는 것으로 본다.

④ 영내에 기거하는 군인에 대하여는 그가 속하는 세대의 거주지를 주소지로 본다(주민등록법 §6 ②).

⑤ 연수원·교육원 등 교육기관에서 교육 또는 훈련의 이수를 위하여 기숙사 또는 기타의 주거에 체류하고 있는 경우에는 전가족의 거주지 또는 원래의 생활근거지를 주소지로 본다. 병원 또는 요양원에 장기입원하는 경우도 이에 준한다고 본다.

⑥ 국내에 주거하는 외국인으로서 출입국관리법에 의한 거류신고를 하고 외국인등록을 한 자는 거주지를 주소지로 본다.

⑦ 공무원으로서 외국에서 근무하고 있는 자에 대한 주민세 개인분에 있어서는 그 응익적성격으로 보아 국내에 주소가 없는 것으로 본다.5)

⑧ 주민세 개인분의 납세의무자에 있어서 자연인의 경우에는 모든 자연인이 납세의무를 지는 것이 원칙이나 납세의무를 지는 세대주와 생계를 같이하는 가족은 주민세개인분의 납세의무가 없도록 하고 있으므로 결국 각 세대주만이 납세의무가 있는 것이 된다.

⑨ 외국을 항행하는 선박 또는 항공기의 승무원의 경우 그 승무원과 생계를 같이 하는 가족이 거주하는 장소 또는 그 승무원이 근무기간 외의 기간 중 통상체재하는 장소가 국내에 있는 때에는 당해 승무원의 주소는 국내에 있는 것으로 보고, 그 장소가 국외에 있는 때에는 당해 승무원의 주소가 국외에 있는 것으로 본다(소득세법 시행령 §2 ⑤).

여기에서 세대주라 함은 생활 내지 생계의 단위집단을 사실상 책임지고 있는 자를 말한다. 그리고 생계를 같이하는 가족이라 함은 생계비의 근원이 동일하며, 의·식

---

5) 국외에 거주 또는 근무하는 자가 ① 계속하여 1년 이상 국외에 거주할 것을 통상 필요로 하는 직업을 가진 때 ② 외국국적을 가졌거나 외국법령에 의하여 외국의 영주권을 얻은 자로서 국내에 생계를 같이 하는 가족이 없고 그 직업 및 자산상태에 비추어 다시 입국하여 주로 국내에 거주하리라고 인정되지 아니하는 때에는 국내에 주소가 없는 것으로 본다(소득세법시행령 §2 ④).

·주 등 일상생활을 함께하는 자를 말하나 반드시 친족일 필요는 없다고 본다. 예를 들면 형제가 결혼하여 같은 집에서 생활한다 하더라도 생계를 별도로 꾸려가는 경우는 각각 별도의 세대로 보아 주민세 개인분을 부과하여야 하나 반대로 친족이 아니라 하더라도 생계를 같이하는 가정부 등의 경우에는 세대주와 생계를 같이하는 가족으로 보아 납세의무가 없다고 보아야 한다.[6]

(2) 일정 규모 이상 개인의 사업소분

(가) 지방자치단체에 대통령령으로 정하는 일정한 규모 이상의 사업소를 둔 개인에게 사업소분의 납세의무가 있다.

사업소를 둔 개인 중 직전 연도의 부가가치세법에 따른 부가가치세 과세표준액(부가가치세 면세사업자의 경우에는 소득세법에 따른 총수입금액)이 8천만원 이상인 개인으로서 사업소를 둔 개인의 경우 주민세 사업소분의 납세의무가 있다(법 §75 ① Ⅲ, 영 §79 ②).

이 규정에서 부가가치세 면세대상 사업은 부가가치세법 제26조와 제27조 및 동법 시행령 제34조 내지 제56조의 규정에 의한 사업을 영위하는 자를 말한다.

개인사업자의 사업소분 과세대상 판단을 처음에는 소득세법에 의한 총수입금에 의하였으나 1986년부터는 부가가치세법에 의한 과세표준에 의하도록 하였으며, 부가가치세의 면세사업자에 한하여 소득세법에 의한 총수입금액으로 판단하도록 하였고 수입금액의 기준도 당초 2,400만원을 1989년도부터 3,600만원으로 인상하였다가 1996년도부터 4,800만원으로 하다가 2023년부터 8천만원으로 개정하여 운영되고 있다.

이러한 사실관계의 판단에 필요한 자료를 세무서장은 직전 연도의 부가가치세 과세표준액(부가가치세 면세사업자의 경우에는 소득세법에 의한 총수입금액)이 8천만원 이상인 사업자로서 사업소를 둔 개인사업자의 자료를 당해 개인사업자의 사무소 또는 사업소 소재지를 관할하는 특별자치시장, 특별자치도지사, 시장, 군수, 구청장에게 통보하여야 한다(영 §79 ③).

(나) 지방자치단체에 사업소를 둔 법인의 사업소분

① 지방자치단체에 사업소를 둔 법인(법인세의 과세대상이 되는 법인격 없는 사단, 재단 및 단체를 포함한다.)은 주민세 사업소분의 납세의무가 있다.

---

6) **가족의 범위**(민법 §779 ① · ②).
　① 다음의 자는 가족으로 한다.
　　1. 배우자, 직계혈족 및 형제자매
　　2. 직계혈족의 배우자, 배우자의 직계혈족 및 배우자의 형제자매
　② 제1항 제2호의 경우에는 생계를 같이 하는 경우에 한한다.

법인사업소분은 해당 지방자치단체에 사업소를 두고 있는 경우에 부담하는 것이므로 법인이라도 사업소가 없으면 납세의무가 없는 것이며, 사업소가 있으면 등기·등록 여부에 불구하고 당해 사업소마다 법인 사업소분의 납세의무가 있는 것이다.

여기에서 사업소라 함은 그 건물 또는 시설이 자기의 소유 여부를 불문하고 사업상의 필요에 의하여 설치된 인적·물적 설비를 갖추고 계속하여 사업이 행하여지고 있는 장소를 말한다. 그리고 사업이라 함은 영리를 목적으로 하는 사업뿐만 아니라 특정한 목적을 수행하기 위하여 운영되고 있는 일체의 업무를 말한다.

이러한 사업소의 구체적인 요건을 살펴보면 다음과 같다.

첫째로, 사업소는 인적 설비가 있어야 한다. 그러므로 단순히 물적인 설비만 있고 인적 설비가 없는 재료적치장, 창고, 차고 등의 시설은 사업소로 볼 수 없다. 또한 합숙소, 초소, 감시소 등에 별도의 사무원을 배치하지 않고 고용원, 감시원, 수위 등을 배치하여 종업원의 숙박이나 시설에 대한 감시 등의 업무만을 수행하고 있는 경우에도 사회통념상 이들 장소에서 사무를 집행하거나 사업을 영위한다고 볼 수 없으므로 사업소로 볼 수 없다.

둘째로, 사업소는 물적 설비가 있어야 한다. 이러한 물적 설비는 건물은 물론 건물이 없는 노천작업장, 채석장, 광구 등도 포함한다고 본다. 그러나 선박 등과 같이 이동성이 있는 경우 등은 그 자체가 물적 설비를 구비한 사업소로는 볼 수 없다 하겠다.

셋째로, 일정한 사무 또는 사업이 계속적으로 이루어져야 한다는 것이다. 사업소에서 행해지는 사무 또는 사업은 그 성질, 내용, 명칭 등을 불문하므로 공익사업이나 비영리사업이라도 관계없으며, 그 사업의 결과 수익 또는 소득이 발생하거나 그 사무 또는 사업의 목적달성 여부도 불문하는 것이다.

사업소에서 행해지는 업무는 어느 정도 계속성을 가지지 않으면 안 된다. 따라서 단기간 일시적인 사업의 용에 공할 목적으로 설치된 건설공사현장, 현장사무소 등은 사업소로 볼 수 없다. 공장 또는 광구 등이 완전 폐쇄되어 종업원이 없는 경우에는 이를 사업소로 볼 수는 없으나 일시적인 휴업중일 경우에는 업무가 계속되고 있다고 볼 수 있기 때문에 사업소로 보아야 할 것이다. 그리고 공장 등을 사실상 폐쇄하기 위하여 휴업을 하고 있는 경우에도 잔무를 처리하기 위한 업무가 일부 계속 중일 경우에는 아직 업무가 계속되고 있는 것으로 보아야 할 것이다. 동일 구내에 동일 법인에 속하는 시설이 여러 개가 있거나 동일 업무에 이용되고 있는 시설이 별도로 분산되어 있을 경우 이를 몇 개의 사업소로 보느냐 하는 것이 문제가 된다. 이것은 각 시설간의 거리, 사무 또는 사업에 시설이 이용되고 있는 상태, 각 시설의 운영상황(운영의 독립성) 등을 기준으로 하여 객관적으로 결정하여야 할 것이다.

② 법인세의 과세대상이 되는 법인격 없는 사단·재단 및 단체도 주민세 법인사업소분의 납세의무가 있다.

　법인사업소분의 과세대상으로 법인세가 과세되는 법인격이 없는 사단·재단 및 단체를 규정하고 있는데 법인세법에서는 법인격 없는 사단·재단 및 기타 단체 중 국세기본법 제13조 제4항에 해당하는 사단·재단·기타 단체만을 비영리 내국법인으로 보도록 규정하고 있는데 국세기본법 제13조 제4항은 동조 제1항 및 제2항의 규정에 의하여 법인으로 보는 법인격이 없는 단체의 국세에 관한 의무는 그 대표자 또는 관리인이 이행하여야 한다고 규정하고 있고 동조 제1항의 법인으로 보는 단체(수익을 구성원에게 배분하지 아니하는 것에 한함)는 ① 주무관청의 허가 또는 인가를 받아 설립되거나 법령에 따라 주무관청에 등록한 사단·재단·그 밖의 단체로서 등기되지 아니한 것 ② 공익을 목적으로 출연된 기본재산이 있는 재단으로서 등기되지 아니한 것을 말하고 동조 제2항에서는 제1항에 따라 법인으로 보는 사단·재단 그 밖의 단체 외에 법인 아닌 단체 중 ① 사단·재단 그 밖의 단체의 조직과 운영에 관한 규정을 가지고 대표자나 관리인을 선임하고 있을 것, ② 사단·재단 그 밖의 단체 자신의 계산과 명의로 수익과 재산을 독립적으로 소유·관리할 것, ③ 사단·재단 그 밖의 단체의 수익을 구성원에게 분배하지 아니할 것의 요건을 갖춘 것으로서 대표자나 관리인이 관할세무서장에게 신청하여 승인을 얻은 것도 법인으로 보아 세법을 적용하는데 이 경우 해당 사단·재단 그 밖의 단체의 계속성 및 동질성이 유지되는 것으로 본다(국기법 §13 ①·②).

　여기서 주의할 점은 법인격 없는 사단·재단 또는 단체가 현실적으로 법인세가 과세되고 있어야 법인사업소분의 과세대상이 되는 것이 아니라 법인세가 과세되고 있지 아니하는 경우라도 법인세법이 적용되어야 할 대상이면 법인세의 과세 여부에 불문하고 법인사업소분을 과세하여야 한다는 것이다.

(3) 사업소분 납세의무의 면제 등

① 사업소분의 납세의무가 있는 개인 중 직전연도의 부가가치세법에 따른 부가가치세 과세표준액(부가가치세 면세사업자의 경우에는 소득세법에 따른 총수입금액)이 4천 8백만원 이상인 개인으로서 다음 각 호의 어느 하나에 해당하는 사람은 주민세 개인사업소분 납세의무가 없다. 다만, 다음 각 호의 어느 하나에 해당하는 사람으로서 다른 업종의 영업을 겸업하는 사람은 제외한다(영 §79 ② Ⅰ~Ⅵ).
　㉮ 담배소매인
　㉯ 연탄·양곡소매인
　㉰ 노점상인
　㉱ 유아교육법 제2조 제2호에 따른 유치원의 경영자

② 세무서장은 위의 규정에 따라 직전 연도의 부가가치세 과세표준액(부가가치세 면세사업자의 경우에는 소득세법에 따른 총수입금액을 말한다.)이 4천 800만원 이상인 사업자로서 사업소를 둔 개인사업자의 자료를 해당 개인사업자의 사업소 소재지를 관할하는 특별자치시장, 특별자치도지사, 시장, 군수, 구청장에게 통보하여야 한다(영 §79 ③).

나. 일정면적 초과 사업소분의 납세의무자

(1) 일반적 납세의무자

일정면적 초과($330㎡$ 초과) 사업소분의 납세의무자는 매년 7월 1일 현재의 사업주(매년 7월 1일 현재 1년 이상 계속하여 휴업하고 있는 자는 제외한다.)로 한다(법 §75 ②).

일정면적 초과사업소분에 대한 납세의무는 과세기준일 현재로 주민세 과세대장에 등재되어 있을 것을 절대적인 요건으로 하고 있다. 따라서 납세의무자가 신고의무를 성실하게 이행하지 아니하였거나 과세권자의 직권조사누락으로 납기개시일 현재 주민세 과세대장에 등재되지 않았을 경우 주민세의 납세의무 성립 여부에 대한 문제가 야기된다. 이와 같은 경우 지방세기본법 제102조 "사기 기타 부정한 행위 또는 의무불이행 등으로 포탈된 지방세는 그 금액을 일시에 부과징수한다."는 규정을 적용하여 이를 일시에 추징할 수 있다는 견해와 동 규정은 추상적인 납세의무가 발생된 경우에만 포탈행위가 성립되어 이를 일시에 부과징수할 수 있는 것으로 위의 경우는 추상적인 납세의무 자체가 발생된 것이 아니므로 이를 추징할 수 없다는 견해가 있으나 만약 일시에 추징할 수 없다고 한다면 성실하게 신고한 자가 불성실하게 신고한 자보다 세부담면에서 불이익을 받게 되어 공평과세의 원칙과 신의성실의 원칙에 반하는 결과를 초래하므로 납기개시일 현재 과세대장에 등재되지 않았다 하더라도 주민세의 추상적인 납세의무가 발생된 것으로 볼 수 있으므로 지방세기본법 제102조의 규정에 의거 주민세를 일시에 추징함이 타당하다고 본다.

그리고 과세기준일(매년 7월 1일) 현재 1년 이상 휴업하고 있는 사업소에 대하여는 주민세를 과세하지 아니한다.

(2) 일정면적 초과 사업소분의 제2차 납세의무

사업소용 건축물의 소유자와 사업주가 다른 경우에는 이미 부과된 일정면적 초과 사업소분을 사업주의 재산으로서 징수해도 부족액이 있는 경우에 한하여 건축물의 소유자에게 제2차 납세의무를 지울 수 있다(법 §75 ② 단서).

이 경우 사업소용 건축물의 소유자가 국가·지방자치단체 또는 비영리사업자 등으로 주민세의 비과세대상자인 경우에도 제2차 납세의무를 지울 수 있다(영 §80 ①·②).

예를 들면, 부동산임대업을 영위하는 자가 건축물을 타에 임대하는 경우 동 건축물이 부동산임대업이라는 영업에 공여되고 있음은 틀림없다 할 것이나 임대인이 동 건축물에서 부동산임대업을 행하는 것이 아니라 임차인의 사업이 행하여지는 것이므로 임차인의 사업 소용 건축물이 되는 것이며 임대자는 임차인이 주민세를 납부하지 아니할 경우 제2차 납세의무자가 될 뿐이다.

그리고 제2차 납세의무자인 건축물의 소유자로부터 일정면적 초과 사업소분을 징수하고자 하는 경우에는 납부할 금액, 기한, 장소, 기타 필요한 사항을 기재한 납부통지서에 의하여 고지하여야 하며, 제2차 납세의무자가 납기한 내에 납부하여야 할 주민세를 완납하지 아니한 경우에는 납기전징수를 하는 경우를 제외하고는 납부기한이 지난 후 50일 이내에 납부의 최고서를 발부하여야 한다. 제2차 납세의무자가 최고서상의 납부기한까지 체납된 주민세 사업소분을 납부하지 아니하는 경우에는 제2차 납세의무자의 재산에 대해 체납처분을 하여 이를 강제적으로 징수할 수 있다(영 §80 ③).

다. 종업원분의 납세의무자

종업원분의 납세의무자는 종업원에게 급여를 지급하는 사업주로 한다(법 §75 ③).

종업원분의 납세의무 성립요건은 종업원에게 급여를 지급하여야 하고 그 지급하는 자가 반드시 사업주이어야 한다.

사업주라 하더라도 살롱을 경영하는 자가 급료를 지급하지 않을 것을 조건으로 접대부를 고용하고 있는 경우 또는 서적 등 외판사업경영자가 외판원에게 급료를 지급하지 아니하고 외판실적에 따라 수수료를 지급하거나 서적의 정가 중 일정액을 감하여 외판원이 이를 판매하여 그 차액을 외판원의 수입으로 하는 등 사업주가 종업원에게 급여를 지급하지 아니하는 경우의 사업주는 종업원분의 납세의무가 없다.

그리고 사업주가 급료의 지급권을 특정인에게 위임하여 지급토록 한 경우에는 급료지급행위가 사업주의 행위로 귀속되므로 사업주가 종업원분의 납세의무자가 되며, 법인사업체의 경우는 법인이 사업주가 되는 동시에 법인의 수입금으로 급료를 지급하는 한 해당 법인이 급료지급자가 되어 종업원분의 납세의무자가 된다.

제76조 납세지

가. 개인분의 납세지

개인분의 납세지는 과세기준일 현재 주소지로 한다(법 §76 ①)

① 시·군 내에 주소를 둔 개인의 경우 개인분에 있어서 주소가 사실상 2개 이상 있을 경우에는 그 주된 생활근거지인 주소지를 관할하는 하나의 시·군에서만 과세하여야 하는데, 이 경우 주된 생활근거지가 되는 주소지는 체류기간의 장단, 가족의 생활근거지, 주민등록상황 등을 고려하여 종합적으로 판단하여 결정하여야 할 것이나 주민세의 응익원칙적인 성격을 감안해 볼 때 체류기간이 긴 쪽이 주된 생활근거지인 주소지로 보아야 할 것이다.

나. 사업소분의 납세지와 안분계산

① 시·군 내에 직전연도의 부가가치세법에 의한 부가가치세 과세표준액(부가가치세 면세사업자의 경우에는 소득세법에 의한 총수입금액)이 4,800만원 이상인 사업소를 둔 개인의 경우는 그 사업장 소재지 시·군에서 주소지에서 사업소분을 부과한다.

② 법인의 경우 사업소분에 있어서는 개인 사업소분과는 달리 1개의 법인의 사업소가 수개 있을 경우에는 그 사업소마다 그 소재지를 관할하는 시·군에서 과세한다.

그런데 주민세 사업소분은 매년 과세기준일인 7월 1일 현재 당해 주소지 또는 소재지에 주소를 두고 있거나 사업소가 소재하고 있는 경우에는 사업소분 주민세의 납부의무가 있는 것이므로 과세기준일 이후에 주소 또는 소재지를 다른 지역으로 이전한 경우에는 과세기준일(매년 7월 1일) 현재의 당해 주소지 및 법인의 사업소 소재지를 관할하는 시·군에서 부과하게 된다.

③ 사업소분의 납세지는 과세기준일(매년 7월 1일) 현재 각 사업소 소재지로 한다(법 §76 ②). 이 경우 사업소용 건축물이 둘 이상의 시·군·구에 걸쳐 있는 경우 사업소분은 건축물의 면적에 따라 나누어 해당 지방자치단체의 장에게 각각 납부하여야 한다(영 §81 ①).

④ 일정면적 초과 사업소분은 과세기준일 현재 사업소 소재지를 관할하는 시·군·구에서 과세하는 것이므로 과세기준일 전일까지 갑(甲)시에 소재하다가 과세기준일에 을(乙)군으로 이전한 경우에는 을(乙)군에 이를 납부하여야 한다. 그러나 대규모의 사업소를 과세기준일 현재 제조장 단위로 일부는 이전하고 일부제조장은 이전하지 못하고 있는 경우에는 이전되지 아니한 제조장에 대하여는 이전 전 시·군·구에, 이전된 제조장에 대하여는 이전지 관할 시·군·구에 각각 납부하여야 한다. 또한 사업소를 이전

하기 위하여 타시·군·구에 사업소용 건축물을 시설완료 하였으나 과세기준일 현재 이전을 개시하지 아니한 경우에는 이전하기 위하여 새로이 건축한 건축물에서는 사무 또는 사업이 수행되지 않고 있으므로 이전 전의 시·군·구에만 일정면적 초과 사업소분을 납부하면 된다.

⑤ 사업소용 건축물이 둘 이상의 시·군·구에 걸쳐있는 경우에는 건축물의 면적에 안분하여 해당 시·군·구에 각각 납부하여야 하는바 이 경우 건축물의 면적이라 함은 건축물의 연면적을 말하는 것으로 보아야 하고 사업소용 건축물이라 함은 용어의 정의에서 설명한 건축물을 말한다. 그러므로 어느 사업소가 A시 지역에는 기숙사, 식당, 도서관, 체육관, 휴게실, 병기고 등 과세대상에서 제외되는 건축물만 있고 B군 지역에 제조장, 사무실 등이 위치하고 있는 경우에는 B군에만 사업소분의 주민세를 납부하면 된다.

다. 종업원분의 납세지

① 종업원분의 납세지는 급여를 지급한 날(월 2회 이상 급여를 지급하는 경우에는 마지막으로 급여를 지급한 날을 말한다.) 현재의 사업소 소재지(사업소를 폐업하는 경우에는 폐업하는 날 현재의 사업소 소재지를 말한다.)로 한다(법 §76 ③).

그러므로 이 규정은 종업원분 주민세 납세지의 판단시점을 '급여를 지급한 날(월 2회 이상 급여를 지급하는 경우에는 마지막으로 급여를 지급한 날)로 명시'하여 급여를 지연하여 지급하는 경우까지 포함하는 납세지 규정이다.

이 경우 종업원분의 납세구분이 곤란한 경우에는 종업원분의 총액을 건축물 면적에 따라 산출한 주민세 사업소분의 비율에 따라 안분하여 해당 지방자치단체의 장에 각각 납부하여야 한다(영 §81 ②).

② 종업원분의 납세지는 근무지가 일정한 경우는 문제가 없지만 운수업체의 운전자·해운업체의 선원 등과 같이 근무지가 일정하지 아니한 경우는 납세지 결정에 애로가 있는 것은 사실이다.

그런데 종업원분의 납세지는 지방세법에서 근무지와는 관계없이 사업소 소재지를 관할하는 시·군·구에서 부과하도록 규정하고 있는데 여기에서 사업소 소재지라 함은 본사 또는 본점 소재지를 말하는 것이 아니라 지방소득세의 과세대상으로 볼 수 있는 본점, 지점, 영업소, 출장소, 공장 등을 총칭하는 것이므로 일정한 근무지가 없는 운전자, 공사현장의 인부들은 그와 가장 가까이 소속된 사업소의 소재지를 관할하는 시·군·구에 종업원분을 납부하여야 한다. 그리고 동일인이 둘 이상의 근무지에 소속된 경우에는 급료를 실제로 지급받는 영업소 소재지를 관할하는 시·군·구이 납세지가 된다.

③ 하나의 사업소가 둘 이상의 시·군·구에 걸쳐 있는 경우의 납세지의 경우는 납세구분이 곤란한 경우에 한하여 사업소용 건축물의 면적에 따라 산정한 사업소분의 비율에

따라 안분하도록 하고 있으므로 납세구분이 가능한 범위까지는 사업소 소재지를 결정하여 납세지를 구분하여야 한다.

여기에서 둘 이상의 시·군·구에 걸쳐 있는 사업소의 종업원분의 안분과세방법을 예를 들면 다음과 같다.

사례

❖ **종업원분의 안분계산예**

법인의 사업소가 A시에 사무실 400㎡와 직원 20명(월급여 총액 800만원), B군에 공장 1,200㎡와 공장직원 200명(월급여 총액 3,000만원), C군에 기숙사와 식당 700㎡와 고용원 등 10명(월급여 총액 400만원), 그리고 경비원, 운전기사 등 10명(월급여 총액 500만원)을 소유 및 고용하고 있는 경우 각 시·군에 안분하여 납부할 종업원분은 다음과 같다.

- A시 : $(800만원 \times \frac{5}{1,000}) + (500만원 \times \frac{5}{1,000} \times \frac{400㎡ \div 1㎡ \times 250원}{1,600㎡ \div 1㎡ \times 250원}) = 46,250원$

  (월급여총액) (세율) (운전사, 경비원의 월급여 총액) (세율) (사업소용 건물의 사업소분 비율) (세율)

- B군 : $(3,000만원 \times \frac{5}{1,000}) + (500만원 \times \frac{5}{1,000} \times \frac{400㎡ \div 1㎡ \times 250원}{1,600㎡ \div 1㎡ \times 250원}) = 168,750원$

- C군 : $400만원 \times \frac{5}{1,000}$ (사업소분에 안분할 사업소용 건물없음) $= 20,000원$

※ 종업원분 총세액 : $(800만원 + 3,000만원 + 400만원 + 500만원) \times \frac{5}{1,000} = 235,000원$

제77조 │ 비과세

주민세의 비과세는 개인분과 사업소분을 구분하지 아니하고 모두 비과세 하는 것과 개인분만 비과세 하는 것으로 구분하여 규정되어 있다.

(1) 다음 각 호의 어느 하나에 해당하는 자에 대해서는 주민세를 부과하지 아니한다(법 §77 ① Ⅰ·Ⅱ).

① 국가·지방자치단체 및 지방자치단체조합에 대하여는 주민세를 부과하지 아니한다.

② 주한외국정부기관·주한국제기구·외국 민간원조단체에 관한 법률에 따른 외국 민간원조단체(이하 "주한외국원조단체"라 한다.) 및 주한외국정부기관·주한국제기구에 근무하는 외국인에 대하여는 주민세를 부과하지 아니한다.

다만, 대한민국의 정부기관·국제기구 및 원조단체 또는 대한민국의 정부기관·국제기구에 근무하는 대한민국의 국민에게 주민세와 동일한 성격의 조세를 부과하는 국가와 그 국적을 가진 외국인 및 그 국가의 정부 또는 원조단체의 재산에 대하여는 주민세를 부과한다. 이것은 상호주의원칙에 의한 것으로 이는 외국인에게 권리를 인정함에 있어서 그 외국인의 본국이 자국민에게 권리를 인정하는 것과 동일한 정도로 외국인에게 권리를 인정하는 주의이다.

제2절 개인분

제78조 세율

① 개인분의 세율은 1만원을 초과하지 아니하는 범위에서 지방자치단체의 장이 조례로 정한다(법 §78 ①).

이 경우 개인분은 주민세 규정에서 별도의 과세표준에 대한 규정은 없으나 세대별 개인분은 세대주를 중심으로 1건의 개인분 주민세가 과세되므로 개인분의 과세표준은 세대가 되는 것이다.

② 제1항에도 불구하고 주민의 청구가 있는 경우에는 개인분의 세율을 1만5천원을 초과하지 아니하는 범위에서 조례로 읍·면·동별로 달리 정할 수 있다(법 §78 ②).
③ 제2항에 따른 주민청구의 요건, 대상, 방법 및 절차 등에 관하여 필요한 사항은 조례로 정한다(법 §78 ③).

주민세 개인분의 세율을 1만원 내에서 지방자치단체의 장이 조례에 따라 정하는 것을 원칙으로 하되, 예외적으로 주민의 청구가 있는 경우에는 1만5천원 내에서 조례에 따라 읍·면·동별 세율을 차등화할 수 있는 근거를 마련하였고 주민 의사를 대표할 수 있는 청구기준과 방법, 절차가 구체적으로 규정될 수 있도록 조례로 위임하였다.

제79조 징수방법 등

① 개인분은 납세지를 관할하는 지방자치단체의 장이 보통징수의 방법으로 징수한다(법 §79 ①).

② 개인분의 과세기준일은 매년 7월 1일로 한다(법 §79 ②).
③ 개인분의 납기는 매년 8월 16일부터 8월 31일까지로 한다(법 §79 ③).

주민세 개인분의 징수방법은 보통징수의 방법에 의하므로 매년 7월1일을 과세기준일로 하고, 납기를 매년 8월 16일부터 8월 31일까지로 하여 고지하여 납부하는 방법에 의한다.

제79조의 2 │ 주민세 과세자료의 제공

① 행정안전부장관 또는 지방자치단체의 장은 개인분 납세의무자의 세대원 확인 등을 위하여 필요한 경우에는 법원행정처장에게 「가족관계의 등록 등에 관한 법률」 제11조 제6항에 따른 등록전산정보자료의 제공을 요청할 수 있다. 이 경우 요청을 받은 법원행정처장은 특별한 사유가 없으면 이에 협조하여야 한다(법 §79의 2 ①).
② 행정안전부장관은 제1항에 따라 제공받은 등록전산정보자료를 대통령령으로 정하는 바에 따라 지방자치단체의 장에게 제공할 수 있다(법 §79의 2 ②).

이 경우 행정안전부장관은 법 제79조의 2 제2항에 따라 등록전산정보자료를 지방자치단체의 장에게 제공하는 경우에는 지방세기본법 제135조 제2항에 따른 지방세정보통신망을 통하여 제공해야 한다(영 §81의 2).

또한 개인분 주민세 과세제외 대상인 '납세의무자의 직계비속으로서 미혼인 30세 미만의 사람'을 확인 시 가족관계등록 정보가 필요한데 가족관계등록 정보는 「지방세기본법」 제128조 제1항 제1호 규정에 따른 과세자료 제출대상으로서 구체적인 제출자료는 「지방세기본법 시행령」 별표3 제1호에 규정하여 가족관계등록 정보 등 민감한 개인정보를 제공받기 위해서는 개인정보 수집 목적, 자료 제공 범위 등이 구체적으로 규정되어야 하나, 현행 자료요구 근거는 목적 등이 다소 포괄적으로 규정하고 있고 국세의 경우 주민등록 자료 등 민감정보에 대해서는 「과세자료의 제출 및 관리에 관한 법률」 외에 별도로 개별 세법에서 요구 근거 규정을 두고 있다는 점을 감안하여 과세자료의 수집 목적, 제공 범위 등을 수집 목적(개인분 주민세 납세의무자 확인), 제공 범위(가족관계등록 전산자료법률에 구체적으로 규정)를 법률로 규정하고 행정안전부장관이 가족관계전산정보를 제공 받을 경우 지자체로 제공할 수 있는 근거 및 절차 신설한 것이다.

제3절 사업소분

제80조 과세표준

사업소분의 과세표준은 과세기준일(매년 7월 1일) 현재의 사업소 및 그 연면적으로 한다(법 §80).

그러므로 사업소를 영위하다가 6월 30일 이전에 멸실, 철거, 사업소의 폐지 등으로 인적·물적 설비를 갖춘 사업소의 기능을 상실했다면 해당 연도의 주민세 사업소분의 납세의무가 없으며, 과세기준일이 경과한 7월 2일 이후에 새로이 사업소가 설치되었다 하더라도 해당 연도 주민세 사업소분의 납세의무가 없는 것이다.

그리고 사업소에 대한 일정면적 초과 사업소분의 산정은 각 사업소별로 하기 때문에 1개 건축물에 수개의 사업소가 있으면 각각 사업소 면적을 산정하여야 하는데, 이 경우 일정면적 초과 사업소분의 과세표준을 계산할 때에는 사업소용 건축물의 연면적 중 $1m^2$ 미만은 계산하지 아니한다(영 §82).

제81조 세 율

① 사업소분의 세율은 다음 각 호의 구분에 따른다(법 §81 ①).
  1. 기본세율
     가. 사업주가 개인인 사업소: 5만원
     나. 사업주가 법인인 사업소
        1) 자본금액 또는 출자금액이 30억원 이하인 법인: 5만원
        2) 자본금액 또는 출자금액이 30억원 초과 50억원 이하인 법인: 10만원
        3) 자본금액 또는 출자금액이 50억원을 초과하는 법인: 20만원
        4) 그 밖의 법인: 5만원
  2. 연면적에 대한 세율: 사업소 연면적 1제곱미터당 250원. 다만, 폐수 또는 「폐기물관리법」 제2조 제3호에 따른 사업장폐기물 등을 배출하는 사업소로서 대통령령으로 정하는 오염물질 배출 사업소에 대해서는 1제곱미터당 500원으로 한다.
② 지방자치단체의 장은 조례로 정하는 바에 따라 제1항제1호 및 같은항 제2호 본문의 세율을 각각 100분의 50범위에서 가감할 수 있다(법 §81 ②).

여기에서 "대통령으로 정하는 오염물질 배출 사업소"란 다음 ①내지 ④의 어느 하나에 해당하는 사업소로서 「지방세기본법」 제34조 제1항에 따른 납세의무 성립일 이전 최근 1년 내에 행정기관으로부터 「물환경보전법」 또는 「대기환경보전법」에 따른 개선명령·조업정지명령·사용중지명령 또는 폐쇄명령(이하 이 조에서 "개선명령등"이라 한다.)을 받은 사업소(해당 법률에 따라 개선명령등을 갈음하여 과징금이 부과된 사업소를 포함한다.)를 말한다(영 §83 Ⅰ~Ⅳ).

① 「물환경보전법」 제33조에 따른 폐수배출시설 설치의 허가 또는 신고 대상 사업소로서 같은 법에 따라 배출시설 설치의 허가를 받지 아니하였거나 신고를 하지 아니한 사업소
② 「물환경보전법」 제33조에 따른 폐수배출시설 설치의 허가를 받거나 신고를 한 사업소로서 해당 사업소에 대한 점검 결과 부적합 판정을 받은 사업소
③ 「대기환경보전법」 제23조에 따른 폐수배출시설 설치의 허가 또는 신고 대상 사업소로서 같은 법에 따라 배출시설 설치의 허가를 받지 아니하였거나 신고를 하지 아니한 사업소
④ 「대기환경보전법」 제23조에 따른 대기오염물질배출시설 설치의 허가를 받거나 신고를 한 사업소로서 해당 사업소에 대한 점검 결과 부적합 판정을 받은 사업소

현재 다양한 환경 오염원인이 있음에도 수질오염시설에만 중과 중에 있는데 대기오염은 수질오염에 비해 확산력이 크고, 미세먼지 등 위해성이 심각함에도 중과대상에서 제외 [오염배출시설 위반현황 : 폐수 2,546개소, 대기오염 2,787개소 ('15년 환경부)] 되고 있어 2018년부터는 중과대상에 대기오염시설 부적합 사업소를 추가하여 미세먼지 등 대기오염물질 배출량 감축을 유도하고자 도입되었다.

이러한 중과규정은 배출시설을 기준에 맞게 설치하여 허가 또는 신고 받지 아니하거나 적합 판정을 받지 아니한 오염물질 배출 사업소에 대하여는 사업소분 주민세를 2배로 중과세하겠다는 것이다.

| 사례 |

❖ **오염물질 배출사업소 판단여부**

「대기환경보전법」 제43조 제1항에 따라 비산배출되는 먼지를 발생시키는 사업소가 개선명령 처분을 받았을지라도, 해당 사업소는 「지방세법 시행령」 제83조 제4호의 "「대기환경보전법」에 따른 배출시설"에 해당하지 않으므로, 중과대상이 되는 오염물질 배출사업소로 보기 어려움

(지방세정책과-614, 2020.2.10.)

제82조 │ 세액계산

사업소분의 세액은 제81조제1항제1호 및 제2호의 세율에 따라 각각 산출한 세액을 합산한 금액으로 한다. 다만, 사업소 연면적이 330제곱미터 이하인 경우에는 제81조제1항제2호에 따른 세액을 부과하지 아니한다.(법 §82).

이 경우 사업소 연면적이 330㎡ 이하라 함은 반올림이나 절사하지 아니한 상태로서 정확히 330㎡를 말하는 것이므로 사업소 연면적이 330.05㎡는 사업소분이 면제되지 아니한다.

사업소 연면적이 330㎡ 이하라 함은 사업소용 건축물의 연면적이 330㎡ 이하인 경우를 말하는데, 사업소용 건축물이라 함은 사업소의 구내에 있는 건축물 중 사업소용 건축물로 보지 아니하는 종업원의 보건, 후생, 교양 등에 직접 공하는 기숙사, 합숙사, 사택, 구내식당, 의료실, 도서실, 박물관, 대피시설, 체육관, 도서관, 연수관, 오락실, 휴게실, 병기고, 오물처리시설, 공해방지시설, 구내목욕실 및 탈의실, 구내이발소, 탄약고 등을 제외한 사무실, 제조장, 창고, 옥외기계장치, 저장시설 등의 연면적이 330㎡ 이하(330㎡까지)일 경우에는 일정면적 초과 사업소분이 부과되지 아니한다.

이 규정의 적용에 있어 유의해야 할 사항들을 예시하면 다음과 같다.

① 납기개시일(매년 7월 1일) 현재 사업소용 건축물이 건축중에 있거나 준공이 된 경우에도 사무 또는 사업이 이루어지지 않고 빈상태로 있는 경우에 이 부분은 사업소용 건축물에서 제외하고 실제 사업소로 활용중인 건축물의 연면적으로 면세점을 적용하여야 한다.

② 사업소용 연면적이 330㎡ 이하라 함은 전용면적만을 말하는 것이 아니라 공용부분 중 해당 사업소의 사용지분에 해당하는 면적까지를 포함하는 것이므로 1동의 건축물을 A회사가 사무실 300㎡, B회사가 점포로 280㎡, C회사가 공장으로 310㎡를 사용하고 3개회사가 공용하는 복도 100㎡, 계단 50㎡가 있을 경우에 각 회사의 사업소용 건축물의 연면적은 다음과 같다.

- A회사 : $300㎡ + (150㎡ \times \dfrac{300}{890}) = 350.5㎡$

- B회사 : $280㎡ + (150㎡ \times \dfrac{280}{890}) = 327.1㎡$

- C회사 : $310㎡ + (150㎡ \times \dfrac{310}{890}) = 362.2㎡$

이와 같이 B회사는 면세점 적용대상이 되어 주민세 사업소분이 과세되지 아니하나 A·C회사는 면세점에 해당되지 아니하여 사업소분이 부과된다.

③ 면세점의 적용은 독립된 매 사업소를 기준으로 하여야 하므로 특정인이 동일한 자치단체 내에 수개의 사업소를 경영하고 있는 경우라도 각 사업소가 독립하여 사무 또는 사

업을 수행하고 있는 경우에는 각 사업소의 사업소용 건축물의 연면적을 합산하여 면세점을 적용하는 것이 아니라 매 사업소의 사업소용 건축물의 연면적을 기준으로 면세점 적용 여부를 판단하여야 한다. 그리고 수개의 사업소가 동일한 사업을 수행하고 사업주도 동일하며 조직상으로 상하관계나 대등관계가 형성되어 있다 하더라도 소관사무 또는 사업수행의 범위가 구분되어 있는 경우에는 이를 각각 별개의 사업소로 보아 면세점을 적용하여야 한다.

④ 하나의 사업소가 사업소 형편상 영업부, 총무부, 경리부 등이 별개의 건축물에 분산되어 있다 하더라도 이는 하나의 사업소로 보아야 하며, 이 경우 분리경영하는 사업소가 각각 과세권을 달리하는 지역에 위치한 경우에는 면세점 적용은 이를 합산한 사업소용 건축물의 연면적을 기준으로 하여야 할 것이나 과세는 각각 분리하여 각 사업소를 관할하는 해당 자치단체가 하여야 할 것이다.

제83조 | 징수방법과 납기 등

① 사업소분의 징수는 신고납부의 방법으로 한다(법 §83 ①).
② 사업소분의 과세기준일은 7월 1일로 한다(법 §83 ②).
③ 사업소분의 납세의무자는 매년 납부할 세액을 8월 1일부터 8월 31일까지를 납기로 하여 납세지를 관할하는 지방자치단체의 장에게 대통령령으로 정하는 바에 따라 신고하고 납부하여야 한다(법 §83 ③). 이 규정에 따라 사업소분을 신고하려는 자는 신고서에 건축물의 연면적, 세액, 그 밖의 필요한 사항을 적은 명세서를 첨부하여 관할 시장·군수·구청장에게 신고해야 한다(영 §84 ①).

그리고 사업소분을 납부하려는 자는 행정안전부령으로 정하는 납부서로 납부해야 한다(영 §84 ②).

④ 제1항 및 제3항에도 불구하고 납세지 관할 지방자치단체의 장은 사업소분의 납세의무자에게 행정안전부령으로 정하는 납부서(이하 이 조에서 "납부서"라 한다.)를 발송할 수 있다(법 §83 ④).
⑤ 제4항에 따라 납부서를 받은 납세의무자가 납부서에 기재된 세액을 제3항에 따른 기한까지 납부한 경우에는 같은 항에 따라 신고를 하고 납부한 것으로 본다(법 §83 ⑤).
⑥ 사업소분의 납세의무자가 제3항에 따른 신고 또는 납부의무를 다하지 아니하면 제80조와 제81조에 따라 산출한 세액 또는 그 부족세액에 「지방세기본법」 제53조부터 제55조까지의 규정에 따라 산출한 가산세를 합한 금액을 세액으로 하여 보통징수의 방법으로 징수한다(법 §83 ⑥).

제84조 신고의무

① 사업소분의 납세의무자 또는 그 사업소용 건축물의 소유자는 조례로 정하는 바에 따라 필요한 사항을 신고해야 한다(법 §84 ①).
② 납세의무자가 제1항에 따른 신고를 하지 아니할 경우에는 세무공무원은 직권으로 조사하여 과세대장에 등재할 수 있다(법 §84 ②).

그러므로 특별자치시장, 특별자치도지사, 시장, 군수, 구청장은 개인분과 사업소분 과세대장을 갖추어 두고, 필요한 사항을 등재하여야 한다. 이 경우 해당 사항을 전산처리하는 경우에는 과세대장을 갖춘 것으로 본다(영 §85).

제4절 종업원분

제84조의 2 │ 과세표준

종업원분의 과세표준은 종업원에게 지급한 그 달의 급여 총액으로 한다(법 §84의 2).

이 경우 "그 달의 급여 총액"은 해당 월에 지급한 정기급여의 총액과 상여금·특별수당 등 비정기적 급여의 총액을 합한 금액으로 한다.

여기에서 종업원이라 함은 사업주와의 고용계약에 의하여 종사하는 자를 말하는 것이므로 그 종업원은 내·외국인을 불문하며, 월중에 사업을 폐지한 경우라 하더라도 그 사업주는 해당 월에 지급한 급여액을 과세표준으로 하여 지방소득세 종업원분을 납부하여야 하나, 사업주와의 고용계약이 아닌 도급계약에 의거 일정한 일의 완성에 대한 대가로 지급한 금액과 고용관계 없이 초빙된 강사에게 지급하는 강사료와 계약된 변호사, 공인회계사, 세무사 등에게 용역을 제공받고 그 대가로 매월 지급하는 고문료, 수당 등과 보험모집원, 접대부 등이 받는 수당 등 사업소득으로 지급되는 금액은 종업원분의 과세표준에 산입할 수 없다.

제84조의 3 │ 세 율

① 종업원분의 표준세율은 종업원 급여총액의 1천분의 5로 한다(법 §84의 3 ①).
② 지방자치단체의 장은 조례로 정하는 바에 따라 종업원분의 세율을 제1항에 따른 표준세율의 100분의 50의 범위에서 가감할 수 있다(법 §84의 3 ②).

이 규정에 의한 세율의 가감을 하기 위해서는 시·도 의회의 의결을 거쳐 조례로서 표준세율의 100분의 50범위에 가감할 수 있다.

제84조의 4 │ 면세점

① 「지방세기본법」 제34조에 따른 납세의무 성립일이 속하는 달부터 최근 1년간 해당 사업소 종업원 급여총액의 월평균금액이 대통령령으로 정하는 금액에 50을 곱한 금액 이하인 경우에는 종업원분을 부과하지 아니한다(법 §84의 4 ①).

이 경우 "대통령령으로 정하는 금액"이란 300만원을 말한다(영 §82의 2 ②).

② 이에 따른 종업원 급여총액의 월평균금액 산정방법 등 필요한 사항은 대통령령으로 정한다(법 §84의 4 ②).

이 규정에 따른 종업원 급여총액의 월평균금액은「지방세기본법」제34조에 따른 납세의무 성립일이 속하는 달을 포함하여 최근 12개월간(사업기간이 12개월 미만인 경우에는 납세의무성립일이 속하는 달부터 개업일이 속하는 달까지의 기간을 말한다.) 해당 사업소의 종업원에게 지급한 급여총액을 해당 개월 수로 나눈 금액을 기준으로 한다. 이 경우 개업 또는 휴·폐업 등으로 영업한 날이 15일 미만인 달의 급여총액과 그 개월 수는 종업원 급여총액의 월평균금액 산정에서 제외한다(영 §82의 2 ①).

제84조의 5 | 중소기업 고용지원

① 「중소기업기본법」제2조에 따른 중소기업(이하 "중소기업"이라 한다.) 사업주가 종업원을 추가로 고용한 경우(해당 월의 종업원 수가 50명을 초과하는 경우만 해당한다.)에는 다음의 계산식에 따라 산출한 금액을 종업원분의 과세표준에서 공제한다. 이 경우 직전 연도의 월평균 종업원 수가 50명 이하인 경우에는 50명으로 간주하여 산출한다(법 §84의 5 ①).

> 공제액 = (신고한 달의 종업원 수 − 직전 연도의 월평균 종업원 수) × 월 적용급여액

② 다음 각 호의 어느 하나에 해당하는 중소기업에 대해서는 다음 각 호에서 정하는 달부터 1년 동안 월평균 종업원 수 50명에 해당하는 월 적용급여액을 종업원분의 과세표준액에서 공제한다(법 §84의 5 ② Ⅰ·Ⅱ).
  1. 사업소를 신설하면서 해당연도에 50명을 초과하여 종업원을 고용하는 경우 : 종업원분을 최초로 공제 하는 달
  2. 해당 월의 1년 전부터 계속하여 매월 종업원 수가 50명 이하인 사업소가 추가 고용으로 그 종업원 수가 50명을 초과하는 경우(해당 월부터 과거 5년 내에 종업원 수가 1회 이상 50명을 초과한 사실이 있는 사업소의 경우는 제외한다.) : 해당 월의 종업원분을 신고하여야 하는 달

③ 제1항 및 제2항을 적용할 때 월 적용급여액은 해당 월의 종업원 급여 총액을 해당 월의 종업원 수로 나눈 금액으로 한다(법 §84의 5 ③).

④ 제1항을 적용할 때 휴업 등의 사유로 직전연도의 월평균 종업원 수를 산정할 수 없는 경우에는 사업을 재개한 후 종업원분을 최초로 신고한 달의 종업원 수를 직전연도의 월평균 종업원 수로 본다(법 §84의 5 ④).

⑤ 제1항부터 제4항까지의 규정에 따른 종업원 수의 산정기준 등은 대통령령으로 정한다(법 §84의 5 ⑤).

이 규정에 따른 종업원 수의 산정은 종업원의 월 통상인원을 기준으로 한다. 이 경우 월 통상인원의 산정방법은 행정안전부령으로 정한다(영 §85의 3).

여기에서 종업원이라 함은 사무소에 근무하거나 사업소로부터 급여를 지급받는 임원·직원, 기타 종사자로서 급여의 지급 여부에 불구하고 사업주 또는 그 위임을 받은 자와의 계약에 의하여 해당 사업에 종사하는 자(현역복무 등의 사유로 일정기간 해당 사업소에 직접 근무하지 아니하는 자 중에서 해당 사업주 또는 그 위임을 받은 자로부터 급여의 일부 또는 전부를 지급받는 경우를 포함한다.)를 말하며, 다만 국외근무자는 제외한다. 이러한 종업원의 수가 월 통상 50명 이하일 경우에 한하여 종업원분을 부과하지 아니하는데 이 경우 월 통상인원의 산정방법은 다음과 같다.

"월 통상인원"이라 함은 월 상시 고용하는 종업원 수에 수시 고용하는 종업원의 월 연인원을 당월의 일수로 나눈 평균인원을 합한 인원으로 한다(규칙 §38의 2).

$$※ 월\ 통상인원 = 해당\ 월의\ 상시\ 고용\ 종업원\ 수 + \left(\frac{해당\ 월의\ 수시\ 고용\ 종업원의\ 연인원}{해당\ 월의\ 일수}\right)$$

그런데 월 상시 고용하는 종업원이라 함은 급료의 지급형태(연봉, 월급, 주급, 일급, 시간급 등)에 불구하고 월간 계속하여 노무를 제공하는 임직원은 물론 특정업무의 수요가 있을 경우에만 이를 종업원으로 보아 월간 또는 연간 일정액의 급료를 지급받는 자도 포함되며, 수시 고용하는 종업원이라 함은 필요에 따라 불특정인이 수시로 고용되어 노무를 제공하고 급료를 지급받는 자를 말한다. 그러나 수시로 공용되는 자가 일일고용이 되는 경우는 월 연인원의 산정에 별다른 문제가 없으나 시간제로 고용하는 경우에는 연인원의 산정방법이 문제가 되는데, 시간제 고용의 경우는 현규정상에는 명문으로 규정된 것이 없으나 노무를 제공한 시간이 1일 8시간에 미달하는 경우라도 1명으로 계산할 수밖에 없을 것이다. 그리고 해당 월의 일수라 함은 이를 역년상(曆年上)의 일수를 말하는 것이므로 해당 월의 실제의 근무일수(휴일을 공제한 일수)와는 관계가 없다.

특히 종업원 수를 산정함에 있어 사업주로부터 급료를 지급받지 아니하는 자도 종업원으로 보아야 하는 것으로 보험회사에서 유급직원 15명과 일정한 급료가 없이 보험가입자 모집에 따라 수당을 받는 무급직원 40명을 고용한 경우 면세점의 적용은 유·무급직원(15+40=55명)을 합한 55명으로 면세점에 해당되지 아니하는 것이며, 이 경우 종업원분을 부과시는 유급직원 15명의 1개월간 급료를 과세표준으로 하는 것이므로 무급종업원은 종업원분의 과세대상은 되지 아니하나 면세점의 적용기준이 되는 종업원에는 해당된다는 점에 유의해야 한다.

또한 종업원 50명 이하인 사업소가 추가고용하여 50명을 초과하는 경우, 최초로 초과한 해당 월부터 1년간 50명분의 급여를 과표에서 공제 다만, '신고하는 달'부터 과거 5년내 종업원 수가 1회 이상 50명을 초과했던 적이 있는 경우 제외하고 있지만 해당 규정은 사업의 확장 등으로 추가고용을 하여 50명을 초과한 경우, 최초로 50명을 초과한 달로부터 1년간 신설기업에 준하여 세제 혜택을 주려는 것이나, 과거 5년동안 50명 초과고용 여부를 판단하는 기산점인 '신고하는 달'을 매월 신고하는 시점(D+1월)으로 해석하는 경우, 그 전월(D월)에 이미 50명을 초과하였으므로 공제혜택을 받을 수 없게 되어 과거 5년간 50명 초과 여부 판단 기산월을 '신고하는 달'에서 '해당 월'로 명확히 하여 취지에 부합하게 규정한 것이다.

[사례]

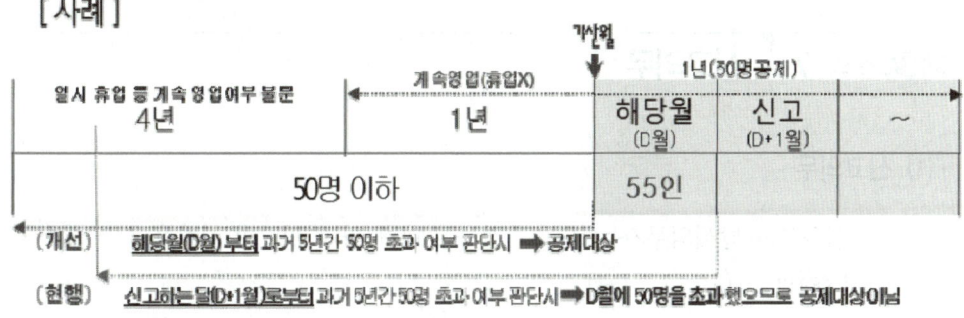

제84조의 6 │ 징수방법과 납기 등

(1) 신고납부

① 종업원분의 징수는 신고납부의 방법으로 한다(법 §84의 6 ①).
    다만, 신고 또는 납부를 하지 아니한 경우에 한하여 보통징수의 방법으로 징수하도록 하고 있다.
② 종업원분의 납세의무자는 매월 납부할 세액을 다음 달 10일까지 납세지를 관할하는 지방자치단체의 장에게 대통령령으로 정하는 바에 따라 신고하고 납부하여야 한다(법 §84의 6 ②).
③ 이 경우 종업원분을 신고하려는 자는 신고서에 종업원 수, 급여 총액, 세액, 그 밖에

필요한 사항을 적은 명세서를 첨부하여 지방자치단체의 장에게 제출하여야 하고, 종업원분을 납부하려는 자는 행정안전부령으로 정하는 납부서로 납부하여야 한다(영 §85의 4 ①·②).

(2) 보통징수와 가산세

종업원분의 납세의무자가 제2항에 따른 신고 또는 납부의무를 다하지 아니하면 제84조의 2 및 제84조의 3에 따라 산출한 세액 또는 부족세액에 지방세기본법 제53조부터 제55조까지의 규정에 따라 산출한 가산세를 합한 금액을 세액으로 하여 보통징수의 방법으로 징수한다(법 §84의 6 ③).

보통징수를 하는 경우의 납기 등에 대하여는 따로 규정된 바가 없으므로 지방세의 부과고지의 예에 따라 납세 고지일부터 15일의 납기로 고지하여야 할 것이다.

제84조의 7 | 신고의무

(1) 신고의무

① 종업원분의 납세의무자는 조례로 정하는 바에 따라 필요한 사항을 신고하여야 한다(법 §84의 7 ①).
② 납세의무자가 신고를 하지 아니할 경우에는 세무공무원은 직권으로 조사하여 과세대장에 등재할 수 있다(법 §84의 7 ②).

(2) 대장비치

① 지방자치단체의 장은 종업원분 과세대장을 갖추어 두고, 필요한 사항을 등재하여야 한다. 이 경우 해당 사항을 전산처리하는 경우에는 과세대장을 갖춘 것으로 본다(영 §85의 5).

종업원분 과세대장에의 등재는 납세의무의 성립요건이 되는 것이므로 정확을 기하여야 한다. 납세의무자가 신고의무불이행으로 등재가 누락된 경우는 이를 포탈된 지방세로 보아 사후에 등재를 하고 소정의 지방소득세를 추징할 수 있으나 납세의무자가 성실하게 신고를 하였음에도 과세권자가 착오로 인하여 등재하지 않았을 경우에는 지방소득세를 부과할 수 없다는 점에 유의하여야 할 것이다.

CHAPTER 08

제3편
지방세법

지방소득세

1. 지방소득세의 개요

지방소득세라는 명칭의 세목으로는 2010년에 신설 운영되었는데 이 세목의 세원은 종전의 주민세 소득할과 사업소세 종업원할을 통합하여 새로운 세목을 신설한 것이다.

그런데 이때의 재편에 의한 지방소득세는 지방자치단체의 재원확충에 도움이 된 것이 아니라 종전의 주민세소득할과 사업소세의 종업원할을 합하여 종전 세수수준을 유지하도록 하는 세목간 합치분할에 불과한 조치였다.

이러한 지방소득세는 2014년부터 소득세와 법인세의 부가세 형태로 부과·징수하였던 것을 지방소득세 세원 중 종업원분은 주민세의 세원으로 이관하고, 종전에 과세표준으로 하였던 법인세액과 소득세액 대신에 소득세법에 따라 산출된 과세표준과 법인세법에 따라 산출한 과세표준을 준용토록 하는 종전의 부가세(surtax)방식의 과세를 독립세방식으로 전환함으로써 지방의 자주재원 확충은 물론, 지역경제발전이 지방세수와 연계되도록 하여 지역간 선의의 경쟁체계를 유도하는 등 지방자치발전에 기여토록 재편한 것이다.

이를 구체적으로 살펴보면 2010년에 도입된 지방소득세는 소득·법인세의 부가세 형태(결정세액의 10%)로 운영 중이었으나 국세의 세율 조정('08년 소득·법인세 세율인하 후 5년 간 지방소득세 감소액 : 총 6.09조원(소득분 2.59조원, 법인분 3.50조원), '12 국회 예정처), 공제·감면 정책 등에 따라 지방소득세 세입이 변동되는 등의 문제로 지방자치단체에서는 지속적으로 독립세 전환을 요구하여 오던 중 2013.9.26 취득세 인하에 따른 재정보전 대책으로 일환으로 '지방소득세 독립세 전환'을 확정('중앙-지방 간 기능 및 재원 조정 방안', '13.9.26) 되었다.

개편 주요내용은 소득·법인세와 과세표준(소득 부분)은 공유하되, 세율, 세액공제·감면 등에 관한 사항은 '지방세 관계법'에서 별도 규정하면서 세율은 현행과 같이 국세의 10% 수준으로 하고, 누진세율방식(단일세율로 규정 시 국세의 누진세율체계를 전면 개편해야하는 문제 발생)으로 적용하면서 법인소득분 지방소득세에 대해서는 에 대한 세액공제·감면을 과세로 전환하였다.

		〈2014년 이전〉	〈2014년 이후〉
지방소득세	개인 분	부가세율 10%	개별세율 0.6~3.8%
	법인 분		개별세율 1.0~2.2%

그리고 시행시기는 2014.1.부터 전면 시행(2014.1. 소득 발생 분부터 적용)하되, 수시(隨時) 과세인 양도·퇴직소득 및 기타 특별징수(이자, 근로소득 등 원천징수 대상) 분은 발생한 소득에 대해 '14년부터 징수하게 되었으며, 기간(期間) 과세인 종합·법인소득분은 '14년 소득에 대해 '15년부터 징수하면서 개인지방소득세 과세업무 처리는 국세청 대행을 통해 진행하고 있다.

구 분	신고업무	부과결정	징수업무
종합·퇴직소득분	국세청 대행	자치단체	자치단체
양도소득세분	국세청 대행	자치단체	자치단체
법인세분	자치단체	자치단체	자치단체
특별징수	자치단체	자치단체	자치단체

주요입법사항은 지방세 3법 중 지방세기본법은 지방소득세 종업원분을 주민세로 전환하는 사항을 개정하였고, 지방세법은 제8장의 지방소득세 부분을 전면 개정하여 각 소득에 대한 소득세·법인세 과표 공유 및 소득별 세율에 관한 사항 및 납세지, 부과징수, 가산세 등에 관한 사항을 규정하면서 지방소득세 종업원분은 제7장 주민세 부분으로 이관조정하였으며, 지방세특례제한법은 제3장에 '지방소득세 특례' 신설하여 지방소득세 개인 분 세액공제·감면에 관한 사항, 중복감면 배제 등 특례제한에 관한 사항을 '13.12.26. 개정하게 되었다.

특히 지방소득세의 공제·감면사항은 지방세특례제한법에 규정하면서 모든 공제의 감면 대상을 개인으로 한정하고 법인에 대한 공제와 감면은 배제되었는데 이는 과세체계 전환에 따라 법인에 대한 국가 정책적으로 공제와 감면은 배제하되 향후 지방의 정책적 목적에 필요한 공제와 감면은 새롭게 도입하게 된 것이다.

제1절 통칙

제85조 정의

① 지방소득세에서 사용하는 용어의 뜻은 다음과 같다(법 §85 ① Ⅰ-ⅩⅥ).
1. "개인지방소득"이란 「소득세법」 제3조 및 제4조에 따른 거주자 또는 비거주자의 소득을 말한다.
2. "법인지방소득"이란 「법인세법」 제3조에 따른 내국법인 또는 외국법인의 소득을 말한다.
3. "거주자"란 소득세법 제1조의2 제1항 제1호에 따른 거주자를 말한다.
   이 경우 소득세법상의 거주자란 국내에 주소를 두거나 183일 이상의 거소(居所)를 둔 개인을 말한다(소법 §1의2 ① Ⅰ).
4. "비거주자"란 거주자가 아닌 개인을 말한다.
5. "내국법인"이란 국내에 본점이나 주사무소 또는 사업의 실질적 관리장소를 둔 법인을 말한다.
6. "비영리내국법인"이란 내국법인 중 다음 각 목의 어느 하나에 해당하는 법인을 말한다.
   가. 「민법」 제32조에 따라 설립된 법인
   나. 「사립학교법」이나 그 밖의 특별법에 따라 설립된 법인으로서 「민법」 제32조에 규정된 목적과 유사한 목적을 가진 법인(대통령령으로 정하는 조합법인 등이 아닌 법인으로서 그 주주(株主)·사원 또는 출자자(出資者)에게 이익을 배당할 수 있는 법인은 제외한다.)
      이 경우 "대통령령으로 정하는 조합법인 등"은 법인세법 시행령 제1조 제1항 각 호에 따른 법인을 말한다(영 §86 ①).
   다. 「국세기본법」 제13조 제4항에 따른 법인으로 보는 단체(이하 "법인으로 보는 단체"라 한다.)
7. "외국법인"이란 외국에 본점 또는 주사무소를 둔 단체(국내에 사업의 실질적 관리장소가 소재하지 아니하는 경우만 해당한다.)로서 대통령령으로 정하는 기준에 해당하는 법인을 말한다.
   이 경우 "대통령령으로 정하는 기준에 해당하는 법인"은 법인세법 시행령 제1조 제2항에 따른 단체를 말한다(영 §86 ②).

8. "비영리외국법인"이란 외국법인 중 외국의 정부·지방자치단체 및 영리를 목적으로 하지 아니하는 법인(법인으로 보는 단체를 포함한다)을 말한다.
9. "사업자"란 사업소득이 있는 거주자를 말한다.
10. "사업장"이란 인적 설비 또는 물적 설비를 갖추고 사업 또는 사무가 이루어지는 장소를 말한다.
11. "사업연도"란 법인의 소득을 계산하는 1회계기간을 말한다.
12. "연결납세방식"이란 둘 이상의 내국법인을 하나의 과세표준과 세액을 계산하는 단위로 하여 제7절에 따라 법인지방소득세를 신고·납부하는 방식을 말한다.
13. "연결법인"이란 연결납세방식을 적용받는 내국법인을 말한다.
14. "연결집단"이란 연결법인 전체를 말한다.
15. "연결모법인"(連結母法人)이란 연결집단 중 다른 연결법인을 연결 지배(「법인세법」에 따른 연결지배를 말한다. 이하 같다)하는 연결법인을 말하고, "연결자법인"(連結子法人)이란 연결모법인의 완전 지배를 받는 연결법인을 말한다.
16. "연결사업연도"란 연결집단의 소득을 계산하는 1회계기간을 말한다.

② 이 장에서 사용하는 용어의 뜻은 제1항에서 정하는 것을 제외하고「소득세법」및「법인세법」에서 정하는 바에 따른다(법 §85 ②).

(1) 개인지방소득(법 §85 ① I)

"개인지방소득"이란 소득세법제3조 및 제4조에 따른 거주자 또는 비거주자의 소득을 말한다.

이 경우 거주자 및 비거주자에 대하여 과세하는 소득은 거주자에 대하여는 소득세법에서 규정하는 모든 소득에 대하여 과세하는 것이 원칙이고, 그 소득의 종류는 종합소득(이자소득, 배당소득, 사업소득, 근로소득, 연금소득, 기타소득), 퇴직소득, 양도소득으로 구분된다. 그리고 비거주자에 대하여는 소득세법 제119조에 따른 국내원천 소득에 대해서만 과세한다.

(2) 법인지방소득(법 §85 ① II)

"법인지방소득"이란 법인세법 제3조에 따른 내국법인 또는 외국법인의 소득을 말한다.[7]

---

7) 유형별 법인세 납세의무 요약

> ※ 법인세법 제4조 【과세소득의 범위】
>
> ① 법인세는 다음 각 호의 소득에 대하여 부과한다. 다만, 비영리내국법인과 외국법인에 대하여는 제1호 및 제3호의 소득에 대하여만 법인세를 부과한다.
>   1. 각 사업연도의 소득
>   2. 청산소득(淸算所得)
>   3. 제55조의2 및 제95조의2에 따른 토지등 양도소득
> ② 연결법인의 각 사업연도의 소득은 제76조의14 제1항의 각 연결사업연도의 소득으로 한다.
> ③ 비영리내국법인의 각 사업연도의 소득은 수익사업에서 생기는 소득으로 한다.(이하 생략)

(3) 거주자(법 §85 ① Ⅲ)

"거주자"란 국내에 주소를 두거나 183일 이상의 거소(居所)를 둔 개인을 말한다.

다시 말해서 국내에 주소를 두고 있는 개인 또는 현재까지 주소지 이외의 장소에서 상당 기간에 걸쳐 거주하여도 주소와 같이 밀접한 일반적 생활관계가 발생하지 아니하는 장소를 거소라고 한다.

그리고 국내에 거주하는 개인이 다음 각 호의 어느 하나에 해당하는 경우에는 국내에 거소를 가진 것으로 본다(소득령 §2 ③).

① 계속하여 183일 이상 국내에 거주할 것을 통상 필요로 하는 직업을 가진 때.

② 국내에 생계를 같이하는 가족이 있고, 그 직업 및 자산상태에 비추어 계속하여 183일 이상 국내에 거주할 것으로 인정되는 때.

예를 들면 공무원이 외국에서 계속하여 근무함으로써 국내에 주소가 없게 되는 때에도 거주자로 보며, 거주자 또는 내국법인의 해외지점이나 해외영업소에 파견된 임원 또는 직원은 거주자로 본다.

(4) 비거주자(법 §85 ① Ⅳ)

"비거주자"란 거주자가 아닌 개인을 말한다.

법인의 유형		과세대상소득 각 사업연도의 소득	토지 등 양도소득	미환류소득	청산소득
내국법인	영리법인	국내·외 모든 소득	국내 토지 등의 양도차익	과세	과세
	비영리법인	국내·외 수익상업소득	과세 제외	과세 제외	과세 제외
	국가·지방자치단체	과세 제외			
외국법인	영리법인	국내원천소득	국내 토지 등의 양도차익	과세 제외	과세 제외
	비영리법인	국내원천소득 중 수익사업소득			
	국가·지방자치단체				

그러므로 거주자가 아닌 자로서 국내원천소득이 있는 개인을 비거주자라 한다. 비거주자는 국내원천소득에 대하여 소득세를 납부할 의무가 있다고 하여 소득발생지 과세주의의 채택에 따른 것이라 할 수 있다.[8]

그리고 국외에 거주 또는 근무하는 자가 외국국적을 가졌거나 외국법령에 의하여 그 외국의 영주권을 얻은 자로서 국내에 생계를 같이하는 가족이 없고 그 직업 및 자산상태에 비추어 다시 입국하여 주로 국내에 거주하리라고 인정되지 아니하는 때에는 국내에 주소가 없는 것으로 보아 비거주자로 보고 있다(소득령 §2 ④).

(5) 내국법인(법 §85 ① V)

"내국법인"이란 국내에 본점이나 주사무소 또는 사업의 실질적 관리장소를 둔 법인을 말한다.

이 경우 본점이란 영리법인의 사업장의 본거지를 말하고, 주사무소란 비영리법인의 사업장의 본거지를 말한다. 따라서 외국법인이 전액 출자한 법인이라 하더라도 당해 법인의 본점이 국내에 있으면 내국법인이 되고, 내국법인이 전액 출자한 법인이라 하더라도 당해 법인의 본점이 국외에 있으면 외국법인이 된다.

(6) 비영리내국법인(법 §85 ① Ⅵ)

"비영리내국법인"이란 내국법인 중 다음 각 목의 어느 하나에 해당하는 법인을 말한다.
 ①「민법」제32조에 따라 설립된 법인

민법 제32조는 비영리법인의 설립과 허가에 관한 규정으로 학술, 종교, 자선, 기예, 사교 기타 영리 아닌 사업을 목적으로 하는 사단 또는 재단을 주무관청의 허가를 얻어 이를 법인으로 할 수 있도록 규정하고 있기 때문에 비영리법인의 설립허가에 관한 구체적인 기준이 정해져 있지 아니하는 관계로, 비영리법인의 설립허가를 할 것인지 여부는 주무관청의 정책적 판단에 따른 재량에 맡겨져 있다고 본다.[9]

②「사립학교법」이나 그 밖의 특별법에 따라 설립된 법인으로서「민법」제32조에 규정된 목적과 유사한 목적을 가진 법인[대통령령으로 정하는 조합법인 등이 아닌 법인으로서 그 주주(株主)·사원 또는 출자자(出資者)에게 이익을 배당할 수 있는 법인은 제외한다.]

이 경우 "대통령령으로 정하는 조합법인 등"이란 법인세법 시행령 제1조 제1항 각 호에 따른 법인을 말한다.

③「국세기본법」제13조 제4항에 따른 법인으로 보는 단체(이하 "법인으로 보는 단체"라 한다.)[10]

---

8) 세무사전, 경우사, 1986, p.534
9) 대법 95누18437, 1996.9.10

(7) 외국법인(법 §85 ① Ⅶ)

"외국법인"이란 외국에 본점 또는 주사무소를 둔 단체(국내에 사업의 실질적 관리장소가 소재하지 아니하는 경우만 해당한다)로서 다음에 정하는 기준에 해당하는 법인(법인세법 시행령 제1조 제2항에 따른 단체)을 외국법인이라 한다.

즉 "다음에 정하는 기준에 해당하는 법인이란"
① 설립된 국가의 법에 따라 법인격이 부여된 단체
② 구성원이 유한책임사원으로만 구성된 단체
③ 구성원과 독립하여 자산을 소유하거나 소송의 당사자가 되는 등 직접 권리·의무의 주체가 되는 단체
④ 그 밖에 해당 외국단체와 동종 또는 유사한 국내의 단체가 「상법」 등 국내의 법률에 따른 법인인 경우의 그 외국단체를 말한다.

(8) 비영리외국법인(법 §85 ① Ⅷ)

"비영리외국법인"이란 외국법인 중 외국의 정부·지방자치단체 및 영리를 목적으로 하지 아니하는 법인(법인으로 보는 단체를 포함한다.)을 말한다.

(9) 사업자(법 §85 ① Ⅸ)

"사업자"란 사업소득이 있는 거주자를 말한다.
그래서 영리목적의 유무에 불구하고 사업상 독립적으로 재화 또는 용역을 공급하는 자. 즉, 사업자는 사업장마다 사업자등록을 하도록 세법상 규정되어 있다.

---

10) 국세기본법 제13조(법인으로 보는 단체)
① 법인(「법인세법」 제1조 제1호 및 제3호에 따른 내국법인 및 외국법인을 말한다. 이하 같다)이 아닌 사단, 재단, 그 밖의 단체(이하 "법인 아닌 단체"라 한다.) 중 다음 각 호의 어느 하나에 해당하는 것으로서 수익을 구성원에게 분배하지 아니하는 것은 법인으로 보아 이 법과 세법을 적용한다.
  1. 주무관청의 허가 또는 인가를 받아 설립되거나 법령에 따라 주무관청에 등록한 사단, 재단, 그 밖의 단체로서 등기되지 아니한 것
  2. 공익을 목적으로 출연(出捐)된 기본재산이 있는 재단으로서 등기되지 아니한 것
② 제1항에 따라 법인으로 보는 사단, 재단, 그 밖의 단체 외의 법인 아닌 단체 중 다음 각 호의 요건을 모두 갖춘 것으로서 대표자나 관리인이 관할 세무서장에게 신청하여 승인을 받은 것도 법인으로 보아 이 법과 세법을 적용한다. 이 경우 해당 사단, 재단, 그 밖의 단체의 계속성과 동질성이 유지되는 것으로 본다.
  1. 사단, 재단, 그 밖의 단체의 조직과 운영에 관한 규정(規程)을 가지고 대표자나 관리인을 선임하고 있을 것
  2. 사단, 재단, 그 밖의 단체 자신의 계산과 명의로 수익과 재산을 독립적으로 소유·관리할 것
  3. 사단, 재단, 그 밖의 단체의 수익을 구성원에게 분배하지 아니할 것
③ 생략
④ 제1항과 제2항에 따라 법인으로 보는 법인 아닌 단체(이하 "법인으로 보는 단체"라 한다.)의 국세에 관한 의무는 그 대표자나 관리인이 이행하여야 한다.
⑤~⑥ 생략

(10) 사업장(법 §85 ① X)

"사업장"이란 인적 설비 또는 물적 설비를 갖추고 사업 또는 사무가 이루어지는 장소를 말한다.

그러므로 인적설비와 물적설비가 동시에 충족되어야 하고 계속 사업 또는 사무가 이루어져야 사업장이라 할 수 있다. 이 경우 인적설비라 함은 그 계약형태나 형식에 불구하고 당해 장소에서 그 사업에 종사 또는 근로를 제공하는 자를 말하고, 물적설비라 함은 허가와 관계없이 현실적으로 사업이 이루어지고 있는 건축물, 기계장치 등이 있고, 이러한 설비들이 지상에 고착되어 현실적으로 사무, 사업에 이용되는 것을 말한다.

(11) 사업연도(법 §85 ① XI)

"사업연도"란 법인의 소득을 계산하는 1회계기간을 말한다(법 §85 ① XI).

법인의 사업연도는 법령 또는 정관·규칙 등에서 정하는 1회계기간을 말하며, 법인의 과세기간이 되는 것으로서 그 사업연도의 기간은 1년을 초과하지 못하도록 규정하고 있다.

(12) 연결납세방식(법 §85 ① XII)

"연결납세방식"이란 둘 이상의 내국법인을 하나의 과세표준과 세액을 계산하는 단위로 하여 제7절에 따라 법인지방소득세를 신고·납부하는 방식을 말한다.

이 경우 "연결납세제도(Consolidated Tax Return)"란 모회사와 자회사가 경제적으로 결합되어 있는 경우 경제적 실질에 따라 해당 모회사와 자회사를 하나의 과세단위로 보아 소득을 통산하여 법인세를 신고·납부하는 제도를 말한다.

현재 OECD회원국 중 미국, 영국 등 21개 회원국에서 시행 중에 있으므로 2008. 12. 26. 개정에 따라 내국법인과 해당 내국법인이 완전지배하는 다른 내국법인은 국세청장의 승인을 받아 연결납세방식을 적용할 수 있도록 하고 2010.1.1. 이후 개시하는 사업연도부터 적용하도록 하였다.[11]

그리고 내국법인(이하 "연결모법인"이라 함)과 해당내국법인이 완전지배하는 다른 내국법인(이하 "완전자법인"이라 함)은 국세청장의 승인을 받아 연결납세방식을 적용받을 수 있으며, 이때에 완전자법인이 2 이상인 때에는 해당 법인 모두가 연결납세방식을 적용하여야 한다(법인세법 §76의 8 ①).

(13) 연결법인(법 §85 ① XIII)

"연결법인"이란 연결납세방식을 적용받는 내국법인을 말한다.

---

11) 조달영, 법인세법정해, 2009. p.1921, 영화조세통람

(14) 연결집단(법 §85 ① XIV)

"연결집단"이란 연결법인 전체를 말한다.

(15) 연결모법인(법 §85 ① XV)

"연결모법인"(連結母法人)이란 연결집단 중 다른 연결법인을 완전 지배하는 연결법인을 말하고, "연결자법인"(連結子法人)이란 연결모법인의 완전 지배를 받는 연결법인을 말한다.

(가) 연결모법인(連結母法人)의 범위

연결납세방식은 연결모법인과 연결모법인이 완전지배하는 완전자법인이 국세청장의 승인을 받아 적용 할 수 있다(법법 §76의 8 ①).

이때에 '연결모법인'이란 연결집단 중 다른 연결법인을 완전지배하는 연결법인을 말한다(법법 §1 IX).

그러나 다음 각 호의 어느 하나에 해당하는 법인은 연결모법인에서 제외하므로 연결납세방식을 적용할 수 없다(법법 §76의 8 ①, 법령 §120의 12 ①).

- 비영리내국법인
- 해산으로 청산중인 법인
- 법인세법 제51조의2 제1항에 따른 유동화전문회사 등 배당소득 공제를 받는 법인
- 다른 내국법인으로부터 완전지배를 받는 법인
- 동업기업과세특례를 적용하는 법인
- 해운기업에 대한 법인세과세표준계산특례를 적용하는 법인

(나) 완전자법인(完全子法人)의 범위

연결납세방식은 연결모법인과 연결모법인이 완전지배하는 연결자법인(이하 "완전자법인"이라 함)이 국제청장의 승인을 받아 적용할 수 있다. 이 경우 완전자법인이 2 이상인 때에는 해당 법인 모두가 연결납세방식을 적용하여야 한다(법법 §76의 8 ①).

이상에서 '완전자법인'이란 연결모법인의 완전지배를 받는 연결법인을 말한다(법법 §1 IX).

그러나 다음 각 호의 어느 하나에 해당하는 법인은 완전자법인에서 제외하므로 연결납세방식을 적용할 수 없다(법법 §76의 8 ①, 법령 §120의 12 ②).

- 해산으로 청산 중인 법인
- 법인세법 제51조의 2 제1항에 따른 유동화전문회사 등 배당소득 공제를 받는 법인
- 동업기업과세특례를 적용하는 법인

■ 해운기업에 대한 법인세과세표준계산특례를 적용하는 법인

(다) 완전지배(完全支配)의 범위

연결납세방식은 연결모법인이 완전지배하는 완전자법인이 국세청장의 승인을 받아 적용할 수 있다(법법 §76의 8 ①).

이때에 '완전지배'란 다음의 경우를 말한다.

① 발행주식의 전부를 보유하는 경우

연결모법인이 완전자법인의 발행주식총수(주식회사가 아닌 법인의 경우에는 출자총액을 말하며 의결권 없는 주식 등을 포함)의 전부를 보유하고 있는 경우에는 완전지배로 본다.

이때에 연결모법인과 완전자법인이 보유한 다른 내국법인의 주식 등의 합계가 그 다른 내국법인의 발행주식총수의 전부인 경우를 포함한다(법법 §76의 8 ⑤).

② 우리사주조합을 통하여 취득한 주식이 5% 이내인 경우

연결모법인이 완전자법인의 발행주식총수의 전부를 소유하고 있지는 않으나 근로자복지기본법 제2조 제4호에 따른 우리사주조합을 통하여 근로자가 취득한 주식으로서 5% 이내의 주식을 보유한 경우에는 완전지배로 본다(법법 §76의 8 ⑤).

이때에 '근로자복지기본법 제2조 제4호에 따른 우리사주조합을 통하여 근로자가 취득한 주식'이란 다음 각목의 어느 하나에 해당하는 주식을 말한다(법령 §120의 12 ④).

■ 우리사주조합이 보유한 주식

우리사주조합을 통하여 근로자가 취득한 주식(근로자가 제3자에게 매도한 주식을 포함)

■ 주식매수선택권의 행사에 따라 발행된 주식(주식매수선택권을 행사한 자가 제3자에게 양도한 주식을 포함)

(16) 연결사업연도(법 §85 ① XⅥ)

"연결사업연도"란 연결집단의 법인지방소득을 계산하는 1회계기간을 말한다.

그러므로 연결납세방식을 적용받는 각 연결법인의 사업연도는 연결사업연도와 일치하여야 하며 연결사업연도의 기간은 1년을 초과하지 못한다(법법 §76의 8 ②).

이 장에서 사용하는 용어의 뜻은 제1항에서 정하는 것을 제외하고 소득세법 및 법인세법에서 정하는 바에 따른다(법 §85 ②).

제86조 | 납세의무자 등

① 「소득세법」에 따른 소득세 또는 「법인세법」에 따른 법인세의 납세의무가 있는 자는 지방소득세를 납부할 의무가 있다(법 §86 ①).
② 제1항에 따른 지방소득세 납부의무의 범위는 「소득세법」과 「법인세법」에서 정하는 바에 따른다(법 §86 ②).
그러므로 소득세법 제2조와 제2조의 2 규정과 법인세법 제2조에 규정된 납세의무조항에 따라 지방소득세의 납세의무자도 정하여야 한다.

가. 납세의무자

소득세법에 따른 소득세 또는 법인세법에 따른 법인세의 납세의무가 있는 자는 지방소득세를 납부할 의무가 있다(법§86 ①).

1. 소득세법에 따른 소득세의 납세의무가 있는 자

소득세법상의 납세의무자는 '개인'이며 개인은 ① 거주자, ② 비거주자로서 국내원천소득이 있는 개인으로 나누어진다(소법 §2 ①). 그리고 소득세법에 따라 원천징수한 소득세를 납부할 의무를 지는 자는 별도로 정하고 있다(소법 §2 ②).

'거주자'는 국내에 주소를 두거나 183일 이상 거소를 둔 개인을, '비거주가'는 거주자가 아닌 개인을 말한다(소법 §1의 2 ① I, II). 비거주자에 대하여는 국내원천소득에 대하여만 소득세를 과세한다(소법 §2 ① II).

국내에 거주하지 않고 국내원천소득도 없는 자는 우리나라 과세권 대상 밖에 있기 때문에 소득세법상 납세의무자에 해당하지 않는다.

법인격 없는 사단·재단 그 밖의 단체 중 국세기본법 제13조 제4항에 따라 법인으로 보는 단체 외의 법인 아닌 단체는 국내에 주사무소 또는 사업의 실질적 관리장소를 둔 경우에는 거주자로, 그 밖의 경우에는 비거주자로 보아 소득세법을 적용한다(소법 §2 ③). 이는 법인으로 취급받지 못하는 단체들도 사회적 구성단위로 활동하는 경우 그 구성원과는 별개로 독립된 납세의무 능력을 부여할 필요가 있기 때문에 마련된 규정이다.

주소는 국내에서 생계를 같이하는 가족 및 국내에 소재하는 자산의 유무 등 생활관계의 객관적 사실에 따라 판정하는데(소법령 §2 ①). 소득세법시행령 제2조 제3항은 계속하여 183일 이상 국내에 거주할 것을 통상 필요로 하는 직업을 가진 때(Ⅰ), 국내에 생계를 같이하는 가족이 있고, 그 직업 및 자산상태에 비추어 계속하여 183일 이상 국내에 거주할 것으로 인정되는 때에는 국내에 주소를 가진 것으로 보고 있다. 거소는 주소지 외의 장소 중 상당기간에 걸쳐 거주하는 장소로서 주소와 같이 밀접한 일반적 생활관계가 형성되지 아니한 장소를 말한다(소법령 §2 ③).

국외에 거주 또는 근무하는 자가 외국국적을 가졌거나 외국법령에 의하여 그 외국의 영주권을 얻은 자로서 국내에 생계를 같이하는 가족이 없고 그 직업 및 자산상태에 비추어 다시 입국하여 주로 국내에 거주하리라고 인정되지 아니하는 때에는 국내에 주소가 없는 것으로 본다(소법령 §2 ④).

외국을 항행하는 선박 또는 항공기의 승무원의 경우 그 승무원과 생계를 같이 하는 가족이 거주하는 장소 또는 그 승무원이 근무기간 외의 기간 중 통상 체재하는 장소가 국내에 있는 때에는 당해 승무원의 주소는 국내에 있는 것으로 보고 그 장소가 국외에 있는 때에는 당해 승무원의 주소가 국외에 있는 것으로 본다(소법령 §2 ⑤).

2. 법인세법에 따른 법인세의 납세의무가 있는 자

법인세의 납세의무가 있는 내국법인 및 국내원천소득이 있는 외국법인은 법인세법에 따라 그 소득에 대한 법인세를 납부할 의무가 있다(법법 §2 ①). 그리고 연결법인의 연대납세의무와 원천징수한 법인세의 납부할 의무를 지는 자는 별도로 정하고 있다(법법 §2 ④, ⑤).

이 경우 "내국법인"이란 국내에 본점이나 주사무소 또는 사업의 실질적 관리장소를 둔 법인(법법 §1 Ⅰ)을 말하고, "외국법인"이란 외국에 본점 또는 주사무소를 둔 단체(국내에 사업의 실질적 관리장소가 소재하지 아니하는 경우만 해당한다.)로서 대통령령으로 정하는 기준(설립된 국가의 법이 따라 법인격이 부여된 단체, 구성원이 유한책임사원으로만 구성된 단체 등)에 해당하는 법인(법법 §1 Ⅲ)을 말한다.

나. 납세의무의 범위

위 제1항에 따른 지방소득세 납세의무의 범위는 소득세법과 법인세법에서 정하는 바에 따른다(법 §86 ②).

여기에서 참고로 연결법인의 지방소득세 납부의무의 범위를 살펴보면 연결법인은 각 연결사업연도의 법인지방소득세에 대하여 연결법인별로 산출된 법인지방소득세(각 연결법인의 토지 등 양도소득에 대한 법인지방소득세와 미환류소득에 대한 법인지방소득세를 포함한다.)를 납부할 의무를 지며, 다른 연결법인의 법인지방소득세를 연대하여 납부할 의무가 있다.

그러므로 연결법인은 각 연결사업연도의 법인지방소득세를 연결법인별로 산출하여 납부하여야 하며, 이 경우 연결법인끼리는 다른 연결법인의 법인지방소득세에 대하여 연대납세의무가 있는 점에 유의하여야 한다.

그리고 "연결사업연도"란 연결집단의 소득을 계산하는 1회계기간을 말하고, 연결납세방식을 적용받는 각 연결법인의 사업연도(본래사업연도)는 연결사업연도와 일치하여야 하며 연결사업연도의 기간은 1년을 초과하지 못한다(법법 §76의 8 ②).

제87조 지방소득의 범위 및 구분 등

① 거주자의 개인지방소득은 다음 각 호와 같이 구분한다. 이 경우 각 호의 소득의 범위는 「소득세법」 제16조부터 제22조까지, 제94조 및 제95조에서 정하는 바에 따르고, 신탁의 이익의 구분에 대해서는 같은 법 제4조제2항에 따른다(법 §87 ①).

1. 종합소득

이 법에 따라 과세되는 개인지방소득에서 제2호 및 제3호에 따른 소득을 제외한 소득으로서 다음 각 목의 소득을 합산한 것

  가. 이자소득   나. 배당소득   다. 사업소득
  라. 근로소득   마. 연금소득   바. 기타소득

2. 퇴직소득
3. 양도소득

② 비거주자의 개인지방소득은 「소득세법」 제119조에 따라 구분한다(법 §87 ②).

③ 내국법인 및 외국법인의 법인지방소득은 다음 각 호와 같이 구분하고, 법인의 종류에 따른 각 호의 소득의 범위는 「법인세법」 제3조에서 정하는 바에 따른다(법 §87 ③).

1. 각 사업연도의 소득
2. 청산소득(淸算所得)
3. 「법인세법」 제55조의2(토지등 양도소득에 대한 과세특례) 및 제95조의2(외국법인의 토지등 양도소득에 대한 과세특례)에 따른 토지등 양도소득
4. 「조세특례제한법」 제100조의32에 따른 미환류소득

1. 거주자의 개인지방소득세의 종류 및 소득의 범위

거주자의 개인지방소득은 다음 각 호와 같이 구분한다. 이 경우 각 호의 소득의 범위는 「소득세법」 제16조부터 제22조까지, 제94조 및 제95조에서 정하는 바에 따르고, 신탁의 이익의 구분에 대해서는 같은 법 제4조제2항에 따른다.(법 §87 ① Ⅰ~Ⅲ).

(1) 종합소득

이 법에 따라 과세되는 개인지방소득에서 퇴직소득과 양도소득을 제외한 소득으로서 다음의 소득을 합산한 것이다.

(가) 이자소득(소법 §16)
(나) 배당소득(소법 §17)
(다) 사업소득(소법 §19)
(라) 근로소득(소법 §20)
(마) 연금소득(소법 §20의 3)
(바) 기타소득(소법 §21)

(2) 퇴직소득(소법 §22)

이 경우는 퇴직으로 발생하는 소득과 공무원연금법 등에 따라 지급받는 일시금 등을 말한다.

(3) 양도소득(소법 §94, §95)

이 경우는 자산의 양도로 발생하는 소득을 말한다.

2. 비거주자의 개인지방소득(법 §87 ②)

이 경우의 개인지방소득은 소득세법 제119조(비거주자의 국내원천소득 세액계산 등)에 따라 구분한다.

3. 내국법인 및 외국법인의 법인지방소득(법 §87 ③)

(1) 법인 지방소득(법 §87 ③)

이 경우 내국법인 및 외국법인의 법인지방소득은 ① 각 사업연도의 소득, ② 청산소득(淸算所得) ③ 「법인세법」 제55조의2 및 제95조의2에 따른 토지등 양도소득, ④ 「조세특례제한법」 제100조의32에 따른 미환류소득(당기소득의 일정액 중 투자·임금증가·배당 등에 사용하지 않은 경우의 소득)으로 구분하고, 법인의 종류에 따른 소득의 범위는 「법인세법」 제4조에서 정하는 바에 따른다.

그리고 법인의 과세대상 소득 범위를 그간 토지, 건물, 부동산에 관한 권리, 주식 등의 양도로 발생하는 양도소득으로 규정함에 따른 세정운영에 혼란이 있어 법인이 일정한 토지 등(주택·별장·비사업용 토지)을 양도함으로써 발생하는 토지등 양도소득으로 명확화 하여 국세와 같이 과세목적을 부동산 투기 방지 목적을 구성 하였다

여기에 따른 법인세법 제4조에 따른 과세소득은 ① 각 사업연도의 소득, ② 청산소득, ③ 토지 등 양도소득, ④ 미환류소득을 말하고, 비영리 내국법인과 외국법인에 대하여는 위의 ①과 ③의 소득에 대하여만 법인세가 부과된다.

그리고 미환류 소득 과세제도는 기업이 한해 이익의 80%이상을 투자, 배당, 임금인상분에 사용하지 않는 경우 법인세를 10% 추가 징수하는 것으로 기업소득의 지출 확대를 통하여 기업의 사회적 책임을 도모하고, 자금의 선순환을 통해 경제를 활성화하기 위함이다.

(2) 신탁소득(법법 § 5 ②)

신탁(신임 관계에 의하여 위탁자가 수탁자에게 특정 재산을 이전하고 수익자의 이익을 위하여 재산을 관리하게 하는 법률관계)에서 발생한 신탁소득에 대하여 신탁은 도관으로 보고, 소득의 귀속자인 수익자에게 소득의 원천별로 과세하고 있지만 다양한 신탁 유형에도 불구하고 과세방식이 수익자 과세로 획일화되어있어 소득의 귀속자에 납세의무를 부여하는 소득세법 체계에 따라 소득의 원천별로 수익자 과세원칙을 유지하되, 예외적으로, 수탁자에게 신탁재산에 대한 법인세 과세방식을 허용하거나 위탁자에게 납세의무를 부여하는 방식으로 신탁소득에 대한 과세체계가 2021년부터 개정되었다

이는 위탁자를 실질 수익자로 볼 수 있는 경우에는 위탁자에게 납세의무를 부과하였는데 이는 조세회피 방지를 위해 위탁자가 자신의 소득 분산에 신탁을 활용할 우려가 있으므로 수익자가 없거나 특정되지 않으면서 위탁자가 신탁을 사실상 통제·지배하는 경우 등에는 위탁자에게 과세하고자 하는 것이다

신탁재산의 법인세 과세에 있어서도 신탁재산에 1차 납세의무를 부과하는 것이 효율적인 경우 수탁자가 선택할 수 있도록 허용하고 수익자가 불특정되거나 다수인 경우 또는 사업신탁의 경우에는 현행과 같은 도관과세로는 사실상 신탁의 운용이 어려운 측면이 있어 신탁재산에 귀속되는 소득에 대하여 신탁계약에 따라 그 신탁의 수탁자[내국법인 또는 「소득세법」에 따른 거주자(이하 "거주자"라 한다)인 경우에 한정한다]가 법인지방소득세를 납부할 수 있으며 이 경우 신탁재산별로 각각을 하나의 내국법인으로 본다.

> ※ 법인과세가 적용되는 신탁 유형(법인세법 제5조제2항)
> ② 제1항에도 불구하고 다음 각 호의 어느 하나에 해당하는 신탁으로서 대통령령으로 정하는 요건을 충족하는 신탁(「자본시장과 금융투자업에 관한 법률」 제9조제18항제1호에 따른 투자신탁은 제외한다)의 경우에는 신탁재산에 귀속되는 소득에 대하여 신탁계약에 따라 그 신탁의 수탁자[내국법인 또는 「소득세법」에 따른 거주자(이하 "거주자"라 한다)인 경우에 한정한다]가 법인세를 납부할 수 있다. 이 경우 신탁재산별로 각각을 하나의 내국법인으로 본다.
> 1. 「신탁법」 제3조제1항 각 호 외의 부분 단서에 따른 목적신탁
> 2. 「신탁법」 제78조제2항에 따른 수익증권발행신탁
> 3. 「신탁법」 제114조제1항에 따른 유한책임신탁
> 4. 그 밖에 제1호부터 제3호까지의 규정에 따른 신탁과 유사한 신탁으로서 대통령령으로 정하는 신탁

위 규정에 따라 법인과세가 적용되는 신탁유형은 목적신탁(수익자가 없는 특정한 목적을 위한 신탁), 수익증권발행신탁(신탁행위로 수익권을 표시하는 수익증권을 발행하기로 한 신탁으로, 주식회사의 주식과 유사), 유한책임신탁(신탁행위로 수탁자가 신탁재산에 속하는 채무에 대하여 신탁재산을 한도로 책임지도록 한 신탁으로, 주식회사와 유사) 및 그 밖에 수탁자가 신탁재산 처분권 및 수익의 유보·배분액 결정권을 갖는 경우로서 소득 발생시 매번 수익자에게 배분하지 않고 신탁소득을 신탁재산에 유보하면서 신탁재산에 1차적으로 법인세 납세의무를 부담하게 하는 것으로 이후 수탁자가 실제 수익자에게 신탁소득을 분배하는 단계에서 수익자에게 배당소득으로 과세 후 배당소득공제 등을 통해 이중과세를 조정하고자 하는 것이다.

수탁자는 고유소득과 분리된 신탁재산('법인과세 신탁재산')에 귀속된 소득에 한해 별도의 납세의무 부담('법인과세 수탁자'로 구분)하고 수탁자의 지위와 납세의무, 수익자의 보충적 납세의무 등을 설정하고 신탁재산의 설립·해산, 사업연도 및 납세지에 대한 규정 개정을 통해 신탁재산 법인세 과세방식 구체화한 것이다.

제88조 과세기간 및 사업연도

① 개인지방소득에 대한 지방소득세(이하 "개인지방소득세"라 한다.)의 과세기간은 「소득세법」 제5조에 따른 기간으로 한다(법 §88 ①).

② 법인지방소득에 대한 지방소득세(이하 "법인지방소득세"라 한다.)의 각 사업연도는 「법인세법」 제6조부터 제8조까지에 따른 기간으로 한다(법 §88 ②).

가. 개인지방소득세의 과세기간

개인지방소득에 대한 지방소득세(이하 "개인지방소득세"라 한다.)의 과세기간은 「소득세법」 제5조에 따른 기간으로 한다(법 §88 ①).

이 경우 "소득세법 제5조에 따른 기간"이란 ① 소득세의 과세기간은 1월 1일부터 12월 31일까지 1년으로 하고, ② 거주자가 사망한 경우의 과세기간은 1월 1일부터 사망한 날까지로 하며, ③ 거주자가 주소 또는 거소를 국외로 이전(이하 "출국"이라 한다.)하여 비거주자가 되는 경우의 과세기간은 1월 1일부터 출국한 날까지로 한다.

나. 법인지방소득세의 사업연도

법인지방소득에 대한 지방소득세(이하 "법인지방소득세"라 한다.)의 각 사업연도는 「법인세법」 제6조부터 제8조까지에 따른 기간으로 한다(법 §88 ②).

1) 사업연도(법법 §6 ①)

사업연도는 법령이나 법인의 정관(定款) 등에서 정하는 1회계기간으로 한다. 다만, 그 기간은 1년을 초과하지 못한다.

2) 사업연도의 변경 및 의제

사업연도의 변경에 관하여는 법인세법 제7조를 준용하고 사업연도의 의제에 관하여는 법인세법 제8조를 참고하기 바란다.

제89조 | 납세지 등

① 지방소득세의 납세지는 다음 각 호와 같다(법 §89 ① Ⅰ·Ⅱ).

1. 개인지방소득세 : 「지방세기본법」 제34조에 따른 납세의무 성립 당시의 「소득세법」 제6조 및 제7조에 따른 납세지

그동안 국세(법인세·소득세)는 세입귀속에 다툼이 없어, 납세자의 신고 편의를 고려하여 신고당시의 주소지를 납세지로 규정하고 있지만 지방세의 경우 지자체신고를 시행 중인 법인분은 지방세 특성에 맞는 별도의 사업연도종료일 현재 사업장소재지를 납세지로 규정하고 있으나 개인분은 국세와 동일하게 소득세 신고당시 주소지를 납세지로 규정함에 따라 지방세의 납세지는 세입의 귀속지가 됨에도 과세기간 종료 후 주소지 이전시 소득발생지와 세입귀속지 간 불일치 문제 발생하고 소득세(국세) 신고 전까지는 납세지가 확정되지 않아, 2020년 개인분 지자체신고 시행시 사전 안내 등 납세편의 어려움 발생하여 개인지방소득세 납세지를 세입귀속에 부합하고 사전에 확정할 수 있도록 납세의무 성립(매년 12.31) 당시 주소지

등으로 개정하였다. 이는 납세지란 납세자가 납세의무를 이행하거나 과세권을 행사할 관할 관청을 정함에 있어 그 기준이 되는 장소를 말하는데, 국세는 국고라는 단일금고로 귀속되어 납세자의 접근성 등 신고편의만을 고려하여 납세지를 규정할 수 있으나, 지방세의 경우 납세지에 따라 자치단체별 세입으로 귀속되어 납세편의뿐 아니라 주민부담원칙 등을 고려할 필요가 있다 할 것이다.

또한, 일반적으로 2020년 1월 1일 시행되고 시행 이후 납세의무 성립분부터 적용토록 하는 일반적 적용례를 따를 경우, 2019년말에 납세의무가 성립되어 2020년에 신고하게 되는 확정신고분에 대해서는 개정 납세지 규정을 적용 못하는 문제 발생함에 따라 부칙규정을 두어 제1조에서는 이 법은 2020년 1월 1일부터 시행한다. 다만, 제89조제1항제1호 개정규정은 공포한 날 시행한다하고 일반적 적용례는 이 법은 이 법 시행 이후 납세의무가 성립하는 분부터 적용한다고 규정하여 법안 공포가 납세의무 성립이 도래하기 전에 시행되는 점을 감안, 납세지는 공포일을 시행일로 하는 예외 규정을 두어 시행일 이후 납세의무가 성립한 분부터 적용토록 하는 일반적 적용례를 따르도록 부칙 설계하였다. 또한 특별징수의 경우 특별징수하는 소득의 납세지는 사업장소재지로 동일하지만 예외적으로 원천징수의무자의 사업장이 2개 이상인 경우 국세는 원천징수 의무자의 본점, 지방세는 납세자 실제 근무지를 납세지로 규정하였다.

이 경우 근무지를 변경하거나 둘 이상의 사용자로부터 근로소득을 받는 근로자에 대한 개인지방소득세를 연말정산하여 개인지방소득세를 환급하거나 추징해야 하는 경우 개인지방소득세의 납세지는 다음 각 호의 구분에 따른다(영 §87 ② Ⅰ,Ⅱ).

1. 근무지를 변경한 근로자: 연말정산 대상 과세기간의 종료일 현재 근무지
2. 둘 이상의 사용자로부터 근로소득을 받는 근로자: 연말정산 대상 과세기간의 종료일 현재 주된 근무지

위 규정에 따라 연말정산 납세지는 과세기간 중(1.1.~ 12.31.) 매월 급여 지급시마다 근무지에서 원천징수 납부하고, 익년 2월 급여 지급시 1년치를 정산하여 징수·환급하고, 과세기간 급여에 대한 최종정산이 익년 2월 급여지급시 종료되며, ○ 과세기간 종료일 以前 근무지 이전시, 납세지는 과세기간 종료일(12.31.) 현재 근무지로 규정하고 있으나, 과세기간 종료일 후 익년 연말정산 사이에 근무지를 이전한 경우에 대해서는 납세지 규정 불명확하여 과세기간 소득과 관련 없는 지자체가 아닌, 소득 발생지 지자체가 납세지가 되도록 한 것이다.

그리고「소득세법 시행령」제5조제6항(법 제8조제5항에서 "공무원 등 대통령령으로 정하는 사람"이란 공무원 또는 제3조에 따라 거주자로 보는 사람을 말한다. 이 경우 납세지는 그 가족의 생활근거지 또는 소속기관의 소재지로 한다.)에 따른 사람의 개인지방소득세의 납세지는「지방세기본법」제34조에 따른 납세의무 성립 당시 소속기관의 소재지로 한다(영 §87 ③).

이는 국내 주소지가 없는 국외 사업장 임직원, 국외 근무 공무원의 납세지 기준을 지방세법 시행령 규정으로 이관하면서 지자체 간 납세지 다툼이 없도록 "소속기관 소재지"로 개선

한 것이다

2. 법인지방소득세 : 사업연도 종료일 현재의 「법인세법」 제9조에 따른 납세지. 다만, 법인 또는 연결법인이 둘 이상의 지방자치단체에 사업장이 있는 경우에는 각각의 사업장 소재지를 납세지로 한다.

그동안 연결법인(母회사가 100% 출자하여 子회사를 소유한 경우 해당 모·자회사를 하나의 과세집단으로 간주하며, 지주회계가 계열사를 100% 소유한 경우 등을 말한다)의 납세지는 각 연결법인의 사업장 소재지이나 규정이 불명확함에 따라 2016년부터는 본점 소재 지자체(지점 제외)로 착오 우려가 있어 연결법인의 납세지를 각 연결법인의 사업장 소재지로 명시하였으며,

이와 함께 법인이 사업장을 이전한 경우 해당 법인지방소득세의 납세지는 해당 법인의 사업연도 종료일 현재 그 사업장 소재지로 하고, 과세기간이 끝나기 전에 근무지를 변경하거나 둘 이상의 사용자로부터 근로소득을 받는 근로자에 대한 개인지방소득세를 연말정산하여 개인지방소득세를 환급하거나 추징하여야 하는 경우 개인지방소득세의 납세지는 과세기간 종료일 현재 해당 근로자의 새로운 근무지 또는 주된 근무지로 한다(영 §87 ①, ②).

② 제1항 제2호 단서에 따라 둘 이상의 지방자치단체에 법인의 사업장이 있는 경우 또는 각 연결법인의 사업장이 있는 경우에는 대통령령으로 정하는 기준에 따라 법인지방소득세를 안분하여 그 소재지를 관할하는 지방자치단체의 장에게 각각 신고납부하여야 한다.(법 §89 ②).

③ 제1항 및 제2항에도 불구하고 제103조의13, 제103조의29, 제103조의52에 따라 특별징수하는 지방소득세 중 다음 각 호의 지방소득세는 해당 각 호에서 정하는 납세지를 관할하는 지방자치단체의 장이 부과한다(법 §89 ③ Ⅰ~Ⅴ).

1. 근로소득 및 퇴직소득에 대한 지방소득세: 납세의무자의 근무지. 다만, 퇴직 후 연금계좌(연금신탁·보험을 포함한다)에서 연금외수령의 방식으로 인출하는 퇴직소득의 경우에는 그 소득을 지급받는 사람의 주소지로 한다.
2. 「소득세법」 제20조의3제1항제1호 및 제2호에 따른 연금소득에 대한 지방소득세: 그 소득을 지급받는 사람의 주소지
3. 「국민건강보험법」에 따른 국민건강보험공단이 지급하는 사업소득에 대한 지방소득세: 그 소득을 지급받는 사람의 사업장 소재지
4. 제1호부터 제3호까지에서 규정한 소득 외의 소득에 대한 소득세 및 법인세의 원천징수사무를 본점 또는 주사무소에서 일괄처리하는 경우 그 소득에 대한 지방소득세: 그 소득의 지급지. 다만, 「복권 및 복권기금법」 제2조에 따른 당첨금 중 일정 등위별 당첨금 또는 「국민체육진흥법」 제27조에 따른 체육진흥투표권의 환급금 중 일정 등위별 환급금을 본점 또는 주사무소에서 한꺼번에 지급하는 경우의 당첨금 또는 환급금에 대한 지방소득세의 경우에는 해당 복권 또는 체육진흥투표권의 판매지로 한다.

1. 개인 및 법인 지방소득세의 납세지

지방소득세의 납세지는 다음 각 호와 같다(법 §89 ①).

즉, 개인지방소득세의 납세지는 소득세 신고당시 소득세법 제6조부터 제8조에 따른 납세지를 말한다. 그리고 법인지방소득세의 납세지는 사업연도 종료일 현재의 법인세법 제9조에 따른 납세지를 말하되 법인 또는 연결법인이 둘 이상의 지방자치단체에 사업장이 있는 경우에는 각각의 사업장 소재지를 납세지로 한다.

이는 지방소득세 납세지를 「소득세법」 및 「법인세법」상의 납세지 준용하였는데 국세와 달리 지방세는 동일하게 운영할 경우 세정운영에 혼란이 있어 개인의 경우 소득세 신고당시를 추가하고 법인의 경우 사업연도 종료일 현재라는 시간적 개념을 추가하여 납세자 신고편의 및 지자체 세입귀속 명확화를 위해 「지방세법」상 지방소득세 납세지 규정을 개정한 것이다

(1) 개인지방소득세는 소득세법에 따른 납세지(법 §89 ① Ⅰ)

① 개인지방소득세의 납세지는 거주자는 납세의무성립일 당시 주소지 또는 거소지, 비거주자는 납세의무성립일 당시 국내사업장 소재지 또는 국내원천소득 발생장소, 불분명한 경우 납세의무성립일 당시 비거주자가 주된 사업장으로 신고한 장소이며, 상속의 경우 피상속인의 최종 주소지 또는 거소지(소득 46011-614, '97.2.27.)이고

> **사례**
>
> ❖ **납세지 신고가 없는 때에는 피상속인의 주소지가 납세지**
>
> 거주자가 사망함으로 인하여 그 상속인이 당해 거주자(피상속인)에 대한 종합소득세의 납세의무자가 된 경우의 소득세 납세지는 소득세법 제8조 제1항의 규정에 의하여 그 피상속인·상속인 또는 납세관리인의 주소지나 거소지 중 상속인 또는 납세관리인이 납세지신고서에 의하여 그 납세지 관할세무서장에게 납세지로서 신고하는 장소로 하는 것이나, 신고가 없는 때에는 같은조 제4항의 규정에 의하여 당해 피상속인의 주소지(주소지가 없는 경우에는 거소지)를 납세지로 한다.
>
> (국세청 소득 460111-614, 1997.2.27.)

② 비거주자는 납세의무성립일 당시 비거주자의 국내사업장 소재지 또는 국내 원천소득 발생장소이고, 해외공무원은 납세의무성립일 당시 주소지 또는 거소지이며, 사업소득은 납세의무성립일 당시 주소지 또는 거소이며,

③ 원천징수하는 소득세의 납세지는 다음과 같다
㉮ 원천징수하는 자가 거주자인 경우 : 그 거주자의 주된 사업장 소재지. 다만, 주된

사업장 외의 사업장에서 원천징수를 하는 경우에는 그 사업장의 소재지, 사업장이 없는 경우에는 그 거주자의 주소지 또는 거소지로 한다. 또한 원천징수의무자의 사업장이 2개 이상인 경우 국세는 원천징수 의무자의 본점, 지방세는 납세자 실제 근무지가 납세지가 된다

㈏ 원천징수하는 자가 비거주자인 경우 : 그 비거주자의 주된 국내사업장 소재지. 다만, 주된 국내사업장 외의 국내사업장에서 원천징수를 하는 경우에는 그 국내사업장의 소재지, 국내사업장이 없는 경우에는 그 비거주자의 거류지(居留地) 또는 체류지로 한다.

㈐ 원천징수하는 자가 법인인 경우 : 그 법인의 본점 또는 주사무소의 소재지 다만 원천징수의무자의 사업장이 2개 이상인 경우 국세는 원천징수 의무자의 본점, 지방세는 납세자 실제 근무지가 납세지가 된다

㈑ 원천징수하는 자가 법인인 경우로서 그 법인의 지점, 영업소, 그 밖의 사업장이 독립채산제(獨立採算制)에 따라 독자적으로 회계사무를 처리하는 경우 : 제3호에도 불구하고 그 사업장의 소재지(그 사업장의 소재지가 국외에 있는 경우는 제외한다.). 다만, 대통령령으로 정하는 경우에는 그 법인의 본점 또는 주사무소의 소재지를 소득세 원천징수세액의 납세지로 할 수 있다.

㈒ 제156조 및 제156조의3부터 제156조의5까지의 규정에 따른 원천징수의무자가 제1호부터 제4호까지의 규정에서 정하는 납세지를 가지지 아니한 경우 : 대통령령으로 정하는 장소

그리고 납세조합이 제150조에 따라 징수하는 소득세의 납세지는 그 납세조합의 소재지로 한다.

이 경우 지방소득세의 환급금은 법 제89조에 따른 납세지를 관할하는 지방자치단체에서 환급하거나 충당해야 한다(영 §100의34).

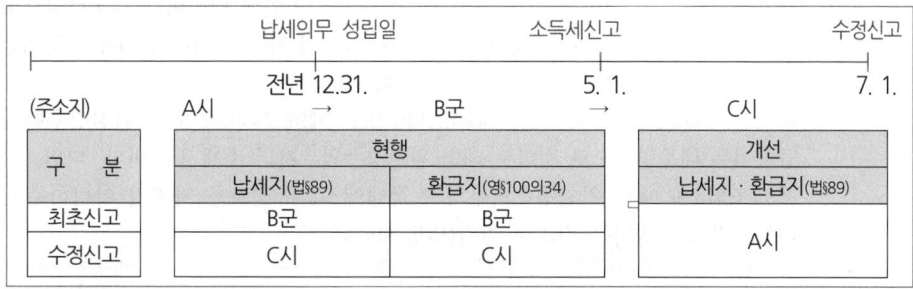

이에따라 지방소득세 환급지는 법개정 전(~2019.11월)납세의무 성립분에 대한 환급지는 종전 규정에 따라 과오납된 자치단체(확정신고 환급은 신고당시 주소지, 특별징수분에 대한 결정·경정 환급은 결정·경정 당시 주소지)가 되며, 법개정 이후

(2019년 12월~) 납세의무성립분에 대해서는 개정규정에 따라 납세의무성립 당시의 주소지가 환급지가 된다

납세의무 성립일	소득 종류		납세지		환급지
			신고	결정·경정	
~'19.11.	종합	매매차익예정	신고당시 주소지	결정·경정 당시 주소지	과오납 지자체
		확정			신고당시 주소지 등
	양도	예정			과오납 지자체
		확정			
'19.12.~	종합	매매차익예정	납세의무 성립당시 주소지	납세의무 성립당시 주소지	납세의무 성립당시 주소지
		확정			
	양도	예정			
		확정			

(2) 법인지방소득세는 법인세법 제9조에 따른 납세지

법인 또는 연결법인이 둘 이상의 지방자치단체에 사업장이 있는 경우에는 사업연도 종료일 현재의 각각의 사업장 소재지를 납세지로 한다(법 §89 ① Ⅱ).

이 경우 법인세법 제9조의 규정에 의한 납세지는 다음과 같다.

※ 법인세법 제9조 【납세지】

① 내국법인의 법인세 납세지는 그 법인의 등기부에 따른 본점이나 주사무소의 소재지(국내에 본점 또는 주사무소가 있지 아니하는 경우에는 사업을 실질적으로 관리하는 장소의 소재지)로 한다. 다만, 법인으로 보는 단체의 경우에는 대통령령으로 정하는 장소로 한다(법법 §9 ①).

② 외국법인의 법인세 납세지는 국내사업장의 소재지로 한다. 다만, 국내사업장이 없는 외국법인으로서 제93조 제3호 또는 제7호에 따른 소득이 있는 외국법인의 경우에는 각각 그 자산의 소재지로 한다(법법 §9 ②).

③ 제2항의 경우 둘 이상의 국내사업장이 있는 외국법인에 대하여는 대통령령으로 정하는 주된 사업장의 소재지를 납세지로 하고, 둘 이상의 자산이 있는 법인에 대하여는 대통령령으로 정하는 장소를 납세지로 한다(법법 §9 ③).

④ 제73조, 제98조, 제98조의3, 제98조의5 또는 제98조의6에 따라 원천징수한 법인세의 납세지는 대통령령으로 정하는 해당 원천징수의무자의 소재지로 한다. 다만, 제98조 및 제98조의3에 따른 원천징수의무자가 국내에 그 소재지를 가지지 아니하는 경우에는 대통령령으로 정하는 장소로 한다(법법 §9 ④).

2. 둘 이상 지방자치단체에 사업장이 있는 경우와 연결법인의 납세지

제1항 제2호 단서에 따라 둘 이상의 지방자치단체에 법인의 사업장이 있는 경우 또는 각 연결법인의 사업장이 있는 경우에는 대통령령으로 정하는 기준에 따라 법인지방소득세를 안분하여 그 소재지를 관할하는 지방자치단체의 장이 각각 부과한다(법 §89 ②).

이 경우 "대통령령으로 정하는 기준"이란 다음의 계산식에 따라 산출한 비율(이하 이 장에서 "안분율"이라 한다)을 말한다(영 §88 ①).

$$\left[\left(\frac{\text{관할 지방자치단체 안 종업원수}}{\text{법인의 총 종업원 수}}\right) + \left(\frac{\text{관할 지방자치단체 안 건축물 연면적}}{\text{법인의 총 건축물 연면적}}\right)\right] \div 2$$

이에 따른 종업원 수와 건축물 연면적의 계산은 각 사업연도 종료일 현재 다음 각 호의 기준에 따른다. 이 경우 사업장으로 직접 사용하는 건축물이 둘 이상의 지방자치단체에 걸쳐 있는 경우에는 해당 지방자치단체별 건축물 연면적 비율에 따라 종업원 수와 건축물의 연면적을 계산하며, 구체적 안분방법에 관한 사항은 행정자치부령으로 정한다(영 §88 ② Ⅰ, Ⅱ).
1. 종업원 수 : 법 제74조 제8호에 따른 종업원의 수
2. 건축물 연면적 : 사업장으로 직접 사용하는 「건축법」제2조제1항제2호에 따른 건축물(이와 유사한 형태의 건축물을 포함한다)의 연면적. 다만, 구조적 특성상 연면적을 정하기 곤란한 기계장치 또는 시설물(수조·저유조·저장창고·저장조·송유관·송수관 및 송전철탑만 해당한다)의 경우에는 그 수평투영면적을 연면적으로 한다.

그리고 지방자치단체의 장이 법 제103조의20 제2항에 따라 법인지방소득세의 세율을 표준세율에서 가감한 경우에 납세의무자는 다음에 계산식에 따라 산출한 금액을 법인지방소득세에 가감하여 납부하여야 한다(영 §88 ③).

$$\text{법 제103조의 19에 따른 과세표준} \times \text{법 제103조 20 제1항의 세율} \times \text{안분율} \times \left(\frac{\text{해당 지방자치단체의 법인지방소득세 세율}}{\text{법인지방소득세 표준세율}} - 1\right)$$

또한 같은 특별시·광역시 안의 둘 이상의 구에 사업장이 있는 법인은 해당 특별시·광역시에 납부할 법인지방소득세를 본점 또는 주사무소의 소재지(연결법인의 경우에는 모법인의 본점 또는 주사무소)를 관할하는 구청장에게 일괄하여 신고·납부하여야 한다. 다만, 특별시·광역시 안에 법인의 본점 또는 주사무소가 없는 경우에는 행정자치부령으로 정하는 주된 사업장의 소재지를 관할하는 구청장에게 신고·납부한다(영 §88 ④).

여기에서 법인세법에서 규정하고 있는 연결법인에 대한 규정을 살펴보면(법인세법 §1 Ⅵ 내

지 X) 다음과 같다.

이 경우 "주된 사업장"이란 해당 특별시 또는 광역시 안에 소재하는 사업장 중 영 제78조의3에 따른 사업연도 종료일 현재의 종업원의 수가 가장 많은 사업장을 말한다. 다만, 종업원 수가 가장 많은 사업장이 둘 이상인 경우에는 그 중 영 제88조 제1항에 따른 안분율이 가장 큰 사업장을 말한다(규칙 §39).

① 연결납세방식이란 둘 이상의 내국법인을 하나의 과세표준과 세액을 계산하는 단위로 하여 법인세법 제2장의 3에 따라 법인세를 신고·납부하는 방식을 말한다.

② 연결법인이란 연결납세방식을 적용받는 내국법인을 말한다.

③ 연결집단이란 연결법인 전체를 말한다.

④ 연결모법인(連結母法人)이란 연결집단 중 다른 연결법인을 완전 지배하는 연결법인을 말하고, 연결자법인(連結子法人)이란 연결모법인의 완전 지배를 받는 연결법인을 말한다.

⑤ 연결사업연도란 연결집단의 소득을 계산하는 1회계기간을 말한다.

이 경우 "완전지배"란,12)

㉮ 내국법인이 다른 내국법인의 발행주식총수(의결권 없는 주식 포함) 전부를 보유하는 경우로서 다음의 경우를 말한다.

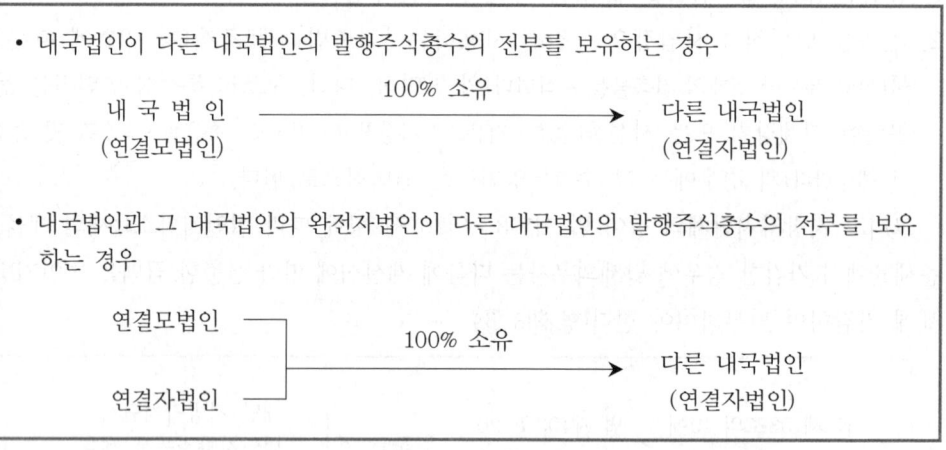

㉯ 내국법인이 다른 내국법인의 발행주식총수 중 상법 또는 「자본시장과 금융투자업에 관한 법률」에 따라 자기주식으로 보유하고 있는 주식을 제외한 나머지 주식 전부를 보유하는 경우에도 완전지배에 해당한다..

㉰ 다음에 해당하는 주식으로서 발행주식총수의 5% 이내의 주식은 제1항의 완전지배 여부 판정시 주식 등의 범위에서 제외한다.

■ 우리사주조합이 보유한 주식

---

12) 법인세법 제76조의 8 ⑤ 참조

- 우리사주조합을 통하여 근로자가 취득한 주식(근로자가 제3자에게 양도한 주식 포함)
- 영 제20조(성과급 등의 범위) 제1항 제3호 각 목 외의 부분에 해당하는 주식매수선택의 행사에 따라 발행되거나 양도된 주식(주식매수선택권을 행사한 자가 제3자에게 양도한 주식을 포함함)

3. 특별징수하는 소득분의 납세지(법 §89 ③)

제1항 및 제2항에도 불구하고 제103조의 13, 제103조의 29, 제103조의 52에 따라 특별징수하는 지방소득세 중 다음 각 호의 지방소득세는 해당 각 호에서 정하는 납세지를 관할하는 지방자치단체의 장이 부과한다.

① 근로소득 및 퇴직소득에 대한 지방소득세는 납세의무자의 근무지를 관할하는 지방자치단체에서 부과한다. 다만, 퇴직 후 연금계좌(연금신탁·보험을 포함한다)에서 연금외수령의 방식으로 인출하는 퇴직소득의 경우에는 그 소득을 지급받는 사람의 주소지로 한다(법 §89 ③ Ⅰ).
② 「소득세법」 제20조의3제1항제1호 및 제2호에 따른 연금소득에 대한 지방소득세: 그 소득을 지급받는 사람의 주소지(법 §89 ③ Ⅱ).
③ 「국민건강보험법」에 따른 국민건강보험공단이 지급하는 사업소득에 대한 지방소득세: 그 소득을 지급받는 사람의 사업장 소재(법 §89 ③ Ⅲ).
④ 제1호부터 제3호까지에서 규정한 소득 외의 소득에 대한 소득세 및 법인세의 원천징수사무를 본점 또는 주사무소에서 일괄처리하는 경우 그 소득에 대한 지방소득세: 그 소득의 지급지. 다만, 「복권 및 복권기금법」 제2조에 따른 당첨금 중 일정 등위별 당첨금 또는 「국민체육진흥법」 제27조에 따른 체육진흥투표권의 환급금 중 일정 등위별 환급금을 본점 또는 주사무소에서 한꺼번에 지급하는 경우의 당첨금 또는 환급금에 대한 지방소득세의 경우에는 해당 복권 또는 체육진흥투표권의 판매지로 한다(법 §89 ③ Ⅵ).

이 규정에서 특별징수하는 근로소득 및 퇴직소득은 소득세법에 의한 근로소득 및 퇴직소득에 대한 소득세를 원천징수하는 경우를 가르키며, "국세청장의 승인을 얻어 이자소득·배당소득 등에 대한 소득세의 원천징수 사무를 본점 또는 사무소에서 일괄처리하는 경우의 소득"이라 함은 소득세를 원천징수하는 자가 법인인 경우에 원천징수한 소득세에 대한 지방소득세 소득분의 납세지를 근로소득 및 퇴직소득에 대한 소득세를 원천징수할 때의 지방소득세 납세지와 균형을 유지시켜 개선된 것이다. 그러므로 금융기관의 이자소득·배당소득 등에 대한 원천징수의무를 종전에는 각 지점에서 취급하였으나 국세청장의 승인을 얻어 본점에서 일괄처리 할 수 있게 되었다 하더라도 각 지점에서 발생되는 이자·배당소득에 대한 지방소득세는 종전과 같이 이자·배당소득이 발생하는 각 지점 소재지 지방자치단체에서 징수할 수 있도록 한 것이다.

그리고 복권 및 복권기금법 제2조에 따른 복권의 당첨금 중 일정 등위별 당첨금 또는 국민체육진흥법 제2조에 따른 체육진흥투표권의 환급금 중 일정 등위별 환급금을 본점 또는 주사무소에서 한꺼번에 지급하는 경우의 당첨금 또는 환급금 소득에 대한 지방소득세는 해당 복권 또는 체육진흥투표권의 판매지, 연금소득 중 소득세법 제20조의 3 제1항 제1호 및 제2호의 규정에 의한 연금소득에 대한 지방소득세는 그 소득을 지급받는 자의 주소지, 사업소득 중 국민건강보험법에 의한 국민건강보험공단이 지급하는 사업소득에 대한 지방소득세는 그 소득을 지급받는 자의 사업장 소재지를 관할하는 시·군으로 한다고 하고 있다. 그런데 이 규정은 소득세의 원천징수사무를 본점 또는 주사무소에서 한꺼번에 처리하는 경우의 납세지를 규정한 것인데 연금소득이나 사업소득은 한꺼번에 처리하는 경우가 아닌 본점의 고유업무인 관계로 법규의 연결이 맞지 않는 부분이 있을 수 있기 때문에 법규운영을 신중히 해야 될 것으로 보여진다.

그러나 한꺼번에 처리하는 경우가 아니라 하더라도 이 규정에 의하면,

① 연금소득의 경우 : 국민연금법에 의하여 지급받는 각종 연금, 공무원연금법, 군인연금법, 사립학교교직원연금법 또는 별정우체국법에 의하여 지급받는 각종 연금의 경우는 그 연금소득을 지급하고 소득세를 원천징수하는 곳이 연금관리공단이 있는 본점 또는 주사무소라 하더라도 지방소득세의 납세지는 소득을 지급받는 자의 주소지의 시·군이 되는 것이다.

② 국민건강보험공단이 지급하는 사업소득의 경우 : 국민건강보험법에 의한 국민건강보험공단이 지급하는 사업소득에 대한 지방소득세는 그 소득은 공단에서 전부 지급하지만 지방소득세는 그 소득을 지급받는 자의 사업장 소재지를 관할하는 시·군이 납세지가 된다는 것이다.

③ 복권당첨금 및 체육진흥투표권의 환급금의 경우 : 로또복권은 복권의 당첨금 중 일정 등위별 당첨금 및 체육진흥투표권의 환급금 중 일정 등위별 환급금을 국민은행 등 본점에서 한꺼번에 지급하고 있으나 지방소득세는 해당 당첨복권 또는 투표권의 판매지를 관할하는 시·군이 납세지가 되는 것이다.

이 단서 규정에 의하여 연금 등을 지급받는 국민이나 사업자(연금공단 등) 등은 지방소득세는 본사 또는 주사무소에서 한꺼번에 납부하면 국민 편의 측면에서 가장 좋은 방법이라고 생각하겠지만 지방소득세가 지방세인 관계로 모든 지방자치단체에 재원이 고루 배분되어야 균형 있는 자치발전을 기할 수 있는 재정적 요소가 되는 점에서 보면 주소지나 사업장을 관리하는 시·군에 각각 안분해야만 하는 큰 뜻이 있는 것이다.

제90조 | 비과세

「소득세법」,「법인세법」및「조세특례제한법」에 따라 소득세 또는 법인세가 비과세되는 소득에 대하여는 지방소득세를 과세하지 아니한다(법 §90).

제2절 거주자의 종합소득·퇴직소득에 대한 지방소득세

제91조 | 과세표준

① 거주자의 종합소득에 대한 개인지방소득세 과세표준은 「소득세법」 제14조제2항부터 제5항까지에 따라 계산한 소득세의 과세표준(「조세특례제한법」 및 다른 법률에 따라 과세표준 산정과 관련된 조세감면 또는 중과세 등의 조세특례가 적용되는 경우에는 이에 따라 계산한 소득세의 과세표준)과 동일한 금액으로 한다(법 §91 ①).

② 거주자의 퇴직소득에 대한 개인지방소득세 과세표준은 「소득세법」 제14조제6항에 따라 계산한 소득세의 과세표준(「조세특례제한법」 및 다른 법률에 따라 과세표준 산정과 관련된 조세감면 또는 중과세 등의 조세특례가 적용되는 경우에는 이에 따라 계산한 소득세의 과세표준)과 동일한 금액으로 한다(법 §91 ②).

1. 종합소득분 개인지방소득세 과세표준

이 규정에서 거주자의 종합소득에 대한 개인지방소득세 과세표준은 「소득세법」 제14조 제2항부터 제5항까지에 따라 계산한 소득세의 과세표준(조세특례제한법 및 다른 법률에 따라 과세표준 산정에 관련한 조세감면 또는 중과세가 적용되는 경우에는 이에 따라 계산한 소득세의 과세표준)으로 한다(법 §91 ①)고 규정하고 있는데 종전의 법인지방소득세 과세표준 규정은 법인세 과세표준 계산방식을 따르라는 것이고

> **사례**
>
> ❖ 「지방세법」 제103조의19 문언은 '법인세 과세표준'의 의미
>
> 외국납부세액을 손금산입하지 않는 취지는 법인세액에서 공제하기 때문(=세액공제를 전제로 과세표준 포함)이며, 외국납부세액의 세액공제를 허용하지 않는 법인지방소득세의 경우, 이를 손금에 산입하지 않는 경우 법인세법 제57조 제1항의 규정 취지에 반하여 내국법인의 조세부담을 가중하게되며, 외국납부세액은 법인의 순자산을 증가시키는 거래로 인하여 발생하는 수익의 금액이라고 볼 수 없어 이에 대한 과세는 응능부담의 원칙에 반함. 납세자는 법인지방소득세의 과세표준을 신고할 때에는 법인세와 같은 선택 권한이 없었음. 지방세법 제103조의19는 '법인세법 제13조에 따라 신고하거나 결정·경정된 과세표준'이라고 규정하지 않고 '법인세법 제13조에 따라 계산한 금액'이라고 규정 (독립세 전환시 전문위원 검토보고서도 "지방소득세에 대한 독자적인 과세표준"이라고 기재)하였고 법인지방소득세 과세표준 규정 개정 당시 입법자가 외국납부세액의 공제를 택한 내국법인에 대하여 세액공제 등을 전혀 고려하지 않고 법인지방소득세의 과세표준을 언제나 법인세 과세표준과 동일하게 하려한 것이라고 보기는 어려우며, 법인세에서 이중과세가 완전히 조정된다는 피고의 주장과 달리 외국법인세율이 한국보다 높은 경우 법인지방소득세에 있어 이중과세 존재하고 외국납부세액공제는 동일한 소득에 대한 이중과세에 대한 불합리를 시정하기 위해 이루어지는 것으로 정책적으로 이루어지는 세액공제와 같이 보기 어려움
>
> (서울고법, 2018누33038, 2018.10.25.)

지방세법상 '법인세법에 따라 계산한 금액'이라는 현행 과세표준 규정이 서로 다른 과세표준을 둘 수 있는 것으로 오해와 혼란을 초래하고 법인세 과세표준과 불일치할 경우 지자체가 법인지방소득세 과세표준의 적정성을 별도로 검토(과세표준 전(前) 단계의 수입금액, 소득공제액, 결손금액 등을 납세자에게 제출받아 법인지방소득세의 과세표준을 새로이 계산 등) 해야 함에 따른 과세체계 혼란 발생이 예상되어 법인세·소득세와 지방소득세의 과세표준 규정을 '법인세법·소득세법에 따라 계산한 금액'에서 '법인세법·소득세법에 따라 계산한 법인세·소득세의 과세표준과 동일한 금액'으로 하면서 개인지방소득세(종합, 퇴직, 양도) 과세표준에 대하여도 소득세와 과세표준이 동일함을 법령상 명확히 규정하여 해석상 불확실성 해소하였다

> ※ 소득세법 제14조 제2항부터 제5항 규정(영 포함)
>
> ② 종합소득에 대한 과세표준(이하 "종합소득과세표준"이라 한다.)은 제16조, 제17조, 제19조, 제20조, 제20조의3, 제21조, 제24조부터 제26조까지, 제27조부터 제29조까지, 제31조부터 제35조까지, 제37조, 제39조, 제41조부터 제46조까지, 제46조의2, 제47조 및 제47조의2에 따라 계산한 이자소득금액, 배당소득금액, 사업소득금액, 근로소득금액, 연금소득금액 및 기타소득금액의 합계액에서 제50조, 제51조, 제51조의3, 제51조의4 및 제52조에 따른 공제를 적용한 금액으로 한다 (소법 §14 ②).

③ 다음 각 호에 따른 소득의 금액은 종합소득과세표준을 계산할 때 합산하지 아니한다(소법 §14 ③).
  1. 「조세특례제한법」 또는 이 법 제12조에 따라 과세되지 아니하는 소득
  2. 대통령령으로 정하는 일용근로자의 근로소득
  3. 제129조 제1항제1호 가목 또는 같은 조 제2항의 세율에 따라 원천징수하는 이자소득 및 배당소득과 제16조 제1항 제10호에 따른 직장공제회 초과반환금
  4. 법인으로 보는 단체 외의 단체 중 수익을 구성원에게 배분하지 아니하는 단체로서 단체명을 표기하여 금융거래를 하는 단체가 「금융실명거래 및 비밀보장에 관한 법률」 제2조 제1호 각 목의 어느 하나에 해당하는 금융회사등(이하 "금융회사등"이라 한다.)으로부터 받는 이자소득 및 배당소득
  5. 「조세특례제한법」에 따라 분리과세되는 소득
  6. 제3호부터 제5호까지의 규정 외의 이자소득과 배당소득으로서 그 소득의 합계액이 2천만원(이하 "이자소득등의 종합과세기준금액"이라 한다.) 이하이면서 제127조에 따라 원천징수된 소득
  7. 해당 과세기간에 대통령령으로 정하는 총수입금액의 합계액이 2천만원 이하인 자의 주택임대소득
  8. 다음 각 목에 해당하는 기타소득(이하 "분리과세기타소득"이라 한다.)
    가. 제21조 제1항 제1호부터 제20호까지 및 제22호 및 제26호에 따른 기타소득(라목 및 마목의 소득은 제외한다.)으로서 같은 조 제2항에 따른 기타소득금액이 300만원 이하이면서 제127조에 따라 원천징수된 소득(해당 소득이 있는 거주자가 종합소득과세표준을 계산할 때 이를 합산하려는 경우는 제외한다.)
    나. 제21조 제1항 제21호에 따른 연금외수령한 기타소득
    다. 제21조 제1항 제25호에 따른 기타소득
    라. 제21조 제1항 제2호에 따른 기타소득 중 「복권 및 복권기금법」 제2조에 따른 복권 당첨금
    마. 그 밖에 제21조 제1항에 따른 기타소득 중 라목과 유사한 소득으로서 대통령령으로 정하는 기타소득
  9. 제20조의3 제1항 제2호 및 제3호에 따른 연금소득 중 합계액이 연 1,200만원 이하인 경우 그 연금소득 등
  10. 삭제

④ 제3항 제6호에 따른 이자소득 등의 종합과세기준금액을 계산할 때 배당소득에는 제17조 제3항 각 호 외의 부분 단서에 따라 더하는 금액을 포함하지 아니한다.

⑤ 제3항 제3호부터 제6호까지의 규정에 해당되는 소득 중 이자소득은 "분리과세이자소득"이라 하고, 배당소득은 "분리과세배당소득"이라 한다.

2. 퇴직소득에 대한 지방소득세 과세표준

거주자의 퇴직소득에 대한 개인지방소득세 과세표준은 「소득세법」 제14조 제6항에 따라 계산한 소득세의 과세표준(「조세특례제한법」 및 다른 법률에 따라 과세표준 산정에 관련한 조세감면 또는 중과세 등의 조세특례가 적용되는 경우에는 이에 따라 계산한 소득세의 과세표준)으로 한다(법 §91 ②).

이 경우 소득세법 제14조 제6항에 따라 계산된 퇴직소득의 과세표준은 소득세법 제22조에 따른 퇴직소득금액에서 동법 제48조에 따른 퇴직소득공제를 적용한 금액으로 한다.

※ 소득세법 제22조 (퇴직소득금액)

① 퇴직소득은 해당과세기간에 발생한 다음 각 호의 소득으로 한다.
  1. 공적연금 관련법에 따라 받는 일시금
  2. 사용자 부담금을 기초로 하여 현실적인 퇴직을 원인으로 지급받는 소득
  3. 그 밖에 제1호 및 제2호와 유사한 소득으로서 대통령령으로 정하는 소득

② 제1항제1호에 따른 퇴직소득은 2002년 1월 1일 이후에 납입된 연금 기여금 및 사용자 부담금을 기초로 하거나 2002년 1월 1일 이후 근로의 제공을 기초로 하여 받은 일시금으로 한다.

③ 퇴직소득금액은 제1항 각 호에 따른 소득의 금액의 합계액(비과세소득의 금액은 제외한다)으로 한다. 다만, 대통령령으로 정하는 임원의 퇴직소득금액(제1항제1호의 금액은 제외하며, 2011년 12월 31일에 퇴직하였다고 가정할 때 지급받을 대통령령으로 정하는 퇴직소득금액이 있는 경우에는 그 금액을 뺀 금액을 말한다)이 다음 계산식에 따라 계산한 금액을 초과하는 경우에는 제1항에도 불구하고 그 초과하는 금액은 근로소득으로 본다.

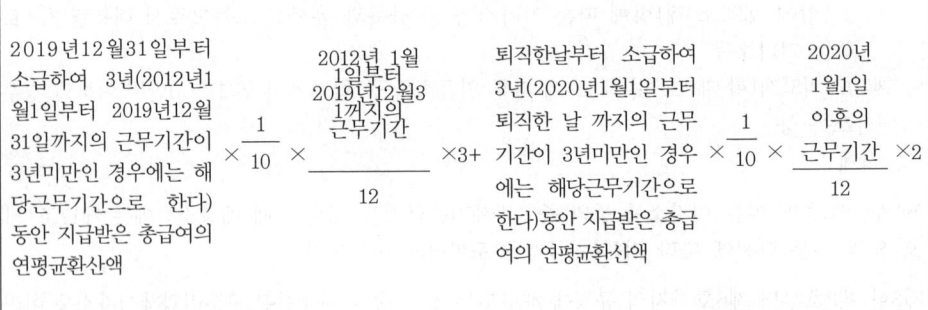

④ 제3항 단서와 그 계산식을 적용할 때 근무기간과 총급여는 다음 각 호의 방법으로 산정한다.
  1. 근무기간: 개월 수로 계산한다. 이 경우 1개월 미만의 기간이 있는 경우에는 이를 1개월로 본다.
  2. 총급여: 봉급·상여 등 제20조제1항제1호 및 제2호에 따른 근로소득(제12조에 따른 비과세소득은 제외한다)을 합산한다.

⑤ 삭제 〈2013. 1. 1.〉

⑥ 퇴직소득의 범위 및 계산방법과 그 밖에 필요한 사항은 대통령령으로 정한다.

제92조 세율

① 거주자의 종합소득에 대한 개인지방소득세의 표준세율은 다음 표와 같다(법 §92 ①)

과세표준	세 율
1천400만원 이하	과세표준의 1천분의 6
1천400만원 초과 5천만원 이하	8만4천원+(1천400만원을 초과하는 금액의 1천분의 15)
5천만원 초과 8천800만원 이하	62만4천원+(5천만원을 초과하는 금액의 1천분의 24)
8천800만원 초과 1억5천만원 이하	159만원+(8천800만원을 초과하는 금액의 1천분의 35)
1억5천만원 초과 3억원이하	376만원+(1억5천만원을 초과하는 금액의 1천분의 38)
3억원 초과 5억원 이하	946만원+(3억원을 초과하는 금액의 1천분의 40)
5억원 초과 10억원 이하	1천746만원+(5억원을 초과하는 금액의 1천분의 42)
10억원 초과	3천846만원+(10억원을 초과하는 금액의 1천분의 45)

② 지방자치단체의 장은 조례로 정하는 바에 따라 종합소득에 대한 개인지방소득세의 세율을 제1항에 따른 표준세율의 100분의 50의 범위에서 가감할 수 있다(법 §92 ②). 이 규정에 의한 표준세율에 대한 제한세율은 현재까지 적용된 바가 없으나 앞으로 적용할 경우에는 표준세율이 지방자치단체의 행정운영에 필요한 재원을 교부하여 이를 조정하는 지방교부세에 있어 기준재정수입액의 산정기초로 사용된다는 점에 유의하여야 한다(지방교부세법 §8). 따라서 특정한 지방자치단체가 표준세율을 초과하여 세율을 적용함으로써 세수입이 증가되는 등 기준세율로 산정한 각 자치단체의 기준재정수입액이 매우 불합리한 경우에는 이를 보정하게 되며, 또한 어느 특정한 지방자치단체가 표준세율 이하의 세율을 정했을 경우에도 별도의 제재규정은 없으나 해당 지방자치단체가 일반재원의 보전 또는 특정사업을 위한 재원을 확보하기 위한 명목으로 기채를 하려고 할 경우 조세의 세원은 감소시키면서 기채를 한다는 명분상의 문제 때문에 감소되는 세수입의 범위 내에서 그 기채의 타당성 여부가 검토될 뿐 아니라 기채 불승인의 사유가 될 수도 있다는 점에 유의해야 할 것이다.

표준세율의 운영에 있어서는 주민부담의 실정과 재정상 기타 특별한 사유가 있다고 판단될 때에 한하여야 하는데 이의 판단은 해당 지방자치단체가 해야 할 것이지만 대체로 재해복구에 필요한 재원조달이나 지방교부세의 기준재정수요액에 산입되지 아니하는 특별한 사업에 필요한 재원을 위해 적용되어야 한다고 본다.

또한, 표준세율의 적용시 동일한 지방자치단체에서 일부 세목은 초과세율을 적용하고, 다른 세목은 표준세율을 하회하는 세율을 적용하거나, 동일한 세목 내에서 과세객체에 따라 초과세율과 낮은 세율을 동시에 적용하는 것은 불가하다고 본다.

③ 거주자의 종합소득에 대한 개인지방소득세 산출세액은 해당 연도의 과세표준에 제1항 및 제2항의 세율을 적용하여 산출한 금액으로 한다(법 §92 ③).

④ 거주자의 퇴직소득에 대한 개인지방소득세 산출세액은 다음 각 호의 순서에 따라 계산한 금액으로 한다.(법 §92 ④ Ⅰ.Ⅱ).

1. 해당 과세기간의 제91조 제2항에 따른 과세표준에 제1항 및 제2항의 세율을 적용하여 계산한 금액
2. 제1호의 금액을 12로 나눈 금액에서 근무연수를 곱한 금액

2016년부터는 퇴직소득 정률공제(40%)를 차등공제(저소득자 우대)로 변경하고, 근속연수 반영방식을 연분연승법(근속연수가 길수록 누진세율이 높아지는 문제를 완화하기 위해 퇴직소득을 근속연수로 나눈 금액에 세율 적용한 후 근속연수를 다시 곱하여 세액산출)의 계수를 5→12로 변경하여 아래와 같은 방식으로 계산하게 되었다

$$산출세액 = 과세표준\left[(퇴직소득-근속공제) \times \frac{12}{근속연수} - 차등공제\right] \times 세율(누진) \times \frac{근속연수}{12}$$

이 경우 퇴직소득과세표준은 퇴직소득금액에서 소득공제를 하여 계산한 금액을 말하며, 소득공제는 퇴직자가 종합소득금액이 없거나 종합소득금액에서 공제되지 아니한 소득공제액에 한하여 공제한다.

※ 부칙, 제10조, 2015.12.31.

> 제10조 [퇴직소득에 대한 개인지방소득세에 관한 특례]
>
> 　2016년 1월 1일부터 2019년 12월 31일까지의 기간 동안 퇴직한 경우에는 퇴직소득에 대한 개인지방소득세 산출세액을 계산함에 있어 제92조 제4항의 개정규정 및 소득세법(법률 제12852호, 2014.12.23.) 제48조 제1항·제2항 및 제55조 제2항의 개정규정에도 불구하고 퇴직소득에 대한 개인지방소득세 산출세액을 다음 표의 퇴직일이 속하는 과세기간에 해당하는 계산식에 따른 금액으로 한다(부칙 제10조, 2015년말 개정세법).
>
> | 퇴직일이 속하는 과세기간 | 퇴직소득 산출세액 |
> |---|---|
> | 2016년 1월 1일부터 2016년 12월 31일까지 | 종전 규정에 따른 퇴직소득 산출세액 × 80%
＋ 개정규정에 따른 퇴직소득 산출세액 × 20% |
> | 2017년 1월 1일부터 2017년 12월 31일까지 | 종전 규정에 따른 퇴직소득 산출세액 × 60%
＋ 개정규정에 따른 퇴직소득 산출세액 × 40% |
> | 2018년 1월 1일부터 2018년 12월 31일까지 | 종전 규정에 따른 퇴직소득 산출세액 × 40%
＋ 개정규정에 따른 퇴직소득 산출세액 × 60% |
> | 2019년 1월 1일부터 2019년 12월 31일까지 | 종전 규정에 따른 퇴직소득 산출세액 × 20%
＋ 개정규정에 따른 퇴직소득 산출세액 × 80% |

과세표준	세율
1천200만원 이하	과세표준의 1천분의 6
1천200만원 초과 4천600만원 이하	7만2천원＋(1천200만원을 초과하는 금액의 1천분의 15)
4천600만원 초과 8천800만원 이하	58만2천원＋(4천600만원을 초과하는 금액의 1천분의 24)
8천800만원 초과 1억5천만원 이하	159만원＋(8천800만원을 초과하는 금액의 1천분의 35)
1억5천만원 초과 3억원 이하	376만원＋(1억5천만원을 초과하는 금액의 1천분의 38)
3억원 초과 5억원 이하	946만원＋(3억원을 초과하는 금액의 1천분의 40)
10억원 초과	3천846만원＋(10억원을 초과하는 금액의 1천분의 45)

제93조 　 세액계산의 순서 및 특례

① 거주자의 종합소득 및 퇴직소득에 대한 개인지방소득세는 이 법에 특별한 규정이 있는 경우를 제외하고는 다음 각 호에 따라 계산한다(법 §93 ① Ⅰ~Ⅲ).
1. 제92조 제3항, 제4항 및 제5항에 따라 종합소득 및 퇴직소득에 대한 개인지방소득세 산출세액은 각각 구분하여 계산한다.
2. 제1호에 따라 계산한 산출세액에 제94조에 따른 세액공제 및 세액감면을 적용하여 종합소득 및 퇴직소득에 대한 개인지방소득세 결정세액을 각각 계산한다.
3. 제2호에 따라 계산한 결정세액에 제99조 및 「지방세기본법」 제53조의2부터 제53조의4까지에 따른 가산세를 더하여 종합소득 및 퇴직소득에 대한 개인지방소득세 총결정세액을 각각 계산한다.

② 거주자의 종합소득에 대한 개인지방소득세 과세표준에 포함된 이자소득과 배당소득(이하 이 조에서 "이자소득등"이라 한다.)이 「소득세법」 제14조 제3항 제6호에 따른 이자소득등의 종합과세기준금액(이하 이 조에서 "종합과세기준금액"이라 한다.)을 초과하는 경우에는 그 거주자의 종합소득에 대한 개인지방소득세 산출세액은 다음 각 호의 금액 중 큰 금액으로 하고, 종합과세기준금액을 초과하지 않는 경우에는 제2호의 금액으로 한다. 이 경우 「소득세법」 제17조 제1항 제8호에 따른 배당소득이 있는 경우에는 그 배당소득금액은 이자소득등으로 보지 아니한다(법 §93 ② Ⅰ~Ⅱ).
1. 다음 각 목의 세액을 더한 금액
   가. 이자소득등의 금액 중 종합과세기준금액을 초과하는 금액과 이자소득등을 제외한 다른 종합소득금액을 더한 금액에 대한 개인지방소득세 산출세액
   나. 종합과세기준금액에 「소득세법」 제129조 제1항 제1호 라목의 세율의 100분의 10을 적용하여 계산한 세액. 다만, 조세특례제한법 제104조의27에 따른 배당소득이 있는 경우 그 배당소득에 대해서는 같은 조 제1항에 따른 세율의 100분의 10을 적용한다.
2. 다음 각 목의 세액을 더한 금액
   가. 이자소득 등에 대하여 「소득세법」 제129조 제1항 제1호·제2호 및 조세특례제한법 제104조의27 제1항의 세율의 100분의 10을 적용하여 계산한 세액. 다만, 「소득세법」 제127조에 따라 원천징수되지 아니하는 소득에 대해서는 「소득세법」 제129조 제1항 제1호 나목 또는 라목의 세율의 100분의 10을 적용한다.
   나. 이자소득등을 제외한 다른 종합소득금액에 대한 개인지방소득세 산출세액. 다만, 그 세액이 「소득세법」 제17조 제1항 제8호에 따른 배당소득에 대하여 「소득세법」 제129조 제1항 제1호 라목의 세율의 100분의 10을 적용하여 계산한 세액과 이자소

득등 및「소득세법」제17조 제1항 제8호에 따른 배당소득을 제외한 다른 종합소득금액에 대한 개인지방소득세 산출세액을 합산한 금액(이하 이 목에서 "종합소득 비교세액"이라 한다.)에 미달하는 경우 종합소득 비교세액으로 한다.

③「소득세법」제16조 제1항 제10호에 따른 직장공제회 초과반환금(이하 이 조에서 "직장공제회 초과반환금"이라 한다.)에 대해서는 그 금액에서「소득세법」제63조제1항 각 호의 금액을 순서대로 공제한 금액을 납입연수(1년 미만인 경우에는 1년으로 한다. 이하 같다.)로 나눈 금액에 제92조에 따른 세율을 적용하여 계산한 세액에 납입연수를 곱한 금액을 그 산출세액으로 한다. 다만, 직장공제회 초과반환금을 분할하여 지급받는 경우의 세액의 계산 방법 등은 대통령령으로 정한다(법 §93 ③).

이 규정을 적용할 때 직장공제회 초과반환금을 분할하여 지급하는 경우 그 계산은 소득세법 시행령 제120조에 따른다(영 §88의 2).

> ※ 소득세법 시행령
> 제120조【직장공제회 초과반환금에 대한 세액계산의 특례】법 제63조를 적용할 때 직장공제회 초과반환금을 분할하여 지급하는 경우에는 영 제26조 제2항에 따른 초과반환금을 지급받을 때 법 제63조에 따라 납부하여야 할 세액을 분할하여 지급받는 횟수로 나눈 금액을 분할하여 지급할 때마다의 산출세액으로 한다.

④ 대통령령으로 정하는 부동산매매업(이하 "부동산매매업"이라 한다)을 경영하는 거주자(이하 "부동산매매업자"라 한다)로서 종합소득금액에「소득세법」제104조제1항제1호의 분양권·제8호·제10호 또는 같은 조 제7항 각 호의 어느 하나에 해당하는 자산의 매매차익(이하 이 조에서 "주택등매매차익"이라 한다)이 있는 자의 종합소득에 대한 개인지방소득세 산출세액은 다음 각 호의 세액 중 많은 것으로 한다. 이 경우 부동산매매업자에 대한 주택등매매차익의 계산과 그 밖에 종합소득에 대한 개인지방소득세 산출세액의 계산에 필요한 사항은 대통령령으로 정한다(법 §93 ④ Ⅰ~Ⅱ).

1. 종합소득에 대한 개인지방소득세 산출세액
2. 다음 각 목에 따른 세액의 합계액
   가. 주택등매매차익에 제103조의3에 따른 세율을 적용하여 산출한 세액의 합계액
   나. 종합소득에 대한 개인지방소득세 과세표준에서 주택등매매차익의 해당 과세기간 합계액을 공제한 금액을 과세표준으로 하고 이에 제92조에 따른 세율을 적용하여 산출한 세액

      이 항에서 "대통령령으로 정하는 부동산매매업"(부동산매매업자에 대한 세액계산의 특례)은 소득세법 시행령 제122조 제1항·제3항 및 제4항을 따르고, 또한 대통령령으로 정하는 "주택 등 매매차익"은 소득세법 시행령 제122조 제2항을 따른다(영

§89 ①②).

⑤ 부동산매매업자가「소득세법」제69조제1항에 따른 토지등 매매차익예정신고를 하는 경우에는 토지 또는 건물(이하 이 조에서 "토지등"이라 한다)의 매매차익과 그 세액을 매매일이 속하는 달의 말일부터 2개월이 되는 날까지 대통령령으로 정하는 바에 따라 납세지 관할 지방자치단체의 장에게 신고하여야 한다. 토지등의 매매차익이 없거나 매매차손이 발생하였을 때에도 또한 같다(법 §93 ⑤).

이 경우 법 제93조 제5항에 따라 토지 등 매매차익예정신고를 하려는 자는 행정자치부령으로 정하는 토지 등 매매차익예정신고서를 납세지 관할 지방자치단체의 장에게 제출하여야 한다(영 §90 ①).

⑥ 제5항에 따른 부동산매매업자의 토지등의 매매차익에 대한 산출세액은「소득세법」제97조를 준용하여 계산한 필요경비를 공제한 금액에 제103조의 3에서 규정하는 세율을 곱하여 계산한 금액으로 한다. 다만, 토지등의 보유기간이 2년 미만인 경우에는 제103조의 3 제1항 제2호 및 제3호에도 불구하고 같은 항 제1호에 따른 세율을 곱하여 계산한 금액으로 한다(법 §93 ⑥).

⑦ 부동산매매업자는 제6항에 따른 산출세액을 제5항에 따른 신고기한까지 대통령령으로 정하는 바에 따라 납세지 관할 지방자치단체에 납부하여야 한다. 이 경우 납부할 세액이 100만원을 초과하는 자는 대통령령이 정하는 바에 따라 납부할 세액의 일부를 납부기한이 지난 후 2개월이네에 분납할 수 있다(법 §93 ⑦).

이 경우 부동산매매업자는 위 규정에 따라 토지 등의 매매차익에 대한 산출세액을 납부할 때에는 행정자치부령으로 정하는 납부서로 납부하여야 한다(영 §90 ②).

⑧ 토지등의 매매차익에 대한 산출세액의 계산, 결정·경정 및 환산취득가액 적용에 따른 가산세에 관하여는 제103조의6제2항 및 제103조의9를 준용한다(법 §93 ⑧).

이 규정은 원칙적으로 신축 및 증축 건물의 양도차익 계산 시 직접 지출한 비용 소명이 어려운 경우, 매매사례가액, 감정가액, 환산취득가액을 취득가액으로 적용하여 양도차익 계산하여 건축주가 취득에 실제 소요한 금액을 취득가액으로 적용하고 취득원가를 환산취득가액(건물 신축하여 취득 후 5년 이내 양도, 환산가액×0.5%)*으로 적용하여 신고 시 신축 건물에 대해 가산세를 부과하는데 환산취득가액을 적용하여 양도소득을 줄여 조세부담을 회피하려는 행위를 제재하기 위해 가산세 규정이 있으나 신축 건물만을 대상으로 하여 건물 증축에 대한 환산취득가액 적용에 따른 가산세 규정 미비함에 따라 건물을 증축하고 5년 이내 환산취득가액을 적용하여 양도하는 경우, 건물 증축분에 대한 가산세를 부과할 수 있도록 개선한 것이다.

> **〈 환산취득가액 신고 시 신축 건물에 대한 가산세 〉**
>
> | 취득가액 | 양도가액 | 취득당시 기준시가 | 양도당시 기준시가 |
> |---|---|---|---|
> | 증빙불가 | 200,000천원 | 100,000천원 | 160,000천원 |
>
> ■ 양도소득에 대한 지방소득세 1,278천원에 가산세 625천원 추가 납부(총1,903천원)
> - (지방소득세) 양도가액 200,000천원－환산취득가액125,000천원×세율(2.4%)=1,278천원
> *(환산취득가액) 200,000천원 × (100,000천원 / 160,000천원) = 125,000천원
> *(가산세) 환산취득가액 125,000천원×0.5%=625천원(국세에 대한 가산세 6,250천원)

⑨ 제5항부터 제8항까지 토지등의 매매차익과 그 세액의 계산 등에 관하여 필요한 사항은 대통령령으로 정한다(법 §93 ⑨).

이 경우 "토지 등의 매매차익"이란 소득세법 시행령 제128조에 따라 계산한 금액을 말한다(영 §91).

⑩ 「소득세법」제14조 제3항 제7호의 분리과세 주택임대소득(이하 이 조에서 "분리과세 주택임대소득"이라 한다.)이 있는 거주자의 종합소득에 대한 개인지방소득세 결정세액은 다음 각 호의 세액 중 하나를 선택하여 적용한다(법 §93 ⑩ Ⅰ~Ⅱ).

1. 「소득세법」제14조 제3항 제7호를 적용하기 전의 종합소득에 대한 개인지방소득세 결정세액

2. 다음 각 목의 세액을 더한 금액

   가. 분리과세 주택임대소득에 대한 사업소득금액에 1천분의 14를 곱하여 산출한 금액. 다만, 「조세특례제한법」제96조제1항에 해당하는 거주자가 같은 항에 따른 임대주택을 임대하는 경우에는 해당 임대사업에서 발생한 분리과세 주택임대소득에 대한 사업소득금액에 1천분의 14를 곱하여 산출한 금액에서 같은 항에 따라 감면받는 세액의 100분의 10을 차감한 금액으로 한다.

   나. 가목 외의 종합소득에 대한 개인지방소득세 결정세액

   이 경우 '19.1.1.부터 과세예정인 주택임대소득과 관련하여 부칙 5조에 따라 분리과세 선택시 사업소득금액은 임대주택등록자와 임대주택 미등록자 간 필요경비율을 그 간 60%로 동일하게 적용하였지만 임대주택등록자는 종전과 같이 60%를 적용하지만 임대주택 미등록자는 50%로 임대주택등록자보다 10% 하향하였고, 공제금액 또한 4백만원으로 동일하게 적용하던 것을 임대주택등록자 4백만원으로 종전과 같이 공제하지만 임대주택 미등록자에 대해서는 2백만원으로 임대주택 등록자에 비해 낮게 조정하였다

⑪ 제10항제2호가목에 따른 분리과세 주택임대소득에 대한 사업소득금액은 총수입금액에서 필요경비(총수입금액의 100분의 50으로 한다)를 차감한 금액으로 하되, 분리과세 주택임대소득을 제외한 해당 과세기간의 종합소득금액이 2천만원 이하인 경우에는 추가로

200만원을 차감한 금액으로 한다. 다만, 대통령령으로 정하는 임대주택을 임대하는 경우에는 해당 임대사업에서 발생한 사업소득금액은 총수입금액에서 필요경비(총수입금액의 100분의 60으로 한다)를 차감한 금액으로 하되, 분리과세 주택임대소득을 제외한 해당 과세기간의 종합소득금액이 2천만원 이하인 경우에는 추가로 400만원을 차감한 금액으로 한다(법 §93 ⑪).

이 규정에 따라 "대통령령으로 정하는 임대주택"이란 다음 각 호의 요건을 모두 갖춘 임대주택(이하 이 조에서 "등록임대주택"이라 한다)을 말한다(영 §91의2 ①).

1. 다음 각 목의 어느 하나에 해당하는 주택일 것
    가. 「민간임대주택에 관한 특별법」 제5조에 따른 임대사업자등록을 한 자가 임대 중인 같은 법 제2조제4호에 따른 공공지원민간임대주택
    나. 「민간임대주택에 관한 특별법」 제5조에 따른 임대사업자등록을 한 자가 임대 중인 같은 법 제2조제5호에 따른 장기일반민간임대주택[아파트를 임대하는 민간매입임대주택의 경우에는 2020년 7월 10일 이전에 종전의 「민간임대주택에 관한 특별법」 (법률 제17482호 민간임대주택에 관한 특별법 일부개정법률에 따라 개정되기 전의 것을 말한다. 이하 같다) 제5조에 따라 등록을 신청(임대할 주택을 추가하기 위해 등록사항의 변경 신고를 한 경우를 포함한다. 이하 이 항에서 같다)한 것으로 한정한다]
    다. 종전의 「민간임대주택에 관한 특별법」 제5조에 따른 임대사업자등록을 한 자가 임대 중인 같은 법 제2조제6호에 따른 단기민간임대주택(2020년 7월 10일 이전에 등록을 신청한 것으로 한정한다)

    이 규정은 2020년 7월11일 이후 민간임대주택법에 따라 폐지되는 유형의 임대주택을 등록신청하거나 단기를 장기로 변경신청하는 분부터 지방소득세 세액계산 우대 대상에서 제외하는 것이다
2. 「소득세법」 제168조에 따른 사업자의 임대주택일 것
3. 임대보증금 또는 임대료(이하 이 호에서 "임대료등"이라 한다)의 증가율이 100분의 5를 초과하지 않을 것. 이 경우 임대료등의 증액 청구는 임대차계약의 체결 또는 약정한 임대료등의 증액이 있은 후 1년 이내에는 하지 못하고, 임대사업자가 임대료등의 증액을 청구하면서 임대보증금과 월임대료를 상호 간에 전환하는 경우에는 「민간임대주택에 관한 특별법」 제44조제4항의 전환 규정을 준용한다.

또한 제1항을 적용할 때 종전의 「민간임대주택에 관한 특별법」 제5조에 따라 등록한 같은 법 제2조제6호에 따른 단기민간임대주택을 같은 법 제5조제3항에 따라 2020년 7월 11일 이후 「민간임대주택에 관한 특별법」 제2조제4호 또는 제5호에 따른 공공지원민간임대주택 또는 장기일반민간임대주택으로 변경 신고한 주택은 등록임대주택에서 제외한다(영 §91의2 ②).

⑫ 다음 각 호의 어느 하나에 해당하는 경우에는 그 사유가 발생한 날이 속하는 과세기간의 과세표준신고를 할 때 다음 각 호의 구분에 따른 금액을 개인지방소득세로 납부하여야 한다. 다만, 「민간임대주택에 관한 특별법」 제6조제1항제11호에 해당하여 등록이 말소되는 경우 등 대통령령으로 정하는 경우에는 그러하지 아니하다(법 §93 ⑫ Ⅰ~Ⅱ).
  1. 제10항제2호가목 단서에 따라 세액을 감면받은 사업자가 해당 임대주택을 4년(「민간임대주택에 관한 특별법」 제2조제4호에 따른 공공지원민간임대주택 또는 같은 법 제2조제5호에 따른 장기일반민간임대주택의 경우에는 10년) 이상 임대하지 아니하는 경우: 제10항제2호가목 단서에 따라 감면받은 세액
  2. 제11항 단서를 적용하여 세액을 계산한 사업자가 해당 임대주택을 10년 이상 임대하지 아니하는 경우: 제11항 단서를 적용하지 아니하고 계산한 세액과 당초 신고한 세액과의 차액
    이 경우 "「민간임대주택에 관한 특별법」 제6조제1항제11호에 해당하여 등록이 말소되는 경우 등 대통령령으로 정하는 경우"란 「소득세법 시행령」 제122조의2제3항에 해당하는 경우를 말하며(영 §91의2③) 제1호의 임대기간의 산정은 「소득세법 시행령」 제122조의2제4항제1호에 따르고(영 §91의2④) 제2호의 임대기간의 산정은 「소득세법 시행령」 제122조의2제4항제2호에 따르며(영 §91의2⑤), 제1호에 해당하여 납부해야 하는 개인지방소득세액은 같은 조 제10항제2호가목 단서에 따라 감면받은 세액에 「조세특례제한법 시행령」 제96조제6항에 따라 임대기간에 따른 감면율을 적용한 금액으로 한다(영 §91의2⑥).
⑬ 제12항 각 호에 따라 개인지방소득세를 납부하는 경우에는 「소득세법」 제64조의2제4항 본문에 따라 계산한 이자 상당 가산액의 100분의 10을 추가하여 납부하여야 한다. 다만, 대통령령으로 정하는 부득이한 사유가 있는 경우에는 그러하지 아니하다(법 §93 ⑬)
  이 경우 "대통령령으로 정하는 부득이한 사유"란 다음 각 호의 어느 하나에 해당하는 경우를 말한다(영 §91의2⑦ Ⅰ~Ⅲ).
  1. 파산 또는 강제집행에 따라 임대주택을 처분하거나 임대할 수 없는 경우
  2. 법령상 의무를 이행하기 위해 임대주택을 처분하거나 임대할 수 없는 경우
  3. 「채무자 회생 및 파산에 관한 법률」에 따른 회생절차에 따라 법원의 허가를 받아 임대주택을 처분한 경우
⑭ 분리과세 주택임대소득에 대한 종합소득 결정세액의 계산 및 임대주택 유형에 따른 사업소득금액의 산출방법 등에 필요한 사항은 대통령령으로 정한다(법 §93 ⑭).
  이 경우 주택임대소득의 계산은 다음 각 호에 따른다(영 §91의2⑧ Ⅰ~Ⅲ).
  1. 제1항을 적용할 때 과세기간 중 일부 기간 동안 등록임대주택을 임대한 경우 등록임대주택의 임대사업에서 발생하는 수입금액은 월수로 계산한다. 이 경우 해당 임대기

간의 개시일 또는 종료일이 속하는 달의 등록임대주택을 임대한 기간이 15일 이상인 경우에는 1개월로 본다.
2. 해당 과세기간 중에 임대주택을 등록한 경우 주택임대소득금액은 다음의 계산식에 따라 계산한다.

[등록한 기간에 발생한 수입금액 ×(1-0.6)] + [등록하지 않은 기간에 발생한 수입금×(1-0.5)]

3. 해당 과세기간 동안 등록임대주택과 등록임대주택이 아닌 주택에서 수입금액이 발생한 경우 법 제93조제11항에 따라 해당 과세기간의 종합소득금액이 2천만원 이하인 경우에 추가로 차감하는 금액은 다음의 계산식에 따라 계산한다.

[(등록임대주택에서 발생한 수입금액 ÷총 주택임대수입금액)×400만원]+[(등록임대주택이 아닌 주택에서 발생한 수입금액 ÷총 주택임대수입금액)×200만원]

⑮ 제5항에 따라 부동산매매업자가 토지등의 매매차익(매매차익이 없는 경우와 매매차손을 포함한다)과 그 세액을 신고하는 경우에 납세지 관할 지방자치단체의 장 외의 지방자치단체의 장에게 신고한 경우에도 그 신고의 효력에는 영향이 없다(법 §93 ⑮).
⑯ 「소득세법」 제14조에 따라 거주자의 종합소득과세표준을 계산할 때 합산하지 아니하는 같은 법 제127조제1항제6호나목의 소득에 대한 개인지방소득세 결정세액은 같은 법 제21조제3항에 따라 계산한 해당 기타소득금액에 같은 법 제129조제1항제6호라목에 따른 세율의 100분의 10을 적용하여 계산한 금액으로 한다(법 §93 ⑯).
⑰ 「소득세법」 제20조의3제1항 제2호 및 제3호에 따른 연금소득 중 같은법 제14조 제3항 제9호에 따른 분리과세연금소득 외 의 연금소득이 있는 거주자의 종합소득세 결정세액은 다음 각 호의 세액 중 어느 하나를 선택하여 적용한다(법 §93 ⑰ ⅠⅡ).
  ㉮ 종합소득에 대한 개인 지방소득세 결정세액
  ㉯ 다음각 목의 세액을 더한 금액
    가. 「소득세법」 제20조의3제1항제2호 및 제3호에 따른 연금소득 중 같은법 제14조 제3항 제9호에 따른 분리과세연금소득외의 1천분의15를 곱하여 산출한 금액
    나. 가목외의 종합소득에 대한 개인지방소득세 결정세액
⑱ 「소득세법」 제21조제1항제27호에 따른 가상자산소득에 대한 개인지방소득세 결정세액은 같은 조 제3항에 따라 계산한 해당 기타소득금액에서 250만원을 뺀 금액에 1천분의 20을 적용하여 계산한 금액으로 한다.

1. 거주자의 종합소득 및 퇴직소득에 대한 개인지방소득세 계산방법

거주자의 종합소득 및 퇴직소득에 대한 개인지방소득세는 이 법에 특별한 규정이 있는 경우를 제외하고는 다음 각 호에 따라 계산한다(법 §93 ① Ⅰ~Ⅲ).

1. 제92조 제3항, 제4항 및 제5항에 따라 종합소득 및 퇴직소득에 대한 개인지방소득세 산출세액은 각각 구분하여 계산한다.
2. 제1호에 따라 계산한 산출세액에 제94조에 따른 세액공제 및 세액감면을 적용하여 종합소득 및 퇴직소득에 대한 개인지방소득세 결정세액을 각각 계산한다.
3. 제2호에 따라 계산한 결정세액에 제99조 및 「지방세기본법」 제53조의2부터 제53조의4까지에 따른 가산세를 더하여 종합소득 및 퇴직소득에 대한 개인지방소득세 총결정세액을 각각 계산한다.

이 경우에 종합소득과 퇴직소득에 대한 개인지방소득세 계산방법을 약술하면 다음과 같다.

(1) 종합소득에 대한 개인지방소득세

① 거주자의 종합소득에 대한 개인지방소득세는 해당 연도의 과세표준에 제92조 제1항에 따른 표준세율과 동조 제2항의 제한세율을 적용하여 계산한 세액으로 한다.

② 이렇게 계산한 산출 세액에서 제94조에 따른 세액공제 및 세액감면을 적용하여 개인지방소득세 결정세액을 계산하고, 이 결정세액에서 제99조 및 지방세기본법에 따른 가산세를 더하여 종합소득에 대한 개인지방소득세 총결정세액을 계산한다.

(2) 퇴직소득에 대한 개인지방소득세

(가) 일반적인 거주자의 퇴직소득에 대한 개인지방소득세
해당 과세기간의 과세표준(제91조 제2항)을 근속연수로 나눈 금액에 5를 곱하여 여기에 표준세율 및 제한세율을 적용하여 계산한 금액을 5로 나눈 금액에 근속연수를 곱한 금액을 그 세액으로 한다.

(나) 2012년 12월 31일 이전에 근무를 시작하여 이 법 시행 후에 퇴직한 자의 경우 개인지방소득세
퇴직소득에 대한 개인지방소득세 과세표준(소득세법 제14조 제6항에 따라 계산한 금액)에 2012년 12월31일 이전의 근속연수비율(2012년 12월 31일까지의 근속연수를 전체근속연수로 나눈 비율)을 곱하여 계산한 해당 과세표준을 근속연수로 나눈 금액에 표준세율과 제한세율로 적용하여 계산한 금액에 근속연수를 곱한 금액으로 한다.

2. 종합과세기준금액(2천만원)을 초과하는 경우와 초과하지 않는 경우의 산출세액 계산방법

거주자의 종합소득에 대한 개인지방소득세 과세표준에 포함된 이자소득과 배당소득(이하 이 조에서 "이자소득등"이라 한다.)이 「소득세법」 제14조 제3항 제6호에 따른 이자소득등의 종합과세기준금액(이하 이 조에서 "종합과세기준금액"이라 한다.)을 초과하는 경우에는 그 거주자의 종합소득에 대한 개인지방소득세 산출세액은 다음 각 호의 금액 중 큰 금액으로 하고, 종합과세기준금액을 초과하지 않는 경우에는 제2호의 금액으로 한다. 이 경우 「소득세법」 제17조 제1항 제8호에 따른 배당소득이 있는 경우에는 그 배당소득금액은 이자소득등으로 보지 아니한다(법 §93 ② Ⅰ, Ⅱ).13)

1. 다음 각 목의 세액을 더한 금액
   가. 이자소득등의 금액 중 종합과세기준금액을 초과하는 금액과 이자소득등을 제외한 다른 종합소득금액을 더한 금액에 대한 개인지방소득세 산출세액
   나. 종합과세기준금액에 「소득세법」 제129조 제1항 제1호 라목의 세율의 100분의 10을 적용하여 계산한 세액. 다만, 조세특례제한법 제104조의27에 따른 배당소득이 있는 경우 그 배당소득에 대해서는 같은 조 제1항에 다른 세율의 100분의 10을 적용한다.

2. 다음 각 목의 세액을 합산한 금액
   가. 이자소득등에 대하여 「소득세법」 제129조 제1항 제1호·제2호 및 조세특례제한법 제104조의27 제1항의 세율의 100분의 10을 적용하여 계산한 세액. 다만, 「소득세법」 제127조에 따라 원천징수되지 아니하는 소득에 대해서는 「소득세법」 제129조 제1항 제1호 나목 또는 라목의 세율의 100분의 10을 적용한다.
   나. 이자소득등을 제외한 다른 종합소득금액에 대한 개인지방소득세 산출세액. 다만, 그 세액이 「소득세법」 제17조 제1항 제8호에 따른 배당소득에 대하여 「소득세법」 제129조 제1항 제1호 라목의 세율의 100분의 10을 적용하여 계산한 세액과 이자소득등 및 「소득세법」 제17조 제1항 제8호에 따른 배당소득을 제외한 다른 종합소득금액에 대한 개인지방소득세 산출세액을 합산한 금액(이하 이 목에서 "종합소득 비교세액"이라 한다.)에 미달하는 경우 종합소득 비교세액으로 한다.

---

13) 종합과세기준금액 : 소득세법 제62조 참조

3. 직장공제회 초과반환금에 대한 지방소득세 계산방법

「소득세법」 제16조 제1항 제10호에 따른 직장공제회 초과반환금(이하 이 조에서 "직장공제회 초과반환금"이라 한다.)에 대해서는 그 금액에서 「소득세법」 제63조 각 호의 금액을 순서대로 공제한 금액을 납입연수(1년 미만인 경우에는 1년으로 한다. 이하 같다.)로 나눈 금액에 제92조에 따른 세율을 적용하여 계산한 세액에 납입연수를 곱한 금액을 그 산출세액으로 한다(법 §93 ③).

이 규정을 적용할 때 직장공제회 초과반환금을 분할하여 지급하는 경우 그 계산은 소득세법 시행령 제120조에 따른다(영 §88의 2).

이 경우 "직장공제회"란 민법 제32조 또는 그 밖의 법률에 따라 설립된 공제회·공제조합(이와 유사한 단체를 포함한다)으로서 동일 직장이나 직종에 종사하는 근로자들의 생활안정, 복리증진 또는 상호부조 등을 목적으로 구성된 단체를 말하고, 초과반환금은 근로자가 퇴직하거나 탈퇴하여 그 규약에 따라 직장공제회로부터 받는 반환금에서 납입공제료를 뺀 금액을 말한다.14)

4. 부동산매매업을 영위하는 거주자의 주택 등 매매차익에 대한 세액계산

가. 대통령령으로 정하는 부동산매매업(이하 "부동산매매업"이라 한다.)을 (이 경우 부동산매매업은 소득세법 시행령 제122조 제1항, 제3항 및 제4항을 따른다.) 경영하는 거주자(이하 "부동산매매업자"라 한다.)로서 종합소득금액에 「소득세법」 제104조 제1항 제8호 및 제10호(다주택 및 미등기 양도자산 등)의 어느 하나에 해당하는 주택 또는 토지의 매매차익(이하 이 조에서 "주택등 매매차익"이라 한다.)이 있는 자의 종합소득에 대한 개인지방소득세 산출세액은 다음 각 호의 세액 중 많은 것으로 한다. 이 경우 부동산매매업자에 대한 주택등 매매차익(이 경우 "주택등 매매차익의 계산"은 소득세법 제122조 제2항을 따른다.)의 계산과 그 밖에 종합소득에 대한 개인지방소득세 산출세액의 계산에 필요한 사항은 대통령령으로 정한다(법 §93 ④ Ⅰ·Ⅱ).

① 종합소득에 대한 개인지방소득세 산출세액

② 다음 각 목에 따른 세액의 합계액

---

14) 소득세법 제63조 각 호의 규정
  1. 직장공제회 초과반환금의 100분의 40에 해당하는 금액
  2. 납입연수에 따라 정한 다음의 금액

납입연수	공제액
5년 이하	30만원 × 납입연수
5년 초과 10년 이하	150만원 + 50만원 × (납입연수 − 5년)
10년 초과 20년 이하	400만원 + 80만원 × (납입연수 − 10년)
20년 초과	1천200만원 + 120만원 × (납입연수 − 20년)

㉮ 주택등매매차익에 제103조의3에 따른 세율을 적용하여 산출한 세액의 합계액

㉯ 종합소득에 대한 개인지방소득세 과세표준에서 주택등매매차익의 해당 과세기간 합계액을 공제한 금액을 과세표준으로 하고 이에 제92조에 따른 세율을 적용하여 산출한 세액

나. 부동산매매업자가 「소득세법」 제69조 제1항에 따른 토지등 매매차익예정신고를 하는 경우에는 매매차익과 그 세액을 매매일이 속하는 달의 말일부터 2개월이 되는 날까지 대통령령으로 정하는 바에 따라 납세지 관할 지방자치단체의 장에게 신고하여야 한다. 토지등의 매매차익이 없거나 매매차손이 발생하였을 때에도 또한 같다(법 §93 ⑤).
이 규정에 의하여 토지등 매매차익예정신고를 하고자 하는 자는 행정자치부령으로 정하는 토지등 매매차익예정신고서를 납세지 관할 지방자치단체의 장에게 제출하여야 하고, 이때에는 법령에 정한 납부서를 납부하여야 한다(영 §90 ① ②).

다. 제5항에 따른 부동산매매업자의 토지등의 매매차익에 대한 산출세액은 「소득세법」 제97조를 준용하여 계산한 필요경비를 공제한 금액에 제103조의3에서 규정하는 세율을 곱하여 계산한 금액으로 한다. 다만, 토지등의 보유기간이 2년 미만인 경우에는 제103조의3 제1항 제2호 및 제3호에도 불구하고 같은 항 제1호에 따른 세율을 곱하여 계산한 금액으로 한다(법 §93 ⑥).

라. 부동산매매업자는 제6항에 따른 산출세액을 제5항에 따른 신고기한까지 대통령령으로 정하는 바에 따라 납세지 관할 지방자치단체에 납부하여야 한다(법 §93 ⑦).

마. 토지등의 매매차익에 대한 산출세액의 계산 및 결정·경정에 관하여는 제103조의6 제2항 및 제103조의9를 준용한다(법 §93 ⑧).

바. 제5항부터 제8항까지 토지등의 매매차익과 그 세액의 계산 등에 관하여 필요한 사항은 대통령령으로 정한다(법 §93 ⑨).
이 경우 "토지등의 매매차익"이라는 소득세법 시행령 제128조에 따라 계산한 금액을 말한다.[15]

---

[15] 소득세법 시행령 제128조
① 법 제69조 제3항에 따른 토지등의 매매차익은 그 매매가액에서 다음 각 호의 금액을 공제한 것으로 한다.
  1. 제163조 제1항 내지 제5항의 규정에 의하여 계산한 양도자산의 필요경비에 상당하는 금액
  2. 제75조의 규정에 의하여 계산한 당해 토지 등의 건설자금에 충당한 금액의 이자
  3. 토지 등의 매도로 인하여 법률에 의하여 지급하는 공과금
  4. 법 제95조 제2항의 규정에 의한 장기보유특별공제액
② 토지 등을 평가증하여 장부가액을 수정한 때에는 그 평가증을 하지 아니한 장부가액으로 매매차익을 계산한다.
③ 부동산매매업자는 토지 등과 기타의 자산을 함께 매매하는 경우에는 이를 구분하여 기장하고 공통되는 필요경비가 있는 경우에는 당해 자산의 가액에 따라 안분계산하여야 한다.

5. 분리과세 주택임대소득이 있는 거주자의 종합소득에 대한 개인지방소득세 세액 결정

가. 「소득세법」제14조 제3항 제7호의 분리과세 주택임대소득(이하 이 조에서 "분리과세 주택임대소득"이라 한다.)이 있는 거주자의 종합소득에 대한 개인지방소득세 결정세액은 다음 각 호의 세액 중 하나를 선택하여 적용한다(법 §93 ⑩ Ⅰ, Ⅱ). 이 규정은 2017.1.1. 이후 발생하는 소득분부터 적용한다.

① 「소득세법」제14조 제3항 제7호를 적용하기 전의 종합소득에 대한 개인지방소득세 결정세액

② 다음 각 목의 세액을 더한 금액

㉮ 분리과세 주택임대소득에 대한 사업소득금액에 1천분의 14를 곱하여 산출한 금액. 다만, 「조세특례제한법」제96조제1항에 해당하는 거주자가 같은 항에 따른 임대주택을 임대하는 경우에는 해당 임대사업에서 발생한 분리과세 주택임대소득에 대한 사업소득금액에 1천분의 14를 곱하여 산출한 금액에서 같은 항에 따라 감면받는 세액의 100분의 10을 차감한 금액

㉯ 가목 외의 종합소득에 대한 개인지방소득세 결정세액

나. 제10항제2호가목에 따른 분리과세 주택임대소득에 대한 사업소득금액은 총수입금액에서 필요경비(총수입금액의 100분의 50으로 한다)를 차감한 금액으로 하되, 분리과세 주택임대소득을 제외한 해당 과세기간의 종합소득금액이 2천만원 이하인 경우에는 추가로 200만원을 차감한 금액으로 한다. 다만, 대통령령으로 정하는 임대주택을 임대하는 경우에는 해당 임대사업에서 발생한 사업소득금액은 총수입금액에서 필요경비(총수입금액의 100분의 60으로 한다)를 차감한 금액으로 하되, 분리과세 주택임대소득을 제외한 해당 과세기간의 종합소득금액이 2천만원 이하인 경우에는 추가로 400만원을 차감한 금액(법 §93 ⑪).

다. 다음 각 호의 어느 하나에 해당하는 경우에는 그 사유가 발생한 날이 속하는 과세기간의 과세표준신고를 할 때 다음 각 호의 구분에 따른 금액을 개인지방소득세로 납부하여야 한다. 다만, 「민간임대주택에 관한 특별법」제6조제1항제11호에 해당하여 등록이 말소되는 경우 등 대통령령으로 정하는 경우에는 그러하지 아니하다.

㉮ 제10항제2호가목 단서에 따라 세액을 감면받은 사업자가 해당 임대주택을 4년(「민간임대주택에 관한 특별법」제2조제4호에 따른 공공지원민간임대주택 또는 같은 법 제2조제5호에 따른 장기일반민간임대주택의 경우에는 10년) 이상 임

대하지 아니하는 경우: 제10항제2호가목 단서에 따라 감면받은 세액
㈏ 제11항 단서를 적용하여 세액을 계산한 사업자가 해당 임대주택을 10년 이상 임대하지 아니하는 경우: 제11항 단서를 적용하지 아니하고 계산한 세액과 당초 신고한 세액과의 차액

라. 제12항 각 호에 따라 개인지방소득세를 납부하는 경우에는 「소득세법」 제64조의2제4항 본문에 따라 계산한 이자 상당 가산액의 100분의 10을 추가하여 납부하여야 한다. 다만, 대통령령으로 정하는 부득이한 사유가 있는 경우에는 그러하지 아니하다.

마. 분리과세 주택임대소득에 대한 종합소득 결정세액의 계산 및 임대주택 유형에 따른 사업소득금액의 산출방법 등에 필요한 사항은 대통령령으로 정한다.

이 경우 주택임대소득의 계산은 다음 각 호에 따른다.

㈎ 제1항을 적용할 때 과세기간 중 일부 기간 동안 등록임대주택을 임대한 경우 등록임대주택의 임대사업에서 발생하는 수입금액은 월수로 계산한다. 이 경우 해당 임대기간의 개시일 또는 종료일이 속하는 달의 등록임대주택을 임대한 기간이 15일 이상인 경우에는 1개월로 본다.

㈏ 해당 과세기간 중에 임대주택을 등록한 경우 주택임대소득금액은 다음의 계산식에 따라 계산한다.

> [등록한 기간에 발생한 수입금액 ×(1-0.6)]+[등록하지 않은 기간에 발생한 수입금 ×(1-0.5)]

㈐ 해당 과세기간 동안 등록임대주택과 등록임대주택이 아닌 주택에서 수입금액이 발생한 경우 법 제93조제11항에 따라 해당 과세기간의 종합소득금액이 2천만원 이하인 경우에 추가로 차감하는 금액은 다음의 계산식에 따라 계산한다.

> [(등록임대주택에서 발생한 수입금액 ÷총 주택임대수입금액)×400만원]+[(등록임대주택이 아닌 주택에서 발생한 수입금액 ÷총 주택임대수입금액)×200만원]

바. 제5항에 따라 부동산매매업자가 토지등의 매매차익(매매차익이 없는 경우와 매매차손을 포함한다)과 그 세액을 신고하는 경우에 납세지 관할 지방자치단체의 장 외의

지방자치단체의 장에게 신고한 경우에도 그 신고의 효력에는 영향이 없다.

사. 「소득세법」 제14조에 따라 거주자의 종합소득과세표준을 계산할 때 합산하지 아니하는 같은 법 제127조제1항제6호나목의 소득에 대한 개인지방소득세 결정세액은 같은 법 제21조제3항에 따라 계산한 해당 기타소득금액에 같은 법 제129조제1항제6호라목에 따른 세율의 100분의 10을 적용하여 계산한 금액으로 한다.

6. 개인 및 외국법인의 가상자산 소득에 대한 과세

「소득세법」 제14조에 따라 거주자의 종합소득과세표준을 계산할 때 합산하지 아니하는 같은 법 제127조제1항제6호나목의 소득에 대한 개인지방소득세 결정세액은 같은 법 제21조제3항에 따라 계산한 해당 기타소득금액에 같은 법 제129조제1항제6호라목에 따른 세율의 100분의 10을 적용하여 계산한 금액으로 한다(법 §93 ⑯).

열거주의를 채택하고 있는 소득세법 체계상 가상자산 소득에 대해서 열거되어 있지 않으므로 개인에 대해 과세되지 않으며, 법인세법 또한 외국법인의 과세대상 소득을 규정하는 조항에서 언급되지 않아 과세되지 않고 있는데 해외 주요국의 과세 사례, 다른 소득(예: 주식, 파생상품 등)과의 형평 등 고려 시 가상자산 소득에 대해 과세 필요성이 있어 가상자산을 양도하는 경우 가상자산에 대한 국제회계기준(가상자산을 통상적인 영업활동 차원에서 판매목적으로 보유하면 재고자산으로 처리하고, 그렇지 않으면 무형자산으로 처리, 2019년 6월), 현행 소득세 과세체계(상표권 등 무형자산에서 발생한 소득은 기타소득으로 과세 중) 등을 종합적으로 감안하여 기타소득으로 분류하고, 거래소득에 대해 종합과세 대상에서 제외하고 별도의 세율인 2%로 과세하며, 과세표준은 아래 계산식에 의하며, 가상자산 소득금액이 연간 250만원 이하인 경우 비과세한다.

> 가상자산 소득금액 = 양도대가(시가) − (취득가액+부대비용)

가상자산 소득에 대한 과세는 거주자의 경우 종합과세 대상에서 제외하여 별도로 분리과세(원천징수하지 않음)하고 납세의무자는 가상자산 거래소득을 연 1회 신고·납부하고, 비거주자 외국법인의 경우 국내원천 기타소득으로 과세하고 특별징수의무자는 소득을 지급하는 자(가상자산 사업자를 통하여 양도·대여·인출 시 가상자산사업자)가 특별징수하며, 그 특별징수 세액은 양도가액×1%와 (양도가액−취득가액 등)×2% 중 적은 금액으로 한다.

> **사례**
>
> ❖ **가상자산에 대한 재산적 가치**
>
> 비트코인은 예정된 발행량이 정해져 있고 경제적인 가치를 디지털로 표상하여 전자적으로 이전, 저장 및 거래가 가능하도록 한 가상화폐로서 무한정 생성·복제·거래될 수 있는 디지털 데이터와는 차별되고 게임머니도 부가가치세법상 재화에 해당(2011두30281) 하므로 물리적 실체가 없이 전자화된 파일의 형태로 되어있다는 사정만으로 재산적 가치가 인정되지 않는다고 단정할 수 없음. 현재 비트코인은 거래소를 통해 일정한 교환비율에 따라 법정화폐로 환전하는 것이 가능하고 현실적으로 비트코인에 일정한 경제적 가치를 부여하는 것을 전제로 하는 다양한 경제활동이 이루어지고 있음
>
> (대법 2018도3619, 2018.5.30.)

제94조 │ 세액공제 및 세액감면

종합소득 또는 퇴직소득에 대한 개인지방소득세의 세액공제 및 세액감면에 관한 사항은 「지방세특례제한법」(제3장 지방소득세 특례)에서 정한다. 다만, 종합소득 또는 퇴직소득에 대한 개인지방소득세의 공제세액 또는 감면세액이 산출세액을 초과하는 경우에는 그 초과금액은 없는 것으로 한다(법 §94).

이 경우 "세액공제"란 세법상 특정한 요건을 충족한 납세의무자에 대하여 일정한 금액을 산출세액에서 공제함으로써 해당 세액의 납부를 면제하는 것을 말하며, 그간 과세표준이 없거나 결손금액이 있는 경우에도 확정신고를 해야하나, 종합소득에 대한 개인지방소득세는 관련 규정 미비하여 종합소득에 대한 개인지방소득세의 과세표준이 없거나 결손금액이 있는 경우에도 국세와 동일하게 확정신고를 하도록 관련 규정 보완하였다.

제95조 │ 과세표준 및 세액의 확정신고와 납부

① 거주자가 「소득세법」에 따라 종합소득 또는 퇴직소득에 대한 과세표준확정신고를 하는 경우에는 해당 신고기한까지 종합소득 또는 퇴직소득에 대한 개인지방소득세 과세표준과 세액을 대통령령으로 정하는 바에 따라 납세지 관할 지방자치단체의 장에게 확정신고·납부하여야 한다. 이 경우 거주자가 종합소득 또는 퇴직소득에 대한 개인지방

소득세 과세표준과 세액을 납세지 관할 지방자치단체의 장 외의 지방자치단체의 장에게 신고한 경우에도 그 신고의 효력에는 영향이 없다(법 §95 ①).

이 규정에 따라 확정신고·납부를 하려는 자는 행정자치부령이 정하는 종합소득 또는 퇴직소득에 대한 개인지방소득세 과세표준확정신고 및 납부계산서와 첨부서류를 납세지 관할 지방자치단체의 장에게 제출하여야 하며, 이에 따라 종합소득 또는 퇴직소득에 대한 개인지방소득세를 납부하려는 때에는 행정자치부령으로 정하는 납부서로 납부하여야 한다(영 §92 ① ②).

② 제1항은 해당 과세기간 동안 종합소득 또는 퇴직소득에 대한 개인지방소득세 과세표준이 없거나 종합소득에 대한 결손금액이 있는 때에도 적용한다. 다만, 제103조의13에 따라 퇴직소득에 대한 개인지방소득세를 납부한 자에 대하여는 그러하지 아니하다(법 §95 ②).

③ 제1항에 따른 확정신고·납부를 할 때에는 해당 과세기간의 종합소득 또는 퇴직소득에 대한 개인지방소득세 산출세액에서 해당 과세기간의 다음 각 호의 세액을 공제하고 납세지 관할 지방자치단체에 납부한다(법 §95 ③).

1. 제93조 제5항부터 제8항까지에 따른 토지등 매매차익예정신고 산출세액 또는 그 결정·경정한 세액
2. 제94조에 따른 공제·감면세액
3. 제98조에 따른 수시부과세액
4. 제103조의13에 따른 특별징수세액
5. 제103조의17에 따른 납세조합의 징수세액

④ 제3항에 따라 납부할 세액이 100만원을 초과하는 자는 대통령령이 정하는 바에 따라 납부할 세액의 일부를 납부기한이 지난 후 2개월이내에 분납할 수 있다(법 §95 ④).

⑤ 제1항에도 불구하고 납세지 관할 지방자치단체의 장은 소규모사업자 등 대통령령으로 정하는 거주자에게 제1항에 따른 과세표준과 세액을 기재한 행정안전부령으로 정하는 납부서(이하 이 조에서 "납부서"라 한다)를 발송할 수 있다(법 §95 ⑤).

이 경우 "소규모사업자 등 대통령령으로 정하는 거주자"란 「소득세법」 제70조에 따른 종합소득 과세표준확정신고를 위하여 과세표준, 세액 등이 임시 산정된 과세표준확정신고 및 납부계산서를 국세청장으로부터 송달받은 자를 말한다(영 §92③).

⑥ 제5항에 따라 납부서를 받은 자가 납부서에 기재된 세액을 신고기한까지 납부한 경우에는 제1항에 따라 확정신고를 하고 납부한 것으로 본다(법 §95 ⑥).

1. 총설

지방소득세는 납세의무자가 종합소득분 및 퇴직소득분 개인지방소득 과세표준과 세액을 신고함에 따라 납세의무가 확정되는 방식의 조세이다.

그러므로 과세기간이 종료한 후 법정기간 내에 하는 과세표준신고를 확정신고라 한다.

2. 과세표준의 확정신고와 납부

거주자가 「소득세법」에 따라 종합소득 또는 퇴직소득에 대한 과세표준확정신고를 하는 경우에는 해당 신고기한(그 과세기간의 다음연도 5월 1일부터 5월 31일까지)까지 종합소득 또는 퇴직소득에 대한 개인지방소득세 과세표준과 세액을 대통령령으로 정하는 바에 따라 납세지 관할 지방자치단체의 장에게 확정신고하고 납부하여야 한다(법 §95 ①).

이 규정에 따라 확정신고·납부를 하려는 자는 행정자치부령이 정하는 종합소득 또는 퇴직소득에 대한 개인지방소득세 과세표준확정신고 및 납부계산서와 첨부서류를 납세지 관할 지방자치단체의 장에게 제출하여야 하며, 이에 따라 종합소득 또는 퇴직소득에 대한 개인지방소득세를 납부하려는 때에는 행정자치부령으로 정하는 납서로 납부하여야 한다(영 §92 ① ②).

이 경우 해당 과세기간 동안 퇴직소득에 대한 개인지방소득세 과세표준이 없거나 결손금액이 있는 때에도 적용한다. 다만, 제103조의13에 따라 퇴직소득에 대한 개인지방소득세를 납부한 자에 대하여는 그러하지 아니하다(법 §95 ②).

그리고 위와 같이 확정신고·납부를 할 때에는 해당 과세기간의 종합소득 및 퇴직소득에 대한 개인지방소득세 산출세액에서 해당 과세기간의 ① 제93조 제5항부터 제8항까지에 따른 토지등 매매차익예정신고 산출세액 또는 그 결정·경정한 세액, ② 제94조에 따른 공제·감면세액, ③ 제98조에 따른 수시부과세액, ④ 제103조의13에 따른 특별징수세액, ⑤ 제103조의17에 따른 납세조합의 징수세액은 공제하고 납세지 관할 지방자치단체에 납부한다(법 §95 ③).

거주자에게 납세지 관할 지방자치단체의 장은 소규모사업자 등 대통령령으로 정하는 거주자에게 제1항에 따른 과세표준과 세액을 기재한 행정안전부령으로 정하는 납부서(이하 이 조에서 "납부서"라 한다)를 발송할 수 있으며(법 §95 ④) 납부서를 받은 자가 납부서에 기재된 세액을 신고기한까지 납부한 경우에는 제1항에 따라 확정신고를 하고 납부한 것으로 본다(법 §95 ⑤).

이 경우 "소규모사업자 등 대통령령으로 정하는 거주자"란 「소득세법 시행령」 제143조 제4항에 따른 단순경비율 적용대상자로서 부동산임대업에서 발생한 사업소득 또는 부동산

임대업 외의 업종에서 발생한 사업소득만 있는 사업자를 말한다(영 §92 ③).

이 규정은 현재 국세청에서는 신고에 어려움이 있는 소규모사업자에 대해, 소득세(국세)·개인지방소득세(지방세)의 세액까지 모두 기재된 모두채움신고서(모두채움신고서상 세액의 변경이 없는 경우 ARS신고, 우편신고, 전자신고)를 일괄 제작·발송 중에 있어 2020년 개인지방소득세 지자체신고 전환시, 소규모사업자에 대해 개인지방소득세도 모두채움신고서 등 신고 편의 제공 필요하고 신고창구 방문민원의 대부분을 차지하는 소규모 사업자가 60%이상을 차지하고 있어 각 지자체는 소규모사업자에게 개인지방소득세 신고 안내시 납부할 세액까지 기재한 신고서와 납부서를 제작·발송하고, 납세자가 세액의 수정 사항이 없어 동 신고납부서로 납부하는 경우, 종합소득에 대한 개인지방소득세를 신고한 것으로 간주하는 것이다. 이 경우 신고 간소화 적용대상인 소규모 납세자란 직전년도 수입금액이 업종별로 2천4백만원~6천만원 미만 단순경비율 적용 대상자(18년 기준 228만명)로써, 소득세법 시행규칙 제40호서식(4)호에 따라 국세청에서 모두채움신고서를 발송하는 납세자이며 아울러, 새로이 과세로 전환된 종교인과 주택임대소득자도 국세와 동일하게 적용대상자에 해당된다.

※ 소득세법 상 단순경비율 적용 대상자	
업 종 별	직전연도 수입금액
1. 농업 및 임업, 어업, 광업, 도매업 및 소매업(상품중개업 제외), 부동산매매업, 아래 2와 3에 해당하지 아니하는 사업	6천만원 미만자
2. 제조업, 숙박 및 음식점업, 전기·가스·증기 및 수도사업, 하수·폐기물처리·원료재생 및 환경복원업, 건설업(비주거용 건설업은 제외, 주거용 건물 개발 및 공급업 포함), 운수업, 출판·영상·방송통신 및 정보서비스업, 금융 및 보험업, 상품중개업	3천6백만원 미만자
3. 법 제45조 제2항에 따른 부동산임대업, 부동산관련 서비스업, 전문·과학 및 기술서비스업, 임대업(부동산임대업 제외), 사업시설관리 및 사업지원서비스업, 교육서비스업, 보건업 및 사회복지서비스업, 예술·스포츠 및 여가 관련 서비스업, 협회 및 단체, 수리 및 기타 개인서비스업, 가구내 고용활동	2천4백만원 미만자

제96조 | 수정신고 등

① 제95조에 따른 개인지방소득세 확정신고를 한 거주자가 「국세기본법」 제45조 및 제45조의2에 따라 「소득세법」에 따른 신고내용에 대하여 수정신고 또는 경정 등의 청구를 할 때에는 대통령령으로 정하는 바에 따라 납세지를 관할하는 지방자치단체의 장에게 「지방세기본법」 제49조 및 제50조에 따른 수정신고 또는 경정 등의 청구를 하여야 한다. 이 경우 거주자가 납세지를 관할하는 지방자치단체의 장 외의 지방자치단체의 장에게 「지방세기본법」 제49조 및 제50조에 따른 수정신고 또는 경정 등의 청구를 한 경우에도 그 신고 또는 청구의 효력에는 영향이 없다.(법 §96 ①).

이 경우 거주자가 수정신고를 할 때에는 수정신고와 함께 소득세의 수정신고 내용을 입증하는 서류를 관할 지방자치단체의 장에게 제출하여야 한다(영 §93 ①).

② (삭제)

③ 제1항에 따른 수정신고를 통하여 추가납부세액이 발생하는 경우에는 이를 납부하여야 한다(법 §96 ③).

이 경우 2020년부터 개인지방소득세는 납세지 관할 지자체에 관계없이 신고기한 내에 지자체에 접수된 신고서는 정상 신고로 처리될 수 있도록, 全 지방자치단체의 장에게 무관할 신고접수 가능 규정 신설하여 납세지 착오 신고시, 관할 지자체의 부과 전까지 수정신고가 가능하고, 이 경우 가산세를 감면토록 하는 규정은 삭제하였다.

그리고 이 규정에 따른 수정신고를 통하여 추가납부세액이 발행하는 경우에는 행정자치부령으로 정하는 납부서로 납부하여야 한다(영 §93 ②).

④ (삭제)

1. 수정신고

상기 제95조에 따른 개인지방소득세 확정신고를 한 거주자가 「국세기본법」 제45조에 따라 「소득세법」에 따른 신고내용을 수정신고할 때에는 대통령령으로 정하는 바에 따라 납세지를 관할하는 지방자치단체의 장에게 「지방세기본법」 제50조에 따른 수정신고를 하여야 한다(법 §96 ①).

이 경우 거주자가 수정신고를 할 때에는 수정신고와 함께 소득세의 수정신고 내용을 입증하는 서류를 관할 지방자치단체의 장에게 제출하여야 한다(영 §93 ①).

여기에서 "납세의무자가 국세기본법에 따라 소득세법에 따른 신고내용을 수정신고할 때"란 소득세의 과세표준신고서를 법정신고기한까지 제출한 자(소득세법 제73조 제1항 제1호부터 제7호까지의 어느 하나에 해당하는 자를 포함한다)는 ① 과세표준신고서에 기재된 과세표준 및 세액이 세법에 따라 신고하여야 할 과세표준 및 세액에 미치지 못할 때, ② 과세표준신고서에 기재된 결손금액 또는 환급세액이 세법에 따라 신고하여야 할 결손금액이나 환급세액을 초과할 때, ③ ① 및 ② 외에 원천징수의무자의 정산 과정에서의 누락, 세무조정 과정에서의 누락 등 대통령령으로 정하는 사유로 불완전한 신고를 하였을 때에는 관할 관할세무서장이 각 세법에 따라 해당 국세의 과세표준과 세액을 결정 또는 경정하여 통지하기 전에 제26조의2 제1항(부과의 제척기간)에 따른 기간이 끝나기 전까지 과세표준신고서를 제출하는 때를 말한다(국기법 §45 ①).

2. 경정청구 등과 환급가산금

제95조에 따라 확정신고를 한 거주자가 신고납부한 개인지방소득세의 납세지에 오류가 있음을 발견하였을 때에는 제97조에 따라 지방자치단체의 장이 보통징수의 방법으로 부과고지를 하기 전까지 관할 지방자치단체의 장에게 「지방세기본법」 제50조 및 제51조에 따른 수정신고납부 또는 경정 등의 청구를 할 수 있으며, 이 경우 위와 같은 수정신고를 통하여 추가납부세액이 발생하는 경우에는 이를 납부하여야 한다.(법 §96 ③).

이 경우 2020년부터 개인지방소득세는 납세지 관할 지자체에 관계없이 신고기한 내에 지자체에 접수된 신고서는 정상 신고로 처리될 수 있도록, 全 지방자치단체의 장에게 무관할 신고접수 가능 규정 신설하여 납세지 착오 신고시, 관할 지자체의 부과 전까지 수정신고가 가능하고, 이 경우 가산세를 감면토록 하는 규정은 삭제하였다.

그리고 법 제2항에 따른 수정신고를 통하여 추가납부 세액이 발생하는 경우에는 행정자치부령으로 정하는 납부서로 납부하여야 한다(영 §93 ②).

제97조 | 결정과 경정

① 납세지 관할 지방자치단체의 장은 거주자가 제95조에 따른 신고를 하지 아니하거나 신고 내용에 오류 또는 누락이 있는 경우에는 해당 과세기간의 과세표준과 세액을 결정 또는 경정한다(법 §97 ①).

② 납세지 관할 지방자치단체의 장은 개인지방소득세의 과세표준과 세액을 결정 또는 경정한 후 그 결정 또는 경정에 오류나 누락이 있는 것을 발견한 경우에는 즉시 이를 다시 경정한다(법 §97 ②).

③ 납세지 관할 지방자치단체의 장은 제1항과 제2항에 따라 개인지방소득세의 과세표준과 세액을 결정 또는 경정하는 경우에는 소득세법에 따라 납세지 관할 세무서장 또는 관할 지방국세청장이 결정 또는 경정한 자료, 장부나 그 밖의 증명서류를 근거로 하여야 한다. 다만, 대통령령으로 정하는 사유로 장부나 그 밖의 증명서류에 의하여 소득금액을 계산할 수 없는 경우에는 대통령령으로 정하는 바에 따라 추계(推計)할 수 있다(법 §97 ③).

위 규정에 따른 과세표준과 세액의 결정 또는 경정은 「소득세법」에 따라 납세지 관할 세무서장 또는 관할 지방국세청장이 결정 또는 경정한 자료, 과세표준확정신고서 및 그 첨부서류에 의하거나 실지조사(實地調査)에 따름을 원칙으로 한다(영 §94 ①).

위 규정 단서에서 "대통령령으로 정하는 사유"란 「소득세법 시행령」 제143조 제1항 각 호의 어느 하나에 해당하는 경우를 말한다(영 §94 ②).

그리고 위 규정 단서에 따른 소득금액을 추계하여 결정하거나 경정하는 경우는 「소득세법 시행령」 제143조 제2항·제3항·제9항, 제144조 및 제145조 제2항에서 정한 방법에 따른다(영 §94 ③).

④ 지방자치단체의 장이 개인지방소득세의 과세표준과 세액을 결정 또는 경정한 때에는 그 내용을 해당 거주자에게 대통령령으로 정하는 바에 따라 서면으로 통지하여야 한다(법 §97 ④).

이 규정에 따른 서면통지 등은 먼저 납세지 관할 지방자치단체의 장이 법 제97조 제4항의 규정에 따라 과세표준과 세액을 통지하고자 하는 때에는 과세표준과 세율·세액 기타 필요한 사항을 서면으로 통지하여야 한다. 이 경우 납부할 세액이 없는 때에도 또한 같다(영 §95 ①).

또한, 납세지 관할 지방자치단체의 장이 피상속인의 소득금액에 대한 개인지방소득세를 2인 이상의 상속인에게 과세하는 경우에는 과세표준과 세액을 지분에 따라 배분하여 상속인별로 각각 통지하여야 한다(영 §95 ②).

1. 결정과 경정 및 재경정

거주자가 제95조에 따른 신고를 하지 아니하거나 신고 내용에 오류 또는 누락이 있는 경우에는 납세지 관할 지방자치단체의 장은 해당 과세기간의 과세표준과 세액을 결정 또는 경정하고, 이 결정 또는 경정을 한 후 그 결정 또는 경정에 오류 등을 발견하면 즉시 이를 다시 경정한다.

그런데 소득세의 납세의무는 과세기간의 종료일에 성립하나(추상적 납세의무), 구체적으로 납세의무가 확정되는 것은 납세의무자의 과세표준 확정신고에 따라 비로소 확립되는 것이다.

그러나 납세자가 불성실하여 자기부과와 세액의 자진납부를 제대로 이행하지 아니하거나 신고한 내용에 오류 또는 누락이 있는 때에는 부득이 과세관청이 이를 조사하여 과세표준과 세액을 확정 또는 경정할 수밖에 없다.

이 규정에 의한 과세표준과 세액의 결정 또는 경정은 「소득세법」에 따라 납세지 관할 세무서장 또는 관할 지방국세청장이 결정 또는 경정한 자료, 과세표준확정신고서 및 그 첨부서류에 의하거나 실지조사에 따름을 원칙으로 한다(영 §94 ①).

2. 결정, 경정의 자료 등의 근거서류의 통지 등

납세지 관할 지방자치단체의 장은 제1항과 제2항에 따라 개인지방소득세의 과세표준과 세액을 결정 또는 경정하는 경우에는 소득세법에 따라 납세지 관할 세무서장 또는 관할 지방국세청장이 결정 또는 경정한 자료, 장부나 그 밖의 증명서류를 근거로 하여야 한다.

다만, 대통령령으로 정하는 사유로 장부나 그 밖의 증빙서류에 의하여 소득금액을 계산할 수 없는 경우에는 대통령령으로 정하는 바에 따라 추계할 수 있다.

그리고 지방자치단체의 장이 개인지방소득세의 과세표준과 세액을 결정 또는 경정한 때에는 그 내용을 해당 거주자에게 서면으로 통지하여야 한다.

이 규정 단서에서 "대통령령으로 정하는 사유"란 다음 각 호의 어느 하나(소득세법 시행령 §143 ① 각호)에 해당하는 경우를 말한다(영 §94 ②).

① 과세표준을 계산함에 있어서 필요한 장부와 증빙서류가 없거나 중요한 부분이 미비 또는 허위인 경우 ② 기장의 내용이 시설규모·종업원수·원자재·상품 또는 제품의 시가·각종 요금 등에 비추어 허위임이 명백한 경우 ③ 기장의 내용이 원자재사용량·전력사용량 기타 조업상황에 비추어 허위임이 명백한 경우 그리고 이 규정 단서에 따라 소득금액의 추계결정 또는 경정을 하는 경우 소득세법 시행령 제143조 제2항·제3항·제9항·제144조 및 제145조 제2항에서 정한 방법에 따른다(영 §94 ③).

그리고 지방자치단체의 장이 개인지방소득세의 과세표준과 세액을 결정 또는 경정한 때에는 그 내용을 해당 거주자에게 서면으로 통지하여야 하며, 이때에는 과세표준과 세율·세액, 그 밖에 필요한 사항을 통지하여야 하고 납부세액이 없을 때에도 또한 같다. 또한 납세지 관할 지방자치단체의 장은 피상속인의 소득금액에 대한 개인지방소득세를 2명 이상의 상속인에게 과세하는 경우에는 과세표준과 세액을 그 지분에 따라 배분하여 상속인별로 통지하여야 한다(영 §95 ①·②).

제98조 수시부과결정

① 납세지 관할 지방자치단체의 장은 거주자가 과세기간 중에 다음 각 호의 어느 하나에 해당하면 수시로 그 거주자에 대한 개인지방소득세를 부과(이하 이 조에서 "수시부과"라 한다.)할 수 있다(법 §98 ① Ⅰ·Ⅱ).
  1. 사업부진이나 그 밖의 사유로 장기간 휴업 또는 폐업 상태에 있는 때로서 개인지방소득세를 포탈(逋脫)할 우려가 있다고 인정되는 경우
  2. 그 밖에 조세를 포탈할 우려가 있다고 인정되는 상당한 이유가 있는 경우
② 제1항은 해당 과세기간 개시일부터 수시부과사유가 발생한 날까지를 수시부과기간으로 하여 적용한다. 이 경우 수시부과사유가 제95조에 따른 신고기한 이전에 발생한 경우로서 거주자가 직전 과세기간에 대하여 과세표준확정신고를 하지 아니한 경우에는 직전 과세기간을 수시부과기간에 포함한다(법 §98 ②).
③ 제1항에 따라 개인지방소득세를 수시부과하는 경우 해당 세액에 대하여는 「지방세기본법」 제53조 및 제54조를 적용하지 아니한다(법 §98 ③).
④ 제1항 및 제2항에 따른 수시부과에 필요한 사항은 대통령령으로 정한다(법 §98 ④).
납세지 관할 지방자치단체의 장은 이 규정에 의한 과세표준 및 세액의 결정을 지방세법 시행령 제94조 제1항을 준용하고, 사업자가 주한국제연합군 또는 외국기관으로부터 수입금액을 외국환은행을 통하여 외환증서 또는 원화로 영수할 때에는 이 규정에 의하여 그 영수할 금액에 대하여 과세표준 및 세액을 결정할 수 있으며, 수시부과에 있어서 그 세액 계산에 필요한 사항은 행정자치부령으로 정한다(영 §96 ①~③).

소득세는 원칙적으로 당해 연도 1년분의 소득에 대한 과세표준을 다음 연도 5월 1일부터 5월 31일까지 확정신고를 하고 자진납부를 하게 되어 있으나, 거주자가 사업부진 그 밖의 사유로 장기간 휴업 또는 폐업 상태에 있는 때로서 소득세 포탈의 우려가 있다고 인정되는 경우와 그 밖에 조세를 포탈할 우려가 있다고 인정되는 상당한 이유가 있는 경우에도 그 사유가 발생한 때에 수시로 소득세를 부과할 수 있다(소법 §82 ①).

수시부과처분은 통상의 납세의무가 성립하기 전에 미리 그 수시부과할 사유가 발생한 때까지의 소득에 대해 부과하는 것으로서 수시부과에 의하여 결정된 과세표준은 과세연도 종료 후의 신고와 결정에 의한 과세표준에 통산되는 것이므로, 수시부과처분이 있었거나 그 수시부과할 사유가 있는 경우라고 하여 납세의무자의 확정신고의무가 면제되는 것은 아니다. 따라서 납세의무자의 폐업신고일을 소득세부과처분 제척기간의 기산일로 볼 수 없다(대법 93누10330, 1994.12.13.).

제99조 가산세

① 「소득세법」 제81조, 제81조의2부터 제81조의14까지의 규정에 따라 소득세 결정세액에 가산세를 더하는 경우에는 그 더하는 금액의 100분의 10에 해당하는 금액을 개인지방소득세 결정세액에 더한다. 다만, 「소득세법」 제81조의5에 따라 더해지는 가산세의 100분의 10에 해당하는 개인지방소득세 가산세와 「지방세기본법」 제53조 또는 제54조에 따른 가산세가 동시에 적용되는 경우에는 그 중 큰 가산세액만 적용하고, 가산세액이 같은 경우에는 「지방세기본법」 제53조 또는 제54조에 따른 가산세만 적용한다(법 §99 ①).

이 가산세 규정은 당초에는 지방소득세도 국세와 과세표준을 공유하고 있어 가산세도 동일한 사항에 대해 개별조항으로 규정하고 있어서 가산세 적용시 납세의무자나 과세권자 모두 이를 일일이 확인 후 적용해야하고, 국세법령 개정 때마다 이를 지방세법령에 반영해야하는 번거로움도 발생하므로 과세의 편리성 등을 감안하여 가산세 사항은 1개의 조항으로 통합하되 그 수준은 현행과 같이 국세 소득세 가산세의 10% 수준으로 하고 2015.5.1. 이후 신고하는 분부터 적용토록 하였다.

그리고 소득세법 제81조에 따라 더해지는 가산세의 100분의 10에 해당하는 개인지방소득세 가산세와 지방세기본법 제53조의2 또는 제53조의3에 따른 가산세가 동시에 적용되는 경우에는 그 중 큰 가산세액만 적용하고, 가산세액이 같은 경우에는 지방세기본법 제53조의2 또는 제53조의3에 따른 가산세만 적용한다.

② 「소득세법」 제70조제4항 각 호 외의 부분 후단에 따라 종합소득 과세표준확정신고를 하지 아니한 것으로 보는 경우에 해당하여 가산세 부과대상이 되는 때에는 이 법 제95조에 따른 종합소득에 대한 개인지방소득세 과세표준확정신고를 하지 아니한 것으로 본다(법 §99 ②).

이 경우 종합소득 과세표준확정신고를 할 때에는 그 신고서에 다음 각 호의 서류를 첨부하여 납세지 관할 세무서장에게 제출하여야 한다. 이 경우 제160조제3항에 따른 복식부기의무자가 제3호에 따른 서류를 제출하지 아니한 경우에는 종합소득 과세표준확정신고를 하지 아니한 것으로 본다(소법 §70 ④ Ⅰ~Ⅵ)..

1. 인적공제, 연금보험료공제, 주택담보노후연금 이자비용공제, 특별소득공제, 자녀세액공제, 연금계좌세액공제 및 특별세액공제 대상임을 증명하는 서류로서 대통령령으로 정하는 것
2. 종합소득금액 계산의 기초가 된 총수입금액과 필요경비의 계산에 필요한 서류로서 대

통령령으로 정하는 것
3. 사업소득금액을 제160조 및 제161조에 따라 비치·기록된 장부와 증명서류에 의하여 계산한 경우에는 기업회계기준을 준용하여 작성한 재무상태표·손익계산서와 그 부속서류, 합계잔액시산표(合計殘額試算表) 및 대통령령으로 정하는 바에 따라 작성한 조정계산서. 다만, 제160조제2항에 따라 기장(記帳)을 한 사업자의 경우에는 기획재정부령으로 정하는 간편장부소득금액 계산서
4. 제28조부터 제32조까지의 규정에 따라 필요경비를 산입한 경우에는 그 명세서
5. 사업자(대통령령으로 정하는 소규모사업자는 제외한다)가 사업과 관련하여 다른 사업자(법인을 포함한다)로부터 재화 또는 용역을 공급받고 제160조의2제2항 각 호의 어느 하나에 해당하는 증명서류 외의 것으로 증명을 받은 경우에는 대통령령으로 정하는 영수증 수취명세서(이하 "영수증 수취명세서"라 한다)
6. 사업소득금액을 제160조 및 제161조에 따라 비치·기록한 장부와 증명서류에 의하여 계산하지 아니한 경우에는 기획재정부령으로 정하는 추계소득금액 계산서

제100조 | 징수와 환급

① 납세지를 관할하는 지방자치단체의 장은 거주자가 제95조에 따라 해당 과세기간의 개인지방소득세로 납부하여야 할 세액의 전부 또는 일부를 납부하지 아니한 경우에는 그 미납된 부분의 개인지방소득세 세액을 「지방세기본법」 및 「지방세징수법」에 따라 징수한다(법 §100 ①).

② 납세지를 관할하는 지방자치단체의 장은 제98조에 따라 수시부과하거나 제103조의13에 따른 특별징수한 세액이 개인지방소득세 총결정세액을 초과하는 경우에는 「지방세기본법」 제60조에 따라 이를 환급하거나 지방세에 충당하는 등의 조치를 취하여야 한다(법 §100 ②).

이 경우 지방소득세는 거주자가 확정신고를 하고 납부하는 제도이나 해당 과세기관의 지방소득세로 납부하여야 할 세액의 전부 또는 일부를 납부하지 아니한 때에는 지방세기본법에 따른 방법으로 징수한다.

이 경우 지방소득세의 환급금은 법 제89조에 따른 납세지를 관할하는 지방자치단체에서 환급하거나 충당해야 한다(영 §100의34). 그리고 수시부과 및 특별징수한 세액이 지방소득세 총 결정세액을 초과하는 세액이 있을 때에는 이를 지방자치단체의 다른 징수금에 충당하거나 환급하여야 한다.

제101조 결손금소급공제에 따른 환급

① 거주자가 「소득세법」 제85조의2에 따라 결손금소급공제에 의한 환급을 신청하는 경우 해당 이월결손금에 대하여 직전 과세기간 사업소득에 부과된 개인지방소득세액을 한도로 대통령령으로 정하는 바에 따라 계산한 금액(이하 이 조에서 "결손금 소급공제세액"이라 한다)을 환급신청할 수 있다. 다만, 2021년 12월 31일이 속하는 과세기간에 이월결손금이 발생한 경우로서 「조세특례제한법」 제8조의4에 따라 환급신청을 하는 경우에는 직전 과세기간과 직전전 과세기간의 사업소득에 부과된 개인지방소득세액을 한도로 결손금 소급공제세액을 환급신청할 수 있다(법 §101 ① Ⅰ~Ⅱ).

이 규정은 중소기업을 경영하는 거주자가 사업소득을 계산 시 결손금(세법상 비용이 수익을 초과하는 경우 비용에서 수익을 차감한 금액)이 발생한 경우 소급공제 하여 직전 과세기간의 종합소득세액을 환급하는 제도로서 공제요건은 ① 중소기업의 사업소득금액을 계산함에 있어 결손금이 발생할 것 ② 직전 과세기간 및 해당 과세기간의 과세표준을 신고기한 내 신고 할 것 ③ 해당 과세기간의 과세표준 신고 시 결손금소급공제 세액환급신청서를 제출을 요건으로 하고 있다

※ (중소기업의 범위) 연간 매출액 기준으로 구분, 중소기업기본법 시행령 규정 [별표 1]
① 1,500억원 이하 : 의복, 모피, 1차금속, 전기장비, 가구 등 제조업
② 1,000억원 이하 : 농・임・어업, 광업, 식료품, 담배, 섬유, 목재 등 제조업
③   800억원 이하 : 의약품, 음료, 의료・정밀・광학기기 등 제조업
④   600억원 이하 : 과학・보건・사회복지・예술・스포츠 등 서비스업
⑤   400억원 이하 : 숙박・음식점업, 부동산・임대, 금융・보험업

그리고 2021년 12월 31일이 속하는 과세연도에 발생한 결손금에 대해 직전 2개 과세연도에 납부한 지방소득세액을 한도로 결손금 소급공제 환급신청을 할 수 있도록 소급공제 적용기간 확대한 것이다

이 경우 "대통령령으로 정하는 바에 따라 계산한 금액"이란 다음 제1호의 금액에서 제2호의 금액을 뺀 것(이하 "결손금 소급공제세액"이라 한다)을 말한다(영 §98 ① Ⅰ, Ⅱ).

1. 직전 과세기간의 당해 중소기업의 종합소득에 대한 개인지방소득세 산출세액
2. 직전 과세기간의 종합소득에 대한 개인지방소득세 과세표준에서 「소득세법」 제45조 제3항의 이월결손금으로서 같은 법 제85조의2에 따라 소급공제를 받은 금액(직전 과세기간의 종합소득에 대한 개인지방소득 과세표준을 한도로 한다.)을 뺀 금액에 직전 과세기간의 세율을 적용하여 계산한 해당 중소기업에 대한 종합소득에 대한 개인지방소득 산출세액

그리고 제1항 단서에 따라 결손금소급공제세액을 환급신청하는 경우 제1항 및 제7항을 적용할 때에는 "직전 과세기간"은 각각 "직전 또는 직전전 과세기간"으로, "같은 법 제85조의2"는 "「조세특례제한법」 제8조의4"로 보며, 직전 과세기간과 직전전 과세기간의 개인지방소득세 산출세액이 모두 있는 경우에는 직전전 과세기간의 과세표준에서 결손금을 먼저 공제한다(영 §98 ②).

② 결손금 소급공제세액을 환급받으려는 자는 제95조에 따른 과세표준확정신고기한까지 대통령령으로 정하는 바에 따라 납세지 관할 지방자치단체의 장에게 환급을 신청하여야 한다. 다만, 거주자가 납세지 관할 세무서장 또는 지방국세청장에게 「소득세법」 제85조의2 및 「조세특례제한법」 제8조의4에 따른 결손금소급공제 환급을 신청한 경우에는 제1항에 따른 환급을 신청한 것으로 보며, 이 경우 환급가산금의 기산일은 대통령령으로 정한다(법 §101 ②).

위 규정에 따라 결손금소급공제세액을 환급받으려는 자는 행정안전부령으로 정하는 결손금소급공제세액환급신청서를 납세지 관할 지방자치단체의 장에게 제출하여야 하며(영 §98 ③), 또한 위 규정의 단서에 따라 결손금소급공제세액을 환급하는 경우 환급가산금 기산일은 「지방세기본법 시행령」 제43조제1항제5호 단서에 따른다(영 §98 ④). 2016년 이 단서 규정의 신설로 종전에는 법인세와 지방소득세 결손금 소급공제를 각각 신청하도록 되어 있어 납세자 착오로 법인세만 신청할 경우 지방소득세는 환급이 불가능하였고, 또한 사업장이 여러 곳에 있는 법인의 경우는 환급신청서 및 안분내역서 등의 증빙서류를 안분할 지방자치단체마다 별도로 제출해야 하도록 되어 있어 이러한 불편을 없도록 한 것이다. 그러므로 법인세 결손금 소급공제 신청을 하면 지방소득세도 동시에 신청한 것으로 간주하여 지방소득세도 법인세와 동일하여 환급받을 수 있다는 것이다.

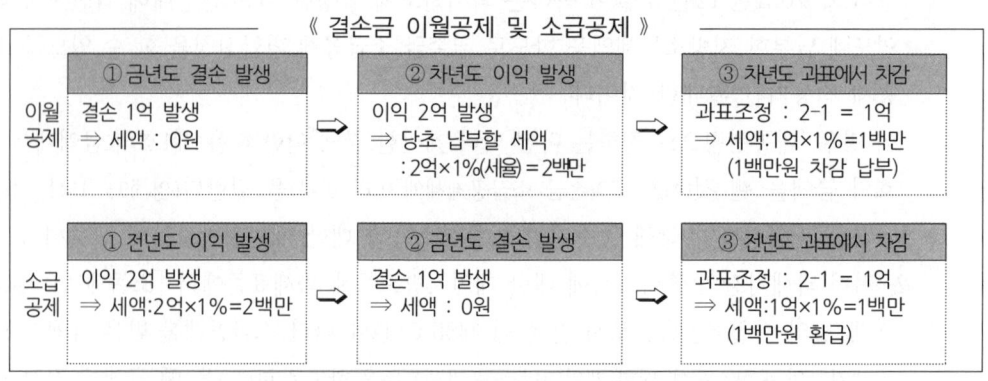

③ 납세지 관할 지방자치단체의 장이 제2항에 따라 개인지방소득세의 환급신청을 받은 경우에는 지체 없이 환급세액을 결정하여 「지방세기본법」 제60조 및 제62조에 따라 환

급하거나 충당하여야 한다(법 §101 ③).
④ 제1항부터 제3항까지 규정은 해당 거주자가 결손금이 발생한 과세기간에 대한 과세표준 및 세액을 신고한 경우로서 그 직전 과세기간(제1항 단서를 적용하는 경우에는 직전전 과세기간을 포함한다)의 소득에 대한 개인지방소득세의 과세표준 및 세액을 각각 신고하였거나 지방자치단체의 장이 부과한 경우에만 적용한다(법 §101 ④).

이 규정은 과세표준 확정신고기한까지 개인지방소득세를 신고한 경우에만 결손금 소급공제에 따른 환급이 가능하도록 규정하고 있어 2019년까지는 홈택스(국세)에서 개인지방소득세까지 동시에 신고하여 개인지방소득세만 신고하지 아니한 경우 미발생하고 2020년 개인지방소득세 지자체신고 시행에 따라 소득세(국세)만 기한내 신고한 경우 소득세와 달리 개인지방소득세는 환급이 불가하여 2020년부터는 고기한 내 개인지방소득세 확정신고를 하지 아니한 경우에도 국세와 동일하게 결손금 소급공제 환급 신청이 가능하도록 개선하였다

⑤ 납세지 관할 지방자치단체의 장은 제3항에 따라 개인지방소득세를 환급받은 자가 다음 각 호의 어느 하나에 해당하는 경우에는 그 환급세액(제1호 및 제2호의 경우에는 과다하게 환급된 세액 상당액을 말한다.)을 대통령령으로 정하는 바에 따라 그 이월결손금이 발생한 과세기간의 개인지방소득세로서 징수한다(법 §101 ⑤ Ⅰ~Ⅲ).
  1. 결손금이 발생한 과세기간에 대한 개인지방소득세의 과세표준과 세액을 경정함으로써 이월결손금이 감소된 경우
  2. 결손금이 발생한 과세기간의 직전 과세기간(제1항 단서에 따라 환급받은 경우에는 직전전 과세기간을 포함한다)의 종합소득에 대한 개인지방소득세 과세표준과 세액을 경정함으로써 환급세액이 감소된 경우
  3. 「소득세법」 제85조의2에 따른 중소기업 요건을 갖추지 아니하고 환급을 받은 경우
  이 경우 이월결손금이 감소됨에 따라 징수하는 개인지방소득세 환급세액은 다음의 계산식에 따라 산출한다. 이 경우 「소득세법」 제45조제3항에 따른 이월결손금 중 그 일부 금액만을 소급공제받은 경우에는 소급공제받지 않은 결손금이 먼저 감소된 것으로 본다(영 §98 ⑤).

법 제101조제3항에 따른 환급세액 (이하 이 조에서 "당초환급세액"이라 한다) × $\dfrac{\text{감소된 결손금액으로서 소급공제받지 않은 결손금을 초과하는 금액}}{\text{소급공제 결손금액}}$

그리고 환급세액을 징수하는 경우에는 제1호의 금액에 제2호의 율을 곱하여 계산한 금액을 환급세액에 가산하여 징수한다(영 §98 ⑥ Ⅰ, Ⅱ).
1. 법 제101조제5항에 따른 환급세액

2. 당초환급세액의 통지일의 다음 날부터 법 제101조제5항에 따라 징수하는 개인지방소득세액의 고지일까지의 기간에 대한 「지방세기본법 시행령」 제34조에 따른 이자율. 다만, 납세자가 개인지방소득세액을 과다하게 환급받은 데 정당한 사유가 있는 경우에는 같은 영 제43조제2항 본문에 따른 이자율을 적용한다.

또한 납세지 관할 지방자치단체의 장은 결손금소급공제세액 계산의 기초가 된 직전 과세기간의 종합소득에 대한 개인지방소득세 과세표준이나 개인지방소득세액이 경정 등으로 변경되는 경우에는 즉시 당초환급세액을 재결정하여 결손금소급공제세액으로 환급한 세액과 재결정한 환급세액의 차액을 환급하거나 징수해야 한다(영 §98 ⑥).

⑥ 결손금의 소급공제에 의한 환급세액의 계산 및 신청 절차와 그 밖에 필요한 사항은 대통령령으로 정한다(법 §101 ⑥).

이 경우 납세지 관할 지방자치단체의 장은 결손금소급공제세액 계산의 기초가 된 직전 과세기간의 종합소득에 대한 개인지방소득세 과세표준이나 개인지방소득세액이 경정 등으로 변경되는 경우에는 즉시 당초환급세액을 재결정하여 결손금소급공제세액으로 환급한 세액과 재결정한 환급세액의 차액을 환급하거나 징수해야 한다(영 §98 ⑦).

1. 결손금과 이월결손금의 뜻

결손금이란 사업자의 소득별 소득금액을 계산할 때 해당 사업연도에 속하거나 속하게 될 필요경비가 해당연도에 속하게 될 총수입금액을 초과하는 경우의 그 초과금액을 말한다. 그리고 이월결손금이란 부동산임대업에서 발생한 결손금과 소득세법 제45조 제1항에 따라 종합소득과세표준의 계산에 있어서 소득별로 공제하고 남은 결손금을 말한다.

소득세는 자연인의 생애소득을 기준으로 과세하는 것이 타당하지만 이는 기술적으로 불가능하므로 과세기간단위로 구획하여 세액을 산정하게 된다. 그러나 소득세가 누진세율 구조로 되어있기 때문에 생애소득이 동일할지라도 매 과세기간마다 소득금액이 평균적으로 발생하는 납세의무자와 소득금액의 변동이 심한 납세의무자와의 사이에는 부담의 불공평을 가져오게 되는 것이다. 과세의 편의상 개인의 소득금액을 과세기간 단위로 구분하여 과세한다고 하더라도 그 자연인의 생애소득은 과세기간 단위의 소득금액 또는 결손금의 차감 또는 가감액(加減額)이므로 어떤 과세기간에 발생한 결손금은 그 이전 또는 이후의 과세기간의 소득금액으로 보전하는 것이 타당하다고 본다. 그래서 결손금공제에는 이월공제와 소급공제가 있는데 현행 소득세법에서는 이월공제를 원칙으로 하면서 예외적으로 중소기업에 대한 결손금소급공제제도를 두고 있다.

2. 거주자에 대한 결손금소급공제제도

거주자가 「소득세법」 제85조의2에 따라 결손금소급공제에 의한 환급을 신청하는 경우 해당 이월결손금에 대하여 직전 과세기간 사업소득에 부과된 개인지방소득세액을 한도로 대통령령으로 정하는 바에 따라 계산한 금액(이하 "결손금 소급공제세액"이라 한다)을 환급신청할 수 있다(법 §101 ①).

이 규정에 따른 세액의 환급을 받으려는 자는 제95조에 따른 과세표준확정신고기한까지 대통령령으로 정하는 바에 따라 납세지 관할 지방자치단체의 장에게 환급을 신청하여야 한다.

다만, 거주자가 납세지 관할 세무서장 또는 지방국세청장에게 「소득세법」 제85조의2에 따른 결손금소급공제 환급을 신청한 경우에는 제1항에 따른 환급을 신청한 것으로 보며, 이 경우 환급가산금의 기산일은 「지방세기본법」 제77조 제1항 제5호 단서(환급세액을 신고하지 아니함에 따른 결정으로 발생한 환급세액을 환급할 때에는 그 결정일부터 30일이 지난 날)에 따른다 (법 §101 ②).

그런데, 이 단서 규정의 신설로 종전에는 법인세와 지방소득세 결손금 소급공제를 각각 신청하도록 되어 있어 납세자 착오로 법인세만 신청할 경우 지방소득세는 환급이 불가능 하였고, 또한 사업장이 여러 곳에 있는 법인의 경우는 환급신청서 및 안분내역서 등의 증빙서류를 안분할 지방자치단체마다 별도로 제출해야 하도록 되어 있어 이러한 불편을 없도록 한 것이다. 그러므로 법인세 결손금 소급공제 신청을 하면 지방소득세도 동시에 신청한 것으로 간주하여 지방소득세도 법인세와 동일하여 환급받을 수 있다는 것이다.

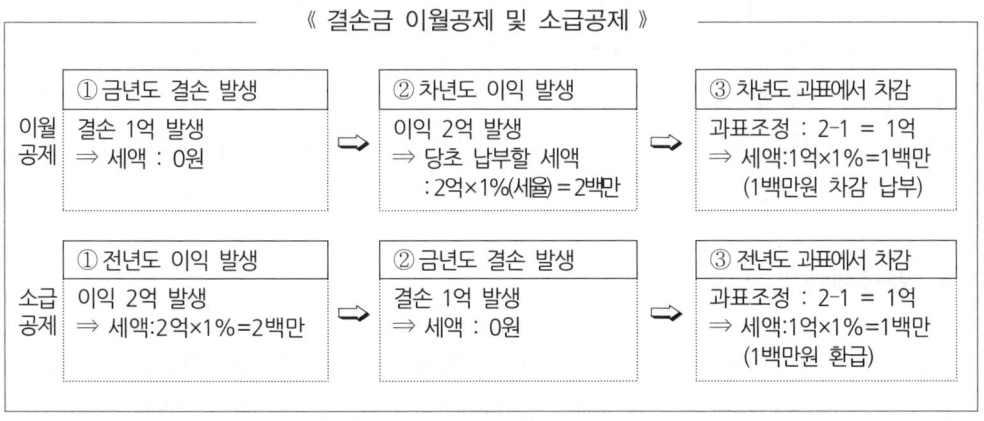

이 경우 환급하여야 할 결손금소급공제세액은 다음 산식에 의한 금액을 말한다(영 §98 ①).

직전 과세기간의 해당 중소기업의 종합소득에 대한 개인 지방소득세 산출세액	-	직전 과세기간의 종합소득에 대한 개인 지방소득세 과세표준에서 소득세법 제45조 제3항의 이월결손금으로서 소급공제를 받으려는 금액(직전 과세기간의 종합소득에 대한 개인 지방소득세 과세표준을 한도로 한다.)을 뺀 금액에 직전 과세기간의 세율을 적용하여 계산한 해당 중소기업에 대한 종합소득에 대한 개인 지방소득세 산출세액

그리고 위의 규정에 따라 결손금소급공제세액을 환급받으려는 자는 행정자치부령으로 정하는 결손금소급공제세액환급신청서를 납세지 관할 지방자치단체의 장에게 제출하여야 한다(영 §98 ③).

3. 환급세액의 환급과 충당 및 적용한계

납세지 관할 지방자치단체의 장이 제2항에 따라 개인지방소득세의 환급신청을 받은 경우에는 지체 없이 환급세액을 결정하여 「지방세기본법」 제76조 및 제77조에 따라 환급하거나 충당하여야 하고(법 §101 ③), 위의 제1항부터 제3항까지는 해당 거주자가 결손금이 발생한 과세기간에 대한 과세표준 및 세액을 신고한 경우로서 그 직전 과세기간의 소득에 대한 개인 지방소득세의 과세표준 및 세액을 각각 신고하였거나 지방자치단체의 장이 부과한 경우에만 적용한다(법 §101 ④).

이 규정은 그간 과세표준 확정신고기한까지 개인지방소득세를 신고한 경우에만 결손금 소급공제에 따른 환급이 가능하도록 규정하고 있어 2019년까지는 홈택스(국세)에서 개인지방소득세까지 동시에 신고하여 개인지방소득세만 신고하지 아니한 경우 미발생하고 2020년 개인지방소득세 지자체신고 시행에 따라 소득세(국세)만 기한내 신고한 경우 소득세와 달리 개인지방소득세는 환급이 불가하여 2020년부터는 고기한 내 개인지방소득세 확정신고를 하지 아니한 경우에도 국세와 동일하게 결손금 소급공제 환급 신청이 가능하도록 개선하였다.

4. 환급세액의 징수

납세지 관할 지방자치단체의 장은 제3항에 따라 개인지방소득세를 환급받은 자가 다음 각 호의 어느 하나에 해당하는 경우에는 그 환급세액(제1호 및 제2호의 경우에는 과다하게 환급된 세액 상당액을 말한다.)을 대통령령으로 정하는 바에 따라 그 이월결손금이 발생한 과세기간의 개인지방소득세로서 징수한다(법 §101 ⑤ Ⅰ~Ⅲ).

① 결손금이 발생한 과세기간에 대한 개인지방소득세의 과세표준과 세액을 경정함으로써 이월결손금이 감소된 경우

② 결손금이 발생한 과세기간의 직전 과세기간의 종합소득에 대한 개인지방소득세 과세표준과 세액을 경정함으로써 환급세액이 감소된 경우
③ 「소득세법」 제85조의2에 따른 중소기업 요건을 갖추지 아니하고 환급을 받은 경우

5. 환급세액의 계산 및 신청 절차

결손금의 소급공제에 의한 환급세액의 계산 및 신청절차와 그 밖에 필요한 사항은 대통령령(행정자치부령)으로 정한다(법 §101 ⑥, 영 §98 ③).

이 경우 지방소득세의 환급금은 법 제89조에 따른 납세지를 관할하는 지방자치단체에서 환급하거나 충당해야 한다(영 §100의34).

제102조 공동사업장에 대한 과세특례

① 「소득세법」 제43조에 따른 공동사업장에서 발생한 소득금액에 대하여 특별징수된 세액과 「지방세법」 제99조 및 「지방세기본법」 제56조에 따른 가산세로서 공동사업장에 관련되는 세액은 각 공동사업자의 손익분배비율에 따라 배분한다(법 §102 ①).
② 공동사업장에 대한 소득금액의 신고, 결정, 경정 또는 조사 등 공동사업장에 대한 과세에 필요한 사항은 「소득세법」 제87조에서 정하는 바에 따른다(법 §102 ②).

이 경우 공동사업자가 과세표준확정신고를 하는 경우 대표공동사업자는 과세표준확정신고와 함께 해당 공동사업장에서 발생한 소득금액과 가산세액 및 특별징수된 세액을 적은 행정자치부령이 정하는 공동사업자별 분배명세서를 납세지 관할 지방자치단체의 장에게 제출하여야 한다. 다만, 공동사업자가 「소득세법 시행령」 제150조제6항에 따라 납세지 관할 세무서장에게 공동사업자별 분배명세서를 제출한 경우에는 납세지 관할 지방자치단체의 장에게 제출하지 않을 수 있다.(영 §99).

이 규정은 2020년 개인지방소득세 지자체신고 시행에 따라 납세자가 소득세 신고시 공동사업자별 분배명세서를 작성·제출 한 경우 개인 지방소득세 신고시에는 제출을 생략할 수 있도록 예외규정을 신설한 것이다

1. 공동사업장에 대한 의의

사업소득이 발생하는 사업을 공동으로 경영하고 그 손익을 분배하는 공동사업(경영에 참여

하지 아니하고 출자만 하는 출자공동사업자를 포함한다.)의 경우에는 해당사업을 경영하는 장소(공동사업장)를 1거주자로 보아 공동사업장별로 그 소득금액을 계산한다(소법 §43 ①). 출자공동사업자란 1. 공동사업에 성명 또는 상호를 사용하게 한 자, 2. 공동사업에서 발생한 채무에 대하여 무한책임을 부담하기로 약정한 자가 아닌 자로서 공동사업의 경영에 참여하지 아니하고 출자만 하는 자를 말한다(소법령 §100 ①).

따라서 거주자 단위로 계산하도록 되어 있는 접대비 및 기부금의 한도액을 공동사업 등의 경우에는 공동사업장을 1거주자로 의제하여 당해 공동사업장 단위로 계산한다. 감가상각비의 범위액 계산과 시·부인계산도 마찬가지이다. 이는 소득금액의 거주자별 확정원칙에 대한 예외인데 공동사업장에서 발생하는 소득금액은 원칙적으로 대표공동사업자의 주소지 관할세무서장이 행하기 때문에 과세절차의 편의상 공동사업장을 하나의 소득금액 산정단위로 의제한 것이다. 공동사업장에 대한 소득금액이 확정되면 당해 금액을 각 조합원의 지분 또는 손익분배의 비율에 의하여 각 조합원에게 배분한다. 공동사업장에 관련된 가산세액도 마찬가지이다(소법 §87 ②).

2. 공동사업장에 대한 과세표준의 신고·결정 또는 경정에 필요한 사항

① 공동사업자가 그 공동사업장에 관한 사업자등록(새로 사업을 시작하는 사업자는 사업장소재지 관할 세무서장에게 등록을 하여야 하며, 부가가치세법에 따라 사업자등록을 한 사업자는 해당 사업에 관하여 등록을 한 것으로 본다.)을 할 때에는 공동사업자, 약정한 손익배분비율, 대표공동사업자(출자공동사업자 외의 자로서 공동사업자들 중에서 선임된 자, 선임되어 있지 아니한 경우에는 손익배분비율이 가장 큰 자를 말한다.), 지분·출자 명세서, 그 밖에 필요한 사항을 사업장소재지 관할세무서장에게 신고하여야 하며, 신고한 내용에 변동사항이 발생한 경우 대표공동사업자는 변동사항을 신고하여야 한다(소법 §87).

② 공동사업에서 발생하는 소득금액의 결정 또는 경정은 대표공동사업자의 주소지 관할세무서장이 하고, 공동사업장의 사업자등록은 대표공동사업자가 공동사업장 등 이동신고서에 의하여 당해 사업장 관할 세무서장에게 하여야 하며, 대표공동사업자는 신고내용에 변동이 발생한 경우 그 사유가 발생한 날이 속하는 과세기간의 종료일부터 15일 이내에 그 변동내용을 신고하여야 한다.

그리고, 공동사업자가 과세표준확정신고를 하는 때에는 과세표준확정신고서와 함께 당해 공동사업장에서 발생한 소득과 그 외의 소득을 구분한 계산서를 제출하여야 한다. 이 경우 대표공동사업자는 당해 공동사업장에서 발생한 소득금액과 가산세액 및 원천징수된 세액의 각 공동사업자별 분배명세서를 제출하여야 한다(소법령 §150 ②~⑥).

제3절 거주자의 양도소득에 대한 지방소득세

양도소득이란 특정자산의 양도(토지 등에 대한 등기 또는 등록과 관계없이 매도, 교환, 법인에 대한 현물출자 등으로 인하여 그 토지 등이 유상으로 사실상 이전되는 것을 의미함)로 인하여 발생하는 소득이다. 이 경우 특정자산이란 토지, 건물과 지상권, 전세권 및 등기된 부동산 임차권 그리고 기타자산(특정주식, 특정시설물의 이용권 등, 영업권)을 말한다.

제103조 과세표준

① 거주자의 양도소득에 대한 개인지방소득세 과세표준은 종합소득 및 퇴직소득에 대한 개인지방소득세 과세표준과 구분하여 계산한다(법 §103 ①).

② 양도소득에 대한 개인지방소득세 과세표준은 「소득세법」 제92조에 따라 계산한 소득세의 과세표준(「조세특례제한법」 및 다른 법률에 따라 과세표준 산정과 관련된 조세감면 또는 중과세 등의 조세특례가 적용되는 경우에는 이에 따라 계산한 소득세의 과세표준)과 동일한 금액으로 한다(법 §103 ②).

③ 제2항에도 불구하고 거주자의 국외자산 양도소득에 대한 개인지방소득세 과세표준은 「소득세법」 제118조의3(양도가액)·제118조의4(양도소득의 필요경비 계산)·제118조의6(외국납부세액의 공제)·제118조의7(양도소득 기본공제) 및 제118조의8(준용규정)에 따라 계산한 소득세의 과세표준(「조세특례제한법」 및 다른 법률에 따라 과세표준 산정과 관련된 조세감면 또는 중과세 등의 조세특례가 적용되는 경우에는 이에 따라 계산한 소득세의 과세표준)과 동일한 금액으로 한다(법 §103 ③).

④ 「소득세법」 제126조의3에 따른 국외전출자의 양도소득에 대한 개인지방소득세 과세표준은 같은 법 제126조의4에 따라 계산한 소득세의 과세표준(「조세특례제한법」 및 다른 법률에 따라 과세표준 산정과 관련된 조세감면 또는 중과세 등의 조세특례가 적용되는 경우에는 이에 따라 계산한 소득세의 과세표준)과 동일한 금액으로 한다(법 §103 ④).

그간 국외전출자의 국내주식 평가이익에 대한 양도소득세 계산을 위해 과세표준 조항 미비하여 2018년부터는 국외전출자에 대한 양도소득세 과세표준 규정 추가하였다

1. 양도소득과세표준의 계산방법

거주자의 양도소득에 대한 개인지방소득세 과세표준은 종합소득 및 퇴직소득에 대한 개인지방소득세 과세표준과 구분하여 계산하여야 하고, 양도소득과세표준은 양도소득금액에서 양도소득 기본공제(소득별로 연 250만원)를 차감하여 계산한다(소법 §92, §103 ①). 다만, 미등기양도자산 등에 대하여는 양도소득 기본공제와 장기보유특별공제의 적용이 배제된다(소법 §103 ① Ⅰ단서).

2. 국외자산 양도소득금액의 계산

국외자산의 양도가액은 그 자산의 양도 당시의 실지거래가액으로 한다. 다만, 양도 당시의 실지거래가액을 확인할 수 없는 경우에는 양도자산이 소재하는 국가의 양도 당시의 현황을 반영한 시가에 따르되, 시가를 산정하기 어려운 때에는 당해 자산의 종류·규모·거래상황 등을 참작하여 대통령령으로 정하는 방법에 의한다(소법 §118의3). 시행령 제178조의3 제1항은, 위 단서의 경우 중 시가로 볼 수 있는 경우에 관하여 외국정부의 평가가액 등을, 같은 조 제2항은 위 상증법에 의한 평가, 감정평가법인의 평가 등 그 평가방법에 관한 자세한 규정을 두고 있다.

제103조의 2 | 세액계산의 순서

양도소득에 대한 개인지방소득세는 이 법에 특별한 규정이 있는 경우를 제외하고는 다음 각 호에 따라 계산한다(법 §103의2①).
1. 제103조에 따른 과세표준에 제103조의3에 따른 세율을 적용하여 양도소득에 대한 개인지방소득세 산출세액을 계산한다.
2. 제1호에 따라 계산한 산출세액에서 제103조의4에 따라 감면되는 세액이 있을 때에는 이를 공제하여 양도소득에 대한 개인지방소득세 결정세액을 계산한다.
3. 제2호에 따라 계산한 결정세액에 제103조의8 및 「지방세기본법」제53조부터 제55조까지에 따른 가산세를 더하여 양도소득에 대한 개인지방소득세 총결정세액을 계산한다.

> ① 과세표준(제103조) × 세율(제103조의3) = 산출세액
> ② 산출세액 − 공제세액(제103조의4) = 결정세액
> ③ 결정세액 + 가산세(제103조의8 및 기본법 제53조의2부터 제53조의4까지) = 총결정세액

여기에서 토지 등의 양도소득과세표준 및 양도소득금액의 계산과정을 살펴보면 다음과 같다.

> ① 양도차익 = 양도가액 − 필요경비
> ② 양도소득금액 = 양도차익 − 장기보유특별공제
> ③ 양도소득과세표준 = 양도소득금액 − 양도소득기본공제

제103조의 3 | 세율

① 거주자의 양도소득에 대한 개인지방소득세는 해당 과세기간의 양도소득과세표준에 다음 각 호의 표준세율을 적용하여 계산한 금액을 그 세액으로 한다. 이 경우 하나의 자산이 다음 각 호에 따른 세율 중 둘 이상에 해당할 때에는 해당 세율을 적용하여 계산한 양도소득에 대한 개인지방소득세 산출세액 중 큰 것을 그 세액으로 한다(법 §103의3 ① Ⅰ~ⅩⅣ).

1. 「소득세법」 제94조 제1항 제1호·제2호 및 제4호에 해당하는 자산 : 제92조 제1항에 따른 세율
2. 「소득세법」 제94조 제1항 제1호 및 제2호에서 규정하는 자산[주택(이에 딸린 토지로서 대통령령으로 정하는 토지를 포함한다. 이하 이항에서 같다.) 및 조합원입주권은 제외한다.]으로서 그 보유기간이 1년 이상 2년 미만인 것 : 양도소득분 개인지방소득세 과세표준의 1,000분의 40
   이 경우 "대통령령으로 정하는 토지"란 소득세법 제89조 제1항 제3호에 따른 주택부속토지를 말한다(영 §100 ②).
3. 「소득세법」 제94조 제1항 제1호 및 제2호에서 규정하는 자산으로서 그 보유기간이 1년 미만인 것 : 양도소득에 대한 개인지방소득세 과세표준의 1,000분의 50(주택 및 조합원 입주권의 경우에는 1천분의40)
4. ~ 7. (삭제)
8. 「소득세법」 제104조의3에 따른 비사업용 토지

과세표준	세율
1천4백만원 이하	과세표준의 1천분의16
1천4백만원 초과 5천만원 이하	22만4천원 + (1천4백만원을 초과하는 금액의 1천분의25)
5천만원 초과 8천8백만원 이하	112만4천원 + (5천만원을 초과하는 금액의 1천분의34)
8천8백만원 초과 1억5천만원 이하	247만원 + (8천8백만원을 초과하는 금액의 1천분의 45)
1억5천만원 초과 3억원 이하	526만원 + (1억5천만원을 초과하는 금액의 1천분의 48)
3억원 초과 5억원 이하	1천246만원+(3억원 초과하는 금액의 1천분의 50)
5억원 초과 10억원 이하	2천246만원+(5억원 초과하는 금액의 1천분의 52)
10억원 초과	4천846만원+(10억원 초과하는 금액의 1천분의 55)

9. 「소득세법」 제94조 제1항 제4호 다목 및 라목에 따른 자산 중 대통령령으로 정하는 자산

과세표준	세율
1천4백만원 이하	과세표준의 1천분의16
1천4백만원 초과 5천만원 이하	22만4천원 + (1천4백만원을 초과하는 금액의 1천분의25)
5천만원 초과 8천8백만원 이하	112만4천원 + (5천만원을 초과하는 금액의 1천분의34)
8천8백만원 초과 1억5천만원 이하	247만원 + (8천8백만원을 초과하는 금액의 1천분의 45)
1억5천만원 초과 3억원 이하	526만원 + (1억5천만원을 초과하는 금액의 1천분의 48)
3억원 초과 5억원 이하	1천246만원+(3억원 초과하는 금액의 1천분의 50)
5억원 초과 10억원 이하	2천246만원+(5억원 초과하는 금액의 1천분의 52)
10억원 초과	4천846만원+(10억원 초과하는 금액의 1천분의 55)

10. 「소득세법」 제104조 제3항에 따른 미등기양도자산: 양도소득에 대한 개인지방소득세 과세표준의 1천분의 70
11. 「소득세법」 제94조 제1항 제3호 가목 및 나목에 따른 자산

가. 「소득세법」 제94조제1항제3호가목1)에 따른 고액주주(이하 이 호에서 "고액주주"라 한다) 또는 같은 법 제104조제1항 제11호 가목에 따른 주권비상장법인의 대주주(이하 이 호에서 "대주주"라 한다)가 양도하는 「소득세법」 제88조제2호에 따른 주식 등(이하 "주식등"이라 한다)

  1) 1년 미만 보유한 주식등으로서 대통령령으로 정하는 중소기업(이하 이 절에서 "중소기업"이라 한다) 외의 법인의 주식등: 양도소득에 대한 개인지방소득세 과세표준의 1천분의 30

  2) 1)에 해당하지 아니하는 주식등

과세표준	세율
3억원 이하	1천분의20
3억원 초과	600만원 + (3억원 초과액 × 1천분의25)

나. 고액주주 또는 대주주가 아닌 자가 양도하는 주식등

  1) 중소기업의 주식등: 양도소득에 대한 개인지방소득세 과세표준의 1천분의 10

  2) 1)에 해당하지 아니하는 주식등: 양도소득에 대한 개인지방소득세 과세표준의 1천분의 20

다. (삭제)

이 경우 '고액주주'라 함은 아래와 같은 요건으로 시가 총액 이상의 주식 보유한 주주를 말한다

구분	상장주식, 코스닥, 벤처기업 주식 등
시가총액 기준	100억원 이상(본인만 계산)

12. 「소득세법」 제94조제1항제3호다목에 따른 자산

가. 중소기업의 주식등: 양도소득에 대한 개인지방소득세 과세표준의 1천분의 10

나. 가목에 해당하지 아니하는 주식등: 양도소득에 대한 개인지방소득세 과세표준의 1천분의 20

이 규정은 양도대상 자산(토지·건물·부동산에 관한 권리·기타자산, 주식 등, 파생상품) 범주에 따라 각각 양도소득을 구분하여 계산함에 따라 일부 양도자산에서 양도차손이 발생할 경우, 같은 범주의 다른 자산에서 발생한 양도차익에서 공제는 가능하지만 국내주식과 해외주식에서 발생한 손실에 대해 양도손익 통산이 허용되지 않아 실제 소득에 비해 큰 세부담 발생하여 국내·해외주식 중 손실이 발생한 경우 순소득에 대한 과세가 이루어지도록 손익통산 허용한 것이다

13. 「소득세법」 제94조제1항제5호에 따른 파생상품 등: 양도소득에 대한 개인지방소득세 과세표준의 1천분의 20

14. 「소득세법」 제94조제1항제6호에 따른 신탁 수익권

과세표준	세율
3억원 이하	1천분의20
3억원 초과	600만원 + (3억원 초과액 × 1천분의25)

위 규정에 따라 신탁 수익권(신탁의 수익자가 수탁자로부터 신탁 행위에서 정한 목적에 따라 이익을 향유할 수 있는 권리로서, 「신탁법」은 양도 가능한 자산으로 규정)은 미래의 일정 기대수익을 나타내는 재산성이 있는 자산으로서, 양도소득세의 과세대상에 명확히 포함시키도록 개정하면서 기준시가는 「상증법」상 '신탁의 이익을 받을 권리'에 대한 평가 규정을 준용(상증법 §65)하고, 「소득세법」상 양도소득세 과세대상으로 열거되는 자산에 대해 과세가 가능하므로, 신탁 수익권을 과세대상으로 명확히 규정한 것이다

② 제1항 제2호·제3호 및 제11호 가목의 보유기간의 산정은 「소득세법」제104조 제2항에서 정하는 바에 따른다(법 §103의3 ②).

③ 거주자의 「소득세법」제118조의2제1호·제2호 및 제5호에 따른 자산의 양도소득에 대한 개인지방소득세의 표준세율은 제92조제1항에 따른 세율과 같다(법 §103의3 ③ Ⅰ~Ⅲ).

1.~3.(삭제)

④ 지방자치단체의 장은 조례로 정하는 바에 따라 양도소득에 대한 개인지방소득세의 세율을 제1항에 따른 표준세율의 100분의 50의 범위에서 가감할 수 있다. 이 규정은 2020.1.1.부터 시행한다(법 §103의3 ④).

⑤ 다음 각 호의 어느 하나에 해당하는 부동산을 양도하는 경우 제92조제1항에 따른 세율(제3호의 경우에는 제1항제8호에 따른 세율)에 1천분의 10을 더한 세율을 적용한다. 이 경우 해당 부동산 보유기간이 2년 미만인 경우에는 전단에 따른 세율을 적용하여 계산한 양도소득에 대한 개인지방소득세 산출세액과 제1항제2호 또는 제3호의 세율을 적용하여 계산한 양도소득에 대한 개인지방소득세 산출세액 중 큰 세액을 양도소득에 대한 개인지방소득세 산출세액으로 한다(법 §103의3 ⑤ Ⅰ~Ⅳ).

1. 2.(삭제)

3. 「소득세법」제104조의2제2항에 따른 지정지역에 있는 부동산으로서 같은 법 제104조의3에 따른 비사업용 토지. 다만, 지정지역의 공고가 있는 날 이전에 토지를 양도하기 위하여 매매계약을 체결하고 계약금을 지급받은 사실이 증명서류에 의하여 확인되는 경우는 제외한다.

4. 그 밖에 부동산 가격이 급등하였거나 급등할 우려가 있어 부동산 가격의 안정을 위하여 필요한 경우에 대통령령으로 정하는 부동산

⑥ 해당 과세기간에 「소득세법」제94조제1항제1호·제2호 및 제4호에서 규정한 자산을

둘 이상 양도하는 경우 양도소득에 대한 개인지방소득세 산출세액은 다음 각 호의 금액 중 큰 것(제103조의4에 따른 양도소득에 대한 개인지방소득세의 감면세액이 있는 경우에는 해당 감면세액을 차감한 세액이 더 큰 경우의 산출세액을 말한다)으로 한다. 이 경우 제2호의 금액을 계산할 때 제1항제8호 및 제9호의 자산은 동일한 자산으로 보고, 한 필지의 토지가 「소득세법」 제104조의3에 따른 비사업용 토지와 그 외의 토지로 구분되는 경우에는 각각을 별개의 자산으로 보아 양도소득에 대한 개인지방소득세 산출세액을 계산한다(법 §103의3 ⑥ Ⅰ·Ⅱ).

1. 해당 과세기간의 양도소득과세표준 합계액에 대하여 제92조제1항에 따른 세율을 적용하여 계산한 양도소득에 대한 개인지방소득세 산출세액
2. 제1항부터 제5항까지 및 제10항의 규정에 따라 계산한 자산별 양도소득에 대한 개인지방소득세 산출세액 합계액. 다만, 둘 이상의 자산에 대하여 제1항 각 호, 제5항 각 호 및 제10항 각 호에 따른 세율 중 동일한 호의 세율이 적용되고, 그 적용세율이 둘 이상인 경우 해당 자산에 대해서는 각 자산의 양도소득과세표준을 합산한 것에 대하여 제1항·제5항 또는 제10항의 각 해당 호별 세율을 적용하여 산출한 세액 중에서 큰 산출세액의 합계액으로 한다.

　이 규정은 동일한 과세기간 중 2건 이상의 자산을 양도하는 경우, 합산하여 산출한 세액과 각각 산출하여 합한 세액을 비교하여 큰 금액 적용하였는데 모든 양도자산을 합산하여 산출한 세액과 자산호별 산출세액의 합계액 중 더 큰 금액을 선택하는 현행 규정상 세액감면을 고려할 경우 실제부담세액(=산출세액−감면세액)이 더 작은 경우가 적용되어 해당 규정 취지에 반하는 사례 발생하여 동일한 과세기간 중 2건 이상의 자산을 양도하는 경우, 세액감면을 차감한 실제 납부세액을 기준으로 비교과세 적용하고자 한것이다

⑦ 제1항 제13호에 따른 세율은 자본시장 육성 등을 위하여 필요한 경우 그 세율의 100분의 75의 범위에서 대통령령으로 정하는 바에 따라 인하할 수 있다(법 §103의3 ⑦).
　이 규정에 따라 같은 조 제1항 제12호에 따른 파생상품 등의 양도소득에 대한 개인지방소득세의 세율은 1천분의 5로 한다(영 §100 ⑫).

⑧ 「소득세법」 제126조의3에 따라 양도소득으로 보는 국내주식 등의 평가이익에 대한 세율은 다음 표와 같다(법 §103의3 ⑧).

과세표준	세율
3억원 이하	1천분의20
3억원 초과	600만원 + (3억원 초과액 × 1천분의25)

이 경우 중소기업외 법인 대주주 주식등에 대하여는 '18.1.1.부터 차등세율(2%/2.5%) 적용하고 있어 중소기업 대주주 주식등 양도시 2020년 1월 1일 이후 주식등을 양도하

는 경우부터 적용(법률 제15335호 지방세법 일부개정법률 부칙 제1조제2호) 차등화 하였다.

그리고, 거주자가 비거주자로 전환함으로써 발생하는 역외탈세 방지를 위해 국외전출세 제도 도입(2016년 도입, 2018년 시행)하였고, 대주주인 거주자가 이민 등 국외전출시 보유하고 있는 국내 주식의 평가이익에 대한 양도소득에 대해 국외전출시 지방소득세율 적용은 '19.1.1.이후 거주가가 출국하는 경우부터 적용(법률 제15335호 지방세법 일부개정법률 부칙 제6조)하되, 법 제103조의3제1항제11호가목1)에서 정하는 "중소기업의 주식등"에 대해서는 '20.1.1.부터 적용(법률 제15335호 지방세법 일부개정법률 부칙 제1조)한다.

⑨ 제3항에 따른 세율에 대해서는 제5항 또는 제7항을 준용하여 가감할 수 있다(법 §103의3 ⑨).
⑩ 다음 각 호의 어느 하나에 해당하는 주택(이에 딸린 토지를 포함한다. 이하 이 항에서 같다)을 양도하는 경우 제92조제1항에 따른 세율에 1천분의 20(제3호 또는 제4호에 해당하는 주택은 1천분의 30)을 더한 세율을 적용한다. 이 경우 해당 주택 보유기간이 2년 미만인 경우에는 제92조제1항에 따른 세율에 1천분의 20(제3호 또는 제4호에 해당하는 주택은 1천분의 30)을 더한 세율을 적용하여 계산한 양도소득에 대한 개인지방소득세 산출세액과 제1항제2호 또는 제3호의 세율을 적용하여 계산한 양도소득에 대한 개인지방소득세 산출세액 중 큰 세액을 양도소득에 대한 개인지방소득세 산출세액으로 한다(법 §103의3 ⑩ Ⅰ~Ⅳ).
  1. 조정대상지역에 있는 주택으로서 대통령령으로 정하는 1세대 2주택에 해당하는 주택
     이 경우 "대통령령으로 정하는 1세대 2주택에 해당하는 주택"이란 「소득세법 시행령」 제167조의10에 따른 주택을 말한다(영 §100 ⑬).

> ※ 소득세법 시행령 제167조의10 【양도소득세가 중과되는 1세대 2주택에 해당하는 주택의 범위】
> ① 법 제104조제7항제1호에서 "대통령령으로 정하는 1세대 2주택에 해당하는 주택"이란 국내에 주택을 2개(제1호에 해당하는 주택은 주택의 수를 계산할 때 산입하지 않는다) 소유하고 있는 1세대가 소유하는 주택으로서 다음 각 호의 어느 하나에 해당하지 않는 주택을 말한다.
> 1. 수도권 및 광역시·특별자치시(광역시에 소속된 군, 「지방자치법」 제3조제3항·제4항에 따른 읍·면 및 「세종특별자치시 설치 등에 관한 특별법」 제6조제3항에 따른 읍·면에 해당하는 지역을 제외한다) 외의 지역에 소재하는 주택으로서 해당 주택 및 이에 부수되는 토지의 기준시가의 합계액이 해당 주택 또는 그 밖의 주택의 양도 당시 3억원을 초과하지 않는 주택
> 2. 제167조의3제1항제2호부터 제8호까지 및 제8호의2 중 어느 하나에 해당하는 주택
> 3. 1세대의 구성원 중 일부가 기획재정부령으로 정하는 취학, 근무상의 형편, 질병의 요양, 그 밖에 부득이한 사유로 인하여 다른 시(특별시·광역시·특별자치시 및 「제주특별자치도 설치 및 국제자유도시 조성을 위한 특별법」 제10조제2항에 따라 설치된 행정시를 포함한다. 이하 이 호에서 같다)·군으로 주거를 이전하기 위하여 1주택(학교의 소재지, 직장의 소재지 또는 질병을 치료·

요양하는 장소와 같은 시·군에 소재하는 주택으로서 취득 당시 법 제99조에 따른 기준시가의 합계액이 3억원을 초과하지 아니하는 것에 한정한다)을 취득함으로써 1세대 2주택이 된 경우의 해당 주택(취득 후 1년 이상 거주하고 해당 사유가 해소된 날부터 3년이 경과하지 아니한 경우에 한정한다)

4. 제155조제8항에 따른 수도권 밖에 소재하는 주택
5. 1주택을 소유하고 1세대를 구성하는 사람이 1주택을 소유하고 있는 60세 이상의 직계존속(배우자의 직계존속을 포함하며, 직계존속 중 어느 한 사람이 60세 미만인 경우를 포함한다)을 동거봉양하기 위하여 세대를 합침으로써 1세대가 2주택을 소유하게 되는 경우의 해당 주택(세대를 합친 날부터 10년이 경과하지 아니한 경우에 한정한다)
6. 1주택을 소유하는 사람이 1주택을 소유하는 다른 사람과 혼인함으로써 1세대가 2주택을 소유하게 되는 경우의 해당 주택(혼인한 날부터 5년이 경과하지 아니한 경우에 한정한다)
7. 주택의 소유권에 관한 소송이 진행 중이거나 해당 소송결과로 취득한 주택(소송으로 인한 확정판결일부터 3년이 경과하지 아니한 경우에 한정한다)
8. 1주택을 소유한 1세대가 그 주택을 양도하기 전에 다른 주택을 취득(자기가 건설하여 취득한 경우를 포함한다)함으로써 일시적으로 2주택을 소유하게 되는 경우의 종전의 주택[다른 주택을 취득한 날부터 3년이 지나지 아니한 경우(3년이 지난 경우로서 제155조제18항 각 호의 어느 하나에 해당하는 경우를 포함한다)에 한정한다]
9. 주택의 양도 당시 법 제99조에 따른 기준시가가 1억원 이하인 주택. 다만, 「도시 및 주거환경정비법」에 따른 정비구역(종전의 「주택건설촉진법」에 따라 설립인가를 받은 재건축조합의 사업부지를 포함한다)으로 지정·고시된 지역 또는 「빈집 및 소규모주택 정비에 관한 특례법」에 따른 사업시행구역에 소재하는 주택(주거환경개선사업의 경우 해당 사업시행자에게 양도하는 주택은 제외한다)은 제외한다.
10. 1세대가 제1호부터 제7호까지의 규정에 해당하는 주택을 제외하고 1개의 주택만을 소유하고 있는 경우 그 해당 주택
11. 조정대상지역의 공고가 있은 날 이전에 해당 지역의 주택을 양도하기 위하여 매매계약을 체결하고 계약금을 지급받은 사실이 증빙서류에 의하여 확인되는 주택
12. 법 제95조제4항에 따른 보유기간이 10년(재개발사업, 재건축사업 또는 소규모재건축사업을 시행하는 정비사업조합의 조합원이 해당 조합에 기존건물과 그 부수토지를 제공하고 관리처분계획등에 따라 취득한 신축주택 및 그 부수토지를 양도하는 경우의 보유기간은 기존건물과 그 부수토지의 취득일부터 기산한다) 이상인 주택을 2020년 6월 30일까지 양도하는 경우 그 해당 주택
13. 제155조제2항에 따라 상속받은 주택과 일반주택을 각각 1개씩 소유하고 있는 1세대가 일반주택을 양도하는 경우로서 제154조제1항이 적용되고 같은 항의 요건을 모두 충족하는 일반주택
14. 제155조제20항에 따른 장기임대주택과 그 밖의 1주택(이하 이 호에서 "거주주택"이라 한다)을 소유하고 있는 1세대가 거주주택을 양도하는 경우로서 제154조제1항이 적용되고 같은 항의 요건을 모두 충족하는 거주주택

② 제1항을 적용할 때 제167조의3제2항부터 제8항까지의 규정을 준용한다.

2. 조정대상지역에 있는 주택으로서 1세대가 1주택과 조합원입주권 또는 분양권을 1개 보유한 경우의 해당 주택. 다만, 대통령령으로 정하는 장기임대주택 등은 제외한다. 이 경우 "대통령령으로 정하는 장기임대주택 등"이란 「소득세법 시행령」 제167조의 11에 따른 주택을 말한다.

3. 조정대상지역에 있는 주택으로서 대통령령으로 정하는 1세대 3주택 이상에 해당하는 주택

이 경우 "대통령령으로 정하는 1세대 3주택 이상에 해당하는 주택"이란 「소득세법 시행령」 제167조의3에 따른 주택을 말한다

4. 조정대상지역에 있는 주택으로서 1세대가 주택과 조합원입주권 또는 분양권을 보유한 경우로서 그 수의 합이 3 이상인 경우 해당 주택. 다만, 대통령령으로 정하는 장기임대주택 등은 제외한다.

이 경우 "대통령령으로 정하는 장기임대주택 등"이란 「소득세법 시행령」 제167조의4에 따른 주택을 말한다.

1. 양도소득분 개인지방소득세의 표준세율

거주자의 양도소득에 대한 개인지방소득세는 해당 과세기간의 양도소득과세표준에 다음 각 호의 표준세율을 적용하여 계산한 금액을 그 세액으로 한다. 이 경우 하나의 자산이 다음 각 호에 따른 세율 중 둘 이상에 해당할 때에는 해당 세율을 적용하여 계산한 양도소득에 대한 개인지방소득세 산출세액 중 큰 것을 그 세액으로 하고, 제12호에 따른 세율은 자본시장 육성 등을 위항 필요한 경우 그 세율의 100분의 50의 범위에서 대통령령으로 인하할 수 있다(법 §103의3 ① 본문).16)

(1) 「소득세법」 제94조 제1항 제1호·제2호 및 제4호에 해당하는 자산 : 제92조 제1항에 따른 세율(법 §103의3 ① Ⅰ).

이 경우에 해당하는 자산은 ① 토지(지적공부에 등록하여 할 지목에 해당하는 것) 또는 건물(건물에 부속된 시설물과 구축물을 포함한다)의 양도로 발생하는 소득, ② 부동산을 취득할 수 있는 권리, 지상권, 전세권과 등기된 부동산임차권, ③ 사업용 고정자산과 함께 양도하는 영업권과 이용권, 회원권, 그 밖에 그 명칭과 관계없이 시설물을 배타적으로 이용하거나 일반이용자보다 유리한 조건으로 이용할 수 있도록 약정한 단체의 구성권이 된 자에게 부여되는 시설

---

16) 양도소득에 대한 소득세의 세율은 종합소득 등에 대한 소득세의 세율과는 별도로 정하고 있는데, 양도자산의 종류 등에 따라 초과누진세율과 비례세율구조로 되어 있고, 이 경우 하나의 자산이 2 이상의 세율에 해당하는 때에는 그 중 가장 높은 것을 적용한다.

물 이용권, 그리고 주식 등의 주권 또는 출자증권을 발행한 법인의 주주의 구성, 부동산의 보유 또는 사업의 종류 등을 고려하여 정하는 자산에 대하여 적용하는 세율은 지방세법 제92조 제1항의 세율인 다음의 표준세율을 적용한다.

※ 세율표

과세표준	세 율
1천2백만원 이하	과세표준의 1천분의16
1천2백만원 초과 4천6백만원 이하	19만2천원 + (1천2백만원을 초과하는 금액의 1천분의25)
4천6백만원 초과 8천8백만원 이하	104만2천원 + (4천6백만원을 초과하는 금액의 1천분의34)
8천8백만원 초과 1억5천만원 이하	247만원 + (8천8백만원을 초과하는 금액의 1천분의 45)
1억5천만원 초과 3억원 이하	526만원 + (1억5천만원을 초과하는 금액의 1천분의 48)
3억원 초과 5억원 이하	1천246만원+(3억원 초과하는 금액의 1천분의 50)
5억원 초과 10억원 이하	2천246만원+(5억원 초과하는 금액의 1천분의 52)
10억원 초과	4천846만원+(10억원 초과하는 금액의 1천분의 55)

(2) 「소득세법」 제94조 제1항 제1호 및 제2호에서 규정하는 자산[주택(이에 딸린 토지로서 대통령령으로 정하는 토지를 포함한다. 이하 이항에서 같다.) 및 조합원 입주권은 제외한다.]으로서 그 보유기간이 1년 이상 2년 미만인 것 : 양도소득에 대한 개인지방소득세 과세표준의 1,000분의 40(법 §103의3 ① Ⅱ).

이 경우 "대통령령으로 정하는 토지"란 소득세법 제89조 제1항 제3호에 따른 주택부속토지를 말한다(영 §100 ②).

이 규정은 소득세법에 정한 1세대1주택의 범위(소법령 제154조)이므로 시행시 필요사항은 소득세법령을 참고하기 바란다.

(3) 「소득세법」 제94조 제1항 제1호 및 제2호에서 규정하는 자산으로서 그 보유기간이 1년 미만인 것 : 양도소득에 대한 개인지방소득세 과세표준의 1,000분의 50(주택 및 조합원 입주권의 경우에는 1천분의 40)(법 §103의3 ① Ⅲ).

위의 (2)와 (3)에서 "소득세법 제94조 제1항 제1호 및 제2호에서 규정하는 자산"이란 토지와 건축물 및 지상권, 전세권과 등기된 부동산임차권을 말한다.

(4) 「소득세법」 제104조의3에 따른 비사업용 토지(법 §103의3 ① Ⅷ)

(5) 「소득세법」 제94조 제1항 제4호 다목에 따른 자산 중 대통령령으로 정하는 자산(법

§103의3 ① IX)

세율은 위(4)의 비사업용 토지의 세율과 동일

(6) 「소득세법」 제104조 제3항에 따른 미등기양도자산: 양도소득에 대한 개인지방소득세 과세표준의 1천분의 70(법 §103의3 ① IX)

(7) 「소득세법」 제94조제1항제3호 가목 및 나목에 따른 자산(법 §103의3 ① XI)

  가. 「소득세법」 제104조제1항제11호가목에 따른 대주주(이하 이 절에서 "대주주"라 한다)가 양도하는 「소득세법」 제88조제2호에 따른 주식등(이하 "주식등"이라 한다)

    1) 1년 미만 보유한 주식등으로서 대통령령으로 정하는 중소기업(이하 이 절에서 "중소기업"이라 한다) 외의 법인의 주식등: 양도소득에 대한 개인지방소득세 과세표준의 1천분의 30

    2) 1)에 해당하지 아니하는 주식등

과세표준	세율
3억원 이하	1천분의20
3억원 초과	600만원 + (3억원 초과액 × 1천분의25)

  나. 대주주가 아닌 자가 양도하는 주식등

    1) 중소기업의 주식등: 양도소득에 대한 개인지방소득세 과세표준의 1천분의 10

    2) 1)에 해당하지 아니하는 주식등: 양도소득에 대한 개인지방소득세 과세표준의 1천분의 20

  다. 삭제 <2017. 12. 30.>

이 경우 '대주주'라 함은 특수관계인이 보유한 주식을 포함하여 아와 같은 요건으로 일정 지분율 또는 시가 총액 이상의 주식 보유한 주주를 말한다.

구분	상장주식	코스닥, 벤처기업 주식 등
지분율 기준	2% 이상	4% 이상
시가총액 기준	50억원 이상	40억원 이상

(8) 「소득세법」 제94조제1항제3호다목에 따른 자산(법 §103의3 ① XII)

  가. 중소기업의 주식등: 양도소득에 대한 개인지방소득세 과세표준의 1천분의 10

  나. 가목에 해당하지 아니하는 주식등: 양도소득에 대한 개인지방소득세 과세표준의 1천분의 20

(9) 「소득세법」 제94조 제1항 제5호에 따른 파생상품 등: 양도소득에 대한 개인지방소득세 과세표준의 1천분의 20(법 §103의3 ① XIII)

(10) 「소득세법」 제94조제1항제6호에 따른 신탁 수익권

과세표준	세율
3억원 이하	1천분의20
3억원 초과	600만원 + (3억원 초과액 × 1천분의25)

위 규정에 따라 신탁 수익권(신탁의 수익자가 수탁자로부터 신탁 행위에서 정한 목적에 따라 이익을 향유할 수 있는 권리로서, 「신탁법」은 양도 가능한 자산으로 규정)은 미래의 일정 기대수익을 나타내는 재산성이 있는 자산으로서, 양도소득세의 과세대상에 명확히 포함시키도록 개정하면서 기준시가는 「상증법」 상 '신탁의 이익을 받을 권리'에 대한 평가 규정을 준용(상증법 §65)하고, 「소득세법」 상 양도소득세 과세대상으로 열거되는 자산에 대해 과세가 가능하므로, 신탁 수익권을 과세대상으로 명확히 규정한 것이다

2. 자산의 보유기간 산정방법

제1항 제2호·제3호 및 제11호 가목의 보유기간의 산정은 「소득세법」 제104조 제2항에서 정하는 바에 따른다(법 §103의3 ②).

이 경우 보유기간은 해당자산의 취득일부터 양도일까지로 한다. 다만, 다음 각 호의 어느 하나에 해당하는 경우에는 각각 그 정한 날을 그 자산의 취득일로 본다(소법 §104 ②).

1. 상속받은 자산은 피상속인이 그 자산을 취득한 날
2. 제97조 제4항에 해당하는 자산은 증여자가 그 자산을 취득한 날
3. 법인의 합병·분할[물적분할(物的分割)은 제외한다]로 인하여 합병법인, 분할신설법인 또는 분할·합병의 상대방 법인으로부터 새로 주식 등을 취득한 경우에는 피합병법인, 분할법인 또는 소멸한 분할·합병의 상대방 법인의 주식 등을 취득한 날

3. 국외자산 양도소득분에 대한 개인지방소득세의 표준세율

거주자의 「소득세법」 제118조의2에 따른 자산(이하 "국외자산"이라 한다.)의 양도소득에 대한 개인지방소득세의 표준세율은 다음 각 호와 같다. 이 경우 하나의 자산이 다음 각 호에 따른 세율 중 둘 이상의 세율에 해당할 때에는 그 중 가장 높은 것을 적용한다(법 §103의3 ③).

(1) 「소득세법」 제118조의2 제1호(토지 또는 건물의 양도로 발생하는 소득)·제2호(지상권·전세권과 부동산 임차권, 부동산을 취득할 수 있는 권리의 양도로 발생하는 소득) 및 제5호(국외에 있는 자산으로서 사업용 고정자산과 함께 양도하는 영업권, 이용권, 회원권 등의 자산의 양도로 발생하는 소득)에 따른 자산 : 제92조 제1항에 따른 세율

(2) 「소득세법」 제118조의2 제3호[외국법인이 발행한 주식 등(증권시장에 상장된 주식 등은 제외한다.)으로서 증권시장과 유사한 시장으로서 외국에 있는 시장에 상장된 주식 등의 양도로 발생하는 소득]에 따른 자산

  (가) 중소기업의 주식등

　　양도소득에 대한 개인지방소득세 과세표준의 1,000분의 10

  (나) 그 밖의 주식등

　　양도소득에 대한 개인지방소득세 과세표준의 1,000의 20

(3) 「소득세법」 제118조의2 제4호(파생상품 등의 거래 또는 행위로 발생하는 소득)에 따른 파생상품 등 : 제103조의3 제1항 제12에 따른 세율(과세표준의 1천분의 20)

4. 조례로 표준세율의 가감 조정

지방자치단체의 장은 조례로 정하는 바에 따라 양도소득에 대한 개인지방소득세의 세율을 제1항에 따른 표준세율의 100분의 50의 범위에서 가감할 수 있다(법 §103의3 ④).

이 경우는 지방자치단체가 조례를 제정하여 의회의 의결을 거쳐 시행하여야 한다.

5. 부동산 양도에 따른 적용세율

다음 각 호의 어느 하나에 해당하는 부동산을 양도하는 경우 제92조 제1항에 따른 세율에 1천분의 10을 더한 세율을 적용한다. 이 경우 해당 부동산 보유기간이 2년 미만인 경우에는 제92조 제1항에 따른 세율에 1천분의 10을 더한 세율을 적용하여 계산한 양도소득에 대한 개인지방소득세 산출세액과 제1항 제2호 또는 제3호의 세율을 적용하여 계산한 양도소득에 대한 개인지방소득세 산출세액 중 큰 세액을 양도소득에 대한 개인지방소득세 산출세액으로 한다(법 §103의3 ⑤ Ⅰ~Ⅳ).

1. 「소득세법」 제104조의2 제2항에 따른 지정지역에 있는 부동산으로서 대통령령으로 정하는 1세대 3주택 이상에 해당하는 주택(이에 딸린 토지를 포함한다. 이하 이 항에서 같다.)

   이 경우 "대통령령으로 정하는 1세대3주택 이상에 해당하는 주택"이란 소득세법 시행령 제167조의 3에 따른 주택을 말한다(영 §100 ⑨).

2. 「소득세법」 제104조의2 제2항에 따른 지정지역에 있는 부동산으로서 대통령령으로 정하는 1세대가 주택과 조합원입주권을 보유한 경우로서 그 수의 합이 3 이상인 경우의 해당 주택

   이 경우 "대통령령으로 정하는 1세대"란 소득세법 제88조 제6호에 따른 1세대를 말하고, 1세대가 보유한 주택(주택에 딸린 토지를 포함한다.)과 조합원입주권의 수를 계산할

때에는 소득세법 시행령 제 167조의 4 제2항부터 제5항까지의 규정에 따른다(영 §100 ⑩·⑪).
3. 「소득세법」제104조의2 제2항에 따른 지정지역에 있는 부동산으로서 같은 법 제104조의3에 따른 비사업용 토지
4. 그 밖에 부동산 가격이 급등하였거나 급등할 우려가 있어 부동산 가격의 안정을 위하여 필요한 경우에 대통령령으로 정하는 부동산

6. 부동산을 취득할 수 있는 권리, 지상권, 이용권, 회원권 등을 둘 이상 양도한 경우에 따른 적용세율

해당 과세기간에「소득세법」제94조 제1항 제1호·제2호 및 제4호에서 규정한 자산을 둘 이상 양도하는 경우 양도소득에 대한 개인지방소득세 산출세액은 다음 각 호의 금액 중 큰 것으로 한다(법 §103의3 ⑥ Ⅰ·Ⅱ).

1. 해당 과세기간의 양도소득과세표준 합계액에 대하여 제92조 제1항에 따른 세율을 적용하여 계산한 양도소득에 대한 개인지방소득세 산출세액
2. 제1항부터 제5항까지의 규정에 따라 계산한 자산별 양도소득에 대한 개인지방소득세 산출세액 합계액

7. 세율적용의 특례

1. 소득세법 제94조 제1항 제5호에 따른 파생상품 등에 따른 세율은 자본시장 육성 등을 위하여 필요한 경우 그 세율의 100분의 75의 범위에서 대통령령으로 정하는 바에 따라 인하할 수 있다(법 §103의3 ⑦).
   이 경우 법 제103조의3 제1항 제12호에 따른 파생상품 등의 양도소득에 대한 개인지방소득세의 세율은 1천분의 5로 한다(영 §100 ⑫).
2. 「소득세법」제118조의 9에 따라 양도소득으로 양도소득으로 보는 국내주식 등의 평가이익에 대한 세율은 다음 표와 같다(법 §103의3 ⑧).

과세표준	세율
3억원 이하	1천분의20
3억원 초과	600만원 + (3억원 초과액 × 1천분의25)

이 경우 중소기업외 법인 대주주 주식등에 대하여는 '18.1.1.부터 차등세율(2%/2.5%) 적용하고 있어 중소기업 대주주 주식등 양도시 2020년 1월 1일 이후 주식등을 양도하는 경우부터 적용(법률 제15335호 지방세법 일부개정법률 부칙 제1조제2호) 차등화 하였다.

그리고, 거주자가 비거주자로 전환함으로써 발생하는 역외탈세 방지를 위해 국외전출세 제도 도입(2016년 도입, 2018년 시행)하였고, 대주주인 거주자가 이민 등 국외전출시 보유하고 있는 국내 주식의 평가이익에 대한 양도소득에 대해 국외전출시 지방소득세율 적용은 '19.1.1.이후 거주가가 출국하는 경우부터 적용(법률 제15335호 지방세법 일부개정법률 부칙 제6조)하되, 법 제103조의3제1항제11호가목1)에서 정하는 "중소기업의 주식등"에 대해서는 '20.1.1.부터 적용(법률 제15335호 지방세법 일부개정법률 부칙 제1조)한다.

이와같은 국외전출세 제도는 대주주인 거주자가 이민 등으로 국외전출하는 경우 보유하고 있는 국내 주식에 대한 양도소득세를 미리 과세하는 제도로서 이민 등으로 국외전출하는 거주자로서 ①국외전출일 전 10년 중 5년 이상 국내에 주소·거소가 있을 것 ② 양도소득세 과세대상자인 대주주에 해당하는 것을 모두 충족하는 자가 납세의무자이며, 과세대상은 국내 주식으로 과세표준의 100분의 20을 과세하고 납세관리인, 국내주식등의 보유현황을 신고하고 국외전출일이 속하는 달의 말일부터 3개월 내에 양도 소득세 신고·납부하여야 하며 납세담보 설정, 납세관리인 지정 등 요건 충족시 5년간 납부유예 (국외유학 등의 경우 최대 10년)허용되며, 외국납부세액공제 및 실제 양도가액이 국외전출시보다 하락한 경우 가격하락분에 대한 조정 등의 조정공제를 허용하고 있다.

3. 제3항에 따른 세율에 대해서는 제5항 또는 제7항을 준용하여 가감할 수 있다(법 §103의3 ⑨).
4. 다음 각 호의 어느 하나에 해당하는 주택(이에 딸린 토지를 포함한다. 이하 이 항에서 같다)을 양도하는 경우 제92조제1항에 따른 세율에 1천분의 20(제3호 또는 제4호에 해당하는 주택은 1천분의 30)을 더한 세율을 적용한다. 이 경우 해당 주택 보유기간이 2년 미만인 경우에는 제92조제1항에 따른 세율에 1천분의 20(제3호 또는 제4호에 해당하는 주택은 1천분의 30)을 더한 세율을 적용하여 계산한 양도소득에 대한 개인지방소득세 산출세액과 제1항제2호 또는 제3호의 세율을 적용하여 계산한 양도소득에 대한 개인지방소득세 산출세액 중 큰 세액을 양도소득에 대한 개인지방소득세 산출세액으로 한다(법 §103의3 ⑩ Ⅰ~Ⅳ).

1. 조정대상지역에 있는 주택으로서 대통령령으로 정하는 1세대 2주택에 해당하는 주택
   이 경우 "대통령령으로 정하는 1세대 2주택에 해당하는 주택"이란 「소득세법 시행령」 제167조의10에 따른 주택을 말한다(영 §100 ⑬).

2. 조정대상지역에 있는 주택으로서 1세대가 1주택과 조합원입주권 또는 분양권을 1개 보유한 경우의 해당 주택. 다만, 대통령령으로 정하는 장기임대주택 등은 제외한다.
   이 경우 "대통령령으로 정하는 장기임대주택 등"이란 「소득세법 시행령」 제167조의11에 따른 주택을 말한다.

3. 조정대상지역에 있는 주택으로서 대통령령으로 정하는 1세대 3주택 이상에 해당하는 주택

  이 경우 "대통령령으로 정하는 1세대 3주택 이상에 해당하는 주택"이란 「소득세법 시행령」 제167조의3에 따른 주택을 말한다

4. 조정대상지역에 있는 주택으로서 1세대가 주택과 조합원입주권 또는 분양권을 보유한 경우로서 그 수의 합이 3 이상인 경우 해당 주택. 다만, 대통령령으로 정하는 장기임대주택 등은 제외한다.

  이 경우 "대통령령으로 정하는 장기임대주택 등"이란 「소득세법 시행령」 제167조의4에 따른 주택을 말한다.

제103조의 4 │ 세액공제 및 세액감면

양도소득에 대한 개인지방소득세의 세액공제 및 세액감면에 관한 사항은 「지방세특례제한법」에서 정한다. 다만, 양도소득에 대한 개인지방소득세의 공제세액 또는 감면세액이 산출세액을 초과하는 경우에는 그 초과금액은 없는 것으로 한다(법 §103의4).

이 규정의 세액공제 및 세액감면에 대한 지방소득세 특례는 지방세특례제한법 제3장(제93조부터 제176조)에 자세히 설명되어 있으니 참고하기 바란다.

제103조의 5 │ 과세표준 예정신고와 납부

① 거주자가 「소득세법」 제105조에 따라 양도소득과세표준 예정신고를 하는 경우에는 해당 신고기한에 2개월을 더한 날(이하 이 조에서 "예정신고기한"이라 한다)까지 양도소득에 대한 개인지방소득세 과세표준과 세액을 대통령령으로 정하는 바에 따라 납세지 관할 지방자치단체의 장에게 신고(이하 이 절에서 "예정신고"라 한다)하여야 한다. 이 경우 거주자가 양도소득에 대한 개인지방소득세 과세표준과 세액을 납세지 관할 지방자치단체의 장 외의 지방자치단체의 장에게 신고한 경우에도 그 신고의 효력에는 영향이 없다(법 §103의5 ①).

이 규정은 그간 납세자는 개인지방소득세를 소득세와 함께 세무서에 신고하고 있으나, 2020년부터 소득세는 세무서에 개인지방소득세는 지자체에 신고함에 따라 양도소득

은 부동산 등 양도시에만 발생하는 1회성 세금으로 전자신고율이 낮아 시스템 개선을 통한 원스톱 신고처리에 한계가 있고 방문(우편) 서면 신고자의 이중 방문(작성)하는 불편문제를 해소할 필요가 있어 납세자의 신고행위 없이도 지자체에서 세액까지 기재한 납부서 발송, 납세자는 세액만 납부시 신고 간주토록 신고간소화 제도 도입하였는데 이는 신고에 어려움이 있는 소규모 사업자를 위해 지자체에서 세액까지 미리 채워 고지서 형태로 발송하고, 별다른 신고절차 없이 고지받은 세액에 따라 납부할 경우 신고의 효력을 인정하기 위한 제도로서 국세보다 신고·납부기한을 2개월 연장하여 국세청으로부터 방문(우편) 서면 신고자의 신고자료를 전산통보 받아 지자체에서 납부서를 발송하고 신고간소화 규정을 신설하여 납부서상 세액만 납부시 신고를 인정하는 것이다.

여기에서 신고기한을 당초보다 2개월이나 연장하는 것은 납세자가 국세를 방문(우편) 서면 신고하게 되면, 국세 정보화센터에서 전산입력까지 완료하는데 한 달 정도가 소요되고 행안부가 국세청으로부터 해당 전산자료를 즉시 통보 받아 납세지 관할 지자체를 지정하여 배분하고, 지자체의 세액산출 및 납부서 출력시간과 납세자의 납부기간까지 고려시, 국세 신고기한 종료후 2개월의 시간이 더 필요하기 때문이다.

※ 양도소득에 대한 개인지방소득세 신고납부기한

구 분		개선
예정 신고	토지, 건물, 부동산에 관한 권리, 기타자산	양도일이 속하는 달의 말일부터 4월
	토지거래허가구역 안의 토지	토지거래허가일(허가구역해제일)이 속하는 달의 말일부터 4월
	주식	양도한 날이 속하는 반기의 말일부터 4월
	부담부증여의 채무액	양도일이 속하는 달의 말일부터 5월
확정 신고	일반적인 경우	양도일이 속하는 다음연도의 5.1.~7.31.
	토지거래허가구역 안의 토지	토지거래허가일이 속하는 연도의 다음연도의 5.1.~7.31.

이 경우 예정신고를 하려는 자는 행정자치부령이 정하는 양도소득에 대한 개인지방소득세 과세표준예정신고 및 납부계산서를 납세지 관할 지방자치단체의 장에게 제출하여야 한다(영 §100의2 ①).

② 제1항은 양도차익이 없거나 양도차손이 발생한 경우에도 적용한다(법 §103의5 ②).

③ 거주자가 예정신고를 할 때에는 제103조의6에 따른 양도소득에 대한 개인지방소득세 예정신고 산출세액에서「지방세특례제한법」이나 조례에 따른 감면세액과 제98조 및 제103조의9에 따른 수시부과세액을 공제한 세액을 대통령령으로 정하는 바에 따라 납

세지 관할 지방자치단체의 장에게 납부(이하 이 절에서 "예정신고납부"라 한다.)하여야 한다(법 §103의5 ③).

이 규정에 따라 양도소득에 대한 개인지방소득세를 납부하려는 자는 행정자치부령으로 정하는 납부서로 납부하여야 한다(영 §100의2 ②).

위의 규정에 따라 양도소득세의 과세대상이 되는 자산을 양도한 자는 해당자산을 양도할 때마다 과세표준 예정신고와 납부를 하여야 하며, 양도자가 예정신고를 하지 아니하거나 그 내용에 탈루나 오류가 있는 때에는 납세지 관할 과세권자는 해당 양도자의 양도소득과세표준과 세액을 결정·경정함과 동시에 세액을 징수한다.

④ 제1항에도 불구하고 납세지 관할 지방자치단체의 장은 거주자에게 제1항에 따른 과세표준과 세액을 기재한 행정안전부령으로 정하는 납부서(이하 이 조에서 "납부서"라 한다)를 발송할 수 있다.

⑤ 제4항에 따라 납부서를 받은 자가 납부서에 기재된 세액을 예정신고기한까지 납부한 경우에는 제1항에 따라 예정신고를 하고 납부한 것으로 본다.

제103조의 6 │ 예정신고 산출세액의 계산

① 예정신고납부를 할 때 납부할 세액은 양도소득에 대한 개인지방소득세 과세표준에 제103조의3의 세율을 적용하여 계산한 금액으로 한다(법 §103의6 ①).

② 해당 과세기간에 누진세율 적용대상 자산에 대한 예정신고를 2회 이상 하는 경우로서 거주자가 이미 신고한 양도소득금액과 합산하여 신고하려는 경우에는「소득세법」제107조 제2항의 산출세액 계산방법을 준용하여 계산한다. 이 경우 세율은 다음 각 호의 구분에 따른 세율로 한다(법 §103의6 ② Ⅰ·Ⅱ).

1. 「소득세법」제107조제2항제1호에 따라 계산하는 경우: 제103조의3제1항제1호에 따른 세율
2. 「소득세법」제107조제2항제2호에 따라 계산하는 경우: 제103조의3제1항제8호 또는 제9호에 따른 세율
3. 「소득세법」제107조제2항제3호에 따라 계산하는 경우: 제103조의3제1항제11호가목2)에 따른 세율
4. 「소득세법」제107조제2항제4호에 따라 계산하는 경우: 제103조의3제1항제14호에 따른 세율

위 규정에 따라 신탁 수익권(신탁의 수익자가 수탁자로부터 신탁 행위에서 정한 목적

에 따라 이익을 향유할 수 있는 권리로서, 「신탁법」은 양도 가능한 자산으로 규정)은 미래의 일정 기대수익을 나타내는 재산성이 있는 자산으로서, 양도소득세의 과세대상에 명확히 포함시키도록 개정하면서 기준시가는 「상증법」상 '신탁의 이익을 받을 권리'에 대한 평가 규정을 준용(상증법 §65)하고, 「소득세법」상 양도소득세 과세대상으로 열거되는 자산에 대해 과세가 가능하므로, 신탁 수익권을 과세대상으로 명확히 규정한 것이다.

제103조의 7 | 과세표준 확정신고와 납부

① 거주자가 「소득세법」 제110조에 따라 양도소득과세표준 확정신고를 하는 경우에는 해당 신고기한에 2개월을 더한 날(이하 이 조에서 "확정신고기한"이라 한다)까지 양도소득에 대한 개인지방소득세 과세표준과 세액을 대통령령으로 정하는 바에 따라 납세지 관할 지방자치단체의 장에게 확정신고·납부하여야 한다. 이 경우 거주자가 양도소득에 대한 개인지방소득세 과세표준과 세액을 납세지 관할 지방자치단체의 장 외의 지방자치단체의 장에게 신고한 경우에도 그 신고의 효력에는 영향이 없다(법 §103의7 ①).

> ※ 국세기본법 제43조 【과세표준신고의 관할】
> ① 과세표준신고서는 신고 당시 해당 국세의 납세지를 관할하는 세무서장에게 제출하여야 한다. 다만, 전자신고를 하는 경우에는 지방국세청장이나 국세청장에게 제출할 수 있다.
> ② 과세표준신고서가 제1항의 세무서장 외의 세무서장에게 제출된 경우에도 그 신고의 효력에는 영향이 없다.

이 규정에 따른 확정신고·납부를 하려는 자는 행정자치부령으로 정하는 양도소득에 대한 개인지방소득세 과세표준확정신고 및 납부계산서를 납세지 관할 지방자치단체의 장에게 제출하여야 한다(영 §100의3 ①).

② 제1항은 해당 과세기간의 과세표준이 없거나 결손금액이 있는 경우에도 적용한다(법 §103의7 ②).

이 경우는 양도소득이 있는 거주자는 그 양도소득과세표준을 당해 연도의 다음 연도 5월1일부터 5월31일까지 납세지 관할 지방자치단체의 장에게 신고하여야 하고, 당해 연도의 과세표준이 없거나 결손금액이 있는 때에도 과세표준확정신고를 하여야 한다. 이를 양도소득과세표준확정신고라 한다. 예정신고를 한 자는 당해 소득에 대한 확정신고를 아니할 수 있다.
③ 예정신고를 한 자는 제1항에도 불구하고 해당 소득에 대한 확정신고를 하지 아니할 수 있다. 다만, 해당 과세기간에 누진세율 적용대상 자산에 대한 예정신고를 2회 이상 하는 경우 등으로서 대통령령으로 정하는 경우에는 그러하지 아니하다(법 §103의7 ③).
이 항의 단서에서 "대통령령으로 정하는 경우"란,
㉮ 해당 연도에 누진세율의 적용대상 자산에 대한 예정신고를 2회 이상 한 자가 법 제103조의6 제2항에 따라 이미 신고한 양도소득금액과 합산하여 신고하지 아니한 경우
㉯ 「소득세법」 제94조 제1항 제1호·제2호 및 제4호에 따른 토지, 건물, 부동산에 관한 권리 및 기타 자산을 2회 이상 양도한 경우로서 같은 법 제103조 제2항을 적용할 경우 당초 신고한 양도소득에 대한 개인지방소득세 산출세액이 달라지는 경우
㉰ 「소득세법」 제94조 제1항 제3호에 따른 주식 등을 2회 이상 양도한 경우로서 같은 법 제103조 제2항을 적용할 경우 당초 신고한 양도소득에 대한 개인지방소득세 산출세액이 달라지는 경우
㉱ 「소득세법」 제94조제1항제3호가목 및 나목에 해당하는 주식등을 2회 이상 양도한 경우로서 같은 법 제103조제2항을 적용할 경우 당초 신고한 양도소득에 대한 개인지방소득세 산출세액이 달라지는 경우를 말한다(영 §100의3 ② Ⅰ~Ⅳ).
④ 거주자는 해당 과세기간의 양도소득에 대한 개인지방소득세 산출세액에서 제103조의4에 따라 감면되는 세액을 공제한 금액을 확정신고기한까지 대통령령으로 정하는 바에 따라 납세지 관할 지방자치단체에 납부하여야 한다(법 §103의7 ④).
⑤ 제1항에 따른 확정신고·납부를 하는 경우 제103조의6에 따른 예정신고 신출세액, 제103조의9에 따라 결정·경정한 세액 또는 제98조·제103조의9에 따른 수시부과세액이 있을 때에는 이를 공제하여 납부한다(법 §103의7 ⑤).
⑥ 「소득세법」 제126조의3에 따른 국외전출자(이하 이 조에서 "국외전출자"라 한다)는 같은 법 제126조의9제2항에 따라 양도소득 과세표준을 신고하는 경우에는 해당 신고기한까지 양도소득에 대한 개인지방소득세과세표준과 세액을 대통령령으로 정하는 바에 따라 납세지 관할 지방자치단체의 장에게 신고납부하여야 한다(법 §103의7 ⑥).
위의 ④ 부터 ⑥까지의 양도소득에 대한 개인지방소득세를 납부하려는 자는 행정자치부령으로 정하는 납부서로 납부하여야 한다(영 §100의3 ③)
⑦ 국외전출자는 「소득세법」 제126조의10에 따라 소득세 납부를 유예받은 경우로서 납세지를 관할하는 지방자치단체의 장에게 「지방세기본법」 제65조에 따른 납세담보를 제공하는 경우에는 이 법에 따른 개인지방소득세의 납부를 유예받을 수 있다. 이 경우 개인지방소득세의 납부를 유예받은 경우에는 대통령령으로 정하는 바에 따라 납부유예기간에 대한 이자상당액을 가산하여 개인지방소득세를 납부하여야 한다(법 §103의7 ⑦).

이자상당액은 다음의 계산식에 따라 산출된 금액으로 한다(영 §100의3 ④).

> 이자상당액= 법 제103조의7 제7항에 따라 납부유예 받은 금액 ×신고한 납부일까지의 일수
> ×납부유예 신청일 현재 「지방세기본법 시행령」 제43조에 따른 이자율

이 규정은 대주주인 거주자가 국외전출(이민 등)하는 경우 국외전출일을 기준으로 국내 주식 등에 대한 양도소득세를 미리 과세하는 제도로서 2016년부터 비거주자로의 전환을 통한 역외탈세 방지와 국내 과세권 확보를 위해 도입(소득세법 제118조의9~제118조의18) 되었으며, 납세의무자는 이민 등으로 국외전출하는 거주자로서 국외전출일 전 10년 중 5년 이상 국내에 주소·거소가 있고 양도소득세 과세대상자인 대주주인 자이며, 과세대상은 국내 주식 등(비상장, 신주인수권 증권예탁증권 포함)이다.

※ 현행 주식 양도소득세 관련 대주주 기준(2020년 기준, 지분율, 보유액)

코스피	코스닥	코넥스	비상장
1% 또는 10억원	2% 또는 10억원	4% 또는 10억원	4% 또는 10억원

적용세율은 과세표준[양도가액(출국 당시의 시가) - 필요경비(취득가액, 양도비) - 연 250만원] × 20%(3억원 초과분 25%)으로 국외전출일 전날까지 납세관리인, 국내주식 등의 보유현황을 신고한 후 국외전출일이 속하는 달의 말일부터 3개월 내에 양도소득세 신고·납부하여야 하고 납세담보 설정, 납세관리인 지정 등 요건 충족시 5년간(국외유학 등의 경우 최대 10년) 납부유예 허용된다. 이 경우 출국일로부터 5년(국외유학 등의 경우 10년) 이내 양도하지 아니한 경우 5년(10년)이 되는 날이 속하는 달의 말일부터 3개월 이내에 납부하여야 한다.

⑧ 납세지 관할 지방자치단체의 장은 「소득세법」 제118조의17에 따라 국외전출자가 납부한 세액이 환급되거나 납부유예 중인 세액이 취소된 경우 국외전출자가 납부한 개인지방소득세를 환급하거나 납부유예 중인 세액을 취소하여야 한다. 이 경우 「지방세기본법」 제77조에 따른 지방세환급가산금을 지방세환급금에 가산하지 아니한다(법 §103의7 ⑧).

⑨ 제1항에도 불구하고 납세지 관할 지방자치단체의 장은 거주자에게 제1항에 따른 과세표준과 세액을 기재한 행정안전부령으로 정하는 납부서(이하 이 조에서 "납부서"라 한다)를 발송할 수 있다(법 §103의7 ⑨).

⑩ 제9항에 따라 납부서를 받은 자가 납부서에 기재된 세액을 확정신고기한까지 납부한 경우에는 제1항에 따라 확정신고를 하고 납부한 것으로 본다(법 §103의7 ⑩).

제103조의 8 | 기장 불성실가산세

「소득세법」제115조에 따라 소득세산출세액에 가산세를 더하는 경우에는 그 더하는 금액의 100분의 10에 해당하는 금액을 양도소득에 대한 개인지방소득세 산출세액에 더한다. 다만, 「소득세법」제115조에 따라 더해지는 가산세의 100분의 10에 해당하는 양도소득에 대한 개인지방소득세 가산세와「지방세기본법」제53조 또는 제54조에 따른 가산세가 동시에 적용되는 경우에는 그 중 큰 가산세액만 적용하고, 가산세액이 같은 경우에는「지방세기본법」제53조 또는 제54조 따른 가산세만 적용한다(법 §103의8).

그러므로 소득세법 제115조에 따라 주식 등의 거래명세를 장부에 기록·관리할 때에는 종목별로 구분하여 각각 별지에 기장하여야 하며, 각 종목별 기장에 있어서는 거래일자, 거래수량, 단가, 취득가액 또는 양도가액, 거래수수료, 증권거래세, 농어촌특별세 등의 거래명세를 항목별로 빠짐없이 기장하여야 하는데 이를 불성실하게 기장 등을 한 경우는 가산세가 가산된다(소법령 §178).

제103조의 9 | 수정신고·결정·경정·수시부과·가산세·징수·환급

① 양도소득에 대한 개인지방소득세의 수정신고·결정·경정·수시부과·징수 및 환급에 관하여는 제96조부터 제98조까지 및 제100조의 규정을 준용한다(법 §103의9①).
② 거주자가 건물을 신축 또는 증축(증축한 부분의 바닥면적의 합계가 85제곱미터를 초과하는 경우로 한정한다)하고 그 건물의 취득일(증축의 경우에는 증축한 부분의 취득일을 말한다)부터 5년 이내에 양도하는 경우로서「소득세법」제97조제1항제1호나목에 따른 감정가액 또는 환산취득가액을 그 취득가액으로 하는 경우에는 해당 건물분(증축의 경우에는 증축한 부분으로 한정한다) 감정가액 또는 환산취득가액의 1천분의 5에 해당하는 금액을 제103조의2제2호에 따른 양도소득에 대한 개인지방소득세 결정세액에 더한다(법 §103의9②).
위의 규정에 따라 건물을 신축하여 취득 후 5년 이내 양도하는 하면서 양도소득분 개인지방소득세 신고납부시 실지 취득가액을 확인할 수 없는 경우에는 ①매매사례가액 → ②감정가액 → ③환산취득가액(소득세법 §97조)의 적용이 가능토록 규정하고 있다.
그런데 소득세법은 환산취득가액 또는 감정가액을 취득가액으로 적용하는 경우 가산세를 부과하나, 개인지방소득세는 2018년 1월 이후 양도분건물 신축·증축하여 취득

후 5년 이내 양도한 경우 환산취득가액을 취득가액으로 적용한 경우에만 가산세를 부과하고 있고, 또한, 소득세의 경우 가산세를 부과할 경우 증축의 경우에는 85㎡를 초과하는 경우에만 한정하고 있으나, 지방소득세는 별도의 규정이 없어 모든 면적에 대해 가산세를 부과하고 있어 현행 환산취득가액뿐만 아니라 감정가액을 취득원가로 사용하여 양도소득분 개인지방소득세 산정시 가산세를 부과할 수 있는 법적 근거를 마련하고, 감정가액 또는 환산취득가액을 취득원가로 개인지방소득세가 가산되는 대상을 증축의 경우에는 85㎡를 초과하는 경우로 한정하여 1천분의 5에 해당하는 가산세를 부과할 수 있도록 하였다

③ 제2항은 양도소득에 대한 개인지방소득세 산출세액이 없는 경우에도 적용한다(법 §103의9③).

제4절 비거주자의 소득에 대한 지방소득세

소득세의 납세의무자는 소득이 귀속하는 개인이다. 소득세법에서는 소득세의 납세의무자를 거주자와 비거주자로 구분하고, 이에 따라 과세소득의 범위 및 과세방법 등에 차이를 두고 있다. 거주자란 국내에 주소를 두거나, 183일 이상 거소를 둔 개인을 말하고, 비거주자(Non-residents)란 거주자가 아닌 자로서 국내원천소득이 있는 개인을 말한다.

제103조의 10 비거주자에 대한 과세방법

① 비거주자에 대하여 과세하는 개인지방소득세는 해당 국내원천소득을 종합하여 과세하는 경우와 분류하여 과세하는 경우 및 그 국내원천소득을 분리하여 과세하는 경우로 구분하여 계산한다(법 §103의10 ①).
② 비거주자의 국내사업장 및 국내원천소득의 종류에 따른 구체적인 과세방법은 「소득세법」 제120조, 제121조 제2항부터 제6항까지의 규정에서 정하는 바에 따른다(법 §103의10 ②).

1. 과세원칙 및 거주자여부의 구분

① 우리나라는 거주자에 대하여는 소득의 발생장소에 관계없이 국내 외의 모든 원천소득에 대하여 과세권을 행사하는 거주지국 과세주의(Residence principle : 속인주의)를 채택하고, 비거주자에 대하여는 한국의 영토 내에서 발생하는 소득에 대해서만 과세권을 행사하는 원천지국 과세주의(Source principle : 속지주의)를 채택하고 있다.
이에 따라 어떤 외국의 거주자인 한국의 비거주자가 한국으로부터 소득을 얻는 경우에 그 외국은 거주지국 과세주의에 의해 자국 거주자의 모든 소득에 대하여 과세권을 행사하며, 한국은 원천지국 과세주의에 따라 그 외국의 거주자(한국의 비거주자)의 한국내 원천소득에 대해서만 과세하게 된다. 그 결과 동일소득에 대하여 양국의 과세권이 중복되어 이중과세가 되는 바, 이러한 국제적 이중과세(International double Taxation)의 문제는 당사국간의 조세협약의 규정에 의하여 처리된다.
② 납세의무의 범위가 달라지는 거주자와 비거주자의 구분은 앞에서 설명한 거주성에 의하여 구분한다. 즉 국내에 주소를 두거나 1년 이상 거소를 둔 개인은 거주자로 보며 거주자가 아닌 경우는 비거주자로 본다. 그러나 국제간 인적교류에 있어서 어떤 개인

이 우리나라 세법상 거주자인 동시에 외국세법상으로도 외국의 거주자가 되는 경우가 발생할 수 있다. 이와 같이 어떤 개인이 이중거주자에 해당되어 양국의 과세권이 경합하는 경우에는 조세협약의 거주지국 판별기준에 의하여 그 개인의 과세지를 결정하게 된다(소법 §1의 2 Ⅰ, Ⅱ).

그리고 비거주자가 국내에 사업의 전부 또는 일부를 수행하는 고정된 장소를 가지고 있는 경우에는 국내사업장이 있는 것으로 본다(소법 §120 ①).

2. 비거주자에 대한 과세방법

비거주자에 대하여 과세하는 소득세는 해당 국내원천소득을 종합하여 과세하는 경우와 분류하여 과세하는 경우 및 그 국내원천소득을 분리하여 과세하는 경우로 구분하여 계산한다.

제103조의 11 │ 비거주자에 대한 종합과세

① 「소득세법」 제121조제2항 또는 제5항에서 규정하는 비거주자의 국내원천소득에 대한 개인지방소득세의 과세표준과 세액의 계산에 관하여는 이 법 중 거주자에 대한 개인지방소득세의 과세표준과 세액의 계산에 관한 규정을 준용한다. 다만, 과세표준을 계산할 때 「소득세법」 제51조제3항에 따른 인적공제 중 비거주자 본인 외의 자에 대한 공제와 같은 법 제52조에 따른 특별소득공제, 「지방세특례제한법」 제97조의2에 따른 자녀세액공제 및 같은 법 제97조의4에 따른 특별세액공제는 하지 아니한다(법 §103의11 ①).

② 제1항에 따라 개인지방소득세의 과세표준과 세액을 계산하는 비거주자의 신고와 납부에 관하여는 이 법 중 거주자의 신고와 납부에 관한 규정을 준용한다. 다만, 제1항에 따른 과세표준에 제103조의18에 따라 특별징수된 소득의 금액이 포함되어 있는 경우에는 그 특별징수세액은 제95조 제3항 제4호에 따라 공제되는 세액으로 본다(법 §103의11 ②).

③ 제2항에도 불구하고 법인으로 보는 단체 외의 법인 아닌 단체 중 「소득세법」 제2조제3항 각 호 외의 부분 단서 또는 같은 조 제4항제1호에 따라 단체의 구성원별로 납세의무를 부담하는 단체의 비거주자인 구성원(이하 이 항에서 "비거주자구성원"이라 한다)이 국내원천소득(비거주자구성원의 국내원천소득이 해당 단체의 구성원으로서 얻는 소득만 있는 경우로 한정한다)에 대하여 같은 법 제121조제5항에 따라 종합소득 과세표준확정신고를 하는 경우로서 같은 법 제124조제2항에 따라 해당 단체의 거주자인 구성원 1명(이하 이 항에서 "대표신고자"라 한다)이 비거주자구성원을 대신하여 비거주자구

성원의 종합소득 과세표준을 일괄하여 신고하는 경우 그 대표신고자는 대통령령으로 정하는 바에 따라 비거주자구성원의 지방소득세 과세표준도 일괄하여 신고할 수 있다(법 §103의11 ③).

위 법 규정에 따라 대표신고자가 비거주자구성원의 지방소득세 과세표준을 일괄하여 신고하는 경우에는 행정안전부령으로 정하는 신고서류를 자신의 납세지 관할 지방자치단체의 장에게 제출해야 한다. 다만, 대표신고자가 「소득세법 시행령」 제182조제2항 단서에 해당하는 경우에는 그 소속 단체의 납세지 관할 지방자치단체의 장에게 제출해야 한다(영 §100의4 ①).

이 규정은 소득세에서는 법인 아닌 단체의 개인 구성원인 비거주자에 대한 과세정보가 확보되는 등 요건을 충족할 경우, 법인 아닌 단체의 구성원 중 거주자가 비거주자인 구성원의 소득을 일괄하여 신고할 수 있도록 하고 있어(소법 §124②) 법인 아닌 단체의 구성원 중 거주자가 비거주자인 구성원의 소득을 일괄 신고하는 경우, 지방소득세도 일괄 신고할 수 있도록 지방소득세 신고 간소화 규정을 마련한 것이다

④ 비거주자의 국내원천소득을 종합하여 과세하는 경우에 이에 관한 결정 및 경정과 징수 및 환급에 관하여는 이 법 중 거주자에 대한 개인지방소득세의 결정 및 경정과 징수 및 환급에 관한 규정을 준용한다. 다만, 제1항에 따른 과세표준에 제103조의18에 따라 특별징수된 소득의 금액이 포함되어 있는 경우에는 그 특별징수세액은 제95조 제3항 제4호에 따라 공제되는 세액으로 본다(법 §103의11 ④).

⑤ 비거주자에 대한 종합과세와 관련하여 이 법에서 특별한 규정이 있는 경우를 제외하고는 「소득세법」에 따른 비거주자에 대한 종합과세에 관한 규정을 준용한다(법 §103의11 ⑤).

(1) 국내사업장이 있는 비거주자와 부동산 임대소득이 있는 비거주자에 대하여는 다음의 소득(그 국내사업장에 귀속되지 아니하는 소득으로서 원천징수의 특례규정에 의하여 원천징수되는 소득을 제외)을 종합하여 과세하고, 퇴직소득 및 양도소득이 있는 거주자에 대하여는 거주자와 같은 방법으로 소득별로 분류하여 과세한다(소법 §121 ②). 다만, 비거주자에게 양도소득세를 과세할 경우 1세대 1주택 비과세(소법 §89 ① 3호) 및 1세대 1주택에 대한 장기보유특별공제율(소법 §92 ② 단서)은 적용하지 아니한다(소법 §121 ② 단서).

(2) 분리과세 원천징수대상소득 중 인적용역소득(소법 §119 6호)이 있는 비거주자가 종합소득과세표준 확정신고를 하는 경우에는 다음의 소득에 대하여 종합하여 과세할 수 있다(소법 §121 ⑤).

① 이자소득

② 배당소득

③ 부동산임대소득

④ 자산임대소득
⑤ 사업소득
⑥ 인적용역소득
⑦ 근로소득
⑧ 연금소득
⑨ 사용료소득
⑩ 유가증권의 양도로 인한 소득
⑪ 기타소득
※ 퇴직소득과 양도소득은 제외.

제103조의 12 | 비거주자에 대한 분리과세

① 「소득세법」 제121조 제3항 및 제4항에서 규정하는 비거주자의 국내원천소득(「소득세법」 제119조제7호 및 제8호의2는 제외한다)에 대한 개인지방소득세의 과세표준은 「소득세법」 제126조 제1항에서 정하는 바에 따른다(법 §103의12 ①).

② 제1항에 따른 국내원천소득에 대한 세액은 제103조의18에 따라 계산한 금액으로 한다(법 §103의12 ②).

③ 비거주자의 국내원천소득을 종합하여 과세하는 경우에 이에 관한 결정 및 경정과 징수 및 환급에 관하여는 이 법 중 거주자에 대한 개인지방소득세의 결정 및 경정과 징수 및 환급에 관한 규정을 준용한다. 다만, 제1항에 따른 과세표준에 제103조의18에 따라 특별징수된 소득의 금액이 포함되어 있는 경우에는 그 특별징수세액은 제95조제3항제4호에 따라 공제되는 세액으로 본다(법 §103의12 ③).

④ 비거주자가 「소득세법」 제126조의2에 따라 유가증권 양도소득에 대한 소득세를 신고·납부하는 경우에는 그 납부하는 소득세의 10분의 1에 해당하는 금액을 같은 조에서 규정하는 신고·납부기한까지 납세지 관할 지방자치단체에 지방소득세로 신고·납부하여야 한다. 이 경우 지방소득세의 신고·납부 등에 관하여 필요한 사항은 대통령령으로 정한다(법 §103의12 ④).

⑤ 위의 제4항에 따라 비거주자가 유가증권 양도소득에 대한 개인지방소득세의 세액을 신고하는 경우에 납세지 관할 지방자치단체의 장 외의 지방자치단체의 장에게 신고한 경우에도 그 신고의 효력에는 영향이 없다(법 §103의12 ⑤).

⑥ 비거주자에 대한 분리과세와 관련하여 이 법에서 특별한 규정이 있는 경우를 제외하고는

「소득세법」에 따른 비거주자에 대한 분리과세에 관한 규정을 준용한다(법 §103의12 ⑥).

1. 비거주자에 대한 과세원칙

① 국내사업장이 없는 비거주자에 대해서는 국내원천소득(퇴직소득 및 양도소득 제외)의 소득별로 분리하여 과세한다(소법 §121 ③).
② 국내사업장이 있는 비거주자의 국내원천소득으로서 비거주자의 국내원천소득에 대한 원천징수의 특례규정에 의하여 원천징수되는 소득에 대해서는 해당 소득별(퇴직소득 및 양도소득 제외)로 분리하여 과세한다(소법 §121 ④). 즉 국내사업장이 있는 비거주자의 국내원천소득인 경우에도 그 국내사업장과 실질적으로 관련되지 아니하거나 그 국내사업장에 귀속되지 아니한 소득은 원천징수를 통하여 분리과세한다.
③ 분리과세 되는 경우로서 비거주자로 보는 단체에 대해서는 그 단체의 구성원별로 분배받은 이익에 대하여 과세한다(소령 §180의 2 ②).
④ 비거주자가 소득세법 제126조의2에 따라 유가증권 양도소득에 대한 소득세를 신고·납부하는 경우에는 그 납부하는 소득세의 10분의 1에 해당하는 금액을 납세지 관할 지방자치단체에 지방소득세로 신고·납부하여야 한다.

2. 비거주자의 유가증권양도소득에 대한 개인지방소득세 신고·납부 특례

① 법 제103조의12 제4항에 따라 지방소득세를 신고·납부하려는 비거주자가 소득세법 제126조의2 제1항 또는 제2항에 해당되는 때에는 해당 유가증권을 발행한 내국법인의 소재지 관할 지방자치단체의 장에게 행정자치부령이 정하는 비거주자유가증권양도소득정산신고서를 제출하여야 한다(영 §100의4 ①).
② 법 제103조의12 제4항에 따라 지방소득세를 신고·납부하려는 비거주자가 소득세법 제126조의2 제3항 본문에 해당하는 때에는 유가증권을 발행한 내국법인의 소재지 관할 지방자치단체의 장에게 행정자치부령으로 정하는 비거주자유가증권양도소득신고서를 제출하여야 한다(영 §100의4 ②).

제5절 개인지방소득에 대한 특별징수

제103조의 13 특별징수의무

① 「소득세법」 또는 「조세특례제한법」에 따른 원천징수의무자가 거주자로부터 소득세를 원천징수하는 경우에는 대통령령으로 정하는 바에 따라 원천징수하는 소득세(「조세특례제한법」 및 다른 법률에 따라 조세감면 또는 중과세 등의 조세특례가 적용되는 경우에는 이를 적용한 소득세)의 100분의 10에 해당하는 금액을 소득세 원천징수와 동시에 개인지방소득세로 특별징수하여야 한다. 이 경우 같은 법에 따른 원천징수의무자는 개인지방소득세의 특별징수의무자(이하 이 절에서 "특별징수의무자"라 한다.)로 한다(법 §103의13 ①).

② 특별징수의무자가 제1항에 따라 개인지방소득세를 특별징수하였을 경우에는 그 징수일이 속하는 달의 다음 달 10일까지 납세지를 관할하는 지방자치단체에 납부하여야 한다. 다만, 「소득세법」 제128조제2항에 따라 원천징수한 소득세를 반기(半期)별로 납부하는 경우에는 반기의 마지막 달의 다음 달 10일까지 반기의 마지막 달 말일 현재의 납세지 관할 지방자치단체에 납부할 수 있다(법 §103의13 ②).

이 경우 특별징수의무자는 법 제103조의13 제2항에 따라 징수한 특별징수세액을 납부하는 경우에는 납부서에 계산서와 명세서를 첨부하여야 한다(영 §100의5 ①).

그러나, 위의 규정에도 불구하고 개인지방소득세의 특별징수의무자가 징수한 특별징수세액을 납부할 때에는 근로소득, 이자소득, 「소득세법」 제20조의3 제1항 제1호 및 제2호에 따른 연금소득과 「국민건강보험법」에 따른 국민건강보험공단이 지급하는 사업소득에 대해서는 그 명세서를 첨부하지 아니할 수 있다. 다만, 과세권자가 납세증명 발급 등 민원처리를 위하여 개인별 납세실적 파악이 필요하여 명세서 제출을 요구하는 경우에는 첨부하여야 한다(영 §100의5 ②).

그리고, 소규모 사업장(20인 이하) 및 종교단체는 특별징수한 개인지방소득세를 반기(연2회)마다 납부토록 허용하고 있는데 개인지방소득세는 특별징수의무 성립 당시(매월) 납세지에 각각 납부함에 따라 분기 중 사업장을 이전하는 경우 납세지가 이전전 지자체와 이전후 지자체로 나누어지고 있고, 반기 중 사업장을 이전하는 경우 과세기간이 국세와 달라져 신고금액의 적정성을 확인하기 어려워 실제 과소신고한 사례도 발생함에 따라 반기납부 사업장이 특별징수한 개인지방소득세를 반기 종료일(6.30.) 기준 사업장 소재지 지방자치단체에 납부하도록 개정한 것이다.

③ 제1항에 따른 개인지방소득세의 특별징수의무자가 제89조제3항제2호·3호 및 같은항

제4호 단서에 따라 납부한 지방자치단체별 특별징수세액에 오류가 있음을 발견하였을 때에는 그 과부족분을 대통령령으로 정하는 바에 따라 해당 지방자치단체에 납부하여야 할 특별징수세액에서 가감하여야 한다. 이 경우 가감으로 인하여 추가로 납부하는 특별징수세액에 대해서는 「지방세기본법」 제56조에 따른 가산세를 부과하지 아니하며, 환급하는 세액에 대해서는 지방세환급가산금을 지급하지 아니한다(법 §103의13 ③). 그리고, 개인지방소득세의 특별징수의무자가 법 제103조의 13 제3항 전단에 따라 해당 지방자치단체별 특별징수세액에서 오류를 발견하였을 때에는 그 과부족분(過不足分)을 오류를 발견한 날의 다음 달 10일까지 관할 지방자치단체에 납부하여야 할 특별징수세액에서 가감하여야 한다. 이 경우 그 남는 부분이 관할 지방자치단체에 납부하여야 할 다음 달의 특별징수세액을 초과하는 경우에는 그 다음 달의 특별징수세액에서 조정할 수 있다(영 §100의5 ③).

이 경우 특별징수의무자는 이 규정에 따라 특별징수하여 납부한 지방소득세액 중 과오납된 세액이 있는 경우에는 그 특별징수의무자가 특별징수하여 납부할 지방소득세에서 조정하여 환급한다(규칙 §48 ②). 그리고 위 규정에 따라 조정·환급할 지방소득세가 그 달에 특별징수하여 납부할 지방소득세를 초과하는 경우에는 다음 달 이후에 특별징수하여 납부할 지방소득세에서 조정하여 환급한다. 다만, ① 다음 달 이후에도 특별징수하여 납부할 지방소득세가 없는 경우 ② 납세자가 조정·환급을 원하지 아니하여 납세자가 특별징수의무자를 경유하여 지방자치단체의 장에게 환급을 신청하거나 해당 특별징수의무자가 지방자치단체의 장에게 환급을 신청하는 경우에는 조정·환급 하지 아니하고 해당 지방소득세가 과오납된 시·군에서 환급한다(규칙 §48 ③).

④ 개인지방소득세의 특별징수에 관하여 이 법에 특별한 규정이 있는 경우를 제외하고는 「소득세법」에 따른 원천징수에 관한 규정을 준용한다(법 §103의13 ④).

1. 일반적 원천징수의무자와 특별징수액의 납부 등

① 소득세법에 따른 원천징수의무자 즉 국내에서 거주자나 비거주자에게 이자소득, 배당소득, 사업소득(원천징수대상 사업소득), 근로소득, 연금소득, 기타소득, 퇴직소득, 음식·숙박용역, 이용원 등에서의 제공받는 봉사료 등에 해당하는 소득을 지급하는 자가 소득세를 원천징수할 경우에는 별도 정하는 바에 따라 원천징수할 소득세의 100분의 10에 상당하는 금액을 지방소득세로 특별징수하여야 한다. 이 경우 소득세법에 따른 원천징수의무자를 지방소득세의 특별징수의무자로 한다(법 §103의13 ①).

② 특별징수의무자가 위의 규정에 따라 개인지방소득세를 특별징수하였을 경우에는 그 징수일이 속하는 달의 다음 달 10일까지 납세지를 관할하는 지방자치단체에 납부하여야 한다.

다만, 소득세법 제128조 제2항 단서에 따라 원천징수한 소득세를 반기(半旗)별로 납부하는 경우에는 반기의 마지막 달의 다음 달 10일까지 납부할 수 있다(법 §103의13 ②).

2. 원천징수규정의 준용

개인지방소득세의 특별징수에 관하여 이 법에 특별한 규정이 있는 경우를 제외하고는 소득세법에 따른 원천징수에 관한 규정을 준용한다(법 §103의13 ④).

소득세법에 있어 원천징수의 대상은 이자소득금액, 배당소득금액, 부가가치세가 면제되는 인적 용역과 의료·보건용역을 제공하는 사업자(접대부, 댄서 제외)의 사업소득에 대한 수입금액, 근로소득금액, 연금소득금액, 기타소득금액, 퇴직소득금액, 대통령령으로 정하는 봉사료수입금액을 거주자 또는 비거주자에게 지급하는 자는 그 거주자 또는 비거주자에 대한 소득세를 원천징수하여야 한다(소법 §127 ①).

이 같은 원천징수(tax withholding)란 소득금액 또는 수입금액을 지급하는 자(원천징수의무자)가 법이 정하는 바에 의하여 지급받는 자(원천납세의무자)가 부담할 세액을 정부를 대신하여 징수하는 것을 말한다. 납세의무자가 실체법적으로 부담하고 있는 납세의무의 이행이 원천징수라는 절차를 통하여 간접적으로 실현되는 제도이다.

제103조의 14 │ 특별징수 의무불이행 가산세

특별징수의무자가 특별징수하였거나 특별징수하여야 할 세액을 제103조의13제2항에 따른 기한까지 납부하지 아니하거나 부족하게 납부한 경우에는 그 납부하지 아니한 세액 또는 부족한 세액에 「지방세기본법」 제56조에 따라 산출한 금액을 가산세로 부과하며, 특별징수의무자가 특별징수를 하지 아니한 경우로서 다음 각 호의 어느 하나에 해당하는 경우에는 특별징수의무자에게 그 가산세액만을 부과한다. 다만, 국가 또는 지방자치단체와 그 밖에 대통령령으로 정하는 자(주한 미국군을 말한다. 영 §100의6)가 특별징수의무자인 경우에는 의무불이행을 이유로 하는 가산세는 부과하지 아니한다(법 §103의14).

1. 납세의무자가 신고납부한 과세표준금액에 특별징수하지 아니한 특별징수대상 개인지방소득금액이 이미 산입된 경우
2. 특별징수하지 아니한 특별징수대상 개인지방소득금액에 대하여 납세의무자의 관할 지방자치단체의 장이 제97조에 따라 그 납세의무자에게 직접 개인지방소득세를 부과·징수하는 경우

이 경우 특별징수 미이행 시 납세의무자가 그 세액을 납부했더라도 ① 특별징수의

무자가 특별징수를 미이행 한 경우로서 ② 납세의무자가 그 세액을 이미 납부한 경우에는 ③ 특별징수의무자에게 그 가산세를 부과한다

그리고 지방세기본법 제53조의5에 의하면 특별징수의무자가 징수하여야 할 세액을 지방세관계법에 따른 납부기한까지 납부하지 아니하거나 과소납부한 경우에는 납부하지 아니한 세액 또는 과소납부분 세액의 100분의 10에 상당하는 금액을 한도로 하여 다음 각 호의 금액을 합한 금액을 가산세로 부과한다.

1. 납부하지 아니한 세액 또는 과소납부분 세액의 100분의 3에 상당하는 금액
2. 다음의 계산식에 따라 산출한 금액

$$\text{납부하지 아니한 세액 또는 과소납부분 세액} \times \text{납부기한의 다음 날부터 자진납부일 또는 납세고지일까지의 기간} \times \text{금융회사 등이 연체대출금에 대하여 적용하는 이자율 등을 고려하여 대통령령으로 정하는 이자율}$$

제103조의15 | 특별징수에 대한 연말정산 환급 등

① 특별징수의무자가 「소득세법」에 따라 연말정산을 하는 경우에는 그 결정세액의 100분의 10을 개인지방소득세로 하여 해당 과세기간에 이미 특별징수하여 납부한 지방소득세를 차감하고 그 차액을 특별징수하거나 대통령령으로 정하는 바에 따라 그 소득자에게 환급하여야 한다(법 §103의15 ①).
이 규정은 납세자의 편의, 징세비의 절감을 위해 연말 정산대상소득을 부가세 방식으로 과세 처리하도록 입법 정비한 것이다.
② (삭제)

그리고 법 제103조의15 제1항에 따라 소득자에게 환급하는 경우에는 특별징수의무자가 특별징수하여 납부할 지방소득세에서 그 차액을 조정하여 환급한다. 다만, 특별징수의무자가 특별징수하여 납부할 지방소득세가 없을 때에는 행정자치부령으로 정하는 바에 따라 환급한다(영 §100의7 ①).

또한 법 제103조의13에 따라 특별징수의무자가 이미 특별징수하여 납부한 지방소득세에 과오납이 있어 환급하는 경우에도 제1항을 준용한다(영 §100의7 ②).

위 규정의 단서를 적용할 때 특별징수의무자가 환급할 개인지방소득세가 연말정산 하는

달에 특별징수하여 납부할 개인지방소득세를 초과하는 경우에는 다음 달 이후에 특별징수하여 납부할 개인지방소득세에서 조정하여 환급한다. 다만, 해당 특별징수의무자의 환급신청이 있는 경우에는 특별징수관할 지방자치단체의 장이 그 초과액을 환급한다(규칙 §48의2 ①).

위 제1항 단서에 따라 제1항 단서에 따라 환급신청을 하려는 특별징수의무자는 「지방세기본법 시행규칙」 별지에 따른 지방소득세(특별징수분, 신고·고지분) 환급청구서를 특별징수 관할 지방자치단체의 장에게 제출해야 한다(규칙 §48의2 ②).

그러나 제2항에도 불구하고 「소득세법 시행규칙」 제93조제2항 단서에 따라 원천징수 관할세무서장으로부터 환급액을 지급받은 해당 근로소득이 있는 사람은 개인지방소득세 환급액의 지급을 직접 신청할 수 있다. 이 경우 해당 근로소득이 있는 사람은 별지에 따른 폐업·부도기업 특별징수세액환급금 지급 신청서를 특별징수 관할 지방자치단체의 장에게 제출해야 한다(규칙 §48의2 ③).

그리고 특별징수의무자가 특별징수하여 납부한 개인지방소득세액 중 잘못 특별징수한 세액이 있는 경우 그 환급에 관하여는 제1항부터 제3항까지의 규정을 준용한다(규칙 §48의2 ④).

제103조의 16 | 퇴직소득에 대한 지방소득세 특별징수의 환급 등

① 거주자의 퇴직소득이 「소득세법」 제146조 제2항 각 호(퇴직소득이 퇴직일 현재 연금계좌에 있거나 연금계좌로 지급되는 경우와 지급받은 날부터 60일 이내에 연금계좌에 입금되는 경우를 말한다.)의 어느 하나에 해당하는 경우에는 제103조의13 제1항에도 불구하고 해당 퇴직소득에 대한 개인지방소득세를 연금외 수령하기 전까지 특별징수하지 아니한다. 이 경우 같은 조항에 따라 개인지방소득세가 이미 특별 징수된 경우 해당 거주자는 특별징수세액에 대한 환급을 신청할 수 있다(법 §103의16 ①).

② 제1항에 따른 퇴직소득의 특별징수와 환급절차 등에 관하여 필요한 사항은 대통령령으로 정한다(법 §103의16 ②).

이 규정에 따른 환급신청을 받은 특별징수의무자는 「소득세법 시행령」 제202조의2 제1항의 계산식에 따라 계산한 세액의 10분의 1을 환급할 세액으로 하되, 환급할 개인지방소득세가 환급하는 달에 특별징수하여 납부할 개인지방소득세를 초과하는 경우에는 다음 달 이후에 특별징수하여 납부할 개인지방소득세에서 조정하여 환급한다. 다만, 당해 특별징수의무자의 환급신청이 있는 경우에는 특별징수 관할 지방자치단체의 장이 그 초과액을 환급한다(영 §100의8).

※ 소득세법 시행령 제202조의 2 제1항 계산식

원천징수하지 아니하거나 환급하는 퇴직소득세(이하 이 조에서 "이연퇴직소득세"라 한다.)는 다음의 계산식(환급하는 경우의 퇴직소득금액은 이미 원천징수한 세액을 뺀 금액으로 한다.)에 따라 계산한 금액으로 한다.

$$\text{퇴직소득 산출세액} \times \frac{\text{법 제146조 제2항 각 호에 해당하는 금액}}{\text{퇴직소득금액}}$$

제103조의 17 | 납세조합의 특별징수

① 「소득세법」 제149조(납세조합의 조직)에 따른 납세조합이 같은 법 제150조(납세조합의 징수의무) 및 제151조(납세조합 징수세액의 납부)에 따라 소득세를 징수·납부하는 경우에는 징수·납부하는 소득세의 100분의 10에 해당하는 금액을 그 조합원으로부터 개인지방소득세로 특별징수하여 그 징수일이 속하는 달의 다음 달 10일까지 납세지를 관할하는 지방자치단체에 납부하여야 한다(법 §103의17 ①).

② 납세지 관할 지방자치단체의 장은 해당 납세조합이 징수하였거나 징수하여야 할 세액을 납부기한까지 납부하지 아니하거나 과소납부한 경우에는 「지방세기본법」 제56조에 따라 산출한 금액을 가산세로 부과한다(법 §103의17 ②).

③ 납세지 관할 지방자치단체의 장은 제1항에 따라 개인지방소득세를 특별징수하여 납부한 납세조합에 대하여 대통령령으로 정하는 바에 따라 교부금을 교부할 수 있다(법 §103의17 ③).

이 규정에 따라 납세조합에 교부하는 징수교부금은 그 납세조합이 납입한 세액의 100분의 5로 하고, 여기에 따른 징수교부금을 받으려는 납세조합은 매월 청구서(전자문서로 된 청구서를 포함한다.)를 그 다음 달 20일까지 지방자치단체의 장에게 제출하여야 한다. 다만, 해당 과세기간 동안 발생한 징수교부금을 청구하려는 경우 한꺼번에 다음 연도 2월 말일까지 제출할 수 있다(영 §100의9 ①, ②).

그리고, 제1항에 따라 납세조합에 징수교부금을 교부한 후 그 납세조합이 납부한 세액 중에서 환급금이 발생한 경우에는 환급금을 제외하고 계산된 징수교부금과의 차액을 그 환급금이 발생한 날 이후에 청구하는 징수교부금에서 조정하여 교부한다(영 §100의9 ③).

제103조의 18 | 비거주자의 국내원천소득에 대한 특별징수의 특례

① 「소득세법」에 따른 원천징수의무자가 비거주자의 국내원천소득에 대하여 소득세를 원천징수하는 경우에는 원천징수할 소득세의 100분의 10을 적용하여 산정한 금액을 개인지방소득세로 특별징수하여야 한다(법 §103의18 ①).

② 제1항에 따른 비거주자의 국내원천소득에 대한 개인지방소득세 특별징수에 관한 사항은 거주자의 개인지방소득에 대한 특별징수에 관한 사항을 준용한다(법 §103의18 ②). 이 경우에 특별징수의무자가 국내에 주소・거소・본점・주사무소 또는 국내사업장(외국법인의 국내사업장을 포함한다.)이 없는 경우에는 「지방세기본법」 제135조의 규정에 의한 납세관리인을 정하여 관할 지방자치단체의 장에게 신고하여야 한다. 다만, 관할 세무서장에게 신고한 경우에는 이를 관할 지방자치단체의 장에게 신고한 것으로 본다(영 §100의10).

제6절 내국법인의 각 사업연도의 소득에 대한 지방소득세

다음의 제6절부터 제9절까지는 내국법인과 외국법인에 대한 지방소득세의 과세표준과 세율 등에 대하여 규정한 내용인데 각 절별로 구체적인 사항을 설명하기 전에 제6절의 각 사업연도 소득, 제7절 연결사업연도 소득, 제8절 청산소득, 제9절 외국법인의 각 사업연도의 소득에 대한 지방소득세의 범위 등과 사업연도 등에 대하여 개괄적으로 살펴보면 다음과 같다.

1. 법인세법상 법인의 유형

법인세법에서는 납세의무와 관련하여 법인을 내국법인 및 외국법인, 영리법인 및 비영리법인, 공공법인, 연결법인, 청산중인 법인 그리고 의제법인과 국가법인 등을 구분하고 있다. 또한 법인은 법률이 정한 바에 따라 설립되고 그 설립근거가 되는 법률에는 민법 및 상법 그리고 각종 특별법 등이 있는데 그 종류는 다음과 같다.[17]

1. 상 법	합명회사·합자회사·유한책임회사(2011.4.14. 상법개정으로 신설)·주식회사·유한회사	
2. 민 법	재단법인·사단법인	
3. 특별법	민법 및 상법 외의 법률을 말하며 사립학교법에 의한 학교법인, 은행법에 의한 금융기관 및 한국은행, 수산업협동조합법에 의한 수산업협동조합, 자본시장과 금융투자업에 관한 법률에 의한 투자회사 등이 해당함.	

2. 납세의무의 유형

내국법인 및 국내원천소득이 있는 외국법인은 법인세법에 따라 그 소득에 대한 법인세를 납부할 의무가 있다(법법 §2 ①).

그런데 내국법인 중 영리법인은 각 사업연도의 소득, 토지 등 양도소득, 청산소득에 대해 납세의무가 있고, 내국법인 중 비영리법인은 각 사업연도의 소득 중 국내외의 원천소득 중 수익사업소득과 토지 등 양도소득에 대해서만 납세의무가 있다. 그리고 외국법인 중 영리법인은 각 사업연도의 소득 중 국내원천소득 및 토지 등 양도소득에 대해 납세의무가 있고, 비영리법인의 경우에는 각 연도의 사업의 국내원천소득 중 수익사업소득과 토지 등 양도소득에 대하여 납세의무가 있다.

---
17) 이연호외 2인, 법인세, 광교이택스, 2013, p.102

3. 과세소득

법인세는 ① 각 사업연도의 소득, ② 청산소득, ③ 미환류소득, ④ 법인세법 제55조의2 및 제95조의2에 따른 토지 등 양도소득에 대하여 부과한다. 다만, 비영리내국법인과 외국법인에 대하여는 ① 및 ④의 소득에 대하여만 법인세를 부과한다(법법 §3 ①).[18]

이 경우 연결법인의 각 사업연도의 소득은 법인세법 제76조의 14 제1항의 각 연결사업연도의 소득으로 한다(법법 §3 ②).

4. 내국법인과 외국법인

"내국법인"이란 국내에 본점이나 주사무소 또는 사업의 실질적 관리장소를 둔 법인을 말하고(법법 §1 Ⅰ), "외국법인"이란 외국에 본점 또는 주사무소를 둔 단체(국내에 사업의 실질적 관리장소가 소재하지 아니하는 경우만 해당한다)로서 ① 설립된 국가의 법에 따라 법인격이 부여된 단체, ② 구성원이 유한책임사원으로만 구성된 단체, ③ 구성원과 독립하여 자산을 소유하거나 소송의 당사자가 되는 등 직접 권리·의무의 주체가 되는 단체, ④ 그 밖에 해당 외국단체와 동종 또는 유사한 국내의 단체가 상법 등 국내의 법률에 따른 법인인 경우의 그 외국단체 중 어느 하나에 해당되는 법인을 말한다(법법 §1 Ⅲ, 동령 §1 ②).

5. 납세의무의 성립·확정 및 소멸

(1) 법인세를 납부할 의무는 그 과세기간이 끝나는 때에 성립한다. 다만, 다음 각각의 법인세의 납세의무 성립시기는 다음과 같다(국기법 §21 ① ②).

구 분	납세의무의 성립시기
1. 청산소득에 대한 법인세	그 법인이 해산을 하는 때
2. 원천징수하는 법인세	소득금액 또는 수입금액을 지급하는 때
3. 중간예납하는 법인세	중간예납기간이 끝나는 때
4. 수시부과하여 징수하는 법인세	수시부과할 사유가 발생한 때
5. 가산세	가산할 법인세의 납세의무가 성립하는 때

---

[18] **미환류소득에 대한 법인세**
우리 경제의 저성장이 고착화되고 기업의 소득과 가계의 소득간의 격차가 나날이 확대되어가고 있어 기업의 소득이 투자, 임금 또는 배당소득 등을 통하여 가계의 소득으로 흘러가 소비를 유발하여 경제가 회생되도록 하기 위한 목적으로 2014.12.23. 개정하여 자기자본이 500억원을 초과하는 법인 등에 대하여 해당 사업연도의 소득 중 일정금액 이상을 투자, 임금 또는 배당으로 사용하지 아니하는 경우 그 미환류소득의 10%를 법인세에 추가하여 납부하도록 신설하고 2015.1.1. 이후 개시하는 사업연도부터 2017.12.31.이 속하는 사업연도까지 한시적으로 적용토록 한 규정이다.

(2) 법인세 납세의무의 확정은 해당 법인세의 과세표준과 세액을 정부에 신고하는 때 또는 정부가 법인세의 과세표준과 세액을 결정하는 때에 납세의무가 확정된다. 그러나 원천징수하는 법인세 및 중간예납하는 법인세(세법에 따라 정부가 조사결정하는 경우는 제외한다.)는 그 납세의무가 성립하는 때에 특별한 절차 없이 그 세액이 확정된다(국기법 §22 ① ②).

(3) 법인세를 납부할 의무는 ① 납부·충당 또는 부과의 취소가 있은 때, ② 국세부과의 제척기간 내에 국세가 부과되지 아니하고 그 기간이 끝난 때, ③ 국세징수권의 소멸시효가 완성된 때의 어느 하나에 해당하는 때에 소멸한다(국기법 §26).

6. 사업연도

사업연도(소득세의 경우는 과세기간이라 한다.)는 법인의 소득을 계산하는 1회계기간으로서 법령이나 법인의 정관 등에 정하는 1회계기간으로 한다. 다만, 그 기간은 1년을 초과하지 못한다(법법 §1 Ⅴ, §6 ①~④). 이 규정은 법령·정관 상에 사업연도가 규정이 있는 경우이며, 사업연도 등이 정관 등에 규정이 없는 법인은 따로 사업연도를 정하여 법인 설립신고 또는 사업자등록과 함께 납세지 관할 세무서장에게 신고하여야 하고, 그 신고를 하지 아니한 경우에는 매년 1월 1일부터 12월 31일까지를 해당 법인의 사업연도로 보며, 그 법인의 첫 사업연도는 설립등기일부터 그 달이 속하는 해의 12월 31일까지로 한다(법법 §6 ⑤).

제103조의 19 | 과세표준

① 내국법인의 각 사업연도의 소득에 대한 법인지방소득세의 과세표준은 「법인세법」 제13조에 따라 계산한 법인세의 과세표준(「조세특례제한법」 및 다른 법률에 따라 과세표준 산정과 관련된 조세감면 또는 중과세 등의 조세특례가 적용되는 경우에는 이에 따라 계산한 법인세의 과세표준)과 동일한 금액으로 한다(법 §103의19 ①).

② 제1항에도 불구하고 내국법인의 각 사업연도의 소득에 대한 법인세 과세표준에 국외원천소득이 포함되어 있는 경우로서 「법인세법」 제57조에 따라 외국 납부 세액공제를 하는 경우에는 같은 조 제1항에 따른 외국법인세액(이하 "외국법인세액"이라 한다)을 이 조 제1항에 따른 금액에서 차감한 금액을 법인지방소득세 과세표준으로 한다. 이 경우 해당 사업연도의 과세표준에 「법인세법」 제57조제2항 단서에 따라 손금에 산입한 외국법인세액이 있는 경우에는 그 금액을 이 조 제1항에 따른 금액에 가산한 이후에 전단의 규정을 적용한다(법 §103의19 ②).

이 경우「법인세법」제57조제1항에 따른 외국법인세액(이하 "외국법인세액"이라 한다)을 차감한 금액을 법인지방소득세 과세표준으로 하려는 내국법인은 법 제103조의23에 따라 법인지방소득세의 과세표준과 세액을 납세지 관할 지방자치단체의 장에게 신고할 때 행정안전부령으로 정하는 바에 따라 외국법인세액 과세표준 차감 명세서를 함께 제출해야 하며, 내국법인은 외국정부의 국외원천소득에 대한 법인세의 결정·통지의 지연, 과세기간의 상이 등의 사유로 법 제103조의23에 따라 법인지방소득세의 과세표준과 세액을 신고할 때 제1항에 따른 외국법인세액 과세표준 차감 명세서를 제출할 수 없는 경우에는 외국정부의 국외원천소득에 대한 법인세결정통지를 받은 날부터 3개월 이내에 제1항에 따른 외국법인세액 과세표준 차감 명세서에 지연 사유에 대한 증명서류를 첨부하여 제출할 수 있으며, 이 경우는 외국정부가 국외원천소득에 대하여 결정한 법인세액을 경정함으로써 외국법인세액에 변동이 생긴 경우에 준용하고, 이에 따른 외국법인세액의 변동으로 환급세액이 발생하면「지방세기본법」제60조에 따라 충당하거나 환급할 수 있다(영 §100의10 ①~④).

이 규정은 외국납부세액에 대한 세액공제가 없는 법인지방소득세가 법인세와 동일한 과세표준을 사용함에 따라 '외국에 납부한 세액'에 과세하는 결과 발생하여 외국납부세액을 과세표준에서 제외해야 한다는 다툼이 등이 있어 있고 외국에 납부한 세액을 법인지방소득세 과세표준에서 차감하여 과세하도록 개정하였고, 당해연도에 모두 차감하지 못한 외국납부세액은 향후 15년 간 법인지방소득세 과세표준에서 추가로 차감 가능하도록 이월 규정을 마련하였다.

※ 외국납부세액공제 세액 계산

외국 지점		법인세(국내 본점)		법인지방소득세	
소득	100	당기순이익	75	법인세과세표준	100
세율	25%	손금불산입	25	손금산입(차감액)	25
세액	25	과세표준	100	법인지방소득세 과세표준	75
		법인세율	20%	법인지방소득세율	2%
		산출세액	20	산출세액	1.5
		세액공제	△20		
		납부세액	0		

이러한 외국납부세액공제 제도는 내국법인의 외국 발생 소득에 대해 국내에서 과세하는 경우 해당 법인은 동일한 외국 소득에 대해 국내·외에서 이중 과세되는 결과 발생하여 외국에서 납부한 세액을 국내세액에서 공제하여 이중과세를 방지하기 위한 것으로 공제방법은 세액공제방식과 손금산입방식 중 선택(법인세법 §57조)할수 있는데 세

액공제 방식은 외국에 납부한 세금을 비용처리하지 않고(손금불산입) 과세대상소득(과세표준)에 포함하여 과세한 후 이미 납부한 세금처럼 공제하고, 손금산입방식은 외국에 납부한 세금을 사업을 위한비용으로 보아 과세대상소득(과세표준)에서 차감하여 과세(소득공제 형식)하는 방식이다.

그리고, 경과규정을 부칙 제10조에서는 제103조의19제2항부터 제4항까지 및 제103조의34제2항의 개정규정은 이 법 시행 이후 법인지방소득세 과세표준을 신고(수정신고는 제외한다)하는 경우부터 적용한다. 다만, 2019년 12월 31일 이전에 개시한 사업연도의 과세표준에 포함된 외국납부세액에 대하여는 제103조의19제3항의 개정규정을 적용할 때 15년을 10년으로 본다(부칙 § 10, 법률 제17769호, 2020. 12. 29.)고 법인지방소득세 과세표준에 관한 적용례를 두었고,

부칙 제13조에서는 종전에 납부한 외국납부세액의 환급에 관한 특례를 두었다(부칙 § 13, ①~③, 법률 제17769호, 2020.12.29.)

① 2014년 1월 1일부터 2019년 12월 31일 이전까지 개시한 사업연도에 국외원천소득이 있는 내국법인이 종전의 「법인세법」(법률 제17652호 법인세법 일부개정법률에 따라 개정되기 전의 것을 말한다) 제57조제1항제1호에 따라 외국법인세액을 해당 사업연도의 산출세액에서 공제하는 방법을 선택한 경우로서 해당 사업연도의 법인지방소득세 과세표준에 외국법인세액이 포함된 경우에는 이미 납부한 해당 사업연도의 법인지방소득세액과 해당 사업연도의 법인지방소득세 과세표준에서 외국법인세액을 차감하여 계산한 해당 사업연도의 법인지방소득세액과의 차액을 「지방세기본법」 제60조에 따라 환급받을 수 있다. 이 경우 외국법인세액이 해당 사업연도의 법인지방소득세 과세표준을 초과하는 경우에 그 초과하는 금액은 해당 사업연도의 다음 사업연도 개시일부터 10년 이내에 끝나는 각 사업연도로 이월하여 그 이월된 사업연도의 법인지방소득세 과세표준을 계산할 때 차감할 수 있다.

② 제1항에 따라 환급을 받으려는 내국법인은 이 법 시행 전에 「지방세기본법」 제50조제1항의 경정청구 기한이 경과한 경우라 하더라도 2021년 6월 30일까지 납세지 관할 지방자치단체의 장에게 경정을 청구할 수 있다. 이 경우 경정을 청구받은 지방자치단체의 장은 「지방세기본법」 제50조제3항에 따른 처분을 하여야 한다.

③ 납세지 관할 지방자치단체의 장은 제1항에 따른 환급을 위하여 필요한 경우에는 해당 내국법인에게 해당 사업연도의 외국납부세액 납부에 관한 자료를 요구할 수 있다.

> ※ 외국납부세액공제 관련 국세 개정사항(2020년)
> ○ (이월공제기간 확대) 국제거래에 대한 이중과세 조정 지원을 위해 외국납부세액공제 이월공제기간을 5년 → 10년으로 확대
> ○ (미공제액 손금산입) 10년 내에 공제받지 못한 외국납부세액공제액에 대해서는 손금산입(비용 인정) 허용(미공제액 손금산입으로 「미공제액 × 법인세율」 만큼 세부담 감소)
> ※ (적용시기) '20년 말 기준 이월공제기한 미도래 세액공제에도 적용

그리고 외국법인세액의 과세표준 참가은 아래방식으로 한다.

1. 「법인세법」 제57조제1항에 따른 외국법인세액(이하 "외국법인세액"이라 한다)을 차감한 금액을 법인지방소득세 과세표준으로 하려는 내국법인은 법 제103조의23에 따라 법인지방소득세의 과세표준과 세액을 납세지 관할 지방자치단체의 장에게 신고할 때 행정안전부령으로 정하는 바에 따라 외국법인세액 과세표준 차감 명세서를 함께 제출해야 한다(영 §100의10 ①).
2. 내국법인은 외국정부의 국외원천소득에 대한 법인세의 결정·통지의 지연, 과세기간의 상이 등의 사유로 법 제103조의23에 따라 법인지방소득세의 과세표준과 세액을 신고할 때 제1항에 따른 외국법인세액 과세표준 차감 명세서를 제출할 수 없는 경우에는 외국정부의 국외원천소득에 대한 법인세결정통지를 받은 날부터 3개월 이내에 제1항에 따른 외국법인세액 과세표준 차감 명세서에 지연 사유에 대한 증명서류를 첨부하여 제출할 수 있다(영 §100의10 ②).
3. 제2항의 규정은 외국정부가 국외원천소득에 대하여 결정한 법인세액을 경정함으로써 외국법인세액에 변동이 생긴 경우에 준용한다(영 §100의10 ③).
4. 제3항에 따른 외국법인세액의 변동으로 환급세액이 발생하면 「지방세기본법」 제60조에 따라 충당하거나 환급할 수 있다(영 §100의10 ④).
5. 법 제103조의19제3항에 따라 외국법인세액을 이월하여 그 이월된 사업연도의 법인지방소득세 과세표준을 계산할 때 차감하는 경우 먼저 발생한 이월금액부터 차감한다(영 §100의10 ⑤).
6. 내국법인의 본점 또는 주사무소의 소재지를 관할하는 지방자치단체의 장은 법 제103조의19제2항에 따라 차감하는 외국법인세액을 확인하기 위하여 필요한 경우 해당 내국법인, 납세지 관할 세무서장 또는 관할 지방국세청장에게 외국법인세액 신고명세, 영수증, 경정내용 및 그 밖에 필요한 자료의 제출을 요구할 수 있다(영 §100의10 ⑥).

> **사례**
>
> ❖ **외국납부세액 과세표준 포함 여부**
>
> 지방세법 제103조의19에서 법인지방소득세의 과세표준은 법인세법에 따라 계산한 금액이라고 한 것은 법인세의 과세표준 계산방식을 따르라는 것이지 동일한 금액으로 하라는 것은 아니며, 법인세가 외국납부세액을 과세표준에 포함하는 것은 세액공제를 전제하는 것이고, 외국납부세액공제가 없는 법인지방소득세는 과세표준에서 외국납부세액을 제외함이 타당하다.
>
> (대법 2018두50000, 2018.10.25.)

③ 제2항 전단에 따라 차감하는 외국법인세액이 해당 사업연도의 제1항에 따른 금액을 초과하는 경우에 그 초과하는 금액은 해당 사업연도의 다음 사업연도 개시일부터 15년 이내에 끝나는 각 사업연도로 이월하여 그 이월된 사업연도의 법인지방소득세 과세표준을 계산할 때 차감할 수 있다(법 §103의19 ③).

이 경우 외국법인세액을 이월하여 그 이월된 사업연도의 법인지방소득세 과세표준을 계산할 때 차감하는 경우 먼저 발생한 이월금액부터 차감한다(영 §100의10 ⑤)

④ 제2항 및 제3항을 적용할 때 차감액의 계산 방법, 이월 방법 및 그 밖에 필요한 사항은 대통령령으로 정한다

⑤ 법 제103조의19제3항에 따라 외국법인세액을 이월하여 그 이월된 사업연도의 법인지방소득세 과세표준을 계산할 때 차감하는 경우 먼저 발생한 이월금액부터 차감한다.

⑥ 내국법인의 본점 또는 주사무소의 소재지를 관할하는 지방자치단체의 장은 법 제103조의19제2항에 따라 차감하는 외국법인세액을 확인하기 위하여 필요한 경우 해당 내국법인, 납세지 관할 세무서장 또는 관할 지방국세청장에게 외국법인세액 신고명세, 영수증, 경정내용 및 그 밖에 필요한 자료의 제출을 요구할 수 있다.

여기에서 법인세법 제13조를 살펴보면 내국법인의 각 사업연도의 소득에 대한 법인세의 과세표준은 국내·외에서 발생한 모든 소득을 과세대상으로 하여 법인세법 제14조의 규정에 따라 계산한 각 사업연도의 소득에서 이월결손금, 비과세소득, 소득공제액을 차례로 공제한 금액으로 한다.

제103조의 20 │ 세율

① 내국법인의 각 사업연도의 소득에 대한 법인지방소득세의 표준세율은 다음 표의 세율을 적용하여 계산한 금액(「법인세법」 제55조의2에 따른 토지등 양도소득에 대한 법인지방소득세액 및 「조세특례제한법」 제100조의32에 따른 투자·상생협력 촉진을 위한 과세특례를 적용하여 계산한 법인소득세액이 있으면 이를 합한 금액으로 한다. 이하 "산출세액"이라 한다)을 그 세액으로 한다(법 §103의20 ①).

구 분	세 율
2억원 이하	과세표준의 1천분의 9
2억원 초과 200억원 이하	1백8십만원+(2억원 초과하는 금액의 1천분의 19)
200억원 초과 3천억원 이하	3억7천8백만원+(200억원 초과하는 금액의 1천분의 21)
3천억원 초과	62억5천800만원+(3천억원 초과하는 금액의 1천분의 24)

② 지방자치단체의 장은 조례로 정하는 바에 따라 각 사업연도의 소득에 대한 법인지방소득세의 세율을 제1항에 따른 표준세율의 100분의 50의 범위에서 가감할 수 있다(법 §103의20 ②).

1. 법인지방소득세의 표준세율

내국법인의 각 사업연도의 소득에 대한 법인지방소득세의 표준세율은 다음 표와 같다(법 §103의20 ①).

구 분	세 율
2억원 이하	과세표준의 1천분의 10
2억원 초과 200억원 이하	2백만원+(2억원 초과하는 금액의 1천분의 20)
200억원 초과 3천억원 이하	3억9천8백만원+(200억원 초과하는 금액의 1천분의 22)
3천억원 초과	65억5천800만원+(3천억원 초과하는 금액의 1천분의 25)

이 경우 표준세지방세를 부과할 경우에 통상 적용할 세율로서 재정상 기타 특별한 사유가 있다고 인정될 경우에 이에 따르지 아니할 수 있는 세율을 말한다.

2. 제한세율

지방자치단체의 장은 조례로 정하는 바에 따라 각 사업연도의 소득에 대한 법인지방소득세의 세율을 제1항에 따른 표준세율의 100분의 50의 범위에서 가감할 수 있다(법 §103의20 ②).

이렇게 표준세율을 가감 조정할 경우에는 그 표준세율을 50% 범위 안에서 가감하기 위해서는 지방자치단체의 장은 지방자체단체 의회의 의결을 받아 그 율을 정하여야 한다.

제103조의 21 │ 세액계산

① 내국법인의 각 사업연도의 소득에 대한 법인지방소득세는 제103조의19에 따라 계산한 과세표준에 제103조의20에 따른 세율을 적용하여 계산한 금액(제103조의31에 따른 토지등 양도소득에 대한 법인지방소득세 세액, 「조세특례제한법」 제100조의32에 따른 투자·상생협력 촉진을 위한 과세특례를 적용하여 계산한 법인지방소득세 세액이 있으면 이를 합한 금액으로 한다. 이하 "법인지방소득세 산출세액"이라 한다)을 그 세액으로 한다(법 §103의21 ①).

② 제1항에도 불구하고, 사업연도가 1년 미만인 내국법인의 각 사업연도의 소득에 대한 법인지방소득세는 그 사업연도의 「법인세법」 제13조에 따라 계산한 법인세의 과세표준(「조세특례제한법」 및 다른 법률에 따라 과세표준 산정과 관련된 조세감면 또는 중과세 등의 조세특례가 적용되는 경우에는 이에 따라 계산한 법인세의 과세표준)과 동일한 금액을 그 사업연도의 월수로 나눈 금액에 12를 곱하여 산출한 금액을 과세표준으로 하여 제103조의20제1항 및 제2항에 따라 계산한 세액에 그 사업연도의 월수를 12로 나눈 수를 곱하여 산출한 세액을 그 세액으로 한다. 이 경우 월수의 계산은 대통령령으로 정하는 방법으로 한다(법 §103의21 ②).

이 규정에 의한 월수는 역에 따라 계산하되, 1월 미만의 일수는 1월로 한다(영 §100의11).

제103조의 22 │ 세액공제 및 세액감면

① 내국법인의 각 사업연도의 소득에 대한 법인지방소득세의 세액공제 및 세액감면에 관한 사항은 「지방세특례제한법」에서 정한다. 이 경우 공제 및 감면되는 세액은 법인지방소득세 산출세액(제103조의31에 따른 토지등 양도소득, 「조세특례제한법」 제100조

의32제2항에 따른 미환류소득에 대한 법인지방소득세 세액을 제외한 법인지방소득세 산출세액을 말한다. 이하 이 조에서 같다)에서 공제한다(법 §103의22 ①).

그런데 지방세특례제한법에서는 개인지방소득세에서 공제·감면하는 내용만 있고 법인지방소득세에서 공제·감면하는 내용이 규정되어 있지 않다. 이는 법인지방소득세 공제·감면하지 아니한 세액만큼은 종전의 주택의 유상거래에 대한 취득세 세율인하에 따른 세수감소를 이 제도로서 충당하는 것으로 한 것이다.

② 제1항에 따른 각 사업연도의 소득에 대한 법인지방소득세의 공제세액 또는 감면세액이 법인지방소득세 산출세액을 초과하는 경우에는 그 초과금액은 없는 것으로 한다(법 §103의22 ②).

제103조의 23 | 과세표준 및 세액의 확정신고와 납부

① 「법인세법」제60조에 따른 신고의무가 있는 내국법인은 각 사업연도의 종료일이 속하는 달의 말일부터 4개월 이내에 대통령령으로 정하는 바에 따라 그 사업연도의 소득에 대한 법인지방소득세의 과세표준과 세액을 납세지 관할 지방자치단체의 장에게 신고하여야 한다(법 §103의23 ①).

내국법인이 이 규정에 따라 법인지방소득세를 신고하려는 내국법인은 영 제100조의12 제2항에 따른 법인지방소득세 과세표준 및 세액신고서에 법인지방소득세의 총액과 제88조에 따른 본점 또는 주사무소와 사업장별 법인지방소득세의 안분계산내역 등을 기재한 영 제100조의12 제4항에 따른 법인지방소득세 안분명세서를 첨부하여 관할 지방자치단체의 장에게 서면으로 제출하여야 한다. 이 경우 「지방세기본법」제142조에 따른 지방세정보통신망에 전자신고를 한 경우에는 이를 제출한 것으로 본다(영 §100의13 ①). 그러므로 법인은 지방세기본법 제2조 제1항 제29호에 따른 전자신고를 통하여 법인지방소득세 과세표준 및 세액을 신고할 수 있다. 이 경우 재무제표의 제출은 표준대차대조표, 표준손익계산부속명세서를 제출하는 것으로 갈음할 수 있다(영 §100의12 ⑥).

② 제1항에 따른 신고를 할 때에는 그 신고서에 다음 각 호의 서류를 첨부하여야 한다(법 §103의23 ② Ⅰ~Ⅳ).

  1. 기업회계기준을 준용하여 작성한 개별 내국법인의 재무상태표·포괄손익계산서 및 이익잉여금처분계산서(또는 결손금처리계산서)

  2. 대통령령으로 정하는 바에 따라 작성한 세무조정계산서.

이 규정에 의한 세무조정계산서는 행정자치부령이 정하는 법인지방소득세 과세표준 및 세액조정계산서로 한다(영 §100의12 ③).
3. 대통령령으로 정하는 법인지방소득세 안분명세서. 다만, 하나의 특별자치시·특별자치도·시·군 또는 자치구에만 사업장이 있는 법인의 경우는 제외한다.

이 경우 "대통령령으로 정하는 법인지방소득세 안분명세서"란 행정자치부령으로 정하는 안분명세를 말한다(규칙 §48의4 ④).
4. 그 밖에 대통령령으로 정하는 서류

이 경우 "대통령령으로 정하는 서류"란 다음의 법인세법 시행령 제97조 제5항 각 호의 서류를 말한다(영 §100의12 ⑤).

가. 행정자치부령으로 정하는 바에 따라 작성한 세무조정계산서 부속서류 및 기업회계기준에 따라 작성한 현금흐름표(「주식회사의 외부감사에 관한 법률」 제2조에 따라 외부감사의 대상이 되는 법인만 해당한다.)

나. 기업회계기준에 따라 원화 외의 통화를 기능통화로 채택한 경우 원화를 표시통화로 하여 기업회계기준에 따라 기능통화재무제표를 환산한 재무제표(이하 이 조에서 "표시통화재무제표"라 한다.)

다. 기업회계기준에 따라 원화 외의 통화를 기능통화로 채택한 법인이 법 제53조의2 제1항 제1호의 과세표준계산방법을 적용하는 경우 원화 외의 기능통화를 채택하지 아니하고 계속하여 기업회계기준을 준용하여 원화로 재무제표를 작성할 경우에 작성하여야 할 재무제표(이하 이 조에서 "원화재무제표"라 한다.)

라. 합병 또는 분할한 경우 다음 각 목의 서류(합병법인등만 해당한다.)

(가) 합병등기일 또는 분할등기일 현재의 피합병법인등의 재무상태표와 합병법인등이 그 합병 또는 분할로 승계한 자산 및 부채의 명세서

(나) 합병법인등의 본점 등의 소재지, 대표자의 성명, 피합병법인등의 명칭, 합병등기일 또는 분할등기일, 그 밖에 필요한 사항이 기재된 서류

위의 제1항과 제2항의 규정에 의한 신고를 할 때에 그 신고서에는 법인세법 제112조의 규정에 따른 기장에 따라 같은 법 제14조 내지 제54조의 규정에 의하여 계산한 각 사업연도의 소득에 대한 법인지방소득세의 과세표준과 세액(법 제103조의31에 따른 토지 등 양도소득 및 기업의 미환류소득에 대한 법인지방소득세를 포함한다.) 기타 필요한 사항을 기재하여야 하고, 여기에 따른 신고서는 행정자치부령이 정하는 법인지방소득세 과세표준 및 세액신고서로 한다(영 §100의12 ① ②).

그리고, 본점 또는 주사무소 소재지 관할 지방자치단체의 장은 이 규정에 따라 납세자가 제출한 첨부서류를 확정신고기한의 다음 달 말일까지 지방세 정보통신망에 등록하여야 한다(규칙 §48의4 ④).

③ 내국법인은 각 사업연도의 소득에 대한 법인지방소득세 산출세액에서 다음 각 호의 법인

지방소득세 세액(가산세는 제외한다.)을 공제한 금액을 각 사업연도에 대한 법인지방소득세로서 제1항에 따른 신고기한까지 납세지 관할 지방자치단체에 납부하여야 한다. 다만, 조세특례제한법 제104조의 10 제1항 제1호(해운소득)에 따라 과세표준 계산의 특례를 적용받은 경우에는 제3호에 해당한 세액을 공제하지 아니한다(법 §103의23 ③ Ⅰ~Ⅲ).

1. 제103조의22에 따른 해당 사업연도의 공제·감면 세액
2. 제103조의26에 따른 해당 사업연도의 수시부과세액
3. 제103조의29에 따른 해당 사업연도의 특별징수세액
4. 제103조의32제5항에 따른 해당 사업연도의 예정신고납부세액

이 규정에 따라 법인지방소득세를 납부하려는 자는 행정자치부령으로 정하는 납부서로 해당 지방자치단체에 납부하여야 한다(영 §100의13 ②).

위의 규정에 따라 그간 양도소득세 과세방식에 따라 예정신고 후 확정신고시 예정신고세액을 기납부세액으로 차감할 근거가 불명확하여 확정신고 세액 계산시 공제대상 금액에 '비영리법인의 양도소득 예정신고세액'을 포함되도록 하였다.

④ 제3항에 따라 납부할 세액이 100만원을 초과하는 내국법인은 대통령령으로 정하는 바에 따라 그 납부할 세액의 일부를 납부기한이 지난 후 1개월(「조세특례제한법」 제6조제1항에 따른 중소기업의 경우에는 2개월) 이내에 분할납부할 수 있다.(법 §103의23 ④).

이 규정은 기업 활력 제고 및 영세법인 부담 완화를 위해 법인지방소득세도 법인세와 같은 분할납부 규정 신설한것이며, 분할납부 금액은 국세(1천만원)의 10% 수준으로 설정(1백만원)하고, 분할납부 기간은 법인세와 동일하게 1개월(중소기업 2개월)로 설정한 것이다.

이 경우 내국법인이 법인지방소득세액을 분할납부하는 경우 분할납부할 수 있는 세액은 다음 각 호의 구분에 따른다(영 §100의 13 ③ ⅠⅡ).

1. 납부할 세액이 100만원 초과 200만원 이하인 경우: 100만원을 초과하는 금액
2. 납부할 세액이 200만원을 초과하는 경우: 해당 세액의 100분의 50 이하의 금액

그러므로 분할납부할 세액이 100만원 초과 200만원 이하인 경우에는 100만원을 초과하는 금액을, 분할납부할 세액이 200만원을 초과하는 경우에는 해당 세액의 50% 이하의 금액을 분납할 수 있는 것이다.

⑤ 제1항은 내국법인으로서 각 사업연도의 소득금액이 없거나 결손금이 있는 법인의 경우에도 적용한다(법 §103의23 ⑤).

⑥ 둘 이상의 지방자치단체에 법인의 사업장이 있는 경우에는 본점 소재지를 관할하는 지방자치단체의 장에게 제2항 각 호의 첨부서류를 제출하면 법인의 각 사업장 소재지 관할 지방자치단체의 장에게도 이를 제출한 것으로 본다(법 §103의23 ⑥).

법인지방소득세의 납세지는 법인의 각 사업장 소재지 관할 지방자치단체이므로 여러

지방자치단체에 사업장이 있는 법인이 확정신고를 하고자 할 때에는 동일한 첨부서류(재무제표)를 그 법인의 사업장이 있는 지방자치단체 마다 각각 제출하여야 하는데 이렇게 할 경우 납세자의 불편을 가중시키고, 지방자치단체 업무량도 많아지는 점을 고려하여 여러 지방자치단체에 사업장이 있는 경우에도 납세자가 본점 소재지에서만 재무제표 등 서류를 제출하면 본점 소재지 관할 지방자치단체가 다른 지점이 있는 지방자치단체와 제출서류를 공유하는 것으로 보도록 한 것이다.

〈신고자료 공유도〉

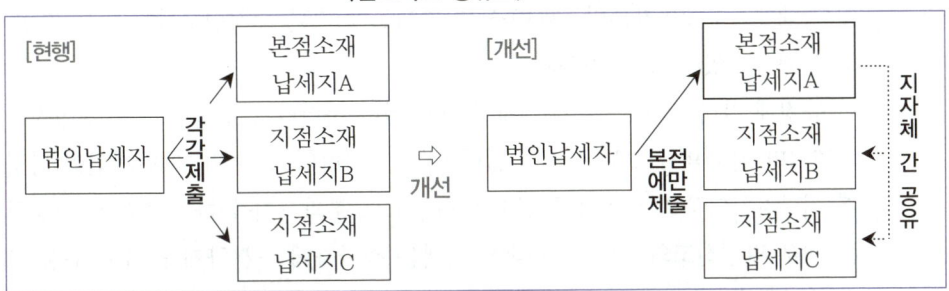

⑦ 제1항에 따른 신고를 할 때 그 신고서에 제2항제1호부터 제3호까지의 서류를 첨부하지 아니하면 이 법에 따른 신고로 보지 아니한다. 다만, 「법인세법」 제4조 제3항 제1호 및 제7호에 따른 수익사업을 하지 아니하는 비영리내국법인은 그러하지 아니하다(법 §103의23 ⑦).

⑧ 납세지 관할 지방자치단체장은 제1항 및 제2항에 따라 제출된 신고서 또는 그 밖의 서류에 미비한 점이 있거나 오류가 있는 경우에는 보정을 요구할 수 있다(법 §103의23 ⑧). 이는 법인세의 경우 첨부서류 미제출 시 무신고로 보아 가산세 부과하고 있는데도 법인지방소득세 확정신고 시 재무제표 등을 첨부해야하나 미제출 시 가산세 부과 규정은 없어 가산세 부과 등 협력의무를 유인하는 강제규정이 없어 납세자가 서류를 미제출하는 사례 발생함에 따라 지방소득세 과세관리를 위한 첨부서류를 미제출하는 경우 법인세와 같이 무신고로 보아 가산세(세액의 20%) 부과하여 과세자료 관리 강화하면서도 단순 누락의 경우 과세관청의 보정요구 등을 통해 시정기회 부여하고 있다.

제103조의24 | 수정신고 등

① 제103조의23에 따라 신고를 한 내국법인이 「국세기본법」에 따라 「법인세법」에 따른 신고내용을 수정신고할 때에는 대통령령으로 정하는 바에 따라 납세지를 관할하는 지방

자치단체의 장에게도 해당 내용을 신고하여야 한다(법 §103의24 ①).

이 경우 내국법인이 이 규정에 따라 수정신고를 하려는 내국법인은 수정신고와 함께 법인세의 수정신고 내용을 증명하는 서류를 관할 지방자치단체의 장에게 제출하여야 한다(영 §100의14 ①).

② 제103조의23에 따라 신고를 한 내국법인이 신고납부한 법인지방소득세의 납세지 또는 지방자치단체별 안분세액에 오류가 있음을 발견하였을 때에는 제103조의25에 따라 지방자치단체의 장이 보통징수의 방법으로 부과고지를 하기 전까지 관할 지방자치단체의 장에게 「지방세기본법」 제49조 및 제51조에 따른 수정신고납부 또는 경정 등의 청구를 할 수 있다(법 §103의24 ②).

이 규정에 따라 그 간 안분세액에 오류가 있다 하더라도 수정신고 및 경정청구는 가능하였지만 기한후 신고는 규정이 없어 이를 보완하였고, 이와 함께 법인이 확정신고 이후 지방자치단체의 장이 보통징수의 방법으로 부과고지를 하기 전까지 수정신고를 하는 경우 확정신고와 달리 안분대상 세액을 정확하게 구분하지 않아도 수정신고 한 경우는 가산세가 면제되어 과세의 불형평성 발생함에 따라 과세표준 경정에 따른 수정신고 시에도 정확한 안분 신고를 유도하기 위해 확정신고와 동일하게 가산세 부과 규정 추가한 것이다

③ 제1항 및 제2항에 따른 수정신고를 통하여 추가납부세액이 발생하는 경우에는 이를 납부하여야 한다. 제2항의 경우 추가납부세액에 대하여는 「지방세기본법」 제53조부터 제55조까지에 따른 가산세를 부과하지 아니한다(법 §103의24 ③).

이 규정에 따라 수정신고를 통하여 발생한 추가납부세액을 납부하려는 자는 행정자치부령으로 정하는 납부서로 납부하여야 한다(영 §100의14 ②).

④ 제2항에 따른 수정신고 및 경정 등의 청구를 통하여 환급세액이 발생하는 경우에는 지방세기본법 제62조에 따른 지방세환급가산금을 지급하지 아니한다(법 §103의24 ④).

⑤ 둘 이상의 지방자치단체에 사업장이 있는 법인은 제103조의23에 따라 신고한 과세표준에 대하여 본점 또는 주사무소의 소재지를 관할하는 지방자치단체의 장에게 일괄하여 「지방세기본법」 제50조에 따른 경정 등의 청구를 할 수 있다. 이 경우 본점 또는 주사무소의 소재지를 관할하는 지방자치단체의 장은 해당 법인이 청구한 내용을 다른 사업장의 소재지를 관할하는 지방자치단체의 장에게 통보하여야 한다(법 §103의24 ⑤).

이 경우 「지방세기본법」 제50조에 따른 경정 등의 청구를 하려는 법인은 같은 법 시행령 제31조에 따른 결정 또는 경정 청구서를 납세지별로 각각 작성하여 해당 사업연도의 종료일 현재 본점 또는 주사무소의 소재지를 관할하는 지방자치단체의 장에게 일괄하여 제출해야 한다(영 §100의14 ③).

이 규정에 따라 그간 법인 본점의 이전으로 일괄 경정청구하는 해당 귀속연도의 본점

소재지와 다를 경우, 일괄 경정청구 대상 자치단체가 불명확함에 따라 '사업연도 종료일 현재' 본점 지자체에 일괄 경정청구가 가능하도록 하였다

⑥ 둘 이상의 지방자치단체에 사업장이 있는 법인이 제89조 제2항에 따라 사업장 소재지를 관할하는 지방자치단체의 장에게 각각 신고납부하지 아니하고 하나의 지방자치단체의 장에게 일괄하여 과세표준 및 세액을 확정신고(수정신고를 포함한다)한 경우에는 그 법인에 대해서는 제3항 후단을 적용하지 아니하되, 제4항을 적용한다. 이 경우 제3항 후단을 적용하지 아니함에 따라 「지방세기본법」 제53조제1항에 따른 가산세를 부과하는 경우 해당 가산세의 금액은 같은 항에 따른 무신고납부세액의 100분의 10에 상당하는 금액으로 한다(법 §103의24 ⑥).

그간 둘이상의 자치단체에 안분을 하여야 할 법인이 하나의 지자체에만 신고한 경우 무신고가산세 100분의 20 가산세를 부과하였으나 신고세액의 합계가 같고, 안분만 하지 않은 성실히 안분신고한 경우에는 일반 무신고가산세(20%)보다 완화된 100분의 10으로 감경한 무신고가산세를 적용하며 그 시행시기는 법개정(2023.1.1.) 이후 개시하는 사업연도의 법인지방소득세를 신고·납부하는 경우부터 적용하여야 한다.

⑦ 그 밖에 법인지방소득세의 수정신고·납부 및 경정 등의 청구에 관하여 필요한 사항은 대통령령으로 정한다(법 §103의24 ⑦).

이 규정은 법인지방소득세 안분 과세표준 및 세액에 대한 경정청구의 경우 본점 소재지 지자체 장에게 각 사업장 소재지별 산출세액을 안분(사업장 연면적, 종업원 수 고려)하는 구조로 발생하는 법인의 경정청구 부담 완화를 위해 일괄 경정청구도 가능하지만 일괄 경정청구 시 제출 서류 및 제출방법, 처리절차 등을 구체적으로 정하고 있지 않아 납세자 및 지자체 불편 초래하고 있어, 법 제103조의24제5항에 따라 「지방세기본법」 제50조에 따른 경정 등의 청구를 하려는 법인은 같은 법 시행령 제31조에 따른 결정 또는 경정 청구서를 납세지별로 각각 작성하여 해당 사업연도의 종료일 현재 본점 또는 주사무소의 소재지를 관할하는 지방자치단체의 장에게 일괄하여 제출 규정을 정한 것이다(영 §100의14 ③).

제103조의 25 | 결정과 경정

① 납세지 관할 지방자치단체의 장은 다음 각 호의 어느 하나에 해당하는 경우에는 해당 사업연도의 과세표준과 세액을 결정 또는 경정한다(법 §103의25 ① Ⅰ·Ⅱ).

1. 내국법인이 제103조의23에 따른 신고를 하지 아니한 경우
2. 제103조의 23에 따른 신고를 한 내국법인이 다음 각 목의 어느 하나에 해당하는 경우
   가. 신고 내용에 오류 또는 누락이 있는 경우
   나. 「자본시장과 금융투자업에 관한 법률」 제159조에 따른 사업보고서 및 「주식회사의 외부감사에 관한 법률」 제8조에 따른 감사보고서를 제출할 때 수익 또는 자산을 과다 계상하거나 손비(損費) 또는 부채를 과소 계상하는 등 사실과 다른 회계처리를 함으로 인하여 그 내국법인, 그 감사인 또는 그에 소속된 공인회계사가 대통령령으로 정하는 경고·주의 등의 조치를 받은 경우로서 과세표준 및 세액을 과다하게 계상하여 「지방세기본법」 제51조에 따라 경정을 청구한 경우

   그리고, 납세지 관할 지방자치단체의 장은 위 규정에 따라 법인지방소득세의 과세표준과 세액을 결정 또는 경정하는 경우에는 「법인세법」에 따라 납세지 관할 세무서장 또는 관할 지방국세청장이 결정 또는 경정한 자료, 과세표준확정신고서 및 그 첨부서류에 의하거나 장부나 그 밖에 증빙서류에 의한 실지조사에 따름을 원칙으로 한다(영 §100의15 ①). 또한 위의 제2호 나목에서 "대통령령으로 정하는 경고·주의 등의 조치"란 「법인세법 시행령」 제103조의2 각 호의 어느 하나에 해당하는 조치를 말한다(영 §100의15 ②).

② 납세지 관할 지방자치단체의 장은 법인지방소득세의 과세표준과 세액을 결정 또는 경정한 후 그 결정 또는 경정에 오류나 누락이 있는 것을 발견한 경우에는 즉시 이를 다시 경정한다(법 §103의26 ②).

③ 납세지 관할 지방자치단체의 장은 제1항과 제2항에 따라 법인지방소득세의 과세표준과 세액을 결정 또는 경정하는 경우에는 「법인세법」에 따라 납세지 관할 세무서장 또는 관할 지방국세청장이 결정 또는 경정한 자료, 장부나 그 밖의 증명서류를 근거로 하여야 한다. 다만, 대통령령으로 정하는 사유로 장부나 그 밖의 증명서류에 의하여 소득금액을 계산할 수 없는 경우에는 대통령령으로 정하는 바에 따라 추계(推計)할 수 있다(법 §103의26 ③).

그리고, 이 규정 단서에 따라 소득금액의 추계 결정 또는 경정을 하는 경우 법인세법 시행령 제104조 제2항 및 제3항(추계결정 및 경정), 제105조(추계결정·경정시의 사업수익금액 계산)의 규정을 준용하여 추계한다(영 §100의15 ④).

그리고, 이 규정 단서에서 "대통령령으로 정하는 사유"란 다음의 법인세법 시행령 제104조 제1항 각 호의 어느 하나에 해당하는 경우를 말한다(영 §100의15 ③).

1. 소득금액을 계산함에 있어서 필요한 장부 또는 증빙서류가 없거나 그 중요한 부분이 미비 또는 허위인 경우
2. 기장의 내용이 시설규모, 종업원수, 원자재·상품·제품 또는 각종 요금의 시가 등

에 비추어 허위임이 명백한 경우
　3. 기장의 내용이 원자재사용량·전력사용량 기타 조업상황에 비추어 허위임이 명백한 경우
④ 지방자치단체의 장이 법인지방소득세의 과세표준과 세액을 결정 또는 경정한 때에는 그 내용을 해당 내국법인에게 대통령령으로 정하는 바에 따라 서면으로 통지하여야 한다(법 §103의26 ④).

지방자치단체의 장이 위의 규정에 따라 과세표준과 그 세액을 통지하는 경우에는 납세고지서에 그 과세표준과 세액의 계산명세를 첨부하여 고지하여야 하고, 각 사업연도의 과세표준이 되는 금액이 없거나 납부할 세액이 없는 경우에는 그 결정된 내용을 통지하여야 한다(영 §100의16).

이 경우 정부에 의한 결정은 법인이 법인세법 제60조에 따른 신고를 하지 아니한 때에 한하여 이루어지며, 이는 신고자체를 하지 아니한 경우뿐만 아니라 법인세법 제60조에 따라 신고가 없는 것으로 보는 경우를 모두 포함한다. 따라서 신고기한을 경과하여 신고하거나 또는 신고기한 내에 신고하였으나 필수적인 첨부서류가 미비된 경우 등도 결정사유에 해당한다.

또한, 신고된 내용에 오류 또는 누락(탈루)이 있는 때란 당초부터 신고내용에서 누락된 것이나 서면의 형식적인 미비 또는 오류를 말하는 것으로(대법 89누4901, 1990.6.22.), 법인세 신고서류를 서면분석한 결과 법조항이 잘못 적용되거나 상호관련계수가 일치하지 않는 등의 원인으로 신고한 과세표준 및 세액에 오류 또는 누락이 있는 때에는 경정을 하게 된다.

제103조의 26 │ 수시부과결정

① 납세지 관할 지방자치단체의 장은 내국법인이 그 사업연도 중에 대통령령으로 정하는 사유(이하 이 조에서 "수시부과사유"라 한다.)로 법인지방소득세를 포탈(逋脫)할 우려가 있다고 인정되는 경우에는 수시로 그 법인에 대한 법인지방소득세를 부과할 수 있다. 이 경우에도 각 사업연도의 소득에 대하여 제103조의23에 따른 신고를 하여야 한다(법 §103의26 ①).

이 경우 "대통령령으로 정하는 사유(수시부과사유)"란 법인세법 시행령 제108조 제1항 각 호의 어느 하나에 해당하는 경우를 말한다(영 §100의17 ①).

※ 법인세법 시행령 제108조 제1항

> "대통령령으로 정하는 사유"란 다음 각 호의 어느 하나에 해당하는 경우를 말한다.
> 1. 신고를 하지 아니하고 본점 등을 이전 한 경우
> 2. 사업부진 기타의 사유로 인하여 휴업 또는 폐업상태에 있는 경우
> 3. 기타 조세를 포탈할 우려가 있다고 인정되는 상당한 이유가 있는 경우

② 제1항은 그 사업연도 개시일부터 수시부과사유가 발생한 날까지를 수시부과기간으로 하여 적용한다. 다만, 직전 사업연도에 대한 제103조의23에 따른 신고기한 이전에 수시부과사유가 발생한 경우(직전 사업연도에 대한 과세표준신고를 한 경우는 제외한다.)에는 직전 사업연도 개시일부터 수시부과사유가 발생한 날까지를 수시부과기간으로 한다(법 §103의26 ②).

③ 제1항 및 제2항에 따른 수시부과에 필요한 사항은 대통령령으로 정한다(법 §103의26 ③). 이렇게 납세지 관할 지방자치단체의 장은 위와 같은 수시부과사유가 발생한 법인에 대하여 법 제103조의26 제1항에 따라 수시부과를 하는 경우에는 영 제100조의15 제1항 제4항 및 법 103조의21 제2항을 준용하여 그 과세표준 및 세액을 결정한다(영 §100의17 ②). 그리고, 납세지 관할 지방자치단체의 장은 법인이 주한 국제연합군 또는 외국기관으로부터 사업수입금액을 외환환은행을 통하여 외환증서 또는 원화로 영수할 때에는 법 제103조의26에 따라 그 영수할 금액에 대한 과세표준을 결정할 수 있다(영 §100의17 ③). 위의 규정에 따라 수시부과를 하는 경우에는 지방세법 제100조의 15 제4항에 따라 계산한 금액에 법 제103조의20에 따른 세율을 곱하여 산출한 금액을 그 세액으로 한다(영 §100의17 ④).

제103조의 27 │ 징수와 환급

① 납세지를 관할하는 지방자치단체의 장은 내국법인이 제103조의23에 따라 각 사업연도의 법인지방소득세로 납부하여야 할 세액의 전부 또는 일부를 납부하지 아니한 경우에는 그 미납된 부분의 법인지방소득세 세액을세액을 「지방세기본법」 및 「지방세징수법」 에 따라 징수한다(법 §103의27 ①).

② 납세지를 관할하는 지방자치단체의 장은 제103조의26에 따라 수시부과하거나 제103조의29에 따른 특별징수한 세액이 제1호부터 제5호까지의 금액을 합한 금액(이하 "법인지방소득세 총 부담세액"이라 한다)을 초과하는 경우에는 「지방세기본법」 제60조(지방세

환급금의 충당과 환급)에 따라 이를 환급하거나 지방세에 충당하는 등의 조치를 취하여야 한다(법 §103의27 ② Ⅰ ~ Ⅴ).

1. 법인지방소득세 산출세액에서 제103조의 22에 따른 세액공제 및 세액감면을 적용한 금액
2. 이 법 및 「지방세기본법」에 따른 가산세
3. 이 법 및 「지방세특례제한법」에 따른 추가납부세액
4. 「지방세특례제한법」 제2조 제14호에 따른 이월과세액(그 이자 상당액을 포함한다)
5. 제103조의 51에 따른 외국법인의 신고기한 연장에 따른 이자상당 가산액

제103조의 28 | 결손금 소급 공제에 따른 환급

① 내국법인이 「법인세법」 제72조에 따라 결손금 소급 공제에 따른 환급을 신청하는 경우 해당 결손금에 대하여 직전 사업연도의 소득에 대하여 과세된 법인지방소득세액(대통령령으로 정하는 법인지방소득세액을 말한다)을 한도로 대통령령으로 정하는 바에 따라 계산한 금액(이하 이 조에서 "결손금 소급공제세액"이라 한다)을 환급신청할 수 있다. 다만, 2021년 12월 31일이 속하는 사업연도에 결손금이 발생한 경우로서 「조세특례제한법」 제8조의4에 따라 환급신청을 하는 경우에는 직전 사업연도와 직전전 사업연도의 소득에 과세된 법인지방소득세액을 한도로 결손금 소급공제세액을 환급신청할 수 있다(법 §103의28 ①).

이 규정 본문에서 "대통령령으로 정하는 법인지방소득세액"이란 직전 사업연도의 법인지방소득세 산출세액(법 제103조의31에 따른 토지등 양도소득에 대한 법인지방소득세를 제외한다. 이하 이 조에서 같다.)에서 직전 사업연도의 소득에 대한 법인지방소득세로서 공제 또는 감면된 법인지방소득세액(이하 "감면세액"이라 한다.)을 뺀 금액(이하 이 조에서 "직전 사업연도의 법인지방소득세액"이라 한다.)을 말한다(영 §100의18 ①).

그리고, 같은 항 본문에서 "대통령령으로 정하는 바에 따라 계산한 금액"이란 제1호의 금액에서 제2호의 금액을 뺀 것(이하 이 조에서 "결손금소급공제세액"이라 한다)을 말한다(영 §100의18 ②).

1. 직전 사업연도의 법인지방소득세 산출세액
2. 직전 사업연도의 과세표준에서 「법인세법」 제14조 제2항에 따른 해당 사업연도의 결손금으로서 소급 공제를 받으려는 금액(직전 사업연도의 과세표준을 한도로 하고, 이하 이 조에서 "소급공제 결손금액"이라 한다.)을 뺀 금액에 직전 사업연도의 세율을 적용하

여 계산한 금액

위의 제1항 단서에 따라 결손금소급공제세액을 환급신청하는 경우 제1항, 제2항 및 제8항을 적용할 때에는 "직전 사업연도"는 각각 "직전 또는 직전전 사업연도"로, "같은 법 제72조"는 "「조세특례제한법」 제8조의4"로 보며, 직전 사업연도와 직전전 사업연도의 법인지방소득세 산출세액이 모두 있는 경우에는 직전전 사업연도의 과세표준에서 결손금을 먼저 공제한다(영 §100의18 ③).

② 결손금 소급공제세액을 환급받으려는 내국법인은 제103조의23에 따른 신고기한까지 대통령령으로 정하는 바에 따라 납세지 관할 지방자치단체의 장에게 환급을 신청하여야 한다. 다만, 내국법인이 납세지 관할 세무서장 또는 지방국세청장에게 「법인세법」 제72조 및 조세특례제한법 제8조의4에 따른 결손금 소급공제 환급을 신청한 경우에는 제1항에 따른 환급을 신청한 것으로 보며, 이 경우 환급가산금의 기산일은 「지방세기본법」 제62조 제1항 제5호 단서(환급세액을 신고하지 아니함에 따른 결정으로 발생한 환급세액을 환급할 때에는 그 결정일부터 30일이 지난 때로 한다)에 따른다(법 §103의28 ②).

이 규정에 따라 환급을 받으려는 법인은 법 제103조의23 제1항에 따라 신고기한까지 행정자치부령으로 정하는 소급공제 법인 지방소득세액 환급신청서를 납세지 관할 지방자치단체의 장에게 제출하여야 한다(영 §100의18 ④).

또한 이규정 단서에 따라 결손금소급공제세액을 환급하는 경우 환급가산금 기산일은 「지방세기본법 시행령」 제43조제1항제5호 단서에 따른다(영 §100의18 ⑤).

③ 납세지 관할 지방자치단체의 장이 제2항에 따라 법인지방소득세의 환급신청을 받은 경우에는 지체 없이 환급세액을 결정하여 「지방세기본법」 제60조 및 제62조에 따라 환급하거나 충당하여야 한다. 다만, 제89조 제2항에 따라 법인지방소득세를 둘 이상의 지방자치단체에서 부과한 경우에는 대통령령으로 정하는 바에 따라 각각의 납세지 관할 지방자치단체에서 환급하거나 충당하여야 한다(법 §103의28 ③).

④ 제1항부터 제3항까지의 규정은 해당 내국법인이 제103조의23에 따른 신고기한까지 결손금이 발생한 사업연도에 대한 과세표준 및 세액을 신고한 경우로서 그 직전 사업연도(제1항 단서를 적용하는 경우에는 직전전 사업연도를 포함한다)의 소득에 대한 법인지방소득세의 과세표준 및 세액을 각각 신고하였거나 지방자치단체의 장이 부과한 경우에만 적용한다(법 §103의28 ④).

⑤ 납세지 관할 지방자치단체의 장은 제3항에 따라 법인지방소득세를 환급받은 내국법인이 다음 각 호의 어느 하나에 해당하는 경우에는 그 환급세액(제1호 및 제2호의 경우에는 과다하게 환급된 세액 상당액을 말한다.)을 대통령령으로 정하는 바에 따라 그 이월결손금이 발생한 사업연도의 법인지방소득세로서 징수한다(법 §103의28 ⑤ Ⅰ~Ⅲ).

1. 결손금이 발생한 사업연도에 대한 법인지방소득세의 과세표준과 세액을 경정함으로

써 결손금이 감소된 경우
2. 결손금이 발생한 사업연도의 직전 사업연도(제1항 단서에 따라 환급받은 경우에는 직전전 사업연도를 포함한다)의 법인지방소득세 과세표준과 세액을 경정함으로써 환급세액이 감소된 경우
3. 제1항에 따른 내국법인이 중소기업에 해당하지 않는 경우로서 법인지방소득세를 환급 받은 경우

이 규정에 따라 결손금이 감소됨에 따라 징수하는 법인지방소득세 환급세액은 다음의 계산식에 따라 산출한다. 이 경우 「법인세법」 제14조제2항의 결손금 중 그 일부 금액만을 소급 공제받은 경우에는 소급 공제받지 않은 결손금이 먼저 감소된 것으로 본다(영 §100의18 ⑥).

$$\text{법 103조의28제3항에 따른 환급세액 (이하 이 조에서 "당초환급세액"이라 한다)} \times \frac{\text{감소된 결손금액으로서 소급공제 받지 않은 결손금을 초과하는 금액}}{\text{소급공제 결손금액}}$$

그리고, 환급세액을 징수하는 경우에는 제1호의 금액에 제2호의 율을 곱하여 계산한 금액을 환급세액에 가산하여 징수한다(영 §100의18 ⑦ Ⅰ, Ⅱ).
1. 법 제103조의28 제5항에 따른 환급세액
2. 당초 환급세액의 통지일의 다음 날부터 법 103조의28 제5항에 따라 징수하는 법인지방소득세액의 고지일까지의 기간에 대하여 1일 1만분의 3의 율. 다만, 납세자가 법인지방소득세액을 과다하게 환급받은 데 정당한 사유가 있는 때에는 같은 영 제43조 제2항 본문에 따른 이자율을 적용한다.

그리고, 납세지 관할 지방자치단체의 장은 당초 환급세액을 결정한 후 해당 환급세액의 계산의 기초가 된 직전 사업연도의 법인지방소득세액 또는 과세표준금액이 달라진 경우에는 즉시 당초 환급세액을 재결정하여 추가로 환급하거나 과다하게 환급한 세액 상당액을 징수해야 한다(영 §100의18 ⑧).

그리고, 위 규정에 따라 당초 환급세액을 재결정할 때에 소급공제 결손금액이 과세표준금액을 초과하는 경우 그 초과 결손금액은 소급공제 결손금액으로 보지 않는다(영 §100의18 ⑨).

⑥ 결손금 소급 공제에 따른 환급세액의 계산과 그 밖에 필요한 사항은 대통령령으로 정한다(법 §103의28 ⑥).

제103조의 29 | 특별징수의무

① 「법인세법」 제73조 및 제73조의2에 따른 원천징수의무자가 내국법인으로부터 법인세를 원천징수하는 경우에는 원천징수하는 법인세(「조세특례제한법」 및 다른 법률에 따라 조세감면 또는 중과세 등의 조세특례가 적용되는 경우에는 이를 적용한 법인세)의 100분의 10에 해당하는 금액을 법인지방소득세로 특별징수하여야 한다.(법 §103의29 ①).

② 제1항에 따라 특별징수를 하여야 하는 자를 "특별징수의무자"라 한다(법 §103의29 ②).

③ 특별징수의무자는 특별징수한 지방소득세를 그 징수일이 속하는 달의 다음 달 10일까지 대통령령으로 정하는 바에 따라 관할 지방자치단체에 납부하여야 한다(법 §103의29 ③). 이 규정에 따라 특별징수의무자는 징수한 특별징수세액을 행정자치부령으로 정하는 납부서로 납부하여야 한다(영 §100의19 ①).

그리고 특별징수의무자는 납세의무자별로 행정자치부령으로 정하는 법인지방소득세 특별징수명세서를 특별징수일이 속하는 해의 다음 해 2월 말일(특별징수의무자가 휴업, 폐업 및 해산한 경우에는 휴업, 폐업 및 해산일이 속하는 달 말일의 다음 날부터 2개월이 되는 날)까지 특별징수의무자 소재지 관할 지방자치단체의 장에게 제출하여야 한다. 이 경우 특별징수의무자 소재지 관할 지방자치단체의 장은 특별징수의무자의 소재지와 납세의무자의 소재지가 다른 경우 납세의무자의 사업장 소재지 관할 지방자치단체의 장에게 해당 지방법인소득세 특별징수명세서를 통보하여야 하며(영 §100의19 ②), 특별징수의무자는 이 규정에 따른 법인지방소득세 특별징수명세서를 ① 출력하거나 디스켓 등 전자적 정보저장매체에 저장하여 인편 또는 우편으로 제출하거나, ② 지방세기본법 제2조 제1항 제28호에 따른 지방세정보통신망으로 제출하여야 한다(영 §100의19 ③).

또한, 특별징수의무자는 납세의무자로부터 법인지방소득세를 특별징수한 경우에는 그 납세의무자에게 행정자치부령으로 정하는 법인지방소득세 특별징수영수증을 발급하여야 한다. 다만, 「법인세법」 제73조에 따른 원천징수의무자가 같은 법 제74조에 따른 원천징수영수증을 발급할 때 법인지방소득세 특별징수액과 그 납세지 정보를 포함하여 발급하는 경우에는 해당 법인지방소득세 특별징수영수증을 발급한 것으로 본다(영 §100의19 ④).

그런데 위의 규정에도 불구하고 「법인세법」 제73조에 따른 이자소득금액 또는 배당소득금액이 계좌별로 1년간 1백만원 이하로 발생한 경우에는 법인지방소득세 특별징수영수증을 발급하지 아니할 수 있다. 다만, 납세의무자가 법인지방소득세 특별징수영수증의 발급을 요구하는 경우에는 이를 발급하여야 한다(영 §100의19 ⑤).

④ 특별징수의무자가 징수하였거나 징수하여야 할 세액을 제3항에 따른 납부기한까지 납

부하지 아니하거나 과소납부한 경우에는 「지방세기본법」 제56조에 따라 산출한 금액을 가산세로 부과하며, 특별징수의무자가 징수하지 아니한 경우로서 납세의무자가 그 법인지방소득세액을 이미 납부한 경우에는 특별징수의무자에게 그 가산세액만을 부과한다. 다만, 국가 또는 지방자치단체와 그 밖에 대통령령으로 정하는 자가 특별징수의무자인 경우에는 특별징수 의무불이행을 이유로 하는 가산세는 부과하지 아니한다.(법 §103의29 ④).

이 경우 "대통령령으로 정하는 자"란 주한 미국군을 말한다.

⑤ 법인지방소득세의 특별징수에 관하여 이 법에 특별한 규정이 있는 경우를 제외하고는 「법인세법」에 따른 원천징수에 관한 규정을 준용한다(법 §103의29 ⑤).

이 경우 법인세법 제73조에 따른 원천징수란 ① 소득세법 제127조 제1항 제1호의 이자소득금액, ② 소득세법 제127조 제1항 제2조의 배당소득금액을 내국법인에 지급하는 자가 그 금액을 지급하는 경우에는 지급하는 금액에 100분의 14(소득세법 제16조 제1항 제11호의 비영업대금의 이익인 경우에는 100분의 25)의 세율을 적용하여 계산한 금액에 상당하는 법인세를 징수하여 그 징수일이 속하는 달의 다음 달 10일까지 납부하는 것을 말하는데, 여기에 따른 법인지방소득세는 원천징수하는 법인세의 100분의 10에 해당 금액을 특별징수 한다는 것이다.

제103조의 30 | 가산세

① 납세지 관할 지방자치단체의 장은 납세지 관할 세무서장이 「법인세법」 제74조의2, 제75조 및 제75조의2부터 제75조의9까지의 규정에 따라 법인세 가산세를 징수하는 경우에는 그 징수하는 금액의 100분의 10에 해당하는 금액을 법인지방소득세 가산세로 징수한다. 다만, 「법인세법」 제75조의3에 따라 징수하는 가산세의 100분의 10에 해당하는 법인지방소득세 가산세와 「지방세기본법」 제53조 또는 제54조에 따른 가산세가 동시에 적용되는 경우에는 그 중 큰 가산세액만 적용하고, 가산세액이 같은 경우에는 「지방세기본법」 제53조 또는 제54조에 따른 가산세만 적용한다(법 §103의30 ①).

이 규정은 납세자가 업무용 승용차 관련 비용 명세서를 제출하지 않아 국세에서 가산세가 부과되는 경우 지방소득세도 가산세를 부과할 수 있도록 인용 규정을 추가한 것이다.

② 법인의 사업장 소재지가 둘 이상의 지방자치단체에 있어 각 사업장 소재지 관할 지방자치단체의 장이 제89조 제2항에 따라 안분하여 부과·징수하는 경우에는 제1항에 따라 징수하려는 법인지방소득세 가산세도 안분하여 징수한다(법 §103의30 ②).

1. 가산세

가산세는 세법에 규정하는 의무의 성실한 이행을 확보하기 위하여 지방세기본법 또는 지방세법에 규정하는 의무를 위반하는 자로부터 그 세법에 의하여 산출한 세액에 가산하여 징수하는 금액을 말하며, 가산금은 이에 포함하지 아니한다.

지방소득세 규정에서는 과세권의 적정한 행사를 위하여 정확한 과세표준의 파악, 납세의무의 성실이행, 과세자료의 원활한 수집 등을 기하기 위하여 법인에게 자진신고 및 납부의무 기타 협력사항 등 일정한 의무를 부담지우고 있으며, 가산세는 그 이행을 확보하기 위하여 이러한 각종 의무를 해태하였을 때 가해지는 일종의 행정벌적인 제재로서 본세에 가산하여 부과징수하는 금액이 된다(대법 86누229, 1987.2.24.).

2. 가산세의 종류 및 적용요건과 가산세액의 계산(법 §103의30 ① · ②)

① 납세지관할 지방자치단체의 장은 납세지관할 세무서장이 「법인세법」 제76조에 따라 법인세 가산세를 징수하는 경우에는 그 가산세로 징수하는 금액의 100분의 10에 해당하는 금액을 법인지방소득세 가산세로 징수한다는 것이다. 다만, 법인세법 제76조 제1항에 따라 징수하는 가산세의 100분의 10에 해당하는 법인지방소득세 가산세와 「지방세기본법」 제52조 또는 제54조에 따른 가산세가 동시에 적용되는 경우에는 그 중 큰 가산세액만 적용하고, 가산세액이 같은 경우에는 「지방세기본법」에 따른 가산세만 적용한다.

② 법인의 사업장소재지가 둘 이상의 지방자치단체에 있어 각 사업장 소재지관할 지방자치단체의 장이 「지방세법」 제89조 제2항에 따라 안분하여 부과·징수하는 경우에는 위의 "①" 규정에 따라 징수하려는 법인지방소득세 가산세도 안분하여 징수한다.

제103조의 31 | 토지등 양도소득 및 기업의 미환류소득에 대한 법인지방소득세 특례 등

① 내국법인이 「법인세법」 제55조의2에 따른 토지 및 건물(건물에 부속된 시설물과 구축물을 포함한다), 주택을 취득하기 위한 권리로서 「소득세법」 제88조제9호의 조합원입주권 및 같은 조 제10호의 분양권(이하 이 조 및 제103조의49에서 "토지등"이라 한다)을 양도한 때에는 해당 각 호에 따라 계산한 세액을 토지등 양도소득에 대한 법인지방소득세로 하여 각 사업연도의 소득에 대한 법인지방소득세에 추가하여 납부하여야 한다. 이

경우 하나의 자산이 다음 각 호의 규정 중 둘 이상에 해당할 때에는 그 중 가장 높은 세액을 적용한다(법 §103의31 ① Ⅰ~Ⅲ).

1. 대통령령으로 정하는 주택(이에 부수되는 토지를 포함한다) 및 주거용 건축물로서 상시 주거용으로 사용하지 아니하고 휴양·피서·위락 등의 용도로 사용하는 건축물을 양도한 경우에는 토지등의 양도소득에 1천분의 20(미등기 토지등의 양도소득에 대하여는 1천분의 40)을 곱하여 산출한 세액. 다만, 「지방자치법」 제3조제3항 및 제4항에 따른 읍 또는 면에 있으면서 대통령령으로 정하는 범위 및 기준에 해당하는 농어촌주택(그 부속토지를 포함한다)은 제외한다.

이 경우 "대통령령으로 정하는 주택"은 법인세법 시행령 제92조의2 제2항에 따른 주택을 말한다(영 §100의21 ①).

그리고, 단서에서 "대통령령으로 정하는 범위 및 기준에 해당하는 농어촌주택(그 부속토지를 포함한다)"이란 「법인세법 시행령」 제92조의10에 따른 주택 및 그 부속토지를 말한다(영 §100의21 ②).

> ※ 법인세법 시행령 제92조의 10 【별장의 범위와 적용기준】
> 법 제55조의2제1항제2호 단서에서 "대통령령으로 정하는 범위 및 기준에 해당하는 농어촌주택(그 부속토지를 포함한다)"이란 다음 각 호의 요건을 모두 갖춘 주택과 그 부속토지를 말한다. 〈개정 2011.6.3., 2015.2.3.〉
> 1. 건물의 연면적이 150제곱미터 이내이고 그 건물의 부속토지의 면적이 660제곱미터 이내일 것
> 2. 건물과 그 부속토지의 가액이 기준시가 2억원 이하일 것
> 3. 「조세특례제한법」 제99조의4제1항제1호 각 목의 어느 하나에 해당하는 지역을 제외한 지역에 소재할 것

2. 비사업용 토지(「법인세법」 제55조의2제2항 및 제3항에서 정하는 비사업용토지를 말한다)를 양도한 경우에는 토지등의 양도소득에 1천분의 10(미등기 토지등의 양도소득에 대하여는 1천분의 40)을 곱하여 산출한 세액

3. 주택을 취득하기 위한 권리로서 「소득세법」 제88조제9호의 조합원입주권 및 같은 조 제10호의 분양권을 양도한 경우에는 토지등의 양도소득에 1천분의 20을 곱하여 산출한 세액

② 「법인세법」 제55조의2 제4항 각 호의 어느 하나에 해당하는 토지등 양도소득에 대하여는 제1항을 적용하지 아니한다. 다만, 미등기 토지등(「법인세법」 제55조의2 제5항에서 정하는 미등기 토지등을 말한다.)에 대한 토지등 양도소득에 대하여는 그러하지 아니하다 (법 §103의31 ②).

③ 토지등 양도소득은 토지등의 양도금액에서 양도 당시의 장부가액을 뺀 금액으로 한다

(법 §103의31 ③).

④ 제1항부터 제3항까지의 규정을 적용할 때 농지·임야·목장용지의 범위, 주된 사업의 판정기준, 해당 사업연도의 토지등의 양도에 따른 손실이 있는 경우 등의 양도소득 계산방법, 토지등의 양도에 따른 손익의 귀속사업연도 등에 관하여 필요한 사항은 대통령령으로 정한다(법 §103의31 ④).

그러므로 법인이 해당 사업연도에 법인 본래의 사업을 영위하며 부담하는 법인소득에 대한 법인세를 납부한 외에 토지등의 양도로 인한 소득이 발생하면 이는 정상적인 법인사업활동으로 인한 법인세 외에 별도로 추가하여 토지등의 양도로 인한 법인지방소득세를 납부하여야 한다는 것이다.

그리고, 이 규정에 이한 토지양도소득의 귀속연도, 양도시기 및 취득시기에 관하여는 법인세법 시행령 제92조의2 제6항을 준용하고, 법인이 각 사업연도에 이 조항을 적용받는 2 이상의 토지등을 양도하는 경우에 토지등 양도소득은 법인세법 시행령 제92조의2 제9항을 준용하여 산출한 금액으로 한다(영 §100의21 ②·③).

⑤ 「조세특례제한법」 제100조의32제2항에 따라 내국법인(연결법인을 포함한다)이 미환류소득에 대한 법인세를 납부하는 경우에는 그 납부하는 세액의 100분의 10에 해당하는 금액을 제103조의19에 따른 과세표준에 제103조의20에 따른 세율을 적용하여 계산한 법인지방소득세액에 추가하여 납부하여야 한다(법 §103의31 ⑤).

이 규정은 기업미환류소득에 대한 법인세의 납부시 그 납부하는 세액의 100분의 10을 법인지방소득세에 추가하여 납부하도록 한 것이다.

⑥ 다음 각 호의 조합은 제85조제1항제6호에도 불구하고 비영리내국법인으로 보아 법인지방소득세 과세표준과 세액을 계산한다. 이 경우 과세소득의 범위에서 제외되는 사업의 범위 등은 「조세특례제한법」 제104조의7제5항에 따른다(법 §103의31 ⑥ Ⅰ~Ⅲ).

1. 2003년 6월 30일 이전에 「주택건설촉진법」(법률 제6852호로 개정되기 전의 것을 말한다) 제44조제1항에 따라 조합설립의 인가를 받은 재건축조합으로서 「도시 및 주거환경정비법」 제38조에 따라 법인으로 등기한 조합 중 「조세특례제한법」 제104조의7제1항 단서에 따라 「법인세법」의 적용을 받는 조합
2. 「도시 및 주거환경정비법」 제35조에 따른 조합
3. 「빈집 및 소규모주택 정비에 관한 특례법」 제23조에 따른 조합

이 규정은 정비사업조합을 비영리법인으로 간주하여 법인지방소득세를 비과세할 수 있도록 국세 준용 규정을 보완하고, 국세에서 「소규모주택정비법」에 따라 설립된 조합도 비영리법인 의제 대상으로 추가(조특법 §104의7)함에 따라 지방소득세도 비과세할 수 있도록 근거 규정을 마련한 것이다.

제103조의 32 | 비영리내국법인에 대한 과세특례

① 비영리내국법인은 「법인세법」 제4조제3항제2호에 따른 이자·할인액 및 이익(「소득세법」 제16조제1항제11호의 비영업대금의 이익은 제외하고, 투자신탁의 이익을 포함하며, 이하 이 조에서 "이자소득"이라 한다)으로서 제103조의29에 따라 특별징수된 이자소득에 대하여는 제103조의23에도 불구하고 과세표준 신고를 하지 아니할 수 있다. 이 경우 과세표준 신고를 하지 아니한 이자소득은 제103조의19에 따라 각 사업연도의 소득금액을 계산할 때 포함하지 아니한다(법 §103의32 ①).

이 규정을 적용함에 있어서 비영리내국법인은 특별징수된 이자소득 중 일부에 대하여도 과세표준신고를 하지 아니할 수 있고, 이와 같이 과세표준신고를 하지 아니한 이자소득에 대해서는 수정신고, 기한 후 신고 또는 경정 등을 통하여 이를 과세표준에 포함시킬 수 없다 (영 §100의22 ①·②).

② 제1항에 따른 비영리내국법인의 이자소득에 대한 법인지방소득세의 과세표준 신고와 징수에 필요한 사항은 대통령령으로 정한다(법 §103의32 ②).

③ 「법인세법」 제62조의2 제2항에 따라 비영리내국법인이 자산양도소득에 대하여 법인세를 납부하는 경우에는 제103조에 따라 계산한 과세표준에 제103조의3에 따른 세율을 적용하여 산출한 금액을 법인지방소득세로 납부하여야 한다. 이 경우 제103조의3제5항에 따라 가중된 세율을 적용하는 경우에는 제103조의31제1항을 적용하지 아니한다 (법 §103의32 ③).

이 규정을 적용함에 있어서 비영리내국법인의 경우 원천징수 된 이자소득과 일정자산의 양도소득(주식, 토지건물, 회원 권 등)에 대해서는 법인지방소득세 신고의무를 면제하고 있어 업무의 효율적인 처리를 위해 특정자산 양도소득에 대해서는 과세표준 신고를 하지 않을 수 있도록 하고 과세표준 신고를 하지 않은 자산 양도소득에 대한 법인지방소득세는 국세와 동일한 과세표준에 양도소득에 대한 지방소득세율을 적용하여 계산하도록 하면서 양도소득에 대한 중과세율이 적용되는 경우 법인의 토지양도소득에 대한 추가과세가 적용되지 않도록 개정한 것이다

④ 제3항에 따른 법인지방소득세의 과세표준에 대한 신고·납부·결정·경정 및 징수에 관하여는 자산 양도일이 속하는 각 사업연도의 소득에 대한 법인지방소득세의 과세표준의 신고·납부·결정·경정 및 징수에 관한 규정을 준용하되, 그 밖의 법인지방소득세액에 합산하여 신고·납부·결정·경정 및 징수한다(법 §103의32 ④).

⑤ 제3항에 따라 계산한 법인지방소득세는 제103조의5(과세표준 예정신고와 납부) 및 제103

조의6(예정신고 산출세액의 계산)을 준용하여 양도소득과세표준 예정신고 및 자진납부를 하여야 한다(법 §103의32 ⑤).

위의 법 제103조의32 제5항에 따라 양도소득과세표준 예정신고를 하려는 경우에는 행정자치부령으로 정하는 법인지방소득에 대한 양도소득과세표준 예정신고서를 제출하여야 한다(영 §100의22 ③).

그리고 비영리내국법인이 법 제103조의32 제5항에 따라 양도소득과세표준 예정신고 및 자진납부를 한 경우에도 법 제130조의23 제1항에 따라 과세표준의 신고를 할 수 있다. 이 경우 예정신고 납부세액은 법 제103조의23 제3항에 따른 납부할 세액에서 공제한다(영 §100의22 ④).

⑥ 비영리내국법인이 제5항에 따른 양도소득과세표준 예정신고를 한 경우에는 제4항에 따른 과세표준에 대한 신고를 한 것으로 본다. 다만, 제103조의7 제3항 단서에 해당하는 경우에는 제4항에 따른 과세표준 신고를 하여야 한다(법 §103의32 ⑥).

⑦ 제3항부터 제6항까지 규정한 사항 외에 비영리내국법인의 자산양도소득에 대한 과세특례에 관하여는 「법인세법」 제62조의2를 준용한다(법 §103의32 ⑦).

제7절　내국법인의 각 연결사업연도의 소득에 대한 지방소득세

　연결납세제도(Consolidated Tax Return)란 모법인과 자법인이 경제적으로 결합되어 있는 경우 해당 모법인과 자법인을 하나의 과세단위로 보아 소득과 결손금을 통산하여 법인세를 과세하는 제도로서, 조직의 형태(동일법인내 사업부 또는 별도의 자법인)와 관계없이 세부담이 동일하게 유지되도록 하는 제도이다.

　법적 실질을 존중하여 개별 법인별로 법인세를 신고·납부하여야 하는 기존의 법인세 과세제도하에서는, 특정 사업부문 A와 B를 동일 법인내의 사업부로 유지하는 경우 사업부문 A에서 발생한 결손금은 사업부문 B에서 발생한 이익과 상계되며 양 부문간 내부거래에 따른 손익을 인식하지 않는 반면, 사업부문 A와 B를 모법인이 100% 주식을 보유하는 별개의 법인으로 각각 유지하는 경우 특수관계 있는 양 법인간의 손익을 통산할 수 없고, 양 법인간의 거래손익도 전부 인식하여야 한다.

　반면, 연결납세방식을 채택한 연결집단의 경우 모법인과 법률적으로 독립되어 있는 자법인들 전체를 포괄한 기업집단을 하나의 과세대상으로 보아 각 연결법인의 소득과 결손금을 통산하고, 내부거래손익을 제거한 다음 과세소득을 산출할 수 있도록 함으로써, 기업의 법률적 형태변화에 따른 세부담의 불공평을 해소할 수 있다.[19]

[개별법인별 과세제도와 연결납세방식 비교]

개별법인별 과세제도	
구 분	과세소득
모법인(갑)	1,000
자법인(을)	200
자법인(병)	-300
연결집단 총 과세소득	1,200

* 병법인의 결손금 당기 공제 불가능

연결납세방식	
구 분	과세소득
모법인(갑)	1,000
자법인(을)	200
자법인(병)	-300
연결집단 총 과세소득	900

* 병법인의 결손금 당기 공제 가능

---

19) 이연호 외, 법인세, 광교이택스, 2013, p.1543

제103조의33 연결납세방식의 적용 등

① 「법인세법」제76조의 8에 따라 연결납세방식을 적용받는 내국법인은 법인지방소득세에 관하여 연결납세방식을 적용할 수 있다(법 §103의33 ①).

이 경우는 연결납세방식의 적용을 받는 법인이 연결납세방식에 따라 법인지방소득세를 계산한 경우라도 법인지방소득세가 지방세이므로 각 지방자치단체에 본점이나 사업소가 있는 경우에는 그 계산한 세액을 그 법인의 소재지별로 납부하여야 한다는 것이다.

② 연결납세방식의 적용, 연결납세방식의 취소와 포기, 연결자법인의 추가와 배제 등에 관하여는 「법인세법」제76조의8부터 제76조의12까지의 규정을 준용한다(법 §103의32 ②).

제103조의34 과세표준

① 각 연결사업연도의 소득에 대한 법인지방소득세 과세표준은 「법인세법」제76조의13에 따라 계산한 법인세의 과세표준(「조세특례제한법」 및 다른 법률에 따라 과세표준 산정과 관련된 조세감면 또는 중과세 등의 조세특례가 적용되는 경우에는 이에 따라 계산한 법인세의 과세표준)과 동일한 금액으로 한다(법 §103의34 ①).

즉, 각 연결사업연도의 소득 − (연결이월결손금 + 각 연결법인의 비과세 소득의 합계액 + 각 연결법인의 소득공제액의 합계액) = 각 연결사업연도의 소득에 대한 과세표준

② 제1항에도 불구하고 각 연결사업연도의 소득에 대한 법인세 과세표준에 국외원천소득이 포함되어 있는 경우로서 「법인세법」제57조에 따라 외국 납부 세액공제를 하는 경우 해당 연결사업연도의 법인지방소득세 과세표준의 계산에 관하여는 제103조의19제2항 및 제3항을 준용한다. 이 경우 차감액의 계산 방법, 이월 방법과 그 밖에 필요한 사항은 대통령령으로 정한다(법 §103의34 ②).

이 규정에 따라 외국법인세액을 차감하려는 경우 각 연결법인의 「법인세법 시행령」제120조의22제2항제1호에 따른 과세표준 개별귀속액(이하 이 장에서 "과세표준개별귀속액"이라 한다)에서 차감한다. 이 경우 차감하는 외국법인세액은 그 연결법인에서 발생한 외국법인세액으로 한정하고, 이에 따라 차감하는 외국법인세액은 각 연결법인의 과세표준개별귀속액을 한도로 하고, 과세표준개별귀속액을 초과하는 금액은 법 제103조의19제3항에 따라 이월하여 차감할 수 있으며, 이 때 각 연결법인별 외국법인세액을 이월하여 그 이월된 연결사업

연도의 법인지방소득세 과세표준을 계산하는 경우에는 먼저 발생한 이월금액부터 차감한다(영 § 100의23 ①~③).

그리고 외국법인세액을 차감한 금액을 해당 연결사업연도의 법인지방소득세 과세표준으로 하려는 연결법인은 법 제103조의37제1항에 따라 법인지방소득세 과세표준 및 산출세액을 납세지 관할 지방자치단체의 장에게 신고하려는 경우 각 연결법인별로 작성한 행정안전부령으로 정하는 외국법인세액 과세표준 차감 명세서를 함께 제출해야 하며 제1항부터 제4항까지 규정한 사항이외에 연결법인의 외국법인세액 과세표준 차감액 계산에 관하여는 제100조의10제2항부터 제4항까지와 같은 조 제6항을 준용한다(영 § 100의23 ④,⑤).

또한, 「법인세법」 제57조제1항에 따른 외국법인세액(이하 "외국법인세액"이라 한다)을 차감한 금액을 법인지방소득세 과세표준으로 하려는 연결법인은 영 제100조의23제4항에 따라 연결법인별로 작성한 별지 제43호의12서식의 외국법인세액 과세표준 차감 명세서에 다음 각 호의 서류를 첨부하여 납세지 관할 지방자치단체의 장에게 제출해야 한다(규칙 §48의10 Ⅰ~Ⅲ).

1. 외국법인세액 증명서류
2. 「법인세법 시행규칙」 별지 제8호서식 부표 5
3. 「법인세법 시행규칙」 별지 제8호서식 부표 5의3

1. 과세표준의 계산

각 연결사업연도의 소득에 대한 과세표준은 각 연결사업연도의 소득의 범위에서 다음 각각의 금액을 차례로 뺀 금액으로 한다(법법 §76의13 ①).

① 각 연결사업연도의 개시일 전 10년 이내에 개시한 연결사업연도의 결손금(연결법인의 연결납세방식의 적용 전에 발생한 결손금을 포함한다)으로서 그 후의 각 연결사업연도(사업연도를 포함한다.)의 과세표준을 계산할 때 공제되지 아니한 금액
② 법인세법 및 조세특례제한법에 따른 각 연결법인의 비과세소득의 합계액
③ 법인세법 및 조세특례제한법에 따른 각 연결법인의 소득공제액의 합계액

2. 각 연결사업연도의 소득의 계산

각 연결사업연도의 소득은 각 연결법인별로 다음 각각의 순서에 따라 계산한 소득 또는 결손금을 합한 금액으로 한다(법법 §76의14 ①).

| 1. 연결법인별 각 사업연도의 소득의 계산 | ▷ | 각각의 연결법인별로 개별과세의 원리에 따라 각 사업연도의 소득 또는 결손금을 산출한다. |

↓

| 2. 연결법인별 연결조정항목의 제거 | ▷ | 연결집단을 1개의 법인으로 보아 연결조정항목(수입배당금, 접대비, 기부금)의 시부인 한도액을 재계산하기 위하여 연결법인별로 익금불산입 또는 손금불산입하였던 해당 항목의 금액을 제거한다.(세무조정전 상태로 되돌려 놓음) |

↓

| 3. 연결법인간 거래손익의 조정 | ▷ | 연결법인간 내부거래 자산양도손익을 이연시킨 다음, 연결집단내 연결법인으로부터 받은 배당금을 전액 익금불산입하고, 다른 연결법인에 지급한 접대비 상당액과 다른 연결법인에 대한 채권에 대하여 설정한 대손충당금 상당액을 손금부인하는 등 연결법인간 내부거래손익을 조정한다. |

↓

| 4. 연결조정항목의 연결법인별 배분 | ▷ | 연결집단을 하나의 내국법인으로 보아 새로이 산출한 수입배당금 익금불산입액, 기부금·접대비 손금부인액을 각 연결법인별로 배분한다. |

↓

| 연결법인의 소득(결손금) 합산 | ▷ | 위 순서에 따라 계산하여 각 연결법인별로 소득 또는 결손금을 산출한 다음, 모든 연결법인의 이들 소득 또는 결손금을 합산하여 각 연결사업연도의 소득(결손금)을 산출한다. |

※ 이연호 외, 법인세(2013), 광교이택스, p.1562 도표 참조

3. 연결법인의 외국법인세액 차감

　각 연결사업연도 소득에 대한 과세표준과 과세표준 개별귀속액이 산출된 후 외국법인세액을 개별 연결법인 단위에서 차감하고 이월분도 개별 연결법인 단위로 관리하고 연결집단 단위에서 통산하지 않는다

　이 경우 차감한도는 각 연결법인별 과세표준 개별귀속액을 한도로 차감하며 연결법인 간에 배분은 하지 않는다

⟨연결법인 외국법인세액 차감방법 예시⟩

법인구분 연결법인명		연결집단 계	모법인 A	자법인 B	자법인 C	자법인 D	비고
연결 소득금액 계산	각연결사업연도 소득금액(결손금)	2,000	1,200	1,800	△200	△800	(법인세) 연결집단의 결손금 △1,000을 소득이 있는 법인의 소득금액 비율로 배분→ A:B=2:3
	연결소득 개별귀속액	2,000	800	1,200	0	0	
연결 과세표준 계산	연결이월결손금, 비과세, 소득공제	0	0	0	0	0	
	과세표준 및 개별귀속액	2,000	800	1,200	0	0	
	외국법인세액	△1,400	0	△1,000	0	△400	각 연결법인의 과세표준에서 각각 차감(배분없음)
	법인지방소득세 과세표준 및 개별귀속액	1,000	800	200	0	0 (△400*)	*D법인의 미차감액 △400은 다음 사업연도로 이월됨

각 연결법인의 과세표준 개별귀속액에서 모두 차감하지 못해 각 연결법인 별로 이월한 외국법인세액이 있는 경우 먼저 발생한 외국법인세액부터 차감하며 외국법인세액을 법인지방소득세에서 차감하려는 경우에는 연결법인별로 외국법인세액 증명서류, 법인세법 시행규칙 별지 제8호서식 부표 5, 5의3을 첨부한 '외국법인세액 과세표준 차감 명세서(별지 제43호의12서식)'를 각각 작성 후 관련 서류를 첨부하여 제출하여야 하며 제출기간, 환급 규정 등 그 밖에 사항에 대해서는 일반법인 규정을 준용한다

제103조의 35 | 연결산출세액

① 각 연결사업연도의 소득에 대한 법인지방소득세 연결산출세액은 제103조의34에 따른 과세표준에 제103조의20에 따른 세율을 적용하여 계산한 금액으로 한다(법 §103의35 ①).
② 연결법인이 제103조의31의 토지등을 양도한 경우[해당 토지등을 다른 연결법인이 양수하여 「법인세법」 제76조의14 제1항 제3호(연결법인간 거래손익의 조정)가 적용되는 경우를 포함한다.] 또는 같은 조 제5항에 따른 미환류소득이 있는 경우에는 해당 토지등의 양도소득 또는 해당 미환류소득에 대한 법인지방소득세를 합산한 금액을 연결산출세액으로 한다(법 §103의35 ②).
③ 각 연결사업연도의 소득에 대한 법인지방소득세를 계산하는 경우에는 제103조의21 제2항(표준세율을 50% 범위에서 가감조정 가능)을 준용한다(법 §103의35 ③).
④ 연결산출세액 중 각 연결법인에 귀속되는 금액(이하 이 장에서 "연결법인별 법인지방소득

세 산출세액"이라 한다.)의 계산방법은 대통령령으로 정한다(법 §103의35 ④).

이 규정에 따른 연결법인별 산출세액은 제1호의 금액에 제2호의 비율을 곱하여 계산한 금액으로 한다. 이 경우 연결법인에 법 제103조의31에 따른 토지등 양도소득에 대한 법인지방소득세가 있는 경우에는 이를 가산한다(영 §100의23 ⑥ Ⅰ·Ⅱ).

1. 과세표준개별귀속액(제1항에 따라 외국법인세액을 차감하는 경우에는 해당 연결법인의 과세표준개별귀속액에서 법 제103조의34제2항에 따라 외국법인세액을 차감한 후의 법인지방소득세 과세표준으로 한다)
2. 법 제103조의34에 따른 연결사업연도의 소득에 대한 과세표준은 법 제103조의35 제1항의 연결산출세액(법 제103조의31에 따른 토지등 양도소득에 대한 법인지방소득세는 제외한다.)의 비율(이하 이 장에서 "연결세율"이라 한다.)

제103조의36 | 세액공제 및 세액감면

① 연결법인의 연결사업연도의 소득에 대한 법인지방소득세의 세액공제 및 세액감면에 관한 사항은 「지방세특례제한법」에서 정한다. 이 경우 공제 및 감면되는 세액은 법인지방소득세 연결산출세액에서 공제한다(법 §103의36 ①).
② 제1항을 적용할 때 각 연결법인의 공제 및 감면 세액은 연결법인별 법인지방소득세 산출세액을 제103조의21의 법인지방소득세 산출세액으로 보아 「지방세특례제한법」에 따른 세액공제와 세액감면을 적용하여 계산한 금액으로 한다(법 §103의36 ②).
③ 연결법인의 사업장이 둘 이상의 지방자치단체에 있는 경우에는 제89조제1항에 따른 납세지 관할 지방자치단체의 장에게 각각 신고하여야 한다(법 §103의36 ③).
④ 연결모법인은 연결법인별 법인지방소득세 산출세액에서 제103조의36에 따라 공제 및 감면되는 세액 및 제103조의29에 따라 특별징수한 세액을 공제한 금액을 제1항에 따른 신고기한까지 제89조제1항에 따른 납세지 관할 지방자치단체에 납부하여야 한다(법 §103의36 ④).
⑤ 제1항에 따라 연결모법인이 지방소득세를 신고납부하는 경우에는 각 연결자법인은 제89조제2항에 따라 연결법인별로 계산된 지방소득세 상당액을 연결모법인에게 지급하여야 한다. 다만 해당 지방소득세 상당액이 음의 수인 경우 연결모법인은 음의 부호를 뺀 금액을 연결자법인에 지급하여야 한다(법 §103의36 ⑤).
⑥ 제1항에 따른 첨부서류를 연결모법인 본점 소재지를 관할하는 지방자치단체의 장에게

제출한 경우에는 연결법인별 납세지 관할 지방자치단체의 장에게도 이를 제출한 것으로 본다(법 §103의36 ⑥).

⑦ 제1항에 따른 신고를 할 때 그 신고서에 제1항제1호의 서류를 첨부하지 아니하면 이 법에 따른 신고로 보지 아니한다(법 §103의36 ⑦).

⑧ 납세지 관할 지방자치단체장은 제1항 및 제3항에 따라 제출된 신고서 또는 그 밖의 서류에 미비한 점이 있거나 오류가 있을 때에는 보정할 것을 요구할 수 있다(법 §103의36 ⑧).

위의 규정을 적용할 때 각 연결법인의 감면 또는 면제되는 세액은 감면 또는 면제되는 소득에 연결세율을 곱한 금액(감면의 경우에는 그 금액에 해당 감면율을 곱하여 산출한 금액)으로 한다. 이 경우 감면 또는 면제되는 소득은 과세표준 개별귀속액을 한도로 한다(영 §100의24).

제103조의37 | 연결과세표준 및 연결법인지방소득세액의 신고 및 납부

① 연결모법인은 각 연결사업연도의 종료일이 속하는 달의 말일부터 5개월 이내에 제103조의34에 따른 각 연결사업연도의 소득에 대한 법인지방소득세 과세표준과 제103조의35제4항에 따른 각 연결사업연도의 소득에 대한 연결법인별 법인지방소득세 산출세액을 대통령령으로 정하는 신고서에 따라 연결법인별 납세지 관할 지방자치단체의 장에게 다음 각 호의 서류를 첨부하여 신고하여야 한다. 이 경우 제103조의 23 제5항(내국법인으로서 각 사업연도의 소득금액이 없거나 결손금이 있는 법인의 경우에도 과세표준 및 세액의 확정신고와 납부를 하여야 하는 규정을 적용한다.)을 준용한다(법 §103의37 ① Ⅰ·Ⅱ).

1. 각 연결법인의 제103조의23 제2항제1호부터 제3호까지의 서류
2. 대통령령으로 정하는 세액조정계산서 첨부서류

이 규정에 따른 신고는 행정자치부령으로 정하는 각 연결사업연도의 소득에 대한 법인지방소득세 과세표준 및 세액신고서로 하고, 그리고 위에서 "대통령령으로 정하는 세액조정계산서 첨부서류"란 행정자치부령으로 정하는 연결집단 법인지방소득세 과세표준 및 세액조정계산서와 부속서류를 말한다(영 §100의25 ① ②).

위의 규정에 따라 연결모법인의 본점 또는 주사무소 소재지 관할지방자치단체의 장은 납세자가 제출한 첨부서류를 확정신고기한의 다음 달 마지막 날까지 지방세정보통신망에 입력하여야 한다(규칙 §48의10 ④).

② 각 지방자치단체의 연결법인별 법인지방소득세 산출세액은 제89조 제2항(둘 이상 지방자치단체에 있는 각 연결법인의 법인지방소득세 안분계산방법)에서 정하는 바에 따른다(법

§103의37 ②).
③ 연결법인의 사업장이 둘 이상의 지방자치단체에 있는 경우에는 제89조 제1항에 따른 납세지 관할 지방자치단체의 장에게 각각 신고하여야 한다(법 §103의37 ③).
④ 연결모법인은 연결법인별 법인지방소득세 산출세액에서 제103조의36에 따라 공제 또는 감면되는 세액 및 제103조의29에 따라 특별징수한 세액을 공제한 금액을 제1항에 따른 신고기한까지 제89조 제1항에 따른 납세지 관할 지방자치단체에 납부하여야 한다(법 §103의37 ④).

위 규정에 따른 법인지방소득세의 안분 신고 및 납부에 관하여는 지방세법 시행령 제100조의13을 준용한다(영 §100의25 ③).

⑤ 제4항에 따라 납부할 세액이 100만원을 초과하는 연결모법인은 대통령령으로 정하는 바에 따라 그 납부할 세액의 일부를 납부기한이 지난 후 1개월(「조세특례제한법」제6조 제1항에 따른 중소기업의 경우에는 2개월) 이내에 분할납부할 수 있다(법 §103의37 ⑤).

이 규정은 기업 활력 제고 및 영세법인 부담 완화를 위해 법인지방소득세도 법인세와 같은 분할납부 규정을 신설하였으며, 분할납부 금액은 국세(1천만원)의 10% 수준(1백만원)으로 설정하고, 분할납부 기간은 법인세와 동일하게 1개월(중소기업 2개월)로 설정한 것이다.

그리고 연결모법인이 각 연결사업연도의 소득에 대한 법인지방소득세액을 분할납부하는 경우 분할납부할 수 있는 세액은 다음 각 호의 구분에 따른다(영 §100의25 ⅠⅡ)

1. 납부할 세액이 100만원 초과 200만원 이하인 경우: 100만원을 초과하는 금액
2. 납부할 세액이 200만원을 초과하는 경우: 해당 세액의 100분의 50 이하의 금액

⑥ 제1항에 따라 연결모법인이 지방소득세를 신고납부하는 경우에는 각 연결자법인은 제89조 제2항에 따라 연결법인별로 계산된 지방소득세 상당액을 연결모법인에게 지급하여야 한다(법 §103의37 ⑥).
⑦ 제103조의35제1항에 따른 법인지방소득세 연결산출세액이 없는 경우로서 다음 각 호의 어느 하나에 해당하는 경우에는 각 연결법인의 결손금 이전에 따른 손익을 정산한 금액(이하 "정산금"이라 한다)을 해당 호에서 정하는 바에 따라 연결법인별로 배분하여야 한다(법 §103의37 ⑦ ⅠⅡ).
  1. 「법인세법」 제76조의19제5항제1호 각 목의 어느 하나에 해당하는 연결자법인이 있는 경우: 해당 연결자법인이 대통령령으로 정하는 바에 따라 계산한 정산금을 제1항의 기한까지 연결모법인에 지급
  2. 「법인세법」 제76조의19제5항제2호 각 목의 어느 하나에 해당하는 연결자법인이 있는 경우: 연결모법인이 대통령령으로 정하는 바에 따라 계산한 정산금을 제1항의 기한까

지 해당 연결자법인에 지급

이 규정은 그 간 연결법인 별 세액 배분(정산)에 법 규정이 미비하여 일부 연결 산출세액이 없어도 소득·결손금 크기에 따라 연결모·자법인 간 정산하는 경우 지방소득세 상당액에 대한 정산 근거를 마련한 것이며, 정산의무자(법인)는 「법인세법」에 따라 정산금을 지급하는 법인으로 하며, 그 시행시기는 이 법 시행(2024.1.1.) 이후 개시하는 사업연도 분부터 적용하여야 한다.

〈 연결과세표준 및 연결산출세액이 0인 경우의 개정안 적용예시〉

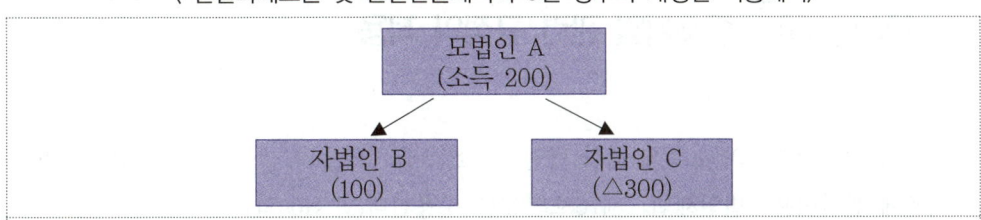

① 연결자법인 B는 소득(100)이 있으나, 다른 법인 C의 결손금(△300)으로 공제
→ B는 연결모법인 A에게 정산금 지급

② 연결자법인 C는 결손법인(△300)이나, 결손금으로 다른 법인 A·B의 소득을 공제
→ A가 C에게 정산금 지급

⑧ 제1항에 따른 첨부서류를 연결모법인 본점 소재지를 관할하는 지방자치단체의 장에게 제출한 경우에는 연결법인별 납세지 관할 지방자치단체의 장에게도 이를 제출한 것으로 본다(법 §103의37 ⑧).

⑨ 제1항에 따른 신고를 할 때 그 신고서에 제1항제1호의 서류를 첨부하지 아니하면 이 법에 따른 신고로 보지 아니한다(법 §103의37 ⑨).

⑩ 납세지 관할 지방자치단체장은 제1항 및 제3항에 따라 제출된 신고서 또는 그 밖의 서류에 미비한 점이 있거나 오류가 있을 때에는 보정할 것을 요구할 수 있다(법 §103의37 ⑩

제103조의 38 │ 수정신고 결정·경정 및 징수 등

각 연결사업연도의 소득에 대한 법인지방소득세의 수정신고·결정·경정·징수 및 환급에 관하여는 제103조의 24(수정 신고 등), 제103조의25(납세지 관할 지방자치단체의 장은 내국법인이 과세표준 및 세액의 확정신고를 하지 아니하거나 신고 내용에 오류 또는 누락이 있는 경우에는 해당 사업연도의 과세표준과 세액을 결정 또는 경정한다.) 및 제103조의27(법인지방소득세의 징수와 환급)을 준용한다(법 §103의38).

제103조의 39 | 가산세

연결법인은 제103조의30을 준용하여 계산한 금액을 각 연결사업연도의 소득에 대한 법인지방소득세 세액에 더하여 납부하여야 한다(법 §103의39).

제103조의 40 | 중소기업 관련 규정의 적용

각 연결사업연도의 소득에 대한 법인지방소득세 세액을 계산할 때 중소기업 관련 규정의 적용에 관하여는 「법인세법」 제76조의22를 준용한다(법 §103의40).

> ※ 법인세법 제76조의22 【중소기업 관련 규정의 적용】
>
> 각 연결사업연도의 소득에 대한 법인세액을 계산할 때 이 법 및 「조세특례제한법」의 중소기업에 관한 규정은 연결집단을 하나의 내국법인으로 보아 제25조 제1항 제1호의 중소기업(이하 이 조에서 "중소기업"이라 한다.)에 해당하는 경우에만 적용한다. 이 경우 연결납세방식을 적용하는 최초의 연결사업연도의 직전 사업연도 당시 중소기업에 해당하는 법인이 연결납세방식을 적용함에 따라 중소기업에 관한 규정을 적용받지 못하게 되는 경우에는 연결납세방식을 적용하는 최초의 연결사업연도와 그 다음 연결사업연도의 개시일부터 3년 이내에 끝나는 연결사업연도까지는 중소기업에 관한 규정을 적용한다.

제8절 내국법인의 청산소득에 대한 지방소득세

청산은 법인의 해산사유가 발생하여 그 법인격이 소멸하는 과정에서 법인의 잔여재산을 정리하는 절차를 말하며, 청산소득은 이러한 청산절차를 통하여 실현된 잔여재산가액 등이 해산등기일 현재 법인의 자기자본의 총액을 초과하는 금액을 말한다.

이러한 청산소득에 대하여는 각 사업연도의 소득에 대한 법인세과세와는 별도로 청산소득에 대한 법인세를 과세하게 된다.[20]

그런데 법인이 해산하여 청산절차에 들어가면 그 회사는 본래의 영업능력을 상실하게 되나 기존의 법률관계를 결제처리하는 범위 내에서는 그 법인격의 존속이 필요하며, 그래서 해산된 후에도 회사는 청산의 범위내에서는 존속하는데 이렇게 청산 중 존속하는 회사를 청산회사라 한다.

제103조의 41 | 과세표준

내국법인의 청산소득에 대한 법인지방소득세의 과세표준은 「법인세법」 제79조에 따른 해산에 의한 청산소득의 금액(「조세특례제한법」 및 다른 법률에 따라 청산소득 금액 산정과 관련된 과세특례가 적용되는 경우에는 이에 따라 산출한 해산에 의한 청산소득의 금액)과 동일한 금액으로 한다(법 §103의41).

그러므로 내국법인이 해산(합병이나 분할에 의한 해산은 제외한다)한 경우 그 해산에 의한 청산소득의 금액은 그 법인의 해산에 의한 잔여재산의 가액에서 해산등기일 현재의 자본금 또는 출자금과 잉여금의 합계금액(자기자본의 총액)을 공제한 금액으로 한다(법법 §79 ①).

---

[20] 청산소득에 대하여 법인세를 과세하는 주된 이유로는, 첫째, 각 사업연도의 소득에 대하여 법인세를 과세할 때 착오 또는 오류 등으로 과세되지 아니하고 누락된 소득 등이나 기업회계상 보수주의에 따른 회계처리로 인하여 과세 누락된 소득 또는 자산의 과소평가 또는 부채의 과대평가 등에 의하여 사내유보되었던 소득이 청산단계 중 재산의 환가처분과정을 통하여 청산소득으로 표출되고, 둘째, 화폐가치의 변동 및 물가상승에 의한 자산의 가치증가이익은 기업회계나 세무회계 공히 법인이 스스로 자산가치를 평가증하지 아니하는 한 과세소득에 산입할 수 없으나 청산단계에서는 이러한 소득이 환가처분에 의하여 잔여재산가액 또는 합병대가로 실현되어 비로소 과세소득에 산입된다는 점에서 법인세 과세를 보완하는 의미를 가진다(이연호 외, 법인세, 광교이택스, p.1597).

제103조의 42 │ 세율

내국법인의 청산소득에 대한 법인지방소득세는 제103조의41에 따른 과세표준에 제103조의20에 따른 세율을 적용하여 계산한 금액을 그 세액으로 한다(법 §103의42).

※ 법인지방소득세의 표준세율(법 §103의20)

구 분	세 율
2억원 이하	과세표준의 1천분의 10
2억원 초과 200억원 이하	2백만원+(2억원 초과하는 금액의 1천분의 20)
200억원 초과 3천억원 이하	3억9천8백만원+(200억원 초과하는 금액의 1천분의 22)
3천억원 초과	65억5천800만원+(3천억원 초과하는 금액의 1천분의 25)

그리고 지방자치단체의 장은 조례로 정하는 바에 따라 각 사업연도의 소득에 대한 법인지방소득세의 세율을 위의 표준세율의 100분의 50 범위에서 가감할 수 있다.

제103조의 43 │ 과세표준 및 세액의 신고와 납부

① 「법인세법」 제84조 및 제85조에 따른 확정신고의무, 중간신고의무가 있는 내국법인은 해당 신고기한까지 대통령령으로 정하는 바에 따라 청산소득에 대한 법인지방소득세의 과세표준과 세액을 납세지 관할 지방자치단체의 장에게 신고하여야 한다(법 §103의43 ①).

② 제1항에 따른 신고를 한 내국법인은 해당 신고기한까지 청산소득에 대한 법인지방소득세를 납세지 관할 지방자치단체에 납부하여야 한다(법 §103의43 ②).

내국법인은 이 규정에 의하여 신고하는 경우에는 법 제103조의41에 따라 계산한 청산소득의 금액을 적은 행정자치부령으로 정하는 청산소득에 대한 법인지방소득세과세표준, 세액신고서 및 법인세법 제84조 제2항 제1호에 따른 재무상태표(중간신고의 경우 같은 법 제85조 제2항에 따른 재무상태표를 말한다.)를 납세지 관할 지방자치단체의 장에게 제출하여야 한다(영 §100의26).

이러한 법인지방소득세 과세표준과 그 세액의 신고는,
① 법인의 해산에 따른 경우에는 잔여재산가액확정일이 속하는 달의 말일부터 3개월 이내

에 하여야 한다.

이 경우 잔여재산가액확정일이란 해산등기일 현재의 잔여재산의 추심 또는 환가처분을 완료한 날 또는 해산등기일 현재의 잔여재산을 그대로 분배하는 경우에는 그 분배를 완료한 날을 말한다.

② 청산 중인 법인이 사업을 계속하는 경우에는 계속등기일이 속하는 달의 말일부터 3개월 이내에 신고하여야 한다(법법 §84 ①).

그리고, 세액의 납부는 과세표준 및 세액의 확정신고기한까지 납부하여야 한다.

제103조의 44 | 결정 및 경정

① 납세지 관할 지방자치단체의 장은 내국법인이 제103조의43에 따른 신고를 하지 아니하거나 신고 내용에 오류 또는 누락이 있는 경우에는 해당 청산소득에 대한 과세표준과 세액을 결정 또는 경정한다(법 §103의44 ①).

② 납세지 관할 지방자치단체의 장은 청산소득에 대한 법인지방소득세의 과세표준과 세액을 결정 또는 경정한 후 그 결정 또는 경정에 오류나 누락이 있는 것을 발견한 경우에는 즉시 이를 다시 경정한다(법 §103의44 ②).

③ 납세지 관할 지방자치단체의 장이 청산소득에 대한 법인지방소득세의 과세표준과 세액을 결정 또는 경정한 때에는 그 내용을 해당 내국법인이나 청산인에게 알려야 한다. 다만, 그 법인이나 청산인에게 알릴 수 없는 경우에는 공시(公示)로써 이를 갈음할 수 있다(법 §103의44 ③).

세법상 "결정"이란 과세권자가 납세의무를 확정하는 행정처분을 말하고, "경정"이란 일단 확정된 조세채권·채무의 내용에 오류·탈루가 있는 경우에 이를 시정하기 위한 과세권자의 새로운 과세처분을 말한다.

제103조의 45 | 징수

① 납세지 관할 지방자치단체의 장은 내국법인이 제103조의43에 따라 납부하여야 할 청산

소득에 대한 법인지방소득세의 전부 또는 일부를 납부하지 아니하면 「지방세기본법」 또는 「지방세징수법」에 따라 징수한다(법 §103의45 ①).
② 납세지 관할 지방자치단체의 장은 제103조의43에 따라 납부하였거나 제1항에 따라 징수한 법인지방소득세액이 제103조의44에 따라 납세지 관할 지방자치단체의 장이 결정하거나 경정한 법인지방소득세보다 적으면 그 부족한 금액에 상당하는 법인지방소득세를 징수하여야 한다(법 §103의45 ②).

과세권자가 추상적인 조세채권을 구체적으로 확정하는 권리를 "부과권"이라 하고, 확정된 조세채권의 이행을 청구하는 행위를 징수라 하며, 이러한 권리를 "징수권"이라 한다.

제103조의46 | 청산소득에 대한 과세특례

① 청산소득에 대한 법인지방소득세를 징수할 때에는 「지방세기본법」 제55조제1항제3호 및 제4호에 따른 납부지연가산세를 징수하지 아니한다(법 §103의46 ①).
② 내국법인이 「법인세법」 제78조 각 호에 따른 조직변경이 있는 경우에는 청산소득에 대한 법인지방소득세를 과세하지 아니한다(법 §103의46 ②).[21]

"법인의 조직변경"이란 회사인격의 동일성은 변하지 아니하고 그 법률상의 조직을 변경하여 다른 종류의 회사로 되는 것을 말하는데, 이러한 조직변경은 상법에 따른 경우(합명회사를 합자회사로, 주식회사를 유한책임회사로 상법에 따른 회사로 변경하는 등), 특별법에 따른 경우(특별법의 개정 또는 폐지로 인하여 상법에 따른 회사로 변경하는 등), 그 밖의 법류에 따른 경우[변호사법에 따라 법무법인이 법무법인(유한)으로 조직변경하는 경우 등]을 말하며 이러한 경우에는 청산소득에 대한 법인지방소득세를 과세하지 아니한다.

---

21) 내국법인이 상법 또는 특별법 외의 법률에 따라 조직변경을 하는 경우로서 변호사법에 의하여 법무법인이 법무법인(유한)으로 조직변경하는 경우와 관세사법에 따라 관세사법인이 관세법인으로 조직변경하는 경우에는 청산소득에 대한 법인세를 과세하지 아니한다(*法法* 78・3 및 *法令* 120-26).
　물적회사의 인적회사로의 전환은 상법상 조직변경이 아니므로 청산소득에 대한 과세이연을 배제하고 있으나, 법률에 의하여 합명회사가 유한회사로 전환하는 경우 등에도 청산소득 과세이연이 가능하도록 특례를 두고 있다. 따라서 법무법인이 법무법인(유한)으로, 관세사법인이 관세법인으로 조직변경하는 경우에는 청산소득과세가 배제된다(이연호 외, 법인세, 광교이택스, p.1599).

제9절 외국법인의 각 사업연도의 소득에 대한 지방소득세

"외국법인"이란 외국에 본점 또는 주사무소를 둔 법인(국내에 사업의 실질적 관리장소가 소재하지 아니하는 경우에 한함)을 말하고, 외국에 본점을 두고 영리를 목적으로 하는 법인은 영리외국법인이라 하고, 외국에 주사무소를 두고 영리의 목적으로 하지 아니하는 법인을 비영리외국법인이라 한다(법법 §1 Ⅲ).

그런데 상법에서는 "외국에서 설립된 회사라도 대한민국에 그 본점을 설치하거나 대한민국에서 영업할 것을 목적으로 하는 때에는 대한민국에서 설립된 회사와 같은 규정에 따라야 한다."고 규정하고 있는데(상법 §617), 이 규정은 외국회사는 우리나라의 상법이 적용될 수 없기 때문에 한국 상법의 지배로부터 벗어나기 위해 외국법에 따라 외국회사를 설립하고 본점을 국내에 두거나 국내에서 영업할 것을 주된 목적으로 하는 때에는 국내회사로 취급하여 탈법행위를 방지토록 하고 있는 것이다.

제103조의47 과세표준

① 국내사업장을 가진 외국법인과 「법인세법」 제93조제3호에 따른 소득이 있는 외국법인의 각 사업연도의 소득에 대한 법인지방소득세의 과세표준은 「법인세법」 제91조제1항에 따라 계산한 법인세의 과세표준(「조세특례제한법」 및 다른 법률에 따라 과세표준 산정과 관련된 조세감면 또는 중과세 등의 조세특례가 적용되는 경우에는 이에 따라 계산한 법인세의 과세표준)과 동일한 금액으로 한다(법 §103의47 ①).
② 제1항에 해당하지 아니하는 외국법인의 각 사업연도의 소득에 대한 법인지방소득세의 과세표준은 「법인세법」 제91조제2항에 따라 계산한 법인세의 과세표준(「조세특례제한법」 및 다른 법률에 따라 과세표준 산정과 관련된 조세감면 또는 중과세 등의 조세특례가 적용되는 경우에는 이에 따라 계산한 법인세의 과세표준)과 동일한 금액으로 한다(법 §103의47 ②).
③ 제1항에 해당하는 외국법인의 원천소득으로서 「법인세법」 제98조제1항, 제98조의3, 제98조의 5 또는 제98조의6에 따라 원천징수되는 소득에 대한 법인지방소득세의 과세표준은 「법인세법」 제91조제3항에 따라 계산한 법인세의 과세표준(「조세특례제한법」 및 다른 법률에 따라 과세표준 산정과 관련된 조세감면 또는 중과세 등의 조세특례가 적용되는 경우에는 이에 따라 계산한 법인세의 과세표준)과 동일한 금액으로 한

다(법 §103의47 ③).
④ 「법인세법」제91조 제1항 제3호는 국내사업장을 가지고 있지 아니하는 외국법인에 대하여도 적용한다(법 §103의47 ④).
⑤ 외국법인의 국내원천소득 금액의 계산, 국내원천소득의 구분 및 외국법인의 국내사업장에 관한 사항은 「법인세법」제92조부터 제94조까지의 규정에서 정하는 바에 따른다(법 §103의47 ⑤).

1. 국내사업장이 있는 외국법인 등에 대한 과세

국내사업장을 가진 외국법인과 법인세법 제93조 제3호에 따른 소득이 있는 외국법인[국내에 있는 부동산 또는 부동산상의 권리와 국내에서 취득한 광업권, 조광권(粗鑛權), 토사석(土砂石) 채취에 관한 권리 또는 지하수의 개발, 이용권의 양도·임대 또는 그 밖의 운영으로 인하여 발생하는 소득이 있는 경우]의 각 사업연도의 소득에 대한 법인지방소득세 과세표준은 법인세법 제91조 제1항에 따라 계산한 금액[국내원천소득의 총 합계금액-(이월결손금 + 비과세소득 + 외국항행소득) = 과세표준]으로 한다(법 §103의47 ①).

2. 국내사업장이 있는 외국법인 등 외의 외국법인에 대한 과세

위의 1.에 해당하지 아니하는 외국법인의 경우에는 법인세법 제91조 제2항에 따른 금액(조세특례제한법 및 다른 법률에 따라 과세표준 산정에 관련한 조세감면 또는 중과세 등의 조세특례가 적용되는 경우에는 이에 따라 계산한 금액)으로 한다(법 §103의47 ②). 여기에서 법인세법 제91조 제2항의 규정을 보면 "제1항에 해당하지 아니하는 경우에는 제93조 제2항에 따른 각 국내원천소득의 금액을 그 법인의 각 사업연도의 소득에 대한 법인세의 과세표준으로 한다."고 규정하고 있다.

이 경우 법인세법 제93조 각 호의 구분에 따른 각 국내원천소득의 금액이란 이자소득, 배당소득, 선박 등의 임대소득, 사업소득, 인적용역소득, 양도소득, 사용료소득, 유가증권의 양도소득, 기타소득 등 10개의 소득만을 국내원천소득으로 열거하고 있는데 이는 소득별로 그 원천을 명백히 하여 외국법인에 대한 법적 안정성과 예측가능성을 부여하며 열거되지 아니한 소득은 비록 국내에서 발생한 것이라 하더라도 과세하지 아니하기 위한 조치를 한 것이다.

그런데 법인세법상 국내원천소득으로 열거하고 있는 소득이라도 조세조약에서 국내원천소득으로 보지 않는 것은 특별법 우선의 원칙에 따라 과세할 수 없다. 그러나 조세조약에서는 국내원천소득으로 보도록 하고 있으나 법인세법상 국내원천소득이 아닌 경우에도 과세할 수 없는 것이다.

3. 국내사업장을 가진 외국법인 등에 과세특례

국내사업장을 가진 외국법인과 법인세법 제93조 제3호에 따른 소득이 있는 외국법인의 국내원천소득으로의 법인세법 제98조 제1항(외국법인에 대하여 국내원천소득으로서 국내사업장과 실질적으로 관련되지 아니하거나 그 국내사업장에 귀속되지 아니하는 금액을 지급하는 자의 원천징수 납부), 제98조의3(법인세법 제98조 제1항의 규정을 적용받는 외국법인에게 소득세법 제46조 제1항에 따른 채권 등의 이자와 할인액을 지급하는 자 또는 채권 등의 이자 등을 지급받기 전에 외국법인으로부터 채권 등을 매수하는 자는 지급금액에 대하여 원천징수 납부), 제98조의5(특례적용대상 외국법인의 범위), 또는 제98조의6(외국법인에 대한 조세조약상 제한세율 적용을 위한 원천징수절차 특례)에 따라 원천징수되는 소득에 대한 법인지방소득세의 과세표준은 앞서 설명한 법인세법 제93조 각 호의 구분에 따른 국내원천소득금액으로 한다(법 §103의47 ③).

제103조의48 │ 세율

제103조의47 제1항에 따른 외국법인과 같은 조 제2항 및 제3항에 따른 외국법인으로서 「법인세법」 제93조 제7호에 따른 국내원천소득이 있는 외국법인의 각 사업연도의 소득에 대한 법인지방소득세는 제103조의47에 따른 과세표준의 금액에 제103조의20에 따른 세율을 적용하여 계산한 금액(제103조의49에 따른 토지등의 양도소득에 대한 법인지방소득세액이 있는 경우에는 이를 합한 금액으로 한다.)으로 한다(법 §103의48).

이 경우 법인세법 제93조 제7호에 따른 국내원천소득이란,

㉮ 「소득세법」 제94조 제1항 제1호·제2호(토지 또는 건물) 및 제4호 가목·나목(부동산 취득할 권리, 지상권, 부동산 임차권 및 영업권, 시설물 이용권)에 따른 자산·권리

㉯ 내국법인의 주식 등(주식 등을 기초로 하여 발행한 예탁증서 및 신주인수권을 포함한다. 이하 이 장에서 같다.) 중 양도일이 속하는 사업연도 개시일 현재의 그 법인의 자산총액 중 「소득세법」 제94조 제1항 제1호 및 제2호의 자산가액과 내국법인이 보유한 다른 부동산 보유비율을 곱하여 산출한 가액의 합계액이 100분의 50 이상인 법인의 주식 등(이하 이 조에서 "부동산주식 등"이라 한다.)으로서 「자본시장과 금융투자업에 관한 법률」에 따른 증권시장에 상장되지 아니한 주식 등에 해당하는 자산·권리의 양도소득을 말한다. 다만, 그 소득을 발생하게 하는 자산·권리가 국내에 있는 경우로 한정한다.

제103조의 49 | 외국법인의 토지등 양도소득에 대한 과세특례

제103조의47 제1항에 따른 외국법인 및 같은 조 제2항에 따른 외국법인의 토지등의 양도소득에 대한 법인지방소득세의 납부에 관하여는 제103조의31을 준용한다. 이 경우 제103조의47 제2항에 따른 외국법인의 토지등 양도소득은 「법인세법」 제92조 제3항을 준용하여 계산한 금액으로 한다(법 §103의49).

이 규정은 법인세법에서 국내사업장이 있는 외국법인과 국내사업장은 없으나 토지 및 건물의 양도로 인하여 발생하는 양도소득이 있는 외국법인에 대하여는 내국법인의 경우와 같이 법인세를 과세토록 내국법인의 경우를 준용하도록 한 규정이다.

그리고 법 제103조의46 제2항에 따른 국내에 사업장이 없는 외국법인의 토지등 양도소득에 대한 과세표준은 법인세법 제92조 제3항을 준용하여 계산한 금액으로 하고 있는데 이를 산식으로 표시하면 다음과 같다.

※ 양도가액 − [■ 취득가액 / ■ 양도비(직접지출비용)] = 양도소득(과세표준)

제103조의 50 | 외국법인의 국내사업장에 대한 과세특례

외국법인(비영리외국법인은 제외한다)의 국내사업장은 「법인세법」 제96조에 따라 계산하여 추가로 납부하여야 할 세액의 10분의 1을 제103조의48에 따른 법인지방소득세에 추가하여 납부하여야 한다(법 §103의50).

법인세법에서는 외국법인의 소득 중 국내사업장에 귀속되는 국내원천소득은 이를 종합하여 소득금액과 세액을 스스로 계산하여 신고·납부하는 방법을 택하고 있다. 그래서 외국법인(비영리외국법인을 제외함)의 국내사업장은 우리나라와 당해 외국법인의 거주지국과 체결한 조세조약의 규정에 의하여 과세대상소득금액에 대하여 법인세법 제98조 제1항 제3호의 세율을 곱하여 계산하는데 이렇게 계산된 법인세의 10분의 1에 해당하는 금액을 법인지방소득세로 하여 지방세법 제103조의48(세율)에 따라 계산된 법인소득세액에 추가하여 납부하여야 한다.

제103조의 51 │ 신고·납부·결정·경정·징수 및 특례

① 제103조의47제1항에 따른 외국법인과 같은 조 제2항 및 제3항에 해당하는 외국법인으로서 「법인세법」 제93조제7호에 따른 국내원천 부동산등양도소득이 있는 외국법인의 각 사업연도의 소득에 대한 법인지방소득세의 신고·납부·결정·경정 및 징수에 대하여는 이 절에서 규정하는 것을 제외하고는 제6절 및 「법인세법」 제97조를 준용한다. 이 경우 제103조의23제3항을 준용할 때 제103조의47제1항에 따른 외국법인과 같은 조 제2항 및 제3항에 해당하는 외국법인으로서 「법인세법」 제93조제7호에 따른 국내원천 부동산등양도소득이 있는 외국법인의 각 사업연도의 소득에 대한 법인지방소득세 과세표준에 같은 법 제98조제1항제5호 및 같은 조 제8항에 따라 원천징수된 소득이 포함되어 있는 경우에는 그 원천징수세액의 100분의 10에 해당하는 특별징수세액을 제103조의23제3항제3호에 따라 공제되는 세액으로 본다. (법 §103의51 ①).

② 제1항에 따라 각 사업연도의 소득에 대한 법인지방소득세의 과세표준을 신고하여야 할 외국법인이 대통령령으로 정하는 사유로 그 신고기한까지 신고서를 제출할 수 없는 경우에는 제1항에도 불구하고 대통령령으로 정하는 바에 따라 납세지 관할 지방자치단체의 장의 승인을 받아 그 신고기한을 연장할 수 있다(법 §103의51 ②).

이 규정에 따라 각 사업연도의 소득에 대한 법인지방소득세의 과세표준을 신고하여야 할 외국법인으로서 본점 등의 결산이 확정되지 아니하거나 그 밖에 부득이한 사유로 법 제103조의23에 따른 신고서를 제출할 수 없는 외국법인은 해당 사업연도의 종료일부터 60일 이내에 사유서를 갖추어 납세지 관할 지방자치단체의 장에게 신고기한 연장승인을 신청할 수 있다.

다만, 「법인세법 시행령」 제136조에 따라 세무서장에게 신고기한 연장승인을 신청한 경우에는 법인지방소득세에 대한 신고기한 연장승인도 함께 신청한 것으로 본다(영 §100의27 ①).

③ 제2항에 따라 신고기한의 연장승인을 받은 외국법인이 신고세액을 납부할 때에는 기한 연장일수에 금융회사 등의 이자율을 고려하여 대통령령으로 정하는 이율을 적용하여 계산한 금액을 가산하여 납부하여야 한다(법 §103의51 ③).

이 경우 "대통령령으로 정하는 이율"이란 연 1천분의 12를 말한다(영 §100의27 ②).

④ 제3항에 따라 가산할 금액을 계산할 때의 기한 연장일수는 제103조의23에 따른 신고기한의 다음 날부터 연장승인을 받은 날까지의 일수로 한다. 다만, 연장승인 기한에 신고 및 납부가 이루어진 경우에는 그 날까지의 일수로 한다(법 §103의51 ④).

⑤ 「법인세법」 제98조의2에 따라 유가증권 양도소득 등에 대한 신고·납부를 하여야 하는 외국법인은 그 신고·납부할 금액의 100분의 10에 해당하는 금액을 같은 조에서 정한

각 신고·납부기한의 1개월 이내까지 납세지 관할 지방자치단체의 장에게 신고·납부하여야 한다(법 §103의51 ⑤).

이 규정에 따라 유가증권 양도소득 등에 대한 신고·납부를 하고자 하는 외국법인은 다음 각 호의 구분에 따른 신고서를 작성하여 신고·납부하여야 한다(영 §100의28 Ⅰ~Ⅲ).

1. 「법인세법」 제98조의2 제1항에 따라 주식 또는 출자증권의 양도소득 중 특별징수되지 아니한 소득의 특별징수세액 상당액을 신고·납부하는 경우 : 외국법인유가증권양도소득정산신고서
2. 「법인세법」 제98조의2 제3항에 따라 주식·출자증권 또는 그 밖의 유가증권의 양도소득에 대한 세액을 신고·납부하는 경우 : 외국법인유가증권양도소득신고서
3. 「법인세법」 제98조의2 제4항에 따라 국내에 있는 자산을 증여받아 생긴 소득에 대한 세액을 신고·납부하고자 하는 경우 : 외국법인증여소득신고서

⑥ 「법인세법」 제93조 제6호에 따른 소득이 특별징수되는 외국법인은 같은 법 제99조 제1항에 따라 산정되는 과세표준에 제103조의48을 적용하여 산출한 세액을 용역 제공기간 종료일부터 4개월 이내에 특별징수의무자의 납세지 관할 지방자치단체의 장에게 신고·납부할 수 있다. 이 경우 과세표준에 이미 특별징수된 소득이 포함되어 있으면 특별징수세액은 이미 납부한 세액으로 공제한다(법 §103의51 ⑥).

이 규정에 따라 외국법인의 인적용역소득에 대한 신고·납부하려는 외국법인은 행정자치부령으로 정하는 외국법인인적용역소득신고서에 그 소득과 관련된 비용을 입증하는 서류를 첨부하여 신고·납부하여야 한다(영 §100의29).

제103조의 52 | 외국법인에 대한 특별징수 또는 징수의 특례

① 외국법인의 국내원천소득에 대하여 「법인세법」 제98조 및 제98조의2부터 제98조의8까지의 규정에 따라 법인세를 원천징수하는 경우에는 원천징수하는 법인세의 100분의 10에 해당하는 금액을 법인지방소득세로 특별징수하여야 한다. 이 경우 「법인세법」에 따른 원천징수의무자를 법인지방소득세의 특별징수의무자로 한다(법 §103의52 ①).

② 제1항에 따른 특별징수의무자의 납부 등에 관하여는 제103조의29제3항 및 제4항을 준용하고, 그 밖에 외국법인에 대한 특별징수 또는 징수의 특례에 관하여 이 법에서 정하지 아니한 사항은 「법인세법」 제98조 및 제98조의2부터 제98조의8까지를 준용한다(법 §103의52 ②).

이 경우 "외국법인의 국내원천소득 등에 대하여 법인세법" 제98조 및 제98조의2부터 제

98조의8까지에 따라 법인세를 원천징수할 경우"를 개괄하면 다음과 같다.

(1) 제98조 : 외국법인에 대하여 국내원천소득으로서 국내사업장과 실질적으로 관련되지 아니하거나 그 국내사업장에 귀속되지 아니하는 소득을 지급하는 원천징수 등

(2) 제98조의2 : 국내사업장이 없는 외국법인은 동일한 내국법인의 주식 등을 동일한 사업연도에 2회 이상 양도함으로써 조세조약에서 정한 과세기준을 충족하게 된 때에는 양도당시 원천징수되지 아니한 소득에 대한 원천징수세액상당액을 양도일이 속하는 사업연도종료일부터 3일 이내에 납세지 관할 세무서장에게 신고납부하여야 하는 경우 등

(3) 제98조의3 : 법인세법 제98조 제1항의 규정을 적용받는 외국법인(국내원천소득으로서 국내사업장이 없거나 국내사업장에 귀속되지 아니하는 소득을 지급받는 외국법인)에게 소득세법 제46조 제1항에 따른 채권 등의 이자와 할인액(이하 "이자 등"이라 함)을 지급하는 자 또는 채권 등의 이자 등을 지급받기 전에 외국법인으로부터 채권 등을 매수하는 자는 그 지급금액에 대하여 원천징수하여야 하는 등

(4) 제98조의4 : 외국법인의 국내원천소득 중 조세조약에 따라 법인세의 비과세 또는 면제를 받고자 하는 외국법인은 비과세·면제신청서를 제출하도록 하고 있는데 이에 따라 동법 제93조의 규정에 의한 국내원천소득(동조 제5호 및 제6호의 소득을 제외) 중 다음 각호의 1에 해당하는 비과세소득 등이 있는 외국법인은 납세지관할세무서장에게 비과세·면제신청서를 제출하여야 한다.

- 이자소득(법법 §93 1호)
- 배당소득(법법 §93 2호)
- 선박 등의 임대소득(법법 §93 4호)
- 사용료소득(법법 §93 9호)
- 유가증권의 양도소득(법법 §93 10호)
- 기타소득(법법 §93 11호)

(5) 제98조의5 : 특정지역 외국법인에 대한 원천징수절차 특례

(6) 제98조의6 : 외국법인에 대한 조세조약상 제한세율 적용을 위한 원천징수 절차 특례

(7) 제98조의7 : 이자·배당 및 사용료에 대한 세율의 적용 특례

(8) 제98조의8 : 외국인 통합계좌를 통하여 지급받는 국내원천소득에 대한 원천징수 특례

위와 같이 법인세를 원천징수할 경우에는 원천징수할 법인세의 100분의 10에 해당하는 금액을 법인지방소득세로 특별징수 하여야 하고, 이렇게 특별징수된 세액도 일반적으로 그 징수일이 속하는 달의 다음 달 10일까지 신고납부하여야 한다. 그리고 미신고, 과소신고의 경우 가산세의 징수 등에 대하여는 법 본문을 참고하기 바란다.

제10절 동업기업에 대한 과세특례

1. 동업기업에 대한 조세특례 개요

이 제도는 2007.12.31. 법률 개정시 개인이나 법인이 보유하는 전문지식·기술·자본을 결합하여 공동사업을 하는 경우 자유로운 설립·운영과 소득배분이 가능한 인적회사 형태의 기업설립이 촉진될 수 있도록 동업기업 과세특례를 도입할 필요가 있어 동업기업 과세특례제도를 신설하였으며, 동 제도는 2009.1.1. 이후 최초로 개시하는 사업연도 분부터 적용한다.

동업기업 과세특례(Partnership Taxation) 제도란 동업기업(Partnership)을 일반법인과 달리 단순한 도관(Pass-through)으로 보아 동업기업에서 발생한 소득에 대해 동업기업 단계에서 과세하지 않고 이를 구성원인 각각의 동업자(Partner)에게 귀속시켜 동업자별로 과세하는 제도이다.

이 규정의 자세한 내용은 조세특례제한법 제10절의 3(동업기업에 대한 조세특례)에 규정되어 있으므로 참고하기 바란다.

일반법인의 경우 해당 법인단계에서 법인세로 과세되고 남은 소득을 주주에게 배당하게 되며, 주주는 그 배당소득을 받는 과세연도의 익금 또는 소득금액에 산입하여 소득세 또는 법인세를 부담하게 된다. 이때 법인단계에서 부과된 법인세 중 일부분만이 주주단계에서 공제를 받게 된다. 반면, 동업기업 과세특례를 적용받는 경우에는 법인단계에서의 과세가 이루어지지 않기 때문에 일반법의의 주주단계에서 이중과세가 조정되지 아니한 금액만큼에 대해 세부담의 경감을 가져오게 된다.

동업기업 과세특례제도는 2명 이상의 동업자가 영리를 목적으로 하는 사업을 영위하기 위하여, 재산·노무 등을 출자하여 설립한 민법에 따른 조합이나 상법에 따른 합명회사 및 합자회사 등 인적회사의 성격을 가진 단체가 관할 세무서장에게 동업기업 과세특례의 적용을 신청하는 경우 적용한다.

동업기업의 소득에 대해서는 법인세나 소득세를 과세하지 아니하고, 이를 손익배분비율에 따라 각 동업자에게 배분한 다음 배분받은 동업자에게 소득세 또는 법인세를 과세한다. 동업기업의 결손금도 손익배분비율에 따라 각 동업자에게 배분하여 각 동업자의 다른 소득에서 공제할 수 있도록 하고 있다.[22]

---

22) 이연호외, 법인세, 광교이택스, 2014. pp.1982-1984

2. 규정에 대한 용어의 정의

용 어	내 용
1. 동업기업	2명 이상이 금전이나 그 밖의 재산 또는 노무 등을 출자하여 공동사업을 경영하면서 발생한 이익 또는 손실을 배분받기 위하여 설립한 단체
2. 동업자	동업기업의 출자자인 거주자, 비거주자, 내국법인 및 외국법인
3. 배분	동업기업의 소득금액 또는 결손금 등을 각 과세연도의 종료일에 자산의 실제 분배 여부에 관계없이 동업자의 소득금액 또는 결손금 등으로 귀속시키는 것
4. 동업자군별 동업기업 소득금액 또는 결손금	동업자를 거주자, 비거주자, 내국법인 및 외국법인의 네 개의 군("동업자군")으로 구분하여 각 군별로 동업기업을 각각 하나의 거주자, 비거주자, 내국법인 또는 외국법인으로 보아 소득세법 또는 법인세법에 따라 계산한 해당 과세연도의 소득금액 또는 결손금
5. 동업자군별 손익배분비율	동업자군별로 해당 군에 속하는 동업자들의 손익배분비율을 합한 비율
6. 동업자군별 배분대상 소득금액 또는 결손금	동업자군별 동업기업 소득금액 또는 결손금에 동업자군별 손익배분비율을 곱하여 계산한 금액
7. 지분가액	동업자가 보유하는 동업기업 지분의 세무상 장부가액으로서 동업기업 지분의 양도 또는 동업기업 자산의 분배시 과세소득의 계산 등의 기초가 되는 가액
8. 분배	동업기업의 자산이 동업자에게 실제로 이전되는 것

제103조의 53 | 동업기업 및 동업자의 납세의무

① 「조세특례제한법」 제100조의15 제1항 및 제2항에 따라 동업기업과세특례를 적용받는 동업기업(이하 "동업기업"이라 한다.)과 동업자(이하 "동업자"라 한다.) 중 동업자는 같은 법 제100조의18에 따라 배분받은 동업기업의 소득에 대하여 개인지방소득세 또는 법인지방소득세를 납부할 의무를 지며, 같은 법 제100조의16 제3항에 따른 동업기업 전환법인은 같은 조항에 따라 계산한 과세표준에 지방세법 제103조의20 제1항에 따른 세율을 적용하여 계산한 금액을 법인지방소득세(이하 "준청산소득에 대한 법인지방소득세"라 한다.)로 납부할 의무가 있다(법 §103의53 ①).

이 경우 "동업기업"이란 2명 이상이 금전이나 그밖의 재산 또는 노무 등을 출자하여 공동사업을 경영하면서 발생한 이익 또는 손실을 배분받기 위하여 설립한 단체를 말하고, "동업자"란 동업기업의 출자자인 거주자, 비거주자, 내국법인 및 외국법인을 말한다(조특법 §100의14 Ⅰ, Ⅱ).

그리고 동업기업의 동업자가 일정한 요건을 갖춘 기관전용 사모집합투자기구(사모펀드)인 경우 자기에게 출자한 동업자와의 관계에서는 동업기업으로서 과세특례 적용하며, 투자자로부터 자금을 모집한 사모펀드가 모펀드로서 다른 자펀드에 투자하는 경우 그 사모펀드는 동업기업인 동시에 동업자에 해당하고, 동업기업의 범위를 종전에 동업기업에 한정하던 것을 동업기업과 동업기업의 동업자인 기관전용 사모펀드까지 확대한 것으로 과세특례 적용는 손익배분비율에 따라 구분하고, 부칙에 따라 시행시기는 이 법 개정이후 2023년12월31일이 속하는 과세연도 분부터 적용하여야 한다.

② 준청산소득에 대한 법인지방소득세의 신고 납부절차 및 기타 필요한 사항은 대통령령으로 정한다(법 §103의53 ②).

이 규정에 따라 준청산소득에 대한 법인지방소득세를 신고·납부하려는 동업기업 전환법인은 동업기업과세특례를 적용받는 최초 사업연도의 직전 사업연도 종료일 이후 3개월이 되는 날까지 행정안전부령으로 정하는 준청산소득에 대한 법인지방소득세 과세표준 및 세액신고서에 준청산일 현재의 재무상태표를 첨부하여 납세지 관할 지방자치단체의 장에게 신고하고 납부하여야 한다(영 §100의30).

③ 동업기업과세특례에 관하여 이 법에서 정하지 아니한 사항은 「조세특례제한법」 제100조의14부터 제100조의26까지의 규정을 준용한다(법 §103의53 ③).

제103조의54 ｜ 동업기업의 배분 등

① 동업기업과 관련된 다음 각 호의 금액은 각 사업연도의 종료일에 대통령령으로 정하는 동업자간의 손익배분비율에 따라 동업자에게 배분한다. 다만, 제4호의 금액은 내국법인 및 외국법인인 동업자에게만 배분한다(법 §103의54 ① Ⅰ~Ⅳ).

1. 「지방세특례제한법」에 따른 세액공제 및 세액감면금액
2. 동업기업에서 발생한 소득에 대하여 제103조의29에 따라 특별징수된 세액
3. 제103조의30에 따른 가산세 및 제103조의57에 따른 가산세
4. 제103조의31에 따른 토지 등 양도소득에 대한 법인지방소득세

이 경우 동업자 간의 손익배분비율이란 다음 각 호의 구분에 따른 배분 비율을 말한다(영 §100의31 ⅠⅡ).

1. 「조세특례제한법」 제100조의15제1항에 따른 동업자의 경우: 같은 법 시행령 제100조의17에 따른 손익배분비율
2. 「조세특례제한법」 제100조의15제2항 및 제3항에 따른 동업자의 경우: 같은 법 제100조의18제5항 후단에 따라 상위 동업기업의 동업자에게 배분하는 비율

그러므로 동업자 간 일반적인 손익배분비율은 ①동업자 간 약정에 따르되, ②약정이 없는 경우 출자지분의 비율에 따르며(「조세특례제한법 시행령」 §100의17), 다단계 구조의 손익배분비율(동업자-상위 동업기업-하위 동업기업의 구조인 경우 동업자 간의 손익배분비율)은 '상위 동업기업의 동업자 간 손익배분비율'과 '하위 동업기업의 동업자 간 손익배분비율'을 곱하여 산출한다(「조세특례제한법」 §100의18⑤ 후단).

그리고, 위 제1항 각 호의 금액은 동업기업을 하나의 내국법인으로 보아 계산한다(영 §100의32 ①).

② 동업자는 동업기업의 과세연도의 종료일이 속하는 과세연도의 지방소득세를 신고·납부할 때 제1항에 따라 배분받은 금액 중 같은 항 제1호 및 제2호의 금액은 해당 동업자의 지방소득세에서 공제하고, 같은 항 제3호 및 제4호의 금액은 해당 동업자의 지방소득세에 가산한다(법 §103의54 ②).

이 규정을 적용할 때 같은 조 제1항에 따라 동업자가 배분받은 금액은 다음 각 호의 방법에 따라 공제하거나 가산한다(영 §100의32 ② Ⅰ~Ⅳ).

1. 세액공제·세액감면금액 : 지방소득세 산출세액에서 공제하는 방법
2. 특별징수세액 : 기납부세액으로 공제하는 방법
3. 가산세 : 지방소득세 산출세액에 합산하는 방법
4. 토지 등 양도소득에 대한 법인지방소득세에 상당하는 세액 : 법인지방소득세 산출세액에 합산하는 방법. 이 경우 토지 등 양도소득에 대한 법인지방소득세에 상당하는 세액은 동업기업을 하나의 내국법인으로 보아 산출한 금액에 내국법인 및 외국법인인 동업자의 손익배분비율의 합계를 곱한 금액으로 한다.

제103조의 55 | 동업기업 지분의 양도

「조세특례제한법」제100조의21 제1항에 따라 양도소득세 또는 법인세를 과세하는 경우 이 법에 따른 양도소득에 대한 개인지방소득세 또는 법인지방소득세를 과세한다(법 §103의55).

> ※ 조세특례제한법 §100의21 ① ②
> ① 동업자가 동업기업의 지분을 타인에게 양도하는 경우 해당 지분의 양도소득에 대해서는 「소득세법」제94조 제1항 제3호 또는 제4호 다목에 따른 자산(해당 동업자가 비거주자인 경우「소득세법」제119조 제9호 나목 또는 제11호 가목에 따른 자산, 외국법인인 경우「법인세법」제93조 제7호 나목 또는 제9호 가목에 따른 자산)을 양도한 것으로 보아「소득세법」또는「법인세법」에 따라 양도소득세 또는 법인세를 과세한다.
> ② 지분의 양도소득의 계산방법과 그 밖에 필요한 사항은 대통령령으로 정한다.

이 경우 지분의 양도소득은 양도일 현재의 해당 지분의 지분가액을 취득가액으로 보아 계산한다(조특령 §100의22).

제103조의 56 | 비거주자 또는 외국법인인 동업자에 대한 특별징수

「조세특례제한법」제100조의24 제1항에 따라 동업기업이 비거주자 또는 외국법인인 동업자에게 배분된 소득에 대하여 소득세 또는 법인세를 원천징수하는 경우에는 원천징수하는 소득세 또는 법인세의 100분의 10에 해당하는 금액을 지방소득세로 특별징수하여 같은 법 제100조의23 제1항에 따른 신고기한(각 사업연도의 종료일이 속하는 달의 말일부터 3개월이 되는 날이 속하는 달의 15일까지)까지 납세지 관할 지방자치단체의 장에게 납부하여야 한다(법 §103의56).

제103조의 57 | 동업기업에 대한 가산세

「조세특례제한법」제100조의25에 따라 동업기업으로부터 가산세를 징수하는 경우에는 그 징수하여야 할 금액의 100분의 10에 해당하는 금액을 지방소득세의 가산세로 징수하여야 한다(법 §103의57).

제11절 법인과세 신탁재산의 각 사업연도의 소득에 대한 지방소득세

제103조의58 법인과세 신탁재산에 대한 법인지방소득세

① 「법인세법」 제5조제2항에 따라 내국법인으로 보는 신탁재산(이하 "법인과세 신탁재산"이라 한다) 및 법인세를 납부하는 신탁의 수탁자(이하 "법인과세 수탁자"라 한다)에 대해서는 이 절의 규정을 제1절 및 제6절에 우선하여 적용한다.
② 법인과세 신탁재산에 대한 법인지방소득세의 사업연도는 법인과세 수탁자가 「법인세법」 제75조의12제3항에 따라 신고하는 기간으로 한다.
③ 법인과세 신탁재산의 법인지방소득세 납세지는 그 법인과세 수탁자의 납세지로 한다.
④ 제1항부터 제3항까지에서 규정한 사항 외에 법인과세 신탁재산에 대한 법인지방소득세 과세방식의 적용 및 제2차 납세의무 등에 관하여는 「법인세법」 제75조의11부터 제75조의18까지의 규정을 준용한다.

이 규정은 신탁(신임 관계에 의하여 위탁자가 수탁자에게 특정 재산을 이전하고 수익자의 이익을 위하여 재산을 관리하게 하는 법률관계)에서 발생한 신탁소득에 대하여 신탁은 도관으로 보고, 소득의 귀속자인 수익자에게 소득의 원천별로 과세하고 있지만 다양한 신탁 유형에도 불구하고 과세방식이 수익자 과세로 획일화되어있어 소득의 귀속자에 납세의무를 부여하는 소득세법 체계에 따라 소득의 원천별로 수익자 과세원칙을 유지하되, 예외적으로, 수탁자에게 신탁재산에 대한 법인세 과세방식을 허용하거나 위탁자에게 납세의무를 부여하는 방식으로 신탁소득에 대한 과세체계가 2021년부터 개정되었다

또한, 위탁자를 실질 수익자로 볼 수 있는 경우에는 위탁자에게 납세의무를 부과하였는데 이는 조세회피 방지를 위해 위탁자가 자신의 소득 분산에 신탁을 활용할 우려가 있으므로 수익자가 없거나 특정되지 않으면서 위탁자가 신탁을 사실상 통제·지배하는 경우 등에는 위탁자에게 과세하고자 하는 것이다

신탁재산의 법인세 과세에 있어서도 신탁재산에 1차 납세의무를 부과하는 것이 효율적인 경우 수탁자가 선택할 수 있도록 허용하고 수익자가 불특정되거나 다수인 경우 또는 사업신탁의 경우에는 현행과 같은 도관과세로는 사실상 신탁의 운용이 어려운 측면이 있어 신탁재산에 귀속되는 소득에 대하여 신탁계약에 따라 그 신탁의 수탁자[내국법인 또는 「소득세법」 에 따른 거주자(이하 "거주자"라 한다)인 경우에 한정한다]가 법인지방소득세를 납부할 수 있다. 이 경우 신탁재산별로 각각을 하나의 내국법인으로 본다.

이에 따라 소득 발생시 매번 수익자에게 배분하지 않고 신탁소득을 신탁재산에 유보하면

서 신탁재산에 1차적으로 법인세 납세의무를 부담하게 하는 것으로 이후 수탁자가 실제 수익자에게 신탁소득을 분배하는 단계에서 수익자에게 배당소득으로 과세 후 배당소득공제 등을 통해 이중과세를 조정하고자 하는 것이다

제12절 보 칙

제103조의59 | 지방소득세 관련 세액 등의 통보

① 세무서장 또는 지방국세청장(이하 이 조에서 "세무서장등"이라 한다)은 소득세의 부과·징수 등에 관한 자료를 행정안전부령으로 정하는 바에 따라 다음 각 호의 구분에 따른 기한까지 대통령령으로 정하는 지방자치단체의 장에게 통보하여야 한다(법 §103의59 ① Ⅰ~Ⅵ).

이 경우 "대통령령으로 정하는 지방자치단체의 장"이란 소득세 및 법인세의 납세자를 관할하는 지방자치단체의 장을 말한다(영 §100의33 ①).

1. 「국세기본법」 또는 「소득세법」에 따라 소득세 과세표준과 세액을 신고(기한 후 신고는 제외한다) 받은 경우: 신고를 받은 날이 속하는 달의 다음 달 15일. 다만, 다음 각 목의 어느 하나에 해당하는 경우에는 해당 목에서 정하는 기한 내로 한다.

   가. 「소득세법」 제14조제2항에 따른 종합소득과세표준, 같은 조 제6항에 따른 퇴직소득과세표준, 같은 법 제69조에 따른 토지등의 매매차익 또는 같은 법 제92조에 따른 양도소득과세표준을 「국세기본법」 제2조제19호에 따른 전자신고 방식으로 신고 받은 경우: 신고를 받은 즉시

이 규정은 2020년 지자체신고 전환시 납세자가 홈택스에 입력한 기본사항, 과세표준 등을 위택스에서 재차 입력하게 되면 중복 입력에 따른 신고의 불편이 있어 납세자가 종합·퇴직·양도소득 과세표준을 전자신고 하는 경우 세무서장 등은 신고자료를 신고받은 즉시 위택스에 통보하여 납세자가 입력한 소득세 신고내역을 개인지방소득세 신고시 자동으로 채워 신속·정확하게 처리하게 하는 것이다

   나. 「소득세법」 제70조, 제71조, 제74조 및 제110조에 따른 과세표준 확정신고와 같은 법 제69조에 따른 토지등 매매차익예정신고 및 같은 법 제105조에 따른 양도소득과세표준 예정신고의 경우: 신고를 받은 날이 속하는 달의 다음 달 1일부터 2개월이 되는 날

   다. 「국세기본법」 제45조에 따른 수정신고를 받은 경우: 신고를 받은 날이 속하는 달의 다음달 1일부터 3개월이 되는 날

2. 「국세기본법」 또는 「소득세법」에 따라 소득세 과세표준과 세액을 결정 또는 경정한 경우: 결정 또는 경정한 날이 속하는 달의 다음 달 15일

3. 「소득세법」에 따라 원천징수한 소득세를 납부받은 경우: 납부한 날이 속하는 달의 다음 달 15일. 다만, 제4호에 따른 납세고지에 따라 납부받은 원천징수세액에 관하여는 그 통보를 생략할 수 있다.

4. 「소득세법」에 따른 원천징수의무자가 원천징수하였거나 원천징수하여야 할 소득세를 그 기한까지 납부하지 아니하였거나 미달하여 납부한 경우로서 세무서장등이 원천징수의무자로부터 그 금액을 징수하기 위하여 납세고지를 한 경우: 고지한 날이 속하는 달의 다음 달 15일

5. 「국세기본법」 또는 「소득세법」에 따라 소득세를 환급한 경우: 환급한 날이 속하는 달의 다음 달 15일. 다만 「소득세법」 제70조, 제71조, 제74조 및 제110조에 따른 과세표준 확정신고에 따라 소득세를 환급하는 경우에는 신고를 받은 날이 속하는 달의 다음 달 1일부터 2개월

6. 조세특례제한법 제100조의23에 따라 동일기업소득의 계산 및 배분명세신고를 받은 경우 : 신고를 받은 날이 속하는 달의 다음 달 15일

② 세무서장등은 법인세의 부과·징수 등에 관한 자료를 행정자치부령으로 정하는 바에 따라 다음 각 호의 구분에 따른 기한까지 대통령령으로 정하는 지방자치단체의 장에게 통보하여야 한다(법 §103의59 ② Ⅰ~Ⅴ).

이 경우 세무서장등이 지방자치단체의 장에게 통보하는 자료를 전산처리하였을 때에는 전자문서로 통보할 수 있다. 그리고 통보를 받은 지방자치단체의 장은 법인의 본점 또는 주사무소와 영업장의 소재지가 다른 경우에는 해당 법인의 사업장 관할 지방자치단체의 장에게 해당 법인의 법인세 과세표준 등을 지체 없이 통보하여야 한다(영 §100의33 ② ③).

1. 「국세기본법」 또는 「법인세법」에 따라 법인세 과세표준과 세액을 신고 또는 수정신고 받은 경우: 신고를 받은 날이 속하는 달의 다음 달 1일부터 2개월

2. 「국세기본법」 또는 「법인세법」에 따라 법인세 과세표준과 세액을 결정 또는 경정한 경우: 결정 또는 경정한 날이 속하는 달의 다음 달 15일

3. 「법인세법」에 따라 원천징수한 법인세를 납부받은 경우: 납부한 날이 속하는 달의 다음 달 15일. 다만, 제4호에 따른 납세고지에 따라 납부받은 원천징수세액에 관하여는 그 통보를 생략할 수 있다.

4. 「법인세법」에 따른 원천징수의무자가 원천징수하였거나 원천징수하여야 할 법인세를 그 기한까지 납부하지 아니하였거나 미달하여 납부한 경우로서 세무서장등이 원천징수의무자로부터 그 금액을 징수하기 위하여 납세고지를 한 경우: 고지한 날이 속하는 달의 다음 달 15일

5. 「국세기본법」 또는 「법인세법」에 따라 법인세를 환급한 경우: 환급한 날이 속하는

달의 다음 달 15일

6. 「조세특례제한법」 제100조의23에 따라 동업기업 소득의 계산 및 배분명세 신고를 받은 경우: 신고를 받은 날이 속하는 달의 다음 달 15일

③ 지방자치단체의 장은 제1항 제5호 또는 제2항 제5호에 따른 통보를 받은 경우 해당 소득세 또는 법인세와 동일한 과세표준에 근거하여 산출한 지방소득세를 다시 계산하여 환급세액이 발생하는 경우 이를 환급하여야 한다(법 §103의59 ③).

이 경우 지방소득세의 지방세환급금은 해당 지방소득세가 과오납된 지방자치단체에서 환급하거나 충당하여야 한다. 다만, 납세의무의 종합소득에 대한 과세표준 확정신고 이후에 발생하는 개인지방소득세의 환급결정으로 인한 지방세환급금은 환급받을 자의 종합소득에 대한 과세표준확정신고 당시(특별징수세액에 대한 결정 또는 경정의 경우에는 결정 또는 경정 당시)의 주소지를 관할하는 지방자치단체에서 환급하거나 충당하여야 한다(영 §100의34).

이와함께 그 간 비영리법인이 이자소득에 대해 선택적 분리과세를 적용하였다면, 향후 경정청구를 신청하더라도 환급이 불가하나, 국세청 환급자료 통보 시 환급해야하는 것으로 해석될 수 있어 납세자 및 과세관청 혼란함에 따라 법인지방소득세는 법인세 환급 자료에 의해 무조건 환급되지 않도록, 법인세 환급자료에 따른 법인지방소득세 환급 규정은 삭제하였다.

그리고 지방자치단체의 장은 관리대장(지방소득세 과세대장, 법인지방소득세 특별징수세액 정산대장)을 갖추어두고, 필요한 사항을 등재하여야 한다. 이 경우 해당 사항을 전산처리하는 경우에는 과세대장을 갖춘 것으로 본다(영 §100의35).

④ 「지방세기본법」 제64조제1항에도 불구하고 이 조 제3항에 따른 환급의 경우(「지방세기본법」 제38조제2항에 따라 경정결정이나 그 밖에 필요한 처분을 하는 경우는 제외한다) 지방세환급금에 관한 소멸시효는 이 조 제1항제5호 또는 제2항제5호에 따른 통보를 받은 날부터 기산한다(법 §103의59 ④).

이 규정은 국세가 환급된 경우, 해당 환급 통보를 받은 날(소득세·법인세를 환급한 경우 환급한 날의 다음 달 15일까지 지자체장에게 통보)에 지방소득세 환급청구권 소멸시효가 다시 시작하는 것으로 규정하였다. 다만, 경정사실 통보에 의해 지방세기본법 제39조(부과의 제척기간)의 적용이 불가한 환급건(오납액)에 한해 적용하며, 환급금 소멸시효 기산일은 지자체장이 환급대상을 통보받아 지방소득세 환급금을 다시 계산하여 납세자에게 실제로 환급할 수 있는 날이어야 하므로, 환급 '통보를 받은 날'로 설정한 것이며, 2022년 1월 1일 이후 세무서장등이 소득세 또는 법인세를 환급하여 지방자치단체의 장에게 이를 통보하는 경우부터 적용하여야 한다(부칙 § 5).

제103조의 60 | 소액징수면제

지방소득세로 징수할 세액이 고지서 1장당 2천원 미만인 경우에는 그 지방소득세를 징수하지 아니한다(법 §103의60).

소액징수면제(소액부징수)란 징수할 세액이 어느 일정 금액에 미달할 경우에는 이를 징수하지 아니하는 것을 말하는데 면세점제도가 징세비의 절약 외에 영세부담의 배제라는 이유로서 설치되었는데 비하여 소액징수면제는 전적으로 징세비의 절감이라는 이유에서 설정한 것이다. 그리고 면세점은 과세제외되는 한계를 주로 과세표준을 기준으로해서 규정하고 있는데 비하여 소액징수면제는 세액을 기준으로 하고 있는데 그 효과는 차이가 없다.

제103조의 61 | 가산세 적용의 특례

① 「국제조세조정에 관한 법률」 제13조 제1항에 따라 「국세기본법」 제47조의3에 따른 과소신고가산세를 부과하지 아니할 때에는 「지방세기본법」 제54조에 따른 과소신고가산세를 부과하지 아니한다(법 §103의61①).

> ※ 국제조세조정에 관한 법률 제13조 【가산세 적용의 특례】
> ① 과세당국은 제4조부터 제6조까지, 제6조의2 및 제7조부터 제9조까지의 규정을 적용할 때 다음 각 호의 어느 하나에 해당하는 경우에는 「국세기본법」 제47조의3에 따른 과소신고가산세를 부과하지 아니한다.
> 1. 신고된 거래가격과 정상가격의 차이에 대하여 납세의무자의 과실이 없다고 상호합의 절차의 결과에 따라 확인되는 경우(제6조 제2항 단서에 따라 상호합의절차에 따르지 아니하고 정상가격 산출방법을 사전 승인한 경우에는 납세의무자의 과실이 없다고 국세처장이 판정하는 경우를 말한다.)
> 2. 납세의무자가 소득세나 법인세를 신고할 때 적용한 정상가격 산출방법에 관한 증명자료를 보관·비치하고, 합리적 판단에 따라 그 정상가격 산출방법을 선택하여 적용한 것으로 인정되는 경우

② 2021년 부터 2024년까지의 각 과세기간에 발생한 소득에 대하여 「소득세법」 제70조 제1항에 따른 신고기한 내에 같은 조 제3항에 따른 종합소득 과세표준 확정신고를 한 거주자 또는 같은 법 제71조제1항에 따른 신고기한 내에 같은 조 제3항에 따른 퇴직소득 과세표준 확정신고를 한 거주자가 제95조에 따른 신고의무를 다하지 아니한 경우로서 해당 신고기한이 지난 후 1개월 이내에 종합소득 또는 퇴직소득에 대한 개인지방소

득세를 제96조에 따라 수정신고하거나 「지방세기본법」 제51조에 따라 기한 후 신고하는 경우에는 같은 법 제53조 또는 제54조에 따른 가산세를 부과하지 아니한다(법 §103의61 ②).

이 규정은 2020년 개인지방소득세가 지자체신고로 전환됨에 따라, 소득세는 홈택스에서, 개인지방소득세는 위택스에서 신고 전환에 따라 납세자가 이를 인지하지 못해 무신고 하는 경우 가산세가 발생할 우려가 있어 신고체계 변경에 따른 납세자 부담을 최소화하기 위해 안정화 단계에 이르기까지 한시적으로 가산세 면제를 도입하려는 것이며 납세자가 신고제도를 이해하고 적응할 때까지, 우선 한시적으로 신고 가산세를 면제하는 것이다 신고납부고의 지연 등 악용이 발생 할 우려가 있어 국세인 소득세를 신고기한 내 신고한 자에 한해 지원하고, 연체이자 성격인 납부 불성실 가산세(1일 10만분의 25)는 부과된다.

제103조의 62 | 법인지방소득세 특별징수세액 정산을 위한 특례

① 제103조의23 제3항 제3호에 따라 해당 사업연도의 특별징수세액을 공제할 때 이 법에 따른 특별징수한 법인지방소득세의 납세지(이하 "특별징수지"라 한다.)와 확정신고할 때의 납세지(이하 "신고지"라 한다.)가 다른 경우 해당 특별징수세액은 신고지 관할 지방자치단체의 장에게 납부하는 법인지방소득세로 본다(법 §103의62 ①).

② 제1항의 경우에 특별징수지 관할 지방자치단체의 장은 해당 특별징수세액의 감액경정을 하여 해당 법인의 본점 또는 주사무소 소재지(연결법인의 경우 연결모법인의 본점 또는 주사무소 소재지를 말하며, 이하 이 조에서 "본점 소재지"라 한다.)를 관할하는 지방자치단체의 장에게 지급하여야 한다(법 §103의62 ②).

이 규정에 따른 본점 소재지(이하 "본점 소재지"라 한다.) 관할 지방자치단체의 장은 같은 조 제4항에 따라 환급세액을 납세의무자에게 환급하는 경우에는 같은 조 제1항에 따른 신고지(이하 "신고지"라 한다.)를 관할하는 지방자치단체의 장에게 배분할 금액의 지급을 유보하고 환급금을 해당 법인에 일괄 환급(해당 지방자치단체의 장이 납세의무자에게 환급할 금액에 한정한다.)을 하여야 한다. 이 경우에 해당 법인에 환급하고 남은 금액은 그 신고지를 관할하는 지방자치단체의 장에게 교부하여야 한다(영 §100의36 ②).

③ 제2항에 따라 특별징수세액을 지급받은 본점 소재지 관할 지방자치단체의 장은 제89조 제2항에 따라 신고법인이 안분신고한 내역을 근거로 대통령령으로 정하는 정산금액을 신고지 관할 지방자치단체에 배분하고, 그 내역을 통보하여야 한다. 이 경우 신고지

관할 지방자치단체의 장은 해당 배분액을 납세의무자가 납부한 법인지방소득세로 보아 징수하여야 한다(법 §103의62 ③).

이 경우 "대통령령으로 정하는 정산금액"이란 해당 납세지에 영 제88조 제1항에 따라 사업장 소재지별로 안분하여 납부할 법인지방소득세를 계산한 금액을 말한다(영 §100의36 ①).

그리고 납세자는 법 제103조의62에 따라 법인지방소득세 특별징수액의 정산을 받으려면 행정자치부령으로 정하는 서류를 본점 소재지를 관할하는 지방자치단체의 장에게 제출하여야 하며(영 §100의36 ③), 이 때 본점 소재지를 관할하는 지방자치단체의 장은 법 제103조의62에 따른 정산 등의 처리를 완료하면 다음 각 호의 구분에 따라 해당 사항을 통보하여야 한다(영 §100의36 ④).

1. 납세의무자 : 환급 또는 충당 내역
2. 지점 소재지 관할 지방자치단체의 장 : 교부·환급·충당 내역

④ 제3항에 따라 정산 금액을 배분할 때 본점 소재지 관할 지방자치단체의 장은 제103조의29에 따라 특별징수된 세액이 법인지방소득세 총 부담세액을 초과하여 환급세액이 발생한 경우 그 환급세액을 대통령령으로 정하는 바에 따라 납세의무자에게 환급하거나 지방세에 충당한다. 이 경우 체납된 징수금이 2건 이상인 경우에는 신고지 관할 지방자치단체의 체납된 징수금 중 소멸시효가 먼저 도래하는 것부터 충당하여야 한다(법 §103의62 ④).

⑤ 지방자치단체의 장은 제1항부터 제4항까지의 규정에 따른 정산을 위하여 지방자치단체 간 협약을 체결할 수 있다. 이 경우 협약서에는 정산사무의 내용과 범위, 방법 및 절차 등에 관한 사항을 정하여야 한다(법 §103의62 ⑤).

⑥ 「지방세기본법」에 따른 충당과 환급은 제2항부터 제5항까지의 절차에 따른 정산이 완료된 후에 적용한다(법 §103의62 ⑥).

이 규정은 2015년부터 내국법인의 이자·배당소득에 대하여 특별징수를 실시함에 따라 확정신고시 이를 기납부세액으로 처리해야 하는데, 특별징수로 기납부된 세액이 납부해야 할 법인지방소득세를 초과할 경우에 지방소득세가 납부된 지방자치단체에서 환급받아야 한다.

그런데 지방소득세는 과세기간 종료후(4월) 신고·납부함이 원칙이나 법인의 이자·배당소득은 금융회사(소득지급전)가 소득지급 때(매월) 지방소득세를 지방자치단체에 납부하게 되는데, 만약, 환급세액이 발생한 경우 특별징수세액의 "납세지"와 확정신고시의 "납세지"가 다른 때에는 원칙적으로 납세자는 특별징수 납세지별로 환급신청을 각각하여야 함에 따른 불편이 야기된다.

그래서 납세자가 특별징수하여 납부한 납세지를 각각 찾아가는 불편을 해소하기 위해 본점 소재지 지방자치단체가 납세자로부터 일괄하여 환급신청을 받아 환급한 후 지방자치단체

간에는 기납부세액의 세입처리 등 업무를 정산토록 한 것이다.

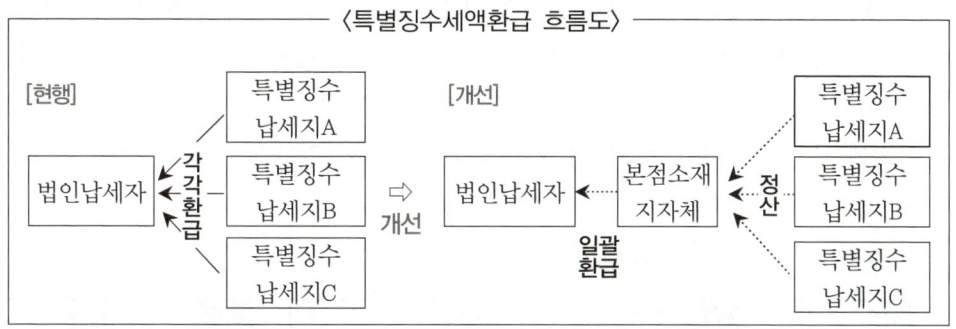

제103조의 63 | 법인지방소득세 추가납부 등

① 법인세 또는 소득세 과세표준 산정시「조세특례제한법」및 다른 법률에 따라 과세표준 산정에 관한 조세특례가 적용되어 법인세 또는 소득세(이자상당가산액을 포함한다.)를 추가 납부하는 경우 그 추가납부하는 세액의 100분의 10에 상당하는 금액을 지방소득세로 추가하여 납부하여야 하며 그 대상 및 세액계산에 필요한 사항은 대통령령으로 정한다(법 §103의63 ①).

이 규정에 따라 지방소득세를 추가 납부하여야 하는 대상과 그 세액의 계산은 다음 각 호와 같다(영 §100의37 Ⅰ,Ⅱ).

1. 「법인세법」제29조 제5항 및 제30조 제4항에 따라 익금에 산입하고 이자상당가산액을 법인세로 추가납부하는 경우 : 법인세로 추가납부하는 이자상당가산액의 100분의 10

2. 「조세특례제한법」제9조제4항, 제10조의2 제4항, 제33조 제3항, 제34조 제2항, 제38조의2 제3항, 제39조 제3항, 제40조 제5항, 제46조 제3항, 제46조의4 제2항, 제47조의4 제2항, 제60조 제4항, 제61조 제5항, 제62조 제2항, 제85조의2 제2항, 제85조의7 제2항, 제85조의8 제2항, 제85조의9 제2항, 제97조의6 제3항 및 제104조의11 제3항에 따라 익금에 산입하고 이자상당가산액을 법인세 또는 소득세로 추가납부하는 경우 : 법인세 또는 소득세로 추가납부하는 이자상당가산액의 100분의 10

②「법인세법」제27조 및 제28조에 따라 업무와 관련 없는 비용 및 지급이자를 손금에 산입하지 아니하여 그 양도한 날이 속하는 법인세에 가산하여 납부하는 경우 그 납부하는 세액의 100분의 10에 상당하는 금액을 법인지방소득세로 추가하여 납부하여야 한다

(법 §103의63 ②).

이 규정은 법인세에서는 업무관련지출을 비용으로 처리하여 과세대상에서 제외하였다가 추후에 이 비용이 업무와 관련없는 지출로 판정(예: 농업법인이 농지매입 취득비용을 비용처리(비과세)하였으나 그 후 농업용으로 사용하지 않아 과세하는 등)될 경우 해당 법인세를 추징하는데 지방세법에서는 법인지방소득세를 추징할 수 있는 규정이 없어 법인세를 추징할 때 지방소득세도 과세하도록 규정을 신설한 것이다.

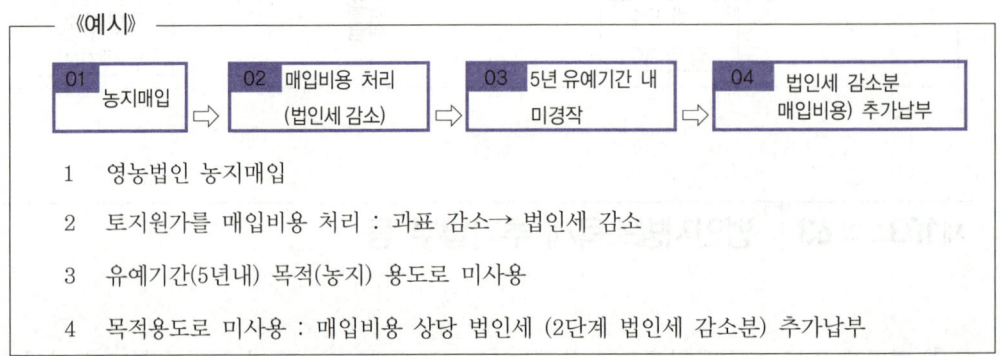

《예시》

1. 영농법인 농지매입
2. 토지원가를 매입비용 처리 : 과표 감소→ 법인세 감소
3. 유예기간(5년내) 목적(농지) 용도로 미사용
4. 목적용도로 미사용 : 매입비용 상당 법인세 (2단계 법인세 감소분) 추가납부

③ 「소득세법」 제46조제1항에 따른 채권등에서 발생하는 이자, 할인액 및 투자신탁의 이익의 계산기간 중에 해당 채권등을 매도하는 경우로서 대통령령으로 정하는 경우에 해당하여 「법인세법」 제73조의2에 따라 법인세를 추가납부하는 경우 그 추가납부하는 세액의 100분의 10에 상당하는 금액을 법인지방소득세로 추가하여 납부하여야 하며, 그 세액의 계산에 필요한 사항은 대통령령으로 정한다.

이 경우 "대통령령으로 정하는 경우"란 법인이 「소득세법 시행령」 제190조제1호에 따른 날에 원천징수하는 「소득세법」 제46조제1항에 따른 채권등을 취득한 후 사업연도가 종료되어 원천징수된 세액을 전액 공제하여 법인세를 신고하였으나 그 후의 사업연도 중 해당 채권등의 만기상환일이 도래하기 전에 이를 매도함으로써 해당 사업연도 전에 공제한 원천징수세액이 「법인세법 시행령」 제113조제2항에 따라 계산한 금액에 대한 세액을 초과하는 경우를 말하며, 법인지방소득세로 추가하여 납부하는 금액은 제2항에 따른 채권등을 매도한 날이 속하는 사업연도의 법인지방소득세에 가산한다(영 § 100의37 ①~③).

제103조의 64 ｜ 사실과 다른 회계처리로 인한 경정 특례

① 내국법인이 제103조의 25 제1항 제2호 나목에 따른 경정 결과 과다 납부한 세액이 발생한 경우에는 그 경정일이 속하는 사업연도의 개시일부터 5년 이내에 각 사업연도의 법인지방소득세액에서 과다 납부한 세액을 차례로 차감한다(법 §103의64 ①).

② 제1항을 적용할 때 내국법인이 해당 사실과 다른 회계처리와 관련하여 그 경정일이 속하는 사업연도 이전의 사업연도에「지방세기본법」제50조에 따른 수정신고를 하여 납부할 세액이 있는 경우에는 그 납부할 세액에서 제1항에 따른 과다 납부한 세액을 먼저 차감하여야 한다(법 §103의64 ②).

③ 제1항 및 제2항에 따라 과다 납부한 세액을 차감받은 내국법인으로서 과다 납부한 세액이 남아 있는 내국법인이 해산하는 경우에는 다음 각 호에 따른다(법 §103의64 ③).
  1. 합병 또는 분할에 따라 해산하는 경우: 합병법인 또는 분할신설법인(분할합병의 상대방 법인을 포함한다)이 남아 있는 과다 납부한 세액을 승계하여 제1항에 따라 차감한다.
  2. 제1호 외의 방법에 따라 해산하는 경우: 납세지 관할 지방자치단체의 장은 남아 있는 과다 납부한 세액에서 제103조의41에 따른 청산소득에 대한 법인지방소득세 납부세액을 빼고 남은 금액을 즉시 환급하여야 한다.

④ 제1항부터 제3항까지에 따른 과다 납부 세액의 차감 방법 및 절차는 대통령령으로 정한다(법 §103의64 ④).

위의 규정을 적용할 때 동일한 사업연도에 법 제103조의25 제1항 제2호 나목에 따른 경정청구의 사유 외에 다른 경정청구의 사유가 함께 경정청구된 경우 다음의 계산식에 따라 계산한 금액을 그 차감할 세액으로 한다(영 §100의38 ①).

$$\text{과다납부한 세액} \times \frac{\text{사실과 다른 회계처리로 인하여 과다계상한 과세표준}}{\text{과다계상한 과세표준의 합계액}}$$

제103조의 65 ｜ 재해손실에 대한 세액계산 특례

① 내국법인이「법인세법」제58조에 따라 재해손실에 대한 세액공제를 받은 경우에는 다음 각 호의 법인지방소득세액에 같은 법 제58조에 따른 자산 상실 비율을 곱하여 계산한 금

액을 법인지방소득세액에서 차감한다(법 §103의65 ① ⅠⅡ).

1. 재해 발생일을 기준으로 부과되지 아니한 법인지방소득세액과 부과된 법인지방소득세액으로서 미납된 법인지방소득세액

2. 재해 발생일이 속하는 사업연도의 소득에 대한 법인지방소득세액

② 제1항에 따라 세액을 차감받으려는 내국법인은 대통령령으로 정하는 바에 따라 납세지 관할 지방자치단체의 장에게 신청하여야 한다(법 §103의65 ②)..

③ 제1항 및 제2항에 따른 법인지방소득세의 세액차감 신청 및 결정에 필요한 사항은 대통령령으로 정한다(법 §103의65 ③).

이 경우 법 제103조의65제1항 각 호에 따른 법인지방소득세액에는 법 제103조의30에 따른 가산세(「법인세법」 제75조의3에 따른 가산세가 적용되는 경우에 한한다)와 「지방세기본법」 제53조부터 제56조까지의 규정에 따른 가산세를 포함하는 것으로 한다(영 §100의39 ①).

그리고 법 제103조의65제1항에 따라 재해손실세액 차감을 받으려는 내국법인은 다음 각 호의 구분에 따른 기한까지 행정안전부령으로 정하는 재해손실세액차감신청서를 납세지 관할 지방자치단체의 장에게 제출하여야 한다(영 §100의39 ② ⅠⅡ).

1. 재해발생일 현재 과세표준신고기한이 지나지 않은 법인지방소득세의 경우에는 그 신고기한. 다만, 재해발생일부터 신고기한까지의 기간이 4개월 미만인 경우에는 재해발생일로부터 4개월로 한다.

2. 재해발생일 현재 미납된 법인지방소득세와 납부하여야 할 법인지방소득세의 경우에는 재해발생일부터 4개월

납세지 관한 지방자치단체의 장은 법 103조의65 제2항에 따라 같은 조 제1항제1호 법인지방소득세액(신고기한이 지나지 아니한 것은 제외한다)에 대한 차감 신청을 받으면 그 차감세액을 결정하여 해당 법인에 알려야 한다(영 §100의39 ③).

납세지 관할 지방자치단체의 장은 법인이 법 제103조의65제1항에 따라 차감받을 법인지방소득세에 대하여 해당 세액차감이 확인될 때까지 「지방세징수법」에 따라 그 법인지방소득세의 지정납부기한 또는 독촉장에서 정하는 납부기한을 연장하거나 납부고지를 유예할 수 있다(영 §100의39 ④).

영 제100조의39제2항에서 "행정안전부령으로 정하는 재해손실세액차감신청서"란 별지 제43호의14서식을 말하며(규칙 제48조의18 ①) 법 제103조의65에 따라 법인지방소득세액에서 차감할 세액의 계산은 다음 계산식을 따른다(규칙 제48조의18 ②).

> 계산식 = [법 제103조의21에 따른 법인지방소득세 산출세액 + 법 제103조의30(「법인세법」 제75조의3에 따른 가산세가 적용되는 경우에 한함)과 지방세기본법 제53조부터 제56조까지에 따른 가산세액 − 세액공제·감면액] ×법인세법 제58조에 따른 자산상실 비율

이 규정은 개인지방소득세의 경우 「지방세특례제한법」 제167조의2에 따라 소득세 재해손실세액공제액(「소득세법」 제58조)의 10% 공제 하고 있고 국세에서는 사업자가 천재지변으로 재산상 손실을 입은 경우 손실비율(사업용 자산총액의 20%이상을 상실)에 상당하는 법인세를 산출세액에서 공제하는 제도를 운영하고 있어, 법인 지방소득세의 경우에도 재해 등으로 어려움을 겪는 납세자 지원이라는 재해손실세액공제 취지를 고려하여 법인지방소득세에서도 '재해손실세액차감' 제도를 신설한 것으로 법인세법의 자산상실비율을 반영한 차감액을 법인지방소득세액에서 차감하는 방식으로 규정한 것이다.

> 세액 산정 계산식 = 법인지방소득세액 − 차감액[(법인지방소득세 산출세액 + 가산세액) × 「법인세법」 상 자산상실비율]

CHAPTER 09 재산세

제3편 지방세법

제1절 통칙

　재산에 대한 과세는(자산과세라 한다.) 세를 과세하는 측면에서 보면 징수하기 가장 어려운 세라고 한다. 왜냐하면 소득과세나 소비과세는 현금이나 거래에 따라 징수하는 세인데 반하여 자산과세는 자기 호주머니에 들어가 있는 현금 중에서 개개의 소득수준과는 관계없이 세금을 납부하는 것이기 때문에 납세자에게는 같은 금액의 세금이라도 가장 무겁게 느끼기 쉬운 것이 자산과세라 할 수 있다. 그런데 대표적인 자산과세인 재산세가 부담조정조치(비과세·감면 등) 등의 조치에 따라 경제 성장과 보조를 맞추어 안정적으로 세수가 늘어난 것도 세수의 확충과 납세자 의식과의 미묘한 표현을 고려한 결과라고 할 수 있으나 부동산 가격의 변동에 따른 과세표준액의 상승과 부동산투기 근절을 위한 자산과세의 부담인상 등으로 납세자에 대한 부담수준의 조정이 절실히 요구되는 세이기도 하다.[57]

　재산세는 1962년 이전에는 지세(地稅), 가옥세, 광세 및 선세 등 4개 세목이 개별적인 세목으로 존재하다가 1961년말의 세제개혁시 국세로 되어 있던 지세와 광세를 지방세로 이양하면서 재산세로 통합하여 운영되어 오다 1973년과 1974년에 대도시 내 공장 신·증설, 법인의 비업무용 토지, 공한지, 고급오락장 등에 대하여 중과세율을 적용하는 정책세제를 도입함으로써 과세의 내용이 복잡·다양화하게 되었다. 그리고 1986년 재산세 내용 중 법인의 비업무용 토지와 공한지에 대해 재산세를 중과세하던 것을 분리하여 토지과다보유세를 신설하여 1년간의 준비기간을 거쳐 1988년부터 시행되어 왔으나 토지에 대한 투기가 극심하게 되어 국가 전반의 경제에 큰 타격을 줄 만큼 사회문제화됨에 따라 모든 토지를 소유자별로 합산하여 누진세율을 적용하는 종합토지세가 신설됨으로써 1990년부터 재산세에서는 토지에 대한 과세부분이 제외되었다.

　이렇게 설치된 종합토지세는 토지보유에 대하여 각 필지별로 과세되고 있던 종전의 토지분 재산세와 유휴토지 및 비업무용 토지를 과세대상으로 하고 있던 토지과다보유세를 통·폐합하여 전국에 있는 모든 토지를 소유자별로 합산한 다음 그 합산한 토지가액에 누진세율을 적용함으로써 토지보유 정도에 따른 응능과세원칙을 확립하고, 세제를 통하여 과다한 토지보유를 억제하여 지가안정과 토지소유의 저변확대를 도모한다는 명분하에 도입된 세제이다.

　이와 같이 토지공개념관련 법령으로 설치된 종합토지세가 투기억제로 지가안정을 찾는 데

---

57) 關 博之, 지방세에서의 자산과세의 현황과 전망, 1995.

일익을 담당한 정책세제로서의 역할도 하였다고 평가할 수 있을지 모르지만 지방세의 근본취지로 보면 과세권을 갖고 있는 지방자치단체의 과세자주권을 무시하고 전국의 토지를 합산계산하여 과세권자인 시장·군수·구청장은 소유자별로 전국의 토지를 합산하여 산출된 세액을 통지받아 과세하는 체제로 되어 과세에 잘못이 있어도 지방자치단체 스스로 수정하여 즉시 바로잡아 국민의 불편을 스스로 해소시킬 수 없는 것이 이 제도의 맹점이었다.58)

또한 종합토지세가 시행된 지 10여년이 지남에 따라 소유자들이 소유토지를 분산하는 등으로 인하여 토지투기억제에 대한 역할이 미약해 지는 실정에 있었고 특히 공동주택에 대한 투기방지를 위한 과표의 국세기준시가 적용에 따라 2004년도 건물에 대한 재산세 부과 결과 아파트에 대해서는 매우 급격한 세부담이 있어 서울을 비롯한 수도권의 시·구에서 감면조례로서 재산세를 경감하는 사례가 발생하였다.

이러한 모순을 제거하기 위하여 주택에 대해서는 건물과 부속토지를 통합평가하여 과세하는 체제로 되면서 과세표준액의 평가대상이 부동산의 경우 건축물과 토지에서 주거용 토지는 토지와 건물을 통합하여 평가하는 주택의 개념이 새로이 도입되어 주택(주택과 그 부속토지 포함)과 토지 및 일반건축물로 구분되어 주택은 주택만으로 합산과세하고, 나대지와 사업용건축물의 부속토지는 재산세로서 시·군·구별로 소유자 별로 합산과세하는 종합합산, 별도합산, 분리과세로 구분과세하며, 사업용건물은 별도로 과세하고, 과세표준액은 시가방식으로 전환하여 공시가격의 50%를 과표로 적용토록 개선하면서 주택이나 나대지 등의 가격이 일정수준 이상인 것에 한하여 국세로 종합부동산세를 신설하여 2005년부터 시행되었다.

이렇게 하여 재산세에서 분리되었던 토지를 재산세의 과세대상으로 포함하여 과세함으로써 세목의 단순화, 과세표준액 산정의 통합화의 진전이 있게 되었다.59)

그런데 재산세가 특별시에 있어서는 구세였으나 서울특별시의 자치구간 재정불균형이 심각한 주요 원인이 재산세의 세수격차에서 있다는 이유로 구세인 재산세의 일부를 서울특별시와 특별시의 자치구가 공동과세(각각 50%)한 후 서울시세로 과세된 재산세의 전부를 자치구에 교부하도록 하여 2008.1.1.부터 시행되었는데, 구세수의 급격한 변화를 조정하기 위하여 시와 구의 세수징수비율을 2008년도(40:60), 2009년도(45:55)로 하고 2010년부터는 각각 50%씩 징수

---

58) 1980년대 말 토지투기억제대책의 일환으로 제정되었던 토지공개념 3법은 토지초과이득세법, 택지소유상한에 관한 법률 및 개발이익환수에 관한 법률인데 이 중 토지초과이득세법과 택지소유상한에 관한법률은 각각 헌법재판소의 헌법불합치결정 및 위헌결정으로, 토지초과이득세법은 1998.12.28. 택지소유상한에 관한 법률은 1998.9.19. 각각 폐지되었으며, 개발이익환수에 관한 법률은 토지공개념적 요소를 상당부분 배제시키는 개정을 거쳐 시행되었다.

59) 재산세는 전통적으로 지방세로 가장 적합한 세원으로 여겨져 왔다. 그러나 이러한 경향은 많은 나라에서 점차 약화되어 가고 있는 추세이다. 재산세과세를 위한 세무행정은 어렵고 비용이 많이 소요된다. 재산세의 과세대상이 되는 부동산은 세원의 포착이 쉬운점은 있으나 평가에는 재량의 소지가 많아 항상 논란거리가 되기도 한다. 급변하는 상황속에서는 공평하게 과세하기가 어렵고 세수를 급속히 신장시키기도 어려운 문제점을 지니고 있다. 그러나 교육, 사회보장 등 이른바 소프트서비스의 제공에 있어 지방정부의 역할이 점차 커지자 재산세과세로서는 이에 따른 재원조달이 어렵게 되었다. 이에 따라 보다 탄력적인 세원확보가 절실하게 요구되고 있다.

하도록 하였다.

그리고 재산세에서 분리하여 국세로 신설하여 토지 및 주택에 대한 투기억제를 위해 신설된 종합부동산세는 많은 국민의 조세저항에 의해 헌법재판소에서 일부 조항의 위헌 및 헌법불합치 판결로 인하여 그 세의 존치가치에 큰 손상을 입은 상태이다(헌재, 2006헌바112, 2008.11.13. 판결참조).

또한 지방세법을 지방세기본법, 지방세법 및 지방세특례제한법으로 분법하면서 재산세와 도시계획서를 통합하여 재산세로 과세토록하고, 종전의 도시계획세분에 대하여는 재산세과세특례제도를 도입하여 별도로 세액을 산출하도록 하는 등 세목 통합으로 인해 많은 부분에 변화를 가져왔으나 세목의 단순통합으로 세목은 줄었으나 그 내용은 종전과 같거나 오히려 이해하기 곤란한 부분이 있다는 지적도 있다. 이 개정안은 2011년부터 시행되었다.[60]

그런데 도시계획세분을 재산세 특례과세로 하여 과세하다가 그 명칭을 2013.1.1.부터는 재산세 도시지역분으로 개칭하여 조문을 구성하므로써 (지방세법 제112조) 도시지역에서는 재산세를 이중부과하는 형식으로 세법이 구성되어 이는 도시계획세를 목적세로 분리하거나 재산세의 법체계 재구성이 필요할 것으로 본다.

▎사례 ▎

❖ 건물붕괴의 우려에 따른 대피명령으로 건물의 사용·수익이 제한되더라도 과세대상

재산세는 보유하는 재산에 담세력을 인정하여 부과되는 수익세적 성격을 지닌 보유세로서, 재산가액을 그 과세표준으로 하고 있어 그 본질은 재산소유 자체를 과세요건으로 하는 것이므로, 당해 재산이 훼손되거나 일부 멸실 혹은 붕괴되고 그 복구가 사회통념상 거의 불가능하게 된 정도에 이르러 재산적 가치를 전부 상실하게 된 때에는 재산세 과세대상이 되지 아니하나, 현실적으로 당해 재산을 그 본래의 용도에 따라 사용·수익하였는지 여부는 과세요건이 아니므로, 처분청의 건물붕괴의 우려에 따른 대피명령 등으로 건물의 사용·수익이 일시적으로 제한되었다고 하여 과세대상에서 제외되는 것은 아니다.

(대법 99두110, 2001.4.24.)

---

60) 재산세는 역사적으로 지방세로 널리 활용되어 왔는데 그 이유는 다음과 같다.
① 재산세는 소득세·소비세 등과는 달리 그 세수가 어느 지방단체에 귀속되어야 하는 지가 명백하다.
② 복잡한 소득세에 비하여 세무행정이 간편하여 징세 경비가 적게 든다.
③ 소득세 등에 비해 세수예측이 보다 정확하다.
④ 재산의 소재지 지방자치단체가 제공하는 도로나 인프라스트럭쳐 등으로 인하여 납세자들이 보유한 재산의 활용가치와 경제적가치가 높아지므로 이에 상응한 부담을 하여야 한다.
⑤ 거의 모든 주민들이 직접적으로 재산세 납세의 의무를 지거나 임대료 등을 통해서 간접적으로 납세의무를 이행하게 되므로 무임승차(tree vider)의 문제가 발생하지 않는다.
그러나 재산세는 ① 세수의 신장성이 낮다. 이는 재산세가 대중세이기 때문에 정치적으로 인기가 없어 누구나 인상을 꺼리기 때문이다. ② 재산의 임차인에게 전가되어 바람직하지 않는 소득분배결과를 가져온다. ③ 과세표준이 되는 재산가치의 평가와 그 결과의 업그레이드가 적기에 이루어지지 않는다는 문제점이 지적되고 있다(류금열, 선진국의 지방세제도, p.48).

제104조 정의

재산세에서 사용하는 용어의 뜻은 다음과 같다(법 §104 Ⅰ~Ⅴ).

1. 토지

"토지"란 공간정보의 구축 및 관리 등에 관한 법률에 따라 지적공부에 등록대상이 되는 토지와 그 밖에 사용되고 있는 사실상의 토지를 말한다(법 §104 Ⅰ).

여기에서 말하는 토지는 공간정보의 구축 및 관리 등에 관한 법률 제64조 및 동법률 제67조에 게기된 전, 답, 대, 임야 등 28개 지목에 해당하는 모든 토지와 매립·간척 등으로 준공인가 전에 사실상으로 사용하는 토지 등 토지대장에 등재되어 있지 않은 토지를 말한다. 다만, 주택의 부속토지는 여기서의 토지개념에는 포함되지 아니한다.

공간정보의 구축 및 관리 등에 관한 법률(같은 법 시행령 제58조)에 의한 지목별 내용은 다음과 같다.

① 전

물을 상시적으로 이용하지 않고 곡물·원예작물(과수류는 제외한다.)·약초·뽕나무·닥나무·묘목·관상수 등의 식물을 주로 재배하는 토지와 식용(食用)으로 죽순을 재배하는 토지를 말한다.

② 답

물을 상시적으로 직접 이용하여 벼·연·미나리·왕골 등의 식물을 주로 재배하는 토지를 말한다.

③ 과수원

사과·배·밤·호두·귤나무 등 과수류를 집단적으로 재배하는 토지와 이에 접속된 저장고 등 부속시설물의 부지를 말한다. 다만, 주거용 건축물의 부지는 '대(垈)'로 한다.

④ 목장용지

축산업 및 낙농업을 하기 위하여 초지를 조성한 토지 및 축산법 제2조 제1호에 따른 가축을 사육하는 축사 등의 부지와 이러한 토지와 접속된 부속시설물의 부지를 말한다. 다만, 주거용 건축물의 부지는 '대'로 한다.

⑤ 임야

산림 및 원야(原野)를 이루고 있는 수림지·죽림지·암석지·자갈땅·모래땅·습지·

황무지 등의 토지를 말한다.

⑥ 광천지

지하에서 온수·약수·석유류 등이 용출되는 용출구와 그 유지(維持)에 사용되는 부지를 말한다. 다만, 온수·약수·석유류 등을 일정한 장소로 운송하는 송수관·송유관 및 저장시설의 부지는 제외한다.

⑦ 염전

바닷물을 끌어들여 소금을 채취하기 위하여 조성된 토지와 이에 접속된 제염장 등 부속시설물의 부지를 말한다. 다만, 천일제염 방식으로 하지 아니하고 동력으로 바닷물을 끌어들여 소금을 제조하는 공장시설물의 부지는 제외한다.

⑧ 대(垈)

영구적 건축물 중 주거·사무실·점포와 박물관·극장·미술관 등 문화시설과 이에 접속된 정원 및 부속시설물의 부지와 국토의 계획 및 이용에 관한 법률 등 관계 법령에 따른 택지조성공사가 준공된 토지를 말한다.

⑨ 공장용지

제조업을 하고 있는 공장시설물의 부지와 산업집적활성화 및 공장설립에 관한 법률 등 관계 법령에 따른 공장부지 조성공사가 준공된 토지 및 이러한 토지와 같은 구역에 있는 의료시설 등 부속시설물의 부지를 말한다.

⑩ 학교용지

학교의 교사(校舍)와 이에 접속된 체육장 등 부속시설물의 부지를 말한다.

⑪ 주차장

자동차 등의 주차에 필요한 독립적인 시설을 갖춘 부지와 주차전용 건축물 및 이에 접속된 부속시설물의 부지를 말한다. 다만 주차장법 제2조 제1호 가목 및 다목에 따른 노상주차장 및 부설주차장(주차장법 제19조 제4항에 따라 시설물의 부지 인근에 설치된 부설주차장은 제외한다.)과 자동차 등의 판매 목적으로 설치된 물류장 및 야외전시장의 부지는 제외한다.

⑫ 주유소용지

석유·석유제품 또는 액화석유가스·전기 또는 수소 등의 판매를 위하여 일정한 설비를 갖춘 시설물의 부지 및 저유소 및 원유저장소의 부지와 이에 접속된 부속시설물의 부지를 말한다. 다만, 자동차, 선박, 기차 등의 제작 또는 정비공장 안에 설치된 급유·송유시설 등의 부지는 제외한다.

⑬ 창고용지

물건 등을 보관하거나 저장하기 위하여 독립적으로 설치된 보관시설물의 부지와 이에 접속된 부속시설물의 부지를 말한다.

⑭ 도로

일반 공중의 교통 운수를 위하여 보행이나 차량운행에 필요한 일정한 설비 또는 형태를 갖추어 이용되는 토지와 도로법 등 관계 법령에 따라 도로로 개설된 토지 및 고속도로의 휴게소 부지 또는 2필지 이상에 진입하는 통로로 이용되는 토지를 말한다. 다만, 아파트·공장 등 단일 용도의 일정한 단지 안에 설치된 통로 등은 제외한다.

⑮ 철도용지

교통 운수를 위하여 일정한 궤도 등의 설비와 형태를 갖추어 이용되는 토지와 이에 접속된 역사(驛舍)·차고·발전시설 및 공작창 등 부속시설물의 부지를 말한다.

⑯ 제방

조수·자연유수·모래·바람 등을 막기 위하여 설치된 방조제, 방수제, 방사제, 방파제 등의 부지를 말한다.

⑰ 하천

자연의 유수(流水)가 있거나 있을 것으로 예상되는 토지를 말한다.

⑱ 구거

용수(用水) 또는 배수(排水)를 위하여 일정한 형태를 갖춘 인공적인 수로, 둑 및 그 부속시설물의 부지와 자연의 유수(流水)가 있거나 있을 것으로 예상되는 소규모 수로부지를 말한다.

⑲ 유지(溜池)

물이 고이거나 상시적으로 물을 저장하고 있는 댐·저수지·소류지(沼溜地)·호수·연못 등의 토지와 연·왕골 등이 자생하는 배수가 잘 되지 아니하는 토지를 말한다.

⑳ 양어장

육상에 인공으로 조성된 수산생물의 번식 또는 양식을 위한 시설을 갖춘 부지와 이에 접속된 부속시설물의 부지를 말한다.

㉑ 수도용지

물을 정수하여 공급하기 위한 취수·저수·도수(導水)·정수·송수 및 배수 시설의 부지 및 이에 접속된 부속시설물의 부지를 말한다.

㉒ 공원

일반 공중의 보건·휴양 및 정서생활에 이용하기 위한 시설을 갖춘 토지로서 국토의 계획 및 이용에 관한 법률에 따라 공원 또는 녹지로 결정·고시된 토지를 말한다.

㉓ 체육용지

국민의 건강증진 등을 위한 체육활동에 적합한 시설과 형태를 갖춘 종합운동장·실내체육관·야구장·골프장·스키장·승마장·경륜장 등 체육시설의 토지와 이에 접속된 부속시설물의 부지를 말한다. 다만, 체육시설로서의 영속성과 독립성이 미흡한 정구장·골프연습장·실내수영장 및 체육도장, 유수(流水)를 이용한 요트장 및 카누장, 산림 안의 야영장 등의 토지를 제외한다.

㉔ 유원지

일반 공중의 위락·휴양 등에 적합한 시설물을 종합적으로 갖춘 수영장·유선장·낚시터·어린이 놀이터·동물원·식물원·민속촌·경마장 등의 토지와 이에 접속된 부속시설물의 부지를 말한다. 다만, 이들 시설과의 거리 등으로 보아 독립적인 것으로 인정되는 숙식시설 및 유기장의 부지와 하천·구거 또는 유지(공유인 것으로 한정한다.)로 분류되는 것은 제외한다.

㉕ 종교용지

일반 공중의 종교의식을 위하여 예배·법요·설교·제사 등을 하기 위한 교회·사찰·향교 등 건축물의 부지와 이에 접속된 부속시설의 부지를 말한다.

㉖ 사적지

문화재로 지정된 역사적인 유적·고적·기념물 등을 보존하기 위하여 구획된 토지를 말한다. 다만, 학교용지, 공원, 종교용지 등 다른 지목으로 된 토지에 있는 유적, 고적, 기념물 등을 보호하기 위하여 구획된 토지는 제외한다.

㉗ 묘지

사람의 시체나 유골이 매장된 토지, 도시공원 및 녹지 등에 관한 법률에 따른 묘지공원으로 결정·고시된 토지 및 장사 등에 관한 법률 제2조 제9호에 따른 봉안시설과 이에 접속된 부속시설물의 부지를 말한다. 다만, 묘지의 관리를 위한 건축물의 부지는 '대'로 한다.

㉘ 잡종지

갈대밭·실외에 물건을 쌓아두는 곳, 돌을 캐내는 곳·흙을 파내는 곳·야외시장 및 공동우물, 변전소, 송신소, 수신소 및 송유시설 등의 부지, 여객자동차터미널, 자동차운전학원 및 폐차장 등 자동차와 관련된 독립적인 시설물을 갖춘 부지, 공항시설 및 항만시설부지, 도축장, 쓰레기 처리장 및 오물처리장 등의 부지와 그 밖에 다른 지목에 속하지 아니하는 토지를 말한다. 다만, 원상회복을 조건으로 돌을 캐내는 곳 또는 흙을 파내는 곳으로 허가된 토지는 제외한다.

| 사례 |

❖ **공유수면 매립토지의 재산세 납세의무 관련 취득의 시기를 준용하여 판단**

지방세법상 재산세 납세의무자를 재산세 과세기준일 현재 재산을 사실상 소유하고 있는 자로 규정하고 있는데, 이러한 사실상의 소유자가 되는 취득시기에 대하여는 재산세편에서 별도로 규정하고 있지 아니하므로 취득세에 있어서의 취득시기에 관한 같은법 시행령 제20조를 준용하여 결정하여야 할 것인 바, 이와 같은 법리는 공유수면 매립에 의한 원시취득의 경우라 하여 달리 볼 근거는 없으므로 공유수면 매립공사 준공인가 전에 사용허가를 받은 경우에는 위 시행령 제20조 제8항 단서에 따라 그 허가일을 사실상 소유자가 되는 취득시기로 보아야 한다.

(대법 98두14549, 1999.9.7.)

❖ **공부상 소유 여부를 불문하고 실질적인 소유권을 가진 자가 납세의무자임**

'사실상의 소유자'라 함은 공부상 소유자로 등재된 여부를 불문하고 객관적으로 보아 당해 재산을 배타적으로 사용·수익·처분할 수 있는 자, 즉 당해 재산에 대한 실질적인 소유권을 가진 자를 뜻함(대법원 선고 2005두15045, 2006.3.23. 판결, 대법원 선고 95누5080, 1995.9.15. 판결 등 참조). 이 사건 변경계약상 잔금지급기일인 2011.5.16. 또는 과세대상 아파트에 대한 매매대금(최초 분양가의 60.2%의 매매대금)을 완납한 2011.5.18.에 과세대상 아파트를 취득하였으므로, 과세기준일 당시 이미 과세대상 아파트를 사실상 소유하고 있었다고 봄이 타당하다.

(대법 15두2307, 2015.9.24.)

❖ **사실상 소유자가 따로 있음이 확인된다면 공부상 소유자에게 납세의무를 지우기는 어려움**

사실상 소유하고 있는 자라 함은 공부상 소유자로 등재되어 있는지 여부를 불문하고 해당 재산에 대한 실질적인 소유권을 가진 자를 말한다 하겠고, 공부상 등재되어 있지 않더라도 객관적으로 보아 해당 재산을 배타적으로 사용·수익·처분할 수 있고 언제라도 공부상 소유자로 등재될 수 있는 상태에 있다면 재산을 사실상 소유하고 있다 할 것이며, 공부상 소유자라 하더라도 취득 또는 양도의 실질적 요건이 갖추어졌는지 등의 제반 사항을 종합하여 사실상 소유자가 따로 있음이 확인된다면 공부상 소유자라는 이유만으로 재산세 납세의무를 지우기는 어려움

(조심 2016지544, 2016.9.30.)

재산세는 원칙적으로 당해 재산의 과세대장, 부동산등기부 등 공부상 소유자로 등재된 자에게 납세의무를 부담시키는 것이지만, 공부상 소유자로부터 재산을 매수하여 그 대금의 전부를 완납한 경우와 같이 실질적인 소유권의 변동이 있는 경우에는 공부상 소유 명의에도 불구하고 그 재산을 사실상 소유하는 자를 납세의무자로 보아 부과하는 것임

(조심 14지1262, 2016.9.29.)

2. 건축물

"건축물"이란 지방세법 제6조 제4호에 따른 건축물을 말한다(법 §104 Ⅱ).

여기에서 지방세법 제6조 제4호에 따른 건축물이란 건축법 제2조 제1항 제2호에 따른 건축물(이와 유사한 형태의 건축물을 포함한다.)과 토지에 정착하거나 지하 또는 다른 구조물에 설치하는 레저시설, 저장시설, 도크(Dock)시설, 접안시설, 도관시설, 급수·배수시설, 에너지 공급시설 및 그 밖에 이와 유사한 시설(이에 딸린 시설을 포함한다.)을 말한다. 다만, 지방세법 제104조 제3호의 주택은 이 규정의 건축물에서 제외된다.

(1) 건축법상의 건축물

건축법 제2조 제1항 제2호의 규정에 의한 건축물(이와 유사한 형태의 건축물을 포함한다.)을 말한다.

이 경우 건축법 제2조 제1항 제2호의 규정에 의한 건축물이란 토지에 정착하는 공작물 중 지붕과 기둥 또는 벽이 있는 것과 이에 딸린 시설물, 지하나 고가(高架)의 공작물에 설치하는 사무소, 공연장, 점포, 차고, 창고 그 밖에 대통령령으로 정하는 것을 말한다고 하고 있다. 건축법상의 용도별 건축물의 종류는 건축법 시행령 제3조의 4에 관련한 별표 1을 참고하기 바란다.

이러한 건축물의 범위에는 가스배관시설 및 옥외배전시설, 전파법에 의하여 방송전파를 송·수신하거나 전기통신역무를 제공하기 위한 무선국 허가를 받아 설치한 송·수신시설 및 중계시설 등의 지상정착물, 과세기준일 현재 건축물이 사실상 멸실된 날(건축물이 사실상 멸실된 날을 알 수 없는 경우에는 건축물대장에 기재된 멸실일을 말한다.)부터 6개월이 지나지 않은 건축물, 건축허가를 받았으나 건축법 제18조에 따라 착공이 제한된 건축물 및 건축 중인 건축물을 포함하되, 과세기준일 현재 정당한 사유없이 6개월 이상 공사가 중단된 건축물은 제외된다(영 §103 ①·② §103의 2).

▌사례 ▎

❖ **공사중단 이후 안정화 공사 등 일부공사를 진행한 경우 이를 건축중인 건물로 볼 수 있는지 여부**

흙막이벽체 안정화 공사가 이루어졌다고 하더라도, 공사중단을 전제로 공사중단 기간 장기화에 따라 안전을 이유로 기존에 설치된 흙막이벽체의 안정화 공사를 하겠다는 것이지, 그 때부터 중단된 이 사건 공사를 재개하여 진행하겠다는 취지가 아니어서 흙막이벽체 안정화 공사를 이 사건 공사의 실질적인 공사 진행으로 평가하기 어렵다.

따라서 이 사건 공사를 중단한 것은 사업상 필요에 따라 스스로 선택한 것으로서 정상적인 노력과 추진을 다하였음에도 부득이 건축공사를 중단할 수밖에 없게 된 경우라고 할 수 없으므로 이 사건 공사가 6개월 이상 중단된 데에 정당한 사유가 있다고 볼 수 없어 건축 중인 건물로 볼 수 없다.

(대법 2015두39248, 2015.7.23.)

(2) 토지, 지하 또는 다른 구조물에 설치하는 시설물

토지에 정착하거나 지하 또는 다른 구조물에 설치하는 레저시설, 저장시설 등 다음의 시설물을 말한다(영 §5).

① 레저시설 : 수영장, 스케이트장, 골프연습장(체육시설의 설치·이용에 관한 법률에 따라 골프연습장으로 신고된 20타석 이상의 골프연습장만 해당한다.), 전망대, 옥외스탠드, 유원지의 옥외오락시설(유원지의 옥외오락시설과 유사한 오락시설로서 건물 안 또는 옥상에 설치하여 사용하는 것을 포함한다.)

② 저장시설 : 수조, 저유조, 저장창고, 저장조 등의 옥외저장시설(다른 시설과 유기적으로 관련되어 있고 일시적으로 저장기능을 하는 시설을 포함한다.)

③ 도크(Dock)시설 및 접안시설 : 도크, 조선대

④ 도관시설(연결시설을 포함한다.) : 송유관, 가스관, 열수송관

⑤ 급수·배수시설 : 송수관(연결시설 포함한다.), 급수·배수시설, 복개설비

⑥ 에너지 공급시설 : 주유시설, 가스충전시설, 송전철탑(전압 20만 볼트 미만을 송전하는 것과 주민들의 요구로 전기사업법 제72조에 따라 이전·설치하는 것을 제외한다.)

⑦ 그 밖의 이와 유사한 시설로서 잔교, 기계식 또는 철골조립식 주차장, 차량 또는 기계장비 등을 자동으로 세차 또는 세척하는 시설, 방송중계탑(방송법 제54조 제1항 제5호에 따라 국가가 필요로 하는 대외방송 및 사회교육방송 중계탑은 제외한다.), 무선통신기지국용 철탑

▎사례▎

❖ **양수발전소 지하수로 터널이 재산세 과세대상 급·배수시설에 해당하는지 여부**

이 사건 수로터널은 그 구조, 형태, 용도, 기능 등을 전체적으로 고려할 때, 하부저수지의 물을 상부저수지로 끌어올리고, 발전설비를 통과한 물을 하부저수지로 배수하는 등 급수와 배수기능을 발휘하는 시설에 해당하므로 재산세의 과세대상인 급수·배수시설에 포함된다. 그리고 이 사건 수로터널은 지하발전소의 발전전동기와 연결되어 있기는 하나 그 구조, 형태, 용도, 기능 등에 비추어 볼 때 그와 일체화되어 급배수기능을 발휘한다고 볼 수 없으므로, 이를 재산세의 과세대상이 아닌 발전전동기의 일부에 불과하다고 볼 것도 아니다.

(대법 2013두13716, 2014.02.13. 파기환송)

3. 주택

"주택"이란 주택법 제2조 제1호에 따른 주택을 말한다. 이 경우 토지와 건축물의 범위에서 주택은 제외한다(법 §104 Ⅲ).

여기에서 "주택"이란 세대의 구성원이 장기간 독립된 주거생활을 할 수 있는 구조로 된 건축물의 전부 또는 일부 및 그 부속토지를 말하며 이를 단독주택과 공동주택으로 구분한다(주택법 §2 Ⅰ).

이 경우 단독주택이란 ① 단독주택[단독주택의 형태를 갖춘 가정어린이집·공동생활가정, 지역아동센터 및 노인복지시설(노인복지주택은 제외) 포함] ② 다중주택(학생 또는 직장인 등 여러 사람이 장기간 거주할 수 있는 구조로 되어 있고 독립된 주거의 형태를 갖추지 아니한 것(각 실별로 욕실을 설치할 수 있으나, 취사시설은 설치하지 아니한 것을 말한다.)이여야 하며, 1개동 주택으로 쓰이는 바닥면적 합계가 330㎡ 이하이고 층수가 주택으로 쓰는 3층 이하인 것 ③ 다가구주택[공동주택에 해당되지 아니하는 것으로서 지하층을 제외한 주택으로 쓰는 층수가 3개 층 이하이고, (1층의 전부 또는 일부를 필로티 구조로 하여 주차장으로 사용하고 나머지 부분을 주택 외의 용도로 쓰는 경우에는 해당 층은 주택의 층수에서 제외한다.), 부설주차장 면적을 제외한 1개 동의 주택으로 쓰이는 바닥면적의 합계가 660㎡ 이하이며, 19세대 이하가 거주할 수 있는 주택] ④ 공관을 말한다(건축법시행령 §3의 5, 별표 1).

그리고 공동주택이란 건축물의 벽·복도·계단이나 그 밖의 설비 등의 전부 또는 일부를 공동으로 사용하는 각 세대가 하나의 건축물 안에서 각각 독립된 거주생활을 할 수 있는 구조로 된 주택을 말하며, 그 종류와 범위는 다음과 같다(주택법 §2 Ⅲ).

이 경우 공동주택의 종류와 범위에는 공동주택의 형태를 갖춘 가정어린이집·공동생활가정, 지역아동센터, 노인복지시설(노인복지주택은 제외한다.) 및 원룸형 주택을 포함하며, 아파트와 연립주택의 경우 층수를 산정할 때 1층 전부를 필로티 구조(기둥만 있는 구조)로 하여 주차장으로 사용하는 경우는 필로티 부분을 층수에서 제외하고, 지하층을 주택의 층수에서 제외하는 것으로서 ① 아파트(주택으로 쓰이는 층수가 5개 층 이상인 주택) ② 연립주택(주택으로 쓰는 1개동의 바닥면적 합계가 660㎡ 초과이고, 층수가 4개 층 이하인 주택), ③ 다세대주택(주택으로 쓰는 지하주차장을 제외한 1개 동의 바닥면적 합계가 660㎡ 이하이고, 층수가 4개 층 이하인 주택) ④ 기숙사를 말한다(주택법시행령 §3 ①, 건축법시행령 §3의 5, 별표 1).

또한 1동의 건물이 주거와 주거 외의 용도에 사용되고 있는 경우에는 주거용으로 사용되는 부분만을 주택으로 본다. 이 경우 건물의 부속토지는 주거와 주거 외의 용도에 사용되는 건물의 면적비율에 따라 각각 안분하여 주택의 부속토지와 주택 외의 건물의 부속토지로 구분하며, 1구의 건물이 주거와 주거 외의 용도로 사용되고 있는 경우에는 주거용으로 사용되는 면적이 전체의 100분의 50 이상인 경우에는 주택으로 본다.

이 경우 주택의 부속토지의 경계가 명백하지 아니한 경우 그 주택의 바닥면적의 10배에 해당하는 토지를 주택의 부속토지로 한다(영 §105).

그리고 주택의 개념에 종전의 별장(별장용 건축물과 그 부속토지)도 포함되어 주택세율에 별도 중과세율을 설정하고 있다. 별장의 개념에 대하여는 다음 세율규정에서 자세히 설명토록 한다.

4. 항공기

"항공기"란 제6조 제9호에 따른 항공기를 말한다(법 §104 Ⅳ).

재산세의 과세대상이 되는 항공기는 지방세법 제6조 제9호에 따른 항공기를 말하는데, 이 규정에서의 항공기란 사람이 탑승·조정하여 항공에 사용하는 비행기·비행선·활공기·회전익 항공기 그 밖에 이와 유사한 비행기구를 말한다. 그러나 항공법에 의하여 면허를 받거나 등록을 한 정기항공운송사업, 부정기항공운송사업 또는 항공기사용사업에 직접 사용하기 위하여 취득하여 과세기준일 현재 그 사업에 직접 사용하는 항공기에 대하여는 재산세를 경감토록 지방세특례제한법에서 규정하고 있다.

5. 선박

"선박"이란 제6조 제10호에 따른 선박을 말한다(법 §104 Ⅴ).

재산세의 과세대상이 되는 선박은 지방세법 제6조 제10호의 선박을 말하는데 이 규정에서의 선박이란 기선, 범선, 전마선 및 그 밖에 명칭에 관계없이 모든 배라고 규정하고 있다. 선박의 경우도 건축물과 마찬가지로 공부상의 등기·등록상황과 사실상의 현황이 상이한 경우에는 사실상의 현황에 따라 과세하도록 하고 있다. 그리고 선박은 선적항이나 정계장을 두고 있는 것이 대부분이나 선적항 또는 정계장이 없는 선박인 경우에는 그 소유자의 주소지를 관할하는 시·군에서 과세하여야 한다. 그러나 과세기준일 현재 국제선박등록법에 따라 국제선박으로 등록되어 있는 선박과 연안항로에 취항하는 화물운송용 선박 및 외국항로에만 취항하는 선박에 대하여는 재산세를 경감토록 지방세특례제한법에 규정하고 있다.

제105조 | 과세대상

재산세는 토지, 건축물, 주택, 항공기 및 선박(이하 이 장에서 "재산"이라 한다.)을 과세대상으로 한다(법 §105).

이러한 과세대상들에 대한 정의는 앞의 제104조 규정에서 자세히 설명하였으므로 이를 참고하기 바란다.[61]

제106조 | 과세대상의 구분 등

① 토지에 대한 재산세 과세대상은 다음 각 호에 따라 종합합산과세대상, 별도합산과세대상 및 분리과세대상으로 구분한다(법 §106 ① Ⅰ~Ⅲ).
1. 종합합산과세대상 : 과세기준일 현재 납세의무자가 소유하고 있는 토지 중 별도합산과세대상 또는 분리과세대상이 되는 토지를 제외한 토지.
2. 별도합산과세대상 : 과세기준일 현재 납세의무자가 소유하고 있는 토지 중 다음 각 목의 어느 하나에 해당하는 토지.
   가. 공장용 건축물의 부속토지 등 대통령령으로 정하는 건축물의 부속토지
   나. 차고용 토지, 보세창고용 토지, 시험·연구·검사용 토지, 물류단지시설용 토지 등 공지상태(空地狀態)나 해당 토지의 이용에 필요한 시설 등을 설치하여 업무 또는 경제활동에 활용되는 토지로서 대통령령으로 정하는 토지
   다. 철거·멸실된 건축물 또는 주택의 부속토지로서 대통령령으로 정하는 부속토지
   이 경우 대통령령으로 정하는 부속토지"란 과세기준일 현재 건축물 또는 주택이 사실상 철거·멸실된 날(사실상 철거·멸실된 날을 알 수 없는 경우에는 공부상 철거·멸실된 날을 말한다)부터 6개월[「빈집 및 소규모주택 정비에 관한 특례법」에 따른 빈집정비사업 또는 「농어촌정비법」에 따른 생활환경정비사업(빈집의 정비에 관한 사업만 해당한다)의 시행으로 빈집이 철거된 경우에는 3년]이 지나지 아니한 건축물 또는 주택의 부속토지를 말한다. 이 경우 「건축법」 등 관계 법령에 따라 허가 등을 받아야 하는 건축물 또는 주택으로서 허가 등을 받지 않은 건축물 또는 주택이거나 사용승인을 받아야 하는 건축물 또는 주택으로서 사용승인(임시사용승인을 포함한다)을 받지 않은 경우는 제외한다(영 §116의2).
3. 분리과세대상 : 과세기준일 현재 납세의무자가 소유하고 있는 토지 중 국가의 보호·지원 또는 중과(重課)가 필요한 토지로서 다음 각 목의 어느 하나에 해당하는 토지
   가. 공장용지·전·답·과수원 및 목장용지로서 대통령령으로 정하는 토지

---

61) 프랑스의 재산세는 기건축지에 대해 부과되며, 토지세는 미건축지에 대해 부과되고 있다. 주거용 재산의 점유자는 주택세를 납부해야 한다. 전면적인 재평가는 수년 동안 이루어진 적이 없으나 정기적으로 지수를 적용하여 조정하고 있다.
① 미건축토지세는 건축이 되지 아니한 토지의 소유자에게 부과된다. 과세표준은 미건축지의 임대가치를 기준으로 중앙정부가 입법화한 지수로 매년 조정한다. 세율은 지방자치단체에 따라 다르며 비례세율이 적용된다. 임대료의 산정방법은 대표적 임대료를 평균하거나 토지의 시장가격으로부터 임대료를 추정하여 결정하며 평가액에서 20%의 비용을 공제한다.
② 기건축토지세는 건축이 이루어진 그 건축물과 부속토지의 소유자에 대해 과세한다. 토지대장상의 임대가치를 기준으로 하여 관리 및 유지를 위한 비용을 감안하여 과표는 임대료의 50% 수준으로 결정한다. 세율은 지역별로 다르며 비례세율을 적용한다.
③ 주거세는 주택이나 아파트 등 주거용 건축물의 소유자나 임대자에게 부과한다. 과표는 임대가격이다. 세액은 임대가격에 지방자치단체가 결정한 세율을 적용하여 산정한다(류금렬, 선진국의 지방세제도, p.391, p.588).

나. 산림의 보호육성을 위하여 필요한 임야 및 종중 소유 임야로서 대통령령으로 정하는 임야

다. 제13조 제5항에 따른 골프장용 토지와 같은 항에 따른 고급오락장용 토지로서 대통령령으로 정하는 토지

이 경우 골프장에 대해서는 취득세와는 달리 골프장시설을 갖추어 체육시설의 설치·이용에 관한 법률에 따라 체육시설업의 등록(시설을 증설하여 변경등록하는 경우 포함)을 한 경우에만 재산세가 중과세되는 점에 유의해야 한다.

라. 산업집적활성화 및 공장설립에 관한 법률 제2조 제1호에 따른 공장의 부속토지로서 개발제한구역의 지정이 있기 이전에 그 부지취득이 완료된 곳으로서 대통령령으로 정하는 토지

마. 국가 및 지방자치단체 지원을 위한 특정목적 사업용 토지로서 대통령령으로 정하는 토지

바. 에너지·자원의 공급 및 방송·통신·교통 등의 기반시설용 토지로서 대통령령으로 정하는 토지

사. 국토의 효율적 이용을 위한 개발사업용 토지로서 대통령령으로 정하는 토지

아. 그 밖에 지역경제의 발전, 공익성의 정도 등을 고려하여 분리과세하여야 할 타당한 이유가 있는 토지로서 대통령령으로 정하는 토지

② 주거용과 주거 외의 용도로 겸하는 건물 등에서 주택의 범위를 구분하는 방법, 주택 부속토지의 범위 산정은 다음 각 호에서 정하는 바에 따른다(법 §106 ② Ⅰ~Ⅲ).

1. 1동(棟)의 건물이 주거와 주거 외의 용도로 사용되고 있는 경우에는 주거용으로 사용되는 부분만을 주택으로 본다. 이 경우 건물의 부속토지는 주거와 주거 외의 용도로 사용되는 건물의 면적비율에 따라 각각 안분하여 주택의 부속토지와 건축물의 부속토지로 구분한다.

2. 1구(構)의 건물이 주거와 주거 외의 용도로 사용되고 있는 경우에는 주거용으로 사용되는 면적이 전체의 100분의 50 이상인 경우에는 주택으로 본다.

2의2 건축물에서 허가 등이나 사용승인(임시사용승인을 포함한다. 이하 이 항에서 같다)을 받지 아니하고 주거용으로 사용하는 면적이 전체 건축물 면적(허가 등이나 사용승인을 받은 면적을 포함한다)의 100분의 50 이상인 경우에는 그 건축물 전체를 주택으로 보지 아니하고, 그 부속토지는 제1항제1호에 해당하는 토지로 본다.

이 규정은 무허가 건축물은 주거용으로 사용하여도 무허가 면적이 전체의 50%를 초과하는 경우 당해 건축물은 주택으로 보지 아니하고, 부속토지는 종합합산 과세로 전환된다. 다만, 허가기준 등이 체계적으로 확립되기 이전에 건축된 무허가 주택의 경우 장기간 주택

으로 과세해온 관행 등을 고려하여 법 시행 직전연도(2021년)에 주택으로 재산세가 부과된 무허가 건축물을 계속하여 주거용으로 사용하는 경우에 한하여는 주택으로 계속 재산세가 부과된다(부칙 §7).

　3. 주택 부속토지의 경계가 명백하지 아니한 경우 주택 부속토지의 범위 산정에 필요한 사항은 대통령령으로 정한다.

위의 법 제106조 제1항 및 제2항을 적용할 때 다음 각 호의 경우에는 각 호의 시기까지 계속하여 분리과세 대상 토지로 본다(법 §106 ⑩ Ⅰ·Ⅱ).

　가. 공익사업을 위한 토지 등의 취득 및 보상에 관한 법률 제4조에 따른 공익사업의 구역에 있는 토지로서 같은 법에 따라 사업시행자에게 협의 또는 수용에 의하여 매각이 예정된 토지 중 택지개발촉진법 등 관계 법률에 따라 국토의 계획 및 이용에 관한 법률에 따른 도·시·군관리계획 결정이 해제되어 용역지역이 변경되거나 개발제한구역에서 해제된 경우 : 그 토지의 매각되기 전(공익사업을 위한 토지 등의 취득 및 보상에 관한 법률 제40조 제2항에 따라 보상금을 공탁한 경우에는 공탁금 수령일 전까지를 말한다.)까지

　나. 제1호에 따라 매각이 예정되었던 토지 중 공공주택특별법 제6조의 2에 따라 특별관리지역으로 변경된 경우 : 그 토지가 특별관리지역에서 해제되기 전까지

③ 재산세의 과세대상 물건이 토지대장, 건축물대장 등 공부상 등재되지 아니하였거나 공부상 등재현황과 사실상의 현황이 다른 경우에는 사실상의 현황에 따라 재산세를 부과한다. 다만, 재산세의 과세대상 물건을 공부상 등재현황과 달리 이용함으로써 재산세 부담이 낮아지는 경우 등 대통령령으로 정하는 경우에는 공부상 등재현황에 따라 재산세를 부과한다(법 §106 ③).

이 경우 "재산세의 과세대상 물건을 공부상 등재현황과 달리 이용함으로써 재산세 부담이 낮아지는 경우 등 대통령령으로 정하는 경우"란 다음 각 호의 경우를 말한다(영 § 105의2 Ⅰ, Ⅱ).

　1. 관계 법령에 따라 허가 등을 받아야 함에도 불구하고 허가 등을 받지 않고 재산세의 과세대상 물건을 이용하는 경우로서 사실상 현황에 따라 재산세를 부과하면 오히려 재산세 부담이 낮아지는 경우

　2. 재산세 과세기준일 현재의 사용이 일시적으로 공부상 등재현황과 달리 사용하는 것으로 인정되는 경우

이 규정은 재산세를 공부상 현황과 사실상의 현황이 다를 경우 사실상 현황에 따라 부과하도록 하는 '현황과세 원칙'을 법률로 상향하되, 불법적인 이용이면서 세부담까지 낮아지는 경우 등에는 사실상 현황이 아닌 공부상 현황에 따라 부과된다.

1. 토지에 대한 재산세 과세대상

토지에 대한 재산세 과세대상은 다음 각 호에 따라 종합합산과세대상, 별도합산과세대상 및 분리과세대상으로 구분한다.

가. 종합합산과세대상(법 §106 ① Ⅰ)

과세기준일 현재 납세의무자가 소유하고 있는 토지 중 별도합산과세대상 또는 분리과세대상이 되는 토지를 제외한 토지가 종합합산과세대상이다.

그러므로 재산세의 법체계 중 토지에 대한 과세는 종합합산과세대상, 별도합산대상, 분리과세대상으로 구분하여 과세하되, 재산세과세대상인 모든 토지 중 주거용 건축물의 부속토지는 주거용 건축물과 통합평가하는 제도로 되면서 주택으로 과세되기 때문에 이를 제외한 토지(나대지 및 일반 건축물의 부속토지)가 토지에 대한 재산세의 과세대상이 되는 것이다. 왜냐하면 주거용 건축물과 그 부속토지는 통합하여 일괄평가하고 주택이라는 과세대상으로 별도로 취급된다. 이렇게 재산세에서 주택에 대한 토지와 건물의 통합평가 및 과세는 지방세운영상 오랜 문제점이었던 아파트에 대한 재산세가 거래가격을 반영하지 못해 지역간, 과세대상간의 불형평으로 인한 주민 불만을 해소 하는데 크게 기여하게 되었다.

> **사례 |**
>
> ❖ 지상에 비닐하우스를 설치하여 화훼 등을 재배·판매하는 경우 실제 영농에 사용되고 있는 토지로 볼수 있는지 여부
>
> 이 사건 쟁점토지는 비록 공부상 지목이 답이지만, 실제로는 그곳에서 직접 영농을 하는 것이 아니라 다른 곳에서 재배한 꽃과 나무 등을 화분에 옮겨 심은 상태로 보관·판매하는 장소로 사용되고 있다. 설령 이 사건 쟁점토지 중 일부가 난 등의 재배에 사용되었다고 하더라도 이는 판매할 때까지 일시적으로 성장을 계속하는데 그치는 것이어서 그 재배 경위와 목적, 규모 등에 비추어 사회통념상 농작물 등의 경작에 해당한다고 볼 수는 없다.
> 그러므로 이 사건 쟁점토지를 종합합산과세대상으로 분류하여 과세한 이 사건 부과처분은 적법하다.
>
> (대법 2012두6926, 2012.6.28.)

나. 별도합산과세대상(법 §106 ① Ⅱ)

과세기준일 현재 납세의무자가 소유하고 있는 토지 중 다음 각 목의 어느 하나에 해당하는 토지는 별도합산 과세대상이다. 이 경우에도 재산세가 비과세·면제 또는 경감대상(경감비율에 해당하는 토지 포함)이 되는 토지는 이를 별도합산과세대상으로 보지 아니한다.

1) 공장용 건축물의 부속토지 등(법 §106 ① Ⅱ 가, 영 §101 ①·②)

과세기준일 현재 납세의무자가 소유하고 있는 토지 중 공장용 건축물의 부속토지 등 대통령령으로 정하는 건축물의 부속토지는 별도합산과세대상 토지이다.

이 경우의 "공장용 건축물의 부속토지 등 대통령령이 정하는 건축물의 부속토지"란 다음 각 호의 어느 하나에 해당하는 건축물의 부속토지를 말한다. 다만, 건축법 등 관계 법령에 따라 허가 등을 받아야 할 건축물로서 허가 등을 받지 아니한 건축물 또는 사용승인을 받아야 할 건축물로서 사용승인(임시사용승인을 포함한다.)을 받지 아니하고 사용 중인 건축물의 부속토지는 제외한다(영 §101 ① 본문).

(1) 공장용 건축물의 부속토지 중 별도합산과세대상(영 §101 ① Ⅰ)

특별시·광역시(군 지역은 제외한다.)·특별자치시·특별자치도 및 시지역(읍·면지역과 「산업입지 및 개발에 관한 법률」에 따라 지정된 산업단지, 「국토의 계획 및 이용에 관한 법률」에 따라 지정된 공업지역은 제외한다.)의 공장용 건축물의 부속토지로서 공장용 건축물의 바닥면적(건축물 외의 시설의 경우에는 그 수평투영면적을 말한다.)에 용도지역별 적용배율을 곱하여 산정한 범위의 토지는 별도합산과세대상이며 이를 초과하는 토지는 종합합산과세대상이다.

이 경우의 건축물의 범위에는 ① 건축허가를 받았으나 건축법 제18조에 따라 착공이 제한된 건축물, ② 「건축법」에 따른 건축허가를 받거나 건축신고를 한 건축물로써 같은 법에 따른 공사계획을 신고하고 공사에 착수한 건축물[개발사업 관계법령에 따른 개발사업의 시행자가 소유하고 있는 토지로서 같은 법령에 따른 개발사업 실시계획의 승인을 받아 그 개발사업에 제공하는 토지(법 제106조 제1항 제3호에 따른 분리과세대상이 되는 토지는 제외한다.)로서 건축물의 부속토지로 사용하기 위하여 토지조성공사에 착수하여 준공검사 또는 사용허가를 받기 전까지의 토지에 건축이 예정된 건축물(관계 행정기관이 허가 등으로 그 건축물의 용도 및 바닥면적을 확인한 건축물을 말한다.)을 포함한다.]. 다만, 과세기준일 현재 정당한 사유 없이 6개월 이상 공사가 중단된 경우는 제외한다. ③ 가스배관시설 등 행정안전부령으로 정하는 지상정착물을 말한다(영 §103 ① Ⅱ~Ⅳ).

그리고 「건축법」 제21조 제1항에서는 제11조·제14조 또는 제20조 제1항에 따라 허가를 받거나 신고를 한 건축물의 공사를 착수하려는 건축주는 국토교통부령으로 정하는 바에 따라 허가권자에게 공사계획을 신고하여야 한다. 다만, 제36조에 따라 건축물의 철거를 신고할 때 착공 예정일을 기재한 경우에는 그러하지 아니하다고 규정하고 있어 건축물 공사 공사착수를 "건축공정상 일련의 행정절차(신고 등)을 마치고, 실질적인 공사를 실행한 것"으로 '건축 중'인 건축물의 개념 구체화한 것이다.

이 경우 "행정안전부령으로 정하는 지상정착물"이란 가스배관시설 및 옥외배전시설과 전파법에 따라 방송전파를 송수신하거나 전기통신역무를 제공하기 위한 무선국 허가를 받아 설치한 송수신 시설 및 중계시설을 말한다(규칙 §51).

그리고 영 제101조 및 제102조에 따른 공장용 건축물의 범위에 관한 사항은 행정안전부령으로 정한다(영 §103 ②).

그러므로 공장용 건축물의 부속토지의 경우는 특별시지역, 광역시지역 및 시지역의 읍·면지역과 산업단지 및 공업지역 외에 소재하는 공장구내의 부속토지는 별도합산과세대상이 되나 이러한 시지역의 주거지역, 상업지역, 녹지지역 안에 있는 공장용 건축물의 부속토지는 다음의 용도지역별 배율을 적용하여 산출한 면적이내는 별도합산과세대상이 되는데, 이 범위를 초과하는 토지는 종합합산과세대상이 되는 것이다.

용도지역별 적용배율(영 §101 ②)		
	용도지역별	적용비율
도심지역	1. 전용주거지역	5배
	2. 준주거지역·상업지역	3배
	3. 일반주거지역·공업지역	4배
	4. 녹지지역	7배
	5. 미계획지역	4배
도시지역 외의 용도지역		7배

│ 사례 │

❖ **건축 중인 건축물의 판단시점**

지방세법 시행령 제132조 제1항에 규정된 "건축 중인 건축물"이라 함은 '과세기준일 현재 공사에 착수한 경우'만을 말하고 그 착공에 필요한 준비작업을 하고 있는 경우까지 포함한다고 볼 수는 없고, 과세기준일 현재 착공을 하지 못한 것에 정당한 사유가 있다 하더라도 건축하고자 하는 건축물의 부속토지는 건축 중인 건축물의 부속토지에 해당한다고 볼 수 없는 것이다(대법 95누7857, 1995.9.26. 선고 판결 등 참조). 나아가 당해 토지상의 기존건물의 철거를 시작한 시점을 건축착공일로 볼 수는 없고, 착공신고서가 제출된 날을 착공일로 보아야 한다.

(대법 2012두13641, 2012.9.27.)

❖ **흙막이 공사를 위한 규준틀 설치가 건물 신축공사의 착수에 해당되는지**

흙막이 작업의 필수적 전제가 되는 규준틀 설치 작업이 재산세 과세기준일인 2012.6.1. 이전에 개시되었고, 이를 기초로 통상적인 일정에 따라 흙막이 작업, 터파기, 구조물 공사 등을 거쳐 이 사건 건축물이 완공되었다. 규준틀은 건물의 위치와 높이, 땅파기의 너비와 깊이 등을 건축 현장에 표시하기 위한 것으로서 이를 토대로 흙막이 작업 등이 공정에 따라 순차로 이루어진다. 이 사건 규준틀 작업에 따라 설치된 철제 가이드빔은 그 재료의 크기와 상태에 비추어 쉽게 이동이나 분리를 할 수 없어 단순한 가설물과는 다르고, 위 작업 이후 약 2개월 내에 정상적으로 흙막이 작업이 이루어졌다. 그 후 예정된 후속 공사가 지연되었다는 사정은 기록에 나타나 있지 않다(따라서 위 지방세법 시행령 제103조 제1항에서 정한 '과세기준일 현재 정당한 사유 없이 6개월 이상 공사가 중단된 건축물'에 해당한다고 볼 수도 없다.). 이러한 점들을 고려하면 이 사건 규준틀 설치 작업시점에 이미 건축물 신축공사를 시작하였다고 할 수 있으므로 그때부터 이 사건 건축물에 관한 굴착이나 축조 등의 공사에 착수한 것으로 보아야 한다.

(대법 2016두58406, 2017.3.15.)

❖ **교통영향평가심의위원회 등 내부 심의절차상 바닥면적을 건축중인 건축물의 바닥면적으로 볼 수 있는지**

교통영향평가심의위원회 등 내부 심의절차상 용도 및 바닥면적을 확인한 경우를 "관계 행정기관이 허가 등"으로 확인한 것으로 볼 수 없으므로 건축중인 건축물의 부속토지로 보아 별도합산과세대상 토지에 해당하지 아니함

(대법 2021두42313, 2021.09.30.)

이 경우 공장용 건축물의 범위는 다음과 같다.

공장용 건축물은 영업을 목적으로 물품의 제조·가공·수선이나 인쇄 등의 목적에 사용할 수 있도록 생산설비를 갖춘 제조시설용 건축물과 그 제조시설을 지원하기 위하여 공장경계구역 안에 설치되는, ① 사무실, 창고, 경비실, 전망대, 주차장, 화장실 및 자전거 보관시설, ② 수조, 저유조, 저장창고, 저장조 등 저장용 옥외구축물, ③ 송유관, 옥외 주유시설, 급수·배수시설 및 변전실, ④ 폐기물 처리시설 및 환경오염 방지시설, ⑤ 시험연구시설 및 에너지이용 효율 증대를 위한 시설, ⑥ 공동산업안전시설 및 보건관리시설, ⑦ 식당, 휴게실, 목욕실, 세탁장, 의료실, 옥외 체육시설 및 기숙사 등 종업원의 복지후생 증진에 필요한 부대시설용 건축물(건축 중인 경우를 포함하되 과세기준일 현재 건축기간이 경과하였거나 정당한 사유 없이 6월 이상 공사가 중단된 경우를 제외한다.)과 산업집적활성화 및 공장설립에 관한 법률 제33조에 따른 산업단지관리기본계획에 따라 공장경계구역 밖에 설치된 종업원의 주거용 건축물을 말한다(규칙 §52).

그러므로 이러한 시설물이 있는 경계구역 안의 모든 토지를 공장용 건축물의 부속토지로 보아 공장용으로 보아야 하며 산업단지관리기본계획에 의하여 공장경계구역 밖에 설치된 종업원의 주거용 건축물도 용도지역별 배율 적용시에는 공장용 건축물로 보아야 하므로 그 부속토지도 당연히 공장용 건축물의 부속토지로 보아 입지기준면적 초과 여부를 산정하여야 하는 것이다.

(2) 별도합산 과세해야 할 상당한 이유가 있는 건축물의 부속토지(영 §101 ① Ⅱ)

건축물(시지역의 별도합산과세대상인 토지 위에 건축된 공장용 건축물을 제외한다.)의 부속토지 중 ① 회원제골프장용 토지 중 구분등록의 대상이 되는 토지(구분등록되지 아니한 토지는

제외한다.)와 지방세법 제13조 제5항 제4호에 따른 도박장, 유흥주점영업장 등 고급오락장용 토지 안의 건축물의 부속토지, ② 건축물의 시가표준액(해당 건축물이 과세기준일 현재 신축된 것으로 보아 계산한 시가표준액을 말한다.)(규칙 §49)이 해당 부속토지의 시가표준액의 100분의 2에 미달하는 건축물의 부속토지 중 그 건축물의 바닥면적을 제외한 부속토지로서 건축물의 바닥면적(건축물 외의 시설물의 경우에는 그 수평투영면적을 말한다.)에 용도지역별 적용배율(영 §101 ②)을 곱하여 산정한 면적 범위의 토지는 별도합산대상이고, 이 범위를 초과하는 토지는 종합합산과세대상이다.

▎사례 ▎

❖ 소유현황 및 사용관계를 고려할 때 연접토지는 이 건 건축물의 부속토지로 보기 어려움

이 건 토지와 이 건 연접토지를 연결하는 통로는 비포장의 소로로 되어 있고, 이 건 건축물은 청구외 (주)○○가 소유하고 있는 토지(이 건 연접토지 중 00번지)와의 거리도 상당히 떨어져 있으며, 또한 이 건 건축물은 청구인의 소유로서 청구외 (주)○○가 사용하지 않는 것으로 보고하고 있고, 이 건 건축물의 출입은 이 건 연접토지의 출입문을 이용할 수 있으나, 이 건 토지 중 00번지의 소로를 통하거나 북동쪽의 끝부분을 통하여 출입할 수 있으며, 청구외 (주)○○는 이 건 연접토지상의 건축물을 사용하면서 그 출입을 이 건 토지를 거치지 아니하고 이 건 연접토지 북쪽의 00번지 소로를 통하여 출입하고 있으므로 이 건 토지를 청구외 (주)○○가 사용하는 것으로 보기 어렵다 할 것임. 따라서, 이 건 연접토지는 이 건 건축물 효용과 편익을 위해서 사용되는 토지로 보기 어렵다.

(조심 08지489, 2008.12.2.)

❖ 폐기물처리시설관련, 파쇄시설 및 보관시설은 토지의 정착물에 불과하여 별도의 시설물로 볼 수 없어, 건축물 또는 저장시설에 해당하지 않아 별도합산 적용 불가함

파쇄시설은 이 사건 건물들의 효용과는 무관한 폐기물을 처리하는데 사용되는 기계장비로서, 이 사건 건물들의 객관적 구조에 따른 효용을 증대시키는 시설물로 보기 어렵고, 보관시설은 콘크리트 포장에 불과하여 토지의 정착물로서 그 구성부분이 될 뿐이므로 별도의 시설물이라고 보기 어려움. 따라서 이 사건 파쇄시설이나 보관시설은 이 사건 건물들에 딸린 시설물로 볼 수 없으므로 건축법상 건축물에 해당하지 아니함. 또한 파쇄시설이 구 건축법 시행령 제3조의4 별표 1의 규정에 해당하므로 건축물이라고 추가로 주장하나, 위 규정은 건축법에 따른 건축물임을 전제로 하고 있으므로 이 역시 이유 없다.

(대법 2014두11038, 2014.11.27.)

2) 특정 사업 등에 사용하는 토지(영 §101 ③)

이 규정에 해당하는 사업에 직접 사용되고 있는 토지(법 제106조 제1항 제2호 나목에서 별도합산하여야 할 타당한 이유가 있는 것으로서 차고용 토지, 보세창고용 토지, 시험·연구·검사용 토지, 물류단지시설용 토지 등 공지상태나 해당 토지의 이용에 필요한 시설 등을 설치하여 업무 또는 경제활동에 활용되는 토지로서 대통령령이 정하는 토지)는 설치기준면적 이내는 용도지역별

배율면적 내외에 관계없이 전부 별도합산과세대상이 된다.

① 여객자동차 운수사업법 또는 화물자동차 운수사업법에 따라 여객자동차운송사업 또는 화물자동차 운송사업의 면허·등록 또는 자동차대여사업의 등록을 받은 자가 그 면허·등록조건에 따라 사용하는 차고용 토지로서 자동차운송 또는 대여사업의 최저보유차고면적기준의 1.5배에 해당하는 면적 이내의 토지는 별도합산과세대상이다 (영 §101 ③ Ⅰ).

여객자동차 운수사업을 경영하고자 하는 자는 여객자동차 운수사업법 제4조에 따라 면허를 받아야 하고, 화물자동차 운수사업을 하고자 하는 자는 화물자동차 운수사업법 제3조에 따라 허가를 받아야 하는데 이 경우 별도합산과세대상은 이 법에 따른 최저보유차고면적기준의 1.5배에 해당하는 면적까지로 하고 있으므로 전체 차고용 토지 중에서 최저보유차고 면적기준의 1.5배를 적용한 면적을 먼저 산정한 후 나머지 토지가 있을 경우 차고용 시설의 구내에 사무실 등 정상적으로 건축된 건축물이 없는 때에는 산정면적을 초과하는 부분의 토지는 종합합산과세대상이 되고, 구내에 사무실 등 정상적으로 건축된 건축물이 있는 경우에는 차고용 토지의 기준면적을 초과하는 토지부분의 가액과 건축물의 가액을 비교하여 건축물의 시가표준액이 토지가액의 2/100에 미달하면 건축물 바닥면적은 별도합산대상이 되고 나머지 토지는 종합합산과세대상이 되나 건축물의 시가표준액이 토지가액의 2/100 이상이 되는 때에는 건축물 바닥면적에 용도지역별 배율을 적용하여 산정한 면적 이내는 별도합산과세대상이 되고 이를 초과하는 부분이 있으면 초과부분은 종합합산과세대상이 된다.

이 규정에 따라 건축물의 시가표준액이 토지가액의 2/100에 미달하는지 여부는 이하 다른 규정에서도 같이 적용하여야 할 것이다.

| 사례 |

❖ **화재위험시설물 등이 건축물시가표준액 계산대상이 되는지 여부**

이 사건 특수방화벽은 앞에서 본 바와 같이 이 사건 주유소에 화재가 발생하였을 경우 인접해 있는 다른 건물로 불이 번지는 것을 방지하기 위한 시설물로서 사회통념상 주유소 시설과 일체가 되어 그 보존을 위하여 필요하고 경제적 효용을 증가시키는 건물에 딸린 시설물이고, 이 사건 콘크리트바닥도 앞에서 본 바와 같이 이 사건 건물에 부수하여 땅으로 기름이 스며들거나 화재가 발생하였을 경우 불이 번지는 것을 방지하기 위하여 필요한 시설물이므로 각 지방세법상 시가표준액 계산대상인 건축물이다(하급심-지법)
그리고 건축법상 건축물을 그 용도에 따라 구분한 이 사건 세차기와 같은 기계식 세차설비는 위험물 저장시설 및 처리시설인 주유소에 포함된다고 규정하고 있으므로, 이 사건 세차기는 지방세법상 시가표준액 계산대상인 건물에 부수하는 시설물이다.
(대법 2012두13825, 2012.10.11.)

② 건설기계관리법에 따라 건설기계사업의 등록을 한 자가 그 등록조건에 따라 사용하는 건설기계대여업·건설기계정비업·건설기계매매업 또는 건설기계폐기업의 등록기준에 맞는 주기장 또는 옥외작업장용 토지로서 그 시설의 최저면적기준의 1.5배에 해당하는 면적 이내의 토지는 별도합산과세대상이다(영 §101 ③ Ⅱ).

③ 도로교통법에 따라 등록된 자동차운전학원의 자동차운전학원용 토지로서 같은 법에서 정하는 시설을 갖춘 구역 안의 토지는 별도합산대상이다(영 §101 ③ Ⅲ).
 그러므로 자동차운전학원을 설립하고자 하는 자는 도로교통법 제101조에 따른 시설 및 설비를 갖추어 동법 제99조에 따라 지방경찰청장에게 등록하여야 한다.

④ 항만법에 따라 해양수산부장관 또는 시·도지사가 지정하거나 고시한 야적장 및 컨테이너 장치장용 토지와 관세법에 따라 세관장의 특허를 받는 특허보세구역 중 보세창고용 토지로서 해당 사업연도 및 직전 2개 사업연도 중 물품 등의 보관·관리에 사용된 최대면적의 1.2배 이내의 토지는 별도합산과세대상토지이다(영 §101 ③ Ⅳ).
 항만법에 따라 해양수산부장관 또는 시·도지사가 지정 또는 고시한 야적장 및 컨테이너 장치장용 토지로서 항만구역 내외를 불문한 지역에 있는 토지를 말하고, 관세법에 따른 특허보세구역 중 보세창고용 토지라 함은 관세법 제154조에 따른 보세구역은 지정보세구역·특허보세구역 및 종합보세구역으로 구분하고, 지정보세구역은 지정장치장 및 세관검사장으로 구분하며, 특허보세구역은 보세창고, 보세공장, 보세전시장, 보세건설장 및 보세판매장으로 구분되는데 이 중 통관을 하고자 하는 물품을 장치하기 위한 구역인 보세창고용 토지가 별도합산과세대상이 되는데 이러한 토지는 해당 사업연도 및 직전 2개 사업연도 중 물품 등의 보관·관리에 사용된 최대면적의 1.2배 이내의 토지에 대하여만 별도합산대상으로 한다는 것이다.

⑤ 자동차관리법에 따라 자동차관리사업의 등록을 한 자가 그 시설기준에 따라 사용하는 자동차관리사업용 토지(자동차정비사업장용·자동차해체재활용사업장용·자동차매매사업장용 또는 자동차경매장용 토지만 해당한다.)로서 그 시설의 최저면적기준의 1.5배에 해당하는 면적 이내의 토지는 별도합산대상토지이다(영 §101 ③ Ⅴ).

⑥ 한국교통안전공단법에 따른 한국교통안전공단이 같은 법 제6조 제6호에 따른 자동차의 성능 및 안전도에 관한 시험·연구의 용도로 사용하는 토지 및 자동차관리법 제44조에 따라 자동차검사대행자로 지정된 자, 같은 법 제44조의 2에 따라 자동차종합검사대행자로 지정된 자, 같은 법 제45조에 따라 지정정비사업자로 지정된 자, 건설기계관리법 제14조에 따라 건설기계 검사대행 업무의 지정을 받은 자 및 대기환경보전법 제64조에 따라 운행차 배출가스 정밀검사 업무의 지정을 받은 자가 자동차 또는 건설기계 검사용 및 운행차 배출가스 정밀검사용으로 사용하는 토지는 별도합

산과세대상이다(영 §101 ③ Ⅵ).

⑦ 물류시설의 개발 및 운영에 관한 법률 제22조에 따른 물류단지 안의 토지로서 같은 법 제2조 제7호 각 목의 어느 하나에 해당하는 물류단지시설용 토지 및 유통산업발전법 제2조 제16호에 따른 공동집배송센터로서 행정안전부장관이 산업통상자원부장관과 협의하여 정하는 토지는 별도합산대상토지이다(영 §101 ③ Ⅶ).

이 규정의 적용을 받기 위해서는 물류시설의 개발 및 운영에 관한 법률 제22조에 따라 국토교통부장관 또는 시·도지사의 지정을 받은 물류단지 안에서 소유하는 물류시설용 토지에 한하여 별도합산하는 것이다. 여기에서 '일반 물류단지시설'이란, 화물의 운송·집하·하역·분류·포장·가공·조립·통관·보관·판매·정보처리 등을 위하여 물류단지 안에 설치되는,

㉮ 물류터미널 및 창고
㉯ 「유통산업발전법」 제2조 제3호·제7호·제15호 및 제17조의 2의 대규모점포·전문상가단지·공동집배송센터 및 중소유통공동도매물류센터
㉰ 「농수산유통 및 가격안정에 관한 법률」 제2조 제2호·제5호 및 제12호의 농수산물도매시장·농수산물공판장 및 농수산물종합유통센터
㉱ 「궤도운송법」에 따른 궤도사업을 경영하는 자가 그 사업에 사용하는 화물의 운송·하역 및 보관 시설
㉲ 「축산물위생관리법」 제2조 제11호의 작업장
㉳ 「농업협동조합법」·「수산업협동조합법」·「산림조합법」 또는 「중소기업협동조합법」 또는 「협동조합기본법」에 따른 조합 또는 그 중앙회(연합회를 포함한다.)가 설치하는 구매사업 또는 판매사업 관련시설
㉴ 「화물자동차 운수사업법」 제2조 제2호의 화물자동차운수사업에 이용되는 차고, 화물취급소, 그 밖에 화물의 처리를 위한 시설
㉵ 「약사법」 제44조 제2항 제2호의 의약품 도매상의 창고 및 영업소시설
㉶ 그 밖에 물류기능을 가진 시설로서 대통령령으로 정하는 시설
㉷ 가목부터 자목까지의 시설에 딸린 시설(제8호 가목 또는 나목의 시설로서 가목부터 자목까지의 시설과 동일한 건축물의 설치되는 시설을 포함한다.)을 말한다(물류시설의 개발 및 운영에 관한 법률 제2조 제7호).

⑧ 특별시·광역시(군 지역은 제외한다.)·특별자치시·특별자치도 및 시지역(읍·면지역을 제외한다.)에 위치한 산업집적활성화 및 공장설립에 관한 법률의 적용을 받는 레미콘 제조업용 토지(산업입지 및 개발에 관한 법률에 따라 지정된 산업단지 및 국토의 계획 및 이용에 관한 법률에 따라 지정된 공업지역에 있는 토지는 제외한다.)로서 지방세법 시행

령 제102조 제1항 제1호에 따른 공장입지기준면적 이내의 토지는 별도합산대상토지이다(영 §101 ③ Ⅷ).

이 규정은 공장용 토지에 대하여는 현재 재산세 규정을 적용함에 있어 군지역, 산업단지와 시지역의 공업지역에 위치한 경우는 공장입지기준면적 이내는 분리과세하고 이를 초과하는 부분만 종합합산과세하며, 시지역의 읍면지역과 산업단지 및 공업지역 이외의 지역에 있는 공장에 대하여는 일반건축물의 부속토지와 같이 공장건축물 바닥면적에 용도지역별 배율(3~7배)을 곱하여 산정한 기준면적 이내의 공장용 토지는 별도합산과세하고 이를 초과하는 면적의 토지만 종합합산과세하고 있는데 시지역 안의 산업단지와 공업지역 외에 위치한 레미콘제조용 공장도 용도지역별 배율을 적용하면 공장에 적용하는 기준과는 합치되지만 이 공장의 특성상 건축물의 면적이 많이 필요한 것이 아니라 자재의 야적, 레미콘 차량의 이동, 정차하는 나대지가 많이 필요하다는 특성 때문에 버스터미널용지, 자동차정비장용지, 운전교습용 토지 등과의 형평성 차원에서 용도지역별 배율이 아닌 공장입지기준면적율을 적용하여 초과 여부를 판단하게 한 것이다.

⑨ 경기 및 스포츠업을 영위하기 위하여 부가가치세법 제8조에 따라 사업자등록을 한 자의 사업에 이용되고 있는 체육시설의 설치·이용에 관한 법률 시행령 제2조에 따른 체육시설용 토지로서 사실상 운동시설에 이용되고 있는 토지는 별도합산대상토지이다(체육시설의 설치·이용에 관한 법률에 따른 회원제골프장용 토지 내의 운동시설용 토지는 제외한다.)(영 §101 ③ Ⅸ).

⑩ 관광진흥법에 따른 관광사업자가 박물관 및 미술관 진흥법에 따른 시설기준을 갖추어 설치한 박물관, 미술관, 동물원, 식물원의 야외전시장용 토지는 별도합산대상토지이다(영 §101 ③ Ⅹ).

⑪ 주차장법 시행령 제6조에 따른 부설주차장 설치기준면적 이내의 토지(법 제106조 제1항 제3호 다목에 따른 토지 안의 부설주차장은 제외한다.)는 별도합산 대상토지이다. 다만, 관광진흥법 시행령 제2조 제1항 제3호 가목·나목에 따른 전문휴양업, 종합휴양업 및 같은 항 제5호에 따른 유원시설업에 해당하는 시설의 부설주차장으로서「도시교통정비 촉진법」제15조 및 제17조에 따른 교통영향평가서의 심의 결과에 따라 설치된 주차장의 경우에는 해당 검토 결과에 규정된 범위 이내의 주차장용 토지를 말한다(영 §101 ③ Ⅺ).

이 경우 부설주차장의 설치기준은 주차장법 제19조 제3항에 따라 동법시행령 제6조의 별표 1에 규정된 다음의 설치기준을 참고하기 바란다.

[별표 1] 부설주차장의 설치대상 시설물 종류 및 설치기준 (주차장법 시행령 제6조 제1항 관련)

(2016. 7. 19. 개정)

시설물	설치기준
1. 위락시설	시설면적 100㎡당 1대(시설면적/100㎡)
2. 문화 및 집회시설(관람장은 제외한다.), 종교시설, 판매시설, 운수시설, 의료시설(정신병원·요양병원 및 격리병원은 제외한다.), 운동시설(골프장·골프연습장 및 옥외수영장은 제외한다.), 업무시설(외국공관 및 오피스텔은 제외한다.), 방송통신시설 중 방송국, 장례식장	시설면적 150㎡당 1대(시설면적/150㎡)
3. 제1종 근린생활시설[건축법 시행령 별표1 제3호 바목 및 사목(공중화장실, 대피소, 지역아동센터는 제외한다.)은 제외한다.], 제2종 근린생활시설, 숙박시설	시설면적 200㎡당 1대(시설면적/200㎡)
4. 단독주택(다가구주택은 제외한다.)	• 시설면적 50㎡ 초과 150㎡ 이하 : 1대 • 시설면적 150㎡ 초과 : 1대에 150㎡를 초과하는 100㎡당 1대를 더한 대수[1＋{(시설면적－150㎡)/100㎡}]
5. 다가구주택, 공동주택(기숙사는 제외한다.), 업무시설 중 오피스텔	「주택건설기준 등에 관한 규정」 제27조 제1항에 따라 산정된 주차 대수. 이 경우 다가구주택 및 오피스텔의 전용면적은 공동주택의 전용면적 산정 방법을 따른다.
6. 골프장, 골프연습장, 옥외수영장, 관람장	• 골프장 : 1홀당 10대(홀의 수×10) • 골프연습장 : 1타석당 1대(타석의 수×1) • 옥외수영장 : 정원 15명당 1대 (정원/15명) • 관람장 : 정원100명당 1대 (정원/100명)
7. 수련시설, 공장(아파트형은 제외한다.), 발전시설	• 시설면적 350㎡당 1대(시설면적/350㎡)
8. 창고시설	• 시설면적 400㎡당 1대(시설면적/400㎡)
9. 학생용 기숙사	• 시설면적 400㎡당 1대(시설면적/400㎡)
10. 그 밖의 건축물	• 시설면적 300㎡당 1대(시설면적/300㎡)

⑫ 장사 등에 관한 법률 제14조 제3항에 따른 설치, 관리허가를 받은 법인묘지용 토지로서 지적공부상 지목이 묘지인 토지는 별도합산대상이다(영 §101 ③ XII).

이 규정의 대상이 되는 묘지는 산림청장 또는 다른 중앙행정기관의 장이 국유림 등 국유지에 수목장림이나 그 밖의 자연장지를 조성, 관리하는 토지를 말한다.

⑬ 다음 각 목에 규정된 임야는 별도합산과세대상토지이다(영 §101 ③ XIII).
  ㉮ 「체육시설의 설치·이용에 관한 법률 시행령」 제12조에 따른 스키장 및 골프장용 토지 중 원형이 보존되는 임야(영 §101 ③ XIII 가)
    이 경우는 대중골프장업 또는 대중종합체육시설업으로 승인 얻은 사업계획이나 등록한 시설의 전부 또는 일부를 회원제 골프장업 또는 회원제 종합체육시설업의 사업계획이나 시설로 전환하는 경우 등을 할 수 없도록 제한하고 있는 토지를 말한다.
  ㉯ 「관광진흥법」 제2조 제7호에 따른 관광단지 안의 토지와 관광진흥법 시행령 제2조 제1항 제3호 가목·나목 및 같은 항 제5호에 따른 전문휴양업·종합휴양업 및 유원시설업용 토지 중 「환경영향평가법」 제22조 및 제27조에 따른 환경영향평가의 협의 결과에 따라 원형이 보존되는 임야(영 §101 ③ XIII 나)
  ㉰ 「산지관리법」 제4조 제1항 제2호에 따른 준보전산지에 있는 토지 중 「산림자원의 조성 및 관리에 관한 법률」 제13조에 따른 산림경영계획의 인가를 받아 시업(施業) 중인 임야. 다만, 도시지역의 임야는 제외한다(영 §101 ③ XIII 다).
    회원제 골프장용 부동산 중 구분등록의 대상이 되는 토지(티그라운드, 페어웨이, 러프, 해저드, 그린, 카트도로 등)를 분리과세대상으로 분류하여 4%(사치성 재산 중과세) 세율 적용하지만 원형보전임야는 종합합산 대상으로 구분하고 있지만 골프장의 원형보전지는 회원제와 대중제 모두 「산지관리법 시행규칙」 제10조의 2에 따라 의무적으로 보유해야하는 임야로서, 경제적으로 이용할 수 없는 토지인데, 대중제 골프장 원형보전임야는 별도합산과세하는 반면, 회원제 골프장 원형보전임야는 종합합산 과세되어 세부담 격차 회원제 골프장의 원형보전지를 대중제와 동일하게 별도합산으로 과세하도록 한 것이다.
⑭ 「종자산업법」 제137조 제1항에 따라 종자업 등록을 한 종자업자가 소유하는 농지로서 종자연구 및 생산에 직접 이용되고 있는 시험·연구·실습지 또는 종자생산용 토지는 별도합산과세대상토지이다(영 §101 ③ XIV).
⑮ 「양식산업발전법」에 따라 면허·허가를 받은 자 또는 수산종자 산업육성법에 따라 수산종자생산업의 허가를 받은 자가 소유하는 토지로서 양식어업 및 수산종자생산업에 직접 이용되고 있는 토지는 별도합산과세대상토지이다(영 §101 ③ XV).
⑯ 「도로교통법」에 따라 견인된 차를 보관하는 토지로서 같은 법에서 정하는 시설을 갖춘 토지는 별도합산과세대상토지이다(영 §101 ③ XVI).
⑰ 「폐기물관리법」 제25조 제3항에 따라 폐기물 최종처리업 또는 폐기물 종합처리업의 허가를 받은 자가 소유하는 토지 중 폐기물 매립용에 직접 사용되고 있는 토지는 별도합산과세대상토지이다(영 §101 ③ XVII).

그리고 전국의 모든 건축물의 부속토지 중 별도합산과세대상에서 제외되는 건축물의 부속토지를 살펴보면 다음과 같다.

(1) 주택

주거용 건축물과 그 부속토지를 합하여 주택이라고 규정하고 있으며, 주택에 대해서는 평가를 함에 있어서도 토지와 건축물을 통합하여 평가하고 별도의 세율에 의거 과세되므로 주거용 건축물의 부속토지에 대하여는 별도합산 여부를 판단할 필요가 없다.

(2) 공장 구내의 건축물의 부속토지

공장 구내에 있는 모든 건축물의 부속토지(특별시와 광역시를 포함한 전국의 시지역 내에서는 읍면지역과 산업입지 및 개발에 관한 법률에 의하여 지정된 산업단지와 국토의 계획 및 이용에 관한 법률에 의하여 지정된 공업지역 내에 위치한 공장용 건축물의 부속토지는 제외한다.)로서 공장입지기준면적 범위 내의 토지는 분리과세되고, 이 지역에 위치한 공장으로서 공장입지기준면적 초과토지는 종합합산과세되며, 시지역에서는 읍면지역 및 산업단지와 공업지역 이외의 지역에 위치한 공장의 부속토지 중 용도지역별 배율을 적용하여 산정한 면적을 초과하는 토지는 종합합산대상이 되고 배율 이내의 공장용 부속토지는 별도합산대상이 된다.

(3) 골프장 내 건축물의 부속토지

골프장이라 함은 회원제로 운영되는 골프장용 부동산으로서 체육시설의 설치·이용에 관한법률 시행령 제20조 제3항의 규정에 따른 구분등록대상이 되는 모든 토지와 건축물을 말하므로 이러한 회원제로 운영되는 골프장 내에 있는 건축물의 부속토지라 하더라도 이는 골프장용 토지에 포함되어 분리과세대상으로 별도의 세율을 적용받게 되므로 골프장 구내에 있는 모든 토지는 건축물 부속토지 유무에 관계없이 별도합산과세대상 토지는 없다. 그러나 중과세대상이 아닌 대중골프장내의 건축물의 부속토지에 대하여는 종합합산대상 또는 별도합산대상 여부를 그 사용형태에 따라 판단하여야 할 것이다.

(4) 별장용 건축물의 부속토지

별장이라 함은 주거용에 공할 수 있도록 건축된 건축물로서 상시 주거용에 사용하지 아니하고 개인 또는 그 가족(법인의 경우에는 그 임·직원)이 휴양·피서 또는 놀이 등의 용도로 사용하는 건축물과 그 부속토지를 말하는데, 재산세에서 별장을 주택으로 분류하고 있어 별장용 건물과 그 부속토지를 통합하여 과세하기 때문에 별도합산의 경우는 없다. 이러한 별장에 부속된 토지의 경계가 명백하지 아니할 때에는 그 별장용 건축물의 바닥면적의 10배에 해당하는 토지를 그 부속토지로 보는데, 별장용 건축물의 부속토지는 분리과세되어 별도의 세율을 적용받고 경계가 명백하지 아니한 별장용 건축물의 부속토지는 그 바닥면적의 10배를 초과하는 토지에 대하여는 종합합산과세대상이 되기 때문에 별장용 건축물의 부속토지 중 별도합산과세대상은 없다.

그런데 2004.1.1부터 농어촌주택은 별장으로 보지 아니하는데 이러한 농어촌주택에 해당되기 위해서는 수도권 지역과 광역시의 군지역 및 토지허가구역 등 투기지역으로 지정되지 아니한 곳에 위치한 대지면적 660㎡ 이내고, 건물의 연면적이 150㎡ 이내일 것과 건물의 시가표준액이 6,500만원 이내의 것이라야 된다.

(5) 시가표준액 미달건축물의 부속토지

일반영업용 건축물로서 건축물 시가표준액이 당해 부속토지의 시가표준액의 100분의 2에 미달하는 건축물의 부속토지 중 그 건축물의 용도지역별 적용배율을 곱하여 산정한 바닥면적은 별도합산대상이고 이를 초과하는 부분의 토지는 종합합산과세대상이 된다.

(6) 위법시공 건축물의 부속토지

일반영업용 건축물 중 건축법 등 관계법령의 규정에 의하여 허가 등을 받아야 할 건축물로서 허가 등을 받지 아니한 건축물 또는 사용승인을 받아야 할 건축물로서 사용승인을 받지 아니한 건축물(임시사용승인을 받은 경우를 제외한다.)은 건축물이 없는 것으로 보기 때문에 이러한 토지는 종합합산과세대상이 되고 별도합산과세대상은 없다.

그런데 이상과 같이 별도합산과세대상에서 제외되는 건축물 부속토지 이외의 일반영업용 건축물의 부속토지라 하더라도 용도지역별 적용배율을 곱하여 산정한 면적 이내의 토지는 별도합산과세대상이 되고 이를 초과하는 부분의 부속토지는 종합합산과세대상이 된다.

```
(용도지역별 적용배율 적용례)
■ 전체 부속토지면적 : 10,000㎡
■ 건축물 바닥면적 : 1,500㎡
■ 용도지역 : 공업지역(적용배율 : 4배)
■ 기준면적 산출 : 1,500㎡(바닥면적) × 4배 = 6,000㎡
   ㉠ 별도합산과세대상토지 : 6,000㎡
   ㉡ 종합합산과세대상토지 : 10,000㎡ - 6,000㎡ = 4,000㎡
```

이와 같이 적용배율로 건축물의 부속토지를 산정함에 있어서 별도합산과세대상 건축물의 부속토지로서 건축물의 바닥면적에 용도지역별 적용배율을 적용하여 초과면적 여부를 판단하는 것이나 건물 이외의 시설물이 있는 경우에는 그 수평투영면적에 용도지역별 적용배율을 적용하여야 한다.

또한 1동의 건물이 주거와 주거외의 용도에 사용되고 있는 경우에는 주거용에 사용되고 있는 부분만을 주택으로 본다. 이 경우 건물의 부속토지는 주거와 주거 외의 용도에 사용되고 있는 건물의 면적비율에 따라 각각 안분하여 주택의 부속토지와 주택외의 건물의 부속토지로 구분한다. 그리고 1구의 건물이 주거와 주거 외의 용도에 겸용되는 경우에는 주거용으로 사용되는 면적이 전체의 100분의 50 이상인 경우에는 주택으로 보며, 주택의 부속토지의 경계가 명백하지 아니한 때에는 그 주택의 바닥면적의 10배에 해당하는 토지를 주택의 부속토지로 한다.

이와 같이 별도합산과세대상이 되는 토지상에 건축되어 있는 건축물의 종류를 건축법 시행령 별표에 의거 예시하면 사무실, 오피스텔, 슈퍼마켓 등 점포, 음식점, 호텔·여관·여인숙·콘도·청소년 호텔 등 숙박시설, 창고, 병원, 극장 등 공연시설, 사설강습소, 신문·방송용 건물, 전신전화국, 전시장, 동물원, 차고 등 운수시설, 위험물저장처리시설, 촬영소, 폐차장 등을 들 수 있겠다.

3) 철거·멸실된 건축물 또는 주택의 부속토지(법 §106 ① Ⅱ, 다, 영 §103의 2)

이 규정에 해당하는 철거·멸실된 건축물 또는 주택의 부속토지로서 대통령령으로 정하는 부속토지는 별도합산과세대상이다.

이 경우 "대통령령으로 정하는 부속토지"란 과세기준일 현재 건축물 또는 주택이 사실상 철거·멸실된 날(사실상 철거·멸실된 날을 알 수 없는 경우에는 공부상 철거·멸실된 날을 말한다.)부터 6개월이 지나지 아니한 건축물 또는 주택의 부속토지를 말한다. 이 경우 「건축법」 등 관계 법령에 따라 허가 등을 받아야 하는 건축물 또는 주택으로서 허가 등을 받지 않은 건축물 또는 주택이거나 사용승인을 받아야 하는 건축물 또는 주택으로서 사용승인(임시사용승인을 포함한다.)을 받지 않은 경우는 제외한다.

그런데 이 규정 중 "과세기준일 현재 건축물 또는 주택이 사실상 철거·멸실된 날(사실상 철거·멸실된 날을 알 수 없는 경우에는 공부상 철거·멸실된 날)부터 6개월이 지나지 아니한 건축물 또는 주택"의 경우는 건축물이 있는 것으로 보아 별도합산과세대상으로 보도록 하고 있으나, 만약 과세기준일 현재 건축물을 자진 멸실하고 6개월이 경과되지 아니한 경우로서 건축물대장은 멸실된 것으로 정리하였다면 해당 토지를 나대지로 보아 종합합산과세를 해야 할 것인지, 아니면 멸실 후 6개월이 경과되지 아니하였으므로 위의 규정을 준용하여 별도합산하여야 할 것인지가 문제된다. 이러한 문제점을 해소하고 원활한 운영을 위해서 건축법상의 건물 철거신고를 한 경우라도 건물 철거 후 6개월 이내이면 별도합산 하도록 한 것이다.

다. 분리과세대상 토지(법 §106 ① Ⅲ)

과세기준일 현재 납세의무자가 소유하고 있는 토지 중 국가의 보호·지원 또는 중과가 필요한 토지로서 다음 각목의 어느 하나에 해당하는 토지는 분리과세 대상이다.

재산세는 시군별로 소유자가 가지고 있는 토지를 종합합산과세 또는 별도합산과세를 하는 것이나 영농에 공여되는 농지, 군지역 등의 공장구내의 건축물의 부속토지, 골프장용 토지 등과 같이 생산용·산업용 또는 레저용에 직접 공여되고 있는 토지에 대하여는 세제의 지원 필요에 따라 종합합산과세대상에서 분리하여 낮은 세율을 적용하기도 하고, 골프장 등으로 사용되는 토지에 대하여는 높은 세율을 적용하는 등 합산과세대상에서 분리하여 각각의 토지에 대한 시가표준액에 각 해당 세율을 적용하여 과세토록 하고 있다.

이러한 분리과세대상토지로는 공장의 입지기준면적 이내의 토지, 전·답·과수원 중 영농에 공여되는 농지, 목장용지 중 기준면적 이내의 토지, 임야 중 산림경영계획의 인가를 받아 실행중인 임야, 문화재보호구역 내의 임야, 공원자연환경지구 내의 임야, 종중임야, 회원제 골프장용 토지로 구분 등록된 토지, 한국토지주택공사·한국수자원공사가 타인에게 공급목적으로 소유하는 토지 등이 있는데, 이를 구분하여 상세히 설명하면 다음과 같다.

이 경우 공장용지·전·답·과수원 및 목장용지와 임야의 규정(영 제102조 제1항 및 제2항)을 적용할 때 다음 각 호의 경우에는 각 호의 시기까지 계속하여 분리과세대상 토지로 한다(영 §102 ⑩ Ⅰ·Ⅱ).

㉮ 「공익사업을 위한 토지 등의 취득 및 보상에 관한 법률」 제4조에 따른 공익사업의 구역에 있는 토지로서 같은 법에 따라 사업시행자에게 협의 또는 수용에 의하여 매각이 예정된 토지 중 「택지개발촉진법」 등 관계 법률에 따라 「국토의 계획 및 이용에 관한 법률」에 따른 도시·군관리계획 결정이 의제되어 용도지역이 변경되거나 개발제한구역에서 해제된 경우 : 그 토지가 매각되기 전(「공익사업을 위한 토지 등의 취득 및 보상에 관한 법률」 제40조 제2항에 따라 보상금을 공탁한 경우에는 공탁금 수령일을 말한다.)까지

㉯ 위 ㉮에 따라 매각이 예정되었던 토지 중 「공공주택건설 등에 관한 특별법」 제6조의 2에 따라 특별관리지역으로 변경된 경우 : 그 토지가 특별관리지역에서 해제되기 전까지

사례 |

❖ **지상정착물 없는 토지가 공장용지에 해당되어 분리과세대상인지 여부 등**

원고가 이 사건 토지 지상에 존재한다고 주장하는 대형저울, 고철 압축기는 지상정착물로서 구 지방세법 시행령 제71조에 의하여 건축물의 범위에 포함되는 지상정착물에 해당하지 아니하고, 사무실용 컨테이너 역시 생산설비를 갖춘 제조시설용 건축물에 해당한다고 볼 수 없다. 이 사건 토지가 공장용 건축물의 부속토지임을 전제로 하는 원고의 이 부분 주장은 이유 없다.

(대법 2009두5596, 2009.6.1.)

1) 분리과세대상 공장용지(영 §102 ① Ⅰ)

공장용지 중 분리과세대상 토지란 지방세법시행령 제101조 제1항 제1호 각 목에서 정하는 지역(읍·면지역, 산업단지, 공업지역)에 있는 공장용 건축물의 부속토지(제103조 제1항 제2호 및 제3호에 해당하는 경우를 포함한다)로서 공장입지기준면적(지방세법 시행규칙 별표 6에 따른 공장입지 기준면적을 말한다.) 범위의 토지는 분리과세 대상이다. 다만, 「건축법」 등 관계 법령에 따라 허가 등을 받아야 할 건축물로서 허가 등을 받지 아니한 공장용 건축물 또는 사용승인을 받아야 할 건축물로서 사용승인(임시사용승인을 포함한다)을 받지 아니하고 사용 중인 공장용 건축물의 부속토지는 제외된다.

공장용 토지에 대한 재산세는 공장이 위치한 지역에 따라 과세대상의 구분이 달라지며, 공장의 생산업종의 종류 등에 따라 각각 적용되는 입지기준면적률이 다르므로 이를 구분하여 살펴보면 다음과 같다.

(1) 분리과세대상 지역

공장용지 중에서 분리과세하여야 할 공장이 위치한 대상지역은 특별시와 광역시(군지역을 제외한다.)를 포함한 전국의 시지역(읍·면지역을 제외한다.) 내에서는 산업집적활성화 및 공장설립에 관한 법률에 의하여 지정된 산업단지와 국토의 계획 및 이용에 관한 법률에 의하여 지정된 공업지역 내에 위치한 공장과 전국의 군지역 내에 위치한 공장에 한하여 공장의 입지기준면적률을 적용하여 입지기준면적 이내의 부속토지에 대하여 분리과세토록 하고 있으므로 이러한 기준면적을 초과하는 토지는 종합합산과세대상이 되는 것이다. 결국 공장용지 중에서 분리과세대상 공장의 위치는 전국의 읍·면지역과 산업단지 및 공업지역에 위치하여야 한다는 것이다.

이 규정에서 산업집적활성화 및 공장설립에 관한 법률에 의한 산업단지라 함은 물품을 제조 또는 가공하는 기업체를 집단적으로 설치·육성하기 위하여 포괄적 계획에 따라 구획되고 개발된 일단의 공업용지로서 산업집적활성화 및 공장설립에 관한 법률 제3조에 의한 산업단지를 국가·지방자치단체 또는 산업단지관리공단이 관리하는 공단을 말한다.

또한 국토의 계획 및 이용에 관한 법률에 의한 공업지역이라 함은 국토의 계획 및 이용에 관한 법률의 규정에 의하여 도시지역 내에서 토지의 경제적이며 효율적인 이용과 공공의 복리증진을 도모하기 위하여 주거지역, 상업지역, 공업지역, 녹지지역의 지정을 도시관리계획으로 결정하는데 이 중에서 시지역에서는 공업지역 내에 있는 공장의 경우에만 공장의 입지기준면적 이내의 공장용 건축물의 부속토지만 분리과세대상이 되고, 시지역 중 주거지역, 상업지역, 녹지지역 내에 있는 공장의 부속토지는 별도합산대상이 되며, 읍면지역, 산업단지 및 공업지역 내의 공장용 부속토지 중 입지기준면적 초과토지는 종합합산과세대상이 된다.

(2) 공장용 건축물의 정의

공장용 건축물이란 영업을 목적으로 물품의 제조, 가공, 수선이나 인쇄 등의 목적에 사용할 수 있도록 생산설비를 갖춘 제조시설용 건축물과 그 제조시설을 지원하기 위하여 공장 경계구역 안에 설치되는 사무실, 창고 등 부대시설용 건축물 및 산업집적활성화 및 공장설립에 관한 법률 제33조에 따른 산업단지관리기본계획에 따라 공장경계구역 밖에 설치된 종업원의 주거용 건축물을 말하므로(규칙 §52) 지방세법에 따라 대도시 내 신·증설공장에 대한 취득세 중과세를 위한 공장의 정의와는 다른 점에 유의하여야 한다. 그리고 이러한 입지기준면적 산출에 필요한 공장용 건축물에는 지상정착물(가스배관시설 및 옥외배전시설과 전파법에 따라 방송전파를 송수신하거나 전기통신역무를 제공하기 위한 무선국 허가를 받아 설치한 송수신시설 및 중계시설을 포함), 건축허가를 받았으나 건축법 제18조에 따라 착공이 제한된 건축물 및 건축법에 따른 건축허가를 받거나 건축신고를 한 건축물로서 같은 법에 따른 공사계획을 신고하고 공사에 착수한 건축물을 포함하되, 과세기준일 현재 정당한 사유 없이 6개월 이상 공사가 중단된 경우에는 건축물이 없는 것으로 본다(영 §103 ①, 규칙 §51).

다시 말해서 지방세법 규정에서 취득세가 중과세되는 공장의 범위는 지방세법시행규칙 별표 2에 규정된 업종의 공장(산업집적활성화 및 공장설립에 관한 법률 제28조에 따른 도시형 공장은 제외한다.)으로서 생산설비를 갖춘 건축물의 연면적(옥외에 기계장치 또는 저장시설이 있는 경우에는 그 시설의 수평투영면적을 포함한다.)이 500㎡ 이상인 것을 말한다. 이 경우 "건축물의 연면적에는 해당 공장의 제조시설을 지원하기 위하여 공장 경계 구역 안에 설치되는 부대시설(식당, 휴게실, 목욕실, 세탁장, 의료실, 옥외 체육시설 및 기숙사 등 종업원의 후생복지증진에 제공되는 시설과 대피소, 무기고, 탄약고 및 교육시설은 제외한다.)의 연면적을 포함한다."라고 규정하고 있는 반면(규칙 §7 ①), 재산세에 적용되는 공장용 건축물은 지방세법 시행규칙 제52조에서 "영업을 목적으로 물품의 제조, 가공, 수선이나 인쇄 등의 목적에 사용할 수 있도록 생산설비를 갖춘 제조시설용 건축물, 그 제조시설을 지원하기 위하여 공장 경계구역 안에 설치되는 다음 각 호의 부대시설용 건축물 및 산업집적활성화 및 공장설립에 관한 법률 제33조에 따른 산업단지관리기본계획에 따라 공장경계구역 밖에 종업원의 주거용 건축물"로 하고, 부대시설용 건축물을 다음과 같이 규정하였다(규칙 §52).

① 사무실·창고·경비실·전망대·주차장·화장실 및 자전거 보관시설
② 수조·저유조·저장창고·저장조 등 저장용 옥외구축물
③ 송유관·옥외 주유시설, 급·배수시설 및 변전실
④ 폐기물 처리시설 및 환경오염 방지시설
⑤ 시험연구시설 및 에너지이용 효율 증대를 위한 시설
⑥ 공동산업안전시설 및 보건관리시설

⑦ 식당·휴게실·목욕실·세탁장·의료실·옥외 체육시설 및 기숙사 등 종업원의 복지후생 증진에 필요한 시설

그러므로 동일한 공장이라 하더라도 취득세를 중과세하기 위하여 적용하는 기준에서는 공장의 범위에서 기숙사, 세탁장, 의료실 등 종업원의 후생복지시설을 제외하여 중과세범위를 축소함으로 기업에 부담을 적게 하겠다는 것이며, 재산세에서 공장의 건축물에서는 후생복지시설 및 부대시설과 산업단지관리기본계획에 의하여 공장경계구역 밖에 설치된 종업원의 주거용 건축물도 포함하게 하여 공장입지기준면적 산정시의 공장건축물 연면적에 포함함으로써 분리과세대상 토지를 넓게 보겠다는 의도에서 달리 적용되고 있는 것이다.

(3) 공장입지기준면적 산정방법

분리과세대상지역 내의 공장용 건축물의 부속토지는 지방세법령에서 정하고 있는 공장입지기준면적률에 의하여 산정한 기준면적 내의 토지는 분리과세대상이며, 그 기준면적을 초과하는 부분의 면적에 해당하는 토지는 종합합산과세대상이 된다.

(가) 공장입지기준면적 산정공식 및 산출기준 (규칙 §50, 별표6)

$$공장입지기준면적 = 공장건축물\ 연면적 \times \frac{100}{업종별\ 기준공장\ 면적률}$$

이 공식에서 사용되는 용어를 살펴보면 다음과 같다.
① 공장용 건축물의 연면적이란 해당 공장의 경계구역 안에 있는 모든 공장용 건축물 연면적(종업원의 후생복지시설 등 각종 부대시설의 연면적을 포함하되, 무허가 건축물 및 위법시공 건축물 연면적은 제외한다.)과 옥외에 있는 기계장치 또는 저장시설의 수평투영면적을 합한 면적을 말한다. 그러므로 공장건축물 연면적에 포함되는 건축물은 지방세법령에서 규정된 공장의 범위와는 관계없이 공장울타리 안에 있는 모든 건축물의 합계면적을 말하므로 공장울타리 안에 있는 공장으로 사용되는 건물, 종업원의 기숙사, 기업부설 연구소용 건물, 휴게실 등 모든 시설물 면적과 산업단지관리기본계획에 의하여 공장경계구역 밖에 설치된 종업원의 주거용 건축물을 공장건축물 연면적에 포함하여야 한다.
② 업종별 기준공장면적률이란 산업집적활성화 및 공장설립에 관한 법률 제8조에 따라 산업통상자원부장관이 고시하는 "업종별 기준공장면적률"에 따른다.
③ 1개의 단위 공장에 2개 이상의 업종을 영위하는 경우에는 각 업종별 공장입지기준면적을 산출하여 이를 합한 면적을 공장입지기준면적으로 보며, 명확한 업종구

분이 불가능한 경우에는 매출액이 가장 많은 업종의 기준공장면적률을 적용하여 산출하여야 한다.

(나) 공장입지기준면적의 추가 인정기준

① 위의 공식과 산출기준에 의하여 산출된 면적을 초과하는 토지 중 다음의 어느 하나에 해당하는 토지는 공장입지기준면적에 포함되는 것으로 한다.

㉮ 산업집적활성화 및 공장설립에 관한 법률 제20조 제1항 본문에 따라 공장의 신설 등이 제한되는 지역에 소재하는 공장의 경우에는 위의 공식에 의하여 산출된 면적의 100분의 10 이내의 토지는 공장입지기준면적에 포함되나 그 면적이 3,000㎡를 초과하면 3,000㎡만 산출된 기준면적에 합계하여 해당 공장의 입지기준면적으로 하므로 이 입지기준면적을 초과하는 토지는 종합합산과세대상 토지가 된다.

> (적용례)
> ○ 산출된 입지기준면적의 100분의 10이 3,000㎡ 이하인 경우
>   - 부속토지 : 20,000㎡
>   - 공장입지 기준면적 : 16,000㎡
>   - 공장입지 기준면적 내의 업무용 토지(분리과세대상) :
> $16,000㎡ + (16,000㎡ \times \dfrac{10}{100}) = 17,600㎡$
>   - 종합합산대상토지 : 20,000㎡ - 17,600㎡ = 2,400㎡
> ○ 산출된 공장입지 기준면적의 100분의 10이 3,000㎡ 이상인 경우
>   - 부속토지 : 80,000㎡
>   - 공장입지 기준면적 : 50,000㎡
>   - 공장입지 기준면적 내의 업무용 토지(분리과세대상) : 50,000㎡ + 3,000㎡ = 53,000㎡
>   ※ 입지기준면적 50,000㎡의 100분의 10에 해당하는 면적은 5,000㎡이나, 3,000㎡를 초과하므로 3,000㎡만 입지기준면적에 포함함.
>   - 종합합산과세대상토지 : 80,000㎡ - 53,000㎡ = 27,000㎡

㉯ 산업집적활성화 및 공장설립에 관한 법률 제20조 제1항 본문에 따라 공장의 신설 등이 제한되는 지역 외의 지역에 소재하는 공장의 경우에는 위의 공식에 의하여 산출된 면적의 100분의 20 이내의 토지는 입지기준면적으로 본다. 그러므로 산출된 면적의 100분의 20 이내는 토지면적의 크기에는 관계없이 전부 공장입지기준면적에 포함하여 이를 분리과세대상 공장용지로 보겠다는 것이다.

> (적용례)
> ○ 대전광역시 지역에서 공장을 설치할 경우
>   - 부속토지 : 50,000㎡
>   - 공식에 의한 기준면적 : 40,000㎡
>   - 공장입지 기준면적 내의 업무용 토지(분리과세대상) :
> $40,000㎡ + (40,000㎡ \times \frac{20}{100}) = 48,000㎡$
>   - 종합합산과세대상토지 : 50,000㎡ - 48,000㎡ = 2,000㎡

② 공장 구내에 있는 부속토지 중에서 도시관리계획상의 녹지지역, 활주로, 철로, 6m 이상의 도로 및 접도구역은 공장입지기준면적에 포함되는 것으로 한다. 이 경우는 녹지지역, 공장 구내의 6m 이상 도로 등이 도시관리계획상에 고시된 것이어야 되므로 해당 기업이 편의에 의해 설치한 것은 여기에 해당되지 아니한다.

③ 생산공정의 특성상 대규모 저수지 또는 침전지로 사용되는 토지는 공장입지기준면적에 포함되는 것으로 한다. 이 경우는 화학공장 등에서 폐수 등을 침전시킨 후 정화하여 방류하기 위한 침전지나 공장의 자체 공업용수의 확보를 위해 보유하고 있는 저수지 등이 여기에 해당된다.

④ 공장용으로 사용하는 것이 적합하지 아니한 경사도가 30도 이상인 사면용지는 공장입지기준면적에 포함되는 것으로 한다. 이 경우의 예를 들어보면 공장을 경사도가 심한 임야 또는 언덕 위에 설치함으로써 그 공장용지 유지에 필요한 옹벽 등의 용지가 많이 소요되는 경우 그 용지는 공장입지기준면적에 포함한다는 것이다.

⑤ 공장의 가동으로 인하여 소음·분진·악취 등 생활환경의 오염피해가 발생하게 되는 토지로서 해당 공장과 인접한 토지를 그 토지 소유자의 요구에 따라 취득하는 경우에는 공장경계구역 안에 있는 공장의 면적과 합한 면적을 해당 공장의 부속토지로 보아 공장입지기준면적을 산정한다.

⑥ 재산세의 분리과세대상이 되는 공장입지기준면적을 산출할 때 다음 표의 기준면적에 해당하는 종업원용 체육시설용지(공장입지기준면적의 100분의 10 이내에 해당하는 토지에 한정한다.)는 공장입지기준면적에 포함되는 것으로 한다.

(단위 : 제곱미터)

구 분		종업원 100명 이하	종업원 500명 이하	종업원 2,000명 이하	종업원 10,000명 이하	종업원 10,000명 초과
실외체육시설	운동장	1,000	1,000제곱미터 + (100명 초과 종업원수×9 제곱미터)	4,600제곱미터 + (500명 초과 종업원수×3 제곱미터)	9,100제곱미터 + (2,000명 초과 종업원수×1 제곱미터)	17,100
	테니스 또는 정구코트	970	970	1,940	2,910	2,910
실내체육시설		150	300	450	900	900

[비 고]
1. 적용요건
운동장과 코트에는 축구·배구·테니스 등 운동경기가 가능한 시설이 있어야 하고, 실내체육시설은 영구적인 시설물이어야 하며, 탁구대 2면 이상을 둘 수 있어야 한다.
2. 적용요령
 (1) 종업원수는 그 사업장에 근무하는 종업원을 기준으로 한다.
 (2) 종업원이 50명 이하인 법인의 경우에는 코트면적만을 기준면적으로 한다.
 (3) 실내체육시설의 건축물바닥면적이 기준면적 이하인 경우에는 그 건축물바닥면적을 그 기준면적으로 한다.
 (4) 종업원용 실내체육시설이 있는 경우에는 그 실내체육시설의 기준면적에 영 제101조 제2항의 용도지역별 적용배율을 곱하여 산출한 면적을 합한 면적을 기준면적으로 한다.

(적용례)
○ 위에서 규정된 공식에 의하여 산출된 공장입지기준면적과 여기에 예외적으로 인정되는 공장입지기준면적의 산정례는 다음과 같다(광주광역시 소재 공장의 경우).
- 부속토지 : 50,000㎡
- 공식에 의한 기준면적 : 30,000㎡
- 예외 인정기준에 의한 입지기준면적
  - 입지기준면적의 20% 이내 : $30,000㎡ \times \frac{20}{100} = 6,000㎡$
  - 도시관리계획상의 도로 및 녹지지역 : 1,500㎡
  - 침전지 : 2,000㎡
  - 경사도가 심한 사면지 : 5,000㎡
  - 악취 등으로 별도 취득토지 : 3,000㎡
- 종합합산과세대상토지 : 50,000㎡ - (30,000 + 6,000 + 1,500 + 2,000 + 5,000 + 3,000)㎡ = 2,500㎡
※ 종합합산대상토지 이외의 47,500㎡는 분리과세대상임.

2) 분리과세대상 농지(영 §102 ① Ⅱ)

(1) 개인 소유농지

농지(전·답·과수원)로서 과세기준일 현재 실제 영농에 사용되고 있는 개인이 소유하는 농지는 분리과세대상이다. 다만, 특별시·광역시(군 지역은 제외한다.)·특별자치시·특별자치도 및 시지역(읍·면지역을 제외한다.)의 도시지역의 농지는 개발제한구역과 녹지지역(「국토의 계획 및 이용에 관한 법률」 제6조 제1호에 따른 도시지역 중 같은 법 제36조 제1항 제1호 각 목의 구분에 따른 세부 용도지역이 지정되지 아니한 지역을 포함한다. 이하 이 항에서 같다.)에 있는 농지에 한정하여 분리과세대상으로 한다(영 §102 ① Ⅱ 가).

이 경우 '도시지역'이란 「국토의 계획 및 이용에 관한 법률」 제6조에 따른 도시지역, 즉 인구와 산업이 밀집되어 있거나 밀집이 예상되어 그 지역에 대하여 체계적인 개발·정비·관리·보전 등이 필요한 지역을 말한다(영 §104).

그러므로 개인의 경우에는 과세기준일 현재 실제 영농에 사용되고 있는 개인이 소유하고 있는 농지이면 분리과세되나, 특별시·광역시(군지역은 제외)·특별자치시·특별자치도 및 시지역(읍·면지역 제외)의 도시지역 내의 개인소유농지는 개발제한구역과 녹지지역 내에 소재한 농지에 한하여 개인이 과세기준일 현재 실제 영농에 사용하고 있는 농지만이 분리과세대상이 되고, 그 이외의 농지는 전부 종합합산과세대상이 된다.

여기에서 도시지역 내의 녹지지역이라 함은 국토의 계획 및 이용에 관한 법률 제36조(용도지역의 지정)에 따라 지역의 지정이 된 지역을 말한다.

그리고 녹지지역에는 「국토의 계획 및 이용에 관한 법률」 제6조 제1호에 따른 도시지역 중 같은 법 제36조 제1항 제1호 각 목의 구분에 따른 세부 용도지역이 지정되지 아니한 지역을 포함한다.

그러므로 이 규정에서 특히 유의하여야 할 점은 다음과 같다.

첫째, 개인이 소유한 농지는 과세기준일 현재 실제 영농에 사용되고 있는 농지를 소유하고 있으면 족하므로 소유자가 직접 경작을 하지 아니하고 임대 또는 다른 사람에게 관리 경작하더라도 분리과세된다는 점이다.

둘째, 개인소유농지라 하더라도 특별시·광역시(군지역은 제외)·특별자치시·특별자치도 및 시지역(읍·면지역 제외)의 도시지역 내에 위치한 농지는 영농을 하고 있는 농지인 경우에도 개발제한구역과 녹지지역 내의 농지가 아니면 분리과세대상이 아니라는 점에 특히 유의하여야 한다.

| 사례 |

❖ **지구단위계획결정고시에 의하여 제2종 주거지역으로 지정된 경우 법률에서 정하고 있는 도시지역 내 토지로 볼 수 있는지 여부**

원고의 토지는 00광역시의 토지구획정리사업지구로 지정·고시된 후... 지구단위계획결정으로 도시지역 중 제2종 일반주거지역으로 지정이 된 사실이 있고, 「국토의 계획 및 이용에 관한 법률」 부칙(2002.2.4.) 제2조, 제10조에 의하면 위 법의 제정으로 도시계획법을 폐지하고, 종전의 도시계획법의 규정에 의한 결정·처분·절차 그 밖의 행위는 이 법의 규정에 의하여 행하여진 것으로 본다고 규정하고 있는바, 이 사건 토지는 구 도시계획법령에 의하여 제2종 일반주거지역으로 지정된 도시지역으로서 「국토의 계획 및 이용에 관한 법률」 제6조에서 정하고 있는 도시지역에 해당한다.

(대법 2014두44373, 2015.2.12.)

❖ **시지역의 도시지역 내의 농지가 분리과세대상인지 여부**

이 사건 종합과세대상 토지가 분리과세대상 토지에 해당하기 위해서는 과세기준일 현재 실제 영농에 사용되고 있는 개인이 소유하는 농지로서 시지역의 도시지역의 농지는 개발제한구역과 녹지지역 안에 있어야 하는데, 앞서 본 바와 같이 이 사건 종합과세대상 토지는 이 사건 도시관리계획결정에 의하여 제1종일반주거지역으로 지정된 도시지역에 있어 개발제한구역과 녹지지역 안에 있지 아니하여 분리과세대상 토지에 해당되지 않는다고 할 것이다.

(대법 2016두36406, 2016.6.23.)

❖ **분리과세 대상 농지의 판단**

조경은 과세기준일 이후에 사업자등록을 하였고, 골프장 및 ○○조경에 잔디를 판매한 금액을 지급받았다는 금융 자료를 제출하지 못하고 있는 등에 위 주장을 믿기 어려움. 설령, 2번에 걸쳐 잔디를 판매하였다 하더라도, 재산세 과세대상으로서 농지에 해당하느냐 여부는 그 토지의 장기적인 주된 사용목적과 그에 적합한 위치, 형상 등을 객관적으로 평가하여 결정하여야 하고, 그 일시적인 사용관계에 구애될 것은 아닌데(대법원 선고 85누234, 1985.9.10. 참조), 쟁점토지는 골프장과 잇닿아 있으면서 한 울타리 내에 위치하고 있고, 골프장에는 매일 수십 명의 내장객이 골프를 치고 있어 영농에 적합하다고 보기 어려운 점, 잔디판매 실적도 2건에 불과한 점 등 영농에 사용되는 농지라고 볼 수 없다.

(대법 11두22426, 2011.12.27.)

❖ **곤충사육시설의 부속토지가 분리과세대상 해당 여부**

① 사무소, 곤충사육사, 마당 및 각종물건 적재장소 등으로 사용되고 있어 「지방세법 시행령」 제102조 제1항 제2호 가목에서 규정한 전·답·과수원으로 사용한다고 볼 수 없고, 청구인의 쌍별귀뚜라미사육의 경우 「축산법」 제2조에서 축산업으로 보지 않고 있고, 그 사육장 부지의 경우 「지방세법 시행령」 제102조 제1항 제3호에서 축산용 토지로도 보지 않고 있어 목장용지로 볼 수 없는 점 등에 비추어 쟁점 제①건축물의 부속토지는 종합합산과세대상임

(조심 2019지1853, 2019.10.31.)

❖ **이 사건 토지가 국토의 계획 및 이용에 관한 법률상의 "도시지역"에 위치한 토지로 볼 수 없고, 그 현황이 농지이므로 저율분리과세 세율(0.7%)를 적용하여야 한다는 원고주장의 당부**

> 이 사건 토지는 구 토지구획정리사업법(1999.2.8. 법률 제5893호로 개정되기 전의 것) 제7조, 제32조 등에 따라 인천광역시의 토지구획정리사업지구로 지정·고시된 후, 구 도시계획법 제24조, 제32조, 구 도시계획법 시행령 제29조 등에 따라 지구단위계획결정으로 도시지역 중 제2종 일반주거지역으로 지정된 것으로 보아야 하고, 한편 2002.2.4. 법률 제6655호로 제정된 국토의 계획 및 이용에 관한 법률 부칙 제2조, 제10조에서, 위 법의 제정으로 구 도시계획법을 폐지하고, 종전의 구 도시계획법의 규정에 의한 결정·처분·절차 그 밖의 행위는 위 법의 규정에 의하여 행하여진 것으로 본다고 규정하고 있는바, 이 사건 토지는 구 도시계획법령에 따라 제2종 일반주거지역으로 지정된 도시지역으로서, 국토의 계획 및 이용에 관한 법률 제6조에서 정하고 있는 도시지역에 해당함이 분명하다. 따라서 원고의 위 주장은 받아들일 수 없음(앞서 본 바와 같이 피고는 이 사건 토지의 현황이 농지임을 부인하는 것이 아니라, 관계 법령에서 정한 바에 따라 이 사건 처분을 한 것일 뿐이므로, 이 사건 처분이 구 지방세법 시행령 제119조에서 정한 현황과세의 원칙에 반한다고 볼 수도 없다.
>
> (대법 2020두38027, 2020.8.13.)

(2) 법인소유농지

 법인이 소유하고 있는 농지는 원칙적으로 전부 종합합산과세대상이나 다음과 같은 법인·단체가 소유하고 있는 농지에 한하여 과세기준일 현재 실제 농지로서 소유하고 있으면 분리과세대상 농지에 해당된다.

① 농지법 제2조 제3호에 따른 농업법인이 소유하는 농지로서 과세기준일 현재 실제 영농에 사용하고 있는 농지. 다만, 특별시, 광역시(군지역은 제외한다.), 특별자치시·특별자치도, 시지역(읍·면지역은 제외한다.)의 도시지역 안의 농지는 개발제한구역과 녹지지역에 있는 것으로 한정한다(영 §102 ① Ⅱ (나)).

 이 경우 "농업법인"이란 농어업경영체 육성 및 지원에 관한 법률 제16조에 따라 설립된 영농조합법인과 같은 법 제19조에 따라 설립되고 업무집행권을 가진 자 중 3분의 1 이상이 농업인인 농업회사법인을 말한다.

▸ 사례 ┃

❖ **주식회사인 농업회사법인 소유 토지에 대한 재산세 분리과세대상 여부**

> 지방세법 시행령 제132조 제1항 제2호 나목에서 농업회사법인 중 합명회사, 합자회사 및 유한회사(이하 '합명회사 등'이라고 한다.)가 소유하는 농지를 재산세 분리과세대상으로 규정하면서 농업회사법인 중 주식회사가 소유하는 농지는 재산세 분리과세대상에서 제외하도록 규정한 것은 주식회사가 그 설립목적 및 자본의 결합 방식 등에 있어 합명회사 등과 차이가 있음을 고려하여 달리 취급한 것으로 위 규정이 합리적 이유 없이 주식회사인 농업회사법인을 차별한 것이라고는 볼 수 없다. 따라서 위 시행령 규정에 따라 원고회사 소유의 토지를 분리과세대상에서 제외하고 종합합산과세대상으로 보아 과세한 피고의 이 사건 처분은 적법하다 할 것이다.
>
> (대법 2008두15749, 2008.11.27.)

② 한국농어촌공사 및 농지관리기금법에 따라 설립된 한국농어촌공사가 같은 법에 따라 농가에 공급하기 위하여 소유하는 농지(영 §102 ① Ⅱ (다))

한국농어촌공사가 세대주 또는 그 동거가족이 농업에 종사하여 생활하는 가구단위인 농가에 공급하기 위하여 소유하는 농지에 한하여 분리과세한다.

③ 관계법령에 따라 사회복지사업자가 복지시설의 소비목적으로 사용할 수 있도록 하기 위하여 소유하는 농지. 다만, 1990년 5월 31일 이전부터 소유(1990년 6월 1일 이후에 해당 농지를 상속받아 소유하는 경우와 법인합병으로 인하여 취득하여 소유하는 경우를 포함한다.)하는 농지에 한한다(영 §102 ① Ⅱ (라) ⑨).

이 경우 소비용에 공하는 농지라 함은 해당 농지에서 생산되는 농산물의 전부 또는 일부를 그 복지시설에서 소비하는 농지를 말하므로 사회복지시설이 소유하고 있는 농지인 경우라도 타에 임대하고 임대료만 받아 사회복지시설 운영에 활용한다 하더라도 임대한 농지는 소비용에 공하는 농지로 볼 수 없기 때문에 종합합산대상이 되어야 한다고 본다.

④ 법인이 매립, 간척으로 취득한 농지로서, 과세기준일 현재 실제 영농에 사용되고 있는 해당 법인 소유농지

다만, 특별시·광역시(군지역은 제외한다.)·특별자치시·특별자치도 및 시지역(읍·면 지역은 제외한다.)의 도시지역의 농지는 개발제한구역과 녹지지역 안에 있는 것으로 한정한다(영 §102 ① Ⅱ (마)).

이 경우는 원칙으로는 일반상업 법인은 영농을 할 수 없는 것이나 법인이 직접 매립, 간척에 의해 농지를 취득하여 과세기준일 현재 영농을 계속하고 있는 때에는 분리과세한다는 것이다.

⑤ 종중이 소유하는 농지(영 §102 ① Ⅱ (바)). 다만, 1990년 5월 31일 이전에 취득하여 소유(1990.6.1. 이후에 해당 농지를 상속받아 소유하는 경우를 포함한다.)하는 농지로서(영 §102 ⑨),

• 종중명의로 등기된 농지와,
• 매년 6월 1일부터 6월 10일까지 종중명의로 신고된 농지를 말한다.

그러므로 종중의 소유농지는 종중명의로 등기가 되지 않고 종손이나 종중의 대표자 개인명의로 등기되어 있는 경우에 종중 소유 농지임을 입증할 수 있는 자료를 첨부하여 시장·군수·구청장에게 신고하면 신고된 이후부터는 종중소유로 분리과세되는데, 이 경우 1990년 5월 31일 이전에 종중이 취득한 농지에 한하여 종중농지로 인정된다.

3) 목장용지 중 분리과세대상토지(영 §102 ① Ⅲ)

목장용지 중 분리과세대상토지는 개인이나 법인이 축산용으로 사용하는 도시지역 안의 개발제한구역·녹지지역과 도시지역 밖의 목장용지로서 과세기준일이 속하는 해의 직전 연도를 기준으로 축산용 토지 및 건축물의 기준을 적용하여 계산한 토지면적의 범위에서 소유하고 있는 토지는 분리과세대상이 된다.

그런데 축산용으로 사용되는 목장용지 중 분리과세되는 토지의 판단에서 유의하여야 할 점은 다음과 같다.

첫째, 해당 목장용지가 도시지역 안의 개발제한구역 및 녹지지역과 도시지역 밖에 위치해 있어야 한다는 것이다. 결국 도시지역 내에서는 축산업을 영위하는 것을 억제하겠다는 정책목적에서 취해진 조치로서 도시지역 내에 있는 축산업을 영위하는 목장용지는 개발제한구역과 녹지지역 내에 한하여 분리과세대상이 되나, 이 경우에도 도시지역의 목장용지는 1989년 12월 31일 이전부터 소유(1990.1.1. 이후 해당 목장용지를 상속 받아 소유하는 경우와 법인합병으로 인하여 취득하여 소유하는 경우를 포함한다.)하는 것 외에는 전부 종합합산과세대상이 된다.

둘째, 축산업을 영위하는 개인 또는 법인이 축산업을 영위하는 도시지역의 개발제한구역 및 녹지지역과 도시지역 외의 목장용지라 하더라도 축산용 토지 및 건축물의 기준을 적용하여 산정한 범위 이내의 목장용지는 분리과세대상이 되고 이를 초과하는 목장용지는 종합합산과세대상이 된다.

│ 축산용 토지 및 건축물의 기준 │

구분	사업	가축마릿수 (연중 최고 마릿수를 말한다)	축사 및 부대시설		초지 또는 사료밭		비고
			축사	부대시설	초지	사료밭	
			m^2	m^2	ha	ha	
1. 한우(육우)	사육사업	1마리당	7.5	5	0.5	0.25	말, 노새, 당나귀 사육을 포함한다.
2. 한우(육우)	비육사업	〃	7.5	5	0.2	0.1	-
3. 젖소	목장사업	〃	11	7	0.5	0.25	-
4. 양	〃	10마리당	8	3	0.5	0.25	-
5. 사슴	〃	〃	66	16	0.5	0.25	-
6. 토끼	사육사업	100마리당	33	7	0.2	0.1	친칠라 사육을 포함한다.
7. 돼지	양돈사업	5마리당	50	13	-	-	개 사육을 포함한다.
8. 가금	양계사업	100마리당	33	16	-	-	여우사육을 포함한다.
9. 밍크	사육사업	5마리당	7	7	-	-	

이러한 기준에 의하여 기준면적 산정의 예를 들면, 甲이 축산업을 영위하는 목장용지를 소유하고 사슴을 방목하고 있는 경우

① 목장용 토지면적 : 500ha
② 사슴마리수 : 5,000마리를 가지고 목장사업을 하면,

- 기준면적 이내 초지 : 5,000마리 × 0.5 × $\frac{1}{10}$ = 250ha

- 기준면적 이내 사료포 : 5,000마리 × 0.25 × $\frac{1}{10}$ = 125ha

※ 초지와 사료포는 375ha가 분리과세되고 나머지 125ha(500ha-375ha)는 종합합산과세된다.

4) 임야 중 분리과세대상토지(영 §102 ②)

산림의 보호 육성을 위하여 필요한 임야 및 문화재보호 등에 필요한 임야로서 산림경영계획의 인가를 받아 시업 중인 임야, 특수산림사업지구로 지정된 임야, 문화재보호구역 안의 임야, 공원자연환경지구의 임야, 종중소유임야와 사권이 제한된 개발제한구역(Green Belt)의 임야, 군사시설보호구역(해군기지구역 포함) 중 제한보호구역의 임야 및 동 제한보호구역에서 해제된 날부터 2년이 경과하지 아니한 임야, 상수원보호구역의 임야 등은 다음의 구분에 의하여 분리과세 또는 종합합산과세대상이 된다.

(1) 산림경영계획 인가된 임야 및 특수산림사업지구로 지정된 임야(영 §102 ② Ⅰ)

산림자원의 조성 및 관리에 관한 법률 제28조에 따라 특수산림사업지구로 지정된 임야와 산지관리법 제4조 제1항 제1호에 따른 보전산지에 있는 임야로서 산림자원의 조성 및 관리에 관한 법률 제13조에 따른 산림경영계획의 인가를 받아 실행 중인 임야는 분리과세된다. 다만, 도시지역의 임야는 제외하되, 도시지역으로 편입된 날부터 2년이 지나지 아니한 임야와 국토의 계획 및 이용에 관한 법률 시행령 제30조에 따른 보전녹지지역(국토의 계획 및 이용에 관한 법률 제6조 제1호에 따른 도시지역 중 같은 법 제36조 제1항 제1호 각 목의 구분에 따른 세부 용도지역이 지정되지 아니한 지역을 포함한다.)의 임야로서 산림자원의 조성 및 관리에 관한 법률 제13조에 따른 산림경영계획의 인가를 받아 실행 중인 임야를 포함하여 분리과세 대상이다.

이 경우 분리과세대상 임야는, ① 도시지역 밖(도시지역으로 편입된 날부터 2년이 경과하지 아니한 임야 포함)에 위치한 임야이어야 하고, ② 산림자원의 조성 및 관리에 관한 법률 제28조에 따라 특수산림사업지구로 지정된 임야와 산지관리법 제4조 제1항 제1호에 따른 보전산지안에 있는 임야로서 산림경영계획의 인가를 받아 실행 중인 임야라야 하며, ③ 도시지역의 임야의 경우라도 도시지역으로 편입된 날부터 2년이 경과하지 아니한 임야와 국토의 계획 및 이용에 관한 법률 시행령 제30조에 따른 보전녹지지역(세부용도지역이 지정되지

아니한 지역 포함)의 임야로서 산림경영계획의 인가를 받아 실행 중인 임야는 분리과세대상이다.

(2) 문화재보호구역 안의 임야(영 §102 ② Ⅱ)

문화재보호법 제2조 제3항에 따른 지정문화재 및 같은 조 제5항에 따른 보호구역안의 임야는 분리과세대상이 된다.

문화재보호법 제2조 제3항에 따른 지정문화재란,
① 국가지정문화재 : 문화재청장이 제23조부터 제26조까지의 규정에 따라 지정한 문화재(보물 및 국보, 중요무형문화재, 사적·명승·천연기념물, 중요민속문화재)
② 시·도지정문화재 : 특별시장, 광역시장, 특별자치시장, 도지사 또는 특별자치도지사가 제70조 제1항에 따라 지정한 문화재
③ 문화재자료 : 제1호나 제2호에 따라 지정되지 아니한 문화재 중 시·도지사가 제70조 제2항에 따라 지정한 문화재를 말한다.

그리고 문화재보호법 제2조 제4항에 따른 "보호구역"이란 지상에 고정되어 있는 유형물이나 일정한 지역이 문화재로 지정된 경우에 해당 지정문화재의 점유 면적을 제외한 지역으로서 그 지정문화재를 보호하기 위하여 지정된 구역을 말한다.

(3) 공원자연환경지구의 임야(영 §102 ② Ⅲ)

자연공원법에 따라 지정된 공원자연환경지구의 임야는 도시지역 내외, 산림자원의 조성 및 관리에 관한 법률에 의한 보전산지, 준보전산지를 불문하고 비과세·감면대상을 제외한 모든 임야는 분리과세대상이다.

자연공원법에 의한 공원자연환경지구라 함은 자연공원법 제16조에 따른 공원의 효율적인 보호와 이용을 도모하게 하기 위하여 공원자연보존지구, 공원자연환경지구, 공원자연마을지구, 공원밀집마을지구, 공원집단시설지구의 용도지구를 공원계획으로 결정하는데, 이러한 지구 중 공원자연보존지구의 임야는 재산세가 비과세되며, 공원자연마을지구, 공원집단시설지구 등은 그 용도에 따라 별도합산 또는 종합합산과세대상이 된다.

(4) 종중소유 임야(영 §102 ② Ⅳ)

종중이 소유하고 있는 임야는 도시지역 내외 또는 보전산지·준보전산지를 불문하고 전부 분리과세대상이다. 다만, 1990년 5월 31일 이전부터 소유하는 임야에 한하되 1990년 6월 1일 이후에 해당 임야를 상속받아 소유하는 경우와 법인합병으로 인하여 취득하여 소유하는 경우는 1990년 5월 31일 이전부터 소유한 것으로 본다.

그런데 종중소유 토지는 그 명의가 종중으로 되어 있지 않고 개인 명의로 되어 있는 것

이 대부분인 것이 현실이다. 이런 경우는 그 공부상의 소유자가 과세기준일로부터 10일 이내에 종중소유 토지임을 입증할 수 있는 자료를 갖추어 해당 토지의 소재지를 관할하는 시장·군수에게 종중토지임을 신고하여야 종중토지로 인정받을 수 있다.

(5) 개발제한구역의 임야 등(영 §102 ② Ⅴ)

① 개발제한구역의 지정 및 관리에 관한 특별조치법에 따른 개발제한구역(Green Belt)의 임야 ② 군사기지 및 군사시설 보호법에 따른 군사기지 및 군사시설 보호구역 중 제한보호구역의 임야 및 그 제한보호구역에서 해제된 날부터 2년이 지나지 아니한 임야 ③ 도로법에 따라 지정된 접도구역의 임야 ④ 철도안전법 제45조에 따른 철도보호지구의 임야 ⑤ 도시공원 및 녹지 등에 관한 법률 제2조 제3호에 따른 도시공원의 임야 ⑥ 국토의 계획 및 이용에 관한 법률 제38조의 2에 따른 도시자연공원구역의 임야 ⑦ 하천법 제12조에 따라 홍수관리구역으로 고시된 지역의 임야는 분리과세 대상인데 이 경우에도 1989년 12월 31일 이전부터 소유(1990년 1월 1일 이후에 해당 임야를 상속받아 소유하는 경우와 법인합병으로 인하여 취득하여 소유하는 경우를 포함한다.)하고 있는 임야에 한하여 전부 분리과세대상이다.

이 규정은 재산세의 과세에 있어서 사권이 제한된 정도에 따라 동일한 과세를 하기 위하여 취해진 조치이며, 군사시설보호구역 중 제한보호구역 내에 있는 임야가 동 제한보호구역에서 해제됨으로 인하여 재산세가 종합합산과세되게 되는데 이러한 토지의 경우는 제한보호구역에서 해제된 후 산림경영계획을 세워 실행을 하거나 다른 용도에 활용할 수 있는 최소의 기간을 주기 위하여 2년간의 유보기간을 둔 것이다.

(6) 수도법에 따른 상수원보호구역 내의 임야(영 §102 ② Ⅵ)

수도법에 따른 상수원보호구역 안의 임야는 도시지역 내외 또는 보전산지, 준보전산지를 불문하고 전부 분리과세대상이다. 이 경우 분리과세대상 임야는 1990년 5월 31일 이전부터 소유(1990.6.1. 이후에 해당 임야를 상속받아 소유하는 경우와 법인합병으로 인하여 취득하여 소유하는 경우를 포함한다.)하는 경우에 한한다.

수도법에 의한 상수원보호구역이라 함은 상수원의 확보와 수질보전상 필요하다고 인정되는 지역을 상수원 보호를 위한 구역으로 지정하는데, 이 경우 상수원보호구역의 지정·공고가 있는 경우에는 이를 일반에게 열람한 후, 그 공고일부터 6월 이내에 해당 구역 안의 토지에 대한 지적을 고시한 지역을 말한다.

> 사례

❖ **자동차 정비사업용 토지의 분리과세 여부**

지방세법 시행령 제131조의 2 제3항 제6호가 자동차정비사업장용 토지는 별도합산과세대상에 해당된다고 명시하고 있는 점, 시행규칙 제72조의 문언과 취지에 비추어 제조나 가공을 수반하지 않고 자동차정비 등 수선의 목적에만 사용하는 건축물의 부속토지는 분리과세대상이 되는 제조시설용 건축물의 부속토지에 해당된다고 보기 어려운 점, 시행령 제132조 제1항 제1호의 위임에 따라 시행규칙 제74조가 공장용 건축물의 부속토지 중 분리과세대상의 범위에 해당하는 공장입지기준면적을 정함에 있어 자동차정비사업장용 토지에 관하여는 아무런 규정을 두고 있지 않는 점 등을 고려하면, 자동차정비사업의 목적에만 사용되는 건축물의 부속토지는 시행령 제132조 제1항 제1호에 의한 재산세 분리과세대상이 아니라 시행령 제131조의 2 제3항 제6호에 의한 재산세 별도합산과세대상에 해당함이고 할 것이다.

(대법 09두9390, 2011.9.8.)

❖ **'사업계획의 승인을 받은 토지로서 주택건설사업에 공여되고 있는 토지'의 의미**

사업계획 승인을 얻은 후에도 다양한 사유로 상당 기간 동안 실제 주택 건설이 이루어지지 않을 수 있으며, 일정 기간이 지나도 공사에 착수하지 않을 경우 그 사업계획 승인이 취소될 수 있는 점, 사업계획 승인을 얻었다고 하여 바로 해당 토지에서의 다른 용도로의 사용이 제한되는 등의 법적인 효과가 있는 것으로 보이지 않는 점, 또한 법문에서 분리과세 대상 토지를 "사업계획 승인을 받은 토지"로만 규정하지 않고 "사업계획 승인을 받은 토지로서 주택건설사업에 공여되고 있는 토지"를 규정하고 있는 점, 사업계획 승인을 받았다는 사실만으로 대상 토지가 주택건설사업에 공여되고 있다고 보기는 어려운 점 등을 종합적으로 고려할 때, 「주택법」에 따른 주택건설사업계획의 승인을 받은 토지로서 주택건설사업의 부지로 제공되기 위하여 다른 용도로 사용되지 않고 있는 토지를 의미한다.

(법제처 법령해석총괄과 2009-360, 2009.2.23.)

❖ **주택건설사업에 제공된 토지로 본다는 사례**

농지로 경작하였다고 하더라도, 이는 사업시행자의 환지예정지 지정이나 환지처분 등에 관한 권한을 배제하지 아니한 채 일시적으로 사용하고 있는 것에 불과하고, 환지예정지 지정이나 환지처분이 있을 경우 이 사건 각 토지에 대한 권리를 상실함. 제24호는 과세대상 물건의 현황과 무관하게 도시개발사업의 시행자가 그 도시개발사업에 제공하는 토지에 대하여 일정기간 저율의 분리과세를 하겠다는 취지로 보임. 제5항은 모두 31목으로 나누어 각 목에서 정하는 시설, 설비, 용도 등에 직접 사용되고 있는 경우와 그렇지 아니한 경우를 명백히 구분하여 분리과세대상 토지의 범위를 규정하고 있는데, 그 중 제24호는 분리과세대상 토지를 도시개발사업의 시행자가 그 도시개발사업에 '제공하는' 주택건설용 토지와 산업단지용 토지라고 규정하고 있을 뿐이다.

(대법 13두8622, 2013.8.30.)

5) 골프장용 토지 등에 대한 분리과세(영 §102 ③)

중과세율을 적용하기 위하여 종합합산과세대상에서 분리하여 별도로 규정한 것으로서 골프장용 토지, 고급오락장용 건축물의 부속토지가 있다.

(1) 골프장용 토지

회원제로 운영되는 골프장용 부동산으로서 체육시설의 설치·이용에 관한 법률 시행령 제20조 제3항에 따라 구분 등록대상이 되는 모든 토지를 골프장용 토지로 본다. 그러므로 골프장이라 하더라도 대중골프장용 토지는 별도합산대상이 되고, 회원제로 운영되는 골프장용 토지에 한하여 분리하여 중과세하되 중과세대상의 범위는 체육시설의 설치·이용에 관한 법률의 규정에 의하여 구분 등록대상이 되는 토지에 한한다. 이 규정 중 취득세 규정에서는 골프장은 그 시설을 갖추어 등록을 하지 아니하더라도 사실상 골프장으로 사용하는 경우에도 중과세하나 재산세는 체육시설의 설치·이용에 관한 법률에 따른 회원제 골프장용 부동산 중 구분등록이 된 토지와 건축물 및 그 토지상의 입목에 대해서만 중과세되는 점에 유의해야 한다.

그러므로 골프장을 등록하기 위해서는 사업계획의 승인을 받아 그 사업시설을 설치한 후 그 업에 대한 등록을 해야 하는 것이다. 그 등록대상이 되는 토지는 다음과 같다(체육시설의 설치·이용에 관한 법률 시행령 §20 ③).

① 골프코스(티그라운드·훼어웨이·라프·해저드·그린 등을 포함한다.)
② 주차장 및 도로
③ 조정지(골프코스와는 별도로 오수처리 등을 위하여 설치한 것을 제외한다.)
④ 골프장의 운영 및 유지·관리에 활용되고 있는 조경지(골프장 조성을 위하여 산림훼손, 농지전용 등으로 토지의 형질을 변경한 후 경관을 조성한 지역을 말한다.)
⑤ 관리시설(사무실·휴게시설·매점·창고 기타 골프장 안의 모든 건축물을 포함하되, 수영장·테니스장·골프연습장·연수시설·오수처리시설 및 태양열이용설비 등 골프장의 용도에 직접 사용되지 아니하는 건축물을 제외한다.)의 부속토지
⑥ 보수용 잔디 및 묘목·화훼 재배지 등 골프장의 유지·관리를 위한 용도로 사용되는 토지

▎사례▎

❖ 골프장 주위의 임야가 골프장에 포함되는지 여부

이 사건 토지 위에 소나무, 아카시아, 잣나무 등의 수목이 자연 상태 그대로 우거져 있고 이 사건 토지가 상수원보호구역 또는 개발제한구역 안에 위치하고 있기는 하나, 이 사건 토지는 주된 용도가 산림을 보존하는 데 있는 '임야'가 아니라 골프장의 효용을 위하여 원형대로 보

존된 '체육용지'에 해당한다고 봄이 상당하고, 분리과세의 대상이 되는 '산림의 보호육성을 위하여 필요한 임야'에 해당한다고 볼 수 없다. 따라서 이 사건 토지 전부를 분리과세대상인 '임야'로 보지 않고 '체육용지'로 보고 종합과세대상으로 삼은 이 사건 처분은 적법하다.

(대법 2006두14322, 2006.11.9.)

❖ **과세기준일 현재 골프장 내에 있는 토지를 영농에 사용하는 농지로 볼 수 있는지 여부**

원심은, 이 사건 재산세 과세기준일인 2008.6.1 당시 이 사건 토지가 이 사건 골프장으로 이용되는 토지와 구분되지 않고 잇닿아 있으면서 골프장 둘레를 두르고 있는 울타리 내에 있는 사실과 이 사건 골프장에는 매일 수십 명의 내장객이 골프를 치고 있어 이 사건 토지가 영농에 적합하다고 보기 어려운 점 등 그 판시와 같은 사실 및 사정 등에 의하며, 이 사건 토지가 영농에 사용되고 있는 농지라고 볼 수 없다고 판단하였다.

(대법 2011두22426, 2011.12.27.)

❖ **개발제한구역내 골프장 외곽에 위치하여 골프장 시설과 일체가 되지 않은 임야는 저율 분리과세 대상에 해당되는지 여부**

쟁점 원형보전지 중 일부분은 골프장 외곽경계에서 다른 임야와 접하면서 급경사를 이루고 있는 사실이 인정되는바, 이와 같이 골프장 외곽경계 밖의 임야와 자연스럽게 이어져 급경사를 이루고 있으면서 수목이 생육하고 있는 토지로서 개발제한구역 안에 위치한 임야의 경우에는 골프장 내 골프코스 등 다른 토지와 일체가 되어 골프장을 구성하는 토지라고 보기는 어렵고, 산림의 보호육성을 위하여 필요한 임야로 볼 수 있어, 이러한 부분은 종합합산과세 대상토지로 볼 수 없고, 분리과세 대상토지에 해당한다고 할 것이다.

(대법 2013두24617, 2014.3.14.)

❖ **회원제골프장이 대중제골프장으로 전환시 재산세 중과 여부**

재산세 분리과세대상이 되는 회원제 골프장용 토지와 중과세율이 적용되는 회원제 골프장용 건축물은 특별한 사정이 없는 이상 실제로 회원제 골프장으로 사용되고 있는 토지와 건축물이어야 하고, 체육시설법에 따라 회원제 골프장업으로 체육시설업 등록을 하였더라도 실제로는 대중골프장으로만 운영한 경우 그 토지와 건축물은 구 지방세법 제106조 제1항 제3호 다목, 제111조 제1항 제1호 다.목 2)에서 정한 재산세 분리과세대상이 되거나 제111조 제1항 제2호 가목의 중과세율이 적용되지 않는다고 보아야 한다(대법 2013.2.15. 선고 2012두11904 판결 참조).

위 법리에 비추어 이 사건을 보면, 피고의 이 사건 처분은 실질과세의 원칙을 위반하여 위법하다. 원고는 사건 회생계획에서 대중골프장으로의 전환을 예정하고 있었고, 2016. 5. 23. 이후 골프장에 회원이 더 이상 존재하지 않는 상태였으며, 원고가 2016. 5. 31. 골프장을 대중골프장으로 운영하기 시작한 이상, 피고로부터 사업계획변경승인을 받지 못하였다거나, 과세기준일 직전에 대중골프장 운영을 시작하였다는 이유만으로 재산세를 회피하기 위한 탈법행위가 있었다고 볼 수 없다고 할 것이다.

(대법 2018두35889, 2018.5.31.)

❖ ① 회원제 골프장의 조경지 중 원형이 임야로 회복된 토지에 대하여는 종합합산으로 ② 회원제 골프장의 조경지 또는 원형보전지로 등록하였다고 하더라도 대중제 골프장에 소재하므로 별도합산으로 ③ 고객주차장, 클럽하우스 등은 회원제 골프장과 대중제 골프장의 실제 사용면적을 기

준으로 분리과 별도합산으로 구분하여야 한다는 청구주장의 당부

① 자연 상태의 임야인 경우에는 「체육시설의 설치·이용에 관한 법률」에 따라 구분 등록되었다 하더라도 종합합산과세대상으로 구분하여 재산세 등을 부과하여야 할 것인데, 쟁점토지는 골프장을 조성할 당시 산림을 훼손하여 경관을 조성한 조경지이거나 임야 등으로 그 후 장기간 관리를 하지 않아 원형이 회복한 임야이거나 당초부터 사실상의 자연 상태의 임야로서 원형보전지라 할 것이므로 이에 대하여는 그 구분 등록 여부에 관계없이 종합합산과세대상으로 구분하는 것이 타당함 ② 관련 법령에 따라 회원제 골프장의 원형보전지로 등록된 토지로서 2019년도 재산세 과세기준일(6.1.) 현재 그 등록 사항이 변경되지 않은 이상 그 위치가 대중제 골프장에 더 가깝다고 하여 이를 대중제 골프장의 속한다고 볼 수는 없는 점 등에 비추어 회원제 골프장의 조경지로 등록된 후 장기간 관리를 하지 않아 원형이 회복된 임야이거나 그 자체로 회원제 골프장의 원형보전지라 할 것이므로 이는 그 위치에 관계없이 종합합산과세대상으로 구분하여야 할 것임 ③ 이 건 골프장을 이용하는 고객들은 회원이 아니더라도 누구나 장소를 구분하지 않고 고객주차장, 클럽하우스 등을 자유롭게 이용하고 있고, 관리사무소 등은 이 건 골프장 전체의 안전과 유지·관리 등에 제공되고 있으므로 공동시설인 해당 시설은 회원제 골프장용과 대중제 골프장용으로 안분하는 것이 합리적임

(조심 2020지119, 2020.4.8.)

(2) 고급오락장용 건축물의 부속토지(영 §102 ③)

고급오락장이란 도박장, 유흥주점영업장, 특수목욕장, 그 밖에 이와 유사한 용도에 사용되는 건축물 중 대통령령으로 정하는 건축물과 그 부속토지. 다만, 고급오락장용 건축물을 취득한 날부터 60일[상속으로 인한 경우는 상속개시일이 속하는 달의 말일부터, 실종으로 인한 경우는 실종선고일이 속하는 달의 말일부터 각각 6개월(납세자가 외국에 주소를 둔 경우에는 각각 9개월)] 이내에 고급오락장이 아닌 용도로 사용하거나 고급오락장이 아닌 용도로 사용하기 위하여 용도변경공사를 착공하는 경우는 제외한다.

위와 같은 고급오락장으로 사용되는 건축물의 부속토지는 분리과세대상으로 하여 중과세율을 적용한다. 이 경우 고급오락장이 건축물의 일부에 시설된 경우에는 당해 건축물의 부속토지 중 그 건축물의 연면적에 대한 고급오락장으로 사용되는 건축물 면적의 비율에 해당하는 토지를 말한다.

여기에서 고급오락장이라 함은 다음과 같다.

첫째, 당사자 상호간에 재물을 걸고 우연한 결과에 따라 재물의 득실을 결정하는 카지노장(관광진흥법에 따라 허가된 외국인전용 카지노장을 제외한다.)

둘째, 사행행위 또는 도박행위에 제공될 수 있도록 자동도박기(파칭코, 슬롯머신, 아케이트 이퀴프먼트 등)를 설치한 장소

셋째, 머리와 얼굴에 대한 미용시설 외에 욕실 등을 부설한 장소로서 그 설비를 이용하

기 위하여 정해진 요금을 지급하도록 시설된 미용실

넷째, 식품위생법 제37조에 따른 허가 대상인 유흥주점영업으로서 다음 각 목의 어느 하나에 해당하는 영업장소 중 관광진흥법 제6조에 따라 지정된 관광유흥음식점(관광식당업은 관광호텔 안에 있는 것으로서 관광진흥법 제6조에 따라 지방자치단체의 장으로부터 지정받은 것만 해당한다.)을 제외한 영업장소(공용면적을 포함한 영업장의 면적이 100제곱미터를 초과하는 것만 해당한다.)는 고급오락장에 해당된다.

이 경우 식품위생법에 따른 유흥주점영업 허가를 받은 날부터 60일 이내에 관광진흥법 제6조에 따라 관광유흥음식점으로 지정받은 때에는 유흥주점영업 허가를 받은 날에 관광유흥음식점으로 지정받은 것으로 본다.

① 손님이 춤을 출 수 있도록 객석과 구분된 무도장을 설치한 영업장소(캬바레·나이트클럽·디스코클럽 등으로서 공용면적을 포함한 영업장면적이 100제곱미터를 초과하는 것에 한한다.)와,

② 유흥접객원(임시로 고용된 사람을 포함한다.)을 두는 경우로, 별도로 반영구적으로 구획된 객실의 면적이 영업장 전용면적의 100분의 50 이상이거나 객실 수가 5개 이상인 영업장소(룸살롱, 요정 등을 말한다.) 이 경우에도 공용면적을 포함한 영업장 면적이 100제곱미터를 초과하는 것에 한한다.

그리고 고급오락장이 건축물 일부에 설치되어 있는 경우에는 건축물의 연면적에서 고급오락장이 차지하는 면적의 비율에 따라 당해 토지를 안분하여야 한다.

사례

❖ **별도 임대차 계약을 통해 분리된 사업장을 하나의 유흥주점으로 보아 재산세를 중과할 수 있는지 여부**

- 제1, 2영업장에 관하여 별도로 원고와 임대차계약서를 작성하고 영업신고 및 사업자등록을 마쳤으며, 월 차임을 원고에게 각각의 명의로 입금하고, 별도로 부가가치세 과세표준 신고를 한 사정은 인정되기는 한다.
- 그러나 다음과 같은 사정에 비추어 보면 하나의 유흥주점으로 사용되었다고 봄이 타당하므로 이를 전제로 한 피고의 이 사건 처분은 적법하다.
  - 종래의 구조, 시설, 인테리어 등을 그대로 유지한 채, 면적만을 제1영업장 및 제2영업장으로 나누어 분리하였다는 점, "유흥영업으로 부과되는 재산세, 종합토지세는 임차인이 부담한다."는 특약사항이 수기로 기재되어 있다는 점, 분리된 후에도, 제1, 2영업장은 출입구를 통하여 서로 연결되어 있었고, 객실 번호도 연속되어 있었으며, 각 객실의 내부구조, 가구와 벽지 등이 동일한 형태를 유지하고 있었을 뿐만 아니라, 그 이전과 마찬가지로 "00"이라는 간판만이 부착되어 있어 외관상 하나의 영업장소로 보이는 점, 제1영업장은 싱크대, 가스레인지 등 조리시설이 갖추어진 주방이 없다는 점, 객실이 감소한 후에 오히려 부가가치세가 증가한 점, 2영업장은 제1영업장과 별도의 간판이나 가격

표·메뉴판 등을 갖추고 있지 않았고, 객실 수 및 월 차임이 더 많음에도, 부가가치세 매출과세표준은 제1영업장에 현저히 못 미친 것 등을 종합적으로 볼 때 이 사건 처분은 적법하다.

(대법 2014두43103, 2015.1.29.)

❖ **과세기준일 현재 휴업, 단전, 단수 등 사실상 폐업 중인 것을 유흥주점으로 볼 수 있는지 여부**

원고의 쟁점 건축물은 과세기준일 현재 유흥주점영업허가가 계속 유지되고, 손님이 춤을 출 수 있도록 객석과 구분된 무도장이 설치되어 나이트클럽으로 영업을 할 수 있는 객관적인 설비가 모두 유지되고 있었고, 손님이 노래를 부르거나 춤을 추는 행위가 허용되는 유흥주점영업허가가 유효하며, 반영구적으로 구획된 객실이 5개 이상인 영업장소로 유지되고 있어 고급오락장 영업을 하는데 아무런 지장이 없어 영업을 하지 못할 상태에 이르렀다고 할 수 없다.

(대법 2014두43660, 2015.2.12.)

❖ **개발제한구역 임야의 무상출연 취득시 분리과세대상 제외는 위법한지**

재산권의 본질적 내용인 사적 유용성과 원칙적인 처분권한을 여전히 토지소유자에게 남겨 놓는 한도 내의 재산권 제한이고, 현재와 같이 세율이 낮은 상태에서는 매년 종합토지세를 부과한다 하더라도 짧은 기간 내에 사실상 토지가액 전부를 조세 명목으로 징수함으로써 토지 재산권을 무상으로 몰수하는 효과를 가져오는 것도 아닌바[헌법재판소 2001. 2. 22. 선고 99헌바3·46(병합) 결정 참조], 지방세법 시행령 제102조 제6항이 1990. 1. 1. 이후에 도시지역 안의 개발제한구역의 목장용지와 개발제한구역의 임야를 취득한 경우 취득원인이 무상인지 유상인지를 구별하지 아니하고 분리과세대상에서 제외하도록 규정한 것이 입법자의 입법형성권의 범위를 벗어난 것이라고 볼 수 없다.

(대법 2017두43678, 2017.8.24.)

6) 개발제한구역지정 이전에 취득한 공장의 부속토지(법 §106 ① Ⅲ 라, 영 §102 ④)

「산업집적활성화 및 공장설립에 관한 법률」 제2조 제1호에 따른 공장의 부속토지로서 개발제한구역의 지정이 있기 이전에 그 부지취득이 완료된 곳으로서 대통령령으로 정하는 토지는 분리과세 대상이다.

이 경우 법 제106조 제1항 제3호 라목에서 "대통령령으로 정하는 토지"란 제1항 제1호에서 행정안전부령으로 정하는 공장입지기준면적 범위의 토지를 말한다(영 §102 ④).

이 경우 영 제102조 제1항 제1호에서 "행정안전부령으로 정하는 공장입지기준면적"이란 별표 6에 따른 공장입지기준면적을 말한다(규칙 §50).

7) 국가 및 지방자치단체 지원을 위한 특정목적 사업용 토지(법 §106 ① Ⅲ 마, 영 §102 ⑤)

국가 및 지방자치단체 지원을 위한 특정목적 사업용 토지로서 대통령령으로 정하는 토지는 분리과세 대상이다. 다만 취득일부터 5년이 지난 토지로서 용지조성사업 또는 건축을 착공하지 아니한 토지는 분리과세 대상에서 제외한다.

(1) 국방목적 공장 구내의 토지 (영 §102 ⑤ Ⅰ)

재산세 과세기준일 현재 국가나 지방자치단체가 국방상의 목적 외에는 그 사용 및 처분 등을 제한하는 공장 구내의 토지는 분리과세 대상이 된다(영 §102 ⑤ Ⅰ).

국가나 지방자치단체가 국방상의 목적 외에는 그 사용 및 처분 등을 제한하는 공장 구내의 토지는 분리과세 한다. 이 규정은 일반적으로는 공장의 부속토지는 분리과세되나 특별시·광역시·시지역 안에서는 읍·면지역·산업단지와 공업지역에 대해서만 입지기준면적을 적용하여 분리과세하고 있으나, 시지역의 주거지역, 상업지역 등에 위치한 공장은 전부 종합합산 되는데 이러한 지역에서도 위 규정에 해당되면 분리과세 하겠다는 것이다. 예를 들면 국가에서 토지를 불하하면서 해당 공장을 설치하여 방위산업체로만 운영하는 것을 조건으로 하였는데 국방 목적이 아닌 다른 공장시설로 전환하거나 토지를 타인에게 매도하는 경우에는 해당 토지를 국가가 환수하는 등의 조건이 붙은 국방 목적으로 활용하는 공장용지에 한정하여 적용되는 것임에 유의해야 한다.

(2) 국가 등에 무상귀속이 확정되어 해당사업에 제공되고 있는 토지(영 §102 ⑤ Ⅱ)

「국토의 계획 및 이용에 관한 법률」, 「도시개발법」, 「도시 및 주거환경정비법」, 「주택법」 등(이하 이 호에서 "개발사업 관계법령"이라 한다.)에 따른 개발사업의 시행자가 개발사업의 실시계획승인을 받은 토지로서 개발사업에 제공하는 토지 중 다음 각 목의 어느 하나에 해당하는 토지는 분리과세대상이다.
  ㉮ 개발사업 관계법령에 따라 국가나 지방자치단체에 무상귀속되는 공공시설용 토지
  ㉯ 지방자치단체에 기부채납하기로 한 기반시설(「국토의 계획 및 이용에 관한 법률」 제2조 제6호의 기반시설을 말한다.)용 토지

(3) 군용화약류시험장용 토지(영 §102 ⑤ Ⅲ)

방위사업법 제53조에 따라 허가받은 군용화약류시험장용 토지(허가받은 용도 외의 다른 용도로 사용하는 부분은 제외한다.)와 그 허가가 취소된 날부터 1년이 지나지 아니한 토지는 분리과세 된다.

군용총포·도검·화약류에 대하여는 다른 법령의 규정에 불구하고 방위사업법에 따라 국방부장관이 그 제조·관리 및 수출입 등에 관한 허가와 감독을 행하며, 이에 필요한 명령을 발하거나 조치를 할 수 있고, 이러한 군용총포·화약류 등을 생산·제조하는 데 필요한 시험장용 토지에 대해서는 분리과세하는 것이다.

(4) 한국농어촌공사가 국가의 권고에 따라 타인에게 매각할 목적으로 일시 취득·소유한 토지(영 §102 ⑤ Ⅳ)

「한국농어촌공사 및 농지관리기금법」에 따라 설립된 한국농어촌공사가 「공공기관 지방이전에 따른 혁신도시 건설 및 지원에 관한 특별법」 제43조 제3항에 따라 국토교통부장관이 매입하게 함에 따라 타인에게 매각할 목적으로 일시적으로 취득하여 소유하는 같은 법 제2조 제6호에 따른 종전부동산은 분리과세 대상이다.

이전공공기관의 장은 이전비용의 조달 및 국가균형발전 등을 고려하여 종전 부동산의 매각시기 및 방법의 처리계획을 수립하여야 하는데 이때에 국토교통부장관은 종전부동산 처리계획에 제시된 기한 내에 종전부동산이 매각되지 아니하거나 이전공공기관이 원하는 경우 지방자치단체, 대통령령으로 정하는 공공기관(이하 "매입공공기관"이라 한다.) 또는 「지방공기업법」에 따른 지방공기업(이하 "지방공기업"이라 한다.)으로 하여금 종전부동산을 매입하게 할 수 있다. 이 경우 매입가격은 「부동산 가격공시 및 감정평가에 관한 법률」에 따른 감정평가업자 2인 이상이 평가한 금액을 산술평균한 금액으로 한다(동 특별법 §43 ① · ③), 여기에서의 "종전부동산"이란 수도권에 있는 이전공공기관의 청사 등의 건축물과 그 부지를 말한다. 그리고 "매입공공기관"이란 한국토지주택공사법에 따른 한국토지주택공사와 금융회사부실자산 등의 효율적 처리 및 한국자산관리공사의 설립에 관한 법률에 따른 한국자산관리공사를 말한다(동 특별법 시행령 §2 Ⅵ, §39 ①).

(5) 한국수자원공사의 특정용도 사용토지(영 §102 ⑤ Ⅴ)

「한국수자원공사법」에 따라 설립된 한국수자원공사가 「한국수자원공사법」 및 「댐건설 및 주변지역지원 등에 관한 법률」에 따라 국토교통부장관이 수립하거나 승인한 실시계획에 따라 취득한 토지로서 「댐건설 및 주변지역지원 등에 관한 법률」 제2조 제1호에 따른 특정용도 중 발전·수도·공업 및 농업 용수의 공급 또는 홍수조절용으로 직접 사용하고 있는 토지는 분리과세 된다. 여기에서 「댐건설 및 주변지역지원 등에 관한 법률」 제2조 제1호에서 규정한 "댐"이란 하천의 흐름을 막아 그 저수(貯水)를 생활용수, 공업용수, 농업용수, 환경개선용수, 발전(發電), 홍수 조절, 주운(舟運), 그 밖의 용도(이하 "특정용도"라 한다.)로 이용하기 위한 높이 15미터 이상의 공작물을 말하며, 여수로(餘水路)·보조댐과 그 밖에 해당 댐과 일체가 되어 그 효용을 다하게 하는 시설이나 공작물을 포함한다.

8) 에너지·자원의 공급 및 방송·통신·교통 등의 기반시설용 토지

(법 §106 ① Ⅲ 바, 영 §102 ⑥)

에너지·자원의 공급 및 방송·통신·교통 등의 기반시설용 토지로서 대통령령으로 정하는 토지는 분리과세 대상이다. 다만 취득일부터 5년이 지난 토지로서 용지조성사업 또는 건축을 착공하지 아니한 토지는 분리과세 대상에서 제외한다. 이 경우 발전시설용지, 석유비축시설용 토지, 가스공급용 토지, 열생산설비용 토지는 시설 및 설비 공사를 진행 중인 토지를 포함한다.

(1) 염전(영 §102 ⑥ Ⅰ)

재산세 과세기준일 현재 계속 염전으로 실제 사용하고 있거나 계속 염전으로 사용하다가 사용을 폐지한 토지는 분리과세대상이 된다. 다만, 염전 사용을 폐지한 후 다른 용도로 사용하는 토지는 제외한다. 이 규정은 최초에는 염전을 폐지한 후 7년 이내의 토지까지만 분리과세대상으로 하다가 2003년도부터는 그 기간을 10년으로 연장운영하였으나, 그 후 사양산업인 염생산을 부득이하게 폐지하게 된 염전용 토지에 대해서는 기간에 관계없이 다른 용도로 사용하지 아니하는 한 분리과세대상으로 하도록 하였다.

(2) 광구 채굴계획 인가를 받은 토지(영 §102 ⑥ Ⅱ)

광업법에 따라 광업권이 설정된 광구의 토지로서 산업통상자원부장관으로부터 채굴계획 인가를 받은 토지(채굴 외의 용도로 사용되는 부분이 있는 경우 그 부분은 제외한다.)는 분리과세대상이다.

채굴계획의 인가를 받고자 하는 채굴권자는 채굴을 시작하기 전에 산업통상자원부장관의 인가를 받아야 하며, 이러한 채굴계획의 인가를 받으려는 자는 채굴권설정의 등록이 된 날부터 3년 이내에 채굴계획의 인가를 신청하여야 한다(광업법 §42 ①·②).

그러므로 광업권이 설정된 광구 내의 토지라 하더라도 채굴계획의 인가를 받은 토지는 분리과세대상이 되고, 채굴계획의 인가를 받지 아니한 광구 내의 토지는 종합합산과세대상이 된다.

▶ 사례

❖ 광업권이 설정되었다가 소멸한 광구 내의 토지는 염전으로 사용을 폐지한 토지의 경우와 달리 분리과세대상에 해당하지 않는다고 한 사례

'광업법에 의하여 광업권이 설정된 광구 내의 토지'라 함은 '과세기준일 현재 광업법에 의하여 광업권이 설정되어 있는 광구 내의 토지'만을 가리키는 것임이 명백하다 할 것이고, 여기

에 '광업법에 의하여 광업권이 설정되었다가 소멸한 광구 내의 토지'까지 포함되는 것은 아니라 할 것이다.
그런데 염전의 경우에는 염전으로 사용하다가 사용을 폐지한 토지라도 다른 용도로 사용하기 전까지는 일정 기간 동안 혹은 그러한 기간의 제한 없이 분리과세대상으로 규정하고 있는 반면, 광업권이 설정되었다가 소멸한 광구 내의 토지에 대하여는 이러한 명문의 규정을 두고 있지 아니하므로, 광업권이 설정되었다가 소멸한 광구 내의 토지에 대하여 염전으로 사용을 폐지한 토지의 경우와 달리 분리과세대상에 해당하지 않는다고 해석한다고 하여 이를 형평의 원칙에 어긋나는 법규의 해석이라고 볼 수도 없다.

(대법 2010두1507, 2010.5.27.)

(3) 한국방송공사의 소유 토지(영 §102 ⑥ Ⅲ)

「방송법」에 따라 설립된 한국방송공사의 소유토지로서 같은 법 제54조 제1항 제5호에 따른 업무에 사용되는 중계시설의 부속토지는 분리과세 대상이다.

이 경우 방송법 제54조 제1항 제5호에 따른 업무란 국가가 필요로 하는 대외방송(국제친선 및 이해증진과 문화·경제교류 등을 목적으로 하는 방송)과 사회교육방송(외국에 거주하는 한민족을 대상으로 민족의 동질성을 증진할 목적으로 하는 방송)의 실시를 말한다.

(4) 여객자동차터미널 등으로 사용되는 토지(영 §102 ⑥ Ⅳ)

「여객자동차 운수사업법」 및 「물류시설의 개발 및 운영에 관한 법률」에 따라 면허 또는 인가를 받은 자가 계속하여 사용하는 여객자동차터미널 및 물류터미널용 토지는 분리과세대상이 되므로 터미널로 면허 또는 인가받은 구내의 모든 토지는 건축물 유무에 관계없이 전부 분리과세대상이 된다는 것이다.

이 경우 여객자동차 운수사업법에 의한 여객자동차터미널이라 함은 여객의 승강을 위하여 도로의 노면 기타 일반 교통에 사용하는 장소 외에서 승합자동차를 정류시키거나 여객을 승하차시키기 위하여 설립된 시설 및 장소를 말한다.

▎사례 ▎

❖ 터미널용 토지가 재산세 분리과세대상인지 여부

이 사건 토지가 여객자동차터미널 사업면허를 받지 못하여 이 사건 토지가 여객자동차터미널용으로 사용되지 않고 있는 이상, 과세기준일 현재 여객자동차터미널사업의 면허 또는 인가를 받지 못한 데에 정당한 사유가 있다고 하더라도 이 사건 토지가 지방세법 시행령 제132조 제4항 제27호가 정한 분리과세대상토지에 해당한다고 볼 수는 없으므로, 이와 다른 전제에서 하는 원고의 위 주장은 받아들일 수 없다.

(대법 2010두13999, 2010.10.28.)

❖ **물류터미널 내 위치한 주유소를 물류터미널의 부대시설로 볼 수 있는지 여부**

주유소는 물류단지시설과 관련성이 있기는 하지만, 그 자체로서는 물류기능을 가지고 있지 아니하므로, 주유소가 물류단지 내에 위치한다는 사정만으로 바로 물류단지시설에 딸려 있는 시설 내지 유통시설에 부대되는 시설이라고 보기는 부족하고,
물류단지시설과 그 구조, 물류터미널 내에서의 위치 및 접근가능성, 일반 도로에서의 접근가능성 및 독자적인 영업가능성 등 구조적·지리적으로 결합 또는 접속되어 기능적으로 밀접한 관계에 있다는 사정이 인정되어야 비로소 물류단지시설에 딸린 시설로서 물류단지시설에 해당하게 된다고 할 것이므로 이 사건 물류터미널과 구조적·지리적으로 결합 또는 접속되어 있어 밀접한 관계에 있다거나, 기능적 보조관계에 있다고 보기는 어려워 물류터미널의 부대시설로 볼 수 없다.

(대법 2015두40514, 2015.7.9.)

(5) 발전시설용 토지(영 §102 ⑥ V)

전기사업법에 따른 전기사업자가 전원개발촉진법 제5조 제1항에 따른 전원개발사업실시계획에 따라 취득한 토지 중 발전시설 또는 송전·변전시설에 직접 사용하고 있는 토지는 분리과세대상이 된다. 그리고 전원개발촉진법 시행 전에 취득한 토지로서 담장, 철조망 등으로 구획된 경계구역 안의 발전시설 또는 송전·변전시설에 직접 사용하고 있는 토지(해당 시설 및 설비공사를 진행 중인 경우를 포함한다.)를 포함한다.

이 경우 전기사업법에 의한 전기사업자라 함은 전기사업법 제7조 제1항에 따라 산업통상자원부장관의 허가를 받은 자로서 발전사업자, 송전사업자, 배전사업자, 전기판매사업를 포함한다.

제5호 및 제7호부터 제9호까지의 토지는 같은 호에 따른 자 및 구역전기사업자를 말한다. 이러한 전기사업자들이 소유하고 있는 모든 토지를 과세형태별로 살펴보면 다음과 같다.

① 전기사업자가 업무수행을 위하여 소유하고 있는 사무실의 부속토지, 연수원 등의 부속토지는 용도지역별 적용배율을 적용하여 산정한 기준면적 이내의 토지는 별도합산과세대상이 되고, 기준면적을 초과하는 토지는 종합합산과세대상이 된다.

② 전기사업자가 발전용에 공여하고 있는 토지는 전원개발촉진법이 시행되기 전인 1978년 12월 31일 이전에 설립된 것은 담장, 철조망 등으로 구획된 경계구역 내의 토지는 분리과세하고 경계구역 외의 토지는 종합합산되며, 전원개발촉진법이 시행된 1979년 1월 1일 이후에 설립된 발전소는 전원개발촉진법에 의하여 산업통산자원부장관의 승인을 받아 취득한 발전소용 토지 전부는 지목에 관계없이 분리과세 세율을 적용받게 된다.

③ 전기사업자가 발전소에서 생산된 전기를 송전하기 위한 시설로서 철탑 등으로 설치

된 토지 중 전원개발촉진법에 의하여 승인받은 토지는 지목에 관계없이 분리과세 세율을 적용받는다.
④ 전기사업자가 소유하고 있는 배전시설 중 전원개발촉진법에 의하여 승인받은 배전사업용 토지는 분리과세된다.
⑤ 전기사업법에 의한 전기사업자가 전원개발촉진법에 의하여 취득한 토지(전원개발촉진법 시행 전에 취득한 토지 포함) 중 발전사업·송전사업·배전사업·전기판매사업 및 구역전기사업에 직접 사용하고 있는 토지뿐 아니라 이들 시설 및 설비공사를 진행중인 토지도 분리과세대상이 된다.

사례

❖ **한국수력원자력주식회사 토지의 분리과세 여부**

이 사건 토지 중 경계구역 내의 토지는 원자력 발전시설 그 자체가 들어서 있고, 제한구역 내의 토지는 원자력법 제96조에 의하여 확보가 강제되는 것으로서 피폭방사선량이 일정한 값을 초과할 우려가 있는 장소일 뿐만 아니라 이를 확보하지 아니하면 발전용 원자로의 운영허가가 취소되거나 그 운영이 정지될 수 있는 점에 비추어 이들 토지는 원자력 발전시설의 가동·운영에 필수불가결한 토지로 볼 수 있으므로, 이를 구 지방세법 시행령 제132조 제4항 제5호 소정의 '발전시설 또는 송전·변전시설에 직접 사용하고 있는 토지'에 해당한다고 본 원심의 판단은 정당한 것으로 수긍할 수 있다. 그러나 그 외의 토지는 나대지, 보안유지를 위한 임야, 공원용지 등으로 이용되고 있을 뿐 이를 확보하지 않는다고 하더라도 원자력 발전시설의 가동·운영에 어떠한 지장을 초래하는 것은 아니므로 이를 원자력 발전시설의 가동·운영에 필수불가결한 토지라고 보기는 어렵고, 따라서 이 부분 토지에 대하여까지 재산세 분리과세 대상 토지에 해당한다고 본 원심의 판단에는 구 지방세법 시행령 제132조 제4항 제5호에 관한 법리를 오해하여 판결 결과에 영향을 미친 위법이 있고, 상고이유는 이 점을 지적하는 범위 내에서 이유 있다.
다만, 원심판결 중 이 부분 위법한 세액을 기록상 특정할 수 없어, 피고 패소부분 전부가 파기될 수밖에 없다.

(대법 2009두5008, 2011.7.14.)

❖ **발전설비정비 위탁업체에 임차한 토지가 분리과세 대상인지 여부**

여기서 말하는 '직접 사용'이란 의미는 당해 재산 용도가 직접 그 본래 업무에 사용하는 것이면 충분하고, 그 사용 방법이 스스로 그와 같은 용도에 제공하거나 혹은 제3자에게 임대 또는 위탁하여 그와 같은 용도에 제공하는지 여부는 가리지 않는다고 할 것이다
앞서 본 바와 같이 한전○○○에스 등이 이 사건 제2부동산을 임차하여 이를 사용, 수익하고 있다 하더라도 한전○○○에스 등은 원고로부터 발전설비 등의 정비 업무를 위탁받아 이를 수행하고 있는 업체로서 발전사업의 특성상 이 사건 발전소 내에서 그 업무가 이루어져야 하는 점, 위와 같은 업무 수행을 통해 이 사건 발전소가 원활히 가동, 운영되어 이 사건 발전소 인근 주민들에게 전력을 안정적으로 공급함으로써 국민경제의 발전에 이바지할 필요가 있고, 이는 전기사업법상의 전기사업자인 원고가 그 설립목적에 따라 이 사건 제2부동산을 사용,

> 수익하고 있는 것과 동일하게 평가할 수 있는 점 등에 비추어 볼 때 이 사건 제2부동산 역시 이 사건 발전소를 가동·운영하는데 필수불가결한 토지로서 구 지방세법 제182조 제1항 제3호 마목, 구 지방세법 시행령 제132조 제5항 제5호에 정한 '발전시설 또는 송전·변전시설에 직접 사용하고 있는 토지'에 해당한다고 봄이 상당하다.
> (대법 2016두47383, 2016.10.27.)

(6) 기간통신사업자의 전기통신설비용 토지(영 §102 ⑥ Ⅵ)

「전기통신사업법」 제5조에 따른 기간통신사업자가 기간통신역무에 제공하는 전기통신설비(「전기통신사업 회계정리 및 보고에 관한 규정」 제8조에 따른 전기통신설비를 말한다.)를 설치·보전하기 위하여 직접 사용하는 토지(대통령령 제10492호 한국전기통신공사법시행령 부칙 제5조에 따라 한국전기통신공사가 1983년 12월 31일 이전에 등기 또는 등록을 마친 것만 해당한다.)는 분리과세대상이다.

(7) 열생산설비에 직접 사용하는 토지(영 §102 ⑥ Ⅶ)

「집단에너지사업법」에 따라 설립된 한국지역난방공사가 열생산설비에 직접 사용하고 있는 토지(해당 시설 및 설비공사를 진행 중인 경우를 포함한다.)는 분리과세 한다.

(7의2) 한국지역난방공사를 제외한 사업자의 공급시설용 토지(영 §102 ⑥ Ⅶ의2)

「집단에너지사업법」에 따른 사업자 중 한국지역난방공사를 제외한 사업자가 직접 사용하기 위하여 소유하고 있는 공급시설용 토지로서 2022년부터 2025년까지 재산세 납부의무가 성립하는 토지는 분리과세한다.

이 규정에 따라 국가 에너지정책 변화, 향후 업계 환경변화로 인한 재무구조 개선 가능성 등을 고려하여 사업자 구분 없이 열 생산설비용 토지에 대해서는 2025년까지 한시적으로 분리과세가 적용된다.

(8) 가스공급 설비의 부속토지(영 §102 ⑥ Ⅷ)

한국가스공사법에 따라 설립된 한국가스공사가 제조한 가스의 공급을 위한 공급설비에 직접 사용하고 있는 토지(해당 시설 및 설비공사를 진행 중인 경우를 포함한다.)는 분리과세대상이다. 이 경우 공급설비용에 공여되는 토지라 함은 한국가스공사가 생산한 가스의 운반은 배관을 통하여 수송되므로 가스제조공장에서 실수요자가 사용할 수 있는 거리까지의 배관을 통한 운송에 필요한 압력조절장치, 생산 및 공급설비의 운전현황감시 및 원격제어장치 등을 설치한 공급기지의 정압기 설치장소와 중앙통제기능에 사용되는 토지에 대하여는 생산에 직접 사용하는 토지로 보아 분리과세대상으로 하는 것이다. 이 규정은 액화천연가스의 공급은 차량 등으로 운반이 불가능하여 생산지에서 소비지까지의 운반은 전부 배관을 통하여 하여야 하는데, 그 운반체계가 전기를 생산하여 송전하면서 전압을 조절하는 기능과 같은 압력조절장치(Valve Station) 등이 있어야 하므로, 이러한 것들을 분리과세대상으로 하기 위한 규정이다.

(9) 석유저장 및 비축용 토지(영 §102 ⑥ Ⅸ)

「한국석유공사법」에 따라 설립된 한국석유공사가 정부의 석유류비축계획에 따라 석유를 비축하기 위한 석유비축시설용 토지와 「석유 및 석유대체연료 사업법」제17조에 따른 비축의무자의 석유비축시설용 토지, 「송유관 안전관리법」제2조 제3호에 따른 송유관 설치자의 석유저장 및 석유수송을 위한 송유설비에 직접 사용하고 있는 토지 및 「액화석유가스의 안전관리 및 사업법」제20조에 따른 비축의무자의 액화석유가스 비축시설용 토지는 분리과세 한다.

이 경우 석유라 함은 원유, 천연가스(액화한 것을 포함한다.) 및 석유제품을 말하는데, 석유제품으로는 휘발유·등유·경유·중유·윤활유와 이에 준하는 탄화수소유 및 석유가스(액화 한 것을 포함한다.)로 구분되는데 탄화수소유는 항공유·용제·아스팔트·나프타·윤활기유(조유를 포함한다.), 석유중간제품(유분을 말한다.) 및 부생연료유를 말하고, 석유가스는 프로판, 부탄 및 이를 혼합한 연료용가스를 말한다. 석유 및 석유대체연료 사업법 제17조에 따른 석유비축의무자라 함은 동법에 따라 등록 또는 신고를 하고 석유정제업, 석유수출입업 및 석유판매업을 하는 자를 말한다. 이러한 사업자가 석유저장시설을 보유하고 석유를 비축하는 경우에 비축시설에 해당하는 토지는 분리과세 된다.

또한 송유관 안전관리법의 규정에 의한 송유관 설치자의 석유저장 및 석유수송을 위한 송유설비에 사용하는 토지는 분리과세 하는데 이 규정에서의 석유는 석유 및 석유대체 연료 사업법에 따른 석유 중 천연가스(액화한 것을 포함한다.) 및 석유가스(액화한 것을 포함한다.)를 제외한 것을 말한다.

(10) 한국철도공사가 소유하는 철도용지(영 §102 ⑥ Ⅹ)

「한국철도공사법」에 따라 설립된 한국철도공사가 같은 법 제9조 제1항 제1호부터 제3호(철도여객사업, 화물운송사업, 철도장비·차량 등의 제작, 판매, 임대사업 등)까지 및 제6호(역시설개발 및 운영사업 등)의 사업(같은 항 제6호의 경우에는 철도역사 개발사업만 해당한다.)에 직접 사용하기 위하여 소유하는 철도용지는 분리과세 된다.

(11) 항만공사의 항만시설용 토지(영 §102 ⑥ XI)

「항만공사법」에 따라 설립된 항만공사가 소유하고 있는 항만시설(「항만법」제2조 제5호에 따른 항만시설을 말한다.)용 토지 중 「항만공사법」제8조 제1항에 따른 사업에 사용하거나 사용하기 위한 토지. 다만, 「항만법」제2조 제5호 다목부터 마목까지의 규정에 따른 시설용 토지로서 제107조에 따른 수익사업에 사용되는 부분은 제외한다.

이 경우 「항만공사법」제8조 제1항에 따른 사업에 사용하거나 사용하기 위한 토지라 함은 「항만법」제2조 제5호에 따른 항만시설(외곽시설·임항교통시설 등 대통령령으로 정하는 항만시설은 제외한다.)의 신설·개축·유지·보수 및 준설(浚渫) 등에 관한 공사의 시행 및 항만의 경비·보안·화물관리·여객터미널 등 항만의 관리·운영에 관한 사업에 사용되는 토지를 말하며, 「항만법」제2조 제5호 다목부터 마목까지의 규정에 따른 시설용 토지라 함은 지원시설, 항만친수시설(港灣親水施設), 일반업무시설·판매시설·주거시설 등 대통령령으로 정하는 시설이 모여 있는 항만배후단지를 말한다.

(12) 공항시설용 토지(영 §102 ⑥ XII)

「한국공항공사법」에 따른 한국공항공사가 소유하고 있는 「공항시설법 시행령」제3조제1호 및 제2호의 공항시설용 토지로서 같은 조 제1호바목 중 공항 이용객을 위한 주차시설(유료주차장으로 한정한다)용 토지와 같은 조 제2호의 지원시설용 토지 중 수익사업에 사용되는 부분을 제외한 토지로서 2022년부터 2025년까지 재산세 납부의무가 성립하는 토지는 분리과세 된다.

이 규정에 따라 한국공항공사의 토지 중 고유·필수사업용 토지인 「공항시설법 시행령」제3조제1호 및 제2호의 공항시설용 토지는 2025년까지 한시적으로 분리과세를 적용한다. 다만 「공항시설법 시행령」제3조제1호 중 유료 주차장, 제2호 중 판매·위락시설 등 수익사업에 사용되는 부분은 분리과세에서 제외된다.

9) 국토의 효율적 이용을 위한 개발사업용 토지(법 §106 ① III 사, 영 §102 ⑦)

법 제106조 제1항 제3호 사목에서 "대통령령으로 정하는 토지"란 에너지·자원의 공급 및 방송·통신·교통 등의 기반시설용 토지로서 대통령령으로 정하는 토지는 분리과세 대상이다. 다만 제9호 및 제11호에 따른 토지 중 취득일부터 5년이 지난 토지로서 용지조성 사업 또는 건축을 착공하지 아니한 토지는 분리과세 대상에서 제외한다.

(1) 공유수면 매립 등 토지(영 §102 ⑦ I)

공유수면 관리 및 매립에 관한 법률에 따라 매립하거나 간척한 토지로서 공사 준공인가일(공사 준공인가일 전에 사용승낙이나 허가를 받은 경우에는 사용승낙일 또는 허가일을 말한다.) 부터 4년이 지나지 아니한 토지는 분리과세 한다.

여기에서 공유수면이란 바다, 바닷가, 하천, 호소, 구거 그 밖에 공공용으로 사용되는 수면 또는 수류로서 국가의 소유에 속하는 것을 말하고(공유수면 관리 및 매립에 관한 법률 §2 Ⅰ), 매립이라 함은 공유수면 관리 및 매립에 관한 법률에 의하여 공유수면에 흙, 모래, 돌, 그 밖의 물건을 인위적으로 채워 넣어 토지를 조성하는 것(간척을 포함한다.)을 말하며, 매립일이란 매립면허취득자가 준공검사확인증을 받은 경우 매립의 소유권을 취득하게 되므로 이 경우 매립일은 준공검사확인증 교부일로 보아야 한다(공유수면 관리 및 매립에 관한 법률 §46 ①).

이 경우 매립일의 개념은 공유수면 관리 및 매립에 관한 법률에 따라 매립토지의 준공검사확인증을 교부 받은 날을 말하는데 종전에는 지방세법의 취득세 규정에서 정하고 있는 취득시점(취득세에서의 취득일을 공사준공인가일 또는 준공인가일 전에 사용승낙이나 허가를 받은 경우는 사용승낙일 또는 허가일이 취득일임)의 개념과 통일시켜 공유수면을 매립·간척한 토지로서 매립일(준공검사확인증 교부일) 또는 준공검사확인증 교부일 전에 사용승낙이나 허가를 받은 경우에는 사용승낙일 또는 허가일부터 4년간은 재산세를 분리과세 한다는 것이다.

그리고 공유수면을 매립하여 매립자가 취득하는 토지는 매립토지 중에서 공용 또는 공공의 용에 사용하기 위한 토지와 잔여매립지 중 일정비율의 매립지를 국가에 귀속하고 이를 제외한 매립지를 매립의 면허를 받은 자가 소유권을 취득하게 된다.

(2) 한국자산관리공사 등이 일시적으로 취득한 토지(영 §102 ⑦ Ⅱ)

금융기관부실자산 등의 효율적 처리 및 한국자산관리공사의 설립에 관한 법률 제6조에 따라 설립된 한국자산관리공사 또는 농업협동조합의 구조개선에 관한 법률 제29조에 따라 설립된 농업협동조합자산관리회사가 타인에게 매각할 목적으로 일시적으로 취득하여 소유하고 있는 토지는 분리과세 된다.

그러므로 한국자산관리공사가 업무를 위하여 계속 사용하는 토지는 그 토지 용도에 따라 종합 또는 별도합산과세대상이 되고 타인에게 매각할 목적으로 일시적으로 취득하여 소유하는 토지(건축물이 건축되어 있는 토지도 포함해야 할 것이다.)에 한하여 분리과세 한다는 것이기 때문에 건축물이 건축되어 있는 토지를 장기간 임대한 후에 매각하는 경우 등은 불가피한 사유가 있었는지 여부를 면밀히 검토하여 분리과세대상 여부를 판단해야 할 것이다.

(3) 농어촌정비사업자의 공급용 토지(영 §102 ⑦ Ⅲ)

농어촌정비법에 따른 농어촌정비사업 시행자가 같은 법에 따라 다른 사람에게 공급할 목적으로 소유하고 있는 토지는 분리과세 된다.

이 경우 농어촌정비사업이란 농업생산기반을 조성, 확충하기 위한 농업생산기반 정비사업, 생활환경을 개선하기 위한 농어촌 생활환경 정비사업, 농어촌 산업육성사업, 농어촌 관광휴양자원 개발사업 및 한계농지 등의 정비사업을 말한다.

(4) 주택건설용 토지(영 §102 ⑦ Ⅳ)

「도시개발법」 제11조에 따른 도시개발사업의 시행자가 그 도시개발사업에 제공하는 토지(주택부지 및 주택에 필수불가결한 공공시설용 토지와 산업단지용 토지로 한정한다.)와 종전의 「토지구획정리사업법」 (법률 제6252호 토지구획정리사업법폐지법률에 의하여 폐지되기 전의 것을 말한다. 이하 이 호에서 같다.)에 따른 토지구획정리사업의 시행자가 그 토지구획정리사업에 제공하는 토지(주택건설용 토지와 산업단지용 토지로 한정한다.) 및 「경제자유구역의 지정 및 운영에 관한 특별법」 제8조의 3에 따른 경제자유구역 또는 해당 단위개발사업지구에 대한 개발사업시행자가 그 경제자유구역개발사업에 제공하는 토지(주택건설용 토지와 산업단지용 토지로 한정한다.). 다만, 다음 각 목의 기간 동안만 해당한다.

가. 도시개발사업 실시계획을 고시한 날부터 「도시개발법」에 따른 도시개발사업으로 조성된 토지가 공급 완료(매수자의 취득일을 말한다.)되거나 같은 법 제51조에 따른 공사 완료 공고가 날 때까지

나. 토지구획정리사업의 시행인가를 받은 날 또는 사업계획의 공고일(토지구획정리사업의 시행자가 국가인 경우로 한정한다.)부터 종전의 「토지구획정리사업법」에 따른 토지구획정리사업으로 조성된 토지가 공급 완료(매수자의 취득일을 말한다.)되거나 같은 법 제61조에 따른 공사 완료 공고가 날 때까지

다. 경제자유구역개발사업 실시계획 승인을 고시한 날부터 「경제자유구역의 지정 및 운영에 관한 특별법」에 따른 경제자유구역개발사업으로 조성된 토지가 공급 완료(매수자의 취득일을 말한다.)되거나 같은 법 제14조에 따른 준공검사를 받을 때까지

> **사례**
>
> ❖ **도시개발사업에 공여되는 주택건설용 토지의 분리과세대상 여부**
>
> 분리과세대상인 '도시개발사업에 공여하는 주택건설용 토지'라 함은 주택부지만을 의미하는 것이 아니라 주택건설에 필수불가결하게 수반되는 시설용 토지를 포함하는 것으로 봄이 상당하다.
> 이 사건 쟁점토지 위에 설치될 도로 등 교통시설, 공원, 녹지, 학교 등은 입주민들의 생활편익과 쾌적한 주거환경을 위한 공공시설 또는 기반시설로서 주택건설에 필수불가결하게 수반되는 시설인 점, 위 시설들의 공익적 성격 때문에 이 사건 도시개발사업 실시계획 인가·고시 당시부터 이 사건 쟁점토지 부분은 ○○시 등에 기부채납되기로 예정되어 있었고, 이 사

건 쟁점토지 부분은 위와 같이 그 용도가 제한되어 있어 원고로서는 사실상 이를 다른 용도로 사용하여 수익을 올릴 수도 없는 점 등에 비추어 보면, 이 사건 토지 중 도시개발사업 시행자에 의하여 도시개발사업에 공여된 공공시설용 또는 기반시설용 토지로서 기부채납될 예정인 이 사건 쟁점토지는 분리과세하여야 할 상당한 이유가 있는 것으로서 법과 시행령에서 분리과세대상으로 정한, 도시개발사업의 시행자가 그 '도시개발사업에 공여하는 주택건설용 토지'에 해당한다고 판단하였는바, 앞서 본 법리에 비추어 보면 원심의 위와 같은 판단은 옳고, 거기에 분리과세대상이 되는 위 '도시개발사업에 공여하는 주택건설용 토지'의 해석에 관한 법리를 오해하거나 심리를 다하지 않은 위법이 없다.

(대법 2009두15760, 2010.2.11.)

❖ **도시개발사업 지구내 공공시설용지가 재산세 분리과세 대상인지 여부**

이 사건 토지 가운데 피고가 재산세 종합합산과세대상으로 분류한 75,658㎡ 부분 중 그 용도가 주차장, 공공청사, 학교, 문화집회시설인 부분(이하 '쟁점 시설용 토지'라 한다.)은 모두 공익목적을 위하여 제공된 것으로서 장차 그 용도로 이용될 예정이어서 주택건설에 필수불가결하게 수반되는 시설용 토지에 해당한다고 할 수 있으나 그 용도가 준주거용지와 상업용지인 부분은 주택건설에 필수불가결하게 수반되는 시설용 토지로 보기 어렵다는 이유로 쟁점 시설용 토지 부분만큼은 구 지방세법 시행령(2010.9.20. 대통령령 제22395호로 개정되기 전의 것) 제132조 제5항 제24호 소정의 재산세 분리과세 대상인 '도시개발사업에 제공하는 주택건설용 토지'에 해당 아니한다고 보아 피고가 이 사건 처분을 하면서 쟁점 시설용 토지 부분까지 재산세 종합합산과세 대상으로 분류하여 과세한 것은 위법하다.

(대법 2012두10086, 2013.6.13., 대법 2012두16688, 2013.7.25.)

❖ **도시계획법에 따라 추진된 시가지조성사업을 도시개발법에 따라 추진된 것으로 보아 토지분 재산세를 분리과세할 수 있는지**

재산세 분리과세대상 토지는 원칙적으로 도시개발법의 규율을 받는 도시개발사업에 제공하는 주택건설용 토지와 산업단지용 토지로 제한된다고 봄이 위 규정의 취지나 성격에 부합하는 점, 종전의 도시계획법에 따라 규율되는 도시계획사업과 도시개발법에 따라 규율되는 도시개발사업은 그 시행방식이나 수용권 행사의 요건 등에 차이가 있는 점 등을 종합하여 보면, 도시개발법의 시행 이후에도 종전의 도시계획법에 따라 규율되는 시가지조성사업에 제공하는 주택건설용 토지는 구 지방세법 시행령 제132조 제5항 제24호가 규정한 재산세 분리과세대상 토지에 해당하지 않는다고 봄이 타당하다.

(대법 2011두23665, 2013.7.25, 대법 2011두19963, 2013.7.26.)

❖ **도시개발사업 실시계획을 고시한 이후에도 재산세 과세기준일 현재에 종전과 같이 농지로 사용되고 있는 토지에 대하여 도시개발사업용 토지에 대한 분리과세 적용을 배제하고 종합합산으로 토지분 재산세를 부과할 수 있는지 여부**

이 사건 각 토지는 이 사건 사업에 제공된 토지로서 저율의 분리과세를 할 합리적인 이유가 있음에도 피고가 종전과 동일하게 이 사건 각 토지를 농지로 경작하고 있다는 사정에만 주목하여 주택건설사업에 제공된 토지에 해당되지 않는다고 보는 것은, 피고가 위 법문의 규정과 달리 합리적 이유 없이 확장해석하거나 유추해석한 것에 해당된다(하급심-지법).

(대법 2013두8622, 2013.8.30.)

❖ **도시계획결정 취소 전 과세대상구분**

행정청의 행정행위(도시계획의 변경)가 당연무효로 취소되기 전까지는 유효한 것으로 보아야 하므로 행정행위의 하자를 이유로 토지분 재산세 과세구분을 변경할 수 없음

(대법 2020두53736, 2021.02.04.)

(5) 산업단지조성공사시행 중인 토지(영 §102 ⑦ Ⅴ)

「산업입지 및 개발에 관한 법률」 제16조에 따른 산업단지개발사업의 시행자가 같은 법에 따른 산업단지개발실시계획의 승인을 받아 산업단지조성공사에 제공하는 토지. 다만, 다음 각 목의 기간으로 한정한다.

가. 사업시행자가 직접 사용하거나 산업단지조성공사 준공인가 전에 분양·임대 계약이 체결된 경우: 산업단지조성공사 착공일부터 다음의 날 중 **빠른 날까지**
  1) 준공인가일
  2) 토지 공급 완료일(매수자의 취득일, 임대차 개시일 또는 건축공사 착공일 등 해당 용지를 사실상 사용하는 날을 말한다. 이하 이 호에서 같다)

나. 산업단지조성공사 준공인가 후에도 분양·임대 계약이 체결되지 않은 경우: 산업단지조성공사 착공일부터 다음의 날 중 **빠른 날까지**
  1) 준공인가일 후 5년이 경과한 날
  2) 토지 공급 완료일

  이 경우 국가 산업단지 산업단지개발실시계획의 승인을 신청하고자 하는 경우에는 국가 산업단지의 사업시행자로 지정된 날부터 2년 이내에 사업시행자의 성명(법인인 경우에는 법인의 명칭 및 대표자의 성명)·주소, 사업의 명칭, 사업의 목적, 사업을 시행하고자 하는 위치 및 면적, 사업의 시행방법 및 시행기간, 사업시행지역의 토지이용현황, 토지이용계획 및 기반시설계획을 기재한 산업단지개발실시계획승인신청서를 국토교통부장관에게 제출하여야 한다.

(6) 한국산업단지공단의 공급용 토지(영 §102 ⑦ Ⅵ)

산업집적활성화 및 공장설립에 관한 법률 제45조의 17에 따라 설립된 한국산업단지공단이 타인에게 공급할 목적으로 소유하고 있는 토지(임대한 토지를 포함한다.)는 분리과세 된다.

(7) 주택건설사업자의 소유토지(영 §102 ⑦ Ⅶ)

「주택법」에 따라 주택건설사업자 등록을 한 주택건설사업자(같은 법 제11조에 따른 주택

조합 및 고용자인 사업주체와 「도시 및 주거환경정비법」 제24조부터 제28조까지 또는 「빈집 및 소규모주택 정비에 관한 특례법」 제17조부터 제19조까지의 규정에 따른 사업시행자를 포함한다.)가 주택을 건설하기 위하여 같은 법에 따른 사업계획의 승인을 받은 토지로서 주택건설사업에 제공되고 있는 토지(「주택법」 제2조 제11호에 따른 지역주택조합·직장주택조합이 조합원이 납부한 금전으로 매수하여 소유하고 있는 「신탁법」에 따른 신탁재산의 경우에는 사업계획의 승인을 받기 전의 토지를 포함한다.)는 분리과세 된다.

그러므로 이 규정에 따른 분리과세 대상은 주택건설사업에 제공되고 있는 동안에만 해당되고, 주택이 완공된 때에는 그 용도에 따라 부속토지에 대한 과세구분이 달라지게 된다.

(8) 중소기업진흥공단의 분양·임대용 토지(영 §102 ⑦ Ⅷ)

「중소기업진흥에 관한 법률」에 따라 설립된 중소벤처기업진흥공단이 같은 법에 따라 중소기업자에게 분양하거나 임대할 목적으로 소유하고 있는 토지는 분리과세 된다.

(9) 중소기업진흥공단의 분양·임대용 토지(영 §102 ⑦ Ⅸ)

「지방공기업법」 제49조에 따라 설립된 지방공사가 같은 법 제2조 제1항 제7호 및 제8호에 따른 사업용 토지로서 타인에게 주택이나 토지를 분양하거나 임대할 목적으로 소유하고 있는 토지(임대한 토지를 포함한다.)는 분리과세 대상이다. 다만, 이러한 토지 중 취득일부터 5년이 지난 토지로서 용지조성사업 또는 건축을 착공하지 아니한 토지는 제외한다.

이 경우 "「지방공기업법」 제2조 제1항 제7호 및 제8호에 따른 사업용 토지"란 주택사업과 토지개발사업을 말한다.

(10) 한국수자원공사의 공급용 토지(영 §102 ⑦ Ⅹ)

한국수자원공사법에 따라 설립된 한국수자원공사가 소유하고 있는 토지 중 다음 각 목의 어느 하나에 해당하는 토지는 분리과세대상이다(임대한 토지는 제외한다.).

(가) 한국수자원공사법 제9조 제1항 제5호에 따른 개발 토지 중 타인에게 공급할 목적으로 소유하고 있는 토지(임대한 토지는 제외한다.)는 분리과세대상이다. 한국수자원공사법 제9조 제1항 제5호에 따른 토지라 함은 산업단지 및 특수지역의 개발을 위한 토지(임대한 토지는 제외한다.)를 말하는데, 이 경우에도 한국수자원공사가 시행하였거나 시행 중인 산업단지 및 특수지역의 개발과 관련된 구역에서의 개발에 한한다. 그런데 한국수자원공사의 소유토지 중 과세형태별로 구분하여 설명하면,

① 한국수자원공사의 업무수행에 직접 공여되는 사무실, 종업원 연수시설 등의 부속토지는 용도지역별 적용배율 이내의 토지는 별도합산과세대상이 되며, 이를 초과하는 부속토지는 종합합산과세대상이 된다.

② 한국수자원공사가 소유하고 있는 댐 주위의 토지 중에서 댐으로 사용되는 토지와 제방은 비과세대상이 되며, 댐 주위의 간접보상으로 소유하고 있는 토지는 농지·임야 등으로 구분하여 종합합산과세대상으로 하여야 하고, 댐 주위의 변전시설, 휴게소, 사무소 등은 용도지역별 적용배율을 적용하여 배율 이내의 토지는 별도합산과세대상이고 배율초과 토지는 종합합산과세대상이 된다.

(나) 「친수구역 활용에 관한 특별법」 제2조 제2호에 따른 친수구역 내의 토지로서 친수구역조성사업 실시계획에 따라 주택건설에 제공되는 토지 또는 친수구역조성사업 실시계획에 따라 공업지역(국토의 계획 및 이용에 관한 법률 제36조 제1항 제1호 다목의 공업지역을 말한다.)으로 결정된 토지는 분리과세대상이다.

이 경우 "친수구역"이란 국가하천의 하천구역 경계로부터 양안 2킬로미터 범위 내의 지역을 대통령령으로 정한 비율 이상 포함하여 친수구역으로 지정된 구역을 말한다(친수구역 활용에 관한 특별법 §2 Ⅱ).

(11) 한국토지주택공사 등의 분양 임대 토지(영 §102 ⑦ ⅩⅠ)

「한국토지주택공사법」에 따라 설립된 한국토지주택공사가 같은 법에 따라 타인에게 토지나 주택을 분양하거나 임대할 목적으로 소유하고 있는 토지(임대한 토지를 포함한다.) 및 「자산유동화에 관한 법률」에 따라 설립된 유동화전문회사가 한국토지주택공사가 소유하던 토지를 자산유동화 목적으로 소유하고 있는 토지는 분리과세 대상이다.

(12) 한국토지주택공사가 비축하는 토지(영 §102 ⑦ ⅩⅡ)

한국토지주택공사법에 따라 설립된 한국토지주택공사가 소유하고 있는 비축용 토지 중 다음 각 목의 어느 하나에 해당하는 토지는 분리과세 대상이다.

(가) 「공공토지의 비축에 관한 법률」 제14조 및 제15조에 따라 공공개발용으로 비축하는 토지

(나) 「한국토지주택공사법」 제12조 제4항에 따라 국토교통부장관이 우선 매입하게 함에 따라 매입한 토지(「자산유동화에 관한 법률」 제3조에 따른 유동화전문회사 등에 양도한 후 재매입한 비축용 토지를 포함한다.)

(다) 「공공기관 지방이전에 따른 혁신도시 건설 및 지원에 관한 특별법」 제43조 제3항에 따라 국토교통부장관이 매입하게 함에 따라 매입한 같은 법 제2조 제6호에 따른 종전부동산

(라) 「국토의 계획 및 이용에 관한 법률」 제122조 및 제123조에 따라 매수한 토지

(마) 「공익사업을 위한 토지 등의 취득 및 보상에 관한 법률」 제4조에 따른 공익사업(이

하 이 목 및 바목에서 "공익사업"이라 한다.)을 위하여 취득하였으나 해당 공익사업의 변경 또는 폐지로 인하여 비축용으로 전환된 토지

(바) 비축용 토지로 매입한 후 공익사업에 편입된 토지 및 해당 공익사업의 변경 또는 폐지로 인하여 비축용으로 다시 전환된 토지

(사) 국가·지방자치단체 또는 「국가균형발전 특별법」 제2조 제10호에 따른 공공기관으로부터 매입한 토지

(아) 2005년 8월 31일 정부가 발표한 부동산제도 개혁방안 중 토지시장 안정정책을 수행하기 위하여 매입한 비축용 토지

(자) 1997년 12월 31일 이전에 매입한 토지

10) 지역경제의 발전, 공익성의 정도 등을 고려하여 분리과세하여야 할 타당한 이유가 있는 토지(법 §106 ① Ⅲ 아, 영 §102 ⑧)

그 밖에 지역경제의 발전, 공익성의 정도 등을 고려하여 분리과세 하여야 할 타당한 이유가 있는 토지로서 대통령령으로 정하는 토지는 분리과세 대상이다. 이 경우 법 제106조 제1항 제3호 아목에서 "대통령령으로 정하는 토지"란 다음 각 호에서 정하는 토지(법 제106조 제1항 제3호 다목에 따른 토지는 제외한다.)를 말한다.

(1) 비영리사업자의 소유토지(영 §102 ⑧ Ⅰ)

제22조제2호에 해당하는 비영리사업자가 소유하고 있는 토지로서 교육사업에 직접 사용하고 있는 토지. 다만, 수익사업에 사용하는 토지는 제외한다. 그런데 비영리사업자의 소유토지 중 농지·임야는 물론 일반 대지를 보유하여도 분리과세대상이 되나 사치성 재산을 보유한 경우에는 중과세된다.

이 경우 지방세법 시행령 제22조 제2호에 해당하는 따른 비영리사업자라 함은, 초·중등교육법 및 고등교육법에 따른 학교, 경제자유구역 및 제주국제자유도시의 외국교육기관 설립·운영에 관한 특별법 또는 기업도시개발특별법에 따른 외국교육기관을 경영하는 자 및 평생교육법에 따른 교육시설을 운영하는 평생교육단체를 말한다.

따라서 취득시기와 상관없이 사립학교가 '95년 이전 취득한 토지 중 교육사업에 직접사용하고 있는 토지 분리과세 적용하고 비교육용 토지는 유형별 분리과세 적용 비율에 따라 단계적으로 분리과세 적용 배제되며, 수익사업에 사용하는 토지는 제외된다.

그리고 골프장·대규모점포·관광숙박업 활용 부지는 2022년부터 분리과세 적용이 배제되고 지방세법 제101조제1항에 따른 별도합산대상 토지(건축물 부속토지)아래 표와 같이 적용된다.

과세연도	2022	2023	2024	2025	2026	2027
분리과세 적용비율	100%	90%	80%	60%	40%	20%

그리고 이에 해당하지 않는 토지는 아래 표와 같이 적용된다.

과세연도	2022~2026	2027	2028	2029
분리과세 적용비율	100%	70%	40%	10%

사례

❖ **합병 이후에도 종전부터 소유한 것으로 보아 분리과세 적용 가능한지**

원고는, 구 지방세법 제106조 제1항 제3호 마목 및 같은 법 시행령 제102조 제5항 제13호가 '취득'이 아닌 '소유'를 기준으로 분리과세대상을 정하고 있고 구 사립학교법상 합병의 본질은 법인격의 합일이므로, 존속법인인 원고는 소멸법인인 △△학원이 이 사건 각 토지를 취득하여 소유한 시점부터 계속 소유하고 있었던 것으로 보아야 한다고 주장하나, '취득'과 '소유'는 그 개념 본질상 분리하여 해석·적용할 수 없고, 원고가 주장하는 인격합일설에 의하더라도 합병의 효력이 발생하는 시점은 합병등기를 마친 때이므로, 원고가 그 합병의 효력이 발생하기 전부터 이 사건 각 토지를 소유하고 있었다고 볼 수 없다. 따라서 원고의 위 주장은 이유 없다.

(대법 2016두50877, 2016.12.15.)

(2) 농·수·산림조합 등의 구판사업용 토지(영 §102 ⑧ Ⅱ)

「농업협동조합법」에 따라 설립된 조합, 농협경제지주회사 및 그 자회사, 「수산업협동조합법」에 따라 설립된 조합, 「산림조합법」에 따라 설립된 조합 및 「엽연초생산협동조합법」에 따라 설립된 조합(조합의 경우 해당 조합의 중앙회를 포함한다.)이 과세기준일 현재 구판사업에 직접 사용하는 토지와 「농수산물 유통 및 가격안정에 관한 법률」 제70조에 따른 유통자회사에 농수산물 유통시설로 사용하게 하는 토지 및 「한국농수산식품유통공사법」에 따라 설립된 한국농수산식품유통공사가 농수산물 유통시설로 직접 사용하는 토지는 분리과세 대상이다. 다만, 「유통산업발전법」 제2조제3호에 따른 대규모점포(「농수산물 유통 및 가격안정에 관한 법률」 제2조제12호에 따른 농수산물종합유통센터 중 대규모점포의 요건을 충족하는 것을 포함한다)로 사용하는 토지는 제외한다.

(3) 부동산투자회사의 목적사업용 토지(영 §102 ⑧ Ⅲ)

부동산투자회사법에 제49조의3제1항에 따른 공모부동산투자회사(같은 법 시행령 제12조의3제27호, 제29호 또는 제30호에 해당하는 자가 발행주식 총수의 100분의 100을 소유하고 있는 같은 법 제2조제1호에 따른 부동산투자회사를 포함한다)가 목적사업에 사용하기 위하여 소유하고 있는 토지는 분리과세 하는 것이다.

(4) 산업단지 등에서 지식산업 등에 직접 사용되는 토지(영 §102 ⑧ Ⅳ)

「산업입지 및 개발에 관한 법률」에 따라 지정된 산업단지와 「산업집적활성화 및 공장설립에 관한 법률」에 따른 유치지역 및 「산업기술단지 지원에 관한 특례법」에 따라 조성된 산업기술단지에서 다음 각 목의 어느 하나에 해당하는 용도에 직접 사용되고 있는 토지는 분리과세 대상이다.

(가) 「산업입지 및 개발에 관한 법률」 제2조에 따른 지식산업·문화산업·정보통신산업·자원비축시설용 토지 및 이와 직접 관련된 교육·연구·정보처리·유통시설용 토지

(나) 「산업집적활성화 및 공장설립에 관한 법률 시행령」 제6조 제5항에 따른 폐기물 수집운반·처리 및 원료재생업, 폐수처리업, 창고업, 화물터미널이나 그 밖의 물류시설을 설치·운영하는 사업, 운송업(여객운송업은 제외한다.), 산업용기계장비임대업, 전기업, 농공단지에 입주하는 지역특화산업용 토지, 「도시가스사업법」 제2조 제5호에 따른 가스공급시설용 토지 및 「집단에너지사업법」 제2조 제6호에 따른 집단에너지공급시설용 토지

(다) 「산업기술단지 지원에 관한 특례법」에 따른 연구개발시설 및 시험생산시설용 토지

(라) 「산업집적활성화 및 공장설립에 관한 법률」 제30조 제2항에 따른 관리기관이 산업단지의 관리, 입주기업체 지원 및 근로자의 후생복지를 위하여 설치하는 건축물의 부속토지(수익사업용에 사용되는 부분은 제외한다.)

이 경우 수익사업이란 법인세법 제3조 제3항에 따른 수익사업을 말한다.

(5) 지식산업센터 시설용 토지(영 §102 ⑧ Ⅴ)

「산업집적활성화 및 공장설립에 관한 법률」 제28조의 2에 따라 지식산업센터의 설립승인을 받은 자의 토지로서 다음 각 목의 어느 하나에 해당하는 토지. 다만, 지식산업센터의 설립승인을 받은 후 최초로 재산세 납세의무가 성립하는 날부터 5년 이내로 한정하고, 증축의 경우에는 증축에 상당하는 토지 부분을 한정한다. 즉 같은 법 제28조의 5 제1항 제1호 및 제2호에 따른 시설용으로 직접 사용하거나 분양 또는 임대하기 위해 지식산업센터를 신축 또는 증축 중인 토지, 지식산업센터를 신축하거나 증축한 토지로서 지식산업센터 입주시설용으로 직접 사용(재산세 과세기준일 현재 60일 이상 휴업중인 경우에는 제외한다.)하거나 분양 또는 임대할 목적으로 소유하고 있는 토지(임대한 토지를 포함한다.).

이 경우 「산업집적활성화 및 공장설립에 관한 법률」 제28조의 5 제1항 제1호 및 제2호에 따른 시설은 제조업, 지식기반산업, 정보통신산업, 그 밖에 대통령령으로 정하는 사업

을 운영하기 위한 시설과 「벤처기업육성에 관한 특별조치법」 제2조 제1항에 따른 벤처기업을 운영하기 위한 시설을 말한다.

(6) 지식산업센터를 분양받아 직접 사용하는 토지(영 §102 ⑧ Ⅵ)

「산업집적활성화 및 공장설립에 관한 법률」 제28조의 4에 따라 지식산업센터를 신축하거나 증축하여 설립한 자로부터 최초로 해당 지식산업센터를 분양받은 입주자(「중소기업기본법」 제2조에 따른 중소기업을 영위하는 자로 한정한다.)로서 같은 법 제28조의 5 제1항 제1호 및 제2호에 규정된 사업에 직접 사용(재산세 과세기준일 현재 60일 이상 휴업 중인 경우와 타인에게 임대한 부분은 제외한다.)하는 토지(지식산업센터를 분양받은 후 최초로 재산세 납세의무가 성립한 날부터 5년 이내로 한정한다.)는 분리과세 대상이다.

(7) 연구개발특구 원형지로 지정된 토지(영 §102 ⑧ Ⅶ)

「연구개발특구의 육성에 관한 특별법」 제34조에 따른 특구관리계획에 따라 원형지로 지정된 토지는 분리과세 대상이다.

(8) 인천국제공항공사의 공항시설용 토지 등(영 §102 ⑧ Ⅷ)

「인천국제공항공사법」에 따라 설립된 인천국제공항공사가 소유하고 있는 공항시설(「공항시설법」 제2조 제7호에 따른 공항시설을 말한다.)용 토지 중 「인천국제공항공사법」 제10조 제1항의 사업에 사용하거나 사용하기 위한 토지는 분리과세대상이다. 다만, 다음 각 목의 어느 하나에 해당하는 토지는 제외한다.

가. 「공항시설법」 제4조에 따른 기본계획에 포함된 지역 중 국제업무지역, 공항신도시, 유수지(수익사업에 사용되는 부분으로 한정한다), 물류단지(수익사업에 사용되는 부분으로 한정한다) 및 유보지[같은 법 시행령 제5조제1항제3호 및 제4호에 따른 진입표면, 내부진입표면, 전이(轉移)표면 또는 내부전이표면에 해당하지 않는 토지로 한정한다]

나. 「공항시설법 시행령」 제3조제2호에 따른 지원시설용 토지(수익사업에 사용되는 부분으로 한정한다)

이 경우 「공항시설법 시행령」 제3조 제2호에 따른 지원시설용 토지는 항공기 및 지상조업장비의 점검·정비 등을 위한 시설, 운항관리시설, 의료시설, 교육훈련시설, 소방시설 및 기내식 제조·공급 등을 위한 시설, 공항의 운영 및 유지·보수를 위한 공항 운영·관리시설, 공항 이용객 편의시설 및 공항근무자 후생복지시설, 공항 이용객을 위한 업무·숙박·판매·위락·운동·전시 및 관람집회 시설, 공항교통시설 및 조경시설, 방음벽, 공해배출 방지시설 등 환경보호시설, 공항과 관련된 상하수도 시설 및 전력·통신·냉난방 시설, 항공기 급유시설 및 유류의 저장·관리 시설, 항공화물을 보관하기 위한 창고시설, 공항의 운영·관리와 항공운송사업 및 이와 관련된 사업에 필요한 건축물에 부속되는 시설, 공항과 관련된 「신에너지 및 재생에너지 개발·이용·보급 촉진법」 제2조 제3호에 따른 신에너지 및 재생에너지 설비를 말한다.

(9) 부동산 간접 투자기구의 목적사업용 토지(영 §102 ⑧ Ⅸ)

「자본시장과 금융투자업에 관한 법률」 제229조 제2호에 따른 부동산집합투자기구[집합투자재산의 100분의 80을 초과하여 같은 호에서 정한 부동산에 투자하는 같은 법 제9조 제19항 제2호에 따른 일반 사모집합투자기구(투자자가 「부동산투자회사법 시행령」 제12조의3제27호, 제29호 또는 제30호에 해당하는 자로만 이루어진 사모집합투자기구로 한정한다)를 포함한다.] 또는 종전의 「간접투자자산 운용업법」에 따라 설정·설립된 부동산간접투자기구가 목적사업에 사용하기 위하여 소유하고 있는 토지 중 법 제106조 제1항 제2호(별도합산대상토지)에 해당하는 토지는 분리과세 대상이 된다.

이 경우 부동산집합투자기구란 집합투자재산의 100분의 40 이상으로서 50%를 초과하여 부동산(부동산을 기초자산으로 한 파생상품, 부동산개발과 관련된 법인에 대한 대출, 그 밖에 정하는 방법으로 부동산 및 부동산과 관련된 증권에 투자하는 경우를 포함한다.)에 투자하는 집합투자기구가 소유하고 있는 토지 중 별도합산대상토지에 해당하는 토지라 하더라도 이를 분리과세한다는 것이다.

(10) 무역전시장용 토지(영 §102 ⑧ Ⅹ)

전시산업발전법 시행령 제3조 제1호 및 제2호에 따른 무역전시장으로 사용되는 토지는 분리과세대상이다.

이 경우 무역전시장이란 전시회 개최에 필요한 시설로서 면적 2천제곱미터 이상의 시설(옥내와 옥외 시설을 모두 포함)과 전시회 부대행사를 개최하기 위한 연회장, 공연시설, 상담회장 및 설명회장을 말한다.

(11) 전통사찰보존지 및 향교재산 중 토지(영 §102 ⑧ Ⅺ)

「전통사찰의 보존 및 지원에 관한 법률」 제2조제3호에 따른 전통사찰보존지 및 「향교재산법」 제2조에 따른 향교재산 중 토지. 다만, 수익사업에 사용되는 부분은 제외한다

이 규정에 따라 전통사찰보존지와 향교 토지 중 분리과세 적용 제외 대상인 "유료로 사용부분"을 삭제하였기 때문에 실비변상적 수준의 대가로 토지를 사용하게 한 경우 분리과세 적용이 가능하다.

(12) 1990년 5월 31일 이전부터 소유토지(영 §102 ⑨)

제1항제2호라목·바목 및 제2항제4호·제6호에 따른 농지와 임야는 1990년 5월 31일 이전부터 소유(1990년 6월 1일 이후에 해당 농지 또는 임야를 상속받아 소유하는 경우와 법인합병으로 인하여 취득하여 소유하는 경우를 포함한다)하는 것으로 한정하고, 제1항제3호에 따른 목장용지 중 도시지역의 목장용지 및 제2항제5호 각 목에서 규정하는 임야는 1989년 12월 31일 이전부터 소유(1990년 1월 1일 이후에 해당 목장용지 및 임야를 상속받아 소유하는 경우, 법인합병으로 인하여 취득하여 소유하는 경우 및 「농업협동조합법」 제161조의2 및 부칙(법률 제10522호, 2011. 3. 31.) 제6조에 따라 농협경제지주회사가 농업협동조합중앙회로부터 취득하여 소유하는 경우를 포함한다)하는 것으로 한정한다.

이 규정은 2011년 농협법 개정 시 농협중앙회의 사업구조 개편은 정부가 조세부담을 증가시키려는 의도로 추진한 것이 아니어서, 개편 과정에서 발생하는 세금을 면제하고, 개편 후에도 종전과 동일한 세부담 유지 약속에도 불구하고 정부정책에 따른 강제적 소유권 이전이라는 점과 불이익 배제 약속에 대한 신뢰보호 필요한 점 등을 고려 농협경제지주가 중앙회로부터 취득한 도시지역 안의 목장용지는 분리과세 적용하도록 개정한 것이다.

(13) 공익목적용 토지(영 §102 ⑩)

다음 각 호의 경우에는 각 호의 시기까지 계속하여 분리과세 대상 토지로 한다.
1. 「공익사업을 위한 토지 등의 취득 및 보상에 관한 법률」 제4조에 따른 공익사업의 구역에 있는 토지로서 같은 법에 따라 사업시행자에게 협의 또는 수용에 의하여 매각이 예정된 토지 중 「택지개발촉진법」 등 관계 법률에 따라 「국토의 계획 및 이용에 관한 법률」에 따른 도시·군관리계획 결정이 의제되어 용도지역이 변경되거나 개발제한구역에서 해제된 경우: 그 토지가 매각되기 전(「공익사업을 위한 토지 등의 취득 및 보상에 관한 법률」 제40조제2항에 따라 보상금을 공탁한 경우에는 공탁금 수령일 전을 말한다)까지
2. 제1호에 따라 매각이 예정되었던 토지 중 「공공주택 특별법」 제6조의2에 따라 특별관리지역으로 변경된 경우: 그 토지가 특별관리지역에서 해제되기 전까지

(14) 분리과세 대상의 신고(영 §102 ⑪ ⑫)

과세기준일 현재 납세의무자가 소유하고 있는 토지 중 용도 및 면적 등 현황이 변경되어 제1항부터 제8항까지의 분리과세 대상 토지의 범위에 포함되거나 제외되는 토지의 경우에는 그 납세의무자가 과세기준일부터 15일 이내에 그 소재지를 관할하는 지방자치

단체의 장에게 분리과세대상 토지 적용을 신청할 수 있다. 그리고 신청에 필요한 서식과 관련 증빙자료 등 신청 방법과 절차는 행정안전부령으로 정한다.

2. 주거용과 주거 외의 용도를 겸하는 주택의 범위와 부속토지 산정방법

주거용과 주거 외의 용도를 겸하는 건물 등에서 주택의 범위를 구분하는 방법, 주택 부속토지의 범위 산정은 다음 각 호에서 정하는 바에 따른다(법 §106 ② Ⅰ~Ⅲ).

그러므로 우선 주택이란 어느 부분까지를 말하고 겸용하는 경우에는 어떻게 구분해야 할 것인지의 문제가 있기 때문에 먼저 주택법에 의한 주택에 대해 먼저 살펴보기로 한다.

주택이란 주택법 제2조 제1호에 따른 주택(법 §104 Ⅲ)을 말한다. 이 경우 토지와 건축물의 범위에서 주택은 제외한다.

여기에서 "주택"이란 세대의 세대원이 장기간 독립된 주거생활을 할 수 있는 구조로 된 건축물의 전부 또는 일부 및 그 부속토지를 말하며 이를 단독주택과 공동주택으로 구분한다(주택법 §2 Ⅰ).

이 경우 단독주택이란 ① 단독주택[단독주택의 형태를 갖춘 가정어린이집·공동생활가정·지역아동센터 및 노인복지시설(노인복지주택은 제외) 포함] ② 다중주택(학생 또는 직장인 등 여러 사람이 장기간 거주할 수 있는 구조로 되어 있으면서 독립된 주거의 형태를 갖추지 아니한 것으로 연면적이 330㎡ 이하이고 층수가 3층 이하인 것) ③ 다가구 주택 [공동주택에 해당되지 아니하는 것으로서 지하층을 제외한 주택으로 쓰는 층수가 3개층 이하이고, (1층의 바닥면적 2분의 1 이상을 필로티 구조로 하여 주차장으로 사용하고 나머지 부분을 주택 외의 용도로 쓰는 경우에는 해당 층을 주택의 층수에서 제외한다.) 지하 주차장을 제외한 1개 동의 주택으로 쓰는 바닥면적의 합계가 660㎡ 이하이며, 19세대 이하가 거주할 수 있을 것] ④ 공관을 말한다(건축법시행령 §3의 4, 별표 1).

그리고 공동주택이란 건축물의 벽·복도·계단이나 그 밖의 설비 등의 전부 또는 일부를 공동으로 사용하는 각 세대가 하나의 건축물 안에서 각각 독립된 거주생활을 할 수 있는 구조로 된 주택을 말하며, 그 종류와 범위는 건축법 시행령 별표 1 제2호 가목 내지 다목의 규정이 정하는 바에 의한다(주택법 §2 Ⅱ, 동령 §2 ①).

이 경우 공동주택의 종류와 범위에는 공동주택의 형태를 갖춘 가정어린이집·공동생활가정·지역아동센터 및 노인복지시설(노인복지주택은 제외한다.) 및 원룸형 주택을 포함하며, 다음의 ① 및 ②에서 층수를 산정할 때 1층 전부를 필로티 구조로 하여 주차장으로 사용하는 경우에는 필로티 부분을 층수에서 제외하는 것으로서 ① 아파트(주택으로 쓰는 층수가 5개층 이상인 주택) ② 연립주택(주택으로 쓰는 지하주차장을 제외한 1개 동의 바닥면적 합계가 660㎡ 초과이고, 층수가 4개층 이하인 주택), ③ 다세대주택(주택으로 쓰는 지하주차장을 제외한 1개 동의 바닥면적 합계가 660㎡ 이하이고, 층수가 4개층 이하인 주택) ④ 기숙사를 말한다(주택법시행령 §2 ①, 건축법시행령 §3의 4, 별표 1).

다음으로 주거와 주거 외의 용도를 겸하는 건물의 산정방법 살펴보면 다음과 같다.
① 1동(棟)의 건물이 주거와 주거 외의 용도에 사용되고 있는 경우에는 주거용으로 사용되는 부분만을 주택으로 본다. 이 경우 건물의 부속토지는 주거와 주거 외의 용도에 사용되는 건물의 면적비율에 따라 각각 안분하여 주택의 부속토지와 건축물의 부속토지로 구분한다.
② 1구(構)의 건물이 주거와 주거 외의 용도로 사용되고 있는 경우에는 주거용으로 사용되는 면적이 전체의 100분의 50 이상인 경우에는 주택으로 본다.
②의2 건축물에서 허가 등이나 사용승인(임시사용승인을 포함한다. 이하 이 항에서 같다)을 받지 아니하고 주거용으로 사용하는 면적이 전체 건축물 면적(허가 등이나 사용승인을 받은 면적을 포함한다)의 100분의 50 이상인 경우에는 그 건축물 전체를 주택으로 보지 아니하고, 그 부속토지는 제1항제1호에 해당하는 토지로 본다.
③ 주택 부속토지의 경계가 명백하지 아니한 경우에는 그 주택 바닥면적의 10배에 해당하는 토지를 주택의 부속토지로 한다.

3. 과세대상 물건이 토지 또는 건축물 대장과 다른 경우 재산세 과세방법

재산세의 과세대상 물건이 토지대장, 건축물대장 등 공부상 등재되지 아니하였거나 공부상 등재현황과 사실상의 현황이 다른 경우에는 사실상의 현황에 따라 재산세를 부과한다. 다만, 재산세의 과세대상 물건을 공부상 등재현황과 달리 이용함으로써 재산세 부담이 낮아지는 경우 등 대통령령으로 정하는 경우에는 공부상 등재현황에 따라 재산세를 부과한다(법 § 106 ③).

위 규정 단서에서 "재산세의 과세대상 물건을 공부상 등재현황과 달리 이용함으로써 재산세 부담이 낮아지는 경우 등 대통령령으로 정하는 경우"란 다음 각 호의 경우를 말한다(영 §105 ⅠⅡ).
1. 관계 법령에 따라 허가 등을 받아야 함에도 불구하고 허가 등을 받지 않고 재산세의 과세대상 물건을 이용하는 경우로서 사실상 현황에 따라 재산세를 부과하면 오히려 재산세 부담이 낮아지는 경우
2. 재산세 과세기준일 현재의 사용이 일시적으로 공부상 등재현황과 달리 사용하는 것으로 인정되는 경우

제106조의 2 │ 분리과세대상 토지 타당성 평가 등

① 행정안전부장관은 제106조 제1항 제3호에 따른 분리과세대상 토지(이하 이 조에서 "분리과세대상토지"라 한다.)를 축소·정비 등을 하려는 경우 또는 분리과세대상토지를 확대·추가하려는 경우에는 분리과세의 목적, 과세 형평성, 지방자치단체의 재정여건 및 다른 지원제도와의 중복 여부 등을 종합적으로 고려하여 분리과세의 타당성을 평가할 수 있다(법 §106의 2 ①).
② 제1항에 따른 타당성 평가 결과에 따라 분리과세대상 토지를 확대·추가하려는 경우에는 「지방재정법」 제27조의 2에 따른 지방재정부담심의위원회의 심의를 거쳐야 한다(법 §106의 2 ②).
③ 제1항에 따른 타당성 평가의 평가대상, 분리과세 적용의 필요성 등 평가기준, 분리과세 확대·추가 요청방법 등 평가절차 및 그 밖에 필요한 사항은 대통령령으로 정한다(법 §106의 2 ③).

이 경우 법 제106조의 2 제1항에 따른 분리과세의 타당성평가(이하 이 조에서 "타당성평가"라 한다.) 대상은 행정안전부장관이 법 제106조 제1항 제3호에 따른 분리과세 대상 토지(이하 이 조에서 "분리과세 대상 토지"라 한다.)에서 제외하거나 그 범위를 축소하려는 토지와 중앙행정기관의 장이 분리과세 대상 토지에 추가하거나 그 범위를 확대할 것을 요청한 토지이다(영 §105의 2 ① Ⅰ·Ⅱ).

이와 같이 중앙행정기관의 장은 행정안전부장관에게 분리과세 대상 토지의 확대 또는 추가를 요청하는 경우에는 ① 분리과세 대상 토지의 확대 또는 추가 필요성 ② 확대 또는 추가되는 분리과세 대상 토지의 규모 ③ 분리과세 적용에 따라 예상되는 경제적 효과 ④ 감소되는 지방의 규모 및 재원보전대책 ⑤ 그 밖에 관련 사업계획서, 예산서 및 사업추진분석서 등 타당성평가에 필요한 자료를 제출해야 한다(영 §105의 2 ② Ⅰ~Ⅴ).

또한 행정안전부장관은 타당성 평가와 관련하여 필요한 경우 관계 행정기관의 장 등에게 의견 또는 자료의 제출을 요구할 수 있다. 이 경우 행정기관의 장 등은 특별한 사유가 있는 경우를 제외하고는 이에 따라야 하고(영 §105의 2 ③),

행정안전부장관은 분리과세 적용의 필요성 및 그 대상의 적절성 등 분리과세의 타당성에 관한 사항과 분리과세로 인한 경제적 효과 및 지방자치단체 재정에 미치는 영향 등에 관한 사항을 고려하여 타당성평가 기준을 마련해야 한다(영 §105의 2 ④ Ⅰ·Ⅱ).

그리고 위 제1항부터 제4항까지에서 규정한 사항 외에 타당성평가의 세부평가기준, 평가절차 등에 관하여 필요한 사항은 행정안전부장관이 정한다(영 §105의 2 ⑤).

이와 같이 개정한 것은 토지분 재산세는 토지의 용도 등에 따라 종합합산, 별도합산, 분리과세로 구분(지방세법 제106조)하면서 모든 토지는 종합합산과세를 원칙으로 하되, 경제성·공공성 등을 감안하여 세부담 차등 적용(별도합산·분리과세)하고 있으나 분리과세는 정책적 지원이 필요한 일부 토지에 대해 세부담을 감소(낮은 재산세율, 종부세 배제)시키기 위해 도입한 후 적용대상이 무분별하게 증가하고 있고 지원목적 종료, 수익용 전환 등 분리과세 제공 필요성이 소멸되었음에도 혜택이 20년 넘게 지속되면서 기득권화 되어 과세불형평 발생하며 분리과세 적용을 받지 않는 유사업종 납세자 등의 강한 불만과 분리과세 대상 추가요구를 지속적으로 야기하고 있어 분리과세 대상의 존치, 신설 여부에 대한 도입목적 달성 여부, 과세 형평성 및 다른 지원제도와의 중복 여부 등을 종합적으로 고려하여 타당성 평가 실시 근거마련하고 분리과세 적용도 일종의 조세혜택이므로 지방재정에의 영향 고려하여 분리과세 대상을 신설·확대하려는 경우, "지방재정부담심의위원회"의 심의*를 거치도록 하는데, 심의 대상은 지방세 특례 및 세율 조정 등 지방세 수입에 중대한 영향을 미치는 지방세 관계법령의 제정·개정에 관한 사항 중 행정안전부 장관의 요청에 따라 국무총리가 부의하는 사항(「지방재정법」 제27조의 2 제1항 제4호)으로 한 것이다.

제107조 | 납세의무자

① 재산세 과세기준일 현재 재산을 사실상 소유하고 있는 자는 재산세를 납부할 의무가 있다. 다만, 다음 각 호의 어느 하나에 해당하는 경우에는 해당 각 호의 자를 납세의무자로 본다(법 §107 ① Ⅰ~Ⅲ).
  1. 공유재산인 경우 : 그 지분에 해당하는 부분(지분의 표시가 없는 경우에는 지분이 균등한 것으로 본다.)에 대해서는 그 지분권자
  2. 주택의 건물과 부속토지의 소유자가 다를 경우 : 그 주택에 대한 산출세액을 제4조 제1항 및 제2항에 따른 건축물과 그 부속토지의 시가표준액 비율로 안분계산(按分計算)한 부분에 대해서는 그 소유자

② 제1항에도 불구하고 재산세 과세기준일 현재 다음 각 호의 어느 하나에 해당하는 자는 재산세를 납부할 의무가 있다(법 §107 ② Ⅰ~Ⅶ).
  1. 공부상의 소유자가 매매 등의 사유로 소유권이 변동되었는데도 신고하지 아니하여 사실상의 소유자를 알 수 없을 때에는 공부상 소유자
  2. 상속이 개시된 재산으로서 상속등기가 이행되지 아니하고 사실상의 소유자를 신고하지 아니하였을 때에는 행정안전부령으로 정하는 주된 상속자 이 경우 "주된 상속

자"란 민법상 상속지분이 가장 높은 사람으로 하되, 상속지분이 가장 높은 사람이 두 명 이상이면 그 중 나이가 가장 많은 사람으로 한다(규칙 §53).

3. 공부상에 개인 등의 명의로 등재되어 있는 사실상의 종중재산으로서 종중소유 임을 신고하지 아니하였을 때에는 공부상 소유자
4. 국가, 지방자치단체, 지방자치단체조합과 재산세 과세대상 재산을 연부(年賦)로 매매계약을 체결하고 그 재산의 사용권을 무상으로 받은 경우에는 그 매수계약자 그런데 국가, 지방자치단체 및 지방자치단체조합이 선수금을 받아 조성하는 매매용 토지로서 사실상 조성이 완료된 토지의 사용권을 무상으로 받은 자가 있는 경우에는 그 자를 위 규정의 매수계약자로 본다(영 §106 ②).
5. 「신탁법」 제2조에 따른 수탁자(이하 이 장에서 "수탁자"라 한다)의 명의로 등기 또는 등록된 신탁재산의 경우에는 제1항에도 불구하고 같은 조에 따른 위탁자(「주택법」 제2조제11호가목에 따른 지역주택조합 및 같은 호 나목에 따른 직장주택조합이 조합원이 납부한 금전으로 매수하여 소유하고 있는 신탁재산의 경우에는 해당 지역주택조합 및 직장주택조합을 말하며, 이하 이 장에서 "위탁자"라 한다). 이 경우 위탁자가 신탁재산을 소유한 것으로 본다
6. 도시개발법에 따라 시행하는 환지(換地)방식에 의한 도시개발사업 및 도시 및 주거환경정비법에 따른 정비사업(주택재개발사업 및 도시환경정비사업만 해당한다.)의 시행에 따른 환지계획에서 일정한 토지를 환지로 정하지 아니하고 체비지 또는 보류지로 정한 경우에는 사업시행자
7. 외국인 소유의 항공기 또는 선박을 임차하여 수입하는 경우에는 수입하는 사
8. 「채무자 회생 및 파산에 관한 법률」 에 따른 파산선고 이후 파산종결의 결정까지 파산재단에 속하는 재산의 경우 공부상 소유자

③ 재산세 과세 기준일 현재 소유권의 귀속이 분명하지 아니하여 사실상의 소유자를 확인할 수 없는 경우에는 그 사용자가 재산세를 납부할 의무가 있다(법 §107 ③).

이와 같이 소유권의 귀속이 분명하지 아니한 재산에 대하여 사용자를 납세의무자로 보아 재산세를 부과하려는 경우에는 그 사실을 사용자에게 미리 통지하여야 한다(영 §106 ③).

1. 실질적 납세의무자

재산세 과세기준일 현재 재산을 사실상 소유하고 있는 자는 재산세를 납부할 의무가 있다. 다만, 공유재산인 경우에는 그 지분에 해당하는 부분(지분의 표시가 없는 경우에는 지분이 균등한 것으로 본다.)에 대하여 그 지분권자를 납세의무자로 보며, 주택의 건물과 부속토지의 소유자가 다를 경우에는 그 주택에 대한 산출세액을 지방세법 제4조 제1항 및 제2항에 따른 건축

물과 그 부속토지의 시가표준액 비율로 안분계산한 부분에 대하여 그 소유자를 납세의무자로 보고, 신탁법에 따라 수탁자 명의로 등기·등록된 경우는 위탁자별로 구분된 재산에 대해서는 그 수탁자를 납세의무자로 본다. 이 경우 위탁자별로 구분된 재산에 대한 납세의무자는 각각 다른 납세의무자로 본다. 이렇게 위탁자별로 구분된 재산에 대한 납세의무자인 수탁자는 그 납세의무자의 성명 또는 상호(법인의 명칭을 포함한다.) 다음에 괄호를 하고, 그 괄호 안에 위탁자의 성명 또는 상호를 적어 구분한다.

여기에서 사실상 소유권의 개념에 대하여 살펴보면 지방세법상 취득에 대하여 구체적으로 정의한 규정은 없으나 일반적으로 취득이라 함은 과세물건의 소유권을 이전 취득하는 것을 말하는데 이는 법률행위의 형식에 불문한다고 본다.

그런데 재산세에서 납세의무자로 규정하고 있는 재산을 사실상 소유하고 있는 자라 함은 해당 재산을 취득하면서 잔금을 지급하였거나 잔금지급 전에 등기·등록을 한 경우에는 등기·등록일에 취득한 것으로 보아야 하므로 이 시점에 해당 재산을 사실상 소유하고 있다고 보아야 한다.

공유의 경우는 하나의 물건을 수인이 공동의 소유로 한다는 뜻의 의사의 합치에 의하여 공유가 성립하는데 공유자는 공유의 등기를 하여야 하고, 공유의 등기가 없으면 공유자가 되지 못할 뿐 아니라 지분권의 주장도 하지 못한다. 그리고 공유물에 관하여는 공유의 등기 이외에 지분의 등기를 하여야 그 지분에 상당하는 권리를 주장할 수 있다. 그러므로 공유자가 공유의 등기를 하고 있더라도 지분의 등기를 하고 있지 않으면 지분에 관하여 각 공유자 사이에 약정이 있는 경우라도 제3자는 각 공유자의 지분은 균등하다는 추정이익을 받게 되며, 공유자는 그 다른 비율을 가지고 제3자에게 대항하지 못하는데 이는 지분의 비율이 법행(法行)의 규정(민법 §262·§263·§264) 또는 공유자의 의사표시에 의하여 정하여지나 그것이 불명확한 경우에 관하여 민법(§262 ②)은 각 공유자의 지분은 균등한 것으로 추정하는 데 기인한 것이다.

여기에서 납세의무자를 공유지분에 대해서는 각 지분에 해당하는 면적만큼 그 소유자에게 구분하여 과세토록 한 것은 재산세가 소유자별로 해당 시·군내의 합산대상 재산의 가액을 합산하는 데 그 원인이 있다.

또한 재산세과세대상 중 주택에 대하여는 토지와 건축물을 통합하여 평가하여 그 가액을 과세표준액으로 하기 때문에 주택의 건물과 부속토지의 소유자가 다른 경우에는 재산세 부과시에 재산세액을 안분하여야 할 경우가 생기는데 그 안분의 기준이 되는 가액은 거래가격을 조사하여 적용하는 것이 아니라 지방세법 제10조 제2항의 규정에 의한 시가표준액의 비율로 안분하도록 하고 있다.

여기에서 법인의 납세의무 성립과 소멸에 대하여 살펴보면, 민법상 법인은 설립등기를 함으로써 권리·의무의 주체가 되고 청산종결등기를 함으로써 소멸한다. 그러나 청산종결등기를 하였다 하더라도 잔여재산이나 채권·채무가 남아 있어 청산할 것이 있는 이상 실질상 청산은 아직 종결되지 아니한 것이므로 청산종결등기는 그 효력이 없고 청산의 목적을 위하여 필요한 범위 내에서 아직 법인도 존속한다 할 것이므로 법인의 납세의무도 역시 소멸되지 아니한다 할 것이다.

그런데 법인에는 실체는 설립등기한 법인과 동일하면서도 설립등기를 하지 아니하여 법인격을 취득하지 못한 법인, 즉 법인격 없는 단체(사단 또는 재단)도 민법에 있어서는 부동산등기법이나 민사소송법상 법인과 같이 권리·의무의 주체성을 인정하는 경우가 있으며 조세법에서도 납세의무의 주체가 될 수 있다고 본다. 따라서 법인세법상의 법인세를 납부하여야 할 조세주체, 즉 납세의무자로서 법인세법 제1조 제2호 다목에서 국세기본법 제13조 제4항의 규정에 의한 법인으로 보는 법인격이 없는 단체를 비영리내국법인으로 보고 있다.

사례

❖ **아파트를 기존 추첨결과에 따라 배정받아 임시로 입주하고 있을 경우 재산세 납세의무자인 사실상 소유자 해당여부**

기존 추첨결과는 원고 등의 조합원으로서의 기본적인 권리를 침해한 것으로 그 전부가 무효인 만큼, 원고 등이 2008.6.1.(2008년분 재산세 과세기준일) 현재 기존 추첨결과에 따라 배정된 동·호수에 따른 아파트에 관하여 소유권을 취득하거나 이를 사실상 취득하였다고 볼 수 없다. 그래서 원고 등은 '사실상 소유자'에 해당하지 않고, 원고 등은 신축아파트가 완공된 후 적법한 동·호수 추첨절차가 이루어지지 못한 상태에서 2007.8.29.자 가처분결정에 따라 임시로 기존 추첨결과에 따라 배정된 아파트에 입주하고 있는 것에 불과하다.
따라서, 원고 등은 2008.6.1. 현재 해당 동·호수의 아파트에 대한 잠정적이고 일시적인 관리자에 불과하다고 봄이 상당하므로 지방세법 제183조 제3항의 '사용자'에 해당한다고도 볼 수 없다.
(대법 2010두16967, 2010.11.11., 대법 2010두16981, 2010.11.11.)

❖ **도로가 판결에 따라 개인명의로 될 경우의 납세의무자 여부 등**

이 사건 토지에 관하여 대한민국 명의로 원인무효인 소유권보존등기가 경료된 상태에서 대한민국이 위 토지를 사실상 사용·수익하여 왔더라도, 원고가 대한민국을 상대로 제기한 소유권보존등기 말소등기청구소송에서 원고가 진정한 소유자임이 밝혀져 승소 확정판결을 받은 이상 원고는 그 과세기준일 당시 이 사건 토지에 대하여 소유자로서의 권능을 실제로 행사하였는지 여부와 관계없이 위 판결 확정 전의 과세기간에 대하여도 사용·수익·처분권능을 행사할 수 있는 지위에 있는 자로서 특별한 사정이 없는 한 사실상 소유자에 해당한다고 할 것이므로 이 사건 토지에 대한 종합토지세 또는 재산세의 납세의무자라고 할 것이다.
(대법 2010두4964, 2012.12.13.)

❖ **재건축조합에 사실상 인도된 토지에 대한 재산세를 조합이 아닌 기존 소유자에게 부과한 것이 타당한지 여부**

이 사건 조합은 이 사건 아파트에 관한 소유권이전등기를 마치지도 않았을 뿐만 아니라 매매대금에 해당하는 청산금을 지급하지도 않았던 점, ② 이 사건 조합이 청산금지급의무를 부담한다는 사실만으로는 이 사건 아파트에 관한 소유권 취득의 실질적 요건을 갖추었다고 보기 어려운 점, ③ 원고가 이 사건 조합에 이 사건 아파트를 인도하였다 하더라도, 이 사건 아파트에 관한 청산금을 지급하지도 않았고 소유권이전등기를 마치지도 못한 이 사건 조합이 이 사건 아파트에 관하여 배타적인 사용·수익·처분권을 갖게 되었다고는 할 수 없는 점 등에 비추어 보면, 이 사건 조합은 이 사건 아파트를 '사실상 소유하고 있는 자'에 해당한다고 볼 수 없다.

(대법 2014두36440, 2014.7.24.)

❖ **명도소송이 진행되고 있어 소유자로써 실질적인 권리를 행사하고 있지 못한 경우에도 재산세 납세의무를 부담하여야 하는지 여부**

이 사건 건물은 사실상 신축이 완료되어 임대차나 거주가 이루어지는 등 건물로서의 효용을 다하고 있어 사용승인이나 준공확인 여부, 건축물 대장의 유무에 관계없이 세대의 구성원이 장기간 독립된 주거생활을 할 수 있는 구조로 된 건축물로서 재산세 부과의 대상이 된다고 할 것이고, 원고가 이 사건 건물의 소유권에 관한 분쟁에서 승소 판결을 받고 그 판결이 확정된 이상, 원고를 이 사건 건물의 소유자로 봄이 상당하다....원고가 OOO의 방해로 이 사건 건물을 실제로 사용하지 않았고 OOO을 상대로 명도 소송 중이라는 사정만으로는 재산세 과세기준일 현재 소유권의 귀속이 분명하지 아니하여 사실상의 소유자를 확인할 수 없는 경우에 해당한다고 볼 수 없다.

(대법 2014두7381, 2014.8.20.)

❖ **개정법 시행전에 신탁계약이 체결된 경우 개정법을 적용한 재산세 부과는 적법한지 여부**

원고 ○○토지신탁은 이 사건 신탁계약이 2014.1.1. 이전에 체결되었으므로 이 사건 부칙규정이 진정소급입법에 해당한다는 취지로 주장하나, 재산세 부과원인 사실은 신탁계약을 체결하는 행위가 아니라 과세기준일 현재 자산을 보유하는 행위이고, 이는 개정법의 시행일인 2014.1.1.에는 전혀 도래하지 아니한 사실 또는 법률관계이다. 물론 신탁계약을 체결할 당시를 기준으로 법적상태의 존속을 신뢰한 원고 ○○토지신탁의 신뢰보호 문제가 있을 수 있으나 이를 곧바로 소급입법에 의한 재산권 박탈의 문제로 볼 수는 없다.
따라서 이 사건 부칙규정이 소급입법에 의한 재산권 박탈금지의 원칙을 선언하고 있는 헌법 제13조 제2항에 위반된다고 볼 수 없다.

(대법 2015두58539, 2016.3.10., 대법 2016두33957, 2016.4.15.)

❖ **아파트 분양의 무효 확정시 주택조합을 재산세 납세자로 볼 수 있는지**

구 지방세법 제105조 제10항은 '주택조합이 그 조합원용으로 취득하는 조합주택용 부동산(공동주택과 부대·복리시설 및 그 부속토지를 말한다.)은 그 조합원이 취득한 것으로 본다'고 함으로써 주택조합을 취득세 납세의무자인 '사실상 취득자'에서 제외하도록 명시적으로 규정하였다. 이러한 점들에다 재산세의 수익세적 성격을 보태어 보면, 주택조합은 특별한 사정이 없는 한 조합원용 주택에 관한 재산세 납세의무자인 '사실상 소유자'에 해당하지 아니한다고 봄이 타당하다.

(대법 2014두2980, 2016.12.29.)

❖ **청구인이 소유하던 토지가 재개발 사업부지에 편입되고 관리처분계획인가 이후에 조합주택을 분양받은 경우 종전의 토지가 아닌 분양받은 조합주택의 토지면적을 과세대상으로 하여 재산세를 부과하여야 한다는 청구주장의 당부** 청구인이 소유하던 토지가 재개발 사업부지에 편입되고 관리처분계획인가 이후에 조합주택을 분양받은 경우 종전의 토지가 아닌 분양받은 조합주택의 토지

면적을 과세대상으로 하여 재산세를 부과하여야 한다는 청구주장의 당부

청구인이 소유하던 토지가 재개발 사업부지에 편입되고 관리처분계획인가 이후에 조합주택을 분양받은 경우 종전의 토지가 아닌 분양받은 조합주택의 토지면적을 과세대상으로 하여 재산세를 부과하여야 한다는 청구주장의 당부청구인이 소유하던 토지가 재개발 사업부지에 편입되고 관리처분계획인가 이후에 조합주택을 분양받은 경우 종전의 토지가 아닌 분양받은 조합주택의 토지면적을 과세대상으로 하여 재산세를 부과하여야 한다는 청구주장과 관련하여 이 건 분양아파트는 「도시개발법」 제35조에 따라 지정된 환지예정지와 마찬가지라 할 것이고, 청구인은 이 건 재산세 과세기준일 현재 환지예정지인 이 건 분양아파트의 부속토지를 사실상 소유하고 있는 자로서 재산세 납세의무가 있다고 하겠다(조심 2019지211, 2020.3.27. 같은 뜻임)고 할 것이므로, 처분청에서 이 건 분양아파트가 아니라 청구인이 종전에 소유하던 이 건 토지를 기준으로 2019년도분 재산세를 부과한 처분은 잘못임

(조심 2020지303, 2020.9.15.)

❖ 청구인이 계약상 잔금지급일(2019.5.3.) 이후인 2019.6.10. 잔금을 지급하였으므로, 2019년도 재산세 과세기준일 현재 소유자인 매도인에게 재산세를 부과하여야 한다는 청구주장의 당부

청구인은 이 건 부동산에 대하여 2019.5.23. 취득신고를 하면서 취득일을 2019.6.10.로 기재한 점, 청구인이 이 건 부동산에 대하여 계약금을 제외한 나머지 매매대금 00억 0천만원을 2019.6.10. 일시에 지급한 사실이 예금계좌의 이체내역에서 확인되고 있는 점에 비추어, 청구인은 사실상 잔금지급일에 이 건 부동산을 사실상 취득하였다고 보아야 할 것이고, 이러한 사실상 취득일이 2019년도 재산세 과세기준일 이후이므로 이 건 부동산에 대한 2019년도분 재산세 납세의무가 청구인에게 있다고 볼 수 없으므로, 처분청이 청구인에게 이 건 재산세 등을 부과한 처분은 잘못이라고 판단됨

(조심 2019지2273, 2020.3.12.)

❖ 종전 토지 소유자가 환지예정지 지정으로 해당 토지를 사용·수익등을 하지 못하는 경우 재산을 사실상 소유한 것으로 볼 수 있는지 여부

지방세법 제107조 제1항 본문은 "재산세 과세기준일 현재 재산을 사실상 소유하고 있는 자는 재산세를 납부할 의무가 있다."고 규정하고 있는바, 여기서 '재산을 사실상 소유하고 있는 자'라 함은 공부상 소유자로 등재되어 있는지 여부를 불문하고 당해 재산에 대한 실질적인 소유권을 가지고 있는 자를 말한다(대법원 2006.3.23. 선고 2005두15045 판결 등 참조). 그리고 도시개발법 제36조 제1항은 "환지예정지가 지정되면 종전 토지의 소유자는 환지예정지 지정의 효력발생일로부터 환지처분이 공고되는 날까지 환지예정지에 대하여 종전과 같은 내용의 권리를 행사할 수 있으며 종전의 토지는 사용하거나 수익할 수 없다."고 규정하고 있고, 같은 조 제3항은 "환지예정지 지정의 효력이 발생한 경우 해당 환지예정지의 종전 소유자는 이를 사용하거나 수익할 수 없으며 제1항에 따른 권리의 행사를 방해할 수 없다."고 규정하고 있다. 또한, 환지예정지 지정의 효력이 발생한 후 종전 토지 소유자는 환지예정지를 처분할 수 있고, 환지예정지를 대상으로 하여 매매계약이 체결되는 경우 그 매매목적물은 장차 확정될 환지를 대상으로 한 것으로 보아야 한다(대법원 1990.5.25. 선고 89다카14998 판결 등 참조). 이러한 점에 비추어 보면, 종전토지의 소유자는 경제적·실질적인 관점에서 볼 때 환지예정지를 사실상 지배하는 자로서 재산세가 예정하고 있는 정도의 담세력을 가진다고 할 것이므로, 지방세법 제107조 제1항 본문 소정의 사실상 소유자에 해당한다고 할 것임

(대법 2020.5.14. 선고 2020두33053 판결)

❖ **원고가 과거년도 재산세 등의 부과처분을 직권취소한 후 동일한 사항에 대하여 특별한 사유 없이 이를 번복하고 당해연도에 다시 종전의 처분을 되풀이하여 과세하는 것이 위법한지 여부**

과세관청이 과세처분에 대한 이의신청절차에서 납세자의 이의신청 사유가 옳다고 인정하여 과세처분을 직권으로 취소한 경우, 납세자가 허위의 자료를 제출하는 등 부정한 방법에 기초하여 직권취소되었다는 등의 특별한 사유가 없는데도 이를 번복하고 종전과 동일한 과세처분을 하는 것은 위법하다고 할 것이나(대법 2010.6.24. 선고 2007두18161 판결, 대법 2014.7.24. 선고 2011두14227 판결 등 참조), 이와 같은 재처분금지의 법리는 동일한 과세처분인 경우에 적용되는 것이고 과세단위를 달리하는 경우에도 적용된다고 볼 수는 없다고 볼 것으로 재산세는 보유하는 재산에 담세력을 인정하여 부과되는 수익세적 성격을 지닌 보유세이며 1년 단위의 기간과세에 해당하므로 과세기간마다 별개의 과세단위가 된다고 할 것인데, 2014. 9. 15.자 처분과 이 사건 처분은 원고가 이 사건 환지예정지의 사실상 소유자인지 여부가 동일한 쟁점으로 되었더라도 과세기간이 서로 달라 별개의 처분에 해당하므로 피고가 금지된 재처분을 하였다고 할 수 없음

(대법 2020.5.14. 선고 2020두33053 판결)

❖ **이 사건 토지가 공부상 소유자로 원고가 등재되어 있으나, 그 재산을 배타적으로 사용·수익·처분할 수 있는 권한을 가지고 있지 않은 경우에도 원고를 사실상 소유자로 보아 재산세를 납부하여야 하는지 여부**

① 이 사건 조건에 의하면 원고가 이 사건 토지를 사용·수익·처분하려면 반드시 대한민국의 승인을 받아야만 한다. 이 사건 토지에 관하여 원고 명의의 소유권이전등기가 마쳐진 때로부터 이 사건 부과처분 시까지 7년이 넘는 기간 동안 원고가 대한민국의 승인 없이 임의로 이 사건 토지를 사용·수익·처분한 바 있음을 인정할 자료가 없다. 피고가 원고의 사용·수익·처분의 예로 들고 있는 '신시·야미구간 관광레저용지 개발사업'의 경우에도 원고는 대한민국으로부터 그에 관한 관리·처분계획을 승인받고 대한민국과 함께 계약당사자가 되어 계약을 체결하였으며 계약금 전액을 국고인 농지관리기금에 입금하였다(갑 제6, 7, 13호증). 같은 '새만금 오토캠핑장 사업'의 경우에도 대한민국이 2010.1.26. 원고에게 그에 관한 시행권한을 위탁하면서 그 사업수익은 원고의 회계와 분리하여 국고인 유지관리적립금에 귀속시키도록 하였는바, 원고는 위 위탁에 따라 임대차계약 등을 체결하였고 사업수익 등을 유지관리적립금에 입금하였다(갑 제13~15호증). ② 이 사건 토지는 전액 국고로 조성되었는바, 대한민국 명의의 보존등기가 마쳐진 후 바로 이 사건 이전등기가 마쳐졌다. 대한민국이 이 사건 토지에 관한 분할준공인가를 할 당시 이 사건 토지를 국유지로 등기 및 보유할 것을 검토하였으나 민간자본유치의 어려움과 지방자치단체에 의한 국유재산 관리의 문제를 이유로 국유지로 보유하지 않기로 결정하였음은 앞서 인정한 바와 같은바, 여기에 ㉠ 원고가 이 사건 이전등기 시 대한민국에게 소유권이전에 대한 대가를 지급한 바 없는 점, ㉡ 원고와 대한민국이 독립적인 당사자들로서 이 사건 토지의 소유권이전에 관하여 협의나 협상을 하였음을 인정할 자료도 없는 점, ㉢ 피고는 구 농어촌공사법(2011.7.14. 법률 제10843호로 개정되기 전의 것) 제44조 제1항에 따라 소유권이 이전되었으니 사실상 소유권도 이전된 것이라고 주장하나, 이 사건 이전등기가 위 조항에 의거하여 이루어졌음을 인정할 자료가 없고, 설령 그렇더라도 그로써 바로 사실상 소유권까지 이전되었다고 볼 수 없는 점, ㉣ 만약 대한민국과 원고가 공부상 소유권뿐 아니라 사실상 소유권도 온전히 원고에게 이전하기로 합의하였다면 이 사건 조건이 부가될 이유가 없

> 는 점 등을 더하여 보면, 대한민국이 이 사건 이전등기를 마친 것은 원고에게 이 사건 토지에 관한 온전한 소유권을 양도하기 위함이 아니라, 그 공부상 명의자를 원고로 하되 자신의 감독·승인 하에서 제한적으로 이 사건 토지를 관리하도록 하여 이 사건 토지를 보다 효율적으로 이용하기 위함이었다고 봄이 상당한 점 등에 비추어 볼 때 원고에게 이 사건 토지를 배타적으로 사용·수익·처분할 권한이 있다고 할 수 없어 원고를 이 사건 토지에 대하여 실질적 소유권을 보유한 이 사건 토지의 사실상 소유자로 볼 수 없음
>
> (대법 2020.11.5. 선고 2020두43548 판결)

❖ 재산세 납세의무자가 수탁자로 변경당시 구 지방세법(2014.1.1. 법률 제12153호로 개정된 것) 부칙 제17조 제2항은 『이 법 시행 전에 「조세특례제한법」 및 「지방세특례제한법」에 따라 감면하였거나 감면하여야 할 재산세에 대해서는 그 감면기한이 종료될 때까지 제107조 제1항 제3호의 개정규정에 따른 수탁자에게 해당 감면규정을 적용한다.』의 의미

> 구 지방세법 제107조가 2014.1.1. 개정되면서 신탁재산에 대하여는 수탁자가 재산세 납부의무를 부과하면서도 당시 신탁자인 사업시행자에게 인정되던 다른 법률상의 감면규정을 적용받을 수 있도록 법률 부칙 제17조 제2항에 이를 규정한 것은 개정당시 취득을 한 후 감면하였거나 감면하여야 할 재산세에 대하여는 지방세특례제한법 개정으로 감면기간이 연장된다고 하더라도 적용된다. 다만, 2014.1.1. 이후 사업시행자가 아닌 수탁자가 토지에 대한 납세의무자가 된 경우 그 토지상에 산업단지조성공사가 시행되고 있다고 하더라도 더는 재산세 감면을 하지 않고, 사업시행자가 직접 조성공사를 하는 토지만이 재산세의 감면대상이라는 점을 명확히 한 것이라고 보아야 함
>
> (대법 2020.1.30. 선고 2019두54221 판결)

2. 실질적 납세의무자에 대한 예외

재산세의 납세의무는 앞서 설명한 실질적 납세의무자 규정에도 불구하고 재산세 과세기준일 현재 다음 각 호의 어느 하나에 해당하는 자는 재산세를 납부할 의무가 있다.

이 경우 재산세의 납세의무자를 결정할 때 과세기간·합산의 특수성 때문에 조속히 납세의무를 확정할 필요에 의하여 실질과세의 예외규정을 둔 것인데, 실질과세의 원칙은 조세제도 존립의 기본원리인 조세공평주의를 실현하기 위한 파생적 원칙이므로 이는 조세법에 내재하는 원리로서 그 성질상 예외가 있어서는 안되는 것이나 조세운영의 실제에 있어서 형식·외관과 실체, 경제적 실질을 판별하기가 극히 어려운 일이고 조세법은 조세행정의 편의상 실질과세원칙에 대한 예외를 인정하고 있는데 그 유형은 다음과 같다.[62]

① 일정한 경우에 법형식에 따라 과세물건의 귀속자나 과세표준의 계산내용을 정할 수 있도록 규정하는 명의자과세(名義者課稅)방법, ② 소득세법에 양도소득금액을 계산함에 있어서

---

[62] 실질과세의 원칙은 조세법에 본래적으로 내재하는 근거로서 인정되는 것이고, 실정법에 명문화한 규정이 있더라도 이는 창설적인 것이 아니라 선언적, 주의적인 규정으로 이해하는 것이 통설이다(강인애, 「조세법 Ⅱ」, 조세통람사, p.56).

현재에는 양도 당시의 당사자 간에 실제로 거래한 가액에 의하도록 규정이 개정되었으나, 2006년 12월 31일까지 양도한 경우에는 양도가액을 양도시의 기준시가에 의하는 것을 원칙으로 하는 실질과세의 예외를 인정한 실례가 있었으며(所法 §96), ③ 일정한 경우에는 과세물건의 판정에 관하여 사실을 의제하고 있는 경우로서 소득세법 제20조 제1항 제3호의 경우와 같이 "법인세법에 따라 상여로 처분된 금액"을 해당 과세기간에 발생한 근로소득으로 의제하고 있는 경우가 있는데 이렇게 의제된 사실에 대한 반대사실이 진실이라는 주장이 허용되지 않는다고 보고 있다.

여기에서 지방세법상 실질적 납세의무자에 대한 다음의 예외규정을 적용함에 있어서 매년 과세기준일 현재 사실상의 소유자임을 신고하는 경우에는 매년 6월 1일부터 6월 10일 사이에 하여야만 납세의무자의 변경이 가능하다는 점에 유의하여야 한다.

(1) 공부상의 소유자가 매매 등의 사유로 소유권이 변동되었는데도 신고하지 아니하여 사실상의 소유자를 알 수 없을 때에는 공부상의 소유자를 납세의무자로 본다.

이 경우의 예를 들면, 갑의 소유토지를 을에게 매도하여 잔금까지 수령하였음에도 등기를 하지 아니하고 토지대장·재산세대장 등에 소유자 변경절차를 경료하지 아니하여 공부상에 갑의 소유로 되어 있고 이에 대한 변동사항을 6월 1일부터 6월 10일까지 신고하지 아니하면 갑이 해당 연도의 그 토지에 대한 재산세의 납세의무자가 된다는 것이다.

(2) 상속이 개시된 재산으로서 상속등기가 이행되지 아니하고 사실상의 소유자를 신고하지 아니하였을 때에는 주된 상속자를 납세의무자로 본다.

이 경우 "주된 상속자"란 민법상 상속지분이 가장 높은 사람으로 하되, 상속지분이 가장 높은 사람이 두 명 이상이면 그 중 나이가 가장 많은 사람을 주된 상속자로 본다(규칙 §53). 상속은 사망으로 인하여 개시되는데(민법 §997) 상속인이 수인인 때에는 상속재산은 공유로 하며(민법 §1006) 공동상속인은 각자의 상속분에 응하여 피상속인의 권리의무를 승계한다(민법 §1007). 이러한 내용에 의하여 상속이 개시된 토지가 상속등기가 되지 아니한 때에는 그 납세의무자가 지분에 따라 신고하면 신고된 지분에 따른 납세의무가 성립하고 신고가 없으면 주된 상속자를 납세의무자로 보겠다는 것이다.

(3) 공부상에 개인 등의 명의로 등재되어 있는 사실상의 종중재산으로서 종중소유임을 신고하지 아니하였을 때에는 공부상의 소유자를 납세의무자로 본다.

현재 우리나라의 종중 등이 소유하고 있는 임야·농지 등은 그 소유가 공부상으로는 종중의 종손 또는 종중의 대표자 등의 명의로 많이 등기되어 있는 것이 현실이다. 그러므로 종중명의로 공부상 소유자가 되어 있지 않는 경우는 그 공부상 소유자가 종중의 재산대장 등 종중재산임을 입증할 수 있는 자료를 첨부하여 과세권자에게 신고하여 종중재산으로 인정받지 못하면 공부상의 명의자가 납세의무자가 된다는 것이다.

(4) 국가·지방자치단체·지방자치단체조합과 재산세 과세대상 재산을 연부로 매매계약을 체결하고 그 재산의 사용권을 무상으로 받은 경우에는 그 매수계약자에게 납세의무가 있다.

이 경우 국가 등이 선수금을 받아 조성하는 매매용 토지로서 사실상 조성이 완료된 토지의 사용권을 무상으로 받은 자가 있는 경우에는 그 자를 매수계약자로 본다(영 §106 ②).

그리고 국가나 지방자치단체 및 지방자치단체조합의 소유재산을 연부로 매매계약을 체결하고 그 명의는 변동없이 연부금을 완납할 때까지 사용권을 무상으로 부여하여 매수계약자가 실제 사용하고 있으면 연부금 납부기간 중의 재산세 납세의무는 매수계약자에게 있는 것이므로 해당 재산이 소유자별로 보면 비과세 대상이라 하더라도 매수계약자에게 재산세납세의무가 있도록 한 것이다.

그리고 국가·지방자치단체 및 지방자치단체조합이 선수금을 받아 조성하는 매매용 토지로서 사실상 조성이 완료된 토지의 사용권을 무상으로 부여받은 자가 있는 경우에는 그 자를 이 규정에 의한 매수계약자로 보아 납세의무자가 되는 것이다(영 §106 ②).

(5) 「신탁법」 제2조에 따른 수탁자(이하 이 장에서 "수탁자"라 한다)의 명의로 등기 또는 등록된 신탁재산의 경우에는 제1항에도 불구하고 같은 조에 따른 위탁자(「주택법」 제2조제11호가목에 따른 지역주택조합 및 같은 호 나목에 따른 직장주택조합이 조합원이 납부한 금전으로 매수하여 소유하고 있는 신탁재산의 경우에는 해당 지역주택조합 및 직장주택조합을 말하며, 이하 이 장에서 "위탁자"라 한다). 이 경우 위탁자가 신탁재산을 소유한 것으로 본다.

(6) 도시개발법에 따라 시행하는 환지 방식에 의한 도시개발사업 및 도시 및 주거환경정비법에 따른 정비사업(주택재개발사업 및 도시환경정비사업만 해당한다.)의 시행에 따른 환지계획에서 일정한 토지를 환지로 정하지 아니하고 체비지 또는 보류지로 정한 경우에는 사업시행자에게 납세의무가 있다.

이 규정은 대법원판례에서 도시개발사업지구 내의 체비지는 소유권의 귀속이 불분명하므로 사업시행자가 조합인 경우 조합에 납세의무가 있는지에 대한 문제점이 제기되어 납세의무자를 누구로 할 것인지가 불분명한 상태로 됨에 따라(대법 93누1022, 1996.4.18.) 그 납세의무자를 명확히 하기 위한 규정인데 이는 도시개발법 제42조 제5항의 규정에 의하면 환지처분이 공고된 날의 다음 날에 체비지는 시행자가, 보류지는 환지 계획에서 정한 자가 각각 그 소유권을 취득한다고 규정하고 있고 도시 및 주거환경정비법 제55조에서도 도시개발법의 체비지 등의 처분계획을 준용하도록 규정하고 있으므로 체비지에 대한 납세의무자를 사업시행자로 규정한 것이다.

(7) 외국인 소유의 항공기 또는 선박을 임차하여 국외로부터 임차하여 국내에서 등록한 항공기·선박 등에 대한 재산세 납세의무자를 수입하는 자로 명확히 규정한 것이다.

(8) 「채무자회생법」상 파산재단의 공부상 소유자는 파산채무자이지만 해당 재산의 관리·처분권이 파산관재인에게 이전되고 파산선고 후 파산재단의 경우 소유권(파산채무자)과 관리·처분권(파산관재인)이 분리되어 사실상 소유자가 불분명하여 파산절차 상 파산관재인의 권리와 (중립)의무, 보유세나 건보료 등에 미치는 영향 등 관련 법률관계를 종합적으로 고려하여 파산 선고 후 종결 시까지 파산 재단의 재산세 납세의무자를 공부상 소유자(파산채무자)로 명확히 한 것이다

(9) 재산세 과세기준일 현재 소유권의 귀속이 분명하지 아니하여 사실상의 소유자를 확인할 수 없는 경우에는 그 사용자가 재산세를 납부할 의무가 있다. 이와 같이 사용자를 소유자로 보아 재산세를 부과하는 경우에는 납세의무가 있음을 그 사용자에게 미리 통지하여야 한다.

이 경우 "소유권의 귀속이 불분명한 경우"라 함은 공부상으로나 사실상으로 소유주가 누구인지 확인할 수 없는 경우, 예를 들면 부동산 등기부 등에 해방 전 우리나라에 거주하던 일본인 명의로 되어 있고 귀속재산으로서의 처리상황이 불명확한 경우나 상속자없이 피상속자가 사망한 경우의 피상속자의 재산 등을 말한다. 또한 착오로 인하여 동일한 재산이 이중으로 등재되어 소유자가 2인이 있고 그 착오의 원인이 확인되지 아니하여 소송이 계류 중이거나 각자가 정당한 소유자임을 주장하는 경우 등은 소유권의 귀속이 분명하지 아니한 경우에 해당된다 하겠다.

그리고 소유권의 귀속이 분명하지 아니한 재산에 대하여 사용자를 납세의무자로 보아 재산세를 부과하려는 경우에는 그 사실을 사용자에게 미리 통지하여야 한다(영 §106 ③).

사례

❖ **등기부상의 명의자와 무단점유자 중 사실상 납세의무자 판단**

원고는 1988.6.8. 이 사건 각 토지에 관하여 그 명의로 소유권이전등기를 마치고 현재까지 이를 소유하여 온 사실을 인정할 수 있고, 원고가 주장하는 사정만으로는 이와 달리 OOO 등이 이 사건 각 토지의 사실상 소유자라고 할 수 없으므로, 피고가 이 사건 각 토지에 대한 재산세 납부의무자를 원고로 본 것은 적법하다. 따라서 원고의 이 부분 주장은 받아들일 수 없다.
(대법 2011두18731, 2011.11.10., 대법 2012두11843, 2012.8.30.)

❖ **별도의 매수자가 있음에도 주된 상속자에게 재산세를 부과한 것이 당연무효에 해당하는지 여부**

2008년 종합부동산세 및 재산세의 과세기준일인 2008.6.1. 당시까지 이 사건 토지에 관하여

상속등기가 이루어지지 아니하고 사실상의 소유자가 신고되지도 아니하였던 이상, 망인의 공동상속인으로서 연장자인 원고를 이 사건 토지의 재산세 납세의무자로 보고 한 피고의 이 사건 처분을 무효로 볼 수 없다고 판단하였다.

(대법 2012두12228, 2014.3.27.)

❖ **독자적으로 사용·수익할 수 있는 권리를 부여받지 못한 경우에는 매수계약자를 재산세 납세의무자로 볼 수 있는지 여부**

국가·지방자치단체·지방자치단체조합으로부터 연부로 매수한 당해 재산을 이용·관리할 수 있는 승낙을 받았다고 하더라도, 그것이 당해 재산을 잠정적으로 보존·유지·관리한다거나 제한적인 목적에서 일시적으로 이용하도록 하는 승낙을 받은 것에 불과하고 당해 재산을 독자적으로 사용·수익할 수 있는 권리를 부여받은 것이 아닌 경우에는 그 매수계약자가 구 지방세법 제183조 제2항 제4호에 따라 재산세 납세의무를 진다고 할 수 없다.

(대법 2013두15675, 2014.4.24.)

❖ **사실상 귀속이 불분명한 경우 재산세 납세의무의 귀속**

상가 대지의 소유 지분이 상가 부분 개별 점포의 수분양자들에게 사실상 귀속되었다고 보기 부족한 경우 토지등기부상 지분권자를 납세의무자로 보아야 함

(대법 2020두52061, 2021.2.4.)

❖ **상속에 따른 재산세 납세의무자**

부과처분일 이전에 상속재산이 다른 상속인 앞으로 등기되었더라도 과세기준일 현재 상속등기가 이행되지 아니하였고 사실상의 소유자를 신고하지 아니하였던 경우라면 행안부령에서 정한 주된 상속자에게 부과한 처분은 적법함

(대법 2021두46308, 2021.11.11.)

제108조 | 납세지

재산세는 다음 각 호의 납세지를 관할하는 지방자치단체에서 부과한다(법 §108 Ⅰ~Ⅴ).

① 토지 : 토지의 소재지
② 건축물 : 건축물의 소재지
   이 경우 건축물이 둘 이상의 시·군에 걸쳐 있을 때에는 그 면적에 따라 안분해야 한다.
③ 주택 : 주택의 소재지
④ 선박 : 선박법에 따른 선적항의 소재지. 다만, 선적항이 없는 경우에는 정계장 소재지(정계장이 일정하지 아니한 경우에는 선박 소유자의 주소지)로 한다.
   이 경우 선적항은 시·읍·면의 명칭에 따르고, 선적항으로 할 시·읍·면은 선박이 항

행할 수 있는 수면에 접한 곳에 한정하며, 선적항은 선박소유자의 주소지에 정한다. 다만, 국내에 주소가 없는 선박소유자가 국내에 선적항을 정하려는 경우, 선박소유자의 주소지가 선박이 항행할 수 있는 수면에 접한 시·읍·면이 아닌 경우, 제주특별자치도 설치 및 국제자유도시 조성을 위한 특별법 제221조 제1항에 따라 선박등록특구로 지정된 개항을 같은 조 제2항에 따라 선적항으로 정하려는 경우, 그 밖에 선박소유자의 주소지 외의 시·읍·면을 선적항으로 정하여야 할 부득이한 사유가 있는 경우에는 선박소유자의 주소지가 아닌 시·읍·면에 이를 정할 수 있다(선박법 시행령 §2).

그리고 정계장이라 함은 선박증서교부대상이 되지 아니하는 배를 계류하는 장소(붙잡아 매어 두는 장소)를 말하는데, 이는 법령에 의하여 정해진 장소가 아니라 실제로 당해 선박이 운항하지 아니하는 때에 머물러 있는 곳을 말하는 것이다.

⑤ 항공기 : 항공안전법에 따른 등록원부에 기재된 정치장(定置場)의 소재지(항공안전법에 따라 등록을 하지 아니한 경우에는 소유자의 주소지)

제109조 | 비과세

① 국가, 지방자치단체, 지방자치단체조합, 외국정부 및 주한국제기구의 소유에 속하는 재산에 대하여는 재산세를 부과하지 아니한다. 다만, 다음 각 호의 어느 하나에 해당하는 재산에 대하여는 재산세를 부과한다(법 §109 ① Ⅰ·Ⅱ).
  1. 대한민국 정부기관의 재산에 대하여 과세하는 외국정부의 재산
  2. 제107조 제2항 제4호에 따라 매수계약자에게 납세의무가 있는 재산

② 국가, 지방자치단체 또는 지방자치단체조합이 1년 이상 공용 또는 공공용으로 사용(1년 이상 사용할 것이 계약서 등에 의하여 입증되는 경우를 포함한다.)하는 재산에 대하여는 재산세를 부과하지 아니한다. 다만, 다음 각 호의 어느 하나에 해당하는 경우에는 재산세를 부과한다(법 §109 ② Ⅰ·Ⅱ).
  1. 유료로 사용하는 경우
  2. 소유권의 유상이전을 약정한 경우로서 그 재산을 취득하기 전에 미리 사용하는 경우

③ 다음 각 호에 따른 재산(제13조 제5항에 따른 과세대상은 제외한다.)에 대하여는 재산세를 부과하지 아니한다. 다만, 대통령령으로 정하는 수익사업에 사용하는 경우와 해당 재산이 유료로 사용되는 경우의 그 재산(제3호 및 제5호의 재산은 제외한다.) 및 해당 재산의 일부가 그 목적에 직접 사용되지 아니하는 경우의 그 일부 재산에 대하여는 재산세

를 부과한다(법 §109 ③ Ⅰ~Ⅴ).

이 규정 단서에서 "대통령령으로 정하는 수익산업"이란 법인세법 제4조 제3항에 따른 수익사업을 말한다(영 §107).

1. 대통령령으로 정하는 도로·하천·제방·구거·유지 및 묘지

    이 경우 "대통령령으로 정하는 도로, 하천, 제방, 구거, 유지 및 묘지란 다음 각 호에서 정하는 토지를 말한다(영 §108 ① Ⅰ~Ⅵ).

    ① 도로 : 「도로법」에 따른 도로(같은 법 제2조 제2호에 따른 도로의 부속물 중 도로관리시설, 휴게시설, 주유소, 충전소, 교통·관광안내소 및 도로에 인접하여 설치한 연구시설은 제외한다.)와 그 밖에 일반인의 자유로운 통행을 위하여 제공할 목적으로 개설한 사설 도로. 다만, 「건축법 시행령」 제80조의 2에 따른 대지 안의 공지는 제외한다.

    ② 하천 : 「하천법」에 따른 하천과 「소하천정비법」에 따른 소하천

    ③ 제방 : 「공간정보의 구축 및 관리 등에 관한 법률」에 따른 제방. 다만, 특정인이 전용하는 제방은 제외한다.

    ④ 구거(溝渠) : 농업용 구거와 자연유수의 배수처리에 제공하는 구거

    ⑤ 유지(溜地) : 농업용 및 발전용에 제공하는 댐·저수지·소류지와 자연적으로 형성된 호수·늪

    ⑥ 묘지 : 무덤과 이에 접속된 부속시설물의 부지로 사용되는 토지로서 지적공부상 지목이 묘지인 토지

2. 산림보호법 제7조에 따른 산림보호구역, 그 밖에 공익상 재산세를 부과하지 아니할 타당한 이유가 있는 것으로서 대통령령으로 정하는 토지

    여기에서 "대통령령으로 정하는 토지"란 다음 각 호에서 정하는 토지를 말한다(영 §108 ② Ⅰ~Ⅳ).

    ① 군사기지 및 군사시설 보호법에 따른 군사기지 및 군사시설 보호구역 중 통제보호구역에 있는 토지. 다만, 전·답·과수원 및 대지는 제외한다.

    ② 「산림보호법」에 따라 지정된 산림보호구역 및 산림자원의 조성 및 관리에 관한 법률에 따라 지정된 채종림·시험림

    ③ 「자연공원법」에 따른 공원자연보존지구의 임야

    ④ 「백두대간 보호에 관한 법률」 제6조에 따라 지정된 백두대간보호지역의 임야

3. 임시로 사용하기 위하여 건축된 건축물로서 재산세 과세기준일 현재 1년 미만의 것

4. 비상재해구조용, 무료도선용, 선교(船橋) 구성용 및 본선에 속하는 전마용(傳馬用) 등으로 사용하는 선박

5. 행정기관으로부터 철거명령을 받은 건축물 등 재산세를 부과하는 것이 적절하지 아니한 건축물 또는 주택(건축법 제2조 제1항 제2호에 따른 건축물 부분으로 한정한다.)으로

서 대통령령으로 정하는 것

이 규정에서 "대통령령으로 정하는 것"이란 재산세를 부과하는 해당 연도에 철거하기로 계획이 확정되어 재산세 과세기준일 현재 행정관청으로부터 철거명령을 받았거나 철거보상계약이 체결된 건축물 또는 주택(건축법 제2조 제1항 제2호에 따른 건축물 부분으로 한정한다.)을 말한다. 이 경우 건축물 또는 주택의 일부분을 철거하는 때에는 그 철거하는 부분으로 한정한다(영 §108 ③).

1. 국가 등에 대한 비과세

① 국가・지방자치단체・지방자치단체조합・외국정부 및 주한국제기구의 소유에 속하는 재산에 대하여는 재산세를 부과하지 아니한다. 다만, 대한민국 정부기관의 재산에 대하여 과세하는 외국정부의 재산과 국가・지방자치단체・지방자치단체조합과 재산세 과세대상 재산을 연부로 매매계약을 체결하고 그 재산의 사용권을 무상으로 부여받음으로써 매수계약자에게 납세의무가 있는 재산에 대하여는 재산세를 부과한다.

② 국가・지방자치단체 또는 지방자치단체조합이 1년 이상 공용 또는 공공용에 사용하는 재산에 대하여는 재산세를 부과하지 아니한다. 다만, 유료로 사용하는 경우에는 재산세를 부과한다.

이 경우는 개인이나 법인의 소유토지를 국가・지방자치단체 또는 지방자치단체조합이 청사 등의 용도로 사용하는 재산, 도로, 공원, 쓰레기 하치장 등 공용 또는 공공용에 무료로 사용되는 재산은 재산세를 과세하지 아니한다는 것이다.

> **사례**
>
> ❖ **공용 또는 공공용재산 해당 여부와 직접 사용의 의미**
> - 여기에서 공용 또는 공공용에 사용하는 재산이라 함은 행정주체가 직접 일반 공중의 공동사용에 제공한 재산이거나 직접적으로 행정주체 자신의 사용에 제공한 재산을 말한다고 할 것이다.
> - 구 지방세법 제186조 제1호에는 학교를 경영하는 자가 '그 사업에 직접 사용하는 부동산'에 대하여는 재산세를 부과하지 아니하도록 규정하고 있는바, 이때 '그 사업에 직접 사용'한다고 함은 현실적으로 당해 부동산의 사용용도가 비영리사업 자체에 직접 사용되는 것을 뜻하고, 학교법인이 교육용 기본재산에 편입된 토지를 그 사업에 직접 사용한다고 함은 학교법인이 설치・경영하는 사립학교의 교지, 체육장 등과 같이 당해 토지의 사용용도가 학교법인의 교육사업 자체에 직접 사용되는 것을 뜻하는 것으로 보아야 하며, 비영리사업자가 토지를 그 사업에 직접 사용하고 있지 아니하고 그 사업에 직접 사용할 건축물을 건축 중이라거나 건축허가 후 행정기관의 건축규제조치로 인하여 건축에 착공하지 못한 경우가 아닌 한, 비영리사업자가 다른 정당한 사유가 있어서 토지를 그 사업에 직접 사용하지 못하

거나 그 사업에 직접 사용할 건축물을 건축하지 못하고 있다고 하더라도, 위 규정에 따른 비과세 대상이 될 수 없다.

(대법 2011두8680, 2011.7.14.)

❖ **국가등의 연부취득시 조세 등 부담약정을 유로사용으로 볼 수 있는지 여부**

'유료로 사용되는 경우'라 함은 어떤 명목으로든 당해 토지의 사용에 대하여 대가가 지급되는 경우를 말하고, 그 사용이 대가적 의미를 갖는다면 그 사용기간의 장단이나, 그 대가의 지급이 1회적인지 또는 정기적이거나 반복적인 것인지를 묻지 아니하는바(대법원 2012. 12. 13. 선고 2010두4964 판결 참조), 이 사건의 경우 농촌진흥청이 지급하는 금원이 토지의 사용에 대한 대가라고 볼 수 있는 성격의 것이 아니라면, 공사 명의의 조세 등 부담은 내부적 약정으로 보일 뿐이어서 이를 토지의 사용대가를 정한 것으로 보기는 어려워 유료사용으로 볼 수 없음

(대법 2017두59741, 2017.11.29.)

❖ **국가 등이 1년 이상 공용 또는 공공용으로 무상 사용하는 재산에 해당되는지 여부**

인근 지역의 연간 임대료 수준의 약 15%에 불과하여 정상적인 사용 대가가 아니라고 주장하나, 이 사건 조항의 '유료로 사용하는 경우'란 그 재산의 사용에 대한 대가가 지급되는 경우를 의미하고, 그 사용의 대가적 의미를 가지는 것이라면 사용기간의 장단, 그 대가의 지급방법이나 다과 등은 문제되지 아니함

(대법 1997.2.28. 선고 96누14845 판결, 대법 2012.12.13. 선고 2010두9105 판결 등 참조)

2. 사용실태에 따른 비과세

다음에서 규정하는 재산(별장, 고급오락장 등 중과세 대상은 제외)은 재산세를 부과하지 아니한다. 다만, 대통령령으로 정하는 수익사업에 사용하는 경우와 해당 재산이 유료로 사용되는 경우의 그 재산(임시로 사용하기 위하여 건축된 건축물로서 재산세 과세기준일 현재 1년 미만의 것과 행정기관으로부터 철거명령을 받은 건축물 등 재산세를 부과하는 것이 적절하지 아니한 건축물 또는 주택은 제외한다.) 및 해당 재산의 일부가 그 목적에 직접 사용되지 아니하는 경우의 그 일부 재산에 대하여는 재산세를 부과한다.

이 규정 단서에서 "대통령령으로 정하는 수익사업"이란 법인세법 제3조 제3항에 따른 수익사업을 말한다(영 §107).

가. 도로, 하천 등으로 사용되는 토지

대통령령으로 정하는 도로, 하천, 제방, 구거, 유지 및 묘지에 대해서는 재산세를 부과하지 아니한다.

① 도로(영 §108 ① Ⅰ)

일반공중의 교통운수를 목적으로 보행 또는 차량운행에 필요한 일정한 설비 또는 형태

를 갖추어 이용되는 토지로서 도로법에 따른 도로(도로관리시설, 휴게시설, 주유소, 충전소, 교통·관광안내소, 연구시설은 제외한다.)와 그 밖에 일반인의 자유로운 통행을 위하여 제공할 목적으로 개설한 사설 도로에 한하여 재산세를 과세하지 아니한다. 다만, 건축법 시행령 제80조의 2에 따른 대지 안의 공지를 제외한다.

이 경우 "대지 안의 공지"라 함은 건축물을 건축하는 경우 건축선 및 인접 대지경계선(대지와 대지 사이에 공원, 철도, 하천, 광장, 공공용지, 녹지 그 밖에 건축이 허용되지 아니하는 공지가 있는 경우에는 그 반대편의 경계선을 말한다.)으로부터 건축물의 각 부분까지 띄어야 할 건축법상의 거리를 말한다.

여기에서 일반인의 자유로운 통행에 공할 목적으로 개설한 사도라 함은 사도법에 의한 사도만을 의미하는 것이 아니라 농로, 임도, 작업도로 등 사실상 소유자로부터 하등의 제약을 받지 아니하고 널리 불특정다수인의 통행에 이용되고 있는 도로를 말한다. 그러나 공장구내에 있는 도로, 유료로 입장하는 유원지 내의 도로, 유료도로 등은 일반인에게 자유로이 개방된 도로라고 할 수 없으므로 여기서의 비과세대상에는 포함되지 아니한다.

그리고 건축법 제58조에서 대지 안의 공지(건축선 및 인접 대지 경계선으로부터 6m 이내의 범위에서 띄워야 하는 거리)는 도로로 보지 않도록 명문화하였으나 대형빌딩을 건축하면서 건축선 등으로부터 의무적으로 띄어야 할 면적에 울타리 등의 경계표시가 없이 나무를 심고 해당 빌딩의 고객 이외의 일반인들의 자유로운 통행에 공한다면 도로로써 재산세를 비과세하여야 할 것으로 본다.

사례

❖ **일반인의 자유로운 통행에 공할 목적으로 개설한 사도의 범위**

위 사도 부분이 건축법 등 관계 규정에 의하여 건축선으로부터 띄어야 할 거리를 둠으로 인하여 생긴 공지(空地)라고 하더라도 그 이용현황, 사도의 조성경위, 대지소유자의 배타적인 사용가능성 등에 비추어 보면, 대지소유자인 원고들이 불특정 다수인의 통행로로 이용되고 있는 위 사도 부분에 대하여 독점적이고 배타적인 지배권을 행사할 가능성이 없으므로 비과세대상에서 제외되는 위 단서 소정의 '대지 안의 공지'라고 볼 수 없다고 판단하였는바, 관계 증거들을 위의 법리와 기록에 비추어 살펴보면, 원심이 인정한 판단은 정당한 것으로 수긍이 되고, 거기에 상고이유에서 주장하는 바와 같은 이유모순, 이유불비, 심리미진, 채증법칙 위배로 인한 사실오인의 위법 또는 종합토지세의 비과세대상에서 제외되는 대지안의 공지에 관한 법리를 오해한 위법 등이 있다고 할 수 없다.

(대법 2002두2871, 2005.1.28., 대법 2009두8984, 2009.9.10.)

❖ **도로휴게소 예정부지의 재산세 면제 해당 여부**

지방세법 제109조 제3항 단서는 도로라도 대통령령으로 정하는 수익사업에 사용하거나 유료로 사용되거나 그 목적에 직접 사용되지 아니하는 경우에는 재산세를 부과하도록 규정하고 있는바, 이 사건 토지에 휴게시설이 아직 설치되지 않은 이상 도로의 부속물로 직접 사용되고 있다고 보기도 어렵다(한편, 이 사건 토지에 휴게소가 완공되어 도로의 부속물로서의 형태를 갖추더라도, 원고가 휴게소를 그 목적에 따라 관리·임대하면 수익사업에 사용하는 것으로 보아야 하므로 재산세가 부과되어야 함은 마찬가지일 것이다).

(대법 2005두59167, 2016.3.24.)

❖ **한국도로공사의 지역지사사무실 부지가 재산세 비과세대상 도로법상의 '도로'에 해당되는지 여부**

- 구 도로법(2014.1.14. 법률 제12248호로 전부개정되기 전의 것, 이하 같다.) 제2조에서 정한 '도로의 부속물'은 지방세법 제109조 제3항 제1호 및 지방세법 시행령 제108조 제1항 제1호에서 정한 '도로법에 따른 도로'로서 비과세대상에 해당하고, '도로의 부속물'에는 해당 시설과 그 부지가 포함되며 또한 해당 시설의 유지·관리에 필요한 부대시설 및 그 부지도 포함된다.
- 원고 소속 ○○지사의 사무소용 건물(이하 '이 사건 건물'이라 한다.)이 설치되어 있는 원심판시 제1토지 및 제2토지는 전체적으로 구 도로법 제2조 제1항 제4호에서 정한 '도로 구조의 보전과 안전하고 원활한 도로교통의 확보, 그 밖에 도로의 관리에 필요한 시설 및 공작물'로서 '도로의 부속물'에 해당한다.
- 위 제1, 2토지에 있는 주차장, 테니스장, 조경시설, 법면 등은 모두 이 사건 건물이나 차고, 정비고, 적치장 등의 원활한 이용을 위하여 조성된 것으로서 이 사건 건물 등과 유기적 일체를 이루고 있으므로, 도로의 관리에 필요한 시설 및 공작물로서 '도로의 부속물'에 해당한다.

(대법 2016두49658, 2016.4.28.)

❖ **대지안의 공지인 쟁점토지가 일반인의 자유로운 통행을 위하여 제공할 목적으로 개설한 사설도로인지 여부**

대지안의 공지인 쟁점토지는 남측에서 동서방향으로 또는 건물 남측에서 서측방향으로 이동하는 유일한 통행로로, 일반 보행자들이 아무런 제약 없이 위 토지를 이용하여 통행하고 있고, 위 토지와 연접한 공도가 없어 공도만을 이용하여 통행하기에 충분하지 아니한 점, 쟁점토지가 불특정 다수인의 통행에 제공되어 청구법인이 위 토지의 전부 또는 일부에 대하여 독점적이고 배타적인 지배권을 행사할 가능성이 있다고 볼 수 없는 점 등에 비추어 쟁점토지는 일반인의 자유로운 통행을 위하여 제공할 목적으로 개설한 사설 도로로서 재산세 비과세대상에 해당되는 것으로 판단됨

(조심 2019지838, 2020.3.10.)

② 하천(영 §108 ① Ⅱ)

하천법에 따른 하천(국가하천, 지방1급하천, 지방2급하천을 말한다.)과 소하천정비법에 따른 소하천으로서 자연의 유수가 있거나 있을 것으로 예상되는 토지를 말한다. 이러한 하천은 재산세를 과세하지 아니한다.

하천은 일반적으로 국유지로 되어 있어 대부분 비과세로 되지만, 하천 중에 사유지가 있는 경우에도 당해 사유지는 비과세대상이 되는 것이다.

그리고 이 규정의 취지가 하천용지는 사실상 사용수익할 수 없는 토지이므로 재산의 수익적 가치가 없기 때문에 재산세 과세대상에서 제외하려는 데 있는 것이므로 하천의 요건을 사실상 구비하고 있으면 지목의 명칭에 관계없이 하천으로 보아야 한다고 본다.

③ 제방(영 §108 ① Ⅲ)

공간정보의 구축 및 관리 등에 관한 법률에 따른 제방(특정인이 전용하는 제방은 제외한다.)으로서 조수, 자연유수, 모래, 바람 등을 막기 위하여 설치된 방조제, 방수제, 방사재, 방파제 등의 부지에 대하여는 재산세를 과세하지 아니한다. 다만, 특정인이 전용하는 제방은 제외한다.

④ 구거(영 §108 ① Ⅳ)

용수·배수를 목적으로 하여 일정한 형태를 갖춘 인공적인 수로·둑 및 그 부속시설물의 부지와 자연의 유수가 있거나 있을 것으로 예상되는 소규모 수로의 부지 중에서 농업용 구거와 자연유수의 배수처리에 제공하는 구거에 대하여는 재산세를 과세하지 아니한다.

⑤ 유지(영 §108 ① Ⅴ)

물이 고이거나 상시적으로 물을 저장하고 있는 댐, 저수지, 소류지(小溜池), 호수, 연못 등의 토지와 연·왕골 등이 자생하는 배수가 잘 되지 아니하는 토지 중 농업용 및 발전용에 제공하는 댐, 저수지, 소류지와 자연적으로 형성된 호수·늪에 대하여는 재산세를 과세하지 아니한다.

그러므로 과세대상이 되는 토지의 예를 들면 유원지 내에서 수영 또는 보트놀이에 공해지는 저수지나 소류지, 공업용수를 확보하거나 공업폐수를 처리하기 위하여 사용되는 유지, 인공양어장 등은 과세대상이 되는 것이다.

⑥ 묘지(영 §108 ① Ⅵ)

무덤과 이에 접속된 부속시설물의 부지로 사용되는 토지로서 지적공부상 지목이 묘지인 토지와 이에 접속된 부속시설물의 부지를 말하나 묘지관리를 위한 건축물의 부지는 '대'로 본다. 그러므로 공원묘지 등과 같이 관리비를 지불하고 사용하는 묘지는 재산세가 과세된다.

> **사례**
>
> ❖ **공원묘지가 유료이용에 해당되는지 여부**
>
> 유료로 사용한다 함은 당해 토지 사용에 대하여 대가가 지급되는 것을 말하고, 그 사용이 대가적 의미를 갖는다면 사용기간의 장단이나, 대가의 지급이 1회적인지 또는 정기적이거나 반복적인 것인지, 대가의 다과 혹은 대가의 산출 방식 여하를 묻지 아니한다. 따라서 공원묘지에 대하여 사용료를 납입받고 관리비를 징수하는 것이 위 유료사용에 해당한다.
>
> (대법 92누15505, 1993.9.14.)
>
> ❖ **지적공부상 묘지가 아닌 사실상 묘지에 대한 재산에 비과세 해당 여부**
>
> 원심은 이 사건 시행령 규정 부분이 합리적 근거 없이 묘지로 사용되는 토지의 소유자를 차별하는 것이라는 등의 이유로 모법의 명문규정에 반하고 그 위임범위를 벗어났으며 실질과세의 원칙에도 반하여 무효라고 판단한 다음, 이 사건 처분 중 현황이 묘지이나 지적공부상 지

> 목은 묘지가 아닌 이 사건 토지에 대하여 재산세를 부과한 부분은 위법하다고 판단하였는바, 원심의 위와 같은 판단에는 조세평등주의 및 위임입법의 한계 등에 관한 법리를 오해하여 판결에 영향을 미친 위법이 있고, 이 점을 지적하는 피고의 상고이유의 주장은 이유 있다.
> (대법 2009두14613, 2010.11.25.)

나. 산림보호구역 등의 토지

산림보호구역, 그 밖에 공익상 재산세를 부과하지 아니할 타당한 이유가 있는 것으로서 대통령령으로 정하는 토지는 재산세를 부과하지 아니한다. 다만, 수익사업에 사용하는 경우와 해당 재산이 유료로 사용되고 있는 경우의 그 재산 및 해당 재산의 일부가 그 목적에 직접 사용되지 아니하는 경우의 그 일부재산에 대하여는 재산세를 과세한다.

① 산림보호법 제7조에 따른 산림보호구역 내의 토지

산림보호법 제7조에 따른 산림보호구역이란 시·도지사 또는 지방산림청장이 산림보호를 위해 구역을 지정하는 것으로 생활환경보호구역, 경관보호구역, 수원함양보호구역, 재해방지보호구역, 산림유전자원보호구역이 있다.

② 군사기지 및 군사시설 보호법에 따른 군사기지 및 군사시설 보호구역 중 통제보호지역에 있는 토지로서 전, 답, 과수원 및 대지를 제외한 토지는 재산세가 비과세된다(영 §108 ② Ⅰ).

군사기지 및 군사시설 보호구역이란 군사기지 및 군사시설 보호법 제4조 및 제5조에 따라 국방부장관이 군사기지 및 군사시설을 보호하고 군사작전을 원활히 수행하기 위하여 지정하는 구역을 말한다. 그런데 군사기지 및 군사시설 보호구역은 통제보호구역과 제한보호구역으로 구분되는데 이 둘 중 통제보호구역 안에 있는 토지로서 전·답·과수원 및 대지를 제외한 토지"는 재산세가 부과되지 아니하고, 제한보호구역 안에 있는 모든 토지는 과세대상이 되는 것이다.

③ 산림보호법에 따라 지정된 산림보호구역 및 산림자원의 조성 및 관리에 관한 법률에 따라 지정된 채종림, 시험림에 대하여는 재산세를 과세하지 아니한다(영 §108 ② Ⅱ).

그러므로 산림보호구역, 채종림, 시험림에 대한 재산세의 비과세는 해당 임야가 산림자원의 조성 및 관리에 관한 법률에 따라 산림청장의 지정을 받은 경우에만 비과세할 수 있을 뿐 개인소유 임야를 해당 목적에 사용하기 위하여 유료로 임차를 하였거나 그 지정 목적에 사용하지 아니할 때에는 재산세를 과세하여야 한다.

④ 자연공원법에 따른 공원자연보존지구의 임야는 재산세를 비과세한다(영 §108 ② Ⅲ).

그런데 자연공원법에 의한 공원자연보존지구 등 용도지구의 결정은 국토교통부장관, 도지사 또는 군수가 공원의 효율적인 보호와 이용을 도모하게 하기 위하여 공원계획으로 결정한다.

이러한 용도지구 중 공원자연보존지구는 자연보존상태가 원시성을 가지고 있거나, 보존할 동·식물 또는 천연기념물 등이 있어 자연풍경이 특히 수려하고 특별히 보호할 필요가 있는 곳으로서 공원계획에 의하여 결정된 토지를 말한다.

⑤ 백두대간 보호에 관한 법률 제6조에 따라 지정된 백두대간 보호지역안의 임야는 재산세를 비과세한다(영 §108 ② Ⅳ).

백두대간이라 함은 백두산에서 시작하여 금강산, 설악산, 태백산, 소백산을 거쳐 지리산으로 이어지는 큰 산줄기를 말하며, 백두대간 보호지역이라 함은 백두대간 중 특별히 보호할 필요가 있다고 인정되어 동법률 제6조 규정에 의하여 산림청장이 지정, 고시하는 지역(핵심구역, 완충구역)을 말한다.

다. 임시로 사용하기 위한 건축물

임시로 사용하기 위하여 건축된 건축물로서 재산세 과세기준일 현재 1년 미만의 것은 재산세를 부과하지 아니한다.

여기에서 임시로 사용하기 위하여 건축된 건축물이라 함은 임시흥행장, 공사현장사무소 등을 말하고 과세기준일 현재 1년 미만의 건축물이라 함은 일정한 장소에서 1년을 초과하지 아니하는 것을 말하므로 당초 설치했던 장소에서 다른 장소로 옮겨 사용하는 기간까지 통산하여 1년의 기간을 산정하여서는 아니 될 것이다.

이 경우 해당 재산의 일부가 그 목적에 직접 사용되지 아니하는 경우의 그 일부 재산에 대하여는 재산세를 부과한다.

라. 비상재해구조용 선박 등

비상재해구조용, 무료도선용, 선교(船橋) 구성용 및 본선에 속하는 전마용 등으로 사용하는 선박에 대하여는 재산세를 부과하지 아니한다.

예를 들면 해상화재를 예방하기 위한 소방선, 항구에 필요한 선교구성용 등이 여기에 속한다.

마. 철거명령을 받은 건축물

행정기관으로부터 철거명령을 받은 건축물 등 재산세를 부과하는 것이 적절하지 아니한 건축물 또는 주택(건축법 제2조 제1항 제2호에 따른 건축물 부분으로 한정한다.)으로서 재산세를 부과하는 해당 연도 내에 철거하기로 계획이 확정되어 재산세 과세기준일(매년 6월 1일) 현재 행정관청으로부터 철거명령을 받았거나 철거보상계약이 체결된 건축물 또는 주택(건축법 제2조 제1항 제2호에 따른 건축물 부분으로 한정한다. 그리고 건축물 또는 주택의 일부분을 철거하는 때에는 그 철거하는 부분으로 한정한다.)에 대하여는 재산세를 과세하지 아니한다.

그런데 해당 재산의 일부가 그 철거 등의 목적에 직접 해당되지 아니하는 경우의 그 일부 재산에 대하여는 재산세를 부과한다.

이 경우의 건축물이란 토지에 정착하는 공작물 중 지붕과 기둥 또는 벽이 있는 것과 이에 딸린 시설물, 지하나 고가(高架)의 공작물에 설치하는 사무소, 공연장, 점포, 차고, 창고 그 밖에 이와 유사한 것을 말한다.

사례

❖ **사용금지 명령을 받은 건물의 재산세 과세대상 여부**

① 재산세는 보유하는 재산에 담세력을 인정하여 부과되는 수익세적 성격을 지닌 보유세로서, 재산가액을 그 과세표준으로 하고 있어 그 본질은 재산소유 자체를 과세요건으로 하는 것이므로, 당해 재산이 훼손되거나 일부 멸실 혹은 붕괴되고 그 복구가 사회통념상 거의 불가능하게 된 정도에 이르러 재산적 가치를 전부 상실하게 된 때에는 재산세 과세대상이 되지 아니하나, 재산세에 있어 현실적으로 당해 재산을 그 본래의 용도에 따라 사용·수익하였는지 여부는 그 과세요건이 아니다.

② 건물의 지하층의 일부가 부분 도괴되어 관할 관청이 건물붕괴의 우려가 있다는 이유로 대피명령, 경계구역 설정 및 사용금지명령을 하여 현재 건물의 사용·수익이 제한된 상태에 있으나 건물이 재산적 가치를 전부 상실하였다고 볼 수 없어 여전히 재산세 과세대상에 해당한다.

(대법 99두110, 2001.4.24.)

❖ **학교예정 부지의 비과세 여부**

[원고주장] 성미산 일내는 원고가 소유권을 취득한 이전부터 자연 도시공원으로 존재하여 오던 중 일부 구역에 대하여 1993.8.18. 서울특별시 고시로 도시계획시설(공원) 조성계획결정이 이루어져 그 전체에 대하여 명시적 또는 묵시적 공용개시가 있었던 것으로 보아야 함. 에이(A)구역 등은 자연 도시공원으로서 이미 공중이용에 제공될 수 있는 형태를 갖춘 상태에서 행정청이 공원조성계획 결정을 통하여 이를 공중사용에 제공함은 의사표시, 즉 공용개시행위가 더하여져 공물법상 도시공원이라는 공공용 재산으로 성립되었으므로 지방세법 제185조 제2항이 정한 비과세 대상이다.

[판단] 인근 지역 주민들이 이 사건 토지에 있는 산책로, 체육시설 등을 산책, 운동 등 용도로 사용하여 왔고, 소유자인 한양학원 및 원고가 배타적으로 사용, 수익하는 것을 전제로 피고가 관할 행정청으로서 그 의사를 최대한 존중해 가면서 소극적으로 산책로와 약수터 주변정비, 안전난간 설치, 보안등 유지·보수 및 간편한 체육시설 등을 설치하였을 뿐인데 이와 같은 사정만으로는 에이(A)구역 등이 이미 사실상 공원으로 되었다거나 피고가 이를 공원으로 조성하여 일반 공중이 이용하도록 제공하였다고 보기 어렵다.

(대법 2011두8680, 2011.7.14.)

제2절 과세표준과 세율

제110조 과세표준

① 토지·건축물·주택에 대한 재산세의 과세표준은 제4조 제1항 및 제2항에 따른 시가표준액에 부동산 시장의 동향과 지방재정 여건 등을 고려하여 다음 각 호의 어느 하나에서 정한 범위에서 대통령령으로 정하는 공정시장가액비율을 곱하여 산정한 가액으로 한다(법 §110 ① Ⅰ·Ⅱ).
1. 토지 및 건축물 : 시가표준액의 100분의 50부터 100분의 90까지
2. 주택 : 시가표준액의 100분의 40부터 100분의 80까지

여기에서 "대통령령으로 정하는 공정시장가액비율"이란 다음 각 호의 비율을 말한다(영 §109 Ⅰ·Ⅱ).
1. 토지 및 건축물 : 시가표준액의 100분의 70
2. 주택 : 시가표준액의 100분의 60

② 선박 및 항공기에 대한 재산세의 과세표준은 제4조 제2항에 따른 시가표준액으로 한다(법 §110 ②).

(1) 토지, 건축물, 주택에 대한 과세표준

① 토지는 부동산 가격공시에 관한 법률에 의하여 공시된 가격이 시가표준액이므로 여기에 부동산시장의 동향과 지방재정 여건 등을 고려하여 시가표준액의 100분의 50부터 100분의 90까지의 범위에서 대통령령으로 정하는 공정시장가액비율을 곱하여 과세표준액을 산정한다.
② 주택 외의 건축물(새로 건축함으로써 취득당시 개별주택가격 또는 공동주택가격이 공시되지 아니한 주택으로서 토지 부분을 제외한 건축물을 포함한다.)은 신축 등을 참작하여 정한 기준가격에 종류·구조·용도·경과연수 등 과세대상별 특성을 감안하여 정하는 기준에 따라 지방자치단체의 장이 결정한 가액이 시가표준액이므로 여기에 부동산 시장의 동향과 지방재정 여건 등을 고려하여 시가표준액의 100분의 50부터 100분의 90까지의 범위에서 대통령령으로 정하는 공정시장가액비율을 곱하여 과세표준액을 산정한다.
③ 주택은 부동산 가격공시에 관한 법률에 의하여 공시된 가격이 시가표준액이므로 여

기에 부동산 시장의 동향과 재방재정 등을 고려하여 시가표준액의 100분의 40부터 100분의 80까지의 범위에서 대통령령으로 정하는 공정시장가격비율을 곱하여 과세표준액을 산정한다.

다만, 개별공시지가 또는 개별 주택가격이 공시되지 아니한 경우에는 시장·군수·구청장이 동법에 따라 국토교통부장관이 제공한 토지가격비준표 또는 주택가격비준표를 사용하여 산정한 가액으로 하고, 공동주택가격이 공시되지 아니한 경우에는 대통령령이 정하는 기준에 따라 시장, 군수가 산정한 가액으로 한다.63)

이 경우 "대통령령으로 정하는 공정시장가격 비율"이란,
① 토지 및 건축물은 시가표준액 100분의 70, ② 주택은 시가표준액의 100분의 60을 말한다(영 §109①).

또한 행정안전부장관은 제1항에 따른 공정시장가액비율 산정을 위하여 「지방세기본법」 제151조에 따른 지방세연구원, 그 밖에 행정안전부장관이 정하여 고시하는 기관이나 법인 또는 단체에 해당하는 기관에 조사연구를 의뢰할 수 있다. 이 경우 제119조의2제2항에 따른 과세자료 중 조사연구에 필요한 자료를 제공할 수 있다(영 §109 ②).

이 규정은 공정시장가액비율은 공시가격을 과세표준에 반영하는 비율로, 부동산시장 동향, 지방재정 여건 등을 고려하여 결정하고 1주택자와 다주택자의 주택 공정시장가액비율이 차등화(1주택자 45%, 법인·다주택자 60%) 되는 등 공정시장가액비율 적정성 검토의 중요성이 부각되어 공정시장가액비율에 대한 전체 과세대상의 세부담 변동을 분석하고, 그 적정성을 검토하기 위해서는 조세전문기관의 조사연구 의뢰 근거를 신설하고 조사연구에 제공할 수 있는 과세자료 구체화하면서 해당 연도의 공시가격을 기준으로 분석할 수 있도록 국토부의 주택 예정 공시가격을 요구 근거를 신설한 것이다.

---

63) 미국의 재산세제에 대해 우리나라와 비교하여 살펴보면
① 우리나라는 지방세법을 근간으로 하여 전국적으로 통일된 단일 지방세제를 갖고 있는데 반하여 자치의 전통이 강한 미국의 경우 각 주별, 지방정부별로 다양한 세제를 운영하고 있다.
② 재산세의 과세대상은 주(州)별로 차이가 있으나 대체로 부동산(real property)과 동산(personal property)으로 나누어지며, 전자는 토지와 건축물을 말하며, 후자는 사업용 설비·자동차 등을 말한다. 부동산은 거의 모든 주에서 과세대상으로 하고 있으나, 동산의 경우는 지역별로 과세대상이 통일되어 있지 않다.
③ 재산세의 과세표준은 평가공무원에 의하여 평가된 과세대상물건의 가격이 된다. 평가공무원도 별도의 전형을 거쳐 선발된 전문직 직업공무원 또는 선거로 뽑힌 공무원이 된다.
④ 우리나라 과표현실화율에 해당하는 "assessment ratio"는 과세표준(평가액)의 시가에 대한 비율로 정의되는데 미국의 현실화율에 대한 사례를 보면 illinois 주의 현실화율은 법정사항으로 시가의 $33\tfrac{1}{3}$로 하도록 규정하고 있고, New York시는 과세대상을 4종(class1~class4)으로 분류하여 시가의 6.6~44.9의 수준으로 정하도록 하고 있다.
⑤ 미국의 재산세의 세율은 "mill"이라고 불리우고 있으며, 1mill은 과표 매$1,000중 재산세액을 나타낸다. 즉 1mill은 1,000분의 1을 말한다. 우리나라의 재산세 세율이 누진세율인데 비하여, 미국의 재산세율은 단일세율(flat rate)이라는 점이 특징이다(류금렬, 선진국의 지방세제도, pp.132~136).

> **사례**

❖ **종합토지세의 과세표준이 되는 개별공시지가 감정가액이나 실제 거래가격을 초과한다는 사유만으로 그것이 현저하게 불합리한 가격이어서 그 가격 결정이 위반한지 여부**

원심이 같은 취지에서, 이 사건 토지에 대한 1999년도 개별공시지가 결정이 관련법령이 정하는 절차와 방법에 따라 적법하게 이루어진 것으로 인정되는 이상, 개별공시지가가 감정가액이나 실제 취득가격보다 높다는 사유만으로 그 공시지가 결정이 위법하게 되는 것은 아니라고 판단한 것은 정당하고, 거기에 상고이유에서 주장하는 바와 같은 실질적 조세법률주의, 개별공시지가와 시가의 관계에 관한 법리 등을 오해한 위법이 있다고 할 수 없다.

(대법 2003두12080, 2005.7.25.)

❖ **공유면적에 대한 과세표준 산정방법 등**

이 사건 건물의 구분소유자들의 공용부분의 면적은 분양면적에 포함되어 분양계약이 이루어졌다고 볼 수 있고 그 세부면적을 토대로 사용승인을 거쳐 건축물대장에 등재된 점, 각 공유자의 지분에 관하여는 규약으로 전유부분의 면적 비율과 달리 정할 수 있으나 이와 같이 달리 정한 규약이 없는 점, 이처럼 공유자의 지분권에 관하여 정한 규약이 없는 이상 분양자와 수분양자들 사이에 사용승인신청서 및 건축물대장에 기재된 내용과 같은 공용부분 면적이 포함된 분양면적을 토대로 분양계약이 체결되었으므로 그 내용대로 공유자의 지분이 정하였다고 볼 수 있는 점 등을 종합하여 보면, 피고가 이 사건 점포에 관한 재산세의 과세표준을 산정함에 있어 비13~15호의 각 공용부분 면적을 건축물대장의 기재 내용을 기준으로 한 것은 적법하다.

(대법 2015두58386, 2016.3.10.)

❖ **재산세 과세표준을 취득 당시 실거래가액으로 할 수 있는지**

재산세는 과세대상 물건의 소유사실에 대하여 담세력을 인정하여 그 소유자에게 과세하는 것으로, 재산의 취득·이전이라는 사실 자체에 담세력을 인정하여 부과하는 이른바 '유통세'에 해당하는 취득세와는 본질적인 차이가 있는바, 재산세를 과세함에 있어 취득 당시의 실거래가액은 과세표준의 고려 대상이 될 수 없다.

(대법 2017두35257, 2017.5.31.)

❖ **6.1 이전에 개발공사가 착수되면 공시가격이 없다고 보아야 하는지**

- 이 사건 과세기준일인 2015. 6. 1. 현재 이미 이 사건 토지들에 대하여 이 사건 개발사업에 따른 확정예정지번이 부여되고 전체 사업부지 평탄화 작업 등이 일정 부분 진행된 결과, 개별공시지가 산정의 기초자료가 되는 토지 특성이 실질적으로 달라진 상태이다.
- 이러한 사정에 더하여, 공부상 등재 현황이 아닌 '사실상 현황'을 재산세 부과기준으로 한 구 지방세법 시행령의 규정 및 앞서 본 대법원 판례의 취지 등을 고려하면, 비록 개별공시지가가 고시되어 있고, 사업목적인 공장용지로 지목변경이 이루어지지는 않았다고 하더라도, 이 사건 과세기준일인 2015. 6. 1. 현재 이 사건 토지들에 대한 위 개별공시지가를 그대로 시가표준액으로 적용하는 것이 불합리하다고 볼 '특별한 사정'이 있고, 따라서 이 사건 토지들에 대하여는 '개별공시지가가 공시되지 아니한 경우'에 해당한다고 봄이 상당하다.

(대법 2017두37253, 2017.6.15.)

❖ **표준지 선정 및 토지이용상황을 잘못 평가하여 위법하게 산출한 공시지가의 효력**

2010년도 개별공시지가가 표준지 선정 및 토지이용상황을 잘못 평가하여 위법하게 산출된 것이라 가정하더라도, 선행처분과 후행처분이 서로 독립하여 별개의 법률효과를 목적으로 하고 선행처분에 불가쟁력이 생겨 그 효력을 다툴 수 없게 된 경우에는 선행처분의 하자가 중대하고 명백하여 당연무효인 경우에만 선행처분의 하자를 이유로 후행처분의 효력을 다툴 수 있음이고 할 것인데(대법원 07두13159 2009. 4. 23., 대법원 95누10075, 1996. 3. 22. 등) 선행처분인 위 개별공시지가 산출 처분에 대하여 이미 불가쟁력이 발생하였고, 원고 주장과 같은 사유만으로 위 개별공시지가 산출 처분의 하자가 중대·명백하여 당연무효라고 볼 수도 없으므로, 그 하자를 이유로 후행처분인 이 사건 처분의 효력을 다툴 수는 없다.

(대법 11두18731, 2011. 11. 10.)

(2) 선박 및 항공기에 대한 과세표준

선박 및 항공기에 대한 재산세의 과세표준은 지방세법 제4조 제2항에 따른 시가 표준액으로 한다.

선박·항공기의 시가표준액은 거래가격, 수입가격, 건조·제조가격 등을 고려하여 정한 기준가격에 종류, 구조, 용도, 경과연수 등 과세대상별 특성을 고려하여 대통령령으로 정하는 기준에 따라 지방자치단체의 장이 결정한 가액으로 한다.

제111조 세 율

① 재산세는 제110조의 과세표준에 다음 각 호의 표준세율을 적용하여 계산한 금액을 그 세액으로 한다(법 §111 ① Ⅰ~Ⅴ).

1. 토 지
   가. 종합합산과세대상

과세표준	세율
5,000만원 이하	1,000분의 2
5,000만원 초과 1억원 이하	10만원 + 5,000만원 초과금액의 1,000분의 3
1억원 초과	25만원 + 1억원 초과금액의 1,000분의 5

나. 별도합산과세대상

과세표준	세율
2억원 이하	1,000분의 2
2억원 초과 10억원 이하	40만원 + 2억원 초과금액의 1,000분의 3
10억원 초과	280만원 + 10억원 초과금액의 1,000분의 4

다. 분리과세대상
 1) 제106조 제1항 제3호 가목에 해당하는 전·답·과수원·목장용지 및 같은 호 나목에 해당하는 임야 : 과세표준의 1천분의 0.7
 2) 제106조 제1항 제3호 다목에 해당하는 골프장용 토지 및 고급오락장용 토지 : 과세표준의 1천분의 40
 3) 그 밖의 토지 : 과세표준의 1천분의 2

2. 건축물
 가. 제13조 제5항에 따른 골프장, 고급오락장용 건축물 : 과세표준의 1천분의 40
 나. 특별시·광역시(군 지역은 제외한다.)·특별자치시(읍·면 지역은 제외한다.)·특별자치도(읍·면 지역은 제외한다.) 또는 시(읍·면 지역은 제외한다.) 지역에서 국토의 계획 및 이용에 관한 법률과 그 밖의 관계 법령에 따라 지정된 주거지역 및 해당 지방자치단체의 조례로 정하는 지역의 대통령령으로 정하는 공장용 건축물 : 과세표준의 1천분의 5
 이 경우 "대통령령으로 정하는 공장용 건축물"이란 제조, 가공, 수선이나 인쇄 등의 목적에 사용하도록 생산설비를 갖춘 것으로 행정안전부령으로 정하는 공장용 건축물을 말한다(영 §110).
 그리고 "행정안전부령으로 정하는 공장용 건축물"이란 시행규칙 별표 2에 규정된 업종의 공장으로서 생산설비를 갖춘 건축물의 연면적(옥외에 기계장치 또는 저장시설이 있는 경우에는 그 시설물의 수평투영면적을 포함한다.)이 500제곱미터 이상인 것을 말한다. 이 경우 건축물의 연면적에는 해당 공장의 제조시설을 지원하기 위하여 공장경계구역 안에 설치되는 부대시설(식당, 휴게실, 목욕실, 세탁장, 의료실, 옥외 체육시설 및 기숙사 등 종업원의 후생복지증진에 제공되는 시설과 대피소, 무기고, 탄약고 및 교육시설은 제외한다.)의 연면적을 포함한다(규칙 §55).
 다. 그 밖의 건축물 : 과세표준의 1천분의 2.5

3. 주택
 가. (삭제)
 나. 그 밖의 주택

과세표준	세율
6천만원 이하	1,000분의 1
6천만원 초과 1억5천만원 이하	60,000원 + 6천만원 초과금액의 1,000분의 1.5
1억 5천만원 초과 3억원 이하	195,000 + 1억5천만원 초과금액의 1,000분의 2.5
3억원 초과	570,000원 + 3억원초과금액의 1,000분의 4

4. 선박

　가. 제13조 제5항 제5호에 따른 고급선박 : 과세표준의 1천분의 50

　나. 그 밖의 선박 : 과세표준의 1천분의 3

5. 항공기 : 과세표준의 1천분의 3

② 수도권정비계획법 제6조에 따른 과밀억제권역(산업집적활성화 및 공장설립에 관한 법률을 적용받는 산업단지 및 유치지역과 국토의 계획 및 이용에 관한 법률을 적용받는 공업지역은 제외한다.)에서 행정안전부령으로 정하는 공장 신설·증설에 해당하는 경우 그 건축물에 대한 재산세의 세율은 최초의 과세기준일부터 5년간 제1항 제2호 다목에 따른 세율의 100분의 500에 해당하는 세율로 한다(법 §111 ②).

이 경우 공장의 범위와 적용기준에 대해서는 시행규칙 제7조를 준용하며, 시행규칙 제7조에서 규정한 법 제13조 제8항에 따른 공장의 범위와 공장의 중과세 적용기준은 각각 법 제111조 제2항에 따른 규정으로 보아 적용한다. 이 규정에 따른 최초의 과세기준일은 공장용 건축물로 건축허가를 받아 건축하였거나 기존의 공장용 건축물을 공장용으로 사용하기 위하여 양수한 경우에는 지방세법 시행령 제20조에 따른 취득일, 그 밖의 경우에는 공장시설의 설치를 시작한 날 이후에 최초로 도래하는 재산세 과세기준일로 한다(규칙 §56 ①·②).

③ 지방자치단체의 장은 특별한 재정수요와 재해등의 발생으로 재산세의 세율 조정이 불가피하다고 인정되는 경우 조례로 정하는 바에 따라 제1항의 표준세율의 100분의 50 범위에서 가감할 수 있다. 다만, 가감한 세율은 해당연도에만 적용한다(법 §111 ③).

1. 개설

재산세의 세율은 표준세율제도를 채택하고 있다. 이렇게 재산세에 표준세율제도를 도입한 것은 재산세가 지방자치단체의 근간세목이며, 특히 기초자치단체의 기본세목인 점을 감안하여 지방자치단체가 재정상 기타 특별한 사유가 있을 때 자율적으로 조례로 정한 세율을 적용할 수 있게 함으로써 지방자치시대에 부응하는 지방자치단체의 재정자주권을 신장해 주기 위한 조치이다.

그리고 재산세의 세율이 그 과세대상에 따라 각각 다르며, 종전 종합토지세에서는 소유자별로 전국의 토지를 합산하여 그 과세시가표준액에 누진세율을 적용하는 체계로 되어 있었으나 2005년부터 시행되는 재산세에서는 토지에 대하여는 해당 시·군 관할 구역 안에 소재하는 토지만 소유자별로 합산하게 하는 등 과세체계와 세율적용방법이 바뀌었다.

2. 표준세율

재산세는 제110조의 과세표준에 다음 각 호의 표준세율을 적용하여 계산한 금액을 그 세액으로 한다.

가. 토지에 대한 적용세율

토지는 종합합산과세대상, 별도합산과세대상 및 분리과세대상토지로 분류하여 각각 세율을 적용한다.

(1) 종합합산과세대상의 세율

① 종합합산과세대상 토지에 적용하는 세율은 다음과 같다.

과세표준	세 율
5,000만원 이하	1,000분의 2
5,000만원 초과 1억원 이하	10만원 + 5,000만원 초과금액의 1,000분의 3
1억원 초과	25만원 + 1억원 초과금액의 1,000분의 5

② 토지에 대한 종합합산과세대상 재산세는 납세의무자가 소유하고 있는 해당 지방자치단체 관할구역에 있는 종합합산과세대상이 되는 토지의 가액을 모두 합한 금액을 과세표준액으로 하여 위의 세율을 적용한다.

(2) 별도합산과세대상의 세율

① 별도합산과세대상 토지에 적용하는 세율은 다음과 같다.

과세표준	세 율
2억원 이하	1,000분의 2
2억원 초과 10억원 이하	40만원 + 2억원 초과금액의 1,000분의 3
10억원 초과	280만원 + 10억원 초과금액의 1,000분의 4

> **사례**
>
> ❖ 갑법인이 동일 시·군내 사옥의 부속토지로 5,000㎡(㎡당 1,440,000원)와 및 법인소유 호텔의 부속토지 5,000㎡(㎡당 2,346,000원)를 소유하고 있을 경우의 별도합산과세의 세액은?
>
> - 사옥부속토지가액 : 5,000㎡ × 1,440,000원 = 7,200,000,000원
> - 호텔부속토지가액 : 5,000㎡ × 2,346,000원 = 11,730,000,000원
>   ※ 갑법인의 별도합산과세대상 토지가액 계 = 18,930,000,000원
> - 갑법인의 별도합산과세세액 : 280만원 + 17,930,000,000원 × $\frac{4}{1,000}$ = 74,520,000원

② 토지에 대한 별도합산과세대상 재산세는 납세의무자가 소유하고 있는 해당 지방자치단체 관할구역에 있는 별도합산과세대상이 되는 토지의 가액을 모두 합한 금액을 과세표준액으로 하여 위의 세율을 적용한다.

(3) 분리과세대상의 적용세율

① 분리과세대상 토지에 적용하는 세율은 다음과 같다.

과세대상	세율
① 전, 답, 과수원, 목장용지 및 임야	과세표준액의 1,000분의 0.7
② 골프장 및 고급오락장용 토지	과세표준액의 1,000분의 40
③ ① 및 ② 외의 토지	과세표준액의 1,000분의 2

② 분리과세대상토지에 대한 재산세는 분리과세대상이 되는 해당 토지의 가액을 과세표준으로 하여 위의 세율을 적용한다.

위와 같은 토지에 대한 재산세율은 종전의 종합토지세의 세율보다는 매우 낮게 하향조정했는데 이는 시가표준액의 현실화 조치와 병행해서 취해진 조치이므로 세액자체는 종전보다 조금 상회하는 수준이 될 것으로 생각된다.

또한 농지와 목장용지 및 산림보호 육성 등을 위한 임야에 대한 재산세는 0.07%, 회원제 골프장 및 고급오락장용 부속 토지는 4%의 세율을 적용하도록 규정하고 있으며, 그 밖의 분리과세대상 토지는 0.2%의 세율을 적용하고 있으나 '그 밖의 분리과세대상 토지'가 농지, 목장용지, 임야인 경우 적용 세율에 대한 규정이 불분명하여 오해 소지가 있어 개인, 농업법인, 종중 등이 소유한 농지(법 제106조 제3호 가목)와 산림경영지, 문화재보호구역, 개발제한구역내 임야(법 제106조 제3호 나목)에 한하여 0.07%의 세율을 적용하도록 규정을 명확화하고

(예시) 비영리사업자가 1995년 12월 31일 이전부터 소유하는 임야 → 비영리사업자에 대한 분리과세로 0.2%를 적용하여야 하나, '임야'로 보아 0.07%를 적용하는 것으로 오해할 소지

그리고 골프장이 회원제와 대중제로 구분되는데, 고율(4%) 분리과세 대상은 '골프장'으로 규정되어 있어 고율 분리과세대상 역시 골프장 및 고급오락장용 부속 토지(법 제106조 제3호 나목)로 명확히 규정한 것이다.

나. 건축물에 대한 적용세율

건축물은 골프장·고급오락장용 건축물, 공장용 건축물 그리고 그 밖의 건축물로 구분하여 각각 세율을 적용한다.

(1) 골프장, 고급오락장용 건축물에 대한 적용세율

체육시설의 설치·이용에 관한 법률에 따른 회원제 골프장용 부동산 중 구분등록의 대상이 되는 건축물과 도박장, 유흥주점영업장, 그 밖에 이와 유사한 용도에 사용되는 건축물에 대하여는 그 과세표준액에 1,000분의 40의 세율을 적용한다.

이 규정을 적용함에 있어 골프장과 고급오락장의 정의에 대하여는 앞서 설명한 토지의 분리과세대상 구분에서 자세히 설명하였으니 참조하시기 바란다.

> **사례**
>
> ❖ 관광호텔 내의 부대시설로 등록된 식품위생법상의 유흥주점이 재산세 중과대상에서 제외되는 관광음식점에 해당하기 위한 요건
>
> 지방세법상 고급오락장용 건축물과 그 부속토지에 대한 재산세와 종합토지세에 대하여는 중과세율을 적용하되, 구 지방세법 시행령(1999.12.31., 대통령령 제16673호로 개정되기 전의 것) 제84조의 3 제3항 제5호에서는 식품위생법상의 유흥주점 영업으로서 같은 호 (가)목, (나)목에 해당하는 영업장소에 대해서는 원칙적으로 이를 고급오락장으로 보되, 그 중 '관광진흥법 제4조 제1항의 규정에 의하여 등록된 관광음식점'에 대해서는 예외로 한다고 규정하고 있는바, 식품위생법상의 유흥주점이 위 중과대상에서 제외되는 관광음식점에 해당하기 위해서는 관광호텔 내의 부대시설로 등록된 것만으로는 부족하고, 일정한 시설을 갖추어 관광객이용시설업으로 등록을 하거나 관광편의시설업으로 지정을 받아야 한다.
>
> (대법 2001두3433, 2002.9.24.)
>
> ❖ 무도유흥주점 영업장소의 범위
>
> 재산세 중과세율이 적용되는 '무도유흥주점 영업장소'라 함은 손님들이 춤을 출 수 있는 공간(무도장)이 설치된 모든 유흥주점의 영업장소를 가리키는 것이 아니라 그 영업형태나 춤을 출 수 있는 공간의 규모 등을 고려하여 손님들이 춤을 출 수 있도록 하는 것을 주된 영업형태

로 하고 또 그에 상응하는 규모로 객석과 구분된 무도장이 설치된 유흥주점의 영업장소를 말한다고 보는 것이 상당하다.

(대법 2005두197, 2006.3.10.)

❖ **회원제골프장으로 구분등록된 부동산이 실제로 회원제골프장으로 사용되지 아니한 경우의 중과세 여부**

원고가 체육시설법에 따라 회원제골프장업의 등록을 하면서 이 사건 토지를 구분등록하였다는 사정만을 근거로 이 사건 토지가 실제로 회원제골프장으로 사용되는지에 관하여 심리하지 아니한 채 이를 구 지방세법이 규정한 재산세 분리과세대상에 해당한다고 보고, 이 사건 토지가 실제로는 대중골프장으로 사용되고 있어서 별도합산과세대상에 해당한다는 원고의 주장을 배척한 제1심의 판단을 그대로 유지하였으므로, 거기에는 구 지방세법 제182조 제1항 제3호 다목, 제112조 제2항 제2호에 관한 법리를 오해하여 심리를 다하지 아니함으로써 판결 결과에 영향을 미친 위법이 있다. 이를 지적하는 상고이유의 주장은 이유 있다.

(대법 2012두11904, 2013.2.15.)

❖ **회원제골프장 스프링클러 시설이 중과대상 급배수시설에 해당하는지 여부**

지방세법 제104조 제4호, 제180조 제2호의 규정에 따라 취득세와 재산세 등의 부과 대상이 되는 급·배수시설 등의 시설물은 그것이 골프장의 용도에 직접 사용되는 경우에는 실제로 따로 구분등록이 되었는지 여부와 상관없이 지방세법 제188조 제1항 제2호 가목의 중과세율이 적용되는 골프장용 건축물에 해당한다고 봄이 타당하다.

특별한 사정이 없는 한 체육시설법 시행령 제20조 제3항이 규정한 구분등록의 대상으로서 지방세법상 취득세 및 재산세의 부과 대상인 급·배수시설의 설치비용이나 그 가액은 골프장 용지에 대한 재산세의 과세표준에 포함되거나 영향을 미칠 수 없다고 봄이 타당하다. 따라서 이러한 급·배수시설에 대하여 골프장용 토지와 별도로 재산세 등을 부과하는 것이 이중과세에 해당한다고 볼 수 없다.

(대법 2012두15906, 2013.10.31., 대법 2013두27234, 2014.4.10.)

❖ **유흥주점 출입구 계단실이 객실면적에 포함되는지 여부**

유흥주점의 영업장 전용구역은 손님이 술을 마시면서 노래를 부르거나 춤을 추는 행위가 이루어지는 주된 공간과 이러한 행위가 이루어지는 데에 필수적인 시설로서 조리시설 등과 같이 주된 공간에 직접 접하여 서비스가 이루어지는 공간에 한정된다. 그런데 이 사건 계단실은 위와 같은 유흥주점영업 행위가 이루어지는 공간이나 위 공간에 직접 접하여 서비스가 이루어지는 공간에 해당하지 아니한다.

(대법 2016두35977, 2016.6.23.)

❖ **객석과 구분된 무도장을 갖춘 경우 재산세 중과대상에 해당되는지 여부**

객석과 구분된 무도장에서 손님들이 춤을 출 수 있도록 하는 것을 주된 영업형태로 하는 유흥주점이라면 재산세 중과대상에 해당됨

(대법 2017두55947, 2017.12.7.)

(2) 도시의 주거지역내 공장용 건축물에 대한 적용세율

특별시·광역시(군 지역을 제외한다.)·특별자치시(읍·면 지역은 제외한다.)·특별자치도(읍·면 지역은 제외한다.)또는 시(읍·면지역을 제외한다.)지역에서 국토의 계획 및 이용에 관한 법률과 그 밖의 관계 법령에 따라 지정된 주거지역 및 해당 지방자치단체의 조례로 정하는 지역의 공장용 건축물에 대하여는 그 과세표준액의 1,000분의 5의 세율을 적용한다.

이 경우 공장용 건축물이란 제조·가공·수선이나 인쇄 등의 목적에 사용하도록 생산설비를 갖춘 것으로서 지방세법 시행규칙 별표 2에 규정된 업종의 공장으로서 생산설비를 갖춘 건축물의 연면적(옥외에 기계장치 또는 저장시설이 있는 경우에는 그 시설물의 수평투영면적을 포함한다.)이 500㎡ 이상인 건축물에 대하여는 재산세를 중과세하는데 이 경우 건축물의 연면적에는 해당 공장의 제조시설을 지원하기 위하여 공장 경계구역 안에 설치되는 부대시설의 연면적을 포함하되, 부대시설 중 식당, 휴게실, 목욕실, 세탁장, 의료실, 옥외체육시설 및 기숙사 등 종업원의 후생복지증진에 제공되는 시설과 대피소, 무기고, 탄약고 및 교육시설은 제외한다(영 §110, 규칙 §55).

여기에서 재산세의 중과세대상지역을 살펴보면 특별시·광역시(군 지역을 제외한다.) 및 전국의 시지역(읍·면지역을 제외한다.) 내에서 국토의 계획 및 이용에 관한 법률과 그 밖의 관계법령에 따라 지정된 주거지역 및 해당 지방자치단체의 조례로 정하는 지역이라고 규정하고 있는데, 국토의 계획 및 이용에 관한 법률에 의하여 지정된 주거지역은 당연히 해당되고 나머지 상업지역과 녹지지역도 중과세대상으로 하기 위해서는 해당 자치단체의 조례로서 규정하여야 하는데, 서울특별시의 경우는 구세조례에서 상업지역과 녹지지역을 중과세대상으로 정하고 있다.

(3) 그 밖의 건축물에 대한 적용세율

상기 (1) 및 (2) 이외의 건축물에 대하여는 그 과세표준액의 1,000분의 2.5의 세율을 적용한다.

이 규정에서의 건축물의 범위는 지방세법 제104조 제2호의 규정에 의한 건축물(주거용 건축물은 주택에 포함되므로 제외됨)에서 골프장용 건축물로서 중과세대상인 건축물, 고급오락장용으로 중과세 대상인 건축물 및 특별시·광역시(군지역을 제외한다.)·시(읍·면지역을 제외한다.)지역안의 주거지역 등에 있는 공장용 건축물로서 재산세가 중과세되는 건축물을 제외한 건축물을 말한다.

그런데 지방세법 제104조 제2호의 규정에 의한 건축물이라 함은 지방세법 제6조 제4호의 규정에 의한 건축물을 말하는데 이는 건축법 제2조 제1항 제2호에 따른 건축물(이와 유사한 형태의 건축물을 포함한다.)과 토지에 정착하거나 지하 또는 다른 구조물에 설치하는 레저시설, 저장시설, 도크시설, 접안시설, 도관시설, 급·배수시설, 에너지 공급시설 그 밖에 이와 유사한 시설(이에 딸린 시설을 포함한다.)을 말한다. 다만, 지방세법 제104조 제3호의 주택은 이 규정의 건축물에서 제외된다.

(가) 건축법에 의한 건축물

건축법 제2조 제1항 제2호에 따른 건축물(이와 유사한 형태의 건축물을 포함한다.)을 말한다. 이 경우 건축법 제2조 제1항 제2호에 따른 건축물이라 함은 토지에 정착하는 공작물 중 지붕과 기둥 또는 벽이 있는 것과 이에 딸린 시설물, 지하 또는 고가의 공작물에 설치하는 사무소, 공연장, 점포, 차고, 창고 기타 대통령령이 정하는 것을 말한다고 하고 있다. 건축법상의 용도별 건축물의 종류는 건축법시행령 제3조의 4에 관련한 별표1을 참고하기 바란다.

(나) 토지·지하 또는 다른 구조물에 설치하는 시설물

토지에 정착하거나 지하 또는 다른 구조물에 설치하는 시설물이란 레저시설, 저장시설 등 다음의 시설물을 말한다.

① 레저시설 : 수영장, 스케이트장, 골프연습장(체육시설의 설치·이용에 관한 법률에 따라 골프연습장업으로 신고된 20타석 이상의 골프연습장만 해당한다.), 전망대, 옥외스탠드, 유원지의 옥외오락시설(유원지의 옥외오락시설과 비슷한 오락시설로서 건물 안 또는 옥상에 설치하여 사용하는 것을 포함한다.)

② 저장시설 : 수조, 저유조, 저장창고, 저장조 등의 옥외저장시설(다른 시설과 유기적으로 관련되어 있고 일시적으로 저장기능을 하는 시설을 포함한다.)

③ 도크시설 및 접안시설 : 도크, 조선대

④ 도관시설(연결시설을 포함한다.) : 송유관, 가스관, 열수송관

⑤ 급수·배수시설 : 송수관(연결시설을 포함한다.), 급수·배수시설, 복개설비

⑥ 에너지 공급시설 : 주유시설, 가스충전시설, 송전철탑(전압 20만 볼트 미만을 송전하는 것과 주민들의 요구로 전기사업법 제72조에 따라 이전·설치하는 것을 제외한다.)

⑦ 기타 시설 : 잔교, 기계식 또는 철골조립식 주차장, 방송중계탑(방송법 제54조 제1항 제5호에 따라 국가가 필요로 하는 대외방송 및 사회교육방송 중계탑을 제외한다.) 및 무선통신기지국용 철탑

다. 주택에 대한 적용세율

주택에는 토지와 건축물을 통합하여 과세표준액이 산정되며, 그 합계액이 시가표준액이 되며 다음과 같은 세율을 적용한다.

과세표준	세율
6,000만원 이하	1,000분의 1
6,000만원 초과 1억5천만원 이하	6만원 + 6,000만원 초과금액의 1,000분의 1.5
1억5천만원 초과 3억원 이하	19만5천원 + 1억5천만원 초과금액의 1,000분의 2.5
3억원 초과	57만원 + 3억원 초과금액의 1,000분의 4

이 경우의 주택은 주택법 제2조 제1호의 규정에 의한 주택을 말한다. 이 경우 토지와 건축물의 범위에는 주택을 제외한다.

여기에서 "주택"이라 함은 세대의 세대원이 장기간 독립된 주거생활을 영위할 수 있는 구조로 된 건축물의 전부 또는 일부 및 그 부속토지를 말하며 이를 단독주택과 공동주택으로 구분하는데(주택법 §2 Ⅰ), 이 주택의 범위에서 별장을 제외한 주거용 건축물에 대한 세율은 이 규정에 의한 세율을 적용한다.

그리고 「건축법 시행령」 별표 1 제1호 다목에 따른 다가구주택은 1가구가 독립하여 구분 사용할 수 있도록 분리된 부분을 1구의 주택으로 본다. 이 경우 그 부속토지는 건물면적의 비율에 따라 각각 나눈 면적을 1구의 부속토지로 본다(영 §112).

라. 선박에 대한 적용세율

선박에 대한 재산세의 세율은 ① 시가표준액이 1억원을 초과하는 비업무용 자가용 고급선박은 그 과세표준액에 1,000분의 50의 세율을 적용하고, ② 비업무용 고급선박 이외의 선박은 그 과세표준액에 1,000분의 3의 세율을 적용한다.

마. 항공기에 대한 적용세율

항공기에 대한 세율은 그 과세표준액의 1,000분의 3이다. 그런데 항공법에 따라 면허를 받거나 등록을 한 국내항공운송사업, 국제항공운송사업, 소형항공운송사업 또는 항공기사용사업에 직접 사용하는 항공기는 산출된 세액의 50%를 경감하는 규정은 지방세특례제한법에서 별도로 두고 있다.

3. 중과세율

수도권정비계획법 제6조에 따른 과밀억제권역(산업집적활성화 및 공장설립에 관한 법률을 적용받는 산업단지 및 유치지역과 국토의 계획 및 이용에 관한 법률의 적용을 받는 공업지역은 제외한다.)에서 공장 신설·증설에 해당하는 경우 그 건축물에 대한 재산세의 세율은 최초의 과세기준일부터 5년간 일반세율(1,000분의 2.5)의 100분의 500(5배)에 해당하는 세율로 한다.

이러한 공장신설 또는 증설의 재산세 중과세는 대도시 내의 공장 신·증설이 대도시의 인구집중에 가장 큰 요인이 될 뿐 아니라 각종 공해로 인하여 대도시 주민의 보건위생을 크게 해치며, 도시기능의 마비현상마저 초래하므로 이와 같은 악현상을 시정하기 위하여 정책적 차원에서 대도시 내 공장건설을 세제면에서 억제하도록 하기 위하여 공장신설뿐만 아니라 증설에 대하여도 일반세율의 5배로 재산세를 중과토록 하였다.

가. 중과세대상 지역

수도권정비계획법 제6조에 따른 과밀억제권역 내에서 공장을 신·증설하면 재산세가 중과세된다. 다만, 산업집적활성화 및 공장설립에 관한 법률의 적용을 받는 산업단지, 유치지역 및 국토의 계획 및 이용에 관한 법률에 의한 공업지역은 중과세대상지역의 범위에서 제외된다.

여기에서 과밀억제권역이라 함은, ① 서울특별시, ② 인천광역시(강화군, 옹진군, 서구 대곡동, 불로동, 마전동, 금곡동, 오류동, 왕길동, 당하동, 원당동, 인천경제자유구역 및 남동국가산업단지는 제외한다.), ③ 의정부시, ④ 구리시, ⑤ 남양주시(호평동, 평내동, 금곡동, 일패동, 이패동, 삼패동, 가운동, 수석동, 지금동 및 도농동만 해당함), ⑥ 하남시, ⑦ 고양시, ⑧ 수원시, ⑨ 성남시, ⑩ 안양시, ⑪ 부천시, ⑫ 광명시, ⑬ 과천시, ⑭ 의왕시, ⑮ 군포시, ⑯ 시흥시[반월특수지역(반월특수지역에서 해제된 지역을 포함한다.)은 제외한다.]

나. 공장의 범위 등

수도권정비계획법 제6조에 따른 과밀억제권역(산업집적활성화 및 공장설립에 관한 법률의 적용을 받는 산업단지 및 유치지역과 국토의 계획 및 이용에 관한 법률의 적용을 받는 공업지역을 제외한다.)에서 공장을 신설 또는 증설하는 경우에 있어서 그 재산에 대한 재산세는 최초의 과세기준일로부터 5년간 중과세하게 된다.

이 경우의 공장의 범위와 적용기준은 지방세법 시행규칙 제7조를 준용한다(규칙 §56 ①).

이 경우 공장의 범위를 살펴보면 공장이라 함은 지방세법 시행규칙 별표 2에 규정된 업종에 해당하는 공장(산업집적활성화 및 공장설립에 관한 법률 제28조의 규정에 의한 도시형 공장을 제외한다.)으로서 생산설비를 갖춘 건축물의 연면적(옥외에 기계장치 또는 저장시설이 있는 경우에는 그 시설물의 수평투영면적을 포함한다.)이 500㎡ 이상인 것을 말한다. 이 경우 건축물의 연면적에는 해당 공장의 제조시설을 지원하기 위하여 공장경계구역 안에 설치되는 부대시설(식당, 휴게실, 목욕실, 세탁장, 의료실, 옥외 체육시설 및 기숙사 등 종업원의 후생복지증진에 공여되는 시설과 대피소, 무기고, 탄약고 및 교육시설은 제외한다.)의 연면적을 포함한다(규칙 §55).

여기에서 특히 유의해야 할 점은 지방세법 시행규칙 별표 2에 규정된 업종의 공장에 대해서는 과밀억제권역에서 재산세를 중과세하는데, 이 별표 2에 규정된 업종 중 제28호에 규정된 업종 [가스업, 상수도업, 차량 등의 정비, 수리업, 연탄제조업, 인쇄업(신문·통신업에 한함), 지역난방사업, 전기업] 은 취득세는 지역에 따라 중과대상에서 제외되는 경우가 있으나 재산세를 중과세하는 경우에는 공장의 종류에서 이를 제외하지 아니한다는 점이다.

다. 중과세대상

과밀억제권역 내에서 공장을 신·증설하는 경우에 재산세의 중과세대상이 되는 재산은 신·증설 공장용에 사용되는 재산이다. 그러나 ① 기존공장의 기계설비 및 동력장치를 포함한 모든 생산설비를 포괄적으로 승계취득하는 경우, ② 해당 과밀억제권역 안에 있는 기존공장을 폐쇄하고 해당 과밀억제권역 안의 다른 장소로 이전한 후 해당 사업을 계속 영위하는 경우. 다만, 타인 소유의 공장을 임차하여 경영하던 자가 그 공장을 신설한 날부터 2년 이내에 이전하는 경우 및 서울특별시 외의 지역(과밀억제권 포함)에서 서울특별시 안으로 이전하는 경우에는 그러하지 아니하다. ③ 기존공장(승계취득한 공장을 포함한다.)의 업종을 변경하는 경우, ④ 기존공장을 철거한 후 1년 이내에 동일 규모로 재축(건축공사에 착공한 경우를 포함한다.)하는 경우, ⑤ 행정구역 변경 등으로 인하여 새로 대도시로 편입되는 지역에 있어서는 편입되기 전에 이미 산업집적활성화 및 공장설립에 관한 법률 제13조의 규정에 의한 공장설립신고 또는 승인이 있거나 건축허가를 받은 경우, ⑥ 부동산을 취득한 날부터 5년 이상이 경과한 후 공장을 신설하거나 증설하는 경우에는 재산세 중과세대상이 되지 아니한다(규칙 §7 ② Ⅱ 가~바).

그런데 공장 신·증설에 대한 중과세 규정은 취득세에 적용하고 있는 규정을 준용하고 있으므로 공장의 승계취득은 공장의 신·증설로 볼 수 없도록 되어 있는데, 이 규정을 재산세에 그대로 적용하면 재산세는 공장이 신설되거나 증설된 해당 연도에만 과세하는 것이 아니라 신·증설 후 5년간 중과세하므로 그 중과세기간(5년)이 경과되기 전에 제3자가 신·증설 공장을 승계취득한 경우에도 재산세를 중과세할 수 없느냐 하는 것이 문제가 제기될 수 있으나 재산세의 납세의무는 그 소유자를 기준으로 판단할 것이 아니라 과세객체인 재산의 현황, 기타 여건을 기준으로 판단함이 타당하고 또 지방세법 제111조 제2항에서 공장을 신설 또는 증설하는 경우의 그 재산에 대한 재산세의 세율은 5년간 일반세율의 5배에 해당하는 세율을 적용하도록 규정하고 있으므로 신·증설 공장의 소유자가 변경되었다 하더라도 해당 신·증설 공장용 재산에 대하여는 제3자에게 그 잔여기간 동안 중과세하여야 할 것으로 본다.

라. 중과세 기간

① 과밀억제권역 내에서 공장을 신설 또는 증설하는 경우에 있어서의 그 재산에 대한 재산세 중과세기간은 공장의 신설 또는 증설 후 최초의 과세기준일로부터 5년간으로 한다.

② 이 경우 최초의 과세기준일은 공장용 건축물로 건축허가를 받아 건축하였거나 기존의 공장용 건축물을 공장용으로 사용하기 위하여 양수한 경우에는 지방세법 시행령 제20조에 따른 취득일, 그 밖의 경우에는 공장시설의 설치를 착수한 날 이후에 최초로 도래하는 재산세 과세기준일이 최초의 과세기준일이며 이때부터 5년간 재산세를 일반세율의 5배로 중과세한다(규칙 §56 ②).

그런데 위와 같은 규정의 적용에 있어 공장을 신·증설한 후 5년간의 중과세기간 중에 해당 공장을 폐쇄하거나 대도시 외로 이전한 경우에는 재산세의 납세의무가 각 연도별로 재산세 과세기준일 현재로 발생하므로 중과대상기간 내에 공장을 폐쇄하거나 대도시 외로 공장을 이전한 날이 과세기준일 이전이면 해당 공장용 건물에 대한 재산세는 중과세되지 아니하나, 공장을 일시휴업하고 있는 경우에는 공장을 폐쇄한 것으로 볼 수 없다.

4. 제한세율

지방자치단체의 장은 특별한 재정수요의 발생 등으로 그 재원을 확보하기 위하여 재산세의 세율을 인상할 필요가 있다고 인정하는 경우와 재해발생 등 이에 준하는 사유의 발생으로 납세의무자의 세무담을 완화하기 위하여 재산세의 세율을 인하할 필요가 있다고 인정되는 경우 해당 연도에 한정하여 조례가 정하는 바에 따라 제1항의 표준세율의 100분의 50의 범위에서 가감할 수 있다.

이러한 제한세율은 지방자치단체가 조세를 과세하는 경우에 이를 초과해서 과세할 수 없도록 법정되어 있는 세율을 말하는데, 이와 같은 제한세율에는 단순히 제한세율만 법정되어 있는 경우도 있으며, 표준세율에 대하여 초과세율의 한도를 제한하거나 그 상하조정세율의 한도를 제한하고 있는 경우가 있는데, 이 규정은 상하조정세율을 적용하도록 하고 있으므로 그 제한세율의 범위 내에서 세율을 결정하는 것은 해당 지방자치단체의 조례로서 표준세율의 100분의 50 범위 안에서 정하여 시행할 수 있도록 하였다. 그런데 조례로 탄력세율을 가감 조정할 경우 특별한 재정수요나 재해 등의 발생이 있어야 할 요건을 두고, 그 조정세율도 해당 연도에만 적용토록 한 것은 종전의 재산세 파동 등과 같은 사유로 지방자치단체별로 지나친 감면조례의 제정 등이 문제가 되어 이를 법제화한 것이다.

제111조의 2 | 1세대 1주택에 대한 세율 특례

① 제111조 제1항 제3호 나목에도 불구하고 대통령령으로 정하는 1세대 1주택(제4조제1항에 따른 시가표준액이 6억원 이하인 주택에 한한다.)에 대해서는 다음의 세율을 적용한다.

과세표준	세율
6천만원 이하	1,000분의 0.5
6천만원 초과 1억5천만원 이하	30,000원+6천만원 초과금액의 1,000분의 1
1억5천만원 초과 3억원 이하	120,000원+1억5천만원 초과금액의 1,000분의 2
3억원 초과	420,000원+3억원 초과금액의 1,000분의 3.5

이 경우 "대통령령으로 정하는 1세대 1주택"이란 과세기준일 현재 「주민등록법」 제7조에 따른 세대별 주민등록표(이하 이 조에서 "세대별 주민등록표"라 한다)에 함께 기재되어 있는 가족(동거인은 제외한다)으로 구성된 1세대가 국내에 다음 각 호의 주택이 아닌 주택을 1개만 소유하는 경우 그 주택(이하 이 조에서 "1세대1주택"이라 한다)을 말한다. (영§110의2 ① Ⅰ~Ⅸ)

(1) 종업원에게 무상이나 저가로 제공하는 사용자 소유의 주택으로서 과세기준일 현재 다음 각 목의 어느 하나에 해당하는 주택. 다만, 「지방세기본법 시행령」 제2조제1항 각 호의 어느 하나에 해당하는 관계에 있는 사람에게 제공하는 주택은 제외한다.
  (가) 법 제4조제1항에 따른 시가표준액이 3억원 이하인 주택
  (나) 면적이 「주택법」 제2조제6호에 따른 국민주택규모 이하인 주택
(2) 「건축법 시행령」 별표 1 제2호 라목의 기숙사
(3) 과세기준일 현재 사업자등록을 한 다음 각 목의 어느 하나에 해당하는 자가 건축하여 소유하는 미분양 주택으로서 재산세 납세의무가 최초로 성립한 날부터 5년이 경과하지 않은 주택. 다만, 가목의 자가 건축하여 소유하는 미분양 주택으로서 「주택법」 제54조에 따라 공급하지 않은 주택인 경우에는 자기 또는 임대계약 등 권원을 불문하고 다른 사람이 거주한 기간이 1년 이상인 주택은 제외한다.
  (가) 「건축법」 제11조에 따른 허가를 받은 자
  (나) 「주택법」 제15조에 따른 사업계획승인을 받은 자
(4) 세대원이 「영유아보육법」 제13조에 따라 인가를 받고 「소득세법」 제168조제5항에 따른 고유번호를 부여받은 이후 「영유아보육법」 제10조제5호에 따른 가정어린이집으로 운영하는 주택(가정어린이집을 「영유아보육법」 제10조제1호에 따른 국공립어린이집으로 전환하여 운영하는 주택을 포함한다)

이 규정에 따라 가정어린이집이 국공립어린이집으로 전환하여도 종전 운영자가 해당 어린이집을 소유·운영하는 등 그 실질이 다를 바 없어 국공립어린이집으로 전환하여도 주택 수에서는 제외된다.

(5) 주택의 시공자(「주택법」 제33조제2항에 따른 시공자 및 「건축법」 제2조제16호에 따

른 공사시공자를 말한다)가 제3호가목 또는 나목의 자로부터 해당 주택의 공사대금으로 받은 같은 호에 해당하는 주택(과세기준일 현재 해당 주택을 공사대금으로 받은 날 이후 해당 주택의 재산세의 납세의무가 최초로 성립한 날부터 5년이 경과하지 않은 주택으로 한정한다). 다만, 제3호가목의 자로부터 받은 주택으로서「주택법」제54조에 따라 공급하지 않은 주택인 경우에는 자기 또는 임대계약 등 권원을 불문하고 다른 사람이 거주한 기간이 1년 이상인 주택은 제외한다.

(6) 「문화재보호법」제2조제3항에 따른 지정문화재 또는 같은 조 제4항에 따른 등록문화재에 해당하는 주택

(7) 「노인복지법」제32조제1항제3호에 따른 노인복지주택으로서 같은 법 제33조제2항에 따라 설치한 사람이 소유한 해당 노인복지주택

(8) 상속을 원인으로 취득한 주택(「지방세법」 제13조의3제2호에 따른 조합원입주권 또는 같은 조 제3호에 따른 주택분양권을 상속받아 사업시행 완료 후 취득한 신축주택을 포함한다)으로서 과세기준일 현재 상속개시일부터 5년이 경과하지 않은 주택

이 규정은 조합원입주권, 분양권 상속개시 후 5년 이내에 사업완료로 취득한 주택의 경우에도 상속주택에서 제외되는 불형평 발생하고 있어 분양권이나 조합원입주권을 상속받아 취득한 주택도 상속주택의 범위에 포함하여 주택수에서 제외하고자 개정한 것이다

(9) 혼인 전부터 소유한 주택으로서 과세기준일 현재 혼인일로부터 5년이 경과하지 않은 주택. 다만, 혼인 전부터 각각 최대 1개의 주택만 소유한 경우로서 혼인 후 주택을 추가로 취득하지 않은 경우로 한정한다.

(10) 토지의 소유권 또는 지상권 등 토지를 사용할 수 있는 권원이 없는 자가 「건축법」 등 관계 법령에 따른 허가 등을 받지 않거나 신고를 하지 않고 건축하여 사용 중인 주택[지방세법(법률 제18655호, 2021. 12. 28.) 부칙 제7조에 따른 주택을 말하며, 주택을 건축한 자와 사용 중인 자가 다른 주택을 포함한다]의 부속토지

이 규정은 토지소유자의 동의없이 건축한 무허가주택의 부속토지를 소유한 경우 부속토지는 주택수에서 제외하고자 개정한 것이다.

그리고 제1항에도 불구하고 다음 각 호의 어느 하나에 해당하는 경우에는 해당 주택을 1세대1주택으로 본다(영 §110의2 ② ⅠⅡ).

(1) 과세기준일 현재 제1항제6호 또는 제8호에 해당하는 주택 1개만을 소유하고 있는 경우의 그 주택으로 하고, 2개 이상일 경우에는 시가표준액이 가장 높은 주택(시가표준액이 같은 경우에는 납세의무자가 선택하는 1개의 주택)

(2) 제1항제9호에 해당하는 주택을 소유하고 있는 경우 그 주택 중 시가표준액이 높은 주택(시가표준액이 같은 경우에는 납세의무자가 선택하는 1개의 주택)

이 규정은 상속으로 받은 2개 이상의 주택만 소유한 경우에는 시가표준액이 가장 큰 1개의

주택(시가표준액이 동일한 경우에는 납세의무자가 신청하는 주택)에 대해서 세율특례 등을 적용하도록 하면서 혼인 전 소유주택에 대해서도 시가표준액이 큰 1개의 주택이 적용되도록 명확화한 것이다.

또한 제1항에도 불구하고 제1항 및 제2항을 적용할 때 배우자, 과세기준일 현재 미혼인 19세 미만의 자녀 또는 부모(주택의 소유자가 미혼이고 19세 미만인 경우로 한정한다)는 주택 소유자와 같은 세대별 주민등록표에 기재되어 있지 않더라도 1세대에 속한 것으로 보고, 다음 각 호의 어느 하나에 해당하는 경우에는 각각 별도의 세대로 본다(영 §110의2 ③ⅠⅡ).

(1) 과세기준일 현재 65세 이상의 직계존속(배우자의 직계존속을 포함하며, 직계존속 중 어느 한 사람이 65세 미만인 경우를 포함한다)을 동거봉양하기 위하여 19세 이상의 자녀 또는 혼인한 자녀가 합가한 경우

이 규정은 자녀가 만 65세 이상 부모를 동거봉양하기 위해 세대를 같이하는 경우에는 별도 세대(자녀와 부모가 별도 세대가 되므로 1세대 1주택 판단 시 유리)로 간주하여 1세대 1주택을 판단하고 있지만 현행 규정은 조손(祖孫)이 만 65세 이상 조부모를 동거봉양 하는 경우에는 별도 세대 적용 불가하여 별도 세대로 인정해 주는 동거봉양 대상을 현행 부모에서 직계존속으로 확대하여 조부모 동거봉양(배우자의 직계존속을 동거봉양 하는 경우도 포함) 시에도 별도 세대로 적용하고자 한 것이다.

(2) 취학 또는 근무상의 형편 등으로 세대 전원이 90일 이상 출국하는 경우로서 「주민등록법」 제10조의3제1항 본문에 따라 해당 세대가 출국 후에 속할 거주지를 다른 가족의 주소로 신고한 경우

위의 제1항 및 제2항을 적용할 때 주택의 공유지분이나 부속토지만을 소유한 경우에도 각각 1개의 주택으로 보아 주택 수를 산정한다. 다만, 1개의 주택을 같은 세대 내에서 공동소유하는 경우에는 1개의 주택으로 본다(영 §110의2 ④).

그리고 제4항 본문에도 불구하고, 상속이 개시된 재산으로서 상속등기가 이행되지 않은 공동소유 상속 주택(상속개시일부터 5년이 경과한 상속 주택으로 한정한다)의 경우 법 제107조제2항제2호에 따른 납세의무자가 그 상속 주택을 소유한 것으로 본다(영 §110의2 ⑤).

② 제1항에 따른 1세대 1주택의 해당여부를 판단할 때 「신탁법」에 따라 신탁된 주택은 위탁자의 주택 수에 가산한다.

③ 제1항에도 불구하고 제111조제3항에 따라 지방자치단체의 장이 조례로 정하는 바에 따라 가감한 세율을 적용한 세액이 제1항의 세율을 적용한 세액보다 작은 경우에는 제1항을 적용하지 아니한다.

④ 「지방세특례제한법」에도 불구하고 동일한 주택이 제1항과 「지방세특례제한법」에 따른 재산세 경감 규정(「지방세특례제한법」 제92조의 2에 따른 자동이체 등 납부에 대한 세액

공제를 제외한다)의 적용 대상이 되는 경우에는 중복하여 적용하지 아니하고 둘 중 경감 효과가 큰 것 하나만을 적용한다.

> **사례**
>
> ❖ A가 청구인과 별도의 세대를 구성한 상태에서 세대원(가족) 전부와 함께 90일 이상 해외에 체류할 목적으로 출국한 사실은 다툼이 없다고 보이는 점 등에 비추어 청구인과 A를 하나의 세대로 보아 처분청이 이 건 아파트에 대해 「지방세법」 제111조의2 제1항에서 규정한 세율 특례를 적용하지 않은 것은 부당함
>
> (조심 2021지2823, 2021.11.24.)

제112조 재산세 도시지역분

① 지방자치단체의 장은 국토의 계획 및 이용에 관한 법률 제6조 제1호에 따른 도시지역 중 해당 지방의회의 의결을 거쳐 고시한 지역(이하 이 조에서 "재산세 도시지역분 적용대상지역"이라 한다.)안에 있는 대통령령으로 정하는 토지·건축물 또는 주택(토지 등이라 한다.)에 대해서는 조례로 정하는 바에 따라 제1호에 따른 세액에 제2호에 따른 세액을 합산하여 산출한 세액을 재산세액으로 부과 할 수 있다(법 §112 ① Ⅰ·Ⅱ).

1. 제110조의 과세표준에 제111조의 세율 또는 제111조의2제1항의 세율을 적용하여 산출한 세액
2. 제110조에 따른 토지 등의 과세표준에 1천분의 1.4를 적용하여 산출한 세액

이 규정에서 "대통령령으로 정하는 토지·건축물 또는 주택"이란 다음 각 호에 열거하는 것을 말한다(영 §111 Ⅰ~Ⅲ).

1. 토지: 법 제9장에 따른 재산세 과세대상 토지 중 전·답·과수원·목장용지·임야를 제외한 토지와 「도시개발법」에 따라 환지 방식으로 시행하는 도시개발구역의 토지로서 환지처분의 공고가 된 모든 토지(혼용방식으로 시행하는 도시개발구역 중 환지 방식이 적용되는 토지를 포함한다)
2. 건축물: 법 제9장에 따른 재산세 과세대상 건축물
3. 주택: 법 제9장에 따른 재산세 과세대상 주택. 다만, 「국토의 계획 및 이용에 관한 법률」에 따른 개발제한구역에서는 법 제13조제5항제3호에 따른 고급주택(과세기준일 현재의 시가표준액을 기준으로 판단한다)만 해당한다.

② 지방자치단체의 장은 해당 연도분의 제1항 제2호의 세율을 조례로 정하는 바에 따라 1천분의 2.3을 초과하지 아니하는 범위에서 다르게 정할 수 있다(법 §112 ②).

③ 제1항에도 불구하고 재산세 도시지역분 적용대상 지역 안에 있는 토지 중 국토의 계획 및 이용에 관한 법률에 따라 지형도면이 고시된 공공시설용지 또는 개발제한구역으로 지정된 토지 중 지상건축물, 골프장, 유원지, 그 밖의 이용시설이 없는 토지는 제1항 제2호에 따른 과세대상에서 제외한다(법 §112 ③ Ⅰ~Ⅲ).

그리고 법 제112조 제1항 제2호 및 영 제111조 제1호에 따른 재산세 도시지역분대상 토지는 다음 각 호의 어느 하나에 해당하는 토지로 한다(규칙 §57 Ⅰ~Ⅲ).

1. 「도시개발법」에 따라 환지 방식으로 시행하는 도시개발구역(혼용방식으로 시행하는 도시개발구역 중 환지 방식이 적용되는 토지를 포함한다. 이하 이 조에서 같다.) 외의 지역 및 환지처분의 공고가 되지 아니한 도시개발구역 : 전·답·과수원·목장용지 및 임야를 제외한 모든 토지
2. 환지처분의 공고가 된 도시개발구역 : 전·답·과수원·목장용지 및 임야를 포함한 모든 토지
3. 「국토의 계획 및 이용에 관한 법률」에 따른 개발제한구역 : 지상건축물, 영 제28조에 따른 고급주택, 골프장, 유원지, 그 밖의 이용시설이 있는 토지

> **사례**
>
> ❖ 환지처분 공고 이전이라도 종전 토지 현황(농지)이 아닌 환지예정지(공동주택용지)를 기준으로 재산세 도시지역분을 과세할 수 있는 지 여부
>
> 이 사건 재산세 과세특례의 적용 여부는 환지예정지인 이 사건 토지를 기준으로 하여야 하고, 따라서 이 사건 토지의 지목 및 사용 현황이 공동주택용 토지인 이상 이 사건 토지는 지방세법 제112조 제1항, 같은 법 시행령 제111조 제1호, 같은 법 시행규칙 제57조 제1호에 따라 재산세 과세특례 대상이라고 보는 것이 타당하다(하급심-고법).
>
> (대법 2013두352, 2013.4.25.)

1. 개설

이 규정은 종전의 도시계획세를 재산세와 통합하면서 도시지역 내 도시행정을 위해 필요한 경우 지방자치단체의 조례에 의거 재산세의 표준세율을 적용한 재산세에 별도의 세율(종전의 도시계획세를 그대로 옮겨놓은 것임)을 적용하여 산출한 세액을 합하여 재산세를 부과할 수 있도록 특례규정을 둔 것이다.

그런데 이 규정의 적용은 도시지역 안에 있는 토지·건축물 또는 주택이라 하더라도 의회

의 의결을 얻어 조례로서 과세지역을 고시하여야만 과세할 수 있는 점에 유의해야 한다.

그리고 이 조항을 재산세에 통합할 당시에는 재산세과세특례라는 명칭으로 종전 도시계획세 부분을 통합하였다가 2013.1.1.부터는 재산세 도시지역분으로 그 명칭을 변경함에 따라 도시지역에는 재산세를 이중으로 과세하는 형태가 되어 앞으로 이에 대한 논란이 많을 것으로 예상되므로 이를 해소할 수 있는 방안을 강구해야 할 것으로 본다.

2. 과세대상

가. 토지(영 §111 Ⅰ)

(1) 원 칙

국토의 계획 및 이용에 관한 법률의 규정에 의하여 고시된 도시지역 안의 지방세법에 따른 재산세 과세대상 토지 중 전·답·과수원·목장용지·임야를 제외한 토지는 과세대상이다(영 §111 Ⅰ 전단). 이 경우에도 주택은 주거용 건축물과 토지를 통합 평가하여 별도로 과세되기 때문에 주거용 부속토지는 이 경우의 토지와 건축물에서 제외된다는 점에 유의하기 바란다.

(2) 예 외

국토의 계획 및 이용에 관한 법률에 의하여 고시된 도시지역 내에 있는 도시개발법에 따라 환지방식으로 시행하는 도시개발구역의 토지로서 환지처분의 공고가 된 모든 토지(혼용방식으로 시행하는 도시개발구역 중 환지 방식이 적용되는 토지를 포함한다.)는 전·답·과수원·목장용지 및 임야인 경우에도 재산세(도시지역분) 과세대상이 된다(영 §111 Ⅰ 후단).

그러므로 도시개발법에 따라 도시개발사업의 사업시행인가를 받은 사업지구 안의 전·답·과수원·목장용지 및 임야는 환지처분의 공고가 될 때까지는 그 현황이 전·답·과수원·목장용지·임야라면 재산세(도시지역분)의 과세객체가 되지 아니한다.

상기 '(1), (2)'에서 전·답·과수원·목장용지 및 임야라 함은 지적공부상의 지목에 의한 전·답·과수원·목장용지 및 임야를 지칭하는 것이 아니고 사실상의 현황지목이 전·답·과수원·목장용지·임야를 뜻하는 것인데, 이는 재산세(도시지역분)는 사실과세원칙에 의하여야 하므로 도시계획사업으로 인한 수익의 정도가 많은 토지소유자에게 응익과세의 측면에서 과세한다는 취지이기 때문인 것이다.

(3) 과세제외 대상 토지

과세대상이 되는 모든 토지 중 다음의 토지는 재산세(도시지역분)의 과세대상에서 제외한다.
① 국토의 계획 및 이용에 관한 법률에 따라 지형도면이 고시된 공공시설용지는 과세대상에서 제외한다. 이 경우 지형도면이 고시된 공공시설용지라 함은 국토의 계획 및 이용에 관한 법률의 규정에 의하여 지형도면이 고시된 지역 안의 공공용지인 도로, 공원, 상수도, 하수도 등 불특정다수인이 활용하는 토지를 말하는 것이므로 이러한 국토의 계획 및 이용에 관한 법률에 의하여 공공용지로 지형도면이 고시된 토지는 그 토지의 현황이 대지, 공장용지 또는 잡종지인 토지라 할지라도 재산세(도시지역분) 과세대상이 아닌 것이다.
② 국토의 계획 및 이용에 관한 법률상 개발제한구역으로 지정된 토지 중 지상건축물(별장 또는 고급주택 외의 주택은 제외함), 골프장, 유원지, 그 밖의 이용시설이 없는 토지는 재산세(도시지역분) 과세대상에서 제외된다.

국토의 계획 및 이용에 관한 법률상 개발제한구역(Green Belt)으로 지정된 토지는 원칙적으로 재산세(도시지역분) 과세대상에서 제외되나, 해당 개발제한구역 내의 토지 중 지상건축물이 있는 부속토지, 골프장, 유원지로 공하여지고 있는 토지와 기타 이용시설인 테니스장 등 영구적인 운동시설을 갖추고 있는 운동장, 사설 어린이 놀이터 등의 부속토지는 그 토지의 현황이 전·답·과수원·목장용지·임야가 아니면 재산세(도시지역분) 과세대상이 된다.

그리고 개발제한구역 내의 토지에 지상건축물이 건축되어 있다 하더라도 주택(별장과 고급주택은 제외)이 건축되어 있는 토지에 대하여는 재산세(도시지역분)를 과세하지 아니한다.

상기 설명한 내용 중 국토의 계획 및 이용에 관한 법률에 의하여 고시된 도시지역 안의 토지 중 재산세(도시지역분) 과세대상토지의 범위를 살펴보면 다음과 같다(규칙 §57).
① 도시개발법에 따라 환지 방식으로 시행하는 도시개발구역(혼용방식으로 시행하는 도시개발구역 중 환지 방식이 적용되는 토지를 포함한다.) 외의 지역과 환지처분의 공고가 되지 아니한 도시개발구역 안에 있어서는 전·답·과수원·목장용지 및 임야를 제외한 모든 토지는 재산세(도시지역분) 과세대상이다(규칙 §57 Ⅰ).
② 환지처분이 공고가 된 도시개발구역 안에 있어서는 전·답·과수원·목장용지 및 임야를 포함한 모든 토지는 재산세(도시지역분) 과세대상이다(규칙 §57 Ⅱ).
③ 국토의 계획 및 이용에 관한 법률에 따른 개발제한지역(Green Belt) 안에 있어서는 지상건축물(별장 또는 고급주택외의 주택을 제외한다.), 골프장, 유원지, 기타 이용시설이 있는 토지에 한하여 재산세(도시지역분)가 과세된다(규칙 §57 Ⅲ).

여기에서 골프장이라 함은 회원제로 운영되는 골프장으로서 체육시설의 설치 이용에 관한 법률에 따라 구분등록되는 부분의 것을 말한다.

나. 건축물(영 §111 Ⅱ)

도시지역 안에 있는 건축물 중 재산세의 규정에서 건축물의 개념에 상당하는 건축물은 재산세(도시지역분) 과세대상 건축물이다. 다만, 재산세(도시지역분)를 부과하는 해당연도에 철거하도록 행정관청으로부터 명령을 받았거나 철거보상계약이 체결된 건축물 부분은 제외한다.

여기에서 재산세 규정에 의한 건축물을 살펴보면, 건축법상의 건축물과 토지 등에 정착 또는 설치된 시설물로 구분되는데,

① 건축법상의 건축물은 토지에 정착하는 공작물 중 지붕과 기둥 또는 벽이 있는 것과 이에 부수되는 시설물과 토지에 정착하거나 지하 또는 다른 구조물에 설치하는 레저시설, 저장시설, 도크시설, 접안시설, 도관시설, 급수·배수시설, 에너지공급시설 등을 말하는데,

② 지하 또는 다른 구조물에 설치된 시설물로서 레저시설 [수영장, 스케이트장, 골프연습장(체육시설의 설치 및 이용에 관한 법률에 의하여 골프연습장업으로 신고된 20타석 이상의 골프연습장에 한한다.), 전망대, 옥외스탠드,유원지의 옥외오락시설(유원지의 옥외오락시설과 비슷한 오락시설로서 건물 안 또는 옥상에 설치하여 사용하는 것을 포함한다.)] , 저장시설 [수조, 저유조, 저장창고, 저장조 등의 옥외저장시설(다른 시설과 유기적으로 관련되어 있고 일시적으로 저장기능을 하는 시설을 포함한다.)] , 도크시설 및 접안시설(도크, 조선대), 도관시설(송유관, 가스관, 열수송관, 이 경우 연결시설을 포함한다.), 급수·배수시설 [송수관(연결시설을 포함한다.), 급수·배수시설, 복개설비] , 에너지 공급시설 [주유시설, 가스충전시설, 송전철탑(전압 20만 볼트 미만을 송전하는 것과 주민들의 요구로 전기사업법 제72조에 따라 이전·설치하는 것은 제외한다.)] , 기타시설 [잔교, 기계식 또는 철골조립식 주차장, 차량 또는 기계장비 등을 자동으로 세차 또는 세척하는 시설, 방송중계탑(방송법 제54조 제1항 제5호에 따라 국가가 필요로 하는 대외방송 및 사회교육방송 중계탑을 제외한다.) 및 무선통신기지국용 철탑] 을 말하는데, 이러한 시설물이 주택에 부속 또는 부착된 것은 과세대상에서 제외된다.

다. 주택(영 §111 Ⅲ)

지방세법에 의한 재산세 과세대상의 주택을 말한다. 다만 국토의 계획 및 이용에 관한 법률에 따른 개발제한구역에서는 별장 또는 고급주택(과세기준일 현재의 시가표준액을 기준으로 판단한다.)만 해당한다. 그리고 재산세(도시지역분)를 부과하는 당해연도에 철거하도록 행정관청으로부터 명령을 받았거나 철거보상 계약이 체결된 주택의 건물부분(이 경우 토지의 과세표준은 주택의 시가표준액에서 지방세법시행령 제4조 제1항 제1호의 규정을 준용하여 산출한 건물부분의 가액을 공제한 가액으로 한다.)과 개발제한구역내의 지방세법시행령 제28조에 따른 별장 또는 고급주택 외의 주택을 제외한다.

이 규정은 이미 재산세 규정에서 살펴본 바와 같이 주택은 토지와 건축물을 합한 개념이므

로 부과연도에 철거하도록 행정관청으로부터 명령을 받은 주택의 건물 부분은 과세대상이 아니므로 해당 부속토지에 대해서만 과세하기 위해 이 경우 토지의 과세표준은 주택의 시가표준액에서 건축물부분의 가액을 공제한 나머지 가액만 과세토록하고, 또한 개발제한구역내의 주택의 경우에는 과세대상에서 제외하되 주택의 개념에 포함되는 별장과 고급주택은 과세대상이 된다.

3. 적용세율과 과세방법

① 재산세 과세 특례 규정에 따라 과세하는 재산세는 재산세의 과세표준에 표준세율을 적용하여 산출한 세액에 재산세 도시지역분의 세율이 적용되는 토지 등의 과세표준에 1천분의 1.4를 적용하여 산출한 세액을 합한 것을 재산세액으로 하여 부과한다.
② 재산세 도시지역분의 세율을 적용하는 세율(1천분의 1.4)을 조례에 의하여 초과하여 정하고자 할 때에는 그 세율을 1천분의 2.3을 초과하지 못한다.

> **사례**
>
> ❖ **농업법인이 영농활동을 하지 않은 경우 감면 여부**
> 농업법인이 농지 취득 후 감귤나무가 그대로 방치된 경우 감귤재배를 위한 별다른 영농활동을 하지 않은 것으로 영농에 직접사용 하였다고 보기 어려움
> (대법 2020두55961, 2021.03.25.)
>
> ❖ **분양을 거치지 않은 임대주택 감면 여부**
> 건축주로부터 다른 사람을 거치지 않고 최초로 매입하여 취득하기만 하였더라도 분양을 목적으로 건축되어 분양계약을 체결한 경우가 아니므로 취득세 감면 대상에 포함된다고 보기는 어려움
> (대법 2020두56957, 2021.03.25.)

제113조 | 세율적용

① 토지에 대한 재산세는 다음 각 호에서 정하는 바에 따라 세율을 적용한다(법 §113 ① Ⅰ~Ⅲ).
1. 종합합산과세대상 : 납세의무자가 소유하고 있는 해당 지방자치단체 관할 구역에 있는 종합합산과세대상이 되는 토지의 가액을 모두 합한 금액을 과세표준으로 하여 제111조 제1항 제1호 가목의 세율을 적용한다.

2. 별도합산과세대상 : 납세의무자가 소유하고 있는 해당 지방자치단체 관할 구역에 있는 별도합산과세대상이 되는 토지의 가액을 모두 합한 금액을 과세표준으로 하여 제111조 제1항 제1호 나목의 세율을 적용한다.
3. 분리과세대상 : 분리과세대상이 되는 해당 토지의 가액을 과세표준으로 하여 제111조 제1항 제1호 다목의 세율을 적용한다.

② 주택에 대한 재산세는 주택별로 제111조 제1항 제3호(또는 제111조의2제1항의 세율)의 세율을 적용한다. 이 경우 주택별로 구분하는 기준 등에 관하여 필요한 사항은 대통령령으로 정한다(법 §113 ②).

그리고 주택의 구분은 「건축법시행령」 별표1 제1호 다목에 따른 다가구주택은 1가구가 독립하여 구분사용할 수 있도록 분리된 부분을 1구의 주택으로 본다. 이 경우 그 부속토지는 건물면적의 비율에 따라 각각 나눈 면적을 1구의 부속토지로 본다(영 §112).

③ 주택을 2명 이상이 공동으로 소유하거나 토지와 건물의 소유자가 다를 경우 해당 주택에 대한 세율을 적용할 때 해당 주택의 토지와 건물의 가액을 합산한 과세표준에 제111조 제1항 제3호 세율 또는 제111조의2제1항의 세율을 적용한다(법 §113 ③).

④ 지방자치법 제4조 제1항에 따라 둘 이상의 지방자치단체가 통합된 경우에는 통합 지방자치단체의 조례로 정하는 바에 따라 5년의 범위에서 통합 이전 지방자치단체가 관할 구역별로 제1항 제1호 및 제2호를 적용할 수 있다(법 §113 ⑤).

(1) 토지에 대한 세율 적용

① 종합합산과세대상 토지와 별도합산과세대상 토지는 납세의무자가 소유하고 있는 해당 지방자치단체 관할 구역 내에 있는 각각의 과세대상토지별로 그 가액을 모두 합한 금액을 과세표준으로 하여 각각 해당 누진세율을 적용한다.
② 분리과세대상토지는 해당 토지의 가액을 과세표준으로 하여 해당 세율을 적용한다.

(2) 주택에 대한 세율 적용 등

① 주택에 대한 재산세는 주택별로 세율을 적용한다. 이 경우 건축법시행령 별표1 제1호 다목에 따른 다가구주택은 공동주택에 해당하지 아니하는 것으로서 주택으로 쓰이는 층수(지하층은 제외한다.)가 3개 층 이하이어야 하고(1층 바닥면적 2분의 1 이하를 필로티 구조로 하여 주차장으로 사용하고 나머지 부분을 주택 외의 용도로 쓰는 경우에는 해당 층을 주택의 층수에서 제외한다.), 1개 동의 주택으로 쓰는 바닥면적(지하주차장 면적은 제외한다.)의 합계가 660제곱미터 이하이면서 19세대 이하가 거주할 수 있는 것을

말한다. 그런데 여기에 해당하는 다가구주택은 1가구가 독립하여 구분사용할 수 있도록 분리된 부분을 1구의 주택으로 본다. 이 경우 그 부속토지는 건물면적의 비례에 따라 각각 나눈 면적을 1구의 부속토지로 본다(영 §112).

② 주택을 2명 이상이 공동으로 소유하거나 토지와 건물의 소유자가 다를 경우 해당 주택에 대한 세율을 적용할 때 해당 주택의 토지와 건물의 가액을 합산한 과세표준액에 세율을 적용한다.

(3) 통합 시·군에 대한 적용례

둘 이상의 지방자치단체가 통합된 경우에는 통합 지방자치단체의 조례로 정하는 바에 따라 5년의 범위에서 통합 이전 지방자치단체 관할구역별로 종합합산과세대상 및 별도합산과세대상별로 과세할 수 있도록 특례를 두고 있다.

사례

❖ **1구의 주택의 단위**

한 울타리 내에 아버지와 아들의 소유주택이 나란히 2동이 있을 때 2개동을 1구로 보아 재산세를 과세할 수 있는지에 대한 사건으로 이 사건주택 2동이 독립된 건물로 되어 있고 그것이 동일한 지번의 대지위에 건축되어 있지 아니하며 각 주택의 거주자가 주민등록상 별개의 세대를 이루고 있으므로 위 주택 2동이 비록 나란히 건축되고 하나의 울타리 안에 위치하여 마당과 대문을 같이하고 있으며 그 거주자가 아버지와 아들 사이인 사실을 알 수 있다 해도 위 주택 2동은 그 자체로서의 경제적 용법을 볼 때 하나의 주거생활단위로 제공되는 1구의 주택에 해당된다고 볼 수 없다.

(대법 90누7425, 1991.5.10.)

❖ **장기간 임차하여 사용하는 생활숙박시설에 대하여 주택세율을 적용할 수 있는지 여부**

지방세법 시행령 제119조의 사실상 현황을 따질 때에는 객관적인 현황을 근거로 하여야 하고 원고들과 임차인들의 의도를 고려할 것은 아닌 점, 앞서 가.항에서 인정한 사실과 같이 이 사건 건물에는 각종 시설이 마련되어 있어 원고들이 이를 숙박업으로 이용하는데 지장이 없는 것으로 보이는 점, 이 사건 건물의 임차인들이 수도요금이 포함된 관리비와 도시가스요금, 전기요금을 별도로 부담하였다고 하더라도 그러한 공과금 납부 부담이 주택일 경우에만 발생한다고 볼 수 없는 점, 원고들이 숙박업으로 사업자등록을 하지 않았다거나 부가가치세를 환급받지 않았다는 사정도 원고들이 숙박업 대신 임대업 등으로 사업자등록을 하였던 행위에 기인한 것인 점, 이 사건 건물을 공부상의 용도인 생활숙박시설이 아니라 주택으로 보고 재산세를 과세한다면 원고들의 불법 용도변경을 묵인하거나 권장하는 결과가 되는 점, 원고들은 별도의 구조변경 없이 이 사건 건물의 용도를 생활숙박시설에서 주택으로 변경신고할 수 있는데도, 원고들의 현재 여건상 용도변경신고를 하는 것은 어렵다는 의견을 밝히고 있는 점 등을 고려하여 보면, 원고들의 주장을 받아들일 수 없음

(대법 2019두56357, 2020.2.13.)

제3절 부과·징수

제114조 과세기준일

재산세의 과세기준일은 매년 6월 1일로 한다(법 §114).

재산세의 과세기준일은 매년 6월 1일이므로 재산세의 과세대상인 토지, 건축물, 주택, 선박, 항공기에 대해서는 매년 6월 1일 현재의 소유자에게 그 재산의 사용용도, 시가표준액, 면적·크기 등에 따라 과세하는 것이므로 매년 5월 31일 이전에 소유권의 변동이 있는 경우에는 과세기준일(매년 6월 1일)부터 10일 이내에 변동사실을 신고하여 납세의무자 착오로 인한 부과징수절차에 혼선이 없도록 납세협력에 과세권자나 납세의무자가 상호 노력해야 할 것이다.

그리고 재산세는 연세주의(年稅主意)를 채택하고 있기 때문에 과세기준일인 매년 6월 1일 현황에 따라 한번과세하는 제도이므로 건축물이 매년 6월 1일이 지난 다음 준공되는 경우에는 당해연도 건물분 재산세는 부과하지 아니하고, 매년 6월 1일 현황에 따라 1년분의 재산세를 과세하게 된다는 것이다.

제115조 납 기

① 재산세의 납기는 다음 각 호와 같다(법 §115 ① Ⅰ~Ⅴ).
  1. 토지 : 매년 9월 16일부터 9월 30일까지
  2. 건축물 : 매년 7월 16일부터 7월 31일까지
  3. 주택 : 해당 연도에 부과·징수할 세액의 2분의 1은 매년 7월 16일부터 7월 31일까지, 나머지 2분의 1은 9월 16일부터 9월 30일 까지. 다만, 해당 연도에 부과할 세액이 20만원 이하인 경우에는 조례로 정하는 바에 따라 납기를 7월 16일부터 7월 31일까지로 하여 한꺼번에 부과, 징수할 수 있다.
  4. 선박 : 매년 7월 16일부터 7월 31일 까지
  5. 항공기 : 매년 7월 16일부터 7월 31일 까지

주택분 재산세는 매년 7월, 9월에 부과할 세액의 1/2씩을 나누어 부과하되 부과세액이 10만원 이하인 경우는 지자체 조례에서 정하는 바에 따라 한꺼번에 부과할 수 있지만 일시

부과 징수세액 한도가 10만원으로 정해진 후 5년이 경과('13.1.1~.)하여 물가, 주택가격 상승 등 반영하여 2018년부터는 주택분 재산세를 일시 부과할 수 있는 한도를 10만원에서 20만원으로 확대하였다

② 제1항에도 불구하고 지방자치단체의 장은 과세대상 누락, 위법 또는 착오 등으로 인하여 이미 부과한 세액을 변경하거나 수시부과하여야 할 사유가 발생하면 수시로 부과·징수할 수 있다(법 §115 ②).

(1) 정기부과시의 납기

과세대상	납 기
토 지	매년 9월 16일부터 9월 30일까지
건축물	매년 7월 16일부터 7월 31일까지
주 택	산출세액의 2분의 1은 매면 7월 16일부터 7월 31일까지(산출세액 10만원 이하는 이때에 일시부과 가능), 나머지 2분의 1은 9월 16일부터 9월 30일까지
선 박	매년 7월 16일부터 7월 31일까지
항공기	매년 7월 16일부터 7월 31일까지

그러므로 재산세의 납기는 건축물, 주택의 일부, 선박, 항공기에 부과되는 재산세는 매년 7월 16일부터 7월 31일까지 납부하여야 하고, 토지와 주택의 일부에 대해서는 매년 9월 16일부터 9월 31일까지 납부하여야 하는 것으로 양분되어 있다. 이 경우 주택에 대하여는 산출세액이 10만원 이하인 경우에는 조례가 정하는 바에 따라 납기를 7월 16일부터 7월 31일까지로 하여 일시에 부과징수할 수 있다. 이는 종전의 재산세와 종합토지세의 과세방법에 준하여 납기를 조정한 것이다.

(2) 수시부과시의 납기

재산세는 그 납기를 법령으로 정하여 과세토록 하고 있으나, 과세대상의 누락, 위법 또는 착오 등으로 인하여 이미 부과한 세액을 변경하거나 수시부과하여야 할 사유가 발생한 때에는 시장·군수·구청장은 수시로 부과징수 할 수 있다.

제116조　징수방법 등

① 재산세는 관할 지방자치단체의 장이 세액을 산정하여 보통징수의 방법으로 부과·징수한다(법 §116 ①).
② 재산세를 징수하려면 토지, 건축물, 주택, 선박 및 항공기로 구분한 납세고지서에 과세표준과 세액을 적어 늦어도 납기개시 5일 전까지 발급하여야 한다(법 §116 ②).
③ 재산세의 과세대상별 종합합산방법, 별도합산방법, 세액산정 및 그 밖에 부과절차와 징수방법 등에 관하여 필요한 사항은 행정안전부령으로 정한다(법 §116 ③).

(1) 부과방법

재산세는 관할 지방자치단체장이 과세대상별로 세액을 산정하여 납세고지서에 과세표준과 세액을 적어 납기개시 5일 전까지 발부하여야 하므로 재산세는 신고납부하는 것은 인정되지 않고 오직 고지를 받아 납부하여야 하는 것이고, 고지가 없이 신고납부를 한 경우가 있다면 이는 과오납으로 처리되는 것이므로, 납부고지서를 발부 받기 전에는 납부할 의무가 없으며 고지가 없이 5년이 경과하면 부과권의 제척기간 경과로 납세의무가 소멸되는 것이다.

(2) 징수방법 등

행정안전부령에 규정된 재산세의 과세대상 조사, 과세대상별 합산방법, 세액산정, 그 밖의 부과절차와 징수방법 등은 다음 각 호에 따른다(규칙 §58 본문).
① 시장·군수·구청장은 법 제120조 제1항 각 호(신고의무)의 어느 하나에 해당하는 자의 신고 또는 직권으로 매년 과세기준일 현재 모든 재산을 조사하고, 과세대상 또는 비과세, 감면대상으로 구분하여 재산세 과세대상에 등재하여야 한다(규칙 §58 Ⅰ).
② 시장·군수·구청장은 위 ①에 따라 조사한 재산 중 토지는 종합합산과세대상 토지, 별도합산과세대상 토지와 분리과세대상 토지로 구분하고 납세의무자별로 합산하여 세액을 산출하여야 한다(규칙 §58 Ⅱ).
③ 시장·군수·구청장은 납기개시 5일 전까지 납세의무자에게 납세고지서를 발부하여 재산세를 징수하여야 한다(규칙 §58 Ⅲ).
④ 위 ③에 따라 납세고지서를 발급하는 경우 토지에 대한 재산세는 한 장의 납세고지서로 발급하며, 토지 외의 재산에 대한 재산세는 건축물, 주택, 선박 및 항공기로 구분하여 과세대상 물건마다 각각 한 장의 납세고지서를 발급하거나, 물건의 종류별로 한 장의 고지서로 발급할 수 있다(규칙 §58 Ⅳ).

제117조 | 물 납

지방자치단체의 장은 재산세의 납부세액이 1천만원을 초과하는 경우에는 납세의무자의 신청을 받아 해당 지방자치단체의 관할 구역에 있는 부동산에 대하여만 대통령령으로 정하는 바에 따라 물납을 허가할 수 있다(법 §117).

이 규정에 따라 재산세를 물납(物納)하려는 자는 행정안전부령으로 정하는 서류를 갖추어 그 납부기한 10일 전까지 납세지를 관할하는 시장·군수·구청장에게 신청하여야 하고, 이렇게 물납신청을 받은 시장·군수·구청장은 신청을 받은 날부터 5일 이내에 납세의무자에게 그 허가 여부를 서면으로 통지하여야 한다. 그리고 물납허가를 받은 부동산을 행정안전부령으로 정하는 바에 따라 물납하였을 때에는 납부기한 내에 납부한 것으로 본다(영 §113 ①·②·③).

그리고 시장·군수·구청장은 위의 규정에 따라 물납신청을 받은 부동산이 관리, 처분하기가 부적당하다고 인정되는 경우에는 허가하지 아니할 수 있으며, 시장·군수·구청장은 불허가 통지를 받은 납세의무자가 그 통지를 받은 날부터 10일 이내에 해당 시·군·구의 관할구역에 있는 부동산으로서 관리·처분이 가능한 다른 부동산으로 변경 신청하는 경우에는 변경하여 허가할 수 있고, 이렇게 허가한 부동산을 행정안전부령으로 정하는 바에 따라 물납하였을 때에는 납부기한 내에 납부한 것으로 본다(영 §114 ①·②·③).

이와 같이 물납을 허가하는 부동산의 가액은 재산세 과세기준일 현재의 시가에 의하는데, 이에 따른 시가는 토지 및 주택에 대하여는 법 제4조 제1항에 따른 시가표준액, 주택 외의 건축물은 법 제4조 제2항에 따른 시가표준액으로 따른다. 다만, 수용, 공매가액 및 감정가액 등으로서 행정안전부령으로 정하는 바에 따라 시가로 인정되는 것은 이를 시가로 본다. 이 경우를 적용할 때 상속세 및 증여세법 제61조 제1항 제3호에 따른 부동산의 평가방법이 따로 있어 국세청장이 고시한 가액이 증명되는 경우에는 그 고시가액을 시가로 본다(영 §115 ①·②·③).

(1) 물납의 의의

"물납"이라 함은 금전납부에 대신하여 금전 이외의 재산으로 조세채무를 이행하는 것을 말한다.

지방세법의 개정으로 1999년부터 지방세 중 재산세의 납부세액이 1천만원을 초과하는 경우에는 해당 지방자치단체의 관할구역 안에 소재하는 부동산에 한하여 물납을 허가할 수 있도록 하였다. 이 경우 1천만원 초과범위의 판단은 같은 시·군·구 안에서 재산세 납부세액을 합산하여 판단하며(여기서의 같은 시·군·구는 지방자치법 제2조의 규정에 의한다.), 또 재산세와 병기 고지되는 지방교육세 등을 제외한 재산세가 1천만원 이상인가에 따라 판단한다. 그러므로 물납을 할 수 있는 세액의 범위는 같은 시·군·구 안의 재산세 납부세액이 1천만원 이상이어야 하고, 병기고지되는 세액을 제외한다는 것이다.

(2) 물납재산의 범위

재산세를 납부할 수 있는 물납재산은 당해 지방자치단체의 관할구역 안에 소재하는 부동산에 한한다. 그러므로 물납하고자 하는 부동산이 재산세를 부과징수할 수 있는 과세권이 미치는 장소에 있어야 하기 때문에 해당 지방자치단체의 관할구역 안에 소재하는 부동산이어야 하고, 물납을 할 수 있는 재산도 부동산에 한하므로 토지와 그 지상정착물인 건축물에 한정하고 있다.

(3) 물납의 신청과 허가절차

① 물납의 신청

재산세를 물납하고자 하는 자는 "물납 허가 신청 또는 물납부동산 변경허가 신청"에 필요한 서류를 갖추어 그 납부기한 10일 전까지 물납을 하고자 하는 지방자치단체의 장에게 신청하여야 한다(영 §113 ①, 규칙 §59 ①).

물납의 신청은 납부기한 10일 전까지 하여야 하므로 재산세의 납기내인 매년 7월 21일 및 매년 9월 20일까지 물납신청을 하여야 한다.

② 물납의 허가절차

㉮ 물납신청을 받은 지방자치단체의 장은 신청을 받은 날부터 5일 이내에 납세의무자에게 그 허가 여부를 서면으로 통지하여야 하며(영 §113 ②), 지방자치단체의 장은 당초에 물납신청을 받은 부동산이 관리·처분하기가 부적당하다고 인정되는 경우에는 허가를 아니할 수도 있는데(영 §114 ①), 이 경우 지방자치단체의 장은 불허가 통지를 받은 납세의무자가 그 통지를 받은 날부터 10일 이내에 해당 지방자치단체의 관할구역에 있는 부동산으로서 관리·처분이 가능한 다른 부동산으로 변경 신청하는 경우에는 변경하여 허가할 수 있다(영 §114 ②).

여기에서 "관리·처분에 부적당한 부동산"이라 함은 해당 부동산에 저당권이 설정되어 처분하여도 실익이 없는 경우, 해당 부동산에 임차인이 거주하고 있어 부동산 명도 등에 어려움이 있는 경우 및 물납에 제공된 부동산이 소송 등 다툼의 소지가 있는 경우 등을 말한다.

㉯ 물납 허가 또는 물납부동산의 변경허가를 받은 납세의무자는 그 통지를 받은 날부터 10일 이내에 부동산등기법에 따른 부동산 소유권이전등기에 필요한 서류를 지방자치단체의 장에게 제출하여야 하며, 해당 지방자치단체의 장은 그 서류를 제출받은 날부터 5일 이내에 관할 등기소에 부동산 소유권이전등기를 신청하여야 한다(규칙 §59 ②).

㉰ 이 경우 "물납을 하였을 때"란 '②'와 같은 절차에 따라 해당 지방자치단체의 장이

물납대상 부동산의 소유권이전등기필증을 발급받은 때를 말하며, 이때에 납부기한 내에 지방세를 납부한 것으로 보게 된다(영 §114 ③, 규칙 §59 ③).

③ 물납재산 범위의 비교

우리나라 조세 중 물납제도를 인정하고 있는 세목은 국세는 상속세및증여세·양도소득세·법인세이며, 지방세는 재산세에 한정하고 있는데 물납을 할 수 있는 재산의 범위는 다음과 같다.

㉮ 상속세 및 증여세 : 상속 또는 증여받은 재산 중 부동산과 유가증권이 해당 재산가액의 2분의 1을 초과하고 상속세 납부세액 또는 증여세 납부세액이 1천만원을 초과하는 경우 납세의무자의 신청을 받아 물납을 허가할 수 있는데 그 대상은 ① 국내에 소재하는 부동산 ② 국채, 공채, 주권 및 내국법인이 발행한 채권 또는 증권과 신탁업자가 발행하는 수익증권, 집합투자증권 및 종합금융회사가 발행하는 수익증권을 말한다.

㉯ 법인세·양도소득세 : 공공사업의 시행자가 발행한 보상채권(법인세, 양도소득세의 경우 공공사업의 시행자에게 토지 등이 양도되거나 수용됨으로써 발생하는 소득에 대한 세금을 교부받은 채권으로 납부하는 때를 말함)

㉰ 재산세 : 해당 지방자치단체 관할구역 내에 있는 부동산

참고로 오래전의 지방세법상의 물납제도에 대해 살펴보면, 당초 국세로 지세(地稅)가 설치되고 여기에 지방세로 지세부가세가 과세되어 오다가 1951년에 지세부가세제도가 폐지되고 국세로 제1종 임시토지수득세가 종전의 농지세와 비슷한 형태로 설치되어 물납제로 운영되어 오다 1962년 군이 지방자치단체가 됨에 따라 토지세를 지방세로 이양하면서 시·군세로 농지세가 설치되었다. 이 당시에는 농지세를 갑류와 을류로 구분하여 과세하였는데 갑류농지세는 국세로부터 이양받을 당시에는 금납제로 되어 있었으나 양곡수확기에 곡류의 과잉출하로 인한 곡가의 하락을 방지하고 정부관리 양곡의 적기확보를 용이하게 하기 위하여 지방세법의 규정에 불구하고 갑류농지세를 현곡으로 징수하기 위하여 "농지세징수에 관한임시조치법(1964.10.29., 법률 제1662호)을 제정하여 1965년부터 물납제로 전환하여 운영하다가 1974년에 대도시지역만을 금납제로 환원하였고, 그 후 1984년말 농지세의 대개혁으로 갑류와 을류의 구분이 없이 연간소득금액에 누진세율을 적용하는 소득과세제도로 전환하면서 전부 금납제로 되었다.

④ 물납부동산의 평가

물납을 허가하는 부동산의 가액은 재산세 과세기준일 현재의 시가에 의하는데(영 §115 ①) 이 시가는 토지 및 주택의 경우는 지방세법 제4조 제1항에 따른 시가표준액으

로 하고, 주택 외의 건축물의 경우는 지방세법 제4조 제2항에 따른 시가표준액으로 한다(영 §115 ② 본문).

그러나 수용·공매가액 및 감정가액 등으로서 시가로 인정되는 것이란, 재산세의 과세기준일 전 6개월부터 과세기준일 현재까지의 기간 중에 확정된 가액으로서 ① 해당 부동산에 대하여 수용 또는 공매사실이 있는 경우에는 그 보상가액 또는 공매가액 ② 해당 부동산에 대하여 둘 이상의 감정평가업자(부동산 가격공시 및 감정평가에 관한 법률에 따른 감정평가업자를 말한다.)가 평가한 감정가액이 있는 경우에는 그 감정가액의 평균액 ③ 법 제10조 제5항 제1호(국가·지방자치단체 및 지방자치단체조합으로부터의 취득) 및 제3호(민사소송 및 행정소송에 의하여 확정된 판결문, 법인장부에서 취득가액이 입증되는 취득)에 따른 취득으로서 그 사실상의 취득가액이 있는 경우에는 그 취득가액을 본다. 이 경우 시가로 보는 가액이 둘 이상인 경우에는 재산세의 과세기준일부터 가장 가까운 날에 해당하는 가액에 의한다(영 §115 ② 단서, 규칙 §60 ①·②).

그런데 위의 토지와 건물의 시가규정을 적용함에 있어서 상속세 및 증여세법 제61조 제1항 제3호에[64] 따른 부동산의 평가방법이 따로 있어 국세청장이 고시한 가액이 입증되는 경우에는 그 고시가액을 시가로 본다(영 §115 ③).

제118조 분할납부

지방자치단체의 장은 재산세의 납부세액이 250만원을 초과하는 경우에는 대통령령으로 정하는 바에 따라 납부할 세액의 일부를 납부기한이 지난날부터 3개월 이내에 분할 납부하게 할 수 있다(법 §118).

그런데 재산세 납부세액이 250만원을 초과하여 분할납부를 신청한 경우 납기일은 당초 납부기한으로부터 45일 이내로 운영함에 따라 대부분의 지방세 납기일이 월말이므로, 납세자가 분납분 납기일도 월말로 오인하여 체납하는 사례가 빈번히 발생하여 2018년부터는 재산세 분할납부기한을 국민이 통상적으로 생각하는 월말로 조정(당초 납부기한으로부터 2개월 이

---

[64] 상속세 및 증여세법 제61조
  ① 부동산에 대한 평가는 다음 각 호의 어느 하나에서 정하는 방법으로 한다.
   1.~2. (생략)
   3. 오피스텔 및 상업용 건물
      건물에 딸린 토지를 공유로 하고 건물을 구분소유하는 것으로서 건물의 용도·면적 및 구분소유하는 건물의 수(數) 등을 고려하여 대통령령으로 정하는 오피스텔 및 상업용 건물(이들에 딸린 토지를 포함한다.)에 대해서는 건물의 종류·규모·거래 상황·위치 등을 고려하여 매년 1회 이상 국세청장이 토지와 건물에 대하여 일괄하여 산정·고시한 가액
   4. (생략)

내)하여 납세편익 및 기간이익 제공하게 되었다

이 규정에 따라 분할 납부하게 하는 경우의 분할납부세액은 ① 납부할 세액이 500만원 이하인 경우에는 250만원을 초과하는 금액 ② 납부할 세액이 500만원을 초과하는 경우에는 그 세액의 100분의 50 이하의 금액으로 하고, 분할납부하려는 자는 재산세의 납부기한까지 행정안전부령으로 정하는 신청서를 시장·군수·구청장에게 제출하여야 하며, 시장·군수·구청장은 위의 규정에 따라 분할납부신청을 받았을 때에는 이미 고지한 납세고지서를 납부기한 내에 납부하여야 할 납세고지서와 분할납부기간 내에 납부하여야 할 납세고지서로 구분하여 수정 고지하여야 한다(영 §116 ①·②·③).

(1) 분납세액의 계산

재산세의 납부세액이 250만원을 초과하여 분납하게 하는 경우의 분납세액의 기준은 ① 납부할 세액이 500만원 이하인 때에는 250만원을 초과하는 금액, ② 납부할 세액이 500만원을 초과하는 때에는 그 세액의 100분의 50 이하의 금액으로 한다.

(2) 분납기한

분할납부하려는 자는 재산세의 납부기한까지 분할납부신청서를 시장·군수·구청장에게 제출하여야 한다(영 §116 ②, 규칙 §61).

그러므로 재산세는 매년 7.16.~7.31. 및 9.16.~9.30.의 납부기한까지 분납신청을 하여야 납부기한이 경과한 날부터 45일 이내에 분납신청한 금액을 납부하여도 가산세가 가산되지 않는 점에 유의해야 한다.

그리고 지방자치단체의 장이 분할납부하려는 자로부터 분할납부신청을 받은 때에는 이미 고지한 납세고지서를 납기 내에 납부하여야 할 납세고지서와 분할납부기간 내에 납부하여야 할 납세고지서로 구분하여 수정·고지하여야 한다(영 §116 ③).

이 경우 이미 고지한 납세고지서를 회수하며, 이미 고지한 부과결정을 조정 결정하여야 한다. 따라서 분납 기한 내 납부할 세액을 그 기간 내에 납부할 경우에는 가산세가 가산되지 않는다.

그런데 지방세 중 분할납부가 가능한 세목은 재산세인데 이 세목은 고지납부제도로 운영되므로 매년 납기가 일정한데 가산세의 가산없이 분할납부하기 위해서는 반드시 납부기한까지 분할납부신청을 해야 하며 납기경과 후에 분할납부를 신청하는 경우에는 가산세가 가산되는 점에 유의해야 할 것이다.

제118조의 2 | 납부유예

① 지방자치단체의 장은 다음 각 호의 요건을 모두 충족하는 납세의무자가 제111조의2에 따른 1세대 1주택(제4조제1항에 따른 시가표준액이 9억원을 초과하는 주택을 포함한다)의 재산세액(해당 재산세를 징수하기 위하여 함께 부과하는 지방세를 포함하며, 이하 이 조에서 "주택 재산세"라 한다)의 납부유예를 그 납부기한 만료 3일 전까지 신청하는 경우 이를 허가할 수 있다. 이 경우 납부유예를 신청한 납세의무자는 그 유예할 주택 재산세에 상당하는 담보를 제공하여야 한다(법 § 118조의2 ① Ⅰ~Ⅴ)

1. 과세기준일 현재 제111조의2에 따른 1세대 1주택의 소유자일 것
2. 과세기준일 현재 만 60세 이상이거나 해당 주택을 5년 이상 보유하고 있을 것
3. 다음 각 목의 어느 하나에 해당하는 소득 기준을 충족할 것
   가. 직전 과세기간의 총급여액이 7천만원 이하일 것(직전 과세기간에 근로소득만 있거나 근로소득 및 종합소득과세표준에 합산되지 아니하는 종합소득이 있는 자로 한정한다)
   나. 직전 과세기간의 종합소득과세표준에 합산되는 종합소득금액이 6천만원 이하일 것(직전 과세기간의 총급여액이 7천만원을 초과하지 아니하는 자로 한정한다)
4. 해당 연도의 납부유예 대상 주택에 대한 재산세의 납부세액이 100만원을 초과할 것
5. 지방세, 국세 체납이 없을 것

이 경우 주택 재산세(이하 이 조에서 "주택 재산세"라 한다)의 납부유예를 신청하려는 경우에는 행정안전부령으로 정하는 납부유예 신청서에 행정안전부령으로 정하는 서류를 첨부하여 관할 지방자치단체의 장에게 제출해야 한다(영 § 116조의2 ①)

그리고 "행정안전부령으로 정하는 납부유예 신청서"란 별지 제63호의5서식을 말하며, "행정안전부령으로 정하는 서류"란 다음 각 호의 서류를 말한다(규칙 §61의4 ① Ⅰ~Ⅳ).

1. 「지방세기본법 시행규칙」 별지 제29호서식의 납세담보제공서
2. 「국세징수법 시행규칙」 별지 제94호서식의 납세증명서
3. 「지방세징수법 시행규칙」 별지 제1호서식의 지방세 납세증명서
4. 관할 세무서장이 확인·발급한 소득금액 증명원

② 지방자치단체의 장은 제1항에 따른 신청을 받은 경우 납부기한 만료일까지 대통령령으로 정하는 바에 따라 납세의무자에게 납부유예 허가 여부를 통지하여야 한다(법 § 118조의2 ②)

이 경우 주택 재산세 납부유예 허가 여부를 통지하는 경우 행정안전부령으로 정하는 서면으로 통지해야 한다(영 § 116조의2 ②)

③ 지방자치단체의 장은 제1항에 따라 주택 재산세의 납부가 유예된 납세의무자가 다음 각 호의 어느 하나에 해당하는 경우에는 그 납부유예 허가를 취소하여야 한다(법 § 118조의2 ③ Ⅰ~Ⅵ).

1. 해당 주택을 타인에게 양도하거나 증여하는 경우
2. 사망하여 상속이 개시되는 경우
3. 제1항제1호의 요건을 충족하지 아니하게 된 경우
4. 담보의 변경 또는 그 밖에 담보 보전에 필요한 지방자치단체의 장의 명령에 따르지 아니한 경우
5. 「지방세징수법」 제22조제1항 각 호의 어느 하나에 해당되어 그 납부유예와 관계되는 세액의 전액을 징수할 수 없다고 인정되는 경우
6. 납부유예된 세액을 납부하려는 경우

④ 지방자치단체의 장은 제3항에 따라 주택 재산세의 납부유예 허가를 취소하는 경우 납세의무자(납세의무자가 사망한 경우에는 그 상속인 또는 상속재산관리인을 말한다. 이하 이 조에서 같다)에게 그 사실을 즉시 통지하여야 한다(법 § 118조의2 ④)

이 경우 납부유예 허가를 취소한 경우 해당 납세의무자(납세의무자가 사망한 경우에는 그 상속인 또는 상속재산관리인을 말한다)에게 다음 각 호의 금액을 더한 금액을 징수해야 한다(영 § 116조의2 ③ ⅠⅡ).

1. 법 제118조의2제1항에 따라 납부유예를 허가한 세액에서 실제 납부한 세액을 뺀 금액
2. 제1호에 따라 계산한 금액에 가목의 기간과 나목의 이자율을 각각 곱하여 계산한 금액
   가. 당초 납부기한 만료일의 다음 날부터 법 제118조의2제3항 각 호에 따른 납부유예 허가 취소 사유가 발생한 날까지의 기간
   나. 「지방세기본법 시행령」 제43조제2항 본문에 따른 이자율(연 1천분의 29)

⑤ 지방자치단체의 장은 제3항에 따라 주택 재산세의 납부유예 허가를 취소한 경우에는 대통령령으로 정하는 바에 따라 해당 납세의무자에게 납부를 유예받은 세액과 이자상당가산액을 징수하여야 한다. 다만, 상속인 또는 상속재산관리인은 상속으로 받은 재산의 한도에서 납부를 유예받은 세액과 이자상당가산액을 납부할 의무를 진다(법 § 118조의2 ⑤).

⑥ 지방자치단체의 장은 제1항에 따라 납부유예를 허가한 날부터 제5항에 따라 징수할 세액의 고지일까지의 기간 동안에는 「지방세기본법」 제55조에 따른 납부지연가산세를 부과하지 아니한다(법 § 118조의2 ⑥).

⑦ 제1항부터 제6항까지에서 규정한 사항 외에 납부유예에 필요한 절차 등에 관한 사항은 대통령령으로 정한다(법 § 118조의2 ⑦).

제119조 소액 징수면제

고지서 1장당 재산세로 징수할 세액이 2천원 미만인 경우에는 해당 재산세를 징수하지 아니한다(법 §119).

소액 징수면제, 즉 소액부징수라 함은 징수할 세액이 어느 일정금액에 미달한 경우에는 이를 징수하지 아니하는 것을 말하는데, 면세점제도가 징세비의 절감외에 영세부담의 배제라는 이유에서 설치되었는데 비하여 소액부징수는 전적으로 징세비의 절감이라는 이유에서 설정된 것이다. 그리고 면세점은 과세가 제외되는 한계를 주로 과세표준을 기준으로 해서 규정하고 있는데 비하여, 소액부징수는 세액을 기준으로 하나 그 효과에 있어서는 차이가 없다.

제119조의 2 신탁재산 수탁자의 물적 납세의무

① 신탁재산의 위탁자가 다음 각 호의 어느 하나에 해당하는 재산세·가산금 또는 체납처분비(이하 "재산세등"이라 한다)를 체납한 경우로서 그 위탁자의 다른 재산에 대하여 체납처분을 하여도 징수할 금액에 미치지 못할 때에는 해당 신탁재산의 수탁자는 그 신탁재산으로써 위탁자의 재산세등을 납부할 의무가 있다(법 §119의2 ① Ⅰ·Ⅱ).
  1. 신탁 설정일 이후에 「지방세기본법」 제71조 제1항에 따른 법정기일이 도래하는 재산세 또는 가산금(재산세에 대한 가산금으로 한정한다)으로서 해당 신탁재산과 관련하여 발생한 것. 다만, 제113조 제1항 제1호 및 제2호에 따라 신탁재산과 다른 토지를 합산하여 과세하는 경우에는 신탁재산과 관련하여 발생한 재산세 등을 제4조에 따른 신탁재산과 다른 토지의 시가표준액 비율로 안분계산한 부분 중 신탁재산 부분에 한정한다.
  이 규정 제1호에 따른 신탁 설정일은 「신탁법」 제4조에 따라 해당 재산이 신탁재산에 속한 것임을 제3자에게 대항할 수 있게 된 날로 한다. 다만, 다른 법률에서 제3자에게 대항할 수 있게 된 날을 「신탁법」 과 달리 정하고 있는 경우에는 그 달리 정하고 있는 날로 한다(영 §116의3 ②).
  2. 제1호의 금액에 대한 체납처분 과정에서 발생한 체납처분비
② 제1항에 따라 수탁자로부터 납세의무자의 재산세등을 징수하려는 지방자치단체의 장은 다음 각 호의 사항을 적은 납부통지서를 수탁자에게 고지하여야 한다(법 §119의2 ② Ⅰ·Ⅱ).

1. 재산세등의 과세표준, 세액 및 그 산출 근거
2. 재산세등의 납부기한
3. 그 밖에 재산세등의 징수를 위하여 필요한 사항

③ 제2항에 따른 고지가 있은 후 납세의무자인 위탁자가 신탁의 이익을 받을 권리를 포기 또는 이전하거나 신탁재산을 양도하는 등의 경우에도 제2항에 따라 고지된 부분에 대한 납세의무에는 영향을 미치지 아니한다(법 §119의2 ③).

④ 신탁재산의 수탁자가 변경되는 경우에 새로운 수탁자는 제2항에 따라 이전의 수탁자에게 고지된 납세의무를 승계한다(법 §119의2 ④).

⑤ 지방자치단체의 장은 최초의 수탁자에 대한 신탁 설정일을 기준으로 제1항에 따라 그 신탁재산에 대한 현재 수탁자에게 납세의무자의 재산세등을 징수할 수 있다(법 §119의2 ⑤).

⑥ 신탁재산에 대하여 「지방세징수법」에 따라 체납처분을 하는 경우 「지방세기본법」 제71조 제1항에도 불구하고 수탁자는 「신탁법」 제48조 제1항에 따른 신탁재산의 보존 및 개량을 위하여 지출한 필요비 또는 유익비의 우선변제를 받을 권리가 있다(법 §119의2 ⑥).

⑦ 제1항부터 제6항까지에서 규정한 사항 외에 물적납세의무의 적용에 필요한 사항은 대통령령으로 정한다(법 §119의 2 ⑦).

위 법에 따라 수탁자로부터 지방자치단체의 징수금을 징수하는 경우는 지방세징수법 제22조(납기전 징수)를 준용한다(영 §116의3 ①).

신탁재산이란 신탁재산의 관리, 처분, 운용, 개발, 멸실, 훼손, 그 밖의 사유로 수탁자가 얻은 재산은 신탁재산에 속하며, 신탁재산에 대하여는 강제집행, 담보권 실행 등을 위한 경매, 보전처분, 또는 국세등 체납처분을 할 수 없다. 다만, 신탁 전의 원인으로 발생한 권리 또는 신탁사무의 처리상 발생한 권리에 기한 경우에는 그러하지 아니하다(신탁법 §22, §27).

이러한 신탁법상의 규정에 불구하고 재산세가 체납된 재산에 대해서만은 수탁자 명의로 등기된 신탁재산이라도 압류할 수 있도록 특례를 둔 것이다.

제119조의 3 | 향교 및 종교단체에 대한 특례

① 대통령령으로 정하는 개별 향교 또는 개별 종교단체(이하 이 조에서 "개별단체"라 한다.)가 소유한 토지로서 개별단체가 속하는 「향교재산법」에 따른 향교재단 또는 대통령령으

로 정하는 종교단체(이하 이 조에서 "향교재단등"이라 한다.)의 명의로 조세 포탈을 목적으로 하지 아니하고 등기한 토지의 경우에는 제113조 제1항에도 불구하고 개별단체별로 합산한 토지의 가액을 과세표준으로 하여 토지에 대한 재산세를 과세할 수 있다(법 § 119조의3 ①).

② 개별단체 또는 향교재단 등이 제1항에 따라 토지에 대한 재산세를 개별단체별로 합산하여 납부하려는 경우에는 대통령령으로 정하는 바에 따라 해당 토지의 소재지를 관할하는 지방자치단체의 장에게 신청하여야 한다(법 § 119조의3 ②).

이 경우 법 제119조의 3 제1항에서 "대통령령으로 정하는 개별 향교 또는 개별 종교단체"란 「부동산 실권리자명의 등기에 관한 법률 시행령」 제5조 제1항 제3호에 따른 개별 향교 또는 같은 항 제2호에 따른 소속 종교단체를 말하며(영 §116의4 ①), 법 제119조의 3 제1항에서 "대통령령으로 정하는 종교단체"란 「부동산 실권리자명의 등기에 관한 법률 시행령」 제5조 제1항 제1호에 따른 종단을 말한다(영 §116의4 ②).

그리고 법 제119조의 3 제2항에 따라 토지에 대한 재산세를 개별단체별로 납부할 것을 신청하려는 자는 행정안전부령으로 정하는 토지분 재산세 합산배체신청서에 ① 향교재산법에 따른 향교재단 또는 부동산 실권리자 명의 등기에 관한 법률시행령 제5조 제1항 제1호에 따른 종단(이하 이 조에서 "향교재단등"이라 한다.)의 정관(정관이 변경된 경우에는 민법 제45조 제3항에 따른 향교재단등에 따른 주무관청의 정관 변경허가서를 포함한다.), ② 향교재단등의 이사회 회의록, ③ 대상 토지의 사실상 소유자가 부동산 실권리자 명의 등기에 관한 법률 시행령 제5조 제1항 제3호에 따른 개별향교 또는 같은 항 제2호에 따른 소속종교단체임을 입증할 수 있는 서류를 첨부하여 법 제115조에 따른 납기개시 20일 전까지 해당 토지의 소재지를 관할하는 지방자치단체장에게 제출하여야 한다(영 §116의4 ③ Ⅰ~Ⅲ).

위와 같은 신청을 받은 지방자치단체의 장은 개별단체별 합산 여부를 결정하여, 신청한 내용이 사실과 다를 경우 세액이 추징될 수 있다는 내용과 함께 그 결과를 서면으로 통지해야 한다. 이 경우 상대방이 전자적통지를 요청할 경우에는 전자적 방법으로 통지할 수 있다(영 §116의4 ④).

또한 위와 같은 신청을 하여 토지에 대한 재산세를 개별단체별로 합산하여 납부한 경우에는 다음 연도부터 해당 토지의 소유관계가 변동하기 전까지는 제3항의 신청을 다시 하지 않아도 된다(영 §116의4 ⑤).

이와 같은 개정은 토지분 재산세는 관할 자치단체(시·군·구)별로 납세의무자가 소유한 토지를 합산하여 과세하는데 향교, 교회 등 개별 종교단체는 종교시설의 효율적 관리 등을 목적으로 각 소속 종단의 규율에 따라 소유 재산을 「부동산 실권리자명의 등기에 관한 법률」 제8조에 따라 종단명의로 등기(명의신탁) 가능하지만 사실상 소유·관리 주체가 서로 다른 개별종교단체의 토지가 합산과세되어 종중(공부상 개인 명의인 토지라도 사실상 종중소유임을 입증하여 신고시 종중으로 부과) 및 신탁재산(신탁재산은 위탁자별로 각각 합산하여 부과, 수탁자 고유재산과는 합산과세 배제)은 공부상 명의에도 불구하고, 신고하는 바에 따라 사실상 소유자별로 납세의무를 판단하고 있고 현재 종합부동산세는 종단 명의의 재산이라도 개별종교단체의 재산으로 신고하는 경우 개별종교단체별로 합산하여 과세(「조세특례제한법」 제104조의 13 제1항~제4항)하고 있어 재산세는 종부세의 기본과세 체계이므로 일관성 유지 필요하여 개별향교 및 종교단체의 재산임을 입증하여 신고하는 경우 개별단체별로 구분하여 재산세를 합산하여 과세하도록 한 것이다.

제120조 | 신고의무

① 다음 각 호의 어느 하나에 해당하는 자는 과세기준일부터 15일 이내에 그 소재지를 관할하는 지방자치단체의 장에게 그 사실을 알 수 있는 증거자료를 갖추어 신고하여야 한다(법 §120 ① Ⅰ~Ⅳ).
  1. 재산의 소유권 변동 또는 과세대상 재산의 변동 사유가 발생하였으나 과세기준일까지 그 등기·등록이 되지 아니한 재산의 공부상 소유자
  2. 상속이 개시된 재산으로서 상속등기가 되지 아니한 경우에는 제107조 제2항 제2호에 따른 주된 상속자
  3. 사실상 종중재산으로서 공부상에는 개인 명의로 등재되어 있는 재산의 공부상 소유자
  4. 수탁자 명의로 등기·등록된 신탁재산의 수탁자
  5. 1세대가 둘 이상의 주택을 소유하고 있음에도 불구하고 제111조의2제1항에 따른 세율을 적용받으려는 경우에는 그 세대원
  6. 공부상 등재현황과 사실상의 현황이 다르거나 사실상의 현황이 변경된 경우에는 해당 재산의 사실상 소유자

② 제1항에 따른 신고절차 및 방법에 관하여는 행정안전부령으로 정한다(법 §120 ②).

③ 제1항에 따른 신고가 사실과 일치하지 아니하거나 신고가 없는 경우에는 지방자치단체의 장이 직권으로 조사하여 과세대장에 등재할 수 있다(법 §120 ③).

이 경우 시장·군수·구청장은 무신고 재산을 과세대장에 등재한 때에는 그 사실을 관계인에게 통지하여야 한다(영 §117).

(1) 신고대상자

다음에 해당하는 자는 과세기준일부터 15일 이내에 그 소재지를 관할하는 시장·군수·구청장에게 그 사실을 알 수 있는 증빙자료를 갖추어 신고하여야 한다. 이러한 신고가 사실과 일치하지 아니하거나 신고가 없는 경우에는 시장·군수·구청장이 이를 직권으로 조사하여 과세대장에 등재할 수 있다.

① 재산의 소유권 변동 또는 과세대상 재산의 변동 사유가 발생되었거나 과세기준일까지 그 등기·등록이 되지 아니한 재산의 공부상 소유자는 과세기준일부터 15일 이내에 그 변동사실을 증빙자료를 갖추어 신고하여야 한다.

이 규정은 재산을 매도한 경우에 과세기준일까지 그 등기가 이행되지 않아 매도자 명의로 공부상에 등재되어 있을 때에는 합산과세대상 재산의 경우는 매도자에게 과세되어 매도자의 다른 재산과 함께 토지인 경우에는 합산과세되고, 건축물인 경우에는 재부과해야 하는 등 조세행정에 불편한 점이 발생하기 때문에 신고의무의 실행 장려와 아울러 조세행정의 능률화를 위해 취해진 조치이다.

② 상속이 개시된 재산으로서 상속등기가 이행되지 아니한 경우에는 주된 상속자가 과세기준일부터 15일 이내에 그 사실을 알 수 있는 증빙자료를 갖추어 신고하여야 한다. 이 경우 주된 상속자란 민법상 상속지분이 가장 높은 사람으로 하되, 상속지분이 가장 높은 사람이 두명 이상이면 그 중 나이가 가장 많은 사람으로 한다(규칙 §53).

③ 사실상 종중재산으로서 공부상에는 개인 명의로 등재되어 있는 재산의 공부상 소유자는 과세기준일부터 15일 이내에 그 사실을 알 수 있는 증빙자료를 갖추어 신고하여야 한다.

④ 신탁법에 따라 수탁자 명의로 등기된 신탁재산의 수탁자는 과세기준일부터 15일 이내에 수탁재산임을 입증할 수 있는 자료를 갖추어 해당 재산의 소재지를 관할하는 시장·군수·구청장에게 신고하여야 한다.

신탁법에 의한 신탁이라 함은 위탁자(신탁설정자)와 수탁자(신탁을 인수하는 자)와의 특별한 신임관계에 기하여 위탁자가 특정의 재산권을 수탁자에게 이전하거나 기타의 처분을 하고 수탁자로 하여금 수익자의 이익을 위하여 또는 특정의 목적을 위하여 그 재산권을 관리·처분하게 하는 법률관계를 말한다.

그리고 등기 할 재산권에 관하여는 신탁은 그 등기를 함으로써 제3자에게 대항할 수 있고(신탁법 §3 ①), 신탁재산에 대하여는 강제집행 또는 경매를 할 수 없으며(신탁법 §21 ①), 신탁재산은 수탁자의 상속재산에 속하지 아니하고(신탁법 §25), 신탁재산은 수탁자의 고유재산 또는 다른 신탁재산과 구별하여 관리하여야 하며(신탁법 §30), 수탁자는 누구의 명의로 하든지 신탁재산을 고유재산으로 하거나 이에 관하여 권리를 취득하지 못한다(신탁법 §31 ①).

⑤ 1세대 1주택 특례세율이 도입됨에 따라 그 적용을 받고자 하는 납세의무자가 주택 수 산정 제외 주택(사원용 주택, 상속주택, 주택사업자의 미분양 주택, 대물변제 주택 등) 대상자는 과세기준일부터 15일 이내에 산정제외주택임을 입증할 수 있는 자료를 갖추어 해당 재산의 소재지를 관할하는 시장·군수·구청장에게 신고하여야 한다.

⑥ 공부상 현황과 사실상 현황이 다른 경우에는 과세기준일부터 15일 이내에 사실상 현황이 다른 것임을 입증할 수 있는 자료를 갖추어 해당 재산의 소재지를 관할하는 시장·군수·구청장에게 신고하여야 한다.

(2) 신고절차 및 방법

소유권의 변동사실 등에 대한 신고의 절차 및 방법에 관하여는 행정안전부령으로 정한다.

① 재산의 공부상 소유자가 이 규정에 따라 재산의 소유권 변동 등에 따른 납세의무자의 변동신고 또는 과세대상 재산의 변동신고를 하는 경우에는 납세의무자 또는 과세대상재산의 변동내용을 알 수 있는 증빙자료를 첨부하여야 한다(규칙 §62 ①).

② 주된 상속자 또는 사실상 종중재산의 공부상 소유자가 재산소유권 등의 변동신고를 하는 경우에는 사실상 소유자와 공부상의 소유자가 일치하지 아니하는 사유를 알 수 있는 관계증빙자료를 첨부하여야 한다(규칙 §62 ②).

제121조 | 재산세 과세대장의 비치 등

① 지방자치단체는 재산세 과세대장을 비치하고 필요한 사항을 기재하여야 한다. 이 경우 해당 사항을 전산처리하는 경우에는 과세대장을 갖춘 것으로 본다(법 §121 ①).

② 재산세 과세대장은 토지, 건축물, 주택, 선박 및 항공기 과세대장으로 구분하여 작성한다(법 §121 ②).

그리고 지방자치단체의 장이 무신고 재산을 과세대장에 등재한 때에는 그 사실을 관계인에게 통지해야하며(영 §117), 이와 같이 지방자치단체의 장이 직권으로 재산의 소유자로 인정되는 자를 재산세과세대장에 등재한 때에는 재산세과세대장 직권등재 통지서에 의하여 그 재산의 소유자로 인정되는 자에게 통지하고, 과세대장용지 상부 여백에 직권등재표시를 하여 신고에 따른 등재와 구별되도록 하여야 한다(규칙 §63).

그리고 재산세 과세대상은 지방세법에 따른 소정세액에 따르고, 이 과세대장에 준하여 재산세 비과세 및 과세면제 대장을 갖추고 정리해야 한다(규칙 §64 ① · ②).

③ 재산세의 과세대상 물건이 공부상 등재 현황과 사실상의 현황이 다른 경우에는 사실상의 현황에 따라 재산세를 부과한다(영 §119).

제122조 │ 세 부담의 상한

해당 재산에 대한 재산세의 산출세액(법 제112조 제1항 각 호 및 같은 조 제2항에 따른 각각의 세액을 말한다.)이 대통령령으로 정하는 방법에 따라 계산한 직전 연도의 해당 재산에 대한 재산세액상당액의 100분의 150을 초과하는 경우에는 100분의 150에 해당하는 금액을 해당 연도에 징수할 세액으로 한다. 다만, 주택[법인(「국세기본법」 제13조에 따라 법인으로 보는 단체를 포함한다) 소유의 주택은 제외한다]의 경우에는 다음 각 호에 의한 금액을 해당 연도에 징수할 세액으로 한다(법 §122 Ⅰ~Ⅲ).
1. 제4조 제1항에 따른 주택공시가격(이하 이 조에서 "주택공시가격"이라 한다.) 또는 특별자치시장·특별자치도지사·시장·군수 또는 구청장이 산정한 가액이 3억원 이하인 주택의 경우 : 해당 주택에 대한 재산세의 산출세액이 직전 연도의 해당 주택에 대한 재산세액 상당액의 100분이 105를 초과하는 경우에는 100분의 105에 해당하는 금액
2. 주택공시가격 또는 특별자치시장·특별자치도지사·시장·군수 또는 구청장이 산정한 가액이 3억원 초과 6억원 이하인 주택의 경우 : 해당 주택에 대한 재산세의 산출세액이 직전 연도의 해당 주택에 대한 재산세액 상당액의 100분의 110을 초과하는 경우에는 100분의 110에 해당하는 금액
3. 주택공시가격 또는 특별자치시장·특별자치도지사·시장·군수 또는 구청장이 산정한 가액이 6억원을 초과하는 주택의 경우 : 해당 주택에 대한 재산세의 산출세액이 직전 연도의 해당 주택에 대한 재산세액상당액의 100분의 130을 초과하는 경우에는 100분의 130에 해당하는 금액

이 규정은 보유세의 특성상 매년 보유사실에 대하여 과세하면서 부동산가격의 폭등 등에 의해 시가가 매우 큰 폭으로 상승하였으나 이를 그대로 시가표준액에 반영할 경우 급격한 세부담의 상승으로 미실현소득에 대한 원본의 손실을 가져오는 경제적 혼란을 야기시켜 국민경제생활에 불안정을 가져올 우려가 있어 이를 사전 예방한 법적조치로 보아진다.

이 경우 "대통령령이 정하는 방법에 따라 계산한 직전 연도의 해당 재산에 대한 재산세

액 상당액"이란 법 제112조 제1항 제1호에 따른 산출세액과 같은 항 제2호 및 같은 조 제2항에 따른 산출세액 각각에 대하여 다음 각 호의 방법에 따라 각각 산출한 세액 또는 산출세액 상당액을 말한다(영 §118 Ⅰ~Ⅳ).

① **토지에 대한 세액 상당액**

㉮ 해당 연도의 과세대상 토지에 대한 직전 연도의 과세표준(법 제112조 제1항 제1호에 따른 산출세액의 경우에는 법 제110조에 따른 과세표준을 말하고, 법 제112조 제1항 제2호 및 같은 조 제2항에 따른 산출세액의 경우에는 법 제110조에 따른 토지 등의 과세표준을 말한다. 이하 이 조에서 같다.)이 있는 경우는 과세대상 토지별로 직전 연도의 법령과 과세표준 등을 적용하여 산출한 세액. 다만, 해당 연도의 과세대상별 토지에 대한 납세의무자 및 토지현황이 직전 연도와 일치하는 경우에는 직전 연도에 해당 토지에 과세된 세액으로 한다.

㉯ 토지의 분할·합병·지목변경·신규등록·등록전환 등으로 해당 연도의 과세대상 토지에 대한 직전 연도의 과세표준이 없는 경우는 해당 연도 과세대상 토지가 직전 연도 과세기준일 현재 존재하는 것으로 보아 과세대상 토지별로 직전 연도의 법령과 과세표준(직전 연도의 법령을 적용하여 산출한 과세표준을 말한다.) 등을 적용하여 산출한 세액. 다만, 토지의 분할·합병으로 해당 연도의 과세대상 토지에 대한 직전 연도의 과세표준이 없는 경우에는 다음의 구분에 따른 세액으로 한다.

㉠ 분할·합병 전의 과세대상 토지에 비하여 면적 또는 지분의 증가가 없는 경우 : 직전 연도에 분할·합병 전의 토지에 과세된 세액 중 해당 연도에 소유하고 있는 면적 또는 지분에 해당되는 세액으로 하고,

㉡ 분할·합병 전의 과세대상 토지에 비하여 면적 또는 지분의 증가가 있는 경우 : 분할·합병 전의 과세대상 토지의 면적 또는 지분에 대하여 ㉠에 따라 산출한 세액과 분할·합병 후에 증가된 과세대상 토지의 면적 또는 지분에 대하여 ㉠ 및 ㉡ 외의 부분 본문에 따라 산출한 세액의 합계액으로 한다.

㉰ ㉮ 및 ㉯에도 불구하고, 해당 연도 과세대상 토지에 대하여 법 제106조 제1항에 따른 과세대상 구분의 변경이 있는 경우에는 해당 연도의 과세대상의 구분이 직전 연도 과세대상 토지에 적용되는 것으로 보아 해당 연도 과세대상 토지별로 직전 연도의 법령과 과세표준액(직전 연도의 법령을 적용하여 산출한 과세표준을 말한다.) 등을 적용하여 산출한 세액으로 한다.

㉱ ㉮부터 ㉰까지의 규정에도 불구하고 해당 연도 과세대상 토지가 다음의 구분에 따른 정비사업의 시행으로 주택이 멸실되어 토지로 과세되는 경우로서 주택을 건축 중[주택 멸실 후 주택 착공 전이라도 최초로 도래하는 재산세 과세기준일부터 1)의 경우에는 3년동안, 2)의 경우에는 5년 동안 주택을 건축 중인 것으로 본다]인 경우에는 해

당하는 계산식에 따라 산출한 세액 상당액(해당 토지에 대하여 나목에 따라 산출한 직전 연도 세액 상당액이 더 적을 때에는 나목에 따른 세액 상당액을 말한다)
1) 「도시 및 주거환경정비법」 또는 「빈집 및 소규모주택 정비에 관한 특례법」에 따른 정비사업(빈집정비사업은 제외한다)의 경우

$$\text{멸실 전 주택에 실제 과세한 세액} \times (130/100)^n$$
$$n = (\text{과세 연도} - \text{멸실 전 주택에 실제 과세한 연도} - 1)$$

2) 「빈집 및 소규모주택 정비에 관한 특례법」 및 「농어촌정비법」에 따른 빈집정비사업의 경우

$$\text{멸실 전 주택에 실제 과세한 세액} \times (105/100)^n$$
$$n = (\text{과세 연도} - \text{멸실 전 주택에 실제 과세한 연도} - 1)$$

이 경우 「소규모주택정비법」 상 특례 강화로 빈집 정비 지원은 세부담 상한 적용 시 철거 직전 주택세액을 전년 토지세액으로 간주하는 기간을 3년에서 5년으로 확대(주택세액의 한해 증가규모도 기존 30%에서 5%로 인하, 1년차 A, 2년차부터 5년차 A×1.05)되었고 철거 後 별도합산과세 기간을 기존 6개월에서 3년으로 연장되며, 「농어촌정비법」에 의한 빈집 철거 시에도 동일한 세액 특례를 부여하고 있다.

② 주택 및 건축물에 대한 세액 상당액
㉮ 해당 연도의 주택 및 건축물에 대한 직전 연도의 과세표준액이 있는 경우에는 직전 연도의 법령과 과세표준 등을 적용하여 과세대상별로 산출한 세액. 다만, 직전 연도에 해당 납세의무자에 대하여 해당 주택 및 건축물에 과세된 세액이 있는 경우에는 그 세액으로 한다.
㉯ 주택 및 건축물의 신축·증축 등으로 해당 연도의 과세대상 주택 및 건축물에 대한 직전 연도의 과세표준액이 없는 경우는 해당 연도 과세대상 주택 및 건축물이 직전 연도 과세기준일 현재 존재하는 것으로 보아 직전 연도의 법령과 과세표준(직전 연도의 법령을 적용하여 산출한 과세표준을 말한다.) 등을 적용하여 과세대상별로 산출한 세액으로 한다.
㉰ 해당 연도의 과세대상 주택 및 건축물에 대하여 용도변경 등으로 법 제111조 제1항 제2호 다목 및 같은 항 제3호 나목 외의 세율이 적용되거나 적용되지 아니한 경우에는 ㉮ 및 ㉯에도 불구하고, 직전 연도에도 해당 세율이 적용되거나 적용되지 아니한 것으로 보아 직전 연도의 법령과 과세표준(직전 연도의 법령을 적용하여 산출한 과세표준을 말한다.) 등을 적용하여 산출한 세액으로 한다.
㉱ 주택의 경우에는 ㉮ 본문, ㉯ 및 ㉰에도 불구하고 ㉮ 본문, ㉯ 및 ㉰에 따라 산출한 세액 상당액이 해당 주택과 주택가격(「부동산가격공시 및 감정평가에 관한 법률」에 따라

공시된 주택가격을 말한다.)이 유사한 인근 주택의 소유자에 대하여 ㉠의 단서에 따라 직전 연도에 과세된 세액과 현저한 차이가 있는 경우에는 그 과세된 세액을 고려하여 산출한 세액 상당액으로 한다.

③ ① 및 ②를 적용할 때 해당 연도의 토지·건축물 및 주택에 대하여 비과세·감면규정, 법 제111조 제3항에 따른 가감세율 및 법 제111조의2에 따른 세율 특례가 적용되지 않거나 적용된 경우에는 직전 연도에도 해당 규정이 적용되지 아니하거나 적용된 것으로 보아 법 제112조 제1항 제1호에 따른 세액 상당액과 같은 항 제2호 및 같은 조 제2항에 따른 세액 상당액을 계산한다.

③의2 주택에 대해 위 규정을 계산할 때 다음 계산식을 따른다(규칙 §64의2 ①).

주택에 대한 직전년도 재산세액 상당액 = A×B

A: 직전년도 법령을 적용하여 산출한 과세표준× 해당연도에 적용되는 세율 ×(1-해당연도의 법령을 적용한 감면율)

B : 직전년도에 과세권 세액 ÷[직전연도 법령을 적용한 세율×(1-직전연도의 법령을 적용한 감면율)]

위 규정에 따라 A를 계산할 때 "해당 연도에 적용되는 세율"이 법 제111조의2제1항에 따른 특례 세율(이하 이 항에서 "특례 세율"이라 한다)이 적용되는 경우 "해당 연도의 법령을 적용한 감면율"은 '0'으로 보고, B를 계산할 때 "직전 연도에 적용된 세율"이 특례 세율이 적용된 경우 "직전 연도의 법령을 적용한 감면율"은 '0'으로 본다(규칙 §64의2 ②).

또한 위의 제1항에 따라 주택에 대한 직전 연도의 재산세액 상당액을 계산할 때 직전 연도에 비과세 또는 면제가 적용됐거나 해당 연도에 주택이 신축된 경우에는 B를 '1'로 본다(규칙 §64의2 ③).

④ 위의 ③에도 불구하고 직전 연도에 법 제111조의2제1항에 따른 세율 특례를 적용받은 주택이 해당 연도에 그 시가표준액이 9억원을 초과하여 법 제111조제1항제3호나목에 따른 세율이 적용되는 경우(납세의무자가 동일한 경우로 한정한다)에는 제2호가목 단서에 따라 직전 연도에 해당 주택에 과세된 세액으로 한다.

> **사례**
>
> ❖ **재산세의 상한제 규정적용의 적정여부**
>
> 구지방세법 제195조의 2에서 재산세의 상한제를 규정하고 있는 것은 재산세의 과세표준을 산정하는 방식이 2005년부터 원가 위주의 방식에서 시가 방식으로 변경됨에 따라 세부담이 급격하게 증가하는 것을 방지하기 위한 것이고, 이 사건 조항은 위와 같은 재산세 상한제를 적용함에 있어 종래 원가 위주의 방식이 적용되어 오던 기존주택과 시가 방식만이 적용되는 신축・증축주택 사이의 과세 형평을 유지하기 위하여 신설된 것인바, 종래 원가 위주의 방식에서는 과세표준에 시가가 제대로 반영되지 아니한데다가 건물의 면적, 규모, 형태, 구조, 위치, 경과연수 등도 과세표준에 영향을 미쳤던 점을 고려하면, 이 사건 조항이 '유사한 인근 주택'의 판단 척도로 들고 있는 주택공시가격은 예시적인 것에 불과하고, '유사한 인근 주택'에 해당하는지 여부는 주택공시가격뿐만 아니라 주택의 면적, 규모, 형태, 구조, 위치, 경과 연수, 단위 면적당 시가 등의 유사성을 종합적으로 고려하여 판단하여야 한다.
>
> (대법 2009두8434, 2011.5.26., 대법 2010두14886, 2011.7.14.)

제123조 │ 종합부동산세 과세자료 전담기구의 설치 등

① 재산세 및 종합부동산세 과세에 필요한 과세자료와 그 밖의 과세기초자료 등의 수집・처리 및 제공을 위하여 행정안전부에 부동산 과세자료분석 전담기구(이하 이 조에서 "전담기구"라 한다)를 설치한다(법 §123 ①).

② 행정안전부장관은 1세대 1주택자 판단 등 재산세 및 종합부동산세 부과에 필요한 과세자료 수집과 재산세 제도의 개편을 위해 다음 각 호의 자료를 관계 중앙행정기관의 장, 법원행정처장 및 지방자치단체의 장(이하 이 항에서 "관련 기관의 장"이라 한다)에게 요청할 수 있으며, 자료의 제출을 요청받은 관련 기관의 장은 특별한 사유가 없으면 이에 따라야 한다(법 §123 ② Ⅰ~Ⅴ).

이 규정에 따른 부동산 과세자료분석 전담기구는 「행정안전부와 그 소속기관 직제」 제15조제3항제30호에 따른 업무를 처리하는 기구로서 행정안전부령으로 정하는 기구로 한다(영 §119의2 ①).

1. 「가족관계의 등록 등에 관한 법률」 제11조 제6항에 따른 가족관계 등록사항에 대한 등록전산정보자료
2. 「민간임대주택에 관한 특별법」 제60조에 따른 임대주택정보체계에 포함된 자료,

「부동산 거래신고 등에 관한 법률」 제24조에 따른 정보 및 「주택법」 제88조에 따른 주택 관련 정보

3. 재산세 및 종합부동산세 과세자료

위의 제3호에 따른 재산세 및 종합부동산세 과세자료는 다음 각 호의 자료로 한다. (영 §119의2 ② Ⅰ~Ⅳ)

 (1) 법 제116조에 따른 주택분·건축물분 및 토지분 재산세 부과자료, 세액변경 자료 및 수시부과 자료

 (2) 「종합부동산세법」 제21조제2항 및 제3항에 따른 주택 및 토지에 대한 종합부동산세의 납세의무자별 과세표준과 세액에 관한 계산자료

 (3) 「종합부동산세법」 제21조제4항에 따른 주택 또는 토지에 대한 재산세 및 종합부동산세 과세표준과 세액에 관한 재계산자료

 (4) 「종합부동산세법」 제21조제6항에 따른 종합부동산세 납세의무자의 세대원 확인 등을 위한 가족관계등록전산자료

 (5) 재산세 및 종합부동산세의 납세의무자별 세액산출에 필요한 자료로서 「종합부동산세법 시행령」 제17조제1항·제2항·제4항·제5항 및 제6항에 따른 자료

4. 제111조의 2에 따른 1세대 1주택 세율 특례 적용대상 선정을 위해 필요한 자료로서 법률에 따라 인가·허가·특허·등기·등록·신고 등을 하거나 받는 경우 그에 관한 자료

5. 재산세 제도의 개편을 위해 필요한 자료로서 중앙행정기관 및 지방자치단체가 보유한 부동산 관련 자료

③ 제1항과 제2항에 따른 전담기구의 조직·운영 및 과세자료의 요청·처리·분석·통보 등에 관하여 필요한 사항은 대통령령으로 정한다(법 §123 ③).

부동산 과세자료분석 전담기구는 「행정안전부와 그 소속기관 직제」 제15조제3항제30호에 따른 업무를 처리하는 기구로서 행정안전부령으로 정하는 기구로 한다(영 §119의3 ①). 재산세 및 종합부동산세 과세자료는 다음 각 호의 자료로 한다(영 §119의3 ② Ⅰ~Ⅵ).

1. 법 제116조에 따른 주택분·건축물분 및 토지분 재산세 부과자료, 세액변경 자료 및 수시부과 자료

2. 「종합부동산세법」 제21조제2항 및 제3항에 따른 주택 및 토지에 대한 종합부동산세의 납세의무자별 과세표준과 세액에 관한 계산자료

3. 「종합부동산세법」 제21조제4항에 따른 주택 또는 토지에 대한 재산세 및 종합부동산세 과세표준과 세액에 관한 재계산자료

4. 「종합부동산세법」 제21조제6항에 따른 종합부동산세 납세의무자의 세대원 확인 등을 위한 가족관계등록전산자료
5. 재산세 및 종합부동산세의 납세의무자별 세액산출에 필요한 자료로서 「종합부동산세법 시행령」 제17조제1항·제2항·제4항·제5항 및 제6항에 따른 자료
6. 「부동산 가격공시에 관한 법률」 제16조 및 제18조에 따라 표준주택가격 및 공동주택가격을 조사산정할 때 소유자 등의 의견을 듣기 위해 제공하는 가격

자동차세

1. 연 혁

자동차세는 1906년(광무 10년)에 제정된 지방세규칙에서 교세(轎稅), 인력거세, 자전거세, 하차세(荷車稅)를 세목으로 규정하였으나 한성부에서만 잠깐 시행한 후 1909년 폐지되었다. 그 후 일정시대인 1921년 차량세가 도세로 신설되고 뒤이어 1923년에는 부읍면(府邑面)에 차량세부가세가 설치되었다.

정부수립 후에는 도세로서는 자동차와 자동자전차를 과세대상으로 하고 시·읍·면에서는 자전거, 리어카, 승용마차, 인력거, 하우마차(荷牛馬車), 하차를 과세대상으로 하였다.

1951년 시·읍·면세로 도세에 대한 차량세부가세를 설치하고, 1952년에는 시·읍·면 독립세로서의 차량세는 도세로 흡수하여 운영되어 오다가 1958년 지방세의 차량세는 폐지되고, 국세로서 자동차세가 설치되어 지방세로서 국세부가세가 설치되었다. 그 후 1961년 세제개혁시에 자동차세가 국세에서 지방세로 이관되면서 도세와 시·군부가세로 설치되었다가 1976년 세목 조정시 시·군세로 통합되어 운영되었다. 1990년말 자동차세에 대한 세율을 대폭 조정하는 개편을 단행하였으며, 1991년말에는 서울 등 6대 대도시에 한하여 표준세율의 50%까지 초과하여 세율을 적용할 수 있도록 하였다.

그리고 1994년부터는 자동차의 승계취득자에게 주어졌던 승계납세의무제도가 폐지되고 일년간의 연세액을 일시에 납부할 경우에는 자동차세의 10%를 공제하는 등의 제도가 도입되었으며 1995년부터는 종전에 연세액을 4분기로 나누어 부과하던 것을 2분기로 나누어 납부토록 하였으므로 자동차세는 1년에 2번만 납부하면 되고, 기타 승용자동차를 자동차관리법 제3조의 규정에 의한 승용자동차 중 전기·태양열 및 알콜을 이용하는 자동차로 구분하였다. 1998년말 지방세법 개정시에는 승용자동차세의 세율을 한미통상협상의 결과에 따라 배기량별로 7단계로 과세하던 세율체계를 5단계로 하면서 그 세율도 전체적으로 하향 조정하여 시행하게 되었다.

그리고 2001년부터 자동차관리법상 자동차의 용도가 승차정원이 7인 이상, 10인 이하인 승합자동차도 승용자동차로 용도가 변경됨으로 인하여 일시적으로 급격한 세부담의 상승을 예방하기 위해 2004년까지는 당시의 승합차의 세율을 적용하고 2005년과 2006년에는 점진적으로 세율을 상향 조정하여 2007년부터는 승용차의 세율을 적용받도록 1999년말 지방세법이 개정되었다.

한편 자동차관련법령이 개정되어 2006년부터는 화물적재공간이 $2m^2$ 미만 $1m^2$ 이상의 화물자동차도 승용자동차로 분류됨에 따라 급격한 세부담을 완화하기 위하여 2006.1.1.부터 2009.12.31.까지는 그 당시와 같은 화물자동차의 세율을 적용하고 2010년도와 2011년도는 차등세율을 적용하며, 2012년부터는 승용자동차의 세율을 적용토록 2005년말 지방세법이 개정되었다.

또한 2001.7.1.부터는 비영업용승용자동차에 대하여는 자동차오래타기운동에 맞추어 자동차를 신규등록한 후 3년차부터 12년차까지 1년당 5%씩 경감하여 50%를 상한으로 그 경과된 연수만큼 경감토록 하였는데 이에 대하여는 환경단체 등에서 오래된 자동차가 환경오염 유발을 오히려 많이 시킨다는 이유로 헌차에 대한 자동차세 경감을 반대하는 입장도 있었던 점을 첨언해 둔다.

2005.1.1.부터는 과세기간 중에 매매·증여 등으로 자동차를 승계취득하는 때에는 자동차세를 소유기간에 따라 일할계산하여 양도인과 양수인에게 각각 부과징수하도록 2003년말 지방세법개정시 개선하였다.

그리고 2011년부터는 지방세법을 지방세기본법, 지방세법, 지방세특례제한법으로 분법하면서 지방세법에 자동차세를 주행세가 통합하였는데 이때 세목 명칭은 자동차세로 두고 그 내용을 자동차 소유에 대한 자동차세와 자동차 주행에 대한 자동차세로 규정하였다.

2. 의 의

자동차 소유에 대한 자동차세는 종전에는 자동차의 소유로 인한 사용수익에 대하여 자동차의 소유자에게 그 소유 또는 사용하는 사실에 대하여 과세하는 물세로 보아 왔으나 자동차가 일반대중의 일상 생활용품화 됨에 따라 재산세적 성격보다는 도로손상 부담금적 성격과 자동차운행으로 인한 환경오염 부담금적 성격이 강하게 대두되고 있으며, 자동차는 운행에 따라 마모되는 소비재로서 판단하여 OECD국가 등 세계의 대부분의 국가에서는 자동차세를 소비세로 분류하고 있다. 특히 일본에서는 2001년 자동차세제를 Green화한 세제로 개선하여 새차는 경감하고 출고후 11년 이후부터는 중과세하는 방향으로 운영되고 있는 점으로 볼 때 현재 우리나라의 자동차세제는 환경을 고려하지 아니한 것으로 되어 앞으로 문제가 제기될 것이 예상된다.

여기에서 지금까지의 자동차세에 대한 성격으로 정의하고 있던 내용을 살펴보면 다음과 같다.

첫째, 재산에 대한 과세로서의 성격인데 재산세에서는 토지, 주택, 건축물, 선박, 항공기 등의 재산을 보유하고 있으면 과세대상이 되는 데 대신하여 자동차에는 자동차세만 부과하는 재산과세의 일종이라 할 수 있다. 다시 말해서 본질에서는 재산세와 동일한 것이지만 그 과세객체가 재산세의 과세물건에 비하여 특수성을 지니고 있기 때문에 이를 분리해서 별개의 세목으로 한데 불과하다 하겠다.

둘째, 도로손상 부담금으로서의 성격인데 이는 자동차가 도로를 주행하게 되면 반드시 도로가 훼손되는 것에 대한 원인자 부담의 취지에서 응분의 부담금을 자동차의 소유자로부터 징수하는 것이다.

셋째, 과다한 소비에 대한 억제의 성격을 가미하고 있다 하겠는데 이는 현대에 와서 자동차가 일반의 생활수단의 하나로 보편화되었지만 석유가 생산되지 않는 우리나라의 여건으로 보아 불필요한 자동차 소유를 억제함과 동시에 대형고급승용차를 소유하고 있는 것은 사회통념으로 보아 사치성 행위라고 할 수 있으므로 차량의 종류에 따라 일반 대중용인 것은 세율을 낮게 적용하고, 사치적인 것은 세율을 높게 적용하는 등 소비억제 내지는 사치적 행위에 대한 과세로서의 성격도 포함되고 있었던 것이다.

이러한 고전적인 성격보다는 앞으로는 환경오염에 대한 주의를 더 기울여야 할 것으로 보인다. 특히 차령이 오래된 자동차의 배기가스 증가와 경유 자동차의 대기오염 과다유발 등에 대한 논란이 가중될 것으로 보이며, 앞으로 자동차세는 재산세적 비중보다는 소비세적 비중이 높아져 갈 것이 예상된다. 그리고 더 멀리 보면 자동차는 생활필수품의 하나이므로 별도로 자동차세를 부과하는 것이 합당한지에 대해서도 한번 생각해 볼 사안이라고 본다.

그리고 종전의 주행세는 지방세법을 지방세기본법, 지방세법, 지방세특례제한법으로 분법하면서 지방세법에 자동차세와 그 세목을 통합하고, 자동차세 세목 내의 하나의「절」로 자동차 주행에 대한 자동차세로 개편된 것인데, 당초 주행세는 자동차관련 세제를 주행과세 위주로 개편하고 취득・보유단계의 세부담을 완화해야 한다는 여론과 1998년도 한・미통상 협상시 자동차세율을 인하하기로 함에 따라 자동차세의 경감에 따른 지방재정보전을 위해 이미 과세되고 있는 유류에 대한 교통세의 일부재원을 지방으로 이전하는 방안을 마련하면서 1999년도에는 자동차세 인하분(2,900억원)만큼의 재원을 특별교부금으로 배분하였다가 1999년말 이를 법제화하여 주행세를 신설하고 그 재원을 자동차세 인하금액에 따라 시군에 안분하도록 하는 교통・에너지・환경세의 부가세로 창설되어 2000년부터 시행되었다. 그런데 주행세를 교통・에너지・환경세의 부가세로 하면서 교통・에너지・환경세의 본세의 세율을 부가세가 과세되는 것만큼 인하하였기 때문에 소비자에게는 주행세 신설로 인한 추가부담은 없는 것으로 하여 운영되고 있다.

제1절 자동차 소유에 대한 자동차세

제124조 자동차의 정의

이 절에서 "자동차"란 자동차관리법에 따라 등록되거나 신고된 차량과 건설기계관리법에 따라 등록된 건설기계 중 차량과 유사한 것으로서 대통령령으로 정하는 것을 말한다(법 §124).
이 경우 "대통령령으로 정하는 것"이란 건설기계관리법에 따라 등록된 덤프트럭 및 콘크리트믹서트럭을 말한다(영 §120).

그러므로 자동차세가 과세되는 자동차에는 자동차 생산공장에서 판매를 위하여 생산제작한 자동차나 실수요자에게 판매하기 위하여 자동차판매회사의 상품용 자동차로서 자동차관리법에 의한 등록 또는 신고가 되지 않은 것은 과세대상이 되지 아니하며, 자동차세가 과세되는 도로상을 주로 운행하는 덤프트럭 및 콘크리트믹서트럭도 건설기계관리법에 의한 등록이 되어 있지 않은 것은 과세대상이 되지 아니한다.

그리고 도로상을 주로 운행하는 덤프트럭 또는 콘크리트믹서트럭이라 함은 도로상을 운행할 수 있는 구조를 지니고 있으며, 건설기계관리법의 규정에 의하여 등록만 되어 있으면 족한 것이며, 반드시 도로상을 운행한 실적이 있어야 하는 것은 아니라고 본다.

또한 자동차관리법에 따라 신고된 차량이라 함은 이륜자동차를 취득하여 사용하고자 하는 자는 자동차관리법 시행규칙에 따라 시장·군수·구청장에게 사용신고를 하고 이륜자동차 번호의 지정을 받아야 하므로 이러한 절차를 거친 것을 신고된 차량이라 하는 것이다.

제125조 납세의무자

① 자동차 소유에 대한 자동차세(이하 이 절에서 "자동차세"라 한다.)는 지방자치단체 관할 구역에 등록되어 있거나 신고되어 있는 자동차를 소유하는 자에게 부과한다(법 §125 ①).
② 과세기준일 현재 상속이 개시된 자동차로서 사실상의 소유자 명의로 이전등록을 하지 아니한 경우에는 다음 각 호의 순위에 따라 자동차세를 납부할 의무를 진다(법 §125 ② Ⅰ·Ⅱ).
  1. 민법상 상속지분이 가장 높은 자[민법 §1000(상속의 순위), §1003(배우자의 상속 순위) §1009(법정상속분)]
  2. 연장자
③ 과세기준일 현재 공매되어 매수대금이 납부되었으나 매수인 명의로 소유권 이전 등록을

하지 아니한 자동차에 대하여는 매수인이 자동차세를 납부할 의무를 진다(법 §125 ③).

(1) 자동차세의 납세의무자는 각 기별로 그 납기가 있는 달의 1일 현재의 자동차 소유자가 그 해당 기의 자동차세 납세의무를 진다.

자동차세의 납세의무자로서의 자동차소유자는 자동차관리법 등의 규정에 따라 등록 또는 신고된 소유자를 뜻하는 것이다. 그러므로 자동차세의 납세의무자는 각 납기별로 그 납기가 있는 달의 1일 현재의 자동차 등록원부상의 소유자로 보아야 한다. 그리고 자동차세는 자동차를 소유하는 사실에 대하여 과세하는 것이므로, 가령 자동차를 전혀 운행하지 않았다 하더라도 납세의무가 있는 것이며, 또한 당국으로부터 운행정지처분을 받은 경우라도 납세의무는 있는 것이다. 그러나 자동차의 사용을 폐지한 경우에는 폐지한 날 이후부터는 자동차세의 납세의무가 없게 된다. 이 경우 자동차의 사용폐지라 함은 사실상의 사용폐지를 뜻하는 것이 아니고, 자동차관리법상의 등록말소 등의 사용폐지를 뜻하고 있음에 유의하여야 한다.

자동차세의 납세의무자는 등록원부상의 자동차 소유자이기 때문에 지입제에 의한 자동차회사의 경우에는 각 지입차주가 자동차세의 납세의무자가 되는 것이 아니라 등록원부상의 소유자인 자동차운수회사가 납세의무자가 됨을 유의하여야 한다.

사례

❖ **자동차등록원부상 등록자에게 자동차세 및 면허세 납세의무가 있는지 여부**

원고는 1992.9.9. 주○○에게 이 사건 자동차를 매도한 후 2004.12.22. 주○○앞으로 소유권이전등록을 마친 사실, 따라서 이 사건 각 처분 당시에는 원고가 이 사건 자동차의 등록원부상 소유자로 등록되어 있던 사실을 인정할 수 있으므로, 원고가 주○○에게 이 사건 자동차를 매도하였다고 하더라도 이 사건 자동차의 등록원부상 원고가 소유자로 등록되어 있는 동안에는 원고가 여전히 그 소유권을 보유하고 있어 원고에게 이 사건 자동차에 관한 자동차세나 면허세의 납부의무가 있다고 할 것이고, 원고가 이 사건 자동차를 주○○에게 매도하였거나, 피고에게 원고가 이 사건 자동차의 소유자가 아니라는 점을 고지하였다는 사정만으로는 자동차 소유자에게 부과되는 자동차세나 면허세의 납부의무를 면하지 못한다고 할 것이다.

(광주고법 2007누15, 2007.8.30.)

❖ **자동차 매매계약 취소 판결에 따른 납세의무**

① 자동차등록원부상의 등록 자체가 법원 판결에 의하여 원인무효인 경우에는 명의자라고 하더라도 특별한 사정이 없는 한 대내적으로는 물론 대외적으로도 자동차의 소유권을 취득하였다고 할 수 없으므로 자동차세의 납세의무를 부담하지 않는 것이라 하겠으나, 이 건 판결은 매매계약의 취소를 원인으로 한 소유권이전등록 말소 판결로서 양수인 명의로 등록된 기간에 대하여 양도인에게 자동차 등을 부과한 처분은 잘못됨.

(조심2019지1653, 2019.9.5.)

자동차세에 관한 지방자치단체의 징수금을 납부하지 아니한 자로부터 자동차를 양수한 자는 자동차세의 납세의무를 승계토록 규정되어 있었으나 이 규정이 폐지되어 1994년부터는 자동차세가 체납된 자동차를 취득하더라도 새로이 이전 취득한 자에게는 자동차세의 납세의무가 승계되지 아니하였다. 그런데 자동차세 체납의 급증 등으로 제한적 승계납세의무를 인정하는 개정이 있었으나 2000년부터는 과세기간 중에 매매·증여 등으로 인하여 자동차를 승계취득한 자가 자동차 소유권이전등록을 하는 때에 그 소유기간에 따른 자동차세를 일할계산 신청을 하는 경우에는 그 부분에 대한 자동차세는 수시부과하나, 일할계산 신청을 아니한 경우에는 당해 기분의 자동차세 중 양도인이 소유한 기간에 해당하는 자동차세의 납세의무를 승계하게 하였다가, 2005.1.1.부터는 과세기간 중에 매매·증여 등으로 인하여 자동차를 승계취득하여 이전등록을 하는 경우에는 그 소유기간에 따라 자동차세를 일할계산하여 양도인과 양수인에게 각각 부과징수하도록 하였다. 이에 대한 자세한 내용은 다음의 "법 제129조" 규정에서 설명하기로 한다.

(2) 과세기준일 현재 상속이 개시된 자동차로서 소유자 명의를 이전등록을 하지 아니한 경우에는 첫째, 민법상 상속지분이 가장 높은 자. 둘째, 연장자의 순위에 따라 자동차세의 납부의무를 지도록 하였는데 이 규정은 자동차관리법상 상속자동차의 경우는 상속개시일부터 3월 이내에 이전등록을 하도록 되어 있어 과세기준일 현재 소유자가 사망하고 상속이 완료되지 아니한 경우는 납세의무자 지정에 문제가 있어 주된 납세의무자 규정을 두어 과세에 차질이 없도록 한 것이다.

(3) 과세기준일 현재 공매되어 매수대금이 납부되었으나 매수인 명의로 소유권 이전등록을 하지 아니한 자동차에 대한 자동차세는 매수인에게 납부의무를 지우고 있는데, 공매방법에 의한 매매는 국가기관이 강제권한에 기하여 행하는 것이므로 매수사실이 명확한 것으로 보아 매수자를 납세의무자로 보도록 한 것이다.

제126조 | 비과세

다음 각 호의 어느 하나에 해당하는 자동차를 소유하는 자에 대하여는 자동차세를 부과하지 아니한다(법 §126 Ⅰ~Ⅲ).
1. 국가 또는 지방자치단체가 국방·경호·경비·교통순찰 또는 소방을 위하여 제공하는 자동차
2. 국가 또는 지방자치단체가 환자수송·청소·오물제거 또는 도로공사를 위하여 제공하

는 자동차
3. 그 밖에 주한외교기관이 사용하는 자동차등 대통령령으로 정하는 자동차

그런데 위의 1호 및 2호에 해당하는 자동차는 그 소유가 국가 또는 지방자치단체인 경우에 한하여 비과세대상이 되는 것이지 개인병원에서 운영하는 환자수송용 자동차 등도 비과세 된다는 것은 아니다.

1) 국가·지방자치단체가 국방, 경비, 소방, 청소, 도로공사 등에 제공하는 자동차

그러므로 법 제126조 제1호 및 제2호에 따른 자동차는 다음 각 호의 어느 하나에 해당하는 것으로 한다(영 §121 ① Ⅰ~Ⅴ).

(1) 국방을 위하여 제공하는 자동차(영 §121 ① Ⅰ)

국가가 국방용에 제공하는 자동차라 함은 자동차관리법 제70조 제6호에 따라 군용 특수자동차로 등록되어 그 용도에 직접 사용하는 자동차를 말한다. 그러므로 군용 특수자동차로 등록되어 있는 자동차라 하더라도 그 용에 사용하지 아니하고 일반용도에 쓰이는 자동차는 자동차세의 비과세대상이 될 수 없는 것이다.

(2) 경호·경비·교통순찰을 위하여 제공하는 자동차

(가) 경호용 자동차(영 §121 ① Ⅱ 가)

국가 또는 지방자치단체가 대통령, 외국원수 그 밖의 요인의 신변 보호에 사용되는 자동차를 말한다. 이러한 경호용 자동차는 경호용으로 상용되어야 할 필요는 없으며, 자동차의 보유목적이 경호용에 있고 수시경호용에 쓰이기만 하면 비과세 요건을 충족하는 것으로 보아진다.

(나) 경비용 자동차(영 §121 ① Ⅱ 나)

국가 또는 지방자치단체가 경찰관서의 경비용으로 사용하는 자동차를 말한다.

(다) 교통순찰용 자동차(영 §121 ① Ⅱ 다)

국가 또는 지방자치단체가 교통의 안전과 순찰을 목적으로 특수표지를 하였거나 특수구조를 가진 자동차로서 교통순찰에 사용하는 자동차를 말한다.

(3) 소방, 청소, 오물 제거를 위하여 제공하는 자동차

(가) 소방의 용에 공하는 자동차(영 §121 ① Ⅲ)

소방의 용에 공하는 자동차라 함은 국가 또는 지방자치단체가 화재의 진압 또는 예방, 구조의 용에 공하는 특수구조를 가지고 그 용도의 표지를 한 자동차로서 그 용도에 직접 사용하는 자동차를 말한다.

(나) 청소·오물 제거용 자동차

청소·오물 제거용에 공하는 자동차라 함은 국가 또는 지방자치단체가 청소·오물제거를 위한 특수구조를 가지고, 그 용도의 표지를 한 자동차로서 그 용도에 직접 사용하는 자동차를 말한다. 이 경우도 국가 또는 지방자치단체가 직접 사용하는 청소·오물제거용 차량은 타인 소유라 하더라도 비과세될 수 있다고 본다.

(4) 환자 수송용 자동차

환자 수송을 위하여 제공하는 자동차라 함은 국가 또는 지방자치단체가 환자수송용에 공하는 자동차로서 환자를 수송하기 위한 특수구조와 그 표지를 가진 자동차로서 환자수송 이외의 용도에 사용하지 아니하는 자동차를 말한다.

이 경우 환자수송용 자동차를 국가 또는 지방자치단체가 운용하는 경우에만 자동차세가 비과세되므로 국가 또는 지방자치단체가 직접 운용하는 환자수송용 차량은 타인 소유의 차량이라도 비과세될 수 있다고 본다(영 §121 ① Ⅳ).

(5) 도로공사용 자동차

도로공사를 위하여 제공하는 자동차라 함은 국가 또는 지방자치단체가 도로의 보수 또는 신설과 이에 딸린 공사에 사용하기 위한 것으로서 화물운반용이 아닌 작업용 특수구조를 가진 자동차를 말한다.

이 경우 국가 또는 지방자치단체가 직접 사용하는 도로공사용 자동차는 타인 소유라 하더라도 비과세될 수 있다고 본다(영 §121 ① Ⅴ).

2) 주한외국기관의 사용자동차 및 기타 특수용도 자동차

위의 법 제126조 제3호에서 주한외교관이 사용하는 자동차 등 대통령령으로 정하는 자동차로 다음 각 호의 어느 하나에 해당하는 것을 말한다(영 §121 ② Ⅰ~Ⅷ).

(1) 주한외교기관 등이 사용하는 자동차

주한외교기관과 국제연합기관 및 민간원조기관을 포함한 주한외국원조기관이 사용하는 자동차를 말한다. 이 경우에도 주한외교기관 등이 소유하는 자동차에 국한할 필요는 없으나 해당 기관 등이 사용하는 것을 전제로 한 것이므로 주한외교기관의 소유 자동차를 타에 임대한 경우 등은 해당 원조기관 등이 사용하는 경우로 볼 수 없기 때문에 자동차세를 비과세할 수 없다 하겠다.

(2) 수출된 자동차

관세법에 따라 세관장에게 수출신고를 하고 수출된 자동차를 말한다.
이 경우 비과세 받고자 하는 자는 그 사유를 증명할 수 있는 서류를 갖추어 시장·군수·구청장에게 신청하여야 한다(영 §121 ② Ⅲ ③).

(3) 사용이 불가능한 자동차

천재지변, 화재, 교통사고 등으로 인하여 소멸, 멸실 또는 파손되어 해당 자동차를 회수하거나 사용할 수 없는 것으로 시장·군수·구청장이 인정하는 자동차를 말하는데, 이 경우 비과세받고자 하는 자는 그 사유를 증명할 수 있는 서류를 갖추어 시장·군수·구청장에게 신청하여야 한다.

(4) 폐차된 것이 증명되는 자동차

자동차관리법에 따른 자동차해체재활용업자에게 폐차되었음이 증명되는 자동차를 말하는데, 이 경우 비과세받고자 하는 자는 그 사유를 증명할 수 있는 서류를 갖추어 시장·군수·구청장에게 신청하여야 한다.
그리고 도난당한 후 말소등록을 하거나 시장·군수·구청장이 사실조사를 통하여 폐차업소에 입고하여 사실상 회수하거나 사용할 수 없는 것으로 인정하는 경우에는 도난신고 접수일 또는 폐차업소 입고일 이후의 자동차세를 부과하지 아니한다(지세 통칙 125-1).

(5) 공매 등 강제집행절차가 진행 중인 자동차

공매 등 강제집행절차가 진행 중인 자동차로서 집행기관 인도일 이후부터 경락대금 납부일 전까지의 자동차를 말하는데, 이 경우는 자동차가 집행기관에 인도되어 공매를 하는 경우로서 집행기관에 인도되는 날부터 경락대금 납부일 전까지의 기간에 대한 자동차세를 일할계산하여 비과세해야 한다.

(6) 멸실된 것으로 인정되는 자동차

자동차등록령 제31조 제2항에 해당하는 자동차로서 같은 조 제6항 제7호에 해당하는 자동차를 말한다(영 §121 ② Ⅷ).

이 경우는 자동차의 차령 등으로 보아 환가가치가 남아있지 아니하여 시·도지사가 해당 자동차가 멸실된 것으로 인정할 경우를 말하는데 여기에서 "차령이 경과한 자동차"란 차령 9년 이상인 승용자동차, 차령 8년 이상인 승합자동차, 화물자동차 및 특수자동차(경형 및 소형), 차령 10년 이상인 승합자동차(중형 및 대형), 차령 12년 이상인 화물자동차 및 특수 자동차(중형 및 대형),를 말하며, 이러한 자동차에 대하여는 시·도지사가 해당 자동차의 차령, 법령위반사실, 보험가입 유무 등 모든 사정에 비추어 해당 자동차가 멸실된 것으로 인정할 경우에는 자동차세를 비과세한다.

이 규정은 종전에는 자동차를 도난당한 경우에도 말소등록이 되지 않으면 계속 자동차세를 부과하게 됨에 따라 자동차세 체납이 누적되는 경우가 많아 세무행정에 어려움이 많았으나 이 규정으로 인하여 차령이 지난 자동차는 시·도지사가 멸실된 것으로 인정하여 자동차세를 비과세 한다는 것이다.

제127조 │ 과세표준과 세율

① 자동차세의 표준세율은 다음 각 호의 구분에 따른다(법 §127 ① 1~Ⅷ).

1. 승용자동차

    다음 표의 구분에 따라 배기량에 cc당 세액을 곱하여 산정한 금액을 자동차 1대당 연세액(年稅額)으로 한다.

영업용		비영업용	
배기량	cc당 세액	배기량	cc당 세액
1,000cc 이하	18원		
1,600cc 이하	18원	1,000cc 이하	80원
2,000cc 이하	19원	1,600cc 이하	140원
2,500cc 이하	19원	1,600cc 초과	200원
2,500cc 초과	24원		

2. 제1호에 다른 비영업용 승용자동차 중 대통령령으로 정하는 차령(이하 이 호에서 "차령"이라 한다.)이 3년 이상인 자동차에 대하여는 제1호에도 불구하고 다음의 계산식에

따라 산출한 해당 자동차에 대한 제1기분(1월부터 6월까지) 및 제2기분(7월부터 12월까지) 자동차세액을 합산한 금액을 해당 연도의 그 자동차의 연세액(年稅額)으로 한다. 이 경우 차령이 12년을 초과하는 자동차에 대하여는 그 차령을 12년으로 본다.

자동차 1대의 각 기분세액 = A/2 − (A / 2 × 5 / 100)(n−2)

A : 제1호에 따른 연세액
n : 차령(2≤n≤12)

이 경우 "대통령령으로 정하는 차령"이란 자동차관리법 시행령 제3조에 따른 자동차의 차령기산일(이하 이 항에서 "기산일"이라 한다.)에 따라 다음 각 호의 계산식으로 산정한 자동차의 사용연수를 말한다(영 §122 ② Ⅰ·Ⅱ).

(1) 기산일이 1월 1일부터 6월 30일까지의 기간 중에 있는 자동차의 차령
 = 과세연도 − 기산일이 속하는 연도 + 1

(2) 기산일이 7월 1일부터 12월 31일까지의 기간 중에 있는 자동차의 차령
 가. 제1기분 차령 = 과세연도 − 기산일이 속하는 연도
 나. 제2기분 차령 = 과세연도 − 기산일이 속하는 연도 + 1

3. 그 밖의 승용자동차

다음의 세액을 자동차 1대당 연세액으로 한다.

영업용	비영업용
20,000원	100,000원

4. 승합자동차

다음의 세액을 자동차 1대당 연세액으로 한다.

구 분	영업용	비영업용
고속버스	100,000원	—
대형전세버스	70,000원	—
소형전세버스	50,000원	—
대형일반버스	42,000원	115,000원
소형일반버스	25,000원	65,000원

5. 화물자동차

다음의 세액을 자동차 1대당 연세액으로 한다. 다만, 적재정량 1만킬로그램 초과 자동차에 대하여는 적재정량 1만킬로그램 이하의 세액에 1만킬로그램을 초과할 때마다 영업용은 1만원, 비영업용은 3만원을 가산한 금액을 1대당 연세액으로 한다.

구 분	영업용	비영업용
1,000킬로그램 이하	6,600원	28,500원
2,000킬로그램 이하	9,600원	34,500원
3,000킬로그램 이하	13,500원	48,000원
4,000킬로그램 이하	18,000원	63,000원
5,000킬로그램 이하	22,500원	79,500원
8,000킬로그램 이하	36,000원	130,500원
1만킬로그램 이하	45,000원	157,500원

6. 특수자동차

다음의 세액을 자동차 1대당 연세액으로 한다.

구 분	영업용	비영업용
대형특수자동차	36,000원	157,500원
소형특수자동차	13,500원	58,500원

7. 3륜 이하 소형자동차

다음의 세액을 1대당 연세액으로 한다.

영업용	비영업용
3,300원	18,000원

② 제1항 각 호에 규정된 자동차의 영업용과 비영업용 및 종류의 구분 등에 관하여 필요한 사항은 대통령령으로 정한다(법 §127 ②).

이 경우 "영업용"이란 여객자동차 운수사업법 또는 화물자동차 운수사업법에 따라 면허(등록을 포함한다.)를 받거나 건설기계관리법에 따라 건설기계대여업의 등록을 하고 일반의 수요에 제공하는 것을 말하고, "비영업용"이란 개인 또는 법인이 영업용 외의 용도에 제공하거나 국가 또는 지방공공단체가 공용으로 제공하는 것을 말한다(영 §122 ①).

③ 지방자치단체의 장은 제1항에도 불구하고 조례로 정하는 바에 따라 자동차세의 세율을 배기량 등을 고려하여 제1항의 표준세율의 100분의 50까지 초과하여 정할 수 있다(법 §127 ③).

1. 과세표준 등

위와 같은 자동차세의 과세표준은 다른 세목에서 정한 가격이나 수량 등에 따른 것이 아니고 해당 자동차가 영업용으로 사용되는지 비영업용으로 사용되는지와 자동차의 종류가 승용인지 승합인지 또는 화물자동차인지 특수자동차인지를 구분하고, 배기량과 화물적재정량에

따라 각각 세율을 적용토록 하고 있다. 여기에서 그 구분의 기준을 살펴보면 다음과 같다.[65]

(1) 영업용과 비영업용의 구분

영업용이란 여객자동차 운수사업법 또는 화물자동차 운수사업법에 따라 면허(등록을 포함한다.)를 받거나 건설기계관리법에 따라 건설기계대여업의 등록을 하고 일반의 수요에 제공하는 것을 말하고, 비영업용이란 개인 또는 법인이 영업용 외의 용도에 제공하거나 국가 또는 지방공공단체가 공용에 제공하는 것을 말한다(영 §122 ①).

(2) 자동차의 종류

자동차 종류의 구분은 다음 각 호와 같다.

(가) 승용자동차

자동차관리법 제3조에 따른 승용자동차를 말한다(영 §123 I).
여기에서 자동차관리법의 규정에 의한 자동차의 종류를 살펴보면 다음과 같다.

자동차관리법 제3조

제3조(자동차의 종류) ① 자동차는 다음 각 호와 같이 구분한다.
1. 승용자동차 : 10인 이하를 운송하기에 적합하게 제작된 자동차
2. 승합자동차 : 11인 이상을 운송하기에 적합하게 제작된 자동차. 다만, 다음 각 목의 어느 하나에 해당하는 자동차는 승차인원에 관계없이 이를 승합자동차로 본다.
   가. 내부의 특수한 설비로 인하여 승차인원이 10인 이하로 된 자동차
   나. 국토교통부령으로 정하는 경형자동차로서 승차인원이 10인 이하인 전방조종자동차
   다. 캠핑용자동차 또는 캠핑용트레일러
3. 화물자동차 : 화물을 운송하기에 적합한 화물적재공간을 갖추고, 화물적재공간의 총 적재화물의 무게가 운전자를 제외한 승객이 승차공간에 모두 탑승했을 때의 승객의

---

[65] 독일에서는 자동차세가 주(州)세로서 도로의 건설, 유지, 보수를 위한 비용에 충당하기 위하여 징수하는 조세이다. 과세근거법은 자동차세법과 이를 집행하기 위한 관련조례이다. 납세의무는 도로를 통행하는 자동차와 트레일러를 소유하는 경우에 발생한다. 자동차세의 납세의무는 자동차등록사업소에 자동차를 등록한 시점에서 발생한다. 자동차와 모터싸이클은 배기량을 기준으로, 트레일러 등 기타 자동차는 최대중량에 따라 과세한다. 화물자동차는 최대화물적재량을 기준으로 5단계로 나누어 과세한다. 최대적재정량이 3,500kg을 초과하는 자동차는 대기오염과 소음배출정도가 세액결정의 변수가 된다.
자동차세는 과세관청에서 결정하여 고지하게 되며, 1년 전에 선납하여야 한다. 연간세액이 1,000마르크를 초과하는 경우에는 6월 단위로 분납되며, 연간세액이 2,000마르크를 초과하면 3월 단위로 분납된다. 자동차세를 선납한 후 중간에 폐차 등으로 납세의무가 소멸하면 자동차세의 일부가 환부된다. 이렇게 볼 때 독일과 우리나라의 자동차세의 체계 등이 매우 유사한 점을 찾아볼 수 있으며 앞으로 좀 더 상세한 내용을 파악하여 우리세제의 보완에 필요한 것이 있는지 검토할 필요가 있겠다(류금렬, 「선진국의 지방세제도」, 한국지방세연구회, 2001., p.404).

무게보다 많은 자동차
4. **특수자동차** : 다른 자동차를 견인하거나 구난작업 또는 특수한 작업을 수행하기에 적합하게 제작된 자동차로서 승용자동차·승합자동차 또는 화물자동차가 아닌 자동차
5. **이륜자동차** : 총배기량 또는 정격출력의 크기와 관계없이 1인 또는 2인의 사람을 운송하기에 적합하게 제작된 이륜의 자동차 및 그와 유사한 구조로 되어 있는 자동차
　② 제1항에 따른 구분의 세부기준은 자동차의 크기·구조, 원동기의 종류, 총배기량 또는 정격출력 등에 따라 국토교통부령으로 정한다.
　③ 제1항에 따른 자동차의 종류는 국토교통부령으로 정하는 바에 따라 세분할 수 있다.

(나) 그 밖의 승용자동차

자동차관리법 제3조에 따른 승용자동차 중 전기, 태양열 및 알코올을 이용하는 자동차를 말한다(영 §123 Ⅱ).

(다) 승합자동차

① 고속버스

여객자동차 운수사업법 시행령 제3조에 따른 시외버스운송사업용 고속운행버스를 말한다(영 §123 Ⅲ 가).

② 대형전세버스

여객자동차 운수사업법 시행령 제3조에 따른 전세버스운송사업용 버스로서 자동차관리법 제3조에 따른 대형승합자동차를 말한다(영 §123 Ⅲ 나).

③ 소형전세버스

여객자동차 운수사업법 시행령 제3조에 따른 전세버스운송사업용 버스로서 ②의 대형전세버스 외의 버스를 말한다(영 §123 Ⅲ 다).

④ 대형일반버스

여객자동차 운수사업법 시행령 제3조에 따른 시내버스운송사업용 버스, 농어촌버스운송사업용 버스, 마을버스운송사업용 버스 및 시외버스운송사업용 버스(①의 고속버스는 제외한다.)와 비영업용 버스로서 자동차관리법 제3조에 따른 대형승합자동차를 말한다(영 §123 Ⅲ 라).

⑤ 소형일반버스

여객자동차 운수사업법 시행령 제3조에 따른 시내버스운송사업용 버스, 농어촌버스운송사업용 버스, 마을버스운송사업용 버스 및 시외버스운송사업용 버스(①의 고속버스는 제외한다.)와 비영업용 버스로서 ④의 대형일반버스 외의 버스를 말한다(영

§123 Ⅲ 마).

(라) 화물자동차

자동차관리법 제3조에 따른 화물자동차(최대적재량이 8톤을 초과하는 피견인 차는 제외한다.)와 건설기계관리법에 따라 등록된 덤프트럭 및 콘크리트믹서트럭을 말한다. 이 경우 콘크리트믹서트럭은 최대적재량 10,000kg을 초과하는 화물자동차로 본다(영 §123 Ⅳ).

(마) 특수자동차

① 대형특수자동차 : 최대 적재량이 8톤을 초과하는 피견인차, 「자동차관리법」 제3조에 따른 특수자동차 중 총중량이 10톤 이상이거나 최대적재량이 4톤을 초과하는 자동차, 「여객자동차운수사업법 시행령」 제3조에 따른 특수여객자동차운송사업용 자동차 중 배기량이 4,000시시를 초과하는 자동차, 최대적재량이 4톤을 초과하거나 배기량이 4,000시시를 초과하는 자동차로서 위의 (가)부터 (라)까지 및 (바)에 해당하지 아니하는 자동차

② 소형특수자동차 : 「자동차관리법」 제3조에 따른 특수자동차와 「여객자동차 운수사업법 시행령」 제3조에 따른 특수여객자동차운송사업용 자동차 중 가목(대형특수자동차)에 해당하지 아니하는 자동차, 최대적재량이 4톤 이하이고, 배기량이 4,000시시 이하인 자동차로서 (가)부터 (라)까지 및 (바)에 해당하지 아니하는 자동차를 소형특수자동차로 한다(영 §123 Ⅴ 가~나).

(바) 3륜 이하 소형자동차

① 3륜 자동차

3륜의 자동차로서 사람 또는 화물을 운송하는 구조로 되어 있는 소형자동차를 말한다(영 §123 Ⅵ 가).

② 2륜 자동차

총배기량이 125cc를 초과하거나 최고정격출력 12킬로와트를 초과하는 이륜 자동차로서 등록되거나 신고된 자동차를 말한다(영 §123 Ⅵ 나).

이와 같은 자동차의 종류를 결정할 때 해당 자동차가 위에서 설명한 자동차 종류에 둘 이상 해당하는 경우에는 주된 종류에 따르고, 주된 종류를 구분하기 곤란한 것은 시장·군수·구청장이 결정하는 바에 따른다(영 §124).

2. 세 율

자동차세의 표준세율은 다음과 같이 자동차의 종류, 영업용 또는 비영업용, 배기량, 화물적재정량 등에 의하여 구분하여 정한다.

(1) 승용자동차

(가) 일반세율

종전에는 축간거리, 기통수 및 배기량에 의거 연간세액을 정하였으나 현재는 배기량에 cc당 세액을 곱하여 산정한 세액을 자동차 1대당 연세액으로 한다.

승용자동차			
영업용		비영업용	
배기량	cc당 세액	배기량	cc당 세액
1,000cc 이하	18원		
1,600cc 이하	18원	1,000cc 이하	80원
2,000cc 이하	19원	1,600cc 이하	140원
2,500cc 이하	19원	1,600cc 초과	200원
2,500cc 초과	24원		

(나) 경감세율

비영업용 승용자동차 중 차령이 3년 이상인 자동차에 대하여는 위의 일반세율에 불구하고 다음 산식에 의하여 산출한 해당 자동차에 대한 제1기분(1월부터 6월까지) 및 제2기분(7월부터 12월까지) 자동차세액을 합산한 금액을 해당 연도의 그 자동차의 연세액으로 한다. 이 경우 차령이 12년을 초과하는 자동차에 대하여는 그 차령을 12년으로 본다.

※ 산식

자동차 1대의 각 기분세액 $= A/2 - (A/2 \times 5/100)(n-2)$

- A : 승용자동차의 일반세율에 의한 해당 자동차의 연세액
- n : 차령($2 \leq n \leq 12$) 즉 2년 초과 12년 이하를 말한다.

연수별	2년 이하	3년	4년	5년	6년	7년	8년	9년	10년	11년	12년 이상
경감률	—	5%	10%	15%	20%	25%	30%	35%	40%	45%	50%

여기에서 참고로 연도별 자동차세의 경감율을 살펴보면 다음과 같다.

이 경우 차령이라 함은 자동차관리법 시행령 제3조에 따른 자동차의 차령기산일에 따라 다음 각 호의 계산식으로 산정한 자동차의 사용연수를 말하는데, 자동차관리법 시

행령 제3조에 따른 제작연도에 등록된 자동차는 최초의 신규등록일, 제작연도에 등록되지 아니한 자동차는 제작연도의 말일이 자동차의 차령기산일이다(영 §122 ② 본문).

그리고 차령 계산산식은 다음과 같다.
1. 기산일이 1월 1일부터 6월 30일까지의 기간 중에 있는 자동차의 차령(영 §122 ② Ⅰ)
   = 과세연도 - 기산일이 속하는 연도 + 1
   > 예 자동차의 최초 신규등록일이 2010년 5월 30일인 경우로서 2015년에 과세하는 차령계산
   > - 차령(6년)=2015년-2010년 +1

2. 기산일이 7월 1일부터 12월 31일까지의 기간 중에 있는 자동차의 차령(영 §122 ② Ⅱ)
   > 예 자동차의 최초 신규등록일 이 2010년 8월 3일인 경우로서 2015년에 과세하는 차령계산
   > 가. 제1기분차령=과세연도-기산일이 속하는 연도
   >   (5)=(2015)-(2010)
   > 나. 제2기분차령=과세연도-기산일이 속하는 연도+1
   >   (6)=(2015)-(2010)+1

여기에서 사용연수가 3년 이상인 비영업용 승용자동차에 대한 일할계산방법은 소유권이전등록일이 속하는 해당 기분의 세액에 과세대상기간의 일수를 곱한 금액을 해당 기분의 총일수로 나누어 산출한다(영 §126 단서).

> 예 2000cc의 비영업용 승용자동차로서 차령이 8년인 것을 해당 기분에 90일간 사용하다 양도한 경우
> - 해당 자동차의 연세액=2000cc×200원=400,000원
> - 각 기분 세액 $=(\frac{400,000}{2}) - (\frac{400,000}{2} \times \frac{5}{100}) \times (8-2)$
>   (140,000)
> - 자동차 사용일이 90일인 경우(윤년이 아닌 경우)
>   ① 1기분의 경우(181일) : 140,000×90일=12,600,000원
>   - 90일 해당 세액 : 12,600,000원÷181일=69,613원
>   ② 2기분의 경우(184일) : 140,000×90일=12,600,000원
>   - 90일 해당 세액 12,600,000원÷184일=68,478원

그러므로 각 기분에 90일만 사용한 차령이 8년인 자동차를 양도한 사람이 일할계산하여 납부할 자동차세는 1기분의 경우는 69,610원이고, 2기분의 경우는 68,470원이 되는 것이다.

▲ 사례

❖ **구 지방세법(2000.12.29. 법률 제6312호로 개정되기 전의 것) 제196조의 5 제1항 제1호는 헌법에 위배되지 아니한다.**

이 사건 법률조항은 자동차세의 과세표준을 오로지 배기량에 따라 5단계로 구분함으로써 동일 차종에 대하여는 차령에 관계없이 일률적으로 동일한 세액을 부과하도록 하고 있다. 그런

데 자동차는 차령이 높아질수록 감가상각으로 인하여 차량의 가액이 낮아지는 것이 통례이므로 이 사건 법률조항이 채택한 과세기준은 동일한 차종이라 하더라도 차령이 오래될수록 자동차의 실제가액에 대비한 세율이 더 높아지는 경향이 있는 것은 사실이다. 그러나 자동차는 그 자체로서 가치가 있는 순수한 재산이라기보다는 오히려 사용에 가치가 있으며, 따라서 자동차에 대한 과세는 도로를 운행하고 대기를 오염시키는 수익자부담금적·원인자부담금적 성격도 아울러 가지고 있고, 이에 대하여 무엇을 기준으로 어떤 형태로 과세할 것인지는 입법자의 광범한 입법형성의 범위 내에 있다고 할 것이다. 실제로 우리나라나 외국의 입법례를 보면 같은 자동차라 하더라도 화물차·버스·오토바이·승용차 등 그 종류나 용도에 따라 각각 과세의 기준이 다른 경우가 많다는 사실이 이를 반증한다고 하겠다. 그리고 승용자동차의 경우만 보더라도 이 사건 법률조항과 같이 배기량만에 의하여 과세하는 나라가 일본·대만·싱가폴·아일랜드·룩셈부르크·영국 등 여러 나라가 있으며, 특히 일본은 차령이 13년이 넘는 휘발유차와 11년이 넘는 경유차는 10%를 가산하고 있으며, 싱가폴의 경우도 차령이 10년 이상 경과한 노후차량은 매년 10%씩 추가하여 50%까지 가산하고 있다(Clean세제). 따라서 이 사건 법률조항이 차령을 고려하지 아니하고 일률적으로 배기량을 기준으로 자동차세를 과세한다고 하여 조세평등주의에 위반되는 위헌의 법률이라고 평가할 수는 없다고 할 것이다. 한편, 오래된 자동차의 경우 이 사건 법률조항이 오직 배기량만을 기준으로 자동차세를 부과함으로 말미암아 자동차세가 당해 자동차의 실제가액의 절반을 넘는다든가, 심지어는 자동차 가액을 상회하는 일이 있다 하더라도, 앞에서 본 바와 같이 이제 자동차는 순수한 재산적 가치를 갖는 것이 아니라 그 이용에 가치가 있는 것이라는 점과 자동차를 운행하고자 하는 자의 전체재산을 고려한다면 이로 말미암아 납세의무자의 당해 자동차에 관한 이용·수익·처분권이 중대한 제한을 받게 된다고 보기는 어렵다고 할 것이므로, 이 사건 법률조항이 재산권보장규정을 침해한다고는 판단되지 않는다.

(헌재 2001헌가24, 2002.8.29.)

❖ **1996.12.9. 이후 승합차로 등록된 7~10인승 자동차를 승합차로 보아 자동차세를 과세할 수 있는지 여부**

이 사건 부칙의 문언상 '이 규칙 시행 당시 승합자동차로 구분되어 등록한 자동차'란 개정된 시행규칙의 시행일인 그 공포일 현재 이미 승합자동차로 등록이 되어 있는 자동차를 의미한다고 해석되기 때문에, 7인 이상 10인 이하를 운송하기에 적합한 자동차로서 개정된 시행규칙 제2조 제1항 제1호 및 제2호와 별표 1의 시행 이후에도, 즉 2011.1.1. 이후에도 구 시행규칙에 의하여 승합자동차로 분류되기 위하여는 1996.12.9. 이전에 등록한 자동차이어야 한다. 따라서 7인 이상 10인 이하를 운송하기에 적합한 자동차로서 개정된 시행규칙 시행일 이후 새로이 등록하는 자동차는 자동차의 종별구분에 관한 구 시행규칙 제2조가 적용되는 2000.12.31.까지는 승용자동차로, 개정된 시행규칙 제2조 제1항이 적용되는 2011.1.1.부터는 승합자동차로 분류된다. 비록 동일한 자동차에 대하여 시행규칙 조문의 시행일 전후로 그 구분이 달라진다 하더라도, 시행규칙의 공포 이후에 새로이 등록하는 자동차의 소유자들은 이미 개정된 시행규칙의 존재 및 그 시행일을 인지하고 있을 것이므로 자신이 소유한 자동차가 계속 승합자동차로 자동차세가 부과될 것이라고 신뢰할 수 없다.

(대법 2013두19059, 2013.12.27.)

(2) 그 밖의 승용자동차

다음의 세액을 자동차 1대당 연세액으로 한다.

영업용	비영업용
20,000원	100,000원

여기에 해당되는 자동차는 자동차관리법 제3조에 따른 승용자동차 중 전기·태양열 및 알코올을 이용하는 자동차를 말한다(영 §123 Ⅱ).

(3) 승합자동차

다음의 세액을 자동차 1대당 연세액으로 한다.

구 분	영업용	비영업용
고속버스	100,000원	－원
대형전세버스	70,000원	－원
소형전세버스	50,000원	－원
대형일반버스	42,000원	115,000원
소형일반버스	25,000원	65,000원

(4) 화물자동차

다음의 세액을 자동차 1대당 연세액으로 한다. 다만, 적재정량 10,000kg 초과 자동차에 대하여는 적재정량 10,000kg 이하의 세액에 10,000kg을 초과할 때마다 영업용은 10,000원, 비영업용은 30,000원을 가산한 금액을 1대당 연세액으로 한다.

화물적재정량	영업용	비영업용
1,000kg이하	6,600원	28,500원
2,000kg이하	9,600원	34,500원
3,000kg이하	13,500원	48,000원
4,000kg이하	18,000원	63,000원
5,000kg이하	22,500원	79,500원
8,000kg이하	36,000원	130,500원
10,000kg이하	45,000원	157,500원

(5) 특수자동차

다음의 세액을 자동차 1대당 연세액으로 한다.

구 분	영업용	비영업용
대형특수자동차	36,000원	157,500원
소형특수자동차	13,500원	58,500원

(6) 3륜 이하 소형자동차

다음의 세액을 자동차 1대당 연세액으로 한다.

구 분	영업용	비영업용
3륜 이하 소형 자동차	3,300원	18,000원

(7) 제한세율 적용대상 및 적용방법

지방자치단체의 장은 제1항에도 불구하고 조례로 정하는 바에 따라 자동차세의 세율을 배기량 등을 고려하여 표준세율의 100분의 50까지 초과하여 정할 수 있다.

이 규정은 종전에는 특별시와 광역시에만 적용하였으나 2006년부터는 모든 지방자치단체에서 적용토록 개정되었는데 이는 교통난 해소에 필요한 사회간접자본의 확충에 필요한 재원을 교통난 유발원인을 제공하는 자동차에 대하여 자동차세를 차등과세할 수 있는 근거를 마련하기 위하여 규정된 것이다.

제128조 납기와 징수방법

① 자동차세는 1대당 연세액을 2분의 1의 금액으로 분할한 세액(비영업용 승용자동차의 경우에는 제127조 제1항 제2호에 따라 산출한 각 기분세액)을 다음 각 기간 내에 그 납기가 있는 달의 1일 현재의 자동차 소유자로부터 자동차 소재지를 관할하는 지방자치단체에서 징수한다. 다만, 납세의무자가 연세액을 4분의 1의 금액(비영업용 승용자동차의 경우에는 각 기분세액의 2분의 1의 금액)으로 분할하여 납부하려고 신청하는 경우에는 제1기분 세액의 2분의 1은 3월 16일부터 3월 31일까지, 제2기분 세액의 2분의 1은 9월 16일부터 9월 30일 까지 각각 분할하여 징수할 수 있다(법 §128 ①).

이 경우 지방자치단체에서 납기 중에 징수할 세액은 이미 분할하여 징수한 세액을 공제한 금액으로 한다.

기 분	기 간	납 기
제1기분	1월부터 6월까지	6월 16일부터 6월 30일까지
제2기분	7월부터 12월까지	12월 16일부터 12월 31일까지

이 규정의 본문에 따른 자동차 소재지는 해당 자동차 또는 건설기계의 등록원부상 사용본거지로 한다. 다만, 등록원부상의 사용본거지가 분명하지 아니한 경우에는 그 소유자의

주소지를 자동차 소재지로 본다(영 §125 ①).

이 규정 단서에 따라 납세의무자가 연세액을 4분의 1의 금액으로 분할하여 납부하는 경우에는 제1기분의 분할납부분은 3월 16일, 제2기분의 분할납부분은 9월 16일 현재의 자동차소재지를 관할하는 시·군·구에서 징수한다(영 §125 ⑤).

② 지방자치단체의 장은 제1항에 따른 납기마다 늦어도 납기개시 5일 전에 그 기분의 납세고지서를 발급하여야 한다. 다만, 다음 각 호의 어느 하나에 해당하는 경우에는 제1항에도 불구하고 수시로 부과할 수 있다(법 §128 ② Ⅰ~Ⅳ).
1. 자동차를 신규등록 또는 말소 등록하는 경우
2. 과세대상 자동차가 비과세 또는 감면대상이 되거나, 비과세 또는 감면대상 자동차가 과세대상이 되는 경우
3. 영업용 자동차가 비영업용이 되거나, 비영업용 자동차가 영업용이 되는 경우
4. 자동차를 승계취득함으로써 일할계산(日割計算)하여 부과·징수하는 경우

③ 납세의무자가 연세액을 한꺼번에 납부하려는 경우에는 제1항 및 제2항에도 불구하고 다음 각 호의 기간 중에 대통령령으로 정하는 바에 따라 연세액(한꺼번에 납부하는 납부기한 이후의 기간에 해당하는 세액을 말한다.)의 100분의 10의 범위에서 다음의 계산식에 따라 산출한 금액을 공제한 금액을 연세액으로 신고납부할 수 있다(법 §128 ③ Ⅰ~Ⅲ).

연세액 신고납부기간	계 산 식
1월 16일부터 1월 31일까지	연세액 × 연세액 납부기한의 다음 날부터 12월 31일까지의 기간에 해당하는 일수/365(윤년의 경우에는 366) × 금융회사 등의 예금이자율 등을 고려하여 대통령령으로 정하는 이자율
3월 16일부터 3월 31일까지	
6월 16일부터 6월 30일까지	
9월 16일부터 9월 30일까지	제2기분 세액 × 연세액 납부기한의 다음 날부터 12월 31일까지의 기간에 해당하는 일수/184 × 금융회사 등의 예금이자율 등을 고려하여 대통령령으로 정하는 이자율

1. 1월 중에 신고납부하는 경우: 1월 16일부터 1월 31일까지
2. 제1기분 납기 중에 신고납부하는 경우: 6월 16일부터 6월 30일까지
3. 제1항 단서에 따른 분할납부기간에 신고납부하는 경우: 3월 16일부터 3월 31일까지 또는 9월 16일부터 9월 30일까지

이 규정에 따라 연세액을 한꺼번에 납부하려는 자는 납부서에 과세물건, 과세표준, 산출세액 및 납부액을 적어 시장·군수·구청장에게 한꺼번에 납부할 수 있는 기간 중에 신고납부하여야 한다. 이 경우 1월 중에 연세액을 한꺼번에 신고납부한 자에 대해서는 그 다음 연도의 연세액 일시납부 신고가 없는 경우에도 시장·군수·구청장은 납부서를 송달

할 수 있다(영 §125 ②).

그리고 법 제128조 제3항에서 "한꺼번에 납부하는 납부기한 이후의 기간에 해당하는 세액"이란 1월 16일부터 1월 31일까지의 기간 중에 신고납부하는 경우에는 연세액을, 제1기분 납기 중에 신고납부하는 경우에는 제2기분에 해당하는 세액을, 분할납부기간에 신고납부하는 경우에는 그 분할납부기한 이후의 기간에 해당하는 세액을 말한다(영 §125 ③).

또한 자동차세 선납에 따른 이자환급 및 징수율 제고 등을 목적으로 당시 한국은행 기준금리(12.7%) 수준으로 연세액의 10%를 공제('94년 도입)하여지만 그 간 금리는 IMF 시기를 고점(26%, '97년)으로 점차 인하되었으나, 공제율은 변화된 저금리(1.75%, '18년) 상황을 반영하지 못하고 있어 법률에서는 공제율의 범위만 규정하고, 구체적인 공제율은 시행령으로 위임하여 과세여건 변화, 경제상황 등에 신속하게 대응하게 한 것으로 2021년1월 1일부터 시행된다.

④ 연세액이 10만원 이하인 자동차세는 제1항 및 제2항에도 불구하고 제1기분을 부과할 때 전액을 부과·징수할 수 있다. 이 경우 제2기분 세액의 100분의 10의 범위에서 다음의 계산식에 따라 산출한 금액을 공제한 금액을 연세액으로 한다(법 §128 ④).

> **계 산 식**
>
> 연세액 × 연세액 납부기한의 다음 날부터 12월 31일까지의 기간에 해당하는 일수/365(윤년의 경우에는 366) × 금융회사 등의 예금이자율 등을 고려하여 대통령령으로 정하는 이자율

위의 법 제128조 제3항 및 제4항에 따른 연세액을 신고납부하거나 부과징수하는 경우에는 제1항에 따른 자동차 소재지를 납세지로 하며, 연세액을 신고납부 또는 부과징수한 후에 자동차 소재지가 변경된 경우에도 그 변경된 자동차 소재지에서는 해당 연도의 자동차 소유에 대한 자동차세를 부과하지 아니한다(영 §125 ④).

⑤ 자동차를 이전등록하거나 말소등록하는 경우 그 양도인 또는 말소등록인은 제1항 및 제2항에도 불구하고 해당 기분(期分)의 세액을 이전등록일 또는 말소등록일을 기준으로 대통령령으로 정하는 바에 따라 일할계산하여 그 등록일에 신고납부할 수 있다(법 §128 ⑤).

위의 법 제128조 제5항 및 제130조 제1항부터 제3항까지의 규정에 따른 일할계산 금액은 해당 자동차의 연세액에 과세대상기간의 일수를 곱한 금액을 해당 연도의 총일수로 나누어 산출한 금액으로 한다. 다만, 제122조 제2항에 따른 사용연수가 3년 이상인 비영업용 승용자동차의 경우에는 법 제127조 제1항 제2호에 따라 계산한 소유권이전등록일(법 제130조 제3항 단서의 경우에는 양도일을 말한다.)이 속하는 해당 기분(期分)의 세액에 과세대상기간의 일수를 곱한 금액을 해당 기분의 총일수로 나누어 산출한 금액으로 한다(영 §126).

또한 법 제128조제3항 및 제4항의 계산식에서 "대통령령으로 정하는 이자율"이란 각각 과세연도별로 다음 각 호의 구분에 따른 율을 말한다.(영 §125 ⑥ Ⅰ~Ⅳ)

1. 2021년 및 2022년: 100분의 10
2. 2023년: 100분의 7
3. 2024년: 100분의 5
4. 2025년 이후: 100분의 3

(1) 정기분

① 자동차세는 1대당 연세액을 2분의 1의 금액으로 분할한 세액(비영업용 승용자동차의 경우에는 제127조 제1항 제2호에 따라 산출한 각 기분세액)을 다음 각 기간 내에 그 납기가 있는 달의 1일 현재의 자동차 소유자로부터 자동차 소재지를 관할하는 지방자치단체에서 징수한다. 다만, 납세의무자가 연세액을 4분의 1의 금액(비영업용 승용자동차의 경우에는 각 기분세액의 2분의 1의 금액)으로 분할하여 납부하려고 신청하는 경우에는 제1기분 세액의 2분의 1은 3월 16일부터 3월 31일까지, 제2기분 세액의 2분의 1은 9월 16일부터 9월 30일까지 각각 분할하여 징수할 수 있다. 이 경우 지방자치단체에서 납기 중에 징수할 세액은 이미 분할하여 징수한 세액을 공제한 금액으로 한다.

그런데 이 규정 운영시 주의할 점은 자동차세는 원칙적으로 고지에 의한 방법으로 징수하는 조세로서 신고납부로서 분할납부신청을 하고도 납부를 하지 아니하였다 하더라도 가산세 가산문제는 발생하지 않으며 저자의 의견으로는 분할납부하는 세액이 정확히 연세액의 4분의 1로 하지 않더라도 징수하고 부족분은 매기분 고지시 나머지 세액을 고지하여 징수하면 될 것으로 본다.

그리고 납세의무자가 연세액을 4분의 1의 금액으로 분할하여 납부하는 경우에는 제1기분의 분할납부분은 3월 16일, 제2기분의 분할납부분은 9월 16일 현재의 자동차 소재지를 관할하는 시·군·구에서 이를 징수한다(영 §125 ⑤).

기 분	기 간	납세의무성립일	납 기
제1기분	1월부터 6월까지	6월 1일	6월 16일부터 6월 30일까지
제2기분	7월부터 12월까지	12월 1일	12월 16일부터 12월31일까지

② 위 규정에서 자동차 소재지라 함은 해당 자동차 또는 건설기계의 등록원부상 사용본거지를 말한다. 다만, 등록원부상의 사용본거지가 분명하지 아니한 경우에는 그 소유자의 주소지를 자동차의 소재지로 본다(영 §125 ①).

③ 지방자치단체의 장은 매 기분 납기마다 늦어도 납기개시 5일 전에 그 기분의 납세고

지서를 발부하여야 한다.

④ 자동차의 용도 또는 종류를 변경하였을 때에는 변경 전후의 해당 자동차의 종류에 따라 다음에 준하여 산정한 금액의 합계액을 그 세액으로 한다(영 §127).

$$\left(\text{용도 또는 종류를 변경하기 전의 해당 자동차 연세액} \times \frac{\text{해당 과세대상기간 중 용도 또는 종류변경 전 일수}}{\text{해당 연도 총일수}} \right)$$

$$+ \left(\text{용도 또는 종류를 변경한 후의 해당 자동차 연세액} \times \frac{\text{해당 과세대상기간 중 용도 또는 종류변경 후 일수}}{\text{해당 연도 총일수}} \right)$$

$$= \text{납부세액}$$

이 조항에 있어서 용도 또는 종류를 변경한 날을 언제로 볼 것이냐에 대하여는 용도 또는 종류를 사실상 변경한 날로 볼 것이 아니라, 차량등록상 용도 또는 종류가 변경된 날로 보아야 할 것으로 본다. 이 경우 종류변경의 등록을 한 날은 이를 변경 후의 일수에 산입하고 변경 전 일수에는 포함되지 않음을 유의해야 할 것이다.

(2) 수시분

자동차를 신규등록 또는 말소등록하는 경우, 과세대상 자동차가 비과세 또는 감면대상이 되거나 비과세 또는 감면대상 자동차가 과세대상으로 되는 경우, 영업용 자동차가 비영업용이 되거나, 비영업용 자동차가 영업용이 되는 경우, 자동차를 승계취득함으로써 일할계산하여 부과·징수하는 경우에는 기분이나 납기에 불구하고 수시로 부과할 수 있다.

(3) 일시납부 및 부과

(가) 일시납부

① 납세의무자가 연세액을 한꺼번에 납부하려는 경우에는 매 기분 납부방법에 불구하고 다음의 기간 중에 연세액(한꺼번에 납부하는 납기한 이후의 기간에 해당하는 세액을 말한다.)의 100분의 10을 공제한 금액을 연세액으로 신고납부할 수 있다. 이 경우 1월 중에 신고납부하는 경우는 1월 16일부터 1월 31일까지, 제1기분 납기 중에 신고납부하는 경우에는 6월 16일부터 6월 30일까지, 납세의무자가 연세액을 4분의 1의 금액으로 분할하여 납부하려고 분할납부기간에 신고납부하는 경우에는 3월 16일부터 3월 31일까지 또는 9월 16일부터 9월 30일까지 신고납부할 수 있다. 이 경우 신고납부시 공제세액을 예시하면 다음과 같다.

┃ 연세액 납부시기 및 납부세액 ┃

신고납부시기	납부하여야 할 기간	납부하여야 할 세액	10% 공제액
1.16.~1.31.	1월~12월	연세액	연세액의 10%
3.16.~3.31.	4월~12월	연세액	연세액의 3/4의 10%
6.16.~6.30.	7월~12월	연세액의 1/2	연세액의 1/2의 10%
9.16.~9.30.	10월~12월	연세액의 1/4	연새액의 1/4의 10%

자동차세는 고지납부하는 세이므로 지방세법에 신고기간이 정해져 있지 않는 것을 신고하여 납부하게 되면 이 세금은 과오납이 되는 것이므로 이러한 모순을 없애기 위해서 1999년부터는 1월, 3월, 6월, 9월에 신고할 수 있는 기간을 정하여 연간, 9개월, 6개월, 3개월분을 일시납부토록 규정하면서 일시에 납부하는 납기한 이후의 기간에 해당하는 세액을 명확히 하였다. 이 규정에서 "한꺼번에 납부하는 납부기한 이후의 기간에 해당하는 세액"이란 1월 16일부터 1월 31일까지의 기간 중에 신고납부하는 경우는 연세액을, 제1기분 납기 중에 신고납부하는 경우에는 제2기분에 해당하는 세액을, 분할납부기간에 신고납부하는 경우에는 분할납부기한 이후의 기간에 해당하는 세액을 말한다(영 §125 ③).

그러므로 연세액을 한꺼번에 납부하여 100분의 10을 공제받을 수 있는 경우라 함은 1월 16일부터 1월 31일까지 연세액을 한꺼번에 납부하면 1년분 세액의 10%를 공제받게 되고, 3월말에 분할납부하면서 연세액을 전부 납부하였다면 4월부터 12월까지의 세액인 연세액의 4분의 3에 대한 10%를 공제한다는 것이다.

② 연세액을 한꺼번에 납부하고자 하는 자는 납부서에 과세물건, 과세표준액, 산출세액 및 납부액을 적어 지방자치단체의 장에게 1월 중에 신고납부하는 경우는 1월 16일부터 1월 31일까지, 제1기분 납기 중에 신고납부하는 경우는 6월 16일부터 6월 30일까지, 분할납부하는 경우에는 3월 16일부터 3월 31일까지 또는 9월 16일부터 9월 30일까지의 기간 중에 신고납부하여야 한다. 이 경우 시장·군수·구청장은 법 제128조제3항에 따라 연세액을 한꺼번에 신고납부한 자에 대해서는 그 다음 연도의 1월 중에 연세액 납부서를 송달할 수 있다(영 §125 ②).

(나) 일시부과

① 연세액이 10만원 이하인 자동차세는 지방세법 제128조 제1항 및 제2항에도 불구하고 제1기분을 부과할 때 전액을 부과·징수할 수 있다. 이 경우 제2기분 세액의 100분의 10을 공제한 금액을 연세액으로 한다.

그러므로 연세액이 10만원 이하의 자동차세는 신고납부를 하지 아니하더라도 과세권자가 제1기분 자동차세 부과시 연세액을 일시부과하면서 제2기분 세액의 10%에 해당하는 세액을 공제한 나머지 세액으로 부과징수한다는 것이다.

② 연세액을 신고납부하거나 부과징수하는 경우에는 해당 자동차 또는 건설기계의 등록원부상 사용본거지(등록원부상의 사용본거지가 분명하지 아니한 경우에는 그 소유자의 주소지)를 납세지로 하며, 연세액을 신고납부 또는 부과징수한 후에 자동차 소재지가 변경된 경우에도 그 변경된 자동차 소재지에서는 해당 연도의 자동차 소유자에 대한 자동차세를 부과하지 아니한다(영 §125 ④). 이 규정은 연세액을 일시에 납부하거나 부과징수한 자동차세는 납세지가 변경되더라도 변경되어 새로이 납세지가 된 지방자치단체에서는 해당 연도의 자동차세를 부과하지 못하는 점에 유의해야 한다.

(다) 일할계산

자동차를 이전등록하거나 말소등록하는 경우 그 양도인 또는 말소등록인은 제1항 및 제2항에도 불구하고 해당 기분(期分)의 세액을 이전등록일 또는 말소등록일을 기준으로 대통령령으로 정하는 바에 따라 일할계산하여 그 등록일에 신고납부할 수 있다.

위의 규정에 의한 수시부과시의 세액계산은 다음에 의한다.

① 자동차를 이전등록하거나 말소등록한 경우에는 그 취득한 날 또는 사용을 폐지한 날이 속하는 기분의 자동차세액은 아래와 같이 일할계산한 금액을 그 세액으로 하여 각각 징수하여야 한다(영 §126 본문).

$$\text{자동차 연세액} \times \frac{\text{과세대상 기간의 일수}}{\text{연도의 총일수}} = \text{납부세액}$$

② 이 규정에 의한 일할계산대상 중 사용연수가 3년 이상인 비영업용 승용자동차의 경우에는 소유권 이전 등록일(소유권 변동사실을 증명할 수 있는 서류에 의해 양도일이 확인된 경우는 그 양도일)이 속하는 해당 기분의 세액에 과세대상기간의 일수를 곱한 금액을 해당 기분의 총일수로 나누어 산출한 금액으로 한다(영 §126 단서).

제129조 | 승계취득시의 납세의무

제128조 제1항에 따른 과세기간 중에 매매·증여 등으로 인하여 자동차를 승계취득한 자가 자동차 소유권 이전 등록을 하는 경우에는 같은 항에도 불구하고 그 소유기간에 따라 자

동차세를 일할계산하여 양도인과 양수인에게 각각 부과·징수한다(법 §129).

　이 규정도 지방세법 제128조 제1항에서 자동차에 대한 연세액을 제1기(1.1.~6.30.)와 제2기(7.1.~12.31.)로 나누어 과세하면서 각 기분의 과세기준일(제1기 : 6.1., 제2기 : 12.1.) 이전에 자동차를 취득한 경우 당해 기분의 자동차세를 승계토록 함에 따라 실제로 사용도 하지 아니한 자동차세까지 부담하는 것은 자동차세의 취지에 맞지 않다는 여론에 따라 각 기분별로 소유기간에 따라 일할계산하여 양도인과 양수인에게 각각 부과징수할 수 있도록 개선한 것이다.

제130조 │ 수시부과시의 세액계산

① 자동차를 신규등록하거나 말소등록한 경우에는 지방자치단체는 그 취득한 날 또는 사용을 폐지한 날이 속하는 기분의 자동차세액을 대통령령으로 정하는 바에 따라 일할계산한 금액을 각각 징수하여야 한다(법 §130 ①).

② 과세대상 자동차가 비과세 또는 감면대상으로 되거나, 비과세 또는 감면대상 자동차가 과세대상이 되는 경우 및 영업용 자동차가 비영업용이 되거나, 비영업용 자동차가 영업용이 되는 경우에는 해당 기분의 자동차세를 대통령령이 정하는 바에 따라 일할계산한 금액을 징수하여야 한다(법 §130 ②).

③ 제129조에 따라 자동차세를 소유기간에 따라 일할계산하는 경우에는 소유권 이전 등록일을 기준으로 대통령령으로 정하는 바에 따라 일할계산한 금액을 징수하여야 한다. 다만, 양도인 또는 양수인이 행정안전부령으로 정하는 신청서에 소유권 변동사실을 증명할 수 있는 서류를 첨부하여 일할계산신청을 하는 경우에는 그 서류에 의하여 증명된 양도일을 기준으로 일할계산하며, 양도인 또는 피상속인이 연세액을 한꺼번에 납부한 경우에는 이를 양수인(양도인이 동의한 경우만 해당한다.) 또는 상속인이 납부한 것으로 본다(법 §130 ③).

④ 제1항부터 제3항까지의 규정에 따라 계산한 세액이 2천원 미만이면 자동차세를 징수하지 아니한다(법 §130 ④).

위의 규정에 의한 수시부과시의 세액계산은 다음에 의한다.
(1) 자동차를 신규등록하거나 말소등록한 경우에는 그 취득한 날 또는 사용을 폐지한 날이 속하는 기분의 자동차세액은 아래와 같이 일할계산한 금액을 그 세액으로 하여 각각 징수하여야 한다.

$$\text{자동차 연세액} \times \frac{\text{과세대상 기간의 일수}}{\text{연도의 총일수}} = \text{납부세액}$$

(2) 과세대상 자동차가 비과세 또는 감면대상으로 되거나, 비과세 또는 감면대상 자동차가 과세대상으로 되는 경우 및 영업용 자동차가 비영업용이 되거나, 비영업용자동차가 영업용이 되는 경우에는 해당 기분의 자동차세를 아래와 같이 일할계산한 금액을 그 세액으로 하여 징수하여야 한다.

$$\text{자동차 해당 분기 세액} \times \frac{\text{과세대상 기간의 일수}}{\text{해당 분기의 총일수}} = \text{납부세액}$$

이와 같이 '(1)'·'(2)'에서 일할계산하는 자동차세의 계산을 연간 자동차세액으로 계산하도록 한 것은 1기와 2기의 일수에 차이가 있어 세액산출시 차이가 있기 때문에 개선한 것이며, 사용일수 또는 과세대상 기간의 일수를 계산함에 있어서는 등록일(초일을 산입한다.)을 기준으로 하여 취득 후의 등록 또는 자동차관리법 또는 건설기계관리법에 의한 폐차등록일을 정확히 계산하여야 할 것이다.

(3) 자동차세를 소유기간에 따라 일할계산하는 경우에는 소유권 이전 등록일을 기준으로 해당 자동차의 연간세액에 과세대상기간의 일수를 곱한 금액을 해당 연도의 총일수로 나누어 산출한 금액, 즉 일할계산한 금액을 그 세액으로 하며 양도인과 양수인에게서 각각 징수하여야 한다. 다만, 양도인 또는 양수인이 신청서에 소유권 변동사실을 증명할 수 있는 서류를 첨부하여 일할계산신청을 하는 경우에는 그 서류에 의하여 증명된 양도일을 기준으로 일할계산하며, 양도인 또는 피상속인이 연세액을 한꺼번에 납부한 경우에는 이를 양수인(양도인이 동의한 경우만 해당한다.) 또는 상속인이 납부한 것으로 본다.

이 경우 연세액을 일시 납부한 자가 소유하던 자동차를 매도하면서 매수인과 사인간의 계약에 의거 자동차세납부액에 대해서도 양도인이 동의만 하면 그 연세액의 잔여기간의 자동차세를 양수인 또는 상속인이 납부한 것으로 본다는 것이다.

(4) 자동차를 신규등록하거나 말소등록한 경우 또는 과세대상 자동차가 비과세 또는 감면대상으로 되거나, 비과세 또는 감면대상 자동차가 과세대상이 되는 경우 및 자동차 소유권 이전 등록시 일할계산신청을 하는 경우에 자동차세액을 일할계산하여 징수함에 있어 그 세액이 2,000원 미만인 때에는 자동차세를 징수하지 아니한다.

이 규정에 의한 일할계산대상 중 사용연수가 3년 이상인 비영업용 승용자동차의 경우에는 소유권 이전 등록일(소유권 변동사실을 증명할 수 있는 서류에 의해 양도일이 확인된 경우는 그 양도일)이 속하는 해당 기분의 세액에 과세대상기간의 일수를 곱한 금액을 해당 기분의 총일수로 나누어 산출한 금액으로 한다(영 §126 단서).

그리고 자동차의 용도 또는 종류를 변경하였을 때에는 변경 전·후의 해당 자동차의 종류에 따라 위의 영 제126조에 준하여 산정한 금액의 합계액을 그 세액으로 한다(영 §127).

제131조 │ 자동차등록번호판의 영치 등

① 시장·군수·구청장은 자동차세의 납부의무를 이행하지 아니한 자가 있을 때에는 특별시장·광역시장·도지사에게 대통령령으로 정하는 바에 따라 그 자동차등록증을 발급하지 아니하거나 해당 자동차의 등록번호판의 영치(領置)를 요청하여야 한다. 다만, 특별자치시·특별자치도의 경우와 자동차등록업무가 시장·군수·구청장에게 위임되어 있는 경우에는 특별자치시장·특별자치도지사·시장·군수 또는 구청장은 그 자동차등록증을 발급하지 아니하거나 해당 자동차의 등록번호판을 영치할 수 있다(법 §131 ①).

② 특별자치시장·특별자치도지사·시장·군수 또는 구청장은 제1항에 따라 자동차등록번호판이 영치된 납세의무자가 해당 자동차를 직접적인 생계유지 목적으로 사용하고 있어 자동차등록번호판을 영치하게 되면 납세의무자의 생계유지가 곤란할 것으로 인정되는 경우 자동차등록번호판을 내주고 영치를 일시 해제하거나 특별시장·광역시장 또는 도지사에게 이를 요청할 수 있다(법 §131 ②).

납세의무자는 위의 법 제131조 제1항에 따른 자동차등록번호판의 영치 일시해제를 신청하려는 경우 행정안전부령으로 정하는 신청서에 같은 항에 따른 일시해제의 사유가 있음을 증명하는 자료를 첨부하여 시장·군수·구청장에게 제출해야 한다. 자동차등록번호판 일시해제기간의 연장을 신청하려는 경우에도 또한 같다(영 §128의 2 ①).

그리고 특별시장·광역시장·도지사 또는 시장·군수·구청장은 위 규정에 따라 자동차등록번호판의 영치를 일시 해제하는 경우 그 기간을 6개월 이내로 해야 한다. 이 경우 그 기간이 만료될 때까지 위 규정에 따른 일시 해제의 사유가 해소되지 않는 경우에는 1회에 한정하여 3개월의 범위에서 그 기간을 연장할 수 있다(영 §128의 2 ②).

또한 특별시장·광역시장·도지사 또는 시장·군수·구청장은 위와 같이 자동차등록번호판의 영치를 일시 해제하거나 일시 해제기간을 연장하는 경우 필요한 때에는 체납된 자동차세를 분할납부할 것을 조건으로 붙일 수 있다. 이 경우 분할납부기간은 자동차등록번호판의 영치 일시해제기간 또는 일시해제기간을 연장한 기간으로 하고, 분할납부의 횟수는 납세의무자의 자동차사용목적과 생계유지의 관련성 등을 고려하여 해당 특별시장·광역시장·도지사 또는 시장·군수·구청장이 정한다(영 §128의 2 ③).

다만, 특별시장·광역시장·도지사 또는 시장·군수·구청장은 ① 납세의무자가 다른 지방세를 체납하고 있는 경우, ② 강제집행·경매의 개시·파산선고 등 납세의무자로부터 체납된 자동차세를 징수할 수 없다고 인정되는 경우, ③ 납세의무자가 위 제3항에 따른 분할납부조건을 이행하지 않은 경우, ④ 그 밖에 납세의무자에게 체납된 자동차세의 납부를 기대하기 어려운 사정이 발생한 경우에는 자동차등록번호판의 영치 일시해제를 취소하고, 자동차등록번호판을 다시 영치할 수 있다(영 §128의 2 ④ Ⅰ~Ⅳ).

이 경우 특별시장·광역시장·도지사 또는 시장·군수·구청장이 위 제2항에 따라 자동차등록번호판의 영치 일시해제 또는 일시해제기간의 연장을 하거나 위 제4항에 따라 자동차등록번호판을 다시 영치한 때에는 납세의무자에게 그 사실을 통보해야 한다(영 §128의 2 ⑤).

③ 제1항 및 제2항에 따른 시장·군수·구청장의 요청이 있을 때에는 특별시장·광역시장·도지사는 협조하여야 한다(법 §131 ③).

④ 자동차등록번호판의 영치방법 및 영치 일시 해제의 기간·요건 등에 관하여 필요한 사항은 대통령령으로 정한다(법 §131 ④).

여기에서 등록번호판의 영치방법 등에 대하여 살펴보면 다음과 같다.

(1) 특별시장·광역시장 또는 도지사는 법 제131조 제1항 본문에 따라 시장·군수·구청장(특별자치시장 및 특별자치도지사는 제외한다.)의 요청을 받았을 때에는 자동차등록증을 발급하지 아니하거나 자동차등록번호판을 영치하며, 그 결과를 시장·군수·구청장에게 통보하여야 한다(영 §128 ①).

(2) 시장·군수·구청장은 납세의무자가 독촉기간 내에 체납된 자동차세를 납부하지 아니한 경우에는 그 자동차등록증을 발급하지 아니하거나 자동차등록번호판를 영치하여야 하며, 이와같은 조치를 하였을 때에는 납세의무자에게 그 사실을 통지하여야 한다(영 §128 ②·③).

(3) 시장·군수·구청장이 자동차등록번호판를 영치한 경우에는 자동차 소유주의 주소, 성명, 자동차의 종류, 등록번호 및 영치일시 등을 적은 영치증을 교부하여야 하며, 그 영치사실을 문서로 자동차등록부서에 지체 없이 통보하여야 한다(규칙 §67 ①).

이 규정에 따라 영치증을 교부하는 경우 해당 자동차 소유자의 소재가 불분명하거나 그 밖에 교부가 곤란하다고 인정되는 경우에는 해당 자동차에 영치증을 부착하는 것으로 통보를 갈음할 수 있다(규칙 §67 ②).

(4) 납세의무자가 체납된 자동차세를 납부한 경우에는 시장·군수·구청장은 영치한 자동차등록번호판를 즉시 내주거나 특별시장·광역시장 또는 도지사에게 회수한 자동차등록증 및 영치한 자동차등록번호판을 즉시 내주도록 요청(특별자치시장 및 특별자치도지사는 제외한다.)하여야 한다(영 §128 ④).

(5) 지방자치단체의 장은 ① 자동차의 취득 또는 소유권의 이전 ② 사용본거지의 변경 ③ 자동차의 용도변경 ④ 자동차의 사용 폐지 ⑤ 자동차의 원동기, 차체, 승차중원 또는 최대적재량의 변경이 발생하였을 때에는 납세지 관할 시장·군수·구청장에게 통보하여야 하며(영 §129), 시장·군수·구청장은 자동차세 과세대장을 갖추어 두고, 필요한 사항을 등재하여야 한다. 이 경우 해당 사항을 전산처리하는 경우에는 과세대장을 갖춘 것으로 본다(영 §130).

제132조 납세증명서 등의 제시

다음 각 호의 어느 하나에 해당하는 자는 해당 등록관청에 자동차세 영수증 등 자동차세를 납부한 증명서를 제출하거나 내보여야 한다. 다만, 전자정부법 제36조 제1항에 따른 행정정보의 공동이용을 통하여 해당 자동차의 자동차세 납부사실을 확인할 수 있는 경우에는 그러하지 아니하다(법 §132 Ⅰ~Ⅳ).

1. 「자동차관리법」 제12조에 따른 이전등록을 하려는 자
2. 「자동차관리법」 제13조 제1항에 따른 말소등록을 하려는 자
3. 「건설기계관리법」 제5조에 따른 변경신고(건설기계의 소유권 이전으로 인한 변경신고만 해당한다.)를 하려는 자
4. 「건설기계관리법」 제6조에 따른 말소등록(시·도지사가 직권으로 등록을 말소하는 경우는 제외한다.)을 하려는 자

이 규정은 자동차세를 납부하지 않고 소유권의 이전등록이 이루어짐으로써 새로운 취득자가 선의의 피해자가 될 뿐 아니라 조세행정상의 문제가 야기되어 자동차세에 대한 승계납세의무제도를 폐지함과 아울러 이전등록시에는 자동차세를 완납하였다는 증표를 제시하도록 한 것이다.

자동차관리법에 의하면 자동차등록원부에 등록된 자동차의 소유권을 이전하는 경우에 양수인은 이전등록을 신청하여야 하는데(자동차관리법 §12), 이 경우에는 자동차세를 완납하였다는 증명서를 제출하거나 내보여야 한다는 것이다. 건설기계의 이전등록도 또한 같다.

제133조 체납처분

제127조부터 제130조까지에서 규정된 자동차에 관한 지방자치단체의 징수금을 납부하지 아니하거나 납부한 금액이 부족할 때에는 해당 자동차에 대하여 독촉(督促)절차 없이 즉시 체납처분 할 수 있다(법 §133).

이 규정에 의하여 자동차세는 다른 세목의 경우는 독촉 등 체납처분 시 필요한 절차를 밟아야만 체납처분이 가능하나 자동차세는 독촉장 발급 없이도 납기가 경과되면 그 즉시 체납처분을 할 수 있다는 데에 특징이 있는 세목이다.

제134조 면세규정의 배제

지방세특례제한법을 제외한 다른 법률 중에 규정된 조세의 면제에 관한 규정은 자동차세에 관한 지방자치단체의 징수금에 대해서는 적용하지 아니한다(법 §134).

그러므로 국가소유 자동차 중 국방, 경호, 경비, 소방, 청소용으로 사용되는 자동차에 한하여 자동차세를 비과세 하고, 국가나 지방자치단체의 소유차량으로서 일반적인 공공업무에 활용되는 자동차와 비영리단체의 자동차는 제사, 종교, 자선, 학술, 기예 등의 공익목적에 전용되는 자동차라 하더라도 비과세 대상에서 제외하고 있는 것이다.

제2절 자동차 주행에 대한 자동차세

주행세를 자동차 주행에 대한 자동차세로 개편한 것은 지방세법을 지방세기본법, 지방세법, 지방세특례제한법으로 분법하면서 자동차세와 통합하였는데 당초 주행세는 자동차 관련 세제를 주행과세 위주로 개편하고 취득·보유단계의 세부담을 완화해야 한다는 여론과 1998년도 한·미통상 협상시 자동차세율을 인하하기로 함에 따라 자동차세의 감소에 따르는 지방재정보전을 위해 이미 과세되고 있는 유류에 대한 교통세의 일부재원을 지방으로 이전하는 방안을 마련하면서 1999년도에는 자동차세 인하분(2,900억원)만큼의 재원을 특별교부금으로 배분하였다가 1999년말 이를 법제화하여 주행세를 신설하고 그 재원을 자동차세 인하금액에 따라 시군에 안분하도록 하는 교통·에너지·환경세의 부가세로 창설되어 2000년부터 시행되었다. 그런데 주행세를 교통·에너지·환경세의 부가세로 하면서 교통·에너지·환경세의 본세의 세율을 부가세가 과세되는 것만큼 인하하였기 때문에 소비자에게는 주행세 신설로 인한 추가부담은 없는 것이다.

그리고 주행세는 운수업체의 보조금이 포함되어 있어 해마다 세율의 변동이 있어도 지방자치단체의 일반세원으로는 도움이 크게 되지 않고 있는 실정이다.

제135조 납세의무자

자동차 주행에 대한 자동차세(이하 이절에서 "자동차세"라 한다.)는 비영업용 승용자동차에 대한 이 장 제1절에 따른 자동차세의 납세지를 관할하는 지방자치단체에서 휘발유, 경유 및 이와 유사한 대체유류(이하 이절에서 "과세물품"이라 한다.)에 대한 교통, 에너지, 환경세의 납세의무가 있는 자(교통·에너지·환경세법 제3조 및 제11조에 따른 납세의무자를 말한다.)에게 부과한다(법 §135).

1. 과세물품

자동차주행에 대한 자동차세의 과세물품은 비영업용 승용자동차에 대한 자동차세의 납세지를 관할하는 시·군에서 휘발유·경유 및 이와 유사한 대체유류에 과세하는 것으로 규정되어 있으나 자동차세(자동차 주행에 따른 자동차세)가 교통·에너지·환경세의 부가세이므로 교통·에너지·환경세법 제1조 제2항에 따라 과세대상인 휘발유, 경유 및 이와 유사한 대체유류가 자동차세의 과세물품인데 여기에서 "비영업용 승용자동차에 대한 자동차세의 납세지를 관할하는 시·군에서 과세하는 것으로" 표현되어 있는 것은 승용자동차에 대한 세율인하로 감소된 세원을 보전한다는 의미에 불과하고 승용자동차에 소요되는 유류에 대해서만 자동차세를 과세한다는 의미는 아니다.

2. 납세의무자

자동차주행에 대한 자동차세는 교통·에너지·환경세의 납세의무가 있는 자(교통·에너지·환경세법 제3조 및 제11조에 따른 납세의무자를 말한다.)에게 부과한다.

여기에서 교통·에너지·환경세법 제3조에 따른 납세의무자라 함은,

① 휘발유와 이와 유사한 대체유류와 경유 및 이와 유사한 대체유류를 제조하여 반출하는 자
② 휘발유와 이와 유사한 대체유류와 경유 및 이와 유사한 대체유류를 관세법에 의한 보세구역으로부터 반출하는 자(관세법에 의하여 관세를 납부할 의무가 있는 자를 말한다.)
③ ②의 경우 외에 관세를 징수하는 물품에 대하여는 그 관세를 납부할 의무가 있는 자를 말한다.

그러므로 자동차세의 납세의무자는 국내정유회사와 외국으로부터 수입하는 자가 되는 것이므로 각 지역에 산재해 있는 주유소나 자동차를 소유하고 있는 자가 직접 자동차세를 납부하는 것이 아니라 소비자는 유류가격만 지불하면 교통·에너지·환경세와 자동차세를 시·군에 납부하는 납세의무자는 정유회사와 유류를 수입하는 자가 된다는 것이다.

그리고 교통·에너지·환경세법 제11조에 따른 납세의무자란 석유 및 석유대체연료 사업법 제2조 제10호에 따른 가짜 석유제품을 판매하거나 판매하기 위하여 보관하는 자가 납세의무자가 되는 것이다.

제136조 세 율

① 자동차세의 세율은 법 제135조에 따른 과세물품에 대한 교통, 에너지, 환경세액의 1천분의 360으로 한다(법 §136 ①).
② 제1항에 따른 세율은 교통, 에너지, 환경세율의 변동 등으로 조정이 필요하면 그 세율의 100분의 30 범위에서 대통령령으로 정하는 바에 따라 가감하여 조정할 수 있다(법 §136 ②).

이 규정에 따른 조정세율은 법 제135조에 따른 과세물품(이하 이 절에서 '과세물품'이라 한다.)에 대한 교통·에너지·환경세액의 1천분의 260으로 한다(영 §131).

1. 일반세율

자동차세의 일반세율은 과세물품에 대한 교통, 에너지, 환경세액의 1천분의 360으로 규정되어 있으나 유류가격의 변동 등으로 수시로 세율이 조정되므로 적용에 유의해야 한다.

이 규정은 당초에는 그 세율이 종전의 교통·에너지·환경세액의 1,000분의 32였으나, 2001.7.1.부터는 교통·에너지·환경세액의 1,000분의 115로 인상조정하였다가 2002.7.1.부터는 그 율을 1,000분의 120으로 인상하고, 2003.7.1.부터는 그 율을 다시 1,000분의 149.5로 하였으며, 2004.3.1.부터는 교통세액의 1,000분의 180으로 탄력세율로 인상하여 운영하다가 2005.1.1.부터는 본법의 세율을 1,000분의 215로 인상하였으며, 2005.7.8.부터 조정세율을 교통·에너지·환경세액의 1,000분의 240으로 인상하였다가, 다시 2006.7.1.부터는 조정세율을 교통·에너지·환경세액의 1,000분의 265로 하였으며, 2007.7.20.부터 본법의 세율을 1,000분의 320으로 인상하고 2007.7.23.부터 조정세율을 교통, 에너지, 환경세의 1,000분의 325로 인상하였다가 다시 2008.3.10일 1,000분의 270으로 인하하여 운영하였으며 2008.10.1.부터는 본세의 세율을 1,000분의 360으로 인상하였으나, 2008.10.7.부터는 조정세율을 1,000분의 300으로 인하하였다. 그 후 본세의 세율을 1,000분의 360으로 하고 조정세율은 1,000분의 260으로 하였다.

2. 조정세율

위의 일반세율은 교통·에너지·환경세율의 변동 등으로 조정이 필요한 경우에는 그 세율의 100분의 30의 범위 안에서 대통령령으로 이를 가감하여 조정할 수 있다.

2011년부터 적용되는 조정세율은 과세물품에 대한 교통·에너지·환경세액의 1천분의 260으로 한다(영 §131).

이 세율은 지방세법에 규정되어 있는 표준세율에 의한 과세시에 지방자치단체가 재정상 특별한 사유가 있을 때 가감조정하는 자치단체의 자율성을 강조한 세율이 아님을 유의하기 바란다. 그러므로 이 조정세율은 유류가의 급격한 변동 등으로 인하여 서민생활에 직결되는 대중교통수단의 요금인상요인을 사전에 차단하기 위한 보조금으로 활용하기 위한 것이므로 자동차세의 세율이 인상되더라도 별도의 재원조정조치가 없는 한 지방자치단체의 일반재원으로는 활용되지 않고 있다.

제137조 신고납부 등

① 자동차세의 납세의무자는 교통·에너지·환경세법 제8조에 따른 과세물품에 대한 교통·에너지·환경세 납부기한까지 교통·에너지·환경세의 납세지를 관할하는 지방자치단체의 장에게 자동차세의 과세표준과 세액을 대통령령으로 정하는 바에 따라 신고하고 납부하여야 한다. 이 경우 교통·에너지·환경세의 납세지를 관할하는 지방자치단체의 장을 각 지방자치단체가 부과할 자동차세의 특별징수의무자(이 절에서 '특별징수의무자'라 한다.)로 한다(법 §137 ①).

② 납세의무자가 제1항에 따른 신고 또는 납부의무를 다하지 아니하면 해당 특별징수의무자가 제136조에 따라 산출한 세액 또는 그 부족세액에 지방세기본법 제53조부터 제55조까지의 규정에 따라 산출한 가산세를 합한 금액을 세액으로 하여 보통징수의 방법으로 징수한다. 다만, 자동차세로 징수할 세액이 고지서 1장당 2천원 미만인 경우에는 그 자동차세를 징수하지 아니한다(법 §137 ②).

③ 특별징수의무자는 징수한 자동차세(그 이자를 포함한다.)를 다음 달 25일까지 이 장 제1절에 따른 지방자체단체별 자동차세의 징수세액 등을 고려하여 대통령령으로 정하는 안분기준 및 방법에 따라 각 지방자치단체에 납부하여야 한다(법 §137 ③).

이 경우 특별징수의무자는 징수·납부에 따른 사무처리비 등을 행정안전부령으로 정하는 바에 따라 해당 지방자치단체에 납부하여야 할 세액에서 공제 [자동차세의 징수 또는 납부와 관련하여 드는 비용 등을 고려하여 징수세액의 1만분의 2 금액과 특별징수의무자가 자동차세의 부과 또는 징수를 위하여 지급하는 소송비용(세금계산서, 계산서 등에 의하여 객관적으로 증명되는 경우에 한한다)으로 한다.] 할 수 있다(규칙 §72 ①).

④ 특별징수의무자가 징수하였거나 징수할 세액을 제3항에 따른 기한까지 납부하지 아니하거나 부족하게 납부하더라도 특별징수의무자에게 지방세기본법 제53조의 5에 따른 가산세(특별징수납부 등 불성실가산세)는 부과하지 아니한다(법 §137 ④).

⑤ 과세물품을 관세법에 따라 수입신고 수리 전에 반출하려는 자는 특별징수의무자에게 해당 자동차세액에 상당하는 담보를 제공하여야 한다(법 §137 ⑤).

1. 신고 및 납부 등

(1) 납부기한 및 납세지

자동차세의 납세의무자는 교통·에너지·환경세법 제8조에 따른 과세물품에 대한 교통·에너지·환경세 납부기한까지 교통·에너지·환경세의 납세지를 관할하는 지방자치단체의 장에게 자동차세의 과세표준과 세액을 대통령령으로 정하는 바에 따라 신고하고 납부하여야 한다. 이 경우 교통·에너지·환경세의 납세지를 관할하는 지방자치단체의 장을 각 지방자치단체가 부과할 자동차세의 특별징수의무자로 한다.

위 규정에 따라 자동차 주행에 대한 자동차세를 신고하려는 자는,
① 교통·에너지·환경세법 제7조 제1항 및 같은 법 제8조에 따라 교통·에너지·환경세를 신고납부하는 경우에는 과세물품과세표준신고서 사본
② 교통·에너지·환경세법 제7조 제2항 또는 제3항 및 같은 법 제8조에 따라 교통·에너지·환경세를 신고납부하는 경우에는 관세법 제248조에 따른(신고의 수리) 신고필증 사본을 첨부하여 법 제137조 제1항 후단에 따른 특별징수의무자(이하 '특별징수의무자'라 한다.)에게 신고하고, 행정안전부령으로 정하는 납부서로 납부하여야 한다(영 §132 Ⅰ·Ⅱ).

휘발유 및 경유와 이와 유사한 대체유류를 제조하여 반출하는 자(납세의무자)는 매월분의 교통·에너지·환경세를 매월 제조장으로부터 반출한 물품의 물품별 수량 및 가격과 산출세액, 미납세액, 면제세액, 공제세액, 환급세액, 납부세액 등을 기재한 신고서를 다음 달 말일까지 제출하여야 하고, 과세물품을 관세법에 의한 보세구역으로부터 반출하는 자(납세의무자)가 보세구역을 관할하는 세관장에게 수입신고를 한 때에는 신고를 한 것으로 본다(교통·에너지·환경세법 §7 ①·②).

그러므로 자동차세도 이 기간 내에 교통·에너지·환경세의 납세지를 관할하는 시장·군수·구청장에게 신고·납부하여야 한다.

(2) 특별징수의무자 및 가산세

납세의무자가 제1항에 따른 신고 또는 납부의무를 다하지 아니하면 해당 특별징수의무자가 제136조에 따라 산출한 세액 또는 그 부족세액에 지방세기본법 제53조의 2부터 제53조의 4까지의 규정에 따라 산출한 가산세를 합한 금액을 세액으로 하여 보통징수의 방법으로 징수한다.

① 자동차세는 각 시·군(특별시 및 광역시를 포함한다.)의 세입으로 안분하여야 하므로 제조물품을 반출하거나 보세구역으로부터 물품을 반출하는 반출지 시장·군수는 납세의무자로부터 자동차세를 징수하게 되는데, 이 경우 교통·에너지·환경세의 납세지를 관할하는 시장·군수·구청장은 자동차세의 특별징수의무자가 되는 것이다.
② 자동차세의 납세의무자가 특별징수의무자인 시장·군수·구청장에게 자동차세를 신고 및 납부하지 아니하거나 신고하고 납부한 세액이 산출세액에 미달하는 때에는

무신고가산세(100분의 20 또는 100분의 40), 과소신고가산세(100분의 10 또는 100분의 40), 납부지연가산세 등을 합한 금액을 세액으로 하여 특별징수의무자가 보통징수의 방법에 의하여 징수하여야 한다.

③ 법 제137조 제1항의 특별징수의무자가 징수하였거나 징수할 세액을 동조 제3항에 따른 기한까지 납부하지 아니하거나 부족하게 납부하더라도 특별징수의무자에게 지방세기본법 제53조의 5에 따른 가산세(특별징수납부 등 불성실가산세)는 부과하지 아니한다.

2. 자동차세의 안분 등

특별징수의무자는 징수한 자동차세(그 이자를 포함한다.)를 다음달 25일까지 이장 제1절에 따른 지방자치단체별 자동차세의 징수세액 등을 고려하여 대통령령으로 정하는 안분기준 및 방법에 따라 각 지방자치단체에 납부하여야 한다. 이 경우 특별징수의무자는 징수·납부에 따른 사무처리비 등을 행정안전부령으로 정하는 바에 따라 해당 지방자치단체에 납부하여야 할 세액에서 공제할 수 있다.

특별징수의무자는 징수한 자동차세(그 이자를 포함한다.)를 다음달 25일까지 시·군별 자동차세 징수세액 등을 감안하여 다음의 안분기준 및 방법에 따라 각 시·군에 납부하여야 한다.

이 경우 특별징수의무자는 징수·납부에 따른 사무처리비 등을 별도 기준에 의거 해당 시·군에 납부하여야 할 세액에서 공제할 수 있다.

(1) 안분기준

(가) 자동차세 징수액의 안분은 다음 각 호에 따른 금액을 기준으로 한다(영 §133 ① 본문).

① 시·군별 비영업용 승용자동차의 자동차세 징수세액. 이 경우 1월부터 6월까지는 전전연도 결산세액으로 하고, 7월부터 12월까지는 직전 연도 결산세액으로 한다 (영 §133 ① I).

이 경우 시·군별 안분기준이 되는 자동차세액은 시·군별 비영업용 승용자동차의 자동차세 징수세액이 되므로 매년 1월부터 6월까지는 전전연도의 비영업용 승용자동차세의 징수된 결산세액을 기준으로 하고, 7월부터 12월까지는 직전 연도의 비영업용 승용자동차에 대해 징수된 자동차세 결산세액에 의하여야 한다.

이와 같이 상반기(1월~6월)와 하반기(7월~12월)에 적용하는 기준이 다른 것은 지방세의 사실상의 결산이 2월말이기 때문이며, 이를 집계처리하는 데 시간적 여유가 필요하기 때문에 그 징수액의 결산세액이 확실히 산출되는 시점으로 정한 것이다.

② 유류에 대한 세금의 인상에 따라 운송업에 지급되는 유류세 보조금. 이 경우 그

총액은 국토교통부장관이 행정안전부장관과 협의하여 정하는 지급연도의 액수로 한다(영 §133 ① Ⅱ).

(나) 제1항의 기준에 따른 자동차세액의 시·군·구별 안분액은 다음 각 호의 금액을 합계한 금액으로 한다(영 §133 ② Ⅰ).

① 자동차세액 = $\dfrac{9,830억원}{12}$ × $\dfrac{\text{해당 시·군·구의 전전연도 또는 직전 연도의 법 제10장 제1절에 따른 자동차세 징수세액}}{\text{전국의 전전연도 또는 직전 연도의 법 제10장 제1절에 따른 자동차세 징수세액}}$

② 유류세보조금 = 해당 월의 주행세 징수총액에서 (9,830억원 /12)을 뺀 금액을 국토교통부장관이 행정안전부장관과 협의하여 정한 해당 월분의 시·군·구별 유류세보조금(영 §133 ② Ⅱ)

(2) 안분방법

① 자동차세를 징수한 특별징수의무자는 자동차세를 징수한 날이 속하는 달의 다음 달 10일까지 징수세액(징수·납부에 따른 사무처리비 등을 공제한 징수세액을 말함)을 울산광역시장(주된 특별징수의무자라 함)에게 송금함과 동시에 그 송금내역과 과세물품과 세표준신고서와 신고필증 사본을 보내야 한다(영 §134 ①).

자동차세는 특별징수의무자로 지정된 시장·군수·구청장이 징수하게 되는데 이것은 과세물품을 제조하여 반출하는 납세의무자의 숫자가 적으며 과세물품을 보세구역으로부터 반출하는 납세의무자도 세관이 있는 일부 시·군이므로 이러한 납세의무자가 납부한 세액을 특별징수의무자인 시장·군수·구청장이 징수하여 이를 징수한 날이 속하는 다음달 10일까지 주된 특별징수의무자인 울산광역시장에게 송금함과 동시에 그 송금내역과 신고서 등의 사본을 송부하여야 한다. 이 경우 울산광역시장을 주된 특별징수의무자로 한 것은 과세물품을 제조하여 반출하는 납세의무자의 대부분이 울산광역시에 소재하고 있기 때문인데 이 방법은 담배소비세의 수입담배에 대한 세액을 서울특별시가 배분하는 방법과 비슷하다.

② 주된 특별징수의무자는 특별징수의무자로부터 송금받은 자동차세액과 자체 징수한 전월분 자동차세액을 합한 세액에서 시·군별로 안분한 자동차세를 특별징수의무자가 징수한 달의 다음달 25일까지 행정안전부령으로 정하는 납부통지서에 따라 각 시·군 금고에 납부하고 그 안분내역서를 각 시·군에 통보하여야 한다(영 §134 ②).

이를 종합해 보면 특별징수의무자가 징수한 세액을 징수한 달의 다음달 10일까지 주된 특별징수의무자인 울산광역시장에게 송금하면 울산광역시장은 자기가 징수한 전월분 자동차세액을 합한 세액을 시·군별로 안분하여 자동차세를 징수한 달의 다음달 25일까지 각 시·군 금고에 납부하고 그 내역서를 각 시·군에 통보하게 된다는 것이다.

(3) 사무처리비의 공제

① 법 제137조 제3항 후단에 따라 공제할 수 있는 사무처리비는 행정안전부장관이 자동차세의 징수 또는 납부와 관련하여 드는 비용 등을 고려하여 자동차세 징수액의 10,000분의 2 범위에서 정하는 금액과 특별징수의무자가 자동차세의 부과 또는 징수에 관한 소송으로 인하여 지출한 비용으로서 행정안전부장관이 정하는 비용(법인세법 제121조, 부가가치세법 제32조, 제36조 또는 소득세법 제163조에 따른 계산서, 세금계산서 또는 영수증 등으로 그 지출 사실이 객관적으로 증명되는 경우로 한정한다.)으로 한다(규칙 §72 ① Ⅰ·Ⅱ).

② 주된 특별징수의무자가 영 제134조 제1항 및 제2항에 따라 사무처리비를 공제하고 자동차세를 각 특별시·광역시·특별자치시·특별자치도·시 또는 군 금고에 납부할 때에는 영 제134조 제2항에 따른 시·군별 안분명세서와 함께 시·군·구별 사무처리비의 공제명세를 통보해야 한다(규칙 §72 ②).

3. 납세담보

과세물품을 관세법에 따라 수입신고 수리 전에 반출하려는 자는 특별징수의무자에게 해당 자동차세액에 상당하는 담보를 제공하여야 한다.

이 경우 담보의 종류, 담보의 제공방법 등에 대해서는 지방세 기본법 제4장 제2절을 참조하기 바란다.

제137조의 2 | 납세담보 등

① 특별징수의무자는 자동차세의 납세보전을 위하여 대통령령으로 정하는 바에 따라 「교통·에너지·환경세법」 제3조에 따른 납세의무자에게 담보의 제공을 요구할 수 있다(법 §137의 2 ①).

② 특별징수의무자는 제1항에 따라 담보제공을 요구받은 납세의무자가 담보를 제공하지 아니하거나 부족하게 제공한 경우 제조장 또는 보세구역으로부터 과세물품의 반출을 금지하거나 세관장에게 반출금지를 요구할 수 있다(법 §137의 2 ②).

③ 제2항에 따라 과세물품의 반출금지 요구를 받은 세관장은 그 요구에 따라야 한다(법 §137의 2 ③).

1. 납세담보액

위의 규정에 따라 특별징수의무자가 「교통·에너지·환경세법」 제3조에 따른 납세의무자(과세물품을 제조하여 반출하는 자, 관세법에 따라 관세를 납부할 의무가 있는 자로서 과세물품을 보세구역으로부터 반출하는 자 등)로부터 제공받을 수 있는 납세담보액은 다음 각 호에서 정하는 금액 이상으로 한다(영 §134의 2 ① Ⅰ·Ⅱ).

㉮ 제조자 : 제조장에서 반출한 과세물품에 대한 산출세액과 제조장에서 반출하는 과세물품에 대한 산출세액의 합계액에서 이미 납부한 세액의 합계액을 뺀 세액에 해당하는 금액

㉯ 수입판매업자 : 수입신고를 받은 과세물품에 대한 산출세액과 수입신고를 받는 과세물품에 대한 산출세액의 합계액에서 이미 납부한 세액의 합계액을 뺀 세액에 해당하는 금액

2. 납세담보액의 면제

위의 담보규정에도 불구하고 특별징수의무자는 과세물품을 제조장 또는 보세구역에서 반출한 날 이전 3년간 해당사업을 영위하고, 자동차세를 체납하거나 고의로 회피한 사실이 없는 제조자 또는 수입판매업자에 대하여 납세담보액을 면제할 수 있다.

이 경우 면제받은 제조자 또는 수입판매업자는 과세물품을 제조장 또는 보세구역으로부터 반출할 때 행정안전부령으로 정하는 납세담보면제확인서를 통관지세관장에게 제출하여야 한다(영 §134의 2 ②).

3. 납세담보확인서 등의 제출

수입판매업자는 수입한 과세물품을 통관할 때에는 행정안전부령으로 정하는 납세담보확인서를 통관지 세관장에게 제출하여야 한다. 다만, 「전자정부법」 제36조 제1항에 따른 행정정보의 공동이용을 통하여 제출서류에 대한 정보를 확인할 수 있는 경우에는 그 확인으로 서류제출을 갈음할 수 있다(영 §134의 2 ③).

이와 같은 납세담보확인서를 제출받은 통관지 세관장은 납세담보확인서에 적힌 납세담보액의범위에서 통관을 허용하여야 한다(영 §134의 2 ④).

4. 담보에 의한 자동차세 충당

위와 같은 담보를 제공한 자가 기한 내에 자동차세를 납부하지 아니하거나 부족하게 납부하였을 때에는 그 담보물을 체납처분비, 자동차세액에 충당할 수 있다. 이 경우 부족액이 있으면 자동차세를 징수하고, 잔액이 있으면 환급한다(영 §134의 3).

제138조 | 이의신청 등의 특례

① 자동차세의 부과·징수에 대하여 이의신청 등을 하려는 경우에는 특별징수의무자를 그 처분청으로 한다(법 §138 ①).
② 자동차세의 지방세환급금이 발생한 경우에는 특별징수의무자가 환급하고 해당 지방자치단체에 납부하여야 할 세액에서 이를 공제한다(법 §138 ②).

이 특례규정은 자동차세가 교통·에너지·환경세의 납세지를 관할하는 지방자치단체의 장을 각 지방자치단체가 부과할 자동차세의 특별징수의무자로 하고 있기 때문에 자동차세에 대한 이의신청도 특별징수의무자에게 하도록 한 것이다.

그리고 자동차세에 지방세환급금이 발생된 때에는 특별징수의무자가 이를 환급하고 해당 시·군에 납입하여야 할 다음 달의 세액에서 이를 공제하는데, 이는 주된 특별징수의무자가 안분계산 등에서 착오로 지방세환급금이 발생하였을 때에도 이와 같은 방법으로 환급과 공제를 하여야 할 것이다.

제139조 | 교통·에너지·환경세법의 준용

자동차세의 부과·징수와 관련하여 이 절에 규정되어 있지 아니한 사항에 관하여는 교통·에너지·환경세법을 준용한다. 이 경우 교통·에너지·환경세법에 따른 세무서장 또는 세관장 등은 특별징수의무자로 본다(법 §139).

이 규정은 교통·에너지·환경세법 규정 중 자동차세 과세물품에 대한 내용은 지방세법에서 직접 규정하지 아니하였더라도 자동차세를 부과·징수함에 있어 교통·에너지·환경세법과 동일하게 운영함으로써 자동차세의 효율적이고 원활한 운영이 되게 하기 위한 규정이다.

제140조 | 세액 통보

세무서장 또는 세관장이 교통·에너지·환경세액을 결정 또는 경정하거나 신고 또는 납부받았을 때에는 그 세액을 다음 달 말일까지 교통·에너지·환경세의 납세지를 관할하는 지방자치단체의 장에게 대통령령으로 정하는 바에 따라 통보하여야 한다(법 §140).

이 경우 세무서장 또는 세관장이 교통·에너지·환경세액 제7조 및 제8조에 따라 교통·

에너지·환경세액을 신고 또는 납부 받거나 같은 법 제9조에 따라 교통·에너지·환경세액을 결정 또는 경정 하였을 때에는 그 세액을 행정안전부령으로 정하는 서식으로 교통·에너지·환경세의 납세지를 관할하는 특별시장, 광역시장, 특별자치시장, 특별자치도지사, 시장, 군수에게 통보하여야 한다.

이 경우 세무서장 또는 세관장이 관련 자료를 전산처리한 때에는 전자문서로 통보할 수 있다(영 §135).

CHAPTER 11

제3편 지방세법

지역자원시설세

　지역자원시설세는 1992년 신설 될 때에는 그 명칭이 지역개발세로서 지역에 따라 산재해 있는 특수부존 자원을 세원으로 하여 지역개발, 수질개선, 및 수자원 보호에 필요한 자주재원을 확충하고 지역균형 발전을 도모할 수 있는 경비를 충당하기 위하여 자원을 활용하는 자나 자원을 개발하는 자에게 부과하는 광역 시·도의 목적세로 도입되었다. 당초 지역개발세가 목적세로 신설한 이유를 살펴보면 지방세는 통상 법정세와 법정외세로 구분하고, 법정세와 법정외세에 보통세와 목적세를 설치할 수 있는데, 지방자치단체에 산재 해있는 특수세원에 대하여는 지방세법에서는 세목의 설치 근거만 두고 지방자치단체의 조례로 세목과 세율을 정하여 과세하는 법정외세로 설치하는 것이 바람직하나, 현재 우리나라는 조세법의 최고 법원(法源)인「헌법」에서 '조세의 종목과 세율은 법률로 정한다'고 명백한 조세법률주의를 규정하고 있기 때문에 일본에서 시행하고 있는 법정외세와 같은 방식으로 설치하기에는 이론이 많아 그 당시에는 법정외세 설치가 불가능한 실정이었기 때문에 과세방식은 법정세로 하되 임의세에 해당하는 목적세 방식으로 운영하면서 조세종목과 세율은 지방세법에 정하고 과세대상지역, 부과징수방법 등 과세에 필요한 사항은 지방자치단체 조례로 정하여 시행토록 한 것이다.

　그리고 법정세는 의무세(義務稅)와 임의세(任意稅)로 구분되는데 의무세는 통상 보통세를 말하며 이는 특별한 사정이 없는 한 각 지방자치단체로 하여금 과세권 행사를 강제함으로써 모든 지방자치단체가 반드시 과세하여야 하며, 또한 보통세는 지방교부세 교부의 기준이 되는 것이므로 세제가 인정하는 법정세목을 법의 정신에 반하여 태만히 하게 되면 유용하게 이용될 수 있는 재원을 무위로 돌아가게 할 뿐만 아니라 국세와 지방세를 통하여 부담의 형평이 기해져 있는 법정세목의 징수를 태만히 하는 것은 다른 지방자치단체의 조세행정 운영에도 많은 지장을 초래하게 되므로 지역개발세와 같이 과세대상지역, 부과방법 등을 조례로 정하는 입장에서는 의무세(보통세) 방식으로 하는 것은 곤란하였기 때문에 과세가 강제되지 아니하고 조례로 과세대상 지역과 부과징수방법 등을 정하여 과세하는 임의세인 목적세로 지역개발세를 신설하여 시행하게 되었다.66)

---

66) 일본의 경우는 그동안 법정외 보통세만 과세하다가 지방분권추진과 때를 맞추어 법정외 목적세도 과세토록 하고 있다. 2002년 말 현재 법정외 보통세로서 도부현세는 핵연료세가 11단체, 석유가격조정세, 핵연료물질 등 취급세, 핵연료 등 취급세, 임시특별기업세가 각 1단체가 과세하고 있고, 시정촌세로는 사리채취세가 3단체, 산사리채취세가 1개단체, 별장 등 소유세를 1개단체가 과세하고 있다.
　그리고 법정외목적세로서 도부현세가 숙박세를 1개단체가 과세하고 시정촌세로는 유어(낚시)세 3개단체, 일반매립물 매립세를 1개단체에서 과세하고 있다.

지역자원시설세는 2011년부터 시행된 지방세법 분법을 하면서 종전의 목적세인 지역개발세와 공동시설세를 통합하여 지역자원시설세로 세목을 정리하였는데, 이 지역자원시설세는 지역의 균형개발 및 수질개선, 수자원보호등에 소요되는 재원의 확보 및 소방시설, 오물처리시설, 수리시설 그 밖의 공공시설에 필요한 비용의 충당을 위하여 부과할 수 있도록 한 것이다.

그런데 지역자원시설세는 2011년부터 시행된 지방세법을 분법하면서 세목을 통폐합 한 것으로 종전의 지역개발세 과세대상을 특정자원분으로 규정하고, 종전의 소방시설, 오물처리시설, 수리시설 그 밖의 공공시설로 인하여 이익을 받는 자의 건축물, 선박 및 토지에 대해 과세하는 것을 소방분분으로 분류하여 정의하고 있으며, 지역자원시설세는 목적세로서 특별시세, 광역시세, 도세로 되어 있는데 2020년부터는 '지역자원시설세 특정부동산분'은 전액 소방재원으로 사용 중이나, 그 명칭을 통해서 주민들이 과세목적 알기 어렵고, 기타 공공시설 재원 충당 부분은 '54년 신설 후 현재까지 과세되지 않고 있어, 특정부동산분 중 소방시설 재원충당 부분은 주민이 과세목적과 용도를 알기 쉽도록 '소방분'으로 명칭을 변경하면서 특정부동산분 중 기타 공공시설 재원충당 부분은 과세근거를 삭제하고, 법에서는 목적을 지역자원·환경보호 등으로 규정하고 있으나, 지자체에서는 주로 지역개발 재원으로 사용 중에 있어 특정자원분과 특정시설분은 실제 사용 현황을 반영하여, 과세 목적을 '지역개발', '주민생활환경개선'으로 변경하면서 특정자원분 중 외부불경제 유발로 인해 과세하는 원전·화전 등은 '특정시설분'으로 별도 분류하고, 화력발전 관련 납세의무자를 '화석연료'를 '이용'하는 자로 규정, 이용의 범위가 불분명하다는 지적이 있어 화력발전을 연료의 종류와 관계없이 '연료를 연소하여 발전을 하는 자'로 하여 납세의무자를 명확하게 규정한 것이다.

제1절 통 칙

제141조 목 적

지역자원시설세는 지역의 부존자원 보호·보전, 환경보호·개선, 안전·생활편의시설 설치 등 주민생활환경 개선사업 및 지역개발사업에 필요한 재원을 확보하고 소방사무에 소요되는 제반비용에 충당하기 위하여 부과한다(법 §141).

지역자원시설세는 2011년 지방세법을 분법하면서 종전의 지역개발세와 공동시설세를 통폐합하여 명칭을 변경한 것으로 지역의 균형개발 및 수질개선과 수자원보호 등에 드는 재원을 확보하거나 소방시설 등 공공시설에 필요한 비용을 충당하기 위하여 부과하는 목적세로서 그 세목을 이러한 지역자원시설세에 대한 이해를 돕기 위해 종전의 지역개발세와 공동시설세의 입법취지 등을 살펴보면 다음과 같다.

(1) 특정자원분 및 특정시설분 지역자원시설세

특자원분 및 특정시설분 지역자원시설세는 지역에 따라 산재해 있는 특수부존자원을 세원으로 하여 지역개발, 수질개선 및 수자원보호에 필요한 자주재원을 확충하고 지역균형발전을 도모할 수 있는 경비에 충당하기 위하여 자원을 활용하는 자나 자원을 개발하는 자에게 부과하는 목적세로서 그 세목을 지역개발세로 설되었다가 2011년 지방세법 분법에 따라 세목명칭이 지역자원시설세 특정자원분으로 변경 되었다.

특정자원에 대한 지역자원시설세를 목적세로 신설 1992년부터 시행하게 되었다. 그리고 그 이후에 세율조정 등의 개정이 있었으며 2005년 말에는 과세대상으로 원자력발전을 추가하여 2006년부터 시행하게 되었으며, 2011년 3월에는 화력발전을 과세대상으로 추가하여 2014.1.1.이후 최초로 발전하는 분부터 적용토록 하였다.

이렇게 신설된 특자원분 및 특정시설분 지역자원시설세의 특성을 살펴보면 다음과 같다.

첫째, 세원이 특정지역에 한정되어 있다는 점이다. 세원이 전국의 모든 자치단체에 보편적으로 분포되어 있다면 보통세로서 당연히 과세되어야 하는 것이나 지역자원시설세의 세원은 수자원, 지하자원 등 특정지역에 한정되어 있어 이들 자원이 있는 해당 지역에서만 과세하는 특성이 있다.

둘째, 자연자원을 이용하여 이익을 받는 특정인에 대한 지역적 보상 차원의 조세이다. 물과 지하자원 등 자연자원은 모든 사람이 골고루 그 혜택을 향유해야 하는 자원인데도 이를 이용하여 특정인이 이익을 받는 데 대하여 그 자원 소재지에 자원활용에 따른 보상을 하여야 하며, 특히 항만을 이용할 컨테이너 취급부두가 있는 지역에서는 컨테이너를 수송할 수 있는 도로의 개설 등 행정수요 유발에 대한 보상적 측면에서 과세하는 것이다.

셋째, 지방자치단체의 과세자주권이 많이 주어진 점이다. 특자원분 및 특정시설분 지역자원시설세의 과세대상과 세율만 지방세법에서 규정하고 과세대상지역의 지정, 부과징수방법의 결정 등 과세권의 행사를 각 지방자치단체의 자주적인 결정에 위임하여 정하도록 하여 지방자치단체가 해당 지역의 부존자원 활용에 대한 적정한 조세를 부과하여 해당 지역의 지역개발 재원으로 활용하게 하는 조세이다.

넷째, 세원의 독립성이 강하다는 점이다. 다시 말해서 "국세와 지방세의 조정 등에 관한 법률"에서 규정하고 있는 중복과세의 금지에 따른 사항을 철저히 이행하고 있는 것으로 부가가치세와의 중복을 피하기 위하여 용수(공업, 생활, 농업, 발전) 중에서도 물을 직접 팔지 않고 사용하는 발전용수에만 과세토록 하고 있다는 점이 특이하다.

(2) 소방분 지역자원시설세

공동시설세는 소방시설 그 밖의 이에 유사한 시설에 필요한 비용에 충당하기 위하여 그 시설로 인하여 특히 이익을 받은 자에 대하여 부과하는 것으로 하여 1961년 12월 8일 법률 제827호로 신설하고 공포 시행되어 오던 소방공동시설세를 공동시설세로 변경된 후 지역개발세와 통합하여 지역자원시설세로 세목의 명칭을 변경한 것이다.

공동시설세는 소방시설, 오물처리시설, 수리시설 기타 공공시설에 필요한 경비에 충당하기 위하여 그 시설로 인하여 이익을 받는 자에 대하여 부과하는 목적세였으며, 이를 과세하기 위하여는 그 시설종목을 표시하는 세목 또는 세원을 정하여 부과하여야 했다. 그러므로 시설종목을 표시하여 정한 공동시설세로는 지방세법상 소방시설에 필요한 경비에 충당하기 위하여 과세하는 것뿐이었다.

그러므로 종전 공동시설세는 다른 공동시설세가 어떤 특정한 사업 또는 시설로 인하여 직접적으로 이익이 있는 특정인에게 그 수익의 범위 내에서 부담하는 수익자부담금적 성격과는 달리 소방시설로 인하여 현실적으로 직접적인 이익이 있을 필요는 없고 일반적으로 그 이익을 향유할 수 있는 가능성이 있는 자에게 부과되는 조세라고 봄이 타당할 것이다.

그리고 소방시설에 필요한 비용이라 함은 소방설비, 경보설비, 피난설비, 소방용수설비, 기타 소화활동상 필요한 설비와 이와 같은 소방시설의 관리운영을 위한 기관운영비(소방서 또는 의용소방대) 등을 말하는 것이며 소방분 지역자원시설세는 소방시설에 필요한 비용에 충당하기 위한 목적세이므로 그 재원은 소방시설을 위한 비용 이외의 용도에 사용할수 없다. 그러나 그 사용용도는 소방시설과 관련된 비용이면 족하기 때문에 반드시 직접적인 소방설비의 시설을 위한 비용에 국한할 필요는 없고 위에서 말한 경보설비, 피난설비, 소방용수시설, 기타 소방활동상 필요한 설비를 위한 비용과 이와 같은 시설의 관리운용을 위한 기관운영비도 포함되는 것이며 또한 기존시설이나 현재 설치 중에 있는 시설뿐만 아니라 금후 설치하기로 한 시설에 필요한 비용도 포함된다고 보아야 할 것이다.

제142조 과세대상

지역자원시설세는 주민생활환경 개선사업 및 지역개발사업에 필요한 재원을 확보하기 위하여 부과하는 특정자원분 지역자원시설세 및 특정시설분 지역자원시설세와 소방사무에 소요되는 제반비용에 충당하기 위하여 부과하는 소방분 지역자원시설세로 구분한다(법 §142 ①).
① 제1항의 구분에 따른 지역자원시설세의 과세대상은 다음 각 호와 같다.
  1. 특정자원분 지역자원시설세: 다음 각 목의 것
    가. 발전용수(양수발전용수는 제외한다.)로서 대통령령으로 정하는 것(이하 이 장에서 "발전용수"라 한다.)
    나. 지하수(용천수를 포함한다.)로서 대통령령으로 정하는 것(이하 이 장에서 "지하수"라 한다.)
    다. 지하자원으로서 대통령령으로 정하는 것(이하 이 장에 "지하자원"이라 한다.)
  2. 특정시설분 지역자원시설세: 다음 각 목의 것
    가. 컨테이너를 취급하는 부두를 이용하는 컨테이너로서 대통령령으로 정하는 것(이하 이 장에서 "컨테이너"라 한다.)
    나. 원자력발전으로서 대통령령으로 정하는 것(이하 이 장에서 "원자력발전"이라 한다.)
    다. 화력발전으로서 대통령령으로 정하는 것(이하 이 장에서 "화력발전"이라 한다.)
  3. 소방분 지역자원시설세: 소방시설로 인하여 이익을 받는 자의 건축물(주택의 건축물 부분을 포함한다. 이하 이 장에서 같다.) 및 선박(납세지를 관할하는 지방자치단체에 소방선이 없는 경우는 제외한다. 이하 이 장에서 같다.)

위 법 제142조 제2항 제1호에 따른 특정자원분 지역자원시설세의 과세대상은 다음 각 호와 같다.(영 §136 ① Ⅰ~Ⅲ).
(1) 발전용수 : 직접 수력발전에 이용되는 흐르는 물. 다만, 발전시설용량이 시간당 1만 킬로와트 미만인 소규모 발전사업을 하는 사업자가 직접 수력발전에 이용하는 흐르는 물로서 해당 발전소의 시간당 발전가능 총발전량 중 3천킬로와트 이하의 전기를 생산하는데에 드는 흐르는 물은 제외한다.
(2) 지하수
  (가) 먹는 물 : 먹는 물로 판매하기 위하여 퍼 올린 지하수(먹는 물로 판매하기 위한 과정에서 사용되는 지하수를 포함한다.)

(나) 목욕용수 : 목욕용수로 이용하기 위하여 퍼 올린 온천수
(다) 그 밖의 용수 : 가목 및 나목 외의 퍼 올린 지하수. 다만, 다음의 지하수는 제외한다.
① 「농어촌정비법」 제2조 제3호에 따른 농어촌용수 중 행정안전부령으로 정하는 생활용수 및 공업용수 외의 지하수
이 경우 "행정안전부령으로 정하는 생활용수 및 공업용수"란 영업용으로 사용되는 생활용수(「농어촌정비법」 제2조 제4호 라목에 따른 농어촌 관광휴양자원 개발사업 및 「도시와 농어촌 간의 교류촉진에 관한 법률」 제2조 제5호에 따른 농어촌체험·휴양마을사업에 사용되는 생활용수는 제외한다.)와 시행규칙 별표2 제2호 "음료제조업"에 사용되는 공업용수를 말한다(규칙 §74).
② 「지하수법」 제7조 제1항 단서 및 제8조 제1항 제1호부터 제5호까지의 규정(같은 항 제5호의 경우 안쪽지름이 32밀리미터 이하인 토출관을 사용하면서 1일 양수능력이 30톤 미만인 가정용 우물로 한정한다.)에 따른 지하수
(3) 지하자원 : 채광된 광물. 다만, 석탄과 「광업법 시행령」 제58조에 따른 광산 중 납세의무 성립일이 속하는 달부터 최근 1년간 매출액(사업이 시작한 달부터 납세의무 성립일이 속하는 달까지의 기간이 12개월 미만인 경우에는 해당 기간 동안의 매출액) 10억원 이하인 광산에서 채광된 광물은 제외한다.
그리고 위 법 제142조 제2항 제2호에 따른 특정시설분 지역자원시설세의 과세대상은 다음 각 호와 같다(영 §136 ② Ⅰ~Ⅲ).
(1) 컨테이너: 컨테이너를 취급하는 부두를 이용하여 입항·출항하는 컨테이너. 다만, 환적 컨테이너, 연안수송 컨테이너 및 화물을 싣지 아니한 컨테이너는 제외한다.
(2) 원자력발전: 원자력발전소에서 생산된 전력
(3) 화력발전: 발전시설용량이 시간당 1만킬로와트 이상인 화력발전소에서 생산된 전력. 다만, 다음 각 목의 어느 하나에 해당하는 전력은 제외한다.
(가) 다음 중 어느 하나에 해당하는 것으로서 「전기사업법」 제2조 제10호에 따른 전기판매사업자에게 판매되지 않은 전력
1) 「농어촌 전기공급사업 촉진법」 제2조 제1호에 따른 자가발전시설에서 생산된 전력
2) 「전기사업법」 제2조 제12호에 따른 구역전기사업자가 생산한 전력
3) 「전기사업법」 제2조 제19호에 따른 자가용전기설비에서 생산된 전력
4) 「집단에너지사업법」 제9조에 따라 허가받은 사업자가 생산한 전력
(나) 「신에너지 및 재생에너지 개발·이용·보급 촉진법 시행령」 제2조 제2항에 따른 바이오에너지로 생산한 전력

1. 특정자원분 지역자원시설세

(1) 발전용수(영 §136 ① Ⅰ)

발전용수(양수발전용수는 제외한다.)의 과세대상은 용수를 직접 수력발전에 이용되는 흐르는 물을 말한다. 다만, 발전시설용량이 시간당 1만kW 미만인 소규모 발전사업을 하는 사업자가 직접 수력발전에 이용하는 흐르는 물로서 해당 발전소의 시간당 발전가능 총발전량 중 3천kW 이하의 전기를 생산하는데에 드는 흐르는 물은 제외한다.

이 규정에서 발전용수라 함은 댐을 조성하여 생성된 물 중에서 발전용에 사용하는 물을 말하는데 일반적으로 댐의 물은 공업용수, 생활용수, 농업용수, 발전용수 등으로 사용되는데 이 중 발전용수로 활용되는 물만 지역자원시설세의 과세대상이 된다.

(2) 지하수(영 §136 ① Ⅱ)

지역자원시설세의 과세대상인 지하수(용천수 포함)라 함은 먹는 물로 판매하기 위하여 퍼 올린 지하수, 목욕용수로 이용하기 위하여 퍼 올린 온천수, 그 밖에 먹는 물과 목욕용수 외의 용도로 퍼 올린 지하수를 말한다.

이러한 지하수 중 먹는 물은 먹는 물로 판매하기 위하여 퍼 올린 지하수를 말하고, 목욕용수는 목욕용수로 이용하기 위하여 퍼 올린 온천수를 말하며, 그 밖의 용수는 먹는 물로 판매하기 위하여 퍼 올린 지하수와 목욕용수로 이용하기 위하여 퍼 올린 온천수를 제외한 지하수를 말한다. 다만, 농어촌정비법 제2조 제3호에 따른 농어촌용수(농어촌지역에 필요한 생활용수, 농업용수, 공업용수와 환경오염의 방지를 위한 용수) 중 행정안전부령으로 정하는 생활용수 및 공업용수 외의 지하수 및 지하수법 제7조 제1항 단서 및 제8조 제1항 제1호부터 제5호까지의 규정(같은 항 제5호의 경우 안쪽지름이 32밀리미터 이하인 토출관을 사용하면서 1일 양수능력이 30톤 미만인 가정용 우물에 한한다.)에 따른 지하수를 제외한 것을 말한다.

이 경우 "행정안전부령으로 정하는 생활용수 및 공업용수"란 ① 영업용으로 사용되는 생활용수(「농어촌정비법」 제2조 제4호 라목에 따른 농어촌 관광휴양자원 개발사업 및 도시와 농어촌 간의 교류촉진에 관한 법률 제2조 제5호에 따른 농어촌 체험·휴양마을 사업에 사용되는 생활용수를 제외한다.) ② 지방세법 시행규칙 별표 2(공장의 종류) 제2호에 사용되는 공업용수를 말한다.

2. 음료 제조업(규칙 별표 2, 공장의 종류)

111	알콜음료 제조업	11129	기타 증류주 및 합성주 제조업
1111	발효주 제조업	112	비알콜음료 및 얼음 제조업
11111	탁주 및 약주 제조업	1120	비알콜음료 및 얼음 제조업
11112	청주 제조업	11201	얼음 제조업
11113	맥아 및 맥주 제조업	11202	생수 생산업
11119	기타 발효주 제조업	11209	기타 비알콜음료 제조업
1112	증류주 및 합성주 제조업		
11121	주정 제조업		
11122	소주 제조업		

여기에서 그 밖의 용수에서 제외되는 지하수법 제7조 제1항 단서 및 제8조 제1항 제1호부터 제5호까지의 규정(같은 항 제5호의 경우 안쪽지름이 32밀리미터 이하인 토출관을 사용하면서 1일 양수능력이 30톤 미만인 가정용 우물을 포함한다.)에 따른 지하수는 과세대상에서 제외되는데, 이 경우 지하수법 제7조 제1항 단서 규정에 따른 지하수란, ① 자연히 흘러나오는 지하수 또는 다른 법률의 규정에 의한 허가·인가 등을 받거나 신고를 하고 시행하는 사업 등으로 인하여 부수적으로 발생하는 지하수를 이용하는 경우, ② 동력장치를 사용하지 아니하고 가정용 우물 또는 공동우물을 개발·이용하는 경우, ③ 지하수법 제13조 제1항 제1호의 규정에 의한 허가를 받은 경우를 말한다(지하수법 §7 ① 단서).

그리고 지하수법 제8조 제1항 제1호 내지 제5호의 규정에 의해 그 밖의 용수에서 제외되는 지하수는,

㉮ 국방·군사시설 사업에 관한 법률 제2조의 규정에 의한 국방·군사시설사업에 의하여 설치된 시설에서 지하수를 개발·이용하는 경우

㉯ 농어업·농어촌 및 식품산업 기본법 제3조 제1호에 따른 농어업을 영위할 목적으로 대통령령으로 정하는 규모 이하로 지하수를 개발·이용하는 경우

㉰ 재해나 그 밖의 천재지변으로 인하여 긴급히 지하수를 개발·이용할 필요가 있다고 시장·군수·구청장이 인정하는 경우

㉱ 전시 그 밖의 비상사태의 발생에 대비하여 국가 또는 지방자치단체가 비상급수용으로 지하수를 개발·이용하는 경우

㉲ ㉮ 내지 ㉱ 외의 경우로서 대통령령이 정하는 규모 이하로 지하수를 개발·이용하는 경우를 말한다(지하수법 §8 ① Ⅰ 내지 Ⅴ).

(3) 지하자원(영 §136 ① Ⅲ)

지역자원시설세의 과세대상인 지하자원이라 함은 채광된 광물을 말한다. 다만, 석탄과 광업법 제3조 제3호에 따른 광구 중 연간매출액이 10억원 이하인 광구에서 채광된 광물은

과세대상에서 제외한다.

이 규정에서 "광물"이라 함은 금광·은광·백금광·동광·연광·아연광·창연광·석광·수은광·철광·크롬철광·석회석 등의 물질을 말하며 그 물질의 패광 또는 광재(재련하고 난 찌꺼기)로서 토지에 붙어 있는 것을 말한다.

그런데 지하자원 중에서 과세대상이 되는 광물은 종전에는 채광한 광물을 채광자가 직접 제품생산에 사용하는 것에 한하는 것으로 하였으나 2006년부터는 채광된 광물 모두가 과세대상이 되므로 별도의 비과세 또는 과세 제외 규정이 없는 것은 모두 과세대상이 되는 것이다.

2. 특정시설분 지역자원시설세

(1) 컨테이너(영 §136 ② I)

지역자원시설세 과세대상인 컨테이너라 함은 컨테이너를 취급하는 부두를 이용하여 입항·출항하는 컨테이너를 말한다. 다만, 환적 컨테이너, 연안수송 컨테이너 및 화물을 싣지 아니한 컨테이너는 제외한다.

이 규정에서 컨테이너라 함은 화물의 수송시 보호기능에 중점을 둔 일괄포장 수단으로 이용되는 일반 컨테이너(Dry Cargo Container) 외에 냉동 컨테이너(Reefer Con tainer), 무개 컨테이너(Open Top Container), 개방 컨테이너(Flat Rack), 탱크 컨테이너(Tank Container) 등을 포함한 것을 말하며, 환적 컨테이너라 함은 항구에 입항한 컨테이너 중 국내로 반입되지 아니하고 국외로 이송되는 컨테이너를 말하고, 연안 수송컨테이너라 함은 해상을 통해 국내의 다른 항구로 운송되는 컨테이너를 말한다.[67]

그런데 컨테이너에 대한 지역자원시설세 과세대상을 "컨테이너" 자체로 하지 않고 "컨테이너를 취급하는 부두를 이용하여 입출항하는 컨테이너"로 한 것은 컨테이너를 적재한 차량은 전국을 이동하는 것으로 과세대상을 컨테이너로 할 경우 각 지방자치단체가 도로를 이용하는 곳이나 내륙 컨테이너 기지를 이용하는 곳마다 과세를 하고자 할 경우에는 이중과세 문제가 발생할 우려가 있어 과세대상을 최초 및 최종 귀착지의 부두를 이용하는 경우로 한정한 것이다.[68]

---

67) 컨테이너에 대한 지역자원시설세는 부산광역시에서만 과세권이 부여되어 있었으나 부산항 배후도시 산업도로 건설 목적이 거의 완료되었고, 무역협회등 이해관계자의 반발로 2007년부터 과세가 잠정 중단되었다(유태현, 2014.11.21).
68) 지역개발세(지역자원시설세) 설치 당시 컨테이너가 과세대상이 될 수 있는지에 대해서 논란이 있었는데 그 이유는 컨테이너 자체는 하나의 운반용기로서 간접적 경제수단에 불과하다는 점과 컨테이너 자체를 재산가치가 있는 것으로 보기에는 그 내용물의 차이 등으로 과세단위의 설정이 어렵고, 다른 과세대상과의 형평문제 때문에 세원으로 보기 어려운 실정(결국 과세대상을 "컨테이너를 취급하는 부두를 이용하여 입출항하는 컨테이너"로 하여 부두 이용세 같이 정리되었음)이었으나 그 당시 부산항을 이용하는 컨테이너 물량이 우리나라 전체물량의

> **사례**
>
> ❖ **지역개발세의 과세 요건인 "컨테이너를 취급하는 부두"의 개념**
>
> 위 규정상의 "컨테이너를 취급하는 부두"에는 한국컨테이너부두공단법 제2조 제1호에 규정된 주로 컨테이너화물을 운송하는 선박이 이용하는 컨테이너부두뿐만 아니라 일반부두로서 컨테이너를 취급하는 부두도 포함된다고 보아야 할 것이므로, 지방세부과징수를 위하여 지방세법 제3조에 따라 제정한 경상남도조례(1991.12.31., 조례 제2127호) 제53조 제2호가 컨테이너를 취급하는 부두의 개념을 컨테이너 및 일반부두로서 컨테이너를 취급하는 부두라고 규정하고 있는 것이 상위법에 위배된 무효인 규정이라고 볼 수 없다.
>
> (대법 96누11495, 1997.11.28.)

(2) 원자력발전(영 §136 ② Ⅱ)

지역자원시설세 과세대상인 원자력발전이라 함은 원자력발전소에서 생산된 전력을 말한다.

이 규정의 원자력발전에 대한 과세는 2006년부터 신설되어 시행되었다.

(3) 화력발전(영 §136 ② Ⅲ)

화력발전: 발전시설용량이 시간당 1만킬로와트 이상인 화력발전소에서 생산된 전력. 다만, 다음 각 목의 어느 하나에 해당하는 전력은 제외한다.

가. 다음 중 어느 하나에 해당하는 것으로서 「전기사업법」 제2조 제10호에 따른 전기판매사업자에게 판매되지 않은 전력
  1) 「농어촌 전기공급사업 촉진법」 제2조 제1호에 따른 자가발전시설에서 생산된 전력
  2) 「전기사업법」 제2조 제12호에 따른 구역전기사업자가 생산한 전력
  3) 「전기사업법」 제2조 제19호에 따른 자가용전기설비에서 생산된 전력
  4) 「집단에너지사업법」 제9조에 따라 허가받은 사업자가 생산한 전력

나. 「신에너지 및 재생에너지 개발·이용·보급 촉진법 시행령」 제2조 제2항에 따른 바이오에너지로 생산한 전력

95%를 차지하는 특수성 때문에 10년간 한시적으로 시행하는 것으로 하였다가 그 기간을 연장하여 그 재원을 컨테이너 차량이 운행되는 도로개설에 투자토록 한 것이다.

> **사례**
>
> ❖ **원자력발전에 대한 부과징수의 조례의 타당성 여부 등**
>
> 1. 피고들의 상고이유에 대하여
>   이 사건 부칙규정들에 의하여 소급과세를 하더라도 원고는 구 지방세법이 개정·공포됨으로써 그 후 원자력발전분에 대하여 지역개발세를 납부하여야 함을 알고 있었으므로 원고의 기득권 등을 침해할 여지가 없고 조례의 제정은 상위법령인 지방세법의 시행보다 늦을 수밖에 없어 지방자치단체가 소급입법을 통하여 재정자립을 위한 세수를 확보할 공익상의 필요가 있으므로 예외적으로 허용되어야 한다는 피고들의 주장을 배척한 것은 정당하고, 거기에 상고이유에서 주장하는 바와 같은 소급입법금지의 원칙에 관한 법리오해 등의 잘못이 없다.
> 2. 원고의 상고이유에 대하여
>   구 지방세법 제257조 제1항 제5호의 '발전량'은 '생산된 발전량'을 의미한다고 판단하면서, 이와 달리 위 '발전량'을 '판매된 발전량'으로 해석해야 한다는 원고의 주장을 배척한 것은 정당하고, 거기에 상고이유에서 주장하는 원자력발전에 대한 지역개발세의 과세표준에 관한 법리오해 등의 위법이 없다.
>
> (대법 2008두17363, 2011.9.2.)

3. 소방분에 대한 지역자원시설세

(1) 개 요

소방분 지역자원시설세는 소방시설로 인하여 이익을 받는 자의 건축물, 선박이 과세대상이 된다.

소방분지역자원시설세는 소방시설에 필요한 비용에 충당하기 위하여 과세하는 지역자원시설세는 소방시설로 인하여 현실적으로 직접적인 이익이 있을 필요는 없고 일반적으로 그 이익을 향유할 수 있는 가능성이 있는 자에게 부과되는 조세라고 봄이 타당할 것이다.

그리고 소방시설에 필요한 비용이라 함은 소방설비, 경보설비, 피난설비, 소방용수설비, 기타 소화활동상 필요한 설비와 이와 같은 소방시설의 관리운영을 위한 기관운영비(소방서 또는 의용소방대) 등을 말하는 것이며 소방분 지역자원시설세는 소방시설에 필요한 비용에 충당하기 위한 목적세이므로 그 재원은 소방시설을 위한 비용 이외의 용도에 사용할 수 없다. 그러나 그 사용용도는 소방시설과 관련된 비용이면 족하기 때문에 반드시 직접적인 소방설비의 시설을 위한 비용에 국한할 필요는 없고 위에서 말한 경보설비, 피난설비, 소방용수시설, 기타 소방활동상 필요한 설비를 위한 비용과 이와 같은 시설의 관리운용을 위한 기관운영비도 포함되는 것이며 또한 기존시설이나 현재 설치 중에 있는 시설뿐만 아니라 금후 설치하기로 한 시설에 필요한 비용도 포함된다고 보아야 할 것이다.

(2) 과세 객체

지역자원시설세의 과세대상이 되는 건축물, 선박이나 소방시설에 필요한 비용을 충당하기 위한 지역자원시설세의 과세대상은 소방시설로 인하여 이익을 받는 건축물(주택의 건축물부분을 포함한다.) 또는 선박(소방선이 없는 시, 군을 제외한다.)이다.

그러나 건축물 중 지방세법 시행령 제5조에 따른 시설(영 제138조 제1항 제2호 및 같은 조 제2항 제2호에 해당하는 건축물과 그 건축물의 일부로 설치된 시설은 제외한다.)에 대해서는 법 제142조 제2항 제3호에 따른 소방분 지역자원시설세를 부과하지 아니하지만 지방세법 시행령 제138조 제1항 제2호에 해당하는 화재위험건축물 및 동령 제138조 제2항 제2호에 해당하는 대형 화재위험건축물은 과세대상이 된다(영 §137 ①).

소방분 지역자원시설세 과세대상에서 제외되는 지방세법 시행령 제5조에 따른 시설이란 ① 레저시설 : 수영장, 스케이트장, 골프연습장, 전망대, 옥외스탠드, 유원지의 옥외오락시설(유원지의 옥외오락시설과 비슷한 오락시설로서 건물 안 또는 옥상에 설치하여 사용하는 것을 포함한다.), ② 저장시설 : 수조, 저유조저장창고, 저장조 등의 옥외저장시설(다른 시설과 유기적으로 관련되어 일시적으로 저장기능을 하는 시설을 포함한다.), ③ 도크시설 및 접안시설 : 도크, 조선대, ④ 도관시설(연결시설을 포함한다.) : 송유관, 가스관, 열수송관, ⑤ 급수·배수시설 : 송수관(연결시설을 포함한다.), 급수·배수시설, 복개설비, ⑥ 에너지 공급시설 : 주유시설, 가스충전시설, 송전철탑(전압 20만 볼트 미만을 송전하는 것과 주민들의 요구로 전기사업법 제72조에 따라 이전·설치하는 것은 제외한다.), ⑦ 기타시설 : 잔교, 기계식 또는 철골조립식 주차장, 방송중계탑 및 무선통신기지국용 철탑을 말한다.

그리고 소방분 지역자원시설세를 부과하는 해당 연도 내에 철거하기로 계획이 확정되어 행정관청으로부터 철거명령을 받았거나 보상철거계약이 체결된 건축물 또는 주택(「건축법」 제2조제1항제2호에 따른 건축물 부분으로 한정한다. 이하 이 항에서 같다)에 대해서는 지역자원시설세를 부과하지 않는다. 이 경우 건축물 또는 주택의 일부분을 철거하는 때에는 그 철거하는 부분에 대해서만 지역자원시설세를 부과하지 않는다(영 §137 ②).

제143조 납세의무자

지역자원시설세의 납세의무자는 다음 각 호와 같다.
1. 특정자원분 지역자원시설세의 납세의무자: 다음 각 목의 자
   가. 발전용수: 흐르는 물을 이용하여 직접 수력발전(양수발전은 제외한다)을 하는 자

나. 지하수: 지하수를 이용하기 위하여 채수(採水)하는 자
　　다. 지하자원: 지하자원을 채광(採鑛)하는 자
　2. 특정시설분 지역자원시설세의 납세의무자: 다음 각 목의 자
　　가. 컨테이너: 컨테이너를 취급하는 부두를 이용하여 컨테이너를 입항·출항시키는 자
　　나. 원자력발전: 원자력을 이용하여 발전을 하는 자
　　다. 화력발전: 연료를 연소하여 발전을 하는 자
　3. 소방분 지역자원시설세의 납세의무자: 건축물 또는 선박에 대한 재산세 납세의무자

(1) 발전용수

흐르는 물을 이용하여 직접 수력발전(양수발전을 제외한다.)을 하는 자는 납세의무가 있다. 그러므로 댐을 조성하여 생성된 물 중에서 발전용으로 활용하는 자에게 부과하게 되고 수력발전을 하는 자 중에서도 양수발전을 하는 자와 발전시설용량 이 시간당 1만㎾ 미만의 소규모 발전사업을 하는 사업자가 직접 수력발전에 이용하는 흐르는 물로서 해당 발전소의 시간당 발전가능 총발전량 중 3천㎾ 이하의 전기를 생산하는 자는 지역자원개발세의 납세의무가 없는 것이다.

(2) 지하수

지하수를 개발하여 먹는 물로 제조·판매하거나 목욕용수로 활용하는 등 지하수를 이용하기 위하여 채수하는 자는 지역자원시설세의 납세의무가 있다. 그러므로 지하수를 채수하는 경우 그 채수자는 납세의무가 있으나 농어촌정비법 제2조 제3호에 따른 농어촌용수 중 공업용수(음료제조업에 사용되는 공업용수에 한한다.) 외의 지하수 및 지하수법 제7조 제1항 단서 및 제8조 제1항 제1호부터 제5호까지의 규정(같은 항 제5호의 경우 안쪽지름이 32밀리미터 이하인 토출관을 사용하면서 1일 양수능력이 30톤 미만인 가정용 우물을 포함한다.)의 규정에 의한 지하수를 채수한 경우는 납세의무가 없다.

(3) 지하자원

지하자원을 채광하는 자는 지역자원시설세의 납세의무가 있다. 그런데 종전에는 광물을 채광하는 자라 하더라도 채광된 광물을 채광자가 직접 제품을 생산하지 않고 아직 제련되지 아니한 광물을 타에 판매하는 경우는 납세의무가 없었으나 2006년부터는 지하자원을 채광하는 자는 별도의 비과세 또는 과세면제 규정의 적용을 받지 못하면 모두 납세의무가 있는 것이다. 다만 석탄과 광업법 제3조 제3호에 따른 광구 중 연간 매출액이 10억원 이하인 광구에서 채광된 광물은 과세대상에서 제외된다.

(4) 컨테이너

컨테이너를 취급하는 부두를 이용하여 컨테이너를 입항·출항하는 자는 지역자원시설세의 납세의무가 있다. 그런데 컨테이너를 취급하는 부두를 이용하는 컨테이너라 하더라도 환적 컨테이너, 연안수송 컨테이너 및 화물을 싣지 아니한 컨테이너는 납세의무가 없다. 그리고 시·도 조례로 납세의무자를 컨테이너화물의 화주로서 입항화물의 수화주 또는 출항화물의 송화주로 규정하고 컨테이너를 수송하는 선박회사를 특별징수의무자로 지정하고 있으며 납세의무의 성립시기는 컨테이너를 선적한 선박이 항계에 입출항하는 때에 성립하나 개항질서법 제5조 및 동법 시행령 제4조 제1항의 규정에 의하여 신고된 입출항일자와 실제 입출항일자가 다를 경우에는 실제 입출항일자를 기준으로 하고 있다.

(5) 원자력발전

원자력을 이용하여 발전을 하는 자는 지역자원시설세의 납세의무가 있다.

(6) 화력발전

석탄·석유·천연가스 등 화석연료를 이용하여 발전을 하는 자는 지역자원시설세의 납세의무가 있다.

(7) 소방분

소방시설, 오물처리시설, 수리시설, 그 밖의 공공시설로 인하여 이익을 받는 자의 건축물, 선박 및 토지(소방분이라 한다.)의 소유자는 지역자원시설세의 납세의무가 있다.

그러므로 소방시설에 필요한 비용을 충당하기기 위한 지역자원시설세의 납세의무를 지는 것은 소방시설로 인하여 이익을 받는 경우에 한한다.

이 경우 "소방시설로 인하여 이익을 받는다."함은 일반적으로 이익을 받을 수 있는 상태, 다시 말하면 화재가 발생했을 경우 소방시설의 혜택을 받을 수 있는 상태에 있는 것으로 족한 것이며 자체 방화시설이 완벽하고 화재에 대한 주의를 철저히 함으로써 주관적으로 소방시설의 혜택을 받을 필요가 없다고 판단하거나 소방시설의 혜택을 받을 필요가 없다고 해서 납세의무가 배제되는 것은 아니다. 그러나 소방시설이 있는 일정한 행정구역 내에 있는 건축물(주택의 건축물 부분을 포함한다.) 또는 선박이라 할지라도 전혀 소방시설의 혜택을 받을 수 있는 가능성이 없는 경우, 예를 들면 도시변방의 산간지대에 위치한 독립가옥으로서 소방차의 출동이 전혀 불가능하거나 외항선박으로서 해당 시·군 내에 선적은 있지만 연중 귀항하는 일이 전혀 없는 경우에는 소방시설로 인하여 이익을 받는다고 볼 수는 없다.

제144조 납세지

지역자원시설세는 다음 각 호에서 정하는 납세지를 관할하는 지방자치단체의 장이 부과한다.
1. 특정자원분 지역자원시설세: 다음 각 목의 납세지
   가. 발전용수: 발전소의 소재지
   나. 지하수: 채수공(採水孔)의 소재지
   다. 지하자원: 광업권이 등록된 토지의 소재지. 다만, 광업권이 등록된 토지가 둘 이상의 지방자치단체에 걸쳐 있는 경우에는 광업권이 등록된 토지의 면적에 따라 안분한다.
2. 특정시설분 지역자원시설세: 다음 각 목의 납세지
   가. 컨테이너: 컨테이너를 취급하는 부두의 소재지
   나. 원자력발전: 발전소의 소재지
   다. 화력발전: 발전소의 소재지
3. 소방분 지역자원시설세: 다음 각 목의 납세지
   가. 건축물: 건축물의 소재지
   나. 선박: 「선박법」에 따른 선적항의 소재지. 다만, 선적항이 없는 경우에는 정계장 소재지(정계장이 일정하지 아니한 경우에는 선박 소유자의 주소지)

(1) 특정시설에 대한 납세지 중
   ① 발전용수의 경우에는 댐이 2개 이상의 자치단체에 걸쳐서 건설되어 있다하더라도 발전소가 소재하는 지방자치단체에서만 발전용수에 대한 지역자원시설세를 과세할 수 있다.
   ② 컨테이너의 경우 컨테이너를 취급하는 부두라 함은 컨테이너만 전용으로 취급하는 컨테이너 부두와 일반부두로서 컨테이너를 취급하는 부두를 모두를 말한다.
(2) 소방분 납세지 중 선박의 경우 선적항이라 함은 선박소유자가 선박 등기 및 선박 등록을 하고 선박 국적증서를 교부하는 곳으로 이것은 선박이 항행할 수 있는 수면에 접한 시·읍·면에 한정되며, 원칙으로 선박 소유자의 주소 또는 주소지와 가장 가까운 곳에 정하여야 하는 것이다.

제145조 비과세

① 다음 각 호의 어느 하나에 해당하는 경우에는 특정자원분 지역자원시설세 및 소방분에 대한 지역자원시설세를 부과하지 아니한다(법 §145 ① Ⅰ·Ⅱ).

1. 국가, 지방자치단체 및 지방자치단체조합이 직접 개발하여 이용하는 경우
2. 국가, 지방자치단체 및 지방자치단체조합에 무료로 제공하는 경우

② 제109조에 따라 재산세가 비과세되는 건축물과 선박에 대한 소방분 지역자원시설세를 부과하지 아니한다(법 §145 ②).

(1) 특정자원 및 소방분 국가 등에 대한 비과세

① 국가·지방자치단체·지방자치단체조합·외국정부 및 주한국제기구의 소유에 속하는 재산에 대하여는 지역자원시설세를 부과하지 아니한다. 다만, 대한민국 정부기관의 재산에 대하여 과세하는 외국정부의 재산과 국가·지방자치단체, 지방자치단체조합과 건축물 등을 연부로 매매계약을 체결하고 그 재산의 사용권을 무상으로 부여받은 경우로서 매수계약자에게 납세의무가 있는 재산에는 그러하지 아니하다.

예를 들면 시·군에서 온천을 개발하여 그 용수를 목욕탕을 경영하는 업자들에게 공급하는 경우와 시·군에서 경영수입사업으로 생수를 개발하여 판매하는 경우 등은 지역자원시설세가 비과세된다.

② 국가·지방자치단체 및 지방자치단체조합에 생산한 전기 등을 무료로 제공하는 경우 그 부분에 대하여는 지역자원시설세를 부과하지 아니한다.

예를 들면 발전한 전기를 지방자치단체가 경영하는 어린이 시설 등에 무료로 제공하고 있다면 그 제공된 전기량으로 전기생산에 소요된 물의 양을 계산하여 그 부분에 해당하는 발전용수에 대한 지역자원시설세를 비과세하여야 할 것이다.

③ 국가·지방자치단체 또는 지방자치단체조합이 1년 이상 공용 또는 공공용으로 사용하는 재산에 대하여는 지역자원시설세를 부과하지 아니한다. 다만, 유료로 사용하는 재산을 그러하지 아니하다.

(2) 특정자원 및 소방분 용도에 따른 비과세

지방세법 시행령 제5조에 따른 시설(별장, 고급오락장 등 중과세 대상은 제외한다.)에 대하여는 지역자원시설세를 부과하지 아니한다(영 §137①). 다만, 법인세법 제3조 제3항에 따른 수익사업에 사용하는 경우와 해당 재산이 유료로 사용되는 경우의 그 재산 및 해당 재산의 일부가 그 목적에 직접 사용되지 아니하는 경우의 그 일부 재산에 대하여는 지역자원시설세를 부과한다.

① 임시로 사용하기 위하여 건축된 건축물로서 과세기준일 현재 1년 미만의 것에 대하여는 지역자원시설세를 부과하지 않는다.
② 비상재해구조용, 무료도선용, 선교구성용과 본선에 속하는 전마용 등으로 사용하는 선박은 지역자원시설세를 부과하지 아니한다.

③ 소방분 지역자원시설세를 부과하는 해당 연도 내에 철거하기로 계획이 확정되어 행정관청으로부터 철거명령을 받았거나 철거보상계약이 체결된 건축물 또는 주택(건축법 제2조 제1항 제2호에 따른 건축물 부분으로 한정한다.)에 대해서는 소방분 지역자원시설세를 부과하지 않는다. 이 경우 건축물 또는 주택의 일부분을 철거하는 경우에는 그 철거되는 부분에 대해서만 지역자원시설세를 부과하지 않는다(영 §137 ②).

제2절 과세표준과 세율

제146조 과세표준과 세율

① 특정자원분 지역자원시설세의 과세표준과 표준세율은 다음 각 호와 같다(법 §146 ① Ⅰ~Ⅵ).
  1. 발전용수 : 발전에 이용된 물 10세제곱미터당 2원
  2. 지하수
     가. 먹는 물로 판매하기 위하여 채수된 물 : 세제곱미터당 200원
     나. 목욕용수로 이용하기 위하여 채수된 온천수 : 세제곱미터당 100원
     다. 가목 및 나목 외의 용도로 이용하거나 목욕용수로 이용하기 위하여 채수된 온천수 외의 물 : 세제곱미터당 20원
  3. 지하자원 : 채광된 광물가액의 1천분의 5

② 특정시설분 지역자원시설세의 과세표준과 표준세율은 다음 각 호와 같다(법 §146 ② Ⅰ~Ⅲ).
  1. 컨테이너 : 컨테이너 티이유(TEU)당 1만5천원
  2. 원자력발전 : 발전량 킬로와트시(kwh)당 1원
  3. 화력발전 : 발전량 킬로와트시(kwh)당 0.6원
         (2024년1월1일 이후 신고분이 아닌 발전분부터 적용)

③ 소방분 지역자원시설세의 과세표준과 표준세율은 다음 각 호에서 정하는 바에 따른다(법 §146 ③).
  1. 건축물 또는 선박의 가액 또는 시가 표준액을 과세표준으로 하여 다음 표의 표준세율을 적용하여 산출한 금액을 세액으로 한다(법 §146 ③ Ⅰ).

과세표준	세 율
600만원 이하	10,000분의 4
600만원 초과 1,300만원 이하	2,400원+600만원 초과금액의 10,000분의 5
1,300만원 초과 2,600만원 이하	5,900원+1,300만원 초과금액의 10,000분의 6
2,600만원 초과 3,900만원 이하	13,700원+2,600만원 초과금액의 10,000분의 8
3,900만원 초과 6,400만원 이하	24,100원+3,900만원 초과금액의 10,000분의 10
6,400만원 초과	49,100원+6,400만원 초과금액의 10,000분의 12

2. 저유장, 주유소, 정유소, 유흥장, 극장 및 4층 이상 10층 이하의 건축물 등 대통령령으로 정하는 화재위험 건축물에 대해서는 제1호에 따라 산출한 금액의 100분의 200을 세액으로 한다(법 §146 ③ Ⅱ).

이 경우 법 제146조 제3항 제2호에서 "저유장, 주유소, 정유소, 유흥장, 극장 및 4층 이상 10층 이하의 건축물 등 대통령령으로 정하는 화재위험 건축물"이란 다음 각 호의 어느 하나에 해당하는 건축물을 말한다. 다만, 제2항 각 호의 어느 하나에 해당하는 건축물은 제외한다.(영 §138 ① Ⅰ·Ⅱ).

1. 주거용이 아닌 4층 이상 10층 이하의 건축물. 이 경우 지하층과 옥탑은 층수로 보지 아니한다.
2. 「화재예방, 소방시설 설치·유지 및 안전관리에 관한 법률 시행령」별표 2에 따른 특정소방대상물 중 다음 각 목의 어느 하나에 해당하는 것.
   가. 근린생활시설 중 학원, 비디오물감상실, 비디오물소극장 및 노래연습장. 다만, 바닥면적의 합계가 200제곱미터 미만인 것은 제외한다.
   나. 위락시설. 다만, 바닥면적의 합계가 무도장 또는 무도학원은 200제곱미터 미만, 유흥주점은 33제곱미터 미만, 단란주점은 150제곱미터 미만인 것은 제외한다.
   다. 문화 및 집회시설 중 극장, 영화상영관, 비디오물감상실, 비디오물소극장 및 예식장
   라. 판매시설 중 도매시장·소매시장·상점, 운수시설 중 여객자동차터미널
   마. 숙박시설. 다만, 객실로 사용되는 부분의 바닥면적 합계가 60제곱미터 미만인 경우는 제외한다.
   바. 장례식장(의료시설의 부수시설인 장례식장을 포함한다.)
   사. 공장 중 행정안전부령으로 정하는 것(이하 이 조에서 "공장"이라 한다)
   아. 창고시설 중 창고(영업용 창고만 해당한다), 물류터미널, 하역장 및 집배송시설
   자. 항공기 및 자동차 관련 시설 중 주차용 건축물
   차. 위험물 저장 및 처리 시설
   카. 의료시설 중 「의료법」 제3조 제2항 제3호에 따른 병원급 의료기관, 「감염병의 예방 및 관리에 관한 법률」 제36조에 따른 감염병 관리기관, 「정신건강증진 및 정신질환자 복지서비스 지원에 관한 법률」 제2조 제5호에 따른 정신의료기관, 「장애인복지법」 제58조 제1항 제4호에 따른 장애인 의료재활시설
   타. 교육연구시설 중 학원

그리고 1구 또는 1동의 건축물이 위 영 제138조 제1항 제2호 및 제2항 제2호에 따른 용도와 그 밖의 용도에 겸용되거나 구분사용되는 경우의 과세표준과 세액 산정방

법 등에 대해서는 행정안전부령으로 정한다(영 §0138 ③).

이 경우 다른 용도와 겸용되거나 구분 사용되는 화재위험 건축물의 세액 산정방법 등은 다음에 따른다(규칙 §75 ①~④).

① 1구 또는 1동의 건축물(주거용이 아닌 4층 이상의 것은 제외한다.)이 영 제138조 제1항 제2호 및 같은 조 제2항 제2호에 따른 용도(이하 이 조에서 "화재위험 건축물 중과대상 용도"라 한다.)와 그 밖의 용도에 겸용되고 있을 때에는 그 건축물의 주된 용도에 따라 해당 건축물의 용도를 결정한다. 이 경우 화재위험 건축물 중과대상 용도로 사용하는 건축물에 대한 세율은 그 건축물의 주된 용도에 따라 법 제146조 제2항 제2호(일반세율의 2배) 또는 같은 항 제2호의 2의 세율(일반세율의 3배)을 각각 적용한다(규칙 §75 ①).

② 1구 또는 1동의 건축물이 화재위험 건축물 중과대상 용도와 그 밖의 용도로 구분 사용되는 경우에는 1구의 건축물을 기준으로 하여 그 밖의 용도로 사용되는 부분을 제외한 부분만을 화재위험 건축물 및 대형 화재위험 건축물로 보아 법 제146조 제3항 제2호 및 같은 항 제2호의 2의 세율을 각각 적용한다. 다만, 1동의 건축물이 2 이상의 구로 구성되어 있는 경우에는 1동의 건축물을 기준으로 하여 그 밖의 용도로 사용되는 부분을 제외한 부분만을 화재위험 건축물 및 대형 화재위험 건축물로 보아 법 제146조 제2항 제2호 및 같은 항 제2호의 2의 세율을 각각 적용한다(규칙 §75 ②).

③ 제2항에 따른 건축물에 대하여 소방시설에 충당하는 지역자원시설세를 과세하는 경우의 세액 산정은 각 구별로 다음 계산식에 따른다(규칙 §75 ③).

$$\text{소방시설에 충당하는 지역자원시설세액} = X + Y + Z$$

$$X = \text{1구의 건축물의 과세표준} \times \text{법 제146조제2항제1호에 따른 세율}$$

$$Y = X \times \frac{\text{화재위험 건축물의 과세표준}}{\text{1구의 건축물의 과세표준}}$$

$$Z = 2X \times \frac{\text{대형 화재위험 건축물의 과세표준}}{\text{1구의 건축물의 과세표준}}$$

④ 영 제138조 제1항 제2호 사목에서 "행정안전부령으로 정하는 것"이란 규칙 제55조에 따른 공장용 건축물을 말한다. 지방세법 시행규칙 별표2에 규정된 업종의 공장으로서 생산설비를 갖춘 건축물의 연면적(옥외에 기계장치 또는 저장시설이 있는 경우에는 그 시설물의 수평투영면적을 포함한다.)이 500제곱미터 이상인 것을 말한다. 이 경우 건축물의 연면적에는 해당 공장의 제조시설을 지원하기 위하여 공장 경계구역 안에 설치되는 부대시설(식당, 휴게실, 목욕실, 세탁장, 의료실, 옥외 체육시설 및 기숙사 등 종업원의 후생복지증진에 제공되는 시설과 대피소, 무

기고, 탄약고 및 교육시설은 제외한다.)의 연면적을 포함한다(규칙 §75 ④ §55).

2의 2. 대형마트, 복합상영관(제2호에 따른 극장은 제외한다.), 백화점, 호텔, 11층 이상의 건축물 등 대통령령으로 정하는 대형 화재위험 건축물에 대해서는 제1호에 따라 산출한 금액의 100분의 300을 세액으로 한다(법 §146 ③ 2의 2).

　이 경우 "대형마트, 복합상영관(제2호에 따른 극장은 제외한다.), 백화점, 호텔, 11층 이상의 건축물 등 대통령령으로 정하는 대형 화재위험 건축물"이란 다음 각 호의 어느 하나에 해당하는 건축물을 말한다(영 §138 ② Ⅰ·Ⅱ).

1. 주거용이 아닌 11층 이상의 고층 건축물
2. 「화재예방 소방시설 설치·유지 및 안전관리에 관한 법률 시행령」 별표 2에 따른 특정소방대상물 중 다음 각 목의 어느 하나에 해당하는 것
   가. 위락시설 중 바닥면적의 합이 500제곱미터 이상인 유흥주점. 다만, 지하 또는 지상 5층 이상의 층에 유흥주점이 설치된 경우에는 그 바닥면적의 합계가 330제곱미터 이상
   나. 문화 및 집회시설 중 다음 어느 하나에 해당하는 영화상영관
     1) 상영관 10개 이상인 영화상영관
     2) 관람석 500석 이상의 영화상영관
     3) 지하층에 설치된 영화상영관
   다. 연면적 1만제곱미터 이상인 다음 어느 하나에 해당하는 판매시설
     1) 도매시장
     2) 소매시장
     3) 상점
   라. 숙박시설 중 5층 이상으로 객실이 50실 이상(동일한 건물 내에 다중이용업소의 안전관리에 관한 특별법 제2조 제1항에 따른 다중이용업소가 있는 경우는 객실 30실 이상을 말한다.)인 숙박시설
   마. 공장 및 창고시설 중 1구 또는 1동의 건축물로서 연면적 1만5천제곱미터 이상의 공장 및 창고[창고시설의 경우 건축물의 벽이 샌드위치 패널(「건축법」 제52조의4제1항에 따른 복합자재를 말한다.)로 된 물류창고 또는 냉동·냉장창고에 한정한다.]
   바. 위험물 저장 및 처리 시설 중 「위험물안전관리법 시행령」 제3조 및 별표 1에서 규정한 지정수량의 3천배 이상의 위험물을 저장·취급하는 위험물 저장 및 처리 시설
   사. 연면적 3만제곱미터 이상의 복합건축물. 이 경우 주상복합 건축물(하나의 건축물이 근린생활시설, 판매시설, 업무시설, 숙박시설 또는 위락시설의 용도와 주택의 용도로 함께 사용되는 것을 말한다.)에 대해서는 주택부분의 면적을 제외하고, 주택

부분과 그 외의 용도로 사용되는 부분이 계단을 함께 사용하는 경우에는 계단 부분의 면적은 주택부분의 면적으로 보아 연면적을 산정한다.
아. 정신건강증진 및 정신질환자 복지 서비스 지원에 관한 법률 제3조 제5호에 따른 정신의료기관으로서 병상이 100이상인 의료기관 및 의료법 제3조 제2항 제3호에 따른 병원급 의료기관 중 5층 이상의 종합병원, 한방병원, 요양병원으로서 병상이 100개 이상인 의료기관

⑤ 제3항의 건축물 및 선박은 제104조 제2호, 제3호 및 제5호에 따른 건축물 및 선박으로 하며, 그 과세표준은 제110조에 따른 가액 또는 시가표준액으로 한다. 다만, 주택의 건축물 부분에 대한 과세표준은 제4조 제2항을 준용하여 지방자치단체의 장이 산정한 가액에 제110조 제1항 제2호에 따른 공정시장가액비율을 곱하여 산정한 가액으로 한다(법 §146 ④).

⑥ 지방자치단체의 장은 조례로 정하는 바에 따라 지역지원시설세의 세율을 제1항부터 제3항까지의 규정에 따른 표준세율의 100분의 50범위에서 가감할 수 있다. 다만, 제2항 제2호(원자력발전) 및 제3호(화력발전)는 세율을 가감할 수 없다(법 §146 ④).

이 경우 단서 규정에 따라 원자력발전분과 화력발전분 지역자원시설세의 탄력세율 적용을 배제한 것은 현행 세율이 표준세율이라는 점에서 보면 지방세법의 표준세율제도 도입 목적과 취지에 위배되고, 조세평등주의원칙에도 맞지 않으며, 여건의 변화에 적응할 수 있도록 해야 하는 지방자치단체의 과세자주권을 침해하는 문제점이 있으므로 깊이 검토해서 개선해야 할 과제라고 생각된다.

제3절 부과·징수

제147조 부과·징수

① 특정자원분 지역자원시설세 및 특정시설분 지역자원시설세의 납기와 징수방법은 다음 각 호에서 정하는 바와 같다(법 §147 ① Ⅰ~Ⅲ).
  1. 특정자원분 지역자원시설세 및 특정시설분 지역자원시설세는 신고납부의 방법으로 징수한다. 다만, 제146조 제1항 제2호에 따른 지하수에 대한 지역자원시설세의 경우 조례로 정하는 바에 따라 보통징수의 방법으로 징수할 수 있다.
  2. 제1호 본문에 따라 지역자원시설세를 신고납부하는 경우 납세의무자는 제146조에 따라 산출한 세액(이하 이 조에서 "산출세액"이라 한다.)을 납세지를 관할하는 지방자치단체의 장에게 조례로 정하는 바에 따라 신고하고 납부하여야 한다.
  3. 납세의무자가 제2호에 따른 신고 또는 납부의무를 다하지 아니하면 산출세액 또는 그 부족세액에 지방세기본법 제53조부터 제55조까지의 규정에 따라 산출한 가산세를 합한 금액을 세액으로 하여 보통징수의 방법으로 징수한다.
② 소방분 지역자원시설세는 재산세의 규정 중 제114조, 제115조, 제118조(같은 조에 따라 재산세를 분할납부하는 경우에만 해당한다) 및 제122조(제122조의 경우는 각 호 외의 부분 본문만 해당한다.)를 준용한다(법 §147 ②).
이 규정은 소방분 지역자원시설세도 재산세의 분할납부 규정을 준용·신설하여 납부세액이 250만원 초과하는 경우 분할납부 가능하도록 규정한 것이다

③ 소방분 지역자원시설세는 관할 지방자치단체의 장이 세액을 산정하여 보통징수의 방법으로 부과·징수한다(법 §147 ③).
④ 소방분 지역자원시설세를 징수하려면 건축물, 선박으로 구분한 납세고지서에 과세표준과 세액을 적어 늦어도 납기개시 5일 전까지 발급하여야 한다(법 §147 ④).
⑤ 지역자원시설세를 부과할 지역과 부과·징수에 필요한 사항은 해당 지방자치단체의 조례로 정하는 바에 따른다(법 §147 ⑥).
⑥ 제6항의 경우에 컨테이너에 관한 지역자원시설세의 부과·징수에 대한 사항을 정하는 조례에는 특별징수의무자의 지정 등에 관한 사항을 포함할 수 있다(법 §147 ⑦).
그리고 소방분 지역자원시설세의 납기와 재산세의 납기가 같을 때에는 재산세의 납세고지서에 나란히 적어 고지할 수 있다(영 §139).

1. 특정자원 및 특정시설에 대한 지역자원시설세

(1) 징수방법과 납기

특정자원에 대한 지역자원시설세의 징수방법은 신고납부의 방법으로 한다. 다만, 제146조 제1항 제2호에 따른 지하수에 대한 지역자원시설세의 경우 조례로 정하는 바에 따라 보통징수의 방법에 따라 징수할 수 있다. 이와 같이 지역자원시설세를 신고납부하는 경우 납세의무자는 과세표준에 세율을 적용하여 산출한 세액을 납세지를 관할하는 지방자치단체의 장에게 조례가 정하는 바에 따라 신고하고 납부하여야 한다. 그런데 종전에는 신고 및 납부시기가 다음달 10일(컨테이너의 경우는 20일)로 되어 있었으나 지하수의 경우 검침 등이 2개월 단위로 이루어지는 등 도별로 각각 특별한 사정이 있어 조례로 그 시기를 각각 정하도록 하였으므로 납부시기 등에 대하여는 각 자치단체의 조례의 정해진 내용에 따라 신고하고 납부하여야 할 것이다.

(2) 가산세 징수

납세의무자가 신고 또는 납부의무를 다하지 아니하면 산출세액 또는 그 부족액에 지방세기본법 제53조부터 제55조까지의 규정에 따라 산출한 가산세를 합한 금액을 세액으로 하여 보통징수방법에 의하여 징수한다.

(3) 부과할 지역과 방법 등에 관한 규정

지역자원시설세를 부과할 지역과 부과·징수에 필요한 사항은 해당 지방자치단체의 조례로 정하는 바에 따른다.

그러므로 과세대상지역은 도조례로 ○○시·군 또는 ○○읍·면으로 지정하여야 하는데 부과징수에 관하여 필요한 사항 중 조례가 정한 중요 내용을 소개하면,

① 지하수의 경우 지하수를 채수하여 음용수로 판매하고자 하는 자는 채수구멍과 연결되는 채수관에 사용량을 확인할 수 있는 계량기를 설치하고 이를 시장·군수·구청장에게 신고하여야 하며, 신고를 받은 시장·군수·구청장는 계량기 설치상태를 검사하고 분기별로 1회 이상 그 상태를 점검하여야 하고, 만약 채수계량기를 설치하지 아니하여 사용량을 확인할 수 없는 경우에는 1일 채수 가능량을 현지확인하여 이를 기준으로 산출한 매월의 채수량을 과세표준으로 하고 있다.

② 컨테이너의 경우 1개의 컨테이너에 서로 다른 화주의 화물이 적재되어 있는 컨테이너의 화주별 세액은 특별징수의무자가 컨테이너별로 적재화물의 운임톤수를 기준으로 안분하여 납부토록 하고 있으며, 특별징수의무자는 장부를 비치하고 입출항일자,

선박명, 컨테이너 규격별 수량, 비과세대상 내용, 화주명단 및 화주별 세액 안분내용을 기재하여 5년간 보관토록 하고 있다.

그리고 반입된 컨테이너 화물이 화주가 인수하기 전에 천재·지변 기타 부득이한 사유로 멸실·훼손 또는 폐기처분된 경우, 반입된 컨테이너 화물이 국고에 귀속된 경우 및 이미 신고납입한 세액이 초과 납부된 경우는 세액을 공제하거나 환급받을 수 있도록 하고 있다.

(4) 특별징수의무자의 지정 등

컨테이너에 관한 지역자원시설세의 부과징수에 대한 사항을 정하는 조례에는 특별징수의무자의 지정 등에 관한 사항을 포함할 수 있다.

이 규정에 의하여 도조례에서 규정하고 있는 내용을 살펴보면 다음과 같다.
① 특별징수의무자는 선박을 이용하여 컨테이너를 수송하는 선박회사(외국선사의 경우 지사 또는 대리점을 말한다.)를 특별징수의무자로 지정하는데 입출항하는 선박에 2개 이상의 선박회사의 컨테이너화물이 실려 있는 경우에는 해당 선박을 직접 운영하는 운항선사 또는 그 대리점이 특별징수의무자가 되도록 하고 있다.
② 특별징수의무자는 선박 입출항일로부터 20일 이내에 입출항일자, 선박명, 컨테이너 규격별 수량, 비과세대상, 기타 필요하다고 인정하는 사항을 기재하여 도지사에게 신고하여야 한다.

2. 소방분 지역자원시설세

소방분 지역자원시설세는 재산세의 규정 중 제114조, 제115조, 제116조 및 제122조(제122조의 경우는 각 호 외의 부분 본문만 해당한다.)를 준용하고 있는데 이를 살펴보면 다음과 같다.

(1) 과세기준일(법 제114조 준용)

지역자원시설세의 과세기준일은 매년 6월1일이다. 그러므로 과세기준일은 재산세와 동일하며 고지도 재산세의 납세고지서에 나란히 적어 고지하는 경우가 대부분일 것이다.

(2) 납기(법 제115조 준용)

소방분 지역자원시설세의 과세대상은 건축물(주택의 건축물 부분을 포함한다.), 선박이 되므로 그 납기는 다음과 같이 구분하여야 한다.
① 건축물의 납기는 매년 7월 16일부터 7월 31일까지이다.
② 주택의 건축물 부분에 대한 지역자원시설세의 납기가 재산세가 산출세액의 2분의 1

은 매년 7월16일부터 7월 31일까지이고, 나머지 2분의 1은 9월 16일부터 9월 30일까지이므로 지역자원시설세는 토지와 건축물분으로 구분하고 그 중 건축물분에 한하여만 납기에 따라 과세하여야 할 것이다.

③ 선박에 대한 납기는 매년 6월 16일부터 7월 31일까지이다.

(3) 징수방법 등(법 제116조 준용)

① 소방분 지역자원시설세는 관할 지방자치단체의 장이 세액을 산정하여 보통징수의 방법으로 부과·징수한다.

② 소방분 지역자원시설세를 징수하려면 건축물, 주택 및 선박으로 구분한 납세고지서에 과세표준과 세액을 적어 늦어도 납기개시 5일전까지 발급하여야 한다.

③ 소방분 지역자원시설세의 세액산정 및 그 밖에 부과절차와 징수방법 등에 관하여 필요한 사항은 재산세의 규정에 따른다.

(4) 세부담의 상한(법 제122조 본문 준용, 단서 제외)

해당 재산에 대한 지역자원시설세의 산출세액이 직전 연도의 해당 재산에 대한 지역자원시설세 상당액의 100분의 150을 초과하는 경우에는 100분의 150에 해당하는 금액을 해당 연도에 징수할 세액으로 한다.

소방분 지역자원시설에는 그 시설종목을 표시하여 부과토록 하고 있는데 이는 어떤 시설에 지역자원시설세가 부과되는 것인지를 납세의무자가 알 수 있도록 구체적으로 그 시설종목을 명기해야 한다는 주의적 규정이다.

제148조 소액 징수면제

지역자원시설세로 징수할 세액이 고지서 1장당 2천원 미만인 경우에는 그 지역자원시설세를 징수하지 아니한다(법 §148).

CHAPTER 12 지방교육세

제3편 지방세법

　지방교육세는 교육의 질적향상을 도모하기 위하여 필요한 교육재정의 확충에 소요되는 재원을 확보할 목적으로 1981년 12월 5일 법률 제3459호로 제정된 국세(목적세)였는데 당초에는 지방세에 부가되는 교육세는 없었으나, 1990년 12월 31일 방위세가 폐지되면서 지방세에 부가되던 방위세의 재원을 교육세로 전환하여 1991년부터 지방세에 교육세를 부가하여 과세하게 되었으며, 국세이지만 그 부과징수의 방법은 지방세의 예에 따라 과세되었으며, 부과징수권도 지방세의 과세권자인 지방자치단체장에게 있었으며 모세(母稅)의 부과징수와 동시에 징수하여 국고에 납입하는 제도로 되어 있었다.

　그 후 지방자치와 교육자치의 연계성을 높이고 지방자치단체의 교육에 대한 역할을 강화하는 차원에서 조세체계를 정비하여 국세인 교육세를 국세에 부가되는 교육세는 국세로 그대로 존치시키면서 지방세에 부가되어 오던 교육세를 분리하여 지방교육세로 세목을 신설하여 2001년부터 시행하게 되었다.

　그리고 이 지방교육세액은 지방세로서 징수되지만 지방자치단체의 일반재원으로는 활용할 수가 없고 징수되는 모든 세액을 일반회계에 교육비 전출금으로 계상한 후 지방교육재정특별회계로 전출시켜야 하는 것이다.

제149조 목 적

　지방교육세는 지방교육의 질적 향상에 필요한 지방교육재정의 확충에 드는 재원을 확보하기 위하여 부과한다(법 §149).

　이러한 취지에서 과세되는 지방교육세는 지방세로서 부과징수하여 지방교육재정으로 이체하는 제도로서 이는 근본적으로 교육이 지방자치의 일환으로 제도가 통일되지 아니한 결과인데 앞으로 교육자치는 지방자치의 일환으로 통일시켜 지방재정과 지방교육재정도 일원화 되어야 올바른 지방자치가 될 것으로 본다.

제150조 | 납세의무자

지방교육세의 납세의무자는 다음 각 호와 같다(법 §150 Ⅰ~Ⅶ).
1. 부동산, 기계장비(제124조에 해당하는 자동차는 제외한다.), 항공기 및 선박의 취득에 대한 취득세의 납세의무자
2. 등록에 대한 등록면허세(제124조에 해당하는 자동차에 대한 등록면허세는 제외한다.)의 납세의무자
3. 레저세의 납세의무자
4. 담배소비세의 납세의무자
5. 주민세 개인분 및 사업소분의 납세의무자
6. 재산세(제112조 제1항 제2호 및 같은 조 제2항에 따른 재산세액은 제외한다.)의 납세의무자
7. 제127조 제1항 제1호 및 제3호의 비영업용 승용자동차에 대한 자동차세[국가, 지방자치단체 및 초·중등교육법에 따라 학교를 경영하는 학교법인 (목적사업에 직접 사용하는 자동차에 한정한다.)을 제외한다.]의 납세의무자

이를 지방세의 세목별로 지방교육세의 납세의무자를 살펴보면 다음과 같다.
① 부동산, 기계장비, 항공기 및 선박의 취득에 대한 취득세의 납세의무자. 다만, 기계장비의 경우 지방세법 제124조에 해당하는 자동차를 취득할 때의 취득세에는 지방교육세가 부과되지 아니한다. 여기에서 지방세법 제124조에 해당하는 자동차란 건설기계관리법에 따라 등록된 건설기계(취득세의 경우 등록이 되지 아니한 기계장비도 포함한다.) 중 차량과 유사한 것으로서 덤프트럭 및 콘크리트믹서트럭을 말한다.
② 등록에 대한 등록면허세의 납세의무자, 이 경우에도 지방세법 제124조에 해당하는 자동차에 대한 등록면허세에는 지방교육세를 부과하지 아니한다.
③ 레저세의 모든 납세의무자
④ 담배소비세의 납세의무자
⑤ 주민세 개인분·사업소분의 납세의무자. 주민세는 개인분과 사업소분 및 종업원분이 있는데, 이 중 개인분과 사업소분 중 법 제81조제1항제1호에 따라 과세되는 주민세 납세의무자에 한하여 지방교육세 납세의무가 있는 것이다.
⑥ 재산세의 모든 납세의무자
⑦ 비영업용 승용자동차(비영업용 그 밖의 승용자동차를 포함한다.)에 대한 자동차세 납세의무자, 다만, 국가·지방자치단체 및「초·중등교육법」에 따라 학교를 경영하는 학교법인(목적사업에 직접사용하는 자동차에 한한다.)을 제외한다.

비영업용 승용자동차라 함은 개인 또는 법인이 영업용 이외의 용도에 공하는 것으로서 자동차관리법 제3조의 규정에 의한 승용자동차를 말하고, 기타승용자동차라 함은 자동차관리법 제3조의 규정에 의한 승용자동차 중 전기·태양열 및 알콜을 이용하는 자동차를 말하는데 지방교육세가 부과되는 자동차세는 모든 자동차 중 비영업용 승용자동차와 기타승용자동차에 과세되는 자동차세에만 과세되는 것이다.

그리고 자동차의 소유자가 국가·지방자치단체 및 「초·중등교육법」에 따라 학교를 경영하는 학교법인 소유자동차의 자동차세에 대하여는 지방교육세가 부과되지 아니하나 학교법인의 경우는 그 목적사업에 직접사용하는 자동차에 한정하여 그 자동차세에 대한 지방교육세가 부과되지 아니한다.

> **사례 │**
>
> ❖ 레저세의 납세의무자를 지방교육세의 납세의무자로 규정한 지방세법 제260조의 2에 대하여, 그 납세의무자가 아닌 승마투표권 구매자가 자기관련성을 가지는지 여부(소극)
>
> 이 사건 지방교육세의 납세의무자는 경마 관련 레저세의 납세의무자인 한국마사회이지만, 사실상의 조세부담은 조세의 전가를 통해 승마투표권 구매자가 질 수도 있다. 하지만 이 사건 지방교육세를 사실상 누가 부담할 것인가 하는 것은 전적으로 경제적인 힘, 수요탄력성 등 제반 경제적 여건에 따라(재정학적·사실적 측면) 거래당사자 간의 사적 자치나 거래관행 등을 통해(법적 측면) 결정되는 것이지 조세법에 의해 정해지는 것은 아니다. 그러므로 이 사건 법률조항은 승마투표권 구매자를 실질적인 조세부담자로 규율하는 것까지도 그 목적으로 하는 조항이라 볼 수 없다. 그리고 이 사건 지방교육세의 전가가 이루어질 것인지 여부는 그때 그때 존재하는 여러 경제적 여건들에 따라 영향을 받게 되는 것이므로, 승마투표권 구매자가 사실상의 조세부담을 지게 되는 효과나 진지성의 정도가 승마투표권 구매자를 이 사건 법률조항에 법적으로 의미 있게 관련시킬 정도로 강하다고 보기는 어렵다. 나아가 이 사건 지방교육세로 인해 한국마사회도 불이익을 입게 된다는 점에서 볼 때, 이 사건 법률조항의 직접적인 수유자인 한국마사회에 의한 헌법소원 제기 가능성이 없다고 단정할 수도 없다. 이상과 같이 이 사건 법률조항의 직접적인 수유자가 아닌 제3자인 청구인이 이 사건 법률조항에 의한 기본권침해에 직접 관련되었다고 볼 만한 특별한 사정이 없다. 그리고 이 사건 지방교육세의 전가는 승마투표권 구매자에게는 환급금액이 감소되는 불이익이라는 모습으로 나타나게 되는바, 이러한 불이익은 이 사건 법률조항에 대한 단지 간접적·사실적·경제적인 이해관계에 불과하다. 결국, 이 사건 심판청구는 자기관련성이 인정되지 아니하여 부적법하다.
>
> (헌재 2005헌마1132, 2007.5.31.)

제151조 │ 과세표준과 세율

① 지방교육세는 다음 각 호에 따라 산출한 금액을 그 세액으로 한다(법 §151 ① Ⅰ~Ⅶ).
1. 취득물건(제15조 제2항에 해당하는 경우는 제외한다.)에 대하여 제10조의2부터 제10조의6까지의 규정에 따른 과세표준에 제11조 제1항 제1호부터 제7호까지와 제12조의 세율(제14조에 따라 조례로 세율을 달리하는 경우에는 그 세율을 말한다. 이하 같다.)에서 1천분의 20를 뺀 세율을 적용하여 산출한 금액(제11조 제1항 제8호의 경우에는 해당 세율에 100분의 50을 곱한 세율을 적용하여 산출한 금액)의 100분의 20, 다만, 다음 각 목의 어느 하나에 해당하는 경우에는 해당 목에서 정하는 금액으로 한다.
   가. 제13조 제2항·제3항·제6항 또는 제7항에 해당하는 경우 : 이 호 각 목 외의 부분 본문의 계산방법으로 산출한 지방교육세액의 100분의 300. 다만, 법인이 제11조제1항제8호에 따른 주택을 취득하는 경우에는 나목을 적용한다.
   나. 제13조의2에 해당하는 경우: 제11조제1항제7호나목의 세율에서 중과기준세율을 뺀 세율을 적용하여 산출한 금액의 100분의 20
   다. 지방세특례제한법, 조세특례제한법 및 지방세감면조례(이하 "지방세감면법령"이라 한다.)에서 취득세를 감면하는 경우
      1) 지방세감면법령에서 취득세의 감면율을 정하는 경우 : 이 호 각 목 외의 부분 본문의 계산방법으로 산출한 지방교육세액을 해당 취득세 감면율로 감면하고 남은 금액
      2) 지방세감면법령에서 취득세의 감면율을 정하면서 이 법 제13조 제2항 본문 및 같은 조 제3항의 세율을 적용하지 아니하도록 정하는 경우 : 이 호 각 목 외의 부분 본문의 계산방법으로 산출한 지방교육세액을 해당 취득세 감면율로 감면하고 남은 금액
      3) 1)과 2) 외에 지방세감면법령에서 이 법과 다른 취득세율을 정하는 경우 : 해당 취득세율에도 불구하고 이 호 각 목 외의 부분 본문의 계산방법을 산출한 지방교육세액. 다만, 세율을 1천분의 20으로 정하는 경우에는 과세대상에서 제외한다.
   다. 가목 또는 나목과 다목이 동시에 적용되는 경우 : 가목을 적용하여 산출한 지방교육세액을 해당 취득세 감면율로 감면하고 남은 금액

2. 이 법 및 지방세감면 법령에 따라 납부하여야 할 등록에 대한 등록면허세액의 100분의 20
3. 이 법 및 지방세감면 법령에 따라 납부하여야 할 레저세액의 100분의 40
4. 이 법 및 지방세감면 법령에 따라 납부하여야 할 담배소비세액의 1만분의 4,399

5. 이 법 및 지방세감면 법령에 따라 납부하여야 할 주민세 개인분 세액 및 사업소분 세액(제81조 제1항 제1호에 따라 부과되는 세액으로 한정한다)의 각 100분의 10. 다만, 인구 50만 이상 시의 경우에는 100분의 25로 한다.
6. 이 법 및 지방세감면 법령에 따라 납부하여야 할 재산세액(제112조 제1항 제2호 및 같은 조 제2항에 따른 재산세액은 제외한다.)의 100분의 20
7. 이 법 및 지방세감면 법령에 따라 납부하여야 할 자동차세액의 100분의 30

② 지방자치단체의 장은 지방교육투자재원의 조달을 위하여 필요한 경우에는 해당 지방자치단체의 조례로 정하는 바에 따라 지방교육세의 세율을 제1항(같은 항 제3호는 제외한다.)의 표준세율의 100분의 50 범위에서 가감할 수 있다(법 §151 ②).

③ 도농복합형태의 시에 대하여 제1항 제5호를 적용할 때 "인구 50만 이상 시"란 동지역의 인구가 50만 이상인 경우를 말하며, 해당 시의 읍·면 지역에 대하여는 그 세율을 100분의 10으로 한다(법 §151 ③).

④ 제1항 제5호를 적용할 경우「지방자치법」제5조 제1항에 따라 둘 이상의 지방자치단체가 통합하여 인구 50만 이상 시에 해당하는 지방자치단체가 되는 경우 해당 지방자치단체의 조례로 정하는 바에 따라 5년의 범위에서 통합 이전의 세율을 적용할 수 있다(법 §151 ④).

이 경우 지방교육세를 납부하여야 할 자가 지방교육세의 과세표준이 되는 지방세를 납부하지 아니하거나 부족하게 납부함으로써 해당 세액에 가산세가 가산되었을 때에는 그 가산세액은 지방교육세의 과세표준에 산입하지 아니한다(영 §140).

1. 표준세율

가. 취득세액을 과세표준으로 하는 지방교육세

(1) 과세대상

취득세가 과세되는 취득물건 중 취득세가 중과기준세율을 적용하여 과세하는 개수(改修)로 인한 취득(원시취득 제외), 선박·차량과 기계장비 및 토지의 가액 증가에 따른 취득, 과점주주의 취득, 외국인 소유의 취득세 과세대상물건(차량, 기계장비, 항공기 및 선박만 해당한다.)을 임차하여 수입하는 경우의 취득, 시설대여업자의 건설기계 또는 차량취득, 운수업체 등의 명으로 등록하는 경우라도 취득대금을 지급한 자의 기계장비 또는 차량 취득, 그 밖에 레저시설의 취득(지방세법 제15조 제2항에 해당하는 취득) 등을 제외한 취득물건에 대해 과세되는 취득세액이 과세대상이 된다.

(2) 적용세율

취득세의 과세표준에 지방세법 제11조 제1항 제1호부터 제7호까지가 제12조의 세율(조례에 의하여 세율이 달리 정해진 경우는 그 세율을 말함)에서 1천분의 20을 뺀 세율을 적용하여 산출한 금액의 100분의 20을 적용하여 계산한 세액이 지방교육세액이다.

1) 부동산 취득의 세율

(가) 상속으로 인한 취득

① 농지 : 1천분의 23 - 1천분의 20 = 1천분의 3으로 계산된 취득세액에 100분의 20의 세율적용
② 농지 이외의 것 : 1천분의 28 - 1천분의 20 = 1천분의 8로 계산된 취득세액에 100분의 20의 세율적용

(나) 상속으로 인한 취득 외의 무상취득

1천분의 35(비영리사업자취득 1천분의 28) - 1천분의 20 = 1천분의 15(비영리사업자취득 1천분의 8)으로 계산된 취득세액에 100분의 20의 세율적용

이 경우 비영리 사업자란 다음의 자를 말한다.
1. 종교 및 제사를 목적으로 하는 단체
2. 「초·중등교육법」 및 「고등교육법」에 따른 학교 「경제자유구역 및 제주국제자유도시의 외국교육기관 설립·운영에 관한 특별법」 또는 「기업도시개발 특별법」에 따른 외국교육기간을 경영하는 자 및 「평생교육법」에 따른 교육시설을 운영하는 평생교육단체
3. 「사회복지사업법」에 따라 설립된 사회복지법인
4. 양로원·보육원·모자원·한센병자치료보호시설 등 사회복지사업을 목적으로 하는 단체 및 한국한센복지협회
5. 「정당법」에 따라 설립된 정당

(다) 원시취득

1천분의 28 - 1천분의 20 = 1천분의 8을 적용하여 계산된 취득세액에 100분의 20의 세율적용

(라) 공유물의 분할 또는 부동산 실권리자명의 등기에 관한 법률에 의한 공유권 해소를 위한 지분이전으로 인한 취득

1천분의 23 - 1천분의 20 = 1천분의 3을 적용하여 계산된 세액에 100분의 20의 세율 적용

(마) 합유물 및 총유물의 분할로 인한 취득

1천분의 23 - 1천분의 20 = 1천분의 3을 적용하여 계산된 세액에 100분의 20의 세율 적용

(바) 그 밖의 원인으로 인한 취득

① 농지 : 1천분의 30 - 1천분의 20 = 1천분의 10을 적용하여 계산된 세액에 100분의 20의 세율적용
② 농지 외의 것 : 1천분의 40 - 1천분의 20 = 1천분의 20을 적용하여 계산된 세액에 100분의 20의 세율적용

(사) 유상거래로 인한 주택의 취득

지방세법 제11조 제1항 제8호에 따른 유상거래를 원인으로 동법 제10조에 따른 취득당시의 가액이 6억원 이하인 주택을 취득하는 경우에는 1천분의 10의 세율을, 6억원 초과 9억원 이하의 주택을 취득하는 경우에는 1천분의 20의 세율을, 9억원 초과 주택을 취득하는 경우에는 1천분의 30의 세율을 가가 적용하는데 이 경우에는 해당 세율에 100분의 50을 곱한 세율을 적용하여 산출한 금액의 100분의 20을 적용하여 계산한 세액이 지방교육세액이다.

① 취득당시 가액 6억원 이하 주택

1천분의 10 × 100분의 50 = 1천분의 5로 계산된 취득세액에 100분의 20의 세율적용
② 취득당시 가액 6억원 초과 9억원 이하 주택

1천분의 20 × 100분의 50 = 1천분의 10으로 계산된 취득세액에 100분의 20의 세율적용
③ 취득당시 가액 9억원 초과 주택

1천분의 30 × 100분의 50 = 1천분의 15로 계산된 취득세액에 100분의 20의 세율적용

2) 부동산 외의 취득의 세율

가) 선박

(1) 등기·등록 대상인 선박

① 상속으로 인한 취득 : 1천분의 25 - 1천분의 20 = 1천분의 5를 적용하여 계산된 취득세액에 100분의 20의 세율적용

② 상속으로 인한 취득 외의 무상취득 : 1천분의 30 - 1천분의 20 = 1천분의 10을 적용하여 계산된 취득세액에 100분의 20의 세율적용.

③ 원시취득 : 1천분의 20.2 - 1천분의 20 = 1천분의 0.2를 적용하여 계산된 취득세액에 100분의 20의 세율적용

④ 수입에 의한 취득 및 주문 건조에 의한 취득 : 1천분의 20.2 - 1천분의 20 = 1천분의 0.2를 적용하여 계산된 취득세액에 100분의 20의 세율적용

(2) 소형선박(등기·등록 대상인 선박 제외)

① 선박법 제1조의 2 제2항에 따른 소형선박 : 1천분의 20.2 - 1천분의 20 = 1천분의 0.2를 적용하여 계산된 취득세액에 100분의 20의 세율적용

② 수상레저안전법 제30조에 따른 동력수상레저기구의 취득 : 1천분의 20.2 - 1천분의 20 = 1천분의 0.2를 적용하여 계산된 취득세액에 100분의 20의 세율적용

(3) (1)과 (2)외의 선박(과세제외)

나) 차량

① 비영업용 승용자동차 : 1천분의 70 - 1천분의 20 = 1천분의 50을 적용하여 산출한 취득세액에 100분의 20의 세율적용

다만, 경자동차의 경우 : 1천분의 40 - 1천분의 20 = 1천분의 20을 적용하여 산출한 취득세액에 100분의 20의 세율적용

② 그 밖의 자동차

㉮ 비영업용 : 1천분의 50 - 1천분의 20 = 1천분의 30을 적용하여 산출한 취득세액에 100분의 20의 세율적용

다만, 경자동차의 경우 : 1천분의 40 - 1천분의 20 = 1천분의 20을 적용하여 산출한 취득세액에 100분의 20의 세율적용

㉯ 영업용 : 1천분의 40 - 1천분의 20 = 1천분의 20을 적용하여 산출한 취득세액에 100분의 20의 세율적용

다) 기계장비

1천분의 30−1천분의 20 = 1천분의 10을 적용하여 산출된 취득가액에 100분의 20의 세율 적용

라) 항공기

① 항공법 제3조 단서에 따른 항공기 외의 항공기 : 1천분의 20.2−1천분의 20 = 1천분의 0.2를 적용하여 산출한 취득세액에 100분의 20의 세율적용
② ①의 항공기 중 최대이륙중량이 5,700킬로그램 이상인 항공기 : 1천분의 20.1−1천분의 20 = 1천분의 0.1을 적용하여 산출한 취득세액에 100분의 20의 세율적용

3) 세율 적용의 특례

(가) 중과세율의 적용

① 대도시에서 법인을 설립(휴면법인을 인수하는 경우를 포함한다.)하거나 지점 또는 분사무소를 설치하는 경우 및 법인의 본점·주사무소·지점 또는 분사무소를 대도시로 전입함에 따라 대도시의 부동산을 취득(그 설립·설치·전입 이후의 부동산 취득을 포함한다.)하는 경우와,
② 대도시(「산업집적활성화 및 공장설립에 관한 법률」을 적용받는 유치지역 및 「국토의 계획 및 이용에 관한 법률」을 적용받는 공업지역은 제외한다.)에서 공장을 신설하거나 증설함에 따라 부동산을 취득하는 경우 및,
③ 과밀억제권역에 설치가 불가피하다고 인정되는 업종에 직접사용하거나 사원의 주거용으로 취득한 부동산을 정당한 사유 없이 부동산 취득일부터 1년이 경과할 때까지 대도시 중과제외업종에 직접 사용하지 아니하거나 사원주거용 목적 부동산으로 직접 사용하지 아니하는 경우와 부동산 취득일부터 1년 이내에 다른 업종이나 다른 용도에 사용·겸용하는 경우, 또한 부동산 취득일부터 2년 이상 해당 업종 또는 용도에 직접 사용하지 아니하고 매각하거나 다른 업종이나 다른 용도에 사용·겸용하는 경우에는 "(2)"의 계산방법으로 산출한 지방교육세액의 100분의 300을 적용하여 지방교육세액을 산출한다. 또한 지방세법 제13조 제6항 또는 제7항에 해당하는 경우에도 또한 같다.

(나) 지방세감면법령에서 취득세를 감면하는 경우

지방세감면법령에서 취득세의 감면율을 정하는 경우는 "(2)"의 계산방법으로 산출한 지방교육세액을 해당 취득세 감면율로 감면하고 남은 금액이 지방교육세액이다.

지방세감면법령에서 이 법과 다른 취득세율을 정하는 경우는 달리 정한 취득세율에도 불구하고 "(2)"의 계산방법으로 산출한 것을 지방교육세액으로 한다. 이 경우 달리 정한 취득세율이 1천분의 20인 경우는 과세대상에서 제외한다.

(다) 위의 "(가)" 와 "(나)" 가 동시에 적용되는 경우에는 "(가)"를 적용하여 산출한 지방교육세액을 해당 취득세 감면율로 감면하고 남은 금액이다.

나. 등록면허세액을 과세표준으로 하는 지방교육세의 세율

지방세법 및 지방세 감면법령에 따라 납부하여야 할 등록에 대한 등록면허세액의 100분 20

다. 레저세액을 과세표준으로 하는 지방교육세의 세율

지방세법 및 지방세 감면법령에 따라 납부하여야 할 레저세액의 100분의 40

라. 담배소비세액을 과세표준으로 하는 지방교육세액의 세율

지방세법 및 지방세 감면법령에 따라 납부하여야 할 담배소비세액의 1만분의 4,399
[이 규정은 이 법 시행(2015.1.1.)이후 최초로 담배를 제조장 또는 보세구역으로부터 반출하거나 국내로 반입하는 경우부터 적용한다.]

마. 주민세 개인분 및 사업소분 세액을 과세표준으로 하는 지방교육세의 세율

지방세법 및 지방세 감면법령에 따라 납부하여야 할 주민세 개인분 및 법 제81조 제1항 제1호에 따라 과세되는 사업소분 세액의 100분의 10. 다만, 인구 50만 이상 시의 경우에는 100분의 25로 한다.

바. 재산세액을 과세표준으로 하는 지방교육세의 세율

지방세법 및 지방세 감면법령에 따라 납부하여야 할 재산세액의 100분의 20. 다만, 지방자치단체의 조례로 도시지역 안에 있는 토지 등에 대하여 세율을 추가 또는 초과하여 정하여 과세하는 경우(제112조 제1항 제2호 및 같은 조 제2항에 따른 재산세액)는 지방교육세의 과세표준에서 제외한다.

사. 자동차세액을 과세표준으로 하는 지방교육세의 세율

지방세법 및 지방세 감면법령에 따라 납부하여야 할 자동차세액의 100분의 30

2. 제한세율

지방자치단체의 장은 지방교육투자재원의 조달을 위하여 필요한 경우에는 해당 지방자치단체의 조례로 정하는 바에 따라 지방교육세의 세율을 제1항(제3호를 제외한다.)의 표준세율의 100분의 50의 범위에서 가감할 수 있다.

그런데 교육투자재원을 조달할 필요가 있어 이러한 조정세율을 활용하기 위해서는 의회의 의결을 받아 조례로서 표준세율의 50% 범위 안에서 가감조정할 수 있는데, 이 경우에도 레저세를 과세표준으로 하는 표준세율은 가감조정을 할 수 없는 점에 유의해야 한다.

3. 도농복합형태의 시(市)에 대한 세율적용 예

도농복합형태의 시에 대하여 제1항 제5호를 적용할 때, "인구 50만 이상 시"라 함은 동지역의 인구가 50만 이상인 경우를 말하며, 해당 시의 읍·면지역에 대하여는 그 세율을 100분의 10으로 한다.

이 경우는 시와 군이 통합되어 시가 되면서 인구가 50만 이상이 된 경우를 말하는데, 이렇게 시·군이 통합되어 전체 인구가 50만 이상이 된 경우라도 동지역의 인구가 50만 이상이 아닌 경우는 전부 100분의 10의 세율이 적용되고, 동지역의 인구가 50만 이상이 되더라도 종전의 군지역의 행정구역이 읍 또는 면으로 계속 존치되는 지역에 대한 개인분 및 법 제81조 제1항 제1호에 따라 과세되는 사업소분 주민세에 부가되는 지방교육세의 세율은 인구 50만 이상의 시에 적용되는 세율(100분의 25)을 적용하지 않고 종전대로 100분의 10의 세율을 적용한다는 것이다.

그리고 주민세 개인분 및 법 제81조 제1항 제1호에 따라 과세되는 사업소분에 지방교육세의 세율을 적용할 경우 지방자치법 제5조 제1항(지방자치단체의 명칭과 구역의 변경 등)에 따라 둘 이상의 시·군이 통합하여 인구 50만 이상 시에 해당하는 지방자치단체가 되는 경우 해당 자치단체의 조례로 정하는 바에 따라 5년의 범위에서 통합 이전의 세율을 적용할 수 있다.

4. 가산세의 과세표준 적용 예

지방교육세를 납부하여야 할 자가 지방교육세의 과세표준이 되는 지방세를 납부하지 아니하거나 부족하게 납부함으로써 해당 세액에 가산세가 가산되었을 때에는 그 가산세액은 지방교육세의 과세표준에 산입하지 아니한다. 그러므로 지방교육세가 부가되는 지방세 중에서 가산세의 적용을 받는 세목은 신고납부를 원칙으로 하고 있는 취득세, 등록에 대한 등록면허세, 레저세, 담배소비세인데, 이 경우 취득세, 등록에 대한 등록면허세, 레저세, 담배소비세를 납부하지 아니하거나 부족하게 납부함으로써 가산되는 가산세액은 지방교육세의 과세표준에는 포함되지 아니한다.

그러나 취득세, 등록에 대한 등록면허세, 레저세, 담배소비세를 신고납부기간 내 납부하지 아니하거나 미달하게 납부한 때에는 지방교육세도 그 미납부세액의 100분의 10에 상당하는 금액을 가산세로서 가산하여 징수하도록 하고 있으므로 모세에 가산하는 가산세를 제외한 세액을 과세표준으로 하여 산출한 지방교육세에 100분의 10의 가산세를 가산하여 징수한다는 것이다.

예를 들면, 2,000,000원의 취득세를 신고납부기간 내 납부하지 아니하여 가산세를 400,000원 가산하여 취득세를 2,400,000원 부과하였다 하더라도 이 경우 지방교육세의 과세표준은 취득세의 본세인 2,000,000원이 되고 이 본세에 100분의 20의 지방교육세의 세율을 적용하여 산출한 교육세 400,000원에 100분의 10의 가산세(40,000원)를 가산하여 440,000원의 지방교육세를 부과한다는 것이다.

제152조 | 신고 및 납부와 부과·징수

① 지방교육세 납세의무자가 이 법에 따라 취득세, 등록에 대한 등록면허세, 레저세, 담배소비세 및 주민세 사업소분을 신고하고 납부하는 때에는 그에 대한 지방교육세를 함께 신고하고 납부하여야 한다. 이 경우 담배소비세 납세의무자(제조자 또는 수입판매업자에 한정한다.)의 주사무소 소재지를 관할하는 지방자치단체의 장이 제64조 제1항에 따라 담보 제공을 요구하는 경우에는 담배소비세분 지방교육세에 대한 담보 제공도 함께 요구할 수 있다(법 §153 ①).

이 규정에 따라 납세의무자가 지방교육세를 신고납부할 때에는 그 과세표준이 되는 지방세의 신고서 및 납부서에 해당 지방세액과 지방교육세액을 나란히 적고 그 합계액을 적어야 한다(영 §141 ①).

② 지방자치단체의 장이 이 법에 따라 납세의무자에게 주민세 개인분·재산세 및 자동차세를 부과·징수하거나 제60조제6항 및 제7항에 따라 세관장이 담배소비세를 부과·징수·납입하는 때에는 그에 대한 지방교육세를 함께 부과·징수·납입한다(법 §152 ②).

이 경우 외국 입국자의 납세편의 제고를 위해 담배소비세를 세관장에게 2016년 신고분부터 직접 신고 납부토록 지방세법을 개정하였으나, 담배소비세 등을 대리 징수하여 보관할 국고 계정이 없어 현재까지 세관장이 징수하지 못하고 있어 세관장이 담배소비세를 부과·징수·납입하는 경우 지방교육세를 함께 부과·징수·납입할수 있도록 세관장이 부과·징수한 지방 교육세를 납입하는 절차를 규정한 것이다.

그리고 시장·군수·구청장은 이 규정에 따라 지방교육세를 부과·징수할 때에는 그 과세표준이 되는 지방세의 납세고지서에 해당 지방세액과 지방교육세액 및 그 합계액을 적어 고지하여야 한다(영 §141 ②).

③ 제62조의2에 따른 특별징수의무자가 같은 조 제1항 전단에 따라 담배소비세를 특별징수하는 경우에는 그에 대한 지방교육세를 함께 부과·징수·납입한다(법 §152 ③).
④ 제3항에 따른 지방교육세의 부과·징수·납입에 대하여 불복하려는 경우에는 특별징수의무자를 그 처분청으로 본다(법 §152 ④).
⑤ 지방교육세의 특별징수, 납입 및 가산세 면제 등에 관하여는 제62조의2제2항 및 제3항을 준용한다(법 §152 ⑤).
⑥ 지방교육세의 납세고지 등 부과·징수·납입에 관하여 필요한 사항은 대통령령으로 정한다(법 §152 ⑥).

시장·군수·구청장은 불가피한 사유로 지방교육세만을 부과·징수할 때에는 납세고지서에 지방교육세액만을 고지하되, 해당 지방교육세의 과세표준이 되는 세목과 세액을 적어야 한다(영 §141 ③).

(1) 신고 및 납부

납세의무자가 지방세법에 따라 취득세, 등록에 대한 등록면허세, 레저세 또는 담배소비세를 신고하고 납부하는 때에는 그에 대한 지방교육세를 함께 신고하고 납부하여야 한다. 이 경우 담배소비세 납세의무자(제조자 또는 수입판매업자에 한정한다.)의 주사무소 소재지를 관할하는 시장·군수·구청장이 법 제64조 제1항에 따라 담보의 제공을 요구하는 경우에는 담배소비세분 지방교육세에 대한 담보의 제공도 함께 요구할 수 있다. 이 규정은 담배소비세 납세담보를 받을 때 지방교육세의 납세담보 규정이 없어 조세 채권확보에 어려움이 있어 담배소비세 담보제공시 담배소비세분 지방교육세에 대한 담보도 제공받을 수 있게 한 것이다.

납세의무자가 위와 같이 지방교육세를 신고 및 납부하는 때에는 그 과세표준이 되는 세목에 대한 신고서 및 납부서에 해당 지방세액과 지방교육세를 나란히 적고 그 합계액을 적어야 한다.

이 경우는 취득세, 등록에 대한 등록면허세, 레저세, 담배소비세가 신고 및 납부방법에 의한 지방세이므로 여기에 부가되는 지방교육세도 신고 및 납부서에 나란히 적어 함께 납부하여야 한다는 것이다.

(2) 부과징수

지방자치단체의 장이 지방세법에 의하여 납세의무자에게 주민세 개인분 및 법 제81조 제1항 제1호에 따라 과세되는 사업소분, 재산세 및 자동차세를 부과징수하는 때에는 그에 대한 지방교육세를 부과징수한다.

지방자치단체의 장은 지방교육세를 고지방법에 의하여 부과징수하는 때에는 그 과세표준이 되는 지방세의 납세고지서에 해당 지방세액과 지방교육세액을 나란히 적고 그 합계액을 적어 고지하여야 한다.

이 경우는 재산세, 자동차세 등이 법정납기가 정해져 있어 고지방법에 의해 징수하는 것이므로 이들 세액에 부가되는 지방교육세도 본세의 고지서에 나란히 적어 부과징수한다는 것이며, 신고 및 납부방법에 의하는 경우에도 신고가 없거나 신고금액이 부족하여 추징하는 경우에도 부과되는 본세의 고지서에 나란히 적어 수시부과하여야 하는 것이다.

그리고 담배소비세를 수시부과하는 경우 해당 제조자·수입판매업자의 주소지 관할 지자체장을 특별징수의무자로 설정하여 부과액 전액을 대신 부과·징수한 후 사후 정산하는 규정이 신설됨에 따라, 담배소비세 수시부과 시 해당 제조자·수입판매업자의 주소지 관할 자치단체장을 특별징수의무자로 설정하여 담배소비세와 지방교육세(담배소비세액의 43.99%)를 함께 부과·징수하고 사후 정산하여야 한다.

이와함께 지방자치단체의 장은 불가피한 사유로 지방교육세만을 부과징수하는 때에는 납세고지서에 지방교육세액만을 고지하되, 해당 지방교육세의 과세표준이 되는 세목 및 세액을 적어야 한다.

제153조 │ 부족세액의 추징 및 가산세

① 제152조 제1항에 따라 지방교육세를 신고하고 납부하여야 하는 자가 신고의무를 다하지 아니한 경우에도 「지방세기본법」 제53조의 2(무신고가산세) 또는 제53조의 3(과소신고가산세)에 따른 가산세를 부과하지 아니한다(법 §153 ①).

② 제152조 제1항에 따라 지방교육세를 신고하고 납부하여야 하는 자가 납부의무를 다하지 아니한 경우에는 제151조 제1항에 따라 산출한 세액 또는 그 부족세액에 「지방세기본법」 제55조(납부지연가산세)에 따라 산출한 가산세를 합한 금액을 세액으로 하여 보통징수(제152조제3항에 따라 징수하는 경우에는 특별징수)의 방법으로 징수한다(법 §153 ②).

이 규정에 해당하는 지방교육세로는 취득세, 등록에 대한 등록면허세, 레저세, 담배소비세에 부가하는 지방교육세를 말하며 이 경우에는 앞서 과세표준의 예외규정에서 설명한 바와 같이 본세인 취득세, 등록에 대한 등록면허세, 레저세, 담배소비세에 가산하는 가산세는 지방교육세의 과세표준에서 제외하여야 하므로 여기에서 말하는 가산세는 지방교육세를 신고 및 납부기간 내에 신고 및 납부를 하지 아니하거나 미달하게 납부한 경우에 가산세를 가산하는 것을 말한다.

제154조 환 급

지방교육세의 지방세환급금은 해당 지방자치단체의 장 또는 그 위임을 받은 공무원이 지방교육세의 과세표준이 되는 세목별 세액의 환급의 예에 따라 환급한다(법 §154).

지방세 조문별 해설

지방세특례제한법

제1장 총 칙
제2장 감 면
제3장 지방소득세 특례
제4장 보 칙

■ 지방세특례제한법의 개요

단행법이었던 지방세법을 2010년 말 분법하면서 지방세의 분야별로 전문화·체계화를 위해 종전 지방세법 제5장에 규정되어있던 과세면제 및 경감에 관한 규정, 각 세목의 감면성격이 강한 비과세규정 및 지방자치단체의 감면에 관한 조례 중 전국공통으로 적용되는 감면 사항을 묶어 지방세특례제한법에 일괄 규정하였다.

특히 지방세특례제한법을 제정하면서 지금까지 지방자치단체가 조례로서 지방세를 감면하고자 할 경우에는 행정안전부장관의 사전허가를 받도록 되어있던 규정을 폐지하여 지방자치단체는 재정여건 등을 감안하여 자율적으로 지방세를 감면할 수 있게 하여 시책사업 등에 신속·효과적으로 대처할 수 있게 되었다.

또한 지금까지 지방세의 비과세 및 감면에 대한 현황관리가 잘 되지 아니하여 무분별한 감면의 증가를 방지하고, 지방세특례에 대한 적절한 통제장치의 필요성 때문에 지방세지출보고서를 작성하여 지방의회에 제출하게 함으로써 건전한 지방재정구현에 이바지 할 수 있게 하였다.

그런데 정부는 민간의 경제활동을 돕기 위해 보조금이라는 직접적인 지출수단을 동원하거나 조세의 감면조치라는 간접적인 지원방법을 동원할 수 있다.

이러한 조세지원은 징수할 조세를 징수하지 아니하는 것이므로 세수는 감소되는 것이 명백하다. 이런 측면에서 보면 납세자의 입장에서는 그만큼 절세(節稅)한 것이지만, 정부입장에서는 조세감면액만큼은 민간에게 지출한 것이나 동일하다고 보아지므로 이러한 조세감면은 조세지출(租稅支出)로서 이해하는 것이다.

조세감면조치는 본래 민간의 저축, 투자 및 사회복지 등의 정책가치의 수단으로서 강구 되고 있으므로 경제, 사회정책적 가치가 큰 것이라 할 수 있으나 이러한 조치는 과표의 축소와 세수의 감소를 가져올 뿐 아니라 개인간, 기업간에 세부담의 불공평을 가져올 수 있으므로 지방세특례제한법의 입법, 운영에 있어서도 조세지출에 따른 역기능문제에 대해서도 신중을 기해야 할 것으로 본다.1)

이렇게 지방세특례제한법으로 분법된 후 계속 감면범위의 축소 등의 조치를 해왔으며, 2014년 말에는 일몰이 도래하는 감면사항들에 대하여 저소득층 및 민생경제와 관련된 분야는 당분간 종전 수준으로 감면을 유지토록 기간을 연장하였으나 기간이 연장되지 않고 일몰기간이 지난 조항은 2015년부터는 감면 규정의 적용이 되지 않는 점에 특히 유의하여야 할 것이다. 그리고, 조세특례제한법에 규정되어 있는 기업구조조정, 창업중소기업 등에 대한 감면규정을 지방세특례제한법으로 이관하는 등 많은 부분의 개선이 있었다.

그리고 2016년 말에 일몰이 도래되는 감면사항 중 서민 경제 활성화 및 중소기업 지원 등에 대한 것은 지방세제 지원을 지속하는 방향으로 조정하고, 감면율이 지나치게 높은 부분은 감면

---

1) 이필우 「조세론」 p.354, 1995. 법문사

율을 조정하는 등 조세의 형평을 높이고 운영상 나타난 미비점을 보완하는 개선이 있었다.

2018년도에는 2017년 12월 31일로 일몰이 도래하는 지방세 감면사항 중 창업 및 중소기업 지원 등 지방세 세제지원이 지속적으로 필요한 분야에 대해서는 감면 기한을 연장하고, '100대 국정과제*('17.7.19.)'구현을 위하여 일자리창출·국민생활 개선 중심으로 지방세 감면 확대 및 신설하였고, 벤처기업집적시설, 창업보육센터, 중소기업·전통시장상인협동조합, 산학협력단, 경력단절여성 고용기업 공제, 비정규직 정규직 전환 기업 공제 등 일자리 창출을 위한 창업 및 중소기업 관련 감면은 지속 지원하였으며, 농·어업법인, 노인복지시설, 국가유공자 등 사회적 약자 관련 감면은 연장하였으며 금융기관 단위조합·금고(농·수협·산림조합·신협·새마을금고), 청소년수련시설 등은 수익성이 인정됨에도 전액 감면혜택이 장기적으로 계속되거나 유사대상과의 형평 등을 감안하여 연장하였으며, 평창올림픽선수촌, 이전공공기관, 노후경유차 등 높은 담세력, 목적 달성 등 추가적 세제지원 효과가 크지 않은 경우 감면을 종료하였다.

다만, 필자는 분할, 합병, 현물투자 등을 조세특례제한법에서 지방세특례제한법으로 이관해 왔고 지방세와 국세의 감면은 큰 틀에서는 일관성을 유지해야 한다는 측면에서 세부규정은 아직도 조세특례제한법, 법인세법, 소득세법 등의 규정을 그대로 따르게 하고 있지만 국세는 기간과세로서 수익의 요건을 가지고 판단할 수 있으나 주요감면대상인 취득세의 경우 유통과세로서 특정시점에 과세요건을 정하고 있어 국세와 지방세의 과세요건이 차이가 상존하고 있음에도 이를 동일한 과세요건으로 정하고 있는 것은 몸에 맞지 않은 옷을 입고 있는 것과 같아 이 부분에 대해서는 우선적으로 종합적인 검토가 필요하다 할 것이다.

총 칙

제1조 목적

이 법은 지방세 감면 및 특례에 관한 사항과 이의 제한에 관한 사항을 규정하여 지방세 정책을 효율적으로 수행함으로써 건전한 지방재정 운영 및 공평과세 실현에 이바지함을 목적으로 한다(법 §1).

이 영은 지방세특례제한법에서 위임된 사항과 그 시행에 필요한 사항을 규정함을 목적으로 한다(영 §1).

이 규칙은 지방세특례제한법 및 같은 법 시행령에서 위임된 사항과 그 시행에 필요한 사항을 규정함을 목적으로 한다(규칙 §1).

이 법에서 규정하고 있는 조세감면조치, 즉, 특별우대조치는 특정산업의 진흥, 특정집단의 경제활동의 촉진을 위한 유인책으로 활용되고, 또한 민간의 저축·투자 및 사회복지·국민건강 등의 정책가치의 수단으로 강구됨으로써 그 경제·사회정책적 의미가 크다고 하겠고, 법의 제명에도 나타나는 바와 같이 지방세의 특례를 제한하여 비과세·감면 등의 난발을 억제하는 역할을 하는 특징을 가진 법이다.[2]

그러나 이러한 조세의 정책적 기능은 예산 등으로 정책을 수행할 수 있음을 고려할 때 하나의 정책목표를 위해 중복된 수단이 이루어져 자원배분의 낭비를 초래할 수 있다는 것이다. 이러한 조세감면조치에 대한 역기능을 살펴보면

① 조세감면조치는 민간 활동에 대한 중복지원을 면하기 어렵고, 그 결과 배분의 비효율은 물론 제한된 재정수입의 낭비적 지출을 가져온다는 것이다.
② 조세감면조치의 장기화는 민간의 경쟁력 향상을 둔화시키며 그 결과 기업성장과 민간경제의 발전을 저해할 것이다.
③ 조세감면조치는 과표의 축소로 세수의 감소를 가져올 뿐 아니라 개인간·기업간에 세부담의 불공평을 초래한다는 것이다.

---

[2] 종전의 지방세법은 단행법으로 운영되면서 각 세목별 비과세제도, 지방세법 제5장의 감면제도, 지방자치단체의 조례에 의한 감면제도 등 여러 제도 속에 분산되어 있던 제도를 지방세법을 분법(지방세기본법, 지방세징수법, 지방세법, 지방세특례제한법)하면서 이를 통합하여 비과세 감면에 관한 특례법을 2011년부터 제정시행하였다.

④ 특정산업 및 특정기업에 대한 조세감면조치는 기업간의 경쟁 중립성을 저해하여 대기업과 중소기업간의 격차를 확대시켜 시장의 경쟁기능을 왜곡하게 된다는 것 등을 들 수 있다.3)

조세감면조치가 자원배분의 효율화를 지향하기 위해서라도 이러한 역기능에 대한 면밀한 검토가 계속되어야 하고, 불필요하다고 판단되는 조세특별조치는 철폐 조정해야 할 것이다.
또한 이 법이 지방세법에 있는 감면규정만 모은 것으로 국세법인 조세특례제한법에 규정되어 있는 감면내용은 2014년 말에 기업구조 조정, 창업중소기업 등에 관한 감면규정을 지방세특례제한법으로 흡수통합이 하였지만 아직도 상당 부분이 종전 그대로 존치되어 있는 것은 지방세특례제한법의 의미가 반감되는 것이므로 향후 이들을 통합하여 일원화하는 방안이 절실하다.

제2조 정의

① 이 법에서 사용하는 용어의 뜻은 다음과 같다(법 §2 ① Ⅰ~ⅩⅣ).

1. "고유업무"란 법령에서 개별적으로 규정한 업무와 법인등기부에 목적사업으로 정하여진 업무를 말한다.
   이 경우 법령에서 개별적으로 규정한 업무라 함은 한국가스공사법, 한국과학기술원법, 한국석유공사법, 한국철도공사법, 한국환경공단법 등에서 규정한 업무를 말하며, 법인 등기부에 목적사업으로 정하여진 업무라 함은 특별법이나 민법의 규정에 의해 설립된 법인이 법인의 정관상의 목적사업을 등기부에 등기한 사업 등을 말한다.
   그런데 이러한 고유업무는 법인에 따라서는 여러 가지의 사업을 영위하는 경우가 대부분이므로 각 조문에서는 그 법인의 설립목적이나 형태에 따라 그 법인의 고유업무 중 특정 사업에 대해서만 감면하는 것으로 하고 있는 점에 유의해야 할 것이다.

2. "수익사업"이란 법인세법 제4조 제3항에 따른 수익사업을 말한다.
   이 경우 수익사업이라 함은 법인세법 제4조 제3항에서 정한 사업으로 하고 있는데, 그 내용을 보면 다음과 같다.

---

3) 이필우, 「조세론」 1995, p.356

> **법인세법 제4조 제3항**
>
> ■ 법 제4조 [과세소득의 범위]
> ③ 비영리내국법인의 각 사업연도의 소득은 다음 각 호의 사업 또는 수입(이하 "수익사업"이라 한다.)에서 생기는 소득으로 한다.
> 1. 제조업, 건설업, 도매업 및 소매업 등 통계법 제22조에 따라 통계청장이 작성·고시하는 한국표준산업분류에 따른 사업으로서 대통령령으로 정하는 것
> 2. 소득세법 제16조 제1항에 따른 이자소득
> 3. 소득세법 제17조 제1항에 따른 배당소득
> 4. 주식·신주인수권 또는 출자지분의 양도로 인한 수입
> 5. 유형자산 및 무형자산의 처분으로 인한 수입. 다만, 고유목적사업에 직접 사용하는 자산의 처분으로 인한 대통령령으로 정한 수입은 제외한다.
> 6. 소득세법 제94조 제1항 제2호 및 제4호에 따른 자산의 양도로 생기는 수입
> 7. 그 밖에 대가(對價)를 얻는 계속적 행위로 인한 수입으로서 대통령령이 정하는 것

사례

❖ **교회가 취득한 부동산을 잔여 임대기간 동안 임대한 것이 수익사업인지 여부**

위 각 계약서의 작성 경위 및 그 내용으로 볼 때 원고는 새로운 임대차계약을 체결할 목적이 아니라 전 임대인의 지위를 승계하는 의미에서 자신을 임대인으로 한 새로운 임대차계약서를 작성한 것에 불과한 것으로 보이는 점, 위 임대차기간이 만료한 후에도 임차인들이 명도를 지체하였고 원고는 종교단체라는 성격상 차마 즉시 법적인 조치를 취하지 못하였을 뿐 구두로 꾸준히 명도를 요구한 것으로 보이는 점, 원고로서는 이 사건 부동산 매입을 위한 금융기관으로부터의 대출이자를 매월 1천만 원 가량 지급해야 하는 상황에서 임차인들로부터 그 3분의 1에도 못미치는 합계 금 310만 원의 월 차임을 받기 위해 임대사업을 할 이유는 없는 것으로 보이는 점 등을 종합하여 보면, 원고는 기존의 임대차관계가 종료되는 대로 자신이 사용할 의사로 이 사건 부동산에 관한 임대인의 지위를 승계하여 임대차관계를 유지한 것이라고 봄이 상당하다.
따라서, 원고가 이 사건 부동산을 부동산임대업이라는 수익사업에 사용하고 있음을 전제로 한 피고의 이 사건 처분은 위법하다.

(대법 2009두13511, 2009.10.29.)

2의2. "주택"이란 「지방세법」 제104조 제3호에 따른 주택을 말한다. 지방세법 제104조 제3호에서는 주택을 "주택법 제2조 제1호에 따른 주택을 말한다. 이 경우 토지와 건축물의 범위에서 주택은 제외한다."고 정의하고 있다. 그리고 주택법 제2조 제1호에 따른 "주택"이란 "세대의 구성원이 장기간 독립된 주거생활을 할 수 있는 구조로 된 건축물의 전부 또는 일부 및 그 부속토지를 말하며, 이를 단독주택과 공동주택으로 구분한

다."그런데 이 규정에서 주택을 토지와 건축물의 범위에서 제외토록 한 것은 지방세법에서 재산세를 과세하기 위한 과세표준 산정에서는 주택의 건축물과 그 부속 토지를 분리하지 않고 주택으로 통합하여 평가하기 때문이다.

3. "공동주택"이란 주택법 제2조 제3호에 따른 공동주택을 말하되 기숙사는 제외한다.
"공동주택"이라 함은 건축물의 벽·복도·계단이나 그 밖의 설비 등의 전부 또는 일부를 공동으로 사용하는 각 세대가 하나의 건축물 안에서 각각 독립된 주거생활을 할 수 있는 구조로 된 주택을 말한다.
이러한 공동주택의 종류와 범위는 건축법시행령 별표 1 제2호 가목 내지 다목의 규정에 정하는 다음의 것을 말한다.

> **공동주택**
>
> [공동주택의 형태를 갖춘 가정어린이집·공동생활가정·지역아동센터·노인복지시설(노인복지주택은 제외한다.) 및 「주택법 시행령」 제3조 제1항에 따른 원룸형 주택을 포함한다]. 다만, 가목이나 나목에서 층수를 산정할 때 1층 전부를 필로티 구조로 하여 주차장으로 사용하는 경우에는 필로티 부분을 층수에서 제외하고, 다목에서 층수를 산정할 때 1층의 전부 또는 일부를 필로티 구조로 하여 주차장으로 사용하고 나머지 부분을 주택 외의 용도로 쓰는 경우에는 해당 층을 주택의 층수에서 제외하며, 가목부터 라목까지의 규정에서 층수를 산정할 때 지하층을 주택의 층수에서 제외한다.
> 가. 아파트 : 주택으로 쓰는 층수가 5개 층 이상인 주택
> 나. 연립주택 : 주택으로 쓰는 1개 동의 바닥면적(2개 이상의 동을 지하주차장으로 연결하는 경우에는 각각의 동으로 본다.) 합계가 660제곱미터를 초과하고, 층수가 4개 층 이하인 주택
> 다. 다세대주택 : 주택으로 쓰는 1개 동의 바닥면적 합계가 660제곱미터 이하이고, 층수가 4개층 이하인 주택(2개 이상의 동을 지하주차장으로 연결하는 경우에는 각각의 동으로 본다.)

4. "수도권"이란 수도권정비계획법 제2조 제1호에 따른 수도권을 말한다.
수도권정비계획법 제2조 제1호에 따른 수도권이란 서울특별시, 인천광역시와 경기도를 말한다.

5. "과밀억제권역"이란 수도권정비계획법 제6조 제1항 제1호에 따른 과밀억제권역을 말한다.
이 경우 과밀억제권역이란 인구와 산업이 지나치게 집중되었거나 집중될 우려가 있어 이전하거나 정비할 필요가 있는 다음의 지역을 말한다(수도권정비계획법시행령 별표1).

과밀억제권역(수도권정비계획법 시행령 별표1)	
■ 서울특별시 ■ 인천광역시 　(강화군, 옹진군, 서구 대곡동·불로동·마전동·금곡동·오류동·왕길동·당하동·원당동, 인천경제자유구역(경제자유구역에서 해제된 지역을 포함한다.) 및 남동 국가산업단지는 제외한다.) ■ 의정부시 ■ 구리시 ■ 남양주시 　(호평동, 평내동, 금곡동, 일패동, 이패동, 삼패동, 가운동, 수석동, 지금동 및 도농동만 해당한다.)	■ 하남시 ■ 고양시 ■ 수원시 ■ 성남시 ■ 안양시 ■ 부천시 ■ 광명시 ■ 과천시 ■ 의왕시 ■ 군포시 ■ 시흥시[반월특수지역(반월특수지역에서 해제된 지역을 포함한다.)은 제외한다.]

6. "지방세 특례"란 세율의 경감, 세액감면, 세액공제, 과세표준 공제(중과세 배제, 재산세 과세대상 구분전환을 포함한다.)등을 말한다.

　이와 같은 지방세 특례는 결과적으로 지방세의 감면조치를 의미하는 것으로 이는 납세자의 입장에서는 세금감면으로 지원된 액만큼 절세(tax saving)한 셈이지만 정부입장에서는 거두었어야 할 세금을 못 거두었으므로 결국 지방세감면액만큼은 정부가 민간에게 지출한 것이나 다름이 없음을 의미하는 것이다.

　이러한 의미로 볼 때 일련의 지방세 감면은 조세지출로 볼 수 있을 것이다.

　이와 같은 지방세 특례는 특정산업의 진흥, 특정집단의 경제활동의 촉진을 위한 조세유인, 투자 및 사회복지 등 정책적인 수단으로 활용되는 의미가 큰 반면에 이러한 조세의 정책적 기능은 경비면에서 볼 때 정책목표를 위해 중복된 수단으로 작용함으로써 재원낭비를 초래할 수 있으므로 이러한 역기능에 대한 면밀한 검토가 있어야 하며, 불필요하다고 판단되는 경우에는 언제든 수시로 철폐 조정하는 장치가 필요할 것으로 본다.

7. "재산세"란 지방세법 제111조에 따라 부과된 세액을 말한다.

　이 규정은 재산세와 도시계획세가 통폐합되었기 때문에 지방세법 제111조에 따라 과세되는 부분에 한하여 이 법에서 재산세로 표현하며, 재산세에 도시계획세가 통합되어 지방세법 제112조의 재산세 도시지역분(종전의 도시계획세)에 따라 과세되는 부분은 이 법에서는 재산세로 보지 아니한다는 것이다.

　그러므로 각 조문의 구성을 보면 "재산세를 감면한다."고 규정된 경우는 지방세법 제112

조에 따른 재산세도시지역분(종전의 도시계획세)은 감면대상에서 제외되고, "재산세(지방세법 제112조에 따른 부과액을 포함한다.)를 감면한다."고 규정된 경우는 재산세 도시지역분(종전의 도시계획세)까지 포함하여 재산세를 감면한다는 것이다.

8. "직접사용"이란 부동산·차량·건설기계·선박·항공기 등의 소유자(「신탁법」 제2조에 따른 수탁자를 포함하며, 신탁등기를 하는 경우만 해당한다)가 해당 부동산·차량·건설기계·선박·항공기 등을 사업 또는 업무의 목적이나 용도에 맞게 사용(임대하여 사용하는 경우는 제외한다)하는 것을 말한다.

2018년 이전에는 '직접사용이란 부동산의 소유자가 해당 부동산을 사업 또는 업무의 목적이나 용도에 맞게 사용하는 것'으로 규정하고 있어 해당 조문은 '직접 사용'의 정의를 규정하기 위하여 '부동산'을 예시적으로 대상으로 정하여 규정한 것임에도 부동산외에 차량, 건설기계 등에 대해서는 해당 조문이 적용되지 않는 것으로 해석될 여지가 있어 직접사용 정의 규정이 선박, 차량 등에도 적용되도록 명확히 규정하였으며, 해당 규정을 명확히 규정한 사항이므로 종전규정과 동일하게 적용하면 된다.

또한 2021년부터는 「지방세법」 개정으로 신탁재산의 경우 재산세 납세의무자인 소유자가 위탁자로 변경됨에 따라, 소유자(위탁자) 뿐만 아니라 수탁자가 그 재산을 목적에 맞게 사용하는 경우도 '직접 사용'에 해당하도록 범위 확대하였으므로 수탁자가 재산을 직접 사용하는 경우에도 위탁자에 대한 재산세 감면 대상이다.

그리고 지방세특례제한법 또는 다른 법령에서의 토지에 대한 재산세의 감면규정을 적용할 때 직접 사용의 범위에는 해당 감면대상 업무에 사용할 건축물을 건축 중인 경우를 포함한다(지특영 §123).

▌사례 ▎

❖ 고유업무에 직접사용의 의미

농업협동조합이 어느 부동산을 '고유업무에 직접 사용'한다고 함은 농업협동조합이 그 부동산의 소유자 또는 사실상 취득자의 지위에서 현실적으로 이를 농업협동조합의 업무 자체에 직접 사용하는 것을 의미함

(대법 2014두43097, 2015.3.26.)

8의2. "매각·증여"란 이 법에 따라 지방세를 감면받은 자가 해당 부동산, 차량, 선박 등을 매매, 교환, 증여 등 유상이나 무상으로 소유권을 이전하는 것을 말한다. 다만, 대통령령으로 정하는 소유권 이전은 제외한다.

위 규정은 추징요건인 '매각·증여'의 정의를 법률에서 명시하고, '매각·증여'에서 제외되는 소유권 이전을 시행령으로 위임하여 추징 대상 명확화하였으며, 매각증여 예외사항 준비 등을 고려하여 2023년 1월 1일부터 시행된다

이 경우 "대통령령으로 정하는 소유권 이전"이란 이 법에 따라 지방세를 감면받은 자가 다음 각 호의 어느 하나의 사유로 해당 부동산, 차량, 선박 등의 소유권을 이전하는 경우를 말한다(영 §1의 2 Ⅰ~Ⅲ).

    ㉮ 사망으로 인하여 상속하는 경우
    ㉯ 해당 부동산이 「공익사업을 위한 토지 등의 취득 및 보상에 관한 법률」, 「국토의 계획 및 이용에 관한 법률」, 「도시개발법」 등 관계 법령에 따라 수용된 경우. 다만, 해당 사업인정고시일 후에 취득한 부동산이 수용되는 경우는 제외한다.
    ㉰ 「지방세법」 제9조제3항에 따라 신탁(이 호에서 "신탁"이라 한다)하는 경우. 다만, 그 신탁재산이 매각·증여되는 경우에는 그 신탁을 매각·증여로 본다.

이 규정은 외부의 불가항력적인 사유에 따른 소유권이전 또는 감면목적 달성에 지장이 없는 이전 등을 매각·증여의 예외 범위로 신설한 것으로 상속·수용의 경우 당사자 의사와 무관하게 발생하는 '상속' 및 '수용*'에 따른 소유권 이전은 매각·증여의 예외로 규정하되, 다만, 공익사업을 위한 토지 등의 취득 및 보상에 관한 법률」, 「국토의 계획 및 이용에 관한 법률」, 「도시개발법」 등에 따라 수용된 경우, 부동산이 수용될 것을 대외적으로 인지할 수 있는 시점인 사업인정고시일 후에 해당 부동산을 취득한 경우는 제외하며, 신탁의 경우 「신탁법」 상 신탁은 「지방세법」 상 취득세 비과세 대상이며, 신탁에 따라 수탁자가 해당 부동산을 사용하는 경우도 「지방세특례제한법」 상 '직접사용'으로 규정하여 추징을 배제하고 있으므로 지방세관세법상 과세 일관성을 고려하여 신탁에 따른 소유권 이전도 매각·증여의 예외로 규정하되, 다만, 조세회피 방지를 위해 수탁자가 해당 감면 유예기간 내에 위탁자가 아닌 제3자에게 신탁재산을 이전하는 경우는 제외(당초의 '신탁행위'를 매각·증여로 보아 위탁자에게 추징)하도록 규정한 것이다

  9. "내국인"이란 지방세법에 따른 거주자 또는 내국법인을 말한다.
    이 경우 "내국법인"이란 국내에 본점이나 주사무소 또는 사업의 실질적 관리장소를 둔 법인을 말한다.
    그리고 "지방세법에 따른 거주자"란 국내에 주소를 두거나 1년 이상의 거소(居所)를 둔 개인을 말한다(지세법 §85 ① Ⅲ).
  10. "과세연도"란 지방세법에 따른 과세기간 또는 사업연도를 말한다.
  11. "과세표준신고"란 「지방세법」 제95조(거주자의 종합소득, 퇴직소득에 대한 지방소득세 과세표준 확정신고), 제103조의5(거주자의 양도소득에 대한 지방소득세 과세표준 예정신고) 및 제103조의23(지방소득세 내국법인의 과세표준 확정신고)에 따른 과세표준의 신고를 말한다.
  12. "익금(益金)"이란 「소득세법」 제24조에 따른 총수입금액 또는 「법인세법」 제14조에 따른 익금을 말한다.

13. "손금(損金)"이란 「소득세법」 제27조에 따른 필요경비 또는 「법인세법」 제14조에 따른 손금을 말한다.
14. "이월과세(移越課稅)"란 개인이 해당 사업에 사용되는 사업용고정자산 등(이하 이 호에서 "종전사업용고정자산등"이라 한다.)을 현물출자(現物出資) 등을 통하여 법인에 양도하는 경우 이를 양도하는 개인에 대해서는 「지방세법」 제103조에 따른 양도소득에 대한 개인지방소득세(이하 "양도소득분 개인지방소득세"라 한다.)를 과세하지 아니하고, 그 대신 이를 양수한 법인이 그 사업용고정자산 등을 양도하는 경우 개인이 종전사업용고정자산 등을 그 법인에 양도한 날이 속하는 과세기간에 다른 양도자산이 없다고 보아 계산한 같은 법 제103조의3에 따른 양도소득에 대한 개인지방소득세 산출세액(이하 "양도소득분 개인지방소득 산출세액"이라 한다.) 상당액을 법인지방소득세로 납부하는 것을 말한다.

② 이 법에서 사용하는 용어의 뜻은 특별한 규정이 없으면 「지방세기본법」 「지방세징수법」과 「지방세법」에서 정하는 바에 따른다. 다만, "제3장 지방소득세 특례"에서 사용하는 용어의 뜻은 「지방세기본법」, 「지방세징수법」 및 「지방세법」에서 정하는 경우를 제외하고 「조세특례제한법」 제2조에서 정하는 바에 따른다(법 §2 ②).

제2조의 2 | 지방세 특례의 원칙

행정안전부장관 및 지방자치단체는 지방세 특례를 정하려는 경우에는 다음 각 호의 사항 등을 종합적으로 고려하여야 한다(법 §2의 2 Ⅰ~Ⅷ).
1. 지방세 특례 목적의 공익성 및 지방자치단체 사무와의 연계성
2. 국가의 경제·사회정책에 따른 지역발전효과 및 지역균형발전에의 기여도
3. 조세의 형평성
4. 지방세 특례 적용 대상자의 조세부담능력
5. 지방세 특례 대상·적용 대상자 및 세목의 구체성·명확성
6. 지방자치단체의 재정여건
7. 국가 및 지방자치단체의 보조금 등 예산 지원과 지방세 특례의 중복 최소화
8. 지역자원시설세 등 특정 목적을 위하여 부과하는 지방세에 대한 지방세 특례 설정 최소화

이 규정은 지방세특례규정의 입법에 있어서 지켜야 할 일반적인 원칙으로 입법자가 꼭 지켜야 할 기본자세를 천명한 규정이다.

제3조 지방세 특례의 제한

① 이 법, 「지방세기본법」, 「지방세징수법」, 「지방세법」, 「조세특례제한법」 및 조약에 따르지 아니하고는 「지방세법」에서 정한 일반과세에 대한 지방세 특례를 정할 수 없다(법 §3 ①).
② 관계 행정기관의 장은 이 법에 따라 지방세 특례를 받고 있는 법인 등에 대한 특례 범위를 변경하려고 법률을 개정하려면 미리 행정안전부장관과 협의하여야 한다(법 §3 ②).

1. 지방세 특례의 유형

종전에는 지방세 특례의 제한을 통괄하는 법령은 조세특례제한법이었는데 지방세법을 분법하면서 지방세특례제한법에서 지방세 특례의 제한을 할 수 있는 근거법령을 지방세특례제한법, 지방세기본법, 지방세징수법, 지방세법, 조세특례제한법 및 국내법과 동일한 효력을 가진 조약으로 하도록 규정하였다.

조세특례제한법 제3조에서 보면 "이 법, 국세기본법 및 조약과 다음 각 호의 법률에 따르지 아니하고는 조세특례를 정할 수 없다."고 규정하고 있으며 '다음 각 호의 법률'이라 함은 소득세법, 법인세법, 상속세 및 증여세법, 부가가치세법, 개별소비세법, 주세법, 인지세법, 증권거래세법, 국제징수법, 관세법, 지방세특례제한법, 임시수입 부가세법, 국제조세조정에 관한 법률, 금융실명거래 및 비밀보장에 관한 법률, 교육세법, 농어촌특별세법·남북교류협력에 관한 법률, 자유무역지역의 지정 및 운영에 관한 법률, 제주특별자치도 설치 및 국제자유도시 조성을 위한 특별법(제주특별자치도세에 관한 규정만 해당한다.), 종합부동산세법을 말하는데 위에서 열거한 법령에서 지방세를 비과세 또는 감면하도록 규정하고 있는 경우에만 해당 법령에서 정한 바에 따라 지방세를 비과세·감면하여야 하기 때문에 결국 조세특례제한법에 열거된 법령 이외의 법령에서 개별적으로 지방세를 감면하도록 규정하고 있다 하더라도 이는 감면의 효력이 없는 것이다. 따라서 개별법령에서 지방세특례규정을 따로 두고 있다 하더라도 이는 실질적인 지방세 감면효력이 없는 선언적 규정에 불과하다 이러한 선언적 규정은 향후 지방세 경감에 대한 불필요한 쟁점이 발생하고 있는 등 지방세 감면정책을 저해할 소지가 있으므로 불요불급한 법령입안으로 보아야 할 것이다.

여기에서 지방세 특례의 유형에 대해 개략적으로 살펴보면 지방세에 있어서도 조세의 일반적인 적용기준인 지방자치단체의 과세권을 박탈하는 비과세제도와 법률이 일반적으로 해당 물건 등을 과세대상으로 선택해서 이에 과세하는 것으로 하면서 특별한 이유가 있을 경우에 개별적으로 일단 성립한 납세의무의 전부 또는 일부를 해제하는 감면 또는 불균일과세 등이 있으며 또한 영세부담의 배제라는 이유에서 일정한 금액 또는 수량 이하의 과세객체에 대하여 과세제외를 하는 면세점제도와 징세비의 절감이라는 이유에서 설정된 소액 부징수제도가 있다.

그래서 지방세에 있어서도 이러한 특례를 정할 수 있는 근거법령은 "이 법, 지방세기본법, 지방세징수법, 지방세법, 조세특례제한법 및 조약으로 한정하고 이에 따르지 아니하고는 다음 법률로는 지방세특례를 정할 수 없도록 한 것이다.

2. 지방세 특례에 대한 유의점

(1) 이 법에서 지방세특례를 받고 있는 법인 등이 관련된 법률을 개정하려고 할 때에는 그 법률을 주관하는 행정기관의 장은 미리 행정안전부장관과 협의해야하는데 이는 이 법의 특례규정에서 해당 법인의 근거 법령 또는 정관 규정을 인용하고 있기 때문에 이러한 근거법령 등을 사전협의 없이 일방적으로 개정하면 지방세 특례규정에 매우 큰 혼란을 가져올 우려가 발생하는 점 때문이다.

(2) 지방세특례와 같은 우대조치는 조세공평주의에 반하고 국가나 지방자치단체의 재원의 포기이기도 하여 가급적 억제되어야 하고 그 범위를 확대하는 것은 결코 바람직하지 못하므로 특히 정책목표달성에 필요한 경우에 그 면제 등의 혜택을 받는 자의 요건을 엄격히 하여 극히 한정된 범위내에서 예외적으로 허용되어야 할 것이다.

(3) 이러한 특례조치를 하면서도 각 조문에 따라서는 감면조치를 한 후에 당초의 감면 목적대로 사용하지 아니할 경우에는 추징한다는 단서를 두고 있다. 특히 취득세의 경우는 각 조문에 특별히 규정한 경우를 제외하고는 "정당한 사유 없이 그 취득일부터 1년이 경과할 때까지 해당 용도로 직접 사용하지 아니하는 경우와 해당 용도로 직접 사용한 기간이 2년 미만인 상태에서 매각·증여하거나 다른 용도로 사용하는 경우"에는 그 해당 부분에 대하여는 감면된 취득세를 추징하도록 지방세특례제한법 제178조에서 일괄 규정하고 있음을 유의해야 할 것이다.

제4조 │ 조례에 따른 지방세 감면

① 지방자치단체는 효율적인 정책 추진을 위하여 긴요하고 불가피한 경우에는 제2조의2에 따라 3년의 기간 이내에서 지방세의 세율경감, 세액감면 및 세액공제(이하 이 조 및 제182조에서 "지방세 감면"이라 한다)를 할 수 있다.(법 §4 ①).

② 지방자치단체는 제1항에도 불구하고 다음 각 호의 어느 하나에 해당하는 지방세 감면을 할 수 없다. 다만, 국가 및 지방자치단체의 경제적 상황, 긴급한 재난관리 필요성, 세목의 종류 및 조세의 형평성 등을 고려하여 대통령령으로 정하는 경우에는 제1호에 해당하는 지방세 감면을 할 수 있다(법 §4 ② Ⅰ~Ⅴ).
  1. 이 법에서 정하고 있는 지방세 감면을 확대(지방세 감면율·감면액을 확대하거나 지방세 감면 적용 대상자·세목·기간을 확대하는 것을 말한다.)하는 지방세 감면
  2. 「지방세법」 제13조 및 제28조 제2항에 따른 중과세의 배제를 통한 지방세 감면
  3. 「지방세법」 제106조 제1항 각 호에 따른 토지에 대한 재산세 과세대상의 구분 전환을 통한 지방세 감면
  4. 제177조에 따른 감면 제외대상에 대한 지방세감면. 다만, 다음 각 목의 어느 하나에 해당하는 경우에는 지방세 감면을 할 수 있다.
    가. 「감염병의 예방 및 관리에 관한 법률」 제49조제1항제2호에 따른 집합 제한 또는 금지로 인하여 영업이 금지되는 경우
    나. 「재난 및 안전관리 기본법」 제60조에 따른 특별재난지역으로 선포된 경우로서 해당 재난으로 입은 중대한 재산상 피해로 영업이 현저히 곤란하다고 인정되는 경우
  5. 과세의 형평을 현저하게 침해하거나 국가의 경제시책에 비추어 합당하지 아니한 지방세 감면으로서 지방세 감면으로서 대통령령으로 정하는 사항

이 경우 법 제4조제2항제5호에서 "대통령령으로 정하는 사항"이란 다음 각 호의 어느 하나에 해당하는 사항을 말한다. (영 §2 ② Ⅰ~Ⅳ).
  1. 「지방세기본법」, 「지방세징수법」 또는 「지방세법」에 따른 지방세의 납부기한이 경과된 사항
  2. 「지방세기본법」, 「지방세징수법」, 「지방세법」, 「조세특례제한법」 또는 법에 따른 지방세 과세정책에 중대한 영향을 미치는 사항
  3. 토지 등 부동산정책, 사회적 취약계층의 보호 등 사회복지정책이나 그 밖의 주요 국가시책에 반하는 사항
  4. 그 밖에 지방자치단체 주민 간 지방세 부담의 현저한 형평성 침해 등 지방세 과세정책 추진에 저해되는 사항

위 규정 본문 단서에서 "대통령령으로 정하는 경우"란 다음 각 호의 어느 하나에 해당하는 경우로서 지방의회에서 해당 지방세 감면(법 제4조 제1항에 따른 지방세 감면을 말한다.)애 대하여 안건을 의결하기전에 행정안전부 장관과 협의를 거쳐 행정안전부장관이 지방세

감면이 필요한 것으로 인정하는 경우를 말한다(영 §2 ① Ⅰ~Ⅳ).
1. 재난 및 안전관리기본법 제3조 제1호에 따른 재난의 대응 및 복구를 위해 필요한 경우
2. 경기침체, 대량실업 등 국가 및 지방자치단체의 경기위기 극복을 위해 필요한 경우
3. 장애인 등 사회적 취약계층 보호를 위해 필요한 경우
4. 법 제3장 지방소득세 특례의 적용 대상자로서 법 제2장 감면의 적용 대상자가 아닌 자에 대한 감면 세목(지방소득세는 제외한다.)을 추가하려는 경우
5. 지역 역점사업의 추진을 위해 필요한 경우로서 제2항 각 호의 사유에 해당하지 않는 경우

이 경우 '지역 역점사업'을 위해 필요한 경우라면, 법정 감면사항에 대하여도 조례로 확대할 수 있도록 법정 감면사항에 대한 조례 감면 추가 사유에 추가하여 명시하여 개정되었다. 다만, 지방세 과세정책·국가 주요시책에 반할 우려가 있는 경우 등에 대하여는 제한하고 있다. 따라서 조례를 통해 주택 등 과세물건 지원확대가 가능하고 재산세 등 지자체별 특성을 반영한 지원이 가능해진 것이다.

③ 지방자치단체는 지방세 감면(이 법 또는 조세특례제한법의 위임에 따른 감면은 제외한다.)을 하려면 지방세기본법 제147조에 따른 지방세심의위원회의 심의를 거쳐 조례로 정하여야 한다. 이 경우 대통령령으로 정하는 일정 규모 이상의 지방세 감면을 신설 또는 연장하거나 변경하려는 경우에는 대통령령으로 정하는 조세 관련 전문기관이나 법인 또는 단체에 의뢰하여 감면의 필요성, 성과 및 효율성 등을 분석·평가하여 심의자료를 활용하여야 한다(법 §4 ③).

이 경우 "대통령령으로 정하는 일정 규모 이상"이란 지방세 감면을 신설하는 경우에는 해당 조례안의 지방세 감면 조문별로 그 감면기간 동안 발생할 것으로 예상되는 지방세 감면 추계액이 30억원(시·군자치구의 경우에는 10억원) 이상인 경우를 말하며, 지방세 감면을 연장하거나 변경하려는 경우에는 해당 조례의 감면기한이 도래하는 날 또는 지방세 감면의 변경에 관한 조례안을 해당 지방자치단체의 장이 정하는 날이 속하는 해의 직전 3년간(지방세 감면을 신설한 지 3년이 지나지 않은 경우에는 그 기간)의 연평균 지방세 감면액이 30억원(시·군자치구의 경우 10억원) 이상인 경우를 말한다(영 §2 ③).

그간 자치단체에서 일정규모(연평균 10억원) 이상의 감면조례를 신설·확대 하려는 경우 조세관련 전문기관에 의한 평가를 실시하도록 규정하였으나, '16년 「지방세특례제한법」 개정으로 감면 신설에 따른 예비타당성평가 대상이 되는 금액기준을 조정함에 따라('16년에는 연평균 감면액 → 감면기간 동안 예상되는 지방세 감면 추계액 100억원 이상으로 개정) 감면기간 동안 예상되는 연평균 감면액에서 감면기간 동안 예상되는 감면액을 감면조례 신설에

따른 예비타당성평가 기준의 조정리 필요함에 따라 2018년부터는 「지방세특례제한법」상 감면 신설을 위한 예비타당성평가 기준과 형평에 맞도록 '감면기간 동안 예상되는 감면액'으로 기준 조정하였으며, 그 적용은 '18.1.1 이후 감면조례를 신설·확대하는 경우부터 적용하여야 한다. 그런데 지방자치단체 감면 조례에 따른 일몰 검토 시 감면기간 동안 감면액 10억원 기준 전문기관 평가 의무화에 따른 행정력 낭비요인이 있어 신설시에는 현행 제도를 유지하되 2019년부터는 일몰도래 또는 자치단체장이 조례안을 정하는 날이 속한 해의 직전 과거 3년간 연평균 감면액이 10억원 이상인 경우에만 적용하도록 개정하였다.

그리고 "대통령령으로 정하는 조세 관련 전문기관이나 법인 또는 단체"란 다음 각 호의 어느 하나에 해당하는 기관이나 법인 또는 단체를 말한다(영 §2 ④ Ⅰ~Ⅵ).
 1. 「지방세기본법」 제151조에 따른 지방세연구원
 2. 「민법」 외의 다른 법률에 따라 설립된 조세 관련 기관이나 법인
 3. 「민법」에 따라 설립된 조세 관련 학회 등 법인
 4. 조세 관련 교육과정이 개설된 「고등교육법」 제2조에 따른 학교
 5. 조세에 관한 사무에 근무한 경력이 15년 이상인 사람이 2명 이상 속해 있는 법인 또는 단체
 6. 그 밖에 행정안전부장관이 정하여 고시하는 기관이나 법인 또는 단체

④ 제1항과 제3항에도 불구하고 지방자치단체의 장은 천재지변이나 그 밖에 대통령령으로 정하는 특수한 사유로 지방세의 감면이 필요하다고 인정되는 자에 대해서는 해당 지방의회의 의결을 얻어 지방세를 감면할 수 있다(법 §4 ④).

이 경우 "대통령령으로 정하는 특수한 사유"란 지진, 풍수해, 벼락, 전화(戰禍) 또는 이와 유사한 재해를 말하고, 이 규정에 따라 지방세를 감면을 받으려는 자는 그 사유가 발생한 날부터 30일 이내에 그 사유를 증명할 수 있는 서류를 갖추어 관할 특별자치시장·특별자치도지사·시장·군수·구청장(구청장은 자치구의 구청장을 말한다. 이하 "시장·군수·구청장"이라 한다.)에게 지방세의 감면을 신청하여야 한다(영 §2 ⑤·⑥).

그리고 시장·군수·구청장은 이 규정에 따라 지방세를 감면할 필요가 있다고 인정할 경우에는 직권으로 지방세 감면대상자를 조사할 수 있다(영 §2 ⑦).

⑤ 지방자치단체는 지방세 감면에 관한 사항을 정비하여야 하며, 지방자치단체의 장은 정비 결과를 행정안전부장관에게 제출하여야 한다. 이 경우 행정안전부장관은 그 정비 결과를 지방세 감면에 관한 정책 수립 등에 활용할 수 있다(법 §4 ⑤).

⑥ 지방자치단체는 제1항부터 제3항까지의 규정에 따라 지방세 감면을 하는 경우에도 전

전년도 지방세징수 결산액에 대통령령으로 정하는 일정비율을 곱한 규모(이하 이 조에서 "지방세 감면규모"라 한다.) 이내에서 조례로 정하여야 한다(법 §4 ⑥).

이 규정에서 "대통령령으로 정하는 일정비율"이란 지방자치단체의 재정상황 및 지방세 수입 규모 등을 고려하여 100분의 5의 범위에서 행정안전부장관이 정하여 고시하는 비율을 말한다. 이 경우 행정안전부장관은 법 제4조 제2항 각 호 외의 부분 단서에 따른 지방세 감면(행정안전부장관이 별도로 정하는 지방세감면으로 한정한다.)과 다음 각 호의 어느 하나에 해당하는 경우로서 지방자치단체가 행정안전부장관과 협의하여 조례로 정하는 지방세감면이 있는 경우에는 해당 감면 규모를 반영한 비율을 전단에 따라 고시하는 비율에 별도로 추가하여 고시(각 비율의 합은 100분의 5를 초과할 수 없다.)할 수 있다(영 §2 ⑧ Ⅰ~Ⅴ).

1. 재난 및 안전관리기본법 제3조 제1호에 따른 재난의 대응 및 복구를 위해 필요한 경우
2. 여러 지방자치단체에 영향을 미치는 국가적 현안의 해결을 위해 필요한 경우
3. 특정지역에 소재한 국가기반시설의 지원을 위해 필요한 경우
4. 특정 산업의 육성을 목적으로 재정된 법률에 따라 지정된 특구나 단지등의 지원을 위해 필요한 경우
5. 그 밖에 제1호부터 제4호까지의 경우와 유사한 것으로 행정안전부장관이 인정하는 경우

그리고 조례에 따라 감면된 지방세액이 해당 연도의 지방세 감면규모(법 제4조 제6항에 따른 지방세 감면규모를 말한다. 이하 이 항에서 같다.)를 초과한 경우에는 법 제4조 제7항 본문에 따라 그 초과한 금액의 2배에 해당하는 금액을 그 다음 연도의 지방세 감면규모에서 차감한다(영 §2 ⑨).

⑦ 지방자치단체는 제6항의 조례에 따라 감면된 지방세액이 지방세 감면규모를 초과한 경우 그 다음 다음 연도의 지방세 감면은 대통령령으로 정하는 바에 따라 축소·조정된 지방세 감면규모 이내에서 조례로 정할 수 있다. 다만, 지방세 감면규모를 초과하여 정하려는 경우로서 행정안전부장관의 허가를 받아 조례로 정한 지방세 감면에 대해서는 지방세 감면규모 축소·조정 대상에서 제외한다(법 §4 ⑦).

⑧ 제1항에 따른 지방세 감면을 조례로 정하는 경우 제주특별자치도에 대해서는 제2항(단서 및 제1호는 제외한다.)·제6항 및 제7항을 적용하지 아니한다(법 §4 ⑧).

1. 조례에 의한 감면

지방자치단체는 과세의 형평을 현저하게 침해하거나 국가의 경제시책에 비추어 합당하지 아니할 때를 제외하고는 서민생활 지원, 농어촌 생활환경 개선, 대중교통 확충 지원 등 공익

을 위하여 필요한 경우와 특정지역의 개발, 특정산업·특정시설의 지원을 위하여 지방세의 감면이 필요하다고 인정될 경우에는 지방세심의위원회의 심의를 거쳐 조례로 정하여 3년의 기간 이내에서 지방세의 세율경감·세액감면 및 세액공제를 할 수 있다. 이렇게 조례로 감면규정을 재·개정할 경우에는 지방세특례제한법에서 정한 지방세 감면 규정은 추가로 확대할 수 없다.

(1) 세율경감

지방자치단체는 서민생활 지원, 농어촌 생활환경 개선 등 공익을 위하여 필요하거나 특정지역의 개발, 특정산업·특정시설의 지원을 위하여 필요하다고 인정될 때, 「감염병의 예방 및 관리에 관한 법률」 제2조제1호에 따른 감염병의 발생으로 인하여 지방세의 감면이 필요하다고 인정될 때에는 3년의 기간 이내에서 조례로 정하여 지방세의 세율을 경감 할 수 있다.

조세의 비과세, 감면에 대하여는 지방세특례제한법, 지방세기본법, 지방세징수법, 지방세법, 조세특례제한법 및 조약에서 각종 정책목적이나 조세제도상 필요에 따라 감면규정을 두고 있으나 이는 전국적이고 획일적인 규정이므로 각 지방자치단체의 특수성에 의하여 경우에 따라서는 공평의 원칙에는 맞지 않는 경우가 있더라도 지방자치단체가 그 지역사회의 사회·경제적 특수사정을 고려하여 자주적인 입장에서 지방세의 세율을 낮추어 줄 필요가 있는 것에 대하여는 지방자치단체가 독자적 판단에 의해 일정한 범위에서 세율을 낮추어 줄 수 있도록 한 것이다.

이러한 세율을 경감하는 것은 서민생활 지원 등 공익을 위하여 필요하거나 특정산업, 특정시설의 지원을 위하여 필요하여 높은 세율로 과세하는 것이 부적당하다고 인정될 때에 한하도록 하고 있으므로 지방자치단체가 세율을 경감하고자 할 때에는 항상 일반적인 부담의 공평과 세율경감과 관련되는 특정한 정책목적의 가치에 대하여 그 경중을 비교 검토해서 행하게 되는데 이러한 특수사정은 지방자치단체에 따라 여러 가지 유형이 있을 수 있으나 대체적으로 다음과 같은 유형에 따라 세율경감 여부를 결정하게 된다.

먼저 산업정책적인 목적을 위한 것으로서 특정지구의 개발촉진을 위해 공장 또는 시설 유치를 목적으로 하는 경우와 특정산업의 육성을 위한 것 등이 있고, 둘째로 사회정책적인 목적을 위한 것으로서 사회로부터 특별한 보호가 요청되거나 일정한 정책목적에 의하여 불우한 주민이 집단적으로 거주하는 지역에 대하여 해당 주민의 부담경감을 위한 것이 있으며, 셋째로 부담의 균형을 고려한 것으로서 국가 또는 지방자치단체가 추진하는 일정한 정책 등으로 인하여 법률을 그대로 적용하는 것이 부담의 불균형을 초래한다고 인정하는 경우 등에 한하여 세율경감이 가능하다고 본다.

그런데 세율을 경감한다는 것은 조례에 의한 감면조치의 창설로서 조세의 기본원칙이 부담의 공평에 있는 점을 감안할 때 과세요건을 충족하고 있는데도 일정한 범위의 것에 대해 세율을 경감하는 것은 분명히 조세원칙에 위배하는 것이 되므로 공평의 원칙을 파괴하면서까지 실현해야 할 공익성이 있는가를 확인할 필요가 있을 것이다.

그러므로 납세의무의 면제는 엄격히 말해서 조세부담공평의 원칙에 반하는 예외조치이고, 또한 지방자치단체의 중요한 재원의 포기이기도 하기 때문에 모두 법률 또는 조례의 근거에 의하여만 세율경감 등이 가능한 것이지 과세권자와 납세의무자간의 계약에 의해서는 할 수 없는 것이다.

그리고 이 경우의 "공익"이라 함은 영세 서민생활 지원, 농어촌 생활환경 개선, 대중교통확충 지원 등과 같이 사회생활을 해나가는데 있어서 누구에게나 보편적으로 납득될만한 보편화된 가치규범, 공동체 자체의 권익, 사회전체의 생존이나 발전에 요구되는 미래의 이익이나 효용성, 사회적 약자의 이익, 불특정다수인의 이익을 도모하는 것을 말한다.

| 사례 |

❖ **지방공사가 공동출자방식으로 사업을 진행한 경우 이를 고유업무에 직접 사용하였다고 볼 수 있는지 여부**

이 사건 감면조례 제13조 제1항 및 제3항이 공익적 업무를 수행하는 지방공사를 대상으로 하여 지방공사가 고유업무에 직접 사용하기 위하여 취득하는 부동산에 대하여 취득세를 면제하도록 하면서도 지방공사에 대한 민간출자분이 있는 경우 해당 부분은 면제대상에서 제외하고 있다는 점을 보면 지방공사가 어느 부동산을 '고유업무에 직접 사용'한다고 함은 지방공사가 그 부동산의 소유자 또는 사실상 취득자의 지위에서 현실적으로 이를 지방공사의 업무 자체에 직접 사용하는 것을 의미한다.
원고가 이 사건 토지를 소외 회사에 매각하여 소유자로서의 지위를 상실한 이상 이 사건 토지의 취득일부터 1년 이내에 고유업무에 직접 사용하지 아니한데 정당한 사유가 있다고 할 수 없으므로 이 사건 감면조례 제13조 제3항에서 정한 추징사유가 발생하였다고 봄이 타당하고 원고가 일부 지분을 보유하고 있는 소외 회사가 원고의 이 사건 토지 취득일부터 약 1년 4개월 후에 이 사건 토지에 관한 착공신고를 하고 공동주택 건설공사를 진행 중이라고 하여 달리 볼 수는 없다.

(대법 2015다37037, 2015.6.11.)

(2) 세액감면 및 세액공제

지방자치단체는 서민생활 지원 등 공익을 위하여 필요하거나 특정지역의 개발 등을 지원하기 위하여 필요한 경우에는 조례로 정하여 3년의 기간이내에서 지방세의 세액을 감면하거나 세액을 공제할 수 있다.

이 규정은 지방세법에서 전국을 획일적으로 지방자치단체의 과세권을 제약하는 것과는 달리 이 제도는 지방자치단체가 공익 등의 사유를 고려해서 약간의 특례조치를 강구할 필요가 있다고 판단될 경우에는 일정한 범위에 한해 조례에 의하여 세액을 감면하거나 세액을 공제할 수 있도록 한 것이다.

(3) 조례에 따른 감면 등의 절차

지방자치단체는 과세의 형평을 현저하게 침해하거나 국가의 경제시책에 비추어 합당하지 아니할 때를 제외하고는 서민생활의 지원, 농어촌생활환경 개선, 대중교통확충 지원 등 공익을 위하여 지방세의 감면이 필요하다고 인정될 때, 그리고 특정지역의 개발, 특정산업·특정시설의 지원을 위하여 지방세의 감면이 필요하다고 인정될 때에는 3년의 기간 이내에서 할 수 있다.

이 규정에 따라 지방자치단체는 지방세를 감면(이 법 또는 조세특례제한법의 위임에 따른 감면은 제외한다.)하려면 지방세기본법 제141조에 따른 지방세 심의위원회의 심의를 거쳐 조례로 정하여야 한다.[4]

그런데 이 규정에 따른 지방세 감면을 조례로 정하는 경우 제주특별자치도에 대해서는 지방세특례제한법 제4조 제2항·제6항 및 제7항을 적용하지 아니하는 점에 유의하기 바란다(법 §4 ⑧).

이 경우에도 해당 조례안의 지방세 감면 조문별로 그 감면기간 동안 발생할 것으로 예상되는 연평균 지방세 감면 추계액이 10억원 이상인 경우에는 지방세기본법 제151조에 따른 지방세연구원, 민법 외의 다른 법률에 따라 설립된 조세 관련 기관이나 법인, 민법에 따라 설립된 조세관련 학회 등 법인, 조세 관련 교육과정이 개설된 고등교육법 제2조에 따른 학교, 조세에 관한 사무에 근무한 경력이 15년 이상인 사람이 2명 이상 속해 있는 법인 또는 단체, 그 밖에 행정안전부장관이 정하여 고시하는 기관이나 법인 또는 단체에 의뢰하여 감면의 필요성, 성과 및 효율성 등을 분석·평가하여 심의자료로 활용하여야 한다(법 §4 ③ 후단 및 영 §2 ②·③).

그런데 이 규정은 종전에는 조례로 지방세를 감면하고자 할 때에는 행정안전부장관의 사전허가를 득하여 지방의회의 의결을 받아 조례를 시행토록 한 허가제도를 폐지하고, 지방세심의위원회의 심의를 거쳐 조례를 제정하여 운영토록 제도를 획기적으로 개선하였는데 이 제도의 운영에 있어서는 국가재정과 지방재정, 지방자치단체상호간의 균형문제, 조례의 남발로 인한 조세행정의 위해현상이 나타나지 않도록 신중한 검토와 제도의 합리적

---

[4] 日本의 지방세법에서도 우리나라의 종전 지방세법 제7조 및 제8조와 똑같은 규정(일본 지방세법 제6조 및 제7조)을 두고 있지만 우리나라의 허가 등의 절차 규정인 지방세법 제9조는 없다. 대신에 총무대신의 "지방자치단체가 스스로 행하는 과세면제, 불균일과세, 조세의 감면 등에 관하여는 그 내용에 관해 철저한 검토를 거쳐 남용되지 않도록 특히 유의해야 한다"는 기준을 통지하여 운영하고 있는 점으로 볼 때 우리나라도 허가제도를 폐지하여 자치단체의 과세자율권을 신장시켜 주는 조치로서 허가제도를 폐지한 것으로 안다.

운영을 위한 보완조치가 필요할 것이다.

그런데 이러한 감면규정에도 불구하고 지방세법 제13조 및 제28조 제2항에 따른 중과세의 배제를 통한 지방세 감면, 지방세법 제106조 제1항 각 호(종합합산과세대상, 별도합산과세대상, 분리과세대상)에 따른 토지에 대한 재산세 과세대상의 구분 전환을 통한 지방세 감면, 법 제177조에 따른 감면제외대상에 대한 지방세 감면 그리고 과세의 형평을 현저하게 침해하거나 국가의 경제시책에 비추어 합당하지 아니한 지방세 감면 등으로서 행정안전부장관이 정하여 고시하는 사항은 지방자치단체는 지방세를 감면 할 수 없다(법 §4 ②).

이 경우 행정안전부장관이 지방자치단체가 지방세 감면을 할 수 없는 사항을 고시할 때에는 다음 사항을 고려하여야 한다(영 §2 ①).

① 지방세기본법, 지방세징수법 또는 지방세법에 따른 지방세의 납부기한이 경과된 지방세의 감면 인지 여부
② 지방세기본법, 지방세징수법, 지방세법, 조세특례제한법 또는 법에 따른 지방세 과세정책에 중대한 영향을 미치는지 여부
③ 토지 등 부동산정책, 사회적 취약계층의 보호 등 사회복지정책이나 그 밖의 주요 국가시책에 반하는지 여부
④ 그 밖에 지방자치단체 주민 간 지방세 부담의 현저한 형평성 침해 등 지방세 과세정책 추진에 저해되는지 여부

2. 천재 등으로 인한 감면

지방자치단체의 장은 천재지변이나 지진, 풍수해, 벼락, 전화 또는 이와 유사한 재해 등으로 지방세의 감면이 필요하다고 인정되는 자에 대하여는 해당 지방자치단체 의회의 의결을 얻어 지방세를 감면할 수 있다(영 §2 ⑤).

이와 같은 사유로 지방세의 감면을 받으려는 자는 그 사유가 발생한 날부터 30일 이내에 그 사유를 증명할 수 있는 서류를 갖추어 관할 시장·군수·구청장에게 지방세의 감면을 신청하여야 하나, 만약 신청이 없는 경우에도 지방자치단체장이 지방세를 감면할 필요가 있다고 인정할 경우에는 직권으로 지방세감면대상자를 조사할 수 있다.

이 규정은 지방세의 모든 세목에 적용되는 것으로 종전에 취득세, 농업소득세 등에서 개별적으로 규정된 것을 정리하여 규정한 것이다. 그러므로 이 규정의 운영은 지방자치단체 스스로가 별도의 조례의 제정 없이 지방의회의 의결을 거쳐 시행할 수 있는데 이 경우를 살펴보면 태풍으로 인하여 농작물에 대한 피해가 심하거나, 가옥·선박·차량 등이 파손된 경우, 지진으로 인하여 피해가 심한 경우 등 재해의 정도는 자치단체 스스로 판단하여 처리할 수 있는 사항이다. 그런데 이 규정은 1995년 이전에는 "특수한 사유가 있는 경우에 납세가 곤란하다

고 인정되는 납세자"에 대해서만 감면혜택을 주는 것으로 되어 있었으나 납세가 곤란하다고 인정한다는 것이 과세권자의 주관적인 판단에 좌우될 요소가 있어 이를 "특수한 사유가 있어 지방세의 감면이 필요하다고 인정되는 자"로 개정함으로써 개인별 납세곤란 여부를 가릴 것 없이 그 특수한 사유 자체가 지방세 감면의 사유가 되는가를 판단하여 주민의 납세편의를 도모하고자 개선된 것이다. 그런데 이 규정을 적용함에 있어서 한번 형평성을 벗어나게 되면 운영을 할 수 없을 정도의 혼란이 야기되기 쉬우므로 이 규정의 해석 및 적용에 있어서는 조세법률주의의 원칙에 따라 특별한 사정이 없는 한 법문대로 해석할 것이고, 합리적 이유없이 확장해석하거나 유추해석하는 것은 허용되지 아니하며, 특히 감면요건 규정 가운데 명확히 특혜규정이라고 볼 수 있는 것은 엄격하게 해석하는 것이 조세형평의 원칙에도 부합된다 할 것이다.

3. 조례에 따른 감면 절차

지방자치단체는 위의 규정에 따라 지방세 감면을 하는 경우에는 전전연도 지방세 징수 결산액에 지방자치단체의 재정상황 및 지방세 수입규모 등을 고려하여 100분의 5의 범위에서 행정안전부장관이 정하여 고시하는 일정비율을 곱한 규모 이내에서 조례로 정하여야 한다.

이 경우 지방자치단체는 이와 같은 조례에 따라 감면된 지방세액이 지방세 감면규모를 초과한 경우 그 다음 연도의 지방세 감면은 위의 규정에 따라 축소·조정(지방세 수입 규모의 100분의 5 범위)된 지방세 감면규모 이내에서 조례로 정할 수 있다. 만약 조례에 따라 감면된 지방세액이 해당 연도의 지방세 감면규모를 초과한 경우에는 법 제4조 제7항 본문에 따라 그 초과한 금액의 2배에 해당하는 금액을 그 다음 연도의 지방세 감면규모에서 차감한다. 다만, 지방세 감면규모를 초과하여 정하려는 경우로서 행정안전부장관의 허가를 받아 조례로 정한 지방세 감면에 대해서는 지방세 감면규모 축소·조정대상에서 제외한다.

4. 감면 등에 대한 자료정비

지방자치단체의 장은 지방세 감면에 관한 사항을 정비하여야 하며, 이를 행정안전부장관에게 제출하여야 한다. 이 결과는 지방세 감면에 관한 정책수립에 활용한다.

이 규정은 지방세의 비과세·감면 등으로 인하여 세금으로 거두어들이지 못하는 과세대상에 대하여는 매년 면밀한 검토를 하여 경감여부를 결정함으로써 조세공평의 원리에 부합되는 조세행정을 이룰 수 있고, 국민의 상대적인 불신감을 해소할 수 있는 것이므로 이러한 조세경감조치는 신중히, 철저히 처리해서 조세평등의 원칙을 구현해 나가야 하는 입장에서 이러한 규정이 입법화된 것이다.

그러므로 조세의 감면 등 정책목적의 세제는 경제정책 등 정책수행에 대해서도 중요한 역할을 담당하고 있으므로 지방세제에는 정책세제가 필요 없다는 논리로 특별조치를 완전히 부정해 버리는 것은 현실적으로 불가능한 것이다. 왜냐하면 사회의 급속한 발전과 변천에 따른 인구의 증가 또는 감소 및 노인복지의 해결 등 사회복지정책, 주택정책, 공해방지 및 생활환경 정책, 에너지 정책, 교통정책, 산업육성정책, 중소기업정책, 농어촌부흥정책, 교육진흥정책 등의 필요에 의하여 취해진 조세감면 등이 국가의 균형발전을 도모하기 위하여 취해지고 있는 특별조치라고 보면 이러한 특별조치가 지방세제에서는 전혀 불필요한 조치라고 할 수 없다는 점을 이해할 수 있을 것이다.

이와 같은 정책세제가 국가정책목적의 달성을 위하여 취해진 특별조치라 하더라도 세부담의 공평을 상실하게 되면 납세자의 이해와 협력을 잃게 될 뿐 아니라 행정에 대한 불신감이 커지게 된다는 것은 주지의 사실이다.

그리고 한번 취해진 조치는 이에 익숙하게 되면 특별조치에 대한 효과가 적더라도 만성화·기득권화 되기 쉽고, 사회·경제 정세의 변화 등에 의해 정책목적 그 자체가 진부화되거나 타당성을 결여하게 될 수도 있는 것이다.5)

그러므로 지역주민과 밀접한 관계에 있는 지방세제에 있어서 감면 등의 특별조치에 대한 존재 의의는 인정하면서 항상 정책목적과 세부담의 공평, 세수의 확보라는 목적간에 조화가 유지될 수 있도록 다음에서 설명하는 검토기준을 참작하여 지방세제상의 과세권의 박탈과 제한문제를 검토할 필요가 있을 것이다.

이러한 정책과세에 대한 재검토를 하기 위해서는 특별규정이 조세공평주의에 위배되는지에 대한 근원적인 관점과 조세의 특별조치로 인한 정책목적의 실현 가능성에 대한 일반적인 관점 및 과세자주권을 가지고 있는 지방자치단체에 대한 국가의 정책수행 관점에서 검토가 있어야 할 것이다.

첫째, 조세공평주의의 관점에서 조세감면 등의 특별조치에 대한 정책을 검토할 때는,
① 특별조치의 목적이 헌법 기타 조세법 질서의 기준에 비추어 합리성을 가지고 있는 것인가.
② 이러한 특별조치에 대한 규정이 위와 같은 합리적 목적달성을 위하여 적절한 것인가.
③ 이러한 특별조치의 정책목적이 조세공평주의와 비교하여 어느 것이 우선되어야 한다고 보아야 할 것인가에 대한 기본적인 검토가 있어야 할 것이다.

둘째, 조세의 특별조치로 인한 정책목적의 실현 가능성에 대한 일반적인 관점에서 검토할 때는,
① 지방세제에 의해 유도하고자 하는 정책목적 자체가 현재나 앞으로의 사회경제정세에

---

5) 비과세·감면 등의 특별조치가 만성화, 기득권화되기 쉽고 사회여건에 대한 변화에 쉽게 적응하지 못해 정책목적 그 자체가 진부화 되기 쉽다는 점에서 비과세, 감면의 혜택을 받는 당사자가 매년 비과세, 감면신청을 하도록 하여 납세의무자가 그 세금의 혜택에 대한 은혜도 알고 조세공평의 법리를 인식시키는 계기로 활용하는 것도 좋을 것이라고 생각한다.

비추어 보아 필요하고 타당한 것인가.
② 해당 정책목적의 실현을 위하여 세제를 활용하는 것이 정책수단으로서 타당하고 효율적인가.
③ 조세의 감면 등으로 충분한 정책효과를 기대할 수 있는가 또는 기대된 효과가 나와 있는가에 대하여도 면밀한 검토가 있어야 할 것이다.

셋째, 국가의 정책수행의 필요상 지방세제에 특례조항 설정이 타당한가 하는 관점에서 검토할 때는,
① 국가의 세출·금융정책·국세에 의한 조치 등을 모두 동원하고도 지방세에 의한 조치의 필요성이 있는가.
② 일률적·통일적으로 전국적인 조치를 취해야만 할 특별한 이유가 있는가.
③ 특별조치의 정책효과가 간접적으로라도 지방자치단체에 환원되는 효과가 있는가를 검토해서 타당성 여부를 판단하여야 할 것이다.

이와 같이 지방세제에 있어서의 정책세제는 어디까지나 국가의 다른 정책수단의 보완적인 위치에서 생각하여야 하며, 국세에서 취하는 조치이므로 지방세에서도 동일한 조치를 취하여야 한다는 안이한 사고방식은 통할 수 없다 할 것이다. 결국 조세의 공평문제는 조세법률주의와 함께 조세의 기본원리로서 지방세에 있어 비과세·감면 등의 특별조치를 취함에 있어서 헌법상의 평등권과 자치단체의 과세자주권을 최대한 보장하면서 정책의 수단으로 활용되어야 할 것이다.

그리고 지방자치단체의 과세자주권의 보장과 주민의 지방자치에 대한 참여의식의 함양 등을 위해서는 모든 부담을 면제해 주는 것보다는 지방자치단체의 재정에 모든 주민이 조금이나마 기여한다는 점에서 최저한조세론(minimum tax)을 지방세법에도 도입할 필요가 있다고 보며, 이렇게 볼 때 면제 또는 50% 감면 등 획일적인 정책세제의 운영보다는 감면대상의 지방자치단체에 대한 기여도, 부담능력, 필요성의 대소에 따라 면제보다는 차등하여(1~100%) 부담을 하도록 세분하는 것이 조세부담의 공평의 문제에 더욱 접근할 수 있는 방법이 될 수도 있을 것이다.

제5조 | 지방세지출보고서의 작성

① 지방자치단체의 장은 지방세 감면 등 지방세 특례에 따른 재정 지원의 직전 회계연도의 실적과 해당 회계연도의 추정 금액에 대한 보고서(이하 "지방세지출보고서"라 한다.)를 작성하여 지방의회에 제출하여야 한다(법 §5 ①).

② 지방세지출보고서의 작성방법 등에 관하여는 행정안전부장관이 정한다(법 §5 ②).

일반적으로 지방세감면은 "숨은보조금"적 성격을 띠는 것으로서 의회의 심의·의결을 받지 않고, 그 구체적인 지방세 감면 행위가 지방자치단체에 의해 자의적으로 집행됨으로써, 지방세 감면제도의 운영은 재정민주주의의 중요한 요건을 위배하는 것으로 알고 있다.

이와 같은 지방세 감면 제도는 그 구체적인 상황에 대해 의회에 의한 국민적 통제가 이루어지지 못하기 때문에 일반적으로 예산배분을 통한 자원배분의 효율성과 개인과 기업의 부담의 공평성을 왜곡시키는 경향이 크다.

이러한 점을 조금이나마 시정하여 예산운영의 효율성을 재고시키기 위해 이러한 기능을 규정한 것이다.

다시 말해서 조세지출이란 정부의 대 민간 조세지원은 사실상 징수해야 할 조세를 징수하지 않는 것을 말하는 것으로 그 만큼 세수면에서는 감소를 초래하는 것은 사실이다. 즉 납세자의 입장에서는 조세지원 된 액만큼은 절세(節稅)한 셈이지만 정부입장에서는 징수했어야 할 세금을 징수를 못한 것이므로 결국 조세감면세액만큼은 정부가 납세자에게 보조금을 간접적으로 지출한 것으로 볼 수 있으며, 이 때의 조세감면은 「조세지출」로 판단할 수 있을 것이다.[6]

이러한 조세지출은 일종의 조세탈루 현상으로 볼 수 있다. 즉 조세감면조치로 인하여 거두어 들여졌어야 할 조세가 징수되지 않음으로써 세원과 세수가 탈루됨을 의미하는 것이다. 그러므로 이러한 조세지원정책은 일종의 보조비 지출과 같은 성질을 가지는 것으로 이를 지출의 측면과 통합하여 보지 않고 일방적으로 추진한다면 결국에는 부정적인 효과를 피할 수 없게 될 것이다.

앞에서 살펴본 세원의 탈루, 그 결과 세수의 손실, 과세의 불공평, 기업간 경쟁력 중립성의 침해, 중복지원 등 일련의 자원배분의 비효율이 바로 일방적인 조세지출에 따른 것이다.[7]

---

[6] 조세지출은 정부가 개인이나 기업에게 재정지원을 하는 방법인 비과세·감면·공제 등 원칙적으로 내야 하지만 정책적 감면조치에 따라 내지 않는 세금을 말하며, 사실상 직접적인 예산지출과 같은 효과를 거둔다는 점에서 조세지출예산이라고 한다. 이는 조세감면에 따른 조세형평성을 제고하기 위하여 정부가 국회에 다음연도 예산안을 제출할 때 조세감면대상 명세서를 함께 제출하여 보다 명확한 감시와 감독이 가능하도록 하는 제도이다.
미국의 조세지출(tax expenditure), 독일의 조세원조(tax aids), 일본의 조세특별조치(special tax measures), 그리고 영국의 직접조세공제 및 경감제도(direct tax allowance and reliefs) 등이 한국의 비과세·감면제도와 성격이 같은 제도들인데, 1980년대를 전후로 프랑스·벨기에·핀란드·포르투갈·네덜란드·아일랜드·이탈리아·오스트레일리아 등이 도입하여 현재 OECD(Organization for Economic Cooperation and Development : 경제협력개발기구)에 가입한 국가 중 미국·영국 등 14개국이 도입하고 있다.
이 제도의 목적은 조세지출을 재정지출과 연계하여 운용함으로써 재원배분의 효율성을 제고하고, 조세지출내역을 대외적으로 공개함으로써 재정운용의 투명성을 높임과 동시에 기득권화·만성화된 조세지출을 효과적으로 통제하는 데 있으며, 장점은 ① 매년 예산심의 과정에서 조세감면의 성과를 객관적으로 평가하고, 평가결과를 조세감면 범위의 조정과정에 반영할 수 있으며 ② 재정활동에 소요되는 재정규모를 정확히 파악할 수 있다.
[7] 이필우, 조세론,「법문사」1995. P.354~362

이러한 조세지출조치에 대한 역기능을 시정하기 위하여 지방세지출보고서의 작성과 지방세지출보고서를 지방의회에 제출토록 법제화한 것으로 보는데 이에 대한 운영의 정착성과 효율화를 기하여 명확한 재정운영의 기틀이 마련되었으면 하는 바람이다.

이렇게 작성되는 지방세 지출보고서는 모든 지방자치단체가 지방세의 모든 세목을 대상으로 지방세 비과세·감면액에 대한 직전연도 결산액과 당해연도 추계액을 각각 작성한다. 각 지방자치단체가 작성한 지방세 지출보고서는 예산 부수서류로 지방의회에 보고되고 해당 지역주민에게 공시하고 있으며, 국회의 국정감사 통계자료로 활용되고, 보통교부세 산정 기초자료 등으로 활용되는 보고서이다.

그리고 여기서 말하는 지방세 비과세·감면액에는 지방세법에 의한 비과세액, 지방세특례제한법에 의한 감면액, 지방자치단체의 감면조례에 의한 감면액, 조세특례제한법에 의한 지방세 비과세·감면액, 조약에 따른 감면액 등의 총액을 말한다.

감면

CHAPTER 02
제4편 지방세특례제한법

이 장(章)의 감면규정을 적용할 때 유의 할 점을 몇 가지 살펴보면 다음과 같다.

첫째, 지방세특례제한법의 감면을 적용할 때 지방세법 제13조 제5항에 따른(별장, 골프장, 고급주택, 고급오락장, 고급선박에 대한 중과세 규정) 부동산 등은 감면 대상에서 제외한다(법 §177).

둘째, 부동산에 대한 감면을 적용할 때 지방세특례제한법에서 특별히 규정한 경우를 제외하고는 정당한 사유없이 그 취득일부터 1년이 경과할 때까지 해당 용도로 직접 사용하지 아니하는 경우 또는 해당용도로 직접 사용한 기간이 2년 미만인 상태에서 매각·증여하거나 다른 용도로 사용하는 경우 그 해당 부분에 대해서는 감면된 취득세를 추징한다(법 §178).[8]

셋째, 지방세특례제한법 또는 다른 법령에서 토지에 대한 재산세의 경감 규정을 둔 경우에는 경감대상 토지의 과세표준액에 해당 경감비율을 곱한 금액을 경감한다(법 §179).

넷째, 동일한 과세대상에 대하여 지방세를 감면할 때 둘 이상의 감면 규정이 적용되는 경우에는 그 중 감면율이 높은 것 하나만을 적용한다.

다만, 제73조(토지수용 등으로 인한 대체취득에 대한 감면), 제74조(도시개발사업 등에 대한 감면), 제92조(천재지변 등으로 인한 대체취득에 대한 감면) 및 제92조의 2(자동계좌이체 납부에 대한 세액공제)의 규정과 다른 규정은 두 개의 감면규정(제73조, 제74조 및 제92조간에 중복되는 경우에는 그 중 감면율이 높은 것 하나만을 적용한다.)을 모두 적용할 수 있다(법 §180).

다섯째, 지방세 특례제한법 또는 다른 법령에서의 토지에 대한 재산세의 감면규정을 적용할 때 직접 사용의 범위에는 해당 감면대상 고유업무에 사용할 건축물을 건축 중인 경우를 포함한다(영 §123).

---

[8] 정당한 사유에 대한 대법원 해석 방향
자금부족 등 재정상 이유로 용도에 직접 사용하지 못하거나 매각한 경우(대법 2003두9909, 2004.4.9., 대법 2001두10585, 2003.7.22., 대법 2001두2645, 2002.9.4. 외), 취득 당시부터 용도에 직접 사용하는 것이 어렵다는 것을 예측(기준이나 주변 여건상 토지형질변경 불허 가능성 예견 등)할 수 있는 경우(대법 2009두553, 2009.3.12., 대법 2001두1888, 2002.7.12., 대법 2001두229, 2002.9.4.), 유예기간 종료시점에 임박하여 사업실시계획 인가신청을 하는 등 목적사업에 직접사용하기 위한 일련의 필요한 절차를 꾸준히 밟지 않는 등 정상적인 노력을 하였다고 보기 어려운 경우(대법 2002두11950, 2004.7.22.)는 "정당한 사유"가 없다고 보고 있음.

제1절 농어업을 위한 지원

이 절(節)에서는 농어업에 대한 지원 시책으로 자경농민의 농지, 농업용 농기계, 농지확대개발을 위한 개간농지, 자영어민의 어업권 및 선박, 농어업인 등에 대한 융자관련 감면, 농업법인 및 어업법인에 대한 지원, 한국농어촌공사, 농업협동조합, 농수산물유통공사 등의 농어업 관련 사업지원, 농어촌 주택개량지원에 대한 지방세 지원을 규정하고 있다.

제6조 자경농민의 농지 등에 대한 감면

① 대통령령으로 정하는 바에 따라 농업을 주업으로 하는 사람으로서 2년 이상 영농에 종사한 사람 또는 「후계농어업인 및 청년농어업인 육성·지원에 관한 법률」 제8조에 따른 후계농업경영인 및 청년창업형 후계농업경영인(이하 이 조에서 "자경농민"이라 한다.)이 대통령령으로 정하는 기준에 따라 직접 경작할 목적으로 취득하는 대통령령으로 정하는 농지(이하 이 절에서 "농지"라 한다) 및 관계 법령에 따라 농지를 조성하기 위하여 취득하는 임야에 대해서는 취득세의 100분의 50을 2026년 12월 31일까지 경감한다. 다만, 다음 각 호의 어느 하나에 해당하는 경우 그 해당 부분에 대해서는 경감된 취득세를 추징한다(법 §6 ① Ⅰ·Ⅱ).
  1. 정당한 사유 없이 그 취득일부터 2년이 경과할 때까지 자경농민으로서 농지를 직접 경작하지 아니하거나 농지조성을 시작하지 아니하는 경우
  2. 직접 경작한 기간이 2년 미만인 상태에서 매각·증여하거나 다른 용도로 사용하는 경우

이 규정에서 "대통령령으로 정하는 바에 따라 농업을 주업으로 하는 사람으로서 2년 이상 영농에 종사한 사람"이란 본인 또는 배우자(주민등록법 제7조에 따른 세대별 주민등록표에 함께 기재되어 있는 경우로 한정한다. 이하 이 조에서 같다.) 중 1명 이상이 취득일 현재 다음 각 호의 요건을 모두 갖추고 있는 사람을 말한다(영 §3 ① Ⅰ~Ⅲ).
  1. 농지(「지방세법 시행령」 제21조에 따른 농지를 말한다. 이하 같다.)를 소유하거나 임차하여 경작하는 방법으로 직접 2년 이상 계속하여 농업에 종사할 것
  2. 제1호에 따른 농지의 소재지인 특별자치시·특별자치도·시·군·구(자치구를 말한다. 이하 시·군·구라 한다.) 또는 그와 잇닿아 있는 구·시·군에 거주하거나 해당 농지의 소재지로부터 30킬로미터 이내의 지역에 거주할 것
  3. 직전 연도 농업 외의 종합소득금액(「소득세법」 제4조 제1항 제1호에 따른 종합소득에서 농업, 임업에서 발생하는 소득, 「소득세법」 제45조 제2항 각 호의 어느 하나에 해당하는 사업에서 발생하는 부동산임대소득 또는 같은 법 시행령 제9조에 따른 농가부업소득을 제외한 금

액을 말한다.)이 「농업·농촌 공익기능 증진 직접지불제도 운영에 관한 법률」 제9조 제3항제1호 및 같은 법 시행령 제6조제1항에 따른 금액 미만일 것

그리고 "대통령령이 정하는 기준"이란 각각 다음 각 호의 요건을 갖춘 경우를 말한다 (영 §3 ② Ⅰ~Ⅲ).

1. 농지 및 임야의 소재지가 국토의 계획 및 이용에 관한 법률에 따른 도시지역(개발 제한구역과 녹지지역을 제외한다. 이하 이 항 및 제4항에서 "도시지역"이라 한다.) 외의 지역일 것
2. 농지 및 임야를 취득하는 사람의 주소지가 농지 및 임야의 소재지인 시·군·구 및 그 지역과 잇닿아 있는 시·군·구 지역이거나 농지 및 임야의 소재지로부터 30킬로 미터 이내의 지역일 것
3. 본인 또는 소유자가 소유하고 있는 농지 및 임야(도시지역 안의 농지 및 임야를 포함한다.)와 본인 또는 배우자가 새로 취득하는 농지 및 임야를 모두 합한 면적이 논·밭·과수원은 3만제곱미터(「농지법」에 따라 지정된 농업진흥지역 안의 논·밭·과수원은 20만제곱미터로 한다.), 목장용지는 25만제곱미터, 임야는 30만제곱미터 이내일 것, 이 경우 초과부분이 있을 때에는 그 초과부분만을 경감대상에서 제외한다.

또한 2022년부터는 '농지'는 취득 원인에 관계 없이 공부와 현황이 모두 농지인 경우 감면대상에 해당할 수 있도록 명확화한 것이며 자경농민이 직접 경작할 목적으로 '농지'를 취득하는 경우와 그 농지를 조성하기 위한 임야를 취득하는 경우에는 취득 원인에 관계 없이 공부와 현황이 모두 농지인 경우에는 감면 적용대상이 되며, 농업용 시설 규정이 같은조 제3항에서 제4항으로 이동한 점을 반영하여 제2항에서 규정하는 '도시지역'의 정의 규정이 제2항(농지) 및 제4항(농업용시설)에 적용되도록 조문을 정비한 것이다다

그리고 대통령으로 정하는 농지"란 「지방세법 시행령」 제21조에 따른 농지를 말한다 (영 §3 ③).

지방세법 시행령 제21조 【농지의 범위】

제11조제1항제1호 각 목 및 같은 항 제7호 각 목에 따른 농지는 각각 다음 각 호의 토지로 한다.
1. 취득 당시 공부상 지목이 논, 밭 또는 과수원인 토지로서 실제 농작물의 경작이나 다년생 식물의 재배지로 이용되는 토지. 이 경우 농지 경영에 직접 필요한 농막(農幕)·두엄간·양수장·못·늪·농도(農道)·수로 등이 차지하는 토지 부분을 포함한다.
2. 취득 당시 공부상 지목이 논, 밭, 과수원 또는 목장용지인 토지로서 실제 축산용으로 사용되는 축사와 그 부대시설로 사용되는 토지, 초지 및 사료밭

② 자경농민(自經農民)이 다음 각 호의 어느 하나에 해당하는 시설로서 대통령령으로 정하는

기준에 적합한 시설을 농업용으로 직접 사용하기 위하여 취득하는 경우 해당 농업용 시설에 대해서는 취득세의 100분의 50을 2026년 12월 31일까지 경감한다(법 §6 ② Ⅰ~Ⅲ).
1. 양잠(養蠶) 또는 버섯재배용 건축물, 고정식 온실
2. 「축산법」 제2조 제1호에 따른 가축을 사육하기 위한 시설 및 그 부속시설로서 대통령령으로 정하는 시설
3. 창고[저온창고, 상온창고(常溫倉庫) 및 농기계보관용 창고만 해당한다.] 및 농산물 선별처리시설

이 경우 "대통령령으로 정하는 기준에 적합한 시설"이란 다음 각 호의 요건을 모두 갖춘 농업용 시설을 말한다(영 §3 ④ Ⅰ·Ⅱ).
① 농업용 시설의 소재지가 도시지역 외의 지역일 것
② 농업용 시설을 취득하는 사람의 주소지가 해당 농업용 시설의 소재지인 시·군·구 또는 그 지역과 잇닿아 있는 시·군·구 지역이거나 그 농업용 시설의 소재지로부터 30킬로미터 이내의 지역일 것. 다만, 법 제6조 제2항 제1호에 따른 고정식 온실과 같은 항 제2호에 따른 시설은 소재지에 관한 제한을 받지 않는다.

그리고 가축을 사육하기 위한 시설 및 그 부속시설로서 "대통령령으로 정하는 시설"이란 다음 각 호의 시설을 말한다(영 §3 ⑤ Ⅰ~Ⅲ).
1. 사육시설, 소독 및 방역 시설, 착유실, 집란실
2. 「가축분뇨의 관리 및 이용에 관한 법률」 제2조 제3호에 따른 배출시설
3. 「가축분뇨의 관리 및 이용에 관한 법률」 제2조 제7호에 따른 정화시설

이 경우 「가축분뇨의 관리 및 이용에 관한 법률」 제2조 제3호에 따른 배출시설은 가축의 사육으로 인하여 가축분뇨가 발생하는 시설 및 장소 등으로서 축사·운동장, 착유실, 먹이방, 분만실 및 방목지를 말하며, 「가축분뇨의 관리 및 이용에 관한 법률」 제2조 제7호에 따른 정화시설은 호기성(好氣性: 산소가 있을 때 생육하는 성질) 생물학적 방법, 임의성 또는 혐기성(嫌氣性: 산소가 없을 때 생육하는 성질) 생물학적 방법, 물리·화학적 방법과 그 방법을 조합한 방법에 따라 정화하는 시설을 말한다.

| 사례 |

❖ 취득세 감면대상 "직접 경작"하는 농지의 범위에 대하여 「지방세특례제한법」에서 별도로 규정하고 있지 아니하므로 「지방세법 시행령」 제21조를 살펴보면, 농지의 범위에 "실제 농작물의 경작이나 다년생식물의 재배지로 이용되는 토지"를 포함하고 있는 점, 한국표준산업분류표에 따르면 농업 관련 작물재배업의 범위에 버섯재배 활동을 포함하고 있는 점 등을 종합적으로 고려해 볼 때, 영농목적의 농지를 버섯재배사로 이용하는 경우 취득세 감면세액의 추징이 제외되는 농지의 "직접 경작"에 해당된다고 판단됨
(행안부 지방세운영과-3280, 2012.10.12.)

③ 자경농민이 경작할 목적으로 받는 도로점용, 하천점용 및 공유수면점용의 면허에 대해서는 등록면허세를 2021년 12월 31일까지 면제한다(법 §6 ③).(감면종료)

④ 대통령령으로 정하는 바에 따라「농업·농촌 및 식품산업 기본법」제3조 제5호에 따른 농촌 지역으로 이주하는 귀농인(이하 이 항에서 "귀농인"이라 한다.)이 대통령령으로 정하는 기준에 따라 직접 경작 또는 직접 사용할 목적으로 대통령령으로 정하는 귀농일(이하 이 항에서 "귀농일"이라 한다)부터 3년 이내에 취득하는 농지,「농지법」등 관계 법령에 따라 농지를 조성하기 위하여 취득하는 임야 및 제2항에 따른 농업용 시설(농지, 임야 및 농업용 시설을 취득한 사람이 그 취득일부터 60일 이내에 귀농인이 되는 경우 그 농지, 임야 및 농업용 시설을 포함한다)에 대해서는 취득세의 100분의 50을 2024년 12월 31일까지 경감한다. 다만, 귀농인이 다음 각 호의 어느 하나에 해당하는 경우에는 경감된 취득세를 추징하되, 제3호 및 제4호의 경우에는 그 해당 부분에 한정하여 경감된 취득세를 추징한다(법 §6 ④ Ⅰ~Ⅳ).

1. 정당한 사유없이 귀농일부터 3년 이내에 주민등록 주소지를 취득 농지 및 임야 소재지 특별자치시·특별자치도·시·군·구(구의 경우에는 자치구를 말한다. 이하 같다.), 그 지역과 연접한 시·군·구 또는 농지 및 임야 소재지로부터 30킬로미터 이내의 지역 외의 지역으로 이전하는 경우.
2. 정당한 사유없이 귀농일부터 3년 이내에「농업·농촌 및 식품산업 기본법」제3조 제1호에 따른 농업(이하 이 항에서 "농업"이라 한다.) 외의 산업에 종사하는 경우. 다만,「농업·농촌 및 식품산업 기본법」제3조 제8호에 따른 식품산업과 농업을 겸업하는 경우는 제외한다.
3. 정당한 사유 없이 다음 각 목의 어느 하나에 해당하는 경우
   가. 농지의 취득일부터 2년 이내에 직접 경작하지 아니하는 경우
   나. 임야의 취득일부터 2년 이내에 농지의 조성을 시작하지 아니하는 경우
   다. 농업용 시설의 취득일부터 1년 이내에 해당 용도로 직접 사용하지 아니하는 경우
4. 직접 경작 또는 직접 사용한 기간이 3년 미만인 상태에서 매각·증여하거나 다른 용도로 사용하는 경우

이 규정 본문에서 "대통령령으로 정하는 바에 따라「농업·농촌 및 식품산업기본법」제3조 제5호에 따른 농촌 지역으로 이주하는 귀농인"이란 다음 각 호의 요건을 모두 갖춘 사람을 말한다(영 §3 ⑥ Ⅰ~Ⅲ).

㉮. 농촌(「농업·농촌 및 식품산업 기본법」제3조 제5호에 따른 지역을 말한다. 이하 이 조에서 같다.) 외의 지역에서 제7항에 따른 귀농일을 기준으로 1년 이전부터「주민등

록법」 제16조에 따른 전입신고를 하고 계속하여 실제 거주한 사람일 것

이 경우 귀농인이 직접 경작할 목적으로 취득하는 농지에 대해 감면하면서 귀농인이 귀농일을 기준으로 과거 1년 이전부터 계속하여 농촌 외의 지역에서 실제 거주한 경우로 규정하고 있지만, 자치단체에서 귀농인의 농촌외 거주요건 판단 시 '귀농일을 기준으로 1년 이상 거주'가 아닌 '과거 어느 시점이든 1년 이상 거주'한 경우에도 감면가능한 것으로 해석할 여지가 있고, 또한 농촌 외 거주요건으로 「주민등록법」상 주민등록을 하도록 규정하고 있지 않아 실제거주 기간을 확인함에 있어 어려움이 있어 2018년부터는 귀농일을 기준으로 과거 1년 이전부터 계속하여 농촌 외의 지역에서 거주 및 주민등록을 의무적으로 하도록 귀농인의 요건을 명확화한 것이며 동 개정 규정은 입법취지를 명확히 하기 위한 것으로 기존과 동일하게 운영한다.

참고로 「귀농어·귀촌 활성화 및 지원에 관한 법률」의 '귀농어업인'에 대한 규정은 농어촌 외의 지역에서 1년 이상 주민등록이 되어 있던 사람이 농어업인이 되기 위해 농어촌지역으로 이주하는 사람 이라고 규정하고 있다.

㈏. 제7항에 따른 귀농일 전까지 계속하여 1년 이상 「농업·농촌 및 식품산업기본법」 제3조 제1호에 따른 농업에 종사하지 않은 사람일 것

㈐. 농촌에 「주민등록법」에 따른 전입신고를 하고 실제 거주하는 사람일 것

그리고 이 규정 본문 후단에서 "대통령령으로 정하는 귀농일"이란 제6항에 따른 귀농인이 새로 이주한 해당 농촌으로 전입신고를 하고 거주를 시작한 날을 말한다(영 §3 ⑦).

또한 위 규정은 귀농인의 농지등 취득에 대한 감면 적용시, 취득 후 일정기간(60일이내)내에 주소를 전입한 경우에도 감면을 적용받을 수 있도록 감면요건 완화하였고, 농업용 시설(양잠 또는 버섯재배용 건축물, 고정식 온실 등 법 제6조제2항에 따른 농업용 시설)에도 감면을 적용토록 확대하되, 지역·면적제한 등은 자경농민 감면과 동일하게 개선하였고 이 법 시행(2022년 이후)당시 농지, 농지를 조성하기 위한 임야 및 농업용 시설을 취득한 사람이 귀농인이 된 지 60일이 지나지 아니한 경우에도 적용됨을 유의하여야 한다

그리고 영 제1항에 따른 직전 연도 농업 외의 종합소득금액, 2년 이상 농업에 종사하는 사람을 확인하는 세부적인 기준, 감면신청 절차 및 그 밖에 필요한 사항은 행정안전부령으로 정한다(영 §3 ⑧).

이 경우 "직전 연도 농업 외의 종합소득금액"이란 「소득세법」 제19조에 따른 사업소득금액과 「소득세법」 제20조 제1항에 따른 근로소득에서 같은 법 제12조에 따른 비과세소득을 차감한 금액에서 「소득세법」 제16조, 제17조, 제20조의 3 및 제21조에 따른 이자소득금액, 배당소득금액, 연금소득금액 및 기타소득금액을 합한 것을 말하며, 또는 여기에 따른 직전 연도 농업 외의 종합소득금액은 「소득세법」 제70조에 따른 종합소득

과세표준이 확정된 경우: 「지방세특례제한법」(이하 "법"이라 한다.) 제6조에 따른 농지 취득일이 속하는 연도의 직전 연도 연도의 소득금액과 「소득세법」 제70조에 따른 종합소득 과세표준이 확정되지 아니한 경우에는 법 제6조에 따른 농지 취득일이 속하는 연도의 직전 연도의 소득금액으로 한다(규칙 §2의 2 ①·②).

그리고 이 규정에 따라 취득세를 경감받으려는 자는 감면신청서에 주민등록등본, 소득금액증명원, 그 밖에 종합소득금액을 확인하는 서류 및 2년 이상 영농에 종사하고 있음을 확인하는 서류 등 행정안전부장관이 정하여 고시하는 서류 등 소득금액을 확인할 수 있는 서류를 첨부하여 관할 지방자치단체의 장에게 제출하여야 한다. 이 경우 감면신청인이 「전자정부법」 제36조 제1항에 따른 행정정보의 공동이용을 통한 주민등록등본 등의 확인에 동의하는 경우에는 그 확인으로 주민등록등본 등의 제출을 갈음할 수 있으며(규칙 §2의 2 ③).

영 제5조 제4항에 따른 직전 연도 어업 외의 종합소득금액은 제1항 각 호의 금액을 합산한 것으로 한다(규칙 §2의 2 ④).

제4항에 따른 직전 연도 어업 외의 종합소득금액의 산정은 다음 각 호의 구분에 따른 연도의 소득금액을 기준으로 한다(규칙 §2의 2 ⑤).

1. 「소득세법」 제70조에 따른 종합소득 과세표준이 확정된 경우: 법 제9조 제1항에 따른 양어장인 토지 및 영 제5조 제3항에 따른 수조의 취득일이 속하는 연도의 직전 연도
2. 「소득세법」 제70조에 따른 종합소득 과세표준이 확정되지 아니한 경우: 법 제9조 제1항에 따른 양어장인 토지 및 영 제5조 제3항에 따른 수조의 취득일이 속하는 연도의 전전 연도

법 제9조에 따라 취득세를 경감받으려는 자(이하 이 항에서 "감면신청인"이라 한다.)는 제2조제1항에도 불구하고 별지 제1호의 3서식에 따른 감면신청서에 제4항에 따른 소득금액을 확인할 수 있는 다음 각 호의 서류를 첨부하여 관할 지방자치단체의 장에게 제출하여야 한다. 이 경우 감면신청인이 「전자정부법」 제36조 제1항에 따른 행정정보의 공동이용을 통한 주민등록등본 등의 확인에 동의하는 경우에는 그 확인으로 주민등록등본 등의 제출을 갈음할 수 있다(규칙 §2의 2 ⑥).

1. 주민등록등본
2. 소득금액증명원, 그 밖의 종합소득금액을 확인하는 서류로서 행정안전부장관이 정하여 고시하는 서류
3. 어업에 종사하고 있음을 확인하는 서류로서 행정안전부장관이 정하여 고시하는 서류

이 경우 자영어민에 대한 규정은 2018년부터 육상양식용 부동산(양어장토지+수조)에 대한 감면을 신설함에 따라 감면 소득기준 등을 자경농민 수준으로 자영어민과 육상양식업자의 소득기준 등 신설하였다.

1. 자경농민의 농지 등의 취득

취득세 50% 경감

대통령령으로 정하는 바에 따라 농업을 주업으로 하는 사람으로서 2년 이상 영농에 종사한 사람 또는 「후계농어업인 및 청년농어업인 육성·지원에 관한 법률」 제8조에 따른 후계농업경영인 및 청년창업형 후계농업경영인(이하 이 조에서 "자경농민"이라 한다.)이 대통령령으로 정하는 기준에 따라 직접 경작할 목적으로 취득하는 농지(「지방세법」 제11조 제1항 제1호 가목 및 같은 항 제7호 가목에 따른 세율을 적용받는 농지로서 논, 밭, 과수원 및 목장용지를 말한다. 이하 이 절에서 같다.) 및 관계 법령에 따라 농지를 조성하기 위하여 취득하는 임야에 대해서는 취득세의 100분의 50을 2026년 12월 31일까지 경감한다. 다만, 정당한 사유 없이 농지의 취득일부터 2년이 경과할 때까지 자경농민으로서 농지를 직접 경작하지 아니하거나 임야의 취득일부터 2년 내에 농지의 조성을 개시하지 아니하는 경우 또는 해당 농지를 직접 경작한 기간이 2년 미만인 상태에서 매각·증여하거나 다른 용도로 사용하는 경우 그 해당 부분에 대하여는 경감된 취득세를 추징한다.

사례

❖ **특법6-1 【자경농민의 판단】**

농지를 취득할 당시 농지소유(임차 포함)자가 아니라고 하더라도, 취득하는 농지소재지 구·시·군 및 그와 연접한 구·시·군 또는 농지의 소재지로부터 30킬로미터 이내의 지역에 거주하고, 농지소유자인 직계존속 또는 배우자와 동거하면서 2년 이상 영농에 종사한 경우라면, 해당 직계비속 또는 배우자는 농업을 주업으로 하는 자로서 2년 이상 영농에 종사한 자에 해당한다.

이 경우 2021년 5월 20일부터는 "「농어업경영체 육성 및 지원에 관한 법률」 제10조에 따른 후계농업경영인"을 "「후계농어업인 및 청년농어업인 육성·지원에 관한 법률」 제8조에 따른 후계농업경영인 및 청년창업형 후계농업경영인"으로 한다.

그리고 지방세법 법 제11조에서는 농지 세율 적용 대상이 공부와 현황이 모두 농지인 것을 명확히 규정하는 것과 달리 현행 규정은 그 규정이 모호하여 농지의 기준을 통리하기 위하여 「지방세법」 제11조 제1항 제1호 가목 및 같은 항 제7호 가목에 따른 세율을 적용받는 농지로서 논을 규정하였다.

또한 농업을 주업으로 하는 사람으로서 2년 이상 영농에 종사한 사람이란(「지방세법」 제11조 제1항 제1호 가목 및 같은 항 제7호 가목에 따른 세율을 적용받는 농지로서 논·답·과수원·목장용지를 말한다.) 소재지 구(이 경우는 자치구를 말한다. 이하 같다.)·시·군 및 그와 잇닿아 있는 구·시·

군 또는 농지의 소재지로부터 30키로미터 이내의 지역에 거주하면서 농지를 소유하거나 임차하여 본인 또는 배우자(주민등록법 제7조에 따른 세대별 주민등록표에 함께 기재되어 있는 경우로 한정한다.) 중 1명 이상이 취득일 현재 다음 각 호의 요건을 모두 갖추고 있는 사람을 말한다(영 §3 ①).

① 농지(「지방세법 시행령」 제21조에 따른 농지를 말한다. 이하 같다.)를 소유하거나 임차하여 경작하는 방법으로 직접 2년 이상 계속하여 농업에 종사할 것

② 제1호에 따른 농지의 소재지인 구(자치구를 말한다. 이하 같다.)·시·군 또는 그와 잇닿아 있는 구·시·군에 거주하거나 해당 농지의 소재지로부터 30킬로미터 이내의 지역에 거주할 것

이는 재촌 인정 거주지 거리 기준을 2021년부터는 국세와 동일하게 30㎞로 완화하여 변화된 영농 환경을 반영한 것이다.

③ 직전 연도 농업 외의 종합소득금액(「소득세법」 제4조 제1항 제1호에 따른 종합소득에서 농업, 임업에서 발생하는 소득, 「소득세법」 제45조 제2항 각 호의 어느 하나에 해당하는 사업에서 발생하는 부동산임대소득 또는 같은 법 시행령 제9조에 따른 농가부업소득을 제외한 금액을 말한다.)이 「쌀소득 등의 보전에 관한 법률」 제6조 제3항 제1호 및 같은 법 시행령 제4조의3 제1항 본문에 따른 금액 미만일 것

또한 직접 경작의 기준은 다음의 요건을 갖춘 경우를 말한다(영 §3 ②).

① 농지(「지방세법」 제11조 제1항 제1호 가목 및 같은 항 제7호 가목에 따른 세율을 적용받는 농지로서 논·답·과수원·목장용지) 및 임야의 소재지가 국토의 계획 및 이용에 관한 법률에 따른 도시지역(녹지지역과 개발제한구역을 제외한다.) 외의 지역이어야 한다. 그러므로 감면대상 지역은 면지역과 읍 단위 지역 중 도시지역이 아닌 지역 및 읍 단위 이상의 지역 중 녹지지역과 개발제한지역이 감면대상 지역이다.

② 농지 및 임야를 취득하는 사람의 주소지가 농지 및 임야의 소재지인 구·시·군 또는 그 지역과 잇닿아 있는 구·시·군 지역이거나 농지 및 임야의 소재지로부터 20㎞ 이내의 지역이어야 한다.

이 경우 농지와 임야가 소재한 구·시·군에 주소가 있는 자나 농지와 임야 소재지가 잇닿아 있는 구·시·군에 주소가 있는 자가 농지 또는 임야를 취득한 경우에는 면제대상이 되며, 그 토지 소재지가 행정구역상으로는 해당 시·군·구 또는 연접 시·군·구가 아니더라도 그 소유자의 소재지로부터 30킬로미터 이내의 거리에 있는 농지와 임야도 감면대상이 된다.

③ 소유 농지 및 임야(도시지역 안의 농지 및 임야를 포함한다.)의 규모가 새로 취득하는 농지 및 임야를 합하여 논·밭·과수원은 3만㎡(농지법에 따라 지정된 농업진흥지역 안의 논·밭·과수원은 20만㎡), 목장용지는 25만㎡, 임야는 30만㎡ 이내이어야 한다. 이 경우 초과부분이 있을 때에는 그 초과부분만은 경감대상에서 제외한다.

이 규정에서 정한 농지와 임야의 규모 산정은 감면대상지역이 아닌 도시지역 내외를 불문하고 소유자별로 소유한 전체의 농지 또는 임야를 기준으로 그 초과 여부를 판단하여야 한다.

여기에서 경감된 취득세를 추징하게 되는 경우를 살펴보면,

첫째, 자경농민이 농지를 취득하여 정당한 사유 없이 취득한 날부터 2년 이상 경작하지 아니하고 매각·증여하거나 농업용이 아닌 다른 용도로 사용하는 경우에는 경감된 취득세를 추징당하게 되며,

둘째, 정당한 사유 없이 농지의 취득일부터 2년 내에 직접 경작하지 아니하는 경우에는 추징을 하게 되는데, 이 경우는 직접 경작하지 아니하면 자경농민에 해당되지 않는다고 보기 때문이다.

셋째, 농지를 조성하기 위하여 임야를 취득한 경우 정당한 사유 없이 임야의 취득일부터 2년 내에 농지의 조성을 개시하지 아니하는 경우 그 해당 부분에 대하여는 경감된 취득세를 추징하게 되는 것이다.

이 규정에 2005년말 지방세법 개정 때 "정당한 사유 없이"란 단서가 추가되었는데 그 사유는 자경농민이 취득한 농지 등이 본인의 의사와 관계없이 도시계획사업 등으로 인하여 수용되는 경우 등으로 경감된 취득세가 추징됨에 따른 문제를 해소하기 위한 것이며 이 규정의 적용은 취득 후 2년이 경과되지 아니한 것에도 적용된다.

위의 규정에 따른 직전 연도 농업 외의 종합소득금액, 2년 이상 농업에 종사하는 사람을 확인하는 세부적인 기준, 감면신청 절차 및 그 밖에 필요한 사항은 행정안전부령으로 정한다(영 §3 ⑤).

그리고 "농지"는 전·답·과수원 및 목장용지로 규정하고 있고, 여기에서 "농지"라 함은 같은 법 시행령 제77조의 현황부과의 원칙에 따라 그 공부상 지목에 관계없이 사실상 현황이 전·답·과수원 및 목장용지에 해당되는 경우를 말한다 할 것인바, 자경농민이 직접 경작할 목적으로 취득하는 농지로 보아 취득세 등을 경감 받고, 창고시설을 신축함으로써 추징대상이 되었다 하더라도 쟁점 토지상에 창고시설을 신축하여 농산물 보관 및 농기계 보관용 창고 등의 용도로 이용하는 경우라면 농지로 보아야 할 것이다.

| 사례 |

❖ 교통수단 발전으로 20㎞에 밖에 거주하더라도 자경이 충분히 가능함에도 취득세 감면을 배제하는 것이 거주이전 자유 등에 위배되어 위법한 처분에 해당하는지 여부

지방세특례제한법 제6조 제1항은 자경농민을 보호·육성하기 위하여 자경농민의 농지취득에 대하여 취득세를 감경하는 규정을 두면서도, 그런 한편으로 그와 관련한 탈법이나 부재지주의 농지소유 등에 따른 폐단을 억제하는 차원에서 지방세특례제한법 시행령 제3조 제1항은

직접 2년 이상 농업에 종사한 사람이 농지를 취득하는 경우에도 그가 '농지의 소재지로부터 20킬로미터 이내의 지역에 거주'할 것을 그 추가적인 요건으로 규정하고 있는바, 위 규정상의 '20킬로미터'는 단순히 물리적인 거리를 의미함이 법문상 명백하다 할 것이고, 이를 원고가 주장하는 것처럼 속도와 시간을 반영한 거리('거리=속도×시간)로 새길 수 있는 법령상의 그 어떠한 근거도 없다.(하급심-지법)

자경농민의 농지취득에 대하여 일정한 요건이 충족되는 경우에 지방세의 감경이라는 특혜를 부여하는 취지의 규정일 뿐, 이들 규정으로 인하여 원고의 직업의 자유나 거주이전의 자유가 직접 침해된다고 보기 어려울 뿐만 아니라, 취득세 감경과 관련한 탈법이나 부재지주의 농지소유 등에 따른 폐단을 억제하는 차원에서 취득세 감경의 혜택을 받고자 하는 농업인은 누구나 평등하게 그 취득한 농지의 소재지로부터 20킬로미터 이내의 지역에 거주할 것을 요구하는 위 시행령 규정이 평등의 원칙에 위배된다고 보기도 어렵다.

(대법 2013두22840, 2014.2.14.)

❖ **화훼재배를 목적으로 사용하다가 일시적으로 판매시설로 전환하였다가 다시 묘목재배를 한 경우 이를 농지로 볼 수 있는지 여부**

지방세특례제한법 제6조 제1항은 자경농민이 농지 등을 취득한 후 2년 이내에 직접 경작하지 않거나 농지조성을 시작하지 않는 경우 '와 '농지를 2년 이상 경작하지 않은 상태에서 매각·증여 또는 다른 용도로 사용하는 경우 '에 경감된 취득세를 추징하는 것으로 보인다.

그런데 원고는 2년 이상 경작하지 않은 상태에서 이 사건 토지를 다른 용도로 사용한 이상 지방세특례법 제6조 제1항 단서에 따라 원고로부터 경감된 취득세를 추징하여야 할 것이고, 원고가 이 사건 토지를 취득한 지 2년이 되는 시점에 이 사건 토지를 농지로 사용하는지의 여부에 따라 달리 볼 것은 아니라 할 것이다.

(대법 2015두35918, 2015.4.23.)

❖ **농지원부에 등재되고 과수를 식재한 경우 자경농민에 해당되는지**

① 피고는 2015. 4.경 이 사건 각 토지에 관한 현지 확인조사를 실시하였는데, 이 사건 00리 토지는 경작된 흔적이 보이지 않고 이 사건 △△리 토지는 수년째 방치되어 있는 것으로 확인된 점(을 제3호증), ② 2011년 및 2012년 촬영된 항공사진 상으로는 이 사건 각 토지에 매실나무가 식재되어 있기보다 나대지와 비슷한 상태로 보이는 점, ③ 농지원부는 농지를 효율적으로 이용하고 관리하기 위하여 작성되는 행정자료에 불과한 것으로서 농지원부에 등재되었다는 사정만으로는 자경농민으로 단정할 수 없는 점, ④ 원고는 2010년 및 2011년 작성된 영수증과 거래명세표를 제출하였을 뿐, 농작물의 수확내역이나 농약, 비료 구입내역 등 원고가 직접 노동력을 투입하여 경작하였다고 볼 만한 객관적·구체적인 자료는 제출하지 못한 점 등을 종합하여 보면, 원고가 이 사건 각 토지를 취득일로부터 2년 내에 직접 경작하였다고 인정할 수 없다.

(대법 2016두62467, 2017.3.16.)

2. 자경농민의 농업용 시설물 취득

> **취득세 50% 경감**

자경농민이 대통령령으로 정하는 기준에 적합한 시설을 농업용으로 직접 사용하기 위하여 취득하는 양잠 또는 버섯재배용 건축물, 고정식 온실, 축사, 축산폐수 및 분뇨 처리시설, 창고(저온창고·상온창고 및 농기계보관용 창고만 해당한다.) 및 농산물 선별처리시설에 대해서는 취득세의 100분의 50을 2026년 12월 31일까지 경감한다.

이 경우 "대통령령으로 정하는 기준에 적합한 시설"이란 다음 각 호의 요건을 모두 갖춘 농업용 시설을 말한다(영 §3 ④).

① 농업용 시설의 소재지가 도시지역 외의 지역일 것
② 농업용 시설을 취득하는 사람의 주소지가 해당 농업용 시설의 소재지인 시·군·구 또는 그 지역과 잇닿아 있는 시·군·구 지역이거나 그 농업용 시설의 소재지로부터 30킬로미터 이내의 지역일 것. 다만, 법 제6조 제2항 제1호에 따른 고정식 온실과 같은 항 제2호에 따른 시설은 소재지에 관한 제한을 받지 않는다.

그리고 「축산법」 제2조 제1호에 따른 가축을 사육하기 위한 시설 및 그 부속시설로서 대통령령으로 정하는 시설을 감면대상에 추가하였는데 이는 2019년 7월부터 가축에 14종의 곤충이 포함*되는 등 축산업·축사 등의 개념이 달리 운영되고 있으나 현행 규정에 이를 명확하게 규정하고 있지 않아 2021년부터는 농업용 시설 감면대상인 축사의 개념을 재정립하기 위해 축산법 시행령 제3조 제1호에 따른 가축을 사육하기 위한 축사시설로 정의하였다.

이 경우 「축산법」 제2조 제1호에 따른 가축이라 함은 소·말·면양·염소[유산양(乳山羊: 젖을 생산하기 위해 사육하는 염소)을 포함한다. 이하 같다]·돼지·사슴·닭·오리·거위·칠면조·메추리·타조·꿩, 기러기. 노새·당나귀·토끼 및 개, 꿀벌, 그 밖에 사육이 가능하며 농가의 소득증대에 기여할 수 있는 동물로서 농림축산식품부장관이 정하여 고시하는 동물이라고 규정하고 있으며, 농림축산식품부장관이 정하여 고시하는 동물이라함은 짐승(오소리), 관상용 조류(십자매, 금화조, 문조, 호금조, 금정조, 소문조, 남양청홍조, 붉은머리청홍조, 카나리아, 앵무, 비둘기, 금계, 은계, 백한, 공작), 곤충(갈색거저리, 넓적사슴벌레, 누에, 늦반딧불이, 머리뿔가위벌, 방울벌레, 왕귀뚜라미, 왕지네, 여치, 애반딧불이, 장수풍뎅이, 톱사슴벌레, 호박벌, 흰점박이꽃무지), 기타(지렁이)이라고 규정하고 있으며, 축산법 시행령 제3조 제1호에서 정하는 시설은 사육시설, 소독 및 방역 시설, 착유실, 집란실이라고 규정하고 있다.

그런데 이러한 농업용으로 사용하기 위한 부동산이라 하더라도 그 취득일부터 1년이 경과할 때까지 정당한 사유 없이 농업용으로 직접 사용하지 아니하는 경우 또는 그 사용일부터 2년 이상 농업용으로 직접 사용하지 아니하고 매각·증여하거나 다른 용도로 사용하는 경우에는 그 해당 부분에 대하여는 경감된 취득세를 추징한다(법 §178).

이 규정에 의거 취득세를 경감 받을 수 있는 대상은,

① 자경농민이 농업용 시설의 소재지가 도시지역 외의 지역이어야 하고, 농업용 시설을 취득하는 사람의 주소지가 해당 농업용 시설의 소재지인 시·군·구 또는 그 지역과 잇닿아 있는 시·군·구 지역이거나 그 농업용 시설의 소재지로부터 30킬로미터 이내의 지역이어야 하고,
② 축사·고정식 온실 등 이 규정에서 열거한 시설에 대해서만 경감 받을 수 있으며,
③ 이러한 시설물을 취득한 경우 취득일부터 1년이 경과할 때까지 농업용으로 직접 사용하여야만 된다.
④ 그리고 취득일부터 1년 내 농업용으로 사용했다 하더라도 그 사용일 부터 2년 이상 농업용으로 사용해야만 추징대상이 되지 아니한다.

3. 귀농인의 경작농지 취득

취득세 50% 경감

「농업·농촌 및 식품산업 기본법」 제3조 제5호에 따른 농촌 지역으로 이주하는 귀농인(이하 이 항에서 "귀농인"이라 한다.)이 직접 경작할 목적으로 대통령령으로 정하는 귀농일(이하 이 항에서 "귀농일"이라 한다.)부터 3년 이내에 취득하는 농지 및 「농지법」등 관계 법령에 따라 농지를 조성하기 위하여 취득하는 임야에 대해서는 취득세의 100분의 50을 2024년 12월 31일까지 경감한다. 다만, 귀농인이 정당한 사유 없이 다음 각 호의 어느 하나에 해당하는 경우에는 경감된 취득세를 추징하되, 제3호 및 제4호의 경우에는 그 해당 부분에 한정하여 경감된 취득세를 추징한다.

① 귀농일부터 3년 이내에 주민등록 주소지를 취득 농지 및 임야 소재지 특별자치시·특별자치도·시·군·구(구의 경우에는 자치구를 말한다. 이하 같다.), 그 지역과 연접한 시·군·구 또는 농지 및 임야 소재지로부터 30킬로미터 이내의 지역 외의 지역으로 이전하는 경우
② 귀농일부터 3년 이내에 「농업·농촌 및 식품산업 기본법」 제3조 제1호에 따른 농업(이하 이 항에서 "농업"이라 한다.) 외의 산업에 종사하는 경우. 다만, 「농업·농촌 및 식품산업 기본법」 제3조 제8호에 따른 식품산업과 농업을 겸업하는 경우는 제외한다.
③ 농지의 취득일부터 2년 이내에 직접 경작하지 아니하거나 임야의 취득일부터 2년 이내에 농지의 조성을 개시하지 아니하는 경우
④ 직접 경작한 기간이 3년 미만인 상태에서 매각·증여하거나 다른 용도로 사용하는 경우

이 규정 본문에서 "대통령령으로 정하는 바에 따라 「농업·농촌 및 식품산업기본법」 제3조

제5호에 따른 농촌 지역으로 이주하는 귀농인"이란 다음 각 호의 요건을 모두 갖춘 사람을 말한다(영 §3 ⑥ Ⅰ~Ⅲ).

① 농어촌 (「농업·농촌 및 식품산업 기본법」 제3조 제5호에 따른 지역을 말한다. 이하 이 조에서 같다.) 외의 지역에서 제4항에 따른 귀농일을 기준으로 1년 이전부터 「주민등록법」 제16조에 따른 전입신고를 하고 계속하여 실제 거주한 사람일 것
② 제4항에 따른 귀농일 전까지 계속하여 1년 이상 「농업·농촌 및 식품산업기본법」 제3조 제1호에 따른 농업에 종사하지 않은 사람일 것
③ 농촌에 「주민등록법」에 따른 전입신고를 하고 실제 거주하는 사람일 것

그리고 이 규정 본문에서 "대통령령으로 정하는 귀농일"이란 제3항에 따른 귀농인이 새로 이주한 농촌으로 전입신고를 하고 거주를 시작한 날을 말한다(영 §3 ⑦).

〈자경농민 및 자영어민 확인을 위하여 제출하는 서류 고시〉

행정안전부 고시 제2017-27호(2018.1.2.)

「지방세특례제한법」 제2조의2 제3항 및 제6항에 따라 자경농민 및 자영어민에 대한 지방세 감면대상 확인을 위하여 지방자치단체의 장에게 제출하는 서류를 다음과 같이 고시합니다.

2018년 1월 2일
행정안전부장관

제1조(목적) 이 고시는 「지방세특례제한법」 제6조 및 제9조, 같은 법 시행령 제3조 및 제5조, 같은 법 시행규칙 제2조의 2 제3항 및 제6항의 규정에 따라 자경농민이 농지 및 임야 등을 취득하는 경우와 자영어민이 양어장 토지 및 건축물(수조)을 취득하는 경우 제출서류에 관한 사항을 규정함을 목적으로 한다.

제2조(정의) 이 고시에서 사용하는 용어의 정의는 다음과 같다.
  1. "자경농민"이란 취득일 현재 「지방세특례제한법」 제6조 제1항의 자경농민을 말한다.
  2. "자영어민"이란 취득일 현재 「지방세특례제한법」 제9조 제1항에 따른 어업을 주업으로 하는 사람 중 대통령령으로 정하는 사람 또는 「농어업경영체 육성 및 지원에 관한 법률」 제10조에 따른 후계어업경영인을 말한다.
  3. "2년이상 영농에 종사한 사람"이란 취득일을 기준으로 2년 전부터 계속하여 영농에 종사한 사람을 말한다.
  4. "본인"이란 「지방세특례제한법」 제6조 제1항에 따른 농지 및 임야를 취득하여 감면을 받으려는 사람을 말한다.
  5. "소득금액증명"이란 「국세청민원사무처리규정(국세청훈령 제2079호, 2014.12.23.)」제15호 서식에 따라 세무서장이 발급하는 서류를 말한다.

6. "근로소득 원천징수영수증"이란 근로소득을 지급하는 원천징수의무자가 「소득세법」 제143조 및 같은 법 시행규칙 별지 제24호 서식에 따라 근로자에게 발급하는 서류를 말한다.
7. "사실증명"이란 「국세청민원사무처리규정(국세청훈령 제2079호, 2014.12.23.)」제18호 서식에 따라 세무서장이 발급하는 서류를 말한다.
8. "농업경영체등록확인서"란 「농어업경영체 육성 및 지원에 관한 법률」 제4조 및 같은 법 시행규칙 제3조 및 제4조에 따라 농업경영 정보가 등록된 서류를 말한다.
9. "어업경영체등록확인서"란 「농어업경영체 육성 및 지원에 관한 법률」 제4조 및 같은 법 시행규칙 제3조의 2 및 제4조의 2에 따라 어업경영 정보가 등록된 서류를 말한다.

제3조(종합소득금액의 확인을 위해 제출하는 서류) ① 감면신청인이 제출하는 〈별지1〉 소득금액증명 및 〈별지2〉 서류의 근로소득원천징수영수증을 지방자치단체의 장에게 제출하는 경우 그 소득금액을 확인하는 증명하는 방법은 다음 각 호와 같다.
1. 〈별지1〉에 따른 소득금액증명
  가. 서식 구분란의 "근로소득자용"으로 발급된 경우 : 감면신청인이 근로소득만 있다고 제출한 경우로 본다.
  나. 서식 구분란의 "종합소득세 신고자용"으로 발급된 경우 : 감면신청인이 사업소득(사업소득 이외 종합소득이 있는 경우를 포함한다.)만 있거나 근로소득 이외 종합소득이 있다고 제출한 경우로 본다.
  다. 서식 구분란의 "연말정산한 사업소득자용"으로 발급된 경우 : 감면신청인이 정해진 월급이 아닌 실적에 따라 급여·수당 등을 받는 보험설계사 등의 사업소득만 있다고 제출한 경우로 본다.
2. 〈별지2〉에 따른 근로소득 원천징수영수증
  감면신청인이 근로소득만이 있다고 제출한 경우로 본다.
② 제4조에 따른 귀속년도의 소득금액을 소득금액증명으로 확인할 수 없는 경우에는 종합소득(근로소득·사업소득 및 기타소득)을 신고한 사실 또는 소득금액이 없음을 세무관서장이 증명하는 〈별지3〉 서류에 따른 사실증명으로 확인한다.

제4조(감면신청인이 제출하는 서류의 확인) ① 지방자치단체의 장은 「지방세특례제한법 시행규칙」제2조의 2 제3항 및 제5항에 따라 감면신청인으로부터 감면신청서와 증빙서류(별지 1·2·3·4·5호)를 제출받는 경우에는 다음 각 호의 구분에 따라 감면신청을 하였는지를 확인하여야 한다.
1. 본인이 제2조 제1호에 따른 자경농민에 해당하는 경우 : 농지 취득자 본인의 종합소득금액을 확인하는 서류를 제출하였는지의 여부
2. 본인이 제2조 제1호에 따른 자경농민에 해당되지 않는 경우 : 농지 취득자 본인의 배우자가 종합소득 금액을 확인하는 서류를 제출하였는지의 여부
3. 취득자가 제2조 제2호에 따른 자영어민에 해당하는 경우 : 취득자의 종합소득 금액을 확인하는 서류를 제출하였는지의 여부

4. 취득자가 제2조 제2호에 따른 자영어민에 해당되지 않는 경우 : 취득자의 배우자가 종합소득 금액을 확인하는 서류를 제출하였는지의 여부

② 제1항에 따른 감면신청인이 종합소득금액을 제출하는 경우 제2조 제3호에 따른 2년이상 영농에 종사한 사람에 해당되는지의 여부를 별도로 확인한다.

③ 감면신청인이 후계농업경영인 및 후계어업경영인인 경우에는 별도로 종합소득 금액을 확인하는 서류를 제출 대상에서 제외한다.

제5조(소득금액의 사후 확인) 감면신청인이 제출하는 소득금액 사항에 대해 지방자치단체의 장은 이후에 관계기관의 장이 제공하는 소득 관련 자료와 사실여부 등을 사후에 확인한다.

제6조(영농 및 영어 종사여부 확인 서류) 감면신청인이 2년 이상 영농에 종사하였는 지의 여부를 확인하기 위해 제출하는 서류는 〈별지4〉에 따른 농업경영체등록확인서로 하고, 직접 어업에 종사하거나 어업을 전업으로 하는 지의 여부를 확인하기 위해 제출하는 서류는 〈별지5〉에 따른 어업경영체등록확인서로 한다. 다만, 농업경영체등록확인서가 없는 경우에는 농지원부, 농산물 거래내역, 농약 및 퇴비 거래내역 등의 입증서류를 제출받아 확인하고 어업경영체등록확인서가 없는 경우에는 어선원부, 수산물 거래내역, 양어사료 거래내역 등의 입증서류를 제출받아 확인한다.

제7조(재검토기한) 이 고시에 대하여 2018년 1월 1일 기준으로 매 3년이 되는 시점(매 3년째의 12월 31일까지를 말한다.)까지 그 타당성을 검토하여 개선 등의 조치를 한다.

부　칙
제1조 (시행일) 이 고시는 2018년 1월 1일부터 시행한다.

제7조　농기계류 등에 대한 감면

① 농업용(영농을 위한 농산물 등의 운반에 사용하는 경우를 포함한다.)에 직접 사용하기 위한 자동경운기 등 농업기계화 촉진법에 따른 농업기계에 대해서는 취득세를 2026년 12월 31일까지 면제한다(법 §7 ①).

② 농업용수의 공급을 위한 관정시설(管井施設)에 대해서는 취득세 및 재산세를 각각 2026년 12월 31일까지 면제한다(법 §7 ②).

1. 농업용 기계류의 취득

취득세 면제

농업용에 사용하기 위한 자동경운기 등 농기계(영농을 위한 농산물 등의 운반에 사용하는 것 포함)에 대해서는 취득세를 2026년 12월 31일까지 면제한다.

이 경우 농업기계란 농업기계화 촉진법에 따른 농업기계로서 농림수산물의 생산 및 생산 후 처리작업과 생산시설의 환경제어 및 자동화 등에 사용되는 기계·설비 및 그 부속 기자재 등을 말한다(농업기계화 촉진법 §2 Ⅰ).

▲ 사례 ▮

❖ 농업기계화촉진법 제2조에서 농업기계라 함은 농림·축산물의 생산 및 생산 후 처리작업과 생산시설의 환경제어 및 자동화 등에 사용되는 기계·설비 및 그 부속자재를 말한다고 정의하고 있으므로, 비록 농업회사법인이 항공방제용 이외의 목적으로 사용이 불가한 항공기를 취득하여 농업용으로 사용한다 하더라도 항공기는 농기계에 해당하지 아니하므로 지방세법 제262조 제1항의 농기계류 등에 대한 취득세 면제대상에 해당하지 아니함

(행안부 지방세운영과-3946, 2010.8.30.)

2. 농업용 관정시설

취득세, 재산세 면제

농업용수의 공급을 위한 관정시설(管井施設)에 대해서는 취득세 및 재산세를 각각 2026년 12월 31일까지 면제한다. 이 규정은 지하수를 채수하여 농업용수로 사용하기 위해 관정을 설치한 경우에는 취득세와 재산세를 면제하겠다는 것이므로 채수된 농업용수 이외의 공업용수, 생활용수로 활용하기 위해서 설치되는 관정에 대해서는 이 규정이 적용되지 아니함에 유의해야 한다.

▲ 사례 ▮

❖ 취득세가 비과세되는 농기계류라 함은 그 사용목적이 주로 농업에 직접 사용하기 위하여 제작된 것을 의미하므로 농기계 원형대로 농업용에만 사용되고 있는 경우에는 영업용 사용여부에 불문하고 농기계류는 비과세 됨

(구 내무부 세정22670-13042, 1988.12.2.)

❖ 농업용에 직접 사용하기 위한 자동경운기 등 농기계류에 대해서는 취득세 및 자동차세가 비과세 되는 것이나, 비록 농산물을 운반한다 하더라도 화물자동차를 취득·등록한 경우에는 취득세와 자동차세가 과세됨

(구 내무부 세정22670- 8100, 1988.7.26.)

제8조 농지확대개발을 위한 면제 등

① 농어촌정비법에 따른 농업생산기반 개량사업의 시행으로 인하여 취득하는 농지 및 같은 법에 따른 농지확대 개발사업의 시행으로 인하여 취득하는 개간농지에 대해서는 취득세를 2025년 12월 31일까지 면제한다. 다만, 「한국농어촌공사 및 농지관리기금법」에 따라 설립된 한국농어촌공사(이하 이 조 및 제13조에서 "한국농어촌공사"라 한다.)가 취득하는 경우에는 취득세를 면제하지 아니한다(법 §8 ①).

② 농어촌정비법이나 한국농어촌공사 및 농지관리기금법에 따라 교환·분합하는 농지, 농업진흥지역에서 교환·분합하는 농지에 대해서는 취득세를 2025년 12월 31일까지 면제한다. 다만, 한국농어촌공사가 교환·분합하는 경우에는 취득세를 면제하지 아니한다(법 §8 ②).

③ 대통령령으로 정하는 바에 따라 임업을 주업으로 하는 사람 또는 임업후계자가 직접 임업을 하기 위하여 교환·분합하는 임야의 취득에 대해서는 취득세를 2025년 12월31일 까지 면제하며, 임업을 주업으로 하는 사람 또는 임업후계자가 산지관리법에 따라 지정된 보전산지를 취득(99만제곱미터 이내의 면적을 취득하는 경우로 한정하되, 보전산지를 추가적으로 취득하는 경우에는 기존에 소유하고 있는 보전산지의 면적과 합산하여 99만제곱미터를 초과하지 아니하는 분에 한정한다.)를 취득하는 경우에는 취득세의 100분의 50을 2025년 12월 31일까지 경감한다(법 §8 ③).

이 경우 "대통령령으로 정하는 바에 따라 임업을 주업으로 하는 사람 또는 임업후계자" 란 임업 및 산촌 진흥촉진에 관한 법률 제2조 제5호에 따른 독림가 또는 같은 조 제4호에 따른 임업후계자를 말한다(영 §4).

④ 공유수면 관리 및 매립에 관한 법률에 따른 공유수면의 매립 또는 간척으로 인하여 취득하는 농지에 대한 취득세는 2021년 12월 31일까지 지방세법 제11조 제1항 제3호의 세율에도 불구하고 1천분의 8을 적용하여 과세한다. 다만, 취득일부터 2년 이내에 다른 용도에 사용하는 경우 그 해당 부분에 대하여는 경감된 취득세를 추징한다(법 §8 ④). (감면종료)

1. 개간 등에 따라 취득한 농지

취득세 면제

농어촌정비법에 따른 농업생산기반 개량사업의 시행으로 인하여 취득하는 농지 및 같은 법에 따른 농지확대 개발사업의 시행으로 인하여 취득하는 개간농지에 대해서는 2025년 12

월 31일까지 취득세를 면제한다. 다만, 「한국농어촌공사 및 농지관리기금법」에 따라 설립된 한국농어촌공사가 취득하는 경우에는 취득세를 면제하지 아니한다.

여기에서 농업생산기반 개량사업이라 함은 경지 정리·배수 개선·농업생산기반시설의 개보수 및 준설 등을 말하며, 또한 개간이라 함은 임야, 황무지, 초생지, 소택지, 폐염, 하천, 공유수면매립법에 의하여 방조제가 수축된 간척지 등 법적 지목 여하에 불구하고 미간지를 농지로 조성하고 그 부대시설을 설치 또는 변경하는 행위를 말하며, 농지라 함은 공부상 지목 여하에 불구하고 실제의 토지 현황이 농작물의 경작 또는 다년생 식물 재배지로 이용되는 토지와 관개·배수 시설·농업용 도로 기타 농지의 보전이나 이용에 필요한 시설을 말한다.

> **사례**
>
> ❖ '교환'은 당사자 쌍방이 재산권을 상호 이전하는 것을 약정함으로써 효력이 발생하는 것(「민법」 제596조)으로 그 의미가 매각과 다르지 않다 할 것이라고 해석함이 상당하므로, 임업후계자가 감면받은 소유 임야를 유예기간 이내 산림청과 교환한 경우, 취득세 감면받은 임야를 유예기간 이내에 '교환'을 통해 당해 부동산의 소유권을 이전한 것이므로 추징대상으로 보는 것이 타당함
>
> (행자부 지방세특례제도과-2916, 2016.10.10.)

2. 교환·분합에 따른 농지의 취득

취득세 면제

농어촌정비법이나 한국농어촌공사 및 농지관리기금법에 따라 교환·분합하는 농지, 농업진흥지역에서 교환·분합하는 농지에 대하여는 2025년 12월 31까지 취득세를 면제한다.

여기에서 농어촌정비법에 의한 교환·분합하는 농지라 함은 농어촌정비법에 의하여 시장·군수 또는 한국농촌공사는 농지 소유자 2명 이상의 신청이 있거나 신청이 없더라도 토지 소유자가 동의를 하는 경우에는 농지에 관한 권리, 그 농지의 이용에 필요한 토지에 관한 권리 및 농업생산기반시설에 관한 권리를 시·도지사의 인가를 얻어 교환·분합할 수 있는데, 이 경우 교환·분합으로 인하여 취득하는 농지에 대해서는 2025년 12월 31일까지 취득세가 면제된다.

한국농촌공사 및 농지관리기금법에 의하여 교환·분합하는 농지라 함은 한국농촌공사가 영농의 능률화를 촉진하기 위하여 농지의 교환·분리·합병을 시행하거나 알선하고, 필요한 기술과 자금을 지원하는 경우로서 농어촌정비법의 규정을 준용하여 교환·분합된 농지는 면제대상이다. 그리고 농업진흥지역에서 교환·분합하는 농지도 면제대상인데 농업진흥지역의 지정은 농지법 제4장 제1절(§28~§33)에서 농지를 효율적으로 이용·보전함으로써 농업의 생산성

의 향상을 도모하기 위하여 농업진흥지역으로서 그 용도구역을 농업진흥구역과 농업보호구역으로 구분하여 지정하는데 이 구역 내에서 교환·분합하는 농지는 면제대상이다.

3. 임업을 주업으로 하는 사람 등의 임야 취득

취득세 면제

임업을 주업으로 하는 사람 또는 임업후계자가 직접 임업을 하기 위하여 교환·분합하는 임야의 취득에 대해서는 취득세를 2025년 12월31일 까지 면제한다.

이 경우 "임업을 주업으로 하는 사람"이란 「임업 및 산촌 진흥촉진에 관한 법률」 제2조 제5호에 따른 독림가(篤林家) 또는 같은 조 제4호에 따른 임업후계자를 말한다(영 §4).

여기에서 임업을 주업으로 하는 사람 중 "독림가"란 개인독림가와 법인독림가로 나눌 수 있다.

① 개인독림가(個人篤林家)
   (가) 모범독림가 : 300헥타르 이상의 산림(분수림(分收林) 및 조림(造林)의 목적으로 대부받은 국유림을 포함한다. 이하 이 조에서 같다)을 산림경영계획에 따라 모범적으로 경영하고 있는 자 또는 조림 실적이 100헥타르 이상이고 산림경영계획에 따라 산림을 모범적으로 경영하고 있는 자
   (나) 우수독림가 : 100헥타르 이상의 산림을 산림경영계획에 따라 모범적으로 경영하고 있는 자 또는 조림 실적이 50헥타르 이상(유실수(有實樹)는 20헥타르 이상)이고 산림경영계획에 따라 산림을 모범적으로 경영하고 있는 자
   (다) 자영독림가: 10헥타르 이상의 산림을 산림경영계획에 따라 모범적으로 경영하고 있는 자 또는 유실수를 5헥타르 이상 조림하여 산림을 산림경영계획에 따라 모범적으로 경영하고 있는 자
② 법인독림가는 300헥타르 이상의 산림을 산림경영계획에 따라 모범적으로 경영하고 있는 법인 또는 조림 실적이 100헥타르 이상이고 산림경영계획에 따라 산림을 모범적으로 경영하고 있는 법인(임업 및 산촌 진흥촉진에 관한 법률 시행령 §③)을 말하고, "임업후계자"란 55세 미만의 자로서 임업을 경영하거나 경영하려는 자 중, ① 개인독림가의 자녀, ② 3헥타르 이상의 산림을 소유(직계존·비속, 배우자, 형제자매 명의로 소유하는 것을 포함한다.)하고 있는 자, ③ 10헥타르 이상의 국유림 또는 공유림을 대부받거나 분수림을 설정받은 자, ④ 산림청장이 고시하는 일정기준 이상의 산림용 종자, 산림용 묘목(조경수를 포함한다.), 버섯, 분재, 야생화, 산채, 그 밖의 임산물을 생산하거나 생산하려는 자를 말한다(임업 및 산촌 진흥촉진에 관한 법률 시행규칙 §③).

취득세 50% 경감

임업을 주업으로 하는 사람 또는 임업후계자가 산지관리법에 따라 지정된 보전산지를 취득(99만제곱미터 이내의 면적을 취득하는 경우로 한정하되, 보전산지를 추가적으로 취득하는 경우에는 기존에 소유하고 있는 보전산지의 면적과 합산하여 99만제곱미터를 초과하지 아니하는 분에 한정한다.)하는 경우에는 취득세의 100분의 50을 2025년 12월 31일까지 경감한다.

이 경우 보전산지라 함은 산지관리법 제4조 제1항 제1호의 규정에 의한 산지를 말한다.9)

이 경우 자경농민의 경우는 감면 대상 농지 범위를 기존 소유지와 새로 취득하는 농지 면적 [감면대상 : 논, 밭, 과수원 3만㎡(농업진흥지역 20만㎡), 목장용지 25만㎡, 임야 30만㎡] 을 합산한 것으로 명확히 규정하고 있지만 보전산지 취득에 대해서는 면적 제한 규정만을 두고 있어 감면 범위가 신규·기존 산지면적을 합산한 것인지, 취득 시 마다 제한 범위(99만㎡)에 대해 감면 받을 것인지에 대해 해석 불분명 하여 2018년부터는 자경농민의 경우와 같이 보전산지 취득시 감면 대상 범위를 신규 및 기존 임야를 합산하여 99만㎡ 이내가 되도록 명확히 하고 초과되는 부분에 대해서는 감면에서 제외하도록 함.

---

9) 산지관리법 제4조
　　제4조【산지의 구분】① 산지의 합리적으로 보전하고 이용하기 위하여 전국의 산지를 다음 각 호와 같이 구분한다.
　　1. 보전산지
　　　가. 임업용산지 : 산림자원의 조성과 임업경영기반의 구축 등 임업생산 기능의 증진을 위하여 필요한 산지로서 다음의 산지를 대상으로 산림청장이 지정하는 산지
　　　　(1) 「산림자원의 조성 및 관리에 관한 법률」에 따른 채종림(採種林) 및 시험림의 산지
　　　　(2) 「국유림의 경영 및 관리에 관한 법률」에 따른 요존국유림(要存國有林)의 산지
　　　　(3) 「임업 및 산촌 진흥촉진에 관한 법률」에 따른 임업진흥권역의 산지
　　　　(4) 그 밖에 임업생산 기능의 증진을 위하여 필요한 산지로서 대통령령으로 정하는 산지
　　　나. 공익용산지 : 임업생산과 함께 재해 방지·수원 보호·자연생태계 보전·자연경관 보전·국민보건 휴양 증진 등의 공익 기능을 위하여 필요한 산지로서 다음의 산지를 대상으로 산림청장이 지정하는 산지
　　　　(1) 「산림문화·휴양에 관한 법률」에 따른 자연휴양림의 산지
　　　　(2) 사찰림의 산지
　　　　(3) 제9조에 따른 산지전용·일시사용 제한지역
　　　　(4) 「야생 동·식물보호법」제27조에 따른 야생 동·식물특별보호구역 및 같은 법 제33조에 따른 시·도 야생 동·식물보호구역 및 야생 동·식물보호구역의 산지
　　　　(5) 「자연공원법」에 따른 공원구역의 산지
　　　　(6) 「문화재보호법」에 따른 문화재보호구역의 산지
　　　　(7) 「수도법」에 따른 상수원보호구역의 산지
　　　　(8) 「개발제한구역의 지정 및 관리에 관한 특별조치법」에 따른 개발제한구역의 산지
　　　　(9) 「국토의 계획 및 이용에 관한 법률」에 따른 녹지지역 중 대통령령으로 정하는 녹지지역의 산지
　　　　(10) 「자연환경보전법」에 따른 생태·경관보전지역의 산지
　　　　(11) 「습지보전법」에 따른 습지보호지역의 산지
　　　　(12) 「독도 등 도시지역의 생태계보전에 관한 특별법」에 따른 특정도서의 산지
　　　　(13) 「백두대간 보호에 관한 법률」에 따른 백두대간보호지역의 산지
　　　　(14) 산림보호법에 따른 산림보호구역의 산지
　　　　(15) 그 밖에 공익 기능을 증진하기 위하여 필요한 산지로서 대통령령으로 정하는 산지
　　2. 준보전산지 : 보전산지 이외의 산지

제9조   자영어민 등에 대한 감면

① 어업(양식업을 포함한다. 이하 같다.)을 주업으로 하는 사람 중 대통령령으로 정하는 사람 또는 「후계농어업인 및 청년농어업인 육성·지원에 관한 법률」 제8조에 따른 후계어업경영인 및 청년창업형 후계어업경영인이 대통령령으로 정하는 기준에 따라 직접 어업을 하기 위하여 취득하는 어업권·양식업권, 어선(제2항의 어선은 제외한다.), 다음 각 호의 어느 하나에 해당하는 어업용으로 사용하기 위하여 취득하는 토지(「공간정보의 구축 및 관리 등에 관한 법률」 제67조에 따라 공부상 지목이 양어장인 토지를 말한다.) 및 대통령령으로 정하는 건축물에 대해서는 취득세의 100분의 50을 2026년 12월 31일까지 경감한다(법 §9 ① Ⅰ~Ⅲ).

1. 「양식산업발전법」 제43조제1항제1호에 따른 육상양식어업
2. 「내수면어업법」 제11조 제2항에 따른 육상양식어업
3. 「수산종자산업육성법」에 따른 육상 수조식(水槽式) 수산종자생산업 및 육상 축제식(築堤式) 수산종자생산업

  이 경우 2021년 5월 20일부터는 "「농어업경영체 육성 및 지원에 관한 법률」 제10조에 따른 후계어업경영인"을 "「후계농어업인 및 청년농어업인 육성·지원에 관한 법률」 제8조에 따른 후계어업경영인 및 청년창업형 후계어업경영인"으로 한다.
  또한 이 규정에서 「수산업법」 제41조 제3항 제2호에 따른 육상해수양식어업이란 인공적으로 조성한 육상의 해수면에서 수산동식물을 양식하는 어업을 말하며, 「내수면어업법」 제11조 제2항에 따른 육상양식어업이란 육상에서 일정한 시설을 설치하여 수산동식물을 양식하는 어업(내수면어업법 §9 ① Ⅴ)을 말하며, "내수면"이란 하천, 댐, 호수, 늪, 저수지와 그 밖에 인공적으로 조성된 담수를 말하며, "내수면어업"이란 내수면에서 수산동식물을 포획·채취하거나 양식하는 사업을 말하고, 「수산종자산업육성법」에 따른 "수산종자생산업"이란 바다, 바닷가, 내수면, 인공적으로 해수, 담수 또는 기수(바닷물과 민물이 섞인 물)로 조성한 육상의 수면에서 시설물을 설치하여 수산종자를 생산·판매하거나 생산한 수산종자를 일정 기간 동안 중간 육성하여 수산종자로 판매하는 사업을 말한다.
  여기에서 육상수조식(水槽式) 수산종자생산업이란 육상에서 수조 등의 시설물을 설치하여 수산종자를 생산·판매(생산한 수산종자를 일정기간 동안 중간 육성하여 수산종자로 판매하는 경우를 포함한다. 이하 이 조에서 같다.)하는 사업을 말하며, 육상축제식(築堤式) 수산종자 생산업: 육상에서 제방 등의 시설물을 설치하여 수산종자를 생산·판매하는 사업을 말한다.
  이 규정에서 "어업을 주업으로 하는 사람" 중 "대통령령으로 정하는 사람"이란 다음 각 호의 사람을 말한다(영 §5 ① Ⅰ·Ⅱ).

㉮ 어업권·양식어업권 또는 어선을 취득하여 그 취득세를 경감받으려는 사람으로서 어선 선적지(船籍地) 및 어장·양식장에 잇닿아 있는 연안이 속하는 특별자치시·특별자치도·시·군·구(자치구가 아닌 구를 포함한다. 이하 이 조에서 같다.) 지역(그 지역과 잇닿아 있는 다른 시·군·구 지역을 포함한다. 이하 이 조에서 같다.)에 거주하며 어선 또는 어장을 소유하는 사람과 그 배우자(동일한 세대별 주민등록표에 기재되어 있는 경우로 한정한다. 이하 이 조에서 같다.) 중에서 1명 이상이 직접 어업(양식업을 포함한다. 이하 같다.)에 종사하는 사람

㉯ 지목이 양어장인 토지 또는 제3항에 따른 수조를 취득하여 그 취득세를 경감받으려는 사람으로서 해당 토지 또는 수조가 소재한 특별자치시·특별자치도·시·군·구 지역에 거주하면서 지목이 양어장인 토지를 소유하거나 임차한 사람과 그 배우자 중에서 1명 이상이 직접 법 제9조 제1항 각 호에 따른 어업을 전업으로 하는 사람. 다만, 직전 연도 어업 외의 종합소득금액(「소득세법」 제4조 제1항 제1호에 따른 종합소득에서 어업에서 발생하는 소득, 같은 법 제45조 제2항 각 호의 어느 하나에 해당하는 사업에서 발생하는 부동산임대소득 및 같은 법 시행령 제9조에 따른 농가부업소득을 제외한 금액을 말한다.)이 「조세특례제한법 시행령」 제64조 제11항에 따른 금액 이상인 사람은 제외한다.

그리고 영 제5조 제4항에 따른 직전연도 어업 외의 종합소득금액은 규칙 제2조의 2 제1항 각 호의 금액을 합산한 것으로 하고, 직전 연도 어업 외의 종합소득금액 산정은 다음 각 호의 구분에 따른 연도의 소득금액을 기준으로 한다(규칙 §2의 2 ④·⑤).

1. 「소득세법」 제70조에 따른 종합소득 과세표준이 확정된 경우: 법 제9조 제1항에 따른 양어장인 토지 및 영 제5조 제3항에 따른 수조의 취득일이 속하는 연도의 직전 연도
2. 「소득세법」 제70조에 따른 종합소득 과세표준이 확정되지 아니한 경우: 법 제9조 제1항에 따른 양어장인 토지 및 영 제5조 제3항에 따른 수조의 취득일이 속하는 연도의 전전 연도

또한 "대통령령으로 정하는 기준"이란 다음 각 호의 요건을 갖춘 경우를 말한다.

㉮ 어업권·양식어업권 또는 어선을 취득하는 사람의 주소지가 어선 선적지 및 어장·양식장에 잇닿아 있는 연안이 속하는 특별자치시·특별자치도·시·군·구 지역일 것

㉯ 지목이 양어장인 토지 또는 제3항에 따른 수조를 취득하는 사람의 주소지가 해당 토지 또는 수조가 소재한 특별자치시·특별자치도·시·군·구 지역일 것

㉰ 어업권·양식어업권은 새로 취득하는 어장·양식장과 소유 어장·양식장의 면적을 합하여 10헥타르 이내, 어선은 새로 취득하는 어선과 소유 어선의 규모를 합하여 30톤 이내, 지목이 양어장인 토지는 새로 취득하는 지목이 양어장인 토지와 기

존에 소유하고 있던 지목이 양어장인 토지의 면적을 합하여 1만 제곱미터 이내일 것. 이 경우 초과부분이 있을 때에는 그 초과부분만을 경감대상에서 제외한다(영 §5 ②).

그리고 법 제9조 제1항에서 "대통령령으로 정하는 건축물"이란 「지방세법 시행령」 제5조 제1항 제2호에 따른 수조를 말한다(영 §5 ③).

② 20톤 미만의 소형어선에 대해서는 취득세와 재산세 및 지방세법 제146조 제3항에 따른 지역자원시설세를 2025년 12월 31일까지 면제한다(법 §9 ②).

③ 출원에 의하여 취득하는 어업권·양식업권에 대해서는 취득세를 어업권·양식업권에 관한 면허 중 설정을 제외한 등록에 해당하는 면허로 새로 면허를 받거나 그 면허를 변경하는 경우에는 면허에 대한 등록면허세를 2025년 12월 31일까지 각각 면제한다(법 §9 ③).

제10조 농어업인 등에 대한 융자관련 감면 등

① 다음 각 호의 조합 및 그 중앙회 등이 「농어업경영체 육성 및 지원에 관한 법률」 제4조제1항에 따라 농어업경영정보를 등록한 농어업인[영농조합법인, 영어조합법인(營漁組合法人) 및 농업회사법인을 포함한다. 이하 이 조에서 같다.]에게 융자 할 때에 제공받는 담보물에 관한 등기(20톤 미만 소형어선에 대한 담보물 등록을 포함한다.)에 대해서는 등록면허세의 100분의 50을 2025년 12월 31일까지 경감한다. 다만, 중앙회, 농협은행 및 수협은행에 대해서는 영농자금·영어자금·영림자금(營林資金) 또는 축산자금을 융자하는 경우로 한정한다(법 §10 ① Ⅰ~Ⅴ).
1. 「농업협동조합법」에 따라 설립된 조합 및 농협은행
2. 「수산업협동조합법」에 따라 설립된 조합(어촌계를 포함한다.) 및 수협은행
3. 「산림조합법」에 따라 설립된 산림조합 및 그 중앙회
4. 「신용협동조합법」에 따라 설립된 신용협동조합 및 그 중앙회
5. 「새마을금고법」에 따라 설립된 새마을금고 및 그 중앙회

② 농어업인이 영농·영림·가축사육·양식·어획 등에 직접 사용하는 사업소에 대해서는 주민세 사업소분(「지방세법」 제81조 제1항 제2호에 따라 부과되는 세액으로 한정한다.) 및 종업원분을 2024년 12월 31일까지 면제한다(법 §10 ②).

1. 농업협동조합 등의 융자 시 담보물 등기 및 담보물 등록

등록면허세 경감

농업협동조합법에 따라 설립된 조합 및 농협은행·수산업협동조합법에 따라 설립된 조합(어촌계를 포함한다.) 및 수협은행·산림조합법에 따라 설립된 산림조합 및 그 중앙회·신용협동조합 및 그 중앙회·새마을금고 및 그 중앙회가 「농어업경영체 육성 및 지원에 관한 법률」제4조제1항에 따라 농어업경영정보를 등록한 농어업인(영농조합법인, 영어조합법인 및 농업회사법인을 포함한다.)에게 융자할 때에 제공받는 담보물에 관한 등기(20톤 미만 소형어선에 대한 담보물 등록을 포함한다.)에 대해서는 등록면허세의 100분의 50을 2025년 12월 31일까지 경감한다. 다만, 이들 조합 등의 중앙회, 농협은행 및 수협은행에 대해서는 영농자금·영어자금·영림자금 또는 축산자금을 융자하는 경우로 한정한다.

영농자금 융자 시 담보물 등기는 농·어민에게 저당권 설정비용을 전가하는 관행에 따라, 농·어민 지원을 위해 도입되었으나, 전국은행연합회에서 공정거래위원회의 표준약관(대출거래 시 등록면허세를 은행이 부담)에 대해 전국은행연합회에서 소송을 제기하였으나 패소하여 농어민에게 전가하는 관행이 근절됨에 따라 해당 금융기관에 대한 감면을 2018년부터는 등록면허세 100분의 75에서 100분의 50으로 축소하였다.

그리고 「농어업경영체 육성 및 지원에 관한 법률」§4①에 따라 농어업경영정보 등록을 하여야 농어업·농어촌에 관련된 융자·보조금 등 지원이 가능한 농어업 관련법에 따른 요건을 충족하는 실제 농어업인에게 융자시 제공받는 담보물 등기에 한해 감면 적용토록 개선한것이며, 타 업종 영위 등을 목적으로 대출받는 경우에도 농지원부 등에 등재되었다는 사유만으로 감면받는 등의 악용을 방지하고자 영농조합법인, 영어조합법인 및 농업회사법인의 경우에도 농어업경영정보를 등록한 경우에 한하여 감면이 적용된다.

또한 법문상 감면 대상을 '담보물에 관한 등기'로 규정하므로, 「선박법」에 따른 등록 대상인 20톤 미만 소형 어선은 감면 대상에서 제외되는 문제가 있어 2019년부터는 20톤 미만 소형어선을 담보로 제공하는 경우에도 등기대상인 20톤 이상 어선과 같이 등록면허세를 감면하도록 규정하였다.

통칙

❖ **특법10-1 【농어업인 융자관련감면】**
농업협동조합이 농민에게 융자할 때 제공받는 담보물등기에는 지상권설정등기를 포함한다.

그런데 농협 등의 조합과 새마을금고가 농어업인에게 융자할 때는 그 자금의 용도에 제한이 없이 그 담보물에 대한 등록면허세가 면제되나, 농협은행은 영농자금, 축산자금, 수산업협동조합 및 수협은행은 영어자금, 산림조합중앙회는 영림자금을 융자할 때 제공받는 담보물에 한하여 등록면허세가 면제됨에 유의해야 한다.

> **사례**
>
> ❖ 어업에 직접 종사하는 자, 후계어업경영인, 어업계열 학교 이수자 등이 어업활동에 직접 사용하기 위해 취득하는 어업권 및 어선에 대한 세제지원을 통하여 어업의 육성 및 어민의 안정적인 어업활동을 지원하기 위함
>
> (행안부 지방세운영과-1014, 2011.3.4.)

2. 농어업인이 영농·어획 등에 직접 사용하는 주민세에 대한 면제

주민세 사업소분 및 종업원분 면제

농어업인이 영농·영림·가축사육·양식·어획 등에 직접 사용하는 사업소에 대해서는 주민세 사업소분(「지방세법」 제81조 제1항 제2호에 따라 부과되는 세액으로 한정한다.) 및 종업원분을 2024년 12월 31일까지 면제한다.

여기에서 영농이라 함은 농지에서 농작물을 재배하는 것만을 지칭하는 것이 아니라 영농을 위한 기획, 인력의 관리, 수확한 생산물의 저장까지를 포함하는 것으로 보아야 할 것이므로 농장의 구내에 설치된 창고와 사무실은 이를 영농에 직접 제공되는 것으로 보아야 하나 원거리에 위치한 도시지역에 설치한 창고나 사무실인 경우의 창고는 생산된 농산물을 저장용 건축물로도 볼 수 있으나 다른 면에서 보면 농산물의 단순한 저장보다는 이를 판매하거나 기타의 목적에 공하기 위하여 보관하고 있다고도 볼 수 있으며, 사무실은 비록 영농에 관한 기획 등의 업무는 이 사무실에서 수행된다고 할 수 있으나 영농에 소요되는 인부관리 등은 직접 수행할 수 없는 것이므로 원거리의 도시지역에 설치된 창고나 사무실 등은 이를 영농에 직접 제공되는 건축물로 보기 곤란할 뿐 아니라 도시지역 내의 창고나 사무실에 종사하는 종업원도 영농에 직접 종사하는 것으로 볼 수 없으므로 이 경우에는 주민세 사업소분 및 종업원분을 과세하여야 할 것으로 본다.

그리고 영림, 가축사육, 양식·어획 등의 경우도 역시 영농의 경우와 같은 기준에 따라 그 목적사업에 직접 제공하는 건축물 또는 종업원인지 여부를 판단하여야 할 것이다.

> **사례**
>
> ❖ 농업회사법인이 여러 지역의 양계장에서 생산된 계란을 저장하기 위하여 양계장의 소재지와는 별도의 본점 인근지역에서 저온저장고를 가동하는 경우는 양축에 직접 제고되는 건축물로 볼 수 없어 제267조 제3항에 의한 재산분 주민세가 면제되지 않음
> (구 행자부 지방세정팀-5626, 2007.12.28.)

제11조 │ 농업법인에 대한 감면

① 다음 각 호의 어느 하나에 해당하는 법인(이하 이 조에서 "농업법인"이라 한다.) 중 경영상황을 고려하여 대통령령으로 정하는 법인이 대통령령으로 정하는 기준에 따라 영농에 사용하기 위하여 법인설립등기일부터 2년 이내(대통령령으로 정하는 청년농업법인의 경우에는 4년 이내)에 취득하는 농지, 관계 법령에 따라 농지를 조성하기 위하여 취득하는 임야 및 제6조 제2항 각 호의 어느 하나에 해당하는 시설에 대해서는 취득세의 100분의 75를 2026년 12월 31일까지 경감한다(법 §11 ① Ⅰ·Ⅱ).
  1. 「농어업경영체 육성 및 지원에 관한 법률」 제16조에 따른 영농조합법인
  2. 「농어업경영체 육성 및 지원에 관한 법률」 제19조에 따른 농업회사법인

 이 경우 법 제11조 제1항 각 호 외의 부분 본문에서 "대통령령으로 정하는 법인"이란 「농어업경영체 육성 및 지원에 관한 법률」 제4조에 따른 농업경영정보를 등록(이하 이 조에서 "농업경영정보등록"이라 한다.)한 농업법인(법인설립등기일부터 90일 이내에 농업경영정보등록을 한 농업법인을 포함한다.)을 말한다(영 §5의 2 ①).

 법 제11조 제1항 각 호 외의 부분에서 "대통령령으로 정하는 기준"이란 농지, 임야 및 시설의 소재지가 「국토의 계획 및 이용에 관한 법률」에 따른 도시지역(개발제한구역과 녹지지역은 제외한다.) 외의 지역인 것을 말한다(영 §5의 2 ②).

 법 제11조 제1항 각 호 외의 부분에서 "대통령령으로 정하는 청년농업법인"이란 대표자가 다음 각 호의 요건을 모두 갖춘 농업법인을 말한다(영 §5의 2 ③).
  1. 법인 설립 당시 15세 이상 34세 이하인 사람. 다만, 「조세특례제한법 시행령」 제27조 제1항 제1호 각 목의 어느 하나에 해당하는 병역을 이행한 경우에는 그 기간(6년을 한도로 한다.)을 법인 설립 당시 연령에서 빼고 계산한 연령이 34세 이하인 사람을 포함한다.
  2. 「법인세법 시행령」 제43조 제7항에 따른 지배주주등으로서 해당 법인의 최대주주 또는 최대출자자일 것

② 농업법인이 영농, 유통, 가공에 직접 사용하기 위하여 취득하는 부동산에 대해서는 취득세의 100분의 50을, 과세기준일 현재 해당 용도에 직접 사용하는 부동산에 대해서는 재산세의 100분의 50을 각각 2026년 12월 31일까지 경감한다(법 §11 ②).

③ 제1항 및 제2항에 대한 감면을 적용할 때 다음 각 호의 어느 하나에 해당하는 경우 그 해당 부분에 대해서는 감면된 취득세를 추징한다(법 §11 ③ Ⅰ~Ⅲ).
1. 정당한 사유 없이 그 취득일부터 1년이 경과할 때까지 해당 용도로 직접 사용하지 아니하는 경우
2. 해당 용도로 직접 사용한 기간이 3년 미만인 상태에서 매각·증여하거나 다른 용도로 사용하는 경우
3. 해당 용도로 직접 사용한 기간이 5년 미만인 상태에서 「농업경영체 육성 및 지원에 관한 법률」 제20조의 3에 따라 해산명령을 받은 경우

이 법 시행 전에 농업법인이 영농에 사용하기 위하여 취득한 부동산에 해당 용도로 직접 사용한 기간이 2년 미만인 상태에서 매각·증여하거나 다른 용도로 사용하는 경우에는 위 제3항의 개정규정에도 불구하고 종전의 규정에 따른다(2014, 부칙 §15).

④ 농업법인의 설립등기에 대해서는 등록면허세를 2020년 12월 31일까지 면제한다(법 §11 ④).

1. 농업법인의 부동산 취득 및 설립등기

취득세 경감 및 등록면허세 면제

(1) 농업법인이 취득하는 농지, 관계 법령에 따라 농지를 조성하기 위하여 취득하는 임야 및 제6조 제2항 각 호의 어느 하나에 해당하는 시설을 취득하는 경우 부동산 투기 악용 방지 등 영농 목적의 제고를 위해 농업법인 설립 2년 내 취득 부동산에 대한 감면 기준을 강화를 위해 감면 대상자는 농업경영체 등록을 한 농업법인으로 한정하며, 감면 대상은 자경농민(법 §6) 감면 대상 기준 준용하여 도시지역 외 농지, 임야, 농업용 시설로 한정하고, 감면을 받을 수 있는 농업법인의 자격을 신설한 것이며, 부동산의 범위를 농지, 임야(농지조성용), 농업용 시설로 제한하고 청년농업법인에 대한 지원을 위해 감면기간을 설립 2년 내 취득 시에서 4년 내 취득으로 확대하면서 청년의 기준은 창업중소기업 감면(법 §58-3)에서 청년창업법인의 기준과 같이 법인 설립 당시 대표자가 34세 이하이고, 「법인세법 시행령」 제43조 제7항에 따른 지배주주인 경우 청년농업법인으로 개정하여 취득세의 100분의 75를 2026년 12월 31일까지 경감한다.

(2) 농업법인의 설립등기에 대해서는 등록면허세를 2020년 12월 31일까지 면제한다.

이 경우는 설립등기 당시의 상황에 따라 판단하는 것이므로 그 이후에 다른 법인으로 전환되더라도 면제된 등록면허세는 추징하지 못한다고 본다.

여기에서 영농조합법인이라 함은 협업적 농업경영을 통하여 생산성을 높이고 농산물의 출하, 가공·수출 등을 공동으로 하고자 하는 농업인 5인 이상을 조합원으로 하여 법인을 설립하고 그 주된 사무소의 소재지에서 설립등기를 함으로써 성립하게 되고, 농업회사법인이라 함은 기업적으로 농업을 경영하거나 농산물의 유통, 가공, 판매를 하고자 하는 자 또는 농업인의 농작업을 대행하고자 하는 자가 상법 중 회사에 관한 규정을 준용하여 설립된 회사를 말한다.

이 경우 "농업인"이라 함은 농업에 종사하는 개인으로서 ① 1천제곱미터 이상의 농지에서 농작물 또는 다년생식물을 경작 또는 재배하거나 1년 중 90일 이상 농업에 종사하는 자 ② 농지에 330제곱미터 이상의 고정식온실·버섯재배사·비닐하우스, 그 밖의 농림축산식품부령으로 정하는 농업생산에 필요한 시설을 설치하여 농작물 또는 다년생식물을 경작 또는 재배하는 자 ③ 대가축 2두, 중가축 10두, 소가축 100두, 가금 1천수 또는 꿀벌 10군 이상을 사육하거나 1년 중 120일 이상 축산업에 종사하는 자 ④ 농업경영을 통한 농산물의 연간 판매액이 120만원 이상인 자 중 어느 하나에 해당하는 자를 말한다(농지법 시행령 §③).

▎사례 ▎

❖ 농업법인의 취득 부동산을 전소유자가 국고보조사업으로 취득하였기 때문에 이를 해당용도에 직접 사용하지 못한 정당한 사유로 볼 수 있는지 여부

건물은 보조금을 지급받아 건립된 것으로서 원고가 이 사건 건물을 취득하기 이전부터 00000희생자전시관으로 이용되고 있었고, 원고는 이 사건 부동산을 매수하고 취득세 등 감면신청을 하는 과정에서 위와 같은 용도제한의 장애사유가 있었음을 알았거나 설사 몰랐다고 하더라도 조금만 주의를 기울였다면 그러한 장애사유의 존재를 쉽게 알 수 있었고, 취득 이후에도 건물의 특정용도를 변경하려는 노력이 전혀 없다가 이 사건 처분이 이루어지고 난 후에야 건물의 용도변경 가능 여부를 문의하였고, 건물의 용도를 교육연구시설로 변경하여 교육연구시설로 사용한다 하더라도, 이는 원고가 당초 신고한 이 사건 감면 규정의 영농 목적에는 해당하지 아니한 점 등을 종합하면, 원고가 주장하는 사정들을 참작하더라도 정당한 사유가 있다고 보기 어렵고, 달리 이를 인정할 증거가 없다.

(대법 2014두45468, 2015.3.12.)

❖ 당초 주식회사로 설립된 법인을 농업회사법인으로 변경등기를 한 경우에도 그 법인은 같은 법 제19조에 따른 농업회사법으로 보는 것이 타당하고, 그 법인이 영농·유통·가공에 직접 사용하기 위하여 취득하는 부동산은 「지방세특례제한법」제11조 제2항에 따른 취득세 감면대상

에 해당하는 것으로 보는 것이 타당함

(행자부 지방세특례제도과-3530, 2015.12.24.)

2. 농업법인의 영농, 유통, 가공에 사용하기 위해 취득·보유하는 부동산

취득세, 재산세 50% 경감

① 취득세의 경우 농업법인이 영농, 유통, 가공에 직접 사용하기 위하여 취득하는 부동산에 대해서는 취득세의 100분의 50을 2026년 12월 31일까지 경감한다.

그런데 농업법인이 영농에 사용하기 위하여 법인설립등기일부터 2년 이내에 취득하는 부동산은 제11조 제1항에 따라 취득세가 면제되므로 농업법인이 영농이외의 유통, 가공에 사용하기 위하여 취득하는 것은 취득세의 50%가 경감되고, 영농에 사용하기 위하여 취득하는 부동산은 법인설립등기일부터 2년 이내에 취득하는 것은 취득세가 면제되고, 법인설립등기일부터 2년이 지난 후에 취득하는 것은 취득세가 50% 경감되는 점에 유의해야 한다.

② 재산세의 경우는 과세기준일 현재 해당 용도에 직접 사용하는 부동산에 대해서는 2026년 12월 31일까지 50% 경감되는 것이므로 매년 과세기준일 현재 그 용도에 사용하면 경감대상이 되고, 그 후에 상황이 변경되어도 추징하지 않는다.

사례

❖ 농업법인이 임야내에서 농작물을 경작하면서 건축준비를 한 경우 고유업무에 직접사용한 것으로 보아 추징을 배제할 수 있는지

① 원고는 이 사건 지방세 감면신청 당시 이 사건 부동산의 사용목적을 '농산물 가공공장 및 보관창고' 또는 '농산물 가공판매 및 사무실·창고'라고 명시하였는바, 원고가 주장하는 조림과 농작물 경작은 이 사건 신청 당시 명시한 위 사용목적 어디에도 해당하지 않고, 오히려 공장 및 창고, 사무실의 부지로 이용하기 위해서는 나무와 농작물을 제거해야 할 필요까지 있는 것으로 보이는 점, ② 원고는 이 사건 부동산 일부에서 농작물을 재배한 사실은 있으나 그 재배규모나 관리 현황 등에 비추어, 이를 원고의 정관에 기재된 고유목적사업인 농산물 가공판매, 농산물 도·소매업 등을 위한 것으로 보기 어려운 점, ③ 이 사건 부동산은 위 인정사실에서 이미 본 것처럼 대부분 임야상대로 방치되어 있을 뿐, 원고가 이 사건 부동산에 신청목적과 같이 공장 및 창고를 설치하기 위한 공사를 시작하였다거나, 공사를 위한 준비행위를 하고 있는 것으로 볼 만한 흔적들이 전혀 없는 점 등을 종합해 보면, 원고가 이 사건 부동산을 취득한 후 1년 이내에 이를 그 지방세 감면을 받기 위한 신청 용도나 원고의 고유목적사업에 직접 사용하였다고 보기는 어렵다고 할 것이다.

(대법 2013두35037, 2014.2.13.)

❖ 영농조합법인에 대한 감면은 비록 시·도지사가 도시민 유치를 통한 농가의 소득향상 등을 위해 필요한 농촌체험기반 등을 갖추는 "녹색체험마을 조성사업"자로 선정하고 국가가 보조금 등을 지원하고 있다고 하더라도 해당 영농조합법인이 관광객들에게 약초찜질방, 숙박시설 등의 용도로 이용료를 받고 운영중인 약초체험관으로 사용되는 부동산은 영농·유통·가공에 직접 사용한다고 보기 어려움

(행안부 지방세운영과-1002, 2010.3.11.)

❖ **공사중단 이후 안정화 공사 등 일부공사를 진행한 경우는 건축 중인 건물로 볼 수 없음**

'정당한 사유'란 공사를 중단한 사유가 행정관청의 금지·제한 등 외부적인 사유로 인한 것이거나 또는 내부적으로 공사를 진행하기 위하여 정상적인 노력을 다하였음에도 부득이하게 공사를 진행하지 못한 경우를 말하는 것이고, 그 자체의 자금사정이나 수익상의 문제 등으로 공사를 중단하거나 방치한 경우에는 특별한 사정이 없는 한 이에 해당하지 아니한다.
흙막이벽체 안정화 공사가 이루어졌다고 하더라도, 공사중단을 전제로 공사중단 기간 장기화에 따라 안전을 이유로 기존에 설치된 흙막이 벽체의 안정화 공사를 하겠다는 것이지, 그 때부터 중단된 이 사건 공사를 재개하여 진행하겠다는 취지가 아니어서 흙막이벽체 안정화 공사를 이 사건 공사의 실질적인 공사 진행으로 평가하기는 어렵다.
따라서 이 사건 공사를 중단한 것은 사업상 필요에 따라 스스로 선택한 것으로서 정상적인 노력과 추진을 다하였음에도 부득이 건축공사를 중단할 수밖에 없게 된 경우라고 할 수 없으므로 이 사건 공사가 6개월 이상 중단된 데에 정당한 사유가 있다고 볼 수 없으므로 건축 중인 건물로 볼 수 없다.

(대법 15두39248. 2015.7.23.)

❖ **농업법인이 영농·유통·가공에 직접 사용한 것으로 볼 수 있는지 여부**

처분청의 조사결과 쟁점임야가 자연림 상태를 유지하고 있고 작물이 파종된 흔적이 나타나지 아니하였다면 취득세 등을 부과한 처분은 잘못이 없다.

(조심 16지1269. 2016.12.27.)

농업협동조합이 운영하는 하나로마트의 생필품매장용 및 주유소용 건축물은 농협의 고유업무에 사용하는 부동산에 해당되지 아니하다.

(조심 13지162. 2014.8.21.)

감면추징 기간까지 그 목적사업에 일부만 사용 할 경우 감면추징 대상에 해당되는지 여부 관련하여 농업법인이 감면추징 기간까지 그 목적사업에 일부만 사용 할 경우에는 그 사용하는 부분의 일부를 영농에 직접 사용하고 있는 것으로 보아 취득세와 재산세를 경감하는 것이 타당하다.

(대법 18두42153, 2018.8.30.)

❖ **농업법인이 유예기간에 사용하지 못한 정당한 사유**

토지를 취득한 후, 설계용역(2013.6.7.), 농지전용허가 신청(2013.10.11.), 농지전용허가 불허(2013.10.14.), 사업계획 변경(2013.10.29.), 사업계획 승인(2013.12.22.), 건축허가(2014.4.4.), 공사입찰(2014.4.8.), 공사재입찰(2014.5.27.), 공사착공(2014.7.29.), 공사업체 부도(2014.10.), 공장신축(2016.7.21.)에 이르기까지의 전반적인 과정을 종합하여 살펴볼 때, 청구법인은 이 건 토지를 취득한 후 1년 이라는 비교적 짧은 기간 내에 공장신축을 위해 진지한 노력을 다한 것으로 보이는 점 등으로 볼 때 정당한 사유가 있음.

> (조심 2019지197, 2019.10.31.)
>
> ❖ **농업법인이 영농활동을 하지않은 경우 감면 여부**
> 농업법인이 농지 취득 후 감귤나무가 그대로 방치된 경우 감귤재배를 위한 별다른 영농활동을 하지 않은 것으로 영농에 직접사용 하였다고 보기 어려움
> (대법 2020두56957, 2021.3.25)

3. 감면액의 추징

위의 제1항 및 제2항의 감면을 적용할 때 정당한 사유 없이 그 취득일부터 1년이 경과할 때까지 해당 용도로 사용하지 아니하거나 해당 용도로 직접 사용한 기간이 3년 미만인 상태에서 매각·증여하거나 다른 용도로 사용하는 경우 및 해당 용도로 직접 사용한 기간이 5년 미만인 상태에서 「농어업경영체 육성 및 지원에 관한 법률」 제20조의 3에 따라 해산명령을 받은 경우에 해당하면 그 해당 부분에 대해서는 감면된 취득세를 추징한다.

제12조 │ 어업법인에 대한 감면

① 다음 각 호의 어느 하나에 해당하는 법인 중 경영상황을 고려하여 대통령령으로 정하는 법인(이하 이 조에서 "어업법인"이라 한다)이 영어, 유통, 가공에 직접 사용하기 위하여 취득하는 부동산에 대해서는 취득세의 100분의 50을 , 과세기준일 현재 해당 용도에 직접 사용하는 부동산에 대해서는 재산세의 100분의 50을 각각 2026년 12월 31일까지 경감한다(법 §12 ① Ⅰ·Ⅱ).
  1. 「농어업경영체 육성 및 지원에 관한 법률」 제16조에 따른 영어조합법인
  2. 「농어업경영체 육성 및 지원에 관한 법률」 제19조에 따른 어업회사법인

법 제12조제1항 각 호 외의 부분에서 "대통령령으로 정하는 법인"이란 「농어업경영체 육성 및 지원에 관한 법률」 제4조제1항에 따라 어업경영정보를 등록(이하 이 조에서 "어업경영정보 등록"이라 한다)한 법인(설립등기일부터 90일 이내에 어업경영정보 등록을 한 법인을 포함한다)을 말한다.(영 §5의 3).

② 어업법인의 설립등기에 대해서는 2020년 12월 31일까지 등록면허세를 면제한다(법 §12 ②).(감면종료)

③ 제1항에 대한 감면을 적용할 때 다음 각 호의 어느 하나에 해당하는 경우 그 해당 부분에 대해서는 감면된 취득세를 추징한다(법 §12 ③ Ⅰ~Ⅲ).
 1. 정당한 사유 없이 그 취득일부터 1년이 경과할 때까지 해당 용도로 직접 사용하지 아니하는 경우
 2. 해당 용도로 직접 사용한 기간이 3년 미만인 상태에서 매각·증여하거나 다른 용도로 사용하는 경우
 3. 해당 용도로 직접 사용한 기간이 5년 미만 상태에서 「농어업경영체 육성 및 지원에 관한 법률」 제20조의 3에 따라 해산명령을 받은 경우

1. 어업법인의 영어, 유통 등에 사용하기 위해 취득·보유하는 부동산

취득세, 재산세 경감

① 어업법인이 영어, 유통, 가공에 직접 사용하기 위하여 취득하는 부동산에 대해서는 2026년 12월 31일까지 취득세의 100분의 50을 경감한다.
② 어업법인이 과세기준일 현재 영어, 유통, 가공용도에 직접 사용하는 부동산에 대해서는 2026년 12월 31일까지 재산세의 100분의 50을 경감한다.

위의 ① 및 ②에 해당하는 부동산을 일정기간 사용하지 아니하는 등의 경우는 취득세와 재산세가 추징되는 점에 유의해야 한다.

제13조 ▎한국농어촌공사의 농업 관련 사업에 대한 감면

① 한국농어촌공사가 하는 다음 각 호의 등기에 대해서는 해당 호에서 정한 날까지 각각 등록면허세를 면제한다(법 §13 ① Ⅰ·Ⅱ: 일몰기간이 종료된 조항임).
 1. 한국농어촌공사가 「한국농어촌공사 및 농지관리기금법」에 따라 농민(영농조합법인 및 농업회사법인을 포함한다.)에게 농지관리기금을 융자할 때 제공받는 담보물에 관한 등기 및 같은 법 제19조에 따라 임차(賃借)하는 토지에 관한 등기 : 2014년 12월 31일까지
 2. 한국농어촌공사가 「자유무역협정 체결에 따른 농어업인 등의 지원에 관한 특별법」 제5조 제1항 제1호에 따른 농업경영 규모의 확대 사업을 지원하기 위하여 농민에게 자유무역협정이행지원기금을 융자할 때 제공받는 담보물에 관한 등기 및 임차하는

농지에 관한 등기 : 2015년 12월 31일까지

② 한국농어촌공사가 취득하는 부동산에 대해서는 다음 각 호에서 정하는 바에 따라 지방세를 2025년 12월 31일까지 감면한다. 다만 제1호 , 제1호의2, 제1호의3, 제2호, 제3호 및 제5호의 경우에는 그 취득일로부터 2년 이내에 다른 용도로 사용하거나 농업인, 농업법인 및 「한국농어촌공사 및 농지관리기금법」 제18조제1항 제1호에 따른 전업농 육성대상자 외의 자에게 매각·증여하는 경우 그 해당부분에 대해서는 경감된 취득세를 추징한다[(법 §13 ② Ⅰ. Ⅰ의 2 ~ Ⅴ).

1. 한국농어촌공사가 「한국농어촌공사 및 농지관리기금법」 제18조·제20조 「농지법」 제11조·제15조 및 「공유수면 관리 및 매립에 관한 법률」 제46에 따라 취득하는 농지에 대해서는 취득세의 100분의 50을 각각 경감한다.

1의2. 한국농어촌공사가 「농어촌정비법」에 따른 국가 또는 지방자치단체의 농업생산기반 정비계획에 따라 취득·소유하는 농업기반시설용 토지와 그 시설물에 대해서는 취득세의 100분의 50과 재산세의 100분의 75를 지방세를 감면한다(최소납부제적용, 2018.1.1.부터).

1의3 한국농어촌공사가 「한국농어촌공사 및 농지관리기금법」 제44조에 따라 취득하는 부동산에 대해서는 취득세의 100분의 50을 감면한다.

2. 한국농어촌공사가 「한국농어촌공사 및 농지관리기금법」 제24조의 3 제1항에 따라 취득[같은 법 제24조의 3 제3항에 따라 해당 농지를 매도할 당시 소유자 또는 포괄승계인이 환매(還買)로 취득하는 경우(이하 "환매취득"이라 한다. 이하 이 호에서 같다.)를 포함한다.]하는 부동산에 대해서는 취득세의 100분의 50(환매취득의 경우에는 취득세의 100분의 100)을, 과세기준일 현재 같은 법 제24조의 3 제1항에 따라 임대하는 부동산에 대해서는 재산세의 100분의 50을 각각 경감한다.

3. 한국농어촌공사가 「자유무역협정 체결에 따른 농어업인 등의 지원에 관한 특별법」 제5조 제1항 제1호에 따라 취득, 소유하는 농지에 대해서는 취득세의 100분의 50을 경감한다.

4. 한국농어촌공사가 국가 또는 지방자치단체의 계획에 따라 제3자에게 공급할 목적으로 농어촌정비법 제2조 제10호에 따른 생활환경정비사업에 직접 사용하기 위하여 일시 취득하는 부동산에 대해서는 취득세의 100분의 25를 경감한다.

4의2 한국농어촌공사가 「한국농어촌공사 및 농지관리기금법」 제24조제2항 각 호에 따른 사업에 직접사용하기 위하여 취득하는 부동산에 대하여는 취득세의 100분의25를 감면한다.

5. 한국농어촌공사가 한국농어촌공사 및 농지관리기금법 제24조의 2 제2항에 따라 취득하는 농지에 대해서는 취득세의 100분의 50을 경감한다.

이 규정은 한국농어촌공사의 사업특성을 고려하여 해당 조문별 맞춤형 사후 관리규정을 마련한 것으로 취득일로부터 2년 이내에 다른 용도로 사용하거나 다른 용도로 매각·증여하는 경우에는 감면된 취득세를 추징하도록 하고 있는데 이를 구체적으로 보면 제1호 및 제5호는 농지매매사업을 추진하면서 농업인 외의 자에게 매도 또는 임대 등을 하는 경우, 제1호의2 농업생산 정비기반사업은 농업생산 기반시설 외의 용도로 사용되거나 처분하는 경우, 제2호 경영회생 지원 사업은 회생 대상 농업인 외의 자에게 임대 또는 매도하는 경우, 제3호 과원 규모화 사업은 과수전업농 육성대상 외의 자에게 매도·임대하는 경우에는 가면된 취득세를 추징하고, 제4호 생활환경정비사업은 감면요건에서 직접사용을 의무화하고 있는 점을 감안하여 직접 미사용, 증여·매각 등의 경우에 한하여 일반적 추징 규정을 적용하는 것이다.

③ 제2항 제4호에 따라 취득하는 부동산 중 택지개발사업지구 및 단지조성사업지구에 있는 부동산으로서 관계 법령에 따라 국가 또는 지방자치단체에 무상으로 귀속될 공공시설물 및 그 부속토지와 공공시설용지에 대해서는 재산세(지방세법 제112조에 따른 부과액을 포함한다.)를 2024년 12월 31일까지 면제한다. 이 경우 공공시설물 및 그 부속토지의 범위는 대통령령으로 정한다(법 §13 ③).

이 항 후단에 따른 공공시설물 및 그 부속토지는 공공청사·도서관·박물관·미술관 등의 건축물과 그 부속토지 및 도로·공원 등으로 한다. 이 경우 공공시설용지의 범위는 해당 사업지구의 실시계획 승인 등으로 공공시설용지가 확정된 경우에는 확정된 면적으로 하고, 확정되지 아니한 경우에는 해당 사업지구 총면적의 100분의 45(산업단지조성사업의 경우는 100분의 35)에 해당하는 면적으로 한다(영 §6).

1. 한국농어촌공사의 취득·보유하는 부동산

취득세, 재산세 경감

한국농어촌공사의 담세력 및 장기간(1982년 도입) 세제 지원을 고려하여 2016년 감면 축소(취득세·재산세 100% → 50%)하여 운영하고 있으며, 한국농어촌 공사가 취득하는 부동산에 대해서는 다음 각 호에서 정하는 바에 따라 지방세를 2025년 12월 31일까지 감면한다.

(1) 한국농어촌공사가 한국농어촌공사 및 농지관리기금법 제18조·제20조에 따라 취득·소유하는 부동산과 「농지법」 제11조·제15 및 「공유수면 관리 및 매립에 관한 법률」 제46조에 따라 취득하는 농지에 대해서는 취득세 및 재산세의 100분의 50을 각각 경감한다.

이 규정에서 한국농어촌공사의 한국농어촌공사 및 농지관리기금법 제18조, 제20조에 따라 취득하는 토지와 건축물이라 함은 다음과 같은 취득의 경우를 말한다.
  ① 한국농어촌공사는 전업농업인의 육성과 농업인이 아닌 자의 농지소유를 억제하기 위하여 농업인이 아니거나, 전업 또는 은퇴하려는 농업인 등의 농지를 매입하여 보유하는 경우(한국농어촌공사 및 농지관리기금법 §18 ①)
  ② 한국농어촌공사는 장기간 임대차되고 있는 간척농지 및 개간농지를 매입하여 보유하는 경우(한국농어촌공사 및 농지관리기금법 § 20 ①)

또한 한국농어촌공사가 농지법 제11조에 따라 취득하는 농지라 함은 농지의 소유자가거짓이나 그 밖의 부정한 방법으로 제8조제1항에 따른 농지취득자격증명을 발급받아 농지를 소유한 것으로 시장·군수 또는 구청장이 인정한 경우 및 제10조에 따른 처분의무 기간에 처분 대상 농지를 처분하지 아니한 경우에 한국농어촌공사에 그 농지의 매수를 청구할 수 있으며, 매수는 「부동산 가격공시에 관한 법률」에 따른 공시지가(해당 토지의 공시지가가 없으면 같은 법 제8조에 따라 산정한 개별 토지 가격을 말한다.)를 기준으로 해당 농지를 매수할 수 있고, 이 경우 인근 지역의 실제 거래 가격이 공시지가보다 낮으면 실제 거래 가격을 기준으로 매수할 수 있다(농지법 § 11)

그리고 농지법 제15조에 따른 농지이용증진사업의 시행은 다음 각 호의 어느 하나에 해당하는 사업(이하 "농지이용증진사업"이라 한다)을 시행할 수 있다(농지법 § 15 Ⅰ~Ⅳ).
  1. 농지의 매매·교환·분합 등에 의한 농지 소유권 이전을 촉진하는 사업
  2. 농지의 장기 임대차, 장기 사용대차에 따른 농지 임차권(사용대차에 따른 권리를 포함한다. 이하 같다) 설정을 촉진하는 사업
  3. 위탁경영을 촉진하는 사업
  4. 농업인이나 농업법인이 농지를 공동으로 이용하거나 집단으로 이용하여 농업경영을 개선하는 농업 경영체 육성사업

아울러 「공유수면 관리 및 매립에 관한 법률」 제46조에서는 매립면허취득자가 제45조제2항에 따른 준공검사확인증을 받은 경우 국가, 지방자치단체 또는 매립면허취득자는 다음 각 호의 구분에 따라 매립지의 소유권을 취득한다(공유수면 관리 및 매립에 관한 법률 § 46).
  1. 대통령령으로 정하는 공용 또는 공공용으로 사용하기 위하여 필요한 매립지: 국가 또는 지방자치단체
  2. 매립된 바닷가에 상당하는 면적(매립된 바닷가 중 매립공사로 새로 설치된 공용시설 또는 공공시설 용지에 포함된 바닷가의 면적은 제외한다)의 매립지: 국가. 이 경우 국가가 소유권을 취득하는 매립지의 위치는 매립면허취득자가 정한 매립지가 아닌 곳으로 한다.

3. 제1호와 제2호에 따라 국가나 지방자치단체가 소유권을 취득한 매립지를 제외한 매립지 중 해당 매립공사에 든 총사업비(조사비, 설계비, 순공사비, 보상비 등 대통령령으로 정하는 비용을 합산한 금액으로 한다)에 상당하는 매립지: 매립면허취득자

4. 제1호부터 제3호까지의 규정에 따라 국가, 지방자치단체 또는 매립면허취득자가 소유권을 취득한 매립지를 제외한 매립지(이하 "잔여매립지"라 한다): 국가

(1의2) 한국농어촌공사가 「농어촌정비법」에 따른 국가 또는 지방자치단체의 농업생산기반정비계획에 따라 취득·소유하는 농업기반시설용 토지와 그 시설물에 대해서는 2025년 12월 31일까지 취득세의 100분의 50을 각각 경감한다.

(1의3) 한국농어촌공사가 「한국농어촌공사 및 농지관리기금법」 제44조에 따라 취득하는 부동산에 대해서는 취득세의 100분의 50을 감면한다.
한국농어촌공사 및 농지관리기금법」 제44조에 따라 취득하는 부동산은 「농어촌정비법」 제14조제1항에 따라 국가가 시행한 농업생산기반정비사업으로 조성된 재산 중 농업기반시설로 제공되지 아니하는 재산은 공사에 무상으로 양여(讓與)하는 토지를 말한다.

(2) 한국농어촌공사가 「한국농어촌공사 및 농지관리기금법」 제24조의 3 제1항에 따라 취득[같은 법 제24조의 3 제3항에 따라 해당 농지를 매도할 당시 소유자 또는 포괄승계인이 환매로 취득하는 경우(이하 "환매취득"이라 한다. 이하 이 호에서 같다.)를 포함한다.]하는 부동산에 대해서는 취득세 의 100분의 50(환매취득의 경우에는 취득세의 100분의 100)을, 과세기준일 현재 같은 법 제24조의 3 제1항에 따라 임대하는 부동산에 대해서는 재산세의 100분의 50을 각각 경감한다.10)

(3) 한국농어촌공사가 자유무역협정 체결에 따른 농어업인 등의 지원에 관한 특별법 제5조 제1항 제1호에 따라 취득·소유하는 농지에 대하여는 취득세의 100분의 50을 경감한다. 여기에 해당되는 경우는 정부가 협정의 이행으로 피해를 입는 농어업 등의 경쟁력 재고

---

10) 「한국농촌공사 및 농지관리기금법」
제24조의 3 (경영회생 지원을 위한 농지 매입 등) ① 공사는 자연재해·병충해 또는 부채의 증가 그 밖의 사유로 일시적으로 경영위기에 처한 농업인 또는 농업법인의 경영회생을 지원하기 위하여 해당 농업인 또는 농업법인이 소유한 농지 및 농지에 부속한 농업용시설(이하 이 조에서 "농지 등"이라 한다.)을 매입하여 해당 농업인 또는 농업법인에게 임대할 수 있다.
② (생략)
③ 제1항의 규정에 따라 농지 등을 공사에 매도하고 이를 임차한 해당 농지 등의 매도 당시 소유자 또는 그 포괄승계인은 그 임차기간 만료 전에 대통령령이 정하는 바에 따라 공사에 대하여 해당 농지 등의 환매를 요구할 수 있고, 공사는 해당 농지 등이 공익사업에 필요하여 수용되는 등 특별한 사유가 없는 한 이에 응하여야 한다.
④ (생략)

를 위하여 "농지구입 임차 등 영농·영어 규모의 확대에 대하여 보조 또는 융자로 특별지원하는 자금"으로 취득·소유하는 농지에 대하여 적용되는 것이다.

(4) 한국농어촌공사가 국가 또는 지방자치단체의 계획에 따라 제3자에게 공급할 목적으로 「농어촌정비법」 제2조 제10호에 따른 생활환경정비사업에 직접 사용하기 위하여 일시 취득하는 부동산에 대해서는 취득세의 100분의 25를 경감한다.

이 경우 농어촌정비법 제2조 제10호에 따른 생활환경정비사업이란 농어촌지역과 준농어촌지역의 생활환경, 생활기반 및 편익시설·복지시설 등을 종합적으로 정비하고 확충하며 농어업인 등의 복지를 향상하기 위한 다음 각 목의 사업을 말한다.
① 집단화된 농어촌 주택, 공동이용시설 등을 갖춘 새로운 농어촌마을 건설사업
② 기존 마을의 토지와 주택 등을 합리적으로 재배치하기 위한 농어촌마을 재개발사업
③ 분산된 마을의 정비사업
④ 간이 상수도, 마을하수도(「하수도법」 제2조 제4호에 따른 공공하수도 중 농어촌지역에 마을 단위로 설치하는 공공하수도를 말한다.) 및 오수·폐수 정화시설의 설치 등 농어촌 수질오염 방지를 위한 사업
⑤ 주민생활의 거점이 되는 지역을 중점적으로 개발하는 정주생활권(正住生活圈) 개발사업
⑥ 빈집의 정비
⑦ 농어촌 임대주택의 공급 및 관리를 위한 사업
⑧ 치산녹화 등 국토보전시설의 정비·확충
⑨ 농어촌 주택의 개량(신축·증축·개축 및 대수선을 말한다. 이하 같다.)사업
⑩ 슬레이트(석면이 함유된 슬레이트를 말한다.)가 사용된 농어촌주택·공동이용시설 등 시설물에 대한 슬레이트의 해체·제거 및 처리사업
⑪ 그 밖에 농어촌지역과 준농어촌지역의 생활환경을 개선하기 위하여 필요한 사업

(4의2) 한국농어촌공사가 「한국농어촌공사 및 농지관리기금법」 제24조제2항 각 호에 따른 사업에 직접사용하기 위하여 취득하는 부동산에 대하여는 취득세의 100분의25를 감면한다.

「한국농어촌공사 및 농지관리기금법」 제24조제2항 각 호에 따른 노지는 다음 각 호의 토지를 말한다(한국농어촌공사 및 농지관리기금법 § 24 ② Ⅰ~Ⅴ)
 1. 농지·초지(草地) 및 주택 등 농어촌 취락용지
 2. 농어촌의 소득증대를 위한 상공업 용지
 3. 도시와 농어촌 간의 교류촉진을 위한 농원
 4. 농어촌 휴양지
 5. 그 밖에 농림축산식품부령으로 정하는 용도

(5) 한국농어촌공사가 한국농어촌공사 및 농지관리기금법 제24조의 2 제2항에 따라 취득하는 농지에 대해서는 취득세의 100분의 50을 경감한다.

이 경우 한국농어촌공사가 취득하는 농지라 함은 농지시장 안정과 농업구조 개선을 위하여 농지를 매입하여 소유(농어촌정비법에 따른 농업생산기반 정비사업 시행자가 조성한 간척농지를 농업생산기반 정비사업 시행자로부터 인수하여 소유하는 것을 포함한다.)하거나 소유하고 있는 농지를 매도 또는 임대하고 있는 농지를 말한다.

2. 한국농어촌공사가 택지개발사업지구 등에서 일시 취득한 공공시설물 및 그 부속토지

재산세 면제

한국농어촌공사가 국가 또는 지방자치단체의 계획에 따라 제3자에게 공급할 목적으로 농어촌정비법 제2조 제10호에 따른 생활환경정비사업에 직접 사용하기 위하여 일시 취득하는 부동산 중 택지개발사업지구 및 단지조성사업지구에 있는 부동산으로서 관계 법령에 따라 국가 또는 지방자치단체에 무상으로 귀속될 공공시설물 및 그 부속토지와 공공시설용지에 대해서는 재산세(지방세법 제112조에 따른 부과액을 포함한다. 즉 종전의 도시계획세 해당분의 재산세를 포함하여 면제한다는 것이다.)를 2024년 12월 31일까지 면제한다.

이 경우 공공시설물 및 그 부속토지는 공공청사, 도서관, 박물관, 미술관 등의 건축물과 그 부속토지 및 도로, 공원 등으로 한다. 이 경우 공공시설용지의 범위는 해당 사업지구의 실시계획 승인 등으로 공공시설용지가 확정된 경우에는 확정된 면적으로 하고, 확정되지 아니한 경우에는 해당 사업지구 총면적의 100분의 45(산업단지조성사업의 경우에는 100분의 35로 한다.)에 해당하는 면적으로 한다(영 §6).

제14조　농업협동조합 등의 농어업 관련 사업 등에 대한 감면

① 농업협동조합중앙회(제3호만 해당한다), 수산업협동조합중앙회, 산림조합중앙회가 구매·판매사업 등에 직접 사용하기 위하여 취득하는 다음 각 호의 부동산(농수산물유통 및 가격안정에 관한 법률 제70조 제1항에 따른 유통자회사에 농수산물 유통시설로 사용하게 하는 부동산을 포함한다. 이하 이 항에서 같다.)에 대해서는 취득세의 100분의 25을, 과세기준일 현재 그 사업에 직접 사용하는 부동산에 대해서는 재산세의 100분의 25을 각각 2026년 12월 31일까지 경감한다(법 §14 ① Ⅰ~Ⅲ).
  1. 구매, 판매, 보관, 가공, 무역 사업용 토지와 건축물
  2. 생산 및 검사 사업용 토지와 건축물
  3. 농어민 교육시설용 토지와 건축물

② 농업협동조합중앙회, 수산업협동조합중앙회, 산림조합중앙회, 엽연초협동조합중앙회가 회원의 교육·지도·지원 사업과 공동이용시설사업 등에 직접사용하기 위해 취득하는 부동산에 대해서는 취득세의 100분의 25를 2016년 12월 31일까지 경감한다(법 §14 ②: 일몰기간이 종료된 조항임).

③ 농업협동조합법에 따라 설립된 조합(조합공동사업법인을 포함한다.), 수산업협동조합법에 따라 설립된 조합(어촌계 및 조합공동사업법인을 포함한다.), 산림조합법에 따라 설립된 산림조합(산림계 및 조합공동사업법인을 포함한다.) 및 엽연초생산협동조합이 고유업무에 직접 사용하기 위하여 취득하는 부동산에 대해서 취득세를, 과세기준일 현재 고유업무에 직접 사용하는 부동산에 대해서는 재산세를 각각 2026년 12월 31일까지 면제한다(법 §14 ③).

④ 농업협동조합법에 따라 설립된 조합(조합공동사업법인을 포함한다.), 수산업협동조합법에 따라 설립된 조합, 산림조합법에 따라 설립된 산림조합 및 엽연초생산협동조합에 대하여는 2014년 12월 31일까지 주민세 사업소분(「지방세법」 제81조제1항제2호에 따라 부과되는 세액으로 한정한다.) 및 종업원분의 100분의 50을 경감한다(법 §14 ④: 일몰기간이 종료된 조항임).

⑤ 제3항 및 제4항에서 정하는 각 조합들의 중앙회에 대해서는 해당 감면규정을 적용하지 아니한다(법 §14 ⑤).

1. 농협중앙회 등의 구판사업 등에 사용하는 부동산

> 취득세, 재산세 경감

　농업협동조합중앙회, 수산업협동조합중앙회, 산림조합중앙회가 구매·판매사업 등에 직접 사용하기 위하여 취득하는 다음의 부동산(농수산물유통 및 가격안정에 관한 법률 제70조 제1항에 따른 유통자회사에 농수산물 유통시설로 사용하게 하는 부동산을 포함한다.)에 대해서는 취득세의 100분의 25를, 과세기준일 현재 그 사업에 직접 사용하는 부동산에 대해서는 재산세의 100분의 25를 각각 2026년 12월 31일까지 경감한다.
　이 경우 부동산의 취득일부터 1년 이내에 정당한 사유 없이 해당 용도로 직접 사용하지 아니하는 경우 또는 그 사용일부터 2년 이상 해당 용도로 직접 사용하지 아니하고 매각·증여하거나 다른 용도로 사용하는 경우에 해당 부분에 대하여는 감면된 취득세를 추징한다.
　이 규정에서 구판사업 등에 직접 사용하기 위하여 취득하는 부동산이란 ① 구매, 판매, 보관, 가공, 무역 사업용 토지와 건축물, ② 생산 및 검사 사업용 토지와 건축물, ③ 농어민 교육시설용 토지와 건축물을 말한다.

> 사례

❖ **중앙회가 농협유통에 임대하여 운영한 하나로마트의 직접사용 여부**

원고의 목적사업에 '그 밖에 설립 목적의 달성에 필요한 사업으로서 농림축산식품부장관의 승인을 받은 사업'이 포함되어 있어(농업협동조합법 제57조 제1항 제10호) 하나로마트 △△점을 운영하는 것 자체가 목적사업이라고 해석될 여지도 있으나, 하나로마트 △△점의 운영주체인 농협유통은 원고와는 별개의 법인격인데다가 괄호 안에서 유통자회사를 원고와 구분하여 규정하고 있고, 위 법령상 '구판사업 … 에 직접 사용하기 위하여' 또는 '구매·판매 사업 등에 직접 사용하기 위하여'로 규정하고 있으므로 하나로마트 △△점 운영이 여기에 해당한다고 해석하기에 무리가 있는 점, 농협유통은 원고와 달리 수익을 목적으로 설립된 법인으로 공익목적법인인 원고와 동일하게 취급할 수 없으므로, 위 법령에 제한을 둔 것으로 볼 수 있는 점 등을 고려할 때, 위 법령에서의 '직접 사용'은 농업협동조합중앙회가 사용하는 경우를 의미하고, 임대 등은 여기에 해당하지 않는다고 해석함이 타당하다.
(대법 2016두49587, 2016.12.1.)

2. 농업협동조합 등이 고유업무에 직접 사용하는 부동산

> 취득세, 재산세 면제

　농업협동조합(조합공동사업법인을 포함한다.), 수산업협동조합(어촌계 및 조합공동사업법인을 포함한다.), 산림조합(산림계를 포함한다.) 및 엽연초생산협동조합이 고유업무에 직접 사용하기 위하여 취득하는 부동산에 대해서는 취득세를, 과세기준일 현재 고유업무에 직접 사용하는 부동산에 대해서는 재산세를 각각 2026년 12월 31일까지 면제한다.

이 규정에서 면제대상을 판단할 때에 유의해야 할 점은,

① 면제대상에는 이들 조합의 중앙회는 포함되지 않으며,
② 직접 사용하기 위한 부동산의 범위에는 임대용 부동산은 포함되지 않고,
③ 재산세의 감면규정을 적용함에 있어 직접 사용의 범위는 해당 법인의 고유업무에 사용할 건축물을 건축 중인 경우도 포함하여야 한다.

이 경우에도 취득한 부동산을 정당한 사유 없이 그 용도에 직접 사용하지 않으면 법 제178조에 따라 취득세를 추징한다.

> **사례**
>
> ❖ **법인격을 달리하는 자회사에게 현물출자한 경우 직접 사용한 것으로 볼 수 있는지와 추징을 배제할 정당한 사유가 있는지 여부**
>
> 법인에 현물출자하여 소유자로서의 지위를 상실한 이후에는 이 사건 각 건물이 원고의 고유업무에 직접 사용되고 있다고 볼 수 없고, 원고가 이 사건 각 건물을 그 사용일부터 2년 이내에 현물출자한 이상 이 사건 추징조항에서 정한 추징사유가 발생하였다고 봄이 타당하고, 이 사건 법인이 이 사건 면제조항에서 정한 취득세 면제대상 법인에 해당한다거나 이 사건 각 건물이 이 사건 법인에 현물출자된 이후에도 미곡종합처리장의 용도로 사용되고 있다고 하여 달리 보기는 어렵다.
>
> (대법 2014두6616, 2014.8.20., 대법 2014두43097, 2015.3.26.)
>
> ❖ **농협 생필품매장 등이 재산세 경감대상 구판사업용에 해당하는지 여부**
>
> 원심은 이 사건 감면조항 및 농수산물유통법 등의 관련 규정 내용과 입법목적, 조세감면 규정의 엄격해석 원칙 등을 이유로 이 사건 감면조항에 의한 재산세 경감대상인 '농수산물 유통시설'은 '농수산물에 관한' 유통시설만을 의미하는 것으로 해석하면서, 농수산물 유통시설의 설치·운영에 필수불가결한 것이 아닌 생필품매장, 특정매입매장, 임대매장, 농협은행 등은 위 재산세 감면대상인 '농수산물 유통시설'에 포함된다고 할 수 없다고 판단하였다. 또한 구 농수산물유통법에 규정된 '농수산물 종합유통센터'에 농수산물의 판매 및 물류 관련 편의시설 등이 포함되는 것으로 규정되어 있다고 하더라도 이 사건 감면조항의 해석을 달리할 것이 아니라고 보았다.
>
> (대법 2014두46461, 2016.5.12.)

제14조의 3 | 농협경제지주회사 등의 구매·판매 사업 등에 대한 감면

취득세, 재산세 경감

「농업협동조합법」제161조의2에 따라 설립된 농협경제지주회사가 구매·판매 사업 등에 직접 사용하기 위하여 취득하는 다음 각 호의 부동산(「농수산물 유통 및 가격안정에 관한 법률」제70조제1항에 따른 유통자회사에 농수산물 유통시설로 사용하게 하는 부동산을 포함한다. 이하 이 조에서 같다)에 대해서는 취득세의 100분의 25를, 과세기준일 현재 그 사업에 직접 사용하는 부동산에 대해서는 재산세의 100분의 25를 각각 2026년 12월 31일까지 경감한다.(법 §14의 3 Ⅰ·Ⅱ).
1. 구매·판매·보관·가공·무역 사업용 토지와 건축물
2. 생산 및 검사 사업용 토지와 건축물

제15조 | 한국농수산식품유통공사 등의 농어업 관련 사업 등에 대한 감면

① 한국농수산식품유통공사법에 따라 설립된 한국농수산식품유통공사와 농수산물유통 및 가격안정에 관한 법률 제70조 제1항에 따른 유통자회사가 농수산물종합직판장 등의 농수산물 유통시설과 농수산물유통에 관한 교육훈련시설에 직접 사용(농수산물 유통 및 가격안정에 관한 법률 제2조 제7호부터 제9호까지의 규정에 따른 도매시장 법인, 시장도매인, 중도매인 및 그 밖의 소매인이 해당 부동산을 그 고유의 업무에 사용하는 경우를 포함한다. 이하 이 조에서 같다.)하기 위하여 취득하는 부동산에 대해서는 취득세의 100분의 50을, 과세기준일 현재 그 시설에 직접 사용하는 부동산에 대해서는 재산세의 100분의 50을 각각 2025년 12월 31일까지 경감한다(법 §15 ①).[11]

---

11) 농수산물유통 및 가격안정에 관한 법률 제70조 제1항
　① 농림수협 등은 농수산물유통의 효율화를 도모하기 위하여 필요한 경우에는 종합물류센터, 도매시장공판장의 운영 기타 유통사업을 수행하는 별도의 법인(이하 "유통자회사"라 한다.)을 설립·운영할 수 있다.
　■ 동 법률 제2조 제7호부터 제9호까지
　　7. "도매시장법인"이란 제23조에 따라 농수산물도매시장의 개설자로부터 지정을 받고 농수산물을 위탁받아 상장(上場)하여 도매하거나 이를 매수(買受)하여 도매하는 법인(제24조에 따라 도매시장법인의 지정을 받은 것으로 보는 공공출자법인을 포함한다.)을 말한다.
　　8. "시장도매인"이란 제36조 또는 제48조에 따라 농수산물도매시장 또는 민영농수산물도매시장의 개설자로부터 지정을 받고 농수산물을 매수 또는 위탁받아 도매하거나 매매를 중개하는 영업을 하는 법인을 말한다.
　　9. "중도매인"(仲都賣人)이란 제25조, 제44조, 제46조 또는 제48조에 따라 농수산물도매시장·농수산물공판장 또는 민영농수산물도매시장의 개설자의 허가 또는 지정을 받아 다음 각 목의 영업을 하는 자를

취득세, 재산세 경감

이 규정의 적용을 받는 대상 기관은,

㉮ 한국농수산식품유통공사법에 따라 설립된 한국농수산식품유통공사와,

㉯ 농수산물유통 및 가격안정에 관한 법률 제70조 제1항에 따른 유통자회사 및 동 법률 동 제2조 제7호부터 제9호까지의 규정에 따른 도매시장 법인, 시장도매인 등이며, 이들 대상기관의 부동산 중 경감대상은 농수산물 종합직판장 등의 농수산물 유통시설과 농수산물유통에 관한 교육훈련시설에 직접 사용하기 위한 부동산이다. 그러므로 이들 용도에 사용하기 위해 취득한 부동산이라 하더라도 부동산 취득 후 정당한 사유 없이 그 용도에 사용되지 않으면 취득세가 추징되어야 하고, 재산세의 경우는 그 용도에 직접 사용하기 위한 건축물을 건축 중인 때에는 그 용도에 직접 사용하는 것으로 보아 재산세를 경감해야할 것이다(법 §178 참조).

이 경우 정당한 사유란 행정관청의 금지, 제한 등 외부적인 사유로 그 사업에 직접 사용하지 못한 경우 또는 내부적으로 그 시설을 조성하기 위하여 정상적인 노력을 다하였음에도 불구하고 객관적인 사유로 인하여 부득이 조성할 수 없는 경우를 말하고, 자금사정 등 회사 내부적인 사정은 인정되지 않는다.

② 「지방공기업법」 제49조에 따른 지방공사로서 농수산물의 원활한 유통 및 적정한 가격의 유지를 목적으로 설립된 지방공사(이하 이 조에서 "지방농수산물공사"라 한다.)에 대해서는 다음 각 호에서 정하는 바에 따라 지방세를 2025년 12월 31일까지 감면한다.

1. 지방농수산물공사가 도매시장의 관리 및 농수산물의 유통사업에 직접 사용하기 위하여 취득하는 부동산에 대해서는 취득세의 100분의 100(100분의 100의 범위에서 조례로 따로 정하는 경우에는 그 율)에 대통령령으로 정하는 지방자치단체 투자비율(이하 이 조에서 "지방자치단체 투자비율"이라 한다.)을 곱한 금액을 경감한다.

2. (2023.12.31. 삭제)

3. 지방농수산물공사가 과세기준일 현재 도매시장의 관리 및 농수산물의 유통사업에 직접 사용하는 부동산에 대해서는 재산세(「지방세법」 제112조에 따른 부과액을 포함한다.)의 100분의 100(100분의 100의 범위에서 조례로 따로 정하는 경우에는 그 율)에 지방자치단체 투자비율을 곱한 금액을 경감한다. 「지방공기업법」 제49조에 따른 지방공사로서 농수산물의 원활한 유통 및 적정한 가격의 유지를 목적으로 설립된 지방공사(이

말한다.
가. 농수산물도매시장·농수산물공판장 또는 민영농수산물도매시장에 상장된 농수산물을 매수하여 도매하거나 매매를 중개하는 영업
나. 농수산물도매시장·농수산물공판장 또는 민영농수산물도매시장의 개설자로부터 허가를 받은 비상장(非上場) 농수산물을 매수 또는 위탁받아 도매하거나 매매를 중개하는 영업

하 이 조에서 "지방농수산물공사"라 한다.)에 대해서는 다음 각 호에서 정하는 바에 따라 지방세를 2025년 12월 31일까지 감면한다.

이 경우 법 제15조 제2항 제1호에서 "대통령령으로 정하는 지방자치단체 투자비율"이란 「지방공기업법」 제49조에 따른 지방공사로서 농수산물의 원활한 유통 및 적정한 가격의 유지를 목적으로 설립된 지방공사(이하 이 조에서 "지방농수산물공사"라 한다.)의 자본금에 대한 지방자치단체의 출자금액(둘 이상의 지방자치단체가 공동으로 설립한 경우에는 각 지방자치단체의 출자금을 합한 금액)의 비율을 말한다. 다만, 지방농수산물공사가 지방공기업법 제53조 제3항에 따라 주식을 발행한 경우에는 해당 발행 주식 총수에 대한 지방자치단체의 소유 주식(같은 조 제4항에 따라 지방자치단체가 출자한 것으로 보는 주식을 포함한다.) 수(둘 이상의 지방자치단체가 주식을 소유하고 있는 경우에는 각 지방자치단체의 소유 주식 수를 합한 수)의 비율을 말한다(영 §6의 2).

이 규정은 지방농수산물공사가 도매시장의 관리 및 농수산물의 유통사업에 직접 사용하기 위하여 취득하는 부동산에 대해서는 취득세의 100분의 100(100분의 100의 범위에서 조례로 따로 정하는 경우에는 그 율)에 대통령령으로 정하는 지방자치단체 투자비율(이하 이 조에서 "지방자치단체 투자비율"이라 한다.)을 곱한 금액을 경감하는 것은 지방농수산물공사, 도시철도공사(§63 ⑤), 지방공사(§85의 2 ①), 지방출자·출연기관(§85의 2 ③)동일한 내용의 규정이 법 여러 곳에 중복·산재하여 지방공사 및 지방출자·출연기관 감면 규정*에 공통적 적용대상인 지방자치단체 투자비율 정의 규정 하나의 규정으로 통일성 있게 정비한 것이고 둘 이상의 지자체 공동출자 또는 지자체의 다른 출자·출연기관등이 출자·출연한 부분에 대한 감면비율 계산 규정 모호하여 출자·출연기관의 경우 기존에는 지방공사 출자분만 지자체 출자분으로 인정했으나, 해당 부분이 지방출자출연법 제정 시 출자·출연기관으로 개정한 것이다. 그런데 이들 용도에 사용하기 위하여 취득한 부동산이라 하더라도 부동산 취득 후 정당한 사유 없이 그 용도에 사용하지 않으면 취득세가 추징된다(법 §178 참조).

> **사례 |**
>
> ❖ 지방공사의 법인정관 등에 임대사업이 당해 목적사업으로 규정되어 있다고 하더라도 취득의 주체인 지방공사가 그 시설의 사용주체로서 자신의 목적사업에 사용하지 않은 경우라면 위 규정 고유업무에 '직접사용'으로 볼 수 없다고 할 것임
>
> (행안부 지방세운영과-3772, 2011.8.8.)
>
> ❖ 본점의 사무실이 농수산물유통시설 내에 설치되어 있다고 하더라도 위 사무실은 농수산물 종합직판장과 같은 유통시설에 직접 사용되는 시설물에 해당되지 않을 뿐만 아니라 농수산물유통시설의 운영을 위한 부속시설에 해당된다고 볼 수 없어 이 부분에 대하여는 지방세법상의 감면대상에서 제외된다고 할 것임
>
> (감심 2004-89, 2004.9.2.)

제16조 | 농어촌 주택개량에 대한 감면

① 대통령령으로 정하는 사업의 계획에 따라 주택개량 대상자로 선정된 사람이 주택개량 사업계획에 따라 본인과 그 가족이 상시 거주(본인이 「주민등록법」에 따른 전입신고를 하고 계속하여 거주하는 것을 말한다. 이하 이 조에서 같다.)할 목적으로 취득하는 연면적 150제곱미터 이하의 주거용 건축물(증축하여 취득하는 경우에는 기존에 소유하고 있는 주거용 건축물 연면적과 합산하여 150제곱미터 이하인 경우로 한정한다. 이하 이 조에서 같다)에 대해서는 취득세를 다음 각 호에서 정하는 바에 따라 2024년 12월 31일까지 감면한다. 다만, 과밀억제권역에서 주택개량 사업계획에 따라 주거용 건축물을 취득하는 경우에는 취득일 현재까지 해당 시·군·구에 1년 이상 계속하여 거주한 사실이 「주민등록법」에 따른 주민등록표 등에 따라 증명되는 사람으로 한정한다(법 §16 ① Ⅰ·Ⅱ).
1. 취득세액이 280만원 이하인 경우: 전액 면제
2. 취득세액이 280만원을 초과하는 경우: 280만원을 공제

이 경우 "대통령령으로 정하는 사업"이란 농어촌정비법 제2조 제10호에 따른 생활환경정비사업을 말한다(영 §7).

② 제1항을 적용할 때 다음 각 호의 어느 하나에 해당하는 경우에는 그 해당 부분에 대해서는 감면된 취득세를 추징한다(법 §16 ② Ⅰ~Ⅲ).
1. 정당한 사유 없이 그 취득일부터 3개월이 지날 때까지 해당 주택에 상시 거주를 시작하지 아니한 경우
2. 해당 주택에 상시 거주를 시작한 날부터 2년이 되기 전에 상시 거주하지 아니하게 된 경우
3. 해당 주택에 상시 거주한 기간이 2년 미만인 상태에서 해당 주택을 매각·증여하거나 다른 용도(임대를 포함한다.)로 사용하는 경우

취득세 세액 면제

이 규정의 적용을 받아 취득세 등을 면제 받을 수 있는 사람은,
① 농어촌정비법에 따른 생활환경정비사업의 계획에 따라 주택개량 대상자로 선정된 사람과,
② 위와 같은 사업계획에 따라 자력으로 주택을 개량하는 대상자를 말하고,

또한 이러한 사업의 대상자가 되기 위한 요건은,
본인과 가족이 상시(본인이 「주민등록법」에 따른 전입신고를 하고 계속하여 거주하는 것을 말한다.) 거주할 목적으로 취득하면서 그 주택의 규모는 전용면적 150제곱미터 이하

의 주택(증축하여 취득하는 경우에는 기존에 소유하고 있는 주거용 건축물 연면적과 합산하여 150제곱미터 이하인 경우이며, 부속토지는 그 건축물 바닥면적의 7배를 초과하지 아니하는 부분으로 한정한다.)에 대해서는 취득세를 2024년 12월 31일까지 면제한다.

이 경우에도 정당한 사유 없이 그 취득일부터 3개월이 지날 때까지 해당 주택에 상시 거주를 시작하지 아니한 경우, 해당 주택에 상시 거주를 시작한 날부터 2년이 되기 전에 상시 거주하지 아니하게 된 경우, 해당 주택에 상시 거주한 기간이 2년 미만인 상태에서 해당 주택을 매각·증여하거나 다른 용도(임대를 포함한다.)로 사용하는 경우에는 취득세가 추징된다.

다만 상시거주를 목적으로 취득한 경우*라면 취득 당시에는 주소전입 요건을 갖추지 못한 경우라도 감면적용이 가능하도록 요건 완화하였고 과밀억제권역에서 취득하는 경우의 거주요건에 대해서는 해당 시·군·구에 1년 이상 계속하여 거주한 사실 증명하여야 한다고 정하고 있다

동 개정 조문의 적용은 '19.1.1. 이후 납세의무가 성립하는 경우부터 적용하고, 이에 따른 추징은 그 납세의무가 성립하여 감면한 경우부터 적용하면 된다. 또한 부칙(2018.12.24. 법률 제16041호로 개정된 것)의 경과규정을 보면 이 법 시행 전 종전의 사업계획에 따라 주택개량 대상자로 선정된 사람이 이 법 시행 이후 주택을 취득한 경우는 개정규정 또는 종전규정에 따른 면적기준 중 유리한 규정 적용하고(부칙 §9 ①), 종전에 취득세가 감면된 주택으로서 이 법 시행 당시 주택 취득 후 재산세 납세의무가 최초로 성립하는 날부터 5년이 지나지 아니한 주택에 대한 재산세 감면에 대해서는 개정규정에도 불구하고 종전의 규정 적용한다(부칙 §9 ②).

▲ 사례 |

❖ 「지방세특례제한법」제16조에 따라 농어촌생활환경정비사업에 따른 주택개량의 대상자에 대한 감면은 「농어촌정비법」에 따른 생활환경정비사업의 시행계획에 따라 주택개량 대상에 해당되어야 하고, 그 대상자 또는 자력으로 주택을 개량하는 사람은 해당 지역에 거주하는 사람이여야 할 것인 바, '해당 지역'은 그 생활환경정비사업 시행계획이 시행되는 지역을 의미하는 것으로 보는 것이 타당함

(행자부 지방세특례제도과-1522, 2015.6.9.)

제2절 사회복지를 위한 지원

제17조 장애인용 자동차에 대한 감면

취득세, 자동차세 면제

① 대통령령으로 정하는 장애인(제29조 제4항에 따른 국가유공자등은 제외하며, 이하 이 조에서 "장애인"이라 한다.)이 보철용·생업활동용으로 사용하기 위하여 취득하여 등록하는 다음 각 호의 어느 하나에 해당하는 자동차로서 취득세 또는 「지방세법」 제125조 제1항에 따른 자동차세(이하 "자동차세"라 한다.) 중 어느 하나의 세목(稅目)에 대하여 먼저 감면을 신청하는 1대에 대해서는 취득세 및 자동차세를 각각 2024년 12월 31일까지 면제한다(법 §17 ① Ⅰ~Ⅳ). 이 경우 "대통령령으로 정하는 장애인"이란 장애인복지법에 따른 장애인으로서 장애의 정도가 심한 장애인(이하 이 조에서 "장애인"이라 한다.)을 말한다(영 §8 ①).

1. 다음 각 목의 어느 하나에 해당하는 승용자동차
   가. 배기량 2천cc 이하인 승용자동차
   나. 승차정원 7명 이상 10명 이하인 대통령령으로 정하는 승용자동차. 이 경우 장애인의 이동편의를 위하여「자동차관리법」에 따라 구조를 변경한 승용자동차의 승차 정원은 구조변경 전의 승차 정원을 기준으로 한다.

   이 경우 "대통령령으로 정하는 승용자동차"란 자동차관리법에 따라 승용자동차로 분류된 자동차 중 승차 정원이 7명 이상 10명 이하인 자동차를 말한다(영 §8 ②).
   다. 자동차관리법에 따라 자동차의 구분기준이 화물자동차에서 2006년 1월 1일부터 승용자동차에 해당하게 되는 자동차(2005년 12월 31일 이전부터 승용자동차로 분류되어 온 것은 제외한다.)
2. 승차 정원 15명 이하인 승합자동차
3. 최대적재량 1톤 이하인 화물자동차
4. 배기량 250시시 이하인 이륜자동차

위 규정은 장애인용 자동차 취득세 감면 적용일을 현재 '취득일'(취득하는)에서 감면·추징 요건 등과 일치하도록 '등록일'(취득하여 등록하는)로 명확화한것이다

② 장애인이 대통령령으로 정하는 바에 따라 대체취득을 하는 경우 해당 자동차에 대해서

는 제1항의 방법에 따라 취득세와 자동차세를 면제한다(법 §17 ②).

그런데 장애인이 대체취득[법 제17조에 따라 취득세 또는 자동차세를 면제받은 자동차를 말소등록하거나 이전등록(장애인과 공동명의로 등록한 자가 아닌 자에게 이전등록하는 경우를 말한다. 이하 이 항에서 같다.)하고 다른 자동차를 다시 취득하는 경우(취득하여 등록한 날부터 60일 이내에 취득세 또는 자동차세를 면제받은 종전 자동차를 말소등록하거나 이전등록하는 경우를 포함한다.)로 한다.]하는 경우 해당 자동차에 대하여 취득세 또는 자동차세를 면제한다(영 §8 ⑤).

이 같은 2019년 개정사항은 대체취득에 대한 취득일부터 1년 경과 후 요건을 삭제한 것이고 경우 종전 자동차를 말소 또는 이전등록하고 신규 자동차를 다시 취득(신차 취득 후 60일이내에 종전 자동차를 말소 또는 이전하는 경우도 포함)하여야 하며, 종전 자동차를 공동명의자 외의 자에 이전해야 감면하도록 한 것이다.

그러므로 A(장애인)와 B(공동명의자)인 기존 차량을 C에 이전 후 A가 새로운 차량을 취득하여 감면신청하는 경우 감면되지만, A(장애인) + B(공동명의자)인 기존 차량을 B에 이전 후 A가 새로운 차량을 취득하여 감면신청하는 경우 감면이 되지 않음을 유의해야 한다.

그리고 법 제17조 제1항 및 제2항에 따라 취득세와 자동차세를 면제하는 자동차는 장애인이 본인 명의로 등록하거나 그 장애인과 동일한 세대별 주민등록표에 기재되어 있고 가족관계의 등록등에 관한 법률 제9조에 따른 가족관계등록부(이하 "가족관계등록부"라 한다.)에 따라 다음 각 호의 어느 하나에 해당하는 관계가 있는 것이 확인(취득세의 경우에는 해당 자동차 등록일에 세대를 함께하는 것이 확인되는 경우로 한정한다.)되는 사람이 공동 명의로 등록하는 자동차를 말한다(영 §8 ③ Ⅰ~Ⅲ).

1. 장애인의 배우자·직계혈족·형제자매
2. 장애인의 직계혈족의 배우자
3. 장애인의 배우자의 직계혈족·형제자매

또한 이 규정(영 제8조 제3항)을 적용할 때 장애인 및 같은 항 각 호의 어느 하나에 해당하는 사람이 모두 출입국관리법 제31조에 따라 외국인등록을 하고 같은 법 제10조의 3에 따른 영주자격을 가진 사람인 경우에는 같은 법 제34조 제1항에 따른 등록외국인기록표 및 외국인등록표(이하 "등록외국인기록표등"이라 한다.)로 가족관계등록부와 세대별 주민등록표를 갈음할 수 있다(영 §8 ④).

③ 제1항 및 제2항을 적용할 때 장애인 또는 장애인과 공동으로 등록한 사람이 자동차 등록일부터 1년 이내에 사망, 혼인, 해외이민, 운전면허취소, 그 밖에 이와 유사한 부득이한 사유 없이 소유권을 이전하거나 세대를 분가하는 경우에는 면제된 취득세를 추징한다. 다만, 장애인과 공동 등록할 수 있는 사람의 소유권을 장애인이 이전받는 경우, 장애인과 공동 등록할 수 있는 사람이 그 장애인으로부터 소유권의 일부를 이전받은

경우 또는 공동 등록할 수 있는 사람 간에 등록 전환하는 경우는 제외한다(법 §17 ③). 이 경우 "대통령령으로 정하는 장애인"이란, 장애인복지법에 따른 장애인으로서 장애의 정도가 심한 장애인(이하 이 조에서 "장애인"이라 한다.)을 말한다(영 §8 ①).

그런데 법 제17조 제1항 및 제2항에 따라 취득세와 자동차세를 면제받은 자동차가 다음 각 호의 어느 하나에 해당하는 경우에는 장부상 등록 여부에도 불구하고 자동차를 소유하지 아니한 것으로 본다(영 §8 ⑥ Ⅰ 내지 Ⅳ).

① 자동차관리법에 따른 자동차매매업자가 중고자동차 매매의 알선을 요청받은 사실을 증명하는 자동차. 다만, 중고자동차가 매도되지 아니하고 그 소유자에게 반환되는 경우에는 그 자동차를 소유한 것으로 본다(영 §8 ⑥ Ⅰ).
② 천재지변, 화재, 교통사고 등으로 소멸, 멸실 또는 파손되어 해당 자동차를 회수할 수 없거나 사용할 수 없는 것으로 해당 시장·군수·구청장이 인정하는 자동차(영 §8 ⑥ Ⅱ)
③ 자동차관리법에 따른 자동차해체재활용업자가 폐차되었음을 증명되는 자동차(영 §8 ⑥ Ⅲ)
④ 관세법에 따라 세관장에게 수출신고를 하고 수출된 자동차(영 §8 ⑥ Ⅳ)

| 사례 |

❖ **장애인이 신규차량을 취득하는 과정에서 처분청에서 60일 이전에 종전 차량을 말소하지 않으면 감면된 취득세가 추징된다는 사실을 설명하지 않은 경우 추징처분을 위법한 것으로 볼 수 있는지 여부 등**

이 사건 자동차의 등록 과정에서 피고 소속 담당 공무원으로부터 이 사건 자동차에 관하여 취득세와 자동차세를 면제받으려면 60일 이내에 종전 자동차를 말소등록 또는 이전등록 하여야 한다는 것을 제대로 안내 내지 고지받지 못하였다고 하더라도, 피고가 원고에게 이와 같은 고지 내지 설명을 하여야 할 법적 의무가 있다거나 원고가 이 사건 자동차를 대체취득한 후 등록일로부터 60일 이내에 종전 자동차를 말소등록 내지 이전등록 하지 못한 데 정당한 사유가 있다고 볼 수 없다.

(대법 2014두36822, 2014.8.20.)

❖ **취득세를 감면받은 보철용 자동차를 보유하고 있는 상태에서 추징기간인 1년이 지난 다음 다시 새로운 자동차를 취득한 경우 감면 여부**

종전 자동차 등록일로부터 1년이 지났다는 사정만으로 종전 자동차를 보유하고 있는 상태에서 새로 취득하는 이 사건 자동차에 대하여도 취득세를 감면할 수 있다면 원고에게 동시에 취득세 감면대상 자동차를 2대 허용하는 셈이 될 뿐만 아니라, 원고는 매년 1대씩 취득세 없이 자동차를 취득할 수 있다는 결론에 이르게 된다. 이는 취득세 면제 자동차를 1대로 한정하고 있는 구 지방세특례제한법 제17조 제1항, 법 시행령 제8조 제2항에 반하는 부당한 결과가 되어 이를 감면할 수 없다.

(대법 2015두40682, 2015.7.10.)

❖ **공동명의자간 세대분리한 기간의 자동차세 면제대상 여부**

원고와 윤○○은 이 사건 자동차를 공동명의로 취득할 당시에는 세대별 주민등록표상 함께 등재되어 있었으나, 윤○○이 2014. 3. 7. 이 사건 제2주소지로 전입하여 세대를 분리한 이후 이 사건 자동차세의 마지막 과세기간이 끝나는 날인 2014. 6. 30.까지 세대별 주민등록표상 원고와 함께 등재되어 있지 않았으므로, 이를 이유로 피고가 2014. 3. 7.부터 2014. 6. 30.까지를 과세기간으로 하여 이 사건 처분을 한 것은 적법하고, 이를 다투는 원고의 위 주장은 이유 없다.

(대법 2015두60839, 2016.3.24.)

❖ 장애인이 종전 자동차를 대체 취득했다는 사정만으로 종전 자동차를 보유하고 있는 상태에서 새로 취득하는 자동차에 대하여도 취득세를 감면할 수 있다면, 장애인에게 동시에 취득세 및 자동차세 감면대상 자동차를 2대 허용하게 될 뿐만 아니라, 매년 1대씩 취득세 없이 자동차를 취득할 수 있다는 결과가 초래되어 이는 감면 자동차를 1대로 한정하고 있는「지방세특례제한법」제17조 제1항, 동법 시행령 제8조 제4항의 감면취지에 반하는 결과가 된다할 것으로, 장애인이 새로운 자동차를 취득한 후 같은 날 배우자에게 이전한 면제받은 차량을 다시 취득하는 경우에는 감면 대상으로 볼 수 없다 할 것임

(행자부 지방세특례제도과-1415, 2016.6.22.)

❖ 장애인이 세대원과 공동명의로 자동차를 취득 및 등록하고 그 등록일부터 1년 이상 보철용·생업활동용으로 사용한 후, 해당 차량에 대한 장애인 소유지분을 공동명의자에게 이전한 경우에는 자동차 등록일부터 1년 이상 보철용·생업활동용으로 사용하였으므로 그 자동차에 대한 취득세는 추징 대상에 해당되지 않고, 자동차세는 과세 대상으로 전환되는 것으로 보아야 하고, 당초 차량에 대한 장애인의 소유지분을 공동명의자에게 이전하고 장애인이 감면 자동차를 보유하지 않은 상태에서 새로운 자동차를 취득하여 장애인 명의 또는 세대원 및 기존 공동명의자와 공동명의로 등록하고 해당 자동차에 대하여 감면신청을 하는 경우에는 '장애인이 최초로 감면을 신청하는 1대'로 보아 새로 취득하는 자동차의 취득세를 감면 하는 것이 타당함

(행자부 지방세특례제도과-2573, 2015.9.23.)

❖ 해당 자동차가 배기량 2천시시 이하인 승용자동차에 해당(하브리드 BMWi8, 1,499cc)한다 하더라도 보철용·생업활동용으로 사용하기 위한 것으로 보기 어려운 경우라면,「지방세특례제한법」제17조 제1항에서 정한 취득세 및 자동차세 면제대상인 장애인용 자동차에 해당되지 않는 것으로 보는 것이 타당함

(행자부 지방세특례제도과-1814, 2015.7.8.)

❖ **장애인자동차 추징대상 판단**

청구인과 어머니는 세대분가 이후에도 여전히 동일한 주소지에 주민등록을 두고 함께 거주하고 있으므로 이러한 경우까지 세대분가를 이유로 감면한 취득세를 추징하는 것은 장애인에 대한 취득세 감면의 입법취지에 어긋난다고 보이고, 실질과세의 원칙에 비추어 동일한 주소지에서 세대분가를 한 경우까지 세대분가를 한 것으로 보기는 어려움.

(조심 2019지1543, 2019.7.4.)

❖ **장애인 자동차 감면 특례기간 산정**

민법 제157조의 규정(초일 불산입)에 따라 '자동차 등록일'은 취득세 감면분 특례기간인 1년의 기간에 산입하지 않고 계산하여야 함.

(대법 2018두65477, 2019.3.28.)

❖ **청구인이 장애인용 자동차를 공동등록한 후 유예기간(1년)내에 그 소유권을 이전한 부득이한 사유가 있었던 것으로 볼 수 있는지 여부**

「지방세특례제한법」제17조 제3항의 '부득이한 사유'라 함은 자동차의 소유자인 장애인과 그 동거가족이 장애인용 자동차를 운행하기 어려운 인적인 장애가 발생한 경우 등도 포함한다고 보아야 할 것(조심 2012지695, 2012.12.28., 같은 뜻임)인바, 국립중앙의료원이 청구인에게 발급한 '진단서'상의 의사 소견과 '복약지도서'의 내용에서 투약중인 약물로 인해 졸려서 운전이나 기계조작이 어려울 수 있어서 운전 등을 피하도록 기재되어 있고, 뇌병변 장애 1급인 청구인의 모가 지병으로 수술 및 장기 입원을 한 후 집에 누워 있는 관계로 이 사건 자동차를 장애인 당사자를 위한 보철용으로 사용하기 어려운 상태가 된 것으로 보이며, 2006년식 중고차량을 취득·등록한 후 7개월 이상 경과한 후에 양도한 점 등에 비추어 이 사건 자동차 등록일부터 1년 이내에 소유권을 이전한 데에 추징 대상에서 제외하는 '부득이한 사유'가 있는 것으로 보는 것이 타당함

(조심 2019지2627, 2020.3.18.)

제17조의 2 │ 한센인 및 한센인정착농원 지원을 위한 감면

이 조문의 입법취지는 한센정착농원에 거주하는 한센환자가 취득·소유하는 그 농원안의 주거용 건축물 및 그 부속토지, 축사용 부동산 등에 대하여 지원하기 위한 것이다.

취득세, 재산세, 지역자원시설세 면제

① 한센병에 걸린 사람 또는 한센병에 걸렸다가 치료가 종결된 사람(이하 이 조에서 "한센인"이라 한다.)이 한센인의 치료·재활·자활 등을 위하여 집단으로 정착하여 거주하는 지역으로서 거주목적, 거주형태 등을 고려하여 대통령령으로 정하는 지역(이하 이 조에서 "한센인정착농원"이라 한다.) 내의 다음 각 호의 부동산을 취득하는 경우에는 취득세를 2024년 12월 31일까지 면제한다(법 §17의 2 ① Ⅰ~Ⅲ).

1. 주택(전용면적이 85제곱미터 이하인 경우로 한정한다.)
2. 축사용 부동산
3. 한센인의 재활사업에 직접 사용하기 위한 부동산(그 한센인 정착 농원의 대표자나 한센

인이 취득하는 경우로 한정한다.)

이 경우 "대통령령으로 정하는 지역"이란 별표에 따른 지역을 말한다(영 §8의 2).

이에 따른 농원의 범위는 서울특별시 현인농원, 부산광역시 구평농원 외 3개 농원, 인천광역시 부평농원 외 2개 농원, 울산광역시 성혜농원, 경기도 천성농원 외 5개 농원, 강원도 대명농원, 세종자치시 충광농원, 충북 청원농원, 충남 성광농원외 1개 농원, 전북 익산농원 외 10개 농원, 전남 현애농원 외 7개 농원, 경북 성곡농원 외 18개 농원, 경남 덕촌농원 외 25개 농원이다.

이 경우에도 그 취득일부터 1년 내에 정당한 사유 없이 그 업무에 직접 사용하지 아니하는 경우 또는 그 사용일부터 2년 이상 그 업무에 직접 사용하지 아니하고 매각·증여하거나 다른 용도로 사용하는 경우 그 해당 부분에 대하여는 면제된 취득세를 추징한다(법 §178 참조).

② 한센인이 과세기준일 현재 소유하는 한센인정착농원 내의 부동산(제1항 각 호의 부동산을 말한다.)에 대해서는 재산세(「지방세법」 제112조에 따른 부과액을 포함한다.) 및 「지방세법」 제146조 제3항에 따른 지역자원시설세를 각각 2024년 12월 31일까지 면제한다(법 §17의 2 ②).

| 사례 |

❖ 한센인이 재활사업용으로 취득한 토지에 공장을 신축하여 임대하는 경우는 재활사업에 직접 사용으로 볼 수 없다고 할 것임.

(지방세운영과-2343, 2013.9.16.)

제18조 | 한국장애인고용공단에 대한 감면

| 취득세 면제, 재산세 경감 |

장애인고용촉진 및 직업재활법에 따른 한국장애인고용공단이 같은 법 제43조 제2항 제1호부터 제11호까지의 사업에 직접 사용하기 위하여 취득하는 부동산(수익사업용 부동산은 제외한다.)에 대해서는 취득세의 100분의 25를, 과세기준일 현재 그 사업에 직접 사용하는 부동산에 대해서는 재산세의 100분의 25를 각각 2025년 12월 31일까지 경감한다(법 §18). 다만, 그 취득일부터 1년 내에 정당한 사유 없이 그 업무에 직접 사용하지 아니하는 경우 또는 그 사용일부터 2년 이상 그 업무에 직접 사용하지 아니하고 매각·증여하거나 다른 용도로 사용하는 경우 그 해당 부분에 대하여는 면제된 취득세를 추징한다(법 §178).

이 경우 한국장애인고용촉진공단의 업무 중 장애인고용촉진 및 직업재활법 제43조 제2항 제1호부터 제11호의 업무라 함은,

① 장애인의 고용촉진 및 직업재활에 관한 정보의 수집·분석·제공 및 조사·연구
② 장애인에 대한 직업상담·직업적성 검사·직업능력 평가 등 직업지도
③ 장애인에 대한 직업적응훈련·직업능력개발훈련·취업알선·취업 후 적응지도
④ 장애인 직업생활 상담원 등 전문요원의 양성·연수
⑤ 사업주의 장애인 고용환경 개선 및 고용 의무 이행 지원
⑥ 사업주와 관계 기관에 대한 직업재활 및 고용관리에 관한 기술적 사항의 지도·지원
⑦ 장애인의 직업적응훈련 시설, 직업능력개발훈련시설 및 장애인 표준사업장 운영
⑧ 장애인의 고용촉진을 위한 취업알선 기관 사이의 취업알선전산망 구축·관리, 홍보·교육 및 장애인 기능경기 대회 등 관련 사업
⑨ 장애인 고용촉진 및 직업재활과 관련된 공공기관 및 민간 기관 사이의 업무 연계 및 지원
⑩ 장애인 고용에 관한 국제 협력
⑪ 그 밖에 장애인의 고용촉진 및 직업재활을 위하여 필요한 사업 및 고용노동부장관 또는 중앙행정기관의 장이 위탁하는 사업을 말하는데 이러한 사업용에 사용되는 것이라 하더라도 수익사업용에 공여되는 경우에는 면제대상이 되지 아니한다.

제19조 어린이집 및 유치원에 대한 감면

취득세, 재산세 면제

① 「영유아보육법」에 따른 어린이집 및 「유아교육법」에 따른 유치원(이하 이 조에서 "유치원등"이라 한다)으로 직접 사용하기 위하여 취득하는 부동산에 대해서는 취득세를 2024년 12월 31일까지 면제하고, 「영유아보육법」 제14조에 따라 직장어린이집을 설치하여야 하는 사업주가 같은 법 제24조제3항에 따라 법인·단체 또는 개인에게 위탁하여 운영하기 위하여 취득하는 부동산에 대해서는 취득세의 100분의 50을 2024년 12월 31일까지 경감한다.(법 §19 ①).

② 다음 각 호의 부동산에 대해서는 재산세(「지방세법」 제112조에 따른 부과액을 포함한다.)를 2024년 12월 31일까지 면제한다(법 §19 ②).

1. 해당 부동산 소유자가 과세기준일 현재 유치원 등에 직접 사용하는 부동산
2. 과세기준일 현재 유치원 등에 사용하는 부동산으로서 해당 부동산 소유자와 사용자의 관계 등을 고려하여 대통령령으로 정하는 부동산

이 규정에서 "대통령령으로 정하는 부동산"이란 다음 각 호의 어느 하나에 해당하는 경우를 말한다(영 §8의 3 Ⅰ~Ⅳ).

1. 해당 부동산의 소유자가 해당 부동산을 영유아어린이집 또는 유치원으로 사용하는 자(이하 "사용자"라 한다.)의 배우자 또는 직계혈족으로서 그 운영에 직접 종사하는 경우의 해당 부동산
2. 해당 부동산의 사용자가 그 배우자 또는 직계혈족과 공동으로 해당 부동산을 소유하는 경우의 해당 부동산
3. 해당 부동산의 소유자가 종교단체이면서 사용자가 해당 종교단체의 대표자이거나 종교법인인 경우의 해당 부동산
4. 「영유아보육법」 제14조 제1항에 따라 사업주가 공동으로 설치·운영하는 직장어린이집 또는 같은 법 제24조 제3항에 따라 법인·단체 또는 개인에게 위탁하여 운영하는 직장어린이집의 경우 해당 부동산

이 경우 "영유아"란 6세 미만의 취학 전 아동을 말하며, "어린이집"이란 보호자의 위탁을 받아 영유아를 보육하는 기관을 말한다(영유아보육법 §2). 그리고 "유아"란 3세부터 초등학교 취학 전까지의 어린이를 말하고, "유치원"이란 유아의 교육을 위하여 유아교육법에 따라 설립·운영하는 학교를 말한다(유아교육법 §2).

2017년까지는 한편 「영유아보육법」상 직장어린이집의 경우 사업주 공동 설치·운영 또는, 지역의 어린이집에 위탁운영을 할 수 있도록 규정되어 있음에도 '직접 사용'의 예외 범위에 포함되지 않아 위탁운영 등의 경우 재산세 감면 대상에서 제외되는 문제가 발생하여 2018년부터는 「영유아보육법」에 따라 사업주 공동 또는 위탁운영 하는 부동산이 감면 대상에 포함되도록 근거규정을 신설하였으며, 동 4호 개정 조문은 이 영 시행일('18.1.1) 이후 납세의무가 성립하는 분부터 적용하면 된다.

그리고 어린이집의 종류는 다음과 같다(영유아보육법 §10).

① 국공립어린이집 : 국가나 지방자치단체가 설치·운영하는 어린이집
② 사회복지법인어린이집 : 「사회복지사업법」에 따른 사회복지법인(이하 "사회복지사업법"이라 한다.)이 설치·운영하는 어린이집
③ 법인·단체 등 어린이집 : 각종 법인(사회복지법인을 제외한 비영리법인)이나 단체 등이 설치·운영하는 어린이집으로서 대통령령으로 정하는 어린이집
④ 직장어린이집 : 사업주가 사업장의 근로자를 위하여 설치·운영하는 어린이집(국가나 지방자치단체의 장이 소속공무원을 위하여 설치·운영하는 어린이집을 포함한다.)

⑤ 가정어린이집 : 개인이 가정이나 그에 준하는 곳에 설치·운영하는 어린이집
⑥ 부모협동어린이집 : 보호자들이 조합을 결성하여 설치·운영하는 어린이집
⑦ 민간어린이집 : 제1호부터 제6호까지의 규정에 해당하지 아니하는 어린이집

또한 유치원은 다음과 같이 구분한다(유아교육법 §7).
① 국립유치원 : 국가가 설립·경영하는 유치원
② 공립유치원 : 지방자치단체가 설립·경영하는 유치원(설립주체에 따라 시립유치원과 도립유치원으로 구분할 수 있다.)
③ 사립유치원 : 법인 또는 사인(私人)이 설립·경영하는 유치원

이 규정의 적용에 있어 취득세는 어린이집과 유치원을 설치·운영하기 위한 목적으로 취득하는 경우는 모두 면제대상이 되나, 재산세는 과세기준일 현재 어린이집과 유치원으로 직접 사용하는 부동산에 한하여 면제대상이 되는 것이다. 그리고 재산세 중 지방세법 제112조(재산세 과세특례)에 따라 부과되는 종전의 도시계획세 해당 부분도 면제대상이다.

③ 제1항에 따라 취득세를 감면받은 자가 다음 각 호의 구분에 따른 사유에 해당하는 경우 그 해당 부분에 대해서는 감면된 취득세를 추징한다.(법 §19 ③ Ⅰ·Ⅱ).
  1. 유치원등으로 직접 사용하기 위하여 부동산을 취득한 경우: 다음 각 목의 어느 하나에 해당하는 경우
     가. 정당한 사유 없이 그 취득일부터 1년이 경과할 때까지 해당 용도로 직접 사용하지 아니하는 경우
     나. 해당 용도로 직접 사용한 기간이 2년 미만인 상태에서 매각·증여하거나 다른 용도로 사용하는 경우
  2. 직장어린이집을 위탁하여 운영하기 위하여 부동산을 취득한 경우: 다음 각 목의 어느 하나에 해당하는 경우
     가. 정당한 사유 없이 그 취득일부터 1년이 경과할 때까지 해당 용도로 위탁하여 운영하지 아니하는 경우
     나. 해당 용도로 위탁하여 운영한 기간이 2년 미만인 상태에서 매각·증여하거나 다른 용도로 사용하는 경우

| 사례 |

❖ 추징 유예기간(1년) 내에 유치원 건물 신축을 위한 착공신고를 한 경우 고유업무에 직접 사용한 것으로 보아 추징을 배제할 수 있는지

설령 원고가 그 주장과 같이 이 사건 토지의 취득일부터 1년이 되기 이전에 이 사건 토지 위

에서 유치원을 신축하기 위한 착공 신고를 피고 측에 하였다고 하더라도, 그러한 사정은 원고가 이 사건 토지 위에서 유치원을 신축·개원하기 위한 준비단계에 불과하고, 위 토지를 현실적으로 유치원으로 사용하기 위한 용도에 직접 사용한 것이라고 보기는 어렵다고 판단된다. (서울고법 2013누27960, 2014.4.24. 판결).

(대법 2014두7749, 2014.8.11.)

❖ **공동으로 상속을 받은 부동산을 다른 상속자에게 무상으로 제공하여 유치원용으로 사용하도록 하는 경우 직접 사용하는 부동산으로 보아 재산세를 감면할 수 있는지 여부**

2011.12.31. 법률 제11138호로 개정되기 전 지방세특례제한법 제42조 제5항이 부동산 소유자가 과세기준일 현재 유치원에 직접 사용하는 부동산에 한하여 재산세를 면제하도록 규정하였던 것과는 달리 개정된 현행 지방세특례제한법 제19조 제2항은 제2호에서 부동산 소유자와 유치원 사용자가 다른 경우라도 재산세 면제에 따른 혜택이 유치원 운영자에게 직접 돌아갈 여지가 있는 경우를 예외적으로 상정하여 '과세기준일 현재 유치원에 사용하는 부동산으로서 해당 부동산 소유자와 사용자의 관계 등을 고려하여 대통령령으로 정하는 부동산의 경우' 재산세를 면제하도록 규정하고 있는 점 등을 종합하면, 지방세특례제한법 제19조 제2항 제1호에서 정한 '부동산의 소유자가 유치원에 직접 사용하는 부동산'이라 함은 부동산의 소유자가 유치원의 실질적인 운영자로서 과세기준일 현재 유치원 용도로 사용하는 부동산을 말한다고 봄이 타당하다.(인천지법 2012구합6081, 2014.1.16. 판결)

(대법 2014두10844, 2014.10.30.)

❖ 귀문의 경우 ○○교회가 당해 영유아 보육시설 부동산을 소유하고 있고, 영유아보육법 관련 규정에 따라 영유아보육시설 위탁운영 신청을 통해 수탁자로 지정 받아 실제 어린이집을 운영하고 있다면, 비록 구청으로부터 당해 부동산에 대해 영유아보육시설 사용대가를 받더라도, 지방세법상 수익분에 대한 별도의 규정이 없고, 운영주체(○○교회)가 당해 부동산을 어린이집으로 직접 사용하고 있는 한 감면대상이라 판단됨

(행안부 지방세운영과-5459, 2009.12.24.)

❖ '가정 어린이집'을 운영하던 자가 유예기간 이내에 인가 권한이 있는 관할관청과 '어린이집 운영사무 위탁'약정을 맺어 일부비용을 보조받으면서 '국공립어린이집'으로 전환하여 운영되고 있다 하더라도 「영유아보육법」제13조 및 제24조에서 규정한 '어린이집의 설치·운영기준'에 부합하고, 소유자의 지위에서 그 어린이집을 연속되게 운영하는 경우라면 「지방세특례제한법」제19조에서 규정에 부합하여 같은 법 제178조 제2호에서 규정한 추징요건에 해당된다고 볼 수는 없다고 보는 것이 타당하다고 보여짐

(행안부 지방세특례제도과-274, 2017.8.18.)

❖ **부부간 어린이집 대표명의 변경시 추징 여부**

어린이집 대표자인 부인명의로 취득세를 감면받은 후 대표자를 남편으로 변경한 경우 해당 부동산은 직접사용하지 않은 것으로 보아 취득세 감면분을 추징하여야 함.

(대법 2019두34968, 2019.5.30.)

제19조의 2 | 아동복지시설에 대한 감면

취득세, 재산세 면제

「아동복지법」 제52조 제1항 제8호에 따른 지역아동센터로 직접 사용하기 위하여 취득하는 부동산에 대해서는 취득세를, 과세기준일 현재 지역아동센터로 직접 사용하는 부동산에 대해서는 재산세(「지방세법」 제112조에 따른 부과액을 포함한다.)를 각각 2026년 12월 31일까지 면제한다(법 §19의 2).

그리고「아동복지법」 제52조 제1항 제8호에 따른 '지역아동센터'란 지역사회 아동의 보호·교육, 건전한 놀이와 오락의 제공, 보호자와 지역사회의 연계 등 아동의 건전육성을 위하여 종합적인 아동복지서비스를 제공하는 시설을 말한다.

이 경우에도 취득한 부동산을 취득일부터 1년 이내에 정당한 사유 없이 해당 용도로 직접 사용하지 아니하는 경우 또는 그 사용일부터 2년 이상 해당 용도로 직접 사용하지 아니하고 매각·증여하거나 다른 용도로 사용하는 경우에 해당 부분에 대하여는 감면된 취득세를 추징한다(법 §178).

제20조 | 노인복지시설에 대한 감면

취득세 면제 또는 감면, 재산세 면제 또는 경감, 특정부동산에 대한 지역자원시설세 면제

노인복지법 제31조에 따른 노인복지시설로 직접 사용하기 위하여 취득하는 부동산에 대해서는 다음 각 호에서 정하는 바에 따라 지방세를 2026년 12월 31일까지 감면한다.

1. 대통령령으로 정하는 무료 노인복지시설로 직접 사용하기 위하여 취득하는 부동산에 대해서는 취득세를 면제하고, 과세기준일 현재 노인복지시설로 직접 사용(종교단체의 경우 해당 부동산의 소유자가 아닌 그 대표자 또는 종교법인이 해당 부동산을 노인복지시설로 사용하는 경우를 포함한다.)하는 부동산에 대해서는 재산세의 100분의 50을 경감한다. 다만, 노인의 여가선용을 위하여 과세기준일 현재 경로당으로 사용하는 부동산(부대시설을 포함한다.)에 대해서는 재산세(지방세법 제112조에 따른 부과액을 포함한다.) 및 같은 법 제146조 제3항에 따른 지역자원시설세를 각각 면제한다(법 §20 Ⅰ·Ⅱ).

이 경우 "대통령령으로 정하는 무료 노인복지시설"이란 「노인복지법」 제31조에 따른 노인여가복지시설·노인보호전문기관·노인일자리지원기관·노인주거복지시설·노인의료복지시설 또는 재가노인복지시설로서 다음 각 호의 어느 하나에 해당하는 시설을 말한다(영 §8의 4 Ⅰ·Ⅱ).

① 입소자의 입소비용(이용비용을 포함한다.)을 국가 또는 지방자치단체가 전액 부담하는 시설
② 노인복지시설 이용자 중 「노인장기요양보험법」에 따른 재가급여 또는 시설급여를 지급받는 사람과 「국민기초생활 보장법」 제7조 제1항 제1호부터 제3호까지의 규정에 따른 급여를 지급받는 사람이 연평균 입소 인원의 100분의 80 이상인 시설로서 행정안전부령으로 정하는 기준에 적합한 시설

이 경우 "행정안전부령으로 정하는 기준"이란 다음의 계산식에 따라 계산한 연평균 입소 인원 비율이 100분의 80 이상인 경우를 말한다(규칙 §2의 3).

$$연평균\ 입소\ 인원\ 비율 = \frac{(A+B+C)}{(A+B+C+D)}$$

- A : 국민기초생활 보장법 제7조 제1항 제1호부터 제3호에 따른 급여를 지급받는 사람의 입소일수의 합
- B : 노인장기요양보험법에 따른 급여를 지급받는 사람의 입소일수의 합
- C : 무료로 입소한 사람의 입소일수의 합
- D : 국민기초생활 보장법 제7조 제1호부터 제3호에 따른 급여를 지급받는 사람과 노인장기요양보험법에 따른 급여를 지급받은 사람 및 무료로 입소한 사람을 제외한 사람의 입소일수의 합

2. 제1호 외의 노인복지시설로 직접 사용하기 위하여 취득하는 부동산에 대해서는 취득세의 100분의 25를 경감하고, 과세기준일 현재 위의 1. 외의 노인복지시설에 직접 사용(종교단체의 경우 해당 부동산의 소유자가 아닌 그 대표자 또는 종교법인이 해당 부동산을 노인복지시설로 사용하는 경우를 포함한다)하는 부동산에 대하여는 재산세의 100분의 25를 경감한다. 이 경우 "노인복지시설"이란 ① 노인주거복지시설(양로시설, 노인 공동생활 가정, 노인복지주택) ② 노인의료복지시설(노인요양시설, 노인요양공동생활가정) ③ 노인여가복지시설(노인복지관, 경로당, 노인교실) ④ 재가노인복지시설(방문요양서비스, 주·야간보호서비스, 단기보호서비스, 방문목욕서비스, 그 밖에 보건복지가족부령이 정하는 서비스) ⑤ 노인보호전문기관(노인학대예방 등)을 말한다.

이러한 노인복지시설을 설치하기 위한 목적으로 취득하는 부동산에 대하여는 취득세를 감면하는데, 해당 시설을 무료로 이용하는 부동산은 취득세를 면제하고, 유료노인복지시설을 설치하기 위한 부동산의 취득에 대해서는 취득세의 100분의 25를 경감한다.

그리고 재산세는 과세기준일 현재 위의 무료노인복지시설로 사용되고 있는 부동산에 대해서만 무료노인복지시설 모두 재산세의 100분의 25를 경감한다. 그러므로 재산세 과세기준일(매년 6월 1일) 현재 노인복지시설에 해당하는 부동산이라 하더라도 노인복지시설에 직

접 사용되지 아니하는 경우에는 재산세가 경감되지 않는 점에 유의해야 한다.

또한 노인의 여가선용을 위하여 과세기준일 현재 경로당으로 사용하는 부동산(부대시설을 포함한다.)에 대하여는 재산세(도시지역분재산세 해당 부분도 포함한다.)와 지방세법 제146조 제3항에 따른 지역자원시설세(소방시설에 충당하는 특정부동산에 대해 과세하는 지역자원시설세)를 각각 면제한다.

그리고 이 규정의 경우에도 법 제178조에 따른 취득세 추징규정이 적용되는 점에 유의하여야 한다.

사례

❖ 노인복지시설은 「노인복지법」 제35조 및 제40조에서는 국가 또는 지방자치단체외의 자가 노인의료복지시설을 설치하고자 하는 경우 및 설치신고사항 중 변경사항이 있는 경우에는 시장·군수·구청장에게 신고하여야 하도록 그 설치신고와 변경신고에 대한 의무규정을 두고 있고, 「지방세특례제한법」 제20조에 따른 감면대상은 「노인복지법」 에서 정한 절차에 따라 적법하게 설치된 노인복지시설인 경우에 한하여 해당되는 것으로 보아야 할 것이므로 「노인복지법」 에 따라 설치신고 되지 않고 노인복지시설로 사용하는 부동산은 감면 대상이 아님.
(행자부 지세특례제도과-159, 2016.1.21.)

❖ **건축물대장상 용도나 설치신고가 노인복지시설 감면요건인지 여부**

구 지특법 제20조 제1호의 적용대상인 '노인복지법 제31조에 따른 노인의료복지시설'인지 여부는 건물의 건축물대장상 용도나 그에 대하여 노인의료복지시설 설치신고가 되어 있는지 여부와는 아무런 관련이 없고, 앞서 본 바와 같이 실제로 이 사건 건물 1, 2층이 처음부터 노인의료복지시설로 사용되어 왔고 이후 피고에 의하여 매 과세기준일 무렵 그 사실이 확인되어 온 이상, 이 사건 건물 1, 2층은 구 지특법 제20조 제1호의 적용 대상인 '노인복지법 제31조에 따른 노인복지시설'이라고 보아야 한다.
(대법 2017두42361, 2017.7.11.)

❖ **노인복지시설에서 입원환자나 응급환자의 야간 진료를 위하여 대기할 수 있는 사택제공시 감면 여부**

병원에서 근무하는 의사 또는 직원으로서 필요불가결한 존재이고, 병원은 35개의 입원실을 갖추고 있고, 대도시와 멀리 떨어진 곳에 위치하고 있어 입원환자나 응급환자의 야간 등 진료를 위하여 의사들이 대기할 수 있도록 병원 인근에 그러한 목적에 상응하는 시설, 면적을 갖춘 사택을 제공하는 것이 위 병원 운영과 의료진 확보를 위하여 반드시 필요하다고 보이므로, 각 부동산은 의료업에 직접 사용되는 부동산이라고 할 것이다.
(대법 2017두42361, 2017.7.11.)

❖ **노인복지시설 이외의 용도로 사용할 경우 감면 추징여부**

보험업을 영위하는 법인이 노인복시시설에 사용하기 위하여 취득한 부동산을 법인의 업무 제한 때문에 공익재단법인에 임대형식으로 노인복지시설에 사용토록 하는 경우 추징여부에 대하여, 조례 제9조 단서가 추징사유의 하나로 들고 있는 '노인복지시설에 직접 사용하지 아니

> 하고 다른 용도로 사용하는 경우'에서 말하는 '직접 사용'의 의미는 당해 재산의 용도가 직접 그 본래의 업무에 사용하는 것이면 충분하고, 그 사용의 방법이 원고 스스로 그와 같은 용도에 제공하거나 혹은 제3자에게 임대 또는 위탁하여 그와 같은 용도에 제공하는지 여부는 가리지 않는다고 할 것이므로(대법원 1984.7.24. 84누297 판결 등), 원고가 이 사건 건물 등을 취득한 후 00공익재단에 임대한 것만으로는 위 추징사유에 해당하지 아니한다.
> (대법 08두15039 2011.1.27.)

제21조 청소년단체 등에 대한 감면

① 다음 각 호의 법인 또는 단체가 그 고유업무에 직접 사용하기 위하여 취득하는 부동산에 대해서는 취득세의 100분의 75를 2026년 12월31일까지 경감하고, 과세기준일 현재 그 고유업무에 직접 사용하는 부동산에 대해서는 재산세를 각각 2026년 12월 31일까지 면제한다(법 §21 ① Ⅰ~Ⅳ).
  1. 「스카우트활동 육성에 관한 법률」에 따른 스카우트주관단체
  2. 「한국청소년연맹 육성에 관한 법률」에 따른 한국청소년연맹
  3. 「한국해양소년단연맹 육성에 관한 법률」에 따른 한국해양소년단연맹
  4. 제1호부터 제3호까지의 단체 등과 유사한 청소년단체로서 대통령령으로 정하는 단체
이 경우 "대통령령으로 정하는 단체"란 ① 정부로부터 허가 또는 인가를 받거나 민법 외의 법률에 따라 설립되거나 그 적용을 받는 청소년 단체 ② 행정안전부장관이 여성가족부장관과 협의하여 고시하는 단체를 말한다(영 §9).

② 「청소년활동진흥법」에 따라 청소년수련시설의 설치허가를 받은 비영리법인이 청소년수련시설을 설치하기 위하여 취득하는 부동산에 대해서는 취득세를 2026년 12월 31일까지 면제하고, 과세기준일 현재 그 시설에 직접 사용하는 부동산에 대해서는 재산세의 100분의 50을 2026년 12월 31일까지 경감한다(법 §21 ②).

가. 스카우트주관단체 등의 취득 부동산(법 §21 ①, 영 §9)

취득세, 재산세 면제

스카우트주관단체, 한국청소년연맹, 한국해양소년단연맹, 행정안전부장관이 여성가족부장관과 협의하여 고시하는 단체, 정부로부터 허가 또는 인가를 받거나 민법 외의 법률에 따라 설립되거나 그 적용을 받는 청소년단체가 그 고유업무에 직접 사용하기 위하여 취득하는

부동산에 대해서는 취득세의 100분의 75를 2026년 12월31일까지 경감하고, 과세기준일 현재 그 고유업무에 직접 사용하는 부동산에 대해서는 재산세를 각각 2026년 12월 31일까지 면제한다. 이 경우 지방세법 제13조 제3항에 따른 부동산(중과세 대상 부동산)등은 감면 대상에서 제외하며(법 §177), 부동산에 대한 감면을 적용할 때 이법에서 특별히 규정한 경우를 제외하고는 취득일부터 1년 이내에 정당한 사유 없이 해당 용도로 직접 사용하지 아니하는 경우 또는 그 사용일부터 2년 이상 해당 용도로 직접 사용하지 아니하고 매각·증여하거나 다른 용도로 사용하는 경우에 해당 부분에 대하여 감면된 취득세를 추징한다(법 §178).

이 규정의 적용에 있어 면제대상의 판단시 유의할 점은,

① 해당 법인이 그 고유업무에 직접 사용하기 위하여 취득하는 부동산에 한하여 면제대상으로 하기 때문에 지방세법상 부동산인 토지와 건축물이 이에 해당되고 해당 법인의 고유업무는 해당 법인의 법령 또는 등기부상의 업무에 직접 사용하는 것을 말하므로 해당 법인이 소유한 건물의 일부를 타에 임대하거나 목적사업에 사용하지 아니하면 면제대상이 될 수 없다.

② 해당 법인이 취득한 과세대상물건이 별장·골프장·고급오락장 등에 해당되면 지방세가 면제되지 않을 뿐 아니라 중과세대상이 된다.

③ 해당 법인이 부동산을 취득하여 1년 이내에 정당한 사유 없이 고유의 업무에 직접 사용하지 아니하면 취득세는 추징을 하게 되는데, 이 경우 정당한 사유라 함은 해당 법인의 고의 또는 과실이 아닌 타당성 있는 객관적 사정으로 고유목적사업에 직접 사용하지 못하였다고 인정될 수 있는 사유를 말하는데 이는 어떤 면에서는 추상적이고 주관적이기 때문에 과세물건의 정황에 따라 많은 다툼이 있는 것은 사실이지만 이를 구체적·개별적으로 일일이 열거하여 규정한다는 것은 불가능하다고 보아진다. 그러므로 과세물건을 취득한 법인이 내부적으로 고유목적사업에 공하도록 정상적인 노력과 추진을 다 하였음에도 불구하고 시간적인 여유나 기타 부득이한 사정으로 고유목적사업에 사용하지 못한 경우와 법인 스스로의 힘으로는 영향을 미칠 수 없는 외부적이고 타율적인 사정으로 고유목적사업에 사용할 수 없는 경우를 정당한 사유로 보는 것이므로 경기침체에 따른 법인 내부의 자금사정, 법인 내부의 형편 등으로 고유목적사업에 사용하지 못한 것은 정당한 사유로 인정하지 않고 있으나 이를 일률적으로 정의할 수는 없고 각 사안에 따라 정당한 사유를 면밀히 검토하여 판단하여야 할 것이다.

④ 또한 그 취득일부터 1년 내에 고유업무에 직접 사용하였다 하더라도 그 사용일부터 2년 이상 고유업무에 직접 사용하지 아니하고 매각·증여하거나 다른 용도로 사용하는 경우 그 해당 부분에 대하여는 면제된 취득세를 추징하게 되는 것이다.

그리고 지방세법 제112조에 따른 부과액도 면제되는데 이는 종전의 목적세인 도시계획세를 말한다.

나. 청소년수련시설에 대한 감면(법 §21 ②)

> 취득세 면제, 재산세 경감

청소년활동진흥법에 따라 청소년수련시설의 설치허가를 받은 비영리법인이 청소년수련시설을 설치하기 위하여 취득하는 부동산에 대해서는 취득세를 2026년 12월 31일까지 면제하고, 과세기준일 현재 그 시설에 직접 사용하는 부동산에 대해서는 2026년 12월 31일까지 재산세의 100분의 50을 경감한다.

이 경우에 있어서도 법 제177조의 규정의 준용에 따른 중과세대상 부동산은 감면대상이 되지 아니하고, 또는 법 제178조의 규정의 적용에 따른 일정기간 그 용도에 직접 사용하지 아니하는 등 면제요건에 해당되지 아니하면 면제된 취득세를 추징하게 되는 것이다.

또한 이 규정에 의한 지방세 감면대상은 청소년활동진흥법에 따라 청소년활동시설의 설치허가를 받은 비영리법인이어야 하고, 이러한 비영리법인이 설치한 청소년활동시설에 한하는 것이다.

이 경우 「청소년활동진흥법」제10조(청소년활동시설의 종류) 청소년활동시설의 종류는 다음 각 호와 같다.

1. 청소년수련시설
    가. 청소년수련관: 다양한 청소년수련거리를 실시할 수 있는 각종 시설 및 설비를 갖춘 종합수련시설
    나. 청소년수련원: 숙박기능을 갖춘 생활관과 다양한 청소년수련거리를 실시할 수 있는 각종 시설과 설비를 갖춘 종합수련시설
    다. 청소년문화의 집: 간단한 청소년수련활동을 실시할 수 있는 시설 및 설비를 갖춘 정보·문화·예술 중심의 수련시설
    라. 청소년특화시설: 청소년의 직업체험, 문화예술, 과학정보, 환경 등 특정 목적의 청소년활동을 전문적으로 실시할 수 있는 시설과 설비를 갖춘 수련시설
    마. 청소년야영장: 야영에 적합한 시설 및 설비를 갖추고, 청소년수련거리 또는 야영편의를 제공하는 수련시설
    바. 유스호스텔: 청소년의 숙박 및 체류에 적합한 시설·설비와 부대·편익시설을 갖추고, 숙식편의 제공, 여행청소년의 활동지원(청소년수련활동 지원은 제11조에 따라 허가된 시설·설비의 범위에 한정한다.)을 기능으로 하는 시설

2. 청소년이용시설: 수련시설이 아닌 시설로서 그 설치 목적의 범위에서 청소년활동의 실시와 청소년의 건전한 이용 등에 제공할 수 있는 시설

제22조 사회복지법인 등에 대한 감면

① 「사회복지사업법」에 따른 사회복지사업(이하 이 조에서 "사회복지사업"이라 한다)을 목적으로 하는 법인 또는 단체가 해당 사회복지사업에 직접 사용하기 위하여 취득하는 부동산에 대해서는 다음 각 호에서 정하는 바에 따라 취득세를 2025년 12월 31일까지 감면한다(법 §22 ① Ⅰ·Ⅱ).

 1. 「사회복지사업법」에 따른 사회복지법인(이하 이 조에서 "사회복지법인"이라 한다) 또는 한센인의 권익·복지 증진·개선 등을 목적으로 설립된 법인·단체로서 대통령령으로 정하는 법인·단체에 대해서는 취득세를 면제한다.

이 규정 본문에서 "대통령령으로 정하는 법인·단체"란 사단법인 한국한센복지협회를 말한다.(영 §10 ①)

 2. 「사회복지사업법」에 따른 사회복지시설(이하 이 조에서 "사회복지시설"이라 한다)을 설치·운영하는 법인 또는 단체 중 대통령령으로 정하는 법인 또는 단체에 대해서는 취득세의 100분의 25를 경감한다. 다만, 사회복지시설의 입소자 및 이용자가 입소 및 이용에 대한 비용을 부담하지 아니하는 사회복지시설의 경우에는 취득세를 면제한다.

이 규정에서 "대통령령으로 정하는 법인 및 단체" 및 같은 조 제5항 본문에서 "대통령령으로 정하는 법인·단체"란 다음 각 호의 어느 하나에 해당하는 법인 또는 단체를 말한다(영 §10 ② Ⅰ·Ⅱ).

 1. 「민법」 제32조에 따라 설립된 비영리법인
 2. 다음 각 목의 요건을 모두 갖춘 단체
 가. 단체의 조직과 운영에 관한 일반 규정(規程)이 있을 것
 나. 단체의 대표자나 관리인이 있을 것
 다. 단체 자신의 명의와 계산으로 수익과 재산을 독립적으로 소유·관리하고 있을 것
 라. 단체의 수익을 구성원에게 분배하지 않을 것

이 규정은 감면대상을 전체 사회복지시설으로 확대하면서 감면대상을 법률에서 직접 열거하며, 현재 감면대상을 열거하는 등 단일 감면율을 적용하는 기존 조문 체계를 재구성하고, 감면율을 차등하여 아래와 같이 재설계하였다

 ㉮ 취득세 재산세
  - 사회복지법인, 한국한센복지협회 : 100%, ,
  - 사회복지시설(조례로 50%p 추가 가능) : 무료 100%, 유료 25%*
 ㉯ 주민세 : 100%

사회복지법인, 한국한센복지협회, 사회복지시설, 장애인활동지원기관

② 제1항에 따라 취득세를 감면받은 법인 또는 단체가 다음 각 호의 어느 하나에 해당하는 경우 그 해당 부분에 대해서는 감면된 취득세를 추징한다.
1. 부동산을 취득한 날부터 5년 이내에 수익사업에 사용하는 경우
2. 정당한 사유 없이 부동산의 취득일부터 3년이 경과할 때까지 해당 용도로 직접 사용하지 아니하는 경우
3. 해당 용도로 직접 사용한 기간이 2년 미만인 상태에서 부동산을 매각·증여하거나 다른 용도로 사용하는 경우

③ 제1항제1호 및 제2호에 해당하는 법인 또는 단체(이하 이 조에서 "사회복지법인등"이라 한다)가 과세기준일 현재 해당 사회복지사업에 직접 사용(종교단체의 경우 해당 부동산의 소유자가 아닌 그 대표자 또는 종교법인이 해당 부동산을 사회복지사업의 용도로 사용하는 경우를 포함한다. 이하 이 조에서 같다.)하는 부동산(대통령령으로 정하는 건축물의 부속토지를 포함한다.)에 대해서는 다음 각 호에서 정하는 바에 따라 지방세를 2025년 12월 31일까지 각각 감면한다. 다만, 수익사업에 사용하는 경우와 해당 재산이 유료로 사용되는 경우의 그 재산 및 해당 재산의 일부가 그 목적에 직접 사용되지 아니하는 경우의 그 일부 재산에 대해서는 감면하지 아니한다(법 §22 ③ Ⅰ·Ⅱ).
1. 제1항제1호에 해당하는 법인 또는 단체에 대해서는 재산세(「지방세법」 제112조에 따른 부과액을 포함한다) 및 「지방세법」 제146조제3항에 따른 지역자원시설세를 각각 면제한다.
2. 제1항제2호에 해당하는 법인 또는 단체에 대해서는 재산세의 100분의 25를 경감한다. 다만, 사회복지시설의 입소자 및 이용자가 입소 및 이용에 대한 비용을 부담하지 아니하는 사회복지시설의 경우에는 재산세의 100분의 50을 경감한다.

여기에서 "대통령령으로 정하는 건축물의 부속토지"란 해당 사업에 직접 사용할 건축물을 건축 중인 경우와 건축허가 후 행정기관의 건축규제조치로 건축에 착공하지 못한 경우의 그 건축 예정 건축물의 부속토지를 말한다(영 §10 ③).

④ 지방자치단체의 장은 제1항 또는 제3항에 따라 취득세 또는 재산세를 감면하는 경우 해당 지역의 재정 여건 등을 고려하여 100분의 50의 범위에서 조례로 정하는 율을 추가로 경감할 수 있다(법 §22 ④).

⑤ 사회복지법인등이 그 사회복지사업에 직접 사용하기 위한 면허에 대해서는 등록면허세를 <u>사회복지법인등(「장애인활동 지원에 관한 법률」에 따른 활동지원기관을 설치·운영하는 법인·단체 중 대통령령으로 정하는 법인·단체를 포함한다)에 대해서는</u> 주민세 사업소분(「지방세법」 제81조 제1항 제2호에 따라 부과되는 세액으로 한정한다. 이하 이 항에서 같다.) 및 종업

원분을 각각 2025년 12월 31일까지 면제한다. 다만, 수익사업에 관계되는 대통령령으로 정하는 주민세 사업소분 및 종업원분은 면제하지 아니한다(법 §22 ⑤).

이 경우 "사회복지법인 등이 그 사업에 직접 사용하기 위한 면허"란 법 제22조 제3항에 따른 사회복지법인 등이 그 비영리사업의 경영을 위하여 필요한 면허 또는 그 면허로 인한 영업 설비나 행위에서 발생한 수익금의 전액을 그 비영리사업에 사용하는 경우의 면허를 말한다(영 §10 ④).

그리고 단서 규정에서 "수익사업에 관계되는 대통령령으로 정하는 주민세 사업소분 및 종업원분"이란 수익사업에 제공되고 있는 사업소와 종업원을 기준으로 부과하는 주민세 사업소분과 및 종업원분을 말한다. 이 경우 감면대상 사업과 수익사업에 건축물이 겸용되거나 종업원이 겸직하는 경우에는 주된 용도 또는 직무에 따른다(영 §10 ⑤).

⑥ 사회복지법인등에 생산된 전력 등을 무료로 제공하는 경우 그 부분에 대해서는 지방세법 제146조 제1항 및 제2항에 따른 지역자원시설세를 2019년 12월 31일까지 면제한다(법 §22 ⑥).(감면종료)

⑦ 사회복지법인등의 설립등기 및 합병등기에 대한 등록면허세와 사회복지시설을 경영하는 자에 대하여 해당 사회복지시설 사업장에 과세되는 주민세 사업소분(「지방세법」 제81조 제1항 제1호에 따라 부과되는 세액으로 한정한다.)을 각각 2025년 12월 31일까지 면제한다(법 §22 ⑦).

이 규정을 적용함에 있어서는 지방세법 제13조 제3항에 따른 중과세대상 부동산등은 감면대상에서 제외한다(법 §177).

그리고 이 규정에서 "사회복지법인 등"이라 함은 사회복지사업법에 따라 설립된 사회복지법인. 즉, 국민기초생활보장법, 아동복지법, 노인복지법, 장애인복지법, 한부모가족지원법, 영유아보육법, 성매매방지 및 피해자보호 등에 관한 법률, 정신건강 증진 및 정신질환자 복지서비스 지원에 관한 법률, 성폭력방지 및 피해자보호 등에 관한 법률, 입양 특례법, 일제하 일본군위안부 피해자에 대한 생활안정지원 및 기념사업 등에 관한 법률, 사회복지공동모금회법, 장애인·노인·임산부 등의 편의증진 보장에 관한 법률, 가정폭력방지 및 피해자보호 등에 관한 법률, 농어촌주민의 보건복지증진을 위한 특별법, 식품 등 기부 활성화에 관한 법률, 의료급여법, 기초연금법, 긴급복지지원법, 다문화가족지원법, 장애인연금법, 장애인활동지원에 관한 법률, 노숙인 등의 복지 및 자립지원에 관한 법률, 보호관찰 등에 관한 법률, 장애아동복지지원법, 발달 장애인 권리보장 및 지원에 관한 법률, 청소년복지 지원법에 따른 보호·선도 또는 복지에 관한 사업과 사회복지상담, 직업지원, 무료 숙박, 지역사회복지, 의료복지, 재가복지, 사회복지관운영, 정신질환자 및 한센병력자의 사회복귀에 관한 사업 등 각종 복지사업과 이와 관련된 자원봉사활동 및 복지시설의 운영 또는 지원을 목적으로 하는 사업을 말한다(사회복지사업법 §2 Ⅰ 각목).

⑧ 제1항부터 제7항까지의 규정에도 불구하고 사회복지법인이 의료기관을 경영하기 위하여 취득하거나 사용하는 부동산에 대해서는 다음 각 호에 따라 취득세와 재산세를 각각 경감한다(법 §22 ⑧ Ⅰ·Ⅱ).

1. 의료업에 직접 사용하기 위하여 취득하는 부동산에 대해서는 2024년 12월 31일까지 취득세의 100분의 30[「감염병의 예방 및 관리에 관한 법률」 제8조의2에 따라 지정된 감염병전문병원(이하 "감염병전문병원"이라 한다)의 경우에는 100분의 40]을 경감한다.
2. 과세기준일 현재 의료업에 직접 사용하는 부동산에 대해서는 2024년 12월 31일까지 재산세의 100분의 50(감염병전문병원의 경우에는 100분의 60)을 경감한다.

사례

❖ **민법상 비영리사단법인이 지방세가 면제되는 사회복지법인인지 여부**

이 사건 각 처분의 과세근거인 취득세, 재산세, 사업소세, 주민세(재산분, 종업원분), 모두 공통적으로 주체에 관한 요건으로 '사회복지사업에 따라 설립된 사회복지법인 내지 양로원·보육원·모자원·한센병자 치료보호시설 등 사회복지사업을 목적으로 하는 단체'에 해당할 것을 요구하고 있고, 나아가 사용 목적에 관한 요건으로 취득세의 경우 '해당사업에 직접 사용하기 위하여 취득한 부동산일 것'을, 재산세의 경우 '해당 사업에 직접 사용하는 부동산일 것'을 요구하고 있다.
먼저 위 주체에 관한 요건과 관련하여 원고는 민법상 비영리사단법인이므로 사회복지사업법에 의한 사회복지법인에 해당할 여지는 없다.
그리고 취득세 등의 비과세대상에 해당하기 위하여는 공익을 목적으로 하는 비영리사업자로서 구 지방세법시행령 제79조 제1항 각호의 1에 해당하는 사업자라야 하고, 그 조항은 비과세대상인 사업자를 제한적으로 열거한 규정으로 보아야 할 것이어서 그 조항에 해당하지 아니하는 사업자라면 비록 공익을 목적으로 하는 비영리사업자라 하더라도 이를 취득세 등의 비과세대상에 해당한다고 할 수 없다(대법 94누7515, 1995.5.23. 판결 참조).
따라서 구 지방세법 시행령 제79조 제1항 제4호 등에서 말하는 '양로원·보육원·모자원·한센병자 치료보호시설 등 사회복지사업을 목적으로 하는 단체'는 위에서 열거된 사회복지시설을 직접 운영하는 단체로 한정된다고 해석함이 상당하고, 원고가 위에서 열거된 사회복지시설을 직접 운영하는 단체가 아닌 이상 지방세 비과세요건 중 위 주체에 관한 요건을 충족하였다고 보기 어렵다. 결국 원고의 이 부분 주장은 나머지 점에 관하여 더 나아가 살필 필요 없이 이유 없다.

(대법 2012두24276, 2013.2.14.)

❖ 사단법인 설립 시 출연한 토지가 건물 소유자와 다른 경우 사회복지법인 이 그 토지를 해당 용도로 "직접 사용"하는 부동산으로 볼 수 있는지는, 사회복지법인이 어느 부동산을 '해당 용도로 직접사용'한다고 함은 사회복지법인이 그 부동산의 소유자 또는 사실상 취득자의 지위에서 현실적으로 이를 사회복지법인의 업무자체에 직접 사용하는 것을 의미하므로 당해 부

> 동산 중 건물을 사회복지사업의 목적에 사용되고 있다 하더라도 당해 부동산을 취득 등기한 자가 대표자 개인이라면 그 부동산의 소유자 또는 사실상 취득자의 지위에서 사회복지법인의 해당 업무 자체에 직접 사용하는 것으로 보기 어렵다.
>
> (행자부 지방세특례제도과-1804, 2016.7.27.)
>
> ❖ 장기요양기관의 장기요양서비스(급여)는 노인의료복지 및 재가노인복지에 해당한다 할 것으로서 이러한 장기요양사업은 수익사업의 범위에서 제외되는 사업에 해당하므로 부과고지 한 처분은 부당함
>
> (조심 2010지0695, 2010.12.28.)

제22조의 2 │ 출산 및 양육 지원을 위한 감면

취득세 감면

① 18세 미만의 자녀(가족관계등록부 기록을 기준으로 하고, 양자 및 배우자의 자녀를 포함하되, 입양된 자녀는 친생부모의 자녀 수에는 포함하지 아니한다.) 3명 이상을 양육하는 자(이하 이 조에서 "다자녀 양육자"라 한다.)가 양육을 목적으로 2024년 12월 31일까지 취득하여 등록하는 자동차로서 다음 각 호의 어느 하나에 해당하는 자동차(자동차의 종류 구분은 「자동차관리법」 제3조에 따른다.) 중 먼저 감면 신청하는 1대에 대해서는 취득세를 면제하되, 제1호 나목에 해당하는 승용자동차는 「지방세법」 제12조 제1항 제2호에 따라 계산한 취득세가 140만원 이하인 경우는 면제하고 140만원을 초과하면 140만원을 경감한다.

다만, 다자녀 양육자 중 1명 이상이 종전에 감면받은 자동차를 소유하고 있거나 배우자 및 자녀(자녀와 공동등록은 제1항 제3호의 경우로 한정한다) 외의 자와 공동등록을 하는 경우에는 그러하지 아니하다(법 §22의 2 ① Ⅰ~Ⅳ).

1. 다음 각 목의 어느 하나에 해당하는 승용자동차
   가. 승차정원이 7명 이상 10명 이하인 승용자동차
   나. 가목 외의 승용자동차
2. 승차정원이 15명 이하인 승합자동차
3. 최대적재량이 1톤 이하인 화물자동차
4. 배기량 250시시 이하인 이륜자동차

② 다자녀 양육자가 제1항 각 호의 어느 하나에 해당하는 자동차를 2024년 12월 31일까지 다음 각 호의 어느 하나의 방법으로 취득하여 등록하는 경우 해당 자동차에 대해서는

제1항의 방법에 따라 취득세를 감면한다(법 §22의 2 ② Ⅰ~Ⅲ).
1. 대통령령으로 정하는 바에 따라 대체취득하여 등록하는 경우
   이 경우 법 제22조의 2 제2항 제1호에 따른 취득세를 감면받은 자동차를 말소등록하거나 이전등록(배우자 간 이전하는 경우는 제외한다. 이하 이 조에서 같다.)하고 다른 자동차를 다시 취득하는 경우(취득하여 등록한 날부터 60일 이내에 취득세를 감면받은 종전의 자동차를 말소등록하거나 이전등록하는 경우를 포함한다.)로 한다(영 §10조의 2).
2. 다자녀 양육자가 감면받은 자동차의 소유권을 해당 다자녀 양육자의 배우자에게 이전하여 등록하는 경우
3. 다자녀 양육자의 사망으로 해당 다자녀 양육자가 취득세를 감면받은 자동차의 소유권을 「민법」 제1009조(법정상속분)에 따라 법정상속분대로 등록하는 경우
   이 규정은 민법 제961에서 미성년자는 특별대리인의 미선임·부동의시 뱅자 단독명의로 협의상속이 불가함에 따라 배우자가 자녀와 공동으로 취득하는 경우 배우자가 양육용으로 계속 사용하여도 감면이 되지 않음에 따라 그 배우자가 자녀와 해당자동차를 법정상속지분대로 공동 등록하는 경우에도 자동차 취득세가 감면될 수 있도록 개정한 것이다.

③ 제1항 및 제2항에 따라 취득세를 감면받은 자가 자동차 등록일부터 1년 이내에 사망, 혼인, 해외이민, 운전면허 취소, 그 밖에 이와 유사한 사유 없이 해당 자동차의 소유권을 이전하는 경우에는 감면된 취득세를 추징한다. 다만, 제1항 본문에 따라 취득세를 감면받은 다자녀 양육자가 해당 자동차의 소유권을 해당 다자녀 양육자의 배우자에게 이전하는 경우에는 감면된 취득세를 추징하지 아니한다(이 단서 규정이 시행되기 전에 감면받은 지방세를 2017년 이후 추징하는 경우에도 적용한다.)(법 §22의 2 ③).

④ 제1항 및 제2항에 따라 감면을 받은 자동차가 다음 각 호의 어느 하나에 해당되는 경우에는 장부상 등록 여부에도 불구하고 자동차를 소유하지 아니한 것으로 보아 제1항 및 제2항에 따른 취득세 감면 규정을 적용한다(법 §22의 2 ④ Ⅰ~Ⅳ).
1. 「자동차관리법」에 따른 자동차매매업자가 중고자동차 매매의 알선을 요청한 사실을 증명하는 자동차(매도되지 아니하고 그 소유자에게 반환되는 중고자동차는 제외한다.)
2. 천재지변, 화재, 교통사고 등으로 소멸, 멸실 또는 파손되어 해당 자동차를 회수할 수 없거나 사용할 수 없는 것으로 특별자치시장·특별자치도지사·시장·군수 또는 구청장(구청장의 경우에는 자치구의 구청장을 말하며, 이하 "시장·군수"라 한다.)이 인정하는 자동차
3. 「자동차관리법」에 따른 자동차해체재활용업자가 폐차되었음을 증명하는 자동차
4. 「관세법」에 따라 세관장에게 수출신고를 하고 수출된 자동차

> **사례** ❙
>
> ❖ 부부공동 양육자가 공동등록 지분을 자동차 등록일부터 1년 이내에 제3자에게 양도하여 취득 당시 감면받은 취득세를 전부(100%)를 추징한 경우라면, 비록 공동 양육자가 추징당한 종전 차량을 보유하고 있다 하더라도 종전 차량에 대한 지방세 감면사항이 없기 때문에 새로이 취득하는 차량에 대하여 감면을 신청하는 경우 감면이 가능
>
> (행자부 지방세특례제도과-1805, 2016.7.27.)
>
> ❖ 자동차 등록일부터 1년 이내에 매각하면 기 감면한 취득세 등이 추징된다는 것에 대하여 처분청으로부터 안내 받지 못하였다는 사유는 매각에 따른 부득이한 사유로 볼 수 없음
>
> (조심 2013지0141, 2013.3.20.)

제22조의 3 | 휴면예금관리재단에 대한 면제

「서민의 금융생활 지원에 관한 법률」에 따라 설립된 휴면예금관리재단[같은 법 제2조 제6호에 따른 사업수행기관(대통령령으로 정하는 자로 한정한다.) 중 2008년 8월 1일 이후에 같은 법 제2조 제5호에 따른 서민의 금융생활 지원사업 등만을 목적으로 금융위원회의 허가를 받아 설립하는 법인인 사업수행기관을 포함한다.]의 법인설립의 등기(출자의 총액 또는 재산의 총액을 증가하기 위한 등기를 포함한다.)에 대해서는 등록면허세를 2016년 12월 31일까지 면제한다(감면종료).

제22조의 4 | 사회적기업에 대한 감면

취득세, 등록면허세, 재산세 경감

「사회적기업 육성법」 제2조 제1호에 따른 사회적기업(「상법」에 따른 회사인 경우에는 「중소기업기본법」 제2조 제1항에 따른 중소기업으로 한정한다.)에 대해서는 다음 각 호에서 정하는 바에 따라 지방세를 2024년 12월 31일까지 경감한다(법 §22의 4 Ⅰ~Ⅲ).

1. 그 고유업무에 직접 사용하기 위하여 취득하는 부동산에 대해서는 취득세의 100분의 50을 경감한다. 다만, 다음 각 목의 어느 하나에 해당하는 경우 그 해당 부분에 대해서는 경감된 취득세를 추징한다.

    가. 그 취득일부터 3년 이내에 「사회적기업 육성법」 제18조에 따라 사회적기업의 인증

이 취소되는 경우
나. 정당한 사유 없이 그 취득일부터 1년이 경과할 때까지 해당 용도로 직접 사용하지 아니하는 경우
다. 해당 용도로 직접 사용한 기간이 2년 미만인 상태에서 매각·증여하거나 다른 용도로 사용하는 경우
2. (삭제)
3. 과세기준일 현재 그 고유업무에 직접 사용하는 부동산에 대해서는 재산세의 100분의 25를 경감한다.

이 경우 「사회적기업 육성법」 제2조 제1호에 따른 "사회적기업"이란 취약계층에서 사회서비스 또는 일자리를 제공하거나 지역사회에 공헌함으로써 지역주민의 삶의 질을 높이는 등의 사회적 목적을 추구하면서 재화 및 서비스의 생산·판매 등 영업활동을 하는 기업으로서 동법 제7조에 따라 인증받은 자를 말한다. 다만, 상법에 따른 회사인 경우에는 「중소기업기본법」 제2조 제1항에 따른 중소기업으로 한정한다.

제23조　권익 증진 등을 위한 감면

① 「법률구조법」에 따른 법률구조법인이 그 고유업무에 직접 사용하기 위하여 취득하는 부동산에 대해서는 취득세의 100분의 25를, 과세기준일 현재 그 고유업무에 직접 사용하는 부동산에 대해서는 재산세의 100분의 25를 2025년 12월 31일까지 각각 경감한다.

② 「소비자기본법」에 따른 한국소비자원이 그 고유업무에 직접 사용하기 위하여 취득하는 부동산에 대해서는 취득세의 100분의 25를, 과세기준일 현재 그 고유업무에 직접 사용하는 부동산에 대해서는 재산세의 100분의 25를 2025년 12월 31일까지 각각 경감한다.

취득세, 재산세 면제

이 규정의 적용에 있어 해당 법인(법률구조법에 따른 대한법률구조공단 및 법률 구조법인과 소비자기본법에 따른 한국소비자원)이 그 고유업무에 직접 사용하기 위하여 취득하는 부동산과 과세기준일 현재 그 고유업무에 직접 사용하는 부동산에 한하여 취득세 및 재산세를 면제하는 것이나, 그 부동산이 별장, 고급오락장 등 중과세대상이거나 그 부동산을 취득일부터 1년 이내에 정당한 사유 없이 해당 용도로 직접 사용하지 아니하는 경우 또는 그 사용일부터 2년

이상 해당 용도로 직접 사용하지 아니하고 매각·증여하거나 다른 용도로 사용하는 경우에 해당 부분에 대하여는 감면된 취득세를 추징한다. 그리고 재산세 면제대상에는 지방세법 제112조에 따라 부과되는 종전의 도시계획세에 해당하는 재산세도 포함하여 면제한다.

  이 규정의 적용에 있어 면제대상의 판단시 유의할 점은,
① 해당 법인이 그 고유업무에 직접 사용하기 위하여 취득하는 부동산에 한하여 면제대상으로 하기 때문에 지방세법상 부동산인 토지와 건축물이 이에 해당되고 해당 법인의 고유업무는 해당 법인의 법령 또는 등기부상의 업무에 직접 사용하는 것을 말하므로 해당 법인이 소유한 건물의 일부를 타에 임대하거나 목적사업에 사용하지 아니하면 면제대상이 될 수 없다.
② 해당 법인이 취득한 과세대상물건이 별장·골프장·고급오락장 등에 해당되면 지방세가 면제되지 않을 뿐 아니라 중과세대상이 된다.
③ 해당 법인이 부동산을 취득하여 1년 이내에 정당한 사유 없이 고유의 업무에 직접 사용하지 아니하면 취득세는 추징을 하게 되는데, 이 경우 정당한 사유라 함은 해당 법인의 고의 또는 과실이 아닌 타당성 있는 객관적 사정으로 고유목적사업에 직접 사용하지 못하였다고 인정될 수 있는 사유를 말하는데 이는 어떤 면에서는 추상적이고 주관적이기 때문에 과세물건의 정황에 따라 많은 다툼이 있는 것은 사실이지만 이를 구체적·개별적으로 일일이 열거하여 규정한다는 것은 불가능하다고 보아진다. 그러므로 과세물건을 취득한 법인이 내부적으로 고유목적사업에 공하도록 정상적인 노력과 추진을 다 하였음에도 불구하고 시간적인 여유나 기타 부득이한 사정으로 고유목적사업에 사용하지 못한 경우와 법인 스스로의 힘으로는 영향을 미칠 수 없는 외부적이고 타율적인 사정으로 고유목적사업에 사용할 수 없는 경우를 정당한 사유로 보는 것이므로 경기침체에 따른 법인 내부의 자금사정, 법인 내부의 형편 등으로 고유목적사업에 사용하지 못한 것은 정당한 사유로 인정하지 않고 있으나 이를 일률적으로 정의할 수는 없고 각 사안에 따라 정당한 사유를 면밀히 검토하여 판단하여야 할 것이다.
④ 또한 그 취득일부터 1년 내에 고유업무에 직접 사용하였다 하더라도 그 사용일부터 2년 이상 고유업무에 직접 사용하지 아니하고 매각·증여하거나 다른 용도로 사용하는 경우 그 해당 부분에 대하여는 면제된 취득세를 추징하게 되는 것이다.

제24조   연금공단 등에 대한 감면

※ 이 조의 규정은 일몰기간이 종료된 것임.

① 국민연금법에 따른 국민연금공단이 같은 법 제25조에 따른 업무에 직접 사용하기 위하여 취득하는 부동산에 대하여는 다음 각 호에서 정하는 바에 따라 2014년 12월 31일까지 지방세를 감면한다(법 §24 ① Ⅰ·Ⅱ).
　1.「국민연금법」제25조 제4호에 따른 복지증진사업을 위한 부동산에 대하여는 취득세 및 재산세를 면제한다.
　2.「국민연금법」제25조 제7호에 따라 위탁받은 그 밖의 국민연금사업을 위한 부동산에 대하여는 취득세 및 재산세의 100분의 50을 경감한다.
②「공무원연금법」에 따른 공무원연금공단이 같은 법 제16조에 따른 사업에 직접 사용하기 위하여 취득하는 부동산에 대하여는 다음 각 호에서 정하는 바에 따라 2014년 12월 31일까지 지방세를 감면한다(법 §24 ② Ⅰ·Ⅱ).
　1.「공무원연금법」제17조 제4호 및 제5호의 사업을 위한 부동산에 대하여는 취득세 및 재산세를 면제한다.
　2.「공무원연금법」제17조 제3호 및 제6호의 사업을 위한 부동산에 대하여는 취득세 및 재산세의 100분의 50을 경감한다.
③「사립학교교직원 연금법」에 따른 사립학교교직원연금공단이 같은 법 제4조에 따른 사업에 직접 사용하기 위하여 취득하는 부동산에 대하여는 다음 각 호에서 정하는 바에 따라 2014년 12월 31일까지 지방세를 감면한다(법 §24 ③ Ⅰ·Ⅱ).
　1.「사립학교교직원 연금법」제4조 제4호의 사업을 위한 부동산에 대하여는 취득세 및 재산세를 면제한다.
　2.「사립학교교직원 연금법」제4조 제3호·제5호의 사업을 위한 부동산에 대하여는 취득세 및 재산세의 100분의 50을 경감한다.

제25조 | 근로자 복지를 위한 감면

※ 이 조의 규정은 일몰기간이 종료된 것임.
① 다음 각 호의 법인이 대통령령으로 정하는 회원용 공동주택을 건설하기 위하여 취득하는 부동산에 대하여는 2014년 12월 31일까지 취득세의 100분의 50을 경감한다(법 §25 ① Ⅰ~Ⅳ).
　1. 군인공제회법에 따라 설립된 군인공제회
　2. 경찰공제회법에 따라 설립된 경찰공제회
　3. 대한지방행정공제회법에 따라 설립된 대한지방행정공제회
　4. 한국교직원공제회법에 따라 설립된 한국교직원공제회

여기에서 "대통령령으로 정하는 회원용 공동주택"이란 전용면적 85제곱미터이하의 회원용 공동주택을 말한다(영 §11).

② 근로복지기본법에 따른 기금법인의 설립등기 및 변경등기에 대하여는 2016년 12월 31일까지 등록면허세를 면제한다(법 §25 ②).

제26조 　 노동조합에 대한 감면

노동조합 및 노동관계조정법에 따라 설립된 노동조합이 그 고유업무에 직접 사용하기 위하여 취득하는 부동산(수익사업용 부동산은 제외한다. 이하 이 조에서 같다.)에 대하여는 취득세를, 과세기준일 현재 그 고유업무에 직접 사용하는 부동산에 대하여는 재산세를 각각 2024년 12월 31일까지 면제한다(법 §26).

취득세, 재산세 면제

노동조합 및 노동관계조정법에 따라 설립된 노동조합이라 함은 근로자가 주체가 되어 자주적으로 단결하여 근로조건의 유지·개선 그 밖의 근로자의 경제적·사회적 지위의 향상을 도모함을 목적으로 조직하는 단체 또는 그 연합단체를 말하는데, 이 경우의 노동조합은 법인격이 없는 경우에도 노동조합 및 노동관계조정법에 정한 요건을 충족하면 노동조합으로 보아야 하는 점에 유의하여야 한다.

그리고 이러한 노동조합이 취득한 부동산이라 하더라도 이를 수익사업용으로 사용하는 경우는 취득세와 재산세 모두가 과세된다.

이 규정을 적용함에 있어서도 별장, 고급오락장 등 지방세 중과세 대상 부동산은 감면대상에서 제외되며, 또한 부동산의 취득일부터 1년 이내에 정당한 사유 없이 해당 용도에 직접 사용하지 아니하는 경우 또는 그 사용일부터 2년 이상 해당 용도로 직접 사용하지 아니하고 매각·증여하거나 다른 용도로 사용하는 경우에 해당 부분에 대하여는 면제된 취득세를 추징한다(법 §177, §178).

사례

❖ 운송하역업을 영위하는 법인이 노동조합과 협약에 의하여 노동조합의 조합원들로 하여금 하역작업을 수행하도록 하고 그 임금을 지급하고 있는 경우 종업원할 사업소세 과세대상이 되는 종업원에 해당됨

(구 행자부 심사 2004-0074, 2004.4.26.)

제27조 근로복지공단 지원을 위한 감면

① 「산업재해보상보험법」에 따른 근로복지공단(이하 이 조에서 "근로복지공단"이라 한다)이 같은 법 제11조제1항제1호부터 제5호까지, 제6호 및 제7호의 사업에 직접 사용하기 위하여 취득하는 부동산에 대해서는 취득세의 100분의 25를 2025년 12월 31일까지 경감한다.
② 근로복지공단이 「산업재해보상보험법」 제11조제1항제5호의2, 제5호의3 및 같은 조 제2항에 따른 의료사업 및 재활사업에 직접 사용하기 위하여 취득하는 부동산에 대해서는 취득세를, 과세기준일 현재 그 업무에 직접 사용하는 부동산에 대해서는 재산세를 다음 각 호에서 정하는 바에 따라 각각 경감한다.
1. 2024년 12월 31일까지 취득세 및 재산세의 100분의 50(감염병전문병원의 경우에는 100분의 60)을 각각 경감한다.

이 규정을 적용함에 있어서도 별장, 고급오락장 등 지방세 중과세 대상 부동산은 감면대상에서 제외되며, 또한 부동산의 취득일부터 1년 이내에 정당한 사유 없이 해당 용도에 직접 사용하지 아니하는 경우 또는 그 사용일부터 2년 이상 해당 용도로 직접 사용하지 아니하고 매각·증여하거나 다른 용도로 사용하는 경우에 해당 부분에 대하여는 감면된 취득세를 추징한다(법 §177, §178).

(1) 근로복지공단이 취득하는 부동산

취득세 면세, 재산세 경감

근로복지공단이 「산업재해보상보험법」 제11조 제1항 제1호부터 제5호까지, 제6호 및 제7호의 사업에 직접 사용하기 위하여 취득하는 부동산에 대해서는 취득세를, 과세기준일 현재 그 사업에 직접 사용하는 부동산에 대해서는 재산세를 2025년 12월 31일까지는 취득세 및 재산세의 100분의 25를 각각 경감

이 경우 근로복지공단이 산업재해보상보험법 제11조 제1호부터 제5호까지, 제6호 및 제7호의 사업에 직접 사용하는 부동산에 대하여는 지방세가 감면되는데 그 사업의 내용은 다음과 같다.
① 보험가입자와 수급권자에 관한 기록의 관리·유지
② 보험료징수법에 따른 보험료와 그 밖의 징수금의 징수
③ 보험급여의 결정과 지급
④ 보험급여 결정 등에 관한 심사 청구의 심리·결정

⑤ 산업재해보상보험 시설의 설치·운영
⑥ 근로자의 복지 증진을 위한 사업
⑦ 그 밖에 정부로부터 위탁받은 사업

(2) 근로복지공단이 의료사업 등의 용도로 취득하는 부동산

취득세, 재산세 경감

근로복지공단이 「산업재해보상보험법」 제11조 제1항 제5호의 2, 제5호의 3 및 같은 조 제2항에 따른 의료사업 및 재활사업에 직접 사용하기 위하여 취득하는 부동산에 대해서는 2024년 12월 31일까지 취득세 및 재산세의 100분의 50(감염병전문병원의 경우에는 100분의 60)을 각각 경감한다.

이 경우 산업재해보상보험법 제11조 제1항 제5호의 2, 제5호의 3 및 동조 제2항에 따른 "의료사업 및 재활사업"이란 업무상 재해를 입은 근로자 등의 요양 및 재활과 재활보조기구의 연구개발, 검정 및 보급을 위한 사업을 말하며 공단은 이러한 사업을 위하여 의료기관, 연구기관 등의 설치·운영을 할 수 있다.

제28조 산업인력 등 지원을 위한 감면

① 「국민 평생 직업능력 개발법」에 따른 직업능력개발훈련시설(숙박시설을 포함한다. 이하 이항에서 같다.)에 직접 사용하기 위하여 취득하는 토지(건축물 바닥면적의 10배 이내의 것으로 한정한다.)와 건축물에 대하여는 2014년 12월 31일까지 취득세의 100분의 50을 경감하고, 과세기준일 현재 직업능력개발훈련시설에 직접 사용하는 부동산에 대하여는 2014년 12월 31일까지 재산세를 면제한다(일몰기간이 종료됨) (법 §28 ①).
② 한국산업안전보건공단법에 따라 설립된 한국산업안전보건공단이 같은 법 제6조 제2호 및 제6호 직접 사용하기 위하여 취득하는 부동산에 대해서는 취득세의 100분의 25를, 과세기준일 현재 그 사업에 직접 사용하는 부동산에 대해서는 재산세의 100분의 25를 각각 2025년 12월 31일까지 경감한다(법 §28 ②).
③ 「한국산업인력공단법」에 따라 설립된 한국산업인력공단이 같은 법 제6조 제1호의 사업에 직접 사용하기 위하여 취득하는 부동산에 대해서는 취득세의 100분의 25를 2025년 12월 31일까지 경감한다(법 §28 ③).

이 규정을 적용함에 있어서도 별장, 고급오락장 등 지방세 중과세 대상 부동산은 감면대상에서 제외하며, 또한 부동산의 취득일부터 1년 이내에 정당한 사유 없이 해당 용도에 직접 사용하지 아니하는 경우 또는 그 사용일부터 2년 이상 해당 용도로 직접 사용하지 아니하고 매각·증여하거나 다른 용도로 사용하는 경우에 해당 부분에 대하여는 감면된 취득세를 추징한다(법 §177, §178).

제29조 국가유공자 등에 대한 감면

① 「국가유공자 등 예우 및 지원에 관한 법률」, 「보훈보상대상자 지원에 관한 법률」, 「5.18민주유공자예우 및 단체설립에 관한 법률」 및 「특수임무유공자 예우 및 단체설립에 관한 법률」에 따른 대부금을 받는 사람이 취득하여 등록하는(부동산 취득일부터 60일 이내에 대부금을 수령하는 경우를 포함한다.) 다음 각 호의 부동산에 대해서는 취득세를 2026년 12월 31일까지 면제한다(법 §29 ① Ⅰ·Ⅱ).
 1. 전용면적 85제곱미터 이하인 주택(대부금을 초과하는 부분을 포함한다.)
 2. 제1호 외의 부동산(대부금을 초과하는 부분은 제외한다.)
위 규정은 국가유공자용 자동차 취득세 감면 적용일을 현재 '취득일'(취득하는)에서 감면·추징 요건 등과 일치하도록 '등록일'(취득하여 등록하는)로 명확화 한 것이다.

② 제1호 각 목의 단체에 대해서는 제2호 각 목의 지방세를 2026년 12월 31일까지 면제한다(법 §29 ② Ⅰ·Ⅱ).
 1. 대상 단체
  가. 「국가유공자 등 단체 설립에 관한 법률」에 따라 설립된 대한민국상이군경회, 대한민국전몰군경유족회, 대한민국전몰군경미망인회, 광복회, 4·19민주혁명회, 4·19혁명희생자유족회, 4·19혁명공로자회, 재일학도의용군동지회 및 대한민국무공수훈자회
  나. 「특수임무유공자 예우 및 단체설립에 관한 법률」에 따라 설립된 대한민국특수임무유공자회
  다. 「고엽제후유의증 등 환자지원 및 단체설정에 관한 법률」에 따라 설립된 대한민국고엽제전우회
  라. 「참전유공자 예우 및 단체설립에 관한 법률」에 따라 설립된 대한민국 6·25참전유공자회 및 대한민국월남전참전자회
  마. 「5·18민주유공자예우및 단체설립에 관한 법률」에 따라 설립된 5·18민주화운동부상자회, 5·18민주유공자유족회 및 5·18민주화운동공로자회

2. 면제 내용
   가. 그 고유업무에 직접 사용하기 위하여 취득하는 부동산에 대한 취득세
   나. 그 고유업무에 직접 사용하기 위한 면허에 대한 등록면허세
   다. 과세기준일 현재 그 고유업무에 직접 사용하는 부동산에 대한 재산세(「지방세법」 제112조 제1항 제2호에 따른 재산세를 포함한다.) 및 「지방세법」 제146조 제3항에 따른 지역자원시설세
   라. 해당 단체에 대한 주민세 사업소분(「지방세법」 제81조 제1항 제2호에 따라 부과되는 세액으로 한정한다.) 및 종업원분

③ 대통령령으로 정하는 바에 따라 상이등급 1급을 판정받은 사람들로 구성되어 국가보훈처장이 지정한 국가유동자 자활용사촌에 거주하는 중상이자(重傷痍者)와 그 유족 또는 그 중상이자와 유족으로 구성된 단체가 취득, 소유하는 자활용사촌 안의 부동산에 대해서는 취득세, 재산세(지방세법 제112조에 따른 부과액을 포함한다.) 및 지방세법 제146조 제3항에 따른 지역지원시설세를 2026년 12월 31일까지 면제한다(법 §29 ③).

이 경우 "대통령령으로 정하는 바에 따라 상이등급 1급을 판정받은 사람들로 구성되어 국가보훈처장이 지정한 국가유공자 자활용사촌"이란 「국가유공자 등 예우 및 지원에 관한 법률 시행령」 제88조의 4 제1항에 따라 지정된 자활용사촌을 말한다(영 §12).

이 규정을 적용함에 있어서도 지방세 중과세 대상(지방세법 제13조 제3항)인 부동산등을 취득하는 경우에는 감면대상에서 제외되며, 부동산을 취득일부터 1년 이내에 정당한 사유 없이 해당 용도로 직접 사용하지 아니하는 경우 또는 그 사용일부터 2년 이상 해당 용도로 직접 사용하지 아니하고 매각·증여하거나 다른 용도로 사용하는 경우에 해당 부분에 대하여는 감면된 취득세를 추징한다(법 §177, §178).

④ 「국가유공자 등 예우 및 지원에 관한 법률」에 따른 국가유공자(「보훈보상대상자 지원에 관한 법률」 제2조제1항 각 호의 어느 하나에 해당하는 보훈보상대상자 및 법률 제11041호 국가유공자 등 예우 및 지원에 관한 법률 일부개정법률 부칙 제19조에 해당하는 사람을 포함한다)로서 상이등급 1급부터 7급까지의 판정을 받은 사람 또는 그 밖에 대통령령으로 정하는 사람(이하 "국가유공자등"이라 한다.)이 보철용·생업활동용으로 사용하기 위하여 취득하여 등록하는(대통령령으로 정하는 바에 따라 대체취득하는 경우를 포함한다.) 다음 각 호의 어느 하나에 해당하는 자동차로서 취득세 또는 자동차세 중 어느 하나의 세목(稅目)에 대하여 먼저 감면 신청하는 1대에 대해서는 취득세 및 자동차세를 각각 2024년 12월 31일까지 면제(「보훈보상대상자 지원에 관한 법률」 제2조제1항 각 호의 어느 하나에 해당하는 보훈보상대상자 및 법률 제11041호 국가유공자 등 예우 및 지원에 관한 법률 일부개정법률 부칙 제19조에 해당하는 사람으로서 상이

등급 1급부터 7급까지의 판정을 받은 사람의 경우에는 취득세 및 자동차세의 100분의 50을 각각 경감)한다. 다만, 제17조에 따른 장애인용 자동차에 대한 감면을 받은 경우는 제외한다(법 §29 ④ Ⅰ~Ⅳ).

이 경우 "대통령령으로 정하는 사람"이란,

㉮ 「5·18민주유공자예우 및 단체설립에 관한 법률」에 따라 등록된 5·18민주화운동부상자로서 신체장해등급 1급부터 14급까지의 판정을 받은 사람

㉯ 「고엽제후유의증 등 환자지원 및 단체설립에 관한 법률」에 따른 고엽제후유의증환자로서 경도(輕度) 장애 이상의 장애등급 판정을 받은 사람을 말한다(영 §12의 2 ① Ⅰ·Ⅱ).

1. 다음 각 목의 어느 하나에 해당하는 승용자동차
   가. 배기량 2천시시 이하인 승용자동차
   나. 승차 정원 7명 이상 10명 이하인 대통령령으로 정하는 승용자동차
      이 경우 "대통령령으로 정하는 승용자동차"란 「자동차관리법」에 따라 승용자동차로 분류된 자동차 중 승차 정원이 7명 이상 10명 이하인 승용자동차를 말한다. 다만, 법 제29조 제4항에 따른 국가유공자등(이하 이 조에서 "국가유공자등"이라 한다.)의 이동편의를 위하여 구조를 변경한 자동차의 경우 그 승차 정원은 구조변경 전의 승차 정원을 기준으로 한다(영 §12의 2 ②).
   다. 「자동차관리법」에 따라 자동차의 구분기준이 화물자동차에서 2006년 1월 1일부터 승용자동차에 해당하게 되는 자동차(2005년 12월 31일 이전부터 승용자동차로 분류되어 온 것은 제외한다.)
2. 승차 정원 15명 이하인 승합자동차
3. 최대적재량 1톤 이하인 화물자동차
4. 배기량 250시시 이하인 이륜자동차

그리고 제29조 제4항에 따라 취득세 및 자동차세를 면제하는 자동차는 국가유공자등이 본인 명의로 등록하거나 그 국가유공자등과 동일한 세대별 주민등록표에 기재되어 있고, 가족관계등록부에 따라 다음 각 호의 어느 하나에 해당하는 관계가 있는 것이 확인(취득세의 경우에는 해당 자동차 등록일에 세대를 함께하는 것이 확인되는 경우로 한정한다.)되는 사람이 공동명의로 등록하는 자동차를 말한다(영 §12의 2 ③).

1. 국가유공자등의 배우자·직계혈족·형제자매
2. 국가유공자등의 직계혈족의 배우자
3. 국가유공자등의 배우자의 직계혈족·형제자매

또한 위의 영 제3항을 적용할 때 국가유공자등 및 같은 항 각 호의 어느 하나에 해당하는 사람이 모두 출입국관리법 제31조에 따라 외국인등록을 하고 같은 법 제10조의 3에 따

른 영주자격을 가진 사람인 경우에는 등록외국인기록표등으로 가족관계등록부와 세대별 주민등록표를 갈음할 수 있다(영 §12의 2 ④).

그리고 법 제29조 제4항 각 호 외의 부분 본문에 따른 대체취득을 하는 경우는 법 제29조에 따라 취득세 또는 자동차세를 면제받은 자동차를 말소등록하거나 이전등록(국가유공자등과 공동명의로 등록한 자가 아닌 자에게 이전등록하는 경우를 말한다. 이하 이 항에서 같다.)하고 다른 자동차를 다시 취득하는 경우(다른 자동차를 취득하여 등록한 날부터 60일 이내에 취득세 또는 자동차세를 면제받은 종전의 자동차를 말소등록하거나 이전등록하는 경우를 포함한다.)로 한다(영 §12의 2 ⑤).

아울러 이 규정에 따라 취득세와 자동차세를 면제받은 자가 소유한 자동차가 다음 각 호의 어느 하나에 해당하는 경우에는 자동차등록원부의 기재 여부와 관계없이 그 날부터 해당 자동차를 소유하지 아니한 것으로 본다(영 §12의 2 ⑥ Ⅰ~Ⅳ).

㉮ 「자동차관리법」에 따른 자동차매매업자에게 해당 자동차의 매매 알선을 요청한 경우. 다만, 자동차를 매도(賣渡)하지 아니하고 반환받는 경우에는 자동차를 소유한 것으로 본다.

㉯ 천재지변·화재·교통사고 등으로 자동차가 소멸·멸실 또는 파손되어 해당 자동차를 회수할 수 없거나 사용할 수 없는 것으로 해당 시장·군수·구청장이 인정한 경우

㉰ 「자동차관리법」에 따른 자동차해체재활용업자가 폐차한 경우

㉱ 「관세법」에 따라 세관장에게 수출신고를 하고 수출된 경우

⑤ 제4항을 적용할 때 국가유공자등 또는 국가유공자등과 공동으로 등록한 사람이 자동차 등록일부터 1년 이내에 사망, 혼인, 해외이민, 운전면허취소, 그 밖에 이와 유사한 부득이한 사유 없이 소유권을 이전하거나 세대를 분가하는 경우에는 감면된 취득세를 추징한다. 다만, 국가유공자등과 공동 등록할 수 있는 사람의 소유권을 국가유공자등이 이전받은 경우, 국가유공자등과 공동 등록할 수 있는 사람이 그 국가유공자등으로부터 소유권의 일부를 이전받은 경우 또는 공동 등록할 수 있는 사람 간에 등록 전환하는 경우는 제외한다(법 §29 ⑤).

제30조 | 한국보훈복지의료공단 등에 대한 감면

① 「한국보훈복지의료공단법」에 따라 설립된 한국보훈복지의료공단이 같은 법 제6조 제2호부터 제9호까지의 사업에 직접 사용하기 위하여 취득하는 부동산에 대해서는 취득세의 100분의 25를, 과세기준일 현재 해당 사업에 직접 사용하는 부동산에 대해서는 재

산세의 100분의 25를 각각 2025년 12월 31일까지 경감한다(법 §30 ①).

② 「한국보훈복지의료공단법」 제7조 제1항에 따른 보훈병원이 의료업에 직접 사용하기 위하여 취득하는 부동산에 대해서는 취득세를, 과세기준일 현재 해당 사업에 직접 사용하는 부동산에 대해서는 재산세를 다음 각 호에서 정하는 바에 따라 각각 경감한다(법 §30 ② Ⅰ·Ⅱ).

1. 2024년 12월 31일까지 취득세 및 재산세의 100분의 50(감염병전문병원의 경우에는 100분의 60)을 각각 경감한다.
2. (삭제)

③ 「독립기념관법」에 따라 설립된 독립기념관이 같은 법 제6조 제1항의 업무에 직접 사용하기 위하여 취득하는 부동산에 대해서는 취득세를, 과세기준일 현재 해당 업무에 직접 사용하는 부동산(해당 부동산을 다른 용도로 함께 사용하는 경우 그 부분은 제외한다.)에 대해서는 재산세(지방세법 제112조에 따른 부과액을 포함한다.)를, 해당 법인에 대해서는 주민세 사업소분(「지방세법」 제81조 제1항 제2호에 따라 부과되는 세액으로 한정한다.)을 각각 2024년 12월 31일까지 면제한다(법 §30 ③).

이 규정을 적용함에 있어서도 지방세 중과세 대상(지방세법 제13조 제3항)인 부동산을 취득하는 경우에는 감면대상에서 제외되며, 부동산을 취득일부터 1년 이내에 정당한 사유 없이 해당 용도로 직접 사용하지 아니하는 경우 또는 그 사용일부터 2년 이상 해당 용도로 직접 사용하지 아니하고 매각·증여하거나 다른 용도로 사용하는 경우에 해당 부분에 대하여는 감면된 취득세를 추징한다(법 §177, §178).

가. 보훈복지의료공단의 업무용재산

취득세, 재산세 면제

한국보훈복지의료공단이 한국보훈복지의료공단법 제6조 제2호부터 제8호까지의 사업에 직접 사용하기 위하여 취득하는 부동산에 대해서는 취득세의 100분의 25를, 과세기준일 현재 해당 사업에 직접 사용하는 부동산에 대해서는 재산세의 100분의 25를 각각 2025년 12월 31일까지 면제한다.

이 경우 한국보훈복지의료공단의 업무 중 직업재활교육 등 교육·훈련, 단체의 운영지원, 국가유공자 등을 위한 주택의 건설, 공급, 임대사업, 택지의 취득 및 복지시설의 운영, 국가유공자 등 및 그 자녀의 학비지원, 호국정신의 함양 및 고취를 위한 사업과 보훈정책의 연구, 제대군인의 사회복귀 지원 및 인력활동을 촉진하기 위한 사업, 참전군인 등의 해외파병으로 인하여 발생한 질병에 대한 조사, 연구사업에 직접 사용하기 위하여 취득하는 재산(부동산, 앰블런스, 병원선 등)에 대하여는 취득세가 면제되고, 재산세는 부동산에 한하여만 면제대상이 된다.

나. 보훈병원의 사업에 대한 감면

재산세 면제

「한국보훈복지의료공단법」 제7조 제1항에 따른 보훈병원이 의료업에 직접 사용하기 위하여 취득하는 부동산에 대해서는 2024년 12월 31일까지 취득세 및 재산세의 100분의 50(감염병전문병원의 경우에는 100분의 60)을 각각 경감한다.

이 경우 보훈병원에 대한 지방세 중 재산세의 면제대상이 2021년부터는 지방세법 제112조에 따른 재산세 및 특정부동산에 대한 지역자원시설세는 면제대상이 아닌 점에 유의해야 한다.

다. 독립기념관이 취득하는 부동산 등

취득세, 재산세(도시지역분 포함), 주민세 사업소분 면제

독립기념관이 독립기념관법 제6조 제1항의 업무에 직접 사용하기 위하여 취득하는 부동산에 대하여는 취득세를, 과세기준일 현재 해당 업무에 직접 사용하는 부동산(해당 부동산을 다른 용도로 함께 사용하는 경우 그 부분은 제외한다.)에 대해서는 재산세(지방세법 제112조에 따른 부과액을 포함한다.)를, 해당 법인에 대해서는 주민세 사업소분(「지방세법」 제81조 제1항 제2호에 따라 부과되는 세액으로 한정한다.)을 각각 2024년 12월 31일까지 면제한다.

독립기념관법에 따라 설립된 독립기념관이 같은 법 제6조 제1항에 따른 업무에 직접 사용하기 위하여 취득하는 부동산에 대하여는 취득세를 면제하고, 과세기준일 현재 해당 업무에 직접 사용하는 부동산에 대하여는 재산세(지방세법 제112조에 따른 부과액 즉, 종전의 도시계획세 부분의 부과액을 포함한다.)를 해당 법인에 대하여는 주민세 사업소분을 면제하되, 특정부동산에 대한 지역자원시설세는 면제대상이 아닌 점에 유의해야 한다.

이 경우 독립기념관법 제6조 제1항의 규정에 따른 업무라 함은 기념관자료의 수집, 보존, 관리 및 전시, 기념관자료의 조사연구, 국민의 투철한 민족정신을 선양하고 올바른 국가관을 정립하기 위한 국민교육의 실시, 기념관자료에 관한 홍보와 이에 관한 각종 간행물의 제작 및 배포, 기념관시설의 관리 및 확충, 기념관의 운영재원 조달을 위한 사업, 기타 위의 업무에 부대되는 업무를 말한다.

> **사례**
>
> ❖ 한국보훈복지의료공단 보훈원 부설 전문요양센터, 수원보훈요양원, 수원보훈요양원 부설 주간보호센터는 「사회복지사업법」에 따른 복지시설에는 해당하나 「한국보훈복지의료공단법」에 따라 국가유공자 등에 대한 복지증진을 목적으로 설립된 한국보훈복지의료공단의 부대사업을 수행하기 위한 기관으로 독립적인 사회복지사업을 하는 단체로 보기에는 다소 무리가 있고, 「지방세특례제한법」제30조 제2항(구)지방소득세 종업원분 면제대상으로 보훈병원만을 규정하고 있는 점을 감안할 때 면제대상이 아니라고 판단된다.
>
> (행안부 지방세운영과-1182, 2014.4.8.)

제31조 임대주택 등에 대한 감면

취득세 경감

① 「공공주택 특별법」에 따른 공공주택사업자 및 「민간임대주택에 관한 특별법」에 따른 임대사업자[임대용 부동산 취득일부터 60일 이내에 해당 임대용 부동산을 임대목적물{2020년 7월 11일 이후 「민간임대주택에 관한 특별법」(법률 제17482호로 개정되기 전의 것을 말한다) 제5조에 따른 임대사업자등록 신청(임대할 주택을 추가하기 위하여 등록사항의 변경 신고를 한 경우를 포함한다)을 한 같은 법 제2조제5호에 따른 장기일반민간임대주택(이하 이 조에서 "장기일반민간임대주택"이라 한다) 중 아파트를 임대하는 민간매입임대주택이거나 같은 조 제6호에 따른 단기민간임대주택(이하 이 조에서 "단기민간임대주택"이라 한다)인 경우 또는 같은 법 제5조에 따라 등록한 단기민간임대주택을 같은 조 제3항에 따라 2020년 7월 11일 이후 같은 법 제2조제4호에 따른 공공지원민간임대주택이나 장기일반민간임대주택으로 변경 신고한 주택은 제외한다]로 하여 임대사업자로 등록한 경우를 말하되, 토지에 대해서는 「주택법」 제15조에 따른 사업계획승인을 받은 날 또는 「건축법」 제11조에 따른 건축허가를 받은 날부터 60일 이내로서 토지 취득일부터 1년 6개월 이내에 해당 임대용 부동산을 임대목적물로 하여 임대사업자로 등록한 경우를 포함한다. 이하 이 조에서 "임대사업자"라 한다]가 임대할 목적으로 공동주택(해당 공동주택의 부대시설 및 임대수익금 전액을 임대주택관리비로 충당하는 임대용 복리시설을 포함한다. 이하 이 조에서 같다)을 건축하는 경우 그 공동주택에 대해서는 다음 각 호에서 정하는 바에 따라 지방세를 2024년 12월 31일까지 감면한다. 다만, 토지를 취득한 날부터 정당한 사유 없이 2년 이내에 공동주택을 착공하지 아니한 경우는 제외한다(법 §31 ① Ⅰ·Ⅱ).

1. 전용면적 60 제곱미터 이하인 공동주택을 취득하는 경우에는 취득세를 면제한다.
2. 「민간임대주택에 관한 특별법」 또는 「공공주택 특별법」에 따라 10년 이상의 장기임대 목적으로 전용면적 60 제곱미터 초과 85 제곱미터 이하인 임대주택(이하 이 조에서 "장기임대주택"이라 한다.)을 20호(戶) 이상 취득하거나, 20호 이상의 장기임대주택을 보유한 임대사업자가 추가로 장기임대주택을 취득하는 경우(추가로 취득한 결과로 20호 이상을 보유하게 되었을 때에는 그 20호부터 초과분까지를 포함한다.)에는 취득세의 100분의 50를 경감한다.

이 규정에서 '임대주택법 제2조 제4호에 따른 임대사업자'가 임대주택의 취득에 대하여 취득세를 감면받기 위해서는 임대할 목적으로 그 전단에 따라 공동주택을 '건축'하거나, 후단에 따라 공동주택 또는 오피스텔을 '건축주로부터 최초로 분양'받아야 한다. 이와 같이 임대주택의 건설 및 분양을 촉진하여 서민의 장기적인 주거생활의 안정을 도모하기 위하여 임대사업자가 취득한 임대주택에 대하여 취득세 감면의 혜택을 부여하면서도, 조세형평 등을 고려하여 감면대상의 범위를 임대주택의 구체적 취득방법 등에 따라 제한하고 있다. 즉, 조항 전단은 임대사업자가 임대를 목적으로 건축한 일정한 건설임대주택으로 감면대상을 한정하고 있고, 조항 후단은, 임대사업자가 매매 등으로 취득한 매입임대주택 중에서도 건축주로부터 최초로 분양받은 경우에 한하여 취득세를 감면하도록 하고 있다. '건축주로부터 최초로 분양받은 경우'란 건축행위를 통한 건축물의 분양을 그 전제로 하는 것이므로, 임대사업자가 이 사건 조항 후단에 의하여 취득세 감면의 혜택을 누리기 위해서는 건축물을 건축한 자로부터 분양계약에 따라 임대주택을 최초로 매입하여 취득하여야 한다.

또한 건설임대주택과 관련하여, 건설임대용 토지 취득세 감면 요건을 '취득일로부터 60일 이내'에서 '사업계획승인일부터 60일 이내' 임대 등록하는 경우로 완화하였고, 다만, 과도한 착공 지연 등을 방지하기 위해 임대 등록 시한은 토지를 취득한 날부터 1년 6개월을 초과하지 않도록 단서 마련한 것이며 「수도권 정비계획법」 상 수도권(서울·인천·경기) 건설임대주택에 한하여 재산세 감면 가액기준을 6억원에서 9억원으로 완화하였다

그리고 '20년도에 「주택시장 안정 보완대책」('20.7.10.)을 통해 「민간임대주택에 관한 특별법」 개정('20.8.18. 시행)으로 단기 임대 및 '아파트' 장기 임대 유형이 폐지*됨에 따라 대책발표 다음날('20.7.11.)부터 개정 법률 시행 전일('20.8.17.) 사이에, 폐지된 유형으로 등록변경한 경우 지방세 감면을 배제하도록 개정한 것이다.

사례

❖ **건축주로부터 최초로 분양받은 경우의 의미**

'건축주로부터 최초로 분양받은 경우'란 건축행위를 통한 건축물의 분양을 그 전제로 하는 것이므로, 임대사업자가 이 사건 조항 후단에 의하여 취득세 감면의 혜택을 누리기 위해서는 건축물을 건축한 자로부터 분양계약에 따라 임대주택을 최초로 매입하여 취득하여야 한다

(대법 2017두32401, 2017.6.15.)

❖ **매수·용도변경한 자로부터 임대주택 취득이 최초 분양에 해당되는지**

주식회사 △△원디앤씨는 이미 신축된 건물을 매수한 다음 그 용도를 근린생활시설에서 공동주택으로 변경하였을 뿐 이를 건축하지 아니하였으므로, 원고가 위 회사로부터 그 중 일부를 매입하였다고 하더라도 이 사건 조항 후단에서 정한 '건축주로부터 최초로 분양받은 경우'에 해당한다고 할 수 없다.

(대법 2017두32401, 2017.6.15.)

❖ **미분양 공동주택 임대용 전환시 취득세 감면대상 임대사업자 요건**

이 사건 조항은 다소 불분명하지만, "미분양 등의 사유로 제31조에 따른 임대용으로 전환하는 경우"라고 규정되어 법 제31조 제1항을 준용하도록 하면서도 그 준용에 아무런 제한을 가하지 않았으므로, 이 사건 조항에 기하여 취득세 감면을 받으려면, 법 제31조 제1항 전단 규정과 같이 "임대주택법 제2조 제4호에 따른 임대사업자로 등록하여야 하고, 그 등록기간도 부동산 취득일로부터 60일 이내에 하여야 한다"는 요건을 갖추어야 한다고 해석함이 상당하다.

(대법 2017두42224, 2017.8.23.)

❖ 근린생활시설 건축물 및 그 부속토지를 취득한 날부터 60일 이내에 주택임대사업자 등록을 하고 그 건축물을 멸실한 후 임대용 공동주택을 착공하는 경우라면, 「지방세특례제한법」제31조 제1항에서 임대할 목적으로 건축하는 공동주택 및 그 부속토지를 취득세 면제대상으로 규정하고 있으므로, 멸실한 근린생활시설 건축물은 신축한 공동주택의 범위에 포함되지 아니하므로 취득세 감면대상에서 제외하고, 그 부속토지는 신축 공동주택의 부속토지로 보아 취득세를 감면하는 것이 타당하다고 판단됨.

(행자부 지방세특례제도과-2577, 2015.9.23.)

❖ 임대사업자가 임대목적으로 공동주택을 신축하여 자기관리형 주택임대관리업자와 계약을 체결하고 그 공동주택을 주거용으로 임대하는 경우라면, 임대사업자는 여전히 임대사업자의 지위를 유지하면서 공동주택을 임대용으로 사용하고 있는 경우로서 「지방세특례제한법」제31조에서 정한 지방세 감면대상에 해당하는 것으로 판단됨.

(행자부 지방세특례제도과-2442, 2015.9.8.)

❖ **건축중인 임대주택 감면해당여부**

「공공주택특별법」제4조 제1항 제2호에 따른이 공공주택사업자에 해당하고, 국토교통부는 2015.12.17. 청구법인의 쟁점토지에 16㎡ 174세대, 26㎡ 147세대, 36㎡ 139세대 합계 460세대 등 행복주택에 대한 주택건설사업계획을 승인하였으며, 처분청은 2016.12.1. 주택건설사

> 업 착공신고 필증을 청구법인에게 교부한 사실이 확인되므로 쟁점부동산은 2017·2018년도 재산세 과세기준일 현재 임대용 공동주택을 건축 중인 토지로 볼 수 있어 감면대상임.
> (조심 2019지2065, 2019.12.5.)

❖ **재건축조합 조합원분 주택을 「민간임대주택에 관한 특별법」에 따른 임대사업자가 임대할 목적으로 건축한 공동주택으로 볼 수 있는지 여부**

> 지방세법 제7조 제8항은 '「도시 및 주거환경정비법」 제35조 제3항에 따른 재건축조합이 해당 조합원용으로 취득하는 조합주택용 부동산은 그 조합원이 취득한 것으로 본다'고 규정하는바, 조합원이 임대사업자로서 임대를 목적으로 원시취득한 공동주택은 이를 임대목적 신축 공동주택으로 볼 것(대법원 2010.8.19. 선고 2010두6427 판결 취지 참조)인 점, 재건축조합의 조합원이 분양받아 소유권보존등기를 경료한 공동주택은, 조합원들이 기존의 건물을 제공하고 건축에 소요되는 비용을 분담하는 등의 방법으로 신축되는 공동주택의 건설에 참여한 대가로 배정받은 것이므로, 조합원이 매매 등으로 소유권을 취득한 주택이라기보다는 조합원이 건축한 주택으로 평가함이 상당한 점, 임대사업을 위하여 건축(원시취득)되었거나 최초로 분양(승계취득)된 공동주택에 대하여 취득세를 면제하고자 하는 이 사건 규정의 입법취지에 비추어 볼 때에도, 재건축조합의 조합원들이 배정받은 공동주택을 임대하는 경우를 일반 분양분을 매입하여 임대하는 경우보다 불리하게 취급할 이유가 없는 점 등에 비추어 재건축조합의 조합원이 임대할 목적으로 배정받은 공동주택은 임대목적 신축공동주택에 해당함
> (대법 2020두39389, 2020.9.9.)

❖ **구분등록된 주차장이 임대주택 감면 대상여부**

> (요약) 집합건축물대장상 공동주택의 공유부분이 아닌 별도로 구분등기 되어 있는 주차장에 대해서는 공동주택의 부대시설로 볼 수 없어 감면대상에서 제외함이 타당
> (수원고법 2020누1358, 2021.4.7.)

② 임대사업자가 임대할 목적으로 건축주로부터 공동주택 또는 「민간임대주택에 관한 특별법」 제2조제1호에 따른 준주택 중 오피스텔(그 부속토지를 포함한다. 이하 이 조에서 "오피스텔"이라 한다)을 최초로 분양받은 경우 그 공동주택 또는 오피스텔에 대해서는 다음 각 호에서 정하는 바에 따라 지방세를 2024년 12월 31일까지 감면한다. 다만, 「지방세법」 제10조의3에 따른 취득 당시의 가액이 3억원(「수도권정비계획법」 제2조제1호에 따른 수도권은 6억원으로 한다)을 초과하는 경우에는 감면 대상에서 제외한다(법 §31 ② Ⅰ·Ⅱ).

1. 전용면적 60제곱미터 이하인 공동주택 또는 오피스텔을 취득하는 경우에는 취득세를 면제한다.

2. 장기임대주택을 20호(戶) 이상 취득하거나, 20호 이상의 장기임대주택을 보유한 임대사업자가 추가로 장기임대주택을 취득하는 경우(추가로 취득한 결과로 20호 이상을 보유하게 되었을 때에는 그 20호부터 초과분까지를 포함한다)에는 취득세의 100분의 50을 경감한다.

> **사례**
>
> ❖ **분양을 거치지 않은 임대주택 감면 여부**
>
> 건축주로부터 다른 사람을 거치지 않고 최초로 매입하여 취득하기만 하였더라도 분양을 목적으로 건축되어 분양계약을 체결한 경우가 아니므로 취득세 감면 대상에 포함된다고 보기는 어려움
>
> (대법 2020두56957, 2021.03.25.)

③ 제1항 및 제2항을 적용할 때 「민간임대주택에 관한 특별법」 제43조 제1항 또는 「공공주택 특별법」 제50조의 2 제1항에 따른 임대의무기간에 대통령령으로 정한 경우가 아닌 사유로 다음 각 호의 어느 하나에 해당하는 경우에는 감면된 취득세를 추징한다(법 §31 ③ Ⅰ·Ⅱ).

　1. 임대 외의 용도로 사용하거나 매각·증여하는 경우
　2. 「민간임대주택에 관한 특별법」 제6조에 따라 임대사업자 등록이 말소된 경우

이 경우 "대통령령으로 정한 경우"란 민간임대주택에 관한 특별법 제43조 제4항 또는 공동주택 특별법 시행령 제54조 제2항 제1호 및 제2호에서 정하는 경우를 말한다(영 §13 ①).

그리고 임대의무기간에 임대 외의 용도로 사용하거나 매각·증여하는 경우에 추가하여 임대사업자 등록이 말소된 경우에도 감면된 취득세 및 재산세를 추징할 수 있도록 2019년부터 규정 신설한 것으로 부칙에서 별도 경과규정을 두고 있지 아니하므로 2019.1.1. 이전에 감면된 경우에도 적용이 가능하다는 점을 유의해야 한다.

> **사례**
>
> ❖ **임대주택 부속토지 일부를 교환한 경우 감면 추징 여부**
>
> 소유권보존등기 및 대지권등기를 마치기 위해 임대주택의 부지 일부를 교환한 경우라도 "교환"은 "매각"에 해당하므로 교환부분에 대해 추징함이 타당
>
> (대법 2016두61914, 2021.4.15.)

재산세 경감

④ 대통령령으로 정하는 임대사업자 등이 대통령령으로 정하는 바에 따라 국내에서 임대용 공동주택 또는 오피스텔[2020년 7월 11일 이후 「민간임대주택에 관한 특별법」(법률 제17482호로 개정되기 전의 것을 말한다) 제5조에 따른 임대사업자등록 신청(임대

할 주택을 추가하기 위하여 등록사항의 변경 신고를 한 경우를 포함한다)을 한 장기일반민간임대주택 중 아파트를 임대하는 민간매입임대주택이거나 단기민간임대주택인 경우 또는 같은 법 제5조에 따라 등록한 단기민간임대주택을 같은 조 제3항에 따라 2020년 7월 11일 이후 공공지원민간임대주택이나 장기일반민간임대주택으로 변경 신고한 주택은 제외한다]을 과세기준일 현재 2세대 이상 임대 목적으로 직접 사용하는 경우에는 다음 각 호에서 정하는 바에 따라 재산세를 2024년 12월 31일까지 감면한다. 다만, 「지방세법」 제4조제1항에 따라 공시된 가액 또는 시장·군수가 산정한 가액이 3억원[「수도권정비계획법」 제2조제1호에 따른 수도권은 6억원(「민간임대주택에 관한 특별법」 제2조제2호에 따른 민간건설임대주택 또는 「공공주택 특별법」 제2조제1호의2에 따른 공공건설임대주택인 경우에는 9억원)으로 한다]을 초과하는 공동주택과 「지방세법」 제4조에 따른 시가표준액이 2억원(「수도권정비계획법」 제2조제1호에 따른 수도권은 4억원으로 한다)을 초과하는 오피스텔은 감면 대상에서 제외한다(법 §31 ④ Ⅰ~Ⅲ).

1. 전용면적 40제곱미터 이하인 임대주택특별법 제50조의 2 제1항에 따라 30년 이상 임대 목적의 공동주택에 대해서는 재산세(지방세법 제112조에 따른 부과액을 포함한다.)를 면제한다.
2. 전용면적 60제곱미터 이하인 임대목적의 공동주택(제1호에 따른 공동주택은 제외한다) 또는 오피스텔에 대해서는 재산세(지방세법 제112조에 따른 부과액을 포함한다.)의 100분의 50을 경감한다.
3. 전용면적 60제곱미터 초과 85제곱미터 이하인 임대목적의 공동주택 또는 오피스텔에 대해서는 재산세의 100분의 25를 경감한다.

이 경우 "대통령령으로 정하는 임대사업자 등"이란 ① 주택건설사업자(해당 건축물의 사용승인서를 내주는 날 또는 매입일 이전에 부가가치세법 제8조에 따라 건설업 또는 부동산매매업의 사업자등록증을 교부받거나 같은 법 시행령 제8조에 따라 고유번호를 부여받은 자를 말한다.) ② 주택법 제9조 제1항 제6호에 따른 고용자 ③ 민간임대주택에 관한 특별법 제2조 제7호의 임대사업자 또는 공동주택 특별법 제4조에 따른 공공주택사업자를 말한다(영 §13 ②).

그리고 2018년 개정사항은 임대사업자에 대한 감면제도의 입법취지는 공동주택과 오피스텔을 각각 2세대 이상 보유 및 임대하는 경우에 재산세를 감면하기 위한 것이나, 현행은 '2세대 이상의 공동주택 또는 1세대의 오피스텔'을 임대하는 경우에도 감면되는 것으로 해석될 여지가 있고 또한, '2세대 이상 '의 기준이 공동주택 1세대와 오피스텔 1세대인 경우도 감면이 가능한 것인지 대해 의미가 명확하지 않음에 따라 당초 공동주택을 2세대 이상 취득한 경우에 한하여 감면하였으나, '12년 부터 주거용 오피스텔까지 감면 대상을 확대한 취지를 감안하여 감면 대상 기준을 '2세대 이상'으로 명확히 규정하되, 공동주택과 오피스텔을 각각 1세대씩 보유하여 2세대가 되는 경우에도 감면되도록 확대한 것이며 이 법 시행일('18.1.1.) 이후 납세의무가 성립하는 분부터 적용한다.

그런데 기존 임대사업자가 신규 취득한 부동산을 임대목적물로 추가 등록하지 않고 과세기준일 현재 임대 목적으로 직접 사용하는 경우 재산세 감면대상에 해당하는 것으로 해석될 여지가 있어 임대용 부동산을 임대목적물로 등록한 경우에만 감면되도록 규정한 것이다.

그리고 재산세를 감면받으려는 자는 「민간임대주택에 관한 특별법」 제5조에 따라 해당 부동산을 임대목적물로 하여 임대사업자로 등록해야 한다. 다만, 「공공주택 특별법」 제4조에 따른 공공주택사업자는 임대사업자로 등록하지 않아도 재산세를 감면받을 수 있다(영 §13 ③).

또한 60㎡ 이하 임대주택은 50% 감면, 85㎡ 이하 임대주택은 25%를 감면하도록 규정하고 있는 현행 규정을 60㎡ 이하 임대주택은 50% 감면, 60㎡~85㎡인 임대주택은 25%를 감면하는 것으로 구간을 명확화 하였는데 이는 40㎡ 이하인 경우는 면적 요건 뿐 아니라 임대기간(30년)을 충족하는 경우에 한하여 면제하고 있으므로, 60㎡ 이하 50% 감면 구간은 현행 유지 필요하며, 이 경우 40~60㎡이하 50% 감면으로 수정 시, 임대기간 30년 미만인 35㎡ 주택은 50% 감면을 받지 못하게 될 수 있어 이를 개정한 것이다

⑤ 제4항을 적용할 때 「민간임대주택에 관한 특별법」 제6조에 따라 임대사업자 등록이 말소되거나 같은 법 제43조제1항 또는 「공공주택 특별법」 제50조의2제1항에 따른 임대의무기간에 임대용 공동주택 또는 오피스텔을 매각·증여하는 경우에는 그 감면 사유 소멸일부터 소급하여 5년 이내에 감면된 재산세를 추징한다. 다만, 다음 각 호의 어느 하나에 해당하는 경우에는 추징에서 제외한다(법 §31 ⑤ Ⅰ·Ⅱ).

1. 「민간임대주택에 관한 특별법」 제43조 제1항에 따른 임대의무기간이 경과한 후 등록이 말소된 경우
2. 그 밖에 대통령령으로 정하는 경우

이 경우 법 제31조 제5항 제2호에서 "대통령령으로 정한 경우"란 「민간임대주택에 관한 특별법」 제43조 제4항(임대사업자는 임대의무기간 중에도 부도, 파산, 그 밖의 대통령령으로 정하는 경제적 사정 등으로 임대를 계속할 수 없는 경우와 공공지원임대주택을 20년 이상 임대하기 위한 경우로서 필요한 운영비용 등을 마련하기 위하여 제21조의 2 제1항 제3호에 따라 20년 이상 공급하기로 한 주택 중 일부를 8년 임대 이후 매각하는 경우)의 사유로 임대사업자의 등록이 말소된 경우를 말한다(영 §13 ④).

이 규정은 장기일반임대주택에 대한 재산세 추징범위를 전용면적 40㎡ 이하 임대주택에서 감면대상 전체로 확대한 것으로 개정 부칙에서는 '19.1.1.이후 납세의무가 성립하여

감면되는 분부터 적용된다(부칙 §3).

또한 2022년 부터는 임대 기간 내 매각·증여하는 경우도 추징대상으로 규정하면서 이 법 시행 전에 감면받은 재산세의 추징에 관하여는 개정규정(제31조제5항, 제31조의3제2항)에도 불구하고 종전 규정 적용하고, 오피스텔의 시가표준액을 산정시 건축물에 대하여는 「지방세법」제4조제2항을 적용하고 부속 토지 등에 대하여는 같은 법 제4조제1항에 의한 시가표준액을 토대로 가액의 기준을 정하여 재산세 감면 적용 여부를 판단하도록 개선하였는데 그 시행에 대해서는 이 법 시행 이후 임대사업자 등이 임대할 목적으로 공동주택 및 오피스텔을 취득하여 등록하거나, 이 법 시행 전에 보유한 공동주택 및 오피스텔에 대하여는 이 법 시행 이후 신규 등록하는 경우부터 적용하도록 규정하였음을 유의하여야 한다.

⑥ 한국토지주택공사법에 따라 설립된 한국토지주택공사(이하 "한국토지주택공사"라 한다.)가 공공주택특별법 제43조 제1항에 따라 매입하여 공급하는 것으로서 대통령령으로 정하는 주택 및 건축물에 대해서는 취득세의 100분의 25와 재산세의 100분의 50을 각각 2024년 12월 31일까지 경감한다. 다만, 다음 각 호의 어느 하나에 해당하는 경우 그 해당 부분에 대해서는 경감된 취득세 및 재산세를 추징한다(법 §31 ⑥ Ⅰ·Ⅱ).

1. 정당한 사유 없이 그 매입일부터 1년이 경과할 때까지 해당 용도로 직접 사용하지 아니하는 경우
2. 해당 용도로 직접 사용한 기간이 2년 미만인 상태에서 매각·증여하거나 다른 용도로 사용하는 경우

이 규정에서의 "대통령령으로 정하는 주택 및 건축물"이란 다음 각 호의 것을 말한다(영 §13 ⑤ Ⅰ, Ⅱ).

1. 「공공주택 특별법 시행령」 제4조의 공공준주택과 그 부속토지
2. 「공공주택 특별법 시행령」 제37조제1항의 주택 및 건축물과 그 부속토지(제1호에 따른 공공준주택과 그 부속토지는 제외한다)

⑦ 제6항에 따른 재산세 경감 대상에는 한국토지주택공사가 「공공주택 특별법」 제43조제1항에 따라 매입하여 세대수·구조 등을 변경하거나 철거 후 신축하여 공급하는 주택 및 건축물을 포함한다.

「공공주택특별법」상 공공매입임대 대상[기존 다중주택, 다가구주택에서 기숙사, 다중생활시설, 노인복지주택, 오피스텔, 근린생활시설(마을회관, 종교집회장 등) 등 추가]으로 확대된 공공준주택 및 건축물까지 감면대상 확대함에 따라 기존 감면율이 취득세·재산세의 100분의 50에서 정 취득세 100분의 25, 재산세 100분의 50으로 변경되었고, 다만 제31조제7항의 개정규정은 이 법 시행 이후 한국토지주택공사가 주택 및 건축물을 매입하여 세대수·구조 등을 변경하거나 철거 후 신축하여 공급하는 경우부터 적용하여야 한다.

> ※ 「공공주택특별법 시행령」 제4조 【공공준주택】
>
> 제4조(공공준주택)
> 법 제2조의2제1항 전단에서 "대통령령으로 정하는 준주택"이란 다음 각 호의 준주택을 말한다.
>   1. 「주택법 시행령」 제4조제1호부터 제3호까지의 규정에 따른 준주택으로서 전용면적이 85제곱미터 이하인 것
>   ※ 주택법 상 준주택 : 기숙사, 다중생활시설, 노인복지주택 등
>   2. 「주택법 시행령」 제4조제4호에 따른 오피스텔로서 다음 각 목의 요건을 모두 갖춘 것
>
> ※ 「공공주택특별법 시행령」 제37조 【기존주택등의 매입】
>
> 제37조 【기존주택등의 매입】
> ① 법 제43조제1항에서 "대통령령으로 정하는 규모 및 기준의 주택 등"이란 다음 각 호의 어느 하나에 해당하는 주택 또는 건축물을 말한다.
>   1. 「건축법 시행령」 별표 1 제1호가목부터 다목까지에 따른 단독주택, 다중주택 및 다가구주택
>   2. 「건축법 시행령」 별표 1 제2호에 따른 공동주택(「주택법」 제2조제6호에 따른 국민주택규모 이하인 것만 해당한다)
>   3. 「건축법 시행령」 별표 1 제3호, 제4호, 제11호, 제12호, 제14호 또는 제15호에 따른 제1종 근린생활시설, 제2종 근린생활시설, 노유자시설, 수련시설, 업무시설 또는 숙박시설의 용도로 사용하는 건축물

제31조의 2 | 준공후미분양주택에 대한 감면

※ 이 조의 규정은 일몰기간이 종료된 것임.

① 「주택법」 제54조 제1항에 따른 사업주체가 분양하는 다음 각 호의 요건을 모두 갖춘 주택(이하 이 조에서 "준공 후 미분양 주택"이라 한다.)을 2016년 12월 31일까지 최초로 취득하는 경우 취득세의 100분의 25를 경감한다(법 §31의 2 ① Ⅰ~Ⅲ).
  1. 「주택법」 제49조 또는 「건축법」 제22조에 따른 사용검사 또는 임시사용승인을 받은 후에도 분양되지 아니한 주택일 것
  2. 「주택법」에 따른 입주자 모집공고에 공시된 분양가격이 6억원 이하이며, 전용면적이 149제곱미터 이하의 주택(주거용 건축물 및 그 부속토지를 포함한다.)으로서 실제 입주한 사실이 없을 것

3. 2011년 12월 31일까지 임대차계약을 체결하고 2년 이상 임대하였을 것

② 제1항 제1호 및 제2호의 요건을 갖춘 준공 후 미분양 주택을 5년 이상 임대할 목적으로 2011년 12월 31일까지 취득하는 경우 취득세의 100분의 25를 경감한다. 다만, 정당한 사유 없이 임대한 기간이 5년 미만인 상태에서 매각·증여하거나 다른 용도로 사용하는 경우에는 경감된 취득세를 추징한다(법 §31의 2 ②).

③ 제1항 또는 제2항을 적용할 때 준공 후 미분양 주택, 임대기간 등의 확인절차 및 방법 등에 대해서는 행정안전부장관이 정한다(법 §31의 2 ③).

④ 지방자치단체는 제1항 제2호의 요건에도 불구하고 해당 지역의 주택시장 동향 및 재정여건 등에 따라 조례로 분양가격 및 전용면적을 달리 정하는 경우를 포함하여 준공 후 미분양 주택에 대한 취득세를 100분의 25의 범위에서 추가 경감할 수 있다. 이 경우 조례로 정하는 분양가격 및 전용면적의 요건이 제1항 제2호의 요건에 해당하지 아니하는 경우에는 제1항 또는 제2항의 감면율이 없는 것으로 본다(법 §31의 2 ④).

⑤ 제4항에 따라 지방자치단체가 지방세 감면을 조례로 정하는 경우 제4조 제1항 각 호 외의 부분·제3항 후단·제6항 및 제7항을 적용하지 아니한다(법 §31의 2 ⑤).

제31조의 3 | 장기 일반 민간임대주택 등에 대한 감면

재산세 감면

① 「민간임대주택에 관한 특별법」 제2조제4호에 따른 공공지원민간임대주택[「민간임대주택에 관한 특별법」(법률 제17482호로 개정되기 전의 것을 말한다) 제5조에 따라 등록한 같은 법 제2조제6호에 따른 단기민간임대주택(이하 이 조에서 "단기민간임대주택"이라 한다)을 같은 법 제5조제3항에 따라 2020년 7월 11일 이후 공공지원민간임대주택으로 변경 신고한 주택은 제외한다] 및 같은 조 제5호에 따른 장기일반민간임대주택[2020년 7월 11일 이후 「민간임대주택에 관한 특별법」(법률 제17482호로 개정되기 전의 것을 말한다) 제5조에 따른 임대사업자등록 신청(임대할 주택을 추가하기 위하여 등록사항의 변경 신고를 한 경우를 포함한다)을 한 장기일반민간임대주택 중 아파트를 임대하는 민간매입임대주택이거나 단기민간임대주택을 같은 조 제3항에 따라 2020년 7월 11일 이후 장기일반민간임대주택으로 변경 신고한 주택은 제외한다]을

임대하려는 자가 대통령령으로 정하는 바에 따라 국내에서 임대 목적의 공동주택 2세대 이상 또는 대통령령으로 정하는 다가구주택(모든 호수의 전용면적이 40제곱미터 이하인 경우를 말하며, 이하 이 조에서 "다가구주택"이라 한다)을 과세기준일 현재 임대 목적에 직접 사용하는 경우 또는 같은 법 제2조제1호에 따른 준주택 중 오피스텔(이하 이 조에서 "오피스텔"이라 한다)을 2세대 이상 과세기준일 현재 임대 목적에 직접 사용하는 경우에는 다음 각 호에서 정하는 바에 따라 2024년 12월 31일까지 지방세를 감면한다. 다만, 「지방세법」 제4조제1항에 따라 공시된 가액 또는 시장·군수가 산정한 가액이 3억원[「수도권정비계획법」 제2조제1호에 따른 수도권은 6억원(「민간임대주택에 관한 특별법」 제2조제2호에 따른 민간건설임대주택인 경우는 9억원)으로 한다]을 초과하는 공동주택과 「지방세법」 제4조에 따른 시가표준액이 2억원(「수도권정비계획법」 제2조제1호에 따른 수도권은 4억원으로 한다)을 초과하는 오피스텔은 감면 대상에서 제외한다(법 §31의 3 ① Ⅰ~Ⅲ).

1. 전용면적 40제곱미터 이하인 임대 목적의 공동주택, 다가구주택 또는 오피스텔에 대해서는 재산세(「지방세법」 제112조에 따른 부과액을 포함한다.)를 면제한다.
2. 전용면적 40제곱미터 초과 60제곱미터 이하인 임대 목적의 공동주택 또는 오피스텔에 대하여는 재산세(「지방세법」 제112조에 따른 부과액을 포함한다.)의 100분의 75을 경감한다.
3. 전용면적 60제곱미터 초과 85제곱미터 이하인 임대 목적의 공동주택 또는 오피스텔에 대하여는 재산세의 100분의 50를 경감한다.

이 경우 "기업형임대주택"이란 기업형임대사업자가 8년 이상 임대할 목적으로 취득하여 임대하는 민간임대주택을 말한다(민간임대주택에 관한 특별법 §② Ⅳ).

그리고 재산세를 감면받으려는 자는 「민간임대주택에 관한 특별법」 제5조에 따라 해당 부동산을 임대목적물로 하여 임대사업자로 등록하여야 한다(영 §13조의 2 ①).

그런데 기존 임대사업자가 신규 취득한 부동산을 임대목적물로 추가 등록하지 않고 과세기준일 현재 임대 목적으로 직접 사용하는 경우 재산세 감면대상에 해당하는 것으로 해석될 여지가 있어 임대용 부동산을 임대목적물로 등록한 경우에만 감면되도록 규정한 것이다.

그리고 "대통령령으로 정하는 다가구주택"이란 다가구주택(「민간임대주택에 관한 특별법 시행령」 제2조의 2에 따른 일부만을 임대하는 다가구주택은 임대 목적으로 제공하는 부분만 해당한다.)으로서 「건축법」 제38조에 따른 건축물대장에 호수별로 전용면적이 구분되어 기재되어 있는 다가구주택을 말한다(영 §13의 2 ②).

여기에서 건축물대장상 대부분 다가구주택은 층별 면적만 확인되고 호수별 면적은 확인되지 않기 때문에 다가구주택의 감면범위를 소유자가 실제 거주하는 호수를 제외한 모든 호수의 면적이 건축물대장상 확인 가능한 경우로 한정된다는 점을 유의해야 한다.

또한 건설임대주택과 관련하여, 건설임대용 토지 취득세 감면 요건을 '취득일로부터 60일 이내'에서 '사업계획승인일부터 60일 이내' 임대 등록하는 경우로 완화하였고, 다만, 과도한 착공지연 등을 방지하기 위해 임대 등록 시한은 토지를 취득한 날부터 1년 6개월을 초과하지 않도록 단서 마련한 것이며 「수도권 정비계획법」상 수도권(서울·인천·경기) 건설임대주택에 한하여 재산세 감면 가액기준을 6억원에서 9억원으로 완화하였다

그리고 '20년도에 「주택시장 안정 보완대책」('20.7.10.)을 통해 「민간임대주택에 관한 특별법」 개정('20.8.18. 시행)으로 단기 임대 및 '아파트' 장기 임대 유형이 폐지*됨에 따라 대책발표 다음날('20.7.11.)부터 개정 법률 시행 전일('20.8.17.) 사이에, 폐지된 유형으로 등록변경한 경우 지방세 감면을 배제하도록 개정한 것이다

사례

❖ **건축주로부터 최초로 분양받은 경우의 의미**

'건축주로부터 최초로 분양받은 경우'란 건축행위를 통한 건축물의 분양을 그 전제로 하는 것이므로, 임대사업자가 이 사건 조항 후단에 의하여 취득세 감면의 혜택을 누리기 위해서는 건축물을 건축한 자로부터 분양계약에 따라 임대주택을 최초로 매입하여 취득하여야 한다

(대법 2017두32401, 2017.6.15.)

❖ **매수·용도변경한 자로부터 임대주택 취득이 최초 분양에 해당되는지**

주식회사 △△원디앤씨는 이미 신축된 건물을 매수한 다음 그 용도를 근린생활시설에서 공동주택으로 변경하였을 뿐 이를 건축하지 아니하였으므로, 원고가 위 회사로부터 그 중 일부를 매입하였다고 하더라도 이 사건 조항 후단에서 정한 '건축주로부터 최초로 분양받은 경우'에 해당한다고 할 수 없다.

(대법 2017두32401, 2017.6.15.)

❖ **미분양 공동주택 임대용 전환시 취득세 감면대상 임대사업자 요건**

이 사건 조항은 다소 불분명하지만, "미분양 등의 사유로 제31조에 따른 임대용으로 전환하는 경우"라고 규정되어 법 제31조 제1항을 준용하도록 하면서도 그 준용에 아무런 제한을 가하지 않았으므로, 이 사건 조항에 기하여 취득세 감면을 받으려면, 법 제31조 제1항 전단 규정과 같이 "임대주택법 제2조 제4호에 따른 임대사업자로 등록하여야 하고, 그 등록기간도 부동산 취득일로부터 60일 이내에 하여야 한다"는 요건을 갖추어야 한다고 해석함이 상당하다.

(대법 2017두42224, 2017.8.23.)

❖ 근린생활시설 건축물 및 그 부속토지를 취득한 날부터 60일 이내에 주택임대사업자 등록을 하고 그 건축물을 멸실한 후 임대용 공동주택을 착공하는 경우라면, 「지방세특례제한법」제31조 제1항에서 임대할 목적으로 건축하는 공동주택 및 그 부속토지를 취득세 면제대상으로 규정하고 있으므로, 멸실한 근린생활시설 건축물은 신축한 공동주택의 범위에 포함되지 아니하므로 취득세 감면대상에서 제외하고, 그 부속토지는 신축 공동주택의 부속토지로 보아

취득세를 감면하는 것이 타당하다고 판단됨.

(행자부 지방세특례제도과-2577, 2015.9.23.)

❖ 임대사업자가 임대목적으로 공동주택을 신축하여 자기관리형 주택임대관리업자와 계약을 체결하고 그 공동주택을 주거용으로 임대하는 경우라면, 임대사업자는 여전히 임대사업자의 지위를 유지하면서 공동주택을 임대용으로 사용하고 있는 경우로서 「지방세특례제한법」제31조에서 정한 지방세 감면대상에 해당하는 것으로 판단됨.

(행자부 지방세특례제도과-2442, 2015.9.8.)

❖ 건축중인 임대주택 감면해당여부

「공공주택특별법」제4조 제1항 제2호에 따른이 공공주택사업자에 해당하고, 국토교통부는 2015.12.17. 청구법인의 쟁점토지에 16㎡ 174세대, 26㎡ 147세대, 36㎡ 139세대 합계 460세대 등 행복주택에 대한 주택건설사업계획을 승인하였으며, 처분청은 2016.12.1. 주택건설사업 착공신고 필증을 청구법인에게 교부한 사실이 확인되므로 쟁점부동산은 2017·2018년도 재산세 과세기준일 현재 임대용 공동주택을 건축 중인 토지로 볼 수 있어 감면대상임.

(조심 2019지2065, 2019.12.5.)

❖ 재건축조합 조합원분 주택을 「민간임대주택에 관한 특별법」에 따른 임대사업자가 임대할 목적으로 건축한 공동주택으로 볼 수 있는지 여부

지방세법 제7조 제8항은 '「도시 및 주거환경정비법」제35조 제3항에 따른 재건축조합이 해당 조합원용으로 취득하는 조합주택용 부동산은 그 조합원이 취득한 것으로 본다'고 규정하는바, 조합원이 임대사업자로서 임대를 목적으로 원시취득한 공동주택은 이를 임대목적 신축 공동주택으로 볼 것(대법원 2010.8.19. 선고 2010두6427 판결 취지 참조)인 점, 재건축조합의 조합원이 분양받아 소유권보존등기를 경료한 공동주택은, 조합원들이 기존의 건물을 제공하고 건축에 소요되는 비용을 분담하는 등의 방법으로 신축되는 공동주택의 건설에 참여한 대가로 배정받은 것이므로, 조합원이 매매 등으로 소유권을 취득한 주택이라기보다는 조합원이 건축한 주택으로 평가함이 상당한 점, 임대사업을 위하여 건축(원시취득)되었거나 최초로 분양(승계취득)된 공동주택에 대하여 취득세를 면제하고자 하는 이 사건 규정의 입법취지에 비추어 볼 때에도, 재건축조합의 조합원들이 배정받은 공동주택을 임대하는 경우를 일반 분양분을 매입하여 임대하는 경우보다 불리하게 취급할 이유가 없는 점 등에 비추어 재건축 조합의 조합원이 임대할 목적으로 배정받은 공동주택은 임대목적 신축공동주택에 해당함

(대법 2020두39389, 2020.9.9.)

② 제1항을 적용할 때 「민간임대주택에 관한 특별법」제6조에 따라 임대사업자 등록이 말소되거나 같은 법 제43조제1항에 따른 임대의무기간 내에 매각·증여하는 경우에는 그 감면 사유 소멸일부터 소급하여 5년 이내에 감면된 재산세를 추징한다. 다만, 다음 각 호의 어느 하나에 해당하는 경우에는 추징에서 제외한다(법 §31의 3 ② Ⅰ·Ⅱ).

제1항을 적용할 때 「민간임대주택에 관한 특별법」제6조에 따라 임대사업자 등록이 말소되거나 같은 법 제43조제1항에 따른 임대의무기간 내에 매각·증여하는 경우에는 그 감면 사유 소멸일부터 소급하여 5년 이내에 감면된 재산세를 추징한다. 다만, 다음 각

호의 어느 하나에 해당하는 경우에는 추징에서 제외한다.
1. 「민간임대주택에 관한 특별법」 제43조 제1항에 따른 임대의무기간이 경과한 후 등록이 말소된 경우
2. 그 밖에 대통령령으로 정하는 경우

이 경우 법 제31조의 3 제2항 제2호에서 "대통령령으로 정한 경우"란 「민간임대주택에 관한 특별법」 제43조 제4항의 사유로 임대사업자 등록이 말소된 경우를 말한다(영 §13의 2 ③).

이 규정에서 재산세를 추징할 때 2018년 까지는 장기일반임대주택에 대한 재산세 추징범위를 전용면적 40㎡ 이하 임대주택이지만 2019년부터는 장기일반임대주택 감면대상 전체로 확대한 것이다(부칙 §3).

제4항을 적용할 때 「민간임대주택에 관한 특별법」 제6조에 따라 임대사업자 등록이 말소되거나 같은 법 제43조제1항 또는 「공공주택 특별법」 제50조의2제1항에 따른 임대의무기간에 임대용 공동주택 또는 오피스텔을 매각·증여하는 경우에는 그 감면 사유 소멸일부터 소급하여 5년 이내에 감면된 재산세를 추징한다.

또한 2022년부터는 임대 기간 내 매각·증여하는 경우도 추징대상으로 규정하면서 이 법 시행 전에 감면받은 재산세의 추징에 관하여는 개정규정(제31조제5항, 제31조의3제2항)에도 불구하고 종전 규정 적용하고, 오피스텔의 시가표준액을 산정시 건축물에 대하여는 「지방세법」 제4조제2항을 적용하고 부속 토지 등에 대하여는 같은 법 제4조제1항에 의한 시가표준액을 토대로 가액의 기준을 정하여 재산세 감면 적용 여부를 판단하도록 개선하였는데 그 시행에 대해서는 이 법 시행 이후 임대사업자 등이 임대할 목적으로 공동주택 및 오피스텔을 취득하여 등록하거나, 이 법 시행 전에 보유한 공동주택 및 오피스텔에 대하여는 이 법 시행 이후 신규 등록하는 경우부터 적용하도 규정하였음을 유의하여야 한다.

| 사례 |

❖ **장기일반민간임대주택 감면요건 충족여부**

건축물의 소유·이용 및 유지·관리 상태를 확인하는 공적인 공부가 「건축법」 제38조에 따른 건축물 대장인 점, 「지방세법 시행령」 제13조의2 제2항에서 감면대상 다가구주택의 범위를 「건축법」 제38조에 따른 건축물대장에 호수별로 전용면적이 구분되어 기재되어 있는 다가구주택만을 규정하고 있고 쟁점주택이 재산세 과세기준일(6.1.) 현재 「건축법」 제38조에 따른 건축물대장에 호수별로 전용면적이 구분되어 기재되어 있지 않았던 점 등에 비추어 쟁점주택에 대한 재산세 등의 감면요건을 충족하지 못한 것으로 보임.
(조심 2019지2266, 2019.12.5.)

❖ **재산세 과세기준일 현재 쟁점토지상에 기업형임대주택을 건축 중인 데 대하여 재산세 감면 대상에 해당하는지 여부**

청구법인은 2017.2.21. 쟁점토지에 건축할 공동주택을 임대주택으로 하여 임대사업자등록(기업형)을 하고, 2017.5.8. 기업형임대용 공동주택에 대한 착공신고를 하여 2018년도 재산세 과세기준일 현재 해당 주택을 건축 중에 있다 하겠으므로 쟁점토지는 임대용 공동주택을 건축 중인 토지로서「지방세특례제한법」제31조의3 제1항 및 같은 법 시행령 제123조에 따른 재산세 등의 감면대상으로 보는 것이 타당하다 할 것임

(조심 2019지1516, 2020.1.8.)

❖ **기업형임대사업자가 신탁한 경우 감면대상여부**

위탁관리부동산투자회사(제31조4 감면규정)의 경우 법률상 신탁이 강제되어 있으므로 직접사용으로 볼 수 있으나, 기업형임대사업자(제31조의3 규정)의 경우에는 신탁을 한 경우에는 직접사용으로 보아 재산세 감면을 적용할 수 없음

(대법 2021두34558, 2021.9.9.)

제31조의 4 주택임대사업에 투자하는 부동산투자회사에 대한 감면

① 「부동산투자회사법」제2조 제1호 나목에 따른 위탁관리 부동산투자회사(해당 부동산투자회사의 발행주식 총수에 대한 국가, 지방자치단체, 한국토지주택공사 및 지방공사가 단독 또는 공동으로 출자한 경우 그 소유주식 수의 비율이 100분의 50을 초과하는 경우를 말한다.)가 임대할 목적으로 취득하는 부동산[「주택법」제2조 제3호에 따른 공동주택(같은 법 제2조 제4호에 따른 준주택 중 오피스텔을 포함한다. 이하 이 조에서 같다.)을 건축 또는 매입하기 위하여 취득하는 경우의 부동산으로 한정한다]에 대해서는 취득세의 100분의 20을 2021년 12월 31일까지 경감한다. 이 경우「지방세법」제13조 제2항 본문 및 같은 조 제3항의 세율을 적용하지 아니한다(법 §31의 4 ①).(감면종료)

② 제1항에 따른 부동산투자회사가 과세기준일 현재 국내에 2세대 이상의 해당 공동주택을 임대 목적에 직접 사용(「부동산투자회사법」제22조의 2 또는 제35조에 따라 위탁하여 임대하는 경우를 포함한다.)하는 경우에는 다음 각 호에서 정하는 바에 따라 지방세를 2021년 12월 31일까지 감면한다(법 §31의 4 ② Ⅰ·Ⅱ).(감면종료)
 1. 전용면적 60제곱미터 이하인 임대목적의 공동주택에 대해서는 재산세(「지방세법」제112조에 따른 부과액을 포함한다.)의 100분의 40을 경감한다.
 2. 전용면적 85제곱미터 이하인 임대목적의 공동주택에 대해서는 재산세의 100분의 15를 경감한다.

③ 제1항을 적용할 때 다음 각 호의 어느 하나에 해당하는 경우에는 경감받은 취득세를

추징한다(법 §31의 4 ③ Ⅰ~Ⅲ).
1. 토지를 취득한 날부터 정당한 사유 없이 2년 이내에 착공하지 아니한 경우
2. 정당한 사유 없이 해당 부동산의 매입일부터 1년이 경과할 때까지 해당 용도로 직접 사용하지 아니하는 경우
3. 해당 용도로 직접 사용한 기간이 2년 미만인 상태에서 매각·증여하거나 다른 용도로 사용하는 경우

> **사례**
>
> ❖ 과세기준일 현재 쟁점토지상에 기업형임대주택을 건축 중 경우 재산세 감면 대상에 해당하는지 여부
>
> 청구법인은 2017.2.21. 쟁점토지에 건축할 공동주택을 임대주택으로 하여 임대사업자등록(기업형)을 하고, 2017.5.8. 기업형임대용 공동주택에 대한 착공신고를 하여 2018년도 재산세 과세기준일 현재 해당 주택을 건축 중에 있다 하겠으므로 쟁점토지는 임대용 공동주택을 건축 중인 토지로서「지방세특례제한법」제31조의3 제1항 및 같은 법 시행령 제123조에 따른 재산세 등의 감면대상으로 보는 것이 타당하다 할 것임
>
> (조심 2019지1516, 2020.1.8.)

제31조의 5 공공주택사업자의 임대 목적으로 주택을 매도하기로 약정을 체결한 자에 대한 감면

① 「공공주택 특별법」에 따른 공공주택사업자(이하 이 조에서 "공공주택사업자"라 한다)의 임대가 목적인 주택을 건축하여 공공주택사업자에게 매도하기로 약정을 체결한 자가 해당 주택 등을 건축하기 위하여 취득하는 부동산에 대해서는 취득세의 100분의 10을 2024년 12월 31일까지 경감한다(법 §31의 5 ①).

② 공공주택사업자의 임대가 목적인 주택을 건축하여 공공주택사업자에게 매도하기로 약정을 체결한 자가 해당 주택 등을 건축하여 최초로 취득하는 경우에는 취득세의 100분의 10을 2024년 12월 31일까지 경감한다(법 §31의 5 ②).

③ 다음 각 호의 어느 하나에 해당하는 경우에는 제1항 및 제2항에 따라 경감받은 취득세를 추징한다(법 §31의 5 ③ Ⅰ·Ⅱ).
1. 제1항에 따라 부동산을 취득한 날부터 1년 이내에 공공주택사업자의 임대가 목적인

주택 등을 착공하지 아니한 경우
2. 제2항에 따라 최초로 취득한 주택 등을 6개월 이내에 공공주택사업자에게 매도하지 아니한 경우

위 규정은 임대 목적 주택을 건축하여 LH 등에 매도하기로 약정을 체결한 자가 신규 주택 건축을 위한 부지 또는 멸실 목적 건축물을 취득하는 경우 및 완공 후 건축물을 최초로 취득하는 경우 취득세 100분의 10을 감면하고자 한 것이며, 제31조의5제1항 및 제2항의 개정규정은 이 법 시행 이후 공공주택사업자에게 주택 등을 매도하기로 약정 계약을 체결한 경우부터 적용한다(부칙 제6조).

제32조 한국토지주택공사의 소규모 공동주택 취득에 대한 감면 등

취득세, 재산세 경감

① 한국토지주택공사가 임대를 목적으로 취득하는 소유하는 대통령령으로 정하는 소규모 공동주택(이하 이 조에서 "소규모 공동주택"이라 한다.)용 부동산에 대해서는 취득세 및 재산세의 100분의 25를 각각 2024년 12월 31일까지 경감한다(법 §32 ①).

이 경우 "소규모 공동주택(주택법 제2조 제2호에 따른 공동주택을 말하되 기숙사는 제외한다.)용 부동산"이란 1구(1세대가 독립하여 구분 사용할 수 있도록 구획된 부분을 말한다.)당 건축면적(전용면적을 말한다.)이 60제곱미터 이하의 공동주택(해당 공동주택의 입주자가 공동으로 사용하는 부대시설 및 공공용으로 사용하는 토지와 영구임대주택단지 안의 복리시설 중 임대수익금 전액을 임대주택 관리비로 충당하는 시설을 포함한다.) 및 그 부속토지(관계 법령에 따라 국가 또는 지방자치단체에 무상으로 귀속될 공공시설용지를 포함한다.)를 말한다(영 §14 ①).

② 한국토지주택공사가 분양을 목적으로 취득하는 소규모 공동주택용 부동산에 대해서는 취득세의 100분의 25를 2016년 12월 31일까지 경감한다(감면종료) (법 §32 ②).

③ 제1항 또는 제2항을 적용할 때 토지를 취득한 후 대통령령으로 정하는 기간에 소규모 공동주택의 건축을 착공하지 아니하거나 소규모 공동주택이 아닌 용도에 사용하는 경우 그 해당 부분에 대해서는 감면된 취득세 및 재산세를 추징한다(법 §32 ③).

이 경우 "대통령령이 정하는 기간"이란 소규모 공공주택용 토지를 취득한 날(토지를 일시에 취득하지 아니하는 경우에는 최종 취득일을 말하며, 최종 취득일 이전에 사업계획을 승인받은 경우에는 그 사업계획승인일을 말한다.)부터 4년을 말한다(영 §14 ②).

제32조의 2 한국토지주택공사의 방치건축물 사업재개에 대한 감면

취득세·재산세 경감

「공사중단 장기방치 건축물의 정비 등에 관한 특별조치법」 제6조에 따른 공사중단 건축물 정비계획(건축물 완공으로 인한 수익금이 같은 법 제13조에 따른 방치건축물 정비기금에 납입되는 경우에 한정한다.)에 따라 한국토지주택공사가 공사 재개를 위하여 취득하는 부동산에 대해서는 취득세의 100분의 35를, 과세기준일 현재 해당 사업에 직접 사용하는 부동산에 대해서는 재산세의 100분의 25를 각각 2021년 12월 31일까지 경감한다.(감면종료)

제33조 주택공급 확대를 위한 감면

① 대통령령으로 정하는 주택건설사업자가 공동주택(해당 공동주택의 부대시설 및 복리시설을 포함하되, 분양하거나 임대하는 복리시설은 제외한다. 이하 이 조에서 같다.)을 분양할 목적으로 건축한 전용면적 60제곱미터 이하인 5세대 이상의 공동주택(해당 공동주택의 부수토지를 제외한다. 이하 이 항에서 같다.)과 그 공동주택을 건축한 후 미분양 등의 사유로 제31조에 따른 임대용으로 전환하는 경우 그 공동주택에 대해서는 2014년 12월 31일까지 취득세를 면제한다(감면종료)(법 §33 ①).

취득세 면제

② 상시거주(취득일 이후 「주민등록법」에 따른 전입신고를 하고 계속하여 거주하거나 취득일 전에 같은 법에 따른 전입신고를 하고 취득일부터 계속하여 거주하는 것을 말한다. 이하 이 조에서 같다)할 목적으로 대통령령으로 정하는 서민주택을 취득[상속·증여로 인한 취득 및 원시취득(原始取得)은 제외한다]하여 대통령령으로 정하는 1가구 1주택에 해당하는 경우(해당 주택을 취득한 날부터 60일 이내에 종전 주택을 증여 외의 사유로 매각하여 1가구 1주택이 되는 경우를 포함한다)에는 취득세를 2024년 12월 31일까지 면제한다(법 §33 ②).

이 경우 "대통령령으로 정하는 서민주택"이란 연면적 또는 전용면적 40제곱미터 이하인 주택[주택법 제2조 제1호에 따른 주택으로서 건축법에 따른 건축물대장·사용승인서·임시사용승인서 또는 부동산등기법에 따른 등기부에 주택으로 기재(건축법(법률 제7696호로 개정되기 전의 것을 말한다.)에 따라 건축허가 또는 건축신고없이 건축이 가능했던 주택(법률 제7696호 건축법 일부개정 법률 부칙 제3조에 따라 건축허가를 받거나 건축신고가 있는 것으로 보는 경우를 포함한다.)으로서 건축물대장에 기재되어 있지 않는 주택의 경우에도 건축물대장에 주택으로 기재된 것으로 본다.]된 주거용 건축물과 그 부속토지를 말한다. 이하 이 조에서 같다.]으로서 취득가액이 1억원 미만인 것을 말한다(영 §15 ②).

그리고 "대통령령으로 정하는 1가구 1주택"이란 취득일 현재 취득자와 같은 세대별 주민등록표에 기재되어 있는 가족(동거인은 제외한다.)으로 구성된 1가구(취득자의 배우자, 취득자의 미혼인 30세 미만의 직계비속 또는 취득자가 미혼이고 30세 미만인 경우 그 부모는 각각 취득자와 같은 세대별 주민등록표에 기재되어 있지 아니하더라도 같은 가구에 속한 것으로 본다.)가 국내에 1개의 주택을 소유하는 것을 말하며, 주택의 부속토지만을 소유하는 경우에도 주택을 소유한 것으로 본다. 이 경우 65세 이상인 직계존속, 「국가유공자등 예우 및 지원에 관한 법률」에 따른 국가유공자(상이등급 1급부터 7급까지의 판정을 받은 국가유공자만 해당한다.)인 직계존속 또는 「장애인복지법」에 따라 등록한 장애인(장애의 정도가 심한 장애인만 해당한다.)인 직계존속을 부양하고 있는 사람은 같은 세대별 주민등록표에 기재되어 있더라도 같은 가구에 속하지 아니한 것으로 본다(영 §15 ③).

그리고 2019년부터는 동 감면규정과 직접적인 관련이 없는 상속, 증여, 원시취득은 감면 배제하였고, 30세미만 미혼에 대한 1가구 판단 기준이 직계존속에서 부모로 한정되었다.

또한 2022년부터는 '상시거주'의 의미를 '주택을 취득한 이후' 전입신고를 하여 거주하는 것이고 주택을 취득하기 전 임차로 거주하던 기간은 상시거주 기간으로 간주하지 않고 있음을 유의하여야 한다

③ 제2항을 적용할 때 다음 각 호의 어느 하나에 해당하는 경우에는 면제된 취득세를 추징한다(법 §33 ③ Ⅰ~Ⅲ).
 1. 정당한 사유 없이 그 취득일부터 3개월이 지날 때까지 해당 주택에 상시 거주를 시작하지 아니한 경우
 2. 해당 주택에 상시 거주를 시작한 날부터 2년이 되기 전에 상시 거주하지 아니하게 된 경우
 3. 해당 주택에 상시 거주한 기간이 2년 미만인 상태에서 해당 주택을 매각·증여하거나 다른 용도(임대를 포함한다.)로 사용하는 경우

다만 이 추징 규정은 '부동산 투기' 등 악용사례 방지를 위해 해당 조문에 취득 목적을 '상시 거주할 목적'명시하고 취득 이후 목적대로 사용하지 않을 경우 추징하지만 2019.1.1. 이후 감면되는 분부터 적용하여야 한다.

> **사례**
>
> ❖ **일몰후 일반적경과조치 규정적용**
>
> 청구법인이 비록 종전감면규정의 일몰이 종료된 후인 2015.7.1. 쟁점주택을 취득하였다 하더라도 2014.12.31. 이전에 쟁점주택의 취득을 위한 원인행위를 하였는바, 쟁점주택의 취득세는 쟁점부칙규정에 따라 종전감면규정을 적용하여 면제대상으로 보는 것이 타당함.
> (조심 2018지867, 2019.6.24.)

제34조 주택도시보증공사의 주택분양보증 등에 대한 감면

※ 이 조의 규정은 일몰기간이 종료된 것임.

① 「주택도시기금법」에 따른 주택도시보증공사(이하 "주택도시보증공사"라 한다.)가 같은 법 제26조 제1항 제2호에 따른 주택에 대한 분양보증을 이행하기 위하여 취득하는 건축물로서 분양계약이 된 주택에 대해서는 취득세의 100분의 50을 2016년 12월 31일까지 경감한다(법 §34 ①).

② 「부동산투자회사법」 제2조 제1호 가목 및 나목에 따른 부동산투자회사(이하 이 조에서 "부동산투자회사"라 한다.)가 임대목적으로 2014년 12월 31일까지 취득하는 주택에 대하여는 취득세를 면제하고, 취득한 주택에 대한 재산세는 2014년 12월 31일까지 「지방세법」 제111조 제1항 제3호 나목의 세율에도 불구하고 1천분의 1을 적용하여 과세한다. 다만, 취득세를 면제받거나 재산세를 감면받은 후 정당한 사유 없이 제5항에 따른 계약조건을 유지하지 아니하거나 위반한 경우에는 감면된 취득세와 재산세를 추징한다(법 §34 ④).

③ 제4항에 따라 취득세를 면제받거나 재산세를 감면받으려면 다음 각 호의 계약을 모두 체결하여야 한다(법 §34 ⑤ Ⅰ·Ⅱ).

1. 부동산투자회사와 임차인 간의 계약
  가. 부동산투자회사가 전용면적 85제곱미터 이하의 1가구[주택 취득일 현재 세대별 주민등록표에 기재되어 있는 세대주와 그 세대원(배우자, 직계존속 또는 직계비속으로 한정한다.)으로 구성된 가구를 말한다.] 1주택자의 주택을 매입(주택지분의 일부를 매입하는 경우를 포함한다.)하여 해당 주택의 양도인(이하 이 조에서 "양도인"이라 한다.)에게 임대하되, 그 임대기간을 5년 이상으로 하는 계약
  나. 가목에 따른 임대기간 종료 후 양도인이 해당 주택을 우선적으로 재매입(임대기간

종료 이전이라도 양도인이 재매입하는 경우를 포함한다.)할 수 있는 권리를 부여하는 계약

2. 부동산투자회사와 한국토지주택공사 간의 계약 : 양도인이 제1호 나목에 따른 우선매입권을 행사하지 아니하는 경우 한국토지주택공사가 해당 주택의 매입을 확약하는 조건의 계약

④ 「부동산투자회사법」 제2조 제1호 다목에 따른 기업구조조정 부동산투자회사 또는 「자본시장과 금융투자업에 관한 법률」 제229조 제2호에 따른 부동산집합투자기구(집합투자재산의 100분의 80을 초과하여 같은 법 제229조 제2호에서 정한 부동산에 투자하는 같은 법 제9조 제19항 제2호에 따른 일반 사모집합투자기구를 포함한다. 이하 같다.)가 2016년 12월 31일까지 「주택법」에 따른 사업주체로부터 직접 취득하는 미분양주택 및 그 부속토지(이하 이 항에서 "미분양주택등"이라 한다.)에 대해서는 취득세의 100분의 50을 경감하고, 취득한 미분양주택등에 대한 재산세는 2016년 12월 31일까지 「지방세법」 제111조 제1항 제3호 나목의 세율에도 불구하고 1천분의 1을 적용하여 과세한다(법 §34 ⑦).

제35조 | 주택담보노후연금보증 대상 주택에 대한 감면

① 「한국주택금융공사법」에 따른 연금보증을 하기 위하여 같은 법에 따라 설립된 한국주택금융공사와 같은 법에 따라 연금을 지급하는 금융회사가 같은 법 제9조 제1항에 따라 설치한 주택금융운영위원회가 같은 조 제2항 제5호에 따라 심의·의결한 연금보증의 보증기준에 해당되는 주택(「주택법」 제2조제4호의 준주택 중 주거목적으로 사용되는 오피스텔을 포함한다. 이하 이 조에서 같다)을 담보로 하는 등기에 대하여 그 담보의 대상이 되는 주택을 제공하는 자가 등록면허세를 부담하는 경우에는 다음 각 호의 구분에 따라 등록면허세를 2024년 12월 31일까지 감면한다(법 §35 ① Ⅰ·Ⅱ).

1. 「지방세법」 제4조에 따른 시가표준액(이하 이 조에서 "시가표준액"이라 한다)이 5억원 이하인 주택으로서 대통령령으로 정하는 1가구 1주택(이하 이 조에서 "1가구 1주택"이라 한다.) 소유자의 주택(「주택법」 제2조제4호의 준주택 중 주거목적으로 사용되는 오피스텔을 포함한다. 이하 이 조에서 같다)을 담보로 하는 등기에 대해서는 등록면허세의 100분의 75를 경감한다.

2. 제1호 외의 등기: 다음 각 목의 구분에 따라 감면
   가. 등록면허세액이 300만원 이하인 경우에는 등록면허세의 100분의 75를 경감한다.
   나. 등록면허세액이 300만원을 초과하는 경우에는 225만원을 공제한다.

이 규정은 주택담보노후연금보증 대상 주택에 대한 지방세 감면대상을 주거용 오피스텔을 추가하면서 공시가격 5억원 초과 또는 다주택자 공제한도 구간이 세액 300만원 초과 시 225만원 공제로 조정되어 등록면허세 감면한도를 조정한 것이며, 연금보증의 보증기준에 해당되는 주택을 담보로 하는 등기에 대하여 그 담보의 대상이 되는 주택을 제공하는 자가 등록면허세를 부담하는 경우부터 적용(부칙 제7조)하여야 한다

② 제1항에 따른 주택담보노후연금보증을 위하여 담보로 제공된 주택(1가구 1주택인 경우로 한정한다.)에 대해서는 다음 각 호의 구분에 따라 재산세를 2024년 12월 31일까지 감면한다(법 §35 ② Ⅰ·Ⅱ).

1. 시가표준액이 5억원 이하인 주택의 경우에는 재산세의 100분의 25를 경감한다.
2. 시가표준액이 5억원을 초과하는 경우에는 해당 연도 시가표준액이 5억원에 해당하는 재산세액의 100분의 25를 공제한다.

이 경우 "대통령령으로 정하는 1가구 1주택"이란 과세기준일 현재 주택 소유자와 같은 세대별 주민등록표에 기재되어 있는 가족(동거인은 제외한다.)으로 구성된 1가구(소유자의 배우자, 소유자의 미혼인 30세 미만의 직계비속은 각각 소유자와 같은 세대별 주민등록표에 기재되어 있지 않더라도 같은 가구에 속한 것으로 본다.)가 국내에 1개의 주택을 소유하는 것을 말하며, 주택의 부속토지만을 소유하는 경우에도 주택을 소유한 것으로 본다(영 §16①). 이는 세대별 주민등록표에 기재되어 있는 가족으로 구성된 1가구가 국내에 1개의 주택을 소유한 경우로 한정한 것이다.

그리고 위의 규정을 적용할 때 주택담보노후연금보증을 위해 담보로 제공하는 주택 외에 소유하고 있는 주택이 다음 각 호의 어느 하나에 해당하는 주택인 경우에는 그 주택을 소유하지 않는 것으로 본다(영 §16 ② Ⅰ~Ⅲ).

1. 「국토의 계획 및 이용에 관한 법률」 제6조에 따른 도시지역(과세기준일 현재 도시지역을 말한다.)이 아닌 지역에 건축되어 있거나 면의 행정구역(수도권은 제외한다.)에 건축되어 있는 주택으로서 다음 각 목의 어느 하나에 해당하는 주택
   가. 사용 승인 후 20년 이상 경과된 「건축법 시행령」 별표 1 제1호 가목에 따른 단독주택(이하 "단독주택"이라 한다.)
   나. 85제곱미터 이하인 단독주택
   다. 상속으로 취득한 주택
2. 전용면적이 20제곱미터 이하인 주택. 다만, 전용면적이 20제곱미터 이하인 주택을 둘 이상 소유하는 경우는 제외한다.
3. 「문화재보호법」 제2조 제3항에 따른 지정문화재 또는 같은 법 제53조 제1항에 따른 국가등록문화재

③ 「한국주택금융공사법」제2조 제11호에 따른 금융기관으로부터 연금방식으로 생활자금 등을 지급받기 위하여 장기주택저당대출에 가입한 사람이 담보로 제공하는 주택(1가구 1주택인 경우로 한정한다.)에 대해서는 다음 각 호의 구분에 따라 재산세를 2021년 12월 31일까지 감면한다(법 §35 ③ Ⅰ~Ⅱ).(감면종료)
1. 주택공시가격 등이 5억원 이하인 주택의 경우에는 재산세의 100분의 25를 경감한다.
2. 주택공시가격 등이 5억원을 초과하는 경우에는 해당 연도 주택공시가격 등이 5억원에 해당하는 재산세액의 100분의 25를 공제한다.

제35조의 2 │ 농업인의 노후생활안정자금대상 농지에 대한 감면

재산세 감면

「한국농어촌공사 및 농지관리기금법」제24조의 5에 따라 연금방식으로 노후생활안정자금을 지원받기 위하여 담보로 제공된 농지에 대해서는 다음 각 호의 구분에 따라 재산세를 2024년 12월 31일까지 감면한다(법 §35의 2 Ⅰ·Ⅱ).
1. 「지방세법」제4조 제1항에 따라 공시된 가액 또는 시장·군수가 산정한 가액(이하 이 조에서 "토지공시가격 등"이라 한다.)이 6억원 이하인 농지의 경우에는 재산세를 면제한다.
2. 토지공시가격 등이 6억원을 초과하는 경우에는 해당 연도 토지공시가격 등이 6억원에 해당하는 재산세액의 100분의 100을 공제한다.

제35조의 3 │ 임차인의 전세자금 마련 지원을 위한 주택담보대출 주택에 대한 재산세액공제

※ 이 조의 규정은 일몰기간이 종료된 것임.
① 재산세 과세기준일 현재 임대인과 임차인 간에 임대차계약을 체결하고 임대주택으로 사용하는 경우로서 그 주택을 보유한 자에 대해서는 다음 각 호에서 정하는 요건을 모두 충족하는 경우 「지방세법」제111조 제1항 제3호 나목의 세율을 적용하여 산출한 재산세액에서 주택담보대출금액의 100분의 60에 1천분의 1을 적용하여 산출한 세액을 2016년 12월 31일까지 공제한다. 다만, 임대차계약 기간 동안 다음 각 호의 요건 중 어느 하나를 위반하는 경우 공제된 재산세액을 추징한다(법 §35의 2 ① Ⅰ~Ⅴ).
1. 임차인이 계약일 현재 무주택세대주이면서 직전 연도 소득(그 배우자의 소득을 포함한

다.)이 6천만원 이하인 경우
2. 임차주택의 전세보증금이 2억원(수도권은 3억원) 이하인 경우
3. 주택담보대출금액이 3천만원(수도권은 5천만원) 이하인 경우
4. 제2호에 따른 전세보증금의 전부 또는 일부를 임대인의 주택담보대출로 조달하고 그 대출이자는 임차인이 부담하는 방식으로 하고, 국토교통부장관이 정하는 임대차계약서 서식에 따라 「금융실명거래 및 비밀보장에 관한 법률」 제2조 제1호에 따른 금융회사 등(이하 이 조에서 "금융회사등"이라 한다.)과 주택담보대출 계약을 체결하는 경우
5. 금융회사 등이 취급하는 주택담보대출로서 목돈 안드는 전세대출임이 표시된 통장으로 거래하는 경우

② 제1항에 따라 재산세액을 공제하는 경우에는 산출한 재산세액 중 공제되는 세액이 차지하는 비율(백분율로 계산한 비율이 소수점 이하일 경우에는 절상한다.)에 해당하는 부분만큼을 재산세 감면율로 본다(법 §35의 2 ②).

③ 제1항을 적용할 때 무주택세대주 및 직전 연도 소득을 확인하는 방법은 제36조의2 제4항에 따라 행정안전부장관이 정하는 기준을 준용한다(법 §35의 2 ③).

제36조 무주택자 주택공급사업 지원을 위한 감면

「공익법인의 설립·운영에 관한 법률」에 따라 설립된 공익법인으로서 대통령령으로 정하는 법인이 무주택자에게 분양할 목적으로 취득하는 주택건축용 부동산에 대해서는 취득세를, 과세기준일 현재 그 업무에 직접 사용하는 부동산에 대해서는 재산세(「지방세법」 제112조에 따른 부과액을 포함한다.)를 각각 2024년 12월 31일까지 면제한다. 다만, 그 취득일부터 2년 이내에 정당한 사유 없이 주택건축을 착공하지 아니하거나 다른 용도에 사용하는 경우 그 해당 부분에 대해서는 면제된 취득세를 추징한다(법 §36).

이 경우 "대통령령으로 정하는 법인"이란 주택법 제4조 제1항 제4호의 적용을 받는 사단법인 한국사랑의집짓기운동연합회를 말한다(영 §17). 그리고 위 규정은 최소납부제 배제대상이다

취득세, 재산세 면제

「공익법인의 설립·운영에 관한 법률」에 따라 설립된 공익법인인 사단법인 한국사랑의집짓기운동연합회에 대하여는 다음 구분에 따라 지방세를 면제한다.
① 한국사랑의집짓기운동연합회가 무주택자에게 분양할 목적으로 취득하는 주택건축용

부동산에 대해서는 2024년 12월 31일까지 취득세를 면제한다. 다만, 그 취득일부터 2년 이내에 정당한 사유 없이 주택건축을 착공하지 아니하거나 다른 용도에 사용하는 경우 그 해당 부분에 대하여는 면제된 취득세를 추징한다.

② 해당 연합회가 과세기준일 현재 그 업무에 직접 사용하는 부동산에 대하여는 재산세를 2024년 12월 31일까지 면제한다. 이 경우 재산세는 지방세법 제112조에 따라 과세하는 부분도 포함하여 면제한다.

※ 2014년말 삭제된 제36조의 2 (생애최초 주택 취득에 대한 취득세의 면제)의 규정은 이 법 시행 전에 종전의 규정에 따라 생애최초로 주택을 취득한 자가 종전의 제36조의 2 제1항 각 호 외의 부분 단서에 해당하는 경우에는 제36조의 2의 개정규정에도 불구하고 종전의 제36조의 2 제1항 각 호 외의 부분 단서에 따른다(2014, 부칙 §16).

제36조의 2 | 생애최초 주택 구입 신혼부부에 대한 취득세 경감

① 혼인한 날(「가족관계의 등록 등에 관한 법률」에 따른 혼인신고일을 기준으로 한다.)부터 5년 이내인 사람과 주택 취득일부터 3개월 이내에 혼인할 예정인 사람(이하 이 조에서 "신혼부부"라 한다.)으로서 다음 각 호의 요건을 갖춘 사람이 거주할 목적으로 주택(「지방세법」 제11조 제1항 제8호에 따른 주택을 말한다. 이하 이 조에서 같다.)을 유상거래(부담부증여는 제외한다.)로 취득한 경우에는 취득세의 100분의 50을 2020년 12월 31일까지 경감한다(법 §36의 2 ① Ⅰ~Ⅲ).(감면종료)

1. 주택 취득일 현재 신혼부부로서 본인과 배우자(배우자가 될 사람을 포함한다. 이하 이 조에서 같다.) 모두 주택 취득일까지 주택을 소유한 사실이 없을 것. 이 경우 본인 또는 배우자가 주택 취득 당시 대통령령으로 정하는 주택을 소유하였거나 소유하고 있는 경우에는 주택을 소유한 사실이 없는 것으로 본다.

이 경우 "대통령령으로 정하는 주택을 소유하였거나 소유하고 있는 경우"란 다음 각 호의 어느 하나에 해당하는 경우를 말한다(영 §17의 2 ① Ⅰ~Ⅳ).

㉮ 상속으로 주택의 공유지분을 소유(주택 부속토지의 공유지분만을 소유하는 경우를 포함한다.)하였다가 그 지분을 모두 처분한 경우

㉯ 「국토의 계획 및 이용에 관한 법률」 제6조에 따른 도시지역(취득일 현재 도시지역을 말한다.)이 아닌 지역에 건축되어 있거나 면의 행정구역(수도권은 제외한다.)에 건축되어 있는 주택으로서 다음 각 목의 어느 하나에 해당하는 주택을 소유한 자가 그 주택 소재지역에 거주하다가 다른 지역(해당 주택 소재지역인 특별시·광역시·특별자치시·특별자치도 및 시·군 이외의 지역을 말한다.)으로 이주한 경우. 이 경우 그 주택을 감면대상 주택 취득일 전에 처분했거나 감면대상 주택 취득일부터 3개월

이내에 처분한 경우로 한정한다.
  ⅰ) 사용 승인 후 20년 이상 경과된 단독주택
  ⅱ) 85제곱미터 이하인 단독주택
  ⅲ) 상속으로 취득한 주택
㉰ 전용면적 20제곱미터 이하인 주택을 소유하고 있거나 처분한 경우. 다만, 전용면적 20제곱미터 이하인 주택을 둘 이상 소유했거나 소유하고 있는 경우는 제외한다.
㉱ 취득일 현재 「지방세법」 제4조 제2항에 따라 산출한 시가표준액이 100만원 이하인 주택을 소유하고 있거나 처분한 경우
2. 주택 취득 연도 직전 연도의 신혼부부의 합산 소득이 7천만원(「조세특례제한법」 제100조의 3 제5항 제2호 가목에 따른 홑벌이 가구는 5천만원)을 초과하지 아니할 것
3. 「지방세법」(법률 제18655호로 개정되기 전의 것을 말한다) 제10조에 따른 취득 당시의 가액이 3억원(「수도권정비계획법」 제2조제1호에 따른 수도권은 4억원으로 한다) 이하이고 전용면적이 60제곱미터 이하인 주택을 취득할 것

② 제1항에 따라 취득세를 경감받은 사람이 다음 각 호의 어느 하나에 해당하는 경우에는 경감된 취득세를 추징한다(법 §36의 2 ② Ⅰ~Ⅲ).
1. 혼인할 예정인 신혼부부가 주택 취득일부터 3개월 이내에 혼인하지 아니한 경우
2. 주택을 취득한 날부터 3개월 이내에 대통령령으로 정하는 1가구 1주택이 되지 아니한 경우
  이 경우 "대통령령으로 정하는 1가구 1주택"이란 주택 취득자와 같은 세대별 주민등록표에 기재되어 있는 가족(동거인은 제외한다.)으로 구성된 1가구(취득자의 배우자, 취득자의 미혼인 30세 미만의 직계비속은 각각 취득자와 같은 세대별 주민등록표에 기재되어 있지 않더라도 같은 가구에 속한 것으로 본다.)가 국내에 1개의 주택을 소유하는 것을 말하며, 주택의 부속토지만을 소유하는 경우에도 주택을 소유한 것으로 본다.
3. 정당한 사유 없이 취득일부터 3년 이내에 경감받은 주택을 매각·증여하거나 다른 용도(임대를 포함한다.)로 사용하는 경우

③ 제1항을 적용할 때 신혼부부의 직전 연도 합산 소득은 신혼부부의 소득을 합산한 것으로서 급여·상여 등 일체의 소득을 합산한 것으로 한다(법 §36의 2 ③).

④ 제1항 및 제3항을 적용할 때 신혼부부의 직전 연도 소득 및 주택 소유사실 확인 등에 관한 세부적인 기준은 행정안전부장관이 정하여 고시한다(법 §36의 2 ④).

⑤ 행정안전부장관 또는 지방자치단체의 장은 제3항에 따른 신혼부부 합산소득의 확인을 위하여 필요한 자료의 제공을 관계 기관의 장에게 요청할 수 있다. 이 경우 요청을 받은 관계 기관의 장은 특별한 사유가 없으면 이에 따라야 한다(법 §36의 2 ⑤).

취득세 감면

신혼부부 생애최초 주택취득에 따른 취득세 감면요건은 ① 신혼부부는 혼인(혼인신고일을 기준으로 확인하고 재혼, 외국인 배우자도 배우자의 범위에 포함한다.)한 날부터 5년 이내인 사람과 주택취득일부터 3개월 이내에 혼인할 예정인 사람 ② 소득은 부부합산소득(근로소득, 사업소득 등 종합소득) 기준 맞벌이가구(본인과 배우자 각각의 소득금액이 모두 300만원 이상인 경우) 7,000만원 이하, 홑벌이가구 5,000만원 이하 ③ 주택은 주택(아파트, 연립, 다세대, 단독주택, 다가구주택 등)으로 취득가액은 수도권 4억원 이하, 비수도권 3억원 이하(지방세법에 따라 입증되는 경우로 한정함)이어야 하며, 면적은 전용면적 60㎡ 이하 ④ 생애최초는 본인과 배우자 모두 주택을 소유한 사실이 없을 것 다만, 상속으로 취득한 주택의 공유지분을 처분한 경우와 도시지역 외의 지역 등에 소재한 주택(20년 이상 경과된 주택, 85㎡이하인 단독주택, 상속주택) 소유자가 소재지역에 거주하다 타 지역으로 이주한 경우(해당 주택을 처분하였거나 감면대상 주택 취득일부터 3개월 내로 처분한 경우로 한정)와 전용면적 20㎡이하 주택을 소유하고 있거나 처분한 경우(다만, 둘 이상을 소유한 경우는 제외)와 시가표준액이 100만원 이하인 주택(지방세법 제4조 제2항 및 같은 법 시행령 제4조 제1항 제1호에 따라 산출한 주거용 건축물의 가액이 100만원 이하인 주택) 소유하고 있거나 처분(멸실도 포함한다.)한 경우에는 제외한다.

이 경우 생애최초 감면대상의 거래유형은 유상거래(부담부증여는 제외)로 한정하고 있어 상속·증여 등 무상취득하거나, 신축 등 원시취득은 감면대상에 해당되지 않는다.

그리고 도시지역이 아닌 지역 또는 면의 행정구역에서 20년이상 단독주택 등(이하 '종전주택'이라 함)을 소유한 자가 그 주택소재지역에 거주하다가 다른 지역으로 이주한 경우로서, 그 해당 주택소재지역을 특별시·광역시·특별자치시·특별자치도 및 시·군으로 규정하고 있으므로 '주택소재지역'이란 특별시·광역시·특별자치시·특별자치도 및 시·군으로 보아야 한다.

여기에서 소득금액을 확인하는 소득발생 기간의 귀속연도는 주택 취득일이 속하는 연도의 직전년도 소득으로 한다. 다만, 「소득세법」 제70조에 따른 '종합소득과세표준 확정신고'의 소득금액이 아직 확정되지 않아 직전년도 소득금액을 확인할 수 없는 경우에는 전전년도 소득금액으로 하며, 귀속연도분 소득금액 확인은 감면신청인이 제출하는 소득금액증명원으로 확인하되, 근로소득만 있는 경우는 감면신청인이 제출하는 근로소득원천징수영수증으로 확인하며, 내국인이 외국에서 발생한 소득을 관할 세무서장에게 신고한 경우 외국에서 발생한 소득금액이 귀속 연도분 소득금액증명원 등으로 확인되는 경우 이를 소득금액으로 본다.

그리고 취득세를 경감받은 사람이 혼인할 예정인 신혼부부가 주택 취득일부터 3개월 이내에 혼인하지 아니한 경우와 주택을 취득한 날부터 3개월 이내에 대통령령으로 정하는 1가구 1주택이 되지 아니한 경우와 정당한 사유 없이 취득일부터 3년 이내에 경감받은 주택을 매각·증여하거나 다른 용도(임대를 포함한다.)로 사용하는 경우에는 경감된 취득세를 추징한다.

그리고 주택 취득일부터 3개월 이내 혼인 예정자에 대한 확인 방법은 예식장 계약서 사본, 결혼 청첩장 등을 통해 주택 취득일부터 3개월 이내에 혼인이 예정되어 있는 지 확인하며 주택 취득일부터 3개월 이내에 혼인하지 아니한 경우 「지방세특례제한법」 제36조의2 제2항에 따라 감면된 취득세가 추징된다. 다만, 주택 취득일부터 3개월 이내에 1가구 1주택이 되지 아니한 경우 감면받은 취득세를 추징한다는 규정하고 있으므로, 3개월이 지나서 다시 1가구 2주택이 된다고 하더라도 감면받은 취득세를 추징되지 아니한다.

제36조의 3 생애최초 주택 구입에 대한 취득세 감면

① 주택 취득일 현재 본인 및 배우자(「가족관계의 등록 등에 관한 법률」 에 따른 가족관계 등록부에서 혼인이 확인되는 외국인 배우자를 포함한다. 이하 이 조 및 제36조의5에서 같다)가 주택(「지방세법」 제11조제1항제8호에 따른 주택을 말한다. 이하 이 조 및 제36조의5에서 같다)을 소유한 사실이 없는 경우로서 합산소득이 7천만원 이하인 경우에는 그 세대에 속하는 자가 「지방세법」 제10조에 따른 취득 당시의 가액(이하 이 조에서 "취득 당시의 가액"이라 한다)이 3억원(「수도권정비계획법」 제2조제1호에 따른 수도권은 4억원으로 한다) 이하인 주택을 유상거래(부담부증여는 제외한다)로 취득하는 경우에는 다음 각 호의 구분에 따라 2025년 12월 31일까지 지방세를 감면(이 경우 「지방세법」 제13조의2의 세율을 적용하지 아니한다)한다. 다만, 취득자가 미성년자인 경우는 제외한다 (법 §36의3 ① Ⅰ·Ⅱ).
  1. 「지방세법」 제11조제1항제8호의 세율을 적용하여 산출한 취득세액(이하 이 조 및 제36조의5에서 "산출세액"이라 한다)이 200만원 이하인 경우에는 취득세를 면제한다.
  2. 산출세액이 200만원을 초과하는 경우에는 산출세액에서 200만원을 공제한다.
  이 경우 생애최초 판단기준을 기존의 '가구 전체'에서 '본인 및 배우자'로 완화하였고, 가구 내의 다른 구성원(형제·자매 등)이 주택을 보유하였더라도 본인과 배우자가 주택을 취득한 사실이 없다면 취득세 감면이 가능하며 「지방세법」, 「민법」 등 관련 법률 규정사항과 동일하게 '미성년자'로 규정하여 제외대상 연령을 조정하였다
② 제1항에서 합산소득은 취득자와 그 배우자의 소득을 합산한 것으로서 급여·상여 등 일체의 소득을 합산한 것으로 한다(법 §36의3 ②).

③ 제1항에서 "주택을 소유한 사실이 없는 경우"란 다음 각 호의 어느 하나에 해당하는 경우를 말한다(법 §36의3 ③ Ⅰ~Ⅳ).
  1. 상속으로 주택의 공유지분을 소유(주택 부속토지의 공유지분만을 소유하는 경우를 포함한다)하였다가 그 지분을 모두 처분한 경우
  2. 「국토의 계획 및 이용에 관한 법률」 제6조에 따른 도시지역(취득일 현재 도시지역을 말한다)이 아닌 지역에 건축되어 있거나 면의 행정구역(수도권은 제외한다)에 건축되어 있는 주택으로서 다음 각 목의 어느 하나에 해당하는 주택을 소유한 자가 그 주택 소재지역에 거주하다가 다른 지역(해당 주택 소재지역인 특별시·광역시·특별자치시·특별자치도 및 시·군 이외의 지역을 말한다)으로 이주한 경우. 이 경우 그 주택을 감면대상 주택 취득일 전에 처분했거나 감면대상 주택 취득일부터 3개월 이내에 처분한 경우로 한정한다.
    가. 사용 승인 후 20년 이상 경과된 단독주택
    나. 85제곱미터 이하인 단독주택
    다. 상속으로 취득한 주택
  3. 전용면적 20제곱미터 이하인 주택을 소유하고 있거나 처분한 경우. 다만, 전용면적 20제곱미터 이하인 주택을 둘 이상 소유했거나 소유하고 있는 경우는 제외한다.
  4. 취득일 현재 「지방세법」 제4조제2항에 따라 산출한 시가표준액이 100만원 이하인 주택을 소유하고 있거나 처분한 경우

④ 제1항에 따라 취득세를 감면받은 사람이 다음 각 호의 어느 하나에 해당하는 경우에는 감면된 취득세를 추징한다(법 §36의3 ④ Ⅰ~Ⅲ).
  1. 대통령령으로 정하는 정당한 사유 없이 주택을 취득한 날부터 3개월 이내에 상시 거주(취득일 이후 「주민등록법」에 따른 전입신고를 하고 계속하여 거주하거나 취득일 전에 같은 법에 따른 전입신고를 하고 취득일부터 계속하여 거주하는 것을 말한다. 이하 이 조 및 제36조의5에서 같다)를 시작하지 아니하는 경우

    이 경우 "대통령령으로 정하는 정당한 사유"란 다음 각 호의 어느 하나에 해당하는 경우를 말한다(영 §17의3 ⅠⅡ).
      ㉮ 기존 거주자의 퇴거가 지연되어 주택을 취득한 자가 법원에 해당 주택의 인도명령을 신청하거나 인도소송을 제기한 경우
      ㉯ 주택을 취득한 자가 기존에 거주하던 주택에 대한 임대차 기간이 만료되었으나 보증금 반환이 지연되어 대항력을 유지하기 위하여 기존 거주지에 「주민등록법」에 따른 주소를 유지하는 경우(「주택임대차보호법」 제3조의3에 따른 임차권등기가 이루어진 경우는 제외한다)
  2. 주택을 취득한 날부터 3개월 이내에 추가로 주택을 취득(주택의 부속토지만을 취득하

는 경우를 포함한다)하는 경우. 다만, 상속으로 인한 추가 취득은 제외한다.
3. 해당 주택에 상시 거주한 기간이 3년 미만인 상태에서 해당 주택을 매각·증여(배우자에게 지분을 매각·증여하는 경우는 제외한다)하거나 다른 용도(임대를 포함한다)로 사용하는 경우

그리고 전세보증금 관련 분쟁 등 '정당한 사유가 있는 경우는 3개월 내 상시거주를 하지 않더라도 추징 제외하고, 감면 대상자의 의사와 무관하게 이루어지는 상속으로 인한 추가 취득에 대하여는 추징 사유에서 제외하며, 배우자 간 지분의 매각·증여는 추징사유에 해당하지 않도록 예외로 인정하였고, '상시거주'의 의미를 '주택을 취득한 이후' 전입신고를 하여 거주하는 것으로 명확하게 규정하여 주택을 취득하기 전 임차로 거주하던 기간은 상시거주 기간으로 간주하지 않도록 하고 있으며 이 법 시행 전에 감면받은 취득세의 추징에 관하여는 제36조의3제4항제1호부터 제3호까지의 개정규정에도 불구하고 종전 규정 적용한다(부칙 제12조).

⑤ 제2항 또는 제3항을 적용할 때 합산소득 및 무주택자 여부 등을 확인하는 세부적인 기준은 행정안전부장관이 정하여 고시한다(법 §36의3 ⑤).

⑥ 행정안전부장관 또는 지방자치단체의 장은 제2항에 따른 합산소득의 확인을 위하여 필요한 자료의 제공을 관계 기관의 장에게 요청할 수 있다. 이 경우 요청을 받은 관계 기관의 장은 특별한 사유가 없으면 이에 따라야 한다(법 §36의3 ⑥).

▶ 사례 ◀

❖ 쟁점주택을 생애 최초로 구입한 것으로 볼 수 있는지 여부

「지방세특례제한법」 제36조의3 제1항은 무주택 가구의 주거 안정을 위해 세대주나 그 세대원이 생애 최초로 주택을 취득하는 경우 혼인여부나 연령에 관계없이 취득세를 감면하고자 신설한 것인 점 등에 비추어 처분청이 이 건 전입신고일이 아닌 신고수리일에 세대를 분가한 것으로 보는 것은 부당함

(조심 2021지2368, 2021.10.12.)

제36조의 4 | 전세사기 피해자 지원을 위한 감면

① 「전세사기피해자 지원 및 주거안정에 관한 특별법」에 따른 전세사기피해자(이하 이 조에서 "전세사기피해자"라 한다)가 같은 법에 따른 전세사기피해주택(이하 이 조에서 "전세사기피해주택"이라 한다)을 취득하는 경우에는 다음 각 호의 구분에 따라 2026년 12월 31일까지 취득세를 감면한다.(법 §36의4 ①).

1. 「지방세법」에 따라 산출한 취득세액(이하 이 조에서 "산출세액"이라 한다)이 200만원 이하인 경우에는 취득세를 면제한다.
2. 산출세액이 200만원을 초과하는 경우에는 산출세액에서 200만원을 공제한다.

② 전세사기피해자가 전세사기피해주택을 보유하고 있는 경우에는 재산세 납세의무가 최초로 성립하는 날부터 3년간 다음 각 호에서 정하는 바에 따라 재산세를 경감한다.(법 §36의4 ②).
1. 전용면적 60제곱미터 이하인 전세사기피해주택에 대해서는 재산세의 100분의 50을 경감한다.
2. 전용면적 60제곱미터 초과인 전세사기피해주택에 대해서는 재산세의 100분의 25를 경감한다.

③ 전세사기피해자가 본인의 임차권 보호를 위하여 신청한 임차권등기명령의 집행에 따른 임차권등기에 대해서는 등록면허세를 2026년 12월 31일까지 면제한다.(법 §36의4 ③).

④ 「공공주택 특별법」 제4조에 따른 공공주택사업자가 「전세사기피해자 지원 및 주거안정에 관한 특별법」 제25조제3항에 따라 전세사기피해주택을 취득하는 경우에는 해당 전세사기피해주택에 대한 취득세의 100분의 50을 2026년 12월 31일까지 경감한다.(법 §36의4 ④).

제36조의 5 | 출산·양육을 위한 주택 취득에 대한 취득세 감면

① 2025년 12월 31일까지 자녀를 출산한 부모(미혼모 또는 미혼부를 포함한다)가 해당 자녀와 상시 거주할 목적으로 출산일부터 5년 이내에 1주택을 취득하는 경우(출산일 전 1년 이내에 주택을 취득한 경우를 포함한다)로서 다음 각 호의 요건을 모두 충족하는 경우에는 그 산출세액이 500만원 이하인 경우에는 취득세를 면제하고, 500만원을 초과하는 경우에는 산출세액에서 500만원을 공제한다.(법 §36의5 ① Ⅰ·Ⅱ).
1. 가족관계등록부에서 자녀의 출생 사실이 확인될 것
2. 해당 주택이 대통령령으로 정하는 1가구 1주택에 해당할 것(해당 주택을 취득한 날부터 3개월 이내에 1가구 1주택이 되는 경우를 포함한다)

여기서 "대통령령으로 정하는 1가구 1주택"이란 주택 취득자와 같은 세대별 주민등록표에 기재되어 있는 가족(동거인은 제외한다)으로 구성된 1가구(취득자의 배우자, 취득자의 미혼인 30세 미만의 직계비속은 각각 취득자와 같은 세대별 주민등록표에 기재되어 있지 않더라도 같은 가구에 속한 것으로 본다)가 국내에 1개의 주택을 소유하는 것을 말하며, 주택의 부속토지만을 소유하는 경우에도 주택을 소유한 것으로 본다.(영 §17의4 Ⅰ).

또한 "대통령령으로 정하는 정당한 사유"는 제17조의3에 따른다.(영 §17의4 Ⅱ).
② 제1항에 따라 취득세를 감면받은 사람이 다음 각 호의 어느 하나에 해당하는 경우에는 감면된 취득세를 추징한다.(법 §36의5 ② Ⅰ·Ⅱ).
1. 대통령령으로 정하는 정당한 사유 없이 주택의 취득일(출산일 전에 취득한 경우에는 출산일)부터 3개월 이내에 해당 자녀와 상시 거주를 시작하지 아니하는 경우
2. 해당 자녀와의 상시 거주 기간이 3년 미만인 상태에서 주택을 매각·증여(배우자에게 지분을 매각·증여하는 경우는 제외한다)하거나 다른 용도(임대를 포함한다)로 사용하는 경우

제37조 국립대병원등에 대한 감면

다음 각 호의 법인이 고유업무에 직접 사용하기 위하여 취득하는 부동산에 대해서는 취득세의 100분의 50(감염병전문병원의 경우에는 100분의 60)을, 과세기준일 현재 그 고유업무에 직접 사용하는 부동산에 대해서는 재산세의 100분의 50(감염병전문병원의 경우에는 100분의 60)을 2024년 12월 31일까지 각각 경감한다(법 §37 ① Ⅰ~Ⅶ).
1. 「서울대학교병원 설치법」에 따라 설치된 서울대학교병원
2. 「서울대학교치과병원 설치법」에 따라 설치된 서울대학교치과병원
3. 「국립대학병원 설치법」에 따라 설치된 국립대학병원
4. 「암관리법」에 따라 설립된 국립암센터
5. 국립중앙의료원의 설립 및 운영에 관한 법률에 따라 설립된 국립중앙의료원
6. 국립대학치과병원 설치법에 따라 설치된 국립대학치과병원
7. 「방사선 및 방사성동위원소 이용진흥법」에 따라 설립된 한국원자력의학원

취득세, 재산세 경감

서울대학교병원, 국립대학병원, 국립암센터, 국립중앙의료원 등에 대해서는 다음 구분에 따라 지방세를 경감한다.

① 고유업무에 직접 사용하기 위하여 취득하는 부동산에 대해서는 취득세의 100분의 50(감염병전문병원의 경우에는 100분의 60)을, 과세기준일 현재 그 고유업무에 직접 사용하는 부동산에 대해서는 재산세의 100분의 50(감염병전문병원의 경우에는 100분의 60)을 2024년 12월 31일까지 각각 경감한다.
그런데 해당 법인이 고유업무에 직접 사용하기 위하여 취득하는 부동산에 한하여 면제

대상으로 하고 있기 때문에 지방세법상 부동산인 토지와 건축물이 여기에 해당되고 이를 직접 그 고유업무에 사용해야 하기 때문에 그 취득한 부동산을 임대하거나 직접 그 업무에 사용하지 않으면 면제대상이 되지 아니한다.

또한 한국원자력의학원이 그 고유업무에 직접 사용하기 위하여 2020년 12월 31일까지 취득하는 부동산으로서 2021년 1월 1일 당시 그 부동산에 대한 재산세 납세의무가 최초로 성립한 날부터 5년이 지나지 아니한 부동산에 대해서는 해당 부동산 취득일 이후 해당 부동산에 대한 재산세 납세의무가 최초로 성립한 날부터 5년간 재산세의 100분의 50을 2021년 1월 1일부터 경감(과세기준일 현재 그 고유업무에 직접 사용하고 있지 아니하는 경우는 제외한다.)한다. 이 경우 재산세의 경감기간은 2021년 1월 1일을 기준으로 해당 부동산에 대한 재산세 납세의무가 최초로 성립한 날부터 5년이 지나지 아니한 잔여기간으로 한다(부칙 §9).

그리고 위와 같은 법인들이 취득한 부동산을 별장, 고급오락장 등 사치성재산으로 사용하게 되면 지방세가 중과세되는 점에 유의하여야 하며, 그 부동산의 취득일부터 1년 이내에 정당한 사유 없이 해당 용도로 직접 사용하지 아니하는 경우 또는 그 사용일부터 2년 이상 해당 용도로 직접 사용하지 아니하고 매각·증여하거나 다른 용도로 사용하는 경우 그 해당 부분에 대하여는 면제된 취득세를 추징하게 된다(법 §177, §178).

제38조 | 의료법인 등에 대한 과세특례

① 「의료법」 제48조에 따라 설립된 의료법인이 의료업에 직접 사용하기 위하여 취득하는 부동산에 대해서는 취득세를, 과세기준일 현재 의료업에 직접 사용하는 부동산에 대해서는 재산세를 다음 각 호에서 정하는 바에 따라 각각 경감한다(법 §38 ① Ⅰ·Ⅱ).
  1. 2024년 12월 31일까지 취득세의 100분의 30(감염병전문병원의 경우에는 100분의 40)을, 재산세의 100분의 50(감염병전문병원의 경우에는 100분의 60)을 각각 경감한다
  2. (삭제)

② 고등교육법 제4조에 따라 설립된 의과대학(한의과대학, 치과대학 및 수의과대학을 포함한다.)의 부속병원에 대하여는 주민세 사업소분(「지방세법」 제81조 제1항 제2호에 따라 부과되는 세액으로 한정한다.) 및 종업원분을 2014년 12월 31일까지 면제한다(법 §38 ②). (감면종료)

③ (삭제)

④ 「민법」 제32조에 따라 설립된 재단법인이 「의료법」에 따른 의료기관 개설을 통하여 의료업에 직접 사용할 목적으로 취득하는 부동산에 대해서는 취득세의 100분의 15(감염병전문병원의 경우에는 100분의 25)를, 과세기준일 현재 의료업에 직접 사용하는 부동산에 대해서는 재산세의 100분의 25(감염병전문병원의 경우에는 100분의 35)를 2024년 12월 31일까지 각각 경감한다. 다만, 종교단체의 경우에는 취득세의 100분의 30(감염병전문병원의 경우에는 100분의 40)을, 재산세의 100분의 50(감염병전문병원의 경우에는 100분의 60)을 2024년 12월 31일까지 각각 경감한다.(법 §38 ④).

⑤ 「지방자치법」 제5조 제1항에 따라 둘 이상의 시·군이 통합되어 도청 소재지인 시가 된 경우 종전의 시(도청 소재지인 시는 제외한다.)·군 지역에 대해서는 제1항 및 제4항에도 불구하고 통합 지방자치단체의 조례로 정하는 바에 따라 통합 지방자치단체가 설치된 때부터 5년의 범위에서 통합되기 전의 감면율을 적용할 수 있다(법 §38 ⑤).

이 조의 감면 내용 중 2014년말 감면율의 조정 등으로 과세로 전환된 부분에 대한 지방세법 제13조 및 제28조에 따른 중과세율은 2016년 1월 1일부터 적용한다(2014, 부칙 §13).

(1) 의료법인의 취득 부동산

> 취득세, 재산세 경감

의료법 제48조에 따라 설립된 의료법인이 의료업에 직접 사용하기 위하여 취득하는 부동산에 대해서는 2024년 12월 31일까지는 취득세의 100분의 30(감염병전문병원의 경우에는 100분의 40)을, 재산세의 100분의 50(감염병전문병원의 경우에는 100분의 60)을 각각 경감한다. 다만, 그 취득일부터 1년 내에 정당한 사유 없이 의료업에 직접 사용하지 아니하는 경우 또는 그 사용일부터 2년 이상 의료업에 직접 사용하지 아니하고 매각·증여하거나 다른 용도로 사용하는 경우 그 해당 부분에 대하여는 면제된 취득세를 추징한다.

이 규정의 적용에 있어서 유의해야 할 점은,
① 의료업에 직접 사용하기 위하여 취득하는 부동산에 한하여 면제대상이 되며,
② 의료업에 직접 사용하기 위하여 취득하는 부동산이라 하더라도 특별시·광역시 및 도청소재지인 시지역에서 취득하는 부동산에 대하여는 지방세법 제11조 제1항의 세율에서 일정분을 적게 경감하는 것을 말한다.
③ 취득세의 경우 그 취득일부터 1년 내에 정당한 사유 없이 의료업에 직접 사용하지 아니하는 경우 또는 그 사용일부터 2년 이상 의료업에 직접 사용하지 아니하거나 다른 용도로 사용하는 경우 그 해당 부분에 대하여는 면제된 취득세를 추징하게 된다는 것이다.

이 규정의 운영에 있어 특히 유의해야 할 점은 의료업에 직접 사용되는 것에 한하여 면제 혜택을 받을 수 있으므로 병원구내에 있다 하더라도 의료업에 직접 공여되지 아니하는 식당·도서관 등 후생복지시설은 면제대상이 될 수 없다는 것이다.

사례

❖ **의료법의 시행 이후에 민법에 의해 설치된 법인이 의료법인에 해당되는지 여부**

구 지방세법(2000.12.29., 법률 제6312호로 개정되기 전의 것) 제290조 제1항 제17호는 '의료법에 의하여 설립된 의료법인'이 과세기준일 현재 그 고유업무에 직접 사용하는 부동산에 대하여는 재산세·(종합토지세)·도시계획세 및 공동시설세를 면제한다고 규정하고 있으나, 민법에 의하여 설립된 비영리 재단법인인 원고는 1963.12.7. 부산 중구 대청동 4가 81 지상에 있는 ○○○병원을 개설하여 운영하고 있었는데, 1965.11.경부터 병원을 개설·운영하고 있던 소외 재단법인 부산 ○○○수녀회로부터 1988.9.1. 위 ○○○병원을 인수하고 피고로부터 병원의 개설자 및 관리의사의 변경허가를 받아 그 이후 ○○○병원을 운영하여 왔다는 것인바, 위의 법리에 비추어 보면 원고가 운영하는 ○○○병원 건물인 이 사건 부동산은 위 지방세법 규정 소정의 면제대상에 해당하지 아니한다고 보아야 한다.

(대법 2000두1102, 2002.2.26.)

❖ **의료법인이 병원건축공사를 장기간 중단한 경우 재산세 감면 해당 여부**

원고는 이 사건 병원 건축공사를 착공한지 10년이 지나도록 완공하지 못한 채로 상당기간 공사를 중단하고 있을 뿐만 아니라, 언제 공사가 다시 재개되어 이 사건 병원 건물을 의료업을 위하여 사용할 수 있는지 알 수 없는 상황이라면, 이 사건 토지가 구 지방세법 제287조 제2항이 정한 바와 같이 2009년 및 2010년 각 과세기준일 현재 의료업에 직접 사용하는 부동산이라고 볼 수 없고, 구 지방세법 시행령 제230조에서 정한 건축 중인 경우라고 볼 수도 없다고 할 것이므로, 이 사건 처분은 적법하고, 원고의 이 부분 주장도 이유 없다.

(대법 2013두17671, 2013.12.12.)

❖ **의료법인이 의료업에 직접사용 한 것으로 볼 수 있는지 여부**

의료법인이 부동산을 취득하여 감면 받은 후 장례식장으로 사용하는 경우 의료업에 직접 사용하는 것으로 볼 수 없다.

(조심 11지108, 2013.12.16.)

구 노인복지법에 따른 노인요양시설이 의료업에 직접사용하는 것으로 볼 수 있는지 여부 관련하여 구 노인복지법에 따른 노인요양시설을 설치·운영하는 데에 제공되는 부동산은 의료법인이 의료업에 직접 사용하는 것이라고 할 수 없어 취득세를 면제할 수 없다.

(대법 13두18582, 2014.2.13.)

기존병원에 연접하여 신축된 건물이 기존병원과 내부통로로 연결되어 있는 경우, 사실상 하나의 건물로 보아 기존병원 건물 중 수익사업에 사용되는 면적비율을 신축건물 및 그 부속토지의 취득가액에 적용하여 취득세를 추징한 처분은 정당하다.

(조심 13지1010, 2014.9.4.)

(2) 종교단체 의료업에 대한 경감

> **취득세, 재산세 경감**

민법에 따라 설립된 재단법인인 종교단체는 2021년 1월 1일부터 2024년 12월 31일까지 취득하는 부동산에 대해서는 해당 부동산에 대해서는 취득세의 100분의 30을 경감하며, 해당 부동산 취득일 이후 해당 부동산에 대한 재산세의 100분의 50을 경감한다.

이 경우에도 그 취득일부터 1년 내에 정당한 사유 없이 의료업에 직접 사용하지 아니하는 경우 또는 그 사용일부터 2년 이상 의료업에 직접 사용하지 아니하거나 다른 용도로 사용하는 경우 그 해당 부분에 대해서는 경감된 취득세를 추징한다.

(3) 통합 시·군에 대한 감면율 적용 특례

지방자치법 제5조 제1항에 따라 둘 이상의 시·군이 통합되어 도청 소재지인 시가 된 경우 종전의 시(도청 소재지인 시는 제외한다.)·군 지역에 대해서는 위의 제1항 및 제4항에도 불구하고 통합 지방자치단체의 조례로 정하는 바에 따라 통합 지방자치단체가 설치된 때부터 5년의 범위에서 통합되기 전의 감면율을 적용할 수 있다.[12]

제38조의 2 | 지방의료원에 대한 감면

「지방의료원의 설립 및 운영에 관한 법률」에 따라 설립된 지방의료원이 의료업에 직접 사용하기 위하여 취득하는 부동산에 대해서는 취득세를, 과세기준일 현재 의료업에 직접 사용하는 부동산에 대해서는 재산세를 다음 각 호에서 정하는 바에 따라 각각 경감한다(법 §38의 2 Ⅰ·Ⅱ).

1. 2024년 12월 31일까지 취득세 및 재산세의 100분의 75(감염병전문병원의 경우에는 100분의 85)를 각각 경감한다.

이 경우 감면이 되는 지방의료원이 의료업에 직접 사용하기 위하여 취득하는 부동산에 해당하는 사업은 지역주민의 진료사업, 「공공보건의료에 관한 법률」 제2조 제2호의 공공보건의료사업(이하 "공공보건의료사업"이라 한다.), 의료인·의료기사 및 지역주민의 보건교

---
[12] 지방자치법 제4조 제1항
제4조【지방자치단체의 명칭과 구역】① 지방자치단체의 명칭과 구역은 종전과 같이 하고, 명칭과 구역을 바꾸거나 지방자치단체를 폐지하거나 설치하거나 나누거나 합칠 때에는 법률로 정한다. 다만, 지방자치단체의 관할 구역 경계변경과 한자 명칭의 변경은 대통령령으로 정한다.
②~⑨ 생략

육사업, 의료지식과 치료기술의 보급 등에 관한 사항, 국가 또는 지방자치단체의 공공보건의료 시책의 수행, 감염병에 관한 각종 사업의 지원, 그 밖에 보건복지부장관 및 지방자치단체의 장이 필요하다고 인정한 보건의료사업의 수행 및 관리 사업을 말한다.

제39조 국민건강보험사업 지원을 위한 감면

※ 이 조문은 일몰기간이 종료된 규정임.

① 「국민건강보험법」에 따른 국민건강보험공단이 고유업무에 직접 사용하기 위하여 취득하는 부동산에 대하여는 다음 각 호에서 정하는 바에 따라 2014년 12월 31일까지 지방세를 감면한다(법 §39 ① Ⅰ·Ⅱ).

1. 국민건강보험공단이 「국민건강보험법」 제14조 제1항 제1호부터 제3호까지, 제7호 및 제8호의 업무에 직접 사용하기 위하여 취득하는 부동산에 대하여는 취득세를 면제하고, 과세기준일 현재 그 업무에 직접 사용하는 부동산에 대하여는 재산세의 100분의 50을 경감한다.

2. 국민건강보험공단이 「국민건강보험법」 제14조 제1항 제6호의 업무에 사용하기 위하여 취득하는 부동산에 대하여는 취득세의 100분의 50을 경감하고, 과세기준일 현재 그 업무에 직접 사용하는 부동산에 대하여는 재산세의 100분의 50을 경감한다.

② 「국민건강보험법」에 따른 건강보험심사평가원이 고유업무에 직접 사용하기 위하여 취득하는 부동산에 대하여는 다음 각 호에서 정하는 바에 따라 2014년 12월 31일까지 지방세를 감면한다(법 §39 ② Ⅰ·Ⅱ).

1. 건강보험심사평가원이 「국민건강보험법」 제63조 제1항 제1호의 업무에 직접 사용하기 위하여 취득하는 부동산에 대하여는 취득세를 면제하고, 과세기준일 현재 그 업무에 직접 사용하는 부동산에 대하여는 재산세의 100분의 50을 경감한다.

2. 건강보험심사평가원이 「국민건강보험법」 제63조 제1항 제2호의 업무에 직접 사용하기 위하여 취득하는 부동산에 대하여는 취득세의 100분의 50을 경감하고, 과세기준일 현재 그 업무에 직접 사용하는 부동산에 대하여는 재산세의 100분의 25를 경감한다.

2. (삭제)

제40조 국민건강 증진사업자에 대한 감면

① 다음 각 호의 법인이 그 고유업무에 직접 사용하기 위하여 취득하는 부동산에 대해서는 취득세의 100분의 50을, 과세기준일 현재 그 고유업무에 직접 사용하는 부동산에 대해서는 재산세의 100분의 50을 2024년 12월 31일까지 각각 경감한다(법 §40 ① Ⅰ~Ⅲ).
　1. 「모자보건법」에 따른 인구보건복지협회
　2. 「감염병의 예방 및 관리에 관한 법률」에 따른 한국건강관리협회
　3. 「결핵예방법」에 따른 대한결핵협회

② (삭제)

취득세, 재산세 경감

이 규정의 적용에 있어 면제대상 판단시 유의할 점은,
① 해당 법인이 고유업무에 직접 사용하기 위하여 취득하는 부동산에 한하여 면제대상으로 하고 있기 때문에 지방세법상 부동산인 토지와 건축물이 여기에 해당되고 이를 직접 그 고유업무에 사용해야 하기 때문에 그 취득한 부동산을 임대하거나 직접 그 업무에 사용하지 않으면 경감대상이 되지 아니한다.
　또한 위와 같은 단체들이 취득한 부동산을 별장, 고급오락장 등 사치성재산으로 사용하게 되면 지방세가 중과세되는 점에 유의하여야 한다.
② 재산세의 면제 여부의 판단은 매년 과세기준일 현재 그 고유업무에 직접 사용하면 면제되고 그 후에 다른 용도로 활용되더라도 추징은 하지 않으나 취득세는 그 부동산의 취득일부터 1년 내에 고유업무에 직접 사용하지 아니하는 경우 또는 취득일부터 1년 이내에 고유업무에 사용하였으나 그 사용일부터 2년 이상 고유업무에 직접 사용하지 아니하고 매각·증여하거나 다른 용도로 사용하는 경우 그 해당 부분에 대하여는 경감된 취득세를 추징하게 된다(법 §177, §178).
　그리고 위 규정에서 정한 인구보건복지협회, 한국건강관리협회, 대한결핵협회가 2021년 1월 1일부터 2024년 12월 31일까지 취득세의 100분의 50을, 과세기준일 현재 그 고유업무에 직접 사용하는 부동산에 대해서는 재산세의 100분의 50을 경감(과세기준일 현대 그 고유업무에 직접 사용하고 있지 아니하는 경우는 제외한다.)한다.

제40조의 2 │ 주택거래에 대한 취득세의 감면

※ 이 조의 규정은 일몰기간이 종료된 것임.

① 유상거래를 원인으로 2013년 1월 1일부터 2013년 6월 30일까지「지방세법」제10조에 따른 취득 당시의 가액이 9억원 이하인 주택을 취득하여 다음 각 호의 어느 하나에 해당하게 된 경우에는 같은 법 제11조 제1항 제7호 나목의 세율을 적용하여 산출한 취득세의 100분의 75를, 9억원 초과 12억원 이하의 주택을 취득하여 다음 각 호의 어느 하나에 해당하는 경우나 12억원 이하의 주택을 취득하여 제2호 외의 다주택자가 되는 경우에는 같은 법 제11조 제1항 제7호 나목의 세율을 적용하여 산출한 취득세의 100분의 50을, 12억원 초과 주택을 취득하는 경우에는 같은 법 제11조 제1항 제7호 나목의 세율을 적용하여 산출한 취득세의 100분의 25를 각각 경감한다. 다만, 9억원 이하의 주택을 제2호의 경우로 취득하여 취득세를 경감받고 정당한 사유 없이 그 취득일부터 3년 이내에 1주택으로 되지 아니한 경우에는 경감된 취득세의 3분의 1을 추징한다(법 §40의2 ① Ⅰ·Ⅱ).

1. 1주택이 되는 경우
2. 대통령령으로 정하는 일시적으로 2주택이 되는 경우

이 경우 "대통령령으로 정하는 일시적으로 2주택이 되는 경우"란 이사, 근무지의 이동, 본인이나 가족의 취학, 질병의 요양, 그 밖의 사유로 인하여 다른 주택을 취득하였으나 종전의 주택을 처분하지 못한 경우를 말한다(영 §17의 4).

② 유상거래를 원인으로 2013년 7월 1일부터 2013년 12월 31일까지「지방세법」제10조에 따른 취득 당시의 가액이 9억원 이하인 주택을 취득하여 다음 각 호의 어느 하나에 해당하게 된 경우에는 같은 법 제11조 제1항 제7호 나목의 세율을 적용하여 산출한 취득세의 100분의 50을 경감한다. 다만, 제2호의 경우로 취득하여 취득세를 경감받고 정당한 사유 없이 그 취득일부터 3년 이내에 1주택으로 되지 아니한 경우에는 경감된 취득세를 추징한다(법 §40의2 ② Ⅰ·Ⅱ).

1. 1주택이 되는 경우
2. 대통령령으로 정하는 일시적 2주택이 되는 경우

제40조의 3 | 대한적십자사에 대한 감면

취득세, 재산세 경감

「대한적십자사 조직법」에 따른 대한적십자사가 그 고유업무에 직접 사용하기 위하여 취득하는 부동산에 대해서는 취득세를, 과세기준일 현재 그 고유의 업무에 직접 사용하는 부동산에 대해서는 재산세를 다음 각 호에서 정하는 바에 따라 각각 경감한다(법 §40의 3 Ⅰ~Ⅲ).

1. 같은 법 제7조제4호 중 의료사업(간호사업 및 혈액사업을 포함한다. 이하 이 조에서 "의료사업"이라 한다)에 직접 사용하기 위하여 취득하는 부동산에 대해서는 취득세의 100분의 50(감염병전문병원의 경우에는 100분의 60)을, 과세기준일 현재 의료사업에 직접 사용하는 부동산에 대해서는 재산세의 100분의 50(감염병전문병원의 경우에는 100분의 60)을 각각 2024년 12월 31일까지 경감한다.
2. (삭제)
3. 제1호의 의료사업 외의 사업(이하 이 조에서 "의료외사업" 이라 한다.)에 직접 사용하기 위하여 취득하는 부동산에 대해서는 취득세의 100분의 50를, 과세기준일 현재 의료외사업에 직접 사용하는 부동산에 대해서는 재산세의 100분의 50를 각각 2026년 12월 31일까지 경감한다.

이 경우 '의료사업 외의 사업'이란 ① 제네바협약의 정신에 따른 전시포로 및 무력충돌희생자 구호사업 ② 전시(戰時)에 군 의료보조기관으로서의 전상자 치료 및 구호사업 ③ 수재(水災), 화재, 기근(饑饉), 악성 감염병 등 중대한 재난을 당한 사람에 대한 구호사업 ④ 의료사업(간호사업 및 혈액사업을 포함한다.), 응급구호사업, 자원봉사사업, 이산가족 재회사업, 청소년적십자사업, 관련 교육사업, 그 밖에 국민 보건 및 사회복지에 관한 사업 ⑤ 적십자 이념 및 국제인도법의 보급사업 ⑥ 적십자사의 사업 수행을 위한 국제협력사업 ⑦ 그 밖에 제1호부터 제6호까지의 사업에 부대되는 사업을 말한다(대한적십자사조직법 §⑦).

제3절 교육 및 과학기술 등에 대한 지원

제41조 학교 및 외국교육기관에 대한 면제

① 「초·중등교육법」및 「고등교육법」에 따른 학교, 「경제자유구역 및 제주국제자유도시의 외국교육기관 설립·운영에 관한 특별법」또는 「기업도시개발 특별법」에 따른 외국교육기관을 경영하는 자(이하 이 조에서 "학교 등"이라 한다.)가 해당 사업에 직접사용하기 위하여 취득하는 부동산(대통령령으로 정하는 기숙사는 제외한다.)에 대해서는 취득세를 2024년 12월 31일까지 면제한다. 다만, 해당 부동산을 취득한 날부터 5년 이내에 수익사업에 사용하는 경우(이 개정 규정은 이 법 시행 전에 감면받은 지방세를 2017년 이후에 추징하는 경우에도 적용한다.), 정당한 사유 없이 그 취득일부터 3년이 경과할 때까지 해당 용도로 직접 사용하지 아니하는 경우 또는 해당 용도로 직접 사용한 기간이 2년 미만인 상태에서 매각·증여하거나 다른 용도로 사용하는 경우 그 해당 부분에 대하여는 면제된 취득세를 추징한다(법 §41 ① Ⅰ~Ⅲ).

이 경우 "대통령령으로 정하는 기숙사"란 영 제18조의2에 따른 기숙사를 말한다고 규정하였으며(영 §18 ①), 이 같은 2018년 개정은 2016년 민자형기숙사에 대한 감면 규정(법 §42)을 정비하면서 해당 규정에 따라서는 '행복기숙사'만 감면 되도록 개정되어 현재 학교 등에 대한 감면(법 §41)에서는 '민자형기숙사'가 아닌 '법 제42조 제1항에 따른 기숙사'를 제외하는 것으로 규정하고 있어, 학교 등에 대한 감면(법 §41)에서 '행복기숙사(법 §42)'만 제외되는 것으로 해석될 여지가 있어 '학교 등이 취득하는 부동산'에 대한 감면(법 §41) 범위에서 민자형기숙사 전체(영 §18의 2)를 제외하는 것으로 명확히 규정한 것으로 입법취지를 명확히 하기 위한 것으로 운영은 기존과 동일하다.

② 학교 등이 과세기준일 현재 해당 사업에 직접 사용하는 부동산(대통령령으로 정하는 건축물의 부속토지를 포함한다.)에 대해서는 재산세(「지방세법」제112조에 따른 부과액을 포함한다.) 및 「지방세법」제146조 제3항에 따른 지역자원시설세를 각각 2024년 12월 31일까지 면제한다. 다만, 수익사업에 사용하는 경우와 해당 재산이 유료로 사용되는 경우의 그 재산 및 해당 재산의 일부가 그 목적에 직접 사용되지 아니하는 경우의 그 일부 재산에 대해서는 면제하지 아니한다(법 §41 ②).

이 경우 "대통령령으로 정하는 건축물의 부속토지"란 해당 사업에 직접 사용할 건축물을 건축 중인 경우와 건축허가 후 행정기관의 건축규제조치로 건축에 착공하지 못한 경우의 그 건축 예정 건축물의 부속토지를 말한다(영 §18 ②).

③ 학교 등이 그 사업에 직접 사용하기 위한 면허에 대한 등록면허세와 학교 등에 대한 주민세 사업소분(「지방세법」 제81조 제1항 제2호에 따라 부과되는 세액으로 한정한다. 이하 이 항에서 같다.) 및 종업원분을 각각 2024년 12월 31일까지 면제한다. 다만, 수익사업에 관계되는 대통령령으로 정하는 주민세 사업소분 및 종업원분은 면제하지 아니한다(법 §41 ③).

여기에서 "학교 등이 그 사업에 직접 사용하기 위한 면허"란 법 제41조 제1항에 따른 학교 등이 그 비영리사업의 경영을 위하여 필요한 면허 또는 그 면허로 인한 영업 설비나 행위에서 발생한 수익금의 전액을 그 비영리사업에 사용하는 경우의 면허를 말한다(영 §18 ③).

그리고 이 규정 단서에서 "수익사업에 관계되는 대통령령으로 정하는 주민세 사업소분 및 종업원분"이란 수익사업에 제공되고 있는 사업소와 종업원을 기준으로 부과하는 주민세 사업소분(「지방세법」 제81조제1항제2호에 따라 부과되는 세액으로 한정한다. 이하 이 항에서 같다)과 종업원분을 말한다. 이 경우 면제대상 사업과 수익사업에 건축물이 겸용되거나 종업원이 겸직하는 경우에는 주된 용도 또는 직무에 따른다(영 §18 ④).

④ 학교 등에 생산된 전력 등을 무료로 제공하는 경우 그 부분에 대해서는 「지방세법」 제146조 제1항 및 제2항에 따른 지역자원시설세를 2021년 12월 31일까지 면제한다(법 §41 ④).

⑤ 「사립학교법」에 따른 학교법인과 국가가 국립대학법인으로 설립하는 국립학교의 설립등기, 합병등기 및 국립대학법인에 대한 국유·공유재산의 양도에 따른 변경등기에 대해서는 등록면허세를, 그 학교에 대해서는 주민세 사업소분(「지방세법」 제81조제1항제1호에 따라 부과되는 세액으로 한정한다.) 을 각각 2024년 12월 31일까지 면제한다(법 §41 ⑤).

⑥ 국립대학법인 전환 이전에 기부채납받은 부동산으로서 국립대학법인 전환 이전에 체결한 계약에 따라 기부자에게 무상사용을 허가한 부동산에 대해서는 그 무상사용기간 동안 재산세(「지방세법」 제112조에 따른 부과액을 포함한다.) 및 「지방세법」 제146조 제3항에 따른 지역자원시설세를 각각 2024년 12월 31일까지 면제한다(법 §41 ⑥).

⑦ 제1항부터 제6항까지의 규정에도 불구하고 「고등교육법」 제4조에 따라 설립된 의과대학(한의과대학, 치과대학 및 수의과대학을 포함한다.)의 부속병원에 대해서는 다음 각 호에 따라 취득세 및 재산세를 각각 경감한다(법 §41 ⑦ Ⅰ·Ⅱ).

1. 2024년 12월 31일까지 취득세의 100분의 30(감염병전문병원의 경우에는 100분의 40)을, 재산세의 100분의 50(감염병전문병원의 경우에는 100분의 60)을 각각 경감한다.

⑧ 「지방대학 및 지역균형인재 육성에 관한 법률」에 따른 지방대학을 경영하는 자(이하 이 조에서 "지방대학법인"이라 한다)가 대통령령으로 정하는 수익용기본재산(이하 이 조에서 "수익용기본재산"이라 한다)으로 직접 사용(임대하는 경우를 포함한다. 이하 이 항에서 같다)하기 위하여 취득하는 다음 각 호의 어느 하나에 해당하는 부동산에 대해서는 취득세의 100분의 50을 경감하고, 과세기준일 현재 해당 용도에 직접 사용하는 부동산에 대해서는 재산세 납세의무가 최초로 성립한 날부터 5년간 재산세의 100분의 50을 경감한다. 다만, 해당 부동산을 취득한 날부터 2년 이내에 매각·증여하거나 다른 용도로 사용하는 경우에는 경감된 취득세를 추징한다(법 §41 ⑧ Ⅰ·Ⅱ).

1. 해당 지방대학법인의 수익용기본재산인 토지 위에 2024년 1월 1일부터 2026년 12월 31일까지의 기간 동안 신축 및 소유권 보존등기를 경료한 건축물
2. 해당 지방대학법인이 2024년 1월 1일부터 2026년 12월 31일까지 수익용기본재산인 토지를 매각한 경우로서 그 매각일부터 3년 이내에 해당 매각대금 범위에서 취득하는 건축물 및 그 부속토지

여기서 "대통령령으로 정하는 수익용기본재산"이란 「대학설립·운영 규정」 제7조제1항에 따른 수익용기본재산 중 부동산을 말한다.(영 §18 ⑤).

(1) 학교 등이 해당 사업에 사용하기 위하여 취득하는 부동산

취득세 면제

학교 등(초·중등교육법 및 고등교육법에 따른 학교, 경제자유구역 및 제주국제자유도시의 외국교육기관 설립·운영에 관한 특별법 또는 기업도시개발특별법에 따른 외국교육기관의 경영하는 자)이 해당 사업에 직접 사용하기 위하여 취득하는 부동산(제42조 제1항에 따른 기숙사는 제외한다.)에 대해서는 취득세를 2024년 12월 31일까지 면제한다. 다만, 해당 부동산을 취득한 날부터 5년 이내에 수익사업에 사용하는 경우, 정당한 사유 없이 그 취득일부터 3년이 경과할 때까지 해당 용도로 직접 사용하지 아니하는 경우와 해당 용도로 직접 사용한 기간이 2년 미만인 상태에서 매각·증여하거나 다른 용도로 사용하는 경우 그 해당 부분에 대해서는 면제된 취득세를 추징한다.

이 경우 초·중등교육법에 따른 학교란 초등학교, 공민학교, 중학교, 고등공민학교, 고등학교, 고등기술학교, 특수학교, 각종학교를 말하며, 고등교육법에 따른 학교란 대학, 산업대학, 교육대학, 전문대학, 방송대학, 통신대학, 방송통신대학 및 사이버대학, 기술대학, 각종학교를 말하고, 경제자유구역 및 제주국제자유도시의 외국교육기관설립·운영에 관한

특별법 또는 기업도시개발특별법에 따른 "외국교육기관"이란 경제자유구역의 지정 및 운영에 관한 특별법 제22조의 규정에 따라 경제자유구역(기업도시개발특별법에 따른 개발구역을 포함한다.)안에 설립·운영하는 외국교육기관과 제주국제자유도시특별법 제22조에 따라 립·운영하는 외국대학을 말한다.

이 규정의 면제규정을 적용받을 수 있는 요건을 살펴보면,
① 학교 등이 해당 사업에 사용하기 위한 목적이 있을 것(해당 부동산을 취득한 날부터 5년 이내에 수익사업이 아니어야 한다.)
② 취득 후 3년 이내에 그 사업에 사용하여야 하되 사용하지 못한 경우에는 사용하지 못한 정당한 사유가 있을 것

취득 후 3년 이내에 그 사업에 사용하여야 한다는 조건의 적용에 있어서 학교 등으로 사용하기 위하여 부동산을 취득하여 자금사정 등으로 새로운 건축물을 건축하지 못하고 있으면서 이를 일시적으로 임대료를 받고 임대를 1~2년 한다거나 다른 수익사업을 한 경우에는 과세 대상이 되는 것으로 과세 당국이 법규를 운영하고 있는 점에 특히 유의하여야 한다.

③ 취득물건이 부동산이어야 한다. 이 경우 면제대상이 부동산으로 한정되어 있기 때문에 토지·건축물에 한하여만 면제대상이 되는 점에 유의하여야 한다.
④ 부동산을 취득한 후 3년 이내에 그 용도에 직접 사용한 경우라도 그 사용일부터 2년 이상 그 용도에 직접 사용하여야 한다. 그러므로 취득후 3년 이내에 그 용도에 사용은 하였으나 그 사용일부터 2년 이상 그 용도에 계속 사용하지 아니하고 매각·증여하거나 다른 용도에 사용하는 경우는 그 매각 또는 다른 용도에 사용하는 부분에 대하여는 취득세를 추징한다는 것이다.

사례

❖ 비영리사업자가 구성원에게 제공한 구외 사택 또는 숙소용 오피스텔이 취득세 감면대상인지 여부

비영리사업자가 구성원에게 사택이나 숙소를 제공한 경우 그 구성원이 비영리사업자의 사업활동에 필요불가결한 중추적인 지위에 있어 사택이나 숙소에 체류하는 것이 직무 수행의 성격도 겸비한다면 당해 사택이나 숙소는 목적사업에 직접 사용되는 것으로 볼 수 있지만, 사택이나 숙소의 제공이 단지 구성원에 대한 편의를 도모하기 위한 것이거나 그곳에 체류하는 것이 직무 수행과 크게 관련되지 않는다면 그 사택이나 숙소는 비영리사업자의 목적사업에 직접 사용되는 것으로 볼 수 없다.
○○대학교에 근무하는 외국인 교원의 지위와 근무현황, 그리고 이 사건 각 오피스텔의 위치와 취득 목적 등에 비추어 보면, 00대학교에 근무하는 외국인 교원들이 원고의 목적사업인 대학교육에 필요불가결한 중추적인 지위에 있다거나 그들이 이 사건 각 오피스텔에 체류하는 것이 직무 수행의 성격을 겸비하는 것으로는 볼 수 없으므로 이 사건 각 오피스텔은 원고의

목적사업에 직접 사용되는 것으로 보기 어렵다.

(대법 2013두21953, 2014.3.13.)

❖ 중고등학교를 운영하는 학교법인이 기숙사를 신축하기 위해 취득한 부동산을 추징유예기간 3년이 경과할 때까지 교직원 또는 원어민교사 숙소 및 게스트하우스로 사용한 경우 취득세 등을 비과세할 수 있는지 여부

비영리사업자가 구성원에게 사택이나 숙소를 제공한 경우 그 구성원이 비영리사업자의 사업활동에 필요불가결한 중추적인 지위에 있어 사택이나 숙소에 체류하는 것이 직무수행의 성격도 겸비한다면 당해 사택이나 숙소는 목적사업에 직접 사용되는 것으로 볼 수 있지만, 사택이나 숙소의 제공이 단지 구성원에 대한 편의를 도모하기 위한 것이거나 그곳에 체류하는 것이 직무 수행과 크게 관련되지 않는다면 그 사택이나 숙소는 비영리사업자의 목적사업에 직접 사용되는 것으로 볼 수 없다(대법 2013두21953, 2014.3.13. 판결 참조).

(대법 2014두40296, 2014.11.27.)

❖ 학교법인의 고유업무 미사용에 대한 정당한 사유가 있는지 여부

① 원고가 이 사건 각 부동산을 그 고유업무에 사용하지 못하게 된 것은 이 사건 각 부동산에 관한 도시관리계획시설(학교) 결정이 없었기 때문으로서, 원고는 위와 같은 법률상의 장애가 있음을 알고, 이 사건 각 부동산을 취득하기 전에 피고에게 도시관리계획시설(학교)결정 변경안을 제안하는 등 상당한 주의를 기울인 것으로 보이는 점, ③ 원고는 피고의 각 부처의 검토과정에서 요구된 보완요구를 비교적 성실하게 이행한 것으로 보이고, 피고가 주장하는 것처럼 원고가 피고의 보완요구에 관하여 즉시 이행하지 아니한 부분이 있거나, 위와 같이 다방면의 검토와 비용이 필요한 도시관리계획안을 보완하는 데에 있어 다소 시일이 걸렸다고 하더라도, 이와 관련하여 원고가 진지한 노력을 기울이지 아니하였다고 단정할 수는 없는 점, ④ 원고는 이 사건 각 부동산을 학교부지로 사용하기 위한 계획을 오래전부터 수립하여 일관되게 추진하여 온 것으로 보이는 점, ⑤ 원고는 피고의 보완 요구사항을 이행한 결과, 원고의 계획대로 도시관리계획시설(학교) 결정이 고시됨으로써, 이 사건 각 부동산 중 도시관리계획시설(학교)로 편입된 토지를 학교부지로 사용할 수 있게 된 점 등을 종합하면, 원고가 3년 이내에 이 사건 각 부동산을 그 고유업무에 사용하지 못한 것에는 정당한 사유가 있다고 봄이 상당하다.

(대법 2016두54855, 2017.1.25.)

❖ 학교 설립인가 받을 예정자를 학교를 경영 하는 자로 볼 수 있는지

지방세특례제한법」제41조 제1항에 정한 '초·중등교육법에 따른 학교를 경영하는 자'는 부동산 취득 당시 초·중등교육법이 정하는 바에 따라 적법한 설립인가를 받은 자를 의미할 뿐 향후 초·중등교육법에 따라 설립인가를 받아 학교를 경영할 예정인 자는 포함되지 않는다.

(대법 2017두42378, 2017.7.27.)

❖ 학교법인의 산학협력사업 감면대상 여부

학교법인이 교육사업이 아닌 산학협력사업을 위해 취득하는 부동산에 대해서는 지특법 제41조의 감면을 적용할 수 없음.

(대법 2021두44340, 2021.10.28.)

(2) 학교 등이 해당 사업에 직접 사용하는 부동산

재산세, 지역자원시설세 면제

학교 등이 과세기준일 현재 해당 사업에 직접 사용하는 부동산(해당 사업에 직접 사용할 건축물을 건축 중인 경우와 건축허가 후 행정기관의 건축규제조치로 건축에 착공하지 못한 경우의 그 건축 예정 건축물의 부속토지를 포함한다.)에 대하여는 재산세(지방세법 제112조에 따른 과세특례 규정으로 과세하는 종전의 도시계획세 해당 부분의 부과액을 재산세에 포함한다.) 및 지방세법 제146조 제3항에 따른 특수부동산에 대해서 과세하여 소방시설에 충당하는 지역자원시설세를 각각 2024년 12월 31일까지 면제한다. 다만, 수익사업에 사용하는 경우와 해당 재산이 유료로 사용되는 경우의 그 재산 및 해당 재산의 일부가 그 목적에 직접 사용되지 아니하는 경우의 그 일부 재산에 대하여는 면제하지 아니한다.

학교가 과세기준일 현재 해당 사업에 직접 사용하는 부동산에 대하여는 재산세를 면제한다고 규정하고 있는데, 위 규정에서 학교가 부동산을 그 사업에 직접 사용한다고 함은 현실적으로 해당 부동산을 학교의 교육사업 자체에 사용하는 것을 뜻하고, 학교의 교육사업 자체에 사용하는 것인지는 해당 학교의 사업목적과 부동산의 취득목적을 고려하여 그 실제의 사용관계를 기준으로 객관적으로 판단하여야 하고(대법원 2015. 5. 14. 선고 2014두45680 판결 참조), 과세대상이 된 부동산이 면제대상이라는 점은 이를 주장하는 납세의무자에게 입증책임이 있다(대법원 1996. 4. 26. 선고 94누12708 판결 등 참조).

이 규정의 적용에 있어 유의 할 점은,

① 부동산의 보유에 대한 과세이므로 과세기준일 현재 해당 사업에 직접 사용하는 부동산이어야 면제대상이 된다. 다만, 과세기준일 현재 해당 사업에 직접 사용할 건축물을 건축 중인 경우와 건축허가 후 행정기관의 건축규제조치로 인하여 건축에 착공하지 못한 경우의 그 건축 예정 건축물의 부속토지를 포함하여 면제해야 한다.

② 이 법에서 재산세란 지방세법 제111조에 따라 과세되는 것만을 말하나 이 규정에서는 지방세법 제112조의 도시분 재산세 상당액을 재산세에 포함하여 면제한다는 것이다.

③ 수익사업에 사용하는 부동산이 아니어야 면제대상이 되며, 해당 재산이 유료로 사용되는 경우의 그 재산 및 해당 재산의 일부가 그 목적에 직접 사용되지 아니하는 경우의 그 일부 재산은 면제대상이 되지 아니한다는 것이다.

④ 지역자원시설세 중 이 규정에 따라 면제되는 지역자원시설세는 특정부동산에 대해 과세하여 소방시설에 충당하는 지역자원시설세로서 종전의 소방공동시설세가 여기에 해당한다.

사례 |

❖ 고등학교가 프로그램 제작에 차질이 없는 범위내에서 학생들의 실습장소로 제공하고 있으나, 매월 기부금을 받고 있는 경우 당해 부동산을 임대수익사업용으로 보아 감면을 배제하는 것이 타당한지 여부

이는 이 사건 쟁점 부분을 사용하는 대가로서 실질적으로 월차임에 해당하는 것으로 보이는 점, ② 원고가 2008.2.부터 2년간은 ○○○으로부터 매월 기부금 형식의 금원을 받지는 않았으나, 이는 ○○○이 자신의 비용으로 이 사건 쟁점 부분에 스튜디오 등 시설물을 설치하고 이를 원고에게 기부함에 따른 대가로 매월 기부금 형식의 금원 지급을 면제받은 것으로 보이는 점,… ⑤ 원고는 영상학과 수업을 위하여 이 사건 쟁점 부분을 필요시마다 일시적으로 사용한 것으로 보이나, 이는 ○○○의 프로그램 제작에 차질이 없는 범위내에서 그래텍과 협의하여 이루어진 것으로서 이 사건 쟁점 부분의 주된 용도는 그래텍의 프로그램 제작을 위한 것이라고 보이는 점 등에 비추어 보면, 이 사건 쟁점 부분은 교육사업에 직접 사용된 것이 아니라, 수익사업의 하나인 부동산 임대업을 위해 사용된 것으로 봄이 타당하다.
(대법 2014두40333, 2014.11.27.)

❖ 학교법인이 취득한 물건을 사업협력단이 사용하는 경우

학교법인이 취득한 이 건 건축물을 청구법인이 고유 업무에 직접 사용하지 아니하고 OO산업협력단에게 임대하고 있는 사실이 제출된 자료에 의해 확인되고 있는 이상, 설령, 학생들이 필요시마다 해당 건축물을 사용했다고 하여도 이 건 건축물의 주된 용도는 교육목적이 아닌 임대용 부동산에 해당하므로 기 비과세한 취득세 등을 추징한 처분은 달리 잘못이 없다.
(조심 13지26. 2013.3.7.)

❖ 학교 등이 해당 사업에 직접사용하는 것으로 볼 수 있는지 여부

청구법인이 취득한 쟁점부동산을 산학협력단이 창업보육센터로 사용하는 경우 학교용으로 직접 사용하는 것으로 볼 수 없다.
(조심 13지823. 2014.11.10.)

고등교육법에 따른 학교가 창업보육센터 사업자로서 학생 등 그 구성원이 아닌 일반인을 대상으로 창업의 성공 가능성을 높일 수 있도록 경영, 기술분야에 대한 지원활동을 하면서 창업자를 위한 시설과 장소로 그 소유 부동산을 제공하는 경우에는 특별한 사정이 없는 한 교육사업에 직접 사용하는 것으로 볼 수 없다.
(대법 14두45680, 2015.5.14.)

❖ 학교 등이 수익사업에 사용하는 것으로 볼 수 있는지 여부

원고가 이 사건 건물(지하 1층 지상 7층)을 신축한 목적 및 이 사건 건물의 관리를 그 시공사인 OO건설 주식회사에게 위탁하게 된 경위, 이 사건 건물 중 학생 및 교수식당, 은행, 서점, 문구점, 편의점, 안경점, 사진관, 레스토랑, 호프집, 당구장, 만화방 및 노래방 등으로 사용되고 있는 지하 1층과 지상 1층 시설부분(이하 '쟁점부분'이라 한다.)의 설치장소, 대상고객, 취급업종, 이용요금 및 그 운영실태, 위 위탁관리로 인한 수익금의 지출용도 등 제반 사정을 참작할 때, 원심이 쟁점부분은 원고가 운영하는 OO대학교 OO캠퍼스의 기숙사 거주학생과 일반학생 및 교직원들의 후생복지를 위한 시설로서 원고가 수행하는 교육사업에 사용되는 것이라 할 것이고, 비록 원고가 OO건설로 하여금 쟁점부분을 위탁관리 하도록 하고 OO건설로부

터 학교발전기금 등의 상당한 금원을 지급받기로 하였다고 하더라도, 쟁점부분이 위와 같이 학생 및 교직원들의 후생복지시설로 운용되고 있고 그 위탁관리계약에 의하여 그로부터의 이탈이 엄격히 통제되고 있으며, 달리 임대사업으로서의 수익성이 있다거나 임대수익을 목적으로 한 것이라고 볼 증거가 없는 이상, 위와 같은 금원의 취득으로 인해 쟁점부분의 사용이 수익사업으로 되는 것은 아니다.

(대법 04두9265, 2006.1.13.)

비영리 학교법인이 건물신축 부분 중 일정 부분에 대해 월차임 성격의 기부금을 받아 운영하였다면 수익사업인 부동산 임대업에 해당한다.

(대법 14두40333, 2014.11.27.)

학교가 교육사업에 직접사용하는 것으로 볼 수 있는지 여부 관련하여 비영리사업자(학교)가 구성원에게 사택이나 숙소를 제공한 경우 그 구성원이 비영리사업자의 사업 활동에 필요불가결한 중추적인 지위에 있어 사택이나 숙소에 체류하는 것이 직무 수행의 성격도 겸비한다면 당해 사택이나 숙소는 목적사업에 직접 사용되는 것으로 볼 수 있지만, 사택이나 숙소의 제공이 단지 구성원에 대한 편의를 도모하기 위한 것이거나 그곳에 체류하는 것이 직무 수행과 크게 관련되지 않는다면 목적사업에 직접 사용되는 것으로 볼 수 없으므로, 외국인 교원들의 주거 편의를 제공하기 위해 취득한 학교 구외 오피스텔은 취득세 등 감면대상으로 볼 수 없음 학교가 부동산을 취득후 교직원 또는 원어민교사 숙소 및 게스트하우스로 사용한 경우 취득세 등을 비과세할 수 없다.

(대법 14두40296, 2014.11.27.)

(3) 학교 등에 직접 사용하는 면허 등

등록면허세, 주민세 사업소분 및 종업원분 면제

① 학교 등이 그 사업에 직접 사용하기 위한 면허, 즉 학교 등이 그 비영리사업의 경영을 위하여 필요한 면허 또는 그 면허로 인한 영업설비나 행위에서 발생한 수익금의 전액을 그 비영리사업에 사용하는 경우의 면허에 대한 등록면허세를 2024년 12월 31일까지 면제한다.

② 학교 등에 대하여는 주민세 사업소분 및 종업원분을 각각 면제하는데, 이 경우 수익사업에 관계되는 사업소분 및 종업원분은 면제되지 아니하는데, 이 경우의 "수익에 관계되는 사업소분 및 종업원분"이라 함은 수익사업에 제공되고 있는 사업소와 종업원을 기준으로 부과하는 사업소분과 종업원분을 말하되 감면대상 사업과 수익사업에 건축물이 겸용되거나 종업원이 겸직하는 경우에는 주된 용도 또는 직무에 따라 과세한다.

(4) 학교 등에 무료로 제공하는 전력에 대한 지역자원시설세 면제

지역자원시설세 면제

학교 등에 생산된 전력 등을 무료로 제공하는 경우 그 부분에 대하여는 특정자원에 대한 지역자원시설세 중 발전에 해당하는 지역자원시설세를 2021년 12월 31일까지 면제한다.

예를 들면 발전한 전기를 야간학교에 무료로 제공하고 있다면 그 제공된 전기량으로 전기 생산에 소요된 물의 양을 계산하여 그 부분에 해당하는 발전 용수에 대한 지역자원시설세를 부과하지 아니한다는 것이다.

(5) 사립학교법에 따른 법인설립등기 등에 대한 면제

등록면허세, 주민세 사업소분 면제

사립학교법에 따른 학교법인과 국가가 국립대학법인으로 설립하는 국립학교의 설립등기, 합병등기 및 국립대학법인에 대한 국유·공유재산의 양도에 따른 변경등기에 대해서는 등록면허세를, 그 학교에 대해서는 주민세 사업소분(「지방세법」 제81조제1항제2호에 따라 부과되는 세액으로 한정한다.)을 각각 2024년 12월 31일까지 면제한다.

(6) 국립대학법인 전환 이전에 기부채납 받은 부동산에 대한 면제

재산세, 지역자원시설세 면제

국립대학법인 전환 이전에 기부채납 받은 부동산으로서 국립대학법인 전환 이전에 체결한 계약에 따라 기부자에게 무상사용을 허가한 부동산에 대해서는 그 무상사용기간 동안 재산세(「지방세법」 제112조에 따른 부과액 상당액을 포함한다.) 및 「지방세법」 제146조 제3항에 따른 지역자원시설세를 각각 2024년 12월 31일까지 면제한다.

(7) 의과대학의 부속병원에 대한 경감

취득세, 재산세 경감

위의 제1항부터 제6항까지의 규정에 불구하고 고등학교법 제4조에 따라 설립된 의과대학(한의과대학, 치과대학 및 수의과대학을 포함한다.)의 부속병원에 대해서는 의료업에 직접 사용하기 위하여 취득하는 부동산은 2024년 12월 31일까지 취득세의 100분의 30(감염병전문병원의 경우에는 100분의 40)을, 재산세의 100분의 50(감염병전문병원의 경우에는

100분의 60)을 각각 경감한다. 2020년 12월 31일까지는 취득세의 100분의 50을, 재산세(「지방세법」 제112조에 따른 부과액을 포함한다.)의 100분의 50을 각각 경감한다.

제42조 기숙사 등에 대한 감면

① 「초·중등교육법」 및 「고등교육법」에 따른 학교, 「경제자유구역 및 제주국제자유도시의 외국교육기관 설립·운영에 관한 특별법」 또는 「기업도시개발 특별법」에 따른 외국교육기관을 경영하는 자(이하 이 조에서 "학교등"이라 한다.)가 대통령령으로 정하는 기숙사(「한국사학진흥재단법」 제19조 제4호 및 제4의 2호에 따른 기숙사로 한정한다.)로 사용하기 위하여 취득하는 부동산에 대해서는 취득세를, 과세기준일 현재 해당 용도로 사용하는 부동산에 대해서는 재산세 및 주민세 사업소분(「지방세법」 제81조 제1항 제2호에 따라 부과되는 세액으로 한정한다. 이하 이 조에서 같다.)을 각각 2024년 12월 31일까지 면제한다. 다만, 다음 각 호의 어느 하나에 해당하는 경우 그 해당 부분에 대해서는 면제된 취득세를 추징한다(법 §42 ① Ⅰ·Ⅱ).

1. 정당한 사유 없이 그 취득일부터 3년이 경과할 때까지 해당 용도로 직접 사용하지 아니하는 경우
2. 해당 용도로 직접 사용한 기간이 2년 미만인 상태에서 매각·증여하거나 다른 용도로 사용하는 경우

이 경우 "대통령령으로 정하는 기숙사"란 ① 법 제42조 제1항에 따른 학교 등(이하 이 조에서 "학교 등"이라 한다.)이 사용하는 기숙사를 건설하는 사업시행자(이하 이 조에서 "사업시행자"라 한다.)에게 준공 후 학교 등과의 협약에서 정하는 기간 동안 해당 시설의 소유권이 인정되며, 그 기간이 만료되면 시설소유권이 학교 등에 귀속되는 방식, ② 준공 후 해당 시설의 소유권이 학교 등에 귀속되며, 학교 등과의 협약에서 정하는 기간 동안 사업시행자에게 시설관리운영권을 인정하는 방식(제3호에 해당하는 경우는 제외한다.), ③ 준공 후 해당 시설의 소유권이 학교 등에 귀속되며, 학교 등과의 협약에서 정하는 기간 동안 사업시행자에게 시설관리운영권을 인정하되, 그 시설을 협약에서 정하는 기간 동안 임차하여 사용·수익하는 방식 중 어느 하나에 해당하는 방식으로 설립·운영되는 기숙사를 말한다(영 §18의 2 Ⅰ~Ⅲ).

② 「교육기본법」 제11조에 따른 학교를 설치·경영하는 자가 학생들의 실험·실습용으로 사용하기 위하여 취득하는 차량·기계장비·항공기·입목(立木) 및 선박에 대해서는 취득세를, 과세기준일 현재 학생들의 실험·실습용으로 사용하는 항공기와 선박에 대해서는

재산세를 각각 2024년 12월 31일까지 면제한다. 다만, 각 호의 어느 하나에 해당하는 경우 면제된 취득세를 추징한다(법 §42 ② Ⅰ·Ⅱ).
1. 정당한 사유 없이 그 취득일부터 1년이 경과할 때까지 해당 용도로 직접 사용하지 아니하는 경우
2. 해당 용도로 직접 사용한 기간이 2년 미만인 상태에서 매각·증여하거나 다른 용도로 사용하는 경우

③ 「산업교육진흥 및 산학연협력촉진에 관한 법률」 제25조에 따라 설립·운영하는 산학협력단이 그 고유업무에 직접 사용하기 위하여 취득하는 부동산에 대해서는 취득세의 100분의 75를, 과세기준일 현재 그 고유업무에 직접 사용하는 부동산에 대해서는 재산세의 100분의 75를 2026년 12월 31일까지 각각 경감한다(법 §42 ③).

이 항의 감면내용 중 2014년말 감면율의 조정 등으로 과세로 전환된 부분에 대한 지방세법 제13조 및 제28조에 따른 중과세율은 2016년 1월 1일부터 적용한다(2014 부칙 §13).

④ 제3항에 따른 산학협력단에 대하여는 2014년 12월 31일까지 주민세 사업소분 및 종업원분을 면제한다. 다만, 수익사업에 관계되는 대통령령으로 정하는 주민세 사업소분 및 종업원분은 면제하지 아니한다(일몰기간 경과) (법 §42 ④).

이 경우 "수익사업에 관계되는 대통령령으로 정하는 주민세 사업소분 및 종업원분"이란 수익사업에 제공되고 있는 사업소와 종업원을 기준으로 부과하는 주민세 사업소분(「지방세법」 제81조제1항제2호에 따라 부과되는 세액으로 한정한다)과 종업원분을 말한다. 이 경우 면제대상 사업과 수익사업에 건축물이 겸용되거나 종업원이 겸직하는 경우에는 주된 용도 또는 직무에 따른다(영§19).

(1) 대학 등의 기숙사에 대한 면제

취득세·재산세·주민세 사업소분 면제

「초·중등교육법」 및 「고등교육법」에 따른 학교, 「경제자유구역 및 제주국제자유도시의 외국교육기관 설립·운영에 관한 특별법」 또는 「기업도시개발 특별법」에 따른 외국교육기관을 경영하는 자(이하 이 조에서 "학교등"이라 한다.)가 대통령령으로 정하는 기숙사(「한국사학진흥재단법」 제19조 제4호 및 제4의 2호에 따른 기숙사로 한정한다.)로 사용하기 위하여 취득하는 부동산에 대하여는 취득세를 면제하고, 과세기준일 현재 해당 용도에 직접 사용하는 부동산에 대하여는 재산세 및 주민세 사업소분을 각각 2024년 12월 31일까지 면제한다. 다만, 취득일부터 3년 이내에 정당한 사유 없이 그 용도에 직접 사용하지 아니하는 경우 또는 해당 용도로 직접 사용한 기간이 2년 미만인 상태에서 매각·증여하거나 다른 용도로

사용하는 경우 그 해당 부분에 대하여는 면제된 취득세를 추징한다.

이 규정은 사회간접자본시설에 대한 민간투자법의 개정으로 대학시설도 사회기반시설로 보게 되어 민간자본의 대학 내 유치를 활성화시키기 위해 지방세를 면제토록 한 것이다.

그리고 재산세의 면제에 있어서는 지방세법 제111조에 따른 재산세 뿐 아니라 지방세법 제112조에 따라 과세되는 부과액도 재산세에 포함하여 면제하며, 지역자원시설세는 특정부동산에 대하여 과세하여 소방시설에 충당하는 종전의 소방공동시설세분에 대하여도 면제한다. 또한 해당 학교에 대하여는 주민세 사업소분을 면제한다.

또한 이 규정에 따른 "기숙사"란 이 조에서 말하는 학교 등이 사용하는 기숙사를 건설하는 사업시행자에게 준공 후 학교 등과의 협약에서 정하는 기간 동안 해당 시설의 소유권이 인정되며, 그 기간이 만료되면 시설소유권이 학교 등에 귀속되는 방식, 준공 후 해당 시설의 소유권이 학교 등에 귀속되며, 학교 등과의 협약에서 정하는 기간 동안 사업시행자에게 시설관리운영권을 인정하는 방식(임차하여 사용·수익하는 방식 제외), 및 준공 후 해당 시설의 소유권이 학교 등에 귀속되며, 학교 등과의 협약에서 정하는 기간 동안 사업시행자에게 시설관리운영권을 인정하되, 그 시설을 협약에서 정하는 기간 동안 임차하여 사용·수익하는 방식 중 어느 하나에 해당하는 방식으로 설립·운영되는 기숙사를 말한다.

사례

❖ 대학교 구내에 위치하고 있고 수익사업에도 사용되고 있지 아니한 기숙사의 경우라도 기숙사에 대한 감면규정(지특법 제42조 제1항)만 적용되고, 학교 등에 대한 감면규정(지특법 제41조 제1항)은 적용되지 않는 것으로 보아 취득세 감면분 농어촌특별세를 부과할 수 있는지

지방세특례제한법 제42조 제1항을 둔 취지는 대학교가 취득하는 기숙사 건물의 경우에는 수익사업에 사용하는 경우라서 같은 법 제41조 제1항에 의해 취득세를 감면받을 수 없는 경우이더라도 특별히 한시적으로 취득세를 감면받을 수 있게 함으로써 대학교 기숙사의 신축을 위한 민간투자 활성화의 유인을 마련하고자 하는데 있으므로, 만약 수익사업에 사용하지 아니하는 대학교 기숙사까지도 같은 법 제41조 제1항이 아닌 같은 법 제42조 제1항을 근거로 취득세를 감면받는다고 해석한다면, 수익사업에 사용하지 아니하는 대학교 기숙사의 경우 같은 법 제41조 제1항이 적용되어 취득세는 물론 농어촌특별세까지 면제받을 수 있었던 것이 같은 법 제42조 제1항으로 인해 오히려 농어촌특별세의 부과대상에 해당하게 되는바, 이는 특별히 같은 법 제42조 제1항을 둔 입법취지에 반하는 해석으로서 불합리하다고 할 것이므로 취득세 감면분 농특세를 부과할 수 없다.

(대법 2014두7060, 2014.8.20.)

(2) 학생들의 실험, 실습용 차량·선박 등에 대한 면제

취득세, 재산세 면제

교육기본법 제11조에 따른 학교를 설치·경영하는 자가 학생들의 실험, 실습용으로 사용하기 위하여 취득하는 차량, 기계장비, 항공기, 입목(立木) 및 선박에 대해서는 취득세를 2024년 12월 31일까지 면제하며, 과세기준일 현재 학생들의 실험, 실습용으로 사용하는 항공기와 선박에 대해서는 재산세를 2024년 12월 31일까지 면제한다. 다만, 과세대상물건의 취득일부터 1년 이내에 정당한 사유 없이 해당 학교의 실험, 실습용으로 직접 사용하지 아니하는 경우와 해당 용도로 직접 사용한 기간이 2년 미만인 상태에서 매각·증여하거나 다른 용도로 사용하는 경우 그 해당 부분에 대하여는 면제된 취득세를 추징한다.[13]

(3) 산학협력단에 대한 감면

취득세와 재산세 경감

산업교육진흥 및 산학연협력촉진에 관한 법률에 따라 설립·운영하는 산학협력단이 그 고유업무에 직접 사용하기 위하여 취득하는 부동산에 대해서는 취득세의 100분의 75, 과세기준일 현재 그 고유업무에 직접 사용하는 부동산에 대해서는 재산세의 100분의 75를 2026년 12월 31일까지 각각 경감한다.

이러한 산학협력단을 설립·운영하기 위해서는 해당 대학의 규칙이 정하는 바에 의하여 조직을 둘 수 있는데 이는 법인으로 하여야 하고, 주된 사무소의 소재지에 설립등기를 하여야 하며, 해당 학교명칭이 표시되어야 한다.

> **사례**
>
> ❖ 산학협력단이 사용하는 부동산을 대학의 직접사용으로 볼 수 있는지
>
> 국가인적자원개발 컨소시엄 사업이 ○○대학교와 관련된 업무라고 하더라고 별도의 법인인 산학협력단에서 이를 담당하면서 쟁점건축물을 사용하는 경우까지 이를 ○○대학교가 직접 쟁점건축물을 사용하는 것으로 보기 어렵다.
> (대법 2017두36861, 2017.6.15.)

---

13) 교육기본법 제11조(학교 등의 설립)
　① 국가와 지방자치단체는 학교와 사회교육시설을 설립·경영한다.
　② 법인이나 사인(私人)은 법률로 정하는 바에 따라 학교와 사회교육시설을 설립·경영할 수 있다.

제43조 | 평생교육단체 등에 대한 면제

① 「평생교육법」에 따른 교육시설을 운영하는 평생교육단체(이하 이 조에서 "평생교육단체"라 한다.)가 해당 사업에 직접 사용하기 위하여 취득하는 부동산에 대해서는 취득세를 2019년 12월 31일까지 면제한다(법 §43 ①).

② 평생교육단체가 과세기준일 현재 해당 사업에 직접 사용하는 부동산(대통령령으로 정하는 건축물의 부속토지를 포함한다.)에 대해서는 재산세를 2019년 12월 31일까지 면제한다. 다만, 수익사업에 사용하는 경우와 해당 재산이 유료로 사용되는 경우의 그 재산 및 해당 재산의 일부가 그 목적에 직접 사용되지 아니하는 경우의 그 일부 재산에 대해서는 면제하지 아니한다(법 §43 ②).

③ 평생교육단체가 2020년 1월 1일부터 2024년 12월 31일까지 해당 사업에 직접 사용하기 위하여 취득하는 부동산에 대해서는 취득세를, 같은 기간에 취득한 부동산으로서 과세기준일 현재 해당 사업에 직접 사용하는 부동산(대통령령으로 정하는 건축물의 부속토지를 포함한다.)에 대해서는 재산세를 다음 각 호의 구분에 따라 각각 경감한다(법 §43 ③ Ⅰ·Ⅱ).
  1. 해당 부동산에 대해서는 취득세의 100분의 50을 경감한다.
  2. 해당 부동산 취득일 이후 해당 부동산에 대한 재산세 납세의무가 최초로 성립한 날부터 5년간 재산세의 100분의 50을 경감한다. 다만, 수익사업에 사용하는 경우와 해당 재산이 유료로 사용되는 경우의 그 재산 및 해당 재산의 일부가 그 목적에 직접 사용되지 아니하는 경우의 그 일부 재산에 대해서는 경감하지 아니한다.

위의 제2항 본문 및 제3항 각 호 외의 부분에서 "대통령령으로 정하는 건축물의 부속토지"란 각각 해당 사업에 직접 사용할 건축물을 건축 중인 경우와 건축허가 후 행정기관의 건축 규제 조치로 건축에 착공하지 못한 경우의 건축 예정 건축물의 부속토지를 말한다(영 §20 ①).

④ 제1항 및 제3항 제1호를 적용할 때 다음 각 호의 어느 하나에 해당하는 경우 감면된 취득세를 추징한다(법 §43 ④ Ⅰ~Ⅲ).
  1. 해당 부동산을 취득한 날부터 5년 이내에 수익사업에 사용하는 경우
  2. 정당한 사유 없이 그 취득일부터 3년이 지날 때까지 해당 용도로 직접 사용하지 아니하는 경우
  3. 해당 용도로 직접 사용한 기간이 2년 미만인 상태에서 매각·증여하거나 다른 용도로 사용하는 경우

(1) 평생교육단체가 해당 사업에 사용하기 위한 부동산 취득

취득세 감면

평생교육단체에 해당 사업에 직접 사용하기 위하여 취득하는 부동산에 대해서는 취득세를 2019년 12월 31일까지 면제한다. 그리고 2020년 1월 1일부터 2024년 12월 31일까지 취득하는 부동산에 대해서는 취득세의 100분의 50을 경감한다.

다만, 해당 부동산을 취득한 날부터 5년 이내에 수익사업에 사용하는 경우와 취득일부터 3년 이내에 정당한 사유 없이 그 용도에 직접 사용하지 아니하는 경우 또는 그 사용일부터 2년 이상 그 용도에 직접 사용하지 아니하고 매각·증여하거나 다른 용도로 사용하는 경우 그 해당 부분에 대하여는 면제된 취득세를 추징한다.

여기에서 평생교육이라 함은 다른 법률에 의한 학교교육을 제외하고 국민의 평생교육을 위한 모든 형태의 조직적인 교육활동을 말하고, 평생교육단체라 함은 평생교육을 주된 목적으로 하는 법인과 법인 아닌 단체를 말한다. 또한 평생교육의 영역은 국민생활에 필요한 기초교육과 교양교육, 직업·기술 및 전문교육, 건강 및 보건교육, 가족생활교육, 지역사회교육 및 새마을교육, 여가교육, 국제이해교육, 국민독서교육, 전통문화 이해교육, 기타학교 교육 외의 조직적인 교육활동으로서 평생교육법에 정한 것을 말한다.

(2) 평생교육단체에 해당 사업에 직접 사용하는 부동산

재산세 감면

평생교육단체에 과세기준일 현재 해당 사업에 직접 사용하는 부동산(해당 사업에 직접 사용할 건축물을 건축 중인 경우와 건축허가 후 행정기관의 건축규제조치로 인하여 건축에 착공하지 못한 경우의 그 건축 예정 건축물의 부속토지를 포함한다.)에 대해서는 재산세(지방세법 제112조에 따라 부과하는 부과액을 재산세에 포함하여 면제한다.)를 2019년 12월 31일까지 면제한다. 그리고 2020년 1월 1일부터 2024년 12월 31일까지 해당 부동산 취득일 이후 해당 부동산에 대한 재산세 납세의무가 최초로 성립한 날부터 5년간 재산세의 100분의 50을 경감한다.

다만, 수익사업에 사용하는 경우와 해당 재산이 유료로 사용되는 경우의 그 재산 및 해당 재산의 일부가 그 목적에 직접 사용되지 아니하는 경우의 그 일부 재산에 대해서는 면제하지 아니한다.

사례

❖ **직접 사용의 의미**

원고는 교육부장관으로부터 대학설립인가를 받기 위하여 이 사건 토지 등을 취득하고 그 일부 지상에 교사(校舍)로 사용될 이 사건 건축물을 신축하였으나 관할관청으로부터 도시계획 (대학시설)사업결정을 받지 못하는 등의 사유로 현재까지 대학설립인가를 받지 못하였고, 초·중등교육법 및 고등교육법에 의한 사립학교도 설치·운영하고 있지 아니한 사실을 인정할 수 있는바, 이에 의하면, 원고의 이 사건 건축물 및 토지의 보유는 학술을 목적으로 하는 사업에 직접 사용하기 위한 준비를 하고 있는 경우에 해당할 뿐이고 현실적으로 그 사업에 직접 사용되고 있는 경우에 해당한다고 할 수 없다고 할 것이다.

원심이 이와 같은 취지에서 이 사건 부과처분이 위법함을 전제로 그 취소를 구하는 원고의 청구를 배척한 제1심판결을 유지한 조치는 정당한 것으로 수긍이 가고, 거기에 주장과 같이 채증법칙을 위배하여 사실을 오인하였거나 재산세 및 종합토지세의 비과세대상에 관한 법리를 오해한 위법이 없다.

(대법 2002두6491, 2002.10.11.)

그리고 평생교육단체의 해당 사업에 직접 사용되어 재산세가 면제되는 부동산은 과세기준일 현재 그 사업에 직접 사용되고 있는 부동산은 물론 면제되지만 그 사업에 사용하기 위하여 건축 중에 있는 부동산도 면제될 뿐 아니라 건축허가를 받았으나 행정기관에서 건축규제조치가 있어 건축에 착공하지 못한 경우의 해당 부동산도 직접 사용하는 부동산으로 보아 면제하여야 한다.

제44조 평생교육시설 등에 대한 감면

① 대통령령으로 정하는 평생교육시설에 사용하기 위하여 취득하는 부동산에 대해서는 취득세를, 과세기준일 현재 평생교육시설에 직접 사용하는 부동산(해당 시설을 다른 용도로 함께 사용하는 경우 그 부분은 제외한다.)에 대해서는 재산세를 다음 각 호에서 정하는 바에 따라 각각 감면한다(법 §44 ① Ⅰ·Ⅱ).
  1. 2019년 12월 31일까지는 취득세 및 재산세를 각각 면제한다.
  2. 2020년 1월 1일부터 2024년 12월 31일까지 취득하는 부동산에 대해서는 다음 각 목의 구분에 따라 취득세 및 재산세를 각각 경감한다.
    가. 해당 부동산에 대해서는 취득세의 100분의 50을 경감한다.
    나. 해당 부동산 취득일 이후 해당 부동산에 대한 재산세 납세의무가 최초로 성립한

날부터 5년간 재산세의 100분의 50을 경감한다.

이 경우 "대통령령으로 정하는 평생교육시설"이란, 「평생교육법」에 따라 보고·인가·등록·신고된 평생교육시설로서

① 「평생교육법」 제30조에 따른 학교 부설 평생교육시설
② 「평생교육법」 제31조에 따른 학교형태의 평생교육시설
③ 「평생교육법」 제32조에 따른 사내대학형태의 평생교육시설
④ 「평생교육법」 제33조에 따른 원격대학형태의 평생교육시설
⑤ 「평생교육법」 제35조에 따른 사업장 부설 평생교육시설
⑥ 「평생교육법」 제36조에 따른 시민사회단체 부설 평생교육시설
⑦ 「평생교육법」 제37조에 따른 언론기관 부설 평생교육시설
⑧ 「평생교육법」 제38조에 따른 지식·인력개발사업 관련 평생교육시설을 말한다(영 §21 Ⅰ~Ⅷ).

② 제1항에 따른 평생교육시설로서 「평생교육법」 제31조제4항에 따라 전공대학 명칭을 사용할 수 있는 평생교육시설(이하 이 항에서 "전공대학"이라 한다)에 직접 사용하기 위하여 취득하는 부동산에 대해서는 2024년 12월 31일까지 취득세를 면제하고, 과세기준일 현재 전공대학에 직접 사용하는 부동산(해당 시설을 다른 용도로 함께 사용하는 경우 그 부분은 제외한다)에 대해서는 2024년 12월 31일까지 재산세를 면제한다(법 §44 ②).

③ 「국민 평생직업능력 개발법」 제2조제3호가목에 따른 공공직업훈련시설에 직접 사용하기 위하여 취득하는 부동산에 대해서는 2024년 12월 31일까지 취득세의 100분의 50을 경감하고, 과세기준일 현재 공공직업훈련시설에 직접 사용하는 부동산(해당 시설을 다른 용도로 함께 사용하는 경우 그 부분은 제외한다)에 대해서는 2024년 12월 31일까지 재산세의 100분의 50을 경감한다(법 §44 ③).

④ 제1항부터 제3항까지의 규정을 적용할 때 다음 각 호의 어느 하나에 해당하는 경우 그 해당 부분에 대해서는 감면된 취득세 및 재산세를 추징한다(법 §44 ④ Ⅰ~Ⅲ).

1. 해당 부동산을 취득한 날부터 5년 이내에 수익사업에 사용하는 경우
2. 정당한 사유 없이 그 취득일부터 3년이 지날 때까지 해당 용도로 직접 사용하지 아니하는 경우
3. 해당 용도로 직접 사용한 기간이 2년 미만인 상태에서 매각·증여하거나 다른 용도로 사용하는 경우

취득세, 재산세 감면

(1) 평생교육시설 즉, 평생교육법에 따라 인가·등록·신고·보고된 평생교육시설, 「평생교육법」 제31조 제4항에 따라 전공대학 명칭을 사용할 수 있는 평생교육시설(이하 이 항에서 "전공대학"이라 한다.), 「국민 평생직업능력 개발법」 제2조 제3호 가목에 따른 공공직업훈련시설에 사용하기 위하여 취득하는 부동산에 대하여는 2019년 12월 31일까지 취득세를 면제하며, 2020년 1월 1일부터 2024년 12월 31일까지 취득하는 부동산에 대해서는 취득세의 100분의 50을 경감하며, 「평생교육법」 제31조 제4항에 따라 전공대학 명칭을 사용할 수 있는 평생교육시설(이하 이 항에서 "전공대학"이라 한다.), 「국민 평생직업능력 개발법」 제2조 제3호 가목에 따른 공공직업훈련시설에 대하여는 취득세의 100분의 50을 경감한다.

이 경우 해당 부동산을 취득일부터 1년 이내에 정당한 사유 없이 해당 용도로 직접 사용하지 아니하는 경우 또는 그 사용일부터 2년 이상 해당 용도로 직접 사용하지 아니하고 매각·증여하거나 다른 용도로 사용하는 경우에 해당부분에 대하여는 감면된 취득세를 추징한다(법 §178).

(2) 과세기준일 현재 평생교육시설에 직접 사용하는 부동산(해당 시설을 다른 용도로 함께 사용하는 경우 그 부분은 제외한다.)에 대하여는 재산세(지방세법 제112조에 따른 부과액도 재산세에 포함하여 면제한다.)를 2019년 12월 31일까지 면제하며, 2020년 1월 1일부터 2024년 12월 31일까지 해당 부동산 취득일 이후 해당 부동산에 대한 재산세 납세의무가 최초로 성립한 날부터 5년간 재산세의 100분의 50을 경감하며, 과세기준일 현재 「평생교육법」 제31조 제4항에 따른 전공대학, 「국민 평생직업능력 개발법」 제2조 제3호 가목에 따른 공공직업훈련시설에 직접 사용하는 부동산(해당 시설을 다른 용도로 함께 사용하는 경우 그 부분은 제외한다.)에 대해서는 2024년 12월 31일까지 재산세의 100분의 50을 경감한다.

사례

❖ 취득 당시 감면목적으로 사용할 의사가 없었던 경우라도 이후 감면요건을 갖춘 경우 감면을 할 수 있는지 여부

이와 같이 법 제44조의 '평생교육시설에 사용하기 위하여 취득하는 부동산'에 해당하기 위해서는 그 부동산을 취득할 당시 그와 같은 사용목적이 있었음을 인정할 수 있어야 하고, 부동산을 취득할 당시의 사용목적과는 달리 이후 평생교육시설로 사용하기로 결정한 경우까지 위 요건에 해당한다고 볼 수는 없다 할 것이다……원고가 이 사건 부동산을 취득할 당시 이 사건 부동산을 평생교육시설에 사용하기 위하여 취득하였다고 인정하기에 부족하고, 달리 이를

인정할 만한 증거가 없다.

(대법 2013두12706, 2013.7.31.)

❖ 법인의 소속 인재개발원이 평생교육시설에 해당하는지 여부

평생교육은 특정 집단 또는 계층에 한정하지 아니하고 일반 지역사회 주민 등 불특정 다수를 대상으로 하는 교육을 당연히 전제하는 것으로 보이는바, 원고가 지식·인력개발사업 관련 평생교육시설로 신고된 이 사건 교육시설에서 불특정 다수가 아닌 원고 또는 계열 회사의 임·직원에 대한 교육을 주로 진행하였으므로, 이 사건 교육시설은 구 평생교육법 제38조에서 정한 지식·인력개발 관련 평생교육시설에 직접 사용하는 부동산이라고 할 수 없다.

(대법 2016두41842, 2016.9.30.)

❖ 평생교육시설 감면대상에 해당되는지 여부

조세법률주의 원칙상 지방세특례제한법시행령 제21조 제1호에서의 평생교육법에 따라 인가 등록 신고 보고된 평생교육시설이라함은 평생교육법에서 평생교육시설로 별도로 규정하고 있는 시설만을 의미한다고 보아야 할 것으로서, 평생교육법 제29조 내지 제38조에서 학교, 학교부설 평생교육시설, 학교형태의 평생교육시설, 사내대학형태의 평생교육시설, 원격대학형태의 평생교육시설, 사업장부설 평생교육시설, 시민사회단체부설 평생교육시설 등에 대하여 규정하고 있으므로 이러한 교육시설만이 취득세 면제대상에 해당된다고 보아야 할 것이며, 평생교육법 제2조 제2호 나목과 다목에서 '평생교육 기관'으로 평생교육법에 따라 인가 등록 신고된 시설 법인 또는 단체 이외에 평생직업교육을 실시하는 학원과 다른 법령에 따라 평생교육을 주된 목적으로 하는 시설 법인 또는 단체를 평생교육기관으로 규정하고 있지만 이러한 시설이 직접적으로 평생교육법에 따라 인가 등록 신고 보고된 평생교육시설로 간주할 수 있는 특별한 규정 등이 없는 이상 취득세 면제대상이 되는 평생교육법에 따라 인가 등록 신고 보고된 평생교육시설에 해당된다고 할 수는 없다.

(조심 14지1133, 2015.4.28.)

❖ 불특정다수를 교육하는 평생교육시설로 볼 수 있는지 여부

법인의 인재개발원이 지방세 감면대상 평생교육시설에 해당 여부 관련하여 평생교육 대상이 될 수 있는 자격을 특정인이나 특정집단에 한정하여서는 안 되고, 지역사회 주민 등 불특정 다수를 교육 가능 대상으로 하여야 한다. (중략) 이 사건 교육시설은 건축물대장에 그 용도가 '연구시설, 기숙사'로 명시되어 있고, 이 사건 교육시설의 운영규칙(연수원 운영 업무표준)에 교육과정, 정원, 입학, 퇴학 및 수료와 상벌, 교육기간, 휴강, 학습비 등에 관한 내용이 전혀 규정되어 있지 않는 점을 고려하면, 이 사건 교육시설은 교육대상자를 오로지 원고의 임·직원과 이 사건 시설의 임차인으로 한정하고 있다고 보이므로, 이 사건 교육시설은 불특정 다수를 대상으로 한 인력개발 평생교육시설에 해당하지 아니한다.

(대법 16두41842, 2016.9.30.)

❖ 개인소유의 부동산을 평생교육시설에 임대한 경우 평생교육시설에 '직접 사용하는 부동산'으로 보아 재산세 등이 감면되는지 여부

지방세특례제한법에서 자주 사용하는 용어인 '직접 사용'에 대하여 그 정의규정이 따로 존재하지 않아 그동안 소유자가 해당 부동산 등을 그 해당 목적에 사용하는 것으로 한정하여야 하는지(인적 감면), 아니면 제3자가 해당 부동산 등을 해당 목적에 사용하는 경우에도 그 소

유자에게 감면을 적용할 것인지(물적 감면)에 대하여 법령 해석상 다툼의 소지가 있었다. 이에 2014.1.1. 법률 제12175호로 개정된 지방세특례제한법에서 정의규정을 신설하여 '직접 사용'의 주체를 부동산 등의 소유자로 명확히 함으로써 해당 부동산의 소유자가 아닌 제3자가 사용하는 경우는 감면이 배제되는 것을 원칙으로 하였다. 이는 지방세 감면의 수혜자는 해당 부동산 등의 소유자이고, 만일 해당 부동산 등을 사용하는 자가 소유자가 아닐 경우 그 부동산 등의 소유자는 부동산 등을 사용하는 자로부터 임대료 등을 지급받을 뿐 그 자신이 어떠한 공익적 목적을 가지고 해당 부동산 등을 소유하는 것이 아니며, 설령 그 부동산 등이 지방세특례제한법이 정한 사회적·공익적 목적에 따라 사용된다고 하더라도 이는 부동산 소유자의 의사와는 무관한 사용자의 의사에 따른 것이므로 그와 같은 경우까지 조세를 감면하지는 않겠다는 정책적인 고려에서 비롯된 것임

(대법 2020두37505, 2020.7.29.)

제44조의 2 ｜ 박물관 등에 대한 감면

취득세, 재산세 면제

① 대통령령으로 정하는 박물관 또는 미술관으로 직접 사용하기 위하여 취득하는 부동산에 대해서는 취득세를, 과세기준일 현재 해당 박물관 또는 미술관으로 직접 사용하는 부동산(해당 시설을 다른 용도로 함께 사용하는 경우에는 그 부분은 제외한다.)에 대해서는 해당 부동산 취득일 이후 해당 부동산에 대한 재산세(「지방세법」 제112조에 따른 부과액을 포함한다.)를 2024년 12월 31일까지 각각 면제한다(법 §44의 2 ①).

이 경우 "대통령령으로 정하는 박물관 또는 미술관"이란 「박물관 및 미술관 진흥법」 제16조에 따라 등록된 박물관 또는 미술관을 말한다(영 §21의 2 ①).

② 대통령령으로 정하는 도서관 또는 과학관으로 직접 사용하기 위하여 취득하는 부동산에 대해서는 취득세를, 과세기준일 현재 해당 도서관 또는 과학관으로 직접 사용하는 부동산(해당 시설을 다른 용도로 함께 사용하는 경우에는 그 부분은 제외한다.)에 대해서는 재산세를 각각 2024년 12월 31일까지 면제한다(법 §44의 2 ②).

이 경우 "대통령령으로 정하는 도서관 또는 과학관"이란 다음 각 호에 따른 도서관 또는 과학관을 말한다(영 §21의 2 ②).

1. 「도서관법」 제31조 또는 제40조에 따라 등록된 도서관
2. 「과학관의 설립·운영 및 육성에 관한 법률」 제6조에 따라 등록된 과학관

그리고 본문에서 '과학관에 사용하기 위하여'에서 '사용'이란 박물관·미술관·도서관·과학

관의 용도로 사용하는 경우에는 소유자와 사용자가 다른 경우라 하더라도 취득세를 감면 대상으로 본다는 것이다.

제45조 학술연구단체 및 장학법인에 대한 감면

① 대통령령으로 정하는 학술단체가 학술연구사업에 직접 사용하기 위하여 취득하는 부동산에 대해서는 취득세를, 과세기준일 현재 학술연구사업에 직접 사용하는 부동산에 대해서는 재산세를 각각 2024년 12월 31일까지 면제한다. 다만, 제45조의 2에 따른 단체는 제외한다(법 §45 ①).

이 경우 "대통령령으로 정하는 학술단체"란 「학술진흥법」 제2조 제1호에 따른 학술의 연구·발표활동 등을 주된 목적으로 하는 단체로서 다음 각 호 중 어느 하나에 해당하는 법인 또는 단체를 말한다. 다만, 해당 법인 또는 단체가 「공공기관의 운영에 관한 법률」 제4조에 따른 공공기관인 경우에는 이를 제외한다(영 §22 ① Ⅰ~Ⅳ).

1. 공익법인의 설립·운영에 관한 법률 제4조에 따라 설립된 공익법인
2. 민법 제32조에 따라 설립된 법인
3. 민법 및 상법 외의 법률에 따라 설립된 법인
4. 비영리민간단체 지원법 제4조에 따라 등록된 비영리민간단체

② 「공익법인의 설립·운영에 관한 법률」에 따라 설립된 장학법인(이하 이 조에서 "장학법인"이라 한다.)에 대해서는 다음 각 호에서 정하는 바에 따라 지방세를 2024년 12월 31일까지 감면한다(법 §45 ② Ⅰ·Ⅱ).

1. 장학법인이 장학사업에 직접 사용하기 위하여 취득하는 부동산에 대해서는 취득세를, 과세기준일 현재 장학사업에 직접 사용하는 부동산에 대해서는 재산세를 각각 면제한다.
2. 장학법인이 장학금을 지급할 목적으로 취득하는 임대용 부동산에 대해서는 취득세의 100분의 80을, 과세기준일 현재 해당 임대용으로 사용하는 부동산에 대해서는 재산세의 100분의 80을 각각 경감한다.

③ 제1항 및 제2항에 따라 취득세를 면제 또는 경감받은 후 다음 각 호의 어느 하나에 해당하는 경우 그 해당 부분에 대해서는 면제 또는 경감된 취득세를 추징한다(법 §45 ③ Ⅰ~Ⅲ).

1. 정당한 사유 없이 그 취득일부터 1년이 경과할 때까지 해당 용도로 직접 사용하지 아니하는 경우

2. 해당 용도로 직접 사용한 기간이 2년 미만인 상태에서 매각·증여하거나 다른 용도로 사용하는 경우
3. 취득일부터 3년 이내에 관계 법령에 따라 설립허가가 취소되는 등 대통령령으로 정하는 사유에 해당하는 경우

　이 경우 "대통령령으로 정하는 사유"란 「공익법인의 설립·운영에 관한 법률」 제16조에 따라 공익법인의 설립허가가 취소된 경우, 「민법」 제38조에 따라 비영리법인의 설립허가가 취소된 경우, 「비영리민간단체 지원법」 제4조의2에 따라 비영리민간단체의 등록이 말소된 경우를 말한다(영 §22 ② Ⅰ~Ⅲ).

사례

❖ **기술진흥단체 해당 여부(일부생략)**

원고의 주된 업무인 건설기술자의 경력관리업무가 곧바로 건설기술진흥업무에 해당한다고 보기는 어렵고, 그밖에 원고의 정관내용, 활동내역 및 예산집행상황 등에 의하더라도 건설기술의 연구·개발 등이 원고의 주된 목적이라고 보기 어려우므로, 원고는 구 지방세법 제288조 제2항에서 정한 '기술진흥단체'에 해당한다고 볼 수 없다고 판단하였는바, 앞에서 본 법리 및 기록에 비추어 살펴보면 원심의 위와 같은 판단은 정당하고, 거기에 위 법조항 소정의 '기술진흥단체'에 관한 법리오해 등의 위법이 없다.

(대법 2008두1115, 2008.6.12.)

❖ 학술연구단체 등의 범위에 대하여는 지방세법령에 구체적으로 명시하고 있지 아니하므로 개별적으로 그 법인이나 단체의 정관상목적사업, 예산 및 사업실적 등을 고려하여 해당여부를 판단하되, 학술연구 등이 사업의 부수업무가 되거나 지원업무가 아닌 "주된 사업"이어야 하고 주된 사업의 판단은 당해 법인이나 단체의 정관상 목적사업과 관련하여 사업실적, 예산의 사용용도 등에 있어 그 비율이 높은 사업을 주된 사업으로 판단하여야 할 것이며, "학술연구단체" 또는 "기술진흥단체"에 해당하는지 여부는 단체의 명칭 여하를 불문하고 실질적인 활동내역, 예산집행상황 등을 종합적으로 고려하여 판단하여야 함

(행안부 지방세운영과-2580, 2010.6.18.)

❖ **장학단체가 부동산 임대수입을 얻고 장학금을 지급하지 않은 경우 기 감면한 재산세를 소급과세할 수 있는지 여부**

지방세 과세예고 당시 '추징'이라는 문구를 사용하였다고 하더라도 이는 단순히 미부과하였던 재산세를 부과하였다는 의미에 불과하고, 피고가 2012.7.12. 원고에게 한 2008년도 내지 2010년도 재산세의 각 부과처분(이하 '이 사건 각 처분')은 지방세법 제288조 제5항 단서에 따라 감경하였던 재산세를 추징한 것이 아니라, 구 지방세법(2010.3.31. 법률 제10221호로 전면개정되기 전의 것) 제29조, 지방세기본법 제34조에 근거하여, 감경함으로써 부과하지 아니하였던 재산세를 부과·고지한 것이라고 봄이 타당하다.

이 사건 부동산이 지방세법 제288조 제5항 소정의 재산세 등의 감경대상에 해당하기 위하여는 취득세·등록세와 마찬가지로 '장학금을 지급할 목적으로 임대용으로 사용하는 부동산'이어야 하고, 임대수익을 얻고 있음에도 장학금을 지급하지 않고 있다면 특별한 사정이 없는

> 한 장학금을 지급할 목적이 없다고 보아야 한다.
> (대법 2013두26965, 2014.3.27.)

제45조의 2 　기초과학연구 지원을 위한 연구기관 등에 대한 면제

(기초과학연구 지원을 위한 연구기관 등에 대한 감면) 다음 각 호의 법인이 연구사업에 직접 사용하기 위하여 취득하는 부동산에 대해서는 취득세의 100분의 50을, 과세기준일 현재 연구사업에 직접 사용하는 부동산에 대해서는 재산세의 100분의 50을 각각 2026년 12월 31일까지 경감한다.(법 §45의 2 Ⅰ~Ⅵ).
1. 「과학기술분야 정부출연연구기관 등의 설립·운영 및 육성에 관한 법률」에 따른 과학기술분야 정부출연연구기관
2. 「국방과학연구소법」에 따른 국방과학연구소
3. 「국제과학비즈니스벨트 조성 및 지원에 관한 특별법」에 따른 기초과학연구원
4. 「정부출연연구기관 등의 설립·운영 및 육성에 관한 법률」에 따른 정부출연연구기관
5. 「한국국방연구원법」에 따른 한국국방연구원
6. 「한국해양과학기술원법」에 따른 한국해양과학기술원

제46조 　연구개발 지원을 위한 감면

① 기업이 대통령령으로 정하는 기업부설연구소(이하 이 조에서 "기업부설연구소"라 한다)에 직접 사용하기 위하여 취득하는 부동산(부속토지는 건축물 바닥면적의 7배 이내인 것으로 한정한다. 이하 이 조에서 같다)에 대해서는 취득세의 100분의 35[대통령령으로 정하는 신성장동력 또는 원천기술 분야를 연구하기 위한 기업부설연구소(이하 이 조에서 "신성장동력·원천기술 관련 기업부설연구소"라 한다)의 경우에는 100분의 50]를, 과세기준일 현재 기업부설연구소에 직접 사용하는 부동산에 대해서는 재산세의 100분의 35(신성장동력·원천기술 관련 기업부설연구소의 경우에는 100분의 50)를 각각 2025년 12월 31일까지 경감한다.(법 §46 ①).
이 경우 "대통령령으로 정하는 기업부설연구소"란 「기초연구진흥 및 기술개발지원에 관한 법률」 제14조의 2 제1항에 따라 인정받은 기업부설연구소를 말한다. 다만, 「독점규제

및 공정거래에 관한 법률」 제14조 제1항에 따른 상호 출자제한 기업집단 등이 「수도권정비계획법」 제6조 제1항 제1호에 따른 과밀억제권역 내에 설치하는 기업부설연구소는 제외한다(영 §23 ①).

이를 다시 살펴보면 부동산 취득일부터 1년(또는 2년) 경과 후 기업부설연구소로 인정받고 기업부설연구소로 직접 사용 시, 인정 이후 발생하는 재산세는 감면한다는 것이다.

다만, 1년(신축·증축 또는 대수선 2년) 이내에 기업부설연구소로 인정받지 못한 경우, 해당부분에 대해 경감된 취득세·재산세 추징하도록 하였으며, 개정내용은 이 법 시행('18.1.1.) 이후 납세의무가 성립하는 분부터 적용하여야 한다.

또한 "대통령령으로 정하는 신성장동력 또는 원천기술 분야를 연구하는 기업부설연구소"란 제1항에 따른 기업부설연구소로서 다음 각 호의 요건을 모두 갖춘 기업을 말한다(영 §23 ② Ⅰ·Ⅱ).

1. 「연구산업진흥법」 제2조제1호가목 또는 나목의 산업을 영위하는 국내 소재 기업으로서 「조세특례제한법 시행령」 제9조 제2항 제1호 가목에 따른 신성장·원천기술연구개발업무(이하 이 조에서 "신성장·원천기술연구개발업무"라 한다.)를 수행(신성장·원천기술연구개발업무와 그 밖의 연구개발을 모두 수행하는 경우를 포함한다.)하는 기업일 것

2. 「기초연구진흥 및 기술개발지원에 관한 법률」 제14조의 2 제1항에 따라 기업부설연구소로 인정받은 날부터 3년 이내에 「조세특례제한법 시행령」 제9조 제12항에 따른 신성장·원천기술심의위원회로부터 해당기업이 지출한 신성장·원천기술연개발비의 연구개발대상기술이 같은 영 별표7에 해당된다는 심의결과를 통지받은 기업일 것

② 제1항에도 불구하고 「독점규제 및 공정거래에 관한 법률」 제31조제1항에 따른 상호출자제한기업집단등이 「수도권정비계획법」 제6조제1항제1호에 따른 과밀억제권역 외에 설치하는 기업부설연구소에 직접 사용하기 위하여 취득하는 부동산에 대해서는 취득세의 100분의 35(신성장동력·원천기술 관련 기업부설연구소의 경우에는 100분의 50)를, 과세기준일 현재 기업부설연구소에 직접 사용하는 부동산에 대해서는 재산세의 100분의 35(신성장동력·원천기술 관련 기업부설연구소의 경우에는 100분의 50)를 각각 2025년 12월 31일까지 경감한다.(법 §46 ②).

③ 제1항에도 불구하고 「조세특례제한법」 제10조제1항제1호가목2)에 따른 중견기업이 기업부설연구소에 직접 사용하기 위하여 취득하는 부동산에 대해서는 취득세의 100분의 50(신성장동력·원천기술 관련 기업부설연구소의 경우에는 100분의 65)을, 과세기준일 현재 기업부설연구소에 직접 사용하는 부동산에 대해서는 재산세의 100분의 50(신성장동력·원천기술 관련 기업부설연구소의 경우에는 100분의 65)을 각각 2025년 12월 31일까지 경감한다.(법 §46 ③).

여기에서 초기 중견기업은 다음의 요건을 모두 갖춘 기업을 말한다(조세특례제한법 시행

령 제9조 제3항)
- ㉮ 중소기업이 아닐 것
- ㉯ 다음 각 목의 어느 하나에 해당하는 업종을 주된 사업으로 영위하지 아니할 것. 이 경우 둘 이상의 서로 다른 사업을 영위하는 경우에는 사업별 사업수입금액이 큰 사업을 주된 사업으로 본다.
  1) 제29조제3항에 따른 소비성서비스업
  2) 「중견기업 성장촉진 및 경쟁력 강화에 관한 특별법 시행령」 제2조제2항제2호 각 목의 업종
- ㉰ 소유와 경영의 실질적인 독립성이 「중견기업 성장촉진 및 경쟁력 강화에 관한 특별법 시행령」 제2조제2항제1호에 적합할 것
- ㉱ 직전 3개 과세연도의 매출액(매출액은 제2조제4항에 따른 계산방법으로 산출하며, 과세연도가 1년 미만인 과세연도의 매출액은 1년으로 환산한 매출액을 말한다)의 평균금액이 5천억원 미만인 기업일 것

④ 제1항에도 불구하고 「중소기업기본법」 제2조제1항에 따른 중소기업(이하 이 장에서 "중소기업"이라 한다)이 기업부설연구소에 직접 사용하기 위하여 취득하는 부동산에 대해서는 취득세의 100분의 60(신성장동력·원천기술 관련 기업부설연구소의 경우에는 100분의 75)을, 과세기준일 현재 기업부설연구소에 직접 사용하는 부동산에 대해서는 재산세의 100분의 50(신성장동력·원천기술 관련 기업부설연구소의 경우에는 100분의 65)을 각각 2025년 12월 31일까지 경감한다(법 §46 ④).

⑤ 제1항부터 제4항까지의 규정을 적용할 때 다음 각 호의 어느 하나에 해당하는 경우 그 해당 부분에 대해서는 경감된 취득세 및 재산세를 추징한다(법 §46 ⑤ Ⅰ~Ⅲ).
1. 토지 또는 건축물을 취득한 후 1년(「건축법」에 따른 신축·증축 또는 대수선을 하는 경우에는 2년) 이내에 「기초연구진흥 및 기술개발지원에 관한 법률」 제14조의2에 따른 기업부설연구소로 인정받지 못한 경우
2. 기업부설연구소로 인정받은 날부터 3년 이내에 「조세특례제한법 시행령」 제9조 제12항에 따른 신성장·원천기술심의위원회로부터 해당 기업이 지출한 신성장·원천기술연구개발비의 연구개발 대상 기술이 같은 영 별표 7에 해당된다는 심의 결과를 받지 못한 경우(신성장·원천기술 분야 기업부설연구소로 추가 감면된 부분에 한한다.)
3. 기업부설연구소 설치 후 4년 이내에 정당한 사유 없이 연구소를 폐쇄하거나 다른 용도로 사용하는 경우

| 사례 |

❖ **기업부설연구소 신축부지로 취득후 계약을 합의 해지한 경우 감면 여부**

기업부설연구소용에 직접 사용할 목적으로 부동산을 취득하였다고 하더라도 이 사건 시행령 조항에서 정한 기업부설연구소를 설치하지 못한 경우에는 처음부터 이 사건 법률조항 본문에 따른 취득세 등의 면제대상에서 제외되어 원칙대로 과세되는 것이고, 이때의 부과처분은 면제된 취득세 등을 새로운 부과처분의 형태로 추징하는 이 사건 법률조항 단서에 의한 추징처분과는 그 요건을 달리하는 별개의 처분이라고 할 것이다.

(대법 2011두27551, 2013.11.28.)

❖ **산업단지 입구 기업부설연구소의 산업용 건축물등에 해당 여부**

지식산업에 속하는 연구개발업은 고부가가치의 지식서비스를 창출하는 산업으로 독자적으로 수행하는 기업과 함께 동일기업 내에 다른 사업체에서 전문, 과학 및 기술서비스를 수행할 수 있다는 모든 경우를 포함하고 있다는 점을 감안할 때 산업단지 내에 연구개발업에 속하는 기업부설연구소를 신축하여 실용적 목적으로 연구하는 응용연구, 제품의 공정개발을 위한 실험개발 등 연구 활동 용도로 사용하고 있는 경우라면 '산업용 건축물등'의 범위에 속한 건축물로 해석하는 것이 타당하다고 보여짐.

(행안부 지방세특례제도과-797, 2017.9.19.)

❖ **기업부설연구소로 인정받지 않은 공용면적 감면 여부**

기업부설연구소로 직접사용하는 것은 「기술연구진흥 및 기술개발지원에 관한 법률」시행령 제14조의 규정에 의한 기준에 따라 기업부설연구소 인정받은 면적을 의미한다 할 것이지만 기업이 선택에 의하여 건물의 전용면적만 기업부설연구소로 인정받은 경우라면 전용면적을 기준으로 기업부설연구소가 직접사용하는 부분을 한정하여 공용면적 비율을 산정 감면함이 타당하다 할 것임.

(행안부 지방세특례제도과-4001, 2016.12.29.)

❖ **기업부설연구소를 환매한 경우 감면대상 여부**

기업부설연구소를 설치하지 못한 경우에는 면제대상에서 제외되고 그 사유가 환매에 의한 것이라고 하여 감면배제에 영향을 미칠 수 없음.

(대법 2021두32620, 2021.5.13.)

제47조 | 한국환경공단에 대한 감면

「한국환경공단법」에 따라 설립된 한국환경공단이 같은 법 제17조 제1항의 사업에 직접 사용하기 위하여 취득하는 부동산에 대해서는 다음 각 호에서 정하는 바에 따라 취득세를 2025년 12월 31일까지 경감하고, 과세기준일 현재 그 사업에 직접 사용하는 부동산에 대해서는 재산세의 100분의 25를 2025년 12월 31일까지 경감한다(법 §47 Ⅰ·Ⅱ).

1. 「한국환경공단법」 제17조 제1항 제2호 및 제5호의 사업을 위한 부동산은 취득세의 100분의 25를 경감한다.
2. 「한국환경공단법」 제17조 제1항 제11호·제21호 및 제22호의 사업을 위한 부동산은 취득세의 100분의 25를 경감한다.

> ※ **한국환경공단법 제17조 【사업】**
> ① 공단은 다음 각 호의 사업을 한다.
> 11. 재활용산업의 육성지원, 재활용제품의 수요촉진, 제품의 자원순환성 평가 및 개발사업의 자원순환성 고려의 지원 등 자원순환 촉진을 위한 사업
> 21. 제1호부터 제20호까지의 사업을 위한 조사·측량, 시험·연구, 통계관리, 정보화, 기술용역, 설계 및 공사의 관리·감독·감리
> 22. 환경오염방지 및 폐자원의 효율적 이용 등에 관한 대국민홍보 및 교육

취득세, 재산세 경감

한국환경공단법에 따라 설립된 한국환경공단이 같은 법 제17조 제1항의 사업에 직접 사용하기 위하여 취득하는 부동산에 대해서는 다음 각 호에서 정하는 바에 따라 2025년 12월 31일까지 취득세의 100분의 25를 경감하고, 과세기준일 현재 그 사업에 직접 사용하는 부동산에 대해서는 재산세의 100분의 25를 2025년 12월 31일까지 경감한다. 다만, 그 취득일부터 1년 이내에 정당한 사유 없이 해당 용도로 직접 사용하지 아니하는 경우 또는 그 사용일부터 2년 이상 해당 용도로 직접 사용하지 아니하고 매각·증여하거나 다른 용도로 사용하는 경우에 해당 부분에 대하여는 감면된 취득세를 추징한다(법 §178).

① 한국환경공단법 제17조 제1항 제2호 및 제5호의 사업을 위한 부동산에 대하여는 취득세의 100분의 25를 경감한다. 이 경우 한국환경공단법 제17조 제1항 제2호의 사업은 재활용 가능자원 관련 물류시설, 폐기물에너지화시설, 폐기물재활용단지 및 연구시설 등 환경복합시설의 설치·운영을 말하고, 제5호의 사업은 폐기물의 발생 억제, 부산물·폐기물의 순환이용(재사용, 재생이용, 재활용 등을 말한다.), 폐기물의 친환경적 처리를 위한 사업을 말한다.

② 한국환경공단법 제17조 제1항 제11호, 제21호 및 제22호의 사업을 위한 부동산에 대하여는 취득세의 100분의 25를 경감한다.

> **사례 |**
>
> ❖ **국토부가 고시한 기관의 에너지성능점수만 감면요건으로 유효한지**
>
> 구 건축물의 설비기준 등에 관한 규칙 제22조 제2항은 건축허가신청 등을 받은 행정청이 에너지절약계획서의 적절성 등을 검토하기 위해 '필요한 경우'에 에너지관리공단 등 에너지관련 전문기관에 '자문'할 수 있도록 규정되어 있는 것이며, 반드시 에너지관리공단으로부터 에너지성능점수를 확인받아야 한다는 취지의 규정이 아님이 명백하다. 따라서 이 사건 감면규정의 요건 중 하나인 에너지성능점수를 에너지관리공단만이 산정할 수 있다는 점은 이 사건 처분의 정당한 사유가 될 수 없다.
>
> (대법 2017두36922, 2017.6.9.)

제47조의 2 │ 녹색건축 인증 건축물에 대한 감면

취득세, 재산세 경감

① 신축(증축 또는 개축을 포함한다. 이하 이 조에서 같다.)하는 건축물(「건축법」 제2조 제1항 제2호에 따른 건축물 부분으로 한정한다. 이하 이 조에서 같다.)로서 다음 각 호의 요건을 모두 갖춘 건축물(취득일부터 70일 이내에 다음 각 호의 요건을 모두 갖춘 건축물을 포함한다.)에 대해서는 취득세를 100분의 3부터 100분의 10까지의 범위에서 대통령령으로 정하는 바에 따라 2026년 12월 31일까지 경감한다(법 §47의 2 ① Ⅰ·Ⅱ).

1. 녹색건축물 조성 지원법 제16조에 따른 녹색건축의 인증(이하 이 조에서 "녹색건축의 인증"이라 한다.) 등급이 대통령령으로 정하는 기준 이상일 것

   이 규정에서 법 제47조의 2 제1항 제1호에서 "대통령령으로 정하는 기준 이상"이란 녹색건축 인증등급이 우수 등급 이상인 경우를 말한다(영 §24 ②).

2. 녹색건축물 조성 지원법 제17조에 따라 인증받은 건축물 에너지효율등급(이하 이 조에서 "에너지효율등급"이라 한다.)이 대통령령으로 정하는 기준 이상일 것

   여기에서 "대통령령으로 정하는 기준 이상"이란 에너지효율등급이 1+등급 이상인 경우를 말한다(영 §24 ③).

   여기에서 법 제47조의 2 제1항 각 호 외의 부분에 따른 취득세의 경감률은 다음 각 호와 같다(영 §24 ①).

1. 「녹색건축물 조성 지원법」 제16조에 따라 인증받은 녹색건축 인증 등급(이하 이 조에서 "녹색건축 인증 등급"이라 한다.) 최우수 건축물로서 같은 법 제17조에 따라 인증받은 건축물 에너지효율 인증 등급(이하 이 조에서 "에너지효율등급"이라 한다.)이 1+등급 이상인 건축물: 100분의 10
2. 녹색건축 인증등급 우수 건축물로서 에너지효율등급이 1+등급 이상인 건축물: 100분의 5

② 신축하는 건축물로서 「녹색건축물 조성 지원법」 제17조에 따라 제로에너지 건축물 인증(이하 이 조에서 "제로에너지건축물 인증"이라 한다.)을 받은 건축물(취득일부터 100일 이내에 제로에너지건축물 인증을 받는 건축물을 포함한다.)에 대해서는 취득세를 100분의 15부터 100분의 20까지의 범위에서 대통령령으로 정하는 바에 따라 2026년 12월 31일까지 경감한다(법 §47의 2 ②).

이 규정에 따라 취득세의 경감률은 다음 각 호의 구분에 따른다(영 §24 ④).

1. 「녹색건축물 조성 지원법」 제17조에 따라 인증받은 제로에너지건축물 인증 등급(이하 이 조에서 "제로에너지건축물 인증등급"이라 한다.)이 1등급부터 3등급까지에 해당하는 건축물: 100분의 20
2. 제로에너지건축물 인증등급이 4등급인 건축물: 100분의 18
3. 제로에너지건축물 인증등급이 5등급인 건축물: 100분의 15

이 경우 "제로에너지건축물"이란 사용에너지와 자체생산에너지의 합이 0이 되는 건물(Net Zero), 현재 기술수준과·경제성 등을 고려 에너지소비를 최소화(90%감축)하는 건축물로서 건축물 에너지효율 등급 1++ 이상인 건축물을 대상으로, 건축물 에너지소비량 중 '신재생에너지 에너지 자립률'을 기준으로 5개 등급으로 평가(녹색건축센터 인증)되는 건축물을 말하며 현재 KCC 서초사옥, 진천군 제로에너지 시범단지, 공항고등학교 등 시범사업(11개)이 진행 중이다.

③ 신축하는 주거용 건축물로서 대통령령으로 정하는 에너지절약형 친환경주택에 대해서는 취득세의 100분의 10을 2026년 12월 31일까지 경감한다(법 §47의 2 ③).

이 경우 "대통령령으로 정하는 에너지절약형 친환경주택"이란 「주택건설기준 등에 관한 규정」제64조에 따른 주택(이하 이 조에서 "친환경 주택"이라 한다.) 중 총 에너지 절감율 또는 총 이산화탄소 저감율(이하 이 조에서 "에너지 절감율 등"이라 한다.)이 65퍼센트 이상임을 「주택법」제49조에 따른 사용검사권자로부터 확인을 받은 주택을 말한다(영 §24 ⑤).

④ 제1항 및 제2항에 따라 취득세를 경감받은 건축물 중 다음 각 호의 어느 하나에 해당하는 건축물에 대해서는 경감된 취득세를 추징한다(법 §47의 2 ④).

1. 취득일부터 70일 이내에 제1항 각 호의 요건을 갖출 것을 요건으로 취득세를 경감받은 경우에는 그 요건을 70일 이내에 갖추지 못한 경우
2. 취득일부터 100일 이내에 제로에너지건축물 인증을 받을 것을 요건으로 취득세를 경감받은 경우에는 100일 이내에 제로에너지건축물 인증을 받지 못한 경우
3. 취득일부터 3년 이내에 녹색건축의 인증, 에너지효율등급 인증 또는 제로에너지건축물 인증이 취소된 경우

⑤ 녹색건축의 인증을 받거나 에너지효율등급 인증을 받은 건축물로서 대통령령으로 정하는 기준 이상인 건축물의 경우에는 한 차례에 한정하여 2018년 12월 31일까지 그 인증을 받은 날(건축물 준공일 이전에 인증을 받은 경우에는 준공일)부터 5년간 대통령령으로 정하는 바에 따라 재산세를 100분의 3부터 100분의 15까지의 범위에서 경감한다. 다만, 재산세 과세기준일 현재 녹색건축의 인증 또는 에너지효율등급 인증이 취소된 경우에는 제외한다(법 §47의 2 ⑤).

이 규정에서 "대통령령으로 정하는 재산세 경감률"은 다음 각 호와 같다(영 §24 ⑥).
1. 녹색건축 인증등급이 최우수인 경우
    가. 에너지효율등급이 1+등급 이상인 경우 : 100분의 10
    나. 에너지효율등급이 1등급인 경우 : 100분의 7
2. 녹색건축 인정등급이 우수인 경우
    가. 에너지효율등급이 1+등급 이상인 경우 : 100분의 7
    나. 에너지효율등급이 1등급인 경우 : 100분의 3

⑥ 제5항을 적용할 때 녹색건축물의 인증을 받은 날과 에너지효율등급 인증을 받은 날이 서로 다른 경우에는 2개 중 먼저 인증을 받은 날을 기준으로 경감 기간을 산정하며, 그 구체적인 재산세 경감세액의 산정방법에 관한 사항은 대통령령으로 정한다(법 §47의 2 ⑥). 이 규정에 따른 주택에 대한 재산세 감면액은 다음의 계산식에 따라 산정한다(영 §24 ⑦).

| 주택에 대한 감면액 산정방식 |

$$감면액 = 산출세액^* \times \frac{건물시가표준액}{건물시가표준액 + 토지시가표준액} \times 감면률$$

* 산출세액 : 지방세법 제104조 제3호에 따른 주택으로서 그 부속토지를 포함한 산출세액

제47조의 3 | 신재생에너지 인증건축물에 대한 감면

※ 이 조의 규정은 일몰기간이 종료된 것임.
① 신축하는 업무용 건축물로서 「신에너지 및 재생에너지 개발·이용·보급 촉진법」 제12조의 2 제1항에 따른 신·재생에너지 이용 건축물인증을 받은 건축물에 대해서는 2015년 12월 31일까지 취득세의 100분의 5부터 100분의 15까지의 범위에서 신·재생에너지 공급률 등을 고려하여 대통령령으로 정하는 율을 경감한다(법 §47의 3 ①).
② 제1항에 따라 취득세를 경감받은 건축물에 대하여 그 취득일부터 3년 이내에 녹색건축의 인증, 건축물에너지효율등급 인증 또는 신·재생에너지 이용 건축물 인증이 취소된 경우에는 경감된 취득세를 추징한다(법 §47의 3 ②).

제47조의 4 | 내진성능 확보 건축물에 대한 감면

취득세, 재산세 감면

① 「건축법」 제48조 제2항에 따른 구조 안전 확인 대상이 아니거나 건축 당시 「건축법」상 구조안전 확인대상이 아니었던 건축물(「건축법」 제2조 제1항 제2호에 따른 건축물 부분으로 한정한다. 이하 이 조에서 같다.)로서 「지진·화산재해대책법」 제16조의 2에 따라 내진성능확인을 받은 건축물에 대해서는 다음 각 호에서 정하는 바에 따라 지방세를 2021년 12월 31일까지 경감한다. 다만, 그 건축물에 대한 소유권이 이전된 이후의 재산세는 그러하지 아니하다(법 §47의 4 ① Ⅰ·Ⅱ).
위 규정은 내진성능 확보 건축물의 감면을 종료하되, 재산세 감면 제외대상을 양도받은 경우(유상취득限)에서 소유권이 이전된 경우(유·무상 모든 취득)로 개정한 것이다
  1. 「건축법」 제2조 제1항 제8호에 따른 건축을 하는 경우 취득세의 100분의 50을 경감하고, 그 건축물에 대한 재산세의 납세의무가 최초로 성립하는 날부터 5년간 재산세의 100분의 50을 경감한다.
    이 경우 "건축법 제2조 제1항 제8호에 따른 건축"이란 건축물을 신축·증축·개축·재축하거나 건축물을 이전하는 것을 말한다.
  2. 「건축법」 제2조 제1항 제9호에 따른 대수선을 하는 경우 취득세를 면제하고, 그 건축물에 대한 재산세의 납세의무가 최초로 성립하는 날부터 5년간 재산세를 면제한다.
    이 경우 "건축법 제2조 제1항 제9호에 따른 대수선"이란 건축물의 기둥, 보, 내력벽,

주계단 등의 구조나 외부형태를 수선·변경하거나 증설하는 것으로서,
  가. 내력벽을 증설 또는 해체하거나 그 벽면적을 30제곱미터 이상 수선 또는 변경하는 것
  나. 기둥을 증설 또는 해체하거나 세 개 이상 수선 또는 변경하는 것
  다. 보를 증설 또는 해체하거나 세 개 이상 수선 또는 변경하는 것
  라. 지붕틀(한옥의 경우에는 지붕틀의 범위에서 서까래는 제외한다.)을 증설 또는 해체하거나 세 개 이상 수선 또는 변경하는 것
  마. 방화벽 또는 방화구획을 위한 바닥 또는 벽을 증설 또는 해체하거나 수선 또는 변경하는 것
  바. 주계단·피난계단 또는 특별피난계단을 증설 또는 해체하거나 수선 또는 변경하는 것
  사. 미관지구에서 건축물의 외부형태(담장을 포함한다.)를 변경하는 것
  아. 다가구주택의 가구 간 경계벽 또는 다세대주택의 세대 간 경계벽을 증설 또는 해체하거나 수선 또는 변경하는 것
  자. 건축물의 외벽에 사용하는 마감재료(건축법 제52조 제2항에 따른 것)를 증설 또는 해체하거나 벽면적 30제곱미터 이상 수선 또는 변경하는 것

② 제1항을 적용할 때 재산세 경감세액의 산정방법은 제47조의 2 제6항을 준용한다(법 §47의 4 ②).

이 경우는 녹색건축물 조성 지원법에 대한 녹색건축의 인증을 받거나 에너지효율등급 인증을 받은 주택은 녹색건축의 인증을 받은 날과 에너지효율등급 인증을 받은 날이 서로 다른 경우에는 2개의 인증 중 먼저 인증을 받은 날을 기준으로 경감기간을 산정하며, 그 구체적인 경감액은 다음의 계산식에 따라 산정한다.

$$감면액 = 산출세액^* \times \frac{건물시가표준액}{건물시가표준액 + 토지시가표준액} \times 감면률$$

③ 신축하는 건축물로서 「지진·화산재해대책법」 제16조의 3 제1항에 따라 지진안전 시설물의 인증을 받은 건축물(취득일부터 180일 이내 지진안전 시설물의 인증을 받은 경우를 포함한다.)에 대해서는 취득세의 100분의 5부터 100분의 10까지의 범위에서 대통령령으로 정하는 율을 2024년 12월 31일까지 경감한다. 다만, 제1항에 따라 지방세를 감면받은 건축물의 경우에는 본문을 적용하지 아니한다(법 §47의4 ③).

이 경우 "대통령령으로 정하는 율"이란 100분의 5를 말한다(영 §24의2).

그리고 지진안전 인증 건축물은 2022년부터는 지진안전 시설물의 인증을 받은 지 180일이 지나지 아니한 건축물에도 적용한다(부칙 §9).

제47조의 5 친환경적 자동차 충전시설에 대한 감면

① 환경친화적 자동차 충전시설을 설치하는 자(「환경친화적 자동차의 개발 및 보급 촉진에 관한 법률」 제11조의2에 따른 설치 의무가 없는 자로 한정한다)가 「지방세법」 제6조제4호에 따른 에너지 공급시설 중 환경친화적 자동차 충전시설을 설치하는 경우 그 시설에 대하여 취득세의 100분의 25를 2026년 12월 31일까지 경감한다.(법 §47의 5 ①)

② 제1항에 따라 취득세를 경감받은 경우로서 다음 각 호의 어느 하나에 해당하는 경우에는 경감된 취득세를 추징한다.(법 §47의 5 ② Ⅰ·Ⅱ)
1. 정당한 사유 없이 그 취득일부터 1년이 경과할 때까지 해당 용도로 직접 사용하지 아니하는 경우
2. 해당 용도로 직접 사용한 기간이 2년 미만인 상태에서 매각·증여하거나 다른 용도로 사용하는 경우

제48조 국립공원관리사업에 대한 감면

「국립공원관리공단법」에 따른 국립공원관리공단이 공원시설의 설치·유지·관리 등의 공원관리사업에 직접 사용하기 위하여 취득하는 부동산에 대해서는 취득세의 100분의 25를, 과세기준일 현재 그 사업에 직접 사용하는 부동산에 대해서는 재산세의 100분의 25를 각각 2025년 12월 31일까지 경감한다(법 §48).

취득세, 재산세 경감

「국립공원관리공단법」에 의한 국립공원관리공단이 공원시설의 설·유지·관리 등의 공원관리사업에 직접 사용하기 위하여 취득하는 부동산에 대하여는 취득세의 100분의 25를 경감하고, 과세기준일 현재 그 사업에 직접 사용하는 부동산에 대하여는 재산세의 100분의 25를 경감한다. 다만, 그 취득일부터 1년 내에 정당한 사유 없이 그 사업에 직접 사용하지 아니하는 경우 또는 그 사용일부터 2년 이상 그 사업에 직접 사용하지 아니하고 매각·증여하거나 다른 용도로 사용하는 경우 그 해당 부분에 대하여는 경감된 취득세를 추징한다(법 §178).

제49조 | 해양오염방제 등에 대한 감면

「해양환경관리법」에 따른 해양환경공단이 같은 법 제97조에 따른 사업에 직접 사용하기 위하여 취득하는 부동산(수익사업용 부동산은 제외한다. 이하 이 조에서 같다.)과 해양오염방제용 및 해양환경관리용에 제공하기 위하여 취득하는 선박에 대해서는 다음 각 호에서 정하는 바에 따라 2025년 12월 31일까지 지방세를 경감한다(법 §49 Ⅰ~Ⅲ).

1. 「해양환경관리법」 제97조 제1항 제3호 가목 및 나목의 사업을 위한 부동산에 대해서는 취득세의 100분의 25를, 과세기준일 현재 해당 사업에 직접 사용하는 부동산에 대해서는 재산세의 100분의 25를 각각 경감한다.
2. 「해양환경관리법」 제97조 제1항 제2호 나목 및 같은 항 제6호의 사업을 위한 부동산에 대해서는 취득세의 100분의 25를, 과세기준일 현재 해당 사업에 직접 사용하는 부동산에 대해서는 재산세의 100분의 25를 각각 경감한다.
3. 해양오염방제설비를 갖춘 선박에 대해서는 취득세 및 재산세의 100분의 25를 각각 경감한다.

취득세, 재산세 감면

해양환경관리법에 따른 해양환경공단이 같은 법 제97조에 따른 사업에 직접 사용하기 위하여 취득하는 부동산(수익사업용 부동산은 제외한다.)과 해양오염방제용 및 해양환경관리용에 제공하기 위하여 취득하는 선박에 대하여는 다음 각 호에서 정하는 바에 따라 2025년 12월 31일까지 지방세를 감면한다. 다만, 그 취득일부터 1년 이내에 정당한 사유 없이 해당 용도로 직접 사용하지 아니하는 경우 또는 그 사용일부터 2년 이상 해당 용도로 직접 사용하지 아니하고 매각·증여하거나 다른 용도로 사용하는 경우에 해당 부분에 대하여는 감면된 취득세를 추징한다.

① 해양환경관리법 제97조 제1항 제3호 가목 및 나목의 사업을 위한 부동산에 대하여는 취득세의 100분의 25를, 과세기준일 현재 해당 사업에 직접 사용하는 부동산에 대해서는 재산세의 100분의 25를 경감한다.
　이 법 제97조 제1항 제3호 가목 및 나목의 사업이란, 해양오염방제업무 및 방제선 등의 배치·설치와 해양오염방제에 필요한 자재·약재의 비치 및 보관시설의 설치 등(위탁·대행 받은 경우를 포함한다.)을 말한다.
② 해양환경관리법 제97조 제1항 제2호 나목 및 제6호의 사업에 의한 부동산에 대하여는 취득세의 100분의 25를, 과세기준일 현재 해당 사업에 직접 사용하는 부동산에 대해서

는 재산세의 100분의 25를 각각 경감한다.

이 경우의 사업이란 오염물질저장시설의 설치·운영 및 수탁관리와 해양환경에 대한 교육·훈련 및 홍보사업을 말한다.

③ 해양오염방제설비를 갖춘 선박에 대하여는 취득세 및 재산세의 100분의 25를 각각 경감한다.

이 경우 해양오염방제에 필요한 해양업무방제업무 및 방제선 등의 배치·설치(위탁, 대행 받은 경우를 포함한다.), 해양오염방제에 필요한 자재·약제의 비치 및 보관시설의 설치 등에 필요한 사업용 부동산에 대하여는 취득세 및 재산세의 100분의 25가 각각 경감되며, 오염물질 저장시설의 설치·운영 및 수탁관리사업과 해양·환경에 대한 교육·훈련 및 홍보에 필요한 사업용 부동산에 대하여는 취득세 및 재산세의 100분의 25를 각각 경감한다.

그리고 해양오염방제설비를 갖춘 선박에 대하여는 취득세 및 재산세의 100분의 25를 각각 경감한다.

그런데 위의 사업에 사용하기 위한 부동산이라 하더라도 수익사업용으로 활용하기 위한 것이 아니어야 하며 재산세는 과세기준일 현재 그 사업용에 직접 사용하는 경우에 한하여 감면대상이 되고, 취득세의 경우는 그 취득일부터 1년 내에 정당한 사유 없이 그 사업에 직접 사용하지 아니하는 경우 또는 그 사용일부터 2년 이상 그 사업에 직접 사용하지 아니하고 매각하거나 다른 용도로 사용하는 경우 그 해당 부분에 대하여는 면제된 취득세를 추징하여야 한다.

제49조의 2 │ 5세대 이동통신 무선국에 대한 감면

내국법인이 아이엠티이천이십(IMT-2020, 5세대 이동통신) 서비스 제공을 위하여 과밀억제권역 외의 지역에 개설한 무선국의 면허에 대해서는 등록면허세의 100분의 50을 2023년 12월 31일까지 경감한다(법 §49의2).

제4절 문화 및 관광 등에 대한 지원

제50조 종교단체 또는 향교에 대한 면제

① 종교단체 또는 향교가 종교행위 또는 제사를 목적으로 하는 사업에 직접 사용하기 위하여 취득하는 부동산에 대해서는 취득세를 면제한다. 다만, 다음 각 호의 어느 하나에 해당하는 경우 그 해당 부분에 대해서는 면제된 취득세를 추징한다(법 §50 ① Ⅰ~Ⅲ).
1. 해당 부동산을 취득한 날부터 5년 이내에 수익사업에 사용하는 경우
2. 정당한 사유 없이 그 취득일부터 3년이 경과할 때까지 해당 용도로 직접 사용하지 아니하는 경우
3. 해당 용도로 직접 사용한 기간이 2년 미만인 상태에서 매각·증여하거나 다른 용도로 사용하는 경우

② 제1항의 종교단체 또는 향교가 과세기준일 현재 해당 사업에 직접 사용(종교단체 또는 향교가 제3자의 부동산을 무상으로 해당 사업에 사용하는 경우를 포함한다.)하는 부동산(대통령령으로 정하는 건축물의 부속토지를 포함한다.)에 대해서는 재산세(「지방세법」 제112조에 따른 부과액을 포함한다.) 및 「지방세법」 제146조 제3항에 따른 지역자원시설세를 각각 면제한다. 다만, 수익사업에 사용하는 경우와 해당 재산이 유료로 사용되는 경우의 그 재산 및 해당 재산의 일부가 그 목적에 직접 사용되지 아니하는 경우의 그 일부 재산에 대해서는 면제하지 아니한다(법 §50 ②).

여기에서 "대통령령으로 정하는 건축물의 부속토지"란 해당 사업에 직접 사용할 건축물을 건축 중인 경우와 건축허가 후 행정기관의 건축규제조치로 건축에 착공하지 못한 경우의 그 건축 예정 건축물의 부속토지를 말한다(영 §25 ①).

③ 제1항의 종교단체 또는 향교가 그 사업에 직접 사용하기 위한 면허에 대해서는 등록면허세를 면제하고, 해당 단체에 대하여는 주민세 사업소분(「지방세법」 제81조 제1항 제2호에 따라 부과되는 세액으로 한정한다. 이하 이 항에서 같다.) 및 종업원분을 면제한다. 다만, 수익사업에 관계되는 대통령령으로 정하는 주민세 사업소분 및 종업원분은 면제하지 아니한다(법 §50 ③).

이 경우 "그 사업에 직접 사용하기 위한 면허"란 법 제50조 제1항에 따른 종교 및 제사를 목적으로 하는 단체가 그 비영리사업의 경영을 위하여 필요한 면허 또는 그 면허로 인한 영업 설비나 행위에서 발생한 수익금의 전액을 그 비영리사업에 사용하는 경우의 면허를 말한다(영 §25 ②). 그리고 이 규정에서 "수익에 관계되는 대통령령으로 정하는 주민세 사업

소분 및 종업원분"이란 수익사업에 직접 제공되고 있는 사업소와 종업원을 기준으로 부과하는 주민세 사업소분(「지방세법」 제81조제1항제2호에 따라 부과되는 세액으로 한정한다.)과 종업원분을 말한다. 이 경우 면제대상 사업과 수익사업에 건축물이 겸용되거나 종업원이 겸직하는 경우에는 주된 용도 또는 직무에 따른다(영 §25 ③).

④ 종교단체 또는 향교에 생산된 전력 등을 무료로 제공하는 경우 그 부분에 대해서는 「지방세법」 제146조 제1항 및 제2항에 따른 지역자원시설세를 면제한다(법 §50 ④).

⑤ 사찰림(寺刹林)과 「전통사찰의 보존 및 지원에 관한 법률」 제2조 제1호에 따른 전통사찰이 소유하고 있는 경우로서 같은 조 제3호에 따른 전통사찰보전지에 대해서는 재산세(「지방세법」 제112조에 따른 부과액을 포함한다.)를 면제한다. 다만, 수익사업에 사용하는 경우와 해당 재산이 유료로 사용되는 경우의 그 재산 및 해당 재산의 일부가 그 목적에 직접 사용되지 아니하는 경우의 그 일부 재산에 대해서는 면제하지 아니한다(법 §50 ⑤).

⑥ 법인의 사업장 중 종교의식을 행하는 교회·성당·사찰·불당·향교 등에 대해서는 주민세 사업소분(「지방세법」 제81조 제1항 제1호에 따라 부과되는 세액으로 한정한다.)을 면제한다 (법 §50 ⑥).

▶ 통칙

❖ [특법] 50-2 【면제 대상에 대한 과징요건】

1. 「지방세특례제한법」 제50조 제1항의 규정에 의하여 취득세를 당초 면제하였다가 위 규정에 의하여 다시 과세하기 위하여는 취득일부터 3년 이내에 정당한 사유없이 사업에 직접 사용하지 아니할 경우에 한한다.
2. 취득 당시부터 관계법령의 규정에 의한 사용의 제한 또는 금지로 인하여 유예기간 이내 사용치 못한 경우는 정당한 사유로 볼 수 없다.
   - 추징 규정 : 지방세특례제한법 제50조 제1항(단서)
     1. 해당 부동산을 취득한 날부터 5년 이내에 수익사업에 사용하는 경우
     2. 정당한 사유 없이 그 취득일부터 3년이 경과할 때까지 해당 용도로 직접 사용하지 아니하는 경우
     3. 해당 용도로 직접 사용한 기간이 2년 미만인 상태에서 매각·증여하거나 다른 용도로 사용하는 경우

(1) 종교 및 제사 단체 등에 대한 면제

취득세 면제

종교단체 또는 향교가 종교행위 또는 제사를 목적으로 하는 사업에 사용하기 위하여 취

득하는 부동산에 대하여는 취득세를 면제한다. 다만, ① 해당 부동산을 취득한 날부터 5년 이내에 수익사업에 사용하는 경우와 ② 취득일부터 3년 이내에 정당한 사유 없이 그 용도에 직접 사용하지 아니하는 경우 및 해당 용도로 직접 사용한 기간이 2년 미만인 상태에서 매각·증여하거나 다른 용도로 사용하는 경우 그 해당 부분에 대해서는 취득세를 추징한다.

 이 경우 종교 및 제사를 목적으로 하는 단체라 하더라도 취득하는 물건이 별장, 고급오락장 등 중과세대상 물건인 경우에는 취득세가 면제되지 아니한다(법 §177).

 이 경우 수익사업이라 함은 법인세법 제3조 제3항에서 정한 사업으로 하고 있다(지방세특례제한법 제2조 참조).

◆ 사례

❖ **종교단체(재단법인)가 유치원을 설치·운영하기 위해 취득한 부동산을 종교용으로 보아 감면을 할 수 있는지 여부**

> 종교단체라는 이유만으로 그 고유의 목적과 직접 관련이 없는 사업에 사용되는 부동산의 취득에까지 취득세 등 비과세 혜택을 주는 것은 타당하지 않고, 유치원 운영이 원고의 본질적 사업이거나 그 사업에 필요불가결하다고 보기 어려우며, 설령 원고가 유치원을 운영하려는 목적 중의 하나가 그 고유의 목적사업인 선교에 있다 하더라도 이 사건 토지의 주된 용도가 교육시설이라는 사실에는 변함이 없고, 위 유치원의 교육이 선교를 목적으로 하지 않는 보통의 유치원과 본질적으로 다르다고 볼 증거가 없는 점 등의 여러 사정을 고려하면 이 사건 토지의 취득은 구 지방세법 제107조 제1호, 제127조 제1항 제1호의 비과세 대상에 해당하지 않는다고 할 것이다.
>
> (대법 2013두529, 2013.4.11.)

❖ **취득후 2년 이내에 증여하여 계속 종교용어 사용시 취득세 추징 여부**

> 원고와 소외 재단은 별도의 정관을 두고, 대표자, 이사회, 소재지도 달리하는 등 독립적인 법인임을 알 수 있고, 이를 앞서 본 법리에 비추어 살펴보면, 원고가 이 사건 부동산을 소외 재단에 증여하여 소유자로서의 지위를 상실한 이후에는 이 사건 부동산의 소유자 또는 사실상 취득자의 지위에서 원고의 해당 사업에 직접 사용하고 있다고 볼 수 없으므로, 원고가 이 사건 부동산을 그 사용일부터 2년 이내에 증여한 이상 이 사건 추징조항에서 정한 추징사유가 발생하였다고 봄이 타당하고, 소외 재단이 이 사건 면제조항에서 정한 취득세 면제대상 법인에 해당한다거나 이 사건 부동산이 소외 재단에 증여된 이후에도 종교집회장인 ○○교 추부교당의 용도로 사용되고 있다고 하여 달리 보기는 어렵다.
>
> (대법 2016두34707, 2016.6.10.)

❖ **원로목사도 담임목사처럼 교회의 중추적인 지위에 있는지**

> 원고 주장과 같이 이 사건 쟁점주택에 거주하고 있는 원로목사들이 현재도 설교, 강연, 심방 등의 사목활동을 담당하고 있다고 하더라도, 정기적으로 주일에 예배를 집도하고, 교회 공동체 전체를 통솔하면서 교회를 관리·책임지고 있는 담임목사와는 달리, 원로목사들은 설교나 전도, 심방 업무 등을 보조하고, 교인들의 신앙생활의 일부분을 지도하는 업무를 수행하는데 불과하

> 므로, 담임목사처럼 교회의 종교활동에 필요불가결한 중추적인 지위에 있다고는 할 수 없다.
> (대법 2016두47611, 2016.11.24.)

그리고 이 규정에서 면제하는 요건을 요약하면 다음과 같다.
① 종교행위 및 제사를 목적으로 하는 단체이어야 한다.
② 그 사업에 사용하기 위한 목적이 있어야 한다(수익사업이 아니어야 한다.).
③ 취득 후 3년 이내에 그 사업에 사용하여야 하되, 사용하지 못한 경우에는 사용하지 못한 정당한 사유가 있어야 한다.

　취득 후 3년 이내에 그 사업에 사용하여야 한다는 조건의 적용에 있어서 사찰, 교회 등으로 사용하기 위하여 부동산을 취득하여 자금사정 등으로 새로운 건축물을 건축하지 못하고 있으면서 이를 일시적으로 임대료를 받고 임대를 1~2년 한다거나 다른 수익사업을 한 경우에는 과세대상이 되는 것으로 과세 당국이 법규를 운영하고 있는 점에 특히 유의하여야 한다.
④ 취득물건이 부동산이어야 한다. 이 경우 면제대상이 부동산으로 한정되어 있기 때문에 토지·건축물에 한하여만 면제대상이 되는 점에 유의하여야 한다.
⑤ 부동산을 취득한 후 3년 이내에 그 용도에 직접 사용한 경우라도 그 사용일부터 2년 이상 그 용도에 직접 사용하여야 한다. 그러므로 취득후 3년 이내에 그 용도에 사용은 하였으나 그 사용일부터 2년 이상 그 용도에 계속 사용하지 아니하고 매각·증여하거나 다른 용도에 사용하는 경우는 그 매각·증여 또는 다른 용도에 사용하는 부분에 대하여는 취득세를 과세한다는 것이다.

▲ 사례 |

❖ **향교재단이 기본재산으로 출연받아 취득한 토지를 향교관리인에게 향교관리의 대가로 무상으로 경작하도록 한 경우, 위 토지를 '그 사업에 사용'한 것으로 볼 수 없다고 한 사례**

향교재단이 토지를 출연받아 재단의 기본재산으로 하였음에도 위 토지를 현실적으로 제사 등의 목적사업에 직접 사용하지 않은 이상 향교관리인으로 하여금 문묘의 관리·보전, 석전대제 봉행의 준비 등 향교를 관리하는 일을 하게 하고 그 대가로 위 토지를 무상으로 경작하도록 한 사정만으로는 향교재단이 위 토지를 그 사업에 사용한 것으로 볼 수 없다.
(대법 2001두878, 2002.10.11.)

❖ **종중이 제사를 목적으로 하는 단체에 해당하는지 여부**

종중이 봉행하는 공동선조의 제사는 조상숭배의 사상에 바탕을 둔 우리의 특유한 관습으로서 보존가치가 있는 전통문화이기는 하지만 주된 기능과 역할이 특정한 범위의 후손들을 위한 것에 그치는 점, 종중은 공동선조의 제사뿐만 아니라 공동선조의 분묘수호와 종중재산의 보존·관리, 종원 상호간의 친목 등 다양한 목적을 위하여 구성되는 자연발생적인 종족집단이므로 제사만을 목적으로 한다고 보기도 어려운 점 등을 종합하여 보면, 종중은 그 목적과 본질에 비추어 볼 때 일부 제사 시설을 보유하고 선조의 제사를 봉행하더라도 '제사를 목적으로 하는 단체'에 포함되지 아니한다.

(대법 2015두40958, 2016.2.18.)

❖ **종교단체가 아동복지시설로 사용한 경우**

교회가 목적사업에 사회복지 사업 및 사회복지시설 운영업을 명시하고 아동복지시설 운영사업을 수행하여 지역사회의 복지 증진 및 사회복지사업의 목적에 맞게 사용하더라도 종교용에 직접 사용한다는 의미는 종교 활동에 직접적으로 공여되는 부동산이라고 한정하여 해석하여야 할 것이며, 구 지방세법 시행령 제79조 제1항 제3호에서 비영리사업자의 범위에 포함되는 사회복지법인은 사회복지사업법에 의하여 설립된 법인으로서 종교단체와 각각 별개의 비과세 대상단체로 구분하고 있는 규정 등을 비추어 볼 때, 종교단체가 아동복지시설(지역아동센터)을 설치하여 관할 행정관청에 신고 없이 교육복지사업으로 사용하는 부분에 대하여는 종교단체가 종교용으로 직접사용 하는 부동산으로 볼 수 없는 것으로 취득세 과세대상에 해당된다 할 것임

(행안부 지방세운영과-785, 2011.2.22.)

❖ **감면대상 종교단체 등에 해당되는지 여부**

쟁점부동산의 규모, 대실 횟수 등에 비추어 쟁점부동산의 임대는 사회통념 상 사업활동으로 볼 수 있는 정도의 계속성과 반복성이 있는 것으로 보이는 점 등에 비추어 처분청이 쟁점부동산에 대해 기 감면하였던 취득세 등을 부과한 처분은 잘못이 없다고 판단된다.

(조심 15지1035. 2016.3.7.)

종중은 그 목적과 본질에 비추어 볼 때 일부 제사 시설을 보유하고 선조의 제사를 봉행하더라도 '제사를 목적으로 하는 단체'에 포함되지 아니한다.

(대법 15두40958, 2016.2.18.)

❖ **종교단체내 상급기관에 증여**

① 「부동산 실권리자명의 등기에 관한 법률」 제8조에서 종교단체의 명의로 그 산하 조직이 보유한 부동산에 관한 물권을 등기한 경우 명의신탁을 인정하고 있는 점, 청구인이 소속된 기독교대한감리회의 교리와 장정(제28조 제1항)에서 감리회 소속 개체교회·기관단체가 소유하고 있는 부동산은 재단법인 기독교대한감리회 유지재단 명의로 등기하여 관리하도록 규정하고 있는 점 등에 비추어 볼 때 소유권을 유지재단 명의로 이전등기하였다 하더라도 사실상 증여하였다고 보기 어려움.

(조심 2019지1800, 2019.7.8.)

❖ **부동산계약 매매 해제 후 등기말소시 추징대상여부**

종교단체가 매매계약상 특약에 따라 감면 유예기간 내에 부동산 계약을 합의해제하고 취득한 부동산의 등기까지 말소하였다면, 해당 목적에 직접 사용하여야 할 세법상의 의무가 소멸하므로 직접 사용하지 못한 정당한 사유가 있다 할 것임

(대법 2019두46808, 2019.10.31.)

여기에서 "해당 사업에 사용한다."함은 다른 사람의 개입없이 취득물건을 그 사업에 공여하는 경우를 말하므로 취득물건의 활용상태가 제향을 봉행함을 목적으로 하는 법인이 제향에 소요되는 경비 또는 재료 등을 확보하기 위하여 전·답을 취득하여 영농을 하는 경우, 해당 사업에 종사하는 자들의 주거용 사택을 취득하는 경우, 기타 수익사업용에 공할 목적으로 사업용 재산을 취득하는 경우 등은 모두 그 사업수행에 간접적으로 기여하고 있다고 보아야 하므로 이를 그 사업에 사용하는 것으로 볼 수 없다. 그런데 판례는 종교법인이 취득한 선교사용 사택 등을 종교 단체가 그 사업에 사용하는 것으로 인정하고 있다.

그러나 이 규정을 무한정 확대적용할 수 없는 것이므로 교회·성당·사찰 등의 경내에 성직자 또는 승려들의 주거용 건물로서 사실상 주거와 종교의식 또는 교회 등 본 건물의 유지관리업무 등에 겸용되고 있어 교회, 성당, 사찰 등 본 건물의 부속건물로 볼 수 있는 경우는 종교용에 사용하는 것으로 볼 수 있다고 생각하나, 그 주택이 교회 등의 구역 외에 위치하고 있는 경우는 법리상으로는 종교용이 아니므로 과세하여야 하나 판례에서 외국선교사와 담임목사가 사용하는 사택에 대하여는 그 업무수행에 필요불가결한 중추적인 존재라는 이유 등으로 면제대상이라고 보고 있는 점에 유의하여야 한다.

사례

❖ **학교법인의 총장관사에서 총장이 사용하면서 집무를 할 경우 그 업무에 직접 사용하는 것으로 볼 수 있는지 여부**

학교법인이 산하 대학교 총장의 관사로 사용하기 위하여 부동산을 취득한 후 실제로 총장이 그곳에 거주하면서 각종 업무를 보고 있는 경우, 학교법인이 위 부동산을 그 목적사업에 직접 사용하는 경우에 해당한다.

(대법 2004다58901, 2005.12.23.)

❖ **부목사가 사용하는 사택 등이 직접 사용하는 것으로 볼 수 있는지 여부**

이 사건 주택에 관하여 보건대, 비영리 사업자인 교회가 그 신도 수 등에 비추어 담임목사 이외에 부목사가 현실적으로 필요하여 그 소유 토지와 건물 일부를 소속 부목사들의 사택으로 사용하였다고 하더라도, 부목사는 교회의 필요에 따라 당회장인 위임목사를 보좌하기 위하여 수시로 노회의 승낙을 받아 임명되어 임의로 시무하는 목사라는 점에서 그 교회의 종교활동에 필요불가결한 중추적인 지위에 있다고는 할 수 없으므로, 토지나 건물의 일부가 부목사들의 사택용으로 사용되는 것은 그 목적사업인 종교사업에 직접 사용되는 것이라고 할 수 없어 구 지방세법에서 정한 비과세 대상에 해당하지 않는다(대법 2009두4708, 2009.5.28. 선고 판결, 대법 97누14644, 1997.12.12. 선고 판결 등 참조).

(대법 2012두24719, 2013.1.15.)

❖ **특수사목의 사택이 종교용에 직접 사용하는 시설인지 여부**

본당사목 사제의 사택뿐만 아니라, 특수사목 사제의 사택 역시 종교단체가 '그 사업에 사용'하는 부동산으로 취득세, 등록세, 재산세의 비과세대상에 해당한다고 판단되므로, 이 사건 사제관 신·구관 중 특수사목 담당 사제가 사용하는 사택의 면적 부분을 취득세, 등록세 등의 대상으로 삼은 이 사건 처분은 위법하다.

(대법 2015두48495, 2015.11.26.)

❖ **선교단체 대표이사 숙소의 종교단체 직접사용 부동산에 해당되는지**

드와잇 ○○ 스트론은 원고를 대표하는 지위에 있는 이사로서 이사회 회의를 주재하고, 원고의 업무를 통괄하는 업무를 수행하였으므로, 원고의 목적사업(전도, 선교, 교육, 자선, 의료 및 기타 사회복리를 위한 사업에 필요한 재산 관리 등)을 수행함에 있어서 필요불가결한 인적요소라고 할 것이다. 따라서 원고의 대표자인 드와잇 ○○ 스트론이 그 재임 중 거주한 이 사건 주택은 그 실제의 사용관계를 기준으로 객관적으로 판단할 때 원고의 비영리사업 자체에 직접 사용된 것으로 볼 수 있다.

(대법 2016두48249, 2016.11.24.)

❖ **담임목사 개인명의로 등재되어 있는 종교용 건축물**

담임목사 개인명의로 취득하여 등기한 종교용 건축물은 비과세 대상인 단체가 아닌 개인 소유의 건축물로 보아야 할 것이므로 청구인이 이건 취득세 등을 신고한 것은 타당함

(조심 2009지0979, 2009.12.18.)

❖ **교회 대표자로부터 증여받아 외부 교인도 사용이 가능한 교회수양관으로 사용한 경우**

쟁점수양관은 예배·기도를 위한 고정식 시설물이 설치되어 있지 않아 정기적인 예배시설로 사용한다고 보기 어렵고, 불특정 일반인들도 이용하고 있으며, 겨울철에는 거의 사용되지 않는 것으로 나타나는 점 등에 비추어 청구인이 쟁점 수양관을 종교 목적에 직접 사용하고 있다고 보기 어려움

(조심 2015지1970, 2016.6.13.)

❖ **종교시설로 용도변경이 불허된 종교시설의 재산세 등 감면대상 여부**

종교단체가 운동시설을 종교시설로 사용하면서 건물의 용도변경 신청을 하였으나 허가가 반려(3회)된 경우 용도변경 불허가처분에도 종교시설로 사용함은 임시적·불법적인 사용이므로 재산세 등 감면대상 종교목적 사용 시설로 볼 수 없음

(대법 2015두58928, 2016.3.10.)

❖ **교회소유 부동산을 제3자가 임의 점유한 경우 감면적용 여부**

교회 소유의 토지를 제3자가 임의 점유하여 교회 부속토지로 사용하고 있는 경우, 당해 토지를 비영리사업자가 그 사업에 '직접 사용'하고 있는 것으로 보아 재산세를 비과세할 수 있는지 여부에 대하여, '직접 사용'에는 해당 재산이 비영리사업자의 공익사업에 직접 사용되는 이상 비영리사업자가 제3자에게 임대 또는 위탁하여 자신의 공익사업에 사용하는 것도 배제되지 않음(대법원84누297, 2004두9265 등), 다만, 비영리사업자가 제3자에게 임대 또는 위탁하는 방법으로 공익사업에 부동산을 직접 사용한다고 보기 위해서는 비영리사업자가 해당 부동산을 그 사업수행에 직접 사용하는 것으로 볼 수 있을 정도의 제3자에 대한 지휘, 통제 및 관리 감독의 권한을 가지고 있어야 한다.

(대법 11두20239. 2011.12.13.)

❖ **종교 목적으로 직접사용하는 것으로 볼 수 있는지 여부**

교회 내 부목사 주거용으로 사용 중인 면적은 종교용에 직접 사용하는 것으로 볼 수 없다.
(조심 13지688, 2014.1.6.)

원고의 입장에서는 특수사목 사제들 또한 본당사목과 마찬가지로 종교활동에 필요불가결한 중추적인 역할을 수행하고 있다고 보지 않을 수 없다. 따라서 본당사목 사제의 사택뿐만 아니라, 특수사목 사제의 사택 역시 종교단체가 '그 사업에 사용'하는 부동산으로 취득세, 등록세, 재산세의 비과세대상에 해당한다고 판단된다.
(대법 14두48495, 2015.11.26.)

종교단체가 학교를 운영하는 것은 종교사업으로 보기 어렵고, 학교·유치원 인가를 받지 아니하고 운영하는 대안학교 및 유치원을 학교용으로 사용하고 있는 것으로 보아 감면을 적용할 수 없다.
(대법 13두7247, 2013.7.25.)

성당에 파견되어 종교활동을 직접 담당하는 수녀들은 원활한 사업수행에 필요불가결한 존재인 점, 파견된 수녀들의 숙소로 제공된 이 사건 아파트는 그곳에서 지역 교우들을 위한 기도모임이나 교리교육, 미사 등의 종교의식이 이루어지는 등 수녀들의 공동 수도생활 및 전도생활의 공간으로 사용되는 점 등을 종합하면, 이 사건 아파트는 종교 목적사업에 직접 사용되는 부동산에 해당한다.
(대법 14두557, 2015.9.15.)

원고가 건축물의 신축을 위해 설계를 의뢰하여 그 설계가 진행 중이었다고 하더라도 이를 건축공사에 착수한 것으로 볼 수는 없으므로, 과세기준일 당시에는 원고가 수도원 신축을 위한 건축공사에 착수하였다고 볼 수 없다.
(대법 16두37676, 2016.6.23.)

원고는 이 사건 토지 및 건물을 사실상 매수 당시의 상태 그대로 방치하면서 이 사건 토지 위에 새 건물이 건축되기 전까지 차량의 주차나 체육활동 등의 용도로 임시로 사용하고 있는 것에 불과하다고 보이는 점 등에 비추어 원고가 이 사건 토지 및 건물을 목적사업인 종교사업에 직접 사용하였다고 보기는 어렵다.
(대법 16두37430, 2016.7.7.)

과도한 주차시설을 종교목적으로 사용하는 것으로 볼 수 있는지 여부 관련하여 기존 교회의 부설주차장이 법정규모 이하인지, 교회와의 거리, 신도수 및 신도들 보유차향의 현황, 기존 주차장 이용현황 등을 종합적으로 고려하여 부설주차장의 추가설치가 필수불가결한 경우에는 해당 주차장용 부동산을 감면대상으로 볼 수 있으나(대법원 08두1368, 2008.6.12.), 추가 설치의 필요성이 부족한 경우에는 감면에서 제외된다.
(대법 12두12716, 2012.1.11.)

❖ **당해 부동산을 종교목적에 직접사용한 것으로 보아 취득세 등이 감면되는지 여부**

농작물을 재배하기 위하여 사용하였고, 원고가 그 농작물 중 일부를 교인들의 식사에 사용하였다고 하더라도, 교인들의 식사는 원고의 종교 목적 사업에 부수되는 것으로 볼 수는 있을 지언정 종교 목적 사업 자체이거나 이와 직접적인 관련성이 있는 것이라고는 할 수 없는 점, 컨테이너를 설치하고, 그 안에 물건을 보관하였다. 원고는 위 컨테이너를 성경 교육과 전도 교육을 위한 공간으로 사용하였다고 주장하나, 이 사건 최초 취득세등 부과처분 당시 위 컨테이너는 사용목적을 알 수 없는 창고 형태로 놓여 있었고 주변에 각종 물건이 쌓여 있어,

> 원고가 이를 성경 교육과 전도 교육을 위한 공간으로 사용하였다고 보기 어려운 점 등에 비추어 볼 때 이 사건 부동산은 원고의 종교 목적 사업의 본질적 내용인 예배 및 선교와 밀접한 관련성이 있다고 할 수 없을 뿐만 아니라, 이를 위한 필요불가결한 시설로 볼 수도 없음
> (대법 2020두41467, 2020.9.24.)

정당한 사유라 함은 종교 및 제사를 목적으로 하는 단체 등이 고의 또는 과실이 아닌 타당성 있는 객관적 사정으로 목적사업에 공하지 못하였다고 인정될 수 있는 사유를 말하는데 이는 어떤 면에서는 추상적이고 주관적이기 때문에 과세물건의 정황에 따라 많은 다툼이 예상되지만 이를 구체적, 개별적으로 일일이 열거하여 규정한다는 것은 불가능하다고 보겠다. 그러므로 과세물건을 취득한 법인이 내부적으로 고유목적사업에 공하도록 정상적인 노력과 추진을 다하였음에도 불구하고 시간적인 여유와 기타 사정으로 부득이 고유목적사업에 공하지 못한 경우와 법인 스스로가 영향을 미칠 수 없는 외부적이고 타율적인 사정으로 고유목적사업에 공할 수 없는 경우를 말하므로 법인자체의 자금사정, 법인내부의 업무형편 등으로 고유목적에 사용하지 못한 것은 정당한 사유로 인정할 수 없다 하겠다.

사례

❖ **학교법인이 그 소유 건물을 임대보증금 이외의 사실상 수입에 해당되는 거액의 장학기금을 수령하면서 임대한 것 등이 학교법인이 위 건물을 수익사업에 사용한 것으로 본 사례**

이 사건 건물 내에서 커피숍, 고급식당, 예식장을 운영한 사실을 인정한 다음, 원고가 이 사건 건물을 임대보증금 이외의 사실상 수입에 해당되는 거액의 장학기금을 수령하면서 이××에게 임대하였으며, 그 구체적인 이용실태에 있어서도 회의실과 객실의 이용료가 다른 외부시설의 이용료와 비교하여 비영리적인 운영으로 인식될 만큼 현저히 싼 것도 아닌 점 등에 비추어 보면, 원고가 이 사건 건물을 수익사업에 사용한 것으로 보아야 한다고 판단하였다. 앞서 본 법리 및 기록에 비추어 살펴보면, 원심의 위와 같은 인정 및 판단은 정당하고, 거기에 상고이유에서 주장하는 바와 같은 입증책임 분배법칙 및 채증법칙 위배의 위법이 없다.
(대법 2000두3238, 2002.4.26.)

❖ **종교용 재산으로 직접 사용되는지의 판단 기준**

지방세법의 관련 규정과 법리에 따르면, 지방세법상 종교사업을 목적으로 하는 비영리사업자가 종교사업에 사용하기 위해 취득한 부동산을 그 용도에 직접 사용하지 않았다고 하더라도 그와 같이 사용하지 못한 데에 정당한 사유가 있으면 그러한 부동산의 취득이나 등록에 대하여는 취득세, 등록세 등을 부과하여서는 안 되나, 부동산 취득 당시에 이미 그 유예기간 내에 고유한 업무에 사용할 수 없는 법령상·사실상의 장애 사유가 있음을 알았거나 알 수 있었던 경우에는 그에 대한 취득세, 등록세 등을 면제받을 수 없다.
(대법 2011두27223, 2012.2.23.)

재산세, 지역자원시설세 면제

종교단체 또는 향교가 과세기준일 현재 해당 사업에 직접 사용(종교단체 또는 향교가 제3자의 부동산을 무상으로 해당 사업에 사용하는 경우를 포함한다.)하는 부동산(건축물의 부속토지를 포함한다.)에 대해서는 재산세(지방세법 제112조에 따른 부과액을 포함한다.) 및 특정부동산에 대하여 과세하여 소방시설에 충당하는 지역자원시설세를 면제한다. 이 경우 수익사업에 사용하는 경우와 해당 재산이 유료로 사용되는 경우의 그 재산 및 해당 재산의 일부가 그 목적에 직접 사용되지 아니하는 경우의 그 일부 재산에 대해서는 면제하지 아니한다.

이 경우 해당 사업에 직접 사용하는 부동산에는 해당 사업에 직접 사용할 건축물을 건축 중인 경우와 건축허가 후 행정기관의 건축규제조치로 인하여 건축에 착공하지 못한 경우의 그 건축 예정 건축물의 부속토지를 포함한다.

그리고 여기의 재산세 면제대상에는 지방세법 제112조에 따른 부과액을 재산세에 포함하여 면제한다.

또한 지역자원시설세는 특정부동산에 과세하여 소방시설에 충당하는 지역자원시설세도 면제한다.

▎사례 ▎

❖ **비영리사업자의 재산을 임대하고 지휘·통제 및 관리 감독을 하지 아니한 경우 비영리사업자의 직접사용에 해당하는지 여부**

비영리사업자가 그 사업에 사용하는 부동산을 제3자에게 임대하였다는 이유만으로 그 부동산을 비과세대상으로 볼 수 없다는 취지의 원심 이유 설시는 다소 적절하지 않으나, 기록상 원고가 이 사건 토지를 점유한 제3자에 대하여 지휘, 통제 및 관리 감독의 권한을 가졌다고 볼 사정이 없는 이 사건에서, 이 사건 토지가 비과세대상임을 전제로 한 원고의 청구를 배척한 제1심판결을 유지한 원심의 조치는 결과적으로 정당하다. 거기에 상고이유 주장과 같은 구 지방세법 제186조 제1호 소정의 '직접 사용'에 관한 심리를 다하지 아니하여 판단을 하지 아니하였거나 그에 관한 법리를 오해하는 등의 위법이 없다.

(대법 2011두20239, 2011.12.31.)

❖ **종교시설로 용도변경이 불허된 시설에 대한 재산세 감면 여부**

피고가 이 사건 건물에 대한 용도변경을 불허가한 것이 반드시 위법하다고 단정할 수 없는 반면, 오히려 이 사건 건물의 용도변경을 불허가할 공익상의 필요가 있고, 이는 그 불허가로 인하여 원고가 입게 되는 불이익을 정당화할 만큼 중대한 것이어서 피고의 용도변경 불허가 처분이 적법하다고 볼 여지가 충분히 있는 점(대법 2012두27367, 2014.2.13. 선고 판결 참조), 원고는 피고의 불허가처분에 대하여 행정심판이나 행정소송을 제기하여 그 취소를 청구하지도 않은 점 등에 비추어 보면, 원고가 이 사건 건물을 종교시설로 사용하는 것은 이 사건 건물의 용도에 관한 법적 규제를 위반하여 사용하는 것으로서 언제든지 시정명령의 대상이 되는 임시적·불법적인 사용이라고 할 수밖에 없으므로, 결국 이 사건 건물은 구 지방세특례제한법 제50조 제2항 본문 소정의 '종교를 목적으로 하는 사업에 직접 사용하는 부동산'에 해당한다고 할 수 없다.

(대법 2015두58928, 2016.3.10.)

❖ **건축물 신축을 위한 설계가 진행중인 경우 직접사용 여부**

'건축 중'이라 함은 과세기준일 현재 공사에 착수한 경우를 말하고, 그 착공에 필요한 준비작업을 하고 있는 경우까지 포함한다고 할 수 없는바(대법 96누15558, 1997.9.9. 선고 판결 등 참조), 을 제3호증의 기재에 변론 전체의 취지를 종합하면, 원고는 2015.2.26. ○○구청장으로부터 수도원 신축을 위한 건축허가를 받았고, 2015.6.23.에서야 착공신고를 한 사실이 인정되고, 원고가 건축물의 신축을 위해 설계를 의뢰하여 그 설계가 진행 중이었다고 하더라도 이를 건축공사에 착수한 것으로 볼 수는 없으므로, 과세기준일인 2014.6.1. 당시에는 원고가 수도원 신축을 위한 건축공사에 착수하였다고 볼 수 없다.

(대법 2016두37676, 2016.6.23.)

그런데 비영리사업에 직접 사용되어 재산세가 비과세되는 부동산은 과세기준일 현재 그 사업에 직접 사용되고 있는 부동산은 물론 면제되지만 그 사업에 사용하기 위하여 건축 중에 있는 부동산도 면제될 뿐 아니라 건축허가를 받았으나 행정기관에서 건축규제조치가 있어 건축에 착공하지 못한 경우의 당해 부동산도 직접 사용하는 부동산으로 보아 면제하여야 한다.

등록면허세, 주민세 사업소분 및 종업원분 면제

종교단체 또는 향교가 그 사업에 직접 사용하기 위한 면허에 대하여는 등록면허세를 면제하고, 해당 단체에 대하여는 주민세 사업소분(「지방세법」 제81조 제1항 제2호에 따라 부과되는 세액으로 한정한다. 이하 이 항에서 같다.) 및 종업원분을 면제한다. 다만, 수익사업에 관계되는 대통령령으로 정하는 주민세 사업소분 및 종업원분은 면제하지 아니한다.

이 경우 "그 사업에 직접 사용하기 위한 면허"라 함은 종교 및 제사를 목적으로 하는 단체가 그 비영리사업의 경영을 위하여 필요한 면허 또는 그 면허로 인한 영업 설비나 행위에서 발생한 수익금의 전액을 그 사업에 사용하는 경우의 면허를 말한다. 그리고 "수익에 관계되는 대통령령으로 정하는 주민세 사업소분 및 종업원분이라 함은 수익사업에 직접 제공되고 있는 사업소와 종업원을 기준으로 부과하는 주민세 사업소분과 종업원분을 말한다. 다만, 이 경우 감면대상사업과 수익사업에 건축물이 겸용되거나 종업원이 겸직하는 때에는 주된 용도 또는 직무에 따라 과세한다.

(2) 종교 및 제사 목적 단체에 제공하는 전력에 대한 면제

지역자원시설세 면제

종교단체 또는 향교에 생산된 전력 등을 무료로 제공하는 경우 그 부분에 대하여는 지방세법 제146조 제1항, 제2항에 따른 지역자원시설세를 면제한다.

이 경우는 특정자원에 대한 지역자원시설세 중 발전용수에 대한 것과 원자력발전 및 화력발전에 의한 것이 종교 및 제사목적 단체에 제공된 부분에 대해서는 지역자원시설세를 면제하겠다는 규정이다.

(3) 전통사찰 등이 소유한 사찰림 및 전통사찰보전지

재산세 면제

사찰림(寺刹林)과 전통사찰의 보호 및 지원에 관한 법률 제2조 제1호에 따른 전통사찰이 소유하고 있는 경우로서 같은 조 제3호에 따른 경내지에 대하여는 재산세(지방세법 제112조에 따른 부과액을 포함한다.)를 면제한다. 다만, 해당 부동산을 취득한 날부터 5년 이내에 수익사업에 사용하는 경우와 해당 재산이 유료로 제공되는 경우의 그 재산 및 해당 재산의 일부가 그 목적에 직접 사용되지 아니하는 경우의 그 일부 재산에 대하여는 면제하지 아니한다.

이 규정에 의거 재산세를 면제하는 경우 지방세법 제112조에 따라 과세되는 재산세 상당액도 재산세에 포함하여 면제하여야 하며, 수익사업에 사용하는 경우와 그 해당 재산이 유료로 제공되는 경우의 그 재산 및 해당 재산의 일부가 그 목적에 직접 사용되지 아니하는 경우의 그 일부 재산에 대해서는 면제되지 아니한다.

그리고 사찰림이란 사찰이 자기 명의로 소유하고 있는 임야를 말하고, 여기에서 전통사찰이란 불교 신앙의 대상으로서의 형상(形象)을 봉안하고 승려가 수행하며 신도를 교화하기 위한 시설 및 공간으로서 관계 법령에 의하여 등록된 경우를 말하며, 전통사찰보존지란 불교의 의식, 승려의 수행 및 생활과 신도의 교화를 위하여 사찰에 속하는 다음 각 목의 토지를 말한다(전통사찰의 보존 및 지원에 관한 법률 §2 Ⅰ·Ⅲ).

㉮ 사찰 소유의 건조물[건물, 입목·죽(竹), 그 밖의 지상물을 포함한다.]이 정착 되어 있는 토지 및 이와 연결된 그 부속 토지
㉯ 참배로(參拜路)로 사용되는 토지
㉰ 불교의식 행사를 위하여 사용하는 토지(불공용 및 수도용의 토지를 포함한다.)
㉱ 사찰 소유의 정원·산림·경작지 및 초지
㉲ 사찰의 존엄 또는 풍치(風致)의 보존을 위하여 사용되는 사찰 소유의 토지

⑭ 역사나 기록 등에 의하여 해당 사찰과 밀접한 연고가 있다고 인정되는 토지로서 그 사찰의 관리에 속하는 토지
⑮ 사찰 소유의 건조물과 가목부터 바목까지의 규정에 따른 토지의 재해방지를 위하여 사용되는 토지

이 경우 전통사찰보존지의 판단을 울타리 등의 내에 위치한 토지로 판단할 것이 아니라 위에서 게기하고 있는 바와 같이 역사 또는 기록 등에 의해서 당해 사찰과 밀접한 연고가 있다고 인정되는 토지 중 불교의식, 승려의 수행 및 생활과 신도의 교화를 위한 토지로서 당해 사찰의 관리에 속하는 토지까지를 전통사찰보존지의 토지로 보도록 하고 있어, 예를 들면 조선시대 승병의 급식에 필요한 양식을 조달하도록 조정에서 하사한 토지 등도 경내지의 토지(여기서는 농지)로 보아야 할 것이다.

또한 전통사찰로서 등록대상이 되는 사찰이라 함은 다음과 같은 요건을 갖춘 사찰로서 관계기관에서 지정하는 사찰이어야 한다.
㉮ 역사적으로 보아 시대적 특색을 현저하게 지니고 있다고 인정되는 사찰
㉯ 한국 고유의 불교·문화·예술 및 건축사의 추이를 이해하는 데 특히 필요하다고 인정되는 사찰
㉰ 한국 문화의 생성과 변화를 고찰하는 데 있어서 전형적인 모형이 되는 사찰
㉱ 그 밖에 문화적 가치로 보아 전통사찰로 등록함이 타당하다고 인정되는 사찰(동 법 §4 ②).

> **사례**
>
> ❖ **사찰로부터 1.9km 정도의 농지 등이 전통사찰보존지에 해당되는지**
>
> 원고 사찰이 조선시대 정조로부터 사찰 운영을 위해 이 사건 각 토지를 하사받아 현재까지 보유·관리해 온 점, 이 사건 각 토지에서 수취한 쌀이 실제 제례의식, 승려의 식사 제공, 후원 등에 사용된 점 등에 비추어 볼 때, 이 사건 각 토지는 불교의 의식, 승려의 수행 및 생활과 신도의 교화를 위하여 사찰에 속하는 토지로서 전통사찰보존지에 해당한다.
> (대법 2017두42286, 2017.8.24.)
>
> ❖ **참선수행을 위한 명상로와 시민들이 사용할 수 있는 등산로 주변 쉼터**
>
> 비영리사업자가 그 사업에 사용하기 위하여 취득한 부동산을 "직접 사용"한다는 의미는 적어도 당해 토지내에 종교목적의 시설물이 설치되고 종교목적에 상시 공여되는 상태를 의미한다 할 것이나, 청구법인의 경우 2004.5.28. 이 건 쟁점임야 내에 석탑 1기를 설치하고 참선수행을 위한 명상로 및 등산로 주변에 운동시설과 쉼터 일부를 설치하여 시민들이 사용하고 있다고 하여 이를 종교목적에 직접 사용하는 것으로 보기는 어렵다 할 것임
> (조심 2009지0499, 2009.11.4.)
>
> ❖ **자연림 상태의 임야 중 일부를 등산로 및 임야내 암자 통행로로 사용**

> 증여로 취득한 임야가 다른 2개의 암자를 통행하기 위한 통행로의 역할에 공여되고 있는 것
> 으로는 확인되나 이를 종교사업에 직접 사용된 것으로 볼 수 없음
>
> (조심 2008지0774, 2009.4.7.)

(4) 종교의식을 행하는 법인에 대한 면제

주민세 사업소분

법인의 사업장 중 종교의식을 행하는 교회, 성당, 사찰, 불당, 향교 등에 대하여는 주민세 사업소분(「지방세법」 제81조 제1항 제1호에 따라 부과되는 세액으로 한정한다.)을 면제한다.

법인의 사업장 중 종교의식을 행하는 곳에 대해서는 주민세사업소분을 면제하는데 이러한 법인의 사업장에 대하여 살펴보면 다음과 같다.

법인에 대한 사업소분은 해당 시·군 내에 사업소를 두고 있는 경우에 부담하는 것이므로 법인이라도 사업소가 없으면 납세의무가 발생하지 않으며, 사업소가 있으면 등기·등록 여부에 불구하고 해당 사업소마다 법인사업소분의 납세의무가 있는 것이다.

여기에서 사업소라 함은 그 건물 또는 시설이 자기의 소유 여부를 불문하고 사업상의 필요에 의하여 설치된 인적·물적 설비를 갖추고 계속하여 사업이 행하여지고 있는 장소를 말한다. 그리고 사업이라 함은 영리를 목적으로 하는 사업뿐만 아니라 특정한 목적을 수행하기 위하여 운영되고 있는 일체의 업무를 말한다.

이러한 사업소(사업장)의 구체적인 요건을 살펴보면 다음과 같다.

첫째로, 사업소는 인적 설비가 있어야 한다. 그러므로 단순히 물적인 설비만 있고 인적 설비가 없는 재료적치장, 창고, 차고 등의 시설은 사업소로 볼 수 없다. 또한 합숙소, 초소, 감시소 등에 별도의 사무원을 배치하지 않고 고용원, 감시원, 수위 등을 배치하여 종업원의 숙박이나 시설에 대한 감시 등의 업무만을 수행하고 있는 경우에는 사회통념상 이들 장소에서 사무를 집행하거나 사업을 영위한다고 볼 수 없으므로 사업소로 볼 수 없다.

둘째로, 사업소는 물적 설비가 있어야 한다. 이러한 물적 설비는 건물은 물론 건물이 없는 노천작업장, 채석장, 광구 등도 포함한다고 본다. 그러나 선박 등과 같이 이동성이 있는 경우 등은 그 자체가 물적 설비를 구비한 사업소로는 볼 수 없다 하겠다.

셋째로, 일정한 사무 또는 사업이 계속적으로 이루어져야 한다는 것이다. 사업소에서 행해지는 사무 또는 사업은 그 성질, 내용, 명칭 등을 불문하므로 공익사업이나 비영리사업이라도 관계없으며, 그 사업의 결과 수익 또는 소득이 발생하거나 그 사무 또는 사업의 목적달성 여부도 불문하는 것이다.

사업소에서 행해지는 업무는 어느 정도 계속성을 가지지 않으면 안 된다. 따라서 단기간

일시적인 사업의 용에 공할 목적으로 설치된 건설공사현장, 현장사무소 등은 사업소로 볼 수 없다. 공장 또는 광구 등이 완전 폐쇄되어 종업원이 없는 경우에는 이를 사업소로 볼 수는 없으나 일시적인 휴업 중일 경우에는 업무가 계속되고 있다고 볼 수 있기 때문에 사업소로 보아야 할 것이다. 그리고 공장 등을 사실상 폐쇄하기 위하여 휴업을 하고 있는 경우에도 잔무를 처리하기 위한 업무가 일부 계속 중일 경우에는 아직 업무가 계속되고 있는 것으로 보아야 할 것이다. 동일 구내에 동일 법인에 속하는 시설이 수개가 있거나 동일 업무에 이용되고 있는 시설이 별개의 구에 분산되어 있을 경우 이를 몇 개의 사업소로 보느냐 하는 것이 문제가 된다. 이것은 각 시설간의 거리, 사무 또는 사업에 시설이 이용되고 있는 상태, 각 시설의 운영상황(운영의 독립성) 등을 기준으로 하여 객관적으로 결정하여야 할 것이다.

제51조 신문·통신사업 등에 대한 감면

「신문 등의 진흥에 관한 법률」을 적용받는 신문·통신사업을 수행하는 사업소에 대해서는 주민세 사업소분(「지방세법」 제81조 제1항 제2호에 따라 부과되는 세액으로 한정한다.) 및 종업원분의 100분의 50을 각각 2024년 12월 31일까지 경감한다(법 §51).

주민세 사업소분 및 종업원분 경감

신문·통신사업을 수행하는 사업소에 대해서는 종전 사업소세에 해당하는 주민세 사업소분(「지방세법」 제81조 제1항 제2호에 따라 부과되는 세액으로 한정한다.) 및 종업원분의 100분의 50을 각각 2024년 12월 31일까지 경감한다.

신문 등의 진흥에 관한 법률에 의한 "신문"이란 정치·경제·사회·문화·산업·과학·종교·교육·체육 등 전체 분야 또는 특정 분야에 관한 보도·논평·여론 및 정보 등을 전파하기 위하여 같은 명칭으로 월2회 이상 발행하는 간행물로서 일반일간신문, 특수일간신문, 일반주간신문, 특수주간신문을 말한다.

제52조 │ 문화예술 지원을 위한 과세특례

취득세, 재산세 면제

① 대통령령으로 정하는 문화예술단체가 문화예술사업에 직접 사용하기 위하여 취득하는 부동산에 대해서는 취득세를, 과세기준일 현재 문화예술 사업에 직접 사용하는 부동산에 대해서는 재산세를 2024년 12월 31일까지 면제한다(법 §52 ①).

여기에서 "대통령령으로 정하는 문화예술단체"란 「문화예술진흥법」 제2조 제1항 제1호에 따른 문화예술의 창작·진흥활동 등을 주된 목적으로 하는 단체로서 다음 각 호 중 어느 하나에 해당하는 법인 또는 단체를 말한다. 다만, 해당법인 또는 단체가 「공공기관의 운영에 관한 법률」 제4조에 따른 공공기관인 경우에는 이를 제외한다(영 §26 ① Ⅰ~Ⅳ).

1. 공익법인의 설립·운영에 관한 법률 제4조에 따라 설립된 공익법인
2. 민법 제32조에 따라 설립된 비영리법인
3. 민법 및 상법 외의 법령에 따라 설립된 법인
4. 비영리민간단체 지원법 제4조에 따라 등록된 비영리민간단체

② 대통령령으로 정하는 체육단체가 체육진흥사업에 직접 사용하기 위하여 취득하는 부동산에 대해서는 취득세를, 과세기준일 현재 체육진흥사업에 직접 사용하는 부동산에 대해서는 재산세를 각각 2024년 12월 31일까지 면제한다(법 §52 ②).

이 경우 "대통령령으로 정하는 체육단체"란 「국민체육진흥법」 제2조 제1호에 따른 체육에 관한 활동이나 사업을 목적으로 하는 법인 또는 단체로서 제1항 각 호의 어느 하나에 해당하는 법인 또는 단체를 말한다. 다만, 해당 법인 또는 단체가 「공공기관의 운영에 관한 법률」 제4조에 따른 공공기관인 경우에는 이를 제외한다(영 §26 ②).

③ 제1항 및 제2항에 따라 취득세를 면제받은 후 다음 각 호의 어느 하나에 해당하는 경우 그 해당 부분에 대해서는 면제된 취득세를 추징한다(법 §52 ③).

1. 정당한 사유 없이 그 취득일부터 1년이 경과할 때까지 해당 용도로 직접 사용하지 아니하는 경우
2. 해당 용도로 직접 사용한 기간이 2년 미만인 상태에서 매각·증여하거나 다른 용도로 사용하는 경우
3. 취득일부터 3년 이내에 관계 법령에 따라 설립허가가 취소되는 등 대통령령으로 정하는 사유에 해당하는 경우

이 경우 "대통령령으로 정하는 사유"란 다음 각 호의 어느 하나에 해당하는 경우를 말한

다(영 §26 ③ Ⅰ~Ⅳ).

1. 「공익법인의 설립·운영에 관한 법률」 제16조에 따라 공익법인의 설립허가가 취소된 경우
2. 「민법」 제38조에 따라 비영리법인의 설립허가가 취소된 경우
3. 「비영리민간단체 지원법」 제4조의 2에 따라 비영리민간단체의 등록이 말소된 경우

> **사례**
>
> ❖ 법령장애로 인한 미술관 건축지연이 정당한 사유에 해당하는지 여부
>
> 문화공간의 설치 및 운영 등을 목적으로 설립된 재단법인으로서 미술관을 건축 하려는 목적으로 임야를 증여받았으나 토지를 취득할 당시에 구체적인 법령상의 장애사유를 몰랐다고 하더라도 조금만 주의를 기울였으면 미술관 건축에 따르는 공법상의 제한과 같은 법령상의 장애사유가 존재함을 쉽게 알 수 있었고 이 사건 토지를 고유업무에 직접 사용하지 못한 것도 동일한 사유로 인한 것이라면, 위와 같은 법령상의 장애사유는 이 사건 토지를 그 고유업무에 직접 사용하지 못한 것에 한 정당한 사유가 될 수 없음
>
> (대법 2011두 1948, 2012.12.13.)

52조의 2 │ 체육진흥기관 등에 대한 감면

다음 각 호의 법인이 체육진흥사업 또는 문화예술사업에 직접 사용하기 위하여 취득하는 부동산에 대해서는 취득세의 100분의 50을, 과세기준일 현재 해당 사업에 직접 사용하는 부동산에 대해서는 재산세의 100분의 50을 각각 2026년 12월 31일까지 경감한다.(법 §52조의 2 Ⅰ~Ⅳ).

1. 「국민체육진흥법」에 따른 대한체육회, 대한장애인체육회 및 서울올림픽기념국민체육진흥공단
2. 「문화산업진흥 기본법」에 따른 한국콘텐츠진흥원
3. 「문화예술진흥법」에 따른 예술의 전당
4. 「영화 및 비디오물의 진흥에 관한 법률」에 따른 영화진흥위원회 및 한국영상자료원
5. 「태권도 진흥 및 태권도공원 조성 등에 관한 법률」에 따른 태권도진흥재단

제53조 | 사회단체 등에 대한 감면

「문화유산과 자연환경자산에 관한 국민신탁법」에 따른 국민신탁법인이 그 고유업무에 직접 사용하기 위하여 취득하는 부동산에 대해서는 취득세를, 과세기준일 현재 그 고유업무에 직접 사용하는 부동산에 대해서는 재산세를 각각 2024년 12월 31일까지 면제한다(법 §53).

취득세, 재산세, 지역자원시설세 면제

「문화유산과 자연환경자산에 관한 국민신탁법」에 따른 국민신탁법인이,

(1) 그 고유업무에 직접 사용하기 위하여 취득하는 부동산에 대하여는 취득세를 2024년 12월 31일까지 면제한다. 다만, 지방세법 제13조 제3항에 따른 중과세대상 부동산은 면제대상에서 제외하며, 취득일부터 1년 이내에 정당한 사유 없이 해당 용도로 직접 사용하지 아니하는 경우 또는 그 사용일부터 2년 이상 해당 용도로 직접 사용하지 아니하고 매각·증여하거나 다른 용도로 사용하는 경우에 해당 부분에 대하여는 감면된 취득세를 추징한다(법 §177, §178).

이 규정의 적용에 있어 면제대상의 판단시 유의할 점은,
① 해당 법인이 그 고유업무에 직접 사용하기 위하여 취득하는 부동산에 한하여 면제대상으로 하기 때문에 지방세법상 부동산인 토지와 건축물이 이에 해당되고 해당 법인의 고유업무는 해당 법인의 법령 또는 등기부상의 업무에 직접 사용하는 것을 말하므로 해당 법인이 소유한 건물의 일부를 타에 임대하거나 목적사업에 사용하지 아니하면 면제대상이 될 수 없다.
② 해당 법인이 취득한 과세대상물건이 별장·골프장·고급오락장 등에 해당되면 지방세가 면제되지 않을 뿐 아니라 중과세대상이 된다.
③ 해당 법인이 부동산을 취득하여 1년 이내에 정당한 사유 없이 고유의 업무에 직접 사용하지 아니하면 취득세가 추징 되는데, 이 경우 정당한 사유라 함은 해당 법인의 고의 또는 과실이 아닌 타당성 있는 객관적 사정으로 고유목적사업에 직접 사용하지 못하였다고 인정될 수 있는 사유를 말하는데 이는 어떤 면에서는 추상적이고 주관적이기 때문에 과세물건의 정황에 따라 많은 다툼이 있는 것은 사실이지만 이를 구체적·개별적으로 일일이 열거하여 규정한다는 것은 불가능하다고 보아진다. 그러므로 과세물건을 취득한 법인이 내부적으로 고유목적사업에 공하도록 정상적인 노력과 추진을 다하였음에도 불구하고 시간적인 여유나 기타 부득이한 사정으로 고유목적사업에 사용하지 못한 경우와 법인 스스로의 힘으로는 영향을 미칠 수 없는 외부적이고

타율적인 사정으로 고유목적사업에 사용할 수 없는 경우를 정당한 사유로 보는 것이므로 경기침체에 따른 법인 내부의 자금사정, 법인 내부의 형편 등으로 고유목적사업에 사용하지 못한 것은 정당한 사유로 인정하지 않고 있으나 이를 일률적으로 정의할 수는 없고 각 사안에 따라 정당한 사유를 면밀히 검토하여 판단하여야 할 것이다.

④ 또한 그 취득일부터 1년 내에 고유업무에 직접 사용하였다 하더라도 그 사용일부터 2년 이상 고유업무에 직접 사용하지 아니하고 매각·증여하거나 다른 용도로 사용하는 경우 그 해당 부분에 대하여는 면제된 취득세를 추징하게 되는 것이다.

(2) 과세기준일 현재 그 고유업무에 직접 사용하는 부동산에 대하여는 재산세를 2024년 12월 31일까지 면제한다.

제54조 │ 관광단지 등에 대한 과세특례

① 「관광진흥법」 제55조 제1항에 따른 관광단지개발 사업시행자가 관광단지개발사업을 시행하기 위하여 취득하는 부동산에 대해서는 취득세의 100분의 25를 2025년 12월 31일까지 경감하며, 해당 지역의 관광단지 조성여건, 재정여건 등을 고려하여 100분의 25 범위에서 조례로 정하는 율을 추가로 경감할 수 있다. 다만 다음 각 호의 어느하나에 해당하는 경우에는 경감된 취득세를 추징하되, 제2호부터 제4호까지의 경우에는 그 해당부분에 한정하여 추징한다 (법 §54 ① Ⅰ~Ⅳ).

1. 「관광진흥법」 제56조 제2항 및 제3항에 따라 조성계획의 승인이 실효되거나 취소되는 경우
2. 그 취득일로부터 3년 이내에 정당한 사유없이 「관광진흥법」 제58조의2에 따른 준공검사를 받지 아니한 경우
3. 「관광진흥법」 제58조의2에 따른 준공검사를 받은 날로부터 3년 이내에 정당한 사유 없이 해당 용도로 분양·임대하지 아니하거나 직접 사용하지 아니한 경우
4. 해당 용도로 직접 사용한 기간이 2년미만인 상태에서 매각·증여하거나 다른 용도로 사용하는 경우

이 규정은 관광진흥법 제2조 제7호에서 "관광단지"란 관광객의 다양한 관광 및 휴양을 위하여 각종 관광시설을 종합적으로 개발하는 관광 거점 지역으로서 이 법에 따라 지정된 곳을 말한다고 규정하고 있고, 그간 관광단지 개발 사업시행자가 해당사업을 시행하기 위해 취득하는 부동산에 대하여 감면 중이지만 관광단지의 특성상 일반적 추징규정을 적용하기에는 사후관리에 한계가 있고, 조성공사에 상당한 시산이 소요되어 단기간에 직접 사용이 불가능 하며, 조성후에는 분양하거나 임대도 가능함에 따라 해당사업의 특성을 고

려하여 조성계획의 승인 또는 취소시, 조성준공 유예기간, 시행자의 직접사용시 의무기간, 조성 준공후 사용 등에 대하여 단계별 유형별 추징규정을 신설한 것이며, 이 개정규정은 2023년 법 시행 이후 취득세를 경감 받는 경우부터 적용하여야 한다.

② 「관광진흥법」에 따른 호텔업을 경영하는 자가 외국인투숙객 비율 등 대통령령으로 정하는 기준에 해당되는 경우에는 과세기준일 현재「관광진흥법」제3조 제1항 제2호 가목에 따른 호텔업에 직접 사용하는 토지(「지방세법」제106조 제1항 제2호가 적용되는 경우로 한정한다.) 및 건축물에 대해서는 2014년 12월 31일까지 재산세의 100분의 50(관광진흥법 제19조에 따른 관광숙박업의 등급이 특1등급 및 특2등급인 경우에는 100분의 25)을 경감한다(감면종료)(법 §54 ②).

③ 「관광진흥법」제3조 제1항 제2호 가목에 따른 호텔업을 하기 위하여 취득하는 부동산에 대하여는 2014년 12월 31일까지 취득세를 과세할 때에는 제4조 제2항 제1호에도 불구하고 지방자치단체의 조례로 표준세율을 적용하도록 규정하는 경우에 한정하여 「지방세법」제13조 제1항부터 제4항까지의 세율을 적용하지 아니하며, 법인등기(설립 후 5년 이내에 자본 또는 출자액을 증가하는 경우를 포함한다.)에 대하여 2014년 12월 31일까지 등록면허세를 과세할 때에는 제4조 제2항 제1호에도 불구하고 지방자치단체의 조례로 표준세율을 적용하도록 규정하는 경우에 한정하여「지방세법」제28조 제2항 및 제3항의 세율을 적용하지 아니한다. 다만, 다음 각 호의 어느 하나에 해당하는 경우 그 해당 부분에 대해서는 경감된 취득세를 추징한다(감면종료)(법 §54 ③ Ⅰ·Ⅱ).
1. 정당한 사유 없이 그 취득일부터 3년이 경과할 때까지 해당 용도로 사용하지 아니하는 경우
2. 해당 용도로 직접 사용한 기간이 2년 미만인 상태에서 매각·증여하거나 다른 용도로 사용하는 경우

④ 다음 각 호의 재단, 기업 및 사업시행자가 그 고유업무에 직접 사용하기 위하여 취득하는 부동산에 대해서는 취득세를, 과세기준일 현재 그 고유업무에 직접 사용하는 부동산에 대해서는 재산세(「지방세법」제112조에 따른 부과액을 포함한다.)를 지방자치단체가 조례로 정하는 바에 따라 각각 2019년 12월 31일까지 감면할 수 있다(법 §54 ⑤ Ⅰ~Ⅲ) 이 경우 감면율은 100분의 50(제1호의 경우에는 100분의 100) 범위에서 정하여야 한다.
1. 「여수세계박람회 기념 및 사후활용에 관한 특별법」제4조에 따라 설립된 2012여수세계박람회재단
2. 「여수세계박람회 기념 및 사후활용에 관한 특별법」제15조 제1항에 따라 지정·고시된 해양박람회특구에서 창업하거나 사업장을 신설(기존 사업장을 이전하는 경우는 제외

한다.)하는 기업
3. 「여수세계박람회 기념 및 사후활용에 관한 특별법」 제17조에 따른 사업시행자

⑤ 「2018 평창 동계올림픽대회 및 장애인동계올림픽대회 지원 등에 관한 특별법」 제2조 제2호 나목에 따른 선수촌에 대해서는 다음 각 호에서 정하는 바에 따라 지방세를 감면한다(법 §54 ⑥ Ⅰ·Ⅱ)(감면종료).
1. 평창군에 위치한 대회직접관련시설 중 선수촌을 건축하여 취득하는 경우에 취득세를 2017년 12월 31일까지 면제한다(감면종료).
2. 제1호에 해당하는 시설이 대회 이후에 「지방세법」 제13조 제5항 제1호에 해당하는 경우에는 같은 법 제111조 제1항 제3호 가목 및 이 법 제177조에도 불구하고 2022년 12월 31일까지 「지방세법」 제111조 제1항 제3호 나목을 적용한다.

(1) 관광단지개발에 대한 면제

취득세 경감

관광진흥법에 의한 관광단지개발 사업시행자가 관광단지개발사업을 시행하기 위하여 취득하는 부동산에 대해서는 취득세의 100분의 25를 2022년 12월 31일까지 경감하며, 해당 지역의 관광단지 조성 여건, 재정 여건 등을 고려하여 100분의 25의 범위에서 조례로 정하는 율을 추가로 경감할 수 있다. 다만, 그 취득일부터 1년 이내에 정당한 사유 없이 관광단지개발사업에 직접 사용하지 아니하는 경우 또는 그 사용일부터 2년 이상 해당 용도로 직접 사용하지 아니하고 매각·증여하거나 다른 용도로 사용하는 경우에 해당 부분에 대하여는 면제된 취득세를 추징한다.

그러므로 조례로 해당 지역의 관광단지 조성여건 등을 고려하여 100분의 50까지 추가로 취득세를 경감하게 되면 결국 취득세를 면제하는 것과 같이 된다.

> **사례**
>
> ❖ **관광진흥법에 따른 개발사업 시행자의 범위**
>
> 구 지방세법 제277조 제1항에서 정한 '관광진흥법에 의한 관광단지개발 사업시행자'는 관광단지의 지정은 물론 관광진흥법에 따라 조성계획의 승인까지 받은 사업시행자를 의미하며, 관광단지 조성계획의 승인이나 관광진흥법 제55조 제2항에 따른 시·도지사의 승인을 받지 아니한 채 취득한 부동산은 구 지방세법 제277조 제1항에 따른 취득세와 등록세의 감면대상이 될 수 없다.
>
> (대법 2014두12505, 2015.5.28.)

❖ 경제자유구역법에 따라 관광단지 조성계획이 승인된 경우 관광단지개발 사업시행자로 볼 수 있는지 여부

원고가 경제자유구역법 제9조에 의하여 경제자유구역개발사업 실시계획을 승인받아 같은 법 제11조 제1항 제13호에 의하여 관광진흥법 제54조 제1항의 관광단지 조성계획 승인을 받은 것으로 의제되더라도 구 지방세특례제한법 제54조 제1항에서 규정하는 "관광진흥법 제55조 제1항에 따른 관광단지개발 사업시행자"에 해당한다고 볼 수 없다.

(대법 2018두38499, 2018.6.28.)

(2) 여수세계박람회에 대한 감면

여수세계박람회 기념 및 사후활용에 관한 특별법 제4조 및 법 제54조 제4항에서 규정한 조례 위임규정에 따라 전라남도 도세감면조례 제13조에 따라 여수세계박람회 사후활용 지원을 위한 감면을 통해 아래와 같이 감면되고 있다.

① 「여수세계박람회 기념 및 사후활용에 관한 특별법」 제4조에 따라 설립된 2012여수세계박람회재단이 그 고유업무에 직접 사용하기 위하여 취득하는 부동산에 대해서는 취득세를, 과세기준일 현재 그 고유업무에 직접 사용하는 부동산에 대해서는 「지방세법」 제146조 제2항에 따른 지역자원시설세를 각각 2022년 12월 31일까지 면제한다.

② 「여수세계박람회 기념 및 사후활용에 관한 특별법」 제15조 제1항에 따라 지정·고시된 해양박람회특구에서 창업하거나 사업장을 신설(기존 사업장을 이전하는 경우는 제외한다.)하는 기업이 그 고유업무에 직접 사용하기 위하여 취득하는 부동산에 대해서는 취득세의 100분의 50을 2022년 12월 31일까지 경감한다.

③ 「여수세계박람회 기념 및 사후활용에 관한 특별법」 제17조에 따른 사업시행자가 그 고유업무에 직접 사용하기 위하여 취득하는 부동산에 대해서는 취득세의 100분의 50을 2022년 12월 31일까지 경감한다.

④ 제1항부터 제3항까지의 감면을 적용할 때 다음 각 호의 어느 하나에 해당하는 경우 그 해당 부분에 대해서는 감면된 취득세를 추징한다.
  1. 정당한 사유 없이 그 취득일부터 1년이 경과할 때까지 해당 용도로 직접 사용하지 아니하는 경우
  2. 해당 용도로 직접 사용한 기간이 2년 미만인 상태에서 매각·증여하거나 다른 용도로 사용하는 경우

제55조 문화재에 대한 감면

① 「문화재보호법」에 따라 사적지로 지정된 토지(소유자가 사용·수익하는 사적지는 제외한다.)에 대해서는 재산세(「지방세법」 제112조에 따른 부과액을 포함한다.)를 면제한다. 다만, 수익사업에 사용하는 경우와 해당 재산이 유료로 사용되는 경우의 그 재산 및 해당 재산의 일부가 그 목적에 직접 사용되지 아니하는 경우의 그 일부 재산에 대해서는 면제하지 아니한다(법 §55 ①).

② 「문화재보호법」에 따른 문화재에 대해서는 다음 각 호에 따라 재산세를 감면한다(법 §55 ② Ⅰ·Ⅱ).

1. 「문화재보호법」 제2조 제2항에 따른 문화재(국가무형문화재는 제외한다.)로 지정된 부동산에 대해서는 재산세(「지방세법」 제112조에 따른 부과액을 포함한다. 이하 이 항에서 같다.)를 면제하고, 같은 법 제27조에 따라 지정된 보호구역에 있는 부동산에 대해서는 재산세의 100분의 50을 경감한다. 이 경우 지방자치단체의 장이 해당 보호구역의 재정여건 등을 고려하여 100분의 50의 범위에서 조례로 정하는 율을 추가로 경감할 수 있다.
2. 「문화재보호법」 제53조 제1항에 따라 국가등록 문화재와 그 부속토지에 대해서는 재산세의 100분의 50을 경감한다.

(1) 사적지로 지정된 토지

재산세 면제

문화재보호법에 따라 사적지로 지정된 토지 중 소유자가 사용, 수익하는 사적지를 제외한 토지에 대해서는 재산세를 면제한다. 이 경우 지방세법 제112조에 따라 과세하는 상당액을 재산세에 포함하여 면제한다. 다만, 수익사업에 사용하는 경우와 해당 재산이 유료로 사용되는 경우의 그 재산 및 해당 재산의 일부가 그 목적에 직접 사용되지 아니하는 경우의 그 일부 재산에 대해서는 면제하지 아니한다.

그리고 문화재 등의 지정 또는 인정은 그 문화재의 소유자, 보호자, 명예보유자, 점유자 등에 대하여는 그 지정 또는 인정의 통지를 받은 날부터 효력이 발생하고, 그 밖의 자에 대하여는 관보에 고시된 날로부터 그 효력이 발생하므로 이 효력이 발생한 날 이후 최초로 개시되는 과세기준일부터 재산세가 면제된다(문화재보호법 §30). 또한 이 조항 중 사적지라도 소유자가 사용·수익하는 토지는 면제대상에서 제외하도록 하고 있는바 소유자가 사용·수익한다고 하는 것은 상시 소유자가 배타적·독점적으로 사용하는 경우와 해당 토지를 타인에게 임대하여 임대료를 받거나 일반 영리 등의 사업에 공여하여 수익을 향수(享受)하는 경우를 뜻한다고 보아야 하며 소유자의 이해와 관계없이 일반 대중이나 고객이 상시 또는 수시 활용 내지 사용하는 경우는 소유자가 사용·수익하는 것으로 볼 수 없다.

이 경우 감면 대상은 아래 국가지정문화재, 시·도지정 문화재, 등록문화재를 대상으로 하고 있다.

1. 국가지정문화재
   - 국보 : 보물에 해당하는 문화재 중 인류문화의 견지에서 그 가치가 크고 유례가 드문 것
   - 보물 : 건조물·서적·고문서 등의 중요한 것
   - 사적 : 기념물 중 유적·제사·분묘 등으로서 중요한 것
   - 천연기념물 : 기념물 중 동물·식물·지질·광물로서 중요한 것
   - 중요무형문화재 : 연극, 음악, 무용, 공예기술 등 무형의 문화적 소산으로서 역사적·예술적 또는 학술적 가치가 큰 것
   - 중요민속문화재 : 의식주·생산·생업·교통·운수·오락 등으로서 중요한 것

2. 시·도지정 문화재
   - 유형문화재, 무형문화재, 민속문화재
   - 기념물 : 폐총·고분·성지·요지 등의 사적지로서 역사상, 학술상 가치가 큰 것. 경승지로서 예술상 가치가 큰 것 등

3. 등록문화재 : 문화재위원회의 심의를 거쳐 지정된 문화재가 아닌 문화재 중 건설·제작·형성된 후 50년 이상 지난 것으로 보존·활용 가치가 있는 것

(2) 문화재보호법에 따라 지정·등록된 문화재와 그 부속토지

재산세 면제 및 경감

문화재보호법에 따른 문화재에 대하여는 다음 각 호에 따라 재산세를 감면한다.

① 문화재보호법 제2조 제2항에 따른 문화재(국가무형문화재는 제외한다.)로 지정된 부동산에 대해서는 재산세(지방세법 제112조에 따른 부과액을 포함한다.)를 면제하고, 같은 법 제27조 따라 지정된 보호구역에 있는 부동산에 대해서는 재산세의 100분의 50을 경감한다. 이 경우 지방자치단체의 장이 해당 보호구역의 재정여건 등을 고려하여 100분의 50의 범위에서 조례를 정하는 율을 추가로 경감할 수 있다. 이 탄력세율은 종전대로 문화재와 동일하게 보호구역도 면제대상을 축소한데 대한 조치이다.

이 경우 "지정문화재"란 국가지정문화재, 시·도지정문화재 및 문화재자료를 말하고, "보호구역"이란 지상에 고정되어 있는 유형물이나 일정한 지역이 문화재로 지정된 경우

에 해당 지정문화재의 점유 면적을 제외한 지역으로서 그 지정문화재를 보호하기 위하여 문화재보호법 제27조에 따라 지정된 구역을 말한다.

② 문화재보호법 제53조 제1항에 따른 국가등록 문화재와 그 부속토지에 대해서는 재산세의 100분의 50을 경감한다.

이 경우 등록문화재는 지정문화재가 아닌 유형문화재·기념물 및 민속문화재 중에서 보존과 활용을 위한 조치가 특별히 필요한 것은 문화재위원회의 심의를 거쳐 등록할 수 있는데 이것을 등록문화재라 한다. 다만, 지방자치단체의 장이 해당 보호구역의 재정여건 등을 고려하여 100분의 50의 범위에서 조례를 정하는 율을 추가로 경감할 수 있도록 규정함에 따라 각 지방자치단체별로 지방자치단체 문화재 보호 조례에 따라 문화재로 지정된 부동산 및 같은 조례에 따라 지정된 문화재 보호구역 안의 부동산에 대해서는 재산세를 2022년 12월 31일까지 면제한다고 규정하고 있다.

제5절 기업구조 및 재무조정 등에 대한 지원

제56조 기업의 신용보증 지원을 위한 감면

① 「신용보증기금법」에 따른 신용보증기금이 같은 법 제23조 제1항 제2호의 신용보증 업무에 직접 사용하기 위하여 취득하는 부동산에 대하여는 2014년 12월 31일까지 취득세의 100분의 50을 경감한다(일몰기간이 종료된 규정임)(법 §56 ①).

② 「기술신용보증기금법」에 따라 설립된 기술신용보증기금이 같은 법 제28조 제1항 제2호 및 제3호의 신용보증 업무에 직접 사용하기 위하여 취득하는 부동산에 대하여는 2014년 12월 31일까지 취득세의 100분의 50을 경감한다(일몰기간이 종료된 규정임)(법 §56 ②).

③ 「지역신용보증재단법」에 따라 설립된 신용보증재단에 대해서는 다음 각 호에서 정하는 바에 따라 2025년 12월 31일까지 지방세를 경감한다(법 §56 ③ Ⅰ~Ⅲ).
  1. 「지역신용보증재단법」 제17조 제2호에 따른 신용보증업무(이하 이조에서 "신용보증업무"라 한다.)에 직접 사용하기 위하여 취득하는 부동산에 대해서는 취득세의 100분의 50을 경감한다.
  2. (삭제)
  3. 과세기준일 현재 신용보증업무에 직접 사용하는 부동산에 대해서는 재산세의 100분의 50을 경감한다.

제57조 기업구조조정 등 지원을 위한 감면

제57조의 2 규정을 신설하면서 동 규정은 삭제(2014.12.31.)

제57조의 2 기업합병·분할 등에 대한 감면

① 「법인세법」 제44조 제2항 또는 제3항에 해당하는 합병으로서 대통령령으로 정하는 합병에 따라 양수(讓受)하는 사업용 재산을 2024년 12월 31일까지 취득하는 경우에는 「지방세법」 제15조 제1항에 따라 산출한 취득세의 100분의 50, 법인으로서 중소기업기본

법에 따른 중소기업간 합병 및 법인이 대통령령으로 정하는 기술혁신형 사업법인과의 합병을 하는 경우에는 취득세의 100분의 60을 경감하되, 해당 재산이「지방세법」제15조 제1항 제3호 단서에 해당하는 경우에는 다음 각 호에서 정하는 금액을 빼고 산출한 취득세를 면제한다. 다만, 합병등기일부터 3년 이내에「법인세법」제44조의 3 제3항 각 호의 어느 하나에 해당하는 사유가 발생하는 경우(같은 항 각 호 외의 부분 단서에 해당하는 경우는 제외한다.)에는 경감된 취득세를 추징한다(법 §57의 2 ① Ⅰ·Ⅱ).

1. 「지방세법」제13조 제1항에 따른 취득 재산에 대해서는 같은 조에 따른 중과기준세율(이하 "중과기준세율"이라 한다.)의 100분의 300을 적용하여 산정한 금액
2. 「지방세법」제13조 제5항에 따른 취득 재산에 대해서는 중과기준세율의 100분의 500을 적용하여 산정한 금액

이 경우 "대통령령으로 정하는 합병"이란 합병일 현재「조세특례제한법 시행령」제29조 제3항에 따른 소비성서비스업(소비성서비스업과 다른 사업을 겸영하고 있는 경우로서 합병일이 속하는 사업연도의 직전 사업연도의 소비성서비스업의 사업별 수입금액이 가장 큰 경우를 포함하며, 이하 이 항에서 "소비성서비스업"이라 한다.)을 제외한 사업을 1년 이상 계속하여 영위한 법인(이하 이 항에서 "합병법인"이라 한다.) 간의 합병을 말한다. 이 경우 소비성서비스업을 1년 이상 영위한 법인이 합병으로 인하여 소멸하고 합병법인이 소비성서비스업을 영위하지 아니하는 경우에는 해당 합병을 포함한다(영 §28의 2 ①).

그리고 법 제1항 각 호의 본문에서 "대통령령으로 정하는 기술혁신사업법인"이란 다음 각 호의 어느 하나에 해당하는 법인을 말한다(영 §28의 2 ② Ⅰ~Ⅳ).

1. 합병등기일까지「벤처기업육성에 관한 특별조치법」제25조에 따라 벤처기업으로 확인받은 법인
2. 합병등기일까지「중소기업 기술혁신 촉진법」제15조와 같은 법 시행령 제13조에 따라 기술혁신형 중소기업으로 선정된 법인
3. 합병등기일이 속하는 사업연도의 직전 사업연도의「조세특례제한법」제10조 제1항 각 호 외의 부분 전단에 따른 연구·인력개발비가 매출액의 100분의 5 이상인 중소기업
4. 합병등기일까지 다음 각 목의 어느 하나에 해당하는 인증 등을 받은 중소기업
   가. 「보건의료기술 진흥법」제8조 제1항에 따른 보건신기술 인증
   나. 「산업기술혁신 촉진법」제15조의 2 제1항에 따른 신기술 인증
   다. 「산업기술혁신 촉진법」제16조 제1항에 따른 신제품 인증
   라. 「제약산업 육성 및 지원에 관한 특별법」제7조 제2항에 따른 혁신형 제약기업 인증
   마. 「중견기업 성장촉진 및 경쟁력 강화에 관한 특별법」제18조 제1항에 따른 중견기업등의 선정

이는 적격합병에 따른 감면율을 축소(100%→50%)하되, 중소기업법인 및 기술혁신형사업법인간 합병은 감면 우대(60%)한것이며, 법에서 위임한 기술혁신형사업은 i) 벤처기업으로 확인받은 법인, 기술혁신형 중소기업으로 선정된 법인, 연구·인력개발비가 매출액의 5% 이상인 중소기업 ii) 보건신기술 인증 중소기업, 산업기술혁신 촉진법 신기술 인증 중소기업, 혁신형 제약기업 인증 중소기업, 중견기업 성장촉진 및 경쟁력 강화에 관한 특별법 선정 중견기업으로 범위 규정(법인으로 한정) 한 것이다.

중과세 세율로 산출한 세액을 뺀 세액의 취득세 면제

이러한 합병에 따라 양수하는 재산을 취득하는 경우에는 지방세법 제15조 제1항에 따라 산출한 취득세(지방세법 제11조 및 제12조에 따른 세율에서 중과기준세율 2%를 뺀 세율로 산출한 세액)를 면제하는데, 합병으로 양수하는 재산이 합병 후에 지방세법 제15조 제1항 제3호 단서 규정[법인의 합병으로 인하여 취득한 과세물건이 합병 후에 지방세법 제16조에 따른 과세물건(대도시에서 법인의 본점 신축 등과 별장, 고급오락장이 되어 취득세가 중과세 되는 과세물건을 말한다.)에 해당하는 경우]에는,

㉮ 지방세법 제13조 제1항에 따른 취득(부동산 취득)재산에 대하여는 같은 조에 따른 중과기준세율(1천분의 20)에서 100분의 300의 세율을 적용하여 산정한 금액을 빼고 산출한 취득세를 면제한다.

예를 들면, 합병법인이 대도시에서 본점이나 주사무소의 사업용 부동산을 취득한 경우라면 본래는 부동산에 적용하는 세율인 1천분의 40의 세율에 중과기준세율(1천분의 20)의 100분의 200을 합한 세율을 적용하여야 하는데(4% + 2%×2 = 8%), 이 경우는 적용세율 8%에서 중과기준세율에서 100분의 300의 세율(2%×3 = 6%)을 뺀(8%-6% = 2%)세율로 산출한 취득세액만 면제한다는 것이다.

㉯ 지방세법 제13조 제5항에 따른 취득(별장, 골프장 등의 취득)재산에 대해서는 중과기준세율(1천분의 20)에서 100분의 500의 세율을 적용하여 산정한 금액을 빼고 산출한 취득세를 면제한다.

이 경우는 합병법인이 골프장 등을 취득한 경우라면 본래는 해당 부동산 가액에 적용하는 세율인 1천분의 40의 세율에 중과기준세율(1천분의 20)의 100분의 400을 합한 세율을 적용해야 하는데(4% + 2%×4 = 12%), 이 경우는 적용세율 12%에서 중과기준세율에서 100분의 500의 세율(2%×5 = 10%)을 뺀(12%-10% = 2%)세율로 산출한 취득세액만 면제한다는 것이다.

이 경우 합병에는 합병일 현재「조세특례제한법 시행령」제29조 제3항에 따른 소비성서비스업을 제외한 사업을 1년 이상 계속하여 영위한 법인 간의 합병을 말하고, 또한 소비성

서비스업을 1년 이상 영위한 법인이 합병으로 인하여 소멸하고 합병법인이 소비성서비스업을 영위하지 아니하는 경우에는 해당 합병을 포함한다.

그런데 합병등기일부터 3년 이내에 「법인세법」 제44조의 3 각 호 어느 하나(부득이한 사유없이 합병법인이 피합병법인으로부터 승계받은 사업을 폐지하는 경우 또는 피합병법인의 주주 등이 합병법인으로부터 받은 주식 등을 처분하는 경우)에 해당하는 사유가 발행하는 경우에는 경감된 취득세를 추징한다.

취득세 면제, 등록면허세 경감

② 다음 각 호에서 정하는 법인의 합병으로 양수받은 재산의 취득에 대해서는 취득세를 2024년 12월 31일까지 면제하고, 합병으로 양수받아 3년 이내에 등기하는 재산에 대해서는 2024년 12월 31일까지 등록면허세의 100분의 50을 경감한다. 다만, 합병등기일부터 3년 이내에 「법인세법」 제44조의 3 제3항 각 호의 어느 하나에 해당하는 사유가 발생하는 경우(같은 항 각 호 외의 부분 단서에 해당하는 경우는 제외한다.)에는 면제된 취득세를 추징한다(법 §57의 2 ② Ⅰ~Ⅳ).
  1. 「농업협동조합법」, 「수산업협동조합법」 및 「산림조합법」에 따라 설립된 조합 간의 합병
  2. 「새마을금고법」에 따라 설립된 새마을금고 간의 합병
  3. 「신용협동조합법」에 따라 설립된 신용협동조합 간의 합병
  4. 삭제

취득세 감면

③ 다음에 해당하는 재산을 2024년 12월 31일까지 취득하는 경우에는 취득세의 100분의 75를 경감한다. 다만, 제1호의 경우 2019년 12월 31일까지는 취득세의 100분의 75를, 2020년 12월 31일까지는 취득세의 100분의 50을, 2024년 12월 31일까지는 취득세의 100분의 25를 각각 경감하고 제7호의 경우에는 취득세를 면제한다(법 §57의 2 ③ 본문).

(1) 국유재산의 현물출자 재산에 대한 경감(법 §57의 2 ③ Ⅰ)

국유재산법에 따른 현물출자 재산에 대해서는 취득세를 경감한다. 이 규정에서의 현물출자는 ① 정부출자기업체를 새로 설립하는 경우 ② 정부출자기업체의 고유목적사업을 원활히 수행하기 위하여 자본의 확충이 필요한 경우 ③ 정부출자기업체의 운영체제와 경영구조의 개편을 위하여 필요한 경우에 일반재산을 현물출자하는 것을 말한다. 여기에서 국유재산의 구분과 종류를 살펴보면 국유재산은 그 용도에 따라 행정재산과 일반재산으로

구분되는데 행정재산은 공용재산·공공용재산·기업용재산 및 보존용재산이 있고, 행정재산 외는 모든 국유재산을 일반재산이라 하므로 현물출자 할 수 있는 국유재산은 일반재산에 한정된다.

(2) 법인분할에 따른 재산에 대한 경감(법 §57의 2 ③ II)

법인세법 제46조 제2항 각 호(물적분할인 경우에는 같은 법 제47조 제1항)의 요건을 갖춘 분할(같은 법 제46조제3항에 해당하는 경우는 제외한다)로 인하여 취득하는 재산에 대해서는 취득세를 경감한다.14) 다만, 분할등기일부터 3년 이내에 같은 법 제46조의 3 제3항(물적분할의 경우에는 같은 법 제47조 제3항) 각 호의 어느 하나에 해당하는 사유가 발생하는 경우(같은 항 각 호 외의 부분 단서에 해당하는 경우는 제외한다.)에는 감면받은 취득세를 추징한다.

여기에서 법인세법 제46조 제2항에 의한 분할이라 함은 분할신설법인 또는 분할합병의 상대방 법인이 분할법인 또는 소멸한 분할법인의 상대방 법인의 자산을 승계하는 경우로서 다음의 요건을 갖춘 분할을 말한다.

㉮ 분할등기일 현재 5년 이상 사업을 계속하던 내국법인이 다음의 요건을 모두 갖추어 분할하는 경우일 것
- 분리하여 사업이 가능한 독립된 사업부문을 분할하는 것일 것
- 분할하는 사업부문의 자산 및 부채가 포괄적으로 승계될 것. 다만, 공동으로 사용하던 자산, 채무자의 변경이 불가능한 부채 등 분할하기 어려운 자산과 부채 등으로서 대통령령으로 정하는 것은 제외한다.
- 분할법인등만의 출자에 의하여 분할하는 것일 것

㉯ 분할법인 또는 소멸한 분할법인의 상대방 법인의 주주가 분할신설법인 또는 분할합병의 상대방 법인으로부터 받은 분할대가의 전액이 주식인 경우(분할합병의 경우에는 분할대가의 100분의 80 이상이 분할신설법인등의 주식인 경우 또는 분할대가의 100분의 80 이상이 분할합병의 상대방 법인의 발행주식총수 또는 출자총액을 소유하고 있는 내국법인의 주식인 경우를 말한다.)로서 그 주식이 분할법인등의 주주가 소유하던 주식의 비율에 따라 배정(분할합병의 경우에는 대통령령으로 정하는 바에 따라 배정한 것을 말한다.)되고 대통령령으로 정하는 분할법인등의 주주가 분할등기일이 속하는 사업연도의 종료일까지 그 주식을 보유할 것

㉰ 분할신설법인 등이 분할등기일이 속하는 사업연도의 종료일까지 분할법인 등으로부

---

14) 물적분할이라 함은 인적분할이 분할대가를 분할법인의 주주에게 교부하는 데 반하여 분할대가를 분할법인에게 교부하는 유형의 분할을 말한다. 법인세법에서는 법인의 합병 및 분할을 지원하기 위하여 각종 세제지원을 하고 있는데 물적분할의 경우 분할법인이 분할신설법인 또는 분할합병의 상대방법인의 주식을 취득한 경우로서 과세이연요건을 충족한 경우에는 자산양도차익상당액을 분할등기일이 속하는 사업연도의 압축기장충당금으로 계상하여 손금에 산입할 수 있도록 하고 있다.

터 승계받은 사업을 계속 할 것

그리고 법인세법 제47조 제1항에 의한 물적분할이라 함은 분할법인이 물적분할에 의하여 분할신설법인의 주식 등을 취득한 경우로서 법인세법 제46조 제2항 각호의 요건(같은 항 제2호의 경우 전액이 주식 등이어야 한다.)을 갖춘 경우 그 주식 등의 가액 중 물적분할로 인하여 취득하는 재산에 관한 등기가 여기에 해당된다.

그런데 분할신설법인 등이 분할법인 등으로부터 승계받은 사업을 폐지하는 경우와 분할법인 등의 주주가 분할신설법인 등으로부터 받은 주식을 처분하는 경우(물적분할인 경우에는 분할신설법인이 분할법인으로부터 승계받은 사업을 분할등기일부터 3년 이내의 범위 이내에 폐지하는 경우와 분할법인이 분할신설법인으로부터 받은 주식 등을 처분하는 경우)에는 감면받은 취득세를 추징한다.

이 경우 '분리하여 사업 가능한 독립된 사업부문'이라는 요건[구 법인세법 시행령(2010. 6. 8. 대통령령 제22184호로 개정되기 전의 것, 이하 같다.) 제82조 제3항 제1호]은, 기능적 관점에서 분할 이후 기존의 사업활동을 독립하여 영위할 수 있는 사업부문이 분할되어야 함을 뜻한다. 독립된 사업활동이 불가능한 개별 자산만을 이전하여 사실상 양도차익을 실현한 것에 불과한 경우와 구별하기 위함이다. 독립적으로 사업이 가능하다면 단일 사업부문의 일부를 분할하는 것도 가능하다.

'분할하는 사업부문의 자산 및 부채가 포괄적으로 승계될 것'이라는 요건(구 법인세법 시행령 제82조 제3항 제2호)은 위 독립된 사업부문 요건을 보완하는 것으로서, 해당 사업활동에 필요한 자산·부채가 분할신설법인에 한꺼번에 이전되어야 함을 뜻한다. 다른 사업부문에 공동으로 사용되는 자산·부채 등과 같이 분할하기 어려운 것은 승계되지 않더라도 기업의 실질적 동일성을 해치지 않는다.

'승계받은 사업을 계속 영위할 것'이라는 요건[구 법인세법(2009. 12. 31. 법률 제9898호로 개정되기 전의 것, 이하 같다.) 제46조 제1항 제3호]은, 분할 전후 사업의 실질적 동일성이 유지되도록 하는 것으로서, 분할등기일이 속하는 사업연도 종료일 전에 승계한 고정자산가액의 2분의 1 이상을 처분하거나 승계한 사업에 직접 사용하지 아니한 경우에는 사업의 폐지와 다름없다고 본다(구 법인세법 시행령 제83조 제4항, 제80조 제3항). 처분 또는 직접 사용 여부는 입법 취지와 해당 사업 내용을 고려하여 실제의 사용관계를 기준으로 객관적으로 판단하여야 한다.

'분할대가 전액이 주식'이어야 한다는 요건(구 법인세법 제47조 제1항 괄호 안, 제46조 제1항 제2호)은, 분할법인이 분할되는 사업부문의 자산·부채를 분할신설법인으로 이전하는 대가로 분할신설법인 주식만을 취득하여야 한다는 것으로서, 지분관계의 계속성을 정한 것이다.

◆ 사례 ┃

❖ **회사분할시 발생하는 분할법인 및 신설법인 자산양도에 대한 면제 여부**

원심이 인용한 (제1심판결) 및 원심판결 이유에 의하면, 원심은 판시와 같은 사실을 인정한 다음, 이 사건 받을 어음 및 매출채권은 합성수지 사업과 관련하여 화학약품 공급대가로 취득한 것이므로 분할 전 0000 주식회사의 자산 중 분할하는 사업부문 자산에 해당하는데 이들 자산이 위 회사에서 분할된 원고 회사에 포괄승계되지 않은 이상 과세특례 요건인 구 법인세법 시행령 제82조 제3항 제2호 본문의 '분할하는 사업부문의 자산 및 부채가 포괄적으로 승계될 것'을 충족하지 못한 한편, 이 사건 받을 어음은 배서로, 이 사건 매출채권은 채권양도로 손쉽게 원고 회사에 분할(이전)해 줄 수 있으므로 그 성질상 구 법인세법 시행규칙 제41조의2 소정의 '공동으로 사용하던 자산 등 분할하기 어려운 자산'에 해당하지 않는다는 취지에서 이 사건 과세처분이 적법하다고 판단하였다.

관련 법령과 기록에 비추어 살펴보면, 원심의 위와 같은 판단은 정당한 것으로 수긍할 수 있고, 거기에 상고이유 주장과 같은 구 법인세법 시행령 제82조 제3항 제2호 본문과 구 법인세법 시행규칙 제41조의2의 해석 및 범위, 이 사건 매출채권의 성질에 관한 법리를 오해하거나 조세형평의 원칙을 위반하여 판결 결과에 영향을 미친 위법 등이 없다.

(대법 2011두30502, 2012.4.12.)

❖ **적격법인분할 과정에서 이전되는 전세권 설정등기에 따른 등록면허세가 분법후 조특법 규정에 따라 감면될 수 있는지 여부**

행정안전부장관에 대한 사실조회결과에 변론 전체의 취지를 종합하여 인정되는 다음과 같은 사정들을 종합하면, 이 사건 전세권이전등기는 '지방세법 제2장에 따른 취득을 원인으로 이루어지는 등기 또는 등록'에 해당한다고 볼 수 없어 개정 조특법 제120조 제1항 제6호 소정의 '적격분할(법인세법 제46조 제2항 각 호의 요건을 갖춘 분할)로 인하여 취득하는 재산'에 해당하지 아니하므로, 그와 반대의 전제에 선 원고의 주장은 모두 이유 없다.(하급심-고법)

기업구조조정의 실체를 갖춘 적격분할의 경우 분할법인 등에게 여러 세제혜택을 주는 법인세법과 조특법의 관계 규정의 취지에 비추어 적격분할로 인하여 취득하는 재산에 대하여는 소유권 이외의 재산권의 경우에도 여전히 등록면허세를 면제할 필요성이 있다고 하더라도 이는 입법적으로 해결하여야 할 문제로 보인다(하급심-고법).

(대법 2013두24839, 2014.3.14.)

❖ **합병에 대한 최소납부제에 대한 감면율 적용**

「지방세특례제한법」제177조의2에서 최소납부세제 적용에 대하여 "이 법에 따라 취득세 또는 재산세가 면제되는 경우"라고 규정하고 있어, 합병의 경우 같은 법 제57의2에 의해 산출된 과세표준액에 취득세율(1.5%)을 적용하여 산출한 세액에 해 100분의 85에 해당하는 감면율을 적용하는 것이 타당함

(행자부 지방세특례제도과-1534, 2016.7.5.)

❖ **물적분할로 신설되는 자회사에 승계한 경우 감면요건으로 볼 수 있는지 여부**

00의 공장 화학제품제조 사업부문과 도시개발 사업부문은 기존의 다른 사업부문에서 독립하여 사업활동의 영위가 충분히 가능한 사업부문이다. 이들 사업부문의 내용과 기능적 특성상 기존 사업부문의 종업원들이 일부를 제외하고 분할신설법인인 원고로 옮겨가지 않았다는 점

을 들어 독립된 사업부문의 분할이 아니라고 할 수 없다.
원고는 폐석회처리공사 관련 채무를 포함하여 분할되는 사업부문에 관련된 권리·의무를 포괄승계하였다. 인천공장 부지를 담보로 한 차입금 채무는 00의 다른 사업 부문에도 공통적으로 관련된 것이므로, 그 중 회사채 상환, 법인세 납부 등에 사용될 일부를 제외한 나머지만을 물적분할로 신설되는 자회사인 원고에 승계시킨 것을 요건 불비로 보기 어렵다.
원고는 승계한 고정자산을 화학제품제조 사업부문과 도시개발 사업부문에 실제 사용하였고, 그 사용 방식에 있어 업무위탁을 하였다고 하여 달리 볼 수 없다. 또한 원고가 승계한 사업을 계속하면서 금융기관 대출채무를 담보하기 위하여 신탁등기를 설정한 것이, 법인세법령상 승계사업의 폐지로 간주되는 고정자산의 처분에 해당한다고 보기도 어렵다.
00의 분할계약에 따라 분할의 대가로 원고 주식만을 받았다. 분할 직전에 대출받은 차입금 중 일부가 원고에 승계되지 않았다는 사정은, 위에서 본 권리·의무의 포괄승계 요건과 관련하여 검토될 내용일 뿐, 분할대가와는 아무런 관련이 없다.

(대법 2016두45219, 2018.6.28.)

❖ **재판상이혼에 따른 주식이전의 경우 추징대상 여부**

재판상 이혼 및 그에 수반한 재산분할 조정의무의 이행으로서 분할신설법인의 주식을 배우자에게 이전한 경우 추징배제 사유(주주가 법령상 의무를 이행하기 위하여 주식을 처분하는 경우)에 해당

(대법 2021두31733, 2021.5.13)

(3) 현물출자 따라 취득하는 재산에 대한 경감(법 §57의 2 ③ Ⅲ)

법인세법 제47조의 2에 따른 현물출자에 따라 취득하는 재산에 대해서는 취득세를 경감한다. 다만, 취득일부터 3년 이내에 같은 법 제47조의 2 제3항 각 호의 어느 하나에 해당하는 사유가 발생하는 경우(같은 항 각 호 외의 부분 단서에 해당하는 경우는 제외한다.)에는 감면받은 취득세를 추징한다.

이 경우 "법인세법 제47조의 2에 따른 현물출자 재산"이라 함은 내국법인 즉, ① 출자법인이 현물출자일 현재 5년 이상 사업을 계속한 법인이어야 하고, ② 피출자법인이 그 현물출자일이 속하는 사업연도의 종료일까지 출자법인으로부터 승계받은 사업을 계속하여야 하며, ③ 다른 내국인 또는 외국인과 공동으로 출자하는 경우 공동으로 출자한 자가 출자법인의 법인세법 제52조 제1항에 따른 특수관계인이 아니어야 하고, ④ 출자법인 및 ③에 따라 출자법인과 공동으로 출자한 자가 현물출자일 다음 날 현재 피출자법인의 발행주식총수 또는 출자총액의 100분의 80 이상의 주식 등을 보유하고, 현물출자일이 속하는 사업연도의 종료일까지 그 주식 등을 보유해야하며, 출자법인을 분리하여 사업이 가능한 독립부문을 현물출자를 통하여 피 출자법인에 승계하는 요건을 갖춘 현물출자에 의하여 새로운 내국법인(신설법인)을 설립하는 때에 그 현물출자하는 재산을 말한다.

그런데 ① 피출자법인이 출자법인으로부터 승계받은 사업을 폐지하는 경우와 ② 출자법인 등이 피 출자법인의 발행주식 총수 또는 출자총액의 100분의 50 미만으로 주식 등을 보유하게 되는 경우에는 감면받은 취득세를 추징한다.

> **사례**
>
> ❖ **광업권이 현물출자 대상으로 과세면제대상이 되는지 여부**
>
> 원고의 설립등기일 현재 5년 이상 계속하여 사업을 영위한 내국법인인 소외 회사의 현물출자에 따라 원고가 취득한 이 사건 광업권이 구 법제120조 제1항 제6호 소정의 취득세 면제대상 재산에 해당한다고 판단한 것은 정당하고, 거기에 주장하는 바와 같은 법리오해 등의 위법이 없다.
> (대법 2006두12494, 2008.10.23.)
>
> ❖ **물적분할 시 양도손익이 발생한 경우 감면 여부**
>
> 분할법인이 물적분할에 의하여 분할신설법인의 주식 등을 취득한 경우로서「법 인세법」제46조 제2항 각 호의 요건을 갖춘 경우라면, 물적분할 시 양도손익이 발생할 경우에도「지방세특례제한법」제57조의 2 제3항 제2호에 따라 취득세를 면제할 수 있는 것임
> (행자부 지방세특례제도과-405, 2016.2.23.)
>
> ❖ **현물출자 또는 사업양도·양수에 따른 감면대상에 해당되는지 여부**
>
> 쟁점부채를 현물출자기준일에 개인사업장의 대표자로부터 차입한 것으로 하여 부채로 계상하였으나 그에 따른 현금 유입 등이 없다면 개인의 법인전환에 따른 면제요건을 갖추지 못한 것이다.
> (조심 16지1037, 2016.11.24.)
>
> 복수의 개인사업자가 운영하던 사업장이 법인 전환되는 경우 사업자별 배정한 주식의 단주 처리한 금액 합계가 액면가액을 초과한다하여도 감면대상이다.
> (조심 16지161, 2016.5.25.)
>
> 사업자가 현물출자일 이전에 사실상 폐업했던 상태로 자산을 출자하였다면, 이는 감면대상에서 제외하는 것이 타당하다.
> (조심 11지271, 2011.10.19.)
>
> 개인사업자가 임대사업용으로 사용하던 부동산을 현물출자하여 법인을 설립하고 그 법인이 부동산을 임대업이 아닌 제조업에 사용한다 하여도 법인의 정관상 목적사업에 부동산임대업이 포함되어 있다면 해당 사업을 폐업한 것이 아니다.
> (조심 15지1346, 2016.3.18.)
>
> 개인사업자의 사업용 자산으로 사용되었음에도 이를 청구법인에 현물출자하지 아니한 것은 해당 사업이 청구법인에게 승계되어 사업의 동일성을 유지한 것으로 보기 어렵다
> (조심 16지178, 2016.9.21.)
>
> 취득일부터 2년 이내에 청구법인이 이 건 부동산을 해당 사업인 부동산임대업에 사용하지 않았다고 하더라도 청구법인이 법인등기부의 목적 사업에서 부동산임대업을 삭제하지 않았다면 부동산임대업을 폐업한 것으로 보지 않는 것이 조세법규의 엄격해석 원칙에 부합하다.
> (조심 16지433, 2016.7.25.)
>
> ❖ **현물출자 당시 임대사업에 이용되지 않은 경우 사업용재산 해당 여부**

> 쟁점토지가 이 건 현물출자 당시 임대사업에 공하지는 않았으나, 현물출자자가 쟁점토지를 취득한 후 임대사업에 사용하다가 건축물 설계계약을 체결하는 등 착공을 위한 준비를 계속하였고, 청구법인은 쟁점토지에 건물을 준공하여 임대사업에 사용한 것으로 보이는 점 등에 비추어 쟁점토지가 '사업용 재산'으로서 「지방세특례제한법」 제57조의2에 따른 기업합병·분할 등에 대한 감면대상에 해당함.
> (조심 2020지554, 2021.5.4.)

(4) 자산교환에 따라 취득하는 재산에 대한 경감(법 §57의 2 ③ Ⅳ) (감면종료)

(5) 중소기업간의 통합에 따라 양수하는 재산에 대한 경감(법 §57의 2 ③ Ⅴ)

「조세특례제한법」 제31조에 따른 중소기업 간의 통합에 따라 설립되거나 존속하는 법인이 양수하는 해당 사업용 재산(「통계법」 제22조에 따라 통계청장이 고시하는 한국표준산업분류에 따른 부동산 임대 및 공급업에 해당하는 중소기업이 양수하는 재산은 제외한다).

다만, 사업용 재산을 취득한 날부터 5년 이내에 같은 조 제7항 각 호의 어느 하나에 해당하는 사유가 발생하는 경우에는 경감받은 취득세를 추징한다.

여기에서 "조세특례제한법 제31조의 규정에 의한 중소기업간의 통합"이란 소비성서비스업(소비성서비스업과 다른 사업을 겸영하고 있는 경우에는 부동산양도일이 속하는 사업연도의 직전 사업연도의 소비성서비스업의 사업별 수입금액이 가장 큰 경우에 한한다.)을 제외한 사업을 영위하는 중소기업자(중소기업기본법에 의한 중소기업자를 말한다.)가 당해 기업의 사업장별로 그 사업에 관한 주된 자산을 모두 승계하여 사업의 동일성을 유지하는 것으로서 ① 통합으로 인하여 소멸되는 사업장의 중소기업자는 통합 후 존속하는 법인 또는 통합으로 인하여 설립되는 법인(통합법인)의 주주 또는 출자자이어야 하고, ② 통합으로 인하여 소멸하는 사업장의 중소기업자가 당해 통합으로 인하여 취득하는 주식 또는 지분의 가액이 통합으로 인하여 소멸하는 사업장의 순자산가액(통합일 현재의 시가로 평가한 자산의 합계액에서 충당금을 포함한 부채의 합계액을 공제한 금액을 말한다.) 이상이 되는 요건을 갖춘 것을 말한다. 이 경우 설립 후 1년이 경과되지 아니한 법인이 출자자인 개인(국세기본법 제39조 제2항의 규정에 의한 과점주주에 한한다.)의 사업을 승계하는 것은 통합으로 보지 아니한다.

또한 "사업용 고정자산"이란 당해 사업에 직접 사용하는 유형자산과 무형자산(1981년 1월 1일 이후 취득한 부동산으로서 법인세법시행령 제49조 제1항 제1호의 규정에 의한 법인의 업무와 관련이 없는 부동산의 판정기준에 해당되는 자산을 제외한다.)을 말한다.

그리고 "사업용 재산을 취득한 날부터 5년 이내에 발생한 사유"란 ① 통합법인이 소멸되는 중소기업으로부터 승계 받은 사업을 폐지하는 경우와 ② 이월과세를 적용받은 내국법인이 통합으로 취득한 통합법인의 주식 또는 출자지분의 100분의 50 이상을 처분하는 경우를 말한다.

> **사례 ❘**

❖ **현물출자한 건물을 철거하고 더 큰 규모의 건물을 신축한 후 신축 건물의 일부를 분양 또는 자가사용한 경우 사업의 동질성이 유지되지 않은 것으로 보아 감면을 배제할 수 있는지 여부**

"임대사업에 사용하던 부동산을 통합 법인에 양도한 후 통합 법인이 그 부동산을 자가사용 및 일부 임대하는 경우 사업의 동일성이 유지되지 않는다."라는 국세청 예규를 제시하고 있으나, 국세청 예규는 과세관청 내부의 사무처리준칙에 불과하여 법원이나 국민을 기속하는 법규적 효력이 있다고 볼 수 없다..... 원고와 OOO의 중소기업 간 통합은 사업의 동일성이 유지되는 경우로서 취득세 면제대상에 해당한다고 봄이 상당하다(서울행법 2013구합56171, 2013.11.1. 판결).

(대법 2013두9762, 2013.9.12.)

❖ **법인전환 후 2년내 흡수합병된 경우는 추징대상 해당여부**

- 지방세법은 소유권 이전의 형식에 의한 취득의 모든 경우를 취득세 과세대상으로 파악하여 존속·신설법인이 소멸법인의 자산을 이전받는 형식 자체를 취득세의 과세대상인 '취득'으로 파악하는 것으로 보이는 점
- 개인사업자인 조OO이 OO미즈맘으로 전환된 후 구 조세특례제한법 제120조 제5항 단서에서 정한 기간 동안 지속적으로 사업을 영위하지 아니한 채 원고에게 흡수합병된 경우에도 취득세 등 면제 규정을 적용하는 것은 개인사업의 법인전환을 장려하기 위한 제도의 취지에 부합한다고 보기 어려운 점 등을 종합하면, 원고가 이 사건 흡수합병을 통하여 이 사건 부동산을 이전받은 것은 OO미즈맘이 이 사건 부동산을 원고에게 처분한 것에 해당한다고 봄이 타당하다.

(대법 2015두50481, 2015.12.10.)

❖ **법인전환 직전에 개인사업장의 현금성 자산 등을 개인사업주가 부분 인출하여 현저하게 축소시킨 순자산가액 상당액을 출자하여 법인을 설립한 경우 개인 사업과 관련된 주된 자산이 모두 신설한 법인에게 승계되어 사업의 동일성을 유지하면서 사업을 운영하는 형태만 변경한 것으로 인정하기 어려운 점 등에 비추어 청구법인이 쟁점부동산에 한 취득세 면제요건을 불충족한 것으로 보아 부과한 이 건 처분은 잘못이 없음**

(조심 2014지0937, 2015.4.16.)

(6) 조직변경에 따른 면제(법 §57의 2 ③ Ⅶ)

특별법에 따라 설립된 법인 중 「공공기관의 운영에 관한 법률」 제2조제1항에 따른 공공기관이 그 특별법의 개정 또는 폐지로 인하여 「상법」 상의 회사로 조직 변경됨에 따라 취득하는 사업용 재산에 대해서는 취득세를 면제한다.

조직변경(Umwandlung : transformation)이라 함은 회사가 다른 업종의 회사로 기구를 변경하면서 그 동일 인격을 유지하는 것을 말하는 것으로 조직변경 전의 회사가 소멸하고 새로운 회사가 생기는 것은 아니다.

그리고 조직변경은 그 기구가 비슷한 회사간에서만 허용되므로 인적회사(합명회사와 합자회사)는 인적회사 상호간, 물적회사(주식회사와 유한회사)는 물적회사 상호간에서만 인정될 뿐 아니라 회사의 조직변경은 대내적으로는 총사원의 동의 또는 전원일치에 의한 총회의 결의를 요구하고, 대외적으로는 회사채권자를 해치지 않도록 하여야 한다. 또한 조직변경은 회사의 동일성을 잃게 하지는 않지만 형식상은 해산과 설립의 등기를 하여야 한다.

여기에서 공공기관의 운영에 관한 법률 제2조의 적용을 받는 법인이라 함은 동법 제4조 내지 제6조의 규정에 따라 지정·고시된 공공기관을 말한다.

④ 「조세특례제한법」 제32조에 따른 현물출자 또는 사업 양도·양수에 따라 2024년 12월 31일까지 취득하는 사업용 고정재산에 대해서는 취득세의 100분의 75를 경감(「통계법」 제22조에 따라 통계청장이 고시하는 한국표준산업분류에 따른 부동산 임대 및 공급업에 대해서는 제외한다)한다. 다만, 취득일부터 5년 이내에 대통령령으로 정하는 정당한 사유 없이 해당 사업을 폐업하거나 해당 재산을 처분(임대를 포함한다.) 또는 주식을 처분하는 경우에는 경감받은 경우에는 면제받은 취득세를 추징한다(법 §57의 2 ④).

이 규정 단서에서 "대통령령으로 정하는 정당한 사유"란 다음 각 호의 어느 하나에 해당하는 경우를 말한다(영 §28의 2 ③ Ⅰ~Ⅳ).

1. 해당 사업용 재산이 「공익사업을 위한 토지 등의 취득 및 보상에 관한 법률」 또는 그 밖의 법률에 따라 수용된 경우
2. 법령에 따른 폐업·이전명령 등에 따라 해당 사업을 폐지하거나 사업용 재산을 처분하는 경우
3. 「조세특례제한법 시행령」 제29조 제7항 각 호의 어느 하나에 해당하는 경우
   이 경우 「조세특례제한법 시행령」 제29조 제7항의 어느 하나는 i)사망하거나 파산하여 주식 또는 출자지분을 처분하는 경우 ii) 「법인세법」 제44조 제2항에 따른 합병이나 같은 법 제46조 제2항에 따른 분할의 방법으로 주식 또는 출자지분을 처분하는 경우 iii) 「법인세법」 제38조에 따른 주식의 포괄적 교환·이전 또는 「법인세법」 제38조의 2에 따른 주식의 현물출자의 방법으로 과세특례를 적용받으면서 주식 또는 출자지분을 처분하는 경우 iv) 「채무자 회생 및 파산에 관한 법률」에 따른 회생절차에 따라 법원의 허가를 받아 주식 또는 출자지분을 처분하는 경우 v) 법령상 의무이행을 위해 주식 또는 출자지분을 처분하는 경우 vi) 가업의 승계 목적으로 해당 가업의 주식 또는 출자지분을 증여하는 경우로, 수증자가 증여세 과세특례를 적용받은 경우를 말한다.
4. 「조세특례제한법」 제32조 제1항에 따른 법인전환으로 취득한 주식의 100분의 50 미만을 처분하는 경우

사업 양도·양수로 법인전환에 따른 취득세 경감

조세특례제한법 제32조에 따른 현물출자 또는 사업 양도·양수[거주자가 사업용 고정자산을 현물출자 또는 사업양수도방법(당해 사업을 영위하던 자가 발기인이 되어 순자산 가격 이상을 출자하여 법인을 설립하고, 그 법인 설립일부터 3월 이내에 당해 법인에게 사업에 관한 모든 권리와 의무를 포괄적으로 양도하는 것을 말함)]에 따라 2024년 12월 31일까지 취득하는 사업용 고정재산에 대해서는 취득세의 100분의 75를 경감(「통계법」 제22조에 따라 통계청장이 고시하는 한국표준산업분류에 따른 부동산 임대 및 공급업에 대해서는 제외한다)한다. 다만, 취득일로부터 5년 이내에 정당한 사유없이 해당 사업을 폐업하거나 해당 재산을 처분(임대를 포함한다.)또는 주식을 처분하는 경우에는 경감받은 취득세를 추징한다.

이 경우 정당한 사유라 함은, ① 해당 사업용 재산이 공익사업을 위한 토지 등의 취득 및 보상에 관한 법률 및 그 밖의 법률에 따라 수용된 경우, ② 법령에 따른 폐업·이전명령 등에 따라 해당 사업을 폐지하거나 사업용 재산을 처분하는 경우를 말한다.

이 규정에서 면제할 수 있는 요건을 보면 다음과 같다.

㉮ 대상 업종이 소비성서비스업이 아니어야 하고,
㉯ 면제대상이 사업용 고정자산이기 때문에 사업용이 아닌 사택, 기숙사 등은 과세대상이며 그 과세물건도 고정자산(토지, 건축물, 상각자산)에 한한다.
㉰ 해당 사업을 영위하던 자가 발기인이어야 하며,
㉱ 법인으로 전환하는 사업장의 순자산가액 이상을 출자하여 법인을 설립하여야 하고,

사례

❖ **사업양수도에 따라 법인으로 전환하는 사업장의 순자산가액의 의미**

사업양도인의 출자에 따른 신설 법인의 자본금이 그 순자산가액에 미달하면 신설 법인으로서는 사업양수도 대가를 지급할 재원이 부족하여 그 순자산가액의 일부가 사업양수도 대가 지급을 위해 유출될 수밖에 없어 신설 법인이 사업양수도 대상의 순자산가액을 그대로 승계할 수 없게 되는 점 등을 고려해 보면, 기존 사업장의 자산과 부채 중 일부가 사업양수도 대상에서 제외되는 경우에 조특법시행령 제29조 제5항의 '법인으로 전환하는 사업장의 순자산가액'이란 기존 사업장의 순자산가액이 아니라 같은 조 제2항에 의한 사업양수도 대상에 포함된 것의 순자산가액을 의미한다고 해석함이 타당하다.

(대법 2012두17865, 2012.12.13.)

❖ **분할법인의 승계받은 고정자산의 범위에 보유 주식이 포함되는지**

• 분할신설법인이 분할법인으로부터 지배목적으로 보유하는 주식과 그와 관련한 자산·부채로 구성된 사업부문을 적격분할의 요건을 갖추어 승계받은 경우에는, 앞서 본 규정의 문언 내용과 입법 취지, 그리고 지배목적으로 보유하는 주식은 기업지배라는 사업의 성격상 그 발

> 행기업의 운영 및 통제에 직접 사용되는 것이므로 매각에 의한 시세차익을 얻기 위해 보유하는 일반적인 투자주식과는 그 목적과 기능에 있어서 구별되는 점, 지배목적 보유 주식으로 구성된 사업부문의 경우에 유형자산 외에 당초 승계받은 주식의 대부분을 매각한 때에도 그 사업의 계속성과 연속성을 부정하는 것이 타당한 점 등을 종합하여 볼 때, 그 사후관리를 위하여 승계받은 사업의 폐지 여부를 판단함에 있어서 지배목적 보유 주식의 가액을 분할법인으로부터 승계한 고정자산가액에 포함시켜 판정하여야 한다.
>
> - 그리고 적격분할 과세특례에 대한 사후관리는 적격분할의 요건에 상응하는 것으로서 기업 전체적으로 회사분할이라는 조직변경에 불구하고 그 사업이 계속되는지를 확인하기 위한 것이므로, 그 폐지 역시 위 규정의 문언과 취지에 따라 개별 사업부문이나 개별 사업장이 아닌 승계받은 사업 전체를 기준으로 판단하여야 한다.
>
> (대법 2016두51535, 2017.1.25.)

㉣ 법인설립일로부터 3개월 이내에 해당 법인에게 사업에 관한 모든 권리와 의무를 포괄적으로 양도하여야만 감면대상이 된다.

취득세 면제

⑤ 다음 각 호의 어느 하나에 해당하는 경우에는 「지방세법」 제7조 제5항에 따라 과점주주가 해당 법인의 부동산 등(같은 조 제1항에 따른 부동산 등을 말한다.)을 취득한 것으로 보아 부과하는 취득세를 2024년 12월 31일까지 면제한다(법 §57의 2 ⑤ Ⅰ~Ⅷ).

㉮ 금융산업의 구조개선에 관한 법률 제10조(적기시정 조치)에 따른 제3자의 인수, 계약이전에 관한 명령 또는 같은 법 제14조 제2항에 따른 계약이전결정을 받은 부실금융기관으로부터 주식 또는 지분을 취득하는 경우

㉯ 금융기관이 법인에 대한 대출금을 출자로 전환함에 따라 해당 법인의 주식 또는 지분을 취득하는 경우

㉰ 「독점규제 및 공정거래에 관한 법률」에 따른 지주회사(「금융지주회사법」에 따른 금융지주회사를 포함하되, 지주회사가 「독점규제 및 공정거래에 관한 법률」 제2조 제12호에 따른 동일한 기업집단 내 계열회사가 아닌 회사의 과점주주인 경우를 제외한다. 이하 이 조에서 "지주회사"라 한다.)가 되거나 지주회사가 같은 법 또는 「금융지주회사법」에 따른 자회사의 주식을 취득하는 경우. 다만, 해당 지주회사의 설립·전환일부터 3년 이내에 「독점규제 및 공정거래에 관한 법률」에 따른 지주회사의 요건을 상실하게 되는 경우에는 면제받은 취득세를 추징한다.

그간 지주회사가 되거나 지주회사가 같은 법 또는 「금융지주회사법」에 따른 자회사의 주식을 취득하는 경우를 지주회사가 계열사·자회사가 아닌 일반법인의 주식 취득으로 과점주주가 되는 경우는 간주취득세 면제 대상이 아니라고(지방세특례제도과-315, '14.12.24.) 볼 수 있고 지주회사가 계열사의 주식을 취득한 경우 외에도, 계열사 등이

아닌 국내의일반회사의 주식 취득으로 지주회사가 된 경우에도 취득세 감면 대상으로 판단(대법원 2017.4.13. 선고 2016두59713)하는 등 업무상 혼란이 있어 2019년부터는 주회사가 동일 기업집단 내 계열회사가 아닌 회사의 주식을 취득하여 과점주주가 되는 경우 감면에서 제외된다.

> **사례**
>
> ❖ **사모투자(투자목적)전문회사를 공정거래법상 지주회사로 보아 과점주주 간주취득세를 감면할 수 있는지 여부**
>
> 관련 규정의 문언 내용과 입법취지 및 체계, 사모투자전문회사 또는 투자목적회사와 지주회사의 설립목적 및 기능상 차이, 그리고 1999.12.28. 법률 제6045호로 개정된 조세특례제한법에 이 사건 법률조항(당시에는 제120조 제5항 제8호)이 신설될 당시에는 구 간접투자법에 사모투자전문회사나 투자목적회사에 관한 규정이 아직 도입되지 아니하였던 점 등을 종합하면, 공정거래법의 지주회사에 관한 규정이 적용되지 아니하는 구 간접투자법상 사모투자전문회사나 투자목적회사에 대하여는 이 사건 법률조항도 적용되지 아니한다고 해석함이 타당하다.
>
> (대법 2011두14241, 2014.2.27. 파기환송)
>
> ❖ 지주회사에 한 간주 취득세 감면요건인 "자회사의 주식을 취득하는 경우"는 이미 자회사로 편입되어 있는 회사의 주식을 취득하는 경우를 의미하는바, 청구 법인의 경우 지배관계가 없던 법인을 자회사로 편입하기 위해 주식을 취득한 것이므로 감면요건을 충족하였다고 보기 어려움
>
> (조심 2015지1039, 2016.6.8.)
>
> ❖ **지주회사가 일반회사를 자회사로 편입하는 경우 간주취득세 감면대상 여부**
>
> • 지주회사를 간주취득세 부과대상에서 제외하고 있는 이 사건 감면조항의 입법취지는 지주회사의 설립이나 지주회사로의 전환에 대하여 세제혜택을 줌으로써 소유와 경영의 합리화를 위한 기업의 구조조정을 지원하려는 데에 있다(대법원 2014. 1. 23. 선고 2011두2781 판결 등 참조). 그렇다면 이미 공정거래법에 따른 지주회사로 설립 내지는 전환되었더라도 국내 회사를 자회사로 새로이 편입하여 그 국내 회사에 대한 지주회사가 되는 기업구조조정이 있는 경우에는 새로 지주회사를 설립하는 경우와 마찬가지로 여전히 이 사건 감면조항에 따른 세제혜택을 부여할 필요가 있다. 그리고 일반지주회사가 사업내용을 지배할 목적으로 일정한 요건을 갖추어 계열회사가 아닌 국내 회사를 자회사로 새로이 편입하기 위하여 해당 국내 회사의 주식을 일시에 취득함으로써 지주회사 및 과점주주가 되는 것은 공정거래법상 원칙적으로 허용된다.
> • 이와 같은 이 사건 감면조항의 문언과 아울러 지주회사에 대한 세재혜택의 취지 및 공정거래법에 의하여 허용되는 지주회사의 자회사 편입 유형 등을 종합하여 보면, 이미 공정거래법에 따라 설립 내지는 전환된 지주회사가 계열회사가 아닌 국내 회사의 주식을 일시에 취득함으로써 그 국내 회사를 자회사로 새로 편입하여 그 국내 회사의 과점주주가 된 경우에도, 이 사건 감면조항에서 정하고 있는 '지주회사가 된 경우'에 해당한다고 보아야 한다.
>
> (대법 2016두59713, 2017.4.13.)

㉔ 예금자보호법 제3조에 따른 예금보험공사 또는 같은 법 제36조의 3에 따른 정리금융회사가 같은 법 제36조의 5 제1항 및 제38조에 따라 주식 또는 지분을 취득하는 경우

> **사례**
>
> ❖ **한국무역보험공사를 금융기관으로 보아 대출금 출자전환시 주식취득에 따른 과점주주 간주취득세를 감면할 수 있는지 여부**
>
> 구 조특법 제120조 제6항 제4호가 별도로 '금융기관'에 관한 정의를 하고 있지 않은 이상, '이 법에서 특별히 정하는 경우를 제외하고는 제3조 제1항 제1호부터 제19호까지에 규정된 법률에서 사용하는 용어의 예에 따른다.'고 규정한 구 조특법 제2조 제2항에 의하여 '금융기관'의 의미를 파악하여야 한다고 전제한 다음, 제3조 제1항 제16호가 들고 있는 '금융실명거래 및 비밀보장에 관한 법률' 및 그 시행령에 규정된 '금융기관'에는 원고가 포함되어 있지 아니하여 원고를 구 조특법 제120조 제6항 제4호 소정의 '금융기관'으로 볼 수 없다는 이유로, 구 조특법 제120조 제6항 제4호의 특례규정을 적용하지 않고 원고에게 취득세 등을 부과한 이 사건 각 처분은 적법하다.
>
> (대법 2013두18384, 2014.1.16.)

㉕ 한국자산관리공사가 금융회사부실자산 등의 효율적 처리 및 한국자산관리공사의 설립에 관한 법률 제26조 제1항 제1호 가목에 따라 인수한 채권을 출자전환함에 따라 주식 또는 지분을 취득하는 경우

　이 경우 동법 제26조 제1항 제1호의 규정에 의하여 인수한 채권이라 함은 부실채권의 보전·추심(가압류, 가처분, 민사소송법 및 민사집행법에 의한 경매 및 소송 등에 관한 일체의 행위를 포함한다.)의 수임 및 인수정리를 하면서 인수한 것을 말한다.

㉖ 농업협동조합의 구조 개선에 관한 법률에 따른 농업협동조합자산관리회사가 같은 법 제30조 제3호 다목(인수한 부실자산의 출자전환에 따른 주식의 인수)에 따라 인수한 부실자산을 출자전환함에 따라 주식 또는 지분을 취득하는 경우

㉗ 조세특례제한법 제38조 제1항 각 호의 요건을 모두 갖춘 주식의 포괄적 교환, 이전으로 완전자회사의 주식을 취득하는 경우. 다만, 제38조 제2항에 해당하는 경우(같은 조 제3항에 해당하는 경우는 제외한다.)에는 감면받은 취득세를 추징한다.

㉘ 「자본시장과 금융투자업에 관한 법률」에 따른 증권시장으로서 대통령령으로 정하는 증권시장에 상장한 법인의 주식을 취득한 경우

　이 경우 "대통령령으로 정하는 증권시장"이란 대통령령 제24697호「자본시장과 금융투자업에 관한 법률 시행령」일부개정령 부칙 제8조에 따른 코스닥시장을 말한다(영 §28의 2 ④).

⑥ 「농업협동조합법」에 따라 설립된 농업협동조합중앙회(이하 이 조에서 "중앙회"라 한다.)가 같은 법에 따라 사업구조를 개편하는 경우 다음 제1호 및 제2호의 구분에 따른 등기에 대해서는 2017년 12월 31일까지 등록면허세를 면제하고, 제3호의 경우에는 취득세를 면제한다(일몰기간 경과)(법 §57의 2 ⑥ Ⅰ~Ⅲ).

⑦ 법률 제12663호 한국산업은행법 전부개정법률 부칙 제3조 제1항에 따라 한국산업은행이 산은금융지주주식회사 및 「한국정책금융공사법」에 따른 한국정책금융공사와 합병하는 경우 그 자본증가에 관한 등기에 대해서는 2015년 12월 31일까지 등록면허세의 100분의 90을 경감한다(일몰기간 경과)(법 §57의 2 ⑦).

⑧ 「기업 활력 제고를 위한 특별법」 제4조 제1항에 해당하는 내국법인이 같은 법 제10조 또는 제12조에 따라 주무부처의 장이 승인 또는 변경승인한 사업재편계획에 의해 합병 등 사업재편을 추진하는 경우 해당 법인에 대한 법인등기에 대하여 등록면허세의 100분의 50을 2024년 12월 31일까지 경감한다. 다만, 같은 법 제13조에 따라 사업재편계획 승인이 취소된 경우에는 경감된 등록면허세를 추징한다(법 §57의 2 ⑧).[15]

위 규정은 사업재편승인기업에 대한 감면은 관계 법률인「기업활력 제고를 위한 특별법」이 제4조가 개정됨에 따라 감면 대상을 '과잉공급업종 기업' 뿐만 아니라 '신산업 진출'·'산업위기지역 기업'까지 확대한 것이다.

등록면허세 경감

내국법인이 생산성 향상 등을 위하여 주무부처의 장이 승인 또는 변경한 사업재편계획에 의해 합병등 사업재편의 추진으로 인한 법인등기에 대하여 등록면허세의 100분의 50을 2024년 12월 31일까지 경감한다.

다만, 사업재편계획 승인이 취소된 경우에는 경감된 등록면허세를 추징한다.

⑨ 「수산업협동조합법」에 따라 설립된 수산업협동조합중앙회(이하 이 항에서 "중앙회"라 한다.)가 대통령령으로 정하는 바에 따라 분할한 경우에는 다음 각 호에서 정하는 바에 따라 지방세를 면제한다(일몰기간 경과)(법 §57의 2 ⑨).

---

[15] 사업재편계획 승인 취소 사유(기업활력재고를 위한 특별법 §13 ①)
 1. 거짓이나 그 밖의 부정한 방법으로 사업재편계획의 승인 및 변경 승인을 받은 경우
 2. 사업재편계획을 승인받은 이후 사업재편계획의 목적이 경영권의 승계, 특수관계인의 지배구조 강화, 상호출자제한기업집단의 계열사에 대한 부당한 이익의 제공 등 대통령령으로 정하는 경우에 있다고 판명되는 경우
 3. 사업재편계획상 계획기간 내에 정당한 사유 없이 사업재편을 실시하지 아니하는 경우
 4. 정당한 사유 없이 제11조 제1항의 보고의무와 같은 조 제3항의 시정요청을 이행하지 아니한 경우
 5. 승인기업이 사업재편계획을 추진함에 있어 대통령령으로 정하는 중대한 위법행위를 한 것이 확인되는 경우

취득세, 재산세 경감

⑩ 「금융산업의 구조개선에 관한 법률」 제4조에 따른 금융위원회의 인가를 받고 「법인세법」 제44조 제2항에 해당하는 금융회사 간의 합병을 하는 경우 금융기관이 합병으로 양수받은 재산에 대해서는 취득세의 100분의 50을 2024년 12월 31일까지 경감하고, 합병으로 양수받아 3년 이내에 등기하는 재산에 대해서는 2024년 12월 31일까지 등록면허세의 100분의 25를 경감한다. 다만, 합병등기일부터 3년 이내에 「법인세법」 제44조의 3 제3항 각 호의 어느 하나에 해당하는 사유가 발생하는 경우(같은 항 각 호 외의 부분 단서에 해당하는 경우는 제외한다.)에는 경감된 취득세를 추징한다(법 §57의 2 ⑩). 이 경우 이 법 시행 전에 금융회사 간의 합병이 이루어진 경우 합병일부터 3년 이내에 등기하는 재산의 등록면허세의 경감에 관하여는 제57조의2제10항 본문의 개정규정에도 불구하고 종전의 규정에 따른다(부칙 §13)

사례

❖ **사업포괄양수도 추징대상여부 판단**

쟁점토지(처분청 평가액 OOO원)는 전체 자산가액 대비 0.89% 정도에 불과하므로 이 건 사업양수도 당시 이를 제외하였다고 하더라도 사업의 동질성이 유지되지 아니한다고 보기 어려운 점, 쟁점토지는 이 건 공장의 진입로이나 법인전환된 이후에도 청구법인의 대표 OOO가 계속하여 보유하고 있으므로 이를 양수도자산에서 제외하여도 청구법인이 해당 사업(제조업)을 계속하여 영위하는데 문제가 없어 보이는 점, 청구법인의 자본금은 사업양수도계약서상 사업양수도 대상이 되는 부동산 등의 순자산가액 OOO원 보다 큰 금액인 OOO원으로 나타나는 점 등을 볼 때 추징대상으로 보기 어려움.

(조심 2018지2270, 2019.8.28.)

제57조의 3 | 기업 재무구조 개선 등에 대한 감면

① 다음 각 호에 해당하는 재산의 취득에 대해서는 취득세를 2024년 12월 31일까지 면제한다(법 §57의 3 ① Ⅰ~Ⅵ).

취득세 면제

㉮ 금융산업의 구조개선에 관한 법률 제2조 제1호에 따른 금융기관, 한국자산관리공사,

예금보험공사, 정리금융회사가 같은 법 제10조 제2항에 따른 적기시정조치(영업의 양도 또는 계약이전에 관한 명령으로 해당한다.) 또는 같은 법 제14조 제2항에 따른 계약이전결정을 받은 부실금융기관으로부터 양수한 재산에 대하여는 취득세를 면제한다.

금융산업의 구조개선에 관한 법률 제2조 제1호에 따른 금융기관이란 은행법에 따라 설립된 은행, 중소기업은행법에 따른 중소기업은행, 자본시장과 금융투자업에 관한 법률에 따른 투자매매업자, 투자중개업자, 집합투자업자, 투자자문업자, 투자일임업자, 신탁업자, 종합금융회사, 보험업법에 따른 보험회사, 상호저축은행법에 따른 상호저축은행, 금융지주회사, 여신전문금융회사, 주택저당채권유동화회사를 말한다.

이 경우 부실금융기관이라 함은 다음에 해당하는 금융기관을 말한다(금융산업의 구조개선에 관한 법률 제2조 제2호).

㉠ 경영상태를 실제 조사한 결과 부채가 자산을 초과하는 금융기관이나 거액의 금융사고 또는 부실채권의 발생으로 부채가 자산을 초과하여 정상적인 경영이 어려울 것이 명백한 금융기관으로서 금융위원회 또는 예금자보호법 제8조에 따른 예금보험위원회가 결정한 금융기관. 이 경우 부채와 자산의 평가 및 산정은 금융위원회가 미리 정하는 기준에 의한다.

㉡ 예금자보호법 제2조 제4호에 따른 예금 등 채권의 지급이나 다른 금융기관으로부터의 차입금 상환이 정지상태된 금융기관

㉢ 외부로부터의 지원이나 별도의 차입(정상적인 금융거래에서 발생하는 차입을 제외한다.)이 없이는 예금 등 채권의 지급이나 차입금의 상환이 어렵다고 금융위원회나 예금자보호법 제8조에 따른 예금보험위원회가 인정한 금융기관

㉑ 「농업협동조합법」에 따른 조합, 「농업협동조합의 구조개선에 관한 법률」에 따른 상호금융예금자보호기금 및 농업협동조합자산관리회사가 같은 법 제4조에 따른 적기시정조치(사업양도 또는 계약이전에 관한 명령으로 한정한다.) 또는 같은 법 제6조 제2항에 따른 계약이전결정을 받은 부실조합으로부터 양수한 재산에 대해서는 취득세를 면제한다.

㉰ 「수산업협동조합법」에 따른 조합 및 「수산업협동조합의 부실예방 및 구조개선에 관한 법률」에 따른 상호금융예금자보호기금이 같은 법 제4조의 2에 따른 적기시정조치(사업양도 또는 계약이전에 관한 명령으로 한정한다.) 또는 같은 법 제10조 제2항에 따른 계약이전결정을 받은 부실조합으로부터 양수한 재산에 대해서는 취득세를 면제한다.

㉱ 「산림조합법」에 따른 조합 및 「산림조합의 구조개선에 관한 법률」에 따른 상호금융예금자보호기금이 같은 법 제4조에 따른 적기시정조치(사업양도 또는 계약이전에 관한

명령으로 한정한다.) 또는 같은 법 제10조 제2항에 따른 계약이전결정을 받은 부실조합으로부터 양수한 재산에 대해서는 취득세를 면제한다.

㈐ 「신용협동조합법」에 따른 조합이 같은 법 제86조의 4에 따른 계약이전의 결정을 받은 부실조합으로부터 양수한 재산에 대해서는 취득세를 면제한다.

이 경우 부실조합이란 금융위원회가 검사결과 조합이 불법·부실 대출을 보유하고 이를 단기간에 통상적인 방식으로 회수하기 곤란하여 자기자본의 전부가 잠식될 우려가 있다고 인정되는 경우에는 기존관리위원회의 의견을 들어 해당 조합에 대하여 사업과 관련된 계약의 이전을 결정한 조합을 말한다.

㈑ 「새마을금고법」에 따른 금고가 같은 법 제80조의 2에 따른 계약이전의 결정을 받은 부실금고로부터 양수한 재산에 대해서는 취득세를 면제한다.

취득세 면제, 경감

② 한국자산관리공사가 「한국자산관리공사의 설립등에 관한 법률」 제26조 제1항 제3호 가목 및 나목에 따라 취득하는 재산에 대해서는 취득세를 2024년 12월 31일까지 면제한다(법 §57의 3 ②).

이 경우 한국자산관리공사의 설립등에 관한 법률 제26조 제1항 제3호 가목[법령에 따라 국가기관, 지방자치단체, 「공공기관의 운영에 관한 법률」 제4조에 따른 공공기관 등(이하 "국가기관등"이라 한다)으로부터 대행을 의뢰받은 압류재산의 매각, 대금 배분 등 사후관리 및 해당 재산의 가치의 보전·증대 등을 위한 관련 재산(저당권 등 제한물권을 포함한다. 이하 같다)의 매입과 개발] 및 나목[법령에 따라 국가기관등으로부터 수임받은 재산의 관리·처분·개발, 채권의 보전·추심 및 해당 재산의 가치의 보전·증대 등을 위한 관련 재산의 매입과 개발]에 대하여는 그 세액의 100분의 50을 경감한다.

③ 한국자산관리공사가 「한국자산관리공사의 설립등에 관한 법률」 제26조 제1항 제2호 라목(비업무용자산 및 구조개선기업의 자산의 관리·매각, 매매의 중개 및 인수정리)에 따라 중소기업이 보유한 자산을 취득하는 경우에는 취득세의 100분의 50을 2026년 12월 31일까지 경감한다(법 §57의 3 ③).

④ 제3항에 따라 한국자산관리공사에 자산을 매각한 중소기업이 매각일부터 10년 이내에 그 자산을 취득하는 경우에는 2026년 12월 31일까지 취득세를 면제한다. 다만, 취득한 가액이 한국자산관리공사에 매각한 가액을 초과하는 경우 그 초과부분에 대해서는 취득세를 부과한다.(법 §57의 3 ④).

이 경우 이 법 시행 전에 한국자산관리공사에 자산을 매각한 중소기업이 이 법 시행 이후 한국자산관리공사로부터 그 자산을 취득하는 경우의 취득세 면제에 관하여는 2026

년 12월 31일까지 제57조의3제4항 본문의 개정규정에 따라 면제한다.(부칙 §10)

⑤ 한국자산관리공사가 중소기업의 경영 정상화를 지원하기 위하여 대통령령으로 정하는 요건을 갖추어 중소기업의 자산을 임대조건부로 2026년 12월 31일까지 취득하여 과세기준일 현재 해당 중소기업에 임대중인 자산에 대해서는 해당 자산에 대한 납세의무가 최초로 성립하는 날부터 5년간 재산세의 100분의 50을 경감한다(법 §57의 3 ⑤).

이 경우 "대통령령으로 정하는 요건"이란 해당 중소기업으로부터 금융회사 채무내용 및 상환계획이 포함된 재무구조개선계획을 제출받을 것과 해당 중소기업의 보유자산을 매입하면서 해당 중소기업이 그 자산을 계속 사용하는 내용의 임대차계약을 체결할 것의 요건을 모두 갖춘 것을 말한다(영 §28의 3 Ⅰ·Ⅱ).

2018년 이 항을 신설한 취지는 한국자산관리공사에서 중소기업의 경영정상화를 지원할 목적으로 지원이 필요한 중소기업의 자산을 취득·재임대하는 경우에만 감면되도록 해당 감면에 대한 요건을 세분화하여 명확히 규정하면서 감면대상 요건으로 '재무구조개선계획을 제출한 경영정상화 지원 대상기업' 및 '자산관리공사와의 임대차계약 체결' 등을 요건 신설하여 한국자산관리공사에서 운영 중인 위기 중소기업 경영정상화 프로그램을 지원하면서 자산관리공사가 임대 조건부로 중소기업 자산을 취득한 후 다시 중소기업 자산을 해당 중소기업 임대 중인 경우 납세의무가 최초로 성립하는 날부터 5년간 재산세의 100분의 50을 경감한다.

제57조의 4 │ 주거안정 지원에 대한 감면

「한국자산관리공사 설립 등에 관한 법률」에 따라 설립된 한국자산관리공사가 주택담보대출 상환을 연체하는 자(이하 이 조에서 "연체자"라 한다.)의 채무 상환 및 주거 안정을 지원하기 위하여 해당 연체자가 그 주택에 계속 거주하는 내용의 임대차계약을 체결하는 것을 조건으로 취득하는 해당 연체자의 주택에 대해서는 취득세의 100분의 50을 2026년 12월 31일까지 경감하고, 2021년 1월 1일 이후 취득하는 주택으로서 과세기준일 현재 해당 연체자에게 임대 중인 주택에 대해서는 해당 주택에 대한 재산세 납세의무가 최초로 성립하는 날부터 5년간 재산세의 100분의 50을 경감한다(법 §57의4).

제58조 벤처기업 등에 대한 과세특례

① 「벤처기업육성에 관한 특별조치법」에 따라 지정된 벤처기업집적시설 또는 신기술창업집적지역을 개발·조성하여 분양 또는 임대하거나 직접 사용[「벤처기업육성에 관한 특별조치법」에 따른 벤처기업(이하 이 절에서 "벤처기업"이라 한다)이 벤처기업집적시설을 직접 사용하는 경우로 한정한다]할 목적으로 취득(「산업집적활성화 및 공장설립에 관한 법률」 제41조에 따른 환수권의 행사로 인한 취득을 포함한다.)하는 부동산에 대해서는 취득세 및 재산세(벤처기업이 직접 사용하는 경우는 과세기준일 현재 직접 사용하는 부동산으로 한정한다)의 100분의 35(수도권 외의 지역에 소재하는 부동산의 재산세는 100분의 60)를 각각 2026년 12월 31일까지 경감한다. 다만, 그 취득일부터 3년 이내에 정당한 사유 없이 벤처기업집적시설 또는 신기술창업집적지역을 개발·조성하지 아니하는 경우 또는 부동산의 취득일부터 5년 이내에 벤처기업집적시설 또는 신기술창업집적지역의 지정이 취소되거나 「벤처기업육성에 관한 특별조치법」 제17조의 3 또는 제18조 제2항에 따른 요건을 갖춘 날부터 5년 이내에 부동산을 다른 용도로 사용하는 경우에 해당 부분에 대해서는 경감된 취득세와 재산세를 추징한다(법 §58 ①).

② 「벤처기업육성에 관한 특별조치법」에 따라 지정된 벤처기업집적시설에 입주하는 벤처기업이 해당 사업에 직접 사용하기 위하여 취득하는 부동산에 대해서는 취득세의 100분의 50을, 과세기준일 현재 해당 사업에 직접 사용하는 부동산에 대해서는 재산세의 100분의 50(수도권 외의 지역에 소재하는 부동산의 경우에는 100분의 60)을 각각 2026년 12월 31일까지 경감한다.(법 §58 ②).

③ 「벤처기업육성에 관한 특별조치법」 제17조의 2에 따라 지정된 신기술창업집적지역에서 산업용 건축물·연구시설 및 시험생산용 건축물로서 대통령령으로 정하는 건축물(이하 이 조에서 "산업용 건축물 등"이라 한다.)을 신축하거나 증축하려는 자(대통령령으로 정하는 공장용 부동산을 중소기업자에게 임대하려는 자를 포함한다.)가 취득하는 부동산에 대해서는 2026년 12월 31일까지 취득세의 100분의 50을 경감하고, 그 부동산에 대한 재산세의 납세의무가 최초로 성립하는 날부터 3년간 재산세의 100분의 50(수도권 외의 지역에 소재하는 부동산의 경우에는 100분의 60) 경감한다. 다만, 다음 각 호의 어느 하나에 해당하는 경우 그 해당 부분에 대해서는 경감된 취득세 및 재산세를 추징한다(법 §58 ③ Ⅰ·Ⅱ).

1. 정당한 사유 없이 그 취득일부터 3년이 경과할 때까지 해당 용도로 직접 사용하지 아니하는 경우

2. 해당 용도로 직접 사용한 기간이 2년 미만인 상태에서 매각·증여하거나 다른 용도로 사용하는 경우

이 경우 각 호 외의 부분 본문에서 "대통령령으로 정하는 공장용 부동산"이란 「산업집적활성화 및 공장설립에 관한 법률」 제2조 제1호에 따른 공장이라고 규정하였는데, 산업용 건축물 중 임대를 허용하는 '공장용 부동산'에 대한 범위를 「산업입지 및 개발에 관한 법률」 제2조에 따른 공장에 해당하는 건축물로 규정하였다(영 §29 ②).

그리고 "대통령령으로 정하는 건축물"이란 다음 각 호의 어느 하나에 해당하는 건축물을 말한다 다만, 제1호 및 제5호의 경우에는 법 제58조제3항에 따른 신기술창업집적지역(이하 이 항에서 "신기술창업집적지역"이라 한다)에 가스 및 집단에너지를 공급하기 위한 시설로서 신기술창업집적지역에 있는 건축물로 한정한다(영 §29 ① Ⅰ 내지 Ⅵ).

㉮ 「도시가스사업법」 제2조 제5호에 따른 가스공급시설용 건축물

㉯ 「산업기술단지 지원에 관한 특례법」에 따른 연구개발시설 및 시험생산시설용 건축물

㉰ 「산업입지 및 개발에 관한 법률」 제2조에 따른 공장·지식산업·문화산업·정보통신산업·자원비축시설용 건축물과 이와 직접 관련된 교육·연구·정보처리·유통시설용 건축물

㉱ 「산업집적활성화 및 공장설립에 관한 법률」 제30조 제2항에 따른 관리기관이 산업단지의 관리, 입주기업체 지원 및 근로자의 후생복지를 위하여 설치하는 건축물(수익사업용으로 사용되는 부분은 제외한다.)

㉲ 「집단에너지사업법」 제2조 제6호에 따른 공급시설용 건축물

㉳ 「산업집적활성화 및 공장설립에 관한 법률 시행령」 제6조 제5항 제1호부터 제5호까지, 제7호 및 제8호에 해당하는 산업용 건축물

이 규정은 산업용 건축물 중 산업단지 등에 가스 및 집단에너지를 공급하는 시설(가스관 등)의 경우 그 용도를 법령에서 별도로 명시하고 있지 않아, 산업단지에 가스를 공급할 목적이 아닌, 단순히 가스관 등이 산업단지지역을 지나가기만 하더라도 감면 대상에 해당하는지 아니면 입주기업체에 가스를 공급하기 위한 경우여야 하는지에 대한 다툼이 있는데 그 간 과세관청은 감면 취지가 입주기업체 지원 등에 있다고 보아 입주기업체에 가스를 공급하기 위한 경우로 한정하여 해석하였으나, 최근 대법원에서는 조세법률주의 원칙상 법령에서 용도를 별도로 명시하고 있지 않기 때문에 이 사건 경감조항에 따라 경감을 받기 위하여 이 사건 가스시설이 산업단지 내의 입주기업체에게 가스를 공급, 지원하기 위한 건축물일 것이라는 요건이 추가로 필요하다고 볼 수 없다는 판시를 함에 따라 입법취지와 달리, 입주업체 지원 목적이 아닌 가스관 등에 대해서도 감면되는 문제 발생,하여 산업단지등에 가스 및 집단에너지를 공급을 하기 위한 시설로서 산업단지 등에 위치하는 건축물

이 감면 대상임을 명확화 한 것이다.

> **사례**
>
> ❖ **산업단지내에 매설된 가스관이 취득세 감면대상인지 여부**
>
> 가스 시설은 구 지방세특례제한법 시행령 제29조 제2호에서 규정하는 도시가스사업법 제2조 제5호에 따른 가스공급시설용 건축물로서 산업용 건축물에 해당하고, 원고는 산업단지개발사업의 시행자 외의 자로서 산업용 건축물 등을 건축하려는 자에 해당하므로, 원고가 이 사건 산업단지 내에서 취득한 이 사건 가스시설에 대해서는 이 사건 경감조항이 적용되어야 한다.
>
> (대법 2021두42863, 2021.12.25.)
>
> ❖ **산업단지내에 매설된 가스관이 취득세 감면대상인지 여부**
>
> 「지방세특례제한법 시행령」제29조 제2호에서 「도시가스사업법」제2조 제5호에 따른 "가스공급시설용 건축물"이란 도시(천연)가스를 해당 산업단지 내의 입주업체 등에게 공급하기 위한 시설로 한정하는 것이 합리적이라고 보이는 점, 청구법인이 쟁점가스관을 포함한 이 건 가스관 등을 설치한 이유는 영남권의 가스공급시설을 확충하고자 하는데 있는 것으로 쟁점가스관이 매설된 산업단지에 기업의 입주를 촉진하거나 그 경쟁력을 강화하고자 하는데 있는 것은 아닌 점 등에 비추어 쟁점가스관과 그 부속설비가 지방세법령에서 규정한 도관시설로서 건축물에 해당하고 그 매설 또는 신축한 장소가 산업단지 내라 하더라도 이를 산업단지 내에서 신·증축한 산업용 건축물 등에 해당된다고 보기는 어렵다 할 것이므로 처분청이 쟁점가스관과 그 부속설비에 대한 취득세 등의 경정청구를 거부한 처분은 달리 잘못이 없다고 판단됨.
>
> (조심2019지2087, 2019.09.25)

④ 벤처기업에 대해서는 다음 각 호에서 정하는 바에 따라 지방세를 경감한다(법 §58 ④ Ⅰ·Ⅱ).

1. 「벤처기업육성에 관한 특별조치법」 제18조의4에 따른 벤처기업육성촉진지구에서 그 고유업무에 직접 사용하기 위하여 취득하는 부동산에 대해서는 취득세의 100분의 50을 2025년 12월 31일까지 경감한다.

2. 과세기준일 현재 제1호에 따른 벤처기업육성촉진지구에서 그 고유업무에 직접 사용하는 부동산에 대해서는 재산세의 100분의 35를 2025년 12월 31일까지 경감한다. 이 경우 지방자치단체의 장은 해당 지역의 재정 여건 등을 고려하여 100분의 15의 범위에서 조례로 정하는 율을 추가로 경감할 수 있다.

(1) 벤처기업집적시설 등을 개발·조성하기 위한 부동산

취득세, 재산세 경감

벤처기업육성에 관한 특별조치법에 따라 지정된 벤처기업집적시설 또는 신기술창업집적지역을 개발·조성하여 분양 또는 임대할 목적으로 취득(산업집적활성화 및 공장설립에 관한 법률 제41조에 따른 환수권의 행사로 인한 취득을 포함한다.)하는 부동산에 대해서는 취득세 및 재산세의 100분의 50을 2026년 12월 31일까지 각각 경감한다.

다만, 그 취득일부터 3년 이내에 정당한 사유 없이 벤처기업집적시설 또는 신기술창업집적지역을 개발·조성하지 아니하는 경우 또는 부동산의 취득일부터 5년 이내에 벤처기업집적시설 및 신기술창업집적지역의 지정이 취소되거나 벤처기업육성에 관한 특별조치법 제17조의 3 또는 제18조 제2항에 따른 요건을 갖춘 날부터 5년 이내에 부동산을 다른 용도로 사용하는 경우에 해당 부분에 대해서는 경감된 취득세와 재산세를 추징한다.

이 경우 "벤처기업집적시설"이란 벤처기업 및 중소기업창업투자회사 등(벤처기업육성에 관한 특별조치법 시행령 제2조)이 지원시설을 집중적으로 입주하게 함으로써 벤처기업의 영업활동을 활성화하기 위하여 지정된 건축물을 말한다.

또한 "신기술창업집적지역"이란 대학이나 연구기관이 보유하고 있는 교지나 부지로서 중소기업창업지원법 제2조 제2호에 따른 창업자와 벤처기업 등에 사업화 공간을 제공하기 위하여 지정된 지역을 말한다.

그리고 "산업집적활성화 및 공장설립에 관한 법률 제41조에 따른 환수권의 행사로 인한 취득"이란 관리기관은 입주기업체 또는 지원기관이 분양받은 산업용지의 전부 또는 일부가 입주계약에 의한 용도에 사용되지 아니하고 있을 때에는 취득가격에 그 취득일부터 양도일까지의 기간 중의 이자 및 비용 등의 가격을 지급하고 그 용지를 환수하는 것을 말한다.

이 규정 단서에서 "벤처기업육성에 관한 특별조치법 제17조의 3 또는 제18조 제2항에 따른 요건"이란 다음과 같다.

① **집적지역의 지정요건**(제17조의 3)

해당 기관이 보유한 교지나 부지의 연면적에 대한 지정면적의 비율이 100분의 30을 초과하지 아니하여야 하고, 지정 면적이 3,000㎡ 이상이어야 하며, 집적지역개발계획이 실현 가능할 것을 요한다.

② **벤처기업집적시설의 지정요건**(제18조 제2항)

지정을 받은 벤처기업집적시설은 지정받은 날(건축 중인 건축물은 「건축법」 제22조에 따른 건축물의 사용승인을 받은 날을 말한다.)부터 1년 이내에 다음 각 호의 요건을 갖추어야 한다.
- ㉮ 벤처기업 등 대통령령으로 정하는 기업이 입주하게 하되, 입주한 기업 중에서 벤처기업이 4개 이상(「수도권정비계획법」 제2조 제1호에 따른 수도권 외의 지역은 3개 이상)일 것
- ㉯ 연면적의 100분의 70(「수도권정비계획법」 제2조 제1호에 따른 수도권 외의 지역은 100분의 50)이상을 벤처기업 등 대통령령으로 정하는 기업이 사용하게 할 것
- ㉰ 제2호에 해당하지 아니하는 지정 면적은 벤처기업집적시설 등 대통령령으로 정하는 시설이 사용하게 할 것을 요건으로 한다.

(2) 벤처기업집적시설 또는 산업기술단지 입주자에 대한 특례

취득세, 등록면허세, 재산세 중과세 제외

벤처기업육성에 관한 특별조치법에 따라 지정된 벤처기업집적시설 또는 산업기술단지 지원에 관한 특례법에 따라 조성된 산업기술단지에 입주하는 자(벤처기업집적시설에 입주하는 자 중 벤처기업에 해당되지 아니하는 자는 제외한다.)에 대하여 취득세, 등록면허세 및 재산세를 과세할 때에는 2024년 12월 31일까지 지방세법 제13조 제1항(대도시 법인의 본점, 주사무소 중과 등), 제2항(과밀억제권역내에서의 취득세 중과세), 제3항(중과제외 후 중과세하는 경우), 제4항(임대 등 직접사용의 기준), 제28조 제2항(대도시내에서의 등록면허세 중과세), 제3항(대도시 중과제외업종을 영위하다가 중과제외업종 외의 업종으로 변경하거나 대도시 중과제외업종 외의 업종을 추가하는 경우) 및 제111조 제2항(대도시 내의 재산세 중과세)의 세율을 적용하지 아니한다.

이 규정은 창업벤처중소기업 등에 해당하는 경우에는 과밀억제권역 지역에서는 취득세와 등록면허세가 면제되는데, 지방세특례제한법에서는 과밀억제권역내의 벤처기업집적시설 및 산업기술단지에 입주하는 벤처기업에 대하여는 지방세를 일반 과세는 하되 중과세를 하지 않겠다는 특례 규정이다.

그러므로 이 중과세 특례 규정은 ① 취득세와 등록면허세는 과밀억제권역 내에서 본점 또는 주사무소를 설치하거나 공장을 신·증설(대도시에서 중과세되는 업종의 신·증설 등)하더라도 중과세하지 아니하겠다는 것이며, ② 재산세는 과밀억제권역 내에라도 공장 신·증설에 대한 중과세 세율을 적용하지 않는다는 것이다.

(3) 신기술창업집적지역 안의 산업용 등의 건축물 신·증축

취득세, 재산세 경감

벤처기업육성에 관한 특별조치법 제17조의 2에 따라 지정된 신기술창업집적지역에서 산업용 건축물·연구시설 및 시험생산용 건축물로써 대통령령으로 정하는 건축물(이하 이 조에서 "산업용 건축물 등"이라 한다.)을 신축하거나 증축하려는 자(대통령령으로 정하는 공장용 부동산을 중소기업자에게 임대하려는 자를 포함한다.)가 취득하는 부동산에 대해서는 2026년 12월31일까지 취득세의 100분의 50을 경감하고, 그 부동산에 대한 재산세의 납세의무가 최초로 성립하는 날부터 3년간 재산세의 100분의 50을 경감한다. 다만, 그 취득일부터 3년 이 경과할 때까지 해당 용도로 직접 사용하지 아니하는 경우 또는 해당용도로 직접사용한 기간이 2년 미만인 상태에서 매각·증여하거나 다른 용도로 사용하는 경우에 해당 부분에 대하여는 경감된 취득세 및 재산세를 추징한다.

이 규정에서 "대통령령으로 정하는 공장용 부동산"이란 「산업집적활성화 및 공장설립에 관한 법률」 제2조 제1호에 따른 공장을 말하며, "대통령령으로 정하는 건축물(산업용 건축물 등)"이란 ① 산업입지 및 개발에 관한 법률 제2조에 따라 공장·지식산업·문화산업·정보통신산업·자원비축시설용 건축물 및 이와 직접 관련된 교육·연구·정보처리·유통시설용 건축물, ② 산업집적활성화 및 공장설립에 관한 법률 시행령 제6조 제5항에 따른 폐기물 수집운반·처리 및 원료재생업·폐수처리업·창고업·화물터미널 또는 그 밖에 물류시설을 설치 및 운영하는 사업·운송업(여객운송업을 제외한다.)·산업용기계장비임대업·전기업 및 농공단지에 입주하는 지역특화산업용 건축물, 도시가스사업법 제2조 제5호에 따른 가스공급시설용 건축물 및 집단에너지사업법 제2조 제6호에 따른 집단에너지공급시설용 건축물 ③ 산업기술단지 지원에 관한 특례법에 따른 연구개발시설 및 시험생산시설용 건축물 ④ 산업집적활성화 및 공장설립에 관한 법률 제30조 제2항에 따른 관리기관이 산업단지의 관리·입주기업체 지원 및 근로자의 후생복지를 위하여 설치하는 건축물(수익사업용으로 사용되는 부분은 제외한다.)을 말한다(영 §29 ①·②).

> **사례**
>
> ❖ **산업용 건축물에 대한 개념 정의**
>
> 구 지방세법 제276조 제1항은 그 본문의 괄호규정에서 '공장용 부동산을 중소기업자에게 임대하고자 하는 경우'(이하 '이 사건 괄호규정'이라 한다.)를 예외적으로 그 본문에 의한 취득세와 등록세 면제 대상에 포함하고 있는바, 위 규정의 입법 취지와 개정 연혁, 그 본문과 단서의 관계 등에 비추어 볼 때, 이 사건 괄호규정의 '공장용 부동산'은 그 본문규정의 '산업용 건축물 등'과 달리 보기 어렵다(대법 2012두17179, 2012.11.29. 선고 판결 참조). 따라서 산업용 건축물 등이 건축되지 않은 공장용지는 이 사건 괄호규정의 '공장용 부동산'에 포함되지 않으므로 위와 같은 공장용지를 이 사건 괄호규정이 정하는 중소기업자에게 임대하여 그 중소기업자가 산업용 건축물을 신축하였다 하더라도 구 지방세법 제276조 제1항 본문에 의한 취득세와 등록세의 면제 대상에 해당하지 않는다고 해석함이 타당하다.
>
> (대법 2012두23426, 2013.2.28.)

(4) 벤처기업에 대한 지방세 경감

취득세, 재산세 경감

벤처기업육성에 관한 특별조치법에 따른 벤처기업에 대해서는 다음의 정하는 바에 따라 지방세를 경감한다.

① 벤처기업육성에 관한 특별조치법 제18조의 4에 따른 벤처기업육성촉진지구에서 그 고유업무에 직접 사용하기 위하여 취득하는 부동산에 대해서는 그 부동산에 대한 재산세 납세의무가 최초로 성립하는 날부터 3년간 재산세의 1,000분의 375를 2025년 12월 31일까지 경감한다.

② 과세기준일 현재 ①에 따른 벤처기업육성촉진지구에서 그 고유업무에 직접 사용하는 부동산에 대해서는 재산세의 1,000분의 375를 2025년 12월 31일까지 경감한다.

> **사례**
>
> ❖ **벤처기업집적시설 지정 전에 취득한 부동산에 대하여 감면을 적용할 수 있는지 여부**
>
> 벤처기업집적시설을 개발·조성하기 위하여 취득한 부동산인 이상, 벤처기업집적시설로 지정되기 전에 취득한 것도 구 지방세법 제276조 제3항에서 정한 취득세 등의 감면대상에 해당한다고 봄이 타당하다.
>
> (대법 2014두35942, 2014.11.13.)
>
> ❖ 입주 적격요건을 갖추어 벤처기업집적시설에 입주한 기업이 그 규모의 확대로 중소기업에 해당하지 않게 되어, 벤처기업집적시설의 지정요건을 충족하지 못하게 된 경우, 벤처기업육성

에 관한 특별조치법」에서 정한 벤처기업집적시설에 해당되지 않는다 할 것이므로 그 부동산을 다른 용도로 사용하는 경우에 해당됨

(행자부 지방세특례제도과-768, 2015.3.19.)

❖ 벤처기업집적시설로 지정된 이후에 벤처기업집적시설을 개발·조성하여 분양 또는 임대할 목적으로 취득하는 벤처기업집적시설의 부속토지는 취득세 감면대상에 포함됨

(안행부 지방세운영과-280, 2013.4.11.)

❖ 취득일부터 5년내에 벤처기업집적시설의 지정이 취소된 경우 그 해당 부분에 대하여는 감면된 취득세·재산세를 추징하는 것이므로 벤처기업직접시설의 사업시행자가 일정요건을 구비하지 못하여 그 지정이 취소된 경우에는 취소된 전체면적에 대하여 기감면한 취득세 등을 추징함

(행자부 세정-1128, 2004.5.12.)

❖ 벤처기업집적시설의 사업시행자가 부동산을 취득하여 벤처기업집적시설로 지정받은 후 일부는 벤처기업에게 임대하고 일부는 벤처기업인 벤처기업집적시설 조성자가 직접 사용하는 경우뿐만 아니라 전부를 직접 사용하는 경우라도 벤처기업집적시설 외의 다른 용도로 사용하지 아니한 경우라면 그 해당 부분에 대하여 취득세 등이 감면됨

(행자부 세정13407-610, 2001.11.30.)

❖ **기술보증기금으로부터 보증서를 발급받은 것을 기술보증기금으로부터 벤처기업확인서를 발급받은 것으로 보아 벤처기업 감면요건을 충족한 것으로 볼 수 있는지 여부**

기술보증기금 등으로부터 사전에 예비벤처기업확인을 받은 기업이 벤처기업확인을 받기 전에 사업용 부동산을 취득하였다면 벤처기업확인을 받은 다음 부동산을 취득한 경우와 실질적으로 다르게 취급할 이유가 없다고 보아 그 취득세를 감면하여야 한다고 판단한 것이다. 즉, 기술보증기금 등으로부터 예비벤처기업확인을 받은 기업은 최소한 벤처기업으로서의 요건 중 일부를 충족하였다는 점에 관하여 공적인 확인절차를 거친 것임.

(대법 2019두61977, 2020.3.26.)

제58조의 2 지식산업센터 등에 대한 감면

① 「산업집적활성화 및 공장설립에 관한 법률」 제28조의 2에 따라 지식산업센터를 설립하는 자에 대해서는 다음 각 호에서 정하는 바에 따라 지방세를 경감한다(법 §58의 2 ① Ⅰ·Ⅱ).

1. 「산업집적활성화 및 공장설립에 관한 법률」 제28조의 5 제1항 제1호 및 제2호에 따른 시설용(이하 이 조에서 "사업시설용"이라 한다.)으로 직접 사용하기 위하여 경감대상 지역 (수도권지역 중 「산업입지 및 개발에 관한 법률」 에 따른 산업단지와 수도권

외의 지역을 말한다. 이하 이 조에서 같다)에서 신축 또는 증축하여 취득하는 부동산(신축 또는 증축한 부분에 해당하는 부속토지를 포함한다. 이하 이 조에서 같다.)과 사업시설용으로 분양 또는 임대(「중소기업기본법」에 따른 중소기업을 대상으로 분양 또는 임대하는 경우로 한정한다. 이하 이 조에서 같다.)하기 위하여 경감대상지역에서 신축 또는 증축하여 2025년 12월31일 까지 취득하는 부동산에 대해서는 취득세의 100분의 35를 경감한다. 다만, 다음 각 목의 어느 하나에 해당하는 경우 그 해당 부분에 대해서는 경감된 취득세를 추징한다.

　가. 직접사용하기 위하여 부동산을 취득하는 경우로서 다음 어느 하나에 해당하는 경우
　　1) 정당한 사유 없이 그 취득일부터 1년이 경과할 때까지 착공하지 아니한 경우
　　2) 정당한 사유 없이 그 취득일부터 1년이 경과할 때까지 사업시설용으로 직접사용하지 아니한 경우
　　3) 해당용도로 직접사용한 기간이 4년 미만인 상태에서 매각·증여하거나 다른 용도로 사용하는 경우
　나. 그 취득일부터 5년 이내에 매각·증여하거나 다른 용도로 분양·임대하는 경우

2. 과세기준일 현재 사업시설용으로 직접 사용하거나 그 사업시설용으로 분양 또는 임대업무에 직접 사용하는 부동산(2018년 6월 2일부터 2025년 12월 31일까지 취득한 부동산만 해당한다)에 대해서는 해당부동산에 대한 재산세 납세의무가 최초로 성립한 날부터 5년간 재산세의 100분의 35를 경감한다.

② 「산업집적활성화 및 공장설립에 관한 법률」 제28조의 4에 따라 지식산업센터를 신축하거나 증축하여 설립한 자로부터 최초로 해당 지식산업센터를 분양받은 입주자(「중소기업기본법」 제2조에 따른 중소기업을 영위하는 자로 한정한다.)에 대해서는 다음 각 호에서 정하는 바에 따라 지방세를 경감한다(법 §58의 2 ② Ⅰ·Ⅱ).

1. 2025년 12월 31일까지 사업시설용으로 직접 사용하기 위하여 경감대상지역에서 취득하는 부동산에 대해서는 취득세의 100분의 35를 경감한다. 다만, 다음 각 목의 어느 하나에 해당하는 경우 그 해당 부분에 대해서는 경감된 취득세를 추징한다.
　가. 정당한 사유 없이 그 취득일부터 1년이 경과할 때까지 해당 용도로 직접 사용하지 아니하는 경우
　나. 해당 용도로 직접 사용한 기간이 4년 미만인 상태에서 매각·증여하거나 다른 용도로 사용하는 경우

2. 과세기준일 현재 사업시설용으로 직접 사용하는 부동산(2018년 6월 2일부터 2025년 12월 31일까지 취득한 부동산만 해당한다)에 대해서는 해당부동산에 대한 재산세 납세의무가 최초로 성립하는 날부터 5년간 재산세의 100분의 35를 경감한다.

(1) 지식산업센터를 신·증축하여 분양·임대하는 부동산

취득세, 재산세 경감

① 「산업집적활성화 및 공장설립에 관한 법률」 제28조의 2에 따라 지식산업센터를 설립하는 자에 대해서는 다음 각 호에서 정하는 바에 따라 지방세를 경감한다

1. 「산업집적활성화 및 공장설립에 관한 법률」 제28조의 5 제1항 제1호 및 제2호에 따른 시설용(이하 이 조에서 "사업시설용"이라 한다.)으로 직접 사용하기 위하여 경감대상지역 (수도권지역 중 「산업입지 및 개발에 관한 법률」 에 따른 산업단지와 수도권 외의 지역을 말한다. 이하 이 조에서 같다)에서 신축 또는 증축하여 취득하는 부동산(신축 또는 증축한 부분에 해당하는 부속토지를 포함한다. 이하 이 조에서 같다.)과 사업시설용으로 분양 또는 임대(「중소기업기본법」 에 따른 중소기업을 대상으로 분양 또는 임대하는 경우로 한정한다. 이하 이 조에서 같다.)하기 위하여 경감대상지역에서 신축 또는 증축하여 2025년 12월31일 까지 취득하는 부동산에 대해서는 취득세의 100분의 35를 경감한다. 다만, 다음 각 목의 어느 하나에 해당하는 경우 그 해당 부분에 대해서는 경감된 취득세를 추징한다.
    가. 직접사용하기 위하여 부동산을 취득하는 경우로서 다음 어느 하나에 해당하는 경우
        1) 정당한 사유 없이 그 취득일부터 1년이 경과할 때까지 착공하지 아니한 경우
        2) 정당한 사유 없이 그 취득일부터 1년이 경과할 때까지 사업시설용으로 직접사용하지 아니한 경우
        3) 해당용도로 직접사용한 기간이 4년 미만인 상태에서 매각·증여하거나 다른 용도로 사용하는 경우
    나. 그 취득일부터 5년 이내에 매각·증여하거나 다른 용도로 분양·임대하는 경우
2. 과세기준일 현재 사업시설용으로 직접 사용하거나 그 사업시설용으로 분양 또는 임대업무에 직접 사용하는 부동산(2018년 6월 2일부터 2025년 12월 31일까지 취득한 부동산만 해당한다)에 대해서는 해당부동산에 대한 재산세 납세의무가 최초로 성립한 날부터 5년간 재산세의 100분의 35를 경감한다.

이 규정은 시행자가 지식산업센터를 신증축하여 직접사용하거나 분양·임대하는 경우로 감면요건을 구분하되 추징요건은 정당한 사유 없이 1년 이내 미착공, 취득일로부터 5년 이내 매각·증여 또는 다른 용도 분양·임대하는 경우 추징하도록 하면서 입주기업은 정당한 사유 없이 1년 이내 직접 미사용, 취득일로부터 5년 이내 매각·증여하거나 다른 용도로 사용하는 경우에는 추징하도록 한 것이다. 또한 이법 2023년 법 개정 시행 전에 「산업집적활성화 및 공장설립에 관한 법률」 에 따른 지식산업센터의 설립자 등이

경감받은 취득세 추징에 관하여는 개정규정에도 불구하고 종전규정에 따른다고 부칙에 규정하고 있다

(2) 지식산업센터의 설립자로부터 최초의 분양·입주에 대한 감면

취득세, 재산세 경감

② 「산업집적활성화 및 공장설립에 관한 법률」 제28조의 4에 따라 지식산업센터를 신축하거나 증축하여 설립한 자로부터 최초로 해당 지식산업센터를 분양받은 입주자(「중소기업기본법」 제2조에 따른 중소기업을 영위하는 자로 한정한다.)에 대해서는 다음 각 호에서 정하는 바에 따라 지방세를 경감한다(법 §58의 2 ② Ⅰ·Ⅱ).

1. 2025년 12월 31일까지 사업시설용으로 직접 사용하기 위하여 경감대상지역에서 취득하는 부동산에 대해서는 취득세의 100분의 35를 경감한다. 다만, 다음 각 목의 어느 하나에 해당하는 경우 그 해당 부분에 대해서는 경감된 취득세를 추징한다.
   가. 정당한 사유 없이 그 취득일부터 1년이 경과할 때까지 해당 용도로 직접 사용하지 아니하는 경우
   나. 해당 용도로 직접 사용한 기간이 4년 미만인 상태에서 매각·증여하거나 다른 용도로 사용하는 경우
2. 과세기준일 현재 사업시설용으로 직접 사용하는 부동산(2018년 6월 2일부터 2025년 12월 31일까지 취득한 부동산만 해당한다)에 대해서는 해당부동산에 대한 재산세 납세의무가 최초로 성립하는 날부터 5년간 재산세의 100분의 35를 경감한다.

사례

❖ 지식산업센터 등에 대한 감면 적용특례인 이 사건 부칙 제6조의 규정이 지식산업센터를 설립한 자로부터 최초로 분양받은 입주자에게도 적용되는지 여부

문언적 의미는 지식산업센터의 설립승인을 받은 자가 구 지방세특례제한법 제58조의2 시행 전에 분양한 부동산에 대하여는 그 취득세를 면제하는 것일 뿐, 수분양자 또는 그로부터 전매한 자에 대하여는 적용되지 아니하는 것이라고 보아야 한다.
(대법 2015두37709, 2015.5.14.)

❖ 대표이사로 있는 회사에 지식산업센터용 부동산 임대시 추징대상 여부

지식산업센터를 분양받은 입주자가 임대 등 산업집적법에 따른 사업 또는 벤처기업의 영위 이외의 다른 용도로 위 지식산업센터를 사용하는 경우에는 설령 위 입주자로부터 지식센터를 임차한 자가 당초 입주자가 위 센터를 취득한 목적과 같은 용도로 사용하고 있다고 하더라도 그와 같은 사정만으로 위 추징사유에 해당되지 않는 것으로 보기는 어려운 점, 지방세특례제한법 제2조 제1항 제8호는 '직접사용'을 '부동산의 소유자가 해당 부동산을 사업 또는 업무의 목적이

나 용도에 맞게 사용하는 것을 말하는 것'이라고 정의하고 있고, 위 조항은 지방세특례제한법이 2014. 1. 1. 법률 제12175호로 개정되면서 처음으로 입법되었으나 앞서 살펴본 관련 법령의 취지 등에 비추어 개정 전이라고 하더라도 '직접사용'을 위 문언과 달리 해석하여야 할 이유가 없는 점, 소외 회사와 원고 사이에 재산과 업무가 구분이 어려울 정도로 혼용되었다거나 소외 회사가 주주총회나 이사회를 개최하지 않는 등 법률이나 정관에 규정된 의사결정절차를 밟지 않음으로써 원고 개인의 영업을 영위하는 것에 지나지 않는 정도로 형해화되었다고 볼만한 자료도 없는 점 등에 비추어 보면, 원고가 소외 회사에 이 사건 부동산을 임대함으로써 당초 지식산업센터를 분양받은 목적과 다른 용도에 사용하였다고 볼 것이다.

(대법 2016두57182, 2017.1.18.)

❖ **지식산업센터 입주자 감면대상에 해당되는지 여부**

부동산을 지식산업센터 사업용으로 사용하지 않은 것으로 보아 매출액을 기준으로 안분계산하여 취득세 등을 추징한 처분은 잘못이 없다.

(조심 15지1129, 2015.11.17.)

지식산업센터의 일부를 다른 업체에 무상임대하여 공정의 일부를 수행(소사장제)토록 하는 경우 취득세 등 추징대상에 해당한다.

(조심 14지0342, 2014.6.27.)

자기가 필요한 디자인을 하는 것은 전문디자인업에 해당되지 않으므로 사업시설용으로 사용한 경우로 볼 수 없다.

(조심 12지0635, 2012.11.9.)

아파트형공장을 제조시설이 아닌 도·소매업을 영위하는 사무실로 사용하고 있는 것으로 보아기 과세 면제한 취득세 등을 추징한 처분은 잘못이 없다.

(조심 12지0725, 2012.12.11.)

제58조의 3 | 창업중소기업 등에 대한 감면

① 2026년 12월 31일까지 과밀억제권역 외의 지역에서 창업하는 중소기업(이하 이 조에서 "창업중소기업"이라 한다.)이 대통령령으로 정하는 날(이하 이 조에서 "창업일"이라 한다.)부터 4년 이내(대통령령으로 정하는 청년창업기업의 경우에는 5년 이내)에 취득하는 부동산에 대해서는 다음 각 호에서 정하는 바에 따라 지방세를 경감한다(법 §58의 3 ① Ⅰ·Ⅱ).

1. 창업일 당시 업종의 사업을 계속 영위하기 위하여 취득하는 부동산에 대해서는 취득세의 100분의 75를 경감한다.
2. 창업일 당시 업종의 사업에 과세기준일 현재 직접 사용하는 부동산(건축물 부속토지인 경우에는 대통령령으로 정하는 공장입지기준면적 이내 또는 대통령령으로 정하는 용도지역별 적용배율 이내의 부분만 해당한다.)에 대해서는 창업일부터 3년간 재산세를 면제하고, 그 다음 2년간은 재산세의 100분의 50을 경감한다.

위 규정 본문 전단에서 "대통령령으로 정하는 날"이란 다음 각 호의 어느 하나에 해당하는 날을 말한다(영 §29의 2 ① Ⅰ·Ⅱ).
1. 법인이 창업하는 경우 : 설립등기일
2. 개인이 창업하는 경우 : 「부가가치세법」제8조에 따른 사업자등록일

취득세 감면

그간 감면대상자인 창업중소기업 또는 창업벤처중소기업의 감면요건·기간이 상이하지만, 세목별로 조문이 구성되어 있고 법령에서는 창업의 개념을 「중소기업창업지원법」의 '창업' 개념을 준용하지만 법령에서는 '창업으로 보지 않는 경우(합병·분할·현물출자·사업의 양수를 통하여 종전 사업을 승계하거나 종전 사용되던 자산을 인수·매입, 개인사업의 법인전환, 폐업 후 사업을 개시하여 폐업 전과 같은 종류의 사업 지속, 사업의 확장하거나 다른 업종을 추가하는 등 새로운 사업을 최초 개시하는 것으로 보기 곤란한 경우)를 별도 규정하고 있어 의미가 상충함에 따라 실무상 혼란이 있어 「중소기업창업지원법」상 '창업'의 개념 준용 문구 삭제하여 의미 명확화 하였다.

이 경우 "대통령령으로 정하는 청년창업기업"이란 같은 항 각 호 외의 부분에 따른 창업중소기업으로서 대표자(「소득세법」 제43조 제1항에 따른 공동사업장의 경우에는 같은 조 제2항에 따른 손익분배비율이 더 큰 사업자를 말한다. 이하 이 조에서 같다.)가 다음 각 호의 구분에 따른 요건을 충족하는 기업을 말한다(영 §29의 2 ② Ⅰ·Ⅱ).
1. 개인사업자로 창업하는 경우: 창업 당시 15세 이상 34세 이하인 사람. 다만, 「조세특례제한법 시행령」 제27조 제1항 제1호 각 목의 어느 하나에 해당하는 병역을 이행한 경우에는 그 기간(6년을 한도로 한다.)을 창업 당시 연령에서 빼고 계산한 연령이 34세 이하인 사람을 포함한다.
2. 법인으로 창업하는 경우: 다음 각 목의 요건을 모두 갖춘 사람
   가. 제1호의 요건을 갖출 것
   나. 「법인세법 시행령」 제43조 제7항에 따른 지배주주등으로서 해당 법인의 최대주주 또는 최대출자자자일 것

그리고 정당한 사유 없이 취득일부터 3년 이내에 그 부동산을 해당 사업에 직접 사용하지 아니하는 경우, 취득일부터 3년 이내에 다른 용도로 사용하거나 매각·증여하는 경우, 최초 사용일부터 계속하여 2년간 해당 사업에 직접 사용하지 아니하고 다른 용도로 사용하거나 매각·증여하는 경우에는 경감된 취득세를 추징한다.

그러므로 창업이라 함은 다음에 해당하지 아니하는 것으로서 중소기업을 새로 설립하여

사업을 개시하는 것을 말하며 감면대상 업종을 한국표준산업분류의 업종구분상 '대분류' 기준으로 통일성 있게 일원화하였다.

② 2026년 12월 31일까지 창업하는 「벤처기업육성에 관한 특별조치법」 제2조 제1항에 따른 벤처기업 중 대통령령으로 정하는 기업으로서 창업일부터 3년 이내에 같은 법 제25조에 따라 벤처기업으로 확인받은 기업(이하 이 조에서 "창업벤처중소기업"이라 한다.)이 최초로 확인받은 날(이하 이 조에서 "확인일"이라 한다.)부터 4년 이내(대통령령으로 정하는 청년창업벤처기업의 경우에는 5년 이내)에 취득하는 부동산에 대해서는 다음 각 호에서 정하는 바에 따라 지방세를 경감한다(법 §58의 3 ②).

1. 창업일 당시 업종의 사업을 계속 영위하기 위하여 취득하는 부동산에 대해서는 취득세의 100분의 75를 경감한다.
2. 창업일 당시 업종의 사업에 과세기준일 현재 직접 사용(임대는 제외한다.)하는 부동산(건축물 부속토지인 경우에는 대통령령으로 정하는 공장입지기준면적 이내 또는 대통령령으로 정하는 용도지역별 적용배율 이내의 부분만 해당한다.)에 대해서는 확인일부터 3년간 재산세를 면제하고, 그 다음 2년간은 재산세의 100분의 50을 경감한다.

이 경우 벤처기업을 확인받은 날은 벤처기업확인서를 최초로 받은 날로 개정하였고, "대통령령으로 정하는 공장입지기준면적"이란 「지방세법 시행령」 제102조 제1항 제1호에 따른 공장입지기준면적을 말하고, "대통령령으로 정하는 용도지역별 적용배율"이란 각각 「지방세법 시행령」 제101조 제2항에 따른 용도지역별 적용배율을 말한다(영 §29의 2 ③).

그리고 법 제58조의3제2항 각 호 외의 부분에서 "대통령령으로 정하는 기업"이란 다음 각 호의 어느 하나에 해당하는 기업을 말한다(영 §29의 2 ④ Ⅰ·Ⅱ).

1. 「벤처기업육성에 관한 특별조치법」 제2조의2의 요건을 갖춘 중소기업(같은 조 제1항제2호나목에 해당하는 중소기업은 제외한다)
2. 연구개발 및 인력개발을 위한 비용으로서 「조세특례제한법 시행령」 별표 6의 비용이 해당 과세연도의 수입금액의 100분의 5(「벤처기업육성에 관한 특별조치법」 제25조에 따라 벤처기업 해당 여부에 대한 확인을 받은 날이 속하는 과세연도부터 연구개발 및 인력개발을 위한 비용의 비율이 100분의 5 이상을 유지하는 경우로 한정한다) 이상인 중소기업

또한 "대통령령으로 정하는 청년창업벤처기업"이란 같은 항 각 호 외의 부분에 따른 창업벤처중소기업으로서 대표자가 제2항 각 호의 요건을 충족하는 기업을 말한다(영 §29의 2 ⑤).

재산세 감면

2026년 12월 31일까지 창업하는 창업중소기업 또는 창업벤처중소기업이 해당 사업에 직접사용(임대는 제외)하는 부동산(건축물의 부속토지는 공장입지기준면적 이내 또는 용도

지역별 적용배율 이내의 부분만 해당한다.)에 대해서는 창업일(창업벤처중소기업의 경우에는 최초 확인일)부터 3년간 재산세(「지방세법」 제111조에 따라 부과된 세액을 말한다. 이하 이 조에서 같다.)를 면제하고, 그 다음 2년간은 재산세의 100분의 50에 상당하는 세액을 경감하도록 하였는데, 이는 일자리 창출 차원에서 고용창출 효과가 높은 창업중소기업에 대한 감면 확대하였다(2018년부터 재산세 면제시 최소납부세제 적용).

③ 다음 각 호의 어느 하나에 해당하는 등기에 대해서는 등록면허세를 면제한다(법 §58의 3 ③ Ⅰ·Ⅱ).

1. 2020년 12월 31일까지 창업하는 창업중소기업의 법인설립 등기(창업일부터 4년 이내에 자본 또는 출자액을 증가하는 경우를 포함한다.)
2. 2020년 12월 31일까지 「벤처기업육성에 관한 특별조치법」 제2조의2 제1항 제2호 다목에 따라 창업 중에 벤처기업으로 확인받은 중소기업이 그 확인일부터 1년 이내에 하는 법인설립 등기

④ 창업중소기업과 창업벤처중소기업의 범위는 다음 각 호의 업종을 경영하는 중소기업으로 한정한다. 이 경우 제1호부터 제8호까지의 규정에 따른 업종은 「통계법」 제22조에 따라 통계청장이 고시하는 한국표준산업분류에 따른 업종으로 한다(법 §58의 3 ④ Ⅰ~ⅩⅡ).

1. 광업
2. 제조업
3. 건설업
4. 정보통신업. 다만 다음 각 목의 어느 하나에 해당하는 업종은 제외한다.
   가. 비디오물 감상실 운영업
   나. 뉴스 제공업
   다. 「통계법」 제22조에 따라 통계청장이 고시하는 블록체인기술 산업분류에 따른 블록체인 기반 암호화 자산 매매 및 중개업
5. 다음 각 목의 어느 하나에 해당하는 전문, 과학 및 기술 서비스업(대통령령으로 정하는 엔지니어링사업을 포함한다.)
   가. 연구개발업
   나. 광고업
   다. 기타 과학기술서비스업
   라. 전문 디자인업
   마. 시장조사 및 여론조사업
6. 다음 각 목의 어느 하나에 해당하는 사업시설 관리, 사업지원 및 임대서비스업

가. 사업시설 관리 및 조경 서비스업
　　나. 고용알선 및 인력공급업
　　다. 경비 및 경호 서비스업
　　라. 보안시스템 서비스업
　　마. 전시, 컨벤션 및 행사대행업
7. 창작 및 예술관련 서비스업(자영예술가는 제외한다.)
8. 수도, 하수 및 폐기물 처리, 원료 재생업
9. 대통령령으로 정하는 물류산업. 이 경우 물류산업은 「조세특례제한법 시행령」 제5조제7항에 따른 물류산업을 말한다.
10. 「학원의 설립·운영 및 과외교습에 관한 법률」에 따른 직업기술 분야를 교습하는 학원을 운영하는 사업 또는 「근로자직업능력 개발법」에 따른 직업능력개발훈련시설을 운영하는 사업(직업능력개발훈련을 주된 사업으로 하는 경우로 한정한다.)
11. 「관광진흥법」에 따른 관광숙박업, 국제회의업, 유원시설업 또는 대통령령으로 정하는 관광객이용시설업. 이 경우 관광객이용시설업 이란 「관광진흥법 시행령」 제2조제1항제3호가목 및 나목에 따른 전문휴양업과 종합휴양업을 말한다.
12. 「전시산업발전법」에 따른 전시산업

　　이 경우 '대통령령으로 정하는 엔지니어링사업은 「조세특례제한법 시행령」 제5조 제9항 따른 사업을 말하며, "대통령령으로 정하는 물류산업"이란 「조세특례제한법 시행령」 제5조 제7항에 따른 산업을 말하고, "대통령령으로 정하는 관광객이용시설업"이란 「관광진흥법 시행령」 제2조 제1항 제3호 가목 및 나목에 따른 전문휴양업과 종합휴양업을 말한다.

그리고 2021년부터 적용되는 감면업종 개정을 비교 하면 아래 표와 같다.

(현행) 감면업종	구분	(개정) 감면업종
1 광업 2 제조업 3 건설업 14 창작 및 예술관련 서비스업 ※ (배제) 자영예술가 16 물류산업(영§29-2⑥) 17 학원 또는 직업능력개발훈련시설을 운영하는 사업 23 관광숙박업, 국제회의업, 유원시설업 또는 관광객이용시설업(영§29-2⑦) 18 전시산업	현행 유지	1 광업 2 제조업 3 건설업 7 창작 및 예술관련 서비스업 ※ (배제) 자영예술가 9 물류산업(영§29-2⑥) 10 학원 또는 직업능력개발훈련시설을 운영하는 사업 11 관광숙박업, 국제회의업, 유원시설업 또는 관광객이용시설업(영§29-2⑦) 12 전시산업
4 출판업 5 영상오디오기록물 제작 및 배급업 6 방송업 7 전기통신업 9 정보서비스업 ※ (배제) 비디오감상실 운영업, 뉴스제공업, 블록체인 기반 암호화자산 매매 및 중개업	업종기준 통·폐합	4 정보통신업(5종→1종) ※ 적용배제 업종 본문 열거 (가~다목)
10 연구개발업 11 광고업 12 전문디자인업 15 엔지니어링사업(영§29-2⑤) 22 시장조사 및 여론조사업 24 그 밖의 과학기술업		5 전문,과학 및 기술서비스업 (6종→1종) ※ 적용업종 본문 열거(가~마목)
13 전시 및 행사대행업 19 인력공급 및 고용알선업(농업 노동자 공급업) 20 건물 및 산업설비 청소업 21 경비 및 경호 서비스업		6 사업시설관리, 사업지원 및 임대서비스업(3종→1종) ※ 적용업종 본문 열거(가~마목)
-	(추가)	• 경비 및 경호 서비스, 방제서비스업 • 사업시설관리 및 조경서비스업 • 보안시스템 서비스업
-	(추가)	8 수도하수 및 폐기물 처리, 원료재생업

⑤ 제1항부터 제4항까지의 규정을 적용할 때 창업중소기업으로 지방세를 감면받은 경우에는 창업벤처중소기업에 대한 감면은 적용하지 아니한다(법 §58의 3 ⑤).

⑥ 제1항부터 제4항까지의 규정을 적용할 때 다음 각 호의 어느 하나에 해당하는 경우는 창업으로 보지 아니한다(법 §58의 3 ⑥ Ⅰ~Ⅴ).
  1. 합병·분할·현물출자 또는 사업의 양수를 통하여 종전의 사업을 승계하거나 종전의 사업에 사용되던 자산을 인수 또는 매입하여 같은 종류의 사업을 하는 경우. 다만, 종전의 사업에 사용되던 자산을 인수하거나 매입하여 같은 종류의 사업을 하는 경우 그 자산가액의 합계가 「부가가치세법」 제5조 제2항에 따른 사업개시 당시 토지·건물 및 기계장치 등 대통령령으로 정하는 사업용자산의 총가액에서 차지하는 비율이 100분의 50 미만으로서 대통령령으로 정하는 비율 이하인 경우는 제외한다.
    이 경우 "대통령령으로 정하는 사업용자산"이란 토지와 「법인세법 시행령」 제24조에 따른 감가상각자산을 말한다(영 §29의 2 ⑧), "대통령령으로 정하는 비율"이란 100분의 30을 말한다(영 §29의 2 ⑨).
  2. 거주자가 하던 사업을 법인으로 전환하여 새로운 법인을 설립하는 경우
  3. 폐업 후 사업을 다시 개시하여 폐업 전의 사업과 같은 종류의 사업을 하는 경우
  4. 사업을 확장하거나 다른 업종을 추가하는 경우
    위 규정 1.과 3.에서 말하는 같은 종류의 사업은 한국표준산업분류에 따른 세분류가 동일한 사업으로 한다(영 §29의 2 ⑩).
  5. 그 밖에 새로운 사업을 최초로 개시하는 것으로 보기 곤란한 경우로서 대통령령으로 정하는 경우
    여기서 "대통령령으로 정하는 경우"란 다음 각 호의 어느 하나에 해당하는 경우를 말한다.
    1. 개인사업자가 동종 사업을 영위하는 법인인 중소기업을 새로 설립하여 과점주주(「지방세기본법」 제46조제2호에 따른 과점주주를 말한다. 이하 이 조에서 같다)가 되는 경우
    2. 해당 법인 또는 해당 법인의 과점주주가 신설되는 법인인 중소기업의 과점주주가 되는 경우(해당 법인과 신설되는 법인인 중소기업이 동종의 사업을 영위하는 경우로 한정한다)
    3. 법인인 중소기업이 회사의 형태를 변경한 이후에도 변경 전의 사업과 동종의 사업을 영위하는 경우

⑦ 다음 각 호의 어느 하나에 해당하는 경우에는 제1항 제1호 및 제2항 제1호에 따라 경감된 취득세를 추징한다. 다만, 「조세특례제한법」 제31조 제1항에 따른 통합(이하 이 조에

서 "중소기업간 통합"이라 한다.)을 하는 경우와 같은 법 제32조 제1항에 따른 법인전환(이하 이 조에서 "법인전환"이라 한다.)을 하는 경우는 제외한다(법 §58의 3 ⑦ Ⅰ~Ⅲ).

1. 정당한 사유 없이 취득일부터 3년 이내에 그 부동산을 해당 사업에 직접 사용하지 아니하는 경우
2. 취득일부터 3년 이내에 다른 용도로 사용하거나 매각·증여하는 경우
3. 최초 사용일부터 계속하여 2년간 해당 사업에 직접 사용하지 아니하고 다른 용도로 사용하거나 매각·증여하는 경우

⑧ 창업중소기업 및 창업벤처중소기업이 제1항 제2호 및 제2항 제2호에 따른 경감기간이 지나기 전에 중소기업간 통합 또는 법인전환을 하는 경우 그 법인은 대통령령으로 정하는 바에 따라 남은 경감기간에 대하여 제1항 제2호 및 제2항 제2호를 적용받을 수 있다. 다만, 중소기업간 통합 및 법인전환 전에 취득한 사업용재산에 대해서만 적용한다(법 §58의 3 ⑧).

⑨ 제1항부터 제4항까지의 규정에 따른 창업중소기업 및 창업벤처중소기업 감면을 적용받으려는 경우에는 행정안전부령으로 정하는 감면신청서를 관할 지방자치단체의 장에게 제출하여야 한다(법 §58의 3 ⑨).

이 규정에 따라 창업중소기업 및 창업벤처중소기업이 지방세를 경감받으려는 경우에는 창업중소기업 지방세 감면 신청서에 사업자등록증, 법인 등기부등본 및 벤처기업확인서 등 창업중소기업 및 창업벤처중소기업임을 확인할 수 있는 서류를 첨부하여 관할 지방자치단체의 장에게 제출하여야 한다. 이 경우 「전자정부법」 제36조 제1항에 따른 행정정보의 공동이용을 통한 사업자등록증 등의 확인에 동의하는 경우에는 그 확인으로 사업자등록증 등의 제출을 갈음할 수 있다(규칙 §3의 2).

▎ 사례 ▎

❖ 예비벤처기업 확인을 받은 날 이후에 취득한 부동산 감면대상 여부

벤처기업의 창업을 지원하기 위한 구 조세특례제한법 제119조 제3항 제1호, 제120조 제3항을 적용함에 있어 창업 후 예비벤처기업확인을 받은 기업이 창업 초창기에 사업용 재산을 취득하였음에도 예정된 벤처기업확인을 받기 전이라는 이유로 달리 취급할 필요가 없다고 할 것이므로, 벤처기업으로 확인받은 다음에 사업용 재산을 취득하고 등기한 경우뿐만 아니라 벤처기업확인으로 당연히 전환될 수 있는 예비벤처기업확인 이후 사업용 재산을 취득하고 그에 관한 등기를 마친 다음 실제로 벤처기업확인을 받은 경우에도 위 규정에 따른 취득세 및 등록세의 면제대상이 된다고 봄이 상당하다.

(대법 2009두14040, 2011.12.22.)

❖ 휴업·사실상폐업 중인 사업체의 자산을 인수(임차)하여 창업한 경우에도 취득세 감면대상 창업중

소기업으로 볼 수 있는지 여부

창업의 취지는 새로운 사업을 최초로 개시함으로써 원시적인 사업창출의 효과가 있는 경우에만 소득세 또는 법인세의 감면혜택을 주려는 데 있다고 봄이 상당하다. 이러한 관련 규정의 취지와 문언 내용 등에 비추어 보면, 종전의 사업에 사용되던 자산을 인수 또는 매입하여 동종의 사업을 영위한 경우에는 그것이 설령 종전 사업체의 유휴설비를 이용하거나 사실상 폐업한 업체의 자산을 이용하여 사업을 개시하는 경우에 해당하더라도 원시적인 사업창출의 효과가 없으므로, 조특법 제6조 제4항 제1호 본문이 창업의 범위에서 제외한 '종전의 사업에 사용되던 자산을 인수 또는 매입한 경우'에 해당한다고 봄이 타당하다. 그리고 여기에서 말하는 '자산을 인수한 경우'에는 자산을 임차하여 사용하는 경우도 포함된다.

(대법 2011두11549, 2014.3.27.)

❖ 창업중소기업 영위업종의 형식과 실질이 다른 경우 동종업종 여부

피고는 원고 회사의 법인등기부와 0000코리아의 사업자등록증상 업종의 기재가 동일한 점을 고려하면 원고 회사와 0000코리아가 사실상 동종의 사업을 영위하면서 단지 그 규모만 확장한 것이라고 보아야 한다고 주장하나, 법인등기부의 사업목적이나 사업자등록증의 사업 종목은 실제 영위하고 있는 업종뿐만 아니라 장차 영위하려고 하는 업종까지 망라적으로 기재되는 경우가 많아 그것만 보아서는 당해 회사가 구체적으로 어떠한 업종의 사업을 영위하는지 알기 어려운바, 그 중 공통되는 일부를 택하여 서로 같은 업종이라고 할 수 없고, 이와 달리 형식적 기준만을 가지고 과세 여부를 결정한다면 이를 악용하여 실질적으로 같은 종류의 사업을 영위하면서도 위 분류만을 다르게 기재하는 경우에 과세하지 못한다는 결론에 이르러 부당하다.

(대법 2016두30573, 2016.4.15.)

❖ 창업한 개인기업자가 대표인 법인에게 이전할 경우 추징대상 처분인지

원고는 이 사건 부동산을 취득하여 취득세 등을 감면받은 약 1개월 후 이 사건 부동산을 사업양도·양수의 방법으로 △△산업에게 처분하였는바, 원고가 △△산업의 주주나 대표이사라는 사정만으로는 이 사건 부동산을 처분한 것에 위와 같은 정당한 이유가 있다고 단정하기 어려운 점, 달리 조세특례제한법 제120조 제3항 단서 등 관련 규정에서 개인사업자가 중소기업을 창업하여 취득한 사업용 재산을 법인으로 전환하면서 그 재산을 양도한 경우에는 기존에 면제받았던 취득세 등을 추징하지 아니한다는 내용의 규정을 두고 있지 아니한 점 등에 비추어 보면, 갑 제1 내지 6호증의 각 기재, 이 법원의 00시장에 대한 사실조회만으로는 원고가 이 사건 부동산을 해당 사업에 직접 사용하지 아니하고 처분한 것에 정당한 사유가 있다고 보기 어렵고, 달리 이를 인정할 증거가 없다.

(대법 2016두55377, 2017.2.10.)

❖ 개인사업자와 법인은 별개의 권리주체이므로 개인사업자에게 적용하여야 할 감면규정을 법인에게 그대로 적용하기 어렵고, 창업중소기업에 대한 취득세 감면을 규정한 「조세특례제한법」제120조 제3항에는 법인 전환 후라도 개인사업자의 잔여 감면기간에 대하여 감면할 수 있다는 규정이 없는 점 등에 비추어 이 건 취득세 등을 부과한 처분은 잘못이 없음

(조심 2016지0507, 2016.9.1.)

❖ 현물출자를 통한 개인기업 법인전환 시 순자산가액 산정기준

현물출자 당시 당해 사업장의 순자산가액이 외부 유출됨이 없이 설립법인의 자본금으로 그대로 승계되었는지 여부만 문제될 뿐 현물출자 이전과 비교해서 축소되었는지 여부는 더 이상 문제될 여지가 없게 되었고, 이는 설립법인의 자본충실이 확보되면 그 규모는 종전에 비하여 축소되더라도 취득세 면제 등의 과세특례를 인정하여 법인전환을 촉진시키자는 데 그 취지가 있는 것으로 볼 수가 있다.

그러므로 이 사건에서, 한△희가 '△△정밀'이라는 개인사업체를 운영하여 오다가 2011. 2. 28. 그 자산 중 보통예금 901,493,822원을 인출한 후, 그 다음날인 2011. 3. 1.자로 나머지 토지와 건물 등 사업용 재산 2,923,512,339원을 포함한 사업을 현물출자할 당시 당해 사업장의 순자산가액은 위 사업용 재산가액에서 당시 부채총액 1,510,734,839원을 공제한 나머지 1,412,777,500원이었고, 이것이 그 후 2011. 5. 12.자로 설립된 원고의 자본금과 같은 금액이었던 이상, 현물출자 대상이었던 위 사업용 재산에 관하여는 취득세 등이 면제된다고 할 것이다.

(대법 2016두62771, 2017.3.9.)

❖ **사업양수도계약 전의 차입금이 순자산가액 산출시 부채로 계상되는지**

- 조세특례제한법 시행령 제29조 제2항이 법인전환으로 인한 취득세 등의 감면대상이 되기 위한 사업양수도방법에 관하여 '해당 법인에게 사업에 관한 모든 권리와 의무를 포괄적으로 양도하는 것'이라고 규정한 것은, 일정한 영업목적에 의하여 조직화된 유기적 일체로서의 영업재산이 영업의 동일성을 유지하면서 개인기업주로부터 법인으로 양도되는 것을 의미하는 것으로서, 그러한 영업의 동일성이 유지되는 한 개인기업의 영업재산 일부가 법인에게 양도되지 않거나 법인전환에 앞서 개인기업의 자본구성에 일부 변경이 있더라도 무방하다고 할 것이다.

- 한편, 개인사업자가 부동산임대사업에 자기자본을 투입한 후 그 투입자본을 회수하기 위하여 자금을 차입하여 이를 자본인출금으로 사용한 경우에는 차입금으로 인하여 초과인출금이 발생하지 않는 한 그 차입금채무는 총수입금액을 얻기 위하여 직접 사용한 것으로 부채에 포함된다.

(대법 2016두62474, 2017.3.9.)

❖ 창업중소기업이 기존사업을 계속하여 영위하면서 감면기간 내에 창업 업종에 속하는 업종을 추가한 다음, 수도권과밀억제권역외의 지역에서 추가한 업종에 사용하고자 사업용 재산을 취득하는 경우는 최초로 영위하는 사업과 다른 사업을 영위하는 경우에 해당하므로「지방세특례제한법」제58조의 3 제1항의 창업한 중소기업이 창업 당시의 사업을 하기 위하여 취득하는 경우에 해당하지 아니한다 할 것이므로 취득세 경감대상이 되지 않는다고 판단됨

(행자부 지방세특례제도과-1352, 2015.5.18.)

❖ **법인의 창업일을 언제로 볼지 여부**

예비벤처기업확인을 받은 날 이후에 사업용 재산인 부동산을 취득하고 그에 관한 등기를 마친 경우 취득세 및 등록세 등의 감면대상에 해당한다.

(대법 09두14040, 2011.12.22.)

   ※ '17년부터 지방세특례제한법 제29조의2제1항에서 법인이 창업하는 경우(설립등기일), 개인이 창업하는 경우(「부가가치세법」제8조에 따른 사업자등록일)로 규정하고 있어 논란의 소지가 없다.

❖ **창업중소기업 감면대상의 창업업종으로 볼 수 있는지 여부**

차량용 가스충전업은 제조업이 아닌 연료소매업으로 보는 것이 타당하다.
(조심 12지0501, 2012.12.20.)

창고업은 창업 업종이고, 부동산임대업은 창업제외 업종이다.
(대법 08두839, 2008.4.24.)

사업장에 토목공사 및 유사용 기계장비 제조업과 관련한 제조 장비는 존재하지 아니하고, 매출액의 대부분이 정비수입인 것으로 확인되어 청구법인이 주로 영위하고 있는 업종은 창업업종이 아닌 건설·광업용 기계 및 장비 수리업(95211), 즉 서비스업인 것으로 보이므로 이 건 처분은 달리 잘못이 없다고 판단된다.
(조심 18지307, 2018.6.26.)

청구법인이 제출한 주식회사 ○○○ 외 10개사의 외주제작 작업의뢰서에 따르면, 청구법인은 아트월과 도어를 아파트 등에 설치하기 위하여 외주업체에 제작을 의뢰했고, 이는 직접 기획한 제품에 대한 제작을 의뢰한 것으로 보이는 점 등에 비추어 청구법인의 주장대로 청구법인이 영위하는 도매업이 사실상 위탁생산방식의 제조업에 해당하는 것으로 보인다.
(조심 17지0934, 2018.12.5.)

❖ [지방세특례제한법 창업중소기업] 창업중소기업 감면대상의 창업으로 볼 수 있는지 여부

종전의 사업에 사용되던 자산을 인수 또는 매입하여 동종의 사업을 영위한 경우에는 그것이 설령 종전 사업체의 유휴설비를 이용하거나 사실상 폐업한 업체의 자산을 이용하여 사업을 개시하는 경우에 해당하더라도 원시적인 사업창출의 효과가 없으므로, 조특법 제6조 창업의 범위에서 제외된다.
(대법 11두11549, 2014.3.27.)

개인사업자의 폐업일이 속하는 과세기간의 총매출액이 전액 청구법인에게 발생된 점 등으로 보아 창업이 아니다.
(조심 09지703, 2010.3.22.)

폐업한 기존의 사업장을 본점 소재지로 설립하고 그 폐업 사업장을 포괄 임차하여 사업자등록한 후, 폐업 법인의 공장설립대장상 업종과 같은 종류의 사업을 개시한 것은 창업이 아니다.
(조심 10지244, 2010.12.29.)

실제로는 폐업신고 시점까지 사업을 영위한 사실이 전혀 없으므로 폐업 후 사업을 다시 개시하여 폐업전의 사업과 동종의 사업을 영위하는 경우에 창업에 해당하는 것으로 보기 어렵다.
(조심 10지514, 2011.7.22.)

개인사업자가 법인을 설립하여 그 법인을 통하여 종전 개인사업과 동일한 사업을 영위하거나 사업을 확장하는 등 새로운 사업을 최초로 개시하는 것으로 보기 곤란한 경우에는 창업으로 보지 아니한다.
(대법 08두14838, 2008.10.23.)

창업중소기업 업종에 해당되지 아니하는 업종(도매업)으로 사업자등록을 하고 사업을 영위하다가 다른 장소에서 제조업을 추가로 개시하였다면, 업종추가의 경우로서 창업에 해당하지 아니한다.
(조심 10지377, 2010.12.28.)

개인사업자가 임차기간 만료로 사실상 폐업한 후, 개인사업자의 주요 거래처의 약 71%와 종업원 12명 중 6명이 청구법인으로 고용이 승계된 사실이 확인되는 이상, 실질적으로는 법인전환 내지는 사업의 양수를 통하여 개인사업체의 사업을 승계하여 사업을 확장하거나 업종을

추가한 것에 불과 하여 새로운 사업을 개시한 것으로 보기는 어렵다 할 것이다.

(조심 11지335, 2012.3.5.)

창업중소기업에 해당하는지 여부를 판단함에 있어서는 법인등기부나 사업자등록증상의 형식적 기재만을 가지고 판단할 것이 아니라 실제 영위하는 사업의 실질적인 내용에 따라 판단하는 것이 합리적일 뿐더러, 실질적인 창업업종을 영위하는 중소기업에 세제혜택을 부여하고자 하는 조세감면의 입법취지에도 부합한다 할 것이다.

(조심 13지58, 2013.5.3.)

제조업이 아닌 연회용품 판매업 등을 영위하면서 드라이아이스제조업을 병행하여 사업을 추진하고자 사업준비과정을 거쳐 제조업에 사용하고자 쟁점부동산을 취득한 것으로 볼 수 있다 할 것이고, 이와 같이 법인설립시점부터 2개의 사업을 병행하여 추진하는 것이 새로운 업종의 추가에 해당된다고 보기는 어렵다고 할 것이므로 처분청이 청구법인에 대하여 업종추가를 한 경우로서 「조세특례제한법」상 새로이 중소기업을 창업한 경우에 해당되지 아니한다고 보아 청구법인의 경정청구를 거부한 처분은 잘못이 있다.

(조심 15지739, 2016.2.24.)

한국표준산업분류코드 상 개인사업자의 폐기물중간처리업은 제조업에 해당하지 아니하고, 개인사업자와 청구법인의 설비 및 거래처가 상이한 점 등에 비추어 청구법인의 설립을 거주자가 하던 사업을 법인으로 전환한 것으로 보기 어려우므로 처분청이 청구법인을 창업중소기업에 해당하지 않는 것으로 보아 이 건 부동산에 대하여 취득세 등을 부과한 처분은 잘못이다.

(조심 15지684, 2015.10.28.)

개인사업자와 법인은 별개의 권리주체이고, 창업중소기업에 대한 취득세 감면에 법인 전환 후라도 개인사업자의 잔여 감면기간에 대하여 감면할 수 있다는 규정이 없는바 이 건 취득세 등을 부과한 처분은 잘못이 없다.

(조심 16지507, 2016.9.1.)

❖ **창업중소기업 추징대상에 해당되는 여부**

매매계약 해제나 실질적 사용에도 불구하고 2년 이내 소유권이전은 면제세액 추징사유인 처분에 해당한다.

(대법 16두38730, 2016.7.7.)

사업자등록증상 사업개시일 이전에 취득한 토지는 창업하기 전에 취득한 사업용 재산이므로 감면 대상이 아니다.

(조심 16지520, 2016.12.20.)

창업중소기업 동종업종 여부는 사업자등록증 등 형식적 기재에도 불구하고 실제 영위하는 업종에 따라 판단하여야 한다.

(대법 16두30576, 2016.4.15.)

원고가 이 사건 토지취득일인 2007.4.17. 토지를 취득하여 2007.6월경부터 가건물에서 선박구성부품업을 제조하다가 2011.11.25. 임대하였으므로 토지에 대한 추징은 위법하다. 다만, 원고가 이 사건 토지위에 건축한 건물은 최초사용일인 2010.6.1.부터 2년이 지나기 전인 2011.11.25. 이 사건 건물을 00산업에 임대한 이상, 추징요건에 해당하므로 추징처분은 적법하다.

(대법 14두46560, 2015.4.9.)

건설기계를 취득하기 전에 ○○건기와 건설기계대여업계약을 체결하였고 ○○건기로부터 사실상 사무실 및 주기장을 임차하여 이 건 건설기계의대여업을 운영한 것으로 보아야 하고 이는 창업이 아닌 기존 기업의 사업을 승계하는 경우에 해당하는 점, 취득세 납세의무성립 후에 동 건설기계를 자가용으로 변경등록 하였더라도 당초 납세의무성립에 당연 무효의 사유가 없는 이상 이미 성립한 납세의무에 영향을 줄 수 없는 점 등에 비추어 청구주장을 받아들이기는 어렵다고 판단된다.

(조심 17지701, 2017.12.19.)

※ '17년부터는 감면대상이 사업용재산에서 부동산으로 축소되었음

❖ **유예기간내 직접 사용하지 못한 정당한 사유 여부**

쟁점토지를 취득한 후 그로부터 2년이 경과한 2017.11.30. 공장용 건축물 등의 용도로 직접 사용하였다 하더라도 취득일부터 2년 이내에 부지조성공사, 공장용 건축물의 건축공사를 착공하는 등 해당 사업에 직접 사용하기 위한 진지한 노력을 다하여 정당한 사유가 있다고 보는 것이 타당함.

(조심 2019지561, 2019.10.31.)

❖ **법령상 장애사유가 있는 경우 정당한 사유 여부**

취득 전에 존재한 법령상의 장애사유가 있는 경우 특별한 사정이 없는 한, 그 법령상의 장애사유는 취득한 재산을 해당 사업에 직접 사용하지 못한 것에 대한 정당한 사유가 될 수 없음

(대법 2019두43917, 2019.9.26.)

❖ **지식산업센터의 벤처기업확인서 유효기간이 만료된 경우 추징 여부**

지방세법령에서 벤처기업확인서상 유효기간이 만료된 경우 지식산업센터 등에 대한 취득세 등의 감면을 배제하겠다는 규정이 없으므로 기 감면받은 취득세 등을 추징하는 것은 타당하지 않은 점 등에 비추어 이 건 부동산이 그 취득일부터 5년 이내에 다른 용도로 사용된 것으로 보아 기 감면된 취득세 등을 부과한 이 건 처분에는 잘못이 있음.

(조심 2020지541, 2020.12.22.)

제59조 중소기업진흥공단 등에 대한 감면

① 「중소기업진흥에 관한 법률」에 따른 중소벤처기업진흥공단이 중소기업 전문기술인력 양성을 위하여 취득하는 교육시설용 부동산에 대해서는 취득세의 100분의 25를 2025년 12월 31일까지 경감한다(법 §59 ①).

② 「중소기업진흥에 관한 법률」에 따른 중소벤처기업진흥공단이 중소기업자에게 분양 또는 임대할 목적으로 취득하는 부동산에 대해서는 취득세의 100분의 50을, 과세기준일 현재 해당 사업에 직접 사용하는 부동산에 대해서는 재산세의 100분의 50을 각각 2025년 12월 31일까지 경감한다. 다만, 그 취득일부터 5년 이내에 중소기업자에게 분

양 또는 임대하지 아니한 경우 그 해당 부분에 대해서는 경감된 취득세를 추징한다(법 §59 ②).

③ 「중소기업진흥에 관한 법률」 제29조에 따라 협동화실천계획의 승인을 받은 자(과밀억제권역 및 광역시는 「산업집적 활성화 및 공장설립에 관한 법률」에 따른 산업단지에서 승인을 받은 경우로 한정한다.)가 해당 사업에 직접 사용하기 위하여 최초로 취득하는 공장용 부동산(이미 해당 사업용으로 사용하던 부동산을 승계하여 취득한 경우 및 과세기준일 현재 60일 이상 휴업하고 있는 경우는 제외한다.)에 대해서는 취득세의 100분의 50를 2025년 12월 31일까지 경감하고, 그 공장용 부동산을 과세기준일 현재 해당 사업에 직접 사용하는 경우에는 그 공장용 부동산에 대한 재산세의 납세의무가 최초로 성립하는 날부터 3년간 재산세의 100분의 50을 경감한다. 다만, 그 취득일부터 1년 이내에 정당한 사유 없이 공장용으로 직접 사용하지 아니하는 경우 또는 그 취득일부터 5년 이내에 공장용 외의 용도로 양도하거나 다른 용도로 사용하는 경우 해당 부분에 대해서는 감면된 취득세를 추징한다(법 §59 ③).

(1) 중소벤처기업진흥공단의 중소기업제품 판로 지원사업용 등 부동산 취득

취득세 경감

「중소기업진흥에 관한 법률」에 따른 중소벤처기업진흥공단이 중소기업 전문기술인력 양성을 위하여 취득하는 교육시설용 부동산에 대해서는 취득세의 100분의 25를 2025년 12월 31일까지 경감한다.

이 경우 중소벤처기업진흥공단이 중소기업자에게 분양 또는 임대할 목적으로 취득하는 부동산에 대하여 취득세 및 재산세를 50% 감면하며, 협동화실천계획승인을 받은 자가 해당 사업에 직접 사용하거나 분양 또는 임대하기 위하여 최초 취득하는 공장용 부동산에 대하여 취득세 및 재산세 50%를 감면하였는데 각 감면대상자별 감면목적이나 요건이 다름에도 불구하고 추징 규정이 하나로 혼재되어 있어 각 감면요건과 부조화로 실무상 혼란이 있어 중소벤처진흥공단 및 협동화실천계획승인을 받은 자가 분양 또는 임대할 목적의 부동산을 취득하여 감면을 적용하는 경우 본래 용도로 사용하지 않는 경우 추징할 수 있도록 개정하였다.

그리고 지방세법 제13조 제3항에 따른 중과세대상 부동산 등은 감면대상에서 제외하며, 부동산에 대한 감면을 적용할 때에는 취득일부터 1년 이내에 정당한 사유 없이 해당 용도로 사용하지 아니하는 경우 또는 그 사용일부터 2년 이상 해당 용도로 직접 사용하지 아니하고 매각·증여하거나 다른 용도로 사용하는 경우에 해당 부분에 대하여는 면제된 취득세를 추징한다(법 §177, §178).

(2) 중소벤처기업진흥공단의 분양·임대용 부동산

취득세, 재산세 경감

중소기업진흥에 관한 법률에 따른 중소벤처기업진흥공단이 중소기업자에게 분양 또는 임대할 목적으로 취득하는 부동산에 대해서는 취득세의 100분의 50을, 과세기준일 현재 해당 사업에 직접 사용하는 부동산에 대해서는 재산세의 100분의 50을 각각 2025년 12월 31일까지 경감한다. 다만, 그 취득일부터 5년 이내에 중소기업자에게 분양 또는 임대하지 아니한 경우 그 해당 부분에 대해서는 경감된 취득세를 추징한다.

(3) 협동화실천계획의 승인을 받은 자 등의 분양·임대용 부동산

취득세, 재산세 경감

중소기업진흥에 관한 법률 제29조에 따라 협동화실천계획의 승인을 받은 자(과밀억제권역 및 광역시는 산업집적 활성화 및 공장설립에 관한 법률에 따른 산업단지에서 승인을 받은 경우로 한정한다.)가 해당 사업에 직접 사용하기 위하여 최초로 취득하는 공장용 부동산(이미 해당 사업용으로 사용하던 부동산을 승계하여 취득한 경우 및 과세기준일 현재 60일 이상 휴업하고 있는 경우는 제외한다.)에 대해서는 취득세의 100분의 50을 2025년 12월 31일까지 경감하고, 그 공장용 부동산에 대한 재산세의 납세의무가 최초로 성립하는 날부터 3년간 재산세의 100분의 50을 경감한다. 다만, 그 취득일부터 1년 이내에 정당한 사유 없이 공장용으로 직접 사용하지 아니하는 경우 또는 그 취득일부터 5년 이내에 공장용 외의 용도로 양도하거나 다른 용도로 사용하는 경우 해당 부분에 대해서는 감면된 취득세를 추징한다.

이 경우 취득세, 재산세의 감면 대상자는 ① 관계 법률에 따라 협동화실천계획의 승인을 받은 자와 ② 과밀억제권역과 광역시에서는 산업단지에서 승인을 받은 자에 한한다.

그리고 감면 대상은 감면 대상자가 해당 사업에 직접 사용하거나 분양 또는 임대하기 위하여 최초로 취득하는 공장용 부동산이므로 이미 해당 사업용으로 사용하던 부동산을 승계하여 취득한 경우 및 과세기준일 현재 60일 이상 휴업하고 있는 경우는 감면대상에서 제외된다.

2018년부터는 협동화실천계획 승인 받은 자가 취득하는 공장용부동산에 대해 유사제도 간 형평을 위하여 감면율 일부 축소(취득세 75% → 50%)하였다.

> **사례**
>
> ❖ 공장용 건축물을 신축하기 위해 매입한 토지가 매입했을 당시 이미 협동화사업을 추진하고 있던 토지였다면 최초로 협동화사업을 추진한 중소기업에 해당하지 않는다 할 것이다. 그렇다면 「지방세특례제한법」 제59조 제3항의 취득세 면제가 적용될 수 없다.
>
> (조심 2014지0648, 2014.12.11.)
>
> ❖ 협동화실천계획의 승인을 받은 자가 해당 사업에 직접 사용하기 위해 최초로 취득하는 공장용 부동산은 취득세를 면제하므로 부동산을 취득 후 협동화실천계획의 승인을 받은 경우 취득세 면제 요건을 충족하지 못하였으므로 경정청구를 거부한 것은 잘못이 없다.
>
> (조심 2012지0309, 2012.8.20.)

제60조 │ 중소기업협동조합 등에 대한 과세특례

① 「중소기업협동조합법」에 따라 설립된 중소기업협동조합(사업협동조합, 연합회 및 중앙회를 포함한다.)이 제품의 생산·가공·수주·판매·보관·운송을 위하여 취득하는 공동시설용 부동산에 대해서는 취득세의 100분의 50을 2025년 12월 31일까지 경감한다. 다만, 「전통시장 및 상점가 육성을 위한 특별법」에 따른 전통시장의 상인이 조합원으로서 설립하는 협동조합 또는 사업협동조합과 그 밖의 대통령령으로 정하는 사업자가 조합원으로 설립하는 협동조합과 사업협동조합의 경우에는 취득세의 100분의 75를 2025년 12월 31일까지 경감한다(법 §60 ①).

이 규정 단서에서 "대통령령으로 정하는 사업자가 조합원으로 설립하는 협동조합과 사업협동조합"이란 한국표준산업분류표에 따른 슈퍼마켓 또는 기타 음·식료품 위주 종합 소매업의 사업자가 조합원으로서 설립한 협동조합 또는 사업협동조합을 말한다(영 §29의 3).

② 「중소기업협동조합법」에 따라 설립된 중소기업중앙회가 그 중앙회 및 회원 등에게 사용하게 할 목적으로 신축한 건축물의 취득에 대한 취득세는 「지방세법」 제11조 제1항 제3호의 세율에도 불구하고 1천분의 20을 적용하여 2022년 12월 31일까지 과세한다. 다만, 다음 각 호의 어느 하나에 해당하는 경우 그 해당 부분에 대해서는 경감된 취득세를 추징한다(법 §60 ② Ⅰ~Ⅲ).

1. 해당 부동산을 취득한 날부터 5년 이내에 수익사업에 사용하는 경우
2. 정당한 사유 없이 그 등기일부터 1년이 경과할 때까지 해당 용도로 직접 사용하지 아니하는 경우
3. 해당 용도로 직접 사용한 기간이 2년 미만인 상태에서 매각·증여하거나 다른 용도로

사용하는 경우

③ 「중소기업창업 지원법」에 따른 창업보육센터에 대해서는 다음 각 호에서 정하는 바에 따라 지방세를 감면한다(법 §60 ③ Ⅰ, Ⅰ의Ⅱ, Ⅱ).
  1. 창업보육센터사업자의 지정을 받은 자가 창업보육센터용으로 직접 사용하기 위하여 취득하는 부동산에 대해서는 취득세의 100분의 50을, 과세기준일 현재 창업보육센터용으로 직접 사용하는 부동산에 대해서는 재산세의 100분의 50(수도권 외의 지역에 소재하는 부동산의 경우에는 100분의 60)을 각각 2026년 12월 31일까지 경감한다.
  1의2. 제41조 제1항에 따른 학교등이 창업보육센터사업자의 지정을 받고 창업보육센터용으로 직접 사용하기 위하여 취득하는 부동산(학교 등이 취득한 부동산을 「산업교육진흥 및 산학연협력촉진에 관한 법률」에 따른 산학협력단이 운영하는 경우의 부동산을 포함한다. 이하 이 호에서 같다)에 대해서는 취득세의 100분의 75를, 재산세(「지방세법」 제112조에 따른 부과액을 포함한다.)의 100분의 100을 각각 2026년 12월 31일까지 감면한다.
  2. 창업보육센터에 입주하는 자가 해당 창업보육센터용으로 직접 사용하기 위하여 취득하는 부동산에 대하여 취득세·등록면허세 및 재산세를 과세할 때에는 2023년 12월 31일까지 「지방세법」 제13조 제1항부터 제4항까지, 제28조 제2항·제3항 및 제111조 제2항의 세율을 적용하지 아니한다.

④ 특별시장·광역시장·특별자치시장·도지사 또는 특별자치도지사가 「지역중소기업 육성 및 혁신촉진 등에 관한 법률」 제2조 제1호에 따른 지역중소기업에 대하여 경영·산업기술·무역정보의 제공 등 종합적인 지원을 하게 할 목적으로 설치하는 법인으로서 대통령령으로 정하는 법인에 대해서는 다음 각 호에서 정하는 바에 따라 2025년 12월 31일까지 지방세를 감면한다(법 §60 ④ Ⅰ~Ⅲ).
  1. 그 고유업무에 직접 사용하기 위하여 취득하는 부동산에 대해서는 취득세의 100분의 50을 경감한다.
  2. (삭제)
  3. 과세기준일 현재 그 고유업무에 직접 사용하는 부동산에 대해서는 재산세의 100분의 50을 경감한다.
  이 경우 "대통령령으로 정하는 법인"이란 「중소기업 진흥에 관한 법률 시행령」 제54조의 31에 따른 지방중소기업종합지원센터를 말한다(영 §29의 4).

(1) 중소기업협동조합이 취득하는 부동산

취득세 경감

중소기업협동조합법에 따라 설립된 중소기업협동조합(사업협동조합, 연합회 및 중앙회를 포함한다.)이 제품의 생산, 가공, 수주, 판매, 보관, 운송을 위하여 취득하는 공동시설용 부동산에 대해서는 2025년 12월 31일까지 취득세의 100분의 50을 경감한다.

다만, 「전통시장 및 상점가 육성을 위한 특별법」에 따른 전통시장의 상인이 조합원으로서 설립한 협동조합 또는 사업협동조합과 그 밖에 대통령령으로 정하는 사업자가 조합원으로 설립하는 협동조합과 사업협동조합의 경우에는 취득세의 100분의 75를 경감한다.

이 경우 "대통령령으로 정하는 사업자가 조합원으로 설립하는 협동조합과 사업협동조합"이란 한국표준산업분류에 따른 슈퍼마켓 또는 기타 음·식료품 위주 종합 소매업의 사업자가 조합원으로서 설립한 협동조합과 사업협동조합을 말한다(영 §29의 3).

그리고 그 취득일부터 1년 내에 정당한 사유 없이 해당 용도로 직접 사용하지 아니하는 경우 또는 그 사용일부터 2년 이상 해당 용도로 사용하지 아니하고 매각·증여하거나 다른 용도로 사용하는 경우에 해당 부분에 대하여는 경감된 취득세를 추징한다.

그러므로 이 규정에 의한 감면대상은 중소기업협동조합(사업협동조합, 연합회 및 중앙회를 포함한다.)이 제품의 생산, 가공, 수주, 판매, 보관, 운송을 위하여 취득하는 공동시설용 부동산에 한한다.

(2) 중소기업중앙회가 직접 사용할 건축물의 취득에 대한 특례

취득세 세율특례

중소기업중앙회가 그 중앙회 및 회원 등에게 사용하게 할 목적으로 신축한 건축물의 취득에 대한 취득세는 지방세법 제11조 제1항 제3호의 세율(원시취득 : 1천분의 28)에도 불구하고 1천분의 20을 적용하여 2022년 12월 31일까지 과세한다. 다만, 해당 부동산을 취득한 날부터 5년 이내에 수익사업에 사용하는 경우와 등기일부터 1년 이내에 정당한 사유 없이 해당 용도로 직접 사용하지 아니하는 경우 또는 그 사용일부터 2년 이상 그 용도로 직접 사용하지 아니하고 매각·증여하거나 다른 용도로 사용하는 경우에 해당 부분에 대하여는 경감된 취득세를 추징한다.

(3) 창업보육센터용 부동산 감면 및 입주자에 대한 과세특례

> **취득세, 재산세 경감, 취득세·등록면허세·재산세 세율특례**(중과세율 적용배제)

중소기업창업지원법에 따른 창업보육센터에 대해서는 다음 각 호에서 정하는 바에 따라 지방세를 감면한다.

① 창업보육센터사업자의 지정을 받은 자가 창업보육센터용으로 직접 사용하기 위하여 취득하는 부동산에 대해서는 취득세의 100분의 75를, 재산세의 100분의 50을 각각 2026년 12월 31일까지 경감한다. 다만, 그 취득일부터 1년 내에 정당한 사유 없이 창업보육센터용에 직접 사용하지 아니하는 경우 또는 그 사용일부터 2년 이상 그 용도에 직접 사용하지 아니하고 매각·증여하거나 다른 용도로 사용하는 경우 그 해당 부분에 대하여는 면제된 취득세를 추징한다.

이 경우 중소기업창업지원법의 규정에 의하여 창업보육센터를 설립·운영하고자 하는 자(창업보육센터사업자)로서 중소기업창업지원법(법 §6 ①)에 따른 지원을 받으려는 자는 다음의 요건을 갖추어 중소기업청장의 지정을 받아야 하는데, 그 요건은 다음과 같다. ① 창업자가 이용할 수 있는 시험기기나 계측기기 등의 장비 및 10명 이상의 창업자가 사용할 수 있는 500㎡ 이상의 시설을 갖출 것, ② 경영학 분야의 박사학위 소지자·변호사법에 따른 변호사, 그 밖에 대통령령으로 정하는 전문인력 중 2명 이상을 확보할 것, ③ 창업보육센터사업을 수행하기 위한 사업계획 등이 산업통상자원부령으로 정하는 기준에 맞아야 한다.

> **사례 │**
>
> ❖ **고등교육법에 따른 학교가 창업보육센터 사업자로서 창업보육센터를 운영할 경우 이를 창업보육센터용으로 직접 사용하기 위한 부동산으로 볼 수 있는지 여부**
>
> 고등교육법에 따른 학교가 창업보육센터 사업자로서 학생 등 그 구성원이 아닌 일반인을 대상으로 창업의 성공 가능성을 높일 수 있도록 경영, 기술분야에 대한 지원활동을 하면서 창업자를 위한 시설과 장소로 그 소유 부동산을 제공하는 경우에는 특별한 사정이 없는 한 고육사업에 직접 사용하는 것으로 볼 수 없다.
>
> (대법 2014두45680, 2015.5.14.)
>
> ❖ 「중소기업창업 지원법」제6조 제1항에서 창업보육센터를 설립·운영하는 자로서 이 법에 따른 지원을 받으려는 자는 다음 각 호의 요건을 갖추어 중소기업청장의 지정을 받아야 한다고 규정하고 있고, 「창업보육센타운영요령(중기청고시 제2008-48호, '08.8.28)」제2조 제2호에서 창업보육센타란 창업기업 및 예비창업자를 대상으로 「중소기업창업지원법」 제6조 제1항의

> 규정에 의한 시설과 장소를 제공하고, 기술의 공동연구·개발 및 지도·자문, 자금의 지원·알선, 경영·회계·세무 및 법률에 관한 상담 등 창업 및 성장에 필요한 각종지원을 하는 조직 및 시설을 창업보육센타라고 하고 있으므로, 창업보육센터 사업자가 창업보육센터로 지정받은 입주기업 보육실을 재산세 과세기준일(6.1) 현재 창업보육센터내 입주기업 보육실로 사용하는 경우라면 창업보육센터용에 직접 사용하는 부동산에 해당됨.
> (행안부 지방세운영과-243, 2009.1.19.)
>
> ❖ 법인이 「중소기업창업 지원법」 제5조 제2항의 규정에 의한 창업보육센터 사업자(산학협력단)로 지정된 것은 확인되나 「지방세특례제한법」 제41조 제2항 및 제42조 제3항에서 말하는 학교법인과는 다른 것이라 그 고유 업무에 직접 사용한 것으로 인정할 수 없어 재산세 면제 대상이 아닌 50% 감면 대상이다.
> (조심 2014지1263, 2015.5.14.)

② 법 제41조 제1항에 따른 학교(초·중등교육법 및 고등교육법에 따른 학교, 경제자유구역 및 제주국제자유도시의 외국 교육기관 설립·운영에 관한 특별법 또는 기업도시개발특별법에 따른 외국교육기관을 경영하는 자)등이 창업보육센터사업자의 지정을 받고 창업보육센터용으로 직접 사용하기 위하여 취득하는 부동산(학교 등이 취득한 부동산을 「산업교육진흥 및 산학연협력촉진에 관한 법률」에 따른 산학협력단이 운영하는 경우의 부동산을 포함한다.)에 대해서는 취득세의 100분의 75를, 재산세(지방세법 제112조에 따른 부과액을 포함한다.)의 100분의 100을 각각 2026년 12월 31일까지 감면한다.

③ 창업보육센터에 입주하는 자가 해당 창업보육센터용으로 직접 사용하기 위하여 취득세의 100분의 50을, 과세기준일 현재 창업보육센터용으로 직접 사용하는 부동산에 대해서는 재산세의 100분의 50(수도권 외의 지역에 소재하는 부동산의 경우에는 100분의 60)을 각각 2026년 12월 31일까지 지방세법 제13조 제1항(과밀억제권역에서 법인의 본점 또는 주사무소의 사업용부동산 취득 및 공장의 신·증설용 과세물건취득), 제2항(대도시에서 지점 또는 분사무소 설치, 법인의 본점, 지점 등 전입, 공장의 신·증설용 부동산 취득), 제3항 및 제4항(중과제외업종의 공장이 중과대상으로 전환되는 것 등), 제28조 제2항(대도시에서 법인의 설립 등에 대한 중과), 제3항(대도시 중과제외 대상업종을 중과대상업종으로 변경하는 등기), 및 제111조 제2항(대도시내에서의 재산세중과세)의 세율을 적용하지 아니한다.

이 중과세특례 규정은 ① 취득세와 등록면허세는 과밀억제권역 내에서 본점 또는 주사무소를 설치하거나 공장을 신·증설하더라도 중과세하지 아니하겠다는 것이며, ② 재산세는 과밀억제권역 내에라도 공장 신·증설에 대한 중과세 세율을 적용하지 않는다는 것이다.

그러므로 이 지역의 창업보육센터에 입주하는 자에 대해서는 취득세, 등록면허세 및 재산세는 일반과세는 하되 중과세를 하지 않겠다는 특례규정이다.

(4) 지방중소기업을 지원할 목적으로 설치하는 법인에 대한 과세특례

> 취득세, 등록면허세, 재산세 경감

특별시장·광역시장·특별자치시장·도지사 또는 특별자치도지사가 「지역중소기업 육성 및 혁신촉진 등에 관한 법률」 제2조 제1호에 따른 지역중소기업에 대하여 경영·산업기술·무역정보의 제공 등 종합적인 지원을 하게 할 목적으로 설치하는 법인으로서 대통령령으로 정하는 법인에 대해서는 다음 각 호에서 정하는 바에 따라 2025년 12월 31일까지 지방세를 경감한다.

1. 그 고유업무에 직접 사용하기 위하여 취득하는 부동산에 대해서는 취득세의 100분의 50을 경감한다.
2. 과세기준일 현재 그 고유업무에 직접 사용하는 부동산에 대해서는 재산세의 100분의 50을 경감한다.

이 경우 "「중소기업 진흥에 관한 법률」 제2조 제1호의 3에 따른 중소기업"이란 다음 각 목의 어느 하나에 해당하는 자로서 본사·주사무소 또는 사업장 중 어느 하나가 특별시·광역시 또는 도의 관할 구역에 있는 자를 말한다.

① 중소기업기본법 제2조 제1항 또는 제2항에 따른 중소기업자
② 중소기업협동조합법 제3조 제1항 제1호부터 제3호까지의 규정에 따른 중소기업협동조합

그리고 "대통령령으로 정하는 법인"이란 「중소기업 진흥에 관한 법률」 제2조 제1호의 3에 지역균형개발 및 지방중소기업 육성에 관한 법률 시행령 제63조에 따른 지방중소기업종합지원센터를 말한다.

제61조 | 도시가스사업 등에 대한 감면

※ 이 조의 규정은 일몰기간이 종료된 것임.

① 「한국가스공사법」에 따라 설립된 한국가스공사 또는 「도시가스사업법」 제3조에 따라 허가를 받은 도시가스사업자가 도시가스사업에 직접 사용하기 위하여 취득하는 가스관에 대해서는 취득세 및 재산세의 100분의 50을 경감한다. 각각 2016년 12월 31일

까지 경감한다. 다만, 특별시·광역시에 있는 가스관에 대해서는 경감하지 아니한다(법 §61 ①).
② 「집단에너지사업법」에 따라 설립된 한국지역난방공사 또는 「집단에너지사업법」 제9조에 따라 허가를 받은 지역난방사업자가 열공급사업에 직접 사용하기 위하여 취득하는 열수송관에 대해서는 취득세 및 재산세의 100분의 50을 각각 2016년 12월 31일까지 경감한다. 다만, 특별시·광역시에 있는 열수송관에 대하여는 경감하지 아니한다(법 §61 ②).

제62조 광업 지원을 위한 감면

① 광업권의 설정·변경·이전, 그 밖의 등록에 해당하는 면허로서 면허를 새로 받거나 변경받는 경우에는 면허에 대한 등록면허세를 2024년 12월 31일까지 면제한다(법 §62 ①).
② 출원에 의하여 취득하는 광업권과 광산용에 사용하기 위하여 취득하는 지상임목에 대해서는 취득세를 2021년 12월 31일까지 면제한다(법 §62 ②). (감면종료)
③ 「한국광물자원공사법」에 따라 설립된 한국광물자원공사가 과세기준일 현재 석재기능공훈련시설과 「광산안전법」 제5조 제1항 제5호에 따른 광산근로자의 위탁교육시설에 직접 사용하는 건축물 및 그 부속토지(건축물 바닥면적의 7배 이내인 것으로 한정한다.)에 대해서는 재산세의 100분의 25을 2019년 12월 31일까지 경감한다(법 §62 ③).(감면종료)

(1) 광업권 설정·취득 등과 광산용 임목 취득

등록면허세, 취득세 면제

① 광업권의 설정, 변경, 이전, 그 밖의 등록에 해당하는 면허로서 면허를 새로 받거나 변경받는 경우에는 면허에 대한 등록면허세를 2024년 12월 31일까지 면제한다.
 이 경우 광업권은 광업권설정, 광업권의 변경, 광업권의 이전 및 그 밖의 등록으로 구분되는데, 이러한 면허를 새로 받거나 변경하는 경우에 한하여 면허에 대한 등록면허세를 면제한다는 것이다. 그런데 광업권의 설정을 받으려는 자는 지식경제부장관에게 출원하여 그 허가를 받아야 한다.
 그런데 광업권이란 탐사권과 채굴권으로 구분된다(광업법 §9의 2).

② 출원에 의하여 취득하는 광업권과 광산용에 사용하기 위하여 취득하는 지상임목에 대하여는 취득세를 2024년 12월 31일까지 면제한다.
 광업법의 규정에 의하여 출원으로 광업권을 원시취득하는 경우에만 취득세가 면제되

고 승계취득의 경우에는 과세대상이 된다. 그런데 광업권은 광업법의 규정에 의하여 광업권의 설정을 받고자 하는 자가 관계장관에게 출원하여 그 허가를 받음으로써 취득이 되는 것이며, 이러한 광업권은 물건으로 하고, 부동산에 관한 민법과 그 밖의 법령에서 정하는 사항을 준용하며, 상속·양도 등이 가능한 것이다.

이 경우 광업권이란 탐사권과 채굴권을 말하는데 이는 등록을 한 일정한 토지의 구역(광구)에서 등록을 한 광물과 이와 동일 광상 중에 부존하는 다른 광물을 채굴 및 취득하는 권리를 말한다.

(2) 광산용 임목 취득

취득세 면제

그리고 광산용 임목 취득의 면제는 그 취득목적이 광산용에 사용하기 위한 것임이 명백하면 족하고 그 구체적인 용도나 벌채시기 등은 문제되지 않는다. 그런데 지방세법에서 취득세 과세대상인 입목(지상의 과수·임목과 죽목을 말한다.) 중 지상의 임목을 광산용으로 취득할 경우 취득세가 면제되는 것이므로 참고로 임목에 대하여 살펴보면 입목에 관한 정의는 입목에 관한 법률에서 토지에 부착된 수목의 집단으로서 그 소유자가 입목에 관한 법률에 의하여 소유권 보존의 등기를 받은 것을 말하며 입목은 부동산으로 하고 있다.

제62조의 2 | 석유판매업 중 주유소에 대한 감면

※ 이 조의 규정은 일몰기간이 종료된 것임.

「석유 및 석유대체연료 사업법」제10조에 따른 석유판매업 중 주유소가 「한국석유공사법」에 따른 한국석유공사와 석유제품 구매 계약을 체결하고, 한국석유공사로부터 구매하는 석유제품의 의무구매 비율 등 대통령령으로 정하는 조건을 충족하는 경우 유류판매에 직접 사용하는 부동산에 대해서는 2014년 12월 31일까지 재산세의 100분의 50을 경감한다(법 §62의 2).

제6절 수송 및 교통에 대한 지원

제63조 철도시설 등에 대한 감면

① 「국가철도공단법」에 따라 설립된 국가철도공단(이하 이 조에서 "국가철도공단"이라 한다.)이 「철도산업발전 기본법」 제3조 제2호에 따른 철도시설(같은 호 마목 및 바목에 따른 시설은 제외하며, 이하 이 항에서 "철도시설"이라 한다.)용으로 직접 사용하기 위하여 취득하는 부동산에 대해서는 취득세의 100분의 25를 2025년 12월 31일까지 경감한다(법 §63 ①).

② 국가철도공단이 다음 각 호의 어느 하나에 해당하는 재산을 취득하는 경우에는 취득세 및 재산세(「지방세법」 제112조에 따른 부과액을 포함한다.)를 각각 2025년 12월 31일까지 면제한다(법 §63 ② Ⅰ·Ⅱ).

   1. 국가, 지방자치단체 또는 「지방자치법」 제176조 제1항에 따른 지방자치단체조합(이하 "지방자치단체조합"이라 한다.)에 귀속 또는 기부채납하는 것을 조건으로 취득하는 「철도산업발전기본법」 제3조 제4호에 따른 철도차량

   2. 「철도의 건설 및 철도시설 유지관리에 관한 법률」 제17조제1항 또는 제3항에 따라 국가로 귀속되는 부동산(사업시행자가 국가철도공단인 경우에 한정한다.)

③ 「한국철도공사법」에 따라 설립된 한국철도공사에 대해서는 다음 각 호에서 정하는 바에 따라 2025년 12월 31일까지 지방세를 경감한다(법 §63 ③).

   1. 「한국철도공사법」 제9조 제1항 제1호부터 제3호까지 및 제6호(같은 호의 사업 중 철도역사 개발사업으로 한정한다.)의 사업(이하 이 항에서 "해당사업"이라 한다.)에 직접 사용하기 위하여 취득하는 부동산에 대해서는 취득세의 100분의 25를, 과세기준일 현재 해당사업에 직접 사용되는 부동산에 대해서는 재산세(「지방세법」 제112조에 따른 부과액을 포함한다.)의 100분의 50을 각각 경감한다.

   2. 해당사업에 직접 사용하기 위해 취득하는 「철도산업발전기본법」 제3조 제4호에 따른 철도차량에 대해서는 취득세의 100분의 50(「철도사업법」 제4조의 2 제1호에 따른 고속철도차량의 경우에는 취득세의 100분의 25)을 경감한다.

④ 철도건설사업으로 인하여 철도건설부지로 편입된 토지의 확정·분할에 따른 토지의 취득에 대해서는 취득세를 면제하고, 분할등기에 대해서는 등록면허세를 면제한다(법 §63 ④).

⑤ 「지방공기업법」 제49조에 따른 지방공사로서 「도시철도법」 제2조 제4호에 따른 도

시철도사업(이하 이 항에서 "도시철도사업"이라 한다.)을 수행하는 것을 목적으로 설립된 지방공사(이하 이 조에서 "도시철도공사"라 한다)에 대해서는 다음 각 호에서 정하는 바에 따라 2025년 12월 31일까지 지방세를 감면한다(법 §63 ⑤Ⅰ·Ⅱ).

1. 도시철도공사가 도시철도사업에 직접 사용하기 위하여 취득하는 부동산 및 철도차량에 대해서는 취득세의 100분의 100(100분의 100의 범위에서 조례로 따로 정하는 경우에는 그 율)에 대통령령으로 정하는 지방자치단체 투자비율(이하 이 조에서 "지방자치단체 투자비율"이라 한다.)을 곱한 금액을 감면한다. 이 경우 "대통령령으로 정하는 지방자치단체 투자비율"이란 지방공기업법 제49조에 따른 지방공사로서 도시철도법 제2조 제4호에 따른 도시철도사업을 수행하는 것을 목적으로 설립된 지방공사(이하 이 조에서 "도시철도공사"라 한다.)의 자본금에 대한 지방자치단체 출자금액(둘 이상의 지방자치단체가 공동으로 설립한 경우에는 각 지방자치단체의 출자금액을 합한 금액)의 비율을 말한다. 다만, 도시철도공사가 지방공기업법 제53조 제3항에 따라 주식을 발행한 경우에는 해당 발행 주식 총수에 대한 지방자치단체의 소유 주식(같은 조 제4항에 따라 지방자치단체가 출자한 것으로 보는 주식을 포함한다.) 수(둘 이상의 지방자치단체가 주식을 소유하고 있는 경우에는 각 지방자치단체의 소유 주식 수를 합한 수)의 비율을 말한다(영 §29의 6).
2. 도시철도공사의 법인등기 및 구분지상권설정등기에 대해서는 등록면허세의 100분의 100(100분의 100의 범위에서 조례로 따로 정하는 경우에는 그 율)에 지방자치단체 투자비율을 곱한 금액을 감면한다.
3. 도시철도공사가 과세기준일 현재 도시철도사업에 직접 사용하는 부동산에 대해서는 재산세(「지방세법」 제112조에 따른 부과액을 포함한다.)의 100분의 100(100분의 100의 범위에서 조례로 따로 정하는 경우에는 그 율)에 지방자치단체 투자비율을 곱한 금액을 감면한다.

제64조 | 해운항만 등 지원을 위한 과세특례

① 「국제선박등록법」에 따른 국제선박으로 등록하기 위하여 취득하는 선박에 대해서는 2024년 12월 31일까지 「지방세법」 제12조 제1항 제1호의 세율에서 1천분의 20을 경감하여 취득세를 과세하고, 과세기준일 현재 국제선박으로 등록되어 있는 선박에 대해서는 재산세의 100분의 50을 2024년 12월 31일까지 경감한다. 다만, 선박의 취득일부터 6개월 이내에 국제선박으로 등록하지 아니하는 경우에는 감면된 취득세를 추징한다(법 §64 ①).

② 연안항로에 취항하기 위하여 취득하는 대통령령으로 정하는 화물운송용 선박과 외국

항로에만 취항하기 위하여 취득하는 대통령령으로 정하는 외국항로취항용 선박에 대해서는 2024년 12월 31일까지 「지방세법」 제12조 제1항 제1호의 세율에서 1천분의 10을 경감하여 취득세를 과세하고, 과세기준일 현재 화물운송용에 사용하는 선박에 대해서는 재산세의 100분의 50을 경감하며, 외국항로취항용에 사용하는 선박에 대해서는 해당 선박의 취득일 이후 해당 선박에 대한 재산세 납세의무가 최초로 성립하는 날부터 5년간 재산세의 100분의 50을 경감한다. 다만, 다음 각 호의 어느 하나에 해당하는 경우 그 해당 부분에 대해서는 경감된 취득세를 추징한다(법 §64 ② Ⅰ·Ⅱ).

1. 정당한 사유 없이 그 취득일부터 1년이 경과할 때까지 해당 용도로 직접 사용하지 아니하는 경우
2. 해당 용도로 직접 사용한 기간이 2년 미만인 상태에서 매각·증여하거나 다른 용도로 사용하는 경우

이 경우 "연안항로에 취항하기 위하여 취득하는 대통령령으로 정하는 화물운송용선박과 외국항로에만 취항하기 위하여 취득하는 대통령령으로 정하는 외국항로취항용 선박"이란 다음 각 호의 어느 하나에 해당하는 선박을 말한다(영 §30 ① Ⅰ·Ⅱ).

1. 「해운법」 제24조에 따라 내항 화물운송사업의 등록을 한 자(취득일부터 30일 이내에 내항 화물운송사업을 등록하는 경우를 포함한다.) 또는 같은 법 제33조에 따라 선박대여업을 등록한 자(「여신전문금융업법」에 따른 시설대여업자가 선박을 대여하는 경우를 포함하며, 이하 이 항에서 "선박대여업의 등록을 한 자"라 한다.)가 취득하는 내항 화물운송용 선박
2. 다음 각 목의 어느 하나에 해당하는 선박으로서 「국제선박등록법」에 따라 등록되지 아니한 선박
   가. 「해운법」 제4조에 따라 외항 여객운송사업의 면허를 받거나 같은 법 제24조에 따라 외항 화물운송사업의 등록을 한 자가 외국항로에 전용하는 선박
   나. 선박대여업의 등록을 한 자가 외국항로에 전용할 것을 조건으로 대여한 선박
   다. 원양어업선박(취득일부터 3월 이내에 원양산업발전법 제6조에 따라 허가를 받는 경우를 포함한다.)

③ 연안항로에 취항하기 위하여 대통령령으로 정하는 화물운송용 선박 중 천연가스를 연료로 사용하는 선박을 취득하는 경우에는 2024년 12월 31일까지 「지방세법」 제12조 제1항 제1호의 세율에서 1천분의 20을 경감하여 취득세를 과세한다. 다만, 다음 각 호의 어느 하나에 해당하는 경우 그 해당 부분에 대해서는 경감된 취득세를 추징한다(법 §64 ③ Ⅰ·Ⅱ).

1. 정당한 사유 없이 그 취득일부터 1년이 경과할 때까지 해당 용도로 직접 사용하지 아니하는 경우

2. 해당 용도로 직접 사용한 기간이 2년 미만인 상태에서 매각·증여하거나 다른 용도로 사용하는 경우

이 경우 "대통령령으로 정하는 화물운송용 선박"이란 제1항 제1호에 따른 선박(선박대여업을 등록한 자가 취득하는 내항 화물운송용 선박)을 말한다(영 §30 ②).

④ 「환경친화적 선박의 개발 및 보급 촉진에 관한 법률」 제6조에 따라 환경친화적 선박의 인증등급(이하 "친환경선박 인증등급"이라 한다)이 3등급 이상인 선박을 취득하는 경우(선박 취득일부터 60일 이내에 친환경선박 인증등급 3등급 이상으로 인증을 받은 경우를 포함한다)에는 2026년 12월 31일까지 「지방세법」 제12조제1항제1호의 세율에서 다음 각 호의 구분에 따른 율을 경감하여 취득세를 과세한다. 다만, 그 취득일부터 5년 이내에 환경친화적 선박의 인증이 취소되는 경우에는 경감된 취득세를 추징한다.(법 §64 ④ Ⅰ~Ⅲ).

1. 친환경선박 인증등급이 1등급인 경우: 1천분의 20
2. 친환경선박 인증등급이 2등급인 경우: 1천분의 15
3. 친환경선박 인증등급이 3등급인 경우: 1천분의 10

(1) 국제선박에 대한 감면 등

취득세 세율조정, 재산세 경감, 지역자원시설세 면제

국제선박등록법에 따른 국제선박으로 등록하기 위하여 취득하는 선박에 대해서는 2024년 12월 31일까지 지방세법 제12조 제1항 제1호의 세율(선박에 대한 표준세율)[16]에서 1천분의 20을 경감하여 취득세를 과세하고, 과세기준일 현재 국제선박으로 등록되어 있는 선박

---

16) 지방세법 제12조 제1항 제1호(선박취득에 대한 세율)
   제12조(부동산 외 취득의 세율)
   ① 다음 각 호에 해당하는 부동산 등에 대한 취득세는 제10조의 과세표준에 다음 각 호의 표준세율을 적용하여 계산한 금액을 그 세액으로 한다.
   1. 선박
      가. 등기·등록 대상인 선박(나목에 따른 소형선박은 제외한다.)
         1) 상속으로 인한 취득 : 1천분의 25
         2) 상속으로 인한 취득 외의 무상취득 : 1천분의 30
         3) 다. 원시취득 : 1천분의 20.2
         4) 수입에 의한 취득 및 주문 건조에 의한 취득 : 1천분의 20.2
         5) 「신탁법」에 따른 신탁재산인 선박을 수탁자로부터 수익자에게 이전하는 경우의 취득 : 1천분의 30
         6) 그 밖의 원인으로 인한 취득 : 1천분의 30
      나. 소형선박
         1) 선박법 제1조의 2 제2항에 따른 소형선박 : 1천분의 20.2
         2) 수상레저안전법 제30조에 따른 동력수상레저기구 : 1천분의 20.2
      다. 가목 및 나목 외의 선박 : 1천분의 20

에 대하여는 2024년 12월 31일까지 재산세의 100분의 50을 경감하며, 2024년 12월 31일까지 지방세법 제146조 제3항에 따른 지역자원시설세를 면제한다. 다만, 선박의 취득일부터 6개월 이내에 국제선박으로 등록하지 아니하는 경우에는 감면된 취득세를 추징한다.

이 경우 국제선박이라 함은 국제항행에 종사하는 상선으로서 국제선박 등록부에 등록된 선박을 말한다. 그런데 국제선박으로 등록할 수 있는 선박(국유·공유 선박과 어선법 제2조 제1호에 따른 어선은 제외한다.)은 ① 대한민국국민이 소유한 선박, ② 대한민국 법률에 따라 설립된 상사 법인이 소유한 선박, ③ 대한민국에 주된 사무소를 둔 ② 외의 법인으로서 그 대표자(공동대표인 경우에는 그 전원을 말한다.)가 대한민국 국민인 경우에 그 법인이 소유한 선박, ④ 외항운송사업자 또는 선박대여업을 등록한 자가 대한민국 국적을 취득할 것을 조건으로 임차한 외국선박 등 외항운송사업자가 운항하는 선박을 말한다.

▶ 사례 ▎

❖ **중량물의 하역 및 설치목적 부선이 감면재사에 해당하는지 여부**

청구법인은 부선에 1000톤급 대형크레인을 장착한 선박인 이 건 선박을 취득하여 OOO와 나용선계약을 체결하면서 이 건 선박의 사용목적을 중량물의 하역 및 설치작업으로 한 점, 이 건 선박은 크레인선으로 화물을 운송하는 용도로 사용하기에부적합한 점, 해운법 제23조에 의하면 내항 화물운송사업은 국내항과 국내항 사이에서 운항하는 해상화물운송사업을 말하는 것으로 규정하고 있는 점 등과 조세법률주의의 원칙상 과세요건이나 비과세 요건을 막론하고 조세법규의 해석은 특별한 사정이 없는 한 법문대로 해석하여야 할것이고 합리적인 이유없이 확장해석하거나 유추해석하는 것은 허용되지 아니하며, 특히 감면요건 규정에서 명백히 특혜규정이라고 볼 수 있는 것은 엄격하게 해석하는 것이 조세공평에 부합한다 할 것OOO인 점 등을 종합하여 볼 때 이 건 선박은 내항화물 운송용 선박이라기 보다는 중량물의 하역 및 설치용 선박으로 보는 것이 타당하므로 이 건 선박은 취득세 등의 감면대상에 해당되지 아니한다고 보는 것이 타당하다.

(조심 2011지0862, 2012.4.30.)

(2) 연안 및 외국항로취항용 선박 등에 대한 감면 등

▎취득세 세율조정, 재산세 경감 ▎

연안항로에 취항하기 위하여 취득하는 화물운송용 선박과 외국항로에만 취항하기 위하여 취득하는 외국항로취항용 선박에 대하여는 2024년 12월 31일까지 지방세법 제12조 제1항 제1호의 세율에서 1천분의 10을 경감하여 취득세를 과세하고, 과세기준일 현재 화물운송용에 사용하는 선박에 대해서는 재산세의 100분의 50을 경감하며, 외국항로취항용에 사용하는 선박에 대해서는 해당 선박의 취득일 이후 해당 선박에 대한 재산세 납세의무가 최초로 성립하는 날부터 5년간 재산세의 100분의 50을 경감한다. 다만, 선박의 취득일부터 1년 이내에 정당한 사유 없이 그 취득일부터 1년이 경과할 때까지 해당 용도에 직접 사용하지 아니하는 경우 또는 해당 용도를 직접 사용한 기간이 2년 미만인 상태에서 매각·증여하거나 다른 용도로 사용하는 경우에는 경감된 취득세를 추징한다.

이 경우 연안항로에 취항하기 위하여 취득하는 화물운송용 선박이라 함은 해운법 제24조에 따라 내항 화물운송사업을 등록한 자(취득일부터 30일 이내에 내항 화물운송사업 등록을 하는 경우를 포함한다.) 또는 같은 법 제33조에 따라 선박대여업을 등록한 자(여신전문금융업법에 따른 시설대여업자가 선박을 대여하는 경우를 포함한다.)가 취득하는 내항 화물운송용 선박을 말한다. 그리고 외국항로에만 취항하기 위하여 취득하는 외국항로취항용 선박이라 함은 국제선박등록법에 따라 등록되지 아니한 선박으로서 해운법 제4조에 따라 외항 여객운송사업의 면허를 받거나 같은 법 제24조에 따라 외항 화물운송사업의 등록을 한 자가 외국항로에 전용하는 선박 및 선박대여업의 등록을 한 자가 외국항로에 전용할 것을 조건으로 대여한 선박과 원양어업선박(취득일부터 3월 이내에 원양산업발전법 제6조에 따라 허가를 받는 경우를 포함한다.)을 말한다.

(3) 연안항로에 취항 화물운송용 선박에 대한 세율 조율

취득세 경감

③ 연안항로에 취항하기 위하여 대통령령으로 정하는 화물운송용 선박 중 천연가스를 연료로 사용하는 선박을 취득하는 경우에는 2024년 12월 31일까지「지방세법」제12조 제1항 제1호의 세율에서 1천분의 20을 경감하여 취득세를 과세한다. 다만, 정당한 사유 없이 그 취득일부터 1년이 경과할 때까지 해당 용도로 직접 사용하지 아니하는 경우, 해당 용도로 직접 사용한 기간이 2년 미만인 상태에서 매각·증여하거나 다른 용도로 사용하는 경우 그 해당 부분에 대해서는 경감된 취득세를 추징한다.

이 경우 "대통령령으로 정하는 화물운송용 선박"이란 선박대여업을 등록한 자가 취득하는 내항 화물운송용 선박을 말한다(영 §30 ②).

제64조의 2 ｜ 지능형 해상교통정보서비스 무선국에 대한 감면

선박의 소유자가「지능형 해상교통정보서비스의 제공 및 이용 활성화에 관한 법률」제18조 제1항에 따라 같은 법 제2조 제3호에 따른 지능형 해상교통정보서비스를 송신·수신할 수 있는 설비를 선박에 설치하여 무선국을 개설한 경우에 해당 무선국의 면허에 대해서는 등록면허세를 2023년 12월 31일까지 면제한다(법 §64의2).

제65조 항공운송사업 등에 대한 과세특례

「항공사업법」에 따라 면허를 받거나 등록을 한 자가 국내항공운송사업, 국제항공운송사업, 소형항공운송사업 또는 항공기사용사업에 사용하기 위하여 취득하는 항공기에 대해서는 2024년 12월 31일까지 「지방세법」 제12조제1항제4호의 세율에서 1천분의 12를 경감하여 취득세를 과세하고, 과세기준일 현재 그 사업에 직접 사용하는 항공기에 대해서는 해당 항공기 취득일 이후 재산세 납세의무가 최초로 성립한 날부터 5년간 재산세의 100분의 50을 경감한다. 다만, 자산총액이 대통령령으로 정하는 금액 이상인 자가 취득하는 항공기는 해당 항공기 취득일 이후 재산세 납세의무가 최초로 성립한 날부터 5년간 재산세의 100분의 50을 2024년 12월 31일까지 경감한다(법 §65).

취득세 세율조정, 재산세 경감

항공사업법에 따라 면허를 받거나 등록을 한 자가 국내항공운송사업, 국제항공운송사업, 소형항공운송사업 또는 항공기사용사업에 사용하기 위하여 취득하는 항공기에 대해서는 2024년 12월 31일까지 지방세법 제12조 제1항 제4호의 세율에서 1천분의 12을 경감하여 취득세를 과세하고, 과세기준일 현재 그 사업에 직접 사용하는 항공기에 대해서는 항공기 취득일 이후 재산세 납세의무가 최초로 성립한 날부터 5년간 재산세의 100분의 50을 경감한다. 다만, 자산총액이 대통령령으로 정하는 금액 이상인 자가 취득하는 항공기는 해당 항공기 취득일 이후 재산세 납세의무가 최초로 성립한 날부터 5년간 재산세의 100분의 50을 2024년 12월 31일까지 경감한다.

이 경우 "대통령령으로 정하는 금액 이상인 자"란 「자본시장과 금융투자업에 관한 법률」 제159조에 따라 사업보고서를 제출해야 하는 법인으로서 직전사업연도 재무상태표의 자산총액(새로 설립된 회사로서 직전사업연도의 재무상태표가 없는 경우에는 「지방세기본법」 제34조에 따른 납세의무 성립시기의 납입자본금으로 한다.)의 합계액이 5조원 이상인 자를 말한다(영 §30의 2).

그리고 국내항공운송사업이란 국토교통부령으로 정하는 일정규모 이상의 항공기를 이용하여 국내 정기편 운항 및 국내 부정기편 운항을 하는 항공운송사업을 말하고, 국제항공운송사업이란 국토교통부령으로 정하는 일정 규모 이상의 항공기를 이용하여 국제 정기편 운항 및 국제 부정기편 운항을 하는 항공운송사업을 말하며, 소형항공운송사업이란 국내항공운송사업 및 국제항공운송사업 외의 항공운송사업을 말하고, 항공기 사용사업이란 항공운송사업 외의 사업으로서 타인의 수요에 맞추어 항공기를 사용하여 유상으로 농약 살포, 건설 또는 사진 촬영 등 국토교통부령으로 정하는 업무를 하는 사업을 말한다.

(1) 취득세의 세율 적용은 2024년 12월 31일까지 지방세법 제12조 제1항 제4호의 세율에서 1천분의 12를 경감하여 취득세를 과세하는데,
  ① 항공안전법 제3조 단서에 따른 항공기의 세율이 1천분의 20이기 때문에 여기에 해당하는 항공기는 1천분의 12를 경감한 나머지 1천분의 0.8의 세율을 적용되고,17)
  ② 그 밖의 항공기의 세율은 1천분의 20.2 이기 때문에 1천분의 12를 경감한 나머지 1천분의 0.82의 세율을 적용하며,
  ③ 최대이륙중량이 5,700킬로그램 이상인 항공기는 그 세율이 1천분의 20.1 이기 때문에 1천분의 12를 경감한 나머지 1천분의 0.81의 세율을 적용한다는 것이다.
(2) 재산세는 항공기 취득일 이후 재산세 납세의무가 최초로 성립한 날부터 5년간 재산세의 100분의 50을 경감한다.

제66조 │ 교환자동차 등에 대한 감면

① 자동차(기계장비를 포함한다. 이하 이 항에서 "자동차 등"이라 한다.)의 제작 결함으로 인하여 「소비자기본법」에 따른 소비자분쟁해결기준 또는 「자동차관리법」에 따른 자동차안전·하자심의위원회의 중재에 따라 반납한 자동차 등과 같은 종류의 자동차 등(자동차의 경우에는 「자동차관리법」 제3조에 따른 같은 종류의 자동차를 말한다.)으로 교환받는 자동차 등에 대해서는 취득세를 면제한다. 다만, 교환으로 취득하는 자동차등에 부과되어야 할 세액이 종전의 자동차등의 취득으로 납부한 세액을 초과하는 경우에는 그 초과분을 취득세로 부과한다.

이 경우 「자동차관리법」에 따른 자동차안전·하자심의위원회의 중재에 따라 반납한 자동차에 대한 감면은 2019년 1월1일부터 적용한다(법 §66 ①).

그리고 교환자동차 취득세 과소 납부 사례를 해소하기 위해 기존에는 교환 자동차 취득

---

17) 항공법 제3조 단서에서 "대통령령으로 정하는 항공기"라 함은,
  ① 군 또는 세관에서 사용하거나 경찰업무에 사용하는 항공기
  ② 외국에 임대할 목적으로 도입한 항공기로서 외국국적을 취득할 항공기
  ③ 국내에서 제작한 항공기로서 제작외의 소유자가 결정되지 아니한 항공기
  ④ 외국에 등록된 항공기를 임차하여 법 제2조의 2에 따라 운영하는 경우 그 항공기를 말한다.

가액에서 종전 자동차 취득가액에 취득세율을 적용하던 것을 2022년부터는 교환 자동차 부과될 세액에서 종전 자동차 납부세액을 뺀 가액으로 취득세 산정기준 개선하였다.

② 「자동차관리법」 제13조 제7항 또는 「건설기계관리법」 제6조 제1항 제7호에 따라 말소된 자동차 또는 건설기계를 다시 등록하기 위한 등록면허세는 면제한다(법 §66 ②).

③ 「환경친화적 자동차의 개발 및 보급촉진에 관한 법률」 제2조 제5호에 따른 하이브리드 자동차로서 같은 조 제2호 각 목의 요건을 갖춘 자동차를 취득하는 경우에는 다음 각 호에서 정하는 바에 따라 취득세를 감면한다(법 §66 ③ Ⅰ·Ⅱ).
  1. 취득세액이 40만원 이하인 경우에는 2024년 12월 31일까지 취득세를 면제한다.
  2. 취득세액이 40만원을 초과하는 경우에는 2024년 12월 31일까지 취득세액에서 40만원을 공제한다.

④ 「환경친화적 자동차의 개발 및 보급 촉진에 관한 법률」 제2조 제3호에 따른 전기자동차 또는 같은 조 제6호에 따른 수소전기자동차로서 같은 조 제2호에 따라 고시된 자동차를 취득하는 경우에는 2024년 12월 31일까지 취득세액이 140만원 이하인 경우 취득세를 면제하고, 취득세액이 140만원을 초과하는 경우 취득세액에서 140만원을 공제한다(법 §66 ④).

(1) 제작결함으로 교환하는 자동차 등

취득세 면제

자동차(기계장비를 포함한다. 이하 자동차 등이라 한다.)의 제작결함으로 인하여 소비자기본법에 의한 소비자분쟁해결기준 또는 「자동차관리법」에 따른 자동차안전·하자심의위원회의 중재에 따라 반납한 자동차 등과 같은 종류의 자동차 등(자동차의 경우에는 자동차관리법 제3조에 따른 같은 종류의 자동차를 말한다.)으로 교환받는 자동차 등에 대하여는 취득세를 면제한다. 다만, 교환으로 취득하는 자동차 등의 가액이 종전의 자동차 등의 가액을 초과하는 경우 그 초과분에 대하여는 취득세를 부과한다. 이 경우 같은 종류의 자동차라 함은 종전 취득한 자동차와 제품의 종류가 동일하여야 한다는 것이 아니라 자동차관리법 제3조에 따른 같은 종류의 자동차이면 되는 것이므로 2000cc 소나타를 취득하였으나, 제작결함으로 교환하면서 3000cc의 에쿠스로 교환한 경우 그 취득가액의 초과부분에 대한 취득세만 과세한다는 것이므로 동일의 의미는 승용자동차, 화물자동차, 승합자동차 등이 동일하면 되는 것이나 종전보다 취득가격이 초과하면 초과부분에 대한 취득세만 납부하면 된다는 것이다.

> **사례**
> ❖ 대금을 지급하여 일단 차량 등을 적법하게 취득한 다음에는 그 후 합의에 의하여 계약을 해제하고 그 차량을 반환하는 경우에도 대급 지급일에 성립한 조세채권에 영향을 줄 수 없다.
> (조심 2017지0100, 2017.2.21.)
> ❖ 차량의 하자로 인해 제조사에 반납한 자동차를 대신하여 금전으로 환불 받은 이후 다른 제조사의 차량을 취득한 것은 반납된 동종차량을 교환취득한 경우에 해당하지 않으므로 감면 대상이 아니다.
> (조심 2009지0769, 2010.3.19.)

그리고 소비자기본법 제16조(소비자분쟁의 해결) 제2항에서는 국가는 소비자와 사업자 사이에 발생하는 분쟁을 원활하게 해결하기 위하여 대통령령이 정하는 바에 따라 소비자분쟁해결기준을 제정할 수 있다고 규정하면서 소비자기본법 시행령 제1항에서는 법 제16조 제2항에 따른 소비자분쟁해결기준은 일반적 소비자분쟁해결기준과 품목별 소비자분쟁해결기준으로 구분한다고 하면서 같은 조 제2항에서는 제1항의 일반적 소비자분쟁해결기준은 별표 1과 같다고 규정하고 있으며, 별표1의 소비자분쟁해결기준 제1호에서는 사업자는 물품등의 하자·채무불이행 등으로 인한 소비자의 피해에 대하여 다음 각 목의 기준에 따라 수리·교환·환급 또는 배상을 하거나, 계약의 해제·해지 및 이행 등을 하여야 한다고 규정하고 있으며, 개정 규정에 대해 시행시기를 1년 유예(부칙 제1조), '19.1.1. 이후 납세의무가 성립하는 분부터 적용하여야 한다.

(2) 말소자동차 등의 재등록

> **등록면허세 면제**

자동차관리법 제13조 제7항 또는 건설기계관리법 제6조 제1항 제8호에 따라 말소된 자동차 또는 건설기계를 다시 등록하기 위한 등록면허세를 면제한다.

이 경우 자동차관리법 제13조 제7항에 따라 말소된 자동차란 자동차 소유자가 자기의 자동차를 도난당한 경우에 별도 정하는 바에 따라 말소등록을 신청하여 말소된 자동차를 말하며, 건설기계관리법 제6조 제1항 제8호에 따라 말소된 건설기계란 건설기계의 구조적 제작 결함 등으로 건설기계를 제작자 또는 판매자에게 반품한 때에는 그 사유가 발생한 30일 이내에 시·도지사에게 등록말소를 신청하여 말소된 건설기계를 말한다.

(3) 하이브리드 자동차에 대한 감면

취득세 감면

환경친화적 자동차의 개발 및 보급촉진에 관한 법률 제2조 제5호에 따른 하이브리드자동차로서 같은 조 제2호 각 목의 요건을 갖춘 자동차를 취득하는 경우에는 다음 각 호에서 정하는 바에 따라 취득세를 감면한다.

1. 취득세액이 40만원 이하인 경우에는 2024년 12월 31일까지 취득세를 면제한다.
2. 취득세액이 40만원을 초과하는 경우에는 2024년 12월 31일까지 취득세액에서 40만원을 공제한다.

이 경우 "하이브리드 자동차"란 휘발유, 경유, 액화석유가스, 천연가스, 지식경제부령이 정하는 연료와 전기에너지(전기공급원으로부터 충전받은 전기에너지를 포함한다.)를 조합하여 동력원으로 사용하는 자동차를 말한다.

그리고 「환경친화적 자동차의 개발 및 보급촉진에 관한 법률」제2조 정의 규정에서 "환경친화적 자동차"란 제3호부터 제8호까지의 규정에 따른 전기자동차, 태양광자동차, 하이브리드자동차, 연료전지자동차 또는 「대기환경보전법」제46조 제1항에 따른 배출가스 허용기준이 적용되는 자동차 중 산업통상자원부령으로 정하는 환경기준에 부합하는 자동차로서 다음 각 목의 요건을 갖춘 자동차 중 산업통상자원부장관이 환경부장관과 협의하여 고시한 자동차를 말한다.

　가. 에너지소비효율이 산업통상자원부령으로 정하는 기준에 적합할 것
　나. 「수도권 대기환경개선에 관한 특별법」 제2조 제6호에 따라 환경부령으로 정하는 저공해자동차의 기준에 적합할 것
　다. 자동차의 성능 등 기술적 세부 사항에 대하여 산업통상자원부령으로 정하는 기준에 적합할 것

(4) 전기자동차에 대한 감면

취득세 감면

환경친화적 자동차의 개발 및 보급 촉진에 관한 법률 제2조 제3호에 따른 전기자동차 또는 같은 조 제6호에 따른 수소전기자동차로서 같은 조 제2호에 따라 고시된 자동차를 취득하는 경우에는 2024년 12월 31일까지 취득세액이 140만원 이하인 경우 취득세를 면제하고, 취득세액이 140만원을 초과하는 경우 취득세액에서 140만원을 공제한다.

이 경우 "전기자동차"란 전기공급원으로부터 충전 받은 전기에너지를 동력원으로 사용

하는 자동차를 말하며, 전기자동차 중 다음의 요건을 갖춘 자동차 중 산업통상자원부장관이 환경부장관과 협의하여 고시한 자동차를 말한다.

㉮ 에너지소비효율이 지식경제부령으로 정하는 기준에 적합할 것
㉯ 「수도권 대기환경개선에 관한 특별법」 제2조 제6호에 따라 환경부령으로 정하는 저공해자동차의 기준에 적합할 것
㉰ 자동차의 성능 등 기술적 세부 사항에 대하여 산업통상자원부령으로 정하는 기준에 적합할 것

2020년 현재 고시된 전기자동차의 종류는 다음 각 호와 같다.
1. 기아자동차 RAY 전기자동차, 쏘울 전기자동차
2. 르노삼성자동차 SM3 ZE 전기자동차
3. 한국GM 스파크 EV 전기자동차
4. BMW i3, i3 94Ah 전기자동차
5. 닛산 리프 "LEAF" 전기자동차
6. 파워프라자 라보 ev PEACE 전기트럭
7. 현대자동차 아이오닉 전기자동차
8. 한국GM CHEVROLET BOLT EV 전기자동차
9. 테슬라 모델 S90D 전기자동차
10. 테슬라 모델 S75D 전기자동차
11. 테슬라 모델 S100D 전기자동차

전기자동차(전기버스)는 다음 각 호와 같다.
1. 한국화이바 이프리머스(e-PRIMUS)
2. 티지엠 이화이버드(e-FIBIRD)
3. 자일대우 BS110
4. 우진산전 저상 전기버스
5. BYD eBUS-12

연료전지자동차는 현대자동차 투싼 수소연료전지자동차이다.

제66조의 2 │ 노후경유자동차 교체에 대한 취득세 감면

※ 이 조의 규정은 일몰기간이 종료된 것임.

① 「자동차관리법」에 따라 2006년 12월 31일 이전에 신규등록된 경유를 원료로 하는 승

합자동차 또는 화물자동차(「자동차관리법」에 따라 자동차매매업으로 등록한 자가 매매용으로 취득한 중고자동차는 제외한다. 이하 이 항에서 "노후경유자동차"라 한다.)를 2017년 1월 1일 현재 소유(등록일을 기준으로 한다.)하고 있는 자가 노후경유자동차를 폐차하고 말소등록한 이후 승합자동차 또는 화물자동차[신조차(新造車)에 한정한다. 이하 이 항에서 "신조차"라 한다.]를 2017년 6월 30일까지 본인의 명의로 취득하여 신규등록하는 경우에는 취득세의 100분의 50을 경감한다. 이 경우 노후경유자동차 1대당 신조차 1대만 취득세를 경감한다(법 §66의 2 ①).

② 제1항에 따른 1대당 취득세 경감액이 100만원 이하인 경우에는 산출세액 전액을, 취득세 경감액이 100만원을 초과하는 경우에는 산출세액에서 100만원을 공제한다(법 §66의 2 ②).

제67조 경형자동차 등에 대한 과세특례

① 「자동차관리법」 제3조 제1항에 따른 승용자동차 중 대통령령으로 정하는 규모의 자동차를 대통령령으로 정하는 비영업용 승용자동차로 취득하는 경우에는 다음 각 호에서 정하는 바에 따라 취득세를 2024년 12월 31일까지 감면한다. 다만, 취득일부터 1년 이내에 영업용으로 사용하는 경우에는 감면된 취득세를 추징한다(법 §67 ① Ⅰ·Ⅱ).
  1. 취득세액이 75만원 이하인 경우 취득세를 면제한다.
  2. 취득세액이 75만원을 초과하는 경우 취득세액에서 75만원을 공제한다.
 이 규정에서 "대통령령으로 정하는 비영업용 승용자동차"란 「지방세법 시행령」 제122조 제1항에 따른 비영업용으로 이용되는 승용자동차를 말한다(영 §31 ②).

② 「자동차관리법」 제3조 제1항에 따른 승합자동차 또는 화물자동차(같은 법 제3조에 따른 자동차의 유형별 세부기준이 특수용도형 화물자동차로서 피견인형 자동차는 제외한다.) 중 대통령령으로 정하는 규모의 자동차를 취득하는 경우에는 취득세를 2024년 12월 31일까지 면제한다(법 §67 ②).
 이 규정 제1항 및 제2항에서 "대통령령으로 정하는 규모의 자동차"란 각각 배기량 1000cc 미만으로서 길이 3.6미터, 너비 1.6미터, 높이 2.0미터 이하인 승용자동차·승합차 및 화물자동차를 말한다. 다만, 동력원으로 전기만 사용하는 자동차의 경우에는 길이·너비 및 높이 기준만 적용한다(영 §31 ①).

③ 승차 정원 7명 이상 10명 이하 비영업용 승용자동차로서 행정안전부령으로 정하는 자동차에 대한 자동차세는 「지방세법」 제127조 제1항 제1호에도 불구하고 2024년 12월

31일까지 같은 항 제4호에 따른 소형일반버스 세율을 적용하여 과세한다. 이 경우 2007년 12월 31일 이전에「자동차관리법」에 따라 신규등록 또는 신규로 신고된 차량으로 한정한다(법 §67 ③).

이 경우 "행정안전부령으로 정하는 자동차"란 자동차 및 자동차 부품의 성능과 기준에 관한 규칙 제2조 제23호에 따른 전방조종자동차를 말한다(규칙 §4).

(1) 경형승용자동차에 대한 감면

> **취득세 면제**

① 자동차관리법 제3조 제1항에 따른 승용자동차 중 대통령령으로 정하는 규모의 자동차를 대통령령으로 정하는 비영업용 승용자동차로 취득하는 경우에는 다음 각 호에서 정하는 바에 따라 취득세를 2024년 12월 31일까지 감면한다. 다만, 취득일부터 1년 이내에 영업용으로 사용하는 경우에는 감면된 취득세를 추징한다.
  1. 취득세액이 50만원 이하인 경우 취득세를 면제한다.
  2. 취득세액이 50만원을 초과하는 경우 취득세액에서 50만원을 공제한다.

이 경우 "대통령령으로 정하는 비영업용승용자동차"라 함은 개인 또는 법인이 영업용 이외의 용에 공하거나 국가 또는 지방공공단체가 공용에 공하는 승용자동차를 말한다.

2017년까지는 렌터카 업체에서 경형승용자동차를 '비영업용 승용자동차'로 취득하여 취득세 전액을 면제받고 이 후 '영업용으로 용도변경'(번호변경에 따른 등록면허세 납부)하여 취득세를 탈루하는 사례가 발생하고 있어 2018년부터는 취득일부터 1년 이내에 감면받은 비영업용 승용차량의 용도를 변경(비영업용→영업용)하는 경우 감면세액을 추징하도록 보완하였으며 이 법 시행('18.1.1.) 이후 납세의무가 성립하는 분부터 적용하여야 한다.

② 자동차관리법 제3조 제1항에 따른 승용자동차 또는 화물자동차(같은 법 제3조에 따른 자동차의 유형별 세무기준이 특수용도형 화물자동차로서 피견인형 자동차는 제외한다.) 중 대통령령으로 정하는 규모의 자동차를 취득하는 경우에는 2024년 12월 31일까지 취득세를 면제한다.

위 ① 및 ②에서 "대통령령으로 정하는 규모의 자동차"란 배기량 1,000cc 미만으로서 길이 3.6m, 너비 1.6m, 높이 2.0m 이하인 승용자동차·승합자동차 및 화물자동차를 말한다. 다만, 동력원으로 전기만 사용하는 자동차의 경우에는 길이·너비 및 높이 기준만 적용한다(영 §31 ①).

(2) 승차정원 7명 이상 10명 이하 비영업용 승용자동차

> **자동차세 조정**

승차정원 7명 이상 10명 이하 비영업용 승용자동차로서 자동차의 가장 앞부분과 조향 운전대 중심점까지의 거리가 자동차 길이의 4분의 1 이내인 전방조정자동차(규칙 §4)에 대한 자동차세는 지방세법 제127조 제1항 제1호(승용자동차에 대한 세율)에도 불구하고 2024년 12월 31일까지 같은 조 같은 항 제4호에 따른 소형일반버스 세율(연세액 65,000원)을 적용하여 과세한다. 이 경우 2007년 12월 31일 이전에 자동차관리법에 따라 신규등록 또는 신규로 신고된 차량으로 한정한다.

> **사례**
>
> ❖ **경형화물자동차에 피견인형의 포함 여부에 대한 질의회신**
>
> 승합자동차 또는 화물자동차 중 배기량 1천cc 미만으로 길이 3.6미터, 너비 1.6미터, 높이 2.0미터 이하인 승용자동차·승합차 및 화물자동차를 취득시 2015년 12월 31일까지 취득세를 면제하는 바 피견인형은 등록원부상 경형 화물자동차로 지방세특례제한법과 관련 자동차 관리법상 경형화물차에서 피견인형을 제외한다는 별도의 규정이 없으므로 취득세 감면대상이다.
>
> (행안부 지방세운영과-160, 2013.1.16.)

제68조 | 매매용 및 수출용 중고자동차 등에 대한 감면

① 다음 각 호에 해당하는 자가 매매용으로 취득(「지방세법」 제7조 제4항에 따른 취득은 제외한다. 이하 이 조에서 같다.)하는 중고자동차 또는 중고건설기계(이하 이 조에서 "중고자동차등"이라 한다.)에 대해서는 취득세와 자동차세를 각각 2024년 12월 31일까지 면제한다. 이 경우 자동차세는 다음 각 호에 해당하는 자의 명의로 등록된 기간에 한정하여 면제한다(법 §68 ① Ⅰ·Ⅱ).
1. 「자동차관리법」 제53조에 따라 자동차매매업을 등록한 자
2. 「건설기계관리법」 제21조 제1항에 따라 건설기계매매업을 등록한 자
  ② 제1항에 따라 취득한 중고자동차등을 그 취득일부터 2년(「자동차관리법」 제3조 제1항에 따른 승합자동차, 화물자동차 또는 특수자동차의 경우에는 3년) 이내에 매각하지 아니하거나 수출하지 아니하는 경우에는 면제된 취득세를 추징한다. 다만, 중고자동차로서 다음 각 호의 어느 하나에 해당하여 「자동차관리법」 제2조 제5호

및 「건설기계관리법」 제2조 제1항 제2호에 따라 폐차 또는 폐기한 경우에는 감면된 취득세를 추징하지 아니한다(법 §68 ② Ⅰ·Ⅱ).

1. 취득일부터 1년이 경과한 중고자동차로서 「자동차관리법」 제43조제1항제2호 또는 제4호에 따른 자동차 검사에서 부적합 판정을 받은 경우
2. 「재난 및 안전관리 기본법」 제3조제1호에 따른 재난으로 인하여 피해를 입은 경우

③ 「대외무역법」에 따른 무역을 하는 자가 수출용으로 취득하는 중고선박, 중고기계장비 및 중고항공기에 대해서는 「지방세법」 제12조 제1항 제1호·제3호 및 제4호의 세율에서 각각 1천분의 20을 경감하여 취득세를 2024년 12월 31일까지 과세하고, 「대외무역법」에 따른 무역을 하는 자가 수출용으로 취득하는 중고자동차에 대해서는 취득세를 2018년 12월 31일까지 면제한다(법 §68 ③).

④ 제3항에 따른 중고선박, 중고기계장비, 중고항공기 및 중고자동차를 취득일부터 2년 이내에 수출하지 아니하는 경우에는 감면된 취득세를 추징한다. 다만, 중고자동차로서 「재난 및 안전관리 기본법」 제3조제1호에 따른 재난으로 인하여 피해를 입어 「자동차관리법」 제2조제5호 및 「건설기계관리법」 제2조제1항제2호에 따라 폐차 또는 폐기한 경우에는 감면된 취득세를 추징하지 아니한다.(법 §68 ④).

▎통칙▎

❖ **(기본통칙) 68-1(매매용 중고자동차 등의 범위)**
　매매용으로 제시신고를 하고 자동차매매업자 명의로 이전된 차량의 경우 중고자동차에 해당한다.

(1) 매매용으로 취득하는 중고자동차 등

▎**취득세, 자동차세 면제**▎

　자동차관리법 제53조에 따라 자동차매매업을 등록한 자와 건설기계관리법 제21조 제1항에 따라 건설기계매매업을 등록한 자가 매매용으로 취득(자동차 및 건설기계의 종류변경은 제외한다.)하는 중고자동차 및 중고건설기계에 대해서는 2024년 12월 31일까지 취득세와 자동차세를 면제한다.

　이 경우 자동차세는 자동차매매업 또는 건설기계매매업을 등록한 자의 명의로 등록된 기간에 한정하여 면제한다. 그리고 중고자동차등을 그 취득일부터 2년 이내에 매각하지 아니하거나 수출하지 아니하는 경우에는 면제된 취득세를 추징한다. 다만, 취득일부터 1년이 경과한 중고자동차로서 「자동차관리법」 제43조 제1항 제2호 또는 제4호에 따른 자동차 검사에서 부적합 판정을 받고 「자동차관리법」 제2조 제5호 및 「건설기계관리법」 제2

조 제1항 제2호에 따라 폐차 또는 폐기한 경우에는 감면된 취득세를 추징하지 아니한다. 그러므로 매매업자가 매매용으로 감면받고 취득한 중고자동차를 매각하거나 수출하는 경우를 모두 목적 내 사용으로 보아 추징 배제되고, 취득일부터 1년이 경과하고 「자동차관리법」에 따른 자동차 검사에서 부적합 판정을 받아 폐차 또는 폐기한 경우에는 추징에서 배제된다. 또한 수출업자의 경우 수출용으로 감면받고 취득한 중고자동차에 대하여 수출하는 경우에 한하여 목적 내 사용으로 보아 추징에서 배제됨을 유의하여야 한다. 다만, 제68조 제2항 단서 규정은 이 법 시행('19.1.1.) 이후 감면되는 분부터 적용된다(부칙 제3조).

> **사례**
>
> ❖ 매매용으로 제시된 중고자동차의 구조변경으로 중고자동차의 가액이 증가한 경우 그 가액을 취득세 감면대상으로 볼 수 있는지 여부
>
> 매매용으로 취득하는 중고자동차라 함은 판매를 목적으로 중고자동차의 소유권을 취득하는 것을 의미하는 것으로, 이미 매매용으로 취득한 중고자동차에 대한 구조변경에 따른 취득까지 취득세 감면대상으로 볼 수 없다. 따라서, 구조변경에 대하여 취득세를 부과한 처분은 잘못이 없다.
>
> (조심 2014지0175, 2014.5.28.)

(2) 수출용 중고선박 등에 대한 감면

취득세 감면

① 대외무역법에 따른 무역을 하는 자가 수출용으로 취득하는 중고선박, 중고기계장비, 중고항공기 및 중고자동차에 대해서는 2024년 12월 31일까지 지방세법 제12조 제1항 제1호(선박의 취득에 대한 세율), 제3호(기계장비의 취득에 대한 세율) 및 제4호(항공기의 취득세 대한 세율)의 세율에서 각각 1천분의 20을 경감하여 취득세를 과세한다.

② 중고선박, 중고기계장비, 중고항공기 및 중고자동차를 취득일부터 2년 이내에 수출하지 아니하는 경우에는 감면된 취득세를 추징한다.

그러므로 수출업자의 경우 수출용으로 감면받고 취득한 중고자동차에 대하여 수출하는 경우에 한하여 목적 내 사용으로 보아 추징에서 배제됨을 유의하여야 한다.

제69조 교통안전 등을 위한 감면

취득세 경감

「교통안전공단법」에 따라 설립된 한국교통안전공단이 동법 제6조 제6호에 따른 사업용 부동산을 취득하는 경우 및 자동차관리법 제44조에 따른 지정을 받아 자동차검사업무를 대행하는 자동차검사소용 부동산을 취득하는 경우에는 2025년 12월 31일까지 취득세의 100분의 25를 경감한다(법 §69).

여기에서 교통안전공단법 제6조 제6호의 사업이라 함은 자동차의 성능 및 안전도에 관한 시험·연구용 사업을 말하며, 교통안전공단이 자동차관리법 제44조에 따른 지정을 받아 자동차검사업무를 대행하는 자동차검사소도 이 규정에 의한 경감대상사업이다.

제70조 운송사업 지원을 위한 감면

① 「여객자동차 운수사업법」제4조에 따라 여객자동차운송사업 면허를 받거나 등록을 한 자가 같은 법 제3조에 따른 여객자동차운송사업 중 다음 각 호의 어느 하나에 해당하는 사업에 직접 사용하기 위하여 취득하는 자동차에 대해서는 취득세의 100분의 50을 2024년 12월 31일까지 경감한다(법 §70 ① Ⅰ·Ⅱ).
  1. 시내버스운송사업·농어촌버스운송사업·마을버스운송사업 또는 시외버스운송사업
  2. 일반택시운송사업 또는 개인택시운송사업
② (삭제)
③ 「여객자동차 운수사업법」에 따라 여객자동차운송사업 면허를 받은 자가 운수사업용으로 직접 사용하기 위하여 천연가스 버스를 취득하는 경우에는 2024년 12월 31일까지 취득세를 면제한다(법 §70 ③).
④ 「여객자동차 운수사업법」제4조에 따라 여객자동차운송사업 면허를 받거나 등록을 한 자가 같은 법 제3조에 따른 여객자동차운송사업에 직접 사용하기 위하여 「환경친화적 자동차의 개발 및 보급 촉진에 관한 법률」 제2조 제3호에 따른 전기자동차 또는 같은 조 제6호에 따른 수소전기자동차로서 같은 조 제2호에 따라 고시된 전기버스 또는 수소전기버스를 취득하는 경우에는 2024년 12월 31일까지 취득세를 면제한다(법 §70 ④).

(1) 여객자동차 운송사업 면허를 받은 자에 대한 감면

취득세 경감

「여객자동차 운수사업법」 제4조에 따라 여객자동차운송사업 면허를 받거나 등록을 한 자가 같은 법 제3조에 따른 여객자동차운송사업 중 시내버스운송사업·농어촌버스운송사업·마을버스운송사업, 시외버스운송사업, 일반택시운송사업 또는 개인택시운송사업에 직접 사용하기 위하여 취득하는 자동차에 대해서는 취득세의 100분의 50을 2024년 12월 31일까지 경감한다.

사례

❖ 마을버스운송사업자가 관련법령에 따른 등록대상에 해당된다고 하더라도 종전과 동일하게 '면허를 받은 자'의 범주에 포함하여 천연가스버스 취득에 대해 취득세 면제를 적용함이 타당하다고 할 것입니다.

(안전행정부 지방세운영과-546, 2013.2.21.)

(2) 천연가스, 전기 버스(전기자동차) 또는 수소전기버스 취득

취득세 면제

여객자동차 운수사업법에 따라 여객자동차운송사업의 면허를 받은 자가 운수사업용으로 직접 사용하기 위하여 천연가스를 연료로 사용하는 버스 및 환경친화적 자동차의 개발 및 보급 촉진에 관한 법률에 따른 전기 자동차 또는 전기 버스 또는 수소 전기 버스를 취득할 경우에는 2024년 12월 31일까지 취득세를 면제한다.

제71조 물류단지 등에 대한 감면

① 「물류시설의 개발 및 운영에 관한 법률」 제27조에 따른 물류단지개발사업의 시행자가 같은 법 제22조 제1항에 따라 지정된 물류단지(이하 이조에서 '물류단지'라 한다.)를 개발하기 위하여 취득하는 부동산에 대해서는 취득세의 100분의 35를, 과세기준일 현재 해당 사업에 직접 사용하는 부동산에 대해서는 재산세의 100분의 35를 각각 2025년 12월 31일까지 경감한다(법 §71 ①).
② 물류단지에서 대통령령으로 정하는 물류사업(이하 이 항에서 "물류사업"이라 한다.)을 직

접 하려는 자가 물류사업에 직접 사용하기 위해 취득하는 대통령령으로 정하는 물류시설용 부동산(이하 이 항에서 "물류시설용 부동산"이라 한다.)에 대해서는 2025년 12월 31일까지 취득세의 100분의 50을 경감하고, 2022년 12월 31일까지 취득하여 과세기준일 현재 물류사업에 직접 사용하는 물류시설용 부동산에 대해서는 그 물류시설용 부동산을 취득한 날부터 5년간 재산세의 100분의 35를 경감한다(법 §71 ②).

이 경우 "대통령령으로 정하는 물류사업"이란 물류정책기본법 제2조 제1항 제2호에 따른 물류사업, 즉 화주의 수요에 따라 유상으로 물류활동을 영위하는 것을 업으로 하는 것으로서 다음 각 호의 어느 하나에 해당하는 사업을 말한다(영 §33 ①).

1. 자동차·철도차량·선박·항공기 또는 파이프라인 등의 운송수단을 통하여 화물을 운송하는 화물운송업
2. 물류터미널이나 창고 등의 물류시설을 운영하는 물류시설운영업(창고업의 경우 「물류시설의 개발 및 운영에 관한 법률」 제21조의 2에 따라 등록한 경우로 한정한다.)
3. 화물운송의 주선, 물류장비의 임대, 물류정보의 처리 또는 물류컨설팅 등의 업무를 하는 물류서비스업
4. 제1호부터 제3호까지의 물류사업을 종합적·복합적으로 영위하는 종합물류서비스업

그리고 화주기업이 자기의 제조·영업활동과 관련된 재화를 자기의 물류시설이나 물류장비를 통해 직접 운송·보관·하역하는 등의 자가물류 사업을 하는 경우에는 물류사업을 하는 것으로 본다.

또한 "대통령령으로 정하는 물류시설용 부동산"이란 「물류시설의 개발 및 운영에 관한 법률」 제2조 제7호에 따른 일반물류단지시설(「유통산업발전법」 제2조 제3호에 따른 대규모점포는 제외한다. 이하 이 조에서 "일반물류단지시설"이라 한다.)을 설치하기 위하여 법 제71조 제1항에 따른 사업시행자로부터 취득하는 토지 및 그 토지 취득일부터 5년 이내에 해당 토지상에 신축 또는 증축하여 취득하는 건축물(일반물류단지시설을 설치한 부분에 한하며, 토지 취득일 전에 그 토지의 사용을 허락 받아 신축 또는 증축한 건축물을 포함한다)을 말한다(영 §33 ②).

이는 현행 물류사업용 부동산의 범위가 불명확하고 물류단지 내 지원 필요성 낮은 대규모점포 등에 대해 감면되고 있어 물류사업을 화주 수요에 따라 유상으로 물류활동을 영위하는 업 중 화물운송업, 물류시설운영업 등으로 규정하고 자가물류를 포함하며, 유통산업발전법 제2조 제3호에 따른 대규모점포을 감면 대상인 물류시설에서 제외하여 대형 유통기업 상업매장 감면을 배제한 것이다.

③ 「물류시설의 개발 및 운영에 관한 법률」 제7조에 따라 복합물류터미널사업(「사회기반시설에 대한 민간투자법」 제2조 제6호에 따른 민간투자사업 방식의 사업으로 한정한다. 이하 이 항에

서 같다.)의 등록을 한 자(이하 이 항에서 "복합물류터미널사업자"라 한다)가 사용하는 부동산에 대해서는 다음 각 호에서 정하는 바에 따라 지방세를 경감한다(법 §71 ③ Ⅰ·Ⅱ).

1. 복합물류터미널사업자가 「물류시설의 개발 및 운영에 관한 법률」 제9조 제1항에 따라 인가받은 공사계획을 시행하기 위하여 취득하는 부동산에 대해서는 2022년 12월 31일까지 취득세의 100분의 25를 경감한다. 다만, 그 취득일부터 3년이 경과할 때까지 정당한 사유 없이 그 사업에 직접 사용하지 아니하는 경우에는 경감된 취득세를 추징한다.

2. 복합물류터미널사업자가 과세기준일 현재 복합물류터미널사업에 직접 사용하는 부동산에 대해서는 2022년 12월 31일까지 재산세의 100분의 25를 경감한다.

(1) 물류단지 내의 물류사업용 부동산

물류단지개발사업의 시행자가 물류단지를 개발하기 위하여 취득하는 부동산에 대하여는 2022년 12월 31일까지 취득세와 재산세의 100분의 35를 경감하며, 물류단지에서 물류사업을 직접 하려는 자가 취득하는 물류사업용 부동산에 대해서는 2019년 12월 31일까지 취득세의 100분의 50을 경감하고, 2022년 12월 31일까지 취득하여 과세기준일 현재 물류사업에 직접 사용하는 부동산에 대해서는 그 부동산을 취득한 날부터 5년간 재산세의 100분의 35를 경감한다.

다만, 지방세법 제13조 제3항에 따른 중과세대상 부동산 등은 감면대상에서 제외하며, 부동산에 대한 면제를 적용할 때에는 취득일부터 1년 이내에 정당한 사유 없이 해당 용도로 사용하지 아니하는 경우 또는 그 사용일부터 2년 이상 해당 용도로 직접 사용하지 아니하고 매각·증여하거나 다른 용도로 사용하는 경우에 해당 부분에 대하여는 면제된 취득세를 추징한다(법 §177, §178).

이 경우 물류단지개발사업의 시행자로 지정받을 수 있는 자 국가 또는 지방자치단체, 대통령령으로 정하는 공공기관, 「지방공기업법」에 따른 지방공사, 특별법에 따라 설립된 법인, 「민법」 또는 「상법」에 따라 설립된 법인이다(물류시설의 개발 및 운영에 관한 법률 §27)

① 물류단지개발을 위해 취득하는 부동산

취득세, 재산세 경감

물류단지개발사업 시행자가 물류단지를 개발하기 위하여 취득하는 부동산에 대해서는 취득세 및 재산세의 100분의 35를 2022년 12월 31일까지 각각 경감한다.

이 경우 물류단지를 개발하기 위하여 취득하는 부동산이라 함은 물류시설의 개발 및 운영에 관한 법률에 따라 물류단지를 조성하기 위하여 취득하는 부동산을 말하는데 물류단지를 개발하기 위하여는 물류시설의 개발 및 운영에 관한 법률 제22조에 따라 국토교통부장관 또는 시·도지사의 지정을 받아야 한다.

② 물류사업용 부동산의 취득

> **취득세, 재산세 경감**

물류단지에서 물류사업을 직접 하려는 자가 취득하는 대통령령으로 정하는 물류사업용 부동산에 대해서는 2022년 12월 31일까지 취득세의 100분의 50을 경감하고, 2022년 12월 31일까지 취득하여 과세기준일 현재 물류사업에 직접 사용하는 부동산에 대해서는 그 부동산을 취득한 날부터 5년간 재산세의 100분의 35을 경감한다.

이 경우 물류사업을 영위하고자 하는 자가 취득하는 물류사업용 부동산이란 물류시설의 개발 및 운영에 관한 법률 제2조 제6호의 4에 따른 물류단지시설을 설치하기 위하여 물류단지 안에서 최초로 취득하는 토지와 그 토지취득일부터 5년 이내에 취득하는 사업용 토지 및 건축물(토지 취득일 전에 그 사용승인을 얻어 신축한 건축물을 포함하며, 기존 건축물을 취득한 경우를 제외한다.)을 말한다.

이 경우 물류시설이란 ① 화물의 운송·보관·하역을 위한 시설, ② 화물의 운송·보관·하역과 관련된 가공, 조립, 분류, 수리, 포장, 상표부착, 판매, 정보통신 등의 활동을 위한 시설, ③ 물류의 공동화, 자동화 및 정보화를 위한 시설 ④ ①부터 ③까지의 시설이 모여 있는 물류터미널 및 물류단지를 말한다(물류시설의 개발 및 운영에 관한 법률 제2조 제1호). 그리고 물류단지라 함은 동 법률 제22조에 따른 물류단지를 말한다.

▶ 사례

❖ **○○공사가 설치한 물류단지시설을 취득한 경우 물류단지를 설치하기 위한 시설인지 여부**

원고가 물류단지개발사업 시행자인 OO공사로부터 분양받은 이 사건 전유건물 및 이 사건 대지지분은 OO공사가 물류단지시설로 설치한 대규모점포이고, 그 분양 이후 원고가 이 사건 전유건물에서 대형마트를 운영하기 위한 대수선을 하였다고 하더라도 그 전후에 걸쳐 이 사건 전유건물이 물류단지시설에 해당함에는 변함이 없으므로 원고가 물류단지시설을 새로 설치하기 위하여 이 사건 전유건물 및 이 사건 대지지분을 취득하였다고 볼 수 없어 이는 위 규정에 의한 취득세와 등록세 면제대상에 해당하지 않는다고 판단하였다.

(대법 2012두17391, 2012.11.29.)

❖ **조합의 물류시설을 조합원이 사용토록 이전 시 매각에 해당되는지**

이 사건 규정에서 말하는 직접 사용이란 부동산 취득자가 해당 용도로 사용하는 것을 의미한다 할 것이므로, 원고가 제3자에게 이 사건 각 토지를 매도한 이상 직접 사용에 해당하지 아니하는 것으로 보아야 한다. 그리고 이 사건 규정의 해석상, 직접 사용한 기간이 2년 미만인 상태에서 매각한 경우에는 취득세 등을 추징하여야 하고 매각의 상대방이 조합원인 경우에 관하여 특별히 취급하고 있지 아니한바, 이 사건 원고와 같은 조합이 직접 사용한 기간이 2년 미만인 상태에서 조합원에게 매각한 경우에도 이 사건 규정에 해당한다고 판단된다.
(대법 2012두57366, 2017.2.23.)

(2) 복합물류터미널 사업용 부동산

취득세, 재산세 경감

「사회기반설에 대한 민간 투자법」에 따라 복합물류터미널사업시행자로 지정된 자가 「물류시설의 개발 및 운영에 관한 법률」 제9조 제1항에 따라 인가받은 공사계획을 시행하기 위하여 취득하는 부동산에 대해서는 취득세의 100분의 25를, 과세기준일 현재 그 사업에 직접 사용하는 부동산에 대해서는 재산세의 100분의 25를 각각 2022년 12월 31일까지 각각 경감한다. 다만 그 취득일부터 3년이 경과할 때까지 정당한 사유 없이 그 사업에 직접 사용하지 아니하는 경우에는 경감된 취득세를 추징한다.

이 경우 "물류터미널"이란 화물의 집화·하역 및 이와 관련된 분류·포장·보관·가공·조립 또는 통관 등에 필요한 기능을 갖춘 시설물을 말하며, "물류터미널 사업"이란 물류터미널을 경영하는 사업으로서 복합물류터미널사업과 일반물류터미널사업을 말하는데, 이 중 "복합물류터미널사업"이란 두 종류 이상의 운송 수단 간의 연계운송을 할 수 있는 규모 및 시설을 갖춘 물류터미널사업을 말하고, 이 외의 물류터미널사업을 일반 물류터미널사업이라 한다.

그러나 물류터미널사업 중 다음의 시설물을 경영하는 사업은 물류터미널사업에서 제외한다(물류시설의 개발 및 운영에 관한 법률 §2 Ⅲ).

① 「항만시설법」 제2조 제7호의 항만시설 중 항만구역 안에 있는 화물하역시설 및 화물보관·처리시설
② 「공항시설법」 제2조 제7호의 공항시설 중 공항구역 안에 있는 화물운송을 위한 시설과 그 부대시설 및 지원시설
③ 「철도사업법」 제2조 제8호에 따른 철도사업자가 그 사업에 사용하는 화물운송·하역 및 보관 시설
④ 「유통산업발전법」 제2조 제15호 및 제16호의 집배송시설 및 공동집배송센터

> **사례**
>
> ❖ 복합물류터미널사업 등록조건으로 물류시설의 개발 및 운영에 관한 법률에서 정한 등록기준 및 물류터미널의 구조 및 설비를 유지하도록 하고 있고, 변경 등록을 하지 아니하고 등록사항을 변경하거나, 등록기준에 맞지 아니하게 된 때에 등록을 취소하거나 사업의 정지를 명할 수 있도록 규정하고 있으므로 공실부분이 등록조건에 적합하고 사업의 휴·폐업 등을 한 경우가 아니라면 그 사업 또는 업무의 목적이나 용도에 맞게 직접 사용하는 것으로 보는 것이 타당함.
> (행안부 지방세특례제도과-1568, 2015.6.12.)

제71조의 2 도시첨단물류단지에 대한 감면

① 「물류시설의 개발 및 운영에 관한 법률」 제22조의2제1항에 따라 지정된 도시첨단물류단지(이하 이 조에서 "도시첨단물류단지"라 한다) 개발에 직접 사용하기 위하여 취득하는 토지 및 물류시설(「물류시설의 개발 및 운영에 관한 법률」 제2조제1호가목부터 다목까지의 시설을 말한다. 이하 이 조에서 "물류시설"이라 한다)용 건축물에 대해서는 취득세의 100분의 15를 2025년 12월 31일까지 경감한다. 다만, 다음 각 호의 어느 하나에 해당하는 경우 그 해당 부분에 대해서는 경감된 취득세를 추징한다.(법 §71 ① Ⅰ~Ⅲ).

1. 정당한 사유 없이 그 취득일부터 2년이 경과할 때까지 해당 용도로 직접 사용하지 아니하는 경우
2. 「물류시설의 개발 및 운영에 관한 법률」 제46조에 따른 준공인가를 받은 날부터 3년 이내에정당한 사유 없이 물류시설용으로 분양 또는 임대하지 아니하거나 직접 사용하지 아니한 경우
3. 해당 용도로 직접 사용한 기간이 2년 미만인 상태에서 매각·증여하거나 다른 용도로 사용하는 경우

② 도시첨단물류단지에서 제71조제2항에 따른 물류사업을 직접 하려는 자가 물류사업에 직접 사용하기 위해 취득하는 물류시설용 부동산에 대해서는 취득세의 100분의 40(제1항에 따른 자가 직접 사용하는 경우에는 100분의 15)을 2025년 12월 31일까지 경감한다. 다만, 다음 각 호의 어느 하나에 해당하는 경우 그 해당 부분에 대해서는 경감된 취득세를 추징한다.(법 §71 ② Ⅰ·Ⅱ).

1. 정당한 사유 없이 그 취득일부터 2년이 경과할 때까지 해당 용도로 직접 사용하지 아니하는 경우

2. 해당 용도로 직접 사용한 기간이 2년 미만인 상태에서 매각·증여하거나 다른 용도로 사용하는 경우

③ 제1항 및 제2항을 적용할 때 지방자치단체의 장은 해당 지역의 재정 여건 등을 고려하여 100분의 10의 범위에서 조례로 정하는 율을 추가로 경감할 수 있다.(법 §71 ③).

제72조 별정우체국에 대한 과세특례

① 「별정우체국법」 제3조에 따라 과학기술정보통신부장관의 지정을 받은 사람(같은 법 제3조의 3에 따라 별정우체국의 지정을 승계한 사람을 포함한다. 이하 이 조에서 "피지정인"이라 한다.)이 별정우체국사업에 직접 사용(같은 법 제4조 제2호에 해당하는 사람을 별정우체국의 국장으로 임용하는 경우에도 피지정인이 직접 사용하는 것으로 본다. 이하 이 조에서 같다.)하기 위하여 취득하는 부동산에 대한 취득세는 2022년 12월 31일까지 「지방세법」 제11조 제1항의 세율에서 1천분의 20을 경감하여 과세한다. 다만, 다음 각 호의 어느 하나에 해당하는 경우 그 해당 부분에 대해서는 경감된 취득세를 추징한다(법 §72 ① Ⅰ~Ⅲ).

1. 해당 부동산을 취득한 날부터 5년 이내에 수익사업에 사용하는 경우
2. 정당한 사유 없이 그 취득일부터 1년이 경과할 때까지 해당 용도로 직접 사용하지 아니하는 경우
3. 해당 용도로 직접 사용한 기간이 2년 미만인 상태에서 매각·증여하거나 다른 용도로 사용하는 경우

② 피지정인이 과세기준일 현재 별정우체국 사업에 직접 사용하는 부동산(「별정우체국법」 제3조의 3에 따라 별정우체국의 지정을 승계한 경우로서 피승계인 명의의 부동산을 무상으로 직접 사용하는 경우를 포함한다.)에 대해서는 재산세(「지방세법」 제112조에 따른 부과액을 포함한다.)를 2022년 12월 31일까지 면제하고, 별정우체국에 대한 주민세 사업소분(「지방세법」 제81조 제1항 제2호에 따라 부과되는 세액으로 한정한다.) 및 종업원분을 2022년 12월 31일까지 각각 면제한다. 다만, 수익사업에 사용하는 경우와 해당 재산이 유료로 사용되는 경우의 그 재산 및 해당 재산의 일부가 그 목적에 직접 사용되지 아니하는 경우의 그 일부 재산에 대해서는 면제하지 아니한다(법 §72 ②).

③ 「별정우체국법」에 따라 설립된 별정우체국 연금관리단이 같은 법 제16조 제1항의 업무에 직접 사용하기 위하여 취득하는 부동산에 대하여는 다음 각 호에서 정하는 바에 따라 2014년 12월 31일까지 지방세를 감면한다(법 §72 ③ Ⅰ·Ⅱ). ※ 감면 종료된 규정임

(1) 별정우체국에 사용하기 위하여 취득하는 부동산

취득세 세율 경감

별정우체국법에 따라 피지정인이 별정우체국사업에 직접 사용하기 위하여 취득하는 부동산에 대한 취득세는 2022년 12월 31일까지 지방세법 제11조 제1항의 세율에서 1천분의 20을 경감하여 과세한다. 다만, 해당 부동산을 취득한 날부터 5년 이내에 수익사업에 사용하는 경우와 정당한 사유 없이 그 취득일부터 1년이 경과할 때까지 해당 용도로 직접 사용하지 아니하는 경우 및 해당 용도로 직접 사용한 기간이 2년 미만인 상태에서 매각·증여하거나 다른 용도로 사용하는 경우 그 해당 부분에 대하여는 면제된 취득세를 추징한다.

이 규정의 적용 예를 들면 피지정인이 별정우체국에 사용하기 위하여 건축물을 신축한 경우 원래의 취득세율은 원시취득으로 1천분의 28을 적용하여야 하나 별정우체국용이기 때문에 1천분의 20을 경감하여 나머지 1천분의 8을 적용하여 취득세를 과세한다는 것이다.

(2) 별정우체국의 공용 또는 공공용으로 사용하는 부동산 등

재산세, 지역자원시설세, 주민세 사업소분 및 종업원분 면제

피지정인 별정우체국이 과세기준일 현재 공용 또는 공공용으로 사용하는 부동산에 대해서는 재산세(지방세법 제112조에 따라 부과하는 상당액을 재산세액에 포함하여 면제한다.)와 지방세법 제146조 제3항에 따라 특정부동산에 부과하여 소방시설의 경비지원에 사용하는 지역자원시설세를 2022년 12월 31일까지 면제하고, 별정우체국에 대한 주민세 사업소분(「지방세법」 제81조 제1항 제2호에 따라 부과되는 세액으로 한정한다.) 및 종업원분을 면제한다. 다만, 수익사업에 사용하는 경우와 해당 재산이 유료로 사용되는 경우의 그 재산 및 해당 재산의 일부가 그 목적에 직접 사용되지 아니하는 경우의 그 일부 재산에 대해서는 면제하지 아니한다.

피지정인 별정우체국이라 함은 별정우체국법 제3조의 규정에 따라 미래창조과학부장관으로부터 지정을 받아 자기의 부담으로 청사 기타 시설을 갖추고 국가로부터 위임받은 체신업무를 자기계산하에 운영하는 우체국을 말한다. 그러므로 이러한 별정우체국에서 체신업무에 직접 사용하는 부동산에 대하여는 재산세 등을 과세하지 아니하겠다는 것이므로, 1구의 건축물의 부속토지를 타용도와 구분 사용하는 경우는 해당 체신업무에 사용되는 부분의 부동산에 대하여만 재산세 등을 감면하여야 한다.

제7절 국토 및 지역개발에 대한 지원

제73조 토지수용 등으로 인한 대체취득에 대한 감면

① 「공익사업을 위한 토지 등의 취득 및 보상에 관한 법률」, 「국토의 계획 및 이용에 관한 법률」, 「도시개발법」 등 관계 법령에 따라 토지 등을 수용할 수 있는 사업인정을 받은 자(「관광진흥법」 제55조 제1항에 따른 조성계획의 승인을 받은 자 및 「농어촌정비법」 제56조에 따른 농어촌정비사업 시행자를 포함한다.)에게 부동산(선박·어업권·양식업권 및 광업권을 포함한다. 이하 이 조에서 "부동산 등"이라 한다.)이 매수, 수용 또는 철거된 자(「공익사업을 위한 토지 등의 취득 및 보상에 관한 법률」이 적용되는 공공사업에 필요한 부동산 등을 해당 공공사업의 시행자에게 매도한 자 및 같은 법 제78조 제1항부터 제4항까지 및 제81조에 따른 이주대책의 대상이 되는 자를 포함한다.)가 계약일 또는 해당 사업인정 고시일(「관광진흥법」에 따른 조성계획 고시일 및 「농어촌정비법」에 따른 개발계획 고시일을 포함한다.) 이후에 대체취득할 부동산 등에 관한 계약을 체결하거나 건축허가를 받고, 그 보상금을 마지막으로 받은 날(사업인정을 받은 자의 사정으로 대체취득이 불가능한 경우에는 취득이 가능한 날을 말하고, 「공익사업을 위한 토지 등의 취득 및 보상에 관한 법률」 제63조 제1항에 따라 토지로 보상을 받는 경우에는 해당 토지에 대한 취득이 가능한 날을 말하며, 같은 법 제63조 제6항 및 제7항에 따라 보상금을 채권으로 받는 경우에는 채권상환기간 만료일을 말한다.)부터 1년 이내(제6조 제1항에 따른 농지의 경우는 2년 이내)에 다음 각 호의 구분에 따른 지역에서 종전의 부동산 등을 대체할 부동산 등을 취득하였을 때(건축 중인 주택을 분양받는 경우에는 분양계약을 체결한 때를 말한다.)에는 그 취득에 대한 취득세를 면제한다. 다만, 새로 취득한 부동산 등의 가액 합계액이 종전의 부동산 등의 가액 합계액을 초과하는 경우에 그 초과액에 대해서는 취득세를 부과하며, 초과액의 산정 기준과 방법 등은 대통령령으로 정한다(법 §73 ① Ⅰ·Ⅱ).

1. 농지 외의 부동산 등
    가. 매수·수용·철거된 부동산등이 있는 특별시·광역시·특별자치시·도·특별자치도 내의 지역
    나. 가목 외의 지역으로서 매수·수용·철거된 부동산등이 있는 특별자치시·시·군·구와 잇닿아 있는 특별자치시·시·군·구 내의 지역
    다. 매수·수용·철거된 부동산등이 있는 특별시·광역시·특별자치시·도와 잇닿아 있는 특별시·광역시·특별자치시·도 내의 지역. 다만, 「소득세법」 제104조의 2 제1항에

따른 지정지역은 제외한다.
2. **농지**(제6조 제1항에 따른 자경농민이 농지 경작을 위하여 총 보상금액의 100분의 50 미만의 가액으로 취득하는 주택을 포함한다.)
   가. 제1호에 따른 지역
   나. 가목 외의 지역으로서「소득세법」제104조의 2 제1항에 따른 지정지역을 제외한 지역

이 경우 초과액의 산정 기준과 방법은 다음 각 호와 같다(영 §34 ① Ⅰ·Ⅱ).
1. 법 제73조 제1항 각 호 외의 부분 본문에 따른 부동산 등의 대체취득이「지방세법」제10조 제5항 각 호에 따른 취득에 해당하는 경우의 초과액 : 대체취득한 부동산 등의 사실상의 취득가격에서 매수·수용·철거된 부동산 등의 보상금액을 뺀 금액
2. 부동산 등의 대체취득이「지방세법」제10조 제5항 각 호에 따른 취득 외의 취득에 해당하는 경우의 초과액 : 대체취득한 부동산 등의 취득세 과세표준(「지방세법」제10조에 따른 과세표준을 말한다.)에서 매수·수용·철거당시의 보상금액을 뺀 금액

위 규정에 따른 른 초과액의 산정 기준과 산정 방법은 다음 각 호와 같다(영 §34 ① Ⅰ·Ⅱ).
1. 법 제73조제1항 각 호 외의 부분 본문에 따른 부동산등(이하 이 조에서 "부동산등"이라 한다)의 대체취득이 다음 각 목에 따른 취득에 해당하는 경우의 초과액: 대체취득한 부동산등의 사실상의 취득가격에서 매수·수용·철거된 부동산등의 보상금액을 뺀 금액
   가. 국가, 지방자치단체 또는「지방자치법」제176조제1항에 따른 지방자치단체조합으로부터의 취득
   나. 외국으로부터의 수입에 의한 취득
   다. 민사소송 및 행정소송에 의하여 확정된 판결문(화해·포기·인낙 또는 자백간주에 의한 것은 제외한다), 금융회사의 금융거래 내역 또는 「감정평가 및 감정평가사에 관한 법률」 제6조에 따른 감정평가서 등 객관적 증거서류에 의하여 법인이 작성한 원장·보조장·출납전표·결산서 등 법인장부[법인장부의 기재사항 중 중고자동차 또는 중고기계장비의 취득가액이 「지방세법」 제4조제2항에서 정하는 시가표준액보다 낮은 경우에는 그 취득 가액 부분(중고자동차 또는 중고기계장비가 천재지변, 화재, 교통사고 등으로 그 가액이 시가표준액보다 하락한 것으로 시장·군수·구청장이 인정한 경우는 제외한다)은 객관적 증거서류에 의하여 취득가액이 증명되는 법인장부에서 제외한다]에 따라 취득가격이 증명되는 취득

라. 공매방법에 의한 취득
마. 「부동산 거래신고 등에 관한 법률」 제3조에 따른 신고서를 제출하여 같은 법 제5조에 따라 검증이 이루어진 취득
2. 부동산등의 대체취득이 제1호 각 목에 따른 취득 외의 취득에 해당하는 경우의 초과액: 대체취득한 부동산등의 취득세 과세표준(「지방세법」 제10조의2부터 제10조의6까지의 규정에 따른 과세표준을 말한다)에서 매수·수용·철거된 부동산등의 매수·수용·철거 당시의 보상금액을 뺀 금액

이 규정에서 상가 건물은 실거래신고 검증대상 등 사실 상의 취득금액 적용 대상이 아니므로 상가 건물을 수용 등에 따라 대체취득하는 경우 초과액은 대체취득한 상가 건물의 시가표준액에서 매수수용된 부동산 시가표준액을 뺀 금액으로 산정하고 있으나,
- 상가 건물의 시가표준액은 시가방식이 아닌 원가방식에 따라 산정되므로 실제 거래가격보다 훨씬 낮게 산정되어 초과액(초과액 = 대체취득 부동산 시가표준액 - 수용 등 당시 시가표준액)이 상대적으로 적어 상가 건물을 수용 등에 따라 대체취득하는 경우 초과액(초과액 = 취득세 과세표준(취득가액과 시가표준액 중 큰 금액) - 보상금액) 적용방식을 개선한 것이다.

그리고 이 규정에 따른 부동산 등이 매수·수용 또는 철거된 자가 종전의 부동산 등을 대체할 부동산 등을 취득함에 따라 취득세를 면제 받으려는 경우에는 부동산 등 매수·수용 또는 철거 확인서를 관할 시장·군수에게 제출하여야 한다(규칙 §5).

② 제1항에도 불구하고 「지방세법」 제13조 제5항에 따른 과세대상을 취득하는 경우와 대통령령으로 정하는 부재부동산 소유자가 부동산을 대체 취득하는 경우에는 취득세를 부과한다(법 §73 ②).

이 규정에서 "대통령령으로 정하는 부재부동산 소유자"란 「공익사업을 위한 토지 등의 취득 및 보상에 관한 법률」 등 관계 법령에 따른 사업고시지구 내에 매수·수용 또는 철거되는 부동산을 소유하는 자로서 다음 각 호에 따른 지역에 계약일(사업인정고시일 전에 체결된 경우로 한정한다.) 또는 사업인정고시일 현재 1년 전부터 계속하여 주민등록 또는 사업자등록을 하지 아니하거나 1년 전부터 계속하여 주민등록 또는 사업자등록을 한 경우라도 사실상 거주 또는 사업을 하고 있지 아니한 거주자 또는 사업자(법인을 포함한다.)를 말한다. 이 경우 상속으로 부동산을 취득하는 때에는 상속인과 피상속인의 거주기간을 합한 것을 상속인의 거주기간으로 본다(영 §34 ② Ⅰ·Ⅱ).
1. 매수 또는 수용된 부동산이 농지인 경우에는 그 소재지 시·군·구 및 그와 잇닿아 있는 시·군·구 또는 농지의 소재지로부터 30킬로미터 이내의 지역
2. 매수·수용 또는 철거된 부동산이 농지가 아닌 경우에는 그 소재지 구(자치구가 아닌 구를 포함하며, 도농복합형태의 시의 경우에는 동(洞) 지역만 해당한다. 이하 이 호에서 같

다.)·시(자치구 아닌 구를 두지 아니한 시를 말하며, 도농복합형태의 시의 경우에는 동 지역만 해당한다. 이하 이호에서 같다.)·읍·면 및 그와 잇닿아 있는 구·시·읍·면 지역

③ 「공익사업을 위한 토지 등의 취득 및 보상에 관한 법률」에 따른 환매권을 행사하여 매수하는 부동산에 대해서는 취득세를 면제한다(법 §73 ③).

제73조의 2 | 기부채납용 부동산 등에 대한 감면

취득세 면세

① 「지방세법」 제9조 제2항에 따른 부동산 및 사회기반시설 중에서 국가, 지방자치단체 또는 지방자치단체조합(이하 이 조에서 "국가등"이라 한다.)에 귀속되거나 기부채납(이하 이 조에서 "귀속등"이라 한다.)의 반대급부로 국가등이 소유하고 있는 부동산 또는 사회기반시설을 무상으로 양여받거나 기부채납 대상물의 무상사용권을 제공받는 조건으로 취득하는 부동산 또는 사회기반시설에 대해서는 다음 각 호의 구분에 따라 감면한다(법 §73의 2 ① Ⅰ·Ⅱ).

1. 2020년 12월 31일까지 취득세를 면제한다.
2. 2021년 1월 1일부터 2024년 12월 31일까지는 취득세의 100분의 50을 경감한다.

② 제1항의 경우 국가등에 귀속등의 조건을 이행하지 아니하고 타인에게 매각·증여하거나 국가등에 귀속등을 이행하지 아니하는 것으로 조건이 변경된 경우에는 그 감면된 취득세를 추징한다(법 §73의 2 ②).

이 규정은 지방세법 제9조 제2호에서 비과세하고 있었으나 기부채납에 대한 비과세는 조건없이 무상으로 소유권을 국가 등에 이전하는 경우에 세부담을 완화해 주겠다는 입법취지인데 국가재산과 교환, 장기무상사용권 제공 등 반대급부를 조건으로 기부채납하는 것까지 비과세하는 것은 입법취지에서나 조세형평에 부합되지 않으므로 지방세법상의 비과세 규정에서 삭제하는 대신 기부채납을 통한 민간투자 등을 장려하기 위한 취지에 의거 여기에서 면제규정을 신설하여 일정기간 감면을 유지하도록 조치한 것이다.

▶ 사례 ◀

❖ 국가 소유토지를 무상양여 받는 조건으로 우체국 건물과 그 부속토지를 기부채납

시설물을 설치하는 데 있어서 이 시설물을 운영기간 동안 운영함으로써 발생하는 경제적 이익을 취득할 목적이 존재하나 위와 같은 목적이 있었다고 하더라도 운영기간 종료시 이 시설

물을 00시에 무상으로 기부채납하기로 약정한 이상 이 시설물은 00시에 기부채납을 조건으로 취득하는 부동산에 해당한다고 보아야 할 것임

(대법 2012두21130, 2013.2.14.)

❖ **국가 귀속에 대한 입법취지**

국가 등에 귀속을 조건으로 부동산을 취득하는 것은 부동산을 국가 등에 귀속시키기 위한 잠정적이고 일시적인 조치에 불과하므로 국가 등이 직접 부동산을 취득하는 경우와 동일하게 평가 할 수 있다고 보아 그 경우 취득세를 비과세하는 지방세법 제9조 제1항과 같은 취지에서 취득세를 비과세 하겠다는 데 있음

(대법 2010두6977, 2011.7.28.)

❖ **대체취득비과세 관련 규정에서 사업인정고시일의 의미**

대체취득하는 부동산에 대하여 취득세를 부과하지 않으면서 부재부동산 소유자에 대하여는 취득세를 부과하는 위 각 규정의 취지는 수용 등으로 인하여 부득이하게 생활의 기반이나 사업의 기반을 잃게 되는 거주자 또는 사업자를 조세정책적인 차원에서 지원하기 위하여 그들이 대체취득하는 부동산에 대하여 취득세를 비과세하되, 수용 등이 이루어지는 부동산 소재지에서 일정기간 계속하여 주민등록 또는 사업자등록을 하지 아니하거나 주민등록 또는 사업자등록을 한 경우에도 사실상 거주 또는 사업을 하고 있지 않는 경우에는 지원의 필요성이 있다고 할 수 없으므로 이러한 부재부동산 소유자는 비과세 대상에서 제외하고자 하는 것인 바(대법원 2010.12.23. 선고 2008두19864 판결, 대법원 2014.4.24. 선고 2013두15590 판결 등 참조), 이와 같은 위 각 규정의 취지를 고려하면 구 지방세특례제한법 시행령 제34조 제2항이 정한 '사업인정고시일'이란 관계법령에 따라 부동산이 매수, 수용 또는 철거되는 것으로 고시된 '최초 사업인정고시일'을 의미하는 것으로 봄이 타당하고, 최초 사업시행계획인가의 주요 부분을 실질적으로 변경하는 내용의 사업시행계획변경인가가 있었다고 하더라도 특별한 사정이 없는 한 사업시행변경인가의 고시일을 기준으로 부재부동산 소유자에 해당하는지 여부를 판단하여야 한다고 볼 수는 없음

(대법 2019두57084, 2020.2.27.)

제74조 │ 도시개발사업 등에 대한 감면

① (삭제)

② (삭제)

③ 「도시개발법」에 따른 도시개발사업의 사업시행자가 해당 도시개발사업의 시행으로 취득하는 체비지 또는 보류지에 대해서는 취득세의 100분의 75를 2025년 12월 31일까지 경감한다(법 §74 ③).

④ 「도시 및 주거환경정비법」 제2조 제2호 가목에 따른 주거환경개선사업(이하 이 조에서 "주거환경개선사업"이라 한다)의 시행에 따라 취득하는 주택에 대해서는 다음 각 호의 구분에 따라 취득세를 2025년 12월 31일까지 감면한다. 다만, 그 취득일부터 5년 이내에 「지방세법」 제13조 제5항 제1호부터 제4호까지의 규정에 해당하는 부동산이 되거나 관계 법령을 위반하여 건축한 경우에는 감면된 취득세를 추징한다(법 §74 ④ Ⅰ~Ⅲ).
1. 주거환경개선사업의 시행자가 주거환경개선사업의 대지조성을 위하여 취득하는 주택에 대해서는 취득세의 100분의 75를 경감한다.
2. 주거환경개선사업의 시행자가 「도시 및 주거환경정비법」 제74조에 따라 해당 사업의 시행으로 취득하는 체비지 또는 보류지에 대해서는 취득세의 100분의 75를 경감한다.
3. 「도시 및 주거환경정비법」에 따른 주거환경개선사업의 정비구역지정 고시일 현재 부동산의 소유자가 같은 법 제23조 제1항 제1호에 따라 스스로 개량하는 방법으로 취득하는 주택 또는 같은 항 제4호에 따른 주거환경개선사업의 시행으로 취득하는 전용면적 85제곱미터 이하의 주택에 대해서는 취득세를 면제한다.

재개발사업에 따른 취득세 경감 및 추징

⑤ 「도시 및 주거환경정비법」에 따른 재개발사업 (이하 이 조에서 '재개발사업'이라 한다)의 시행에 따라 취득하는 부동산에 대해서는 다음 각 호의 구분에 따라 취득세를 2025년 12월 31일까지 경감한다. 다만, 그 취득일부터 5년 이내에 「지방세법」 제13조 제5항 제1호부터 제4호까지의 규정에 해당하는 부동산이 되거나 관계 법령을 위반하여 건축한 경우 및 제3호에 따라 대통령령으로 정하는 일시적 2주택자에 해당하여 취득세를 경감받은 사람이 그 취득일부터 3년 이내에 대통령령으로 정하는 1가구 1주택이 되지 아니한 경우에는 감면된 취득세를 추징한다(법 §74 ⑤ Ⅰ~Ⅲ).
1. 재개발사업의 시행자가 재개발사업의 대지 조성을 위하여 취득하는 부동산에 대해서는 취득세의 100분의 50을 경감한다.
2. 재개발사업의 시행자가 「도시 및 주거환경정비법」 제74조에 따른 해당 사업의 관리처분계획에 따라 취득하는 주택에 대해서는 취득세의 100분의 50을 경감한다.
3. 재개발사업의 정비구역지정 고시일 현재 부동산의 소유자가 재개발사업의 시행으로 주택을 취득함으로써 대통령령으로 정하는 1가구 1주택이 되는 경우(취득 당시 대통령령으로 정하는 일시적으로 2주택이 되는 경우를 포함한다.)에는 다음 각 목에서 정하는 바에 따라 취득세를 경감한다.
　가. 전용면적 60제곱미터 이하의 주택을 취득하는 경우에는 취득세의 100분의 75를

경감한다.
　나. 전용면적 60제곱미터 초과 85제곱미터 이하의 주택을 취득하는 경우에는 취득세의 100분의 50을 경감한다.

　위 법 제74조 제5항 각 호 외의 부분 단서에서 "대통령령으로 정하는 일시적 2주택자"란 취득일 현재 같은 항 제3호에 따른 재개발사업의 시행으로 취득하는 주택을 포함하여 2개의 주택을 소유한 자를 말한다. 이 경우 주택의 부속토지만을 소유하는 경우에도 주택을 소유한 것으로 보며, 상속으로 인하여 주택의 공유지분을 소유한 경우(주택부속토지의 공유지분만을 소유하는 경우를 포함한다.)에는 주택을 소유한 것으로 보지 않는다(영 §35 ③).

　또한 위 법 제74조 제5항 각 호 외의 부분 단서 및 같은 항 제3호 각 목 외의 부분에서 "대통령령으로 정하는 1가구 1주택"이란 각각 주택 취득자와 같은 세대별 주민등록표에 기재되어 있는 가족(동거인은 제외한다.)으로 구성된 1가구(취득자의 배우자, 취득자의 미혼인 30세 미만의 직계비속은 각각 취득자와 같은 세대별 주민등록표에 기재되어 있지 않더라도 같은 가구에 속한 것으로 본다.)가 국내에 1개의 주택을 소유하고, 그 소유한 주택이 도시 및 환경정비법 제2조 제2호 나목에 따른 재개발 사업의 시행에 따라 취득한 주택일 것을 말한다. 이 경우 주택의 부속토지만을 소유하는 경우에도 주택을 소유한 것으로 본다(영 §35 ④).

　그리고 법 제74조 제5항 제3호 각 목 외의 부분에서 "대통령령으로 정하는 일시적으로 2주택이 되는 경우"란 위의 영 제35조 제3항에 해당되는 경우를 말한다(영 §35 ⑤).

(1) 도시개발사업 등에 의한 원조합원 및 승계조합원에 대한 과세

취득세 면제

　'도시개발사업'이란 도시개발구역에서 주거, 사업, 산업, 유통, 정보통신, 생태, 문화 본전 및 복지 등의 기능이 있는 단지 또는 시가지를 조성하기 위하여 시행하는 사업이고, '정비사업'이란 「도시 및 주거환경 정비법」에서 정한 절차에 따라 도시기능을 회복하기 위하여 정비구역에서 정비기반시설을 정비하고 주택등 건축물을 개량하거나 건설하는 사업을 말하며, 정비사업에는 주건환경개선사업, 재개발사업, 재건축사업 등이 있으며, 지방세특례제한법에서는 재건축사업을 제외한 주거환경개선사업과 재개발사업에 지방세를 감면해주고 있다.

　「도시재개발법」, 「도시저소득주민의 주거환경 개선을 위한 임시조치법」, 「주택건설촉진법」으로 각각 진행되던 정비사업을 통합하여 2002년 말에 「도시 및 주거환경정비법」을 제정하였고, 제정이유는 1970년대 이후 산업화·도시화 과정에서 대량 공급된 주택들이 노후화됨에 따라 이들을 체계적이고 효율적으로 정비할 필요성이 커지고 있으나, 현행 재개발사업·재건축사업 및 주거환경개선사업이 각각 개별법으로 규정되어 이에 관한 제도적 뒷받침이 미흡하므로, 이를 보완하여 일관성 있고 체계적인 단일·통합법을 제정"한다는 것이다.

2017년 2월에 정비사업을 둘러싼 분쟁을 줄이기 위해 정비사업의 제도를 알기 쉽게 하는 차원에서 「도시정비법」을 전부 개정(법률 제14567호, 2017.2.8.)하였는데 이는 2003년 「도시재개발법」, 「도시저소득주민의 주거환경 개선을 위한 임시조치법」, 「주택건설촉진법」으로 각각 진행되던 정비사업을 통합하여 「도시 및 주거환경정비법」을 제정하였으나, 이 법 제정 이후 정비사업에 대한 사회적 수요가 급증하고, 시장상황 변화에 부응하기 위하여 법률 개정이 빈번하게 이루어졌으며, 법조문도 제정 당시 88개조 273개항에서 117개조 423개항으로 크게 증가함. 이로 인해 법률 규정이 지나치게 복잡하고 일반 국민이 이해하기가 어려울 뿐만 아니라, 정비사업을 둘러싼 분쟁이 다수 발생하고 있어, 법률을 알기 쉽게 개편하고 불필요한 분쟁을 저감할 수 있도록 법률 규정을 정비할 필요성이 증대되고 있음. 이에 따라 복잡한 정비사업 유형을 통합하여 단순화하고, 분쟁을 유발하는 불명확한 규정은 명확하게 개선하는 한편, 일반 국민들이 정비사업 제도를 알기 쉽게 정비하려는 것이다.

이러한 주거환경개선사업의 목적은 도시저소득 주민이 집단거주하는 지역으로서 정비기반시설이 극히 열악하고 노후·불량건축물이 과도하게 밀집한 지역의 주거환경을 개선하거나 단독주택 및 다세대주택이 밀집한 지역에서 정비기반시설과 공동이용시설 확충을 통하여 주거환경을 보전·정비·개량하기 위한 것이며, 재개발사업의 목적은 정비기반시설이 열악하고 노후·불량건축물이 밀집한 지역에서 주거환경을 개선하거나 상업지역·공업지역 등에서 도시기능의 회복 및 상권 활성화 등을 위하여 도시환경을 개선하기 위한 것이다.

당해 규정은 1973.3.12. 법률 제2593호로 지방세법이 개정되면서 도시개발사업과 관련한 취득세 감면 특례가 처음으로 입법되었고, 2011.1.1. 「지방세특례제한법」(법률 제10221호)의 제정으로 구 「지방세법」 제109조 제3항 및 제4항에서 규정되었던 도시개발사업 등에 대한 취득세감면 특례를 지방자치단체별 도세 및 시세 감면조례와 함께 「지방세특례제한법」 제74조로 통합하여 이관하였다.

2022년 까지의 도시개발사업 감면은 도시개발 활성화를 지원하기 위한 목적 환지방식의 개발사업 특성상 부동산 소유자는 소유권 변경 없이 토지(환지)를 취득하고 사업시행자는 사업비 조달을 위해 체비지를 취득·매각함에 따라 이러한 도시개발사업을 지원하기 위해 취득세 감면규정 도입하였고, 정비사업 감면은 정비사업의 원활한 추진, 도시 저소득 주민의 주거복지 향상과 재정착을 지원하기 위한 목적과 도시저소득 주민의 주거복지 향상을 위한 노후 불량주거지 정비사업의 원활한 추진하여 노후불량주거지에 거주하는 도시

저소득 주민의 재정착 지원을 위하여 원주민이 사업시행자로부터 공급받는 주택에 대해 세제지원이다.

제1항에서는 도시개발사업과 정비사업의 시행으로 해당사업의 대상이 되는 부동산의 소유자가 환지계획 및 토지상환채권에 따라 취득하는 토지, 관리처분계획에 따라 취득하는 토지 및 건축물에 대해서는 취득세를 면제한다.

다만, 청산금(종전자산 평가액 × 비례율 - 종후자산 평가액)에 상당하는 부동산 등 아래에 해당하는 부동산에 대해서는 취득세를 부과하는데

첫째 환지계획 등에 따른 취득부동산의 가액 합계액이 종전의 부동산 가액의 합계액을 초과하여 청산금을 부담하는 경우에는 그 청산금에 상당하는 부동산

둘째 환지계획 등에 따른 취득부동산의 가액 합계액이 종전의 부동산 가액 합계액을 초과하는 경우에는 그 초과액에 상당하는 부동산은 과세한다.

또한 제1항에서는 도시개발사업과 정비사업의 시행으로 사업시행자가 취득하는 체비지 또는 보류지에 대해서는 취득세를 면제하고 제3항에서는 재개발사업과 주거환경개선사업의 시행에 따라 시행자가 취득하는 아래의 부동산과 주택에 대해서는 취득세를 75% 경감한다.

그 대상은 첫째 재개발사업의 시행자가 재개발사업의 대지 조성을 위하여 취득하는 부동산, 둘째 재개발사업의 시행자가 같은 법 제74조에 따른 해당 사업의 관리처분계획에 따라 취득하는 주택, 셋째 주거환경개선사업의 시행자가 주거환경개선사업의 시행을 위하여 취득하는 주택에 대해서는 취득세를 75% 경감한다.

그리고 제3항에서는 재개발사업과 주거환경개선사업의 시행에 따라 부동산 소유자가 취득하는 주택에 대해서는 취득세를 면제하는데 그 대상은 재개발사업의 정비구역지정 고시일 현재 부동산의 소유자가 재개발사업의 시행자로부터 취득하는 전용면적 85제곱미터 이하의 주택과 정비구역지정 고시일 현재 부동산의 소유자가 스스로 개량하는 방법으로 취득하는 주택 또는 주거환경개선사업의 시행자로부터 취득하는 전용면적 85제곱미터 이하의 주택이 이에 해당한다.

2023년부터는 「지방세법」 상 재개발 및 도시개발사업에 대한 취득세 과세체계가 변경됨에 따라 「지방세특례제한법」 상 과세표준 산정방식을 동반으로 개정하였다.

구분		현 행	개 정 안
재개발·도시개발사업	원조합원	건축물 및 토지구분 없이 면제하되(74§ ①), 청산금은 과세 다만, 도시개발사업 토지에 한정하여 과세(74§ ①)	건축물 및 토지 구분 ① 건축물 : 신축(원시취득)과세(지법§7⑯) ② 토지(부속토지) : 과세 제외 다만 면적 증가시 승계취득으로 과세(지법§7⑯) ③ 지목변경(도시개발사업): 취득세 과세(환지예정지 기준) (지법§7⑰)
	승계조합원	승계 취득가액을 제외하고 과세	

또한 도시개발·재개발사업 조합원의 취득세 과세표준 산정은 종전 소유했던 부동산 가액을 초과하는 부분에 대해서서만 취득세를 과세하던 것을 지방세법으로 이관하면서 원조합원의 경우 청산금(종전 소유부동산 가격과 분양받은 부동산가격 사이의 차액)을 부담하는 겨우에는 청산금 상당액만큼을 과세하고, 승계조합원(사업시행인가일과 이전고시일 사이에 부동산을 승계취득한자, 지정지역인 경우에는 구역지정거시일 이후이전고시일 이전에 부동산을 승계 취득한자) 웨는 ㄸ)은 최종 취득하는 부동산 가액에서 조합원 승계당시 부동산 가액을 공제하고 초과액에 대해 과세하도록 개정하였다

다만, 2023년 이전에 「도시개발법」 제29조에 따른 환지계획 인가 또는 「도시 및 주거환경정비법」 제74조에 따른 관리처분계획 인가를 받은 도시개발사업 또는 재개발사업의 시행으로 해당 사업의 대상이 되는 부동산의 소유자가 이 영 시행 이후 취득(토지상환채권으로 취득하는 경우를 포함한다)하는 부동산에 대해서는 제35조제1항 및 제2항의 개정규정에도 불구하고 종전의 규정에 따른다.

(2) 도시개발사업 등에 의한 원조합원 및 승계조합원에 대한 감면

재개발사업 등으로 원 조합원이 주택을 취득하여 1가구1주택이 되는 경우 청산금 상당액에 과세되는 취득세를 면적(전용면적 60㎡이하 75/100 감면, 전용면적 60~85㎡이하 50/100감면) 차등감면을 하고 있지만, 법 개정으로 지방세법에 과세표준 산정방식을 이관할 경우 청산금이 없는 원 조합원도 새로이 취득세 납세의무가 발생함에 따라 취득세 납세의무가 발생하는 원 조합원을 대상으로 1가구 1주택이 되는 경우 면적에 따라 차등감면을 규정하되, 다만 법 개정 이전에 이미 환지계획(관리처분계획)인가를 받은 경우에는 종전 규정에 따라 과세된다.

한편 도시개발사업 등에 대한 지방세법의 과세표준은 신측 건물의 건축비를 조합원에게 각각 안분하여 산정하고, 과세표준 산정 이관에 따라 최소납부 배제 규정을 정비한 것이다

이 경우에는 지방세법 제13조 제5항에 따른 중과세대상 부동산 등은 감면대상에서 제외되며, 부동산에 대한 면제를 적용 할 때에는 취득일부터 1년 이내에 정당한 사유 없이 해당 용도로 사용하지 아니하는 경우 또는 그 사용일부터 2년 이상 해당 용도로 직접 사용하지 아니하고 매각·증여하거나 다른 용도로 사용하는 경우에 해당 부분에 대하여는 면제된 취득세를 추징한다(법 §177, §178).

사례

❖ 주택재개발사업에서 분양신청 후 잔여분 중 체비지 또는 체비시설로 지정된 부분이 소정의 비과세대상인 '체비지'에 해당하는지 여부(적극) 및 그 체비지에는 건축시설도 포함되는지 여부(적극)

구 지방세법(2000.12.29. 법률 제6312호로 개정되기 전의 것)에서 사업시행자가 취득하는 체비지와 보류지에 대하여 취득세를 비과세하는 입법취지가 당해 사업의 원활한 수행을 세제적으로 뒷받침하려는 데 있다는 점과 위 각 조항들의 규정내용에 비추어, 분양신청 후의 잔여분 중 일반에 분양하는 것으로서 체비지 또는 체비시설로 지정된 부분은 구 지방세법(2000.12.29., 법률 제6312호로 개정되기 전의 것) 소정의 비과세대상인 체비지에 해당하고 체비지에는 토지뿐 아니라 건축시설도 포함된다.

(대법 2001두5392, 2001.10.23.)

❖ 채비지 등의 취득의미

구 도시재개발법 및 도시개발법의 관련 규정에 의하면, 체비지 등은 환지계획이나 관리처분계획에서 미리 정해지는 것으로서, 그에 따른 환지처분의 공고나 분양처분의 고시가 있어야 비로소 사업시행자 등의 소유권취득이 확정되므로 환지계획이나 관리처분계획에서 정하지 아니한 체비지 등의 취득은 있을 수 없는 점, 구 도시재개발법 제20조, 제42조 등의 규정에 비추어 보면, 재개발사업의 경비를 반드시 체비지의 지정을 통하여 충당하여야 하는 것은 아니고 토지 등 소유자가 부담하는 청산금 등으로 충당할 수도 있는데, 사업시행인가 당시부터의 토지 등 소유자와 승계취득자에 대해서도 청산금에 상당하는 부동산에 해당하는 부분은 과세하는 점, 따라서 관리처분계획에서 체비지 등을 정하지 아니한 채 재개발사업이 시행되어 완료된 경우에는 이 사건 비과세조항에 의하여 취득세가 비과세되는 범위를 확정할 객관적인 기준이 없게 되는 점 등을 종합하면, 이 사건 비과세조항에 의하여 취득세가 비과세되는 체비지 등은 사업시행자가 미리 환지계획이나 관리처분계획에서 체비지 등으로 정하여 환지처분의 공고나 분양처분의 고시가 있은 후에 취득하는 것만을 의미한다고 봄이 타당하다.

(대법 2007두3282, 2009.6.25.)

❖ 환지계획 등에 따라 청산금을 지급하고 취득한 주택이 주택유상거래에 해당하는지 여부

구 지방세법 제273조의 2(이하 '이 사건 경감조항'이라 한다.)는 '유상거래를 원인으로 취득하는 주택'에 대하여는 그 취득세의 100분의 50을 경감하도록 규정하고 있다. 이는 2006.1.1.부터 부동산 실거래가 신고제도가 시행됨에 따라 거래세 부담이 가중되고 주택에 대한 보유세가 증가한 데 대한 보완방안으로 거래세의 부담을 완화함으로써 국민의 주거안정 지원과 주택거래 활성화를 도모하려는 취지에서 도입된 것이다. 따라서 이는 재산을 '유상'으로 취득하였을 뿐 아니라 '거래'를 원인으로 취득한 경우에 해당하여야만 적용된다 할 것이다. 위와 같은 각 법령 규정의 입법취지와 청산금의 성격 등을 종합해 보면, 도시환경정비사업 등에 의한 조합원의 신축 주택 취득은 '거래'를 원인으로 하는 주택의 취득이라고 볼 수 없고 조합원이 신축 주택을 취득하면서 청산금을 부담하였다고 하여 달리 볼 수도 없다. 따라서 도시환경정비사업 등에 의하여 신축 주택 등을 취득한 조합원이 부담하는 청산금에 대한 취득세에 대해서는 이 사건 경감조항이 적용될 수 없다고 보아야 한다.

(대법 2011두1146, 2013.9.12. 파기환송)

❖ 환지처분 청산금을 2년 이상 분할납부한 경우 연부취득에 해당되는지

> 환지처분으로 환지를 취득하는 경우 청산금의 지급여부나 등기여부와는 무관하게 환지처분의 공고일 다음날 환지의 소유권을 취득하게 되므로 청산금 분할징수의 사정을 들어 연부 취득이라고 할 수 없다.
>
> (대법 2016두64708, 2017.4.13.)

❖ **이 사건 임대주택이 구 지방세특례제한법 제74조 제1항에서 정한 체비지 또는 보류지에 해당하므로 취득세가 면제되어야 하는지 여부**

> 관리처분계획에서 체비지 등을 정하지 아니한 채 사업이 시행되어 완료된 경우에는 이 사건 면제규정에 의하여 취득세가 비과세되는 범위를 확정할 객관적인 기준이 없게 되는 점 등에 비추어 보면, 이 사건 면제규정에 의하여 취득세가 면제되는 체비지 또는 보류지는 사업시행자가 미리 환지계획이나 관리처분계획에서 체비지 또는 보류지로 정하거나 그에 따라 체비지 또는 보류지로 간주되는 것만을 의미한다고 봄이 타당함
>
> (대법 2019두53518 2020.1.9.)

제74조의 2 │ 도심 공공주택 복합사업 등에 대한 감면

① 「공공주택 특별법」 제2조제3호마목에 따른 도심 공공주택 복합사업(이하 이 조에서 "복합사업"이라 한다) 및 「도시재생 활성화 및 지원에 관한 특별법」 제2조제1항제7호나목에 따른 혁신지구재생사업(「도시재생 활성화 및 지원에 관한 특별법」 제2조제1항제6호의3에 따른 주거재생혁신지구에서 시행하는 사업에 한정한다. 이하 이 조에서 "주거혁신지구재생사업"이라 한다)의 시행으로 해당 사업의 대상이 되는 부동산의 소유자(상속인을 포함한다. 이하 이 조에서 같다)가 「공공주택 특별법」 제40조의10제3항 및 「도시재생 활성화 및 지원에 관한 특별법」 제55조의3제1항에 따른 현물보상(이하 이 조에서 "현물보상"이라 한다)에 따라 취득하는 건축물(건축물에 부속된 토지를 포함한다. 이하 이 조에서 같다)에 대해서는 취득세를 2024년 12월 31일까지 면제한다. 다만, 현물보상에 따라 취득하는 건축물의 가액 합계액이 종전의 부동산 가액의 합계액을 초과하는 경우에는 그 초과액에 상당하는 부동산에 대해서는 취득세를 부과한다(법 §74의2 ①).

② 제1항 단서에 따른 초과액의 산정 기준과 방법 등은 대통령령으로 정한다(법 §74의2 ②). 이 경우 초과액산정은 다음 각 호에 정하는 바에 따른다(영 §35의2 ① Ⅰ·Ⅱ)

   1. 「공공주택 특별법」 제2조제3호마목에 따른 도심 공공주택 복합사업 : 「공공주택 특별법 시행령」 제35조의9제6항 전단에 따른 차액(분양가격이 지급을 유보한 금액보다 높은 경우에 한한다)

2. 「도시재생 활성화 및 지원에 관한 특별법」 제2조제1항제7호나목에 따른 혁신지구재생사업(「도시재생 활성화 및 지원에 관한 특별법」 제2조제1항제6호의3에 따른 주거재생혁신지구에서 시행하는 사업에 한정한다) : 「도시재생 활성화 및 지원에 관한 특별법 시행령」 제53조의4제8항 전단에 따른 차액(분양가격이 지급을 유보한 금액보다 높은 경우에 한한다)

③ 복합사업 및 주거혁신지구재생사업(이하 이 항에서 "복합사업등"이라 한다)의 시행에 따라 취득하는 부동산에 대해서는 다음 각 호의 구분에 따라 취득세를 2024년 12월 31일까지 감면한다. 다만, 그 취득일부터 5년 이내에 「지방세법」 제13조제5항제1호부터 제4호까지의 규정에 해당하는 부동산이 되거나 관계 법령을 위반하여 건축한 경우 및 제3호에 따라 대통령령으로 정하는 일시적 2주택자에 해당하여 취득세를 경감받은 사람이 그 취득일부터 3년 이내에 대통령령으로 정하는 1가구 1주택자가 되지 아니한 경우에는 감면된 취득세를 추징한다(법 §74의2 ③ Ⅰ~Ⅲ).

1. 복합사업등의 시행자가 사업 시행을 위하여 취득하는 부동산에 대해서는 다음 각 목의 구분에 따른다.
   가. 현물보상의 약정을 체결한 소유자의 부동산을 취득하는 경우에는 취득세를 면제한다.
   나. 현물보상의 약정을 체결하지 아니한 소유자의 부동산을 취득하는 경우에는 취득세의 100분의 50을 경감한다.
2. 복합사업등의 시행자가 사업계획에 따라 건축하여 취득하는 주택에 대해서는 취득세의 100분의 50을 경감한다.
3. 「공공주택 특별법」에 따른 복합사업의 복합지구 지정 고시일 또는 「도시재생 활성화 및 지원에 관한 특별법」에 따른 혁신지구재생사업의 주거재생혁신지구 지정 고시일 현재 부동산의 소유자가 복합사업등의 시행으로 주택을 취득함으로써 대통령령으로 정하는 1가구 1주택자가 되는 경우(취득 당시 대통령령으로 정하는 일시적 2주택자가 되는 경우를 포함한다)에는 다음 각 목에서 정하는 바에 따라 취득세를 경감한다.
   가. 전용면적 60제곱미터 이하의 주택을 취득하는 경우에는 취득세의 100분의 75를 경감한다.
   나. 전용면적 60제곱미터 초과 85제곱미터 이하의 주택을 취득하는 경우에는 취득세의 100분의 50을 경감한다.

이 경우 "대통령령으로 정하는 일시적 2주택자"란 취득일 현재 같은 항 제3호에 따라 취득하는 주택을 포함하여 2개의 주택을 소유한 자를 말한다. 이 경우 주택의 부속토지만을 소유하는 경우에도 주택을 소유한 것으로 보며, 상속으로 인하여 주택의 공유지분을 소유한 경우(주택 부속토지의 공유지분만을 소유하는 경우를 포함한다)에는 주택을 소유한 것으로 보지 않는다(영 §35의2 ②).

그리고 각 호 외의 부분 단서 및 각 목 외의 부분에서 "대통령령으로 정하는 1가구 1주택"이란 각각 주택 취득자와 같은 세대별 주민등록표에 기재되어 있는 가족(동거인은 제외한다)으로 구성된 1가구(취득자의 배우자, 취득자의 미혼인 30세 미만의 직계비속은 각각 취득자와 같은 세대별 주민등록표에 기재되어 있지 않더라도 같은 가구에 속한 것으로 본다)가 국내에 1개의 주택을 소유하고, 그 소유한 주택이 같은 항 제3호에 따라 취득한 주택일 것을 말한다. 이 경우 주택의 부속토지만을 소유하는 경우에도 주택을 소유한 것으로 본다(영 §35의2 ③).

아울러 "대통령령으로 정하는 일시적으로 2주택이 되는 경우"란 제2항에 해당하게 되는 경우를 말한다(영 §35의2 ④).

위 규정은 공공매입 사업 시 민간 방식 대비 불리함을 완화하도록 수용의 경우 동의자(사업에 동의하여 현물보상 약정을 체결한 원 토지 소유자) 부동산 취득 시 취득세 면제하고 비동의자 부동산 취득 시에는 취득세 50% 감면하며, 준공의 경우에도 사업시행자가 주택을 신축하여 취득하는 경우 취득세를 100분의 50을 감면한다.

분양의 경우에도 취득가액이 종전 부동산 가액 합계 내에서는 취득세 면제하고, 초과분(취득하는 건축물가액 합계액이 종전 부동산가액 합계액을 초과하는 경우)에 대하여는 1가구 1주택자 감면적용 즉 전용면적 60㎡ 이하는 100분의 75를 감면하고, 60㎡ 초과 85㎡ 이하인 경우에는 100분의 50을 감면한다.

그리고 「공공주택 특별법」 제2조 제3호 마목에서 도심 공공주택 복합사업은 도심 내 역세권, 준공업지역, 저층주거지에서 공공주택과 업무시설, 판매시설, 산업시설 등을 복합하여 건설하는 사업이라고 규정하고 있어, 공공주택 복합사업에 대한 과세방식은 사업대상 부동산 소유자가 사업시행자에게 부담하는 금액을 취득세로 부과하며, 취득 시 1가구1주택(일시적 2주택 포함)이 되는 경우 취득세를 감면하고, 취득일부터 3년 이내 1가구 주택자가 되지 아니하는 경우에는 추징하여야 한다.

이 경우 1가구1주택이란 1가구(취득자와 같은 주민등록표에 기재되어 있는 가족(동거인 제외)으로 취득자의 배우자 및 미혼인 30세 미만 직계비속은 주민등록표에 없더라도 있는 것으로 간주)가 국내에 1개의 주택을 소유하고, 그 소유한 주택이 개발사업 시행으로 취득한 주택이며, 일시적 2주택은 개발사업 시행으로 취득한 주택을 포함하여 2개의 주택을 소유한 자이고, 상속으로 인하여 주택) 공유지분을 소유한 것은 제외하는데 모두 주택 부속토지만 소유에 포함한다.

제75조 지역개발사업에 대한 감면

※ 이 조의 규정은 일몰기간이 종료된 것임.

「지역균형개발 및 지방중소기업 육성에 관한 법률」 제9조에 따라 개발촉진지구로 지정된 지역에서 사업시행자로 지정된 자가 같은 법에 따라 고시된 개발사업을 시행하기 위하여 취득하는 부동산에 대하여는 2015년 12월 31일까지 취득세를 면제하고, 그 부동산에 대한 재산세의 납세의무가 최초로 성립하는 날부터 5년간 재산세의 100분의 50을 경감한다. 다만, 그 취득일부터 3년 이내에 정당한 사유 없이 그 사업에 직접 사용하지 아니하거나 매각·증여하는 경우에 해당 부분에 대하여는 감면된 취득세와 재산세를 추징한다(법 §75).

제75조의 2 기업도시 개발구역 및 지역개발사업구역 내 창업기업 등에 대한 감면

취득세, 재산세 경감

① 다음 각 호의 어느 하나에 해당하는 사업을 영위하기 위하여 취득하는 부동산으로서 그 업종, 투자금액 및 고용인원이 대통령령으로 정하는 기준에 해당하는 경우에 대해서는 취득세 및 재산세의 100분의 50의 범위에서 조례로 정하는 경감률을 각각 2022년 12월 31일까지 적용한다(법 §75의 2 ① Ⅰ~Ⅳ).

1. 「기업도시개발 특별법」 제2조 제2호에 따른 기업도시개발구역(기업도시개발 사업을 시행하기 위하여 지정·고시된 구역)에 2022년 12월 31일까지 창업하거나 사업장을 신설(기존 사업장을 이전하는 경우는 제외한다.)하는 기업이 그 구역의 사업장에서 하는 사업

2. 「기업도시개발 특별법」 제10조에 따라 지정된 사업시행자가 하는 사업으로서 같은 법 제2조 제3호에 따른 기업도시개발사업

3. 「지역 개발 및 지원에 관한 법률」 제11조에 따라 지정된 지역개발사업구역(같은 법 제7조 제1항 제1호에 해당하는 지역개발사업으로 한정한다.)에 2022년 12월 31일까지 창업하거나 사업장을 신설(기존 사업장을 이전하는 경우는 제외한다.)하는 기업(법률 제12737호 지역 개발 및 지원에 관한 법률 부칙 제4조에 따라 의제된 지역개발사업구역 중 「폐광지역 개발 지원에 관한 특별법」에 따라 지정된 폐광지역진흥지구에 개발사업시행자로 선정되어 입주하는 경우에는 「관광진흥법」에 따른 관광숙박업 및 종합휴양업과 축산업을 경영하는 내국인을 포함한다.)이 그 구역 또는 지역 안의 사업장에서 하는 사업

여기에서 "같은 법 제7조 제1항 제1호에 해당하는 지역개발사업"이란 낙후지역 또는

낙후지역과 그 인근지역을 연계하여 종합적·체계적으로 개발하기 위한 지역개발사업을 말한다.

4. 「지역 개발 및 지원에 관한 법률」 제11조(같은 법 제7조 제1항 제1호에 해당하는 지역개발사업으로 한정한다.)에 따른 지역개발사업구역에서 같은 법 제19조에 따라 지정된 사업시행자가 하는 지역개발사업

위의 제1항 본문에서 "대통령령으로 정하는 기준"이란 다음 각 호에 따른 기준을 말한다(영 §35의 2 ① Ⅰ~Ⅱ).

㉮ 법 제75조의 2 제1항 제1호 및 제3호에 따라 취득세 또는 재산세를 감면하는 사업은 「조세특례제한법 시행령」 제116조의 2 제17항 제1호, 제4호 또는 제5호에 해당하는 사업으로서 투자금액이 20억원 이상이고 상시근로자수가 30명 이상일 것과 조세특례제한법 시행령」 제116조의 2 제17항 제2호에 해당하는 사업으로서 투자금액이 5억원 이상이고 상시근로자 수가 10명이상 일 것, 그리고 「조세특례제한법 시행령」 제116조의 2 제17항 제3호에 해당하는 사업으로서 투자금액이 10억원 이상이고 상시근로자 수가 15명이상일 것을 충족하는 경우를 말한다.

㉯ 법 제75조의 2 제1항 제2호 및 제4호에 따라 취득세 또는 재산세를 감면하는 사업 중 「기업도시개발 특별법」 제11조에 따른 기업도시개발계획에 따라 같은 법 제2조 제2호에 따른 기업도시개발구역(이하 이 조에서 "기업도시개발구역"이라 한다.)을 개발하는 경우, 「지역 개발 및 지원에 관한 법률」 제19조에 따라 지정된 사업시행자가 같은 법 제11조에 따라 지정된 지역개발사업구역(이하 이 조에서 "지역개발사업구역"이라 한다.)을 개발하기 위한 지역개발사업을 하는 경우 및 「지역 개발 및 지원에 관한 법률」 제19조에 따라 지정된 사업시행자가 같은 법 제67조에 따른 지역활성화지역(이하 이 조에서 "지역활성화지역"이라 한다.)을 개발하기 위한 지역개발사업을 하는 경우의 어느 하나에 해당하는 경우로서 총 개발사업비가 500억원 이상인 사업을 말한다.

위의 영 제35조의 2 제1항 제1호를 적용할 때 상시근로자의 범위, 상시근로자 수 및 계산방법에 관하여는 「조세특례제한법 시행령」 제116조의 21 제6항의 규정을 준용한다(영 §35의 2 ③).

② 제1항에 따른 지방세 감면세액은 대통령령으로 정하는 바에 따라 추징할 수 있다(법 §75의 3 ②).

이 경우 "대통령령으로 정하는 바에 따라 추징할 수 있다"는 것은 다음에서 정하는 바에 따라 그 감면된 취득세 또는 재산세를 추징하는 것을 말한다(영 §35의 2 ② 본문).

㉮ 「기업도시개발 특별법」 제7조에 따라 기업도시개발구역의 지정이 해제된 경우, 기

업도시개발구역에 창업한 기업이 폐업하거나 신설한 사업장을 폐쇄한 경우, 「지역 개발 및 지원에 관한 법률」 제18조에 따라 지역개발사업구역의 지정이 해제되거나 같은 법 제69조에 따라 지역활성화지역의 지정이 해제된 경우와 지역개발사업구역과 지역활성화지역에 창업한 기업이 폐업하거나 신설한 사업장을 폐쇄한 경우의 어느 하나에 해당하는 경우에는 그 사유가 발생한 날부터 소급하여 5년 이내에 감면받은 세액 전액을 추징한다(영 §35의 2 ② Ⅰ).

㉮ 해당 감면대상사업에서 최초로 소득이 발생한 과세연도(사업개시일부터 3년이 되는 날이 속하는 과세연도까지 해당 사업에서 소득이 발생하지 아니한 경우에는 사업개시일부터 3년이 되는 날이 속하는 과세연도를 말한다.)의 종료일부터 2년 이내에 제1항에 따른 감면 기준을 충족하지 못하는 경우와 정당한 사유 없이 부동산 취득일부터 3년이 경과할 때까지 취득한 부동산을 해당 용도로 직접 사용하지 아니하거나 해당 용도로 직접 사용한 기간이 2년 미만인 상태에서 그 부동산을 매각·증여하거나 다른 용도로 사용하는 경우 중 어느 하나에 해당하는 경우에는 감면받은 세액 전액을 추징한다. 다만, 영 제35조의 2 제1항 제1호 각 목의 기준 중 상시근로자수의 경우 해당 감면사업에서 최초로 소득이 발생한 과세연도의 종료일이후 2년 이내의 과세연도종료일까지의 기간 중 하나 이상의 과세연도에 해당 기준을 충족하는 경우에는 추징하지 않는다(영 §35의 2 ② Ⅱ).

> **사례**
>
> ❖ **기업도시개발사업 시행자에 대한 취득세 감면여부**
>
> 기업도시개발사업 시행자(갑)가 사업시행으로 취득한 부동산(골프장)을 공동사업 시행자에게 임대하고, 공동사업시행자(을)가 다른 법인(병)에게 관리·운영을 위탁한 경우 이를 직접 사용으로 볼 수 없고, '기업도시개발사업 시행자'를 '산업단지 시행자'로 의제하는 경우 기업도시개발사업 시행자가 취득하는 부동산에 대해 산업단지 시행자에 대한 감면 규정을 적용할 수 없다.
>
> (행자부 지방세특례제도과-709, 2016.4.7.)
>
> ❖ **기업도시 사업시행자에 대한 법 개정시 감면율 적용 방법**
>
> 기업도시개발사업 시행자로 지정되었을 때 전라남도 도세 감면조례 제33조의2 제1항에서는 「기업도시개발특별법」에 의한 사업시행자가 취득하는 부동산에 대하여는 개발계획 승인일부터 15년간 취득세와 등록세를 면제한다고 규정하고 있으므로, 당해 토지의 감면비율은 현행 법령을 적용하는 것이 아니라 납세의무 성립당시의 법령이 적용되어야 하므로 해당토지에 대한 감면비율은 기업도시개발계획 승인일 부터 15년간은 면제하는 것이 타당하다 할 것입니다.
>
> (행안부 지방세특례제도과-70, 2018.1.18.)

제75조의 3 │ 위기지역 내 중소기업 등에 대한 감면

① 다음 각 호의 지역(이하 이 조에서 "위기지역"이라 한다.)에서 제58조의 3 제4항 각 호의 업종을 경영하는 중소기업이 위기지역으로 지정된 기간 내에 「중소기업 사업전환 촉진에 관한 특별법」 제2조 제2호에 따른 사업전환을 위하여 같은 법 제8조에 따라 2024년 12월 31일까지 사업전환계획 승인을 받고 사업전환계획 승인일부터 3년 이내에 그 전환한 사업에 직접 사용하기 위하여 취득하는 부동산에 대해서는 취득세의 100분의 50(100분의 50 범위에서 조례로 따로 정하는 경우에는 그 율)을 경감하고, 2024년 12월 31일까지 사업전환계획 승인을 받은 중소기업이 과세기준일 현재 전환한 사업에 직접 사용하는 부동산에 대해서는 사업전환일 이후 재산세 납세의무가 최초로 성립하는 날부터 5년간 재산세의 100분의 50(100분의 50 범위에서 조례로 따로 정하는 경우에는 그 율)을 경감한다(법 §75의 3 ① Ⅰ~Ⅲ).

1. 「고용정책 기본법」 제32조 제1항에 따라 지원할 수 있는 지역으로서 대통령령으로 정하는 지역

   이 경우 "대통령령으로 정하는 지역"이란 「고용정책 기본법 시행령」 제29조 제1항에 따라 고용노동부장관이 지정·고시하는 지역을 말한다고 규정하고 있으며, 2019년 현재 고용위기지역은 전북 군산시, 울산 동구, 거제시, 통영시, 고성군, 창원 진해구, 영암, 목포 등이다.

2. 「고용정책 기본법」 제32조의 2 제2항에 따라 선포된 고용재난지역

3. 「지역 산업위기 대응 및 지역 경제 회복을 위한 특별법」 제10조 제1항에 따라 지정된 산업위기대응특별지역

② 다음 각 호의 어느 하나에 해당하는 경우에는 제1항에 따라 경감된 취득세를 추징한다(법 §75의 3 ② Ⅰ~Ⅲ).

1. 정당한 사유 없이 취득일부터 3년이 지날 때까지 그 부동산을 해당 사업에 직접 사용하지 아니하는 경우
2. 취득일부터 3년 이내에 다른 용도로 사용하거나 매각·증여하는 경우
3. 최초 사용일부터 계속하여 2년 이상 해당 사업에 직접 사용하지 아니하고 매각·증여하거나 다른 용도로 사용하는 경우

③ 제58조의 3에 따라 감면받은 중소기업이 제1항에 따른 경감 대상에 해당하는 경우에는 제58조의 3 제7항 본문에 따른 추징을 하지 아니한다(법 §75의 3 ③).

그러므로 고용위기지역, 고용재난지역, 산업위기대응특별지역 내 기존 중소기업 중 사업전환기업에 대해 취득·재산세(5년간) 50% 감면한다.

제75조의 4 | 반환공여구역등에 대한 감면

① 「주한미군 공여구역주변지역 등 지원 특별법」 제2조에 따른 반환공여구역 및 반환공여구역주변지역에 대통령령으로 정하는 업종을 창업하기 위하여 취득하는 사업용 재산이나 대통령령으로 정하는 사업장을 신설(기존 사업장을 이전하는 경우를 포함한다)하기 위하여 취득하는 부동산에 대하여는 2025년 12월 31일까지 취득세를 면제한다. 다만, 다음 각 호의 어느 하나에 해당하는 경우 그 해당 부분에 대해서는 면제된 취득세를 추징한다.(법 §75의4 ① Ⅰ·Ⅱ).
1. 정당한 사유 없이 그 취득일부터 3년이 경과할 때까지 해당 용도로 직접 사용하지 아니하는 경우
2. 해당 용도로 직접 사용한 기간이 2년 미만인 상태에서 매각·증여하거나 다른 용도로 사용하는 경우

부칙 제12조(반환공여구역 등에서의 창업 등에 따른 감면 취득세 추징에 관한 경과조치) 이 법 시행 전에 반환공여구역 및 반환공여구역주변지역에서의 창업 또는 사업장을 신설함에 따라 감면받은 부동산 취득세의 추징에 관하여는 제75조의4제1항 각 호 외의 부분 단서 및 같은 항 각 호의 개정규정에도 불구하고 종전의 제75조의4제1항 단서에 따른다.

이 경우 "대통령령으로 정하는 업종"이란 법 제58조의3제4항 각 호의 업종을 말하며(영 §35의5 ①), "대통령령으로 정하는 사업장"이란 「중소기업기본법」에 따른 중소기업이 제1항의 업종을 영위하기 위하여 설치하는 「지방세법」 제85조제1항제10호에 따른 장소(이하 이 항에서 "사업장"이라 한다)를 말한다. 다만, 기존 사업장을 이전하는 경우에는 제39조에 따른 대도시에서 「주한미군 공여구역주변지역 등 지원 특별법」에 따른 반환공여구역 및 반환공여구역주변지역으로 이전하는 사업장으로 한정한다(영 §35의5 ②).

위 규정은 「주한미군 공여구역 주변지역등 지원 특별법」 제2조에 따른 반환공여구역 및 반환공여구역주변지역에 일정 업종을 창업하기 위하여 취득하는 사업용 재산 및 일정 사업장을 신설·이전하기 위하여 취득하는 부동산에 대한 취득세 면제규정 신설한 것으로 여기에서 공여구역은 주한미군 사용을 위해 제공한 시설 및 구역을 말하며, 반환공여구역은 공여구역 중 미국이 대한민국에 반환한 캠프잭슨캠프스탠리(의정부) 캠프마켓(인천 부평), 캠프워커(대구 남구) 등 80개소의 공여구역을 말한다

또한 주변지역은 공여구역 및 반환공여구역이 소재한 읍·면·동 및 연접 읍·면·동 지역으로서 공여구역 및 반환공여구역을 제외한 지역을 말하며, 그 시행시기는 2023년 1월1일부터 시행한다(부칙 §1 단서).

> ※ (공여구역주변지역) 경기 수원·성남 등 46개 시·군·구(160개 읍·면·동)
> (반환공여구역주변지역) 경기 의정부·포천 등 30개 시·군·구(178개 읍·면·동)

② 제1항을 적용받으려는 자는 대통령령으로 정하는 바에 따라 그 감면신청을 하여야 한다 (법 §75의4 ②).

이 경우 감면신청 방법에 대해서는 제126조제1항을 준용한다(영 §35의5 ③)

반환공여구역등에 대한 감면은 반환공여구역등에서 ①창업하는 기업의 사업용 재산 및 ②신설·이전하는 사업장의 부동산에 대해 취득세 면제함에 따라 그 감면에 대한 적용의 고려사항은 감면의 지역적 범위가 넓고(178개 읍면동), 감면율이 높은 점(취 100%) 감안, 他감면규정이 형해화되지 않도록 제한적 지원 필요함에 따라 감면의 기본방향은 원시적 창출 효과 및 설치 난도 등 고려, 창업과 사업장(신설·이전) 간, 사업장에 있어서도 신설과 이전 간 차등요건 설정하였다.

이에 따라 창업기업의 창업 업종의 종류는 고용·부가가치 창출 등 지역경제 활성화에 기여할 수 있는 업종으로 한정하며, 「지방세특례제한법」상 유사 규정과의 정합성 제고를 위하여, 기존 창업중소기업 감면 대상 업종(법§58의3) 및 위기지역 내 중소기업 감면 대상 업종(법§75의3, ①광업 ②제조업 ③건설업 ④정보통신업 ⑤과학 및 기술서비스업 ⑥시설관리·경비·보안·행사대행 등 지원서비스업 ⑦창작 및 예술관련 서비스업 ⑧폐기물 처리 및 원료 재생업 ⑨물류산업 ⑩직업능력개발훈련시설 ⑪관광숙박·국제회의업·유원시설업 ⑫전시산업 등 12개 대분류) 규정을 준용하였다.

사업장 신설·이전 기업의 감면요건은 업종, 규모, 지역을 고려하였는데 이는 사업장의 개념을 지방세법 제85조제1항제10호의 개념을 준용하여 공장·물류센터 등 다양한 기업활동에 대해 지방세 감면을 지원하되, 다만, 업종·규모·지역 등의 요건을 두어 감면대상 기업을 한정하여 감면대상 업종은 창업기업과 동일하게 적용하고, 기업의 규모는 중소기업에 한해서만 감면을 지원하며, 신설이 아닌 이전(移轉) 사업장은 대도시(과밀억제권역인 서울·인천 및 경기 일부에서 산업단지를 제외한 지역)에서 옮겨 온 사업장으로 하고 있다

감면 신청방법 일반적인 지방세 감면에 대해서는 취득세 신고 시, 감면신청서에 감면받을 사유를 증명하는 서류를 첨부하여 제출에서 규정하는 절차 및 서식을 활용하되, 다만, 법에서 시행령을 통해 신청방법 등을 규정토록 위임하고 있어, 해당 신청방법 등의 근거규정 마련한 것이다.

그리고 반환공여구역등에서 사업장 신설시, 중소기업에 한정하여 지방세를 감면하고자 한 취지는 반환공여구역등에 중견기업 이상의 사업장이 신설되는 경우 해당 지역의 경제 활성화에 도움이 될 것으로 보이나, 감면대상 지역적 범위(178개 읍면동)가 넓어 지자체 세수 감소가 과도할 수 있으며, 사업장 신설은 창업을 하는 경우보다 원시적인 사업 창출효과가 낮은 점 등 고려시, 법 제2조의2제4호에서 규정하고 있는 지방세 특례 원칙에 따라, 세제 지원이 보다 필요한 중소기업으로 한정하여 지원한 것이다.

또한 반환공여구역등으로 사업장을 이전하는 경우, 지방세 감면요건을 대도시에서 이전하는 중소기업으로 한정한 취지는 사업장 이전이란, 기존 사업장을 폐쇄하여 새로운 사업장으로 이전하는 것을 의미하는바, 원시적인 사업 창출효과없이, 종전 사업장이 소재한 지자체의 경제력이 새로운 사업장이 소재한 지자체로 이전되는 것으로 현행 특정구역(해양박람회특구, 기업도시개발구역) 등에 대한 지방세 감면 지원시에도, 사업장 이전에 대해서는 감면을 배제하고 있는 바, 반환공여구역등에 대한 지원은 타 지방자치단체의 경제력 유출을 최소화하여 조화롭게 운영되도록 설계할 필요하고, 인구 및 경제력이 집중되어 그 이전을 장려하는 지역인 대도시로부터 이전하는 경우에 한해 감면을 지원한 것이다.

■ 주한미군 공여구역주변지역 등 지원 특별법 시행령 [별표 2] 〈개정 2016.9.13.〉
【반환공여구역주변지역의 범위(제2조제2항 및 제17조 관련)】

구분	기초지방자치단체(30개)	행정구역(178개)
합계	시(20)·군(7)·구(3)	읍(20개)·면(62개)·동(96동)
부산 (6개)	부산진구(6동)	양정1동, 연지동, 범전동, 개금3동, 부전1동, 부암1동
대구 (11개)	남구(11동)	봉덕1동, 봉덕2동, 봉덕3동, 대명1동, 대명2동, 대명3동, 대명5동, 대명6동, 대명9동, 대명10동, 이천동
인천 (6개)	부평구(6동)	산곡1동, 산곡2동, 산곡3동, 산곡4동, 부평1동, 부평3동
경기 (102개)	성남시(1동)	복정동
	고양시(3동)	고봉동, 관산동, 고양동
	의정부시(15동)	가능1~3동, 의정부1~3동, 송산1동, 송산2동, 호원1동, 호원2동, 신곡1동, 신곡2동, 자금동, 녹양동, 장암동
	남양주시(2읍·2면)	와부읍, 진접읍, 별내면, 조안면
	평택시(2읍·4면·5동)	팽성읍, 안중읍, 청북면, 고덕면, 오성면, 현덕면, 신평동, 원평동, 중앙동, 서정동, 세교동
	화성시(1읍·2면·1동)	우정읍, 장안면, 서신면, 남양동
	파주시(5읍·9면·2동)	조리읍, 문산읍, 파주읍, 법원읍, 교하읍, 월롱면, 광탄면, 군내면, 장단면, 진동면, 적성면, 파평면, 탄현면, 진서면, 금촌1동, 금촌2동
	포천시(1읍·9면·2동)	소흘읍, 영중면, 창수면, 영북면, 관인면, 일동면, 이동면, 군내면, 가산면, 신북면, 선단면, 포천동
	광주시(2면)	남종면, 중부면
	하남시(7동)	천현동, 감북동, 신장1동, 신장2동, 덕풍1동, 춘궁동, 초이동
	양주시(1읍·4면·6동)	백석읍, 남면, 광적면, 은현면, 장흥면, 양주1동, 양주2동, 회천1동, 회천2동, 회천3동, 회천4동
	동두천시(7동)	생연1동, 생연2동, 중앙동, 보산동, 불현동, 소요동, 상패동
	연천군(2읍·6면)	전곡읍, 연천읍, 장남면, 미산면, 군남면, 왕징면, 백학면, 청산면
	양평군(1면)	양동면
강원 (27개)	춘천시(4동)	근화동, 소양동, 약사명동, 강남동
	원주시(3면·5동)	소초면, 호저면, 지정면, 태장1동, 태장2동, 우산동, 봉산동, 행구동
	태백시(1동)	문곡소도동
	횡성군(1읍·7면)	횡성읍, 서원면, 청일면, 공근면, 갑천면, 둔내면, 우천면, 강림면
	영월군(1읍·2면)	상동읍, 중동면, 하동면
	홍천군(2면)	동면, 서석면
	철원군(1읍)	갈말읍
경북 (17개)	포항시(1읍·14동)	흥해읍, 죽도1동, 죽도2동, 중앙동, 해도1동, 용흥동, 상대1동, 상대2동, 대이동, 장량동, 두호동, 우창동, 환여동, 학산동, 양학동
	봉화군(2면)	춘양면, 소천면
경남 (6개)	사천시(1읍·3면)	사천읍, 축동면, 사남면, 정동면
	진주시(2면)	정촌면, 금곡면
제주 (3개)	서귀포시(1읍·1면)	대정읍, 안덕면
	제주시(1면)	한경면

제76조 | 택지개발용 토지 등에 대한 감면

① 한국토지주택공사가 국가 또는 지방자치단체의 계획에 따라 제3자에게 공급할 목적으로 대통령령으로 정하는 사업에 사용하기 위하여 일시 취득하는 부동산에 대해서는 취득세의 100분의 20을 2022년 12월 31일까지 경감한다(법 §76 ①).

이 경우 "대통령령으로 정하는 사업"이란 다음 각 호의 어느 하나에 해당하는 사업을 말한다(영 §36 ① Ⅰ~Ⅵ).

1. 「한국토지주택공사법」 제8조 제1항 제1호(국가 또는 지방자치단체가 매입을 지시하거나 의뢰한 것으로 한정한다.)에 따른 사업
2. 「한국토지주택공사법」 제8조 제1항 제2호 가목부터 라목까지의 사업
3. 「한국토지주택공사법」 제8조 제1항 제3호·제7호에 따른 사업. 다만, 「주택법」 제2조 제14호 가목에 따른 근린생활시설 또는 같은 호 나목에 따른 공동시설을 건설·개량·매입·비축·공급·임대 및 관리하는 사업은 제외한다.
4. 「한국토지주택공사법」 제8조 제1항 제10호(공공기관으로부터 위탁받은 사업은 제외한다.)에 따른 사업
5. 제1호부터 제3호까지의 규정에 따른 사업 및 「한국토지주택공사법」 제8조 제1항 제4호·제5호의 사업에 따라 같은 법 시행령 제11조 각 호의 공공복리시설을 건설·공급하는 사업
6. 「공공토지의 비축에 관한 법률」 제14조 및 제15조에 따른 공공개발용 토지의 비축사업

② 한국토지주택공사가 국가 또는 지방자치단체의 계획에 따라 제3자에게 공급할 목적으로 대통령령으로 정하는 사업에 직접 사용하기 위하여 취득하는 부동산 중 택지개발사업지구 및 단지조성사업지구에 있는 부동산으로서 관계 법령에 따라 국가 또는 지방자치단체에 무상으로 귀속될 공공시설물 및 그 부속토지와 공공시설용지에 대해서는 재산세(「지방세법」 제112조에 따른 부과액을 포함한다.)를 2019년 12월 31일까지 면제한다. 이 경우 공공시설물 및 그 부속토지의 범위는 대통령령으로 정한다(법 §76 ②).(감면종료)

이 경우 "대통령령으로 정하는 공공시설물 및 그 부속토지의 범위"는 지방세특례제한법 시행령 제6조에 따른다(영 §36 ②).

(1) 한국토지주택공사의 제3자에게 공급할 부동산 취득

취득세 경감

한국토지주택공사가 국가 또는 지방자치단체의 계획에 따라 제3자에게 공급할 목적으

로 대통령령으로 정하는 사업에 사용하기 위하여 일시 취득하는 부동산에 대해서는 2022년 12월 31일까지 취득세의 100분의 20을 경감한다.

이 경우 한국토지주택공사가 국가 또는 지방자치단체의 계획에 따라 제3자에게 공급할 목적으로 "대통령령으로 정하는 사업"을 위하여 일시 취득하는 부동산에 대하여는 취득세를 면제하는데 여기에서 대통령령으로 정하는 사업이라 함은 다음에 해당하는 사업을 말한다.

① 한국토지주택공사법 제8조 제1항 제1호(국가 또는 지방자치단체가 매입을 지시하거나 의뢰한 것으로 한정한다.), 같은 항 제2호 가목부터 라목까지, 같은 항 제3호, 제7호, 제8호 및 제10호(공공기관으로부터 위탁받은 업무는 제외한다.)에 따른 사업을 말한다.

한국토지주택공사의 업무는 토지의 취득, 개발, 비축, 관리, 공급 및 임대, 공공시설용지의 개발사업, 주거환경정비사업, 간척 및 매립사업, 주택의 건설·개량, 매입비축·공급, 임대사업 등인바 이와 같은 사업을 수행하기 위하여 토지 등을 취득함에 있어 그 취득목적이 제3자에게 공급하기 위한 것이고 또한 그 취득이 국가나 지방자치단체의 계획에 의한 것일 경우에 한하여 면제 또는 경감된다. 국가 또는 지방자치단체의 계획이라 함은 국토의 계획 및 이용에 관한 법률에 의한 토지의 매수 또는 조성공급을 지시 또는 요청받아 이를 취득한다거나 법인의 비업무용 토지 등을 한국토지주택공사로 하여금 인수하여 제3자에게 매각토록 하는 정부방침 등을 지칭하는 것으로 보아야 한다.

다만 제3자에게 공급할 목적은 원칙적으로는 국가 등의 계획에 포함되어 있는 부동산 이용계획을 통하여 확인할 수 있겠으나, 설령 국가 등의 계획에 부동산을 제3자에게 공급한다는 내용이 기재되어 있지 않은 경우라고 하더라도 국가 등의 계획이 달성하고자 하는 목적, 수립 경위와 내용, 한국토지주택공사가 위 계획의 수행에 관여하게 된 경위와 법적 근거, 한국토지주택공사가 취득한 부동산의 현황과 이용계획 및 한국토지주택공사가 제3자에게 부동산을 공급하기 위한 활동을 하였는지 여부 등을 종합하여 제3자에게 공급할 목적을 인정할 수도 있다.

따라서 한국토지주택공사가 자체계획에 의하여 취득하거나 계속 보유·사용할 목적으로 취득하는 토지 및 그 지상정착물은 취득세 등의 과세대상이 됨을 유의하여야 한다. 그리고 일시취득 여부는 그 보유기간의 장단으로 판단할 것이 아니라 제3자에게 공급하기 위하여 취득보유하고 있음이 명백할 경우에는 이를 일시취득으로 봄이 타당할 것이다. 그러나 공급목적으로 취득한 토지 등을 아무런 사유 없이 장기간 보유하고 있다거나 이를 한국토지주택공사가 직접 사용하는 경우는 취득세 등을 과세하여야 할 것이다.

그리고 한국토지주택공사법 제8조 제1항 제1호의 사업을 위하여 토지를 취득할 경우에는 국가 또는 지방자치단체가 매입을 지시 또는 의뢰한 것에 한하여 면제토록 하였으므로 국가나 지방자치단체가 공문으로 매입을 지시하거나 국가 또는 지방자치단체가 개발한 토지를 매각해 줄 것을 의뢰하여 취득하는 토지에 한하여 취득세 등이 면제 또는 경감되는 점에 유의하여야 한다.

또한 LH공사가 국가 또는 자치단체의 계획에 따라 제3자에게 공급할 목적으로 일시 취득하는 사업용 부동산에 대해 취득세를 감면(20%)하고 있지만 LH공사의 공동주택 건설사업에 대한 감면은 무주택 서민의 주거안정을 지원할 목적인 바, 근린생활시설(상가)은 지원 대상이 아님에도 최근, 사업용 부동산의 범위에 '복리시설'이 포함되고, 「주택법」상 '복리시설'에는 '상가'가 포함되므로 '상가'도 감면대상인 것으로 결정(조세심판원 결정 : 조심 2016지886 2017.2.28.)되어 2018년부터는 LH공사의 사업용 부동산에서 '근린생활시설'이 제외되도록 명확히 개정하였다.

② 공공토지의 비축에 관한 법률 제14조 및 제15조에 따른 공공개발용 토지의 비축사업은 취득세가 면제되는데 이 경우에도 국가 또는 지방자치단체의 계획에 따라 제3자에게 공급할 목적으로 임시 취득하는 부동산에 한하여 이 규정의 적용을 받을 수 있는데 그 사업의 내용은 다음과 같다.

> **공공토지의 비축에 관한 법률**
>
> 제14조 (공공개발용 토지의 비축사업계획과 승인) ① 공공개발용 토지의 공익사업시행자가 「공익사업을 위한 토지 등의 취득 및 보상에 관한 법률」 제20조 제1항에 따른 사업인정(이하 "사업인정"이라 한다.)을 받거나 다른 법률에 따라 사업인정을 받은 것으로 보는 경우 시행계획에 따라 한국토지주택공사는 다음 각 호의 사항이 포함된 공공개발용 토지의 비축사업계획을 수립하여 국토교통부장관의 승인을 받아야 한다.
> 1. 토지의 취득·개발·비축·관리·공급 및 임대
> 2. 토지 및 도시의 개발에 관한 다음 각 목의 사업
>   가. 주택건설용지·산업시설용지 및 대통령령으로 정하는 공공시설용지의 개발사업
>   1. 공공개발용 토지를 사용할 사업의 종류, 시기 및 대상지역
>   2. 비축대상토지의 세목
>   3. 비축대상토지의 관리 및 공급에 관한 사항
>   4. 그 밖에 공공개발용 토지의 비축에 관하여 대통령령으로 정하는 사항
>
> ② 제1항에 따른 공공개발용 토지의 비축사업계획(이하 "공공개발용 토지의 비축사업계획"이라 한다.)은 필요한 경우 사업유형별 또는 권역별로 통합하여 승인신청 할 수 있다.
> ③ 공공개발용 토지의 비축사업계획의 승인신청 절차 및 방법 등 필요한 사항은 대통령령으로 정한다.
> 제15조 (공공개발용 토지의 비축사업계획 승인의 고시) ① 국토교통부장관은 공공개발용 토지의 비축사업계획을 승인한 때에는 지체 없이 그 내용을 한국토지주택공사, 토지소유

자(해당 토지에 관하여 소유권 외의 권리를 가진 자를 포함한다.), 관계 시·도지사에게 통지하고 관보에 고시하여야 한다.
② 공공개발용 토지의 비축사업계획 승인의 사실을 통지받은 시·도지사(제주특별자치도지사를 제외한다.)는 관계 시장·군수 및 구청장(자치구의 구청장을 말한다.)에게 이를 통지하여야 한다.
③ 공공개발용 토지의 비축사업계획 승인은 고시한 날부터 그 효력을 발생한다.

▌사례 ▎

❖ **정부투자기관이 취득한 부동산이 국가 또는 지방자치단체의 계획에 따른 공급용 부동산인지 여부**

구 주택건설 촉진법 시행령(2003.11.29. 대통령령 제18146호 주택법 시행령으로 전문개정되기 전의 것) 제5조 제6항은 정부투자기관관리기본법에 의한 정부투자기관은 국가기관에 준하여 주택건설사업계획을 작성하여 매년 12월 말까지 건설교통부장관에게 제출하여야 한다고 규정하고 있는바, 이는 건설교통부가 수립하는 주택건설종합계획 중 공공부문에서 건설하는 주택에 관한 계획을 구체적으로 확정하기 위한 목적으로 요구되는 것이라 할 것인데, 정부투자기관인 원고는 위 규정에 따라 1996.12.14. 이 사건 서울○○지구의 아파트 건설계획을 포함한 주택건설사업계획을 작성하여 건설교통부장관에게 제출하였고, 건설교통부장관은 그 내용을 반영하여 1997년도 주택건설종합계획을 수립·확정하여 1997.3.6. 원고에게 통보함으로써 원고에 의한 서울○○지구의 아파트 건설계획은 건설교통부장관에 의하여 수립된 국가계획인 주택건설종합계획의 일부로 편입되었다고 할 것이며, 실제 건축된 아파트의 규모나 호수가 당초 수립된 주택건설종합계획의 내용과 다소 다르게 변경되었다고 하더라도 이는 주택건설종합계획의 구체적 실행 과정에서 발생되는 통상적인 변경에 불과하여 이로 인하여 국가계획인 주택건설종합계획에 따른 사업으로서의 성격이 상실되는 것은 아니라는 이유로, 원고가 이 사건 서울○○지구의 주택건설사업계획에 따라 제3자에게 공급할 목적으로 일시 취득한 위 지구내의 지상 건물인 아파트에 대하여는 구 지방세법(2003.12.31. 법률 제7052호로 개정되기 전의 것) 제289조 제1항에 의하여 취득세 및 등록세가 면제된다.
(대법 2006두9566, 2007.1.12.)

❖ **대한토지주택공사가 아파트 건축후 일정기간 임대후 분양하는 경우 일시취득인지 여부**

'공급'이란 재화나 용역의 제공을 의미하는 것으로서 반드시 소유권 이전을 전제로 하는 개념이 아니므로 원고가 공공임대주택으로 활용하기 위하여 이 사건 아파트를 취득한 것도 위 조항에서 말하는 '제3자에게 공급할 목적으로' 취득한 경우에 해당하고, 위 조항의 입법 취지가 국가 등이 시행하여야 할 공공사업을 원고 등으로 하여금 대행하도록 한 경우 당해 사업용 부동산에 대하여 취득세 등을 면제해 줌으로써 당해 공공사업을 지원하는 데 있는 만큼 원고가 공공임대주택을 계속 보유하는 것이 아니라 임대기간 종료 후 분양전환할 것을 예정하고 있는 이상, 비록 그 임대기간이 10년이라고 하더라도 이 사건 아파트는 위 조항에서 말하는 '일시 취득하는 부동산'에 해당한다고 봄이 상당하다고 판단하였다.
그러므로 이 사건 아파트는 그 취득 당시에 벌써 일정한 임대기간이 경과한 후에 분양전환을 통해 제3자에게 매각될 것이 예정되어 있음을 알 수 있는데, 이를 구 지방세법 제289조 제1

> 항의 취지에 비추어 보면 원고가 이 사건 아파트를 취득한 것은 분양전환을 통한 매각시까지 일시적으로 취득·보유하는 것이라고 봄이 상당하므로 원심이 이 사건 아파트가 구 지방세법 제289조 제1항에서 말하는 '제3자에게 공급할 목적으로 일시 취득하는 부동산'에 해당한다고 인정한 것은 결과적으로 정당하고, 거기에 상고이유의 주장과 같은 구 지방세법 제289조 제1항의 '일시 취득'에 관한 법리 등을 오해하여 판결에 영향을 미친 위법이 없다.
> (대법 2011두21508, 2011.12.22.)
>
> ❖ **한국토지주택공사 국가 또는 지방자치단체의 계획에 따라 제3자 공급용 부동산**
>
> 개발사업이 국가 등의 계획에 따라 주거단지(공동주택 및 행정타운) 및 복합단지(공동주택 및 상업시설)를 조성하는데 있고, 이 건 토지는 그 사업부지 중 공공시설용지에 해당하는 것으로 나타나는 점 등에 비추어 재산세 면제대상임.
> (조심 2018지2006, 2019.1.22.)

(2) 택지개발사업지구 내의 공공시설물 등에 대한 감면(감면종료)

재산세 면제

한국토지주택공사가 국가 또는 지방자치단체의 계획에 따라 제3자에게 공급할 목적으로 대통령령으로 정하는 직접 사용하기 위하여 취득하는 부동산 중 택지개발사업지구 및 단지조성사업지구에 있는 부동산으로서 관계 법령에 따라 국가 또는 지방자치단체에 무상으로 귀속될 공공시설물 및 그 부속토지와 공공시설용지에 대해서는 2019년 12월 31일까지 재산세(지방세법 제112조에 따른 상당액도 재산세에 포함하여 면제한다.)를 면제하며, 이 경우 공공시설물 및 그 부속토지의 범위는 대통령령으로 정한다.

이 규정의 적용은 한국토지주택공사가 위에서 규정한 사업 중 택지개발사업지구 및 단지조성사업지구(산업단지, 주택단지 등) 내의 토지 및 건축물 중 국가 또는 지방자치단체에 무상으로 귀속될 공공시설물 및 그 부속토지에 대해서만 적용되는 것이며, 이 경우 공공시설물 및 그 부속토지라 함은 공용청사, 도서관, 박물관, 미술관 등의 건축물과 그 부속토지 및 도로·공원 등을 말한다. 이 경우 공공시설용지의 범위는 해당 사업지구의 실시계획 승인 등으로 공공시설용지가 확정된 경우에는 확정된 면적으로 하고, 확정되지 아니한 경우에는 해당 사업지구 총면적의 100분의 45(산업단지조성사업의 경우에 100분의 35)에 해당하는 면적으로 한다(영 §6).

> **사례**
>
> ❖ 무상귀속계약이 체결되지 아니한 학교용지의 면제대상 여부
>
> 택지개발사업의 시행자가 공공기관이고, 그 시행자가 교육감의 의견을 듣고 학교용지의 조성·개발계획을 포함한 실시계획을 수립하여 지정권자로부터 승인을 받은 경우, 그 실시계획에 포함된 학교용지는 아직 지방자치단체에 학교용지를 무상으로 귀속시킨다는 내용의 수의계약이 체결되지 않았다고 하더라도, 특별한 사정이 없는 한 실시계획에 따라 지방자치단체에 무상으로 귀속될 토지라고 봄이 타당하다.
>
> (대법 2015두56236, 2016.3.24.)

제77조 │ 수자원공사의 단지조성용 토지에 대한 감면

① 「한국수자원공사법」에 따라 설립된 한국수자원공사가 국가 또는 지방자치단체의 계획에 따라 분양의 목적으로 취득하는 단지조성용 토지에 대해서는 취득세의 100분의 30을 2019년 12월 31일까지 경감한다(법 §77 ①).(감면종료)

② 「한국수자원공사법」에 따라 설립된 한국수자원공사가 국가 또는 지방자치단체의 계획에 따라 분양의 목적으로 취득하는 부동산 중 택지개발사업지구 및 단지조성사업지구에 있는 부동산으로서 관계 법령에 따라 국가 또는 지방자치단체에 무상으로 귀속될 공공시설물 및 그 부속토지와 공공시설용지에 대해서는 재산세(「지방세법」 제112조에 따른 부과액을 포함한다.)를 2022년 12월 31일까지 면제한다. 이 경우 공공시설물 및 그 부속토지의 범위는 대통령령으로 정한다(법 §77 ②).

이 경우 공공시설물 및 그 부속토지는 공용청사·도서관·박물관·미술관 등의 건축물과 그 부속토지 및 도로·공원 등으로 한다. 이 경우 공공시설용지의 범위는 해당 사업지구의 실시계획 승인 등으로 공공시설용지가 확정된 경우에는 확정된 면적으로 하고, 확정되지 아니한 경우에는 해당 사업지구 총면적의 100분의 45(산업단지조성사업의 경우에는 100분의 35)에 해당하는 면적으로 한다(영 §6, §37).

(1) 수자원공사의 단지조성용 토지

취득세 경감(감면종료)

한국수자원공사법에 따라 설립된 한국수자원공사가 국가 또는 지방자치단체의 계획에

따라 분양을 목적으로 취득하는 단지조성용 토지에 대해서는 2019년 12월 31일까지 취득세의 100분의 30을 경감한다.

그런데 한국수자원공사가 추진할 수 있는 사업은 수자원개발시설의 건설 및 운영·관리 외에 공업단지 및 특수지역의 개발을 할 수 있으나 공업단지 및 특수지역의 개발은 한국수자원공사가 시행하였거나 시행중인 공업단지 및 특수지역의 개발과 관련된 구역에서의 개발에 한해서만 시행토록 하고 있기 때문에(한국수자원공사법 제9조 제1항 제5호) 이 규정에 의한 경감대상도 위의 사업범위 내의 단지조성용 토지의 취득·등기와 보유에 대하여만 적용되어야 할 것이다. 그리고 국가 또는 지방자치단체의 계획에 의한 것이란 국토의 계획 및 이용에 관한 법률에 의한 매수 또는 조성·공급의 지시 또는 요청을 받아 이를 취득하여 단지를 조성하여 분양하는 토지를 말한다 할 것이다.

그러므로 한국수자원공사가 자체계획에 의하여 취득·보유하거나 계속 보유·사용할 목적으로 취득한 토지는 이 규정에 의한 경감대상이 되지 아니하는 것이다.

(2) 수자원공사의 택지개발사업지구 등의 공공시설물 등

재산세 면세

한국수자원공사가 국가 또는 지방자치단체의 계획에 따라 분양을 목적으로 취득하는 단지조성용 부동산 중 택지개발사업지구 및 단지조성사업지구에 있는 부동산으로서 관계 법령에 따라 국가 또는 지방자치단체에 무상으로 귀속될 공공시설물 및 그 부속토지와 공공시설용지에 대해서는 2022년 12월 31일까지 재산세(지방세법 제112조에 따라 부과되는 상당액도 재산세에 포함하여 면제한다.)를 면제한다.

이 경우 공공시설물 및 그 부속토지라 함은 공용청사, 도서관, 박물관, 미술관 등의 건축물과 그 부속토지 및 도로·공원 등을 말한다. 이 경우 공공시설용지의 범위는 해당 사업지구의 실시계획승인 등으로 공공시설용지가 확정된 경우에는 확정된 면적으로 하고 확정되지 아니한 경우에는 해당 사업지구 총면적의 100분의 45(산업단지 조성사업의 경우는 100분의 35)에 해당하는 면적을 공공시설용지로 본다.

제78조 │ 산업단지 등에 대한 감면

① 「산업입지 및 개발에 관한 법률」 제16조에 따른 산업단지개발사업의 시행자 또는 「산업기술단지 지원에 관한 특례법」 제4조에 따른 사업시행자가 산업단지 또는 산업기술

단지를 조성하기 위하여 취득하는 부동산에 대해서는 취득세의 100분의 35를, 조성공사가 시행되고 있는 토지에 대해서는 재산세의 100분의 35(수도권 외의 지역에 있는 산업단지의 경우에는 100분의 60)를 각각 2022년 13월 31일까지 경감한다. 다만, 다음 각 호의 어느 하나에 해당하는 경우에는 경감된 취득세 및 재산세를 추징한다(법 §78 ① Ⅰ·Ⅱ).

1. 산업단지 또는 산업기술단지를 조성하기 위하여 취득한 부동산의 취득일부터 3년 이내에 정당한 사유 없이 산업단지 또는 산업기술단지를 조성하지 아니하는 경우에 해당 부분에 대해서는 경감된 취득세를 추징한다.
2. 산업단지 또는 산업기술단지를 조성하기 위하여 취득한 토지의 취득일(「산업입지 및 개발에 관한 법률」 제19조의 2에 따른 실시계획의 승인 고시 이전에 취득한 경우에는 실시계획 승인 고시일)부터 3년 이내에 정당한 사유 없이 산업단지 또는 산업기술단지를 조성하지 아니하는 경우에 해당 부분에 대해서는 경감된 재산세를 추징한다.

　　이 단서의 개정규정은 사업시행자가 기존 보유 토지에 산업단지 지정을 받아 조성공사를 시행하여 재산세를 감면받았으나, 3년 이내에 조성공사를 완료하지 못한 경우 "취득일로부터 3년" 기준에 따라 추징이 어려워지는 경우 발생하고 또한, 추징요건을 "조성하지 아니하는 경우"라고 규정하여 착공인지 또는 준공인지가 불명확하여, 해석상 준공으로 운영하고 있어 2020년부터는 실시계획 승인 고시일이 취득일 보다 뒤인 경우 실시계획 승인 고시일을 기준으로 3년으로 산정하고, 조성완료 의미 명확화하기 위해 "조성공사를 완료한 경우"로 추징기준을 명확화한 것이다.

② 제1항에 따른 사업시행자가 산업단지 또는 산업기술단지를 개발·조성한 후 대통령령으로 정하는 산업용 건축물 등(이하 이 조에서 "산업용 건축물등"이라 한다.)의 용도로 분양 또는 임대할 목적으로 취득·보유하는 부동산에 대해서는 다음 각 호에서 정하는 바에 따라 지방세를 경감한다(법 §78 ② Ⅰ·Ⅱ).

1. 제1항에 따른 사업시행자가 신축 또는 증축으로 2022년 12월 31일까지 취득하는 산업용 건축물등에 대해서는 취득세의 100분의 35를, 그 산업용 건축물 등에 대한 재산세의 100분의 35(수도권 외의 지역에 있는 산업단지에 대해서는 100분의 60)를 각각 경감한다. 다만, 그 취득일부터 3년 이내에 정당한 사유 없이 해당 용도로 분양 또는 임대하지 아니하는 경우에 해당 부분에 대해서는 경감된 지방세를 추징한다.
2. 제1항에 따른 사업시행자가 2022년 12월 31일까지 취득하여 보유하는 조성공사가 끝난 토지(사용승인을 받거나 사실상 사용하는 경우를 포함한다.)에 대해서는 재산세의 납세의무가 최초로 성립하는 날부터 5년간 재산세의 100분의 35(수도권 외의 지역에 있는 산업단지의 경우에는 100분의 60)를 경감한다. 다만, 조성공사가 끝난 날부터 3년

이내에 정당한 사유 없이 해당 용도로 분양 또는 임대하지 아니하는 경우에 해당 부분에 대해서는 경감된 재산세를 추징한다.

이 경우 "대통령령으로 정하는 산업용 건축물 등"이란 영 제29조 제1항 각 호의 어느 하나에 해당하는 건축물을 말하고, 같은 항 제1호 및 제5호의 경우에는 법 제78조제4항에 따른 산업단지등(이하 이 조에서 "산업단지등"이라 한다)에 가스 및 집단에너지 공급을 하기 위한 시설로서 산업단지등에 있는 건축물로 한정한다. 다만, 영 제29조 제1항 제3호에 해당하는 공장용 건축물은 행정안전부령으로 정하는 업종 및 면적기준 등을 갖추어야 한다(영 §38).

※ 영 제29조 제1항 (산업용 건축물 등의 범위)
㉮ 「도시가스사업법」 제2조 제5호에 따른 가스공급시설용 건축물
㉯ 「산업기술단지 지원에 관한 특례법」에 따른 연구개발시설 및 시험생산시설용 건축물
㉰ 「산업입지 및 개발에 관한 법률」 제2조에 따른 공장·지식산업·문화산업·정보통신산업·자원비축시설용 건축물과 이와 직접 관련된 교육·연구·정보처리·유통시설용 건축물
㉱ 「산업집적활성화 및 공장설립에 관한 법률」 제30조 제2항에 따른 관리기관이 산업단지의 관리, 입주기업체 지원 및 근로자의 후생복지를 위하여 설치하는 건축물(수익사업용으로 사용되는 부분은 제외한다.)
㉲ 「집단에너지사업법」 제2조 제6호에 따른 공급시설용 건축물
㉳ 「산업집적활성화 및 공장설립에 관한 법률 시행령」 제6조 제5항 제1호부터 제5호까지, 제7호 및 제8호에 해당하는 산업용 건축물

③ 제1항에 따른 사업시행자가 산업단지 또는 산업기술단지를 개발·조성한 후 직접 사용하기 위하여 취득·보유하는 부동산에 대해서는 다음 각 호에서 정하는 바에 따라 지방세를 경감한다(법 §78 ③ Ⅰ·Ⅱ).

1. 제1항에 따른 사업시행자가 신축 또는 증축으로 2022년 12월 31일까지 취득하는 산업용 건축물등에 대해서는 취득세의 100분의 35를, 그 산업용 건축물등에 대한 재산세의 납세의무가 최초로 성립하는 날부터 5년간 재산세의 100분의 35(수도권 외의 지역에 있는 산업단지의 경우에는 100분의 60)를 각각 경감한다. 다만, 다음 각 목의 어느 하나에 해당하는 경우 그 해당 부분에 대해서는 경감된 지방세를 추징한다.
   ㉮ 정당한 사유 없이 그 취득일부터 3년 이내에 해당 용도로 직접 사용하지 아니하는 경우
   ㉯ 해당 용도로 직접 사용한 기간이 2년 미만인 상태에서 매각·증여하거나 다른 용도

로 사용하는 경우
2. 제1항에 따른 사업시행자가 2022년 12월 31일까지 취득하여 보유하는 조성공사가 끝난 토지(사용승인을 받거나 사실상 사용하는 경우를 포함한다.)에 대해서는 재산세의 납세의무가 최초로 성립하는 날부터 5년간 재산세의 100분의 35(수도권 외의 지역에 있는 산업단지의 경우에는 100분의 60)를 경감한다. 다만, 다음 각 목의 어느 하나에 해당하는 경우 그 해당 부분에 대해서는 경감된 재산세를 추징한다.
　㉮ 정당한 사유 없이 그 조성공사가 끝난 날부터 3년 이내에 해당 용도로 직접 사용하지 아니하는 경우
　㉯ 해당 용도로 직접 사용한 기간이 2년 미만인 상태에서 매각·증여하거나 다른 용도로 사용하는 경우

④ 제1항에 따른 사업시행자 외의 자가 다음 제1호 각 목의 지역(이하 "산업단지 등"이라 한다.)에서 취득하는 부동산에 대해서는 제2호 각 목에서 정하는 바에 따라 지방세를 경감한다(법 §78 ④ Ⅰ·Ⅱ).
1. 대상 지역
　㉮ 「산업입지 및 개발에 관한 법률」에 따라 지정된 산업단지
　㉯ 「산업집적활성화 및 공장설립에 관한 법률」에 따른 유치지역
　㉰ 「산업기술단지 지원에 관한 특례법」에 따라 조성된 산업기술단지
2. 경감 내용
　㉮ 산업용 건축물등을 신축하기 위하여 취득하는 토지와 신축 또는 증축하여 취득(취득하여 중소기업자에게 임대하는 경우를 포함한다)하는 산업용 건축물등에 대해서는 취득세의 100분의 50을 2022년 12월 31일까지 경감한다.
　㉯ 산업단지등에서 대수선(「건축법」 제2조 제1항 제9호에 해당하는 경우로 한정한다.)하여 취득하는 산업용 건축물등에 대해서는 취득세의 100분의 25를 2022년 12월 31일까지 경감한다.
　㉰ 가목의 부동산에 대해서는 해당 납세의무가 최초로 성립하는 날부터 5년간 재산세의 100분의 35을 경감(수도권 외의 지역에 있는 산업단지의 경우에는 100분의 75를 경감)한다.

　　이 항에 따라 감면되어 오던 감면율이 2014년 12월 31일 축소조정되었는데 그 보완조치로 법 제78조 제1항에 따른 사업시행자와 2015.12.31.까지 분양계약을 체결하고 제78조 제4항 제1호의 대상지역에서 산업용 건축물 등을 건축[공장용 건축물(「건축법」 제2조 제1항 제2호에 따른 건축물을 말한다.)을 건축하여 중소기업자에게 임대하려는 자를 포함한다.] 또는 대수선 하려는 자가 제78조 제4항에 따라 취득하는 부동산에 대해서는 이 법 개정

법률에도 불구하고 2017.12.31.까지 종전의 법률을 적용하도록 하였다(2014. 부칙 §2).

그리고 현재 법 규정상 감면대상이 신·증축하여 취득하는 부동산(부속토지 포함)으로서 감면 시점이 건축물의 신·증축 완료 시점이나, 납세자의 편의를 위해 신축을 위해 취득하는 토지는 그 취득시점에 감면을 하는 현 감면제도 운영 실정에 맞게 법 규정을 명확화할 필요가 있고 기존 건축물 사용중 증축할 경우 부속토지 중 증축 부분에 해당하는 부속토지를 소급하여 환급중이나, 취득 이후 기간에 관계없이 소급하여 감면하는 것은 취득 시점에 감면요건 충족여부에 따라 감면하는 조세감면의 기본원칙과 충돌하고 있어, 토지 감면 시점 명확화하기 위해 감면 시점을 건축물의 신축 시점에서 신축하기 위해 취득하는 시점으로 개정하고 증축시 부속토지 감면 배제하기 위해 증축할 목적으로 취득하는 산업용 건축물의 부속토지는 감면대상에서 제외한다.

⑤ 다음 각 호의 어느 하나에 해당하는 경우 그 해당 부분에 대해서는 제4항에 따라 감면된 취득세 및 재산세를 추징한다(법 §78 ⑤ Ⅰ·Ⅱ).
   1. 정당한 사유 없이 그 취득일부터 3년(2019년 1월 1일부터 2020년 12월 31일까지의 기간 동안 취득한 경우에는 4년)이 경과할 때까지 해당 용도로 직접 사용하지 아니하는 경우
   2. 해당 용도로 직접 사용한 기간이 2년 미만인 상태에서 매각(해당 산업단지관리기관 또는 산업기술단지관리기관이 환매하는 경우는 제외한다.)·증여하거나 다른 용도로 사용하는 경우

⑥ 제4항에 따라 취득세를 경감하는 경우 지방자치단체의 장은 해당 지역의 재정여건 등을 고려하여 100분의 25(같은 항 제2호 나목에 따라 취득세를 경감하는 경우에는 100분의 15)의 범위에서 조례로 정하는 율을 추가로 경감할 수 있다. 이 경우 제4조 제1항 각 호 외의 부분, 같은 조 제6항 및 제7항을 적용하지 아니한다(법 §78 ⑧).

⑦ 「산업기술단지 지원에 관한 특례법」에 따라 조성된 산업기술단지에 입주하는 자에 대하여 취득세, 등록면허세 및 재산세를 과세할 때에는 2025년 12월 31일까지 「지방세법」 제13조제1항부터 제4항까지, 제28조제2항·제3항 및 제111조제2항의 세율을 적용하지 아니한다.(법 §78 ⑨).

(1) 사업시행자의 산업단지 또는 산업기술단지 조성용 부동산 취득

   취득세, 재산세 경감

산업입지 및 개발에 관한 법률 제16조에 따른 산업단지개발사업의 시행자 또는 산업기술단지 지원에 관한 특례법 제4조에 따른 사업시행자가 산업단지 또는 산업기술단지를 조

성하기 위하여 취득하는 부동산에 대해서는 취득세의 100분의 35를, 조성공사가 시행되고 있는 토지에 대해서는 재산세의 100분의 35(수도권 외의 지역에 있는 산업단지의 경우에는 100분의 60)를 각각 2022년 12월 31일까지 경감한다.[18]

다만, 산업단지 또는 산업기술단지를 조성하기 위하여 취득한 부동산의 취득일부터 3년 이내에 정당한 사유 없이 산업단지 또는 산업기술단지를 조성하지 아니하는 경우에 해당부분에 대해서는 경감된 취득세 및 재산세를 추징하고 2020년부터는 실시계획 승인 고시일이 취득일 보다 뒤인 경우 실시계획 승인 고시일을 기준으로 3년으로 산정하였다.

이 경우 산업입지 및 개발에 관한 법률에 의한 산업단지라 함은 공장·지식산업 관련 시설, 문화산업 관련시설, 정보통신산업 관련 시설, 재활용산업 관련 시설, 자원비축시설, 물류시설 등과 이와 관련된 교육·연구·업무·지원·정보처리·유통 시설 및 이들 시설의 기능 재고를 위하여 주거·문화·환경·공원녹지·의료·관광·체육·복지 시설 등을 집단적으로 설치하기 위하여 포괄적 계획에 따라 지정·개발되는 일단의 토지로서 ① 국가기간산업, 첨단과학기술산업 등을 육성하거나 개발촉진이 필요한 낙후지역이나 2 이상의 특별시·광역시 또는 도에 걸치는 지역을 산업단지로 개발하기 위하여 지정된 국가산업단지, ② 산업의 적정한 지방 분산을 촉진하고 지역경제의 활성화를 위하여 지정된 일반산업단지, ③ 지식산업, 문화산업, 정보통신산업, 그 밖의 첨단산업의 육성과 개발 촉진을 위하여 국토의 계획 및 이용에 관한 법률에 따른 도시지역에 지정된 도시첨단산업단지, ④ 농어촌지역에 농어민의 소득증대를 위한 산업을 유치·육성하기 위하여 지정된 농공단지를 말한다.

그리고 산업기술단지 지원에 관한 특례법에 따른 산업기술단지란 기업·대학·연구소·지방자치단체 등이 공동으로 ① 인적자원개발·과학기술발전·산업생산 및 기업지원 등에서 지

---

[18] ※산업입지 및 개발에 관한 법률 §16
　제16조【산업단지개발사업의 시행자】① 산업단지개발사업은 다음 각 호의 자 중에서 산업단지지정지정권자의 지정에 의하여 개발계획에서 정하는 자가 이를 시행한다.
　　1. 국가·지방자치단체·정부투자기관·지방공기업 또는 다른 법률에 의하여 산업단지개발사업을 시행할 수 있는 자
　　2. 「중소기업진흥법에 관한 법률」에 의한 중소기업진흥공단 또는 「산업집적활성화 및 공장설립에 관한 법률」 제45조의 9에 따라 설립된 한국산업단지공단
　　3. 당해 개발계획에 적합한 시설을 설치하여 입주하고자 하는 자 또는 당해 개발계획에서 적합하게 산업단지를 개발할 능력이 있다고 인정되는 자로서 대통령령이 전하는 요건에 해당하는 자
　　4. 제1호 내지 제3호에 해당하는 자가 산업단지의 개발을 목적으로 출자에 참여하여 설립한 법인으로서 대통령령이 정하는 요건에 해당하는 법인
　　5. 제3호에 해당하는 사업시행자와 제20조의2의 규정에 의하여 산업단지개발에 관한 신탁계약을 체결한 부동산신탁업자
　　6. 산업단지안의 토지의 소유자 또는 그들이 산업단지개발을 위하여 설립한 조합
　②~④ 생략

※ 산업기술단지 지원에 관한 특례법 §4
　제4조【사업시행자의 지정】① 지식경제부장관은 산업기술단지를 조성·운영하는 자(사업시행자)를 지정할 수 있다.
　② 생략

역별 여건과 특성에 따라 지역의 발전역량을 창출·활용·확산시키기 위한 기업·대학·연구소·지방자치단체 또는 기술 및 기업경영지원기관 사이의 협력체계의 구축 ② 산업 및 기술분야의 지역발전전략수립의 지원 ③ 공동연구개발 ; 기술이전 및 사업화 ④ 산업 및 기술분야 인적지원의 교육 및 훈련 ⑤ 산업 및 기술에 관한 정보의 유통 ⑥ 신기술의 보호육성 및 창업 ⑦ 공동연구개발시설의 제공 ⑧ 시험생산 ⑨ 연구개발의 성과를 활용한 생산 및 판매 ⑩ 그 밖에 기술의 사업화와 기업·대학·연구소·지방자치단체 또는 기술 및 기업경영지원기관 간 협력체계의 활성화를 위하여 지식경제부령으로 정하는 사업을 수행하는 지역혁신의 거점이 되는 토지·건물·시설 등의 집합체를 말한다.

(2) 사업시행자가 단지를 개발 조성하여 분양 또는 임대할 목적으로 취득하는 부동산

취득세, 재산세 경감

사업시행자가 산업단지 또는 산업기술단지를 개발·조성한 후 산업용 건축물등의 용도로 분양 또는 임대할 목적으로 취득·보유하는 부동산에 대해서는 다음 각 호에서 정하는 바에 따라 지방세를 경감한다.

1. 제1항에 따른 사업시행자가 신축 또는 증축으로 2022년 12월 31일까지 취득하는 산업용 건축물등에 대해서는 취득세의 100분의 35를, 그 산업용 건축물 등에 대한 재산세의 100분의 35(수도권 외의 지역에 있는 산업단지에 대해서는 100분의 60)를 각각 경감한다. 다만, 그 취득일부터 3년 이내에 정당한 사유 없이 해당 용도로 분양 또는 임대하지 아니하는 경우에 해당 부분에 대해서는 경감된 지방세를 추징한다.
2. 제1항에 따른 사업시행자가 2022년 12월 31일까지 취득하여 보유하는 조성공사가 끝난 토지(사용승인을 받거나 사실상 사용하는 경우를 포함한다.)에 대해서는 재산세의 납세의무가 최초로 성립하는 날부터 5년간 재산세의 100분의 35(수도권 외의 지역에 있는 산업단지의 경우에는 100분의 60)를 경감한다. 다만, 조성공사가 끝난 날부터 3년 이내에 정당한 사유 없이 해당 용도로 분양 또는 임대하지 아니하는 경우에 해당 부분에 대해서는 경감된 재산세를 추징한다.

그런데, ① 산업단지 등의 관리기관이 입주기업체 또는 지원기관이 분양받은 산업용지의 일부가 입주계약에 의한 용도에 사용되지 아니하여 환수하는 경우에도 이 규정에 의한 분양 또는 임대할 목적으로 취득하는 것으로 보며, ② 한국산업단지관리기관 등이 입주기업체 및 지원기관을 위한 아파트형 공장 기타 시설의 설치와 그 매각 및 임대에 관한 사업과 입주기업체 근로자의 후생복지, 교육사업 및 주택건설사업 목적으로 취득하는 부동산도 이 규정에 의한 분양 또는 임대할 목적으로 취득하는 부동산으로 보아야 한다.

> **사례**

❖ **산업단지개발사업 시행자로 지정되기 전에 취득한 토지의 감면 여부**

구 지방세법(2010.1.1. 법률 제9924호로 개정되기 전의 것, 이하 같다.) 제276조 제1항에서 산업입지 및 개발에 관한 법률에 의하여 지정된 산업단지 안에서 산업용 건축물 등을 신축하거나 증축하고자 하는 자가 취득하는 부동산에 대하여는 취득세와 등록세를 면제한다고 규정한 것은 산업단지개발사업의 시행자가 조성한 산업단지가 활성화될 수 있도록 시행자 등으로부터 분양받은 토지와 그 위에 신축 또는 증축될 산업용 건축물 등에 지방세 감면 혜택을 주려는 데 그 입법 취지가 있다고 할 것이다. 이러한 입법 취지와 위 규정의 개정 연혁 등에 비추어 보면, 위 규정에 의하여 취득세와 등록세가 면제되는 토지는 이미 산업단지로 조성된 토지를 의미하는 것으로 볼 것이고, 산업단지개발사업을 시행하려는 자가 그 개발사업의 사업자로 지정되기 전에 취득한 토지는 장차 그 토지가 산업단지개발사업의 완료에 의해 산업단지로 변환된다고 하더라도 위 규정에서 말하는 '산업단지 안에서 취득하는 부동산'에 해당하지 아니한다 할 것이다.

같은 취지의 원심판단은 정당하고, 거기에 상고이유 주장과 같은 구 지방세법 제276조 제1항의 취득세 등 감면 요건에 관한 법리오해의 위법이 없다.

(대법 2011두21133, 2011.12.27., 2015두58881, 2016.3.10.)

❖ 산업단지개발사업 시행자가 산업단지개발사업 시행중에 당초 수분양의사를 밝힌 업체들이 경제적 사유로 수분양의사를 철회함에 따라 기업과 공동사업으로 진행하기로 하고, 산업단지를 조성하기 위하여 취득한 토지 중 일부를 매각 한 경우라면, 이는 법령에 의한 금지·제한 등 그 법인이 마음대로 할 수 없는 외부적 사유가 있는 경우에 해당하지 않는 것으로 보일 뿐만 아니라, 산업단지 개발사업에 사용하기 위한 정상적인 노력을 다한 것으로 보기 어렵고, 공동시행자에게 매각한 토지가 산업단지 조성에 사용되고 있다하더라도 그 토지는 당초 시행자가 산업단지 조성사업에 사용하는 것이 아니라 새로운 공동시행자 가 사용하는 것이므로 당초 시행자가 '산업단지를 조성하지 아니하는 경우'에 해당함

(행자부 지방세특례제도과-2531, 2015.9.18.)

❖ **산업단지 입주 기업부설연구소의 산업용건축물 해당 여부**

지식산업에 속하는연구개발업은 고부가가치의 지식서비스를 창출하는 산업으로 독자적으로 수행하는 기업과 함께 동일기업 내에 다른 사업체에서 전문, 과학 및 기술서비스를 수행할 수 있다는 모든 경우를 포함 하고 있다는 점을 감안할 때 산업단지 내에 연구개발업에 속하는 기업부설연구소를 신축하여 실용적 목적으로 연구하는 응용연구, 제품의 공정개발을 위한 실험개발 등 연구 활동용도로 사용하고 있는 경우라면 '산업용 건축물등'의 범위에 속한 건축물로 해석하는 것이 타당하다고 보여집니다.

(행자부 지방세특례제도과-797, 2017.9.19.)

(3) 단지조성공사가 끝난 다음의 보유부동산

사업시행자가 산업단지 또는 산업기술단지를 개발·조성한 후 직접 사용하기 위하여 취득·보유하는 부동산에 대해서는 다음 각 호에서 정하는 바에 따라 지방세를 경감한다.

다만, 정당한 사유 없이 그 취득일부터 3년이 경과할 때까지 해당 용도로 직접 사용하지 아니하는 경우와 해당 용도로 직접 사용한 기간이 2년 미만인 상태에서 매각·증여하거나 다른 용도로 사용하는 경우 그 해당 부분에 대해서는 경감된 지방세를 추징한다.

취득세, 재산세 경감

사업시행자가 신축 또는 증축으로 2022년 12월 31일까지 취득하는 산업용 건축물등에 대해서는 취득세의 100분의 35를, 그 산업용 건축물등에 대한 재산세의 납세의무가 최초로 성립하는 날부터 5년간 재산세의 100분의 35(수도권 외의 지역에 있는 산업단지의 경우에는 100분의 60)를 각각 경감한다.

재산세 경감

사업시행자가 2022년 12월 31일까지 취득하여 보유하는 조성공사가 끝난 토지(사용승인을 받거나 사실상 사용하는 경우를 포함한다.)에 대해서는 재산세의 납세의무가 최초로 성립하는 날부터 5년간 재산세의 100분의 35(수도권 외의 지역에 있는 산업단지의 경우에는 100분의 60)를 경감한다.

그러므로 산업단지의 경우는 수도권정비계획법 제2조 제1호에 따른 수도권지역 내에는 재산세가 5년간 35% 경감되지만, 수도권 외의 지역에 있는 산업단지 안에서 산업용 건축물 등을 신·증축하는 입주기업과 산업단지개발사업시행자가 산업단지를 개발하여 스스로 산업용 건축물 등을 신·증축하는 경우 및 입주기업에게 분양·임대할 목적으로 취득하는 부동산에 대한 재산세는 5년간 100분의 60이 경감된다.

(4) 산업단지 등에서 산업용건축물 등을 신·증축하려는 자의 부동산 취득

취득세, 재산세 경감

사업시행자 외의 자가 ① 산업입지 및 개발에 관한 법률에 따라 지정된 산업단지와, ② 산업집적활성화 및 공장설립에 관한 법률에 따른 유치지역 및, ③ 산업기술단지지원에 관한 특례법에 따라 조정된 산업기술단지에서 산업용 건축물 등을 건축하려는 자[공장용 건축물(건축법 제2조 제1항 제2호에 따른 건축물을 말한다.)을 건축하여 중소기업자에게 임대하려는 자를 포함한다.]가 취득하는 부동산에 대해서는 취득세의 100분의 50을 2022년 12월 31일까지 경감한다.

또한 산업단지 등에서 산업용 건축물 등을 대수선(건축법 제2조 제1항 제9호에 해당하는 경우로 한정한다.)하여 취득하는 부동산에 대해서는 2022년 12월 31일까지 취득세의 100분의 25을 경감한다.

그리고 재산세는 산업용 건축물 등에 대해서는 수도권지역 내에는 재산세가 5년간 35% 경감되지만, 수도권 외의 지역에 있는 산업단지 안에서 산업용 건축물 등을 신·증축하는 입주기업과 산업단지개발사업시행자가 산업단지를 개발하여 스스로 산업용 건축물 등을 신·증축하는 경우 및 입주기업에게 임대할 목적으로 취득하는 부동산에 대한 재산세는 75% 경감된다.

아울러 2020년부터는 토지 감면 시점은 건축물의 신축 시점에서 신축하기 위해 취득하는 시점으로 개정하고, 증축할 목적으로 취득하는 산업용 건축물의 부속토지는 감면대상에서 제외한다.

이 규정에 의한 면제대상은 취득시점에 관계없이 산업단지와 유치지역 및 산업기술단지 안에서 산업용 건축물 등을 신축하거나 증축하기 위한 취득의 경우와 공장용 부동산을 중소기업자에게 임대하고자 취득하는 부동산은 면제대상이 된다.

그리고 산업용 건축물 등을 신축하거나 증축하기 위하여 취득하는 경우와 공장용 건축물 등을 신축 또는 증축하여 중소기업자에게 임대하기 위하여 취득하는 경우를 면제대상으로 하였으므로 건축법상 신축 또는 증축에 해당하는 경우의 산업용 건축물 등을 취득하는 경우에는 면제대상이 된다고 본다.

그런데 산업용 부동산을 취득한 자가 취득일부터 3년 이내에 정당한 사유 없이 산업용 건축물 등의 용도에 직접 사용하지 아니하는 경우 또는 그 사용일부터 2년 이상 산업용 건축물 등의 용도로 직접 사용하지 아니하고 매각·증여하거나 다른 용도로 사용하는 경우 그 해당 부분에 대하여는 면제된 취득세 및 재산세를 추징한다. 다만, 매각하는 경우에 해당 산업단지관리기관 및 산업기술단지관리기관이 환매하는 때에는 추징하지 아니한다.

여기에서의 "산업용건축물 등"에 대해서는 앞의 (3)에서 설명된 내용을 참고하기 바란다.

▶ 사례 ▎

❖ **산업용 건축물에 사용 못한 정당한 사유가 있는지 여부**

원고가 이 사건 토지의 취득일부터 3년 내에 이 사건 지분을 취득하지 못한 것은 원고의 자금 사정이나 수익상의 문제에 기인한 것이 아니라, 원고의 협의매수 또는 수용을 위한 노력에도 매도인의 비협조적인 태도나 사업시행자 지정 과정에서의 절차상 문제로 시간적인 여유가 부족하여 부득이 이를 취득하지 못하였던 것으로 보이는 점, 등을 종합해 보면, 원고가 이 사건 토지를 그 취득일부터 3년 내에 산업용 건축물 등의 용도에 직접 사용하지 아니한 데에는 정당한 사유가 있다고 봄이 상당하므로, 이와 다른 전제에 선 이 사건 처분은 위법하다.

(대법 2016두32251, 2016.4.28.)

❖ **재생사업지구로 지정·고시되면 산업단지 감면적용을 받을 수 있는지**

이 사건 사업지구 지정·고시문에 기재된 사항은 구 산업입지 및 개발에 관한 법률(2014. 1. 6. 법률 제12980호로 개정되기 전의 것) 제39조의2 제5항에 의하여 재생사업지구지정권자가 재생사업지구를 지정하면서 수립한 산업단지 재생계획으로서 같은 법 제39조의7 제1항에 따라 재생사업을 시행하려는 자가 수립하여 지정권자의 승인을 받도록 되어 있는 재생시행계획과 동일하다고 할 수 없고, 그 내용 또한 사업시행자가 아직 확정되지 아니하였을 뿐만 아니라 수용·사용될 부동산의 세부 목록도 작성되어 있지 않는 등 구체적인 시행계획이 수립된 것으로 볼 수 없다.

(대법 2017두33138, 2017.5.12.)

❖ 산업단지 입주기업이 산업단지 관리기관의 승인을 거쳐 처리되었다 하더라도, 당초 분양계약자가 유예기간(2년) 내에 공동대표를 추가하여 법인을 공동소유로 분양변경계약을 체결한 것은 당초 분양계약자가 일부 지분을 매각·증여한 것에 해당되고, 또한 개인사업자와 법인은 별개의 권리주체인 바, 당초 개인사업자가 취득세 감면을 받았다 하더라도 유예기간 내에 개인사업자가 법인으로 전환하여 새로운 법인을 설립하는 것은 추징요건인 매각·증여에 해당된다 할 것이므로 모두 추징대상임

(행자부 지방세특례제도과-2914, 2016.10.10.)

❖ **산업단지사업시행자 외의 자가 취득한 가스공급시설이 감면대상여부**

산업단지사업시행자 외의 자가 취득한 가스공급시설은 조세법률주의 원칙상 산업단지 내 입주기업체에게 가스를 공급, 지원하기 위한 시설이 아닌 가스공급시설이라도 감면대상에 해당함.

(대법 2021두42863, 2021.11.25.)

❖ **분할법인이 「지방세특례제한법」 부칙 제25조에서 정하는 사업시행자와 분양계약을 체결한 자에 해당하는지 여부**

청구법인이 쟁점①건축물을 개정 후 지특법이 시행중인 2015년부터 2017년까지 취득한 점, 개정 후 지특법 부칙 제25조에서 2015.12.31.까지 사업시행자와 분양계약을 체결하고 그 후에 산업용 건축물을 건축하여 취득하는 경우에는 개정 후 지특법에 불구하고 개정 전 지특법을 적용하여 취득세 등을 면제하도록 규정하고 있는 점, 합병 또는 분할은 「상법」에 규정된 절차에 따라 피합병법인 또는 분할 전 법인의 권리·의무를 합병 후 존속하는 법인 등이 포괄승계하는 것이고 청구법인은 당초 갑 주식회사가 사업시행자인 을과 분양계약을 체결한 을내 토지를 합병 또는 분할을 원인으로 하여 포괄승계 받아 취득하였는바 쟁점건축물에 대한 취득세 및 2015년도분부터 2018년도분까지의 재산세 등은 면제대상임

(조심 2019지3764, 2020.12.2.)

❖ **청구법인이 쟁점부분을 정보통신산업용으로 사용하였는지 여부**

청구법인의 신축건물은 이동통신사업본부의 연구소로 사용하고, 쟁점부분이 이동통신사업본부의 단말기획팀, 영업기획팀, 구매기획팀, 본부장실, 경영전략실 상품기획팀, 제품기획팀

등으로 각 사용한 사실이 확인되면 건물 전체가 정보통신제품을 개발·제조·유통하거나 이와 관련된 서비스를 하는 장소로 보아 지방세특례제한법에서 규정한 감면대상에 해당함
(조심 2020지217, 2021.8.18.)

(5) 조례에 의한 경감율 조정

위 규정 제4항에 따라 취득세를 경감하는 경우 지방자치단체의 장은 해당 지역의 재정 여건 등을 고려하여 100분의 25(같은 항 제2호 나목에 따라 취득세를 경감하는 경우에는 100분의 15)의 범위에서 조례로 정하는 율을 추가로 경감할 수 있도록 지방자치단체에 재량을 부여하였다.

그런데 이 경감율의 조정 규정은 지방세특례제한법 제4조 제1항 각 호 외의 부분, 같은 조 제6항 및 제7항을 적용하지 아니하는 점에 유의하기 바란다.

> **사례**
>
> ❖ 산업단지내 토지를 취득한 후 보상금이 지급되지 않아 유예기간(3년)내에 산업용 건축물을 취득하지 못한 경우 정당한 사유가 있는 것으로 볼 수 있는지 여부
>
> 토지에 대한 보상계획이 구체화되지도 않은 상태에서 언젠가 보상금이 지급될 것이라는 막연한 기대만으로 이 사건 토지를 취득하였다가 위 기대가 무산되는 바람에 이 사건 토지를 유예기간 내에 사용하지 못한 것일 뿐이고, 원고 제출의 모든 증거를 종합해 보아도 원고가 이 사건 토지를 산업용 건축물 등의 용도에 직접 사용하기 위한 진지한 노력을 다하였음에도 위 유예기간을 넘길 수밖에 없었던 정당한 사유가 있었다고 볼 만한 사정을 발견할 수 없다.
> (대법 2014두39319, 2014.10.30.)
>
> ❖ 산업단지내에 산업용 건축물이 건축되어 있지 않은 토지를 임대하여 임차인이 산업용 건축물의 부속토지로 사용하는 경우 취득세 등 감면을 적용할 수 있는지 여부
>
> 산업용 건축물 등이 건축되지 않은 공장용지는 이 사건 괄호규정의 '공장용 부동산'에 포함되지 않으므로 위와 같은 공장용지를 이 사건 괄호규정이 정하는 중소기업자에게 임대하여 그 중소기업자가 산업용 건축물을 신축하였다 하더라도 구 지방세법 제276조 제1항 본문에 의한 취득세와 등록세의 면제 대상에 해당하지 않는다고 해석함이 타당하다.
> (대법 2014두10479, 2014.11.13.)
>
> ❖ 산업단지 감면 유예기간 내 건축 중에 해당하는지 여부
>
> 구 지방세특례제한법 제78조 제4항 단서 규정의 '3년'이라는 기간은 일종의 유예기간으로서 위 유예기간 안에 감면대상 업무에 사용할 건축물을 건축 중인 경우에는 그 토지를 직접 사용하고 있는 것으로 인정하여야 할 것이다. 다만 이때 건축물을 건축 중이라 함은 건물의 신축에 필수적인 작업을 하여 신축공사를 실질적으로 실행한 것으로 볼 수 있는 경우여야 하며

건축공사가 일시 중단되는 경우에는 상당한 시일 내에 후속공사가 진행되어 위 유예기간 내에 해당 토지를 직접 사용한 경우와 같이 볼 수 있는 정도에 이르러야 할 것이다.

(대법 2018두35049, 2018.5.15.)

❖ **부동산을 2년 이내에 분할 경우 매각·증여한 것으로 볼 수 있는지 여부**

분할은 「상법」에 규정된 절차에 따라 분할법인의 권리·의무를 분할신설법인이 포괄승계하는 점에서 상대방에게 대가를 받고 물건 또는 권리 등을 이전하는 특정승계에 해당하는 매각과는 상이하다 할 것이고(조심 2017지438, 2017.7.20. 같은 뜻임), 청구법인이 분할의 대가로 분할신설법인의 주식 등을 교부받는 점에서 쟁점부동산을 무상으로 증여한 것으로 보기어려운 점 등에 비추어 청구법인이 물적분할에 따라 쟁점부동산의 소유권을 분할신설법인에게이전하였다 하더라도 쟁점부동산을 매각·증여한 것으로 보기는 어려움.

(조심 2019지2363, 2020.1.22.)

❖ **법인합병으로 인한 이 건 부동산의 소유권이전을 「지방세특례제한법」 제78조 제5항 제2호의 추징요건인 매각·증여로 볼 수 있는지 여부**

「지방세특례제한법」 제78조 제5항 제2호에서 해당 용도로 직접 사용한 기간이 2년 미만인 상태에서 매각·증여하거나 다른 용도로 사용하는 경우를 추징사유로 규정하고 있는 점, 합병 후 소멸회사는 부동산을 취득하여 취득세 등을 감면받은 후 2019.4.3. 법인합병에 따라 이 건 부동산의 소유권을 청구법인 명의로 이전등기한 점, 법인합병에 따른 부동산 등의 소유권이전등기가 위 추징 조항에 규정된 부동산 등의 매각·증여와 동일한 것으로 보기 어려운 점 등에 비추어 합병 후 소멸회사가 이 건 부동산을 매각·증여한 것으로 보기는 어려우므로 처분청이 이 건 취득세를 부과한 처분은 잘못이 있다고 판단됨

(조심 2019지3577, 2020.3.12.)

❖ **정당한 사유 해당여부**

구 지방세특례제한법 제78조 제5항 제1호에서 말하는 '정당한 사유'란 그 취득 토지를 산업용 건축물등의 용도에 직접 사용하지 못한 사유가 행정관청의 사용금지·제한 등의 외부적인 사유로 인한 것이거나 또는 내부적으로 토지를 산업용 건축물등의 용도에 사용하기 위하여 정상적인 노력을 하였음에도 불구하고 시간적인 여유가 없거나 기타 객관적인 사유로 인하여 부득이 위 용도에 사용할 수 없는 경우를 말하고, 토지의 취득자가 그 자체의 자금사정이나 수익상의 문제 등으로 산업용 건축물등의 용도에 직접 사용하기를 포기한 경우에는 이에 포함되지 아니함

(대법 2020두31750, 2020.4.29.)

❖ **재산세 과세기준일 현재 산업용 건축물 등을 건축중인 것으로 보아 재산세 등을 감면할 수 있는지 여부**

건물의 신축 공사에 착수하였다고 보려면 특별한 사정이 없는 한 신축하려는 건물에 관한 굴착이나 축조 등의 공사를 개시하는 정도에는 이르러야 하는 것이고, 기존 건물이나 시설 등의 철거, 벌목이나 수목 식재, 신축 건물의 부지 조성, 울타리 가설이나 진입로 개설 등 건물 신축의 준비행위에 해당하는 작업이나 공사를 개시한 것만으로는 공사 착수가 있었다고 할 수 없으므로(대법원 2015.2.12. 선고 2013두10533 판결 등 참조), 그와 같이 건물에 관한 굴착이나 축조에 이르지 않은 신축 준비행위에 해당하는 작업이나 공사를 하였다면 이를 '건축

물을 건축 중'인 경우에 해당한다고 볼 수는 없다 할 것임

(대법 2020두31750, 2020.4.29.)

❖ 법인분할(인적분할)로 인한 쟁점토지의 소유권이전을 매각·증여로 볼 수 있는지 여부

청구법인이 쟁점토지를 취득한 후 법인분할에 따라 분할후 신설법인에게 쟁점토지의 소유권을 이전한 것은 「지방세특례제한법」 제78조 제5항 제2호에서 규정하는 부동산 등의 매각·증여와 동일한 것으로 보기 어려움

(조심 2020지1282, 2021.5.20.)

❖ 법인 분할에 따라 쟁점부동산의 소유권을 분할신설법인에게 이전한 것이 매각·증여에 해당하는지 여부

청구법인은 「상법」에 규정된 분할절차에 따라 분할신설법인에게 시화MTV단지 내의 토지 분양계약에 관한 권리·의무를 포함하여 포괄승계한 것으로 볼 수 있고, 산업단지 시행자와 분양계약을 체결한 계약상의 당사자 지위 및 그에 관한 권리·의무가 성질상 이전이 제한되는 것이라고 보기도 어려우므로 추징대상에 해당 안됨

(조심 2021지507, 2021.6.15.)

제78조의 2 | 한국산업단지공단에 대한 감면

「산업집적활성화 및 공장설립에 관한 법률」에 따른 한국산업단지공단(이하 이 조에서 "한국산업단지공단"이라 한다.)이 같은 법 제45조의 21 제1항 제3호 및 제5호의 사업을 위하여 취득하는 부동산(같은 법 제41조에 따른 환수권의 행사로 취득하는 경우를 포함한다.)에 대해서는 취득세의 100분의 35, 재산세의 100분의 50을 각각 2022년 12월 31일까지 경감한다.

다만, 취득일부터 3년 이내에 정당한 사유 없이 한국산업단지공단이 「산업집적활성화 및 공장설립에 관한 법률」 제45조의 13 제1항 제3호 및 제5호의 사업에 사용하지 아니하는 경우에 해당 부분에 대해서는 경감된 취득세 및 재산세를 추징한다(법 §78의2).

제78조의 3 | 외국인투자에 대한 감면

① 「외국인투자 촉진법」 제2조 제1항 제6호에 따른 외국인투자기업이나 출연을 한 비영리법인(이하 이 조에서 "외국인투자기업"이라 한다.)이 「조세특례제한법」 제121조의 2 제1항에 해당하는 외국인투자(이하 이 조에서 "외국인투자"라 한다.)에 대해서 2022년 12월 31일까지 같은 법 제121조의 2 제6항에 따른 감면신청(이하 이 조에서 "조세감면신청"이라

한다.)을 하여 같은 조 제8항에 따라 감면결정(이하 이 조에서 "조세감면결정"이라 한다.)을 받은 경우에는 다음 각 호에서 정하는 바에 따라 지방세를 감면한다. 다만, 지방자치단체가 조례로 정하는 바에 따라 감면기간을 15년까지 연장하거나 감면율을 높인 경우에는 다음 각 호에도 불구하고 조례로 정한 기간 및 비율에 따른다(법 §78의 3 ① Ⅰ·Ⅱ).

1. 외국인투자기업이 「외국인투자 촉진법」 제5조 제1항 또는 제2항에 따라 신고한 사업(이하 이 조에서 "외국인투자신고사업"이라 한다.)에 직접 사용하기 위하여 대통령령으로 정하는 사업개시일(이하 이 조에서 "사업개시일"이라 한다.)부터 5년(「조세특례제한법」 제121조의 2 제1항 제2호의 2부터 제2호의 9까지 및 제3호에 따른 감면대상이 되는 사업의 경우 3년) 이내에 취득하는 부동산에 대해서는 「지방세법」 에 따른 취득세 산출세액에 대통령령으로 정하는 외국인투자비율(이하 이 조에서 "외국인투자비율"이라 한다.)을 곱한 세액(이하 이 조에서 "취득세 감면대상세액"이라 한다.)의 100분의 100을 감면하고, 그 다음 2년 이내에 취득하는 부동산에 대해서는 취득세 감면대상세액의 100분의 50을 경감한다.

2. 외국인투자기업이 과세기준일 현재 외국인투자신고사업에 직접 사용하는 부동산에 대해서는 사업개시일 이후 최초로 재산세 납세의무가 성립하는 날부터 5년(「조세특례제한법」 제121조의 2 제1항 제2호의 2부터 제2호의 9까지 및 제3호에 따른 감면대상이 되는 사업의 경우 3년) 동안은 「지방세법」 에 따른 재산세 산출세액에 외국인투자비율을 곱한 세액(이하 이 조에서 "재산세 감면대상세액"이라 한다.)의 100분의 100을 감면하고, 그 다음 2년 동안은 재산세 감면대상세액의 100분의 50을 경감한다.

이 경우 "대통령령으로 정하는 사업개시일"이란 「부가가치세법」 제8조 제1항에 따른 사업개시일을 말한다. 이 경우 사업개시일의 기준은 같은 법 시행령 제6조 각 호 외의 부분 본문 및 각 호에서 정하는 바에 따른다(영 §38의 2 ①).

그리고 "대통령령으로 정하는 외국인투자비율"이란 외국인투자 촉진법 제5조 제3항에 따른 외국인투자비율(외국인투자기업의 주식등에 대한 외국투자가 소유 주식등의 비율)로서 감면하는 지방세의 납세의무가 성립하는 때의 외국인투자비율을 말한다. 다만, 회사정리계획인가를 받은 내국법인의 채권금융기관이 회사정리계획에 따라 출자하여 새로이 설립한 내국법인(이하 이 항에서 "신설법인"이라 한다.)에 대해 외국인 투자촉진법 제2조 제1항 제5호에 따른 외국인 투자가가 2002년 12월 31일까지 같은 항 제4호에 따른 외국인투자를 개시하여 해당기한까지 출자목적물의 납입을 완료한 경우로서 당해 신설법인의 부채가 출자전환(2002년 12월 31일까지 출자전환된 분으로 한한다.)됨으로써 우선주가 발행되는 때에는 우선주를 포함하여 「외국인투자 촉진법」 제5조 제3항에 따라 계산한 외국인투자비율과 우선주를 제외하고 「외국인투자 촉진법」 제5조 제3항에 따라 계산한 외국인투자비율 중 높은 비율을 그 신설법인의 외국인투자비율로 한다(영 §38의 2 ② Ⅰ·Ⅱ).

② 2022년 12월 31일까지 외국인투자에 대해서 조세감면신청을 하여 조세감면결정을 받은 외국인투자기업이 사업개시일 전에 「조세특례제한법」 제121조의 2 제1항 각 호의 사업에 직접 사용하기 위하여 취득하거나 과세기준일 현재 직접 사용하는 부동산에 대해서는 제1항에도 불구하고 다음 각 호에서 정하는 바에 따라 지방세를 감면한다. 다만, 지방자치단체가 조례로 정하는 바에 따라 감면기간을 15년까지 연장하거나 감면율을 높인 경우에는 제2호에도 불구하고 조례로 정한 기간 및 비율에 따른다(법 §78의 3 ② Ⅰ·Ⅱ).

1. 조세감면결정을 받은 날 이후 취득하는 부동산에 대해서는 취득세 감면대상세액의 100분의 100을 감면한다.
2. 제1호에 따라 해당 부동산을 취득한 후 최초로 재산세 납세의무가 성립하는 날부터 5년(「조세특례제한법」 제121조의 2 제1항 제2호의 2부터 제2호의 9까지 및 제3호에 따른 감면대상이 되는 사업의 경우 3년) 동안은 재산세 감면대상세액의 100분의 100을 감면하고, 그 다음 2년 동안은 재산세 감면대상세액의 100분의 50을 경감한다.

③ 「조세특례제한법」 제121조의 2 제1항 제1호의 사업에 대한 외국인투자 중 사업의 양수 등 대통령령으로 정하는 방식에 해당하는 외국인투자자에 대해서는 제1항 및 제2항에도 불구하고 다음 각 호에서 정하는 바에 따라 지방세를 감면한다. 다만, 지방자치단체가 조례로 정하는 바에 따라 감면기간을 10년까지 연장하거나 감면율을 높인 경우에는 다음 각 호에도 불구하고 조례로 정한 기간 및 비율에 따른다(법 §78의 3 ③ Ⅰ·Ⅱ).

1. 2022년 12월 31일까지 조세감면신청을 하여 조세감면결정을 받은 외국인투자기업이 「조세특례제한법」 제121조의 2 제1항 제1호의 사업에 직접 사용하기 위하여 취득하는 부동산 및 과세기준일 현재 해당 사업에 직접 사용하는 부동산에 대해서는 다음 각 목의 구분에 따라 지방세를 감면한다.
    가. 사업개시일부터 3년 이내에 취득하는 부동산에 대해서는 취득세 감면대상세액의 100분의 50을, 그 다음 2년 이내에 취득하는 부동산에 대해서는 취득세 감면대상세액의 100분의 30을 경감한다.
    나. 사업개시일 이후 최초로 재산세 납세의무가 성립하는 날부터 3년 동안은 재산세 감면대상세액의 100분의 50을, 그 다음 2년 동안은 재산세 감면대상세액의 100분의 30을 경감한다.
2. 2022년 12월 31일까지 조세감면신청을 하여 조세감면결정을 받은 외국인투자기업이 사업개시일 전에 「조세특례제한법」 제121조의 2 제1항 제1호의 사업에 직접 사용하기 위하여 취득하는 부동산 및 과세기준일 현재 해당 사업에 직접 사용하는 부동산에 대해서는 다음 각 목의 구분에 따라 지방세를 감면한다.

가. 조세감면결정을 받은 날 이후 취득하는 부동산에 대해서는 취득세 감면대상세액의 100분의 50을 경감한다.

나. 해당 부동산을 취득한 후 최초로 재산세 납세의무가 성립하는 날부터 3년 동안은 재산세 감면대상세액의 100분의 50을, 그 다음 2년 동안은 재산세 감면대상세액의 100분의 30을 경감한다.

이 경우 "사업의 양수 등 대통령령으로 정하는 방식에 해당하는 외국인투자"란 그 사업에 관한 권리와 의무를 포괄적 또는 부분적으로 승계하는 것을 말한다(영 §38의 2 ③).

④ 「외국인투자 촉진법」 제2조 제1항 제8호 사목 또는 같은 항 제4호 가목 2), 제5조 제2항 제1호 및 제6조에 따른 외국인투자에 대해서는 제1항부터 제3항까지의 규정을 적용하지 아니한다(법 §78의 3 ④).

⑤ 외국인투자기업이 조세감면신청 기한이 지난 후 감면신청을 하여 조세감면결정을 받은 경우에는 조세감면결정을 받은 날 이후의 남은 감면기간에 대해서만 제1항부터 제3항까지의 규정을 적용한다. 이 경우 외국인투자기업이 조세감면결정을 받기 이전에 이미 납부한 세액이 있을 때에는 그 세액은 환급하지 아니한다(법 §78의 3 ⑤).

⑥ 제1항부터 제3항까지의 규정을 적용할 때 다음 각 호의 어느 하나에 해당하는 외국인투자자의 경우 대통령령으로 정하는 바에 따라 계산한 주식 또는 출자지분(이하 이 조에서 "주식등"이라 한다.)의 소유비율(소유비율이 100분의 5 미만인 경우에는 100분의 5로 본다.) 상당액, 대여금 상당액 또는 외국인투자금액에 대해서는 조세감면대상으로 보지 아니한다(법 §78의 3 ⑥ Ⅰ~Ⅲ).

1. 외국법인 또는 외국기업(이하 이 항에서 "외국법인등"이라 한다.)이 외국인투자를 하는 경우로서 다음 각 목의 어느 하나에 해당하는 경우

   가. 대한민국 국민(외국에 영주하고 있는 사람으로서 거주지국의 영주권을 취득하거나 영주권을 갈음하는 체류허가를 받은 사람은 제외한다.) 또는 대한민국 법인(이하 이 항에서 "대한민국국민등"이라 한다.)이 해당 외국법인등의 의결권 있는 주식등의 100분의 5 이상을 직접 또는 간접으로 소유하고 있는 경우

   나. 대한민국국민등이 단독으로 또는 다른 주주와의 합의·계약 등에 따라 해당 외국법인등의 대표이사 또는 이사의 과반수를 선임한 주주에 해당하는 경우

2. 다음 각 목의 어느 하나에 해당하는 자가 「외국인투자 촉진법」 제2조 제1항 제5호에 따른 외국투자가(이하 이 조에서 "외국투자가"라 한다.)에게 대여한 금액이 있는 경우

   가. 외국인투자기업

   나. 외국인투자기업의 의결권 있는 주식등을 100분의 5 이상 직접 또는 간접으로 소유하고 있는 대한민국국민등

   다. 단독으로 또는 다른 주주와의 합의·계약 등에 따라 외국인투자기업의 대표이사

또는 이사의 과반수를 선임한 주주인 대한민국국민등
3. 외국인이 「국제조세조정에 관한 법률」 제2조 제1항 제2호에 따른 조세조약 또는 투자보장협정을 체결하지 아니한 국가 또는 지역 중 대통령령으로 정하는 국가 또는 지역을 통하여 외국인투자를 하는 경우

이 경우 조세감면대상으로 보지 않는 주식 또는 출자분(이하 이 조에서 "주식등"이라 한다.) 소유비율 상당액 또는 대여금 상당액은 다음 각 호에 따라 계산한 금액을 말한다(영 §38의 2 ④ Ⅰ·Ⅱ).

1. 법 제78조의 3 제6항 제1호에 해당하는 경우 외국법인 또는 외국기업(이하 이 조에서 "외국법인등"이라 한다.)의 외국인투자금액에 해당 외국법인등의 주식등을 같은 조 각 목에 따른 대한민국국민등이 직접 또는 간접으로 소유하는 비율(그 비율이 100분의 5 미만인 경우에는 100분의 5로 한다.)을 곱하여 계산한 금액. 이 경우 주식등의 직접 또는 간접 소유비율은 법 제78조의 3 제1항부터 제3항까지 및 제7항에 따라 지방세 감면 또는 면제의 대상이 되는 해당 지방세의 납세의무 성립일을 기준으로 산출한다.
2. 법 제78조의 3 제6항 제2호에 해당하는 경우 외국인투자금액 중 같은 호 각 목의 어느 하나에 해당하는 자가 외국투자가에게 대여한 금액 상당액

위 영 제4항 제1호를 적용할 때 주식등의 간접소유비율은 ① 대한민국국민등이 외국법인등의 주주법인의 의결권있는 주식의 100분의 50 이상을 소유하고 있는 경우에는 주주법인이 소유하고 있는 당해 외국법인등의 의결권있는 주식이 그 외국법인등이 발행한 의결권있는 주식의 총수에서 차지하는 비율(이하 이 조에서 "주주법인의 주식소유비율"이라 한다.)을 대한민국국민등의 당해 외국법인등에 대한 간접소유비율로 한다. ② 대한민국국민등이 외국법인등의 주주법인의 의결권있는 주식의 100분의 50 미만을 소유하고 있는 경우에는 그 소유비율에 주주법인의 주식소유비율을 곱한 비율을 대한민국국민등의 당해 외국법인등에 대한 간접소유비율로 한다(영 §38의 2 ⑤ Ⅰ·Ⅱ). 그리고 위 영 제38조의 2 제5항에 따른 주식등의 간접소유비율의 계산방법은 외국법인등의 주주법인과 대한민국국민등 사이에 하나 이상의 법인이 주식소유관계를 통하여 연결되어 있는 경우에 이를 준용하여 구분에 따라 계산한다(영 §38의 2 ⑥).

그리고 법 제78조의 3 제6항 제3호에서 "대통령령으로 정하는 국가 또는 지역"이란 「조세특례제한법 시행령」 제116조의 2 제13항에 따른 국가 또는 지역을 말한다(영 §38의 2 ⑦).

⑦ 외국인투자기업이 증자하는 경우에 그 증자분에 대한 취득세 및 재산세 감면에 대해서는 제1항부터 제6항까지의 규정을 준용하며, 이 경우 제1항부터 제3항까지의 규정에 따른 사

업개시일은 자본증가에 관한 변경등기를 한 날로 본다. 다만, 대통령령으로 정하는 기준에 해당하는 조세감면신청에 대해서는 「조세특례제한법」 제121조의 2 제8항에 따른 행정안전부장관 또는 지방자치단체의 장과의 협의를 생략할 수 있다(법 §78의 3 ⑦).

이 경우 외국인투자기업의 증자분에 대하여 지방세를 감면하는 경우 해당 증자분과 관계된 감면대상사업과 그 밖의 사업을 구분경리하여 해당 증자분 감면대상 사업을 기준으로 같은 조 제1항 제1호에 따른 외국인투자비율을 계산한다. 이 경우 구분경리에 관하여는 「조세특례제한법」 제143조를 준용한다(영 §38의 3 ①).

그리고 이 규정에 따라 외국인투자기업의 증자분에 대하여 지방세를 감면하는 경우 외국인투자기업이 유상감자(주식 또는 출자지분의 유상소각, 자본감소액의 반환등에 의하여 실질적으로 자산이 감소되는 경우를 말한다.)를 한 후 5년 이내에 증자하여 조세감면신청을 하는 경우에는 그 유상 감자 전보다 순증가하는 부분에 대한 외국인투자비율에 대해서만 지방세를 감면한다(영 §38의 3 ②).

그리고 "대통령령으로 정하는 기준"이란 법 제78조의 3 제1항부터 제3항까지의 규정 또는 「조세특례제한법」 제121조의 2에 따라 지방세 감면을 받고 있는 사업을 위하여 증액 투자하는 것을 말한다. 또한 증자분에 대한 조세감면결정을 받은 외국인투자기업이 해당 증자 후 7년 내에 유상감자를 하는 경우에는 해당 유상감자를 하기 직전의 증자분(「외국인투자 촉진법」 제5조 제2항 제2호에 따른 준비금·재평가적립금 및 그 밖의 다른 법령에 따른 적립금의 자본전입으로 인하여 주식이 발행되는 형태의 증자를 제외한다.)부터 역순으로 감자한 것으로 보아 감면세액을 계산한다(영 §38의 3 ③·④).

⑧ 제7항에 따라 외국인투자기업에 대한 취득세 감면대상세액 및 재산세 감면대상세액을 계산하는 경우 다음 각 호의 주식등에 대해서는 그 발생근거가 되는 주식등에 대한 감면의 예에 따라 그 감면기간의 남은 기간과 남은 기간의 감면비율에 따라 감면한다(법 §78의 3 ⑧ Ⅰ·Ⅱ).

1. 「외국인투자 촉진법」 제5조 제2항 제2호에 따라 준비금·재평가적립금과 그 밖에 다른 법령에 따른 적립금이 자본으로 전입됨으로써 외국투자가가 취득한 주식등
2. 「외국인투자 촉진법」 제5조 제2항 제5호에 따라 외국투자가가 취득한 주식등으로부터 생긴 과실(주식등으로 한정한다.)을 출자하여 취득한 주식등

⑨ 제7항에 따라 외국인투자기업에 대한 취득세 감면대상세액 및 재산세 감면대상세액을 계산하는 경우 제1항부터 제3항까지의 규정에 따른 감면기간이 종료된 사업의 사업용 고정자산을 제7항에 따른 증자분에 대한 조세감면을 받는 사업(이하 이 항에서 "증자분사업"이라 한다.)에 계속 사용하는 경우 등 대통령령으로 정하는 사유가 있는 경우에는 다음 계산식에 따라 계산한 금액을 증자분사업에 대한 취득세 감면대상세액 및 재산세

감면대상세액으로 한다.

$$\text{취득세 감면대상세액 및 재산세 감면대상세액} \times \frac{\text{자본증가에 관한 변경등기를 한 날 이후 새로 취득·설치되는 사업용 고정자산의 가액}}{\text{증자분사업의 사업용 고정자산의 총가액}}$$

이 경우 "대통령령으로 정하는 사유"란 외국인투자기업이 증자 전에 「조세특례제한법」 제121조의 2 제1항 각 호에 따른 사업(이하 이 항에서 "증자전감면사업"이라 한다.)에 대해 법 제78조의 3 제1항부터 제3항까지의 규정 또는 「조세특례제한법」 제121조의 2에 따른 지방세 감면을 받고 그 감면기간이 종료된 경우로서 법 제78조의 3 제7항에 따라 증자를 통하여 「조세특례제한법」 제121조의 2 제1항 각 호에 따른 사업(이하 이 항에서 "증자분감면 사업"이라 한다.)에 대한 감면결정을 받았을 것, 법 제78조의 3 제1항부터 제3항까지의 규정 또는 「조세특례제한법」 제121조의 2에 따른 감면기간이 종료된 증자전감면사업의 사업용 고정자산을 증자분감면사업에 계속 사용하는 경우로서 자본증가에 관한 변경등기를 한 날 현재 해당 증자전감면사업의 사업용 고정자산의 가액이 증자분감면사업의 사업용 고정자산의 총가액에서 차지하는 비율이 100분의 30 이상일 것의 요건을 모두 충족하는 경우를 말한다(영 §38의 3 ⑤).

⑩ 제7항에도 불구하고 외국인투자신고 후 최초의 조세감면결정 통지일부터 3년이 되는 날 이전에 외국인투자기업이 조세감면결정 시 확인된 외국인투자신고금액의 범위에서 증자하는 경우에는 조세감면신청을 하지 아니하는 경우에도 그 증자분에 대하여 조세 감면결정을 받은 것으로 본다(법 §78의 3 ⑩).

⑪ 외국인투자신고 후 최초의 조세감면결정 통지일부터 3년이 경과한 날까지 최초의 출자(증자를 포함한다. 이하 이 항에서 같다.)를 하지 아니하는 경우에는 조세감면결정의 효력이 상실되며, 외국인투자신고 후 최초의 조세감면결정 통지일부터 3년 이내에 최초의 출자를 한 경우로서 최초의 조세감면결정 통지일부터 5년이 되는 날까지 사업을 개시하지 아니한 경우에는 최초의 조세감면결정 통지일부터 5년이 되는 날을 그 사업을 개시한 날로 보아 제1항부터 제3항까지의 규정을 적용한다(법 §78의 3 ⑪).

⑫ 지방자치단체의 장은 다음 각 호의 어느 하나에 해당하는 경우에는 제1항부터 제3항까지의 규정에 따라 감면된 취득세 및 재산세를 추징한다. 이 경우 추징할 세액의 범위 및 여러 추징사유에 해당하는 경우의 추징 방법 등 그 밖에 필요한 사항은 대통령령으로 정한다(법 §78의 3 ⑫ Ⅰ~Ⅶ).

1. 제1항 및 제3항에 따라 취득세 또는 재산세가 감면된 후 외국투자가가 이 법에 따라 소유하는 주식등을 대한민국 국민 또는 대한민국 법인에 양도하는 경우
2. 제2항 및 제3항에 따라 취득세 또는 재산세가 감면된 후 외국투자가의 주식등의 비

율이 감면 당시의 주식등의 비율에 미달하게 된 경우
3. 「외국인투자 촉진법」에 따라 등록이 말소된 경우
4. 해당 외국인투자기업이 폐업하는 경우
5. 외국인투자기업이 외국인투자신고 후 5년(고용 관련 조세감면기준은 3년) 이내에 출자목적물의 납입, 「외국인투자 촉진법」 제2조 제1항 제4호 나목에 따른 장기차관의 도입 또는 고용인원이 「조세특례제한법」 제121조의 2 제1항에 따른 조세감면기준에 미달하는 경우
6. 정당한 사유 없이 그 취득일부터 3년이 경과할 때까지 해당 용도로 직접 사용하지 아니하는 경우
7. 해당 용도로 직접 사용한 기간이 2년 미만인 상태에서 매각·증여하거나 다른 용도로 사용하는 경우

이 경우 외국인투자기업 취득세 및 재산세의 감면세액 추징 다음 각 호에 따르되 사유가 동시에 발생하는 경우에는 세액이 큰 사유를 적용하고 순차적으로 발생하는 경우에는 감면받은 세액의 범위에서 발생순서에 따라 먼저 발생한 사유부터 순차적으로 적용한다(영 §38의 4 ① Ⅰ~Ⅳ, ②).

1. 법 제78조의 3 제12항 제1호 및 제2호의 경우에는 주식등의 비율의 양도일 또는 미달일부터 소급하여 5년 이내에 감면된 취득세 및 재산세의 세액에 그 양도비율 또는 미달비율을 곱하여 산출한 세액을 각각 추징한다.
2. 법 제78조의 3 제12항 제3호 및 제4호의 경우에는 말소일 또는 폐업일(「부가가치세법」 제8조 제8항 및 제9항에 따른 폐업일과 말소일 중 빠른 날을 말한다.)부터 소급하여 5년 이내에 감면된 취득세 및 재산세를 각각 추징한다.
3. 법 제78조의 3 제12항 제5호의 경우에는 외국인투자신고 후 5년(고용과 관련된 조세감면기준에 미달하는 경우에는 3년)이 경과한 날부터 소급하여 5년(고용과 관련된 조세감면기준에 미달하는 경우에는 3년) 이내에 감면된 취득세 및 재산세를 각각 추징한다.
4. 법 제78조의 3 제12항 제6호 및 제7호의 경우에는 해당 추징사유가 발생한 날부터 소급하여 5년 이내에 감면된 취득세 및 재산세의 세액을 각각 추징한다. 이 경우 추징하는 세액은 해당 추징사유가 발생한 부분에 한한다.

⑬ 제12항에도 불구하고 다음 각 호의 어느 하나에 해당하는 경우에는 대통령령으로 정하는 바에 따라 그 감면된 세액을 추징하지 아니할 수 있다(법 §78의 3 ⑬ Ⅰ~Ⅴ).
1. 외국인투자기업이 합병으로 인하여 해산됨으로써 외국인투자기업의 등록이 말소된 경우
2. 「조세특례제한법」 제121조의 3에 따라 관세 등을 면제받고 도입되어 사용 중인 자본재를 천재지변이나 그 밖의 불가항력적인 사유, 감가상각, 기술의 진보, 그 밖에 경

제여건의 변동 등으로 그 본래의 목적에 사용할 수 없게 되어 기획재정부장관의 승인을 받아 본래의 목적 외의 목적에 사용하거나 처분하는 경우
3. 「자본시장과 금융투자업에 관한 법률」에 따라 해당 외국인투자기업을 공개하기 위하여 주식등을 대한민국 국민 또는 대한민국 법인에 양도하는 경우
4. 「외국인투자 촉진법」에 따라 시·도지사가 연장한 이행기간 내에 출자목적물을 납입하여 해당 조세감면기준을 충족한 경우
5. 그 밖에 조세감면의 목적을 달성하였다고 인정되는 경우로서 대통령령으로 정하는 경우

이 경우 제78조의 3 제13항 제1호 및 제3호부터 제5호까지에 해당되는 경우에는 감면된 취득세 및 재산세의 추징을 하지 아니하며, 법 제78조의 3 제5호에서 "대통령령으로 정하는 경우"란 다음 각 호의 어느 하나에 해당하는 경우를 말하며, 위의 제4항 제5호부터 제7호에 따른 확인절차에 관하여는 「조세특례제한법 시행령」 제116조의 10 제3항부터 제5항까지의 규정에 따른다(영 §38의 4 ③, ④ Ⅰ~Ⅶ, ⑤).

1. 「경제자유구역의 지정 및 운영에 관한 특별법」 제8조의 3 제1항 및 제2항에 따른 개발사업시행자가 같은 법 제2조 제1호에 따른 경제자유구역의 개발사업을 완료한 후 법 제78조의 3 제12항에 따른 취득세 및 재산세의 추징사유가 발생한 경우
2. 「기업도시개발 특별법」 제10조 제1항에 따라 지정된 기업도시 개발사업시행자가 같은 법 제2조 제2호에 따른 기업도시개발구역의 개발사업을 완료한 후 법 제78조의 3 제12항에 따른 취득세 및 재산세의 추징사유가 발생한 경우
3. 「새만금사업 추진 및 지원에 관한 특별법」 제8조 제1항에 따라 지정된 사업시행자가 같은 법 제2조 제1호에 따른 새만금사업지역의 개발사업을 완료한 후 법 제78조의 3 제12항에 따른 취득세 및 재산세의 추징사유가 발생한 경우
4. 「제주특별자치도 설치 및 국제자유도시 조성을 위한 특별법」 제162조에 따라 지정되는 제주투자진흥지구의 개발사업시행자가 제주투자진흥지구의 개발사업을 완료한 후 법 제78조의 3 제12항에 따른 취득세 및 재산세의 추징사유가 발생한 경우
5. 「조세특례제한법」 제121조의 2 제1항 제1호에 따른 신성장동력산업기술을 수반하는 사업에 투자한 외국투자가가 그 감면사업 또는 소유주식등을 대한민국국민등에게 양도한 경우로서 해당 기업이 그 신성장동력산업기술을 수반하는 사업에서 생산되거나 제공되는 제품 또는 서비스를 국내에서 자체적으로 생산하는 데 지장이 없다고 기획재정부장관이 확인하는 경우
6. 외국투자가가 소유하는 주식등을 다른 법령이나 정부의 시책에 따라 대한민국국민등에게 양도한 경우로서 기획재정부장관이 확인하는 경우
7. 외국투자가가 소유하는 주식등을 대한민국국민등에게 양도한 후 양도받은 대한민국국민등이 7일 이내에 해당 주식등을 다시 다른 외국투자가에게 양도한 경우로서 당

초 사업을 계속 이행하는 데 지장이 없다고 기획재정부장관이 확인하는 경우

⑭ 조세감면결정을 받은 외국인투자기업이 제12항 제3호부터 제7호까지의 어느 하나에 해당하는 경우에는 대통령령으로 정하는 바에 따라 해당 과세연도와 남은 감면기간 동안 제1항부터 제3항까지의 규정 및 제7항에 따른 감면을 적용하지 아니한다(법 §78의 3 ⑭).

이 경우 법 제78조의 3 제14항을 적용할 때 같은 조 제12항 제3호부터 제7호까지의 어느 하나에 해당하는 사유가 발생한 경우 해당 사유가 발생한 날 이후의 남은 감면기간(재산세 과세기준일 이전에 사유가 발생한 경우 해당 과세연도를 포함한다.)에 대해서는 같은 조 제1항부터 제3항까지의 규정 및 제7항에 따른 취득세 및 재산세 감면을 적용받지 않는다. 이 경우 법 제78조의 3 제12항 제3호부터 제7호까지의 어느 하나에 해당하는 사유가 발생한 날 이후의 남은 감면기간 중에 같은 조 제1항 및 「조세특례제한법」 제121조의 2 제1항 각 호 외의 부분에 따른 조세감면기준을 다시 충족하는 경우에도 또한 같다(영 §38의 4 ⑥).

⑮ 제1항부터 제14항까지의 규정에 따른 조세감면신청 및 조세감면결정에 관한 절차 등에 대해서는 「조세특례제한법」 제121조의 2 제6항부터 제8항까지의 규정에 따른다(법 §78의 3 ⑮).

사례

❖ **외국인투자법인의 공장용지 밖의 기숙사가 공장시설인지 여부**

"외국인투자기업이 신고한 사업을 하기 위하여 취득·보유하는 재산에 대한 취득세 및 재산세에 대해서는 다음 각 호와 같이 그 세액을 감면하거나 일정금액을 과세표준에서 공제한다."고 규정하고 있는바, 위 법문언상 '사업을 하기 위하여' 보유하는 재산에 대한 재산세를 감면대상으로 이 사건 각 기숙사는 원고가 신고한 사업을 하기 위하여 보유하는 재산에 해당한다고 봄이 타당함

(대법 2015두48464, 2015.11.17.)

❖ **외국인투자기업이 취득한 부동산의 취득세 감면 여부**

기존 외국인 투자가 있었던 기업이 기획재정부로부터 조세감면 결정을 받은 후에 경제자유구역에 「조세특례제한법 시행령」 제116조의 2 제3항 제1호에서 규정한 제조업의 미화 3천만불 이상의 투자를 통해 외국인 투자지역 안에서 새로이 시설을 설치하는 것은 경제자유구역에 투자되는 새로운 투자로 보아 '외국인투자비율'은 외국인투자가 조세감면 결정을 받은 후 그 비율에 따라 결정 받은 신고서상의 비율이 아니라 실제로 외국인 투자가 된 때의 비율에 따라 감면을 적용하는 것이 타당함

(행안부 지방세특례제도-2078, 2017.7.21.)

❖ **외국인투자기업이 취득한 공장구역 밖에 있는 종업원 사택용주택이 사업용 재산에 해당하는지 여부**

청구법인의 공장 및 해당 주택의 소재지인 OO시의 지역적인 특성상 사택을 제공하지 않을 경우 종업원의 주거선택이 불가능한 오지에 해당하지 않으며 복리후생차원의 시설인 사택을 반

> 드시 취득해야 할 사업용 재산으로 보기 어려운 점 등을 종합할 때, 이를 조세특례제한법 제 121조의 2 제4항에 규정한 외국인투자기업의 사업에 필요불가결한 재산으로 인정할 수 없는 바, 감면신청을 배제하고 취득세 등을 부과한 처분은 타당함
> (감심 2005-94, 2005.9.8.)

제79조 법인의 지방이전에 대한 감면

① 대통령령으로 정하는 대도시(이하 이 절에서 "대도시"라 한다)에 본점 또는 주사무소를 설치하여 사업을 직접 하는 법인이 해당 본점 또는 주사무소를 매각하거나 임차를 종료하고 과밀억제권역 외의 지역으로 본점 또는 주사무소를 이전하는 경우에 해당 사업을 직접 하기 위하여 취득하는 부동산에 대해서는 취득세를 2024년 12월 31일까지 면제하고, 재산세의 경우 그 부동산에 대한 재산세의 납세의무가 최초로 성립하는 날부터 5년간 면제하며 그 다음 3년간 재산세의 100분의 50을 경감한다(법 §79 ① Ⅰ·Ⅱ). 다만, 다음 각 호의 어느 하나에 해당하는 경우에는 감면한 취득세 및 재산세를 추징한다.
1. 법인을 이전하여 5년 이내에 법인이 해산된 경우(합병·분할 또는 분할합병으로 인한 경우는 제외한다.)와 법인을 이전하여 과세감면을 받고 있는 기간에 과밀억제권역에서 이전 전에 생산하던 제품을 생산하는 법인을 다시 설치한 경우
2. 해당 사업에 직접 사용한 기간이 2년 미만인 상태에서 매각·증여하거나 다른 용도로 사용하는 경우

이 규정에서 "대통령령으로 정하는 대도시"란 「수도권정비계획법」 제6조의 규정에 의한 과밀억제권역(「산업집적활성화 및 공장설립에 관한 법률」의 적용을 받는 산업단지를 제외한다.)을 말한다(영 §39).

② 대도시에 등기되어 있는 법인이 과밀억제권역 외의 지역으로 본점 또는 주사무소를 이전하는 경우에 그 이전에 따른 법인등기 및 부동산등기에 대해서는 2024년 12월 31일까지 등록면허세를 면제한다(법 §79 ②).

③ 제1항 및 제2항에 따른 과밀억제권역 외의 지역으로 이전하는 본점 또는 주사무소의 범위와 감면 등의 적용기준은 행정안전부령으로 정한다(법 §79 ③, 규칙 §7 ①·②).

가. 세목별 감면대상

(1) 과밀억제권역 외로 본점 등의 이전에 따른 면제

> 취득세, 재산세 면제(경감)

　수도권정비계획법 제6조에 따른 과밀억제권역에 본점 또는 주사무소를 설치하여 사업을 직접 하는 법인이 해당 본점 또는 주사무소를 매각하거나 임차를 종료하고 대도시 외의 지역으로 본점 또는 주사무소를 이전하는 경우에 해당 사업을 직접 하기 위하여 취득하는 부동산에 대하여는 2024년 12월 31일까지 취득세를 면제하고, 재산세의 경우 그 부동산에 대한 재산세의 납세의무가 최초로 성립하는 날부터 5년간 면제하며 그 다음 3년간 재산세의 100분의 50을 경감한다. 다만, 법인을 이전하여 5년 이내에 법인이 해산된 경우(합병·분할 또는 분할합병으로 인한 경우는 제외한다.)와 법인을 이전하여 과세감면을 받고 있는 기간에 과밀억제권역에서 이전 전에 생산하던 제품을 생산하는 법인을 다시 설치한 경우와 해당 사업에 직접사용한 기간이 2년 미만인 상태에서 매각·증여하거나 다른 용도로 사용하는 경우에는 감면된 취득세 및 재산세를 추징한다.

　수도권정비계획법에서는 인구와 산업의 수도권 집중의 효율적인 억제와 수도권 안의 지역간 불균형의 해소를 위하여 수도권의 권역을 정비하고 과도한 인구 등의 집중을 억제하기 위하여 과밀억제권역, 성장관리권역, 자연보전권역의 3개의 권역으로 구분하고 이 권역 중 과밀억제권역에 위치한 법인의 본점 또는 주사무소를 과밀억제권역 외의 지역으로 이전할 경우에 취득하는 부동산에 대하여는 취득세를 면제하고, 재산세는 그 취득한 부동산에 대한 재산세의 납세의무가 성립하는 날부터 5년간 면제하며, 그 다음 3년간은 50%를 경감한다는 것이다.

　여기에서 법인의 주소지는 민법상은 "그 주된 사무소의 소재지"가 되는 것이나 법인세법 제1조 제1항에서는 '내국법인'이라 함은 본점 또는 주사무소를 국내에 둔 법인을 말한다고 규정하고 "본점"이라 함은 영리법인의 사업장의 본거지를 말하고 '주사무소'라 함은 비영리법인의 사업장의 본거지를 말한다고 해석하고 있다.

　그리고 이 규정에서 대도시 외의 지역으로 이전할 경우 면제되는 대도시라 함은 수도권정비계획법 제6조의 규정에 의한 과밀억제권역을 말한다. 다만, 이러한 대도시지역 내에 있는 산업집적활성화 및 공장설립에 관한 법률의 적용을 받는 산업단지는 대도시에서 제외한다.

　이 단서 규정에서는 대도시의 범위에서 제외하는 지역이 산업단지에 국한하고 있고, 지방세법 제13조 제1항의 중과세대상지역으로서의 대도시의 범위에는 산업단지뿐 아니라 유치지역과 국토의 계획 및 이용에 관한 법률의 적용을 받는 공업지역도 제외토록 하는 등 그 범위에 차이가 있는 이유는 제1장의 면제규정에서는 법인의 본점이나 공장 등을 수도권 밖으로 이전하는 때에 지방세를 경감하기 위한 것이므로 이 면제규정에서 대도시의 범위를 유치지역과 공업지역까지 확대하여 제외하게 되면 결국 대도시 내에 있는 본점 등을 수도권 내에 있는 유치지역이나 공업지역으로 이전하는 본점 또는 공장에 대해서도 면제혜택을 주어야 하는 모순이 발생하기 때문에 중과세할 때와 면제할 때의 대도시 범위가 다르게 규정된 점에 유의하여야 한다.

(2) 대도시 외로 이전시의 법인 등기 및 부동산 등기

등록면허세 면제

과밀억제권역에 등기되어 있는 법인이 대도시 외의 지역으로 본점 또는 주사무소를 이전하는 경우에 그 이전에 따른 법인등기 및 부동산등기에 대해서는 2024년 12월 31일까지 등록면허세를 면제한다.

과밀억제권역 안의 법인이 과밀억제권역 외로 본점 또는 주사무소를 이전하는 경우의 법인등기에 대한 등록면허세는 물론 법인의 이전에 따른 부동산등기에 대하여도 등록면허세가 면제되는데, 이 경우 "이전에 따른 부동산등기"는 법인주소지가 이전함에 따라 불가피하게 소요되는 사무실·점포 등의 건축물과 그 부속토지 및 이에 따른 부대시설 등에 국한하고 자동차 등은 면제되지 않는다.

나. 면제대상 본점 등의 범위와 적용기준

(1) 면제범위 등(규칙 §7 ①)

법 제79조 제1항 각 호외의 본문에 따라 과밀억제권역(산업단지를 제외한 과밀억제권역) 외의 지역으로 본점 또는 주사무소를 이전하여 해당 사업을 직접 하기 위하여 취득하는 부동산의 범위는 본점 또는 주사무소로 사용하는 부동산과 그 부대시설용 부동산으로서 다음의 요건을 모두 갖춘 것으로 한다.

① 과밀억제권역 외의 지역으로 이전하기 위하여 취득한 본점 또는 주사무소용 부동산으로서 사업을 시작하기 이전에 취득한 것이어야 하고,
② 대도시(영 제39조에 따른 대도시를 말한다. 이하 같다) 내의 본점 또는 주사무소를 대도시 외의 지역으로 이전하기 위하여 사업을 중단한 날까지 6개월(임차한 경우에는 2년) 이상 사업을 한 실적이 있어야 하며,
③ 과밀억제권역 외의 지역에서 그 사업을 시작한 날부터 6개월 이내에 대도시 내에 있는 종전의 본점 또는 주사무소를 폐쇄하여야 하고,

④ 과밀억제권역 외의 지역에서 본점 또는 주사무소용 부동산을 취득한 날부터 6개월 이내에 건축공사를 시작하거나 직접 그 용도에 사용하여야 한다. 다만, 정당한 사유가 있는 경우에는 6개월 이내에 건축공사를 시작하지 아니하거나 직접 그 용도에 사용하지 아니할 수 있다.

이 규정에서 유의해야 할 점은 본점 또는 주사무소의 이전에 한하여 적용하여야 하므로 지점이나 분사무소의 이전은 면제대상이 되지 않는다는 점이다.

(2) 적용기준 등(규칙 §7 ②)

과밀억제권역 외의 지역으로 본점 또는 주사무소를 이전함에 따른 감면대상 중 감면대상이 되는 본점 또는 주사무소용 부동산의 가액의 합계액이 이전하기 전의 본점 또는 주사무소용 부동산 가액의 합계액을 초과하는 경우 그 초과액에 대해서는 취득세를 과세한다. 이 경우 초과액의 산정방법과 적용기준은 다음과 같다.

① 이전한 본점 또는 주사무소용 부동산의 가액과 이전하기 전의 본점 또는 주사무소용 부동산의 가액이 각각 영 제34조제1항제1호 각 목의 취득에 대하여 「지방세법」 제10조의3부터 제10조의6까지의 규정에 따른 사실상의 취득가격 및 연부금액으로 증명되는 경우에는 그 차액이 과세대상이 되고,

② '①' 외의 경우에는 이전한 본점 또는 주사무소용 부동산의 시가표준액과 이전

| 사례 |

❖ 이전 전 공장은 대도시에 소재한 공장이 아니라 「산업집적활성화 및 공장설립에 관한 법률」의 적용을 받는 산업단지내 소재하고 있던 공장으로서 대도시외 지역으로 이전을 하기 위하여 이전 후 공장을 취득하였다 하더라도 지방이전에 따른 감면대상에 해당되지 않는 것임
(조심 2010지0421, 2010.11.17.)

❖ 청구법인의 경우 이 사건 심판청구일 현재 과밀억제권역내 기존 임차물을 대표이사실·기획관리본부·영업지원본부 등으로 계속하여 사용하고 있는 점, 청구법인 또한 이 사건 건축물은 창고용도로 허가를 받음에 따라 많은 직원을 수용할 수 있는 사무실을 설치할 수 없기 때문에 과밀억제권역에 영업장 및 사무소가 존재할 수밖에 없다고 인정하고 있는 점으로 볼 때 기존 본점의 임차를 종료하지 아니하였을 뿐 아니라 이 사건 건축물에서 사업을 개시한 2008.12.26.부터 6월 이내에 기존 본점을 폐쇄한 경우에 해당되지 아니하고, 법인등기부상 본점 소재지를 대도시 외 지역으로 이전하였으나 실제로는 물류본부만 이전한 형식적인 이전이므로 지방세 감면대상에 해당되지 않음
(조심 2009지0789, 2010.5.6.)

제79조의 2 │ 해외진출기업의 국내복귀에 대한 감면

① 「해외진출기업의 국내복귀 지원에 관한 법률」 제7조제3항에 따라 선정된 지원대상 국내복귀기업(이하 "지원대상 국내복귀기업"이라 한다)으로서 다음 각 호의 요건을 모두 충족하는 지원대상 국내복귀기업이 제3호에 따른 업종(「통계법」 제22조에 따라 통계청장이 고시하는 한국표준산업분류에 따른 세분류를 기준으로 한 업종을 말한다. 이하 이 조에서 같다)을 영위하기 위하여 취득하는 사업용 부동산에 대해서는 취득세의 100분의 50을 2026년 12월 31일까지 경감하고, 과세기준일 현재 해당 용도로 직접 사용하는 부동산에 대해서는 재산세 납세의무가 최초로 성립한 날부터 5년간 재산세의 100분의 75를 경감한다.(법 §79의 2 ① Ⅰ~Ⅲ).
  1. 해외 사업장을 청산·양도할 것
  2. 과밀억제권역 외의 지역에서 사업장을 신설 또는 증설할 것
  3. 해외 사업장에서 영위하던 업종과 동일한 업종을 영위할 것

② 지방자치단체의 장은 제1항에 따라 취득세를 경감하는 경우 해당 지역의 재정여건 등을 고려하여 100분의 50의 범위에서 조례로 정하는 율을 추가로 경감할 수 있다.(법 §79의 2 ②).

③ 제1항 및 제2항에 따라 지방세를 경감받은 자가 다음 각 호의 어느 하나에 해당하는 경우 그 해당 부분에 대해서는 경감된 취득세 및 재산세를 추징한다.(법 §79의 2 ③ Ⅰ~Ⅴ).
  1. 정당한 사유 없이 그 취득일부터 1년이 경과할 때까지 해당 용도로 직접 사용하지 아니하는 경우
  2. 해당 용도로 직접 사용한 기간이 2년 미만인 상태에서 매각·증여하거나 다른 용도로 사용하는 경우
  3. 지원대상 국내복귀기업으로 선정된 날부터 4년 이내에 해외 사업장을 청산·양도하지 아니하는 경우
  4. 지원대상 국내복귀기업으로 선정된 날부터 5년 이내에 국내 사업장 신설 또는 증설을 완료하지 아니하는 경우
  5. 해당 사업용 부동산의 취득일부터 5년 이내에 지원대상 국내복귀기업 선정이 취소된 경우

부칙 제7조(지원대상 국내복귀기업의 감면에 관한 적용례) 제79조의2제1항 및 제2항의 개정규정은 이 법 시행 이후 지원대상 국내복귀기업을 선정하는 경우부터 적용한다.

제80조 공장의 지방이전에 따른 감면

① 대도시에서 공장시설을 갖추고 사업을 직접 하는 자가 그 공장을 폐쇄하고 과밀억제권역 외의 지역으로서 공장 설치가 금지되거나 제한되지 아니한 지역으로 이전한 후 해당 사업을 계속하기 위하여 취득하는 부동산에 대해서는 취득세를 2024년 12월 31일까지 면제하고, 재산세의 경우 그 부동산에 대한 납세의무가 최초로 성립하는 날부터 5년간 면제하고 그 다음 3년간 재산세의 100분의 50을 경감한다(법 §80 ① Ⅰ·Ⅱ).
다만, 다음 각 호의 어느 하나에 해당하는 경우에는 감면한 취득세 및 재산세를 추징한다.
1. 공장을 이전하여 지방세를 감면받고 있는 기간에 대도시에서 이전 전에 생산하던 제품을 생산하는 공장을 다시 설치한 경우
2. 해당 사업에 직접 사용한 기간이 2년 미만인 상태에서 매각·증여하거나 다른 용도로 사용하는 경우

② 제1항에 따른 공장의 업종 및 그 규모, 감면 등의 적용기준은 행정안전부령으로 정한다(법 §80 ②, 규칙 §8 ①~④).

취득세 면제, 재산세 감면

대도시(수도권정비계획법 제6조의 규정에 의한 과밀억제권역)에서 공장시설을 갖추고 사업을 직접 하는 자가 그 공장을 폐쇄하고 대도시 외의 지역으로 공장 설치가 금지되거나 제한되지 아니한 지역으로 이전한 후 해당 사업을 계속하기 위하여 취득하는 부동산에 대하여는 2024년 12월 31일까지 취득세를 면제하고, 재산세의 경우 그 부동산에 대한 납세의무가 최초로 성립하는 날부터 5년간 면제하고 그 다음 3년간 재산세의 100분의 50을 경감한다.

다만, 공장을 이전하여 지방세를 과세감면을 받고 있는 기간에 대도시에서 이전 전에 생산하던 제품을 생산하는 공장을 다시 설치한 경우와 해당 사업에 직접 사용한 기간이 2년 미만인 상태에서 매각·증여하거나 다른 용도로 사용하는 경우에는 감면한 취득세 및 재산세를 추징한다.

이 경우 공장의 범위는 「지방세법 시행규칙」 별표 2에서 규정하는 업종의 공장으로서 생산설비를 갖춘 건축물의 연면적(옥외에 기계장치 또는 저장시설이 있는 경우에는 그 시설물의 수평투영면적을 포함한다.)이 200제곱미터 이상인 것을 말한다.

이 경우 건축물의 연면적에는 그 제조시설을 지원하기 위하여 공장 경계구역 안에 설치되는 종업원의 후생복지시설 등 각종 부대시설(수익사업용으로 사용되는 부분은 제외한다.)을 포함한다.

(1) 대도시 외로 이전하는 공장의 면제요건

공장용 건축물의 부속토지로서 취득세·재산세가 감면되는 공장의 범위는 지방세법 시행규칙 별표 2에서 규정하는 업종의 공장으로서 생산설비를 갖춘 건축물의 연면적(옥외에 기계장치 또는 저장시설이 있는 경우에는 그 시설물의 수평투영면적을 포함한다.)이 200㎡ 이상인 것을 말하는데 이 경우 건축물의 연면적에는 그 제조시설을 지원하기 위하여 공장 경계구역 안에 설치되는 종업원의 후생복지시설 등 각종 부대시설(수익사업용으로 사용되는 부분은 제외한다.)을 포함한다(규칙 §8 ①).

그런데 이 규정에 의하여 감면 대상이 되는 공장용 부동산에 해당되기 위하여는 다음의 요건을 모두 갖춘 것이어야 한다(규칙 §8 ②).

① 이전할 공장의 사업을 시작하기 이전에 취득한 부동산이어야 하고,
② 대도시 내의 이전의 대상이 되는 공장시설(제조장 단위별로 독립된 시설을 말한다.)을 이전하기 위하여 대도시 내에 있는 공장의 조업을 중단한 날까지 6개월(임차한 공장의 경우는 2년) 이상 계속하여 조업한 실적이 있어야 한다. 이 경우 물환경 보전법 또는 대기환경보전법에 따라 폐수 배출시설 또는 대기오염물질배출시설 등의 개선명령, 이전명령·조업정지나 그 밖의 처분을 받아 조업을 중단하였을 때의 그 조업 중지 기간은 이를 조업한 기간으로 본다.
③ 과밀억제권역 외에서 그 사업을 개시한 날부터 6개월(시운전 기간을 제외한다.) 이내에 대도시 내에 있는 해당 공장시설을 완전히 철거하거나 폐쇄하여야 한다.
④ 토지를 취득하였을 때에는 그 취득일부터 6개월 이내에 공장용 건축물 공사를 시작하여야 하며, 건축물을 취득하거나 토지와 건축물을 동시에 취득하였을 때에는 그 취득일부터 6개월 이내에 사업을 시작하여야 한다. 다만, 정당한 사유가 있을 때에는 6개월 이내에 공장용 건축물 공사를 시작하지 아니하거나 사업을 시작하지 아니할 수 있다.

| 사례 |

❖ **개인사업자가 법인으로 전환한 경우 감면가능 여부**

이 사건을 살피건대, 김○○은 2007.1.17. 대도시 내에서 개인사업자로서 사업자등록을 하고 사업을 영위하다가 2012.8.17. 대도시 외에 있는 이 사건 토지로 사업자등록을 이전함으로써 구 지방세특례제한법 제80조 제1항에 의하여 그 이전에 따라 취득한 이 사건 토지 및 건물에 대한 취득세는 면제받았으나 2012.9.27. 원고를 설립한 후 2012.10.11. 위 개인사업을 폐업하였으니, 같은 날 원고가 김○○로부터 그의 영업 일체를 포괄양수하고 이 사건 토지 및 건물을 취득하였다고 하더라도, 개인 김○○과 법인인 원고는 별개의 독립된 법인격체이므로

김○○이 대도시에서 공장시설을 갖추고 광고물 제작, 가방 및 잡화 제조업 등의 사업을 한 것을 원고가 그 사업을 한 것으로 볼 수는 없다고 할 것이다.

(대법 2015두51798, 2016.1.14.)

❖ **토지 취득 후 6월 이내 착공해야 감면대상에 해당한다고 한 사례**

공장의 지방 이전에 따른 감면 적용시 감면대상 부동산의 범위는 공장의 설치가 금지되거나 제한되지 아니한 지역으로 감면대상을 한정하고 있으므로, 건설협약서(MOU)를 체결하여 지방자치단체의 지방이전기업유치에 대한 재정자금 지원금 등 국가보조금을 지원하였다 하더라도 별도 세제감면 규정이 없는 한 대도시안에서 공장을 영위하는 자가 대도시외의 지역으로 공장을 이전하면서 토지의 취득일로부터 6월이 경과한 후, 공장용 건축물을 착공한 경우 인·허가권자의 보완요구 등은 정당한 사유에 해당되지 않음

(행안부 지방세운영과-5118, 2010.10.27.)

❖ **대도시내 기존공장을 폐쇄하고 대도시외의 건축물을 임차하여 공장을 이전한 후 사업을 개시하여 공장을 신축하였을 경우 취득세 등이 면제되지 않음**

(조심 2008지0568, 2009.4.17.)

(2) 면제대상 물건가액의 비교(규칙 §8 ③·④)

위와 같은 감면대상이 되는 공장용 부동산 가액의 합계액이 이전하기 전의 공장용 부동산 가액의 합계액을 초과하는 경우 그 초과액에 대해서는 취득세를 과세하는데 이 경우 초과액의 산정기준은 다음 각 호와 같다. 그리고 이 규정에 의한 부동산의 초과액에 대하여 과세하는 경우에는 이전 전 공장용 토지와 건축물 가액의 비율로 나누어 계산한 후 각각 과세한다.

① 이전한 공장용 부동산의 가액과 이전하기 전의 공장용 부동산의 가액이 각각 영 제34조제1항제1호 각 목의 취득에 대하여 「지방세법」 제10조의3부터 제10조의6까지의 규정에 따른 사실상의 취득가격 및 연부금액으로 증명되는 경우에는 그 차액

② 위의 ① 외의 경우에는 이전한 공장용 부동산의 시가표준액과 이전하기 전의 공장용 부동산의 시가표준액의 차액

(3) 감면신청

이 규정에 따라 공장의 지방 이전에 따른 지방세 감면을 신청하려는 자는 다음 각 호의 서류를 첨부하여 시장·군수에게 제출하여야 한다(규칙 §8 ⑤ Ⅰ~Ⅲ).

1. 이전하기 전의 공장 규모와 조업실적을 증명할 수 있는 서류
2. 이전하기 전의 공장용 토지의 지목이 둘 이상이거나 그 토지가 두 필지 이상인 경우 또는 건물이 여러 동일 경우에는 그 명세서

3. 이전한 공장용 토지의 지목이 둘 이상이거나 그 토지가 두 필지 이상인 경우 또는 건물이 여러 동일 경우에는 그 명세서

(4) 이전공장에 대한 지방세 감면 처리시 유의사항

① 공장이전이라 함은 제조장 단위별로 독립된 시설을 이전하는 경우를 말하며 대도시 내의 공장용 토지 및 건물을 임차하여 생산설비를 갖추고 공장을 경영하던 자가 그 생산설비를 대도시 외로 이전하는 경우까지를 포함하나 이 경우는 반드시 2년 이상 공장을 임차하여 운영한 실적이 있어야 한다.
② 면제대상이 되는 것은 부동산에 한하는 것이므로 공장이전을 위하여 취득한 차량이나 기계장비는 면제대상이 되지 아니한다.
③ 공장이전을 위해 취득한 부동산의 가액이 대도시 내에서 경영하던 공장용 부동산의 가액을 초과하는 경우는 그 초과부분에 대하여는 취득세를 과세한다.
④ 공장을 이전하여 지방세를 과세감면을 받고 있는 기간에 대도시에서 이전 전에 생산하던 제품을 생산하는 공장을 다시 설치한 경우와 해당 사업에 직접 사용한 기간이 2년 미만인 상태에서 매각·증여하거나 다른 용도로 사용하는 경우에는 감면한 취득세 및 재산세를 추징한다.

제80조의 2 │ 기회발전특구로의 이전 등에 대한 감면

① 「지방자치분권 및 지역균형발전에 관한 특별법」 제23조에 따라 지정된 기회발전특구(이하 이 조에서 "기회발전특구"라 한다)에서 창업(제58조의3제6항 각 호에 해당하지 아니하는 경우로서 같은 조 제4항 각 호의 업종을 영위하는 경우로 한정한다)하는 기업에 대해서는 다음 각 호에서 정하는 바에 따라 지방세를 감면한다.(법 §80의 2 ① Ⅰ·Ⅱ).
1. 창업하기 위하여 취득하는 사업용 부동산에 대해서는 2026년 12월 31일까지 취득세의 100분의 50을 경감하고, 과세기준일 현재 해당 용도로 직접 사용하는 그 사업용 부동산에 대해서는 재산세 납세의무가 최초로 성립한 날부터 5년간 재산세를 면제(수도권 지역에 있는 기회발전특구의 경우에는 3년간 재산세를 면제하며, 그 다음 2년간은 재산세의 100분의 50을 경감)한다. 다만, 다음 각 목의 어느 하나에 해당하는 경우 감면한 취득세를 추징한다.
  가. 정당한 사유 없이 부동산 취득일부터 3년이 경과할 때까지 해당 사업에 직접 사용하지 아니하거나 다른 용도로 사용하는 경우

나. 해당 사업에 직접 사용한 기간이 2년 미만인 상태에서 매각·증여하거나 다른 용도로 사용하는 경우
2. 지방자치단체의 장은 해당 지역의 재정 여건 등을 고려하여 제1호에 따라 취득세를 감면하는 경우에는 100분의 50(수도권 지역에 있는 기회발전특구의 경우에는 100분의 25) 범위에서 조례로 정하는 율을 추가로 경감할 수 있고, 재산세를 감면하는 경우에는 5년간 감면기간을 연장하여 100분의 50(수도권 지역에 있는 기회발전특구는 제외한다)의 범위에서 조례로 정하는 율에 따라 경감할 수 있다.

② 수도권(제75조의5에 따른 인구감소지역 또는 「접경지역 지원 특별법」 제2조제1호에 따른 접경지역을 제외한다)에서 본점 또는 주사무소를 설치하거나 공장시설을 갖추고 사업을 영위하는 기업이 해당 본점이나 주사무소 또는 공장을 폐쇄하고 수도권 외의 기회발전특구로 이전하는 경우 다음 각 호에서 정하는 바에 따라 지방세를 감면한다. 이 경우 이전하는 본점 또는 주사무소의 범위 및 공장의 범위, 업종, 규모 및 공장용 부동산의 요건은 행정안전부령으로 정한다(법 §80의 2 ② Ⅰ·Ⅱ).

1. 해당 사업에 직접 사용하기 위하여 취득하는 사업용 부동산에 대해서는 2026년 12월 31일까지 취득세의 100분의 50을 경감하고, 과세기준일 현재 해당 용도로 직접 사용하는 그 사업용 부동산에 대해서는 재산세 납세의무가 최초로 성립한 날부터 5년간 재산세를 면제한다. 다만, 다음 각 목의 어느 하나에 해당하는 경우 감면한 취득세와 재산세를 추징한다.
　　가. 본점이나 주사무소 또는 공장을 이전하여 지방세를 감면받고 있는 기간에 수도권에서 이전하기 전에 하던 사업과 동일한 사업을 수행하는 본점, 주사무소, 공장을 수도권에 다시 설치하는 경우
　　나. 본점이나 주사무소 또는 공장을 이전하여 취득한 날부터 5년 이내에 해당 사업을 폐업한 경우다. 정당한 사유 없이 부동산 취득일부터 3년이 경과할 때까지 해당 사업에 직접 사용하지 아니하거나 다른 용도로 사용하는 경우
　　라. 해당 사업에 직접 사용한 기간이 2년 미만인 상태에서 매각·증여하거나 다른 용도로 사용하는 경우
2. 지방자치단체의 장은 해당 지역의 재정 여건 등을 고려하여 제1호에 따라 취득세를 감면하는 경우에는 100분의 50의 범위에서 조례로 정하는 율을 추가로 경감할 수 있고, 재산세를 감면하는 경우에는 5년간 감면기간을 연장하여 100분의 50의 범위에서 조례로 정하는 율에 따라 경감할 수 있다.

③ 기회발전특구에서 공장을 신·증설하는 기업에 대해서는 다음 각 호에서 정하는 바에 따라 지방세를 감면한다. 이 경우 공장의 범위, 업종, 요건 등은 행정안전부령으로

정한다.(법 §80의 2 ③ Ⅰ·Ⅱ).

1. 해당 사업에 직접 사용하기 위하여 취득하는 사업용 부동산에 대해서는 2026년 12월 31일까지 취득세의 100분의 50을 경감하고, 과세기준일 현재 해당 용도로 직접 사용하는 그 사업용 부동산에 대해서는 재산세 납세의무가 최초로 성립한 날부터 5년간 재산세의 100분의 75(수도권 지역에 있는 기회발전특구의 경우에는 100분의 35)를 경감한다. 다만, 다음 각 목의 어느 하나에 해당하는 경우 감면한 취득세 및 재산세를 추징한다.

   가. 공장을 신·증설하여 취득한 날부터 5년 이내에 해당 사업을 폐업한 경우
   나. 정당한 사유 없이 부동산 취득일부터 3년이 경과할 때까지 해당 사업에 직접 사용하지 아니하거나 다른 용도로 사용하는 경우
   다. 해당 사업에 직접 사용한 기간이 2년 미만인 상태에서 매각·증여하거나 다른 용도로 사용하는 경우

2. 지방자치단체의 장은 해당 지역의 재정 여건 등을 고려하여 제1호에 따라 취득세를 경감하는 경우 100분의 25의 범위에서 조례로 정하는 율을 추가로 경감할 수 있다.

제81조 이전공공기관 등 지방이전에 대한 감면

① 「공공기관 지방이전에 따른 혁신도시 건설 및 지원에 관한 특별법」 제2조 제2호에 따른 이전공공기관(이하 이 조에서 "이전공공기관"이라 한다.)이 같은 법 제4조에 따라 국토교통부장관의 지방이전계획 승인을 받아 이전할 목적으로 취득하는 부동산에 대해서는 취득세의 100분의 50을 2017년 12월 31일까지 경감하고, 재산세의 경우 그 부동산에 대한 납세의무가 최초로 성립하는 날부터 5년간 재산세의 100분의 50을 경감한다(법 §81 ①).

② 이전공공기관의 법인등기에 대해서는 2016년 12월 31일까지 등록면허세를 면제한다(법 §81 ②).(감면종료)

③ 제1호 각 목의 자가 해당 지역에 거주할 목적으로 주택을 취득함으로써 대통령령으로 정하는 1가구 1주택이 되는 경우에는 제2호 각 목에서 정하는 바에 따라 취득세를 2022년 12월 31일까지 감면한다(법 §81 ③ Ⅰ·Ⅱ).

1. 감면 대상자
   가. 이전공공기관을 따라 이주하는 소속 임직원
   나. 「신행정수도 후속대책을 위한 연기·공주지역 행정중심복합도시 건설을 위한 특별법」 제16조에 따른 이전계획에 따라 행정중심복합도시로 이전하는 중앙행정기관 및 그 소속기관(이전계획에 포함되어 있지 않은 중앙행정기관의 소속기관으로서 행정중심복합도시로 이전하는 소속기관을 포함하며, 이하 "중앙행정기관 등"이라 한다.)을 따라 이주하는 공무원(1년 이상 근무한 기간제근로자로서 해당 소속기관이 이전하는 날까지 계약이 유지되는 종사자 및 국가공무원법 제26조의 4에 따라 수습으로 근무하는 자를 포함한다. 이하 이 조에서 같다.)
   다. 행정중심복합도시건설청 소속 공무원(2019년 12월 31일 이전에 소속된 경우로 한정한다.)

2. 감면 내용
   가. 전용면적 85제곱미터 이하의 주택 : 면제
   나. 전용면적 85제곱미터 초과 102제곱미터 이하의 주택 : 1천분의 750을 경감
   다. 전용면적 102제곱미터 초과 135제곱미터 이하의 주택 : 1천분의 625를 경감

이 규정에서 "대통령령으로 정하는 1가구 1주택"이란 취득일 현재 취득자와 같은 세대별 주민등록표에 기재되어 있는 가족(동거인은 제외한다.)으로 구성된 1가구(취득자의 배우자와 취득자의 미혼인 30세 미만의 직계비속은 각각 취득자와 같은 세대별 주민등록표에 기재되어 있지 아니하더라도 같은 가구에 속한 것으로 본다.)가 다음 각 호의 구분에 따른 지역에서 해당 기관에 대한 「신행정수도 후속대책을 위한 연기·공주지역 행정중심복합도시 건설을 위한 특별법」 제16조 제5항에 따른 이전계획의 고시일이나 「혁신도시 조성 및 발전 관한 특별법」 제4조 제4항에 따른 지방이전계획의 승인일 또는 업무개시일(법 제81조 제3항 제1호 다목의 경우에만 해당한다.) 이후 1개의 주택을 최초로 취득하는 것을 말한다. 이 경우 주택의 부속토지만을 소유하는 경우에도 주택을 소유한 것으로 본다(영 §40 Ⅰ·Ⅱ).

1. 법 제81조 제3항 제1호 가목의 감면대상자의 경우 : 다음 각 목의 지역
   가. 법 제81조 제1항에 따른 이전공공기관(이하 이 조에서 "이전공공기관"이라 한다.)이 「혁신도시 조성 및 발전 관한 특별법」 제31조에 따른 공동혁신도시로 이전하는 경우 : 그 혁신도시를 공동으로 건설한 광역시·도 또는 특별자치도 내
   나. 가목 외의 경우 : 다음의 구분에 따른 지역
      1) 2012년 6월 30일까지 : 이전공공기관의 소재지 특별시·광역시·도·특별자치도 또는 「신행정수도 후속대책을 위한 연기·공주지역 행정중심복합도시 건설을 위한 특별법」 제2조 제1호에 따른 예정지역(이하 이조에서 "예정지역"이라 한다.) 내

2) 2012년 7월 1일 이후 : 이전공공기관의 소재지 특별시·광역시·특별자치도·도 또는 특별자치도 내

2. 법 제81조 제3항 제1호 나목 및 다목의 감면대상자의 경우 : 다음 각 목의 구분에 따른 지역

가. 2012년 6월 30일까지 : 법 제81조 제3항에 따른 중앙행정기관 등(이하 이 조에서 "중앙행정기관 등"이라 한다.)의 소재지 특별시·광역시·도·특별자치도 또는 예정지역 내

나. 2012년 7월 1일 이후 : 중앙행정기관 등의 소재지 특별시·광역시·특별자치시 또는 특별자치도 내

④ 제3항에 따라 취득세를 감면받은 사람이 사망, 혼인, 정년퇴직 또는 파견근무로 인한 근무지역의 변동 등의 정당한 사유 없이 다음 각 호의 어느 하나에 해당하는 경우에는 감면된 취득세를 추징한다. 다만 파견근무의 경우에는 제1호 와 제3호(해당주택을 매각·증여하는 경우로 한정한다)의 경우에만 감면된 취득세를 추징한다(법 §81 ④ Ⅰ~Ⅲ).

1. 이전공공기관 또는 중앙행정기관 등의 이전일(이전공공기관의 경우에는 이전에 따른 등기일 또는 업무개시일 중 빠른 날을 말하며, 중앙행정기관 등의 경우에는 업무개시일을 말한다. 이하 이 조에서 같다.) 전에 주택을 매각·증여한 경우

2. 주택을 취득한 날(이전일이 취득일 보다 늦은 경우에는 이전일을 말한다)부터 3개월 이내에 상시거주(「주민등록법」에 따른 전입신고를 하고 계속하여 거주하는 것을 말한다. 이하 이 조에서 같다)를 시작하지 아니한 경우

3. 상시 거주한 기간이 3년 미만인 상태에서 해당주택을 매각·증여하거나 다른 용도(임대를 포함한다)로 사용하는 경우

⑤ 제3항 제1호에 따른 이전공공기관, 중앙행정기관 등, 행정중심복합도시건설청 및 세종청사관리소(이하 이 항에서 "감면대상기관"이라 한다.)의 소속 임직원 또는 공무원(소속기관의 장이 인정하여 주택특별공급을 받은 사람을 포함한다.)으로서 해당 지역에 거주할 목적으로 주택을 취득하기 위한 계약을 체결하였으나 취득 시에 인사발령으로 감면대상기관 외의 기관에서 근무하게 되어 제3항에 따른 취득세 감면을 받지 못한 사람이 3년 이내의 근무기간을 종료하고 감면대상기관으로 복귀하였을 때에는 이미 납부한 세액에서 제3항 제2호에 따른 감면을 적용하였을 경우의 납부세액을 뺀 금액을 환급한다(법 §81 ⑤).

⑥ 제5항에 따라 환급받은 사람이 제4항 각호의 어느하나에 해당하는 경우 환급받은 세액을 추징한다. 이 경우 제4항 제2호의 '주택을 취득한 날'은 '감면대상기관으로 복귀한 날'로 본다(법 §81 ⑥).

(1) 공공기관의 지방이전에 따른 취득부동산 등

취득세, 재산세 경감

① 「혁신도시 조성 및 발전 관한 특별법」 제2조 제2호에 따른 이전공공기관이 같은 법 제4조에 따라 국토교통부장관의 지방이전계획 승인을 받아 이전할 목적으로 취득하는 부동산에 대해서는 취득세의 100분의 50을 2017년 12월 31일까지 경감한다.(감면종료)

다만, 지방세법 제13조 제3항에 따른 중과세대상 부동산 등은 감면대상에서 제외하며, 부동산에 대한 면제를 적용할 때에는 취득일부터 1년 이내에 정당한 사유 없이 해당 용도로 사용하지 아니하는 경우 또는 그 사용일부터 2년 이상 해당 용도로 직접 사용하지 아니하고 매각·증여하거나 다른 용도로 사용하는 경우에는 해당 부분에 대하여는 면제된 취득세를 추징한다.

② 재산세의 경우 그 부동산에 대한 납세의무가 최초로 성립하는 날부터 5년간 재산세의 100분의 50을 경감한다.

이 경우 "이전공공기관"이라 함은 수도권에서 수도권이 아닌 지역으로 이전하는 공공기관을 말하고, 이전공공기관은 수도권에 있는 이전공공기관의 본사 또는 주사무소 및 그 기능의 수행을 위한 조직을 지방으로 이전하는 계획을 수립하여 소관 행정기관의 장에게 제출하여야 하고, 이때 소관행정기관의 장은 지방이전계획을 검토 조정하여, 국토교통부장관에게 승인을 신청하면 국토교통부장관은 국가균형발전위원회의 심의를 거쳐 승인하게 된다.

(2) 이전공공기관 등을 따라 이주하는 직원의 주택 취득

취득세 감면

다음 제1호 각 목의 자가 해당 지역에 거주할 목적으로 주택을 취득함으로써 대통령령으로 정하는 1가구 1주택이 되는 경우에는 제2호 각 목에서 정하는 바에 따라 2022년 12월 31일까지 취득세를 감면한다(감면종료).

① 감면 대상자
　㉮ 이전공공기관을 따라 이주하는 소속 임직원
　㉯ 「신행정수도 후속대책을 위한 연기·공주지역 행정중심복합도시 건설을 위한 특별법」 제16조에 따른 이전계획에 따라 행정중심복합도시로 이전하는 중앙행정기관

및 그 소속기관(이전계획에 포함되어 있지 않은 중앙행정기관의 소속기관으로서 행정중심복합도시로 이전하는 소속기관을 포함하며, 이하 "중앙행정기관 등"이라 한다.)을 따라 이주하는 공무원(1년 이상 근무한 기간제근로자로서 해당 소속기관이 이전하는 날까지 계약이 유지되는 종사자 및 국가공무원법 제26조의 4에 따라 수습으로 근무하는 자를 포함한다. 이하 이 조에서 같다.)

㉰ 행정중심복합도시건설청 소속 공무원(2019년 12월 31일 이전에 소속된 경우로 한정한다) 이 규정에 따른 이전공공기관, 중앙행정기관 등, 행정중심복합도시건설청(이하 이 항에서 "감면대상기관"이라 한다.)의 소속 임직원 또는 공무원(소속기관의 장이 인정하여 주택특별공급을 받은 사람을 포함한다.)으로서 해당 지역에 거주할 목적으로 주택을 취득하기 위한 계약을 체결하였으나 취득 시에 인사발령으로 감면대상기관 외의 기관에서 근무하게 되어 제3항에 따른 취득세 감면을 받지 못한 사람이 3년 이내의 근무기간을 종료하고 감면대상기관으로 복귀하였을 때에는 이미 납부한 세액에서 제3항 제2호에 따른 감면을 적용하였을 경우의 납부세액을 뺀 금액을 환급한다.

② 감면 내용
㉮ 전용면적 85제곱미터 이하의 주택 : 면제
㉯ 전용면적 85제곱미터 초과 102제곱미터 이하의 주택 : 1천분의 750을 경감
㉰ 전용면적 102제곱미터 초과 135제곱미터 이하의 주택 : 1천분의 625를 경감

그리고 이 규정에 따라 취득세를 감면받은 사람이 사망, 혼인, 정년퇴직 또는 파견근무 로 인한 근무지역의 변동 등의 정당한 사유 없이 다음 각 호의 어느 하나에 해당하는 경우에는 감면된 취득세를 추징한다.

① 이전공공기관 또는 중앙행정기관 등의 이전일(이전공공기관의 경우에는 이전에 따른 등기일 또는 업무개시일 중 빠른 날을 말하며, 중앙행정기관 등의 경우에는 업무개시일을 말한다. 이하 이 조에서 같다.) 전에 주택을 매각하거나 증여한 경우
② 주택을 취득한 날(이전일이 취득일 보다 늦은 경우에는 이전일을 말한다)부터 3개월 이내에 상시거주(「주민등록법」에 따른 전입신고를 하고 계속하여 거주하는 것을 말한다. 이하 이 조에서 같다)를 시작하지 아니한 경우
③ 상시 거주한 기간이 3년 미만인 상태에서 해당주택을 매각·증여하거나 다른 용도(임대를 포함한다)로 사용하는 경우

다만, 부칙에서는 2023년 법 개정 이전에 이전공공기관 임직원 또는 중앙행정기관의 공무원 등이 감면받은 취득세의 추징에 관하여는 제81조제4항 및 제5항의 개정규정에도 불구하고 종전규정에 따른다.

이 경우 1가구 1주택이란 취득일 현재 세대별 주민등록표에 기재되어 있는 세대주와 그 가족(동거인은 제외한다.)으로 구성된 1가구(세대주의 배우자와 미혼인 30세 미만

의 직계비속은 같은 세대별 주민등록표에 기재되어 있지 아니하더라도 동일한 가구에 속한 것으로 본다.)가 이전공공기관의 소재지 특별시·광역시·도 또는 특별자치도 내(혁신도시 조성 및 발전 관한 특별법 제31조에 따른 공동혁신도시의 경우에는 그 혁신도시를 공동으로 건설한 광역시·도·특별자치도 내를 말한다.)에 1개의 주택을 소유하는 것을 말한다(1가구 1주택의 정의는 본문을 참고하기 바란다.).

사례

❖ 「공공기관 지방이전에 따른 혁신도시 건설 및 지원에 관한 특별법」제4조에서는 공공기관 이전에 따른 이전의 규모, 범위, 시기, 비용 등을 포함한 지방이전 계획을 수립하여 승인받도록 규정하고 있고, 같은 법 시행령 제3조에서는 이전 공공 기관에 한 사무소 부지매입비·신축비·임차비·이사비용 및 이주수당의 지급 등 이주직원에 한 지원책 등을 수립하여 승인받도록 규정하고 있어, 이전공공기관이 취득하는 부동산 중에서 감면이 되는 부동산은 국토교통부장관의 지방이전계획 승인을 받은 부동산으로 한정해야 할 것으로, 이전공공기관 이 이전상 소속 임직원의 주거용으로 사용하기 위해 기관명의로 매입하는 주택이 감면상인지 여부는 당해 기관이 공공기관 이전 계획을 수립하여 승인 을 받은 경우라면 취득세 감면상으로 볼 수 있다 할 것임

(행자부 지방세특례제도과-1802, 2016.7.27.)

❖ 「지방세특례제한법」제81조 제2항에서 이전공공기관의 법인등기에 해서는 등 록면허세를 면제하도록 규정하고 있으며, 세금의 부과는 납세의무 성립시에 유효한 법령의 규정에 의하여야 하고, '등기'라 함은 부동산의 특정, 권리내용 의 명시, 물권변동의 사실과 내용을 등기부에 기재함으로써 거래관계에 해서 는 제3자에 해 그 권리의 내용을 명백히 알도록 하여 거래의 안전을 보호하기 위한 제도이며, 이중 '법인등기'라 함은 설립등기, 변경등기, 분사무소 설치 등 기, 사무소이전 및 해산등기 등을 지칭하는 것이라 할 것으로, '법인등기'에 관하여 지방세 관계법에서 위와 같은 일반적인 법리와는 다른 별도의 정의 규정 을 두고 있지 아니한 이상, 회사의 자본을 늘리는 '자본증가 또는 출자증가'는 자본의 증자인 '변경등기' 사항으로서 이전공공기관의 '법인등기'에 해당한다 할 것이므로 등록면허세를 감면하는 것이 타당하다 할 것임

(행자부 지방세특례제도과-2472, 2016.9.9.)

❖ 공공기간 지방이전 후의 등기도 등록면허세 면제대상에 해당되는지 여부

이전공공기관이 지방으로 이전한 후에 이루어진 법인등기는 분법 이전 등록세 면제규정의 '이전에 따른 법인등기'이라는 수식어가 삭제되어 이전 후의 등기도 등록면허세 면제대상에 해당됨

(대법 2017두45063, 2017.12.22.)

❖ 행정중심복합도시로 이전하는 행정기관 등을 따라 이주하는 공무원이 주택 취득의 의미

'주택을 취득한 경우'란 주택법 제2조 제1호에 따라 세대의 구성원이 장기간 독립한 주거생활을 할 수 있는 구조로서 주거용으로 사용될 수 있는 상태의 건축물과 그 부속토지를 취득한 경우에 해당되어야 한다고 봄이 타당하다. 따라서 행정중심복합도시로 이전하는 행정기관

등을 따라 이주하는 공무원이 해당 지역에 거주하기 위한 주택을 신축할 목적으로 나대지 상태의 토지를 취득하였다 하더라도, 위 토지를 취득할 당시는 주거용으로 사용될 수 있는 건축물의 부속토지를 취득한 것이 아니므로, 위 토지의 취득에 관하여 '주택'의 취득에 관한 이 사건 조항이 적용된다고 볼 수는 없다.

(대법 2018두34428, 2018.8.25.)

❖ **이전공공기관이 국토교통부장관의 승인을 받은 지방이전계획의 범위를 벗어나 취득한 부동산에 대한 취득세 등 감면대상 해당여부**

지방이전계획은 인적 자원의 이전에 관한 사항뿐 아니라, 이전할 장소와 그 장소의 취득방법(신축 또는 임차), 취득 비용 등 물적 요소에 관한 사항까지 포함하도록 되어 있고, 그 지방이전계획은 인적 자원의 이전을 위한 사항뿐 아니라 물적 요소에 관한 사항까지 포함하고 있으므로, 지방이전계획이 변경승인 등을 거쳐 최종적으로 구체화된 시점에는 이전계획에 이전할 목적으로 취득하는 부동산에 대한 사항이 포함되어 있어야 함에도 그 이전할 목적으로 취득한 부동산으로 승인을 받지 않은 이 건 부동산은 취득세 등 감면대상에 해당되지 않음

(대법 2020두33589, 2020.5.14.)

제81조의 2 | 주한미군 한국인 근로자 평택이주에 대한 감면

① 「대한민국과 미합중국간의 미합중국군대의 서울지역으로부터의 이전에 관한 협정」 및 「대한민국과 미합중국간의 연합토지관리계획협정」에 따른 주한미군기지 이전(평택시 외의 지역에서 평택시로 이전하는 경우로 한정한다.)에 따라 제1호 각 목의 자가 평택시에 거주할 목적으로 주택(해당 지역에서 최초로 취득하는 주택으로 한정한다.)을 취득함으로써 대통령령으로 정하는 1가구 1주택이 되는 경우에는 제2호 각 목에서 정하는 바에 따라 취득세를 2024년 12월 31일까지 감면한다(법 §81의 2 ①).

1. 감면대상자

   가. 「대한민국과 아메리카합중국 간의 상호방위조약 제4조에 의한 시설과 구역 및 대한민국에서의 합중국 군대의 지위에 관한 협정」 제17조에 따른 미합중국군대의 민간인 고용원 및 같은 협정 제15조에 따른 법인인 초청 계약자의 민간인 고용원 중 주한미군기지 이전에 따라 평택시로 이주하는 한국인 근로자

   나. 「대한민국과 미합중국간의 한국노무단의 지위에 관한 협정」 제1조에 따른 민간인 고용원 중 주한미군기지를 따라 평택시로 이주하는 한국인 근로자

2. 감면내용

   가. 전용면적 85제곱미터 이하인 주택: 면제

   나. 전용면적 85제곱미터 초과 102제곱미터 이하인 주택: 1천분의 750을 경감

다. 전용면적 102제곱미터 초과 135제곱미터 이하인 주택: 1천분의 625를 경감

이 경우 "대통령령으로 정하는 1가구 1주택이 되는 경우"란 취득일 현재 취득자와 같은 세대별 주민등록표에 기재되어 있는 가족(동거인은 제외한다.)으로 구성된 1가구(취득자의 배우자, 취득자의 미혼인 30세 미만의 직계비속은 각각 취득자와 같은 세대별 주민등록표에 기재되어 있지 않더라도 같은 가구에 속한 것으로 본다.)가 평택시에 1개의 주택을 소유하는 경우를 말하며, 주택의 부속토지만을 소유하는 경우에도 주택을 소유한 것으로 본다(영 §40의 2).

② 제1항에 따라 취득세를 감면받은 사람이 사망, 혼인, 해외이주, 정년퇴직, 파견근무 등의 정당한 사유 없이 주택 취득일부터 2년 이내에 주택을 매각·증여하거나 다른 용도로 사용(임대를 포함한다.)하는 경우에는 감면된 취득세를 추징한다(법 §81의 2 ②).

그러므로 주한미군기지 이전으로 이주하는 한국인근로자가 취득하는 평택시 내 1가구 1주택에 대한 취득세를 감면하는 것이며, 전용면적 85제곱미터 이하인 주택에 대해서는 최소납부제적용 대상이다.

제82조 개발제한구역에 있는 주택의 개량에 대한 감면

재산세 면제

「개발제한구역의 지정 및 관리에 관한 특별조치법」 제3조에 따른 개발제한구역에 거주하는 사람(과밀억제권역에 거주하는 경우에는 1년 이상 거주한 사실이 「주민등록법」에 따른 세대별 주민등록표 등에 따라 입증되는 사람으로 한정한다.) 및 그 가족이 해당 지역에 상시 거주할 목적으로 취득하는 취락지구 지정대상 지역에 있는 주택으로서 취락정비계획에 따라 개량하는 전용면적 100제곱미터 이하인 주택(그 부속토지는 주거용 건축물 바닥면적의 7배를 초과하지 아니하는 부분으로 한정한다.)에 대해서는 2024년 12월 31일까지 주거용 건축물 취득 후 납세의무가 최초로 성립하는 날부터 5년간 재산세를 면제한다(법 §82).

제83조 시장정비사업에 대한 감면

① 「전통시장 및 상점가 육성을 위한 특별법」 제37조에 따라 승인된 시장정비구역에서 시장정비사업을 추진하려는 자(이하 이 조에서 "시장정비사업시행자"라 한다.)가 해당 사업에

직접 사용하기 위하여 취득하는 부동산에 대해서는 취득세를 2024년 12월 31일까지 면제하고, 과세기준일 현재 해당 용도로 직접 사용하는 부동산에 대해서는 재산세의 납세의무가 최초로 성립하는 날부터 5년간 재산세의 100분의 50을 경감한다. 다만, 토지분 재산세에 대한 감면은 건축공사 착공일부터 적용한다(법 §83 ①).

② 제1항에 따른 시장정비구역에서 대통령령으로 정하는 자가 시장정비사업시행자로부터 시장정비사업시행에 따른 부동산을 최초로 취득하는 경우 해당 부동산(주택은 제외한다.)에 대해서는 취득세를 2024년 12월 31일까지 면제하고, 시장정비사업 시행으로 인하여 취득하는 건축물에 대해서는 재산세의 납세의무가 최초로 성립하는 날부터 5년간 재산세의 100분의 50을 경감한다(법 §83 ②).

이 경우 "대통령령으로 정하는 자"란 시장정비사업 시행인가일 현재 기존의 전통시장(전통시장 및 상점가 육성을 위한 특별법 제2조 제1호에 따른 전통시장을 말한다.)에서 3년 전부터 계속하여 입점한 상인 또는 시장정비사업 시행인가일 현재 전통시장에서 부동산을 소유한 자를 말한다(영 §41).

③ 「전통시장 및 상점가 육성을 위한 특별법」 제38조에 따라 사업추진계획의 승인이 취소되는 경우, 그 취득일부터 3년 이내에 정당한 사유 없이 그 사업에 직접 사용하지 아니하거나 매각·증여하는 경우와 다른 용도에 사용하는 경우에 해당 부분에 대해서는 제1항 및 제2항에 따라 감면된 취득세를 추징한다(법 §83 ③).

(1) 시장정비사업시행자의 부동산 취득

> 취득세 면제, 재산세 경감

시장정비구역에서 시장정비사업을 추진하려는 자(시장정비사업시행자)가 해당 사업에 직접 사용하기 위하여 취득하는 부동산에 대해서는 2024년 12월 31일까지 취득세를 면제하고, 그 부동산에 대한 재산세의 납세의무가 최초로 성립하는 날부터 5년간 재산세의 100분의 50을 경감한다. 다만, 토지분 재산세에 대한 감면은 건축공사 착공일부터 적용한다.

그런데 전통시장 및 상점가 육성을 위한 특별법 제38조에 따라 사업추진계획의 승인이 취소된 경우, 그 취득일부터 3년 이내에 정당한 사유 없이 그 사업에 직접 사용하지 아니하거나 매각·증여하는 경우와 다른 용도에 사용하는 경우에 해당 부분에 대하여는 면제된 취득세를 추징한다.

(2) 시장정비사업자로부터 최초로 취득하는 부동산

취득세 면제, 재산세 경감

시장정비구역에서 시장정비사업 시행인가일 현재 기존의 전통시장에서 3년 전부터 계속하여 입점한 상인 또는 시장정비사업 시행인가일 현재 전통시장에서 부동산을 소유한 자가 시장정비사업시행자로부터 시장정비사업 시행에 따른 부동산을 최초로 취득하는 경우 해당 부동산(주택은 제외한다.)에 대해서는 2024년 12월 31일까지 취득세를 면제하고, 시장정비사업시행으로 인하여 취득하는 건축물에 대해서는 재산세의 납세의무가 최초로 성립하는 날부터 5년간 재산세의 100분의 50을 경감한다.

이 경우 재산세는 시장정비사업 시행으로 인하여 취득하는 건축물에 대하여만 경감되는 점에 유의하여야 한다.

그런데 전통시장 및 상점가 육성을 위한 특별법 제38조에 따라 사업추진계획의 승인이 취소되는 경우, 그 취득일부터 3년 이내에 정당한 사유 없이 그 사업에 직접 사용하지 아니하거나 매각·증여하는 경우와 다른 용도에 사용하는 경우에 해당 부분에 대하여는 면제된 취득세를 추징한다.

사례

❖ 취득세가 감면되는 시장정비사업을 추진하고자 하는 자라 함은 조합 또는 토지 등의 소유자의 과반수의 동의를 얻어 소정의 요건을 갖춘 자임. 해당법인은 조합원 총회에서 참여조합원의 만장일치로 공동시행자로 지정된 사실과, 공동시행자의 지위에서 제2부동산을 취득한 사실이 확인되므로 관련 취득세 부과 처분은 취소하는 것이 타당하다고 할 것이다.

(조심 2011지0553, 2012.7.26.)

제84조 사권 제한토지 등에 대한 감면

① 「국토의 계획 및 이용에 관한 법률」 제2조 제7호에 따른 도시·군계획시설로서 같은 법 제32조에 따라 지형도면이 고시된 후 10년 이상 장기간 미집행된 토지, 지상건축물, 「지방세법」 제104조 제3호에 따른 주택(각각 그 해당 부분으로 한정한다.)에 대해서는 2024년 12월 31일까지 재산세의 100분의 50을 경감하고, 「지방세법」 제112조에 따라 부과되는 세액을 면제한다(법 §84 ①).

② 「국토의 계획 및 이용에 관한 법률」 제2조 제13호에 따른 공공시설을 위한 토지(주택의 부속토지를 포함한다.)로서 같은 법 제30조 및 제32조에 따라 도시·군관리계획의 결정 및 도시·군관리계획에 관한 지형도면의 고시가 된 후 과세기준일 현재 미집행된 토지의 경우 해당 부분에 대해서는 재산세의 100분의 50을 2024년 12월 31일까지 경감한다(법 §84 ②).

③ 「철도안전법」 제45조에 따라 건축 등이 제한된 토지의 경우 해당 부분에 대해서는 재산세의 100분의 50을 2024년 12월 31일까지 경감한다(법 §84 ③).

(1) 도시계획시설로서 지형도면이 고시된 후 10년 이상 미집행 토지 등

재산세 경감

도시·군계획시설로서 국토의 계획 및 이용에 관한 법률 제32조에 따라 지형도면이 고시된 후 10년 이상 장기간 미집행된 토지, 지상건축물, 주택법 제2조 제1호에 따른 주택(각각 그 해당 부분으로 한정한다.)에 대해서는 재산세의 50%를 경감하는데, 이 경우 지방세법 112조에 따라 부과하는 재산세도 경감한다.

사례 |

❖ 도시관리계획 결정·고시된 당해 토지는 이미 학교가 건립되어 도시계획시설로 집행되었다 하더라도, 도시관리계획 결정·고시된 당해 토지는 잔여부분은 미분양 용지로서 당해 토지의 이용가능성이 배제되거나, 토지소유자가 토지를 종래 허용된 용도대로도 사용할 수 없는 경우에는 장기간 미집행된 토지로 보아 감면 대상으로 보는 것이 타당하다 할 것이다.

(행자부 지방세특례제도과-1533, 2017.7.15.)

(2) 공공시설을 위한 도시관리계획의 결정 등이 된 토지

재산세 경감

공공시설을 위한 토지(주택의 부속토지를 포함한다.)로서 국토의 계획 및 이용에 관한 법률 제30조 및 제32조에 따라 도시·군관리계획의 결정 및 도시·군관리계획에 관한 지형도면의 고시가 된 후 과세기준일 현재 미집행된 토지의 경우 해당 부분에 대해서는 재산세(재산세 도시지역분은 제외)의 50%를 경감한다.

이 경우 "공공시설"이란 도로·공원·철도·수도·항만·공항·운하·광장·녹지·공공용지·공동구·하천·유수지·방화설비·방풍설비·방수설비·사방설비·방조설비·하수도·주거 및 행정청이 설치하는 주차장·운동장·저수지·화장장·공동묘지·봉안시설을 말한다.

(3) 철도안전법에 따라 건축 등이 제한된 토지

재산세 경감

철도안전법 제45조에 따라 건축 등이 제한된 토지의 경우 해당 부분에 대해서는 재산세(재산세 도시지역분은 제외)의 100분의 50을 경감한다.[19]

---

19) **철도안전법 §45**
   제45조【철도보호지구안에서의 행위제한】 ①철도경계선(가장 바깥쪽 궤도의 끝선을 말한다.)으로부터 30미터 이내의 지역(이하 "철도보호지구"라 한다.)에서 다음 각 호의 1에 해당하는 행위를 하고자 하는 자는 대통령령이 정하는 바에 따라 국토교통부장관에게 신고하여야 한다.
   1. 토지의 형질변경 및 굴착
   2. 토석·자갈 및 모래의 채취
   3. 건축물의 신축·개축·증축 또는 공작물의 설치
   4. 나무의 식재(대통령령이 정하는 경우에 한한다.)
   5. 그 밖의 철도시설의 손괴 또는 철도차량의 안전운행을 저해할 우려가 있는 행위로서 대통령령이 정하는 행위
   ② 국토교통부장관은 철도차량의 안전운행 및 철도보호를 위하여 필요하다고 인정하는 때에는 제1항 각 호의 1의 행위를 하는 자에 대하여 당해 행위의 금지 또는 제한을 명령하거나 대통령령이 정하는 필요한 조치를 하도록 명할 수 있다.
   ③ 철도운영자 등은 철도차량의 안전운행 및 철도보호를 위하여 필요한 경우 국토교통부장관에게 제2항의 규정에 의한 당해 행위의 금지·제한 또는 필요한 조치를 명할 것을 요청할 수 있다.

제8절 공공행정 등에 대한 지원

제85조 한국법무보호복지공단 등에 대한 감면

취득세, 재산세 면제

① 「보호관찰 등에 관한 법률」에 따른 한국법무보호복지공단 및 같은 법에 따라 갱생보호사업의 허가를 받은 비영리법인이 갱생보호사업에 직접 사용하기 위하여 취득하는 부동산에 대해서는 취득세를, 과세기준일 현재 그 사업에 직접 사용하는 부동산에 대해서는 재산세를 다음 각 호에서 정하는 바에 따라 각각 감면한다(법 §85 ① Ⅰ~Ⅲ).
1. 2020년 12월 31일까지는 취득세 및 재산세(「지방세법」 제112조에 따른 부과액을 포함한다)를 각각 면제한다.
2. 2021년 1월 1일부터 2024년 12월 31일까지는 취득세 및 재산세의 100분의 50을 각각 경감한다.
3. 2022년 1월 1일부터 2022년 12월 31일까지는 취득세 및 재산세의 100분의 25를 각각 경감한다.

한국법무보호복지공단과 갱생보호사업의 허가를 받은 비영리법인이 갱생보호사업에 직접 사용하기 위하여 취득하는 부동산과 그 사업용에 사용하는 부동산에 대하여는 취득세를 면제하되, 부동산을 취득한 후 그 취득일부터 1년 내에 그 사업에 직접 사용하지 아니하지 아니하거나, 취득 후 1년 이내에 그 사업에 사용은 했으나 그 사용일부터 2년 이상 그 사업에 사용하지 아니하고 매각·증여하거나 다른 용도로 사용하게 되면 면제된 취득세를 추징당하게 되는 것이다.

이 경우 갱생보호의 방법은 숙식제공, 여비지급, 생산도구·생업조성금품의 지급 또는 대여, 직업훈련 및 취업알선, 갱생보호대상자에 대한 자립지원과 이러한 보호에 부수되는 선행지도를 말하므로 이러한 사업에 직접 사용하기 위하여 취득하는 부동산은 면제대상이 된다.

② 「민영교도소 등의 설치·운영에 관한 법률」 제2조 제4호에 따른 민영교도소 등을 설치·운영하기 위하여 취득하는 부동산에 대해서는 취득세의 100분의 50을, 과세기준일 현재 민영교도소 등에 직접 사용하는 부동산에 대해서는 재산세의 100분의 50을 각각 2014년 12월 31일까지 경감한다(법 §85 ②).(감면종료)

제85조의 2   지방공기업 등에 대한 감면

① 「지방공기업법」 제49조에 따라 설립된 지방공사(이하 이 조에서 "지방공사"라 한다.)에 대해서는 다음 각 호에서 정하는 바에 따라 2022년 12월 31일까지 지방세를 감면한다(법 §85의 2 ① Ⅰ~Ⅳ).

1. 지방공사가 그 설립 목적과 직접 관계되는 사업(그 사업에 필수적으로 부대되는 사업을 포함한다. 이하 이 조에서 "목적사업"이라 한다.)에 직접 사용하기 위하여 취득하는 부동산에 대해서는 취득세의 100분의 50(100분의 50의 범위에서 조례로 따로 정하는 경우에는 그 율)에 대통령령으로 정하는 지방자치단체 투자비율(이하 이 조에서 "지방자치단체 투자비율"이라 한다.)을 곱한 금액을 경감한다.

   이 경우 "대통령령으로 정하는 지방자치단체 투자비율"이란 다음 각 호의 구분에 따른 비율을 말한다(영 §41의 2 ① Ⅰ·Ⅱ).

   가. 「지방공기업법」 제49조에 따라 설립된 지방공사(이하 이 조에서 "지방공사"라 한다.)에 대한 투자비율 : 지방공사의 자본금에 대한 지방자치단체의 출자금액(둘 이상의 지방자치단체가 공동으로 설립한 경우에는 각 지방자치단체의 출자금액을 합한 금액)의 비율. 다만, 지방공사가 「지방공기업법」 제53조 제3항에 따라 주식을 발행한 경우에는 해당 발행 주식 총수에 대한 지방자치단체의 소유주식(같은 조 제4항에 따라 지방자치단체가 출자한 것으로 보는 주식을 포함한다.) 수(둘 이상의 지방자치단체가 주식을 소유하고 있는 경우에는 각 지방자치단체의 소유 주식 수를 합한 수)의 비율을 말한다.

   나. 「지방자치단체 출자·출연 기관의 운영에 관한 법률」 제5조에 따라 지정·고시된 출자·출연기관(이하 이 조에서 "지방출자·출연기관"이라 한다.)에 대한 투자비율 : 지방출자·출연기관의 자본금 또는 출연금에 대한 지방자치단체의 출자·출연금액(같은 법 제4조 제2항에 따라 지방자치단체가 출자하거나 출연한 것으로 보는 금액을 포함하며, 둘 이상의 지방자치단체가 출자·출연한 경우 각 지방자치단체의 출자·출연금액을 합한 금액)의 비율을 말한다.

2. 지방공사가 과세기준일 현재 그 목적사업에 직접 사용하는 부동산(지방공기업법 제2조 제1항 제7호, 제8호에 따른 사업용부동산을 제외한다.)에 대해서는 재산세의 100분의 50(100분의 50의 범위에서 조례로 따로 정하는 경우에는 그 율)에 지방자치단체 투자비율을 곱한 금액을 경감한다.

3. 「지방공기업법」 제2조 제1항 제7호 및 제8호에 따른 사업용 부동산 중 택지개발사업지구 및 단지조성사업지구에 있는 부동산으로서 관계 법령에 따라 국가 또는 지방자

치단체에 무상으로 귀속될 공공시설물 및 그 부속토지와 공공시설용지에 대해서는 재산세를 2022년 12월 31일까지 면제한다. 이 경우 공공시설물 및 그 부속토지와 공공시설용지의 범위는 대통령령으로 정한다.

이 규정에 따라 재산세를 면제하는 공공시설물 및 그 부속토지와 공공시설용지의 범위는 령 제6조에 따른다(영 §41의 2 ②).

② 「지방공기업법」 제76조에 따라 설립된 지방공단(이하 이 조에서 "지방공단"이라 한다.)에 대해서는 다음 각 호에서 정하는 바에 따라 2022년 12월 31일까지 지방세를 감면한다(법 §85의 2 ② Ⅰ~Ⅲ).
1. 지방공단이 그 목적사업에 직접 사용하기 위하여 취득하는 부동산에 대해서는 취득세의 100분의 100(100분의 100의 범위에서 조례로 따로 정하는 경우에는 그 율)을 감면한다.
2. 지방공단이 과세기준일 현재 그 목적사업에 직접 사용하는 부동산에 대해서는 재산세의 100분의 100(100분의 100의 범위에서 조례로 따로 정하는 경우에는 그 율)을 감면한다.

③ 「지방자치단체 출자·출연 기관의 운영에 관한 법률」 제5조에 따라 지정·고시된 출자·출연기관(이하 이 항에서 "지방출자·출연기관"이라 한다.)에 대해서는 다음 각 호에서 정하는 바에 따라 2022년 12월 31일까지 지방세를 경감한다.
1. 지방출자·출연기관이 그 목적사업에 직접 사용하기 위하여 취득하는 부동산에 대해서는 취득세의 100분의 50(100분의 50의 범위에서 조례로 따로 정하는 경우에는 그 율)에 지방자치단체 투자비율을 곱한 금액을 경감한다.
2. 지방출자·출연기관이 과세기준일 현재 그 목적사업에 직접 사용하는 부동산에 대해서는 재산세의 100분의 50(100분의 50의 범위에서 조례로 따로 정하는 경우에는 그 율)에 지방자치단체 투자비율을 곱한 금액을 경감한다.

(1) 지방공사(농수산물공사 및 도시철도공사 제외)에 대한 감면

취득세, 등록면허세, 재산세 경감

지방공기업법에 따라 설립된 지방공사에 대해서는 다음과 같이 2022년 12월 31일까지 지방세를 경감한다.

① 지방공사가 그 설립 목적과 직접 관계되는 사업(그 사업에 필수적으로 부대되는 사업을 포함한다. 이하 이 조에서 "목적사업"이라 한다.)에 직접 사용하기 위하여 취득하는 부동산에 대해서는 취득세의 100분의 50(100분의 50의 범위에서 조례로 따로 정하는 경우에는 그 율)에 대통령령으로 정하는 지방자치단체 투자비율(이하 이 조에서 "지방자치단

체 투자비율"이라 한다.)을 곱한 금액을 경감한다(투자비율은 본문 참조바람). 다만, 다음의 어느 하나에 해당하는 경우 그 해당 부분에 대해서는 감면된 취득세를 추징한다(법 §177 참조).

㉮ 정당한 사유 없이 그 취득일부터 1년이 경과할 때까지 해당 용도로 직접 사용하지 아니하는 경우

㉯ 해당 용도로 직접 사용한 기간이 2년 미만인 상태에서 매각·증여하거나 다른 용도로 사용하는 경우

② 지방공사가 과세기준일 현재 그 목적사업에 직접 사용하는 부동산[지방공기업 제2조 제1항 제7호(주택사업) 및 제8호(토지개발사업)에 따른 사업용부동산은 제외한다.]에 대해서는 재산세의 100분의 50(100분의 50의 범위에서 조례로 따로 정하는 경우에는 그 율)에 지방자치단체 투자비율을 곱한 금액을 경감한다.

▎사례▎

❖ **지방공사의 비축성 토지를 고유업무에 직접 사용하는 토지로 볼 수 있는지**

'비축'의 사전적 의미는 '만약의 경우를 대비하여 미리 갖추어 모아 두거나 저축'하는 것으로서 원고가 당장 이 사건 토지를 구체적인 특정 용도에 현실적으로 사용하고 있지 않더라도 '비축'에 해당되는 점, 구 경기도 도세 감면조례 제13조 제1항이 지방공사의 부동산 취득세를 면제하는 취지는 지방공기업의 세제감면을 통한 재정지원 등에 있고, 같은 조 제3항이 면제한 취득세를 다시 추징하도록 하는 것은 법인이 고유목적 이외의 재산을 취득·보유함으로써 발생할 수 있는 비생산적인 투기의 조장을 방지하고 토지의 효율적인 이용을 꾀함에 그 취지가 있다고 할 것인바, 원고는 비영리법인으로서 원고를 설립하여 운영하는 ○○시로부터 이 사건 토지를 현물출자의 방식으로 취득하는 등 이 사건 토지의 취득 목적 및 과정에서 투기 내지 투자의 의사가 존재한다고 보기 어려워 원고에게 이 사건 토지에 대한 취득세를 면제해 주더라도 위와 같은 법규정의 취지에 어긋난다고 보이지 않는 점 등에 비추어 원고가 이 사건 토지를 고유업무인 '토지개발을 위한 토지의 비축'에 직접 사용하고 있다고 봄이 타당하다.

(대법 2016두40306, 2016.9.8.)

❖ 지방세특례제한법 제85조의 2 제3항의 상법상 주식회사로 설립되었으나, 법인을 해산하고 지방자치단체로 자본금 또는 재산을 출연하여 집단에너지사업법에 의하여 재설립되었으므로, 상법에 따른 주식회사로 볼 수 없어 취득세 등을 과세한 처분은 잘못이 있다.

(조심 2014지0656, 2014.6.3.)

(2) 지방공단에 대한 감면

▎**취득세, 등록면허세, 재산세 감면**▎

지방공기업법 제76조에 따라 설립된 지방공단에 대해서는 다음에 정하는 바에 따라

2022년 12월 31일까지 지방세를 감면한다.

① 지방공단이 그 목적사업에 직접 사용하기 위하여 취득하는 부동산에 대해서는 취득세의 100분의 100(100분의 100의 범위에서 조례로 따로 정하는 경우에는 그 율)을 감면한다. 다만, 다음의 어느 하나에 해당하는 경우 그 해당 부분에 대해서는 감면된 취득세를 추징한다.

㉮ 정당한 사유 없이 그 취득일부터 1년이 경과할 때까지 해당 용도로 직접 사용하지 아니하는 경우

㉯ 해당 용도로 직접 사용한 기간이 2년 미만인 상태에서 매각·증여하거나 다른 용도로 사용하는 경우

② 지방공단이 과세기준일 현재 그 목적사업에 직접 사용하는 부동산에 대해서는 재산세의 100분의 100(100분의 100의 범위에서 조례로 따로 정하는 경우에는 그 율)을 감면한다.

(3) 지방공기업의 사업용 부동산 중 기부채납대상에 대한 면제

재산세 면제

「지방공기업법」 제2조 제1항 제7호 및 제8호에 따른 사업용 부동산 중 택지개발사업지구 및 단지조성사업지구에 있는 부동산으로서 관계 법령에 따라 국가 또는 지방자치단체에 무상으로 귀속될 공공시설물 및 그 부속토지와 공공시설용지에 대해서는 2022년 12월 31일까지 재산세(「지방세법」 제112조에 따른 부과액을 포함한다.)를 면제한다. 이 경우 공공시설물 및 그 부속토지와 공공시설용지의 범위는 대통령령으로 정한다. 이러한 공공시설물 등의 범위는 지방세법 시행령 제6조(시설물의 종류와 범위)에 따른다(영 §41의 2 ②).[20]

(4) 지방자치단체가 자본금 또는 재산을 출연한 출자법인에 대한 경감

취득세, 등록면허세, 재산세 경감

「지방자치단체 출자·출연 기관의 운영에 관한 법률」 제5조에 따라 지정·고시된 지방출자·출연기관에 대해서는 다음 각 호에서 정하는 바에 따라 2022년 12월 31일까지 지방세를 경감한다.

---

20) 공공시설물의 범위 (영 §6)
공공시설물 및 그 부속토지는 공용청사·도서관·박물관·미술관 등의 건축물과 그 부속토지 및 도로·공원 등으로 한다. 이 경우 공공시설용지의 범위는 해당 사업지구의 실시계획 승인 등으로 공공시설용지가 확정된 경우에는 확정된 면적으로 하고, 확정되지 아니한 경우에는 해당 사업지구 총면적의 100분의 45(산업단지조성사업의 경우에는 100분의 35로 한다.)에 해당하는 면적으로 한다.

1. 지방출자·출연기관이 그 목적사업에 직접 사용하기 위하여 취득하는 부동산에 대해서는 취득세의 100분의 50(100분의 50의 범위에서 조례로 따로 정하는 경우에는 그 율)에 지방자치단체 투자비율을 곱한 금액을 경감한다.
2. 지방출자·출연기관이 과세기준일 현재 그 목적사업에 직접 사용하는 부동산에 대해서는 재산세의 100분의 50(100분의 50의 범위에서 조례로 따로 정하는 경우에는 그 율)에 지방자치단체 투자비율을 곱한 금액을 경감한다.

이 경우에도 그 용도에 직접사용되지 아니할 경우에는 감면된 취득세를 추징한다.

사례

❖ **가스공사가 재산세 감면대상 지자체 출연 상법상 주식회사 해당 여부**

나아가 출자법인이 상법에 따라 설립되지 아니하더라도 상법 중 주식회사에 관한 규정이 적용되면 주식이 발행되고 주주총회의 의결을 거쳐 이익이 주주에게 배당되는 등 주식회사의 본질적인 성격을 가지게 되는 점, 이 사건 감면조항에서 규정한 출자법인을 오로지 상법상의 절차에 따라 설립된 주식회사로 해석할 경우에는 공공성이 강한 법인이 이윤의 창출을 추구하는 주식회사보다 불리한 취급을 받게 되어 위 규정의 입법취지에 반하는 점 등을 종합하여 보면, 이 사건 감면조항에서 규정한 출자법인에는 상법 중 주식회사에 관한 규정이 적용되어 상법상 주식회사의 성격을 갖는 법인도 포함된다고 보아야 한다.

(대법 2015두47072, 2015.12.24.)

❖ **지역○○공사는 재산세 등 감면대상인 지자체가 출연하여 설립한 출자법인에 해당됨**

오로지 상법상의 절차에 따라 설립된 주식회사로 해석할 경우에는 공공성이 강한 법인이 이윤의 창출을 추구하는 주식회사보다 불리한 취급을 받게 되어 위 규정의 입법취지에 반하는 점 등을 종합하여 보면, 위 규정에서 규정한 출자법인에는 상법 중 주식회사에 관한 규정이 적용되어 상법상 주식회사의 성격을 갖는 법인도 포함된다고 해석함이 타당하다.

(대법 2015두44615, 2016.3.24.)

제86조 주한미군 임대용 주택 등에 대한 감면

※ 이 조의 규정은 일몰기간이 종료된 것임.

한국토지주택공사가 주한미군에 임대하기 위하여 취득하는 임대주택용 부동산에 대해서는 취득세를 2016년 12월 31일까지 면제하고, 과세기준일 현재 임대주택용으로 사용되는 부동산에 대해서는 재산세의 100분의 50을 2016년 12월 31일까지 경감한다(법 §86).

제87조 │ 새마을금고 등에 대한 감면

① 「신용협동조합법」에 따라 설립된 신용협동조합(중앙회는 제외하며, 이하 제1호 및 제2호에서 "신용협동조합"이라 한다.)에 대해서는 다음 각 호에서 정하는 바에 따라 지방세를 각각 감면한다(법 §87 ① Ⅰ~Ⅲ).

1. 신용협동조합이 신용협동조합법 제39조 제1항 제1호의 업무에 직접 사용하기 위하여 취득하는 부동산에 대해서는 취득세를, 과세기준일 현재 그 업무에 직접 사용하는 부동산에 대해서는 재산세를 각각 2026년 12월 31일까지 면제한다.
2. 신용협동조합이「신용협동조합법」제39조 제1항 제2호 및 제4호의 업무에 직접 사용하기 위하여 취득하는 부동산에 대해서는 취득세를, 과세기준일 현재 그 업무에 직접 사용하는 부동산에 대해서는 재산세를 각각 2026년 12월 31일까지 면제한다.
3. 「신용협동조합법」에 따라 설립된 신용협동조합중앙회가 같은 법 제78조 제1항 제1호 및 제2호의 업무에 직접 사용하기 위하여 취득하는 부동산에 대해서는 취득세의 100분의 25를, 과세기준일 현재 그 사업에 직접 사용하는 부동산에 대해서는 재산세의 100분의 25를 각각 2017년 12월 31일까지 경감한다.

② 「새마을금고법」에 따라 설립된 새마을금고(중앙회는 제외하며, 이하 제1호 및 제2호에서 "새마을금고"라 한다.)에 대해서는 다음 각 호에서 정하는 바에 따라 지방세를 각각 경감한다(법 §87 ② Ⅰ~Ⅲ).

1. 새마을금고가「새마을금고법」제28조 제1항 제1호의 업무에 직접 사용하기 위하여 취득하는 부동산에 대해서는 취득세를, 과세기준일 현재 그 업무에 직접 사용하는 부동산에 대해서는 재산세를 각각 2026년 12월 31일까지 면제한다.
2. 새마을금고가「새마을금고법」제28조 제1항 제2호부터 제4호까지의 업무에 직접 사용하기 위하여 취득하는 부동산에 대해서는 취득세를, 과세기준일 현재 그 업무에 직접 사용하는 부동산에 대해서는 재산세를 각각 2026년 12월 31일까지 면제한다.
3. 「새마을금고법」에 따라 설립된 새마을금고중앙회가 같은 법 제67조 제1항 제1호 및 제2호의 업무에 직접 사용하기 위하여 취득하는 부동산에 대해서는 취득세의 100분의 25를, 과세기준일 현재 그 사업에 직접 사용하는 부동산에 대해서는 재산세의 100분의 25를 각각 2017년 12월 31일까지 경감한다.

(1) 신용협동조합 등에 대한 감면

신용협동조합법에 따라 설립된 신용협동조합에 대해서는 다음에서 정하는 바에 따라 지방세를 경감한다.

(가) 신용협동조합에 대한 감면

취득세, 재산세 면제

신용협동조합(중앙회를 제외한다.)이 같은 법 제39조 제1항 제1호, 제2호 및 제4호의 업무에 직접 사용하기 위하여 취득하는 부동산에 대해서는 취득세를, 과세기준일 현재 그 업무에 직접 사용하는 부동산에 대해서는 재산세를 각각 2026년 12월 31일까지 재산세를 면제한다.

다만, 그 취득일터 1년 내에 정당한 사유 없이 그 업무에 직접 사용하지 아니하는 경우 또는 그 사용일부터 2년 이상 그 업무에 직접 사용하지 아니하고 매각·증여하거나 다른 용도로 사용하는 경우 그 해당 부분에 대하여는 면제된 취득세를 추징한다.

여기에서 감면대상업무는 신용협동조합의 업무 중 신용사업, 복지사업, 조합원의 경제적·사회적 지위향상을 위한 교육사업을 말하며, 2018년부터는 최소납부세제가 적용된다.

(나) 신용협동조합중앙회에 대한 감면

취득세, 재산세 경감

신용협동조합법에 따라 설립된 신용협동조합중앙회가 조합의 사업에 관한 지도·조정·조사연구 및 홍보사업과 조합원 및 조합의 임직원을 위한 교육사업(같은 법 제78조 제1항 제1호 및 제2호의 업무)에 직접 사용하기 위하여 취득하는 부동산에 대해서는 취득세의 100분의 25를, 과세기준일 현재 그 사업에 직접 사용하는 부동산에 대해서는 재산세의 100분의 25를 각각 2026년 12월 31일까지 경감한다.

다만, 그 취득일부터 1년 내에 정당한 사유 없이 그 업무에 직접 사용하지 아니하는 경우 또는 그 사용일부터 2년 이상 그 업무에 직접 사용하지 아니하고 매각·증여하거나 다른 용도로 사용하는 경우 그 해당 부분에 대하여는 경감된 취득세를 추징한다.

사례

❖ **신용협동조합이 운영하는 예식장을 취득세 감면대상 부동산으로 볼 수 있는지 여부**

원고가 운영하는 이 사건 예식장은 사실상 불특정 다수를 대상으로 하여 운영되고 있고 실제 이용자 중 상당수는 이 사건 예식장의 이용만을 목적으로 조합원 자격을 취득한 것으로 보이며, 조합원과 비조합원 사이의 이용요금이나 이용조건의 차이도 미미하고, 그 이용요금도 인근 예식장과 비슷하며, 주변에 이미 다수의 다른 예식장들이 있어 특별히 조합원들을 위하여 예식장을 설치·운영할 필요성이 크다고 할 수도 없으므로, 결국 원고가 이 사건 예식장을 설치·운영하는 사업은 그 주된 목적이 조합원의 경제적·사회적 지위를 향상시키는 데 있다고 볼 수 없다. 따라서 이 사건 부동산은 구 지방세법 제272조 제3항에서 말하는 신용협동조합법

> 제39조 제1항 제2호의 복지사업에 직접 사용하기 위하여 취득하는 부동산에 해당한다고 보기 어렵다.
>
> (대법 2010두23668, 2013.5.9. 파기환송)
>
> ❖ **유예기간 내 건축물을 준공하지 못한 정당한 사유가 있는 경우, 준공 후 직접 사용하지 않은 부분에 대하여도 추징이 배제되는지 여부**
>
> 이 사건 토지 위에 건축된 이 사건 신축건물 중 소매점 부분은 그 건축공사가 완료되어 원고가 이를 취득한 날부터 1년이 경과하도록 정당한 사유 없이 업무에 직접 사용하지 아니하였으므로, 이 사건 토지와 기존건물 중 이 사건 신축건물의 연면적에서 소매점 부분이 차지하는 비율에 해당하는 부분은 구 지방세법 제272조 제3항 단서가 규정하는 취득세와 등록세의 추징대상이 된다고 할 것이다.
>
> (대법 2011두18441, 2013.6.13. 파기환송)

(2) 새마을금고 등에 대한 감면

새마을금고법에 따라 설립된 새마을금고에 대해서는 다음에서 정하는 바에 따라 지방세를 경감한다.

취득세, 재산세 면제

새마을금고법에 따라 설립된 새마을금고(중앙회는 제외한다.)가 같은 법 제28조 제1항 제1호부터 제4호까지의 업무(신용업무·문화복지 후생사업·회원에 대한 교육사업, 지역사회개발사업)에 직접 사용하기 위하여 취득하는 부동산에 대해서는 2026년 12월 31일까지 취득세를 면제하고, 과세기준일 현재 그 업무에 직접 사용하는 부동산에 대해서는 2026년 12월 31일까지 재산세를 면제한다.

다만, 그 취득일부터 1년 이내에 정당한 사유 없이 그 업무에 직접 사용하지 아니하는 경우 또는 그 사업일부터 2년 이상 그 업무에 직접 사용하지 아니하고 매각·증여하거나 다른 용도로 사용되는 경우 그 해당 부분에 대하여는 경감된 취득세를 추징한다.

제88조 | 새마을운동조직 등에 대한 감면

취득세, 재산세 면제

① 「새마을운동 조직육성법」을 적용받는 새마을운동조직이 그 고유업무에 직접 사용하기 위하여 취득하는 부동산에 대하여는 취득세를, 과세기준일 현재 그 고유업무에 직접 사용하는 부동산에 대하여는 재산세를 각각 2025년 12월 31일까지 면제한다(법 §88 ①).

다만, 그 취득일부터 1년 내에 정당한 사유 없이 고유업무에 직접 사용하지 아니하는 경우 또는 그 사용일부터 2년 이상 고유업무에 직접 사용하지 아니하고 매각·증여하거나 다른 용도로 사용하는 경우 그 해당 부분에 대하여는 면제된 취득세를 추징한다.

여기에서 새마을운동조직이라 함은 새마을운동중앙본부와 그 산하조직인 새마을지도자중앙협의회, 새마을부녀회중앙연합회, 직장새마을운동중앙협의회, 공장새마을운동추진본부, 직능새마을운동중앙협의회 기타 새마을운동관련조직 및 그 계통조직으로서 주무부장관의 인가를 받아 설립된 법인을 말한다.

취득세, 재산세, 지역자산시설세 면제

② 「한국자유총연맹 육성에 관한 법률」에 따른 한국자유총연맹이 그 고유업무에 직접 사용하기 위하여 취득하는 부동산에 대해서는 취득세를, 과세기준일 현재 그 고유업무에 직접 사용하는 부동산에 대해서는 재산세를 각각 2025년 12월 31일까지 면제한다(법 §88 ②).

제89조 | 정당에 대한 면제

① 「정당법」에 따라 설립된 정당(이하 이 조에서 "정당"이라 한다.)이 해당 사업에 직접 사용하기 위하여 취득하는 부동산에 대해서는 취득세를 2025년 12월 31일까지 면제한다.

다만, 다음 각 호의 어느 하나에 해당하는 경우 그 해당 부분에 대해서는 면제된 취득세를 추징한다(법 §89 ① Ⅰ~Ⅲ).

1. 해당 부동산을 취득한 날부터 5년 이내에 수익사업에 사용하는 경우
2. 정당한 사유 없이 그 취득일부터 3년이 경과할 때까지 해당 용도로 직접 사용하지 아니하는 경우

3. 해당 용도로 직접 사용한 기간이 2년 미만인 상태에서 매각·증여하거나 다른 용도로 사용하는 경우

② 정당이 과세기준일 현재 해당 사업에 직접 사용하는 부동산(대통령령으로 정하는 건축물의 부속토지를 포함한다.)에 대해서는 재산세(「지방세법」 제112조에 따른 부과액을 포함한다.) 및 「지방세법」 제146조 제3항에 따른 지역자원시설세를 2025년 12월 31일까지 각각 면제한다. 다만, 수익사업에 사용하는 경우와 해당 재산이 유료로 사용되는 경우의 그 재산 및 해당 재산의 일부가 그 목적에 직접 사용되지 아니하는 경우의 그 일부 재산에 대해서는 면제하지 아니한다(법 §89 ②).

이 규정에서 "대통령령으로 정하는 건축물의 부속토지"란 해당 사업에 직접 사용할 건축물을 건축 중인 경우와 건축허가 후 행정기관의 건축규제조치로 건축에 착공하지 못한 경우의 그 건축 예정 건축물의 부속토지를 말한다(영 §42 ①).

③ 정당이 그 사업에 직접 사용하기 위한 면허에 대해서는 등록면허세를, 정당에 대해서는 주민세 사업소분(「지방세법」 제81조 제1항 제2호에 따라 부과되는 세액으로 한정한다. 이하 이항에서 같다.) 및 종업원분을 2025년 12월 31일까지 각각 면제한다. 다만, 수익사업에 관계되는 대통령령으로 정하는 주민세 사업소분 및 종업원분은 면제하지 아니한다(법 §89 ③).

이 규정에서 "정당이 그 사업에 직접 사용하기 위한 면허"란 법 제89조 제1항에 따른 정당이 그 비영리사업의 경영을 위하여 필요한 면허 또는 그 면허로 인한 영업 설비나 행위에서 발생한 수익금의 전액을 그 비영리사업에 사용하는 경우의 면허를 말한다(영 §42 ②). 그리고 이 규정 후단 단서에서 "수익에 관계되는 대통령령으로 정하는 주민세 사업소분 및 종업원분"이란 수익사업에 직접 제공되고 있는 사업소와 종업원을 기준으로 부과하는 주민세 사업소분(「지방세법」 제81조제1항제2호에 따라 부과되는 세액으로 한정한다)과 종업원분을 말한다. 이 경우 감면대상 사업과 수익사업에 건축물이 겸용되거나 종업원이 겸직하는 경우에는 주된 용도 또는 직무에 따른다(영 §42 ③).

④ 정당에 생산된 전력 등을 무료로 제공하는 경우 해당 부분에 대해서는 「지방세법」 제146조 제1항 및 제2항에 따른 지역자원시설세를 2019년 12월 31일까지 면제한다(법 §89 ④).

취득세 면제

정당이 해당 사업에 직접사용하기 위하여 취득하는 부동산에 대해서는 취득세를 2025년

12월 31일까지 면제한다. 다만, 해당 부동산을 취득한 날부터 5년 이내에 수익사업에 사용하는 경우와 정당한 사유 없이 그 취득일부터 3년이 경과할 때까지 해당 용도로 직접 사용하지 아니하는 경우 및 해당 용도로 직접 사용한 기간이 2년 미만인 상태에서 매각·증여하거나 다른 용도로 사용하는 경우에 해당 부분에 대하여는 면제된 취득세를 추징한다.

재산세 면제

정당이 과세기준일 현재 해당 사업에 직접 사용하는 부동산(해당 사업에 직접 사용할 건축물을 건축 중인 경우와 건축허가 후 행정기관의 건축규제 조치로 인하여 건축에 착공하지 못한 경우의 그 건축 예정 건축물의 부속토지를 포함한다.)에 대해서는 재산세(지방세법 제112조에 따라 부과하는 상당액을 재산세에 포함하여 면제한다.) 및 지방세법 제146조 제3항에 따라 특정부동산 지역자원시설세를 2025년 12월 31일까지 각각 면제한다. 다만, 수익사업에 사용하는 경우와 해당 재산이 유료로 사용되는 경우의 그 재산 및 해당 재산의 일부와 그 목적에 직접 사용되지 아니하는 경우의 그 일부 재산에 대해서는 면제하지 아니한다.

등록면허세, 주민세 사업소분 및 종업원분 면제

정당이 그 사업에 직접 사용하기 위한 면허에 대해서는 등록면허세를, 정당에 대해서는 주민세 사업소분 및 종업원분을 2025년 12월 31일까지 각각 면제한다. 이 경우 "그 사업에 직접 사용하기 위한 면허"란 정당이 그 비영리사업의 경영을 위하여 필요한 면허 또는 그 면허로 인한 영업설비나 행위에서 발생한 수익금의 전액을 그 비영리사업에 사용할 경우의 면허를 말한다.

그런데 수익사업에만 직접 제공되고 있는 사업소와 종업원을 기준으로 부과하는 주민세 사업소분과 종업원분은 면제하지 아니한다.

이 경우에 감면대상사업과 수익사업에 건축물이 겸용되거나 종업원이 겸직하는 때에는 주된 용도 또는 직무에 따라 과세한다.

특정자원에 대한 지역자원시설세 면제

정당에 생산된 전력 등을 무료로 제공하는 경우 해당 부분에 대해서는 특정자원에 대한 지역자원시설세를 2019년 12월 31일까지 면제한다.

제90조 | 마을회 등에 대한 감면

① 대통령령으로 정하는 마을회 등 주민공동체(이하 "마을회 등"이라 한다.)의 주민 공동소유를 위한 부동산 및 선박을 취득하는 경우 취득세를 2025년 12월 31일까지 면제한다. 다만, 다음 각 호의 어느 하나에 해당하는 경우 그 해당 부분에 대해서는 면제된 취득세를 추징한다(법 §90 ① Ⅰ~Ⅲ).
  1. 해당 부동산을 취득한 날부터 5년 이내에 수익사업에 사용하는 경우
  2. 정당한 사유 없이 그 취득일부터 1년이 경과할 때까지 해당 용도로 직접 사용하지 아니하는 경우
  3. 해당 용도로 직접 사용한 기간이 2년 미만인 상태에서 매각·증여(해당 용도로 사용하기 위하여 국가나 지방자치단체에 기부채납하는 경우는 제외한다.)하거나 다른 용도로 사용하는 경우

이 경우 "대통령령으로 정하는 마을회 등 주민공동체"란 마을주민의 복지증진 등을 도모하기 위하여 마을주민만으로 구성된 조직을 말한다(영 §43).

② 마을회 등이 소유한 부동산에 대해서는 재산세(「지방세법」 제112조에 따른 부과액을 포함한다.) 및 「지방세법」 제146조 제3항에 따른 지역자원시설세를, 마을회 등에 대해서는 주민세 사업소분(「지방세법」 제81조 제1항 제2호에 따라 부과되는 세액으로 한정한다.) 및 종업원분을 2025년 12월 31일까지 각각 면제한다. 다만, 수익사업에 사용하는 경우와 해당 재산이 유료로 사용되는 경우의 그 재산 및 해당 재산의 일부가 그 목적에 직접 사용되지 아니하는 경우의 그 일부 재산에 대해서는 면제하지 아니한다(법 §90 ②).

(1) 마을회 등의 부동산 등 취득

취득세 면제

마을주민의 복지증진 등을 도모하기 위하여 마을주민만으로 구성된 조직인 마을회 등 주민공동체의 주민공동소유를 위한 부동산 및 선박을 취득하는 경우에는 취득세를 2025년 12월 31일까지 면제한다.

그리고 마을공동소유 부동산 및 선박이라 함은 반드시 마을의 총유부동산을 뜻하는 것이므로 일부 주민의 계모임 등에서 취득하는 부동산 및 선박은 면제대상이 될 수 없다.

그리고 주민공동체소유 부동산의 취득이라 하더라도 이를 해당 부동산을 취득한 날부터 5년 이내에 수익사업용에 사용하거나 취득일로부터 1년 이내에 정당한 사유 없이 그 용도에 직접 사용하지 아니하는 경우 또는 그 사용일부터 2년 이상 그 용도에 직접 사용하지

아니하고 매각·증여(해당 용도로 사용하기 위하여 국가나 지방자치단체에 기부채납하는 경우는 제외한다.)하거나 다른 용도로 사용하는 경우 그 해당부분에 대하여는 취득세를 추징하여야 한다. 그리고 해당 부동산이 골프장, 별장, 고급오락장 등으로 활용되는 때에는 취득세가 중과세되어야 한다.

 이 경우 마을회에서 토지 취득 및 건축물 신축 후 2년 이상 해당용도로 직접사용하지 않고 자치단체에 소유권을 이전한 것에 해당(추징 대상)되어 예산을 지원받아 경로당 등을 신축 후, 자치단체에 기부채납하는 경우(이후 경로당으로 마을회에서 사용)까지 추징하는 것은 과도한 측면이 있어 2018년부터는 경로당 용도로 직접 사용하기 위하여 경로당 취득 후, 국가 또는 자치단체에 기부채납하고, 경로당으로 사용하는 경우는 추징 제외하였으며, 적용은 이 법 시행일('18.1.1.) 이후 납세의무가 성립하는 분부터 적용하면 된다.

(2) 마을회 등이 소유한 부동산

> **재산세, 지역자원시설세 면제, 마을회에 대한 주민세 사업소분 및 종업원분 면제**

① 마을회 등이 소유한 부동산에 대해서는 재산세(지방세법 제112조에 따라 과세하는 상당액을 재산세에 포함하여 면제한다.)를 2025년 12월 31일까지 면제한다.
② 마을회 등이 소유한 부동산에 대하여는 지방세법 제146조 제3항에 따라 특정부동산에 과세하여 소방시설 경비에 충당하는 지역자원시설세를 2022년 12월 31일까지 면제한다.
③ 마을회 등에 대해서는 주민세 사업소분(「지방세법」 제81조제1항제2호에 따라 부과되는 세액으로 한정한다)과 종업원분을 2025년 12월 31일까지 면제한다.

 이와 같은 마을회 등이 소유한 부동산 등이 수익사업에 사용하는 경우와 해당 재산이 유료로 사용되는 경우의 그 재산 및 해당 재산의 일부가 그 목적에 직접 사용되지 아니하는 경우의 그 일부 재산에 대하여는 면제하지 아니한다.

 이 경우 주민공동체라 함은 마을 내부에는 청년회·부녀회·상조회 등 각종 모임·단체 등이 있으나 일부계층이나 특수단체의 복지증진을 위하는 것은 주민공동체라 할 수 없고 마을주민 전체의 복지증진을 위한 마을회의 소유부동산에 한하여 주민공동체소유라 할 수 있다는 점에 유의하여야 한다.

> **사례**
>
> ❖ 지방세 관계법령에서 마을회의 구성조건에 대한 별도의 세부규정은 두고 있지 않으나, 사전적 의미 등을 종합하여 보면, 마을회란 마을주민 전체의 복리증진을 위한 친목적 성격의 조직이라 할 것이며, 그 구성은 전체 주민 대다수가 참여하는 자생적 조직이라 정의할 수 있는 바, 귀문의 경우, 정관상 목적사업이 감교리체육공원의 조성사업 및 유지, 감교리 주민의 건강증진 및 향우간의 화합을 도모하며 내 고장의 발전에 이바지함을 규정하고 있으며, 건물의 용도가 체육행사 및 주민회의 장소 등 주민공동시설로 사용하고 있는 것으로 확인되나, 전체 마을 주민 600여명 중 30여명의 특정 초등학교 졸업자를 중심으로 구성되고 그 중 일부가 마을주민에 해당하지 않는 경우라면 지방세특례제한법에서 규정하고 있는 마을 주민만으로 구성된 조직에 해당되지 않음
>
> (행자부 지방세특례제도과-312, 2014.12.24.)

제91조 재외 외교관 자녀 기숙사용 부동산에 대한 과세특례

사단법인 한국외교협회의 재외 외교관 자녀 기숙사용 토지 및 건축물에 대한 취득세는 「지방세법」 제11조 제1항의 세율에도 불구하고 2025년 12월 31일까지 1천분의 20을 적용하여 과세하고, 그 부동산의 등기에 대하여는 등록면허세를 2022년 12월 31일까지 면제한다. 다만, 다음 각 호의 어느 하나에 해당하는 경우 그 해당 부분에 대해서는 감면된 취득세 및 등록면허세를 추징한다(법 §91 Ⅰ~Ⅲ).

1. 해당 부동산을 취득한 날부터 5년 이내에 수익사업에 사용하는 경우
2. 정당한 사유 없이 그 취득일부터 1년이 경과할 때까지 해당 용도로 직접 사용하지 아니하는 경우
3. 해당 용도로 직접 사용한 기간이 2년 미만인 상태에서 매각·증여하거나 다른 용도로 사용하는 경우

취득세 경감, 등록면허세 면제

재외 외교관 자녀들에게 국내에서 학업에 도움이 될 수 있도록 기숙사를 설치하기 위한 토지 및 건축물에 대하여는 취득세의 세율을 이전 취득의 경우 1천분의 40인 것을 2025년 12월 31일까지 1천분의 20으로 낮추어 적용토록 하고, 그 부동산의 등기에 대한 등록면허세를 2022년 12월 31일까지 면제한다. 이 규정은 종전 지방세법에서 등록세가 비과세 되었던 것을 새로운 규정에서도 종전과 같이 적용토록 한 것이다. 다만, 해당 부동산을 취득한 날부터 5년 이내 수익사업에 사용하는 경우와 해당 부동산이 별장·고급오락장 등 중과세 대상으

로 사용하는 경우 및 취득일부터 1년 이내에 정당한 사유 없이 그 용도에 직접 사용하지 아니하는 경우 또는 그 사용일부터 2년 이상 그 용도에 직접 사용하지 아니하고 매각·증여하거나 다른 용도로 사용하는 경우 그 해당 부분에 대하여 취득세(중과세 대상은 중과세율로 추징) 및 등록면허세를 추징한다.

제92조 천재지변 등으로 인한 대체취득에 대한 감면

① 천재지변, 소실, 도괴(倒壞), 그 밖의 불가항력으로 멸실 또는 파손된 건축물·선박·자동차 및 기계장비를 그 멸실일 또는 파손일부터 2년 이내에 다음 각 호의 어느 하나에 해당하는 취득을 하는 경우에는 취득세를 면제한다. 다만, 새로 취득한 건축물의 연면적이 종전의 건축물의 연면적을 초과하거나 새로 건조, 종류 변경 또는 대체취득한 선박의 톤수가 종전의 선박의 톤수를 초과하는 경우 및 새로 취득한 자동차 또는 기계장비의 가액이 종전의 자동차 또는 기계장비의 가액(신제품구입가액을 말한다.)을 초과하는 경우에 그 초과부분에 대해서는 취득세를 부과한다(법 §92 ① Ⅰ~Ⅲ).
  1. 복구를 위하여 건축물을 건축 또는 개수하는 경우
  2. 선박을 건조하거나 종류 변경을 하는 경우
  3. 건축물·선박·자동차 및 기계장비를 대체취득하는 경우

② 천재지변, 소실, 도괴, 그 밖의 불가항력으로 멸실 또는 파손된 건축물·선박·자동차·기계장비의 말소등기 또는 말소등록과 멸실 또는 파손된 건축물을 복구하기 위하여 그 멸실일 또는 파손일부터 2년 이내에 신축 또는 개축을 위한 건축허가 면허에 대해서는 등록면허세를 면제한다(법 §92 ②).

③ 삭제

④ 지방자치단체는 「재난 및 안전관리 기본법」 제60조에 따른 특별재난지역 내의 재산(부동산·차량·건설기계·선박·항공기를 말하며, 이하 이 항에서 같다)으로서 같은 법 제3조제1호에 따른 재난으로 피해를 입은 재산에 대해서는 그 피해가 발생한 날이 속하는 회계연도의 지방세를 100분의 100의 범위에서 조례로 정하거나 해당 지방의회의 의결을 얻어 감면할 수 있다.(법 §92 ④).

⑤ 「재난 및 안전관리 기본법」 제60조에 따른 특별재난지역의 선포와 관련된 재난으로 인하여 사망한 자(이하 이 항에서 "사망자"라 한다) 또는 사망자의 부모, 배우자 및 자녀(이하 이 항에서 "유족"이라 한다)에 대해서는 다음 각 호에서 정하는 바에 따라 지방세를 면제한다. (법 §92 ⑤ Ⅰ·Ⅱ).

1. 사망자의 경우에는 다음 각 목의 지방세(사망일이 속하는 회계연도로 한정한다)를 면제한다.
   가. 주민세[개인분 및 사업소분(사업소분의 경우에는 「지방세법」 제81조제1항제1호가목에 따라 부과되는 세액으로 한정한다)]
   나. 자동차세(「지방세법」 제125조제1항에 따른 자동차세로 한정한다)
   다. 재산세(「지방세법」 제112조에 따른 부과액을 포함한다)
   라. 지역자원시설세(「지방세법」 제146조제3항에 따른 지역자원시설세로 한정한다)
2. 유족의 경우에는 다음 각 목의 지방세를 면제한다.
   가. 제1호가목부터 라목까지에 따른 지방세(사망자의 사망일이 속하는 회계연도로 한정한다)
   나. 취득세[당해 재난으로 인한 사망자 소유의 부동산등(「지방세법」 제7조에 따른 부동산등을 말한다)을 상속으로 취득하는 경우로 한정한다]

부칙 제8조(재난으로 인한 사망자 및 그 유족의 지방세 면제에 관한 적용례) 제92조제4항의 개정규정은 이 법 시행 이후 「재난 및 안전관리 기본법」 제60조에 따라 특별재난지역을 선포하는 경우부터 적용한다.

사례

❖ **전기적 화재로 소실되어 재축시 대체취득 감면대상에 해당되는지**

전기적 요인 화재에 따른 소실은 대체취득 감면대상인 '지진·풍수해·낙뢰'와 같은 수준의 '불가항력적인 소실, 화재'로 보기는 곤란하다.

(대법 2016두50044, 2016.12.15.)

❖ **대규모 집단적 화재를 대체취득 대상으로 볼 수 있는지 여부**

살피건대, '불가항력'의 단어적 의미는 '외부에서 생긴 사고로부터 오는 손해발생이 사회통념상 주의나 예방 즉 그 방지에 필요하다고 인정되는 모든 방법을 동원하여도 피할 수 없는 일'이라고 규정하고 있으므로「지방세특례제한법」제92조 제1항에서는 감면사유로 규정하고 있는 '그 밖의 불가항력'이라 함은 국가 또는 지방자치단체 차원의 대처가 필요한 인명 또는 재산의 피해로서「재난 및 안전관리 기본법」제3조에서 규정한 재난, 즉 자연재난과 사회재난을 그 요건으로 해석하는 것이 상당하다할 것입니다.

따라서 화재가 대규모·집단적으로 발생하여 국가 또는 지방자치단체 차원의 대처가 필요한 재난으로 인명 또는재산의 피해가 발생한 경우라면 대체취득 감면요건으로 정하고 있는 '그 밖의 불가항력' 사유로 볼 수 있다 할 것이므로 건축물 등의 소실 등 따른 건축물을 복구하기 위하여 건축 또는 개수하거나 새로운 건축물을 대체하여 취득하는 경우에는 감면함이 타당한 것으로 보인다.

(행자부 지방세특례제도과-3747, 2016.12.5.)

취득세, 등록면허세 면제

천재지변, 소실, 도괴 그 밖의 불가항력으로 멸실 또는 파손된 건축물, 선박, 자동차 및 기계장비를 그 멸실일 또는 파손일부터 2년 이내에 ① 복구를 위하여 건축물을 건축 또는 개수하는 경우, ② 선박을 건조하거나 종류 변경을 하는 경우, ③ 건축물·선박·자동차 및 기계장비를 대체취득하는 경우에는 취득세를 면제한다. 이 규정에 따라 취득세를 면제할 경우 멸실 또는 파손된 건축물을 복구하기 위하여 그 멸실일 또는 파손일부터 2년 이내에 신축 또는 개축을 위한 면허에 대하여는 등록면허세를 면제한다. 다만, 새로이 취득한 건축물의 연면적이 종전의 건축물의 연면적을 초과하거나 새로 건조, 종류의 변경 또는 대체취득한 선박의 톤수가 종전의 선박의 톤수를 초과하는 경우 및 새로 취득한 자동차 또는 기계장비의 가액이 종전의 자동차 또는 기계장비의 가액(신제품 구입가액을 말한다.)을 초과하는 경우에는 그 초과부분에 대하여는 취득세를 부과한다. 이 경우 그 밖의 불가항력이라 함은 지진, 풍수해, 벼락, 화재 또는 이와 유사한 재해를 말한다.

이 규정을 건축물, 선박, 자동차와 기계장비의 경우를 구분하여 설명하면 다음과 같다.

(1) 건축물의 대체취득

천재, 지변, 소실, 도괴 기타 불가항력으로 인하여 멸실 또는 파손된 건축물을 복구하기 위하여 멸실일 또는 파손일부터 2년 이내에 건축물을 건축 또는 개수하여 대체취득하는 경우에는 취득세를 면제하되, 새로 취득한 건축물의 연면적이 멸실 또는 파손된 건축물의 연면적을 초과하는 경우 그 초과부분에 대하여는 과세한다. 이를 구분하여 살펴보면,

① 건축물이 멸실 또는 파손된 경우는 멸실일 또는 파손일부터 2년 이내에 건축 또는 개수취득하는 경우에 한하여 면제되므로 대체취득하는 건축물을 멸실일 또는 파손일부터 2년 이내에 사용승인을 받지 못한 건축물은 여하한 경우에도 면제 혜택을 받지 못하는 것이다. 그런데 이 규정의 적용에 있어서 멸실일 또는 파손일부터 2년 이내에 건축물의 취득에 대하여만 면제하도록 되어 있기 때문에 이 기한을 하루라도 넘기는 경우는 과세를 당하게 되는 모순이 있다. 이 경우는 불가항력으로 인한 재해 등으로 건축물이 멸실 또는 파손되어 복구하는 국민들의 편의를 도모하는 차원인 점을 생각할 때 진정한 대체취득의 뜻을 살려가는 취득기간에 대한 규정의 보완이 필요할 것으로 보여진다.

② 복구를 하여 건축 또는 개수한 건축물이 반드시 멸실 또는 파손되기 전 건축물과 동일한 자재를 사용한다거나 동일한 구조이어야 하는 것은 아니다. 그러므로 목조건축물이 멸실되어 2년 이내에 연와조 또는 시멘트벽돌조의 건축물로 신축된 경우에도 그 면적만 증가되지 않았다면 복구한 건축물로 보아야 하나 공장용 건축물이 멸실된

위치에 주거용 아파트를 신축하여 분양하는 것과 같이 그 용도가 근본적으로 다른 건축물을 신축하는 경우는 복구로 볼 수는 없을 것이다.

③ 새로이 취득한 건축물의 연면적과 멸실 또는 파손된 건축물의 연면적을 비교하여 초과되는 부분에 대하여만 과세토록 하였으므로 면적만 초과하지 않으면 멸실된 목조건축물 대신에 철골조 슬라브로 건축하였다 하더라도 종전 건축물의 면적만큼은 면제대상이 되는 것이다.

④ 멸실되기 전 건축물의 용도와 동일한 건축물을 건축하였을 때에는 신축건축물이 사치성 재산으로 중과세대상에 해당된다 하더라도 초과면적에 대하여만 중과하여야 하므로 주택이 멸실되어 복구를 한 경우나 일부 파손되어 개수를 하였을 때에도 해당 주택이 고급주택에 해당되더라도 당초 멸실 전의 건축물 연면적보다 초과면적에 대하여만 중과세한다는 것이다.

⑤ 건축물이 멸실 또는 파손되어 복구한 경우에 그 건축물의 소유자가 멸실 또는 파손 당시의 건축물 소유자와 반드시 동일인이어야 면제혜택을 받을 수 있는 것이다.

(2) 선박의 대체취득

천재지변, 소실, 기타 불가항력으로 인하여 파손된 선박에 대체하기 위하여 파손일부터 2년 이내에 선박을 새로이 건조하거나, 파손된 선박을 수선(종류변경에 해당하는 수선을 말한다.)하거나 대체취득하는 경우의 취득은 취득세가 면제된다. 다만, 새로이 건조하거나 수선 또는 취득한 선박의 톤수가 파손될 당시의 선박의 톤수를 초과하는 경우에 그 초과톤수에 대하여는 과세대상이 된다.

이 규정은 종전에는 선박의 대체취득의 경우 멸실 또는 파손된 선박은 새로이 건조하거나 수선하는 경우에만 면제대상이 되도록 규정되어 있어 멸실된 선박을 새로이 건조하지 않고 이미 건조된 선박을 취득할 경우에는 면제할 수 없다는 법리적 해석밖에 할 수 없었다. 이러한 모순을 바로잡기 위하여 2008년도부터는 선박을 새로이 건조, 수선하지 아니하고 다른 사람이 소유하는 기존 선박을 취득하더라도 대체 취득으로 보아 면제 되도록 개선한 것이다.

그리고 이 경우에도 "불가항력"이라 함은 지진, 풍수해, 벼락, 화재 또는 이와 유사한 재해를 말하는데 안개로 인한 시계의 불량으로 선박이 충돌하였다면 이는 불가항력으로 볼 수 있겠으나 이러한 사유 없이 단순한 선박끼리의 충돌은 불가항력으로 보지 아니한다.

(3) 자동차, 기계장비의 대체취득

천재·지변, 기타 불가항력으로 인하여 파손된 자동차 및 기계장비를 대체하기 위하여 파손일로부터 2년 이내에 대체취득하는 경우에는 취득세를 면제한다. 다만, 새로이 취득한 자동차 및 기계장비의 가액이 종전의 자동차 또는 기계장비의 가액(신제품 구입가액을 말한다.)을 초과하는 경우에는 그 초과부분에 대하여는 과세하게 된다.

이 경우 자동차 또는 기계장비가 파손되어 대체취득을 할 경우에는 종전의 자동차 등과 동일 종류의 자동차나 기계장비를 대체취득하여야 하는 것은 아니나 그 가액이 종전 소유 자동차 및 기계장비의 가액과 대체취득하는 자동차 및 기계장비의 가액이 동일하여야 면제되고 그 가액을 초과하는 부분이 있으면 초과하는 부분의 가액에 대하여는 과세대상이 되는 것이며, 이때의 가액의 비교는 신제품 구입가액으로 비교하여야 하므로 파손된 차량 또는 기계장비와 새로이 취득한 차량 또는 기계장비가 모두 중고품이라 하더라도 대체취득 당시의 신제품 구입시 가액으로 비교하여 초과 여부를 판단하여야 한다.

복구취득을 위한 건축허가 면허에 대한 등록면허세 면제

천재지변·소실·도괴·지진·풍수해·벼락·화재 등 불가항력으로 멸실 또는 파손된 건축물·선박·자동차·기계장비의 말소등기 또는 말소등록과 멸실 또는 파손된 건축물을 복구하기 위하여 그 멸실일 또는 파손일부터 2년 이내에 신축 또는 개축을 위한 건축허가 면허에 대하여는 등록면허세를 면제한다.

자동차세 면제

천재지변·화재·교통사고 등으로 소멸·멸실 또는 파손되어 해당 자동차를 회수하거나 사용할 수 없는 것으로 시장·군수가 인정하는 자동차에 대하여는 자동차세를 면제한다.

제92조의 2 │ 자동이체 등 납부에 대한 세액공제

① 「지방세기본법」 제35조 제1항 제3호에 따른 지방세(수시로 부과하여 징수하는 지방세는 제외한다.)에 대하여 그 납부기한이 속하는 달의 전달 말일까지 같은 법 제30조 제1항에 따른 전자송달 방식(이하 이 조에서 "전자송달 방식"이라 한다.) 및 「지방세징수법」 제23조에 따른 신용카드 자동이체 방식 또는 같은 법 제24조에 따른 계좌 자동이체 방식(이하 이 조에서 "자동이체 방식"이라 한다.)에 따른 납부를 신청하는 납세의무자에 대해서는 다음 각 호의 구분에 따른 금액을 「지방세법」에 따라 부과할 해당 지방세의 세액에서 공제한다(법 §92의 2 ① Ⅰ·Ⅱ).

1. 전자송달 방식에 따른 납부만을 신청하거나 자동이체 방식에 따른 납부만을 신청한

경우 : 고지서 1장당 250원부터 800원까지의 범위에서 조례로 정하는 금액
2. 전자송달방식과 자동계좌이체 방식에 의한 납부를 모두 신청한 경우 : 고지서 1장당 500원부터 1천600원까지의 범위에서 조례로 정하는 금액

② 제1항에 따른 세액의 공제는 「지방세법」에 따라 부과할 해당 지방세의 세액에서 같은 법에 따른 지방세의 소액 징수면제 기준금액을 한도로 한다(법 §92의 2 ②).
③ 제1항에 따라 세액공제를 받은 자가 그 납부기한까지 그 지방세를 납부하지 아니한 경우에는 그 공제받은 세액을 추징한다(법 §92의 2 ③).

2017년까지는 전자송달과 계좌 자동이체에 대해서는 감면을 하여왔으나 2018년부터는 신용카드 자동이체 또는 계좌 자동이체 방식을 '자동이체 방식'으로 하고 자동이체 또는 전자송달 방식에 의한 납부를 각각 신청한 경우에도 세액공제할 수 있도록 개정하였으며 공제액은 150원부터 500원까지의 범위에서 조례로 정하도록 하였다.

이 경우 신용카드 자동이체 방식에 대해 조례로 공제액을 규정하지 않은 자치단체의 경우 2018년 1월 정기분 등록면허세(면허분)부터 현행 계좌 자동이체와 동일하게 세액공제를 적용하고, 전자송달 방식에 의한 납부만을 신청한 경우도 현행 계좌 자동이체와 동일하게 세액공제를 적용하여야 한다.

CHAPTER 03

제4편
지방세특례제한법

지방소득세 특례

이 규정은 종전까지 소득세와 법인세의 부가세 형태로 부과·징수하고 있던 지방소득세를 독립세법 방식으로 전환하면서 납세자에 대한 조세지원특례를 별도로 규정하여 투자, 고용증대, 근로, 공익사업 등을 장려함과 아울러 지역경제 활성화를 도모하고, 동시에 공제, 감면율은 차별화하여 합리적인 세제지원이 이루어질 수 있도록 함으로써 건전한 지방자치발전에 조금이나마 도움이 되도록 세제를 개편한 것이다.

그런데 이 규정은 지방세법 제85조 정의 규정에서 지방소득세는 "개인지방소득"이란 「소득세법」 제3조 및 제4조에 따른 거주자 또는 비거주자의 소득을 말하며, "법인지방소득"이란 「법인세법」 제4조에 따른 내국법인 또는 외국법인의 소득을 말한다고 규정하고 있다.

이 경우 '법인지방소득'에 대하여는 지방소득세를 독립세법 방식으로 전환하면서 일괄적으로 제외하였기 때문에 제3장 지방소득세특례에서는 '개인지방소득'에 대한 세액공제와 감면규정으로 구성되어 있다.

또한, 현재까지는 납세자의 편의 도모 및 과세행정의 효율성을 위하여 '개인지방소득에 대한 지방소득세는 국세와 함께 신고납부 업무를 처리하면서 현재까지는 소득세의 10%로 과세되고 있고, 법인세에 대해서는 농협조합법인의 감면에 대해서만 규정하고 있고, 이 규정과 관련된 부분에 대해서는 별도의 서술을 생략하였다.

제93조 내지 제166조 | 생략

제167조 | 조합법인 등에 대한 법인지방소득세 과세특례

「조세특례제한법」 제72조 제1항을 적용받는 법인에 대해서는 2022년 12월31일 이전에 끝나는 사업연도까지 「지방세법」 제103조의 20에서 규정하는 법인지방소득세의 표준세율에도 불구하고 「조세특례제한법」 제72조 제1항에서 규정하는 법인세 세율의 100분의 10에 해당하는 세율을 법인지방소득세의 세율로 한다(법 §167).

그러므로 신용협동조합 및 새마을금고, 농업협동조합 및 조합공동사업법인, 수산업협동조합(어촌계 포함), 및 조합공동사업법인, 중소기업협동조합·사업협동조합 및 협동조합연합회, 산림조합(산림계 포함) 및 조합공동사업법인, 엽연초생산협동조합, 소비자생활협동조합의 각 사업연도 소득에 대한 법인세는 2017년 12월 31일 이전에 끝나는 사업연도까지 법인세법 제13조 및 같은 법 제55조에도 불구하고 해당 법인의 결산재무제표상 당기순이익에 법인세법 제24조에 따른 기부금(해당 법인의 수익사업과 관련된 것)의 손금불산입과 같은 법 제25조에 따른 접대비의 손금불산입 등 손금의 계산에 관한 규정을 적용하여 계산한 금액을 합한 금액에 100분의 9(해당금액이 20억원을 초과하는 경우 그 초과부분에 대해서는 100분의 12)의 세율을 적용하여 과세한다.

제167조의 2 │ 개인지방소득세의 세액공제·감면 등

① 「소득세법」 또는 「조세특례제한법」에 따라 소득세가 세액공제·감면이 되는 경우(「조세특례제한법」 제144조에 따른 세액공제액의 이월공제를 포함하며, 같은 법 제104조의8제1항에 따른 세액공제는 제외한다.)에는 이 장에서 규정하는 개인지방소득세 세액공제·감면 내용과 이 법 제180조(중복감면의 배제)에도 불구하고 그 공제·감면되는 금액(「조세특례제한법」 제127조부터 제129조까지, 제132조 및 제133조가 적용되는 경우에는 이를 적용한 최종 금액을 말한다.)의 100분의 10에 해당하는 개인지방소득세를 공제·감면한다(법 §167의 2 ①).

이와 같이 지방소득세에 대한 감면규정은 제3장에서 열거됨에도 불구하고 현재에는 개인소득지방소득세에 대하여는 전자세액공제를 제외한 소득세의 100분의 10에 해당하는 개인 지방소득세를 공제·감면하여야 한다.

② 「조세특례제한법」에 따라 소득세가 이월과세를 적용받은 경우에는 이 장에서 규정하는 개인지방소득세의 이월과세 내용에도 불구하고 그에 해당하는 개인지방소득세에 대하여 이월과세를 적용한다(법 §167의 2 ②).

③ 「소득세법」 또는 「조세특례제한법」에 따라 세액공제·감면받거나 이월과세를 적용받은 소득세의 추징사유가 발생하여 소득세를 납부하는 경우에는 제1항 및 제2항에 따라 세액공제·감면받거나 이월과세를 적용받은 개인지방소득세도 납부하여야 한다. 이 경우 납부하는 소득세에 「소득세법」 또는 「조세특례제한법」에서 이자상당가산액을 가산하는 경우에는 그 가산하는 금액의 100분의 10에 해당하는 금액을 개인지방소득세에 가산한다(법 §167의 2 ③).

제167조의 3 | 개인지방소득세의 전자신고 등에 대한 세액공제

① 납세자가 직접 「지방세기본법」 제25조에 따른 전자신고(이하 이 조에서 "전자신고"라 한다)의 방법으로 대통령령으로 정하는 개인지방소득세를 신고하는 경우에는 해당 납부세액에서 대통령령으로 정하는 금액을 공제한다. 이 경우 납부할 세액이 음수인 경우에는 이를 없는 것으로 한다(법 §167의 3 ①).

이 경우 "대통령령으로 정하는 개인지방소득세"란 「지방세법」 제95조에 따라 과세표준 및 세액을 확정신고하는 종합소득에 대한 개인지방소득세 및 같은 법 제103조의5에 따라 과세표준 및 세액을 예정신고하는 양도소득에 대한 개인지방소득세를 말한다. 그리고 "대통령령으로 정하는 금액"이란 2천원(「소득세법」 제73조에 따라 과세표준확정신고의 예외에 해당하는 자가 과세표준확정신고를 한 경우에는 추가로 납부하거나 환급받은 결정세액과 1천원 중 적은 금액)을 말한다.

② 「지방세법」 제95조제4항에 따라 납세지 관할 지방자치단체의 장이 종합소득에 대한 개인지방소득세 납부서를 발송하여 납세자가 신고기한까지 해당 세액을 납부하는 경우에는 제1항에 따른 금액을 공제한다(법 §167의 3 ②).

제167조의 4 | 영세개인사업자의 개인지방소득세 체납액 징수특례

① 지방자치단체의 장은 「조세특례제한법」 제99조의10에 따른 종합소득세 및 부가가치세(이하 이 조에서 "국세"라 한다)의 체납액 징수특례(이하 이 조에서 "국세 체납액 징수특례"라 한다)를 적용받은 거주자의 종합소득에 대한 개인지방소득세의 체납액 중 지방세 징수권 소멸시효가 완성되지 아니한 금액에 대해 그 거주자에게 직권으로 다음 각 호에 따른 체납액 징수특례(이하 이 조에서 "개인지방소득세 체납액 징수특례"라 한다)를 적용한다(법 §167의 4 ①)

1. 「조세특례제한법」 제99조의10제2항제1호에 따른 납부지연가산세의 납부의무가 면제된 경우의 종합소득에 대한 개인지방소득세 가산금과 「지방세기본법」 제55조제1항제1호에 따른 개인지방소득세 납부지연가산세의 납부의무 면제
2. 국세 체납액에 대한 분납이 허가된 경우의 종합소득에 대한 개인지방소득세 분납 허가. 이 경우 차수 및 납부기간은 국세와 동일하게 적용하며, 분납할 금액은 국세와 동일한 비율의 금액을 적용한다.

② 개인지방소득세 체납액 징수특례의 취소, 강제징수 등에 대해서는 「조세특례제한법」

제99조의10의 규정을 준용한다(법 §167의 4 ②)

③ 세무서장 또는 지방국세청장은 국세 체납액 징수특례를 결정하거나 취소하는 경우에는 행정안전부령으로 정하는 서식에 따라 납세지 관할 지방자치단체의 장에게 해당 자료를 즉시 통보하여야 한다(법 §167의 4 ③)

④ 납세지 관할 지방자치단체의 장은 개인지방소득세 체납액 징수특례를 결정하거나 그 결정을 취소하는 경우에는 행정안전부령으로 정하는 통지서를 해당 거주자에게 즉시 통지하여야 한다(법 §167의 4 ④)

제168조 내지 제176조의2 | 생략

보칙

제4편 지방세특례제한법

제177조 감면 제외대상

이 법의 감면을 적용할 때 다음 각 호의 어느 하나에 해당하는 부동산등은 감면대상에서 제외한다(법 §177 Ⅰ~Ⅴ).

1. 별장: 주거용 건축물로서 늘 주거용으로 사용하지 아니하고 휴양·피서·놀이 등의 용도로 사용하는 건축물과 그 부속토지(「지방자치법」 제3조 제3항 및 제4항에 따른 읍 또는 면에 있는, 「지방세법 시행령」 제28조 제2항에 따른 범위와 기준에 해당하는 농어촌주택과 그 부속토지는 제외한다.). 이 경우 별장의 범위와 적용기준은 「지방세법 시행령」 제28조 제3항에 따른다.
2. 골프장: 「체육시설의 설치·이용에 관한 법률」에 따른 회원제 골프장용 부동산 중 구분등록의 대상이 되는 토지와 건축물 및 그 토지 상(上)의 입목. 이 경우 등록을 하지 아니하고 사실상 골프장으로 사용하는 부동산을 포함한다.
3. 고급주택: 주거용 건축물 또는 그 부속토지의 면적과 가액이 「지방세법 시행령」 제28조 제4항에 따른 기준을 초과하거나 해당 건축물에 67제곱미터 이상의 수영장 등 「지방세법 시행령」 제28조 제4항에 따른 부대시설을 설치한 주거용 건축물과 그 부속토지.
4. 고급오락장: 도박장, 유흥주점영업장, 특수목욕장, 그 밖에 이와 유사한 용도에 사용되는 건축물 중 「지방세법 시행령」 제28조 제5항에 따른 건축물과 그 부속토지.
5. 고급선박: 비업무용 자가용 선박으로서 「지방세법 시행령」 제28조 제6항에 따른 기준을 초과하는 선박

다시 말해서 별장, 골프장, 고급주택, 고급오락장, 고급선박으로서 지방세가 중과세되는 부동산은 이 법에 따른 감면대상이 아니라는 것이다.

그리고 법 또는 다른 법령에서의 토지에 대한 재산세의 감면규정을 적용할 때 직접 사용의 범위에는 해당 감면대상 업무에 사용할 건축물 및 주택을 건축 중인 경우를 포함한다(영 §123).

제177조의 2 | 지방세 감면 특례의 제한

① 이 법에 따라 취득세 또는 재산세가 면제(지방세 특례 중에서 세액감면율이 100분의 100인 경우와 세율경감률이 「지방세법」에 따른 해당 과세대상에 대한 세율 전부를 감면하는 것을 말한다. 이하 이 조에서 같다.)되는 경우에는 이 법에 따른 취득세 또는 재산세의 면제규정에도 불구하고 100분의 85에 해당하는 감면률(「지방세법」 제13조 제1항부터 제4항까지의 세율은 적용하지 아니한 감면율을 말한다.)을 적용한다. 다만, 다음 각 호의 어느 하나에 해당하는 경우에는 그러하지 아니하다(법 §177의 2 ① Ⅰ·Ⅱ).

1. 「지방세법」에 따라 산출한 취득세의 세액(연부로 부동산을 취득하는 경우 매회 세액을 합산한 것을 말하며, 1년 이내에 동일한 소유자로부터 부동산을 취득하는 경우 또는 1년 이내에 연접한 부동산을 취득하는 경우에는 각각의 부동산에 대하여 산출한 취득세의 세액을 합산한 것을 말한다) 및 재산세의 세액이 다음 각 목의 어느 하나에 해당하는 경우
   가. 취득세 : 200만원 이하
   나. 재산세 : 50만원 이하(「지방세법」 제122조에 따른 세 부담의 상한을 적용하기 이전의 산출액을 말한다.)

2. 제7조부터 제9조까지, 제13조 제3항, 제16조, 제17조, 제17조의2, 제20조 제1호, 제29조, 제30조 제3항, 제33조 제2항, 제35조의2, 제36조, 제36조의 5, 제41조 제1항부터 제6항까지, 제50조, 제55조, 제57조의2 제2항(2020년 12월 31일까지로 한정한다.), 제57조의3 제1항, 제62조, 제63조 제2항·제4항, 제66조, 제73조, 제74조의2 제1항, 제76조 제2항, 제77조 제2항, 제82조, 제85조의2 제1항 제4호 및 제92조에 따른 감면

이 규정은 취득세 최소납부세제 적용제외 대상 중 토지를 분필하거나 집합건물을 호별로 나누어 계약신고하는 등의 편법으로 최소납부세제 회피 및 세수 일실 가능성 우려가 있어 취득세 세액기준 세분화하였고 편법 쪼개기 등 1건으로 취득한 것으로 볼 수 있는 「지방세법」 제6조제20호에 따른 연부로 취득하는 경우, 1년 이내에 동일한 소유자로부터 부동산을 취득하거나 1년 이내에 연접한 부동산을 취득하는 경우에는 각 산출세액을 합산하여 최소납부세제 해당 여부를 판단토록 명확화한 것이다

이를 구체적으로 보면 1년 이내에 동일한 소유자로부터의 부동산 취득 또는 연접한 부동산 취득의 경우, 산출세액은 시행일 이후 취득한 경우에 대해서만 합산을 적용하고, 최소납부세제 배제대상이었으나 1년 이내 추가 부동산 취득 등으로 최소납부세제 적용대상으로 전환되는 경우, 각 과세분에 대해 세액을 적용하며, 법정신고기한이 지난 과세분에 대하여는 수정신고를 접수하되, 과소신고가산세는 정당한 사유가 있는 것으로 보아 부과에서 제외된다.

또한

② 제4조에 따라 지방자치단체 감면조례로 취득세 또는 재산세를 면제하는 경우에도 제1항을 따른다. 다만, 조세특례제한법의 위임에 따른 감면은 그러하지 아니하다(법 §177의 2 ②).

③ 제2항에도 불구하고 제1항의 적용 여부와 그 적용 시기는 해당 지방자치단체의 감면조례로 정할 수 있다(법 §177의 2 ③).

이 경우 최소납부세제는 정책적 목적에 따라 면제혜택을 부여하더라도, 납세능력 있는 일부에 대해서는 면제세액의 15%를 부담하는 제도로서 세액이 취득세 200만원 이하와 재산세 50만원 이하의 경우에는 제외하고 있는데 취득세 및 재산세가 면제되는 경우 외에 자치단체 감면 조례로 면제되는 경우에도 최소납부세제가 적용될 수 있어 최소납부세제 도입 취지 상 외국인투자기업에 대한 감면의 경우 기존 투자기업에 대한 신뢰보호를 위해 「조세특례제한법」에 따라 취득세 등이 면제되는 경우에는 최소납부세제를 배제하고 있었다. 하지만, 「조세특례제한법」 규정을 근거로 자치단체 감면조례로 취득세 등을 면제하는 경우 최소납부세제 적용여부에 대해 명확히 할 필요가 있어 「조세특례제한법」에 따라 자치단체 감면조례로 취득세·재산세를 100% 면제하는 경우 최소납부세제를 적용하지 않도록 명확히 개정한 것이다.

최소납부제 적용현황은 1656~1658페이지 [참고1]을 참고하기 바란다.

제178조 | 감면된 취득세의 추징

부동산에 대한 감면을 적용할 때 이 법에서 특별히 규정한 경우를 제외하고는 다음 각 호의 어느 하나에 해당하는 경우 그 해당 부분에 대해서는 감면된 취득세를 추징한다(법 §178 ① Ⅰ·Ⅱ).
1. 정당한 사유 없이 그 취득일부터 1년이 경과할 때까지 해당 용도로 직접 사용하지 아니하는 경우
2. 해당 용도로 직접 사용한 기간이 2년 미만인 상태에서 매각·증여하거나 다른 용도로 사용하는 경우

이 법에 따라 부동산에 대한 취득세 감면을 받은 자가 제1항 또는 그 밖에 이 법의 각 규정에서 정하는 추징 사유에 해당하여 그 해당 부분에 대해서 감면된 세액을 납부하여야 하는 경우에는 대통령령으로 정하는 바에 따라 계산한 이자상당액을 가산하여 납부하여야 하며, 해당

세액은 「지방세법」 제20조에 따라 납부하여야 할 세액으로 본다. 다만, 파산 등 대통령령으로 정하는 부득이한 사유가 있는 경우에는 이자상당액을 가산하지 아니한다(법 §178 ②).

이 경우 "대통령령으로 정하는 바에 따라 계산한 이자상당액"이란 이 법에 따라 감면받은 취득세액에 제1호의 기간과 제2호의 율을 곱하여 계산한 금액을 말한다(영 §123의 2 ① Ⅰ·Ⅱ).

1. 당초 감면받은 부동산에 대한 취득세 납부기한의 다음 날부터 추징사유가 발생한 날까지의 기간. 다만, 「지방세기본법」 제60조에 따라 환급·충당한 후 추징사유가 발생한 경우에는 같은 법 시행령 제43조제1항 각 호에 따른 날부터 추징사유가 발생한 날까지의 기간으로 한다

   이 단서의 개정규정은 이 영 시행 이후 「지방세기본법」 제60조에 따라 환급·충당한 경우부터 적용한다.

2. 지방세기본법 시행령」 제34조제1항에 따른 이자율

대통령령 부칙 제3조(감면 취득세 추징을 위한 이자상당액 계산 이자율 변경에 따른 경과조치) 이 영 시행 전에 부동산에 대한 취득세 감면을 받은 자가 이 영 시행 이후 추징사유가 발생하여 이자상당액을 납부하는 경우 당초 감면받은 부동산에 대한 취득세 납부기한의 다음 날부터 이 영 시행일 전일까지의 기간분에 대한 이자상당액 계산 이자율은 종전의 제123조의2제1항제2호에 따르고, 이 영 시행일부터 추징사유가 발생한 날까지의 기간분에 대한 이자상당액 계산 이자율은 제123조의2제1항제2호의 개정규정에 따른다.

그리고 "대통령령으로 정하는 부득이한 사유"란 파산선고를 받은 경우와 천재지변이나 그 밖에 이에 준하는 불가피한 사유로 해당 부동산을 매각·증여하거나 다른 용도로 사용하는 것에 해당하는 사유를 말한다(영 §123의 2 ② Ⅰ·Ⅱ).

또한 국세는 감면 대상 및 취지 등 정책적 목적에 따라 이자상당가산액을 부과 중이이고 개인지방소득세는 소득세법 또는 조특법에 따라 추징사유가 발생하여 소득세의 이자상당 가산액을 납부하는 경우 10%를 가산 중이지만 취득세의 경우 감면신청 당시 감면요건을 갖추지 못해 추징되거나 사후에 추징사유에 해당하여 추징된 경우 모두 감면된 본세액만 추징하고 있어 본세만 추징시 감면기간 동안 이자, 부동산 시세차익 등을 향유할 수 있어 감면제도 악용 유인 및 성실납세자와의 불형평 초래하고 감사원 또한 취득세 감면세액 추징 시 '이자상당가산액'을 부과토록 제도개선 지적함에 따라 감면제도 실효성 확보 및 성실납세자와의 형평성 제고를 위해 이자상당가산액(1일 10만분의 25, 연 9.125%)* 도입으로 악용 가능성이 높은 부동산에 대한 취득세에 한정하여 도입하되, 납세자 신뢰보호를 위해 2020년 1월1일 이후 발생한 감면부터 적용한다.

제179조 | 토지에 대한 재산세의 경감율 적용

이 법 또는 다른 법령에서 토지에 대한 재산세의 경감 규정을 둔 경우에는 경감대상 토지의 과세표준액에 해당 경감비율을 곱한 금액을 경감한다(법 §179).

이 법 또는 다른 법령에서의 토지에 대한 재산세의 감면규정을 적용할 때 직접 사용의 범위에는 해당 감면대상 업무에 사용할 건축물을 건축 중인 경우를 포함한다.

제180조 | 중복 감면의 배제

동일한 과세대상의 동일한 세목에 대하여 둘 이상의 지방세 특례규정이 적용되는 경우에는 그 중 가면되는 세액이 큰 것 하나만을 적용한다 다만, 제66조제1항, 제73조, 제74조의2 제1항, 제92조 및 제92조의2의 규정이 함께 적용되는 경우에는 해당 특례규정을 모두 적용하되, 제66조제1항, 제73조, 제74조의 제1항 및 제92조 간에 중복되는 경우에는 그 중 감면되는 세액이 큰 것 하나만을 적용한다(법 §180).

본 규정의 입법취지는 두 개 이상의 감면규정을 모두 적용시 발생할 수 있는 과다한 과세지원을 조절하여 세수를 확보하기 위한 것이고, 납세자에게 지원될 수 있는 가장 유리한 감면규정을 적용할 수 있도록 하는 근거 규정으로서의 중의적인 규정으로 취지를 담고 있다 할 것이지만 해당 규정과 법령에서는 별도의 정의 규정을 두고 있지 않아 세액감면과 중과세 배제 등을 동시에 적용할 수 있는지 납세자와 과세관청 간에 다툼의 소지가 발생하고 있고 이와 함께 세목별로 유리한 감면을 달리 적용할 수 있는 것인지 규정이 불명확하다는 점을 감안하여 이를 개정한 것으로 개정내용은 첫째 세율감면과 중과세 배제 등이 동시에 해당하는 경우 그 중 유리한 하나만 적용하도록 중복감면 배제를 중복특례 배제로 개정하였고 둘째로 세목이 다른 경우에는 세목별로 각각 유리한 특례를 적용받을 수 있도록 중복범위를 동일 세목으로 한정하도록 개정한 것이다. 다만 부칙에서는 2023년 이전에 「도시개발법」 제29조에 따른 환지계획 인가 또는 「도시 및 주거환경정비법」 제74조에 따른 관리처분계획 인가를 받은 도시개발사업 또는 재개발사업 시행으로 해당 사업의 대상이 되는 부동산의 소유자가 취득(토지 상환 채권으로 취득하는 것을 포함한다)하는 부동산의 지방세 특례 중복적용에 대해서는 제180조 개정규정에도 불구하고 종전 규정을 따른다.

> **사례**
>
> ❖ 조세부담의 불공평을 방지하고 국가의 조세수입을 확보하기 위하여 중복지원을 배제하고 있는 구 조세감면규제법(1993.12.31. 법률 제4666호로 전문 개정되기 전의 것) 제87조 제6항의 입법취지에 비추어 볼 때, 법인의 시설투자가 농공지구에 입주하여 사업을 영위하기 위한 투자와 동일한 경우에 그 농공지구 입주 공장에서 소득이 발생하여 같은 법 제40조의4 제1항에 의하여 실제로 법인세를 감면받는 과세연도의 법인세액을 산출함에 있어서는, 같은 법 제87조 제6항이 적용되어 이전의 과세연도로부터 이월된 임시투자세액의 공제는 허용되지 아니함
>
> (대법96누1337, 1996.10.11)
>
> ❖ 감면규정을 바꾸어 감면주장이 가능하므로 추징을 할 수 없음. 동일한 과세대상에 대하여 조세를 감면할 근거규정이 둘 이상 존재하는 경우에 어느 하나의 감면규정에 정한 감면요건이 충족되고 그 규정에 따른 감면에 대해서는 추징규정이 없거나 추징사유가 발생하지 아니하였다면 나머지 다른 감면규정에 의한 추징처분을 하는 것은 허용되지 아니하는바, 피고가 감면조례에 따라 이 사건 취득세와 등록세를 감면하였거나 추징한 것이 아니라 하더라도, 원고의 이 사건 토지 취득이 감면조례의 감면요건에 해당하는 한, 구 지방세법 제269조 제3항에 의한 추징처분은 허용되지 아니하므로, 피고의 위 주장도 이유 없다 원고가 이 사건 토지를 취득한 날로부터 2년 이내에 착공하였으므로 괄호안 규정에 해당하지 아니하고, 달리 감면조례에서 정한 추징사유에 해당한다고 볼 아무런 자료가 없음
>
> (대법 2012두27213, 2013.3.28.)
>
> ❖ 「지방세특례제한법」 제2조 제1항 제6호에서 "지방세 특례"를 세율의 경감, 세액감면, 세액공제, 과세표준 공제(중과세 배제, 재산세 과세대상 구분전환을 포함)로 각각 규정하고 있고 이들은 모두 납세자가 납부하여야 하는 세액을 감소시키는 것으로 넓은 의미에서 모두 감면에 해당된다고 볼 수 있는 점, 지방세 감면과 중과세 배제는 납세자의 입장에서 사실상의 이중혜택이므로 그 중 높은 것 하나만 적용하는 것이 중복감면의 배제의 입법 취지에 부합한다고 보이는 점, 지방세 감면과 중과세 배제를 모두 적용하기 위해서는 같은 조항에 감면과 중과세 배제 내용이 각각 명시되어 있어야 한다고 보는 것이 조세법규의 엄격해석원칙에 부합하는 점 등에 비추어, 이 건 부동산의 취득에 대하여 쟁점중과세율배제규정과 쟁점감면규정을 모두 적용하는 것은 「지방세특례제한법」 제180조에 따른 중복 감면으로서 허용될 수 없다고 보는 것이 타당하므로 처분청이 이 건 부동산에 대하여 취득세 중과세율을 적용한 부분은 달리 잘못이 없다고 판단된다.
>
> (조심 2020지1267, 2021.3.29)

제180조의 2 | 지방세 중과세율 적용 배제 특례

① 다음 각 호의 어느 하나에 해당하는 부동산의 취득에 대해서는 「지방세법」에 따른 취득세를 과세할 때 2024년 12월 31일까지 같은 법 제13조 제2항 본문 및 같은 조 제3항

의 세율을 적용하지 아니한다(법 §180의 2 ① Ⅰ~Ⅲ).
1. 「부동산투자회사법」 제2조 제1호에 따른 부동산투자회사가 취득하는 부동산
2. 「자본시장과 금융투자업에 관한 법률」 제229조 제2호에 따른 부동산집합투자기구의 집합투자재산으로 취득하는 부동산
3. 「조세특례제한법」 제104조의31제1항에 해당하는 회사가 취득하는 부동산

「법인세법」 제51조의 2 제1항 제9호

9. 제1호부터 제8호까지와 유사한 투자회사로서 다음 각 목의 요건을 갖춘 법인일 것
   가. 회사의 자산을 설비투자, 사회간접자본 시설투자, 자원개발, 그 밖에 상당한 기간과 자금이 소요되는 특정사업에 운용하고 그 수익을 주주에게 배분하는 회사일 것
   나. 본점 외의 영업소를 설치하지 아니하고 직원과 상근하는 임원을 두지 아니할 것
   다. 한시적으로 설립된 회사로서 존립기간이 2년 이상일 것
   라. 「상법」이나 그 밖의 법률의 규정에 따른 주식회사로서 발기설립의 방법으로 설립할 것
   마. 발기인이 「기업구조조정투자회사법」 제4조 제2항 각 호의 어느 하나에 해당하지 아니하고 대통령령으로 정하는 요건을 충족할 것
   바. 이사가 「기업구조조정투자회사법」 제12조 각 호의 어느 하나에 해당하지 아니할 것
   사. 감사는 「기업구조조정투자회사법」 제17조에 적합할 것. 이 경우 "기업구조조정투자회사"는 "회사"로 본다.
   아. 자본금 규모, 자산관리업무와 자금관리업무의 위탁 및 설립신고 등에 관하여 대통령령으로 정하는 요건을 충족할 것

---

② 다음 각 호의 어느 하나에 해당하는 설립등기(설립 후 5년 이내에 자본 또는 출자액을 증가하는 경우를 포함한다.)에 대해서는 「지방세법」에 따른 등록면허세를 과세할 때 2024년 12월 31일까지 같은 법 제28조 제2항·제3항의 세율을 적용하지 아니한다(법 §180의 2 ② Ⅰ~Ⅶ).
1. 「자본시장과 금융투자업에 관한 법률」 제9조 제18항 제2호, 같은 조 제19항 제1호 및 제249조의 13에 따른 투자회사, 경영참여형 사모집합투자기구 및 투자목적회사
2. 「기업구조조정투자회사법」 제2조 제3호에 따른 기업구조조정투자회사
3. 「부동산투자회사법」 제2조 제1호에 따른 부동산투자회사(같은 호 가목에 따른 자기관리 부동산투자회사는 제외한다.)
4. 대통령으로 정하는 특수 목적 법인
5. 「조세특례제한법」 제104조의31제1항에 해당하는 회사
6. 「문화산업진흥 기본법」 제2조 제21호에 따른 문화산업전문회사
7. 「선박투자회사법」 제3조에 따른 선박투자회사

제181조 지방세 특례의 사전·사후 관리

① 행정안전부장관은 매년 2월 말일까지 지방세 특례 및 그 제한에 관한 기본계획을 수립하여 지방제정법 제27조의 2에 따른 지방재정부담심의위원회 및 국무회의의 심의를 거쳐 중앙행정기관의 장에게 통보하여야 한다(법 §181 ①).

② 중앙행정기관의 장은 그 소관 사무로서 지방세를 감면하려는 경우에는 감면이 필요한 사유, 세목 및 세율, 감면기간, 지방세 수입 증감 추계, 관련 사업계획서, 예산서 및 사업 수지 분석서, 감면액을 보충하기 위한 기존 지방세 감면에 대한 축소 또는 폐지방안 및 조세부담능력 등을 적은 지방세 감면건의서(이하 이 조에서 "지방세감면건의서"라 한다.)를 매년 3월 31일(제7항에 해당하는 경우에는 2월 20일)일까지 행정안전부장관에게 제출하여야 한다(법 §181 ②).

이 규정은 중앙행정기관의 장이 지방세 감면 건의하는 경우 그 사유, 사업계획 및 사업 수지 분석서 등과 함께, 해당 건의로 인한 감면액을 보충하기 위한 기존 감면 축소·폐지 방안을 함께 제출하도록 한 것이다.

③ 대통령령으로 정하는 지방세 특례 사항에 대하여 중앙행정기관의 장은 지방세 감면으로 인한 효과 분석 및 지방세 감면제도의 존치 여부 등에 대한 의견서(이하 이 조에서 "지방세감면평가서"라 한다.)를 매년 3월 31일(제6항 후단에 해당하는 경우에는 2월 20일)까지 행정안전부장관에게 제출하여야 한다(법 §181 ③).

이 규정에서 "대통령령으로 정하는 지방세 특례 사항"이란 다음 각 호의 어느 하나에 해당하는 사항을 말한다(영 §124 ① Ⅰ~Ⅴ).
  1. 해당 과세연도에 기한이 종료되는 지방세 특례 사항
  2. 시행 후 2년이 지나지 아니한 지방세 특례 사항
  3. 범위를 확대하려는 지방세 특례 사항
  4. 법 제181조 제2항에 따른 지방세의 감면과 관련되는 사업계획의 변경 등으로 재검토가 필요한 지방세 특례 사항
  5. 행정안전부장관이 다른 중앙행정기관의 장과 협의하여 고시하는 법인 및 단체의 변경 등으로 재검토가 필요한 지방세 특례 사항

④ 중앙행정기관의 장은 조례에 따른 지방세 감면제도의 신설, 연장 또는 폐지 등을 요청하려는 경우에는 지방세감면건의서 또는 지방세감면평가서를 해당 지방자치단체의 장에게 제출하여야 한다(법 §181 ④).

⑤ 행정안전부장관은 제2항 및 제3항에 따라 제출받은 지방세감면건의서 및 지방세감면 평가서에 대하여 각 지방자치단체의 의견을 들어야 한다(법 §181 ⑤).

⑥ 행정안전부장관은 주요 지방세 특례에 대한 평가를 실시할 수 있다. 이 경우 해당 연도에 적용기한이 종료되는 사항으로서 대통령령으로 정하는 지방세 특례에 대해서는 예산의 범위 내에서 조세 관련 조사·연구기관에 의뢰하여 목표달성도, 경제적 효과, 지방재정에 미치는 영향 등에 대하여 평가할 수 있다(법 §181 ⑥).

이 규정 후단에서 "대통령령으로 정하는 일정 금액 이상인 지방세 특례'란 다음 각 호의 어느 하나에 해당하는 경우를 말한다(영 §124 ② Ⅰ~Ⅳ).

1. 해당 지방세 특례의 적용기한이 종료되는 날이 속하는 해의 직전 3년간(지방세 특례가 신설된 지 3년이 지나지 않은 경우에는 그 기간) 연평균 지방세 감면액이 100억원 이상인 경우
2. 둘 이상의 감면 조문을 분야별로 일괄하여 평가할 필요가 있는 경우
3. 지방세 감면액이 지속적으로 증가할 것으로 예상되어 객관적인 검증을 통해 지방세 지출의 효율화가 필요한 경우
4. 그 밖에 행정안전부장관이 지방세 특례에 대한 평가가 필요하다고 인정하는 경우

⑦ 행정안전부장관은 연간 예상 감면액이 대통령령으로 정하는 일정금액 이상인 지방세 특례를 신규로 도입하려는 경우에는 조세 관련 조사·연구기관에 의뢰하여 지방세 특례의 필요성 및 적시성, 기대효과, 지방재정에 미치는 영향 및 예상되는 문제점에 대한 타당성 평가를 실시하여야 한다(법 §181 ⑦).

이 경우 "대통령령으로 정하는 일정 금액 이상인 지방세 특례를 신규로 도입하려는 경우"란 해당 특례안의 감면기간 동안 발생할 것으로 예상되는 연평균 지방세 감면 추계액이 100억원 이상인 경우를 말한다. 다만, 기존 지방세특례의 내용을 변경하는 경우에는 기존 지방세특례 금액에 추가되는 연간 예상 감면액이 100억원 이상인 경우(기존 지방세특례의 내용을 변경하는 경우에는 기존 지방세특례 금액에 추가되는 해당 특례안의 감면기간 동안 추가되는 예상 감면액이 100억원 이상인 경우를 말한다.)를 말한다. 다만, 경제·사회적 상황에 대응하기 위하여 도입할 필요가 있는 경우로서 행정안전부장관이 인정하는 경우는 제외한다(영 §124 ③).

그리고 법 제181조제6항 후단 및 같은 조 제7항에서 조세 관련 조사·연구기관은 각각 다음 각 호의 어느 하나에 해당하는 기관으로 한다(영 §124 ④ Ⅰ·Ⅱ).

1. 지방세기본법 제151조에 따른 지방세연구원
2. 그 밖에 지방세 특례의 타당성에 대한 평가 등과 관련하여 전문 인력과 조사·연구 능력 등을 갖춘 것으로 행정안전부장관이 정하여 고시하는 기관

그리고 위 항에 따른 지방세 특례의 타당성에 대한 평가의 세부 기준, 절차 및 그 밖에 필요한 사항은 행정안전부장관이 정한다(영 §124 ⑤).

⑧ 행정안전부장관은 지방세감면건의서, 지방세감면평가서 및 제6항과 제7항에 따른 평가와 관련하여 전문적인 조사·연구를 수행할 기관을 지정하고 그 운영 등에 필요한 경비를 출연할 수 있다(법 §181 ⑧).

⑨ 행정안전부장관은 지방세감면평가서 및 제6항과 제7항에 따른 평가와 관련하여 필요하다고 인정할 때에는 관계 행정기관의 장 등에게 의견 또는 자료의 제출을 요구할 수 있다. 이 경우 관계 행정기관의 장 등은 특별한 사유가 있는 경우를 제외하고는 이에 따라야 한다(법 §181 ⑨).

⑩ 제1항부터 제9항까지의 규정에 따른 지방세 특례 및 그 제한에 관한 기본계획 수립, 지방세감면건의서 및 지방세감면평가서의 제출, 지방자치단체의 의견 청취, 주요 지방세 특례의 범위, 조사·연구기관의 지정과 그 밖에 필요한 사항은 대통령령으로 정한다(법 §181 ⑩).

2017년부터는 일정규모(감면기간동안 예상감면액 100억원) 이상의 신규 감면제도 도입 시 통합심사 외에 조세관련 전문기관을 통한 '예비타당성평가' 시행하였으나 신규도입 외에 기존 감면에 대한 사후 성과평가 체계도 강화할 필요가 있어 2018년부터는 감면 기한이 종료되는 사항 중, 연간 감면액이 100억원 이상인 경우, 조세 관련 전문기관에 의뢰하여 목표달성도, 경제적 효과, 지방재정에 미치는 영향 등에 대하여 평가할 수 있도록 근거를 마련한 것이다.

제182조 | 지방자치단체의 감면율 자율 조절

① 지방자치단체는 이 법에 따른 지방세 감면 중 지방세 감면 기한이 연장되는 경우에는 지방자치단체의 재정여건, 감면대상자의 조세부담능력 등을 고려하여 해당 조에 따른 지방세 감면율을 100분의 50의 범위에서 조례로 인하하여 조정할 수 있다. 이 경우 면제는 감면율 100분의 100에 해당하는 것으로 본다(법 §182 ①).

② 지방자치단체는 제1항에도 불구하고 사회적 취약계층 보호, 공익 목적, 그 밖에 전국적으로 동일한 지방세 감면이 필요한 경우 등으로서 대통령령으로 정하는 사항에 대해서는 지방세 감면율을 인하하여 조정할 수 없다(법 §182 ②).

이 경우 "대통령령으로 정하는 사항"이란 법 제6조(자경농민의 농지등에 대한 감면), 제17조(장애인용 자동차에 대한 감면) 및 제29조(국가유공자등에 대한 감면)에 규정된 사항을 말한다(영 §125).

제183조 │ 감면신청 등

① 지방세의 감면을 받으려는 자는 대통령령으로 정하는 바에 따라 지방세 감면 신청을 하여야 한다. 다만, 지방자치단체의 장이 감면대상을 알 수 있을 때에는 직권으로 감면할 수 있다(법 §183 ①).

이 규정 본문에 따라 지방세의 감면을 신청하려는 자는 다음 각 호의 구분에 따른 시기에 행정안전부령으로 정하는 감면신청서에 감면받을 사유를 증명하는 서류를 첨부하여 납세지를 관할하는 지방자치단체의 장에게 제출해야 한다(영 §126 ① Ⅰ,Ⅱ).

1. 납세의무자가 과세표준과 세액을 지방자치단체의 장에게 신고납부하는 지방세: 해당 지방세의 과세표준과 세액을 신고하는 때. 다만, 「지방세기본법」 제50조 제1항 및 제2항에 따라 결정 또는 경정을 청구하는 경우에는 그 결정 또는 경정을 청구하는 때로 한다.
2. 제1호 외의 지방세: 다음 각 목의 구분에 따른 시기로 한다.
   가. 주민세 개인분, 재산세(「지방세법」 제112조에 따른 부과액을 포함한다.) 및 소방분 지역자원시설세: 과세기준일이 속하는 달의 말일까지
   나. 등록면허세(「지방세법」 제35조 제2항에 따라 보통징수의 방법으로 징수하는 경우로 한정한다.), 같은 법 제125조 제1항에 따른 자동차세 및 특정자원분 지역자원시설세(같은 법 제147조 제1항 제1호 단서에 따라 보통징수의 방법으로 징수하는 경우로 한정한다.): 납기가 있는 달의 10일까지

위의 규정에도 불구하고 자동차에 대한 취득세 및 등록면허세를 감면하려는 경우에는 해당 자동차의 사용본거지를 관할하지 않는 시장·군수·구청장도 제1항에 따른 업무를 처리할 수 있다. 이 경우 그 업무는 사용본거지를 관할하는 시장·군수·구청장이 처리한 것으로 본다(영 §126 ②).

그리고 해당 자동차의 사용본거지를 관할하지 않는 시장·군수·구청장이 제2항에 따른 업무를 처리하였을 때에는 관련 서류 전부를 해당 자동차의 사용본거지를 관할하는 시장·군수·구청장에게 즉시 이송하여야 한다(영 §126 ③).

② 제1항에 따른 지방세 감면신청을 받은 지방자치단체의 장은 지방세의 감면을 신청한 자(위임을 받은 자를 포함한다.)에게 행정안전부령으로 정하는 바에 따라 지방세 감면 관련 사항을 안내하여야 한다(법 §183 ②).

> **사례**
>
> ❖ **지방세 감면의 신청 여부**
>
> 지방세 감면신청은 감면을 받으려는 자에게 협력의무를 부과하는 취지로 해석되고 '감면신청을 한 경우에 한하여' 감면하겠다는 취지로는 보이지 않는다.
>
> (대법 2013두18582, 2014.2.13.)

제184조 │ 감면자료의 제출

지방세를 감면받은 자는 대통령령으로 정하는 바에 따라 관할 지방자치단체의 장에게 감면에 관한 자료를 제출하여야 한다(법 §184).

이 규정에 따라 지방세의 감면자료를 제출하여야 하는 자는 해당 연도 1월 1일부터 12월 31일까지의 기간 중에 감면대상 및 감면받은 세액 등을 확인할 수 있는 자료를 행정안전부령으로 정하는 바에 따라 다음 연도 1월 31일까지 과세물건 소재지를 관할하는 시장·군수·구청장에게 제출하여야 한다(영 §127).

그리고 이 규정에 따라 지방세의 감면자료를 제출하려는 자는 세목별로 감면받은 세액 등을 확인할 수 있는 서류를 첨부하여 제출하여야 한다(규칙 §10).

| [참고1] 2024년 최소납부세제 적용대상(54개) |

연번		감면내용	조문		면제세목
			취	재	
1	어린이집 및 유치원 부동산	§19	○	○	'15.1.1.
2	청소년단체 등에 대한 감면	§21	○	○	
3	한국농어촌공사(경영회생 지원 환매취득)	§13②2	○		'16.1.1.
4	노동조합	§26	○	○	
5	임대주택(40㎡이하, 60㎡이하)	§31①1,②1,④1	○	○	
6	장기일반민간임대주택(40㎡이하)	§31의3①1	○	○	
7	행복기숙사용 부동산	§42①	○	○	

연번		감면내용	조문		면제세목
			취	재	
8	박물관·미술관·도서관·과학관	§44의2	○	○	
9	학술연구단체·장학단체·과학기술진흥단체	§45①	○	○	
10	문화예술단체·체육진흥단체	§52①	○	○	
11	한국자산관리공사 구조조정을 위한 취득	§57의3②	○		
12	경차	§67②	○		
13	지방이전 공공기관 직원 주택 (85㎡이하)	§81③2	○		
14	시장정비사업 사업시행자	§83①	○		
15	한국법무보호복지공단, 갱생보호시설	§85①	○		
16	내진설계건축물(대수선)('21년까지 적용)	§47의4①2	○	○	'17.1.1.
17	국제선박	§64①,②,③	○		
18	매매용 중고자동차	§68①	○		
19	수출용 중고자동차	§68③	○		
20	한국농어촌공사 농업기반시설('21년까지 적용)	§13②1의2호		○	'18.1.1.
21	농협·수협·산림조합의 고유업무부동산	§14③	○	○	
22	기초과학연구원, 과학기술연구기관	§45의2	○	○	
23	신협·새마을금고 신용사업 부동산 등	§87①,②	○	○	
24	지역아동센터	§19의2	○	○	
25	창업중소기업(창업후 3년내) 재산세	§58의3		○	
26	다자녀 양육자 자동차	§22의2	○		
27	학생실험실습차량, 기계장비, 항공기등	§42②	○	○	
28	문화유산·자연환경 국민신탁법인	§53	○	○	
29	공공기관 상법상회사 조직변경	§57의2③7	○		
30	부실금융기관 등 간주취득세	§57의2⑤	○		
31	학교등 창업보육센터용 부동산	§60③1의2호		○	'19.1.1.
32	주거환경개선사업시행자로부터 취득 주택(85㎡↓)	§74④3	○		
33	법인의 지방이전	§79①	○	○	
34	공장의 지방이전	§80①	○	○	
35	시장정비사업(입주상인)	§83②	○		
36	평택이주 주한미군 한국인근로자	§81의2	○		

연번	감면내용	조문		면제세목
		취	재	
37	사회복지법인	§22①,②	○	○	'20.1.1.
38	별정우체국	§72②		○	
39	지방공단	§85의2②	○	○	
40	새마을운동조직	§88①	○	○	
41	정당	§89	○	○	
42	마을회	§90	○	○	
43	수소·전기버스	§70④	○		
44	장학단체 고유업무 부동산	§45②1	○	○	
45	외국인 투자기업 감면(조특법 적용대상은 제외)	§78의3	○	○	
46	생애 최초 주택	§36의3①1	○		'20.7.10.
47	전공대학 ('23년부터 최소납부세제 적용 배제)	§44②	○	○	'21.1.1.~ '22.12.31.
48	농협 등 조합간 합병	§57의2②	○		'21.1.1.
49	농협·수협조합의 부실조합 재산 양수 등	§57의3①	○		'22.1.1.
50	한국자산관리공사에 자산을 매각한 중소기업이 그 자산을 재취득	§57의3④	○		
51	한국자유총연맹	§88②	○	○	
52	반환공여구역내 창업용 부동산	§75의4	○		'23.1.1.
53	인구감소지역내 창업용 부동산	§75의5	○	○	
54	지방농수산물공사	§15②	○	○	'26.1.1.
55	도시철도공사	§63⑤	○	○	

지방세 조문별 해설

taxation

5 PART

조세특례제한법 및 지방세 관련 법령 등

제1장 다른 법령 등에 의한 지방세 감면
제2장 부록
  1. 면허에 대한 등록면허세를 부과할 면허의 종류와 종별구분
      - 지방세법 시행령 제39조와 관련 별표
  2. 공장의 종류
      - 지방세법 시행규칙 제7조 제1항 관련 별표2
  3. 취득세 감소분 산정기간 및 방법 등
      - 지방세법 시행규칙 별표3(제33조의2 제2항 관련)
  4. 법인지방소득세 안분계산 시 세액 적용기준
      - 지방세법 시행규칙 별표4(제38조의5 관련)
  5. 농어촌특별세 비과세 적용기준
      - 「농어촌특별세법」 제4조

CHAPTER 01 다른 법령 등에 의한 지방세 감면

제5편 조세특례제한법 및 지방세 관련 법령 등

제1절 조세특례제한법에 의한 감면

조세특례제한법 제3조에서 "이 법, 국세기본법 및 조약과 다음 각 호의 법률에 따르지 아니하고는 조세특례를 정할 수 없다"고 규정하고 있으며, 여기에서 정한 법률로는 소득세법, 법인세법, 상속세 및 증여세법, 부가가치세법, 개별소비세법, 주세법, 인지세법, 증권거래세법, 국세징수법, 관세법, 지방세특례제한법, 임시수입부가세법, 국제조세조정에 관한 법률, 금융실명거래 및 비밀보장에 관한 법률, 교육세법, 농어촌특별세법, 남북교류협력에 관한 법률, 자유무역지역의 지정 및 운영에 관한 법률, 「제주특별자치도 설치 및 국제자유도시 조성을 위한 특별법」(제주특별자치도세에 관한 규정만 해당한다.) 및 종합부동산세법이 규정되어 있다. 그러므로 지방세의 감면은 기본적으로는 지방세특례제한법에 의하여야 하고 예외적으로 조세특례제한법에 규정된 법률에 의해서만 감면이 가능한 것이지 이 법에 규정되지 아니한 법률에서 지방세감면의 규정을 두고 있다고 하여도 감면의 효력은 없다는 데 유념하여야 한다.

그리고 2014년말과 2015년말 법령 개정시 지금까지 이 법에서 규정하여 지방세를 감면하였던 조항들 중 제121조의2(외국인투자에 대한 감면)만 존치하고, 나머지 제119조(등록면허세의 면제 등), 제120조(취득세의 면제 등), 제121조(재산세의 감면)등은 모두 삭제하고, 이를 다듬어 지방세특례제한법으로 이관한 놀라운 변화가 있었다.

이는 지방세에 대한 과세특례 사항들을 지금까지 국세법에서 규정하고 있었던 것은 법체계상에도 맞지 않으며, 실제적으로도 관련법 개정에 대한 지방자치단체들의 의견개진이 현실적으로 어려운 점에서 진작 지방세특례제한법으로 법체계를 통합하여야 한다는 염원이 일부 이루어진 점에 상당히 고무되어 있으나 아직도 외자촉진에 관한 규정 등은 조세특례제한법에서 다루어지고 있는 것에 대해서는 법체계의 정비에 가일층 노력을 해야할 것으로 생각된다.

제89조의 3 조합 등 예탁금에 대한 저율과세 등

개인지방소득세 면제(조특법 §89의 3 ①·②, 동령 §83의 3)

① 농민·어민 및 그 밖에 상호 유대를 가진 거주자를 조합원·회원 등으로 하는 조합 등에 대한 예탁금으로서 가입 당시 19세 이상인 거주자가 가입한 대통령령으로 정하는 예탁금(1명당 3천만원 이하의 예탁금만 해당하며, 이하 "조합등예탁금"이라 한다)에서 2007년 1월 1일부터 2025년 12월 31일까지 발생하는 이자소득에 대해서는 비과세하고, 2026년 1월 1일부터 2026년 12월 31일까지 발생하는 이자소득에 대해서는 「소득세법」 제129조에도 불구하고 100분의 5의 세율을 적용하며, 그 이자소득은 「소득세법」 제14조제2항에 따른 종합소득과세표준에 합산하지 아니하며, 「지방세법」에 따른 개인지방소득세를 부과하지 아니한다(조특법 §89의 3 ①).

② 2027년 1월 1일 이후 조합등예탁금에서 발생하는 이자소득에 대해서는 「소득세법」 제129조에도 불구하고 100분의 9의 세율을 적용하고, 같은 법 제14조제2항에 따른 종합소득과세표준에 합산하지 아니하며, 「지방세법」에 따른 개인지방소득세를 부과하지 아니한다(조특법 §89의 3 ②).

이 경우 "대통령령이 정하는 예탁금"이란 농업협동조합법에 의한 조합, 수산업협동조합법에 의한 수산업협동조합, 산림조합법에 의한 조합, 신용협동조합법에 의한 신용협동조합, 새마을금고법에 의한 금고 등의 조합원·준조합원·계원·준계원 또는 회원의 예탁금으로서 위의 조합 등에 예탁한 금액의 합계액이 1인당 3천만원 이하인 예탁금을 말한다(조특법 영 §83의 3 ①).

제121조의 13 제주도 여행객 지정 면세점에 대한 간접세 등의 특례

(1) 제주도 여행객이 제주특별자치도 설치 및 국제자유도시 조성을 위한 특별법 제177조에 따른 면세품 판매장(지정면세점)에서 면세물품(담배소비세 대상물품)을 구입하여 제주도 외의 다른 지역으로 휴대하여 반출하는 경우에는 그 물품(담배)에 대한 담배소비세를 면제한다(조특법 §121의 13 ①).

(2) 사업자가 면세물품(담배)을 지정면세점에 공급하는 경우에는 담배소비세를 면제한다(조특법 §121의 13 ③).

(3) 면세물품의 종류별 구입수량 및 금액, 면세물품의 판매절차, 면세물품에 대한 면제절차, 미반출물품에 대한 관리절차, 면세물품의 부정구입에 따른 감면세액의 징수 및 지정면세점의 이용제한, 그 밖에 면제에 관하여 필요한 사항은 "제주특별자치도 여행객에 대한 면세점 특례 규정"을 참고하기 바란다(조특법 §121의 13 ⑦).

지방세 조문별 해설

지방세 조문별 해설

부록

1. 면허에 대한 등록면허세를 부과할 면허의 종류와 종별구분
   - 지방세법 시행령 제39조와 관련 별표
2. 공장의 종류
   - 지방세법 시행규칙 제7조 제1항 관련 별표2
3. 취득세 감소분 산정기간 및 방법 등
   - 지방세법 시행규칙 별표3(제33조의2 제2항 관련)
4. 법인지방소득세 안분계산 시 세액 적용기준
   - 지방세법 시행규칙 별표4(제38조의5 관련)

1. 면허에 대한 등록면허세를 부과할 면허의 종류와 종별 구분

지방세법 시행령 제39조와 관련 별표

(2023. 12. 29. 개정)

제1종

1. 「식품위생법」 제37조에 따른 식품접객업 중 다음 각 목의 어느 하나에 해당하는 것
   가. 휴게음식점영업, 제과점영업 또는 일반음식점영업의 신고. 다만, 영업장 연면적 1,000제곱미터 이상의 것만 해당한다.
   나. 유흥주점영업 또는 단란주점영업 허가
2. 「식품위생법」 제37조에 따른 식품제조·가공업의 등록. 다만, 종업원 100명 이상 또는 영업장 연면적 1,000제곱미터 이상의 것만 해당한다.
3. 「식품위생법」 제37조에 따른 즉석판매제조·가공업의 신고. 다만, 종업원 100명 이상 또는 영업장 연면적 1,000제곱미터 이상의 것만 해당한다.
4. 「식품위생법」 제37조에 따른 식품첨가물제조업의 등록. 다만, 종업원 100명 이상 또는 영업장 연면적 1,000제곱미터 이상의 것만 해당한다.
5. 「식품위생법」 제37조에 따른 용기·포장류제조업의 신고. 다만, 종업원 100명 이상 또는 영업장 연면적 1,000제곱미터 이상의 것만 해당한다.
6. 「식품위생법」 제37조에 따른 식품운반업의 신고. 다만, 종업원 100명 이상 또는 영업장 연면적 1,000제곱미터 이상의 것만 해당한다.
7. 「식품위생법」 제37조에 따른 식품소분·판매업(식품소분업 및 식용얼음판매업만 해당한다)의 신고. 다만, 종업원 100명 이상 또는 영업장 연면적 1,000제곱미터 이상의 것만 해당한다.
8. 「건설산업기본법」 제9조에 따른 건설업의 등록 중 다음 각 목의 어느 하나에 해당하는 것
   가. 전문공사를 시공하는 업종. 다만 종업원 100명 이상의 것만 해당한다.
   나. 종합공사를 시공하는 업종
9. 「해운법」 제4조 및 제6조에 따른 해상여객운송사업의 면허 또는 승인. 다만, 소유선박 톤수의 합계가 1만톤 이상의 것만 해당한다.
10. 「해운법」 제24조에 따른 해상화물운송사업의 등록. 다만, 소유선박 톤수의 합계가 1만톤 이상의 것만 해당한다.
11. 「해운법」 제33조에 따른 선박대여업의 등록. 다만, 소유선박 톤수의 합계가 1만톤 이상의 것만 해당한다.
12. 「항만운송사업법」 제4조에 따른 항만운송사업의 등록. 다만, 종업원 100명 이상의 것만 해당한다.
13. 「승강기 안전관리법」 제6조에 따른 승강기의 제조업 및 수입업의 등록. 다만, 종업원 100명 이상의 것만 해당한다.
14. 「항공사업법」 제112조제1항에 따른 국내항공운송사업 또는 국제항공운송사업의 면허, 같은 법 제54조에 따른 외국인 국제항공운송사업의 허가. 다만, 종업원 100명 이상의 것만 해당한다.
15. 「여객자동차 운수사업법」 제4조제1항에 따른 여객자동차운송사업의 면허 또는 등록. 다만, 자동차 20대 이상의 것만 해당한다.
16. 「화물자동차 운수사업법」 제3조제1항에 따른 화물자동차 운송사업의 허가. 다만, 자동차 20대 이상의 것만 해당한다.

제1종

17. 「여객자동차 운수사업법」 제28조제1항에 따른 자동차대여사업의 등록. 다만, 자동차 20대 이상의 것만 해당한다.
18. 「자동차관리법」 제53조제1항에 따른 자동차관리사업의 등록. 다만, 종업원 100명 이상의 것만 해당한다.
19. 「건설기계관리법」 제21조제1항에 따른 건설기계사업의 등록. 다만, 건설기계 20대 이상의 것 또는 종업원 100명 이상의 것만 해당한다.
20. 「건설기계관리법」 제14조제1항에 따른 건설기계 검사대행자의 지정. 다만, 종업원 100명 이상의 것만 해당한다.
21. 「자동차관리법」 제44조제1항에 따른 자동차검사대행자 및 제44조의2제1항에 따른 자동차종합검사대행자의 지정. 다만, 종업원 100명 이상의 것만 해당한다.
22. 「도시가스사업법」 제3조제1항에 따른 가스도매사업 및 같은 법 제3조 제2항에 따른 일반도시가스사업의 허가. 다만, 종업원 100명 이상의 것만 해당한다.
23. 「고압가스 안전관리법」 제4조제1항에 따른 고압가스제조업의 허가. 다만, 종업원 100명 이상의 것만 해당한다.
24. 「액화석유가스의 안전관리 및 사업법」 제5조에 따른 액화석유가스 충전사업 및 액화석유가스 집단공급사업의 허가. 다만, 종업원 100명 이상의 것만 해당한다.
25. 「액화석유가스의 안전관리 및 사업법」 제5조에 따른 가스용품 제조사업의 허가. 다만, 종업원 100명 이상의 것만 해당한다.
26. 「건축법」 제11조제1항 및 제14조제1항에 따른 건축 및 대수선의 허가 및 신고. 다만, 10층 이상의 건축물 또는 연면적 2,000제곱미터 이상의 건축물만 해당하며, 설계변경 등으로 면적이나 층수가 증가하여 면허에 대한 등록면허세를 부과하는 경우에는 그 증가하는 부분만을 기준으로 산정한다.
27. 「의료법」 제33조에 따른 의원·치과의원·한의원·조산원 개설의 신고 및 종합병원·병원·치과병원·한방병원·요양병원·정신병원 개설의 허가. 다만, 건축물 연면적 1,000제곱미터 이상의 것만 해당한다.
28. 「수의사법」 제17조제3항에 따른 동물병원 개설의 신고. 다만, 건축물 연면적 1,000제곱미터 이상의 것만 해당한다.
29. 「약사법」 제31조에 따른 의약품 제조업의 허가, 의약품 위탁제조판매업 및 의약외품 제조업의 신고, 같은 법 제42조에 따른 의약품등 수입업의 신고. 다만, 종업원 100명 이상의 것만 해당한다.
30. 「의료기기법」 제6조 따른 의료기기 제조업의 허가, 제15조에 따른 수입업의 허가, 제16조에 따른 수리업의 신고, 제17조에 따른 판매업 또는 임대업의 신고. 다만, 종업원 100명 이상의 것만 해당한다.
31. 「화장품법」 제3조제1항에 따른 화장품제조업, 화장품책임판매업의 등록 및 「화장품법」 제3조의2제1항에 따른 맞춤형화장품판매업의 신고. 다만, 종업원 100명 이상의 것만 해당한다.
32. 「농약관리법」 제3조에 따른 농약제조업, 농약원제업 및 농약수입업의 등록. 다만, 종업원 100명 이상의 것만 해당한다.
33. 「약사법」 제31조에 따른 동물용 의약품 제조업 허가 및 동물용 의약외품 제조업 신고, 같은 법 제20조에 따른 동물약국업의 개설등록, 「의료기기법」 제6조에 따른 동물용 의료기

제1종

　　　기 제조업 허가, 같은 법 제15조에 따른 동물용 의료기기 수입업허가, 같은 법 제16조에 따른 동물용 의료기기 수리업신고, 같은 법 제17조에 따른 동물용 의료기기 판매업·임대업 신고. 다만, 종업원 100명 이상의 것만 해당한다.
34. 「학원의 설립·운영 및 과외교습에 관한 법률」 제6조에 따른 학원의 설립 등록. 다만, 영업장 연면적 1,000제곱미터 이상의 것만 해당한다.
35. 「농지법」 제34조 및 제35조에 따른 농지전용의 허가 또는 신고. 다만, 전용면적 3,000제곱미터 이상의 것만 해당한다.
36. 「국토의 계획 및 이용에 관한 법률」 제56조제1항에 따른 토지의 형질 변경 허가. 다만, 면적 3,000제곱미터 이상의 것만 해당한다.
37. 「산림자원의 조성 및 관리에 관한 법률」 제16조제1항에 따른 종묘생산업자의 등록. 다만, 면적 3,000제곱미터 이상의 것만 해당한다.
38. 「초지법」 제23조에 따른 초지의 전용허가. 다만, 면적 3,000제곱미터 이상의 것만 해당한다.
39. 「초지법」 제5조에 따른 초지조성의 허가. 다만, 면적 3,000제곱미터 이상의 것만 해당한다.
40. 「공유수면 관리 및 매립에 관한 법률」 제28조제1항에 따른 공유수면의 매립 면허. 다만, 면적 6,000제곱미터 이상의 것만 해당한다.
41. 「산지관리법」 제25조에 따른 토석채취 허가 및 토사채취 신고. 다만, 부피 1,500제곱미터 이상의 것만 해당한다.
42. 「항공사업법」 제7조제2항, 제3항 및 제10조 제3항에 따른 정기편·부정기편 운항 허가 또는 신고. 다만, 종업원 100명 이상의 것만 해당한다.
43. 「도시공원 및 녹지 등에 관한 법률」 제24조 및 제38조에 따른 도시공원 및 녹지의 점용허가(자기 소유의 부동산에 대한 점용은 제외한다). 다만, 면적 1,500제곱미터 이상의 것만 해당한다.
44. 「도로법」 제61조제1항에 따른 도로의 점용허가(공간점용은 제외한다). 다만, 면적 1,500제곱미터 이상의 것만 해당한다.
45. 「하천법」 제33조제1항에 따른 하천의 점용허가. 다만, 면적 1,500제곱미터 이상의 것만 해당한다.
46. 「공유수면 관리 및 매립에 관한 법률」 제8조에 따른 공유수면의 점용 또는 사용의 허가. 다만, 면적 1,500제곱미터 이상의 것만 해당한다.
47. 「소하천정비법」 제14조에 따른 소하천의 점용 등에 대한 허가. 다만, 면적 1,500제곱미터 이상의 것만 해당한다.
48. 「철도사업법」 제42조에 따른 점용허가. 다만, 면적 1,500제곱미터 이상의 것만 해당한다.
49. 「산림자원의 조성 및 관리에 관한 법률」 제36조에 따른 입목벌채의 허가. 다만, 재적(材積) 1,500세제곱미터 이상의 것만 해당한다.
50. 「산지관리법」 제14조 및 제15조에 따른 산지전용의 허가 및 신고. 다만, 면적 1만제곱미터 이상의 것만 해당한다.
51. 「사도법」 제4조에 따른 사도개설의 허가. 다만, 면적 1,500제곱미터 이상의 것만 해당한다.
52. 「장사 등에 관한 법률」 제14조에 따른 사설묘지의 설치 허가 또는 신고, 제15조에 따른 사설화장시설 및 사설봉안시설의 설치 허가 또는 신고, 같은 법 제16조에 따른 사설자연장지 조성 허가 또는 신고. 다만, 면적 1,500제곱미터 이상의 것만 해당한다.

제1종

53. 「수산업법」 제7조, 제40조 및 제48조에 따른 어업의 면허, 허가 및 신고. 다만, 선박 톤수의 합계가 2,000톤 이상이거나, 면허구역이 1만제곱미터 이상의 것만 해당한다.
54. 「원양산업발전법」 제6조에 따른 원양어업의 허가 및 신고. 다만, 선박 톤수의 합계가 2,000톤 이상이거나, 면허구역이 1만제곱미터 이상의 것만 해당한다.
55. 「수산식품산업의 육성 및 지원에 관한 법률」 제16조에 따른 수산물가공업의 신고. 다만, 종업원 100명 이상의 것만 해당한다.
56. 「소금산업 진흥법」 제23조에 따른 염전개발업 및 염제조업의 허가. 다만, 염전면적이 6,000제곱미터 이상이거나, 연 생산규모가 10만톤 이상의 것만 해당한다.
57. 「전기공사업법」 제4조제1항에 따른 전기공사업 및 「정보통신공사업법」 제14조제1항에 따른 정보통신공사업의 등록. 다만, 종업원 100명 이상의 것만 해당한다.
58. 「총포·도검·화약류 등의 안전관리에 관한 법률」 제4조 및 제6조에 따른 총포·도검·화약류·분사기·전자충격기 또는 석궁의 제조업 또는 판매업의 허가. 다만, 종업원 100명 이상의 것만 해당한다.
59. 「출판문화산업 진흥법」 제9조제1항에 따른 출판사의 신고 및 「인쇄문화산업 진흥법」 제12조제1항에 따른 인쇄사의 신고. 다만, 종업원 100명 이상의 것만 해당한다.
60. 「사료관리법」 제8조제1항에 따른 사료제조업의 등록. 다만, 종업원 100명 이상의 것만 해당한다.
61. 「산업집적활성화 및 공장설립에 관한 법률」 제16조에 따른 공장의 등록. 다만, 공장 연면적 2,000제곱미터 이상의 것만 해당한다.
62. 「군복 및 군용장구의 단속에 관한 법률」 제3조에 따른 군복 및 군용장구의 제조 또는 판매업의 허가. 다만, 종업원 100명 이상의 것만 해당한다.
63. 「공연법」 제9조에 따른 공연장업의 등록. 다만, 건축물 연면적 2,000제곱미터 이상의 것만 해당한다.
64. 「담배사업법」 제13조에 따른 담배수입판매업의 등록. 다만, 종업원 100명 이상의 것만 해당한다.
65. 「인삼산업법」 제12조에 따른 인삼류제조업 및 인삼제품류 제조의 신고. 다만, 종업원 100명 이상의 것만 해당한다.
66. 「담배사업법」 제13조에 따른 담배도매업의 등록. 다만, 종업원 100명 이상의 것만 해당한다.
67. 「위생용품 관리법」 제3조에 따른 위생용품제조업, 위생물수건처리업 및 위생용품수입업의 신고. 다만, 종업원 100명 이상의 것만 해당한다.
68. 「먹는물관리법」 제21조에 따른 수처리제(水處理劑) 제조업의 등록. 다만, 종업원 100명 이상의 것만 해당한다.
69. 「체육시설의 설치·이용에 관한 법률」 제20조에 따른 수영장업의 신고. 다만, 건축물 연면적 또는 시설면적이 1,000제곱미터 이상의 것만 해당한다.
70. 「체육시설의 설치·이용에 관한 법률」 제20조에 따른 체육도장업의 신고. 다만, 건축물 연면적 또는 시설면적이 1,000제곱미터 이상의 것만 해당한다.
71. 「체육시설의 설치·이용에 관한 법률」 제20조에 따른 골프 연습장업의 신고. 다만, 건축물 연면적 또는 시설면적이 1,000제곱미터 이상의 것만 해당한다.
72. 「체육시설의 설치·이용에 관한 법률」 제20조에 따른 체력단련장업의 신고. 다만, 건축물

제1종

연면적 또는 시설면적이 1,000제곱미터 이상의 것만 해당한다.
73. 「체육시설의 설치·이용에 관한 법률」 제20조에 따른 당구장업 신고. 다만, 건축물 연면적 또는 시설면적이 1,000제곱미터 이상의 것만 해당한다.
74. 「체육시설의 설치·이용에 관한 법률」 제20조에 따른 썰매장업의 신고. 다만, 건축물 연면적 또는 시설면적이 1,000제곱미터 이상의 것만 해당한다.
75. 「체육시설의 설치·이용에 관한 법률」 제20조에 따른 무도학원업의 신고. 다만, 건축물 연면적 또는 시설면적이 1,000제곱미터 이상의 것만 해당한다.
76. 「체육시설의 설치·이용에 관한 법률」 제20조에 따른 무도장업의 신고. 다만, 건축물 연면적 또는 시설면적이 1,000제곱미터 이상의 것만 해당한다.
77. 「옥외광고물 등의 관리와 옥외광고업 진흥에 관한 법률」 제11조에 따른 옥외광고업의 등록. 다만, 종업원 100명 이상의 것만 해당한다.
78. 「문화재수리 등에 관한 법률」 제14조에 따른 문화재수리업, 문화재실측설계업 또는 문화재감리업의 등록. 다만, 종업원 100명 이상의 것만 해당한다.
79. 「승강기 안전관리법」 제39조에 따른 승강기 유지관리업의 등록. 다만, 종업원 100명 이상의 것만 해당한다.
80. 「내수면어업법」 제6조, 제9조 및 제11조에 따른 어업의 면허, 허가 및 신고. 다만, 면적 1만제곱미터 이상의 것만 해당한다.
81. 「관상어산업의 육성 및 지원에 관한 법률」 제12조에 따른 관상어양식업의 신고. 다만, 면적 1만제곱미터 이상의 것만 해당한다.
82. 「유선 및 도선 사업법」 제3조에 따른 유선사업의 면허 또는 신고. 다만, 유선(遊船) 10척 이상의 것만 해당한다.
83. 「사행행위 등 규제 및 처벌 특례법」 제4조에 따른 사행행위영업허가. 다만, 발행총액·예정액 또는 경품추첨 총액이 1억원 이상의 것만 해당한다.
84. 「경비업법」 제4조에 따른 경비업의 허가. 다만, 종업원 100명 이상의 것만 해당한다.
85. 「석유 및 석유대체연료 사업법」 제10조에 따른 석유판매업의 등록(같은 법 제11조에 따른 조건부 등록을 포함한다).
86. 「주류 면허 등에 관한 법률」 제3조에 따른 주류 제조업의 면허(같은 법 제9조에 따라 전환법인이 면허를 받는 것으로 보는 경우는 제외한다).
87. 「주류 면허 등에 관한 법률」 제4조에 따른 밑술 또는 술덧의 제조업의 면허(같은 법 제9조에 따라 전환법인이 면허를 받는 것으로 보는 경우는 제외한다).
88. 「선박의 입항 및 출항 등에 관한 법률」 제24조에 따른 예선업(曳船業)의 등록
89. 「항공사업법」 제30조에 따른 항공기사용사업의 등록
90. 「석유 및 석유대체연료 사업법」 제5조에 따른 석유정제업의 등록(같은 법 제11조에 따른 조건부 등록을 포함한다)
91. 「석유 및 석유대체연료 사업법」 제9조에 따른 석유수출입업의 등록(같은 법 제11조에 따른 조건부 등록을 포함한다)
92. 「관광진흥법」 제4조에 따른 여행업 중 종합여행업의 등록
93. 「관광진흥법」 제4조에 따른 관광숙박업의 등록
94. 〈삭제〉
95. 「관광진흥법」 제4조에 따른 국제회의업의 등록

제1종

96. 「관광진흥법」 제5조에 따른 카지노업의 허가
97. 「관광진흥법」 제5조에 따른 유원시설업의 허가
98. 「관광진흥법」 제6조에 따른 관광 편의시설업의 지정
99. 「화장품법」 제3조에 따른 기능성화장품의 제조 또는 수입업의 등록
100. 「철도사업법」 제5조에 따른 철도사업 면허
101. 「철도사업법」 제34조에 따른 전용철도운영 등록
102. 「도시철도법」 제26조에 따른 도시철도운송사업 면허
103. 「전기사업법」 제7조에 따른 전기사업의 허가
104. 「비료관리법」 제11조에 따른 비료생산업의 등록 및 같은 법 제12조에 따른 비료수입업의 신고
105. 「궤도운송법」 제4조에 따른 궤도사업의 허가
106. 「축산물 위생관리법」 제22조에 따른 도축업의 허가
107. 「축산물 위생관리법」 제22조에 따른 집유업(集乳業)의 허가
108. 「문화재보호법」 제75조 제1항에 따른 문화재 매매업의 허가
109. 「여신전문금융업법」 제3조에 따른 시설대여업의 등록
110. 「여신전문금융업법」 제3조에 따른 할부금융업의 등록
111. 「여신전문금융업법」 제3조에 따른 신기술사업금융업의 등록
112. 「유통산업발전법」 제8조에 따른 대규모점포의 개설등록
113. 「광업법」 제15조에 따른 광업권설정허가 및 제52조에 따른 조광권 설정인가
114. 「자본시장과 금융투자업에 관한 법률」 제12조에 따른 금융투자업의 인가
115. 「자본시장과 금융투자업에 관한 법률」 제324조에 따른 증권금융업무의 인가
116. 「자본시장과 금융투자업에 관한 법률」 제365조에 따른 명의개서대행회사의 등록
117. 「은행법」 제8조제1항에 따른 은행업[외국 금융기관(외국은행)의 국내 지점·대리점 설치를 포함한다]의 인가등록
118. 「자본시장과 금융투자업에 관한 법률」 제336조제1항에 따라 금융위원회의 인가를 받은 자의 등록
119. 「자본시장과 금융투자업에 관한 법률」 제18조에 따른 금융투자업(투자자문업 또는 투자일임업만 해당한다)의 등록
120. 「자본시장과 금융투자업에 관한 법률」 제101조에 따른 유사투자자문업의 신고
121. 「자본시장과 금융투자업에 관한 법률」 제182조에 따른 집합투자기구의 등록
122. 「자본시장과 금융투자업에 관한 법률」 및 종전의 「간접투자자산 운용업법」 제41조에 따른 투자회사의 등록
123. 「자본시장과 금융투자업에 관한 법률」 제254조에 따른 일반사무관리회사의 등록
124. 「자본시장과 금융투자업에 관한 법률」 제258조에 따른 집합투자기구평가회사의 등록
125. 「자본시장과 금융투자업에 관한 법률」 제263조에 따른 채권평가회사의 등록
126. 「자본시장과 금융투자업에 관한 법률」 제249조의3에 따른 일반사모집합투자업의 등록
127. 「신용정보의 이용 및 보호에 관한 법률」 제4조에 따른 신용정보업의 허가
128. 「상호저축은행법」 제6조에 따른 상호저축은행업의 인가
129. 「보험업법」 제4조에 따른 보험업의 허가(점포의 설치·이전 및 폐쇄는 제외한다)
130. 「자본시장과 금융투자업에 관한 법률」 제360조에 따른 단기금융업무의 인가

제1종

131. 「신용정보의 이용 및 보호에 관한 법률」제25조에 따른 신용정보집중기관의 허가
132. 「담보부사채신탁법」제5조에 따른 담보부사채 신탁업의 등록
133. 「대부업 등의 등록 및 금융이용자 보호에 관한 법률」제3조에 따른 대부업·대부중개업의 등록
134. 「먹는물관리법」제21조제6항에 따른 먹는샘물등의 유통전문판매업의 신고
135. 「전기통신사업법」제22조에 따른 부가통신사업의 신고 및 등록. 다만, 종업원 100명 이상의 것만 해당한다.
136. 「여신전문금융업법」제3조에 따른 신용카드업의 허가 및 등록(점포의 설치·이전 및 폐쇄는 제외한다)
137. 「먹는물관리법」제21조에 따른 먹는샘물등의 제조업의 허가
138. 「먹는물관리법」제21조에 따른 먹는샘물등의 수입판매업 등록
139. 「해양심층수의 개발 및 관리에 관한 법률」제27조에 따른 먹는해양심층수의 제조업 허가 및 먹는 해양심층수의 수입업 등록
140. 「체육시설의 설치·이용에 관한 법률」제19조에 따른 골프장업 등록
141. 「체육시설의 설치·이용에 관한 법률」제19조에 따른 스키장업 등록
142. 「체육시설의 설치·이용에 관한 법률」제20조에 따른 요트장업 신고
143. 「체육시설의 설치·이용에 관한 법률」제20조에 따른 조정장업 신고
144. 「체육시설의 설치·이용에 관한 법률」제20조에 따른 카누장업 신고
145. 「체육시설의 설치·이용에 관한 법률」제20조에 따른 빙상장업 신고
146. 「체육시설의 설치·이용에 관한 법률」제19조에 따른 자동차 경주장업 등록
147. 「체육시설의 설치·이용에 관한 법률」제20조에 따른 승마장업 신고
148. 「체육시설의 설치·이용에 관한 법률」제20조에 따른 종합체육시설업 신고
149. 「경륜·경정법」 제5조에 따른 경륜장 또는 경정장의 설치 허가
150. 〈삭제〉
151. 「축산법」제22조에 따른 정액등처리업의 허가
152. 「오존층 보호를 위한 특정물질의 제조규제 등에 관한 법률」제11조에 따른 특정 물질의 수입허가
153. 「화학무기·생물무기의 금지와 특정화학물질·생물작용제 등의 제조·수출입 규제 등에 관한 법률」제5조, 제11조, 제12조에 따른 1종화학물질의 제조 또는 수입 및 특정화학물질의 수출허가
154. 「집단에너지사업법」제9조에 따른 집단에너지공급사업의 허가
155. 「해저광물자원 개발법」제12조 및 제14조에 따른 해저광물 탐사권 및 해저광물 채취권의 설정허가
156. 「골재채취법」제14조에 따른 골재채취업의 등록
157. 「골재채취법」제22조에 따른 골재채취의 허가
158. 「마약류 관리에 관한 법률」제6조제1항제1호에 따른 마약류수출입업자의 허가
159. 「마약류 관리에 관한 법률」제6조제1항제2호에 따른 마약류제조업자의 허가
160. 「도시교통정비 촉진법」제26조제1항에 따른 교통영향평가대행자의 등록
161. 「전기통신사업법」제6조제1항에 따른 기간통신사업의 등록 또는 신고
162. (삭제)

제1종

163. 「건강기능식품에 관한 법률」 제5조에 따른 건강기능식품제조업의 허가. 다만, 100명 이상의 것만 해당한다.
164. 「공중위생관리법」 제3조에 따른 숙박업의 신고. 다만, 건축물 연면적 1,500제곱미터 이상의 것만 해당한다.
165. 「공중위생관리법」 제3조에 따른 건물위생관리업의 신고. 다만, 종업원 100명 이상의 것만 해당한다.
166. 「산업표준화법」 제13조에 따른 산업표준인증기관의 지정
167. 「국토의 계획 및 이용에 관한 법률」 제56조에 따른 개발행위의 허가 중 녹지지역 관리지역 또는 자연환경보전지역 안에 물건을 1개월 이상 쌓아놓는 행위의 허가
168. 「청소년활동 진흥법」 제13조에 따른 청소년수련시설의 등록
169. 「제주특별자치도 설치 및 국제자유도시 조성을 위한 특별법」 제251조에 따른 휴양펜션업의 등록
170. 「영화 및 비디오물의 진흥에 관한 법률」 제36조에 따른 영화상영관의 등록
171. 「담배사업법」 제11조에 따른 담배제조업의 허가
172. 「부동산개발업의 관리 및 육성에 관한 법률」 제4조에 따른 부동산개발업의 등록
173. 「해양심층수의 개발 및 관리에 관한 법률」 제10조에 따른 해양심층수개발업의 면허
174. 「전자어음의 발행 및 유통에 관한 법률」 제3조에 따른 전자어음관리기관의 지정
175. 「선박투자회사법」 제13조에 따른 선박투자업의 인가
176. 「화물자동차 운수사업법」 제29조에 따른 화물자동차 운송가맹사업의 허가
177. 「부동산투자회사법」 제9조에 따른 부동산투자회사의 인가
178. 「도로법」 제52조제1항에 따른 고속국도에 대한 연결허가. 다만, 다음 각 목의 어느 하나에 해당하는 시설로서 면적이 2,000제곱미터 이상인 경우만 해당한다.
    가. 주차장(비상주차대 등 비상주차시설을 포함한다)
    나. 정류소
    다. 주유소(충전소를 포함한다)
    라. 화물 및 농산물하치장
    마. 휴게소(졸음쉼터 등 간이휴게시설을 포함한다) 및 관광시설
179. 「생명윤리 및 안전에 관한 법률」 제41조에 따른 인체유래물은행의 허가 및 신고
180. 「의료법」 제82조에 따른 안마시술소 또는 안마원의 신고. 다만 건축물 면적 1,000제곱미터 이상의 것만 해당한다.
181. 「모자보건법」 제15조에 따른 산후조리업의 신고. 다만, 건축물 연면적 1,000제곱미터 이상인 것만 해당한다.
182. 「식품위생법」 제88조에 따른 집단급식소의 신고. 다만, 종업원 100명 이상인 것만 해당한다.
183. 「에너지이용 합리화법」 제25조에 따른 에너지절약전문기업의 등록. 다만, 종업원 100명 이상인 것만 해당한다.
184. 「고압가스 안전관리법」 제5조의3에 따른 고압가스 수입업의 등록
185. 「근로자퇴직급여보장법」 제26조에 따른 퇴직연금사업자의 등록
186. 「급경사지 재해예방에 관한 법률」 제27조에 따른 성능검사대행자의 등록
187. 「다중이용업소의 안전관리에 관한 특별법」 제16조에 따른 화재위험평가 대행자의 등록

제1종

188. 「재해경감을 위한 기업의 자율활동 지원에 관한 법률」 제8조의2에 따른 재해경감 우수기업 인증대행기관의 지정
189. 〈삭제〉
190. 「금융지주회사법」 제3조에 따른 금융지주회사의 인가
191. 「자본시장과 금융투자업에 관한 법률」 제355조에 따른 자금중개회사의 인가
192. 「전자금융거래법」 제28조에 따른 전자금융업의 허가와 등록
193. 「자본시장과 금융투자업에 관한 법률」 제279조에 따른 외국 집합투자기구의 등록
194. 〈삭제〉
195. 「할부거래에 관한 법률」 제18조에 따른 선불식 할부거래업의 등록
196. 「산지관리법」 제15조의2에 따른 산지일시사용의 허가·신고. 다만, 면적 1만제곱미터 이상의 것만 해당한다.
197. 「식물방역법」 제40조에 따른 수출입목재열처리업의 등록
198. 「건축법」 제20조에 따른 가설건축물의 건축 허가. 다만, 연면적 2,000제곱미터 이상의 것만 해당한다.
199. 「여객자동차 운수사업법」 제49조의3제1항에 따른 여객자동차플랫폼운송사업의 허가
200. 「마약류 관리에 관한 법률」 제6조의2제1항에 따른 원료물질의 수출입업자 또는 제조업자의 허가
201. 「한국마사회법」 제4조에 따른 경마장의 설치 허가
202. 「석유 및 석유대체연료 사업법」 제32조에 따른 석유대체연료 제조·수출입업의 등록
203. 「선박투자회사법」 제31조에 따른 선박운용회사의 허가
204. 「제대혈 관리 및 연구에 관한 법률」 제11조제1항에 따른 기증제대혈 또는 가족제대혈은행의 허가
205. 「부동산투자회사법」 제22조의3에 따른 자산관리회사의 설립 인가
206. 「낚시 관리 및 육성법」 제10조에 따른 낚시터업의 허가 및 제16조에 따른 낚시터업의 등록. 다만, 면적이 1만 제곱미터 이상의 것만 해당한다.
207. 「철도의 건설 및 철도시설 유지 관리에 관한 법률」 제23조의2에 따른 철도시설의 점용 허가. 다만, 면적이 1,500제곱미터 이상의 것만 해당한다.
208. 「소프트웨어 진흥법」 제11조에 따른 소프트웨어진흥시설의 지정
209. 「소프트웨어 진흥법」 제20조에 따른 소프트웨어 품질인증기관의 지정
210. 「소프트웨어 진흥법」 제21조에 따른 소프트웨어프로세스 품질인증기관의 지정
211. 「방송법」 제9조에 따른 지상파방송사업 및 위성방송사업의 허가
212. 「저작권법」 제56조에 따른 인증기관의 지정
213. 「전자문서 및 전자거래 기본법」 제31조의2에 따른 공인전자문서센터의 지정
214. 「전자문서 및 전자거래 기본법」 제31조의18에 따른 공인전자문서중계자의 인증
215. 「전자금융거래법」 제29조에 따른 전자채권관리기관의 등록
216. 「부동산투자회사법」 제23조에 따른 부동산투자자문회사의 등록
217. 「광산피해의 방지 및 복구에 관한 법률」 제13조에 따른 전문광해방지사업자의 등록
218. 「축산법」 제22조에 따른 가축사육업의 허가. 다만, 사육시설 면적이 1만제곱미터 이상의 것만 해당한다.
219. 「도시가스사업법」 제3조제3항에 따른 도시가스충전사업의 허가. 다만, 종업원 100명 이

제1종

상의 것만 해당한다.
220. 「도시가스사업법」 제3조제4항에 따른 나프타부생가스·바이오가스제조사업 및 같은 조 제5항에 따른 합성천연가스제조사업의 허가. 다만, 종업원 100명 이상의 것만 해당한다.
221. 「개발제한구역의 지정 및 관리에 관한 특별조치법」 제12조에 따른 토지의 형질변경 허가. 다만, 면적 3천제곱미터 이상의 것만 해당한다.
222. 「액화석유가스의 안전관리 및 사업법」 제17조에 따른 액화석유가스 수출입업의 등록
223. 「자본시장과 금융투자업에 관한 법률」 제77조의2에 따른 종합금융투자사업자의 지정
224. 「자본시장과 금융투자업에 관한 법률」 제117조의4에 따른 온라인소액투자중개업자의 등록
225. 「도시가스사업법」 제10조의2에 따른 천연가스수출입업의 등록
226. 「도시가스사업법」 제10조의3에 따른 천연가스수출입업의 조건부 등록
227. 삭제 〈2018. 12. 31.〉
228. 삭제 〈2018. 12. 31.〉
229. 「인체조직안전 및 관리 등에 관한 법률」 제7조의3에 따른 조직기증자등록기관의 지정
230. 「전자문서 및 전자거래 기본법」 제30조에 따른 전자상거래지원센터의 지정
231. 「농어촌정비법」 제23조에 따른 농업생산기반시설이나 용수의 사용허가. 다만, 면적 1,500제곱미터 이상의 것만 해당한다.
232. 「민간임대주택에 관한 특별법」 제5조에 따른 주택 임대사업자 등록. 다만, 임대주택 10호 [세대수 또는 실(室)수도 호수에 포함한다. 이하 이 표에서 같다]이상의 것만 해당한다.
233. 「전기사업법」 제7조의 2에 따른 전기신사업의 등록
234. 「가축전염병 예방법」 제5조의3제1항에 따른 가축방역위생관리업의 신고
235. 「동물원 및 수족관의 관리에 관한 법률」 제8조에 따른 동물원 및 수족관의 허가. 다만, 보유동물의 종이 70종 이상인 동물원과 수조 바닥면적이 1만제곱미터 이상이거나 보유동물의 종이 200종 이상인 수족관만 해당한다.
236. 「양식산업발전법」 제10조제1항에 따른 해조류양식업·패류양식업·어류등양식업·복합양식업·협동양식업·외해양식업·내수면양식업의 면허 및 같은 법 제43조제1항에 따른 육상해수양식업·육상등 내수양식업의 허가. 다만, 면적 1만제곱미터 이상인 것만 해당한다.
237. 「전자서명법」 제8조제1항 전단에 따른 운영기준 준수사실의 인정
238. 「첨단재생의료 및 첨단바이오의약품 안전 및 지원에 관한 법률」 제15조제1항에 따른 첨단재생의료세포처리시설 허가 및 같은 법 제28조제1항에 따른 인체세포등 관리업 허가. 다만, 건축물 연면적 1,000제곱미터 이상인 것만 해당한다.
239. 「첨단재생의료 및 첨단바이오의약품 안전 및 지원에 관한 법률」 제23조제1항에 따른 첨단바이오의약품 제조업 허가, 같은 조 제3항에 따른 위탁제조판매업 신고 및 같은 법 제27조제1항에 따른 첨단바이오의약품 수입업 신고. 다만, 종업원 100명 이상인 것만 해당한다.
240. 「체육시설의 설치·이용에 관한 법률」 제20조제1항에 따른 체육시설업 신고 중 야구장업·가상체험 체육시설업·체육교습업·인공암벽장업 신고. 다만, 건축물 연면적 또는 시설면적이 1,000제곱미터 이상인 것만 해당한다.
241. 「식품위생법」 제37조에 따른 공유주방 운영업의 등록. 다만, 종업원이 100명 이상이거나 영업장 연면적이 1,000제곱미터 이상인 것만 해당한다.

제1종

242. 「자율주행자동차 상용화 촉진 및 지원에 관한 법률」 제9조에 따른 자율주행자동차의 유상운송 허가 및 한정운수 면허의 발급. 다만, 자동차 20대 이상을 활용하여 유상운송을 하는 경우만 해당한다.
243. 「자율주행자동차 상용화 촉진 및 지원에 관한 법률」 제10조에 따른 자율주행자동차의 유상 화물 운송 허가. 다만, 자동차 20대 이상을 활용하여 유상 화물 운송을 하는 경우만 해당한다.
244. 그 밖에 행정안전부령으로 정하는 면허

제2종

1. 「식품위생법」 제37조에 따른 식품접객업(휴게음식점영업, 제과점영업 및 일반음식점영업만 해당한다)의 신고. 다만, 영업장 연면적 500제곱미터 이상 1,000제곱미터 미만의 것만 해당한다.
2. 「식품위생법」 제37조에 따른 식품제조·가공업의 등록. 다만, 종업원 50명 이상 100명 미만이거나, 영업장 연면적 500제곱미터 이상 1,000제곱미터 미만의 것만 해당한다.
3. 「식품위생법」 제37조에 따른 즉석판매제조·가공업의 신고. 다만, 종업원 50명 이상 100명 미만이거나, 영업장 연면적 500제곱미터 이상 1,000제곱미터 미만의 것만 해당한다.
4. 「식품위생법」 제37조에 따른 식품첨가물제조업의 등록. 다만, 종업원 50명 이상 100명 미만이거나, 영업장 연면적 500제곱미터 이상 1,000제곱미터 미만의 것만 해당한다.
5. 「식품위생법」 제37조에 따른 용기·포장류제조업의 신고. 다만, 종업원 50명 이상 100명 미만이거나, 영업장 연면적 500제곱미터 이상 1,000제곱미터 미만의 것만 해당한다.
6. 「식품위생법」 제37조에 따른 식품운반업의 신고. 다만, 종업원 50명 이상 100명 미만이거나, 영업장 연면적 500제곱미터 이상 1,000제곱미터 미만의 것만 해당한다.
7. 「식품위생법」 제37조에 따른 식품소분·판매업(식품소분업 및 식용얼음판매업만 해당한다)의 신고. 다만, 종업원 50명 이상 100명 미만이거나, 영업장 연면적 500제곱미터 이상 1,000제곱미터 미만의 것만 해당한다.
8. 「건설산업기본법」 제9조에 따른 건설업(전문공사를 시공하는 업종만 해당한다)의 등록. 다만, 종업원 50명 이상 100명 미만의 것만 해당한다.
9. 「해운법」 제4조 및 제6조에 따른 해상여객운송사업의 면허 또는 승인. 다만, 소유선박 톤수의 합계가 5,000톤 이상 1만톤 미만의 것만 해당한다.
10. 「해운법」 제24조에 따른 해상화물운송사업의 등록. 다만, 소유선박 톤수의 합계가 5,000톤 이상 1만톤 미만의 것만 해당한다.
11. 「해운법」 제33조에 따른 선박대여업의 등록. 다만, 소유선박 톤수의 합계가 5,000톤 이상 1만톤 미만의 것만 해당한다.
12. 「항만운송사업법」 제4조에 따른 항만운송사업의 등록. 다만, 종업원 50명 이상 100명 미만의 것만 해당한다.
13. 「승강기 안전관리법」 제6조에 따른 승강기의 제조업 및 수입업의 등록. 다만, 종업원 50명 이상 100명 미만의 것만 해당한다.

제2종

14. 「항공사업법」 제7조제1항에 따른 국내 및 국제항공운송사업의 면허, 같은 법 제54조에 따른 외국인 국제항공운송사업의 허가. 다만, 종업원 50명 이상 100명 미만의 것만 해당한다.
15. 「여객자동차 운수사업법」 제4조에 따른 여객자동차운송사업의 면허 또는 등록. 다만, 자동차 10대 이상 20대 미만의 것만 해당한다.
16. 「화물자동차 운수사업법」 제3조에 따른 화물자동차 운송사업의 허가. 다만, 자동차 10대 이상 20대 미만의 것만 해당한다.
17. 「여객자동차 운수사업법」 제28조에 따른 자동차 대여사업의 등록. 다만, 자동차 10대 이상 20대 미만의 것만 해당한다.
18. 「자동차관리법」 제53조에 따른 자동차관리사업의 등록. 다만, 종업원 50명 이상 100명 미만의 것만 해당한다.
19. 「건설기계관리법」 제21조에 따른 건설기계사업의 등록. 다만, 건설기계 10대 이상 20대 미만의 것이나 종업원 50명 이상 100명 미만의 것만 해당한다.
20. 「건설기계관리법」 제14조제1항에 따른 건설기계검사대행자의 지정. 다만, 종업원 50명 이상 100명 미만의 것만 해당한다.
21. 「자동차관리법」 제44조제1항에 따른 자동차검사대행자 및 제44조의2제1항에 따른 자동차종합검사대행자의 지정. 다만, 종업원 50명 이상 100명 미만의 것만 해당한다.
22. 「도시가스사업법」 제3조제1항에 따른 가스도매사업 및 같은 조 제2항에 따른 일반도시가스사업의 허가. 다만, 종업원 50명 이상 100명 미만의 것만 해당한다.
23. 「고압가스 안전관리법」 제4조제1항에 따른 고압가스제조 허가. 다만, 종업원 50명 이상 100명 미만의 것만 해당한다.
24. 「액화석유가스의 안전관리 및 사업법」 제5조에 따른 액화석유가스 충전사업 및 액화석유가스 집단공급사업의 허가. 다만, 종업원 50명 이상 100명 미만의 것만 해당한다.
25. 「액화석유가스의 안전관리 및 사업법」 제5조에 따른 가스용품제조사업의 허가. 다만, 종업원 50명 이상 100명 미만의 것만 해당한다.
26. 「건축법」 제11조제1항 및 제14조제1항에 따른 건축 및 대수선의 허가 및 신고. 다만, 5층 이상 10층 미만의 건축물 또는 연면적 1,000제곱미터 이상 2,000제곱미터 미만의 건축물만 해당하며, 설계 변경 등으로 면적이나 층수가 증가하여 면허에 대한 등록면허세를 부과하는 경우에는 그 증가하는 부분만을 기준으로 산정한다.
27. 「의료법」 제33조에 따른 의원·치과의원·한의원·조산원 개설의 신고 및 종합병원·병원·치과병원·한방병원·요양병원·정신병원 개설의 허가. 다만, 건축물 연면적 500제곱미터 이상 1,000제곱미터 미만의 것만 해당한다.
28. 「수의사법」 제17조제3항에 따른 동물병원 개설의 신고. 다만, 건축물 연면적 500제곱미터 이상 1,000제곱미터 미만의 것만 해당한다.
29. 「약사법」 제31조에 따른 의약품 제조업의 허가, 의약품 위탁제조판매업 및 의약외품 제조업의 신고, 같은 법 제42조에 따른 의약품등 수입업의 신고. 다만, 종업원 50명 이상 100명 미만의 것만 해당한다.
30. 「의료기기법」 제6조 따른 의료기기 제조업의 허가, 제15조에 따른 수입업의 허가, 제16조에 따른 수리업의 신고, 제17조에 따른 판매업 또는 임대업의 신고. 다만, 종업원 50명 이상 100명 미만의 것만 해당한다.
31. 「화장품법」 제3조제1항에 따른 화장품제조업, 화장품책임판매업의 등록 및 같은 법 제3조

제2종

의2제1항에 따른 맞춤형화장품판매업의 신고. 다만, 종업원 50명 이상 100명 미만의 것만 해당한다.

32. 「농약관리법」 제3조에 따른 농약제조업, 농약원제업 및 농약수입업의 등록. 다만, 종업원 50명 이상 100명 미만의 것만 해당한다.
33. 「약사법」 제31조에 따른 동물용 의약품 제조업 허가 및 동물용 의약외품 제조업 신고, 제20조에 따른 동물약국의 개설 등록, 「의료기기법」 제6조에 따른 동물용 의료기기 제조업 허가, 제15조에 따른 동물용 의료기기 수입업 허가, 제16조에 따른 동물용 의료기기 수리업 신고, 제17조에 따른 동물용 의료기기 판매업·임대업 신고. 다만, 종업원 50명 이상 100명 미만의 것만 해당한다.
34. 「학원의 설립·운영 및 과외교습에 관한 법률」 제6조에 따른 학원의 설립 등록. 다만, 영업장 연면적 500제곱미터 이상 1,000제곱미터 미만의 것만 해당한다.
35. 「농지법」 제34조 및 제35조에 따른 농지전용의 허가 또는 신고. 다만, 전용면적 2,000제곱미터 이상 3,000제곱미터 미만의 것만 해당한다.
36. 「국토의 계획 및 이용에 관한 법률」 56조에 따른 토지의 형질변경 허가. 다만, 면적 2,000제곱미터 이상 3,000제곱미터 미만의 것만 해당한다.
37. 「산림자원의 조성 및 관리에 관한 법률」 제16조에 따른 종묘생산업자의 등록. 다만, 면적 2,000제곱미터 이상 3,000제곱미터 미만의 것만 해당한다.
38. 「초지법」 제23조에 따른 초지의 전용 허가. 다만, 면적 2,000제곱미터 이상 3,000제곱미터 미만의 것만 해당한다.
39. 「초지법」 제5조에 따른 초지조성의 허가. 다만, 면적 2,000제곱미터 이상 3,000제곱미터 미만의 것만 해당한다.
40. 「공유수면 관리 및 매립에 관한 법률」 제28조에 따른 공유수면의 매립면허. 다만, 면적 3,000제곱미터 이상 6,000제곱미터 미만의 것만 해당한다.
41. 「산지관리법」 제25조에 따른 토석채취 허가 및 토사채취 신고. 다만, 부피 1,000세제곱미터 이상 1,500세제곱미터 미만의 것만 해당한다.
42. 「항공사업법」 제7조제2항, 제3항 및 제4조제3항에 따른 정기편·부정기편 운항 허가 또는 신고. 다만, 종업원 50명 이상 100명 미만의 것만 해당한다.
43. 「도시공원 및 녹지 등에 관한 법률」 제24조 및 제38조에 따른 도시공원 및 녹지의 점용 허가(자기 소유의 부동산에 대한 점용은 제외한다). 다만, 면적 1,000제곱미터 이상 1,500제곱미터 미만의 것만 해당한다.
44. 「도로법」 제61조제1항에 따른 도로점용의 허가(공간점용은 제외한다). 다만, 면적 1,000제곱미터 이상 1,500제곱미터 미만의 것만 해당한다.
45. 「하천법」 제33조에 따른 하천점용의 허가. 다만, 면적 1,000제곱미터 이상 1,500제곱미터 미만의 것만 해당한다.
46. 「공유수면의 관리 및 매립에 관한 법률」 제8조에 따른 공유수면의 점용 또는 사용 허가. 다만, 면적 1,000제곱미터 이상 1,500제곱미터 미만의 것만 해당한다.
47. 「소하천정비법」 14조에 따른 소하천의 점용 등의 허가. 다만, 면적 1,000제곱미터 이상 1,500제곱미터 미만의 것만 해당한다.
48. 「철도사업법」 제42조에 따른 점용허가. 다만, 면적 1,000제곱미터 이상 1,500제곱미터 미만의 것만 해당한다.

| 제2종 |

49. 「산림자원의 조성 및 관리에 관한 법률」 제36조에 따른 입목벌채의 허가. 다만, 재적 1,000세제곱미터 이상 1,500세제곱미터 미만의 것만 해당한다.
50. 「산지관리법」 제14조 또는 제15조에 따른 산지전용의 허가 또는 신고. 다만, 면적 5,000제곱미터 이상 1만제곱미터 미만의 것만 해당한다.
51. 「사도법」 제4조에 따른 사도개설의 허가. 다만, 면적 1,000제곱미터 이상 1,500제곱미터 미만의 것만 해당한다.
52. 「장사 등에 관한 법률」 제14조에 따른 사설묘지의 설치 허가 또는 신고, 제15조에 따른 사설화장시설 및 사설봉안시설의 설치 허가 또는 신고, 같은 법 제16조에 따른 사설자연장지 조성 허가 또는 신고. 다만, 면적 1,000제곱미터 이상 1,500제곱미터 미만의 것만 해당한다.
53. 「수산업법」 제7조, 제40조 및 제48조에 따른 어업의 면허, 허가 및 신고. 다만, 선박톤수의 합계가 1,000톤 이상 2,000톤 미만의 것 또는 면허구역이 5,000제곱미터 이상 1만제곱미터 미만의 것만 해당한다.
54. 「원양산업발전법」 제6조에 따른 원양어업의 허가 및 신고. 다만 선박톤수의 합계가 1,000톤 이상 2,000톤 미만의 것 또는 면허구역이 5,000제곱미터 이상 1만제곱미터 미만의 것만 해당한다.
55. 「수산식품산업의 육성 및 지원에 관한 법률」 제16조에 따른 수산물가공업의 신고. 다만, 종업원 50명이상 100명 미만의 것만 해당한다.
56. 「소금산업 진흥법」 제23조제1항에 따른 염전개발업 및 소금제조업의 허가. 다만 염전면적이 3,000제곱미터 이상 6,000제곱미터 미만의 것 또는 연 생산규모가 1만톤 이상 10만톤 미만의 것만 해당한다.
57. 「전기공사업법」 제4조에 따른 전기공사업 및 「정보통신공사업법」 제14조에 따른 정보통신공사업의 등록. 다만, 종업원 50명 이상 100명 미만의 것만 해당한다.
58. 「총포·도검·화약류 등의 안전관리에 관한 법률」 제4조 및 제6조에 따른 총포·도검·화약류·분사기·전자충격기 또는 석궁의 제조 또는 판매업의 허가. 다만, 종업원 50명 이상 100명 미만의 것만 해당한다.
59. 「출판문화산업진흥법」 제9조에 따른 출판사 및 「인쇄문화산업 진흥법」 제12조에 따른 인쇄사의 신고. 다만, 종업원 50명 이상 100명 미만의 것만 해당한다.
60. 「사료관리법」 제8조에 따른 사료제조업 등록. 다만, 종업원 50명 이상 100명 미만의 것만 해당한다.
61. 「산업집적활성화 및 공장설립에 관한 법률」 제16조에 따른 공장등록. 다만, 공장 연면적 1,500제곱미터 이상 2,000제곱미터 미만의 것만 해당한다.
62. 「군복 및 군용장구의 단속에 관한 법률」 제3조에 따른 군복 및 군용장구의 제조 또는 판매업의 허가. 다만, 종업원 50명이상 100명 미만의 것만 해당한다.
63. 「공연법」 제9조에 따른 공연장의 등록. 다만, 건축물 연면적 1,500제곱미터 이상 2,000제곱미터 미만의 것만 해당한다.
64. 「담배사업법」 제13조에 따른 담배수입판매업의 등록. 다만, 종업원 50명이상 100명 미만의 것만 해당한다.
65. 「인삼산업법」 제12조에 따른 인삼류제조업 및 인삼제품류 제조의 신고. 다만, 종업원 50명이상 100명 미만의 것만 해당한다.

제2종

66. 「담배사업법」 제13조에 따른 담배도매업의 등록. 다만, 종업원 50명 이상 100명 미만의 것만 해당한다.
67. 「위생용품 관리법」 제3조에 따른 위생용품제조업, 위생물수건처리업 및 위생용품수입업의 신고. 다만, 종업원 50명 이상 100명 미만의 것만 해당한다.
68. 「먹는물관리법」 제21조에 따른 수처리제 제조업의 등록. 다만, 종업원 50명 이상 100명 미만의 것만 해당한다.
69. 「체육시설의 설치·이용에 관한 법률」 제20조에 따른 수영장업의 신고. 다만, 건축물 연면적 또는 시설면적이 500제곱미터 이상 1,000제곱미터 미만의 것만 해당한다.
70. 「체육시설의 설치·이용에 관한 법률」 제20조에 따른 체육도장업의 신고. 다만, 건축물 연면적 또는 시설면적이 500제곱미터 이상 1,000제곱미터 미만의 것만 해당한다.
71. 「체육시설의 설치·이용에 관한 법률」 제20조에 따른 골프연습장업의 신고. 다만, 건축물 연면적 또는 시설면적이 500제곱미터 이상 1,000제곱미터 미만의 것만 해당한다.
72. 「체육시설의 설치·이용에 관한 법률」 제20조에 따른 체력단련장업의 신고. 다만, 건축물 연면적 또는 시설면적이 500제곱미터 이상 1,000제곱미터 미만의 것만 해당한다.
73. 「체육시설의 설치·이용에 관한 법률」 제20조에 따른 당구장업의 신고. 다만, 건축물 연면적 또는 시설면적이 500제곱미터 이상 1,000제곱미터 미만의 것만 해당한다.
74. 「체육시설의 설치·이용에 관한 법률」 제20조에 따른 썰매장업의 신고. 다만, 건축물 연면적 또는 시설면적이 500제곱미터 이상 1,000제곱미터 미만의 것만 해당한다.
75. 「체육시설의 설치·이용에 관한 법률」 제20조에 따른 무도학원업의 신고. 다만, 건축물 연면적 또는 시설면적이 500제곱미터 이상 1,000제곱미터 미만의 것만 해당한다.
76. 「체육시설의 설치·이용에 관한 법률」 제20조에 따른 무도장업의 신고. 다만, 건축물 연면적 또는 시설면적이 500제곱미터 이상 1,000제곱미터 미만의 것만 해당한다.
77. 「옥외광고물 등의 관리와 옥외광고산업진흥에 관한 법률」 제11조에 따른 옥외광고업의 등록. 다만, 종업원 50명이상 100명 미만의 것만 해당한다.
78. 「문화재수리 등에 관한 법률」 제14조에 따른 문화재수리업, 문화재실측설계업 또는 문화재 감리업의 등록. 다만, 종업원 50명 이상 100명 미만의 것만 해당한다.
79. 「승강기 안전관리법」 제39조에 따른 승강기 유지관리업의 등록. 다만, 종업원 50명 이상 100명 미만의 것만 해당한다.
80. 「내수면어업법」 제6조, 제9조 및 제11조에 따른 어업의 면허, 허가 및 신고. 다만, 면적 5,000제곱미터 이상 1만제곱미터 미만의 것만 해당한다.
81. 「관상어산업의 육성 및 지원에 관한 법률」 제12조에 따른 관상어양식업의 신고. 다만, 면적 5,000제곱미터 이상 1만제곱미터 미만의 것만 해당한다.
82. 「유선 및 도선 사업법」 제3조에 따른 유선사업의 면허 또는 신고. 다만, 유선 5척 이상 10척 미만의 것만 해당한다.
83. 「사행행위 등 규제 및 처벌 특례법」 제4조에 따른 사행행위영업의 허가. 다만, 발매 총액·예정액 또는 경품추첨 총액이 5,000만원 이상 1억원 미만의 것만 해당한다.
84. 「경비업법」 제4조에 따른 경비업의 허가. 다만, 종업원 50명이상 100명 미만의 것만 해당한다.
85. 「석유 및 석유대체연료 사업법」 제10조에 따른 석유판매업의 신고
86. 「식품위생법」 제37조에 따른 식품보존업의 영업허가

제2종

87. 「건설기술 진흥법」 제26조에 따른 건설엔지니어링업의 등록
88. 「시설물의 안전 및 유지관리에 관한 특별법」 제28조에 따른 안전진단전문기관의 등록
89. 「해외건설촉진법」 제6조에 따른 해외건설업의 신고
90. 「해사안전법」 제51조에 따른 선박안전관리대행업의 등록
91. 「자동차관리법」 제45조 및 제45조의2에 따른 지정정비사업자 및 종합검사 지정정비사업자의 지정
92. 「자동차관리법」 제47조에 따른 택시미터전문검정기관의 지정
93. 「축산물 위생관리법」 제22조에 따른 축산물가공업, 식용란선별포장업, 식육포장처리업 및 축산물보관업의 허가
94. 「먹는물관리법」 제15조에 따른 환경영향조사 대행자의 등록
95. 「먹는물관리법」 제21조에 따른 정수기의 제조업 또는 수입판매업의 신고
96. 「오존층보호를 위한 특정물질의 제조규제 등에 관한 법률」 제4조에 따른 제조업의 허가
97. 「집단에너지사업법」 제6조에 따른 열생산시설의 신설·개설 및 증설 허가
98. 「감염병의 예방 및 관리에 관한 법률」 제52조에 따른 소독업의 신고
99. 「환경영향평가법」 제54조에 따른 환경영향평가업의 등록
100. 「자동차관리법」 제30조에 따른 자동차의 자기인증을 위한 제작자등의 등록
101. 「자동차관리법」 제32조제3항에 따른 성능시험 대행자의 지정
102. 「건설기계관리법」 제18조에 따른 건설기계의 형식승인
103. 「석탄산업법」 제17조에 따른 석탄가공업의 등록
104. 「총포·도검·화약류 등의 안전관리에 관한 법률」 제25조에 따른 화약류저장소의 설치 허가. 다만, 3급저장소 및 간이저장소는 제외한다.
105. 「위험물안전관리법」 제6조에 따른 제조소, 저장소 및 취급소의 설치 허가
106. 「폐기물관리법」 제25조에 따른 폐기물처리업의 허가
107. 「소방시설공사업법」 제4조에 따른 소방시설업 중 전문소방시설공사업의 등록
108. 「가축분뇨의 관리 및 이용에 관한 법률」 제28조에 따른 가축분뇨관련영업의 허가
109. 「하수도법」 제45조에 따른 분뇨수집·운반업의 허가
110. 「하수도법」 제53조에 따른 개인하수처리시설관리업의 등록
111. 「하수도법」 제51조에 따른 개인하수처리시설의 설계·시공업의 등록 및 「가축분뇨의 관리 및 이용에 관한 법률」 제34조에 따른 처리시설의 설계·시공업의 등록
112. 「하수도법」 제52조에 따른 개인하수처리시설 제조업의 등록
113. 「양곡관리법」 제12조제1항에 따른 양곡수입의 허가
114. 「매장문화재 보호 및 조사에 관한 법률」 제11조에 따른 매장문화재 발굴의 허가
115. 「문화재보호법」 제39조에 따른 문화재의 국외반출의 허가
116. 「외국환거래법」 제8조 및 제9조에 따른 외국환업, 환전업, 외국환중개업의 등록 및 인가
117. 「정보통신망 이용촉진 및 정보보호 등에 관한 법률」 제23조의3에 따른 본인확인기관의 지정
118. 「방송광고판매대행 등에 관한 법률」 제6조에 따른 광고판매대행사업의 허가
119. 「관세사법」 제19조에 따른 통관취급법인의 등록
120. 「수중레저활동의 안전 및 활성화 등에 관한 법률」 제15조에 따른 수중레저사업의 등록
121. 「공동주택관리법」 제52조에 따른 주택관리업의 등록
122. 「주택법」 제4조에 따른 주택건설사업자 등록 및 대지조성사업자 등록

제2종

123. 「사격 및 사격장 안전관리에 관한 법률」 제6조에 따른 사격장의 설치 허가
124. 「종자산업법」 제38조에 따른 품종의 수입 판매신고. 다만, 같은 법 제15조에 따라 국가 품종목록에 등재할 수 있는 작물의 종자에 대한 수입 판매신고만 해당한다.
125. 「지하수법」 제7조 및 제8조에 따른 지하수의 개발·이용에 관한 허가 및 신고. 다만, 농업용 관정 및 1일 양수능력이 30톤 미만(안쪽지름이 32밀리미터 이하인 토출관을 사용하는 경우만 해당한다)인 가정용 우물의 개발·이용은 제외한다.
126. 「건강기능식품에 관한 법률」 제5조에 따른 건강기능식품제조업의 허가. 다만, 종업원 50명 이상 100명 미만의 것만 해당한다.
127. 「공중위생관리법」 제3조에 따른 숙박업의 신고. 다만, 건축물 연면적 1,000제곱미터이상 1,500제곱미터미만의 것만 해당한다.
128. 「공중위생관리법」 제3조에 따른 목욕장업의 신고. 다만, 건축물 연면적 1,000제곱미터 이상의 것만 해당한다.
129. 「공중위생관리법」 제3조에 따른 건물위생관리업 신고. 다만. 종업원 50명이상 100명 미만의 것만 해당한다.
130. 「폐기물의 국가 간 이동 및 그 처리에 관한 법률」 제6조에 따른 폐기물 수출 허가 및 제10조에 따른 폐기물 수입 허가
131. 「폐기물의 국가 간 이동 및 그 처리에 관한 법률」 제18조의2에 따른 수출입관리폐기물의 수출 또는 수입의 신고
132. 「물환경보전법」 제62조에 따른 폐수처리업의 허가
133. 「수상레저안전법」 제39조에 따른 수상레저사업의 등록
134. 「먹는물관리법」 제9조에 따른 샘물 또는 염지하수의 개발 허가
135. 「먹는물관리법」 제43조에 따른 먹는물 수질검사기관의 지정
136. 「과학관의 설립·운영 및 육성에 관한 법률」 제6조에 따른 과학관의 설립·운영 등록
137. 「전기통신사업법」 제22조에 따른 부가통신사업의 신고 및 등록. 다만, 종업원 50명 이상 100명 미만의 것만 해당한다.
138. 「전기·전자제품 및 자동차의 자원순환에 관한 법률」 제32조 및 제32조의2에 따른 폐자동차재활용업 및 폐가스류처리업의 등록
139. 「지하수법」 제9조의4에 따른 지하수에 영향을 미치는 굴착행위의 신고. 다만, 같은 법 제8조제1항에 따른 지하수개발·이용 신고를 위한 굴착행위는 제외한다.
140. 「교통안전법」 제39조에 따른 일반교통안전진단기관의 등록
141. 「도로법」 제52조제1항에 따른 고속국도에 대한 연결허가. 다만, 다음 각 목의 어느 하나에 해당하는 시설로서 면적이 2,000제곱미터 미만인 경우만 해당한다.
    가. 주차장(비상주차대 등 비상주차시설을 포함한다)
    나. 정류소
    다. 주유소(충전소를 포함한다)
    라. 화물 및 농산물하치장
    마. 휴게소(졸음쉼터 등 간이휴게시설을 포함한다) 및 관광시설
142. 「주차장법」 제19조의14에 따른 기계식주차장치 보수업의 등록
143. 「계량에 관한 법률」 제26조에 따른 계량기 검정기관의 지정
144. 「유통산업발전법」 제8조에 따른 준대규모 점포의 등록. 다만, 전통상업보존구역에 개설

| 제2종 |

하는 자만 해당한다.
145. 「모자보건법」 제15조에 따른 산후조리업의 신고. 다만, 건축물 연면적 500제곱미터 이상 1,000제곱미터 미만의 것만 해당한다.
146. 「식품위생법」 제88조에 따른 집단급식소의 신고. 다만, 종업원 50명 이상 100명 미만의 것만 해당한다.
147. 「산지관리법」 제15조의2에 따른 산지일시사용의 허가·신고. 다만, 면적 5,000제곱미터 이상 1만제곱미터 미만의 것만 해당한다.
148. 「건축법」 제20조에 따른 가설건축물의 건축 허가. 다만, 연면적 1,000제곱미터 이상 2,000제곱미터 미만의 것만 해당한다.
149. 「발명진흥법」 제23조에 따른 지역지식재산센터의 등록
150. 「에너지이용 합리화법」 제25조에 따른 에너지절약전문기업의 등록. 다만, 종업원 50명 이상 100명 미만의 것만 해당한다.
151. 「해사안전법」 제19조에 따른 안전진단대행업자의 등록
152. 「산업집적활성화 및 공장설립에 관한 법률」 제28조의2에 따른 지식산업센터의 설립완료신고
153. 「물류시설의 개발 및 운영에 관한 법률」 제21조의2에 따른 물류창고업의 등록
154. 「석유 및 석유대체연료 사업법」 제25조에 따른 품질검사기관 지정
155. 「석유 및 석유대체연료 사업법」 제33조에 따른 석유대체연료 판매업의 등록
156. 「건설폐기물의 재활용촉진에 관한 법률」 제21조제3항에 따른 건설폐기물 처리업 허가
157. 「특허법」 제58조에 따른 전문기관의 등록
158. 「화재예방 소방시설 설치·유지 및 안전관리에 관한 법률」 제46조에 따른 소방용품 제품검사 전문기관의 지정 등
159. 「낚시 관리 및 육성법」 제10조에 따른 낚시터업의 허가 및 제16조에 따른 낚시터업의 등록. 다만, 면적이 5,000제곱미터 이상 1만제곱미터 미만의 것만 해당한다.
160. 「철도의 건설 및 철도시설 유지 관리에 관한 법률」 제23조의2에 따른 철도시설의 점용 허가. 다만, 면적이 1,000제곱미터 이상 1,500제곱미터 미만의 것만 해당한다.
161. 「의료법」 제82조에 따른 안마시술소 또는 안마원 신고. 다만, 건축물 연면적 500제곱미터 이상 1,000제곱미터 미만의 것만 해당한다.
162. 「계량에 관한 법률」 제16조에 따른 형식승인기관의 지정
163. 「계량에 관한 법률」 제44조에 따른 적합성확인기관의 지정
164. 「주차장법」 제19조의12에 따른 전문검사기관의 지정
165. 「주택법」 제41조에 따른 바닥충격음 성능등급 인정기관의 지정
166. 「항공안전법」 제27조에 따른 기술표준품에 대한 형식승인
167. 「민간임대주택에 관한 특별법」 제7조에 따른 주택임대관리업의 등록
168. 「진폐의 예방과 진폐근로자의 보호 등에 관한 법률」 제15조에 따른 건강진단기관의 지정
169. 「품질경영 및 공산품안전관리법」 제12조에 따른 공산품 안전인증기관의 지정
170. 「축산법」 제22조에 따른 가축사육업의 허가. 다만, 사육시설 면적이 5천제곱미터 이상 1만제곱미터 미만의 것만 해당한다.
171. 「도시가스사업법」 제3조제3항에 따른 도시가스충전사업의 허가. 다만, 종업원 50명 이상 100명 미만의 것만 해당한다.

제2종

172. 「도시가스사업법」 제3조제4항에 따른 나프타부생가스·바이오가스제조사업 및 같은 조 제5항에 따른 합성천연가스제조사업의 허가. 다만, 종업원 50명 이상 100명 미만의 것만 해당한다.
173. 「개발제한구역의 지정 및 관리에 관한 특별조치법」 제12조에 따른 토지의 형질변경 허가. 다만, 면적 2천제곱미터 이상 3천제곱미터 미만의 것만 해당한다.
174. 「물의 재이용 촉진 및 지원에 관한 법률」 제11조에 따른 하·폐수처리수 재이용사업 및 온배수 재이용사업의 인가
175. 「물의 재이용 촉진 및 지원에 관한 법률」 제18조에 따른 하·폐수처리수 재이용시설등 설계·시공업의 등록
176. 「대기환경보전법」 제74조의2에 따른 자동차연료·첨가제 또는 촉매제 제조기준 적합성 검사기관의 지정
177. 「대외무역법」 제8조의2에 따른 전문무역상사의 지정
178. 「뿌리산업 진흥과 첨단화에 관한 법률」 제10조에 따른 뿌리산업 전문인력 양성기관의 지정
179. 「뿌리산업 진흥과 첨단화에 관한 법률」 제15조에 따른 뿌리기술 전문기업의 지정
180. 「뿌리산업 진흥과 첨단화에 관한 법률」 제22조에 따른 국가뿌리산업진흥센터의 지정
181. 「산업기술단지 지원에 관한 특례법」 제4조에 따른 사업시행자의 지정
182. 「산업융합 촉진법」 제26조에 따른 산업융합지원센터의 지정
183. 「어린이제품 안전 특별법」 제15조에 따른 안전인증기관의 지정
184. 「에너지법」 제16조의5에 따른 에너지복지 사업 전담기관의 지정
185. 「유통산업발전법」 제29조에 따른 공동집배송센터의 지정
186. 「전기용품 및 생활용품 안전관리법」 제14조에 따른 안전확인시험기관의 지정
187. 「지능형전력망의 구축 및 이용촉진에 관한 법률」 제16조에 따른 인증기관의 지정
188. 〈삭제〉
189. 〈삭제〉
190. 「군용항공기 비행안전성 인증에 관한 법률」 제10조에 따른 군용항공기 감항인증 전문기관의 지정
191. 「국방정보화 기반조성 및 국방정보자원관리에 관한 법률」 제24조에 따른 국방정보화 전문기술지원기관의 지정
192. 「벤처기업육성에 관한 특별조치법」 제18조에 따른 벤처기업집적시설의 지정
193. 「농어촌정비법」 제23조에 따른 농업생산기반시설이나 용수의 사용허가. 다만, 면적 1,000제곱미터 이상 1,500제곱미터 미만의 것만 해당한다.
194. 「민간임대주택에 관한 특별법」 제5조에 따른 주택 임대사업자 등록. 다만, 임대주택 6호 이상 10호 미만의 것만 해당한다.
195. 「동물원 및 수족관의 관리에 관한 법률」 제8조에 따른 동물원 및 수족관의 허가. 다만, 다만, 보유동물의 종이 70종 미만인 동물원으로서 전문인력 추가 필요동물을 보유한 동물원과 수조 바닥면적이 1만제곱미터 미만이고 보유동물의 종이 70종 이상 200종 미만인 수족관만 해당한다.
196. 「양식산업발전법」 제10조제1항에 따른 해조류양식업·패류양식업·어류등양식업·복합양

제2종

식업·협동양식업·외해양식업·내수면양식업의 면허 및 같은 법 제43조제1항에 따른 육상해수양식업·육상등 내수양식업의 허가. 다만, 면적 5,000제곱미터 이상 1만제곱미터 미만인 것만 해당한다.

197. 「첨단재생의료 및 첨단바이오의약품 안전 및 지원에 관한 법률」 제15조제1항에 따른 첨단재생의료세포처리시설 허가 및 같은 법 제28조제1항에 따른 인체세포등 관리업 허가. 다만, 건축물 연면적 500제곱미터 이상 1,000제곱미터 미만인 것만 해당한다.
198. 「첨단재생의료 및 첨단바이오의약품 안전 및 지원에 관한 법률」 제23조제1항에 따른 첨단바이오의약품 제조업 허가, 같은 조 제3항에 따른 위탁제조판매업 신고 및 같은 법 제27조제1항에 따른 첨단바이오의약품 수입업 신고. 다만, 종업원 50명 이상 100명 미만인 것만 해당한다.
199. 「체육시설의 설치·이용에 관한 법률」 제20조제1항에 따른 체육시설업 신고 중 야구장업·가상체험 체육시설업·체육교습업·인공암벽장업 신고. 다만, 건축물 연면적 또는 시설면적이 500제곱미터 이상 1,000제곱미터 미만인 것만 해당한다.
200. 「고압가스 안전관리법」 제5조의4에 따른 고압가스 운반자의 등록
201. 「자율주행자동차 상용화 촉진 및 지원에 관한 법률」 제9조에 따른 자율주행자동차의 유상운송 허가 및 한정운수 면허의 발급. 다만, 10대 이상 20대 미만의 자동차를 활용하여 유상운송을 하는 경우만 해당한다.
202. 「자율주행자동차 상용화 촉진 및 지원에 관한 법률」 제10조에 따른 자율주행자동차의 유상 화물 운송 허가. 다만, 10대 이상 20대 미만의 자동차를 활용하여 유상 화물 운송을 하는 경우만 해당한다.
203. 「철도의 건설 및 철도시설 유지관리에 관한 법률」 제44조의3제1항에 따른 철도시설 안전진단전문기관의 등록
204. 「관광진흥법」 제4조에 따른 여행업 중 국내외여행업의 등록
205. 그 밖에 행정안전부령으로 정하는 면허

제3종

1. 「식품위생법」 제37조에 따른 식품접객업의 신고. 다만, 영업장 연면적 300제곱미터 이상 500제곱미터 미만의 휴게음식점영업, 제과점영업 및 일반음식점영업만 해당한다.
2. 「식품위생법」 제37조에 따른 식품제조·가공업의 등록. 다만, 종업원 30명 이상 50명 미만이거나, 영업장 연면적 300제곱미터 이상 500제곱미터 미만의 것만 해당한다.
3. 「식품위생법」 제37조에 따른 즉석판매제조·가공업의 신고. 다만, 종업원 30명 이상 50명 미만이거나, 영업장 연면적 300제곱미터 이상 500제곱미터 미만의 것만 해당한다.
4. 「식품위생법」 제37조에 따른 식품첨가물제조업의 등록. 다만, 종업원 30명 이상 50명 미만이거나, 영업장 연면적 300제곱미터 이상 500제곱미터 미만의 것만 해당한다.
5. 「식품위생법」 제37조에 따른 용기·포장류제조업의 신고. 다만, 종업원 30명 이상 50명 미만이거나, 영업장 연면적 300제곱미터 이상 500제곱미터 미만의 것만 해당한다.
6. 「식품위생법」 제37조에 따른 식품운반업의 신고. 다만, 종업원 30명 이상 50명 미만이거

제3종

　나. 영업장 연면적 300제곱미터 이상 500제곱미터 미만의 것만 해당한다.
7. 「식품위생법」 제37조에 따른 식품소분·판매업의 신고(식품소분업 및 식용얼음판매업만 해당한다). 다만, 종업원 30명 이상 50명 미만이거나, 영업장 연면적 300제곱미터 이상 500제곱미터 미만의 것만 해당한다.
8. 「건설산업기본법」 제9조제1항에 따른 건설업의 등록(전문공사를 시공하는 업종만 해당한다). 다만, 종업원 30명 이상 50명 미만의 것만 해당한다.
9. 「해운법」 제4조 및 제6조에 따른 해상여객운송사업의 면허 또는 승인. 다만, 소유선박 톤수의 합계가 3,000톤 이상 5,000톤 미만의 것만 해당한다.
10. 「해운법」 제24조제1항에 따른 해상화물운송사업의 등록. 다만, 소유선박 톤수의 합계가 3,000톤 이상 5,000톤 미만의 것만 해당한다.
11. 「해운법」 제33조제1항에 따른 선박대여업의 등록. 다만, 소유선박 톤수의 합계가 3,000톤 이상 5,000톤 미만의 것만 해당한다.
12. 「항만운송사업법」 제4조제1항에 따른 항만운송사업의 등록. 다만, 종업원 30명 이상 50명 미만의 것만 해당한다.
13. 「승강기 안전관리법」 제6조에 따른 승강기의 제조업 및 수입업의 등록. 다만, 종업원 30명 이상 50명 미만의 것만 해당한다.
14. 「항공사업법」 제7조제1항에 따른 국내항공운송사업 또는 국제항공운송사업의 면허, 같은 법 제54조에 따른 외국인 국제항공운송사업의 허가. 다만, 종업원 30명 이상 50명 미만의 것만 해당한다.
15. 「여객자동차 운수사업법」 제4조제1항에 따른 여객자동차운송사업 면허 또는 등록. 다만, 자동차 5대 이상 10대 미만의 것만 해당한다.
16. 「화물자동차 운수사업법」 제3조제1항에 따른 화물자동차 운송사업 허가. 다만, 자동차 5대 이상 10대 미만의 것만 해당한다.
17. 「여객자동차 운수사업법」 제28조제1항에 따른 자동차대여사업의 등록. 다만, 자동차 5대 이상 10대 미만의 것만 해당한다.
18. 「자동차관리법」 제53조제1항에 따른 자동차관리사업의 등록. 다만, 종업원 30명 이상 50명 미만의 것만 해당한다.
19. 「건설기계관리법」 제21조제1항에 따른 건설기계사업의 등록. 다만, 건설기계 5대 이상 10대 미만의 것이나, 종업원 30명 이상 50명 미만의 것만 해당한다.
20. 「건설기계관리법」 제14조제1항에 따른 건설기계 검사대행자의 지정. 다만, 종업원 30명 이상 50명 미만의 것만 해당한다.
21. 「자동차관리법」 제44조제1항에 따른 자동차검사대행자 및 제44조의2제1항에 따른 자동차 종합검사대행자의 지정. 다만, 종업원 30명 이상 50명 미만의 것만 해당한다.
22. 「도시가스사업법」 제3조제1항에 따른 가스도매사업 및 같은 조 제2항에 따른 일반도시가스사업의 허가. 다만, 종업원 30명 이상 50명 미만의 것만 해당한다.
23. 「고압가스 안전관리법」 제4조제1항에 따른 고압가스제조업 허가. 다만, 종업원 30명 이상 50명 미만의 것만 해당한다.
24. 「액화석유가스의 안전관리 및 사업법」 제5조에 따른 액화석유가스 충전사업 및 액화석유가스 집단공급사업의 허가. 다만, 종업원 30명 이상 50명 미만의 것만 해당한다.
25. 「액화석유가스의 안전관리 및 사업법」 제5조에 따른 가스용품제조사업의 허가. 다만, 종

제3종

업원 30명 이상 50명 미만의 것만 해당한다.

26. 「건축법」 제11조제1항 및 제14조제1항에 따른 건축 및 대수선의 허가 및 신고. 다만, 2층 이상 5층 미만의 건축물 또는 연면적 500제곱미터 이상 1,000제곱미터 미만의 건축물만 해당하며, 설계 변경 등으로 면적이나 층수가 증가하여 면허에 대한 등록면허세를 부과하는 경우에는 그 증가하는 부분만을 기준으로 산정한다.
27. 「의료법」 제33조에 따른 의원·치과의원·한의원·조산원 개설의 신고 및 종합병원·병원·치과병원·한방병원·요양병원·정신병원 개설의 허가. 다만, 건축물 연면적 300제곱미터 이상 500제곱미터 미만의 것만 해당한다.
28. 「수의사법」 제17조제3항에 따른 동물병원 개설의 신고. 다만, 건축물 연면적 300제곱미터 이상 500제곱미터 미만의 것만 해당한다.
29. 「동물보호법」 제33조제1항 및 제2항에 따른 동물장묘업·동물판매업·동물수입업·동물전시업·동물위탁관리업·동물미용업·동물운송업의 등록 및 신고, 같은 법 제34조제1항 및 제2항에 따른 동물생산업의 허가 및 신고
30. 「약사법」 제31조에 따른 의약품 제조업의 허가, 의약품 위탁제조판매업 및 의약외품 제조업의 신고, 같은 법 제42조에 따른 의약품등 수입업의 신고. 다만, 종업원 30명 이상 50명 미만의 것만 해당한다.
31. 「의료기기법」 제6조 따른 의료기기 제조업의 허가, 제15조에 따른 수입업의 허가, 제16조에 따른 수리업의 신고, 제17조에 따른 판매업 또는 임대업의 신고. 다만, 종업원 30명 이상 50명 미만의 것만 해당한다.
32. 「화장품법」 제3조제1항에 따른 화장품제조업, 화장품책임판매업의 등록 및 같은 법 제3조의2제1항에 따른 맞춤형화장품판매업의 신고.. 다만, 종업원 30명 이상 50명 미만의 것만 해당한다.
33. 「농약관리법」 제3조제1항에 따른 농약제조업, 농약원제업 및 농약수입업 등록. 다만, 종업원 30명 이상 50명 미만의 것만 해당한다.
34. 「약사법」 제31조에 따른 동물용 의약품 제조업 허가 및 동물용 의약외품 제조업 신고, 제20조에 따른 동물약국업의 개설 등록, 「의료기기법」 제6조에 따른 동물용 의료기기 제조업 허가, 제15조에 따른 동물용 의료기기 수입업 허가, 제16조에 따른 동물용 의료기기 수리업 신고, 제17조에 따른 동물용 의료기기 판매업·임대업 신고. 다만, 종업원 30명 이상 50명 미만의 것만 해당한다.
35. 「학원의 설립·운영 및 과외교습에 관한 법률」 제6조에 따른 학원의 설립 등록. 다만, 영업장 연면적 300제곱미터 이상 500제곱미터 미만의 것만 해당한다.
36. 「국토의 계획 및 이용에 관한 법률」 제56조에 따른 토지의 형질변경 허가. 다만, 전용면적 1,000제곱미터 이상 2,000제곱미터 미만의 것만 해당한다.
37. 「산림자원의 조성 및 관리에 관한 법률」 제16조에 따른 종묘생산업자의 등록. 다만, 면적 1,000제곱미터 이상 2,000제곱미터 미만의 것만 해당한다.
38. 「농지법」 제34조 및 제35조에 따른 농지전용의 허가 또는 신고. 다만, 전용면적 1,000제곱미터 이상 2,000제곱미터 미만의 것만 해당한다.
39. 「초지법」 제23조에 따른 초지의 전용 허가. 다만, 면적 1,000제곱미터 이상 2,000제곱미터 미만의 것만 해당한다.
40. 「초지법」 제5조에 따른 초지 조성허가. 다만, 면적 1,000제곱미터 이상 2,000제곱미터

제3종

미만의 것만 해당한다.
41. 「공유수면의 관리 및 매립에 관한 법률」 제28조에 따른 공유수면의 매립 면허. 다만, 면적 2,000제곱미터 이상 3,000제곱미터 미만의 것만 해당한다.
42. 「산지관리법」 제25조에 따른 토석채취 허가 및 토사채취 신고. 다만, 부피 500세제곱미터 이상 1,000세제곱미터 미만의 것만 해당한다.
43. 「항공사업법」 제7조제2항, 제3항 및 제10조제3항에 따른 정기편·부정기편 운항 허가 또는 신고. 다만, 종업원 30명 이상 50명 미만의 것만 해당한다.
44. 「도시공원 및 녹지 등에 관한 법률」 제24조 및 제38조에 따른 도시공원 및 녹지의 점용허가(자기 소유의 부동산에 대한 점용은 제외한다). 다만, 면적 500제곱미터 이상 1,000제곱미터 미만의 것만 해당한다.
45. 「도로법」 제61조제1항에 따른 도로점용(공간점용은 제외한다) 허가. 다만, 면적 500제곱미터 이상 1,000제곱미터 미만의 것만 해당한다.
46. 「하천법」 제33조에 따른 하천점용 허가. 다만, 면적 500제곱미터 이상 1,000제곱미터 미만의 것만 해당한다.
47. 「공유수면의 관리 및 매립에 관한 법률」 제8조에 따른 공유수면의 점용 또는 사용 허가. 다만, 면적 500제곱미터 이상 1,000제곱미터 미만의 것만 해당한다.
48. 「소하천정비법」 제14조에 따른 소하천의 점용 등 허가. 다만, 면적 500제곱미터 이상 1,000제곱미터 미만의 것만 해당한다.
49. 「철도사업법」 제42조에 따른 점용허가. 다만, 면적 500제곱미터 이상 1,000제곱미터 미만의 것만 해당한다.
50. 「산림자원의 조성 및 관리에 관한 법률」 제36조에 따른 입목벌채의 허가. 다만, 재적 500세제곱미터 이상 1,000세제곱미터 미만의 것만 해당한다.
51. 「산지관리법」 제14조 및 제15조에 따른 산지전용. 다만, 면적 3,000제곱미터 이상 5,000제곱미터 미만의 것만 해당한다.
52. 「사도법」 제4조제1항에 따른 사도개설허가. 다만, 면적 500제곱미터 이상 1,000제곱미터 미만의 것만 해당한다.
53. 「장사 등에 관한 법률」 제14조에 따른 사설묘지의 설치, 허가 또는 신고, 제15조에 따른 사설화장시설 및 사설봉안시설의 설치 허가 또는 신고, 같은 법 제16조에 따른 사설자연장지 조성 허가 또는 신고. 다만, 면적 500제곱미터 이상 1,000제곱미터 미만의 것만 해당한다.
54. 「수산업법」 제8조, 제41조 및 제47조에 따른 어업의 면허, 허가 및 신고. 다만, 선박 톤수의 합계가 500톤 이상 1,000톤 미만의 것이나, 면허구역이 2,000제곱미터 이상 5,000제곱미터 미만의 것만 해당한다.
55. 「원양산업발전법」 제6조에 따른 원양어업의 허가 및 신고. 다만, 선박 톤수의 합계가 500톤 이상 1,000톤 미만의 것이나, 면허구역이 2,000제곱미터 이상 5,000제곱미터 미만의 것만 해당한다.
56. 「수산식품산업의 육성 및 지원에 관한 법률」 제16조에 따른 수산물가공업의 신고. 다만, 종업원 30명 이상 50명 미만의 것만 해당한다.
57. 「소금산업진흥법」 제23조에 따른 염전개발업 및 염제조업의 허가. 다만, 염전면적이 1,500제곱미터 이상 3,000제곱미터 미만의 것 또는 연 생산규모가 1,000톤 이상 1만톤 미

제3종

만의 것만 해당한다.

58. 「전기공사업법」 제4조에 따른 전기공사업 및 「정보통신공사업법」 제14조에 따른 정보통신공사업의 등록. 다만, 종업원 30명 이상 50명 미만의 것만 해당한다.
59. 「총포·도검·화약류 등의 안전관리에 관한 법률」 제4조, 제6조에 따른 총포·도검·화약류·분사기·전자충격기 또는 석궁의 제조업 또는 판매업의 허가. 다만, 종업원 30명이상 50명 미만의 것만 해당한다.
60. 「출판문화산업 진흥법」 제9조에 따른 출판사 및 「인쇄문화산업 진흥법」 제12조에 따른 인쇄사의 신고. 다만, 종업원 30명 이상 50명 미만의 것만 해당한다.
61. 「사료관리법」 제8조에 따른 사료제조업의 등록. 다만, 종업원 30명 이상 50명 미만의 것만 해당한다.
62. 「산업집적활성화 및 공장설립에 관한 법률」 제16조에 따른 공장등록. 다만, 공장 연면적 1,000제곱미터 이상 1,500제곱미터 미만의 것만 해당한다.
63. 「군복 및 군용장구의 단속에 관한 법률」 제3조에 따른 군복 및 군용장구의 제조 또는 판매업 허가. 다만, 종업원 30명 이상 50명 미만의 것만 해당한다.
64. 「공연법」 제9조에 따른 공연장업의 등록. 다만, 건축물 연면적 1,000제곱미터 이상 1,500제곱미터 미만의 것만 해당한다.
65. 「담배사업법」 제13조에 따른 담배수입판매업 등록. 다만, 종업원 30명 이상 50명 미만의 것만 해당한다.
66. 「인삼산업법」 제12조에 따른 인삼류제조업 및 인삼제품류 제조의 신고. 다만, 종업원 30명 이상 50명 미만의 것만 해당한다.
67. 「담배사업법」 제13조에 따른 담배도매업 등록. 다만 종업원 30명 이상 50명 미만의 것만 해당한다.
68. 「위생용품 관리법」 제3조에 따른 위생용품제조업, 위생물수건처리업 및 위생용품수입업의 신고. 다만, 종업원 30명 이상 50명 미만의 것만 해당한다.
69. 「먹는물관리법」 제21조에 따른 수처리제(水處理劑) 제조업 등록. 다만, 종업원 30명 이상 50명 미만의 것만 해당한다.
70. 「체육시설의 설치·이용에 관한 법률」 제20조에 따른 수영장업의 신고. 다만, 건축물 연면적 또는 시설면적이 300제곱미터 이상 500제곱미터 미만의 것만 해당한다.
71. 「체육시설의 설치·이용에 관한 법률」 제20조에 따른 체육도장업의 신고. 다만, 건축물 연면적 또는 시설면적이 300제곱미터 이상 500제곱미터 미만의 것만 해당한다.
72. 「체육시설의 설치·이용에 관한 법률」 제20조에 따른 골프연습장업의 신고. 다만, 건축물 연면적 또는 시설면적이 300제곱미터 이상 500제곱미터 미만의 것만 해당한다.
73. 「체육시설의 설치·이용에 관한 법률」 제20조에 따른 체력단련장업의 신고. 다만, 건축물 연면적 또는 시설면적이 300제곱미터 이상 500제곱미터 미만의 것만 해당한다.
74. 「체육시설의 설치·이용에 관한 법률」 제20조에 따른 당구장업의 신고. 다만, 건축물 연면적 또는 시설면적이 300제곱미터 이상 500제곱미터 미만의 것만 해당한다.
75. 「체육시설의 설치·이용에 관한 법률」 제20조에 따른 썰매장업의 신고. 다만, 건축물 연면적 또는 시설면적이 300제곱미터 이상 500제곱미터 미만의 것만 해당한다.
76. 「체육시설의 설치·이용에 관한 법률」 제20조에 따른 무도학원업의 신고. 다만, 건축물 연면적 또는 시설면적이 300제곱미터 이상 500제곱미터 미만의 것만 해당한다.

제3종

77. 「체육시설의 설치·이용에 관한 법률」 제20조에 따른 무도장업의 신고. 다만, 건축물 연면적 또는 시설면적이 300제곱미터 이상 500제곱미터 미만의 것만 해당한다.
78. 「옥외광고물 등의 관리와 옥외광고산업 진흥에 관한 법률」 제11조에 따른 옥외광고업 등록. 다만, 종업원 30명 이상 50명 미만의 것만 해당한다.
79. 「문화재수리 등에 관한 법률」 제14조에 따른 문화재수리업, 문화재실측설계업 또는 문화재 감리업의 등록. 다만, 종업원 30명 이상 50명 미만의 것만 해당한다.
80. 「승강기 안전관리법」 제39조에 따른 승강기유지관리업 등록. 다만, 종업원 30명 이상 50명 미만의 것만 해당한다.
81. 「내수면어업법」 제6조, 제9조 및 제11조에 따른 어업의 면허, 허가 및 신고. 다만, 면적 3,000제곱미터 이상 5,000제곱미터 미만의 것만 해당한다.
82. 「관상어산업의 육성 및 지원에 관한 법률」 제12조에 따른 관상어양식업의 신고. 다만, 면적 3,000제곱미터 이상 5,000제곱미터 미만의 것만 해당한다.
83. 「유선 및 도선 사업법」 제3조에 따른 유선사업의 면허 또는 신고. 다만, 제1종 및 제2종에 속하지 않는 것만 해당한다.
84. 「사행행위 등 규제 및 처벌 특례법」 제4조에 따른 사행행위영업허가. 다만, 발매 총액·예정액 또는 경품추첨 총액이 3,000만원 이상 5,000만원 미만의 것만 해당한다.
85. 「경비업법」 제4조에 따른 경비업의 허가. 다만, 제1종 및 제2종에 속하지 않는 것만 해당한다.
86. 「기술사법」 제6조의 합동기술사사무소 개설 등록
87. 「해운법」 제7조 및 제26조에 따른 해상여객운송사업 및 해상화물운송사업의 국내지사 설치 신고
88. 「선박안전법」 제18조에 따른 선박 및 선박용 물건의 형식승인
89. 「전자상거래 등에서의 소비자 보호에 관한 법률」 제12조제1항에 따른 통신판매업의 신고, 「방문판매 등에 관한 법률」 제5조에 따른 전화권유판매업의 신고(같은 법 시행령 제9조 각 호에 해당하는 방문판매업자 등은 제외한다), 같은 법 제13조제1항(같은 법 제29조제3항에 따라 준용되는 경우를 포함한다)에 따른 다단계판매업, 후원방문판매업의 등록
90. 「항만운송사업법」 제26조의3에 따른 항만운송관련사업의 등록 및 신고(신고의 경우에는 선용품 공급업만 해당한다)
91. 「항공사업법」 제44조에 따른 항공기취급업 등록
92. 「항공사업법」 제52조에 따른 상업서류 송달업 신고
93. 「항공사업법」 제52조에 따른 항공운송 총대리점업 신고
94. 「항공사업법」 제52조에 따른 도심공항터미널업 신고
95. 「여객자동차 운수사업법」 제36조에 따른 여객자동차터미널사업 면허
96. 「고압가스 안전관리법」 제4조제5항에 따른 저장소 설치 허가, 고압가스 판매 허가와 같은 법 제5조제1항에 따른 용기·냉동기 및 특정설비의 제조 등록
97. 「액화석유가스의 안전관리 및 사업법」 제5조에 따른 액화석유가스 판매사업 또는 액화석유가스 충전사업자의 영업소 설치 허가 및 같은 법 제8조에 따른 액화석유가스 저장소 설치의 허가
98. 「에너지이용 합리화법」 제39조에 따른 특정열사용기자재의 검사. 다만, 용접 및 구조 검사는 제외한다.

제3종

99. 「약사법」 제45조에 따른 의약품 판매업의 허가. 다만, 약국개설자, 한약업사 및 약업사는 제외한다.
100. 「산림자원의 조성 및 관리에 관한 법률」 제19조제5항 및 제36조제1항에 따른 임산물의 굴취·채취 신고 및 허가
101. 「양곡관리법」 제19조에 따른 양곡가공업의 신고
102. 「물류시설의 개발 및 운영에 관한 법률」 제7조에 따른 복합물류터미널사업의 등록
103. 〈삭 제〉
104. 「전기사업법」 제73조의5에 따른 전기안전관리업무 위탁 등록 및 안전관리업무 대행 등록 및 신고
105. 〈삭 제〉
106. 「총포·도검·화약류 등의 안전관리에 관한 법률」 제25조에 따른 화약류저장소의 설치 허가. 다만, 3급저장소 및 간이저장소만 해당한다.
107. 「방문판매 등에 관한 법률」 제5조에 따른 방문판매업의 신고
108. 「사행행위 등 규제 및 처벌 특례법」 제13조에 따른 사행기구 제조업 또는 판매업의 허가
109. 「경륜·경정법」 제9조에 따른 장외매장의 설치 허가
110. 「축산법」 제22조에 따른 종축업의 허가
111. 「전력기술관리법」 제14조에 따른 전력시설물의 설계업 또는 공사감리업의 등록
112. 「유료도로법」 제6조에 따른 유료도로의 신설 또는 개축의 허가
113. 「지하수법」 제22조에 따른 지하수개발·이용시공업의 등록
114. 「응급의료에 관한 법률」 제51조에 따른 응급환자 이송업의 허가
115. 「마약류 관리에 관한 법률」 제6조에 따른 마약류도매업자 허가
116. 「야생생물 보호 및 관리에 관한 법률」 제40조에 따른 야생동물 박제품 제조 및 판매업의 등록
117. 「야생생물 보호 및 관리에 관한 법률」 제21조에 따른 야생동물의 수출입업의 허가(가공품의 견본에 대한 수출허가는 제외한다)
118. 「온천법」 제7조에 따른 온천전문검사기관의 등록
119. 「농약관리법」 제3조에 따른 농약판매업의 등록
120. 「대중문화예술산업발전법」 제26조에 따른 대중문화예술기획업의 등록
121. 「관세법」 제174조에 따른 특허보세구역의 설치·운영의 특허
122. 「농수산물 유통 및 가격안정에 관한 법률」 제25조에 따른 농수산물 중도매업의 허가
123. 「소방시설공사업법」 제4조 및 제6조에 따른 소방시설설계업 및 소방공사감리업의 등록
124. 「전기통신사업법」 제64조에 따른 자가전기통신설비의 설치신고
125. 「비파괴검사기술의 진흥 및 관리에 관한 법률」 제11조에 따른 비파괴검사업의 등록
126. 「전파법」 제58조의5에 따른 방송통신기자재등의 적합성평가 시험기관의 지정
127. 「전파법」 제58조의2에 따른 방송통신기자재등의 적합성평가
128. 「전파법」 제19조 및 제19조의2에 따른 무선국의 개설 허가 및 신고. 다만, 준공검사 없이 운용할 수 있는 무선국과 아마추어 무선국 및 「응급의료에 관한 법률」 제27조에 따라 응급의료지원센터를 운영하기 위하여 개설한 무선국과 「어선법」 제5조의2에 따른 어선 위치발신장치 중 어선 출항·입항 신고 자동화를 위해 해양경찰청장이 정하여 고시한 장치를 운영하기 위하여 개설한 무선국은 제외한다.

제3종

129. 「방송법」 제9조에 따른 방송채널사용사업 등록
130. 「방송법」 제9조에 따른 전광판방송사업 등록
131. 「방송법」 제9조에 따른 음악유선방송사업 등록
132. 「방송법」 제9조에 따른 중계유선방송사업 허가
133. 「방송법」 제9조에 따른 종합유선방송사업 허가
134. 「방송법」 제9조에 따른 전송망사업 등록
135. 「전기통신사업법」 제22조에 따른 부가통신사업 신고 및 등록. 다만, 종업원 30명 이상 50명 미만의 것만 해당한다.
136. 「통신비밀보호법」 제10조에 따른 감청설비 제조 등의 인가
137. 〈삭 제〉
138. 「영화 및 비디오물의 진흥에 관한 법률」 제26조에 따른 영화업자의 신고
139. 「음악산업진흥에 관한 법률」 제16조에 따른 음반·음악영상물제작업의 신고 및 「영화 및 비디오물의 진흥에 관한 법률」 제57조에 따른 비디오물 제작업의 신고 또는 「게임산업진흥에 관한 법률」 제25조에 따른 게임제작업의 등록
140. 「음악산업진흥에 관한 법률」 제16조에 따른 음반·음악영상물배급업의 신고 및 「영화 및 비디오물의 진흥에 관한 법률」 제57조에 따른 비디오물 배급업의 신고 또는 「게임산업진흥에 관한 법률」 제25조에 따른 게임배급업의 등록
141. 「영화 및 비디오물의 진흥에 관한 법률」 제58조에 따른 비디오물 시청제공업의 등록
142. 「게임산업진흥에 관한 법률」 제26조제3항에 따른 복합유통게임제공업의 등록
143. 「게임산업진흥에 관한 법률」 제26조제1항에 따른 일반게임제공업 허가 및 같은 조 제2항에 따른 청소년게임제공업 또는 인터넷컴퓨터게임시설제공업 등록
144. 「음악산업진흥에 관한 법률」 제18조에 따른 노래연습장업의 등록
145. 「환경분야 시험·검사 등에 관한 법률」 제16조에 따른 측정대행업의 등록
146. 「환경분야 시험·검사 등에 관한 법률」 제9조에 따른 환경측정기기의 형식승인
147. 「대기환경보전법」 제68조에 따른 배출가스 전문정비사업의 등록
148. 「계량에 관한 법률」 제7조에 따른 계량기 제조업, 계량기수리업 및 계량증명업의 등록
149. 「수도법」 제17조에 따른 일반수도사업의 인가
150. 「수도법」 제52조에 따른 전용상수도의 설치인가
151. 「화학물질관리법」 제28조에 따른 유해화학물질 영업의 허가
152. 「목재의 지속가능한 이용에 관한 법률」 제24조에 따른 목재생산업의 등록
153. 「온천법」 제16조에 따른 온천의 공중목욕용·먹는물용·산업용 또는 난방용으로의 이용의 허가
154. 「도로교통법」 제36조에 따른 자동차의 견인·보관 또는 반환 대행업의 지정
155. 「저작권법」 제105조에 따른 저작권신탁관리업의 허가
156. 「어촌·어항법」 제38조에 따른 어항시설의 사용 또는 점용의 허가 또는 신고
157. 〈삭 제〉
158. 「법무사법」 제14조 및 제34조에 따른 법무사합동사무소의 설치 신고 및 법무사 합동법인의 설립 인가
159. 「변호사법」 제41조, 제58조의3 및 제58조의19에 따른 법무법인, 법무법인(유한) 및 법무조합의 설립인가

제3종

160. 「관세사법」 제17조의2에 따른 관세법인 설립등록 및 같은 법 제9조에 따른 관세사합동사무소의 설치 등록
161. 「공인중개사법」 제24조에 따른 부동산거래정보망사업자의 지정
162. 「자동차관리법」 제20조에 따른 자동차등록번호판발급대행자의 지정
163. 「소음·진동관리법」 제41조에 따른 확인검사대행자의 등록
164. 「주류 면허 등에 관한 법률」 제5조에 따른 주류 판매업의 면허. 다만, 주류·주정 소매업 및 같은 법 제9조에 따라 전환법인이 면허를 받는 것으로 보는 경우는 제외한다.
165. 「해양환경관리법」 제12조에 따른 해양오염방지설비 등의 검사업무대행자의 지정
166. 「해양환경관리법」 제110조에 따른 해양오염방지설비의 형식승인
167. 「해양환경관리법」 제110조에 따른 해양오염방제용 자재 및 약제의 형식승인·검정 또는 인정
168. 「화재예방·소방시설 설치·유지 및 안전관리에 관한 법률」 제36조에 따른 소방용품의 형식 승인
169. 「소방시설공사업법」 제4조에 따른 소방시설공사업 중 일반소방시설공사업의 등록
170. 「환경기술 및 환경산업 지원법」 제15조에 따른 환경전문공사업 등록
171. 「건강기능식품에 관한 법률」 제5조에 따른 건강기능식품제조업의 허가. 다만, 종업원 30명 이상 50명 미만의 것만 해당한다.
172. 「공중위생관리법」 제3조에 따른 숙박업의 신고. 다만, 건축물 연면적 500제곱미터 이상 1,000제곱미터 미만의 것만 해당한다.
173. 「공중위생관리법」 제3조에 따른 목욕장업의 신고. 다만, 건축물 연면적 500제곱미터 이상 1,000제곱미터 미만의 것만 해당한다.
174. 「공중위생관리법」 제3조에 따른 건물위생관리업의 신고. 다만, 종업원 30명 이상 50명 미만의 것만 해당한다.
175. 「공중위생관리법」 제6조에 따른 이용업·미용업의 면허. 다만, 영업장 면적이 66제곱미터 이상인 것만 해당한다.
176. 「소금산업 진흥법」 제27조에 따른 비식용소금 생산·제조·수입의 신고
177. 「약사법」 제45조에 따른 동물용 의약품 도매업의 허가
178. 「어장관리법」 제17조에 따른 어장정화·정비업의 등록
179. 「도시 및 주거환경정비법」 제102조에 따른 정비사업전문관리업의 등록
180. 「지하수법」 제27조에 따른 지하수영향조사기관 등록
181. 「관세법」 제156조에 따른 보세구역 외 장치의 허가
182. 「지하수법」 제29조의2에 따른 지하수정화업의 등록
183. 「수산업법」 제57조에 따른 어획물운반업의 등록
184. 「수목원·정원의 조성 및 진흥에 관한 법률」 제9조 및 제18조의4에 따른 수목원 또는 정원의 등록
185. 「전자무역 촉진에 관한 법률」 제6조에 따른 전자무역기반사업자의 지정
186. 「반도체집적회로의 배치설계에 관한 법률」 제21조에 따른 반도체배치설계권 설정등록
187. 「토양환경보전법」 제23조의2 및 제23조의7에 따른 토양관련전문기관의 지정 및 토양정화업의 등록
188. 「외국법자문사법」 제15조에 따른 외국법자문법률사무소의 설립인가

제3종

189. 「결혼중개업의 관리에 관한 법률」 제3조 및 제4조에 따른 결혼중개업의 신고·등록
190. 「산업안전보건법」 제21조에 따른 안전관리전문기관 또는 보건관리전문기관의 지정
191. 「산업안전보건법」 제120조에 따른 석면조사기관의 지정
192. 「산업안전보건법」 제118조에 따른 유해·위험물질 제조·사용의 허가
193. 「산업안전보건법」 제126조에 따른 지정환경측정기관의 지정
194. 〈삭 제〉
195. 「위치정보의 보호 및 이용 등에 관한 법률」 제5조에 따른 위치정보사업의 허가
196. 「인터넷 멀티미디어 방송사업법」 제4조에 따른 인터넷 멀티미디어 방송 제공사업의 허가
197. 「통신비밀보호법」 제10조의3에 따른 불법감청설비탐지업의 등록
198. 「산지관리법」 제15조의2에 따른 산지일시사용의 허가·신고. 다만, 면적 3,000제곱미터 이상 5,000제곱미터 미만의 것만 해당한다.
199. 「고압가스 안전관리법」 제35조에 따른 고압가스검사기관의 지정
200. 「고압가스 안전관리법」 제5조의4에 따른 고압가스 운반자의 등록
201. 「에너지이용 합리화법」 제37조에 따른 특정열사용기자재 시공업의 등록
202. 「모자보건법」 제15조에 따른 산후조리업의 신고. 다만, 건축물 연면적 300제곱미터 이상 500제곱미터 미만의 것만 해당한다.
203. 「식품위생법」 제88조에 따른 집단급식소의 신고. 다만, 종업원 30인 이상 50인 미만의 것만 해당한다.
204. 「건축법」 제20조에 따른 가설건축물 건축 허가. 다만, 연면적 500제곱미터 이상 1,000제곱미터 미만의 것만 해당한다.
205. 「약사법」 제20조에 따른 약국의 개설 등록
206. 「에너지이용 합리화법」 제25조에 따른 에너지절약전문기업의 등록. 다만, 종업원 30명 이상 50명 미만의 기업만 해당한다.
207. 「엔지니어링산업 진흥법」 제19조에 따른 엔지니어링산업진흥시설 지정의 신청
208. 「엔지니어링산업 진흥법」 제21조에 따른 엔지니어링사업자의 신고
209. 「승강기 안전관리법」 제37조에 따른 지정 검사기관의 지정
210. 「도로교통법」 제99조에 따른 자동차운전학원의 등록
211. 「마약류 관리에 관한 법률」 제6조제2항에 따른 마약류관리자의 지정
212. 「석유 및 석유대체연료 사업법」 제5조제2항에 따른 석유정제업의 신고
213. 「말산업 육성법」 제15조에 따른 승마시설의 신고
214. 「한국마사회법」 제6조에 따른 경마장 장외발매소 설치 등의 승인
215. 「마약류 관리에 관한 법률」 제6조제1항제2호에 따른 마약류원료사용자 허가
216. 「마약류 관리에 관한 법률」 제6조에 따른 대마재배자의 허가
217. 「혈액관리법」 제6조에 따른 혈액원 개설 허가
218. 「음악산업진흥에 관한 법률」 제16조에 따른 온라인음악서비스제공업 신고
219. 「인터넷 멀티미디어 방송사업법」 제18조에 따른 콘텐츠 공급 신고·등록 또는 승인
220. 「시험·의약품분야 시험·검사등에 관한 법률」 제27조에 따른 시험검사기관의 지정
221. 「의료기기법」 제28조에 따른 품질관리심사기관의 지정
222. 「낚시 관리 및 육성법」 제10조에 따른 낚시터업의 허가 및 제16조에 따른 낚시터업의

제3종

　　　등록. 다만, 면적이 3,000제곱미터 이상 5,000제곱미터 미만의 것만 해당한다.
223. 「철도의 건설 및 철도시설 유지 관리에 관한 법률」 제23조의2에 따른 철도시설의 점용허가. 다만, 면적이 500제곱미터 이상 1,000제곱미터 미만의 것만 해당한다.
224. 「의료법」 제82조에 따른 안마시술소 또는 안마원 신고. 다만, 건축물 연면적 300제곱미터 이상 500제곱미터 미만의 것만 해당한다.
225. 「계량에 관한 법률」 제9조에 따른 계량기 수입업의 신고
226. 「세무사법」 제16조의4에 따른 세무법인의 등록
227. 「공인회계사법」 제24조에 따른 회계법인의 등록 및 같은 법 제40조의7에 따른 외국회계법인의 등록
228. 「공인노무사법」 제7조 및 제7조의4에 따른 공인노무사 합동사무소 설치 신고 및 노무법인 설립 인가
229. 「기술의 이전 및 사업화 촉진에 관한 법률」 제35조의2에 따른 기술신탁관리업의 허가
230. 〈삭 제〉
231. 「지능형전력망의 구축 및 이용촉진에 관한 법률」 제12조에 따른 지능형전력망 사업자의 등록
232. 「축산법」 제22조에 따른 가축사육업의 허가. 다만, 사육시설 면적이 1천제곱미터 이상 5천제곱미터 미만의 것만 해당한다.
233. 「도시가스사업법」 제3조제3항에 따른 도시가스충전사업의 허가. 다만, 종업원 30명 이상 50명 미만의 것만 해당한다.
234. 「도시가스사업법」 제3조제4항에 따른 나프타부생가스·바이오가스제조사업 및 같은 조 제5항에 따른 합성천연가스제조사업의 허가. 다만, 종업원 30명 이상 50명 미만의 것만 해당한다.
235. 「개발제한구역의 지정 및 관리에 관한 특별조치법」 제12조에 따른 토지의 형질변경 허가. 다만, 면적 1천제곱미터 이상 2천제곱미터 미만의 것만 해당한다.
236. 「자연공원법」 제20조에 따른 공원사업 시행 및 공원시설 관리의 허가
237. 「마리나항만의 조성 및 관리 등에 관한 법률」 제28조의2에 따른 마리나업의 등록
238. 「자본시장과 금융투자업에 관한 법률」 제337조에 따른 종합금융회사 지점등의 설치인가
239. 「항공사업법」 제10조에 따른 소형항공운송사업의 등록
240. 「항공사업법」 제42조에 따른 항공기정비업의 등록
241. 「항공사업법」 제46조에 따른 항공기대여업의 등록
242. 「항공사업법」 제48조에 따른 초경량비행장치사용사업의 등록
243. 「항공사업법」 제50조에 따른 항공레저스포츠사업의 등록
244. 「폐기물관리법」 제25조의2제1항에 따른 전용용기 제조업의 등록
245. 「감정평가 및 감정평가사에 관한 법률」 제29조에 따른 감정평가법인의 설립인가
246. 「변리사법」 제6조의3 및 제6조의12에 따른 특허법인 및 특허법인(유한)의 설립인가
247. 「수입식품안전관리 특별법」 제15조에 따른 영업의 등록
248. 「수산종자산업육성법」 제21조에 따른 수산종자생산업의 허가
249. 「실험동물에 관한 법률」 제8조에 따른 동물실험시설 설치의 등록
250. 「지역농산물 이용촉진 등 농산물 직거래 활성화에 관한 법률」 제10조에 따른 지역농산

제3종

물 이용촉진 및 농산물 직거래 활성화 전문기관의 지정

251. 「별정우체국법」 제3조에 따른 별정우체국의 지정
252. 「농어촌정비법」 제23조에 따른 농업생산기반시설이나 용수의 사용허가. 다만, 면적 500제곱미터 이상 1,000제곱미터 미만의 것만 해당한다.
253. 「민간임대주택에 관한 특별법」 제5조에 따른 주택 임대사업자 등록. 다만, 임대주택 3채 이상 6채 미만의 것만 해당한다.
254. 「곤충산업의 육성 및 지원에 관한 법률」 제12조에 따른 곤충의 생산업·가공업·유통업의 신고
255. 「조경진흥법」 제6조에 따른 조경분야 전문인력 양성기관의 지정
256. 「자격기본법」 제17조에 따른 민간자격의 등록
257. 「행정사법」 제14조에 따른 행정사합동사무소의 설치신고 (분사무소의 설치신고를 포함한다)
258. 「세무사법」 제19조의9 제1항에 따른 법인 외국세무자문사무소의 개설 등록
259. 「동물원 및 수족관의 관리에 관한 법률」 제8조에 따른 동물원 및 수족관의 허가. 다만, 보유동물의 종이 70종 미만인 동물원으로서 전문인력 추가 필요동물을 보유하지 않은 동물원과 수조 바닥면적이 1만제곱미터 미만이고 보유동물의 종이 70종 미만인 수족관만 해당한다.
260. 「양식산업발전법」 제10조제1항에 따른 해조류양식업·패류양식업·어류등양식업·복합양식업·협동양식업·외해양식업·내수면양식업의 면허 및 같은 법 제43조제1항에 따른 육상해수양식업·육상등 내수양식업의 허가. 다만, 면적 3,000제곱미터 이상 5,000제곱미터 미만인 것만 해당한다.
261. 「첨단재생의료 및 첨단바이오의약품 안전 및 지원에 관한 법률」 제15조제1항에 따른 첨단재생의료세포처리시설 허가 및 같은 법 제28조제1항에 따른 인체세포등 관리업 허가. 다만, 건축물 연면적 300제곱미터 이상 500제곱미터 미만인 것만 해당한다.
262. 「첨단재생의료 및 첨단바이오의약품 안전 및 지원에 관한 법률」 제23조제1항에 따른 첨단바이오의약품 제조업 허가, 같은 조 제3항에 따른 위탁제조판매업 신고 및 같은 법 제27조제1항에 따른 첨단바이오의약품 수입업 신고. 다만, 종업원 30명 이상 50명 미만인 것만 해당한다.
263. 「체육시설의 설치·이용에 관한 법률」 제20조제1항에 따른 체육시설업 신고 중 야구장업·가상체험 체육시설업·체육교습업·인공암벽장업 신고. 다만, 건축물 연면적 또는 시설면적이 300제곱미터 이상 500제곱미터 미만인 것만 해당한다.
264. 「식품위생법」 제37조에 따른 공유주방 운영업의 등록. 다만, 종업원이 30명 이상 50명 미만이거나 영업장 연면적이 300제곱미터 이상 500제곱미터 미만인 것만 해당한다.
265. 「대기환경보전법」 제32조의2에 따른 측정기기 관리 대행업의 등록
266. 「애니메이션산업 진흥에 관한 법률」 제17조에 따른 애니메이션업자의 신고
267. 「기계설비법」 제21조에 따른 기계설비성능점검업의 등록
268. 「자율주행자동차 상용화 촉진 및 지원에 관한 법률」 제9조에 따른 자율주행자동차의 유상운송 허가 및 한정운수 면허의 발급. 다만, 5대 이상 10대 미만의 자동차를 활용하여 유상운송을 하는 경우만 해당한다.

제3종

269. 「자율주행자동차 상용화 촉진 및 지원에 관한 법률」 제10조에 따른 자율주행자동차의 유상 화물 운송 허가. 다만, 5대 이상 10대 미만의 자동차를 활용하여 유상 화물 운송을 하는 경우만 해당한다.
270. 「축산계열화사업에 관한 법률」 제5조의3에 따른 계열화사업의 등록
271. 「관광진흥법」 제4조에 따른 여행업 중 국내여행업의 등록
272. 「행정사법」 제25조의3에 따른 행정사법인의 설립 인가
273. 그 밖에 행정안전부령으로 정하는 면허

제4종

1. 「식품위생법」 제37조에 따른 식품접객업의 신고. 다만, 제1종부터 제3종까지에 속하지 않는 휴게음식점영업, 제과점영업 및 일반음식점영업만 해당한다.
2. 「식품위생법」 제37조에 따른 식품제조·가공업의 등록. 다만, 제1종부터 제3종까지에 속하지 않는 것만 해당한다.
3. 「식품위생법」 제37조에 따른 즉석판매제조·가공업의 신고. 다만, 제1종부터 제3종까지에 속하지 않는 것만 해당한다.
4. 「식품위생법」 제37조에 따른 식품첨가물제조업의 등록. 다만, 제1종부터 제3종까지에 속하지 않는 것만 해당한다.
5. 「식품위생법」 제37조에 따른 용기·포장류제조업의 신고. 다만, 제1종부터 제3종까지에 속하지 않는 것만 해당한다.
6. 「식품위생법」 제37조에 따른 식품운반업의 신고. 다만, 제1종부터 제3종까지에 속하지 않는 것만 해당한다.
7. 「식품위생법」 제37조에 따른 식품소분·판매업(식품자동판매기영업은 제외한다)의 신고. 다만, 제1종부터 제3종까지에 속하지 않는 것만 해당한다.
8. 「건설산업기본법」 제9조제1항에 따른 건설업의 등록. 다만, 전문공사를 시공하는 건설업 중 제1종부터 제3종까지에 속하지 않는 것만 해당한다.
9. 「해운법」 제4조 및 제6조에 따른 해상여객운송사업의 면허 또는 승인. 다만, 제1종부터 제3종까지에 속하지 않는 것만 해당한다.
10. 「해운법」 제24조제1항에 따른 해상화물운송사업의 등록. 다만, 제1종부터 제3종까지에 속하지 않는 것만 해당한다.
11. 「해운법」 제33조제1항에 따른 선박대여업의 등록. 다만, 제1종부터 제3종까지에 속하지 않는 것만 해당한다.
12. 「항만운송사업법」 제4조제1항에 따른 항만운송사업의 등록. 다만, 제1종부터 제3종까지에 속하지 않는 것만 해당한다.
13. 「승강기 안전관리법」 제6조에 따른 승강기의 제조업 및 수입업의 등록. 다만, 제1종부터 제3종까지에 속하지 아니하는 것만 해당한다.
14. 「항공사업법」 제7조제1항에 따른 국내항공운송사업 또는 국제항공운송사업의 면허, 같은 법 제54조에 따른 외국인 국제항공운송사업의 허가. 다만, 제1종부터 제3종까지에 속하지 않는 것만 해당한다.
15. 「여객자동차 운수사업법」 제4조제1항에 따른 여객자동차운송사업의 면허 또는 등록. 다

제4종

만, 제1종부터 제3종까지에 속하지 않는 것만 해당한다.
16. 「화물자동차 운수사업법」 제3조제1항에 따른 화물자동차 운송사업의 허가. 다만, 제1종부터 제3종까지에 속하지 않는 것만 해당한다.
17. 「여객자동차 운수사업법」 제28조제1항에 따른 자동차대여사업의 등록. 다만, 제1종부터 제3종까지에 속하지 않는 것만 해당한다.
18. 「자동차관리법」 제53조제1항에 따른 자동차관리사업의 등록. 다만, 제1종부터 제3종까지에 속하지 않는 것만 해당한다.
19. 「건설기계관리법」 제21조제1항에 따른 건설기계사업의 등록. 다만, 제1종부터 제3종까지에 속하지 않는 것만 해당한다.
20. 「건설기계관리법」 제14조제1항에 따른 건설기계검사대행자의 지정. 다만, 제1종부터 제3종까지에 속하지 않는 것만 해당한다.
21. 「자동차관리법」 제44조제1항에 따른 자동차검사대행자 및 「자동차관리법」 제44조의2 제1항에 따른 자동차종합검사대행자의 지정. 다만, 제1종부터 제3종까지에 속하지 않는 것만 해당한다.
22. 「도시가스사업법」 제3조제1항에 따른 가스도매사업 및 같은 법 제3조제2항에 따른 일반도시가스사업의 허가. 다만, 제1종부터 제3종까지에 속하지 않는 것만 해당한다.
23. 「고압가스 안전관리법」 제4조제1항에 따른 고압가스제조업의 허가. 다만, 제1종부터 제3종까지에 속하지 않는 것만 해당한다.
24. 「액화석유가스의 안전관리 및 사업법」 제5조에 따른 액화석유가스 충전사업 및 액화석유가스 집단공급사업의 허가. 다만, 제1종부터 제3종까지에 속하지 않는 것만 해당한다.
25. 「액화석유가스의 안전관리 및 사업법」 제5조에 따른 가스용품제조사업의 허가. 다만, 제1종부터 제3종까지에 속하지 않는 것만 해당한다.
26. 「건축법」 제11조제1항 및 제14조제1항에 따른 건축 및 대수선의 허가 및 신고. 다만, 제1종부터 제3종까지에 속하지 않는 것(설계 변경 등으로 면적이나 층수가 증가하여 면허에 대한 등록면허세를 부과하는 경우에는 그 증가하는 부분만을 기준으로 산정한다)만 해당한다.
27. 「의료법」 제33조에 따른 의원·치과의원·한의원·조산원 개설의 신고 및 종합병원·병원·치과병원·한방병원·요양병원·정신병원 개설의 허가. 다만, 제1종부터 제3종까지에 속하지 않는 것만 해당한다.
28. 「수의사법」 제17조제3항에 따른 동물병원 개설의 신고. 다만, 제1종부터 제3종까지에 속하지 않는 것만 해당한다.
29. 「약사법」 제31조에 따른 의약품 제조업의 허가, 의약품 위탁제조판매업 및 의약외품 제조업의 신고, 같은 법 제42조에 따른 의약품등 수입업의 신고. 다만, 제1종부터 제3종까지에 속하지 않는 것만 해당한다.
30. 「의료기기법」 제6조에 따른 의료기기 제조업의 허가, 같은 법 제15조에 따른 의료기기 수입업의 허가, 같은 법 제16조에 따른 의료기기 수리업의 신고 및 같은 법 제17조에 따른 의료기기 판매업 또는 임대업의 신고. 다만, 제1종부터 제3종까지에 속하지 않는 것만 해당한다.
31. 「화장품법」 제3조제1항에 따른 화장품제조업, 화장품책임판매업의 등록 및 같은 법 제3조의2제1항에 따른 맞춤형화장품판매업의 신고. 다만, 제1종부터 제3종까지에 속하지 않는 것만 해당한다.

제4종

32. 「농약관리법」 제3조제1항에 따른 농약제조업, 농약원제업 및 농약수입업의 등록. 다만, 제1종부터 제3종까지에 속하지 않는 것만 해당한다.
33. 「약사법」 제20조에 따른 동물약국업의 개설등록, 같은 법 제31조에 따른 동물용 의약품 제조업의 허가 또는 동물용 의약외품 제조업의 신고, 「의료기기법」 제6조에 따른 동물용 의료기기 제조업의 허가, 같은 법 제15조에 따른 동물용 의료기기 수입업의 허가, 같은 법 제16조에 따른 동물용 의료기기 수리업의 신고 및 같은 법 제17조에 따른 동물용 의료기기 판매업·임대업의 신고. 다만, 제1종부터 제3종까지에 속하지 않는 것만 해당한다.
34. 「학원의 설립·운영 및 과외교습에 관한 법률」 제6조제1항에 따른 학원의 설립 등록. 다만, 제1종부터 제3종까지에 속하지 않는 것만 해당한다.
35. 「농지법」 제34조 및 제35조에 따른 농지전용의 허가 또는 신고. 다만, 제1종부터 제3종까지에 속하지 않는 것만 해당한다.
36. 「국토의 계획 및 이용에 관한 법률」 제56조제1항에 따른 토지의 형질변경 허가. 다만, 제1종부터 제3종까지에 속하지 않는 것만 해당한다.
37. 「산림자원의 조성 및 관리에 관한 법률」 제16조제1항에 따른 종묘생산업자의 등록. 다만, 제1종부터 제3종까지에 속하지 않는 것만 해당한다.
38. 「초지법」 제23조에 따른 초지의 전용 허가. 다만, 제1종부터 제3종까지에 속하지 않는 것만 해당한다.
39. 「초지법」 제5조에 따른 초지조성의 허가. 다만, 제1종부터 제3종까지에 속하지 않는 것만 해당한다.
40. 「공유수면 관리 및 매립에 관한 법률」 제28조제1항에 따른 공유수면의 매립 면허. 다만, 제1종부터 제3종까지에 속하지 않는 것만 해당한다.
41. 「산지관리법」 제25조제1항에 따른 토석채취 허가 및 토사채취 신고. 다만, 제1종부터 제3종까지에 속하지 않는 것만 해당한다.
42. 「항공사업법」 제7조제2항, 제3항 및 제10조제3항에 따른 정기편·부정기편 운항 허가 또는 신고. 다만, 제1종부터 제3종까지에 속하지 않는 것만 해당한다.
43. 「도시공원 및 녹지 등에 관한 법률」 제24조 및 제38조에 따른 도시공원 및 녹지의 점용 허가(자기 소유의 부동산에 대한 점용은 제외한다). 다만, 제1종부터 제3종까지에 속하지 않는 것으로서 그 점용면적이 50제곱미터 이상의 것만 해당한다.
44. 「도로법」 제61조제1항에 따른 도로점용의 허가(공간점용은 제외한다). 다만, 제1종부터 제3종까지에 속하지 않는 것으로서 그 점용면적이 50제곱미터 이상의 것만 해당한다.
45. 「하천법」 제33조제1항에 따른 하천점용의 허가. 다만, 제1종부터 제3종까지에 속하지 않는 것으로서 그 점용면적이 50제곱미터 이상의 것만 해당한다.
46. 「공유수면 관리 및 매립에 관한 법률」 제8조제1항에 따른 공유수면의 점용 또는 사용의 허가. 다만, 제1종부터 제3종까지에 속하지 않는 것으로서 그 점용 또는 사용 면적이 50제곱미터 이상의 것만 해당한다.
47. 「소하천정비법」 제14조제1항에 따른 소하천의 점용 등에 대한 허가. 다만, 제1종부터 제3종까지에 속하지 않는 것으로서 그 점용 등의 면적이 50제곱미터 이상의 것만 해당한다.
48. 「철도사업법」 제42조에 따른 점용허가. 다만, 제1종부터 제3종까지에 속하지 않는 것으로서 그 점용면적이 50제곱미터 이상의 것만 해당한다.
49. 「산림자원의 조성 및 관리에 관한 법률」 제36조에 따른 입목벌채의 허가. 다만, 제1종부

제4종

터 제3종까지에 속하지 않는 것만 해당한다.
50. 「산지관리법」 제14조 및 제15조에 따른 산지전용의 허가·신고. 다만, 제1종부터 제3종까지에 속하지 않는 것만 해당한다.
51. 「사도법」 제4조에 따른 사도개설 허가. 다만, 제1종부터 제3종까지에 속하지 않는 것만 해당한다.
52. 「장사 등에 관한 법률」 제14조에 따른 사설묘지, 제15조에 따른 사설화장시설 및 사설봉안시설의 설치 신고, 같은 법 제16조에 따른 사설자연장지 조성 허가 또는 신고. 다만, 제1종부터 제3종까지에 속하지 않는 것만 해당한다.
53. 「수산업법」 제7조, 제40조 및 제48조에 따른 어업의 면허, 허가 및 신고. 다만, 제1종부터 제3종까지에 속하지 않는 것만 해당한다.
54. 「원양산업발전법」 제6조에 따른 원양어업의 허가 및 신고. 다만, 제1종부터 제3종까지에 속하지 않는 것만 해당한다.
55. 「수산식품산업의 육성 및 지원에 관한 법률」 제16조에 따른 수산물가공업의 신고. 다만, 제1종부터 제3종까지에 속하지 않는 것만 해당한다.
56. 「소금산업 진흥법」 제23조에 따른 염전개발업 및 염제조업의 허가. 다만, 제1종부터 제3종까지에 속하지 않는 것만 해당한다.
57. 「전기공사업법」 제4조에 따른 전기공사업의 등록 및 「정보통신공사업법」 제14조에 따른 정보통신공사업의 등록. 다만, 제1종부터 제3종까지에 속하지 않는 것만 해당한다.
58. 「총포·도검·화약류 등의 안전관리에 관한 법률」 제4조 및 제6조에 따른 총포·도검·화약류·분사기·전자충격기 또는 석궁의 제조 또는 판매업의 허가. 다만, 제1종부터 제3종까지에 속하지 않는 것만 해당한다.
59. 「출판문화산업 진흥법」 제9조에 따른 출판사 및 「인쇄문화산업 진흥법」 제12조에 따른 인쇄사의 신고. 다만, 제1종부터 제3종까지에 속하지 않는 것만 해당한다.
60. 「사료관리법」 제8조에 따른 사료제조업의 등록. 다만, 제1종부터 제3종까지에 속하지 않는 것만 해당한다.
61. 「산업집적활성화 및 공장설립에 관한 법률」 제16조에 따른 공장등록. 다만, 제1종부터 제3종까지에 속하지 않는 것만 해당한다.
62. 「군복 및 군용장구의 단속에 관한 법률」 제3조에 따른 군복 및 군용장구의 제조 또는 판매업의 허가. 다만, 제1종부터 제3종까지에 속하지 않는 것만 해당한다.
63. 「공연법」 제9조에 따른 공연장업의 등록. 다만, 제1종부터 제3종까지에 속하지 않는 것만 해당한다.
64. 「담배사업법」 제13조에 따른 담배수입판매업의 등록. 다만, 제1종부터 제3종까지에 속하지 않는 것만 해당한다.
65. 「인삼산업법」 제12조에 따른 인삼류제조업 및 인삼제품류 제조의 신고. 다만, 제1종부터 제3종까지에 속하지 않는 것만 해당한다.
66. 「담배사업법」 제13조에 따른 담배도매업의 등록. 다만, 제1종부터 제3종까지에 속하지 않는 것만 해당한다.
67. 「위생용품 관리법」 제3조에 따른 위생용품제조업, 위생물수건처리업 및 위생용품수입업의 신고. 다만, 제1종부터 제3종까지에 속하지 않는 것만 해당한다.
68. 「먹는물관리법」 제21조에 따른 수처리제 제조업의 등록. 다만, 제1종부터 제3종까지에

제4종

속하지 않는 것만 해당한다.
69. 「체육시설의 설치·이용에 관한 법률」 제20조에 따른 수영장업의 신고. 다만, 제1종부터 제3종까지에 속하지 않는 것만 해당한다.
70. 「체육시설의 설치·이용에 관한 법률」 제20조에 따른 체육도장업의 신고. 다만, 제1종부터 제3종까지에 속하지 않는 것만 해당한다.
71. 「체육시설의 설치·이용에 관한 법률」 제20조에 따른 골프연습장업의 신고. 다만, 제1종부터 제3종까지에 속하지 않는 것만 해당한다.
72. 「체육시설의 설치·이용에 관한 법률」 제20조에 따른 체력단련장업의 신고. 다만, 제1종부터 제3종까지에 속하지 않는 것만 해당한다.
73. 「체육시설의 설치·이용에 관한 법률」 제20조에 따른 당구장업의 신고. 다만, 제1종부터 제3종까지에 속하지 않는 것만 해당한다.
74. 「체육시설의 설치·이용에 관한 법률」 제20조에 따른 썰매장업의 신고. 다만, 제1종부터 제3종까지에 속하지 않는 것만 해당한다.
75. 「체육시설의 설치·이용에 관한 법률」 제20조에 따른 무도학원업의 신고. 다만, 제1종부터 제3종까지에 속하지 않는 것만 해당한다.
76. 「체육시설의 설치·이용에 관한 법률」 제20조에 따른 무도장업의 신고. 다만, 제1종부터 제3종까지에 속하지 않는 것만 해당한다.
77. 「옥외광고물 등의 관리와 옥외광고산업 진흥에 관한 법률」 제11조에 따른 옥외광고업의 등록. 다만, 제1종부터 제3종까지에 속하지 않는 것만 해당한다.
78. 「문화재수리 등에 관한 법률」 제14조에 따른 문화재수리업, 문화재실측설계업 또는 문화재 감리업의 등록. 다만, 제1종부터 제3종까지에 속하지 않는 것만 해당한다.
79. 「승강기 안전관리법」 제39조에 따른 승강기유지관리업 등록. 다만, 제1종부터 제3종까지에 속하지 않는 것만 해당한다.
80. 「내수면어업법」 제6조, 제9조 및 제11조에 따른 어업의 면허, 허가 및 신고. 다만, 제1종부터 제3종까지에 속하지 않는 것만 해당한다.
81. 「관상어산업의 육성 및 지원에 관한 법률」 제12조에 따른 관상어양식업의 신고. 다만, 제1종부터 제3종까지에 속하지 않는 것만 해당한다.
82. 「해운법」 제33조에 따른 해운중개업의 등록
83. 「해운법」 제33조에 따른 해운대리점업의 등록
84. 「해운법」 제33조에 따른 선박관리업의 등록
85. 〈삭 제〉
86. 「항만공사법」 제29조에 따른 항만시설의 사용. 다만, 전용·임대사용만 해당한다.
87. 「화물자동차 운수사업법」 제24조에 따른 화물자동차 운송주선사업의 허가
88. 「자동차관리법」 제60조에 따른 자동차경매장의 개설 승인
89. 「건설기계관리법」 제8조의2에 따른 건설기계 등록번호표 제작자의 지정
90. 「건축법」 제19조에 따른 건축물의 용도변경의 허가 및 신고
91. 「건축법」 제20조에 따른 가설 건축물의 건축 허가 및 축조 신고. 다만, 제1종부터 제3종까지에 속하지 않는 것만 해당한다.
92. 「내수면어업법」 제19조 단서에 따른 유해어법의 사용 허가
93. 「농지법」 제36조에 따른 농지의 타용도 일시사용의 허가

제4종

94. 「수산업법」 제65조에 따른 유어장의 지정
95. 「물류정책기본법」 제43조에 따른 국제물류주선업의 등록
96. 「축산물 위생관리법」 제24조에 따른 축산물운반업·축산물판매업의 신고
97. 「축산법」 제22조에 따른 부화업 허가
98. 「축산법」 제17조에 따른 가축 인공수정소의 개설 신고
99. 「해외이주법」 제10조에 따른 해외이주알선업의 등록
100. 「농수산물 유통 및 가격안정에 관한 법률」 제29조에 따른 산지유통인의 등록
101. 「수도법」 제34조에 따른 저수조청소업의 신고
102. 「저작권법」 제105조제1항에 따른 저작권대리중개업의 신고
103. 「원자력안전법」 제53조에 따른 방사성동위원소 또는 방사선발생장치의 생산·판매·사용·이동사용 허가
104. 「원자력안전법」 제35조에 따른 핵원료물질 또는 핵연료물질의 정련사업 또는 가공사업 허가 및 「원자력안전법」 제10조에 따른 발전용원자로 및 관계시설을 건설 허가
105. 「방사성폐기물 관리법」 제9조에 따른 방사성폐기물관리사업
106. 「원자력안전법」 제78조에 따른 피폭방사선량판독업 등록
107. 「의료법」 제16조에 따른 세탁물처리업 신고
108. 「총포·도검·화약류 등의 안전관리에 관한 법률」 제18조에 따른 화약류 사용허가
109. 「댐건설 및 주변지역지원 등에 관한 법률」 제24조에 따른 댐사용권의 설정
110. 「신문 등의 진흥에 관한 법률」 제9조 및 제28조에 따른 신문, 인터넷신문, 인터넷뉴스서비스의 발행 등록, 외국신문의 지사 또는 지국 설치 등록, 「잡지 등 정기간행물의 진흥에 관한 법률」 제15조 및 제16조에 따른 정기간행물 발행 등록 또는 신고, 같은 법 제29조에 따른 외국 정기간행물의 국내지사 또는 지국 설치 등록
111. 〈삭 제〉
112. 「공간정보의 구축 및 관리 등에 관한 법률」 제44조에 따른 측량업의 등록
113. 「법무사법」 제14조제2항에 따른 업무개시의 신고
114. 「변호사법」 제15조에 따른 변호사의 개업 신고
115. 「변리사법」 제5조에 따른 변리사업 등록
116. 「공증인법」 제17조에 따른 공증인사무소의 설치 인가
117. 「세무사법」 제6조에 따른 세무사 등록
118. 「건축사법」 제23조에 따른 건축사사무소의 개설신고
119. 「관세사법」 제7조에 따른 관세사업 등록
120. 「공인노무사법」 제5조에 따른 공인노무사업 등록
121. 「공인중개사법」 제9조에 따른 중개사무소의 개설등록(분사무소 설치신고를 포함한다)
122. 「기술사법」 제6조에 따른 기술사사무소의 개설 등록
123. 「보험업법」 제183조에 따른 보험계리업 등록
124. 「보험업법」 제187조에 따른 손해사정업 등록
125. 「의료기사 등에 관한 법률」 제12조에 따른 안경업소의 개설등록
126. 「의료기사 등에 관한 법률」 제11조의2에 따른 치과기공소의 개설등록
127. 「위험물 안전관리법」 제16조에 따른 탱크안전성능시험자의 등록
128. 「화재예방·소방시설 설치·유지 및 안전관리에 관한 법률」 제29조에 따른 소방시설관리

제4종

업의 등록
129. 「친환경농어업 육성 및 유기식품 등의 관리·지원에 관한 법률」 제35조에 따른 무농약농산물·무농약원료가공식품 및 무항생제수산물등의 인증기관의 지정
130. 「축산물 위생관리법」 제24조에 따른 식육즉석판매가공업의 신고
131. 「기상산업진흥법」 제6조에 따른 기상사업 등록
132. 「낚시 관리 및 육성법」 제25조에 따른 낚시어선업의 신고
133. 「전기통신사업법」 제22조에 따른 부가통신사업의 신고 및 등록. 다만 제1종부터 제3종까지에 속하지 않는 것만 해당한다.
134. 「직업안정법」 제23조에 따른 직업정보제공사업의 신고
135. 「직업안정법」 제33조에 따른 근로자공급사업의 허가
136. 「파견근로자보호 등에 관한 법률」 제7조에 따른 근로자파견사업 허가
137. 「종자산업법」 제37조에 따른 종자업의 등록
138. 「해양환경관리법」 제70조에 따른 해양환경관리업의 등록
138의2. 「해양폐기물 및 해양오염퇴적물 관리법」 제19조에 따른 해양폐기물관리업의 등록
139. 「건강기능식품에 관한 법률」 제5조에 따른 건강기능식품제조업의 허가. 다만 제1종부터 제3종까지에 속하지 않는 것만 해당한다.
140. 「건강기능식품에 관한 법률」 제6조에 따른 건강기능식품판매업 신고
141. 「공중위생관리법」 제3조에 따른 숙박업의 신고. 다만, 제1종부터 제3종까지에 속하지 않는 것만 해당한다.
142. 「공중위생관리법」 제3조에 따른 목욕장업의 신고. 다만, 제2종 및 제3종에 속하지 않는 것만 해당한다.
143. 「도청이전을 위한 도시건설 및 지원에 관한 특별법」 제8조에 따른 공작물 설치 허가
144. 「공중위생관리법」 제3조에 따른 건물위생관리업의 신고. 다만, 제1종부터 제3종까지에 속하지 않는 것만 해당한다.
145. 「식품위생법」 제37조에 따른 위탁급식영업 허가
146. 「가축분뇨의 관리 및 이용에 관한 법률」 제11조에 따른 가축분뇨 배출시설의 설치 허가
147. 「관세법」 제222조에 따른 보세운송업자 등의 등록
148. 「농어촌정비법」 제85조에 따른 농어촌관광휴양지사업자의 신고
149. 「친환경농어업 육성 및 유기식품 등의 관리·지원에 관한 법률」 제26조에 따른 유기식품 등의 인증기관의 지정
150. 「항로표지법」 제23조에 따른 항로표지위탁관리업의 등록
151. 「소방시설공사업법」 제4조에 따른 방염처리업의 등록
152. 「국토의 계획 및 이용에 관한 법률」 제56조에 따른 공작물의 설치 허가
153. 「급경사지 재해예방에 관한 법률」 제22조에 따른 계측업의 등록
154. 「기상관측표준화법」 제14조에 따른 기상측기 검정대행기관의 지정
155. 「뉴스통신 진흥에 관한 법률」 제8조에 따른 뉴스통신사업의 등록
156. 「고도 보존 및 육성에 관한 특별법」 제15조에 따른 보존사업시행자의 지정
157. 「농지법」 제40조에 따른 농지전용의 용도변경 승인
158. 「산지관리법」 제21조에 따른 산지전용의 용도변경 승인
159. 「산지관리법」 제15조의2에 따른 산지일시사용의 허가·신고. 다만 제1종부터 제3종까지

제4종

에 속하지 않는 것만 해당한다.
160. 「모자보건법」 제15조에 따른 산후조리업의 신고. 다만, 제1종부터 제3종까지에 속하지 않는 것만 해당한다.
161. 「식품위생법」 제88조에 따른 집단급식소의 신고. 다만, 제1종부터 제3종까지에 속하지 않는 것만 해당한다.
162. 「행정사법」 제10조에 따른 행정사업의 신고
163. 「위치정보의 보호 및 이용 등에 관한 법률」 제9조에 따른 위치기반 서비스사업의 신고
164. 「산업안전보건법」 제121조 제1항에 따른 석면해체·제거업의 등록
165. 「에너지이용합리화법」 제25조에 따른 에너지절약전문기업의 등록. 다만 제1종부터 제3종까지에 속하지 않는 것만 해당한다.
166. 「공인회계사법」 제7조에 따른 공인회계사의 등록 및 제40조의4에 따른 외국공인회계사의 등록
167. 「수산생물질병 관리법」 제37조의12에 따른 수산질병관리원의 개설 신고
168. 「고용보험 및 산업재해보상보험의 보험료징수 등에 관한 법률」 제33조에 따른 법인 등의 보험사무 대행 인가
169. 「외국인근로자의 고용 등에 관한 법률」 제27조의2에 따른 대행기관의 지정
170. 「전통주 등의 산업진흥에 관한 법률」 제23조에 따른 품질인증기관 지정
171. 「환경기술 및 환경산업 지원법」 제16조의4에 따른 환경컨설팅회사 등록
172. 「낚시 관리 및 육성법」 제10조에 따른 낚시터업의 허가 및 같은 법 제16조에 따른 낚시터업의 등록. 다만 제1종부터 제3종까지에 속하지 않는 것만 해당한다.
173. 「철도의 건설 및 철도시설 유지 관리에 관한 법률」 제23조의2에 따른 철도시설의 점용허가. 다만 제1종부터 제3종까지에 속하지 않는 것만 해당한다.
174. 「의료법」 제82조에 따른 안마시술소 또는 안마원 신고. 다만 제1종부터 제3종까지에 속하지 않는 것만 해당한다.
175. 식품산업진흥법」 제24조제1항에 따른 우수식품인증기관 또는 「수산식품산업의 육성 및 지원에 관한 법률」 제31조제1항에 따른 우수수산식품등인증기관의 지정
176. 「건축법」 제83조에 따른 공작물 축조 신고
177. 「산업안전보건법」 제145조제1항에 따른 산업안전지도사 또는 산업보건지도사의 등록
178. 「축산법」 제22조에 따른 가축사육업의 허가. 다만, 제1종부터 제3종까지에 속하지 않는 것으로서 사육시설 면적이 330제곱미터 이상의 것만 해당한다.
179. 「도시가스사업법」 제3조제3항에 따른 도시가스충전사업의 허가. 다만, 제1종부터 제3종까지에 속하지 아니하는 것만 해당한다.
180. 「도시가스사업법」 제3조제4항에 따른 나프타부생가스·바이오가스제조사업 및 같은 조 제5항에 따른 합성천연가스제조사업의 허가. 다만, 제1종부터 제3종까지에 속하지 아니하는 것만 해당한다.
181. 「개발제한구역의 지정 및 관리에 관한 특별조치법」 제12조에 따른 토지의 형질변경 허가. 다만, 제1종부터 제3종까지에 속하지 아니하는 것만 해당한다.
182. 「관광진흥법」 제5조에 따른 유원시설업의 신고
183. 「액화석유가스의 안전관리 및 사업법」 제9조에 따른 액화석유가스 위탁운송사업자의 등록

제4종

184. 「항공사업법」 제55조에 따른 외국항공기의 유상운송 허가
185. 「외국법자문사법」 제26조에 따른 외국법자문사의 업무 개시 신고
186. 〈삭제〉
187. 「지역농산물 이용촉진 등 농산물 직거래 활성화에 관한 법률」 제28조에 따른 우수 농산물 직거래사업장 인증기관의 지정
188. 「보험업법」 제89조에 따른 보험중개사의 등록
189. 「가맹사업거래의 공정화에 관한 법률」 제29조에 따른 가맹거래사의 등록
190. 「농수산물 품질관리법」 제9조에 따른 우수관리인증기관의 지정
191. 「농수산물 품질관리법」 제17조에 따른 품질인증기관의 지정
192. 「사행행위 등 규제 및 처벌 특례법」 제4조에 따른 사행행위영업허가. 다만, 제1종부터 제3종까지에 속하지 않는 것만 해당한다.
193. 「기술의 이전 및 사업화 촉진에 관한 법률」 제14조에 따른 기술거래사의 등록
194. 「농어촌정비법」 제23조에 따른 농업생산기반시설이나 용수의 사용허가. 다만, 제1종부터 제3종까지에 속하지 않는 것으로서 면적이 50제곱미터 이상의 것만 해당한다.
195. 「민간임대주택에 관한 특별법」 제5조에 따른 주택 임대사업자 등록. 다만, 제1종부터 제3종까지에 속하지 않는 것만 해당한다.
196. 「종자산업법」 제37조의2에 따른 육묘업의 등록
197. 「세무사법」 제19조의5 제1항에 따른 외국세무자문사의 등록
198. 「양식산업발전법」 제10조제1항에 따른 해조류양식업·패류양식업·어류등양식업·복합양식업·협동양식업·외해양식업·내수면양식업의 면허 및 같은 법 제43조제1항에 따른 육상해수양식업·육상등 내수양식업의 허가. 다만, 제1종부터 제3종까지에 속하지 않는 것만 해당한다.
199. 「양식산업발전법」 제55조제1항에 따른 유어장의 지정
200. 「첨단재생의료 및 첨단바이오의약품 안전 및 지원에 관한 법률」 제15조제1항에 따른 첨단재생의료세포처리시설 허가 및 같은 법 제28조제1항에 따른 인체세포등 관리업 허가. 다만, 제1종부터 제3종까지에 속하지 않는 것만 해당한다.
201. 「첨단재생의료 및 첨단바이오의약품 안전 및 지원에 관한 법률」 제23조제1항에 따른 첨단바이오의약품 제조업 허가, 같은 조 제3항에 따른 위탁제조판매업 신고 및 같은 법 제27조제1항에 따른 첨단바이오의약품 수입업 신고. 다만, 제1종부터 제3종까지에 속하지 않는 것만 해당한다.
202. 「체육시설의 설치·이용에 관한 법률」 제20조제1항에 따른 체육시설업의 신고 중 야구장업·가상체험 체육시설업·체육교습업·인공암벽장업 신고. 다만, 제1종부터 제3종까지에 속하지 않는 것만 해당한다
203. 「해양조사와 해양정보 활용에 관한 법률」 제30조제1항에 따른 해양조사·정보업의 등록
204. 「식품위생법」 제37조에 따른 공유주방 운영업의 등록. 다만, 제1종부터 제3종까지에 속하지 않는 것만 해당한다.
205. 「소금산업진흥법」 제43조에 따른 천일염인증기관의 지정
206. 「자율주행자동차 상용화 촉진 및 지원에 관한 법률」 제9조에 따른 자율주행자동차의 유

제4종

상운송 허가 및 한정운수 면허의 발급. 다만, 제1종부터 제3종까지에 속하지 않는 경우만 해당한다.
207. 「자율주행자동차 상용화 촉진 및 지원에 관한 법률」 제10조에 따른 자율주행자동차의 유상 화물 운송 허가. 다만, 제1종부터 제3종까지에 속하지 않는 경우만 해당한다.
208. 「원자력안전법」 제30조에 따른 연구용 또는 교육용 원자로 및 관계시설의 건설 허가
209. 「원자력안전법」 제35조제2항에 따른 사용후핵연료처리사업의 지정
210. 「원자력안전법」 제45조에 따른 핵연료물질의 사용 또는 소지 허가
211. 「기상관측표준화법」 제12조의4에 따른 형식승인대행기관의 지정
212. 그 밖에 행정안전부령으로 정하는 면허

제5종

1. 「항로표지법」 제20조에 따른 사설항로표지의 설치의 준공확인
2. 「사행행위 등 규제 및 처벌 특례법」 제15조에 따른 사행기구의 제작 또는 수입품목별 검사
3. 「골재채취법」 제32조에 따른 골재의 선별·세척 또는 파쇄의 신고
4. 「농약관리법」 제3조의2에 따른 수출입식물방제업 또는 항공방제업의 신고
5. 「약사법」 제31조, 제31조의2 및 제42조제1항에 따른 의약품 등의 제조·판매·수입에 관한 품목 허가 또는 신고
6. 「식품위생법」 제37조에 따른 식품자동판매기영업의 신고
7. 「축산법」 제22조에 따른 가축사육업의 등록. 다만, 사육시설 면적이 330제곱미터 미만인 것은 제외한다.
8. 「계량에 관한 법률」 제14조에 따른 계량기의 형식승인
9. 종전의 「부동산중개업법」 제4조에 따른 중개사무소의 개설 등록
10. 「화학물질관리법」 제18조에 따른 금지물질 취급의 허가 및 같은 법 제20조에 따른 제한 물질 수입 허가 및 유독물질 수입 신고
11. 「직업안정법」 제19조에 따른 유료직업소개사업의 등록
12. 「학원의 설립·운영 및 과외 교습에 관한 법률」 제14조에 따른 교습소의 설립·운영의 신고
13. 「토양환경보전법」 제12조에 따른 특정토양오염관리대상시설의 신고
14. 「소음·진동관리법」 제8조에 따른 소음·진동배출시설의 설치신고 및 허가
15. 「물환경보전법」 제33조에 따른 폐수배출시설의 설치허가 및 신고
16. 「물환경보전법」 제60조에 따른 수질오염원의 설치신고
17. 「대기환경보전법」 제44조에 따른 휘발성유기화합물을 배출하는 시설의 설치 신고
18. 「주류 면허 등에 관한 법률」 제8조에 따른 주류·주정소매업 면허
19. 「화학물질관리법」 제19조에 따른 허가물질의 제조·수입·사용의 허가
20. 「유선 및 도선 사업법」 제3조에 따른 도선사업의 면허 또는 신고
21. 「총포·도검·화약류 등의 안전관리에 관한 법률」 제9조에 따른 총포·도검·화약류·분사기·전자충격기 또는 석궁의 수출 또는 수입 허가
22. 「대기환경보전법」 제23조에 따른 대기오염배출시설의 설치 허가 및 신고
23. 「가축분뇨의 관리 및 이용에 관한 법률」 제11조에 따른 가축분뇨 배출시설의 설치 신고
24. 「공중위생관리법」 제3조에 따른 세탁업의 신고

제5종

25. 「대기환경보전법」 제43조에 따른 비산먼지발생사업의 신고
26. 「소음·진동 관리법」 제22조에 따른 특정공사의 사전 신고
27. 「관세법」 제222조에 따른 보세화물운송주선업의 등록
28. 「식품위생법」 제37조에 따른 제조·가공 또는 수입의 면허로서 각각 그 품목별로 받는 면허
29. 「하수도법」 제34조에 따른 개인하수처리시설의 신고
30. 「악취방지법」 제8조 및 제8조의2에 따른 악취배출시설의 신고
31. 「국민 평생직업능력 개발법」 제28조에 따른 지정직업훈련시설의 지정
32. 「노인복지법」 제39조의3에 따른 요양보호사교육기관의 지정
33. 「공중위생관리법」 제3조에 따른 이용업·미용업의 신고. 다만, 영업장 면적이 66제곱미터 미만인 것만 해당한다.
34. 「총포·도검·화약류 등의 안전관리에 관한 법률」 제12조에 따른 총포의 소지허가. 다만, 같은 법 제10조 각 호에 해당하는 경우와 대한사격연맹 및 대한장애인사격연맹에 등록된 사격선수용 총포는 제외한다.
35. 「총포·도검·화약류 등의 안전관리에 관한 법률」 제12조에 따른 도검·화약류·분사기·전자충격기·석궁의 소지허가. 다만, 같은 법 제10조 각 호에 해당하는 경우는 제외한다.
36. 「대기관리권역의 대기환경개선에 관한 특별법」 제15조에 따른 오염물질 배출량 초과 사업장설치의 허가
37. 「의료기기법」 제6조제2항 및 제15조제2항에 따른 제조 및 수입에 관하여 그 품목별로 받는 허가 또는 신고
38. 「건강기능식품에 관한 법률」 제7조에 따른 품목제조신고
39. 「약사법」 제44조의2에 따른 안전상비의약품 판매자의 등록. 다만, 최초로 등록하는 것만 해당한다.
40. 「고압가스 안전관리법」 제4조제2항에 따른 고압가스제조업의 신고
41. 「의료법」 제37조 및 「수의사법」 제17조의3에 따른 진단용 방사선 발생장치 설치·운영 신고
42. 「마약류 관리에 관한 법률」 제18조제2항제1호 및 제21조제2항에 따른 마약류의 수출입 또는 제조의 품목별 허가, 같은 법 제24조제2항에 따른 한외마약 제조의 품목별 허가
43. 「마약류 관리에 관한 법률」 제51조제1항에 따른 원료물질 수출입의 승인
44. 「대기환경보전법」 제38조의2에 따른 비산배출시설 설치·운영 신고
45. 「녹색제품 구매촉진에 관한 법률」 제17조의2에 따른 녹색제품 생산·유통 관련 전문인력 양성기관 지정
46. 「아이돌봄 지원법」 제9조에 따른 아이돌보미 양성 교육기관의 지정
47. 「첨단재생의료 및 첨단바이오의약품 안전 및 지원에 관한 법률」 제23조제2항·제3항 및 같은 법 제27조제1항에 따른 품목허가
48. 그 밖에 행정안전부령으로 정하는 면허

2. 공장의 종류

| 지방세법 시행규칙 제7조 제1항 관련 별표 2(2021.9.7. 개정) |

1. 식료품 제조업	
101	도축, 육류 가공 및 저장 처리업
1011	도축업
10110	도축업
1012	육류 가공 및 저장 처리업
10121	가금류 가공 및 저장 처리업
10129	기타 육류 가공 및 저장처리업
102	수산물 가공 및 저장 처리업
1021	수산동물 가공 및 저장 처리업
10211	수산동물 훈제, 조리 및 유사 조제식품 제조업
10212	수산동물 건조 및 염장품 제조업
10213	수산동물 냉동품 제조업
10219	기타 수산동물 가공 및 저장처리업
1022	수산식물 가공 및 저장 처리업
10220	수산식물 가공 및 저장 처리업
103	과실, 채소 가공 및 저장 처리업
1030	과실, 채소 가공 및 저장 처리업
10301	과실 및 채소 절임식품 제조업
10309	기타 과실·채소 가공 및 저장처리업
104	동물성 및 식물성 유지 제조업
1040	동물성 및 식물성 유지 제조업
10401	동물성 유지 제조업
10402	식물성 유지 제조업
10403	식용 정제유 및 가공유 제조업
105	낙농제품 및 식용빙과류 제조업
1050	낙농제품 및 식용빙과류 제조업
10501	액상시유 및 기타 낙농제품 제조업
10502	아이스크림 및 기타 식용빙과류 제조업
106	곡물가공품, 전분 및 전분제품 제조업
1061	곡물 가공품 제조업

	10611	곡물 도정업
	10612	곡물 제분업
	10613	제과용 혼합분말 및 반죽 제조업
	10619	기타 곡물가공품 제조업
1062		전분제품 및 당류 제조업
	10620	전분제품 및 당류 제조업
107		기타 식품 제조업
1071		떡, 빵 및 과자류 제조업
	10711	떡류 제조업
	10712	빵류 제조업
	10713	코코아 제품 및 과자류 제조업
1072		설탕 제조업
	10720	설탕 제조업
1073		면류, 마카로니 및 유사식품 제조업
	10730	면류, 마카로니 및 유사식품 제조업
1074		조미료 및 식품 첨가물 제조업
	10741	식초, 발효 및 화학조미료 제조업
	10742	천연 및 혼합조제 조미료 제조업
	10743	장류 제조업
	10749	기타 식품 첨가물 제조업
1079		기타 식료품 제조업
	10791	커피 가공업
	10792	차류 가공업
	10793	수프 및 균질화식품 제조업
	10794	두부 및 유사식품 제조업
	10795	인삼식품 제조업
	10796	건강보조용 액화식품 제조업
	10797	건강기능식품 제조업
	10798	도시락 및 식사용 조리식품 제조업
	10799	그외 기타 식료품 제조업
108		동물용 사료 및 조제식품 제조업
1080		동물용 사료 및 조제식품 제조업

	10800	동물용 사료 및 조제식품 제조업
2. 음료 제조업		
	111	알콜음료 제조업
	1111	발효주 제조업
	11111	탁주 및 약주 제조업
	11112	청주 제조업
	11113	맥아 및 맥주 제조업
	11119	기타 발효주 제조업
	1112	증류주 및 합성주 제조업
	11121	주정 제조업
	11122	소주 제조업
	11129	기타 증류주 및 합성주 제조업
	112	비알콜음료 및 얼음 제조업
	1120	비알콜음료 및 얼음 제조업
	11201	얼음 제조업
	11202	생수 생산업
	11209	기타 비알콜음료 제조업
3. 담배 제조업		
	120	담배 제조업
	1200	담배 제조업
	12001	담배 재건조업
	12002	담배제품 제조업
4. 섬유제품 제조업		
	131	방적 및 가공사 제조업
	1310	방적 및 가공사 제조업
	13101	면 방적업
	13102	모 방적업
	13103	화학섬유 방적업
	13104	연사 및 가공사 제조업
	13109	기타 방적업
	132	직물직조 및 직물제품 제조업
	1321	직물 직조업

	13211	면직물 직조업
	13212	모직물 직조업
	13213	화학섬유직물 직조업
	13214	견직물 직조업
	13219	특수직물 및 기타직물 직조업
1322		직물제품 제조업
	13221	침구 및 관련제품 제조업
	13222	자수제품 및 자수용재료 제조업
	13223	커튼 및 유사제품 제조업
	13224	천막 및 기타 캔버스 제품 제조업
	13225	직물포대 제조업
	13229	기타 직물제품 제조업
133		편조원단 및 편조제품 제조업
1331		편조원단 제조업
	13310	편조원단 제조업
1332		편조제품 제조업
	13320	편조제품 제조업
134		섬유제품 염색, 정리 및 마무리 가공업
1340		섬유제품 염색, 정리 및 마무리 가공업
	13401	솜 및 실 염색가공업
	13402	직물 및 편조원단 염색 가공업
	13403	날염 가공업
	13404	섬유사 및 직물 호부처리업
	13409	기타 섬유제품 염색, 정리 및 마무리 가공업
139		기타 섬유제품 제조업
1391		카펫, 마루덮개 및 유사제품 제조업
	13910	카펫, 마루덮개 및 유사제품 제조업
1392		끈, 로프, 망 및 끈가공품 제조업
	13921	끈 및 로프 제조업
	13922	어망 및 기타 끈가공품 제조업
1399		그외 기타 섬유제품 제조업
	13991	세폭직물 제조업

	13992	부직포 및 펠트 제조업
	13993	특수사 및 코드직물 제조업
	13994	적층 및 표면처리 직물 제조업
	13999	그외 기타 분류 안 된 섬유제품 제조업

5. 의복, 의복액세서리 및 모피제품 제조업

141		봉제의복 제조업
	1411	정장 제조업
	14111	남자용 정장 제조업
	14112	여자용 정장 제조업
	1412	내의 및 잠옷 제조업
	14120	내의 및 잠옷 제조업
	1413	한복 제조업
	14130	한복 제조업
	1419	기타 봉제의복 제조업
	14191	셔츠 및 체육복 제조업
	14192	근무복, 작업복 및 유사의복 제조업
	14193	가죽의복 제조업
	14194	유아용 의복 제조업
	14199	그외 기타 봉제의복 제조업
142		모피가공 및 모피제품 제조업
	1420	모피가공 및 모피제품 제조업
	14201	원모피 가공업
	14202	천연모피제품 제조업
	14203	인조모피 및 인조모피 제품 제조업
143		편조의복 제조업
	1430	편조의복 제조업
	14300	편조의복 제조업
144		의복 액세서리 제조업
	1441	편조의복 액세서리 제조업
	14411	스타킹 및 기타양말 제조업
	14419	기타 편조의복 액세서리 제조업
	1449	기타 의복액세서리 제조업

	14491	모자 제조업
	14499	그외 기타 의복액세서리 제조업
6. 가죽, 가방 및 신발 제조업		
151		가죽, 가방 및 유사제품 제조업
1511		원피가공 및 가죽 제조업
	15110	원피가공 및 가죽 제조업
1512		핸드백, 가방 및 기타 보호용 케이스 제조업
	15121	핸드백 및 지갑 제조업
	15129	가방 및 기타 보호용 케이스 제조업
1519		기타 가죽제품 제조업
	15190	기타 가죽제품 제조업
152		신발 및 신발부분품 제조업
1521		신발제조업
	15211	구두류 제조업
	15219	기타 신발 제조업
1522		신발부분품 제조업
	15220	신발부분품 제조업
7. 목재 및 나무제품 제조업		
161		제재 및 목재 가공업
1610		제재 및 목재 가공업
	16101	일반 제재업
	16102	표면가공목재 및 특정 목적용 제재목 제조업
	16103	목재 보존, 방부처리, 도장 및 유사 처리업
162		나무제품 제조업
1621		박판, 합판 및 강화목제품 제조업
	16211	박판, 합판 및 유사적층판 제조업
	16212	강화 및 재생 목재 제조업
1622		건축용 나무제품 제조업
	16221	목재문 및 관련제품 제조업
	16229	기타 건축용 나무제품 제조업
1623		목재 상자, 드럼 및 적재판 제조업
	16231	목재 깔판류 및 기타 적재판 제조업

	16232	목재 포장용 상자, 드럼 및 유사용기 제조업
1629		기타 나무제품 제조업
	16291	목재 도구 및 기구 제조업
	16292	주방용 및 식탁용 목제품 제조업
	16293	장식용 목제품 제조업
	16299	그외 기타 나무제품 제조업
163		코르크 및 조물 제품 제조업
1630		코르크 및 조물 제품 제조업
	16301	코르크 제품 제조업
	16302	돗자리 및 기타 조물제품 제조업

8. 펄프, 종이 및 종이제품 제조업

171		펄프, 종이 및 판지 제조업
1711		펄프 제조업
	17110	펄프 제조업
1712		종이 및 판지 제조업
	17121	신문용지 제조업
	17122	인쇄용 및 필기용 원지 제조업
	17123	크라프트지 및 상자용 판지 제조업
	17124	적층, 합성 및 특수표면처리 종이 제조업
	17129	기타 종이 및 판지 제조업
172		골판지, 종이 상자 및 종이 용기 제조업
1721		골판지 및 골판지상자 제조업
	17210	골판지 및 골판지상자 제조업
1722		종이포대, 판지상자 및 종이용기 제조업
	17221	종이 포대 및 가방 제조업
	17222	판지 상자 및 용기 제조업
	17223	식품 위생용 종이 상자 및 용기 제조업
	17229	기타 종이 상자 및 용기 제조업
179		기타 종이 및 판지 제품 제조업
1790		기타 종이 및 판지 제품 제조업
	17901	문구용 종이제품 제조업
	17902	위생용 종이제품 제조업

	17903	벽지 및 장판지 제조업
	17909	그외 기타 종이 및 판지 제품 제조업
9. 인쇄 및 기록매체 복제업		
181		인쇄 및 인쇄관련 산업
1811		인쇄업
	18111	경 인쇄업
	18112	스크린 인쇄업
	18119	기타 인쇄업
1812		인쇄관련 산업
	18121	제판 및 조판업
	18122	제책업
	18129	기타 인쇄관련 산업
182		기록매체 복제업
1820		기록매체 복제업
	18200	기록매체 복제업
10. 코크스, 연탄 및 석유정제품 제조업		
191		코크스 및 연탄 제조업
1910		코크스 및 연탄 제조업
	19101	코크스 및 관련제품 제조업
	19102	연탄 및 기타 석탄 가공품 제조업
192		석유 정제품 제조업
1921		원유 정제처리업
	19210	원유 정제처리업
1922		석유정제물 재처리업
	19221	윤활유 및 그리스 제조업
	19229	기타 석유정제물 재처리업
11. 화학물질 및 화학제품 제조업		
201		기초화학물질 제조업
2011		기초유기화학물질 제조업
	20111	석유화학계 기초화학물질 제조업
	20112	천연수지 및 나무화학물질 제조업
	20119	기타 기초유기화학물질 제조업

2012		기초 무기화학물질 제조업
	20121	산업용 가스 제조업
	20129	기타 기초무기화학물질 제조업
2013		무기안료, 염료, 유연제 및 기타착색제 제조업
	20131	무기안료 및 기타금속산화물 제조업
	20132	합성염료, 유연제 및 기타착색제 제조업
202		비료 및 질소화합물 제조업
2020		비료 및 질소화합물 제조업
	20201	질소, 인산 및 칼리질 비료 제조업
	20202	복합비료 제조업
	20209	기타 비료 및 질소화합물 제조업
203		합성고무 및 플라스틱 물질 제조업
2030		합성고무 및 플라스틱 물질 제조업
	20301	합성고무 제조업
	20302	합성수지 및 기타 플라스틱물질 제조업
	20303	가공 및 재생 플라스틱원료 생산업
204		기타 화학제품 제조업
2041		살충제 및 기타농약 제조업
	20411	가정용 살균 및 살충제 제조업
	20412	농약 제조업
2042		잉크, 페인트, 코팅제 및 유사제품 제조업
	20421	일반용 도료 및 관련제품 제조업
	20422	요업용 유약 및 관련제품 제조업
	20423	인쇄잉크 제조업
	20424	회화용 물감 제조업
2043		세제, 화장품 및 광택제 제조업
	20431	계면활성제 제조업
	20432	치약, 비누 및 기타 세제 제조업
	20433	화장품 제조업
	20434	표면광택제 및 실내가향제 제조업
2049		그외 기타 화학제품 제조업
	20491	사진용 화학제품 및 감광재료 제조업

	20492	가공 및 정제염 제조업
	20493	접착제 및 젤라틴 제조업
	20494	화약 및 불꽃제품 제조업
	20499	그외 기타 분류안된 화학제품 제조업
205		화학섬유 제조업
2050		화학섬유 제조업
	20501	합성섬유 제조업
	20502	재생섬유 제조업

12. 의료용 물질 및 의약품 제조업

211		기초 의약물질 및 생물학적 제제 제조업
2110		기초 의약물질 및 생물학적 제제 제조업
	21101	의약용 화합물 및 항생물질 제조업
	21102	생물학적 제제 제조업
212		의약품 제조업
2121		완제 의약품 제조업
	21210	완제 의약품 제조업
2122		한의약품 제조업
	21220	한의약품 제조업
2123		동물용 의약품 제조업
	21230	동물용 의약품 제조업
213		의료용품 및 기타 의약관련제품 제조업
2130		의료용품 및 기타 의약관련제품 제조업
	21300	의료용품 및 기타 의약관련제품 제조업

13. 고무제품 및 플라스틱제품 제조업

221		고무제품 제조업
2211		고무 타이어 및 튜브 생산업
	22111	타이어 및 튜브 제조업
	22112	타이어 재생업
2219		기타 고무제품 제조업
	22191	산업용 비경화고무제품 제조업
	22192	고무의류 및 기타 위생용 고무제품 제조업
	22199	그외 기타 고무제품 제조업

222		플라스틱제품 제조업
	2221	1차 플라스틱제품 제조업
		22211 플라스틱 선, 봉, 관 및 호스 제조업
		22212 플라스틱 필름, 시트 및 판 제조업
		22213 플라스틱 합성피혁 제조업
	2222	건축용 플라스틱제품 제조업
		22221 벽 및 바닥 피복용 플라스틱제품 제조업
		22222 저장용 및 위생용 플라스틱제품 제조업
		22223 플라스틱 창호 제조업
		22229 기타 건축용 플라스틱 조립제품 제조업
	2223	포장용 플라스틱제품 제조업
		22231 플라스틱 포대, 봉투 및 유사제품 제조업
		22232 포장용 플라스틱 성형용기 제조업
	2224	기계장비 조립용 플라스틱제품 제조업
		22240 기계장비 조립용 플라스틱제품 제조업
	2225	플라스틱 발포 성형제품 제조업
		22250 플라스틱 발포 성형제품 제조업
	2229	기타 플라스틱제품 제조업
		22291 플라스틱 적층, 도포 및 기타 표면처리 제품 제조업
		22299 그외 기타 플라스틱 제품 제조업

14. 비금속 광물제품 제조업

231		유리 및 유리제품 제조업
	2311	판유리 제조업
		23110 판유리 제조업
	2312	산업용 유리 및 판유리 가공품 제조업
		23121 유리섬유 및 광학용 유리 제조업
		23122 판유리 가공품 제조업
		23129 기타 산업용 유리제품 제조업
	2319	기타 유리제품 제조업
		23191 가정용 유리제품 제조업
		23192 포장용 유리용기 제조업
		23199 그외 기타 유리제품 제조업

232			도자기 및 기타 요업제품 제조업
	2321		일반도자기 제조업
		23211	가정용 및 장식용 도자기 제조업
		23212	위생용 도자기 제조업
		23213	산업용 도자기 제조업
		23219	기타 일반 도자기 제조업
	2322		내화 요업제품 제조업
		23221	구조용 정형내화제품 제조업
		23229	기타 내화요업제품 제조업
	2323		구조용 비내화 요업제품 제조업
		23231	점토 벽돌, 블록 및 유사 비내화 요업제품 제조업
		23232	타일 및 유사 비내화 요업제품 제조업
		23239	기타 구조용 비내화 요업제품 제조업
233			시멘트, 석회, 플라스터 및 그 제품 제조업
	2331		시멘트, 석회 및 플라스터 제조업
		23311	시멘트 제조업
		23312	석회 및 플라스터 제조업
	2332		콘크리트, 시멘트 및 플라스터 제품 제조업
		23321	비내화 모르타르 제조업
		23322	레미콘 제조업
		23323	플라스터 제품 제조업
		23324	섬유시멘트 제품 제조업
		23325	콘크리트 타일, 기와, 벽돌 및 블록 제조업
		23326	콘크리트관 및 기타 구조용 콘크리트제품 제조업
		23329	그외 기타 콘크리트 제품 및 유사제품 제조업
239			기타 비금속 광물제품 제조업
	2391		석제품 제조업
		23911	건설용 석제품 제조업
		23919	기타 석제품 제조업
	2399		그외 기타 비금속 광물제품 제조업
		23991	아스콘 제조업
		23992	연마재 제조업

23993	비금속광물 분쇄물 생산업	
23994	석면, 암면 및 유사제품 제조업	
23999	그외 기타 분류안된 비금속 광물제품 제조업	

15. 1차 금속 제조업

241	1차 철강 제조업	
2411	제철, 제강 및 합금철 제조업	
24111	제철업	
24112	제강업	
24113	합금철 제조업	
24119	기타 제철 및 제강업	
2412	철강 압연, 압출 및 연신제품 제조업	
24121	열간 압연 및 압출 제품 제조업	
24122	냉간 압연 및 압출 제품 제조업	
24123	철강선 제조업	
2413	철강관 제조업	
24131	주철관 제조업	
24132	강관 제조업	
2419	기타 1차 철강 제조업	
24191	도금, 착색 및 기타 표면처리강재 제조업	
24199	그외 기타 1차 철강 제조업	
242	1차 비철금속 제조업	
2421	비철금속 제련, 정련 및 합금 제조업	
24211	동 제련, 정련 및 합금 제조업	
24212	알루미늄 제련, 정련 및 합금 제조업	
24213	연 및 아연 제련, 정련 및 합금 제조업	
24219	기타 비철금속 제련, 정련 및 합금 제조업	
2422	비철금속 압연, 압출 및 연신제품 제조업	
24221	동 압연, 압출 및 연신제품 제조업	
24222	알루미늄 압연, 압출 및 연신제품 제조업	
24229	기타 비철금속 압연, 압출 및 연신제품 제조업	
2429	기타 1차 비철금속 제조업	
24290	기타 1차 비철금속 제조업	

243		금속 주조업
	2431	철강 주조업
	24311	선철주물 주조업
	24312	강주물 주조업
	2432	비철금속 주조업
	24321	알루미늄주물 주조업
	24322	동주물 주조업
	24329	기타 비철금속 주조업

16. 금속가공제품 제조업

251		구조용 금속제품, 탱크 및 증기발생기 제조업
	2511	구조용 금속제품 제조업
	25111	금속 문, 창, 셔터 및 관련제품 제조업
	25112	구조용 금속판제품 및 금속공작물 제조업
	25113	금속 조립구조재 제조업
	25119	기타 구조용 금속제품 제조업
	2512	금속탱크, 저장조 및 유사 용기 제조업
	25121	중앙난방보일러 및 방열기 제조업
	25122	설치용 금속탱크 및 저장용기 제조업
	2513	핵반응기 및 증기발생기 제조업
	25130	핵반응기 및 증기발생기 제조업
252		무기 및 총포탄 제조업
	2520	무기 및 총포탄 제조업
	25200	무기 및 총포탄 제조업
259		기타 금속가공제품 제조업
	2591	금속 단조, 압형 및 분말야금 제품 제조업
	25911	분말야금제품 제조업
	25912	금속단조제품 제조업
	25913	금속압형제품 제조업
	2592	금속 열처리, 도금 및 기타 금속가공업
	25921	금속 열처리업
	25922	도금업
	25923	도장 및 기타 피막처리업

	25924	절삭가공 및 유사처리업
	25929	그외 기타 금속가공업
2593		날붙이, 수공구 및 일반철물 제조업
	25931	날붙이 제조업
	25932	일반철물 제조업
	25933	비동력식 수공구 제조업
	25934	톱 및 호환성공구 제조업
2594		금속파스너, 스프링 및 금속선 가공제품 제조업
	25941	금속파스너 및 나사제품 제조업
	25942	금속 스프링 제조업
	25943	금속선 가공제품 제조업
2599		그외 기타 금속가공제품 제조업
	25991	금속캔 및 기타 포장용기 제조업
	25992	금고 제조업
	25993	수동식 식품 가공기기 및 금속주방용기 제조업
	25994	금속위생용품 제조업
	25995	금속표시판 제조업
	25999	그외 기타 분류안된 금속가공제품 제조업

17. 전자부품, 컴퓨터, 영상, 음향 및 통신장비 제조업

261		반도체 제조업
2611		전자집적회로 제조업
	26110	전자집적회로 제조업
2612		다이오드, 트랜지스터 및 유사 반도체소자 제조업
	26120	다이오드, 트랜지스터 및 유사 반도체소자 제조업
262		전자부품 제조업
2621		평판 디스플레이 제조업
	26211	액정 평판 디스플레이 제조업
	26219	플라즈마 및 기타 평판 디스플레이 제조업
2622		인쇄회로기판 및 전자부품 실장기판 제조업
	26221	인쇄회로기판 제조업
	26222	전자부품 실장기판 제조업
2629		기타 전자부품 제조업

	26291	전자관 제조업
	26292	전자축전기 제조업
	26293	전자저항기 제조업
	26294	전자카드 제조업
	26295	전자코일, 변성기 및 기타 전자유도자 제조업
	26296	전자접속카드 제조업
	26299	그외 기타 전자부품 제조업
263		컴퓨터 및 주변장치 제조업
2631		컴퓨터 제조업
	26310	컴퓨터 제조업
2632		기억장치 및 주변기기 제조업
	26321	기억장치 제조업
	26322	컴퓨터 모니터 제조업
	26323	컴퓨터 프린터 제조업
	26329	기타 주변기기 제조업
264		통신 및 방송 장비 제조업
2641		유선 통신장비 제조업
	26410	유선 통신장비 제조업
2642		방송 및 무선 통신장비 제조업
	26421	방송장비 제조업
	26422	이동전화기 제조업
	26429	기타 무선 통신장비 제조업
265		영상 및 음향기기 제조업
2651		텔레비전, 비디오 및 기타 영상기기 제조업
	26511	텔레비전 제조업
	26519	비디오 및 기타 영상기기 제조업
2652		오디오, 스피커 및 기타 음향기기 제조업
	26521	라디오, 녹음 및 재생기기 제조업
	26529	기타 음향기기 제조업
266		마그네틱 및 광학 매체 제조업
2660		마그네틱 및 광학 매체 제조업
	26600	마그네틱 및 광학 매체 제조업

18. 의료, 정밀, 광학기기 및 시계 제조업

271	의료용 기기 제조업
2711	방사선장치 및 전기식 진단기기 제조업
27111	방사선 장치 제조업
27112	전기식 진단 및 요법 기기 제조업
2719	기타 의료용 기기 제조업
27191	치과용 기기 제조업
27192	정형외과용 및 신체보정용 기기 제조업
27193	의료용 가구 제조업
27199	그외 기타 의료용 기기 제조업
272	측정, 시험, 항해, 제어 및 기타 정밀기기 제조업 ; 광학기기 제외
2721	측정, 시험, 항해, 제어 및 기타 정밀기기 제조업
27211	항행용 무선기기 및 측량기구 제조업
27212	전자기 측정, 시험 및 분석기구 제조업
27213	물질 검사, 측정 및 분석기구 제조업
27214	속도계 및 적산계기 제조업
27215	기기용 자동측정 및 제어장치 제조업
27216	산업처리공정 제어장비 제조업
27219	기타 측정, 시험, 항해, 제어 및 정밀기기 제조업
273	안경, 사진장비 및 기타 광학기기 제조업
2731	안경 제조업
27310	안경 제조업
2732	광학기기 및 사진장비 제조업
27321	광학렌즈 및 광학요소 제조업
27322	사진기, 영사기 및 관련장비 제조업
27329	기타 광학기기 제조업
274	시계 및 시계부품 제조업
2740	시계 및 시계부품 제조업
27401	시계제조업
27402	시계부품 제조업

19. 전기장비 제조업

281	전동기, 발전기 및 전기변환·공급·제어장치 제조업

	2811		전동기, 발전기 및 전기변환장치 제조업
		28111	전동기 및 발전기 제조업
		28112	변압기 제조업
		28113	방전램프용 안정기 제조업
		28119	기타 발전기 및 전기변환장치 제조업
	2812		전기공급 및 전기제어 장치 제조업
		28121	전기회로 개폐, 보호 및 접속 장치 제조업
		28122	배전반 및 전기자동제어반 제조업
282			일차전지 및 축전지 제조업
	2820		일차전지 및 축전지 제조업
		28201	일차전지 제조업
		28202	축전지 제조업
283			절연선 및 케이블 제조업
	2830		절연선 및 케이블 제조업
		28301	광섬유 케이블 제조업
		28302	기타 절연선 및 케이블 제조업
		28303	절연 코드세트 및 기타 도체 제조업
284			전구 및 조명장치 제조업
	2841		전구 및 램프 제조업
		28410	전구 및 램프 제조업
	2842		조명장치 제조업
		28421	운송장비용 조명장치 제조업
		28422	일반용 전기 조명장치 제조업
		28423	전시 및 광고용 조명장치 제조업
		28429	기타 조명장치 제조업
285			가정용 기기 제조업
	2851		가정용 전기기기 제조업
		28511	주방용 전기기기 제조업
		28512	가정용 전기 난방기기 제조업
		28519	기타 가정용 전기기기 제조업
	2852		가정용 비전기식 조리 및 난방 기구 제조업
		28520	가정용 비전기식 조리 및 난방 기구 제조업

289		기타 전기장비 제조업
	2890	기타 전기장비 제조업
	28901	전기경보 및 신호장치 제조업
	28902	전기용 탄소제품 및 절연제품 제조업
	28903	교통 신호장치 제조업
	28909	그외 기타 전기장비 제조업

20. 기타 기계 및 장비 제조업

291		일반 목적용 기계 제조업
	2911	내연기관 및 터빈 제조업 ; 항공기용 및 차량용 제외
	29111	내연기관 제조업
	29119	기타 기관 및 터빈 제조업
	2912	유압기기 제조업
	29120	유압기기 제조업
	2913	펌프 및 압축기 제조업 ; 탭, 밸브 및 유사장치 제조 포함
	29131	액체 펌프 제조업
	29132	기체 펌프 및 압축기 제조업
	29133	탭, 밸브 및 유사장치 제조업
	2914	베어링, 기어 및 동력전달장치 제조업
	29141	볼베어링 및 롤러베어링 제조업
	29142	기어 및 동력전달장치 제조업
	2915	산업용 오븐, 노 및 노용 버너 제조업
	29150	산업용 오븐, 노 및 노용 버너 제조업
	2916	산업용 트럭, 승강기 및 물품취급장비 제조업
	29161	산업용 트럭 및 적재기 제조업
	29162	승강기 제조업
	29163	컨베이어장치 제조업
	29169	기타 물품취급장비 제조업
	2917	냉각, 공기조화, 여과, 증류 및 가스발생기 제조업
	29171	산업용 냉장 및 냉동 장비 제조업
	29172	공기조화장치 제조업
	29173	산업용 송풍기 및 배기장치 제조업
	29174	기체 여과기 제조업

	29175	액체 여과기 제조업
	29176	증류기, 열교환기 및 가스발생기 제조업
2918		사무용 기계 및 장비 제조업
	29180	사무용 기계 및 장비 제조업
2919		기타 일반 목적용 기계 제조업
	29191	일반저울 제조업
	29192	용기세척, 포장 및 충전기 제조업
	29193	자동판매기 및 화폐교환기 제조업
	29194	분사기 및 소화기 제조업
	29195	동력식 수지공구 제조업
	29199	그외 기타 일반목적용 기계 제조업
292		특수 목적용 기계 제조업
2921		농업 및 임업용 기계 제조업
	29210	농업 및 임업용 기계 제조업
2922		가공공작기계 제조업
	29221	전자응용 공작기계 제조업
	29222	금속 절삭기계 제조업
	29223	금속 성형기계 제조업
	29229	기타 가공공작기계 제조업
2923		금속주조 및 기타 야금용 기계 제조업
	29230	금속 주조 및 기타 야금용 기계 제조업
2924		건설 및 광산용 기계장비 제조업
	29241	토목공사 및 유사용 기계장비 제조업
	29242	광물처리 및 취급장비 제조업
2925		음·식료품 및 담배 가공기계 제조업
	29250	음·식료품 및 담배 가공기계 제조업
2926		섬유, 의복 및 가죽 가공기계 제조업
	29261	산업용 섬유세척, 염색, 정리 및 가공 기계 제조업
	29269	기타 섬유, 의복 및 가죽 가공 기계 제조업
2927		반도체 및 평판디스플레이 제조용 기계 제조업
	29271	반도체 제조용 기계 제조업
	29272	평판디스플레이 제조용 기계 제조업

2928		산업용 로봇 제조업
	29280	산업용 로봇 제조업
2929		기타 특수목적용 기계 제조업
	29291	펄프 및 종이 가공용 기계 제조업
	29292	고무, 화학섬유 및 플라스틱 성형기 제조업
	29293	인쇄 및 제책용 기계 제조업
	29294	주형 및 금형 제조업
	29299	그외 기타 특수목적용 기계 제조업

21. 자동차 및 트레일러 제조업

301		자동차용 엔진 및 자동차 제조업
3011		자동차용 엔진 제조업
	30110	자동차용 엔진 제조업
3012		자동차 제조업
	30121	승용차 및 기타 여객용 자동차 제조업
	30122	화물자동차 및 특수목적용 자동차 제조업
302		자동차 차체 및 트레일러 제조업
3020		자동차 차체 및 트레일러 제조업
	30201	차체 및 특장차 제조업
	30202	트레일러 및 세미트레일러 제조업
	30203	운송용 컨테이너 제조업
303		자동차 부품 제조업
3031		자동차 엔진용 부품 제조업
	30310	자동차 엔진용 부품 제조업
3032		자동차 차체용 부품 제조업
	30320	자동차 차체용 부품 제조업
3039		기타 자동차 부품 제조업
	30391	자동차용 동력전달장치 제조업
	30392	자동차용 전기장치 제조업
	30399	그외 기타 자동차 부품 제조업

22. 기타 운송장비 제조업

311		선박 및 보트 건조업
3111		선박 건조업

	31111	강선 건조업
	31112	합성수지선 건조업
	31113	비철금속 선박 및 기타 항해용 선박 건조업
	31114	선박 구성부분품 제조업
	31119	기타 선박 건조업
3112		오락 및 스포츠용 보트 건조업
	31120	오락 및 스포츠용 보트 건조업
312		철도장비 제조업
3120		철도장비 제조업
	31201	기관차 및 기타 철도차량 제조업
	31202	철도차량부품 및 관련장치물 제조업
313		항공기, 우주선 및 부품 제조업
3131		항공기, 우주선 및 보조장치 제조업
	31310	항공기, 우주선 및 보조장치 제조업
3132		항공기용 엔진 및 부품 제조업
	31321	항공기용 엔진 제조업
	31322	항공기용 부품 제조업
319		그외 기타 운송장비 제조업
3191		전투용 차량 제조업
	31910	전투용 차량 제조업
3192		모터사이클 제조업
	31920	모터사이클 제조업
3199		그외 기타 분류안된 운송장비 제조업
	31991	자전거 및 환자용 차량 제조업
	31999	그외 기타 달리 분류되지 않은 운송장비 제조업

23. 가구 제조업

320		가구 제조업
3201		침대 및 내장가구 제조업
	32011	운송장비용 의자 제조업
	32012	매트리스 및 침대 제조업
	32019	소파 및 기타 내장가구 제조업
3202		목재가구 제조업

	32021	주방용 및 음식점용 목재가구 제조업
	32022	나전칠기가구 제조업
	32029	기타 목재가구 제조업
3209		기타 가구 제조업
	32091	금속 가구 제조업
	32099	그외 기타 가구 제조업

24. 기타 제품 제조업

331		귀금속 및 장신용품 제조업
3311		귀금속 및 관련제품 제조업
	33110	귀금속 및 관련제품 제조업
3312		모조 귀금속 및 모조 장신용품 제조업
	33120	모조 귀금속 및 모조 장신용품 제조업
332		악기 제조업
3320		악기 제조업
	33201	피아노 제조업
	33202	현악기 제조업
	33203	전자악기 제조업
	33204	국악기 제조업
	33209	기타 악기 제조업
333		운동 및 경기용구 제조업
3330		운동 및 경기용구 제조업
	33301	체조, 육상 및 체력단련용 장비 제조업
	33302	놀이터용 장비 제조업
	33303	낚시 및 수렵용구 제조업
	33309	기타 운동 및 경기용구 제조업
334		인형, 장난감 및 오락용품 제조업
3340		인형, 장난감 및 오락용품 제조업
	33401	인형 및 장난감 제조업
	33402	영상게임기 제조업
	33409	기타 오락용품 제조업
339		그외 기타 제품 제조업
3391		간판 및 광고물 제조업

	33910	간판 및 광고물 제조업
3392		사무 및 회화용품 제조업
	33920	사무 및 회화용품 제조업
3393		가발, 장식용품 및 교시용 모형 제조업
	33931	가발 및 유사 제품 제조업
	33932	조화 및 모조장식품 제조업
	33933	표구 및 전사처리 제조업
	33934	교시용 모형 제조업
3399		그외 기타 분류안된 제품 제조업
	33991	우산 및 지팡이 제조업
	33992	단추 및 유사 파스너 제조업
	33993	라이터, 연소물 및 흡연용품 제조업
	33994	비 및 솔 제조업
	33999	그외 기타 달리 분류되지 않은 제품 제조업

25. 전기, 가스, 증기 및 공기조절 공급업

351		전기업
3511		발전업
	35111	원자력 발전업
	35112	수력 발전업
	35113	화력 발전업
	35119	기타 발전업
3512		송전 및 배전업
	35120	송전 및 배전업
352		가스 제조 및 배관공급업
3520		가스 제조 및 배관공급업
	35200	가스 제조 및 배관공급업
353		증기, 냉온수 및 공기조절 공급업
3530		증기, 냉온수 및 공기조절 공급업
	35300	증기, 냉온수 및 공기조절 공급업

26. 수도사업

360		수도사업
3601		생활용수 공급업

	36010	생활용수 공급업
3602		산업용수 공급업
	36020	산업용수 공급업

27. 비금속광물 광업

071		토사석 광업
0711		석회석 및 점토 광업
	07111	석회석 광업
	07112	고령토 및 기타 점토 광업
0712		석재, 쇄석 및 모래자갈 채취업
	07121	건설용 석재 채굴업
	07122	건설용 쇄석 생산업
	07123	모래 및 자갈 채취업
072		기타 비금속광물 광업
0721		화학용 및 비료원료용 광물 광업
	07210	화학용 및 비료원료용 광물 광업
0722		소금 채취업
	07220	소금 채취업
0729		그외 기타 비금속광물 광업
	07290	그외 기타 비금속광물 광업

28. 자동차 및 모터사이클 수리업

952		자동차 및 모터사이클 수리업
9521		자동차 수리 및 세차업
	95211	자동차 종합 수리업
	95212	자동차 전문 수리업
	95213	자동차 세차업
9522		모터사이클 수리업
	95220	모터사이클 수리업

29. 다음 각 목의 어느 하나에 해당하는 것은 제1호부터 제28호까지의 공장의 종류에서 제외한다. 다만, 가목부터 마목까지 및 아목은 법 제13조제1항 및 제2항과 이 규칙 제7조에 따라 취득세를 중과세할 경우에는 「국토의 계획 및 이용에 관한 법률」 등 관계 법령에 따라 공장의 설치가 금지 또는 제한되지 아니한 지역에 한정하여 공장의 종류에서 제외하고, 법 제111조, 영 제110조 및 이 규칙 제55조에 따라 재산세를 중과세하는 경우와 법 제146조·영 제138조 및 이 규칙 제75조에 따라 지역자원시설세를 중과세하는 경우 및 「지방세특례제한법」 제78조에 따라 취득세 등을 감면하는 경우에는 공장의 종류에서 제외하지 아니한다.

가. 가스를 생산하여 도관에 의하여 공급하는 것을 목적으로 하는 가스업

나. 먹는물이나 공업용수를 도관에 의하여 공급하는 것을 목적으로 하는 상수도업
다. 차량 등의 정비 및 수리를 목적으로 하는 정비·수리업
라. 연탄의 제조·공급을 목적으로 하는 연탄제조업
마. 얼음제조업
바. 인쇄업. 다만, 「신문 등의 진흥에 관한 법률」에 따라 등록된 신문 및 「뉴스통신진흥에 관한 법률」에 따라 등록된 뉴스통신사업에 한정한다.
사. 도관에 의하여 증기 또는 온수로 난방열을 공급하는 지역난방사업
아. 전기업(변전소 및 송·배전소를 포함한다.)

3. 공장입지기준면적

∥지방세법 시행규칙 제50조 관련 별표 6∥ ('16.12.30 개정)

〈공장입지기준면적〉

1) 산출방법

$$\text{공장입지기준면적} = \text{공장건축물 연면적} \times \frac{100}{\text{업종별 기준공장 면적률}}$$

2) 공장입지기준면적의 산출기준

   가. 공장건축물 연면적 : 해당 공장의 경계구역 안에 있는 모든 공장용 건축물 연면적(종업원의 후생복지시설 등 각종 부대시설의 연면적을 포함하되, 무허가 건축물 및 위법시공 건축물 연면적은 제외한다.)과 옥외에 있는 기계장치 또는 저장시설의 수평투영면적을 합한 면적을 말한다.

   나. 업종별 기준공장면적률 : 산업집적활성화 및 공장설립에 관한 법률 제8조에 따라 지식경제부장관이 고시하는 "업종별 기준공장면적률"에 따른다.

   다. 1개의 단위 공장에 2개 이상의 업종을 영위하는 경우에는 각 업종별 공장입지기준면적을 산출하여 합한 면적을 공장입지기준면적으로 보며, 명확한 업종구분이 불가능한 경우에는 매출액이 가장 많은 업종의 기준공장면적률을 적용하여 산출한다.

3) 공장입지기준면적의 추가 인정기준

   가. 제1호 및 제2호에 따라 산출된 면적을 초과하는 토지 중 다음의 어느 하나에 해당하는 토지는 공장입지기준면적에 포함되는 것으로 한다.

   ① 산업집적활성화 및 공장설립에 관한 법률 제20조 제1항 본문에 따라 공장의 신설 등이 제한되는 지역에 소재하는 공장의 경우에는 제1호 및 제2호에 따라 산출된 면적의 100분의 10 이내의 토지(그 면적이 3,000제곱미터를 초과하지 아니하는 부분에 한정한다.)

   ② ①에 규정된 지역 외의 지역에 소재하는 공장의 경우에는 제1호 및 제2호에 따라 산출된 면적의 100분의 20 이내의 토지

   나. 도시관리계획상의 녹색지역, 활주로, 철로, 6미터 이상의 도로 및 접도구역은 공장입지기준면적에 포함되는 것으로 한다.

   다. 생산공정의 특성상 대규모 저수지 또는 침전지로 사용되는 토지는 공장입지기준면적에 포함되는 것으로 한다.

   라. 공장용으로 사용하는 것이 적합하지 아니한 경사도가 30도 이상인 사면용지는 공장입지기준면적에 포함되는 것으로 한다.

마. 공장의 가동으로 인하여 소음·분진·악취 등 생활환경의 오염피해가 발생하게 되는 토지로서 해당 공장과 인접한 토지를 그 토지소유자의 요구에 따라 취득하는 경우에는 공장경계구역 안에 있는 공장의 면적과 합한 면적을 해당 공장의 부속토지로 보아 공장입지기준면적을 산정한다.

바. 공장입지기준면적을 산출할 때 다음 표의 기준면적에 해당하는 종업원용 체육시설용지(공장입지기준면적의 100분의 10 이내에 해당하는 토지에 한정한다.)는 공장입지기준면적에 포함되는 것으로 한다.

종업원 체육시설용지 기준

기준면적 (단위 : 제곱미터)

구 분		종업원 100명이하	종업원 500명이하	종업원 2,000명이하	종업원 10,000명이하	종업원 10,000명초과
실외체육시설	운동장	1,000	1,000제곱미터 + (100명 초과 종업원수×9 제곱미터)	4,600제곱미터 + (500명 초과 종업원수×3 제곱미터)	9,100제곱미터 + (2,000명 초과 종업원수×1 제곱미터)	17,100
	테니스 또는 정구코트	970	970	1,940	2,910	2,910
실내체육시설		150	300	450	900	900

■ 적용요건
운동장과 코트에는 축구·배구·테니스 등 운동경기가 가능한 시설이 있어야 하고, 실내체육시설은 영구적인 시설물이어야 하며, 탁구대 2면 이상을 둘 수 있어야 한다.

■ 적용요령
(1) 종업원수는 그 사업장에 근무하는 종업원을 기준으로 한다.
(2) 종업원이 50명 이하인 법인의 경우에는 코트면적만을 기준면적으로 한다.
(3) 실내체육시설의 건축물바닥면적이 기준면적 이하인 경우에는 그 건축물 바닥면적을 그 기준면적으로 한다.
(4) 종업원용 실내체육시설이 있는 경우에는 그 실내체육시설의 기준면적에 지방세법 시행령 제101조 제2항의 용도지역별 적용배율을 곱하여 산출한 면적을 합한 면적을 기준면적으로 한다.

4. 법인지방소득세 안분계산 시 세부 적용기준

┃지방세법 시행규칙 별표 4 (제38조의 5 관련)┃

1) 종업원 수

구 분	적 용 례
가. 「소득세법」 제12조제3호에 따른 비과세 대상 급여만을 받는 사람	종업원 수에 포함
나. 대표자	종업원 수에 포함
다. 현역복무 등의 사유로 사실상 해당 사업소에 일정기간 근무하지 아니하는 사람	급여를 지급하는 경우 종업원 수에 포함
라. 국외파견자 또는 국외교육 중인 사람	종업원 수에 포함하지 않음
마. 국내교육 중인 사람	종업원 수에 포함
바. 고용관계가 아닌 계약에 따라 사업소득에 해당하는 성과금을 지급하는 방문판매원	종업원 수에 포함하지 않음
사. 특정업무의 수요가 있을 경우에만 이를 수임 처리하기로 하고 월간 또는 연간 일정액의 급여를 지급받는 자	종업원 수에 포함
아. 해당 사업장에 근무하지 아니하고 사업주로부터 급여를 지급받지 아니하는 비상근 이사	종업원 수에 포함하지 않음
자. 소속회사 직원이 용역이나 도급계약 등에 의하여 1년이 초과하는 기간 동안 계약업체에 파견되어 일정한 장소에서 계속 근무하는 자	계약업체의 종업원 수에 포함
차. 물적설비 없이 인적설비만 있는 사업장의 종업원	본점 또는 주사업장의 종업원 수에 포함

2) 건축물 연면적 등

구 분	적용례
가. 사업연도 종료일 현재 미사용중인 공실의 연면적	사용을 개시하지 않은 경우는 건축물 연면적에 포함하지 않음
	사용하던 중 사업연도 종료일 현재 일시적 미사용 상태인 경우 건축물 연면적에 포함
나. 기숙사 등 직원 후생복지시설의 연면적	법인 목적사업 및 복리후생에 공여되는 시설 중 직원 후생복지시설은 건축물 연면적에 포함
다. 공동도급공사 수행을 위한 현장사무소의 연면적	각 참여업체가 공동으로 사용하고 있는 현장사무소의 경우로 실제 사용면적 산정이 불가능한 경우 도급공사 지분별로 안분
라. 건설법인의 사업연도 종료일 현재 미분양 상태로 소유하고 있는 주택과 상가의 연면적	법인의 사업장으로 직접 사용하고 있지 않은 것으로 보아 안분대상 건축물에 포함하지 않음
마. 별도의 사업장이 필요하지 않아 주소지 또는 거소지를 사업장소재지로 등록한 경우 주소지 또는 거소지의 연면적	주소지 또는 거소지를 사업장소재지로 하여 사업자등록을 하였더라도, 사실상 별도의 사업장이 없는 것으로 보아 해당 주소지 또는 거소지의 면적을 건축물 연면적에 포함하지 않음
바. 수평투영면적의 적용	지하에 설치된 시설물을 포함
	기계장치 또는 각 시설물의 수평투영면적은 사업연도 종료일 현재 고정된 상태에서의 바닥면적을 적용
	수평투영면적을 산정하기 곤란한 경우, 기계장치 또는 각 시설물의 설계 도면상 면적을 적용
사. 기계장치의 범위	기계장치란 동력을 이용한 작업도구 중 특정장소에 고정된 것을 말하며, 그 기계의 작동에 필수적인 부대설비를 포함하여 적용함

5. 농어촌특별세 비과세 규정(「농어촌특별세법」 제4조)

〈제1호〉

국가(외국정부포함)·지자체·지자체조합에 대한 감면

〈제2호〉

농어업인(「농업·농촌및식품산업기본법」 제3조제2호의 농업인과 「수산업·어촌 발전 기본법」 제3조제3호의 어업인을 말한다. 이하 같다) 또는 농어업인을 조합원으로 하는 단체(「농어업경영체 육성 및 지원에 관한 법률」에 따른 영농조합법인, 농업회사법인 및 영어조합법인를 포함한다)에 대한 감면으로서 대통령령으로 정하는 것

조특법 제66조	영농조합법인등에 대한 법인세의 면제 등
조특법 제67조	영어조합법인 등에 대한 법인에의 면제 등
조특법 제68조	농업회사법인에 대한 법인세의 면제 등
조특법 제69조	자경농지에 대한 양도소득세의 감면
조특법 제70조	농지대토에 대한 양도소득세 감면
조특법 제72조①	조합법인등에 대한 법인세 과세특례 ① 다음 각 호의 어느 하나에 해당하는 법인의 각 사업연도의 소득에 대한 법인세는 2025년 12월 31일 이전에 끝나는 사업연도까지 「법인세법」 제13조 및 같은 법 제55조에도 불구하고 해당 법인의 결산재무제표상 당기순이익[법인세 등을 공제하지 아니한 당기순이익(當期純利益)을 말한다]에 「법인세법」 제24조에 따른 기부금(해당법인의 수익사업과 관련된 것만 해당한다)의 손금불산입액과 같은 법 제25조에 따른 접대비(해당법인의 수익사업과 관련된 것만 해당한다)의 손금불산입액 등 대통령령으로 정하는 손금의 계산에 관한 규정을 적용하여 계산한 금액을 합한 금액에 100분의 9[해당금액이 20억원(2016년 12월 31일 이전에 조합법인 간 합병하는 경우로서 합병에 따라 설립되거나 합병 후 존속하는 조합법인의 합병등기일이 속하는 사업연도와 그 다음 사업연도에 대하여는 40억원을 말한다)을 초과하는 경우 그 초과분에 대해서는 100분의 12]의 세율을 적용하여 과세(이하 이 조에서 "당기순이익과세"라 한다)한다. 다만, 해당법인이 대통령령으로 정하는 바에 따라 당기순이익과세를 포기한 경우에는 그 이후의 사업연도에 대하여 당기순이익과세를 하지 아니한다. 2. 「농업협동조합법」에 따라 설립된 조합 및 조합공동사업법인 4. 「수산업협동조합법」에 따라 설립된 조합(어촌계를 포함한다) 및 조합공동사업법인 6. 「산림조합법」에 따라 설립된 산림조합(산림계를 포함한다) 및 조합공동사업법인 7. 「엽연초생산협동조합법」에 따라 설립된 엽연초생산협동조합
조특법 제77조	공익사업용 토지 등에 대한 양도소득세의 감면
조특법 제102조	산림개발소득에 대한 세액감면

조특법 제104조의2	어업협정에 따른 어업인에 대한 지원
지특법 제57조의3 ①	기업재무구조개선등에대한감면 ①2호(농업협동조합법에따른조합이양수한재산으로한정) 「농업협동조합법」에따른조합, 「농업협동조합의구조개선에관한법률」에따른상호금융예금자보호기금및농업협동조합자산관리회사가같은법제4조에따른적기시정조치(사업양도또는계약이전에관한명령으로한정한다)또는같은법제6조제2항에따른계약이전결정을받은부실조합으로부터양수한재산 ①3호(수산업협동조합법에따른조합이양수한재산으로한정) 「수산업협동조합법」에따른조합및「수산업협동조합의부실예방및구조개선에관한법률」에따른상호금융예금자보호기금이같은법제4조의2에따른적기시정조치(사업양도또는계약이전에관한명령으로한정한다)또는같은법제10조제2항에따른계약이전결정을받은부실조합으로부터양수한재산
지특법제6조①② ④	자경농민의농지등에대한감면 ①대통령령으로정하는바에따라농업을주업으로하는사람으로서2년이상영농에종사한사람또는「후계농어업인및청년농어업인육성·지원에관한법률」 제8조에따른후계농업경영인및청년창업형후계농업경영인(이하이조에서"자경농민"이라한다)이대통령령으로정하는기준에따라직접경작할목적으로취득하는대통령령으로정하는농지(이하이절에서"농지"라한다)및관계법령에따라농지를조성하기위하여취득하는임야에대해서는취득세의100분의50을 2026년12월31일까지경감한다. ②자경농민이다음각호의어느하나에해당하는시설로서대통령령으로정하는기준에적합한시설을농업용으로직접사용하기위하여취득하는경우해당농업용시설에대해서는취득세의100분의50을2026년12월31일까지경감한다. 1. 양잠(養蠶)또는버섯재배용건축물, 고정식온실 2. 「축산법」 제2조제1호에따른가축을사육하기위한시설및그부속시설로서대통령령으로정하는시설 3. 창고[저온창고, 상온창고(常溫倉庫)및농기계보관용창고만해당한다]및농산물선별처리시설 ④대통령령으로정하는바에따라「농업·농촌및식품산업기본법」제3조제5호에따른농촌지역으로이주하는귀농인(이하이항에서"귀농인"이라한다)이대통령령으로정하는기준에따라직접경작또는직접사용할목적으로대통령령으로정하는귀농일(이하이항에서"귀농일"이라한다)부터3년이내에취득하는농지, 「농지법」등관계법령에따라농지를조성하기위하여취득하는임야및제2항에따른농업용시설(농지, 임야및농업용시설을취득한사람이그취득일부터60일이내에귀농인이되는경우그농지, 임야및농업용시설을포함한다)에대해서는취득세의100분의50을2024년12월31일까지경감한다.
지특법 제7조	농기계류 등에 대한 감면
지특법 제8조	농지확대개발을 위한 면제 등

지특법 제9조	자영어민 등에 대한 감면
지특법 제10조①	농어업인 등에 대한 융자 관련 감면 등 ① 다음 각호의 조합 및 그 중앙회 등이 「농어업경영체육성및지원에관한법률」 제4조제1항에 따라 농어업경영정보를 등록한 농어업인[영농조합법인, 영어조합법인(營漁組合法人) 및 농업회사법인을 포함한다. 이하 이 조에서 같다]에게 융자할 때에 제공받는 담보물에 관한 등기(20톤 미만 소형어선에 대한 담보물 등록을 포함한다)에 대해서는 등록면허세의 100분의 50을 2025년 12월 31일까지 경감한다. 다만, 중앙회, 농협은행 및 수협은행에 대해서는 영농자금·영어자금·영림자금(營林資金) 또는 축산자금을 융자하는 경우로 한정한다. 1. 「농업협동조합법」에 따라 설립된 조합 및 농협은행 2. 「수산업협동조합법」에 따라 설립된 조합(어촌계를 포함한다) 및 수협은행 3. 「산림조합법」에 따라 설립된 산림조합 및 그 중앙회 4. 「신용협동조합법」에 따라 설립된 신용협동조합 및 그 중앙회 5. 「새마을금고법」에 따라 설립된 새마을금고 및 그 중앙회
지특법 제11조	농업법인에 대한 감면
지특법 제12조	어업법인에 대한 감면
지특법 제14조①②③	농업협동조합 등의 농어업 관련 사업 등에 대한 감면 ① 농업협동조합중앙회, 수산업협동조합중앙회, 산림조합중앙회가 구매·판매사업 등에 직접 사용하기 위하여 취득하는 다음 각 호의 부동산(「농수산물유통및가격안정에관한법률」 제70조제1항에 따른 유통자회사에 농수산물유통시설로 사용하게 하는 부동산을 포함한다. 이하 이 항에서 같다)에 대해서는 취득세의 100분의 25를, 과세기준일 현재 그 사업에 직접 사용하는 부동산에 대해서는 재산세의 100분의 25를 각각 2026년 12월 31일까지 경감한다. 1. 구매·판매·보관·가공·무역사업용 토지와 건축물 2. 생산 및 검사사업용 토지와 건축물 3. 농어민교육시설용 토지와 건축물 ② 농업협동조합중앙회, 수산업협동조합중앙회, 산림조합중앙회, 엽연초생산협동조합중앙회가 회원의 교육·지도·지원사업과 공동이용시설사업에 사용하기 위하여 취득하는 부동산(임대용 부동산은 제외한다. 이하 이 항에서 같다)에 대해서는 취득세의 100분의 25를 2016년 12월 31일까지 경감한다. ③ 「농업협동조합법」에 따라 설립된 조합(조합공동사업법인을 포함한다), 「수산업협동조합법」에 따라 설립된 조합(어촌계 및 조합공동사업법인을 포함한다), 「산림조합법」에 따라 설립된 산림조합(산림계 및 조합공동사업법인을 포함한다) 및 엽연초생산협동조합이 고유업무에 직접 사용하기 위하여 취득하는 부동산(임대용 부동산은 제외한다. 이하 이 항에서 같다)에 대해서는 취득세를, 과세기준일 현재 고유업무에 직접 사용하는 부동산에 대해서는 재산세를 각각 2026년 12월 31일까지 면제한다.
지특법 제14조의2	농협경제지주회사 등의 구매·판매 사업 등에 대한 감면

관세법	동식물의 번식·양식 및 종자개량을 위한 물품 중 기획재정부령으로 정하는 물품
농어촌특별세가비 과세되는지방세감 면조례	1. 농어촌특별세비과세대상 가. 지역특산품생산단지등에대한감면 나. 인천국제공항건설등사업지원을위한감면 다. 시각장애인소유자동차에대한감면 라. 제주국제자유도시종합계획사업을위한감면 마. 시장정비사업에대한감면 바. 기업도시에대한감면 사. 선박등록특구의국제선박등지원을위한감면 2. 기타사항 (재검토기한) 행정안전부장관은 「훈령·예규등의발령및관리에관한규정」에따라이고시에대하여2021년1월1일기준으로매3년이되는시점(매3년째의12월31일까지를말한다)마다그타당성을검토하여개선등의조치를하여야한다.

〈제3호〉

「조특법」 제6조·제7조에따른중소기업에대한세액감면·특별세액감면및「지특법」 제58조의3제1항·제3항에따른세액감면

조특법 제6조	창업중소기업등에대한세액감면
조특법 제7조	중소기업에 대한 특별세액감면
지특법제58조의3 ①③	창업중소기업등에대한감면 ① 2026년12월31일까지과밀억제권역외의지역에서창업하는중소기업(이하이조에서"창업중소기업"이라한다)이대통령령으로정하는날(이하이조에서"창업일"이라한다)부터4년이내(대통령령으로정하는청년창업기업의경우에는5년이내)에취득하는부동산에대해서는다음각호에서정하는바에따라지방세를경감한다. 1. 창업일당시업종의사업을계속영위하기위하여취득하는부동산에대해서는취득세의100분의75를경감한다. 2. 창업일당시업종의사업에과세기준일현재직접사용(임대는제외한다)하는부동산(건축물부속토지인경우에는대통령령으로정하는공장입지기준면적이내또는대통령령으로정하는용도지역별적용배율이내의부분만해당한다)에대해서는창업일부터3년간은재산세를면제하고, 그다음2년간은재산세의100분의50을경감한다. ③ 다음각호의어느하나에해당하는등기에대해서는등록면허세를면제한다. 1. 2020년12월31일까지창업하는창업중소기업의법인설립등기(창업일부터4년이내에자본또는출자액을증가하는경우를포함한다) 2. 2020년12월31일까지「벤처기업육성에관한특별조치법」 제2조의2제1항제2호다목에따라창업중에벤처기업으로확인받은중소기업이그확인일부터1년이내에하는법인설립등기

21)

〈제3의2호〉

「조특법」 제40조에 따른 양도소득세의 감면	
조특법 제40조	주주등의 자산양도에 관한 법인세 등 과세특례

〈제3의3호〉

「조특법」 제16조의 소득공제에 따른 감면	
조특법 제16조	벤처투자조합출자등에 대한 소득공제

〈제4호〉

「조특법」 제86조의3·제86조의4·제87조·제87조의2·제87조의5·제88조의2·제88조의4·제88조의5·제91조의14, 제91조의16부터 제91조의21까지에 따른 저축이나 배당에 대한 감면	
조특법 제86조의3	소기업·소상공인공제부금에 대한 소득공제 등
조특법 제86조의4	연금계좌세액공제 등
조특법 제87조	주택청약종합저축 등에 대한 소득공제 등
조특법 제87조의2	농어가목돈마련저축에 대한 비과세
조특법 제87조의5	선박투자회사의 주주에 대한 과세특례
조특법 제88조의2	비과세종합저축에 대한 과세특례
조특법 제88조의4	우리사주조합원 등에 대한 과세특례
조특법 제88조의5	조합 등 출자금 등에 대한 과세특례
조특법 제91조의14	재형저축에 대한 비과세
조특법 제91조의16	장기집합투자증권저축에 대한 소득공제
조특법 제91조의17	해외주식투자전용집합투자기구에 대한 과세특례
조특법 제91조의18	개인종합자산관리계좌에 대한 과세특례
조특법 제91조의19	장병내일준비적금에 대한 비과세
조특법 제91조의20	청년형장기집합투자증권저축에 대한 소득공제
조특법 제91조의21	청년희망적금에 대한 비과세

〈제5호〉

「조특법」 제21조에 따른 이자소득등에 대한 감면 중 비거주자 또는 외국법인에 대한 감면	
조특법 제21조	국제금융거래에 따른 이자소득등에 대한 법인세등의 면제

〈제6호〉

국제협약·국제관례 등에 따른 관세의 감면으로서 대통령령으로 정하는 것

관세법 제88조	외교관용 물품 등의 면세
관세법 제92조	정부용품 등의 면세
관세법 제93조	특정물품의면세등 4. 우리나라선박이외국정부의허가를받아외국의영해에서채집하거나포획한수산물(이를원료로하여우리나라선박에서제조하거나가공한것을포함한다. 이하이조에서같다) 5. 우리나라선박이외국의선박과협력하여기획재정부령으로정하는방법으로채집하거나포획한수산물로서해양수산부장관이추천하는것 6. 해양수산부장관의허가를받은자가기획재정부령으로정하는요건에적합하게외국인과합작하여채집하거나포획한수산물중해양수산부장관이기획재정부장관과협의하여추천하는것 7. 우리나라선박등이채집하거나포획한수산물과제5호및제6호에따른수산물의포장에사용된물품으로서재사용이불가능한것중기획재정부령으로정하는물품 9. 우리나라를방문하는외국의원수와그가족및수행원의물품 10. 우리나라의선박이나그밖의운송수단이조난으로인하여해체된경우그해체재(解體材)및장비 11. 우리나라와외국간에건설될교량, 통신시설, 해저통로, 그밖에이에준하는시설의건설또는수리에필요한물품 12. 우리나라수출물품의품질, 규격, 안전도등이수입국의권한있는기관이정하는조건에적합한것임을표시하는수출물품에붙이는증표로서기획재정부령으로정하는물품 13. 우리나라의선박이나항공기가해외에서사고로발생한피해를복구하기위하여외국의보험회사또는외국의가해자의부담으로하는수리부분에해당하는물품 14. 우리나라의선박이나항공기가매매계약상의하자보수보증기간중에외국에서발생한고장에대하여외국의매도인의부담으로하는수리부분에해당하는물품
관세법 제94조	소액물품 등의 면세
관세법 제96조	여행자 휴대품 및 이사물품 등의 감면
관세법 제97조	재수출면세
관세법 제98조	재수출 감면
관세법 제99조	재수입면세
관세법 제100조	손상물품에 대한 감면
관세법 제101조	해외임가공물품 등의 감면

〈제7호〉

「증권거래세법」 제6조에 따라 증권거래세가 부과되지 아니하거나 같은 법 제8조제2항에 따라 영의 세율이 적용되는 경우

증권거래세법제6조	비과세양도
증권거래세법제8조 ②	세율 ②제1항의 세율은 자본시장 육성을 위하여 긴급히 필요하다고 인정될 때에는 증권시장에서 거래되는 주권에 한정하여 종목별로 대통령령으로 정하는 바에 따라 낮추거나 영(零)으로 할 수 있다.

〈제7의2호〉

「조특법」 제117조에 따라 증권거래세가 면제되는 경우

조특법제117조	증권거래세의 면제

〈제8호〉

「지방세법」과 「지특법」에 따른 형식적인 소유권의 취득, 단순한 표시변경 등기 또는 등록, 임시건축물의 취득, 천재지변 등으로 인한 대체취득 등에 대한 취득세 및 등록면허세의 감면으로서 대통령령으로 정하는 것

지특법제4조④	조례에 따른 지방세감면 ④제1항과 제3항에도 불구하고 지방자치단체의 장은 천재지변이나 그 밖에 대통령령으로 정하는 특수한 사유로 지방세감면이 필요하다고 인정되는 자에 대해서는 해당 지방의회의 의결을 얻어 지방세감면을 할 수 있다.
지특법제57조의2 ②⑥	기업합병·분할 등에 대한 감면 ②다음 각 호에서 정하는 법인이 「법인세법」 제44조제2항에 따른 합병으로 양수받은 재산에 대해서는 취득세를 2024년 12월 31일까지 면제하고, 합병으로 양수받아 3년 이내에 등기하는 재산에 대해서는 2024년 12월 31일까지 등록면허세의 100분의 50을 경감한다. 다만, 합병등기일부터 3년 이내에 「법인세법」 제44조의3제3항각호의 어느 하나에 해당하는 사유가 발생하는 경우(같은 항 각호 외의 부분 단서에 해당하는 경우는 제외한다)에는 면제된 취득세를 추징한다. 1. 「농업협동조합법」, 「수산업협동조합법」 및 「산림조합법」에 따라 설립된 조합 간의 합병 2. 「새마을금고법」에 따라 설립된 새마을금고 간의 합병 3. 「신용협동조합법」에 따라 설립된 신용협동조합 간의 합병 ⑥ 「농업협동조합법」에 따라 설립된 농업협동조합중앙회(이하 이 조에서 "중앙회"라 한다)가 같은 법에 따라 사업구조를 개편하는 경우 제1호 및 제2호의 구분에 따른 등기에 대해서는 2017년 12월 31일까지 등록면허세를 면제하고, 제3호의 경우에는 취득세를 면제한다. 1. 법률 제10522호 농업협동조합법 일부개정법률 부칙 제3조에 따라 자본지원이 이루어지는 경우 그 자본증가에 관한 등기

	2. 법률 제10522호 농업협동조합법 일부개정법률 부칙 제6조에 따라 경제사업을 이관하는 경우 다음 각 목의 어느 하나에 해당하는 등기 가. 중앙회에서 분리되는 경제자회사의 법인설립등기 나. 「농업협동조합법」 제161조의2에 따라 설립된 농협경제지주회사가 중앙회로부터 경제사업을 이관(「상법」 제360조의2에 따른 주식의 포괄적 교환을 포함한다)받아 자본이 증가하는 경우 그 자본증가에 관한 등기 3. 「농업협동조합법」 제134조의2에 따라 설립된 농협경제지주회사가 이 조 제3항 제3호에 따라 중앙회로부터 경제사업을 이관받아 취득하는 재산
지특법 제66조①②	① 자동차(기계장비를 포함한다. 이하 이 항에서 "자동차등"이라 한다)의 제작결함으로 인하여 「소비자기본법」에 따른 소비자분쟁해결기준 또는 「자동차관리법」에 따른 자동차안전·하자심의위원회의 중재에 따라 반납한 자동차등과 같은 종류의 자동차등(자동차의 경우에는 「자동차관리법」 제3조에 따른 같은 종류의 자동차를 말한다)으로 교환받는 자동차등에 대해서는 취득세를 면제한다. 다만, 교환으로 취득하는 자동차등에 부과되어야 할 세액이 종전의 자동차등의 취득으로 납부한 세액을 초과하는 경우에는 그 초과분을 취득세로 부과한다. ② 「자동차관리법」 제13조제7항 또는 「건설기계관리법」 제6조제1항제7호에 따라 말소된 자동차 또는 건설기계를 다시 등록하기 위한 등록면허세는 면제한다.
지특법 제68조①③	(「대외무역법」에 따른 무역을 하는 자가 수출용으로 취득하는 중고자동차로 한정한다) ① 다음 각 호에 해당하는 자가 매매용으로 취득(「지방세법」 제7조제4항에 따른 취득은 제외한다. 이하 이 조에서 같다)하는 중고자동차 또는 중고건설기계(이하 이 조에서 "중고자동차등"이라 한다)에 대해서는 취득세와 자동차세를 각각 2024년 12월 31일까지 면제한다. 이 경우 자동차세는 다음 각 호에 해당하는 자의 명의로 등록된 기간에 한정하여 면제한다. 1. 「자동차관리법」 제53조에 따라 자동차매매업을 등록한 자 2. 「건설기계관리법」 제21조제1항에 따라 건설기계매매업을 등록한 자 ③ 「대외무역법」에 따른 무역을 하는 자가 수출용으로 취득하는 중고선박, 중고기계장비 및 중고항공기에 대해서는 「지방세법」 제12조제1항제1호·제3호 및 제4호의 세율에서 각각 1천분의 20을 경감하여 취득세를 2024년 12월 31일까지 과세하고, 「대외무역법」에 따른 무역을 하는 자가 수출용으로 취득하는 중고자동차에 대해서는 취득세를 2024년 12월 31일까지 면제한다.
지특법 제73조③	③ 「공익사업을 위한 토지 등의 취득 및 보상에 관한 법률」에 따른 환매권을 행사하여 매수하는 부동산에 대해서는 취득세를 면제한다.
지특법 제74조④⑤	④ 「도시 및 주거환경정비법」 제2조제2호가목에 따른 주거환경개선사업(이하 이 조에서 "주거환경개선사업"이라 한다)의 시행에 따라 취득하는 주택에 대해서는 다음 각 호의 구분에 따라 취득세를 2025년 12월 31일까지 감면한다. 다만, 그 취득일부터 5년 이내에 「지방세법」 제13조제5항제1호부터 제4호까지의 규정에 해당하는 부동산이 되거나 관계 법령을 위반하여 건축한 경우에는 감면된 취득세를 추징한다. 1. 주거환경개선사업의 시행자가 주거환경개선사업의 대지조성을 위하여 취득하는 주택에 대해서는 취득세의 100분의 75를 경감한다.

	2. 주거환경개선사업의 시행자가 「도시 및 주거환경정비법」 제74조에 따라 해당 사업의 시행으로 취득하는 체비지 또는 보류지에 대해서는 취득세의 100분의 75를 경감한다. 3. 「도시 및 주거환경정비법」에 따른 주거환경개선사업의 정비구역지정고시일 현재 부동산의 소유자가 같은 법 제23조제1항제1호에 따라 스스로 개량하는 방법으로 취득하는 주택 또는 같은 항 제4호에 따른 주거환경개선사업의 시행으로 취득하는 전용면적 85제곱미터 이하의 주택에 대해서는 취득세를 면제한다. ⑤ 재개발사업의 시행에 따라 취득하는 부동산에 대해서는 다음 각 호의 구분에 따라 취득세를 2025년 12월 31일까지 경감한다. 다만, 그 취득일부터 5년 이내에 「지방세법」 제13조제5항제1호부터 제4호까지의 규정에 해당하는 부동산이 되거나 관계 법령을 위반하여 건축한 경우 및 제3호에 따라 대통령령으로 정하는 일시적 2주택자에 해당하여 취득세를 경감받은 사람이 그 취득일부터 3년 이내에 대통령령으로 정하는 1가구 1주택이 되지 아니한 경우에는 감면된 취득세를 추징한다. 1. 재개발사업의 시행자가 재개발사업의 대지조성을 위하여 취득하는 부동산에 대해서는 취득세의 100분의 50을 경감한다. 2. 재개발사업의 시행자가 「도시 및 주거환경정비법」 제74조에 따른 해당 사업의 관리처분계획에 따라 취득하는 주택에 대해서는 취득세의 100분의 50을 경감한다. 3. 「도시 및 주거환경정비법」에 따른 재개발사업의 정비구역지정고시일 현재 부동산의 소유자가 재개발사업의 시행으로 주택(같은 법에 따라 청산금을 부담하는 경우에는 그 청산금에 상당하는 부동산을 포함한다)을 취득함으로써 대통령령으로 정하는 1가구 1주택이 되는 경우(취득 당시 대통령령으로 정하는 일시적으로 2주택이 되는 경우를 포함한다)에는 다음 각 목에서 정하는 바에 따라 취득세를 경감한다. 가. 전용면적 60제곱미터 이하의 주택을 취득하는 경우에는 취득세의 100분의 75를 경감한다. 나. 전용면적 60제곱미터 초과 85제곱미터 이하의 주택을 취득하는 경우에는 취득세의 100분의 50을 경감한다.
지특법 제92조	천재지변 등으로 인한 대체취득에 대한 감면
지방세법 제9조③ ④⑤	비과세 ③ 신탁(「신탁법」에 따른 신탁으로서 신탁등기가 병행되는 것만 해당한다)으로 인한 신탁재산의 취득으로서 다음 각 호의 어느 하나에 해당하는 경우에는 취득세를 부과하지 아니한다. 다만, 신탁재산의 취득 중 주택조합등과 조합원 간의 부동산 취득 및 주택조합등의 비조합원용 부동산 취득은 제외한다. 1. 위탁자로부터 수탁자에게 신탁재산을 이전하는 경우 2. 신탁의 종료로 인하여 수탁자로부터 위탁자에게 신탁재산을 이전하는 경우 3. 수탁자가 변경되어 신수탁자에게 신탁재산을 이전하는 경우 ④ 「징발재산정리에 관한 특별조치법」 또는 「국가보위에 관한 특별조치법폐지법률」 부칙 제2항에 따른 동원대상지역 내의 토지의 수용·사용에 관한 환매권의 행사로 매수하는 부동산의 취득에 대하여는 취득세를 부과하지 아니한다. ⑤ 임시흥행장, 공사현장사무소 등(제13조제5항에 따른 과세대상은 제외한다) 임시건축물의 취득에 대하여는 취득세를 부과하지 아니한다. 다만, 존속기간이 1년을 초과하는 경우에는 취득세를 부과한다.

지방세법제15조①	①다음 각 호의 어느 하나에 해당하는 취득에 대한 취득세는 제11조 및 제12조에 따른 세율에서 중과기준세율을 뺀 세율로 산출한 금액을 그 세액으로 하되, 제11조제1항제8호에 따른 주택의 취득에 대한 취득세는 해당 세율에 100분의 50을 곱한 세율을 적용하여 산출한 금액을 그 세액으로 한다. 다만, 취득물건이 제13조제2항에 해당하는 경우에는 이 항 각 호 외의 부분 본문의 계산방법으로 산출한 세율의 100분의 300을 적용한다. 1. 환매등기를 병행하는 부동산의 매매로서 환매기간 내에 매도자가 환매한 경우의 그 매도자와 매수자의 취득 2. 상속으로 인한 취득 중 다음 각 목의 어느 하나에 해당하는 취득 가. 대통령령으로 정하는 1가구 1주택의 취득 나. 「지특법」 제6조제1항에 따라 취득세의 감면대상이 되는 농지의 취득 3. 「법인세법」 제44조제2항 또는 제3항에 해당하는 법인의 합병으로 인한 취득. 다만, 법인의 합병으로 인하여 취득한 과세물건이 합병 후에 제16조에 따른 과세물건에 해당하게 되는 경우 또는 합병등기일부터 3년 이내에 「법인세법」 제44조의3제3항 각 호의 어느 하나에 해당하는 사유가 발생하는 경우(같은 항 각 호 외의 부분 단서에 해당하는 경우는 제외한다)에는 그러하지 아니하다. 4. 공유물·합유물의 분할 또는 「부동산 실권리자명의 등기에 관한 법률」 제2조제1호나목에서 규정하고 있는 부동산의 공유권 해소를 위한 지분이전으로 인한 취득(등기부등본상 본인 지분을 초과하는 부분의 경우에는 제외한다) 7. 그 밖의 형식적인 취득 등 대통령령으로 정하는 취득
지방세법제26조②	②다음 각 호의 어느 하나에 해당하는 등기·등록 또는 면허에 대하여는 등록면허세를 부과하지 아니한다. 1. 회사의 정리 또는 특별청산에 관하여 법원의 촉탁으로 인한 등기 또는 등록. 다만, 법인의 자본금 또는 출자금의 납입, 증자 및 출자전환에 따른 등기 또는 등록은 제외한다. 2. 행정구역의 변경, 주민등록번호의 변경, 지적(地籍) 소관청의 지번변경, 계량단위의 변경, 등기 또는 등록 담당 공무원의 착오 및 이와 유사한 사유로 인한 등기 또는 등록으로서 주소, 성명, 주민등록번호, 지번, 계량단위 등의 단순한 표시변경·회복 또는 경정 등기 또는 등록

〈제9호〉

대통령령으로 정하는 서민주택에 대한 취득세 또는 등록에 대한 등록면허세의 감면

「주택법」 제2조제6호에 따른 국민주택 규모(「건축법 시행령」 별표 1 제1호다목에 따른 다가구주택의 경우에는 가구당 전용면적을 기준으로 한다) 이하의 주거용 건물과 이에 부수되는 토지(국가, 지방자치단체 또는 「한국토지주택공사법」에 따라 설립된 한국토지주택공사가 해당 주택을 건설하기 위하여 취득하거나 개발·공급하는 토지를 포함한다)로서 주택바닥면적(아파트·연립주택 등 공동주택의 경우에는 1세대가 독립하여 구분·사용할 수 있도록 구획된 부분의 바닥면적을 말한다)에 다음 표의 용도지역별 적용배율을 곱하여 산정한 면적 이내의 토지를 말한다.

〈제10호〉

「지특법」 제6조제1항의 적용대상이 되는 농지 및 임야에 대한 취득세

지특법 제6조①	① 대통령령(지특법시행령 제3조제1항)으로 정하는 바에 따라 농업을 주업으로 하는 사람으로서 2년 이상 영농에 종사한 사람 또는 「후계농어업인 및 청년농어업인 육성·지원에 관한 법률」 제8조에 따른 후계농업경영인 및 청년창업형후계농업경영인(이하 이 조에서 "자경농민"이라 한다)이 대통령령으로 정하는 기준에 따라 직접 경작할 목적으로 취득하는 대통령령으로 정하는 농지(이하 이 절에서 "농지"라 한다) 및 관계법령에 따라 농지를 조성하기 위하여 취득하는 임야에 대해서는 취득세의 100분의 50을 2026년 12월 31일까지 경감한다. 다만, 다음 각 호의 어느 하나에 해당하는 경우 그 해당 부분에 대해서는 경감된 취득세를 추징한다. 1. 정당한 사유 없이 그 취득일부터 2년이 경과할 때까지 자경농민으로서 농지를 직접 경작하지 아니하거나 농지조성을 시작하지 아니하는 경우 2. 해당 농지를 직접 경작한 기간이 2년 미만인 상태에서 매각·증여하거나 다른 용도로 사용하는 경우

〈제10의2호〉

「지방세법」 제124조에 따른 자동차에 대한 취득

지방세법제124조	이 절에서 "자동차"란 「자동차관리법」에 따라 등록되거나 신고된 차량과 「건설기계관리법」에 따라 등록된 건설기계 중 차량과 유사한 것으로서 대통령령으로 정하는 것을 말한다.

〈제10의3호〉

지특법 제35조제1항에 따른 등록면허세의 감면

지특법제35조①	① 「한국주택금융공사법」에 따른 연금보증을 하기 위하여 같은 법에 따라 설립된 한국주택금융공사와 같은 법에 따라 연금을 지급하는 금융회사가 같은 법 제9조제1항에 따라 설치한 주택금융운영위원회가 같은 조 제2항제5호에 따라 심의·의결한 연금보증의 보증기준에 해당되는 주택(「주택법」 제2조제4호의 준주택 중 주거목적으로 사용되는 오피스텔을 포함한다. 이하 이 조에서 같다)을 담보로 하는 등기에 대하여 그 담보의 대상이 되는 주택을 제공하는 자가 등록면허세를 부담하는 경우에는 다음 각 호의 구분에 따라 등록면허세를 2024년 12월 31일까지 감면한다. 1. 「지방세법」 제4조에 따른 시가표준액(이하 이 조에서 "시가표준액"이라 한다)이 5억원 이하인 주택으로서 대통령령으로 정하는 1가구 1주택(이하 이 조에서 "1가구 1주택"이라 한다) 소유자의 주택을 담보로 하는 등기에 대해서는 등록면허세의 100분의 75를 경감한다. 2. 제1호 외의 등기: 다음 각 목의 구분에 따라 감면 가. 등록면허세액이 300만원 이하인 경우에는 등록면허세의 100분의 75를 경감한다. 나. 등록면허세액이 300만원을 초과하는 경우에는 225만원을 공제한다.

〈제10의4호〉

「지방세법」 제15조제1항제1호부터 제3호까지의 규정에 따른 취득세	
지방세법 제15조①	1. 환매등기를 병행하는 부동산의 매매로서 환매기간 내에 매도자가 환매한 경우의 그 매도자와 매수자의 취득 2. 상속으로 인한 취득 중 다음 각 목의 어느 하나에 해당하는 취득 가. 대통령령으로 정하는 1가구 1주택의 취득 나. 「지방세특례제한법」 제6조제1항에 따라서 취득세의 감면대상이 되는 농지의 취득 3. 「법인세법」 제44조제2항 또는 제3항에 해당하는 법인의 합병으로 인한 취득. 다만, 법인의 합병으로 인하여 취득한 과세물건이 합병 후에 제16조에 따른 과세물건에 해당하게 되는 경우 또는 합병등기일부터 3년 이내에 「법인세법」 제44조의3제3항 각 호의 어느 하나에 해당하는 사유가 발생하는 경우(같은 항 각 호 외의 부분 단서에 해당하는 경우는 제외한다)에는 그러하지 아니하다.

〈제10의5호〉

「지특법」 제8조제4항에 따른 취득세	
지특법 제8④	④ 「공유수면관리 및 매립에 관한 법률」에 따른 공유수면의 매립 또는 간척으로 인하여 취득하는 농지에 대한 취득세는 「지방세법」 제11조제1항제3호의 세율에도 불구하고 2021년 12월 31일까지 1천분의 8을 적용하여 과세한다. 다만, 취득일부터 2년 이내에 다른 용도에 사용하는 경우 그 해당 부분에 대해서는 경감된 취득세를 추징한다.

〈제11호〉

대통령령으로 정하는 서민주택 및 농가주택에 대한 취득세	
대통령령으로 정하는 서민주택	「주택법」 제2조제6호에 따른 국민주택 규모(「건축법 시행령」 별표 1 제1호다목에 따른 다가구주택의 경우에는 가구당 전용면적을 기준으로 한다) 이하의 주거용 건물과 이에 부수되는 토지(국가, 지방자치단체 또는 「한국토지주택공사법」에 따라 설립된 한국토지주택공사가 해당 주택을 건설하기 위하여 취득하거나 개발·공급하는 토지를 포함한다)로서 주택바닥면적(아파트·연립주택 등 공동주택의 경우에는 1세대가 독립하여 구분·사용할 수 있도록 구획된 부분의 바닥면적을 말한다)에다 음표의 용도지역별 적용배율을 곱하여 산정한 면적 이내의 토지를 말한다. 도시지역) 전용주거지역(5배)/상업지역, 준주거지역(3배)/일반주거지역, 공업지역(4배)/녹지지역(7배)/미계획지역(4배) 도시지역 외의 용도지역)7배
대통령령으로 정하는 농가주택	영농에 종사하는 자가 영농을 위하여 소유하는 주거용 건물과 이에 부수되는 토지로서 농지의 소재지와 동일한 시·군·구(자치구를 말한다. 이하 이 항에서 같다) 또는 그와 연접한 시·군·구의 지역에 소재하는 것을 말한다. 다만, 「소득세법 시행령」 제156조에 따른 고가주택을 제외한다.

〈제11의2호〉

「조특법」 제20조·제100조·제140조 및 제141조에 따른 감면

조특법 제20조	공공차관 도입에 따른 과세특례
조특법 제100조	근로자의 주거안정 지원을 위한 과세특례
조특법 제140조	해저광물자원개발을 위한 과세특례
조특법 제141조	부동산실권리자 명의등기에 대한 조세부과의 특례

〈제11의3호〉

「조특법」 제30조의2 및 제30조의4에 따른 감면

조특법 제30조의2	정규직근로자로의 전환에 따른 세액공제
조특법 제30조의4	중소기업사회보험료세액공제

〈제11의4호〉

「조특법」 제121조의24에 따른 감면

조특법 제121조의24	공적자금 회수를 위한 합병 및 분할 등에 대한 과세특례

〈제12호〉

기술 및 인력개발, 저소득자의 재산형성, 공익사업 등 국가경쟁력의 확보 또는 국민경제의 효율적 운영을 위하여 농어촌특별세를 비과세할 필요가 있다고 인정되는 경우로서 대통령령으로 정하는 것

조특법 제10조	연구·인력개발비에 대한 세액공제
조특법 제10조의2	연구개발 관련 출연금 등의 과세특례
조특법 제12조	기술이전 및 기술취득 등에 대한 과세특례
조특법 제12조의2	연구개발특구에 입주하는 첨단기술기업 등에 대한 법인세 등의 감면
조특법 제13조	중소기업창업투자회사 등의 주식양도차익 등에 대한 비과세
조특법 제14조	창업기업 등에의 출자에 대한 과세특례
조특법 제18조	외국인기술자에 대한 소득세의 감면
조특법 제18조의2	외국인근로자에 대한 과세특례
조특법 제18조의3	내국인 우수 인력의 국내복귀에 대한 소득세 감면
조특법 제19조②	성과공유중소기업의 경영성과급에 대한 세액공제 등 ②성과공유중소기업의 근로자 중 다음 각 호에 해당하는 사람을 제외한 근로자가 해당 중소기업으로부터 2024년 12월 31일까지 경영성과급을 지급받는 경우 그 경영성과급에 대한 소득세의 100분의 50에 상당하는 세액을 감면한다.

	1. 해당 과세기간의 총급여액이 7천만원을 초과하는 사람 2. 해당 기업의 최대주주 등 대통령령으로 정하는 사람
조특법 제29조의6	중소기업 청년근로자 및 핵심인력 성과보상기금 수령액에 대한 소득세 감면 등
조특법 제30조	중소기업 취업자에 대한 소득세 감면
조특법 제30조의3	고용유지중소기업 등에 대한 과세특례
조특법 제33조	사업전환 무역조정지원기업에 대한 과세특례
조특법 제63조	수도권 밖으로 공장을 이전하는 기업에 대한 세액감면 등
조특법 제63조의2	수도권 밖으로 본사를 이전하는 법인에 대한 세액감면 등
조특법 제64조	농공단지 입주기업 등에 대한 세액감면
조특법 제76조①	정치자금의 손금산입특례 등 ① 거주자가 「정치자금법」에 따라 정당(같은 법에 따른 후원회 및 선거관리위원회를 포함한다)에 기부한 정치자금은 이를 지출한 해당 과세연도의 소득금액에서 10만원까지는 그 기부금액의 110분의 100을, 10만원을 초과한 금액에 대해서는 해당 금액의 100분의 15(해당 금액이 3천만원을 초과하는 경우 그 초과분에 대해서는 100분의 25)에 해당하는 금액을 종합소득산출세액에서 공제한다. 다만, 사업자인 거주자가 정치자금을 기부한 경우 10만원을 초과한 금액에 대해서는 이월결손금을 뺀 후의 소득금액의 범위에서 손금에 산입한다.
조특법 제95조의2	월세액에 대한 세액공제
조특법 제98조의3	미분양주택의 취득자에 대한 양도소득세의 과세특례
조특법 제98조의5	수도권 밖의 지역에 있는 미분양주택의 취득자에 대한 양도소득세의 과세특례
조특법 제99조의9	위기지역 창업기업에 대한 법인세 등의 감면
조특법 제99조의11	감염병 피해에 따른 특별재난지역의 중소기업에 대한 법인세 등의 감면
조특법 제104조의8①③	전자신고 등에 대한 세액공제 ① 납세자가 직접 「국세기본법」 제5조의2에 따른 전자신고(이하 이 조에서 "전자신고"라 한다)의 방법으로 대통령령으로 정하는 소득세, 양도소득세 또는 법인세 과세표준신고를 하는 경우에는 해당 납부세액에서 대통령령으로 정하는 금액을 공제한다. 이 경우 납부할세액이 음수인 경우에는 이를 없는 것으로 한다. ③ 「세무사법」에 따른 세무사(「세무사법」에 따른 세무사등록부 또는 세무대리업무등록부에 등록한 공인회계사 및 변호사, 같은 법에 따른 세무법인 및 「공인회계사법」에 따른 회계법인을 포함한다. 이하 이 조에서 같다)가 납세자를 대리하여 전자신고의 방법으로 직전 과세연도 동안 소득세, 양도소득세 또는 법인세를 신고를 한 경우에는 해당 세무사의 소득세(사업소득에 대한 소득세만 해당한다) 또는 법인세의 납부세액에서 제1항에 따른 금액을 공제하고, 직전 과세기간 동안 부가가치세를 신고한 경우에는 해당 세무사의 부가가치세 납부세액에서 제2항에 따른 금액을 공제한다.

조특법	제104조의21	대한주택공사 및 한국토지공사의 합병에 대한 법인세 과세특례
조특법	제104조의24	해외진출기업의 국내복귀에 대한 세액감면
조특법	제104조의28	2018 평창 동계올림픽대회 및 동계패럴림픽대회에 대한 과세특례
조특법	제104조의31	프로젝트금융투자회사에 대한 소득공제
조특법	제118조의2	해외진출기업의 국내복귀에 대한 관세감면
조특법	제121조의2	외국인투자자에 대한 조세 감면
조특법	제121조의3	관세등의면제
조특법	제121조의4	증자의 조세감면
조특법	제121조의13	제주도여행객 면세점에 대한 간접세 등의 특례
조특법	제126조의2	신용카드 등 사용금액에 대한 소득공제
조특법	제126조의6	성실신고 확인비용에 대한 세액공제
조특법 제126조의7⑨		금현물시장에서거래되는금지금에대한과세특례 ⑨금지금공급사업자중대통령령으로정하는자가금현물시장에서매매거래를 하기위하여2026년12월31일까지수입신고하는금지금에대해서는그관세를면 제한다.
조특법 제89조의3		조특법제89조의3에따른조합등예탁금의이자소득의소득세에대한감면중다 음각목의어느하나에해당하는사람에대한감면 가.「농어가목돈마련저축에관한법률시행령」제2조제1항에따른농어민 나.「산림조합법시행령」제2조에따른임업인. 다만, 5헥타르이상의산림을소 유한사람은제외한다. 다.「한국주택금융공사법시행령」제2조제1항제1호및제2호에따른근로자

「한국철도공사법」에의하여설립되는한국철도공사가현물출자받은국유재산에대한취득세또는등록 에대한등록면허세의감면

「방송광고판매대행등에관한법률」제24조에따라설립되는한국방송광고진흥공사에대한「지특법」 제57조의2제3항제1호(「국유재산법」에따라현물출자한재산)에따른감면

「농업협동조합법」제161조의2또는제161조의10에따라설립되는농협경제지주회사또는농협금융지주 회사에대한「지특법」제57조의2제5항제3호에따른감면
　「독점규제 및 공정거래에 관한 법률」에 따른 지주회사(「금융지주회사법」에 따른 금융지주회 사를 포함하되, 지주회사가「독점규제 및 공정거래에 관한 법률」제2조제12호에 따른 동일한 기업 집단 내 계열회사가 아닌 회사의 과점주주인 경우를 제외한다. 이하 이 조에서 "지주회사"라 한다)가 되거나 지주회사가 같은 법 또는「금융지주회사법」에 따른 자회사의 주식을 취득하는 경우. 다만, 해당 지주회사의 설립·전환일부터 3년 이내에「독점규제 및 공정거래에 관한 법률」에 따른 지주회 사의 요건을 상실하게 되는 경우에는 면제받은 취득세를 추징한다.

법률제10522호농업협동조합법일부개정법률부칙제6조에따라농협경제지주회사가농업협동조합중앙 회로부터경제사업을현물출자로이관받은경우에대한「지특법」제57조의2제3항제3호에따른감면
　「독점규제 및 공정거래에 관한 법률」에 따른 지주회사(「금융지주회사법」에 따른 금융지주회사 를 포함하되, 지주회사가「독점규제 및 공정거래에 관한 법률」제2조제12호에 따른 동일한 기업집

단 내 계열회사가 아닌 회사의 과점주주인 경우를 제외한다. 이하 이 조에서 "지주회사"라 한다)가 되거나 지주회사가 같은 법 또는 「금융지주회사법」에 따른 자회사의 주식을 취득하는 경우. 다만, 해당 지주회사의 설립·전환일부터 3년 이내에 「독점규제 및 공정거래에 관한 법률」에 따른 지주회사의 요건을 상실하게 되는 경우에는 면제받은 취득세를 추징한다.

「한국자산관리공사설립등에관한법률」에 따른 한국자산관리공사와 「한국농어촌공사및농지관리기금법」에 따른 한국농어촌공사가 「혁신도시조성및발전에관한특별법」 제43조에 따라 종전부동산을 매입한 경우에 대한 「지특법」 제13조제2항제5호 및 제57조의3제2항에 따른 취득세의 면제

지특법 제13조②	한국농어촌공사의 농업관련사업에 대한 감면 ② 한국농어촌공사가 취득하는 부동산에 대해서는 다음 각 호에서 정하는 바에 따라 지방세를 2025년 12월 31일까지 감면한다. 1의2. 한국농어촌공사가 「농어촌정비법」에 따른 국가 또는 지방자치단체의 농업생산기반 정비계획에 따라 취득·소유하는 농업기반시설용 토지와 그 시설물에 대해서는 취득세의 100분의 50과 재산세의 100분의 75를 각각 경감한다.
지특법 제15조②	한국농수산식품유통공사등의 농어업관련사업등에 대한 감면 ② 「지방공기업법」 제49조에 따른 지방공사로서 농수산물의 원활한 유통 및 적정한 가격의 유지를 목적으로 설립된 지방공사(이하 이 조에서 "지방농수산물공사"라 한다)에 대해서는 다음 각 호에서 정하는 바에 따라 지방세를 2025년 12월 31일까지 감면한다. 1. 지방농수산물공사가 도매시장의 관리 및 농수산물의 유통사업에 직접 사용하기 위하여 취득하는 부동산에 대해서는 취득세의 100분의 100(100분의 100의 범위에서 조례로 따로 정하는 경우에는 그 율)에 대통령령으로 정하는 지방자치단체투자비율(이하 이 조에서 "지방자치단체투자비율"이라 한다)을 곱한 금액을 감면한다. 2. 지방농수산물공사의 법인등기에 대해서는 등록면허세의 100분의 100(100분의 100의 범위에서 조례로 따로 정하는 경우에는 그 율)에 지방자치단체투자비율을 곱한 금액을 감면한다. 3. 지방농수산물공사가 과세기준일 현재 도매시장의 관리 및 농수산물의 유통사업에 직접 사용하는 부동산에 대해서는 재산세(「지방세법」 제112조에 따른 부과액을 포함한다)의 100분의 100(100분의 100의 범위에서 조례로 따로 정하는 경우에는 그 율)에 지방자치단체투자비율을 곱한 금액을 감면한다.
지특법 제16조①	농어촌주택개량에 대한 감면 ① 대통령령으로 정하는 사업의 계획에 따라 주택개량대상자로 선정된 사람이 주택개량사업계획에 따라 본인과 그 가족이 상시 거주(본인이 「주민등록법」에 따른 전입신고를 하고 계속하여 거주하는 것을 말한다. 이하 이 조에서 같다)할 목적으로 취득하는 연면적 150제곱미터 이하의 주거용 건축물(증축하여 취득하는 경우에는 기존에 소유하고 있는 주거용 건축물 연면적과 합산하여 150제곱미터 이하인 경우로 한정한다. 이하 이 조에서 같다)에 대해서는 취득세를 다음 각 호에서 정하는 바에 따라 2024년 12월 31일까지 감면한다. 다만, 과밀억제권역에서 주택개량사업계획에 따라 주거용 건축물을 취득하는 경우에는 취득일 현재까지 해당 시·군·구에 1년 이상 계속하여 거주한 사실이 「주민등록법」에 따른 주민등록표 등에 따라 증명되는 사람으로 한정한다. 1. 취득세액이 280만원 이하인 경우: 전액면제 2. 취득세액이 280만원을 초과하는 경우: 280만원을 공제
지특법 제17조	장애인용 자동차에 대한 감면
지특법	한센인 및 한센인정착농원지원을 위한 감면

제17조의2	
지특법 제19조	어린이집 및 유치원에 대한 감면
지특법 제20조	노인복지시설에 대한 감면
지특법 제21조①	청소년단체등에대한감면 ① 다음 각 호의 법인 또는 단체가 그 고유업무에 직접 사용하기 위하여 취득하는 부동산에 대해서는 취득세의 100분의 75를 2026년 12월 31일까지 경감하고, 과세기준일 현재 그 고유업무에 직접 사용하는 부동산에 대해서는 재산세를 2026년 12월 31일까지 면제한다. 1. 「스카우트활동육성에관한법률」에 따른 스카우트주관단체 2. 「한국청소년연맹육성에관한법률」에 따른 한국청소년연맹 3. 「한국해양소년단연맹육성에관한법률」에 따른 한국해양소년단연맹 4. 제1호부터 제3호까지의 단체등과 유사한 청소년단체로서 대통령령으로 정하는 단체
지특법 제22조① ⑤⑧	사회복지법인등에대한감면 ① 「사회복지사업법」 제2조제1호에 따른 사회복지사업(이하 이 조에서 "사회복지사업"이라 한다)을 목적으로 하는 법인 또는 단체로서 지원대상 및 공익성 등을 고려하여 대통령령으로 정하는 법인 또는 단체(이하 이 조에서 "사회복지법인등"이라 한다)가 해당 사회복지사업에 직접 사용하기 위하여 취득하는 부동산에 대해서는 취득세를 2025년 12월 31일까지 면제한다. 다만, 다음 각 호의 어느 하나에 해당하는 경우 그 해당 부분에 대해서는 면제된 취득세를 추징한다. 1. 해당 부동산을 취득한 날부터 5년 이내에 수익사업에 사용하는 경우 2. 정당한 사유 없이 그 취득일부터 3년이 경과할 때까지 해당 용도로 직접 사용하지 아니하는 경우 3. 해당 용도로 직접 사용한 기간이 2년 미만인 상태에서 매각·증여하거나 다른 용도로 사용하는 경우 ⑤ 「사회복지사업법」에 따른 사회복지법인의 설립등기 및 합병등기에 대한 등록면허세와 같은 법에 따른 사회복지시설을 경영하는 자에 대하여 해당 사회복지시설 사업장에 과세되는 주민세 사업소분(「지방세법」 제81조제1항제1호에 따라 부과되는 세액으로 한정한다)을 각각 2025년 12월 31일까지 면제한다. ⑧ 제1항부터 제7항까지의 규정에도 불구하고 사회복지법인이 의료기관을 경영하기 위하여 취득하거나 사용하는 부동산에 대해서는 다음 각 호에 따라 취득세와 재산세를 각각 경감한다. 1. 의료업에 직접 사용하기 위하여 취득하는 부동산에 대해서는 2024년 12월 31일까지 취득세의 100분의 30[「감염병의 예방 및 관리에 관한 법률」 제8조의2에 따라 지정된 감염병전문병원(이하 "감염병전문병원"이라 한다)의 경우에는 100분의 40]을 경감한다. 2. 과세기준일 현재 의료업에 직접 사용하는 부동산에 대해서는 2024년 12월 31일까지 재산세의 100분의 50(감염병전문병원의 경우에는 100분의 60)을 경감한다.
지특법 제22조의 2①②	출산및양육지원을위한감면 ① 18세 미만의 자녀(가족관계등록부 기록을 기준으로 하고, 양자 및 배우자의 자녀를 포함하되, 입양된 자녀는 친생부모의 자녀 수에는 포함하지 아니한다) 3명 이상을 양육하는 자(이하 이 조에서 "다자녀양육자"라 한다)가 양육을 목적으로 2024년 12월 31일까지 취득하여 등록하는 자동차로서 다음 각 호의 어느 하나에 해당하는 자동차(자동차의 종

	류구분은 「자동차관리법」 제3조에 따른다) 중 먼저 감면 신청하는 1대에 대해서는 취득세를 면제하되, 제1호 나목에 해당하는 승용자동차는 「지방세법」 제12조제1항제2호에 따라 계산한 취득세가 140만원 이하인 경우는 면제하고 140만원을 초과하면 140만원을 경감한다. 다만, 다자녀 양육자 중 1명 이상이 종전에 감면받은 자동차를 소유하고 있거나 배우자 외의 의자와 공동등록을 하는 경우에는 그러하지 아니하다. 1. 다음 각 목의 어느 하나에 해당하는 승용자동차 가. 승차정원이 7명 이상 10명 이하인 승용자동차 나. 가목 외의 승용자동차 2. 승차정원이 15명 이하인 승합자동차 3. 최대적재량이 1톤 이하인 화물자동차 4. 배기량 250시시 이하인 이륜자동차 ② 다자녀 양육자가 제1항 각 호의 어느 하나에 해당하는 자동차를 2024년 12월 31일까지 다음 각 호의 어느 하나의 방법으로 취득하여 등록하는 경우 해당 자동차에 대해서는 제1항의 방법에 따라 취득세를 감면한다. 1. 대통령령으로 정하는 바에 따라 대체 취득하여 등록하는 경우 2. 다자녀 양육자가 감면받은 자동차의 소유권을 해당 다자녀 양육자의 배우자에게 이전하여 등록하는 경우
지특법 제22조의3	휴면예금관리재단에 대한 면제
지특법 제23조	권익증진 등을 위한 감면
지특법 제28조①	산업인력 등 지원을 위한 감면 ① 「국민평생직업능력개발법」에 따른 직업능력개발훈련시설(숙박시설을 포함한다. 이하 이 항에서 같다)에 직접 사용하기 위하여 취득하는 토지(건축물 바닥면적의 10배 이내의 것으로 한정한다)와 건축물에 대하여는 2014년 12월 31일까지 취득세의 100분의 50을 경감하고, 과세기준일 현재 직업능력개발훈련시설에 직접 사용하는 부동산에 대하여는 2014년 12월 31일까지 재산세를 면제한다.
지특법 제29조	국가유공자 등에 대한 감면
지특법 제30조③	한국보훈복지의료공단 등에 대한 감면 ③ 「독립기념관법」에 따라 설립된 독립기념관이 같은 법 제6조제1항의 업무에 직접 사용하기 위하여 취득하는 부동산에 대해서는 취득세를, 과세기준일 현재 해당 업무에 직접 사용하는 부동산(해당 부동산을 다른 용도로 함께 사용하는 경우 그 부분은 제외한다)에 대해서는 재산세(「지방세법」 제112조에 따른 부과액을 포함한다)를, 해당 법인에 대해서는 주민세 사업소분(「지방세법」 제81조제1항제2호에 따라 부과되는 세액으로 한정한다)을 각각 2024년 12월 31일까지 면제한다.
지특법 제31조① ②③	임대주택 등에 대한 감면 ① 「공공주택특별법」에 따른 공공주택사업자 및 「민간임대주택에관한특별법」에 따른 임대사업자[임대용 부동산 취득일부터 60일 이내에 해당 임대용 부동산을 임대 목적물(2020년 7월 11일 이후 「민간임대주택에관한특별법」 (법률 제17482호로 개정되기 전의 것을 말한다) 제5조에 따른 임대사업자 등록신청(임대할 주택을 추가하기 위하여 등록사항의 변경신고를 한 경우를 포함한다)을 한 같은 법 제2조제5호에 따른 장기일반민간임대주택(이하 이 조에서 "장기일반민간임대주택"이라 한다) 중 아파트를 임대하는 민간매입임대주택이거나 같은 조 제6호에 따른 단기민간임대주택(이하 이 조에서 "단기민간임대주택"이라 한다)인 경우 또는 같은 법 제5조에 따라 등록한 단기민간임대

	주택을 같은 조 제3항에 따라 2020년 7월 11일 이후 같은 법 제2조 제4호에 따른 공공지원민간임대주택이나 장기일반민간임대주택으로 변경 신고한 주택은 제외한다)로 하여 임대사업자로 등록한 경우를 말하되, 토지에 대해서는 「주택법」 제15조에 따른 사업계획승인을 받은 날 또는 「건축법」 제11조에 따른 건축허가를 받은 날부터 60일 이내로서 토지 취득일부터 1년 6개월 이내에 해당 임대용 부동산을 임대목적물로 하여 임대사업자로 등록한 경우를 포함한다. 이하 이 조에서 "임대사업자"라 한다)가 임대할 목적으로 공동주택(해당 공동주택의 부대시설 및 임대수익금 전액을 임대주택 관리비로 충당하는 임대용 복리시설을 포함한다. 이하 이 조에서 같다)을 건축하는 경우 그 공동주택에 대해서는 다음 각 호에서 정하는 바에 따라 지방세를 2024년 12월 31일까지 감면한다. 다만, 토지를 취득한 날부터 정당한 사유 없이 2년 이내에 공동주택을 착공하지 아니한 경우는 제외한다. 1. 전용면적 60제곱미터 이하인 공동주택을 취득하는 경우에는 취득세를 면제한다. 2. 「민간임대주택에 관한 특별법」 또는 「공공주택특별법」에 따라 10년 이상의 장기임대 목적으로 전용면적 60제곱미터 초과 85제곱미터 이하인 임대주택(이하 이 조에서 "장기임대주택"이라 한다)을 20호(戶) 이상 취득하거나, 20호 이상의 장기임대주택을 보유한 임대사업자가 추가로 장기임대주택을 취득하는 경우(추가로 취득한 결과로 20호 이상을 보유하게 되었을 때에는 그 20호부터 초과분까지를 포함한다)에는 취득세의 100분의 50을 경감한다. ② 임대사업자가 임대할 목적으로 건축주로부터 공동주택 또는 「민간임대주택에 관한 특별법」 제2조 제1호에 따른 준주택 중 오피스텔(그 부속토지를 포함한다. 이하 이 조에서 "오피스텔"이라 한다)을 최초로 분양받은 경우 그 공동주택 또는 오피스텔에 대해서는 다음 각 호에서 정하는 바에 따라 지방세를 2024년 12월 31일까지 감면한다. 다만, 「지방세법」 제10조에 따른 취득 당시의 가액이 3억원(「수도권정비계획법」 제2조 제1호에 따른 수도권은 6억원으로 한다)을 초과하는 경우에는 감면 대상에서 제외한다. 1. 전용면적 60제곱미터 이하인 공동주택 또는 오피스텔을 취득하는 경우에는 취득세를 면제한다. 2. 장기임대주택을 20호(戶) 이상 취득하거나, 20호 이상의 장기임대주택을 보유한 임대사업자가 추가로 장기임대주택을 취득하는 경우(추가로 취득한 결과로 20호 이상을 보유하게 되었을 때에는 그 20호부터 초과분까지를 포함한다)에는 취득세의 100분의 50을 경감한다. ③ 제1항 및 제2항을 적용할 때 「민간임대주택에 관한 특별법」 제43조 제1항 또는 「공공주택특별법」 제50조의2 제1항에 따른 임대의무기간에 대통령령으로 정한 경우가 아닌 사유로 다음 각 호의 어느 하나에 해당하는 경우에는 감면된 취득세를 추징한다. 1. 임대 외의 용도로 사용하거나 매각·증여하는 경우 2. 「민간임대주택에 관한 특별법」 제6조에 따라 임대사업자 등록이 말소된 경우
지특법 제31조의4	주택임대사업에 투자하는 부동산투자회사에 대한 감면
지특법 제33조① ②	주택공급확대를 위한 감면 ① 대통령령으로 정하는 주택건설사업자가 공동주택(해당 공동주택의 부대시설 및 복리시설을 포함하되, 분양하거나 임대하는 복리시설은 제외한다. 이하 이 조에서 같다)을 분양할 목적으로 건축한 전용면적 60제곱미터 이하인 5세대 이상의 공동주택(해당 공동주택의 부속토지를 제외한다. 이하 이 항에서 같다)과 그 공동주택을 건축한 후 미분양 등의 사유로 제31조에 따른 임대용으로 전환하는 경우 그 공동주택에 대해서는 2014년 12월 31일까지 취득세를 면제한다.

	②상시거주(취득일이후「주민등록법」에따른전입신고를하고계속하여거주하거나취득일전에같은법에따른전입신고를하고취득일부터계속하여거주하는것을말한다. 이하이조에서같다)할목적으로대통령령으로정하는서민주택을취득[상속·증여로인한취득및원시취득(原始取得)은제외한다]하여대통령령으로정하는1가구1주택에해당하는경우(해당주택을취득한날부터60일이내에종전주택을증여외의사유로매각하여1가구1주택이되는경우를포함한다)에는취득세를2024년12월31일까지면제한다.
지특법 제34조	주택도시보증공사의주택분양보증등에대한감면
지특법 제36조	무주택자 주택공급사업 지원을 위한 감면
지특법 제37조	국립대병원 등에 대한 감면
지특법제38조①	의료법인등에대한과세특례 ①「의료법」제48조에따라설립된의료법인이의료업에직접사용하기위하여취득하는부동산에대해서는취득세를, 과세기준일현재의료업에직접사용하는부동산에대해서는재산세를다음각호에서정하는바에따라각각경감한다. 1. 2024년12월31일까지취득세의100분의30(감염병전문병원의경우에는100분의40)을, 재산세의100분의50(감염병전문병원의경우에는100분의60)을각각경감한다.
지특법 제40조	국민건강 증진사업자에 대한 감면
지특법 제40조의3	대한적십자사에 대한 감면
지특법제41조①⑤⑦	학교및외국교육기관에대한면제 ①「초·중등교육법」및「고등교육법」에따른학교, 「경제자유구역및제주국제자유도시의외국교육기관설립·운영에관한특별법」또는「기업도시개발특별법」에따른외국교육기관을경영하는자(이하이조에서 "학교등"이라한다)가해당사업에직접사용하기위하여취득하는부동산(대통령령으로정하는기숙사는제외한다)에대해서는취득세를2024년12월31일까지면제한다. 다만, 다음각호의어느하나에해당하는경우그해당부분에대해서는면제된취득세를추징한다. 1. 해당부동산을취득한날부터5년이내에수익사업에사용하는경우 2. 정당한사유없이그취득일부터3년이경과할때까지해당용도로직접사용하지아니하는경우 3. 해당용도로직접사용한기간이2년미만인상태에서매각·증여하거나다른용도로사용하는경우 ⑤「사립학교법」에따른학교법인과국가가국립대학법인으로설립하는국립학교의설립등기, 합병등기및국립대학법인에대한국유재산이나공유재산의양도에따른변경등기에대해서는등록면허세를, 그학교에대해서는주민세사업소분(「지방세법」제81조제1항제1호에따라부과되는세액으로한정한다)을각각2024년12월31일까지면제한다. ⑦제1항부터제6항까지의규정에도불구하고「고등교육법」제4조에따라설립된의과대학(한의과대학, 치과대학및수의과대학을포함한다)의부속병원이의료업에직접사용하기위하여취득하는부동산에대해서는취득세를, 과세기준일현재의료업에직접사용하는부동산에대해서는재산세를다음각호에서정하는바에따라각각경감한다. 1. 2024년12월31일까지취득세의100분의30(감염병전문병원의경우에는100분의40)

	을, 재산세의 100분의 50(감염병전문병원의 경우에는 100분의 60)을 각각 경감한다.
지특법 제42조② ③	기숙사 등에 대한 감면 ②「교육기본법」제11조에 따른 학교를 설치·경영하는 자가 학생들의 실험·실습용으로 사용하기 위하여 취득하는 차량·기계장비·항공기·입목(立木) 및 선박에 대해서는 취득세를, 과세기준일 현재 학생들의 실험·실습용으로 사용하는 항공기와 선박에 대해서는 재산세를 각각 2024년 12월 31일까지 면제한다. 다만, 다음 각 호의 어느 하나에 해당하는 경우 면제된 취득세를 추징한다. 1. 정당한 사유 없이 그 취득일부터 1년이 경과할 때까지 해당 용도로 직접 사용하지 아니하는 경우 2. 해당 용도로 직접 사용한 기간이 2년 미만인 상태에서 매각·증여하거나 다른 용도로 사용하는 경우 ③「산업교육진흥 및 산학연협력촉진에 관한 법률」제25조에 따라 설립·운영하는 산학협력단이 그 고유업무에 직접 사용하기 위하여 취득하는 부동산에 대해서는 취득세의 100분의 75를, 과세기준일 현재 그 고유업무에 직접 사용하는 부동산에 대해서는 재산세의 100분의 75를 2026년 12월 31일까지 각각 경감한다.
지특법 제43조①	평생교육단체 등에 대한 면제 ①「평생교육법」에 따른 교육시설을 운영하는 평생교육단체(이하 이 조에서 "평생교육단체"라 한다)가 해당 사업에 직접 사용하기 위하여 취득하는 부동산에 대해서는 취득세를 2019년 12월 31일까지 면제한다.
지특법 제44조①	평생교육시설 등에 대한 감면 ① 대통령령으로 정하는 평생교육시설에 사용하기 위하여 취득하는 부동산에 대해서는 취득세를, 과세기준일 현재 평생교육시설에 직접 사용하는 부동산(해당 시설을 다른 용도로 함께 사용하는 경우 그 부분은 제외한다)에 대해서는 재산세를 다음 각 호에서 정하는 바에 따라 각각 감면한다. 1. 2019년 12월 31일까지는 취득세 및 재산세를 각각 면제한다. 2. 2020년 1월 1일부터 2024년 12월 31일까지 취득하는 부동산에 대해서는 다음 각 목의 구분에 따라 취득세 및 재산세를 각각 경감한다. 가. 해당 부동산에 대해서는 취득세의 100분의 50을 경감한다. 나. 해당 부동산 취득일 이후 해당 부동산에 대한 재산세 납세의무가 최초로 성립한 날부터 5년간 재산세의 100분의 50을 경감한다.
지특법 제44조의2	박물관 등에 대한 감면
지특법 제45조① ②	① 대통령령으로 정하는 학술단체가 학술연구사업에 직접 사용하기 위하여 취득하는 부동산에 대해서는 취득세를, 과세기준일 현재 학술연구사업에 직접 사용하는 부동산에 대해서는 재산세를 각각 2024년 12월 31일까지 면제한다. 다만, 제45조의2에 따른 단체는 제외한다. ②「공익법인의 설립·운영에 관한 법률」에 따라 설립된 장학법인(이하 이 조에서 "장학법인"이라 한다)에 대해서는 다음 각 호에서 정하는 바에 따라 지방세를 2024년 12월 31일까지 감면한다. 〈개정 2020. 1. 15., 2021. 12. 28.〉 1. 장학법인이 장학사업에 직접 사용하기 위하여 취득하는 부동산에 대해서는 취득세를, 과세기준일 현재 장학사업에 직접 사용하는 부동산에 대해서는 재산세를 각각 면제한다.

지특법 제46조	연구개발 지원을 위한 감면
지특법제50조①	종교단체또는향교에대한면제 ①종교단체또는향교가종교행위또는제사를목적으로하는사업에직접사용하기위하여취득하는부동산에대해서는취득세를면제한다. 다만, 다음각호의어느하나에해당하는경우그해당부분에대해서는면제된취득세를추징한다. 1. 해당부동산을취득한날부터5년이내에수익사업에사용하는경우 2. 정당한사유없이그취득일부터3년이경과할때까지해당용도로직접사용하지아니하는경우 3. 해당용도로직접사용한기간이2년미만인상태에서매각·증여하거나다른용도로사용하는경우
지특법제52조①②	문화·예술지원을위한과세특례 ①대통령령으로정하는문화예술단체가문화예술사업에직접사용하기위하여취득하는부동산에대해서는취득세를, 과세기준일현재문화예술사업에직접사용하는부동산에대해서는재산세를각각2024년12월31일까지면제한다. ②대통령령으로정하는체육단체가체육진흥사업에직접사용하기위하여취득하는부동산에대해서는취득세를, 과세기준일현재체육진흥사업에직접사용하는부동산에대해서는재산세를각각2024년12월31일까지면제한다.
지특법 제53조	사회단체등에대한감면
지특법제54조⑤	관광단지등에대한과세특례 ⑤다음각호의재단, 기업및사업시행자가그고유업무에직접사용하기위하여취득하는부동산에대해서는취득세를, 과세기준일현재그고유업무에직접사용하는부동산에대해서는재산세(「지방세법」 제112조에따른부과액을포함한다)를지방자치단체가조례로정하는바에따라각각2019년12월31일까지감면할수있다. 이경우감면율은 100분의50(제1호의경우에는100분의100) 범위에서정하여야한다. 1. 「여수세계박람회기념및사후활용에관한특별법」 제4조에따라설립된2012여수세계박람회재단 2. 「여수세계박람회기념및사후활용에관한특별법」 제15조제1항에따라지정·고시된해양박람회특구에서창업하거나사업장을신설(기존사업장을이전하는경우는제외한다)하는기업 3. 「여수세계박람회기념및사후활용에관한특별법」 제17조에따른사업시행자
지특법제57조의2①	기업합병·분할등에대한감면 ①「법인세법」 제44조제2항또는제3항에해당하는합병으로서대통령령으로정하는합병에따라양수(讓受)하는사업용재산을2024년12월31일까지취득하는경우에는「지방세법」 제15조제1항에따라산출한취득세의100분의50(법인으로서「중소기업기본법」 에따른중소기업간합병및법인이대통령령으로정하는기술혁신형사업법인과의합병을하는경우에는취득세의100분의60)을경감하되, 해당재산이「지방세법」 제15조제1항제3호단서에해당하는경우에는다음각호에서정하는금액을빼고산출한취득세를경감한다. 다만, 합병등기일부터3년이내에 「법인세법」 제44조의3제3항각호의어느하나에해당하는사유가발생하는경우(같은항각호외의부분단서에해당하는경우는제외한다)에는경감된취득세를추징한다. 1. 「지방세법」 제13조제1항에따른취득재산에대해서는같은조에따른중과기준세율(이하 "중과기준세율" 이라한다)의100분의300을적용하여산정한금액 2. 「지방세법」 제13조제5항에따른취득재산에대해서는중과기준세율의100분의

	500을 적용하여 산정한 금액 (「법인세법」 제44조제2항각호의요건을충족하거나같은조제3항에해당하여양도손익이없는것으로한합병의경우로한정한다)
지특법제57조의2③	③다음 각 호의 어느 하나에 해당하는 재산을 2024년 12월 31일까지 취득하는 경우에는 취득세의 100분의 75를 경감한다. 다만, 제1호의 경우 2019년 12월 31일까지는 취득세의 100분의 75를, 2020년 12월 31일까지는 취득세의 100분의 50을, 2024년 12월 31일까지는 취득세의 100분의 25를 각각 경감하고, 제7호의 경우에는 취득세를 면제한다. 2. 「법인세법」 제46조제2항각호(물적분할의경우에는같은법제47조제1항을말한다)의요건을갖춘분할로인하여취득하는재산. 다만, 분할등기일부터 3년이내에같은법제46조의3제3항(물적분할의경우에는같은법제47조제3항을말한다)각호의어느 하나에해당하는사유가발생하는경우(같은항각호외의부분단서에해당하는경우는 제외한다)에는경감받은취득세를추징한다.
지특법제57조의2⑨	⑨「수산업협동조합법」 에따라설립된수산업협동조합중앙회(이하이항에서 "중앙회"라한다)가대통령령으로정하는바에따라분할한경우에는다음각호에서정하는바에따라지방세를면제한다. 1. 대통령령으로정하는바에따른분할로신설된자회사(이하이항에서 "수협은행"이라한다)가그분리로인하여취득하는재산에대해서는취득세를 2016년 12월 31일까지면제한다. 2. 수협은행의법인설립등기에대해서는등록면허세를 2016년 12월 31일까지면제한다.
지특법 제58조의2	지식산업센터 등에 대한 감면
지특법제60조④	중소기업협동조합등에대한과세특례 ④특별시장·광역시장·특별자치시장·도지사또는특별자치도지사가 「지역중소기업 육성및혁신촉진등에관한법률」 제2조제1호에따른지역중소기업에대하여경영·산업기술·무역정보의제공등종합적인지원을하게할목적으로설치하는법인으로서대통령령으로정하는법인에대해서는다음각호에서정하는바에따라 2025년 12월 31일까지지방세를경감한다. 1. 그고유업무에직접사용하기위하여취득하는부동산에대해서는취득세의 100분의 50을경감한다. 3. 과세기준일현재그고유업무에직접사용하는부동산에대해서는재산세의 100분의 50을경감한다.
지특법 제63조	철도시설 등에 대한 감면
지특법제64조①	해운항만등지원을위한과세특례 ①「국제선박등록법」 에따른국제선박으로등록하기위하여취득하는선박에대해서는 2024년 12월 31일까지 「지방세법」 제12조제1항제1호의세율에서 1천분의 20을경감하여취득세를과세하고, 과세기준일현재국제선박으로등록되어있는선박에대해서는재산세의 100분의 50을 2024년 12월 31일까지경감한다. 다만, 선박의취득일부터 6개월이내에국제선박으로등록하지아니하는경우에는감면된취득세를추징한다.
지특법제66조③④	교환자동차등에대한감면 ③「환경친화적자동차의개발및보급촉진에관한법률」 제2조제5호에따른하이브리드자동차로서같은조제2호에따라고시된자동차를취득하는경우에는다음각호에서

	정하는 바에 따라 취득세를 감면한다. 1. 취득세액이 40만원 이하인 경우에는 2024년 12월 31일까지 취득세를 면제한다. 2. 취득세액이 40만원을 초과하는 경우에는 2024년 12월 31일까지 취득세액에서 40만원을 공제한다. ④ 「환경친화적자동차의개발및보급촉진에관한법률」 제2조제3호에 따른 전기자동차 또는 같은 조 제6호에 따른 수소전기자동차로서 같은 조 제2호에 따라 고시된 자동차를 취득하는 경우에는 2024년 12월 31일까지 취득세액이 140만원 이하인 경우 취득세를 면제하고, 취득세액이 140만원을 초과하는 경우 취득세액에서 140만원을 공제한다.
지특법제67조① ②	경형자동차등에 대한 과세특례 ① 「자동차관리법」 제3조제1항에 따른 승용자동차 중 대통령령으로 정하는 규모의 자동차를 대통령령으로 정하는 비영업용 승용자동차로 취득하는 경우에는 다음 각 호에서 정하는 바에 따라 취득세를 2024년 12월 31일까지 감면한다. 다만, 취득일부터 1년 이내에 영업용으로 사용하는 경우에는 감면된 취득세를 추징한다. 1. 취득세액이 75만원 이하인 경우 취득세를 면제한다. 2. 취득세액이 75만원을 초과하는 경우 취득세액에서 75만원을 공제한다. ② 「자동차관리법」 제3조제1항에 따른 승합자동차 또는 화물자동차(같은 법 제3조에 따른 자동차의 유형별 세부기준이 특수용도형 화물자동차로서 피견인형 자동차는 제외한다) 중 대통령령으로 정하는 규모의 자동차를 취득하는 경우에는 취득세를 2024년 12월 31일까지 면제한다.
지특법제72조①	별정우체국에 대한 과세특례 ① 「별정우체국법」 제3조에 따라 과학기술정보통신부장관의 지정을 받은 사람(같은 법 제3조의3에 따라 별정우체국의 지정을 승계한 사람을 포함한다. 이하 이 조에서 "피지정인"이라 한다)이 별정우체국사업에 직접 사용(같은 법 제4조제2호에 해당하는 사람을 별정우체국의 국장으로 임용하는 경우에도 피지정인이 직접 사용하는 것으로 본다. 이하 이 조에서 같다)하기 위하여 취득하는 부동산에 대한 취득세는 2025년 12월 31일까지 「지방세법」 제11조제1항의 세율에서 1천분의 20을 경감하여 과세한다. 다만, 다음 각 호의 어느 하나에 해당하는 경우 그 해당 부분에 대해서는 경감된 취득세를 추징한다. 1. 해당 부동산을 취득한 날부터 5년 이내에 수익사업에 사용하는 경우 2. 정당한 사유 없이 그 취득일부터 1년이 경과할 때까지 해당 용도로 직접 사용하지 아니하는 경우 3. 해당 용도로 직접 사용한 기간이 2년 미만인 상태에서 매각·증여하거나 다른 용도로 사용하는 경우
지특법제73조① ②	토지수용 등으로 인한 대체취득에 대한 감면 ① 「공익사업을 위한 토지 등의 취득 및 보상에 관한 법률」, 「국토의 계획 및 이용에 관한 법률」, 「도시개발법」 등 관계 법령에 따라 토지 등을 수용할 수 있는 사업인정을 받은 자(「관광진흥법」 제55조제1항에 따른 조성계획의 승인을 받은 자 및 「농어촌정비법」 제56조에 따른 농어촌정비사업 시행자를 포함한다)에게 부동산(선박·어업권·양식업권 및 광업권을 포함한다. 이하 이 조에서 "부동산등"이라 한다)이 매수, 수용 또는 철거된 자(「공익사업을 위한 토지 등의 취득 및 보상에 관한 법률」이 적용되는 공공사업에 필요한 부동산등을 해당 공공사업의 시행자에게 매도한 자 및 같은 법 제78조제1항부터 제4항까지 및 제81조에 따른 이주대책의 대상이 되는 자를 포함한다)가 계약일 또는 해당 사업인정 고시일(「관광진흥법」에 따른 조성계획 고시일 및 「농어촌정비법」에 따른 개발계획 고시일을 포함한다) 이후에 대체취득할 부동산등에 관한 계약을 체결하

	거나 건축허가를 받고, 그 보상금을 마지막으로 받은 날(사업인정을 받은 자의 사정으로 대체취득이 불가능한 경우에는 취득이 가능한 날을 말하고, 「공익사업을 위한 토지 등의 취득 및 보상에 관한 법률」 제63조제1항에 따라 토지로 보상을 받는 경우에는 해당 토지에 대한 취득이 가능한 날을 말하며, 같은 법 제63조제6항 및 제7항에 따라 보상금을 채권으로 받는 경우에는 채권상환기간만료일을 말한다)부터 1년 이내(제6조제1항에 따른 농지의 경우는 2년 이내)에 다음 각 호의 구분에 따른 지역에서 종전의 부동산 등을 대체할 부동산등을 취득하였을 때(건축 중인 주택을 분양받는 경우에는 분양계약을 체결한 때를 말한다)에는 그 취득에 대한 취득세를 면제한다. 다만, 새로 취득한 부동산등의 가액합계액이 종전의 부동산등의 가액합계액을 초과하는 경우에 그 초과액에 대해서는 취득세를 부과하며, 초과액의 산정기준과 방법 등은 대통령령으로 정한다. 1. 농지 외의 부동산 등 가. 매수·수용·철거된 부동산등이 있는 특별시·광역시·특별자치시·도·특별자치도 내의 지역 나. 가목 외의 지역으로서 매수·수용·철거된 부동산등이 있는 특별자치시·시·군·구와 잇닿아 있는 특별자치시·시·군·구 내의 지역 다. 매수·수용·철거된 부동산등이 있는 특별시·광역시·특별자치시·도와 잇닿아 있는 특별시·광역시·특별자치시·도 내의 지역. 다만, 「소득세법」 제104조의2제1항에 따른 지정지역은 제외한다. 2. 농지(제6조제1항에 따른 자경농민이 농지경작을 위하여 총보상금액의 100분의 50 미만의 가액으로 취득하는 주택을 포함한다) 가. 제1호에 따른 지역 나. 가목 외의 지역으로서 「소득세법」 제104조의2제1항에 따른 지정지역을 제외한 지역 ② 제1항에도 불구하고 「지방세법」 제13조제5항에 따른 과세대상을 취득하는 경우와 대통령령으로 정하는 부재부동산 소유자가 부동산을 대체취득하는 경우에는 취득세를 부과한다.
지특법 제73조의2	기부채납용 부동산 등에 대한 감면
지특법제74조④	④ 「도시 및 주거환경정비법」 제2조제2호가목에 따른 주거환경개선사업(이하 이 조에서 "주거환경개선사업"이라 한다)의 시행에 따라 취득하는 주택에 대해서는 다음 각 호의 구분에 따라 취득세를 2025년 12월 31일까지 감면한다. 다만, 그 취득일부터 5년 이내에 「지방세법」 제13조제5항제1호부터 제4호까지의 규정에 해당하는 부동산이 되거나 관계 법령을 위반하여 건축한 경우에는 감면된 취득세를 추징한다. 1. 주거환경개선사업의 시행자가 주거환경개선사업의 대지조성을 위하여 취득하는 주택에 대해서는 취득세의 100분의 75를 경감한다. 2. 주거환경개선사업의 시행자가 「도시 및 주거환경정비법」 제74조에 따라 해당 사업의 시행으로 취득하는 체비지 또는 보류지에 대해서는 취득세의 100분의 75를 경감한다. 3. 「도시 및 주거환경정비법」에 따른 주거환경개선사업의 정비구역지정 고시일 현재 부동산의 소유자가 같은 법 제23조제1항제1호에 따라 스스로 개량하는 방법으로 취득하는 주택 또는 같은 항 제4호에 따른 주거환경개선사업의 시행으로 취득하는 전용면적 85제곱미터 이하의 주택에 대해서는 취득세를 면제한다.
지특법제76조①	택지개발용토지등에 대한 감면

	①한국토지주택공사가 국가 또는 지방자치단체의 계획에 따라 제3자에게 공급할 목적으로 대통령령으로 정하는 사업에 사용하기 위하여 일시 취득하는 부동산에 대해서는 취득세의 100분의 20을 2019년 12월 31일까지 경감한다.
지특법 제79조	법인의 지방 이전에 대한 감면
지특법 제80조	공장의 지방 이전에 따른 감면
지특법 제81조① ②	이전공공기관 등 지방이전에 대한 감면 ①「혁신도시 조성 및 발전에 관한 특별법」제2조제2호에 따른 이전공공기관(이하 이 조에서 "이전공공기관"이라 한다)이 같은 법 제4조에 따라 국토교통부장관의 지방이전계획 승인을 받아 이전할 목적으로 취득하는 부동산에 대해서는 취득세의 100분의 50을 2017년 12월 31일까지 경감하고, 재산세의 경우 그 부동산에 대한 납세의무가 최초로 성립하는 날부터 5년간 재산세의 100분의 50을 경감한다. ②이전공공기관의 법인등기에 대해서는 2016년 12월 31일까지 등록면허세를 면제한다.
지특법 제83조① ②	시장정비사업에 대한 감면 ①「전통시장 및 상점가 육성을 위한 특별법」제37조에 따라 승인된 시장정비구역에서 시장정비사업을 추진하려는 자(이하 이 조에서 "시장정비사업시행자"라 한다)가 해당 사업에 직접 사용하기 위하여 취득하는 부동산에 대해서는 취득세를 2024년 12월 31일까지 면제하고, 그 부동산에 대한 재산세의 납세의무가 최초로 성립하는 날부터 5년간 재산세의 100분의 50을 경감한다. 다만, 토지분 재산세에 대한 감면은 건축공사 착공일부터 적용한다. ②제1항에 따른 시장정비구역에서 대통령령으로 정하는 자가 시장정비사업시행자로부터 시장정비사업 시행에 따른 부동산을 최초로 취득하는 경우 해당 부동산(주택은 제외한다)에 대해서는 취득세를 2024년 12월 31일까지 면제하고, 시장정비사업 시행으로 인하여 취득하는 건축물에 대해서는 재산세의 납세의무가 최초로 성립하는 날부터 5년간 재산세의 100분의 50을 경감한다.
지특법 제85조①	한국법무보호복지공단 등에 대한 감면 「보호관찰 등에 관한 법률」에 따른 한국법무보호복지공단 및 같은 법에 따라 갱생보호사업의 허가를 받은 비영리법인이 갱생보호사업에 직접 사용하기 위하여 취득하는 부동산에 대해서는 취득세의 100분의 25를, 과세기준일 현재 그 사업에 직접 사용하는 부동산에 대해서는 재산세의 100분의 25를 2025년 12월 31일까지 각각 경감한다.
지특법 제85조의2	지방공기업 등에 대한 감면
지특법 제88조	새마을운동조직 등에 대한 감면
지특법 제89조	정당에 대한 면제
지특법 제90조①	마을회 등에 대한 감면 ①대통령령으로 정하는 마을회 등 주민공동체(이하 "마을회등"이라 한다)의 주민공동 소유를 위한 부동산 및 선박을 취득하는 경우 취득세를 2025년 12월 31일까지 면제한다. 다만, 다음 각 호의 어느 하나에 해당하는 경우 그 해당 부분에 대해서는 면제된 취득세를 추징한다. 1. 해당 부동산을 취득한 날부터 5년 이내에 수익사업에 사용하는 경우 2. 정당한 사유 없이 그 취득일부터 1년이 경과할 때까지 해당 용도로 직접 사용하지 아니하는 경우

	3. 해당 용도로 직접 사용한 기간이 2년 미만인 상태에서 매각·증여(해당 용도로 사용하기 위하여 국가나 지방자치단체에 기부채납하는 경우는 제외한다)하거나 다른 용도로 사용하는 경우
관세법 제90조①	학술연구용품의 감면 ① 다음 각 호의 어느 하나에 해당하는 물품이 수입될 때에는 그 관세를 감면할 수 있다. 2. 학교, 공공의료기관, 공공직업훈련원, 박물관, 그 밖에 이에 준하는 기획재정부령으로 정하는 기관에서 학술연구용·교육용·훈련용·실험실습용 및 과학기술연구용으로 사용할 물품 중 기획재정부령으로 정하는 물품 3. 제2호의 기관에서 사용할 학술연구용품·교육용품·훈련용품·실험실습용품 및 과학기술연구용품으로서 외국으로부터 기증되는 물품. 다만, 기획재정부령으로 정하는 물품은 제외한다. 4. 기획재정부령으로 정하는 자가 산업기술의 연구개발에 사용하기 위하여 수입하는 물품으로서 기획재정부령으로 정하는 물품
관세법 제91조	종교용품, 자선용품, 장애인용품 등의 면세
관세법 제93조	특정물품의 면세 등 다음 각 호의 어느 하나에 해당하는 물품이 수입될 때에는 그 관세를 면제할 수 있다. 2. 박람회, 국제경기대회, 그 밖에 이에 준하는 행사 중 기획재정부령으로 정하는 행사에 사용하기 위하여 그 행사에 참가하는 자가 수입하는 물품 중 기획재정부령으로 정하는 물품 3. 핵사고 또는 방사능 긴급사태 시 그 복구 지원과 구호를 목적으로 외국으로부터 기증되는 물품으로서 기획재정부령으로 정하는 물품 15. 국제올림픽·장애인올림픽·농아인올림픽 및 아시아운동경기·장애인아시아운동경기 종목에 해당하는 운동용구(부분품을 포함한다)로서 기획재정부령으로 정하는 물품
지방세법 제9조②	비과세 ② 국가, 지방자치단체 또는 지방자치단체조합(이하 이 항에서 "국가등"이라 한다)에 귀속 또는 기부채납(「사회기반시설에 대한 민간투자법」 제4조제3호에 따른 방식으로 귀속되는 경우를 포함한다. 이하 이 항에서 "귀속등"이라 한다)을 조건으로 취득하는 부동산 및 「사회기반시설에 대한 민간투자법」 제2조제1호 각 목에 해당하는 사회기반시설에 대해서는 취득세를 부과하지 아니한다. 다만, 다음 각 호의 어느 하나에 해당하는 경우 그 해당 부분에 대해서는 취득세를 부과한다. 1. 국가등에 귀속등의 조건을 이행하지 아니하고 타인에게 매각·증여하거나 귀속등을 이행하지 아니하는 것으로 조건이 변경된 경우 2. 국가등에 귀속등의 반대급부로 국가등이 소유하고 있는 부동산 및 사회기반시설을 무상으로 양여받거나 기부채납 대상물의 무상사용권을 제공받는 경우
「지특법」 제4조의 조례에 따른 지방세 감면 중 제1호부터 제5호까지와 유사한 감면으로서 행정안전부장관이 기획재정부장관과 협의하여 고시하는 것	농어촌특별세가 비과세되는 지방세 감면 조례〈행정안전부고시 제2020-81호 (2020.12.31.),〈시행2021.1.6.〉 1. 농어촌특별세 비과세 대상 가. 지역특산품생산단지 등에 대한 감면 나. 인천국제공항건설 등 사업지원을 위한 감면 다. 시각장애인 소유 자동차에 대한 감면 라. 제주국제자유도시종합계획사업을 위한 감면 마. 시장정비사업에 대한 감면 바. 기업도시에 대한 감면 사. 선박등록특구의 국제선박 등 지원을 위한 감면

약력

◉ 김 해 철 (공저자)

[약력]
- 서울시청 세무운영과 근무
- 행정자치부 지방세운영과 근무
- 안전행정부 지방세정책과 근무(사무관)
- 대법원 조세조사관실 근무(사무관)
- 행정자치부 지방세특례제도과 근무(사무관)
- (현) 법무법인 (유) 광장 전문위원

[대표 저서]
- 지방세 조문별 해설 2017 ~ 현재
- 지방소득세실무, 삼일인포마인, 2017

◉ 박 천 수 (공저자)

[약력]
- 서울시립대학교 세무전문대학원 졸업(세무학 석·박사)
- 충청남도 태안군·예산군 세무과 근무
- 행정자치부 지방세정책과·운영과 근무
- 한국지방세연구원 대외협력실 등 근무
- 행정안전부 지방세특례제도과 근무(사무관)
- (현) 국무총리실 조세심판원 근무(사무관)

[대표 저서]
- 부동산세제 이론과 실무해설. 삼일인포마인, 2021
- 지방세 쟁점별 세무해설. 삼일인포마인, 2023
- 지방세 조문별 해설 2020 ~ 현재

◉ 나 병 진 (공저자)

[약력]
- 충남대학교 경영학과 학사
- 안전행정부 지방세정책과 근무(지방세기본법)
- 국민권익위원회 재정세무민원과 근무(지방세 담당)
- 행정안전부 부동산세제과(재산세, 취득세 담당)
- 행정안전부 부동산세제과(사무관)
- (현) 기획재정부 조세개혁추진단

[대표 저서]
- 지방세 조문별 해설 2020 ~ 현재

◉ 김 대 진 (공저자)

[약력]
- 세종대학교 회계학과 졸업
- 한양대학교 행정대학원 수료
- 중국 산동대학교 법학대학원 졸업(법학 석사)
- 서울특별시 세무과 근무(이의신청 담당)
- 서울특별시 세무과 근무(사무관)
- (현) 서울특별시 세무과(세무조사팀장)

[대표 저서]
- 지방세 조문별 해설 2023 ~ 현재

◉ 권 강 웅 (감수)

[약력]
- 마산고, 부산대학교 정치외교학과 졸업
- 경희대학교 경영대학원 졸업(경영학 석사)
- 내무부 지방세 심사과장, 세제과장, 지방세제심의관
- 행정자치부 지방세제관
- 조세심판원 비상임 심판관(지방세)
- (전) 한국지방세협회 회장

[대표 저서]
- 지방세법 해설 조문별, 광교이택스

2024 지방세 조문별 해설

초 판 인 쇄 : 2018년 1월 30일
개 정 7 판 : 2024년 2월 26일(통합개정34판)
저　　　자 : 김해철, 박천수, 나병진, 김대진
감　　　수 : 권강웅
발 　행 　인 : (주)더존테크윌
주　　　소 : 서울시 광진구 자양로 142, 청양빌딩 3층
등 록 번 호 : 제25100-2005-50호
전　　　화 : 02-456-9156
팩　　　스 : 02-452-9762
홈 페 이 지 : www.etaxkorea.net

ISBN 979-11-6306-093-2
정가 100,000원

• 파본은 구입하신 서점이나 출판사에서 교환해 드립니다.
• 이 책을 무단복사, 복제, 전재하는 것은 저작권법에 저촉됩니다.